BÍBLIA ILUSTRADA ANOTE KIDS

NVT

Geográfica editora

BÍBLIA SAGRADA

Nova Versão Transformadora

1ª edição
Santo André - SP
2025

Geográfica editora

www.geografica.com.br
O conteúdo desta obra é de responsabilidade de seus idealizadores.
Quaisquer comentários ou dúvidas sobre este produto escreva para:
produtos@geografica.com.br

Diretora Editorial
Maria Fernanda Vigon

Gerente Editorial
Adriel Barbosa

Revisão
Nivea Alves da Silva
Giovanna Vido

Concepção
Rick Szuecs e Pri Sathler
Projeto Gráfico
Rick Szuecs

Diagramação
Rafael Alt

Capa e Ilustrações
Pri Sathler

B582 Bíblia anote ilustrada kids. – Santo André: Geográfica, 2024.

ISBN 978-65-5655-524-9

1. Bíblia sagrada. 2. Antigo Testamento. 3. Novo Testamento. 4. Bíblia infantil. I. Geográfica Editora.

CDU 22-053.2

Catalogação na publicação:
Leandro Augusto dos Santos Lima – CRB 10/1273

BÍBLIA ILUSTRADA ANOTE KIDS

NVT

Geográfica editora

INTRODUÇÃO À NOVA VERSÃO TRANSFORMADORA

A *Nova Versão Transformadora* (NVT) é o resultado de um projeto iniciado em 2010 pela Mundo Cristão, juntamente com um comitê de tradutores especializados nas línguas originais em que o texto bíblico foi redigido. O objetivo, desde o princípio, foi produzir uma versão fiel e acessível, que comunicasse sua mensagem aos leitores de hoje de modo tão claro e relevante quanto os textos originais comunicaram aos leitores e ouvintes do mundo antigo.

Filosofia e metodologia de tradução

Os tradutores da NVT se propuseram a transpor com clareza a mensagem dos textos originais das Escrituras para o português contemporâneo. Ao fazê-lo, levaram em consideração tanto aspectos da equivalência formal como da equivalência dinâmica. Isto é, traduziram o original do modo mais simples e literal possível quando essa abordagem resultou num texto acessível e preciso. Em contrapartida, buscaram uma abordagem mais dinâmica à mensagem quando a tradução literal era de difícil compreensão, ambígua ou exigia o uso de termos arcaicos ou incomuns. Primeiro os tradutores procuraram identificar o significado das palavras e das expressões no contexto antigo; depois, traduziram a mensagem para o português com clareza e naturalidade. O resultado, acreditamos, é uma tradução exegeticamente precisa e idiomaticamente eficaz.

Processo e equipe de tradução

O projeto tomou como ponto de partida os métodos de tradução da edição mais recente da *New Living Translation* (NLT), tradução em língua inglesa publicada pela Tyndale House Publishers e conhecida por sua comunicabilidade e acessibilidade. Para o projeto NVT, a Mundo Cristão estabeleceu um Comitê de Tradução, composto por alguns dos principais eruditos em línguas originais da comunidade evangélica brasileira. Valendo-se das melhores ferramentas exegéticas e do que há de mais recente em estudos acadêmicos da Bíblia, esses especialistas buscaram apresentar uma tradução inteligível e dinâmica, sem sacrificar a precisão e a fidelidade aos textos originais. Aliada à erudição, uma equipe editorial se ocupou especialmente da adequação da linguagem do texto, procurando torná-la amplamente compreensível, a fim de produzir uma tradução adequada tanto para o estudo individual como para a leitura em voz alta.

Os textos por trás da NVT

Na tradução do Antigo Testamento, empregou-se o Texto Massorético da Bíblia hebraica, representado na *Biblia Hebraica Stuttgartensia* (1977), com seu amplo sistema de notas textuais e que constitui uma atualização da *Biblia Hebraica* de Rudolf Kittel (Stuttgart, 1937). Também houve comparações com os Manuscritos do Mar Morto, a Septuaginta e outros manuscritos gregos, o Pentateuco Samaritano, a Peshita Siríaca, a Vulgata Latina e outras versões ou manuscritos que esclarecem o significado de passagens difíceis.

Os tradutores do Novo Testamento usaram as duas edições clássicas do Novo Testamento em grego: o *Greek New Testament*, publicado pela United Bible Societies (UBS, 4ª edição revisada, 1993), e o *Novum Testamentum Graece*, editado por Nestle e Aland (NA, 27ª edição, 1993). No entanto, os tradutores escolheram diferir dos textos gregos da UBS e de NA nos casos em que fortes evidências textuais ou outras evidências acadêmicas corroboravam sua decisão, seguindo variações encontradas em outras testemunhas textuais antigas.

Questões de tradução

No trabalho de tradução, buscou-se deliberadamente oferecer um texto que pudesse ser entendido com facilidade por um leitor típico da língua portuguesa contemporânea. Assim, procuramos usar apenas vocabulário e estruturas gramaticais de uso comum nos dias de hoje.

Nossa preocupação com a facilidade de leitura, no entanto, foi além das questões de vocabulário e estrutura gramatical. Também levamos em conta barreiras históricas e culturais para a compreensão da Bíblia e procuramos traduzir termos fortemente associados à história e à cultura de forma que pudessem ser entendidos sem dificuldade. Para isso:

- Convertemos pesos e medidas antigos (p. ex., "efa" [unidade de medida de secos] ou "côvado" [unidade de comprimento]) para equivalentes contemporâneos em nossa língua. O mesmo se dá com referências às horas do dia.
- Em vez de traduzir literalmente valores monetários antigos, procuramos expressá-los em termos que transmitissem o sentido mais amplo. Por exemplo, no Antigo Testamento, "dez siclos de prata" foi traduzido como "dez moedas de prata", a fim de comunicar a ideia pretendida.
- Visto que o calendário lunar hebraico varia de um ano para outro em relação ao calendário solar usado hoje, procuramos maneiras claras de comunicar a época do ano correspondente ao mês hebraico. Nos casos em que é possível definir uma data antiga conforme nosso calendário, usamos as datas modernas no texto.
- A linguagem metafórica por vezes é de difícil compreensão para o leitor atual, de modo que, em certas ocasiões, optamos por traduzir ou esclarecer o significado de determinada metáfora. Por exemplo, o poeta escreve: "Seu pescoço *é como* a torre de Davi" (Ct 4.4). Traduzimos: "Seu pescoço *é belo, como* a torre de Davi", para esclarecer o sentido positivo pretendido pela símile.
- Quando o conteúdo da linguagem original é de caráter poético, traduzimos para o português de forma poética. Procuramos quebrar as linhas visando esclarecer e destacar a relação entre as frases do texto.
- Um dos desafios enfrentados foi como traduzir o texto bíblico escrito originalmente num contexto em que termos masculinos eram usados para se referir à humanidade em geral. Assim, respeitando a natureza do contexto antigo e, ao mesmo tempo, procurando tornar a tradução mais clara para o público atual, muitas vezes onde a tradução tradicional traz "homem" como sinônimo de espécie humana, optamos por "seres humanos" ou "humanidade", dentre outras escolhas. Por sua vez, as distinções de gênero entre homem e mulher nos textos originais foram rigidamente preservadas.

Coerência léxica na terminologia

Por uma questão de clareza, traduzimos certos termos das línguas originais sempre da mesma forma, especialmente nas passagens sinópticas e em expressões retóricas repetidas com frequência. Nas ocorrências de termos teológicos, deixamos espaço para um âmbito semântico mais amplo de palavras ou expressões aceitáveis em português como tradução para uma palavra hebraica ou grega. Evitamos alguns termos teológicos que muitos leitores teriam dificuldade de compreender. Por exemplo, evitamos palavras como "justificação" e "santificação", que são empréstimos de traduções para o latim. No lugar dessas palavras, oferecemos traduções como "declarar justo" e "tornar santos".

Nossa expectativa, por fim, é que a NVT tenha superado algumas barreiras históricas, culturais e linguísticas que podem dificultar a leitura e a compreensão da palavra de Deus. Esperamos que, para os leitores que não conhecem a Bíblia, o texto seja claro e fácil de entender, e desejamos que os leitores versados nas Escrituras possam vê-las com um novo olhar. É nosso desejo, também, que os leitores adquiram instrução e sabedoria para viver, mas, acima de tudo, que encontrem o Deus da Bíblia, venham a conhecê-lo e, com isso, sejam transformados para sempre.

Comitê de Tradução da Bíblia
Outubro de 2016

BÍBLIA ILUSTRADA ANOTE KIDS

ANTIGO TESTAMENTO

Livro	Abrev.	Pág.	Caps.
Gênesis	Gn	13	50
Êxodo	Êx	56	40
Levítico	Lv	93	27
Números	Nm	120	36
Deuteronômio	Dt	157	34
Josué	Js	188	24
Juízes	Jz	209	21
Rute	Rt	230	4
1 Samuel	1Sm	233	31
2 Samuel	2Sm	260	24
1 Reis	1Rs	282	22
2 Reis	2Rs	309	25
1 Crônicas	1Cr	335	29
2 Crônicas	2Cr	360	36
Esdras	Ed	390	10
Neemias	Ne	399	13
Ester	Et	412	10
Jó	Jó	419	42
Salmos	Sl	440	150
Provérbios	Pv	494	31
Eclesiastes	Ec	512	12
Cantares	Ct	519	8
Isaías	Is	524	66
Jeremias	Jr	565	52
Lamentações	Lm	611	5
Ezequiel	Ez	615	48
Daniel	Dn	656	12
Oséias	Os	669	14
Joel	Jl	676	3
Amós	Am	679	9
Obadias	Ob	684	1
Jonas	Jn	685	4
Miquéias	Mq	687	7
Naum	Na	691	3
Habacuque	Hc	693	3
Sofonias	Sf	695	3
Ageu	Ag	697	2
Zacarias	Zc	699	14
Malaquias	Ml	707	4

NOVO TESTAMENTO

Livro	Abrev.	Pág.	Caps.
Mateus	Mt	713	28
Marcos	Mc	743	16
Lucas	Lc	762	24
João	Jo	794	21
Atos	At	816	28
Romanos	Rm	846	16
1 Coríntios	1Co	859	16
2 Coríntios	2Co	872	13
Gálatas	Gl	881	6
Efésios	Ef	886	6
Filipenses	Fp	891	4
Colossenses	Cl	895	4
1 Tessalonicenses	1Ts	898	5
2 Tessalonicenses	2Ts	901	3
1 Timóteo	1Tm	903	6
2 Timóteo	2Tm	907	4
Tito	Tt	910	3
Filemom	Fm	912	1
Hebreus	Hb	913	13
Tiago	Tg	923	5
1 Pedro	1Pe	927	5
2 Pedro	2Pe	931	3
1 João	1Jo	934	5
2 João	2Jo	938	1
3 João	3Jo	939	1
Judas	Jd	940	1
Apocalipse	Ap	942	22

ANTIGO
TESTAMENTO

GÊNESIS

CAPÍTULO 1

A criação

1No princípio, Deus criou os céus e a terra. 2A terra era sem forma
e vazia, a escuridão cobria as águas profundas, e o Espírito de
Deus se movia sobre a superfície das águas. 3Então Deus disse:
"Haja luz", e houve luz. 4E Deus viu que a luz era boa, e separou
a luz da escuridão. 5Deus chamou a luz de "dia" e a escuridão de
"noite". A noite passou e veio a manhã, encerrando o primeiro dia.
6Então Deus disse: "Haja um espaço entre as águas, para separar
as águas dos céus das águas da terra". 7E assim aconteceu. Deus
criou um espaço para separar as águas da terra das águas dos
céus. 8Deus chamou o espaço de "céu". A noite passou e veio a
manhã, encerrando o segundo dia. 9Então Deus disse: "Juntem-
se as águas que estão debaixo do céu num só lugar, para que
apareça uma parte seca". E assim aconteceu. 10Deus chamou a
parte seca de "terra" e as águas de "mares". E Deus viu que isso
era bom. 11Então Deus disse: "Produza a terra vegetação: toda
espécie de plantas com sementes e árvores que dão frutos com
sementes. As sementes produzirão plantas e árvores, cada uma
conforme a sua espécie". E assim aconteceu. 12A terra produziu
vegetação: toda espécie de plantas com sementes e árvores que
dão frutos com sementes. As sementes produziram plantas e ár-
vores, cada uma conforme a sua espécie. E Deus viu que isso era
bom. 13A noite passou e veio a manhã, encerrando o terceiro
dia. 14Então Deus disse: "Haja luzes no céu para separar o dia da

Gn 1.31

noite e marcar as estações, os dias e os anos. 15Que essas luzes
brilhem no céu para iluminar a terra". E assim aconteceu. 16Deus
criou duas grandes luzes: a maior para governar o dia e a menor
para governar a noite, e criou também as estrelas. 17Deus colocou
essas luzes no céu para iluminar a terra, 18para governar o dia e
a noite e para separar a luz da escuridão. E Deus viu que isso era
bom. 19A noite passou e veio a manhã, encerrando o quarto dia.
20Então Deus disse: "Encham-se as águas de seres vivos, e voem
as aves no céu acima da terra". 21Assim, Deus criou os grandes ani-
mais marinhos e todos os seres vivos que se movem em grande
número pelas águas, bem como uma grande variedade de aves,
cada um conforme a sua espécie. E Deus viu que isso era bom.
22Então Deus os abençoou: "Sejam férteis e multipliquem-se.
Que os seres encham os mares e as aves se multipliquem na
terra". 23A noite passou e veio a manhã, encerrando o quinto
dia. 24Então Deus disse: "Produza a terra grande variedade de
animais, cada um conforme a sua espécie: animais domésticos,
animais que rastejam pelo chão e animais selvagens". E assim
aconteceu. 25Deus criou grande variedade de animais selvagens,
animais domésticos e animais que rastejam pelo chão, cada um
conforme a sua espécie. E Deus viu que isso era bom. 26Então
Deus disse: "Façamos o ser humano à nossa imagem; ele será
semelhante a nós. Dominará sobre os peixes do mar, sobre as
aves do céu, sobre os animais domésticos, sobre todos os animais
selvagens da terra e sobre os animais que rastejam pelo chão".
27Assim, Deus criou os seres humanos à sua própria imagem, à
imagem de Deus os criou; homem e mulher os criou. 28Então
Deus os abençoou e disse: "Sejam férteis e multipliquem-se.
Encham e governem a terra. Dominem sobre os peixes do mar,
sobre as aves do céu e sobre todos os animais que rastejam pelo
chão". 29Então Deus disse: "Vejam! Eu lhes dou todas as plantas
com sementes em toda a terra e todas as árvores frutíferas, para
que lhes sirvam de alimento. 30E dou todas as plantas verdes
como alimento a todos os seres vivos: aos animais selvagens,
às aves do céu e aos animais que rastejam pelo chão". E assim
aconteceu. 31Então Deus olhou para tudo que havia feito e viu
que era muito bom. A noite passou e veio a manhã, encerrando
o sexto dia.

CAPÍTULO 2

[1]Desse modo, completou-se a criação dos céus e da terra e de tudo
que neles há. [2]No sétimo dia, Deus havia terminado sua obra de
criação e descansou de todo o seu trabalho. [3]Deus abençoou o
sétimo dia e o declarou santo, pois foi o dia em que ele descansou
de toda a sua obra de criação. [4]Esse é o relato da criação dos céus
e da terra.

O homem e a mulher no jardim

Quando o SENHOR Deus criou a terra e os céus, [5]nenhuma planta
silvestre nem grãos haviam brotado na terra, pois o SENHOR Deus
ainda não tinha mandado chuva para regar a terra, e não havia
quem a cultivasse. [6]Mas do solo brotava água, que regava toda
a terra. [7]Então o SENHOR Deus formou o homem do pó da terra.
Soprou o fôlego da vida em suas narinas, e o homem se tornou ser
vivo. [8]O SENHOR Deus plantou um jardim no Éden, para os lados
do leste, e ali colocou o homem que havia criado. [9]O SENHOR Deus
fez brotar do solo árvores de todas as espécies, árvores lindas que
produziam frutos deliciosos. No meio do jardim, colocou a árvore
da vida e a árvore do conhecimento do bem e do mal. [10]Da terra
do Éden nascia um rio que regava o jardim e depois se dividia
em quatro braços. [11]O primeiro braço, chamado Pisom, rodeava
toda a terra de Havilá, onde existe ouro. [12]O ouro dessa terra é de
grande pureza; lá também há resina aromática e pedra de ônix. [13]O
segundo braço, chamado Giom, rodeava toda a terra de Cuxe. [14]O
terceiro braço, chamado Tigre, corria para o leste da terra da Assíria.
O quarto braço era chamado de Eufrates. [15]O SENHOR Deus colocou
o homem no jardim do Éden para cultivá-lo e tomar conta dele,
[16]mas o SENHOR Deus lhe ordenou: "Coma à vontade dos frutos
de todas as árvores do jardim, [17]exceto da árvore do conhecimento
do bem e do mal. Se você comer desse fruto, com certeza morrerá".
[18]O SENHOR Deus disse: "Não é bom que o homem esteja sozinho.
Farei alguém que o ajude e o complete". [19]O SENHOR Deus formou
da terra todos os animais selvagens e todas as aves do céu. Trouxe-
os ao homem para ver como os chamaria, e o homem escolheu
um nome para cada um deles. [20]Deu nome a todos os animais
domésticos, a todas as aves do céu e a todos os animais selvagens.
O homem, porém, continuava sem alguém que o ajudasse e o

Gn 2.20

completasse. [21]Então o SENHOR Deus o fez cair num sono profun-
do. Enquanto o homem dormia, tirou dele uma das costelas e
fechou o espaço que ela ocupava. [22]Dessa costela o SENHOR Deus
fez uma mulher e a trouxe ao homem. [23]"Finalmente!", exclamou
o homem. "Esta é osso dos meus ossos, e carne da minha carne!
Será chamada 'mulher', porque foi tirada do 'homem'". [24]Por isso
o homem deixa pai e mãe e se une à sua mulher, e os dois se
tornam um só. [25]O homem e a mulher estavam nus, mas não
sentiam vergonha.

CAPÍTULO 3

O pecado do homem e da mulher

[1]A serpente era o mais astuto de todos os animais selvagens que
o SENHOR Deus havia criado. Certa vez, ela perguntou à mulher:
"Deus realmente disse que vocês não devem comer do fruto de
nenhuma das árvores do jardim?". [2]"Podemos comer do fruto das
árvores do jardim", respondeu a mulher. [3]"É só do fruto da árvore
que está no meio do jardim que não podemos comer. Deus disse:
'Não comam e nem sequer toquem no fruto daquela árvore; se o
fizerem, morrerão'." [4]"É claro que vocês não morrerão!", a serpente
respondeu à mulher. [5]"Deus sabe que, no momento em que co-
merem do fruto, seus olhos se abrirão e, como Deus, conhecerão
o bem e o mal." [6]A mulher viu que a árvore era linda e que seu
fruto parecia delicioso, e desejou a sabedoria que ele lhe daria.
Assim, tomou do fruto e o comeu. Depois, deu ao marido, que
estava com ela, e ele também comeu. [7]Naquele momento, seus
olhos se abriram, e eles perceberam que estavam nus. Por isso,
costuraram folhas de figueira umas às outras para se cobrirem.
[8]Quando soprava a brisa do entardecer, o homem e sua mulher
ouviram o SENHOR Deus caminhando pelo jardim e se esconderam
dele entre as árvores. [9]Então o SENHOR Deus chamou o homem e
perguntou: "Onde você está?". [10]Ele respondeu: "Ouvi que estavas
andando pelo jardim e me escondi. Tive medo, pois eu estava nu".
[11]"Quem lhe disse que você estava nu?", perguntou Deus. "Você
comeu do fruto da árvore que eu lhe ordenei que não comesse?"
[12]O homem respondeu: "Foi a mulher que me deste! Ela me
ofereceu do fruto, e eu comi". [13]Então o SENHOR Deus perguntou
à mulher: "O que foi que você fez?". "A serpente me enganou",

respondeu a mulher. "Foi por isso que comi do fruto." 14Então
o SENHOR Deus disse à serpente: "Uma vez que fez isso, maldita
é você entre todos os animais, domésticos e selvagens. Você se
arrastará sobre o próprio ventre, rastejará no pó enquanto viver.
15Farei que haja inimizade entre você e a mulher, e entre a sua
descendência e o descendente dela. Ele lhe ferirá a cabeça, e você
lhe ferirá o calcanhar". 16À mulher ele disse: "Farei mais intensas
as dores de sua gravidez, e com dor você dará à luz. Seu desejo
será para seu marido, e ele a dominará". 17E ao homem ele disse:
"Uma vez que você deu ouvidos à sua mulher e comeu da árvore
cujo fruto ordenei que não comesse, maldita é a terra por sua
causa; por toda a vida, terá muito trabalho para tirar da terra seu
sustento. 18Ela produzirá espinhos e ervas daninhas, mas você
comerá de seus frutos e grãos. 19Com o suor do rosto você obterá
alimento, até que volte à terra da qual foi formado. Pois você foi
feito do pó, e ao pó voltará".

Paraíso perdido

20O homem, Adão, deu à sua mulher o nome de Eva, pois ela seria a
mãe de toda a humanidade. 21E o SENHOR Deus fez roupas de peles
de animais para Adão e sua mulher. 22Então o SENHOR Deus disse:
"Vejam, agora os seres humanos se tornaram semelhantes a nós,
pois conhecem o bem e o mal. Se eles tomarem do fruto da árvore
da vida e dele comerem, viverão para sempre". 23Para impedir que
isso acontecesse, o SENHOR Deus os expulsou do jardim do Éden, e
Adão passou a cultivar a terra da qual tinha sido formado. 24Depois
de expulsá-los, colocou querubins a leste do jardim do Éden e uma
espada flamejante que se movia de um lado para o outro, a fim de
guardar o caminho até a árvore da vida.

CAPÍTULO 4

Caim e Abel

1Adão teve relações com Eva, sua mulher, que engravidou. Quando
deu à luz Caim, ela disse: "Com a ajuda do SENHOR, tive um filho!".
2Tempos depois, deu à luz o irmão de Caim e o chamou de Abel.
Quando os meninos cresceram, Abel se tornou pastor de ovelhas,
e Caim cultivava o solo. 3No tempo da colheita, Caim apresentou
parte de sua produção como oferta ao SENHOR. 4Abel, por sua vez,

NO QUE ESTOU **PENSANDO** ○ | O QUE ESTOU **SENTINDO** ○ | DO QUE ESTOU **LEMBRANDO** ○

DESENHE OU ESCREVA

ofertou as melhores porções dos cordeiros dentre as primeiras crias
de seu rebanho. O SENHOR aceitou Abel e sua oferta, 5mas não
aceitou Caim e sua oferta. Caim se enfureceu e ficou transtornado.
6"Por que você está tão furioso?", o SENHOR perguntou a Caim. "Por
que está tão transtornado? 7Se você fizer o que é certo, será aceito.
Mas, se não o fizer, tome cuidado! O pecado está à porta, à sua
espera, e deseja controlá-lo, mas é você quem deve dominá-lo."
8Caim sugeriu a seu irmão: "Vamos ao campo". E, enquanto esta-
vam lá, Caim atacou seu irmão Abel e o matou. 9Então o SENHOR
perguntou a Caim: "Onde está seu irmão? Onde está Abel?". "Não
sei", respondeu Caim. "Por acaso sou responsável por meu irmão?"
10Então Deus disse: "O que você fez? Ouça! O sangue de seu irmão
clama a mim da terra! 11O próprio solo, que bebeu o sangue de
seu irmão, sangue que você derramou, amaldiçoa você. 12O solo
não lhe dará boas colheitas, por mais que você se esforce! E, de
agora em diante, você não terá um lar e andará sem rumo pela
terra". 13Caim disse ao SENHOR: "Meu castigo é pesado demais. Não
posso aguentá-lo! 14Tu me expulsaste da terra e de tua presença
e me transformaste num andarilho sem lar. Qualquer um que me
encontrar me matará!". 15O SENHOR respondeu: "Eu castigarei sete
vezes mais quem matar você". Então o SENHOR pôs em Caim um
sinal para alertar qualquer um que tentasse matá-lo. 16Caim saiu
da presença do SENHOR e se estabeleceu na terra de Node, a leste
do Éden.

Os descendentes de Caim

17Caim teve relações com sua mulher, que engravidou e deu à luz
Enoque. Então Caim fundou uma cidade, à qual deu o nome de
Enoque, como seu filho. 18Enoque teve um filho chamado Irade.
Irade gerou Meujael; Meujael gerou Metusael; Metusael gerou
Lameque. 19Lameque se casou com duas mulheres. A primeira se
chamava Ada, e a segunda, Zilá. 20Ada deu à luz Jabal; ele foi o
precursor dos que criam rebanhos e moram em tendas. 21Seu ir-
mão se chamava Jubal, o precursor dos que tocam harpa e flauta.
22Zilá, a outra mulher de Lameque, deu à luz um filho chamado
Tubalcaim, que se tornou mestre em criar ferramentas de bronze
e ferro. Tubalcaim teve uma irmã chamada Naamá. 23Certo dia,
Lameque disse a suas mulheres: "Ada e Zilá, ouçam minha voz;

escutem o que vou dizer, mulheres de Lameque. Matei um homem
que me atacou, um rapaz que me feriu. 24Se aquele que matar
Caim será castigado sete vezes, quem me matar será castigado
setenta e sete vezes!".

O nascimento de Sete

25Adão teve relações com sua mulher novamente, e ela deu à luz
outro filho. Chamou-o de Sete, pois disse: "Deus me concedeu outro
filho no lugar de Abel, a quem Caim matou". 26Quando Sete chegou
à idade adulta, teve um filho e o chamou de Enos. Nessa época, as
pessoas começaram a invocar o nome do SENHOR.

CAPÍTULO 5

Os descendentes de Adão

1Este é o relato dos descendentes de Adão. Quando Deus criou os
seres humanos, formou-os semelhantes a ele. 2Criou-os homem e
mulher; quando foram criados, Deus os abençoou e os chamou de
"humanidade". 3Aos 130 anos, Adão teve um filho chamado Sete,
que era semelhante a ele, à sua imagem. 4Depois do nascimento
de Sete, Adão viveu mais 800 anos e teve outros filhos e filhas.
5Adão viveu 930 anos e morreu. 6Aos 105 anos, Sete gerou Enos.
7Depois do nascimento de Enos, Sete viveu mais 807 anos e teve
outros filhos e filhas. 8Sete viveu 912 anos e morreu. 9Aos 90 anos,
Enos gerou Cainã. 10Depois do nascimento de Cainã, Enos viveu
mais 815 anos e teve outros filhos e filhas. 11Enos viveu 905 anos
e morreu. 12Aos 70 anos, Cainã gerou Maalaleel. 13Depois do nasci-
mento de Maalaleel, Cainã viveu mais 840 anos e teve outros filhos
e filhas. 14Cainã viveu 910 anos e morreu. 15Aos 65 anos, Maalaleel
gerou Jarede. 16Depois do nascimento de Jarede, Maalaleel viveu
mais 830 anos e teve outros filhos e filhas. 17Maalaleel viveu 895
anos e morreu. 18Aos 162 anos, Jarede gerou Enoque. 19Depois do
nascimento de Enoque, Jarede viveu mais 800 anos e teve outros
filhos e filhas. 20Jarede viveu 962 anos e morreu. 21Aos 65 anos,
Enoque gerou Matusalém. 22Depois do nascimento de Matusalém,
Enoque viveu em comunhão com Deus por mais 300 anos e teve
outros filhos e filhas. 23Enoque viveu 365 anos, 24andando em
comunhão com Deus até que, um dia, desapareceu, porque Deus o
levou para junto de si. 25Aos 187 anos, Matusalém gerou Lameque.

NO QUE ESTOU **PENSANDO** ○ | O QUE ESTOU **SENTINDO** ○ | DO QUE ESTOU **LEMBRANDO** ○

DESENHE OU ESCREVA

26Depois do nascimento de Lameque, Matusalém viveu mais 782
anos e teve outros filhos e filhas. 27Matusalém viveu 969 anos e
morreu. 28Aos 182 anos, Lameque gerou um filho. 29Chamou-o
de Noé, pois disse: "Que ele nos traga alívio de nossas tarefas e do
trabalho doloroso de cultivar esta terra que o SENHOR amaldiçoou".
30Depois do nascimento de Noé, Lameque viveu mais 595 anos e
teve outros filhos e filhas. 31Lameque viveu 777 anos e morreu.
32Depois que completou 500 anos, Noé gerou três filhos: Sem,
Cam e Jafé.

CAPÍTULO 6

Corrupção da raça humana

1Os seres humanos começaram a se multiplicar na terra e tiveram
filhas. 2Os filhos de Deus perceberam que as filhas dos homens
eram belas, tomaram para si as que os agradaram e se casaram com
elas. 3Então o SENHOR disse: "Meu Espírito não tolerará os humanos
por muito tempo, pois são apenas carne mortal. Seus dias serão
limitados a 120 anos". 4Naqueles dias, e por algum tempo depois,
havia na terra gigantes, pois quando os filhos de Deus tiveram
relações com as filhas dos homens, elas deram à luz filhos que se
tornaram os guerreiros famosos da antiguidade. 5O SENHOR obser-
vou quanto havia aumentado a perversidade dos seres humanos
na terra e viu que todos os seus pensamentos e seus propósitos
eram sempre inteiramente maus. 6E o SENHOR se arrependeu de
tê-los criado e colocado na terra. Isso lhe causou imensa tristeza.
7O SENHOR disse: "Eliminarei da face da terra esta raça humana que
criei. Sim, e também destruirei todos os seres vivos: as pessoas, os
grandes animais, os animais que rastejam pelo chão e até as aves
do céu. Arrependo-me de tê-los criado". 8Noé, porém, encontrou
favor diante do SENHOR.

A história de Noé

9Este é o relato de Noé e sua família. Noé era um homem justo,
a única pessoa íntegra naquele tempo, e andava em comunhão
com Deus. 10Noé gerou três filhos: Sem, Cam e Jafé. 11Deus viu
que a terra tinha se corrompido e estava cheia de violência. 12Deus
observou a grande maldade no mundo, pois todos na terra haviam
se corrompido. 13Assim, Deus disse a Noé: "Decidi acabar com todos

os seres vivos, pois encheram a terra de violência. Sim, destruirei
todos eles e também a terra! 14"Construa uma grande embarcação,
uma arca de madeira de cipreste, e cubra-a com betume por dentro
e por fora, para que não entre água. Divida toda a parte interna em
pisos e compartimentos. 15A arca deve ter 135 metros de compri-
mento, 22,5 metros de largura e 13,5 metros de altura. 16Deixe
uma abertura de 45 centímetros debaixo do teto ao redor de toda
a arca. Coloque uma porta lateral e construa três pisos na parte
interna: inferior, médio e superior. 17"Preste atenção! Em breve,
cobrirei a terra com um dilúvio que destruirá todos os seres vivos
que respiram. Tudo que há na terra morrerá. 18Com você, porém,
firmarei minha aliança. Portanto, entre na arca com sua mulher,
seus filhos e as mulheres deles. 19Leve na arca com você um casal
de cada espécie de animal selvagem e doméstico, um macho e
uma fêmea, para mantê-los com vida. 20Um casal de cada espécie
de ave, de cada espécie de animal e de cada espécie de animal que
rasteja pelo chão virá até você, para que os mantenha com vida.
21Cuide bem para que haja alimento suficiente para sua família e
para todos os animais". 22Noé fez tudo exatamente como Deus lhe
havia ordenado.

CAPÍTULO 7

O dilúvio

1O SENHOR disse a Noé: "Entre na arca com toda a sua família,
pois vejo que, de todas as pessoas na terra, apenas você é justo.
2Leve com você sete casais, macho e fêmea, de cada espécie de
animal puro, e um casal, macho e fêmea, de cada espécie de animal
impuro. 3Leve também sete casais de cada espécie de ave. Cada
casal deve ter um macho e uma fêmea para garantir que todas as
espécies sobreviverão na terra depois do dilúvio. 4Daqui a sete dias,
farei chover sobre a terra. Choverá por quarenta dias e quarenta
noites, até que eu tenha eliminado da terra todos os seres vivos
que criei". 5Noé fez tudo exatamente como o SENHOR lhe havia
ordenado. 6Noé tinha 600 anos quando o dilúvio cobriu a terra.
7Entrou na arca, junto com a mulher, os filhos e as mulheres deles,
para escapar do dilúvio. 8Entraram com eles animais de todas as
espécies: os puros e os impuros, as aves e todos os animais que
rastejam pelo chão. 9Entraram na arca em pares, macho e fêmea,

Gn 7.14

como Deus tinha ordenado a Noé. 10Depois de sete dias, vieram
as águas do dilúvio e cobriram a terra. 11Quando Noé tinha 600
anos, no décimo sétimo dia do segundo mês, todas as fontes sub-
terrâneas de água jorraram da terra, e a chuva caiu do céu em
grandes temporais 12e continuou sem parar por quarenta dias e
quarenta noites. 13Naquele mesmo dia, Noé tinha entrado na arca
com a esposa, os filhos, Sem, Cam e Jafé, e as mulheres deles.
14Entraram com eles na arca casais de todas as espécies de animais:
animais domésticos e selvagens, grandes e pequenos, e aves de
toda espécie. 15Entraram de dois em dois na arca, representando
todos os seres vivos que respiram. 16Um macho e uma fêmea de
cada espécie entraram, como Deus tinha ordenado a Noé. Então
o SENHOR fechou a porta. 17Durante quarenta dias, as águas do
dilúvio se tornaram cada vez mais profundas, cobriram o solo e
elevaram a arca bem acima da terra. 18Enquanto as águas subiam
cada vez mais acima do solo, a arca flutuava em segurança em sua
superfície. 19Por fim, as águas cobriram até as montanhas mais
altas da terra 20e se elevaram quase sete metros acima dos picos
mais altos. 21Todos os seres vivos que havia na terra morreram:
as aves, os animais domésticos, os animais selvagens, os animais
que rastejavam pelo chão e todos os seres humanos. 22Tudo que
respirava e vivia em terra firme morreu. 23Deus exterminou todos
os seres vivos que havia na terra: os seres humanos, os animais
domésticos, os animais que rastejavam pelo chão e as aves do
céu. Todos foram destruídos. Apenas Noé e os que estavam com
ele na arca sobreviveram. 24E as águas do dilúvio cobriram a terra
por 150 dias.

CAPÍTULO 8

As águas do dilúvio baixam

1Então Deus se lembrou de Noé e de todos os animais selvagens e
domésticos que estavam com ele na arca. Deus fez soprar um vento
sobre a terra, e as águas do dilúvio começaram a baixar. 2As fontes
subterrâneas pararam de jorrar, e as chuvas torrenciais cessaram.
3As águas do dilúvio foram baixando aos poucos. Depois de 150
dias, 4exatamente cinco meses depois do início do dilúvio, a arca
repousou sobre as montanhas de Ararate. 5Dois meses e meio
depois, à medida que as águas continuaram a baixar, apareceram

os picos de outras montanhas. 6Passados mais quarenta dias, Noé
abriu a janela que havia feito na arca 7e soltou um corvo, que ia e
voltava até as águas do dilúvio secarem sobre a terra. 8Noé tam-
bém soltou uma pomba para ver se as águas tinham baixado e
se ela encontraria terra seca, 9mas a pomba não encontrou lugar
para pousar, pois a água ainda cobria todo o solo. Então a pomba
retornou à arca, e Noé estendeu a mão e a trouxe de volta para
dentro. 10Depois de esperar mais sete dias, Noé soltou a pomba
mais uma vez. 11Quando ela voltou ao entardecer, trouxe no bico
uma folha nova de oliveira. Noé concluiu que restava pouca água
do dilúvio. 12Esperou outros sete dias e soltou a pomba novamente.
Dessa vez, ela não voltou. 13Noé tinha completado 601 anos. No
primeiro dia do novo ano, dez meses e meio depois do início do
dilúvio, quase não havia mais água sobre a terra. Noé levantou a
cobertura da arca e viu que o solo estava praticamente seco. 14Mais
dois meses se passaram e, por fim, a terra estava completamente
seca. 15Então Deus disse a Noé: 16"Saiam da arca, você, sua mulher,
seus filhos e as mulheres deles. 17Solte todos os animais, as aves,
os animais domésticos e os animais que rastejam pelo chão, para
que sejam férteis e se multipliquem na terra". 18Noé, sua mulher,
seus filhos e as mulheres deles desembarcaram. 19Todos os ani-
mais, grandes e pequenos, e as aves saíram da arca, um casal de
cada vez. 20Em seguida, Noé construiu um altar ao SENHOR e ali
ofereceu como holocaustos alguns animais e aves puros. 21O aroma
do sacrifício agradou ao SENHOR, que disse consigo: "Nunca mais
amaldiçoarei a terra por causa do ser humano, embora todos os
seus pensamentos e seus propósitos se inclinem para o mal desde
a infância. Nunca mais destruirei todos os seres vivos. 22Enquanto
durar a terra, haverá plantio e colheita, frio e calor, verão e inverno,
dia e noite".

CAPÍTULO 9

Deus confirma sua aliança

1Então Deus abençoou Noé e seus filhos e lhes disse: "Sejam
férteis e multipliquem-se. Encham a terra. 2Todos os animais da
terra, todas as aves do céu, todos os animais que rastejam pelo
chão e todos os peixes do mar terão medo e pavor de vocês. Eu os
coloquei sob o seu domínio. 3Assim como dei a vocês os cereais

Gn 9.16

e os vegetais por alimento, também lhes dou os animais. 4Mas
nunca comam carne com sangue, pois sangue é vida. 5"Exigirei
o sangue de todo aquele que tirar a vida de alguém. Se um ani-
mal selvagem matar alguém, deverá ser morto; quem cometer
assassinato, também deverá morrer. 6Quem tirar a vida humana,
por mãos humanas perderá a vida. Pois eu criei o ser humano
à minha imagem. 7Agora, sejam férteis e multipliquem-se, po-
voem a terra outra vez". 8Então Deus disse a Noé e seus filhos:
9"Confirmo aqui a minha aliança com vocês, seus descendentes
10e todos os animais que estavam com vocês na embarcação: as
aves, os animais domésticos e os animais selvagens, todos os seres
vivos da terra. 11Sim, confirmo a minha aliança com vocês. Nunca
mais os seres vivos serão exterminados pelas águas; nunca mais
a terra será destruída por um dilúvio". 12Então Deus disse: "Eu lhes
dou um sinal da minha aliança com vocês e com todos os seres
vivos, para todas as gerações futuras. 13Coloquei o arco-íris nas
nuvens. Ele é o sinal da minha aliança com toda a terra. 14Quando
eu enviar nuvens sobre a terra, nelas aparecerá o arco-íris, 15e eu
me lembrarei da minha aliança com vocês e com todos os seres
vivos. Nunca mais as águas de um dilúvio destruirão toda a vida.
16Ao olhar para o arco-íris nas nuvens, eu me lembrarei da aliança
eterna entre Deus e todos os seres vivos da terra". 17Então Deus
disse a Noé: "Este arco-íris é o sinal da aliança que confirmo com
todas as criaturas da terra".

Os filhos de Noé

18Os filhos de Noé que saíram da arca com o pai foram Sem, Cam
e Jafé. (Cam é o pai de Canaã.) 19Desses três filhos de Noé vêm
todas as pessoas que agora povoam a terra. 20Depois do dilúvio,
Noé começou a cultivar o solo e plantou uma videira. 21Certo dia,
bebeu do vinho que ele próprio havia produzido, ficou embriagado
e foi deitar-se nu em sua tenda. 22Cam, pai de Canaã, viu que seu
pai estava nu e saiu para contar aos irmãos. 23Então Sem e Jafé
pegaram um manto e o colocaram sobre os ombros. Em seguida,
entraram na tenda de costas e, olhando para o outro lado a fim
de não ver a nudez do pai, cobriram-no com o manto. 24Quando
Noé se recuperou da bebedeira e descobriu o que Cam, seu filho
mais novo, havia feito, 25exclamou: "Maldito seja Canaã! Que

ele seja o servo mais insignificante de seus parentes!". 26E disse
ainda: "Bendito seja o SENHOR, o Deus de Sem, e que Canaã seja
servo de seu irmão! 27Que Deus amplie o território de Jafé! Que
Jafé compartilhe da prosperidade de Sem e Canaã seja seu servo".
28Depois do dilúvio, Noé viveu mais 350 anos. 29Viveu, ao todo,
950 anos e morreu.

CAPÍTULO 10

1Este é o relato das famílias de Sem, Cam e Jafé, os três filhos de
Noé, que geraram muitos filhos depois do dilúvio.

Os descendentes de Jafé

2Os descendentes de Jafé foram: Gômer, Magogue, Madai, Javã,
Tubal, Meseque e Tirás. 3Os descendentes de Gômer foram:
Asquenaz, Rifate e Togarma. 4Os descendentes de Javã foram: Elisá,
Társis, Quitim e Rodanim. 5Seus descendentes se espalharam por
vários territórios junto ao mar, formando nações de acordo com
suas línguas, seus clãs e seus povos.

Os descendentes de Cam

6Os descendentes de Cam foram: Cuxe, Mizraim, Pute e Canaã.
7Os descendentes de Cuxe foram: Sebá, Havilá, Sabtá, Raamá e
Sabtecá. Os descendentes de Raamá foram: Sabá e Dedã. 8Cuxe
também foi o antepassado de Ninrode, o primeiro guerreiro va-
lente da terra. 9Porque era o mais corajoso dos caçadores, seu
nome deu origem ao provérbio: "Este homem é como Ninrode,
o mais corajoso dos caçadores". 10Ninrode construiu seu reino na
terra da Babilônia, fundando as cidades de Babel, Ereque, Acade
e Calné. 11Expandiu seu território até a Assíria, onde construiu
as cidades de Nínive, Reobote-Ir, Calá 12e Resém, a grande ci-
dade situada entre Nínive e Calá. 13Mizraim foi o antepassado
dos luditas, anamitas, leabitas, naftuítas, 14patrusitas, casluítas
e dos caftoritas, dos quais descendem os filisteus. 15O filho mais
velho de Canaã foi Sidom, antepassado dos sidônios. Canaã foi o
antepassado dos hititas, 16jebuseus, amorreus, girgaseus, 17he-
veus, arqueus, sineus, 18arvadeus, zemareus e hamateus. Com o
tempo, os clãs cananeus se espalharam. 19O território de Canaã
se estendia desde Sidom, ao norte, até Gerar e Gaza, ao sul, e,

NO QUE ESTOU PENSANDO | O QUE ESTOU SENTINDO | DO QUE ESTOU LEMBRANDO

DESENHE OU ESCREVA

a leste, até Sodoma, Gomorra, Admá e Zeboim, próximo a Lasa.
20Esses foram os descendentes de Cam, de acordo com seus clãs,
línguas, territórios e povos.

Os descendentes de Sem

21Sem, irmão mais velho de Jafé, também teve filhos. Sem foi o an-
tepassado de todos os descendentes de Héber. 22Os descendentes
de Sem foram: Elão, Assur, Arfaxade, Lude e Arã. 23Os descendentes
de Arã foram: Uz, Hul, Géter e Más. 24Arfaxade gerou Salá, e Salá ge-
rou Héber. 25Héber teve dois filhos. O primeiro recebeu o nome de
Pelegue, pois em sua época a terra foi dividida. O irmão de Pelegue
recebeu o nome de Joctã. 26Joctã foi o antepassado de Almodá,
Salefe, Hazarmavé, Jerá, 27Adorão, Uzal, Dicla, 28Obal, Abimael,
Sabá, 29Ofir, Havilá e Jobabe. Todos eles foram descendentes de
Joctã. 30O território que ocupavam se estendia desde Messa até
Sefar, nas montanhas ao leste. 31Esses foram os descendentes de
Sem, de acordo com seus clãs, línguas, territórios e povos.

Conclusão

32Esses foram os clãs descendentes dos filhos de Noé, de acordo
com suas linhagens. Todas as nações da terra vieram desses clãs
depois do dilúvio.

CAPÍTULO 11

A torre de Babel

1Houve um tempo em que todos os habitantes do mundo falavam
a mesma língua e usavam as mesmas palavras. 2Ao migrarem do
leste, encontraram uma planície na terra da Babilônia, onde se es-
tabeleceram. 3Começaram a dizer uns aos outros: "Venham, vamos
fazer tijolos e endurecê-los no fogo". (Naquela região, era costume
usar tijolos em vez de pedras, e betume em vez de argamassa.)
4Depois, disseram: "Venham, vamos construir uma cidade com
uma torre que chegue até o céu. Assim, ficaremos famosos e não
seremos espalhados pelo mundo". 5O SENHOR, porém, desceu para
ver a cidade e a torre que estavam construindo. 6"Vejam!", disse
o SENHOR. "Todos se uniram e falam a mesma língua. Se isto é o
começo do que fazem, nada do que se propuserem a fazer daqui em
diante lhes será impossível. 7Venham, vamos descer e confundi-los

Gn

com línguas diferentes, para que não consigam mais entender uns
aos outros.” 8 Assim, o SENHOR os espalhou pelo mundo inteiro, e
eles pararam de construir a cidade. 9 Ela recebeu o nome de Babel,
pois ali o SENHOR confundiu as pessoas com línguas diferentes e
as espalhou pelo mundo.

A descendência de Sem até Abrão

10 Este é o relato da família de Sem. Dois anos depois do dilúvio,
aos 100 anos, Sem gerou Arfaxade. 11 Depois do nascimento de
Arfaxade, Sem viveu mais 500 anos e teve outros filhos e filhas.
12 Aos 35 anos, Arfaxade gerou Salá. 13 Depois do nascimento de
Salá, Arfaxade viveu mais 403 anos e teve outros filhos e filhas.
14 Aos 30 anos, Salá gerou Héber. 15 Depois do nascimento de Héber,
Salá viveu mais 403 anos e teve outros filhos e filhas. 16 Aos 34
anos, Héber gerou Pelegue. 17 Depois do nascimento de Pelegue,
Héber viveu mais 430 anos e teve outros filhos e filhas. 18 Aos 30
anos, Pelegue gerou Reú. 19 Depois do nascimento de Reú, Pelegue
viveu mais 209 anos e teve outros filhos e filhas. 20 Aos 32 anos,
Reú gerou Serugue. 21 Depois do nascimento de Serugue, Reú viveu
mais 207 anos e teve outros filhos e filhas. 22 Aos 30 anos, Serugue
gerou Naor. 23 Depois do nascimento de Naor, Serugue viveu mais
200 anos e teve outros filhos e filhas. 24 Aos 29 anos, Naor gerou
Terá. 25 Depois do nascimento de Terá, Naor viveu mais 119 anos e
teve outros filhos e filhas. 26 Depois que completou 70 anos, Terá
gerou Abrão, Naor e Harã.

A família de Terá

27 Este é o relato da família de Terá, pai de Abrão, Naor e Harã. Harã,
que foi o pai de Ló, 28 morreu em Ur dos caldeus, sua terra natal,
enquanto seu pai, Terá, ainda vivia. 29 Tanto Abrão como Naor se
casaram. A mulher de Abrão se chamava Sarai, e a mulher de Naor,
Milca. (Milca e sua irmã, Iscá, eram filhas de Harã, irmão de Naor.)
30 Sarai, porém, não conseguia engravidar e não tinha filhos. 31 Certo
dia, Terá tomou seu filho Abrão, sua nora Sarai (mulher de seu filho
Abrão) e seu neto Ló (filho de seu filho Harã) e se mudou de Ur
dos caldeus. Partiram em direção à terra de Canaã, mas pararam
em Harã e se estabeleceram ali. 32 Terá viveu 205 anos e morreu
enquanto ainda estava em Harã.

NO QUE ESTOU **PENSANDO** ○ | O QUE ESTOU **SENTINDO** ○ | DO QUE ESTOU **LEMBRANDO** ○

DESENHE OU ESCREVA

CAPÍTULO 12

O chamado de Abrão

1 O SENHOR tinha dito a Abrão: “Deixe sua terra natal, seus parentes
e a família de seu pai e vá à terra que eu lhe mostrarei. 2 Farei de
você uma grande nação, o abençoarei e o tornarei famoso, e você
será uma bênção para outros. 3 Abençoarei os que o abençoarem e
amaldiçoarei os que o amaldiçoarem. Por meio de você, todas as
famílias da terra serão abençoadas”. 4 Então Abrão partiu, como o
SENHOR havia instruído, e Ló foi com ele. Abrão tinha 75 anos quan-
do saiu de Harã. 5 Tomou sua mulher, Sarai, seu sobrinho Ló e todos
os seus bens, os rebanhos e os servos que havia agregado à sua
casa em Harã, e seguiu para a terra de Canaã. Quando chegaram a
Canaã, 6 Abrão atravessou a terra até Siquém, onde acampou junto
ao carvalho de Moré. Naquele tempo, os cananeus habitavam a
região. 7 Então o SENHOR apareceu a Abrão e disse: “Darei esta terra
a seus descendentes”. Abrão construiu um altar ali e o dedicou ao
SENHOR, que lhe havia aparecido. 8 Dali, Abrão viajou para o sul e
acampou na região montanhosa, entre Betel, a oeste, e Ai, a leste.
Construiu ali mais um altar dedicado ao SENHOR e invocou o nome
do SENHOR. 9 Abrão prosseguiu em sua jornada para o sul, acampan-
do ao longo do caminho em direção ao Neguebe.

Abrão e Sarai no Egito

10 Naquele tempo, uma fome terrível atingiu a terra de Canaã, e
Abrão foi obrigado a descer ao Egito, onde viveu como estrangeiro.
11 Aproximando-se da fronteira do Egito, Abrão disse a Sarai, sua
mulher: “Você é muito bonita. 12 Quando os egípcios a virem, di-
rão: ‘É mulher dele. Vamos matá-lo para ficarmos com ela’. 13 Diga,
portanto, que é minha irmã. Eles pouparão minha vida e, por sua
causa, me tratarão bem”. 14 De fato, chegando Abrão ao Egito, todos
notaram a grande beleza de sua mulher. 15 Quando os oficiais do
palácio a viram, falaram maravilhas dela ao faraó e a levaram para o
palácio. 16 Por causa de Sarai, o faraó deu muitos presentes a Abrão:
ovelhas, bois, jumentos e jumentas, servos e servas, e camelos.
17 Mas, por causa de Sarai, mulher de Abrão, o SENHOR enviou pragas
terríveis sobre o faraó e sobre os membros de sua casa. 18 Por isso,
o faraó mandou chamar Abrão e disse: “O que você fez comigo?
Por que não me disse que ela era sua mulher? 19 Por que disse que

era sua irmã e permitiu que eu a tomasse como esposa? Aqui está
sua mulher. Tome-a e vá embora daqui!". 20O faraó ordenou que
alguns de seus homens escoltassem Abrão, com sua mulher e todos
os seus bens, para fora de sua terra.

CAPÍTULO 13

A separação de Abrão e Ló

1Abrão saiu do Egito e subiu para o Neguebe, junto com sua mulher,
com Ló e com tudo que possuíam. 2(Abrão era muito rico e tinha
muitos rebanhos, prata e ouro.) 3Do Neguebe, prosseguiram em
sua jornada, acampando ao longo do caminho em direção a Betel.
Por fim, armaram as tendas entre Betel e Ai, onde haviam acam-
pado anteriormente, 4e onde Abrão havia construído um altar. Ali,
Abrão invocou o nome do SENHOR outra vez. 5Ló, que viajava com
Abrão, também havia enriquecido e possuía rebanhos de ovelhas,
gado e muitas tendas. 6Os recursos da terra, porém, não eram su-
ficientes para sustentar Abrão e Ló, com todos os seus rebanhos,
vivendo tão próximos um do outro. 7Logo, surgiram desentendi-
mentos entre os pastores de Abrão e os de Ló. (Naquele tempo,
os cananeus e os ferezeus também viviam na terra.) 8Então Abrão
disse a Ló: "Não haja conflito entre nós, ou entre nossos pastores.
Afinal, somos parentes próximos! 9A região inteira está à sua dis-
posição. Escolha a parte da terra que desejar e nos separaremos.
Se você escolher as terras à esquerda, ficarei com as terras à direita.
Se preferir as terras à direita, ficarei com as terras à esquerda". 10Ló
olhou demoradamente para as planícies férteis do vale do Jordão,
na direção de Zoar. A região toda era bem irrigada, como o jardim
do SENHOR, ou como a terra do Egito. (Isso foi antes de o SENHOR
destruir Sodoma e Gomorra.) 11Ló escolheu para si todo o vale do
Jordão a leste de onde estavam. Partiu para lá e se separou de seu
tio Abrão. 12Assim, Abrão continuou na terra de Canaã, e Ló mudou
suas tendas para um lugar próximo de Sodoma e se estabeleceu
entre as cidades da planície. 13O povo dessa região, porém, era
extremamente perverso e vivia pecando contra o SENHOR. 14Depois
que Ló partiu, o SENHOR disse a Abrão: "Olhe até onde sua vista
alcançar, em todas as direções: norte e sul, leste e oeste. 15Toda
esta terra que você está vendo, até onde sua vista alcança, eu dou
a você e a seus descendentes como propriedade para sempre. 16Eu

lhe darei tantos descendentes quanto o pó da terra, de modo que,
se fosse possível contar o pó da terra, seria possível contar seus des-
cendentes! 17Vá e percorra a terra em todas as direções, porque eu a
dou a você". 18Então Abrão mudou seu acampamento para Hebrom
e se estabeleceu junto ao bosque de carvalhos que pertencia a
Manre. Ali, construiu mais um altar ao SENHOR.

CAPÍTULO 14

Abrão resgata Ló

1Por esse tempo, houve guerra na região. Anrafel, rei da Babilônia,
Arioque, rei de Elasar, Quedorlaomer, rei de Elão, e Tidal, rei de
Goim, 2lutaram contra Bera, rei de Sodoma, Birsa, rei de Gomorra,
Sinabe, rei de Admá, Semeber, rei de Zeboim, e contra o rei de
Belá (também chamada Zoar). 3Esse segundo grupo de reis reuniu
suas tropas no vale de Sidim (ou seja, no vale do mar Morto). 4Por
doze anos, estiveram sob o domínio do rei Quedorlaomer, mas
no décimo terceiro ano se rebelaram contra ele. 5Um ano depois,
Quedorlaomer e seus aliados vieram e derrotaram os refains em
Asterote-Carnaim, os zuzins em Hã, os emins em Savé-Quiriatim,
6e os horeus no monte Seir, até El-Parã, à beira do deserto. 7Em
seguida, voltaram e foram a En-Mispate (hoje chamada Cades)
e conquistaram o território dos amalequitas e dos amorreus que
viviam em Hazazom-Tamar. 8Então os reis de Sodoma, Gomorra,
Admá, Zeboim e Belá (também chamada Zoar) se prepararam para
a batalha no vale do mar Morto. 9Lutaram contra Quedorlaomer,
rei de Elão, Tidal, rei de Goim, Anrafel, rei da Babilônia, e Arioque,
rei de Elasar, quatro reis contra cinco. 10Acontece que o vale do
mar Morto era cheio de poços de betume. Quando o exército dos
reis de Sodoma e Gomorra fugiu, alguns dos soldados caíram nos
poços de betume, enquanto o restante escapou para as montanhas.
11Os invasores vitoriosos saquearam Sodoma e Gomorra e parti-
ram para casa, levando consigo todos os espólios da guerra e os
mantimentos. 12Também capturaram Ló, o sobrinho de Abrão que
morava em Sodoma, e tudo que ele possuía. 13Um dos homens de
Ló, porém, conseguiu escapar e contou tudo a Abrão, o hebreu, que
morava junto ao bosque de carvalhos pertencente a Manre, o amor-
reu. Manre e seus parentes, Escol e Aner, eram aliados de Abrão.
14Quando Abrão soube que seu sobrinho Ló havia sido capturado,

Gn

mobilizou os 318 homens treinados que tinham nascido em sua
casa. Perseguiu o exército de Quedorlaomer até alcançá-los em Dã,
[15]onde dividiu os homens em grupos e atacou durante a noite. O
exército de Quedorlaomer fugiu, mas Abrão o perseguiu até Hobá,
ao norte de Damasco. [16]Abrão recuperou todos os bens saqueados
e trouxe de volta Ló, seu sobrinho, com todos os seus bens, as mu-
lheres e os outros prisioneiros.

Melquisedeque abençoa Abrão

[17]Depois que Abrão regressou vitorioso do conflito com
Quedorlaomer e todos os seus aliados, o rei de Sodoma saiu
ao seu encontro no vale de Savé (conhecido como vale do Rei).
[18]Melquisedeque, rei de Salém e sacerdote do Deus Altíssimo,
trouxe pão e vinho [19]e abençoou Abrão, dizendo: "Bendito seja
Abrão pelo Deus Altíssimo, Criador dos céus e da terra. [20]E bendito
seja o Deus Altíssimo, que derrotou seus inimigos por você". Então
Abrão entregou a Melquisedeque um décimo de todos os bens
que havia recuperado. [21]O rei de Sodoma disse a Abrão: "Devolva-
me apenas as pessoas que foram capturadas. Fique com os bens
que você recuperou". [22]Abrão respondeu ao rei de Sodoma: "Juro
solenemente diante do SENHOR, o Deus Altíssimo, Criador dos céus
e da terra, [23]que não ficarei com coisa alguma do que é seu, nem
sequer um fio ou uma correia de sandália. Do contrário, o rei pode-
ria dizer: 'Fui eu que enriqueci Abrão'. [24]Aceito apenas aquilo que
meus jovens guerreiros comeram e peço que dê uma parte justa
dos bens a Aner, Escol e Manre, meus aliados".

CAPÍTULO 15

A promessa da aliança entre o SENHOR e Abrão

[1]Algum tempo depois, o SENHOR falou a Abrão em uma visão e
lhe disse: "Não tenha medo, Abrão, pois eu serei seu escudo, e
sua recompensa será muito grande". [2]Abrão, porém, respondeu:
"Ó SENHOR Soberano, de que me adiantam todas as tuas bênçãos
se eu nem mesmo tenho um filho? Uma vez que não me deste
filhos, Eliézer de Damasco, servo em minha casa, herdará toda a
minha riqueza. [3]Não me deste nenhum descendente próprio e,
por isso, um dos meus servos será meu herdeiro". [4]O SENHOR lhe
disse: "Não, não será esse o seu herdeiro; você terá seu próprio
filho, e ele será seu herdeiro". [5]Em seguida, levou Abrão para fora
e lhe disse: "Olhe para o céu e conte as estrelas, se for capaz. Este é
o número de descendentes que você terá". [6]Abrão creu no SENHOR,
e assim foi considerado justo. [7]Então o SENHOR lhe disse: "Eu sou o
SENHOR, que o tirei de Ur dos caldeus para lhe dar esta terra como
posse". [8]Abrão perguntou: "Ó SENHOR Soberano, como posso ter
certeza de que a possuirei de fato?". [9]O SENHOR respondeu: "Traga-
me uma novilha, uma cabra e um carneiro, todos com três anos,
mais uma rolinha e um pombinho". [10]Abrão lhe apresentou todos
esses animais e os matou. Em seguida, cortou cada um deles ao
meio e colocou as metades lado a lado; as aves, porém, não cortou
ao meio. [11]Aves de rapina mergulharam para comer as carcaças, mas
Abrão as afugentou. [12]Enquanto o sol se punha, Abrão caiu em sono
profundo, e uma escuridão apavorante desceu sobre ele. [13]Então o
SENHOR disse a Abrão: "Esteja certo de que seus descendentes serão
forasteiros em terra alheia, onde sofrerão opressão como escravos
por quatrocentos anos. [14]Mas eu castigarei a nação que os escravi-
zar e, por fim, eles sairão de lá com grande riqueza. [15](Você, por sua
vez, morrerá em paz e será sepultado em idade avançada.) [16]Depois
de quatro gerações, seus descendentes voltarão a esta terra, pois
a maldade dos amorreus ainda não chegou ao ponto de provocar
meu castigo". [17]Quando o sol se pôs e veio a escuridão, Abrão viu
um fogareiro fumegante e uma tocha ardente passarem por entre
as metades das carcaças. [18]Então o SENHOR fez uma aliança com
Abrão naquele dia e disse: "Dei esta terra a seus descendentes,
desde a fronteira com o Egito até o grande rio Eufrates, [19]a terra
hoje ocupada pelos queneus, quenezeus, cadmoneus, [20]hititas,
ferezeus, refains, [21]amorreus, cananeus, girgaseus e jebuseus".

CAPÍTULO 16

O nascimento de Ismael

[1]Sarai, mulher de Abrão, não havia conseguido lhe dar filhos. Tinha,
porém, uma serva egípcia chamada Hagar. [2]Sarai disse a Abrão: "O
SENHOR me impediu de ter filhos. Vá e deite-se com minha serva.
Talvez, por meio dela, eu consiga ter uma família". Abrão aceitou a
proposta de Sarai. [3]Então Sarai, mulher de Abrão, tomou Hagar, a
serva egípcia, e a entregou a Abrão como mulher. (Isso aconteceu
dez anos depois que Abrão havia se estabelecido na terra de Canaã.)

NO QUE ESTOU PENSANDO ○ | O QUE ESTOU SENTINDO ○ | DO QUE ESTOU LEMBRANDO ○

DESENHE OU ESCREVA

4Abrão teve relações com Hagar, e ela engravidou. Quando Hagar
soube que estava grávida, começou a tratar Sarai, sua senhora, com
desprezo. 5Então Sarai disse a Abrão: "Você é o culpado da vergonha
que estou passando! Entreguei minha serva a você, mas, agora
que engravidou, ela me trata com desprezo. O SENHOR mostrará
quem está errado: você ou eu!". 6Abrão respondeu: "Hagar é sua
serva. Faça com ela o que lhe parecer melhor". Então Sarai a tratou
tão mal que, por fim, Hagar fugiu. 7O anjo do SENHOR encontrou
Hagar no deserto, perto de uma fonte de água junto à estrada para
Sur, 8e perguntou: "Hagar, serva de Sarai, de onde você vem e
para onde vai?". "Estou fugindo de minha senhora, Sarai", respon-
deu ela. 9Então o anjo do SENHOR disse: "Volte para sua senhora e
sujeite-se à autoridade dela". 10E acrescentou: "Eu lhe darei tantos
descendentes que será impossível contá-los". 11O anjo do SENHOR
também disse: "Você está grávida e dará à luz um filho. Dê a ele o
nome de Ismael, pois o SENHOR ouviu seu clamor angustiado. 12Seu
filho será um homem solitário e indomável, como um jumento
selvagem. Levantará o punho contra todos, e todos serão contra
ele. Sim, ele viverá em franca oposição a todos os seus parentes".
13Então Hagar passou a usar outro nome para se referir ao SENHOR,
que havia falado com ela. Chamou-o de "Tu és o Deus que me vê",
pois tinha dito: "Aqui eu vi aquele que me vê!". 14Por isso, aquela
fonte que fica entre Cades e Berede recebeu o nome de Beer-Laai-
Roi. 15Assim, Hagar deu um filho a Abrão, e Abrão o chamou de
Ismael. 16Quando Ismael nasceu, Abrão tinha 86 anos.

CAPÍTULO 17

Abrão recebe o nome de Abraão

1Quando Abrão estava com 99 anos, o SENHOR lhe apareceu e disse:
"Eu sou o Deus Todo-poderoso. Seja fiel a mim e tenha uma vida
íntegra. 2Farei uma aliança com você e lhe darei uma descendência
incontável". 3Ao ouvir essas palavras, Abrão se prostrou com o rosto
no chão, e Deus lhe disse: 4"Esta é a minha aliança com você: farei
de você o pai de numerosas nações! 5Além disso, mudarei seu
nome. Você já não será chamado Abrão, mas sim Abraão, pois será
o pai de muitas nações. 6Eu o tornarei extremamente fértil. Seus
descendentes formarão muitas nações, e haverá reis entre eles.
7"Confirmarei a minha aliança com você e seus descendentes, de

Gn 17.7

geração em geração. Esta é a aliança sem fim: serei sempre o seu
Deus e o Deus de seus descendentes. 8Darei a você e a seus descen-
dentes toda a terra de Canaã, onde hoje você vive como estrangeiro.
Será propriedade deles para sempre, e eu serei o seu Deus".

O sinal da aliança

9Então Deus disse a Abraão: "É sua responsabilidade permanente,
e de seus descendentes, obedecer aos termos da aliança. 10Este é o
sinal da aliança que você e seus descendentes devem guardar: todo
indivíduo do sexo masculino entre vocês deve ser circuncidado.
11Cortem a carne do prepúcio como sinal da aliança entre mim e
vocês. 12Todo menino deve ser circuncidado no oitavo dia depois
do nascimento, de geração em geração. Isso se aplica não apenas
aos membros de sua família, mas também aos servos nascidos em
sua casa e aos servos estrangeiros que você comprou. 13Quer sejam
nascidos em sua casa, quer os tenha comprado, todos devem ser
circuncidados. Terão no corpo o sinal da minha aliança sem fim. 14O
indivíduo do sexo masculino que não for circuncidado será excluído
do seu povo, pois quebrou a minha aliança".

Sarai recebe o nome de Sara

15Deus também disse a Abraão: "Quanto à sua mulher, não se cha-
mará mais Sarai. De agora em diante ela se chamará Sara. 16Eu a
abençoarei e por meio dela darei a você um filho! Sim, eu a aben-
çoarei, e ela se tornará mãe de muitas nações. Haverá reis de nações
entre seus descendentes". 17Abraão se prostrou com o rosto no chão
e riu consigo. Pensou: "Como eu, aos 100 anos, poderia ser pai?
E como Sara, aos 90 anos, teria um filho?". 18Então Abraão disse a
Deus: "Que Ismael viva sob a tua bênção!". 19Mas Deus respondeu:
"Na verdade, Sara, sua mulher, lhe dará um filho. Você o chamará
Isaque, e eu confirmarei com ele e com seus descendentes, para
sempre, a minha aliança. 20Quanto a Ismael, também o abençoarei,
como você pediu. Eu o tornarei extremamente fértil e multiplica-
rei seus descendentes. Ele será pai de doze príncipes, e farei dele
uma grande nação. 21Minha aliança, porém, será confirmada com
Isaque, filho que Sara lhe dará por esta época, no ano que vem".
22Quando Deus terminou de falar, retirou-se da presença de Abraão.
23Naquele mesmo dia, Abraão tomou Ismael, seu filho, e todos

Gn

os indivíduos do sexo masculino em sua casa, tanto os nascidos
ali como os comprados, e os circuncidou, removendo o prepúcio,
como Deus havia ordenado. 24Abraão tinha 99 anos quando foi
circuncidado, 25e Ismael, seu filho, tinha 13 anos. 26Ambos foram
circuncidados naquele mesmo dia, 27junto com todos os outros ho-
mens e meninos da casa, tanto os nascidos ali como os comprados.
Todos foram circuncidados com Abraão.

CAPÍTULO 18

A promessa de um filho para Sara

1O SENHOR apareceu novamente a Abraão junto ao bosque de
carvalhos que pertencia a Manre. Abraão estava sentado à en-
trada de sua tenda na hora mais quente do dia. 2Olhando para
fora, viu três homens em pé, próximos à tenda. Quando os viu,
correu até onde estavam e lhes deu as boas-vindas, curvando-se até
o chão. 3Abraão disse: "Meu senhor, se assim desejar, pare aqui um
pouco. 4Descanse à sombra desta árvore enquanto mando trazer
água para lavarem os pés. 5E, uma vez que honraram seu servo com
esta visita, prepararei uma refeição para restaurar suas forças antes
de seguirem viagem". "Está bem", responderam eles. "Faça como
você disse." 6Abraão voltou correndo para a tenda e disse a Sara:
"Rápido! Pegue três medidas da melhor farinha, amasse-a e faça
alguns pães". 7Em seguida, Abraão correu ao rebanho, escolheu um
novilho tenro e o entregou a seu servo, que o preparou rapidamen-
te. 8Quando a comida estava pronta, Abraão pegou coalhada, leite e
a carne assada e os serviu aos visitantes. Enquanto comiam, Abraão
permaneceu à disposição deles, à sombra das árvores. 9"Onde está
Sara, sua mulher?", perguntaram os visitantes. "Está dentro da ten-
da", respondeu Abraão. 10Então um deles disse: "Voltarei a visitar
você por esta época, no ano que vem, e sua mulher, Sara, terá um
filho". Sara estava ouvindo a conversa de dentro da tenda. 11Abraão e
Sara já eram bem velhos, e Sara tinha passado, havia muito tempo,
da idade de ter filhos. 12Por isso, riu consigo e disse: "Como poderia
uma mulher da minha idade ter esse prazer, ainda mais quando
meu senhor, meu marido, também é idoso?". 13Então o SENHOR
disse a Abraão: "Por que Sara riu? Por que disse: 'Pode uma mulher
da minha idade ter um filho'? 14Existe alguma coisa difícil demais
para o SENHOR? Voltarei por esta época, no ano que vem, e Sara terá

NO QUE ESTOU **PENSANDO** ○ | O QUE ESTOU **SENTINDO** ○ | DO QUE ESTOU **LEMBRANDO** ○

DESENHE OU ESCREVA

um filho". 15Sara teve medo e, por isso, mentiu: "Eu não ri". Mas ele
disse: "Não é verdade. Você riu".

Abraão intercede por Sodoma

16Depois da refeição, os visitantes se levantaram e olharam em
direção a Sodoma. Quando partiram, Abraão os acompanhou para
despedir-se deles. 17Então o SENHOR disse: "Devo esconder meu
plano de Abraão? 18Afinal, Abraão certamente se tornará uma gran-
de e poderosa nação, e todas as nações da terra serão abençoadas
por meio dele. 19Eu o escolhi para que ordene a seus filhos e às
famílias deles que guardem o caminho do SENHOR, praticando
o que é certo e justo. Então farei por Abraão tudo que prometi".
20Portanto, o SENHOR disse a Abraão: "Ouvi um grande clamor vindo
de Sodoma e Gomorra, porque o pecado dessas duas cidades é
extremamente grave. 21Descerei para investigar se seus atos são,
de fato, tão perversos quanto tenho ouvido. Se não forem, quero
saber". 22Os outros visitantes partiram para Sodoma, mas Abraão
permaneceu diante do SENHOR. 23Aproximou-se dele e disse:
"Exterminarás tanto os justos como os perversos? 24Suponhamos
que haja cinquenta justos na cidade. Mesmo assim os exterminarás
e não a pouparás por causa deles? 25Claro que não farias tal coisa:
destruir o justo com o perverso. Afinal, estarias tratando o justo e
o perverso da mesma maneira! Certamente não farias isso! Acaso
o Juiz de toda a terra não faria o que é certo?". 26O SENHOR respon-
deu: "Se eu encontrar cinquenta justos em Sodoma, pouparei a
cidade toda por causa deles". 27Abraão voltou a falar: "Embora eu
seja apenas pó e cinza, permita-me dizer mais uma coisa ao meu
Senhor. 28Suponhamos que haja apenas quarenta e cinco justos, e
não cinquenta. Destruirás a cidade toda por falta de cinco justos?". O
SENHOR disse: "Se encontrar ali quarenta e cinco justos, não a des-
truirei". 29Abraão levou seu pedido ainda mais longe: "Suponhamos
que haja apenas quarenta". O SENHOR respondeu: "Por causa dos
quarenta, não a destruirei". 30"Por favor, não fiques irado comigo,
meu Senhor", suplicou Abraão. "Permita-me falar. Suponhamos que
haja apenas trinta justos." O SENHOR disse: "Se encontrar ali trinta
justos, não a destruirei". 31Abraão prosseguiu: "Uma vez que tive
a ousadia de falar ao Senhor, permita-me continuar. Suponhamos
que haja apenas vinte". O SENHOR respondeu: "Por causa dos vinte,

não a destruirei”. **32**Por fim, Abraão disse: “Senhor, não fiques irado
comigo por eu falar mais uma vez. Suponhamos que haja apenas
dez”. O SENHOR respondeu: “Por causa dos dez, não a destruirei”.
33Quando terminou a conversa com Abraão, o SENHOR partiu, e
Abraão voltou para sua tenda.

CAPÍTULO 19

A destruição de Sodoma e Gomorra

1Ao anoitecer, os dois anjos chegaram à entrada da cidade de
Sodoma. Ló estava sentado ali. Ao avistá-los, levantou-se para re-
cebê-los. Deu-lhes boas-vindas, curvou-se com o rosto no chão **2**e
disse: “Meus senhores, venham à minha casa para lavar os pés
e sejam meus hóspedes esta noite. Amanhã, poderão levantar-se
cedo e seguir viagem”. “Não”, responderam eles. “Passaremos a
noite aqui, na praça da cidade.” **3**Mas Ló insistiu muito e, por fim,
eles o acompanharam até sua casa. Ló lhes preparou um banquete
completo, com pão fresco sem fermento, e eles comeram. **4**Ainda
não tinham ido se deitar quando todos os homens de Sodoma,
jovens e velhos, chegaram de toda parte da cidade e cercaram a
casa. **5**Gritaram para Ló: “Onde estão os homens que vieram passar
a noite em sua casa? Traga-os aqui fora para nós, para que tenha-
mos relações com eles!”. **6**Ló saiu para conversar com os homens e
fechou a porta atrás de si. **7**“Por favor, meus irmãos, não cometam
tamanha maldade”, suplicou. **8**“Escutem, tenho duas filhas virgens.
Deixem-me trazê-las para fora, e vocês poderão fazer com elas o que
desejarem. Mas, por favor, deixem os homens em paz, pois são
meus hóspedes e estão sob minha proteção.” **9**“Saia da frente!”,
gritaram eles. “Esse sujeito é um estrangeiro que se mudou para
a cidade e, agora, age como se fosse nosso juiz! Faremos a você
coisas bem piores do que a seus hóspedes!” Então partiram para
cima de Ló, tentando arrombar a porta. **10**Os dois anjos, porém,
estenderam a mão, puxaram Ló para dentro da casa e trancaram
a porta. **11**Depois, cegaram todos os homens, jovens e velhos, que
estavam à porta, de modo que eles se cansaram e desistiram de
invadir a casa. **12**Os anjos perguntaram a Ló: “Você tem outros
parentes na cidade? Tire-os todos daqui: genros, filhos, filhas ou
qualquer outro parente, **13**pois estamos prestes a destruir toda a
cidade. O clamor contra ela é tão grande que chegou ao SENHOR,

NO QUE ESTOU **PENSANDO** | O QUE ESTOU **SENTINDO** | DO QUE ESTOU **LEMBRANDO**

DESENHE OU ESCREVA

e ele nos enviou para destruí-la”. **14**Então Ló correu para avisar os
noivos de suas filhas: “Saiam depressa da cidade! O SENHOR está
prestes a destruí-la”. Os rapazes, porém, pensaram que ele estava
brincando. **15**No dia seguinte, ao amanhecer, os anjos insistiram:
“Rápido! Tome sua mulher e suas duas filhas que estão aqui! Saia
agora mesmo, ou também morrerá quando a cidade for castiga-
da!”. **16**Visto que Ló ainda hesitava, os anjos o tomaram pela mão,
e também sua mulher e as duas filhas, e correram com eles para
um lugar seguro, fora da cidade, pois o SENHOR foi misericordioso.
17Quando estavam em segurança, fora da cidade, um dos anjos
ordenou: “Corram e salvem-se! Não olhem para trás nem parem
no vale! Fujam para as montanhas, ou serão destruídos!”. **18**Mas Ló
suplicou: “Não, meu senhor! **19**Os senhores foram muito bondosos
comigo, salvaram minha vida e mostraram grande compaixão. Não
posso, contudo, ir para as montanhas. A calamidade também me
alcançaria ali, e bem depressa eu morreria. **20**Vejam, aqui perto há
um vilarejo. É um lugar bem pequeno. Por favor, deixem-me ir para
lá, e minha vida será salva”. **21**“Está bem”, disse o anjo. “Atenderei
a seu pedido. Não destruirei o vilarejo. **22**Mas vá logo! Fuja para
ele, pois não posso fazer nada enquanto você não chegar lá.” (Isso
explica por que a vila era conhecida como Zoar.) **23**Ló chegou a Zoar
quando o sol aparecia no horizonte. **24**Então o SENHOR fez chover do
céu fogo e enxofre sobre Sodoma e Gomorra. **25**Destruiu-as comple-
tamente, além de outras cidades e vilas da planície, e exterminou
todos os habitantes e toda a vegetação. **26**A mulher de Ló, porém,
olhou para trás enquanto o seguia e se transformou numa coluna
de sal. **27**Naquela manhã, Abraão se levantou cedo e correu para
o lugar onde tinha estado na presença do SENHOR. **28**Olhou para a
planície, em direção a Sodoma e Gomorra, e viu colunas de fumaça
subindo do lugar onde antes ficavam as cidades, como fumaça de
uma fornalha. **29**Contudo, Deus atendeu ao pedido de Abraão e
salvou Ló, tirando-o do meio da destruição que engoliu as cidades
da planície.

Ló e suas filhas

30Algum tempo depois, Ló deixou Zoar, pois tinha medo do povo
de lá, e foi morar numa caverna nas montanhas com suas duas
filhas. **31**Certo dia, a filha mais velha disse à irmã: “Nesta região

Gn

não resta homem algum com quem possamos ter relações, como
fazem todas as pessoas. E logo nosso pai será velho demais para
ter filhos. 32Vamos embebedá-lo com vinho e então nos deitare-
mos com ele. Com isso, preservaremos nossa descendência por
meio de nosso pai". 33Naquela noite, portanto, embebedaram o
pai com vinho, e a filha mais velha teve relações com ele. E ele
não percebeu quando ela se deitou nem quando se levantou.
34Na manhã seguinte, a filha mais velha disse à irmã mais nova:
"Ontem à noite, tive relações com nosso pai. Vamos embebedá-lo
com vinho outra vez hoje à noite, e você terá relações com ele.
Com isso, preservaremos nossa descendência por meio de nosso
pai". 35Naquela noite, portanto, voltaram a embebedar o pai com
vinho, e a filha mais nova teve relações com ele. Mais uma vez,
ele não percebeu quando ela se deitou nem quando se levantou.
36Como resultado, as duas filhas de Ló engravidaram do próprio
pai. 37Quando a filha mais velha deu à luz um menino, chamou-o
de Moabe. Ele se tornou o antepassado do povo conhecido até
hoje como moabitas. 38Quando a filha mais nova deu à luz um
menino, chamou-o de Ben-Ami. Ele se tornou o antepassado do
povo conhecido até hoje como amonitas.

CAPÍTULO 20

Abraão mente para Abimeleque

1Abraão se mudou para o Neguebe, ao sul. Permaneceu por algum
tempo entre Cades e Sur e depois seguiu até Gerar. Enquanto
morava ali como estrangeiro, 2Abraão apresentava Sara, sua mu-
lher, dizendo: "Ela é minha irmã". Por isso, o rei Abimeleque, de
Gerar, mandou buscar Sara para seu palácio. 3Naquela noite, Deus
apareceu a Abimeleque num sonho e lhe disse: "Você vai morrer!
A mulher que tomou já é casada!". 4Abimeleque, porém, ainda
não havia dormido com ela. Assim, disse: "Senhor, castigarás uma
nação inocente? 5Não foi Abraão quem me disse: 'Ela é minha
irmã'? E ela própria afirmou: 'Sim, ele é meu irmão'? Agi com
total inocência. Minhas mãos estão limpas!". 6No sonho, Deus
respondeu: "Sim, eu sei que você é inocente. Por isso o impedi
de pecar e não deixei que a tocasse. 7Agora, devolva a mulher ao
marido dela, e ele orará por você, pois é profeta. Então você viverá.
Mas, se não a devolver, esteja certo de que você e todo o seu povo

morrerão". 8Na manhã seguinte, Abimeleque se levantou cedo e,
sem demora, reuniu todos os seus servos. Quando contou o que
havia acontecido, seus homens se encheram de medo. 9Então
Abimeleque mandou chamar Abraão. "O que você fez conosco?",
perguntou. "Que crime cometi para merecer este tratamento que
nos torna, a mim e ao meu reino, culpados deste grande pecado?
O que você me fez não se faz a ninguém! 10O que deu em você
para agir desse jeito?" 11Abraão respondeu: "Pensei comigo: 'Este
é um lugar onde ninguém teme a Deus, e vão me matar para
ficarem com minha mulher'. 12Além do mais, ela é, de fato, minha
irmã por parte de pai, mas não de mãe, e eu me casei com ela.
13Quando Deus me chamou para deixar a casa de meu pai e viajar
de um lugar para outro, eu disse a ela: 'Faça-me este favor: por
onde formos, diga que eu sou seu irmão'". 14Então Abimeleque
pegou ovelhas e bois, servos e servas, e os deu de presente a
Abraão. Também lhe devolveu Sara, sua mulher. 15Abimeleque
disse: "Veja, minha terra está à sua disposição. More onde lhe
parecer melhor". 16E disse a Sara: "Estou dando a seu irmão mil
peças de prata diante de todas estas testemunhas para reparar
qualquer dano que eu lhe tenha causado. Assim, todos saberão
que você é inocente". 17Então Abraão orou a Deus, e Deus curou
Abimeleque, sua mulher e suas servas, de modo que pudessem
ter filhos, 18pois o SENHOR havia tornado estéreis todas as mulheres
do harém de Abimeleque por causa do que tinha acontecido com
Sara, mulher de Abraão.

CAPÍTULO 21

O nascimento de Isaque

1O SENHOR agiu em favor de Sara e cumpriu o que lhe tinha pro-
metido. 2Ela engravidou e deu à luz um filho para Abraão na ve-
lhice dele, exatamente no tempo indicado por Deus. 3Abraão deu
o nome Isaque ao filho que Sara lhe deu. 4No oitavo dia depois
do nascimento de Isaque, Abraão o circuncidou, como Deus havia
ordenado. 5Abraão tinha 100 anos quando Isaque nasceu. 6Sara
declarou: "Deus me fez sorrir. Todos que ficarem sabendo do que
aconteceu vão rir comigo!". 7E disse mais: "Quem diria a Abraão
que sua mulher amamentaria um bebê? E, no entanto, em sua
velhice, eu lhe dei um filho!".

Abraão expulsa Hagar e Ismael

8 Quando Isaque cresceu e estava para ser desmamado, Abraão
preparou uma grande festa para comemorar a ocasião. 9 Sara, po-
rém, viu Ismael, filho de Abraão e da serva egípcia Hagar, caçoar
de seu filho, Isaque, 10 e disse a Abraão: "Livre-se da escrava e do
filho dela! Ele jamais será herdeiro junto com meu filho, Isaque!".
11 Abraão ficou muito perturbado com isso, pois Ismael era seu filho.
12 Deus, porém, lhe disse: "Não se perturbe por causa do menino
e da serva. Faça tudo que Sara lhe pedir, pois Isaque é o filho de
quem depende a sua descendência. 13 Contudo, também farei uma
nação dos descendentes do filho de Hagar, pois ele é seu filho". 14 Na
manhã seguinte, Abraão se levantou cedo, preparou mantimentos
e uma vasilha cheia de água e os pôs sobre os ombros de Hagar.
Então, mandou-a embora com seu filho, e ela andou sem rumo
pelo deserto de Berseba. 15 Quando acabou a água, Hagar colocou
o menino à sombra de um arbusto 16 e foi sentar-se sozinha, uns
cem metros adiante. "Não quero ver o menino morrer", disse ela,
chorando sem parar. 17 Mas Deus ouviu o choro do menino e, do
céu, o anjo de Deus chamou Hagar: "Que foi, Hagar? Não tenha
medo! Deus ouviu o menino chorar, dali onde ele está. 18 Levante-o
e anime-o, pois farei dos descendentes dele uma grande nação".
19 Então Deus abriu os olhos de Hagar, e ela viu um poço cheio de
água. Sem demora, encheu a vasilha de água e deu para o menino
beber. 20 Deus estava com o menino enquanto ele crescia no deser-
to. Ismael se tornou flecheiro 21 e se estabeleceu no deserto de Parã,
e sua mãe conseguiu para ele uma esposa egípcia.

A aliança de Abraão com Abimeleque

22 Por esse tempo, Abimeleque, acompanhado de Ficol, coman-
dante do seu exército, foi visitar Abraão. "É evidente que Deus
está com você, ajudando-o em tudo que faz", disse Abimeleque.
23 "Jure, em nome de Deus, que não enganará nem a mim, nem
a meus filhos, nem a nenhum de meus descendentes. Tenho
sido leal a você, por isso jure que será leal a mim e a esta terra
onde vive como estrangeiro." 24 Abraão respondeu: "Eu juro!".
25 Contudo, Abraão reclamou com Abimeleque sobre um poço
que os servos de Abimeleque lhe haviam tomado à força. 26 "Eu
não sabia disso", respondeu Abimeleque. "Não faço ideia de quem

NO QUE ESTOU **PENSANDO** ○ | O QUE ESTOU **SENTINDO** ○ | DO QUE ESTOU **LEMBRANDO** ○

DESENHE OU ESCREVA

seja o responsável. Você nunca se queixou a esse respeito." 27 Então
Abraão deu ovelhas e bois a Abimeleque, e os dois fizeram um
acordo. 28 Quando Abraão também separou do rebanho mais sete
cordeirinhas, 29 Abimeleque lhe perguntou: "Por que você separou
estas sete das demais?". 30 Abraão respondeu: "Por favor, aceite es-
tas sete cordeirinhas como testemunho de que eu cavei este poço".
31 Por isso Abraão chamou o lugar de Berseba, porque ali os dois
fizeram o juramento. 32 Depois de firmarem a aliança em Berseba,
Abimeleque e Ficol, comandante do seu exército, voltaram para a
terra dos filisteus. 33 Abraão plantou uma tamargueira em Berseba
e ali invocou o nome do SENHOR, o Deus Eterno. 34 E Abraão morou
na terra dos filisteus como estrangeiro por longo tempo.

CAPÍTULO 22

Deus prova Abraão

1 Algum tempo depois, Deus pôs Abraão à prova. "Abraão!", Deus
chamou. "Sim", respondeu Abraão. "Aqui estou!" 2 Deus disse:
"Tome seu filho, seu único filho, Isaque, a quem você tanto ama, e
vá à terra de Moriá. Lá, em um dos montes que eu lhe mostrarei,
ofereça-o como holocausto". 3 Na manhã seguinte, Abraão se le-
vantou cedo e preparou seu jumento. Levou consigo dois de seus
servos e seu filho Isaque. Cortou lenha para o fogo do holocausto
e partiu para o lugar que Deus tinha indicado. 4 No terceiro dia da
viagem, Abraão levantou os olhos e viu o lugar de longe. 5 "Fiquem
aqui com o jumento", disse ele aos servos. "O rapaz e eu iremos
mais adiante. Vamos adorar e depois voltaremos." 6 Abraão pôs a
lenha para o holocausto nos ombros de Isaque, e ele próprio levou
o fogo e a faca. Enquanto os dois caminhavam juntos, 7 Isaque se vi-
rou para Abraão e disse: "Pai?". "Sim, meu filho", respondeu Abraão.
"Temos fogo e lenha", disse Isaque. "Mas onde está o cordeiro para
o holocausto?" 8 "Deus providenciará o cordeiro para o holocausto,
meu filho", respondeu Abraão. E continuaram a caminhar juntos.
9 Quando chegaram ao lugar que Deus havia indicado, Abraão cons-
truiu um altar e arrumou a lenha sobre ele. Em seguida, amarrou
seu filho Isaque e o colocou no altar, sobre a lenha. 10 Então, pegou
a faca para sacrificar o filho. 11 Nesse momento, o anjo do SENHOR
o chamou do céu: "Abraão! Abraão!". "Aqui estou!", respondeu
Abraão. 12 "Não toque no rapaz", disse o anjo. "Não lhe faça mal

algum. Agora sei que você teme a Deus de fato. Não me negou nem
mesmo seu filho, seu único filho!" 13Então Abraão levantou os olhos
e viu um carneiro preso pelos chifres num arbusto. Pegou o carneiro
e o ofereceu como holocausto em lugar do filho. 14Abraão chamou
aquele lugar de Javé-Jiré. Até hoje, as pessoas usam esse nome
como provérbio: "No monte do SENHOR se providenciará". 15Então
o anjo do SENHOR chamou Abraão novamente do céu: 16"Assim
diz o SENHOR: Uma vez que você me obedeceu e não me negou
nem mesmo seu filho, seu único filho, juro pelo meu nome que
17certamente o abençoarei. Multiplicarei grandemente seus des-
cendentes, e eles serão como as estrelas no céu e a areia na beira do
mar. Seus descendentes conquistarão as cidades de seus inimigos
18e, por meio deles, todas as nações da terra serão abençoadas. Tudo
isso porque você me obedeceu". 19Então voltaram até onde estavam
os servos e partiram para Berseba, onde Abraão continuou a morar.
20Pouco tempo depois, Abraão ficou sabendo que Milca, mulher de
Naor, irmão dele, lhe tinha dado filhos. 21O mais velho recebeu o
nome de Uz, o segundo mais velho, Buz, seguido de Quemuel (an-
tepassado dos arameus), 22Quésede, Hazo, Pildás, Jidlafe e Betuel
23(que foi o pai de Rebeca). Esses foram os oito filhos que Milca deu
a Naor, irmão de Abraão. 24Além desses, Reumá, sua concubina,
lhe deu quatro filhos: Tebá, Gaã, Taás e Maaca.

CAPÍTULO 23

O sepultamento de Sara

1Quando Sara estava com 127 anos, 2morreu em Quiriate-Arba (hoje
chamada Hebrom), na terra de Canaã. Abraão lamentou a morte de
Sara e chorou por ela. 3Depois, deixou ali o corpo de sua mulher e
disse aos hititas: 4"Tenho vivido como forasteiro e estrangeiro entre
vocês. Por favor, vendam-me um pedaço de terra, para que eu possa
dar um sepultamento digno à minha mulher". 5Os hititas responde-
ram a Abraão: 6"Ouça-nos; o senhor é um príncipe honrado em nos-
so meio. Escolha o melhor dos nossos túmulos e nele sepulte sua
mulher. Nenhum de nós se recusará a dar ao senhor o local para a
sepultura". 7Abraão curvou-se diante dos hititas 8e disse: "Visto que
estão dispostos a me dar o local para a sepultura, façam a gentile-
za de pedir a Efrom, filho de Zoar, 9que me permita comprar sua
caverna em Macpela, na fronteira do seu campo. Ele me venderá a

NO QUE ESTOU PENSANDO ○ | O QUE ESTOU SENTINDO ○ | DO QUE ESTOU LEMBRANDO ○

DESENHE OU ESCREVA

terra pelo preço que vocês considerarem justo, e assim terei uma
sepultura permanente para minha família". 10Efrom estava sentado
no meio do seu povo e respondeu a Abraão enquanto os demais
ouviam, pronunciando-se publicamente diante dos hititas que se
reuniam à porta da cidade. 11"Não, meu senhor", disse ele a Abraão.
"Ouça-me; eu lhe dou o campo e a caverna. Aqui, na presença do
meu povo, eu lhe dou a propriedade. Vá e sepulte a sua falecida."
12Abraão se curvou outra vez diante do povo daquela terra 13e res-
pondeu a Efrom, enquanto todos ouviam: "Ouça-me, por favor; eu
os comprarei de você. Deixe-me pagar o preço justo pelo campo,
para que possa sepultar ali a minha falecida". 14Efrom respondeu a
Abraão: 15"Meu senhor, ouça-me; a propriedade vale quatrocentas
peças de prata, mas o que é isso entre amigos? Vá e sepulte a sua
falecida". 16Abraão concordou com o preço e pagou a quantia que
Efrom sugeriu: quatrocentas peças de prata, pesadas de acordo
com o padrão do mercado. E os hititas testemunharam a transação.
17Assim, Abraão comprou o pedaço de terra pertencente a Efrom em
Macpela, perto de Manre. A propriedade incluía o campo, a caverna
e todas as árvores ao redor. 18Foi transferida a Abraão como sua
propriedade permanente, na presença dos anciãos hititas à porta
da cidade. 19Então Abraão sepultou Sara, sua mulher, em Canaã, na
caverna de Macpela, perto de Manre (também chamado Hebrom).
20O campo e a caverna foram transferidos dos hititas para Abraão
como sepultura permanente.

CAPÍTULO 24

Uma mulher para Isaque

1Abraão estava bem velho, e o SENHOR o havia abençoado em tudo.
2Certo dia, Abraão disse a seu servo mais antigo, o homem encar-
regado de sua casa: "Faça um juramento colocando a mão debaixo
da minha coxa. 3Jure pelo SENHOR, o Deus dos céus e da terra, que
não deixará meu filho se casar com uma das mulheres cananitas
que aqui vivem, 4mas irá à minha terra natal, aos meus parentes,
procurar uma mulher para meu filho Isaque". 5O servo perguntou:
"E se eu não encontrar uma moça disposta a viajar para um lugar
tão distante de sua terra? Devo levar Isaque para morar entre seus
parentes na terra de onde o senhor veio?". 6"Não!", respondeu
Abraão. "Cuidado! Não leve meu filho para lá de jeito nenhum. 7O

SENHOR, o Deus dos céus, que me tirou da casa de meu pai e de
minha terra natal, prometeu solenemente dar esta terra a meus
descendentes. Ele enviará um anjo à sua frente e providenciará
para que você encontre ali uma mulher para meu filho. 8Se ela não
estiver disposta a acompanhá-lo de volta, você estará livre do seu
juramento. Mas não leve meu filho para lá, de maneira nenhuma."
9Então o servo colocou a mão debaixo da coxa de Abraão, seu se-
nhor, e jurou seguir suas instruções. 10Em seguida, pegou dez ca-
melos de Abraão, carregou-os com presentes valiosos de todo tipo
da parte de seu senhor e viajou para a terra distante de Arã-Naaraim.
Chegando lá, dirigiu-se à cidade onde Naor, irmão de Abraão, havia
se estabelecido. 11Ao entardecer, quando as mulheres saíam para
tirar água, ele fez os camelos se ajoelharem perto de um poço nos
arredores da cidade. 12Então o servo orou: "Ó SENHOR, Deus do meu
senhor Abraão, por favor, dá-me sucesso hoje e sê bondoso com o
meu senhor Abraão. 13Como vês, estou aqui junto desta fonte, e as
moças da cidade estão vindo tirar água. 14Esta é minha súplica.
Pedirei a uma delas: 'Por favor, dê-me um pouco de água do seu
cântaro para eu beber'. Se ela disser: 'Sim, beba. Também darei
água a seus camelos', que seja ela a moça que escolheste para ser
mulher do teu servo Isaque. Desse modo, saberei que foste bon-
doso com o meu senhor". 15Antes de terminar a oração, o servo viu
aproximar-se uma moça chamada Rebeca, que trazia um cântaro
no ombro. Ela era filha de Betuel, filho do irmão de Abraão, Naor,
e de sua mulher, Milca. 16Rebeca era muito bonita, tinha idade para
casar e era virgem. Ela desceu à fonte, encheu o cântaro e voltou.
17O servo de Abraão correu até ela e lhe pediu: "Por favor, dê-me
um pouco de água do seu cântaro para eu beber". 18"Sim, meu
senhor, beba", respondeu ela e, prontamente, baixou o cântaro do
ombro e lhe deu de beber. 19Depois que lhe deu de beber, disse:
"Tirarei água para seus camelos também, até que estejam satisfei-
tos". 20Esvaziou depressa o cântaro no bebedouro e correu de volta
ao poço a fim de tirar água para todos os camelos. 21O homem a
observou em silêncio, pensando se o SENHOR lhe tinha dado suces-
so em sua missão. 22Por fim, quando os camelos terminaram de
beber, o servo deu à moça uma argola de ouro para o nariz e duas
pulseiras grandes de ouro para os braços. 23"De quem você é filha?",
perguntou ele. "Diga-me, por favor, se seu pai tem lugar para nos

Gn 24.19

hospedar esta noite." 24"Sou filha de Betuel, e meus avós são Naor
e Milca", respondeu ela. 25"Temos bastante palha e forragem para
os camelos e espaço para hóspedes." 26O homem se prostrou e
adorou o SENHOR. 27"Louvado seja o SENHOR, Deus do meu senhor
Abraão!", disse ele. "O SENHOR demonstrou bondade e fidelidade
ao meu senhor, pois me conduziu até seus parentes." 28A moça
correu para casa e contou à família tudo que havia acontecido.
29Rebeca tinha um irmão chamado Labão, que foi prontamente à
fonte para conhecer o homem. 30Ele havia visto a argola para o
nariz e as pulseiras nos braços da irmã, e tinha ouvido Rebeca contar
o que o homem dissera. Assim, apressou-se até a fonte, onde o
homem ainda estava parado perto dos camelos. 31Labão lhe disse:
"Venha e fique conosco, abençoado do SENHOR! Por que ficar aí
fora? Já mandei arrumar acomodações para você e seus homens e
lugar para os camelos". 32Então o homem foi com ele para casa.
Labão mandou descarregar os camelos, dar palha para os animais
se deitarem e forragem para comerem, e água para o homem e
seus ajudantes lavarem os pés. 33Quando a refeição foi servida,
porém, o servo de Abraão disse: "Não comerei enquanto não ex-
plicar o motivo da minha vinda". "Está bem", disse Labão. "Fale."
34"Sou servo de Abraão", explicou ele. 35"O SENHOR abençoou
grandemente o meu senhor, e ele se tornou um homem rico. O
SENHOR lhe deu rebanhos de ovelhas e bois, uma fortuna em prata
e ouro, e muitos servos e servas, camelos e jumentos. 36"Quando
Sara, mulher do meu senhor, era muito idosa, deu à luz o filho dele.
Meu senhor deu tudo que possui a esse filho 37e me fez jurar, di-
zendo: 'Não permita que meu filho se case com uma das mulheres
cananitas que aqui vivem. 38Vá à casa de meu pai, aos meus pa-
rentes, procurar uma mulher para meu filho'. 39"Mas eu perguntei
ao meu senhor: 'E se eu não encontrar uma moça disposta a voltar
comigo?'. 40Ele respondeu: 'O SENHOR, em cuja presença tenho
vivido, enviará um anjo com você e lhe dará sucesso em sua missão.
Encontre uma mulher para meu filho entre os meus parentes, da
família de meu pai. 41Então você terá cumprido sua obrigação. Se,
porém, você for aos meus parentes e eles não deixarem a moça
acompanhá-lo, estará livre do juramento'. 42"Hoje, quando cheguei
à fonte, fiz a seguinte oração: 'Ó SENHOR, Deus do meu senhor
Abraão, por favor, dá-me sucesso em minha missão. 43Como vês,

estou aqui junto desta fonte. Esta é minha súplica. Quando uma
jovem vier tirar água, eu lhe direi: 'Por favor, dê-me um pouco de
água do seu cântaro'. **44**Se ela disser: 'Sim, beba. Também darei
água a seus camelos', que seja ela a moça que escolheste para ser
mulher do filho do meu senhor'. **45**"Antes de terminar de orar em
meu coração, vi Rebeca vindo com o cântaro no ombro. Ela desceu
à fonte e tirou água. Eu lhe disse: 'Por favor, dê-me um pouco de
água do seu cântaro para eu beber'. **46**Prontamente, ela baixou o
cântaro do ombro e disse: 'Sim, beba. Também darei água aos seus
camelos'. Eu bebi, e ela deu água aos camelos. **47**"Em seguida,
perguntei-lhe: 'De quem você é filha?'. Ela respondeu: 'Sou filha
de Betuel, e meus avós são Naor e Milca'. Então coloquei a argola
em seu nariz e as pulseiras em seus braços. **48**"Depois, prostrei-me
e adorei o SENHOR. Louvei o SENHOR, Deus do meu senhor Abraão,
pois ele havia me conduzido até a sobrinha-neta do meu senhor,
para que ela seja mulher do filho do meu senhor. **49**Agora, digam-
-me se mostrarão bondade e fidelidade ao meu senhor. Por favor,
respondam-me 'sim' ou 'não', para que eu saiba o que fazer em
seguida." **50**Labão e Betuel responderam: "É evidente que o SENHOR
o trouxe até aqui. Sendo assim, não há nada que possamos dizer.
51Aqui está Rebeca; tome-a e leve-a com você. Que ela seja mulher
do filho do seu senhor, como disse o SENHOR". **52**Quando o servo
de Abraão ouviu a resposta, prostrou-se no chão e adorou o SENHOR.
53Em seguida, entregou a Rebeca joias de prata e ouro e vestidos.
Também deu presentes valiosos ao irmão e à mãe de Rebeca.
54Então o servo e os homens que o acompanhavam comeram e
passaram a noite ali. Logo cedo na manhã seguinte, o servo de
Abraão disse: "Enviem-me de volta ao meu senhor". **55**Mas o irmão
e a mãe de Rebeca disseram: "Queremos que Rebeca fique conosco
pelo menos dez dias; depois, ela poderá partir". **56**O servo, porém,
disse: "Não me detenham. O SENHOR me deu sucesso em minha
missão; agora, enviem-me de volta ao meu senhor". **57**"Pois bem",
disseram eles. "Chamaremos Rebeca e pediremos a opinião dela."
58Chamaram Rebeca e lhe perguntaram: "Você está disposta a ir
com este homem?". E ela respondeu: "Sim, estou". **59**Com isso, eles
se despediram de Rebeca e a enviaram com o servo de Abraão e
seus homens. A serva que havia amamentado Rebeca a acompa-
nhou. **60**Na hora da partida, abençoaram Rebeca, dizendo: "Nossa

NO QUE ESTOU **PENSANDO** ○ | O QUE ESTOU **SENTINDO** ○ | DO QUE ESTOU **LEMBRANDO** ○

DESENHE OU ESCREVA

irmã, que você se torne mãe de muitos milhares! Que seus descen-
dentes conquistem as cidades de seus inimigos!". **61**Então Rebeca
e suas servas montaram nos camelos e seguiram o homem. Assim,
o servo de Abraão partiu levando Rebeca. **62**Nesse meio-tempo,
Isaque, que morava no Neguebe, havia regressado de Beer-Laai-
Roi. **63**Ao entardecer, enquanto caminhava pelo campo e meditava,
levantou os olhos e viu que camelos se aproximavam. **64**Quando
Rebeca levantou os olhos e viu Isaque, desceu do camelo no mes-
mo instante **65**e perguntou ao servo: "Quem é aquele homem que
vem pelo campo ao nosso encontro?". Quando ele respondeu: "É
meu senhor", Rebeca cobriu o rosto com o véu. **66**Depois, o servo
contou a Isaque tudo que havia feito. **67**Isaque a levou para a tenda
de Sara, sua mãe, e Rebeca se tornou sua mulher. Ele a amava
profundamente e nela encontrou consolação depois que sua mãe
morreu.

CAPÍTULO 25

A morte de Abraão

1Abraão se casou outra vez, com uma mulher chamada Quetura.
2Ela deu à luz Zinrã, Jocsã, Medã, Midiã, Isbaque e Suá. **3**Jocsã
gerou Sabá e Dedã. Os descendentes de Dedã foram os assuri-
tas, os letusitas e os leumitas. **4**Os filhos de Midiã foram Efá, Éfer,
Enoque, Abida e Elda. Todos eles foram descendentes de Abraão
por meio de Quetura. **5**Abraão deu tudo que possuía a seu filho
Isaque. **6**Antes de morrer, porém, deu presentes aos filhos de suas
concubinas e os separou de Isaque, enviando-os para as terras do
leste. **7**Abraão viveu 175 anos **8**e morreu em boa velhice, depois de
uma vida longa e feliz. Deu o último suspiro e, ao morrer, reuniu-se
a seus antepassados. **9**Seus filhos Isaque e Ismael o sepultaram na
caverna de Macpela, perto de Manre, no campo de Efrom, filho de
Zoar, o hitita. **10**Esse era o campo que Abraão havia comprado dos
hititas e onde havia sepultado Sara, sua mulher. **11**Depois da morte
de Abraão, Deus abençoou Isaque, e ele se estabeleceu perto de
Beer-Laai-Roi, no Neguebe.

Os descendentes de Ismael

12Este é o relato da família de Ismael, filho de Abraão com Hagar,
serva egípcia de Sara. **13**São estes os descendentes de Ismael por

nome e clã: Nebaiote, o mais velho, seguido de Quedar, Adbeel,
Misbão, 14Misma, Dumá, Massá, 15Hadade, Temá, Jetur, Nafis e
Quedemá. 16Esses doze filhos de Ismael deram origem a doze
tribos, cada uma com o nome de seu fundador, relacionadas de
acordo com o lugar onde se estabeleceram e acamparam. 17Ismael
viveu 137 anos. Deu o último suspiro e, ao morrer, reuniu-se a seus
antepassados. 18Os descendentes de Ismael ocuparam a região que
vai de Havilá a Sur, a leste do Egito, na direção de Assur. Ali, viveram
em franca oposição a todos os seus parentes.

O nascimento de Esaú e Jacó

19Este é o relato da família de Isaque, filho de Abraão. 20Quando
Isaque tinha 40 anos, casou-se com Rebeca, filha de Betuel, o
arameu de Padã-Arã, e irmã de Labão, o arameu. 21Isaque orou
ao SENHOR em favor de sua mulher, pois ela não podia ter filhos.
O SENHOR ouviu a oração de Isaque, e Rebeca ficou grávida de
gêmeos. 22Os dois bebês lutavam um com o outro no ventre
da mãe, de modo que ela consultou o SENHOR a esse respeito.
"Por que isso está acontecendo comigo?", perguntou ela. 23O
SENHOR respondeu: "Os filhos em seu ventre se tornarão duas
nações. Desde o começo, elas serão rivais. Uma nação será mais
forte que a outra, e seu filho mais velho servirá a seu filho mais
novo". 24Quando chegou a hora de dar à luz, Rebeca descobriu
que, de fato, eram gêmeos. 25O primeiro a nascer era ruivo e
coberto de pelos; por isso o chamaram de Esaú. 26Depois, nas-
ceu o outro gêmeo, com a mão agarrada ao calcanhar de Esaú;
por isso o chamaram de Jacó. Isaque tinha 60 anos quando os
gêmeos nasceram.

Esaú vende seu direito de filho mais velho

27Os meninos cresceram. Esaú se tornou um caçador habilidoso
que vivia ao ar livre, enquanto Jacó era mais pacato e preferia ficar
em casa. 28Isaque amava Esaú porque gostava de comer a carne de
caça que ele trazia, mas Rebeca amava Jacó. 29Certo dia, quando
Jacó preparava um ensopado, Esaú chegou do deserto, exausto e
faminto. 30"Estou faminto!", disse ele a Jacó. "Dê-me um pouco
desse ensopado vermelho!" (Por isso Esaú também ficou conhecido
como Edom.) 31"Está bem", respondeu Jacó. "Mas, em troca, dê-me

Gn 25.27

seus direitos de filho mais velho." 32"Estou morrendo de fome!",
disse Esaú. "De que me servem meus direitos de filho mais velho?"
33Mas Jacó disse: "Primeiro, jure que seus direitos de filho mais ve-
lho agora são meus". Esaú fez um juramento e, desse modo, vendeu
todos os seus direitos de filho mais velho a seu irmão, Jacó. 34Então
Jacó deu a Esaú um pedaço de pão e o ensopado de lentilhas. Esaú
comeu, levantou-se e foi embora. Assim, ele desprezou seu direito
de filho mais velho.

CAPÍTULO 26

Isaque mente para Abimeleque

1Uma fome terrível atingiu a região, como havia acontecido antes
no tempo de Abraão. Por isso, Isaque se mudou para Gerar, onde
vivia Abimeleque, rei dos filisteus. 2O SENHOR apareceu a Isaque
e disse: "Não desça ao Egito. Faça o que eu mandar. 3Habite aqui
como estrangeiro, e eu estarei com você e o abençoarei. Com isso,
confirmo que darei todas estas terras a você e a seus descenden-
tes, conforme prometi solenemente a Abraão, seu pai. 4Farei que
seus descendentes sejam tão numerosos quanto as estrelas do
céu e darei a eles todas estas terras. Por meio de sua descendên-
cia, todas as nações da terra serão abençoadas. 5Farei isso porque
Abraão me deu ouvidos e obedeceu ao que lhe ordenei: meus
mandamentos, decretos e instruções". 6Portanto, Isaque ficou em
Gerar. 7Quando os homens que viviam na região perguntaram a
Isaque sobre Rebeca, sua mulher, ele disse: "É minha irmã". Teve
medo de dizer "É minha mulher", pois pensou: "Ela é tão bonita
que os homens vão me matar por causa dela". 8Algum tempo
depois, porém, Abimeleque, rei dos filisteus, olhou pela janela
e viu Isaque acariciar Rebeca. 9No mesmo instante, Abimeleque
mandou chamar Isaque e exclamou: "É evidente que ela é sua
mulher! Por que você disse que era sua irmã?". "Porque tive
medo que alguém me matasse por causa dela", respondeu
Isaque. 10"Como você pôde fazer uma coisa dessas conosco?",
exclamou Abimeleque. "Um dos meus homens poderia ter to-
mado sua mulher e dormido com ela e, por sua causa, seríamos
culpados de grande pecado!" 11Então Abimeleque declarou a
todo o povo: "Quem tocar neste homem ou em sua mulher
será executado!".

Conflito pelo uso da água

12 Naquele ano, quando Isaque plantou lavouras, colheu cem vezes
mais cereais do que havia semeado, pois o SENHOR o abençoou.
13 Isaque prosperou e se tornou rico e influente. 14 Adquiriu tantos
rebanhos de ovelhas e bois e tantos servos que os filisteus o inve-
jaram. 15 Por isso, os filisteus fecharam com terra todos os poços de
Isaque, que tinham sido cavados pelos servos de seu pai, Abraão.
16 Por fim, Abimeleque ordenou que Isaque deixasse aquela terra.
"Vá para outro lugar", disse ele. "Você se tornou poderoso demais
para nós." 17 Então Isaque partiu de onde estava e se estabeleceu
no vale de Gerar, onde armou suas tendas. 18 Reabriu os poços que
seu pai havia cavado e que os filisteus haviam fechado depois da
morte de Abraão e lhes deu os mesmos nomes que Abraão tinha
dado. 19 Os servos de Isaque também cavaram no vale de Gerar e
encontraram uma fonte de água corrente. 20 Contudo, os pastores
de Gerar entraram em conflito com os pastores de Isaque. "Esta
água é nossa!", diziam eles. Por isso, Isaque chamou o poço de
Eseque. 21 Em seguida, os homens de Isaque cavaram outro poço,
mas, novamente, houve conflito por causa dele. Por isso, Isaque
o chamou de Sitna. 22 Isaque abandonou esse poço e mandou
cavar outro mais adiante. Dessa vez, ninguém discutiu por cau-
sa dele, de modo que Isaque o chamou de Reobote, pois disse:
"Finalmente o SENHOR criou espaço suficiente para prosperarmos
nesta terra!". 23 Dali, Isaque se mudou para Berseba, 24 onde o
SENHOR lhe apareceu na noite de sua chegada e disse: "Eu sou o
Deus de seu pai, Abraão. Não tenha medo, pois estou com você e
o abençoarei. Multiplicarei seus descendentes, e eles se tornarão
uma grande nação. Farei isso por causa da minha promessa ao
meu servo, Abraão". 25 Isaque construiu ali um altar e invocou o
nome do SENHOR. Armou acampamento naquele local, e seus ser-
vos cavaram outro poço.

A aliança de Isaque com Abimeleque

26 Certo dia, o rei Abimeleque veio de Gerar com Auzate, seu conse-
lheiro, e com Ficol, comandante do seu exército. 27 "Por que vocês
vieram?", perguntou Isaque. "É evidente que me odeiam, já que
me expulsaram de sua terra." 28 Eles responderam: "Podemos ver
claramente que o SENHOR está com você. Por isso, queremos fazer

NO QUE ESTOU **PENSANDO** ○ O QUE ESTOU **SENTINDO** ○ DO QUE ESTOU **LEMBRANDO** ○

DESENHE OU ESCREVA

com você um acordo sob juramento, uma aliança. 29 Jure que não
nos fará mal, assim como nós nunca lhe fizemos mal. Sempre o
tratamos bem e o despedimos em paz. E agora, veja como o SENHOR
o abençoou!". 30 Então Isaque lhes preparou um banquete, e eles
comeram e beberam juntos. 31 Logo cedo, na manhã seguinte, cada
um fez o juramento solene de não interferir com o outro. Isaque
se despediu deles, e partiram em paz. 32 Naquele mesmo dia, os
servos de Isaque vieram lhe falar de um novo poço que tinham
cavado. "Encontramos água!", exclamaram. 33 Por isso, Isaque
chamou o poço de Seba. E, até hoje, a cidade que se formou ali
é conhecida como Berseba. 34 Quando Esaú tinha 40 anos, casou-
-se com duas mulheres hititas: Judite, filha de Beeri, e Basemate,
filha de Elom. 35 Essas duas mulheres causaram grande desgosto
a Isaque e Rebeca.

CAPÍTULO 27

Jacó rouba a bênção de Esaú

1 Certo dia, quando Isaque era velho e estava ficando cego, chamou
Esaú, seu filho mais velho: "Meu filho!". Esaú respondeu: "Aqui
estou!". 2 Isaque disse: "Estou velho e não sei quando vou morrer.
3 Pegue suas armas, o arco e as flechas, e vá ao campo caçar um
animal para mim. 4 Depois, prepare meu prato favorito e traga-o
aqui para eu comer. Então pronunciarei a bênção que pertence a
você, meu filho mais velho, antes de eu morrer". 5 Rebeca, porém,
ouviu o que Isaque tinha dito a seu filho Esaú. Quando Esaú saiu
para caçar, 6 ela disse a seu filho Jacó: "Ouvi seu pai dizer a Esaú:
7 'Traga-me uma carne de caça e prepare-me uma refeição sabo-
rosa. Então abençoarei você na presença do SENHOR antes de eu
morrer'. 8 Agora, meu filho, preste atenção e faça exatamente o que
lhe direi. 9 Vá ao rebanho e traga-me dois dos melhores cabritos.
Eu os usarei para preparar o prato favorito de seu pai. 10 Depois,
leve a comida para seu pai, para que ele a coma e o abençoe antes
de morrer". 11 Jacó respondeu a Rebeca: "Mas meu irmão Esaú é
peludo, enquanto eu tenho pele lisa. 12 E se meu pai me tocar?
Percebera que estou tentando enganá-lo e, em vez de me abençoar,
me amaldiçoará!". 13 Sua mãe, porém, respondeu: "Que caia sobre
mim essa maldição, meu filho! Apenas faça o que lhe digo. Vá e
traga-me os cabritos". 14 Jacó foi e trouxe os cabritos para sua mãe.

Rebeca os usou para preparar uma refeição saborosa, do jeito que
Isaque gostava. 15Em seguida, pegou as roupas prediletas de Esaú
que estavam na casa dela e as entregou a Jacó, seu filho mais novo.
16Com a pele dos cabritos, cobriu-lhe os braços e a parte lisa do
pescoço. 17Depois, entregou-lhe a refeição saborosa, acompanhada
do pão que havia acabado de assar. 18Jacó levou a comida para o pai
e disse: "Meu pai?". "Sim, meu filho", respondeu Isaque. "Quem é
você, Esaú ou Jacó?" 19Jacó disse: "Sou Esaú, seu filho mais velho.
Fiz o que o senhor mandou. Aqui está a carne de caça. Sente-se e
coma, para que me dê sua bênção". 20Isaque perguntou: "Como
encontrou a caça tão depressa, meu filho?". Jacó respondeu: "O
SENHOR, seu Deus, a colocou no meu caminho". 21Então Isaque disse
a Jacó: "Chegue mais perto, para que eu possa tocá-lo e ter certeza
de que você é mesmo Esaú". 22Jacó se aproximou do pai, e Isaque o
tocou e disse: "A voz é de Jacó, mas as mãos são de Esaú". 23Não o
reconheceu, porém, pois as mãos de Jacó estavam peludas, como as
de Esaú. Assim, Isaque se preparou para abençoar Jacó. 24"Mas você
é mesmo meu filho Esaú?", perguntou ele. "Sim, eu sou", respondeu
Jacó. 25Então Isaque disse: "Agora, meu filho, traga-me a carne de
caça. Depois que comer, eu lhe darei a minha bênção". Jacó trouxe
a comida para o pai, e Isaque comeu. Também bebeu o vinho que
Jacó lhe serviu. 26Por fim, Isaque disse a Jacó: "Aproxime-se, por
favor, e dê-me um beijo, meu filho". 27Jacó se aproximou e o beijou.
Quando Isaque sentiu o cheiro das roupas, finalmente abençoou o
filho. Disse: "Ah! O cheiro de meu filho é como o cheiro do campo
que o SENHOR abençoou! 28"Do orvalho do céu e da riqueza da terra,
Deus lhe conceda fartas colheitas de cereais e vinho novo de sobra.
29Que muitas nações o sirvam e se curvem à sua frente. Que você
seja senhor de seus irmãos e os filhos de sua mãe se curvem à sua
frente. Todos que o amaldiçoarem serão amaldiçoados, e todos que
o abençoarem serão abençoados". 30Assim que Isaque terminou
de abençoar Jacó, e logo depois de Jacó ter saído da presença de
seu pai, Esaú voltou da caçada. 31Preparou uma refeição saborosa,
levou-a para seu pai e disse: "Sente-se, meu pai, e coma da mi-
nha caça, para me abençoar". 32Isaque lhe perguntou: "Quem é
você?". Ele respondeu: "Sou Esaú, seu filho mais velho". 33Isaque
começou a tremer incontrolavelmente e disse: "Então quem me
serviu a carne de caça? Acabei de comê-la, pouco antes de você

chegar, e abençoei quem a trouxe. Essa bênção deve permane-
cer!". 34Quando Esaú ouviu as palavras do pai, soltou um forte grito
amargurado e suplicou: "Ah, meu pai, e eu? Abençoe-me também!".
35Mas Isaque disse: "Seu irmão esteve aqui e me enganou. Levou
embora a bênção que pertencia a você!". 36Esaú exclamou: "Não
é de admirar que ele se chame Jacó, pois é a segunda vez que
me engana. Primeiro, tomou meus direitos de filho mais velho e,
agora, roubou minha bênção. O senhor não guardou uma bênção
sequer para mim?". 37Isaque disse a Esaú: "Fiz de Jacó o seu senhor
e declarei que todos os irmãos dele o servirão. Garanti a ele fartura
de cereais e vinho. O que me resta para dar a você, meu filho?".
38Esaú suplicou: "Por acaso o senhor tem apenas uma bênção?
Ah, meu pai, abençoe-me também!". Então Esaú chorou em alta
voz. 39Por fim, seu pai, Isaque, lhe disse: "Você viverá longe das
riquezas da terra e longe do orvalho do alto céu. 40Viverá por sua
espada e servirá a seu irmão. Quando, porém, conseguir se libertar,
sacudirá do pescoço esse jugo".

Jacó foge para Padã-Arã

41Daquele momento em diante, Esaú passou a odiar Jacó porque
seu pai o havia abençoado. Começou a tramar: "Em breve meu
pai morrerá. Então, matarei meu irmão Jacó". 42Quando Rebeca
soube das intenções de Esaú, mandou chamar Jacó e lhe disse:
"Ouça, Esaú se consola com planos para matar você. 43Portanto,
preste atenção, meu filho. Apronte-se e fuja para a casa de meu
irmão Labão, em Harã. 44Fique lá até que diminua a fúria de seu
irmão. 45Quando ele se acalmar e se esquecer do que você lhe
fez, mandarei buscá-lo. Por que eu perderia meus dois filhos no
mesmo dia?". 46Depois, Rebeca disse a Isaque: "Estou cansada
dessas mulheres hititas que vivem aqui! Prefiro morrer a ver Jacó
se casar com uma delas!".

CAPÍTULO 28

1Então Isaque mandou chamar Jacó, o abençoou e disse: "Não se
case com uma mulher cananita. 2Em vez disso, vá de imediato a
Padã-Arã, à casa de seu avô Betuel, e case-se com uma das filhas
de seu tio Labão. 3Que o Deus Todo-poderoso o abençoe e lhe dê
muitos filhos, e que eles se multipliquem e venham a ser muitas

nações. 4 Que Deus dê a você e a seus descendentes as bênçãos
que ele prometeu a Abraão. Que você venha a possuir esta terra
na qual vive agora como estrangeiro, pois Deus entregou esta terra
a Abraão". 5 Assim, Isaque se despediu de Jacó, que foi a Padã-
Arã morar com seu tio Labão, irmão de Rebeca, filho de Betuel,
o arameu. 6 Esaú soube que seu pai, Isaque, havia abençoado
Jacó e o enviado a Padã-Arã para encontrar uma esposa e que, ao
abençoá-lo, tinha advertido a seu irmão: "Não se case com uma
mulher cananita". 7 Também soube que Jacó havia obedecido aos
pais e ido a Padã-Arã. 8 Quando ficou evidente que seu pai não
aprovava as mulheres cananitas, 9 Esaú foi visitar a família de seu
tio Ismael e, além das duas mulheres cananitas com as quais havia
se casado, tomou para si uma das filhas de Ismael. O nome de
sua nova mulher era Maalate, irmã de Nebaiote e filha de Ismael,
filho de Abraão.

O sonho de Jacó em Betel

10 Nesse meio-tempo, Jacó partiu de Berseba e rumou para Harã.
11 Quando o sol se pôs, chegou a um bom local para acampar e ali
passou a noite. Encontrou uma pedra para descansar a cabeça e se
deitou para dormir. 12 Enquanto dormia, sonhou com uma escada
que ia da terra ao céu e viu os anjos de Deus, que subiam e desciam
pela escada. 13 No topo da escada estava o SENHOR, que lhe disse:
"Eu sou o SENHOR, o Deus de seu avô, Abraão, e o Deus de seu
pai, Isaque. A terra na qual você está deitado lhe pertence. Eu a
darei a você e a seus descendentes. 14 Seus descendentes serão tão
numerosos quanto o pó da terra! Eles se espalharão por todas as
direções: leste e oeste, norte e sul. E todas as famílias da terra serão
abençoadas por seu intermédio e de sua descendência. 15 Além
disso, estarei com você e o protegerei aonde quer que vá. Um dia,
trarei você de volta a esta terra. Não o deixarei enquanto não tiver
terminado de lhe dar tudo que prometi". 16 Então Jacó acordou e
disse: "Certamente o SENHOR está neste lugar, e eu não havia per-
cebido!". 17 Contudo, também teve medo e disse: "Como é temível
este lugar! Não é outro, senão a casa de Deus; é a porta para os
céus!". 18 Na manhã seguinte, Jacó se levantou bem cedo. Pegou a
pedra na qual havia descansado a cabeça, colocou-a em pé, como
coluna memorial, e derramou azeite de oliva sobre ela. 19 Chamou

o lugar de Betel, embora anteriormente se chamasse Luz. 20 Então
Jacó fez o seguinte voto: "Se, de fato, Deus for comigo e me prote-
ger nesta jornada, se ele me providenciar alimento e roupa, 21 e se
eu voltar são e salvo à casa de meu pai, então o SENHOR certamente
será o meu Deus. 22 E esta coluna memorial que eu levantei será um
lugar de adoração a Deus, e eu entregarei a Deus a décima parte
de tudo que ele me der".

CAPÍTULO 29

Jacó chega a Padã-Arã

1 Jacó seguiu viagem e, por fim, chegou à terra do leste. 2 Viu
um poço ao longe e, junto ao poço, no campo, três rebanhos de
ovelhas, à espera de que lhes dessem água. Uma pedra pesada
cobria a boca do poço. 3 Era costume naquele lugar esperar que
todos os rebanhos chegassem para, então, remover a pedra e dar
água aos animais. Depois, a pedra era recolocada na boca do poço.
4 Jacó se aproximou dos pastores e perguntou: "De onde vocês
são, amigos?". "Somos de Harã", disseram eles. 5 "Conhecem um
homem chamado Labão, neto de Naor?", perguntou Jacó. "Sim,
conhecemos", responderam eles. 6 "Ele vai bem?", perguntou Jacó.
"Sim, vai bem", disseram. "Olhe, ali vem Raquel, filha dele, com o
rebanho." 7 Jacó disse: "Ainda é dia claro, cedo demais para recolher
os animais. Por que vocês não dão de beber às ovelhas, para que
elas possam voltar a pastar?". 8 "Não podemos dar de beber aos
animais enquanto não chegarem todos os rebanhos", responderam.
"Só então os pastores removem a pedra da boca do poço e damos
de beber a todas as ovelhas." 9 Jacó ainda conversava com eles
quando Raquel chegou com o rebanho de seu pai, pois era pastora.
10 Uma vez que Raquel era sua prima, filha de Labão, irmão de sua
mãe, e as ovelhas pertenciam a seu tio Labão, Jacó foi até o poço,
removeu a pedra que o cobria e deu de beber ao rebanho de seu
tio. 11 Então Jacó beijou Raquel e chorou em alta voz. 12 Explicou para
Raquel que era seu primo por parte do pai dela e filho de Rebeca,
tia dela. Raquel foi correndo contar a seu pai, Labão. 13 Assim que
Labão soube que seu sobrinho Jacó havia chegado, correu ao seu
encontro. Ele o abraçou, o beijou e o levou para casa. Depois que
Jacó lhe contou sua história, 14 Labão exclamou: "Você é, de fato,
sangue do meu sangue!".

Jacó se casa com Lia e Raquel

Quando Jacó estava na casa de Labão havia cerca de um mês,
15 Labão lhe disse: "Você não deve trabalhar de graça para mim
só porque somos parentes. Diga-me qual deve ser o seu salário".
16 Labão tinha duas filhas. A mais velha se chamava Lia, e a mais
nova, Raquel. 17 Os olhos de Lia eram sem brilho, mas Raquel tinha
bela aparência e rosto atraente. 18 Visto que Jacó estava apaixonado
por Raquel, disse a Labão: "Trabalharei para o senhor por sete anos
se me der Raquel, sua filha mais nova, para ser minha esposa".
19 "Melhor entregá-la a você do que a qualquer outro", respondeu
Labão. "Fique aqui e trabalhe comigo." 20 Então Jacó trabalhou
sete anos por Raquel. Ele a amava tanto que lhe pareceram ape-
nas alguns dias. 21 Chegada a hora, Jacó disse a Labão: "Cumpri
minha parte do acordo. Agora, dê-me minha esposa, para que eu
me deite com ela." 22 Labão convidou toda a vizinhança e preparou
uma grande festa de casamento. 23 À noite, porém, quando estava
escuro, Labão tomou Lia e a entregou a Jacó, e Jacó se deitou com
ela. 24 (Labão deu sua serva Zilpa a Lia para servi-la.) 25 Na manhã
seguinte, quando Jacó acordou, viu que era Lia. Então Jacó pergun-
tou a Labão: "O que o senhor fez comigo? Trabalhei sete anos por
Raquel! Por que o senhor me enganou?". 26 Labão respondeu: "Aqui
não é costume casar a filha mais nova antes da mais velha. 27 Espere,
contudo, até terminar a semana de núpcias, e eu também lhe en-
tregarei Raquel, desde que você prometa trabalhar mais sete anos
para mim". 28 Jacó concordou em trabalhar mais sete anos. Uma
semana depois de Jacó ter se casado com Lia, Labão lhe entregou
Raquel. 29 (Labão deu sua serva Bila a Raquel para servi-la.) 30 Jacó
se deitou também com Raquel, a quem ele amava muito mais que
a Lia. Então permaneceu ali e trabalhou mais sete anos para Labão.

Os filhos de Jacó

31 Quando o SENHOR viu que Lia não era amada, permitiu que ela
tivesse filhos; Raquel, porém, era estéril. 32 Lia engravidou e deu à
luz um filho. Chamou-o de Rúben, pois disse: "O SENHOR viu minha
infelicidade, e agora meu marido me amará". 33 Pouco tempo de-
pois, Lia engravidou novamente e deu à luz outro filho. Chamou-o
de Simeão, pois disse: "O SENHOR ouviu que eu não era amada e
me deu outro filho". 34 Lia engravidou pela terceira vez e deu à luz

NO QUE ESTOU **PENSANDO** ○ O QUE ESTOU **SENTINDO** ○ DO QUE ESTOU **LEMBRANDO** ○

DESENHE OU ESCREVA

outro filho. Chamou-o de Levi, pois disse: "Certamente, desta vez
meu marido terá afeição por mim, pois lhe dei três filhos!". 35 Lia en-
gravidou mais uma vez e deu à luz outro filho. Chamou-o de Judá,
pois disse: "Agora louvarei ao SENHOR!". Então, parou de ter filhos.

CAPÍTULO 30

1 Quando Raquel viu que não dava filhos a Jacó, teve inveja da irmã
e implorou a Jacó: "Dê-me filhos, ou morrerei!". 2 Jacó se enfureceu
com Raquel. "Por acaso sou Deus?", perguntou ele. "Foi ele que
não permitiu que você tivesse filhos!" 3 Raquel lhe disse: "Tome
minha serva Bila e deite-se com ela. Ela dará à luz filhos em meu
lugar e, por meio dela, também terei uma família". 4 Então Raquel
entregou sua serva Bila a Jacó por mulher, e Jacó se deitou com
ela. 5 Bila engravidou e deu um filho a Jacó. 6 Raquel o chamou de
Dã, pois disse: "Deus me fez justiça! Ouviu meu pedido e me deu
um filho!". 7 Bila engravidou novamente e deu a Jacó o segundo
filho. 8 Raquel o chamou de Naftali, pois disse: "Tive uma luta in-
tensa com minha irmã e venci!". 9 Quando Lia percebeu que tinha
parado de engravidar, tomou sua serva Zilpa e a entregou a Jacó
por mulher. 10 Pouco tempo depois, Zilpa deu um filho a Jacó. 11 Lia
o chamou de Gade, pois disse: "Como sou afortunada!". 12 Então
Zilpa deu a Jacó o segundo filho. 13 Lia o chamou de Aser, pois
disse: "Como estou alegre! Agora as outras mulheres celebrarão
comigo". 14 Certo dia, durante a colheita do trigo, Rúben encontrou
algumas mandrágoras que cresciam no campo e as trouxe para
Lia, sua mãe. Raquel suplicou a Lia: "Por favor, dê-me algumas das
mandrágoras de seu filho". 15 Lia, porém, respondeu: "Não basta ter
roubado meu marido? Agora também quer roubar as mandrágoras
de meu filho?". Raquel propôs: "Em troca de algumas mandrágoras,
deixarei que Jacó se deite com você esta noite". 16 Ao entardecer,
quando Jacó estava voltando do campo, Lia foi ao seu encontro e
disse: "Esta noite você deve se deitar comigo. Paguei por você com
algumas mandrágoras que meu filho encontrou". Assim, naquela
noite Jacó se deitou com Lia. 17 Deus respondeu às orações de Lia,
que engravidou novamente e deu a Jacó o quinto filho. 18 Chamou-o
de Issacar, pois disse: "Deus me recompensou porque entreguei
minha serva por mulher a meu marido". 19 Lia engravidou outra vez
e deu a Jacó o sexto filho. 20 Chamou-o de Zebulom, pois disse:

"Deus me deu uma boa recompensa. Agora meu marido me tratará com respeito, porque lhe dei seis filhos". 21 Depois, Lia deu à luz uma filha e a chamou de Diná. 22 Então Deus se lembrou de Raquel e, em resposta a suas orações, permitiu que ela se tornasse fértil. 23 Ela engravidou e deu à luz um filho. "Deus tirou a minha humilhação", declarou, 24 e o chamou de José, pois disse: "Que o SENHOR me acrescente ainda outro filho!".

As riquezas de Jacó aumentam

25 Logo depois que Raquel deu à luz José, Jacó disse a Labão: "Por favor, libere-me para que eu volte à minha terra natal. 26 Permita-me levar minhas mulheres e meus filhos, pelos quais o servi, e deixe-me partir. O senhor sabe muito bem como trabalhei arduamente a seu serviço". 27 Labão respondeu: "Se mereço seu favor, fique. Eu enriqueci, pois o SENHOR me abençoou por sua causa. 28 Diga-me qual será seu salário e, qualquer que seja o valor, eu lhe pagarei". 29 Jacó respondeu: "O senhor sabe como trabalhei arduamente a seu serviço e como seus rebanhos cresceram sob meus cuidados. 30 De fato, o senhor tinha pouco antes de eu chegar, mas sua riqueza aumentou consideravelmente. O SENHOR o abençoou por meio de tudo que eu fiz. Mas e quanto a mim? Quando começarei a cuidar de minha própria família?". 31 "Quanto quer receber de salário?", perguntou Labão mais uma vez. Jacó respondeu: "Não me dê coisa alguma. Se o senhor fizer o que lhe direi, continuarei a cuidar de seus rebanhos: 32 deixe-me inspecionar seus rebanhos hoje e remover todas as ovelhas e cabras salpicadas e malhadas, além de todas as ovelhas pretas. Elas serão o meu salário. 33 No futuro, quando o senhor conferir os animais que me deu como salário, verá que fui honesto. Se encontrar em meu rebanho alguma cabra que não seja salpicada ou malhada, ou alguma ovelha que não seja preta, saberá que as roubei do senhor". 34 "Está bem", respondeu Labão. "Será como você diz." 35 Naquele mesmo dia, porém, Labão saiu e tirou do rebanho todos os bodes listrados e malhados, todas as cabras salpicadas e malhadas ou com manchas brancas, e todas as ovelhas pretas. Colocou os animais sob os cuidados de seus filhos, 36 que os levaram a um lugar a três dias de viagem de onde Jacó estava. Assim, Jacó ficou e tomou conta do resto do rebanho de Labão. 37 Então Jacó pegou alguns galhos verdes de álamo, amendoeira e plátano e removeu tiras das cascas, formando listras brancas nos galhos. 38 Em seguida, colocou os galhos descascados junto aos bebedouros onde os rebanhos iam beber água, pois era ali que se acasalavam. 39 Quando se acasalavam diante desses galhos descascados com listras brancas, davam crias listradas, salpicadas e malhadas. 40 Jacó separava esses cordeiros do rebanho de Labão. Na época do cio, colocava o rebanho de frente para os animais listrados e pretos de Labão. Assim, Jacó foi formando seu próprio rebanho, que mantinha separado do de Labão. 41 Sempre que as fêmeas mais fortes estavam no cio, Jacó colocava os galhos descascados nos bebedouros em frente delas, para que se acasalassem diante dos galhos. 42 Não fazia o mesmo, porém, com as fêmeas mais fracas, de modo que as crias mais fracas ficavam com Labão, e as mais fortes, com Jacó. 43 O resultado foi que Jacó se tornou muito rico, dono de grandes rebanhos e também de servos e servas e muitos camelos e jumentos.

NO QUE ESTOU PENSANDO ○ | O QUE ESTOU SENTINDO ○ | DO QUE ESTOU LEMBRANDO ○

DESENHE OU ESCREVA

CAPÍTULO 31

Jacó foge de Labão

1 Logo, porém, Jacó percebeu que os filhos de Labão estavam reclamando dele: "Jacó roubou tudo que era de nosso pai! À custa de nosso pai, adquiriu toda a sua riqueza!". 2 Jacó também começou a notar uma mudança na atitude de Labão para com ele. 3 Então o SENHOR disse a Jacó: "Volte para a terra de seu pai e de seu avô, a terra de seus parentes, e eu estarei com você". 4 Jacó mandou chamar Raquel e Lia ao campo onde ele cuidava de seus rebanhos 5 e disse a elas: "Notei que seu pai mudou de atitude em relação a mim. O Deus de meu pai, porém, tem estado comigo. 6 Vocês sabem como tenho trabalhado arduamente a serviço de seu pai. 7 Contudo, ele me enganou e mudou meu salário dez vezes. Mas Deus não permitiu que ele me prejudicasse. 8 Se ele dizia: 'Os salpicados serão o seu salário', o rebanho começava a dar crias salpicadas. E, quando mudava de ideia e dizia: 'Os listrados serão o seu salário', então o rebanho inteiro dava crias listradas. 9 Desse modo, Deus tirou os animais de seu pai e os deu a mim. 10 "Certa vez, na época do acasalamento, tive um sonho e vi que os bodes que se acasalavam com as cabras eram listrados, salpicados e malhados. 11 Então, em meu sonho, o anjo de Deus me disse: 'Jacó!'. E eu respondi: 'Aqui

estou!'. 12"E o anjo disse: 'Levante os olhos e você verá que apenas
os machos listrados, salpicados e malhados estão se acasalando
com as fêmeas de seu rebanho, pois vejo como Labão tem tratado
você. 13Eu sou o Deus que lhe apareceu em Betel, o lugar onde você
ungiu a coluna de pedra e fez seu voto a mim. Agora, apronte-se,
saia desta terra e volte à sua terra natal'". 14Raquel e Lia respon-
deram: "Da nossa parte, tudo bem! Afinal, não herdaremos coisa
alguma da riqueza de nosso pai. 15Ele reduziu nossos direitos aos
mesmos que têm as mulheres estrangeiras. Depois que nos ven-
deu, desperdiçou todo o dinheiro que você pagou por nós. 16Toda
a riqueza que Deus tirou de nosso pai e deu a você é, por direito,
nossa e de nossos filhos. Por isso, faça o que Deus ordenou". 17Então
Jacó montou suas mulheres e seus filhos em camelos 18e conduziu
adiante todos os seus rebanhos. Juntou todos os bens que havia
adquirido em Padã-Arã e partiu para a terra de Canaã, onde vivia
Isaque, seu pai. 19Quando partiram, Labão estava num lugar afasta-
do, tosquiando suas ovelhas. Raquel roubou os ídolos da casa que
pertenciam a seu pai e os levou consigo. 20Assim, Jacó enganou
Labão, o arameu, partindo sem avisá-lo de que iam embora. 21Jacó
levou todos os seus bens e atravessou o rio Eufrates, rumo à região
montanhosa de Gileade.

Conflito entre Labão e Jacó

22Três dias depois, Labão foi informado de que Jacó havia fugido.
23Reuniu um grupo de parentes e saiu em perseguição a Jacó. Sete
dias depois o alcançou, na região montanhosa de Gileade. 24Na
noite anterior, porém, Deus havia aparecido em sonho a Labão, o
arameu, e dito a ele: "Estou avisando: deixe Jacó em paz!". 25Labão
o alcançou enquanto Jacó estava acampado na região montanhosa
de Gileade e armou seu acampamento ali perto. 26"O que você
fez?", perguntou Labão. "Como ousou me enganar e levar minhas
filhas embora, como se fossem prisioneiras de guerra? 27Por que
fugiu em segredo? Por que me enganou? E por que não avisou que
desejava partir? Eu lhe teria dado uma festa de despedida, com
canções e música, ao som de tamborins e harpas. 28Por que não
me deixou beijar minhas filhas e meus netos e me despedir deles?
Você agiu de forma extremamente tola! 29Eu poderia destruí-lo,
mas o Deus de seu pai me apareceu ontem à noite e me advertiu:

NO QUE ESTOU **PENSANDO** ○ | O QUE ESTOU **SENTINDO** ○ | DO QUE ESTOU **LEMBRANDO** ○

DESENHE OU ESCREVA

'Deixe Jacó em paz!'. 30Entendo sua vontade de partir e seu desejo
de voltar à casa de seu pai. Mas por que roubou meus deuses?"
31Jacó respondeu: "Fugi porque tive medo. Pensei que o senhor
tiraria suas filhas de mim à força. 32Quanto a seus deuses, veja se
consegue encontrá-los, e quem os tiver roubado deve morrer! Se
encontrar qualquer outra coisa que lhe pertença, identifique-a dian-
te de todos estes nossos parentes, e eu a devolverei". Jacó, porém,
não sabia que Raquel havia roubado os ídolos da casa. 33Labão foi
procurar primeiro na tenda de Jacó e, depois, nas tendas de Lia e
das duas servas, mas nada encontrou. Por fim, entrou na tenda
de Raquel. 34Acontece que Raquel havia pego os ídolos da casa
e os escondido na sela do seu camelo, e estava sentada em cima
deles. Quando Labão terminou de vasculhar toda a sua tenda sem
encontrar os ídolos, 35Raquel disse ao pai: "Por favor, perdoe-me
por não me levantar para o senhor, mas estou em meu período
menstrual". Labão continuou a busca, mas não encontrou os ídolos
da casa. 36Jacó se enfureceu e discutiu com Labão. "Qual foi o meu
crime?", perguntou ele. "O que fiz de errado para o senhor me
perseguir como se eu fosse um criminoso? 37O senhor vasculhou
todos os meus bens. Por acaso encontrou algum objeto que lhe
pertença? Coloque-o aqui, diante de nossos parentes, para que
todos vejam. Que eles julguem entre nós dois! 38"Estive vinte anos
com o senhor, cuidando de seus rebanhos. Ao longo de todo esse
tempo, suas ovelhas e cabras nunca abortaram. Não me servi de um
carneiro sequer de seu rebanho para alimento. 39Quando algum
deles era despedaçado por um animal selvagem, eu nunca lhe
mostrava a carcaça. Não, eu mesmo arcava com o prejuízo! O senhor
me obrigava a pagar por todo animal roubado, quer à plena luz
do dia, quer na escuridão da noite. 40"Trabalhei para o senhor em
dias de calor escaldante e também em noites frias e insones. 41Sim,
por vinte anos trabalhei feito um escravo em sua casa! Trabalhei
catorze anos por suas duas filhas e, depois, mais seis anos para
formar meu rebanho. E dez vezes o senhor mudou meu salário.
42De fato, se o Deus de meu pai não estivesse comigo, o Deus de
Abraão e o Deus temível de Isaque, o senhor teria me mandado
embora de mãos vazias. Mas Deus viu como fui maltratado, apesar
de meu árduo trabalho. Por isso ele lhe apareceu na noite passada
e o repreendeu!"

Gn

O acordo entre Labão e Jacó

43 Labão respondeu a Jacó: "Essas mulheres são minhas filhas, as
crianças são meus netos, e os rebanhos são meus rebanhos. Na
verdade, tudo que você vê é meu. Mas o que posso fazer agora
por minhas filhas e pelos filhos delas? 44 Façamos, portanto, você e
eu, uma aliança que sirva de testemunho do nosso compromisso".
45 Então Jacó pegou uma pedra e a colocou em pé como monu-
mento. 46 Em seguida, disse aos membros de sua família: "Juntem
algumas pedras". Eles pegaram as pedras e as amontoaram. Jacó
e Labão se sentaram perto do monte de pedras e fizeram uma re-
feição para selar a aliança. 47 A fim de comemorar a ocasião, Labão
chamou o lugar de Jegar-Saaduta, e Jacó o chamou de Galeede.
48 Labão declarou: "Este monte de pedras servirá de testemunha
para nos lembrar da aliança que fizemos hoje". Isso explica por
que o lugar foi chamado de Galeede. 49 Também foi chamado de
Mispá, pois Labão disse: "Vigie o SENHOR a você e a mim para ga-
rantir que guardaremos esta aliança quando estivermos longe um
do outro. 50 Se você maltratar minhas filhas ou se casar com outras
mulheres, mesmo que ninguém mais veja, Deus verá. Ele é tes-
temunha desta aliança entre nós." 51 "Veja este monte de pedras",
prosseguiu Labão. "Veja também este monumento que levantei
entre nós dois. 52 Estão entre mim e você como testemunhas dos
nossos votos. Nunca atravessarei para o lado de lá do monte de
pedras a fim de prejudicá-lo, e você jamais deve atravessar para
o lado de cá a fim de prejudicar-me. 53 Invoco o Deus de nossos
antepassados, o Deus de seu avô Abraão e o Deus de meu avô
Naor, para que sirva de juiz entre nós." Assim, diante do Deus
temível de seu pai Isaque, Jacó jurou respeitar a linha divisória.
54 Então Jacó ofereceu sacrifício a Deus na montanha e convidou
todos para a refeição comemorativa. Depois de comerem, passa-
ram a noite ali. 55 Na manhã seguinte, Labão se levantou cedo,
beijou seus netos e suas filhas e os abençoou. Depois, partiu e
voltou para casa.

CAPÍTULO 32

1 Quando Jacó seguiu viagem, anjos de Deus vieram encontrar-se
com ele. 2 Ao vê-los, Jacó exclamou: "Este é o acampamento de
Deus!". Por isso, chamou o lugar de Maanaim.

NO QUE ESTOU **PENSANDO** ○ | O QUE ESTOU **SENTINDO** ○ | DO QUE ESTOU **LEMBRANDO** ○

DESENHE OU ESCREVA

Jacó envia presentes a Esaú

3 Então Jacó enviou adiante dele mensageiros a seu irmão Esaú,
que vivia na região de Seir, na terra de Edom. 4 Disse-lhes: "Deem
a seguinte mensagem ao meu senhor Esaú: 'Assim diz seu servo
Jacó: Até o momento, estava morando com nosso tio Labão 5 e,
agora, tenho bois, jumentos, rebanhos de ovelhas e cabras, além
de muitos servos e servas. Enviei estes mensageiros para informar
meu senhor da minha chegada, na esperança de que me receba
amistosamente'". 6 Depois de transmitirem a mensagem, voltaram
a Jacó e lhe disseram: "Estivemos com seu irmão Esaú, e ele está
vindo ao seu encontro com um bando de quatrocentos homens!".
7 Quando ouviu a notícia, Jacó ficou apavorado. Dividiu em dois
grupos sua família e seus servos, e também os rebanhos, os bois
e os camelos, 8 pois pensou: "Se Esaú encontrar um dos grupos
e atacá-lo, talvez o outro consiga escapar". 9 Então Jacó orou: "Ó
Deus de meu avô, Abraão, e Deus de meu pai, Isaque; ó SENHOR,
tu me disseste: 'Volte para sua terra natal, para seus parentes'.
E prometeste: 'Tratarei bem de você'. 10 Não sou digno de toda
a bondade e fidelidade que tens mostrado a mim, teu servo.
Quando saí de casa e atravessei o rio Jordão, não possuía nada
além de um cajado. Agora, minha família e meus servos formam
duas caravanas! 11 Por favor, salva-me de meu irmão, Esaú. Estou
com medo de que ele venha atacar tanto a mim quanto a minhas
mulheres e meus filhos. 12 Mas tu prometeste: 'Certamente tratarei
bem de você e multiplicarei seus descendentes até que se tornem
tão numerosos quanto a areia à beira do mar, que não se pode
contar'". 13 Jacó passou a noite ali. Depois, escolheu entre seus bens
os seguintes presentes para seu irmão, Esaú: 14 duzentas cabras,
vinte bodes, duzentas ovelhas, vinte carneiros, 15 trinta fêmeas
de camelo com seus filhotes, quarenta vacas, dez touros, vinte
jumentas e dez jumentos. 16 Dividiu esses animais em rebanhos,
entregou cada rebanho a um servo e lhes disse: "Vão à minha
frente com os animais, mas mantenham certa distância entre os
rebanhos". 17 Aos homens encarregados do primeiro grupo, deu
as seguintes instruções: "Quando meu irmão, Esaú, se encontrar
com vocês, ele perguntará: 'De quem são servos? Para onde vão?
Quem é o dono destes animais?'. 18 Respondam: 'Eles pertencem
ao seu servo Jacó, mas são um presente para Esaú, o senhor dele.

Veja, ele está vindo atrás de nós'". 19Jacó deu a mesma instrução
aos encarregados do segundo e do terceiro grupo e a todos que
seguiam os rebanhos: "Digam a mesma coisa a Esaú quando o
encontrarem, 20e não se esqueçam de acrescentar: 'Veja, seu servo
Jacó está vindo atrás de nós'". Jacó pensou: "Tentarei apaziguá-lo
com os presentes que estou enviando à minha frente. Quando
o vir, quem sabe ele me receberá amistosamente". 21Assim, os
presentes foram enviados à frente, enquanto Jacó passou aquela
noite no acampamento.

Jacó luta com Deus

22Durante a noite, Jacó se levantou, tomou suas duas mulheres,
suas duas servas e seus onze filhos e atravessou com eles o rio
Jaboque. 23Depois de levá-los para a outra margem, fez passar
todos os seus bens. 24Com isso, Jacó ficou sozinho no acampa-
mento. Veio então um homem, que lutou com ele até o amanhecer.
25Quando o homem viu que não poderia vencer, tocou a articulação
do quadril de Jacó e a deslocou. 26O homem disse: "Deixe-me ir,
pois está amanhecendo!". Jacó, porém, respondeu: "Não o deixarei
ir enquanto não me abençoar". 27"Qual é seu nome?", perguntou o
homem. "Jacó", respondeu ele. 28O homem disse: "Seu nome não
será mais Jacó. De agora em diante, você se chamará Israel, pois
lutou com Deus e com os homens e venceu". 29"Por favor, diga-me
qual é seu nome", disse Jacó. "Por que quer saber meu nome?",
replicou o homem. E abençoou Jacó ali. 30Jacó chamou aquele
lugar de Peniel, pois disse: "Vi Deus face a face e, no entanto, minha
vida foi poupada". 31O sol estava nascendo quando Jacó partiu de
Peniel, mancando por causa do quadril deslocado. 32(Até hoje, o
povo de Israel não come o tendão perto da articulação do quadril,
por causa do que aconteceu naquela noite em que o homem feriu
o tendão do quadril de Jacó.)

CAPÍTULO 33

A reconciliação de Jacó e Esaú

1Jacó levantou os olhos e viu Esaú aproximando-se com seus
quatrocentos homens. Assim, dividiu os filhos entre Lia, Raquel
e as duas servas. 2Colocou as servas e os filhos delas à frente,
Lia e seus filhos em seguida, e Raquel e José por último. 3Jacó

passou à frente e, ao aproximar-se de seu irmão, curvou-se até o
chão sete vezes. 4Esaú correu ao encontro de Jacó e o abraçou;
pôs os braços em volta do pescoço do irmão e o beijou. E os dois
choraram. 5Então Esaú viu as mulheres e as crianças e perguntou:
"Quem são estas pessoas que estão com você?". Jacó respondeu:
"São os filhos que Deus, em sua bondade, concedeu a seu servo".
6As servas e seus filhos se aproximaram e se curvaram diante
de Esaú. 7Em seguida, Lia e seus filhos vieram e se curvaram
diante dele. Por fim, José e Raquel se aproximaram e se curva-
ram diante dele. 8"E o que eram todos aqueles rebanhos que
encontrei no caminho?", perguntou Esaú. Jacó respondeu: "São
presentes, meu senhor, para garantir sua amizade". 9"Meu irmão,
eu já tenho muitos bens", disse Esaú. "Guarde para você o que
é seu." 10Mas Jacó insistiu: "Não! Se obtive seu favor, peço que
aceite meu presente. E que alívio é ver seu sorriso amigável! É
como ver a face de Deus! 11Por favor, aceite o presente que eu
lhe trouxe, pois Deus tem sido muito bondoso comigo. Tenho
mais que suficiente". Diante da insistência de Jacó, Esaú acabou
aceitando o presente. 12Então Esaú disse: "Vamos andando. Eu
o acompanharei". 13Jacó, porém, respondeu: "Como meu senhor
pode ver, algumas das crianças são bem pequenas, e os reba-
nhos também têm crias. Se os forçarmos demais, mesmo que
por um dia, pode ser que os animais morram. 14Por favor, meu
senhor, vá adiante do seu servo. Seguiremos mais devagar, em
um ritmo que os rebanhos e as crianças possam acompanhar.
Encontrarei com meu senhor em Seir". 15"Está bem", disse Esaú.
"Mas, pelo menos, permita-me deixar alguns dos meus homens
para acompanhá-lo." Jacó respondeu: "Não é necessário. Para
mim, ter sido bem recebido por meu senhor já é o bastante!".
16Esaú deu meia-volta e regressou a Seir naquele mesmo dia.
17Jacó, por sua vez, viajou até Sucote, onde construiu uma casa
para si e abrigos para seus rebanhos. Por isso, aquele lugar é
chamado de Sucote. 18Depois de percorrer todo o caminho desde
Padã-Arã, Jacó chegou em segurança à cidade de Siquém, na terra
de Canaã, e acampou em seus arredores. 19Jacó comprou da fa-
mília de Hamor, pai de Siquém, o terreno onde estava acampado,
por cem peças de prata. 20Ali, construiu um altar e o chamou de
El-Elohe-Israel.

CAPÍTULO 34

Vingança contra Siquém

1 Certa vez, Diná, filha de Jacó e Lia, saiu para visitar algumas moças
que viviam na região. 2 O príncipe daquela terra era Siquém, filho de
Hamor, o heveu. Quando ele viu Diná, a agarrou e a violentou, 3 mas
depois apaixonou-se por ela e tentou conquistar sua afeição com
palavras carinhosas. 4 Disse a seu pai, Hamor: "Consiga-me essa
moça, pois quero me casar com ela". 5 Jacó logo soube que Siquém
tinha violentado Diná, sua filha. Mas, como seus filhos estavam
no campo cuidando dos rebanhos, não disse nada até que eles
voltassem. 6 Hamor, pai de Siquém, foi tratar da questão com Jacó.
7 Nesse meio-tempo, os filhos de Jacó voltaram do campo assim que
souberam o que havia acontecido. Ficaram abalados e furiosos por-
que sua irmã havia sido violentada. Siquém tinha cometido um ato
vergonhoso contra a família de Jacó, algo que jamais se deve fazer.
8 Hamor fez um pedido a Jacó e seus filhos: "Meu filho Siquém se
apaixonou por sua filha. Por favor, permitam que ele se case com
ela. 9 Aliás, podemos arranjar outros casamentos: vocês entregam
suas filhas para nossos filhos, e nós entregamos nossas filhas para
seus filhos. 10 Vocês poderão viver em nosso meio; a terra está à
sua disposição! Estabeleçam-se aqui e façam negócios conosco.
Fiquem à vontade para comprar propriedades na região". 11 Então o
próprio Siquém falou ao pai e aos irmãos de Diná: "Por favor, sejam
bondosos comigo e deixem que eu me case com ela", implorou. "Eu
lhes darei o que me pedirem. 12 Seja qual for o dote ou o presente
que pedirem, eu o pagarei, por maior que seja; só peço que me
entreguem a moça para ser minha mulher." 13 Os filhos de Jacó
responderam com falsidade a Siquém e a seu pai, Hamor, uma
vez que Siquém tinha violado Diná, a irmã deles. 14 Disseram: "Não
podemos permitir uma coisa dessas, pois você não é circuncida-
do. Seria uma vergonha para nossa irmã casar-se com um homem
como você. 15 Porém, temos uma solução. Se todos os homens do
seu povo forem circuncidados, como nós somos, 16 entregaremos
nossas filhas e nos casaremos com suas filhas. Viveremos entre
vocês e nos tornaremos um só povo. 17 Mas, se não concordarem
em ser circuncidados, tomaremos nossa irmã e iremos embora".
18 Hamor e seu filho Siquém aceitaram a proposta. 19 Sem demora,
Siquém fez o que tinham pedido, pois desejava ardentemente a

NO QUE ESTOU **PENSANDO** ○ | O QUE ESTOU **SENTINDO** ○ | DO QUE ESTOU **LEMBRANDO** ○

DESENHE OU ESCREVA

filha de Jacó. Siquém era o mais respeitado dos membros de sua
família 20 e foi com seu pai, Hamor, apresentar a proposta aos lí-
deres que estavam à porta da cidade. 21 "Esses homens são nossos
amigos", disseram eles. "Devemos convidá-los para viver entre nós
e negociar livremente conosco. Há bastante espaço para eles nesta
terra. Podemos nos casar com as filhas deles, e eles, com as nossas.
22 Mas eles só aceitarão ficar aqui e tornar-se um só povo conosco
se todos os nossos homens forem circuncidados, como eles são.
23 Se o fizermos, todos os seus rebanhos e bens passarão, com o
tempo, a ser nossos. Aceitemos a condição deles e deixemos que
se estabeleçam entre nós." 24 Todos os membros do conselho da
cidade concordaram com Hamor e Siquém, e todos os homens da
cidade foram circuncidados. 25 Três dias depois, quando eles ainda
sentiam dores, dois filhos de Jacó, Simeão e Levi, irmãos de Diná
por parte de pai e mãe, tomaram suas espadas e entraram na cidade
sem encontrar resistência. Então, massacraram todos os homens de
lá 26 e mataram Hamor e seu filho Siquém ao fio da espada. Depois,
tiraram Diná da casa de Siquém e voltaram para o acampamento.
27 Enquanto isso, os outros filhos de Jacó chegaram à cidade. Vendo
eles que todos os homens estavam mortos, saquearam a cidade,
pois sua irmã tinha sido violentada ali. 28 Levaram as ovelhas, os
bois e os jumentos, tudo que conseguiram encontrar dentro da
cidade e nos campos. 29 Tomaram todas as riquezas, saquearam as
casas e levaram as crianças e mulheres como prisioneiras. 30 Depois
de tudo isso, Jacó disse a Simeão e a Levi: "Vocês arruinaram minha
vida! Serei odiado por todos os povos desta terra, pelos cananeus
e ferezeus. Somos tão poucos que eles se unirão e nos esmagarão.
Eles me atacarão, e toda a minha família será exterminada!". 31 Mas
eles responderam: "Por acaso deveríamos permitir que nossa irmã
fosse tratada como prostituta?".

CAPÍTULO 35

O retorno de Jacó a Betel

1 Deus disse a Jacó: "Apronte-se, mude-se para Betel e estabeleça-se
ali. Ao chegar, construa um altar para o Deus que lhe apareceu
quando você estava fugindo de seu irmão, Esaú". 2 Jacó disse à sua
família e a todos que estavam com ele: "Joguem fora todos os seus
ídolos pagãos, purifiquem-se e vistam roupas limpas. 3 Vamos a

Betel, onde construirei um altar para o Deus que respondeu às
minhas orações quando eu estava angustiado. Ele tem estado co-
migo por onde ando". 4Então entregaram a Jacó todos os ídolos
pagãos e as argolas que usavam nas orelhas, e ele os enterrou ao
pé da grande árvore perto de Siquém. 5Quando partiram, o terror
de Deus se espalhou de tal forma entre os moradores das cidades
próximas que ninguém atacou a família de Jacó. 6Por fim, Jacó e
todos que estavam com ele chegaram a Luz (também chamada
Betel), em Canaã. 7Jacó construiu um altar ali e chamou o lugar
de El-Betel, pois Deus lhe havia aparecido em Betel quando ele
estava fugindo de seu irmão. 8Pouco tempo depois, Débora, a serva
que havia amamentado Rebeca, morreu e foi sepultada ao pé do
carvalho no vale perto de Betel. Desde então, a árvore é chamada de
Alom-Bacute. 9Agora que Jacó havia regressado de Padã-Arã, Deus
lhe apareceu outra vez em Betel e o abençoou: 10"Seu nome é Jacó,
mas você não se chamará mais Jacó. De agora em diante, seu nome
será Israel". Assim, Deus deu a ele o nome de Israel. 11Deus também
lhe disse: "Eu sou o Deus Todo-poderoso. Seja fértil e multiplique-
-se. Você se tornará uma grande nação, até mesmo muitas nações.
Haverá reis entre seus descendentes. 12Eu lhe darei a terra que dei a
Abraão e Isaque. Sim, eu a darei a você e a seus descendentes". 13Em
seguida, Deus se elevou do lugar onde havia falado a Jacó. 14Jacó
levantou uma coluna de pedra para marcar o lugar onde Deus lhe
havia falado. Depois, derramou vinho sobre a coluna, como oferta
a Deus, e a ungiu com azeite de oliva. 15Chamou o lugar de Betel,
pois ali Deus lhe havia falado.

A morte de Raquel e de Isaque

16Depois que partiram de Betel, rumaram para Efrata. Raquel, po-
rém, sentiu fortes dores e entrou em trabalho de parto quando
ainda estavam a certa distância da cidade. 17As dores de parto au-
mentaram, e a parteira lhe disse: "Não tenha medo! Você terá outro
menino!". 18Raquel estava quase morrendo, mas, com seu último
suspiro, chamou o menino de Benoni. O pai do bebê, no entanto,
o chamou de Benjamim. 19Assim, Raquel morreu e foi sepultada
junto ao caminho para Efrata (ou seja, Belém). 20Sobre o túmulo
de Raquel, Jacó levantou um monumento de pedra, que está lá até
hoje. 21Então Jacó seguiu viagem e acampou além de Migdal-Éder.

NO QUE ESTOU **PENSANDO** ○ | O QUE ESTOU **SENTINDO** ○ | DO QUE ESTOU **LEMBRANDO** ○

DESENHE OU ESCREVA

22Enquanto moravam ali, Rúben teve relações com Bila, concubina
de seu pai, e Jacó ficou sabendo disso. Estes são os nomes dos doze
filhos de Jacó: 23Os filhos de Lia foram Rúben (o filho mais velho de
Jacó), Simeão, Levi, Judá, Issacar e Zebulom. 24Os filhos de Raquel
foram José e Benjamim. 25Os filhos de Bila, serva de Raquel, foram
Dã e Naftali. 26Os filhos de Zilpa, serva de Lia, foram Gade e Aser.
Esses são os filhos que nasceram a Jacó em Padã-Arã. 27Então Jacó
voltou à casa de seu pai, Isaque, em Manre, perto de Quiriate-Arba
(hoje chamada Hebrom), onde Abraão e Isaque viveram como es-
trangeiros. 28Isaque viveu 180 anos. 29Deu o último suspiro e, ao
morrer em boa velhice, reuniu-se a seus antepassados. Seus filhos,
Esaú e Jacó, o sepultaram.

CAPÍTULO 36

Os descendentes de Esaú

1Este é o relato dos descendentes de Esaú (também chamado
Edom). 2Esaú se casou com duas moças de Canaã: Ada, filha de
Elom, o hitita, e Oolibama, filha de Aná e neta de Zibeão, o he-
veu. 3Também se casou com sua prima Basemate, que era filha de
Ismael e irmã de Nebaiote. 4Ada deu à luz um filho chamado Elifaz.
Basemate deu à luz um filho chamado Reuel. 5Oolibama deu à luz
filhos chamados Jeús, Jalão e Corá. Todos esses filhos nasceram a
Esaú na terra de Canaã. 6Esaú tomou suas mulheres, seus filhos
e filhas e todos os de sua casa, além de seus rebanhos e o gado,
toda a riqueza que havia adquirido na terra de Canaã, e se mudou
para longe de seu irmão, Jacó. 7Seus rebanhos e bens eram tantos
que a terra onde moravam não era suficiente para sustentá-los.
8Portanto, Esaú (também chamado Edom) se estabeleceu na região
montanhosa de Seir. 9Este é o relato dos descendentes de Esaú, os
edomitas, que viviam na região montanhosa de Seir. 10Estes são
os nomes dos filhos de Esaú: Elifaz, filho de Ada, mulher de Esaú;
e Reuel, filho de Basemate, mulher de Esaú. 11Os descendentes de
Elifaz foram: Temã, Omar, Zefô, Gaetã e Quenaz. 12Timna, concubina
de Elifaz, filho de Esaú, deu à luz um filho chamado Amaleque.
Esses são os descendentes de Ada, mulher de Esaú. 13Os descen-
dentes de Reuel foram: Naate, Zerá, Samá e Mizá. Esses são os
descendentes de Basemate, mulher de Esaú. 14Esaú também teve
filhos com Oolibama, filha de Aná, neta de Zibeão. Seus nomes

eram: Jeús, Jalão e Corá. 15 Estes são os descendentes de Esaú que
se tornaram chefes de vários clãs: Os descendentes de Elifaz, filho
mais velho de Esaú, se tornaram chefes dos clãs de Temã, Omar,
Zefô, Quenaz, 16 Corá, Gaetã e Amaleque. Esses são os chefes de
clãs descendentes de Elifaz na terra de Edom. Todos eles foram
descendentes de Ada, mulher de Esaú. 17 Os descendentes de Reuel,
filho de Esaú, se tornaram chefes dos clãs de Naate, Zaerá, Samá e
Mizá. Esses são os chefes dos clãs descendentes de Reuel na terra
de Edom. Todos eles foram descendentes de Basemate, mulher
de Esaú. 18 Os descendentes de Esaú e sua mulher Oolibama se
tornaram os chefes dos clãs de Jeús, Jalão e Corá. Esses são os
chefes dos clãs descendentes de Oolibama, mulher de Esaú, filha
de Aná. 19 Esses são os clãs que descenderam de Esaú (também
chamado de Edom), cada um identificado pelo nome de seu chefe.

Os habitantes originais de Edom

20 Estes são os nomes das tribos que descenderam de Seir, o ho-
reu, que habitavam na terra de Edom: Lotã, Sobal, Zibeão e Aná,
21 Disom, Ézer e Disã. Estes são os chefes dos clãs horeus, descen-
dentes de Seir, que habitavam na terra de Edom. 22 Os descenden-
tes de Lotã foram: Hori e Hemã. A irmã de Lotã se chamava Timna.
23 Os descendentes de Sobal foram: Alvã, Manaate, Ebal, Sefô e Onã.
24 Os descendentes de Zibeão foram: Aiá e Aná. (Foi este Aná que
descobriu as fontes de águas quentes no deserto enquanto levava
os jumentos de seu pai para pastar.) 25 Os descendentes de Aná
foram: seu filho Disom e sua filha Oolibama. 26 Os descendentes
de Disom foram: Hendã, Esbã, Itrã e Querã. 27 Os descendentes de
Ézer foram: Bilã, Zaavã e Acã. 28 Os descendentes de Disã foram Uz e
Arã. 29 Estes, portanto, foram os chefes dos clãs horeus: Lotã, Sobal,
Zibeão, Aná, 30 Disom, Ézer e Disã. Os clãs horeus são identificados
pelo nome de seus chefes, que habitavam na terra de Seir.

Reis de Edom

31 Estes são os reis que governaram na terra de Edom antes de os
israelitas terem rei: 32 Belá, filho de Beor, reinou em Edom, na ci-
dade de Dinabá. 33 Quando Belá morreu, Jobabe, filho de Zerá, de
Bozra, foi seu sucessor. 34 Quando Jobabe morreu, Husã, da terra
dos temanitas, foi seu sucessor. 35 Quando Husã morreu, Hadade,

filho de Bedade, foi seu sucessor na cidade de Avite. Foi Hadade
quem derrotou os midianitas na terra de Moabe. 36 Quando Hadade
morreu, Samlá, da cidade de Masreca, foi seu sucessor. 37 Quando
Samlá morreu, Saul, da cidade de Reobote, próxima ao Eufrates, foi
seu sucessor. 38 Quando Saul morreu, Baal-Hanã, filho de Acbor, foi
seu sucessor. 39 Quando Baal-Hanã, filho de Acbor, morreu, Hadade
foi seu sucessor na cidade de Paú. Sua mulher era Meetabel, filha
de Matrede e neta de Mezaabe. 40 Estes são os nomes dos chefes
dos clãs descendentes de Esaú, que habitavam nos lugares que
têm seus nomes: Timna, Alvá, Jetete, 41 Oolibama, Elá, Pinom,
42 Quenaz, Temã, Mibzar, 43 Magdiel e Irã. Esses são os chefes dos
clãs de Edom, relacionados de acordo com seus assentamentos
na terra que ocupavam. Todos eles foram descendentes de Esaú,
antepassado dos edomitas.

CAPÍTULO 37

Os sonhos de José

1 Jacó passou a morar na terra de Canaã, onde seu pai tinha vivido
como estrangeiro. 2 Este é o relato de Jacó e sua família. Quando
José tinha 17 anos, cuidava dos rebanhos de seu pai. Trabalhava
com seus meios-irmãos, os filhos de Bila e Zilpa, mulheres de seu
pai, e contava para seu pai algumas das coisas erradas que seus
irmãos faziam. 3 Jacó amava José mais que a qualquer outro de
seus filhos, pois José havia nascido quando Jacó era idoso. Por
isso, certo dia Jacó encomendou um presente especial para José:
uma linda túnica. 4 Os irmãos de José, por sua vez, o odiavam, pois
o pai deles o amava mais que a todos os outros filhos. Não eram
capazes de lhe dizer uma única palavra amigável. 5 Certa noite, José
teve um sonho e, quando o contou a seus irmãos, eles o odiaram
ainda mais. 6 "Ouçam este sonho que tive", disse ele. 7 "Estávamos
no campo, amarrando feixes de trigo. De repente, meu feixe se
levantou e ficou em pé, e seus feixes se juntaram ao redor do meu
e se curvaram diante dele!" 8 Seus irmãos responderam: "Você
imagina que será nosso rei? Pensa mesmo que nos governará?".
E o odiaram ainda mais por causa de seus sonhos e da maneira
como os contava. 9 Pouco tempo depois, José teve outro sonho e,
mais uma vez, contou-o a seus irmãos. "Ouçam, tive outro sonho",
disse ele. "O sol, a lua e onze estrelas se curvavam diante de mim!"

10 Dessa vez, contou o sonho não apenas aos irmãos, mas também
ao pai, que o repreendeu, dizendo: "Que sonho é esse? Por acaso
eu, sua mãe e seus irmãos viremos e nos curvaremos até o chão
diante de você?". 11 Os irmãos de José ficaram com inveja dele, mas
seu pai se perguntou qual seria o significado dos sonhos.

José é vendido como escravo

12 Pouco depois, os irmãos de José levaram os rebanhos de seu
pai para pastar junto de Siquém. 13 Então Jacó disse a José: "Seus
irmãos estão cuidando das ovelhas em Siquém. Apronte-se, e eu
o enviarei até eles". "Estou pronto para ir", respondeu José. 14 "Vá
ver como estão seus irmãos e os rebanhos", disse Jacó. "E traga-me
notícias deles." Jacó o enviou, e José viajou de sua casa no vale de
Hebrom até Siquém. 15 Quando José chegou a Siquém, um homem
da região notou que ele andava perdido pelos campos. "O que você
está procurando?", perguntou o homem. 16 "Estou procurando meus
irmãos", respondeu José. "O senhor sabe onde eles estão cuidando
dos rebanhos?" 17 O homem lhe disse: "Sim, eles foram embora
daqui, mas eu os ouvi dizer: 'Vamos a Dotã'". Então José foi atrás
de seus irmãos e os encontrou em Dotã. 18 Quando os irmãos de
José o viram, o reconheceram de longe. Antes que ele se aproxi-
masse, planejaram uma forma de matá-lo. 19 "Lá vem o sonhador!",
disseram uns aos outros. 20 "Vamos matá-lo e jogá-lo numa dessas
cisternas. Diremos a nosso pai: 'Um animal selvagem o devorou'.
Então veremos o que será dos seus sonhos!" 21 Mas, quando Rúben
ouviu o plano, tratou de livrar José. "Não o matemos", disse ele.
22 "Por que derramar sangue? Joguem-no nesta cisterna vazia aqui
no deserto e não toquemos nele." Rúben planejava resgatar José e
levá-lo de volta ao pai. 23 Assim, quando José chegou, os irmãos lhe
arrancaram a linda túnica que ele estava usando, 24 o agarraram e o
jogaram na cisterna vazia, ou seja, sem água. 25 Mais tarde, quando
se sentaram para comer, viram ao longe uma caravana de camelos
vindo em sua direção. Era um grupo de negociantes ismaelitas,
que transportavam especiarias, bálsamo e mirra de Gileade para o
Egito. 26 Judá disse a seus irmãos: "O que ganharemos se matarmos
nosso irmão e encobrirmos o crime? 27 Em vez de matá-lo, vamos
vendê-lo aos negociantes ismaelitas. Afinal, ele é nosso irmão, san-
gue do nosso sangue!". Seus irmãos concordaram. 28 Então, quando

NO QUE ESTOU **PENSANDO** ○ | O QUE ESTOU **SENTINDO** ○ | DO QUE ESTOU **LEMBRANDO** ○

DESENHE OU ESCREVA

os ismaelitas, que eram negociantes midianitas, se aproximaram,
os irmãos de José o tiraram da cisterna e o venderam para eles
por vinte peças de prata. E os negociantes o levaram para o Egito.
29 Algum tempo depois, Rúben voltou para tirar José da cisterna.
Quando descobriu que seu irmão não estava lá, rasgou as roupas.
30 Voltou a seus irmãos e lamentou-se: "O menino sumiu! E agora,
o que farei?". 31 Então os irmãos mataram um bode e mergulharam
a túnica de José no sangue do animal. 32 Enviaram a linda túnica
para o pai, com a seguinte mensagem: "Veja o que encontramos.
Não é a túnica de seu filho?". 33 O pai a reconheceu de imediato e
disse: "Sim, é a túnica de meu filho. Um animal selvagem o deve
ter devorado. Com certeza José morreu despedaçado!". 34 Jacó ras-
gou suas roupas e vestiu-se de pano de saco. Por longo tempo,
lamentou profundamente a morte do filho. 35 A família toda tentou
consolá-lo, mas ele se recusava. "Descerei à sepultura lamentando
a morte de meu filho", dizia, e continuou a lamentar-se. 36 Enquanto
isso, os negociantes midianitas chegaram ao Egito, onde venderam
José a Potifar, oficial e capitão da guarda do faraó.

CAPÍTULO 38

Judá e Tamar

1 Por essa época, Judá saiu de casa e se mudou para Adulão, onde
foi morar na casa de um homem chamado Hira. 2 Ali, Judá viu uma
mulher cananita, filha de Suá, e se casou com ela. Teve relações
com a mulher, 3 e ela engravidou e deu à luz um filho, que ele
chamou de Er. 4 Ela engravidou novamente e deu à luz outro filho,
que chamou de Onã. 5 Quando estavam morando em Quezibe, ela
deu à luz o terceiro filho e o chamou de Selá. 6 No devido tempo,
Judá arranjou o casamento de Er, seu filho mais velho, com uma
moça chamada Tamar. 7 Mas Er era um homem perverso aos olhos
do SENHOR, por isso o SENHOR lhe tirou a vida. 8 Então Judá disse a
Onã, irmão de Er: "Case-se com Tamar, como é exigido para com
a viúva do irmão. Você deve gerar um herdeiro para seu irmão".
9 Onã, porém, não estava disposto a ter um filho que não seria seu
herdeiro. Por isso, cada vez que tinha relações com a mulher de
seu irmão, derramava o sêmen no chão. Desse modo, evitava que
Tamar tivesse um filho que pertenceria ao irmão dele. 10 O SENHOR,
porém, considerou maldade a sua atitude e, por isso, também tirou

a vida de Onã. 11 Então Judá disse à sua nora Tamar: "Volte para a
casa de seus pais e permaneça viúva até que meu filho Selá tenha
idade suficiente para se casar com você". (Na verdade, Judá disse
isso apenas porque temia que Selá também morresse, como seus
dois irmãos.) Assim, Tamar voltou para a casa do pai. 12 Alguns anos
depois, a mulher de Judá morreu. Quando terminou o período de
luto, Judá e seu amigo Hira, o adulamita, subiram a Timna para
supervisionar a tosquia das ovelhas de Judá. 13 Alguém disse a
Tamar: "Seu sogro está subindo a Timna para tosquiar as ovelhas".
14 Tamar sabia que Selá já era adulto, mas nenhuma providência
havia sido tomada para que ela se casasse com ele. Por isso, trocou
suas roupas de viúva e, para disfarçar-se, cobriu-se com um véu.
Depois, foi sentar-se junto à entrada da vila de Enaim, no caminho
para Timna. 15 Judá a viu e pensou que fosse uma prostituta, pois
ela estava com o rosto coberto. 16 Ele parou à beira da estrada e,
sem saber que era sua própria nora, disse: "Quero me deitar com
você". "Quanto você me pagará para deitar-se comigo?", perguntou
Tamar. 17 "Eu lhe mandarei um cabrito do meu rebanho", prometeu
Judá. "Mas o que me dá como garantia de que mandará o cabrito?",
perguntou ela. 18 "Que tipo de garantia você quer?", replicou ele. Ela
disse: "Deixe comigo seu selo pessoal, junto com o cordão dele e o
cajado que você está segurando". Judá entregou os objetos. Depois,
teve relações com Tamar, e ela engravidou. 19 Em seguida, Tamar
voltou para casa, tirou o véu e tornou a vestir as roupas de viúva,
como de costume. 20 Mais tarde, Judá pediu que seu amigo Hira,
o adulamita, levasse o cabrito para a mulher e pegasse de volta
as coisas que ele havia deixado como garantia. Hira, porém, não
conseguiu encontrá-la. 21 Perguntou aos homens que moravam lá:
"Onde posso encontrar a prostituta do templo que estava sentada
junto à entrada de Enaim?". "Aqui nunca houve uma prostituta do
templo", responderam eles. 22 Então Hira voltou para onde Judá
estava e lhe disse: "Não consegui encontrá-la em lugar algum, e
os homens da vila disseram que lá nunca houve uma prostituta
do templo". 23 "Que ela fique com as minhas coisas", disse Judá.
"Mandei o cabrito como tínhamos combinado, mas você não a
encontrou. Se voltássemos para procurá-la, o povo da vila zomba-
ria de nós." 24 Uns três meses depois, disseram a Judá: "Sua nora,
Tamar, se comportou como prostituta e, por isso, está grávida".

NO QUE ESTOU **PENSANDO** | O QUE ESTOU **SENTINDO** | DO QUE ESTOU **LEMBRANDO**

DESENHE OU ESCREVA

Judá ordenou: "Tragam-na para fora e queimem-na!". 25 Quando a
estavam tirando de casa para matá-la, ela enviou a seguinte men-
sagem a seu sogro: "Estou grávida do homem que é dono destes
objetos. Olhe com atenção. De quem são este selo, este cordão e
este cajado?". 26 Judá os reconheceu de imediato e disse: "Ela é
mais justa que eu, pois não tomei as providências para que ela se
casasse com meu filho Selá". E Judá nunca mais teve relações com
Tamar. 27 Quando chegou a época de Tamar dar à luz, descobriu
que teria gêmeos. 28 Durante o trabalho de parto, um dos bebês
pôs a mão para fora. A parteira segurou a mão do bebê, amarrou
um fio vermelho no pulso e anunciou: "Este saiu primeiro". 29 O
bebê, porém, recolheu a mão, e seu irmão saiu. Então a parteira
disse: "Como você conseguiu sair primeiro?". Por isso, ele recebeu
o nome de Perez. 30 Logo depois, o bebê com o fio vermelho no
pulso nasceu e recebeu o nome de Zerá.

CAPÍTULO 39

José na casa de Potifar

1 Quando José foi levado para o Egito pelos negociantes ismaelitas,
eles o venderam a Potifar, um oficial egípcio. Potifar era capitão da
guarda do faraó, o rei do Egito. 2 O SENHOR estava com José, por
isso ele era bem-sucedido em tudo que fazia no serviço da casa de
seu senhor egípcio. 3 Potifar percebeu que o SENHOR estava com
José e lhe dava sucesso em tudo que ele fazia. 4 Satisfeito com
isso, nomeou José seu assistente pessoal e o encarregou de toda
a sua casa e de todos os seus bens. 5 A partir do dia em que José foi
encarregado de toda a casa e de todas as propriedades de Potifar, o
SENHOR começou a abençoar a casa do egípcio por causa de José.
Tudo corria bem na casa, e as plantações e os animais prosperavam.
6 Assim, Potifar entregou tudo que possuía aos cuidados de José e,
tendo-o como administrador, não se preocupava com nada, exceto
com o que iria comer. José era um rapaz muito bonito, de bela
aparência, 7 e logo a esposa de Potifar começou a olhar para ele
com desejo. "Venha e deite-se comigo", ordenou ela. 8 José recusou
e disse: "Meu senhor me confiou todos os bens de sua casa e não
precisa se preocupar com nada. 9 Ninguém aqui tem mais autori-
dade que eu. Ele não me negou coisa alguma, exceto a senhora,
pois é mulher dele. Como poderia eu cometer tamanha maldade?

Estaria pecando contra Deus!". 10A mulher continuava a assediar
José diariamente, mas ele se recusava a deitar-se com ela. 11Certo
dia, porém, quando José entrou para fazer seu trabalho, não havia
mais ninguém na casa. 12Ela se aproximou, agarrou-o pelo manto
e exigiu: "Venha, deite-se comigo!". José se desvencilhou e fugiu
da casa, mas o manto ficou na mão da mulher. 13Quando ela viu
que José tinha fugido, mas que o manto havia ficado na mão dela,
14chamou seus servos. "Vejam!", disse ela. "Meu marido trouxe esse
escravo hebreu para nos fazer de bobos! Ele entrou no meu quarto
para me violentar, mas eu gritei. 15Quando ele me ouviu gritar, saiu
correndo e escapou, mas largou seu manto comigo." 16Ela guardou
o manto até o marido voltar para casa. 17Então, contou-lhe sua ver-
são da história. "O escravo hebreu que você trouxe para nossa casa
tentou aproveitar-se de mim", disse ela. 18"Mas, quando eu gritei,
ele saiu correndo e largou seu manto comigo!"

José é preso

19Ao ouvir a mulher contar como José a havia tratado, Potifar se en-
fureceu. 20Pegou José e o lançou na prisão onde ficavam os prisio-
neiros do rei, e ali José permaneceu. 21Mas o SENHOR estava com ele
na prisão e o tratou com bondade. Fez José conquistar a simpatia
do carcereiro, que, 22em pouco tempo, encarregou José de todos
os outros presos e de todas as tarefas da prisão. 23O carcereiro não
precisava mais se preocupar com nada, pois José cuidava de tudo.
O SENHOR estava com ele e lhe dava sucesso em tudo que ele fazia.

CAPÍTULO 40

José interpreta o sonho de dois prisioneiros

1Algum tempo depois, o chefe dos copeiros e o chefe dos padeiros
do faraó ofenderam seu senhor, o rei do Egito. 2O faraó se enfureceu
com os dois oficiais 3e os mandou para a prisão onde José estava,
no palácio do capitão da guarda. 4Eles ficaram presos por um bom
tempo, e o capitão da guarda os colocou sob a responsabilidade
de José, para que cuidasse deles. 5Certa noite, enquanto estavam
presos, o copeiro e o padeiro tiveram, cada um, um sonho, e cada
sonho tinha o seu significado. 6Quando José os viu no dia seguinte,
notou que os dois estavam perturbados 7e perguntou: "Por que vo-
cês estão preocupados?". 8Eles responderam: "Esta noite, nós dois

tivemos sonhos, mas ninguém sabe nos dizer o que significam". "A
interpretação dos sonhos vem de Deus", disse José. "Contem-me o
que sonharam." 9O chefe dos copeiros foi o primeiro a relatar seu
sonho a José. "Em meu sonho, vi na minha frente uma videira",
disse ele. 10"Havia três ramos que começaram a brotar e florescer
e, em pouco tempo, produziram cachos de uvas. 11Eu tinha na mão
o copo do faraó. Tomei um dos cachos de uva, espremi o suco na
taça e a coloquei na mão do faraó." 12José disse: "Este é o signi-
ficado do sonho: os três ramos representam três dias. 13Dentro
de três dias, o faraó o elevará de volta ao seu cargo de chefe dos
copeiros. 14Quando a situação estiver bem para você, peço que se
lembre de mim. Fale de mim ao faraó, para que ele me tire deste
lugar, 15pois fui trazido à força da minha terra natal, a terra dos
hebreus, e agora estou nesta prisão, onde fui lançado sem motivo
justo". 16Ao ouvir a interpretação favorável de José para o primeiro
sonho, o chefe dos padeiros lhe disse: "Também tive um sonho.
Nele, havia três cestos de pães brancos empilhados sobre a minha
cabeça. 17No cesto de cima, havia pães e doces de todo tipo para o
faraó, mas as aves vieram e comeram do cesto que estava sobre a
minha cabeça". 18José lhe disse: "Este é o significado do sonho: os
três cestos também representam três dias. 19Dentro de três dias, o
faraó pendurará sua cabeça em um poste, e as aves comerão sua
carne". 20Três dias depois, era o aniversário do faraó, e ele preparou
um banquete para todos os seus oficiais e funcionários. Convocou
o chefe dos copeiros e o chefe dos padeiros para comparecerem à
festa. 21Elevou o chefe dos copeiros de volta a seu cargo, para que
voltasse a entregar o copo ao faraó. 22Quanto ao chefe dos padeiros,
mandou enforcá-lo, como José havia previsto ao interpretar o sonho
dele. 23O chefe dos copeiros, porém, se esqueceu completamente
de José e não pensou mais nele.

CAPÍTULO 41

O sonho do faraó

1Dois anos inteiros se passaram, e o faraó sonhou que estava em
pé na margem do rio Nilo. 2Em seu sonho, viu sete vacas gordas e
saudáveis saírem do rio e começarem a pastar no meio dos juncos.
3Em seguida, viu outras sete vacas saírem do Nilo. Eram feias e
magras e pararam junto das vacas gordas à beira do rio. 4Então as

vacas feias e magras comeram as sete vacas gordas e saudáveis.
Nessa parte do sonho, o faraó acordou. 5Depois, voltou a dormir
e teve outro sonho. Dessa vez, viu sete espigas de trigo, cheias e
boas, que cresciam em um só talo. 6Em seguida, apareceram mais
sete espigas, mas elas eram murchas e ressequidas pelo vento do
leste. 7Então as espigas miúdas engoliram as sete espigas cheias
e bem formadas. O faraó acordou novamente e percebeu que era
um sonho. 8Na manhã seguinte, perturbado com os sonhos, o fa-
raó chamou todos os magos e os sábios do Egito. Contou-lhes os
sonhos, mas ninguém conseguiu interpretá-los. 9Por fim, o chefe
dos copeiros se pronunciou. "Hoje eu me lembrei do meu erro",
disse ao faraó. 10"Algum tempo atrás, o senhor se irou com o chefe
dos padeiros e comigo e mandou prender-nos no palácio do ca-
pitão da guarda. 11Certa noite, o chefe dos padeiros e eu tivemos,
cada um, um sonho, e cada sonho tinha o seu significado. 12Estava
conosco na prisão um rapaz hebreu que era escravo do capitão da
guarda. Contamos a ele nossos sonhos, e ele explicou o que cada
um significava. 13E tudo aconteceu exatamente como ele havia pre-
visto. Fui restaurado ao meu cargo de chefe dos copeiros, e o chefe
dos padeiros foi enforcado em público." 14Na mesma hora, o faraó
mandou chamar José, e ele foi trazido depressa da prisão. Depois
de barbear-se e trocar de roupa, apresentou-se ao faraó. 15Disse o
faraó a José: "Tive um sonho esta noite e ninguém aqui conseguiu
me dizer o que ele significa. Soube, porém, que ao ouvir um sonho
você é capaz de interpretá-lo". 16José respondeu: "Essa capacidade
não está em minhas mãos, mas Deus pode revelar o significado ao
faraó e acalmá-lo". 17Então o faraó contou o sonho a José: "Em meu
sonho, eu estava em pé na margem do rio Nilo 18e vi sete vacas
gordas e saudáveis saírem do rio e começarem a pastar no meio dos
juncos. 19Em seguida, vi saírem do rio sete vacas feias e magras que
pareciam doentes. Nunca vi animais tão horríveis em toda a terra do
Egito. 20Essas vacas feias e magras comeram as sete vacas gordas.
21Contudo, não parecia que haviam acabado de comer as outras
vacas, pois continuavam tão magras e feias quanto antes. Então,
acordei. 22"Em meu sonho, também vi sete espigas de trigo, cheias
e boas, que cresciam em um só talo. 23Em seguida, apareceram
outras sete espigas, mas elas eram murchas, miúdas e ressequidas
pelo vento do leste. 24As espigas miúdas engoliram as sete espigas

Gn 41.15

saudáveis. Contei os sonhos aos magos, mas ninguém foi capaz de
dizer o que significam". 25José respondeu: "Os dois sonhos do faraó
significam a mesma coisa. Deus está dizendo ao faraó de antemão
o que ele vai fazer. 26As sete vacas saudáveis e as sete espigas de
trigo cheias representam sete anos de prosperidade. 27As sete vacas
feias e magras e as sete espigas miúdas e ressequidas pelo vento
do leste representam sete anos de fome. 28"Acontecerá exatamente
como eu descrevi, pois Deus revelou ao faraó de antemão o que
ele vai fazer. 29Os próximos sete anos serão um período de grande
prosperidade em toda a terra do Egito. 30Depois, haverá sete anos
de fome tão grande que toda essa prosperidade será esquecida no
Egito, pois a fome destruirá a terra. 31A escassez de alimento será tão
terrível que apagará até a lembrança dos anos de fartura. 32Quanto
ao fato de terem sido dois sonhos parecidos, significa que esses
acontecimentos foram decretados por Deus, e ele os fará ocorrer em
breve. 33"Portanto, o faraó deve encontrar um homem inteligente e
sábio e encarregá-lo de administrar o Egito. 34O faraó também deve
nomear supervisores sobre a terra, para que recolham um quinto
de todas as colheitas durante os sete anos de fartura. 35Encarregue-
os de juntar todo o alimento produzido nos anos bons que virão
e levá-lo para os armazéns do faraó. Mande-os estocar e guardar
os cereais, para que haja mantimento nas cidades. 36Desse modo,
quando os sete anos de fome vierem sobre a terra do Egito, haverá
comida suficiente. Assim, a fome não destruirá a terra".

O faraó coloca José no poder

37O faraó e seus oficiais gostaram das sugestões de José. 38Por
isso, o faraó perguntou aos oficiais: "Será que encontraremos al-
guém como este homem? Sem dúvida, há nele o espírito de Deus!".
39Então o faraó disse a José: "Uma vez que Deus lhe revelou o
significado dos sonhos, é evidente que não há ninguém tão in-
teligente ou sábio quanto você. 40Ficará encarregado de minha
corte, e todo o meu povo obedecerá às suas ordens. Apenas eu,
que ocupo o trono, terei uma posição superior à sua". 41O faraó
acrescentou: "Eu o coloco oficialmente no comando de toda a terra
do Egito". 42Então o faraó tirou do dedo o seu anel com o selo real
e o pôs no dedo de José. Mandou vesti-lo com roupas de linho
fino e pôs uma corrente de ouro em seu pescoço. 43Também o

fez andar na carruagem reservada para quem era o segundo no
poder, e, por onde José passava, gritava-se a ordem: "Ajoelhem-se!".
Assim, o faraó colocou José no comando de todo o Egito 44e lhe
disse: "Eu sou o faraó, mas ninguém levantará a mão ou o pé em
toda a terra do Egito sem a sua permissão". 45O faraó deu a José
um nome egípcio: Zafenate-Paneia. Também lhe deu uma mulher,
que se chamava Azenate. Ela era filha de Potífera, sacerdote de Om.
Assim, José recebeu autoridade sobre todo o Egito. 46Tinha 30 anos
quando começou a servir na corte do faraó, o rei do Egito. Depois de
sair da presença do faraó, José foi inspecionar toda a terra do Egito.
47Como previsto, durante sete anos a terra produziu fartas colheitas.
48Ao longo desse tempo, José juntou todas as colheitas do Egito e
armazenou nas cidades os cereais produzidos nos campos ao redor.
49Armazenou uma quantidade imensa de cereais, como a areia do
mar. Por fim, parou de manter registros, pois havia demais para
medir. 50Durante esse tempo, antes do primeiro ano de fome, José
e sua mulher, Azenate, filha de Potífera, sacerdote de Om, tiveram
dois filhos. 51José chamou o filho mais velho de Manassés, pois
disse: "Deus me fez esquecer todas as minhas dificuldades e toda a
família de meu pai". 52José chamou o segundo filho de Efraim, pois
disse: "Deus me fez prosperar na terra da minha aflição". 53Por fim,
terminaram os sete anos de colheitas fartas em toda a terra do Egito,
54e começaram os sete anos de fome, como José havia previsto. A
fome também afetou as regiões vizinhas, mas havia alimento de
sobra em todo o Egito. 55Depois de algum tempo, porém, a fome
também se espalhou pelo Egito. Quando o povo clamou ao faraó
para que lhe desse alimento, ele respondeu a todos os egípcios:
"Dirijam-se a José e sigam as instruções dele". 56Quando faltou
alimento em toda parte, José mandou abrir os armazéns e vendeu
cereais aos egípcios, pois a fome era terrível em toda a terra do
Egito. 57Gente de todos os lugares ia ao Egito comprar cereais de
José, pois a fome era terrível no mundo inteiro.

CAPÍTULO 42

Os irmãos de José vão ao Egito

1Quando Jacó soube que no Egito havia cereais, disse a seus filhos:
"Por que vocês estão aí parados, olhando uns para os outros? 2Ouvi
dizer que há cereais no Egito. Desçam até lá e comprem cereais
em quantidade suficiente para nos mantermos vivos. Do contrário,
morreremos". 3Então os dez irmãos mais velhos de José desceram
ao Egito para comprar cereais. 4Mas Jacó não deixou Benjamim,
o irmão mais novo de José, ir com eles, pois tinha medo de que
algum mal lhe acontecesse. 5Os filhos de Jacó chegaram ao Egito
junto com outros para comprar mantimentos, porque também ha-
via fome em Canaã. 6Uma vez que José era governador do Egito e o
encarregado de vender cereais a todos, foi a ele que seus irmãos se
dirigiram. Quando chegaram, curvaram-se diante dele com o rosto
no chão. 7José reconheceu os irmãos de imediato, mas fingiu não
saber quem eram e lhes perguntou com aspereza: "De onde vocês
vêm?". "Da terra de Canaã", responderam eles. "Viemos comprar
mantimentos." 8Embora José tivesse reconhecido seus irmãos, eles
não o reconheceram. 9José se lembrou dos sonhos que tivera a
respeito deles muitos anos antes e lhes disse: "Vocês são espiões!
Vieram para descobrir os pontos fracos de nossa terra". 10"Não,
meu senhor!", responderam eles. "Seus servos vieram apenas para
comprar mantimentos. 11Somos todos irmãos, membros da mesma
família. Somos homens honestos, meu senhor, e não espiões!"
12Mas José insistiu: "São espiões, sim! Vieram para descobrir os
pontos fracos de nossa terra". 13Eles disseram: "Senhor, na verdade,
nós, seus servos, éramos doze irmãos, todos filhos de um homem
que vive na terra de Canaã. Nosso irmão mais novo está em casa
com o pai, e um de nossos irmãos já não está conosco." 14José,
porém, continuou a insistir: "Como eu disse, vocês são espiões!
15Mas há uma forma de verificar sua história. Juro pela vida do
faraó que vocês só deixarão o Egito quando seu irmão mais novo
vier para cá. 16Um de vocês deve buscá-lo. Os outros ficarão presos
aqui. Então veremos se sua história é verdadeira ou não. Pela vida
do faraó, se não tiverem um irmão mais novo, saberei com certeza
que são espiões". 17Então José os colocou na prisão por três dias.
18No terceiro dia, José lhes disse: "Sou um homem temente a Deus.
Façam o que direi e viverão. 19Se são mesmo homens honestos,
escolham um de seus irmãos para continuar preso. Os demais
podem voltar para casa com cereais para seus parentes que estão
passando fome. 20Tragam-me, porém, seu irmão mais novo. Com
isso, provarão que estão dizendo a verdade e não morrerão". Eles
concordaram e, 21conversando entre si, disseram: "É evidente que

NO QUE ESTOU **PENSANDO** ○ | O QUE ESTOU **SENTINDO** ○ | DO QUE ESTOU **LEMBRANDO** ○

DESENHE OU ESCREVA

estamos sendo castigados por aquilo que fizemos a José tanto tem-
po atrás. Vimos sua angústia quando ele implorou por sua vida, mas
nós o ignoramos. Por isso estamos nesta situação difícil". 22Rúben
disse: "Não lhes falei que não pecassem contra o rapaz? Mas vocês
não quiseram me ouvir. Agora, temos de prestar contas pelo sangue
dele!". 23Não sabiam, porém, que José os entendia, pois falava
com eles por meio de um intérprete. 24José se afastou dos irmãos
e começou a chorar. Quando se recompôs, voltou a falar com eles.
Escolheu Simeão e mandou amarrá-lo diante dos demais. 25Em
seguida, José ordenou que seus servos enchessem de cereais os
sacos que os irmãos haviam trazido e, em segredo, devolvessem o
pagamento, colocando o dinheiro na boca de cada saco. Também
mandou que lhes dessem mantimentos para a viagem, e assim fize-
ram. 26Os irmãos colocaram os sacos de cereal sobre seus jumentos
e partiram de volta para casa. 27Contudo, quando um deles abriu a
bagagem a fim de pegar cereal para seu jumento, encontrou o di-
nheiro na boca do saco. 28"Vejam só!", exclamou para seus irmãos.
"Devolveram meu dinheiro; está aqui no saco!" O coração deles
desfaleceu e, tremendo, disseram uns aos outros: "O que Deus fez
conosco?". 29Quando os irmãos chegaram à casa de Jacó, seu pai,
na terra de Canaã, relataram-lhe tudo que havia acontecido com
eles. 30Disseram: "O homem que governa o país falou conosco as-
peramente e nos acusou de sermos espiões em sua terra, 31mas nós
lhe garantimos: 'Somos homens honestos, e não espiões. 32Somos
doze irmãos, filhos do mesmo pai. Um de nossos irmãos já não está
conosco, e o mais novo está em casa com nosso pai, na terra de
Canaã'. 33"Então o homem que governa o país disse: 'Saberei com
certeza se vocês são homens honestos da seguinte forma: deixem
um de seus irmãos comigo e voltem para casa levando cereais para
seus parentes que estão passando fome. 34Tragam-me, porém, seu
irmão mais novo e saberei que são homens honestos, e não espi-
ões. Então eu lhes devolverei seu irmão, e vocês poderão negociar
livremente nesta terra'". 35Ao esvaziarem os sacos, viram que dentro
de cada um havia uma bolsa com o dinheiro do pagamento pelos
cereais. Os irmãos e o pai ficaram apavorados quando viram as
bolsas de dinheiro. 36Jacó disse: "Vocês estão tirando meus filhos
de mim! José se foi, Simeão não está aqui, e agora querem levar
Benjamim também. Tudo está contra mim!". 37Então Rúben disse

NO QUE ESTOU **PENSANDO** ○ O QUE ESTOU **SENTINDO** ○ DO QUE ESTOU **LEMBRANDO** ○

DESENHE OU ESCREVA

ao pai: "Se eu não trouxer Benjamim de volta, o senhor pode matar
meus dois filhos. Eu me responsabilizo por ele e prometo trazê-lo
de volta". 38Jacó, porém, respondeu: "Meu filho não descerá com
vocês. Seu irmão José morreu, e Benjamim é tudo que me resta. Se
alguma coisa acontecesse com ele na viagem, vocês me mandariam
velho e infeliz para a sepultura".

CAPÍTULO 43

Os irmãos voltam ao Egito

1A fome se agravou na terra de Canaã. 2Quando os cereais que eles
haviam trazido do Egito estavam para acabar, Jacó disse a seus fi-
lhos: "Voltem e comprem um pouco mais de mantimento para nós".
3Judá, porém, respondeu: "O homem estava falando sério quando
nos advertiu: 'Vocês não me verão novamente se não trouxerem
seu irmão'. 4Se o senhor enviar Benjamim conosco, desceremos e
compraremos mais mantimento, 5mas, se não deixar Benjamim ir,
nós também não iremos. Lembre-se de que o homem disse: 'Vocês
não me verão novamente se não trouxerem seu irmão'". 6"Por que
vocês foram tão cruéis comigo?", lamentou-se Jacó. "Por que dis-
seram ao homem que tinham outro irmão?" 7"Ele fez uma porção
de perguntas sobre nossa família", responderam. "Quis saber: 'Seu
pai ainda está vivo? Vocês têm outro irmão?'. Nós apenas responde-
mos às perguntas dele. Como poderíamos imaginar que ele diria:
'Tragam seu irmão'?" 8Judá disse a seu pai: "Deixe o rapaz ir comigo
e partiremos. Do contrário, todos nós morreremos de fome, e não
apenas nós, mas também nossos pequeninos. 9Garanto pessoal-
mente a segurança dele. O senhor pode me responsabilizar se eu
não o trouxer de volta. Carregarei a culpa para sempre. 10Se não
tivéssemos perdido todo esse tempo, poderíamos ter ido e voltado
duas vezes". 11Por fim, Jacó, seu pai, lhes disse: "Se não há outro
jeito, pelo menos façam o seguinte. Coloquem na bagagem os
melhores produtos desta terra: bálsamo, mel, especiarias e mirra,
pistache e amêndoas, e levem de presente para o homem. 12Levem
também o dobro do dinheiro que foi devolvido, pois alguém deve
tê-lo colocado nos sacos por engano. 13Depois, peguem seu irmão e
voltem àquele homem. 14Que o Deus Todo-poderoso lhes conceda
misericórdia quando estiverem diante daquele homem, para que
ele liberte Simeão e deixe Benjamim voltar. Mas, se devo perder

meus filhos, que assim seja". 15Então os homens pegaram os pre-
sentes de Jacó e o dobro do dinheiro e partiram com Benjamim.
Por fim, chegaram ao Egito e se apresentaram a José. 16Quando
José viu Benjamim com eles, disse ao administrador de sua casa:
"Estes homens almoçarão comigo ao meio-dia. Leve-os ao palácio,
mate um animal e prepare um grande banquete". 17O homem fez
conforme José ordenou e os levou ao palácio de José. 18Quando
os irmãos viram que estavam sendo levados à casa de José, fica-
ram apavorados. "É por causa do dinheiro que alguém colocou de
volta nos sacos da outra vez que estivemos aqui", disseram uns aos
outros. "Ele planeja nos acusar de roubo e, depois, nos prender, nos
tornar escravos e tomar nossos jumentos."

O banquete no palácio de José

19À entrada do palácio, os irmãos se dirigiram ao administrador de
José e lhe disseram: 20"Ouça, senhor. Viemos ao Egito anteriormen-
te para comprar mantimentos. 21No caminho de volta para casa,
paramos para pernoitar e abrimos os sacos. Descobrimos que o
dinheiro de cada um, a quantia exata que havíamos pago, estava na
boca do saco. Trouxemos o dinheiro de volta. Aqui está. 22Também
trouxemos mais dinheiro para comprar mantimentos. Não fazemos
ideia de quem colocou o dinheiro nos sacos". 23"Fiquem tranquilos",
disse o administrador. "Não tenham medo. Seu Deus, o Deus de
seu pai, deve ter colocado esse tesouro nos sacos. Tenho certeza de
que recebi seu pagamento." Depois disso, soltou Simeão e o levou
até onde eles estavam. 24Em seguida, o administrador os conduziu
para dentro do palácio de José. Deu-lhes água para lavar os pés
e providenciou ração para seus jumentos. 25Quando foram avisa-
dos que almoçariam lá, os irmãos prepararam os presentes para a
chegada de José ao meio-dia. 26Assim que José chegou em casa,
entregaram-lhe os presentes que haviam trazido e curvaram-se até
o chão diante dele. 27Depois de cumprimentá-los, José quis saber:
"Como está seu pai, o senhor idoso do qual me falaram? Ainda está
vivo?". 28"Sim", responderam eles. "Nosso pai, seu servo, ainda está
vivo e vai bem." E curvaram-se mais uma vez. 29Então José olhou
para seu irmão Benjamim, o filho de sua mãe, e perguntou: "Este é
o irmão mais novo de que vocês me falaram?". E disse a Benjamim:
"Deus seja bondoso com você, meu filho". 30Muito emocionado

por causa do irmão, José saiu depressa da sala. Foi para o quarto,
onde chorou. 31Depois de lavar o rosto, voltou mais controlado e
ordenou: "Tragam a comida!". 32José foi servido em sua própria
mesa, e seus irmãos, em uma mesa separada. Os egípcios que
comiam com José, por sua vez, foram servidos em outra mesa, pois
os egípcios desprezavam os hebreus e se recusavam a comer com
eles. 33José disse a cada um dos irmãos onde deviam sentar-se
e, para espanto deles, colocou-os ao redor da mesa em ordem de
idade, do mais velho para o mais novo. 34Mandou encher os pra-
tos deles com comida de sua própria mesa, e deram a Benjamim
uma porção cinco vezes maior que a dos outros. E eles comeram e
beberam à vontade com José.

CAPÍTULO 44

O copo de prata de José

1Então José deu a seguinte ordem ao administrador do palácio:
"Coloque nos sacos que eles trouxeram todo o cereal que pude-
rem carregar, e coloque o dinheiro de cada um de volta no saco.
2Depois, coloque meu copo de prata na boca do saco de mantimen-
to do mais novo, junto com o dinheiro dele". O administrador fez
tudo conforme José ordenou. 3Assim que amanheceu, os irmãos
se levantaram e partiram com os jumentos carregados. 4Quando
haviam percorrido apenas uma distância curta e mal haviam saído
da cidade, José disse ao administrador do palácio: "Vá atrás deles
e detenha-os. Quando os alcançar, diga-lhes: 'Por que retribuíram
o bem com o mal? 5Por que roubaram o copo de prata do meu
senhor, que ele usa para prever o futuro? Vocês agiram muito mal!'".
6Quando o administrador do palácio alcançou os homens, repetiu
para eles as palavras de José. 7"Do que o senhor está falando?", dis-
seram os irmãos. "Somos seus servos e jamais faríamos uma coisa
dessas! 8Por acaso não devolvemos o dinheiro que encontramos
nos sacos? Nós o trouxemos de volta da terra de Canaã. Por que
roubaríamos ouro ou prata da casa do seu senhor? 9Se encontrar o
copo de prata com um de nós, que morra quem estiver com ele! E
nós, os restantes, seremos seus escravos." 10"Sua proposta é justa",
respondeu ele. "Mas apenas aquele que roubou o copo de prata se
tornará meu escravo. Os outros estarão livres." 11Sem demora, eles
descarregaram os sacos e os abriram. 12O administrador do palácio

Gn

examinou a bagagem de cada um, começando pelo mais velho até o mais novo. E o copo foi encontrado no saco de mantimento de Benjamim. 13Quando os irmãos viram isso, rasgaram as roupas. Depois, colocaram a carga de volta sobre os jumentos e retornaram à cidade. 14José ainda estava em seu palácio quando Judá e seus irmãos chegaram, e eles se curvaram até o chão diante dele. 15"O que vocês fizeram?", exigiu ele. "Não sabem que um homem como eu é capaz de prever o que vai acontecer?" 16Judá respondeu: "Meu senhor, o que podemos dizer? Que explicação podemos dar? Como podemos provar nossa inocência? Deus está nos castigando por causa de nossa maldade. Todos nós voltamos para ser seus escravos, todos nós, e não apenas nosso irmão com quem foi encontrado o copo de prata". 17José, no entanto, disse: "Eu jamais faria uma coisa dessas! Apenas o homem que roubou o copo será meu escravo. Os outros podem voltar em paz para a casa de seu pai".

Judá intercede por Benjamim

18Então Judá deu um passo à frente e disse: "Por favor, meu senhor, permita que seu servo lhe diga apenas uma palavra. Peço que não perca a paciência comigo, embora o senhor seja tão poderoso quanto o próprio faraó. 19"Meu senhor perguntou a nós, seus servos: 'Vocês têm pai ou irmão?'. 20E nós respondemos: 'Sim, meu senhor, nosso pai é idoso e tem um filho mais novo, nascido em sua velhice. O irmão desse filho, por parte de pai e mãe, morreu. Ele é o único filho de sua mãe, e nosso pai o ama muito'. 21"O senhor nos disse: 'Tragam-no aqui para que eu possa vê-lo com os próprios olhos'. 22E nós respondemos: 'Meu senhor, o rapaz não pode deixar o pai, pois, se o fizesse, o pai morreria'. 23Mas o senhor nos disse: 'Vocês não me verão novamente se não trouxerem seu irmão'. 24"Assim, voltamos para seu servo, nosso pai, e contamos a ele o que o senhor tinha dito. 25Passado algum tempo, quando ele disse: 'Voltem e comprem mais mantimentos', 26nós respondemos: 'Só poderemos voltar se nosso irmão mais novo nos acompanhar. Não temos como ver o homem outra vez, a menos que nosso irmão mais novo esteja conosco'. 27"Então meu pai nos disse: 'Como vocês sabem, minha mulher teve dois filhos, 28e um deles foi embora e nunca mais voltou. Sem dúvida, foi despedaçado por algum animal selvagem, e eu nunca mais o vi. 29Se agora vocês levarem de mim o irmão dele e lhe acontecer algum mal, vocês me mandarão velho e infeliz para a sepultura'. 30"E agora, meu senhor, não posso voltar para a casa de meu pai sem o rapaz. A vida de nosso pai está ligada à vida do rapaz. 31Quando ele vir que o rapaz não está conosco, morrerá. Nós, seus servos, seremos, de fato, responsáveis por mandar para a sepultura seu servo, nosso pai, em profunda tristeza. 32Meu senhor, garanti a meu pai que levaria o rapaz de volta. Disse-lhe: 'Se não o trouxer de volta, carregarei a culpa para sempre'. 33"Por isso, peço ao senhor que me permita ficar aqui como escravo no lugar do rapaz e que o deixe voltar com os irmãos dele. 34Pois, como poderei voltar a meu pai sem o rapaz? Não suportaria ver a angústia que isso lhe causaria!".

CAPÍTULO 45

José revela sua identidade

1José não conseguiu mais se conter. Havia muita gente na sala, e ele disse a seus assistentes: "Saiam todos daqui!". Assim, ficou a sós com seus irmãos e lhes revelou sua identidade. 2José se emocionou e começou a chorar. Chorou tão alto que os egípcios o ouviram, e logo a notícia chegou ao palácio do faraó. 3"Sou eu, José!", disse a seus irmãos. "Meu pai ainda está vivo?" Mas seus irmãos ficaram espantados ao se dar conta de que o homem diante deles era José e perderam a fala. 4"Cheguem mais perto", disse José. Quando eles se aproximaram, José continuou: "Eu sou José, o irmão que vocês venderam como escravo ao Egito. 5Agora, não fiquem aflitos ou furiosos uns com os outros por terem me vendido para cá. Foi Deus quem me enviou adiante de vocês para lhes preservar a vida. 6A fome que assola a terra há dois anos continuará por mais cinco anos, e não haverá plantio nem colheita. 7Deus me enviou adiante para salvar a vida de vocês e de suas famílias, e para salvar muitas vidas. 8Portanto, foi Deus quem me mandou para cá, e não vocês! E foi ele quem me fez conselheiro do faraó, administrador de todo o seu palácio e governador de todo o Egito. 9"Agora, voltem depressa a meu pai e digam-lhe: 'Assim diz seu filho José: Deus me fez senhor de toda a terra do Egito. Venha para cá sem demora! 10O senhor poderá viver na região de Gósen, onde estará perto de mim com todos os seus filhos e netos, rebanhos e gado, e todos os seus bens. 11Ali eu cuidarei do senhor, pois ainda haverá cinco anos de

Deus me enviou adiante para salvar a vida de vocês e de suas famílias.

Gn 45.7

escassez. Do contrário, o senhor e toda a sua família perderão tudo
que têm'". 12José acrescentou: "Vejam! Vocês podem comprovar
com seus próprios olhos, e também meu irmão Benjamim, que sou
eu mesmo, José, que falo com vocês! 13Contem a meu pai a posição
de honra que ocupo aqui no Egito. Descrevam para ele tudo que
viram e tragam-no para cá o mais rápido possível". 14Chorando de
alegria, ele abraçou Benjamim, e Benjamim também o abraçou e
chorou. 15Então José beijou cada um de seus irmãos e chorou com
eles; depois os irmãos conversaram à vontade com ele.

O faraó convida Jacó para morar no Egito

16A notícia não demorou a chegar ao palácio do faraó: "Os irmãos
de José estão aqui!". O faraó e seus oficiais se alegraram muito
quando souberam disso. 17O faraó disse a José: "Diga a seus ir-
mãos: 'Coloquem as cargas em seus animais e voltem depressa
à terra de Canaã. 18Tragam seu pai e todas as suas famílias para
cá. Eu lhes darei a melhor terra do Egito, e vocês comerão do que
esta terra produz de melhor'". 19O faraó prosseguiu: "Diga a seus
irmãos: 'Levem carruagens do Egito para transportar as crianças
pequenas, as mulheres e também seu pai. 20Não se preocupem
com seus pertences, pois o melhor de toda a terra do Egito será de
vocês'". 21Os filhos de Jacó seguiram essas instruções. José provi-
denciou carruagens, conforme o faraó havia ordenado, e lhes deu
mantimentos para a viagem. 22Também presenteou cada irmão
com um traje novo, mas a Benjamim deu cinco roupas novas
e trezentas peças de prata. 23E, a seu pai, enviou dez jumentos
carregados com os melhores produtos do Egito e dez jumentas
carregadas com cereais, pães e outros mantimentos para a viagem.
24Depois, José se despediu de seus irmãos e, enquanto partiam,
disse a eles: "Não briguem no caminho por causa do que aconte-
ceu". 25Eles saíram do Egito e voltaram a seu pai, Jacó, na terra de
Canaã. 26"José ainda está vivo!", eles disseram a seu pai. "É o go-
vernador de toda a terra do Egito!" Jacó ficou atônito com a notícia.
Não podia acreditar. 27Quando, porém, repetiram para Jacó tudo
que José lhes tinha dito, e quando ele viu as carruagens que José
havia mandado para levá-lo, encheu-se de ânimo. 28Então Jacó
exclamou: "Deve ser verdade! Meu filho José está vivo! Preciso ir
e vê-lo antes que eu morra!".

NO QUE ESTOU **PENSANDO** ○ | O QUE ESTOU **SENTINDO** ○ | DO QUE ESTOU **LEMBRANDO** ○

DESENHE OU ESCREVA

CAPÍTULO 46

Jacó e sua família se mudam para o Egito

1Jacó partiu para o Egito com todos os seus bens. Quando chegou
a Berseba, ofereceu sacrifícios ao Deus de Isaque, seu pai. 2Durante
a noite, Deus lhe falou numa visão. "Jacó! Jacó!", chamou ele. "Aqui
estou!", respondeu Jacó. 3"Eu sou Deus, o Deus de seu pai", disse
a voz. "Não tenha medo de descer ao Egito, pois lá farei de sua
família uma grande nação. 4Descerei com você ao Egito e certa-
mente o trarei de volta. E José estará ao seu lado quando você
morrer." 5Então Jacó saiu de Berseba, e seus filhos o levaram para
o Egito. Transportaram o pai, as crianças e as mulheres nas car-
ruagens que o faraó lhes havia providenciado. 6Também levaram
todos os seus rebanhos e os bens que haviam adquirido na terra de
Canaã. Assim, Jacó e toda a sua família foram para o Egito: 7filhos
e netos, filhas e netas, todos os seus descendentes. 8Estes são os
nomes dos descendentes de Israel, os filhos de Jacó, que foram ao
Egito: Rúben foi o filho mais velho de Jacó. 9Os filhos de Rúben
foram: Enoque, Palu, Hezrom e Carmi. 10Os filhos de Simeão foram:
Jemuel, Jamim, Oade, Jaquim, Zoar e Saul. (A mãe de Saul era
cananita.) 11Os filhos de Levi foram: Gérson, Coate e Merari. 12Os
filhos de Judá foram: Er, Onã, Selá, Perez e Zerá (embora Er e Onã
tivessem morrido na terra de Canaã). Os filhos de Perez foram:
Hezrom e Hamul. 13Os filhos de Issacar foram: Tolá, Puá, Jasube
e Sinrom. 14Os filhos de Zebulom foram: Serede, Elom e Jaleel.
15Esses foram os filhos de Lia e Jacó nascidos em Padã-Arã, além
de sua filha Diná. Por meio de Lia, Jacó teve 33 descendentes, tanto
homens quanto mulheres. 16Os filhos de Gade foram: Zefom, Hagi,
Suni, Esbom, Eri, Arodi e Areli. 17Os filhos de Aser foram: Imná, Isvá,
Isvi e Berias. A irmã deles se chamava Sera. Os filhos de Berias
foram: Héber e Malquiel. 18Esses foram os filhos de Zilpa, serva
dada a Lia por Labão, seu pai. Por meio de Zilpa, Jacó teve dezesseis
descendentes. 19Os filhos de Raquel, mulher de Jacó, foram: José e
Benjamim. 20Os filhos de José, nascidos no Egito, foram: Manassés
e Efraim. Sua mãe foi Azenate, filha de Potífera, sacerdote de Om.
21Os filhos de Benjamim foram: Belá, Bequer, Asbel, Gera, Naamã,
Eí, Rôs, Mupim, Hupim e Arde. 22Esses foram os filhos de Raquel
e Jacó. Por meio de Raquel, Jacó teve catorze descendentes. 23O
filho de Dã foi Husim. 24Os filhos de Naftali foram: Jazeel, Guni,

Gn

Jezer e Silém. 25 Esses foram os filhos de Bila, serva dada a Raquel
por Labão, seu pai. Por meio de Bila, Jacó teve sete descendentes.
26 No total, 66 descendentes diretos de Jacó foram com ele para o
Egito, sem contar as esposas de seus filhos. 27 Além deles, José teve
dois filhos que nasceram no Egito, totalizando setenta membros
da família de Jacó no Egito.

A família de Jacó chega a Gósen

28 Quando estavam quase chegando, Jacó enviou Judá adiante
para encontrar-se com José e pedir-lhe informações sobre o cami-
nho para Gósen. 29 José mandou preparar sua carruagem e partiu
para Gósen, a fim de encontrar-se com seu pai, Jacó. Quando José
chegou, abraçou fortemente seu pai e, sem soltá-lo, chorou por
longo tempo. 30 Por fim, Jacó disse a José: "Agora estou pronto para
morrer, pois vi seu rosto novamente e sei que você está vivo". 31 José
disse a seus irmãos e a toda a família de seu pai: "Irei ao faraó e
lhe direi: 'Meus irmãos e toda a família de meu pai chegaram da
terra de Canaã. 32 Eles são pastores e criadores de gado. Trouxeram
consigo seus rebanhos, seu gado e todos os seus bens'". 33 Disse
também: "Quando o faraó mandar chamá-los e perguntar-lhes em
que vocês trabalham, 34 digam o seguinte: 'Durante toda a vida,
nós, seus servos, criamos rebanhos e gado, como sempre fizeram
nossos antepassados'. Quando lhe disserem isso, ele permitirá que
vivam aqui na região de Gósen, pois os egípcios desprezam os
pastores".

CAPÍTULO 47

Jacó abençoa o faraó

1 José foi ver o faraó e lhe disse: "Meu pai e meus irmãos chegaram
da terra de Canaã. Trouxeram seus rebanhos, seu gado e todos os
seus bens, e agora estão na região de Gósen". 2 José levou consigo
cinco de seus irmãos e os apresentou ao faraó. 3 "Em que vocês
trabalham?", o faraó perguntou aos irmãos. Eles responderam:
"Nós, seus servos, somos pastores, como nossos antepassados.
4 Viemos morar no Egito por algum tempo, pois não há pastagem
para nossos rebanhos em Canaã. A fome é terrível naquela região.
Por isso, pedimos sua permissão para morar na região de Gósen".
5 Então o faraó disse a José: "Agora que seu pai e seus irmãos estão
com você, 6 escolha qualquer lugar em todo o Egito para morarem.
Dê-lhes a melhor terra do Egito. Que vivam na região de Gósen. Se
você descobrir entre eles homens capazes, coloque-os para cuidar
de meus rebanhos". 7 Em seguida, José trouxe seu pai, Jacó, e o
apresentou ao faraó. E Jacó abençoou o faraó. 8 "Quantos anos o
senhor tem?", perguntou o faraó. 9 Jacó respondeu: "Tenho andado
por este mundo há 130 árduos anos. Comparada à vida de meus
antepassados, minha vida foi curta". 10 Então Jacó abençoou o fa-
raó novamente antes de deixar a corte. 11 José deu a seu pai e a
seus irmãos a melhor terra do Egito, a região de Ramessés, e os
acomodou ali, conforme o faraó havia ordenado. 12 José também
providenciou mantimentos para seu pai e seus irmãos, em quan-
tidades proporcionais ao número de seus dependentes, incluindo
as crianças pequenas.

A administração de José durante a fome

13 A essa altura, a escassez era tanta que se esgotaram todos os
mantimentos, e havia gente passando fome em toda a terra do
Egito e de Canaã. 14 Com o tempo, vendendo cereais para o povo,
José arrecadou todo o dinheiro do Egito e de Canaã e o depositou
no tesouro do faraó. 15 Quando acabou o dinheiro do povo do Egito
e de Canaã, todos os egípcios foram implorar a José: "Não temos
mais dinheiro! Mas, por favor, dê-nos alimento, ou morreremos
de fome diante dos seus olhos!". 16 José respondeu: "Visto que seu
dinheiro acabou, tragam-me seus animais. Eu lhes darei alimento
em troca". 17 Então eles entregaram seus animais a José em troca de
alimento. José lhes forneceu mantimentos para mais um ano em
troca de seus cavalos, rebanhos de ovelhas, bois e jumentos. 18 Mas
aquele ano chegou ao fim e, no ano seguinte, o povo voltou a José,
dizendo: "Não podemos esconder a verdade. Nosso dinheiro aca-
bou, e nossos rebanhos e gado lhe pertencem. Não nos resta coisa
alguma para oferecer além de nosso corpo e nossas terras. 19 Por que
morreríamos de fome diante dos seus olhos? Compre nossas terras
em troca de mantimento; oferecemos nossas propriedades e a nós
mesmos como servos do faraó. Dê-nos cereais para que vivamos
e não morramos, e para que a terra não fique vazia e desolada".
20 Assim, José comprou toda a terra do Egito para o faraó. Todos
os egípcios venderam seus campos, pois a fome era terrível, e em

NO QUE ESTOU PENSANDO ○ | O QUE ESTOU SENTINDO ○ | DO QUE ESTOU LEMBRANDO ○

DESENHE OU ESCREVA

pouco tempo todas as terras passaram a ser propriedade do faraó.
21Quanto ao povo, José os tornou todos escravos, de uma extremi-
dade do Egito à outra. 22As únicas terras que ele não comprou foram
as dos sacerdotes. Eles recebiam do faraó uma porção regular de
mantimentos, por isso não precisaram vender suas terras. 23Então
José disse ao povo: "Hoje eu comprei vocês e suas terras para o
faraó. Em troca, fornecerei sementes para cultivarem os campos.
24Quando vocês os ceifarem, um quinto da colheita será do faraó.
Fiquem com os outros quatro quintos e usem como alimento para
vocês, para os membros de sua casa e para suas crianças". 25"O se-
nhor salvou nossa vida!", exclamaram. "Permita-nos servir ao faraó."
26Então José mandou publicar um decreto que vale até hoje na
terra do Egito, segundo o qual um quinto de todas as colheitas per-
tence ao faraó. Apenas as terras dos sacerdotes não foram entregues
ao faraó. 27Enquanto isso, o povo de Israel se estabeleceu na região
de Gósen, no Egito. Ali, adquiriram propriedades e tiveram muitos
filhos, e sua população cresceu rapidamente. 28Depois de chegar ao
Egito, Jacó viveu mais dezessete anos; portanto, viveu ao todo 147
anos. 29Quando se aproximava a hora de sua morte, Jacó chamou
seu filho José e lhe disse: "Peço que me faça um favor. Coloque sua
mão debaixo da minha coxa e jure que mostrará sua bondade e
lealdade a mim atendendo a este último desejo: não me sepulte
no Egito. 30Quando eu morrer, leve meu corpo para fora do Egito e
sepulte-me com meus antepassados". José prometeu: "Farei como
o senhor me pede". 31"Jure que o fará", insistiu. José fez o juramento,
e Jacó se curvou humildemente à cabeceira de sua cama.

CAPÍTULO 48

Jacó abençoa Manassés e Efraim

1Certo dia, não muito tempo depois, avisaram José: "Seu pai está
bastante doente". José foi visitá-lo e levou consigo seus dois filhos,
Manassés e Efraim. 2Quando José chegou, anunciaram a Jacó: "Seu
filho José está aqui para vê-lo". Com as forças que lhe restavam,
Jacó se sentou na cama. 3Jacó disse a José: "O Deus Todo-poderoso
me apareceu em Luz, na terra de Canaã, e me abençoou. 4Ele me
disse: 'Eu o tornarei fértil e multiplicarei seus descendentes. Farei
de você muitas nações e darei esta terra de Canaã a seus descen-
dentes como propriedade permanente'. 5"Agora, tomo para mim,

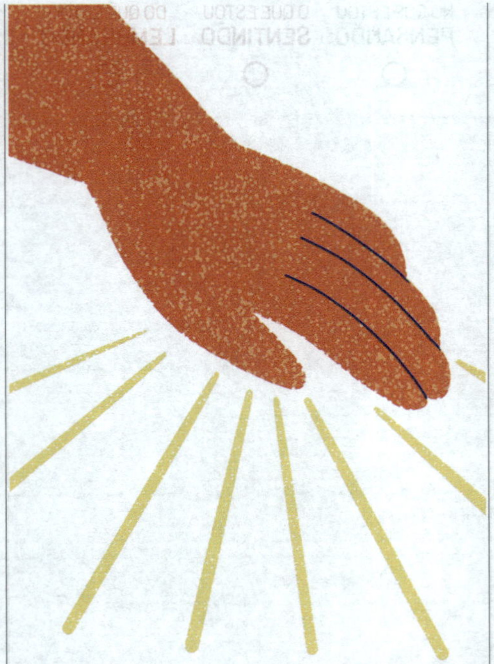

"O Deus Todo-poderoso me apareceu em Luz, na terra de Canaã, e me abençoou."

Gn 48.3

como meus próprios filhos, seus dois rapazes, Efraim e Manassés,
nascidos aqui na terra do Egito antes de minha chegada. Eles serão
meus filhos, como são Rúben e Simeão. 6Os filhos que você tiver
depois deles, porém, serão seus e herdarão propriedades dentro
do território dos irmãos deles, Efraim e Manassés. 7"Muito tempo
atrás, quando eu voltava de Padã-Arã, Raquel morreu na terra de
Canaã. Ainda estávamos viajando, a certa distância de Efrata (ou
seja, Belém). Com grande tristeza, sepultei-a ali mesmo, junto ao
caminho para Efrata". 8Em seguida, Jacó olhou para os dois rapazes
e perguntou: "Quem são estes?". 9José respondeu: "Estes são os
filhos que Deus me deu aqui no Egito". Jacó disse: "Traga-os mais
perto, para que eu os abençoe". 10Os olhos de Jacó estavam enfra-
quecidos por causa da idade, e ele quase não conseguia enxergar.
José levou os rapazes para perto dele, e Jacó os beijou e abraçou.
11Então Jacó disse a José: "Nunca imaginei que voltaria a ver seu
rosto, mas agora Deus me permitiu ver também seus filhos!". 12José
tirou os rapazes de junto dos joelhos do avô e se curvou com o
rosto no chão. 13Em seguida, colocou os rapazes na frente de Jacó.
Com a mão direita, colocou Efraim diante da mão esquerda de
Jacó e, com a mão esquerda, colocou Manassés sob a mão direita
de Jacó. 14Mas, ao estender as mãos para colocá-las sobre a cabeça
dos rapazes, Jacó cruzou os braços. Pôs a mão direita sobre a cabeça
de Efraim, embora fosse o mais novo, e a mão esquerda sobre a
cabeça de Manassés, embora fosse o mais velho. 15Em seguida,
abençoou José, dizendo: "Que o Deus diante do qual andaram meu
avô, Abraão, e meu pai, Isaque, o Deus que tem sido meu pastor
toda a minha vida, até o dia de hoje, 16o Anjo que me resgatou
de todo o mal, abençoe estes rapazes. Que eles preservem meu
nome e o nome de Abraão e Isaque, e seus descendentes se mul-
tipliquem grandemente na terra". 17José, porém, não se agradou
quando viu o pai colocar a mão direita sobre a cabeça de Efraim. Por
isso, levantou-a para passá-la da cabeça de Efraim para a cabeça de
Manassés. 18"Não, meu pai", disse ele. "Este é o mais velho; coloque
a mão direita sobre a cabeça dele." 19Mas seu pai se recusou e
disse: "Eu sei, meu filho; eu sei. Manassés também se tornará um
grande povo, mas seu irmão mais novo será ainda maior. E seus
descendentes se tornarão muitas nações". 20Assim, Jacó abençoou
os rapazes naquele dia com a seguinte bênção: "O povo de Israel

Gn

usará seus nomes quando pronunciarem uma bênção. Dirão: 'Deus
os faça prosperar como Efraim e Manassés!'". Desse modo, Jacó pôs
Efraim adiante de Manassés. 21Então Jacó disse a José: "Morrerei
em breve, mas Deus estará com vocês e os levará de volta a Canaã,
a terra de seus antepassados. 22Em razão de sua autoridade sobre
seus irmãos, eu lhe dou uma porção a mais da terra, que tomei dos
amorreus com a minha espada e o meu arco".

CAPÍTULO 49

Jacó abençoa seus filhos

1Então Jacó mandou chamar todos os seus filhos e lhes disse:
"Reúnam-se ao meu redor, e eu direi o que acontecerá a cada um de
vocês nos dias que virão. 2"Venham e ouçam, filhos de Jacó, ouçam
Israel, seu pai! 3"Rúben, você é meu filho mais velho, minha força, o
filho da minha juventude vigorosa; é o primeiro em importância e o
primeiro em poder. 4É, contudo, impetuoso como uma enchente, e
não será mais o primeiro. Pois deitou-se em minha cama, desonrou
meu leito conjugal. 5"Simeão e Levi são iguais em tudo; suas armas
são instrumentos de violência. 6Que eu jamais esteja presente em
suas reuniões e nunca participe de seus planos. Pois, em sua ira,
mataram homens e, por diversão, aleijaram bois. 7Maldita seja sua
ira, pois é feroz; maldita sua fúria, pois é cruel. Eu os espalharei
entre os descendentes de Jacó, eu os dispersarei por todo o Israel.
8"Judá, seus irmãos o louvarão; você agarrará seus inimigos pelo
pescoço, e todos os seus parentes se curvarão à sua frente. 9Judá,
meu filho, é um leão novo que acabou de comer sua presa. Como
o leão, ele se agacha, e como a leoa, se deita; quem tem coragem
de acordá-lo? 10O cetro não se afastará de Judá, nem o bastão de
autoridade de seus descendentes, até que venha aquele a quem
pertence, aquele que todas as nações honrarão. 11Ele amarra seu
potro a uma videira, seu jumentinho a uma videira seleta. Lava suas
roupas em vinho, suas vestes, no sangue das uvas. 12Seus olhos são
mais escuros que o vinho, seus dentes, mais brancos que o leite.
13"Zebulom se estabelecerá à beira-mar e será um porto para os
navios; suas fronteiras se estenderão até Sidom. 14"Issacar é um
jumento forte, que descansa entre dois sacos de carga. 15Quando vir
como o campo é bom e como a terra é agradável, curvará seus om-
bros para a carga e se sujeitará a trabalhos forçados. 16"Dã governará

NO QUE ESTOU PENSANDO ○ O QUE ESTOU SENTINDO ○ DO QUE ESTOU LEMBRANDO ○

DESENHE OU ESCREVA

seu povo, como qualquer outra tribo de Israel. 17Dã será uma ser-
pente à beira da estrada, uma víbora junto ao caminho que morde
o calcanhar do cavalo e faz o cavaleiro cair. 18Ó SENHOR, espero pelo
teu livramento! 19"Gade será atacado por bandos de saqueadores,
mas os atacará quando baterem em retirada. 20"Aser se alimentará
de comidas deliciosas e produzirá iguarias dignas de reis. 21"Naftali
é uma gazela solta que dá à luz lindos filhotes. 22"José é árvore
frutífera, árvore frutífera junto à fonte; seus ramos se estendem
por cima do muro. 23Arqueiros o atacaram brutalmente; atiraram
nele e o atormentaram. 24Seu arco, porém, permaneceu esticado,
e seus braços foram fortalecidos pelas mãos do Poderoso de Jacó,
pelo Pastor, a Rocha de Israel. 25Que o Deus de seu pai o ajude; o
Todo-poderoso o abençoe com bênçãos dos altos céus, bênçãos das
profundezas das águas, bênçãos dos seios e do ventre. 26Que as
bênçãos de seu pai ultrapassem as bênçãos de meus antepassados
e alcancem as alturas das antigas colinas. Que essas bênçãos des-
cansem sobre a cabeça de José, que é príncipe entre seus irmãos.
27"Benjamim é um lobo voraz; pela manhã devora seus inimigos,
ao entardecer divide o despojo". 28Essas são as doze tribos de Israel,
e foi isso que seu pai disse ao despedir-se de seus filhos. Deu a cada
um deles a bênção que lhe era adequada.

A morte e o sepultamento de Jacó

29Em seguida, Jacó lhes deu a seguinte instrução: "Em breve mor-
rerei e me reunirei a meus antepassados. Sepultem-me com meu
pai e com meu avô na caverna no campo de Efrom, o hitita. 30É a
caverna de Macpela, perto de Manre, em Canaã, que Abraão com-
prou do hitita como sepultura permanente. 31Ali estão sepultados
Abraão e sua mulher, Sara. Ali também estão sepultados Isaque e
sua mulher, Rebeca. E ali sepultei Lia. 32É o campo e a caverna que
meu avô, Abraão, comprou dos hititas". 33Quando Jacó terminou
de dar essa instrução a seus filhos, deitou-se em sua cama, deu o
último suspiro e, ao morrer, reuniu-se a seus antepassados.

CAPÍTULO 50

1José atirou-se sobre seu pai, chorou sobre ele e o beijou. 2Em
seguida, deu ordens aos médicos que o serviam para que embal-
samassem o corpo de seu pai, e Jacó foi embalsamado. 3O processo

de embalsamamento levou os quarenta dias habituais. E os egíp-
cios lamentaram sua morte durante setenta dias. 4Quando termi-
nou o período de luto, José procurou os conselheiros do faraó e
lhes disse: "Por gentileza, peço que falem com o faraó em meu
favor. 5Digam-lhe que meu pai me fez prestar um juramento. Disse:
'Morrerei em breve. Leve meu corpo de volta para a terra de Canaã
e coloque-me na sepultura que preparei para mim'. Portanto, peço
que me deixe ir sepultar meu pai; depois, voltarei sem demora".
6O faraó atendeu ao pedido de José e disse: "Vá e sepulte seu pai,
como ele o fez prometer". 7Então José partiu para sepultar seu pai.
Foi acompanhado de todos os oficiais do faraó, todos os membros
mais importantes da casa do faraó e todos os oficiais de alto escalão
do Egito. 8José também levou consigo toda a sua família, seus
irmãos e a família deles. As crianças pequenas, os rebanhos e o
gado, porém, deixaram na terra de Gósen. 9Muitas carruagens e
seus condutores acompanharam José, formando um grande corte-
jo. 10Quando chegaram à eira de Atade, perto do rio Jordão, realiza-
ram uma grande cerimônia fúnebre, com um período de sete dias
de luto pelo pai de José. 11Os cananeus que moravam na região
os viram chorar na eira de Atade e mudaram o nome do lugar (que
fica próximo ao Jordão) para Abel-Mizraim, pois disseram: "Este é
um lugar de lamento profundo para esses egípcios". 12Assim, os
filhos de Jacó fizeram o que ele lhes havia ordenado. 13Levaram seu
corpo para a terra de Canaã e o sepultaram na caverna no campo
de Macpela, perto de Manre. Essa é a caverna que Abraão havia
comprado de Efrom, o hitita, como sepultura permanente.

José tranquiliza seus irmãos

14Depois de sepultar Jacó, José voltou para o Egito com seus irmãos
e com todos que o haviam acompanhado. 15Uma vez que seu pai
estava morto, porém, os irmãos de José ficaram temerosos e disse-
ram: "Agora José mostrará sua ira e se vingará de todo o mal que
lhe fizemos". 16Por isso, enviaram a seguinte mensagem a José:
"Antes de morrer, nosso pai mandou 17que lhe disséssemos: 'Por
favor, perdoe seus irmãos pelo grande mal que eles lhe fizeram,
pelo pecado que cometeram ao tratá-lo com tanta crueldade'. Por
isso, nós, servos do Deus de seu pai, suplicamos que você perdoe
nosso pecado". Quando José recebeu a mensagem, começou

Gn 50.20

a chorar. 18Depois, seus irmãos chegaram e se curvaram com o
rosto no chão diante de José. "Somos seus escravos!", disseram
eles. 19José, porém, respondeu: "Não tenham medo de mim. Por
acaso sou Deus para castigá-los? 20Vocês pretendiam me fazer o
mal, mas Deus planejou tudo para o bem. Colocou-me neste cargo
para que eu pudesse salvar a vida de muitos. 21Não tenham medo.
Continuarei a cuidar de vocês e de seus filhos". Desse modo, ele os
tranquilizou ao tratá-los com bondade.

A morte de José

22José, seus irmãos e suas famílias continuaram a viver no Egito.
José viveu 110 anos. 23Chegou a ver três gerações de descendentes
de seu filho Efraim e o nascimento dos filhos de Maquir, filho de
Manassés, os quais ele tomou para si como se fossem seus. 24José
disse a seus irmãos: "Em breve morrerei, mas certamente Deus os
ajudará e os tirará desta terra. Ele os levará de volta para a terra que
prometeu solenemente dar a Abraão, Isaque e Jacó". 25Então José
fez os filhos de Israel prestarem um juramento e disse: "Quando
Deus vier ajudá-los e conduzi-los de volta, levem meus ossos com
vocês". 26José morreu com 110 anos. Os egípcios o embalsamaram
e o colocaram em um caixão no Egito.

ÊXODO

CAPÍTULO 1

Os israelitas no Egito

1Estes são os nomes dos filhos de Israel que se mudaram para o
Egito com Jacó, cada um com sua família: 2Rúben, Simeão, Levi,
Judá, 3Issacar, Zebulom, Benjamim, 4Dã, Naftali, Gade e Aser. 5Ao
todo, desceram ao Egito setenta descendentes de Jacó, incluindo
José, que já estava lá. 6Com o tempo, José e seus irmãos morreram,
e toda aquela geração chegou ao fim. 7Mas seus descendentes,
os israelitas, tiveram muitos filhos e netos. Multiplicaram-se tanto
que se fortaleceram e encheram a terra. 8Por fim, subiu ao poder
no Egito um novo rei, que não sabia coisa alguma sobre José. 9O
rei disse a seu povo: "Vejam, agora o povo de Israel é mais nu-
meroso e mais forte que nós. 10Precisamos tramar um plano para
evitar que se tornem ainda mais numerosos. Se não o fizermos
e houver guerra, eles se unirão a nossos inimigos, lutarão contra
nós e depois fugirão desta terra". 11Assim, os egípcios nomearam
capatazes para dirigir o trabalho do povo. Sob opressão, os israelitas
construíram Pitom e Ramessés, duas cidades que serviam de cen-
tros de armazenamento para o faraó. 12Porém, quanto mais eram
oprimidos, mais os israelitas se multiplicavam e se espalhavam,
e mais preocupados os egípcios ficavam. 13Por isso, os egípcios
os forçavam com crueldade a trabalhar pesado. 14Tornaram a vida
deles amarga, obrigando-os a preparar argamassa, produzir tijolos
e fazer todo o trabalho nos campos. Eram cruéis em todas as suas
exigências. 15O faraó, rei do Egito, deu a seguinte ordem às parteiras
hebreias Sifrá e Puá: 16"Quando ajudarem as hebreias a dar à luz,

Ex 2.3

prestem atenção durante o parto. Se for menino, matem o bebê;
se for menina, deixem que viva". 17Mas as parteiras temiam a Deus
e se recusaram a obedecer à ordem do rei; assim, deixaram os
meninos viver. 18Então o rei do Egito mandou chamar as parteiras
e lhes perguntou: "Por que fizeram isso? Por que deixaram os me-
ninos viver?". 19"As mulheres hebreias não são como as egípcias",
responderam as parteiras ao faraó. "São mais vigorosas e dão à luz
com tanta rapidez que não conseguimos chegar a tempo." 20Deus
foi bondoso com as parteiras, e os israelitas continuaram a multi-
plicar-se e tornaram-se cada vez mais fortes. 21E, porque as parteiras
temeram a Deus, ele deu a cada uma delas a sua própria família.
22Então o faraó deu a seguinte ordem a todo o seu povo: "Lancem
no rio Nilo todos os meninos hebreus recém-nascidos, mas deixem
as meninas viver".

CAPÍTULO 2

O nascimento de Moisés

1Por essa época, um homem e uma mulher da tribo de Levi se
casaram. 2A mulher engravidou e deu à luz um menino. Viu que
era um lindo bebê e o escondeu por três meses. 3Quando não
conseguia mais escondê-lo, pegou um cesto feito de juncos de
papiro e o revestiu com betume e piche. Acomodou o bebê no
cesto e o colocou entre os juncos, à margem do rio Nilo. 4A irmã
do bebê ficou observando a certa distância, para ver o que lhe
aconteceria. 5Pouco depois, a filha do faraó desceu ao Nilo para
tomar banho, e suas servas foram caminhar pela margem do rio.
Quando a princesa viu o cesto entre os juncos, mandou sua serva
buscá-lo. 6Ao abrir o cesto, a princesa viu o bebê. O menino cho-
rava, e ela sentiu pena dele. "Deve ser um dos meninos hebreus",
disse ela. 7Então a irmã do menino se aproximou e perguntou à
princesa: "A senhora quer que eu chame uma mulher hebreia para
amamentar o bebê?". 8"Quero", respondeu a princesa. A moça foi
e chamou a mãe do bebê. 9A princesa disse à mãe do bebê: "Leve
este menino e amamente-o para mim. Eu pagarei por sua ajuda".
A mulher levou o bebê para casa e o amamentou. 10Quando o
menino cresceu, ela o levou de volta à filha do faraó, que o adotou
como seu próprio filho. A princesa o chamou de Moisés, pois disse:
"Eu o tirei da água".

Moisés foge para Midiã

11 Anos depois, já adulto, Moisés foi visitar seu povo e descobriu
que eles eram forçados a realizar trabalhos pesados. Durante sua
visita, viu um egípcio espancar um hebreu, um homem de seu
povo. 12 Olhou para todos os lados e, não avistando ninguém por
perto, matou o egípcio. Em seguida, escondeu o corpo na areia.
13 No dia seguinte, quando Moisés saiu novamente para visitar seu
povo, viu dois hebreus brigando. “Por que você está espancando
seu amigo?”, perguntou Moisés ao que havia começado a briga. 14 O
homem respondeu: “Quem o nomeou nosso príncipe e juiz? Vai me
matar como matou o egípcio?”. Moisés teve medo e pensou: “Com
certeza todos já sabem o que aconteceu!”. 15 E, de fato, o faraó tomou
conhecimento do que havia acontecido e tentou matar Moisés, mas
ele fugiu e foi morar na terra de Midiã. Quando chegou a Midiã,
estabeleceu-se junto a um poço. 16 O sacerdote de Midiã tinha sete
filhas, que foram ao poço tirar água e encher os bebedouros para
o rebanho de seu pai. 17 Então alguns pastores chegaram e as ex-
pulsaram de lá. Moisés, porém, defendeu as moças e tirou água
para o rebanho delas. 18 Quando as moças voltaram para seu pai,
Reuel, ele lhes perguntou: “Por que voltaram tão cedo hoje?”. 19 Elas
responderam: “Um egípcio nos defendeu dos pastores; depois,
tirou água e deu de beber ao nosso rebanho”. 20 “E onde está ele?”,
perguntou o pai. “Por que o deixaram lá? Convidem-no para comer
conosco.” 21 Moisés aceitou o convite e foi morar com Reuel. Depois
de algum tempo, Reuel entregou sua filha Zípora em casamento
a Moisés. 22 Mais tarde, ela deu à luz um menino, a quem Moisés
chamou de Gérson, pois disse: “Sou forasteiro em terra alheia”.
23 Depois de muitos anos, o rei do Egito morreu. Os israelitas, po-
rém, continuavam a gemer sob o peso da escravidão. Clamaram
por socorro, e seu clamor subiu até Deus. 24 Ele ouviu os gemidos
e se lembrou da aliança que havia feito com Abraão, Isaque e Jacó.
25 Olhou para os israelitas e percebeu sua necessidade.

CAPÍTULO 3

Moisés e o arbusto em chamas

1 Certo dia, Moisés estava cuidando do rebanho de seu sogro, Jetro,
sacerdote de Midiã. Ele levou o rebanho para o deserto e chegou
ao Sinai, o monte de Deus. 2 Ali, o anjo do SENHOR lhe apareceu no

fogo que ardia no meio de um arbusto. Moisés olhou admirado,
pois embora o arbusto estivesse envolto em chamas, o fogo não o
consumia. 3 “Que coisa espantosa!”, pensou ele. “Por que o fogo não
consome o arbusto? Preciso ver isso de perto.” 4 Quando o SENHOR
viu Moisés se aproximar para observar melhor, Deus o chamou do
meio do arbusto: “Moisés! Moisés!”. “Aqui estou!”, respondeu ele.
5 “Não se aproxime mais”, o SENHOR advertiu. “Tire as sandálias,
pois você está pisando em terra santa. 6 Eu sou o Deus de seu pai,
o Deus de Abraão, o Deus de Isaque e o Deus de Jacó.” Quando
Moisés ouviu isso, cobriu o rosto, porque teve medo de olhar para
Deus. 7 Então o SENHOR lhe disse: “Por certo, tenho visto a opres-
são do meu povo no Egito. Tenho ouvido seu clamor por causa de
seus capatazes. Sei bem quanto eles têm sofrido. 8 Por isso, desci
para libertá-los do poder dos egípcios e levá-los do Egito a uma
terra fértil e espaçosa. É uma terra que produz leite e mel com
fartura, onde hoje habitam os cananeus, os hititas, os amorreus,
os ferezeus, os heveus e os jebuseus. 9 Sim, o clamor do povo de
Israel chegou até mim, e eu tenho visto como os egípcios os tratam
cruelmente. 10 Agora vá, pois eu o envio ao faraó. Você deve tirar
meu povo, Israel, do Egito”. 11 Moisés, porém, disse a Deus: “Quem
sou eu para me apresentar ao faraó? Quem sou eu para tirar o povo
de Israel do Egito?” 12 Deus respondeu: “Eu estarei com você. Este
é o sinal de que eu sou aquele que o envia: depois que você tirar
o povo do Egito, vocês adorarão a Deus neste monte”. 13 Moisés
disse a Deus: “Se eu for aos israelitas e lhes disser: ‘O Deus de
seus antepassados me enviou a vocês’, eles perguntarão: ‘Qual é
o nome dele?’. O que devo dizer?”. 14 Deus respondeu a Moisés: “Eu
Sou o que Sou. Diga ao povo de Israel: Eu Sou me enviou a vocês”.
15 Deus também instruiu Moisés: “Diga ao povo de Israel: Javé, o
Deus de seus antepassados, o Deus de Abraão, o Deus de Isaque e
o Deus de Jacó, me enviou a vocês. Esse é meu nome para sempre,
o nome pelo qual serei lembrado de geração em geração. 16 “Agora
vá e reúna os líderes de Israel. Diga-lhes que Javé, o Deus de seus
antepassados, o Deus de Abraão, Isaque e Jacó, lhe apareceu e
disse: ‘Tenho observado atentamente e vejo como os egípcios os
têm tratado. 17 Prometi libertá-los da opressão no Egito e levá-los
a uma terra que produz leite e mel com fartura, onde hoje habi-
tam os cananeus, os hititas, os amorreus, os ferezeus, os heveus e

os jebuseus'. 18 "Os líderes de Israel aceitarão sua mensagem. Em
seguida, você e eles se apresentarão ao rei do Egito e lhe dirão:
'O SENHOR, o Deus dos hebreus, veio ao nosso encontro. Agora,
pedimos que nos permita fazer uma viagem de três dias ao deserto
para oferecermos sacrifícios ao SENHOR, nosso Deus'. 19 "Eu sei que
o rei do Egito não os deixará ir, a não ser que uma mão poderosa
o force. 20 Por isso, levantarei minha mão e ferirei os egípcios com
todo tipo de milagres que farei no meio deles. Então, por fim, o
faraó os deixará ir. 21 Farei que os egípcios sejam bondosos com os
israelitas, e assim vocês não sairão do Egito de mãos vazias. 22 Toda
mulher israelita pedirá de suas vizinhas egípcias e das mulheres
que as visitam artigos de ouro e prata e roupas caras, com as quais
vestirão seus filhos e suas filhas. Desse modo, vocês tomarão para
si as riquezas dos egípcios".

CAPÍTULO 4

Sinais do poder do SENHOR

1 Moisés respondeu: "E se não acreditarem em mim ou não qui-
serem me ouvir? E se disserem: 'O SENHOR nunca lhe apareceu'?".
2 Então o SENHOR lhe perguntou: "O que você tem na mão?". "Uma
vara", respondeu Moisés. 3 "Jogue-a no chão", disse o SENHOR.
Moisés jogou a vara no chão, e ela se transformou numa serpente.
Moisés fugia dela, 4 mas o SENHOR lhe disse: "Estenda a mão e pe-
gue-a pela cauda". Moisés estendeu a mão e pegou a serpente, e ela
voltou a ser uma vara. 5 Então o SENHOR lhe disse: "Faça esse sinal
e eles acreditarão que o SENHOR, o Deus de seus antepassados, o
Deus de Abraão, o Deus de Isaque e o Deus de Jacó, de fato lhe apa-
receu". 6 O SENHOR também disse a Moisés: "Agora, coloque a mão
dentro do seu manto". Moisés colocou a mão dentro do manto e,
quando a tirou, ela estava com lepra, branca como neve. 7 "Coloque
a mão dentro do manto outra vez", disse o SENHOR. Moisés colocou
a mão dentro do manto outra vez e, quando a tirou, ela estava tão
saudável quanto o resto do corpo. 8 Disse ainda: "Se eles não acre-
ditarem em você e não se deixarem convencer pelo primeiro sinal,
serão convencidos pelo segundo. 9 E, se não acreditarem em você
nem o ouvirem depois desses dois sinais, tire um pouco de água
do rio Nilo e derrame-a sobre a terra seca. Quando o fizer, a água
do Nilo se transformará em sangue na terra". 10 Moisés, porém, disse

Ex 4.2

ao SENHOR: "Ó Senhor, não tenho facilidade para falar, nem antes,
nem agora que falaste com teu servo! Não consigo me expressar
e me atrapalho com as palavras". 11 O SENHOR perguntou a Moisés:
"Quem forma a boca do ser humano? Quem torna o homem mudo
ou surdo? Quem o torna cego ou o faz ver? Por acaso não sou eu, o
SENHOR? 12 Agora vá! Eu estarei com você quando falar e o instrui-
rei a respeito do que deve dizer". 13 "Por favor, Senhor!", suplicou
Moisés. "Envia qualquer outra pessoa!" 14 Então o SENHOR se irou
com Moisés e lhe disse: "E quanto a seu irmão Arão, o levita? Sei
que ele fala bem. Veja, ele está vindo ao seu encontro e se alegrará
em vê-lo. 15 Fale com ele e diga as palavras que ele deve transmitir.
Estarei com vocês dois quando falarem e os instruirei a respeito do
que devem fazer. 16 Arão falará por você diante do povo. Ele será seu
porta-voz, e você será como Deus para ele. 17 Leve com você a vara
e use-a para realizar os sinais que eu lhe mostrei".

Moisés volta ao Egito

18 Moisés voltou à casa de Jetro, seu sogro, e lhe disse: "Por favor,
permita-me voltar ao Egito para procurar meus parentes. Nem sei
se ainda vivem". "Vá em paz", respondeu Jetro. 19 Antes de Moisés
partir de Midiã, o SENHOR lhe disse: "Volte ao Egito, pois todos que
queriam matá-lo já morreram". 20 Então Moisés tomou sua mulher e
seus filhos, montou-os num jumento e voltou para a terra do Egito.
Levava na mão a vara de Deus. 21 O SENHOR disse a Moisés: "Quando
chegar ao Egito, apresente-se ao faraó e faça todos os milagres para
os quais eu o capacitei. Contudo, endurecerei o coração dele, para
que se recuse a deixar o povo sair. 22 Você dirá ao faraó: 'Assim
diz o SENHOR: Israel é meu filho mais velho. 23 Ordenei que você
deixasse meu filho sair para me adorar. Mas, uma vez que você
se recusou, matarei seu filho mais velho'". 24 No caminho para o
Egito, no lugar onde Moisés e sua família haviam parado a fim de
passar a noite, o SENHOR o confrontou e estava prestes a matá-lo.
25 Mas Zípora pegou uma faca de pedra e circuncidou seu filho.
Com o prepúcio, tocou os pés de Moisés e lhe disse: "Agora você é
para mim um marido de sangue". 26 (Quando disse "um marido de
sangue", estava se referindo à circuncisão.) Depois disso, o SENHOR
deixou Moisés. 27 O SENHOR tinha dito a Arão: "Vá ao deserto, ao
encontro de Moisés". Arão foi, encontrou Moisés no monte de

Deus e o saudou com um beijo. 28Moisés contou a Arão tudo que
o SENHOR havia ordenado que ele dissesse e falou também sobre
os sinais que deveria realizar. 29Então Moisés e Arão voltaram ao
Egito e convocaram uma reunião com todos os líderes de Israel.
30Arão lhes comunicou tudo que o SENHOR tinha dito a Moisés, que
realizou os sinais diante deles. 31O povo de Israel se convenceu de
que o SENHOR tinha enviado Moisés e Arão. Quando ouviram que
o SENHOR se preocupava com eles e tinha visto seu sofrimento,
prostraram-se e o adoraram.

CAPÍTULO 5

Moisés e Arão falam com o faraó

1Depois disso, Moisés e Arão foram ver o faraó e declararam: "Assim
diz o SENHOR, o Deus de Israel: 'Deixe meu povo sair para celebrar
uma festa em minha honra no deserto'". 2"Quem é o SENHOR?",
retrucou o faraó. "Por que devo dar ouvidos a ele e deixar Israel
sair? Não conheço o SENHOR e não deixarei Israel sair." 3Então Arão
e Moisés disseram: "O Deus dos hebreus se encontrou conosco.
Portanto, deixe-nos fazer uma viagem de três dias ao deserto para
oferecermos sacrifícios ao SENHOR, nosso Deus. Do contrário, ele
nos castigará com alguma praga ou pela espada". 4O rei do Egito
respondeu: "Moisés e Arão, por que distraem o povo de suas ta-
refas? Voltem ao trabalho! 5Olhem! Há muitos do seu povo nesta
terra, e vocês os estão impedindo de trabalhar!".

O faraó oprime Israel ainda mais

6Naquele mesmo dia, o faraó deu a seguinte ordem aos capata-
zes egípcios e aos supervisores israelitas: 7"Não forneçam mais
palha para o povo fazer tijolos. De agora em diante, eles mesmos
devem juntá-la! 8No entanto, continuem a exigir que produzam
a mesma quantidade de tijolos que antes. Não reduzam a cota.
Eles são preguiçosos e, por isso, clamam: 'Deixe-nos sair para
sacrificar ao nosso Deus'. 9Aumentem a carga de trabalho deles
e cobrem o cumprimento das tarefas. Isso os ensinará a não dar
ouvidos a mentiras!". 10Os capatazes e os supervisores saíram e
informaram o povo: "Assim diz o faraó: 'Vocês não receberão mais
palha. 11Saiam e juntem-na onde puderem encontrá-la. No entanto,
continuarão a produzir a mesma quantidade de tijolos que antes'".

NO QUE ESTOU **PENSANDO** ○ | O QUE ESTOU **SENTINDO** ○ | DO QUE ESTOU **LEMBRANDO** ○

DESENHE OU ESCREVA

12Então o povo se espalhou por toda a terra do Egito para juntar
a palha que sobrava das colheitas. 13Enquanto isso, os capatazes
egípcios continuavam a pressioná-los: "Completem sua cota diária
de tijolos, como faziam quando nós lhes fornecíamos palha!". 14E
açoitavam os supervisores israelitas que haviam sido encarregados
das equipes de trabalhadores. "Por que não completaram as cotas
nem ontem nem hoje?", perguntavam. 15Então os supervisores
israelitas foram suplicar ao faraó: "Por favor, não trate seus servos
desse modo. 16Não recebemos palha, mas os capatazes continuam
a exigir: 'Façam tijolos!'. Somos açoitados constantemente, mas
a culpa é do seu próprio povo!". 17O faraó, porém, gritou: "Vocês
são preguiçosos! Preguiçosos! Por isso, andam dizendo: 'Deixe-nos
sair para oferecer sacrifícios ao SENHOR'. 18Voltem agora mesmo ao
trabalho! Não receberão palha, mas terão de produzir a mesma cota
de tijolos". 19Quando os supervisores israelitas ouviram: "Vocês não
poderão reduzir a quantidade de tijolos produzidos por dia", perce-
beram que estavam em sérios apuros. 20Ao sair do palácio do faraó,
encontraram Moisés e Arão, que os esperavam do lado de fora.
21Eles disseram aos dois irmãos: "O SENHOR os julgue e os castigue
por terem feito o faraó e seus oficiais nos odiarem. Vocês colocaram
uma espada na mão deles e lhes deram uma desculpa para nos
matar!". 22Moisés voltou ao SENHOR e disse: "Por que trouxeste
toda essa desgraça sobre este povo, Senhor? Por que me enviaste?
23Desde que me apresentei ao faraó como teu porta-voz, ele passou
a tratar teu povo com ainda mais crueldade. E tu não fizeste coisa
alguma para libertá-lo!".

CAPÍTULO 6

Promessas de libertação

1Então o SENHOR disse a Moisés: "Agora você verá o que vou fazer ao
faraó. Quando ele sentir o peso de minha mão forte, deixará o povo
sair. Sim, pelo peso de minha mão forte, fará o povo ir embora de
sua terra!". 2Deus também disse a Moisés: "Eu sou Javé, 'o SENHOR'.
3Apareci a Abraão, Isaque e Jacó como El-Shaddai, 'o Deus Todo-
-poderoso', mas não lhes revelei meu nome, Javé. 4Estabeleci com
eles a minha aliança, mediante a qual prometi lhes dar a terra de
Canaã, onde viviam como estrangeiros. 5Esteja certo de que ouvi
os gemidos dos israelitas, que agora são escravos dos egípcios, e

me lembrei da aliança que fiz com eles. 6"Portanto, diga ao povo
de Israel: 'Eu sou o SENHOR. Eu os libertarei da opressão e os livrarei
da escravidão no Egito. Eu os resgatarei com meu braço poderoso e
com grandes atos de julgamento. 7Eu os tomarei como meu povo
e serei o seu Deus. Então vocês saberão que eu sou o SENHOR, seu
Deus, que os libertou da opressão no Egito. 8Eu os levarei à ter-
ra que jurei dar a Abraão, Isaque e Jacó. Eu a darei a vocês como
propriedade. Eu sou o SENHOR!'". 9Moisés transmitiu ao povo essa
mensagem do SENHOR, mas eles já não quiseram lhe dar ouvidos.
Estavam desanimados demais por causa da escravidão brutal que
sofriam. 10Então o SENHOR disse a Moisés: 11"Volte ao faraó, o rei
do Egito, e diga a ele que deixe o povo de Israel sair de sua terra".
12"Mas SENHOR!", retrucou Moisés. "Os israelitas já não querem me
dar ouvidos. Como posso esperar que o faraó me escute? Tenho
tanta dificuldade para falar!" 13O SENHOR, porém, falou com Moisés
e Arão e lhes deu ordens, sobre os israelitas e sobre o faraó, rei do
Egito, para tirarem o povo de Israel do Egito.

Os antepassados de Moisés e Arão

14Estes são os chefes de clãs dos antepassados de Israel: Os filhos de
Rúben, o filho mais velho de Israel, foram: Enoque, Palu, Hezrom e
Carmi. Seus descendentes formaram os clãs de Rúben. 15Os filhos
de Simeão foram: Jemuel, Jamim, Oade, Jaquim, Zoar e Saul. (A
mãe de Saul era cananeia.) Seus descendentes se tornaram os clãs
de Simeão. 16Estes são os descendentes de Levi, conforme rela-
cionados nos registros de família. Os filhos de Levi foram Gérson,
Coate e Merari. (Levi viveu 137 anos.) 17Os descendentes de Gérson
foram: Libni e Simei; cada um deles se tornou antepassado de
um clã. 18Os descendentes de Coate foram: Anrão, Isar, Hebrom e
Uziel. (Coate viveu 133 anos.) 19Os descendentes de Merari foram:
Mali e Musi. Estes são os clãs dos levitas, conforme relacionados
nos registros de família. 20Anrão se casou com Joquebede, irmã
de seu pai, e ela deu à luz dois filhos: Arão e Moisés. (Anrão viveu
137 anos.) 21Os filhos de Isar foram: Corá, Nefegue e Zicri. 22Os
filhos de Uziel foram: Misael, Elzafã e Sitri. 23Arão se casou com
Eliseba, filha de Aminadabe e irmã de Naassom. Ela deu à luz seus
filhos Nadabe, Abiú, Eleazar e Itamar. 24Os filhos de Corá foram:
Assir, Elcana e Abiasafe. 25Eleazar, filho de Arão, se casou com uma

Ex 6.6

das filhas de Putiel, e ela deu à luz seu filho Fineias. Esses são os
chefes dentre os antepassados das famílias levitas, relacionados
de acordo com seus clãs. 26Foi a estes dois, Arão e Moisés, que o
SENHOR disse: "Tirem os israelitas do Egito, organizados segundo
seus clãs". 27Foram eles, Moisés e Arão, que se dirigiram ao faraó,
rei do Egito, para falar sobre a saída dos israelitas daquela terra.
28Quando o SENHOR falou com Moisés na terra do Egito, 29disse-lhe:
"Eu sou o SENHOR! Transmita ao faraó, rei do Egito, tudo que eu
lhe disser". 30Contudo, Moisés questionou o SENHOR e disse: "Não
posso fazer isso! Tenho tanta dificuldade para falar! Por que o faraó
me daria ouvidos?".

CAPÍTULO 7

A vara de Arão se transforma em serpente

1Então o SENHOR disse a Moisés: "Preste atenção ao que vou dizer.
Eu o farei parecer Deus para o faraó, e Arão, seu irmão, será seu pro-
feta. 2Diga a Arão tudo que eu lhe ordenar, e Arão mandará o faraó
deixar o povo de Israel sair de sua terra. 3Contudo, endurecerei o
coração do faraó e depois multiplicarei meus sinais e maravilhas
na terra do Egito. 4Mesmo assim, o faraó se recusará a ouvi-lo, de
modo que farei minha mão pesar sobre o Egito. Então resgatarei
meu exército – meu povo, os israelitas – da terra do Egito com
grandes atos de julgamento. 5Quando eu levantar minha mão e
tirar os israelitas do meio deles, os egípcios saberão que eu sou o
SENHOR". 6Moisés e Arão fizeram conforme o SENHOR lhes ordenou.
7Quando falaram com o faraó, Moisés tinha 80 anos, e Arão, 83. 8O
SENHOR disse a Moisés e a Arão: 9"O faraó exigirá: 'Mostre-me um
milagre'. Quando ele o fizer, diga a Arão: 'Tome sua vara e jogue-a
no chão, na frente do faraó, e ela se transformará numa serpen-
te'". 10Então Moisés e Arão foram ver o faraó e fizeram conforme o
SENHOR havia ordenado. Arão jogou a vara no chão, diante do faraó
e de seus oficiais, e ela se transformou numa serpente. 11O faraó
mandou chamar seus sábios e feiticeiros e, por meio de suas artes
mágicas, esses magos egípcios fizeram a mesma coisa: 12jogaram
suas varas no chão, e elas também se transformaram em serpentes.
Mas a vara de Arão engoliu as varas dos magos. 13O coração do
faraó, porém, permaneceu endurecido. Ele continuou se recusando
a ouvir, exatamente como o SENHOR tinha dito.

A praga de sangue

14 O SENHOR disse a Moisés: "O coração do faraó é duro, e ele conti-
nua se recusando a deixar o povo sair. 15 Portanto, vá ao faraó pela
manhã, quando ele estiver descendo até o rio. Pare à margem do
Nilo e encontre-se com ele ali. Não se esqueça de levar a vara que
se transformou em serpente. 16 Então diga-lhe: 'O SENHOR, o Deus
dos hebreus, me enviou para lhe falar: 'Deixe meu povo sair para
me adorar no deserto'. Até agora, você se recusou a ouvi-lo, 17 por
isso, assim diz o SENHOR: 'Eu lhe mostrarei que sou o SENHOR'. Veja!
Com esta vara que tenho na mão, baterei nas águas do Nilo, e elas
se transformarão em sangue. 18 Os peixes do rio morrerão, e o rio
ficará malcheiroso. Os egípcios não poderão beber de sua água'".
19 O SENHOR disse a Moisés: "Diga a Arão: 'Tome sua vara e estenda
a mão sobre as águas do Egito, sobre todos os seus rios, canais,
açudes e reservatórios. Toda a água se transformará em sangue,
até mesmo a água armazenada em vasilhas de madeira e pedra'".
20 Moisés e Arão fizeram conforme o SENHOR ordenou. Diante dos
olhos do faraó e de todos os seus oficiais, Arão levantou a vara e
bateu nas águas do Nilo, e o rio inteiro se transformou em sangue.
21 Os peixes do rio morreram, e a água ficou tão malcheirosa que
os egípcios não podiam bebê-la. Havia sangue em toda a terra
do Egito. 22 Mais uma vez, porém, os magos do Egito usaram sua
mágica e também transformaram água em sangue, e o coração do
faraó continuou endurecido. Ele se recusou a ouvir Moisés e Arão,
como o SENHOR tinha dito. 23 O faraó voltou para seu palácio e não
pensou mais no assunto. 24 Todos os egípcios cavaram às margens
do rio para encontrar água potável, pois não podiam beber da
água do Nilo. 25 Sete dias se passaram desde o momento em que
o SENHOR feriu o Nilo.

CAPÍTULO 8

A praga das rãs

1 Então o SENHOR disse a Moisés: "Volte ao faraó e anuncie: 'Assim
diz o SENHOR: Deixe meu povo sair para me adorar. 2 Se você se
recusar a deixá-lo sair, enviarei uma praga de rãs sobre todo o seu
território. 3 O rio Nilo fervilhará de rãs. Elas subirão do rio e invadirão
seu palácio, e até mesmo seu quarto e sua cama. Entrarão nas casas
de seus oficiais e de seu povo. Saltarão para dentro dos fornos e
das tigelas de amassar pão. 4 As rãs avançarão sobre você, sobre
seu povo e sobre todos os seus oficiais'". 5 O SENHOR também disse
a Moisés: "Diga a Arão: 'Estenda a vara que traz em sua mão sobre
todos os rios, canais e açudes do Egito e faça subir rãs sobre toda
a terra'". 6 Arão estendeu a mão sobre as águas do Egito, e as rãs
subiram e cobriram toda a terra. 7 Os magos, porém, usaram suas
artes mágicas para imitar a praga e também fizeram aparecer rãs
sobre a terra do Egito. 8 Então o faraó convocou Moisés e Arão e
disse: "Supliquem ao SENHOR que afaste as rãs de mim e de meu
povo. Deixarei seu povo sair para oferecer sacrifícios ao SENHOR".
9 "Pois escolha a hora!", respondeu Moisés. "Diga-me quando deseja
que eu suplique pelo faraó, por seus oficiais e por seu povo. Então o
faraó e suas casas ficarão livres das rãs, e elas permanecerão apenas
no rio Nilo." 10 "Que seja amanhã", disse o faraó. "Será como o faraó
disse", respondeu Moisés. "Então saberá que não há ninguém como
o SENHOR, nosso Deus. 11 As rãs deixarão o faraó e suas casas, seus
oficiais e seu povo e permanecerão apenas no rio Nilo." 12 Moisés
e Arão saíram do palácio do faraó, e Moisés clamou ao SENHOR a
respeito das rãs que ele havia mandado para afligir o faraó. 13 O
SENHOR fez exatamente conforme Moisés tinha dito. Todas as rãs
nas casas, nos pátios e nos campos morreram. 14 Os egípcios as
juntaram em montões, e um fedor terrível encheu a terra. 15 Mas,
quando o faraó percebeu que a situação havia melhorado, seu co-
ração se endureceu, e ele se recusou a dar ouvidos a Moisés e a
Arão, como o SENHOR tinha dito.

A praga dos piolhos

16 Então o SENHOR disse a Moisés: "Diga a Arão: 'Estenda a vara e
bata no chão. O pó se transformará em enxames de piolhos em
toda a terra do Egito'". 17 Moisés e Arão assim fizeram. Quando Arão
estendeu a mão e bateu no chão com a vara, piolhos infestaram
toda a terra e cobriram os egípcios e seus animais. Todo o pó da terra
do Egito se transformou em piolhos. 18 Os magos do faraó tentaram
fazer o mesmo com suas artes mágicas, mas não conseguiram. E os
piolhos cobriram tudo, tanto as pessoas como os animais. 19 "Isso
é o dedo de Deus!", exclamaram os magos ao faraó. Mas o cora-
ção do faraó continuou endurecido. Recusou-se a ouvi-los, como
o SENHOR tinha dito.

NO QUE ESTOU PENSANDO ○ | O QUE ESTOU SENTINDO ○ | DO QUE ESTOU LEMBRANDO ○

DESENHE OU ESCREVA

A praga das moscas

20 Em seguida, o SENHOR disse a Moisés: "Levante-se cedo amanhã
e coloque-se diante do faraó quando ele descer ao rio. Diga-lhe:
'Assim diz o SENHOR: Deixe meu povo sair para me adorar. 21 Se você
se recusar, enviarei enxames de moscas sobre você, seus oficiais,
seu povo e sobre todas as casas. Os lares dos egípcios e todo o chão
ficarão cheios de moscas. 22 Desta vez, porém, pouparei a região de
Gósen, onde meu povo vive. Lá, não aparecerão moscas. Então você
saberá que eu sou o SENHOR e que estou presente até mesmo no
meio de sua terra. 23 Farei clara distinção entre o meu povo e o seu.
Esse sinal acontecerá amanhã'". 24 O SENHOR fez exatamente o que
disse. Um denso enxame de moscas encheu o palácio do faraó e as
casas de seus oficiais. Todo o Egito ficou em estado de calamidade
por causa das moscas. 25 O faraó mandou chamar Moisés e Arão e
disse: "Vão e ofereçam sacrifícios ao seu Deus. Mas façam-no aqui
mesmo, nesta terra". 26 "Não seria certo", respondeu Moisés. "Os
sacrifícios que oferecemos ao SENHOR, nosso Deus, são detestáveis
aos egípcios. Se apresentarmos aqui mesmo nossos sacrifícios, que
os egípcios consideram detestáveis, eles nos apedrejarão. 27 Para
oferecer sacrifícios ao SENHOR, nosso Deus, precisamos fazer uma
viagem de três dias ao deserto, como ele ordenou." 28 "Podem ir",
respondeu o faraó. "Deixarei que viajem ao deserto para oferecer
sacrifícios ao SENHOR, seu Deus, mas não se afastem demais. E su-
pliquem por mim." 29 Moisés respondeu: "Assim que sairmos de
sua presença, suplicaremos ao SENHOR, e amanhã os enxames de
moscas deixarão o faraó, seus oficiais e todo o seu povo. Mas fique
avisado, ó faraó, de que não deve mentir novamente, recusando-se
a deixar o povo sair para sacrificar ao SENHOR". 30 Moisés saiu do
palácio do faraó e suplicou ao SENHOR que removesse todas as
moscas. 31 O SENHOR atendeu Moisés e fez os enxames de mos-
cas deixarem o faraó, seus oficiais e seu povo. Não restou uma só
mosca. 32 Mas o coração do faraó se endureceu outra vez, e ele se
recusou a deixar o povo sair.

CAPÍTULO 9

A praga sobre os animais

1 O SENHOR ordenou a Moisés: "Volte ao faraó e diga-lhe: 'Assim
diz o SENHOR, o Deus dos hebreus: Deixe meu povo sair para me

NO QUE ESTOU PENSANDO ○ O QUE ESTOU SENTINDO ○ DO QUE ESTOU LEMBRANDO ○

DESENHE OU ESCREVA

adorar. 2 Se você continuar a detê-lo e a recusar-se a deixá-lo sair,
3 a mão do SENHOR ferirá com uma praga mortal todos os seus ani-
mais: cavalos, jumentos, camelos, bois e ovelhas. 4 Mais uma vez,
porém, o SENHOR fará distinção entre os animais dos israelitas e os
dos egípcios. Não morrerá um só animal de Israel. 5 O SENHOR já
definiu quando a praga começará: amanhã o SENHOR ferirá a terra'".
6 O SENHOR fez como tinha dito. Na manhã seguinte, todos os ani-
mais dos egípcios morreram, mas os israelitas não perderam um
só animal. 7 O faraó mandou investigar e confirmou que o povo
de Israel não havia perdido um só animal. Ainda assim, o coração
do faraó permaneceu endurecido, e ele continuou se recusando a
deixar o povo sair.

A praga das feridas purulentas

8 O SENHOR disse a Moisés e a Arão: "Peguem um punhado de cinzas
de um forno de olaria. Moisés deve lançá-las no ar, diante dos olhos
do faraó. 9 As cinzas se espalharão sobre a terra do Egito como poeira
fina e provocarão feridas purulentas nas pessoas e nos animais
em todo o Egito". 10 Então Moisés e Arão pegaram um punhado de
cinzas de um forno de olaria e se colocaram diante do faraó. Moisés
lançou as cinzas no ar, e surgiram feridas tanto nas pessoas como
nos animais. 11 Nem mesmo os magos conseguiram permanecer
diante de Moisés, pois surgiram feridas neles, e também em todos
os egípcios. 12 Mas o SENHOR endureceu o coração do faraó e, como
o SENHOR tinha dito a Moisés, o faraó se recusou a ouvir.

A praga do granizo

13 O SENHOR disse a Moisés: "Amanhã, levante-se cedo, vá até o
faraó e diga-lhe: 'Assim diz o SENHOR, o Deus dos hebreus: Deixe
meu povo sair para me adorar. 14 Do contrário, enviarei mais pragas
sobre você, sobre seus oficiais e sobre seu povo. Então você saberá
que não há ninguém como eu em toda a terra. 15 A esta altura, eu
poderia ter estendido minha mão e ferido você e seu povo com
uma praga que os apagaria da face da terra. 16 Mas eu o poupei a
fim de lhe mostrar meu poder e propagar meu nome por toda a
terra. 17 Ainda assim, você se exalta sobre meu povo, recusando-se a
deixá-lo sair. 18 Por isso, amanhã, a esta hora, enviarei a tempestade
de granizo mais devastadora de toda a história do Egito. 19 Rápido!

Mande seus animais e servos deixarem os campos e procurarem
abrigo. Quando o granizo cair, todas as pessoas e animais que
estiverem ao ar livre morrerão'". 20 Alguns dos oficiais do faraó
se atemorizaram com o que o SENHOR tinha dito. Sem demora,
recolheram seus servos e animais dos campos. 21 Mas aqueles que
não deram atenção à palavra do SENHOR deixaram seus rebanhos
e servos no campo. 22 Então o SENHOR disse a Moisés: "Estenda a
mão em direção ao céu para que caia granizo sobre toda a terra do
Egito, sobre as pessoas, sobre os animais e sobre todas as plantas
em toda a terra do Egito". 23 Moisés estendeu a vara em direção ao
céu, e o SENHOR mandou trovões e granizo, além de raios que caíam
sobre a terra. O SENHOR enviou uma horrível tempestade de granizo
sobre todo o Egito. 24 Nunca em toda a história do Egito houve uma
tempestade como aquela, com granizo tão devastador e raios tão
constantes. 25 A chuva de granizo deixou toda a terra do Egito em
ruínas. Destruiu tudo que estava no campo, tanto pessoas como
animais e plantas, e até mesmo as árvores foram despedaçadas. 26 O
único lugar em que não caiu granizo foi a região de Gósen, onde
vivia o povo de Israel. 27 Então o faraó mandou chamar Moisés e
Arão. "Desta vez eu pequei", disse ele. "O SENHOR é justo, e eu e meu
povo somos culpados. 28 Por favor, supliquem ao SENHOR que ele
ponha fim à tempestade horrível de trovões e granizo. Já chega! Eu
os deixarei ir. Não precisam mais ficar aqui." 29 Moisés respondeu:
"Assim que eu sair da cidade, estenderei as mãos ao SENHOR. Os
trovões e o granizo cessarão, e o faraó saberá que a terra pertence
ao SENHOR. 30 Mas sei que o faraó e seus oficiais ainda não temem
o SENHOR Deus." 31 (Todo o linho e a cevada foram destruídos pelo
granizo, pois a cevada estava na espiga, e o linho, em flor. 32 O trigo
comum e o trigo candeal, porém, foram poupados, pois ainda não
tinham brotado do solo.) 33 Moisés deixou a corte do faraó e saiu
da cidade. Quando estendeu as mãos ao SENHOR, os trovões e o
granizo cessaram, e a chuva torrencial parou. 34 Ao perceber que
a chuva, o granizo e os trovões haviam cessado, o faraó voltou a
pecar, e seu coração mais uma vez se endureceu, assim como o de
seus oficiais. 35 Uma vez que seu coração continuava endurecido,
o faraó se recusou a deixar o povo sair, como o SENHOR tinha dito
por meio de Moisés.

CAPÍTULO 10

A praga dos gafanhotos

1 O SENHOR disse a Moisés: "Volte ao faraó, pois endureci o coração
dele e o de seus oficiais, para que eu demonstre meus sinais entre
eles, 2 e também para que você conte a seus filhos e netos como
eu ridicularizei os egípcios e lhes fale dos sinais que realizei no
meio deles. Assim, vocês saberão que eu sou o SENHOR". 3 Moisés
e Arão foram ver o faraó novamente e lhe disseram: "Assim diz
o SENHOR, o Deus dos hebreus: 'Até quando você se recusará a
submeter-se a mim? Deixe meu povo sair para me adorar. 4 Se
você se recusar, tome cuidado! Amanhã trarei sobre seu território
uma nuvem de gafanhotos. 5 Cobrirão toda a terra, de modo que
não se poderá ver o chão. Devorarão o que restou de suas colhei-
tas depois da tempestade de granizo, e também todas as árvores
que estiverem crescendo nos campos. 6 Invadirão seus palácios, as
casas de seus oficiais e todas as casas do Egito. Nunca em toda a
história do Egito seus antepassados viram uma praga como esta!'".
Quando terminou de falar, Moisés deu as costas ao faraó e saiu.
7 Os oficiais da corte se aproximaram do faraó e suplicaram: "Até
quando o faraó permitirá que esse Moisés seja uma ameaça para
nós? Deixe os homens saírem para adorar o SENHOR, o Deus deles!
O faraó não vê que o Egito está em ruínas?". 8 Logo, Moisés e Arão
foram trazidos de volta à presença do faraó. "Está bem", disse ele.
"Vão e adorem o SENHOR, seu Deus. Mas quem exatamente irá?"
9 Moisés respondeu: "Iremos todos: jovens e velhos, nossos filhos
e filhas, e todos os nossos rebanhos, pois celebraremos uma festa
em honra ao SENHOR". 10 O faraó retrucou: "Sem dúvida precisarão
que o SENHOR esteja com vocês se eu permitir que levem seus
filhos pequenos! Eu sei do seu plano mal-intencionado. 11 De jeito
nenhum! Só os homens poderão sair para adorar o SENHOR, pois
foi isso que vocês pediram". E o faraó mandou expulsá-los do pa-
lácio. 12 Então o SENHOR disse a Moisés: "Estenda a mão sobre a
terra do Egito para que venham os gafanhotos. Que eles cubram
a terra do Egito e devorem todas as plantas que sobreviveram à
tempestade de granizo". 13 Assim, Moisés estendeu a vara sobre
a terra do Egito, e o SENHOR fez soprar um vento leste sobre a
terra durante todo o dia e toda a noite. Quando amanheceu, o
vento leste havia trazido os gafanhotos. 14 Eles invadiram todo o

Ex

Egito e desceram em nuvens densas sobre seu território, de uma
extremidade à outra. Foi a pior praga de gafanhotos em toda a
história do Egito e jamais houve outra igual, 15pois os gafanhotos
cobriram toda a superfície e escureceram a terra. Devoraram todas
as plantas nos campos e todas as frutas nas árvores que tinham
sobrevivido à tempestade de granizo. Não restou uma só folha nas
árvores nem nas plantas em toda a terra do Egito. 16Sem demora, o
faraó mandou chamar Moisés e Arão e lhes disse: "Pequei contra
o SENHOR, seu Deus, e contra vocês. 17Perdoem meu pecado ape-
nas mais esta vez e supliquem ao SENHOR, seu Deus, que ele me
livre desta morte". 18Moisés deixou a corte do faraó e suplicou ao
SENHOR. 19O SENHOR respondeu e mudou a direção do vento. Fez
soprar um forte vento oeste que levou os gafanhotos para o mar
Vermelho. Não sobrou um só gafanhoto em toda a terra do Egito.
20Mas o SENHOR endureceu o coração do faraó, e ele se recusou a
deixar o povo de Israel sair.

A praga da escuridão

21O SENHOR disse a Moisés: "Estenda a mão em direção ao céu,
e a terra do Egito ficará coberta de escuridão tão densa que po-
derá ser apalpada". 22Moisés estendeu a mão em direção ao céu,
e uma escuridão profunda cobriu toda a terra do Egito por três
dias. 23Nesse período, as pessoas não conseguiam ver umas às
outras e ninguém saía do lugar. Mas, onde viviam os israelitas,
havia luz, como de costume. 24Por fim, o faraó mandou chamar
Moisés. "Vão e adorem o SENHOR", disse ele. "Podem até levar
seus filhos pequenos, mas deixem seus rebanhos aqui." 25"De
jeito nenhum!", respondeu Moisés. "Por acaso o faraó nos daria
os animais necessários para as ofertas e os holocaustos ao SENHOR,
nosso Deus? 26Todos os nossos animais devem ir conosco; não
podemos deixar nem um casco para trás. Temos de escolher dentre
esses animais para adorar o SENHOR, nosso Deus, e só saberemos
como adorar o SENHOR quando chegarmos lá." 27Mais uma vez,
porém, o SENHOR lhe endureceu o coração, e o faraó se recusou a
deixá-los sair. 28"Fora daqui!", gritou para Moisés. "Estou avisando:
nunca mais apareça diante de mim! No dia em que vir meu rosto,
você morrerá!" 29"Muito bem", respondeu Moisés. "Nunca mais
verei seu rosto novamente."

NO QUE ESTOU **PENSANDO** ○ | O QUE ESTOU **SENTINDO** ○ | DO QUE ESTOU **LEMBRANDO** ○

DESENHE OU ESCREVA

CAPÍTULO 11

A morte dos filhos mais velhos dos egípcios

1Então o SENHOR disse a Moisés: "Atingirei o faraó e a terra do Egito
com mais uma praga. Depois disso, o faraó os deixará sair de seu
território. Quando, por fim, ele permitir que saiam, praticamente
os expulsará. 2Diga a todos os homens e mulheres israelitas que
peçam objetos de prata e ouro a seus vizinhos egípcios". 3(O SENHOR
havia feito os egípcios verem o povo com bons olhos. Moisés era
tido em alta consideração na terra do Egito e respeitado tanto pelos
oficiais do faraó como pelo povo egípcio.) 4Moisés disse: "Assim
diz o SENHOR: À meia-noite de hoje, passarei pelo meio do Egito.
5Morrerão todos os filhos mais velhos do sexo masculino, em todas
as famílias do Egito, desde o filho mais velho do faraó, sentado
em seu trono, até o filho mais velho da serva mais humilde que
trabalha no moinho. Até mesmo os primeiros machos dentre todos
os animais morrerão. 6Então se ouvirá um grande lamento na terra
do Egito, um lamento como nunca houve e nunca mais haverá.
7Quanto aos israelitas, porém, nem um cão latirá contra eles ou seus
animais. Com isso vocês saberão que o SENHOR faz distinção entre
os egípcios e os israelitas. 8Todos os oficiais do Egito virão até mim
e se curvarão, suplicando: 'Por favor, vá embora! Saia logo do Egito
e leve com você todo este povo que o segue!'. Só então eu sairei!".
E, ardendo de ira, Moisés saiu da presença do faraó. 9O SENHOR
tinha avisado a Moisés: "O faraó não lhe dará ouvidos, por isso
farei milagres ainda mais poderosos na terra do Egito". 10Moisés
e Arão fizeram todos esses milagres na presença do faraó, mas o
SENHOR lhe endureceu o coração, e ele se recusou a deixar o povo
de Israel sair de sua terra.

CAPÍTULO 12

A primeira Páscoa

1Então o SENHOR disse a Moisés e a Arão no Egito: 2"De agora em
diante, este mês será para vocês o primeiro do ano. 3Anunciem
a toda a comunidade de Israel que, no décimo dia deste mês,
cada família escolherá um cordeiro ou um cabrito para fazer um
sacrifício, um animal para cada casa. 4A família que for pequena
demais para comer um animal inteiro deverá compartilhá-lo com
outra família da vizinhança. O animal será dividido de acordo com

o número de pessoas e a quantidade que cada um puder comer.
5 O animal escolhido deverá ser um cordeiro ou um cabrito de um
ano, sem defeito algum. 6 "Guardem bem o animal escolhido até
a tarde do décimo quarto dia do primeiro mês. Nesse dia, toda a
comunidade de Israel sacrificará seu cordeiro ou cabrito ao anoite-
cer. 7 Em seguida, tomarão um pouco do sangue e o passarão nos
batentes laterais e no alto das portas das casas onde comerem o
animal. 8 Nessa mesma noite, assarão a carne no fogo e a comerão
acompanhada de folhas verdes amargas e de pão sem fermento.
9 Não comerão a carne crua nem cozida. O animal todo, incluindo
a cabeça, as pernas e as vísceras, deverá ser assado no fogo. 10 Não
deixem sobras para a manhã seguinte. Queimem o que não for
consumido antes do amanhecer. 11 "Estas são as instruções para
quando fizerem a refeição. Estejam vestidos para a viagem, de
sandálias nos pés e cajado na mão. Façam a refeição apressada-
mente, pois é a Páscoa do SENHOR. 12 Nessa noite, passarei pela
terra do Egito e matarei todos os filhos mais velhos e todos os
primeiros machos dentre os animais na terra do Egito. Executarei
juízo sobre todos os deuses do Egito, pois eu sou o SENHOR. 13 Mas
o sangue nos batentes das portas servirá de sinal e marcará as
casas onde vocês estão. Quando eu vir o sangue, passarei por
sobre aquela casa. E, quando eu ferir a terra do Egito, a praga de
morte não os tocará. 14 "Este será um dia a ser recordado. Todo ano,
de geração em geração, vocês o celebrarão como festa especial
para o SENHOR. Essa é uma lei permanente. 15 Durante sete dias,
comerão pão sem fermento. No primeiro dia da festa, removerão
das casas qualquer mínima quantidade de fermento. Quem co-
mer pão com fermento durante algum dos sete dias da festa será
eliminado do meio de Israel. 16 No primeiro e no sétimo dia da
festa, todo o povo celebrará um dia oficial de reunião sagrada.
Não será permitido nenhum tipo de trabalho nessas datas, exceto
o preparo da comida. 17 "Celebrem a Festa dos Pães sem Fermento,
pois ela os lembrará de que eu tirei suas multidões da terra do
Egito exatamente nesse dia. A festa será uma lei permanente para
vocês; celebrem-na nesse dia de geração em geração. 18 O pão que
comerem será preparado sem fermento desde a tarde do décimo
quarto dia do primeiro mês até a tarde do vigésimo primeiro dia
do mesmo mês. 19 Durante os sete dias, não deverá haver qualquer

Ex 12.7

mínima quantidade de fermento em suas casas. Quem comer algo
preparado com fermento durante a semana será eliminado do
meio de Israel. Essas regras se aplicam tanto aos estrangeiros que
vivem entre vocês como aos israelitas de nascimento. 20 Durante
esses dias, não comam coisa alguma preparada com fermento.
Onde quer que morarem, comam apenas pão sem fermento".
21 Em seguida, Moisés mandou chamar todos os líderes de Israel
e lhes disse: "Vão, escolham um cordeiro ou um cabrito para cada
família e sacrifiquem o animal para a Páscoa. 22 Deixem o sangue
escorrer para uma vasilha. Tomem um feixe de ramos de hissopo
e molhem-no com o sangue. Usando o hissopo, passem o sangue
nos batentes laterais e no alto da porta das casas. Ninguém saia
de casa até o amanhecer, 23 pois o SENHOR passará pela terra para
ferir mortalmente os egípcios. Mas, quando ele vir o sangue nas
laterais e no alto da porta, passará por sobre aquela casa. Não
permitirá que o anjo da morte entre em suas casas para matar
vocês. 24 "Lembrem-se de que estas instruções são uma lei que vo-
cês e seus descendentes deverão cumprir para sempre. 25 Quando
entrarem na terra que o SENHOR prometeu lhes dar, continuarão a
realizar essa cerimônia. 26 Então seus filhos perguntarão: 'O que
significa esta cerimônia?', 27 e vocês responderão: 'É o sacrifício
da Páscoa para o SENHOR, pois ele passou por sobre as casas dos
israelitas no Egito. E, embora tenha abatido os egípcios, poupou
nossas famílias'". Então todos que ali estavam se prostraram e
adoraram. 28 Assim, o povo de Israel fez conforme o SENHOR havia
ordenado por meio de Moisés e Arão. 29 À meia-noite, o SENHOR
feriu mortalmente todos os filhos mais velhos da terra do Egito,
desde o filho mais velho do faraó, sentado em seu trono, até o filho
mais velho do prisioneiro no calabouço. Até mesmo os primeiros
machos dentre os animais foram mortos. 30 O faraó, todos os seus
oficiais e todo o povo egípcio acordaram durante a noite, e ouviu-
-se um grande lamento em toda a terra do Egito. Não houve uma
só casa onde não morresse alguém.

O êxodo de Israel do Egito

31 No meio da noite, o faraó mandou chamar Moisés e Arão. "Saiam
daqui!", ordenou ele. "Deixem meu povo e levem os demais israe-
litas com vocês. Vão e adorem o SENHOR, como pediram. 32 Levem

seus rebanhos, como disseram, e sumam daqui! Vão embora, mas
abençoem-me ao sair." 33Os egípcios pressionavam o povo de Israel
para que deixasse a terra quanto antes, pois pensavam: "Vamos to-
dos morrer!". 34Os israelitas levaram a massa de pão sem fermento,
embrulharam as vasilhas em seus mantos e as colocaram sobre os
ombros. 35Seguindo as instruções de Moisés, pediram aos egípcios
que lhes dessem roupas e objetos de prata e ouro. 36O SENHOR
fez os egípcios serem bondosos com o povo, de modo que lhes
entregaram tudo que pediram. Assim, os israelitas tomaram para
si as riquezas dos egípcios. 37Naquela mesma noite, os israelitas
partiram de Ramessés rumo a Sucote. Havia cerca de seiscentos
mil homens, além das mulheres e crianças. 38Saiu com eles uma
mistura de gente que não era israelita, além de imensos rebanhos
de ovelhas, bois e outros animais. 39Com a massa sem fermento
que haviam levado do Egito, assaram pães achatados. A massa era
sem fermento, pois foram expulsos do Egito com tanta pressa que
não tiveram tempo de preparar alimento para a viagem. 40O povo
de Israel tinha vivido 430 anos no Egito. 41Na verdade, essa grande
multidão do SENHOR deixou a terra exatamente no dia em que se
completaram os 430 anos. 42O SENHOR passou a noite toda em
vigília para tirar seu povo do Egito. Essa, portanto, é a noite do
SENHOR e deverá ser celebrada por todos os israelitas, de geração
em geração.

Mais instruções para a Páscoa

43Então o SENHOR disse a Moisés e a Arão: "Estas são as instruções
para a festa da Páscoa. Nenhum estrangeiro poderá comer a ceia
de Páscoa. 44O escravo comprado poderá participar se for circunci-
dado. 45Os residentes temporários e os empregados não poderão
participar. 46Cada cordeiro de Páscoa será comido em uma só casa.
Nenhum pedaço de carne será levado para fora, e nenhum osso do
cordeiro será quebrado. 47Toda a comunidade de Israel celebrará a
festa da Páscoa. 48"Se os estrangeiros que vivem entre vocês qui-
serem celebrar a Páscoa do SENHOR, todos os homens dentre eles
devem ser circuncidados. Só então poderão celebrar a Páscoa com
vocês, como qualquer israelita de nascimento. Os homens que não
forem circuncidados, porém, jamais poderão participar da ceia de
Páscoa. 49Essa instrução se aplica a todos, tanto aos israelitas de

NO QUE ESTOU PENSANDO ○ | O QUE ESTOU SENTINDO ○ | DO QUE ESTOU LEMBRANDO ○

DESENHE OU ESCREVA

nascimento como aos estrangeiros que vivem entre vocês". 50Todo
o povo de Israel seguiu as ordens que o SENHOR deu a Moisés e a
Arão. 51Naquele mesmo dia, o SENHOR tirou os israelitas da terra
do Egito como um exército.

CAPÍTULO 13

A consagração do primeiro filho

1O SENHOR disse a Moisés: 2"Consagre a mim todos os primeiros
filhos homens dos israelitas. O primeiro filho de cada família e a
primeira cria dos animais me pertencem". 3Então Moisés disse
ao povo: "Este é um dia a ser lembrado: é o dia em que vocês
deixaram o Egito, onde eram escravos. Hoje o SENHOR os tirou de
lá pela força de sua mão poderosa. (Lembrem-se de não comer
coisa alguma com fermento.) 4Neste dia, no mês de abibe, vocês
foram libertos. 5Depois que o SENHOR os fizer entrar na terra dos
cananeus, dos hititas, dos amorreus, dos heveus e dos jebuseus,
celebrem esta cerimônia neste mesmo mês, a cada ano. (Ele ju-
rou a seus antepassados que lhes daria essa terra, uma terra que
produz leite e mel com fartura.) 6Durante sete dias, vocês deve-
rão comer pão sem fermento. No sétimo dia, façam uma festa ao
SENHOR. 7Comam pão sem fermento nos sete dias. Nesse período,
não deverá haver nenhuma comida fermentada nem a mínima
quantidade de fermento dentro do seu território. 8"No sétimo
dia, cada um explique a seus filhos: 'Hoje celebro aquilo que o
SENHOR fez por mim quando saí do Egito'. 9Essa festa anual será
um sinal visível para vocês, como uma marca gravada na mão ou
um símbolo colocado na testa. Ela servirá para lembrá-los sempre
de manter as instruções do SENHOR em seus lábios, pois o SENHOR
os resgatou do Egito com mão poderosa. 10Portanto, cumpram a
ordem de realizar a festa a cada ano na data estabelecida. 11"É
isto que farão quando o SENHOR cumprir o juramento dele a seus
antepassados. Quando ele lhes der a terra onde hoje vivem os
cananeus, 12apresentem ao SENHOR todos os primeiros filhos
homens e todos os machos das primeiras crias, pois pertencem
ao SENHOR. 13Para resgatar a primeira cria dos jumentos, entre-
guem ao SENHOR, como substituto, um cordeiro ou um cabrito.
Caso não resgatem o animal, terão de quebrar o pescoço dele.
Quanto aos primeiros filhos homens, será obrigatório resgatá-los.

14"No futuro, seus filhos lhes perguntarão: 'O que significa tudo
isso?', e vocês responderão: 'Com a força de sua mão poderosa,
o SENHOR nos tirou do Egito, onde éramos escravos. 15O faraó se
recusou teimosamente a nos deixar sair, por isso o SENHOR matou
todos os primeiros filhos homens da terra do Egito, e também
os machos das primeiras crias dos animais. É por isso que hoje
sacrificamos todos os machos das primeiras crias ao SENHOR, mas
sempre resgatamos os primeiros filhos homens'. 16Essa cerimônia
será como uma marca gravada na mão ou um símbolo colocado
na testa. É uma lembrança de que a força da mão poderosa do
SENHOR nos tirou do Egito".

O desvio pelo deserto

17Quando, por fim, o faraó deixou o povo sair, Deus não os conduziu
pela estrada principal que corta o território dos filisteus, embora
fosse o caminho mais curto. Deus disse: "Se eles tiverem de enfren-
tar uma batalha, pode ser que mudem de ideia e voltem ao Egito".
18Por isso, Deus fez o povo dar a volta pelo deserto, rumo ao mar
Vermelho. Assim, os israelitas saíram do Egito como um exército
preparado para marchar. 19Moisés levou consigo os ossos de José,
pois José havia feito os filhos de Israel jurarem, dizendo: "Deus
certamente virá ajudá-los. Quando isso acontecer, levem meus
ossos daqui com vocês". 20O povo saiu de Sucote e acampou em
Etã, à beira do deserto. 21O SENHOR ia adiante deles. Durante o dia,
guiava-os com uma coluna de nuvem e, durante a noite, fornecia
luz com uma coluna de fogo. Isso permitia que caminhassem de dia
e de noite. 22E a coluna de nuvem não se afastava do povo durante
o dia, nem a coluna de fogo durante a noite.

CAPÍTULO 14

1O SENHOR disse a Moisés: 2"Ordene aos israelitas que deem a volta
e acampem em Pi-Hairote, entre Migdol e o mar. Acampem ali, à
beira do mar, em frente a Baal-Zefom. 3O faraó pensará: 'Os israe-
litas estão vagando perdidos, prisioneiros do deserto!'. 4Mais uma
vez, endurecerei o coração do faraó, e ele os perseguirá. Planejei
tudo isso para mostrar minha glória por meio do faraó e de todo o
seu exército. Então os egípcios saberão que eu sou o SENHOR". E os
israelitas assim fizeram.

NO QUE ESTOU PENSANDO ○ | O QUE ESTOU SENTINDO ○ | DO QUE ESTOU LEMBRANDO ○

DESENHE OU ESCREVA

Os egípcios perseguem Israel

5Quando o rei do Egito soube que o povo de Israel havia fugido, ele
e seus oficiais mudaram de ideia. "O que fizemos?", perguntavam.
"Como pudemos deixar todos os escravos israelitas escaparem?"
6Então o faraó mandou preparar sua carruagem e convocou suas
tropas. 7Levou consigo seiscentos dos melhores carros de guer-
ra, além das demais carruagens de batalha do Egito, cada uma
com seu comandante. 8O SENHOR endureceu o coração do faraó,
rei do Egito, para que ele perseguisse os israelitas, que haviam
partido triunfantemente. 9Os egípcios os perseguiram com todas
as forças do exército do faraó – todos os seus cavalos e carros de
guerra, cavaleiros e tropas – e os alcançaram no acampamento
em Pi-Hairote, à beira do mar, em frente a Baal-Zefom. 10Quando
o faraó se aproximava, os israelitas levantaram os olhos e viram os
egípcios marchando contra eles. Em pânico, clamaram ao SENHOR
11e disseram a Moisés: "Por que você nos trouxe ao deserto para
morrer? Não havia sepulturas no Egito? O que você fez conosco?
Por que nos forçou a sair do Egito? 12Quando ainda estávamos no
Egito, não lhe avisamos que isso aconteceria? Dissemos: 'Deixe-nos
em paz! Continuaremos a servir os egípcios. Afinal, é melhor ser
escravo no Egito que ser um cadáver no deserto!'". 13Moisés, porém,
disse: "Não tenham medo. Apenas permaneçam firmes e vejam
como o SENHOR os resgatará neste dia. Vocês nunca mais verão
os egípcios que estão vendo hoje. 14O próprio SENHOR lutará por
vocês. Fiquem calmos!".

A fuga pelo mar Vermelho

15Então o SENHOR disse a Moisés: "Por que você está clamando a
mim? Diga ao povo que marche! 16Tome sua vara e estenda a mão
sobre o mar. Divida as águas para que os israelitas atravessem pelo
meio do mar, em terra seca. 17Endurecerei o coração dos egípcios,
e eles virão atrás de vocês. Mostrarei minha glória por meio do
faraó e de suas tropas, seus carros de guerra e seus cavaleiros.
18Quando minha glória se manifestar por meio do faraó e de seus
carros de guerra e seus cavaleiros, todo o Egito a verá e saberá que
eu sou o SENHOR". 19Então o anjo de Deus que ia adiante do acam-
pamento de Israel se posicionou atrás do povo. A coluna de nuvem
também mudou de lugar; foi para a retaguarda 20e ficou entre o

acampamento egípcio e o acampamento de Israel. A nuvem escura
trouxe trevas para os egípcios, mas luz para os israelitas. Com isso,
os dois grupos não se aproximaram durante toda a noite. 21 Então
Moisés estendeu a mão sobre o mar e, com um forte vento leste, o
SENHOR abriu caminho no meio das águas. O vento soprou a noite
toda, transformando o fundo do mar em terra seca. 22 E o povo de
Israel atravessou pelo meio do mar, caminhando em terra seca,
com uma parede de água de cada lado. 23 Os egípcios, com todos os
seus cavalos, carros de guerra e cavaleiros, perseguiram o povo até
o meio do mar. 24 Mas, pouco antes de amanhecer, do alto da coluna
de fogo e de nuvem o SENHOR olhou para o exército dos egípcios
e causou grande confusão entre eles. 25 Ele travou as rodas dos
carros, dificultando sua condução. "Fujamos daqui, para longe do
povo de Israel!", gritaram os egípcios. "O SENHOR está lutando por
eles e contra o Egito!" 26 Então o SENHOR disse a Moisés: "Estenda
a mão sobre o mar outra vez, e as águas correrão fortemente de
volta a seu lugar e cobrirão os egípcios, seus carros de guerra e
seus cavaleiros". 27 Assim, ao amanhecer, Moisés estendeu a mão
sobre o mar, e as águas voltaram fortemente a seu lugar. Quando os
egípcios tentaram escapar, foram de encontro às águas, e o SENHOR
os arrastou para dentro do mar. 28 As águas voltaram e cobriram
todos os carros de guerra e cavaleiros, todo o exército do faraó.
Nenhum dos egípcios que havia perseguido os israelitas até o meio
do mar sobreviveu. 29 O povo de Israel, por sua vez, atravessou pelo
meio do mar, em terra seca, enquanto as águas formavam uma
parede de cada lado. 30 Foi assim que o SENHOR libertou Israel das
mãos dos egípcios naquele dia, e os israelitas conseguiam ver os
cadáveres dos egípcios na praia. 31 Quando o povo de Israel viu o
grande poder do SENHOR contra os egípcios, encheu-se de temor
diante dele e passou a confiar no SENHOR e em seu servo Moisés.

CAPÍTULO 15

Cântico de libertação

1 Então Moisés e o povo de Israel entoaram este cântico ao SENHOR:
"Cantarei ao SENHOR, pois ele triunfou gloriosamente; lançou no
mar o cavalo e seu cavaleiro. 2 O SENHOR é minha força e minha
canção; ele é meu salvador. É o meu Deus e eu o louvarei; é o Deus
de meu pai e eu o exaltarei. 3 O SENHOR é guerreiro; Javé é seu

nome! 4 Lançou no mar os carros de guerra e as tropas do faraó; os
melhores oficiais egípcios se afogaram no mar Vermelho. 5 Águas
profundas os encobriram, e afundaram como pedra. 6 "Tua mão
direita, ó SENHOR, é gloriosa em poder. Tua mão direita, ó SENHOR,
despedaça o adversário. 7 Na grandeza de tua majestade, derrubas
os que se levantam contra ti. Envias tua fúria ardente, que os con-
some como palha. 8 Com o forte sopro de tuas narinas, as águas se
amontoaram; como muralhas se levantaram e no coração do mar se
endureceram. 9 "O inimigo dizia: 'Eu os perseguirei e os alcançarei;
eu os saquearei e deles me vingarei. Puxarei minha espada e com
forte mão os destruirei'. 10 Mas tu sopraste com teu fôlego, e o mar os
encobriu. Afundaram como chumbo nas águas poderosas. 11 "Quem
entre os deuses é semelhante a ti, ó SENHOR, glorioso em santidade,
temível em esplendor, autor de grandes maravilhas? 12 Estendeste
tua mão direita, e a terra engoliu nossos inimigos. 13 "Com o teu
fiel amor, conduzes o povo que resgataste. Com teu poder, o guias
à tua santa habitação. 14 Os povos ouvem e estremecem, a angústia
se apodera dos que vivem na Filístia. 15 Aterrorizam-se os líderes de
Edom, estremecem os nobres de Moabe. Desfalecem os habitantes
de Canaã; 16 espanto e terror caem sobre eles. O poder do teu braço
os deixa paralisados, como pedra, até teu povo passar, ó SENHOR, até
passar o povo que compraste. 17 Tu os trarás e os plantarás em teu
próprio monte, no lugar reservado, ó SENHOR, para tua habitação:
o santuário, ó Soberano, que tuas mãos estabeleceram. 18 O SENHOR
reinará para todo o sempre!". 19 Quando os cavalos, os carros de
guerra e os cavaleiros do faraó entraram no mar, o SENHOR fez as
águas do mar voltarem sobre eles. Mas o povo de Israel atravessou
pelo meio do mar em terra seca. 20 Então a profetisa Miriã, irmã de
Arão, pegou um tamborim e todas as mulheres a seguiram, tocando
tamborins e dançando. 21 E Miriã entoava esta canção: "Cantem ao
SENHOR, pois ele triunfou gloriosamente; lançou no mar o cavalo
e seu cavaleiro".

Água amarga em Mara

22 Em seguida, Moisés conduziu o povo de Israel do mar Vermelho
para o deserto de Sur. Caminharam pelo deserto por três dias sem
encontrar água. 23 Quando chegaram a Mara, descobriram que a
água era amarga demais para beber. Por isso chamaram aquele

lugar de Mara. 24O povo começou a se queixar e se voltou contra
Moisés. "O que beberemos?", perguntavam. 25Então Moisés clamou
ao SENHOR, e o SENHOR lhe mostrou um pedaço de madeira. Moisés
o jogou na água, e ela se tornou boa para beber. Foi em Mara que
o SENHOR instituiu o seguinte decreto como norma, para provar a
fidelidade do povo. 26Ele disse: "Se ouvirem com atenção a voz do
SENHOR, seu Deus, e fizerem o que é certo aos olhos dele, obede-
cendo a seus mandamentos e cumprindo todos os seus decretos,
não os farei sofrer nenhuma das doenças que enviei sobre o Egito,
pois eu sou o SENHOR que os cura". 27Depois que saíram de Mara, os
israelitas viajaram até Elim, onde encontraram doze fontes de água
e setenta palmeiras, e acamparam ali, junto às águas.

CAPÍTULO 16

Maná e codornas

1A comunidade de Israel partiu de Elim e chegou ao deserto de Sim,
entre Elim e o monte Sinai, no décimo quinto dia do segundo mês,
após a saída do Egito. 2Também ali, toda a comunidade de Israel
se queixou de Moisés e Arão. 3"Se ao menos o SENHOR tivesse nos
matado no Egito!", lamentavam-se. "Lá, nós nos sentávamos em
volta de panelas cheias de carne e comíamos pão à vontade. Mas
agora vocês nos trouxeram a este deserto para nos matar de fome!"
4Então o SENHOR disse a Moisés: "Vejam, farei chover comida do céu
para vocês. Diariamente o povo sairá e recolherá a quantidade de
alimento que precisar para aquele dia. Com isso, eu os provarei para
ver se seguirão ou não minhas instruções. 5No sexto dia, quando
recolherem o alimento e o prepararem, haverá o dobro do normal".
6Assim, Moisés e Arão disseram a todos os israelitas: "Ao entardecer,
vocês saberão que foi o SENHOR quem os tirou da terra do Egito.
7Pela manhã, verão a glória do SENHOR, pois ele ouviu suas queixas,
que são contra ele, e não contra nós. O que fizemos para vocês se
queixarem de nós?". 8E Moisés acrescentou: "O SENHOR lhes dará
carne para comer à tarde e os saciará com pão pela manhã, pois
ouviu suas queixas contra ele. O que fizemos? Sim, suas queixas
são contra o SENHOR, e não contra nós". 9Em seguida, Moisés disse a
Arão: "Anuncie a toda a comunidade de Israel: 'Apresentem-se dian-
te do SENHOR, pois ele ouviu suas queixas'". 10Enquanto Arão falava
a toda a comunidade de Israel, o povo olhou em direção ao deserto

NO QUE ESTOU **PENSANDO** | O QUE ESTOU **SENTINDO** | DO QUE ESTOU **LEMBRANDO**

DESENHE OU ESCREVA

e viu a glória do SENHOR na nuvem. 11O SENHOR disse a Moisés:
12"Ouvi as queixas dos israelitas. Agora diga-lhes: 'Ao entardecer,
vocês terão carne para comer e, pela manhã, pão à vontade. Assim,
saberão que eu sou o SENHOR, seu Deus'". 13Ao entardecer, muitas
codornas apareceram, cobrindo o acampamento. Na manhã se-
guinte, os arredores do acampamento estavam úmidos de orvalho.
14Quando o orvalho se evaporou, havia sobre o chão uma camada
de flocos finos como geada. 15Quando os israelitas viram aquilo,
perguntaram uns aos outros: "O que é isso?", pois não faziam ideia
do que era. Moisés lhes disse: "Este é o alimento que o SENHOR
lhes deu para comer. 16E estas são as instruções do SENHOR: 'Cada
família deve recolher a quantidade necessária, dois litros para cada
pessoa de sua tenda'". 17Os israelitas seguiram as instruções. Alguns
recolheram mais, outros menos. 18Contudo, quando mediram, cada
um tinha o suficiente. Não sobrou alimento para os que recolheram
mais nem faltou para os que recolheram menos. Cada família re-
colheu exatamente a quantidade necessária. 19Moisés lhes disse:
"Não guardem coisa alguma para o dia seguinte". 20Alguns deles,
porém, não deram ouvidos e guardaram um pouco de alimento
até a manhã seguinte. A essa altura, a comida estava cheia de ver-
mes e cheirava muito mal. Moisés ficou furioso com eles. 21Depois
disso, as famílias passaram a recolher, a cada manhã, a quantidade
necessária de alimento. E, quando o sol esquentava, os flocos que
não tinham sido recolhidos derretiam e desapareciam. 22No sexto
dia, recolheram o dobro do habitual, ou seja, quatro litros para cada
pessoa. Então todos os líderes da comunidade se dirigiram a Moisés
e o informaram a esse respeito. 23Moisés lhes disse: "Foi o que
o SENHOR ordenou: 'Amanhã será um dia de descanso, o sábado
consagrado para o SENHOR. Portanto, assem ou cozinhem hoje a
quantidade que desejarem e guardem o restante para amanhã'".
24Eles separaram uma porção para o dia seguinte, como Moisés
havia ordenado. Pela manhã, a comida restante não tinha mau
cheiro nem vermes. 25Moisés disse: "Comam o alimento hoje, pois
é o sábado do SENHOR. Hoje não haverá alimento no chão para
recolher. 26Durante seis dias vocês podem recolher alimento, mas
o sétimo dia é o sábado, quando não haverá alimento algum no
chão". 27Ainda assim, algumas pessoas saíram para recolhê-lo no sé-
timo dia, mas não o encontraram. 28O SENHOR disse a Moisés: "Até

quando este povo se recusará a obedecer às minhas ordens e ins-
truções? 29 Entendam que o sábado é um presente do SENHOR para
vocês. Por isso, no sexto dia, ele lhes dá uma porção dobrada de
alimento, suficiente para dois dias. No sábado, cada um deve ficar
onde está. Não saiam para recolher alimento no sétimo dia". 30 No
sétimo dia, portanto, o povo descansou. 31 Os israelitas chamaram
aquela comida de maná. Era branco como a semente de coentro e
tinha gosto de massa folhada de mel. 32 Então Moisés disse: "É isto
que o SENHOR ordenou: 'Encham uma vasilha de dois litros com
maná e preservem-no para seus descendentes. Assim, as gerações
futuras poderão ver o alimento que eu lhes dei no deserto quando
os libertei do Egito'". 33 Moisés disse a Arão: "Pegue uma vasilha e
encha-a com dois litros de maná. Em seguida, coloque-a diante
do SENHOR, a fim de preservar o maná para as gerações futuras".
34 Arão fez conforme o SENHOR havia ordenado a Moisés e colocou a
vasilha de maná diante das tábuas da aliança, para guardá-la. 35 Os
israelitas comeram maná durante quarenta anos, até chegarem
à terra onde se estabeleceriam. Comeram maná até chegarem à
fronteira da terra de Canaã. 36 (A vasilha usada para medir o maná
continha um ômer, que era a décima parte da medida padrão.)

CAPÍTULO 17

Água da rocha

1 Por ordem do SENHOR, toda a comunidade de Israel partiu do de-
serto de Sim e andou de um lugar para outro. Por fim, acamparam
em Refidim, mas ali não havia água para beberem. 2 Mais uma vez,
o povo se queixou de Moisés e exigiu: "Dê-nos água para beber!".
Moisés retrucou: "Por que brigam comigo? Por que põem o SENHOR
à prova?". 3 Afligido pela sede, o povo continuou a se queixar de
Moisés. "Por que você nos tirou do Egito? Quer matar de sede a nós,
nossos filhos e nossos animais?". 4 Então Moisés clamou ao SENHOR:
"O que devo fazer com este povo? Estão a ponto de me apedrejar!".
5 O SENHOR disse a Moisés: "Passe à frente do povo. Leve sua vara,
aquela que você usou para bater nas águas do Nilo, e chame alguns
dos líderes de Israel para acompanhá-lo. 6 Eu me colocarei diante
de você sobre a rocha no monte Sinai. Bata na rocha e dela jorrará
água que o povo poderá beber". Assim, na presença dos líderes
de Israel, Moisés fez conforme ordenado. 7 Moisés chamou aquele
lugar de Massá e Meribá, pois o povo de Israel discutiu com Moisés
e pôs o SENHOR à prova, dizendo: "O SENHOR está conosco ou não?".

Ex 17.11

Israel derrota os amalequitas

8 Quando os israelitas ainda estavam em Refidim, os guerreiros de
Amaleque os atacaram. 9 Moisés ordenou a Josué: "Escolha homens
para saírem e lutarem contra o exército de Amaleque. Amanhã,
ficarei no alto da colina, segurando em minha mão a vara de Deus".
10 Josué fez o que Moisés lhe ordenou e lutou contra o exército de
Amaleque. Moisés, Arão e Hur subiram até o topo de uma coli-
na que ficava perto dali. 11 Enquanto Moisés mantinha os braços
erguidos, os israelitas tinham a vantagem. Quando abaixava os
braços, a vantagem era dos amalequitas. 12 Os braços de Moisés,
porém, logo se cansaram. Então Arão e Hur encontraram uma pedra
para Moisés se sentar e, um de cada lado, mantiveram as mãos
dele erguidas. Assim, as mãos permaneceram firmes até o pôr do
sol. 13 Como resultado, Josué aniquilou o exército de Amaleque na
batalha. 14 Então o SENHOR disse a Moisés: "Escreva isto em um
rolo como lembrança permanente e leia-o em voz alta para Josué:
'Apagarei toda e qualquer recordação de Amaleque de debaixo do
céu'". 15 Moisés construiu um altar ali e o chamou de Javé-Nissi.
16 E disse: "Uma mão foi erguida perante o trono do SENHOR; de
geração em geração, o SENHOR guerreará contra os amalequitas".

CAPÍTULO 18

Jetro visita Moisés

1 Jetro, sogro de Moisés e sacerdote de Midiã, soube de tudo que
Deus havia feito por Moisés e seu povo, os israelitas, e de como o
SENHOR os havia tirado do Egito. 2 Moisés tinha mandado Zípora,
sua mulher, e seus dois filhos de volta para a casa de Jetro, que
os acolheu. 3 (O primeiro filho de Moisés se chamava Gérson, pois
quando o menino nasceu, Moisés disse: "Sou forasteiro em terra
alheia". 4 O segundo filho se chamava Eliézer, pois Moisés disse:
"O Deus de meus antepassados foi meu ajudador e me livrou da
espada do faraó".) 5 Jetro, sogro de Moisés, foi visitá-lo no deserto,
levando consigo a mulher e os dois filhos de Moisés. Quando che-
garam, Moisés e o povo estavam acampados perto do monte de
Deus. 6 Jetro havia mandado um recado a Moisés, dizendo: "Eu, seu

sogro Jetro, estou indo vê-lo com sua mulher e seus dois filhos".
7Então Moisés saiu ao encontro de seu sogro, curvou-se e o beijou.
Depois de perguntarem um ao outro se estavam bem, entraram na
tenda de Moisés. 8Ele contou ao sogro tudo que o SENHOR havia
feito ao faraó e aos egípcios em favor de Israel. Contou também
dos apuros que tinham passado ao longo do caminho e de como o
SENHOR os tinha livrado de todas as dificuldades. 9Jetro se alegrou
imensamente ao ouvir tudo de bom que o SENHOR havia feito por
Israel ao libertar o povo das mãos dos egípcios. 10"Louvado seja o
SENHOR!", disse Jetro. "Ele os libertou da mão dos egípcios e do
faraó! 11Agora sei que o SENHOR é maior que todos os outros deuses,
pois libertou seu povo da opressão dos arrogantes egípcios." 12Em
seguida, Jetro, sogro de Moisés, ofereceu um holocausto e outros
sacrifícios a Deus. Arão e os líderes de Israel vieram e, na presença
de Deus, participaram com ele da refeição.

O sábio conselho de Jetro

13No dia seguinte, Moisés sentou-se para resolver problemas que
surgiram entre os israelitas. O povo esperou diante dele, em pé,
desde a manhã ate a tarde. 14Quando o sogro de Moisés viu tudo
que ele tentava fazer pelo povo, perguntou: "O que você está fa-
zendo com este povo? Por que você se senta sozinho para julgar e
os obriga a ficarem de pé diante de você o dia inteiro?". 15Moisés
respondeu: "O povo me procura para conhecer as decisões de Deus.
16Quando surge algum problema, eles me procuram e eu resolvo
a questão entre as partes em conflito. Informo o povo sobre os
decretos de Deus e transmito suas instruções". 17"O que você está
fazendo não é bom", disse o sogro de Moisés. 18"Você ficará esgo-
tado e deixará o povo exausto. É um trabalho pesado demais para
uma pessoa só. 19Agora ouça-me e escute meu conselho, e Deus
esteja com você. Continue a ser o representante do povo diante de
Deus, apresentando-lhe as questões trazidas pelo povo. 20Ensine a
eles os decretos e as instruções de Deus. Mostre aos israelitas como
devem viver e o que devem fazer. 21No entanto, escolha dentre todo
o povo homens capazes e honestos que temam a Deus e odeiem
suborno. Nomeie-os líderes de grupos de mil, cem, cinquenta e dez
pessoas. 22Eles deverão estar sempre disponíveis para resolver os
problemas cotidianos do povo e só lhe trarão os casos mais difíceis.

NO QUE ESTOU **PENSANDO** ○ | O QUE ESTOU **SENTINDO** ○ | DO QUE ESTOU **LEMBRANDO** ○

Assim você terá vida longa e plena na terra que o Senhor, seu Deus, lhe dá.

DESENHE OU ESCREVA

Deixe que os líderes decidam as questões mais simples por conta
própria. Eles dividirão com você o peso da responsabilidade e facili-
tarão seu trabalho. 23Se você seguir esse conselho, e se Deus assim
lhe ordenar, poderá suportar as pressões, e todo este povo voltará
para casa em paz." 24Moisés aceitou o conselho do sogro e seguiu
todas as suas recomendações. 25Escolheu homens capazes dentre
todo o povo de Israel e os nomeou líderes de grupos de mil, cem,
cinquenta e dez pessoas. 26Os homens ficavam à disposição para
resolver os problemas cotidianos do povo. Traziam para Moisés os
casos mais difíceis, mas cuidavam, eles mesmos, das questões mais
simples. 27Pouco tempo depois, Moisés se despediu de seu sogro,
que voltou para sua terra.

CAPÍTULO 19

O SENHOR se revela no Sinai

1Exatamente dois meses depois de saírem do Egito, chegaram ao
deserto do Sinai. 2Depois de levantar acampamento em Refidim,
chegaram ao deserto do Sinai e acamparam ao pé do monte. 3Então
Moisés subiu ao monte para apresentar-se diante de Deus. Lá de
cima, o SENHOR o chamou e disse: "Transmita esta mensagem à
família de Jacó; anuncie-a aos descendentes de Israel: 4'Vocês
viram o que fiz aos egípcios. Sabem como carreguei vocês sobre
asas de águias e os trouxe para mim. 5Agora, se me obedecerem
e cumprirem minha aliança, serão meu tesouro especial dentre
todos os povos da terra, pois toda a terra me pertence. 6Serão meu
reino de sacerdotes, minha nação santa'. Essa é a mensagem que
você deve transmitir ao povo de Israel". 7Moisés voltou do monte,
convocou os líderes do povo e lhes comunicou tudo que o SENHOR
havia ordenado. 8Todo o povo respondeu a uma só voz: "Faremos
tudo que o SENHOR ordenou!". E Moisés comunicou ao SENHOR a
resposta do povo. 9O SENHOR disse a Moisés: "Virei até você numa
nuvem densa, para que o povo me ouça quando eu lhe falar e,
assim, confie sempre em você". Moisés relatou ao SENHOR o que
o povo tinha declarado. 10Então o SENHOR disse a Moisés: "Desça
e consagre o povo, hoje e amanhã. Providencie que eles lavem
suas roupas 11e estejam prontos no terceiro dia, pois nesse dia o
SENHOR descerá sobre o monte Sinai à vista de todos. 12Marque um
limite ao redor de todo o monte e avise o povo: 'Tenham cuidado!

Não subam ao monte, nem mesmo toquem o limite. Quem to-
car o monte certamente será morto. 13Ninguém ponha a mão na
pessoa ou no animal que ultrapassar o limite; antes, apedreje-o
ou atravesse-o com flechas. Quem cruzar o limite não poderá con-
tinuar a viver'. Mas, quando soar o toque longo da trombeta, o
povo poderá subir ao monte". 14Moisés desceu do monte e foi até
onde o povo estava. Ele os consagrou, providenciou que lavassem
suas roupas 15e lhes disse: "Preparem-se para o terceiro dia e,
até lá, não tenham relações sexuais". 16Na manhã do terceiro dia,
houve estrondo de trovões e clarão de raios, e uma nuvem densa
envolveu o monte. Um toque longo de trombeta ressoou, e todo
o povo que estava no acampamento tremeu. 17Moisés conduziu
o povo para fora do acampamento, ao encontro de Deus, e todos
pararam ao pé do monte. 18O monte Sinai estava todo coberto de
fumaça, pois o Senhor havia descido em forma de fogo. Nuvens
de fumaça subiam ao céu, como de uma imensa fornalha, e todo
o monte tremia violentamente. 19Enquanto o barulho da trombeta
aumentava, Moisés falava e Deus respondia com voz de trovão. 20O
Senhor desceu sobre o topo do Sinai e chamou Moisés para o alto
do monte, e ele subiu. 21Então o Senhor disse a Moisés: "Desça e
alerte o povo que não ultrapasse o limite para ver o Senhor. Do
contrário, muitos morrerão. 22Até mesmo os sacerdotes, que se
aproximam do Senhor, deverão purificar-se para que o Senhor
não os destrua". 23Moisés respondeu ao Senhor: "Mas o povo não
pode subir ao monte Sinai. Tu já nos advertiste: 'Marque um limite
ao redor de todo o monte para separá-lo como lugar sagrado'".
24O Senhor, porém, disse: "Desça do monte e depois suba de
novo, acompanhado de Arão. Enquanto isso, não permita que os
sacerdotes nem o povo ultrapassem o limite para se aproximar do
Senhor. Do contrário, ele os destruirá". 25Moisés desceu até onde
o povo estava e lhes comunicou o que tinha sido dito.

CAPÍTULO 20

Os dez mandamentos

1Então o Senhor deu ao povo todas estas palavras: 2"Eu sou o
Senhor, seu Deus, que o libertou da terra do Egito, onde você era
escravo. 3"Não tenha outros deuses além de mim. 4"Não faça para
si espécie alguma de ídolo ou imagem de qualquer coisa no céu, na

Ex 20.12

terra ou no mar. 5Não se curve diante deles nem os adore, pois eu,
o Senhor, seu Deus, sou um Deus zeloso. Trago as consequências
do pecado dos pais sobre os filhos até a terceira e quarta geração
dos que me rejeitam, 6mas demonstro amor por até mil gerações
dos que me amam e obedecem a meus mandamentos. 7"Não
use o nome do Senhor, seu Deus, de forma indevida. O Senhor
não deixará impune quem usar o nome dele de forma indevida.
8"Lembre-se de guardar o sábado, fazendo dele um dia santo. 9Você
tem seis dias na semana para fazer os trabalhos habituais, 10mas o
sétimo dia é o sábado do Senhor, seu Deus. Nesse dia, ninguém em
sua casa fará trabalho algum: nem você, nem seus filhos e filhas,
nem seus servos e servas, nem seus animais, nem os estrangeiros
que vivem entre vocês. 11O Senhor fez os céus, a terra, o mar e
tudo que neles há em seis dias; no sétimo dia, porém, descansou.
Por isso o Senhor abençoou o sábado e fez dele um dia santo.
12"Honre seu pai e sua mãe. Assim você terá vida longa e plena na
terra que o Senhor, seu Deus, lhe dá. 13"Não mate. 14"Não cometa
adultério. 15"Não roube. 16"Não dê falso testemunho contra o seu
próximo. 17"Não cobice a casa do seu próximo. Não cobice a mulher
dele, nem seus servos ou servas, nem seu boi ou jumento, nem
qualquer outra coisa que lhe pertença". 18Quando o povo ouviu
os trovões e o som forte da trombeta, e quando viu o clarão dos
raios e a fumaça que subia do monte, ficou a distância, tremendo
de medo. 19Disseram a Moisés: "Fale você conosco e ouviremos;
mas não deixe que Deus nos fale diretamente, pois morreríamos!".
20Moisés respondeu: "Não tenham medo, pois Deus veio desse
modo para prová-los e para que o temor a ele os impeça de pecar".
21Enquanto o povo continuava a distância, Moisés se aproximou
da nuvem escura onde Deus estava. O uso apropriado dos altares
22O Senhor disse a Moisés: "Diga ao povo de Israel: Vocês viram
com os próprios olhos que eu lhes falei do céu. 23Lembrem-se de
que não devem fazer ídolos de prata ou ouro que tomem o meu
lugar. 24"Construam para mim um altar feito de terra e nele ofe-
reçam holocaustos e ofertas de paz, sacrifícios de ovelhas e bois.
Em todo lugar onde eu exaltar meu nome, construam um altar. Eu
virei até vocês e os abençoarei. 25Se usarem pedras para construir
meu altar, que sejam apenas pedras inteiras, em sua forma natu-
ral. Não alterem a forma das pedras com alguma ferramenta, pois

isso tornaria o altar impróprio para o uso sagrado. 26E não usem
degraus para chegarem diante do meu altar, para que sua nudez
não seja exposta."

CAPÍTULO 21

O justo tratamento dos escravos

1"Estes são os decretos que você apresentará a Israel: 2"Se você
comprar um escravo hebreu, ele não poderá servi-lo por mais de
seis anos. Liberte-o no sétimo ano, e ele nada lhe deverá pela li-
berdade. 3Se ele era solteiro quando se tornou seu escravo, partirá
solteiro. Mas, se era casado antes de se tornar seu escravo, a esposa
deverá ser liberta com ele. 4"Se seu senhor lhe deu uma mulher
em casamento enquanto ele era escravo, e se o casal teve filhos e
filhas, somente o homem será liberto no sétimo ano. A mulher e
os filhos continuarão a pertencer ao senhor. 5O escravo, contudo,
poderá declarar: 'Amo meu senhor, minha esposa e meus filhos.
Não desejo ser liberto'. 6Nesse caso, seu senhor o apresentará aos
juízes. Em seguida, o levará até a porta ou até o batente da porta e
furará a orelha dele com um furador. Depois disso, o escravo servirá
a seu senhor pelo resto da vida. 7"Quando um homem vender a
filha como escrava, ela não será liberta como os homens. 8Se ela
não agradar seu senhor, ele permitirá que alguém lhe pague o
resgate, mas não poderá vendê-la a estrangeiros, pois rompeu o
contrato com ela. 9Mas, se o senhor da escrava a entregar como
mulher ao filho dele, não a tratará mais como escrava, mas sim
como filha. 10"Se um homem que se casou com uma escrava tomar
para si outra esposa, não deverá descuidar dos direitos da primeira
mulher com respeito a alimentação, vestuário e intimidade sexual.
11Se ele não cumprir alguma dessas obrigações, ela poderá sair
livre, sem pagar coisa alguma."

Casos de danos pessoais

12"Quem agredir e matar outra pessoa será executado, 13mas se
for apenas um acidente permitido por Deus, definirei um lugar
de refúgio para onde o responsável pela morte possa fugir. 14Se,
contudo, alguém matar outra pessoa intencionalmente, o assassino
será preso e executado, mesmo que tenha buscado refúgio em meu
altar. 15"Quem agredir seu pai ou sua mãe será executado. 16"Quem

NO QUE ESTOU **PENSANDO** ○
O QUE ESTOU **SENTINDO** ○
DO QUE ESTOU **LEMBRANDO** ○

DESENHE OU ESCREVA

sequestrar alguém será executado, quer a vítima seja encontrada
em seu poder, quer ele a tenha vendido como escrava. 17"Quem
ofender a honra de seu pai ou de sua mãe será executado. 18"Se dois
homens brigarem e um deles acertar o outro com uma pedra ou
com o punho e o outro não morrer, mas ficar de cama, 19o agressor
não será castigado se, posteriormente, o que foi ferido conseguir
voltar a andar fora de casa, mesmo que precise de muletas; o agres-
sor indenizará a vítima pelos salários que ela perder e se responsa-
bilizará por sua total recuperação. 20"Se um senhor espancar seu
escravo ou sua escrava com uma vara e, como resultado, o escravo
morrer, o senhor será castigado. 21Mas, se o escravo se recuperar
em um ou dois dias, o senhor não receberá castigo algum, pois
o escravo é sua propriedade. 22"Se dois homens brigarem e um
deles atingir, por acidente, uma mulher grávida e ela der à luz
prematuramente, sem que haja outros danos, o homem que atin-
giu a mulher pagará a indenização que o marido dela exigir e os
juízes aprovarem. 23Mas, se houver outros danos, o castigo deverá
corresponder à gravidade do dano causado: vida por vida, 24olho
por olho, mão por mão, pé por pé, 25queimadura por queimadura,
ferida por ferida, contusão por contusão. 26"Se um senhor ferir seu
escravo ou sua escrava no olho e o cegar, libertará o escravo como
compensação pelo olho. 27Se quebrar o dente de seu escravo ou
de sua escrava, libertará o escravo como compensação pelo dente.
28"Se um boi matar a chifradas um homem ou uma mulher, o boi
será apedrejado, e não será permitido comer sua carne. Nesse caso,
porém, o dono do boi não será responsabilizado. 29Mas, se o boi
costumava chifrar pessoas e o dono havia sido informado, porém
não manteve o animal sob controle, se o boi matar alguém, será
apedrejado, e o dono também será executado. 30Os parentes do
morto, no entanto, poderão aceitar uma indenização pela vida per-
dida. O dono do boi poderá resgatar a própria vida ao pagar o que
for exigido. 31"A mesma lei se aplica se o boi chifrar um menino ou
uma menina. 32Mas, se o boi chifrar um escravo ou uma escrava, o
dono do boi pagará trinta moedas de prata ao senhor do escravo, e
o boi será apedrejado. 33"Se alguém cavar ou destampar um poço e
um boi ou jumento cair dentro dele, 34o proprietário do poço inde-
nizará totalmente o dono do animal, mas poderá ficar com o animal
morto. 35"Se o boi de alguém ferir o boi do vizinho e o animal ferido

morrer, os dois donos venderão o animal vivo e dividirão o dinheiro
entre si em partes iguais; também dividirão entre si o animal morto.
36 Mas, se o boi costumava chifrar e o dono não manteve o animal
sob controle, o dono entregará um boi vivo como indenização pelo
boi morto e poderá ficar com o animal morto."

CAPÍTULO 22

Proteção da propriedade

1 "Se alguém roubar um boi ou uma ovelha e matar o animal ou
vendê-lo, o ladrão pagará cinco bois para cada boi roubado e quatro
ovelhas para cada ovelha roubada. 2 "Se um ladrão for pego em
flagrante arrombando uma casa e for ferido e morto no confronto,
a pessoa que matou o ladrão não será culpada de homicídio. 3 Mas,
se isso acontecer durante o dia, a pessoa que matou o ladrão será
culpada de homicídio. "O ladrão que for pego restituirá o valor total
daquilo que roubou. Se não puder restituir o valor, será vendido
como escravo para pagar pelos bens roubados. 4 Se alguém roubar
um boi, um jumento ou uma ovelha e o animal for encontrado
vivo, em poder do ladrão, ele pagará o dobro do valor do animal
roubado. 5 "Se um animal estiver pastando no campo ou na videira
e o dono o soltar para pastar no campo de outra pessoa, o dono
do animal entregará como indenização o melhor de seus cereais
ou de suas uvas. 6 "Se alguém estiver queimando espinheiros e o
fogo se espalhar para o campo de outra pessoa e destruir o cere-
al já colhido, ou a plantação pronta para a colheita, ou a lavoura
inteira, aquele que começou o fogo pagará por todo o prejuízo.
7 "Se alguém entregar valores ou bens a um vizinho para que este
os guarde e eles forem roubados da casa do vizinho, o ladrão, se
for pego, restituirá o dobro do valor dos itens roubados. 8 Mas, se
o ladrão não for pego, o dono da casa comparecerá diante dos ju-
ízes para que se determine se foi ele quem roubou os bens. 9 "Em
qualquer caso de disputa entre vizinhos em que ambos afirmem
ser donos de determinado boi, jumento, ovelha, peça de roupa ou
objeto perdido, as duas partes comparecerão diante dos juízes, e
a pessoa que eles considerarem culpada pagará o dobro à outra.
10 "Se alguém deixar um jumento, um boi, uma ovelha ou outro ani-
mal sob os cuidados de outra pessoa e o animal morrer, for ferido
ou levado embora, e ninguém vir o que aconteceu, 11 a pessoa que

NO QUE ESTOU **PENSANDO** ○ | O QUE ESTOU **SENTINDO** ○ | DO QUE ESTOU **LEMBRANDO** ○

DESENHE OU ESCREVA

estava cuidando do animal fará diante do SENHOR um juramento
de que não roubou o animal; o dono aceitará o juramento e não
será exigido pagamento algum. 12 Mas, se o animal for roubado do
vizinho, ele indenizará o dono. 13 Se tiver sido despedaçado por um
animal selvagem, o que restou da carcaça será apresentado como
prova, e não será exigido pagamento algum. 14 "Se alguém pedir
um animal emprestado ao vizinho e o animal for ferido ou morrer
na ausência do dono, a pessoa que pediu o animal emprestado
indenizará o dono totalmente. 15 Mas, se o dono estiver presente,
não será exigido pagamento algum. Também não será exigida in-
denização alguma se o animal tiver sido alugado, pois o valor do
aluguel cobrirá a perda."

Responsabilidades gerais

16 "Se um homem seduzir uma moça virgem que não esteja com-
prometida e tiver relações sexuais com ela, pagará à família dela
o preço costumeiro do dote e se casará com ela. 17 Mas, se o pai da
moça não permitir o casamento, o homem lhe pagará o equivalente
ao dote de uma virgem. 18 "Não deixe que a feiticeira viva. 19 "Quem
tiver relações sexuais com um animal certamente será executado.
20 "Quem sacrificar a qualquer outro deus além do SENHOR será
destruído. 21 "Não maltrate nem oprima os estrangeiros. Lembre-se
de que vocês também foram estrangeiros na terra do Egito. 22 "Não
explore a viúva nem o órfão. 23 Se você os explorar e eles clamarem
a mim, certamente ouvirei seu clamor. 24 Minha ira se acenderá
contra você e o matarei pela espada. Então sua esposa ficará viúva
e seus filhos ficarão órfãos. 25 "Se você emprestar dinheiro a alguém
do meu povo que esteja necessitado, não cobre juros visando lu-
cro, como fazem os credores. 26 Se tomar a capa do seu próximo
como garantia para um empréstimo, devolva-a antes do pôr do sol.
27 Talvez a capa seja a única coberta que ele tem para se aquecer.
Como ele poderá dormir sem ela? Se não a devolver e se o seu
próximo pedir socorro a mim, eu o ouvirei, pois sou misericordioso.
28 "Não blasfeme contra Deus nem amaldiçoe as autoridades do seu
povo. 29 "Quando entregar as ofertas das colheitas, do vinho e do
azeite, não retenha coisa alguma. "Consagre a mim seu primeiro
filho. 30 "Também entregue a mim os machos das primeiras crias
das vacas, das ovelhas e das cabras. Deixe o animal com a mãe por

sete dias e, no oitavo, entregue-o a mim. 31“Vocês serão meu povo
santo. Por isso, não comam a carne de animais despedaçados e
mortos por feras no campo; joguem a carne para os cães.”

CAPÍTULO 23

Um chamado à prática da justiça

1“Não espalhe boatos falsos. Não coopere com pessoas perversas
sendo falsa testemunha. 2“Não se deixe levar pela maioria na práti-
ca do mal. Quando o chamarem para testemunhar em um processo
legal, não permita que a multidão o influencie a perverter a justiça.
3E não incline seu testemunho em favor de uma pessoa só porque
ela é pobre. 4“Se você deparar com o boi ou o jumento perdido de
seu inimigo, leve-o de volta ao dono. 5Se vir o jumento de alguém
que o odeia cair sob o peso de sua carga, não faça de conta que
não viu. Pare e ajude o dono a levantá-lo. 6“Não negue a justiça ao
pobre em um processo legal. 7“Jamais acuse alguém falsamente.
Jamais condene à morte uma pessoa inocente ou íntegra, pois
eu nunca declaro inocente aquele que é culpado. 8“Não aceite
subornos, pois eles o levam a fazer vista grossa para algo que se
pode ver claramente. O suborno faz até o justo distorcer a verdade.
9“Não explore os estrangeiros. Vocês sabem o que significa viver
em terra estranha, pois foram estrangeiros no Egito. 10“Plantem e
colham os produtos da terra por seis anos, 11mas, no sétimo ano,
deixem que ela se renove e descanse sem cultivo. Permitam que
os pobres do povo colham o que crescer espontaneamente durante
esse ano. Deixem o resto para servir de alimento aos animais selva-
gens. Façam o mesmo com os vinhedos e os olivais. 12“Vocês têm
seis dias da semana para realizar suas tarefas habituais, mas não
devem trabalhar no sétimo. Desse modo, seu boi e seu jumento
descansarão, e os escravos e estrangeiros que vivem entre vocês
recuperarão as forças. 13“Prestem muita atenção a todas as minhas
instruções. Não invoquem o nome de outros deuses; nem mesmo
mencionem o nome deles.”

Três festas anuais

14“A cada ano, celebrem três festas em minha honra. 15Primeiro,
celebrem a Festa dos Pães sem Fermento. Durante sete dias, o pão
que vocês comerem será preparado sem fermento, conforme eu

Ex 23.1

lhes ordenei. Celebrem essa festa anualmente no tempo deter-
minado, no mês de abibe, pois é o aniversário de sua partida do
Egito. Ninguém deve se apresentar diante de mim de mãos vazias.
16“Celebrem também a Festa da Colheita, quando me trarão os
primeiros frutos de suas colheitas. “Por fim, celebrem a Festa da
Última Colheita no final da safra, quando tiverem colhido todos
os produtos de seus campos. 17A cada ano, nessas três ocasiões,
todos os homens de Israel devem comparecer diante do Soberano,
o SENHOR. 18“Não ofereçam o sangue de meus sacrifícios com pão
que contenha fermento. E não guardem até a manhã seguinte a
gordura das ofertas da festa. 19“Quando fizerem a colheita, levem à
casa do SENHOR, seu Deus, o melhor de seus primeiros frutos. “Não
cozinhem o cabrito no leite da mãe dele.”

Promessa da presença do SENHOR

20“Vejam, eu enviarei um anjo à sua frente para protegê-los ao
longo da jornada e conduzi-los em segurança ao lugar que lhes
preparei. 21Prestem muita atenção nele e obedeçam a suas ins-
truções. Não se rebelem contra ele, pois é meu representante e
não perdoará sua rebeldia. 22Mas, se tiverem o cuidado de lhe
obedecer e de seguir todas as minhas instruções, serei inimigo de
seus inimigos e farei oposição aos que se opuserem a vocês. 23Meu
anjo irá à sua frente e os conduzirá à terra dos amorreus, hititas,
ferezeus, cananeus, heveus e jebuseus, e eu destruirei todas essas
nações. 24Não adorem seus deuses, nem os sirvam de maneira
alguma, e nem sequer imitem suas práticas. Antes, destruam-nas
completamente e despedacem suas colunas sagradas. 25“Sirvam
somente ao SENHOR, seu Deus, e eu os abençoarei com alimento e
água e os protegerei de doenças. 26Em sua terra, nenhuma grávida
sofrerá aborto e nenhuma mulher será estéril. Eu lhes darei vida
longa e plena. 27“Enviarei pavor à sua frente e criarei pânico entre
os povos cujas terras vocês invadirem. Farei todos os seus inimigos
darem meia-volta e fugirem. 28Sim, enviarei terror adiante de vocês
para expulsar os heveus, os cananeus e os hititas, 29mas não os
expulsarei num só ano, pois a terra ficaria deserta e os animais
se multiplicariam e se tornariam uma ameaça para vocês. 30Eu os
expulsarei aos poucos, até que sua população tenha aumentado
o suficiente para tomar posse da terra. 31Estabelecerei os limites

de seu território desde o mar Vermelho até o mar Mediterrâneo, e
do deserto do leste até o rio Eufrates. Entregarei em suas mãos os
povos que hoje vivem na terra e os expulsarei de diante de vocês.
32“Não façam tratados com eles nem com seus deuses. 33Esses
povos não devem habitar em sua terra, pois os fariam pecar contra
mim. Se vocês servirem aos deuses deles, cairão na armadilha da
idolatria”.

CAPÍTULO 24

Israel aceita a aliança do SENHOR

1Então o SENHOR disse a Moisés: “Suba ao monte para encontrar-
-se comigo e traga Arão, Nadabe, Abiú e setenta líderes de Israel.
Todos devem adorar de longe. 2Somente Moisés está autorizado
a se aproximar do SENHOR. Os outros não devem chegar perto, e
ninguém mais do povo tem permissão de subir ao monte com ele”.
3Moisés desceu e transmitiu ao povo todas as instruções e ordens
do SENHOR, e todo o povo respondeu em uma só voz: “Faremos tudo
que o SENHOR ordenou!”. 4Moisés anotou com exatidão todas as
instruções do SENHOR. Logo cedo na manhã seguinte, levantou-se e
construiu um altar ao pé do monte. Também ergueu doze colunas,
uma para cada tribo de Israel. 5Em seguida, enviou alguns rapazes
israelitas para apresentarem ao SENHOR holocaustos e touros sacri-
ficados como ofertas de paz. 6Moisés colocou em vasilhas metade
do sangue desses animais e aspergiu a outra metade sobre o altar.
7Depois, pegou o Livro da Aliança e o leu em voz alta para o povo.
Mais uma vez, todos responderam: “Obedeceremos ao SENHOR!
Faremos tudo que ele ordenou!”. 8Moisés pegou o sangue das
vasilhas, aspergiu-o sobre o povo e declarou: “Este sangue confir-
ma a aliança que o SENHOR fez com vocês quando lhes deu estas
instruções”. 9Depois, Moisés, Arão, Nadabe, Abiú e os setenta líderes
de Israel subiram ao monte, 10onde viram o Deus de Israel, e sob os
pés dele havia uma superfície azulada como a safira e clara como o
céu. 11E, embora esses nobres de Israel tenham visto Deus, ele não
os destruiu, e eles participaram de uma refeição na presença dele.
12Então o SENHOR disse a Moisés: “Suba ao monte para encontrar-se
comigo. Fique lá e eu lhe darei tábuas de pedra nas quais gravei a
lei e os mandamentos para ensinar ao povo”. 13Moisés e seu auxi-
liar, Josué, partiram e subiram ao monte de Deus. 14“Esperem aqui

Ex 25.2

até voltarmos”, disse Moisés aos líderes. “Arão e Hur ficarão com
vocês. Quem tiver algum problema para resolver durante minha
ausência poderá consultá-los.” 15Então Moisés subiu ao monte, e
a nuvem cobriu o monte. 16A glória do SENHOR pousou sobre o
monte Sinai, e a nuvem o cobriu por seis dias. No sétimo dia, o
SENHOR chamou Moisés de dentro da nuvem. 17Para os israelitas
que estavam ao pé do monte, a glória do SENHOR no alto do Sinai
parecia um fogo consumidor. 18Moisés desapareceu na nuvem ao
subir ao monte e ali permaneceu quarenta dias e quarenta noites.

CAPÍTULO 25

Ofertas para o tabernáculo

1O SENHOR disse a Moisés: 2“Diga ao povo de Israel que me traga
suas ofertas. Aceite as contribuições de todos cujo coração os dispu-
ser a doar. 3Aqui está uma lista das ofertas que você aceitará deles:
ouro, prata e bronze; 4fios de tecido azul, roxo e vermelho; linho
fino e pelos de cabra para confeccionar tecido; 5peles de carneiro
tingidas de vermelho e couro fino; madeira de acácia; 6óleo de oliva
para as lâmpadas; especiarias para o óleo da unção e para o incenso
perfumado; 7pedras de ônix e outras pedras preciosas para serem
fixadas no colete e no peitoral do sacerdote. 8“Instrua os israelitas
a construírem para mim um santuário, para que eu viva no meio
deles. 9Devem fazer esse tabernáculo e sua mobília de acordo com
o modelo que eu lhe mostrarei.”

Instruções sobre a arca da aliança

10“Faça para mim uma arca de madeira de acácia, com 1,15metro
de comprimento, 67,5centímetros de largura e 67,5centímetros de
altura. 11Revista-a com ouro puro por dentro e por fora e coloque
uma moldura de ouro ao seu redor. 12Mande fundir quatro argo-
las de ouro e prenda-as aos quatro pés da arca, duas argolas de
cada lado. 13Faça varas de madeira de acácia e revista-as com ouro.
14Passe-as por dentro das argolas dos lados da arca para transpor-
tá-la. 15Essas varas ficarão dentro das argolas; nunca as remova.
16Coloque dentro da arca as tábuas da aliança que eu lhe darei.
17“Faça a tampa da arca, que é o lugar de expiação, de ouro puro.
Deve medir 1,15metro de comprimento e 67,5centímetros de lar-
gura. 18Em seguida, faça dois querubins de ouro batido e coloque

um em cada extremidade da tampa. 19Modele um querubim em
cada extremidade da tampa, para formar uma só peça de ouro com
a tampa. 20Os querubins ficarão de frente um para o outro, com
o rosto voltado para a tampa da arca. Estenderão as asas sobre
a tampa para protegê-la. 21Coloque dentro da arca as tábuas da
aliança que eu lhe darei. Ponha a tampa sobre a arca. 22Ali, sobre
a tampa, que é o lugar de expiação, entre os querubins de ouro que
estão sobre a arca da aliança, virei ao seu encontro e falarei com
você. Dali eu lhe darei meus mandamentos para o povo de Israel."

Instruções sobre a mesa

23"Faça também uma mesa de madeira de acácia com 90centíme-
tros de comprimento, 45centímetros de largura e 67,5centímetros
de altura. 24Revista-a com ouro puro e coloque uma moldura de
ouro ao seu redor. 25Enfeite-a com uma borda de 8centímetros de
largura e com uma moldura de ouro ao redor da borda. 26Faça qua-
tro argolas de ouro para a mesa e prenda-as aos quatro cantos, junto
aos quatro pés. 27Prenda as argolas junto à borda para sustentar as
varas que serão usadas para transportar a mesa. 28Faça essas varas
de madeira de acácia e revista-as com ouro; com elas a mesa será
carregada. 29Faça recipientes especiais de ouro puro para a mesa:
tigelas, colheres, vasilhas e jarras, que serão usados para as ofertas
derramadas. 30Coloque sobre a mesa os pães da presença, de modo
que fiquem diante de mim o tempo todo."

Instruções sobre o candelabro

31"Faça um candelabro de ouro puro batido. Todo o candelabro e
seus enfeites formarão uma só peça: a base, a haste central, as
lâmpadas, os botões e as flores. 32Da haste central sairão seis ramos,
três de cada lado. 33Cada um dos seis ramos terá três lâmpadas
em forma de flor de amendoeira, com botões e pétalas. 34A haste
central do candelabro terá quatro lâmpadas em forma de flor de
amendoeira, cada uma com botões e flores. 35Também haverá um
botão de amendoeira debaixo de cada par dos seis ramos que saem
da haste central. 36Os botões de amendoeira e os ramos formarão
uma só peça com a haste central e serão feitos de ouro puro batido.
37Em seguida, faça sete lâmpadas para o candelabro e posicione-as
de modo que reflitam a luz para a frente. 38Os cortadores de pavio

NO QUE ESTOU PENSANDO ○ | O QUE ESTOU SENTINDO ○ | DO QUE ESTOU LEMBRANDO ○

DESENHE OU ESCREVA

e os apagadores também serão de ouro puro. 39Serão necessá-
rios 35quilos de ouro puro para o candelabro e seus acessórios.
40"Cuide para que tudo seja feito de acordo com o modelo que eu
lhe mostrei aqui no monte."

CAPÍTULO 26

Instruções sobre o tabernáculo

1"Faça o tabernáculo com dez cortinas de linho finamente tecido.
Enfeite as cortinas com fios de tecido azul, roxo e vermelho e com
querubins bordados com habilidade. 2Essas dez cortinas devem
ser todas exatamente do mesmo tamanho, com 12,6metros de
comprimento e 1,8metro de largura. 3Junte cinco cortinas para
formar uma cortina longa e depois junte as cinco restantes para
formar outra cortina longa. 4Faça laços de tecido azul na borda
da última cortina de cada conjunto. 5Os cinquenta laços ao longo
da borda da cortina do primeiro conjunto devem coincidir com
os cinquenta laços da cortina do outro conjunto. 6Em seguida,
faça cinquenta colchetes de ouro e use-os para prender as corti-
nas longas uma à outra. Desse modo, o tabernáculo será formado
de uma só peça contínua. 7"Faça onze cortinas de tecido de pelo
de cabra para cobrir o tabernáculo. 8Essas onze cortinas devem
ser todas exatamente do mesmo tamanho, com 13,5metros de
comprimento e 1,8metro de largura. 9Junte cinco cortinas para
formar uma cortina longa e depois junte as seis restantes para
formar outra cortina longa. No segundo conjunto de cortinas, deixe
uma sobra de 90centímetros de tecido pendurada sobre a parte
da frente da tenda. 10Faça cinquenta laços para a borda de cada
cortina longa. 11Em seguida, faça cinquenta colchetes de bronze e
prenda com eles os laços das cortinas longas. Assim, a cobertura
da tenda será formada de uma só peça contínua. 12Os 90centí-
metros restantes do tecido da cobertura ficarão pendurados na
parte de trás do tabernáculo. 13Deixe pendurados de cada lado os
45centímetros restantes de tecido, para que o tabernáculo fique
inteiramente coberto. 14Complete a cobertura da tenda com uma
camada protetora feita de peles de carneiro tingidas de vermelho
e uma camada de couro fino. 15"Para a estrutura do tabernáculo,
construa armações de madeira de acácia. 16Cada armação deve
ter 4,5metros de altura e 67,5centímetros de largura, 17com duas

hastes na parte inferior de cada armação. Todas as armações devem
ser idênticas. 18Construa vinte armações para sustentar as cortinas
do lado sul do tabernáculo. 19Faça também quarenta bases de
prata, duas para cada armação, para que as hastes se encaixem
firmemente nas bases. 20Para o lado norte do tabernáculo, cons-
trua outras vinte armações, 21com quarenta bases de prata, duas
bases para cada armação. 22Construa seis armações para a parte de
trás, o lado oeste do tabernáculo, 23junto com mais duas armações
para reforçar os cantos das duas extremidades do tabernáculo.
24As armações dos cantos serão emparelhadas na parte inferior e
firmemente ligadas uma à outra na parte superior com uma argola,
formando um só suporte de canto. Siga o mesmo procedimento
para ambos os suportes de canto. 25O tabernáculo, portanto, terá
oito armações na parte de trás, encaixadas sobre dezesseis bases
de prata, duas bases para cada armação. 26"Faça travessões de
madeira de acácia para ligar as armações, cinco travessões para
o lado norte do tabernáculo 27e cinco travessões para o lado sul.
Faça também cinco travessões para a parte de trás do tabernácu-
lo, que ficará virada para o oeste. 28O travessão central, ligado
a meia altura às armações, se estenderá de uma ponta à outra
do tabernáculo. 29Revista as armações com ouro e faça argolas
de ouro para sustentar os travessões. Também revista com ouro
os travessões. 30"Arme o tabernáculo de acordo com o modelo
que lhe foi mostrado no monte. 31"Para o interior do tabernácu-
lo, confeccione uma cortina especial de linho finamente tecido.
Enfeite-a com fios de tecido azul, roxo e vermelho e com querubins
bordados com habilidade. 32Pendure a cortina em ganchos de
ouro presos em quatro colunas de madeira de acácia revestidas de
ouro e apoiadas sobre quatro bases de prata. 33Pendure a cortina
interna com colchetes e coloque a arca da aliança atrás da cortina.
Essa cortina separará o lugar santo do lugar santíssimo. 34"Coloque
a tampa, o lugar de expiação, sobre a arca da aliança, dentro do
lugar santíssimo. 35Coloque a mesa do lado de fora da cortina
interna, no lado norte do tabernáculo, e posicione o candelabro
em frente à mesa, ou seja, no lado sul. 36"Confeccione outra cortina
para a entrada da tenda. Ela deve ser de linho finamente tecido e
artisticamente bordada com fios de tecido azul, roxo e vermelho.
37Faça cinco colunas de madeira de acácia, revista-as com ouro e

NO QUE ESTOU PENSANDO ○ | O QUE ESTOU SENTINDO ○ | DO QUE ESTOU LEMBRANDO ○

DESENHE OU ESCREVA

pendure nelas a cortina com ganchos de ouro. Mande fundir cinco
bases de bronze para as colunas."

CAPÍTULO 27

Instruções sobre o altar dos holocaustos

1"Usando madeira de acácia, construa um altar quadrado com
2,25 metros de largura e comprimento e 1,35 metro de altura. 2Faça
uma ponta em forma de chifre para cada um dos quatro cantos,
de modo que as pontas e o altar formem uma só peça. Revista o
altar com bronze. 3Faça baldes para recolher as cinzas, e também
pás, bacias, garfos para a carne e braseiros, todos de bronze. 4Faça
ainda uma grelha de bronze e quatro argolas de bronze, uma para
cada canto da grelha. 5Coloque-a a meia altura do altar, debaixo
da borda. 6Para transportar o altar, faça varas de madeira de acácia
e revista-as com bronze. 7Passe as varas por dentro das argolas dos
dois lados do altar quando ele for transportado. 8O altar deve ser
oco e feito de tábuas. Faça-o de acordo com o que lhe foi mostrado
no monte."

Instruções para o pátio

9"Em seguida, faça um pátio para o tabernáculo, fechado com
cortinas de linho finamente tecido. As cortinas do lado sul terão
45 metros de comprimento 10e serão penduradas em vinte colu-
nas apoiadas firmemente em vinte bases de bronze. Pendure as
cortinas com ganchos e argolas de prata. 11Coloque do lado norte
cortinas idênticas a essas, com 45 metros de comprimento, pendu-
radas em vinte colunas apoiadas firmemente em vinte bases de
bronze. Pendure as cortinas com ganchos e argolas de prata. 12As
cortinas do lado oeste do pátio terão 22,5 metros de comprimento
e serão penduradas em dez colunas apoiadas em dez bases. 13No
lado leste do pátio, ou seja, na parte da frente, as cortinas também
terão 22,5 metros de comprimento. 14A entrada do pátio ficará do
lado leste, situada entre duas cortinas. A cortina do lado direito terá
6,75 metros de comprimento e será pendurada em três colunas
apoiadas em três bases. 15A cortina do lado esquerdo também terá
6,75 metros de comprimento e será pendurada em três colunas
apoiadas em três bases. 16Para a entrada do pátio, confeccione uma
cortina com 9 metros de comprimento. Faça-a de linho finamente

tecido e enfeite-a com lindos bordados de fio azul, roxo e vermelho.
Pendure-a em quatro colunas, cada uma firmemente apoiada em
sua própria base. 17Todas as colunas ao redor do pátio devem ter
argolas e ganchos de prata e bases de bronze. 18No total, o pátio terá
45 metros de comprimento e 22,5 metros de largura, com divisórias
feitas de cortinas de linho finamente tecido com 2,25 metros de
altura. As bases das colunas serão de bronze. 19"Serão de bronze
todos os utensílios para as cerimônias do tabernáculo, além das
estacas usadas para sustentar o santuário e as cortinas do pátio."

A iluminação do tabernáculo

20"Ordene aos israelitas que lhe tragam óleo puro de oliva para
a iluminação, a fim de manter as lâmpadas sempre acesas. 21O
candelabro ficará na tenda do encontro, do lado de fora da cortina
interna que protege a arca da aliança. Arão e seus filhos manterão
as lâmpadas acesas na presença do SENHOR a noite toda. Essa é
uma lei permanente para o povo de Israel e deve ser cumprida de
geração em geração."

CAPÍTULO 28

As roupas dos sacerdotes

1"Mande chamar seu irmão Arão e os filhos dele, Nadabe, Abiú,
Eleazar e Itamar. Separe-os dos demais israelitas para que me sir-
vam e sejam meus sacerdotes. 2Faça para Arão roupas sagradas,
trajes de grande beleza e esplendor. 3Instrua todos os artesãos
habilidosos que eu enchi de espírito de sabedoria a fim de que
confeccionem para Arão roupas que o consagrarão como sacerdote
para o meu serviço. 4Estas são as roupas que devem confeccionar:
um peitoral, um colete, um manto, uma túnica bordada, um tur-
bante e um cinturão. Devem fazer essas roupas sagradas para seu
irmão Arão e para os filhos deles vestirem quando me servirem
como sacerdotes. 5Dê a eles, portanto, linho finamente tecido com
fios de ouro e de tecido azul, roxo e vermelho."

O modelo do colete sacerdotal

6"Os artesãos devem fazer o colete sacerdotal de linho finamente
tecido e artisticamente bordado, usando fios de ouro e fios de
tecido azul, roxo e vermelho. 7O colete terá duas peças, unidas

NO QUE ESTOU **PENSANDO** ○ | O QUE ESTOU **SENTINDO** ○ | DO QUE ESTOU **LEMBRANDO** ○

DESENHE OU ESCREVA

nos ombros por duas ombreiras. 8O cinturão decorativo será feito
dos mesmos materiais: linho finamente tecido bordado com fios
de ouro e fios de tecido azul, roxo e vermelho. 9"Grave em duas
pedras de ônix os nomes das tribos de Israel, 10seis nomes em cada
pedra, organizados de acordo com a ordem de nascimento dos
filhos de Israel. 11Grave esses nomes nas duas pedras da mesma
forma que o ourives grava um selo. Em seguida, encrave-as em
suportes de filigranas de ouro. 12Prenda-as às ombreiras do colete
sacerdotal como recordação de que Arão representa os israelitas.
Arão levará esses nomes sobre seus ombros como lembrança con-
tínua sempre que se apresentar diante do SENHOR. 13Faça suportes
para as pedras com filigranas de ouro, 14trance duas correntes de
ouro puro e prenda-as aos suportes de filigrana sobre as ombreiras
do colete."

O modelo do peitoral

15"Em seguida, faça com grande habilidade o peitoral para deci-
sões. Confeccione-o de modo que combine com o colete sacerdotal,
usando linho finamente tecido com fios de ouro e fios de tecido
azul, roxo e vermelho. 16Faça o peitoral de uma só peça dobrada
de tecido, formando um bolso quadrado com 22,5 centímetros
de lado. 17Fixe no peitoral quatro fileiras de pedras preciosas. A
primeira fileira terá um rubi, um topázio e um berilo. 18A segunda
fileira será composta de uma turquesa, uma safira e uma esme-
ralda. 19A terceira fileira será composta de um jacinto, uma ágata
e uma ametista. 20A quarta fileira terá um crisólito, um ônix e um
jaspe. Todas essas pedras serão presas a suportes de filigranas de
ouro. 21Cada pedra representará um dos doze filhos de Israel, e o
nome da tribo correspondente será gravado na pedra como um
selo. 22"Para prender o peitoral ao colete sacerdotal, faça correntes
de fios trançados de ouro puro. 23Faça também duas argolas de
ouro e prenda-as aos cantos superiores do peitoral. 24Amarre as
duas correntes de ouro nas duas argolas dos cantos superiores do
peitoral. 25Amarre as outras pontas das correntes às filigranas de
ouro sobre as ombreiras do colete. 26Em seguida, faça mais duas
argolas de ouro e prenda-as às bordas interiores do peitoral, junto
ao colete. 27Faça outras duas argolas de ouro e prenda-as à parte da
frente do colete, abaixo das ombreiras e logo acima do nó com o

qual o cinturão decorativo é amarrado ao colete. 28Depois, prenda
as argolas inferiores do peitoral às argolas do colete com cordões
azuis, para que o peitoral fique firmemente preso ao colete acima
do cinturão decorativo. 29"Com isso, Arão levará os nomes das tri-
bos de Israel sobre seu coração no peitoral para decisões quando
entrar no lugar santo. Essa será uma lembrança contínua de que
ele representa o povo diante do SENHOR. 30Dentro do peitoral para
decisões, coloque o Urim e o Tumim para que Arão os leve sobre
o coração quando se apresentar diante do SENHOR. Assim, sempre
que se apresentar diante do SENHOR, Arão levará sobre o coração
os objetos usados para determinar as decisões a respeito do povo
de Israel."

Outras peças de roupa para os sacerdotes

31"De uma só peça de tecido azul, confeccione o manto que é usa-
do com o colete sacerdotal. 32Faça uma abertura para a cabeça de
Arão no meio da peça e reforce a abertura com uma gola, para
que não se rasgue. 33Faça romãs de fios de tecido azul, roxo e ver-
melho e prenda-as à borda do manto, com sinos de ouro entre
elas. 34Os sinos de ouro e as romãs serão intercalados por toda a
volta da borda. 35Arão vestirá esse manto sempre que servir dian-
te do SENHOR, e os sinos tocarão quando ele entrar na presença
do SENHOR no lugar santo e também quando sair. Se ele usar o
manto, não morrerá. 36"Em seguida, faça uma tiara de ouro puro
e grave nela, como em um selo, as palavras SANTO PARA O SENHOR.
37Prenda a tiara com um cordão azul à parte da frente do turbante
de Arão. 38Arão a usará na testa, para que tome sobre si toda a
culpa dos israelitas quando consagrarem suas ofertas sagradas.
Terá de usá-la sempre na testa para que o SENHOR aceite seu povo.
39"Teça a túnica bordada de Arão com linho fino. Com o mesmo
linho, faça o turbante. Confeccione também um cinturão e enfei-
te-o com bordados coloridos. 40"Para os filhos de Arão, confeccione
túnicas, cinturões e turbantes especiais, trajes de grande beleza e
esplendor. 41Vista seu irmão Arão e os filhos dele com essas roupas
e, em seguida, unja-os e consagre-os. Santifique-os para que sirvam
como meus sacerdotes. 42Faça também roupas de baixo de linho
para serem usadas diretamente sobre a pele, indo da cintura até
as coxas. 43Arão e seus filhos deverão usar esses calções sempre

NO QUE ESTOU **PENSANDO** ○ | O QUE ESTOU **SENTINDO** ○ | DO QUE ESTOU **LEMBRANDO** ○

DESENHE OU ESCREVA

que entrarem na tenda do encontro ou se aproximarem do altar
para servir no lugar santo. Desse modo, não levarão culpa alguma
sobre si e não morrerão. Essa é uma lei permanente para Arão e
todos os seus descendentes."

CAPÍTULO 29

A consagração dos sacerdotes

1"Quando consagrar Arão e seus filhos para me servirem como
sacerdotes, realize a seguinte cerimônia: tome um novilho e dois
carneiros sem defeito. 2Em seguida, usando farinha de trigo da
melhor qualidade e sem fermento, faça pães, bolos misturados
com azeite e pães finos untados com azeite. 3Coloque-os em um
só cesto e apresente-os, junto com o novilho e os dois carneiros.
4"Apresente Arão e seus filhos à entrada da tenda do encontro e
lave-os com água. 5Vista Arão com as roupas sacerdotais: a túnica,
o manto usado com o colete sacerdotal, o colete propriamente dito
e o peitoral. Amarre o cinturão do colete na cintura. 6Ponha-lhe o
turbante na cabeça e prenda no devido lugar a tiara sagrada do
turbante. 7Unja Arão derramando o óleo da unção sobre a cabe-
ça dele. 8Em seguida, apresente os filhos de Arão e vista-os com
as respectivas túnicas. 9Amarre o cinturão em volta da cintura de
Arão e de seus filhos e coloque o turbante especial na cabeça de
cada um. Assim, o direito de sacerdócio lhes pertencerá por lei para
sempre. Desse modo, você consagrará Arão e seus filhos. 10"Leve o
novilho até a entrada da tenda do encontro, onde Arão e seus filhos
colocarão as mãos sobre a cabeça do animal. 11Sacrifique o novilho
na presença do SENHOR, à entrada da tenda do encontro. 12Com
o dedo, coloque um pouco do sangue do animal nas pontas do
altar e derrame o restante na base do altar. 13Tome toda a gordura
que envolve os órgãos internos, o lóbulo do fígado, os dois rins e
a gordura ao redor deles e queime tudo no altar. 14Depois, tome o
restante do novilho, incluindo o couro, a carne e o excremento, e
queime-o fora do acampamento como oferta pelo pecado. 15"Em
seguida, Arão e seus filhos colocarão as mãos sobre a cabeça de
um dos carneiros. 16Sacrifique o carneiro e derrame o sangue dele
em todos os lados do altar. 17Corte o carneiro em pedaços e lave
os órgãos internos e as pernas. Coloque-os junto à cabeça e aos
demais pedaços do corpo 18e queime o animal inteiro no altar.

Esse é um holocausto ao SENHOR, é aroma agradável, uma oferta
especial apresentada ao SENHOR. 19"Tome o outro carneiro e peça a
Arão e seus filhos que coloquem as mãos sobre a cabeça do animal.
20Sacrifique-o e coloque um pouco do sangue na ponta da orelha
direita de Arão e seus filhos. Coloque também um pouco do san-
gue no polegar da mão direita e do pé direito de cada um deles.
Derrame o sangue restante em todos os lados do altar. 21Recolha
um pouco do sangue do altar e um pouco do óleo da unção e aspirja
sobre Arão e seus filhos e sobre as roupas deles. Desse modo, tanto
eles como as roupas serão consagrados. 22"Uma vez que esse é o
carneiro da consagração de Arão e seus filhos, pegue a gordura do
animal, incluindo a parte gorda da cauda, a gordura que envolve
os órgãos internos, o lóbulo do fígado, os dois rins, a gordura em
volta deles e a coxa direita. 23Pegue também um pão redondo, um
bolo misturado com azeite e um pão fino de dentro do cesto de pães
sem fermento colocado na presença do SENHOR. 24Coloque todo
o alimento nas mãos de Arão e seus filhos para que seja movido
para o alto como oferta especial para o SENHOR. 25Depois, tome os
pães das mãos deles e queime-os no altar junto com o holocausto.
É aroma agradável, uma oferta especial apresentada ao SENHOR.
26Separe o peito do carneiro da consagração de Arão e mova-o para
o alto na presença do SENHOR como oferta especial para ele. Depois,
tome-o para si como sua porção. 27"Divida as porções do carneiro da
consagração pertencentes a Arão e seus filhos, incluindo o peito e a
coxa que foram movidos para o alto diante do SENHOR como oferta
especial. 28No futuro, sempre que os israelitas moverem para o alto
uma oferta de paz, uma parte dela deverá ser separada para Arão e
seus descendentes. Será direito permanente deles e oferta sagrada
dos israelitas para o SENHOR. 29"As roupas sagradas de Arão deverão
ser preservadas para seus descendentes, que as vestirão quando fo-
rem ungidos e consagrados. 30O descendente que o suceder como
sumo sacerdote vestirá essas roupas por sete dias quando entrar
na tenda do encontro para servir no lugar santo. 31"Tome o carneiro
usado na cerimônia de consagração e cozinhe a carne dele em um
lugar sagrado. 32Arão e seus filhos comerão a carne, junto com os
pães do cesto, à entrada da tenda do encontro. 33Somente eles po-
derão comer a carne e o pão usados para sua expiação na cerimônia
de consagração. Ninguém mais poderá consumir esses alimentos,

Ex 29.46

pois são sagrados. 34Se sobrar alguma carne ou pão da consagração
até a manhã seguinte, essa sobra deverá ser queimada. Não se deve
comer desse alimento, pois é sagrado. 35"É desse modo que você
realizará a consagração de Arão e seus filhos, de acordo com todas
as minhas instruções. A cerimônia de consagração durará sete dias.
36A cada dia, sacrifique um novilho como oferta pelo pecado, para
fazer expiação. Depois, purifique o altar, fazendo expiação por ele,
e unja-o com óleo, para consagrá-lo. 37Faça expiação pelo altar e
consagre-o diariamente por sete dias. No final desse período, o
altar será absolutamente santo, e tudo que o tocar se tornará santo.
38"Estes são os sacrifícios que você deve oferecer regularmente
sobre o altar: a cada dia, ofereça dois cordeiros de um ano, 39um
pela manhã e outro ao entardecer. 40Junto com um deles, ofereça
duas medidas de farinha da melhor qualidade misturada com um
litro de azeite puro de azeitonas prensadas; ofereça também um
litro de vinho como oferta derramada. 41Ofereça o outro cordeiro
ao entardecer, junto com ofertas de farinha e vinho iguais às da
manhã. Será aroma agradável, uma oferta especial apresentada
ao SENHOR. 42"Esses holocaustos devem ser oferecidos todos os
dias, de geração em geração. Ofereça-os à entrada da tenda do
encontro, na presença do SENHOR; ali eu virei ao encontro do povo
e falarei com você. 43Eu me reunirei ali com os israelitas, no lugar
santificado por minha presença gloriosa. 44Sim, consagrarei a ten-
da do encontro e o altar e consagrarei Arão e seus filhos para me
servirem como sacerdotes. 45Então viverei no meio dos israelitas e
serei seu Deus, 46e eles saberão que eu sou o SENHOR, seu Deus.
Eu os tirei da terra do Egito a fim de viver no meio deles. Eu sou o
SENHOR, seu Deus."

CAPÍTULO 30

Instruções sobre o altar de incenso

1"Construa um altar de madeira de acácia para queimar incenso.
2Faça-o quadrado, com 45 centímetros de lado e 90 centímetros
de altura, com pontas em forma de chifre nos cantos entalhados
da mesma peça de madeira que o altar. 3Revista o topo, os lados
e as pontas do altar com ouro puro e coloque uma moldura de
ouro ao seu redor. 4Faça duas argolas de ouro e prenda-as nos
lados opostos do altar, debaixo da moldura de ouro, para sustentar

as varas usadas para transportá-lo. 5Faça as varas de madeira de
acácia e revista-as com ouro. 6Coloque o altar de incenso diante
da cortina que protege a arca da aliança, em frente à tampa da
arca, o lugar de expiação, que cobre as tábuas da aliança. Ali eu
me encontrarei com você. 7"Todas as manhãs, quando cuidar das
lâmpadas, Arão queimará incenso perfumado no altar. 8E todas
as noites, quando acender as lâmpadas, ele queimará incenso
novamente na presença do SENHOR. Esse ato deverá ser repetido
de geração em geração. 9Não ofereçam sobre o altar incenso al-
gum que não seja sagrado e não o usem para holocaustos, ofertas
de cereal ou ofertas derramadas. 10"Uma vez por ano, Arão fará
expiação pelo altar, aplicando em suas pontas o sangue da oferta
realizada para a expiação pelo pecado do povo. Essa cerimônia
será realizada todos os anos de geração em geração, pois esse é o
altar santíssimo do SENHOR".

Recursos para o tabernáculo

11Então o SENHOR disse a Moisés: 12"Toda vez que você fizer o censo
dos israelitas, cada homem que for contado pagará ao SENHOR um
resgate por si mesmo. Com isso, nenhuma praga ferirá o povo quan-
do você o contar. 13Cada pessoa contada entregará uma pequena
quantidade de prata como oferta sagrada ao SENHOR. (O pagamento
corresponderá a meio siclo, com base no siclo padrão do santuário,
equivalente a doze gramas.) 14Todos os homens de 20anos para
cima entregarão ao SENHOR essa oferta sagrada. 15Quando entre-
garem ao SENHOR a oferta para fazer expiação pela vida deles, os
ricos não darão mais que a quantia especificada, e os pobres não
darão menos. 16Receba o dinheiro de resgate dos israelitas e use-o
para cuidar da tenda do encontro. Será uma lembrança diante do
SENHOR em favor dos israelitas e fará expiação pela vida deles".

Instruções sobre a bacia de bronze

17O SENHOR também disse a Moisés: 18"Faça uma bacia de bronze
com um suporte de bronze para a lavagem cerimonial. Coloque-a
entre a tenda do encontro e o altar e encha-a de água. 19Ali, Arão e
seus filhos lavarão as mãos e os pés. 20Cada vez que entrarem na
tenda do encontro, deverão se lavar com água; do contrário, mor-
rerão. Cada vez que se aproximarem do altar para servir ao SENHOR

NO QUE ESTOU **PENSANDO** ○ | O QUE ESTOU **SENTINDO** ○ | DO QUE ESTOU **LEMBRANDO** ○

DESENHE OU ESCREVA

e queimar ofertas especiais para ele, 21deverão lavar as mãos e os
pés; do contrário, morrerão. Essa é uma lei permanente para Arão
e seus descendentes e deve ser cumprida de geração em geração".

O óleo da unção

22O SENHOR disse ainda a Moisés: 23"Junte as seguintes especia-
rias da melhor qualidade: seis quilos de mirra líquida, três quilos
de canela perfumada, três quilos de cálamo perfumado, 24e seis
quilos de cássia, medidos de acordo com o siclo do santuário. Junte
também quatro litros de azeite. 25Usando as técnicas de um per-
fumista habilidoso, misture esses ingredientes para fazer o óleo
sagrado para a unção. 26Use esse óleo sagrado para ungir a tenda
do encontro, a arca da aliança, 27a mesa e todos os seus utensílios,
o candelabro e todos os seus acessórios, o altar de incenso, 28o
altar do holocausto e todos os seus utensílios, e a bacia com o seu
suporte. 29Consagre-os para que sejam absolutamente santos.
Depois disso, tudo que tiver contato com eles também se tornará
santo. 30"Unja também Arão e seus filhos e consagre-os para que
me sirvam como sacerdotes. 31E diga ao povo de Israel: 'Este óleo
sagrado é reservado para mim de geração em geração. 32Jamais
usem o óleo para ungir qualquer outra pessoa e nunca preparem
uma mistura igual a essa para si mesmos. Ele é sagrado e deve
ser tratado como tal. 33Quem preparar uma mistura igual a essa
ou ungir com ela alguém que não seja sacerdote será eliminado
do meio do povo'".

O incenso

34Em seguida, o SENHOR disse a Moisés: "Junte especiarias perfu-
madas: gotas de resina, conchas de moluscos e gálbano. Misture-
as com incenso puro, tudo em quantidades iguais. 35Usando as
técnicas de um perfumista, misture as especiarias e acrescente um
pouco de sal, a fim de produzir um incenso puro e santo. 36Moa
uma parte da mistura até formar um pó bem fino e coloque-o diante
da arca da aliança, na tenda do encontro, onde me encontrarei com
você. Considerem o incenso algo santíssimo. 37Jamais usem essa
fórmula para preparar incenso para si mesmos. Ele é reservado para
o SENHOR e deve ser considerado santo. 38Quem fizer incenso igual
a esse para uso pessoal será eliminado do meio do povo".

CAPÍTULO 31

Os artesãos: Bezalel e Aoliabe

1 O SENHOR disse a Moisés: 2 "Veja, escolhi especificamente Bezalel,
filho de Uri e neto de Hur, da tribo de Judá. 3 Enchi-o do Espírito de
Deus e lhe dei grande sabedoria, habilidade e perícia para traba-
lhos artísticos de todo tipo. 4 Ele é exímio artesão, perito no traba-
lho com ouro, prata e bronze. 5 Tem aptidão para gravar e encravar
pedras preciosas e entalhar madeira. É mestre em todo trabalho
artístico. 6 "Para ajudá-lo, designei pessoalmente Aoliabe, filho de
Aisamaque, da tribo de Dã. Além disso, conferi habilidade especial
a todos os artesãos de talento para que façam tudo que lhe ordenei:
7 a tenda do encontro; a arca da aliança; a tampa da arca, que é o
lugar de expiação; todos os objetos do tabernáculo; 8 a mesa e seus
utensílios; o candelabro de ouro puro e todos os seus acessórios; o
altar de incenso; 9 o altar do holocausto e todos os seus utensílios; a
bacia de bronze e seu suporte; 10 o vestuário finamente confecciona-
do: as roupas sagradas para o sacerdote Arão e as roupas para seus
filhos usarem em seu serviço como sacerdotes; 11 o óleo da unção;
o incenso perfumado para o lugar santo. Os artesãos deverão fazer
tudo conforme eu lhe ordenei".

Instruções sobre o sábado

12 Em seguida, o SENHOR disse a Moisés: 13 "Diga ao povo de Israel:
'Guardem o meu sábado, pois ele é um sinal entre mim e vocês de
geração em geração, para que saibam que eu sou o SENHOR, que os
santifica. 14 Guardem o sábado, pois é dia santo para vocês. Quem o
profanar será executado; quem trabalhar nesse dia será eliminado
do meio do povo. 15 Vocês têm seis dias na semana para fazer os
trabalhos habituais, mas o sétimo dia será um sábado de descanso
total, um dia consagrado ao SENHOR. Quem trabalhar no sábado
será executado. 16 Os israelitas guardarão o sábado, celebrando-o
de geração em geração, como uma aliança para sempre. 17 É um
sinal permanente entre mim e o povo de Israel, pois em seis dias
o SENHOR fez os céus e a terra, mas no sétimo dia descansou e se
revigorou'".
18 Quando o SENHOR terminou de falar com Moisés no monte Sinai,
entregou-lhe as duas tábuas de pedra gravadas com os termos da
aliança, escritas pelo dedo de Deus.

Ex 31.13

CAPÍTULO 32

O bezerro de ouro

1 Quando o povo viu que Moisés demorava a descer do monte,
reuniu-se ao redor de Arão e disse: "Tome uma providência! Faça
para nós deuses que nos guiem. Não sabemos o que aconteceu
com esse Moisés, que nos trouxe da terra do Egito para cá". 2 Arão
respondeu: "Tirem as argolas de ouro das orelhas de suas mu-
lheres e de seus filhos e filhas e tragam-nas para mim". 3 Todos
tiraram as argolas de ouro e as levaram a Arão. 4 Ele recebeu o ouro,
derreteu-o e trabalhou nele, dando-lhe a forma de um bezerro.
Quando o povo viu o bezerro, começou a exclamar: "Ó Israel, estes
são os seus deuses que o tiraram da terra do Egito!". 5 Percebendo
o entusiasmo do povo, Arão construiu um altar diante do bezerro e
anunciou: "Amanhã haverá uma festa para o SENHOR!". 6 Na manhã
seguinte, o povo se levantou cedo para apresentar holocaustos e
ofertas de paz. Depois, todos comeram e beberam e se entrega-
ram à farra. 7 O SENHOR disse a Moisés: "Rápido! Desça do monte!
Seu povo, que você tirou da terra do Egito, se corrompeu. 8 Como
se desviaram depressa do caminho que eu lhes havia ordenado!
Derreteram ouro e fizeram um bezerro, curvaram-se diante dele e
lhe ofereceram sacrifícios. Dizem: 'Ó Israel, estes são os seus deu-
ses que o tiraram da terra do Egito!'". 9 Então o SENHOR declarou:
"Vi como este povo é teimoso e rebelde. 10 Agora fique de lado, e
eu lançarei contra eles minha ira ardente e os destruirei. Depois,
farei de você, Moisés, uma grande nação". 11 Moisés, porém, tentou
apaziguar o SENHOR, seu Deus. "Ó SENHOR!", exclamou ele. "Por que
estás tão irado com teu próprio povo, que tiraste do Egito com tão
grande poder e mão forte? 12 Por que deixar os egípcios dizerem:
'O Deus deles os resgatou com a má intenção de exterminá-los
nos montes e apagá-los da face da terra'? Deixa de lado tua ira
ardente! Arrepende-te quanto a esta calamidade terrível que ame-
açaste enviar sobre teu povo! 13 Lembra-te dos teus servos Abraão,
Isaque e Jacó. Assumiste um compromisso com eles por meio de
juramento, dizendo: 'Tornarei seus descendentes tão numerosos
quanto as estrelas do céu. Eu lhes darei toda esta terra que lhes
prometi, e eles a possuirão para sempre'." 14 Então o SENHOR se
arrependeu da calamidade terrível que havia ameaçado enviar
sobre seu povo. 15 Em seguida, Moisés se virou e desceu o monte.

Trazia nas mãos as duas tábuas da aliança, que estavam escritas
dos dois lados, frente e verso. 16 As tábuas eram obra de Deus; cada
palavra tinha sido gravada pelo próprio Deus. 17 Quando Josué
ouviu o alvoroço do povo que gritava lá embaixo, disse a Moisés:
"Parece que há guerra no acampamento!". 18 Moisés respondeu:
"Não são gritos de vitória nem lamentos de derrota. Ouço barulho
de festa". 19 Quando se aproximaram do acampamento, Moisés viu
o bezerro e as danças e ficou furioso. Jogou as tábuas de pedra
no chão e as despedaçou ao pé do monte. 20 Tomou o bezerro
que haviam feito e o queimou. Moeu-o até virar pó, jogou-o na
água e obrigou os israelitas a bebê-la. 21 Por fim, dirigiu-se a Arão
e perguntou: "O que este povo lhe fez para que você os levasse
a cometer tamanho pecado?". 22 "Não fique tão furioso comigo,
meu senhor", respondeu Arão. "Você sabe como este povo é mau.
23 Eles me disseram: 'Faça para nós deuses que nos guiem. Não
sabemos o que aconteceu com esse Moisés, que nos trouxe da
terra do Egito para cá'. 24 Então eu lhes disse: 'Quem tiver joias de
ouro, tire-as'. Quando eles as trouxeram para mim, simplesmente
as joguei no fogo e saiu este bezerro!" 25 Moisés viu que Arão havia
permitido que o povo se descontrolasse completamente, dando
motivo de zombaria a seus inimigos. 26 Portanto, colocou-se à en-
trada do acampamento e gritou: "Todos que estiverem do lado do
SENHOR, venham até aqui e juntem-se a mim!". E todos os levitas se
reuniram ao redor dele. 27 Moisés lhes disse: "Assim diz o SENHOR,
o Deus de Israel: 'Cada um de vocês pegue sua espada e vão e
voltem de uma extremidade à outra do acampamento. Matem
todos, até mesmo seus irmãos, amigos e vizinhos'". 28 Os levitas
obedeceram à ordem de Moisés, e cerca de três mil pessoas mor-
reram naquele dia. 29 Então Moisés disse aos levitas: "Hoje vocês
se consagraram para o serviço do SENHOR, pois lhe obedeceram
mesmo quando tiveram de matar seus próprios filhos e irmãos.
Hoje vocês receberam dele uma bênção".

Moisés intercede por Israel

30 No dia seguinte, Moisés disse ao povo: "Vocês cometeram um
pecado terrível, mas eu subirei ao monte e me encontrarei com o
SENHOR outra vez. Talvez eu consiga fazer expiação por este peca-
do!". 31 Moisés voltou ao SENHOR e disse: "Que pecado terrível este

Trazia nas mãos as duas tábuas da aliança, que estavam escritas dos dois lados, frente e verso.

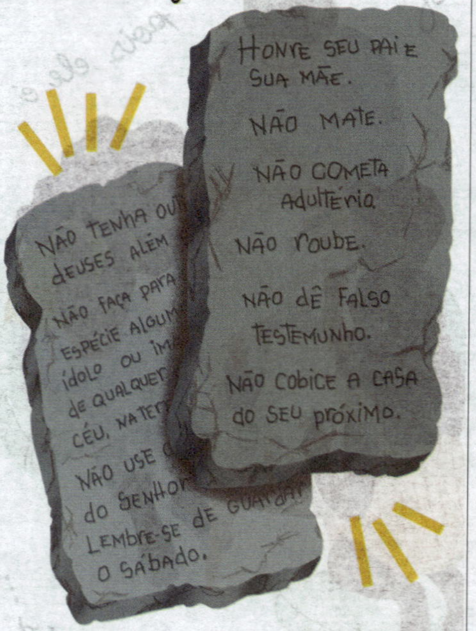

As tábuas eram obra de Deus; cada palavra tinha sido gravada pelo próprio Deus.

Ex 32.15-16

povo cometeu! Fizeram para si deuses de ouro. 32 Agora, porém,
eu te suplico que lhes perdoes o pecado; do contrário, apaga meu
nome do registro que escreveste!". 33 O SENHOR, porém, respondeu
a Moisés: "Apagarei o nome de todos que pecaram contra mim.
34 Agora vá e leve o povo ao lugar do qual eu lhe falei. Veja, meu
anjo irá à sua frente. E, no dia do acerto de contas, certamente
eu castigarei este povo pelo pecado que cometeram". 35 Então o
SENHOR castigou severamente o povo, por causa do que fizeram
com o bezerro que Arão lhes tinha construído.

CAPÍTULO 33

1 O SENHOR disse a Moisés: "Ponha-se a caminho, junto com o povo
que você tirou da terra do Egito. Subam à terra que eu jurei dar a
Abraão, Isaque e Jacó, dizendo: 'Darei esta terra a seus descenden-
tes'. 2 Enviarei um anjo à sua frente para expulsar os cananeus, os
amorreus, os hititas, os ferezeus, os heveus e os jebuseus. 3 Subam
à terra que produz leite e mel com fartura. Mas eu não viajarei no
meio de vocês, pois são um povo teimoso e rebelde. Se eu os acom-
panhasse, certamente os destruiria ao longo do caminho". 4 Quando
o povo ouviu essas palavras severas, chorou e deixou de usar seus
ornamentos. 5 Pois o SENHOR havia ordenado a Moisés: "Diga ao
povo de Israel: 'Vocês são um povo teimoso e rebelde. Se eu os
acompanhasse, mesmo que só por um momento, eu os destruiria.
Deixem de usar seus ornamentos enquanto decido o que fazer com
vocês'". 6 Assim, desde quando partiram do monte Sinai, os israelitas
deixaram de usar ornamentos. 7 Moisés costumava montar uma
tenda fora do acampamento, a certa distância dele, e a chamava
de tenda da reunião. Quem quisesse fazer uma petição ao SENHOR
ia até essa tenda, fora do acampamento. 8 Sempre que Moisés se
dirigia a essa tenda, todo o povo se levantava e permanecia em pé,
cada um junto à entrada de sua própria tenda. Observavam Moisés
até ele entrar na tenda. 9 Logo que Moisés entrava, uma coluna de
nuvem descia e ficava suspensa no ar, à entrada da tenda, enquanto
o SENHOR falava com ele. 10 Quando o povo via a nuvem à entrada da
tenda, cada um permanecia em frente à própria tenda e se curvava.
11 Ali o SENHOR falava com Moisés face a face, como quem fala com
um amigo. Depois Moisés voltava ao acampamento, mas seu jovem
auxiliar Josué, filho de Num, ficava na tenda.

Moisés vê a glória do SENHOR

12Então Moisés disse ao SENHOR: "Tu me ordenaste: 'Leve este povo',
mas não disseste quem enviarias comigo. Declaraste: 'Eu o conheço
pelo nome e me agrado de você'. 13Se é verdade que te agradas de
mim, permita-me conhecer teus caminhos para que eu te conheça
melhor e continue a contar com teu favor. E lembra-te de que esta
nação é teu povo". 14O SENHOR respondeu: "Acompanharei você
pessoalmente e lhe darei descanso". 15Então Moisés disse: "Se não
nos acompanhares pessoalmente, não nos faças sair deste lugar.
16Se não nos acompanhares, como os outros saberão que meu povo
e eu contamos com teu favor? Pois é tua presença em nosso meio
que nos distingue, teu povo e eu, de todos os outros povos da terra".
17O SENHOR respondeu a Moisés: "Certamente farei o que me pede,
pois me agrado de você e o conheço pelo nome". 18Moisés disse:
"Então peço que me mostres tua presença gloriosa". 19O SENHOR
respondeu: "Farei passar diante de você toda a minha bondade e
anunciarei diante de você o meu nome, Javé. Pois terei misericórdia
de quem eu quiser, e mostrarei compaixão a quem eu quiser. 20Mas
você não poderá olhar diretamente para minha face, pois ninguém
pode me ver e continuar vivo". 21O SENHOR disse ainda: "Fique nesta
rocha, perto de mim. 22Quando minha presença gloriosa passar, eu
o colocarei numa abertura da rocha e o cobrirei com minha mão até
que eu tenha passado. 23Depois, tirarei minha mão e você me verá
pelas costas. Meu rosto, porém, ninguém poderá ver".

CAPÍTULO 34

O SENHOR renova a aliança

1O SENHOR disse a Moisés: "Corte duas tábuas de pedra como as
primeiras. Nelas escreverei as mesmas palavras que estavam nas
tábuas que você despedaçou. 2Esteja pronto amanhã cedo para
subir ao Sinai e apresentar-se diante de mim no topo do monte.
3Ninguém deve acompanhá-lo. Aliás, ninguém deve aparecer em
parte alguma do monte. Não permita sequer que os rebanhos pastem próximo ao monte". 4Moisés cortou as duas tábuas de pedra
como as primeiras. Logo de manhã, subiu ao monte Sinai conforme o SENHOR havia ordenado, levando nas mãos as duas tábuas
de pedra. 5Então o SENHOR desceu em uma nuvem, ficou ali com
Moisés e anunciou seu nome, Javé. 6O SENHOR passou diante de

NO QUE ESTOU **PENSANDO** | O QUE ESTOU **SENTINDO** | DO QUE ESTOU **LEMBRANDO**

DESENHE OU ESCREVA

Moisés, proclamando: "Javé! O SENHOR! O Deus de compaixão e
misericórdia! Sou lento para me irar e cheio de amor e fidelidade.
7Cubro de amor mil gerações e perdoo o mal, a rebeldia e o pecado.
Contudo, não absolvo o culpado; trago as consequências do pecado
dos pais sobre os filhos até a terceira e quarta geração". 8No mesmo
instante, Moisés se prostrou com o rosto no chão e adorou. 9Em
seguida, disse: "Senhor, se é verdade que te agradas de mim, peço
que nos acompanhes na jornada. É verdade que o povo é teimoso
e rebelde, mas eu te peço que perdoes nossa maldade e nosso
pecado. Toma-nos como tua propriedade especial". 10O SENHOR
respondeu: "Faço hoje uma aliança com você na presença de todo
o seu povo. Realizarei maravilhas jamais vistas em nação alguma ou
lugar algum da terra. E todos ao seu redor verão o poder do SENHOR,
o poder temível que demonstrarei em seu favor. 11Observe com
atenção, porém, tudo que eu lhe ordeno hoje. Irei à sua frente e expulsarei os amorreus, os cananeus, os hititas, os ferezeus, os heveus
e os jebuseus. 12"Tenha muito cuidado para não assinar tratados
com os povos que vivem na terra para a qual você está indo. Se o
fizer, seguirá pelos maus caminhos deles e cairá numa armadilha.
13Em vez disso, destrua os altares idólatras, despedace as colunas
sagradas e derrube os postes dedicados à deusa Aserá. 14Não adore
outros deuses, pois o SENHOR, cujo nome é Zeloso, é Deus zeloso de
seu relacionamento com vocês. 15"Não faça tratado algum com os
povos que vivem na terra. No culto a seus deuses, eles se prostituem
e oferecem sacrifícios. Eles o convidarão para comer dessas ofertas,
e você aceitará o convite. 16Depois, aceitará que as filhas deles, as
quais sacrificam a outros deuses, se casem com seus filhos. Elas seduzirão seus filhos para que se prostituam adorando outros deuses.
17Não faça para si deuses de metal fundido. 18"Celebre a Festa dos
Pães sem Fermento. Durante sete dias, coma seu pão sem fermento,
conforme eu lhe ordenei. Celebre essa festa anualmente no tempo
determinado, no mês de abibe, pois é o aniversário de sua partida
do Egito. 19"As primeiras crias de todos os animais me pertencem,
incluindo os machos das primeiras crias de seus rebanhos de bois
e ovelhas. 20Para resgatar a primeira cria de uma jumenta, entregue
ao SENHOR, como substituto, um cordeiro ou um cabrito. Caso você
não resgate o animal, terá de quebrar o pescoço dele. Quanto aos
primeiros filhos homens, será obrigatório resgatá-los. "Ninguém

deve se apresentar diante de mim de mãos vazias. 21"Você tem
seis dias na semana para fazer os trabalhos habituais, mas no sé-
timo dia não deve trabalhar, mesmo nas épocas de arar e colher.
22"Celebre a Festa da Colheita com os primeiros frutos da colheita
do trigo. Celebre também a Festa da Última Colheita no final da
safra. 23Três vezes por ano, todos os homens de Israel comparecerão
diante do Soberano, o SENHOR, o Deus de Israel. 24Expulsarei as
outras nações de diante de você e aumentarei seu território, para
que ninguém cobice sua terra enquanto você comparece diante do
SENHOR, seu Deus, três vezes por ano. 25"Não ofereça o sangue de
meus sacrifícios com pão que contenha fermento. Não guarde até
a manhã seguinte carne alguma do sacrifício de Páscoa. 26"Quando
fizer a colheita, leve à casa do SENHOR, seu Deus, o melhor de seus
primeiros frutos. "Não cozinhe o cabrito no leite da mãe dele". 27O
SENHOR também disse a Moisés: "Escreva todas essas palavras, pois
elas representam os termos da aliança que eu faço com você e com
Israel". 28Moisés permaneceu no monte com o SENHOR quarenta
dias e quarenta noites. Durante todo esse tempo, não comeu pão
nem bebeu água. E escreveu os termos da aliança, os dez manda-
mentos, nas tábuas de pedra. 29Quando Moisés desceu do monte
Sinai carregando as duas tábuas da aliança, não percebeu que seu
rosto brilhava, pois ele havia falado com o SENHOR. 30Quando Arão
e os israelitas viram o brilho do rosto de Moisés, tiveram medo
de se aproximar dele. 31Moisés, porém, chamou Arão e os líderes
da comunidade, que se aproximaram, e Moisés falou com eles.
32Em seguida, todo o povo se aproximou, e Moisés lhes transmitiu
todas as instruções que o SENHOR lhe tinha dado no monte Sinai.
33Quando Moisés terminou de falar com eles, cobriu o rosto com
um véu. 34No entanto, sempre que entrava na tenda da reunião
para falar com o SENHOR, tirava o véu até sair. Depois, transmitia ao
povo as instruções que o SENHOR lhe dava, 35e os israelitas viam o
brilho de seu rosto. Então Moisés cobria novamente o rosto com o
véu até voltar para falar com o SENHOR.

CAPÍTULO 35

Instruções sobre o sábado

1Moisés reuniu toda a comunidade de Israel e disse: "Estas são as
instruções que o SENHOR mandou que seguissem. 2Vocês têm seis

NO QUE ESTOU **PENSANDO** ○ O QUE ESTOU **SENTINDO** ○ DO QUE ESTOU **LEMBRANDO** ○

DESENHE OU ESCREVA

dias na semana para fazer o trabalho habitual, mas o sétimo dia
será um sábado de descanso total, um dia consagrado ao SENHOR.
Quem trabalhar no sábado será executado. 3Nem sequer acendam
fogo em suas casas no sábado".

Ofertas para o tabernáculo

4Então Moisés disse a toda a comunidade de Israel: "Foi isto que
o SENHOR ordenou: 5entreguem uma oferta ao SENHOR. Todas as
pessoas de coração generoso apresentem as seguintes ofertas ao
SENHOR: ouro, prata e bronze; 6fios de tecido azul, roxo e verme-
lho; linho fino e pelos de cabra para confeccionar tecidos; 7peles
de carneiro tingidas de vermelho e couro fino; madeira de acácia;
8óleo de oliva para as lâmpadas; especiarias para o óleo da un-
ção e para o incenso perfumado; 9pedras de ônix e outras pedras
preciosas para serem fixadas no colete e no peitoral do sacerdote.
10"Todos que são artesãos talentosos, venham e façam tudo que o
SENHOR ordenou: 11o tabernáculo, tanto a tenda como a cobertura,
os colchetes, as armações, os travessões, as colunas e as bases; 12a
arca e as varas para transportá-la; a tampa da arca, que é o lugar de
expiação; a cortina interna que protege a arca; 13a mesa, as varas
para transportá-la e todos os seus utensílios; os pães da presença;
14o candelabro, seus acessórios, as lâmpadas e o óleo de oliva para
a iluminação; 15o altar de incenso e as varas para transportá-lo; o
óleo da unção e o incenso perfumado; a cortina para a entrada do
tabernáculo; 16o altar do holocausto; a grelha de bronze do altar, as
varas para transportá-lo e seus utensílios; a bacia de bronze e seu
suporte; 17a cortina para as divisórias do pátio; as colunas e suas
bases; a cortina para a entrada do pátio; 18as estacas do tabernáculo
e do pátio e suas cordas; 19as roupas finamente confeccionadas
para os sacerdotes vestirem durante o serviço no lugar santo, as
roupas sagradas do sacerdote Arão e de seus filhos que também
são sacerdotes". 20Então toda a comunidade de Israel se despediu
de Moisés. 21Todos aqueles cujo coração foi movido e cujo espírito
foi tocado voltaram com ofertas para o SENHOR. Trouxeram todos
os materiais necessários para a construção da tenda do encontro,
para a realização das cerimônias e para a confecção das roupas
sagradas. 22Todos os que tinham o coração disposto, tanto homens
como mulheres, vieram e trouxeram para o SENHOR suas ofertas de

ouro na forma de argolas, brincos, anéis e colares. Apresentaram
todo tipo de objeto de ouro como oferta especial para o Senhor.
23Todos os que tinham fios de tecido azul, roxo e vermelho, linho
fino e pelo de cabra para fazer tecidos, peles de carneiro tingidas
de vermelho e couro fino os trouxeram. 24Todos os que tinham ob-
jetos de prata e bronze os entregaram como oferta para o Senhor.
E todos os que tinham madeira de acácia a trouxeram para ser
usada na obra. 25Todas as mulheres com habilidade para costurar
e fiar prepararam fios de tecido azul, roxo e vermelho e tecido de
linho fino. 26Todas as mulheres que se dispuseram usaram sua
habilidade para fiar o pelo de cabra. 27Os líderes trouxeram pe-
dras de ônix e as outras pedras preciosas para serem colocadas no
colete sacerdotal e no peitoral das decisões. 28Trouxeram também
especiarias e óleo de oliva para a iluminação, para o óleo da unção
e para o incenso perfumado. 29Assim, todos os israelitas, todos os
homens e mulheres dispostos a ajudar no trabalho que o Senhor
havia ordenado por meio de Moisés, trouxeram suas ofertas e as
entregaram de bom grado ao Senhor. 30Então Moisés disse ao
povo de Israel: "O Senhor escolheu especificamente Bezalel, filho
de Uri e neto de Hur, da tribo de Judá. 31O Senhor encheu Bezalel
com o Espírito de Deus e lhe deu grande sabedoria, habilidade e
perícia para trabalhos artísticos de todo tipo. 32Ele é exímio artesão,
perito no trabalho com ouro, prata e bronze. 33Tem aptidão para
gravar e encravar pedras preciosas e entalhar madeira. É mestre em
todo trabalho artístico. 34O Senhor capacitou tanto Bezalel como
Aoliabe, filho de Aisamaque, da tribo de Dã, para ensinarem suas
aptidões a outros. 35O Senhor lhes deu habilidade especial para
gravar, projetar, tecer e bordar linho fino com fios de tecido azul,
roxo e vermelho. São excelentes artesãos e projetistas."

CAPÍTULO 36

1"O Senhor deu sabedoria a Bezalel, a Aoliabe e aos demais arte-
sãos talentosos e os capacitou com habilidade e entendimento para
realizarem todas as tarefas relacionadas à construção do tabernácu-
lo. Eles o construirão conforme o Senhor ordenou".
2Moisés chamou Bezalel, Aoliabe e os demais artesãos especial-
mente capacitados pelo Senhor e que estavam dispostos a realizar
a obra. 3Moisés lhes deu os materiais doados pelos israelitas como

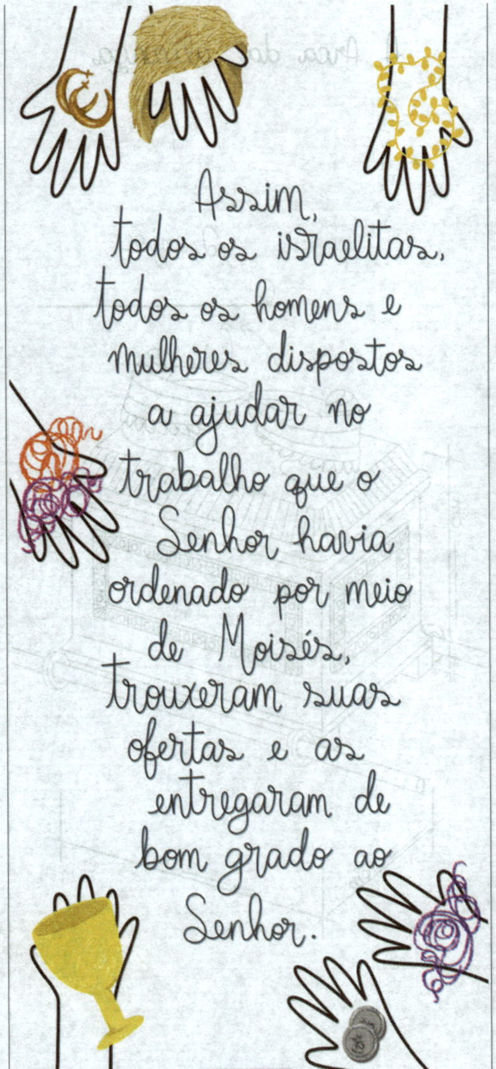

Ex 35.29

ofertas para a construção do santuário. O povo, porém, continuava
a trazer voluntariamente mais ofertas todas as manhãs. 4Por fim,
os artesãos que estavam trabalhando no santuário interromperam
a obra 5e informaram a Moisés: "O povo trouxe mais que o sufi-
ciente para completarmos o trabalho que o Senhor nos ordenou!".
6Então Moisés deu a seguinte ordem, que foi transmitida a todo o
acampamento: "Homens e mulheres, não preparem mais ofertas
para o santuário. Temos o suficiente!". Assim, o povo parou de trazer
suas ofertas. 7Suas contribuições foram mais que suficientes para
completar todo o projeto.

A construção do tabernáculo

8Os artesãos habilidosos fizeram para o tabernáculo dez cortinas
de linho finamente tecido. Bezalel enfeitou as cortinas com fios de
tecido azul, roxo e vermelho e com querubins bordados com habili-
dade. 9As dez cortinas eram exatamente do mesmo tamanho, com
12,6metros de comprimento e 1,8metro de largura. 10Juntaram
cinco das cortinas para formar uma cortina longa e depois junta-
ram as cinco restantes para formar outra cortina longa. 11Bezalel fez
cinquenta laços de tecido azul e prendeu-os ao longo da borda da
última cortina de cada conjunto. 12Os cinquenta laços ao longo da
borda de uma cortina coincidiam com os cinquenta laços ao longo
da borda da outra cortina. 13Em seguida, fez cinquenta colchetes
de ouro e prendeu as cortinas longas uma à outra. Desse modo, o
tabernáculo foi formado de uma só peça contínua. 14Fez também
onze cortinas de tecido de pelo de cabra para cobrir o tabernáculo.
15Essas onze cortinas eram todas exatamente do mesmo tamanho,
com 13,5metros de comprimento e 1,8metro de largura. 16Bezalel
juntou cinco das cortinas para formar uma cortina longa e depois
juntou as seis restantes para formar outra cortina longa. 17Fez
cinquenta laços para a borda de cada cortina longa. 18Fez ainda
cinquenta colchetes de bronze para prender as cortinas longas uma
à outra. Desse modo, a cobertura da tenda foi formada de uma só
peça contínua. 19Por fim, completou a cobertura da tenda com uma
camada protetora feita de peles de carneiro tingidas de vermelho
e uma camada de couro fino. 20Para a estrutura do tabernáculo,
Bezalel construiu armações de madeira de acácia. 21Cada armação
tinha 4,5metros de altura e 67,5centímetros de largura, 22com duas

hastes na parte inferior de cada armação. Todas as armações eram
idênticas. 23 Construiu vinte armações para sustentar as cortinas do
lado sul do tabernáculo. 24 Fez também quarenta bases de prata,
duas para cada armação, de modo que as hastes se encaixavam fir-
memente nas bases. 25 Para o lado norte do tabernáculo, construiu
outras vinte armações, 26 com quarenta bases de prata, duas bases
para cada armação. 27 Fez seis armações para a parte de trás, o lado
oeste do tabernáculo, 28 junto com mais duas armações para refor-
çar os cantos das duas extremidades do tabernáculo. 29 As armações
dos cantos foram emparelhadas na parte inferior e firmemente
ligadas uma à outra na parte superior com uma argola, formando
um só suporte de canto. Ambos os suportes de canto foram feitos
dessa maneira. 30 Havia, portanto, oito armações na parte de trás
do tabernáculo, encaixadas sobre dezesseis bases de prata, duas
bases debaixo de cada armação. 31 Em seguida, fez travessões de
madeira de acácia para ligar as armações, cinco travessões para
o lado norte do tabernáculo 32 e cinco travessões para o lado sul.
Fez também cinco travessões para a parte de trás do tabernáculo,
que ficava virada para o oeste. 33 Fez o travessão central ligado a
meia altura às armações, estendendo-se de uma ponta à outra do
tabernáculo. 34 Revestiu as armações com ouro e fez argolas de ouro
para sustentar os travessões. Depois, revestiu com ouro os traves-
sões. 35 Para o interior do tabernáculo, Bezalel confeccionou uma
cortina especial de linho fino, trançado com fios de tecido azul, roxo
e vermelho e com querubins bordados com habilidade. 36 Fez para
a cortina quatro colunas de madeira de acácia e quatro ganchos de
ouro. Revestiu as colunas com ouro e apoiou-as sobre quatro bases
de prata. 37 Em seguida, fez outra cortina para a entrada da tenda.
Confeccionou-a com linho finamente tecido e bordou-a artistica-
mente, usando fios de tecido azul, roxo e vermelho. 38 Pendurou a
cortina em ganchos de ouro presos a cinco colunas. Revestiu com
ouro as colunas, seus capitéis e seus ganchos e mandou fundir para
elas cinco bases de bronze.

CAPÍTULO 37

A arca da aliança

1 Em seguida, Bezalel fez uma arca de madeira de acácia, com
1,15 metro de comprimento, 67,5 centímetros de largura e

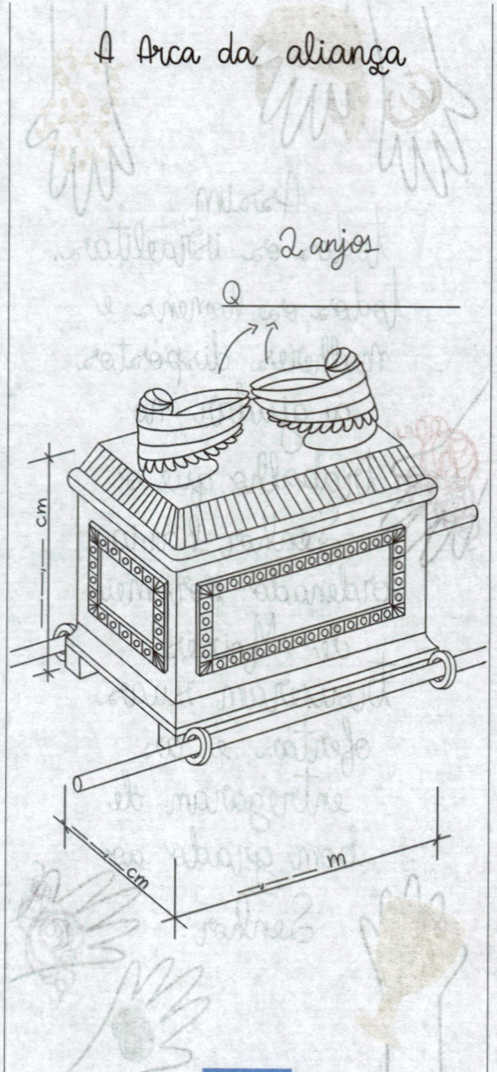

Ex 37.1-9

67,5 centímetros de altura. 2 Revestiu-a com ouro puro por dentro
e por fora e fez uma moldura de ouro ao seu redor. 3 Mandou fundir
quatro argolas de ouro e prendeu-as aos quatro pés da arca, duas
argolas de cada lado. 4 Fez varas de madeira de acácia e revestiu-as
com ouro. 5 Passou-as por dentro das argolas dos lados da arca para
transportá-la. 6 Fez ainda a tampa da arca, o lugar de expiação, de
ouro puro. Media 1,15 metro de comprimento e 67,5 centímetros
de largura. 7 Fez dois querubins de ouro batido e colocou um em
cada extremidade da tampa. 8 Modelou o querubim em cada ex-
tremidade da tampa de modo a formar uma só peça de ouro com
a tampa. 9 Os querubins ficavam de frente um para o outro, com o
rosto voltado para a tampa da arca. Estendiam suas asas sobre a
tampa para cobri-la.

A mesa

10 Bezalel fez a mesa de madeira de acácia com 90 centímetros de
comprimento, 45 centímetros de largura e 67,5 centímetros de al-
tura. 11 Revestiu-a com ouro puro e colocou uma moldura de ouro ao
seu redor. 12 Enfeitou-a com uma borda de 8 centímetros de largura
e com uma moldura de ouro ao redor da borda. 13 Fez quatro argolas
de ouro para a mesa e prendeu-as aos quatro cantos, junto aos
quatro pés. 14 Prendeu as argolas junto da borda para sustentar as
varas usadas para transportar a mesa. 15 Fez essas varas de madeira
de acácia e revestiu-as com ouro. 16 Fez ainda recipientes especiais
de ouro puro para a mesa: tigelas, colheres, vasilhas e jarras para
as ofertas derramadas.

O candelabro

17 Bezalel fez um candelabro de ouro puro batido. Todo o cande-
labro e seus enfeites formavam uma só peça: a base, a haste cen-
tral, as lâmpadas, os botões e as flores. 18 Da haste central saíam
seis ramos, três de cada lado. 19 Cada um dos seis ramos tinha
três lâmpadas em forma de flor de amendoeira, com botões e
flores. 20 A haste central do candelabro tinha quatro lâmpadas
em forma de flor de amendoeira, cada uma com botões e flores.
21 Havia um botão de amendoeira debaixo de cada par dos seis
ramos que saíam da haste central. 22 Os botões de amendoeira
e os ramos formavam uma só peça com a haste central e eram

feitos de ouro puro batido. 23 Fez também sete lâmpadas para o
candelabro, cortadores de pavio e apagadores, todos de ouro puro.
24 Foram necessários 35 quilos de ouro puro para o candelabro e
seus acessórios.

O altar de incenso

25 Depois, Bezalel usou madeira de acácia para construir o altar de
incenso. Ele o fez quadrado, com 45 centímetros de lado e 90 cen-
tímetros de altura, com pontas em forma de chifre nos cantos en-
talhados da mesma peça de madeira que o altar. 26 Revestiu o topo,
os lados e as pontas do altar com ouro puro e fez uma moldura de
ouro ao seu redor. 27 Fez duas argolas de ouro e prendeu-as nos
lados opostos do altar, debaixo da moldura de ouro, para susten-
tar as varas usadas para transportá-lo. 28 Fez as varas de madeira
de acácia e revestiu-as com ouro. 29 Em seguida, preparou o óleo
sagrado da unção e o incenso perfumado usando as técnicas de
um perfumista.

CAPÍTULO 38

O altar dos holocaustos

1 Usando madeira de acácia, Bezalel construiu um altar quadrado
para o holocausto, com 2,25 metros de largura e comprimento e
1,35 metro de altura. 2 Fez uma ponta em forma de chifre para cada
um dos quatro cantos, de modo que as pontas e o altar formavam
uma só peça. Revestiu o altar com bronze. 3 Depois, fez os utensílios
do altar: baldes para recolher as cinzas, pás, bacias, garfos para a
carne e braseiros, todos de bronze. 4 Fez também uma grelha de
bronze e a colocou a meia altura do altar, debaixo da borda. 5 Fez
quatro argolas de bronze e prendeu-as aos cantos da grelha de
bronze, para sustentar as varas usadas para carregar o altar. 6 Fez
as varas de madeira de acácia e as revestiu com bronze. 7 Por dentro
das argolas dos dois lados do altar, passou as varas usadas para
transportá-lo. O altar era oco e feito de tábuas.

A bacia de bronze

8 Bezalel fez a bacia de bronze e seu suporte de bronze com es-
pelhos doados pelas mulheres que serviam à entrada da tenda
do encontro.

NO QUE ESTOU **PENSANDO** ○ O QUE ESTOU **SENTINDO** ○ DO QUE ESTOU **LEMBRANDO** ○

DESENHE OU ESCREVA

O pátio

9 Bezalel fez ainda o pátio, que era fechado com cortinas de linho
finamente tecido. As cortinas do lado sul tinham 45 metros de
comprimento 10 e eram penduradas em vinte colunas apoiadas
firmemente em vinte bases de bronze. Pendurou as cortinas com
ganchos e argolas de prata. 11 Colocou do lado norte cortinas idên-
ticas a essas, com 45 metros de comprimento, penduradas em vinte
colunas apoiadas firmemente em bases de bronze. Pendurou as cor-
tinas com ganchos e argolas de prata. 12 As cortinas do lado oeste do
pátio tinham 22,5 metros de comprimento e eram penduradas com
ganchos e argolas de prata em dez colunas apoiadas em dez bases.
13 O lado leste do pátio também tinha 22,5 metros de comprimento.
14 A entrada do pátio ficava do lado leste, situada entre duas cortinas.
A cortina do lado sul tinha 6,75 metros de comprimento e era pen-
durada em três colunas apoiadas em três bases. 15 A cortina do lado
norte também tinha 6,75 metros de comprimento e era pendurada
em três colunas apoiadas em três bases. 16 Todas as cortinas ao redor
do pátio eram de linho finamente tecido. 17 Cada uma das colunas
tinha uma base de bronze, e todos os ganchos e argolas eram de
prata. Os capitéis das colunas do pátio eram revestidos de prata, e
as argolas usadas para pendurar as cortinas eram de prata. 18 Para
a entrada do pátio, confeccionou uma cortina de linho finamente
tecido e a enfeitou com lindos bordados de fios de tecido azul, roxo
e vermelho. A cortina tinha 9 metros de comprimento e 2,25 metros
de altura, como as cortinas das divisórias do pátio. 19 Era pendurada
em quatro colunas, cada uma apoiada firmemente em sua própria
base de bronze. Os capitéis das colunas eram revestidos de prata,
e os ganchos e argolas também eram de prata. 20 Todas as estacas
usadas para sustentar o tabernáculo e o pátio eram de bronze.

Relação dos materiais

21 Esta é uma relação dos materiais usados na construção do taber-
náculo, o santuário da aliança. Os levitas registraram os valores
totais conforme Moisés os havia instruído, e Itamar, filho do sacer-
dote Arão, supervisionou esse trabalho. 22 Bezalel, filho de Uri e neto
de Hur, da tribo de Judá, fez tudo exatamente conforme o SENHOR
havia ordenado a Moisés. 23 Recebeu a ajuda de Aoliabe, filho de
Aisamaque, da tribo de Dã, artesão perito em gravar, projetar e

bordar em linho fino com fios de tecido azul, roxo e vermelho. 24O povo contribuiu com ofertas especiais de ouro que totalizaram 1.024 quilos, calculados de acordo com o siclo do santuário. Esse ouro foi usado em toda a construção do santuário. 25A comunidade toda de Israel contribuiu com 3.520 quilos de prata, calculados de acordo com o siclo do santuário. 26Essa prata veio do imposto recolhido de cada homem registrado no censo (o imposto era de uma beca, isto é, meio siclo, conforme o siclo do santuário). O imposto foi arrecadado de 603.550 homens de 20 anos para cima. 27Para fazer as cem bases para as armações das paredes do santuário e das colunas que sustentavam a cortina interna foram necessários 3.500 quilos de prata, cerca de 35quilos para cada base. 28Os 20quilos de prata restantes foram usados para fazer os ganchos e argolas e para revestir os capitéis das colunas. 29O povo também contribuiu com uma oferta especial de 2.480 quilos de bronze, 30usados para fundir as bases das colunas à entrada da tenda do encontro e para o altar de bronze com sua grelha de bronze e todos os utensílios do altar. 31O bronze também foi usado para fazer as bases das colunas nas quais era pendurada a cortina da entrada do pátio e para todas as estacas ao redor do tabernáculo e o pátio.

CAPÍTULO 39

As roupas dos sacerdotes

1Os artesãos confeccionaram belas roupas sagradas de tecido azul, roxo e vermelho para Arão vestir ao servir no lugar santo, conforme o SENHOR havia ordenado a Moisés.

A confecção do colete sacerdotal

2Bezalel fez o colete sacerdotal de linho finamente tecido e bordou-o usando fios de ouro e fios de tecido azul, roxo e vermelho. 3Para fazer os fios de ouro, bateu o metal até formar lâminas finas e as cortou em fios. Com grande habilidade e cuidado, bordou os fios de ouro no linho fino, com fios de tecido azul, roxo e vermelho. 4O colete sacerdotal tinha duas peças, unidas nos ombros por duas ombreiras. 5O cinturão decorativo era feito dos mesmos materiais: linho finamente tecido bordado com fios de ouro e fios de tecido azul, roxo e vermelho, conforme o SENHOR havia ordenado a Moisés. 6Duas pedras de ônix foram presas em suportes de filigranas de

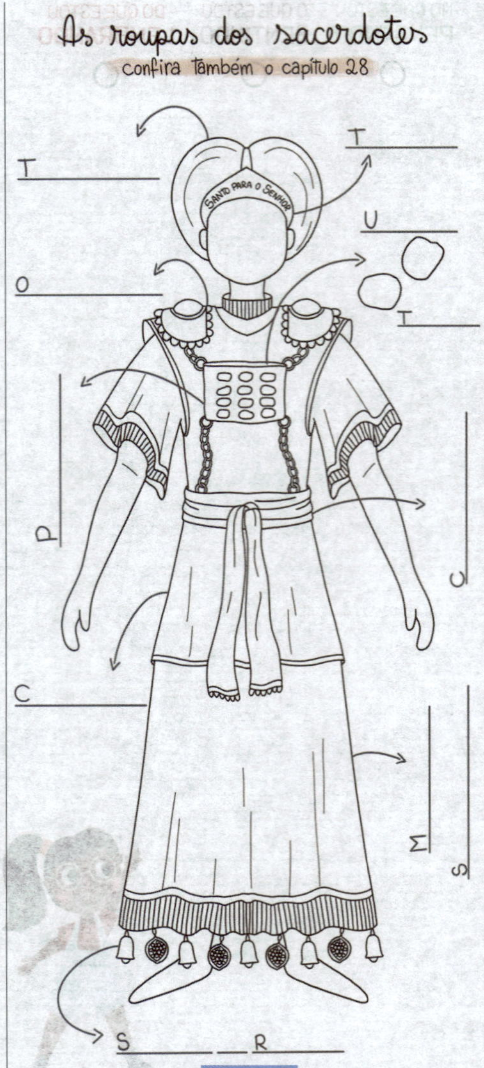

Ex 39.1-31

ouro. Nas pedras tinham sido gravados os nomes das tribos de Israel, da mesma forma que se grava um selo. 7Bezalel prendeu as pedras às ombreiras do colete como recordação de que o sacerdote representa os israelitas. Tudo isso foi feito conforme o SENHOR havia ordenado a Moisés.

A confecção do peitoral

8Bezalel fez o peitoral com grande habilidade e cuidado. Confeccionou-o de modo que combinasse com o colete sacerdotal, usando linho finamente tecido, bordado com ouro e com fios de tecido azul, roxo e vermelho. 9Fez o peitoral de uma só peça dobrada de tecido, formando um bolso quadrado com 22,5centímetros de lado. 10Fixou no peitoral quatro fileiras de pedras preciosas. A primeira fileira tinha um rubi, um topázio e um berilo. 11A segunda fileira era composta de uma turquesa, uma safira e uma esmeralda. 12A terceira fileira era composta de um jacinto, uma ágata e uma ametista. 13A quarta fileira tinha um crisólito, um ônix e um jaspe. Todas essas pedras eram presas a suportes de filigranas de ouro. 14Cada pedra representava um dos doze filhos de Israel e trazia gravado o nome da tribo correspondente, como em um selo. 15Para prender o peitoral ao colete sacerdotal, fizeram correntes de fios trançados de ouro puro. 16Fizeram também dois suportes de filigranas de ouro e duas argolas de ouro, que foram presas aos cantos superiores do peitoral. 17Amarraram as duas correntes de ouro nas duas argolas do peitoral. 18Amarraram as outras pontas das correntes aos suportes de filigrana de ouro sobre as ombreiras do colete. 19Em seguida, fizeram mais duas argolas de ouro e as prenderam às bordas interiores do peitoral, junto ao colete. 20Fizeram outras duas argolas de ouro e as prenderam à parte da frente do colete, abaixo das ombreiras e logo acima do nó que amarrava o cinturão decorativo ao colete. 21Prenderam as argolas inferiores do peitoral às argolas do colete com cordões azuis, para que o peitoral ficasse firmemente preso ao colete acima do cinturão. Tudo isso foi feito conforme o SENHOR havia ordenado a Moisés.

Outras peças de roupa para os sacerdotes

22Bezalel fez de uma só peça de tecido azul o manto que é usado com o colete sacerdotal, 23com uma abertura no meio da peça para

a cabeça de Arão. A abertura foi reforçada com uma gola, para que
não se rasgasse. 24Fizeram romãs de fios de tecido azul, roxo e ver-
melho e as prenderam à borda do manto. 25Fizeram também sinos
de ouro puro e os prenderam entre as romãs à borda do manto,
26intercalando sinos e romãs por toda a volta da borda. Esse manto
deveria ser usado sempre que o sacerdote realizasse seu serviço,
conforme o SENHOR havia ordenado a Moisés. 27Confeccionaram
para Arão e seus filhos túnicas de linho fino. 28O turbante especial e
os outros turbantes também foram confeccionados de linho fino, e
as roupas de baixo foram feitas de linho finamente tecido. 29Os cin-
turões foram feitos de linho finamente tecido e bordados com fios
de tecido azul, roxo e vermelho, conforme o SENHOR havia ordenado
a Moisés. 30Fizeram de ouro puro a tiara sagrada, o emblema de
santidade. Gravaram nela, como em um selo, as palavras SANTO PARA
O SENHOR. 31Prenderam a tiara com um cordão azul à parte da frente
do turbante de Arão, conforme o SENHOR havia ordenado a Moisés.

Moisés inspeciona o trabalho

32Assim, a construção do tabernáculo, a tenda do encontro, foi
concluída. Os israelitas fizeram tudo conforme o SENHOR havia
ordenado a Moisés. 33Então apresentaram a Moisés o tabernáculo
completo: a tenda com toda a sua mobília, os colchetes, as arma-
ções, os travessões, as colunas e as bases; 34as coberturas da tenda,
feitas de peles de carneiro tingidas de vermelho e couro fino; a
cortina interna que protegia a arca; 35a arca da aliança e as varas
para transportá-la; a tampa da arca, que é o lugar de expiação; 36a
mesa e todos os seus utensílios; os pães da presença; 37o cande-
labro de ouro puro, com suas lâmpadas simétricas, todos os seus
acessórios e o óleo de oliva para a iluminação; 38o altar de ouro; o
óleo da unção e o incenso perfumado; a cortina para a entrada da
tenda; 39o altar de bronze com a grelha de bronze, as varas para
transportá-lo e seus utensílios; a bacia de bronze e seu suporte;
40a cortina para as divisórias do pátio; as colunas e suas bases;
a cortina para a entrada do pátio; as cordas e as estacas; todos os
utensílios a serem usados durante as cerimônias no tabernáculo, a
tenda do encontro; 41as roupas finamente confeccionadas para os
sacerdotes vestirem enquanto estiverem servindo no lugar santo,
as roupas sacerdotais sagradas de Arão e as roupas que seus filhos

NO QUE ESTOU PENSANDO ○ | O QUE ESTOU SENTINDO ○ | DO QUE ESTOU LEMBRANDO ○

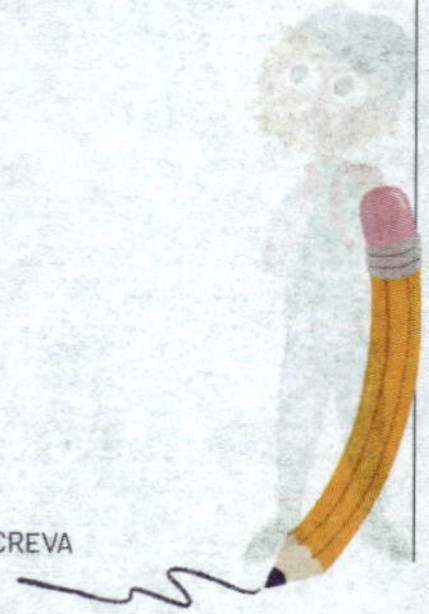

DESENHE OU ESCREVA

vestiriam durante o serviço. 42Os israelitas seguiram todas as ins-
truções que o SENHOR tinha dado a Moisés acerca da obra. 43Então
Moisés inspecionou todo o trabalho. Quando verificou que tinha
sido feito conforme o SENHOR havia ordenado, abençoou o povo.

CAPÍTULO 40

O tabernáculo é armado

1O SENHOR disse a Moisés: 2"Arme o tabernáculo, a tenda do en-
contro, no primeiro dia do primeiro mês. 3Coloque a arca da alian-
ça dentro dele e pendure a cortina interna para proteger a arca.
4Depois, traga a mesa para dentro e coloque sobre ela os utensílios.
Traga também o candelabro e instale suas lâmpadas. 5"Ponha o
altar de ouro para o incenso diante da arca da aliança e pendure a
cortina à entrada do tabernáculo. 6Coloque o altar do holocausto
diante da entrada do tabernáculo, a tenda do encontro. 7Ponha a
bacia entre a tenda do encontro e o altar e encha-a de água. 8Em
seguida, arme o pátio ao redor da tenda e pendure a cortina da
entrada do pátio. 9"Pegue o óleo da unção e unja o tabernáculo e
toda a sua mobília, para consagrá-los; assim, ele será santo. 10Unja
o altar do holocausto e seus utensílios para consagrá-los; assim, ele
será santíssimo. 11Depois, unja a bacia e seu suporte para consagrá-
-los. 12"Traga Arão e seus filhos até a entrada da tenda do encontro
e lave-os com água. 13Vista Arão com as roupas sagradas, unja-o e
consagre-o, para que me sirva como sacerdote. 14Traga os filhos de
Arão e vista-os com as túnicas. 15Unja-os como ungiu o pai deles,
para que também me sirvam como sacerdotes. Com a unção, os
descendentes de Arão são separados para o sacerdócio para sem-
pre, de geração em geração". 16Moisés fez tudo que o SENHOR lhe
havia ordenado. 17O tabernáculo foi armado no primeiro dia do
primeiro mês do segundo ano. 18Para armar o tabernáculo, Moisés
colocou as bases em seus lugares, encaixou as armações, prendeu
os travessões e levantou as colunas. 19Em seguida, estendeu a ten-
da sobre a estrutura do tabernáculo e, por cima, colocou a cobertura,
conforme o SENHOR havia ordenado. 20Pegou as tábuas da aliança e
as colocou dentro da arca. Prendeu à arca as varas para transportá-la
e a cobriu com a tampa, o lugar de expiação. 21Depois, trouxe a arca
da aliança para dentro da tenda do encontro e pendurou a cortina
interna que a protegia, conforme o SENHOR havia ordenado. 22Em

Ex

seguida, Moisés colocou a mesa da tenda do encontro do lado norte
do lugar santo, do lado de fora da cortina interna. 23 Arrumou sobre
a mesa os pães da presença diante do SENHOR, conforme o SENHOR
havia ordenado. 24 Pôs o candelabro dentro da tenda do encontro,
em frente à mesa, do lado sul do lugar santo. 25 Acendeu as lâmpa-
das na presença do SENHOR, conforme o SENHOR havia ordenado.
26 Colocou também o altar de ouro para o incenso na tenda do
encontro diante da cortina interna 27 e queimou sobre ele incenso
perfumado, conforme o SENHOR havia ordenado. 28 Pendurou a
cortina à entrada do tabernáculo 29 e colocou o altar do holocausto
perto da entrada do tabernáculo, a tenda do encontro. Apresentou
sobre o altar um holocausto e uma oferta de cereal, conforme o
SENHOR havia ordenado. 30 Em seguida, Moisés colocou a bacia
entre a tenda do encontro e o altar e encheu-a de água para que
os sacerdotes pudessem se lavar. 31 Moisés, Arão e os filhos de Arão
usavam a água da bacia para lavar as mãos e os pés. 32 Lavavam-se
cada vez que se aproximavam do altar e entravam na tenda do
encontro, conforme o SENHOR havia ordenado. 33 Moisés pendurou
as cortinas que cercavam o pátio ao redor do tabernáculo e do altar
e colocou a cortina à entrada do pátio. Assim, Moisés finalmente
terminou o trabalho.

A glória do SENHOR enche o tabernáculo

34 Então a nuvem cobriu a tenda do encontro, e a glória do SENHOR
encheu o tabernáculo. 35 Moisés não podia mais entrar na tenda do
encontro, pois a nuvem estava sobre ela, e a glória do SENHOR a en-
chia. 36 Sempre que a nuvem se levantava de cima do tabernáculo,
os israelitas seguiam viagem. 37 Mas, se a nuvem não se levantava,
permaneciam onde estavam até a nuvem se elevar. 38 Durante o
dia, a nuvem do SENHOR pairava no ar acima do tabernáculo e, à
noite, fogo ardia dentro da nuvem, de modo que todo o povo de
Israel podia vê-la. E isso ocorreu ao longo de todas as jornadas
dos israelitas.

NO QUE ESTOU **PENSANDO** ○ | O QUE ESTOU **SENTINDO** ○ | DO QUE ESTOU **LEMBRANDO** ○

DESENHE OU ESCREVA

LEVÍTICO

CAPÍTULO 1

Procedimentos para o holocausto

1Da tenda do encontro, o SENHOR chamou Moisés e lhe disse: 2"Dê
as seguintes instruções ao povo de Israel. Quando você apresentar
um animal como oferta para o SENHOR, escolha-o dos rebanhos
de gado, ovelhas ou cabras. 3"Se o animal que apresentar como
holocausto for do rebanho de gado, deverá ser um macho sem
defeito. Leve-o até a entrada da tenda do encontro, para que seja
aceito pelo SENHOR. 4Coloque a mão sobre a cabeça do animal, para
que seja aceito em seu lugar como expiação. 5Mate o novilho na
presença do SENHOR, e os filhos de Arão, os sacerdotes, oferecerão
o sangue do animal, derramando-o em todos os lados do altar que
está à entrada da tenda do encontro. 6Depois, tire a pele do animal
e corte-o em pedaços. 7Os filhos do sacerdote Arão acenderão o fogo
no altar e ali arrumarão a lenha. 8Arrumarão também os pedaços da
oferta, incluindo a cabeça e a gordura, sobre a lenha acesa no altar,
9mas os órgãos internos e as pernas serão lavados primeiro com
água. Então o sacerdote queimará tudo no altar como holocausto.
É uma oferta especial, um aroma agradável ao SENHOR. 10"Se o
animal que apresentar como holocausto for um carneiro ou um
cabrito, deverá ser um macho sem defeito. 11Mate o animal junto
ao lado norte do altar, na presença do SENHOR, e os filhos de Arão,
os sacerdotes, derramarão o sangue do animal em todos os lados
do altar. 12Depois, corte o animal em pedaços, incluindo a cabeça
e a gordura. Os sacerdotes arrumarão os pedaços da oferta sobre

Se a oferta for de cereal assado no forno, deverá ser de farinha da melhor qualidade, mas sem fermento: bolos misturados com azeite ou pães finos untados com azeite.

Lv 2.4

a lenha acesa no altar, 13mas os órgãos internos e as pernas serão
lavados primeiro com água. Então o sacerdote queimará tudo no
altar como holocausto. É uma oferta especial, um aroma agradável
ao SENHOR. 14"Se apresentar ao SENHOR uma ave como holocausto,
deverá ser uma rolinha ou um pombinho. 15O sacerdote levará a
ave até o altar, destroncará a cabeça dela e deixará o sangue escor-
rer na lateral do altar. Em seguida, queimará a ave. 16O sacerdote
removerá o papo e as penas da cauda da ave e os lançará do lado
leste do altar, sobre as cinzas. 17Depois, segurando a ave pelas asas,
o sacerdote a partirá, mas sem despedaçá-la, e a apresentará como
holocausto sobre a lenha acesa no altar. É uma oferta especial, um
aroma agradável ao SENHOR."

CAPÍTULO 2

Procedimentos para a oferta de cereal

1"Quando apresentar ao SENHOR uma oferta de cereal, deverá ser
de farinha da melhor qualidade. Derrame azeite sobre a farinha,
acrescente um pouco de incenso 2e leve-a aos filhos de Arão, os
sacerdotes. O sacerdote pegará um punhado da farinha umedeci-
da com azeite, junto com todo o incenso, e queimará essa porção
memorial no altar. É uma oferta especial, um aroma agradável ao
SENHOR. 3O restante da oferta de cereal será entregue a Arão e a
seus filhos. Essa oferta será considerada parte santíssima das ofer-
tas especiais apresentadas ao SENHOR. 4"Se a oferta for de cereal
assado no forno, deverá ser de farinha da melhor qualidade, mas
sem fermento: bolos misturados com azeite ou pães finos untados
com azeite. 5Se a oferta de cereal for preparada numa assadeira,
deverá ser de farinha da melhor qualidade misturada com azeite,
mas sem fermento. 6Divida-a em pedaços e derrame azeite sobre
ela. É oferta de cereal. 7Se a oferta de cereal for preparada numa
panela, deverá ser de farinha da melhor qualidade misturada com
azeite. 8"Quando trouxer a oferta de cereal que foi preparada para
o SENHOR, entregue-a ao sacerdote, que a apresentará no altar.
9O sacerdote tomará uma porção memorial da oferta de cereal
e a queimará no altar. É uma oferta especial, um aroma agradá-
vel ao SENHOR. 10O restante da oferta de cereal será entregue a
Arão e a seus filhos como alimento. Essa oferta será considerada
parte santíssima das ofertas especiais apresentadas ao SENHOR.

11"Não use fermento ao preparar qualquer das ofertas de cereal a
ser apresentada ao SENHOR, pois nem fermento nem mel devem ser
queimados como oferta especial apresentada ao SENHOR. 12É per-
mitido acrescentar fermento e mel às ofertas dos primeiros frutos
da colheita, mas nunca devem ser oferecidos no altar como aroma
agradável ao SENHOR. 13Tempere com sal todas as suas ofertas de
cereal. Não deixe de usar o sal da aliança do seu Deus em todas as
suas ofertas de cereal. Todas as ofertas que trouxerem deverão ter
sal. 14"Se apresentar ao SENHOR uma oferta de cereal dos primeiros
frutos de sua colheita, apresente grãos frescos moídos grosseira-
mente e tostados no fogo. 15Derrame azeite sobre essa oferta de
cereal e acrescente um pouco de incenso. 16O sacerdote tomará
uma porção memorial dos grãos umedecidos com azeite, junto
com todo o incenso, e queimará como oferta especial apresentada
ao SENHOR."

CAPÍTULO 3

Procedimentos para a oferta de paz

1"Se apresentar ao SENHOR um animal do rebanho de gado como
oferta de paz, poderá ser macho ou fêmea, desde que seja sem de-
feito. 2Coloque a mão sobre a cabeça do animal e mate-o à entrada
da tenda do encontro. Os filhos de Arão, os sacerdotes, derramarão o
sangue do animal em todos os lados do altar. 3Dessa oferta de paz,
uma parte será apresentada como oferta especial para o SENHOR.
Incluirá toda a gordura que envolve os órgãos internos, 4os dois
rins, a gordura ao redor deles perto dos lombos e o lóbulo do fí-
gado. Todas essas partes serão removidas junto com os rins, 5e os
filhos de Arão queimarão tudo sobre a lenha acesa no altar. É uma
oferta especial, um aroma agradável ao SENHOR. 6"Se apresentar
ao SENHOR um animal dos rebanhos de ovelhas ou de cabras como
oferta de paz, poderá ser macho ou fêmea, desde que seja sem
defeito. 7Se apresentar como oferta um cordeiro, traga-o perante o
SENHOR, 8coloque a mão sobre a cabeça do animal e mate-o à entra-
da da tenda do encontro. Os filhos de Arão derramarão o sangue do
cordeiro em todos os lados do altar. 9Dessa oferta de paz, a gordura
será apresentada como oferta especial para o SENHOR. Incluirá a
gordura da parte gorda da cauda, cortada rente à espinha, toda a
gordura que envolve os órgãos internos, 10os dois rins, a gordura

NO QUE ESTOU **PENSANDO** ○ | O QUE ESTOU **SENTINDO** ○ | DO QUE ESTOU **LEMBRANDO** ○

DESENHE OU ESCREVA

ao redor deles perto dos lombos e o lóbulo do fígado. Todas essas
partes serão removidas junto com os rins, 11e o sacerdote queimará
tudo no altar. É uma oferta especial de alimento apresentado ao
SENHOR. 12"Se apresentar um cabrito como oferta, traga-o perante
o SENHOR, 13coloque a mão sobre a cabeça do animal e mate-o à
entrada da tenda do encontro. Os filhos de Arão derramarão o san-
gue do cabrito em todos os lados do altar. 14Dessa oferta, uma parte
será apresentada como oferta especial para o SENHOR. Incluirá toda
a gordura que envolve os órgãos internos, 15os dois rins, a gordura
ao redor deles perto dos lombos e o lóbulo do fígado. Todas essas
partes serão removidas junto com os rins, 16e o sacerdote queimará
tudo no altar. É uma oferta especial de alimento, um aroma agradá-
vel ao SENHOR. Toda a gordura pertence ao SENHOR. 17"Jamais coma
a gordura ou o sangue. Essa é uma lei permanente para você e deve
ser cumprida de geração em geração, onde quer que morarem".

CAPÍTULO 4

Procedimentos para a oferta pelo pecado

1Então o SENHOR disse a Moisés: 2"Dê as seguintes instruções ao
povo de Israel. É isto que devem fazer aqueles que pecam sem
intenção, quebrando algum dos mandamentos do SENHOR. 3"Se o
sacerdote ungido pecar, trazendo culpa sobre todo o povo, apresen-
tará ao SENHOR um novilho sem defeito como oferta pelo pecado
que cometeu. 4Trará o novilho perante o SENHOR à entrada da tenda
do encontro, colocará a mão sobre a cabeça do animal e o matará
diante do SENHOR. 5O sacerdote ungido levará um pouco do sangue
do novilho para dentro da tenda do encontro, 6molhará o dedo no
sangue e com ele aspergirá sete vezes diante do SENHOR, em frente
à cortina interna do santuário. 7Em seguida, o sacerdote colocará
um pouco do sangue nas pontas do altar de incenso perfumado
que está na presença do SENHOR, dentro da tenda do encontro. O
restante do sangue do novilho ele derramará na base do altar do
holocausto, à entrada da tenda do encontro. 8Depois, removerá
toda a gordura do novilho a ser apresentado como oferta pelo
pecado, incluindo a gordura que envolve os órgãos internos, 9os
dois rins, a gordura ao redor deles perto dos lombos e o lóbulo do
fígado. Removerá todas essas partes junto com os rins, 10como se
faz com os animais apresentados como oferta de paz, e queimará

tudo no altar do holocausto. 11Mas o que restar do novilho – o couro,
a carne, a cabeça, as pernas, os órgãos internos e os excrementos –
12ele tomará e levará para um lugar cerimonialmente puro, fora do
acampamento, onde são jogadas as cinzas. Ali, sobre o monte de
cinzas, queimará os restos num fogo feito com lenha. 13"Se toda a
comunidade de Israel pecar, quebrando algum dos mandamentos
do SENHOR, mas não se der conta disso, ainda assim será culpada.
14Quando perceber seu pecado, o povo trará um novilho como
oferta pelo pecado e o apresentará à entrada da tenda do encontro.
15As autoridades da comunidade colocarão as mãos sobre a cabeça
do novilho e o matarão diante do SENHOR. 16O sacerdote ungido
levará um pouco do sangue do novilho para dentro da tenda do
encontro, 17molhará o dedo no sangue e com ele aspergirá sete
vezes diante do SENHOR, em frente à cortina interna. 18Em seguida,
colocará um pouco do sangue nas pontas do altar que está na
presença do SENHOR, dentro da tenda do encontro. O restante do
sangue do novilho ele derramará na base do altar do holocausto, à
entrada da tenda do encontro. 19Depois, removerá toda a gordura
do novilho e a queimará no altar, 20como se faz com o novilho apre-
sentado como oferta pelo pecado. Desse modo, o sacerdote fará
expiação pelo povo, e eles serão perdoados. 21Então o sacerdote
tomará o que restar do novilho, levará para fora do acampamento e
o queimará ali, como se faz com a oferta pelo pecado. Essa oferta é
pelo pecado de toda a comunidade de Israel. 22"Se um dos líderes
do povo pecar, quebrando algum dos mandamentos do SENHOR,
seu Deus, mas não se der conta disso, ainda assim será culpado.
23Quando perceber seu pecado, o líder apresentará como oferta
um bode sem defeito. 24Colocará a mão sobre a cabeça do bode
e o matará diante do SENHOR, no mesmo lugar onde são mortos
os animais para os holocaustos. É uma oferta pelo pecado. 25O
sacerdote molhará o dedo no sangue da oferta pelo pecado e o co-
locará nas pontas do altar do holocausto. O restante do sangue ele
derramará na base do altar. 26Em seguida, queimará no altar toda
a gordura do bode, como se faz com a oferta de paz. Desse modo,
o sacerdote fará expiação pelo líder, e ele será perdoado. 27"Se
outra pessoa do povo pecar, quebrando algum dos mandamentos
do SENHOR, mas não se der conta disso, ainda assim será culpada.
28Quando perceber seu pecado, ela apresentará como oferta pelo

Lv 5.5

pecado uma cabra sem defeito. 29Colocará a mão sobre a cabeça
do animal da oferta pelo pecado e o matará no mesmo lugar onde
são mortos os animais para os holocaustos. 30O sacerdote molhará
o dedo no sangue e o colocará nas pontas do altar do holocausto. O
restante do sangue ele derramará na base do altar. 31Em seguida,
removerá toda a gordura da cabra, como se faz com a oferta de paz,
e a queimará sobre o altar como um aroma agradável ao SENHOR.
Desse modo, o sacerdote fará expiação pela pessoa, e ela será per-
doada. 32"Se alguém trouxer uma ovelha como oferta pelo pecado,
deverá ser sem defeito. 33A pessoa colocará a mão sobre a cabeça
do animal da oferta pelo pecado e o matará no mesmo lugar onde
são mortos os animais para os holocaustos. 34O sacerdote molhará
o dedo no sangue da oferta pelo pecado e o colocará nas pontas
do altar do holocausto. O restante do sangue ele derramará na
base do altar. 35Em seguida, removerá toda a gordura da ovelha,
como se faz com a gordura do cordeiro apresentado como oferta
de paz, e a queimará no altar como oferta especial apresentada
ao SENHOR. Desse modo, o sacerdote fará expiação pela pessoa,
e ela será perdoada."

CAPÍTULO 5

Pecados que exigem uma oferta pelo pecado

1"Se alguém for chamado para testemunhar a respeito de algo que
tenha visto ou que seja de seu conhecimento, mas se recusar a
fazê-lo, comete pecado e deverá ser castigado por causa de seu
pecado. 2"Se alguém, mesmo sem saber, tocar em algo cerimo-
nialmente impuro, como o cadáver de um animal impuro, seja um
animal selvagem, um animal doméstico ou um animal que rasteja
pelo chão, quando perceber o que aconteceu, deverá reconhecer
sua contaminação e culpa. 3"Se alguém, mesmo sem saber, tocar
em algo que o torne impuro, quando perceber o que aconteceu,
deverá reconhecer sua culpa. 4"Se alguém, mesmo sem saber, fizer
um voto impensado de qualquer tipo, para o bem ou para o mal,
quando perceber a imprudência do voto, deverá reconhecer sua
culpa. 5"Quando alguém perceber sua culpa, em qualquer um
desses casos, deverá confessar seu pecado. 6Como castigo pelo
pecado, trará ao SENHOR uma ovelha ou uma cabra do rebanho. É
uma oferta pelo pecado, com a qual o sacerdote fará expiação pelo

pecado da pessoa. 7"Se a pessoa não tiver recursos para oferecer
uma ovelha, trará ao SENHOR duas rolinhas ou dois pombinhos
como castigo pelo pecado. Uma das aves será para a oferta pelo
pecado, e a outra, para o holocausto. 8Ela as entregará ao sacerdote,
que apresentará a primeira ave como oferta pelo pecado. Ele tor-
cerá o pescoço da ave, mas não arrancará a cabeça. 9Em seguida,
aspergirá os lados do altar com um pouco do sangue da oferta pelo
pecado e deixará o sangue restante escorrer para a base do altar.
É uma oferta pelo pecado. 10Depois disso, o sacerdote preparará a
segunda ave como holocausto, de acordo com a forma prescrita.
Desse modo, o sacerdote fará expiação pelo pecado da pessoa, e
ela será perdoada. 11"Se a pessoa não tiver condições de oferecer
sequer duas rolinhas ou dois pombinhos, trará dois litros de fari-
nha da melhor qualidade como oferta pelo pecado. Uma vez que
é uma oferta pelo pecado, não misturará azeite com a farinha nem
acrescentará incenso. 12Trará a farinha ao sacerdote, que pegará
um punhado como porção memorial e queimará a porção no altar,
sobre as ofertas especiais apresentadas ao SENHOR. É uma oferta
pelo pecado. 13Desse modo, o sacerdote fará expiação por aqueles
que forem culpados de algum desses pecados, e eles serão perdo-
ados. O restante da farinha será do sacerdote, como se faz com a
oferta de cereal".

Procedimentos para a oferta pela culpa

14O SENHOR disse a Moisés: 15"Se alguém cometer um delito religio-
so, violando, mesmo sem intenção, algum mandamento sobre as
coisas consagradas do SENHOR, deverá trazer ao SENHOR uma oferta
pela culpa. A oferta será um carneiro sem defeito do seu próprio
rebanho, calculado em prata de acordo com o siclo do santuário.
16A pessoa pagará uma indenização referente ao delito religioso
que cometeu, com um acréscimo de um quinto do valor. Quando
entregar o pagamento ao sacerdote, ele fará expiação pela pessoa
com o carneiro sacrificado como oferta pela culpa, e ela será perdo-
ada. 17"Se alguém pecar, quebrando algum dos mandamentos do
SENHOR, mesmo que não tenha consciência do que fez, é culpado e
será castigado por causa de seu pecado. 18Como oferta pela culpa,
trará ao sacerdote um carneiro sem defeito do próprio rebanho,
devidamente avaliado. Desse modo, o sacerdote fará expiação pelo

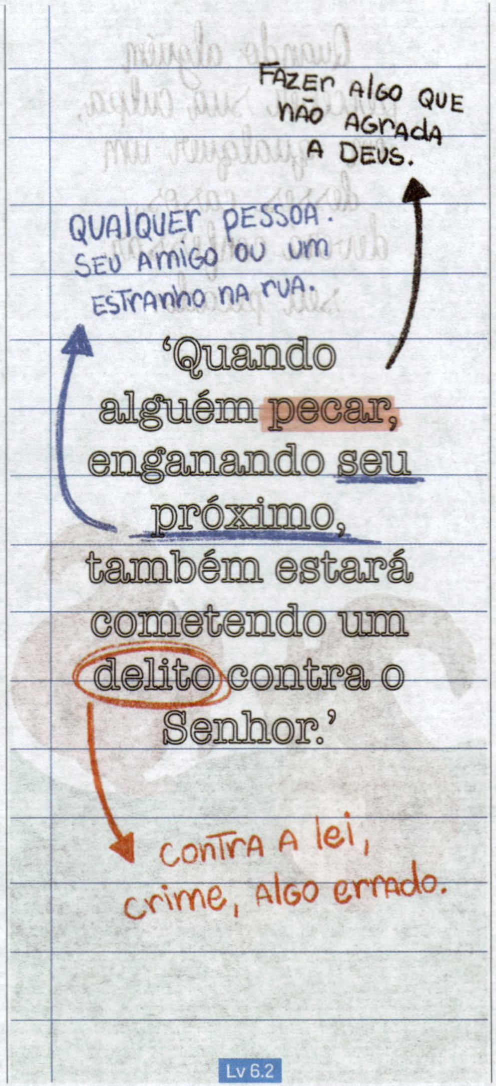

pecado não intencional que a pessoa cometeu, e ela será perdoada.
19Essa é uma oferta pela culpa, pois a pessoa certamente se tornou
culpada diante do SENHOR".

CAPÍTULO 6

Pecados que exigem uma oferta pela culpa

1Então o SENHOR disse a Moisés: 2"Quando alguém pecar, enga-
nando seu próximo, também estará cometendo um delito contra o
SENHOR. Se esse alguém for desonesto num negócio que envolve
depósito como garantia, ou roubar, ou praticar extorsão, 3ou en-
contrar um objeto e negar que o encontrou, ou mentir depois de
jurar dizer a verdade a respeito desse pecado, ou alguma prática
semelhante, 4será culpado pelo pecado que cometeu. Devolverá
o que roubou, ou o valor que extorquiu, ou o depósito feito como
garantia, ou o objeto perdido que encontrou, 5ou qualquer coisa
que tenha obtido com juramento falso. Fará restituição pagando
à pessoa prejudicada o total, com um acréscimo de um quinto do
valor. No mesmo dia, apresentará uma oferta pela culpa. 6Como
oferta pela culpa para o SENHOR, trará ao sacerdote um carneiro sem
defeito do próprio rebanho, devidamente avaliado. 7Desse modo,
o sacerdote fará expiação pela pessoa diante do SENHOR, e ela será
perdoada de qualquer desses pecados que tenha cometido".

Instruções adicionais para os holocaustos

8Então o SENHOR disse a Moisés: 9"Dê a Arão e a seus filhos as
seguintes instruções para os holocaustos. Os holocaustos serão
deixados sobre o altar até a manhã seguinte, e o fogo sobre o al-
tar será mantido aceso a noite toda. 10Pela manhã, depois que o
sacerdote de serviço tiver vestido suas roupas oficiais de linho e as
roupas de baixo, também de linho, limpará as cinzas do holocausto
e as colocará ao lado do altar. 11Em seguida, removerá as roupas de
linho, vestirá suas roupas habituais e levará as cinzas para fora do
acampamento, até um lugar cerimonialmente puro. 12Enquanto
isso, o fogo do altar será mantido aceso; nunca deverá se apagar. A
cada manhã, o sacerdote acrescentará mais lenha ao fogo, arrumará
sobre ele o holocausto e queimará nele a gordura das ofertas de
paz. 13Lembrem-se de que o fogo deverá ser mantido aceso no altar
o tempo todo; nunca deverá se apagar."

Instruções adicionais para as ofertas de cereal

14"Estas são as instruções para as ofertas de cereal. Os filhos de
Arão apresentarão esta oferta ao SENHOR diante do altar. 15O sacer-
dote de serviço pegará da oferta de cereal um punhado de farinha
da melhor qualidade, umedecida com azeite, junto com todo o
incenso, e queimará essa porção memorial no altar como aroma
agradável ao SENHOR. 16Arão e seus filhos poderão comer o restante
da farinha, mas deverão assá-la sem fermento e comê-la num lugar
sagrado dentro do pátio da tenda do encontro. 17Lembrem-se de
que essa oferta nunca deverá ser preparada com fermento. Eu a dei
aos sacerdotes como porção das ofertas especiais apresentadas a
mim. É santíssima, como a oferta pelo pecado e a oferta pela culpa.
18Todos os homens descendentes de Arão poderão comer das ofer-
tas especiais apresentadas ao SENHOR. É seu direito permanente, de
geração em geração. Qualquer pessoa ou objeto que tocar nessas
ofertas se tornará santo".

Procedimentos para a oferta de consagração

19Então o SENHOR disse a Moisés: 20"No dia em que Arão e seus
filhos forem ungidos, apresentarão ao SENHOR a oferta padrão de
cereal de dois litros de farinha da melhor qualidade; metade pela
manhã e metade à tarde. 21Misture-a cuidadosamente com azeite
e cozinhe-a numa assadeira. Corte em fatias a oferta de cereal e
apresente-a como aroma agradável ao SENHOR. 22A cada geração, o
sacerdote ungido que suceder a Arão preparará essa mesma oferta.
Ela pertence ao SENHOR e será totalmente queimada. Essa é uma
lei permanente. 23Todas as ofertas de cereal do sacerdote serão
totalmente queimadas. Nenhuma parte poderá ser consumida
como alimento".

Instruções adicionais para a oferta pelo pecado

24O SENHOR também disse a Moisés: 25"Dê a Arão e a seus filhos
as seguintes instruções para a oferta pelo pecado. O animal apre-
sentado como oferta pelo pecado é oferta santíssima e será morto
diante do SENHOR, onde são mortos os animais para os holocaustos.
26O sacerdote que apresentar o sacrifício como oferta pelo pecado
comerá sua porção num lugar sagrado dentro do pátio da tenda
do encontro. 27Qualquer pessoa ou objeto que tocar a carne do

NO QUE ESTOU PENSANDO ○ | O QUE ESTOU SENTINDO ○ | DO QUE ESTOU LEMBRANDO ○

DESENHE OU ESCREVA

sacrifício se tornará santo. Se o sangue do sacrifício respingar na
roupa de alguém, a peça manchada será lavada num lugar sagra-
do. 28Se for usada uma panela de barro para cozinhar a carne do
sacrifício, terá de ser quebrada em seguida. Se for usada uma pa-
nela de bronze, terá de ser esfregada e bem enxaguada com água.
29Qualquer homem da família dos sacerdotes poderá comer dessa
oferta. É oferta santíssima. 30Mas a oferta pelo pecado não poderá
ser comida se o sangue for levado à tenda do encontro como oferta
para fazer expiação no lugar santo. Nesse caso, será totalmente
queimada no fogo."

CAPÍTULO 7

Instruções adicionais para a oferta pela culpa

1"Estas são as instruções para a oferta pela culpa. É oferta santíssima.
2O animal sacrificado como oferta pela culpa será morto onde são
mortos os animais para os holocaustos, e seu sangue será derrama-
do em todos os lados do altar. 3Em seguida, o sacerdote oferecerá
toda a gordura sobre o altar, incluindo a gordura da parte gorda da
cauda, a gordura que envolve os órgãos internos, 4os dois rins, a
gordura ao redor deles perto dos lombos e o lóbulo do fígado. Ele
removerá todas essas partes junto com os rins 5e queimará tudo no
altar como oferta especial apresentada ao SENHOR. É a oferta pela
culpa. 6Qualquer homem da família dos sacerdotes poderá comer
a carne. Deverá comê-la num lugar sagrado, pois é santíssima. 7"As
mesmas instruções se aplicam tanto à oferta pela culpa como à ofer-
ta pelo pecado. Ambas pertencem ao sacerdote que as utiliza para
fazer expiação. 8No caso dos holocaustos, o sacerdote poderá ficar
com o couro do animal sacrificado. 9Toda oferta de cereal assada no
forno, preparada numa panela ou cozida numa assadeira, pertence
ao sacerdote que a apresenta. 10Todas as outras ofertas de cereal,
preparadas com farinha seca ou farinha umedecida com azeite,
deverão ser divididas em partes iguais entre todos os sacerdotes,
os descendentes de Arão."

Instruções adicionais para a oferta de paz

11"Estas são as instruções sobre os diferentes tipos de oferta de
paz que podem ser apresentados ao SENHOR. 12Se alguém apre-
sentar sua oferta de paz para expressar gratidão, o animal que

Lv

normalmente é oferecido será acompanhado de bolos sem fer-
mento misturados com azeite, pães finos sem fermento untados
com azeite e bolos feitos de farinha da melhor qualidade misturada
com azeite. 13Essa oferta de paz para expressar gratidão também
será acompanhada de pães preparados com fermento. 14Um pão
de cada tipo será apresentado como oferta para o SENHOR. Os pães
serão do sacerdote que derramar o sangue da oferta de paz no
altar. 15A carne da oferta de paz para expressar gratidão será comida
no mesmo dia em que for oferecida. Nada poderá ser guardado
até a manhã seguinte. 16"Se alguém apresentar uma oferta como
cumprimento de um voto ou como oferta voluntária, a carne será
comida no mesmo dia em que o sacrifício for oferecido, mas o que
restar poderá ser comido no dia seguinte. 17A carne que restar até
o terceiro dia deverá ser totalmente queimada. 18Se alguma por-
ção da carne da oferta de paz for comida no terceiro dia, a pessoa
que a trouxe não será aceita pelo SENHOR e a oferta não terá valor.
A essa altura, a carne estará contaminada, e quem a comer será
castigado por causa de seu pecado. 19"A carne que tocar qualquer
coisa cerimonialmente impura não poderá ser comida; deverá ser
totalmente queimada. Mas a carne do sacrifício poderá ser comida
por quem estiver cerimonialmente puro. 20Se alguém estiver ceri-
monialmente impuro e comer a carne da oferta de paz apresentada
ao SENHOR, será eliminado do meio do povo. 21Se tocar em algo
impuro, seja contaminação humana, de um animal impuro ou de
qualquer outra coisa impura e detestável, e depois comer a carne
de uma oferta de paz apresentada ao SENHOR, será eliminado do
meio do povo".

O sangue e a gordura são proibidos

22Então o SENHOR disse a Moisés: 23"Dê as seguintes instruções
ao povo de Israel. Jamais comam gordura, seja de boi, carneiro ou
cabrito. 24A gordura de um animal encontrado morto ou despedaça-
do por animais selvagens jamais deverá ser comida, embora possa
ser usada para outros fins. 25Quem comer a gordura de um animal
apresentado como oferta especial para o SENHOR será eliminado
do meio do povo. 26Onde quer que morarem, jamais consumam
o sangue de qualquer ave ou animal. 27Quem consumir sangue
será eliminado do meio do povo".

NO QUE ESTOU PENSANDO ○ | O QUE ESTOU SENTINDO ○ | DO QUE ESTOU LEMBRANDO ○

DESENHE OU ESCREVA

A porção dos sacerdotes

28O SENHOR disse a Moisés: 29"Dê as seguintes instruções ao povo
de Israel. Quando apresentarem uma oferta de paz ao SENHOR,
levem uma parte dela como oferta para o SENHOR. 30Apresentem-
na com suas próprias mãos como oferta especial para o SENHOR.
Levem a gordura do animal junto com o peito e movam o peito
para o alto como oferta especial para o SENHOR. 31Em seguida, o
sacerdote queimará a gordura no altar, mas o peito será de Arão e
seus descendentes. 32Entreguem como oferta ao sacerdote a coxa
direita da oferta de paz. 33A coxa direita será sempre a porção en-
tregue ao sacerdote que apresentar o sangue e a gordura da oferta
de paz. 34Pois reservei para os sacerdotes o peito da oferta especial
e a coxa direita da oferta sagrada. Arão e seus descendentes têm o
direito permanente de participar das ofertas de paz que os israelitas
apresentarem. 35Essa é sua porção por direito das ofertas especiais
apresentadas ao SENHOR, reservada para Arão e seus descendentes
desde o dia em que eles foram separados para servir ao SENHOR
como sacerdotes. 36No dia em que foram ungidos, o SENHOR orde-
nou que os israelitas entregassem essas partes aos sacerdotes como
sua porção permanente, de geração em geração". 37Essas são as
instruções para o holocausto, a oferta de cereal, a oferta pelo pecado
e a oferta pela culpa e também para a oferta de consagração e a
oferta de paz. 38O SENHOR deu essas instruções a Moisés no monte
Sinai, quando ordenou que os israelitas apresentassem suas ofertas
ao SENHOR no deserto do Sinai.

CAPÍTULO 8

A consagração dos sacerdotes

1Então o SENHOR disse a Moisés: 2"Traga Arão e seus filhos, as rou-
pas sagradas, o óleo da unção, o novilho para a oferta pelo pecado,
os dois carneiros e o cesto de pães sem fermento, 3e reúna toda a
comunidade à entrada da tenda do encontro". 4Moisés seguiu as
instruções do SENHOR, e toda a comunidade se reuniu à entrada da
tenda do encontro. 5"É isto que o SENHOR ordenou que façamos!",
anunciou Moisés. 6Em seguida, apresentou Arão e seus filhos e
os lavou com água. 7Colocou a túnica oficial em Arão e amarrou
o cinturão ao redor de sua cintura. Vestiu-o com o manto, sobre o
qual colocou o colete sacerdotal, que prendeu firmemente com o

cinturão decorativo. 8Colocou em Arão o peitoral e, dentro dele, o
Urim e o Tumim. 9Pôs na cabeça de Arão o turbante e, na parte da
frente do turbante, prendeu a tiara sagrada, o emblema de santi-
dade, conforme o SENHOR havia ordenado. 10Depois, Moisés pegou
o óleo da unção e ungiu o tabernáculo e tudo que nele havia, a
fim de consagrá-los. 11Aspergiu o altar com óleo sete vezes para
ungi-lo, bem como todos os seus utensílios, a bacia e seu suporte,
para também consagrá-los. 12Derramou um pouco do óleo sobre
a cabeça de Arão, para ungi-lo e consagrá-lo. 13Em seguida, Moisés
apresentou os filhos de Arão. Vestiu-os com as túnicas, amarrou
neles o cinturão e pôs-lhes na cabeça o turbante especial, conforme
o SENHOR tinha ordenado. 14Então Moisés apresentou o novilho
para a oferta pelo pecado. Arão e seus filhos colocaram as mãos
sobre a cabeça do novilho, 15e Moisés o matou. Pegou um pouco do
sangue e, com o dedo, colocou-o nas quatro pontas do altar, a fim
de purificá-lo. O restante do sangue ele derramou na base do altar.
Desse modo, consagrou o altar e fez expiação por ele. 16Depois,
pegou toda a gordura que envolvia os órgãos internos, o lóbulo
do fígado, os dois rins e a gordura ao redor deles e os queimou
no altar. 17Pegou o restante do novilho, incluindo o couro, a carne
e os excrementos, e o queimou num fogo fora do acampamento,
conforme o SENHOR tinha ordenado. 18Então Moisés apresentou o
carneiro para o holocausto. Arão e seus filhos colocaram as mãos
sobre a cabeça do animal, 19e Moisés o matou. Pegou o sangue
do carneiro e o derramou em todos os lados do altar. 20Cortou o
carneiro em pedaços e o queimou no altar, junto com a cabeça e
a gordura. 21Depois de lavar os órgãos internos e as pernas com
água, queimou todo o carneiro sobre o altar como holocausto. Foi
um aroma agradável, uma oferta especial apresentada ao SENHOR,
conforme o SENHOR tinha ordenado. 22Então Moisés apresentou o
outro carneiro, o carneiro da consagração. Arão e seus filhos co-
locaram as mãos sobre a cabeça do animal, 23e Moisés o matou.
Pegou um pouco do sangue e o colocou na ponta da orelha direi-
ta, no polegar da mão direita e no polegar do pé direito de Arão.
24Depois, apresentou os filhos de Arão e colocou um pouco do
sangue na ponta da orelha direita, no polegar da mão direita e no
polegar do pé direito deles. O restante do sangue ele derramou em
todos os lados do altar. 25Em seguida, pegou a gordura, incluindo a

NÃO SAIAM DA ENTRADA DA TENDA DO ENCONTRO POR SETE DIAS, POIS SÓ ENTÃO ESTARÁ CONCLUÍDA A CERIMÔNIA DE CONSAGRAÇÃO.

Lv 8.33

gordura da parte gorda da cauda, a gordura que envolve os órgãos
internos, o lóbulo do fígado, os dois rins e a gordura ao redor deles,
bem como a coxa direita. 26Sobre essas partes colocou um pão sem
fermento, um pão de massa misturada com azeite e um pão fino
untado com azeite, que tirou do cesto de pães sem fermento que
estava na presença do SENHOR. 27Colocou tudo nas mãos de Arão e
seus filhos e moveu os alimentos para o alto como oferta especial
para o SENHOR. 28Pegou as ofertas de volta das mãos deles e as
queimou no altar, sobre o holocausto. Essa foi a oferta de consa-
gração. Foi um aroma agradável, uma oferta especial apresentada
ao SENHOR. 29Moisés pegou o peito e o moveu para o alto como
oferta especial para o SENHOR. Era a porção de Moisés do carneiro da
consagração, conforme o SENHOR tinha ordenado. 30Então Moisés
pegou um pouco do óleo da unção e um pouco do sangue que
estava sobre o altar e aspergiu sobre Arão e suas roupas e sobre seus
filhos e suas roupas. Desse modo, consagrou Arão, seus filhos e suas
roupas. 31Por fim, Moisés disse a Arão e a seus filhos: "Cozinhem
o restante da carne das ofertas à entrada da tenda do encontro e
comam-na ali, junto com os pães que estão no cesto de ofertas
para a consagração, conforme ordenei quando disse: 'Arão e seus
filhos os comerão'. 32Queimem qualquer carne ou pão que sobrar.
33Não saiam da entrada da tenda do encontro por sete dias, pois
só então estará concluída a cerimônia de consagração. 34Tudo que
fizemos hoje foi ordenado pelo SENHOR a fim de fazer expiação por
vocês. 35Agora, permaneçam à entrada da tenda do encontro dia e
noite por sete dias e cumpram todas as exigências do SENHOR. Se
não o fizerem, morrerão, pois foi isso que o SENHOR me ordenou".
36Arão e seus filhos fizeram tudo que o SENHOR tinha ordenado
por meio de Moisés.

CAPÍTULO 9

Os sacerdotes iniciam seu serviço

1No oitavo dia, depois da cerimônia de consagração, Moisés reuniu
Arão, seus filhos e os líderes de Israel 2e disse a Arão: "Escolha um
bezerro para a oferta pelo pecado e um carneiro para o holocaus-
to, ambos sem defeito, e apresente-os ao SENHOR. 3Depois, diga
aos israelitas: 'Escolham um bode para a oferta pelo pecado e um
bezerro e um cordeiro, ambos de um ano e sem defeito, para o

holocausto. 4 Escolham também um boi e um carneiro para a oferta
de paz, além de farinha misturada com azeite para a oferta de cere-
al. Apresentem todas essas ofertas ao SENHOR, pois hoje o SENHOR
aparecerá a vocês'". 5 O povo trouxe todas essas coisas à entrada da
tenda do encontro, conforme Moisés tinha ordenado. Assim, toda a
comunidade se aproximou e permaneceu em pé diante do SENHOR.
6 Então Moisés disse: "É isto que o SENHOR ordenou que façam para
que a glória do SENHOR lhes apareça". 7 Em seguida, Moisés disse a
Arão: "Venha até o altar e apresente sua oferta pelo pecado e seu
holocausto para fazer expiação por si mesmo e pelo povo. Apresente
as ofertas do povo para fazer expiação por eles, conforme o SENHOR
ordenou". 8 Arão foi até o altar e matou o bezerro como oferta pelo
pecado por si mesmo. 9 Seus filhos lhe trouxeram o sangue, e Arão
molhou o dedo nele e o colocou nas pontas do altar. O restante do
sangue ele derramou na base do altar. 10 Queimou no altar a gor-
dura, os rins e o lóbulo do fígado da oferta pelo pecado, conforme
o SENHOR havia ordenado a Moisés. 11 A carne e o couro, porém,
queimou fora do acampamento. 12 Então Arão matou o animal para
o holocausto. Seus filhos lhe trouxeram o sangue, e ele o derramou
em todos os lados do altar. 13 Entregaram-lhe cada um dos peda-
ços do holocausto, incluindo a cabeça, e ele os queimou no altar.
14 Lavou os órgãos internos e as pernas e os queimou no altar junto
com o restante do holocausto. 15 Em seguida, Arão apresentou as
ofertas do povo. Matou o bode do povo e o apresentou como oferta
pelo pecado deles, como havia feito com a oferta por seu próprio
pecado. 16 Depois, apresentou o holocausto e o ofereceu de acordo
com a forma prescrita. 17 Apresentou também a oferta de cereal e
queimou no altar um punhado dela, além do holocausto da manhã.
18 Arão matou o boi e o carneiro para a oferta de paz do povo. Seus
filhos lhe trouxeram o sangue, e ele o derramou em todos os lados
do altar. 19 Depois, pegou a gordura do boi e do carneiro, incluindo
a gordura da parte gorda da cauda e a gordura que envolve os
órgãos internos, bem como os rins e o lóbulo do fígado de cada
animal, 20 colocou as porções de gordura sobre o peito dos animais
e as queimou no altar. 21 Arão moveu o peito e a coxa direita dos
animais para o alto como oferta especial para o SENHOR, conforme
Moisés havia ordenado. 22 Por fim, Arão ergueu as mãos na direção
do povo e o abençoou. Depois de apresentar a oferta pelo pecado, o

holocausto e a oferta de paz, desceu do altar. 23 Então Moisés e Arão
entraram na tenda do encontro e, quando voltaram, abençoaram
o povo novamente, e a glória do SENHOR apareceu a todo o povo.
24 Fogo saiu da presença do SENHOR e consumiu o holocausto e a
gordura no altar. Quando eles viram isso, gritaram de alegria e se
prostraram com o rosto no chão.

CAPÍTULO 10

O pecado de Nadabe e Abiú

1 Nadabe e Abiú, filhos de Arão, colocaram brasas em seus incensá-
rios e as salpicaram com incenso. Com isso, trouxeram fogo estra-
nho diante do SENHOR, diferente do que ele havia ordenado. 2 Por
isso, fogo saiu da presença do SENHOR e os devorou, e eles morre-
ram diante do SENHOR. 3 Então Moisés disse a Arão: "Foi isto que o
SENHOR declarou: 'Mostrarei minha santidade entre aqueles que
se aproximarem de mim. Mostrarei minha glória diante de todo o
povo'". E Arão ficou em silêncio. 4 Moisés chamou Misael e Elzafã,
primos de Arão e filhos de Uziel, tio de Arão, e lhes disse: "Venham
cá e levem o corpo de seus parentes da frente do santuário para
um lugar fora do acampamento". 5 Eles se aproximaram e os pu-
xaram pelas roupas para fora do acampamento, conforme Moisés
havia ordenado. 6 Então Moisés disse a Arão e a seus filhos Eleazar
e Itamar: "Não deixem o cabelo despenteado nem rasguem suas
roupas em sinal de luto. Se o fizerem, morrerão, e a ira do SENHOR
ferirá toda a comunidade de Israel. Mas outros israelitas, seus pa-
rentes, poderão ficar de luto porque o SENHOR destruiu Nadabe e
Abiú com fogo. 7 Não saiam da entrada da tenda do encontro, ou
morrerão, pois foram ungidos com o óleo da unção do SENHOR". E
fizeram conforme Moisés ordenou.

Instruções para a conduta sacerdotal

8 Então o SENHOR disse a Arão: 9 "Você e seus descendentes jamais
deverão beber vinho ou qualquer outra bebida fermentada antes
de entrar na tenda do encontro. Se o fizerem, morrerão. Essa é uma
lei permanente para vocês e deve ser cumprida de geração em gera-
ção. 10 Façam distinção entre o que é santo e o que é comum, entre o
que é impuro e o que é puro, 11 e ensinem aos israelitas todos os de-
cretos que o SENHOR lhes deu por meio de Moisés". 12 Moisés disse

a Arão e aos filhos que lhe restaram, Eleazar e Itamar: "Peguem o
que sobrar da oferta de cereal depois que uma porção tiver sido
apresentada como oferta especial para o SENHOR e comam-na junto
do altar. Não deverá conter fermento, pois é santíssima. 13Comam-
na num lugar sagrado, pois foi dada a vocês e a seus descendentes
como sua porção das ofertas especiais apresentadas ao SENHOR.
Foram essas as ordens que recebi. 14Quanto ao peito e à coxa que
foram movidos para o alto como oferta especial, poderão comê-los
em qualquer lugar cerimonialmente puro. Essas são as partes que
foram dadas a você e a seus descendentes como sua porção das
ofertas de paz apresentadas pelos israelitas. 15Movam para o alto
o peito e a coxa como oferta especial para o SENHOR, junto com a
gordura das ofertas especiais. Essas partes pertencerão a vocês e a
seus descendentes como direito permanente, conforme o SENHOR
ordenou". 16Depois, Moisés procurou cuidadosamente pelo bode
da oferta pelo pecado. Quando descobriu que tinha sido queimado,
ficou furioso com Eleazar e Itamar, os filhos que restaram a Arão, e
lhes disse: 17"Por que não comeram a oferta pelo pecado no lugar
sagrado? É uma oferta santíssima! O SENHOR a deu a vocês para
remover a culpa da comunidade e fazer expiação por ela. 18Uma
vez que o sangue do animal não foi levado ao lugar santo, vocês
tinham a obrigação de comer a carne no lugar sagrado, conforme
eu ordenei!". 19Arão respondeu a Moisés: "Hoje meus filhos apre-
sentaram ao SENHOR sua oferta pelo pecado e seu holocausto. E, no
entanto, esta tragédia aconteceu comigo. Será que o SENHOR teria
se agradado se eu tivesse comido a oferta pelo pecado do povo num
dia como este?". 20Quando Moisés ouviu isso, deu-se por satisfeito.

CAPÍTULO 11

Animais cerimonialmente puros e impuros

1O SENHOR disse a Moisés e a Arão: 2"Deem as seguintes instruções
ao povo de Israel. "De todos os animais que vivem em terra, estes
são os que vocês poderão consumir como alimento: 3qualquer ani-
mal que tenha os cascos divididos em duas partes e que rumine.
4Mas, se o animal não apresentar essas duas características, não
pode ser consumido. O camelo rumina, mas não tem os cascos
divididos, de modo que é impuro para vocês. 5O coelho silvestre
rumina, mas não tem cascos divididos, por isso é impuro. 6A lebre

NO QUE ESTOU PENSANDO ○ O QUE ESTOU SENTINDO ○ DO QUE ESTOU LEMBRANDO ○

DESENHE OU ESCREVA

rumina, mas não tem cascos divididos, de modo que é impura.
7O porco, embora tenha os cascos divididos, não rumina e, por-
tanto, também é impuro. 8Não comerão a carne desses animais
nem tocarão em seu cadáver. São cerimonialmente impuros para
vocês. 9"De todos os animais que vivem nas águas, estes são os
que vocês poderão consumir como alimento: qualquer animal
aquático que tenha barbatanas e escamas, seja de água salgada
ou de rios. 10Contudo, jamais comerão animais de mar ou de rio
que não tenham barbatanas e escamas. São detestáveis para vocês.
Isso se aplica tanto às criaturas pequenas que vivem em águas rasas
como a todas as criaturas que vivem em águas profundas. 11Serão
sempre detestáveis para vocês. Não comerão a carne delas nem
tocarão em seu cadáver. 12Qualquer animal aquático que não tem
barbatanas e escamas é detestável para vocês. 13"Estes são os ani-
mais voadores que vocês considerarão detestáveis e não comerão:
o abutre-fouveiro, o abutre-barbudo, o abutre-fusco, 14o milhafre
e todas as espécies de falcão, 15todas as espécies de corvos, 16a
coruja-de-chifres, a coruja-do-campo, a gaivota, todas as espécies
de gaviões, 17o mocho-galego, o cormorão, o corujão, 18a coruja-das-
-torres, a coruja-do-deserto, o abutre-do-egito, 19a cegonha, todas as
espécies de garças, a poupa e o morcego. 20"Não comerão insetos
alados que rastejam pelo chão, pois são detestáveis para vocês.
21Contudo, poderão comer insetos alados que andam pelo chão e
têm pernas articuladas para saltar. 22Os insetos que vocês pode-
rão comer incluem todas as espécies de gafanhotos, gafanhotos
migradores, grilos e gafanhotos devoradores. 23Todos os outros
insetos alados que andam pelo chão são detestáveis para vocês.
24"Por causa dessas criaturas vocês se tornarão cerimonialmente
impuros. Quem tocar em seus cadáveres ficará contaminado até o
entardecer. 25Quem carregar o cadáver delas deverá lavar as roupas
e ficará contaminado até o entardecer. 26"Todo animal com cascos
divididos de forma desigual ou que não rumina é impuro para
vocês. Quem tocar em algum desses animais ficará contaminado.
27Dentre os quadrúpedes, aqueles que andam sobre a planta dos
pés são impuros. Se alguém tocar no cadáver de algum desses
animais, ficará impuro até o entardecer. 28Se carregar o cadáver
deles, deverá lavar as roupas e ficará contaminado até o entardecer.
Esses animais são impuros para vocês. 29"Dos animais pequenos

que rastejam pelo chão, estes são impuros para vocês: a doninha, o
rato, todas as espécies de lagartos grandes, 30 a lagartixa, o lagarto
pintado, o lagarto comum, o lagarto da areia e o camaleão. 31 Todos
esses animais pequenos são impuros para vocês. Se alguém tocar
no cadáver de um deles, ficará contaminado até o entardecer. 32 Se
um deles morrer e cair sobre algo, tornará impuro esse objeto, seja
de madeira, tecido, couro ou pano de saco. Qualquer que seja seu
uso, deverá ser colocado de molho em água e ficará impuro até o
entardecer. Depois disso, estará cerimonialmente puro e poderá
ser usado novamente. 33 "Se um desses animais cair numa vasilha
de barro, tudo que estiver dentro da vasilha ficará contaminado, e
a vasilha deverá ser despedaçada. 34 Se a água dessa vasilha cair
sobre algum alimento, ele ficará contaminado. Qualquer bebida
que estiver dentro da vasilha ficará contaminada. 35 Qualquer objeto
no qual o cadáver de um desses animais cair ficará contaminado.
Se o objeto for um fogão ou um forno de barro, deverá ser destru-
ído, pois está contaminado e deverá ser tratado como tal. 36 "Se
o cadáver de um desses animais cair numa fonte ou cisterna, a
água continuará pura. Quem tocar no cadáver, porém, ficará ceri-
monialmente impuro. 37 Se o cadáver cair sobre sementes a serem
plantadas no campo, ainda assim as sementes serão consideradas
puras. 38 Mas, se já tiverem sido regadas quando o cadáver cair
sobre elas, as sementes serão impuras. 39 "Se morrer um animal
que vocês têm permissão de comer e alguém tocar no cadáver,
ficará impuro até o entardecer. 40 Se alguém comer da carne do
animal ou carregar o cadáver, deverá lavar as roupas e ficará impuro
até o entardecer. 41 "Todos os animais pequenos que rastejam pelo
chão são detestáveis, e vocês jamais devem comê-los. 42 Isso inclui
todos os animais que se arrastam sobre o ventre, bem como os
que têm quatro pernas e os que têm muitas patas. Todos esses
animais que rastejam pelo chão são detestáveis, e vocês jamais
devem comê-los. 43 Não se contaminem com eles. Não se tornem
cerimonialmente impuros por causa deles, 44 pois eu sou o SENHOR,
seu Deus. Consagrem-se e sejam santos, pois eu sou santo. Não se
contaminem com nenhum desses animais pequenos que rastejam
pelo chão. 45 Eu, o SENHOR, sou aquele que os tirou da terra do
Egito para ser o seu Deus. Por isso, sejam santos, pois eu sou santo.
46 "Essas são as instruções acerca dos animais que vivem em terra,

Lv 11.45

dos animais voadores, das criaturas aquáticas e dos animais que
rastejam pelo chão. 47 Com essas instruções, vocês saberão o que
é impuro e o que é puro, os animais que vocês podem comer e os
que não podem".

CAPÍTULO 12

A purificação depois do parto

1 O SENHOR disse a Moisés: 2 "Dê as seguintes instruções ao povo
de Israel. Se uma mulher engravidar e der à luz um filho, ficará
cerimonialmente impura por sete dias, como acontece durante
a menstruação. 3 No oitavo dia, circuncidem o menino. 4 Depois
de esperar 33 dias, a mulher estará purificada do sangramento
do parto. Durante o período de purificação, não deverá tocar em
coisa alguma que seja consagrada. Também não poderá entrar no
santuário enquanto não terminar o período de purificação. 5 Se a
mulher der à luz uma filha, ficará cerimonialmente impura por
duas semanas, como acontece durante a menstruação. Depois
de esperar 66 dias, estará purificada do sangramento do parto.
6 "Quando se completar o tempo de purificação pelo nascimento
de um filho ou de uma filha, a mulher levará um cordeiro de um
ano como holocausto e um pombinho ou rolinha para a oferta pelo
pecado. Levará as ofertas ao sacerdote à entrada da tenda do en-
contro. 7 O sacerdote as apresentará ao SENHOR para fazer expiação
pela mulher. Ela voltará a ficar cerimonialmente pura depois do
sangramento do parto. Essas são as instruções para a mulher depois
do nascimento de um filho ou de uma filha. 8 "Se a mulher não
tiver condições de levar um cordeiro, levará duas rolinhas ou dois
pombinhos. Um será para o holocausto, e o outro, para a oferta pelo
pecado. O sacerdote os sacrificará para fazer expiação pela mulher,
e ela ficará cerimonialmente pura".

CAPÍTULO 13

Doenças graves de pele

1 O SENHOR disse a Moisés e a Arão: 2 "Se alguém tiver um inchaço,
uma erupção ou uma descoloração que possa ser sinal de lepra,
essa pessoa será levada ao sacerdote Arão ou a um de seus filhos. 3 O
sacerdote examinará a região afetada da pele. Se houver ali pelos
que ficaram brancos e parecer que o problema é mais profundo

que a pele, é lepra, e o sacerdote que examinar a pessoa a declarará
cerimonialmente impura. 4"Se, contudo, a região afetada da pele
apresentar apenas uma descoloração branca e a mancha não for
mais profunda que a pele, e se os pelos da região não se tornaram
brancos, o sacerdote isolará a pessoa por sete dias. 5No sétimo dia,
ele a examinará novamente. Se constatar que a região afetada não
mudou e o problema não se espalhou pela pele, isolará a pessoa
por mais sete dias. 6No sétimo dia, voltará a examiná-la. Se cons-
tatar que a área afetada diminuiu e não se espalhou, o sacerdote
declarará a pessoa cerimonialmente pura; era apenas uma erupção.
A pessoa lavará suas roupas e ficará pura. 7Mas, se a erupção vier a
se espalhar depois de o sacerdote examinar a pessoa e a declarar
pura, ela voltará para ser examinada. 8Se o sacerdote constatar que
a erupção se espalhou, declarará a pessoa cerimonialmente impura,
pois é, de fato, lepra. 9"Quem apresentar algum sinal de lepra irá
ao sacerdote para ser examinado. 10Se o sacerdote encontrar um
inchaço branco na pele, se alguns pelos sobre a mancha tiverem
ficado brancos e se houver uma ferida aberta na região afetada,
11é um caso crônico de lepra, e o sacerdote declarará a pessoa ce-
rimonialmente impura. Nesses casos, não será necessário isolar a
pessoa para avaliá-la, pois é evidente que a pele está contaminada
pela doença. 12"Se a lepra se espalhar por toda a pele da pessoa e
cobrir seu corpo da cabeça aos pés, o sacerdote examinará a pessoa
infectada. 13Se constatar que a doença cobre todo o corpo, declarará
a pessoa cerimonialmente pura. Uma vez que a pele se tornou
completamente branca, a pessoa está pura. 14Mas, se aparecerem
feridas abertas, a pessoa infectada será declarada cerimonialmente
impura. 15O sacerdote fará essa declaração assim que vir uma ferida
aberta, pois esse tipo de ferida indica a presença de lepra. 16Se, con-
tudo, as feridas sararem e se tornarem brancas como o resto da pele,
a pessoa voltará ao sacerdote 17para ser examinada. Se as regiões
afetadas tiverem, de fato, se tornado brancas, o sacerdote declarará
a pessoa cerimonialmente pura, e assim ela estará. 18"Se alguém
tiver na pele uma ferida purulenta e ela sarar, 19mas surgir em seu
lugar um inchaço branco ou uma mancha branca avermelhada,
a pessoa irá ao sacerdote para ser examinada. 20Se o sacerdote a
examinar e constatar que a mancha é mais profunda que a pele, e
se os pelos da região afetada tiverem ficado brancos, o sacerdote

NO QUE ESTOU **PENSANDO** ○ | O QUE ESTOU **SENTINDO** ○ | DO QUE ESTOU **LEMBRANDO** ○

DESENHE OU ESCREVA

declarará a pessoa cerimonialmente impura. A ferida purulenta
indica lepra. 21Mas, se o sacerdote não encontrar pelos brancos na
região afetada e parecer que a mancha não é mais profunda que
a pele, e até diminuiu, o sacerdote isolará a pessoa por sete dias.
22Se, nesse período, a mancha ou o inchaço se espalharem na pele,
o sacerdote declarará a pessoa cerimonialmente impura, pois é
sinal de lepra. 23Se, contudo, a região afetada não aumentar nem
se espalhar, é apenas a cicatriz da ferida, e o sacerdote declarará a
pessoa cerimonialmente pura. 24"Se alguém sofrer uma queima-
dura na pele e aparecerem na região feridas abertas de cor branca
avermelhada ou completamente branca, 25o sacerdote a examina-
rá. Se constatar que os pelos na região afetada ficaram brancos, e
se parecer que a mancha é mais profunda que a pele, surgiu lepra
na queimadura. O sacerdote declarará a pessoa cerimonialmente
impura, pois, sem dúvida, é lepra. 26Mas, se não encontrar pelos
brancos na região afetada, e se parecer que a ferida não é mais
profunda que a pele e tiver diminuído, o sacerdote isolará a pessoa
por sete dias. 27No sétimo dia, examinará a pessoa novamente.
Se o problema tiver se espalhado na pele, o sacerdote declarará a
pessoa cerimonialmente impura, pois, sem dúvida, é lepra. 28Se,
contudo, a região afetada não tiver mudado ou se o problema não
tiver se espalhado na pele, mas tiver diminuído, é apenas o inchaço
da queimadura. O sacerdote declarará a pessoa cerimonialmente
pura, pois é apenas a cicatriz da queimadura. 29"Se um homem ou
uma mulher tiver uma ferida na cabeça ou no queixo, 30o sacerdote
a examinará. Se constatar que a mancha é mais profunda que a
pele e tem pelos amarelados e finos, o sacerdote declarará a pessoa
cerimonialmente impura. É uma ferida causada por sarna na cabeça
ou no queixo. 31Se o sacerdote examinar a ferida e constatar que
não é mais profunda que a pele, mas não tem pelos escuros, isolará
a pessoa por sete dias. 32No sétimo dia, o sacerdote examinará
a ferida novamente. Se constatar que ela não se espalhou, que
não há pelos amarelados e que não parece mais profunda que a
pele, 33a pessoa raspará todos os pelos, exceto na região afetada.
Em seguida, o sacerdote isolará a pessoa infectada por mais sete
dias. 34No sétimo dia, examinará a ferida novamente. Se ela não
tiver se espalhado, e se não parecer mais profunda que a pele, o
sacerdote declarará a pessoa cerimonialmente pura. A pessoa lavará

suas roupas e ficará pura. 35Mas, se a ferida de sarna começar a se
espalhar depois de a pessoa ter sido declarada cerimonialmente
pura, 36o sacerdote a examinará novamente. Se constatar que a
ferida se espalhou, não é necessário procurar pelos amarelados;
a pessoa infectada está cerimonialmente impura. 37Se, contudo, a
cor da ferida de sarna não mudar e pelos pretos voltarem a crescer
na região afetada, a sarna está curada, e o sacerdote declarará a
pessoa cerimonialmente pura. 38"Se um homem ou uma mulher
tiver manchas brancas na pele, 39o sacerdote examinará a região
afetada. Se constatar que as manchas brancas são opacas, é uma
simples erupção de pele, e a pessoa está cerimonialmente pura.
40"Se os cabelos de um homem caírem e ele ficar calvo, continua
cerimonialmente puro. 41Se caírem os cabelos da parte da frente
da cabeça, ele simplesmente ficou calvo na frente e continua puro.
42Mas, se uma ferida branca avermelhada aparecer na região cal-
va no alto ou na parte de trás da cabeça, é lepra. 43O sacerdote o
examinará e, se constatar que há inchaço ao redor da ferida branca
avermelhada em qualquer parte da calva do homem com aparência
de lepra, 44o homem está, de fato, infectado com lepra e está im-
puro. O sacerdote o declarará cerimonialmente impuro por causa
da ferida na cabeça. 45"Quem sofrer de lepra rasgará as roupas e
deixará o cabelo despenteado. Cobrirá a boca e gritará: 'Impuro!
Impuro!'. 46Enquanto durar a lepra, ficará cerimonialmente impuro
e viverá isolado, fora do acampamento."

O procedimento para roupas contaminadas

47"Quando o mofo contaminar uma peça de roupa de lã ou de linho,
48um tecido de lã ou de linho, a pele de um animal ou qualquer
objeto de couro, 49e quando a região contaminada da roupa, da
pele do animal, do tecido liso ou trançado, ou do artigo de couro se
tornar esverdeada ou avermelhada, está contaminada com mofo e
deverá ser mostrada ao sacerdote. 50Depois de examinar a região
afetada, o sacerdote isolará o objeto afetado por sete dias. 51No
sétimo dia, examinará o objeto novamente. Se a região afetada
tiver se espalhado, a peça de roupa, o tecido liso ou trançado ou o
artigo de couro foi, sem dúvida, contaminado por mofo corrosivo
e está cerimonialmente impuro. 52O sacerdote queimará a peça
de roupa, o tecido de lã ou de linho ou o artigo de couro, pois foi

NO QUE ESTOU **PENSANDO** ○ | O QUE ESTOU **SENTINDO** ○ | DO QUE ESTOU **LEMBRANDO** ○

DESENHE OU ESCREVA

contaminado por mofo corrosivo. Deve ser completamente des-
truído com fogo. 53"Se, contudo, o sacerdote examinar o objeto e
constatar que a região contaminada não se espalhou pela peça de
roupa, pelo tecido liso ou trançado, ou pelo artigo de couro, 54orde-
nará que o objeto seja lavado e, depois, isolado por mais sete dias.
55O sacerdote examinará novamente o objeto depois de lavado.
Se constatar que a região contaminada não mudou de cor depois
de ser lavada, mesmo que a mancha não tenha se espalhado, o
objeto está contaminado. Deve ser completamente queimado, quer
o mofo esteja do lado de dentro ou de fora. 56Mas, se o sacerdote
examinar o objeto e constatar que a região contaminada diminuiu
depois de ser lavada, cortará a mancha da peça de roupa, do tecido
liso ou trançado, ou do couro. 57Se a mancha reaparecer na peça de
roupa, no tecido liso ou trançado, ou no artigo de couro, é evidente
que o mofo está se espalhando, e o objeto contaminado deverá
ser queimado. 58Se, contudo, a mancha desaparecer da peça de
roupa, do tecido, ou do artigo de couro depois de ter sido lavado,
o objeto será lavado novamente e, por fim, estará cerimonialmente
puro. 59"Essas são as instruções referentes ao mofo que contamina
roupas de lã ou linho, tecidos lisos ou trançados ou qualquer objeto
de couro. É dessa forma que o sacerdote determinará se os objetos
estão cerimonialmente puros ou impuros".

CAPÍTULO 14

A purificação das doenças de pele

1O SENHOR disse a Moisés: 2"Estas são as instruções a respeito da
purificação da pessoa com lepra. Ela deverá comparecer perante o
sacerdote, 3que a levará para fora do acampamento e examinará a
infecção. Se o sacerdote constatar que a lepra foi curada, 4realizará
uma cerimônia de purificação usando duas aves vivas cerimonial-
mente puras, um pedaço de madeira de cedro, um pano vermelho
e um ramo de hissopo. 5O sacerdote mandará matar uma das aves
sobre uma vasilha de barro cheia de água limpa. 6Em seguida,
pegará a ave viva, o pedaço de madeira de cedro, o pano vermelho
e o ramo de hissopo e os molhará no sangue da ave que foi morta
sobre a água limpa. 7Depois disso, o sacerdote aspergirá sete vezes
o sangue da ave morta sobre a pessoa que está sendo purificada
da lepra. Quando o sacerdote tiver purificado a pessoa, soltará a

ave viva em campo aberto. 8"A pessoa que está sendo purificada
lavará suas roupas, raspará todos os pelos e se banhará com água.
Estará cerimonialmente pura e poderá voltar ao acampamento.
Contudo, ficará fora de sua tenda por sete dias. 9No sétimo dia,
raspará novamente todos os pelos, cabelos, pelos faciais e sobran-
celhas. Lavará também suas roupas e se banhará com água. Desse
modo, estará cerimonialmente pura. 10"No oitavo dia, a pessoa
que está sendo purificada trará dois cordeiros sem defeito e uma
cordeira de um ano e sem defeito, junto com uma oferta de cereal
de seis litros de farinha da melhor qualidade umedecida com azeite
e uma caneca de azeite. 11O sacerdote encarregado da cerimônia
apresentará a pessoa a ser purificada, junto com as ofertas, diante
do SENHOR, à entrada da tenda do encontro. 12O sacerdote pegará
um dos cordeiros e o azeite e os apresentará como oferta pela culpa,
movendo-os para o alto como oferta especial para o SENHOR. 13Em
seguida, matará o cordeiro no lugar sagrado onde são mortos os
animais para as ofertas pelo pecado e para os holocaustos. Assim
como a oferta pelo pecado, a oferta pela culpa pertence ao sacer-
dote. É uma oferta santíssima. 14Depois disso, o sacerdote pegará
um pouco do sangue da oferta pela culpa e o colocará na ponta da
orelha direita, no polegar da mão direita e no polegar do pé direito
da pessoa que está sendo purificada. 15"O sacerdote também colo-
cará um pouco do azeite na palma de sua mão esquerda. 16Molhará
o dedo direito no azeite na palma da mão esquerda e com ele
aspergirá sete vezes diante do SENHOR. 17Parte do azeite que está
em sua mão ele colocará na ponta da orelha direita, no polegar da
mão direita e no polegar do pé direito da pessoa que está sendo
purificada, em cima do sangue da oferta pela culpa. 18O sacerdote
colocará o azeite restante em sua mão na cabeça da pessoa que
está sendo purificada. Desse modo, o sacerdote fará expiação pela
pessoa diante do SENHOR. 19"Então o sacerdote apresentará a oferta
pelo pecado para fazer expiação pela pessoa que foi curada da
lepra. Em seguida, o sacerdote matará o animal para o holocausto
20e o apresentará sobre o altar junto com a oferta de cereal. Desse
modo, o sacerdote fará expiação pela pessoa que foi curada, e ela
ficará cerimonialmente pura. 21"Quem for muito pobre e não tiver
recursos para apresentar essas ofertas poderá levar um cordeiro
para a oferta pela culpa, que será movido para o alto como oferta

NO QUE ESTOU **PENSANDO** ○ | O QUE ESTOU **SENTINDO** ○ | DO QUE ESTOU **LEMBRANDO** ○

DESENHE OU ESCREVA

especial para a purificação. Levará também dois litros de farinha
da melhor qualidade umedecida com azeite para a oferta de cereal
e uma caneca de azeite. 22A oferta incluirá ainda duas rolinhas ou
dois pombinhos, de acordo com os recursos da pessoa. Uma das
aves será usada para a oferta pelo pecado, e a outra, para o holo-
causto. 23No oitavo dia da cerimônia de purificação, a pessoa que
está sendo purificada levará as ofertas ao sacerdote na presença
do SENHOR, à entrada da tenda do encontro. 24O sacerdote pegará
o cordeiro para a oferta pela culpa, junto com o azeite, e os moverá
para o alto como oferta especial para o SENHOR. 25Depois disso, o
sacerdote matará o cordeiro para a oferta pela culpa. Pegará um
pouco do sangue e o colocará na ponta da orelha direita, no pole-
gar da mão direita e no polegar do pé direito da pessoa que está
sendo purificada. 26"O sacerdote também derramará um pouco do
azeite na palma de sua mão esquerda. 27Molhará o dedo direito
no azeite na palma de sua mão esquerda e com ele aspergirá sete
vezes diante do SENHOR. 28Parte do azeite que está em sua mão
ele colocará na ponta da orelha direita, no polegar da mão direita
e no polegar do pé direito da pessoa que está sendo purificada,
em cima do sangue da oferta pela culpa. 29O sacerdote colocará o
azeite restante em sua mão na cabeça da pessoa que está sendo
purificada. Desse modo, o sacerdote fará expiação pela pessoa dian-
te do SENHOR. 30"Então o sacerdote oferecerá as duas rolinhas ou
os dois pombinhos, de acordo com os recursos da pessoa. 31Uma
das aves é uma oferta pelo pecado, e a outra é um holocausto;
serão apresentadas junto com a oferta de cereal. Desse modo, o
sacerdote fará expiação pela pessoa diante do SENHOR. 32Essas são
as instruções para a purificação daqueles que se recuperaram da
lepra, mas que não têm recursos para levar as ofertas requeridas
para a cerimônia de purificação".

O procedimento para casas contaminadas

33Então o SENHOR disse a Moisés e a Arão: 34"Quando chegarem a
Canaã, a terra que eu lhes dou como propriedade, e eu contaminar
com manchas de mofo algumas das casas de sua terra, 35o dono
de uma dessas casas irá ao sacerdote e dirá: 'Minha casa parece
ter manchas de mofo'. 36Antes de entrar para examinar a casa,
o sacerdote mandará esvaziá-la, a fim de que nada dentro dela

Lv

seja declarado cerimonialmente impuro. Em seguida, entrará na
casa 37e examinará o mofo nas paredes. Se encontrar manchas
esverdeadas ou avermelhadas e a contaminação parecer mais pro-
funda que a superfície da parede, 38o sacerdote sairá pela porta e
isolará a casa por sete dias. 39No sétimo dia, o sacerdote voltará
para examiná-la. Se constatar que as manchas se espalharam nas
paredes, 40o sacerdote ordenará que as pedras das áreas afeta-
das sejam removidas e levadas para fora da cidade, até um lugar
cerimonialmente impuro. 41Depois disso, as paredes internas da
casa serão inteiramente raspadas, e o material raspado será jogado
num lugar impuro fora da cidade. 42Outras pedras serão trazidas
para substituir as que foram removidas, e as paredes serão rebo-
cadas com barro novo. 43"Se, contudo, o mofo reaparecer depois
de todas as pedras terem sido substituídas e de a casa ter sido
raspada e rebocada de novo, 44o sacerdote voltará e examinará
a casa. Se constatar que as manchas de mofo se espalharam, é
evidente que as paredes foram contaminadas por mofo corrosivo,
e a casa está impura. 45Será demolida e suas pedras, madeiras e
todo o seu reboco serão levados para fora da cidade, até um lugar
cerimonialmente impuro. 46Quem entrar na casa durante o período
de isolamento ficará cerimonialmente impuro até o entardecer.
47Quem dormir ou comer na casa deverá lavar suas roupas. 48"Se,
contudo, o sacerdote voltar para examinar a casa e constatar que as
manchas de mofo não reapareceram depois de colocado o reboco
novo, ele a declarará pura, pois é evidente que o mofo desapare-
ceu. 49A fim de purificar a casa, o sacerdote pegará duas aves, um
pedaço de madeira de cedro, um pano vermelho e um ramo de
hissopo. 50Matará uma das aves sobre uma vasilha de barro cheia
de água limpa. 51Pegará o pedaço de madeira de cedro, o ramo
de hissopo, o pano vermelho e a ave viva e os molhará no sangue
da ave morta e na água limpa. Em seguida, aspergirá a mistura
sobre a casa sete vezes. 52Quando o sacerdote tiver purificado a casa
exatamente dessa forma, 53soltará a ave viva em campo aberto fora
da cidade. Desse modo, o sacerdote fará expiação pela casa, e ela
ficará cerimonialmente pura. 54"Essas são as instruções para lidar
com a lepra, incluindo feridas de sarna, 55com manchas de mofo
sobre peças de roupa ou numa casa, 56e com inchaços, erupções
ou descolorações da pele. 57Esse procedimento determinará se a
pessoa ou objeto está cerimonialmente puro ou impuro. "Essas são
as instruções a respeito da lepra e do mofo".

NO QUE ESTOU PENSANDO ○ | O QUE ESTOU SENTINDO ○ | DO QUE ESTOU LEMBRANDO ○

DESENHE OU ESCREVA

CAPÍTULO 15

Secreções corporais

1O Senhor disse a Moisés e a Arão: 2"Deem as seguintes instruções
ao povo de Israel. "Qualquer homem que tiver fluxo corporal estará
cerimonialmente impuro. 3A contaminação é causada pelo fluxo,
prosseguindo ou não. De qualquer modo, o homem está impuro. 4A
cama onde o homem com o fluxo se deitar e qualquer coisa sobre
a qual ele se sentar ficará cerimonialmente impura. 5Se alguém
tocar na cama dele, terá de lavar as roupas e banhar-se com água,
e ficará impuro até o entardecer. 6Se alguém se sentar onde ele
se sentou, terá de lavar as roupas e banhar-se com água, e ficará
impuro até o entardecer. 7Se alguém tocar nesse homem que tiver
fluxo, terá de lavar as roupas e banhar-se com água, e ficará impuro
até o entardecer. 8Se o homem cuspir em alguém cerimonialmente
puro, essa pessoa terá de lavar as roupas e banhar-se com água, e
ficará impura até o entardecer. 9Qualquer manta de sela sobre a
qual o homem se sentar quando cavalgar ficará cerimonialmente
impura. 10Se alguém tocar em qualquer coisa que tenha estado
debaixo dele, ficará impuro até o entardecer; terá de lavar as rou-
pas e banhar-se com água, e ficará impuro até o entardecer. 11Se
o homem tocar em alguém sem antes lavar as mãos, essa pessoa
terá de lavar as roupas e banhar-se com água, e ficará impura até
o entardecer. 12Qualquer vasilha de barro em que o homem tocar
terá de ser quebrada, e qualquer utensílio de madeira em que o
homem tocar terá de ser lavado com água. 13"Quando o fluxo do
homem cessar, ele contará sete dias para o período de purificação.
Em seguida, lavará suas roupas e se banhará em água limpa, e
ficará cerimonialmente puro. 14No oitavo dia, pegará duas rolinhas
ou dois pombinhos, se apresentará diante do Senhor à entrada da
tenda do encontro e entregará suas ofertas ao sacerdote. 15O sacer-
dote apresentará uma ave como oferta pelo pecado, e a outra, como
holocausto. Desse modo, o sacerdote fará expiação pelo homem
diante do Senhor por causa do fluxo. 16"Quando um homem expe-
lir sêmen, lavará o corpo todo com água e ficará cerimonialmente
impuro até o entardecer. 17Qualquer peça de roupa ou de couro

que tiver sêmen será lavada com água, e ficará impura até o entar-
decer. **18**Depois que um homem e uma mulher tiverem relações
sexuais, ambos terão de banhar-se com água, e ficarão impuros até
o entardecer. **19**"Quando uma mulher tiver sua menstruação, ficará
cerimonialmente impura por sete dias. Quem tocar nela durante
esse período ficará impuro até o entardecer. **20**Qualquer coisa sobre
a qual a mulher se deitar ou se sentar durante a menstruação ficará
cerimonialmente impura. **21**Se alguém tocar na cama dela, terá de
lavar as roupas e banhar-se com água, e ficará impuro até o entarde-
cer. **22**Se alguém tocar em alguma coisa sobre a qual ela se sentou,
terá de lavar as roupas e banhar-se com água, e ficará impuro até
o entardecer. **23**Isso inclui a cama e qualquer outro objeto sobre o
qual ela tenha se sentado; se alguém os tocar, ficará impuro até
o entardecer. **24**Se um homem tiver relações sexuais com ela e o
sangue dela o tocar, a impureza menstrual será transmitida para
ele; ficará impuro por sete dias, e qualquer cama onde ele se deitar
ficará impura. **25**"Se uma mulher tiver por muitos dias um fluxo de
sangue que não seja sua menstruação normal, ou se ela continuar
a sangrar depois da menstruação normal, ficará cerimonialmente
impura. Enquanto durar o sangramento, a mulher ficará impura,
como acontece durante a menstruação. **26**Qualquer cama onde ela
se deitar e qualquer objeto sobre o qual ela se sentar durante esse
período ficará impuro, como em sua menstruação normal. **27**Se
alguém tocar nessas coisas ficará cerimonialmente impuro. Terá de
lavar as roupas e banhar-se com água, e ficará impuro até o entar-
decer. **28**"Quando o sangramento da mulher parar, ela contará sete
dias e depois estará cerimonialmente pura. **29**No oitavo dia, tomará
duas rolinhas ou dois pombinhos e os entregará ao sacerdote à
entrada da tenda do encontro. **30**O sacerdote apresentará uma das
aves como oferta pelo pecado, e a outra, como holocausto. Desse
modo, o sacerdote fará expiação por ela diante do SENHOR por causa
da impureza cerimonial causada pelo sangramento. **31**"Agindo as-
sim, você manterá os israelitas separados da impureza cerimonial.
Do contrário, eles morreriam, pois sua impureza contaminaria meu
tabernáculo que está no meio deles. **32**Essas são as instruções re-
ferentes a qualquer pessoa que tenha um fluxo que sai do corpo,
seja um homem que está impuro por expelir sêmen **33**ou uma
mulher durante sua menstruação. Aplicam-se a qualquer homem

NO QUE ESTOU **PENSANDO** ○ O QUE ESTOU **SENTINDO** ○ DO QUE ESTOU **LEMBRANDO** ○

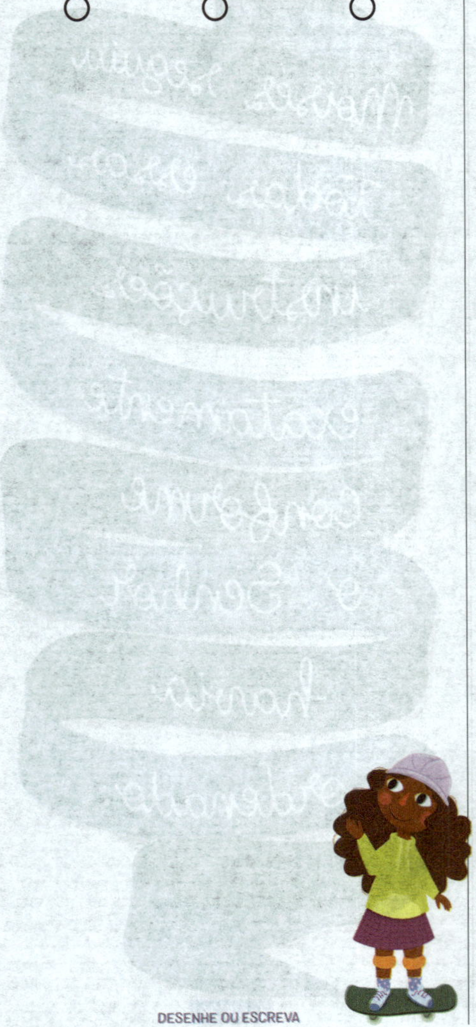

DESENHE OU ESCREVA

ou mulher que tiver fluxo e ao homem que tiver relações sexuais
com uma mulher cerimonialmente impura".

CAPÍTULO 16

O Dia da Expiação

1O SENHOR falou com Moisés depois que os dois filhos de Arão
morreram ao entrar na presença do SENHOR. **2**Disse o SENHOR a
Moisés: "Avise seu irmão Arão que não entre quando bem entender
no lugar santíssimo, atrás da cortina interna; se o fizer, morrerá.
Ali fica a tampa da arca, o lugar de expiação, e eu mesmo estou
presente na nuvem sobre a tampa da arca. **3**"Quando Arão entrar
no santuário, seguirá todas estas instruções. Levará um novilho
para oferta pelo pecado e um carneiro para holocausto. **4**Vestirá a
túnica sagrada de linho e a roupa de baixo de linho, diretamente
sobre a pele. Amarrará na cintura o cinturão de linho e colocará na
cabeça o turbante de linho. As roupas são sagradas, de modo que
ele deverá se banhar com água antes de vesti-las. **5**Arão receberá
da comunidade de Israel dois bodes para uma oferta pelo pecado
e um carneiro para um holocausto. **6**"Arão apresentará seu próprio
novilho como oferta pelo pecado para fazer expiação por si mesmo
e por sua família. **7**Em seguida, pegará os dois bodes e os apre-
sentará ao SENHOR à entrada da tenda do encontro. **8**Depois, fará
um sorteio para determinar qual bode será separado como oferta
para o SENHOR e qual levará os pecados do povo para o deserto de
Azazel. **9**Então Arão apresentará ao SENHOR o bode escolhido por
sorteio e o sacrificará como oferta pelo pecado. **10**O outro animal,
o bode escolhido por sorteio para ser enviado para o deserto, será
apresentado vivo diante do SENHOR. Ao ser enviado para Azazel no
deserto, servirá para fazer expiação pelo povo. **11**"Arão apresentará
seu próprio novilho como oferta pelo pecado para fazer expiação
por si mesmo e por sua família. Depois de matar o novilho como
oferta pelo pecado, **12**pegará um incensário e o encherá com brasas
ardentes do altar que está diante do SENHOR. Pegará também dois
punhados do incenso perfumado em pó e levará o incensário e o
incenso para trás da cortina interna. **13**Ali, na presença do SENHOR,
colocará o incenso sobre as brasas ardentes, para que uma nuvem
de incenso se eleve sobre a tampa da arca, o lugar de expiação, que
está sobre a arca da aliança. Se seguir essas instruções, não morrerá.

14 Depois, pegará um pouco do sangue do novilho, molhará nele o dedo e aspergirá o lado leste da tampa. Então, com o dedo, aspergirá com o sangue sete vezes diante da tampa. 15 "Arão matará o primeiro bode como oferta pelo pecado em favor do povo e levará o sangue para trás da cortina interna. Ali, aspergirá o sangue do bode sobre a tampa e diante dela, como fez com o sangue do novilho. 16 Desse modo, fará expiação pelo lugar santíssimo e fará o mesmo com toda a tenda do encontro por causa da contaminação pelo pecado e da rebeldia do povo. 17 Ninguém mais poderá ficar na tenda do encontro quando Arão entrar para realizar a cerimônia de expiação no lugar santíssimo. Ninguém entrará até que ele saia depois de fazer expiação por si mesmo, por sua família e por toda a comunidade de Israel. 18 "Em seguida, Arão sairá para fazer expiação pelo altar que está diante do Senhor. Para isso, pegará um pouco do sangue do novilho e do bode e o colocará em cada ponta do altar. 19 Então, com o dedo, aspergirá o sangue sete vezes sobre o altar. Desse modo, ele o purificará da contaminação dos israelitas e o tornará santo. 20 "Quando Arão terminar de fazer expiação pelo lugar santíssimo, pela tenda do encontro e pelo altar, apresentará o bode vivo. 21 Colocará as duas mãos sobre a cabeça do bode e confessará sobre ele toda a maldade, a rebeldia e os pecados dos israelitas. Assim, transferirá os pecados do povo para a cabeça do bode. Depois, um homem escolhido especialmente para essa tarefa levará o bode para o deserto. 22 Ao sair para o deserto, o bode levará sobre si todos os pecados do povo para um lugar distante. 23 "Quando Arão voltar para dentro da tenda do encontro, tirará as roupas de linho que vestia ao entrar no lugar santíssimo e as deixará ali. 24 Ele se banhará com água num lugar sagrado, vestirá suas roupas habituais e sairá para apresentar um holocausto para si mesmo e um holocausto para o povo. Desse modo, fará expiação por si mesmo e pelo povo. 25 Por fim, queimará no altar toda a gordura da oferta pelo pecado. 26 "O homem escolhido para levar o bode expiatório para o deserto de Azazel lavará suas roupas e se banhará com água antes de voltar ao acampamento. 27 "O novilho e o bode apresentados como ofertas pelo pecado, cujo sangue Arão trouxer ao lugar santíssimo para a cerimônia de expiação, serão levados para fora do acampamento. O couro, a carne e os excrementos dos animais serão queimados. 28 O homem que os

Lv 16.34

queimar lavará suas roupas e se banhará com água antes de voltar ao acampamento. 29 "No décimo dia do sétimo mês, vocês se humilharão. Nem os israelitas de nascimento nem os estrangeiros que vivem entre vocês farão qualquer tipo de trabalho. Essa é uma lei permanente para vocês. 30 Nesse dia, serão apresentadas ofertas de expiação por vocês, a fim de purificá-los, e vocês serão purificados de todos os seus pecados na presença do Senhor. 31 Será um sábado de descanso absoluto, no qual se humilharão. Essa é uma lei permanente para vocês. 32 Nas gerações futuras, a cerimônia de expiação será realizada pelo sacerdote ungido e consagrado para servir como sacerdote no lugar de seu antepassado Arão. Ele vestirá as roupas sagradas de linho 33 e fará expiação pelo lugar santíssimo, pela tenda do encontro, pelo altar, pelos sacerdotes e por toda a comunidade. 34 Essa é uma lei permanente para vocês, para que se faça expiação pelos pecados dos israelitas uma vez por ano". Moisés seguiu todas essas instruções exatamente conforme o Senhor havia ordenado.

CAPÍTULO 17

Normas sobre o sangue

1 Então o Senhor disse a Moisés: 2 "Dê as seguintes instruções a Arão, a seus filhos e a todo o povo de Israel. Isto é o que o Senhor ordenou. 3 "Se algum israelita de nascimento sacrificar um boi, um cordeiro ou um cabrito em qualquer lugar dentro ou fora do acampamento 4 em vez de levá-lo à entrada da tenda do encontro e apresentá-lo como oferta ao Senhor, será tão culpado quanto um assassino. Derramou sangue e será eliminado do meio do povo. 5 A finalidade é evitar que os israelitas sacrifiquem animais em campo aberto. Isso garantirá que levem os sacrifícios ao sacerdote à entrada da tenda do encontro, para que ele os apresente ao Senhor como ofertas de paz. 6 Então o sacerdote derramará o sangue no altar do Senhor à entrada da tenda do encontro e queimará a gordura como aroma agradável ao Senhor. 7 Não deverão mais oferecer sacrifícios a ídolos em forma de bode, cometendo prostituição. Essa é uma lei permanente para eles e deverá ser cumprida de geração em geração. 8 "Dê-lhes também a seguinte ordem. Se um israelita de nascimento ou um estrangeiro que vive entre vocês apresentar um holocausto ou outro sacrifício, 9 mas não o trouxer

à entrada da tenda do encontro para oferecê-lo ao SENHOR, será
eliminado do meio do povo. 10"Se algum israelita de nascimento ou
um estrangeiro que vive entre vocês comer sangue, sob qualquer
circunstância, eu me voltarei contra ele e o eliminarei do meio do
povo, 11pois a vida do corpo está no sangue. Eu lhes dei o sangue
no altar para fazer expiação por vocês. É o sangue oferecido que faz
a expiação em lugar de uma vida. 12Por isso eu disse aos israelitas:
'Jamais comam sangue, nem vocês, nem os estrangeiros que vivem
entre vocês'. 13"Se um israelita de nascimento ou um estrangeiro
que vive entre vocês sair para caçar e matar um animal ou uma ave
que lhes é permitido comer, deixará o sangue do animal escorrer e
o cobrirá com terra. 14A vida de toda criatura está no sangue. Por isso
eu disse aos israelitas: 'Jamais comam sangue, pois a vida de toda
criatura está no sangue'. Quem consumir sangue será eliminado.
15"E, se um israelita de nascimento ou um estrangeiro comer a car-
ne de um animal que morreu de forma natural ou foi despedaçado
por animais selvagens, lavará as roupas e se banhará com água.
Ficará cerimonialmente impuro até o entardecer, mas depois disso
estará puro. 16Se, contudo, não lavar as roupas e não se banhar, será
castigado por causa de seu pecado".

CAPÍTULO 18

Práticas sexuais proibidas

1Então o SENHOR disse a Moisés: 2"Dê as seguintes instruções ao
povo de Israel. Eu sou o SENHOR, seu Deus. 3Portanto, não se com-
portem como o povo do Egito, onde vocês viviam, nem como o
povo de Canaã, para onde os estou levando. Não imitem o estilo
de vida deles. 4Obedeçam aos meus estatutos e cumpram os meus
decretos, pois eu sou o SENHOR, seu Deus. 5Sim, obedeçam aos
meus decretos e aos meus estatutos; quem os praticar viverá por
eles. Eu sou o SENHOR. 6"Jamais tenha relações sexuais com uma
parenta próxima, pois eu sou o SENHOR. 7"Não desonre seu pai,
tendo relações sexuais com sua mãe. Ela é sua mãe; não tenha re-
lações sexuais com ela. 8"Não tenha relações sexuais com nenhuma
das esposas de seu pai, pois isso desonraria seu pai. 9"Não tenha
relações sexuais com sua irmã ou meia-irmã, filha de seu pai ou
de sua mãe, nascida em sua casa ou em outra casa. 10"Não tenha
relações sexuais com sua neta, filha de seu filho ou de sua filha,

NO QUE ESTOU **PENSANDO** | O QUE ESTOU **SENTINDO** | DO QUE ESTOU **LEMBRANDO**

DESENHE OU ESCREVA

pois com isso você desonraria a si mesmo. 11"Não tenha relações
sexuais com a filha de nenhuma das esposas de seu pai, pois ela
é sua irmã. 12"Não tenha relações sexuais com sua tia, irmã de seu
pai, pois ela é parenta próxima de seu pai. 13"Não tenha relações
sexuais com sua tia, irmã de sua mãe, pois ela é parenta próxima de
sua mãe. 14"Não desonre seu tio, irmão de seu pai, tendo relações
sexuais com a mulher dele, pois ela é sua tia. 15"Não tenha relações
sexuais com sua nora; ela é mulher de seu filho, de modo que você
não deve ter relações sexuais com ela. 16"Não tenha relações sexu-
ais com a mulher de seu irmão, pois desonraria seu irmão. 17"Não
tenha relações sexuais com uma mulher e a filha dela. E não tome
a neta dela, filha do filho ou da filha dela, e tenha relações sexuais
com ela, pois são parentas próximas. Isso é perversão. 18"Enquanto
sua esposa estiver viva, não se case nem tenha relações sexuais
com a irmã dela, pois elas se tornariam rivais. 19"Não tenha re-
lações sexuais com uma mulher durante o período de impureza
menstrual dela. 20"Não tenha relações sexuais com a mulher do
seu próximo, contaminando-se com ela. 21"Não permita que ne-
nhum de seus filhos seja oferecido como sacrifício a Moloque. Não
desonre o nome do seu Deus. Eu sou o SENHOR. 22"Não pratique
a homossexualidade, tendo relações sexuais com outro homem
como se fosse com uma mulher. Isso é detestável. 23"Homem ne-
nhum deve se contaminar tendo relações sexuais com um animal.
E mulher nenhuma deve se oferecer para um animal macho para
ter relações com ele. Isso é depravação. 24"Não se contaminem de
nenhuma dessas formas, pois os povos que expulsarei da presença
de vocês se contaminaram com todas essas práticas. 25Uma vez que
a terra toda foi contaminada, castigarei seus habitantes. Farei a terra
vomitá-los. 26Obedeçam aos meus decretos e aos meus estatutos.
Não cometam nenhum desses atos detestáveis. Isso se aplica tanto
aos israelitas de nascimento como aos estrangeiros que vivem entre
vocês. 27"Todos esses atos detestáveis são praticados pelos povos
da terra para onde eu os estou levando, e foi assim que a terra
ficou contaminada. 28Por isso, não contaminem a terra e não lhe
deem motivo para vomitá-los, como fará com os povos que agora
vivem ali. 29Quem cometer algum desses pecados detestáveis será
eliminado do meio do povo. 30Portanto, obedeçam às minhas ins-
truções e não se contaminem por adotar alguma dessas práticas

detestáveis dos povos que viveram na terra antes de vocês. Eu sou
o SENHOR, seu Deus".

CAPÍTULO 19

Santidade na conduta pessoal

1 O SENHOR também disse a Moisés: **2** "Dê as seguintes instruções
a toda a comunidade de Israel. Sejam santos, pois eu, o SENHOR,
seu Deus, sou santo. **3** "Mostrem respeito, cada um de vocês, por
sua mãe e por seu pai; guardem também meus sábados. Eu sou
o SENHOR, seu Deus. **4** "Não depositem sua confiança em ídolos
nem façam para si imagens de metal representando deuses. Eu
sou o SENHOR, seu Deus. **5** "Quando sacrificarem uma oferta de
paz ao SENHOR, apresentem-na de forma apropriada, para que
sejam aceitos. **6** Comam o sacrifício no mesmo dia em que o ofe-
recerem, ou no dia seguinte. O que restar até o terceiro dia será
completamente queimado. **7** Se algo do sacrifício for comido no
terceiro dia, estará contaminado e não será aceito. **8** Quem o co-
mer no terceiro dia será castigado, pois contaminou aquilo que
é santo ao SENHOR, e será eliminado do meio do povo. **9** "Quando
fizerem a colheita de sua terra, não colham as espigas nos cantos
dos campos nem apanhem aquilo que os ceifeiros deixarem cair.
10 O mesmo se aplica à colheita da uva. Não cortem até o último
cacho de cada videira nem apanhem as uvas que caírem no chão.
Deixem-nas para os pobres e estrangeiros que vivem entre vocês.
Eu sou o SENHOR, seu Deus. **11** "Não roubem. "Não mintam nem
enganem uns aos outros. **12** "Não desonrem o nome do seu Deus,
usando-o para jurar falsamente. Eu sou o SENHOR. **13** "Não explorem
nem roubem o seu próximo. "Não fiquem até o dia seguinte com
o pagamento de seus empregados. **14** "Não insultem o surdo nem
façam o cego tropeçar. Temam o seu Deus. Eu sou o SENHOR. **15** "Não
distorçam a justiça em questões legais, favorecendo os pobres ou
tomando partido dos ricos e poderosos. Julguem sempre com im-
parcialidade. **16** "Não vivam como difamadores no meio do povo.
"Não fiquem de braços cruzados quando a vida do seu próximo
correr perigo. Eu sou o SENHOR. **17** "Não alimentem ódio no coração
contra algum de seus parentes. Confrontem sem rodeios aqueles
que errarem, para não serem responsabilizados pelo pecado deles.
18 "Não procurem se vingar nem guardem rancor de alguém do seu
povo, mas cada um ame o seu próximo como a si mesmo. Eu sou
o SENHOR. **19** "Obedeçam a todos os meus decretos. "Não cruzem
dois animais de espécies diferentes. Não plantem em seu campo
duas espécies de sementes. Não usem roupas tecidas com dois
tipos de pano. **20** "Se um homem tiver relações sexuais com uma
escrava cuja liberdade não foi comprada, mas que está prometida
para ser mulher de outro, indenizará totalmente o senhor da es-
crava. Uma vez que ela não é livre, nem o homem nem a mulher
serão mortos. **21** O homem levará um carneiro como oferta pela
culpa e o apresentará ao SENHOR à entrada da tenda do encontro.
22 O sacerdote fará expiação por ele com o carneiro da oferta pela
culpa, e seu pecado será perdoado. **23** "Quando entrarem na terra
e plantarem árvores frutíferas de todo tipo, não colham os frutos
nos três primeiros anos. Considerem esses frutos proibidos e não
os comam. **24** No quarto ano, consagrem toda a colheita ao SENHOR
como uma celebração de louvor. **25** Por fim, no quinto ano, vocês
poderão comer os frutos. Se procederem desse modo, sua colheita
aumentará. Eu sou o SENHOR, seu Deus. **26** "Não comam carne em
que ainda houver sangue. "Não pratiquem adivinhação nem fei-
tiçaria. **27** "Não cortem o cabelo dos lados da cabeça nem raspem
a barba rente à pele. **28** "Quando lamentarem a morte de alguém,
não façam cortes no corpo nem marcas na pele. Eu sou o SENHOR.
29 "Ninguém contamine sua filha tornando-a uma prostituta, pois
a terra ficaria cheia de prostituição e perversão. **30** "Guardem meus
sábados e tratem meu santuário com reverência. Eu sou o SENHOR.
31 "Não se contaminem procurando médiuns e os que consultam os
espíritos dos mortos. Eu sou o SENHOR, seu Deus. **32** "Levantem-se
na presença dos idosos e honrem os anciãos. Temam o seu Deus.
Eu sou o SENHOR. **33** "Não se aproveitem dos estrangeiros que vivem
entre vocês na terra. **34** Tratem-nos como se fossem israelitas de
nascimento e amem-nos como a si mesmos. Lembrem-se de que
vocês eram estrangeiros quando moravam na terra do Egito. Eu sou
o SENHOR, seu Deus. **35** "Não usem medidas desonestas ao medi-
rem comprimento, peso ou volume. **36** Suas balanças e seus pesos
devem ser exatos, assim como suas vasilhas para medir produtos
secos ou líquidos. Eu sou o SENHOR, seu Deus, que os tirou da terra
do Egito. **37** "Obedeçam a todos os meus decretos e a todos os meus
estatutos pondo-os em prática. Eu sou o SENHOR".

Lv 19.3

CAPÍTULO 20

Castigos pela desobediência

1O Senhor disse a Moisés: 2"Dê as seguintes instruções ao povo
de Israel. Elas se aplicam tanto aos israelitas de nascimento como
aos estrangeiros que vivem em Israel. "Se algum deles oferecer
seus filhos como sacrifício a Moloque, será executado. Os membros
da comunidade o apedrejarão até que ele morra. 3Eu mesmo me
voltarei contra ele e o eliminarei do meio do povo, pois contaminou
meu santuário e desonrou meu nome santo ao oferecer seus filhos
a Moloque. 4E, se os membros da comunidade fizerem vista grossa
àquele que ofereceu seus filhos a Moloque e se recusarem a execu-
tá-lo, 5eu mesmo me voltarei contra ele e sua família. Eu eliminarei
do meio do povo tanto aquele homem como os que o seguiram em
sua prostituição, no culto a Moloque. 6"Também me voltarei contra
aqueles que procuram médiuns ou que consultam os espíritos dos
mortos, cometendo prostituição. Eu os eliminarei do meio do povo.
7Portanto, consagrem-se e sejam santos, pois eu sou o Senhor, seu
Deus. 8Guardem meus decretos pondo-os em prática, pois eu sou o
Senhor, que os santifica. 9"Quem ofender a honra de seu pai ou sua
mãe será executado; decretou a própria morte quando amaldiçoou
seus pais. 10"Se um homem cometer adultério com a mulher do
seu próximo, o homem e a mulher que cometeram adultério serão
executados. 11"Se um homem desonrar seu pai tendo relações se-
xuais com qualquer das esposas de seu pai, o homem e a mulher
serão executados; decretaram a própria morte. 12"Se um homem
tiver relações sexuais com sua nora, ambos serão executados, pois
cometeram uma depravação; decretaram a própria morte. 13"Se
um homem adotar práticas homossexuais e tiver relações sexuais
com outro homem como se fosse com uma mulher, os dois come-
tem um ato detestável e serão executados; decretaram a própria
morte. 14"Se um homem se casar com uma mulher e com a mãe
dela, comete uma perversão; o homem e as duas mulheres serão
queimados vivos para acabar com a perversidade entre vocês. 15"Se
um homem tiver relações sexuais com um animal, ele deverá ser
executado, e o animal será morto. 16"Se uma mulher se entregar a
um animal macho para ter relações sexuais com ele, tanto ela como
o animal serão executados. Matem ambos; decretaram a própria
morte. 17"Se um homem se casar com sua irmã, filha de seu pai ou

NO QUE ESTOU **PENSANDO** ○ | O QUE ESTOU **SENTINDO** ○ | DO QUE ESTOU **LEMBRANDO** ○

DESENHE OU ESCREVA

de sua mãe, e se tiverem relações sexuais, cometeram uma infâmia.
Ambos serão eliminados do meio do povo, à vista de todos. Uma vez
que o homem desonrou sua irmã, será castigado por causa de seu
pecado. 18"Se um homem tiver relações sexuais com uma mulher
durante a menstruação, ambos serão eliminados do meio do povo,
pois, juntos, expuseram a fonte do fluxo de sangue da mulher.
19"Não tenha relações sexuais com sua tia, irmã de sua mãe ou
de seu pai, pois causaria desonra a uma parenta próxima. As duas
partes são culpadas e serão castigadas por causa de seu pecado.
20"Se um homem tiver relações sexuais com a mulher de seu tio,
desonrou seu tio. O homem e a mulher serão castigados por causa
de seu pecado e morrerão sem filhos. 21"Se um homem se casar
com a mulher de seu irmão, comete um ato de impureza. Desonrou
seu irmão, e o casal culpado ficará sem filhos. 22"Guardem todos os
meus decretos e todos os meus estatutos pondo-os em prática; do
contrário, a terra para onde os estou levando para ser seu novo lar
os vomitará. 23Não vivam de acordo com os costumes dos povos
que expulsarei de diante de vocês. Eu os detesto porque praticam
essas coisas vergonhosas. 24A vocês, porém, prometi: 'Possuirão a
terra deles, pois a darei a vocês como sua propriedade, uma terra
que produz leite e mel com fartura'. Eu sou o Senhor, seu Deus, que
os separou de todos os outros povos. 25"Portanto, façam distinção
entre animais puros e impuros e entre aves puras e impuras. Não se
contaminem com nenhum animal, ave ou criatura que rasteja pelo
chão; eu determinei o que é impuro para vocês. 26Sejam santos,
pois eu, o Senhor, sou santo. Separei-os de todos os outros povos
para serem meus. 27"Os homens e mulheres entre vocês que forem
médiuns ou que consultam espíritos dos mortos serão apedrejados
até morrer; decretaram a própria morte".

CAPÍTULO 21

Instruções para os sacerdotes

1O Senhor disse a Moisés: "Dê as seguintes instruções aos sacer-
dotes, os filhos de Arão. "Nenhum sacerdote deverá se tornar ceri-
monialmente impuro por causa da morte de alguém do povo. 2As
únicas exceções são seus parentes mais próximos: mãe ou pai, filho
ou filha, irmão 3ou irmã virgem que dependa dele, uma vez que
não tem marido. Nesse caso, poderá contaminar-se. 4O sacerdote

não deverá contaminar-se e tornar-se cerimonialmente impuro por
causa de algum parente de sua esposa. 5"Os sacerdotes não raspa-
rão a cabeça, não rasparão a barba rente à pele, nem farão cortes
no corpo. 6Serão consagrados ao seu Deus e jamais desonrarão o
nome de Deus, pois são eles que apresentam as ofertas especiais
para o SENHOR, ofertas de alimento para o seu Deus. 7"Os sacerdo-
tes não se casarão com uma mulher contaminada pela prostituição,
nem se casarão com uma mulher divorciada do marido, pois o
sacerdote é consagrado ao seu Deus. 8Tratem-no como santo, pois
ele traz as ofertas de alimento perante o seu Deus. Considerem-no
santo, pois eu, o SENHOR, sou santo e santifico vocês. 9"Se a filha de
um sacerdote se tornar prostituta e, desse modo, se contaminar,
também contamina a santidade de seu pai e deverá morrer quei-
mada. 10"O sumo sacerdote ocupa a posição mais elevada entre
todos os sacerdotes. O óleo da unção foi derramado sobre sua ca-
beça, e ele foi consagrado para vestir as roupas sacerdotais. Nunca
deixará o cabelo despenteado nem rasgará suas roupas em sinal
de luto. 11Não se contaminará por aproximar-se de um cadáver. Não
se tornará cerimonialmente impuro nem mesmo por causa de seu
pai ou de sua mãe. 12Não deixará o santuário, nem contaminará
o santuário do seu Deus, pois foi consagrado pelo óleo da unção
de seu Deus. Eu sou o SENHOR. 13"O sumo sacerdote somente se
casará com uma virgem. 14Não se casará com uma viúva, nem com
uma mulher divorciada, nem com uma mulher contaminada pela
prostituição. Sua esposa deverá ser uma virgem de seu próprio
clã, 15para que ele não desonre seus descendentes entre o povo,
pois eu sou o SENHOR, que o santifico". 16Então o SENHOR disse a
Moisés: 17"Dê as seguintes instruções a Arão. Nas gerações futuras,
nenhum de seus descendentes portador de algum defeito físico
estará qualificado para trazer ofertas de alimento ao seu Deus.
18Nenhum homem que tenha algum defeito estará qualificado,
seja ele cego, aleijado, mutilado ou deformado, 19ou tenha o pé
ou braço quebrado, 20ou seja corcunda, ou anão, ou tenha um
olho defeituoso, ou feridas na pele ou sarna, ou testículos defei-
tuosos. 21Nenhum descendente de Arão que tenha algum defeito
se aproximará do altar para apresentar ofertas especiais para o
SENHOR. Uma vez que tem defeito, não poderá se aproximar do
altar para trazer ofertas de alimento ao seu Deus. 22No entanto,

NO QUE ESTOU **PENSANDO** ○ | O QUE ESTOU **SENTINDO** ○ | DO QUE ESTOU **LEMBRANDO** ○

DESENHE OU ESCREVA

poderá comer do alimento oferecido a Deus, das ofertas santas e
das ofertas santíssimas. 23Mas, por causa de seu defeito físico, não
passará adiante da cortina interna nem se aproximará do altar, pois
contaminaria meus lugares santos. Eu sou o SENHOR, que santifico
esses lugares". 24Moisés deu essas instruções a Arão, a seus filhos
e a todos os israelitas.

CAPÍTULO 22

1O SENHOR disse a Moisés: 2"Diga a Arão e a seus filhos que te-
nham muito respeito pelas ofertas sagradas que os israelitas con-
sagrarem a mim, a fim de não desonrarem meu santo nome. Eu
sou o SENHOR. 3Dê a eles as seguintes instruções. "Nas gerações
futuras, se algum de seus descendentes estiver cerimonialmente
impuro ao se aproximar das ofertas sagradas que os israelitas con-
sagrarem ao SENHOR, ele será eliminado de minha presença. Eu
sou o SENHOR. 4"Se algum dos descendentes de Arão tiver lepra
ou qualquer tipo de fluxo que o torne cerimonialmente impuro,
não comerá das ofertas sagradas enquanto não for declarado puro.
Também se tornará impuro se tocar num cadáver, expelir sêmen,
5tocar num animal que rasteja pelo chão e seja impuro ou tocar
em alguém que, por qualquer motivo, esteja cerimonialmente
impuro. 6Quem se contaminar de alguma dessas formas ficará
impuro até o entardecer. Não comerá das ofertas sagradas en-
quanto não tiver se banhado com água. 7Depois do pôr do sol,
estará cerimonialmente puro outra vez e poderá comer das ofertas
sagradas, pois são seu alimento. 8Não comerá um animal que
morreu de forma natural ou que foi despedaçado por animais
selvagens, pois se contaminaria. Eu sou o SENHOR. 9"Os sacerdo-
tes obedecerão fielmente às minhas ordens. Do contrário, serão
culpados de pecado e morrerão, pois menosprezaram o que lhes
ordenei. Eu sou o SENHOR, que os santifica. 10"Ninguém de fora
da família do sacerdote comerá das ofertas sagradas. Nem mesmo
hóspedes e empregados da casa do sacerdote poderão comê-las.
11Mas, se o sacerdote comprar um escravo, esse escravo poderá
comer das ofertas sagradas. E, se o escravo tiver filhos, eles tam-
bém poderão comer de seu alimento. 12Se a filha do sacerdote
se casar com alguém de fora da família sacerdotal, não poderá
mais comer das ofertas sagradas. 13Se, contudo, ficar viúva ou

divorciar-se, sem ter filhos para sustentá-la, e voltar a morar na
casa do pai, como quando era jovem, poderá comer novamente
do alimento do pai. Com exceção desses casos, ninguém de fora
da família do sacerdote comerá das ofertas sagradas. 14"Se alguém
não autorizado comer das ofertas sagradas por engano, pagará ao
sacerdote aquilo que comeu, mais um quinto do valor. 15Os sacer-
dotes não contaminarão as ofertas sagradas apresentadas pelos
israelitas ao SENHOR, 16permitindo que sejam consumidas por
pessoas não autorizadas. Elas se tornariam culpadas e teriam de
fazer reparação. Eu sou o SENHOR, que os santifica".

Ofertas dignas e indignas

17O SENHOR também disse a Moisés: 18"Dê as seguintes instruções
a Arão, a seus filhos e a todo o povo de Israel. Elas se aplicam tanto
aos israelitas de nascimento como aos estrangeiros que vivem
entre vocês. "Se alguém apresentar ao SENHOR um holocausto,
seja como cumprimento de um voto ou como oferta voluntária,
19só será aceito se o animal oferecido for um macho sem defeito.
Poderá ser um boi, um carneiro ou um bode. 20Não apresentem
um animal defeituoso, pois o SENHOR não o aceitará em favor de
vocês. 21"Se alguém apresentar ao SENHOR uma oferta de paz,
seja como cumprimento de um voto ou como oferta voluntária,
escolha do gado ou do rebanho um animal perfeito, sem defeito
algum. 22Não ofereçam um animal cego, aleijado, ferido, ou que
tenha um quisto, um ferimento na pele, ou sarna. Nunca ofereçam
nenhum desses animais no altar como ofertas especiais para o
SENHOR. 23Se um boi ou um cordeiro tiver uma perna mais com-
prida ou mais curta que as outras, poderá ser apresentado como
oferta voluntária, mas não como cumprimento de um voto. 24Se
um animal tiver testículos danificados ou for castrado, não poderá
ser oferecido ao SENHOR. Nunca façam isso em sua própria terra
25e não recebam de estrangeiros animais como esses em paga-
mento, para depois oferecê-los como sacrifício a Deus. Não serão
aceitos em seu favor, pois são mutilados ou defeituosos". 26E o
SENHOR disse a Moisés: 27"Quando nascer um bezerro, cordeiro
ou cabrito, ficará sete dias com a mãe. Do oitavo dia em diante,
será aceitável como oferta especial para o SENHOR. 28Não matem
a mãe e sua cria no mesmo dia, seja uma vaca, uma ovelha ou

Lv 22.31

uma cabra. 29Quando levarem uma oferta de gratidão ao SENHOR,
sacrifiquem-na corretamente para que sejam aceitos. 30Comam
todo o animal sacrificado no dia em que for apresentado. Não
deixem parte alguma do animal até a manhã seguinte. Eu sou
o SENHOR. 31"Guardem fielmente meus mandamentos pondo-os
em prática, pois eu sou o SENHOR. 32Não desonrem meu santo
nome, pois demonstrarei minha santidade no meio dos israelitas.
Eu sou o SENHOR, que os santifica. 33Eu os libertei da terra do Egito
para ser o seu Deus. Eu sou o SENHOR".

CAPÍTULO 23

As festas de Israel

1O SENHOR disse a Moisés: 2"Dê as seguintes instruções ao povo de
Israel. Estas são as festas que o SENHOR estabeleceu e que vocês pro-
clamarão como reuniões sagradas. 3"Vocês têm seis dias na semana
para fazer os trabalhos habituais, mas o sétimo dia é o sábado, o
dia de descanso absoluto e de reunião sagrada. Não façam traba-
lho algum, pois é o sábado do SENHOR e deve ser guardado onde
quer que morarem. 4"Além do sábado, estas são as festas que o
SENHOR estabeleceu, as reuniões sagradas que serão celebradas
anualmente no devido tempo."

A Páscoa e a Festa dos Pães sem Fermento

5"A Páscoa do SENHOR começa ao entardecer do décimo quarto dia
do primeiro mês. 6No dia seguinte, o décimo quinto dia, come-
cem a celebrar a Festa dos Pães sem Fermento. Essa celebração em
homenagem ao SENHOR continuará por sete dias e, durante esse
tempo, o pão que comerem será preparado sem fermento. 7No
primeiro dia da festa, todos suspenderão seus trabalhos habituais
e realizarão uma reunião sagrada. 8Durante sete dias, apresentarão
ofertas especiais para o SENHOR. No sétimo dia, suspenderão nova-
mente seus trabalhos habituais para realizar uma reunião sagrada".

A Celebração do Início da Colheita

9O SENHOR disse a Moisés: 10"Dê as seguintes instruções ao povo
de Israel. Quando entrarem na terra que eu lhes dou e começarem
a primeira colheita, levem ao sacerdote um feixe dos primeiros cere-
ais que colherem. 11No dia depois do sábado, o sacerdote moverá o

feixe para o alto diante do SENHOR, para que seja aceito em favor de
vocês. 12 Nesse mesmo dia, ofereçam um cordeiro de um ano, sem
defeito, como holocausto para o SENHOR. 13 Junto com o sacrifício,
apresentem uma oferta de cereal de quatro litros de farinha da me-
lhor qualidade umedecida com azeite. Será uma oferta especial, um
aroma agradável ao SENHOR. Ofereçam também um litro de vinho
como oferta derramada. 14 Nesse dia, não comam pão algum, nem
cereal torrado ou fresco, enquanto não apresentarem a oferta ao seu
Deus. Essa é uma lei permanente para vocês e deve ser cumprida
de geração em geração, onde quer que morarem."

A Festa da Colheita

15 "A partir do dia seguinte ao sábado, o dia em que levarem o feixe
de cereal a fim de ser movido para o alto como oferta especial,
contem sete semanas completas. 16 Continuem contando até o
dia depois do sétimo sábado, isto é, cinquenta dias depois. Então
apresentem uma oferta de cereal novo para o SENHOR. 17 Onde quer
que morarem, levem dois pães que serão movidos para o alto como
oferta especial diante do SENHOR. Preparem os pães com quatro
quilos de farinha da melhor qualidade e assem-nos com fermento.
Serão uma oferta para o SENHOR dos primeiros frutos de sua co-
lheita. 18 Junto com o pão, apresentem sete cordeiros de um ano e
sem defeito, um novilho e dois carneiros como holocaustos para o
SENHOR. Esses holocaustos, junto com as ofertas de cereal e ofertas
derramadas, serão uma oferta especial, um aroma agradável ao
SENHOR. 19 Em seguida, ofereçam um bode como oferta pelo pecado
e dois cordeiros de um ano como ofertas de paz. 20 "O sacerdote
levantará os dois cordeiros como oferta especial para o SENHOR,
junto com os pães que representam os primeiros frutos de suas
colheitas. Essas ofertas, que são santas para o SENHOR, pertencem
aos sacerdotes. 21 Esse mesmo dia será declarado dia de reunião
sagrada, um dia em que não farão nenhum trabalho habitual. Essa
é uma lei permanente para vocês e deve ser cumprida de geração
em geração, onde quer que morarem. 22 "Quando fizerem a colheita
da sua terra, não colham as espigas nos cantos dos campos e não
apanhem aquilo que cair das mãos dos ceifeiros. Deixem esses
grãos para os pobres e estrangeiros que vivem entre vocês. Eu sou
o SENHOR, seu Deus".

NO QUE ESTOU **PENSANDO** | O QUE ESTOU **SENTINDO** | DO QUE ESTOU **LEMBRANDO**

Guardem fielmente meus mandamentos pondo-os em prática, pois eu sou o Senhor.

DESENHE OU ESCREVA

A Festa das Trombetas

23 O SENHOR disse a Moisés: 24 "Dê as seguintes instruções ao povo
de Israel. No primeiro dia do sétimo mês, tenham um dia de des-
canso absoluto. Será uma reunião sagrada, uma celebração memo-
rial comemorada com toques de trombeta. 25 Não façam nenhum
trabalho habitual nesse dia, mas apresentem ofertas especiais para
o SENHOR".

O Dia da Expiação

26 O SENHOR disse a Moisés: 27 "Comemorem o Dia da Expiação no
décimo dia do mesmo sétimo mês. Celebrem-no como uma reu-
nião sagrada, um dia para se humilharem e apresentarem ofertas
especiais para o SENHOR. 28 Não façam trabalho algum durante
todo esse dia, pois é o Dia da Expiação, no qual se fará expiação
em seu favor diante do SENHOR, seu Deus. 29 Todos aqueles que
não se humilharem nesse dia serão eliminados do meio do povo.
30 Destruirei aqueles que, dentre vocês, trabalharem em algo nesse
dia. 31 Não façam trabalho algum. Essa é uma lei permanente para
vocês e deve ser cumprida de geração em geração, onde quer que
morarem. 32 Será um sábado de descanso absoluto para vocês e,
nesse dia, deverão se humilhar. O dia de descanso começará ao
entardecer do nono dia do mês e se estenderá até o entardecer
do décimo dia".

A Festa das Cabanas

33 O SENHOR também disse a Moisés: 34 "Dê as seguintes instruções
ao povo de Israel. Comecem a celebrar a Festa das Cabanas no
décimo quinto dia do sétimo mês. Essa festa em homenagem ao
SENHOR durará sete dias. 35 O primeiro dia da festa será declarado
reunião sagrada, na qual não farão nenhum trabalho habitual.
36 Durante sete dias, vocês apresentarão ofertas especiais para o
SENHOR. No oitavo dia, haverá outra reunião sagrada, na qual apre-
sentarão ofertas especiais para o SENHOR. Será uma ocasião solene,
e ninguém fará nenhum trabalho habitual. 37 ("Essas são as festas
que o SENHOR estabeleceu. Celebrem-nas a cada ano como reuniões
sagradas, apresentando para o SENHOR, no dia apropriado, as ofer-
tas especiais de sacrifícios queimados, ofertas de cereal, sacrifícios
e ofertas derramadas. 38 Celebrem-nas além dos sábados habituais

do SENHOR e apresentem as ofertas além das ofertas pessoais que
vocês trazem no cumprimento de votos e das ofertas voluntárias
para o SENHOR.) 39 "Lembrem-se de que essa festa de sete dias em
homenagem ao SENHOR, a Festa das Cabanas, começa no décimo
quinto dia do sétimo mês, depois de terem colhido tudo que a terra
produziu. Celebrem a festa do SENHOR por sete dias. O primeiro e o
oitavo dia da festa serão de descanso absoluto. 40 No primeiro dia,
recolham galhos das mais belas árvores, folhagens de palmeiras,
ramos de árvores verdejantes e de salgueiros que crescem junto dos
riachos. Celebrem com alegria diante do SENHOR, seu Deus, por sete
dias. 41 Comemorem essa festa em homenagem ao SENHOR por sete
dias a cada ano. Essa é uma lei permanente para vocês e deve ser
cumprida no sétimo mês, de geração em geração. 42 Durante sete
dias, morarão ao ar livre em pequenas cabanas. Todos os israelitas
de nascimento morarão em cabanas. 43 Desse modo, lembrarão
cada nova geração de israelitas que eu fiz seus antepassados mo-
rarem em cabanas quando os libertei da terra do Egito. Eu sou o
SENHOR, seu Deus". 44 Assim, Moisés transmitiu aos israelitas essas
instruções sobre as festas anuais do SENHOR.

CAPÍTULO 24

Óleo puro e pães sagrados

1 O SENHOR disse a Moisés: 2 "Ordene aos israelitas que tragam óleo
puro de azeitonas prensadas para a iluminação do candelabro, a
fim de manter as lâmpadas sempre acesas. 3 É o candelabro que
fica na tenda do encontro, em frente à cortina interna que protege
a arca da aliança. Arão manterá as lâmpadas acesas na presença
do SENHOR a noite toda. Essa é uma lei permanente para vocês e
deve ser cumprida de geração em geração. 4 Arão e os sacerdotes
manterão sempre em ordem, na presença do SENHOR, as lâmpadas
do candelabro de ouro puro. 5 "Asse doze pães de farinha da melhor
qualidade usando quatro litros de farinha para cada pão. 6 Coloque
os pães diante do SENHOR sobre a mesa de ouro puro e arrume-os
em duas fileiras, com seis pães em cada fileira. 7 Coloque um pouco
de incenso sobre cada fileira como oferta memorial, uma oferta
especial apresentada ao SENHOR. 8 A cada sábado, coloque regu-
larmente diante do SENHOR esses pães como oferta da parte dos
israelitas; é uma expressão contínua da aliança sem fim. 9 Os pães

NO QUE ESTOU **PENSANDO** | O QUE ESTOU **SENTINDO** | DO QUE ESTOU **LEMBRANDO**

DESENHE OU ESCREVA

pertencerão a Arão e seus descendentes, que os comerão num lugar
sagrado, pois são santíssimos. Os sacerdotes terão direito perma-
nente a essa porção das ofertas especiais apresentadas ao SENHOR".

A pena para quem blasfemar

10 Certo dia, um homem, filho de uma israelita e de um egípcio,
saiu de sua tenda e se envolveu numa briga com um dos israelitas.
11 Durante a briga, o filho da israelita blasfemou o Nome com uma
maldição. Por isso, foi levado a Moisés para ser julgado. A mãe dele
se chamava Selomite, filha de Dibri, da tribo de Dã. 12 O homem
foi mantido preso até ficar clara a vontade do SENHOR a respeito
de sua situação. 13 Então o SENHOR disse a Moisés: 14 "Leve o blas-
femador para fora do acampamento e diga a todos que ouviram
a maldição que coloquem as mãos sobre a cabeça dele. Depois, a
comunidade toda o executará por apedrejamento. 15 Diga ao povo
de Israel: Quem amaldiçoar o seu Deus será castigado por causa
do seu pecado. 16 Quem blasfemar o nome do SENHOR será morto
por apedrejamento por toda a comunidade de Israel. Qualquer
israelita de nascimento ou estrangeiro entre vocês que blasfemar o
Nome será morto. 17 "Quem tirar a vida de outra pessoa será morto.
18 "Quem matar um animal pertencente a outra pessoa a indenizará
com um animal vivo. 19 "Quem ferir outra pessoa será tratado de
acordo com o ferimento que causou: 20 fratura por fratura, olho por
olho, dente por dente. O dano que alguém fizer a outra pessoa,
será feito a ele. 21 "Quem matar um animal indenizará seu dono
totalmente, mas quem matar uma pessoa será morto. 22 "A mesma
lei se aplica tanto aos israelitas de nascimento como aos estrangei-
ros que vivem entre vocês. Eu sou o SENHOR, seu Deus". 23 Depois
que Moisés transmitiu todas essas instruções aos israelitas, eles
levaram o blasfemador para fora do acampamento e o executaram
por apedrejamento. Os israelitas fizeram exatamente conforme o
SENHOR havia ordenado a Moisés.

CAPÍTULO 25

O ano sabático

1 Quando Moisés estava no monte Sinai, o SENHOR lhe disse: 2 "Dê
as seguintes instruções ao povo de Israel. Quando entrarem na
terra que eu lhes dou, a terra deverá observar um sábado para o

SENHOR a cada sete anos. 3Durante seis anos, vocês semearão os
campos, podarão os vinhedos e farão a colheita, 4mas no sétimo
ano a terra terá um ano sabático de descanso absoluto. É o sábado
do SENHOR. Durante esse ano, não semeiem os campos nem façam
a poda dos vinhedos. 5Não ceifem o que crescer espontaneamente
nem colham as uvas dos vinhedos não podados. A terra terá um ano
de descanso absoluto. 6Comam o que a terra produzir espontanea-
mente durante seu descanso. Isso se aplica a vocês, a seus filhos, a
seus servos e servas, e também aos trabalhadores contratados e aos
residentes temporários que vivem em seu meio. 7Seus rebanhos e
todos os animais selvagens de sua terra também poderão comer
o que a terra produzir."

O Ano do Jubileu

8"Contem sete anos sabáticos, sete vezes sete anos, no total de
49 anos. 9Então, no Dia da Expiação do ano seguinte, façam soar
por toda a terra um toque longo e alto de trombeta. 10Consagrem
esse ano, o quinquagésimo ano, como um tempo de proclamar a
liberdade por toda a terra para todos os seus habitantes. Será um
ano de jubileu para vocês, no qual cada um poderá voltar à terra
que pertencia a seus antepassados e regressar a seu próprio clã. 11O
quinquagésimo ano será um jubileu para vocês. Nesse ano, não se-
mearão os campos, nem ceifarão o que crescer espontaneamente,
nem colherão as uvas dos vinhedos não podados. 12Será um ano de
jubileu para vocês e deverão mantê-lo santo. Comam o que a terra
produzir espontaneamente. 13No Ano do Jubileu, cada um poderá
retornar à terra que pertencia a seus antepassados. 14"Quando al-
guém fizer um acordo com o seu próximo para comprar ou vender
uma propriedade, não deverá tirar vantagem do outro. 15Ao com-
prar um terreno do seu próximo, o preço a ser pago será baseado
no número de anos desde o último jubileu. O vendedor estipulará
o preço levando em conta os anos que ainda restam de colheitas.
16Quanto mais colheitas faltarem para o próximo jubileu, mais alto
será o preço; quanto menos anos faltarem, mais baixo será o pre-
ço. Afinal, o que ele está vendendo é certo número de colheitas.
17Mostrem seu temor a Deus não tirando vantagem um do outro.
Eu sou o SENHOR, seu Deus. 18"Se quiserem viver seguros na terra,
sigam os meus decretos e obedeçam aos meus estatutos. 19Então

NO QUE ESTOU PENSANDO ○ | O QUE ESTOU SENTINDO ○ | DO QUE ESTOU LEMBRANDO ○

DESENHE OU ESCREVA

a terra produzirá colheitas fartas, vocês comerão até se saciarem e
viverão em segurança. 20Talvez vocês perguntem: 'O que comere-
mos no sétimo ano, uma vez que não temos permissão de semear
nem de colher nesse ano?'. 21Podem ter certeza de que no sexto ano
eu lhes enviarei a minha bênção, de modo que a terra produzirá o
suficiente para três anos. 22No oitavo ano, quando semearem seus
campos, ainda estarão comendo da colheita farta do sexto ano. De
fato, ainda estarão comendo dessa colheita quando fizerem a nova
colheita no nono ano."

O resgate de propriedades

23"A terra jamais será vendida em caráter definitivo, pois ela me
pertence. Vocês são apenas estrangeiros e arrendatários que traba-
lham para mim. 24"Sempre que uma propriedade for negociada, o
vendedor deverá ter o direito de comprá-la de volta. 25Se alguém
do seu povo empobrecer e for obrigado a vender parte das terras
da família, um parente próximo deverá comprar a propriedade de
volta para ele. 26Se não houver qualquer parente próximo para com-
prar a propriedade, mas a pessoa que a vendeu conseguir dinheiro
suficiente para comprá-la de volta, 27terá o direito de resgatá-la de
quem a comprou. Do preço da terra será descontado um valor pro-
porcional ao número de anos até o próximo Ano do Jubileu. Desse
modo, o primeiro dono da propriedade terá condições de retornar
à sua terra. 28Se, contudo, o primeiro dono não tiver condições de
comprar de volta a propriedade, ela ficará com o novo dono até o
Ano do Jubileu seguinte. Nesse ano, a propriedade será devolvida
aos primeiros donos, a fim de que voltem à terra de sua família.
29"Quem vender uma casa dentro de uma cidade murada terá, por
um ano completo, o direito de comprá-la de volta. Durante esse ano,
o vendedor poderá resgatar a casa. 30Mas, se não a comprar de volta
durante esse ano, a venda da casa dentro da cidade murada não
poderá ser revertida. A casa se tornará propriedade permanente
do comprador. Não será devolvida ao primeiro dono no Ano do
Jubileu. 31Já uma casa num povoado, num assentamento sem
muros ao redor, será considerada uma propriedade rural. Poderá
ser comprada de volta a qualquer momento e será devolvida ao
primeiro proprietário no Ano do Jubileu. 32"Os levitas sempre terão
o direito de comprar de volta uma casa que tiverem vendido dentro

das cidades reservadas para eles. 33Qualquer propriedade vendida
pelos levitas, ou seja, todas as casas dentro das cidades deles, será
devolvida no Ano do Jubileu. Afinal, essas casas são suas únicas pro-
priedades em todo o Israel. 34As pastagens em volta das cidades dos
levitas não serão vendidas. São propriedade permanente deles."

O resgate dos pobres e dos escravos

35"Se alguém do seu povo empobrecer e não puder se sustentar,
ajudem-no como ajudariam um estrangeiro ou residente temporá-
rio e permitam que ele more com vocês. 36Não cobrem juros nem
tenham lucro à custa dele. Em vez disso, mostrem seu temor a Deus
permitindo que ele viva como parente com vocês. 37Lembrem-se
de não cobrar juros sobre o dinheiro que lhe emprestarem nem de
ter lucro com o alimento que lhe venderem. 38Eu sou o SENHOR,
seu Deus, que os tirou da terra do Egito para lhes dar a terra de
Canaã e ser o seu Deus. 39"Se alguém do seu povo empobrecer e
for obrigado a se vender para vocês, não o tratem como escravo.
40Tratem-no como empregado ou residente temporário que mora
com vocês e os servirá apenas até o Ano do Jubileu. 41Então ele e
seus filhos estarão livres e voltarão aos clãs e à propriedade que
pertencia a seus antepassados. 42Os israelitas são os meus servos
que eu tirei da terra do Egito, de modo que jamais devem ser ven-
didos como escravos. 43Mostrem seu temor a Deus tratando-os
sem violência. 44"Vocês poderão comprar escravos e escravas de
nações vizinhas. 45Também poderão comprar os filhos de residen-
tes temporários que moram com vocês, incluindo os que nasceram
em sua terra. Poderão considerá-los sua propriedade 46e deixá-los
para seus filhos como herança permanente. Poderão tratá-los como
escravos, mas jamais oprimirão alguém do seu povo. 47"Se algum
estrangeiro ou residente temporário enriquecer enquanto vive
entre vocês, e se algum do seu povo empobrecer e for obrigado
a se vender para esse estrangeiro ou para um membro da família
dele, 48continuará a ter o direito de ser resgatado, mesmo depois
de comprado. Poderá ser comprado de volta por um irmão, 49tio
ou primo. Aliás, qualquer parente próximo poderá resgatá-lo. Se
prosperar, também poderá resgatar a si mesmo. 50Negociará o
preço de sua liberdade com a pessoa que o comprou. O preço será
baseado no número de anos transcorridos desde que foi vendido

Lv 26.6

até o próximo Ano do Jubileu, ou seja, o equivalente ao custo de
um trabalhador contratado para esse período. 51Se ainda faltarem
muitos anos para o jubileu, pagará na devida proporção aquilo que
recebeu quando vendeu a si mesmo. 52Se faltarem apenas poucos
anos até o Ano do Jubileu, pagará proporcionalmente aos anos
que faltarem. 53O estrangeiro o tratará como um empregado com
contrato anual. Não permitam que um estrangeiro trate israelitas
com violência. 54Se algum israelita não tiver sido comprado de
volta, será liberto quando chegar o Ano do Jubileu, ele e seus filhos,
55pois os israelitas me pertencem. São meus servos que eu tirei da
terra do Egito. Eu sou o SENHOR, seu Deus."

CAPÍTULO 26

Bênçãos pela obediência

1"Não façam ídolos nem imagens para si, nem levantem em sua
terra colunas sagradas ou pedras esculpidas para adorá-las. Eu
sou o SENHOR, seu Deus. 2Guardem os meus sábados e tenham
reverência pelo meu santuário. Eu sou o SENHOR. 3"Se seguirem
os meus decretos e obedecerem diligentemente aos meus man-
damentos, 4enviarei as chuvas nas estações próprias. A terra dará
suas colheitas, e as árvores do campo produzirão seus frutos. 5A
época de debulhar cereais se estenderá até o início da colheita das
uvas, e a colheita das uvas, até o início do plantio dos cereais. Vocês
comerão até se saciarem e viverão em segurança em sua terra. 6"Eu
lhes darei paz na terra, e vocês poderão dormir sem medo. Tirarei
da terra os animais ferozes e manterei os inimigos afastados de seu
território. 7De fato, vocês perseguirão seus inimigos e os matarão
à espada. 8Cinco de vocês perseguirão cem, e cem de vocês per-
seguirão dez mil. Todos os seus inimigos cairão pela sua espada.
9"Olharei para vocês com favor, os tornarei férteis e multiplicarei
seu povo. Cumprirei minha aliança com vocês. 10Suas colheitas
serão tão fartas que vocês terão de se desfazer dos cereais velhos a
fim de dar espaço à nova safra. 11Habitarei no meio de vocês e não
os desprezarei. 12Andarei em seu meio; serei o seu Deus, e vocês
serão o meu povo. 13Eu sou o SENHOR, seu Deus, que os tirou da
terra do Egito para que não fossem mais escravos. Quebrei o jugo
de servidão que vocês carregavam sobre o pescoço e os fiz andar
de cabeça erguida."

Castigos pela desobediência

14 "Mas, se vocês não me derem ouvidos e não obedecerem a todos
esses mandamentos, 15 e se quebrarem a minha aliança rejeitan-
do meus decretos, desprezando meus estatutos e recusando-se a
cumprir meus mandamentos, 16 eu os castigarei. Trarei sobre vocês
terrores repentinos, doenças debilitantes e febres ardentes que fa-
rão seus olhos escurecerem e sua vida definhar. Semearão em vão,
pois seus inimigos comerão suas colheitas. 17 Eu me voltarei contra
vocês, e seus inimigos os derrotarão. Aqueles que odeiam vocês
os dominarão, e vocês fugirão mesmo quando ninguém os estiver
perseguindo. 18 "E se, apesar disso tudo, vocês continuarem a me
desobedecer, eu os castigarei sete vezes mais por seus pecados.
19 Quebrarei seu forte orgulho ao tornar o céu tão duro quanto o
ferro e a terra tão impenetrável quanto o bronze. 20 Todo o seu tra-
balho será inútil, pois a terra não dará colheitas, e as árvores não
produzirão frutos. 21 "Se, ainda assim, continuarem se opondo a
mim e se recusarem a me obedecer, causarei desastres sete vezes
piores por causa de seus pecados. 22 Enviarei animais selvagens
que tomarão seus filhos de vocês e destruirão seus rebanhos. Sua
população se tornará cada vez menor, e seus caminhos ficarão de-
sertos. 23 "E, se vocês não aprenderem a lição e insistirem em se
opor a mim, 24 eu mesmo me oporei a vocês e trarei calamidades
sete vezes piores por causa de seus pecados. 25 Trarei contra vocês
a guerra como maldição da aliança que vocês quebraram. Quando
correrem para as cidades em busca de segurança, enviarei uma
praga que os destruirá ali, e vocês serão entregues nas mãos de
seus inimigos. 26 Destruirei seus mantimentos, de modo que dez
mulheres precisarão de apenas um forno para assar pão para suas
famílias. Racionarão o alimento por peso e, mesmo tendo o que
comer, não se saciarão. 27 "Se, apesar disso tudo, ainda se recusarem
a me obedecer e continuarem se opondo a mim, 28 eu me oporei
a vocês furiosamente. Eu mesmo os castigarei sete vezes mais por
seus pecados. 29 Então vocês comerão a carne de seus próprios fi-
lhos e filhas. 30 Destruirei seus altares idólatras e derrubarei seus
lugares de culto. Amontoarei seus cadáveres por sobre seus ídolos
mortos e os desprezarei por completo. 31 Farei suas cidades ficarem
desoladas e destruirei seus santuários. Não terei prazer em suas
ofertas, que deveriam ser um aroma agradável para mim. 32 Sim,

NO QUE ESTOU **PENSANDO** ○ | O QUE ESTOU **SENTINDO** ○ | DO QUE ESTOU **LEMBRANDO** ○

DESENHE OU ESCREVA

eu mesmo devastarei sua terra, e os inimigos que virão ocupá-la
ficarão horrorizados com aquilo que virem. 33 Eu os espalharei en-
tre as nações e empunharei minha espada contra vocês. A terra
ficará desolada, e as cidades, em ruínas. 34 Então, enquanto ela
estiver desolada e vocês estiverem exilados na terra de seus inimi-
gos, a terra desfrutará os anos sabáticos que lhe foram negados.
Finalmente ela descansará e desfrutará os sábados que perdeu.
35 Durante todo o tempo em que a terra permanecer em ruínas,
desfrutará o descanso que vocês não permitiram que ela tivesse
a cada sete anos quando moravam nela. 36 "Quanto àqueles que
sobreviverem, eu lhes causarei desespero na terra de seus inimigos.
Viverão com tanto medo que até o som de uma folha levada pelo
vento os fará fugir. Correrão como se fugissem de uma espada e
cairão mesmo quando ninguém os estiver perseguindo. 37 Ainda
que não haja ninguém atrás deles, tropeçarão uns nos outros como
quem foge de uma espada. Não terão forças para resistir a seus
inimigos. 38 Morrerão em nações estrangeiras, e a terra de seus
inimigos os devorará. 39 Aqueles que sobreviverem definharão nas
terras de seus inimigos por causa de seus pecados e dos pecados
de seus antepassados. 40 "Enfim, porém, meu povo confessará seus
pecados e os pecados de seus antepassados por serem infiéis e se
oporem a mim. 41 Quando eu me opuser a eles e os levar à terra de
seus inimigos, seu coração obstinado se humilhará e receberão o
castigo de seus pecados. 42 Então me lembrarei de minha aliança
com Jacó, de minha aliança com Isaque e de minha aliança com
Abraão, e certamente me lembrarei da terra. 43 Pois a terra precisa-
rá ser abandonada para desfrutar os anos sabáticos de descanso
enquanto permanecer deserta. Por fim, o povo receberá o castigo
de seus pecados, pois rejeitaram continuamente meus estatutos e
desprezaram meus decretos. 44 "Apesar disso tudo, não os rejeitarei
completamente nem os desprezarei enquanto estiverem exilados
na terra de seus inimigos. Não cancelarei minha aliança com eles
exterminando-os, pois eu sou o SENHOR, seu Deus. 45 Em favor deles,
eu me lembrarei da antiga aliança que fiz com seus antepassados,
os quais tirei da terra do Egito diante dos olhos de todas as nações,
para ser o Deus deles. Eu sou o SENHOR". 46 Esses são os decretos,
os estatutos e as instruções que o SENHOR estabeleceu entre ele
próprio e os israelitas por meio de Moisés no monte Sinai.

CAPÍTULO 27

Normas acerca de votos e dízimos

1 O SENHOR disse a Moisés: 2 "Dê as seguintes instruções ao povo
de Israel. Se alguém fizer um voto especial de dedicar uma pessoa
ao SENHOR mediante o pagamento do valor dessa pessoa, 3 deve
usar a seguinte escala de valores. Um homem de 20 a 60 anos vale
600 gramas de prata, de acordo com o siclo do santuário; 4 uma
mulher da mesma idade vale 360 gramas de prata. 5 Um menino
ou rapaz de 5 a 20 anos vale 240 gramas de prata; uma menina ou
moça da mesma idade vale 120 gramas de prata. 6 Um menino de
1 mês a 5 anos vale 60 gramas de prata; uma menina da mesma
idade vale 36 gramas de prata. 7 Um homem de mais de 60 anos
vale 180 gramas de prata; uma mulher da mesma idade vale 120
gramas de prata. 8 Quem desejar fazer o voto, mas não puder pagar
a quantia exigida, levará a pessoa ao sacerdote, e ele determinará
a quantia a ser paga com base nos recursos de quem fez o voto.
9 "Se alguém fizer o voto de entregar um animal como oferta para
o SENHOR, toda oferta ao SENHOR será considerada santa. 10 Não
trocará nem substituirá o animal por outro, seja um animal bom
por um ruim ou um animal ruim por um bom. Mas, se trocar um
animal por outro, tanto o primeiro como o segundo serão conside-
rados santos. 11 Se o voto for a entrega de um animal impuro que
não é aceitável como oferta para o SENHOR, levará o animal até
o sacerdote, 12 e ele determinará o valor, e sua avaliação, alta ou
baixa, será definitiva. 13 Quem desejar comprar de volta o animal
pagará o valor estipulado pelo sacerdote, mais um quinto do valor.
14 "Se alguém dedicar uma casa ao SENHOR, o sacerdote a avaliará.
Sua avaliação, seja alta ou baixa, será definitiva. 15 Se a pessoa que
dedicou a casa quiser comprá-la de volta, pagará o valor estipula-
do pelo sacerdote, mais um quinto do valor. Desse modo, a casa
voltará a ser sua. 16 "Se alguém dedicar ao SENHOR uma parte de
sua propriedade familiar, o valor será determinado de acordo com
a quantidade de sementes necessária para semeá-la: 600 gramas
de prata por um campo semeado com 220 litros de sementes de
cevada. 17 Se o campo for dedicado ao SENHOR no Ano do Jubileu,
será aplicado o valor total. 18 Mas, se o campo for dedicado depois
do Ano do Jubileu, o sacerdote calculará o valor da terra de modo
proporcional ao número de colheitas restantes até o próximo Ano

NO QUE ESTOU **PENSANDO** ○ | O QUE ESTOU **SENTINDO** ○ | DO QUE ESTOU **LEMBRANDO** ○

DESENHE OU ESCREVA

do Jubileu. O valor calculado será reduzido a cada ano que passar.
19 Se a pessoa que dedicou o campo desejar comprá-lo de volta,
pagará o valor estipulado pelo sacerdote, mais um quinto do valor.
O campo voltará a ser legalmente seu. 20 Se, contudo, não quiser
reavê-lo e ele for vendido a outra pessoa, o campo não poderá mais
ser comprado de volta. 21 Quando o campo for liberado no Ano do
Jubileu, será santo, totalmente dedicado ao SENHOR, e se tornará
propriedade dos sacerdotes. 22 "Se alguém dedicar ao SENHOR um
campo que comprou, mas que não faz parte de sua propriedade
familiar, 23 o sacerdote determinará o valor com base no número
de colheitas restantes até o próximo Ano do Jubileu. Nesse mesmo
dia, a pessoa entregará o valor do campo como doação sagrada para
o SENHOR. 24 No Ano do Jubileu, o campo será devolvido a quem o
herdou como propriedade familiar. 25 (Todos os pagamentos serão
calculados de acordo com o peso do siclo do santuário, equivalente
a doze gramas.) 26 "O macho da primeira cria de um animal não
poderá ser dedicado ao SENHOR, pois a primeira cria de seu gado, de
suas ovelhas e de suas cabras já pertence a ele. 27 É possível, porém,
comprar de volta a primeira cria de um animal impuro mediante o
pagamento do valor estipulado pelo sacerdote, mais um quinto do
valor. Se o animal não for comprado de volta, o sacerdote o venderá
pelo valor estipulado. 28 "Contudo, qualquer coisa totalmente dedi-
cada ao SENHOR, seja uma pessoa, um animal ou uma propriedade
familiar, jamais será vendida ou comprada de volta. Tudo que é
assim consagrado é santíssimo e pertence ao SENHOR. 29 Nenhuma
pessoa que tenha sido definitivamente marcada para destruição
poderá ser comprada de volta; deverá ser executada. 30 "A décima
parte dos produtos da terra, sejam os cereais dos campos ou os
frutos das árvores, pertence ao SENHOR e deve ser consagrada a ele.
31 Se você desejar comprar de volta a décima parte dos cereais ou
frutos pertencente ao SENHOR, pagará o seu valor, mais um quinto
do valor. 32 Conte um de cada dez animais do seu gado e dos seus
rebanhos e separe-os para o SENHOR, considerando-os santos. 33 Não
faça distinção entre animais bons e ruins nem substitua um pelo
outro. Mas, se trocar um animal por outro, tanto o primeiro como
o seu substituto serão considerados santos e não poderão ser com-
prados de volta". 34 Esses são os mandamentos que o SENHOR deu
aos israelitas por meio de Moisés no monte Sinai.

NÚMEROS

CAPÍTULO 1

Censo dos soldados de Israel

1No primeiro dia do segundo mês, no segundo ano desde a saída
dos israelitas do Egito, o SENHOR falou a Moisés na tenda do en-
contro, no deserto do Sinai, e disse: 2"Realize um censo de toda
a comunidade de Israel, de acordo com seus clãs e famílias. Faça
uma lista de todos os homens 3de 20 anos para cima, aptos para
irem à guerra. Você e Arão registrarão os soldados 4com a ajuda
do chefe dos clãs de cada uma das tribos. 5"Estes são os chefes
dos clãs que os ajudarão, conforme suas tribos: da tribo de Rúben,
Elizur, filho de Sedeur; 6da tribo de Simeão, Selumiel, filho de
Zurisadai; 7da tribo de Judá, Naassom, filho de Aminadabe; 8da
tribo de Issacar, Natanael, filho de Zuar; 9da tribo de Zebulom,
Eliabe, filho de Helom; 10da tribo de Efraim, filho de José,
Elisama, filho de Amiúde; da tribo de Manassés, filho de José,
Gamaliel, filho de Pedazur; 11da tribo de Benjamim, Abidã, filho
de Gideoni; 12da tribo de Dã, Aieser, filho de Amisadai; 13da tribo
de Aser, Pagiel, filho de Ocrã; 14da tribo de Gade, Eliasafe, filho
de Deuel; 15da tribo de Naftali, Aira, filho de Enã. 16Esses são os
representantes escolhidos da comunidade, líderes das tribos de
seus antepassados, chefes dos clãs de Israel". 17Assim, Moisés e
Arão convocaram os líderes nomeados 18e, naquele mesmo dia,
reuniram toda a comunidade. Todos foram registrados conforme
sua linhagem, de acordo com seus clãs e famílias. Os homens
de 20 anos para cima foram registrados um a um, 19como o

Nm 1.18-19

SENHOR tinha ordenado a Moisés. Desse modo, Moisés registrou
seus nomes enquanto estavam no deserto do Sinai, na seguinte
ordem: 20Da tribo de Rúben, o filho mais velho de Jacó, os ho-
mens de 20 anos para cima, aptos para irem à guerra, conforme os
nomes anotados nos registros de seus clãs e famílias, 21totalizaram
46.500. Esse é o número da tribo de Rúben. 22Da tribo de Simeão,
os homens de 20 anos para cima, aptos para irem à guerra, con-
forme os nomes anotados nos registros de seus clãs e famílias,
23totalizaram 59.300. Esse é o número da tribo de Simeão. 24Da
tribo de Gade, os homens de 20 anos para cima, aptos para irem
à guerra, conforme os nomes anotados nos registros de seus clãs e
famílias, 25totalizaram 45.650. Esse é o número da tribo de Gade.
26Da tribo de Judá, os homens de 20 anos para cima, aptos para
irem à guerra, conforme os nomes anotados nos registros de seus
clãs e famílias, 27totalizaram 74.600. Esse é o número da tribo de
Judá. 28Da tribo de Issacar, os homens de 20 anos para cima, aptos
para irem à guerra, conforme os nomes anotados nos registros
de seus clãs e famílias, 29totalizaram 54.400. Esse é o número da
tribo de Issacar. 30Da tribo de Zebulom, os homens de 20 anos
para cima, aptos para irem à guerra, conforme os nomes anotados
nos registros de seus clãs e famílias, 31totalizaram 57.400. Esse
é o número da tribo de Zebulom. 32Da tribo de Efraim, filho de
José, os homens de 20 anos para cima, aptos para irem à guerra,
conforme os nomes anotados nos registros de seus clãs e famílias,
33totalizaram 40.500. Esse é o número da tribo de Efraim. 34Da
tribo de Manassés, filho de José, os homens de 20 anos para
cima, aptos para irem à guerra, conforme os nomes anotados
nos registros de seus clãs e famílias, 35totalizaram 32.200. Esse
é o número da tribo de Manassés. 36Da tribo de Benjamim, os
homens de 20 anos para cima, aptos para irem à guerra, con-
forme os nomes anotados nos registros de seus clãs e famílias,
37totalizaram 35.400. Esse é o número da tribo de Benjamim.
38Da tribo de Dã, os homens de 20 anos para cima, aptos para
irem à guerra, conforme os nomes anotados nos registros de seus
clãs e famílias, 39totalizaram 62.700. Esse é o número da tribo de
Dã. 40Da tribo de Aser, os homens de 20 anos para cima, aptos
para irem à guerra, conforme os nomes anotados nos registros
de seus clãs e famílias, 41totalizaram 41.500. Esse é o número da

tribo de Aser. 42 Da tribo de Naftali, os homens de 20 anos para
cima, aptos para irem à guerra, conforme os nomes anotados nos
registros de seus clãs e famílias, 43 totalizaram 53.400. Esse é o
número da tribo de Naftali. 44 Moisés, Arão e os doze líderes de
Israel registraram esses homens, todos incluídos na lista de acordo
com suas famílias. 45 Todos os homens de Israel de 20 anos para
cima, aptos para irem à guerra, foram registrados de acordo com
suas famílias. 46 No total, 603.550 homens. 47 Esse total, porém,
não incluía os clãs dos levitas, 48 pois o SENHOR tinha dito a Moisés:
49 "Não inclua a tribo de Levi no censo e não conte seus membros
com o restante dos israelitas. 50 Encarregue os levitas de cuidarem
do tabernáculo da aliança e de toda a sua mobília e todos os seus
utensílios. Eles transportarão o tabernáculo e todos os seus utensílios, cuidarão dele e acamparão ao seu redor. 51 Sempre que o
tabernáculo tiver de ser transportado, os levitas o desmontarão.
Na hora de acampar, eles o armarão novamente. Qualquer pessoa
não autorizada que se aproximar do tabernáculo será executada.
52 Os israelitas acamparão de acordo com suas divisões numa área
designada por sua bandeira. 53 Os levitas, por sua vez, acamparão
ao redor do tabernáculo da aliança para proteger a comunidade
de Israel da ira do SENHOR. É responsabilidade dos levitas montar
guarda ao redor do tabernáculo da aliança". 54 Os israelitas fizeram
exatamente conforme o SENHOR havia ordenado a Moisés.

CAPÍTULO 2

A organização de Israel no acampamento

1 Então o SENHOR deu as seguintes instruções a Moisés e Arão:
2 "Quando os israelitas acamparem, cada tribo terá sua própria
área designada. As divisões das tribos acamparão ao redor de sua
bandeira nos quatro lados da tenda do encontro, a certa distância.
3 As divisões da tribo de Judá acamparão na direção do nascer
do sol, do lado leste, ao redor de sua bandeira. Naassom, filho
de Aminadabe, será seu líder. 4 Seu número de soldados registrados é de 74.600. 5 A tribo de Issacar acampará ao lado da tribo
de Judá. Natanael, filho de Zuar, será seu líder. 6 Seu número de
soldados registrados é de 54.400. 7 A tribo de Zebulom acampará
logo em seguida. Eliabe, filho de Helom, será seu líder. 8 Seu número de soldados registrados é de 57.400. 9 O total de soldados

NO QUE ESTOU PENSANDO | O QUE ESTOU SENTINDO | DO QUE ESTOU LEMBRANDO

DESENHE OU ESCREVA

no acampamento do lado de Judá é de 186.400. Essas tribos marcharão sempre à frente. 10 As divisões da tribo de Rúben acamparão no lado sul da tenda do encontro, ao redor de sua bandeira.
Elizur, filho de Sedeur, será seu líder. 11 Seu número de soldados
registrados é de 46.500. 12 A tribo de Simeão acampará ao lado da
tribo de Rúben. Selumiel, filho de Zurisadai, será seu líder. 13 Seu
número de soldados registrados é de 59.300. 14 A tribo de Gade
acampará logo em seguida. Eliasafe, filho de Deuel, será seu líder.
15 Seu número de soldados registrados é de 45.650. 16 O total de
soldados no acampamento do lado de Rúben é de 151.450. Essas
tribos marcharão sempre em segundo lugar. 17 "Em seguida, os
levitas sairão do meio do acampamento transportando a tenda
do encontro. Todas as tribos marcharão na mesma ordem em que
acamparem, cada uma em sua posição, ao redor de sua bandeira. 18 As divisões da tribo de Efraim acamparão no lado oeste da
tenda do encontro, ao redor de sua bandeira. Elisama, filho de
Amiúde, será seu líder. 19 Seu número de soldados registrados é
de 40.500. 20 A tribo de Manassés acampará ao lado da tribo de
Efraim. Gamaliel, filho de Pedazur, será seu líder. 21 Seu número de soldados registrados é de 32.200. 22 A tribo de Benjamim
acampará logo em seguida. Abidã, filho de Gideoni, será seu líder.
23 Seu número de soldados registrados é de 35.400. 24 O total de
soldados no acampamento do lado de Efraim é de 108.100. Essas
tribos marcharão sempre em terceiro lugar. 25 As divisões da tribo
de Dã acamparão no lado norte da tenda do encontro, ao redor
de sua bandeira. Aieser, filho de Amisadai, será seu líder. 26 Seu
número de soldados registrados é de 62.700. 27 A tribo de Aser
acampará ao lado da tribo de Dã. Pagiel, filho de Ocrã, será seu
líder. 28 Seu número de soldados registrados é de 41.500. 29 A tribo
de Naftali acampará logo em seguida. Aira, filho de Enã, será seu
líder. 30 Seu número de soldados registrados é de 53.400. 31 O total
de soldados no acampamento no lado de Dã é de 157.600. Essas
tribos sempre marcharão por último e marcharão ao redor de sua
respectiva bandeira". 32 Esses são os soldados registrados de acordo
com suas famílias. O número de israelitas contados nos acampamentos, segundo suas divisões, totalizou 603.550. 33 Por ordem
do SENHOR a Moisés, os levitas não foram incluídos no registro.
34 Os israelitas fizeram tudo conforme o SENHOR havia ordenado

a Moisés. Cada clã e cada família acampavam e marchavam ao
redor de sua bandeira.

CAPÍTULO 3

A nomeação dos levitas para o serviço

1 Esta é a descendência de Arão e de Moisés, registrada quando o
SENHOR falou a Moisés no monte Sinai. 2 Os nomes dos filhos de
Arão eram Nadabe, o mais velho, Abiú, Eleazar e Itamar. 3 Esses fi-
lhos de Arão foram ungidos e consagrados para o serviço sacerdotal.
4 Nadabe e Abiú, porém, morreram na presença do SENHOR, no de-
serto do Sinai, quando trouxeram fogo estranho diante do SENHOR.
Como não tinham filhos, restaram somente Eleazar e Itamar para
servir como sacerdotes junto com seu pai, Arão. 5 Então o SENHOR
disse a Moisés: 6 "Chame à frente os membros da tribo de Levi e
apresente-os ao sacerdote Arão para serem seus assistentes. 7 Eles
servirão a Arão e a todo o povo no desempenho das funções na
tenda do encontro e no serviço do tabernáculo. 8 Cuidarão de todos
os utensílios da tenda do encontro e servirão no tabernáculo como
representantes dos israelitas. 9 Nomeie os levitas como assistentes
de Arão e de seus filhos, pois, dentre todos os israelitas, eles foram
designados para esse propósito. 10 Encarregue Arão e seus filhos
de realizarem as funções do serviço sacerdotal. Qualquer pessoa
não autorizada que se aproximar do santuário será executada". 11 O
SENHOR também disse a Moisés: 12 "Veja, escolhi os levitas dentre os
israelitas como substitutos de todos os filhos mais velhos de Israel.
Os levitas me pertencem, 13 pois todos os filhos mais velhos são
meus. No dia em que feri mortalmente todos os filhos mais velhos
dos egípcios, consagrei para mim todos os filhos mais velhos de
Israel e todos os machos das primeiras crias dos animais. Eles são
meus. Eu sou o SENHOR".

O registro dos levitas

14 O SENHOR falou ainda a Moisés no deserto do Sinai: 15 "Registre
os nomes dos membros da tribo de Levi por famílias e clãs. Faça
uma lista de todos os indivíduos do sexo masculino de um mês
de idade para cima". 16 Moisés fez a lista, conforme o SENHOR
havia ordenado. 17 Levi teve três filhos: Gérson, Coate e Merari.
18 Os clãs de Gérson receberam os nomes de seus descendentes:

NO QUE ESTOU PENSANDO ○ | O QUE ESTOU SENTINDO ○ | DO QUE ESTOU LEMBRANDO ○

DESENHE OU ESCREVA

Libni e Simei. 19 Os clãs de Coate receberam os nomes de seus
descendentes: Anrão, Isar, Hebrom e Uziel. 20 Os clãs de Merari
receberam os nomes de seus descendentes: Mali e Musi. Esses
foram os clãs levitas, registrados de acordo com os grupos de suas
famílias. 21 Os descendentes de Gérson eram constituídos dos clãs
de Libni e Simei. 22 Nos clãs gersonitas havia 7.500 indivíduos do
sexo masculino de um mês de idade para cima. 23 A área designada
para seu acampamento ficava no lado oeste, atrás do tabernáculo.
24 O líder dos clãs gersonitas era Eliasafe, filho de Lael. 25 Os dois
clãs eram encarregados de cuidar das seguintes partes da tenda do
encontro: a tenda com sua cobertura, a cortina da entrada da tenda,
26 as cortinas do pátio ao redor do tabernáculo e do altar, a cortina
da entrada do pátio, as cordas e todos os objetos relacionados ao
seu uso. 27 Os descendentes de Coate eram constituídos dos clãs
de Anrão, Isar, Hebrom e Uziel. 28 Nos clãs coatitas havia 8.600
indivíduos do sexo masculino de um mês de idade para cima. Eram
encarregados de cuidar do santuário, 29 e a área designada para seu
acampamento ficava no lado sul do tabernáculo. 30 O líder dos clãs
coatitas era Elisafã, filho de Uziel. 31 Eram encarregados de cuidar
da arca, da mesa, do candelabro, dos dois altares, dos diversos
utensílios do santuário, da cortina interna e de todos os objetos
relacionados ao seu uso. 32 Eleazar, filho do sacerdote Arão, era o
líder principal de todos os levitas e responsável pela supervisão
do santuário. 33 Os descendentes de Merari eram constituídos dos
clãs de Mali e Musi. 34 Nos clãs meraritas havia 6.200 indivíduos do
sexo masculino de um mês de idade para cima. 35 A área designada
para seu acampamento ficava no lado norte do tabernáculo. O líder
dos clãs meraritas era Zuriel, filho de Abiail. 36 Os meraritas eram
encarregados de cuidar das armações que sustentavam o taber-
náculo, além dos travessões, das colunas, das bases e de todos os
objetos relacionados ao seu uso. 37 Também eram responsáveis
pelas colunas do pátio e por todas as suas bases, estacas e cordas.
38 A área na frente do tabernáculo, na direção do nascer do sol, do
lado leste da tenda do encontro, era reservada para Moisés, Arão
e seus filhos, os responsáveis finais pelo santuário em favor do
povo de Israel. Qualquer um que não fosse sacerdote ou levita e
se aproximasse do santuário seria executado. 39 Quando Moisés
e Arão contaram os clãs levitas, conforme a ordem do SENHOR,

chegaram ao total de 22.000 indivíduos do sexo masculino de
um mês de idade para cima.

O resgate dos filhos mais velhos

40Então o Senhor disse a Moisés: "Conte todos os filhos mais
velhos que há em Israel de um mês de idade para cima e regis-
tre os nomes numa lista. 41Os levitas serão reservados para mim
como substitutos dos filhos mais velhos dos israelitas. Eu sou o
Senhor. Os animais dos levitas serão reservados para mim como
substitutos dos machos das primeiras crias dos animais de todo o
povo de Israel". 42Moisés contou os filhos mais velhos dos israelitas,
exatamente conforme o Senhor havia ordenado. 43O número de
filhos mais velhos de um mês de idade para cima foi de 22.273.
44O Senhor também disse a Moisés: 45"Tome os levitas como
substitutos dos filhos mais velhos dos israelitas e tome os animais
dos levitas como substitutos dos machos das primeiras crias dos
animais de todos os israelitas. Os levitas me pertencem. Eu sou o
Senhor. 46O número de filhos mais velhos de Israel excede em
273 o número de levitas. Para resgatar o excedente de filhos mais
velhos, 47recolha cinco peças de prata para cada um deles, com
base no siclo do santuário, equivalente a doze gramas cada peça.
48Entregue a prata a Arão e a seus filhos como resgate pelo número
excedente de filhos mais velhos". 49Moisés recolheu a prata para
o resgate dos filhos mais velhos de Israel que excediam o número
de levitas. 50Arrecadou 1.365 peças de prata, com base no siclo
do santuário, em lugar dos filhos mais velhos de Israel. 51Moisés
entregou a prata do resgate a Arão e a seus filhos, conforme o
Senhor havia ordenado.

CAPÍTULO 4

Deveres dos clãs coatitas

1Então o Senhor disse a Moisés e a Arão: 2"Realizem um censo
dos membros dos clãs e das famílias da divisão coatita da tribo
de Levi. 3Façam uma lista de todos os homens de 30 a 50 anos
qualificados para servir na tenda do encontro. 4"Os deveres dos
coatitas na tenda do encontro serão relacionados aos objetos mais
sagrados. 5Quando o acampamento se deslocar de um lugar para
outro, Arão e seus filhos entrarão primeiro na tenda do encontro

Nm 3.41 e 45

para remover a cortina interna e usá-la para cobrir a arca da aliança.
6Depois, cobrirão a cortina interna com couro fino e, por cima do
couro, estenderão uma peça única de pano azul. Por fim, colocarão
no devido lugar as varas usadas para transportar a arca. 7"Em segui-
da, estenderão um pano azul sobre a mesa onde ficam expostos
os pães da presença, e sobre o pano azul colocarão as tigelas, as
colheres, as jarras e as vasilhas para as ofertas derramadas e o pão
da presença. 8Sobre tudo isso estenderão um pano vermelho e, por
cima dele, uma cobertura de couro fino. Por fim, colocarão no devi-
do lugar as varas usadas para transportar a mesa. 9"Depois, cobrirão
com um pano azul o candelabro, suas lâmpadas, os cortadores de
pavio, os apagadores e as vasilhas especiais para o óleo. 10Cobrirão
o candelabro e seus acessórios com couro fino e os colocarão sobre
o suporte usado para transportá-los. 11"Em seguida, estenderão um
pano azul sobre o altar de ouro e cobrirão o pano com couro fino.
Por fim, colocarão no devido lugar as varas usadas para transportar
o altar. 12Os demais utensílios usados no serviço do santuário serão
embrulhados em pano azul, cobertos com couro fino e colocados
sobre o suporte usado para transportá-los. 13"Removerão as cinzas
do altar de sacrifícios e o cobrirão com um pano roxo. 14Colocarão
todos os utensílios do altar – os braseiros, os garfos para a carne,
as pás, as bacias e todos os recipientes – sobre o pano e os cobrirão
com couro fino. Por fim, colocarão no devido lugar as varas usadas
para transportar o altar. 15O acampamento estará pronto para se
deslocar quando Arão e seus filhos tiverem terminado de cobrir o
santuário e todos os objetos sagrados. Os coatitas virão e transpor-
tarão tudo até o lugar de destino. Contudo, não tocarão nos objetos
sagrados, pois, se o fizerem, morrerão. Esses são os utensílios da
tenda do encontro que os coatitas transportarão. 16"Eleazar, filho
do sacerdote Arão, será responsável pelo óleo usado no candela-
bro, pelo incenso perfumado, pelas ofertas diárias de cereal e pelo
óleo da unção. De fato, será responsável por todo o tabernáculo e
tudo que nele há, incluindo o santuário e seus objetos". 17Então o
Senhor disse a Moisés e a Arão: 18"Não permitam que os clãs coa-
titas sejam eliminados do meio dos levitas. 19Para que eles vivam
e não morram quando se aproximarem dos objetos mais sagrados,
vocês devem fazer o seguinte: Arão e seus filhos sempre entrarão
com os coatitas e dirão a cada um o que deve fazer ou carregar.

20 Os coatitas jamais entrarão para ver os objetos sagrados, nem mesmo por um momento, pois, se o fizerem, morrerão".

Deveres dos clãs gersonitas

21 O SENHOR disse a Moisés: 22 "Realize um censo dos membros dos clãs e das famílias da divisão gersonita da tribo de Levi. 23 Faça uma lista de todos os homens de 30 a 50 anos qualificados para servir na tenda do encontro. 24 "Os clãs gersonitas serão responsáveis pelo serviço geral e pelo transporte de cargas. 25 Levarão as cortinas do tabernáculo, a tenda do encontro com suas coberturas, a cobertura externa de couro fino e a cortina da entrada da tenda do encontro. 26 Levarão também as cortinas divisórias do pátio ao redor do tabernáculo e do altar, a cortina da entrada do pátio, as cordas e todos os objetos relacionados ao seu uso. Os gersonitas são responsáveis por todos esses itens. 27 Arão e seus filhos orientarão os gersonitas a respeito de suas funções, seja o transporte dos objetos ou a execução de outras tarefas. Encarregarão os gersonitas daquilo que devem transportar. 28 Essas são as funções dos clãs gersonitas na tenda do encontro. Prestarão contas de suas responsabilidades diretamente a Itamar, filho do sacerdote Arão."

Deveres dos clãs meraritas

29 "Registre agora os nomes dos membros dos clãs e das famílias da divisão merarita da tribo de Levi. 30 Faça uma lista de todos os homens de 30 a 50 anos qualificados para servir na tenda do encontro. 31 "Sua única função na tenda do encontro será transportar cargas. Levarão as armações do tabernáculo, os travessões, as colunas e as bases, 32 as colunas das divisórias do pátio com suas bases, estacas e cordas, e todos os utensílios e objetos relacionados ao seu uso. Encarregue cada um, por nome, daquilo que deve transportar. 33 Essa é a função dos clãs meraritas na tenda do encontro. Prestarão contas de sua responsabilidade diretamente a Itamar, filho do sacerdote Arão".

Resumo do registro

34 Moisés, Arão e os líderes da comunidade fizeram uma lista com os nomes dos membros da divisão coatita de acordo com seus clãs e famílias. 35 A lista incluía todos os homens de 30 a 50 anos qualificados para servir na tenda do encontro, 36 totalizando 2.750, de acordo com seus clãs. 37 Esse foi, portanto, o total dos membros dos clãs coatitas qualificados para servir na tenda do encontro. Moisés e Arão os registraram conforme o SENHOR havia ordenado por meio de Moisés. 38 Fizeram uma lista da divisão gersonita de acordo com seus clãs e famílias. 39 A lista incluía todos os homens de 30 a 50 anos qualificados para servir na tenda do encontro, 40 totalizando 2.630, de acordo com seus clãs e famílias. 41 Esse foi, portanto, o total dos membros dos clãs gersonitas qualificados para servir na tenda do encontro. Moisés e Arão os registraram conforme o SENHOR havia ordenado. 42 Fizeram uma lista da divisão merarita de acordo com seus clãs e famílias. 43 A lista incluía todos os homens de 30 a 50 anos qualificados para servir na tenda do encontro, 44 totalizando 3.200. 45 Esse foi, portanto, o total dos membros dos clãs meraritas. Moisés e Arão os registraram conforme o SENHOR havia ordenado por meio de Moisés. 46 Assim, Moisés, Arão e os líderes de Israel fizeram uma lista de todos os levitas de acordo com seus clãs e famílias. 47 O total de homens de 30 a 50 anos qualificados para servir na tenda do encontro e para transportá-la 48 foi de 8.580. 49 Quando registraram os nomes, conforme o SENHOR havia ordenado, encarregaram cada homem de sua tarefa e lhe disseram o que devia transportar. Desse modo, o registro foi completado, conforme o SENHOR havia ordenado a Moisés.

NO QUE ESTOU PENSANDO ○ | O QUE ESTOU SENTINDO ○ | DO QUE ESTOU LEMBRANDO ○

DESENHE OU ESCREVA

CAPÍTULO 5

Pureza no acampamento de Israel

1 O SENHOR disse a Moisés: 2 "Ordene aos israelitas que removam do acampamento todo aquele que sofrer de lepra ou fluxos corporais ou que tiver se tornado cerimonialmente impuro ao tocar num cadáver. 3 Isso se aplica tanto a homens como a mulheres, para que não contaminem seu próprio acampamento, onde eu habito no meio deles". 4 Os israelitas fizeram conforme o SENHOR havia ordenado a Moisés e removeram essas pessoas do acampamento.

5 Então o SENHOR disse a Moisés: 6 "Dê as seguintes instruções ao povo de Israel. Se alguém do povo, homem ou mulher, ofender ao SENHOR prejudicando outra pessoa, será culpado. 7 Confessará seu pecado e pagará indenização completa pelo dano causado, com um acréscimo de um quinto do valor, e entregará o total à

pessoa prejudicada. **8** Mas, se a pessoa prejudicada não tiver pa-
rentes próximos para receber a indenização, o valor pertencerá ao
SENHOR e será entregue ao sacerdote. O culpado também levará
um carneiro como sacrifício para fazer expiação por ele. **9** Todas as
ofertas sagradas que os israelitas levarem ao sacerdote serão dele.
10 O sacerdote ficará com todas as dádivas sagradas que receber".

Proteção para a fidelidade conjugal

11 O SENHOR também disse a Moisés: **12** "Dê as seguintes instruções
ao povo de Israel. "Se a esposa de alguém se desviar, for infiel ao
marido **13** e tiver relações sexuais com outro homem, sem que o
marido ou qualquer outra pessoa fique sabendo, ainda que não
haja testemunhas e a esposa não tenha sido pega em flagrante,
ela ficará contaminada. **14** Se o marido tiver ciúmes, suspeitar da
esposa e precisar saber se ela se contaminou ou não, **15** levará a
esposa ao sacerdote. Apresentará em favor dela uma oferta de dois
litros de farinha de cevada. Não a misturará com azeite nem incenso,
pois é uma oferta pelo ciúme, isto é, uma oferta de testemunho da
suspeita, para provar se a mulher é culpada ou não. **16** "O sacerdote
a apresentará para ser julgada diante do SENHOR. **17** Numa vasilha de
barro, colocará um pouco de água sagrada e a misturará com pó do
chão do tabernáculo. **18** Uma vez que o sacerdote tiver apresentado a
mulher diante do SENHOR, soltará o cabelo dela e colocará em suas
mãos a oferta pelo ciúme como testemunho da suspeita. O sacer-
dote se colocará diante dela, segurando a vasilha de água amarga
que traz maldição sobre os culpados. **19** Em seguida, o sacerdote fará
a mulher jurar e lhe dirá: 'Se nenhum outro homem teve relações
sexuais com você, e se você não se desviou nem se contaminou
enquanto estava debaixo da autoridade de seu marido, que você
permaneça imune aos efeitos desta água amarga que traz a mal-
dição. **20** Mas, se você se desviou sendo infiel a seu marido, e con-
taminou a si mesma tendo relações sexuais com outro homem...'
21 "Nesse momento, o sacerdote fará a mulher jurar: 'Que o povo
saiba que a maldição do SENHOR está sobre você quando ele a tornar
estéril, fizer seu útero encolher e seu abdômen inchar. **22** Que esta
água que traz a maldição entre no seu corpo e faça seu abdômen
inchar e seu útero encolher'. E a mulher responderá: 'Amém. Que
assim seja'. **23** O sacerdote escreverá essas maldições num pedaço

NO QUE ESTOU **PENSANDO** ○ | O QUE ESTOU **SENTINDO** ○ | DO QUE ESTOU **LEMBRANDO** ○

DESENHE OU ESCREVA

de couro, as raspará de modo que caiam na água amarga, **24** e fará
a mulher beber a água amarga que traz a maldição. Se a mulher for
culpada, quando a água entrar em seu corpo lhe causará amargo
sofrimento. **25** "Em seguida, o sacerdote tirará a oferta pelo ciúme
da mão da mulher e a moverá para o alto diante do SENHOR. Depois,
levará a oferta até o altar. **26** Tomará um punhado da farinha como
oferta simbólica, queimando-a no altar, e exigirá que a mulher beba
a água. **27** Se a mulher tiver se contaminado sendo infiel a seu mari-
do, a água que traz a maldição lhe causará amargo sofrimento. Seu
abdômen inchará e seu útero encolherá, e ela se tornará maldição
entre seu povo. **28** Mas, se ela não tiver se contaminado e estiver
pura, não sofrerá castigo e poderá ter filhos. **29** "Essa é a lei ritual
para lidar com a suspeita do marido. Se uma esposa se desviar e
se contaminar enquanto estiver debaixo da autoridade do marido,
30 ou o marido tiver ciúme e suspeitar que sua esposa foi infiel,
ele a apresentará diante do SENHOR, e o sacerdote aplicará em sua
totalidade essa lei ritual. **31** O marido será isento de toda a culpa
nesse caso, mas a esposa será punida por seu pecado".

CAPÍTULO 6

Leis acerca do voto nazireu

1 Então o SENHOR disse a Moisés: **2** "Dê as seguintes instruções ao
povo de Israel. "Se alguém do povo, homem ou mulher, fizer o
voto especial de nazireu e se consagrar ao SENHOR, **3** deixará de
beber vinho e outras bebidas fermentadas. Não usará vinagre feito
de vinho nem de outras bebidas fermentadas, e não beberá suco
de uva nem comerá uvas ou passas. **4** Enquanto estiver sob o voto
de nazireu, não beberá nem comerá coisa alguma que venha da
videira, nem mesmo sementes ou cascas de uvas. **5** "Enquanto durar
o voto, o nazireu será consagrado ao SENHOR e não cortará o cabelo.
Deixará o cabelo crescer até concluir o voto. **6** Não se aproximará de
cadáver enquanto estiver consagrado ao SENHOR. **7** Mesmo que o
falecido seja seu pai, mãe, irmão ou irmã, o nazireu não se conta-
minará, pois o cabelo em sua cabeça simboliza sua consagração a
Deus. **8** Essa exigência é válida enquanto ele estiver consagrado
ao SENHOR. **9** "Se alguém cair morto ao lado do nazireu, o cabelo
que ele consagrou ficará contaminado. Esperará sete dias e depois
rapará a cabeça. Então, estará purificado de sua contaminação.

10 No oitavo dia, levará duas rolinhas ou dois pombinhos para o
sacerdote à entrada da tenda do encontro. 11 O sacerdote oferecerá
uma das aves como oferta pelo pecado, e a outra, como holocausto.
Desse modo, fará expiação pela culpa resultante do contato com o
cadáver. O nazireu reafirmará seu compromisso e deixará o cabelo
crescer outra vez. 12 Os dias de voto cumpridos antes da contamina-
ção não serão contados. Ele se consagrará novamente ao SENHOR
por todo o período do voto e apresentará um cordeiro de um ano
como oferta pela culpa. 13 "Essa é a lei ritual para o nazireu. Quando
chegar ao fim do período de consagração, irá até a entrada da tenda
do encontro 14 e trará suas ofertas ao SENHOR: um cordeiro de um
ano e sem defeito como holocausto, uma cordeira de um ano e
sem defeito como oferta pelo pecado, um carneiro sem defeito
como oferta de paz, 15 um cesto de pães sem fermento, bolos de
farinha da melhor qualidade misturada com azeite e pães finos
untados com azeite, junto com as ofertas de cereal e ofertas der-
ramadas. 16 O sacerdote apresentará as ofertas diante do SENHOR:
primeiro a oferta pelo pecado e o holocausto, 17 depois o carneiro
para a oferta de paz, junto com o cesto de pães sem fermento. O
sacerdote também apresentará ao SENHOR as ofertas de cereal e
ofertas derramadas. 18 "Em seguida, o nazireu raspará a cabeça à
entrada da tenda do encontro. Pegará o cabelo que consagrou e o
colocará no fogo embaixo do sacrifício da oferta de paz. 19 Depois
que o nazireu tiver raspado a cabeça, o sacerdote pegará um ombro
cozido de carneiro e, de dentro do cesto, pegará um bolo e um pão
fino sem fermento e colocará tudo nas mãos do nazireu. 20 Por fim,
o sacerdote os moverá para o alto como oferta especial diante do
SENHOR. Essas são as porções santas para o sacerdote, junto com o
peito da oferta movida e a coxa da oferta sagrada movidos diante
do SENHOR. Depois dessa cerimônia, o nazireu poderá voltar a beber
vinho. 21 "Essa é a lei ritual dos nazireus que fazem o voto de apre-
sentar essas ofertas para o SENHOR. Se tiverem recursos materiais,
apresentarão outras ofertas além dessas. Devem cumprir o voto que
fizeram quando se consagraram como nazireus".

A bênção sacerdotal

22 Então o SENHOR disse a Moisés: 23 "Diga a Arão e a seus filhos
que abençoem o povo de Israel com esta bênção especial: 24 'Que o

SENHOR o abençoe e o proteja. 25 Que o SENHOR olhe para você com
favor e lhe mostre bondade. 26 Que o SENHOR se agrade de você e
lhe dê paz'. 27 Assim, Arão e seus filhos colocarão meu nome sobre
os israelitas, e eu mesmo os abençoarei".

CAPÍTULO 7

Ofertas para a consagração

1 No dia em que Moisés terminou de armar o tabernáculo, ele o
ungiu e o consagrou, junto com toda a sua mobília, o altar e seus
utensílios. 2 Então os líderes de Israel, os chefes das tribos que ha-
viam realizado o censo dos soldados, chegaram com suas ofertas.
3 Trouxeram seis carroças cobertas e doze bois, uma carroça para
cada dois líderes e um boi para cada líder, e apresentaram essas
ofertas ao SENHOR na frente do tabernáculo. 4 O SENHOR disse a
Moisés: 5 "Receba as ofertas deles para usar no serviço na tenda do
encontro. Distribua-as entre os levitas conforme o trabalho de cada
um". 6 Então Moisés recebeu as carroças e os bois e os entregou aos
levitas. 7 Deu duas carroças e quatro bois à divisão gersonita para
seu trabalho 8 e quatro carroças e oito bois à divisão merarita para
seu trabalho. Todos realizavam suas tarefas sob a supervisão de
Itamar, filho do sacerdote Arão. 9 À divisão dos coatitas, porém, não
deu carros nem bois, pois era seu dever carregar nos ombros os
objetos sagrados. 10 Quando o altar foi ungido, os líderes das tribos
apresentaram ofertas para a consagração do altar. Cada um colocou
sua oferta diante do altar. 11 O SENHOR disse a Moisés: "Cada dia um
líder trará sua oferta para a consagração do altar". 12 No primeiro
dia, Naassom, filho de Aminadabe e líder da tribo de Judá, apre-
sentou sua oferta. 13 Ela consistia em uma bandeja de prata que
pesava 1.560 gramas e uma bacia de prata que pesava 840 gramas,
com base no peso do siclo do santuário, ambas cheias de ofertas
de cereal de farinha da melhor qualidade umedecida com azeite.
14 Trouxe também uma vasilha de ouro que pesava 120 gramas,
cheia de incenso. 15 Apresentou ainda um novilho, um carneiro e
um cordeiro de um ano como holocausto, 16 e um bode como oferta
pelo pecado. 17 Para a oferta de paz, trouxe dois bois, cinco carneiros,
cinco bodes e cinco cordeiros de um ano. Essa foi a oferta apresen-
tada por Naassom, filho de Aminadabe. 18 No segundo dia,
Natanael, filho de Zuar e líder da tribo de Issacar, apresentou sua

oferta. 19Ela consistia em uma bandeja de prata que pesava 1.560
gramas e uma bacia de prata que pesava 840 gramas, com base
no peso do siclo do santuário, ambas cheias de ofertas de cereal de
farinha da melhor qualidade umedecida com azeite. 20Trouxe tam-
bém uma vasilha de ouro que pesava 120 gramas, cheia de incen-
so. 21Apresentou ainda um novilho, um carneiro e um cordeiro de
um ano como holocausto, 22e um bode como oferta pelo pecado.
23Para a oferta de paz, trouxe dois bois, cinco carneiros, cinco bodes
e cinco cordeiros de um ano. Essa foi a oferta apresentada por
Natanael, filho de Zuar. 24No terceiro dia, Eliabe, filho de Helom e
líder da tribo de Zebulom, apresentou sua oferta. 25Ela consistia
em uma bandeja de prata que pesava 1.560 gramas e uma bacia
de prata que pesava 840 gramas, com base no peso do siclo do
santuário, ambas cheias de ofertas de cereal de farinha da melhor
qualidade umedecida com azeite. 26Trouxe também uma vasilha
de ouro que pesava 120 gramas, cheia de incenso. 27Apresentou
ainda um novilho, um carneiro e um cordeiro de um ano como
holocausto, 28e um bode como oferta pelo pecado. 29Para a oferta
de paz, trouxe dois bois, cinco carneiros, cinco bodes e cinco cor-
deiros de um ano. Essa foi a oferta apresentada por Eliabe, filho de
Helom. 30No quarto dia, Elizur, filho de Sedeur e líder da tribo de
Rúben, apresentou sua oferta. 31Ela consistia em uma bandeja de
prata que pesava 1.560 gramas e uma bacia de prata que pesava
840 gramas, com base no peso do siclo do santuário, ambas cheias
de ofertas de cereal de farinha da melhor qualidade umedecida
com azeite. 32Trouxe também uma vasilha de ouro que pesava 120
gramas, cheia de incenso. 33Apresentou ainda um novilho, um
carneiro e um cordeiro de um ano como holocausto, 34e um bode
como oferta pelo pecado. 35Para a oferta de paz, trouxe dois bois,
cinco carneiros, cinco bodes e cinco cordeiros de um ano. Essa foi
a oferta apresentada por Elizur, filho de Sedeur. 36No quinto dia,
Selumiel, filho de Zurisadai e líder da tribo de Simeão, apresentou
sua oferta. 37Ela consistia em uma bandeja de prata que pesava
1.560 gramas e uma bacia de prata que pesava 840 gramas, com
base no peso do siclo do santuário, ambas cheias de ofertas de
cereal de farinha da melhor qualidade umedecida com azeite.
38Trouxe também uma vasilha de ouro que pesava 120 gramas,
cheia de incenso. 39Apresentou ainda um novilho, um carneiro e

NO QUE ESTOU **PENSANDO** ○ O QUE ESTOU **SENTINDO** ○ DO QUE ESTOU **LEMBRANDO** ○

DESENHE OU ESCREVA

um cordeiro de um ano como holocausto, 40e um bode como oferta
pelo pecado. 41Para a oferta de paz, trouxe dois bois, cinco carneiros,
cinco bodes e cinco cordeiros de um ano. Essa foi a oferta apresen-
tada por Selumiel, filho de Zurisadai. 42No sexto dia, Eliasafe, filho
de Deuel e líder da tribo de Gade, apresentou sua oferta. 43Ela
consistia em uma bandeja de prata que pesava 1.560 gramas e
uma bacia de prata que pesava 840 gramas, com base no peso do
siclo do santuário, ambas cheias de ofertas de cereal de farinha da
melhor qualidade umedecida com azeite. 44Trouxe também uma
vasilha de ouro que pesava 120 gramas, cheia de incenso.
45Apresentou ainda um novilho, um carneiro e um cordeiro de um
ano como holocausto, 46e um bode como oferta pelo pecado. 47Para
a oferta de paz, trouxe dois bois, cinco carneiros, cinco bodes e cinco
cordeiros de um ano. Essa foi a oferta apresentada por Eliasafe, filho
de Deuel. 48No sétimo dia, Elisama, filho de Amiúde e líder da tribo
de Efraim, apresentou sua oferta. 49Ela consistia em uma bandeja
de prata que pesava 1.560 gramas e uma bacia de prata que pesava
840 gramas, com base no peso do siclo do santuário, ambas cheias
de ofertas de cereal de farinha da melhor qualidade umedecida
com azeite. 50Trouxe também uma vasilha de ouro que pesava 120
gramas, cheia de incenso. 51Apresentou ainda um novilho, um
carneiro e um cordeiro de um ano como holocausto, 52e um bode
como oferta pelo pecado. 53Para a oferta de paz, trouxe dois bois,
cinco carneiros, cinco bodes e cinco cordeiros de um ano. Essa foi
a oferta apresentada por Elisama, filho de Amiúde. 54No oitavo dia,
Gamaliel, filho de Pedazur e líder da tribo de Manassés, apresentou
sua oferta. 55Ela consistia em uma bandeja de prata que pesava
1.560 gramas e uma bacia de prata que pesava 840 gramas, com
base no peso do siclo do santuário, ambas cheias de ofertas de
cereal de farinha da melhor qualidade umedecida com azeite.
56Trouxe também uma vasilha de ouro que pesava 120 gramas,
cheia de incenso. 57Apresentou ainda um novilho, um carneiro e
um cordeiro de um ano como holocausto, 58e um bode como oferta
pelo pecado. 59Para a oferta de paz, trouxe dois bois, cinco carneiros,
cinco bodes e cinco cordeiros de um ano. Essa foi a oferta apresen-
tada por Gamaliel, filho de Pedazur. 60No nono dia, Abidã, filho de
Gideoni e líder da tribo de Benjamim, apresentou sua oferta. 61Ela
consistia em uma bandeja de prata que pesava 1.560 gramas e

uma bacia de prata que pesava 840 gramas, com base no peso do
siclo do santuário, ambas cheias de ofertas de cereal de farinha da
melhor qualidade umedecida com azeite. 62Trouxe também uma
vasilha de ouro que pesava 120 gramas, cheia de incenso.
63Apresentou ainda um novilho, um carneiro e um cordeiro de um
ano como holocausto, 64e um bode como oferta pelo pecado. 65Para
a oferta de paz, trouxe dois bois, cinco carneiros, cinco bodes e cinco
cordeiros de um ano. Essa foi a oferta apresentada por Abidã, filho
de Gideoni. 66No décimo dia, Aieser, filho de Amisadai e líder da
tribo de Dã, apresentou sua oferta. 67Ela consistia em uma bandeja
de prata que pesava 1.560 gramas e uma bacia de prata que pesava
840 gramas, com base no peso do siclo do santuário, ambas cheias
de ofertas de cereal de farinha da melhor qualidade umedecida
com azeite. 68Trouxe também uma vasilha de ouro que pesava 120
gramas, cheia de incenso. 69Apresentou ainda um novilho, um
carneiro e um cordeiro de um ano como holocausto, 70e um bode
como oferta pelo pecado. 71Para a oferta de paz, trouxe dois bois,
cinco carneiros, cinco bodes e cinco cordeiros de um ano. Essa foi
a oferta apresentada por Aieser, filho de Amisadai. 72No décimo
primeiro dia, Pagiel, filho de Ocrã e líder da tribo de Aser, apresen-
tou sua oferta. 73Ela consistia em uma bandeja de prata que pesava
1.560 gramas e uma bacia de prata que pesava 840 gramas, com
base no peso do siclo do santuário, ambas cheias de ofertas de
cereal de farinha da melhor qualidade umedecida com azeite.
74Trouxe também uma vasilha de ouro que pesava 120 gramas,
cheia de incenso. 75Apresentou ainda um novilho, um carneiro e
um cordeiro de um ano como holocausto, 76e um bode como oferta
pelo pecado. 77Para a oferta de paz, trouxe dois bois, cinco carneiros,
cinco bodes e cinco cordeiros de um ano. Essa foi a oferta apresen-
tada por Pagiel, filho de Ocrã. 78No décimo segundo dia, Aira, filho
de Enã e líder da tribo de Naftali, apresentou sua oferta. 79Ela con-
sistia em uma bandeja de prata que pesava 1.560 gramas e uma
bacia de prata que pesava 840 gramas, com base no peso do siclo
do santuário, ambas cheias de ofertas de cereal de farinha da me-
lhor qualidade umedecida com azeite. 80Trouxe também uma va-
silha de ouro que pesava 120 gramas, cheia de incenso.
81Apresentou ainda um novilho, um carneiro e um cordeiro de um
ano como holocausto, 82e um bode como oferta pelo pecado.

NO QUE ESTOU **PENSANDO** ○ | O QUE ESTOU **SENTINDO** ○ | DO QUE ESTOU **LEMBRANDO** ○

DESENHE OU ESCREVA

83Para a oferta de paz, trouxe dois bois, cinco carneiros, cinco bodes
e cinco cordeiros de um ano. Essa foi a oferta apresentada por Aira,
filho de Enã. 84Estas foram as ofertas de consagração apresentadas
pelos líderes de Israel quando o altar foi ungido: 12 bandejas de
prata, 12 bacias de prata e 12 vasilhas de ouro com incenso. 85Cada
bandeja de prata pesava 1.560 gramas e cada bacia de prata pesava
840 gramas. Ao todo, os objetos de prata pesavam 28,8 quilos, com
base no peso do siclo do santuário. 86Cada uma das vasilhas de
ouro cheias de incenso pesava 120 gramas, com base no peso do
siclo do santuário. Ao todo, as vasilhas de ouro pesavam 1.440
gramas. 87Para os holocaustos foram apresentados 12 novilhos, 12
carneiros e 12 cordeiros de um ano, junto com as ofertas obrigató-
rias de cereal. Para as ofertas pelo pecado, foram apresentados 12
bodes. 88Para as ofertas de paz, foram apresentados 24 bois, 60
carneiros, 60 bodes e 60 cordeiros de um ano. Essas foram as ofer-
tas para a consagração do altar depois que este foi ungido. 89Cada
vez que Moisés entrava na tenda do encontro para falar com o
Senhor, ouvia uma voz que falava com ele por entre os dois que-
rubins em cima da tampa da arca, o lugar de expiação, que fica
sobre a arca da aliança. De lá o Senhor falava com Moisés.

CAPÍTULO 8

A preparação das lâmpadas

1O Senhor disse a Moisés: 2"Dê as seguintes instruções a Arão.
Quando você colocar as sete lâmpadas, posicione-as de modo que
iluminem o espaço à frente do candelabro". 3Arão seguiu essa ins-
trução. Posicionou as sete lâmpadas de modo que iluminassem o
espaço à frente do candelabro, conforme o Senhor havia ordenado
a Moisés. 4O candelabro todo, desde a base até as flores, era de
ouro batido. Foi feito exatamente de acordo com o modelo que o
Senhor havia mostrado a Moisés.

A consagração dos levitas

5O Senhor disse a Moisés: 6"Agora, separe os levitas do restante
dos israelitas e torne-os cerimonialmente puros. 7Para isso, você
aspergirá sobre eles a água da purificação e os fará raspar todo
o corpo e lavar as roupas. Assim, estarão cerimonialmente puros.
8Instrua-os a trazerem um novilho e uma oferta de cereal de farinha

da melhor qualidade umedecida com azeite, junto com outro novi-
lho como oferta pelo pecado. 9Reúna toda a comunidade de Israel e
apresente os levitas à entrada da tenda do encontro. 10Quando você
trouxer os levitas diante do SENHOR, os israelitas colocarão as mãos
sobre eles. 11Com as mãos levantadas, Arão apresentará os levitas ao
SENHOR como oferta especial dos israelitas e, desse modo, os consa-
grará ao serviço do SENHOR. 12"Em seguida, os levitas colocarão as
mãos sobre a cabeça dos novilhos. Você sacrificará um novilho ao
SENHOR como oferta pelo pecado, e o outro, como holocausto, a fim
de fazer expiação pelos levitas. 13Coloque os levitas em pé diante de
Arão e de seus filhos e, com as mãos levantadas, apresente-os como
oferta especial para o SENHOR. 14Assim, você separará os levitas do
restante dos israelitas, e os levitas serão meus. 15Depois disso, eles
entrarão na tenda do encontro para realizar o trabalho deles, pois
você os purificou e os apresentou como oferta especial. 16"Dentre
todos os israelitas, os levitas são reservados para mim. Tomei-os
para mim em lugar de todos os filhos mais velhos dos israelitas;
tomei os levitas como seus substitutos. 17Pois todos os filhos mais
velhos e todos os machos das primeiras crias dos animais em Israel
são meus. Eu os separei para mim no dia em que feri mortalmente
todos os filhos mais velhos dos egípcios e os machos das primeiras
crias de seus animais. 18Sim, tomei para mim os levitas em lugar de
todos os filhos mais velhos de Israel. 19E, dentre todos os israelitas,
designei os levitas para Arão e seus filhos. Eles servirão na tenda
do encontro em favor dos israelitas e oferecerão sacrifícios para
fazer expiação pelo povo, de modo que nenhuma praga os atinja
quando se aproximarem do santuário". 20Assim, Moisés, Arão e toda
a comunidade de Israel consagraram os levitas, seguindo todas as
instruções que o SENHOR deu a Moisés. 21Os levitas se purificaram
e lavaram as roupas, e Arão os apresentou ao SENHOR como oferta
especial. Em seguida, ofereceu um sacrifício e fez expiação por eles,
a fim de purificá-los. 22Depois disso, os levitas entraram na tenda do
encontro para realizar suas tarefas como assistentes de Arão e seus
filhos. Assim, fizeram tudo que o SENHOR havia ordenado a Moisés
a respeito dos levitas. 23O SENHOR também disse a Moisés: 24"Dê
a seguinte instrução aos levitas. Começarão a servir na tenda do
encontro aos 25 anos 25e deixarão o serviço aos 50 anos. 26Depois
que deixarem o serviço, ajudarão seus colegas levitas no trabalho

NO QUE ESTOU PENSANDO	O QUE ESTOU SENTINDO	DO QUE ESTOU LEMBRANDO
○	○	○

DESENHE OU ESCREVA

de cuidar da tenda do encontro, mas não realizarão mais as ceri-
mônias. Assim você designará as funções dos levitas".

CAPÍTULO 9

A segunda Páscoa

1No primeiro mês do segundo ano desde a saída de Israel do Egito,
o SENHOR falou com Moisés no deserto do Sinai e disse: 2"Instrua
os israelitas a celebrarem a Páscoa no tempo determinado, 3ao
entardecer do décimo quarto dia do primeiro mês. Siga todos os
meus decretos e estatutos a respeito dessa celebração". 4Então
Moisés instruiu o povo a celebrar a Páscoa 5no deserto do Sinai,
ao entardecer do décimo quarto dia do primeiro mês. Eles cele-
braram a festa ali, conforme o SENHOR havia ordenado a Moisés.
6Alguns dos homens, porém, estavam cerimonialmente impuros
por terem tocado num cadáver, e não puderam celebrar a Páscoa
naquele dia. Eles se dirigiram a Moisés e Arão no mesmo dia 7e
disseram: "Ficamos cerimonialmente impuros, pois tocamos num
cadáver. Mas por que estamos impedidos de apresentar a oferta
do SENHOR no devido tempo como os demais israelitas?". 8Moisés
respondeu: "Esperem aqui até eu receber instruções do SENHOR
para vocês". 9Então o SENHOR disse a Moisés: 10"Dê as seguintes
instruções ao povo de Israel. Se alguém do povo, agora ou nas gera-
ções futuras, estiver cerimonialmente impuro no tempo da Páscoa
por haver tocado num cadáver, ou se estiver viajando e não puder
comparecer à cerimônia, ainda assim celebrará a Páscoa do SENHOR.
11Oferecerá um sacrifício de Páscoa um mês depois, ao entardecer
do décimo quarto dia do segundo mês. Nessa ocasião, comerá o
cordeiro de Páscoa, acompanhado de folhas verdes amargas e pão
sem fermento. 12Não deixará sobrar coisa alguma do cordeiro até
a manhã seguinte, e não quebrará osso algum do animal. Seguirá
todos os decretos acerca da Páscoa. 13"Aquele que estiver cerimo-
nialmente puro e não estiver viajando, mas ainda assim não cele-
brar a Páscoa, será eliminado do meio do povo. Se não apresentar
a oferta do SENHOR no devido tempo, sofrerá as consequências de
sua culpa. 14E, se algum estrangeiro que vive entre vocês desejar
celebrar a Páscoa do SENHOR, deverá seguir os mesmos decretos.
Esses decretos se aplicam tanto aos israelitas de nascimento como
aos estrangeiros que vivem entre vocês".

Nm

A nuvem de fogo

15 No dia em que foi armado o tabernáculo, a tenda da aliança, a
nuvem o cobriu. Desde o entardecer até o amanhecer, a nuvem
sobre o tabernáculo parecia uma coluna de fogo. 16 Era assim que
sempre acontecia: à noite, a nuvem que cobria o tabernáculo tinha
a aparência de fogo. 17 Cada vez que a nuvem se elevava da tenda, o
povo de Israel levantava acampamento e a seguia. No lugar onde
a nuvem parava, eles acampavam. 18 Assim, viajavam e acampa-
vam por ordem do SENHOR, para onde ele os conduzia. Enquanto
a nuvem estava sobre o tabernáculo, permaneciam acampados.
19 Se a nuvem ficava sobre o tabernáculo por muito tempo, os is-
raelitas permaneciam ali e cumpriam suas obrigações para com o
SENHOR. 20 Às vezes a nuvem permanecia apenas alguns dias sobre
o tabernáculo, de modo que o povo também ficava apenas alguns
dias, conforme o SENHOR ordenava. Então, por ordem do SENHOR,
levantavam acampamento e seguiam viagem. 21 Às vezes a nuvem
parava apenas durante a noite e se elevava na manhã seguinte. Dia
ou noite, porém, quando a nuvem se elevava, os israelitas levanta-
vam acampamento e seguiam viagem. 22 Se a nuvem permanecia
sobre o tabernáculo por dois dias, um mês ou um ano, ficavam
acampados e não seguiam viagem. Mas, assim que a nuvem se
elevava, levantavam acampamento e seguiam viagem. 23 Com
isso, acampavam por ordem do SENHOR e viajavam por ordem do
SENHOR, e cumpriam tudo que o SENHOR lhes ordenava por meio
de Moisés.

CAPÍTULO 10

As trombetas de prata

1 O SENHOR também disse a Moisés: 2 "Faça duas trombetas de prata
batida. Com elas você chamará a comunidade para se reunir e dará
o sinal para levantar acampamento. 3 Quando as duas trombetas
soarem, todos se reunirão diante de você à entrada da tenda do
encontro. 4 Se apenas uma trombeta soar, somente os líderes, os
chefes dos clãs de Israel, se apresentarão a você. 5 "Quando o sinal
para seguir viagem soar, as tribos acampadas do lado leste levanta-
rão acampamento e avançarão. 6 Quando o sinal soar pela segunda
vez, as tribos acampadas do lado sul virão em seguida. Mande soar
dois toques curtos para indicar que devem partir. 7 Mas, quando

NO QUE ESTOU PENSANDO ○ | O QUE ESTOU SENTINDO ○ | DO QUE ESTOU LEMBRANDO ○

DESENHE OU ESCREVA

convocar o povo para uma reunião sagrada, mande soar um toque
diferente. 8 Apenas os sacerdotes, os descendentes de Arão, tocarão
as trombetas. Essa é uma lei permanente para vocês, a ser cumprida
de geração em geração. 9 "Quando chegarem à sua própria terra e
guerrearem contra os inimigos que os atacarem, usem as trombetas
para soar o alarme. Então o SENHOR, seu Deus, se lembrará de vocês
e os livrará de seus inimigos. 10 Façam soar as trombetas também
em ocasiões alegres, nas festas anuais e no começo de cada mês,
e toquem as trombetas ao apresentarem holocaustos e ofertas de
paz. As trombetas lhes servirão de recordação diante de seu Deus.
Eu sou o SENHOR, seu Deus".

Os israelitas deixam o Sinai

11 No segundo ano desde a saída de Israel do Egito, no vigésimo
dia do segundo mês, a nuvem se elevou acima do tabernáculo
da aliança. 12 Então os israelitas saíram do deserto do Sinai e via-
jaram de um lugar para outro até a nuvem pousar no deserto de
Parã. 13 Da primeira vez que o povo partiu, seguindo as instruções
do SENHOR a Moisés, 14 o exército da tribo de Judá foi à frente.
Marchava atrás de sua bandeira e seu comandante era Naassom,
filho de Aminadabe. 15 Em seguida, vieram o exército da tribo de
Issacar, comandado por Natanael, filho de Zuar, 16 e o exército da
tribo de Zebulom, comandado por Eliabe, filho de Helom. 17 O
tabernáculo foi desmontado, e os levitas das divisões gersonita
e merarita vieram na sequência, carregando o tabernáculo. 18 O
exército de Rúben veio depois, marchando atrás de sua bandeira.
Seu comandante era Elizur, filho de Sedeur. 19 Em seguida, vieram
o exército da tribo de Simeão, comandado por Selumiel, filho de
Zurisadai, 20 e o exército da tribo de Gade, comandado por Eliasafe,
filho de Deuel. 21 Então vieram os levitas da divisão coatita carre-
gando os objetos sagrados. Antes que o povo chegasse ao próximo
acampamento, o tabernáculo deveria estar armado em seu novo
local. 22 O exército de Efraim veio depois, marchando atrás de sua
bandeira, comandado por Elisama, filho de Amiúde. 23 Em seguida,
vieram o exército da tribo de Manassés, comandado por Gamaliel,
filho de Pedazur, 24 e o exército da tribo de Benjamim, comandado
por Abidã, filho de Gideoni. 25 O exército de Dã veio por último, mar-
chando atrás de sua bandeira e formando a retaguarda de todos

os acampamentos das tribos. Seu comandante era Aieser, filho de Amisadai. 26Em seguida, vieram o exército da tribo de Aser, comandado por Pagiel, filho de Ocrã, 27e o exército da tribo de Naftali, comandado por Aira, filho de Enã. 28Era nessa sequência que os israelitas marchavam, exército após exército. 29Moisés disse a seu cunhado Hobabe, filho do midianita Reuel: "Estamos a caminho do lugar que o SENHOR nos prometeu, pois ele disse: 'Eu o darei a vocês'. Venha conosco e o trataremos bem, pois o SENHOR prometeu boas coisas a Israel!". 30"Não irei", respondeu Hobabe. "Preciso voltar para minha própria terra e para minha família." 31"Por favor, não nos deixe", pediu Moisés. "Você conhece os lugares do deserto onde poderemos acampar. Venha e seja nosso guia. 32Se nos acompanhar, compartilharemos com você todas as boas coisas que o SENHOR nos der." 33Depois de partirem do monte do SENHOR, marcharam por três dias. A arca da aliança do SENHOR ia à frente deles para lhes mostrar onde parar e descansar. 34A cada dia, enquanto seguiam viagem, a nuvem do SENHOR permanecia sobre eles. 35Sempre que a arca partia, Moisés exclamava: "Levanta-te, ó SENHOR! Que teus inimigos se dispersem e teus adversários fujam de diante de ti!". 36E, quando a arca parava, ele dizia: "Volta, ó SENHOR, aos muitos milhares de Israel!".

CAPÍTULO 11

O povo se queixa a Moisés

1O povo começou a reclamar de sua situação ao SENHOR, que ouviu tudo que diziam. Então a ira do SENHOR se acendeu, e ele enviou fogo que ardeu entre o povo, devorando alguns que viviam nas extremidades do acampamento. 2O povo gritou, pedindo ajuda a Moisés, e quando ele orou ao SENHOR, o fogo se apagou. 3Depois disso, aquele lugar foi chamado de Taberá, pois o fogo do SENHOR ardeu ali entre eles. 4Então o bando de estrangeiros que viajava com os israelitas começou a desejar intensamente a comida do Egito. E o povo de Israel também começou a se queixar: "Ah, se tivéssemos carne para comer! 5Que saudade dos peixes que comíamos de graça no Egito! Também tínhamos pepinos, melões, alhos-porós, cebolas e alhos à vontade. 6Mas, agora, perdemos o apetite. Não vemos outra coisa além desse maná!". 7O maná era como semente de coentro e tinha aparência de resina. 8O povo

NO QUE ESTOU **PENSANDO** ○ | O QUE ESTOU **SENTINDO** ○ | DO QUE ESTOU **LEMBRANDO** ○

DESENHE OU ESCREVA

saía e o recolhia do chão. Usava-o para fazer farinha, triturando-o em moinhos manuais ou socando-o em pilões. Depois, cozinhava o maná numa panela e fazia bolos achatados, que tinham gosto de massa folheada assada com azeite. 9O maná caía sobre o acampamento durante a noite, com o orvalho. 10Moisés ouviu todas as famílias reclamando à entrada de suas tendas, e a ira do SENHOR se acendeu. Com isso, Moisés se revoltou 11e disse ao SENHOR: "Por que tratas a mim, teu servo, com tanta crueldade? Tem misericórdia de mim! O que fiz para merecer o peso de todo este povo? 12Por acaso gerei ou dei à luz este povo? Por que me pedes para carregá-lo nos braços como a mãe carrega o bebê que mama? Como o levarei à terra que juraste dar a seus antepassados? 13Onde conseguirei carne para todo este povo? Eles vêm a mim reclamar, dizendo: 'Dê-nos carne para comer!'. 14Sozinho, não sou capaz de carregar todo este povo! O peso é grande demais! 15Se é assim que pretendes me tratar, mata-me de uma vez; para mim seria um favor, pois eu não veria esta calamidade!".

Moisés escolhe setenta líderes

16Então o SENHOR disse a Moisés: "Reúna diante de mim setenta homens reconhecidos como autoridades e líderes de Israel. Leve-os à tenda do encontro, para que permaneçam ali com você. 17Eu descerei e falarei com você. Tomarei um pouco do Espírito que está sobre você e o colocarei sobre eles. Assim, dividirão com você o peso do povo, para que não precise carregá-lo sozinho. 18"Diga ao povo: 'Consagrem-se, pois amanhã terão carne para comer. Vocês reclamaram e o SENHOR os ouviu quando disseram: 'Ah, se tivéssemos carne para comer! Estávamos melhor no Egito!'. Agora o SENHOR lhes dará carne, e vocês terão de comê-la. 19E não será apenas um dia, ou dois, ou cinco, ou dez ou mesmo vinte. 20Comerão carne por um mês inteiro, até lhes sair pelo nariz e vocês enjoarem dela, pois rejeitaram o SENHOR que está aqui entre vocês e reclamaram contra ele, dizendo: 'Por que saímos do Egito?'". 21Moisés, porém, respondeu ao SENHOR: "Tenho comigo um exército de seiscentos mil soldados e, no entanto, dizes: 'Eu lhes darei carne durante um mês inteiro!'. 22Mesmo que abatêssemos todos os nossos rebanhos, bastaria para satisfazê-los? Mesmo que pegássemos todos os peixes do mar, seria suficiente?". 23Então o

SENHOR disse a Moisés: "Você duvida do meu poder? Agora você
verá se minha palavra se cumprirá ou não!". 24 Moisés saiu e trans-
mitiu as palavras do SENHOR ao povo. Reuniu os setenta líderes e
os colocou ao redor da tenda da reunião. 25 O SENHOR desceu na
nuvem e falou com ele. Depois, deu aos setenta líderes o mesmo
Espírito que estava sobre Moisés. E, quando o Espírito pousou so-
bre eles, os líderes profetizaram, algo que nunca mais aconteceu.
26 Dois homens, Eldade e Medade, haviam permanecido no acam-
pamento. Faziam parte da lista de autoridades, mas não tinham ido
à tenda da reunião. E, no entanto, o Espírito também pousou sobre
eles, de modo que profetizaram ali no acampamento. 27 Um rapaz
correu e contou a Moisés: "Eldade e Medade estão profetizando
no acampamento!". 28 Josué, filho de Num, que desde jovem era
auxiliar de Moisés, protestou: "Moisés, meu senhor, faça-os parar!".
29 Moisés, porém, respondeu: "Você está com ciúmes por mim?
Que bom seria se todos do povo do SENHOR fossem profetas e se o
SENHOR colocasse seu Espírito sobre todos eles!". 30 Então Moisés
voltou ao acampamento com as autoridades de Israel.

O SENHOR envia codornas

31 O SENHOR mandou um vento que trouxe codornas do lado do
mar e as fez voar baixo por todo o acampamento. Numa área de
vários quilômetros em todas as direções, voavam a uma altura de
quase um metro do chão. 32 O povo saiu e pegou codornas du-
rante todo aquele dia, toda aquela noite e todo o dia seguinte.
Ninguém recolheu menos de dez cestos grandes. Em seguida,
espalharam as codornas por todo o acampamento para secá-las.
33 Mas, enquanto ainda se empanturravam, com a boca cheia de
carne, a ira do SENHOR se acendeu contra o povo, e ele os feriu
com uma praga terrível. 34 Por isso, aquele lugar foi chamado de
Quibrote-Hataavá, pois ali sepultaram o povo que cobiçou a carne
do Egito. 35 De Quibrote-Hataavá o povo viajou para Hazerote, onde
ficou algum tempo.

CAPÍTULO 12

As queixas de Miriã e Arão

1 Miriã e Arão criticaram Moisés porque ele havia se casado com
uma mulher cuxita. 2 Disseram: "Acaso o SENHOR fala apenas por

meio de Moisés? Também não falou por meio de nós?". E o SENHOR
ouviu isso. 3 (Ora, Moisés era muito humilde, mais que qualquer
outra pessoa na terra.) 4 No mesmo instante, o SENHOR chamou
Moisés, Arão e Miriã e disse: "Vão à tenda do encontro, vocês três!",
e eles foram para lá. 5 Então o SENHOR desceu na coluna de nuvem e
parou à entrada da tenda de encontro. "Arão e Miriã!", chamou ele.
Os dois se aproximaram, 6 e o SENHOR lhes disse: "Ouçam o que vou
dizer: "Se houver profeta entre vocês, eu, o SENHOR, me revelarei
em visões; falarei com ele em sonhos. 7 Não é assim, porém, com
meu servo Moisés; ele tem sido fiel em toda a minha casa. 8 Falo
com ele face a face, claramente, e não por meio de enigmas; ele
vê a forma do SENHOR. Como vocês ousaram criticar meu servo
Moisés?". 9 A ira do SENHOR se acendeu contra eles, e ele se retirou.
10 Enquanto a nuvem se afastava da tenda, Miriã ficou ali, com a
pele branca como a neve, leprosa. Quando Arão viu o que havia
acontecido com ela, 11 clamou a Moisés: "Ó meu senhor! Por favor,
não nos castigue pelo pecado que insensatamente cometemos.
12 Não permita que ela fique como um bebê que nasce morto, já
em decomposição". 13 Então Moisés clamou ao SENHOR: "Ó Deus, eu
suplico que a cures!". 14 O SENHOR respondeu a Moisés: "Se o pai de
Miriã tivesse apenas cuspido no rosto dela, não ficaria contaminada
por sete dias? Portanto, mantenham-na fora do acampamento por
sete dias. Depois disso, ela poderá ser aceita de volta". 15 Miriã foi
mantida fora do acampamento por sete dias, e o povo esperou
até ela ser trazida de volta para seguir viagem. 16 Então saíram de
Hazerote e acamparam no deserto de Parã.

CAPÍTULO 13

Doze espiões fazem o reconhecimento de Canaã

1 O SENHOR disse a Moisés: 2 "Envie homens para fazer o reconheci-
mento da terra de Canaã, a terra que eu dou aos israelitas. Mande
um líder de cada tribo de seus antepassados". 3 Moisés fez conforme
o SENHOR ordenou. Do acampamento no deserto de Parã, enviou
doze homens, todos eles chefes das tribos de Israel. 4 Estas eram
as tribos e os nomes de seus líderes: da tribo de Rúben, Samua,
filho de Zacur; 5 da tribo de Simeão, Safate, filho de Hori; 6 da tribo
de Judá, Calebe, filho de Jefoné; 7 da tribo de Issacar, Igal, filho
de José; 8 da tribo de Efraim, Oseias, filho de Num; 9 da tribo de

Benjamim, Palti, filho de Rafu; [10]da tribo de Zebulom, Gadiel, filho
de Sodi; [11]da tribo de Manassés, filho de José, Gadi, filho de Susi;
[12]da tribo de Dã, Amiel, filho de Gemali; [13]da tribo de Aser, Setur,
filho de Micael; [14]da tribo de Naftali, Nabi, filho de Vofsi; [15]da tribo
de Gade, Geuel, filho de Maqui. [16]Esses são os nomes dos homens
que Moisés enviou para explorar a terra. (Moisés deu a Oseias,
filho de Num, o nome de Josué.) [17]Quando Moisés os enviou para
fazer o reconhecimento da terra, deu-lhes as seguintes instruções:
"Subam pelo Neguebe até a região montanhosa. [18]Vejam como é a
terra e descubram se seus habitantes são fortes ou fracos, poucos
ou muitos. [19]Observem em que tipo de terra vivem, se é boa ou
ruim. As cidades têm muralhas ou são desprotegidas como campos
abertos? [20]O solo é fértil ou pobre? A região tem muitas árvores?
Façam todo o possível para trazer de volta amostras das colheitas
que encontrarem". (Era a época da colheita das primeiras uvas ma-
duras.) [21]Eles subiram e fizeram o reconhecimento da terra, desde
o deserto de Zim até Reobe, perto de Lebo-Hamate. [22]Subiram
pelo Neguebe e chegaram a Hebrom, onde viviam Aimã, Sesai e
Talmai, todos descendentes de Enaque. (A antiga cidade de Hebrom
foi fundada sete anos antes da cidade egípcia de Zoã.) [23]Quando
chegaram ao vale de Escol, cortaram um ramo com um só cacho
de uvas tão grande que dois deles precisaram carregá-lo numa
vara. Levaram também amostras de romãs e figos. [24]Aquele lugar
recebeu o nome de vale de Escol, por causa do cacho de uvas que
os israelitas cortaram ali.

O relatório da missão de reconhecimento

[25]Depois de passarem quarenta dias explorando a terra, os homens
retornaram [26]a Moisés, a Arão e a toda a comunidade de Israel em
Cades, no deserto de Parã. Relataram o que tinham visto a toda a
comunidade e mostraram os frutos que trouxeram da terra. [27]Este
foi o relatório que deram a Moisés: "Entramos na terra à qual você
nos enviou e, de fato, é uma terra que produz leite e mel com
fartura. Aqui está o tipo de fruto que nela há. [28]Contudo, o povo
que vive ali é poderoso, e suas cidades são grandes e fortificadas.
Vimos até os descendentes de Enaque! [29]Os amalequitas vivem no
Neguebe, e os hititas, jebuseus e amorreus vivem na região mon-
tanhosa. Os cananeus vivem perto do litoral do mar Mediterrâneo

NO QUE ESTOU PENSANDO	O QUE ESTOU SENTINDO	DO QUE ESTOU LEMBRANDO
○	○	○

e no vale do Jordão". [30]Calebe tentou acalmar o povo que estava
diante de Moisés. "Vamos partir agora mesmo para tomar a terra!",
disse ele. "Com certeza podemos conquistá-la!" [31]Mas os outros
homens que tinham feito com ele o reconhecimento da terra dis-
cordaram: "Não podemos enfrentá-los! São mais fortes que nós!".
[32]Então espalharam entre os israelitas um relatório negativo sobre
a terra, dizendo: "A terra que atravessamos ao fazer o reconheci-
mento devorará quem for morar ali! Todas as pessoas que vimos
são enormes. [33]Vimos até gigantes, os descendentes de Enaque!
Perto deles, nos sentimos como gafanhotos, e também era assim
que parecíamos para eles".

CAPÍTULO 14

O povo se rebela

[1]Então toda a comunidade começou a chorar em voz alta e conti-
nuou em prantos a noite toda. [2]Suas vozes se elevaram em gran-
de protesto contra Moisés e Arão. "Ah, se ao menos tivéssemos
morrido no Egito, ou mesmo aqui no deserto!", diziam. [3]"Por que
o SENHOR está nos levando para essa terra só para morrermos em
combate? Nossas esposas e crianças serão capturadas como pri-
sioneiros de guerra! Não seria melhor voltarmos para o Egito?" [4]E
disseram uns aos outros: "Vamos escolher um novo líder e voltar
para o Egito!". [5]Moisés e Arão se curvaram com o rosto em terra
diante de toda a comunidade de Israel. [6]Dois dos homens que
tinham feito o reconhecimento da terra, Josué, filho de Num, e
Calebe, filho de Jefoné, rasgaram suas roupas [7]e disseram a toda
a comunidade de Israel: "A terra da qual fizemos o reconhecimento
é muito boa! [8]E, se o SENHOR se agradar de nós, ele nos levará em
segurança até ela e a dará a nós. É uma terra que produz leite e
mel com fartura. [9]Não se rebelem contra o SENHOR e não tenham
medo dos povos da terra. Diante de nós, eles estão indefesos! Não
têm quem os proteja, mas o SENHOR está conosco! Não tenham
medo deles!". [10]Ainda assim, toda a comunidade começou a fa-
lar em apedrejar Josué e Calebe. Então a presença gloriosa do
SENHOR apareceu na tenda do encontro a todos os israelitas, [11]e
o SENHOR disse a Moisés: "Até quando este povo me tratará com
desprezo? Será que nunca confiarão em mim, mesmo depois de
todos os sinais que realizei entre eles? [12]Eu os deserdarei e os

destruirei com uma praga. Então, farei de você um povo ainda
maior e mais poderoso que eles!".

Moisés intercede pelo povo

13 Moisés, porém, respondeu ao SENHOR: "O que os egípcios pen-
sarão? Eles sabem muito bem do poder que mostraste ao resgatar
o teu povo do meio deles. 14 Os egípcios informarão isso aos habi-
tantes dessa terra, que já ouviram falar que vives entre o teu povo.
Sabem, SENHOR, que apareces ao teu povo face a face e que a tua
nuvem permanece sobre ele e que vais adiante dele na coluna de
nuvem de dia e na coluna de fogo à noite. 15 Se exterminares todo
este povo com um só golpe, as nações que ouviram falar de tua
fama dirão: 16 'O SENHOR não foi capaz de levá-los à terra que jurou
lhes dar, por isso os matou no deserto'. 17 "Por favor, Senhor, mostra
que o teu poder é tão grande quanto declaraste. Pois disseste: 18 'O
SENHOR é lento para se irar, é cheio de amor e perdoa todo tipo de
pecado e rebeldia. Contudo, não absolve o culpado; traz as conse-
quências do pecado dos pais sobre os filhos até a terceira e quarta
geração'. 19 De acordo com o teu grande amor, peço que perdoes
os pecados deste povo, como os tens perdoado desde que saíram
do Egito". 20 Então o SENHOR disse: "Eu os perdoarei, como você me
pediu. 21 Mas, tão certo quanto eu vivo e tão certo quanto a terra está
cheia da glória do SENHOR, 22 nenhuma dessas pessoas entrará na
terra. Todas elas viram a minha presença gloriosa e os sinais que
realizei no Egito e no deserto. Repetidamente, porém, me puseram
à prova, recusando-se a ouvir a minha voz. 23 Jamais verão a terra
que jurei dar a seus antepassados. Nenhum daqueles que me
trataram com desprezo a verá. 24 Meu servo Calebe, no entanto,
teve uma atitude diferente dos demais. Permaneceu fiel a mim,
por isso eu o farei entrar na terra da qual fez o reconhecimento, e
seus descendentes tomarão posse dela. 25 Agora, deem meia-volta
e não sigam rumo à terra onde habitam os amalequitas e cananeus.
Amanhã partirão para o deserto, em direção ao mar Vermelho".

O SENHOR castiga os israelitas

26 Então o SENHOR disse a Moisés e a Arão: 27 "Até quando precisarei
tolerar esta comunidade perversa e suas queixas contra mim? Sim,
ouvi as queixas dos israelitas contra mim. 28 Agora, digam-lhes o

O SENHOR É
LENTO PARA SE IRAR,
É CHEIO DE AMOR E PERDOA
TODO TIPO DE PECADO E REBELDIA.

Nm 14.18

seguinte: 'Tão certo quanto eu vivo, declara o SENHOR, farei com
vocês exatamente aquilo que os ouvi dizerem. 29 Todos vocês cai-
rão mortos neste deserto! Uma vez que se queixaram contra mim,
todos com mais de 20 anos que foram contados no censo morrerão.
30 Não entrarão nem tomarão posse da terra que eu jurei lhes dar,
para que nela morassem. As únicas exceções serão Calebe, filho de
Jefoné, e Josué, filho de Num. 31 "Vocês disseram que seus filhos
seriam tomados como prisioneiros de guerra. Pois bem, eu os farei
entrar na terra em segurança, e eles desfrutarão daquilo que vocês
desprezaram. 32 Mas, quanto a vocês, cairão mortos neste deserto.
33 Seus filhos serão como pastores, andando sem rumo pelo deser-
to durante quarenta anos. Desse modo, sofrerão a consequência
de sua infidelidade, até que o último de vocês morra no deserto.
34 "'Uma vez que seus espiões passaram quarenta dias fazendo o
reconhecimento da terra, vocês andarão sem rumo pelo deserto
durante quarenta anos, um ano para cada dia, como punição por
sua culpa. Assim, saberão o resultado de se opor a mim'. 35 Eu, o
SENHOR, falei! Certamente farei essas coisas a todos os membros da
comunidade que conspiraram contra mim. Serão destruídos neste
deserto, e aqui morrerão!". 36 Os homens que Moisés tinha enviado
para fazer o reconhecimento da terra, aqueles que instigaram a
rebelião contra ele com seu relatório negativo, 37 morreram repen-
tinamente de uma praga diante do SENHOR. 38 Dos homens que
haviam feito o reconhecimento da terra, apenas Josué e Calebe so-
breviveram. 39 Quando Moisés transmitiu essas palavras aos israeli-
tas, eles se encheram de tristeza. 40 No dia seguinte, levantaram-se
cedo e subiram em direção ao alto dos montes. "Vamos!", disseram.
"Reconhecemos que pecamos, mas agora estamos prontos para en-
trar na terra que o SENHOR nos prometeu." 41 Moisés, porém, disse:
"Por que desobedecem à ordem do SENHOR? Isso não dará certo!
42 Não subam para a terra agora, pois o SENHOR não estará com vo-
cês. Seus inimigos os aniquilarão! 43 Quando enfrentarem os ama-
lequitas e cananeus na batalha, serão massacrados. Porque vocês
abandonaram o SENHOR, ele os abandonará". 44 Arrogantemente,
os israelitas avançaram até o alto dos montes, apesar de Moisés e a
arca da aliança do SENHOR terem ficado no acampamento. 45 Então
os amalequitas e cananeus que viviam naqueles montes desceram,
derrotaram os israelitas e os perseguiram até Hormá.

CAPÍTULO 15

Leis acerca das ofertas

1 Então o SENHOR disse a Moisés: 2 "Dê as seguintes instruções ao
povo de Israel. "Quando vocês se estabelecerem na terra que eu
lhes dou, 3 apresentarão ofertas especiais como aroma agradável
ao SENHOR. Essas ofertas poderão ser apresentadas de diferentes
formas: um holocausto, um sacrifício para cumprir um voto, uma
oferta voluntária ou uma oferta em alguma das festas anuais, e
serão de seus rebanhos de bois ou ovelhas. 4 Quando apresenta-
rem essas ofertas, também entregarão ao SENHOR uma oferta de
cereal de dois litros de farinha da melhor qualidade misturada
com um litro de azeite. 5 Para cada cordeiro apresentado como
holocausto ou sacrifício, vocês entregarão também um litro de
vinho como oferta derramada. 6 "Se o sacrifício for um carneiro,
apresentem uma oferta de cereal de quatro litros de farinha da
melhor qualidade misturada com um litro e um terço de azeite
7 e um litro e um terço de vinho como oferta derramada. Será um
aroma agradável ao SENHOR. 8 "Quando apresentarem um novi-
lho como holocausto, como sacrifício para cumprir um voto, ou
como oferta de paz ao SENHOR, 9 também entregarão uma oferta
de cereal de seis litros de farinha da melhor qualidade misturada
com dois litros de azeite 10 e dois litros de vinho como oferta derra-
mada. Será uma oferta especial, um aroma agradável ao SENHOR.
11 "Cada sacrifício de novilho, carneiro, cordeiro ou cabrito deverá
ser preparado dessa maneira. 12 Sigam essas instruções para cada
sacrifício que apresentarem. 13 Todos os israelitas de nascimento
seguirão essas instruções quando apresentarem uma oferta espe-
cial como aroma agradável ao SENHOR. 14 E, se algum estrangeiro
que os visita ou que vive entre vocês ou entre seus descendentes
quiser apresentar uma oferta especial como aroma agradável ao
SENHOR, deverá seguir os mesmos procedimentos. 15 Os israelitas
de nascimento e os estrangeiros são iguais diante do SENHOR e
estão sujeitos aos mesmos decretos da comunidade. Essa é uma
lei permanente para vocês, a ser cumprida de geração em geração.
16 As mesmas instruções e ordens se aplicam tanto a vocês como
aos estrangeiros que vivem em seu meio". 17 Então o SENHOR disse
a Moisés: 18 "Dê as seguintes instruções ao povo de Israel. "Quando
chegarem à terra para onde os levo 19 e comerem das colheitas
que ela produz, separarão uma parte como oferta para o SENHOR.
20 Apresentem um bolo feito da primeira farinha que moerem e
separem-no como oferta, como fazem com os primeiros cereais
da eira. 21 Todas as gerações futuras apresentarão ao SENHOR uma
oferta da primeira farinha que moerem. 22 "Se vocês, sem intenção,
deixarem de cumprir todos esses mandamentos que o SENHOR or-
denou a Moisés, 23 sim, tudo que o SENHOR lhes ordenou por meio
de Moisés, desde o dia em que ele o ordenou, para vocês e para as
gerações futuras, 24 e a comunidade não se der conta de seu erro,
toda a comunidade apresentará um novilho como holocausto de
aroma agradável ao SENHOR. O sacrifício será apresentado junto
com a oferta de cereal e a oferta derramada, conforme prescrito,
e também com um bode como oferta pelo pecado. 25 Com essa
oferta, o sacerdote fará expiação por toda a comunidade de Israel, e
ela será perdoada. O pecado não foi intencional e foi expiado com
as ofertas apresentadas ao SENHOR, a oferta especial e a oferta pelo
pecado. 26 Toda a comunidade de Israel será perdoada, incluindo
os estrangeiros que vivem entre vocês, pois o pecado envolveu
todo o povo. 27 "Se um único indivíduo cometer um pecado não
intencional, apresentará uma cabra de um ano como oferta pelo
pecado. 28 O sacerdote a sacrificará a fim de fazer expiação pelo
culpado diante do SENHOR, e ele será perdoado. 29 Essas instru-
ções sobre o pecado involuntário se aplicam tanto aos israelitas
de nascimento como aos estrangeiros que vivem em seu meio.
30 "Mas aquele que arrogantemente fizer algo contrário à vontade
de Deus, seja israelita de nascimento ou estrangeiro, blasfema
contra o SENHOR e deverá ser eliminado do meio do povo. 31 Uma
vez que tratou a palavra do SENHOR com desprezo e desobedeceu
à sua ordem de propósito, deverá ser eliminado e sofrer o castigo
por sua culpa".

O castigo por não guardar o sábado

32 Certo dia, enquanto o povo de Israel estava no deserto, encontra-
ram um homem recolhendo lenha no sábado. 33 As pessoas que o
encontraram recolhendo lenha o levaram perante Moisés, Arão e o
restante da comunidade. 34 Como ainda não estava determinado o
que fariam com ele, mantiveram o homem preso. 35 Então o SENHOR
disse a Moisés: "O homem deve ser executado! Toda a comunidade

NO QUE ESTOU PENSANDO	O QUE ESTOU SENTINDO	DO QUE ESTOU LEMBRANDO
○	○	○

DESENHE OU ESCREVA

o apedrejará fora do acampamento". 36Assim, toda a comunidade
levou o homem para fora do acampamento e o apedrejou até a
morte, conforme o SENHOR havia ordenado a Moisés.

Franjas nas roupas

37O SENHOR disse a Moisés: 38"Dê as seguintes instruções ao povo
de Israel. Vocês e as gerações futuras farão franjas na bainha da
roupa e as prenderão com um fio azul. 39Quando virem as franjas,
recordarão todos os mandamentos do SENHOR e os cumprirão.
Assim, não serão infiéis, seguindo os desejos de seu coração e de
seus olhos. 40As franjas os ajudarão a lembrar que devem obedecer
a todos os meus mandamentos e ser santos para o seu Deus. 41Eu
sou o SENHOR, seu Deus, que os tirou da terra do Egito para ser o
seu Deus. Eu sou o SENHOR, seu Deus".

CAPÍTULO 16

A rebelião de Corá

1Corá, filho de Isar, descendente de Coate, filho de Levi, armou
uma conspiração com Datã e Abirão, filhos de Eliabe, e Om, filho
de Pelete, da tribo de Rúben. 2Com outros 250 líderes israelitas,
todos membros importantes da comunidade, os três instigaram
uma rebelião contra Moisés. 3Juntaram-se contra Moisés e Arão e
disseram: "Vocês foram longe demais! A comunidade foi consagra-
da pelo SENHOR, e ele está em nosso meio. Que direito vocês têm
de agir como se fossem superiores à comunidade do SENHOR?".
4Quando Moisés ouviu o que disseram, curvou-se com o rosto em
terra. 5Em seguida, disse a Corá e a seus seguidores: "Amanhã cedo
o SENHOR nos mostrará quem pertence a ele e quem é consagrado.
Só trará à sua presença aqueles que ele escolher. 6Você, Corá, e to-
dos os seus seguidores, preparem incensários. 7Amanhã, acendam
fogo neles e queimem incenso diante do SENHOR. Então veremos
quem o SENHOR escolherá como consagrado a ele. Vocês, levitas,
foram longe demais!". 8Moisés falou novamente a Corá: "Agora
ouçam, levitas! 9Acaso lhes parece de pouca importância que o
Deus de Israel os tenha escolhido dentre toda a comunidade de
Israel para estar perto dele a fim de trabalharem no tabernáculo
do SENHOR e estarem perante a comunidade para servi-la? 10Ele
já deu a você, Corá, e a seus companheiros levitas essa função, e

NO QUE ESTOU PENSANDO ○ | O QUE ESTOU SENTINDO ○ | DO QUE ESTOU LEMBRANDO ○

DESENHE OU ESCREVA

agora exigem também o serviço sacerdotal? 11Na verdade, é contra
o SENHOR que você e seus seguidores estão se rebelando! Afinal,
quem é Arão para se queixarem dele?". 12Então Moisés mandou
chamar Datã e Abirão, filhos de Eliabe, mas eles responderam:
"Não iremos! 13Não basta você nos ter tirado do Egito, uma ter-
ra que produz leite e mel com fartura, para nos matar aqui no
deserto? Agora quer nos tratar como se fosse autoridade sobre
nós? 14Além disso, você não nos levou a outra terra que produz
leite e mel com fartura, e não nos deu uma nova propriedade
com campos e vinhedos. Está tentando enganar estes homens?
Não iremos!". 15Moisés ficou furioso e disse ao SENHOR: "Não acei-
tes as ofertas de cereais deles! Não tomei deles nem sequer um
jumento, e jamais lhes fiz algum mal". 16E Moisés disse a Corá:
"Você e seus seguidores venham aqui amanhã e apresentem-se
diante do SENHOR. Arão também virá. 17Você e cada um de seus 250
seguidores prepararão um incensário e colocarão incenso nele,
a fim de apresentá-lo diante do SENHOR. Arão também trará seu
incensário". 18Cada um deles preparou um incensário, acendeu
o fogo e colocou incenso nele. Depois, todos se apresentaram à
entrada da tenda do encontro com Moisés e Arão. 19Corá havia
instigado toda a comunidade contra Moisés e Arão, e todos se reu-
niram à entrada da tenda do encontro. Então a presença gloriosa
do SENHOR apareceu a toda a comunidade, 20e o SENHOR disse a
Moisés e a Arão: 21"Afastem-se dessa comunidade, para que eu a
destrua agora mesmo!". 22Moisés e Arão, porém, se prostraram
com o rosto em terra e suplicaram. "Ó Deus, tu és aquele que
dá fôlego a todas as criaturas. É necessário que fiques irado com
toda a comunidade quando somente um homem pecou?". 23O
SENHOR disse a Moisés: 24"Então diga a toda a comunidade que
se afaste das tendas de Corá, Datã e Abirão". 25Moisés se levantou
e foi até as tendas de Datã e Abirão, e as autoridades de Israel o
seguiram. 26"Vamos!", disse ele ao povo. "Afastem-se das tendas
destes homens perversos e não toquem em coisa alguma que seja
deles. Do contrário, vocês serão destruídos por causa dos pecados
deles." 27Todo o povo se afastou das tendas de Corá, Datã e Abirão,
e Datã e Abirão saíram e ficaram em pé à entrada das tendas, junto
com suas esposas, seus filhos e suas crianças pequenas. 28Então
Moisés disse: "Assim vocês saberão que o SENHOR me enviou para

fazer todas estas coisas que tenho feito, pois não as realizei por
minha própria conta. 29Se estes homens morrerem de causas
naturais, ou se nada fora do comum acontecer, então o SENHOR
não me enviou. 30Mas, se o SENHOR fizer algo completamente
novo e o chão abrir sua boca e os engolir junto com todos os seus
pertences, e eles descerem vivos à sepultura, vocês saberão que
estes homens mostraram desprezo pelo SENHOR". 31Mal ele havia
acabado de dizer essas palavras, e o chão debaixo deles rachou.
32A terra abriu a boca e engoliu os homens, todas as suas famílias,
todos os seus seguidores e tudo que possuíam. 33Desceram vivos
à sepultura, junto com todos os seus pertences. A terra se fechou
sobre eles, e desapareceram do meio da comunidade. 34Todo o
povo que estava ao redor fugiu quando ouviu os gritos deles. "A
terra nos engolirá também!", exclamaram. 35Em seguida, um fogo
ardente saiu do SENHOR e queimou os 250 homens que ofereciam
incenso. 36O SENHOR disse a Moisés: 37"Ordene a Eleazar, filho do
sacerdote Arão, que tire todos os incensários do meio do fogo, pois
são santos. Diga-lhe também que espalhe as brasas. 38Pegue os
incensários dos homens que pecaram e pagaram por isso com
a própria vida e bata o metal com um martelo, até formar uma
lâmina para revestir o altar. Uma vez que esses incensários foram
usados na presença do SENHOR, eles se tornaram santos. Que sir-
vam de advertência para o povo de Israel". 39O sacerdote Eleazar
recolheu os incensários de bronze usados pelos homens que mor-
reram queimados e bateu o metal com um martelo, até formar
uma lâmina para revestir o altar. 40Essa lâmina serviria como recor-
dação aos israelitas; ninguém que não fosse descendente de Arão
poderia entrar na presença do SENHOR para queimar incenso. Se
alguém o fizesse, aconteceria a ele o mesmo que havia acontecido
a Corá e seus seguidores, conforme o SENHOR tinha dito por meio
de Moisés. 41Logo na manhã seguinte, porém, toda a comunidade
de Israel começou a se queixar de Moisés e Arão outra vez. "Vocês
mataram o povo do SENHOR!", diziam eles. 42Mas, enquanto se
reuniam para protestar contra Moisés e Arão, voltaram-se para a
tenda do encontro e viram a nuvem cobri-la, e a presença gloriosa
do SENHOR apareceu. 43Moisés e Arão foram para a frente da ten-
da do encontro, 44e o SENHOR disse a Moisés: 45"Afaste-se desta
comunidade, para que eu a destrua agora mesmo!", e Moisés e

NO QUE ESTOU PENSANDO ○ | O QUE ESTOU SENTINDO ○ | DO QUE ESTOU LEMBRANDO ○

DESENHE OU ESCREVA

Arão se prostraram com o rosto em terra. 46Então Moisés disse a
Arão: "Rápido! Pegue um incensário e coloque nele brasas do altar.
Acrescente incenso e leve-o para o meio da comunidade, a fim de
fazer expiação por ela, pois a ira do SENHOR está acesa, e a praga já
começou!". 47Arão seguiu a ordem de Moisés e correu para o meio
da comunidade. A praga já havia começado a matá-los, mas Arão
queimou o incenso e fez expiação por eles. 48Colocou-se entre os
mortos e os vivos, e a praga cessou. 49Ainda assim, 14.700 pessoas
morreram da praga, além daqueles que tinham morrido por causa
da rebelião de Corá. 50Uma vez que a praga cessou, Arão voltou a
Moisés, que estava à entrada da tenda do encontro.

CAPÍTULO 17

A vara de Arão floresce

1O SENHOR disse a Moisés: 2"Diga aos israelitas que tragam doze
varas de madeira, uma para cada líder das tribos de seus antepas-
sados. Escreva o nome de cada líder em sua vara. 3Na vara da tribo
de Levi, escreva o nome de Arão, pois é necessário que haja uma
vara para cada chefe das tribos de seus antepassados. 4Coloque as
varas na tenda do encontro, diante da arca que contém as tábuas
da aliança, onde eu me encontro com você. 5A vara daquele que
eu escolher florescerá, e eu acabarei de vez com a murmuração
e as queixas dos israelitas contra vocês". 6Moisés transmitiu as
instruções ao povo de Israel, e cada um dos doze líderes das tri-
bos, incluindo Arão, levou uma vara para Moisés. 7Então Moisés
colocou as varas na presença do SENHOR na tenda da aliança. 8No
dia seguinte, quando Moisés entrou na tenda da aliança, viu que
a vara de Arão, que representava a tribo de Levi, tinha florescido,
produzindo brotos, botões, flores e amêndoas maduras. 9Depois
que retirou as varas da presença do SENHOR, Moisés as mostrou para
o povo, e cada líder tomou de volta sua vara. 10O SENHOR disse a
Moisés: "Ponha a vara de Arão permanentemente diante da arca
da aliança, para que sirva de advertência aos rebeldes. Isso acabará
com as queixas deles contra mim e evitará mais mortes". 11Moisés
fez conforme o SENHOR lhe ordenou. 12Então os israelitas disseram a
Moisés: "Estamos condenados! Vamos morrer, vamos todos morrer!
13Quem se aproximar do tabernáculo do SENHOR morrerá. Será que
estamos todos condenados a morrer?".

CAPÍTULO 18

Deveres dos sacerdotes e levitas

1 O SENHOR disse a Arão: "Você, seus filhos e seus parentes da tribo de Levi serão responsabilizados por quaisquer ofensas relacionadas ao santuário. Mas somente você e seus filhos serão responsabilizados por ofensas relacionadas ao serviço sacerdotal. 2 "Traga seus parentes da tribo de Levi, a tribo de seus antepassados, para ajudarem você e seus filhos a cumprir o serviço diante da tenda da aliança. 3 Quando os levitas realizarem as tarefas que lhes foram designadas na tenda, deverão cuidar para que não se aproximem de qualquer dos objetos sagrados nem do altar. Se o fizerem, tanto eles como vocês morrerão. 4 Junto com vocês, os levitas cumprirão as responsabilidades de cuidar da tenda do encontro e trabalhar nela, mas ninguém que não seja autorizado poderá se aproximar.
5 "Vocês se encarregarão pessoalmente do serviço no santuário e no altar, para que minha ira não volte a se acender contra o povo de Israel. 6 Eu mesmo escolhi, dentre todos os israelitas, seus parentes, os levitas, como presente para vocês, consagrados ao SENHOR para o serviço na tenda do encontro. 7 Mas você e seus filhos, os sacerdotes, devem se encarregar pessoalmente de todo o serviço sacerdotal relacionado ao altar e ao que está por trás da cortina interna. Eu lhes dou o serviço sacerdotal como um presente. Qualquer pessoa não autorizada que se aproximar do santuário será morta".

O sustento dos sacerdotes e levitas

8 O SENHOR disse ainda a Arão: "Eu mesmo o encarreguei de todas as ofertas sagradas que os israelitas trazem a mim. Dou todas essas ofertas consagradas a você e a seus filhos como sua porção permanente. 9 A parte das ofertas santíssimas que não é queimada no fogo é reservada para vocês. Essa porção de todas as ofertas santíssimas trazidas a mim, tanto das ofertas de cereal como das ofertas pelo pecado e das ofertas pela culpa, é santíssima e pertence a você e a seus filhos. 10 Comam-na como oferta santíssima. Todos os sacerdotes a comerão e a considerarão santíssima. 11 "Todas as ofertas sagradas e ofertas movidas que os israelitas apresentarem a mim, movendo-as para o alto diante do altar, também pertencerão a vocês. Eu as dou a você e a seus filhos e filhas como sua porção permanente. Qualquer membro de sua família que estiver cerimonialmente puro comerá

NO QUE ESTOU PENSANDO ○ | O QUE ESTOU SENTINDO ○ | DO QUE ESTOU LEMBRANDO ○

DESENHE OU ESCREVA

dessas ofertas. 12 "Também dou a vocês as primeiras ofertas das colheitas que o povo apresentar ao SENHOR: o melhor do azeite, do vinho novo e dos cereais. 13 Todas as primeiras colheitas da terra que o povo apresentar ao SENHOR pertencem a vocês. Qualquer membro de sua família que estiver cerimonialmente puro comerá desses alimentos. 14 "Tudo que em Israel for consagrado para o SENHOR também pertence a vocês. 15 "O primeiro filho de cada família e a primeira cria de cada animal, oferecidos ao SENHOR, serão seus. Mas o primeiro filho e a primeira cria de animais cerimonialmente impuros serão sempre resgatados. 16 Vocês deverão resgatá-los quando eles tiverem um mês de idade. (O preço do resgate é de cinco peças de prata, com base no siclo do santuário, equivalente a doze gramas cada peça.) 17 "Não deverão resgatar, porém, as primeiras crias das vacas, ovelhas e cabras; elas foram separadas. Aspirja seu sangue sobre o altar e queime a gordura como oferta especial, um aroma agradável ao SENHOR. 18 A carne desses animais pertencerá a vocês, como o peito e a coxa direita que são movidas para o alto como oferta especial diante do altar. 19 Sim, eu dou a você todas essas ofertas sagradas que os israelitas apresentam ao SENHOR. São para você e para seus filhos e filhas, para serem consumidos como sua porção permanente. Essa é uma aliança sem fim e irrevogável entre o SENHOR e você, e também se aplica a seus descendentes". 20 O SENHOR disse mais a Arão: "Vocês, sacerdotes, não receberão herança nem propriedade alguma na terra do povo. Eu sou sua propriedade e sua herança entre os israelitas. 21 Darei aos levitas os dízimos de todo o povo de Israel como herança por seus serviços na tenda do encontro. 22 "De agora em diante, nenhum israelita se aproximará da tenda do encontro. Se alguém se aproximar, será declarado culpado e morrerá. 23 Somente os levitas servirão na tenda do encontro, e serão responsabilizados por quaisquer ofensas contra ela. Essa é uma lei permanente para vocês, a ser cumprida de geração em geração. Os levitas não herdarão porção alguma de terra entre os israelitas, 24 pois eu lhes dou os dízimos dos israelitas, apresentados como ofertas para o SENHOR. Essa será a herança dos levitas. Por isso eu disse que eles não herdariam terra alguma entre os israelitas". 25 O SENHOR disse ainda a Moisés: 26 "Dê as seguintes instruções aos levitas. Quando receberem dos israelitas os dízimos que eu dou a vocês como sua

herança, entreguem a décima parte deles – um dízimo dos dízimos
– ao SENHOR como oferta. 27Essa será considerada sua oferta das
colheitas, como se fosse o primeiro cereal de sua eira ou do vinho
de sua prensa de uvas. 28Apresentem a décima parte do dízimo
recebido dos israelitas como oferta para o SENHOR. Essa é a porção
sagrada do SENHOR, e vocês devem apresentá-la ao sacerdote Arão.
29Entreguem ao SENHOR as melhores porções de todas as ofertas
sagradas que receberem. 30"Dê também as seguintes instruções
aos levitas. Quando apresentarem a melhor parte como sua oferta,
ela será considerada como se tivesse vindo de sua própria eira ou de
sua prensa de uvas. 31Vocês e suas famílias comerão desse alimento
onde quiserem, pois é a recompensa por seu serviço na tenda do
encontro. 32Não serão considerados culpados por aceitarem os dí-
zimos, desde que entreguem a melhor porção aos sacerdotes. Mas
tomem cuidado para não tratar as ofertas sagradas dos israelitas
como se fosse algo qualquer. Se o fizerem, morrerão".

CAPÍTULO 19

A água da purificação

1O SENHOR disse a Moisés e a Arão: 2"Esta é uma prescrição da lei
que o SENHOR ordenou: Diga aos israelitas que tragam até vocês
uma novilha vermelha, um animal perfeito, sem defeito, sobre o
qual nunca tenha sido colocada a canga de um arado. 3Entreguem a
novilha ao sacerdote Eleazar. Ele a levará para fora do acampamento
e, na presença dele, a novilha será morta. 4Eleazar pegará com o
dedo um pouco do sangue e dele aspergirá sete vezes na direção
da entrada da tenda do encontro. 5A novilha inteira – couro, carne,
sangue e excrementos – será queimada na presença de Eleazar.
6Então ele pegará um pedaço de madeira de cedro, um ramo de
hissopo e um pouco de fio vermelho e os lançará no fogo onde a
novilha estiver sendo queimada. 7"Em seguida, o sacerdote lavará
suas roupas e se banhará com água. Depois disso, voltará ao acam-
pamento, mas ficará cerimonialmente impuro até o entardecer. 8O
homem que queimar a novilha também lavará suas roupas e se ba-
nhará com água, e também ficará impuro até o entardecer. 9Então
uma pessoa cerimonialmente pura juntará as cinzas da novilha e as
colocará num lugar cerimonialmente puro fora do acampamento.
Elas ficarão guardadas ali para que a comunidade de Israel as use

NO QUE ESTOU **PENSANDO** ○ O QUE ESTOU **SENTINDO** ○ DO QUE ESTOU **LEMBRANDO** ○

DESENHE OU ESCREVA

na cerimônia da água de purificação, para a remoção de pecados.
10O homem que recolher as cinzas da novilha lavará suas roupas
e ficará impuro até o entardecer. Essa é uma lei permanente para
os israelitas e para os estrangeiros que vivem entre eles. 11"Quem
tocar num cadáver humano ficará cerimonialmente impuro por
sete dias. 12No terceiro e no sétimo dia, ele se purificará com a
água da purificação; então, estará puro. Mas, se não seguir esse
procedimento no terceiro e no sétimo dia, continuará impuro
mesmo depois do sétimo dia. 13Quem toca num cadáver e não se
purifica corretamente contamina o tabernáculo do SENHOR e será
eliminado do povo de Israel. Permanecerá impuro, uma vez que a
água da purificação não foi aspergida sobre ele. 14"A seguinte lei
se aplica quando alguém morre numa tenda. Quem entrar nessa
tenda e quem estiver dentro dela quando a morte ocorrer ficarão
cerimonialmente impuros por sete dias. 15Qualquer vasilha que não
tiver sido tampada também ficará contaminada. 16Se, ao andar pelo
campo, alguém tocar no cadáver de uma pessoa morta à espada ou
que tenha morrido de causas naturais, ou tocar num osso humano
ou num túmulo, ficará impuro por sete dias. 17"Para remover a con-
taminação, coloquem parte das cinzas do holocausto de purificação
num jarro e derramem água corrente por cima. 18Então uma pessoa
cerimonialmente pura pegará um ramo de hissopo e o molhará
na água. Em seguida, aspergirá a água sobre a tenda, sobre todos
os seus utensílios e sobre as pessoas que estavam na tenda; fará
o mesmo com a pessoa que tocou num osso humano, ou num
morto, ou em alguém que morreu de causas naturais, ou que tocou
num túmulo. 19No terceiro e no sétimo dia, a pessoa cerimonial-
mente pura aspergirá água sobre quem estiver contaminado. No
sétimo dia, aquele que está sendo purificado lavará suas roupas
e se banhará e, ao entardecer, estará puro de sua contaminação.
20"Contudo, aquele que se contaminar e não se purificar será eli-
minado da comunidade, pois contaminou o santuário do SENHOR.
Permanecerá impuro, uma vez que a água da purificação não foi
aspergida sobre ele. 21Essa é uma lei permanente para o povo.
Quem aspergir a água da purificação lavará, depois, suas roupas,
e quem tocar na água usada para a purificação ficará impuro até o
entardecer. 22Qualquer coisa ou pessoa em que o indivíduo con-
taminado tocar ficará impura até o entardecer".

Nm

CAPÍTULO 20

A desobediência de Moisés

[1]No primeiro mês do ano, toda a comunidade chegou ao deserto
de Zim e acampou em Cades. Enquanto estavam lá, Miriã morreu
e foi sepultada. [2]Como não havia água naquele lugar, o povo se
rebelou contra Moisés e Arão. [3]Discutiram com Moisés e disseram:
"Se ao menos tivéssemos morrido com nossos irmãos diante do
SENHOR! [4]Por que vocês trouxeram a comunidade do SENHOR até
este deserto? Foi para morrermos, junto com todos os nossos ani-
mais? [5]Por que nos obrigaram a sair do Egito e nos trouxeram para
este lugar terrível? Esta terra não tem cereais, nem figos, nem uvas,
nem romãs, nem água para beber!". [6]Moisés e Arão se afastaram do
povo e foram até a frente da tenda do encontro, onde se prostraram
com o rosto em terra. Então a presença gloriosa do SENHOR lhes
apareceu, [7]e o SENHOR disse a Moisés: [8]"Você e Arão, peguem a vara
e reúnam todo o povo. Enquanto eles observam, falem àquela rocha
ali, e dela jorrará água. Vocês tirarão água suficiente da rocha para
matar a sede de toda a comunidade e de seus animais". [9]Moisés
fez conforme o SENHOR havia ordenado. Pegou a vara que ficava
guardada diante do SENHOR e, [10]em seguida, ele e Arão mandaram
chamar o povo para se reunir em frente da rocha. "Ouçam, seus
rebeldes!", gritou Moisés. "Será que é desta rocha que teremos de
tirar água para vocês?" [11]Então Moisés levantou a mão e bateu na
rocha duas vezes com a vara, e jorrou muita água. Assim, toda a
comunidade e todos os seus animais beberam até matar a sede. [12]O
SENHOR, porém, disse a Moisés e a Arão: "Uma vez que vocês não
confiaram em mim para mostrar minha santidade aos israelitas,
não os conduzirão à terra que eu lhes dou!". [13]Por isso aquele lugar
ficou conhecido como Meribá, pois ali os israelitas discutiram com
o SENHOR, e ali ele mostrou sua santidade entre eles.

Edom não deixa Israel passar

[14]Enquanto estava em Cades, Moisés enviou representantes ao
rei de Edom com a seguinte mensagem: "É isto que dizem seus
parentes, o povo de Israel: É de seu conhecimento todas as dificul-
dades que tivemos. [15]Nossos antepassados desceram ao Egito, onde
vivemos por muito tempo. Ali, nós e nossos antepassados fomos
maltratados pelos egípcios, [16]mas, quando clamamos ao SENHOR,

> Então Moisés levantou a mão e bateu na rocha duas vezes com a vara, e jorrou muita água.
>
> Nm 20.11

ele nos ouviu e enviou um anjo que nos tirou do Egito. Agora es-
tamos acampados em Cades, cidade na fronteira de seu território.
[17]Pedimos que nos deixe atravessar sua terra. Tomaremos cuidado
para não passar por seus campos e vinhedos, e não beberemos
água de seus poços. Seguiremos pela estrada real e só a deixare-
mos quando tivermos atravessado seu território". [18]O rei de Edom,
porém, disse: "Fiquem fora do meu território ou irei ao seu encontro
com meu exército!". [19]Os israelitas responderam: "Ficaremos na
estrada principal. Se nós ou nossos animais bebermos de sua água,
pagaremos por ela. Apenas deixe-nos passar por seu território; é só
o que pedimos". [20]O rei de Edom retrucou: "Vocês não têm permis-
são de passar por nossa terra!". Em seguida, mobilizou suas tropas e
marchou contra o povo de Israel com um exército poderoso. [21]Uma
vez que o povo de Edom se recusou a deixá-los passar por seu terri-
tório, os israelitas foram obrigados a desviar-se dele.

A morte de Arão

[22]Então toda a comunidade de Israel partiu de Cades e chegou ao
monte Hor. [23]Ali, na fronteira com a terra de Edom, o SENHOR disse
a Moisés e a Arão: [24]"É chegado o momento de Arão reunir-se a
seus antepassados. Não entrará na terra que dou aos israelitas,
pois vocês se rebelaram contra minhas instruções a respeito da
água em Meribá. [25]Agora, leve Arão e seu filho Eleazar ao mon-
te Hor. [26]Em seguida, tire as roupas sacerdotais de Arão e colo-
que-as em Eleazar, seu filho. Arão morrerá ali e se reunirá a seus
antepassados". [27]Moisés fez conforme o SENHOR lhe ordenou. Os
três subiram juntos ao monte Hor, enquanto toda a comunidade
observava. [28]No topo, Moisés tirou as roupas sacerdotais de Arão
e as colocou em Eleazar, filho de Arão. Então Arão morreu no alto
do monte, e Moisés e Eleazar desceram. [29]Quando a comunidade
percebeu que Arão havia morrido, todo o povo de Israel lamentou
sua morte por trinta dias.

CAPÍTULO 21

Vitória sobre os cananeus

[1]Quando o rei cananeu de Arade, que vivia no Neguebe, soube
que o povo de Israel se aproximava pelo caminho que atravessava
Atarim, ele os atacou e capturou alguns deles. [2]Então o povo de

Israel fez o seguinte voto ao SENHOR: "Se entregares este povo em
nossas mãos, destruiremos completamente todas as suas cidades".
3O SENHOR ouviu o pedido do povo de Israel e lhes deu vitória
sobre os cananeus. Os israelitas os destruíram completamente
e também suas cidades; desde então, aquele lugar passou a ser
chamado de Hormá.

A serpente de bronze

4Em seguida, partiram do monte Hor e tomaram o caminho para o
mar Vermelho, a fim de contornar a terra de Edom. Mas o povo ficou
impaciente 5e começou a se queixar contra Deus e contra Moisés:
"Por que você nos tirou do Egito para morrermos aqui no deserto?
Aqui não há o que comer nem o que beber. E detestamos este
maná horrível!". 6Então o SENHOR enviou serpentes venenosas que
morderam o povo, e muitos morreram. 7O povo clamou a Moisés:
"Pecamos ao falar contra o SENHOR e contra você. Ore para que o
SENHOR tire as serpentes de nosso meio". E Moisés orou pelo povo.
8O SENHOR lhe disse: "Faça a réplica de uma serpente venenosa e
coloque-a no alto de um poste. Todos que forem mordidos viverão
se olharem para ela". 9Moisés fez uma serpente de bronze e a co-
locou no alto de um poste. Quem era mordido por uma serpente
e olhava para a réplica de bronze era curado.

A viagem de Israel para Moabe

10Os israelitas viajaram para Obote e acamparam ali. 11Depois, se-
guiram para Ijé-Abarim, no deserto, na fronteira leste de Moabe.
12De lá, viajaram para o vale do ribeiro de Zerede, onde acamparam.
13Em seguida, partiram e acamparam do outro lado do rio Arnom,
na região deserta junto ao território dos amorreus. O rio Arnom é
a fronteira que separa os moabitas dos amorreus. 14Por isso, o *Livro
das Guerras do SENHOR* fala sobre "... Vaebe, na região de Sufá, e os
riachos do rio Arnom, 15e os riachos que se estendem até o povoa-
do de Ar na fronteira de Moabe". 16De lá os israelitas viajaram até
Beer, o poço onde o SENHOR disse a Moisés: "Reúna o povo, e eu
lhe darei água". 17Ali os israelitas entoaram esta canção: "Jorre, ó
poço! Sim, cantem seus louvores! 18Cantem a respeito deste poço,
que príncipes cavaram, que líderes abriram com seus cetros e ca-
jados". Então saíram do deserto e passaram por Matanã, 19Naaliel

NO QUE ESTOU **PENSANDO** ○ | O QUE ESTOU **SENTINDO** ○ | DO QUE ESTOU **LEMBRANDO** ○

DESENHE OU ESCREVA

e Bamote. 20Depois, seguiram para o vale em Moabe, onde fica o
monte Pisga. Do pico desse monte se vê o deserto.

Vitória sobre Seom e Ogue

21O povo de Israel enviou representantes a Seom, rei dos amorreus,
com a seguinte mensagem: 22"Permita-nos atravessar sua terra.
Teremos cuidado de não passar por seus campos e vinhedos, e não
beberemos água de seus poços. Seguiremos pela estrada real e só
a deixaremos quando tivermos atravessado seu território". 23O rei
Seom, porém, não os deixou atravessar seu território. Em vez disso,
mobilizou todo o seu exército e atacou o povo de Israel no deserto. A
guerra ocorreu em Jaza, 24e o povo de Israel massacrou pela espada
os amorreus e ocupou seu território desde o rio Arnom até o rio
Jaboque. Avançaram apenas até a fronteira com os amonitas, pois
a divisa era fortificada. 25O povo de Israel capturou todas as cidades
dos amorreus e se estabeleceu nelas, incluindo Hesbom e os vila-
rejos ao redor. 26Hesbom era a capital de Seom, rei dos amorreus.
Ele havia derrotado o rei moabita anterior e tomado todas as suas
terras até o rio Arnom. 27Por isso os poetas dizem a seu respeito:
"Venham a Hesbom! Que ela seja reconstruída! Que seja restau-
rada a cidade de Seom! 28Fogo saiu de Hesbom, uma chama da
cidade de Seom. Consumiu a cidade de Ar em Moabe, destruiu os
governantes dos altos do Arnom. 29Que aflição os espera, povo de
Moabe! Estão arruinados, adoradores de Camos! Camos entregou
seus filhos como refugiados, suas filhas como prisioneiras a Seom,
o rei amorreu. 30Nós os aniquilamos, desde Hesbom até Dibom.
Nós os exterminamos até lugares distantes como Nofá e Medeba".
31Assim, o povo de Israel ocupou o território dos amorreus. 32Depois
que Moisés enviou homens para fazer o reconhecimento de Jazar,
os israelitas tomaram todas as cidades da região e expulsaram os
amorreus que viviam ali. 33Em seguida, voltaram e marcharam pelo
caminho até Basã, mas o rei Ogue, de Basã, e todo o seu povo os
atacaram em Edrei. 34O SENHOR disse a Moisés: "Não tenha medo
dele, pois eu o entreguei a você, junto com todo o seu povo e sua
terra. Faça com ele o mesmo que fez com Seom, rei dos amorreus,
que vivia em Hesbom". 35Desse modo, mataram o rei Ogue, seus
filhos e todo o seu povo; não restou sobrevivente algum. Então
ocuparam seu território.

Nm

CAPÍTULO 22

Balaque manda buscar Balaão

1Então os israelitas viajaram para as campinas de Moabe e acam-
param a leste do rio Jordão, do lado oposto de Jericó. 2Balaque,
filho de Zipor, viu tudo que o povo de Israel havia feito aos
amorreus. 3Quando os moabitas viram como os israelitas eram
numerosos, ficaram apavorados. 4Disseram aos líderes de Midiã:
"Essa multidão devorará tudo que estiver à vista, como um boi
devora o capim no pasto!". Então Balaque, que era rei de Moabe,
5enviou mensageiros para chamar Balaão, filho de Beor, que vivia
em Petor, sua terra natal, perto do rio Eufrates. Sua mensagem
dizia: "Um povo enorme saiu do Egito e cobre a terra, e agora está
acampado perto de mim. 6Venha e amaldiçoe esse povo, pois é
poderoso demais para mim. Então, quem sabe, poderei derrotá-lo
e expulsá-lo da terra. Sei que bênçãos vêm sobre aqueles que
você abençoa e maldições caem sobre aqueles que você amal-
diçoa". 7Os mensageiros de Balaque, líderes de Moabe e Midiã,
partiram levando o valor necessário para pagar Balaão a fim de
que ele amaldiçoasse Israel. Chegaram aonde Balaão estava e lhe
transmitiram a mensagem de Balaque. 8"Passem a noite aqui",
disse Balaão. "Pela manhã eu lhes direi que orientação recebi
do SENHOR." E os oficiais de Moabe permaneceram com Balaão.
9Naquela noite, Deus veio a Balaão e lhe perguntou: "Quem são
seus visitantes?". 10Balaão respondeu a Deus: "Balaque, filho de
Zipor, rei de Moabe, me enviou a seguinte mensagem: 11'Um
povo enorme saiu do Egito e cobre a terra. Venha e amaldiçoe
esse povo. Então, quem sabe, poderei enfrentá-lo e expulsá-lo
da terra'". 12Mas Deus disse a Balaão: "Não vá com eles nem amal-
diçoe esse povo, pois é povo abençoado!". 13Na manhã seguin-
te, Balaão se levantou e disse aos oficiais de Balaque: "Voltem
para casa! O SENHOR não me permitiu ir com vocês". 14Os oficiais
moabitas voltaram ao rei Balaque e lhe informaram: "Balaão se
recusou a vir conosco". 15Então Balaque fez outra tentativa. Dessa
vez, enviou um número maior de oficiais ainda mais importantes
que os homens que tinha enviado inicialmente. 16Eles foram até
Balaão e lhe transmitiram a seguinte mensagem: "É isto que diz
Balaque, filho de Zipor: Por favor, não se recuse a vir me ajudar.
17Pagarei muito bem e farei tudo que me pedir. Por favor, venha e

NO QUE ESTOU **PENSANDO** ○ | O QUE ESTOU **SENTINDO** ○ | DO QUE ESTOU **LEMBRANDO** ○

DESENHE OU ESCREVA

amaldiçoe esse povo para mim". 18Balaão, porém, respondeu aos
oficiais de Balaque: "Mesmo que Balaque me desse seu palácio
cheio de prata e ouro, eu não poderia fazer coisa alguma, grande
ou pequena, contra a vontade do SENHOR, meu Deus. 19Fiquem,
porém, mais esta noite, e eu verei se o SENHOR tem algo mais a
me dizer". 20Naquela noite, Deus veio a Balaão e lhe disse: "Uma
vez que estes homens vieram chamá-lo, levante-se e vá com eles.
Contudo, faça apenas o que eu mandar".

Balaão e sua jumenta

21Na manhã seguinte, Balaão se levantou, pôs a sela sobre sua
jumenta e partiu com os oficiais moabitas. 22A ira de Deus se acen-
deu porque Balaão foi com eles, de modo que enviou o anjo do
SENHOR para se pôr no caminho e impedir sua passagem. Enquanto
Balaão ia montado na jumenta, acompanhado por dois servos, 23a
jumenta de Balaão viu o anjo do SENHOR em pé no caminho, segu-
rando uma espada. A jumenta se desviou do caminho e saiu para
um campo, mas Balaão bateu nela e a fez voltar para o caminho.
24Então o anjo do SENHOR se pôs num lugar onde o caminho se
estreitava, entre os muros de dois vinhedos. 25Quando a jumenta
viu o anjo do SENHOR, tentou passar pelo espaço apertado e es-
premeu o pé de Balaão contra o muro. Por isso, Balaão bateu nela
outra vez. 26Então o anjo do SENHOR foi mais adiante no caminho
e se pôs num lugar estreito demais para a jumenta passar, seja
pela direita ou pela esquerda. 27Quando a jumenta viu o anjo, ela
se deitou, apesar de Balaão ainda estar montado. Num ataque de
raiva, Balaão a espancou com uma vara. 28Então o SENHOR fez a
jumenta falar. "O que eu lhe fiz para você me bater três vezes?",
perguntou ela a Balaão. 29"Você me fez de tolo!", gritou Balaão.
"Se eu tivesse uma espada, mataria você!" 30"Mas eu sou a mesma
jumenta que você montou a vida toda", disse ela. "Alguma vez eu fiz
algo parecido?" "Não", respondeu Balaão. 31Então o SENHOR abriu
os olhos de Balaão, e ele viu o anjo do SENHOR em pé no caminho,
segurando a espada. Balaão curvou a cabeça e se prostrou diante
dele com o rosto em terra. 32"Por que você bateu três vezes na
jumenta?", perguntou o anjo do SENHOR. "Eu vim para impedir
sua passagem, pois você insiste em seguir por um caminho que
me desagrada. 33Três vezes a jumenta me viu e se afastou; se

ela não tivesse se desviado, certamente eu teria matado você e
poupado a vida da jumenta." 34"Pequei", disse Balaão ao anjo do
SENHOR. "Não percebi que estavas no caminho impedindo minha
passagem. Se te opões à minha viagem, voltarei para casa." 35O
anjo do SENHOR disse a Balaão: "Vá com os homens, mas fale ape-
nas o que eu lhe disser". Balaão seguiu viagem com os oficiais
de Balaque. 36Quando o rei Balaque soube que Balaão estava a
caminho, saiu para se encontrar com ele numa cidade moabita
junto ao rio Arnom, na fronteira de seu território. 37Balaque per-
guntou a Balaão: "Não mandei chamá-lo com urgência? Por que
não veio de imediato? Não acreditou em mim quando eu disse que
lhe daria uma grande recompensa?". 38Balaão respondeu: "Agora
estou aqui, mas não posso falar o que bem entender. Transmitirei
apenas a mensagem que Deus puser em minha boca". 39Então
Balaão acompanhou Balaque até Quiriate-Huzote. 40Ali, Balaque
sacrificou bois e ovelhas e mandou entregar porções da carne a
Balaão e aos oficiais que estavam com ele. 41Na manhã seguinte,
Balaque subiu com Balaão até Bamote-Baal. De lá, podiam ver
uma parte do povo.

CAPÍTULO 23

A primeira mensagem de Balaão

1Balaão disse a Balaque: "Construa aqui sete altares e prepare sete
novilhos e sete carneiros". 2Balaque seguiu as instruções de Balaão,
e os dois ofereceram um novilho e um carneiro em cada altar.
3Então Balaão disse a Balaque: "Fique aqui junto aos holocaustos
enquanto eu vejo se o SENHOR virá ao meu encontro. Depois lhe
direi o que ele me revelar". Em seguida, subiu sozinho até o topo
de um monte sem vegetação, 4e Deus veio ao encontro dele. Balaão
disse: "Preparei sete altares e ofereci um novilho e um carneiro em
cada altar". 5O SENHOR deu a Balaão uma mensagem para o rei
Balaque e disse: "Volte até onde Balaque está e transmita-lhe essa
mensagem". 6Balaão voltou e encontrou o rei junto aos holocaustos
e, com ele, todos os líderes de Moabe. 7Esta foi a mensagem que
Balaão transmitiu: "Balaque me trouxe desde Arã; o rei de Moabe
me trouxe dos montes do leste. 'Venha', disse ele, 'amaldiçoe Jacó
para mim! Venha e anuncie a condenação de Israel!' 8Mas como
posso amaldiçoar aqueles que Deus não amaldiçoou? Como posso

NO QUE ESTOU **PENSANDO** ○ | O QUE ESTOU **SENTINDO** ○ | DO QUE ESTOU **LEMBRANDO** ○

DESENHE OU ESCREVA

condenar aqueles que o SENHOR não condenou? 9Do alto dos roche-
dos eu os vejo, dos montes os observo. Vejo um povo que vive só,
separado das outras nações. 10Quem pode contar os descendentes
de Jacó, tão numerosos quanto o pó? Quem pode contar ao menos
um quarto de Israel? Que eu morra como os justos! Que meu fim
seja como o deles!". 11Então o rei Balaque disse a Balaão: "O que
você me fez? Eu o trouxe aqui para amaldiçoar meus inimigos;
em vez disso, você os abençoou!". 12Balaão respondeu: "Como eu
poderia transmitir algo diferente daquilo que o SENHOR pôs em
minha boca?".

A segunda mensagem de Balaão

13Então Balaque lhe disse: "Venha comigo a outro lugar. Dali,
você verá outra parte do povo, mas não ele todo. Amaldiçoe dali
o povo!". 14Então Balaque levou Balaão ao campo de Zofim, no alto
do monte Pisga. Construiu ali sete altares e ofereceu um novilho
e um carneiro em cada altar. 15Balaão disse ao rei: "Fique aqui
junto aos holocaustos enquanto eu vou ao encontro do SENHOR".
16Então o SENHOR veio ao encontro de Balaão e lhe transmitiu
uma mensagem, e depois disse: "Volte até onde Balaque está e
transmita-lhe essa mensagem". 17Balaão voltou e encontrou o rei
junto aos holocaustos e, com ele, todos os oficiais de Moabe. "O
que o SENHOR disse?", perguntou Balaque. 18Esta foi a mensagem
que Balaão transmitiu: "Levante-se, Balaque, e preste atenção!
Ouça-me, filho de Zipor! 19Deus não é homem para mentir, nem
ser humano para mudar de ideia. Alguma vez ele falou e não
agiu? Alguma vez prometeu e não cumpriu? 20Ouça, recebi ordem
de abençoar; Deus abençoou, e não posso anular sua bênção!
21Quando ele olha para Jacó, não vê maldade alguma; não vê
calamidade à espera de Israel. Pois o SENHOR, seu Deus, está com
eles; foi aclamado como seu rei. 22Deus os tirou do Egito; ele
é forte como o boi selvagem. 23Encantamento algum pode to-
car Jacó, magia alguma tem poder contra Israel. Agora se dirá a
respeito de Jacó: 'Vejam o que Deus fez por Israel!'. 24Este povo
se levanta como leoa, como leão majestoso que desperta. Não
descansa enquanto não devora a presa e bebe o sangue dos que
foram mortos!". 25Então Balaque disse a Balaão: "Pois bem! Se
não os amaldiçoar, pelo menos não os abençoe!". 26Mas Balaão

respondeu: "Não lhe avisei que faria apenas o que o SENHOR
me ordenasse?".

A terceira mensagem de Balaão

27 O rei Balaque disse a Balaão: "Venha, eu o levarei a mais um
lugar. Quem sabe Deus se agrade de que você os amaldiçoe dali!".
28 Balaque levou Balaão até o topo do monte Peor, de onde se vê
o deserto. 29 Mais uma vez, Balaão disse a Balaque: "Construa sete
altares e prepare sete novilhos e sete carneiros". 30 Balaque seguiu
as instruções de Balaão e ofereceu um novilho e um carneiro em
cada altar.

CAPÍTULO 24

1 Quando Balaão percebeu que o SENHOR se agradava de abençoar
Israel, não recorreu à adivinhação como antes. Em vez disso, voltou-
-se em direção ao deserto, 2 onde viu o povo de Israel acampado de
acordo com suas tribos. Então o Espírito de Deus veio sobre Balaão,
3 e ele transmitiu a seguinte mensagem: "Esta é a mensagem de
Balaão, filho de Beor, a mensagem do homem cujos olhos veem
com clareza, 4 a mensagem daquele que ouve as palavras de Deus,
que tem uma visão concedida pelo Todo-poderoso, que se curva
com os olhos bem abertos: 5 Como são belas suas tendas, ó Jacó!
Como são lindas suas moradas, ó Israel! 6 Estendem-se diante de
mim como palmeiras, como jardins à beira do rio. São como aloés
plantados pelo SENHOR, como cedros junto às águas. 7 Águas jor-
rarão de seus baldes, e suas sementes serão bem regadas. Seu rei
será maior que Agague, e seu reino será exaltado. 8 Deus os tirou do
Egito; ele é forte como o boi selvagem. Devora todas as nações que
se opõem a ele; despedaça seus ossos e com flechas as atravessa.
9 Como leão, Israel se agacha e se deita; como a leoa, quem tem
coragem de acordá-lo? Sejam abençoados os que o abençoarem
e amaldiçoados os que o amaldiçoarem". 10 O rei Balaque se enfu-
receu contra Balaão e, batendo as palmas das mãos, gritou: "Eu
o chamei para amaldiçoar meus inimigos; em vez disso, você os
abençoou três vezes! 11 Vá embora! Volte para casa! Eu lhe prometi
uma grande recompensa, mas o SENHOR o impediu de recebê-la!".
12 Balaão disse a Balaque: "Você não se lembra do que expliquei
a seus mensageiros? Eu lhes avisei: 13 'Mesmo que Balaque me

NO QUE ESTOU PENSANDO ○ | O QUE ESTOU SENTINDO ○ | DO QUE ESTOU LEMBRANDO ○

DESENHE OU ESCREVA

desse seu palácio cheio de prata e ouro, eu não poderia fazer coisa
alguma, boa ou má, contra a vontade do SENHOR'! Avisei que só
poderia falar aquilo que o SENHOR dissesse! 14 Agora, volto para
meu povo, mas primeiro lhe direi o que esse povo fará ao seu
povo no futuro".

A última mensagem de Balaão

15 Balaão transmitiu a seguinte mensagem: "Esta é a mensagem
de Balaão, filho de Beor, a mensagem do homem cujos olhos
veem com clareza, 16 a mensagem daquele que ouve as palavras
de Deus, que possui conhecimento dado pelo Altíssimo, que tem
uma visão concedida pelo Todo-poderoso, que se curva com os
olhos bem abertos: 17 Eu o vejo, mas não agora; eu o avisto, mas
não de perto. Uma estrela surgirá de Jacó, um cetro se levantará
de Israel. Esmagará a cabeça do povo de Moabe e rachará o crânio
dos descendentes de Sete. 18 Tomará posse de Edom e conquistará
seu inimigo, Seir, enquanto Israel marcha adiante em triunfo. 19 De
Jacó surgirá um governante que destruirá os sobreviventes de Ar".
20 Então Balaão olhou na direção do povo de Amaleque e transmitiu
a seguinte mensagem: "Amaleque era a primeira de todas as na-
ções, mas seu destino é a destruição!". 21 Em seguida, Balaão olhou
na direção dos queneus e transmitiu a seguinte mensagem: "Sua
habitação é segura; seu ninho está apoiado nas rochas. 22 Os que-
neus, porém, serão destruídos quando Assur os levar prisioneiros".
23 Balaão concluiu sua mensagem com estas palavras: "Ai! Quem
pode sobreviver quando Deus fizer essas coisas? 24 Navios virão
do litoral de Chipre, oprimirão Assur e afligirão Héber, mas eles
também serão destruídos". 25 Então Balaão se levantou e voltou para
sua terra, e Balaque também seguiu seu caminho.

CAPÍTULO 25

Moabe corrompe Israel

1 Enquanto estava acampado em Sitim, os homens de Israel co-
meçaram a manter relações sexuais com mulheres moabitas da
região. 2 Essas mulheres os convidaram para os sacrifícios a seus
deuses, e o povo participou da festa e adorou os deuses de Moabe.
3 Assim, os israelitas prestaram culto a Baal em Peor, e a ira do
SENHOR se acendeu contra o povo. 4 O SENHOR disse a Moisés:

"Prenda todos os chefes do povo e execute-os diante do SENHOR
em plena luz do dia, para que sua ira ardente se afaste de Israel".
5Então Moisés ordenou aos juízes de Israel: "Cada um de vocês
executará os homens sob sua autoridade que participaram do culto
a Baal em Peor". 6Nesse momento, enquanto todos choravam à
entrada da tenda do encontro, um israelita levou para dentro de
sua tenda uma mulher midianita, diante dos olhos de Moisés e
de toda a comunidade de Israel. 7Quando Fineias, filho de Eleazar
e neto do sacerdote Arão, viu isso, levantou-se e saiu do meio do
povo. Pegou uma lança, 8correu atrás do homem até o interior de
sua tenda e atravessou o corpo do homem e da mulher, na altura
do estômago, com um só golpe. Então a praga contra os israelitas
cessou. 9A essa altura, porém, 24 mil pessoas já haviam morrido.
10Então o SENHOR disse a Moisés: 11"Fineias, filho de Eleazar e neto
do sacerdote Arão, afastou minha ira dos israelitas ao demonstrar
tamanho zelo por mim no meio deles, evitando que eu destruísse
os israelitas na ira do meu zelo. 12Agora, diga-lhe que faço com
ele minha aliança especial de paz. 13Por meio dessa aliança, dou
a Fineias e a seus descendentes direito permanente ao serviço
sacerdotal, pois em seu zelo por mim, seu Deus, ele fez expiação
pelo povo de Israel". 14O homem israelita morto com a mulher mi-
dianita se chamava Zinri, filho de Salu, chefe de uma das famílias
da tribo de Simeão. 15A mulher se chamava Cosbi e era filha de Zur,
chefe de um clã midianita. 16O SENHOR disse a Moisés: 17"Ataque
os midianitas e destrua-os, 18porque eles atacaram vocês, enga-
nando-os no incidente em Peor, e também por causa de Cosbi,
filha do chefe midianita, que foi morta durante a praga causada
no incidente em Peor".

CAPÍTULO 26

O segundo censo dos soldados de Israel

1Depois que a praga cessou, o SENHOR disse a Moisés e a Eleazar, fi-
lho do sacerdote Arão: 2"Realizem um censo de toda a comunidade
de Israel, de acordo com suas famílias. Façam uma lista de todos os
homens de 20 anos para cima, aptos para irem à guerra". 3Portanto,
ali nas campinas de Moabe, junto ao rio Jordão e do lado oposto de
Jericó, Moisés e o sacerdote Eleazar deram as seguintes instruções
aos líderes de Israel: 4"Façam uma lista de todos os homens de

Israel de 20 anos para cima, conforme o SENHOR ordenou a Moisés".
Este é o registro dos israelitas que saíram do Egito.

A tribo de Rúben

5Estes foram os clãs descendentes dos filhos de Rúben, o filho mais
velho de Jacó: O clã enoquita, assim chamado por causa de seu
antepassado Enoque. O clã paluíta, assim chamado por causa de
seu antepassado Palu. 6O clã hezronita, assim chamado por causa
de seu antepassado Hezrom. O clã carmita, assim chamado por
causa de seu antepassado Carmi. 7Esses foram os clãs de Rúben,
que totalizaram 43.730 homens registrados. 8Palu foi antepassado
de Eliabe, 9e Eliabe foi o pai de Nemuel, Datã e Abirão. Datã e Abirão
foram os mesmos líderes da comunidade que conspiraram contra
Moisés e Arão e, com os seguidores de Corá, se rebelaram contra o
SENHOR. 10Contudo, a terra abriu sua boca e os engoliu juntamente
com Corá, e o fogo devorou 250 de seus seguidores. Isso serviu de
advertência a todo o povo. 11A descendência de Corá, porém, não
desapareceu por completo.

A tribo de Simeão

12Estes foram os clãs descendentes dos filhos de Simeão: O clã
jemuelita, assim chamado por causa de seu antepassado Jemuel.
O clã jaminita, assim chamado por causa de seu antepassado
Jamim. O clã jaquinita, assim chamado por causa de seu ante-
passado Jaquim. 13O clã zoarita, assim chamado por causa de seu
antepassado Zoar. O clã saulita, assim chamado por causa de seu
antepassado Saul. 14Esses foram os clãs de Simeão, que totalizaram
22.200 homens registrados.

A tribo de Gade

15Estes foram os clãs descendentes dos filhos de Gade: O clã zefo-
nita, assim chamado por causa de seu antepassado Zefom. O clã
hagita, assim chamado por causa de seu antepassado Hagi. O clã
sunita, assim chamado por causa de seu antepassado Suni. 16O
clã oznita, assim chamado por causa de seu antepassado Ozni.
O clã erita, assim chamado por causa de seu antepassado Eri. 17O
clã arodita, assim chamado por causa de seu antepassado Arodi.
O clã arelita, assim chamado por causa de seu antepassado Areli.

18 Esses foram os clãs de Gade, que totalizaram 40.500 homens
registrados.

A tribo de Judá

19 Judá teve dois filhos, Er e Onã, que morreram na terra de Canaã.
20 Estes foram os clãs descendentes dos filhos sobreviventes de
Judá: O clã selanita, assim chamado por causa de seu antepassado
Selá. O clã perezita, assim chamado por causa de seu antepassado
Perez. O clã zeraíta, assim chamado por causa de seu antepassado
Zerá. 21 Estas foram as subdivisões dos descendentes dos perezi-
tas: O clã hezronita, assim chamado por causa de seu antepassado
Hezrom. O clã hamulita, assim chamado por causa de seu antepas-
sado Hamul. 22 Esses foram os clãs de Judá, que totalizaram 76.500
homens registrados.

A tribo de Issacar

23 Estes foram os clãs descendentes dos filhos de Issacar: O clã
tolaíta, assim chamado por causa de seu antepassado Tolá. O clã
puíta, assim chamado por causa de seu antepassado Puá. 24 O clã
jasubita, assim chamado por causa de seu antepassado Jasube.
O clã sinromita, assim chamado por causa de seu antepassado
Sinrom. 25 Esses foram os clãs de Issacar, que totalizaram 64.300
homens registrados.

A tribo de Zebulom

26 Estes foram os clãs descendentes dos filhos de Zebulom: O clã
seredita, assim chamado por causa de seu antepassado Serede. O
clã elonita, assim chamado por causa de seu antepassado Elom. O
clã jaleelita, assim chamado por causa de seu antepassado Jaleel.
27 Esses foram os clãs de Zebulom, que totalizaram 60.500 homens
registrados.

A tribo de Manassés

28 Os clãs de José descenderam de seus dois filhos, Manassés e
Efraim. 29 Estes foram os clãs descendentes de Manassés: O clã ma-
quirita, assim chamado por causa de seu antepassado Maquir. O clã
gileadita, assim chamado por causa de seu antepassado Gileade,
filho de Maquir. 30 Estas foram as subdivisões de descendentes

NO QUE ESTOU **PENSANDO** ○ O QUE ESTOU **SENTINDO** ○ DO QUE ESTOU **LEMBRANDO** ○

DESENHE OU ESCREVA

dos gileaditas: O clã jezerita, assim chamado por causa de seu
antepassado Jezer. O clã helequita, assim chamado por causa de
seu antepassado Heleque. 31 O clã asrielita, assim chamado por
causa de seu antepassado Asriel. O clã siquemita, assim chamado
por causa de seu antepassado Siquém. 32 O clã semidaíta, assim
chamado por causa de seu antepassado Semida. O clã heferita,
assim chamado por causa de seu antepassado Héfer. 33 (Zelofeade,
um dos descendentes de Héfer, não teve filhos, mas suas filhas se
chamavam Maala, Noa, Hogla, Milca e Tirza.) 34 Esses foram os clãs
de Manassés, que totalizaram 52.700 homens registrados.

A tribo de Efraim

35 Estes foram os clãs descendentes dos filhos de Efraim: O clã sute-
laíta, assim chamado por causa de seu antepassado Sutela. O clã be-
querita, assim chamado por causa de seu antepassado Bequer. O clã
taanita, assim chamado por causa de seu antepassado Taã. 36 Esta foi
a subdivisão de descendentes dos sutelaítas: O clã eranita, assim
chamado por causa de seu antepassado Erã. 37 Esses foram os clãs
de Efraim, que totalizaram 32.500 homens registrados. Esses foram
os descendentes de José, segundo seus clãs.

A tribo de Benjamim

38 Estes foram os clãs descendentes dos filhos de Benjamim: O clã
belaíta, assim chamado por causa de seu antepassado Belá. O clã
asbelita, assim chamado por causa de seu antepassado Asbel. O
clã airamita, assim chamado por causa de seu antepassado Airã.
39 O clã sufamita, assim chamado por causa de seu antepassado
Sufã. O clã hufamita, assim chamado por causa de seu antepassado
Hufã. 40 Estas foram as subdivisões de descendentes dos belaítas:
O clã ardita, assim chamado por causa de seu antepassado Arde.
O clã naamanita, assim chamado por causa de seu antepassado
Naamã. 41 Esses foram os clãs de Benjamim, que totalizaram 45.600
homens registrados.

A tribo de Dã

42 Estes foram os clãs descendentes dos filhos de Dã: O clã suamita,
assim chamado por causa de seu antepassado Suã. 43 Esses foram os
clãs suamitas de Dã, que totalizaram 64.400 homens registrados.

A tribo de Aser
44Estes foram os clãs descendentes dos filhos de Aser: O clã imnaíta,
assim chamado por causa de seu antepassado Imna. O clã isvita,
assim chamado por causa de seu antepassado Isvi. O clã beriaíta,
assim chamado por causa de seu antepassado Berias. 45Estas foram
as subdivisões de descendentes dos beriaítas: O clã heberita, assim
chamado por causa de seu antepassado Héber. O clã malquielita,
assim chamado por causa de seu antepassado Malquiel. 46Aser
teve uma filha chamada Sera. 47Esses foram os clãs de Aser, que
totalizaram 53.400 homens registrados.

A tribo de Naftali
48Estes foram os clãs descendentes dos filhos de Naftali: O clã ja-
zeelita, assim chamado por causa de seu antepassado Jazeel. O clã
gunita, assim chamado por causa de seu antepassado Guni. 49O
clã jezerita, assim chamado por causa de seu antepassado Jezer. O
clã silemita, assim chamado por causa de seu antepassado Silém.
50Esses foram os clãs de Naftali, que totalizaram 45.400 homens
registrados.

Resultados do censo
51Os homens registrados em Israel totalizaram 601.730. 52Então o
SENHOR disse a Moisés: 53"Divida a terra entre as tribos e distribua
as porções de terra de acordo com o número de nomes registrados
na lista. 54Dê mais terras às tribos maiores e menos terras às tribos
menores, para que cada grupo receba uma herança proporcional
ao tamanho de sua população. 55Distribua a terra por sorteio e dê
a cada tribo de seus antepassados a sua porção de acordo com o
número de nomes registrados na lista. 56Cada porção de terra será
distribuída por sorteio entre as famílias tribais maiores e menores".

A tribo de Levi
57Este é o registro dos levitas que foram contados de acordo
com seus clãs: O clã gersonita, assim chamado por causa de seu
antepassado Gérson. O clã coatita, assim chamado por causa de
seu antepassado Coate. O clã merarita, assim chamado por causa
de seu antepassado Merari. 58Os clãs libnita, hebronita, malita,
musita e coraíta eram subdivisões de descendentes dos levitas.

NO QUE ESTOU PENSANDO ○ | O QUE ESTOU SENTINDO ○ | DO QUE ESTOU LEMBRANDO ○

DESENHE OU ESCREVA

Coate foi antepassado de Anrão, 59e a esposa de Anrão se chamava
Joquebede. Ela também era descendente de Levi, nascida entre
os levitas na terra do Egito. Anrão e Joquebede eram pais de Arão,
Moisés e sua irmã Miriã. 60Os filhos de Arão foram Nadabe, Abiú,
Eleazar e Itamar. 61Nadabe e Abiú morreram quando trouxeram
fogo estranho diante do SENHOR. 62Os homens dos clãs levitas de
um mês de idade ou mais totalizaram 23.000. Os levitas, porém,
não foram incluídos no registro do restante dos israelitas, pois não
receberam propriedades quando a terra foi dividida. 63Esses foram
os resultados do censo dos israelitas realizado por Moisés e pelo
sacerdote Eleazar nas campinas de Moabe, junto ao rio Jordão, do
lado oposto de Jericó. 64Ninguém dessa lista estava registrado no
censo anterior dos israelitas feito por Moisés e Arão no deserto do
Sinai, 65pois o SENHOR tinha dito a respeito deles: "Todos morrerão
no deserto". Nenhum deles sobreviveu, com exceção de Calebe,
filho de Jefoné, e de Josué, filho de Num.

CAPÍTULO 27

As filhas de Zelofeade
1Certo dia, Maala, Noa, Hogla, Milca e Tirza, as filhas de Zelofeade,
fizeram uma petição. Seu pai pertencia a um dos clãs de Manassés,
pois era descendente de Héfer, filho de Gileade, filho de Maquir,
filho de Manassés, filho de José. 2Essas mulheres se apresentaram
diante de Moisés, do sacerdote Eleazar, dos líderes das tribos e de
toda a comunidade à entrada da tenda do encontro e disseram:
3"Nosso pai morreu no deserto. Não era um dos seguidores de Corá,
que se rebelaram contra o SENHOR, mas morreu por causa do seu
próprio pecado e não teve filhos. 4Por que o nome de nosso pai
deveria desaparecer de seu clã só porque ele não teve filhos? Dê-
nos uma propriedade entre o restante de nossos parentes". 5Moisés
levou o caso ao SENHOR, 6e o SENHOR respondeu a Moisés: 7"A rei-
vindicação das filhas de Zelofeade é justa. Dê a elas uma porção de
terra entre os parentes de seu pai, a herança que teria sido entregue
a seu pai. 8"Dê as seguintes instruções ao povo de Israel. Se um
homem morrer e não deixar filhos, passem a herança às filhas.
9Se ele também não tiver filhas, transfiram a herança aos irmãos
dele. 10Se ele não tiver irmãos, deem a herança aos irmãos do pai
dele. 11Se seu pai não tiver irmãos, deem a herança ao parente

mais próximo de seu clã. Essa é uma prescrição definitiva para os
israelitas, conforme o SENHOR ordenou a Moisés".

Josué é escolhido para liderar Israel

12 Então o SENHOR disse a Moisés: "Suba a um dos montes de
Abarim e olhe para a terra que dou ao povo de Israel. 13 Depois de
vê-la, você será reunido a seu povo, como seu irmão Arão, 14 pois
vocês desobedeceram às minhas instruções no deserto de Zim.
Quando a comunidade se rebelou, vocês não demonstraram minha
santidade para eles junto às águas". (Essas águas são as de Meribá,
em Cades, no deserto de Zim.) 15 Então Moisés disse ao SENHOR:
16 "SENHOR, tu és o Deus que dá fôlego a todas as criaturas. Por
favor, indica um homem para ser o novo líder da comunidade. 17 Dá
a eles alguém que os guie aonde quer que forem e os conduza
nas batalhas, para que a comunidade do SENHOR não seja como
ovelhas sem pastor". 18 O SENHOR respondeu: "Convoque Josué,
filho de Num, em quem está o Espírito, e coloque as mãos sobre ele.
19 Apresente-o ao sacerdote Eleazar diante de toda a comunidade
e encarregue-o publicamente de liderar. 20 Transfira a ele parte de
sua autoridade, para que toda a comunidade de Israel lhe obedeça.
21 Quando for necessário receber orientação do SENHOR, Josué se
apresentará diante do sacerdote Eleazar, que usará o Urim perante
o SENHOR para determinar sua vontade. É pela palavra de Eleazar
que Josué e toda a comunidade de Israel decidirão tudo que devem
fazer". 22 Moisés fez o que o SENHOR ordenou. Apresentou Josué ao
sacerdote Eleazar e a toda a comunidade, 23 colocou as mãos sobre
ele e o encarregou de liderar o povo, exatamente como o SENHOR
havia ordenado por meio de Moisés.

CAPÍTULO 28

As ofertas diárias

1 O SENHOR disse a Moisés: 2 "Dê as seguintes instruções ao povo de
Israel. Não deixem de trazer o alimento para as ofertas especiais que
vocês apresentam a mim. São aroma agradável, que deverão ser
oferecidas na ocasião certa. 3 "Diga-lhes: Esta é sua oferta especial,
que vocês apresentarão ao SENHOR como holocausto diário: dois
cordeiros de um ano e sem defeito. 4 Sacrifiquem um cordeiro pela
manhã e outro ao entardecer. 5 Apresentem também uma oferta de

NO QUE ESTOU **PENSANDO** | O QUE ESTOU **SENTINDO** | DO QUE ESTOU **LEMBRANDO**

DESENHE OU ESCREVA

cereal de dois quilos de farinha da melhor qualidade misturada
com um litro de azeite puro de olivas prensadas. 6 Esse é o holo-
causto habitual instituído no monte Sinai como oferta especial,
um aroma agradável ao SENHOR. 7 Junto com cada cordeiro, apre-
sentem no santuário um litro de bebida fermentada como oferta
para o SENHOR. 8 Apresentem o segundo cordeiro ao entardecer
com a mesma oferta de cereal e a oferta derramada. É uma oferta
especial, um aroma agradável ao SENHOR."

As ofertas do sábado

9 "No sábado, sacrifiquem dois cordeiros de um ano e sem defeito.
Serão acompanhados de uma oferta de cereal de quatro quilos
de farinha da melhor qualidade umedecida com azeite e de uma
oferta derramada. 10 Esse é o holocausto que será apresentado a
cada sábado além do holocausto habitual e da oferta derramada
que o acompanha."

As ofertas mensais

11 "No primeiro dia de cada mês, apresentem ao SENHOR um ho-
locausto adicional de dois novilhos, um carneiro e sete cordeiros
de um ano, todos sem defeito. 12 Serão acompanhados de ofertas
de cereal de farinha da melhor qualidade umedecida com azeite:
seis quilos para cada novilho, quatro quilos para o carneiro 13 e
dois quilos para cada cordeiro. Esse holocausto será uma oferta
especial, um aroma agradável ao SENHOR. 14 Apresentem também
uma oferta derramada com cada sacrifício: dois litros de vinho para
cada novilho, um litro e um terço para cada carneiro e um litro
para cada cordeiro. Apresentem esse holocausto no primeiro dia de
cada mês ao longo de todo o ano. 15 "No primeiro dia de cada mês,
apresentem também ao SENHOR um bode como oferta pelo pecado.
Esse é um acréscimo ao holocausto habitual e à oferta derramada
que o acompanha."

As ofertas da Páscoa

16 "No décimo quarto dia do primeiro mês, celebrem a Páscoa do
SENHOR. 17 No dia seguinte, o décimo quinto do mês, terá início
uma festa de sete dias durante os quais ninguém comerá pão
feito com fermento. 18 O primeiro dia da festa será um dia oficial

de reunião sagrada, no qual não farão nenhum trabalho habitual.
19Apresentarão ao SENHOR como oferta especial um holocausto
de dois novilhos, um carneiro e sete cordeiros de um ano, todos
sem defeito. 20Os sacrifícios serão acompanhados de uma oferta
de cereal de farinha da melhor qualidade umedecida com azeite:
seis quilos para cada novilho, quatro quilos para o carneiro 21e dois
quilos para cada um dos sete cordeiros. 22Apresentem também
um bode como oferta pelo pecado para fazer expiação por vocês.
23Apresentem essas ofertas além dos holocaustos habituais da
manhã. 24Essa é a forma como devem preparar, em cada um dos
sete dias de festa, a oferta de alimento apresentada como oferta
especial, um aroma agradável ao SENHOR. Será apresentada além
do holocausto habitual e das ofertas derramadas. 25O sétimo dia
da festa será outro dia oficial de reunião sagrada, um dia em que
não farão nenhum trabalho habitual."

As ofertas para a Festa da Colheita

26"Durante a Festa da Colheita, quando apresentarem ao SENHOR
seus primeiros cereais novos, convoquem um dia oficial para reu-
nião sagrada, no qual não farão nenhum trabalho habitual. 27Nesse
dia, apresentem um holocausto adicional como aroma agradável ao
SENHOR. O sacrifício será constituído de dois novilhos, um carneiro e
sete cordeiros de um ano. 28Será acompanhado de ofertas de cereal
de farinha da melhor qualidade umedecida com azeite: seis quilos
para cada novilho, quatro quilos para o carneiro 29e dois quilos para
cada um dos sete cordeiros. 30Apresentem também um bode para
fazer expiação por vocês. 31Preparem esses holocaustos adicionais,
junto com suas ofertas derramadas, além do holocausto habitual
e da oferta de cereal que o acompanha. Cuidem para que todos os
animais sejam sem defeito."

CAPÍTULO 29

As ofertas para a Festa das Trombetas

1"No primeiro dia do sétimo mês, celebrem a Festa das Trombetas.
Convoquem um dia oficial de reunião sagrada, no qual não farão
nenhum trabalho habitual. 2Nesse dia, apresentem um holocausto
como aroma agradável ao SENHOR. O sacrifício será constituído de
um novilho, um carneiro e sete cordeiros de um ano, todos sem

Nm 29.6

defeito. 3Será acompanhado de ofertas de cereal de farinha da me-
lhor qualidade umedecida com azeite: seis quilos para o novilho,
quatro quilos para o carneiro 4e dois quilos para cada um dos sete
cordeiros. 5Apresentem também um bode como oferta pelo pecado
para fazer expiação por vocês. 6Esses sacrifícios especiais são um
acréscimo aos holocaustos mensais e habituais e serão apresenta-
dos com as ofertas de cereal e as ofertas derramadas prescritas que
os acompanham. São uma oferta especial, um aroma agradável
ao SENHOR."

As ofertas para o Dia da Expiação

7"No décimo dia do sétimo mês, convoquem outra reunião sagrada.
Nesse dia, o Dia da Expiação, vocês se humilharão e não farão ne-
nhum trabalho habitual. 8Apresentem um holocausto como aroma
agradável ao SENHOR. Será constituído de um novilho, um carneiro
e sete cordeiros de um ano, todos sem defeito. 9Os sacrifícios serão
acompanhados de ofertas de cereal de farinha da melhor qualidade
umedecida com azeite: seis quilos de farinha da melhor qualida-
de para o novilho, quatro quilos de farinha da melhor qualidade
para o carneiro 10e dois quilos de farinha da melhor qualidade
para cada um dos sete cordeiros. 11Apresentem também um bode
como oferta pelo pecado. Essa oferta é um acréscimo à oferta pelo
pecado apresentada para fazer expiação e ao holocausto habitual
com a oferta de cereal e as ofertas derramadas que o acompanham."

Ofertas para a Festa das Cabanas

12"No décimo quinto dia do sétimo mês, convoquem outra reunião
sagrada. Nesse dia, não façam nenhum trabalho habitual. É o início
da Festa das Cabanas, uma festa de sete dias em homenagem ao
SENHOR. 13No primeiro dia da festa, apresentem um holocausto
como oferta especial, um aroma agradável ao SENHOR. Será cons-
tituído de treze novilhos, dois carneiros e catorze cordeiros de um
ano, todos sem defeito. 14Cada um desses sacrifícios será acompa-
nhado de uma oferta de cereal de farinha da melhor qualidade
umedecida com azeite: seis quilos para cada um dos treze novi-
lhos, quatro quilos para cada um dos dois carneiros 15e dois quilos
para cada um dos catorze cordeiros. 16Apresentem também um
bode como oferta pelo pecado, além do holocausto habitual com

a oferta de cereal e a oferta derramada que o acompanham. 17“No
segundo dia da festa, sacrifiquem doze novilhos, dois carneiros e
catorze cordeiros de um ano, todos sem defeito. 18Cada um desses
sacrifícios de novilhos, carneiros e cordeiros será acompanhado
de sua oferta de cereal e de sua oferta derramada, conforme o
número prescrito. 19Apresentem também um bode como oferta
pelo pecado, além do holocausto habitual com a oferta de cereal
e a oferta derramada que o acompanham. 20“No terceiro dia da
festa, sacrifiquem onze novilhos, dois carneiros e catorze cordei-
ros de um ano, todos sem defeito. 21Cada um desses sacrifícios de
novilhos, carneiros e cordeiros será acompanhado de sua oferta de
cereal e de sua oferta derramada, conforme o número prescrito.
22Apresentem também um bode como oferta pelo pecado, além
do holocausto habitual com a oferta de cereal e a oferta derramada
que o acompanham. 23“No quarto dia da festa, sacrifiquem dez
novilhos, dois carneiros e catorze cordeiros de um ano, todos sem
defeito. 24Cada um desses sacrifícios de novilhos, carneiros e cor-
deiros será acompanhado de sua oferta de cereal e de sua oferta
derramada, conforme o número prescrito. 25Apresentem também
um bode como oferta pelo pecado, além do holocausto habitual
com a oferta de cereal e a oferta derramada que o acompanham.
26“No quinto dia da festa, sacrifiquem nove novilhos, dois carneiros
e catorze cordeiros de um ano, todos sem defeito. 27Cada um desses
sacrifícios de novilhos, carneiros e cordeiros será acompanhado de
sua oferta de cereal e de sua oferta derramada, conforme o número
prescrito. 28Apresentem também um bode como oferta pelo peca-
do, além do sacrifício habitual com a oferta de cereal e a oferta der-
ramada que o acompanham. 29“No sexto dia da festa, sacrifiquem
oito novilhos, dois carneiros e catorze cordeiros de um ano, todos
sem defeito. 30Cada um desses sacrifícios de novilhos, carneiros e
cordeiros será acompanhado de sua oferta de cereal e de sua oferta
derramada, conforme o número prescrito. 31Apresentem também
um bode como oferta pelo pecado, além do holocausto habitual
com a oferta de cereal e a oferta derramada que o acompanham.
32“No sétimo dia da festa, sacrifiquem sete novilhos, dois carneiros
e catorze cordeiros de um ano, todos sem defeito. 33Cada um desses
sacrifícios de novilhos, carneiros e cordeiros será acompanhado de
sua oferta de cereal e de sua oferta derramada, conforme o número

NO QUE ESTOU PENSANDO | O QUE ESTOU SENTINDO | DO QUE ESTOU LEMBRANDO

DESENHE OU ESCREVA

prescrito. 34Apresentem também um bode como oferta pelo peca-
do, além do holocausto habitual com a oferta de cereal e a oferta
derramada que o acompanham. 35“No oitavo dia da festa, declarem
uma reunião solene. Não façam nenhum trabalho habitual nesse
dia. 36Apresentem um holocausto como oferta especial, um aroma
agradável ao SENHOR. O sacrifício consistirá em um novilho, um
carneiro e sete cordeiros de um ano, todos sem defeito. 37Cada um
desses sacrifícios será acompanhado de sua oferta de cereal e de
sua oferta derramada, conforme o número prescrito. 38Apresentem
também um bode como oferta pelo pecado, além do holocausto
habitual com a oferta de cereal e a oferta derramada que o acom-
panham. 39“Apresentem essas ofertas ao SENHOR em suas festas
anuais. São um acréscimo aos sacrifícios e ofertas que vocês apre-
sentam ao cumprirem votos ou ao realizarem ofertas voluntárias,
holocaustos, ofertas de cereal, ofertas derramadas e ofertas de paz”.
40Moisés transmitiu todas essas instruções aos israelitas, conforme
o SENHOR lhe havia ordenado.

CAPÍTULO 30

Leis acerca de votos e juramentos

1Moisés mandou chamar os chefes das tribos de Israel e lhes disse:
“Foi isto que o SENHOR ordenou: 2Se um homem fizer um voto
ao SENHOR ou uma promessa sob juramento, jamais deverá voltar
atrás em sua palavra. Fará exatamente o que prometeu. 3“Se uma
moça fizer um voto ao SENHOR ou uma promessa sob juramento
enquanto ainda estiver morando na casa de seu pai, 4e se seu pai
ficar sabendo do voto e não levantar objeções, todos os seus votos e
promessas continuarão a valer. 5Mas, se no dia em que ficar saben-
do seu pai se recusar a deixá-la cumprir o voto ou a promessa, todos
os seus votos ou promessas serão anulados. O SENHOR a perdoará,
pois o pai não permitiu que ela os cumprisse. 6“Se uma moça fizer
um voto ou assumir um compromisso por meio de uma promessa
precipitada e depois se casar, 7e, no dia em que ficar sabendo do
voto ou da promessa, o marido não levantar objeções, os votos e as
promessas que ela fez continuarão a valer. 8Mas, se no dia em que
ficar sabendo seu marido se recusar a deixá-la cumprir o voto ou a
promessa precipitada, os compromissos dela serão anulados, e o
SENHOR a perdoará. 9A mulher viúva ou divorciada, porém, deverá

cumprir todos os seus votos e promessas. 10"Se uma mulher já for
casada e morar na casa do marido quando fizer o voto ou se compro-
meter por meio de uma promessa, 11e o marido ficar sabendo e não
levantar objeções, os votos ou as promessas que ela fez continuarão
a valer. 12Mas, se no dia em que ficar sabendo o marido se recusar
a aceitá-los, o voto ou a promessa dela será anulada, e o SENHOR
a perdoará. 13Portanto, qualquer voto ou promessa que a esposa
tenha feito de humilhar-se, o marido poderá confirmar ou anular.
14Mas, se ele não levantar objeção alguma no dia em que ficar
sabendo, indicará desse modo que está de acordo com todos os
seus votos ou promessas. 15Se ele esperar mais de um dia e anular
um voto ou uma promessa, sofrerá o castigo que caberia à esposa".
16Essas são as ordens que o SENHOR deu a Moisés a respeito do
relacionamento entre um homem e sua esposa e entre um pai e
sua filha moça que ainda mora na casa dele.

CAPÍTULO 31

Israel conquista Midiã

1O SENHOR disse a Moisés: 2"Vingue-se dos midianitas pelo que
fizeram aos israelitas. Depois disso, você morrerá e será reunido
a seus antepassados". 3Então Moisés disse ao povo: "Escolham e
armem alguns homens para lutarem na vingança do SENHOR contra
Midiã. 4De cada tribo de Israel, enviem mil homens para a batalha".
5Assim, escolheram mil homens de cada tribo de Israel, no total
de doze mil homens armados para guerrear. 6Moisés enviou mil
homens de cada tribo, sob o comando de Fineias, filho do sacerdote
Eleazar. Fineias levou consigo os objetos sagrados e as trombetas
para dar a ordem de ataque. 7Atacaram Midiã, como o SENHOR havia
ordenado a Moisés, e mataram todos os homens. 8Os cinco reis
midianitas morreram na batalha: Evi, Requém, Zur, Hur e Reba.
Também mataram à espada Balaão, filho de Beor. 9Os israelitas
capturaram as mulheres e as crianças midianitas e tomaram como
despojo o gado, os rebanhos e toda a riqueza deles. 10Queimaram
todas as cidades e acampamentos onde os midianitas moravam.
11Depois de juntarem todos os despojos, tanto os prisioneiros como
os animais, 12trouxeram tudo a Moisés, ao sacerdote Eleazar e a
toda a comunidade de Israel, que estava acampada nas campinas
de Moabe, junto ao rio Jordão, do lado oposto de Jericó. 13Moisés,

NO QUE ESTOU **PENSANDO** ○ | O QUE ESTOU **SENTINDO** ○ | DO QUE ESTOU **LEMBRANDO** ○

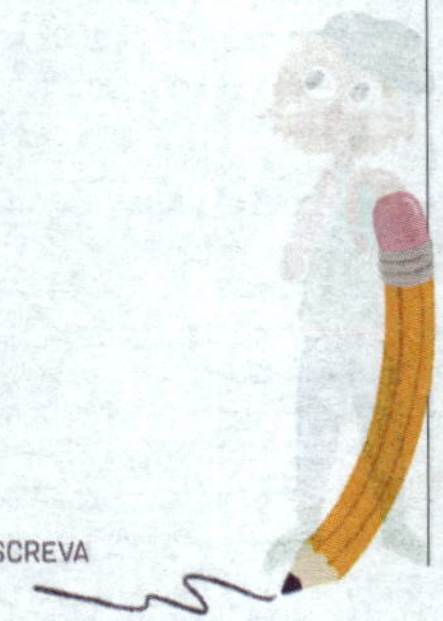

DESENHE OU ESCREVA

o sacerdote Eleazar e todos os líderes da comunidade saíram ao
encontro deles fora do acampamento. 14Moisés, porém, se enfure-
ceu com os generais e os capitães que voltaram da batalha. 15"Por
que deixaram viver todas as mulheres?", perguntou ele. 16"Foram
justamente elas que seguiram o conselho de Balaão e fizeram os
israelitas se rebelarem contra o SENHOR no incidente em Peor. Foi
por causa delas que uma praga feriu o povo do SENHOR. 17Agora,
matem todos os meninos e todas as mulheres que tiveram relações
sexuais com algum homem. 18Deixem viver somente as meninas
virgens; tragam-nas para viver entre vocês. 19E todos que tiverem
matado alguém ou tocado em algum cadáver ficarão fora do acam-
pamento por sete dias. Purifiquem a si mesmos e às prisioneiras
no terceiro e no sétimo dia. 20Purifiquem também todas as roupas
e todos os objetos de couro, pelo de cabra ou madeira." 21Então o
sacerdote Eleazar disse aos homens que participaram da batalha:
"O SENHOR deu a Moisés as seguintes prescrições legais: 22Tudo
que for feito de ouro, prata, bronze, ferro, estanho e chumbo, 23ou
seja, tudo que resiste ao fogo, será passado pelo fogo para se tor-
nar cerimonialmente puro. Em seguida, esses objetos de metal
serão purificados com a água da purificação. Mas tudo que não
resistir ao fogo será purificado somente com água. 24No sétimo
dia, lavem as roupas e vocês estarão purificados. Então poderão
voltar ao acampamento".

A divisão dos despojos

25O SENHOR também disse a Moisés: 26"Você, o sacerdote Eleazar
e os chefes das famílias de cada tribo farão uma lista de todos os
despojos tomados na batalha, tanto das pessoas como dos animais.
27Dividirão o despojo em duas partes e entregarão metade para
os homens que lutaram na batalha e metade para o restante do
povo. 28Da metade que pertence ao exército, entreguem primeiro
um tributo que cabe ao SENHOR, um de cada quinhentos, tanto das
pessoas como do gado, dos jumentos e das ovelhas. 29Entreguem
essa porção tirada da parte do exército ao sacerdote Eleazar como
oferta ao SENHOR. 30Da metade que pertence aos israelitas, sepa-
rem um de cada cinquenta, tanto das pessoas como do gado, dos
jumentos, das ovelhas e dos outros animais. Entreguem essa por-
ção aos levitas, que estão encarregados de cuidar do tabernáculo

do Senhor". 31Moisés e o sacerdote Eleazar fizeram conforme o
Senhor ordenou a Moisés. 32O despojo restante de tudo que os
soldados haviam tomado totalizou 675.000 ovelhas, 3372.000 ca-
beças de gado, 3461.000 jumentos 35e 32.000 virgens. 36Metade
do despojo foi entregue aos homens que participaram da batalha.
Essa parte totalizou 337.500 ovelhas, 37das quais 675 eram o tri-
buto ao Senhor; 3836.000 cabeças de gado, das quais 72 eram o
tributo ao Senhor; 3930.500 jumentos, dos quais 61 eram o tri-
buto ao Senhor; 40e 16.000 virgens, das quais 32 eram o tributo
ao Senhor. 41Moisés entregou ao sacerdote Eleazar o tributo que
cabia ao Senhor como oferta movida, conforme o Senhor havia
ordenado. 42Metade do despojo pertencia aos israelitas, e Moisés
a separou da metade que pertencia aos homens que lutaram. 43A
parte dos israelitas totalizou 337.500 ovelhas, 4436.000 cabeças
de gado, 4530.500 jumentos 46e 16.000 virgens. 47Da metade en-
tregue ao povo, Moisés separou um de cada cinquenta, tanto das
pessoas como dos animais, e entregou aos levitas encarregados de
cuidar do tabernáculo do Senhor. Tudo foi feito conforme o Senhor
havia ordenado a Moisés. 48Então os generais e os capitães foram a
Moisés 49e disseram: "Nós, seus servos, contamos todos os homens
que saíram para a batalha sob o nosso comando; nenhum de nós
está faltando! 50Por isso, de nossa parte do despojo, apresentamos
os objetos de ouro como oferta ao Senhor: braceletes, pulseiras,
anéis, brincos e colares. A oferta fará expiação por nós diante do
Senhor". 51Moisés e o sacerdote Eleazar receberam deles as joias e
os objetos artesanais de ouro. 52Ao todo, o ouro que os generais e os
capitães apresentaram como oferta ao Senhor pesava por volta de
duzentos quilos. 53Todos os homens que participaram da batalha
tomaram para si uma parte do despojo. 54Moisés e o sacerdote
Eleazar aceitaram as ofertas dos generais e dos capitães e levaram o
ouro para a tenda do encontro como recordação para que o Senhor
se lembrasse dos israelitas.

CAPÍTULO 32

As tribos a leste do Jordão

1As tribos de Rúben e Gade possuíam rebanhos enormes. Por isso,
quando viram que as terras de Jazar e Gileade eram adequadas
para os rebanhos, 2foram a Moisés, ao sacerdote Eleazar e aos

NO QUE ESTOU **PENSANDO** ○ | O QUE ESTOU **SENTINDO** ○ | DO QUE ESTOU **LEMBRANDO** ○

DESENHE OU ESCREVA

outros líderes da comunidade e disseram: 3"Vejam as cidades
de Atarote, Dibom, Jazar, Ninra, Hesbom, Eleale, Sibma, Nebo e
Beom. 4O Senhor conquistou toda esta região para a comunidade
de Israel, e ela é adequada para criar rebanhos e para nós, seus
servos, que possuímos rebanhos. 5Se contamos com o seu favor,
pedimos que nos deixem ocupar esta terra como nossa proprie-
dade em vez de nos dar a terra do outro lado do Jordão". 6Moisés
perguntou aos homens de Gade e Rúben: "Então vocês querem
que seus irmãos vão à guerra enquanto vocês ficam aqui? 7Por
que querem desanimar o restante dos israelitas de atravessar o rio
para a terra que o Senhor lhes deu? 8Seus antepassados fizeram
a mesma coisa quando eu os enviei de Cades-Barneia para fazer o
reconhecimento da terra. 9Depois que subiram até o vale de Escol
e fizeram o reconhecimento da região, desanimaram os israelitas
de entrarem na terra que o Senhor lhes dava. 10Por isso a ira do
Senhor se acendeu contra eles, e ele jurou: 11'De todos aqueles que
eu resgatei do Egito, ninguém com 20 anos para cima verá a terra
que eu jurei dar a Abraão, Isaque e Jacó, pois não me obedeceram
de todo o coração. 12As únicas exceções são Calebe, filho do quene-
zeu Jefoné, e Josué, filho de Num, pois eles seguiram o Senhor de
todo o coração'. 13A ira do Senhor se acendeu contra os israelitas,
e ele os fez andar sem rumo pelo deserto durante quarenta anos,
até que toda a geração que havia pecado contra o Senhor tivesse
morrido. 14Mas aqui estão vocês, uma raça de pecadores, fazendo
exatamente a mesma coisa, acendendo ainda mais a ira do Senhor
contra Israel. 15Se vocês se afastarem dele e se ele abandonar o povo
no deserto outra vez, vocês serão responsáveis pela destruição de
todo este povo!". 16Eles se aproximaram de Moisés e disseram:
"Queremos construir currais para nossos animais e cidades para
nossos filhos. 17Então nos armaremos e sairemos prontamente
com os israelitas para a batalha até que os tenhamos levado em
segurança para sua terra. Enquanto isso, nossos filhos ficarão nas
cidades fortificadas que construirmos aqui e estarão protegidos
de ataques dos povos da região. 18Só voltaremos a nossos lares
quando todos os israelitas tiverem recebido suas porções de terra.
19Não exigimos, porém, terra alguma do outro lado do Jordão.
Preferimos viver aqui do lado leste do Jordão e aceitamos esta
região como nossa herança na terra". 20Então Moisés lhes disse:

"Se fizerem como prometeram e se, armadas para as batalhas
do SENHOR, 21suas tropas atravessarem o Jordão e continuarem
a lutar até que o SENHOR tenha expulsado seus inimigos, 22então
poderão voltar quando o SENHOR tiver conquistado a terra. Assim
vocês terão cumprido seu dever para com o SENHOR e para com o
povo de Israel. A terra do lado leste do Jordão será sua proprieda-
de da parte do SENHOR. 23Mas, se não fizerem como prometeram,
terão pecado contra o SENHOR e não escaparão das consequências.
24Vão, construam cidades para suas famílias e currais para seus
rebanhos, mas façam tudo que prometeram". 25Os homens de
Gade e Rúben responderam: "Nós, seus servos, seguiremos suas
instruções. 26Nossos filhos, esposas, rebanhos e gado ficarão aqui
nas cidades de Gileade. 27Mas nós, seus servos, todos armados
para a guerra, atravessaremos o rio e lutaremos pelo SENHOR, con-
forme nos ordenou". 28Moisés deu ordens ao sacerdote Eleazar, a
Josué, filho de Num, e aos chefes das famílias das tribos de Israel.
29Disse ele: "Os homens de Gade e Rúben estão armados para a
batalha e atravessarão o Jordão com vocês e lutarão pelo SENHOR.
Se o fizerem, depois que a terra for conquistada entregue-lhes o
território de Gileade como sua propriedade. 30Mas, se eles se re-
cusarem a armar-se e atravessar o rio com vocês, serão obrigados a
aceitar uma porção de terra com o restante de vocês em Canaã". 31As
tribos de Gade e Rúben disseram outra vez: "Somos seus servos e
faremos o que o SENHOR ordenou! 32Atravessaremos bem armados
o Jordão até Canaã e lutaremos para o SENHOR, mas nossa porção de
terra estará aqui deste lado do Jordão". 33Então Moisés distribuiu
terras entre as tribos de Gade e Rúben e a meia tribo de Manassés,
filho de José. Deu-lhes o território de Seom, rei dos amorreus, o
território de Ogue, rei de Basã, toda a terra com suas cidades e o
território ao redor delas. 34Os descendentes de Gade construíram
as cidades de Dibom, Atarote, Aroer, 35Atarote-Sofã, Jazar, Jogbeá,
36Bete-Ninra e Bete-Harã, e todas eram cidades fortificadas e com
currais para os rebanhos. 37Os descendentes de Rúben construíram
as cidades de Hesbom, Eleale, Quiriataim, 38Nebo, Baal-Meom e
Sibma, e mudaram o nome de algumas das cidades que conquis-
taram e reconstruíram. 39Os descendentes de Maquir, da tribo de
Manassés, foram até Gileade, tomaram posse dela e expulsaram
os amorreus que ali viviam. 40Moisés deu Gileade aos maquiritas,

NO QUE ESTOU PENSANDO ○ | O QUE ESTOU SENTINDO ○ | DO QUE ESTOU LEMBRANDO ○

DESENHE OU ESCREVA

descendentes de Manassés, e eles se estabeleceram ali. 41O povo
de Jair, outro clã da tribo de Manassés, capturou muitos dos povo-
ados de Gileade e mudou o nome da região para Cidades de Jair.
42Enquanto isso, um homem chamado Noba conquistou a cidade
de Quenate e as vilas ao redor e deu seu próprio nome à região,
chamando-a de Noba.

CAPÍTULO 33

Recapitulação da jornada de Israel

1Este é o percurso que os israelitas fizeram quando saíram do Egito,
organizados segundo suas divisões, sob a liderança de Moisés e
Arão. 2Por ordem do SENHOR, Moisés guardou um registro escrito
de seu progresso. Estas são as etapas da jornada, identificadas
pelos lugares onde pararam ao longo do caminho. 3Os israelitas
partiram da cidade de Ramessés no décimo quinto dia do primeiro
mês, na manhã seguinte à primeira celebração da Páscoa. Partiram
triunfantemente, à vista de todos os egípcios. 4Enquanto isso, os
egípcios sepultavam o filho mais velho de suas famílias que o
SENHOR havia ferido mortalmente na noite anterior. Naquela noite,
o SENHOR derrotou os deuses do Egito com grandes atos de julga-
mento. 5Depois de partirem de Ramessés, os israelitas acamparam
em Sucote. 6Saíram de Sucote e acamparam em Etã, à beira do
deserto. 7Saíram de Etã e voltaram para Pi-Hairote, de frente para
Baal-Zefom, e acamparam perto de Migdol. 8Saíram de Pi-Hairote,
atravessaram o mar Vermelho e chegaram ao deserto. Viajaram
três dias pelo deserto de Etã e acamparam em Mara. 9Saíram de
Mara e acamparam em Elim, onde havia doze fontes de água e
setenta palmeiras. 10Saíram de Elim e acamparam junto ao mar
Vermelho. 11Saíram do mar Vermelho e acamparam no deserto de
Sim. 12Saíram do deserto de Sim e acamparam em Dofca. 13Saíram
de Dofca e acamparam em Alus. 14Saíram de Alus e acamparam
em Refidim, onde não havia água para o povo beber. 15Saíram de
Refidim e acamparam no deserto do Sinai. 16Saíram do deserto do
Sinai e acamparam em Quibrote-Hataavá. 17Saíram de Quibrote-
Hataavá e acamparam em Hazerote. 18Saíram de Hazerote e acam-
param em Ritmá. 19Saíram de Ritmá e acamparam em Rimom-
Perez. 20Saíram de Rimom-Perez e acamparam em Libna. 21Saíram
de Libna e acamparam em Rissa. 22Saíram de Rissa e acamparam

Nm

em Queelata. 23Saíram de Queelata e acamparam no monte Séfer.
24Saíram do monte Séfer e acamparam em Harada. 25Saíram de
Harada e acamparam em Maquelote. 26Saíram de Maquelote e
acamparam em Taate. 27Saíram de Taate e acamparam em Terá.
28Saíram de Terá e acamparam em Mitca. 29Saíram de Mitca e
acamparam em Hasmona. 30Saíram de Hasmona e acamparam
em Moserote. 31Saíram de Moserote e acamparam em Bene-Jaacã.
32Saíram de Bene-Jaacã e acamparam em Hor-Gidgade. 33Saíram
de Hor-Gidgade e acamparam em Jotbatá. 34Saíram de Jotbatá
e acamparam em Abrona. 35Saíram de Abrona e acamparam em
Eziom-Geber. 36Saíram de Eziom-Geber e acamparam em Cades,
no deserto de Zim. 37Saíram de Cades e acamparam no monte Hor,
na fronteira de Edom. 38Enquanto estavam ao pé do monte Hor,
por ordem do SENHOR o sacerdote Arão subiu ao monte e morreu
ali. Isso aconteceu no primeiro dia do quinto mês, quarenta anos
depois que Israel saiu do Egito. 39Arão tinha 123 anos quando mor-
reu no monte Hor. 40O rei cananeu de Arade, que vivia no Neguebe,
na terra de Canaã, soube que os israelitas se aproximavam de sua
terra. 41Saíram do monte Hor e acamparam em Zalmona. 42Saíram
de Zalmona e acamparam em Punom. 43Saíram de Punom e acam-
param em Obote. 44Saíram de Obote e acamparam em Ijé-Abarim,
na fronteira de Moabe. 45Saíram de Ijé-Abarim e acamparam em
Dibom-Gade. 46Saíram de Dibom-Gade e acamparam em Almom-
Diblataim. 47Saíram de Almom-Diblataim e acamparam nos montes
de Abarim, perto do monte Nebo. 48Saíram dos montes de Abarim
e acamparam nas campinas de Moabe, junto ao rio Jordão, do lado
oposto de Jericó. 49Junto ao rio Jordão, acamparam desde Bete-
Jesimote até Abel-Sitim nas campinas de Moabe. 50Enquanto
estavam acampados perto do rio Jordão, nas campinas de Moabe,
do lado oposto de Jericó, o SENHOR disse a Moisés: 51"Dê as se-
guintes instruções ao povo de Israel. Quando atravessarem o rio
Jordão para entrar na terra de Canaã, 52expulsem todos os povos
que vivem ali. Destruam todas as imagens esculpidas ou fundidas
e derrubem todos os santuários idólatras. 53Tomem posse da terra
e estabeleçam-se nela, pois eu lhes dei a terra para a ocuparem.
54Distribuam a terra entre os clãs por sorteio e de forma proporcio-
nal ao tamanho de cada clã. Os clãs maiores receberão uma porção
maior, e os clãs menores, uma porção menor. A decisão por sorteio

é definitiva. Assim, as porções de terra serão distribuídas entre as
tribos de seus antepassados. 55Mas, se vocês não expulsarem os
povos que vivem na terra, aqueles que restarem serão como farpas
em seus olhos e espinhos em suas costas. Serão um tormento para
vocês na terra em que habitarem. 56E eu farei a vocês aquilo que
planejava fazer a eles".

CAPÍTULO 34

As fronteiras da terra

1Então o SENHOR disse a Moisés: 2"Dê as seguintes instruções ao
povo de Israel. Quando entrarem na terra de Canaã, que eu lhes
dou como sua propriedade especial, estas serão as fronteiras. 3A
região sul se estenderá desde o deserto de Zim, ao longo da divisa
com Edom. A fronteira sul começará no leste, na extremidade do
mar Morto. 4Ela se estenderá pelo sul, passando pela ladeira do
Escorpião, em direção a Zim. Seu extremo ao sul será Cades-Barneia,
de onde seguirá até Hazar-Adar e, de lá, até Azmom. 5De Azmom,
a fronteira fará uma curva em direção ao ribeiro do Egito e termi-
nará no mar Mediterrâneo. 6"A fronteira oeste será o litoral do mar
Mediterrâneo. 7"A fronteira norte começará no mar Mediterrâneo
e se estenderá para o leste até o monte Hor 8e, de lá, até Lebo-
Hamate, seguindo em direção a Zedade, 9e continuando até Zifrom
e, daí, até Hazar-Enã. Essa será a fronteira norte. 10"A fronteira leste
começará em Hazar-Enã, se estenderá para o sul até Sefã 11e descerá
até Ribla, do lado leste de Aim. De lá, descerá beirando o lado leste
do mar da Galileia 12e, depois, acompanhando o rio Jordão até o
mar Morto. Essas são as fronteiras de sua terra". 13Então Moisés disse
aos israelitas: "Este território é a herança que vocês repartirão entre
si por sorteio. O SENHOR ordenou que a terra seja dividida entre as
nove tribos e meia restantes. 14As famílias das tribos de Rúben e
Gade e da metade da tribo de Manassés já receberam suas porções
de terra 15do lado leste do Jordão, do lado oposto de Jericó, na
direção do nascer do sol".

Líderes para repartir a terra

16O SENHOR disse a Moisés: 17"O sacerdote Eleazar e Josué, filho
de Num, são os homens escolhidos para repartir a terra entre o
povo. 18Nomeiem um líder de cada tribo para ajudá-los com a

tarefa. 19Estas são as tribos e os nomes dos líderes: da tribo de
Judá, Calebe, filho de Jefoné; 20da tribo de Simeão, Samuel, filho
de Amiúde; 21da tribo de Benjamim, Elidade, filho de Quislom;
22da tribo de Dã, Buqui, filho de Jogli; 23da tribo de Manassés,
filho de José, Haniel, filho de Éfode; 24da tribo de Efraim, filho de
José, Quemuel, filho de Siftã; 25da tribo de Zebulom, Elisafã, filho
de Parnaque; 26da tribo de Issacar, Paltiel, filho de Azã; 27da tribo
de Aser, Aiúde, filho de Selomi; 28da tribo de Naftali, Pedael, filho
de Amiúde. 29Esses são os homens que o SENHOR nomeou para
repartir as porções da terra de Canaã entre os israelitas".

CAPÍTULO 35

Cidades para os levitas

1O SENHOR disse a Moisés junto ao rio Jordão, nas campinas de
Moabe, do lado oposto de Jericó: 2"Ordene aos israelitas que, das
propriedades que receberem por herança, deem algumas cidades
para os levitas morarem. Entreguem também as pastagens ao redor
delas. 3As cidades serão para moradia dos levitas, e as terras ao
redor servirão de pasto para seu gado, suas ovelhas e todos os
seus animais. 4As pastagens reservadas para os levitas ao redor
dessas cidades se estenderão em todas as direções por 450 metros
a partir dos muros da cidade. 5Meçam 900 metros fora dos muros
da cidade em todas as direções – leste, sul, oeste e norte –, com a
cidade no centro. Essa será a área de pastagem das cidades. 6"Seis
das cidades que vocês derem aos levitas serão cidades de refúgio,
para onde uma pessoa que tiver matado alguém acidentalmente
poderá fugir e ficar a salvo. Além disso, deem a eles 42 cidades. 7No
total, vocês darão aos levitas 48 cidades, com as pastagens ao redor.
8As cidades virão da herança dos israelitas. As tribos maiores darão
mais cidades aos levitas, enquanto as tribos menores darão menos
cidades. Cada tribo entregará propriedades de forma proporcional
ao tamanho do território que receber".

As cidades de refúgio

9O SENHOR disse a Moisés: 10"Dê as seguintes instruções ao povo
de Israel. "Quando atravessarem o Jordão para entrar na terra de
Canaã, 11escolham cidades de refúgio para onde uma pessoa que
tiver matado alguém acidentalmente poderá fugir. 12Essas cidades

NO QUE ESTOU **PENSANDO** | O QUE ESTOU **SENTINDO** | DO QUE ESTOU **LEMBRANDO**

DESENHE OU ESCREVA

serão lugares de proteção contra os parentes da vítima que quise-
rem vingar sua morte. A pessoa que tirou a vida de alguém não
será executada antes de ser julgada pela comunidade. 13Escolham
para si seis cidades de refúgio: 14três do lado leste do rio Jordão
e três do lado oeste, na terra de Canaã. 15Essas cidades servirão
para proteger os israelitas, os estrangeiros que vivem entre vocês
e os que estiverem de passagem. Qualquer um que matar alguém
acidentalmente poderá fugir para lá. 16"Se, contudo, alguém atacar
uma pessoa e matá-la com um pedaço de ferro, é assassinato e o
assassino deverá ser executado. 17Ou, se alguém com uma pedra
na mão atacar e matar outra pessoa, é assassinato e o assassino
deverá ser executado. 18Ou ainda, se alguém atacar outra pessoa
e matá-la com um pedaço de madeira, é assassinato e o assassi-
no deverá ser executado. 19O parente mais próximo da vítima é
responsável pela execução do assassino. Quando o encontrar, o
vingador deverá executar o assassino. 20Portanto, se alguém odeia
outra pessoa e fica à espreita dela, e a empurra ou joga contra ela
um objeto perigoso e ela morre, 21ou se alguém odeia outra pessoa
e a fere com as mãos e ela morre, é assassinato. Nesses casos, o
vingador deverá executar o assassino quando o encontrar. 22"Se,
contudo, alguém empurrar outra pessoa sem ter demonstrado
anteriormente nenhuma hostilidade, ou jogar algo que acerte a
pessoa acidentalmente, 23ou, sem intenção, deixar cair sobre ela
uma pedra grande, embora não fossem inimigos, e a outra pessoa
morrer, 24a comunidade usará as seguintes normas para julgar
entre o acusado e o vingador, o parente mais próximo da vítima:
25a comunidade protegerá o acusado do vingador e cuidará para
que ele chegue à cidade de refúgio para onde fugiu. Ali ele ficará
até a morte do sumo sacerdote, que foi ungido com o óleo sagrado.
26"Se, contudo, o acusado sair alguma vez dos limites da cidade
de refúgio 27e o vingador o encontrar fora da cidade e o executar,
essa morte não será considerada assassinato. 28O acusado deveria
ter ficado dentro da cidade de refúgio até a morte do sumo sa-
cerdote. Depois da morte do sumo sacerdote, porém, o acusado
poderá voltar à sua propriedade. 29Essas são as prescrições legais a
serem cumpridas de geração em geração, onde quer que morarem.
30"Todos os assassinos deverão ser executados, mas apenas se mais
de uma testemunha apresentar provas. Ninguém será executado

Nm

com base no depoimento de apenas uma testemunha. 31Jamais
aceitem resgate pela vida de alguém que foi declarado culpado de
assassinato e condenado à morte. Os assassinos deverão sempre ser
executados. 32E jamais aceitem resgate de alguém que fugiu para
uma cidade de refúgio, permitindo, com isso, que o acusado volte à
sua propriedade antes da morte do sumo sacerdote. 33Essa medida
garantirá que a terra em que vivem não seja contaminada, pois o
assassinato contamina a terra. O único sacrifício que fará expiação
pela terra em caso de assassinato é a execução do assassino. 34Não
contaminem a terra onde habitam, pois eu mesmo habito ali. Eu
sou o SENHOR e habito entre o povo de Israel".

CAPÍTULO 36

Mulheres que herdam propriedades

1Os chefes das famílias do clã de Gileade, descendentes de Maquir,
filho de Manassés, filho de José, apresentaram uma petição a
Moisés e aos líderes de Israel, os chefes das famílias. 2Disseram
eles: "O SENHOR o instruiu a repartir a terra por sorteio entre os
israelitas. O SENHOR também o instruiu a entregar a herança que
pertencia a nosso irmão Zelofeade às filhas dele. 3Mas, se elas se
casarem com homens de outra tribo de Israel, levarão consigo suas
propriedades para a tribo dos homens com quem se casarem. Com
isso, a área total do território de nossa tribo será reduzida. 4Quando
chegar o Ano do Jubileu, a porção de terra que elas receberam será
anexada à porção dessa nova tribo, e essa propriedade será tirada
da tribo de nossos antepassados para sempre". 5Então Moisés deu
aos israelitas a seguinte ordem do SENHOR: "A preocupação dos ho-
mens da tribo de José é justa. 6É isto que o SENHOR ordenou acerca
das filhas de Zelofeade: Elas poderão se casar com quem quiserem,
desde que seja alguém da tribo de seus antepassados. 7Nenhuma
terra poderá ser transferida de uma tribo para outra, pois a porção
entregue a cada tribo deve permanecer com a tribo para a qual foi
inicialmente designada. 8As filhas de todas as tribos de Israel que
têm direito a herdar propriedades deverão se casar com homens de
um dos clãs de sua própria tribo, para que todos os israelitas man-
tenham a propriedade de seus antepassados. 9Nenhuma porção
de terra poderá ser transferida de uma tribo para outra; cada tribo
de Israel manterá a porção de terra que recebeu como herança".

NO QUE ESTOU PENSANDO ○ | O QUE ESTOU SENTINDO ○ | DO QUE ESTOU LEMBRANDO ○

DESENHE OU ESCREVA

10As filhas de Zelofeade fizeram conforme o SENHOR ordenou a
Moisés. 11Maala, Tirza, Hogla, Milca e Noa se casaram com primos
da família de seu pai, 12membros dos clãs de Manassés, filho de
José. Assim, sua herança permaneceu no clã e na tribo de seus
antepassados. 13Esses são os mandamentos e os estatutos que o
SENHOR deu aos israelitas por meio de Moisés enquanto estavam
acampados nas campinas de Moabe junto ao rio Jordão, do lado
oposto de Jericó.

DEUTERONÔMIO

CAPÍTULO 1

Introdução ao primeiro discurso de Moisés

1 Estas são as palavras que Moisés disse a todo o povo de Israel quan-
do estavam no deserto, a leste do rio Jordão, acampados no vale do
Jordão, perto de Sufe, entre Parã, de um lado, e Tofel, Labã, Hazerote
e Di-Zaabe, do outro. 2 Normalmente, são necessários apenas onze
dias para viajar do monte Sinai até Cades-Barneia pelo caminho do
monte Seir. 3 No entanto, quarenta anos depois da saída do Egito,
no primeiro dia do décimo primeiro mês, Moisés se dirigiu aos
israelitas e lhes transmitiu tudo que o SENHOR lhe havia ordenado.
4 Isso aconteceu depois que ele derrotou Seom, rei dos amorreus
que vivia em Hesbom, e, em Edrei, derrotou Ogue, o rei de Basã que
vivia em Astarote. 5 Enquanto estavam na terra de Moabe, a leste
do Jordão, Moisés começou a lhes explicar as seguintes instruções.

A ordem para deixar Horebe

6 "Quando estávamos no monte Sinai, o SENHOR, nosso Deus, nos
disse: 'Vocês já ficaram muito tempo neste monte. 7 É hora de levan-
tar acampamento e seguir viagem. Vão à região montanhosa dos
amorreus e a todas as regiões vizinhas: o vale do Jordão, a região
montanhosa, as colinas do oeste, o Neguebe e a planície costeira.
Vão à terra dos cananeus e ao Líbano, e avancem até o grande rio
Eufrates. 8 Vejam, eu lhes dou toda esta terra! Entrem e tomem pos-
se dela, pois é a terra que o SENHOR jurou dar a seus antepassados
Abraão, Isaque e Jacó, e a todos os seus descendentes'."

NO QUE ESTOU **PENSANDO** ○
O QUE ESTOU **SENTINDO** ○
DO QUE ESTOU **LEMBRANDO** ○

DESENHE OU ESCREVA

Moisés nomeia líderes de cada tribo

9 Moisés continuou: "Naquela ocasião, eu lhes disse: 'Vocês são
um peso grande demais para eu carregar sozinho. 10 O SENHOR, seu
Deus, aumentou sua população e os tornou tão numerosos quanto
as estrelas do céu. 11 Que o SENHOR, o Deus de seus antepassados,
os multiplique mil vezes mais e os abençoe como ele prometeu.
12 Mas vocês são um peso grande demais para mim! Como poderei
lidar com todos os seus problemas e conflitos? 13 Escolham alguns
homens respeitados de cada tribo, conhecidos por sua sabedoria e
entendimento, e eu os designarei para serem seus líderes'. 14 "Então
vocês responderam: 'Seu plano é bom!'. 15 Assim, convoquei os
homens respeitados que vocês selecionaram de suas tribos e os
nomeei para serem juízes e oficiais sobre vocês. Alguns ficaram
responsáveis por mil pessoas, outros por cem, outros por cinquenta,
e outros por dez. 16 "Naquela ocasião, ordenei aos juízes: 'Deem
atenção aos casos de seus irmãos israelitas e também dos estrangei-
ros que vivem entre vocês. Sejam completamente justos em todas
as suas decisões 17 e imparciais em seus julgamentos. Cuidem tanto
dos casos dos pobres como dos ricos. Não deixem que ninguém os
intimide, pois Deus dará a decisão por seu intermédio. Tragam-me
os casos que forem difíceis demais para vocês, e eu cuidarei deles'.
18 "Naquela ocasião, eu lhes ordenei tudo que deveriam fazer."

Espiões fazem o reconhecimento da terra

19 "Em seguida, conforme o SENHOR, nosso Deus, ordenou, parti-
mos do monte Sinai e atravessamos o deserto imenso e assusta-
dor, como vocês lembram, e nos dirigimos à região montanhosa
dos amorreus. Quando chegamos a Cades-Barneia, 20 eu lhes
disse: 'Vocês chegaram à região montanhosa dos amorreus, que
o SENHOR, nosso Deus, nos dá. 21 Vejam, o SENHOR, seu Deus, co-
locou a terra diante de vocês! Vão e tomem posse dela, confor-
me o SENHOR, o Deus de seus antepassados, lhes prometeu. Não
tenham medo nem desanimem!'. 22 "Então todos vocês vieram
e me disseram: 'Primeiro, enviemos espiões para que façam o
reconhecimento da terra para nós. Eles recomendarão o melhor
caminho e indicarão em quais cidades devemos entrar'. 23 "A ideia
me pareceu boa, por isso escolhi doze espiões, um de cada tribo.
24 Eles foram à região montanhosa, chegaram ao vale de Escol e

fizeram o reconhecimento. 25 Pegaram alguns dos frutos da região
e os trouxeram para nós. Então, relataram: 'A terra que o SENHOR,
nosso Deus, nos dá é, de fato, uma terra boa'."

A rebelião de Israel contra o SENHOR

26 "Contudo, vocês se rebelaram contra a ordem do SENHOR, seu
Deus, e se recusaram a entrar. 27 Queixaram-se dentro de suas
tendas e disseram: 'Com certeza o SENHOR nos odeia. Por isso nos
trouxe do Egito, a fim de nos entregar nas mãos dos amorreus para
sermos exterminados. 28 Para onde podemos ir? Nossos irmãos
nos desanimaram com seu relatório. Eles disseram: 'Os habitantes
da terra são mais altos e poderosos que nós, e suas cidades são
grandes, com muros que sobem até o céu! Vimos até os descen-
dentes de Enaque!'. 29 "Eu lhes disse: 'Não entrem em pânico nem
tenham medo deles! 30 O SENHOR, seu Deus, irá adiante de vocês.
Ele lutará em seu favor, conforme tudo que vocês o viram fazer
no Egito. 31 Também viram como o SENHOR, seu Deus, cuidou de
vocês ao longo do caminho, enquanto viajavam pelo deserto, como
um pai cuida de seu filho. Agora ele os trouxe a este lugar'. 32 "No
entanto, mesmo depois de tudo que ele fez, vocês se recusaram a
confiar no SENHOR, seu Deus, 33 que vai adiante de vocês buscando
lugares para acamparem e guiando-os com uma coluna de fogo
durante a noite e uma coluna de nuvem durante o dia. 34 "Quando
o SENHOR ouviu vocês se queixarem, ficou irado e, por isso, fez um
juramento: 35 'Nenhum de vocês desta geração perversa viverá para
ver a boa terra que eu jurei dar a seus antepassados. 36 A única
exceção será Calebe, filho de Jefoné. Ele verá a terra, pois seguiu
o SENHOR em tudo. Darei a ele e a seus descendentes parte da terra
que ele explorou durante sua missão de reconhecimento'. 37 "Foi
por causa de vocês que o SENHOR se irou contra mim. Ele me disse:
'Você também não entrará na terra! 38 Seu auxiliar, Josué, filho de
Num, entrará na terra. Encoraje-o, pois ele conduzirá o povo quan-
do Israel tomar posse dela. 39 Darei a terra a seus filhos pequenos,
às crianças que não sabem a diferença entre certo e errado. Vocês
temiam que seus pequeninos fossem capturados, mas serão eles
que tomarão posse da terra. 40 Quanto a vocês, deem meia-volta
e retornem ao deserto, em direção ao mar Vermelho'. 41 "Então
vocês admitiram: 'Pecamos contra o SENHOR! Agora, subiremos e

Dt 2.7

lutaremos pela terra, como o SENHOR, nosso Deus, ordenou'. Seus
homens se armaram para a guerra, pensando que seria fácil atacar
a região montanhosa. 42 "Mas o SENHOR me encarregou de lhes
dizer: 'Não ataquem, pois não estou com vocês. Se forem por conta
própria, serão derrotados por seus inimigos'. 43 "Foi o que eu lhes
disse, mas vocês não deram ouvidos. Em vez disso, rebelaram-se
mais uma vez contra a ordem do SENHOR e, arrogantemente, fo-
ram à região montanhosa para lutar. 44 Os amorreus que viviam
ali saíram e os atacaram como um enxame de abelhas. Eles os
perseguiram e os massacraram ao longo de todo o caminho, des-
de Seir até Hormá. 45 Então vocês voltaram e choraram diante do
SENHOR, mas o SENHOR se recusou a ouvi-los. 46 Por isso, ficaram
em Cades por um longo tempo."

CAPÍTULO 2

Recapitulação das andanças de Israel

1 "Depois disso, demos meia-volta e regressamos pelo deserto, em
direção ao mar Vermelho, conforme a instrução que o SENHOR me
deu. Por um longo tempo, vagamos de um lugar para outro na re-
gião do monte Seir. 2 "Finalmente, o SENHOR me disse: 3 'Vocês an-
daram por esta região montanhosa tempo suficiente; agora, sigam
para o norte. 4 Dê as seguintes ordens ao povo: Vocês passarão pelo
território de seus parentes edomitas, os descendentes de Esaú,
que habitam em Seir. Tenham muito cuidado, pois os edomitas se
sentirão ameaçados. 5 Não os perturbem, pois eu dei a eles como
propriedade toda a região montanhosa ao redor do monte Seir, e
não darei a vocês um metro sequer da terra deles. 6 Paguem por
todo alimento que comerem e pela água que beberem. 7 Pois o
SENHOR, seu Deus, tem abençoado vocês em tudo que têm fei-
to. Ele tem cuidado de cada um de seus passos por este grande
deserto. Durante estes quarenta anos, o SENHOR, seu Deus, tem
estado com vocês, e nada lhes tem faltado'. 8 "Assim, contornamos
o território de nossos parentes, os descendentes de Esaú, que ha-
bitam em Seir. Evitamos o caminho que passa pelo vale de Arabá,
que sobe de Elate e Eziom-Geber. "Então, quando nos dirigimos
para o norte pelo caminho do deserto de Moabe, 9 o SENHOR nos
advertiu: 'Não perturbem os moabitas, os descendentes de Ló, nem
comecem uma guerra contra eles. Eu dei a eles como propriedade

a região de Ar, e não darei a vocês parte alguma do território deles'.
10(Antigamente, um povo chamado emins havia habitado na re-
gião de Ar. Eram tão fortes, numerosos e altos quanto os enaquins.
11Os emins e os enaquins também eram conhecidos como refains,
embora os moabitas os chamassem de emins. 12Em outros tempos,
os horeus haviam habitado em Seir, mas os edomitas os expulsa-
ram e ocuparam sua terra, da mesma forma que Israel expulsou
os habitantes de Canaã quando o SENHOR lhe deu a terra deles.)
13"Então o SENHOR nos disse: 'Mexam-se! Atravessem o ribeiro de
Zerede'. Assim, atravessamos o ribeiro. 14"Trinta e oito anos se pas-
saram desde que partimos pela primeira vez de Cades-Barneia até
atravessarmos, por fim, o ribeiro de Zerede. Àquela altura, todos
os homens com idade suficiente para ir à guerra tinham morrido
no deserto, como o SENHOR havia jurado que aconteceria. 15A mão
do SENHOR pesou sobre eles e os eliminou, e eles morreram no
meio do acampamento. 16"Quando todos os homens com idade
suficiente para ir à guerra haviam morrido, 17o SENHOR me disse:
18'Hoje vocês atravessarão a fronteira com Moabe pela região de
Ar 19e se aproximarão da terra dos amonitas, os descendentes de
Ló. Não os perturbem nem comecem uma guerra contra eles. Eu
dei a eles como propriedade a terra de Amom, e não darei a vocês
parte alguma do território deles'. 20(Antigamente, aquela região
era considerada terra dos refains que haviam habitado ali, em-
bora os amonitas os chamassem de zanzumins. 21Também eram
tão fortes, numerosos e altos quanto os enaquins. Mas o SENHOR
os destruiu para que os amonitas tomassem posse de sua terra.
22Ele fez o mesmo pelos descendentes de Esaú que habitavam
em Seir, pois destruiu os horeus para que os descendentes de
Esaú se estabelecessem no lugar deles. Os descendentes de Esaú
habitam nessa terra até hoje. 23Algo parecido aconteceu quan-
do os caftoritas de Creta invadiram e destruíram os aveus, que
habitavam em povoados na região de Gaza.) 24"Então o SENHOR
disse: 'Mexam-se! Atravessem o vale de Arnom. Vejam, eu lhes
entregarei o amorreu Seom, rei de Hesbom, e lhes darei a terra
dele. Ataquem-no e comecem a tomar posse daquele território. 25A
partir de hoje, farei os povos de toda a terra se encherem de medo
por sua causa. Quando ouvirem relatos a seu respeito, tremerão
de angústia e pavor'."

NO QUE ESTOU **PENSANDO** ○ | O QUE ESTOU **SENTINDO** ○ | DO QUE ESTOU **LEMBRANDO** ○

DESENHE OU ESCREVA

Vitória sobre Seom de Hesbom

26"Do deserto de Quedemote, enviei embaixadores ao rei Seom de
Hesbom com a seguinte proposta de paz: 27'Deixe-nos atravessar
seu território. Ficaremos na estrada principal e não nos desviare-
mos nem para um lado nem para o outro. 28Venda-nos alimentos
para comermos e água para bebermos, e pagaremos por tudo.
Queremos apenas permissão para passar por seu território. 29Os
descendentes de Esaú, que habitam em Seir, nos permitiram passar
pelo território deles, como também fizeram os moabitas, que habi-
tam na região de Ar. Deixe-nos passar até atravessarmos o Jordão
e entrarmos na terra que o SENHOR, nosso Deus, nos dá'. 30"Mas
Seom, rei de Hesbom, não nos permitiu passar, pois o SENHOR, seu
Deus, endureceu-lhe o coração e o tornou hostil, a fim de entregá-lo
em nossas mãos, como de fato aconteceu. 31"Então o SENHOR me
disse: 'Veja, eu lhes entrego o rei Seom e seu território. Agora, co-
mecem a conquistar sua terra e a tomar posse dela'. 32"Então o rei
Seom declarou guerra contra nós e mobilizou todas as suas tropas
em Jaza. 33Mas o SENHOR, nosso Deus, o entregou a nós, e mata-
mos a ele, seus filhos e todo o seu povo. 34Conquistamos todas as
suas cidades e as destruímos completamente. Matamos homens,
mulheres e crianças. Não poupamos ninguém. 35Tomamos como
despojo todos os animais e todos os objetos de valor das cidades
que conquistamos. 36"Também conquistamos Aroer, à beira do vale
de Arnom, além da cidade no vale e toda a região até Gileade.
Nenhuma cidade tinha muralhas fortes o suficiente para nos deter,
pois o SENHOR, nosso Deus, nos entregou tudo. 37Evitamos, porém,
a terra dos amonitas, ao longo do rio Jaboque, e as cidades da
região montanhosa, ou seja, todos os lugares que o SENHOR, nosso
Deus, havia ordenado que deixássemos em paz."

CAPÍTULO 3

Vitória sobre Ogue de Basã

1"Em seguida, voltamos e nos dirigimos à terra de Basã, onde o rei
Ogue e todo o seu exército nos atacaram em Edrei. 2Mas o SENHOR
me disse: 'Não tenha medo, pois eu lhe dei vitória sobre Ogue
e todo o seu exército, e lhe darei toda a terra dele. Trate-o como
você tratou Seom, rei dos amorreus, que vivia em Hesbom'. 3"Então
o SENHOR, nosso Deus, entregou em nossas mãos o rei Ogue e

todo o seu povo. Nós os aniquilamos, de modo que não restaram
sobreviventes. 4Conquistamos todas as sessenta cidades deles, a
região inteira de Argobe, no reino de Basã. Não deixamos de tomar
uma cidade sequer. 5Eram todas fortificadas com muralhas altas e
portões com trancas. Na mesma ocasião, também conquistamos
muitos outros povoados sem muros. 6Destruímos completamente
o reino de Ogue, como havíamos destruído Seom, rei de Hesbom.
Exterminamos todo o povo das cidades que conquistamos, tanto
homens como mulheres e crianças. 7Ficamos, porém, com todos
os animais e levamos os despojos das cidades. 8"Assim, tomamos o
território dos dois reis amorreus a leste do rio Jordão, desde o vale
de Arnom até o monte Hermom. 9(Os sidônios chamam o monte
Hermom de Siriom, enquanto os amorreus o chamam de Senir.)
10A essa altura, havíamos conquistado todas as cidades do planalto
e todo o território de Gileade e Basã, até as cidades de Salcá e Edrei,
que faziam parte do reino de Ogue, em Basã." 11(O rei Ogue de Basã
foi o último sobrevivente dos refains. Sua cama era feita de ferro e
media mais de quatro metros de comprimento e quase dois metros
de largura. Ainda hoje é possível vê-la na cidade amonita de Rabá.)

A divisão da terra a leste do Jordão

12"Quando tomamos posse da terra, dei às tribos de Rúben e Gade o
território para além de Aroer, ao longo do vale de Arnom, e também
metade do território de Gileade com suas cidades. 13Depois, entre-
guei o restante de Gileade e toda a Basã, o antigo reino de Ogue, à
meia tribo de Manassés. (Toda essa região de Argobe, em Basã, era
conhecida como a terra dos refains. 14Jair, um dos descendentes da
tribo de Manassés, conquistou toda a região de Argobe, em Basã,
até a fronteira com os gesuritas e maacatitas. Jair deu à região seu
próprio nome, Cidades de Jair, pelo qual ela é conhecida até hoje.)
15Dei Gileade ao clã de Maquir, 16mas também dei parte de Gileade
às tribos de Rúben e Gade. A região que lhes entreguei se estende
desde a metade do vale de Arnom, ao sul, até o rio Jaboque, na
fronteira amonita. 17Eles também receberam o vale do Jordão, desde
o mar da Galileia até o mar Morto, tendo o Jordão como limite a
oeste e, a leste, as encostas do monte Pisga. 18"Naquela ocasião, dei a
seguinte ordem às tribos que habitariam a leste do Jordão: 'Embora
o SENHOR, seu Deus, lhes tenha dado esta terra como propriedade,

NO QUE ESTOU PENSANDO | O QUE ESTOU SENTINDO | DO QUE ESTOU LEMBRANDO

DESENHE OU ESCREVA

todos os seus homens aptos à guerra devem atravessar o Jordão à
frente de seus parentes israelitas, armados e prontos para ajudá-los.
19Suas esposas, filhos e rebanhos numerosos ficarão nas cidades que
já lhes dei. 20Quando o SENHOR tiver dado segurança aos demais
israelitas, como deu a vocês, e quando eles tiverem tomado posse
da terra que o SENHOR, seu Deus, lhes dá do outro lado do Jordão,
então vocês poderão voltar para esta terra que lhes dei'."

Moisés é proibido de entrar na terra

21"Naquela ocasião, dei a Josué a seguinte ordem: 'Você viu com
os próprios olhos tudo que o SENHOR, seu Deus, fez a esses dois
reis. Ele fará o mesmo a todos os reinos do lado oeste do Jordão.
22Não tenham medo dessas nações, pois o SENHOR, seu Deus, lutará
por vocês'. 23"Também naquela ocasião, supliquei ao SENHOR: 24'Ó
SENHOR Soberano, tu apenas começaste a mostrar a este teu servo
a tua grandeza e a força da tua mão. Existe algum deus no céu ou
na terra capaz de realizar obras tão grandiosas e poderosas como as
que tu realizas? 25Por favor, peço que me deixes atravessar o Jordão
para ver a boa terra do outro lado do rio, a bela região montanhosa e
o Líbano'. 26"Mas o SENHOR estava irado comigo por causa de vocês
e não me atendeu. 'Basta!', declarou ele. 'Não toque mais nesse
assunto. 27Suba ao topo do monte Pisga e contemple a terra em
todas as direções. Olhe bem, pois você não atravessará o Jordão.
28Encarregue Josué dessa tarefa, encoraje-o e fortaleça-o, pois ele
conduzirá o povo para o outro lado do Jordão. Ele lhes dará como
herança toda a terra que você está vendo.' 29Assim, ficamos no vale
junto a Bete-Peor."

CAPÍTULO 4

Moisés encoraja Israel a obedecer

1"Agora, Israel, ouça com atenção estes decretos e estatutos que lhe
ensinarei. Cumpram-nos para que vocês vivam, entrem na terra que
o SENHOR, o Deus de seus antepassados, lhes dá e tomem posse
dela. 2Não acrescentem coisa alguma às ordens que eu lhes dou,
nem tirem coisa alguma delas. Simplesmente obedeçam aos man-
damentos do SENHOR, seu Deus, que eu lhes dou. 3"Vocês viram
com os próprios olhos o que o SENHOR fez no incidente em Baal-
Peor. Ali, o SENHOR, seu Deus, destruiu todos aqueles que adoraram

Baal, o deus de Peor. 4 Mas vocês, que foram fiéis ao SENHOR, seu Deus, estão hoje todos vivos. 5 "Vejam, agora eu lhes ensino estes decretos e estatutos conforme me ordenou o SENHOR, meu Deus, para que vocês os cumpram na terra em que estão prestes a entrar para tomar posse dela. 6 Obedeçam-lhes por completo, e assim demonstrarão sabedoria e inteligência às nações vizinhas. Quando elas ouvirem estes decretos, exclamarão: 'Como é sábio e prudente o povo dessa grande nação!'. 7 Pois que grande nação tem um deus tão próximo de si como o SENHOR, nosso Deus, está próximo de nós sempre que o invocamos? 8 E que grande nação tem decretos e estatutos tão justos quanto este conjunto de leis que hoje lhes dou? 9 "Fiquem muito atentos! Cuidem para que não se esqueçam daquilo que viram com os próprios olhos. Não deixem que essas lembranças se apaguem de sua memória enquanto viverem. Passem-nas adiante a seus filhos e netos. 10 Nunca se esqueçam do dia em que estiveram diante do SENHOR, seu Deus, no monte Sinai, onde o SENHOR me disse: 'Convoque o povo para que se apresente diante de mim, e eu os instruirei pessoalmente. Eles aprenderão a me temer enquanto viverem e ensinarão seus filhos a também me temer'. 11 "Vocês se aproximaram e ficaram ao pé do monte, enquanto o monte ardia em chamas que subiam até o céu. Ao mesmo tempo, o monte foi envolvido por nuvens negras e densa escuridão. 12 Então o SENHOR lhes falou do meio do fogo. Vocês ouviram o som de suas palavras, mas não viram sua forma; havia apenas uma voz. 13 Ele proclamou sua aliança, os dez mandamentos. Gravou-os em duas tábuas de pedra e ordenou que os cumprissem. 14 Foi naquela ocasião que o SENHOR me ordenou que lhes ensinasse seus decretos e estatutos, para que vocês os cumprissem na terra em que estão prestes a entrar para tomar posse dela."

Alerta contra a idolatria

15 "Tenham muito cuidado! No dia em que o SENHOR lhes falou do meio do fogo no monte Sinai, vocês não viram forma alguma. 16 Portanto, não se corrompam fazendo ídolos de qualquer forma, seja de homem ou de mulher, 17 de animal terrestre, de ave no céu, 18 de animal que rasteja pelo chão ou de peixe das profundezas do mar. 19 E, quando olharem para o céu e virem o sol, a lua e as estrelas, todo o exército do céu, não caiam na tentação de prostrar-se diante

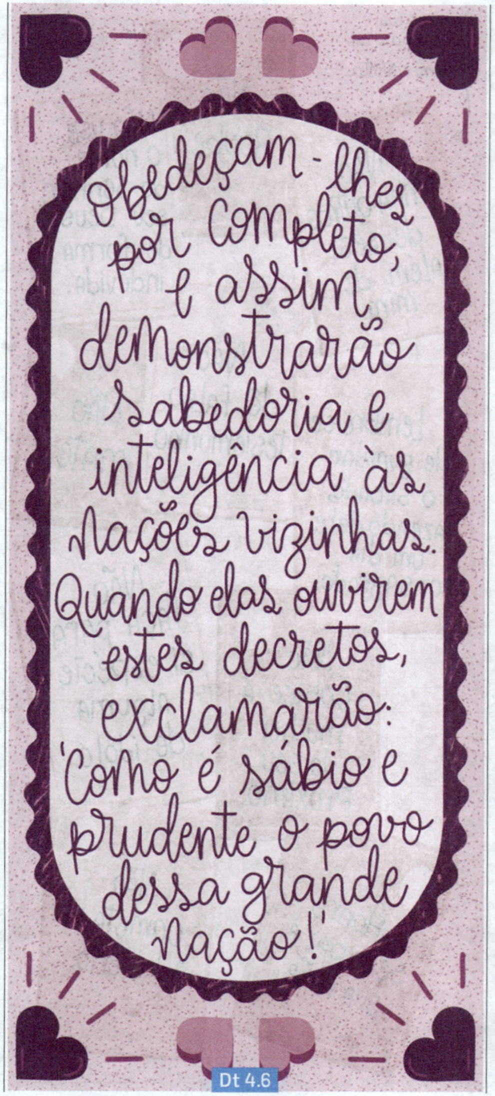

deles e adorá-los. O SENHOR, seu Deus, os deu a todos os povos da terra. 20 Lembrem-se de que o SENHOR os libertou do Egito, uma fornalha de fundir ferro, para torná-los seu povo e sua propriedade especial, como hoje se vê. 21 "E, no entanto, o SENHOR se irou contra mim por causa de vocês. Jurou que eu não atravessaria o rio Jordão para entrar na boa terra que o SENHOR, seu Deus, lhes dá como propriedade. 22 Vocês atravessarão o Jordão e tomarão posse dessa boa terra, mas eu não. Morrerei aqui, deste lado do rio. 23 Portanto, tenham cuidado para não se esquecerem da aliança que o SENHOR, seu Deus, fez com vocês. Não façam ídolos de qualquer aparência ou forma, pois o SENHOR, seu Deus, proibiu isso. 24 O SENHOR, seu Deus, é fogo devorador; é Deus zeloso. 25 "No futuro, quando vocês tiverem filhos e netos e já estiverem habitando na terra há muito tempo, não se corrompam fazendo ídolos de qualquer forma. Isso é mau aos olhos do SENHOR, seu Deus, e provocará sua ira. 26 "Hoje, apelo para o céu e para a terra como testemunhas contra vocês. Se quebrarem a aliança, desaparecerão rapidamente da terra da qual tomarão posse depois de atravessar o Jordão. Habitarão ali por pouco tempo e depois serão totalmente destruídos. 27 O SENHOR os dispersará entre as nações, onde apenas alguns de vocês sobreviverão. 28 Lá, em terra estrangeira, adorarão deuses de madeira e pedra, feitos por mãos humanas, deuses que não podem ver, nem ouvir, nem comer, nem cheirar. 29 De lá, porém, vocês buscarão o SENHOR, seu Deus, outra vez. E, se o buscarem de todo o coração e de toda a alma, o encontrarão. 30 "No futuro distante, quando estiverem sofrendo todas essas coisas, finalmente voltarão para o SENHOR, seu Deus, e ouvirão o que ele lhes diz. 31 Pois o SENHOR, seu Deus, é Deus misericordioso; não os abandonará nem os destruirá, nem se esquecerá da aliança solene que fez com seus antepassados."

Há somente um Deus

32 "Investiguem toda a história, desde o dia em que Deus criou os seres humanos sobre a terra até agora, e procurem desde uma extremidade do céu até a outra. Alguma vez se viu ou ouviu coisa tão grandiosa como esta? 33 Algum outro povo ouviu a voz de Deus falar do meio do fogo, como vocês ouviram, e sobreviveu? 34 Algum outro deus já tentou tirar uma nação do meio de outra nação e tomá-la para si com provas, sinais, maravilhas, guerra, mão forte, braço

poderoso e atos temíveis? E, no entanto, foi isso que o SENHOR, seu
Deus, fez por vocês no Egito, bem diante de seus olhos! 35"Ele lhes
mostrou todas essas coisas para que vocês soubessem que o SENHOR
é Deus, e não há outro além dele. 36Permitiu que vocês ouvissem
sua voz que vinha do céu para instruí-los e permitiu que vissem seu
grande fogo na terra para falar-lhes do meio dele. 37Porque amou
seus antepassados, ele escolheu abençoar vocês, os descendentes,
e ele mesmo os tirou do Egito com grande poder. 38Ele expulsou
nações muito maiores e mais poderosas que vocês para estabelecê-
-los na terra delas e entregá-la a vocês como herança, como hoje se
vê. 39"Portanto, reconheçam este fato e guardem-no firmemente na
memória: O SENHOR é Deus nos céus e na terra, e não há outro além
dele. 40Se obedecerem a todos os decretos e mandamentos que
hoje lhes dou, tudo irá bem com vocês e seus filhos, e vocês terão
vida longa na terra que o SENHOR, seu Deus, lhes dá para sempre".

As cidades de refúgio do lado leste

41Então Moisés separou três cidades de refúgio do lado leste do rio
Jordão. 42Assim, alguém que tivesse matado outra pessoa aciden-
talmente, sem hostilidade anterior, poderia fugir para uma dessas
cidades e viver em segurança. 43Estas eram as cidades: Bezer, no
planalto do deserto, para a tribo de Rúben; Ramote, em Gileade,
para a tribo de Gade; Golã, em Basã, para a tribo de Manassés.

Introdução ao segundo discurso de Moisés

44Esta é a lei que Moisés apresentou ao povo de Israel. 45Estes são
os preceitos, decretos e estatutos que Moisés deu aos israelitas
quando saíram do Egito, 46enquanto estavam acampados no vale
junto a Bete-Peor, do lado leste do Jordão. (Em outros tempos, os
amorreus ocuparam essa terra durante o reinado de Seom, que
vivia em Hesbom. Mas, quando saíram do Egito, Moisés e os israe-
litas aniquilaram esse rei e seu povo. 47Os israelitas tomaram posse
do território de Seom e do território de Ogue, rei de Basã, os dois
reis dos amorreus que viviam a leste do Jordão. 48Conquistaram
toda a região, desde Aroer, na beira do vale de Arnom, até o monte
Siriom, também chamado de Hermom. 49Conquistaram também
a margem leste do rio Jordão até o mar Morto, ao sul, abaixo das
encostas do monte Pisga.)

Dt 5.7-21

CAPÍTULO 5

Dez mandamentos para a comunidade da aliança

1Moisés reuniu todo o povo de Israel e disse: "Ouça com atenção,
Israel! Ouça os decretos e estatutos que hoje lhes dou, para que
os aprendam e os cumpram cuidadosamente! 2"O SENHOR, nosso
Deus, fez uma aliança conosco no monte Sinai. 3Não foi com nossos
antepassados que o SENHOR fez essa aliança, mas com todos nós
que hoje estamos vivos aqui. 4No monte, o SENHOR falou com vocês
face a face do meio do fogo. 5Eu servi de intermediário entre o
SENHOR e vocês, pois vocês tiveram medo do fogo e não quiseram
se aproximar do monte. Ele falou comigo, e eu lhes transmiti suas
palavras. Foi isto que ele disse: 6"Eu sou o SENHOR, seu Deus, que o
libertou da terra do Egito, onde você era escravo. 7"Não tenha outros
deuses além de mim. 8"Não faça para si espécie alguma de ídolo
ou imagens de qualquer coisa no céu, na terra ou no mar. 9Não
se curve diante deles nem os adore, pois eu, o SENHOR, seu Deus,
sou um Deus zeloso. Trago as consequências do pecado dos pais
sobre os filhos até a terceira e quarta geração dos que me rejeitam,
10mas demonstro amor por até mil gerações dos que me amam e
obedecem a meus mandamentos. 11"Não use o nome do SENHOR,
seu Deus, de forma indevida. O SENHOR não deixará impune quem
usar o nome dele de forma indevida. 12"Lembre-se de guardar o
sábado, fazendo dele um dia consagrado, conforme o SENHOR, seu
Deus, lhe ordenou. 13Você tem seis dias na semana para fazer os
trabalhos habituais, 14mas o sétimo dia é o sábado do SENHOR,
seu Deus. Nesse dia, ninguém em sua casa fará trabalho algum:
nem você, nem seus filhos e filhas, nem seus servos e servas, nem
seus bois, jumentos e outros animais, nem os estrangeiros que
vivem entre vocês. Todos os seus servos e servas devem descan-
sar como você. 15Lembre-se de que você era escravo no Egito, e o
SENHOR, seu Deus, o tirou de lá com mão forte e braço poderoso.
Por isso, o SENHOR, seu Deus, ordenou que você guarde o sábado.
16"Honre seu pai e sua mãe, como o SENHOR, seu Deus, lhe ordenou.
Assim você terá vida longa e plena na terra que o SENHOR, seu
Deus, lhe dá. 17"Não mate. 18"Não cometa adultério. 19"Não roube.
20"Não dê falso testemunho contra o seu próximo. 21"Não cobice
a mulher do seu próximo, nem sua casa, nem sua terra, nem seus
servos ou servas, nem seu boi ou jumento, nem qualquer outra

coisa que lhe pertença. 22"O SENHOR dirigiu essas palavras a toda a
comunidade reunida ao pé do monte. Falou em alta voz, do meio do
fogo, cercado de nuvens e densa escuridão. Foi tudo que ele disse
naquela ocasião. Escreveu suas palavras em duas tábuas de pedra
e as entregou a mim. 23"Quando vocês ouviram a voz que vinha do
meio da escuridão, enquanto o monte ardia em chamas, todos os
líderes e autoridades de suas tribos se aproximaram de mim 24e
disseram: 'O SENHOR, nosso Deus, nos mostrou sua glória e gran-
deza, e ouvimos sua voz do meio do fogo. Hoje vimos que Deus fala
com os seres humanos e, no entanto, ainda estamos vivos! 25Mas
por que colocaríamos a vida em risco outra vez? Se o SENHOR, nosso
Deus, falar conosco novamente, sem dúvida morreremos e seremos
devorados por seu fogo temível. 26Pode alguém ouvir a voz do Deus
vivo falando do meio do fogo, como nós ouvimos, e sobreviver?
27Aproxime-se você, Moisés, e ouça o que diz o SENHOR, nosso
Deus. Depois, volte e diga-nos tudo que o SENHOR, nosso Deus,
lhe disser. Nós ouviremos e obedeceremos'. 28"O SENHOR atendeu
ao pedido que vocês me fizeram e disse: 'Ouvi o que os israelitas
lhe disseram, e eles estão certos. 29Como seria bom se o coração
deles fosse sempre assim, se estivessem dispostos a me temer e a
obedecer a todos os meus mandamentos! Tudo iria bem com eles e
seus descendentes para sempre. 30Agora, vá e diga a eles: 'Voltem
às suas tendas'. 31Você, porém, ficará aqui comigo, para que eu
lhe dê todos os meus mandamentos, decretos e estatutos. Você os
ensinará aos israelitas para que os cumpram na terra que eu lhes
dou para conquistarem". 32Então Moisés disse ao povo: "Tenham
o cuidado de obedecer a todos os mandamentos do SENHOR, seu
Deus, não se desviando deles em nada. 33Permaneçam no caminho
que o SENHOR, seu Deus, ordenou que seguissem. Assim, terão vida
longa e plena na terra que em breve vocês possuirão".

CAPÍTULO 6

Chamado para compromisso total

1"Estes são os mandamentos, os decretos e os estatutos que o
SENHOR, seu Deus, me encarregou de lhes ensinar. Não deixem
de cumpri-los na terra que em breve vocês possuirão. 2Vocês, seus
filhos e netos temerão o SENHOR, seu Deus, enquanto viverem. Se
obedecerem a todos os seus decretos e mandamentos, desfrutarão
de vida longa. 3Ouça com atenção, Israel, e tenha o cuidado de
obedecer. Então tudo irá bem com vocês e terão muitos filhos na
terra que produz leite e mel com fartura, exatamente como lhes
prometeu o SENHOR, o Deus de seus antepassados. 4"Ouça, ó Israel!
O SENHOR, nosso Deus, o SENHOR é único! 5Ame o SENHOR, seu
Deus, de todo o seu coração, de toda a sua alma e de toda a sua
força. 6Guarde sempre no coração as palavras que hoje eu lhe dou.
7Repita-as com frequência a seus filhos. Converse a respeito delas
quando estiver em casa e quando estiver caminhando, quando
se deitar e quando se levantar. 8Amarre-as às mãos e prenda-as
à testa como lembrança. 9Escreva-as nos batentes das portas de
sua casa e em seus portões. 10"Em breve, o SENHOR, seu Deus, os
conduzirá à terra que ele jurou dar a seus antepassados Abraão,
Isaque e Jacó. É uma terra com cidades grandes e prósperas que
vocês não construíram. 11As casas estarão cheias de bens que vocês
não produziram. Vocês tirarão água de cisternas que não cavaram,
e comerão os frutos de vinhedos e oliveiras que não plantaram.
Quando tiverem comido até se fartarem nessa terra, 12cuidem para
não se esquecerem do SENHOR, que os libertou da escravidão na
terra do Egito. 13Temam o SENHOR, seu Deus, e sirvam a ele. Quando
fizerem um juramento, jurem somente pelo nome dele. 14"Não
sigam nenhum dos deuses das nações vizinhas, 15pois o SENHOR,
seu Deus, que vive entre vocês, é Deus zeloso. Se o fizerem, a ira
do SENHOR, seu Deus, se acenderá contra vocês, e ele os eliminará
da face da terra. 16Não ponham à prova o SENHOR, seu Deus, como
fizeram quando se queixaram em Massá. 17Obedeçam cuidadosa-
mente aos mandamentos do SENHOR, seu Deus, bem como a todos
os preceitos e decretos que ele lhes ordenou. 18Façam o que é certo
e bom aos olhos do SENHOR, para que tudo vá bem com vocês e
tomem posse da boa terra em que vão entrar, a terra que o SENHOR
prometeu sob juramento a seus antepassados. 19Vocês expulsarão
todos os inimigos que vivem nela, como o SENHOR disse que fariam.
20"No futuro, seus filhos lhes perguntarão: 'O que significam es-
tes preceitos, decretos e estatutos que o SENHOR, nosso Deus, lhes
deu?'. 21"Então vocês lhes dirão: 'Éramos escravos do faraó no Egito,
mas o SENHOR nos tirou de lá com sua mão forte. 22O SENHOR rea-
lizou sinais e maravilhas diante de nossos olhos e enviou castigos
terríveis sobre o Egito, o faraó e todo o seu povo. 23Ele nos tirou do

NO QUE ESTOU PENSANDO ○ | O QUE ESTOU SENTINDO ○ | DO QUE ESTOU LEMBRANDO ○

DESENHE OU ESCREVA

Dt

Egito para nos dar esta terra que ele havia prometido sob juramento
a nossos antepassados. 24 E o SENHOR ordenou que cumpramos
todos estes decretos e temamos o SENHOR, nosso Deus, para que ele
sempre nos abençoe e preserve nossa vida, como tem feito até hoje.
25 Pois a nossa justiça estará em obedecermos cuidadosamente aos
mandamentos que o SENHOR, nosso Deus, nos ordenou'."

CAPÍTULO 7

O privilégio da santidade

1 "Quando o SENHOR, seu Deus, os fizer entrar na terra que vocês em
breve possuirão, ele removerá de diante de vocês muitas nações:
os hititas, os girgaseus, os amorreus, os cananeus, os ferezeus, os
heveus e os jebuseus. Essas sete nações são mais numerosas e mais
poderosas que vocês. 2 Quando o SENHOR, seu Deus, entregá-las em
suas mãos e vocês as conquistarem, destruam-nas completamente.
Não façam tratados nem tenham pena delas. 3 Não se unam a elas
por meio de casamentos. Não deem suas filhas em casamento aos
filhos delas, nem tomem as filhas delas como esposas para seus fi-
lhos, 4 pois farão seus filhos se afastarem de mim para adorar outros
deuses. Então a ira do SENHOR arderá contra vocês e os destruirá
rapidamente. 5 Portanto, façam o seguinte: quebrem seus altares
idólatras e despedacem suas colunas sagradas. Cortem os postes
de Aserá e queimem seus ídolos. 6 Vocês são um povo santo que
pertence ao SENHOR, seu Deus. Dentre todos os povos da terra, o
SENHOR, seu Deus, os escolheu para serem sua propriedade espe-
cial. 7 "O SENHOR não se afeiçoou a vocês nem os escolheu por serem
mais numerosos que outras nações, pois vocês eram a menor de
todas as nações! 8 Antes, foi simplesmente porque o SENHOR os
amou e foi fiel ao juramento que fez a seus antepassados. Por isso
o SENHOR os libertou com mão forte da escravidão e da opressão do
faraó, rei do Egito. 9 Reconheçam, portanto, que o SENHOR, seu Deus,
é, de fato, Deus. Ele é o Deus fiel que cumpre por mil gerações sua
aliança de amor com todos que o amam e obedecem a seus manda-
mentos. 10 Não hesita, porém, em castigar e destruir aqueles que o
rejeitam. 11 Assim, obedeçam a todos estes mandamentos, decretos
e estatutos que hoje lhes dou. 12 "Se vocês guardarem estes esta-
tutos e os cumprirem com cuidado, o SENHOR, seu Deus, cumprirá
sua aliança de amor com vocês, como prometeu sob juramento a

NO QUE ESTOU **PENSANDO** ○ | O QUE ESTOU **SENTINDO** ○ | DO QUE ESTOU **LEMBRANDO** ○

DESENHE OU ESCREVA

seus antepassados. 13 Ele os amará, os abençoará e os fará crescer,
tornando férteis seus filhos, sua terra e seus animais. Quando che-
garem à terra que ele jurou dar a seus antepassados, vocês terão
produção farta de cereais, vinho novo e azeite, e também grandes
rebanhos de bois e ovelhas. 14 Vocês serão mais abençoados que
todas as nações da terra. Nenhum de seus homens ou mulheres
será estéril, e todos os seus animais darão cria. 15 O SENHOR os pro-
tegerá de toda enfermidade. Não permitirá que sofram as doenças
terríveis que conheceram no Egito; em vez disso, ele as enviará
sobre todos os seus inimigos! 16 "Destruam todas as nações que
o SENHOR, seu Deus, lhes entregar. Não tenham pena delas nem
adorem seus deuses, pois isso seria uma armadilha para vocês.
17 Talvez vocês se perguntem: 'Como poderemos conquistar essas
nações que são muito mais numerosas que nós?'. 18 Não tenham
medo delas! Lembrem-se apenas daquilo que o SENHOR, seu Deus,
fez ao faraó e a toda a terra do Egito. 19 Lembrem-se das grandes
demonstrações de poder que o SENHOR, seu Deus, enviou contra
eles. Vocês viram com os próprios olhos! E lembrem-se dos sinais
e maravilhas, da mão forte e do braço poderoso com os quais ele
os tirou do Egito. O SENHOR, seu Deus, usará esse mesmo poder
contra todos os povos que vocês temem. 20 Sim, o SENHOR, seu
Deus, enviará terror para expulsar os poucos sobreviventes que
ainda estiverem escondidos de vocês! 21 "Não tenham medo dessas
nações, pois o SENHOR, seu Deus, está entre vocês, e é Deus grande
e temível. 22 O SENHOR, seu Deus, expulsará essas nações de diante
de vocês, pouco a pouco. Vocês não as eliminarão de uma vez, pois,
se assim fosse, os animais selvagens se multiplicariam rápido de-
mais e os ameaçariam. 23 Mas o SENHOR, seu Deus, as entregará a
vocês. Ele as lançará em total confusão, até que sejam destruídas.
24 Entregará os reis dessas nações em suas mãos, e vocês apagarão
o nome deles da face da terra. Ninguém poderá lhes resistir, e vocês
destruirão a todos. 25 "Queimem os ídolos das nações no fogo e não
cobicem a prata nem o ouro que os revestem. Não tomem nenhum
desses metais para si, pois isso seria uma armadilha para vocês; é
algo detestável para o SENHOR, seu Deus. 26 Não levem para dentro
de suas casas objeto algum que seja detestável, pois, como eles,
vocês serão destruídos. Considerem essas coisas absolutamente
detestáveis, pois estão separadas para a destruição."

CAPÍTULO 8

Chamado para lembrar e obedecer

1 "Obedeçam cuidadosamente a todos os mandamentos que hoje
lhes dou. Assim, vocês viverão e se multiplicarão, e entrarão e to-
marão posse da terra que o SENHOR jurou dar a seus antepassados.
2 Lembrem-se de como o SENHOR, seu Deus, os guiou pelo deserto
estes quarenta anos, humilhando-os e pondo à prova seu caráter,
para ver se vocês obedeceriam ou não a seus mandamentos. 3 Sim,
ele os humilhou, permitindo que tivessem fome. Em seguida, ele
os sustentou com maná, um alimento que nem vocês nem seus
antepassados conheciam, a fim de lhes ensinar que as pessoas não
vivem só de pão, mas de toda palavra que vem da boca do SENHOR.
4 Ao longo de todos estes quarenta anos, suas roupas não se gasta-
ram e seus pés não incharam nem criaram bolhas. 5 Pensem nisto:
assim como o pai disciplina o filho, também o SENHOR, seu Deus,
disciplina vocês para o seu próprio bem. 6 "Portanto, obedeçam aos
mandamentos do SENHOR, seu Deus, andando em seus caminhos
e temendo a ele. 7 Pois o SENHOR, seu Deus, está levando vocês
para uma terra boa, com riachos e tanques de água, com fontes
que jorram nos vales e colinas. 8 É uma terra de trigo e cevada,
com vinhedos, figueiras e romãzeiras, com azeite e mel. 9 É uma
terra onde há muito alimento e não falta coisa alguma. É uma
terra onde há ferro nas rochas e cobre em grande quantidade nos
montes. 10 Quando tiverem comido até se saciarem, lembrem-se
de louvar o SENHOR, seu Deus, pela boa terra que ele lhes deu.
11 "Tenham cuidado para que, em meio à fartura, não se esqueçam
do SENHOR, seu Deus, e desobedeçam aos mandamentos, estatutos
e decretos que hoje lhes dou. 12 Quando ficarem satisfeitos e forem
prósperos, quando tiverem construído belas casas onde morar, 13 e
quando seus rebanhos tiverem se tornado numerosos e sua prata
e seu ouro tiverem se multiplicado junto com todos os seus bens,
tenham cuidado! 14 Não se tornem orgulhosos e não se esqueçam
do SENHOR, seu Deus, que os libertou da escravidão na terra do
Egito. 15 Ele os guiou pelo deserto imenso e assustador, cheio de
serpentes venenosas e escorpiões, uma terra quente e seca. Ele
lhes deu água da rocha. 16 Sustentou-os no deserto com maná, ali-
mento que seus antepassados não conheciam, para humilhá-los
e prová-los para o seu próprio bem. 17 Fez tudo isso para que vocês

NO QUE ESTOU **PENSANDO** ○ | O QUE ESTOU **SENTINDO** ○ | DO QUE ESTOU **LEMBRANDO** ○

DESENHE OU ESCREVA

jamais viessem a pensar: 'Conquistei toda esta riqueza com minha
própria força e capacidade'. 18 Lembrem-se do SENHOR, seu Deus. É
ele que lhes dá força para serem bem-sucedidos, a fim de confirmar
a aliança solene que fez com seus antepassados, como hoje se vê.
19 "Uma coisa, porém, eu lhes garanto: se vocês se esquecerem do
SENHOR, seu Deus, e seguirem outros deuses, adorando-os e cur-
vando-se diante deles, certamente serão destruídos. 20 Assim como
o SENHOR destruiu outras nações em seu caminho, vocês também
serão destruídos caso se recusem a obedecer ao SENHOR, seu Deus."

CAPÍTULO 9

Vitória pela graça de Deus

1 "Ouça, ó Israel! Hoje você atravessará o rio Jordão para ocupar a
terra que pertence a nações muito maiores e mais poderosas que
você, povos que vivem em cidades com muralhas que chegam até o
céu! 2 Seus habitantes são fortes e altos, descendentes dos famosos
enaquins. Você já ouviu o ditado: 'Quem é capaz de resistir aos
enaquins?'. 3 Esteja certo, porém, que hoje o SENHOR, seu Deus,
vai adiante de você como fogo devorador. Ele os derrotará e os
humilhará diante de você, para que você os expulse e os destrua
rapidamente, como o SENHOR prometeu. 4 "Depois que o SENHOR,
seu Deus, tiver feito isso por você, não diga em seu coração: 'O
SENHOR me deu esta terra porque sou justo'. Não! É por causa da
perversidade das outras nações que ele as expulsa de diante de
você. 5 Você não está prestes a tomar posse da terra deles porque
é justo ou íntegro. O SENHOR, seu Deus, expulsará essas nações de
diante de você somente por causa da perversidade delas, e para
cumprir o juramento que fez a seus antepassados Abraão, Isaque
e Jacó. 6 Reconheça, portanto, que o SENHOR, seu Deus, não lhe dá
essa boa terra como propriedade porque você é justo, pois não é.
Na verdade, você é um povo teimoso."

Recapitulação do bezerro de ouro

7 "Lembrem-se, e jamais se esqueçam, de como vocês provocaram
a ira do SENHOR, seu Deus, no deserto. Desde o dia em que saíram
do Egito até agora, vocês têm se rebelado contra o SENHOR cons-
tantemente. 8 Até mesmo no monte Sinai, tanto provocaram a ira
do SENHOR que ele esteve a ponto de destruí-los. 9 Isso aconteceu

quando eu estava no monte, recebendo as tábuas de pedra gra-
vadas com os termos da aliança que o SENHOR tinha feito com
vocês. Passei quarenta dias e quarenta noites ali e, durante todo
esse tempo, não comi nem bebi coisa alguma. 10O SENHOR me
deu as duas tábuas nas quais gravou com seu próprio dedo todas
as palavras que lhes tinha proclamado do meio do fogo quando
estavam reunidos ao pé do monte. 11"Passados os quarenta dias e
quarenta noites, o SENHOR me entregou as duas tábuas de pedra
gravadas com os termos da aliança. 12Então o SENHOR me disse:
'Levante-se! Desça agora mesmo, pois o povo que você tirou do
Egito se corrompeu. Como se desviaram depressa do caminho que
eu lhes havia ordenado! Derreteram metal e fizeram um ídolo para
si!'. 13"O SENHOR também me disse: 'Vi como este povo é teimoso e
rebelde. 14Fique de lado, e eu os destruirei e apagarei o nome deles
de debaixo do céu. Depois, farei de você e de seus descendentes
uma nação mais poderosa e mais numerosa que eles'. 15"Então,
enquanto o monte ardia em chamas, virei-me e comecei a descer,
levando nas mãos as duas tábuas de pedra gravadas com os termos
da aliança. 16Quando olhei para baixo, vi que vocês haviam pecado
contra o SENHOR, seu Deus. Tinham derretido metal e feito para
si um ídolo em forma de bezerro. Como se desviaram depressa
do caminho que o SENHOR lhes havia ordenado! 17Então peguei
as duas tábuas de pedra e as joguei no chão, despedaçando-as
diante de vocês. 18"Em seguida, como havia feito antes, prostrei-
-me diante do SENHOR durante quarenta dias e quarenta noites.
Não comi nem bebi coisa alguma por causa do grande pecado
que vocês haviam cometido ao fazer o que era mau aos olhos do
SENHOR, provocando sua ira. 19Tive muito medo por causa da ira
ardente do SENHOR, que ameaçava destruir vocês. Mais uma vez,
porém, o SENHOR me ouviu. 20O SENHOR estava tão irado com Arão
que também queria destruí-lo, mas eu também orei em favor de
Arão. 21Tomei o pecado de vocês, o bezerro que haviam feito, o
derreti no fogo e o moí até virar pó fino. Em seguida, joguei o pó
no riacho que desce do monte. 22"Vocês também provocaram a
ira do SENHOR em Taberá, em Massá e em Quibrote-Hataavá. 23E,
em Cades-Barneia, o SENHOR deu a seguinte ordem: 'Subam e
tomem posse da terra que eu lhes dei'. Mas vocês se rebelaram
contra a ordem do SENHOR, seu Deus, e não confiaram nele nem

NO QUE ESTOU **PENSANDO** ○ | O QUE ESTOU **SENTINDO** ○ | DO QUE ESTOU **LEMBRANDO** ○

DESENHE OU ESCREVA

lhe obedeceram. 24Sim, vocês têm se rebelado contra o SENHOR
desde que os conheço. 25"Prostrei-me diante do SENHOR durante
quarenta dias e quarenta noites, porque o SENHOR tinha dito que
os destruiria. 26Orei ao SENHOR e disse: 'Ó Soberano SENHOR, não os
destruas! Eles são o teu povo, a tua propriedade especial, a quem
resgataste do Egito com teu grande poder e tua forte mão. 27Peço
que te lembres dos teus servos Abraão, Isaque e Jacó, e não leves
em conta a teimosia, a perversidade e o pecado deste povo. 28Se o
destruíres, os egípcios dirão: 'Eles morreram porque o SENHOR não
foi capaz de levá-los à terra que tinha prometido lhes dar'. Ou talvez
digam: 'Ele os destruiu porque os odiava; levou-os ao deserto de
propósito para matá-los'. 29No entanto, eles são o teu povo e a tua
propriedade especial, que tiraste do Egito com tua grande força e
teu braço poderoso'."

CAPÍTULO 10

Uma nova cópia da aliança

1"Naquela ocasião, o SENHOR me disse: 'Corte duas tábuas de pedra,
como as anteriores. Faça também uma arca de madeira e suba ao
monte para encontrar-se comigo, 2e eu escreverei nas tábuas as
mesmas palavras que estavam nas anteriores, aquelas que você
despedaçou. Em seguida, coloque as tábuas na arca'. 3"Fiz, portanto,
a arca de madeira de acácia e cortei duas tábuas de pedra, como as
anteriores. Subi ao monte levando as tábuas na mão. 4Mais uma
vez, o SENHOR escreveu os dez mandamentos nas tábuas e as en-
tregou a mim. Eram as mesmas palavras que o SENHOR lhes tinha
proclamado do meio do fogo no dia em que vocês se reuniram ao
pé do monte. 5Então virei-me, desci o monte e coloquei as tábuas
na arca da aliança que eu tinha feito. As tábuas ainda estão dentro
da arca, conforme o SENHOR me ordenou. 6(Os israelitas saíram dos
poços do povo de Jacã e viajaram para Moserá, onde Arão morreu
e foi sepultado. Eleazar, seu filho, serviu como sacerdote em seu
lugar. 7Em seguida, viajaram para Gudgodá e, de lá, para Jotbatá,
terra com muitos ribeiros. 8Naquela ocasião, o SENHOR separou a
tribo de Levi para carregar a arca da aliança do SENHOR e para estar
diante do SENHOR, a fim de servi-lo e de pronunciar bênçãos em seu
nome. Essas são suas responsabilidades até hoje. 9Por isso os levitas
não têm porção alguma de terra como herança entre seus irmãos

israelitas. O próprio SENHOR é sua herança, conforme o SENHOR,
seu Deus, lhes prometeu.) 10 "Quanto a mim, fiquei no monte, na
presença do SENHOR, quarenta dias e quarenta noites, como da
primeira vez. E, também dessa vez, o SENHOR ouviu minhas súpli-
cas e concordou em não destruí-los. 11 Então o SENHOR me disse:
'Levante-se, siga viagem e guie o povo, para que entrem e tomem
posse da terra que jurei dar a seus antepassados'."

Chamado para amar e obedecer

12 "Agora, Israel, o que o SENHOR, seu Deus, requer de você? Somente
que você tema o SENHOR, seu Deus, que viva de maneira agradável
a ele e que ame e sirva o SENHOR, seu Deus, de todo o coração e de
toda a alma. 13 Obedeça sempre aos mandamentos e decretos do
SENHOR que hoje lhe dou para o seu próprio bem. 14 "Veja, os mais
altos céus e a terra, e tudo que nela há, pertencem ao SENHOR, seu
Deus. 15 E, no entanto, o SENHOR escolheu seus antepassados para
amá-los, e escolheu vocês, descendentes deles, dentre todas as
nações, como hoje se vê. 16 Portanto, submetam-se a ele de coração
e deixem de ser teimosos. 17 "Pois o SENHOR, seu Deus, é Deus dos
deuses e Senhor dos senhores. É o grande Deus, o Deus poderoso
e temível, que não mostra parcialidade e não aceita subornos. 18 Ele
faz justiça aos órfãos e às viúvas. Ama os estrangeiros que vivem
entre vocês e lhes dá alimento e roupas. 19 Portanto, amem também
os estrangeiros, pois, em outros tempos, vocês foram estrangeiros
na terra do Egito. 20 Temam o SENHOR, seu Deus, sirvam-no e ape-
guem-se a ele. Quando fizerem juramentos, jurem somente pelo
nome dele. 21 Somente ele é seu Deus, o único digno de seu louvor,
aquele que, por vocês, fez os milagres poderosos que vocês viram
com os próprios olhos. 22 Quando seus antepassados desceram até
o Egito, eram apenas setenta pessoas. Agora, porém, o SENHOR, seu
Deus, os tornou tão numerosos quanto as estrelas do céu!"

CAPÍTULO 11

1 "Amem o SENHOR, seu Deus, e obedeçam sempre ao que ele exi-
ge: seus estatutos, decretos e mandamentos. 2 Lembrem-se de que
hoje não falo a seus filhos, que nunca experimentaram a disciplina
do SENHOR, seu Deus, nem viram a grandeza, a mão forte e o seu
braço poderoso. 3 Eles não viram os sinais e os atos poderosos que

Dt 10.16

ele realizou no Egito contra o faraó e toda a sua terra. 4 Não viram
o que ele fez aos exércitos dos egípcios e a seus cavalos e carros
de guerra, como ele os afogou no mar Vermelho enquanto perse-
guiam vocês. Ele os destruiu e até hoje não se recuperaram. 5 "Seus
filhos não viram como o SENHOR cuidou de vocês no deserto até
chegarem aqui. 6 Não viram o que ele fez a Datã e Abirão (filhos
de Eliabe, descendente de Rúben) quando a terra abriu a boca
no acampamento israelita e os engoliu, junto com suas famílias,
tendas e todos os seres vivos que pertenciam a eles. 7 Vocês, porém,
viram com os próprios olhos que o SENHOR realizou todos esses
atos poderosos!"

Bênçãos pela obediência

8 "Portanto, obedeçam a todos os mandamentos que hoje lhes dou,
para que tenham forças para avançar e conquistar a terra da qual
estão prestes a tomar posse. 9 Se obedecerem, terão vida longa na
terra que o SENHOR jurou dar a seus antepassados e a vocês, os
descendentes deles, uma terra que produz leite e mel com fartu-
ra! 10 Pois a terra em que vocês estão prestes a entrar para tomar
posse não é como a terra do Egito, de onde vocês vieram e onde
plantavam as sementes e faziam valas de irrigação com o pé, como
numa horta. 11 A terra da qual em breve tomarão posse é uma terra
de montes e vales, com chuva em grande quantidade, 12 terra da
qual o SENHOR, seu Deus, cuida continuamente, todo o ano! 13 "Se
obedecerem fielmente aos mandamentos que hoje lhes dou, e
se amarem o SENHOR, seu Deus, e servirem a ele de todo o seu
coração e de toda a sua alma, 14 ele mandará as chuvas na estação
apropriada, as chuvas de outono e de primavera, para que vocês
juntem suas colheitas de cereais e produzam vinho novo e azeite.
15 Ele dará bons pastos para seus animais, e vocês terão alimento
com fartura. 16 "Mas tenham cuidado! Não deixem seu coração ser
enganado, levando-os a afastar-se do SENHOR e a adorar outros
deuses. 17 Se o fizerem, a ira do SENHOR se acenderá contra vocês. Ele
fechará o céu e reterá a chuva, e a terra não produzirá suas colheitas.
Em pouco tempo, vocês serão removidos da boa terra que o SENHOR
lhes dá. 18 "Gravem estas minhas palavras no coração e na mente.
Amarrem-nas às mãos e prendam-nas à testa como lembrança.
19 Ensinem-nas a seus filhos. Conversem a respeito delas quando

estiverem em casa e quando estiverem caminhando, quando se
deitarem e quando se levantarem. 20Escrevam-nas nos batentes
das portas de suas casas e em seus portões, 21para que, enquanto o
céu permanecer acima da terra, vocês e seus filhos prosperem neste
chão que o SENHOR jurou dar a seus antepassados. 22"Obedeçam
cuidadosamente a todos os mandamentos que lhes dou. Amem
o SENHOR, seu Deus, andando em seus caminhos e apegando-se
firmemente a ele. 23Então o SENHOR expulsará todas as nações
de diante de vocês e, embora elas sejam muito maiores e mais
fortes, vocês tomarão posse de suas terras. 24Todo lugar em que
puserem os pés será de vocês. Suas fronteiras se estenderão do
deserto, ao sul, até o Líbano, ao norte, e do rio Eufrates, a leste, até
o mar Mediterrâneo, a oeste. 25Aonde quer que forem em toda a
terra, ninguém será capaz de lhes resistir, pois o SENHOR, seu Deus,
fará os povos se apavorarem e temerem vocês, como lhes prome-
teu. 26"Vejam, hoje lhes dou a escolha entre bênção e maldição!
27Vocês serão abençoados se obedecerem aos mandamentos do
SENHOR, seu Deus, que hoje lhes dou, 28mas serão amaldiçoados
se rejeitarem os mandamentos do SENHOR, seu Deus, afastando-se
de seus caminhos e adorando deuses que vocês não conheciam.
29"Quando o SENHOR, seu Deus, os fizer entrar na terra da qual
em breve vocês tomarão posse, pronunciem a bênção no monte
Gerizim e a maldição no monte Ebal. 30(Esses dois montes ficam
a oeste do rio Jordão, na terra dos cananeus que vivem no vale do
Jordão, perto da cidade de Gilgal, junto aos carvalhos de Moré.)
31Vocês estão prestes a atravessar o rio Jordão para tomar posse
da terra que o SENHOR, seu Deus, lhes dá. Quando a conquistarem
e estiverem vivendo nela, 32tenham o cuidado de cumprir todos
os decretos e estatutos que hoje lhes dou."

CAPÍTULO 12

O lugar de adoração escolhido pelo SENHOR

1"Estes são os decretos e estatutos que vocês devem ter o cuidado
de cumprir todos os dias em que viverem na terra que o SENHOR,
o Deus de seus antepassados, lhes dá para tomarem posse.
2"Quando expulsarem as nações que vivem ali, destruam todos
os lugares em que elas adoram seus deuses: no alto dos montes,
nas colinas e debaixo de toda árvore verdejante. 3Derrubem os
altares idólatras e despedacem as colunas sagradas. Queimem os
postes de Aserá e quebrem suas imagens esculpidas. Apaguem
completamente o nome dos seus deuses! 4"Não adorem o SENHOR,
seu Deus, da forma como esses povos pagãos adoram os deuses
deles. 5Em vez disso, busquem o SENHOR, seu Deus, no lugar que
ele escolher dentre todas as tribos para habitar e estabelecer seu
nome. 6Ali vocês apresentarão os holocaustos, os sacrifícios, os dí-
zimos, as ofertas sagradas, as ofertas para cumprir votos, as ofertas
voluntárias e as ofertas da primeira cria do gado e dos rebanhos.
7Ali vocês e seus familiares comerão na presença do SENHOR, seu
Deus, e se alegrarão com tudo que realizaram, porque o SENHOR,
seu Deus, os abençoou. 8"Vocês mudarão sua forma de adorar.
Hoje, cada um faz o que bem entende, 9pois ainda não chegaram
ao lugar de descanso, à terra que o SENHOR, seu Deus, lhes dá como
herança. 10Em breve, porém, vocês atravessarão o rio Jordão e se
estabelecerão na terra que o SENHOR, seu Deus, lhes dá. Quando
ele lhes der descanso de todos os inimigos à sua volta e vocês
estiverem vivendo em segurança na terra, 11levem ao lugar que
o SENHOR, seu Deus, escolher para habitação do seu nome tudo
que eu lhes ordeno: os holocaustos, os sacrifícios, os dízimos, as
ofertas sagradas e as ofertas para cumprir um voto que fizeram ao
SENHOR. 12"Alegrem-se ali, na presença do SENHOR, seu Deus, com
seus filhos e filhas e com seus servos e servas. Lembrem-se de in-
cluir os levitas que vivem em suas cidades, pois eles não receberão
porção alguma de terra como herança entre vocês. 13Tenham o
cuidado de não sacrificar seus holocaustos onde bem entenderem,
14mas apresentem-nos apenas no lugar que o SENHOR escolher
no território de uma das tribos. Ali vocês oferecerão seus holo-
caustos e farão tudo que lhes ordenei. 15"Contudo, vocês poderão
abater animais e comer a carne em qualquer cidade sempre que
desejarem. Comam à vontade os animais com os quais o SENHOR,
seu Deus, os abençoar. Qualquer pessoa poderá comê-lo, esteja
ela cerimonialmente pura ou impura, assim como qualquer um
pode comer carne de gazela ou de veado. 16Não comam, porém, o
sangue; derramem-no no chão, como se fosse água. 17"Não comam
em suas cidades o dízimo dos cereais, do vinho novo e do azeite,
nem a oferta da primeira cria do gado e dos rebanhos, nem oferta
alguma para cumprir votos, nem as ofertas voluntárias, nem as

NO QUE ESTOU PENSANDO ○ | O QUE ESTOU SENTINDO ○ | DO QUE ESTOU LEMBRANDO ○

DESENHE OU ESCREVA

ofertas sagradas. 18Comam essas ofertas na presença do SENHOR,
seu Deus, no lugar que ele escolher. Comam com seus filhos e
filhas, com seus servos e servas e com os levitas que vivem em
suas cidades. Alegrem-se na presença do SENHOR, seu Deus, em
tudo que fizerem. 19E tenham muito cuidado para não deixar de
fora os levitas enquanto vocês viverem em sua terra. 20"Quando
o SENHOR, seu Deus, expandir seu território como lhes prometeu,
e vocês desejarem comer carne, poderão comer à vontade. 21Se o
lugar que o SENHOR, seu Deus, escolher para estabelecer seu nome
ficar distante de onde moram, vocês poderão abater qualquer um
dos animais que o SENHOR lhes deu, do gado ou dos rebanhos
de ovelhas, e comer a carne em suas próprias cidades, conforme
lhes ordenei. 22Qualquer pessoa poderá comê-lo, esteja cerimo-
nialmente pura ou impura, assim como qualquer um pode comer
carne de gazela ou de veado. 23Mas nunca comam o sangue, pois
o sangue é a própria vida, e vocês não podem comer carne com o
sangue que lhe dá vida. 24Não comam o sangue; derramem-no
no chão, como se fosse água. 25Não comam o sangue, para que
tudo vá bem com vocês e com seus filhos, pois farão o que é certo
aos olhos do SENHOR. 26"Levem ao lugar que o SENHOR escolher
as ofertas sagradas e as ofertas apresentadas para cumprir um
voto. 27Apresentem a carne e o sangue dos holocaustos no altar
do SENHOR, seu Deus. O sangue dos outros sacrifícios será derra-
mado no altar do SENHOR, seu Deus, mas vocês poderão comer
a carne. 28Tenham o cuidado de obedecer a todas as instruções
que lhes dou, para que tudo vá bem com vocês e com seus des-
cendentes, pois farão o que é bom e certo aos olhos do SENHOR,
seu Deus. 29"Quando o SENHOR, seu Deus, for adiante de vocês e
destruir as nações, e vocês as expulsarem e se estabelecerem na
terra delas, 30não caiam na armadilha de seguir os costumes das
nações e adorar seus deuses. Não fiquem curiosos a respeito de
seus deuses, nem perguntem: 'Como essas nações adoram seus
deuses? Queremos seguir seu exemplo'. 31Não adorem o SENHOR,
seu Deus, da forma como outras nações adoram os deuses delas,
pois realizam para eles todo tipo de atos detestáveis que o SENHOR
odeia. Chegam até a queimar seus filhos e filhas como sacrifícios
a seus deuses. 32"Portanto, tenham o cuidado de cumprir todas as
ordens que lhes dou. Não acrescentem nem tirem coisa alguma."

NO QUE ESTOU **PENSANDO** ○

O QUE ESTOU **SENTINDO** ○

DO QUE ESTOU **LEMBRANDO** ○

DESENHE OU ESCREVA

CAPÍTULO 13

Advertência acerca da idolatria

1"Surgirão entre vocês profetas ou pessoas que têm sonhos sobre
o futuro, e eles prometerão sinais ou milagres. 2Se os sinais ou mi-
lagres preditos acontecerem, e essas pessoas disserem: 'Venham,
vamos adorar outros deuses!', deuses que até então vocês não
conheciam, 3não deem ouvidos às palavras deles. É um teste do
SENHOR, seu Deus, para ver se vocês o amam de todo o seu coração e
de toda a sua alma. 4Sigam somente o SENHOR, seu Deus, e temam
a ele somente. Obedeçam a seus mandamentos, ouçam sua voz,
sirvam-no e apeguem-se a ele. 5Os falsos profetas e sonhadores
que tentarem desviá-los devem ser executados, pois incentivaram
a rebelião contra o SENHOR, seu Deus, que os libertou da escravidão
e os tirou da terra do Egito. Uma vez que eles tentaram desviá-los do
caminho que o SENHOR, seu Deus, ordenou que seguissem, vocês
terão de executá-los. Desse modo, vocês eliminarão o mal do seu
meio. 6"Se alguém o instigar secretamente, seja seu irmão, seu
filho ou filha, sua esposa querida ou seu amigo mais chegado, e
disser: 'Vamos adorar outros deuses!', deuses que nem você nem
seus antepassados conheceram, 7deuses dos povos vizinhos ou
de povos dos confins da terra, 8não ceda nem dê ouvidos. Não
tenha pena dele, não o poupe nem o proteja. 9Execute-o! Dê o
primeiro golpe e, em seguida, todo o povo participará da execução.
10Apedrejem os culpados até a morte, pois eles tentaram afastá-lo
do SENHOR, seu Deus, que os libertou da terra do Egito, do lugar de
escravidão. 11Então todo o Israel ouvirá e temerá, e ninguém voltará
a agir tão perversamente no meio de vocês. 12"Quando começarem
a viver nas cidades que o SENHOR, seu Deus, lhes dá, e ouvirem
dizer 13que homens perversos fizeram os habitantes da cidade
se desviarem, dizendo: 'Venham, vamos adorar outros deuses',
deuses que até então vocês não conheciam, 14examinem os fatos
com cuidado. Se descobrirem que a informação for verdadeira e
esse ato detestável foi mesmo cometido entre vocês, 15ataquem
a cidade e matem à espada todos os habitantes e todos os ani-
mais, destruindo-os completamente. 16Amontoem os despojos no
meio da praça pública e queimem toda a cidade como oferta ao
SENHOR, seu Deus. A cidade permanecerá em ruínas para sempre;
jamais será reconstruída. 17Não guardem coisa alguma do despojo

que foi separado para destruição. Então o SENHOR afastará sua ira
ardente e os tratará com misericórdia. Terá compaixão de vocês
e os transformará numa nação numerosa, como prometeu sob
juramento a seus antepassados. 18"O SENHOR, seu Deus, só será
misericordioso se vocês ouvirem sua voz e obedecerem a todos
os seus mandamentos que hoje lhes dou, para que façam o que é
certo aos olhos do SENHOR."

CAPÍTULO 14

Animais cerimonialmente puros e impuros

1"Uma vez que vocês são filhos do SENHOR, seu Deus, não se cortem,
nem raspem o cabelo acima da testa em sinal de luto. 2Vocês são
um povo consagrado ao SENHOR, seu Deus, e ele os escolheu den-
tre todas as nações da terra para serem sua propriedade especial.
3"Não comam animais detestáveis, cerimonialmente impuros. 4São
estes os animais que vocês podem comer: o boi, a ovelha, o bode,
5o veado, a gazela, a corça, a cabra-selvagem, o íbex, o antílope
e a ovelha montês. 6"Vocês podem comer qualquer animal que
tenha os cascos divididos em duas partes e que rumine, 7mas, se
o animal não apresentar essas duas características, não pode ser
consumido. Não comam, portanto, o camelo, nem a lebre, nem o
coelho silvestre. Eles ruminam, mas não têm os cascos divididos,
de modo que são impuros para vocês. 8Também não comam o
porco, pois, embora tenha os cascos divididos, não rumina e, por-
tanto, é impuro para vocês. Não comam a carne desses animais
nem toquem em seu cadáver. 9"De todos os animais que vivem
nas águas, vocês podem comer qualquer um que tenha barba-
tanas e escamas. 10Não comam, porém, animais que vivem nas
águas, mas não têm barbatanas e escamas. Eles são impuros para
vocês. 11"Vocês podem comer qualquer criatura voadora que seja
cerimonialmente pura. 12Estas são as criaturas voadoras que vocês
não podem comer: o abutre-fouveiro, o abutre-barbudo, o abutre-
-fusco, 13o milhafre, o falcão e todas as espécies de condores, 14todas
as espécies de corvos, 15a coruja-de-chifres, a coruja-do-campo, a
gaivota, todas as espécies de gaviões, 16o mocho-galego, o coru-
jão, a coruja-das-torres, 17a coruja-do-deserto, o abutre-do-egito, o
cormorão, 18a cegonha, todas as espécies de garças, a poupa e o
morcego. 19"Todos os insetos alados que rastejam pelo chão são

NO QUE ESTOU **PENSANDO** | O QUE ESTOU **SENTINDO** | DO QUE ESTOU **LEMBRANDO**

DESENHE OU ESCREVA

impuros para vocês, de modo que não podem comê-los. 20Contudo,
podem comer qualquer criatura voadora que seja cerimonialmente
pura. 21"Não comam animal algum que tenha morrido de causas
naturais. Podem dá-lo a um estrangeiro que vive em sua cidade
ou vendê-lo a outros estrangeiros. Vocês mesmos, porém, não o
comerão, pois são um povo consagrado ao SENHOR, seu Deus. "Não
cozinhem o cabrito no leite da mãe dele."

A entrega dos dízimos

22"Separem o dízimo de suas colheitas, um décimo de toda a sua
safra anual. 23Levem o dízimo ao lugar que o SENHOR, seu Deus, es-
colher para estabelecer seu nome e comam o dízimo ali, na presen-
ça do SENHOR. Isso se aplica aos dízimos de cereais, do vinho novo,
do azeite e dos machos das primeiras crias do gado e dos rebanhos.
Com isso, aprenderão a sempre temer o SENHOR, seu Deus. 24"Se o
SENHOR, seu Deus, os abençoar com uma boa colheita, mas o lugar
que ele escolher para habitação do seu nome for distante demais
para vocês levarem o dízimo, 25vendam a décima parte de suas
colheitas e rebanhos, coloquem o dinheiro numa bolsa e levem-no
ao lugar que o SENHOR, seu Deus, escolheu. 26Quando chegarem,
usem o dinheiro para comprar o tipo de alimento que desejarem:
bois, ovelhas, vinho ou qualquer outra bebida fermentada. Então,
na presença do SENHOR, seu Deus, comam e alegrem-se com toda a
sua família. 27E não se esqueçam de cuidar dos levitas de sua cida-
de, pois eles não receberão porção alguma de terra como herança
entre vocês. 28"Ao final de cada três anos, levem todo o dízimo da
colheita daquele ano à cidade mais próxima e armazenem-no ali.
29Entreguem o dízimo aos levitas, que não receberão porção algu-
ma de terra como herança entre vocês, e também aos estrangeiros
que vivem entre vocês, e aos órfãos e às viúvas de suas cidades,
para que eles comam até se saciarem. Então o SENHOR, seu Deus,
os abençoará em todo o seu trabalho."

CAPÍTULO 15

O cancelamento das dívidas

1"Ao final de cada sete anos, cancelem as dívidas de todos a quem
vocês tiverem feito um empréstimo. 2O cancelamento será efe-
tuado da seguinte forma: todos cancelarão os empréstimos que

fizeram a irmãos israelitas. Ninguém exigirá pagamento do seu
próximo ou de seus parentes, pois chegou o tempo do SENHOR
para liberá-los das dívidas. 3Essa liberação se aplica somente aos
irmãos israelitas, e não aos estrangeiros que vivem entre vocês.
4"Não deverá haver pobres entre vocês, pois o SENHOR, seu Deus,
os abençoará grandemente na terra que lhes dá como herança.
5Receberão essa bênção se tiverem o cuidado de obedecer ao
SENHOR, seu Deus, e cumprir todos estes mandamentos que hoje
lhes dou. 6O SENHOR, seu Deus, os abençoará conforme prometeu.
Vocês emprestarão dinheiro a muitas nações, mas jamais precisarão
tomar emprestado. Governarão muitas nações, mas não serão go-
vernados por nação alguma. 7"Se, contudo, houver algum israelita
pobre em suas cidades quando chegarem à terra que o SENHOR,
seu Deus, lhes dá, não endureçam o coração e não fechem a mão
para ele. 8Ao contrário, sejam generosos e emprestem-lhe o que
for necessário. 9Não sejam mesquinhos nem se recusem a em-
prestar a alguém só porque o ano de cancelamento das dívidas
está próximo. Se vocês se recusarem a fornecer o empréstimo e a
pessoa necessitada clamar ao SENHOR, vocês serão considerados
culpados de pecado. 10Deem aos pobres com generosidade, e não
com má vontade, pois o SENHOR, seu Deus, os abençoará em tudo
que fizerem. 11Sempre haverá pobres na terra. Por isso, ordeno que
compartilhem seus bens generosamente com os pobres e com ou-
tros necessitados de sua terra."

A libertação de escravos hebreus

12"Se um irmão hebreu, homem ou mulher, vender-se a você como
escravo, ele lhe servirá por seis anos. Depois disso, liberte-o no sé-
timo ano. 13"Quando libertar um escravo, não o mande embora de
mãos vazias. 14Seja generoso e dê-lhe de despedida um presente
dos animais de seu rebanho, dos cereais de sua eira e do vinho
de sua prensa de uvas. Compartilhe com ele um pouco da fartura
com a qual o SENHOR, seu Deus, o abençoou. 15Lembre-se de que,
um dia, você foi escravo na terra do Egito e o SENHOR, seu Deus, o
libertou. Por isso lhe dou essa ordem. 16"Mas, se por estar bem com
você e amar você e sua família, o servo disser: 'Não quero ir embora',
17você pegará um furador e furará a ponta da orelha dele contra a
porta. Depois disso, ele será seu escravo para o resto da vida. Faça

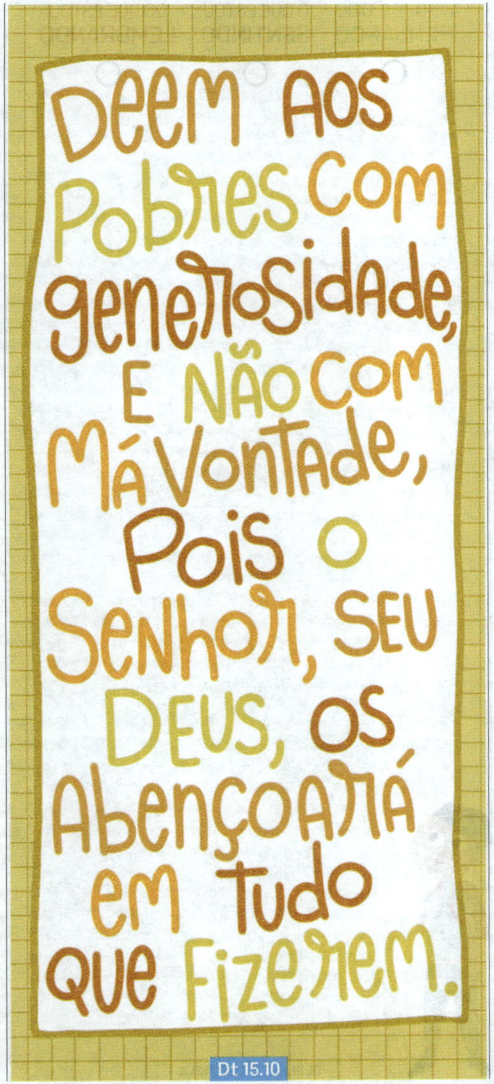

Dt 15.10

o mesmo com as escravas. 18"Quando libertar seus escravos, não
considere isso uma grande perda. Lembre-se de que, por seis anos,
eles lhe prestaram serviços equivalentes a duas vezes o salário de
empregados contratados, e o SENHOR, seu Deus, o abençoará em
tudo que você fizer."

O sacrifício dos machos das primeiras crias

19"Separem para o SENHOR, seu Deus, os machos das primeiras crias
do gado e dos rebanhos. Não usem a primeira cria do gado para
trabalhar no campo, e não tosquiem a primeira cria das ovelhas.
20Em vez disso, a cada ano, comam esses animais com sua famí-
lia na presença do SENHOR, seu Deus, no lugar que ele escolher.
21Mas, se essa primeira cria tiver algum defeito, se o animal for
manco, cego ou tiver algum outro problema, não o sacrifiquem ao
SENHOR, seu Deus. 22Comam o animal na cidade em que morarem.
Qualquer pessoa poderá comê-lo, esteja cerimonialmente pura ou
impura, assim como qualquer um pode comer uma gazela ou um
veado. 23Não comam, porém, o sangue do animal; derramem-no
no chão, como se fosse água."

CAPÍTULO 16

A Páscoa e a Festa dos Pães sem Fermento

1"A cada ano, no mês de abibe, celebrem a Páscoa em homenagem
ao SENHOR, seu Deus, pois foi nesse mês, durante a noite, que o
SENHOR, seu Deus, os libertou do Egito. 2O sacrifício de Páscoa será
um animal do gado ou do rebanho, oferecido ao SENHOR, seu Deus,
no lugar que ele escolher para habitação do seu nome. 3Comam o
sacrifício com pães sem fermento. Durante sete dias, comam pão
sem fermento, como fizeram quando fugiram às pressas do Egito.
Comam esse pão, o pão do sofrimento, para se lembrarem, por
toda a vida, do dia em que saíram do Egito. 4Durante esses sete
dias, não deve haver a mínima quantidade de fermento nas casas
em toda a sua terra. E, quando sacrificarem o cordeiro de Páscoa
ao entardecer do primeiro dia, não deixem sobras para a manhã
seguinte. 5"Não ofereçam o sacrifício de Páscoa em nenhuma das
cidades que o SENHOR, seu Deus, lhes dá. 6Ofereçam-no apenas no
lugar que o SENHOR, seu Deus, escolher para habitação do seu nome.
Sacrifiquem-no ali ao entardecer, enquanto o sol se põe, no mesmo

período do dia em que saíram do Egito. 7Assem e comam o cordeiro
no lugar que o SENHOR, seu Deus, escolher. Na manhã seguinte,
voltem às suas tendas. 8Durante os seis dias seguintes, comam pão
sem fermento. No sétimo dia, declarem outra reunião sagrada em
homenagem ao SENHOR, seu Deus, e não façam trabalho algum."

A Festa da Colheita

9"Contem sete semanas a partir do dia em que começarem a colhei-
ta de cereais. 10Então celebrem a Festa da Colheita em homenagem
ao SENHOR, seu Deus. Levem uma oferta voluntária proporcional às
bênçãos que receberam dele. 11Será um tempo de celebração dian-
te do SENHOR, seu Deus, no lugar que ele escolher para habitação
do seu nome. Celebrem com seus filhos e filhas, com seus servos
e servas, com os levitas das suas cidades e com os estrangeiros,
órfãos e viúvas que vivem entre vocês. 12Lembrem-se de que, um
dia, vocês foram escravos no Egito e, portanto, tenham o cuidado
de cumprir todos estes decretos."

A Festa das Cabanas

13"Celebrem a Festa das Cabanas durante sete dias, no final da
época da colheita, depois que ajuntarem os cereais e prensarem
as uvas. 14Essa festa será um tempo de alegria e comemoração com
seus filhos e filhas, seus servos e servas, com os levitas, estrangeiros,
órfãos e viúvas de suas cidades. 15Durante sete dias, celebrem essa
festa em homenagem ao SENHOR, seu Deus, no lugar que ele esco-
lher, pois ele é quem os abençoa em todas as suas colheitas e lhes
dá sucesso em todo o seu trabalho. Essa festa será um tempo de
grande alegria para vocês. 16"A cada ano, todos os homens de Israel
devem celebrar estas três festas: a Festa dos Pães sem Fermento, a
Festa da Colheita e a Festa das Cabanas. Em cada uma dessas oca-
siões, todos os homens devem comparecer diante do SENHOR, seu
Deus, no lugar que ele escolher. Não devem, porém, apresentar-se
diante do SENHOR de mãos vazias. 17Todos devem ofertar de acordo
com as bênçãos que receberam do SENHOR, seu Deus."

Justiça para o povo

18"Nomeiem juízes e oficiais de cada uma de suas tribos em todas
as cidades que o SENHOR, seu Deus, lhes dá. Eles julgarão o povo

NO QUE ESTOU PENSANDO | O QUE ESTOU SENTINDO | DO QUE ESTOU LEMBRANDO

DESENHE OU ESCREVA

com justiça. 19Nunca distorçam a justiça nem mostrem parcialidade.
Nunca aceitem subornos, pois eles cegam os olhos dos sábios e
corrompem as decisões dos íntegros. 20Que a justiça verdadeira
prevaleça sempre, para que vocês vivam e tomem posse da terra
que o SENHOR, seu Deus, lhes dá. 21"Jamais levantem um poste de
madeira para Aserá junto ao altar que edificarem para o SENHOR,
seu Deus. 22Jamais levantem colunas sagradas para adoração, pois
isso é detestável para o SENHOR, seu Deus."

CAPÍTULO 17

1"Nunca sacrifiquem ao SENHOR, seu Deus, bois ou ovelhas doen-
tes ou defeituosos, pois esse tipo de oferta é detestável para ele.
2"Quando vocês começarem a viver nas cidades que o SENHOR, seu
Deus, lhes dá, poderá acontecer de um homem ou uma mulher do
povo fazer algo mau aos olhos do SENHOR, seu Deus, e quebrar a
aliança. 3Pode ser que essa pessoa sirva outros deuses ou adore
o sol, a lua ou qualquer das estrelas, o exército do céu, algo que
eu proibi expressamente. 4Quando ficarem sabendo disso, façam
uma investigação cuidadosa. Se for verdade que se fez tal coisa
detestável em Israel, 5levem o homem ou a mulher que cometeu
esse ato perverso até as portas da cidade e executem essa pessoa
por apedrejamento. 6Jamais executem alguém com base no de-
poimento de apenas uma testemunha. Deve sempre haver duas
ou três testemunhas. 7As testemunhas jogarão as primeiras pedras
e, em seguida, todo o povo participará da execução. Desse modo,
vocês eliminarão o mal do seu meio. 8"Se um caso muito difícil
de resolver chegar a um tribunal local, como, por exemplo, uma
decisão sobre que tipo de homicídio aconteceu, ou entre diferentes
ações judiciais, ou entre tipos diferentes de agressão, levem esse
caso ao lugar que o SENHOR, seu Deus, escolher. 9Apresentem o caso
aos sacerdotes levitas ou aos juízes que estiverem de serviço na
ocasião, e eles ouvirão o caso e declararão o veredicto. 10Executem
o veredicto que eles declararem no lugar que o SENHOR escolher.
Façam exatamente o que eles mandarem. 11Depois que eles tive-
rem interpretado a lei e declarado o veredicto, executem em sua
totalidade a sentença que eles pronunciarem; não façam modifica-
ção alguma. 12Quem for arrogante a ponto de rejeitar o veredicto do
sacerdote ou do juiz que representa o SENHOR, seu Deus, naquele

lugar deverá ser morto. Desse modo, vocês eliminarão o mal do
meio de Israel. 13Então todo o povo ficará sabendo o que aconteceu
e terá medo de agir novamente com tamanha arrogância."

Diretrizes para o rei

14"Vocês estão prestes a entrar na terra que o SENHOR, seu Deus, lhes
dá. Quando a conquistarem, se estabelecerem nela e pensarem:
'Devemos escolher um rei para nos governar, como as outras nações
ao nosso redor', 15tenham cuidado de nomear como rei o homem
que o SENHOR, seu Deus, escolher. Deverá ser um irmão israelita;
não pode ser estrangeiro. 16"O rei não terá muitos cavalos, nem
enviará seu povo ao Egito para comprar cavalos, pois o SENHOR lhes
disse: 'Jamais voltem ao Egito'. 17O rei não tomará para si muitas es-
posas, pois elas afastarão seu coração do SENHOR. Também não acu-
mulará para si grandes quantidades de prata e de ouro. 18"Quando
sentar-se no trono para reinar, copiará esta lei para si num rolo, na
presença dos sacerdotes levitas. 19Trará essa cópia sempre consigo
e a lerá todos os dias enquanto viver. Assim, aprenderá a temer o
SENHOR, seu Deus, cumprindo todos os termos desta lei e destes
decretos. 20Isso o impedirá de tornar-se orgulhoso e agir como se
estivesse acima de seus irmãos israelitas. Evitará também que ele
se desvie, por menos que seja, destes mandamentos, e garantirá
que ele e seus descendentes tenham longos reinados em Israel."

CAPÍTULO 18

Ofertas para os sacerdotes e levitas

1"Lembrem-se de que os sacerdotes levitas e todos os outros mem-
bros da tribo de Levi não receberão porção alguma de terra como
herança entre as outras tribos de Israel. Em vez disso, os sacerdotes
e levitas comerão das ofertas especiais apresentadas ao SENHOR,
pois essa é a parte que lhes cabe. 2Não terão herança entre os isra-
elitas. O SENHOR é sua herança, conforme lhes prometeu. 3"Estas
são as partes que os sacerdotes receberão como sua porção dos
bois e das ovelhas que o povo entregar como ofertas: a espádua, as
queixadas e o estômago. 4Deem também aos sacerdotes a primeira
porção dos cereais, do vinho novo, do azeite e da lã na época da
tosquia, 5pois o SENHOR, seu Deus, escolheu a tribo de Levi dentre
todas as suas tribos para servir em nome do SENHOR para sempre.

NO QUE ESTOU **PENSANDO** ○ | O QUE ESTOU **SENTINDO** ○ | DO QUE ESTOU **LEMBRANDO** ○

DESENHE OU ESCREVA

6"Se um levita decidir sair de sua cidade em Israel, seja ela qual
for, e mudar-se para o lugar que o SENHOR escolher, 7ele servirá
ali em nome do SENHOR, seu Deus, da mesma forma que todos os
seus companheiros levitas que servem o SENHOR naquele lugar.
8Comerá sua porção dos sacrifícios e ofertas, mesmo que também
receba sustento de sua família."

Chamado para viver em santidade

9"Quando vocês entrarem na terra que o SENHOR, seu Deus, lhes dá,
tenham muito cuidado para não imitarem os costumes detestáveis
das nações que vivem ali. 10Jamais deverá haver entre vocês alguém
que queime seu filho ou sua filha como sacrifício. Não permitam
que alguém do povo pratique adivinhação, use encantamentos,
interprete agouros, envolva-se com bruxaria, 11lance feitiços, atue
como médium ou praticante do ocultismo, ou consulte os espíritos
dos mortos. 12Quem pratica tais coisas é detestável ao SENHOR. É jus-
tamente porque as outras nações praticam essas coisas detestáveis
que o SENHOR, seu Deus, as expulsará de diante de vocês. 13Sejam
inculpáveis perante o SENHOR, seu Deus. 14As nações cujas terras
vocês estão prestes a conquistar consultam feiticeiros e adivinhos,
mas o SENHOR, seu Deus, os proíbe de fazerem essas coisas."

Verdadeiros e falsos profetas

15"O SENHOR, seu Deus, levantará um profeta como eu do meio
de seus irmãos israelitas. Deem ouvidos a ele, 16pois foi isso que
vocês pediram ao SENHOR, seu Deus, quando estavam reunidos
ao pé do monte Sinai. Disseram: 'Não iremos mais ouvir a voz do
SENHOR, nosso Deus, nem ver este fogo ardente, pois morrería-
mos'. 17"Então o SENHOR me disse: 'Eles estão certos. 18Levantarei
um profeta como você do meio de seus irmãos israelitas e porei
minhas palavras em sua boca, e ele dirá ao povo tudo que eu lhe
ordenar. 19Eu mesmo pedirei contas de qualquer um que não ouvir
as mensagens que o profeta proclamar em meu nome. 20Mas o
profeta que tiver a presunção de falar em meu nome algo que não
lhe ordenei, ou que falar em nome de outros deuses, será morto'.
21"Talvez vocês se perguntem: 'Como saberemos se uma profecia
vem do SENHOR ou não?'. 22Se o profeta falar em nome do SENHOR,
mas suas previsões não acontecerem nem se cumprirem, vocês

Dt

saberão que a mensagem dele não vem do Senhor. Esse profeta
presumiu arrogantemente que falava em meu nome, e vocês não
precisam temê-lo."

CAPÍTULO 19

As cidades de refúgio

1"Quando o Senhor, seu Deus, destruir as nações cujo território
ele lhes dá, vocês tomarão posse da terra e se estabelecerão nas
cidades e casas que elas construíram. 2Em seguida, separarão
três cidades de refúgio na terra que o Senhor, seu Deus, lhes dá.
3Preparem estradas e dividam em três regiões a terra que o Senhor,
seu Deus, lhes dá como propriedade, com uma dessas cidades em
cada região. Quem tiver matado alguém poderá fugir para uma
dessas cidades de refúgio e ficar a salvo. 4"Isso se aplica a alguém
que, sem intenção e sem mostrar hostilidade anterior, matar outra
pessoa: ele poderá fugir para uma dessas cidades de refúgio e viver
em segurança. 5Se acontecer, por exemplo, de alguém ir com um
vizinho cortar lenha num bosque e, quando um deles levantar o
machado para cortar uma árvore, o ferro do machado escapar do
cabo, atingir a outra pessoa e causar sua morte, o homicida poderá
fugir para uma das cidades de refúgio a fim de salvar a vida. 6"Se,
contudo, a distância até a cidade de refúgio for muito grande e
acontecer que, irado, o parente encarregado de vingar a morte da
vítima alcance e mate o homicida, o castigo não seria merecido, pois
o fugitivo não mostrou hostilidade anterior à vítima. 7Por isso, orde-
no que separem três cidades de refúgio. 8"Se o Senhor, seu Deus,
ampliar seu território conforme jurou a seus antepassados e lhes
der toda a terra que lhes prometeu, 9separem mais três cidades de
refúgio. (Ele lhes dará a terra se vocês cumprirem cuidadosamente
todos os mandamentos que hoje lhes dou, se sempre amarem o
Senhor, seu Deus, e andarem em seus caminhos.) 10Com isso, vocês
evitarão a morte de inocentes na terra que o Senhor, seu Deus, lhes
dá como herança. Do contrário, seriam culpados pelo sangue de
inocentes. 11"Se, contudo, alguém demonstrar hostilidade a seu
vizinho, ficar à espreita dele e o atacar e matar, fugindo depois
para uma das cidades de refúgio, 12as autoridades da cidade do
homicida enviarão representantes à cidade de refúgio para trazê-lo
de volta e entregá-lo ao vingador da vítima, para que ele execute o

NO QUE ESTOU **PENSANDO** ○ | O QUE ESTOU **SENTINDO** ○ | DO QUE ESTOU **LEMBRANDO** ○

DESENHE OU ESCREVA

homicida. 13Não tenham pena dele. Eliminem de Israel a culpa de
matar inocentes. Assim, tudo irá bem com vocês."

O interesse pela justiça

14"Quando tomarem posse da terra que o Senhor, seu Deus, lhes dá
como herança, jamais roubem terras de outros, mudando de lugar
os marcos de divisa que seus antepassados colocaram. 15"Não con-
denem alguém por um crime ou delito com base no depoimento
de apenas uma testemunha. Os fatos a respeito do caso devem ser
confirmados pelo depoimento de duas ou três testemunhas. 16"Se
uma testemunha mal-intencionada se apresentar e acusar alguém
de ter cometido um crime, 17tanto o acusador como o acusado
comparecerão diante do Senhor, apresentando-se aos sacerdotes
e juízes que estiverem de serviço na ocasião. 18Os juízes farão uma
investigação cuidadosa do caso. Se a testemunha fez acusações
falsas contra seu irmão israelita, 19apliquem-lhe a sentença que
ela planejava para a outra pessoa. Desse modo, vocês eliminarão
o mal do seu meio. 20O restante do povo ficará sabendo disso e
terá medo de cometer tamanha maldade. 21Não tenham pena do
culpado. Sua regra deve ser: vida por vida, olho por olho, dente por
dente, mão por mão, pé por pé."

CAPÍTULO 20

Normas acerca da guerra

1"Quando saírem para lutar contra seus inimigos e enfrentarem
cavalos e carros e um exército maior que o seu, não tenham medo.
O Senhor, seu Deus, que os tirou da terra do Egito, está com vo-
cês! 2Quando se prepararem para a batalha, o sacerdote virá à
frente e falará aos soldados. 3Dirá: 'Ouçam, homens de Israel! Ao
saírem hoje para lutar contra seus inimigos, sejam corajosos. Não
tenham medo, nem se apavorem, nem tremam diante deles, 4pois
o Senhor, seu Deus, vai com vocês. Ele lutará contra seus inimigos
em seu favor e lhes dará vitória'. 5"Então os oficiais do exército se di-
rigirão aos soldados e dirão: 'Alguém aqui acabou de construir uma
casa, mas ainda não a dedicou? Se houver alguém nessa situação,
vá para casa! Se você morresse na batalha, outra pessoa dedicaria
sua casa. 6Alguém aqui acabou de plantar uma videira, mas ainda
não comeu de seus frutos? Se houver alguém nessa situação, vá

para casa! Se você morresse na batalha, outra pessoa comeria dos
primeiros frutos. 7Alguém aqui acabou de ficar noivo de uma mu-
lher, mas ainda não se casou? Vá para casa e tome a mulher como
esposa! Se você morresse na batalha, outra pessoa a tomaria como
esposa'. 8"Os oficiais também dirão: 'Alguém aqui está com medo
ou angustiado? Se estiver, vá para casa antes que amedronte mais
alguém'. 9Quando os oficiais terminarem de falar aos soldados,
nomearão comandantes para as tropas. 10"Quando vocês se apro-
ximarem de uma cidade para atacá-la, primeiro proponham paz
a seus habitantes. 11Se eles aceitarem suas condições e abrirem
as portas, todo o povo dentro da cidade os servirá com trabalhos
forçados. 12Se eles recusarem a proposta de paz e se prepararem
para lutar, cerquem a cidade. 13Quando o Senhor, seu Deus, lhes
entregar a cidade, matem à espada todos os homens. 14Contudo,
poderão tomar para si as mulheres, as crianças, os animais e tudo
que acharem na cidade. Poderão aproveitar todos os despojos dos
inimigos que o Senhor, seu Deus, entregou em suas mãos. 15"Essas
instruções se aplicam somente às cidades muito distantes, e não
às cidades dos povos que vivem na terra em que vocês entrarão.
16Nessas cidades que o Senhor lhes dá como herança, destruam
todo ser vivo. 17Destruam completamente os hititas, os amorreus, os
cananeus, os ferezeus, os heveus e os jebuseus, conforme o Senhor,
seu Deus, lhes ordenou. 18Isso evitará que os povos da terra os
ensinem a imitar os atos detestáveis que eles praticam quando
adoram seus deuses, coisas que fariam vocês pecarem contra o
Senhor, seu Deus. 19"Quando cercarem uma cidade e a guerra
se prolongar, não cortem as árvores com machados. Comam dos
frutos, mas não cortem as árvores. Acaso as árvores são inimigos
para que vocês as ataquem? 20Cortem apenas as árvores que vocês
sabem que não dão frutos e usem-nas para fazer o equipamento
necessário no cerco à cidade inimiga até que ela caia."

CAPÍTULO 21

Casos de homicídio não resolvido

1"Quando estiverem na terra que o Senhor, seu Deus, lhes dá, e
alguém for encontrado morto no campo e não se saiba quem o
matou, 2as autoridades e os juízes medirão a distância do local
onde está o cadáver até as cidades vizinhas. 3Quando se determinar
qual é a cidade mais próxima, as autoridades da cidade escolherão
do rebanho uma novilha que nunca tenha sido usada para trabalhar
no campo e nunca tenha puxado um arado. 4Levarão a novilha a um
vale que não tenha sido lavrado nem semeado e pelo qual passe
um ribeiro. Ali, no vale, quebrarão o pescoço da novilha. 5Os sacer-
dotes levitas se aproximarão, pois o Senhor, seu Deus, os escolheu
para servirem diante dele e pronunciarem bênçãos em seu nome.
Cabe a eles decidir todos os casos legais e criminais. 6"As autorida-
des daquela cidade lavarão as mãos sobre a novilha cujo pescoço
foi quebrado 7e dirão: 'Nossas mãos não derramaram o sangue
dessa pessoa, nem vimos o crime acontecer. 8Ó Senhor, perdoa o
teu povo, Israel, o qual libertaste. Não culpes o teu povo pela morte
de um inocente'. Assim, serão absolvidos da culpa pelo sangue da
pessoa. 9Desse modo, vocês removerão do seu meio a culpa pela
morte da vítima e farão o que é certo aos olhos do Senhor."

O casamento com uma prisioneira

10"Quando vocês saírem para guerrear contra seus inimigos e o
Senhor, seu Deus, entregá-los em suas mãos e vocês os fizerem
prisioneiros, 11pode acontecer de algum de vocês vir uma mulher
bonita entre os cativos, sentir-se atraído por ela e desejar casar-se
com ela. 12Nesse caso, leve-a para casa, onde ela raspará a cabeça,
cortará as unhas 13e trocará as roupas que estava usando quando
foi capturada. Ela ficará em sua casa, mas você deixará que ela fique
de luto pelo pai e pela mãe por um mês inteiro. Depois disso, você
se casará com ela. Passará a ser seu marido, e ela será sua esposa.
14Se depois do casamento ela não o agradar, liberte-a. Não a venda
nem a trate como escrava, pois você a humilhou."

Direitos do filho mais velho

15"Se um homem tiver duas esposas e amar apenas uma delas,
mas ambas lhe derem filhos homens, e o filho mais velho for da
esposa que ele não ama, 16quando dividir sua herança o homem
não poderá dar a porção maior ao filho da esposa amada, como se
este fosse o filho mais velho. 17Terá de reconhecer os direitos do
filho mais velho, da esposa não amada, dando-lhe porção dobrada.
Ele é o primeiro filho do vigor de seu pai, e os direitos do filho mais
velho lhe pertencem."

NO QUE ESTOU **PENSANDO** ○ | O QUE ESTOU **SENTINDO** ○ | DO QUE ESTOU **LEMBRANDO** ○

DESENHE OU ESCREVA

Como lidar com um filho rebelde

18 "Se um homem tiver um filho teimoso e rebelde, que não obede-
ce ao pai nem à mãe, apesar de eles o disciplinarem, 19 o pai e a mãe
levarão o filho até a porta da cidade e dirão às autoridades ali reuni-
das: 20 'Este nosso filho é teimoso e rebelde e se recusa a obedecer.
É mau-caráter e vive bêbado'. 21 Então todos os homens da cidade
o executarão por apedrejamento. Desse modo, vocês eliminarão
o mal do seu meio, e todo o Israel ficará sabendo disso e temerá."

Outras normas

22 "Se alguém cometeu um crime que merece a pena de morte e,
por isso, foi executado e pendurado numa árvore, 23 não deverá
permanecer pendurado ali durante a noite. Enterrem o corpo no
mesmo dia, pois todo aquele que é pendurado é maldito aos olhos
de Deus. Desse modo, vocês evitarão a contaminação da terra que
o SENHOR, seu Deus, lhes dá como herança."

CAPÍTULO 22

1 "Se você vir solto por aí o boi ou a ovelha de um israelita, não fuja
de sua responsabilidade. Devolva o animal ao dono. 2 Se o dono
não morar por perto ou se você não o conhecer, leve o animal para
sua casa e fique com ele até o dono vir procurá-lo. Então, devolva
o animal. 3 Faça o mesmo se encontrar um jumento, uma peça de
roupa ou qualquer outra coisa que alguém tenha perdido. Não
fuja de sua responsabilidade. 4 "Se você vir o jumento ou o boi de
um israelita caído no caminho, não o ignore. Vá e ajude o dono a
levantar o animal. 5 "A mulher não deve usar roupas de homem, e
o homem não deve usar roupas de mulher. Quem age desse modo
é detestável aos olhos do SENHOR, seu Deus. 6 "Se acontecer de você
encontrar o ninho de um pássaro numa árvore ou no chão, e houver
nele filhotes ou ovos que a mãe esteja chocando, não leve a mãe
junto com os filhotes. 7 Leve os filhotes, mas deixe a mãe, para que
você prospere e tenha vida longa. 8 "Quando você construir uma
casa nova, coloque um parapeito em torno do terraço. Desse modo,
se alguém cair do terraço, você e sua família não serão culpados
pela morte da vítima. 9 "Não plantem nenhuma outra semente en-
tre as videiras em seu vinhedo. Se o fizerem, estarão proibidos de
usar tanto as uvas desse vinhedo como o fruto da outra plantação

que semearam. 10 "Não arem a terra com um boi e um jumento
presos ao mesmo jugo. 11 "Não usem roupas feitas de fios de lã
e linho entrelaçados. 12 "Coloquem franjas nas quatro pontas do
manto com o qual vocês se cobrem."

Normas acerca da pureza sexual

13 "Se um homem se casar com uma mulher e, depois de ter relações
com ela, rejeitá-la 14 e acusá-la publicamente de conduta vergonho-
sa, dizendo: 'Quando me casei com esta mulher, descobri que ela
não era virgem', 15 então o pai e a mãe da mulher levarão a prova
da virgindade da filha até a porta da cidade, onde as autoridades
estarão reunidas. 16 O pai lhes dirá: 'Dei minha filha em casamento
a este homem, e agora ele a rejeitou. 17 Acusou-a de conduta ver-
gonhosa, dizendo: 'Descobri que sua filha não era virgem'. Aqui
está, porém, a prova da virgindade de minha filha'. Então os pais
estenderão o lençol da filha diante das autoridades, 18 e eles pega-
rão o homem e o castigarão. 19 Também lhe aplicarão uma multa
de cem peças de prata que ele pagará ao pai da mulher, uma vez
que acusou publicamente de conduta vergonhosa uma virgem de
Israel. Ela continuará a ser esposa do homem, e ele jamais poderá
se divorciar dela. 20 "Mas, se as acusações do homem forem verda-
deiras e ele puder provar que a mulher não era virgem, 21 então ela
será levada até a porta da casa de seu pai e ali será executada por
apedrejamento pelos homens da cidade. Ela cometeu um crime
vergonhoso em Israel, praticando imoralidade sexual enquanto
vivia na casa de seus pais. Desse modo, vocês eliminarão o mal do
seu meio. 22 "Se um homem for flagrado cometendo adultério, ele
e a mulher terão de morrer. Desse modo, vocês eliminarão o mal
do meio de Israel. 23 "Se um homem encontrar uma moça virgem,
prometida em casamento, e tiver relações sexuais com ela dentro
da cidade, 24 levem os dois para a porta da cidade e executem-nos
por apedrejamento. A mulher é culpada porque não gritou por
socorro, e o homem deverá morrer porque humilhou a esposa de
outro homem. Desse modo, vocês eliminarão o mal do seu meio.
25 "Mas, se o homem encontrar a moça prometida em casamen-
to no campo e a violentar, somente o homem deverá ser morto.
26 Não façam nada à moça; não cometeu crime algum que mereça
a pena de morte. É tão inocente quanto uma vítima de homicídio.

27 Uma vez que o homem a violentou no campo, deve-se presu-
mir que ela gritou, mas não houve quem a socorresse. 28 "Se um
homem tiver relações com uma moça virgem, mas que não esteja
prometida em casamento, e eles forem descobertos, 29 o homem
pagará ao pai da moça cinquenta peças de prata. Uma vez que ele
humilhou a moça, se casará com ela e jamais poderá se divorciar.
30 "Nenhum homem tomará por mulher alguém que foi esposa de
seu pai, pois isso desonraria seu pai."

CAPÍTULO 23

Normas acerca da adoração

1 "Se um homem tiver os testículos esmagados ou o membro am-
putado, não terá permissão de entrar nas reuniões sagradas do
SENHOR. 2 "Se alguém for filho ilegítimo, nem ele nem seus des-
cendentes, até a décima geração, terão permissão de entrar nas
reuniões sagradas do SENHOR. 3 "Nenhum amonita ou moabita, e
nenhum de seus descendentes, até a décima geração, terá permis-
são de participar das reuniões sagradas do SENHOR. 4 Essas nações
não os receberam com alimento e água quando vocês saíram do
Egito. Em vez disso, contrataram Balaão, filho de Beor, nascido em
Petor, na Mesopotâmia, para amaldiçoá-los. 5 Mas o SENHOR, seu
Deus, se recusou a ouvir Balaão e transformou a maldição em bên-
ção, pois o SENHOR, seu Deus, os ama. 6 Enquanto viverem, jamais
promovam o bem-estar e a prosperidade dos amonitas ou moabi-
tas. 7 "Não mostrem ódio aos edomitas, pois são seus parentes, nem
aos egípcios, pois vocês viveram como estrangeiros entre eles. 8 A
terceira geração de edomitas e egípcios poderá entrar nas reuniões
sagradas do SENHOR."

Normas diversas

9 "Quando saírem para guerrear contra seus inimigos, mantenham-
-se afastados de tudo que é impuro. 10 "O homem que ficar ceri-
monialmente impuro por causa de uma polução noturna sairá do
acampamento e ficará fora o dia todo. 11 Ao entardecer, ele se banha-
rá e, ao pôr do sol, poderá voltar ao acampamento. 12 "Determinem
uma área fora do acampamento onde possam fazer as necessida-
des. 13 Cada um deve ter uma pá como parte de seu equipamento.
Quando forem evacuar, cavem um buraco com a pá e cubram as

NO QUE ESTOU **PENSANDO** ○ | O QUE ESTOU **SENTINDO** ○ | DO QUE ESTOU **LEMBRANDO** ○

DESENHE OU ESCREVA

fezes. 14 O acampamento deverá ser santo, pois o SENHOR, seu Deus,
anda no meio dele para proteger vocês e derrotar seus inimigos.
Cuidem para que ele não veja em seu meio qualquer coisa vergo-
nhosa e se afaste de vocês. 15 "Se escravos fugirem e se refugiarem
com vocês, não os devolvam a seus senhores. 16 Permitam que eles
vivam em seu meio em qualquer cidade que escolherem, e não os
oprimam. 17 "Nenhum israelita, homem ou mulher, se dedicará à
prostituição em templos idólatras. 18 "Quando apresentarem uma
oferta para cumprir um voto, não tragam à casa do SENHOR, seu
Deus, nenhuma oferta proveniente dos lucros de uma prostituta ou
de um prostituto, pois ambos são detestáveis ao SENHOR, seu Deus.
19 "Não cobrem juros sobre os empréstimos que fizerem a um irmão
israelita, seja de dinheiro, de alimento ou de qualquer outra coisa.
20 Poderão cobrar juros dos estrangeiros, mas não cobrarão juros de
israelitas, para que o SENHOR, seu Deus, os abençoe em tudo que
fizerem na terra da qual estão prestes a tomar posse. 21 "Quando
fizerem um voto ao SENHOR, seu Deus, cumpram-no prontamente.
O SENHOR, seu Deus, cobrará de vocês o cumprimento dos votos,
ou serão culpados de pecado. 22 Não é pecado deixar de fazer voto.
23 Mas, se fizerem um voto voluntário, cumpram cuidadosamente
a promessa feita ao SENHOR, seu Deus. 24 "Quando entrarem no
vinhedo de seu vizinho, poderão comer uvas até se saciarem, mas
não as levem num cesto. 25 E, quando entrarem no campo de um
vizinho, poderão apanhar as espigas de cereal com a mão, mas não
usem a foice para cortá-las."

CAPÍTULO 24

1 "Se um homem se casar e a esposa não for do seu agrado porque
ele descobriu alguma coisa vergonhosa da parte dela, ele escreverá
um certificado de divórcio e o dará a ela, mandando-a embora de
sua casa. 2 Depois de partir, ela poderá casar-se com outro homem.
3 E, se este também a rejeitar e escrever um certificado de divórcio
e o der a ela, mandando-a embora de sua casa, ou até mesmo
se ele morrer, 4 o primeiro homem que a mandou embora não
poderá casar-se de novo com ela, pois ela foi contaminada. Isso
seria detestável para o SENHOR. Não tragam culpa sobre a terra
que o SENHOR, seu Deus, lhes dá como herança. 5 "O homem re-
cém-casado não será recrutado para o serviço militar nem receberá

Dt

nenhuma outra responsabilidade oficial. Estará livre para passar
um ano em casa, proporcionando alegria à mulher com quem se
casou. 6“Não tomem um conjunto de pedras de moinho, nem
mesmo só a pedra de cima, como garantia de uma dívida, pois
o dono precisa das pedras para obter seu sustento. 7“Se alguém
sequestrar um irmão israelita e o tratar como escravo ou o vender,
o sequestrador terá de morrer. Desse modo, vocês eliminarão o mal
do seu meio. 8“Em todos os casos de lepra, cumpram com extremo
cuidado as instruções dos sacerdotes levitas; obedeçam a todos
os mandamentos que eu dei a eles. 9Lembrem-se daquilo que o
SENHOR, seu Deus, fez com Miriã durante sua jornada no deserto,
depois que vocês saíram do Egito. 10“Se um de vocês emprestar
algo a seu próximo, não entre na casa dele para pegar o objeto que
ele lhe oferecer como garantia. 11Espere do lado de fora enquanto
ele pega o objeto e o traz para você. 12Se ele for pobre e lhe der
o manto como garantia, não o guarde consigo durante a noite.
13Devolva-lhe o manto ao pôr do sol, para que ele se aqueça du-
rante a noite e abençoe você. O SENHOR, seu Deus, considerará isso
um ato de justiça. 14“Nunca se aproveitem de trabalhadores pobres
e necessitados, sejam irmãos israelitas ou estrangeiros que vivem
em suas cidades. 15Paguem o salário deles todos os dias, antes do
pôr do sol, pois eles são pobres e contam com isso para viver. Do
contrário, quando clamarem contra vocês ao SENHOR, vocês serão
culpados de pecado diante dele. 16“Os pais não serão executados
por causa do pecado dos filhos, nem os filhos por causa do pecado
dos pais. Aqueles que merecem morrer deverão ser executados por
causa de seus próprios crimes. 17“Sejam justos com os estrangeiros
e os órfãos que vivem entre vocês, e jamais aceitem a roupa de
uma viúva como garantia por sua dívida. 18Lembrem-se sempre
de que vocês foram escravos no Egito e de que o SENHOR, seu
Deus, os libertou da escravidão. Por isso eu lhes dou estas ordens.
19“Quando estiverem fazendo a colheita de suas lavouras e esque-
cerem um feixe de cereais no campo, não voltem para buscá-lo.
Deixem-no para os estrangeiros, para os órfãos e para as viúvas.
Então o SENHOR, seu Deus, os abençoará em tudo que fizerem.
20Quando sacudirem as azeitonas de suas oliveiras, não passem
pelos mesmos ramos duas vezes. Deixem as azeitonas restantes
para os estrangeiros, os órfãos e as viúvas. 21Quando colherem

NO QUE ESTOU **PENSANDO** ○ | O QUE ESTOU **SENTINDO** ○ | DO QUE ESTOU **LEMBRANDO** ○

DESENHE OU ESCREVA

uvas em seus vinhedos, não passem novamente pelas videiras.
Deixem as uvas restantes para os estrangeiros, os órfãos e as viúvas.
22Lembrem-se de que vocês foram escravos na terra do Egito. Por
isso eu lhes dou estas ordens.”

CAPÍTULO 25

1“Quando duas pessoas brigarem e o caso chegar a um tribunal, os
juízes declararão que uma pessoa tem razão e a outra está errada.
2Se a pessoa que está errada for sentenciada a receber açoites, o
juiz ordenará que ela se deite e seja açoitada na presença dele, com
um número de açoites proporcional ao crime. 3Jamais ultrapassem,
porém, quarenta açoites; mais que quarenta açoites seria uma hu-
milhação pública para seu irmão israelita. 4“Não amordacem o boi
para impedir que ele coma enquanto debulha os cereais. 5“Se dois
irmãos estiverem morando juntos na mesma propriedade e um
deles morrer sem deixar filhos, a viúva não se casará com alguém
de fora da família. O irmão de seu marido se casará com ela, e eles
terão relações sexuais. Desse modo, ele cumprirá os deveres de
cunhado. 6O primeiro filho que ela tiver com ele será considerado
filho do irmão falecido, para que seu nome não seja esquecido em
Israel. 7“Se, contudo, o homem se recusar a casar-se com a viúva
de seu irmão, ela irá até a porta da cidade e dirá às autoridades ali
reunidas: ‘O irmão de meu falecido esposo se recusa a preservar o
nome do irmão em Israel. Não quer cumprir os deveres de cunhado,
casando-se comigo’. 8As autoridades da cidade o convocarão e con-
versarão com ele. Se, ainda assim, ele insistir e disser: ‘Não quero
me casar com ela’, 9a viúva se aproximará do homem na presença
das autoridades, tirará a sandália do pé dele e cuspirá em seu rosto.
Em seguida, ela declarará: ‘É isso que acontece com o homem que
se recusa a dar filhos para seu irmão’. 10Desse dia em diante, a
família dele será chamada em Israel de ‘família do descalçado’.
11“Se dois israelitas brigarem e a esposa de um deles, na tentativa
de livrar o marido de quem o agride, agarrar os órgãos genitais do
outro homem, 12cortem a mão da mulher. Não tenham pena dela.
13“Quando pesarem mercadorias, usem balanças precisas. 14Usem
também medidas completas e justas. 15Sim, usem sempre pesos
e medidas exatos e justos, para que tenham vida longa na terra
que o SENHOR, seu Deus, lhes dá. 16Quem engana com pesos e

medidas desonestos é detestável ao SENHOR, seu Deus. 17"Nunca se
esqueçam daquilo que os amalequitas lhes fizeram quando vocês
saíram do Egito. 18Eles os atacaram quando vocês estavam cansados
e esgotados e feriram mortalmente os mais fracos que ficaram para
trás. Não temeram a Deus. 19Portanto, quando o SENHOR, seu Deus,
lhes proporcionar descanso de todos os seus inimigos na terra que
ele lhes dá como herança, destruam os amalequitas e apaguem a
memória deles de debaixo do céu. Jamais se esqueçam disso!"

CAPÍTULO 26

Dízimos e ofertas das colheitas

1"Quando tiverem entrado na terra que o SENHOR, seu Deus, lhes
dá como herança e a tiverem conquistado e se estabelecido nela,
2coloquem num cesto alguns dos primeiros frutos de cada colheita
que produziram e levem-no ao lugar que o SENHOR, seu Deus, es-
colher para habitação do seu nome. 3Dirijam-se ao sacerdote que
estiver de serviço naquela ocasião e digam-lhe: 'Com esta oferta
reconheço diante do SENHOR, seu Deus, ter entrado na terra que o
SENHOR jurou a nossos antepassados que nos daria'. 4O sacerdote
pegará o cesto de suas mãos e o colocará diante do altar do SENHOR,
seu Deus. 5"Então vocês declararão na presença do SENHOR, seu
Deus: 'Meu antepassado Jacó era um nômade arameu que foi viver
no Egito como estrangeiro. Quando chegou, sua família não era
numerosa, mas no Egito ela se tornou uma grande e poderosa
nação. 6Quando os egípcios nos oprimiram e nos humilharam,
sujeitando-nos à escravidão, 7clamamos ao SENHOR, o Deus de
nossos antepassados. O SENHOR ouviu nossos clamores e viu nos-
sas dificuldades, nosso trabalho árduo e a opressão que sofríamos.
8Por isso, o SENHOR nos libertou do Egito com mão forte e braço
poderoso, com atos temíveis, sinais e maravilhas. 9Trouxe-nos para
este lugar e nos deu esta terra que produz leite e mel com fartura!
10E agora, SENHOR, trago os primeiros frutos da colheita que, do
solo, me deste'. Em seguida, coloquem o cesto diante do SENHOR,
seu Deus, e prostrem-se diante dele em adoração. 11Depois disso,
alegrem-se por todas as coisas boas que o SENHOR, seu Deus, tem
dado a vocês e a suas famílias. Lembrem-se de incluir na celebração
os levitas e os estrangeiros que vivem entre vocês. 12"A cada três
anos, separem um dízimo especial de suas colheitas. Nesse ano,

NO QUE ESTOU **PENSANDO** ○ | O QUE ESTOU **SENTINDO** ○ | DO QUE ESTOU **LEMBRANDO** ○

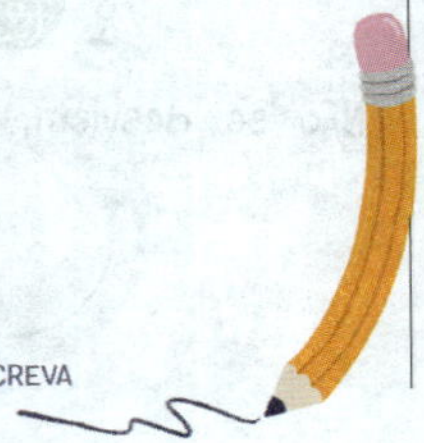

DESENHE OU ESCREVA

entreguem seus dízimos aos levitas, aos estrangeiros, aos órfãos e
às viúvas, para que eles comam até se saciarem em suas cidades.
13Então declarem na presença do SENHOR, seu Deus: 'Dediquei, da
minha casa, a oferta sagrada e a entreguei aos levitas, aos estran-
geiros, aos órfãos e às viúvas, conforme ordenaste. Não quebrei
nenhum dos teus mandamentos nem me esqueci de nenhum
deles. 14Não comi coisa alguma desta oferta enquanto estava de
luto, nem a toquei enquanto estava cerimonialmente impuro, e
não ofereci coisa alguma dela aos mortos. Obedeci ao SENHOR, meu
Deus, e fiz tudo que me ordenaste. 15Agora, olha desde a tua santa
habitação no céu e abençoa o teu povo, Israel, e a terra que juraste
a nossos antepassados que nos darias, uma terra que produz leite
e mel com fartura'."

Chamado à obediência

16"Hoje o SENHOR, seu Deus, ordenou que obedeçam a todos estes
decretos e estatutos. Cumpram-nos cuidadosamente, de todo o
seu coração e de toda a sua alma. 17Hoje vocês declararam que o
SENHOR é o seu Deus e que andarão em seus caminhos, obedece-
rão a seus decretos, mandamentos e estatutos e farão tudo que
ele mandar. 18O SENHOR declarou hoje que vocês são seu povo,
sua propriedade especial, conforme ele havia prometido, e que
devem obedecer a todos os seus mandamentos. 19Se o fizerem,
ele os colocará muito acima de todas as outras nações que ele fez,
e vocês receberão louvores, honra e fama. Serão uma nação santa
ao SENHOR, seu Deus, exatamente como ele prometeu."

CAPÍTULO 27

O altar no monte Ebal

1Então Moisés, acompanhado dos líderes de Israel, deu a seguinte
ordem ao povo: "Obedeçam a todos estes mandamentos que hoje
lhes dou. 2Quando atravessarem o rio Jordão e entrarem na terra
que o SENHOR, seu Deus, lhes dá, levantem pedras grandes e pin-
tem-nas com cal. 3Escrevam nelas todos os termos desta lei quando
atravessarem o rio para entrar na terra que o SENHOR, seu Deus,
lhes dá, uma terra que produz leite e mel com fartura, conforme
lhes prometeu o SENHOR, o Deus de seus antepassados. 4Depois
de atravessarem o Jordão, levantem essas pedras pintadas de cal

no monte Ebal, como hoje lhes ordeno. 5"Construam ali um altar
para o SENHOR, seu Deus, usando pedras inteiras, em sua forma
natural. Não alterem a forma das pedras com ferramenta de ferro.
6Construam o altar com pedras que não foram cortadas e usem-
-no para oferecer holocaustos ao SENHOR, seu Deus. 7Apresentem
também sacrifícios de ofertas de paz e celebrem, comendo e ale-
grando-se na presença do SENHOR, seu Deus. 8Escrevam de forma
bem visível todos os termos desta lei nas pedras pintadas de cal".
9Em seguida, Moisés e os sacerdotes levitas disseram a todo o
Israel: "Faça silêncio e ouça, ó Israel! Hoje você se tornou o povo
do SENHOR, seu Deus. 10Obedeça, portanto, ao SENHOR, seu Deus,
cumprindo todos estes mandamentos e decretos que hoje lhe dou".

Maldições pronunciadas no monte Ebal

11No mesmo dia, Moisés deu ao povo a seguinte ordem: 12"Quando
atravessarem o rio Jordão, as tribos de Simeão, Levi, Judá, Issacar,
José e Benjamim ficarão no monte Gerizim, de onde proclama-
rão uma bênção sobre o povo. 13As tribos de Rúben, Gade, Aser,
Zebulom, Dã e Naftali ficarão no monte Ebal, de onde proclamarão
uma maldição. 14"Então os levitas dirão em alta voz a todo o povo
de Israel: 15'Maldito quem esculpir ou fundir um ídolo e o levan-
tar em segredo. Os ídolos, trabalhos de artesãos, são detestáveis
ao SENHOR'. E todo o povo responderá: 'Amém!'. 16'Maldito quem
desonrar pai ou mãe'. E todo o povo responderá: 'Amém!'. 17'Maldito
quem roubar a propriedade do próximo, movendo um marco de
divisa'. E todo o povo responderá: 'Amém!'. 18'Maldito quem fizer
o cego se desviar de seu caminho'. E todo o povo responderá:
'Amém!'. 19'Maldito quem negar justiça aos estrangeiros, aos ór-
fãos ou às viúvas'. E todo o povo responderá: 'Amém!'. 20'Maldito
quem tiver relações sexuais com a esposa de seu pai, pois deson-
rou seu pai'. E todo o povo responderá: 'Amém!'. 21'Maldito quem
tiver relações sexuais com um animal'. E todo o povo responderá:
'Amém!'. 22'Maldito quem tiver relações sexuais com sua irmã, seja
filha de seu pai ou de sua mãe'. E todo o povo responderá: 'Amém!'.
23'Maldito quem tiver relações sexuais com sua sogra'. E todo o povo
responderá: 'Amém!'. 24'Maldito quem matar o seu próximo em se-
gredo'. E todo o povo responderá: 'Amém!'. 25'Maldito quem aceitar
pagamento para matar um inocente'. E todo o povo responderá:

Dt 28.14

'Amém!'. 26'Maldito quem não confirmar e cumprir os termos desta
lei'. E todo o povo responderá: 'Amém!'."

CAPÍTULO 28

Bênçãos resultantes da obediência

1"Se vocês obedecerem em tudo ao SENHOR, seu Deus, e cumprirem
fielmente todos estes mandamentos que hoje lhes dou, o SENHOR,
seu Deus, os colocará muito acima de todas as nações da terra. 2Se
obedecerem ao SENHOR, seu Deus, vocês receberão as seguintes
bênçãos: 3Suas cidades e seus campos serão abençoados. 4Seus
filhos e suas colheitas serão abençoados. As crias de seu gado e de
seus rebanhos serão abençoadas. 5Seus cestos de frutos e tigelas
de amassar pão serão abençoados. 6A todo lugar que forem e em
tudo que fizerem, serão abençoados. 7"O SENHOR derrotará seus
inimigos quando eles os atacarem. Eles virão contra vocês de uma
direção, mas serão dispersados em sete direções. 8"O SENHOR lhes
garantirá bênção em tudo que fizerem e encherá seus celeiros de
cereais. O SENHOR, seu Deus, os abençoará na terra que ele lhes
dá. 9"Se obedecerem aos mandamentos do SENHOR, seu Deus, e
andarem em seus caminhos, o SENHOR os constituirá como seu
povo santo, conforme prometeu sob juramento. 10Assim, todas as
nações da terra verão que vocês são um povo que o SENHOR tomou
para si e os temerão. 11"O SENHOR lhes dará prosperidade na terra
que ele jurou a seus antepassados que daria a vocês, e os abençoará
com muitos filhos, rebanhos numerosos e colheitas fartas. 12No
tempo certo, o SENHOR enviará chuvas de seu rico tesouro no céu
e abençoará todo o trabalho que realizarem. Vocês emprestarão a
muitas nações, mas jamais precisarão tomar emprestado delas. 13Se
derem ouvidos a estes mandamentos que hoje lhes dou e se os
cumprirem fielmente, o SENHOR os fará cabeça, e não cauda, e vocês
estarão sempre por cima, e nunca por baixo. 14Não se desviem, por
menos que seja, de nenhum dos mandamentos que hoje lhes dou,
e não sigam outros deuses nem os adorem."

Maldições resultantes da desobediência

15"Mas, se vocês se recusarem a dar ouvidos ao SENHOR, seu Deus,
e não cumprirem todos os mandamentos e decretos que hoje lhes
dou, as seguintes maldições cairão sobre vocês e os atingirão:

16 Suas cidades e seus campos serão amaldiçoados. 17 Seus ces-
tos de frutos e suas tigelas de amassar pão serão amaldiçoados.
18 Seus filhos e suas colheitas serão amaldiçoados. As crias de seu
gado e de seus rebanhos serão amaldiçoadas. 19 A todo lugar que
forem e em tudo que fizerem, serão amaldiçoados. 20 "O próprio
SENHOR enviará maldições, confusão e frustração em tudo que
fizerem, até que, por fim, vocês sejam completamente destru-
ídos por terem praticado o mal e me abandonado. 21 O SENHOR
os afligirá com pragas, até fazê-los desaparecer da terra em que
estão prestes a entrar para tomar posse. 22 O SENHOR os ferirá com
doenças debilitantes, com febres e inflamações, com calor ardente
e secas, com ferrugem e mofo. Essas calamidades os perseguirão
até que vocês morram. 23 O céu sobre sua cabeça será tão duro
quanto o bronze, e a terra debaixo de vocês será tão impenetrável
quanto o ferro. 24 O SENHOR transformará em pó a chuva que rega
sua terra, e cinzas cairão do céu até que vocês sejam destruídos.
25 "O SENHOR fará seus inimigos os derrotarem. Vocês os atacarão
de uma direção, mas serão dispersados em sete direções. Serão
motivo de horror para todos os reinos da terra. 26 Seus cadáveres
serão alimento para as aves do céu e para os animais selvagens,
e não haverá ninguém para enxotá-los. 27 "O SENHOR os afligirá
com as feridas purulentas do Egito e com tumores, sarna e co-
ceira incuráveis. 28 O SENHOR os castigará com loucura, cegueira
e pânico. 29 Andarão tateando em plena luz do dia, como cegos
na escuridão, mas não encontrarão o caminho. Serão oprimidos e
roubados continuamente, e ninguém virá para socorrê-los. 30 "Você
ficará noivo de uma mulher, mas outro homem dormirá com ela.
Construirá uma casa, mas outra pessoa morará nela. Plantará um
vinhedo, mas não aproveitará seus frutos. 31 Seu boi será abatido
diante de seus olhos, mas você não provará um pedaço sequer da
carne. Seu jumento lhe será tomado e não será devolvido. Suas
ovelhas serão entregues a seus inimigos, e não haverá quem o
ajude. 32 Você verá seus filhos e filhas serem levados embora como
escravos. Sentirá intensa saudade deles, mas nada poderá fazer.
33 Uma nação estrangeira desconhecida consumirá as colheitas que
vocês trabalharam arduamente para produzir. Vocês sofrerão opres-
são constante e serão tratados com crueldade. 34 Quando virem as
tragédias ao seu redor, acabarão enlouquecendo. 35 O SENHOR lhes

NO QUE ESTOU PENSANDO | O QUE ESTOU SENTINDO | DO QUE ESTOU LEMBRANDO

DESENHE OU ESCREVA

cobrirá os joelhos e as pernas com feridas incuráveis. Terão feridas
da cabeça aos pés. 36 "O SENHOR enviará vocês e seu rei para o exí-
lio numa nação que vocês e seus antepassados não conheceram.
Ali, adorarão deuses de madeira e de pedra! 37 Serão motivo de
horror, de ridículo e de zombaria entre as nações para as quais o
SENHOR os enviar. 38 "Semearão muito, mas colherão pouco, pois
os gafanhotos devorarão suas plantações. 39 Plantarão vinhedos e
cuidarão deles, mas não beberão o vinho nem comerão as uvas,
pois vermes devorarão as videiras. 40 Cultivarão oliveiras em todo
o seu território, mas nunca usarão azeite, pois os frutos cairão antes
de amadurecer. 41 Terão filhos e filhas, mas os perderão, pois eles
serão levados para o cativeiro. 42 Enxames de insetos destruirão
suas árvores e suas plantações. 43 "Os estrangeiros que vivem entre
vocês se tornarão cada vez mais fortes, enquanto vocês se tornarão
cada vez mais fracos. 44 Eles lhes emprestarão dinheiro, mas vocês
não emprestarão a eles. Eles serão a cabeça, e vocês serão a cauda!
45 "Se vocês se recusarem a dar ouvidos ao SENHOR, seu Deus, e a
obedecer aos mandamentos e decretos que ele lhes deu, todas
estas maldições os perseguirão e os alcançarão até que sejam des-
truídos. 46 Estes horrores servirão de sinal e advertência para vocês
e seus descendentes para sempre. 47 Se não servirem ao SENHOR,
seu Deus, com alegria e entusiasmo pelos muitos benefícios que
receberam, 48 servirão aos inimigos que o SENHOR enviará contra
vocês. Ficarão famintos, sedentos, despidos e desprovidos de tudo.
O SENHOR porá um jugo de ferro sobre seu pescoço e os oprimirá
severamente até que os tenha destruído. 49 "Dos confins da terra,
o SENHOR trará contra vocês uma nação distante que se lançará
sobre vocês como um abutre. Será uma nação cuja língua vocês
não compreendem, 50 povo feroz e cruel, que não tem respeito
pelos idosos nem pena dos jovens. 51 Os exércitos deles devorarão
seus animais e colheitas, e vocês serão destruídos. Não deixarão
coisa alguma dos seus cereais, nem vinho novo, azeite, bezerros ou
cordeiros, e vocês morrerão de fome. 52 Atacarão suas cidades até
derrubarem todos os muros fortificados de sua terra, as muralhas
nas quais vocês confiavam como proteção. Atacarão todas as cida-
des da terra que o SENHOR, seu Deus, lhes dá. 53 "O cerco e a grande
aflição que o ataque inimigo causará serão tão terríveis que vocês
comerão a carne de seus próprios filhos e filhas, que o SENHOR,

seu Deus, lhes deu. 54 Até o homem de coração mais gentil em
seu meio não terá pena do próprio irmão, da esposa amada e dos
filhos que sobreviverem. 55 Ele se recusará a dividir com eles a carne
que estiver devorando, a carne de um dos próprios filhos, pois
não sobrará outra coisa para ele comer durante o cerco e a grande
aflição que o inimigo trará sobre todas as suas cidades. 56 A mulher
de coração mais gentil entre vocês, tão delicada que nem sequer
tocaria o chão com o pé, será mesquinha com o marido a quem
ama e com o próprio filho ou filha. 57 Esconderá deles a placenta e
o bebê recém-nascido que ela deu à luz para comê-los sozinha em
segredo. Não terá outra coisa para comer durante o cerco e a grande
aflição que o inimigo trará sobre todas as suas cidades. 58 "Se vocês
se recusarem a obedecer a todos os termos desta lei escritos neste
livro e se não temerem o nome glorioso e terrível do SENHOR, seu
Deus, 59 o SENHOR oprimirá vocês e seus filhos com pragas indes-
critíveis. Serão pragas intensas e sem alívio, doenças agonizantes e
insuportáveis. 60 Ele os afligirá com todas as doenças do Egito, que
vocês temiam tanto, e não terão alívio. 61 O SENHOR os afligirá com
todas as enfermidades e pragas que existem, mesmo aquelas que
não são mencionadas neste Livro da Lei, até que sejam destruídos.
62 Ainda que se tornem tão numerosos quanto as estrelas do céu,
poucos restarão, pois não deram ouvidos ao SENHOR, seu Deus.
63 "Assim como o SENHOR teve grande prazer em fazê-los prosperar
e se multiplicar, também terá prazer em destruí-los. Vocês serão
arrancados da terra em que estão prestes a entrar para tomar posse.
64 O SENHOR os espalhará entre todas as nações, de uma extremida-
de à outra do mundo. Ali, adorarão deuses estrangeiros que nem
vocês nem seus antepassados conheceram, deuses de madeira e
pedra. 65 Não encontrarão paz nem lugar de descanso entre essas
nações. O SENHOR fará seu coração estremecer, sua vista falhar e sua
alma desanimar. 66 Sua vida estará sempre por um fio. Passarão os
dias e as noites com medo, sem ter certeza se sobreviverão. 67 Pela
manhã dirão: 'Quem nos dera já fosse noite!', e à noite: 'Quem nos
dera já fosse dia!'. Pois se encherão de pavor com os horrores que
verão ao seu redor. 68 Então o SENHOR os mandará em navios de
volta para o Egito, o lugar que eu prometi que nunca mais veriam.
Lá, tentarão vender a si mesmos como escravos para seus inimigos,
mas ninguém os comprará".

NO QUE ESTOU **PENSANDO** ○ | O QUE ESTOU **SENTINDO** ○ | DO QUE ESTOU **LEMBRANDO** ○

DESENHE OU ESCREVA

CAPÍTULO 29

1 Estes são os termos da aliança que o SENHOR ordenou que Moisés
fizesse com os israelitas enquanto estavam na terra de Moabe, além
da aliança que havia feito com eles no monte Sinai.

Moisés faz uma recapitulação da aliança

2 Moisés convocou todo o povo de Israel e lhe disse: "Vocês viram
com os próprios olhos tudo que o SENHOR fez na terra do Egito ao
faraó, a todos os seus servos e a toda a sua terra. 3 Presenciaram
todas as grandes demonstrações de poder, os sinais e as espantosas
maravilhas. 4 Até hoje, porém, o SENHOR não lhes deu mente para
entender, nem olhos para ver, nem ouvidos para ouvir! 5 Durante
quarenta anos eu os conduzi pelo deserto e, no entanto, suas rou-
pas e sandálias não se gastaram. 6 Vocês não comeram pão nem be-
beram vinho ou outra bebida fermentada, mas receberam alimento
para que soubessem que ele é o SENHOR, seu Deus. 7 "Quando
chegamos aqui, Seom, rei de Hesbom, e Ogue, rei de Basã, nos
atacaram, mas nós os derrotamos. 8 Conquistamos seu território e
o entregamos às tribos de Rúben, Gade e à meia tribo de Manassés,
como sua herança. 9 "Portanto, obedeçam aos termos desta aliança,
para prosperarem em tudo que fizerem. 10 Todos vocês – chefes de
tribos, autoridades, oficiais, e todos os homens de Israel – estão
hoje na presença do SENHOR, seu Deus. 11 Estão acompanhados de
suas crianças e esposas, bem como dos estrangeiros que vivem em
seu meio, que cortam lenha e carregam água para vocês. 12 Estão
aqui hoje para entrar na aliança solene que o SENHOR, seu Deus, faz
com vocês, aliança que inclui maldições. 13 Ao entrarem na aliança
hoje, ele os confirmará como seu povo e reafirmará que é o seu
Deus, conforme prometeu sob juramento a vocês e a seus antepas-
sados Abraão, Isaque e Jacó. 14 "Não é só com vocês que faço esta
aliança, incluindo suas maldições. 15 Faço a aliança com vocês que
estão hoje na presença do SENHOR, nosso Deus, e também com as
gerações futuras que não estão aqui. 16 "Vocês se lembram de como
vivemos na terra do Egito e passamos pelo território de nações
inimigas quando saímos de lá. 17 Viram as práticas detestáveis delas
e seus ídolos de madeira, pedra, prata e ouro. 18 Faço esta aliança
com vocês para que ninguém, nenhum homem, mulher, clã ou
tribo em seu meio, se afaste do SENHOR, nosso Deus, para adorar

Dt

os deuses das outras nações, e para que nenhuma raiz em seu meio
produza frutos amargos e venenosos. 19"Aqueles que ouvirem as
advertências desta maldição não devem se parabenizar e pensar:
'Estou seguro, embora siga os desejos do meu coração obstinado'.
Isso levaria à ruína total! 20O SENHOR não os perdoará. Ao contrário,
sua ira e seu zelo arderão contra eles. Todas as maldições escritas
neste livro cairão sobre eles, e o SENHOR apagará seus nomes de
debaixo do céu. 21O SENHOR os separará de todas as tribos de Israel
a fim de derramar sobre eles todas as maldições da aliança regis-
tradas neste Livro da Lei. 22"Então as gerações futuras, tanto seus
descendentes como os estrangeiros que vêm de terras distantes,
verão a devastação da terra e as doenças com as quais o SENHOR a
aflige. 23Dirão: 'A terra inteira foi devastada por enxofre e sal. É uma
terra estéril, onde não há nada plantado e nada cresce, nem uma
folha de grama. É como as cidades de Sodoma e Gomorra, Admá
e Zeboim, que o SENHOR destruiu com sua furiosa ira'. 24"Todas as
nações vizinhas perguntarão: 'Por que o SENHOR fez isso com esta
terra? Por que se irou tanto?'. 25"E a resposta será: 'Foi porque o
povo desta terra abandonou a aliança que o SENHOR, o Deus de
seus antepassados, fez com eles quando os tirou da terra do Egito.
26Afastaram-se dele para servir e adorar outros deuses que não
conheciam, deuses que não lhes era permitido adorar. 27Por isso
a ira do SENHOR ardeu contra esta terra e trouxe sobre ela todas
as maldições registradas neste livro. 28Com grande ira e fúria, o
SENHOR arrancou seu povo da terra e o baniu para outra terra, onde
vivem até hoje!'. 29"O SENHOR, nosso Deus, tem segredos que nin-
guém conhece. Não seremos responsabilizados por eles, mas nós
e nossos filhos somos responsáveis para sempre por tudo que ele
nos revelou, para que obedeçamos a todos os termos desta lei."

CAPÍTULO 30

Chamado para voltar ao SENHOR

1"No futuro, quando vocês experimentarem todas as bênçãos e
maldições que lhes relatei, e quando estiverem vivendo entre
as nações onde o SENHOR, seu Deus, os exilou, levem todas estas
instruções a sério. 2Se, nessa ocasião, vocês e seus filhos voltarem
para o SENHOR, seu Deus, e se obedecerem de todo o coração e de
toda a alma a todos os mandamentos que hoje lhes dou, 3então

NO QUE ESTOU **PENSANDO** ○ | O QUE ESTOU **SENTINDO** ○ | DO QUE ESTOU **LEMBRANDO** ○

DESENHE OU ESCREVA

o SENHOR, seu Deus, restaurará sua situação. Ele terá misericórdia
de vocês e os reunirá de todas as nações por onde os espalhou.
4Embora tenham sido banidos até os confins da terra, o SENHOR, seu
Deus, os juntará e de lá os trará de volta. 5O SENHOR, seu Deus, os
trará à terra que pertencia a seus antepassados, e ela será sua outra
vez. Então ele os tornará ainda mais prósperos e numerosos que
seus antepassados! 6"O SENHOR, seu Deus, transformará o coração
de vocês e de todos os seus descendentes, para que o amem de
todo o coração e de toda a alma, e para que vivam! 7O SENHOR, seu
Deus, enviará todas essas maldições sobre seus inimigos e sobre
aqueles que os odeiam e os perseguem. 8Então vocês voltarão a
obedecer ao SENHOR e a cumprir todos os mandamentos que hoje
lhes dou. 9"O SENHOR, seu Deus, lhes dará sucesso em tudo que
fizerem. Também lhes dará muitos filhos e rebanhos numerosos e
fará seus campos produzirem colheitas fartas, pois o SENHOR voltará
a ter prazer em ser bondoso com vocês, como aconteceu com seus
antepassados. 10O SENHOR, seu Deus, se alegrará em vocês se lhe
obedecerem e cumprirem os mandamentos e decretos escritos
neste Livro da Lei, e se voltarem para o SENHOR, seu Deus, de todo
o coração e de toda a alma."

A escolha entre a vida e a morte

11"Este mandamento que hoje lhes dou não é difícil demais para
vocês, nem está fora de seu alcance. 12Não está guardado no céu,
tão longe que vocês tenham de perguntar: 'Quem subirá ao céu
a fim de trazê-lo até nós aqui embaixo, para que possamos ouvir
e obedecer?'. 13Não está guardado além do mar, tão distante que
vocês tenham de perguntar: 'Quem atravessará o mar a fim de
trazê-lo até nós, para que possamos ouvir e obedecer?'. 14Não, a
mensagem está bem perto; está em seus lábios e em seu coração,
para que possam obedecer. 15"Agora ouçam! Hoje lhes dou a es-
colha entre a vida e a morte, entre a prosperidade e a calamidade.
16Pois hoje ordeno que amem o SENHOR, seu Deus, e guardem
seus mandamentos, decretos e estatutos, andando em seus ca-
minhos. Se o fizerem, viverão e se multiplicarão, e o SENHOR, seu
Deus, abençoará vocês e a terra em que estão prestes a entrar para
tomar posse dela. 17"Se, contudo, seu coração se desviar e vocês
se recusarem a ouvir, se forem levados a seguir e adorar outros

deuses, 18eu os advirto hoje de que certamente serão destruídos.
Não terão uma vida longa e boa na terra que estão atravessando
o Jordão para ocupar. 19"Hoje lhes dei a escolha entre a vida e a
morte, entre bênçãos e maldições. Agora, chamo os céus e a terra
como testemunhas da escolha que fizerem. Escolham a vida, para
que vocês e seus filhos vivam! 20Façam isso amando, obedecendo
e apegando-se fielmente ao SENHOR, pois ele é a sua vida! Se vocês
o amarem e lhe obedecerem, ele lhes dará vida longa na terra que
o SENHOR jurou dar a seus antepassados Abraão, Isaque e Jacó".

CAPÍTULO 31

Josué se torna o líder de Israel

1Quando Moisés havia terminado de dar estas instruções a todo
o povo de Israel, 2ele disse: "Estou com 120 anos e já não sou
capaz de conduzi-los. O SENHOR me disse: 'Você não atravessará o
rio Jordão'. 3Mas o próprio SENHOR, seu Deus, atravessará adiante
de vocês. Ele destruirá as nações que vivem ali, e vocês tomarão
posse da terra. Josué os conduzirá até o outro lado do rio, conforme
o SENHOR prometeu. 4"O SENHOR destruirá as nações que vivem
na terra, como destruiu Seom e Ogue, os reis dos amorreus. 5O
SENHOR lhes entregará os povos que vivem ali, e vocês farão com
eles o que eu lhes ordenei. 6Portanto, sejam fortes e corajosos!
Não tenham medo e não se apavorem diante deles. O SENHOR, seu
Deus, irá adiante de vocês. Ele não os deixará nem os abandonará".
7Então, enquanto todo o Israel observava, Moisés mandou chamar
Josué e lhe disse: "Seja forte e corajoso, pois você conduzirá este
povo à terra que o SENHOR jurou a seus antepassados que lhes
daria. Você a dividirá entre eles e a entregará como herança. 8Não
tenha medo nem desanime, pois o próprio SENHOR irá adiante de
vocês. Ele estará com vocês; não os deixará nem os abandonará".

Leitura pública do Livro da Lei

9Moisés escreveu toda esta lei num livro e o entregou aos sacerdo-
tes que transportavam a arca da aliança do SENHOR e às autoridades
de Israel. 10Depois, Moisés lhes deu a seguinte ordem: "Ao final
de cada sete anos, no ano do cancelamento das dívidas, durante
a Festa das Cabanas, 11leiam este Livro da Lei para todo o povo de
Israel, quando estiverem reunidos diante do SENHOR, seu Deus, no
lugar que ele escolher. 12Convoquem todos: homens, mulheres,
crianças e os estrangeiros que vivem em suas cidades, para que
ouçam este Livro da Lei e aprendam a temer o SENHOR, seu Deus,
e a obedecer fielmente a todos os termos desta lei. 13Façam isso
para que seus filhos, que não conhecem estas instruções, as ouçam
e aprendam a temer o SENHOR, seu Deus. Façam isso enquanto
viverem na terra da qual tomarão posse ao atravessar o Jordão".

Predição da desobediência de Israel

14Então o SENHOR disse a Moisés: "É chegada a hora de você morrer.
Chame Josué e apresentem-se na tenda do encontro, onde darei
minhas ordens a ele". Moisés e Josué foram e se apresentaram
na tenda do encontro. 15O SENHOR lhes apareceu numa coluna de
nuvem, que parou à entrada da tenda sagrada. 16O SENHOR disse
a Moisés: "Você está prestes a morrer e a se reunir a seus ante-
passados. Quando não estiver mais aqui, este povo começará a se
prostituir, adorando deuses estrangeiros, os deuses da terra para
onde se dirigem. Eles me abandonarão e quebrarão a aliança que
fiz com eles. 17Então minha ira arderá contra eles. Eu os abandona-
rei, esconderei deles minha face, e eles serão devorados. Aflições
terríveis os atingirão e, naquele dia, dirão: 'Estas calamidades nos
atingiram porque o SENHOR não está mais entre nós!'. 18Naquele
dia, esconderei deles minha face por causa de todo o mal que prati-
caram, adorando outros deuses. 19"Escrevam, portanto, as palavras
desta canção e ensinem-na aos israelitas. Ajudem o povo a apren-
dê-la, para que ela sirva de testemunha a meu favor e contra eles.
20Pois eu os farei entrar na terra que jurei dar a seus antepassados,
uma terra que produz leite e mel com fartura. Lá, eles se tornarão
prósperos, comerão à vontade e engordarão. Contudo, começarão
a adorar outros deuses; eles me desprezarão e quebrarão a minha
aliança. 21E, quando grandes calamidades lhes ocorrerem, esta can-
ção servirá de prova contra eles, pois seus descendentes jamais se
esquecerão dela. Eu conheço as intenções deles, mesmo antes de
entrarem na terra que jurei lhes dar". 22Assim, naquele mesmo dia,
Moisés escreveu as palavras da canção e a ensinou aos israelitas.
23Então o SENHOR deu ordens a Josué, filho de Num, com as se-
guintes palavras: "Seja forte e corajoso, pois você conduzirá o povo
de Israel à terra que jurei lhes dar. Eu estarei com você". 24Quando

NO QUE ESTOU PENSANDO ○ | O QUE ESTOU SENTINDO ○ | DO QUE ESTOU LEMBRANDO ○

DESENHE OU ESCREVA

Moisés terminou de escrever os termos desta lei num livro, 25 deu
a seguinte ordem aos levitas que transportavam a arca da aliança
do SENHOR: 26 "Peguem este Livro da Lei e coloquem-no ao lado da
arca da aliança do SENHOR, seu Deus, para que ele fique ali como
testemunha contra vocês. 27 Pois eu sei como são rebeldes e teimo-
sos. Se, mesmo agora, enquanto ainda estou vivo e em seu meio,
vocês se rebelaram, quanto mais rebeldes serão depois da minha
morte! 28 "Convoquem agora todas as autoridades e os oficiais de
suas tribos para que eu lhes fale diretamente e chame os céus e a
terra para testemunharem contra eles. 29 Sei que depois de minha
morte vocês se tornarão inteiramente corruptos e se afastarão do
caminho que lhes ordenei que seguissem. Nos dias futuros, a ca-
lamidade cairá sobre vocês, pois farão o que é mau aos olhos do
SENHOR e provocarão a ira dele contra seus atos".

A canção de Moisés

30 Então Moisés recitou a canção inteira diante de toda a comuni-
dade de Israel:

CAPÍTULO 32

1 "Escutem, ó céus, e falarei! Ouça, ó terra, aquilo que digo! 2 Que
meu ensino desça sobre vocês como chuva, que minhas palavras
se derramem como orvalho. Caiam como chuva sobre a grama,
como garoa suave sobre o capim novo. 3 Proclamarei o nome do
SENHOR; exaltemos o nosso Deus! 4 Ele é a Rocha, e suas obras são
perfeitas; tudo que ele faz é certo. É um Deus fiel, que nunca erra,
é justo e verdadeiro! 5 "Seu povo o tratou de maneira desleal, agiu
maldosamente, e não como seus filhos; são uma geração perversa
e corrompida. 6 É assim que retribuem ao SENHOR, povo tolo e sem
juízo? Não é ele o Pai de vocês, que os criou? Não foi ele que os
fez e os estabeleceu? 7 Lembrem-se dos dias de muito tempo atrás,
pensem nas gerações passadas. Perguntem a seus pais, e eles os
informarão; consultem os líderes, e eles lhes contarão. 8 Quando o
Altíssimo distribuiu a terra entre as nações, quando dividiu a hu-
manidade, fixou os limites dos povos, de acordo com o número dos
filhos de Israel. 9 "Pois o povo de Israel pertence ao SENHOR; Jacó
é sua propriedade especial. 10 Encontrou-os numa terra deserta,
numa região desolada e de ventos uivantes. Cercou-os e cuidou

Dt 32.4

deles, protegeu-os como a pupila de seus olhos. 11 Como a águia
que incentiva seus filhotes e paira sobre a ninhada, ele estendeu
as asas para tomá-los e levá-los em segurança sobre suas penas.
12 O SENHOR, e mais ninguém, os guiou; nenhum deus estrangeiro
os conduziu. 13 Ele os fez cavalgar sobre os lugares altos da terra e
alimentar-se dos frutos dos campos. Nutriu-os com mel da rocha e
azeite dos altos rochedos. 14 Alimentou-os com coalhada do gado
e leite do rebanho, com a gordura de cordeiros, de carneiros e de
bodes de Basã. Comeram o melhor do trigo e beberam do vinho
mais fino que as uvas podem dar. 15 "Mas Jesurum não demorou
a engordar e se rebelar; o povo se tornou pesado, corpulento e
empanturrado! Então abandonaram o Deus que os criou, fizeram
pouco caso da Rocha de sua salvação. 16 Provocaram seu zelo,
adorando deuses estrangeiros; despertaram sua fúria com ído-
los detestáveis. 17 Ofereceram sacrifícios a demônios que não são
Deus, a deuses que não conheciam, deuses novos, sem história,
deuses que seus antepassados jamais temeram. 18 Abandonaram
a Rocha que os gerou, esqueceram-se do Deus que os fez nascer.
19 "O SENHOR viu isso e se afastou, provocado à ira por seus filhos
e filhas. 20 Disse: 'Eu os abandonarei; veremos o que será deles!
Pois são uma geração perversa, filhos infiéis. 21 Provocaram meu
ciúme adorando coisas que não são Deus; despertaram minha ira
com seus ídolos inúteis. Agora, provocarei seu ciúme com uma
gente que nem sequer é povo; despertarei sua ira por meio de
uma nação insensata. 22 Pois minha ira arde como o fogo e queima
até as profundezas da sepultura. Devora a terra e todas as suas
colheitas e incendeia os alicerces dos montes. 23 Amontoarei cala-
midades sobre eles e os derrubarei com minhas flechas. 24 Eu os
enfraquecerei com fome, febre alta e enfermidade mortal. Enviarei
as presas de animais selvagens, e o veneno das serpentes que se
arrastam no pó. 25 Fora de casa, a espada trará morte; dentro dela, o
pavor atingirá rapazes e moças, crianças e idosos. 26 Meu desejo era
aniquilá-los, apagar até sua lembrança dentre os povos. 27 Mas temi
a reação dos inimigos de Israel, que entenderiam mal e diriam: 'Foi
o nosso poder que triunfou! O SENHOR nada teve a ver com isso!'".
28 "Israel, porém, é uma nação sem juízo; seu povo é tolo, sem
entendimento. 29 Ah, se fossem sábios e compreendessem estas
coisas! Ah, se soubessem o fim que os espera! 30 Como poderia

uma só pessoa perseguir mil deles, e duas pessoas fazer dez mil
fugirem, a não ser que sua Rocha os tivesse vendido, a não ser que
o SENHOR os tivesse entregado? 31Mas a rocha de nossos inimigos
não é como nossa Rocha, como até eles mesmos reconhecem. 32A
videira deles vem da videira de Sodoma, dos campos de Gomorra.
As uvas deles são veneno, e seus cachos são amargos. 33O vinho de-
les é veneno de cobras, peçonha mortal de serpentes. 34"O SENHOR
diz: 'Acaso não selei estas coisas e as guardei em meus tesouros?
35A vingança cabe a mim, eu lhes darei o troco; no devido tempo,
seus pés escorregarão. O dia da calamidade chegará, e seu destino
os alcançará'. 36"Por certo o SENHOR julgará seu povo, e mudará seus
planos para seus servos, quando vir que a força deles se esgotou e
que ninguém sobrou, nem escravo nem livre. 37Então ele pergun-
tará: 'Onde estão seus deuses, as rochas em que se refugiaram?
38Onde estão os deuses que comeram a gordura de seus sacrifícios
e beberam o vinho de suas ofertas? Que esses deuses se levantem
e os socorram! Que eles lhes deem abrigo! 39Vejam agora que eu
sou o único; não há outro deus além de mim! Causo a morte e
dou a vida, causo a ferida e faço sarar; ninguém pode escapar de
minha mão poderosa! 40Agora, levanto minha mão para o céu e
declaro: 'Tão certo quanto eu vivo, 41quando eu afiar minha espa-
da reluzente, e começar a fazer justiça, eu me vingarei de meus
inimigos e darei o troco aos que me rejeitaram. 42Farei minhas
flechas se embebedarem de sangue, e minha espada devorará
carne: o sangue dos massacrados e dos prisioneiros, e as cabeças
dos líderes inimigos'. 43"Alegrem-se com ele, ó céus, e todos os
anjos de Deus o adorem. Alegrem-se com seu povo, ó nações, e
todos os anjos se fortaleçam nele; Pois ele retribuirá o sangue de
seus filhos e se vingará de seus inimigos. Ele dará o troco aos que
o odeiam e purificará a terra de seu povo". 44Então Moisés foi com
Josué, filho de Num, e recitou todas as palavras dessa canção para o
povo. 45Quando Moisés terminou de recitar todas essas palavras ao
povo de Israel, 46acrescentou: "Levem a sério todas as advertências
que hoje lhes dei. Transmitam-nas como ordens a seus filhos, para
que eles cumpram fielmente todos os termos desta lei. 47Não são
palavras vazias; são a vida de vocês! Se obedecerem a elas, terão
vida longa na terra da qual tomarão posse quando atravessarem
o rio Jordão".

NO QUE ESTOU **PENSANDO** ○ | O QUE ESTOU **SENTINDO** ○ | DO QUE ESTOU **LEMBRANDO** ○

DESENHE OU ESCREVA

A morte iminente de Moisés

48Naquele mesmo dia, o SENHOR disse a Moisés: 49"Vá a Moabe,
às montanhas a leste do rio, e suba o monte Nebo, do lado oposto
de Jericó. Veja a terra de Canaã, a terra que dou aos israelitas como
sua propriedade. 50Você morrerá ali no monte e será reunido a seus
antepassados, como Arão morreu no monte Hor e foi reunido a seus
antepassados. 51Será assim porque vocês dois quebraram minha
confiança diante dos israelitas nas águas de Meribá, em Cades, no
deserto de Zim. Não honraram minha santidade para os israelitas.
52Por isso você verá a terra de longe, mas não entrará na terra que
dou ao povo de Israel".

CAPÍTULO 33

Moisés abençoa o povo

1Esta é a bênção que Moisés, homem de Deus, deu aos israelitas
antes de sua morte: 2"O SENHOR veio do monte Sinai e alvoreceu
sobre nós desde o monte Seir; resplandeceu desde o monte Parã
e veio de Meribá-Cades com fogo ardente em sua mão direita. 3Por
certo ele ama seu povo; todos os seus santos estão em suas mãos.
Seguem seus passos e recebem seus ensinamentos. 4Moisés nos
deu a lei, a propriedade especial do povo de Israel. 5O SENHOR era
rei em Jesurum, quando os líderes do povo se reuniram, quando
as tribos de Israel se juntaram como uma só". 6"Que a tribo de
Rúben viva e não desapareça, embora não seja numerosa". 7Foi isto
que Moisés disse a respeito da tribo de Judá: "Ó SENHOR, ouve o
clamor de Judá e reúne-os como um só povo. Dá-lhes forças para
defender sua causa; ajuda-os contra seus inimigos". 8A respeito da
tribo de Levi, disse: "Ó SENHOR, deste o Tumim e o Urim, as sortes
sagradas, a teus servos fiéis. Tu os provaste em Massá e lutaste com
eles junto às águas de Meribá. 9Os levitas obedeceram à tua palavra
e guardaram a tua aliança. Foram mais leais a ti que aos próprios
pais. Ignoraram os parentes e não reconheceram os próprios fi-
lhos. 10Ensinaram teus estatutos a Jacó, deram tuas instruções a
Israel. Oferecem incenso diante de ti e apresentam holocaustos
inteiros no teu altar. 11Abençoa o serviço dos levitas, ó SENHOR, e
aceita todo o trabalho de suas mãos. Quebra os quadris de seus
inimigos; derruba seus adversários, para que nunca voltem a se
levantar". 12A respeito da tribo de Benjamim, disse: "Benjamim

é amado pelo SENHOR e vive em segurança ao seu lado. Ele o
protege continuamente e o faz descansar sobre seus ombros". 13A
respeito da tribo de José, disse: "O SENHOR abençoe suas terras
com a dádiva preciosa do orvalho do céu e água das profundezas
da terra; 14com os ricos frutos que amadurecem ao sol e as colheitas
fartas de cada mês; 15com as mais excelentes safras dos montes
antigos, e os ricos frutos das colinas eternas; 16com as melhores
dádivas da terra e sua fartura, e o favor daquele que apareceu no
arbusto em chamas. Que essas bênçãos repousem sobre a cabeça
de José e coroem a fronte do príncipe entre seus irmãos. 17José é
majestoso como um touro jovem; tem a força de um boi selvagem.
Com seus chifres expulsará as nações distantes até os confins da
terra. Essa é a minha bênção para as multidões de Efraim e para
os milhares de Manassés". 18A respeito da tribo de Zebulom, disse:
"Que o povo de Zebulom prospere em suas viagens, que o povo
de Issacar prospere em suas tendas. 19Convocam o povo ao monte
para ali oferecer os sacrifícios apropriados. Fartam-se das riquezas
do mar e dos tesouros escondidos na areia". 20A respeito da tribo
de Gade, disse: "Abençoado é aquele que expande o território de
Gade! Gade fica à espreita como leão, para arrancar um braço ou
uma cabeça. 21O povo de Gade tomou para si a melhor parte da
terra; a ele foi entregue a porção do líder. Quando os líderes do
povo estavam reunidos, executou a justiça do SENHOR e obedeceu
a seus estatutos para Israel". 22A respeito da tribo de Dã, disse:
"Dã é filhote de leão, que salta de Basã". 23A respeito da tribo de
Naftali, disse: "Ó Naftali, você é rico em favor e repleto das bênçãos
do SENHOR; herdará as terras do oeste e do sul". 24E, a respeito da
tribo de Aser, disse: "Que Aser seja mais abençoado que os outros
filhos; seja ele estimado por seus irmãos e banhe os pés em óleo
de oliva. 25Que as trancas de suas portas sejam de ferro e bronze e
sua força dure por todos os seus dias". 26"Não há ninguém como o
Deus de Jesurum! Ele cavalga pelos céus para ajudá-los e monta as
nuvens com majestoso esplendor. 27O Deus eterno é seu refúgio,
e seus braços eternos os sustentam. Expulsa os inimigos de diante
de vocês e grita: 'Destruam esses povos!'. 28Israel viverá em paz,
a fonte de Jacó estará segura numa terra de cereais e vinho novo,
onde os céus gotejam orvalho. 29Como você é feliz, ó Israel! Quem
é como você, povo salvo pelo SENHOR? Ele é seu escudo protetor

e sua espada triunfante! Seus inimigos se encolherão de medo
diante de você, e você lhes pisoteará as costas!".

CAPÍTULO 34

A morte de Moisés

1Então Moisés subiu das campinas de Moabe ao monte Nebo, até
o topo do Pisga, do lado oposto de Jericó. Ali o SENHOR lhe mos-
trou toda a terra, de Gileade a Dã; 2toda a terra de Naftali; a terra
de Efraim e Manassés; a terra de Judá, que se estende até o mar
Mediterrâneo; 3o Neguebe; o vale do Jordão, com Jericó, a cidade
das palmeiras, até Zoar. 4O SENHOR disse a Moisés: "Esta é a terra
que prometi sob juramento a Abraão, Isaque e Jacó, quando disse:
'Eu a darei a seus descendentes'. Sim, permiti que você a visse com
seus próprios olhos, mas você não atravessará o rio para entrar nela".
5Assim, Moisés, servo do SENHOR, morreu ali na terra de Moabe,
conforme o SENHOR tinha dito. 6Ele o sepultou num vale junto a
Bete-Peor, em Moabe, mas até hoje ninguém sabe o lugar exato.
7Moisés tinha 120 anos quando morreu e, no entanto, ainda en-
xergava bem e tinha todas as suas forças. 8Os israelitas prantearam
a morte de Moisés por trinta dias nas campinas de Moabe, até se
cumprir o período do ritual de luto. 9Josué, filho de Num, estava
cheio do espírito de sabedoria, pois Moisés havia imposto as mãos
sobre ele. Por isso, os israelitas lhe obedeceram e fizeram o que o
SENHOR havia ordenado a Moisés. 10Nunca houve em Israel outro
profeta como Moisés, a quem o SENHOR conhecia face a face. 11O
SENHOR o enviou ao Egito para realizar todos os sinais e maravilhas
contra o faraó, contra todos os seus servos e contra toda a sua terra.
12Com grande poder, Moisés realizou atos temíveis diante dos olhos
de todo o Israel.

Dt

JOSUÉ

CAPÍTULO 1

A ordem de Deus a Josué

1Depois que Moisés, servo do SENHOR, morreu, o SENHOR disse
a Josué, filho de Num, auxiliar de Moisés: 2"Meu servo Moisés
está morto; chegou a hora de você conduzir todo este povo, os
israelitas, para atravessar o rio Jordão e entrar na terra que eu lhes
dou. 3Eu darei a vocês todo o lugar em que pisarem, conforme
prometi a Moisés, 4desde o deserto do Neguebe, ao sul, até os
montes do Líbano, ao norte; desde o rio Eufrates, a leste, até o mar
Mediterrâneo, a oeste, incluindo toda a terra dos hititas. 5Enquanto
você viver, ninguém será capaz de lhe resistir, pois eu estarei com
você, assim como estive com Moisés. Não o deixarei nem o aban-
donarei. 6"Seja forte e corajoso, pois você conduzirá este povo
para tomar posse da terra que jurei dar a seus antepassados. 7Seja
somente forte e muito corajoso. Tenha o cuidado de cumprir toda
a lei que meu servo Moisés lhe ordenou. Não se desvie dela nem
para um lado nem para o outro. Assim você será bem-sucedido em
tudo que fizer. 8Relembre continuamente os termos deste Livro da
Lei. Medite nele dia e noite, para ter certeza de cumprir tudo que
nele está escrito. Então você prosperará e terá sucesso em tudo
que fizer. 9Esta é minha ordem: Seja forte e corajoso! Não tenha
medo nem desanime, pois o SENHOR, seu Deus, estará com você
por onde você andar".

NO QUE ESTOU PENSANDO ○ | O QUE ESTOU SENTINDO ○ | DO QUE ESTOU LEMBRANDO ○

DESENHE OU ESCREVA

A ordem de Josué a Israel

10Então Josué ordenou aos oficiais do povo: 11"Percorram o acam-
pamento e digam ao povo que prepare os suprimentos, pois daqui
a três dias vocês atravessarão o rio Jordão e tomarão posse da terra
que o SENHOR, seu Deus, lhes dá". 12Em seguida, Josué convocou
as tribos de Rúben e Gade e a meia tribo de Manassés e disse:
13"Lembrem-se do que Moisés, servo do SENHOR, lhes ordenou:
'O SENHOR, seu Deus, lhes concede um lugar de descanso e lhes
dá esta terra'. 14Suas esposas, seus filhos e seus animais ficarão
na terra que Moisés designou para vocês a leste do Jordão. Mas
seus guerreiros valentes, completamente armados, atravessarão o
Jordão à frente das outras tribos e as ajudarão. 15Permaneçam com
seus irmãos até que o SENHOR conceda descanso a eles como con-
cedeu a vocês, e até que eles também tomem posse da terra que o
SENHOR, seu Deus, lhes dá. Só então vocês voltarão e se estabelece-
rão na terra a leste do Jordão, o lugar que Moisés, servo do SENHOR,
designou para que vocês tomassem posse". 16Eles responderam a
Josué: "Faremos tudo que você ordenar e iremos aonde nos enviar.
17Obedeceremos a você como obedecemos em tudo a Moisés. Que
o SENHOR, seu Deus, esteja sempre com você, como esteve com
Moisés. 18Quem se rebelar contra as suas ordens e não obedecer às
suas palavras será morto. Seja somente forte e corajoso!".

CAPÍTULO 2

Raabe ajuda os espiões israelitas

1Então, do acampamento em Sitim, Josué, filho de Num, enviou
secretamente dois espiões, com a seguinte instrução: "Façam o
reconhecimento da terra, especialmente dos arredores de Jericó".
Os dois homens partiram e chegaram à casa de uma prostituta
chamada Raabe, e ali passaram a noite. 2A notícia chegou ao rei
de Jericó: "Alguns israelitas vieram aqui esta noite para espionar
a terra". 3Então o rei de Jericó enviou a seguinte ordem a Raabe:
"Traga para fora os homens que entraram em sua casa, pois vieram
espionar toda a terra". 4Raabe havia escondido os dois homens, mas
respondeu: "Sim, os homens estiveram aqui, mas eu não sabia
de onde eram. 5Foram embora da cidade ao anoitecer, quase na
hora de fechar os portões. Não sei para onde foram. Se vocês os
perseguirem, é provável que os alcancem". 6Na verdade, ela havia

levado os homens para o terraço e os escondido debaixo dos feixes
de linho que tinha posto ali. 7Os homens do rei procuraram os
espiões pelo caminho que ia até a parte rasa do Jordão, onde se
podia atravessar. Assim que eles saíram, os portões de Jericó foram
fechados. 8Antes que os espiões fossem dormir, Raabe foi ao terraço
falar com eles. 9"Sei que o SENHOR lhes deu esta terra", disse ela.
"Estamos todos apavorados por sua causa. Todos os habitantes des-
ta terra estão desesperados, 10pois ouvimos que o SENHOR secou as
águas do mar Vermelho para que vocês passassem, quando saíram
do Egito. E sabemos o que fizeram a leste do Jordão aos dois reis
amorreus Ogue e Seom, cujos povos vocês destruíram completa-
mente. 11Não é à toa que estamos dominados pelo medo! Ninguém
tem ânimo para lutar depois de ouvir coisas como essas, pois o
SENHOR, seu Deus, é Deus supremo em cima no céu e embaixo na
terra. 12"Agora, portanto, jurem-me pelo SENHOR que, assim como
os tratei com bondade, vocês serão bondosos comigo e com minha
família. Deem-me alguma garantia de que, 13quando Jericó for
conquistada, vocês pouparão a minha vida e a vida de meu pai e
minha mãe, e também a de meus irmãos e irmãs e de suas famí-
lias." 14Os homens responderam: "Oferecemos a própria vida como
garantia de sua segurança. Se você não nos entregar, cumpriremos
nossa promessa e trataremos vocês com bondade quando o SENHOR
nos der a terra". 15Então Raabe os ajudou a descer pela janela por
uma corda, pois sua casa fazia parte do muro da cidade. 16"Fujam
para a região montanhosa", disse ela. "Escondam-se ali por três
dias. Quando os homens que estão à sua procura tiverem voltado,
vocês poderão seguir seu caminho." 17Antes de partir, os homens
disseram a Raabe: "Só estaremos obrigados pelo juramento que
fizemos se você seguir nossas instruções. 18Quando entrarmos na
terra, deixe este cordão vermelho pendurado na janela por onde
você nos ajudou a descer. Todos os membros de sua família – pai,
mãe, irmãos e todos os seus parentes – devem estar dentro desta
casa. 19Se saírem na rua e forem mortos, não teremos culpa. Mas,
se alguém fizer mal aos que estiverem dentro desta casa, assumi-
remos a responsabilidade por sua morte. 20E, se você falar a outros
sobre nossa missão, estaremos livres do juramento que fizemos".
21"Eu aceito suas condições", respondeu ela, e despediu-se deles,
deixando o cordão vermelho pendurado na janela. 22Os espiões

NO QUE ESTOU **PENSANDO** | O QUE ESTOU **SENTINDO** | DO QUE ESTOU **LEMBRANDO**

DESENHE OU ESCREVA

subiram até a região montanhosa e ali ficaram por três dias. Seus
perseguidores os procuraram por todo o caminho, mas não os en-
contraram e voltaram. 23Então os dois espiões desceram da região
montanhosa, atravessaram o Jordão e relataram a Josué, filho de
Num, tudo que lhes havia acontecido. 24"Certamente o SENHOR nos
deu toda a terra", disseram eles. "Todos os seus habitantes estão
desesperados por nossa causa."

CAPÍTULO 3

Israel atravessa o Jordão

1No dia seguinte, logo cedo, Josué e todos os israelitas partiram de
Sitim e chegaram às margens do Jordão, onde acamparam antes de
atravessar o rio. 2Três dias depois, os oficiais percorreram o acampa-
mento 3e deram a seguinte ordem ao povo: "Quando virem a arca
da aliança do SENHOR, seu Deus, sendo carregada pelos sacerdotes
levitas, saiam de suas posições e sigam a arca. 4Tenham o cuidado
de ficar cerca de um quilômetro atrás dela. Não se aproximem
demais! Assim vocês saberão por onde ir, pois nunca passaram
por este caminho". 5Então Josué disse ao povo: "Purifiquem-se,
pois amanhã o SENHOR fará grandes maravilhas entre vocês!". 6Pela
manhã, Josué disse aos sacerdotes: "Levantem a arca da aliança
e conduzam o povo para o outro lado do rio". Eles levantaram a
arca da aliança e foram à frente do povo. 7O SENHOR disse a Josué:
"Hoje começarei a fazer de você um grande líder aos olhos de todo
o Israel. Eles saberão que estou com você, assim como estive com
Moisés. 8Dê a seguinte ordem aos sacerdotes que carregam a arca
da aliança: 'Quando chegarem junto às margens do Jordão, parem
exatamente ali'". 9Então Josué disse aos israelitas: "Aproximem-se
e ouçam o que diz o SENHOR, seu Deus. 10Hoje vocês saberão que o
Deus vivo está entre vocês. Ele certamente expulsará os cananeus,
os hititas, os heveus, os ferezeus, os girgaseus, os amorreus e os
jebuseus de diante de vocês. 11Vejam, a arca da aliança, que per-
tence ao Soberano de toda a terra, os conduzirá para o outro lado
do Jordão! 12Escolham agora doze homens das tribos de Israel, um
de cada tribo. 13Os sacerdotes levarão a arca do SENHOR, o Soberano
de toda a terra. Assim que seus pés tocarem as águas do Jordão,
a correnteza será interrompida rio acima, e as águas se levantarão
como um muro". 14O povo deixou o acampamento para atravessar

o Jordão, e os sacerdotes que levavam a arca da aliança foram à
frente deles. 15Era a estação da colheita, e o Jordão transbordava
sobre as margens. Assim que os sacerdotes que levavam a arca
puseram os pés na água junto às margens do rio, 16a correnteza
acima daquele ponto foi interrompida e começou a se acumular a
uma grande distância de lá, perto da cidade chamada Adam, nos
arredores de Saretã. E a água abaixo daquele ponto correu para o
mar Morto, até o leito do rio secar. Então todo o povo atravessou
em frente da cidade de Jericó. 17Os sacerdotes que levavam a arca
da aliança do SENHOR ficaram parados no meio do leito do rio, em
terra seca, enquanto o povo passava. Esperaram ali até que todo o
Israel tivesse atravessado o Jordão em terra seca.

CAPÍTULO 4

Os monumentos da travessia do Jordão

1Quando todo o povo havia atravessado o Jordão, o SENHOR disse
a Josué: 2"Escolha doze homens, um de cada tribo, 3e dê a eles as
seguintes ordens: 'Peguem doze pedras do local onde os sacer-
dotes estão parados no meio do rio. Levem as pedras com vocês
e amontoem-nas no lugar onde vão acampar esta noite'". 4Então
Josué convocou os doze homens que havia escolhido, um de cada
tribo de Israel, 5e lhes disse: 'Vão até o meio do Jordão, à frente da
arca do SENHOR, seu Deus. Cada um de vocês pegue uma pedra e
carregue-a sobre o ombro; serão doze pedras no total, uma para
cada tribo de Israel. 6Elas serão um monumento entre vocês. No
futuro, seus filhos perguntarão: 'O que significam estas pedras?',
7e vocês dirão: 'Elas servem para nos lembrar que o rio Jordão
parou de correr quando a arca da aliança do SENHOR passou por
ele'. Essas pedras serão uma recordação no meio dos israelitas para
sempre". 8Assim, os israelitas fizeram como Josué havia ordenado.
Pegaram doze pedras do meio do Jordão, uma para cada tribo,
exatamente como o SENHOR tinha dito a Josué. Levaram as pedras
ao lugar onde acamparam aquela noite e as deixaram ali. 9Josué
também ergueu um monumento com doze pedras no meio do
Jordão, no lugar onde haviam parado os sacerdotes que levavam
a arca da aliança. Essas pedras estão lá até hoje. 10Os sacerdotes
que levavam a arca ficaram parados no meio do rio até que fossem
cumpridas todas as ordens do SENHOR transmitidas a Josué por

Js 4.24

Moisés. E o povo se apressou em atravessar o leito do rio. 11Quando
todos chegaram ao outro lado, os sacerdotes atravessaram com a
arca do SENHOR, enquanto o povo observava. 12Os guerreiros das
tribos de Rúben e Gade e da meia tribo de Manassés atravessaram
à frente dos israelitas, armados conforme Moisés havia instruído.
13Esses homens, cerca de quarenta mil, estavam armados para a
guerra, e o SENHOR ia com eles enquanto avançavam para a pla-
nície de Jericó. 14Naquele dia, o SENHOR fez de Josué um grande
líder aos olhos de todo o Israel, e eles o respeitaram enquanto ele
viveu, como haviam respeitado Moisés. 15O SENHOR disse a Josué:
16"Ordene aos sacerdotes que levam a arca da aliança que saiam
do meio do rio". 17Então Josué ordenou: "Saiam do meio do rio!".
18Assim que os sacerdotes que levavam a arca da aliança do SENHOR
saíram do leito do rio e pisaram em terra seca, a água do Jordão
voltou a fluir e transbordou sobre as margens como antes. 19O povo
atravessou o Jordão no décimo dia do primeiro mês e acampou em
Gilgal, a leste de Jericó. 20Foi ali, em Gilgal, que Josué ergueu o
monumento com as doze pedras tiradas do Jordão. 21Então Josué
disse aos israelitas: "No futuro, seus filhos perguntarão: 'O que
significam estas pedras?', 22e vocês dirão: 'Aqui o povo de Israel
atravessou o Jordão a pés enxutos'. 23Pois o SENHOR, seu Deus,
secou o rio diante de seus olhos e o manteve seco até todos vocês
atravessarem, como fez com o mar Vermelho quando o secou até
que todos nós tivéssemos atravessado. 24Fez isso para que todas
as nações da terra saibam que a mão do SENHOR é poderosa e para
que vocês temam o SENHOR, seu Deus, para sempre".

CAPÍTULO 5

1Quando todos os reis amorreus a oeste do Jordão e todos os reis
cananeus que viviam junto ao mar souberam como o SENHOR havia
secado o Jordão para que os israelitas atravessassem, perderam o
ânimo e se encheram de medo por causa deles.

Israel restabelece cerimônias da aliança

2Naquela ocasião, o SENHOR disse a Josué: "Prepare facas de pe-
dra e circuncide esta segunda geração de israelitas". 3Então Josué
preparou facas de pedra e circuncidou toda a população masculina
de Israel em Gibeate-Aralote. 4Josué teve de circuncidá-los porque

todos os homens com idade suficiente para ir à guerra quando
saíram do Egito haviam morrido no deserto. 5 Todos os que saíram
haviam sido circuncidados, mas isso não aconteceu com os homens
que nasceram depois da saída do Egito, durante o tempo no de-
serto. 6 Os israelitas andaram quarenta anos pelo deserto, até que
tivessem morrido todos os homens com idade suficiente para ir à
guerra quando saíram do Egito. O povo havia desobedecido ao
SENHOR, e o SENHOR jurou que não os deixaria entrar na terra que
ele tinha prometido solenemente nos dar, uma terra que produz
leite e mel com fartura. 7 Assim, Josué circuncidou os filhos dos
israelitas que haviam crescido e tomado o lugar de seus pais, pois
não tinham sido circuncidados no caminho. 8 Depois que toda a
população masculina foi circuncidada, o povo permaneceu no
acampamento até os homens se recuperarem. 9 Então o SENHOR
disse a Josué: "Hoje lancei fora a vergonha de sua escravidão no
Egito". Por isso, até hoje aquele lugar se chama Gilgal. 10 Enquanto
estavam acampados em Gilgal, na planície de Jericó, os israelitas
celebraram a Páscoa ao entardecer do décimo quarto dia do primei-
ro mês. 11 No dia seguinte, começaram a comer pão sem fermento e
grãos tostados produzidos na terra. 12 No dia em que começaram a
comer das colheitas da terra, o maná deixou de cair e nunca mais
apareceu. Daquele momento em diante, os israelitas passaram a
se alimentar do que a terra de Canaã produzia.

O comandante do SENHOR confronta Josué

13 Quando Josué estava perto da cidade de Jericó, olhou para cima e
viu um homem em pé diante dele, com uma espada na mão. Josué
se aproximou e lhe perguntou: "Você é amigo ou inimigo?". 14 O
homem respondeu: "Na verdade, cheguei agora e sou comandante
do exército do SENHOR". Então Josué se prostrou com o rosto no chão
em sinal de reverência e disse: "Que ordens meu senhor tem para
mim?". 15 O comandante do exército do SENHOR respondeu: "Tire as
sandálias, pois o lugar em que você está é santo". E Josué obedeceu.

CAPÍTULO 6

A queda de Jericó

1 Os portões de Jericó estavam muito bem fechados, pois seus
habitantes tinham medo dos israelitas. Ninguém podia sair nem

NO QUE ESTOU **PENSANDO** ○ | O QUE ESTOU **SENTINDO** ○ | DO QUE ESTOU **LEMBRANDO** ○

DESENHE OU ESCREVA

entrar. 2 Mas o SENHOR disse a Josué: "Eu lhe entreguei Jericó,
seu rei e todos os seus fortes guerreiros. 3 Você e seus homens de
guerra marcharão ao redor da cidade uma vez por dia, durante seis
dias. 4 Sete sacerdotes irão à frente da arca, e cada um levará uma
trombeta de chifre de carneiro. No sétimo dia, marchem ao redor
da cidade sete vezes, enquanto os sacerdotes tocam as trombetas.
5 Quando os sacerdotes fizerem soar um toque longo, todo o povo
dará um forte grito de guerra. Então cairá o muro da cidade e o povo
atacará, cada um do ponto onde estiver". 6 Josué, filho de Num,
reuniu os sacerdotes e disse: "Levem a arca da aliança do SENHOR
e escolham sete sacerdotes para irem à frente dela, cada sacerdote
com uma trombeta de chifre de carneiro". 7 Em seguida, ordenou
ao povo: "Marchem ao redor da cidade. Os homens armados irão à
frente da arca do SENHOR". 8 Depois que Josué falou ao povo, os sete
sacerdotes que levavam as trombetas diante do SENHOR começaram
a marchar, avançando e tocando os instrumentos. A arca da aliança
do SENHOR ia atrás deles. 9 Alguns dos homens armados iam à frente
dos sacerdotes que tocavam as trombetas e outros iam atrás da arca,
enquanto os sacerdotes tocavam sem parar. 10 Josué ordenou: "Não
soltem o grito de guerra! Não digam palavra alguma até que eu lhes
dê a ordem. Então, gritem!". 11 Assim, a arca do SENHOR foi levada ao
redor da cidade apenas uma vez naquele dia; depois, voltaram ao
acampamento e ali passaram a noite. 12 Na manhã seguinte, Josué
se levantou cedo e, mais uma vez, os sacerdotes levaram a arca do
SENHOR. 13 Os sete sacerdotes com as trombetas de chifre de carneiro
marcharam à frente da arca do SENHOR, tocando seus instrumentos.
Os homens armados marcharam à frente dos sacerdotes com as
trombetas e atrás da arca do SENHOR, enquanto os sacerdotes toca-
vam sem parar. 14 No segundo dia, marcharam ao redor da cidade
uma vez e depois voltaram ao acampamento. Fizeram o mesmo
por seis dias. 15 No sétimo dia, os israelitas se levantaram ao ama-
nhecer e marcharam ao redor da cidade, como haviam feito antes.
Dessa vez, porém, rodearam a cidade sete vezes. 16 Na sétima vez,
enquanto os sacerdotes faziam soar um toque longo das trombetas,
Josué ordenou ao povo: "Gritem! O SENHOR lhes entregou a cidade!
17 Jericó e tudo que há dentro dela serão completamente destruídos
como oferta ao SENHOR. Somente a prostituta Raabe e os outros que
estiverem em sua casa serão poupados, pois ela protegeu nossos

Js

espiões. 18"Não levem coisa alguma daquilo que foi separado para
destruição, ou vocês mesmos serão completamente destruídos e
trarão desgraça ao acampamento de Israel. 19Toda a prata, todo o
ouro e todos os objetos de bronze e de ferro serão separados para
o SENHOR e deverão ser levados para o seu tesouro". 20Quando
o povo ouviu o som das trombetas, gritou com toda a força. De
repente, o muro de Jericó veio abaixo. O povo atacou a cidade,
cada um do ponto onde estava, e a tomou. 21Com suas espadas,
destruíram completamente tudo que havia dentro dela: homens e
mulheres, jovens e velhos, bois, ovelhas e jumentos. 22Josué disse
aos dois espiões: "Cumpram sua promessa! Vão à casa da prosti-
tuta e tirem-na de lá com toda a sua família". 23Então os homens
que haviam espionado a terra entraram na cidade e tiraram de lá
Raabe, seu pai, sua mãe, seus irmãos e todos os outros parentes
que estavam com ela. Levaram a família toda para um lugar seguro
fora do acampamento de Israel. 24Os israelitas incendiaram a cidade
e tudo que havia dentro dela. Guardaram somente a prata, o ouro
e todos os objetos de bronze e de ferro para o tesouro da casa do
SENHOR. 25Josué, no entanto, poupou a vida da prostituta Raabe e
dos parentes que estavam em sua casa, pois ela escondeu os espi-
ões que Josué tinha enviado a Jericó. E até hoje ela vive no meio de
Israel. 26Naquela ocasião, Josué pronunciou esta maldição: "Que a
maldição do SENHOR caia sobre qualquer um que tentar reconstruir
a cidade de Jericó. À custa de seu filho mais velho, lançará o alicerce.
À custa de seu filho mais novo, colocará seus portões". 27Assim, o
SENHOR estava com Josué, e sua fama se espalhou por toda a terra.

CAPÍTULO 7

Ai derrota os israelitas

1Mas os israelitas violaram as instruções a respeito das coisas sepa-
radas para o SENHOR. Um homem chamado Acã roubou algumas
delas, e a ira do SENHOR se acendeu contra os israelitas. Acã era
filho de Carmi, filho de Zimri, filho de Zerá, da tribo de Judá. 2Josué
enviou de Jericó alguns de seus homens para espionar a cidade de
Ai, a leste de Betel, perto de Bete-Áven. "Subam e espionem a terra",
disse ele. 3Quando voltaram, disseram a Josué: "Não é necessário
que todo o povo suba até lá; basta mandar dois ou três mil homens
para atacarem Ai. Uma vez que eles são tão poucos, não canse todo

NO QUE ESTOU **PENSANDO** ○ | O QUE ESTOU **SENTINDO** ○ | DO QUE ESTOU **LEMBRANDO** ○

DESENHE OU ESCREVA

o povo". 4Portanto, subiram apenas cerca de três mil guerreiros,
mas eles fugiram diante dos homens de Ai, 5que os perseguiram
desde o portão da cidade até as pedreiras e mataram 36 soldados
que recuavam pela encosta. Com isso, o povo se encheu de medo e
perdeu completamente o ânimo. 6Josué e as autoridades de Israel
rasgaram as roupas, jogaram terra sobre a cabeça e se prostraram
com o rosto no chão diante da arca do SENHOR até o entardecer.
7Então Josué clamou: "Ó Soberano SENHOR, por que nos fizeste
atravessar o Jordão para nos entregar aos amorreus? Antes tivésse-
mos nos contentado em ficar do outro lado do rio! 8Senhor, o que
posso dizer agora que Israel fugiu de seus inimigos? 9Quando os
cananeus e todos os outros povos que vivem na região souberem
do que aconteceu, nos cercarão e apagarão o nosso nome da face da
terra. E então, o que será da honra do teu grande nome?". 10Mas o
SENHOR disse a Josué: "Levante-se! Por que você está prostrado com
o rosto no chão? 11Israel pecou e quebrou a minha aliança! Roubou
alguns dos objetos que eu ordenei que fossem separados para
mim. E não apenas os roubou, mas também mentiu a respeito e os
escondeu no meio de seus pertences. 12Por isso os israelitas foram
derrotados e fugiram de seus inimigos. Agora Israel foi separado
para a destruição. Não permanecerei mais com vocês, a menos que
eliminem do seu meio aquilo que foi separado para a destruição.
13"Levante-se! Ordene ao povo que se purifique a fim de se preparar
para amanhã. Pois isto é o que o SENHOR, o Deus de Israel, diz: Ó
Israel, há coisas separadas para o SENHOR escondidas em seu meio!
Vocês não serão capazes de vencer seus inimigos enquanto não
removerem de seu meio esses objetos. 14"Apresentem-se amanhã
cedo, uma tribo por vez, e o SENHOR mostrará de qual tribo é o
culpado. Essa tribo virá à frente com seus clãs, e o SENHOR mostrará
o clã culpado. Esse clã virá à frente, e o SENHOR mostrará a família
culpada. Por fim, cada homem da família culpada virá à frente.
15Aquele que roubou o que foi separado para a destruição será
queimado com tudo que lhe pertencer, pois quebrou a aliança do
SENHOR e fez algo terrível em Israel".

O pecado de Acã

16Logo cedo no dia seguinte, Josué reuniu Israel de acordo com
suas tribos, e a tribo de Judá foi escolhida. 17Os clãs de Judá vieram

à frente, e o clã de Zerá foi escolhido. As famílias de Zerá vieram à
frente, e a família de Zimri foi escolhida. 18Cada homem da família
de Zimri foi trazido à frente, e Acã, filho de Carmi, filho de Zimri,
filho de Zerá, da tribo de Judá, foi escolhido. 19Então Josué disse
a Acã: "Meu filho, dê glória e louvor ao SENHOR, o Deus de Israel.
Confesse e conte-me o que você fez. Não o esconda de mim". 20Acã
respondeu: "De fato, pequei contra o SENHOR, o Deus de Israel. Foi
isto o que fiz: 21entre os despojos, vi uma bela capa da Babilônia,
cerca de dois quilos e meio de prata e uma barra de ouro com pouco
mais de meio quilo. Eu os desejei tanto que os tomei para mim.
Estão escondidos no chão, debaixo de minha tenda, com a prata
por baixo". 22Josué mandou alguns homens fazerem uma busca.
Eles correram até a tenda e encontraram escondidos ali os bens
roubados como Acã tinha dito, com a prata por baixo. 23Tiraram
os objetos da tenda e os levaram a Josué e a todos os israelitas,
e depois os colocaram no chão, na presença do SENHOR. 24Então
Josué e todos os israelitas tomaram Acã, filho de Zerá, a prata, a capa
e a barra de ouro, e também os filhos, as filhas, os bois, os jumentos,
as ovelhas, a tenda e tudo que pertencia a Acã, e levaram ao vale
de Acor. 25Josué disse a Acã: "Por que você trouxe desgraça sobre
nós? Agora o SENHOR trará desgraça sobre você!". Então todo o povo
apedrejou Acã e sua família e queimou os corpos. 26Ergueram sobre
Acã um grande monte de pedras que continua lá até hoje. Por isso,
desde então, aquele lugar é chamado de vale de Acor. Com isso, a
ira ardente do SENHOR se apagou.

CAPÍTULO 8

Os israelitas derrotam Ai

1O SENHOR disse a Josué: "Não tenha medo nem desanime! Pegue
todos os seus homens de guerra e avance contra Ai, pois eu lhe
entreguei o rei de Ai, seu povo e sua terra. 2Você os destruirá como
destruiu Jericó e seu rei. Desta vez, porém, poderão ficar com os
despojos e os animais. Prepare uma emboscada atrás da cidade".
3Então Josué e todos os seus homens de guerra partiram para
atacar Ai. Josué escolheu trinta mil de seus melhores guerreiros
e, de noite, os enviou 4com as seguintes ordens: "Armem uma
emboscada atrás da cidade, perto dela, e preparem-se para entrar
em ação. 5Quando nosso exército principal atacar, os homens de
Ai sairão para a luta, como fizeram antes, e nós fugiremos deles.
6Eles nos perseguirão até que os tenhamos atraído para longe
da cidade, pois dirão: 'Os israelitas estão fugindo de nós como
fizeram antes'. Então, enquanto corremos deles, 7vocês sairão
da emboscada e tomarão a cidade, pois o SENHOR, seu Deus, a
entregará em suas mãos. 8Ponham fogo na cidade, conforme o
SENHOR ordenou. Essas são as minhas ordens". 9Josué os enviou,
e eles foram ao lugar da emboscada, entre Betel e o lado oeste de
Ai. Josué, porém, passou a noite com o povo no acampamento.
10No dia seguinte, logo cedo, Josué passou em revista a tropa
e partiu para Ai acompanhado dos líderes de Israel. 11Todos os
homens de guerra que estavam com Josué se aproximaram da
cidade e acamparam do lado norte de Ai, onde um vale os se-
parava da cidade. 12Naquela noite, Josué enviou cerca de cinco
mil homens para esperarem escondidos entre Betel e Ai, do lado
oeste da cidade. 13O exército principal se posicionou ao norte da
cidade, e o grupo da emboscada, a oeste. Josué, por sua vez, pas-
sou a noite no meio do vale. 14Quando o rei de Ai viu os israelitas
do outro lado do vale, ele e seu exército se apressaram e saíram
bem cedo para os atacarem no local de onde se avista o vale do
Jordão. Não sabiam, porém, que havia uma emboscada atrás
da cidade. 15Josué e o exército de Israel fugiram em direção ao
deserto, como se estivessem derrotados. 16Todos os homens da
cidade foram chamados para persegui-los e, com isso, acabaram
atraídos para longe da cidade. 17Não restou um só homem em Ai
e em Betel que não perseguisse Israel, e as cidades ficaram total-
mente desprotegidas. 18Então o SENHOR disse a Josué: "Aponte
para Ai a lança que você tem na mão, pois eu lhe entregarei a
cidade". Josué fez conforme ordenado 19e, assim que deu esse
sinal, todos os homens da emboscada saíram correndo de sua
posição e invadiram a cidade. Em pouco tempo, eles a capturaram
e a incendiaram. 20Quando os homens de Ai olharam para trás,
a fumaça da cidade subia ao céu e eles não tinham para onde ir,
pois os israelitas que fugiam em direção ao deserto se voltaram
contra seus perseguidores. 21Ao perceberem que a emboscada
havia sido bem-sucedida e fumaça subia da cidade, Josué e todo
o exército de Israel deram meia-volta e atacaram os homens de Ai.
22Enquanto isso, os israelitas que estavam dentro da cidade saíram

Js 8.1

e atacaram o inimigo pela retaguarda. Os homens de Ai ficaram
presos no meio, com guerreiros israelitas de ambos os lados. Israel
os atacou, e nenhum deles sobreviveu nem escapou. 23 Somente o
rei de Ai foi capturado vivo e levado a Josué. 24 Quando o exército
israelita terminou de perseguir e matar todos os homens de Ai nos
campos abertos, voltou e acabou com quem tinha ficado dentro da
cidade. 25 Toda a população de Ai, no total de doze mil homens e
mulheres, foi exterminada naquele dia, 26 pois Josué manteve sua
lança estendida até que todos os moradores de Ai tivessem sido
completamente destruídos. 27 Somente os animais e os tesouros
da cidade não foram destruídos, pois Israel os tomou como des-
pojo, conforme o SENHOR havia ordenado a Josué. 28 Então Josué
pôs fogo na cidade de Ai, e ela se tornou, para sempre, uma pilha
de ruínas, um lugar desolado até hoje. 29 Josué enforcou o rei de
Ai numa árvore e ali o deixou até a tarde. Ao pôr do sol, os israelitas
retiraram o corpo da árvore e, por ordem de Josué, o lançaram
em frente à porta da cidade. Sobre ele levantaram uma pilha de
pedras, que permanece lá até hoje.

A renovação da aliança do SENHOR

30 Então Josué construiu no monte Ebal um altar ao SENHOR, o Deus
de Israel. 31 Seguiu as ordens que Moisés, servo do SENHOR, havia
escrito no Livro da Lei: "Façam um altar de pedras inteiras, em sua
forma natural, que não tenham sido trabalhadas com ferramentas
de ferro". Sobre o altar, apresentaram ao SENHOR holocaustos e ofer-
tas de paz. 32 E, enquanto os israelitas observavam, Josué copiou
nas pedras a lei que Moisés lhes tinha escrito. 33 Todo o Israel, tanto
os estrangeiros como os israelitas de nascimento, junto com os líde-
res, oficiais e juízes, se dividiu em dois grupos. Um grupo ficou em
frente ao monte Gerizim, e o outro, em frente ao monte Ebal. Entre
os dois grupos, que estavam voltados um para o outro, ficaram os
sacerdotes levitas que levavam a arca da aliança do SENHOR. Tudo foi
feito de acordo com as ordens transmitidas de antemão por Moisés,
servo do SENHOR, para que o povo de Israel fosse abençoado. 34 Em
seguida, Josué leu todas as bênçãos e maldições que Moisés havia
escrito no Livro da Lei. 35 Cada palavra de cada ordem de Moisés foi
lida para toda a comunidade de Israel, incluindo as mulheres, as
crianças e os estrangeiros que viviam entre eles.

NO QUE ESTOU PENSANDO ○
O QUE ESTOU SENTINDO ○
DO QUE ESTOU LEMBRANDO ○

DESENHE OU ESCREVA

CAPÍTULO 9

Os gibeonitas enganam Israel

1 Todos os reis a oeste do rio Jordão souberam do que havia acon-
tecido. Eram os reis dos hititas, dos amorreus, dos cananeus, dos
ferezeus, dos heveus e dos jebuseus que viviam nas montanhas,
nas colinas do oeste, ao longo do litoral do mar Mediterrâneo,
até as montanhas do Líbano, ao norte. 2 Esses reis juntaram suas
tropas para lutar como um só exército contra Josué e os israeli-
tas. 3 Contudo, quando os habitantes de Gibeom souberam do
que Josué tinha feito com Jericó e Ai, 4 usaram de astúcia para se
salvar. Enviaram mensageiros a Josué e carregaram seus jumen-
tos com sacos gastos e vasilhas de couro velhas e rachadas. 5 Os
mensageiros calçavam sandálias gastas e remendadas e vestiam
roupas esfarrapadas, e também levavam pães secos e esfarelados.
6 Quando chegaram ao acampamento em Gilgal, disseram a Josué e
aos líderes de Israel: "Viemos de uma terra distante para pedir que
vocês façam um tratado de paz conosco". 7 Os israelitas disseram a
esses heveus: "Como podemos ter certeza de que não vivem aqui
por perto? Pois, se for o caso, não podemos fazer tratado algum com
vocês". 8 Eles responderam: "Somos seus servos". "Mas quem são
vocês?", insistiu Josué. "De onde vieram?" 9 Eles disseram: "Seus
servos vieram de uma terra muito distante. Ouvimos falar do poder
do SENHOR, seu Deus, e de tudo que ele fez no Egito. 10 Também
soubemos do que ele fez aos dois reis amorreus a leste do Jordão:
Seom, rei de Hesbom, e Ogue, rei de Basã, que vivia em Astarote.
11 Por isso, nossos líderes e todo o nosso povo nos instruíram: 'Levem
provisões para uma viagem longa. Vão encontrar-se com os israeli-
tas e digam-lhes: Somos seus servos; por favor, façam um tratado
conosco'. 12 "Estes pães haviam acabado de sair do forno quando
partimos. Agora, como podem ver, estão secos e esfarelados. 13 Estas
vasilhas de couro estavam novas quando as enchemos, mas agora
estão rachadas. E nossas roupas e sandálias estão gastas da via-
gem extremamente longa". 14 Os israelitas examinaram as provi-
sões deles, mas não consultaram o SENHOR a respeito. 15 Josué fez
um tratado de paz com aqueles homens e garantiu que pouparia
a vida deles, e os líderes da comunidade confirmaram o acordo
com um juramento. 16 Três dias depois de fazerem esse tratado,
os israelitas descobriram que, na verdade, os gibeonitas viviam

ali perto. 17Partiram de imediato naquela direção e, em três dias,
chegaram às cidades dos gibeonitas, chamadas Gibeom, Quefira,
Beerote e Quiriate-Jearim. 18Contudo, não atacaram as cidades, pois
os líderes da comunidade haviam feito um juramento em nome
do SENHOR, o Deus de Israel. Toda a comunidade se queixou contra
seus líderes por causa do tratado, 19mas eles responderam: "Uma
vez que fizemos um juramento na presença do SENHOR, o Deus
de Israel, não podemos tocar neles. 20Temos de deixá-los viver,
pois se quebrássemos o juramento a ira divina cairia sobre nós.
21Que eles vivam!". Assim, os israelitas os colocaram para cortar
lenha e carregar água para toda a comunidade, de acordo com
a decisão dos líderes. 22Josué reuniu os gibeonitas e lhes disse:
"Por que vocês mentiram para nós? Por que disseram que viviam
numa terra distante da nossa quando, na verdade, vivem aqui
perto? 23Sejam amaldiçoados! De agora em diante, vocês serão
sempre servos, encarregados de cortar lenha e carregar água para
a casa do meu Deus". 24Eles responderam: "Agimos desse modo
porque foi anunciado a nós, seus servos, que o SENHOR, seu Deus,
havia ordenado a seu servo Moisés que desse a vocês toda esta
terra e que destruísse todos os seus habitantes. Tememos muito
por nossa vida por causa de vocês. 25Agora, estamos em suas mãos.
Façam conosco o que lhes parecer correto". 26Assim, Josué livrou os
gibeonitas e não permitiu que os israelitas os matassem. 27Naquele
dia, porém, encarregou-os de cortar lenha e carregar água para
toda a comunidade de Israel e para o altar do SENHOR, no lugar
que o SENHOR escolhesse construí-lo. Isso é o que fazem até hoje.

CAPÍTULO 10

Israel derrota os exércitos do sul

1Adoni-Zedeque, rei de Jerusalém, soube que Josué havia captu-
rado e destruído completamente a cidade de Ai e matado seu rei,
assim como tinha destruído a cidade de Jericó e matado seu rei.
Também soube que os gibeonitas haviam feito um tratado de paz
com Israel e agora viviam no meio deles. 2Ele e seu povo tiveram
muito medo, pois Gibeom era uma cidade grande como as cidades
reais, ainda maior que a cidade de Ai, e os gibeonitas eram guer-
reiros valentes. 3Por isso, Adoni-Zedeque, rei de Jerusalém, enviou
mensageiros a vários outros reis: a Hoão, rei de Hebrom, a Piram, rei
de Jarmute, a Jafia, rei de Laquis, e a Debir, rei de Eglom. 4"Venham
e ajudem-me a destruir Gibeom, pois seu povo fez um tratado de
paz com Josué e os israelitas", pediu ele. 5Então os cinco reis amor-
reus uniram seus exércitos para atacar juntos. Posicionaram suas
tropas perto de Gibeom e avançaram contra ela. 6Os homens de
Gibeom enviaram mensageiros a Josué em seu acampamento em
Gilgal. "Não abandone seus servos!", suplicaram. "Venha depressa
e salve-nos! Ajude-nos, pois todos os reis amorreus que vivem na
região montanhosa uniram forças para nos atacar!" 7Josué e todo
o seu exército, incluindo seus melhores guerreiros, partiram de
Gilgal para Gibeom. 8"Não tenha medo desses reis", disse o SENHOR
a Josué. "Eu os entreguei em suas mãos. Nenhum deles será capaz
de resistir a você." 9Josué marchou a noite toda desde Gilgal e
pegou os exércitos amorreus de surpresa. 10O SENHOR trouxe pânico
sobre os amorreus, e o exército de Israel massacrou muitos deles
em Gibeom. Perseguiram o inimigo ao longo da subida para Bete-
Horom, matando os amorreus até Azeca e Maquedá. 11Enquanto
os amorreus recuavam pelo caminho de Bete-Horom, o SENHOR
os destruiu com uma terrível chuva de pedras de granizo que ele
enviou do céu e que continuou até chegarem a Azeca. As pedras
eliminaram mais inimigos do que os israelitas mataram à espa-
da. 12No dia em que o SENHOR deu aos israelitas vitória sobre os
amorreus, Josué orou ao SENHOR diante do povo e disse: "Que o
sol pare sobre Gibeom, e a lua, sobre o vale de Aijalom!". 13O sol
parou e a lua ficou onde estava, até que o povo tivesse derrotado
seus inimigos. Acaso esse acontecimento não está registrado no
Livro de Jasar? O sol parou no meio do céu e não se pôs por cerca
de um dia inteiro. 14Nunca antes nem depois houve um dia se-
melhante, quando o SENHOR respondeu a uma oração como essa.
Certamente o SENHOR lutou por Israel naquele dia! 15Então Josué
e todo o exército de Israel voltaram ao acampamento em Gilgal.

Josué executa os cinco reis do sul

16Durante a batalha, os cinco reis fugiram e se esconderam numa
caverna em Maquedá. 17Quando Josué soube que eles haviam
sido encontrados, 18deu a seguinte ordem: "Fechem a entrada da
caverna com pedras grandes e ponham guardas ali, para que os reis
não saiam. 19Quanto aos demais soldados, continuem a perseguir

NO QUE ESTOU **PENSANDO** ○ | O QUE ESTOU **SENTINDO** ○ | DO QUE ESTOU **LEMBRANDO** ○

DESENHE OU ESCREVA

Js

os inimigos e matem os da retaguarda. Não deixem que voltem às
suas cidades, pois o SENHOR, seu Deus, lhes deu vitória sobre eles".
20 Assim, Josué e o exército israelita continuaram a aniquilar o ini-
migo. Exterminaram os cinco exércitos, com exceção de uns poucos
sobreviventes que conseguiram chegar às cidades fortificadas. 21 As
tropas voltaram em segurança para Josué, no acampamento de
Maquedá. Depois disso, ninguém se atreveu a dizer uma palavra
contra o povo de Israel. 22 Então Josué ordenou: "Removam as pe-
dras que estão na entrada da caverna e tragam os cinco reis para cá".
23 Eles tiraram da caverna os cinco reis das cidades de Jerusalém,
Hebrom, Jarmute, Laquis e Eglom. 24 Os reis foram trazidos para
fora, diante de Josué, e ele ordenou aos comandantes de seu exér-
cito: "Venham e coloquem o pé sobre o pescoço dos reis". E eles
obedeceram. 25 "Não tenham medo nem desanimem", disse Josué.
"Sejam fortes e corajosos, pois é isso que o SENHOR fará com todos
os inimigos que vocês enfrentarem." 26 Então Josué matou os cinco
reis e os pendurou em cinco árvores, onde ficaram até a tarde. 27 Ao
entardecer, Josué ordenou que os corpos fossem tirados das árvores
e lançados na caverna onde os reis haviam se escondido. A entrada
da caverna foi fechada com pedras grandes, que estão lá até hoje.

Israel destrói as cidades do sul

28 Naquele mesmo dia, Josué tomou a cidade de Maquedá e a des-
truiu. Matou todos os seus habitantes, incluindo o rei, sem deixar
sobreviventes. Destruiu todos eles e matou o rei de Maquedá, como
havia feito com o rei de Jericó. 29 Então Josué e todo o exército de
Israel avançaram para Libna e a atacaram. 30 O SENHOR entregou a
cidade e seu rei nas mãos dos israelitas, que mataram todos os seus
habitantes, sem deixar sobreviventes. Depois Josué matou o rei de
Libna, como havia feito com o rei de Jericó. 31 De Libna, Josué e todo
o exército israelita avançaram para Laquis e a atacaram. 32 O SENHOR
também entregou Laquis nas mãos de Israel. Josué a tomou no
segundo dia e matou todos os seus habitantes, como havia feito
com Libna. 33 Durante o ataque a Laquis, Horão, rei de Gezer, chegou
com seu exército para ajudar a defender a cidade, mas os homens
de Josué mataram o rei e seu exército, sem deixar sobreviventes.
34 Em seguida, Josué e todo o exército israelita avançaram para
Eglom e a atacaram. 35 Tomaram a cidade naquele dia e mataram

NO QUE ESTOU PENSANDO ○ | O QUE ESTOU SENTINDO ○ | DO QUE ESTOU LEMBRANDO ○

DESENHE OU ESCREVA

todos os seus habitantes. Destruíram todos, como haviam feito com
Laquis. 36 De Eglom, Josué e todo o exército de Israel subiram para
Hebrom e a atacaram. 37 Tomaram a cidade e mataram todos os seus
habitantes, incluindo o rei, sem deixar sobreviventes. Fizeram o
mesmo com todos os povoados vizinhos. Destruíram toda a popula-
ção, como haviam feito com Eglom. 38 Então Josué e todo o exército
israelita voltaram e atacaram Debir. 39 Tomaram a cidade, o rei e
todos os povoados vizinhos. Destruíram todos, sem deixar sobre-
viventes. Fizeram com Debir e seu rei o mesmo que haviam feito
com Hebrom, Libna e seus reis. 40 Assim, Josué conquistou toda a
região: a região montanhosa, o Neguebe, as colinas do oeste e as
encostas dos montes, derrotando todos os seus reis. Destruiu todos
na terra, sem deixar sobreviventes, conforme o SENHOR, o Deus de
Israel, havia ordenado. 41 Josué os massacrou de Cades-Barneia a
Gaza, e da região ao redor de Gósen até Gibeom. 42 Conquistou
todos esses reis e suas terras numa só campanha, pois o SENHOR,
o Deus de Israel, lutou por Israel. 43 Então Josué e todo o exército
israelita voltaram ao acampamento em Gilgal.

CAPÍTULO 11

Israel derrota os exércitos do norte

1 Quando Jabim, rei de Hazor, soube do que havia acontecido, en-
viou mensagens aos seguintes reis: a Jobabe, rei de Madom; ao rei
de Sinrom; ao rei de Acsafe; 2 a todos os reis da região montanhosa
ao norte; aos reis do vale do Jordão, ao sul da Galileia; aos reis das
colinas do oeste; aos reis de Nafote-Dor, a oeste; 3 aos reis de Canaã,
a leste e a oeste; aos reis dos amorreus, dos hititas, dos ferezeus,
dos jebuseus da região montanhosa, e dos heveus das cidades
nas encostas do Hermom, na região de Mispá. 4 Todos esses reis
saíram para lutar. Juntos, seus exércitos formavam uma grande
multidão, como a areia na beira do mar, equipados com muitos
cavalos e carros de guerra. 5 Os reis se uniram e acamparam ao redor
das águas perto de Merom, para guerrearem contra Israel. 6 Então
o SENHOR disse a Josué: "Não tenha medo deles. Amanhã a esta
hora eu os entregarei todos mortos a Israel. Vocês deverão cortar os
tendões de seus cavalos e queimar seus carros de guerra". 7 Josué
e todo o exército foram às águas perto de Merom e atacaram de
surpresa, 8 e o SENHOR deu a Israel vitória sobre seus inimigos. Os

israelitas os perseguiram até a grande Sidom, até Misrefote-Maim
e até o vale de Mispá, a leste, e não sobrou nenhum guerreiro
inimigo com vida. 9Então Josué cortou os tendões dos cavalos e
queimou todos os carros de guerra, conforme o SENHOR havia or-
denado. 10Depois, Josué voltou, tomou Hazor e matou seu rei. Em
outros tempos, Hazor havia sido a capital de todos esses reinos. 11Os
israelitas mataram e destruíram completamente todos que viviam
na cidade, sem deixar sobreviventes. Ninguém foi poupado. Por
fim, Josué queimou a cidade. 12Josué matou todos os outros reis
e seus povos e os destruiu completamente, conforme Moisés, servo
do SENHOR, havia ordenado. 13Mas Israel não incendiou nenhuma
das cidades construídas nas colinas, exceto Hazor, que Josué quei-
mou. 14Os israelitas tomaram todos os despojos e os animais das
cidades destruídas, mas mataram todos os seus habitantes, sem
deixar sobreviventes. 15Conforme o SENHOR havia ordenado a seu
servo Moisés, também Moisés ordenou a Josué, e ele obedeceu
fielmente a todas as ordens que o SENHOR tinha dado a Moisés.
16Assim, Josué conquistou toda aquela terra: a região montanhosa,
todo o Neguebe, toda a região ao redor da cidade de Gósen, as
colinas do oeste, o vale do Jordão, os montes de Israel e as colinas
próximas. 17O território israelita se estendia agora desde o monte
Halaque, que sobe em direção a Seir, até Baal-Gade, no vale do
Líbano, ao pé do monte Hermom. Josué capturou e matou todos
os reis desses territórios, 18depois de guerrear contra eles por muito
tempo. 19Ninguém na região fez tratados de paz com os israelitas,
exceto os heveus de Gibeom. Todos os outros foram derrotados
na guerra, 20pois o SENHOR lhes endureceu o coração para que
lutassem contra Israel. Por isso, foram completamente destruídos,
sem misericórdia, conforme o SENHOR havia ordenado a Moisés.
21Nesse período, Josué destruiu todos os descendentes de Enaque
da região montanhosa de Hebrom, Debir, Anabe, e de toda a região
montanhosa de Judá e Israel. Matou todos eles e destruiu com-
pletamente suas cidades. 22Não sobreviveu nenhum descendente
de Enaque em todo o território dos israelitas, embora restassem
alguns em Gaza, Gate e Asdode. 23Assim, Josué assumiu o controle
de toda a terra, conforme o SENHOR havia instruído Moisés. Josué
a entregou ao povo de Israel como herança e a repartiu entre as
tribos. E, por fim, a terra descansou da guerra.

CAPÍTULO 12

Reis derrotados a leste do Jordão

1Estes são os reis a leste do Jordão que os israelitas mataram e de
cujas terras se apossaram. Seu território se estendia desde o vale do
Arnom até o monte Hermom, e incluía toda a terra no lado leste do
vale do Jordão. 2Derrotaram Seom, rei dos amorreus, que vivia em
Hesbom. Seu reino abrangia Aroer, à beira do vale do Arnom, e se
estendia desde a cidade no meio do vale até o rio Jaboque, que é
a divisa com os amonitas. Esse território incluía toda a metade sul
de Gileade. 3Seom também controlava o vale do Jordão e algumas
regiões a leste, desde o mar da Galileia, ao norte, até o mar Morto,
ao sul, incluindo o caminho para Bete-Jesimote e, mais ao sul, as
encostas do monte Pisga. 4Derrotaram Ogue, rei de Basã e o último
dos refains, que vivia em Astarote e em Edrei. 5Ele governava o
território que se estendia desde o monte Hermom até Salcá, ao
norte; toda a região de Basã, a leste, até a divisa com os reinos de
Gesur e Maaca, a oeste. Esse território abrangia a metade norte de
Gileade, até a divisa com Seom, rei de Hesbom. 6Moisés, servo
do SENHOR, e os israelitas haviam destruído o povo do rei Seom
e o povo do rei Ogue. Moisés havia entregado a terra deles como
propriedade às tribos de Rúben e Gade e à meia tribo de Manassés.

Reis derrotados a oeste do Jordão

7Esta é a lista dos reis que Josué e os israelitas derrotaram a oeste
do rio Jordão, desde Baal-Gade, no vale do Líbano, até o monte
Halaque, que sobe em direção a Seir. Josué deu essa terra como
propriedade às tribos de Israel e a repartiu entre elas. 8A terra abran-
gia a região montanhosa, as colinas do oeste, o vale do Jordão, as
encostas dos montes, o deserto e o Neguebe. Nessa região viviam
os hititas, os amorreus, os cananeus, os ferezeus, os heveus e os
jebuseus. Estes são os reis que Israel derrotou: 9O rei de Jericó, o
rei de Ai, próxima a Betel, 10o rei de Jerusalém, o rei de Hebrom,
11o rei de Jarmute, o rei de Laquis, 12o rei de Eglom, o rei de Gezer,
13o rei de Debir, o rei de Geder, 14o rei de Hormá, o rei de Arade, 15o
rei de Libna, o rei de Adulão, 16o rei de Maquedá, o rei de Betel,
17o rei de Tapua, o rei de Héfer, 18o rei de Afeque, o rei de Lasarom,
19o rei de Madom, o rei de Hazor, 20o rei de Sinrom-Merom, o rei
de Acsafe, 21o rei de Taanaque, o rei de Megido, 22o rei de Quedes,

o rei de Jocneão, no Carmelo, 23o rei de Dor, na cidade de Nafote-
Dor, o rei de Goim, em Gilgal, 24e o rei de Tirza. Ao todo, os israelitas
derrotaram 31 reis.

CAPÍTULO 13

A terra ainda por conquistar

1Josué já era idoso, e o SENHOR lhe disse: "Você está envelhecen-
do, e ainda há muita terra a ser conquistada. 2Este é o território
que resta: todas as regiões dos filisteus e dos gesuritas; 3o terri-
tório mais amplo dos cananeus, desde o ribeiro de Sior, na divisa
com o Egito, até a divisa de Ecrom, ao norte. Abrange o território
de cinco governantes filisteus: de Gaza, de Asdode, de Ascalom,
de Gate e de Ecrom. 4Também falta conquistar a terra dos aveus,
ao sul. Ao norte, a seguinte região ainda não foi conquistada: toda
a terra dos cananeus, incluindo Meara, pertencente aos sidônios,
até Afeca, na divisa com os amorreus; 5a terra dos gibleus e toda
a região montanhosa do Líbano, a leste, desde Baal-Gade, ao pé
do monte Hermom, até Lebo-Hamate; 6e toda a região monta-
nhosa, a oeste, desde o Líbano até Misrefote-Maim, incluindo
toda a terra dos sidônios. "Eu mesmo expulsarei esses povos
da terra de diante dos israelitas. Não deixem, portanto, de dar esta
terra a Israel como herança, conforme eu lhes ordenei. 7Dividam
todo este território como herança entre as nove tribos e a meia
tribo de Manassés".

A terra dividida a leste do Jordão

8A outra metade da tribo de Manassés e as tribos de Rúben e Gade
já haviam recebido sua porção de terra como herança a leste do
Jordão, designada para eles por Moisés, servo do SENHOR. 9Seu
território se estendia desde Aroer, na beira do vale do Arnom, in-
cluindo a cidade no meio do vale, passando pelo planalto além de
Medeba, até Dibom. 10Também abrangia todas as cidades de Seom,
rei dos amorreus, que havia reinado em Hesbom, e se estendia
até a divisa de Amom. 11Incluía Gileade, o território dos reinos de
Gesur e Maaca, todo o monte Hermom e toda a região de Basã,
até Salcá, 12e também todo o reino de Ogue, rei de Basã, que havia
reinado em Astarote e Edrei. O rei Ogue era o último dos refains,
pois Moisés os havia atacado e expulsado. 13Mas os israelitas não

NO QUE ESTOU **PENSANDO** ○ | O QUE ESTOU **SENTINDO** ○ | DO QUE ESTOU **LEMBRANDO** ○

DESENHE OU ESCREVA

expulsaram os habitantes de Gesur e Maaca, de modo que vivem
no meio de Israel até hoje.

Uma herança para a tribo de Levi

14Moisés não havia designado porção alguma de terra como he-
rança para a tribo de Levi. Em vez disso, conforme o SENHOR lhes
havia prometido, sua herança vinha das ofertas especiais para o
SENHOR, o Deus de Israel.

A terra entregue à tribo de Rúben

15Moisés havia designado a seguinte área aos clãs da tribo de
Rúben: 16Seu território se estendia desde Aroer, na beira do vale
do Arnom, incluindo a cidade no meio do vale, até o planalto
além de Medeba. 17Abrangia Hesbom e as outras cidades do pla-
nalto: Dibom, Bamote-Baal, Bete-Baal-Meom, 18Jaza, Quedemote,
Mefaate, 19Quiriataim, Sibma, Zerete-Saar, na colina acima do vale,
20Bete-Peor, as encostas do Pisga e Bete-Jesimote. 21O território de
Rúben também incluía todas as cidades do planalto e todo o reino
de Seom, o rei amorreu que havia reinado em Hesbom. Seom havia
sido morto por Moisés junto com os líderes de Midiã: Evi, Requém,
Zur, Hur e Reba, príncipes que habitavam naquela região e eram
aliados de Seom. 22Os israelitas também mataram Balaão, filho de
Beor, que usava mágica para prever o futuro. 23O rio Jordão marcava
a divisa oeste da tribo de Rúben. As cidades e seus povoados ao
redor nessa região foram entregues aos clãs da tribo de Rúben
como sua herança.

A terra entregue à tribo de Gade

24Moisés havia designado a seguinte área aos clãs da tribo de
Gade: 25Seu território abrangia Jazar, todas as cidades de Gileade
e metade da terra de Amom, até a cidade de Aroer, logo a oeste de
Rabá. 26Estendia-se desde Hesbom até Ramate-Mispá e Betonim, e
desde Maanaim até o território de Lo-Debar. 27No vale, incluía Bete-
Arã, Bete-Ninra, Sucote, Zafom, e o restante das terras de Seom,
rei de Hesbom. A divisa ocidental acompanhava o rio Jordão e se
estendia ao norte até a ponta do mar da Galileia, e depois fazia uma
curva para o leste. 28As cidades com os povoados ao redor foram
entregues aos clãs da tribo de Gade como sua herança.

A terra entregue à meia tribo de Manassés

29Moisés havia designado a seguinte área aos clãs da meia tribo de
Manassés: 30Seu território se estendia desde Maanaim e abrangia
toda a região de Basã, todo o antigo território do rei Ogue, e as
sessenta cidades de Jair, em Basã. 31Também incluía metade de
Gileade, bem como Astarote e Edrei, cidades do reino de Ogue
em Basã. Tudo isso foi entregue à metade dos descendentes de
Maquir, filho de Manassés, segundo seus clãs. 32Essa foi a divisão
de terras como herança que Moisés designou enquanto estava nas
campinas de Moabe, do outro lado do rio Jordão, a leste de Jericó.
33À tribo de Levi, porém, Moisés não deu porção alguma de terra
como herança, pois o SENHOR, o Deus de Israel, havia prometido
que ele próprio seria sua herança.

CAPÍTULO 14

A terra dividida a oeste do Jordão

1As demais tribos de Israel receberam como herança as terras em
Canaã designadas pelo sacerdote Eleazar, por Josué, filho de Num,
e pelos chefes das tribos. 2Essas nove tribos e meia receberam as
terras de sua herança por sorteio, como o SENHOR havia ordenado
por meio de Moisés. 3Ele já havia designado as terras de herança
para as duas tribos e meia do lado leste do rio Jordão, mas não
tinha dado uma porção de terra como herança para os levitas. 4Os
descendentes de José haviam se tornado duas tribos separadas:
Manassés e Efraim. Os levitas não receberam porção alguma de ter-
ra, mas apenas cidades para morarem, com pastagens ao redor para
seus animais e todos os seus bens. 5Assim, os israelitas distribuíram
a terra exatamente de acordo com as ordens do SENHOR a Moisés.

Calebe pede sua terra

6Uma delegação da tribo de Judá, liderada por Calebe, filho do
quenezeu Jefoné, foi a Josué em Gilgal. Calebe disse a Josué:
"Lembre-se do que o SENHOR disse a Moisés, o homem de Deus, a
respeito de você e de mim quando estávamos em Cades-Barneia.
7Eu tinha 40 anos quando Moisés, servo do SENHOR, me enviou de
Cades-Barneia para fazer o reconhecimento da terra de Canaã. Eu
voltei e lhe dei um relatório verdadeiro, 8mas meus irmãos israeli-
tas que foram comigo assustaram o povo de tal maneira que eles

NO QUE ESTOU **PENSANDO** ○ | O QUE ESTOU **SENTINDO** ○ | DO QUE ESTOU **LEMBRANDO** ○

DESENHE OU ESCREVA

se encheram de medo. De minha parte, segui o SENHOR, meu Deus,
de todo o coração. 9Por isso, naquele dia Moisés me prometeu
solenemente: 'A terra de Canaã na qual você caminhou será herança
permanente para você e seus descendentes, pois você seguiu o
SENHOR, meu Deus, de todo o coração'. 10"Agora, como você vê,
em todos estes 45 anos, desde que Moisés disse essas palavras,
o SENHOR me preservou como havia prometido, mesmo quando
Israel vagava pelo deserto. Hoje estou com 85 anos. 11Continuo
forte como no dia em que Moisés me enviou, e ainda posso viajar
e lutar tão bem quanto naquela época. 12Portanto, dê-me a região
montanhosa que o SENHOR me prometeu. Você certamente se
lembra de que, enquanto fazíamos o reconhecimento da terra,
descobrimos que os descendentes de Enaque viviam ali em gran-
des cidades fortificadas. Mas, se o SENHOR estiver comigo, eu os
expulsarei da terra, como o SENHOR prometeu". 13Então Josué aben-
çoou Calebe, filho de Jefoné, e lhe deu Hebrom como sua porção
de terra. 14Até hoje Hebrom pertence aos descendentes de Calebe,
filho do quenezeu Jefoné, pois ele seguiu fielmente o SENHOR, o
Deus de Israel. 15Antes disso, Hebrom era chamada Quiriate-Arba,
em homenagem a Arba, um grande herói dos descendentes de
Enaque. E a terra descansou da guerra.

CAPÍTULO 15

A terra entregue à tribo de Judá

1As terras distribuídas por sorteio aos clãs da tribo de Judá se es-
tendiam para o sul, até a divisa com Edom, e chegavam ao deserto
de Zim, no extremo sul: 2A divisa ao sul começava na extremidade
sul do mar Morto, 3seguia para o sul pela ladeira do Escorpião,
passando pelo deserto de Zim e prosseguindo até Hezrom, ao sul
de Cades-Barneia. Então subia até Adar e fazia uma curva em di-
reção a Carca. 4Dali passava por Azmom, continuava até o ribeiro
do Egito e seguia até o mar Mediterrâneo. Essa era a divisa ao sul
deles. 5A divisa a leste se estendia ao longo do mar Morto até a foz
do rio Jordão. A divisa ao norte começava na extremidade onde o
Jordão deságua no mar Morto, 6subia dali para Bete-Hogla e con-
tinuava ao norte de Bete-Arabá, até a Pedra de Boã (Boã era filho de
Rúben). 7A partir desse ponto, passava pelo vale de Acor até Debir,
fazendo uma curva para o norte, em direção a Gilgal, que ficava de

Js

frente ao desfiladeiro de Adumim, do lado sul do vale. Dali a divi-
sa se estendia para as águas de En-Semes, até En-Rogel. 8 Depois
passava pelo vale de Ben-Hinom, pela encosta sul dos jebuseus,
onde fica a cidade de Jerusalém. Em seguida estendia-se para o
oeste, até o alto do monte acima do vale de Hinom, e continuava
até a extremidade norte do vale de Refaim. 9 A divisa prosseguia
do alto do monte para a fonte nas águas de Neftoa, até as cidades
do monte Efrom. Então fazia uma curva em direção a Baalá (isto
é, Quiriate-Jearim). 10 Rodeava Baalá em direção ao oeste, até o
monte Seir, passava pela cidade de Quesalom, na encosta norte do
monte Jearim, descia a Bete-Semes e passava por Timna. 11 Depois a
divisa continuava até a encosta do monte ao norte de Ecrom, onde
fazia uma curva em direção a Sicrom e o monte Baalá. Passava
por Jabneel e terminava no mar Mediterrâneo. 12 A divisa ocidental
era o litoral do mar Mediterrâneo. Essas são as divisas dos clãs da
tribo de Judá.

A terra entregue a Calebe

13 Por ordem do SENHOR, Josué designou uma porção no meio do
território de Judá para Calebe, filho de Jefoné. Calebe recebeu a
cidade de Quiriate-Arba (isto é, Hebrom), assim chamada por causa
de Arba, um antepassado de Enaque. 14 Calebe expulsou três gru-
pos de enaquins: os descendentes de Sesai, de Aimã e de Talmai,
filhos de Enaque. 15 Dali ele partiu para lutar contra os habitantes
da cidade de Debir (antes chamada de Quiriate-Sefer). 16 Calebe
disse: "Darei minha filha Acsa em casamento a quem atacar e tomar
Quiriate-Sefer". 17 Otoniel, filho de Quenaz, irmão de Calebe, tomou
a cidade, e Calebe lhe deu Acsa como esposa. 18 Quando Acsa se
casou com Otoniel, ela insistiu para que ele pedisse um campo ao
pai dela. Assim que ela desceu do jumento, Calebe lhe perguntou:
"O que você quer?". 19 Ela respondeu: "Quero mais um presente. O
senhor me deu terras no deserto do Neguebe; agora, peço que
também me dê fontes de água". Então Calebe lhe deu as fontes
superiores e as fontes inferiores.

As cidades separadas para Judá

20 Esta foi a herança designada aos clãs da tribo de Judá: 21 As ci-
dades de Judá situadas ao longo da divisa com Edom, no extremo

NO QUE ESTOU **PENSANDO** ○ O QUE ESTOU **SENTINDO** ○ DO QUE ESTOU **LEMBRANDO** ○

DESENHE OU ESCREVA

sul, eram: Cabzeel, Éder, Jagur, 22 Quiná, Dimona, Adada, 23 Quedes,
Hazor, Itnã, 24 Zife, Telém, Bealote, 25 Hazor-Hadata, Queriote-
Hezrom (isto é, Hazor), 26 Amã, Sema, Moladá, 27 Hazar-Gada,
Hesmom, Bete-Pelete, 28 Hazar-Sual, Berseba, Biziotiá, 29 Baalá, Iim,
Azém, 30 Eltolade, Quesil, Hormá, 31 Ziclague, Madmana, Sansana,
32 Lebaote, Silim, Aim e Rimom; ao todo, 29 cidades com os po-
voados ao redor. 33 As seguintes cidades situadas nas colinas do
oeste também foram entregues a Judá: Estaol, Zorá, Asná, 34 Zanoa,
En-Ganim, Tapua, Enã, 35 Jarmute, Adulão, Socó, Azeca, 36 Saaraim,
Aditaim, Gederá e Gederotaim; catorze cidades com os povoados
ao redor. 37 Também foram incluídas: Zenã, Hadasa, Migdal-Gade,
38 Dileã, Mispá, Jocteel, 39 Laquis, Bozcate, Eglom, 40 Cabom, Laamás,
Quitlis, 41 Gederote, Bete-Dagom, Naamá e Maquedá; dezesseis ci-
dades com os povoados ao redor. 42 Além dessas, também foram
entregues: Libna, Eter, Asã, 43 Iftá, Asná, Nezibe, 44 Queila, Aczibe e
Maressa; nove cidades com os povoados ao redor. 45 O território
da tribo de Judá abrangia, ainda, Ecrom com os assentamentos e
povoados ao redor. 46 De Ecrom, a divisa se estendia para o oeste,
e incluía as cidades perto de Asdode, com os povoados ao redor.
47 Também incluía Asdode, com os assentamentos e povoados ao
redor, e Gaza, com os assentamentos e povoados ao redor, até o
ribeiro do Egito, e ao longo do litoral do mar Mediterrâneo. 48 Judá
também recebeu estas cidades na região montanhosa: Samir, Jatir,
Socó, 49 Daná, Quiriate-Sana (isto é, Debir), 50 Anabe, Estemo, Anim,
51 Gósen, Holom e Gilo; onze cidades com os povoados ao redor.
52 Foram incluídas ainda: Arabe, Dumá, Esã, 53 Janim, Bete-Tapua,
Afeca, 54 Hunta, Quiriate-Arba (isto é, Hebrom), e Zior; nove cida-
des com os povoados ao seu redor. 55 Além destas, também foram
entregues: Maom, Carmelo, Zife, Jutá, 56 Jezreel, Jocdeão, Zanoa,
57 Caim, Gibeá e Timna; dez cidades com os povoados ao redor. 58 E
ainda: Halul, Bete-Zur, Gedor, 59 Maarate, Bete-Anote e Eltecom;
seis cidades com os povoados ao redor. 60 Também: Quiriate-Baal
(isto é, Quiriate-Jearim), e Rabá; duas cidades com os povoados ao
redor. 61 No deserto ficavam: Bete-Arabá, Midim, Secacá, 62 Nibsã,
a Cidade do Sal e En-Gedi; seis cidades com os povoados ao redor.
63 Contudo, a tribo de Judá não conseguiu expulsar os jebuseus,
que habitavam em Jerusalém, de modo que os jebuseus vivem
até hoje no meio de Judá.

CAPÍTULO 16

A terra entregue a Efraim e a Manassés ocidental

1 As terras distribuídas por sorteio aos descendentes de José se
estendiam desde o rio Jordão, perto de Jericó, a leste das águas
de Jericó, passando pelo deserto, até a região montanhosa de
Betel. 2 De Betel (isto é, Luz), seguiam para Atarote, no território
dos arquitas. 3 Depois desciam em direção ao oeste, para o terri-
tório dos jafletitas, até Bete-Horom Baixa e dali para Gezer, até o
mar Mediterrâneo. 4 Essa foi a herança designada às famílias de
Manassés e Efraim, filhos de José.

A terra entregue a Efraim

5 A seguinte herança foi designada aos clãs da tribo de Efraim: Sua
divisa começava em Atarote-Adar, a leste. Dali se estendia para Bete-
Horom Alta, 6 e depois para o mar Mediterrâneo. De Micmetá, ao
norte, fazia uma curva para o leste e passava por Taanate-Siló, a
leste de Janoa. 7 De Janoa fazia uma curva para o sul, até Atarote e
Naarate, chegava até Jericó e terminava no rio Jordão. 8 De Tapua,
a divisa se estendia para o oeste, em direção ao vale de Caná, e
dali chegava até o mar Mediterrâneo. Essa foi a porção de terra
designada como herança para os clãs da tribo de Efraim. 9 Além
disso, algumas cidades, com os povoados ao redor, no território
designado como herança à meia tribo de Manassés, foram sepa-
radas para a tribo de Efraim. 10 Eles não expulsaram os cananeus
de Gezer, de modo que os habitantes de Gezer vivem até hoje no
meio de Efraim, submetidos a trabalhos forçados.

CAPÍTULO 17

A terra entregue a Manassés ocidental

1 A porção seguinte de terra foi entregue por sorteio à meia tribo de
Manassés, os descendentes do filho mais velho de José. Maquir,
filho mais velho de Manassés, era pai de Gileade. Guerreiros va-
lentes, ele e seus descendentes receberam as regiões de Gileade
e Basã, a leste do rio Jordão. 2 Assim, a porção de terra a oeste do
Jordão foi para as demais famílias dos clãs da tribo de Manassés:
Abiezer, Heleque, Asriel, Siquém, Héfer e Semida. Esses descen-
dentes do sexo masculino representavam os clãs de Manassés,
filho de José. 3 Contudo, Zelofeade, filho de Héfer, filho de Gileade,

NO QUE ESTOU **PENSANDO** ○ O QUE ESTOU **SENTINDO** ○ DO QUE ESTOU **LEMBRANDO** ○

DESENHE OU ESCREVA

filho de Maquir, filho de Manassés, não teve filhos, mas somente
filhas. Seus nomes eram: Maala, Noa, Hogla, Milca e Tirza. 4 Essas
mulheres foram ao sacerdote Eleazar, a Josué, filho de Num, e aos
líderes israelitas e disseram: "O SENHOR ordenou a Moisés que
nos entregasse uma porção de terra como herança junto a nossos
parentes". Então Josué lhes deu uma herança entre os irmãos de
seu pai, conforme o SENHOR havia ordenado. 5 Assim, a tribo de
Manassés recebeu, no total, dez porções de terra, além de Gileade e
Basã, do outro lado do Jordão, 6 pois as descendentes de Manassés
receberam uma herança entre os descendentes dele. (A terra de
Gileade foi entregue aos demais descendentes de Manassés.) 7 A
divisa da tribo de Manassés se estendia desde Aser até Micmetá,
perto de Siquém. Dali prosseguia para o sul, de Micmetá até o
assentamento junto à fonte de Tapua. 8 As terras ao redor de Tapua
pertenciam a Manassés, mas a cidade de Tapua propriamente dita,
na divisa do território de Manassés, pertencia à tribo de Efraim.
9 Da fonte de Tapua a divisa de Manassés seguia pelo vale de Caná
e dali chegava até o mar Mediterrâneo. Várias cidades ao sul do
vale ficavam dentro do território de Manassés, mas, na verdade,
pertenciam à tribo de Efraim. 10 Em geral, porém, a terra ao sul
do vale pertencia a Efraim, e a terra ao norte do vale pertencia a
Manassés. A divisa de Manassés acompanhava o lado norte do
ribeiro e terminava no mar Mediterrâneo. Ao norte de Manassés
ficava o território de Aser e, a leste, o território de Issacar. 11 As se-
guintes cidades dentro do território de Issacar e Aser foram entre-
gues a Manassés: Bete-Sã, Ibleã, Dor (isto é, Nafote-Dor), En-Dor,
Taanaque e Megido, cada uma com os assentamentos ao redor.
12 Contudo, os descendentes de Manassés não conseguiram ocupar
essas cidades, pois os cananeus estavam determinados a permane-
cer naquela região. 13 Mais tarde, quando os israelitas se tornaram
fortes o suficiente, submeteram os cananeus a trabalhos forçados,
mas não os expulsaram completamente. 14 Os descendentes de
José foram a Josué e perguntaram: "Por que você nos deu apenas
uma porção de terra como herança, uma vez que o SENHOR nos
tornou um povo tão numeroso?". 15 Josué respondeu: "Se vocês são
tão numerosos, e se a região montanhosa de Efraim não é grande
o suficiente para vocês, abram espaço nos bosques onde habitam
os ferezeus e os refains". 16 Os descendentes de José disseram:

"É verdade que a região montanhosa não é grande o suficiente para nós. Mas todos os cananeus do vale, tanto os de Bete-Sã e dos povoados ao redor como os do vale de Jezreel, têm carros de guerra com rodas de ferro; são fortes demais para nós". 17Então Josué disse às tribos de Efraim e Manassés, os descendentes de José: "Uma vez que vocês são tão numerosos e fortes, receberão mais de uma porção. 18Os bosques na região montanhosa também serão seus. Abram todo o espaço que desejarem e tomem posse de seus limites mais distantes. E, embora os cananeus dos vales sejam fortes e tenham carros de guerra com rodas de ferro, vocês conseguirão expulsá-los".

CAPÍTULO 18

Distribuição do restante da terra

1Agora que a terra estava sob o controle dos israelitas, toda a comunidade se reuniu em Siló e ali armou a tenda do encontro. 2Mas ainda restavam sete tribos de Israel que não haviam recebido porções de terra como herança. 3Então Josué disse aos israelitas: "Até quando vocês vão esperar para tomar posse do restante da terra que o SENHOR, o Deus de seus antepassados, lhes deu? 4Escolham três homens de cada tribo, e eu os enviarei para fazer o reconhecimento da terra e mapeá-la. Eles voltarão a mim com um relatório escrito das divisões propostas de sua herança. 5Dividirão a terra em sete partes, sem incluir o território de Judá, ao sul, e o território de José, ao norte. 6Depois que traçarem um mapa da divisão da terra em sete partes, tragam-no para mim, e eu farei um sorteio na presença do SENHOR, nosso Deus. 7"Os levitas, porém, não receberão porção alguma de terra entre vocês, pois seu serviço como sacerdotes do SENHOR será a sua herança. E as tribos de Gade e Rúben e a meia tribo de Manassés não receberão mais terras, pois já receberam como herança a porção de terra que Moisés, servo do SENHOR, lhes deu a leste do Jordão". 8Quando os homens estavam de partida para mapear a terra, Josué lhes ordenou: "Vão, façam o reconhecimento da terra e tragam uma descrição dela por escrito. Depois, voltem e eu distribuirei a terra entre as tribos por sorteio na presença do SENHOR, aqui em Siló". 9Os homens partiram, atravessaram a terra e traçaram um mapa de todo o território, dividindo-o em sete partes e relacionando as

NO QUE ESTOU **PENSANDO** ○ O QUE ESTOU **SENTINDO** ○ DO QUE ESTOU **LEMBRANDO** ○

DESENHE OU ESCREVA

cidades em cada parte. Registraram tudo por escrito e voltaram a Josué, no acampamento em Siló. 10E, ali em Siló, Josué fez o sorteio na presença do SENHOR, determinando qual tribo receberia cada parte.

A terra entregue a Benjamim

11A primeira porção de terra foi entregue por sorteio à tribo de Benjamim. Ficava entre os territórios designados para as tribos de Judá e José: 12A divisa norte da terra de Benjamim começava no rio Jordão, passava pela encosta norte de Jericó e continuava para o oeste, atravessando a região montanhosa e terminando no deserto de Bete-Áven. 13Dali a divisa prosseguia para o sul, até a cidade de Luz (isto é, Betel), e descia para Atarote-Adar, no monte ao sul de Bete-Horom Baixa. 14Nesse ponto a divisa fazia uma curva para o sul, pelo lado oeste do monte em frente de Bete-Horom, e terminava em Quiriate-Baal (isto é, Quiriate-Jearim), cidade pertencente à tribo de Judá. Essa era sua divisa ocidental. 15A divisa ao sul começava nos arredores de Quiriate-Jearim. Desse ponto a oeste se estendia até a fonte nas águas de Neftoa 16e descia até o pé do monte que fica junto ao vale de Ben-Hinom, ao norte do vale de Refaim. Descia pelo vale de Hinom, atravessando a encosta sul da cidade onde habitavam os jebuseus, e continuava até En-Rogel. 17De En-Rogel a divisa prosseguia para o norte, chegava a En-Semes e continuava até Gelilote, que fica em frente do desfiladeiro de Adumim. Depois descia até a Pedra de Boã (Boã era filho de Rúben). 18Dali passava pela encosta norte, de onde se avista o vale do Jordão, e descia para o vale. 19Continuava pela encosta norte de Bete-Hogla e terminava na extremidade norte do mar Morto, que é o extremo sul do rio Jordão. Essa era a divisa ao sul. 20A divisa ao leste era o rio Jordão. Essas eram as divisas da herança designada aos clãs da tribo de Benjamim.

As cidades entregues a Benjamim

21Estas foram as cidades entregues aos clãs da tribo de Benjamim: Jericó, Bete-Hogla, Emeque-Queziz, 22Bete-Arabá, Zemaraim, Betel, 23Avim, Pará, Ofra, 24Quefar-Amonai, Ofni e Geba; doze cidades com os povoados ao redor. 25Também: Gibeom, Ramá, Beerote, 26Mispá, Quefira, Mosa, 27Requém, Irpeel, Tarala, 28Zela, Elefe, a

cidade dos jebuseus (isto é, Jerusalém), Gibeá e Quiriate-Jearim;
catorze cidades com os povoados ao redor. Essa foi a herança de-
signada aos clãs da tribo de Benjamim.

CAPÍTULO 19

A terra entregue a Simeão

1A segunda porção de terra foi entregue por sorteio aos clãs da tribo
de Simeão. Sua herança ficava dentro do território de Judá: 2A he-
rança de Simeão incluía: Berseba, Seba, Moladá, 3Hazar-Sual, Balá,
Azém, 4Eltolade, Betul, Hormá, 5Ziclague, Bete-Marcabote, Hazar-
Susa, 6Bete-Lebaote e Saruém; treze cidades com os povoados ao
redor. 7Também incluía: Aim, Rimom, Eter e Asã; quatro cidades
com os povoados ao redor, 8e também os povoados vizinhos até
Baalate-Beer (também conhecida como Ramá do Neguebe). Essa
foi a herança designada aos clãs da tribo de Simeão. 9Sua porção de
terra foi tirada de uma parte da herança de Judá, pois o território de
Judá era grande demais para eles. Assim, a tribo de Simeão recebeu
sua herança dentro do território de Judá.

A terra entregue a Zebulom

10A terceira porção de terra foi entregue por sorteio aos clãs da tribo
de Zebulom: A divisa da herança de Zebulom chegava até Saride.
11Dali prosseguia para o oeste, passando por Maralá, chegando até
Dabesete e seguindo para o ribeiro junto a Jocneão. 12Na direção
oposta, a divisa se estendia para o leste desde Saride até o limite
de Quislote-Tabor e, dali, para Daberate, subindo até Jafia. 13Depois
continuava para o leste, até Gate-Héfer, Ete-Cazim e Rimom, e fazia
uma curva na direção de Neá. 14A divisa norte de Zebulom passava
por Hanatom e terminava no vale de Iftá-El. 15Além das cidades
mencionadas, ali estavam: Catate, Naalal, Sinrom, Idala e Belém;
doze cidades com os povoados ao redor. 16A herança designada aos
clãs da tribo de Zebulom incluía essas cidades com os povoados
ao redor.

A terra entregue a Issacar

17A quarta porção de terra foi entregue por sorteio aos clãs da
tribo de Issacar: 18Seu território abrangia as seguintes cidades:
Jezreel, Quesulote, Suném, 19Hafaraim, Siom, Anaarate, 20Rabite,

NO QUE ESTOU **PENSANDO** ○ | O QUE ESTOU **SENTINDO** ○ | DO QUE ESTOU **LEMBRANDO** ○

DESENHE OU ESCREVA

Quisiom, Ebes, 21Remete, En-Ganim, En-Hadá e Bete-Pazes. 22A
divisa também chegava a Tabor, Saazima e Bete-Semes, e termi-
nava no Jordão; dezesseis cidades com os povoados ao redor. 23A
herança designada aos clãs de Issacar incluía essas cidades com
os povoados ao redor.

A terra entregue a Aser

24A quinta porção de terra foi entregue por sorteio aos clãs da tribo
de Aser: 25Seu território abrangia as seguintes cidades: Helcate,
Hali, Béten, Acsafe, 26Alameleque, Amade e Misal. A divisa a oeste
chegava até o Carmelo e Sior-Libnate, 27depois fazia uma curva para
o leste, em direção a Bete-Dagom, se estendia até Zebulom, no vale
de Iftá-El, ia para o norte, até Bete-Emeque e Neiel. Dali prosseguia
para Cabul, ao norte, 28Abdom, Reobe, Hamom e Caná, até a grande
Sidom. 29Depois a divisa fazia uma curva em direção a Ramá e à
cidade fortificada de Tiro, de onde virava em direção a Hosa e ter-
minava no mar Mediterrâneo. O território também incluía Meebel,
Aczibe, 30Umá, Afeque e Reobe; 22 cidades com os povoados ao
redor. 31A herança designada aos clãs da tribo de Aser incluía essas
cidades com os povoados ao redor.

A terra entregue a Naftali

32A sexta porção de terra foi entregue por sorteio aos clãs da tribo de
Naftali: 33Sua divisa começava em Helefe, no carvalho de Zaanim,
passava por Adami-Neguebe e Jabneel, até Lacum, e terminava
no rio Jordão. 34A divisa oeste passava por Aznote-Tabor e ia para
Hucoque. Chegava à divisa de Zebulom, ao sul, à divisa de Aser,
a oeste, e ao rio Jordão, a leste. 35Suas cidades fortificadas eram:
Zidim, Zer, Hamate, Racate, Quinerete, 36Adamá, Ramá, Hazor,
37Quedes, Edrei, En-Hazor, 38Irom, Migdal-El, Horém, Bete-Anate
e Bete-Semes; dezenove cidades com os povoados ao redor. 39A
herança designada aos clãs da tribo de Naftali incluía essas cidades
com os povoados ao redor.

A terra entregue a Dã

40A sétima porção de terra foi entregue por sorteio aos clãs da
tribo de Dã: 41O território designado como sua herança abrangia
estas cidades: Zorá, Estaol, Ir-Semes, 42Saalabim, Aijalom, Itla,

Js

43Elom, Timna, Ecrom, 44Elteque, Gibetom, Baalate, 45Jeúde,
Bene-Beraque, Gate-Rimom, 46Me-Jarcom e Racom, e o território
em frente de Jope. 47Os membros da tribo de Dã tiveram dificul-
dade em tomar posse de sua terra, por isso atacaram a cidade de
Lesém. Eles a tomaram, massacraram seu povo e se estabeleceram
nela. Mudaram o nome da cidade para Dã, em homenagem a seu
antepassado. 48A herança designada aos clãs da tribo de Dã incluía
essas cidades com os povoados ao redor.

A terra entregue a Josué

49Depois que todo o território havia sido repartido entre as tribos,
os israelitas deram a Josué uma porção de terra como herança no
meio deles, 50pois o SENHOR tinha dito que ele poderia receber
qualquer cidade que quisesse. Ele escolheu Timnate-Sera, na região
montanhosa de Efraim. Ali reconstruiu a cidade e habitou nela.
51Foram esses os territórios que o sacerdote Eleazar, Josué, filho
de Num, e os chefes das tribos designaram como herança para as
tribos de Israel, por sorteio na presença do SENHOR, à entrada da
tenda do encontro em Siló. Assim, concluíram a distribuição
da terra.

CAPÍTULO 20

As cidades de refúgio

1O SENHOR disse a Josué: 2"Diga aos israelitas que designem as
cidades de refúgio, de acordo com as instruções que dei a Moisés.
3Qualquer um que matar alguém acidentalmente e sem intenção
poderá fugir para uma dessas cidades; serão lugares de proteção
contra os parentes da vítima que quiserem vingar sua morte. 4"Ao
chegar a uma dessas cidades, a pessoa que tirou a vida de alguém
comparecerá diante das autoridades à porta da cidade e apresen-
tará seu caso. Eles permitirão que essa pessoa entre na cidade e
lhe darão um lugar para habitar no meio deles. 5Se os parentes
da vítima forem até lá para vingar sua morte, as autoridades não
entregarão o acusado, pois ele matou alguém sem intenção e
sem hostilidade anterior. 6O acusado, porém, deve permanecer
na cidade e ser julgado pela comunidade, que dará o veredicto.
Continuará a viver na cidade até a morte daquele que era o sumo
sacerdote na época do acidente. Depois disso, terá liberdade de

NO QUE ESTOU PENSANDO ○ | O QUE ESTOU SENTINDO ○ | DO QUE ESTOU LEMBRANDO ○

DESENHE OU ESCREVA

voltar para sua casa na cidade de onde fugiu". 7Estas foram as ci-
dades designadas como cidades de refúgio: Quedes, na Galileia,
na região montanhosa de Naftali; Siquém, na região montanhosa
de Efraim; e Quiriate-Arba (isto é, Hebrom), na região montanhosa
de Judá. 8Estas foram as cidades designadas no lado leste do rio
Jordão, em frente de Jericó: Bezer, no planalto desértico da tribo
de Rúben; Ramote, em Gileade, no território da tribo de Gade; e
Golã, em Basã, no território da tribo de Manassés. 9Essas cidades
foram separadas para todos os israelitas, e também para os estran-
geiros que viviam entre eles. Qualquer um que matasse alguém
acidentalmente poderia se refugiar numa dessas cidades. Assim,
não seria morto por vingança antes de comparecer a julgamento
perante a comunidade.

CAPÍTULO 21

As cidades entregues aos levitas

1Os líderes da tribo de Levi foram falar com o sacerdote Eleazar,
com Josué, filho de Num, e com os líderes das outras tribos de
Israel. 2Encontraram-se com eles em Siló, na terra de Canaã, e
disseram: "O SENHOR ordenou por meio de Moisés que nos fossem
dadas cidades para morarmos, além de pastagens para nossos
animais". 3Então, por ordem do SENHOR, os israelitas deram aos
levitas, de sua própria herança, as seguintes cidades com suas
pastagens: 4Os descendentes de Arão, membros do clã coatita
da tribo de Levi, receberam por sorteio treze cidades que antes
haviam sido designadas às tribos de Judá, Simeão e Benjamim.
5As outras famílias do clã coatita receberam por sorteio dez cida-
des das tribos de Efraim, Dã e da meia tribo de Manassés. 6O clã
de Gérson recebeu por sorteio treze cidades das tribos de Issacar,
Aser, Naftali e da meia tribo de Manassés estabelecida em Basã.
7O clã de Merari recebeu por sorteio doze cidades das tribos de
Rúben, Gade e Zebulom. 8Assim, os israelitas obedeceram à ordem
do SENHOR a Moisés e, por sorteio, designaram aos levitas essas
cidades com suas pastagens. 9Estas foram as cidades das tribos de
Judá e Simeão que os israelitas entregaram 10aos descendentes de
Arão, membros do clã coatita da tribo de Levi, os primeiros a serem
sorteados: 11Quiriate-Arba (isto é, Hebrom), na região montanhosa
de Judá, com as pastagens ao redor. (Arba era antepassado de

Enaque.) **12**Mas os campos com os povoados ao redor foram en-
tregues a Calebe, filho de Jefoné, como sua propriedade. **13**Estas
foram as cidades com suas pastagens que os descendentes do
sacerdote Arão receberam: Hebrom (a cidade de refúgio para o
homicida involuntário), Libna, **14**Jatir, Estemoa, **15**Holom, Debir,
16Aim, Jutá e Bete-Semes; foram nove cidades dessas duas tribos.
17Da tribo de Benjamim os sacerdotes receberam estas cidades
com suas pastagens: Gibeom, Geba, **18**Anatote e Almom; foram
quatro cidades. **19**Ao todo, portanto, os sacerdotes, descendentes
de Arão, receberam treze cidades com suas pastagens. **20**Os outros
levitas do clã coatita receberam por sorteio da tribo de Efraim estas
cidades com suas pastagens: **21**Siquém, na região montanhosa
de Efraim (uma cidade de refúgio para o homicida involuntário),
Gezer, **22**Quibzaim e Bete-Horom; foram quatro cidades. **23**Estas
foram as cidades com suas pastagens, entregues aos sacerdotes
pela tribo de Dã: Elteque, Gibetom, **24**Aijalom e Gate-Rimom; fo-
ram quatro cidades. **25**Da meia tribo de Manassés os sacerdotes
receberam estas cidades com suas pastagens: Taanaque e Gate-
Rimom; foram duas cidades. **26**Ao todo, portanto, foram entregues
aos outros clãs coatitas dez cidades com suas pastagens. **27**Os des-
cendentes de Gérson, outro clã da tribo de Levi, receberam da
meia tribo de Manassés estas cidades com suas pastagens: Golã,
em Basã (uma cidade de refúgio para o homicida involuntário),
e Beesterá; foram duas cidades. **28**Da tribo de Issacar receberam
estas cidades com suas pastagens: Quisiom, Daberate, **29**Jarmute
e En-Ganim; foram quatro cidades. **30**Da tribo de Aser receberam
estas cidades, com suas pastagens: Misal, Abdom, **31**Helcate e
Reobe; foram quatro cidades. **32**Da tribo de Naftali receberam
estas cidades, com suas pastagens: Quedes, na Galileia (a cidade
de refúgio para o homicida involuntário), Hamote-Dor e Cartã;
foram três cidades. **33**Ao todo, portanto, o clã de Gérson recebeu
treze cidades, com suas pastagens. **34**Os levitas restantes, o clã
de Merari, receberam da tribo de Zebulom estas cidades, com
suas pastagens: Jocneão, Cartá, **35**Dimna e Naalal; foram quatro
cidades. **36**Da tribo de Rúben receberam estas cidades com suas
pastagens: Bezer, Jaza, **37**Quedemote e Mefaate; foram quatro ci-
dades. **38**Da tribo de Gade receberam estas cidades com suas pas-
tagens: Ramote, em Gileade (a cidade de refúgio para o homicida

involuntário), Maanaim, **39**Hesbom e Jazar. **40**Ao todo, portanto,
o clã de Merari recebeu doze cidades. **41**No total, foram entregues
aos levitas dentro do território israelita 48 cidades com suas pas-
tagens. **42**Cada uma dessas cidades tinha pastagens ao seu redor.
43Assim, o SENHOR deu a Israel toda a terra que havia jurado dar
a seus antepassados, e eles tomaram posse dela e nela se estabe-
leceram. **44**O SENHOR lhes deu descanso de todos os lados, como
havia prometido solenemente a seus antepassados. Nenhum de
seus inimigos resistiu a eles, pois o SENHOR os ajudou a conquistar
todos os seus adversários. **45**Nenhuma das boas promessas que o
SENHOR fez à família de Israel ficou sem se cumprir; tudo que ele
tinha dito se realizou.

CAPÍTULO 22

As tribos do leste voltam para casa

1Então Josué convocou as tribos de Rúben e Gade e a meia tribo
de Manassés **2**e lhes disse: "Vocês fizeram tudo que Moisés, ser-
vo do SENHOR, mandou e obedeceram a todas as minhas ordens.
3Durante todo esse tempo e até hoje, não abandonaram seus
irmãos das outras tribos e tiveram o cuidado de obedecer a tudo
que o SENHOR, seu Deus, ordenou. **4**Agora o SENHOR, seu Deus,
concedeu descanso a seus irmãos, como prometeu a eles. Portanto,
voltem para casa, para a terra que Moisés, servo do SENHOR, lhes
deu como sua propriedade do outro lado do rio Jordão. **5**Mas te-
nham muito cuidado de cumprir todos os mandamentos e a lei
que Moisés, servo do SENHOR, lhes deu. Amem o SENHOR, seu Deus,
andem em todos os seus caminhos, obedeçam a seus mandamen-
tos, apeguem-se a ele firmemente e sirvam-no de todo o coração
e de toda a alma". **6**Então Josué os abençoou e se despediu deles,
e eles foram para casa. **7**Moisés tinha dado o território de Basã, a
leste do rio Jordão, à meia tribo de Manassés. À outra metade da
tribo, Josué deu terras a oeste do Jordão. Quando Josué se des-
pediu deles e os abençoou, **8**disse: "Voltem para casa com toda a
riqueza que tomaram de seus inimigos: grandes rebanhos, prata,
ouro, bronze, ferro e muitas roupas. Repartam os despojos com
seus parentes". **9**Assim, os homens de Rúben, de Gade e da meia
tribo de Manassés deixaram os outros israelitas em Siló, na terra
de Canaã, e partiram para sua própria terra em Gileade, da qual

haviam tomado posse de acordo com a ordem do SENHOR, por meio de Moisés.

As tribos do leste constroem um altar

10Enquanto ainda estavam em Canaã, chegaram a um lugar chamado Gelilote, perto do rio Jordão. Ali os homens de Rúben e Gade e da meia tribo de Manassés pararam e construíram um altar grande e imponente. 11Os outros israelitas souberam que os membros das tribos de Rúben e Gade e da meia tribo de Manassés haviam construído um altar em Gelilote, nos limites da terra de Canaã, do lado oeste do Jordão. 12Por isso, toda a comunidade de Israel se reuniu em Siló e se preparou para guerrear contra eles. 13Antes, porém, enviaram à terra de Gileade uma delegação liderada por Fineias, filho do sacerdote Eleazar, para conversar com as tribos de Rúben e Gade e a meia tribo de Manassés. 14A delegação era formada por dez líderes de Israel, um de cada uma das dez tribos, e todos eles eram chefes de suas famílias dentro dos clãs de Israel. 15Quando chegaram à terra de Gileade, disseram às tribos de Rúben e Gade e à meia tribo de Manassés: 16"Toda a comunidade do SENHOR quer saber por que vocês foram tão infiéis ao Deus de Israel! Como puderam se afastar tanto do SENHOR? Vocês construíram para si um altar, rebelando-se contra ele! 17Não bastou o pecado do incidente em Peor? Até hoje, não estamos completamente purificados dele, mesmo depois que a praga feriu toda a comunidade do SENHOR. 18E, ainda assim, vocês abandonam o SENHOR. Se hoje vocês se rebelarem contra o SENHOR, amanhã ele voltará sua ira contra toda a comunidade de Israel! 19"Se a porção de terra que receberam como herança está impura, passem para o nosso lado, para a terra do SENHOR, onde está o tabernáculo do SENHOR, e tomem posse de um território entre nós. Mas não se rebelem contra o SENHOR nem contra nós, construindo para si um altar que não seja o verdadeiro altar do SENHOR, nosso Deus. 20Quando Acã, descendente de Zerá, foi infiel ao SENHOR, roubando as coisas separadas para o SENHOR, a ira divina não caiu sobre toda a comunidade de Israel? E Acã não foi o único que morreu por causa do seu pecado!". 21Então os membros das tribos de Rúben e Gade e da meia tribo de Manassés responderam aos chefes dos clãs de Israel: 22"O SENHOR, o Poderoso, é Deus! O SENHOR, o Poderoso, é Deus! Ele sabe a verdade, e que

NO QUE ESTOU **PENSANDO** ○ O QUE ESTOU **SENTINDO** ○ DO QUE ESTOU **LEMBRANDO** ○

DESENHE OU ESCREVA

Israel a saiba também! Não construímos o altar por rebeldia nem por infidelidade ao SENHOR. Se o fizemos, não poupem nossa vida hoje. 23Se construímos o altar para nos afastarmos do SENHOR ou para apresentarmos holocaustos, ofertas de cereal ou ofertas de paz, que o próprio SENHOR nos castigue. 24"A verdade é que construímos este altar por medo de que, no futuro, seus descendentes digam aos nossos: 'Que direito vocês têm de adorar o SENHOR, o Deus de Israel? 25O SENHOR pôs o rio Jordão como barreira entre o nosso povo e o povo de Rúben e Gade. Vocês não têm parte com o SENHOR'. Então seus descendentes poderão impedir os nossos de adorarem o SENHOR. 26"Por isso, resolvemos construir o altar, não para oferecer holocaustos ou sacrifícios, 27mas como testemunho. Ele lembrará os nossos e os seus descendentes de que nós também temos o direito de servir ao SENHOR em seu santuário com holocaustos, sacrifícios e ofertas de paz. Então seus descendentes não poderão dizer aos nossos: 'Vocês não têm parte com o SENHOR'. 28"Se disserem isso, nossos descendentes responderão: 'Vejam esta réplica do altar do SENHOR que nossos antepassados fizeram. Não é para holocaustos nem sacrifícios; é uma lembrança do relacionamento que vocês e nós temos com o SENHOR'. 29Longe de nós nos rebelarmos contra o SENHOR, ou nos afastarmos dele, construindo nosso próprio altar para holocaustos, ofertas de cereal ou sacrifícios. Somente o altar do SENHOR, nosso Deus, que está diante do seu tabernáculo pode ser usado para esse fim". 30Quando o sacerdote Fineias e os líderes da comunidade, os chefes dos clãs de Israel, ouviram o que os membros das tribos de Rúben e Gade e da meia tribo de Manassés disseram, ficaram satisfeitos. 31Fineias, filho do sacerdote Eleazar, lhes respondeu: "Hoje sabemos que o SENHOR está no meio de nós, pois vocês não foram infiéis ao SENHOR, como havíamos imaginado. Ao contrário, livraram Israel de ser destruído pela mão do SENHOR". 32Então Fineias, filho do sacerdote Eleazar, e os outros líderes deixaram as tribos de Rúben e Gade em Gileade e voltaram à terra de Canaã para relatar aos israelitas o que havia acontecido. 33Todos os israelitas ficaram satisfeitos, louvaram a Deus e não falaram mais em guerrear contra Rúben e Gade. 34Os membros das tribos de Rúben e Gade chamaram o altar de "Testemunho", pois disseram: "É um testemunho entre nós e eles de que o SENHOR é, também, o nosso Deus".

CAPÍTULO 23

As palavras finais de Josué a Israel

1Muito tempo se passou depois de o SENHOR ter concedido a Israel
descanso de todos os seus inimigos. Josué, agora bastante idoso,
2convocou todo o Israel, com seus líderes, chefes, juízes e oficiais,
e disse: "Já estou bem idoso. 3Vocês viram tudo que o SENHOR,
seu Deus, fez por vocês. O SENHOR, seu Deus, lutou em seu favor
contra seus inimigos. 4Eu reparti entre vocês como herança toda
a terra das nações que ainda não foram conquistadas, bem como
a terra das nações que já derrotamos desde o rio Jordão até o mar
Mediterrâneo, a oeste. 5Essa terra será de vocês, pois o SENHOR,
seu Deus, expulsará de diante de vocês os povos que habitam ali.
Vocês tomarão posse da terra deles, conforme o SENHOR, seu Deus,
lhes prometeu. 6"Por isso, esforcem-se ao máximo para cumprir
cuidadosamente tudo que Moisés escreveu no Livro da Lei. Não
se desviem dele, nem para um lado nem para o outro. 7Não se
misturem com os povos que ainda restam na terra. Nem sequer
mencionem o nome dos deuses deles e muito menos jurem por
eles. Não sirvam nem adorem esses deuses, 8mas apeguem-se
firmemente ao SENHOR, seu Deus, como fizeram até hoje. 9"Pois o
SENHOR expulsou de diante de vocês grandes e poderosas nações
e, até hoje, ninguém conseguiu lhes resistir. 10Cada um de vocês
fará fugir mil homens do inimigo, porque o SENHOR, seu Deus,
luta por vocês, conforme prometeu. 11Portanto, dediquem-se com
empenho a amar o SENHOR, seu Deus. 12"Mas, se vocês se des-
viarem dele e se apegarem aos costumes dos sobreviventes das
nações que ainda restam no meio de vocês, e se casarem com
eles, e eles com vocês, 13saibam, com certeza, que o SENHOR, seu
Deus, não expulsará essas nações de diante de vocês. Ao contrário,
elas serão isca e armadilha para vocês, chicote em suas costas
e espinhos em seus olhos. E vocês desaparecerão para sempre
desta boa terra que o SENHOR, seu Deus, lhes deu. 14"Em breve
morrerei e irei pelo caminho de toda a terra. Vocês sabem, de
todo o coração, que todas as boas promessas do SENHOR, seu
Deus, se cumpriram. Nenhuma delas falhou! 15Mas, assim como
o SENHOR, seu Deus, lhes deu as coisas boas que ele prometeu,
também fará vir calamidades sobre vocês se lhe desobedecerem.
O SENHOR, seu Deus, os eliminará completamente desta boa terra

NO QUE ESTOU PENSANDO ○ | O QUE ESTOU SENTINDO ○ | DO QUE ESTOU LEMBRANDO ○

DESENHE OU ESCREVA

que lhes deu. 16Se vocês quebrarem a aliança do SENHOR, seu
Deus, servindo ou adorando outros deuses, a ira do SENHOR arderá
contra vocês, e desaparecerão rapidamente da boa terra que ele
lhes deu".

CAPÍTULO 24

A renovação da aliança do SENHOR

1Então Josué reuniu todas as tribos de Israel em Siquém. Convocou
também os líderes, os chefes, os juízes e os oficiais de Israel, e
todos vieram e se apresentaram diante de Deus. 2Josué disse a
todo o povo: "Assim diz o SENHOR, o Deus de Israel: 'Muito tempo
atrás, seus antepassados, incluindo Terá, pai de Abraão e de Naor,
viviam além do rio Eufrates e serviam outros deuses. 3Mas eu tirei
seu antepassado Abraão da terra além do Eufrates e o conduzi
à terra de Canaã. Dei-lhe muitos descendentes por meio de seu
filho Isaque. 4A Isaque dei Jacó e Esaú. A Esaú dei os montes de
Seir como propriedade, mas Jacó e seus filhos desceram para o
Egito. 5"'Então enviei Moisés e Arão e lancei pragas terríveis sobre
o Egito; depois, tirei vocês de lá. 6Quando tirei seus antepassados
do Egito e eles chegaram ao mar Vermelho, os egípcios os per-
seguiram com carros de guerra e cavaleiros. 7Seus antepassados
clamaram ao SENHOR, e eu coloquei escuridão entre os israelitas e
os egípcios. Fiz o mar desabar sobre eles e os afoguei. Vocês viram
com os próprios olhos o que eu fiz contra os egípcios. Depois,
vocês viveram muitos anos no deserto. 8"'Por fim, eu os trouxe à
terra dos amorreus, a leste do Jordão. Os amorreus lutaram contra
vocês, mas eu os destruí diante de vocês. Eu os entreguei em suas
mãos, e vocês tomaram posse da terra deles. 9Então Balaque, rei
de Moabe e filho de Zipor, declarou guerra contra Israel. Mandou
chamar Balaão, filho de Beor, para amaldiçoá-los, 10mas eu não
dei ouvidos a Balaão. Em vez disso, fiz que ele os abençoasse e,
desse modo, os livrei de Balaque. 11"'Quando vocês atravessaram o
Jordão e chegaram a Jericó, os habitantes de Jericó lutaram contra
vocês, como fizeram os amorreus, os ferezeus, os cananeus, os
hititas, os girgaseus, os heveus e os jebuseus. Mas eu os entreguei
nas mãos de vocês. 12Enviei terror adiante de vocês para expulsar
os dois reis dos amorreus. Não foram espadas nem arcos que lhes
deram a vitória. 13Eu lhes dei uma terra que vocês não cultivaram,

e cidades que não construíram, as cidades onde agora habitam.
Eu lhes dei vinhedos e olivais para alimentá-los, embora vocês não
os tenham plantado'. 14"Portanto, temam o SENHOR e sirvam-no de
todo o coração. Lancem fora os ídolos que seus antepassados ser-
viam quando viviam além do Eufrates e no Egito. Sirvam somente
ao SENHOR. 15Mas, se vocês se recusarem a servir ao SENHOR, esco-
lham hoje a quem servirão. Escolherão servir os deuses aos quais
seus antepassados serviam além do Eufrates? Ou os deuses dos
amorreus, em cuja terra vocês habitam? Quanto a mim, eu e mi-
nha família serviremos ao SENHOR". 16O povo respondeu: "Jamais
abandonaríamos o SENHOR para servir outros deuses! 17Pois foi o
SENHOR, nosso Deus, que nos libertou e a nossos antepassados da
escravidão na terra do Egito. Ele realizou grandes milagres diante
de nossos olhos. Enquanto andávamos pelo deserto, cercados de
inimigos, ele nos protegeu. 18O SENHOR expulsou de diante de nós
os amorreus e todas as nações que viviam nesta terra. Portanto,
nós também serviremos ao SENHOR, pois só ele é o nosso Deus".
19Então Josué advertiu o povo: "Vocês não são capazes de servir ao
SENHOR, pois ele é Deus santo e zeloso. Não perdoará sua rebeldia
e seus pecados. 20Se abandonarem o SENHOR e servirem outros
deuses, ele se voltará contra vocês e os exterminará, apesar de
todo o bem que ele lhes fez". 21Mas o povo respondeu a Josué:
"Não! Nós serviremos ao SENHOR!". 22"Vocês são testemunhas de
sua própria decisão", disse Josué. "Escolheram servir ao SENHOR."
"Sim", responderam eles. "Somos testemunhas daquilo que dis-
semos." 23"Pois bem", disse Josué. "Então lancem fora os falsos
deuses que estão em seu meio e voltem o coração para o SENHOR,
o Deus de Israel." 24O povo disse a Josué: "Serviremos ao SENHOR,
nosso Deus, e obedeceremos somente a ele!". 25Naquele dia, Josué
fez uma aliança com o povo em Siquém e lhes deu decretos e
estatutos para obedecerem. 26Josué registrou todas essas coisas
no Livro da Lei de Deus. Como lembrança do pacto, pegou uma
grande pedra e a ergueu debaixo do carvalho junto ao santuário
do SENHOR. 27Josué disse a todo o povo: "Esta pedra ouviu tudo
que o SENHOR nos disse. Ela será testemunha contra vocês se não
cumprirem o que prometeram a Deus". 28Então Josué se despediu
de todo o povo, e cada um voltou para a terra que havia recebido
como herança.

Js 24.15

Líderes sepultados na terra prometida

29Depois de algum tempo, Josué, filho de Num, servo do SENHOR,
morreu aos 110 anos. 30Sepultaram-no na terra que ele havia re-
cebido como herança, em Timnate-Sera, na região montanhosa de
Efraim, ao norte do monte Gaás. 31O povo de Israel serviu ao SENHOR
durante toda a vida de Josué e das autoridades que morreram de-
pois dele e que sabiam pessoalmente tudo que o SENHOR tinha
feito por Israel. 32Os ossos de José, que os israelitas haviam trazido
consigo quando saíram do Egito, foram sepultados em Siquém,
no terreno que Jacó havia comprado dos filhos de Hamor por cem
peças de prata. Esse terreno ficava dentro do território da herança
dos descendentes de José. 33Eleazar, filho de Arão, também mor-
reu. Foi sepultado na região montanhosa de Efraim, na cidade de
Gibeá, que havia sido entregue a seu filho, Fineias.

JUÍZES

CAPÍTULO 1

Judá e Simeão conquistam a terra

1Depois da morte de Josué, os israelitas perguntaram ao SENHOR:
"Qual das tribos deve ser a primeira a atacar os cananeus?". 2O
SENHOR respondeu: "Judá, pois eu entreguei a terra em suas mãos".
3Os homens de Judá disseram a seus parentes da tribo de Simeão:
"Venham conosco lutar contra os cananeus que vivem no território
que nos foi designado como herança. Depois ajudaremos vocês
a conquistar o seu território". Os homens de Simeão foram com
Judá. 4Quando os homens de Judá atacaram, o SENHOR entregou
os cananeus e os ferezeus em suas mãos, e eles mataram dez mil
guerreiros inimigos em Bezeque. 5Naquela cidade, encontraram o
rei Adoni-Bezeque, lutaram contra ele e derrotaram os cananeus e
os ferezeus. 6Adoni-Bezeque fugiu, mas os israelitas o capturaram e
cortaram os polegares de suas mãos e de seus pés. 7Adoni-Bezeque
disse: "Setenta reis com os polegares das mãos e dos pés cortados
comiam migalhas debaixo de minha mesa. Agora Deus me retri-
buiu aquilo que fiz com eles". E o levaram a Jerusalém, onde ele
morreu. 8Os homens de Judá atacaram Jerusalém e a conquista-
ram. Mataram todos os seus habitantes e puseram fogo na cidade.
9Depois disso, desceram para lutar contra os cananeus que viviam
na região montanhosa do Neguebe e nas colinas do oeste. 10Judá
marchou contra os cananeus que habitavam em Hebrom (antes
chamada de Quiriate-Arba), e derrotou os exércitos de Sesai, Aimã
e Talmai. 11Dali avançaram contra os habitantes de Debir (antes

NO QUE ESTOU PENSANDO ○ | O QUE ESTOU SENTINDO ○ | DO QUE ESTOU LEMBRANDO ○

DESENHE OU ESCREVA

chamada de Quiriate-Sefer). 12Calebe disse: "Darei minha filha Acsa
em casamento a quem atacar e tomar Quiriate-Sefer". 13Otoniel,
filho de Quenaz, irmão mais novo de Calebe, tomou a cidade, e
Calebe lhe deu Acsa como esposa. 14Quando Acsa se casou com
Otoniel, ela insistiu para que ele pedisse um campo ao pai dela.
Assim que ela desceu do jumento, Calebe lhe perguntou: "O que
você quer?". 15Ela respondeu: "Quero mais um presente. O senhor
me deu terras no deserto do Neguebe; agora, peço que também me
dê fontes de água". Então Calebe lhe deu as fontes superiores e as
fontes inferiores. 16Quando a tribo de Judá deixou Jericó, a cidade
das palmeiras, os queneus, descendentes do sogro de Moisés, os
acompanharam até o deserto de Judá. Eles se estabeleceram no
meio do povo dali, perto da cidade de Arade, no Neguebe. 17Então
a tribo de Judá se uniu com seus parentes da tribo de Simeão para
lutar contra os cananeus que habitavam em Zefate, e destruíram
completamente a cidade. Por isso, agora ela se chama Hormá. 18A
tribo de Judá também conquistou as cidades de Gaza, Ascalom e
Ecrom e os territórios ao redor.

Israel não conquista toda a terra

19O SENHOR estava com a tribo de Judá. Ela tomou posse da re-
gião montanhosa, mas não conseguiu expulsar os habitantes da
planície, pois eles tinham carros de guerra com rodas de ferro. 20A
cidade de Hebrom foi entregue a Calebe, conforme Moisés havia
prometido, e ele expulsou seus habitantes, descendentes dos três
filhos de Enaque. 21A tribo de Benjamim, porém, não conseguiu
expulsar os jebuseus que moravam em Jerusalém. Por isso, até
hoje os jebuseus vivem no meio do povo de Benjamim. 22Os des-
cendentes de José atacaram a cidade de Betel, e o SENHOR estava
com eles. 23Enviaram espiões a Betel (antes conhecida como Luz),
24e eles abordaram um homem que saía da cidade e lhe disseram:
"Mostre-nos como entrar na cidade e teremos misericórdia de você".
25Ele mostrou a entrada, e eles mataram todos os habitantes de
Betel, exceto aquele homem e sua família. 26Mais tarde, o homem
se mudou para a terra dos hititas, onde construiu uma cidade e a
chamou de Luz, que é seu nome até hoje. 27A tribo de Manassés,
porém, não expulsou os habitantes de Bete-Sã, Taanaque, Dor,
Ibleã e Megido, nem dos povoados ao seu redor, pois os cananeus

estavam decididos a permanecer naquela região. 28Quando Israel
se fortaleceu, submeteu os cananeus a trabalhos forçados, mas não
os expulsou completamente da terra. 29A tribo de Efraim também
não expulsou os habitantes de Gezer, de modo que os cananeus
continuaram a viver no meio deles. 30A tribo de Zebulom não ex-
pulsou os habitantes de Quitrom e de Naalol, de modo que os ca-
naneus continuaram a viver no meio deles, mas foram submetidos
a trabalhos forçados. 31A tribo de Aser não expulsou os habitantes de
Aco, Sidom, Alabe, Aczibe, Helba, Afeque e Reobe. 32Estabeleceu-se
no meio dos cananeus que habitavam a terra, pois não conseguiu
expulsá-los. 33Da mesma forma, a tribo de Naftali não expulsou os
habitantes de Bete-Semes e de Bete-Anate. Estabeleceu-se no meio
dos cananeus que habitavam a terra, mas submeteu os habitantes
de Bete-Semes e de Bete-Anate a trabalhos forçados. 34Quanto à
tribo de Dã, os amorreus a obrigaram a voltar para a região monta-
nhosa e não permitiram que descesse à planície. 35Os amorreus es-
tavam decididos a ficar no monte Heres, em Aijalom e em Saalbim,
mas quando os descendentes de José se fortaleceram, submeteram
os amorreus a trabalhos forçados. 36A divisa dos amorreus se esten-
dia da ladeira do Escorpião até Selá, continuando dali para cima.

CAPÍTULO 2

O anjo do SENHOR aparece em Boquim

1O anjo do SENHOR subiu de Gilgal a Boquim e disse aos israelitas:
"Tirei vocês do Egito e os trouxe a esta terra que jurei dar a seus
antepassados, e afirmei que jamais quebraria a minha aliança com
vocês. 2De sua parte, vocês não deviam fazer aliança alguma com
os habitantes desta terra, mas sim destruir seus altares. Por que
vocês desobedeceram à minha ordem? 3Agora, portanto, declaro
que não expulsarei mais os povos que habitam em sua terra. Eles
serão como espinhos em suas costas, e os deuses deles serão uma
armadilha para vocês". 4Quando o anjo do SENHOR acabou de falar a
todos os israelitas, o povo chorou em alta voz. 5Por isso, chamaram
aquele lugar de Boquim, e ali ofereceram sacrifícios ao SENHOR.

A morte de Josué

6Depois que Josué se despediu do povo, cada tribo de Israel partiu
para tomar posse do território que havia recebido como herança.

Jz 2.16

7O povo serviu ao SENHOR durante toda a vida de Josué, e também
dos líderes que sobreviveram depois dele e que tinham visto as
grandes coisas que o SENHOR havia feito por Israel. 8Josué, filho
de Num, servo do SENHOR, morreu aos 110 anos. 9Foi sepultado na
terra que havia recebido como herança, em Timnate-Sera, na região
montanhosa de Efraim, ao norte do monte Gaás.

Israel desobedece ao SENHOR

10Depois que aquela geração morreu e se reuniu a seus ante-
passados, surgiu uma nova geração que não conhecia o SENHOR
nem tinha visto as grandes coisas que ele havia feito por Israel.
11Os israelitas fizeram o que era mau aos olhos do SENHOR e
serviram às imagens de Baal. 12Abandonaram o SENHOR, o Deus
de seus antepassados, que os havia tirado do Egito. Seguiram e
adoraram os deuses dos povos ao redor e, com isso, provocaram
a ira do SENHOR. 13Abandonaram o SENHOR para servir a Baal e às
imagens de Astarote. 14Com isso, a ira do SENHOR ardeu contra
Israel, e ele os entregou nas mãos de saqueadores que tomaram
seus bens. Entregou-os aos inimigos ao seu redor, aos quais já
não conseguiam resistir. 15Toda vez que saíam para a batalha,
o SENHOR lutava contra eles e provocava sua derrota, conforme
lhes havia advertido com juramento. Por isso, o povo vivia em
grande angústia.

O SENHOR livra seu povo

16Então o SENHOR levantou juízes para livrar o povo de seus agres-
sores. 17Contudo, não quiseram ouvir os juízes, mas se prostituíram,
adorando outros deuses. Como se desviaram depressa do caminho
de seus antepassados, que haviam andado em obediência aos man-
damentos do SENHOR! 18Sempre que o SENHOR levantava um juiz
sobre os israelitas, o SENHOR estava com ele e livrava o povo de seus
inimigos enquanto o juiz vivia; pois o SENHOR tinha compaixão
de seu povo, que sofria sob o peso da aflição provocada por seus
opressores. 19Quando o juiz morria, porém, eles voltavam a seus
caminhos corruptos e se comportavam ainda pior que seus ante-
passados. Seguiam outros deuses, servindo-os e adorando-os. Não
abandonavam suas práticas perversas e seus caminhos teimosos.
20Por isso, a ira do SENHOR ardeu contra Israel. Disse ele: "Uma vez

que este povo violou a minha aliança, que fiz com seus antepassa-
dos, e não me deu ouvidos, 21não expulsarei mais as nações que
Josué deixou por conquistar quando morreu. 22Fiz isso para pôr
Israel à prova, para ver se seguiria os caminhos do SENHOR, como
fizeram seus antepassados". 23Assim, o SENHOR deixou aquelas
nações na terra. Não as expulsou de imediato nem permitiu que
Josué conquistasse todas elas.

CAPÍTULO 3

As nações que ficaram em Canaã

1Estas são as nações que o SENHOR deixou na terra para pôr à
prova os israelitas que não haviam participado das guerras em
Canaã. 2Ele assim fez apenas para dar treinamento de combate
às gerações de israelitas que não tinham experiência no cam-
po de batalha. 3Estas são as nações: os filisteus com seus cinco
governantes, todos os cananeus, os sidônios e os heveus que
habitavam nos montes do Líbano, desde o monte Baal-Hermom
até Lebo-Hamate. 4Esses povos foram deixados para pôr Israel à
prova, para ver se obedeceriam aos mandamentos que o SENHOR
tinha dado a seus antepassados por meio de Moisés. 5Assim, os
israelitas viveram entre os cananeus, os hititas, os amorreus, os
ferezeus, os heveus e os jebuseus. 6Casaram-se com as filhas deles
e deram suas filhas em casamento aos filhos deles. E serviram
aos deuses deles.

Otoniel se torna juiz de Israel

7Os israelitas fizeram o que era mau aos olhos do SENHOR.
Esqueceram-se do SENHOR, seu Deus, e serviram às imagens de Baal
e aos postes de Aserá. 8Então a ira do SENHOR se acendeu contra
Israel, e ele os entregou a Cusã-Risataim, rei de Arã-Naaraim. E os
israelitas serviram a Cusã-Risataim durante oito anos. 9Mas, quando
os israelitas pediram socorro ao SENHOR, ele levantou um libertador
para salvá-los. Chamava-se Otoniel, filho de Quenaz, irmão mais
novo de Calebe. 10O Espírito do SENHOR veio sobre Otoniel, e ele
se tornou juiz de Israel. Otoniel guerreou contra Cusã-Risataim,
rei de Arã, e o derrotou, pois o SENHOR o entregou em suas mãos.
11Houve paz na terra durante quarenta anos, até a morte de Otoniel,
filho de Quenaz.

NO QUE ESTOU **PENSANDO** ○ | O QUE ESTOU **SENTINDO** ○ | DO QUE ESTOU **LEMBRANDO** ○

DESENHE OU ESCREVA

Eúde se torna juiz de Israel

12Mais uma vez, os israelitas fizeram o que era mau aos olhos do
SENHOR. Por isso, o SENHOR deu a Eglom, rei de Moabe, poder sobre
Israel. 13Eglom se aliou com os amonitas e os amalequitas, ata-
cou e derrotou Israel e conquistou Jericó, a cidade das palmeiras.
14Os israelitas serviram a Eglom, rei de Moabe, durante dezoito
anos. 15Mas, quando os israelitas pediram socorro ao SENHOR,
ele levantou um libertador para salvá-los. Chamava-se Eúde, ho-
mem canhoto, filho de Gera, da tribo de Benjamim. Os israelitas
encarregaram Eúde de entregar o tributo a Eglom, rei de Moabe.
16Eúde fez um punhal de dois gumes, com cerca de quarenta cen-
tímetros de comprimento, e prendeu a arma à coxa direita, onde
ficou escondida debaixo da roupa. 17Levou o tributo a Eglom, rei de
Moabe, que era muito gordo. 18Depois de entregar o pagamento,
Eúde partiu com os homens que haviam ajudado a carregar o tri-
buto. 19Quando Eúde chegou aos ídolos de pedra perto de Gilgal,
deu meia-volta, apresentou-se diante de Eglom e disse: "Tenho
uma mensagem secreta para o senhor, ó rei!". Eglom ordenou:
"Não fale ainda!", e mandou todos os seus servos saírem. 20Eúde
se aproximou de Eglom, que estava sentado sozinho na sala do
andar superior, um ambiente mais fresco, e disse: "Tenho uma
mensagem de Deus para o senhor!". O rei Eglom se levantou, 21e
Eúde, com a mão esquerda, puxou o punhal de sua coxa direita e
o cravou na barriga de Eglom. 22O punhal foi tão fundo que seu
cabo desapareceu sob a gordura do rei. Por isso, Eúde não tirou o
punhal, e as fezes do rei vazaram. 23Então Eúde fechou e trancou
as portas da sala e saiu pelo pórtico. 24Depois que Eúde saiu, os
servos do rei voltaram e encontraram trancadas as portas da sala
no andar superior. Pensaram que ele estivesse usando o banheiro
privativo, 25por isso esperaram. Mas, como depois de muita demora
o rei não saiu, ficaram preocupados e pegaram a chave. Quando
abriram as portas, encontraram seu senhor caído no chão, morto.
26Enquanto os servos esperavam, Eúde escapou e passou pelos
ídolos de pedra a caminho de Seirá. 27Quando chegou à região
montanhosa de Efraim, tocou a trombeta, chamando o povo para
guerrear. Os israelitas desceram os montes, com Eúde à frente. 28Ele
disse: "Sigam-me, pois o SENHOR entregou Moabe, seu inimigo,
em suas mãos". Os israelitas o seguiram e assumiram o controle

dos pontos mais rasos do Jordão, onde se atravessava para Moabe,
e não deixaram ninguém passar. 29 Eles atacaram os moabitas e
mataram cerca de dez mil de seus guerreiros mais fortes e valentes.
Nenhum deles escapou. 30 Naquele dia, Israel derrotou Moabe, e
houve paz na terra durante oitenta anos.

Sangar se torna juiz de Israel

31 Depois de Eúde, Sangar, filho de Anate, libertou Israel. Certa vez,
ele matou seiscentos filisteus com um ferrão de conduzir bois.

CAPÍTULO 4

Débora se torna juíza de Israel

1 Depois da morte de Eúde, os israelitas voltaram a fazer o que era
mau aos olhos do SENHOR. 2 Por isso, o SENHOR os entregou nas
mãos de Jabim, rei cananeu de Hazor. O comandante de seu exérci-
to era Sísera, que habitava em Harosete-Hagoim. 3 Sísera, que tinha
novecentos carros de guerra com rodas de ferro, oprimiu cruel-
mente os israelitas durante vinte anos. Então o povo pediu socorro
ao SENHOR. 4 Quem julgava Israel nessa época era Débora, uma
profetisa, mulher de Lapidote. 5 Ela costumava sentar-se debaixo
da Palmeira de Débora, entre Ramá e Betel, na região montanhosa
de Efraim, e os israelitas a procuravam para que ela julgasse suas
questões. 6 Certo dia, mandou chamar Baraque, filho de Abinoão,
que morava em Quedes, no território de Naftali, e lhe disse: "O
SENHOR, o Deus de Israel, lhe dá a seguinte ordem: 'Convoque
dez mil guerreiros das tribos de Naftali e Zebulom para irem ao
monte Tabor. 7 Eu farei Sísera, comandante do exército de Jabim,
ir com seus carros de guerra e guerreiros até o rio Quisom. Ali eu
os entregarei em suas mãos'". 8 Baraque disse a Débora: "Só irei se
você for comigo; senão, não irei". 9 Débora respondeu: "Está bem,
eu irei, mas você não receberá a honra nesta missão, pois o SENHOR
entregará Sísera nas mãos de uma mulher". Então Débora foi com
Baraque a Quedes. 10 Ali, Baraque convocou as tribos de Zebulom
e Naftali, e dez mil guerreiros subiram com ele. Débora também o
acompanhou. 11 Héber, queneu descendente de Hobabe, cunhado
de Moisés, havia se separado dos outros membros de sua tribo e
armado suas tendas junto ao carvalho de Zaanim, perto de Quedes.
12 Quando disseram a Sísera que Baraque, filho de Abinoão, havia

NO QUE ESTOU **PENSANDO** ○ | O QUE ESTOU **SENTINDO** ○ | DO QUE ESTOU **LEMBRANDO** ○

DESENHE OU ESCREVA

subido ao monte Tabor, 13 ele mandou trazer seus novecentos carros
de guerra com rodas de ferro e todos os seus guerreiros, e eles
marcharam de Harosete-Hagoim até o rio Quisom. 14 Então Débora
disse a Baraque: "Prepare-se! Este é o dia em que o SENHOR entre-
gará Sísera em suas mãos, pois o SENHOR marcha adiante de você".
Baraque desceu a encosta do monte Tabor à frente de seus dez
mil guerreiros para combater. 15 Quando Baraque atacou, o SENHOR
trouxe pânico sobre os carros de guerra e sobre os soldados de
Sísera, que abandonou sua carruagem e fugiu a pé. 16 Baraque
perseguiu os carros de guerra e o exército inimigo até Harosete-
Hagoim e matou todos os guerreiros de Sísera. Nenhum deles esca-
pou. 17 Enquanto isso, Sísera correu para a tenda de Jael, esposa de
Héber, o queneu, pois havia paz entre a família de Héber e Jabim,
rei de Hazor. 18 Jael saiu ao encontro de Sísera e disse: "Venha para
minha tenda, senhor. Entre; não tenha medo". Ele entrou na tenda
de Jael, e ela o cobriu com uma manta. 19 "Por favor, dê-me um pou-
co de água", disse ele. "Estou com sede." Ela lhe deu leite de uma
vasilha de couro e o cobriu novamente. 20 Sísera disse a ela: "Fique
à porta da tenda. Se alguém chegar e perguntar se há alguém aqui,
diga que não". 21 Mas, quando Sísera, exausto, dormia um sono
profundo, Jael, a esposa de Heber, se aproximou silenciosamente
com um martelo e uma estaca de tenda na mão e atravessou o
crânio dele com a estaca, que ficou presa ao chão. Foi assim que
Sísera morreu. 22 Quando Baraque passou por lá à procura de
Sísera, Jael saiu ao seu encontro e disse: "Venha! Eu lhe mostrarei
o homem que o senhor está procurando". Ele a seguiu até a tenda,
onde encontrou o cadáver de Sísera, com o crânio atravessado pela
estaca. 23 Naquele dia, o povo de Israel viu Deus derrotar Jabim, o
rei cananeu. 24 Dali em diante, os israelitas se fortaleceram cada
vez mais contra o rei Jabim, até que o eliminaram por completo.

CAPÍTULO 5

O cântico de Débora

1 Naquele dia, Débora e Baraque, filho de Abinoão, entoaram este
cântico: 2 "Os líderes de Israel assumiram o comando, e o povo os
seguiu de boa vontade. Louvem o SENHOR! 3 "Ouçam, reis! Prestem
atenção, governantes! Pois eu cantarei ao SENHOR; sim, tocarei
música para o SENHOR, o Deus de Israel! 4 "SENHOR, quando saíste

de Seir e marchaste desde os campos de Edom, a terra tremeu, e
as nuvens do céu despejaram chuva. 5 Os montes estremeceram
na presença do SENHOR, o Deus do monte Sinai, na presença do
SENHOR, o Deus de Israel. 6 "Nos dias de Sangar, filho de Anate, e
nos dias de Jael, ninguém passava pelas estradas, e os viajantes
tomavam caminhos tortuosos. 7 Restavam poucos nos povoados de
Israel, até que Débora se levantou como mãe para Israel. 8 Quando
Israel escolheu novos deuses, a guerra chegou às portas das cida-
des. Mas não se via um só escudo ou lança, entre quarenta mil
guerreiros de Israel. 9 Meu coração está com os comandantes de
Israel, com aqueles que se ofereceram para lutar. Louvem o SENHOR!
10 "Considerem estas coisas, vocês que montam em jumentas bran-
cas, que se sentam em finas mantas, vocês que caminham pela
estrada. 11 Ouçam os músicos dos povoados, reunidos junto aos be-
bedouros. Ali relatam as justas vitórias do SENHOR, as justas vitórias
de seus camponeses em Israel. Então o povo do SENHOR desceu às
portas da cidade. 12 "Desperte, Débora, desperte! Desperte, desperte
e entoe um cântico! Levante-se, Baraque! Leve embora seus cativos,
filho de Abinoão! 13 "Então os sobreviventes desceram contra os po-
derosos; o povo do SENHOR marchou por mim contra os guerreiros.
14 Desceram de Efraim, terra que antes pertencia aos amalequitas;
seguiram você, Benjamim, com seus soldados. De Maquir, desce-
ram os comandantes; de Zebulom, os que levam a vara de comando.
15 Os príncipes de Issacar estavam com Débora e Baraque; sob suas
ordens, desceram ao vale. Mas, na tribo de Rúben, houve grande
indecisão. 16 Por que ficaram entre os currais, ouvindo os pastores
assobiarem para seus rebanhos? Sim, na tribo de Rúben houve
grande indecisão. 17 Gileade continuou a leste do Jordão, e por que
Dã ficou junto aos navios? Aser sentou-se inerte na praia e perma-
neceu em seus portos. 18 Mas Zebulom arriscou a vida, assim como
fez Naftali, nas regiões altas do campo. 19 "Os reis de Canaã vieram e
lutaram em Taanaque, perto das águas de Megido, mas não levaram
despojos de prata. 20 Desde o céu as estrelas lutaram; as estrelas,
em suas órbitas, lutaram contra Sísera. 21 O rio Quisom os arrastou,
o antigo ribeiro, o Quisom; que eu marche adiante com coragem!
22 Os cascos dos cavalos martelavam o chão; galopavam, galopavam
seus poderosos cavalos de guerra. 23 'Amaldiçoem os habitantes de
Meroz', disse o anjo do SENHOR. 'Amaldiçoem duramente, pois não

vieram ajudar o SENHOR, ajudar o SENHOR contra fortes guerreiros.'
24 "Jael, esposa de Héber, o queneu, é a mais abençoada entre as
mulheres. Que ela seja a mais abençoada das mulheres que vivem
em tendas! 25 Sísera lhe pediu água, e ela lhe deu leite. Numa vasi-
lha digna dos nobres, trouxe-lhe coalhada. 26 Com a mão esquerda,
pegou uma estaca de tenda; com a direita, o martelo de trabalhador.
Com eles atacou Sísera e esmagou sua cabeça; de um só golpe,
rachou e atravessou seu crânio. 27 Ele se curvou, caiu e ali ficou, es-
tirado aos pés de Jael. E, no lugar onde se curvou, ali caiu e morreu.
28 "Da janela, a mãe de Sísera olhava para fora; atrás da treliça da
janela, clamava: 'Por que seu carro de guerra demora tanto? Por que
não se ouve o som de suas carruagens?'. 29 "Suas acompanhantes
mais sábias respondiam, e ela repetia estas palavras a si mesma:
30 'Devem estar repartindo os despojos que tomaram; uma ou duas
moças para cada homem. Haverá túnicas coloridas para Sísera, tú-
nicas coloridas e bordadas. Sem dúvida, no despojo haverá túnicas
coloridas e bordadas dos dois lados'. 31 "SENHOR, que todos os teus
inimigos assim sejam destruídos! Mas, aqueles que te amam, que
se levantem como o sol com toda a sua força!". Então houve paz na
terra durante quarenta anos.

CAPÍTULO 6

Gideão se torna juiz de Israel

1 Os israelitas fizeram o que era mau aos olhos do SENHOR. Por isso, o
SENHOR os entregou nas mãos dos midianitas durante sete anos. 2 Os
midianitas eram tão cruéis que os israelitas fizeram para si escon-
derijos nas montanhas, nas cavernas e nas fortalezas. 3 Sempre que
os israelitas faziam o plantio, saqueadores de Midiã, de Amaleque
e de outros povos do leste atacavam Israel, 4 acampavam na terra
e destruíam as plantações até Gaza. Levavam ovelhas, bois e ju-
mentos, e não deixavam coisa alguma para Israel comer. 5 Esses
bandos inimigos, que vinham com seus rebanhos e tendas, eram
como uma praga de gafanhotos. Chegavam em camelos, tão nu-
merosos que era impossível contá-los, e só partiam quando a terra
estava devastada. 6 Os midianitas reduziram Israel à mais absoluta
pobreza, e o povo pediu socorro ao SENHOR. 7 Quando os israelitas
clamaram ao SENHOR por causa de Midiã, 8 o SENHOR lhes enviou um
profeta, que disse: "Assim diz o SENHOR, Deus de Israel: Eu os tirei

da escravidão no Egito. 9 Eu os livrei dos egípcios e de todos que os
oprimiam. Expulsei seus inimigos e dei a vocês a terra deles. 10 Disse
a vocês: 'Eu sou o SENHOR, seu Deus. Não adorem os deuses dos
amorreus, em cujas terras agora vivem'. Mas vocês não me deram
ouvidos". 11 Então o anjo do SENHOR veio e sentou-se debaixo do
grande carvalho em Ofra que pertencia a Joás, do clã de Abiezer.
Gideão, filho de Joás, estava debulhando trigo no fundo de uma
prensa de uvas, a fim de não ser descoberto pelos midianitas. 12 O
anjo do SENHOR apareceu a Gideão e disse: "O SENHOR está com
você, guerreiro corajoso!". 13 Gideão respondeu: "Meu senhor, se o
SENHOR está conosco, por que nos aconteceu tudo isso? E onde estão
os milagres de que nossos antepassados nos falaram? Acaso não
disseram: 'O SENHOR nos tirou do Egito'? Agora, porém, o SENHOR
nos abandonou e nos entregou nas mãos dos midianitas!". 14 Então
o SENHOR se voltou para ele e disse: "Vá com a força que você tem e
liberte Israel dos midianitas. Sou eu quem o envia!". 15 "Mas, Senhor,
como posso libertar Israel?", perguntou Gideão. "Meu clã é o mais
fraco de toda a tribo de Manassés, e eu sou o menos importante de
minha família!" 16 "Certamente estarei com você", disse o SENHOR. "E
você destruirá os midianitas como se estivesse lutando contra um
só homem." 17 Gideão respondeu: "Se, de fato, posso contar com
tua ajuda, dá-me um sinal de que é mesmo o SENHOR quem fala
comigo. 18 Por favor, não vás embora até que eu te traga a minha
oferta". Ele respondeu: "Ficarei aqui até você voltar". 19 Gideão foi
depressa para casa. Cozinhou um cabrito e, com cerca de vinte litros
de farinha, preparou pães sem fermento. Depois, colocou a carne
num cesto e o caldo numa panela, os levou para fora e os ofereceu
ao anjo que estava debaixo da grande árvore. 20 O anjo de Deus lhe
disse: "Coloque a carne e os pães sem fermento sobre esta pedra e
derrame neles o caldo". Gideão obedeceu. 21 Então o anjo do SENHOR
tocou na carne e nos pães com a ponta da vara que estava em sua
mão, e fogo subiu da pedra e consumiu tudo que Gideão havia
trazido. E o anjo do SENHOR desapareceu. 22 Quando Gideão per-
cebeu que era o anjo do SENHOR, exclamou: "Ó Soberano SENHOR,
estou perdido! Vi o anjo do SENHOR face a face!". 23 "Fique em paz",
respondeu o SENHOR. "Não tenha medo; você não morrerá." 24 Então
Gideão construiu um altar para o SENHOR naquele local e o chamou
de Javé-Shalom. Até hoje o altar está em Ofra, no território do clã de

NO QUE ESTOU **PENSANDO** ○ | O QUE ESTOU **SENTINDO** ○ | DO QUE ESTOU **LEMBRANDO** ○

DESENHE OU ESCREVA

Abiezer. 25 Naquela noite, o SENHOR disse a Gideão: "Tome o segun-
do touro do rebanho de seu pai, aquele de sete anos. Derrube o altar
que seu pai fez para Baal e corte o poste de Aserá que fica ao lado do
altar. 26 Depois, construa um altar para o SENHOR, seu Deus, no alto
desta colina, arrumando as pedras com cuidado. Sacrifique o touro
sobre o altar como holocausto e use como lenha a madeira do poste
de Aserá que você cortará". 27 Gideão levou dez de seus servos e fez o
que o SENHOR mandou. Porém, fez tudo de noite, com medo de sua
família e do povo da cidade. 28 Logo cedo no dia seguinte, quando
os habitantes da cidade começaram a despertar, alguém descobriu
que o altar de Baal havia sido derrubado e que o poste de Aserá ao
lado dele tinha sido cortado. Em seu lugar, havia um novo altar,
sobre o qual estavam os restos do touro sacrificado. 29 Os habitan-
tes perguntaram uns aos outros: "Quem fez isso?". Depois de uma
investigação cuidadosa, descobriram que tinha sido Gideão, filho de
Joás. 30 "Traga seu filho para fora", os homens da cidade exigiram de
Joás. "Ele deve morrer, pois derrubou o altar de Baal e cortou o poste
de Aserá!" 31 Joás, porém, gritou para a multidão que o confrontava:
"Por que vocês defendem Baal? Acaso pretendem salvá-lo? Quem
lutar pela causa dele será morto pela manhã! Se Baal é realmente
um deus, que ele próprio se defenda e destrua quem derrubou seu
altar!". 32 Dali em diante, Gideão foi chamado de Jerubaal (isto é,
"Que Baal lute com ele"), pois derrubou o altar de Baal.

Gideão pede um sinal

33 Pouco tempo depois, os exércitos de Midiã, de Amaleque e de
outros povos do leste se uniram. Eles atravessaram o Jordão e
acamparam no vale de Jezreel. 34 Então o Espírito do SENHOR veio
sobre Gideão, que tocou a trombeta de chifre de carneiro, convo-
cando para a batalha, e os homens do clã de Abiezer o seguiram.
35 Também enviou mensageiros às tribos de Manassés, Aser,
Zebulom e Naftali, convocando seus guerreiros, e todos atende-
ram ao chamado. 36 Então Gideão disse a Deus: "Se de fato vais
me usar para salvar Israel, como prometeste, 37 dá-me uma prova
da seguinte forma. Hoje à noite, deixarei um pouco de lã na eira,
onde se peneiram os grãos. Se pela manhã a lã estiver molhada de
orvalho, mas o chão estiver seco, saberei que vais me ajudar a salvar
Israel, como prometeste". 38 E foi exatamente o que aconteceu. Na

manhã seguinte, bem cedo, Gideão se levantou, espremeu a lã e
recolheu uma tigela cheia de água. 39Então Gideão disse a Deus:
"Peço que não fiques irado comigo, mas que me permitas fazer
mais um pedido. Deixa-me usar esta lã para mais uma prova. Desta
vez, que a lã fique seca e o chão ao redor dela fique coberto de
orvalho". 40Naquela noite, Deus fez o que Gideão havia pedido.
Pela manhã, a lã estava seca, mas o chão estava coberto de orvalho.

CAPÍTULO 7

Gideão derrota os midianitas

1Jerubaal (isto é, Gideão) e todo o seu exército se levantaram de
madrugada e acamparam junto à fonte de Harode. Os exércitos de
Midiã estavam acampados ao norte deles, no vale perto da colina de
Moré. 2O SENHOR disse a Gideão: "Você tem guerreiros demais. Se
eu deixar todos vocês lutarem contra os midianitas, Israel se vanglo-
riará diante de mim, dizendo que se libertou por sua própria força.
3Portanto, diga ao povo: 'Quem estiver com medo e assustado pode
deixar este monte e voltar para casa'". Vinte e dois mil homens volta-
ram para casa, restando apenas dez mil. 4O SENHOR, porém, disse a
Gideão: "Seu exército ainda está grande demais. Desça com eles até
a fonte, e eu os provarei para determinar quem irá com você e quem
não irá". 5Quando Gideão desceu com os guerreiros até a fonte, o
SENHOR lhe disse: "Separe os homens em dois grupos. Num grupo,
coloque todos que bebem água das mãos, lambendo-a como fazem
os cães. No outro grupo, coloque todos que se ajoelham e põem
a boca na água para beber". 6Apenas trezentos homens beberam
água das mãos; os demais se ajoelharam e puseram a boca na água.
7O SENHOR disse a Gideão: "Com estes trezentos homens eu livrarei
Israel e entregarei os midianitas em suas mãos. Mande para casa os
demais". 8Gideão ordenou que recolhessem as provisões e as trom-
betas de chifre de carneiro dos outros guerreiros e os mandou para
casa, mas manteve consigo os trezentos homens. O acampamento
midianita ficava à frente de Gideão, descendo o vale. 9Naquela noi-
te, o SENHOR lhe disse: "Levante-se! Desça ao acampamento dos
midianitas, pois eu os entreguei em suas mãos! 10Mas, se você tem
medo de atacá-los, desça até o acampamento com seu servo Purá.
11Ouça o que os midianitas estão dizendo e você se encherá de
coragem e terá ânimo para atacar". Então Gideão e seu servo Purá

NO QUE ESTOU **PENSANDO** ○ | O QUE ESTOU **SENTINDO** ○ | DO QUE ESTOU **LEMBRANDO** ○

DESENHE OU ESCREVA

desceram até os limites do acampamento inimigo. 12Os exércitos de
Midiã, de Amaleque e dos povos do leste cobriam o vale como uma
nuvem de gafanhotos. Seus camelos eram tão numerosos como os
grãos de areia da praia, impossíveis de contar. 13Gideão se aproxi-
mou no exato momento em que um homem contava um sonho a
seu amigo. O homem disse: "Tive um sonho, no qual um pão de
cevada veio rolando para dentro do acampamento midianita; então,
bateu numa tenda e ela virou, desmontando-se!". 14O amigo respon-
deu: "O sonho só pode significar uma coisa: a espada de Gideão,
filho de Joás, o israelita. Deus entregou todo o exército midianita nas
mãos dele!". 15Quando Gideão ouviu o sonho e sua interpretação,
prostrou-se em adoração. Voltou para o acampamento de Israel e gri-
tou: "Levantem-se! O SENHOR entregou o exército midianita em suas
mãos!". 16Em seguida, dividiu os trezentos homens em três grupos
e deu a cada homem uma trombeta e um vaso de barro com uma
tocha dentro. 17"Olhem para mim", disse ele. "Quando chegarmos
à beira do acampamento, façam o que eu fizer. 18Assim que eu e
todos os que estiverem comigo tocarmos nossas trombetas, toquem
as suas também ao redor de todo o acampamento e gritem: 'Pelo
SENHOR e por Gideão!'" 19Pouco depois da meia-noite e da troca da
guarda inimiga, Gideão e seus cem homens chegaram aos limites
do acampamento midianita. De repente, tocaram as trombetas e
quebraram os vasos de barro. 20Então os três grupos tocaram as
trombetas e quebraram os vasos. Segurando a tocha na mão esquer-
da e a trombeta na direita, todos gritaram: "À espada, pelo SENHOR
e por Gideão!". 21Cada homem manteve sua posição ao redor do
acampamento e viu todos os midianitas correrem de um lado para
o outro, gritando apavorados enquanto fugiam. 22Quando os tre-
zentos israelitas tocaram as trombetas, o SENHOR fez os guerreiros
que estavam no acampamento lutarem uns contra os outros com
suas espadas. Os que sobreviveram fugiram para lugares distantes
como Bete-Sita, perto de Zererá, e para a divisa de Abel-Meolá, perto
de Tabate. 23Então Gideão convocou os guerreiros de Naftali, Aser
e Manassés, que se juntaram aos demais para perseguir o exército
midianita. 24Gideão também enviou mensageiros a toda a região
montanhosa de Efraim, dizendo: "Desçam e ataquem os midianitas!
Não permitam que eles cheguem aos pontos mais rasos de travessia
do Jordão em Bete-Bara". Todos os homens de Efraim obedeceram.

25 Capturaram Orebe e Zeebe, os dois comandantes midianitas, e
mataram Orebe na rocha de Orebe e Zeebe na prensa de uvas de
Zeebe. Depois, continuaram a perseguir os midianitas. Por fim, le-
varam a cabeça de Orebe e a de Zeebe para Gideão, que estava do
outro lado do Jordão.

CAPÍTULO 8

Gideão mata Zeba e Zalmuna

1 Então os homens da tribo de Efraim perguntaram a Gideão: "Por
que você nos tratou dessa forma? Por que não nos chamou quan-
do foi lutar com os midianitas?". E o repreenderam duramente.
2 Gideão, porém, respondeu: "O que eu fiz em comparação com
vocês? A sobra das uvas da colheita de Efraim não são melhores
que toda a colheita do pequeno clã de Abiezer? 3 Deus entregou
em suas mãos Orebe e Zeebe, os comandantes do exército midia-
nita. O que eu fiz em comparação com isso?". Quando ouviram a
resposta de Gideão, a indignação dos homens de Efraim diminuiu.
4 Então Gideão atravessou o rio Jordão com os trezentos homens e,
embora estivessem exaustos, continuaram a perseguir o inimigo.
5 Quando chegaram a Sucote, Gideão pediu ao povo da cidade: "Por
favor, deem um pouco de comida aos meus guerreiros. Eles estão
muito cansados. Estou perseguindo Zeba e Zalmuna, reis de Midiã".
6 Mas os líderes de Sucote responderam: "Primeiro capture Zeba e
Zalmuna, e então daremos comida ao seu exército". 7 "Muito bem",
disse Gideão. "Depois que o SENHOR entregar Zeba e Zalmuna em
minhas mãos, voltarei e rasgarei a carne de vocês com espinhos
e com espinheiros do deserto." 8 Dali Gideão subiu a Peniel, onde
também pediu comida e recebeu a mesma resposta. 9 Disse ele ao
povo de Peniel: "Quando eu voltar vitorioso, derrubarei esta torre".
10 A essa altura, Zeba e Zalmuna estavam em Carcor com cerca de
quinze mil guerreiros. Era tudo que restava dos exércitos aliados
do leste, pois 120 mil já haviam sido mortos. 11 Gideão subiu pela
rota das caravanas, a leste de Noba e Jogbeá, e atacou de surpresa
o exército midianita. 12 Zeba e Zalmuna, os dois reis midianitas,
fugiram, mas Gideão os perseguiu e os capturou, derrotando seu
exército. 13 Gideão, filho de Joás, voltou da batalha pelo desfila-
deiro de Heres. 14 Ali, capturou um jovem de Sucote e exigiu que
ele escrevesse o nome dos 77 oficiais e autoridades da cidade.

NO QUE ESTOU PENSANDO ○ | O QUE ESTOU SENTINDO ○ | DO QUE ESTOU LEMBRANDO ○

DESENHE OU ESCREVA

15 Então Gideão retornou a Sucote e disse ao povo: "Aqui estão Zeba
e Zalmuna. Quando estivemos aqui antes, vocês zombaram de mim
e disseram: 'Primeiro capture Zeba e Zalmuna, e então daremos
comida aos seus guerreiros exaustos'". 16 Gideão prendeu as au-
toridades da cidade e os castigou com espinhos e espinheiros do
deserto. 17 Também derrubou a torre de Peniel e matou os homens
da cidade. 18 Depois disso, Gideão perguntou a Zeba e a Zalmuna:
"Como eram os homens que vocês mataram em Tabor?". "Como
você", responderam eles. "Todos pareciam filhos de rei." 19 "Eram
meus irmãos, filhos de minha mãe!", exclamou Gideão. "Tão certo
como vive o SENHOR, eu não mataria vocês se tivessem poupado a
vida deles!" 20 Gideão se voltou para Jéter, seu filho mais velho, e
disse: "Mate-os!". Mas Jéter não tirou sua espada, pois ainda era
jovem e teve medo. 21 Então Zeba e Zalmuna disseram a Gideão:
"Seja homem! Mate-nos você mesmo!". Gideão os matou e tirou os
enfeites que estavam no pescoço dos camelos deles.

O colete sacerdotal de Gideão

22 Então os israelitas disseram a Gideão: "Seja nosso governante!
Você, seu filho e seu neto nos governarão, pois nos libertou de
Midiã". 23 Gideão, porém, respondeu: "Nem eu nem meu filho
governaremos vocês. O SENHOR os governará! 24 Mas tenho um
pedido a fazer. Cada um de vocês me dê uma argola de ouro que
tomou de seus inimigos como despojo". (Uma vez que os inimigos
eram ismaelitas, todos usavam argolas de ouro.) 25 "Com todo o
prazer!", responderam eles. Estenderam uma capa, e cada um jo-
gou ali uma argola de ouro que havia tomado como despojo. 26 O
peso das argolas de ouro totalizou pouco mais de vinte quilos, sem
contar os enfeites, os pendentes e as roupas de púrpura que os reis
de Midiã usavam, além das correntes que estavam no pescoço de
seus camelos. 27 Com esse ouro, Gideão fez um colete sacerdotal
e o colocou em Ofra, sua cidade. Todo o Israel, porém, se prosti-
tuiu, fazendo do colete objeto de adoração, e ele se tornou uma
armadilha para Gideão e sua família. 28 Esse é o relato de como
os israelitas derrotaram Midiã, que nunca se recuperou. Durante
quarenta anos do restante da vida de Gideão, houve paz na terra.
29 Então Gideão, filho de Joás, voltou para casa. 30 Gerou setenta
filhos do sexo masculino, pois teve muitas esposas. 31 Também teve

uma concubina em Siquém que deu à luz um filho seu, a quem ele
chamou Abimeleque. 32Gideão, filho de Joás, morreu quando era
muito idoso e foi sepultado no túmulo de seu pai, Joás, em Ofra, no
território do clã de Abiezer. 33Logo depois da morte de Gideão, os
israelitas se prostituíram, adorando imagens de Baal e fazendo de
Baal-Berite seu deus. 34Os israelitas se esqueceram do SENHOR, seu
Deus, que os havia livrado de todos os inimigos em redor. 35Também
não demonstraram lealdade alguma para com a família de Jerubaal
(isto é, Gideão), apesar de todo o bem que ele havia feito a Israel.

CAPÍTULO 9

Abimeleque governa sobre Siquém

1Certo dia, Abimeleque, filho de Gideão, foi a Siquém visitar os
irmãos de sua mãe e disse a eles e aos demais membros do seu
clã materno: 2"Perguntem aos líderes de Siquém se preferem ser
governados por todos os setenta filhos de Gideão ou por um só
homem. E lembrem-se de que eu sou da mesma carne e do mesmo
sangue de vocês!". 3Então os tios de Abimeleque transmitiram sua
mensagem a todos os líderes de Siquém, que, depois de ouvirem a
proposta, decidiram em favor de Abimeleque, pois era parente de-
les. 4Deram-lhe setenta moedas de prata do templo de Baal-Berite,
que ele usou para contratar indivíduos desocupados e desordeiros
que concordaram em segui-lo. 5Ele foi à casa de seu pai em Ofra e
ali, sobre uma pedra, matou todos os seus setenta meios-irmãos,
os filhos de Gideão, exceto Jotão, o filho mais novo, que fugiu e se
escondeu. 6Então os líderes de Siquém e Bete-Milo convocaram
uma reunião debaixo do carvalho perto da coluna em Siquém e
proclamaram Abimeleque rei.

A parábola de Jotão

7Quando Jotão soube disso, subiu ao topo do monte Gerizim e
gritou: "Ouçam-me, cidadãos de Siquém! Ouçam-me se querem
que Deus os ouça! 8Certa vez as árvores resolveram ungir um rei.
Primeiro disseram à oliveira: 'Seja nosso rei!'. 9Mas a oliveira se
recusou e disse: 'Devo deixar de produzir o óleo que agrada a Deus
e às pessoas, só para ser a mais alta das árvores que o vento agi-
ta?'. 10"Então disseram à figueira: 'Seja nosso rei!'. 11Mas a figueira
também se recusou e disse: 'Devo deixar de produzir meus frutos

NO QUE ESTOU PENSANDO ○ | O QUE ESTOU SENTINDO ○ | DO QUE ESTOU LEMBRANDO ○

DESENHE OU ESCREVA

doces e deliciosos, só para ser a mais alta das árvores que o vento
agita?'. 12"Então disseram à videira: 'Seja nosso rei!'. 13Mas a videira
também se recusou e disse: 'Devo deixar de produzir o vinho que
alegra a Deus e às pessoas, só para ser a mais alta das árvores que
o vento agita?'. 14"Por fim, todas as árvores se voltaram para o espi-
nheiro e disseram: 'Seja nosso rei!'. 15E o espinheiro respondeu às
árvores: 'Se querem mesmo ungir-me seu rei, venham abrigar-se à
minha sombra. Se não, que saia fogo de mim e queime os cedros do
Líbano'". 16Jotão prosseguiu: "Será que vocês de fato agiram de for-
ma honrada e íntegra ao proclamar Abimeleque seu rei? Será que
foram justos com Gideão e seus descendentes? Vocês o trataram
como ele merece, tendo em vista tudo que realizou? 17Meu pai lu-
tou por vocês e arriscou a vida para libertá-los dos midianitas. 18Mas
hoje vocês se rebelaram contra ele e seus descendentes e mataram
seus setenta filhos sobre uma pedra. Escolheram Abimeleque, filho
da escrava dele, para ser rei só porque ele é seu parente. 19"Se hoje
agiram de forma honrada e íntegra com Gideão e seus descenden-
tes, então que sejam felizes com Abimeleque, e ele seja feliz com
vocês. 20Mas, se não o fizeram, então que saia fogo de Abimeleque
e queime os líderes de Siquém e Bete-Milo, e saia fogo dos líderes
de Siquém e Bete-Milo e queime Abimeleque!". 21Então Jotão fugiu
e foi morar em Beer, pois tinha medo de seu irmão Abimeleque.

Siquém se rebela contra Abimeleque

22Depois que Abimeleque havia governado Israel por três anos,
23Deus enviou um espírito que gerou discórdia entre Abimeleque
e os líderes de Siquém, que se rebelaram. 24Foi um castigo para
Abimeleque por ele ter assassinado os setenta filhos de Gideão e
para os líderes de Siquém por terem apoiado Abimeleque no as-
sassinato de seus irmãos. 25Os líderes de Siquém prepararam uma
emboscada para Abimeleque no alto dos montes e assaltavam to-
dos os que passavam por ali. Contudo, alguém alertou Abimeleque
sobre essa conspiração. 26Nessa época, Gaal, filho de Ebede, se
mudou para Siquém com seus irmãos e ganhou a confiança dos
líderes da cidade. 27Depois de irem ao campo, colherem as uvas e
pisarem nelas, realizaram uma festa da colheita, no templo do deus
local. Foi servido vinho à vontade, e todos começaram a amaldiçoar
Abimeleque. 28"Quem é Abimeleque?", disse em alta voz Gaal, filho

de Ebede. "Se não é um verdadeiro filho de Siquém, por que deve-
mos servi-lo? É apenas filho de Gideão, e esse Zebul é apenas seu
ajudante. Sirvam aos verdadeiros filhos de Hamor, o fundador de
Siquém! Por que devemos servir a Abimeleque? 29Se eu estivesse
no comando, me livraria de Abimeleque. Diria a ele: 'Convoque
seus soldados e venha lutar!'." 30Mas, quando Zebul, que governava
a cidade, tomou conhecimento das palavras de Gaal, ficou furioso.
31Enviou mensageiros a Abimeleque em Arumá para lhe dizer:
"Gaal, filho de Ebede, e seus irmãos se mudaram para Siquém e
estão instigando a cidade a se rebelar contra você. 32Venha de noite
com seu exército e esconda-se nos campos. 33Pela manhã, assim
que o sol nascer, ataque a cidade. Quando Gaal e aqueles que o
acompanham saírem para lutar contra você, faça com eles o que
desejar". 34Então Abimeleque e todos os seus homens saíram de
noite, dividiram-se em quatro grupos e armaram uma emboscada
ao redor de Siquém. 35Gaal, filho de Ebede, estava à porta da cidade
quando Abimeleque e seu exército saíram de seus esconderijos.
36Quando Gaal os viu, disse a Zebul: "Olhe, há pessoas descendo
do alto das colinas!". Zebul respondeu: "São apenas as sombras
dos montes que se parecem com homens". 37Mas Gaal insistiu:
"Não! São pessoas descendo das colinas. E outro grupo vem pela
estrada que passa pelo Carvalho dos Adivinhos". 38Zebul se voltou
para ele e perguntou: "Onde foi parar toda a sua conversa? Não
foi você que disse: 'Quem é Abimeleque e por que deveríamos
servi-lo?'. Os homens dos quais você zombou estão logo ali do lado
de fora da cidade! Saia e lute contra eles!". 39Então Gaal marchou
à frente dos líderes de Siquém para a batalha contra Abimeleque.
40Abimeleque perseguiu Gaal, e muitos homens de Siquém foram
feridos e caíram pelo caminho enquanto recuavam até o portão
da cidade. 41Abimeleque voltou a Arumá, e Zebul expulsou Gaal
e seus irmãos de Siquém. 42No dia seguinte, o povo de Siquém
saiu para guerrear nos campos. Abimeleque soube disso, 43dividiu
seus homens em três grupos e armou emboscadas nos campos.
Quando Abimeleque viu o povo sair da cidade, ele e seus homens
saíram de seus esconderijos e atacaram. 44Abimeleque e seu grupo
tomaram de assalto o portão da cidade para impedir que os homens
de Siquém voltassem para dentro. Enquanto isso, os outros dois
grupos atacaram e mataram aqueles que estavam nos campos. 45A

NO QUE ESTOU **PENSANDO** | O QUE ESTOU **SENTINDO** | DO QUE ESTOU **LEMBRANDO**

DESENHE OU ESCREVA

batalha durou o dia inteiro. Por fim, Abimeleque tomou Siquém e
matou seus habitantes. Depois, destruiu a cidade e espalhou sal em
todo o solo. 46Ao tomarem conhecimento do que havia acontecido,
os líderes que viviam na torre de Siquém correram e se escon-
deram na fortaleza do templo de Baal-Berite. 47Quando alguém
informou Abimeleque de que esses habitantes estavam reunidos
ali, 48ele levou seu exército ao monte Zalmom. Pegou um machado,
cortou alguns galhos de uma árvore e os pôs sobre os ombros.
"Rápido! Façam como eu!", disse a seus homens. 49Assim, cada
um cortou alguns galhos e fez como Abimeleque. Então amontoa-
ram os galhos junto às paredes do templo e puseram fogo. Todos
que viviam na torre de Siquém morreram, cerca de mil homens e
mulheres. 50Em seguida, Abimeleque atacou a cidade de Tebes e
a conquistou. 51No meio da cidade, porém, havia uma torre forte,
e toda a população, homens e mulheres, fugiu para lá. Trancaram-
-se por dentro e subiram até o terraço. 52Abimeleque foi até a torre
e a atacou. Mas, quando se preparava para incendiar a entrada
da torre, 53uma mulher que estava no terraço jogou na cabeça de
Abimeleque uma pedra de moinho, que rachou seu crânio. 54Sem
demora, ele disse a seu jovem escudeiro: "Tire a espada e mate-
-me! Assim ninguém dirá que uma mulher matou Abimeleque!".
O jovem o atravessou com sua espada, e ele morreu. 55Quando
os israelitas viram que Abimeleque estava morto, debandaram
e voltaram para casa. 56Desse modo, Deus castigou Abimeleque
pelo mal que ele havia feito a seu pai, matando os setenta irmãos.
57Deus também castigou os homens de Siquém por toda a sua
maldade. Assim cumpriu-se a maldição de Jotão, filho de Gideão.

CAPÍTULO 10

Tolá se torna juiz de Israel

1Depois da morte de Abimeleque, Tolá, filho de Puá, filho de Dodô,
foi o próximo libertador de Israel. Era da tribo de Issacar, mas mora-
va na cidade de Samir, na região montanhosa de Efraim. 2Julgou
Israel por 23 anos. Quando morreu, foi sepultado em Samir.

Jair se torna juiz de Israel

3Depois que Tolá morreu, Jair, de Gileade, julgou Israel por 22 anos.
4Seus trinta filhos montavam trinta jumentos e possuíam na terra

de Gileade trinta cidades que até hoje são chamadas de Cidades de
Jair. 5Quando morreu, foi sepultado em Camom.

Os amonitas oprimem Israel

6Mais uma vez, os israelitas fizeram o que era mau aos olhos do
Senhor. Serviram às imagens de Baal e Astarote e aos deuses da
Síria, de Sidom, Moabe, Amom e da Filístia. Abandonaram o Senhor
e deixaram de servi-lo. 7Então a ira do Senhor se acendeu contra
Israel, e ele os entregou nas mãos dos filisteus e dos amonitas, 8que
começaram a oprimi-los cruelmente naquele mesmo ano. Durante
dezoito anos, oprimiram todos os israelitas a leste do Jordão na
terra dos amorreus (isto é, em Gileade). 9Os amonitas também
atravessaram para o lado oeste do Jordão e atacaram as tribos de
Judá, Benjamim e Efraim. Os israelitas ficaram muito angustiados
10e, por fim, pediram socorro ao Senhor. “Pecamos contra ti”, dis-
seram, “pois abandonamos nosso Deus e servimos às imagens de
Baal!” 11O Senhor respondeu: “Acaso não os livrei dos egípcios, dos
amorreus, dos amonitas, dos filisteus, 12dos sidônios, dos amalequi-
tas e dos maonitas? Quando eles os oprimiram, vocês me pediram
socorro, e eu os livrei. 13E, no entanto, vocês me abandonaram e
serviram a outros deuses. Por isso, não os livrarei mais. 14Vão e
clamem aos deuses que vocês escolheram! Que eles os livrem neste
momento de angústia!”. 15Mas os israelitas suplicaram ao Senhor:
“Sim, pecamos! Castiga-nos como te parecer melhor, mas livra-nos
hoje de nossos inimigos”. 16Então eles se desfizeram dos deuses
estrangeiros e serviram ao Senhor. E ele teve compaixão deles por
causa de seu sofrimento. 17Quando os exércitos de Amom foram
convocados para guerrear e acamparam em Gileade, os israelitas se
reuniram e acamparam em Mispá. 18Os líderes de Gileade disseram
uns aos outros: “O primeiro que atacar os amonitas governará todo
o povo de Gileade”.

CAPÍTULO 11

Jefté se torna juiz de Israel

1Jefté era um guerreiro corajoso. Era filho de Gileade, mas sua
mãe era uma prostituta. 2A esposa de Gileade teve muitos filhos, e
quando esses meios-irmãos cresceram, expulsaram Jefté, dizendo:
“Você não receberá parte alguma da herança de nosso pai, pois é

Jz 10.16

filho de outra mulher”. 3Então Jefté fugiu de seus irmãos e foi viver
na terra de Tobe. Em pouco tempo, passou a chefiar um bando de
desocupados que se uniram a ele. 4Por essa época, os amonitas co-
meçaram a guerrear contra Israel. 5Quando os amonitas atacaram, os
líderes de Gileade mandaram buscar Jefté na terra de Tobe. 6“Venha
e seja nosso comandante!”, disseram. “Ajude-nos a lutar contra os
amonitas!” 7Mas Jefté lhes disse: “Não são vocês os mesmos que
me odiavam e que me expulsaram da casa de meu pai? Por que
me chamam agora que estão em apuros?”. 8“Porque precisamos de
você”, responderam os líderes. “Se você nos comandar na batalha
contra os amonitas, nós o proclamaremos governante de todo o
povo de Gileade.” 9Jefté lhes disse: “Quer dizer que se eu for com
vocês e o Senhor me der a vitória sobre os amonitas, governarei
todo o povo?”. 10Os líderes de Gileade responderam: “O Senhor é
nossa testemunha de que faremos exatamente como você disse”.
11Então Jefté foi com os líderes de Gileade, e o povo o fez governante
e comandante do exército. Em Mispá, na presença do Senhor, Jefté
repetiu o que tinha dito aos líderes. 12Jefté enviou mensageiros
ao rei de Amom para perguntar: “Por que você saiu para guerrear
contra minha terra?”. 13O rei de Amom respondeu aos mensageiros
de Jefté: “Quando saíram do Egito, os israelitas roubaram minhas
terras desde o rio Arnom até o rio Jaboque, e até o Jordão. Agora,
devolva-nos pacificamente esse território”. 14Jefté enviou a seguinte
mensagem em resposta ao rei amonita: 15“Assim diz Jefté: Israel não
roubou terra alguma de Moabe nem de Amom. 16Quando o povo
de Israel veio do Egito e chegou a Cades, depois de atravessar o mar
Vermelho, 17enviou mensageiros ao rei de Edom e pediu: ‘Deixe-nos
passar por sua terra’. Contudo, seu pedido foi negado. Então fizeram
o mesmo pedido ao rei de Moabe, mas ele também não os deixou
passar. Por isso, o povo de Israel ficou em Cades. 18“Depois, passa-
ram pelo deserto, contornando Edom e Moabe. Acompanharam a
divisa de Moabe a leste e acamparam do outro lado do rio Arnom.
Em momento algum atravessaram o Arnom para entrar em Moabe,
pois o Arnom era a divisa de Moabe. 19“Então Israel enviou men-
sageiros a Seom, rei dos amorreus, que governava em Hesbom, e
pediu: ‘Deixe-nos passar por sua terra, para chegarmos ao nosso
destino’. 20O rei Seom, porém, não confiava em Israel o suficiente
para deixar o povo passar por seu território. Em vez disso, mobilizou

seu exército em Jaza e atacou Israel. 21 Mas o SENHOR, o Deus de
Israel, entregou o rei Seom nas mãos de seu povo, que derrotou
os amorreus. Israel tomou posse de toda a terra dos amorreus que
viviam naquela região, 22 desde o Arnom até o Jaboque, e desde o
deserto até o Jordão. 23 "Como você vê, foi o SENHOR, o Deus de Israel,
que tirou a terra dos amorreus e a entregou a Israel. Por que, então,
haveríamos de devolvê-la? 24 Fique com o que seu deus Camos lhe
der, e nós ficaremos com o que o SENHOR, nosso Deus, nos der.
25 Acaso você é melhor que Balaque, filho de Zipor, rei de Moabe?
Ele tentou disputar esses territórios com Israel? Entrou em guerra
contra os israelitas? 26 "Israel vive aqui há trezentos anos. Habita em
Hesbom e nos povoados ao redor, até Aroer e seus povoados, e todas
as cidades às margens do rio Arnom. Por que, até agora, vocês não
fizeram esforço algum para reaver esse território? 27 Portanto, não
pequei contra você. Pelo contrário, você fez mal ao me atacar. Que o
SENHOR, o Juiz, decida hoje qual de nós está certo: Israel ou Amom".
28 Mas o rei de Amom não deu atenção à mensagem de Jefté.

O voto de Jefté

29 Então o Espírito do SENHOR veio sobre Jefté. Ele atravessou o
território de Gileade e Manassés, incluindo Mispá em Gileade, e
dali avançou contra os amonitas. 30 Jefté fez um voto ao SENHOR:
"Se entregares os amonitas em minhas mãos, 31 darei ao SENHOR o
que sair primeiro de minha casa quando eu regressar vitorioso. Eu
o oferecerei como holocausto". 32 Jefté saiu com seu exército para
combater os amonitas, e o SENHOR os entregou em suas mãos.
33 Ele aniquilou os amonitas e destruiu vinte cidades, desde Aroer
até os arredores de Minite, chegando até Abel-Queramim. Assim,
os israelitas derrotaram os amonitas. 34 Quando Jefté voltou para
casa em Mispá, sua filha saiu ao seu encontro, tocando tamborim
e dançando. Era sua única filha; ele não tinha nenhum outro filho
nem filha. 35 Quando Jefté a viu, rasgou as próprias roupas e gritou.
"Ah, minha filha! Você acabou comigo! Trouxe desgraça sobre mim!
Fiz um voto ao SENHOR e não posso voltar atrás!". 36 Ela disse: "Pai,
se fez um voto ao SENHOR, faça comigo o que prometeu, pois o
SENHOR lhe deu grande vitória sobre seus inimigos, os amonitas.
37 Mas, primeiro, permita que eu ande pelos montes e chore com
minhas amigas por dois meses, pois morrerei virgem". 38 "Pode ir",

NO QUE ESTOU **PENSANDO** ○ | O QUE ESTOU **SENTINDO** ○ | DO QUE ESTOU **LEMBRANDO** ○

DESENHE OU ESCREVA

disse Jefté, e deixou que ela se ausentasse por dois meses. Ela e
suas amigas foram para os montes e lamentaram, pois ela jamais
teria filhos. 39 Quando ela voltou para casa, seu pai cumpriu o voto
que havia feito, e ela morreu sem ter tido relações com homem
algum. Por isso, tornou-se costume em Israel 40 as moças israelitas
saírem por quatro dias todos os anos para lamentar o destino da
filha de Jefté, de Gileade.

CAPÍTULO 12

Efraim luta contra Jefté

1 Então os homens de Efraim mobilizaram um exército e atravessa-
ram o Jordão para Zafom. Enviaram a seguinte mensagem a Jefté:
"Por que você não pediu nossa ajuda para lutar contra os amonitas?
Vamos queimar sua casa, com você dentro!". 2 Jefté respondeu: "Eu
os convoquei no início do conflito, mas vocês se recusaram a vir!
Não nos ajudaram na luta contra Amom. 3 Por isso, quando vi que
vocês não viriam, arrisquei a vida e saí para a batalha sem vocês, e
o SENHOR entregou os amonitas em minhas mãos. Por que agora
vocês vêm lutar contra mim?". 4 Os homens de Efraim responderam:
"Vocês, de Gileade, não passam de fugitivos de Efraim e Manassés".
Então Jefté reuniu todos os guerreiros de Gileade, atacou os ho-
mens de Efraim e os derrotou. 5 Os homens de Gileade tomaram os
pontos mais rasos de travessia do Jordão, e sempre que um fugitivo
de Efraim tentava voltar para a outra margem, eles o confrontavam.
"Você pertence à tribo de Efraim?", perguntavam. Se o homem ne-
gasse, 6 eles o mandavam dizer "Chibolete". Se ele era de Efraim,
dizia "Sibolete", pois o povo de Efraim não consegue pronunciar
essa palavra corretamente. Então eles o capturavam e o matavam
no lugar de travessia do Jordão. Ao todo, foram mortos 42 mil ho-
mens de Efraim naquela ocasião. 7 Jefté julgou Israel durante seis
anos. Quando morreu, foi sepultado numa das cidades de Gileade.

Ibsã se torna juiz de Israel

8 Depois que Jefté morreu, Ibsã, de Belém, julgou Israel. 9 Ele teve
trinta filhos e trinta filhas. Deu suas filhas em casamento a homens
de fora de seu clã, e trouxe trinta moças de fora de seu clã para
se casarem com seus filhos. Ibsã julgou Israel durante sete anos.
10 Quando morreu, foi sepultado em Belém.

Elom se torna juiz de Israel

11 Depois que Ibsã morreu, Elom, da tribo de Zebulom, julgou Israel
durante dez anos. 12 Quando morreu, foi sepultado em Aijalom, no
território de Zebulom.

Abdom se torna juiz de Israel

13 Depois que Elom morreu, Abdom, filho de Hilel, de Piratom, jul-
gou Israel. 14 Ele teve quarenta filhos e trinta netos que montavam
setenta jumentos. Abdom julgou Israel durante oito anos. 15 Quando
morreu, foi sepultado em Piratom, no território de Efraim, na região
montanhosa dos amalequitas.

CAPÍTULO 13

O nascimento de Sansão

1 Mais uma vez, os israelitas fizeram o que era mau aos olhos do
SENHOR. Por isso, o SENHOR os entregou nas mãos dos filisteus, que
os oprimiram durante quarenta anos. 2 Naqueles dias, um homem
chamado Manoá, da tribo de Dã, vivia na cidade de Zorá. Sua espo-
sa era estéril, e eles não tinham filhos. 3 O anjo do SENHOR apareceu
à esposa de Manoá e disse: "Embora você não tenha conseguido
ter filhos até agora, ficará grávida e dará à luz um filho. 4 Portanto,
tenha cuidado; não beba vinho e nenhuma outra bebida fermen-
tada, nem coma nenhum alimento que seja impuro. 5 Você ficará
grávida e dará à luz um filho, do qual jamais cortará o cabelo, por-
que ele será consagrado a Deus como nazireu desde o nascimento.
Ele começará a libertar Israel das mãos dos filisteus". 6 A mulher
foi correndo contar ao marido: "Um homem de Deus apareceu
para mim! Era como um dos anjos de Deus, e sua aparência era
assustadora. Não perguntei de onde era, e ele não me disse seu
nome. 7 Mas ele me disse: 'Você ficará grávida e dará à luz um filho.
Não beba vinho e nenhuma outra bebida fermentada, nem coma
nenhum alimento que seja impuro. Seu filho será consagrado a
Deus como nazireu desde o nascimento até o dia de sua morte'".
8 Então Manoá orou ao SENHOR: "Senhor, eu peço que o homem de
Deus que enviaste volte e nos dê mais instruções a respeito desse
filho que vai nascer". 9 Deus atendeu à oração de Manoá, e o anjo
de Deus apareceu outra vez à esposa quando ela estava sentada
no campo. Seu marido, Manoá, não estava com ela. 10 Então ela

NO QUE ESTOU **PENSANDO** ○ | O QUE ESTOU **SENTINDO** ○ | DO QUE ESTOU **LEMBRANDO** ○

DESENHE OU ESCREVA

foi correndo contar ao marido: "O homem que apareceu outro dia
está aqui de novo!". 11 Manoá voltou depressa com sua esposa e
perguntou: "O senhor é o homem que falou com minha esposa
outro dia?". "Sim, sou eu", respondeu ele. 12 Então Manoá pergun-
tou: "Quando suas palavras se cumprirem, como devemos criar o
menino? Qual será o trabalho dele?". 13 O anjo do SENHOR respon-
deu: "Sua esposa deverá seguir as instruções que lhe dei. 14 Ela não
deve comer uvas nem passas, não deve beber vinho e nenhuma
outra bebida fermentada, nem deve comer nenhum alimento que
seja impuro. Ela deverá fazer tudo que ordenei". 15 Manoá disse ao
anjo do SENHOR: "Por favor, fique aqui até prepararmos um cabrito
para o senhor". 16 "Está bem, só que não comerei nada", respondeu
o anjo do SENHOR. "Mas você pode preparar um holocausto como
sacrifício ao SENHOR." Manoá ainda não havia percebido que era o
anjo do SENHOR. 17 Manoá perguntou ao anjo do SENHOR: "Qual é
seu nome? Queremos lhe prestar homenagem quando isso tudo
se cumprir". 18 "Por que quer saber meu nome?", disse o anjo do
SENHOR. "Ele é tão maravilhoso que você não conseguiria enten-
der!" 19 Então Manoá tomou um cabrito e uma oferta de cereal e os
apresentou sobre uma rocha como sacrifício ao SENHOR. Enquanto
Manoá e sua esposa observavam, o SENHOR fez algo extraordinário.
20 Quando as chamas do altar subiram ao céu, o anjo do SENHOR
subiu nas chamas. Ao verem isso, Manoá e sua esposa se curvaram
com o rosto no chão. 21 O anjo do SENHOR não voltou a aparecer a
Manoá e sua esposa. Então Manoá finalmente percebeu que era
o anjo do SENHOR 22 e disse à sua esposa: "Com certeza vamos
morrer, pois vimos a Deus!". 23 Sua esposa, porém, disse: "Se o
SENHOR quisesse nos matar, não teria aceitado o holocausto e a
oferta de cereal. Não teria aparecido a nós, nem nos teria revelado
essas coisas maravilhosas!". 24 Quando o menino nasceu, ela o
chamou de Sansão. O SENHOR o abençoou enquanto ele crescia,
25 e o Espírito do SENHOR começou a agir nele quando ele morava
em Maané-Dã, entre Zorá e Estaol.

CAPÍTULO 14

O enigma de Sansão

1 Certo dia, Sansão estava em Timna e viu uma moça do povo fi-
listeu. 2 Quando voltou para casa, disse a seu pai e a sua mãe: "Vi

uma moça filisteia em Timna. Quero me casar com ela. Consigam
aquela moça para mim". 3 Seu pai e sua mãe se opuseram: "Não há
uma moça sequer em nossa tribo ou entre todo o nosso povo com
quem você possa se casar? Por que tem de procurar uma esposa
entre os filisteus pagãos?". Mas Sansão disse a seu pai: "Consiga
a moça para mim. É ela que eu quero". 4 Seus pais não sabiam
que o SENHOR estava agindo no meio disso tudo, para criar uma
oportunidade de agir contra os filisteus que, na época, dominavam
Israel. 5 Quando Sansão e seus pais estavam descendo a Timna,
de repente um jovem leão atacou Sansão perto dos vinhedos de
Timna. 6 Naquele momento, o Espírito do SENHOR veio sobre Sansão
com tamanho poder que ele rasgou o animal pelas mandíbulas
usando as próprias mãos, com a mesma facilidade que se des-
pedaça um cabrito. Contudo, não contou a seus pais o que havia
acontecido. 7 Quando chegou a Timna, conversou com a moça e
se agradou muito dela. 8 Algum tempo depois, quando voltou a
Timna para o casamento, saiu do caminho para ver o cadáver do
leão. Descobriu que um enxame de abelhas havia feito mel dentro
da carcaça. 9 Pegou um pouco de mel com as mãos e foi comendo
pelo caminho. Também deu um pouco a seu pai e a sua mãe, e
eles comeram. Mas Sansão não lhes contou que havia tirado o
mel da carcaça do leão. 10 Enquanto seu pai estava em Timna para
o casamento, Sansão ofereceu uma festa ali, como era costume
entre os noivos. 11 Quando os pais da noiva o viram, escolheram
trinta rapazes da cidade para o acompanharem na festa. 12 Sansão
lhes disse: "Vou lhes propor um enigma. Se conseguirem deci-
frá-lo durante estes sete dias de celebração, darei a vocês trinta
camisas de linho fino e trinta conjuntos de roupa. 13 Mas, se não
conseguirem decifrá-lo, vocês me darão trinta camisas de linho
fino e trinta conjuntos de roupa". "Está bem", concordaram eles.
"Proponha seu enigma." 14 Ele disse: "Do que come veio algo para
comer, do que é forte veio algo doce". Três dias depois, eles ainda
tentavam encontrar a resposta. 15 No quarto dia, disseram à esposa
de Sansão: "Convença seu marido a explicar o enigma; caso con-
trário, queimaremos vivos você e sua família! Você nos convidou
à festa só para nos deixar pobres?". 16 Então a esposa de Sansão
lhe disse, aos prantos: "Você não me ama! Você me odeia! Propôs
um enigma ao meu povo, mas não me contou a resposta!". Ele

NO QUE ESTOU **PENSANDO** ○ | O QUE ESTOU **SENTINDO** ○ | DO QUE ESTOU **LEMBRANDO** ○

DESENHE OU ESCREVA

respondeu: "Não revelei o enigma nem a meu pai e minha mãe.
Por que deveria contá-lo a você?". 17 Ela chorava cada vez que estava
com ele, e assim continuou até o último dia da festa. Por fim, de
tanto importunar Sansão, no sétimo dia ele lhe contou a resposta.
Então ela explicou o enigma aos rapazes. 18 Antes do pôr do sol do
sétimo dia, os homens da cidade vieram dar a resposta a Sansão: "O
que é mais doce que o mel? O que é mais forte que o leão?". Sansão
respondeu: "Se vocês não tivessem arado com minha novilha, não
teriam resolvido meu enigma!". 19 Então o Espírito do SENHOR veio
com poder sobre Sansão. Ele desceu à cidade de Ascalom, matou
trinta homens, tomou seus pertences e deu as roupas deles aos
homens que haviam resolvido o enigma. Contudo, ficou furioso
com o que tinha acontecido e voltou a morar na casa de seus pais.
20 A noiva de Sansão foi dada como esposa ao rapaz que o havia
acompanhado na cerimônia.

CAPÍTULO 15

Sansão se vinga dos filisteus

1 Algum tempo depois, durante a colheita do trigo, Sansão levou
um cabrito de presente para sua esposa. "Vou ao quarto de minha
esposa para dormir com ela", disse ele. Mas o pai dela não o deixou
entrar. 2 "Eu tinha certeza de que você a odiava", explicou ele. "Por
isso eu a dei como esposa a seu acompanhante de casamento. Mas
veja, a irmã mais nova dela é ainda mais bonita. Case-se com ela."
3 Sansão disse: "Desta vez ninguém poderá me culpar de tudo que
eu fizer a vocês, filisteus". 4 Então saiu e capturou trezentas raposas.
Amarrou-as em pares pela cauda e prendeu uma tocha em cada
par de caudas. 5 Depois, acendeu as tochas e soltou as raposas
no meio das plantações de cereais dos filisteus. Assim, queimou
tudo, tanto os feixes já ceifados como o cereal que ainda seria
colhido. Também destruiu os vinhedos e os olivais. 6 "Quem fez
isto?", perguntaram os filisteus. E responderam: "Foi Sansão, pois
seu sogro, de Timna, deu a esposa de Sansão a seu acompanhante
de casamento". Então os filisteus queimaram vivos a mulher e
seu pai. 7 Sansão disse aos filisteus: "Não descansarei enquanto
não me vingar de vocês pelo que fizeram!". 8 Ele os atacou com
grande violência e matou muitos deles. Depois, foi morar numa
caverna na rocha de Etã. 9 Então os filisteus acamparam em Judá

e se espalharam pelos arredores da cidade de Leí. 10 Os homens de
Judá perguntaram aos filisteus: "Por que vieram nos atacar?". Os
filisteus responderam: "Viemos capturar Sansão e nos vingar dele".
11 Então três mil homens de Judá desceram para buscar Sansão na
caverna da rocha de Etã. "Você não sabe que os filisteus nos do-
minam?", disseram a Sansão. "O que você está fazendo conosco?"
Sansão respondeu: "Só fiz a eles o que fizeram a mim". 12 Mas os
homens de Judá lhe disseram: "Viemos amarrá-lo e entregá-lo
aos filisteus". "Está bem", disse Sansão. "Mas prometam que vocês
mesmos não me farão mal." 13 "Vamos apenas amarrá-lo e entre-
gá-lo aos filisteus", responderam eles. "Não vamos matá-lo." Então
o amarraram com duas cordas novas e o fizeram sair da rocha.
14 Quando Sansão chegou a Leí, os filisteus vieram ao seu encontro,
dando gritos de vitória. Mas o Espírito do SENHOR veio com poder
sobre Sansão, e ele rompeu as cordas em seus braços como se
fossem barbantes de linho queimados, e as amarras caíram de
suas mãos. 15 Sansão encontrou a queixada de um jumento que
tinha sido morto havia pouco tempo. Ele a pegou e a usou para
matar mil filisteus. 16 Então disse: "Com uma queixada de jumen-
to, fiz deles montões! Com uma queixada de jumento, matei mil
homens!". 17 Quando acabou de celebrar sua vitória, jogou fora a
queixada; e aquele lugar foi chamado de Ramate-Leí. 18 Sansão
sentiu muita sede e clamou ao SENHOR: "Por meio da força de teu
servo, concedeste este grande livramento. Acaso devo morrer de
sede e cair nas mãos desses incircuncisos?". 19 Então Deus fez jorrar
água de um buraco no chão em Leí. Sansão bebeu e se reanimou.
Chamou aquele lugar de En-Hacoré, que existe em Leí até hoje.
20 Sansão julgou Israel durante vinte anos, no período em que os
filisteus dominavam a terra.

CAPÍTULO 16

Sansão leva embora os portões de Gaza

1 Certo dia, Sansão foi à cidade filisteia de Gaza e conheceu uma
prostituta, com quem passou a noite. 2 Logo correu a notícia de que
Sansão estava lá, e os homens de Gaza se reuniram e esperaram a
noite toda junto aos portões da cidade. Ficaram em silêncio a noi-
te inteira, pois pensavam: "Quando o dia clarear, vamos matá-lo".
3 Mas Sansão ficou deitado só até a meia-noite. Então levantou-se,
agarrou os portões da cidade, com os dois batentes, e os ergueu,
junto com a tranca. Colocou-os sobre os ombros e os levou para o
alto da colina que fica em frente de Hebrom.

Sansão e Dalila

4 Algum tempo depois, Sansão se apaixonou por uma mulher cha-
mada Dalila, que morava no vale de Soreque. 5 Os governantes dos
filisteus foram vê-la e disseram: "Seduza Sansão para que ele lhe
diga o que o torna tão forte e como podemos dominá-lo e amarrá-lo
sem que consiga se soltar. Então cada um de nós dará a você 1.100
peças de prata". 6 Assim, Dalila disse a Sansão: "Conte-me, por favor,
o que o torna tão forte e como poderia ser amarrado sem conse-
guir se soltar". 7 Sansão respondeu: "Se eu fosse amarrado com
sete cordas de arco novas, ainda não secas, ficaria tão fraco como
qualquer outro homem". 8 Então os governantes filisteus levaram
para Dalila sete cordas de arco novas, e ela amarrou Sansão. 9 Ela
havia escondido alguns homens num dos quartos interiores da
casa e gritou: "Sansão! Os filisteus vieram atacá-lo!". Mas Sansão
arrebentou as cordas de arco de uma vez, como se rompe um pe-
daço de barbante queimado. E não descobriram o segredo de sua
força. 10 Mais tarde, Dalila disse a Sansão: "Você zombou de mim
e mentiu! Agora conte-me, por favor, como poderia ser amarra-
do". 11 Sansão respondeu: "Se eu fosse amarrado firmemente com
cordas novas em folha, que nunca foram usadas, ficaria tão fraco
como qualquer outro homem". 12 Assim, Dalila pegou cordas novas
e o amarrou com elas. Os homens estavam escondidos no quarto
interior como antes e, de novo, Dalila gritou: "Sansão! Os filisteus
vieram atacá-lo!". Mais uma vez, porém, Sansão arrebentou as
cordas em seus braços como se fossem fios. 13 Então Dalila disse:
"Você zombou de mim e mentiu! Agora conte-me, por favor, como
poderia ser amarrado". Sansão respondeu: "Se você tecesse as sete
tranças de meu cabelo no pano de seu tear e o prendesse com o
pino do tear, eu ficaria tão fraco como qualquer outro homem".
Enquanto Sansão dormia, Dalila teceu as sete tranças do cabelo
dele no pano. 14 Depois, prendeu-o com o pino do tear. De novo,
ela gritou: "Sansão! Os filisteus vieram atacá-lo!". Mas Sansão
acordou e soltou, de uma vez, o cabelo do tear e do pano. 15 Então
Dalila disse: "Como você pode dizer que me ama, se não me conta

NO QUE ESTOU PENSANDO	O QUE ESTOU SENTINDO	DO QUE ESTOU LEMBRANDO
○	○	○

DESENHE OU ESCREVA

seus segredos? Zombou de mim três vezes e ainda não me disse
o que o torna tão forte!". 16Todos os dias ela o atormentava com
sua importunação, até ele não suportar mais. 17Por fim, contou-lhe
seu segredo: "Meu cabelo nunca foi cortado, pois fui consagrado
a Deus como nazireu desde o nascimento. Se minha cabeça fosse
raspada, eu perderia as forças e ficaria tão fraco como qualquer
outro homem". 18Dalila percebeu que, finalmente, Sansão havia
lhe contado a verdade e mandou chamar os governantes filisteus.
"Venham mais uma vez!", disse ela. "Sansão finalmente me contou
seu segredo." Os governantes foram ao encontro dela e lhe deram
o dinheiro. 19Dalila fez Sansão dormir com a cabeça em seu colo
e então chamou um homem para cortar as sete tranças do cabelo
dele. Desse modo, começou a enfraquecê-lo, e suas forças o dei-
xaram. 20Então ela gritou: "Sansão! Os filisteus vieram atacá-lo!".
Ao acordar, ele pensou: "Farei como das outras vezes e me livrarei
deles". Não sabia, porém, que o SENHOR o havia deixado. 21Os fi-
listeus o capturaram e furaram seus olhos. Levaram-no para Gaza,
onde o prenderam com duas correntes de bronze, obrigando-o a
moer cereais na prisão. 22Não demorou muito, porém, e seu cabelo
começou a crescer de novo.

A vitória final de Sansão

23Os governantes filisteus realizaram uma grande festa, na qual
ofereceram sacrifícios e louvaram seu deus, Dagom. "Nosso deus
nos deu a vitória sobre nosso inimigo Sansão!", diziam eles. 24Ao
ver Sansão, o povo louvou o seu deus. "Nosso deus nos entregou
nosso inimigo!", diziam. "Aquele que destruía a nossa terra e matou
muitos de nós agora está em nosso poder!" 25A essa altura, já es-
tavam muito bêbados e começaram a gritar: "Tragam Sansão para
que nos divirta!". Assim, trouxeram Sansão da prisão para diverti-los
e o fizeram ficar em pé entre as duas colunas que sustentavam o
teto. 26Sansão disse ao jovem servo que o guiava pela mão: "Ponha
minhas mãos nas duas colunas que sustentam o templo. Quero
me apoiar nelas". 27O templo estava lotado. Todos os governantes
filisteus estavam presentes, e havia cerca de três mil homens e
mulheres na cobertura vendo Sansão e se divertindo às custas dele.
28Então Sansão orou ao SENHOR: "Soberano SENHOR, lembra-te de
mim novamente. Por favor, ó Deus, fortalece-me só mais esta vez.

Jz 16.28

Permite que, com um só golpe, eu me vingue dos filisteus pela
perda de meus dois olhos". 29Então Sansão se apoiou nas colunas
centrais que sustentavam o templo, empurrou-as com as duas mãos
30e exclamou: "Que eu morra com os filisteus!". E o templo desabou
sobre os governantes filisteus e sobre todo o povo. Assim, Sansão
matou mais pessoas quando morreu do que em toda a sua vida.
31Mais tarde, seus irmãos e outros parentes desceram para buscar
o corpo. Eles o levaram de volta para casa e o sepultaram entre Zorá
e Estaol, onde seu pai, Manoá, estava enterrado. Sansão julgou
Israel durante vinte anos.

CAPÍTULO 17

Os ídolos de Mica

1Havia um homem chamado Mica, que vivia na região montanhosa
de Efraim. 2Certo dia, disse à sua mãe: "Eu a ouvi amaldiçoar a
pessoa que roubou suas 1.100 peças de prata. Na verdade, fui eu
quem roubou essa prata; ela está comigo". "O SENHOR o abençoe,
meu filho", respondeu a mãe. 3Ele devolveu a prata, e ela disse:
"Dedico solenemente estas peças de prata ao SENHOR. Em favor de
meu filho, mandarei fazer uma imagem esculpida e um ídolo de
metal". 4Assim, quando ele devolveu a prata à mãe, ela separou
duzentas peças e as entregou a um ourives. Delas ele fez uma
imagem esculpida e um ídolo de metal, que foram colocados na
casa de Mica. 5Esse homem, Mica, construiu um santuário para o
ídolo e também fez um colete sacerdotal e alguns ídolos do lar.
Então nomeou um de seus filhos como seu sacerdote pessoal.
6Naqueles dias, Israel não tinha rei; cada um fazia o que parecia
certo a seus próprios olhos. 7Certo dia, um jovem levita que vivia
em Belém de Judá chegou àquela região. 8Havia saído de Belém
à procura de outro lugar para morar. Em sua viagem, chegou à
região montanhosa de Efraim e aconteceu de parar na casa de
Mica. 9"De onde você vem?", perguntou Mica. Ele respondeu: "Sou
levita, de Belém de Judá, e estou à procura de um lugar para mo-
rar". 10"Fique aqui comigo e seja pai e sacerdote para mim", disse
Mica. "Eu lhe darei dez peças de prata por ano, além de roupa e
comida." 11O jovem levita concordou e se tornou como um dos
filhos de Mica. 12Então Mica nomeou o levita seu sacerdote pes-
soal, e o jovem ficou morando em sua casa. 13Mica disse: "Agora

sei que o SENHOR será bondoso comigo, pois tenho um levita como
meu sacerdote!".

CAPÍTULO 18

Idolatria na tribo de Dã

1Naqueles dias, Israel não tinha rei. A tribo de Dã procurava um
lugar onde se estabelecer, pois ainda não tinha tomado posse do
território que havia recebido como herança quando a terra foi divi-
dida entre as tribos de Israel. 2Então os homens de Dã escolheram
dentre seus clãs cinco guerreiros corajosos das cidades de Zorá e
Estaol para explorar um território onde a tribo pudesse se estabe-
lecer. Quando esses guerreiros chegaram à região montanhosa de
Efraim, pararam na casa de Mica e passaram a noite ali. 3Enquanto
estavam na casa de Mica, reconheceram o sotaque do jovem levita,
de modo que se aproximaram dele e perguntaram: "Quem o trouxe
para cá e o que você está fazendo neste lugar? Por que está aqui?".
4O jovem respondeu: "Fiz um acordo com Mica, e ele me contratou
como seu sacerdote pessoal". 5Então eles disseram: "Pergunte a
Deus se nossa viagem será bem-sucedida". 6"Vão em paz", respon-
deu o sacerdote. "O SENHOR está cuidando de sua viagem." 7Os
cinco homens prosseguiram até a cidade de Laís, onde notaram
que os habitantes levavam uma vida tranquila, como os sidônios.
Eram pacíficos e viviam em segurança, pois não havia quem os
oprimisse em sua terra. Estavam longe de Sidom e não tinham
nenhum aliado por perto. 8Quando os homens voltaram a Zorá e
a Estaol, seus parentes lhes perguntaram: "O que vocês descobri-
ram?". 9Eles responderam: "Vamos atacá-los! Vimos a terra, e ela é
muito boa. O que vocês estão esperando? Não hesitem em avançar
e tomar posse dela. 10Quando chegarem lá, verão que o povo leva
uma vida tranquila. Deus nos deu uma terra espaçosa e fértil, onde
não falta nada!". 11Então seiscentos homens da tribo de Dã armados
para a guerra partiram de Zorá e de Estaol. 12Acamparam num lugar
a oeste de Quiriate-Jearim, em Judá, conhecido hoje como Maané-
Dã. 13Dali prosseguiram para a região montanhosa de Efraim e
chegaram à casa de Mica. 14Os cinco homens que haviam explorado
a terra nos arredores de Laís explicaram aos outros: "Numa destas
casas há um colete sacerdotal, e também alguns ídolos do lar, uma
imagem esculpida e um ídolo de metal. O que vocês acham que

NO QUE ESTOU **PENSANDO** ○ O QUE ESTOU **SENTINDO** ○ DO QUE ESTOU **LEMBRANDO** ○

DESENHE OU ESCREVA

devem fazer?". 15Os cinco homens saíram da estrada principal e
foram à casa de Mica, onde morava o jovem levita, e o saudaram.
16Os seiscentos guerreiros armados da tribo de Dã ficaram à entrada
da porta, 17e os cinco espiões entraram no santuário e removeram
a imagem esculpida, o colete sacerdotal, os ídolos do lar e o ídolo
de metal. Enquanto isso, o sacerdote ficou junto à porta, com os
seiscentos guerreiros armados. 18Quando o sacerdote viu que os
homens estavam levando todos os objetos sagrados do santuário
de Mica, perguntou: "O que vocês estão fazendo?". 19"Fique quieto
e venha conosco", responderam. "Seja nosso pai e sacerdote. Não é
melhor ser sacerdote de uma tribo inteira e de um clã de Israel do
que da casa de um só homem?" 20O jovem sacerdote aceitou de
bom grado acompanhá-los. Pegou o colete sacerdotal, os ídolos do
lar e a imagem esculpida e se uniu a eles. 21Então deram a volta,
colocaram as crianças, o gado e os bens na frente do grupo e parti-
ram. 22Quando os membros da tribo de Dã estavam longe da casa
de Mica, ele e seus vizinhos foram atrás deles. 23Gritavam para os
homens de Dã, que se voltaram e disseram a Mica: "Qual é o pro-
blema? Por que você convocou esses homens para nos perseguir?".
24Mica respondeu: "Como é que vocês me perguntam qual é o pro-
blema? Tomaram todos os deuses que fiz e levaram meu sacerdote!
Não me restou nada!". 25Os homens de Dã disseram: "Cuidado com
o que você diz! Temos em nosso meio alguns homens agressivos
que poderiam ficar com raiva e matar você e sua família". 26Assim,
os homens de Dã seguiram seu caminho. Quando Mica viu que
eram numerosos demais para atacá-los, deu meia-volta e foi para
casa. 27Então os homens de Dã, levando os ídolos de Mica e seu
sacerdote, chegaram à cidade de Laís, cujo povo era pacífico e vivia
em segurança. Mataram à espada os habitantes e queimaram a
cidade. 28Não havia ninguém que livrasse os habitantes da cidade,
pois estavam longe de Sidom e não tinham nenhum aliado por
perto. Isso aconteceu no vale de Bete-Reobe. Então o povo da tribo
de Dã reconstruiu a cidade e passou a habitar nela. 29Mudaram
seu nome para Dã, em homenagem ao antepassado deles, o filho
de Jacó. Antes disso, a cidade se chamava Laís. 30Levantaram ali a
imagem esculpida e nomearam Jônatas, filho de Gérson, filho de
Moisés, como seu sacerdote. Os descendentes de Jônatas serviram
como sacerdotes da tribo de Dã até a época do exílio. 31Assim, a tribo

de Dã adorou a imagem esculpida de Mica durante todo o tempo
em que a casa de Deus permaneceu em Siló.

CAPÍTULO 19

O levita e sua concubina

1Naqueles dias, Israel não tinha rei. Havia um homem da tribo de
Levi que morava num lugar afastado, na região montanhosa de
Efraim. Certo dia, ele trouxe para casa uma mulher de Belém de
Judá para ser sua concubina. 2Mas ela se irou com ele e voltou
para a casa de seu pai, em Belém. Cerca de quatro meses depois,
3seu marido foi a Belém para reconquistá-la e convencê-la a voltar
com ele. Levou consigo um servo e dois jumentos. Quando ele
chegou, a mulher o levou até seu pai, que o recebeu com alegria.
4O sogro insistiu para que ficasse algum tempo, e ele permaneceu
ali três dias, comendo, bebendo e dormindo. 5No quarto dia, levan-
taram-se cedo e ele estava pronto para partir, mas o pai da mulher
disse a seu genro: "Coma alguma coisa antes de sair". 6Os dois se
sentaram, comeram e beberam. Então o pai da mulher disse: "Por
favor, fique mais uma noite e alegre seu coração". 7O homem se
levantou para partir, mas o sogro continuou a insistir para que ele
ficasse. Por fim, ele cedeu e passou mais uma noite ali. 8Na manhã
do quinto dia, ele se levantou cedo e estava pronto para partir, e
outra vez o pai da mulher disse: "Coma alguma coisa; deixe para
sair à tarde". Assim, fizeram mais uma refeição juntos. 9Mais tarde,
quando o homem, a concubina e o servo se preparavam para partir,
o sogro disse: "Já está escurecendo. Passe a noite aqui e alegre
seu coração. Amanhã você pode levantar cedo e partir". 10Dessa
vez, porém, o homem estava decidido a partir. Rumou para Jebus
(isto é, Jerusalém), levando consigo os jumentos com suas selas e
a concubina. 11Chegaram perto de Jebus quase no final do dia, e o
servo disse ao homem: "Vamos parar nesta cidade dos jebuseus e
passar a noite aqui". 12Seu senhor respondeu: "Não podemos ficar
numa cidade estrangeira, que não pertence aos israelitas. Vamos
prosseguir até Gibeá. 13Venha, vamos tentar chegar a Gibeá ou a
Ramá e passaremos a noite numa dessas cidades". 14Então pros-
seguiram. O sol estava se pondo quando chegaram a Gibeá, uma
cidade no território de Benjamim 15e pararam ali para passar a noi-
te. Sentaram-se na praça da cidade, mas ninguém se ofereceu para

NO QUE ESTOU PENSANDO ○

O QUE ESTOU SENTINDO ○

DO QUE ESTOU LEMBRANDO ○

DESENHE OU ESCREVA

hospedá-los. 16Ao anoitecer, um homem idoso voltava para casa
do trabalho no campo. Era da região montanhosa de Efraim, mas
morava em Gibeá, onde os habitantes eram da tribo de Benjamim.
17Quando viu os viajantes sentados na praça da cidade, pergun-
tou de onde vinham e para onde iam. 18O homem respondeu:
"Estamos viajando de Belém de Judá para um lugar afastado na
região montanhosa de Efraim, onde eu moro. Fui a Belém e agora
estou voltando para casa. Ninguém quis nos hospedar, 19embora
tenhamos tudo de que precisamos. Temos palha e forragem para
os jumentos e bastante pão e vinho para nós". 20"Vocês são bem-
-vindos em minha casa", disse o homem idoso. "Eu lhes darei o que
precisarem. Não passem a noite na praça, de jeito nenhum!" 21Ele
os levou para casa e alimentou os jumentos. Depois que lavaram os
pés, comeram e beberam juntos. 22Enquanto eles se alegravam, um
grupo de homens perversos da cidade cercou a casa. Começaram
a bater na porta e gritar para o velho, o dono da casa: "Traga para
fora o homem que está hospedado com você, para que tenhamos
relações com ele!". 23O dono da casa saiu e falou com eles: "Não,
meus irmãos, não façam tamanha maldade. O homem é hóspede
em minha casa, e uma coisa dessas seria uma vergonha. 24Tomem
minha filha virgem e a concubina do homem. Eu as trarei para
fora, e vocês poderão violentá-las e fazer o que desejarem. Mas não
façam uma coisa vergonhosa dessas com meu hóspede". 25Eles,
porém, não deram ouvidos. Então o levita pegou sua concubina
e a empurrou para fora. Os homens da cidade abusaram dela e a
estupraram a noite toda. Por fim, quando o sol começou a nascer,
eles a largaram. 26Ao amanhecer, a mulher voltou para casa onde o
marido estava hospedado. Caiu junto à porta da casa e ali ficou até
o dia clarear. 27Quando o marido se levantou e abriu a porta para
sair e seguir viagem, lá estava a concubina, caída à porta, com as
mãos na soleira. 28Ele disse: "Levante-se! Vamos embora!". Mas não
houve resposta. Então ele pôs o corpo da mulher sobre o jumento
e a levou para casa. 29Quando chegou em casa, pegou uma faca,
desmembrou o corpo da concubina em doze partes e enviou uma
parte para cada tribo em todo o território de Israel. 30Todos que
viram isso disseram: "Desde que os israelitas saíram do Egito, nunca
se cometeu um crime tão horrível. Pensem bem! O que vamos
fazer? Quem vai se pronunciar?".

CAPÍTULO 20

Guerra entre Israel e Benjamim

1 Então todos os israelitas se uniram como um só homem, desde Dã, ao norte, até Berseba, ao sul, incluindo os que moravam na terra de Gileade. A comunidade toda se reuniu na presença do SENHOR, em Mispá. 2 Os líderes de todo o povo e todas as tribos de Israel, quatrocentos mil guerreiros armados com espadas, tomaram seus lugares na reunião sagrada do povo de Deus. 3 Logo chegou à terra de Benjamim a notícia de que as outras tribos haviam subido a Mispá. E os israelitas se perguntaram: "Como esse crime horrível pôde acontecer?". 4 O levita, marido da mulher assassinada, disse: "Minha concubina e eu chegamos para passar a noite em Gibeá, cidade da tribo de Benjamim. 5 Naquela noite, alguns dos líderes da cidade cercaram a casa com a intenção de me matar, e violentaram minha concubina até ela morrer. 6 Então desmembrei o corpo dela em doze partes e as enviei por todos os territórios da herança de Israel, pois esses homens cometeram um crime terrível e vergonhoso. 7 Portanto, todos vocês, israelitas, decidam agora o que se deve fazer a esse respeito!". 8 Todos se levantaram ao mesmo tempo e declararam: "Nenhum de nós voltará para casa! Nem um só homem! 9 Mas é isto que faremos a Gibeá: realizaremos um sorteio para resolver quem a atacará. 10 A décima parte dos homens de cada tribo ficará responsável por providenciar a alimentação dos guerreiros, e o restante se vingará de Gibeá de Benjamim por esse ato vergonhoso cometido em Israel". 11 Todos os israelitas estavam plenamente de acordo e se uniram para atacar a cidade. 12 As tribos de Israel enviaram mensageiros à tribo de Benjamim para lhes dizer: "Que crime terrível foi cometido em seu meio! 13 Entreguem os homens perversos de Gibeá, para que os executemos e eliminemos esse mal de Israel". Mas o povo da tribo de Benjamim não deu ouvidos. 14 Em vez disso, vieram de suas cidades e se reuniram em Gibeá para lutar contra os israelitas. 15 Ao todo, 26 mil guerreiros armados com espadas chegaram a Gibeá para se juntar à tropa especial de setecentos homens que viviam ali. 16 Dentre todos esses guerreiros, havia um grupo de setecentos canhotos, e cada um deles conseguia atirar uma pedra com uma funda e acertar um fio de cabelo com precisão. 17 Sem os guerreiros de Benjamim, Israel tinha quatrocentos mil soldados hábeis no uso da espada. 18 Antes da batalha, os

NO QUE ESTOU **PENSANDO** ○ | O QUE ESTOU **SENTINDO** ○ | DO QUE ESTOU **LEMBRANDO** ○

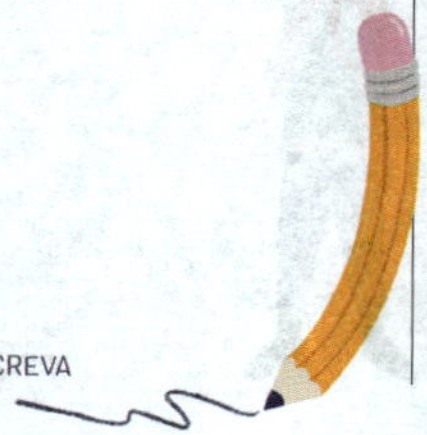

DESENHE OU ESCREVA

israelitas foram a Betel e perguntaram a Deus: "Qual das tribos deve ir primeiro e atacar o povo de Benjamim?". O SENHOR respondeu: "Judá irá primeiro". 19 Na manhã seguinte, os israelitas partiram bem cedo e acamparam perto de Gibeá. 20 Então avançaram em direção a Gibeá para atacar os homens de Benjamim. 21 Os guerreiros de Benjamim que estavam defendendo a cidade saíram e mataram 22 mil israelitas no campo de batalha naquele dia. 22 Mas os israelitas animaram uns aos outros e, mais uma vez, assumiram suas posições no mesmo lugar do dia anterior. 23 Eles tinham subido a Betel e chorado na presença do SENHOR até a tarde. Haviam perguntado ao SENHOR: "Devemos lutar novamente contra nossos parentes de Benjamim?". E o SENHOR tinha dito: "Saiam e lutem contra eles". 24 Saíram no dia seguinte para lutar novamente contra os homens de Benjamim, 25 mas os homens de Benjamim que haviam partido de Gibeá mataram mais dezoito mil israelitas, todos hábeis no uso da espada. 26 Então todos os israelitas subiram a Betel, choraram na presença do SENHOR e jejuaram até a tarde. Também apresentaram ao SENHOR holocaustos e ofertas de paz. 27 Os israelitas subiram para buscar a direção do SENHOR. (Naqueles dias, a arca da aliança de Deus estava em Betel, 28 e Fineias, filho de Eleazar e neto de Arão, era o sacerdote.) Eles perguntaram ao SENHOR: "Devemos lutar novamente contra nossos parentes de Benjamim, ou devemos parar?". O SENHOR disse: "Vão! Amanhã eu os entregarei em suas mãos".
29 Então os israelitas armaram emboscadas ao redor de Gibeá.
30 Avançaram contra os guerreiros de Benjamim no terceiro dia e tomaram suas posições nos mesmos lugares de antes. 31 Quando os homens de Benjamim saíram para atacar, foram atraídos para longe da cidade. Como antes, começaram a matar os israelitas. Cerca de trinta israelitas morreram nos campos abertos, ao longo da estrada que vai para Betel e da estrada que leva de volta a Gibeá.
32 Os guerreiros de Benjamim gritaram: "Derrotamos vocês, como antes!". Mas os israelitas já haviam planejado fugir para que os homens de Benjamim os perseguissem pelas estradas e fossem atraídos para longe da cidade. 33 Quando os guerreiros israelitas chegaram a Baal-Tamar, voltaram-se e assumiram suas posições. Enquanto isso, os israelitas que estavam escondidos na emboscada a oeste de Gibeá entraram em combate. 34 Dez mil soldados da tropa especial de Israel avançaram contra Gibeá. A luta foi tão

Jz

intensa que Benjamim não percebeu a calamidade que estava por vir. 35O SENHOR ajudou Israel a derrotar Benjamim e, naquele dia, os israelitas mataram 25.100 guerreiros de Benjamim, todos hábeis no uso da espada. 36Então os homens de Benjamim viram que estavam derrotados. Os israelitas bateram em retirada diante dos guerreiros de Benjamim a fim de dar aos homens que estavam escondidos na emboscada mais espaço para atacar Gibeá. 37Aqueles que estavam escondidos avançaram de todos os lados e mataram todos os habitantes. 38Tinham combinado de mandar como sinal de dentro da cidade uma grande nuvem de fumaça. 39Quando os israelitas viram a fumaça, voltaram e atacaram os guerreiros de Benjamim. Àquela altura, os guerreiros de Benjamim haviam matado cerca de trinta israelitas e gritaram: "Derrotamos vocês, como antes!". 40Mas, quando os guerreiros de Benjamim olharam para trás e viram que, em todas as partes da cidade, a fumaça subia ao céu, 41os guerreiros de Israel se voltaram e atacaram. Os homens de Benjamim ficaram apavorados, pois perceberam a calamidade que estava prestes a vir sobre eles. 42Deram meia-volta e fugiram diante dos israelitas em direção ao deserto, mas não conseguiram escapar da batalha, pois soldados que saíram das cidades vizinhas também os atacaram. 43Os israelitas cercaram os homens de Benjamim e os perseguiram até os alcançarem no local de descanso, a leste de Gibeá. 44Naquele dia, dezoito mil dos guerreiros mais corajosos de Benjamim morreram na batalha. 45Os sobreviventes fugiram para o deserto, em direção à rocha de Rimom, mas os israelitas mataram cinco mil deles ao longo da estrada. Eles continuaram a perseguição e mataram mais dois mil homens perto de Gidom. 46Naquele dia, portanto, a tribo de Benjamim perdeu 25 mil guerreiros valentes e hábeis no uso da espada, 47e restaram apenas seiscentos homens que fugiram para a rocha de Rimom, onde viveram durante quatro meses. 48Os israelitas voltaram e mataram todo ser vivo que restou nas cidades, pessoas, animais e tudo que encontraram. Também queimaram todas as cidades por onde passaram.

CAPÍTULO 21

Esposas para os homens de Benjamim

1Os israelitas haviam jurado em Mispá: "Jamais entregaremos nossas filhas em casamento a homens da tribo de Benjamim". 2Então

NO QUE ESTOU **PENSANDO** ○ | O QUE ESTOU **SENTINDO** ○ | DO QUE ESTOU **LEMBRANDO** ○

DESENHE OU ESCREVA

o povo foi a Betel e permaneceu na presença de Deus até a tarde, chorando sem parar em alta voz: 3"Ó SENHOR, Deus de Israel, por que aconteceu isso com Israel?", diziam. "Agora está faltando uma de nossas tribos!" 4Na manhã seguinte, bem cedo, construíram um altar e ali apresentaram holocaustos e ofertas de paz. 5Então os israelitas disseram: "Quem dentre as tribos de Israel não participou da reunião sagrada que realizamos em Mispá, na presença do SENHOR?". Naquela ocasião, haviam feito um juramento solene na presença do SENHOR de que matariam quem se recusasse a comparecer. 6Os israelitas tiveram pena de seu irmão Benjamim e disseram: "Hoje foi eliminada uma das tribos de Israel. 7Como conseguiremos esposas para os poucos que restam, se juramos pelo SENHOR que não lhes daríamos nossas filhas em casamento?". 8Então perguntaram: "Quem dentre as tribos de Israel não compareceu conosco a Mispá quando nos reunimos na presença do SENHOR?". E descobriram que ninguém de Jabes-Gileade havia participado da reunião sagrada. 9Ao contarem o povo, verificaram que ninguém de Jabes-Gileade estava presente. 10Então a comunidade enviou doze mil de seus melhores guerreiros a Jabes-Gileade com ordens para matar seus habitantes, incluindo mulheres e crianças. 11"É isto que vocês devem fazer", disseram. "Destruam completamente todos os homens e também todas as mulheres que não forem virgens." 12Entre os habitantes de Jabes-Gileade, encontraram quatrocentas moças que nunca haviam se deitado com um homem e as levaram para o acampamento em Siló, na terra de Canaã. 13Toda a comunidade enviou uma delegação de paz aos homens restantes de Benjamim que estavam na rocha de Rimom. 14Os homens de Benjamim voltaram e receberam como esposas as quatrocentas mulheres de Jabes-Gileade que tinham sido poupadas. Mas não havia mulheres em número suficiente para todos eles. 15O povo teve pena de Benjamim, pois o SENHOR havia aberto uma lacuna entre as tribos de Israel. 16Então os líderes da comunidade perguntaram: "Como conseguiremos esposas para os poucos homens que restam, uma vez que as mulheres da tribo de Benjamim foram mortas? 17Os sobreviventes precisam ter herdeiros, para que não seja eliminada uma tribo inteira de Israel. 18Contudo, não podemos lhes dar nossas filhas em casamento, pois juramos solenemente que quem o fizer ficará sob a maldição de Deus". 19Então eles se

lembraram da festa anual do SENHOR, em Siló, ao sul de Lebona e ao
norte de Betel, do lado leste da estrada que vai de Betel a Siquém.
20Disseram aos homens de Benjamim que ainda precisavam de
esposas: "Vão e escondam-se nos vinhedos. 21Quando virem as
moças de Siló irem para as danças, saiam correndo dos esconderijos
e cada um leve uma delas para a terra de Benjamim, para ser sua
esposa. 22E quando os pais e os irmãos delas vierem se queixar a
nós, diremos: 'Por favor, tenham compaixão. Deixem que fiquem
com suas filhas, pois não encontramos esposas para todos eles
quando destruímos Jabes-Gileade. E vocês não são culpados de
quebrarem seu juramento, pois, na verdade, não deram suas filhas
para eles em casamento'". 23Os homens de Benjamim seguiram
essas instruções. Cada um pegou uma das moças que dançavam
na comemoração e a levou para ser sua esposa. Voltaram para sua
terra, reconstruíram suas cidades e habitaram nelas. 24Então os
israelitas partiram, por tribos e famílias, e cada um voltou para sua
terra. 25Naqueles dias, Israel não tinha rei; cada um fazia o que
parecia certo a seus próprios olhos.

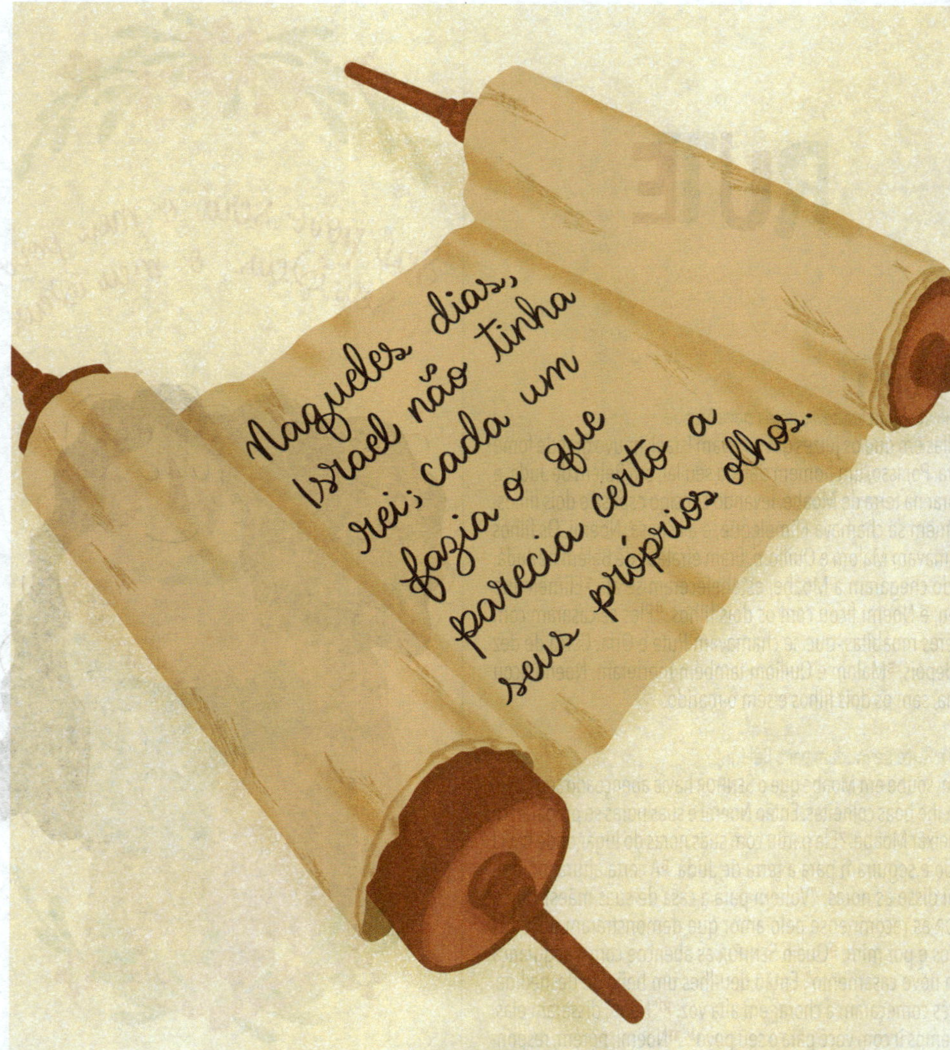

Jz 21.25

RUTE

CAPÍTULO 1

A família de Elimeleque se muda para Moabe

1 Nos dias em que os juízes governavam Israel, houve grande fome na terra. Por isso, um homem deixou seu lar, em Belém de Judá, e foi morar na terra de Moabe, levando consigo esposa e dois filhos. 2 O homem se chamava Elimeleque, e a esposa, Noemi. Os filhos se chamavam Malom e Quiliom. Eram efrateus de Belém de Judá. Quando chegaram a Moabe, estabeleceram-se ali. 3 Elimeleque morreu, e Noemi ficou com os dois filhos. 4 Eles se casaram com mulheres moabitas, que se chamavam Rute e Orfa. Cerca de dez anos depois, 5 Malom e Quiliom também morreram. Noemi ficou sozinha, sem os dois filhos e sem o marido.

Noemi e Rute se mudam para Belém

6 Noemi soube em Moabe que o SENHOR havia abençoado seu povo, dando-lhe boas colheitas. Então Noemi e suas noras se prepararam para deixar Moabe. 7 Ela partiu com suas noras do lugar onde havia morado e seguiram para a terra de Judá. 8 A certa altura, porém, Noemi disse às noras: "Voltem para a casa de suas mães! Que o SENHOR as recompense pelo amor que demonstraram por seus maridos e por mim. 9 Que o SENHOR as abençoe com a segurança de um novo casamento". Então deu-lhes um beijo de despedida, e as três começaram a chorar em alta voz. 10 "Não!", disseram elas. "Queremos ir com você para o seu povo!" 11 Noemi, porém, respondeu: "Voltem, minhas filhas. Por que vocês viriam comigo? Acaso eu

Rt 1.16

ainda poderia dar à luz outros filhos que cresceriam e se tornariam seus maridos? 12 Não, minhas filhas, voltem, pois sou velha demais para me casar outra vez. E, mesmo que fosse possível eu me casar esta noite e ter filhos, o que aconteceria então? 13 Vocês esperariam que eles crescessem, deixando assim de se casarem com outro homem? Claro que não, minhas filhas! Esta situação é muito mais amarga para mim do que para vocês, pois o próprio SENHOR está contra mim". 14 Então choraram juntas mais uma vez. Orfa se despediu de sua sogra com um beijo, mas Rute se apegou firmemente a Noemi. 15 "Olhe, sua cunhada voltou para o povo e para os deuses dela", disse Noemi a Rute. "Você deveria fazer o mesmo!" 16 Rute respondeu: "Não insista comigo para deixá-la e voltar. Aonde você for, irei; onde você viver, lá viverei. Seu povo será o meu povo, e seu Deus, o meu Deus. 17 Onde você morrer, ali morrerei e serei sepultada. Que o SENHOR me castigue severamente se eu permitir que qualquer coisa, a não ser a morte, nos separe!". 18 Quando Noemi viu que Rute estava decidida a ir com ela, não insistiu mais. 19 Então as duas seguiram viagem. Quando chegaram a Belém, toda a cidade se agitou por causa delas. "Será que é mesmo Noemi?", perguntavam as mulheres. 20 "Não me chamem de Noemi", respondeu ela. "Chamem-me de Mara, pois o Todo-poderoso tornou minha vida muito amarga. 21 Cheia eu parti, mas o SENHOR me trouxe de volta vazia. Por que me chamar de Noemi se o SENHOR me fez sofrer e se o Todo-poderoso trouxe calamidade sobre mim?" 22 Assim, Noemi voltou de Moabe acompanhada de sua nora Rute, a jovem moabita. Elas chegaram a Belém quando começava a colheita da cevada.

CAPÍTULO 2

Rute trabalha no campo de Boaz

1 Havia em Belém um homem rico e respeitado chamado Boaz. Ele era parente de Elimeleque, o marido de Noemi. 2 Certo dia, Rute, a moabita, disse a Noemi: "Deixe-me ir ao campo ver se alguém, em sua bondade, me permite recolher as espigas de cereal que sobrarem". Noemi respondeu: "Está bem, minha filha, pode ir". 3 Rute saiu para colher espigas após os ceifeiros. Aconteceu de ela ir trabalhar num campo que pertencia a Boaz, parente de seu sogro, Elimeleque. 4 Enquanto Rute estava ali, Boaz chegou de Belém e saudou os ceifeiros: "O SENHOR esteja com vocês!". "O SENHOR o

abençoe!", responderam os ceifeiros. 5Então Boaz perguntou a seu
capataz: "Quem é aquela moça? A quem ela pertence?". 6O capataz
respondeu: "É a moça que veio de Moabe com Noemi. 7Hoje de ma-
nhã ela me pediu permissão para colher espigas após os ceifeiros.
Desde que chegou, não parou de trabalhar um instante sequer, a
não ser por alguns minutos de descanso no abrigo". 8Boaz foi até
Rute e disse: "Ouça, minha filha. Quando for colher espigas, fique
conosco; não vá a nenhum outro campo. Acompanhe as moças
que trabalham para mim. 9Observe em que parte do campo estão
colhendo e vá atrás delas. Avisei os homens para não a tratarem
mal. E, quando tiver sede, sirva-se da água que os servos tiram do
poço". 10Rute se curvou diante dele, com o rosto no chão, e disse: "O
que fiz para merecer tanta bondade? Sou apenas uma estrangeira!".
11"Eu sei", respondeu Boaz. "Mas também sei de tudo que você fez
por sua sogra desde a morte de seu marido. Ouvi falar de como
você deixou seu pai, sua mãe e sua própria terra para viver aqui
no meio de desconhecidos. 12Que o SENHOR, o Deus de Israel, sob
cujas asas você veio se refugiar, a recompense ricamente pelo que
você fez." 13Ela respondeu: "Espero que eu continue a receber sua
bondade, meu senhor, pois me animou com suas palavras gentis,
embora eu nem seja uma de suas servas". 14Na hora da refeição,
Boaz lhe disse: "Venha cá e sirva-se de comida; também pode mo-
lhar o pão no vinagre". Rute sentou-se junto aos ceifeiros, e Boaz
lhe deu grãos tostados. Ela comeu até ficar satisfeita, e ainda sobrou
alimento. 15Quando Rute voltou ao trabalho, Boaz ordenou a seus
servos: "Permitam que ela colha espigas entre os feixes e não a
incomodem. 16Tirem dos feixes algumas espigas de cevada e dei-
xem-nas cair para que ela as recolha. Não a atrapalhem!". 17Assim,
Rute colheu cevada o dia todo e, à tarde, quando debulhou o cere-
al, encheu quase um cesto inteiro. 18Carregou tudo para a cidade
e mostrou à sua sogra. Também lhe deu o que havia sobrado da
refeição. 19"Onde você colheu todo esse cereal?", perguntou Noemi.
"Onde você trabalhou hoje? Que seja abençoado quem a ajudou!"
Então Rute contou à sogra com quem havia trabalhado: "O homem
com quem trabalhei hoje se chama Boaz". 20"O SENHOR o abençoe!",
disse Noemi à nora. "O SENHOR não deixou de lado sua bondade
tanto pelos vivos como pelos mortos. Esse homem é um de nossos
parentes mais próximos, o resgatador de nossa família." 21Rute, a

NO QUE ESTOU **PENSANDO** ○ | O QUE ESTOU **SENTINDO** ○ | DO QUE ESTOU **LEMBRANDO** ○

DESENHE OU ESCREVA

moabita, acrescentou: "Boaz disse que devo voltar e trabalhar com
seus ceifeiros até que terminem toda a colheita". 22"Muito bom!",
exclamou Noemi. "Faça o que ele disse, minha filha. Fique com as
servas dele até o final da colheita. Em outros campos, poderiam
maltratá-la." 23Assim, Rute trabalhou com as servas nos campos de
Boaz e recolheu espigas com elas até o final das colheitas da cevada
e do trigo. Nesse tempo, ficou morando com sua sogra.

CAPÍTULO 3

O encontro na eira

1Certo dia, Noemi disse a Rute: "Minha filha, é hora de eu encontrar
para você um lar seguro e feliz. 2Esse Boaz, senhor das moças com
quem você trabalhou, é nosso parente próximo. Hoje à noite, ele
estará na eira, onde se debulha a cevada. 3Faça o que lhe direi: tome
banho, perfume-se e vista sua melhor roupa. Depois vá até lá, mas
não deixe que Boaz a veja enquanto ele não tiver terminado de
comer e beber. 4Repare bem no lugar onde ele se deitar. Então vá,
descubra os pés dele e deite-se ali. Ele lhe dirá o que fazer". 5"Farei
tudo que você disse", respondeu Rute. 6Assim, naquela noite, ela
desceu até a eira e seguiu as instruções de sua sogra. 7Quando
Boaz terminou de comer e beber e estava alegre, foi deitar-se perto
de um monte de grãos e pegou no sono. Rute se aproximou em
silêncio, descobriu os pés dele e se deitou. 8Por volta da meia-noite,
Boaz acordou de repente. Ele se virou e ficou admirado de encontrar
uma mulher deitada a seus pés. 9"Quem é você?", perguntou ele.
"Sou sua serva Rute", respondeu ela. "Estenda as abas de sua capa
sobre mim, pois o senhor é o resgatador de minha família." 10Então
Boaz exclamou: "O SENHOR a abençoe, minha filha! Você demons-
tra agora ainda mais lealdade por sua família que antes, pois não
foi atrás de um homem mais jovem, seja rico ou pobre. 11Não se
preocupe com nada, minha filha. Farei o que me pediu, pois toda
a cidade sabe que você é uma mulher virtuosa. 12Mas, embora eu
seja de fato um dos resgatadores de sua família, há outro homem
que é parente mais próximo que eu. 13Fique aqui esta noite e pela
manhã conversarei com ele. Se ele estiver disposto a resgatá-la,
muito bem; que ele se case com você. Se não quiser, tão certo como
vive o SENHOR, eu mesmo a resgatarei". 14Rute ficou deitada aos pés
de Boaz até de manhã, mas levantou-se antes de raiar o dia, pois

Rt

Boaz tinha dito: "Ninguém deve saber que uma mulher esteve na
eira". 15Então Boaz lhe disse: "Traga-me sua capa e estenda-a aqui".
Ele despejou sobre a capa seis medidas de cevada e a pôs sobre
as costas de Rute. Depois ele retornou à cidade. 16Quando Rute
voltou à sua sogra, ela lhe perguntou: "Como foi, minha filha?".
Rute contou a Noemi tudo que Boaz havia feito 17e acrescentou:
"Ele me deu estas seis medidas de cevada e disse: 'Não volte para
sua sogra de mãos vazias'". 18Então Noemi disse: "Tenha paciência,
minha filha, até sabermos o que vai acontecer. Boaz não descansará
enquanto não resolver esta questão ainda hoje".

CAPÍTULO 4

Boaz se casa com Rute

1Boaz foi à porta da cidade e sentou-se ali. Nesse momento, ia
passando o parente resgatador que ele havia mencionado. Boaz o
chamou: "Venha cá e sente-se, amigo. Quero conversar com você".
O homem foi e se sentou. 2Então Boaz chamou dez autoridades da
cidade e pediu que se sentassem com eles. 3Em seguida, disse ao
resgatador da família: "Você conhece Noemi, que voltou de Moabe.
Ela está vendendo a propriedade de nosso parente Elimeleque.
4Pensei que devia falar com você a esse respeito, para que você
a resgate, caso tenha interesse. Se quer a propriedade, compre-a
na presença das autoridades do meu povo. Se não tiver interesse
por ela, diga-me logo, porque, depois de você, sou o resgatador
mais próximo". O homem respondeu: "Está certo; eu resgatarei
a propriedade". 5Então Boaz lhe disse: "É claro que, ao comprar a
propriedade de Noemi, você também deve se casar com Rute, a
viúva moabita. Desse modo, ela poderá ter filhos que levem o nome
de seu marido e mantenham a herança na família dele". 6"Se é
assim, não posso resgatá-la", respondeu o parente resgatador. "Isso
poria em risco minha própria herança. Resgate você a propriedade.
Eu não posso fazê-lo." 7Naqueles dias, havia o seguinte costume
em Israel: quando alguém queria transferir o direito de resgate e
troca, tirava a sandália e a entregava à outra pessoa para validar
publicamente a transação. 8Assim, o outro parente resgatador tirou
a sandália e disse a Boaz: "Compre você a propriedade". 9Então
Boaz disse às autoridades da cidade e ao povo ao redor: "Vocês são
testemunhas de que hoje comprei de Noemi toda a propriedade de

Elimeleque, Quiliom e Malom. 10E, junto com a propriedade, tomei
como esposa Rute, a viúva moabita de Malom. Assim, ela poderá
ter um filho que leve o nome da família de seu falecido marido e
herde a propriedade da família aqui na cidade natal dele. Vocês
hoje são testemunhas disso". 11As autoridades da cidade e todo o
povo que estava na porta responderam: "Somos testemunhas! Que
o SENHOR faça a esta mulher que chega à sua família o que ele fez a
Raquel e Lia, das quais descendeu toda a nação de Israel! Que você
seja próspero em Efrata e famoso em Belém! 12Que o SENHOR lhe
dê com esta jovem uma descendência numerosa como a de nosso
antepassado Perez, filho de Tamar e Judá!".

Os descendentes de Boaz

13Boaz levou Rute para a casa dele, e ela se tornou sua esposa.
Quando Boaz teve relações com ela, o SENHOR permitiu que ela
engravidasse, e ela deu à luz um filho. 14Então as mulheres da
cidade disseram a Noemi: "Louvado seja o SENHOR, que hoje proveu
um resgatador para sua família! Que este menino seja famoso em
Israel! 15Que ele restaure seu vigor e cuide de você em sua velhice,
pois ele é filho de sua nora, que a ama e que tem sido melhor para
você do que sete filhos!". 16Noemi pegou o bebê, aninhou-o junto
ao peito e passou a cuidar dele como se fosse seu filho. 17As mulhe-
res da vizinhança disseram: "Noemi tem um filho outra vez!", e lhe
deram o nome de Obede. Ele é o pai de Jessé, pai de Davi. 18Esta é
a genealogia de Perez: Perez gerou Hezrom. 19Hezrom gerou Rão.
Rão gerou Aminadabe. 20Aminadabe gerou Naassom. Naassom
gerou Salmom. 21Salmom gerou Boaz. Boaz gerou Obede. 22Obede
gerou Jessé. Jessé gerou Davi.

1 SAMUEL

CAPÍTULO 1

Elcana e sua família

1Havia um homem chamado Elcana, que vivia em Ramá, na região
de Zufe, na região montanhosa de Efraim. Era filho de Jeroão, filho
de Eliú, filho de Toú, filho de Zufe, de Efraim. 2Elcana tinha duas
esposas: a primeira se chamava Ana, e a segunda, Penina. Penina
tinha filhos; Ana, porém, não os tinha. 3Todos os anos, Elcana subia
de sua cidade até Siló para adorar o SENHOR dos Exércitos e oferecer
sacrifícios a ele. Nesse tempo, os sacerdotes do SENHOR eram Hofni
e Fineias, os dois filhos de Eli. 4Quando Elcana apresentava seu
sacrifício, dava porções de carne à sua esposa Penina e a cada um
dos filhos e filhas dela. 5A Ana, porém, dava uma porção especial,
porque a amava, apesar de o SENHOR não lhe ter dado filhos. 6E sua
rival a provocava e zombava dela, porque o SENHOR não lhe tinha
dado filhos. 7Todos os anos era a mesma coisa: Penina provocava
Ana quando iam à casa do SENHOR e, a cada vez, Ana chorava muito
e ficava sem comer. 8"Ana, por que você chora?", perguntava Elcana,
seu marido. "Por que não come? Por que está tão triste? Será que
não sou melhor para você do que dez filhos?"

Ana ora pedindo um filho

9Certa vez, depois que comeram e beberam em Siló, Ana se levan-
tou. O sacerdote Eli estava sentado ao lado da entrada do templo
do SENHOR. 10Ana estava muito angustiada e chorava sem parar
enquanto orava ao SENHOR. 11Então fez o seguinte voto: "Ó SENHOR

NO QUE ESTOU PENSANDO ○ | O QUE ESTOU SENTINDO ○ | DO QUE ESTOU LEMBRANDO ○

DESENHE OU ESCREVA

dos Exércitos, se olhares com atenção para o sofrimento de tua
serva, se responderes à minha oração e me deres um filho, eu
o dedicarei para sempre ao SENHOR, e o cabelo dele nunca será
cortado". 12Enquanto ela fazia sua oração ao SENHOR, Eli a obser-
vava. 13Viu que os lábios dela se moviam, mas, como não ouvia
som algum, pensou que ela estivesse bêbada. 14"Até quando vai
se embriagar?", disse ele. "Largue esse vinho!" 15Ana respondeu:
"Meu senhor, não bebi vinho, nem outra coisa mais forte. Eu estava
derramando meu coração diante do SENHOR, pois sou uma mulher
profundamente triste. 16Não pense que sou uma mulher sem cará-
ter! Estava apenas orando por causa de minha grande angústia e
aflição". 17"Nesse caso, vá em paz", disse Eli. "Que o Deus de Israel
lhe conceda o que você pediu." 18"Muito obrigada!", exclamou ela.
Então Ana voltou e começou a se alimentar novamente, e seu rosto
já não estava triste.

Nascimento e dedicação de Samuel

19Na manhã seguinte, a família toda se levantou bem cedo e foi
adorar o SENHOR novamente. Depois, voltaram para casa, em Ramá.
Elcana teve relações com Ana, e o SENHOR se lembrou dela. 20No
devido tempo, Ana engravidou e teve um filho. Ela lhe deu o nome
de Samuel, e disse: "Eu o pedi ao SENHOR". 21No ano seguinte,
Elcana e sua família fizeram a viagem anual para oferecer sacrifí-
cios ao SENHOR e cumprir seu voto. 22Ana, porém, não foi. "Vamos
esperar até o menino ser desmamado", disse ela ao marido. "Então
o levarei ao SENHOR e o deixarei lá para sempre." 23"Faça como lhe
parecer melhor", respondeu Elcana. "Fique aqui até ele desmamar,
e que o SENHOR a ajude a cumprir sua promessa." Então ela ficou
em casa e cuidou de seu filho até desmamá-lo. 24Quando o menino
foi desmamado, Ana o levou à casa do SENHOR em Siló, embora ele
ainda fosse pequeno. Também levou um novilho de três anos para
o sacrifício, um cesto de farinha e uma vasilha de couro cheia de
vinho. 25Depois que sacrificaram o novilho, levaram o menino a Eli,
26e Ana lhe disse: "Com certeza o senhor se lembra de mim. Sou
a mulher que esteve aqui anos atrás, orando ao SENHOR. 27Pedi ao
SENHOR que me desse este menino, e o SENHOR atendeu a meu
pedido. 28Agora, eu o dedico ao SENHOR. Por toda a sua vida ele
pertencerá ao SENHOR". E ali adoraram o SENHOR.

1Sm

CAPÍTULO 2

Oração de louvor de Ana

1Então Ana orou: "Meu coração se alegra no SENHOR; o SENHOR me
fortaleceu! Agora dou risada de meus inimigos; sim, eu me alegro
porque me libertaste! 2Ninguém é santo como o SENHOR; não há
outro além de ti, não há Rocha como o nosso Deus! 3"Deixem
de ser tão orgulhosos e soberbos! Não falem com tamanha ar-
rogância! Pois o SENHOR é um Deus que tudo sabe; ele julgará
as ações de todos. 4O arco dos poderosos foi quebrado, e os que
tropeçavam agora estão firmes. 5Os que tinham fartura de comida
agora passam fome, e os que passavam fome estão saciados. A
mulher que não tinha filhos agora tem sete, e a que tinha muitos
desfalece. 6O SENHOR tira a vida e dá a vida, faz descer à sepultura
e de lá faz subir. 7O SENHOR empobrece alguns e enriquece outros,
humilha e também exalta. 8Levanta o pobre do pó e do monte de
cinzas tira o necessitado. Coloca-os entre príncipes e os faz sen-
tar em lugares de honra. Ao SENHOR pertencem os alicerces da
terra, e sobre eles firmou o mundo. 9"Ele protegerá os fiéis, mas
os perversos desaparecerão nas trevas, pois ninguém vencerá só
pela força. 10Os que lutam contra o SENHOR serão despedaçados.
Do céu ele troveja contra eles; o SENHOR julga em toda a terra. Ele
dá poder a seu rei, concede força a seu ungido". 11Então Elcana
voltou para casa em Ramá. E o menino servia ao SENHOR ajudando
o sacerdote Eli.

1Sm

Os filhos perversos de Eli

12Os filhos de Eli eram homens perversos, que não tinham nenhu-
ma consideração pelo SENHOR, 13nem por seus deveres de sacerdo-
tes. Cada vez que alguém oferecia um sacrifício, vinha um servo do
sacerdote com um garfo grande, de três dentes. Enquanto a carne
do animal sacrificado ainda estava cozinhando, 14o servo colocava
o garfo na panela, no tacho ou no caldeirão, e exigia que tudo que
viesse com o garfo fosse entregue aos filhos de Eli. Assim eles tra-
tavam todos os israelitas que iam adorar em Siló. 15Às vezes, o servo
chegava antes mesmo que a gordura do animal fosse queimada
no altar, exigindo: "Não dê a carne cozida, mas sim a carne crua,
para que o sacerdote a asse". 16Se o homem que oferecia o sacrifício
dizia: "Leve quanto quiser, mas antes é preciso queimar a gordura",

O Senhor é um Deus que tudo sabe; ele julgará as ações de todos.

1Sm 2.3

o servo retrucava: "Não! Entregue a carne agora, ou eu a tomarei
à força". 17O pecado desses homens era muito sério aos olhos do
SENHOR, pois eles tratavam com desprezo as ofertas para o SENHOR.
18Samuel, porém, embora ainda fosse apenas um menino, servia ao
SENHOR. Ele usava uma veste de linho semelhante à do sacerdote.
19Cada ano, sua mãe lhe fazia uma pequena túnica e a levava quan-
do ia com o marido oferecer o sacrifício anual. 20Antes de Elcana
e sua esposa voltarem para casa, Eli os abençoava e dizia: "Que o
SENHOR lhes dê outros filhos em lugar deste que foi dedicado ao
SENHOR". 21E o SENHOR abençoou Ana, e ela engravidou e deu à luz
três filhos e duas filhas. Enquanto isso, Samuel crescia na presença
do SENHOR. 22Eli já estava muito idoso, mas sabia o que seus filhos
faziam ao povo de Israel, e que eles seduziam as moças que serviam
junto à entrada da tenda do encontro. 23Por isso lhes disse: "Ouvi
de todo o povo o mal que vocês praticam. Por que continuam a agir
assim? 24Parem com isso, meus filhos! Não são bons os comentá-
rios que escuto entre o povo do SENHOR. 25Se alguém peca contra
outra pessoa, Deus poderá intervir em favor do culpado. Mas, se
alguém peca contra o SENHOR, quem poderá interceder?". Contudo,
os filhos de Eli não deram atenção ao pai, pois o SENHOR já havia
decidido matá-los. 26Enquanto isso, o menino Samuel crescia e era
cada vez mais estimado pelo SENHOR e pelo povo.

Uma advertência para a família de Eli

27Certo dia, veio a Eli um homem de Deus e lhe transmitiu a se-
guinte mensagem: "Assim diz o SENHOR: Eu me revelei a seus
antepassados quando eles eram escravos do faraó, no Egito.
28Escolhi seus antepassados dentre todas as tribos de Israel para
serem meus sacerdotes, oferecerem sacrifícios sobre meu altar,
queimarem incenso e usarem o colete sacerdotal em minha pre-
sença. Além disso, designei as ofertas queimadas dos israelitas a
vocês, sacerdotes. 29Então por que você despreza meus sacrifícios
e ofertas? Por que honra seus filhos mais que a mim? Pois você
e eles engordaram com as melhores partes das ofertas de meu
povo, Israel! 30"Portanto, assim declara o SENHOR, Deus de Israel:
Prometi que membros de sua família, da tribo de Levi, sempre
seriam meus sacerdotes. Agora, porém, declara o SENHOR: Isso
não acontecerá! Honrarei aqueles que me honram, e desprezarei

aqueles que me desprezam. 31 Está chegando o tempo em que
acabarei com a força de sua família, e nenhum de seus descen-
dentes chegará à velhice. 32 Você verá a aflição de minha casa,
e, quando eu trouxer todo o bem sobre Israel, ninguém em sua
família chegará à velhice para testemunhar! 33 Sobreviverão os
poucos que eu não eliminar do serviço em meu altar, mas seus
olhos ficarão cegos e seu coração se partirá, e seus filhos morrerão
pela espada. 34 E, para provar que minhas palavras se cumprirão,
farei que seus dois filhos, Hofni e Fineias, morram no mesmo dia!
35 "Então levantarei um sacerdote fiel que me servirá e fará tudo
que desejo. Estabelecerei a família dele, e eles serão sacerdotes
diante do meu ungido para sempre. 36 Então todos que restarem
de sua família se curvarão diante dele, mendigando dinheiro e
alimento e pedindo: 'Por favor, consiga para nós algum trabalho
entre os sacerdotes, para termos o que comer'".

CAPÍTULO 3

O SENHOR fala com Samuel

1 Enquanto isso, o menino Samuel servia ao SENHOR ajudando Eli.
Naqueles dias, as mensagens do SENHOR eram muito raras, e visões
não eram comuns. 2 Certa noite, Eli, que estava quase cego, tinha
ido se deitar. 3 A lâmpada de Deus ainda não havia se apagado, e
Samuel dormia na casa do SENHOR, onde estava a arca de Deus.
4 De repente, o SENHOR chamou: "Samuel!". O menino respondeu:
"Estou aqui!". 5 Ele se levantou e correu até onde estava Eli. "Estou
aqui! O senhor me chamou?" "Não o chamei", respondeu Eli. "Volte
para a cama." E Samuel voltou a se deitar. 6 Então o SENHOR o cha-
mou novamente: "Samuel!". Mais uma vez, Samuel se levantou e
foi até Eli. "Estou aqui! O senhor me chamou?" Mas Eli respondeu:
"Meu filho, não o chamei. Volte para a cama". 7 Samuel ainda não
conhecia o SENHOR, porque nunca havia recebido uma mensagem
dele. 8 O SENHOR o chamou pela terceira vez, e novamente Samuel
se levantou e foi até Eli. "Estou aqui! O senhor me chamou?" Então
Eli entendeu que era o SENHOR que chamava o menino. 9 Por isso,
disse a Samuel: "Vá e deite-se novamente. Se alguém o chamar,
diga: 'Fala, SENHOR, pois teu servo está ouvindo'". E Samuel vol-
tou para a cama. 10 Então o SENHOR veio e o chamou, como antes:
"Samuel! Samuel!". Samuel respondeu: "Fala, pois teu servo está

NO QUE ESTOU **PENSANDO** ○ | O QUE ESTOU **SENTINDO** ○ | DO QUE ESTOU **LEMBRANDO** ○

DESENHE OU ESCREVA

ouvindo". 11 Então o SENHOR disse a Samuel: "Estou prestes a realizar
algo em Israel que fará tinir os ouvidos daqueles que ouvirem a
respeito. 12 Cumprirei do começo ao fim todas as ameaças que fiz
contra Eli e sua família. 13 Eu o adverti de que castigaria sua família
para sempre, pois seus filhos blasfemaram contra Deus, e ele não
os repreendeu por seus pecados. 14 Por isso, jurei que os pecados de
Eli e de seus filhos jamais serão perdoados por meio de sacrifícios
nem de ofertas".

Samuel fala em nome do SENHOR

15 Samuel ficou deitado até de manhã, e então se levantou e abriu
as portas da casa do SENHOR. Estava com medo de contar para Eli a
visão que tivera. 16 Mas Eli o chamou: "Samuel, meu filho". "Estou
aqui", respondeu Samuel. 17 "O que o SENHOR lhe disse?", perguntou
Eli. "Conte-me tudo. E que o SENHOR o castigue severamente se
você esconder de mim alguma coisa do que ele disse!" 18 Então
Samuel contou tudo a Eli e não escondeu nada. Eli respondeu: "É
a vontade do SENHOR. Que ele faça o que lhe parecer melhor". 19 À
medida que Samuel crescia, o SENHOR estava com ele, e todas as
suas palavras se cumpriam. 20 E todo o Israel, desde Dã, ao norte,
até Berseba, ao sul, sabia que Samuel havia sido confirmado como
profeta do SENHOR. 21 O SENHOR continuou a aparecer em Siló e a
transmitir mensagens a Samuel ali.

CAPÍTULO 4

1 E as palavras de Samuel chegavam a todo o povo de Israel.

Os filisteus tomam a arca

Naquele tempo, Israel estava em guerra com os filisteus. O exército
israelita tinha acampado perto de Ebenézer, e os filisteus acampa-
ram em Afeque. 2 Os filisteus atacaram e derrotaram o exército de
Israel, matando cerca de quatro mil homens. 3 Terminada a batalha,
os soldados voltaram para o acampamento, e as autoridades de
Israel se perguntaram: "Por que o SENHOR causou nossa derrota
diante dos filisteus? Vamos trazer a arca da aliança do SENHOR des-
de Siló, para que esteja conosco e nos livre do poder do inimigo!".
4 Então enviaram homens a Siló para trazer a arca da aliança do
SENHOR dos Exércitos, que está entronizado entre os querubins.

Hofni e Fineias, os dois filhos de Eli, acompanharam a arca da alian-
ça de Deus. 5 Quando todos os israelitas viram a arca da aliança
do SENHOR entrando no acampamento, soltaram gritos de alegria
tão altos que fizeram o chão tremer. 6 "O que está acontecendo?",
perguntaram os filisteus. "Que significam esses gritos no acampa-
mento dos hebreus?" Quando souberam que era porque a arca do
SENHOR havia chegado, 7 entraram em pânico. "Os deuses vieram
ao acampamento deles!", disseram. "Estamos perdidos! Nunca
enfrentamos uma coisa assim antes! 8 Estamos perdidos! Quem
nos salvará desses deuses poderosos? São os mesmos deuses
que destruíram os egípcios com pragas, quando Israel estava no
deserto. 9 Tenham coragem, filisteus! Sejam homens! Do contrá-
rio, acabaremos como escravos dos hebreus, assim como eles se
tornaram nossos escravos. Sejam homens e lutem!" 10 Então os
filisteus saíram para a batalha, e Israel foi derrotado. A matança
foi grande: trinta mil soldados israelitas morreram naquele dia.
Os sobreviventes deram meia-volta e fugiram para suas tendas.
11 A arca de Deus foi tomada, e Hofni e Fineias, os dois filhos de
Eli, foram mortos.

A morte de Eli

12 Um homem da tribo de Benjamim correu do campo de batalha
e chegou a Siló ainda naquele dia. Tinha rasgado suas roupas e
colocado pó sobre a cabeça. 13 Eli estava sentado numa cadeira, ao
lado da estrada, esperando para ouvir as notícias da batalha, pois
seu coração tremia pela segurança da arca de Deus. Quando o men-
sageiro chegou e contou o que havia acontecido, gritos ressoaram
por toda a cidade. 14 Eli ouviu os gritos e perguntou: "O que é esse
barulho todo?". O mensageiro correu até Eli e contou-lhe a notícia.
15 Eli estava com 98 anos e já não conseguia enxergar. 16 "Acabo
de chegar do campo de batalha", disse o mensageiro. "Fugi de lá
hoje mesmo." Eli perguntou: "O que aconteceu, meu filho?". 17 O
mensageiro respondeu: "Israel foi derrotado pelos filisteus, e o
povo foi massacrado. Seus dois filhos, Hofni e Fineias, também
morreram, e a arca de Deus foi tomada". 18 Quando ele mencionou
o que havia acontecido com a arca de Deus, Eli caiu da cadeira
para trás, ao lado do portão. Quebrou o pescoço e morreu, pois era
velho e pesado. Havia sido juiz em Israel durante quarenta anos. 19 A

NO QUE ESTOU **PENSANDO** ○ | O QUE ESTOU **SENTINDO** ○ | DO QUE ESTOU **LEMBRANDO** ○

DESENHE OU ESCREVA

nora de Eli, esposa de Fineias, estava grávida e perto de dar à luz.
Quando soube que a arca de Deus havia sido tomada e que o sogro
e o marido estavam mortos, teve contrações violentas e deu à luz.
20 Ela morreu no parto, mas antes de falecer as parteiras tentaram
animá-la. "Não tenha medo!", disseram. "Você teve um menino!"
Mas ela não respondeu nem se importou. 21 Deu ao menino o nome
de Icabode, e disse: "Foi-se embora a glória de Israel", pois a arca
de Deus havia sido tomada, e seu sogro e seu marido estavam
mortos. 22 Disse ainda: "Foi-se embora a glória de Israel, pois a arca
de Deus foi tomada!".

CAPÍTULO 5

A arca em território filisteu

1 Depois que tomaram a arca de Deus, os filisteus a levaram do
campo de batalha em Ebenézer para a cidade de Asdode. 2 Levaram
a arca de Deus para o templo de Dagom e a colocaram ao lado de
uma estátua de Dagom. 3 Contudo, na manhã seguinte, quando
os moradores de Asdode se levantaram, viram que Dagom estava
caído com o rosto em terra diante da arca do SENHOR. Então le-
vantaram Dagom e o puseram de volta em seu lugar. 4 Na manhã
do outro dia, porém, viram que tinha acontecido a mesma coisa:
Dagom estava caído novamente com o rosto em terra diante da
arca do SENHOR. Dessa vez, a cabeça e as mãos de Dagom tinham
se quebrado e estavam junto à porta de entrada. Somente o corpo
permaneceu intacto. 5 Por isso, até hoje os sacerdotes de Dagom e
aqueles que entram em seu templo, em Asdode, não pisam na so-
leira da porta. 6 Então a mão do SENHOR pesou sobre os moradores
de Asdode e dos povoados vizinhos e os feriu com uma praga de
tumores. 7 Quando o povo de Asdode viu o que estava acontecendo,
exclamou: "Não podemos mais ficar com a arca do Deus de Israel!
A mão dele pesou sobre nós e sobre Dagom, nosso deus!". 8 Então
reuniram os governantes das cidades dos filisteus e lhes pergun-
taram: "O que devemos fazer com a arca do Deus de Israel?". Os
governantes responderam: "Levem a arca para a cidade de Gate".
Então levaram a arca do Deus de Israel para Gate. 9 Mas, quando a
arca chegou a Gate, a mão do SENHOR pesou sobre a cidade, ferindo
com uma praga de tumores os homens de lá, tanto os jovens como
os velhos, e houve grande pânico. 10 Por isso, enviaram a arca de

Deus para a cidade de Ecrom, mas quando os habitantes dali viram
que ela entrava na cidade, exclamaram: "Por que estão trazendo a
arca do Deus de Israel para cá? Querem matar todo o nosso povo?".
11Reuniram mais uma vez os governantes filisteus e suplicaram:
"Mandem a arca do Deus de Israel de volta para sua própria terra,
para que não mate todo o nosso povo!". Pois a mão de Deus já
pesava sobre a cidade, e um pavor mortal se espalhava por todo
o lugar. 12Os que não morreram foram afligidos com tumores, e o
clamor da cidade subiu até o céu.

CAPÍTULO 6

Os filisteus devolvem a arca

1Ao todo, a arca do SENHOR permaneceu sete meses em território
filisteu. 2Então os filisteus chamaram seus sacerdotes e adivinhos
e lhes perguntaram: "O que faremos com a arca do SENHOR?
Digam-nos como devemos mandá-la de volta para sua própria
terra". 3Eles responderam: "Se vocês vão mandar a arca do Deus
de Israel de volta, enviem com ela uma oferta pela culpa, para
que cesse a praga. Então, se forem curados, saberão que foi a mão
dele que causou a praga". 4"Que tipo de oferta pela culpa deve-
mos enviar?", perguntaram os filisteus. Eles responderam: "Uma
vez que a mesma praga atingiu vocês e seus cinco governantes,
façam cinco tumores de ouro e cinco ratos de ouro, como os que
devastaram sua terra. 5Façam essas imagens de tumores e de ratos
para demonstrar honra ao Deus de Israel. Quem sabe ele pare de
afligir vocês, seus deuses e sua terra! 6Não endureçam o coração
como fizeram o faraó e os egípcios, que só deixaram Israel partir
quando Deus os castigou severamente. 7"Agora, construam uma
carroça nova e escolham duas vacas que tenham acabado de dar
cria e sobre as quais nunca tenha sido colocada a canga de um
arado. Atrelem as vacas à carroça, mas prendam num curral os
bezerros recém-nascidos. 8Coloquem a arca do SENHOR sobre a
carroça e, ao lado dela, ponham uma caixa com os objetos de
ouro que vocês enviarão como oferta pela culpa. Então deixem as
vacas irem para onde quiserem. 9Se elas atravessarem a fronteira
de nossa terra e se dirigirem a Bete-Semes, saberemos que foi o
SENHOR que trouxe sobre nós essa grande calamidade. Do contrá-
rio, saberemos que não foi a mão dele que pesou sobre nós, mas
que isso aconteceu por acaso". 10Os filisteus seguiram as instruções.
Atrelaram duas vacas à carroça e prenderam num curral os bezerros
recém-nascidos. 11Colocaram sobre a carroça a arca do SENHOR e
a caixa com os ratos de ouro e os tumores de ouro. 12E, de fato,
as vacas não se desviaram nem para um lado nem para o outro,
mas seguiram direto pela estrada para Bete-Semes, mugindo por
todo o caminho. Os governantes filisteus as acompanharam até a
fronteira de Bete-Semes. 13Os moradores de Bete-Semes estavam
colhendo trigo no vale e, quando viram a arca, se encheram de ale-
gria. 14A carroça entrou no campo de um homem chamado Josué
e parou ao lado de uma grande pedra. Então o povo quebrou a
madeira da carroça para fazer fogo, matou as vacas e as ofereceu ao
SENHOR como holocausto. 15Os homens da tribo de Levi retiraram
da carroça a arca do SENHOR e a caixa com os objetos de ouro e os
colocaram sobre a grande pedra. Naquele dia, o povo de Bete-
Semes ofereceu ao SENHOR sacrifícios e holocaustos. 16Os cinco
governantes filisteus viram tudo isso e, no mesmo dia, voltaram
para Ecrom. 17Os cinco tumores de ouro enviados pelos filisteus ao
SENHOR como oferta pela culpa eram presentes dos governantes
de Asdode, Gaza, Ascalom, Gate e Ecrom. 18Os cinco ratos de ouro
representavam as cinco cidades filisteias e os povoados ao redor,
controlados pelos cinco governantes. A grande pedra sobre a qual
a arca do SENHOR foi colocada se encontra até hoje no campo de
Josué, de Bete-Semes, como testemunha do que aconteceu ali.

A arca é levada para Quiriate-Jearim

19O SENHOR matou setenta homens de Bete-Semes, porque olha-
ram para dentro da arca do SENHOR. E o povo chorou muito por
causa da grande matança. 20"Quem pode estar na presença do
SENHOR, este Deus santo?", clamaram. "Para onde mandaremos a
arca daqui?" 21Então enviaram mensageiros ao povo de Quiriate-
Jearim e disseram: "Os filisteus devolveram a arca do SENHOR.
Venham buscá-la!".

CAPÍTULO 7

1Então os homens de Quiriate-Jearim foram buscar a arca do
SENHOR. Eles a levaram até a casa de Abinadabe, numa colina, e
consagraram seu filho Eleazar para tomar conta da arca do SENHOR.

NO QUE ESTOU **PENSANDO** ◯ | O QUE ESTOU **SENTINDO** ◯ | DO QUE ESTOU **LEMBRANDO** ◯

DESENHE OU ESCREVA

1Sm

2A arca permaneceu em Quiriate-Jearim por muito tempo: vinte
anos no total. Durante esse período, todo o Israel lamentava à es-
pera de alguma ação do SENHOR.

Samuel conduz Israel à vitória

3Então Samuel disse a todo o povo de Israel: "Se, de fato, vocês de-
sejam de todo o coração voltar ao SENHOR, livrem-se de seus deuses
estrangeiros e de suas imagens de Astarote. Voltem o coração para
o SENHOR e obedeçam somente a ele; então ele os livrará das mãos
dos filisteus". 4Assim, os israelitas se desfizeram de suas imagens de
Baal e de Astarote e serviram somente ao SENHOR. 5Então Samuel
lhes disse: "Reúnam todo o Israel em Mispá, e eu orarei ao SENHOR
por vocês". 6Eles se reuniram em Mispá e tiraram água do poço e
a derramaram diante do SENHOR. Também jejuaram o dia todo e
confessaram que haviam pecado contra o SENHOR. (Foi em Mispá
que Samuel se tornou juiz em Israel.) 7Quando os governantes
filisteus ouviram que os israelitas haviam se reunido em Mispá,
mobilizaram seu exército e avançaram. Ao saber que os filisteus se
aproximavam, os israelitas ficaram muito assustados. 8"Não pare de
clamar ao SENHOR, nosso Deus, para que ele nos salve dos filisteus!",
imploraram a Samuel. 9Então Samuel escolheu um cordeiro que
ainda mamava e o ofereceu ao SENHOR como holocausto. Suplicou
ao SENHOR em favor de Israel, e o SENHOR o atendeu. 10Enquanto
Samuel oferecia o holocausto, os filisteus chegaram para atacar
Israel. Naquele dia, porém, o SENHOR falou do céu com voz pode-
rosa de trovão, provocando pânico entre os filisteus, e eles foram
derrotados diante dos israelitas. 11Os soldados de Israel os perse-
guiram desde Mispá até um lugar abaixo de Bete-Car, matando-os
ao longo do caminho. 12Então Samuel pegou uma pedra grande e a
colocou entre as cidades de Mispá e Jesana. Deu à pedra o nome de
Ebenézer, pois disse: "Até aqui o SENHOR nos ajudou!". 13Assim, os
filisteus foram derrotados e não voltaram a invadir Israel por algum
tempo. Durante toda a vida de Samuel, a mão do SENHOR esteve
contra os filisteus. 14As cidades israelitas que os filisteus tinham
conquistado entre Ecrom e Gate foram devolvidas a Israel, junto
com o restante do território que os filisteus haviam tomado. E houve
paz entre Israel e os amorreus naqueles dias. 15Samuel continuou
como juiz em Israel pelo resto de sua vida. 16A cada ano, viajava

NO QUE ESTOU **PENSANDO** ○ | O QUE ESTOU **SENTINDO** ○ | DO QUE ESTOU **LEMBRANDO** ○

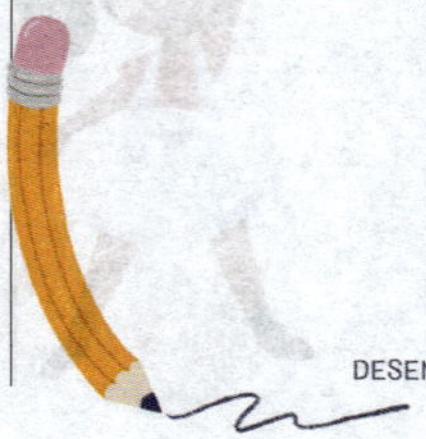

DESENHE OU ESCREVA

pelo território e julgava o povo de Israel em três locais: primeiro em
Betel, depois em Gilgal e, por fim, em Mispá. 17Então voltava para
sua casa em Ramá, de onde liderava Israel como juiz. Ali Samuel
construiu um altar ao SENHOR.

CAPÍTULO 8

Israel pede um rei

1Quando Samuel ficou idoso, nomeou seus filhos para serem juízes
sobre Israel. 2Joel, seu filho mais velho, e Abias, o segundo mais
velho, julgavam em Berseba, 3mas não eram como seu pai. Eram
gananciosos, aceitavam subornos e pervertiam a justiça. 4Por fim, as
autoridades de Israel se reuniram em Ramá para discutir essa ques-
tão com Samuel. 5Eles disseram: "Olhe, o senhor está idoso e seus
filhos não seguem seu exemplo. Escolha um rei para nos julgar,
como ocorre com todas as outras nações". 6Samuel não gostou de
que lhe tivessem pedido um rei e buscou a orientação do SENHOR.
7O SENHOR lhe respondeu: "Faça tudo que eles pedem, pois é a
mim que rejeitam, e não a você. Eles me rejeitaram como seu rei.
8Desde que os tirei do Egito até hoje, eles têm me abandonado e
seguido outros deuses. Agora, tratam você da mesma forma. 9Faça
o que eles pedem, mas advirta-os solenemente a respeito de como
o rei os governará".

Samuel adverte o povo sobre o rei

10Então Samuel transmitiu a advertência do SENHOR ao povo que
lhe pedia um rei. 11Disse ele: "Este é o modo como o rei governará
sobre vocês. Ele convocará seus filhos para servi-lo em seus carros
de guerra e como seus cavaleiros e os fará correr à frente dos carros
dele. 12Colocará alguns como generais e capitães de seu exército,
obrigará outros a arar seus campos e a fazer as colheitas e forçará
outros mais a fabricar armas e equipamentos para os carros de
guerra. 13Tomará suas filhas e as obrigará a cozinhar, assar pães
e fazer perfumes para ele. 14Tomará de vocês o melhor de seus
campos, vinhedos e olivais e os dará aos servos dele. 15Tomará um
décimo de sua colheita de cereais e uvas para distribuir entre seus
oficiais e servos. 16Tomará seus escravos e escravas e o melhor do
gado e dos jumentos para uso próprio. 17Exigirá um décimo de
seus rebanhos, e vocês se tornarão escravos dele. 18Quando esse

dia chegar, lamentarão por causa desse rei que agora pedem, mas
o SENHOR não lhes dará ouvidos". 19Mas o povo se recusou a ouvir
a advertência de Samuel. "Mesmo assim, queremos um rei", disse-
ram. 20"Queremos ser como todas as nações ao nosso redor. Nosso
rei nos julgará e nos conduzirá nas batalhas." 21Samuel repetiu
para o SENHOR aquilo que o povo tinha dito, 22e o SENHOR lhe res-
pondeu: "Faça o que eles pedem e dê-lhes um rei". Então Samuel
ordenou aos israelitas que voltassem cada um para sua cidade.

CAPÍTULO 9

Saul e Samuel se encontram

1Havia um homem de alta posição chamado Quis, da tribo de
Benjamim. Era filho de Abiel, filho de Zeror, filho de Becorate, filho
de Afia, da tribo de Benjamim. 2Seu filho Saul era o jovem mais
atraente de todo o Israel; era tão alto que os outros chegavam ape-
nas a seus ombros. 3Certo dia, as jumentas de Quis se perderam, e
ele disse a Saul: "Leve um servo com você e vá procurar as jumen-
tas". 4Então Saul e o servo percorreram toda a região montanhosa
de Efraim, a terra de Salisa, a região de Saalim e toda a terra de
Benjamim, mas não encontraram as jumentas em parte alguma.
5Por fim, chegaram à região de Zufe, e Saul disse ao servo: "Vamos
voltar para casa. Não quero que meu pai fique mais preocupado
comigo do que com as jumentas". 6O servo, porém, disse: "Tenho
uma ideia! Nesta cidade mora um homem de Deus. O povo daqui
o respeita muito, pois tudo que ele diz acontece. Vamos procurá-lo.
Talvez ele possa nos dizer para onde devemos ir". 7Saul respondeu:
"Está bem, vamos! Mas não temos nada a oferecer ao homem de
Deus. Até nossa comida acabou, e não temos nada para lhe dar em
troca". 8O servo disse: "Tenho comigo uma pequena quantidade de
prata. Pelo menos poderemos oferecer isso ao homem de Deus e
ver o que acontece". 9(Naquele tempo, em Israel, quando alguém
queria receber uma mensagem de Deus, dizia: "Vamos perguntar
ao vidente", pois os profetas de hoje eram chamados de videntes.)
10Saul concordou: "Está bem, vamos!". Então foram para a cidade
onde morava o homem de Deus. 11Quando subiam a colina para
chegar à cidade, encontraram algumas jovens descendo para bus-
car água. Então Saul e o servo lhes perguntaram: "O vidente está
aqui hoje?". 12Elas responderam: "Sim, basta seguir em frente!

Mas é preciso correr, porque ele acabou de chegar à cidade para
realizar um sacrifício no lugar de adoração. 13Quando entrarem na
cidade, tentem encontrá-lo antes que ele suba para a refeição no
alto da colina. O povo não começará a comer até que ele chegue
para abençoar o sacrifício. Subam logo, pois é agora que poderão
encontrá-lo!". 14Então chegaram à cidade e, quando entravam pelos
portões, Samuel vinha na direção deles, subindo para o lugar de
adoração. 15No dia anterior à chegada de Saul, o SENHOR tinha dito
a Samuel: 16"Amanhã, por volta desta hora, enviarei a você um
homem da terra de Benjamim. Você o ungirá para ser líder do meu
povo, Israel. Ele os livrará dos filisteus, pois olhei para meu povo
com misericórdia e ouvi seu clamor". 17Quando Samuel viu Saul, o
SENHOR disse: "Este é o homem de quem lhe falei! Ele governará
meu povo". 18Saul se aproximou de Samuel na entrada da cidade e
perguntou: "O senhor pode me dizer onde fica a casa do vidente?".
19"Eu sou o vidente", respondeu Samuel. "Suba adiante de mim até
o lugar de adoração. Ali comeremos juntos e, pela manhã, eu lhe
direi o que você quer saber, e depois poderá seguir viagem. 20E não
se preocupe com as jumentas que se perderam há três dias, pois fo-
ram encontradas. Eu lhe digo que as esperanças de Israel estão cen-
tradas em você e sua família!" 21Saul respondeu: "Mas sou apenas
da tribo de Benjamim, a menor das tribos de Israel, e minha família
é a mais insignificante de todas as famílias dessa tribo! Por que o
senhor fala comigo dessa maneira?". 22Então Samuel levou Saul e
seu servo para uma sala de jantar e lhes deu o lugar de honra entre
os convidados, cerca de trinta pessoas. 23Em seguida, Samuel pediu
ao cozinheiro: "Traga o pedaço de carne separado para o convidado
de honra!". 24O cozinheiro trouxe a coxa do sacrifício e a colocou
diante de Saul. "Coma", disse Samuel. "Reservei este pedaço para
você desde que decidi convidar estes homens para a refeição." E
Saul comeu com Samuel naquele dia. 25Quando desceram do lugar
de adoração e voltaram para a cidade, Samuel levou Saul ao terraço
da casa e preparou uma cama para ele. 26Ao amanhecer do dia
seguinte, Samuel chamou Saul novamente: "Levante-se!", disse ele.
"É hora de seguir viagem." Saul se aprontou, e ele e Samuel saíram
juntos. 27Quando chegaram à saída da cidade, Samuel disse a Saul
que enviasse seu servo adiante. Depois que o servo partiu, Samuel
disse: "Fique aqui, pois recebi de Deus uma mensagem para você".

CAPÍTULO 10

Samuel unge Saul rei

1Samuel pegou uma vasilha de óleo e o derramou sobre a cabeça
de Saul. Depois, beijou Saul e disse: "Faço isto porque o Senhor
o nomeou como líder de Israel, sua propriedade especial. 2Hoje,
quando você partir, verá dois homens ao lado do túmulo de Raquel,
em Zelza, na divisa de Benjamim. Eles lhe dirão que as jumentas
foram encontradas e que seu pai deixou de se preocupar com elas
e agora está preocupado com vocês, perguntando: 'Que farei para
encontrar meu filho?'. 3"Quando você chegar ao carvalho de Tabor,
encontrará três homens vindo em sua direção; estão a caminho
de Betel, onde vão adorar a Deus. Um deles estará levando três
cabritos, outro, três pães, e o terceiro, uma vasilha de couro cheia
de vinho. 4Eles o cumprimentarão e lhe oferecerão dois pães, que
você deve aceitar. 5"Quando chegar a Gibeá-Eloim, onde fica o des-
tacamento dos filisteus, encontrará um grupo de profetas descendo
do lugar de adoração. Virão tocando harpa, tamborim, flauta e lira,
e estarão profetizando. 6Nesse momento, o Espírito do Senhor
virá poderosamente sobre você, e você profetizará com eles. Será
transformado numa pessoa diferente. 7Depois que esses sinais
se cumprirem, faça o que tiver de fazer, pois Deus está com você.
8Em seguida, vá a Gilgal adiante de mim. Eu o encontrarei ali para
sacrificar holocaustos e ofertas de paz. Espere lá durante sete dias,
até eu chegar e lhe dar mais instruções".

Os sinais mencionados se cumprem

9Assim que Saul se virou para partir, Deus lhe deu um novo coração,
e todos os sinais anunciados por Samuel se cumpriram naque-
le dia. 10Ao chegarem a Gibeá, Saul e o servo viram um grupo
de profetas vindo em sua direção. Então o Espírito de Deus veio
poderosamente sobre Saul, e ele começou a profetizar com eles.
11Quando aqueles que o conheciam souberam disso, pergunta-
ram uns aos outros: "O que aconteceu com o filho de Quis? Acaso
Saul também é profeta?". 12Um dos que estavam ali perguntou:
"Qualquer um pode se tornar profeta, seja quem for seu pai?". Essa
é a origem do ditado: "Acaso Saul também é profeta?". 13Depois
que Saul terminou de profetizar, subiu ao lugar de adoração. 14O
tio de Saul perguntou a ele e ao servo: "Onde vocês estavam?".

NO QUE ESTOU **PENSANDO** ○ | O QUE ESTOU **SENTINDO** ○ | DO QUE ESTOU **LEMBRANDO** ○

DESENHE OU ESCREVA

Saul respondeu: "Saímos para procurar as jumentas, mas não con-
seguimos encontrá-las. Então fomos a Samuel para lhe perguntar
onde elas estavam". 15"E o que foi que Samuel lhe disse?", pergun-
tou o tio. 16"Disse que as jumentas já haviam sido encontradas",
respondeu Saul. Contudo, não contou ao tio o que Samuel tinha
dito sobre o reino.

Saul é proclamado rei

17Algum tempo depois, Samuel convocou todo o povo para se reu-
nir diante do Senhor em Mispá. 18Disse ele aos israelitas: "Assim
diz o Senhor, o Deus de Israel: Eu os tirei do Egito e os livrei dos
egípcios e de todas as nações que os oprimiam. 19Mas, apesar de
eu ter resgatado vocês de suas angústias e aflições, hoje vocês re-
jeitaram seu Deus e disseram: 'Queremos um rei!'. Agora, portanto,
apresentem-se diante do Senhor, de acordo com suas tribos e seus
clãs". 20Então Samuel reuniu todas as tribos de Israel, e a tribo de
Benjamim foi escolhida por sorteio. 21Em seguida, Samuel reuniu
cada família da tribo de Benjamim, e a família de Matri foi sorteada.
Por fim, Saul, filho de Quis foi escolhido dentre eles. Quando o
procuraram, porém, não o encontraram. 22Por isso, perguntaram
ao Senhor: "Ele já chegou?". O Senhor respondeu: "Está escondido
no meio da bagagem". 23Eles correram até lá e o trouxeram. Era
tão alto que os outros chegavam apenas a seus ombros. 24Samuel
disse ao povo: "Este é o homem que o Senhor escolheu para ser
seu rei. Não há ninguém semelhante a ele em todo o Israel". E todo
o povo gritou: "Viva o rei!". 25Então Samuel explicou ao povo os
direitos e deveres do rei. Escreveu-os num rolo e o colocou diante
do Senhor. Depois, mandou todo o povo para casa. 26Saul também
voltou para sua casa, em Gibeá, acompanhado por um grupo de ho-
mens cujo coração Deus tinha tocado. 27Havia, no entanto, alguns
desocupados que debochavam: "Esse sujeito nunca nos salvará!".
Desprezaram Saul e se recusaram a lhe trazer presentes. Mas Saul
não lhes deu atenção.

CAPÍTULO 11

Saul derrota os amonitas

1Cerca de um mês depois, Naás, rei de Amom, avançou com seu
exército contra a cidade de Jabes-Gileade. Mas os habitantes de

Jabes clamaram: "Faça um tratado conosco, e o serviremos!".
2Então Naás disse: "Está bem, mas só com uma condição.
Arrancarei o olho direito de cada um de vocês como humilhação
para todo o Israel!". 3As autoridades de Jabes pediram: "Dê-nos
sete dias para que enviemos mensageiros a todo o Israel. Se nin-
guém vier nos salvar, nós nos entregaremos ao rei". 4Os mensa-
geiros chegaram a Gibeá, cidade onde Saul morava, e relataram
ao povo a difícil situação em Jabes-Gileade. Todos choraram em
alta voz. 5Quando Saul voltou à cidade, trazendo seus bois do
campo, perguntou: "O que está acontecendo? Por que todos
estão chorando?". Então contaram-lhe sobre a mensagem de
Jabes. 6O Espírito de Deus veio poderosamente sobre Saul, e ele
se enfureceu. 7Pegou dois bois, cortou-os em pedaços e enviou
mensageiros para levá-los a todo o Israel com o seguinte aviso:
"Isto é o que acontecerá aos bois de quem se recusar a seguir Saul
e Samuel na batalha!". E o terror do SENHOR caiu sobre o povo,
de modo que todos saíram para guerrear como um só homem.
8Quando Saul os reuniu em Bezeque, viu que havia trezentos
mil homens de Israel e trinta mil homens de Judá. 9Então Saul
enviou os mensageiros de volta a Jabes-Gileade com o seguinte
aviso: "Salvaremos vocês amanhã, antes do meio-dia". Quando
os habitantes de Jabes receberam a mensagem, houve grande
alegria em toda a cidade. 10Então os homens de Jabes disseram
a seus inimigos: "Amanhã nos entregaremos a vocês, e poderão
fazer conosco o que desejarem". 11No dia seguinte, porém, antes
do amanhecer, Saul chegou com seu exército dividido em três
destacamentos. Atacou os amonitas de surpresa e, na hora mais
quente do dia, já os tinha derrotado completamente. O restante
do exército amonita se dispersou de tal modo que não ficaram
dois soldados juntos. 12Então o povo disse a Samuel: "Onde estão
aqueles que perguntaram: 'Por que Saul deveria nos governar?'
Tragam esses homens aqui, e os mataremos". 13Saul, porém, res-
pondeu: "Ninguém será morto hoje, pois neste dia o SENHOR li-
vrou Israel". 14Então Samuel disse ao povo: "Venham, vamos todos
a Gilgal renovar o compromisso do reino". 15Então todos foram a
Gilgal e, numa cerimônia solene diante do SENHOR, proclamaram
Saul como rei. Depois, trouxeram ao SENHOR ofertas de paz, e Saul
e todos os israelitas muito se alegraram.

NO QUE ESTOU PENSANDO	O QUE ESTOU SENTINDO	DO QUE ESTOU LEMBRANDO
○	○	○

DESENHE OU ESCREVA

CAPÍTULO 12

O discurso de despedida de Samuel

1Então Samuel falou a todo o Israel: "Fiz o que pediram e lhes dei
um rei. 2Agora ele é seu líder. Quanto a mim, estou aqui diante
de vocês, um homem velho e de cabelos brancos, e meus filhos
estão com vocês. Estive a seu serviço como seu líder desde minha
juventude até hoje. 3Aqui estou: testemunhem contra mim diante
do SENHOR e diante do rei que ele ungiu. De quem roubei um boi
ou um jumento? Acaso enganei ou oprimi alguém? De quem acei-
tei suborno para perverter a justiça? Digam-me, e farei restituição
se cometi alguma injustiça". 4Eles responderam: "O senhor nunca
nos enganou nem nos oprimiu, e nunca aceitou suborno". 5Então
Samuel declarou: "Hoje o SENHOR e o rei que ele ungiu são teste-
munhas de que minhas mãos estão limpas". Eles responderam:
"Sim, eles são testemunhas". 6E Samuel continuou: "Foi o SENHOR
que escolheu Moisés e Arão e tirou seus antepassados da terra
do Egito. 7Agora, fiquem aqui diante do SENHOR enquanto eu os
confronto com todos os atos de justiça que o SENHOR fez por vocês
e por seus antepassados. 8"Quando Israel estava no Egito e seus
antepassados clamaram ao SENHOR, ele enviou Moisés e Arão para
tirá-los de lá e trazê-los a esta terra. 9Mas o povo logo se esqueceu
do SENHOR, seu Deus, por isso ele os entregou a Sísera, comandante
do exército de Hazor, e também aos filisteus e ao rei de Moabe, que
lutaram contra eles. 10"Então clamaram novamente ao SENHOR e
disseram: 'Pecamos quando abandonamos o SENHOR e servimos às
imagens de Baal e de Astarote. Agora, se nos livrares de nossos ini-
migos, serviremos somente a ti'. 11O SENHOR enviou Gideão, Bedã,
Jefté e Samuel para livrá-los, e vocês viveram em segurança. 12"No
entanto, quando ficaram com medo de Naás, rei de Amom, vieram
a mim e disseram que queriam um rei para governá-los, embora
o SENHOR, seu Deus, já fosse seu rei. 13Pois bem, aqui está o rei
que vocês escolheram. Vocês o pediram e o SENHOR os atendeu.
14"Agora, se temerem e servirem ao SENHOR, derem ouvidos à sua
voz e não se rebelarem contra os seus mandamentos, tanto vocês
como seu rei mostrarão que reconhecem que o SENHOR é seu Deus.
15Mas, se vocês se rebelarem contra os mandamentos do SENHOR
e se recusarem a ouvir a sua voz, a mão do SENHOR pesará sobre
vocês, como fez a seus antepassados. 16"Agora, fiquem aqui e vejam

1Sm

o maravilhoso feito que o SENHOR está prestes a realizar. 17Vocês
sabem que não chove nesta época do ano, durante a colheita do
trigo. Pedirei ao SENHOR que envie trovões e chuva forte hoje. Assim,
vocês reconhecerão quão grande foi sua maldade ao pedir que o
SENHOR lhes desse um rei!". 18Então Samuel clamou ao SENHOR, e
o SENHOR enviou trovões e chuva forte naquele mesmo dia. E todo
o povo ficou com muito medo do SENHOR e de Samuel. 19Disseram
a Samuel: "Ore ao SENHOR, seu Deus, em favor de seus servos, ou
morreremos! Pois, a todas as nossas faltas, acrescentamos o pecado
de pedir um rei". 20"Não tenham medo", disse Samuel. "Certamente
agiram mal, mas, agora, sirvam ao SENHOR de todo o coração e não
se afastem dele. 21Não se desviem dele para adorar deuses sem
valor que não podem ajudar ou livrar vocês; eles são completamen-
te inúteis! 22O SENHOR não abandonará seu povo, pois isso traria
desonra para seu grande nome. Pois agradou ao SENHOR fazer de
vocês seu próprio povo. 23"Quanto a mim, certamente não pecarei
contra o SENHOR, deixando de orar por vocês. Continuarei a lhes
ensinar o que é bom e correto. 24Temam o SENHOR e sirvam a ele
fielmente, de todo o coração. Pensem em todas as coisas maravi-
lhosas que ele fez por vocês. 25Mas, se continuarem a pecar, vocês
e seu rei serão destruídos."

1Sm

CAPÍTULO 13

Guerra constante contra os filisteus

1Saul tinha 30 anos quando se tornou rei, e reinou por 42 anos.
2Saul escolheu três mil soldados do exército de Israel e mandou
o restante dos homens para casa. Levou consigo dois mil desses
homens a Micmás e à região montanhosa de Betel. Os outros mil
foram com Jônatas, filho de Saul, para Gibeá, na terra de Benjamim.
3Logo depois disso, Jônatas atacou e derrotou o destacamento dos
filisteus em Geba. A notícia se espalhou entre os filisteus. Então
Saul tocou a trombeta por toda a terra, anunciando: "Ouçam bem,
hebreus!". 4E todo o Israel ouviu que Saul tinha destruído o destaca-
mento dos filisteus e que agora eles odiavam os israelitas mais que
nunca. Então os soldados israelitas foram convocados para se unir a
Saul em Gilgal. 5Os filisteus reuniram um exército de três mil carros
de guerra, seis mil cavaleiros e tantos guerreiros como os grãos
de areia na praia. Acamparam em Micmás, a leste de Bete-Áven.

1Sm 12.24

6Os homens de Israel se viram em apuros e, como estavam sendo
fortemente pressionados pelo inimigo, tentaram se esconder em
cavernas, em matagais, entre rochas, em buracos e em cisternas.
7Alguns dos hebreus atravessaram o rio Jordão e fugiram para a
terra de Gade e de Gileade.

Samuel repreende Saul

Enquanto isso, Saul permaneceu em Gilgal, e os homens que es-
tavam com ele tremiam de medo. 8Saul esperou ali por Samuel
durante sete dias, conforme Samuel o havia instruído, mas ele
não chegou. Vendo que os soldados debandavam rapidamente,
9Saul ordenou: "Tragam-me o holocausto e as ofertas de paz!". E
ele próprio ofereceu o holocausto. 10No exato instante em que Saul
terminava de oferecer o holocausto, Samuel chegou. Saul foi ao seu
encontro para cumprimentá-lo, 11mas Samuel disse: "O que você
fez?". Saul respondeu: "Vi que meus homens estavam debandando,
e que o senhor não chegou no prazo que havia prometido. Além
disso, os filisteus estavam em Micmás, prontos para a batalha.
12Assim, pensei: 'Os filisteus estão prontos para lutar contra nós
em Gilgal, e eu não pedi ajuda ao SENHOR'. Por isso me senti na
obrigação de oferecer o holocausto". 13"Você agiu como um tolo!",
exclamou Samuel. "Não guardou o mandamento que o SENHOR,
seu Deus, lhe deu. Se tivesse obedecido, o SENHOR teria estabele-
cido para sempre seu reinado sobre Israel. 14Agora, porém, seu
reinado não permanecerá, pois o SENHOR escolheu um homem
segundo o coração dele. O SENHOR já designou esse homem para
ser líder de seu povo, pois você não obedeceu ao mandamento
do SENHOR."

A desvantagem militar de Israel

15Então Samuel partiu de Gilgal e subiu para Gibeá, na terra de
Benjamim. Quando Saul contou os soldados que ainda estavam
com ele, viu que havia cerca de seiscentos homens. 16Saul, Jônatas
e os soldados que estavam com eles ficaram em Geba, na terra de
Benjamim. Os filisteus acamparam em Micmás. 17Três grupos de
ataque deixaram o acampamento filisteu: um foi para o norte, em
direção a Ofra, na região de Sual, 18outro foi para oeste, a Bete-
-Horom, e o terceiro rumou para a fronteira acima do vale de Zeboim,

na direção do deserto. 19Naqueles dias, não havia ferreiros na terra
de Israel, pois os filisteus não permitiam que os hebreus fizessem
espadas ou lanças. 20Assim, sempre que o povo de Israel precisava
afiar seus arados, enxadas, machados e foices, tinha de levá-los a
um ferreiro filisteu. 21O custo para afiar um arado ou uma enxada
era de oito gramas de prata, e, para afiar um machado, uma foice
ou a ponta de ferro de uma vara de tocar bois, quatro gramas. 22Por
isso, no dia da batalha, ninguém em Israel tinha espada ou lança,
exceto Saul e Jônatas. 23Nesse meio-tempo, os filisteus mandaram
um destacamento para o desfiladeiro de Micmás.

CAPÍTULO 14

O plano audacioso de Jônatas

1Certo dia, Jônatas, filho de Saul, disse a seu escudeiro: "Venha,
vamos ao lugar onde fica o destacamento dos filisteus". Mas Jônatas
não contou a seu pai o que pretendia fazer. 2Enquanto isso, Saul
estava acampado nos arredores de Gibeá, em volta da árvore de
romãs em Migrom, junto com cerca de seiscentos homens. 3Entre
eles estava Aías, o sacerdote, que levava o colete sacerdotal. Aías
era filho de Aitube, irmão de Icabode, filho de Fineias, filho de Eli,
que tinha servido como sacerdote do SENHOR em Siló. Ninguém
percebeu que Jônatas havia saído do acampamento. 4Para che-
gar ao destacamento dos filisteus, teve de passar por entre dois
penhascos; um se chamava Bozez, e o outro, Sené. 5Um ficava
ao norte, de frente para Micmás, e o outro, ao sul, de frente para
Geba. 6Jônatas disse a seu escudeiro: "Vamos atravessar até o
destacamento daqueles incircuncisos! Quem sabe o SENHOR nos
ajudará, pois nada pode deter o SENHOR. Ele pode vencer com mui-
tos guerreiros e, também, com apenas uns poucos!". 7"Faça o que
lhe parecer melhor", respondeu o escudeiro. "Eu o seguirei para
onde o senhor for!" 8"Pois bem", disse Jônatas. "Vamos atravessar
e deixar que nos vejam. 9Se disserem: 'Fiquem onde estão, ou
mataremos vocês', ficaremos parados e não iremos até eles. 10Mas,
se disserem: 'Subam até aqui e lutem', então subiremos. Será si-
nal de que o SENHOR os entregará em nossas mãos." 11Quando os
filisteus os viram chegando, gritaram: "Vejam! Os hebreus estão
saindo dos buracos onde estavam escondidos!". 12Então os homens
do destacamento gritaram para Jônatas e seu escudeiro: "Subam

NO QUE ESTOU **PENSANDO** ○ | O QUE ESTOU **SENTINDO** ○ | DO QUE ESTOU **LEMBRANDO** ○

DESENHE OU ESCREVA

até aqui, e nós lhes daremos uma lição!". "Venha, suba logo atrás
de mim", disse Jônatas a seu escudeiro. "O SENHOR entregou os
filisteus nas mãos de Israel!" 13Então subiram usando os pés e as
mãos. Jônatas derrubava os filisteus e, atrás dele, seu escudeiro os
matava. 14Mataram, no total, cerca de vinte homens, numa pequena
porção de terra. 15De repente, o pânico tomou conta do exército
filisteu, tanto no acampamento como no campo, e também nos
destacamentos e nos grupos de ataque. Naquele instante, houve
um terremoto, e todos se encheram de terror.

Israel derrota os filisteus

16As sentinelas de Saul em Gibeá de Benjamim viram que o imenso
exército dos filisteus começou a debandar em todas as direções.
17Saul ordenou ao povo: "Façam a chamada e verifiquem quem está
faltando!". Quando fizeram a chamada, descobriram que Jônatas e
seu escudeiro não estavam ali. 18Então Saul gritou para Aías: "Traga
o colete sacerdotal!", pois, naquele tempo, Aías usava o colete sacer-
dotal diante dos israelitas. 19Enquanto Saul falava com o sacerdote,
o tumulto e a gritaria no acampamento dos filisteus aumentaram.
Então Saul disse ao sacerdote: "Não precisa mais usar o colete!".
20Então Saul e todos os soldados correram para a batalha e encon-
traram os filisteus matando uns aos outros. Havia grande confusão
por toda parte. 21Até os hebreus que antes haviam desertado para
o lado dos filisteus se rebelaram e se uniram a Saul, a Jônatas e ao
restante dos israelitas. 22Quando os homens de Israel que haviam
se escondido na região montanhosa de Efraim ouviram que os fi-
listeus fugiam, também os perseguiram. 23Assim, o SENHOR livrou
Israel naquele dia, e a batalha continuou até além de Bete-Áven.

O juramento insensato de Saul

24Os homens de Israel estavam exaustos naquele dia, pois Saul
lhes havia imposto este juramento: "Maldito seja aquele que comer
antes do anoitecer, antes de eu ter me vingado inteiramente de
meus inimigos". Por isso, ninguém comeu nada o dia todo, 25em-
bora tivessem encontrado favos de mel no chão do bosque. 26Não
se atreveram a provar o mel, pois temiam o juramento exigido por
Saul. 27Jônatas, porém, não sabendo do juramento de seu pai,
enfiou a ponta de uma vara num favo e comeu o mel. Depois de

comer, recuperou as forças. 28Vendo isso, um dos soldados lhe disse: "Seu pai obrigou o exército a fazer um juramento severo, pelo qual quem comer alguma coisa hoje será maldito. Por isso todos estão exaustos". 29"Meu pai trouxe desgraça sobre o povo!", exclamou Jônatas. "Vejam como recuperei as forças depois de provar um pouco de mel. 30Se os homens tivessem recebido permissão para comer à vontade do alimento que encontraram entre os inimigos, imaginem quantos filisteus mais teríamos matado!" 31Os israelitas perseguiram e mataram filisteus o dia todo, desde Micmás até Aijalom, e ficaram cada vez mais enfraquecidos. 32Naquela noite, tomaram apressadamente os despojos da batalha; mataram ovelhas, bois e bezerros e comeram a carne com sangue. 33Alguém foi dizer a Saul: "Veja, os soldados estão pecando contra o SENHOR, comendo carne com sangue". "Vocês cometeram um grande pecado!", disse Saul. "Procurem uma pedra grande e tragam-na para cá. 34Depois, saiam entre os soldados e digam-lhes: 'Tragam os bois e as ovelhas até aqui! Abatam os animais e deixem o sangue escorrer antes de comer. Não pequem contra o SENHOR, comendo carne ainda com sangue'." Naquela noite, portanto, todos os soldados levaram os animais e os abateram ali. 35Então Saul construiu um altar para o SENHOR; foi o primeiro altar que ele construiu para o SENHOR. 36Depois Saul disse: "Vamos perseguir os filisteus a noite toda, saqueá-los até o amanhecer e destruir até o último deles". Seus homens responderam: "Faremos o que o rei achar melhor". O sacerdote, porém, disse: "Primeiro vamos consultar Deus". 37Então Saul perguntou a Deus: "Devemos ir atrás dos filisteus? Tu os entregarás nas mãos de Israel?". Mas Deus não lhe respondeu naquele dia. 38Então Saul ordenou: "Todos os comandantes do exército, apresentem-se a mim! Descubram como e por que aconteceu esse pecado! 39Tão certo como vive o SENHOR, aquele que resgatou Israel, o culpado morrerá, mesmo que seja meu filho Jônatas!". Contudo, ninguém lhe disse nada. 40Saul disse a todo o Israel: "Jônatas e eu ficaremos aqui, e todos vocês ficarão ali". E os homens responderam: "Faça o que o rei achar melhor". 41Em seguida, Saul orou: "Ó SENHOR, o Deus de Israel, mostra-nos quem é culpado e quem é inocente". Por sorteio, Jônatas e Saul foram escolhidos como sendo os culpados, e o povo foi declarado inocente. 42Saul disse: "Façam outro sorteio entre mim e Jônatas". E Jônatas

1Sm

NO QUE ESTOU **PENSANDO** ○

O QUE ESTOU **SENTINDO** ○

DO QUE ESTOU **LEMBRANDO** ○

DESENHE OU ESCREVA

foi escolhido como o culpado. 43"Diga-me o que você fez", ordenou Saul. "Provei um pouco de mel", confessou Jônatas. "Foi apenas uma pequena porção, na ponta de minha vara. Estou pronto para morrer!" 44Então Saul disse: "Sim, Jônatas, você deve morrer. Que Deus me castigue severamente se você não for morto por isso". 45Os soldados, porém, disseram a Saul: "Jônatas conquistou esta grande vitória para Israel. Acaso ele deve morrer? De maneira nenhuma! Tão certo como o SENHOR vive, ninguém tocará num fio de cabelo da cabeça dele, pois hoje Deus o ajudou a realizar um grande feito". E assim o povo salvou Jônatas da morte. 46Então Saul deixou de perseguir os filisteus, e eles voltaram para sua terra.

As vitórias militares de Saul

47Depois que Saul havia se firmado como rei de Israel, lutou contra seus inimigos ao redor: contra Moabe, Amom e Edom, contra os reis de Zobá e contra os filisteus. E, para qualquer lado que se voltava, era vitorioso. 48Realizou grandes feitos e derrotou os amalequitas, livrando Israel de todos que o haviam saqueado. 49Os filhos de Saul eram Jônatas, Isbosete e Malquisua. Também tinha duas filhas: Merabe, a mais velha, e Mical, a mais nova. 50A esposa de Saul se chamava Ainoã, filha de Aimaás. O comandante do exército de Saul era Abner, filho de Ner, tio de Saul. 51Quis, pai de Saul, e Ner, pai de Abner, eram filhos de Abiel. 52Os israelitas lutaram ferrenhamente contra os filisteus durante toda a vida de Saul. Por isso, sempre que Saul via um jovem forte e valente, logo o convocava para seu exército.

CAPÍTULO 15

Saul derrota os amalequitas

1Certo dia, Samuel disse a Saul: "Foi o SENHOR que me enviou para ungi-lo rei de seu povo, Israel. Agora ouça esta mensagem do SENHOR! 2Assim diz o SENHOR dos Exércitos: Resolvi acertar as contas com a nação de Amaleque por ter se colocado contra Israel quando o povo saía do Egito. 3Agora vá e destrua completamente a nação amalequita: homens, mulheres, crianças, recém-nascidos, gado, ovelhas, camelos e jumentos". 4Então Saul reuniu seu exército em Telaim. Havia duzentos mil soldados de Israel e dez mil homens de Judá. 5Em seguida, Saul e o exército foram à

cidade dos amalequitas e armaram uma emboscada no vale. 6Saul
mandou este aviso aos queneus: "Afastem-se de onde vivem os
amalequitas, para que não morram com eles, pois vocês demons-
traram bondade a todos os israelitas quando eles saíram do Egito".
Então os queneus saíram do meio dos amalequitas. 7Saul atacou
e derrotou os amalequitas desde Havilá até Sur, a leste do Egito.
8Capturou Agague, o rei amalequita, e destruiu completamente
todo o povo. 9Saul e seus homens pouparam a vida de Agague,
bem como o melhor das ovelhas, do gado, dos bezerros gordos e
dos cordeiros. Destruíram apenas o que não tinha valor ou que
era de qualidade inferior.

O SENHOR rejeita Saul

10Então o SENHOR disse a Samuel: 11"Arrependo-me de ter colocado
Saul como rei, pois ele se afastou de mim e se recusou a obedecer
às minhas ordens". Samuel ficou tão frustrado ao ouvir essas pa-
lavras que clamou ao SENHOR a noite toda. 12Na manhã seguinte,
bem cedo, Samuel foi procurar Saul. Alguém lhe disse: "Saul foi
para a região do Carmelo, onde levantou um monumento para si
próprio; depois, seguiu para Gilgal". 13Quando Samuel finalmente
o encontrou, Saul o cumprimentou com alegria: "Que o SENHOR
o abençoe!", disse Saul. "Cumpri a ordem do SENHOR!" 14Samuel
perguntou: "Então o que é esse balido de ovelhas e esse mugido
de bois que estou ouvindo?" 15Saul respondeu: "É verdade que os
soldados pouparam o melhor das ovelhas e dos bois que perten-
ciam aos amalequitas. Mas eles vão sacrificá-los ao SENHOR, seu
Deus. Quanto ao resto, destruímos tudo". 16Então Samuel disse a
Saul: "Basta! Ouça o que o SENHOR me disse na noite passada". "O
que foi?", perguntou Saul. 17Samuel respondeu: "Embora a seus
próprios olhos você se considerasse insignificante, não se tornou o
líder das tribos de Israel? Sim, o SENHOR o ungiu rei sobre o povo!
18Então o SENHOR o enviou numa missão e disse: 'Vá e destrua
completamente aqueles pecadores, os amalequitas. Lute contra
eles até exterminá-los'. 19Por que você não obedeceu ao SENHOR?
Por que tomou apressadamente os despojos e fez o que era mau
aos olhos do SENHOR?". 20"Mas eu obedeci ao SENHOR!", insistiu
Saul. "Cumpri a missão de que ele me encarregou. Trouxe o rei
Agague, mas destruí todos os outros amalequitas. 21Então meus

soldados trouxeram o melhor das ovelhas e dos bois, bem como
o melhor dos despojos, a fim de sacrificá-los ao SENHOR, seu Deus,
em Gilgal." 22Samuel respondeu: "O que agrada mais ao SENHOR:
holocaustos e sacrifícios ou obediência à voz dele? Ouça! A obe-
diência é melhor que o sacrifício, e a submissão é melhor que
ofertas de gordura de carneiros. 23A rebeldia é um pecado tão grave
quanto a feitiçaria, e persistir no erro é um mal tão grave quanto
adorar ídolos. Assim como você rejeitou a ordem do SENHOR, ele
o rejeitou como rei".

Saul suplica por perdão

24Então Saul confessou: "Sim, pequei! Desobedeci às suas instru-
ções e à ordem do SENHOR, pois tive medo do povo e fiz o que eles
exigiram. 25Agora, imploro que perdoe meu pecado e volte comigo,
para que eu possa adorar o SENHOR!". 26Samuel, porém, respondeu:
"Não voltarei com você! Uma vez que você rejeitou a ordem do
SENHOR, ele o rejeitou como rei de Israel". 27Quando Samuel se
virou para ir embora, Saul tentou detê-lo segurando a barra de seu
manto, que se rasgou. 28Então Samuel lhe disse: "Hoje o SENHOR
rasgou de você o reino de Israel e o entregou a outro, alguém me-
lhor que você. 29E aquele que é a Glória de Israel não mente nem
se arrepende, pois não é ser humano para se arrepender!". 30Saul
implorou novamente: "Sei que pequei! Mas, por favor, pelo menos
honre-me diante das autoridades de meu povo e diante de Israel ao
voltar comigo, para que eu possa adorar o SENHOR, seu Deus!". 31Por
fim, Samuel concordou e voltou com ele, e Saul adorou o SENHOR.

Samuel executa o rei Agague

32Então Samuel disse: "Traga-me Agague, rei dos amalequitas".
Agague veio cheio de esperança, pois pensou: "Com certeza a ira
deles já passou, e eu fui poupado!". 33Mas Samuel disse: "Assim
como sua espada matou os filhos de muitas mães, agora sua mãe
ficará sem o filho". E Samuel cortou Agague em pedaços diante do
SENHOR em Gilgal. 34Depois, Samuel foi para Ramá, e Saul voltou
para casa em Gibeá, sua cidade. 35Até o dia em que morreu, Samuel
não voltou a ver Saul, embora sempre lamentasse o que aconteceu
com ele. E o SENHOR se arrependeu de ter estabelecido Saul como
rei de Israel.

CAPÍTULO 16

Samuel unge Davi rei

1 O SENHOR disse a Samuel: "Você já lamentou o suficiente por
Saul. Eu o rejeitei como rei de Israel. Agora, encha uma vasilha
com óleo e vá a Belém. Procure um homem chamado Jessé, que
vive ali, pois escolhi um dos filhos dele para ser rei". 2 "Como
posso fazer isso?", perguntou Samuel. "Se Saul ficar sabendo, me
matará." O SENHOR respondeu: "Leve um novilho com você e diga:
'Vim oferecer um sacrifício ao SENHOR'. 3 Convide Jessé para o sa-
crifício, e eu lhe mostrarei o que você deve fazer e qual dos filhos
dele deve ungir para mim". 4 Samuel fez o que o SENHOR disse.
Quando chegou a Belém, as autoridades da cidade foram encon-
trá-lo, tremendo de medo. "O senhor vem em paz?", perguntaram.
5 "Sim", respondeu Samuel. "Vim oferecer um sacrifício ao SENHOR.
Purifiquem-se e venham comigo para o sacrifício." Então Samuel
realizou a cerimônia para purificar Jessé e seus filhos e também
os convidou para o sacrifício. 6 Quando chegaram, Samuel olhou
para Eliabe e pensou: "Com certeza este é o homem que o SENHOR
ungirá!". 7 O SENHOR, porém, disse a Samuel: "Não o julgue pela
aparência nem pela altura, pois eu o rejeitei. O SENHOR não vê
as coisas como o ser humano as vê. As pessoas julgam pela apa-
rência exterior, mas o SENHOR olha para o coração". 8 Então Jessé
chamou seu filho Abinadabe e o levou até Samuel. Ele, porém,
disse: "Não foi este que o SENHOR escolheu". 9 Em seguida, Jessé
chamou Simeia, mas Samuel disse: "Também não foi este que
o SENHOR escolheu". 10 Da mesma forma, todos os sete filhos de
Jessé foram apresentados a Samuel. Mas Samuel disse a Jessé:
"O SENHOR não escolheu nenhum deles". 11 Então Samuel pergun-
tou: "São estes todos os seus filhos?". Jessé respondeu: "Ainda
tenho o mais novo, mas ele está no campo, tomando conta do
rebanho". "Mande chamá-lo", disse Samuel. "Não nos sentaremos
para comer enquanto ele não chegar." 12 Jessé mandou chamá-
-lo. Era um jovem ruivo, de boa aparência e olhos bonitos. E o
SENHOR disse: "É este; levante-se e unja-o com óleo". 13 Enquanto
Davi estava entre seus irmãos, Samuel pegou a vasilha com óleo
que havia trazido e o ungiu. A partir daquele dia, o Espírito do
SENHOR veio poderosamente sobre Davi. Depois disso, Samuel
voltou a Ramá.

NO QUE ESTOU **PENSANDO** ○ O QUE ESTOU **SENTINDO** ○ DO QUE ESTOU **LEMBRANDO** ○

DESENHE OU ESCREVA

Davi serve na corte de Saul

14 O Espírito do SENHOR se retirou de Saul, e o SENHOR enviou
um espírito maligno, que o atormentava. 15 Os servos de Saul lhe
disseram: "Um espírito maligno enviado por Deus está atormen-
tando o senhor. 16 Permita que procuremos um bom músico para
tocar harpa sempre que o espírito o afligir. Ele tocará música para
acalmar o senhor e o fará sentir-se melhor". 17 "Está bem", respon-
deu Saul. "Encontrem alguém que saiba tocar bem e tragam-no
para cá." 18 Um dos servos disse a Saul: "Um dos filhos de Jessé,
de Belém, sabe tocar harpa. Além disso, é um rapaz corajoso,
apto para ir à guerra, e tem bom senso. Também é moço de boa
aparência, e o SENHOR está com ele". 19 Então Saul enviou mensa-
geiros a Jessé para lhe dizer: "Envie-me seu filho Davi, o pastor
de ovelhas". 20 Jessé enviou Davi a Saul e, com ele, mandou um
jumento carregado de pão, um cabrito e uma vasilha de couro cheia
de vinho. 21 Davi se apresentou a Saul e começou a servi-lo. Saul
gostou muito de Davi e o tornou seu escudeiro. 22 Então Saul enviou
uma mensagem a Jessé, pedindo: "Deixe que Davi continue a meu
serviço, pois estou muito satisfeito com ele". 23 Assim, sempre que o
espírito maligno enviado por Deus afligia Saul, Davi tocava a harpa.
Saul se sentia melhor, e o espírito se retirava dele.

CAPÍTULO 17

Golias desafia os israelitas

1 Os filisteus reuniram seu exército para a batalha e acamparam
em Efes-Damim, entre Socó, em Judá, e Azeca. 2 Em resposta, Saul
reuniu as tropas israelitas perto do vale de Elá. 3 Assim, os filisteus e
os israelitas ficaram frente a frente, em colinas opostas, com o vale
entre eles. 4 Então Golias, um guerreiro filisteu de Gate, saiu das
fileiras do exército filisteu. Ele tinha 2,90 metros de altura, 5 usava
um capacete de bronze e vestia uma couraça de escamas de bronze
que pesava sessenta quilos. 6 Também usava caneleiras de bronze
e carregava no ombro um dardo de bronze. 7 A haste de sua lança
era pesada e grossa, como o eixo de um tear, e a ponta de ferro
da lança pesava cerca de sete quilos. Seu escudeiro caminhava à
frente dele. 8 Golias parou e gritou para as tropas israelitas: "Por
que saíram todos para lutar? Eu sou filisteu, e vocês são servos de
Saul. Escolham um homem para vir aqui e lutar comigo! 9 Se ele

me matar, seremos seus escravos. Mas, se eu o matar, vocês serão
nossos escravos! 10Desafio hoje os exércitos de Israel. Mandem um
homem para lutar comigo!". 11Quando Saul e os israelitas ouviram
isso, ficaram aterrorizados e muito abalados.

Jessé envia Davi ao acampamento de Saul

12Davi era filho de Jessé, efrateu de Belém, na terra de Judá. Na
época do rei Saul, Jessé já era idoso e tinha oito filhos. 13Os três
filhos mais velhos de Jessé – Eliabe, Abinadabe e Simeia – haviam
se alistado no exército de Saul para lutar contra os filisteus. 14Davi
era o mais novo. Seus três irmãos mais velhos seguiam o exército
de Saul, 15enquanto Davi ia e voltava para ajudar seu pai a cuidar
das ovelhas em Belém. 16Durante quarenta dias, pela manhã e à
tarde, o guerreiro filisteu se apresentava diante do exército israelita
e o desafiava. 17Um dia, Jessé disse a Davi: "Leve depressa para seus
irmãos que estão no acampamento este cesto com grãos tostados
e estes dez pães. 18Leve também estes dez queijos para o capitão
deles. Veja como estão seus irmãos e traga notícias deles". 19Os
irmãos de Davi estavam com Saul e o exército israelita no vale de
Elá, lutando contra os filisteus. 20Davi deixou as ovelhas com outro
pastor e, na manhã seguinte, partiu bem cedo com os presentes,
como Jessé havia ordenado. Chegou ao acampamento quando o
exército israelita saía para o campo de batalha com gritos de guerra.
21Logo, filisteus e israelitas estavam frente a frente, exército contra
exército. 22Davi deixou suas coisas com o responsável pelos supri-
mentos e correu até a frente de batalha para saudar seus irmãos.
23Enquanto falava com eles, Golias, o guerreiro filisteu de Gate,
saiu das fileiras do exército filisteu. Davi o ouviu gritar seu desafio
habitual. 24Quando os israelitas viram Golias, começaram a fugir,
apavorados. 25"Vocês viram aquele homem?", perguntavam uns aos
outros. "Ele sai todos os dias para desafiar Israel. O rei ofereceu uma
grande recompensa para quem o matar. Dará uma de suas filhas
como esposa e isentará toda a família dele de pagar impostos!"
26Então Davi perguntou aos soldados que estavam por perto: "O
que receberá o homem que matar esse filisteu e acabar com suas
provocações contra Israel? Afinal de contas, quem é esse filisteu
incircunciso para desafiar os exércitos do Deus vivo?". 27Os solda-
dos repetiram o que tinham dito e confirmaram: "Sim, essa será

NO QUE ESTOU **PENSANDO** ○ | O QUE ESTOU **SENTINDO** ○ | DO QUE ESTOU **LEMBRANDO** ○

DESENHE OU ESCREVA

a recompensa para quem o matar". 28Quando Eliabe, irmão mais
velho de Davi, o ouviu falando com os soldados, ficou furioso e per-
guntou: "O que você está fazendo aqui? Não devia estar tomando
conta daquelas poucas ovelhas? Conheço sua arrogância e suas más
intenções. Você quer apenas ver a batalha!". 29"O que eu fiz agora?",
disse Davi. "Só fiz uma pergunta!" 30Então foi até outros soldados,
fez a mesma pergunta e recebeu a mesma resposta. 31Alguém
contou ao rei Saul o que Davi tinha dito, e o rei mandou chamá-lo.

Davi mata Golias

32Davi disse a Saul: "Ninguém se preocupe por causa desse filisteu.
Seu servo vai lutar contra ele". 33Saul respondeu: "Você não conse-
guirá lutar contra esse filisteu e vencer! É apenas um rapaz, e ele é
guerreiro desde a juventude". 34Davi, porém insistiu: "Tomo conta
das ovelhas de meu pai e, quando um leão ou um urso aparece para
levar um cordeiro do rebanho, 35vou atrás dele com meu cajado e
tiro o cordeiro de sua boca. Se o animal me ataca, eu o seguro pela
mandíbula e dou golpes nele com o cajado até ele morrer. 36Fiz isso
com o leão e o urso, e farei o mesmo com esse filisteu incircunciso,
pois ele desafiou os exércitos do Deus vivo!". 37E disse ainda: "O
SENHOR que me livrou das garras do leão e do urso também me
livrará desse filisteu!". Por fim, Saul consentiu. "Está bem, então
vá", disse. "E que o SENHOR esteja com você!" 38Então Saul deu a
Davi sua própria armadura, incluindo uma couraça e um capacete
de bronze. 39Davi prendeu a espada sobre a armadura e tentou dar
alguns passos, pois nunca tinha usado essas coisas. "Não consigo
andar com tudo isso, pois não estou acostumado", disse a Saul, e
tirou a armadura. 40Pegou cinco pedras lisas de um riacho e as
colocou em sua bolsa de pastor. Armado apenas com seu cajado
e sua funda, foi enfrentar o filisteu. 41Golias, com seu escudeiro à
frente, caminhava em direção a Davi, 42rindo com desprezo do belo
jovem ruivo. 43Gritou para Davi: "Por acaso sou um cão para que
você venha a mim com um pedaço de pau?". E amaldiçoou Davi em
nome de seus deuses. 44"Venha cá, e darei sua carne às aves e aos
animais selvagens!", berrou Golias. 45Davi respondeu ao filisteu:
"Você vem a mim com uma espada, uma lança e um dardo, mas
eu vou enfrentá-lo em nome do SENHOR dos Exércitos, o Deus dos
exércitos de Israel, que você desafiou. 46Hoje o SENHOR entregará

você em minhas mãos, e eu o matarei e cortarei sua cabeça. Então
darei os cadáveres de seus homens às aves e aos animais selvagens,
e o mundo todo saberá que há Deus em Israel! 47E todos que estão
aqui reunidos saberão que o SENHOR salva seu povo, mas não com
espada nem com lança. A batalha é do SENHOR, e ele entregará vo-
cês em nossas mãos!". 48Quando o filisteu se aproximou para atacar,
Davi foi correndo enfrentá-lo. 49Enfiou a mão na bolsa, pegou uma
pedra e atirou-a com sua funda. A pedra acertou o filisteu na testa e
ficou encravada ali. E Golias caiu com o rosto em terra. 50Assim, Davi
venceu o filisteu e o matou com apenas uma funda e uma pedra,
pois não tinha espada. 51Em seguida, correu até o filisteu, puxou da
bainha a espada dele e a usou para matá-lo e cortar-lhe a cabeça.

Israel derrota os filisteus

Quando os filisteus viram que seu melhor guerreiro estava morto,
deram meia-volta e fugiram. 52Os soldados de Israel e de Judá
soltaram um forte grito de vitória e perseguiram os filisteus até
Gate e até os portões de Ecrom. E os corpos dos filisteus mortos
e feridos ficaram espalhados pelo caminho de Saarim até Gate
e Ecrom. 53Então o exército israelita voltou e saqueou o acampa-
mento abandonado dos filisteus. 54(Davi levou a cabeça do filisteu
para Jerusalém, mas guardou as armas dele em sua própria tenda.)
55Quando Saul viu Davi sair para lutar contra os filisteus, perguntou
a Abner, o comandante de seu exército: "Abner, quem é o pai des-
se rapaz?". "Não faço ideia, ó rei!", disse Abner. 56"Então descubra
quem é o pai dele!", ordenou. 57Assim que Davi voltou, depois de
matar Golias, Abner o levou a Saul. Ele ainda carregava a cabeça do
filisteu em suas mãos. 58Saul perguntou: "Quem é seu pai, meu
rapaz?". E Davi respondeu: "Sou filho de Jessé, que vive em Belém".

CAPÍTULO 18

Saul tem inveja de Davi

1Depois que Davi terminou de falar com Saul, formou-se de ime-
diato um forte laço de amizade entre ele e Jônatas, filho do rei,
por causa do amor que Jônatas tinha por Davi. 2A partir daquele
dia, Saul manteve Davi consigo e não o deixou voltar para a casa
de seu pai. 3Jônatas assumiu um compromisso solene com Davi,
pois o amava como a si mesmo. 4Para selar essa aliança, Jônatas

tirou seu manto e o entregou a Davi, junto com sua armadura, sua
espada, seu arco e seu cinturão. 5Davi cumpria com êxito todas as
missões de que Saul o encarregava. Então Saul lhe deu uma posição
de comando no exército, o que agradou tanto ao povo como aos
oficiais de Saul. 6Quando o exército israelita regressou vitorioso,
depois que Davi matou o gigante filisteu, mulheres de todas as
cidades saíram ao encontro do rei Saul. Cantavam e dançavam de
alegria, com tamborins e címbalos. 7Esta era a canção: "Saul matou
milhares, e Davi, dezenas de milhares!". 8Saul ficou indignado com
essas palavras. "O que é isso?", disse ele. "Atribuem a Davi dezenas
de milhares, e a mim, apenas milhares? Só falta o declararem rei!"
9Daquele momento em diante, Saul começou a olhar para Davi com
suspeita. 10No dia seguinte, um espírito maligno enviado por Deus
se apoderou de Saul, e ele começou a delirar em sua casa, como se
fosse louco. Davi tocava a harpa, como fazia todos os dias. Mas Saul
tinha uma lança na mão 11e, de repente, atirou-a contra Davi, com a
intenção de encravá-lo na parede. Davi, porém, escapou duas vezes.
12Saul tinha medo de Davi, pois o SENHOR o havia abandonado e
agora estava com Davi. 13Por fim, Saul o afastou de sua presença e
o nomeou comandante de mil soldados, e Davi conduzia as tropas
vitoriosamente nas batalhas. 14Davi continuou a ter êxito em tudo
que fazia, pois o SENHOR estava com ele. 15Quando Saul viu isso,
teve ainda mais medo. 16Mas todo o Israel e todo o Judá amavam
Davi, porque ele conduzia as tropas vitoriosamente nas batalhas.

Davi se casa com a filha de Saul

17Certo dia, Saul disse a Davi: "Estou pronto a lhe dar minha filha
mais velha, Merabe, por esposa. Antes, porém, sirva-me como
um guerreiro valente, lutando nas batalhas do SENHOR". Pois Saul
pensou: "Em vez de matá-lo eu mesmo, vou enviá-lo aos filisteus,
e eles o matarão". 18Davi, porém, respondeu a Saul: "Quem sou
eu, e quem é minha família em Israel para que eu me torne genro
do rei?". 19Assim, quando chegou o tempo de Saul dar sua filha
Merabe em casamento a Davi, ele a deu a Adriel, um homem de
Meolá. 20Contudo, a outra filha de Saul, Mical, amava Davi, e Saul
ficou contente quando soube disso. 21"É mais uma oportunidade
de os filisteus matarem Davi!", pensou ele. Para Davi, porém, ele
disse: "Você tem mais uma oportunidade de se tornar meu genro".

22 Então Saul instruiu seus servos a dizerem a Davi, em particular: "O
rei gosta muito de você, e nós também. Por que não aceita a oferta
do rei e se torna genro dele?". 23 Quando disseram isso a Davi, ele
respondeu: "Como um homem pobre e de família humilde terá
condições de pagar o dote da filha de um rei?". 24 Então os homens
de Saul contaram-lhe o que Davi disse, 25 e Saul respondeu: "Digam
a Davi que o único dote que quero são cem prepúcios de filisteus!
Desejo apenas me vingar de meus inimigos". Mas Saul planejava
que Davi fosse morto na luta. 26 Quando os servos de Saul trouxe-
ram essa notícia a Davi, ele aceitou a oferta de bom grado. Antes do
prazo estipulado, 27 ele e seus homens saíram e mataram duzentos
filisteus. Davi cumpriu a exigência para tornar-se genro do rei, tra-
zendo-lhe os prepúcios. Então Saul deu sua filha Mical por esposa
a Davi. 28 Quando Saul percebeu que o SENHOR estava com Davi, e
viu como sua filha Mical o amava, 29 temeu Davi ainda mais e con-
tinuou a ser inimigo dele pelo resto de sua vida. 30 Sempre que os
comandantes dos filisteus atacavam, Davi era mais bem-sucedido
contra eles que todos os outros oficiais de Saul. Assim, o nome de
Davi se tornou muito famoso.

CAPÍTULO 19

Saul tenta matar Davi

1 Saul instigou seus servos e seu filho Jônatas a matarem Davi. Mas
Jônatas, por causa de seu grande afeto por Davi, 2 contou-lhe os
planos de Saul. "Meu pai busca uma oportunidade para matá-lo",
disse ele. "Amanhã cedo você precisa encontrar um lugar para se
esconder. 3 Pedirei a meu pai que saia comigo até o campo e fala-
rei com ele a seu respeito. Então lhe contarei tudo que conseguir
descobrir." 4 Na manhã seguinte, Jônatas falou com seu pai sobre
Davi e disse muitas coisas boas a respeito dele. "O rei não deve
pecar contra seu servo Davi", disse Jônatas. "Ele nunca fez nada para
prejudicá-lo. Sempre o ajudou como pôde. 5 O senhor se esqueceu
da ocasião em que ele arriscou a vida para matar o guerreiro filis-
teu e, assim, o SENHOR deu grande vitória a Israel? Certamente o
senhor se alegrou naquela ocasião. Então por que pecar matando
um homem inocente como Davi? Não há motivo algum para isso!"
6 Saul atendeu Jônatas e jurou: "Tão certo como o SENHOR vive, Davi
não será morto". 7 Depois Jônatas chamou Davi e contou-lhe o que

NO QUE ESTOU **PENSANDO** ○ | O QUE ESTOU **SENTINDO** ○ | DO QUE ESTOU **LEMBRANDO** ○

DESENHE OU ESCREVA

havia acontecido. Em seguida, levou Davi até Saul, e Davi voltou a
servi-lo, como antes. 8 Houve guerra novamente, e Davi conduziu as
tropas contra os filisteus. Ele os atacou e os derrotou com tamanha
fúria que eles bateram em retirada. 9 Um dia, porém, quando Saul
estava sentado em casa, com uma lança na mão, outra vez o espírito
maligno enviado pelo SENHOR se apoderou dele. Enquanto Davi
tocava sua harpa, 10 Saul atirou a lança em sua direção, mas Davi
se desviou e a lança encravou na parede. Naquela mesma noite,
Davi fugiu e conseguiu escapar.

Mical salva a vida de Davi

11 Saul enviou soldados para vigiar a casa de Davi e matá-lo quan-
do ele saísse na manhã seguinte. Mical, porém, esposa de Davi, o
alertou: "Se você não fugir esta noite, pela manhã estará morto!".
12 Então ela o ajudou a descer por uma janela, e ele correu e es-
capou. 13 Em seguida, Mical pegou um ídolo do lar, colocou-o na
cama, cobriu-o com um cobertor e pôs uma almofada de pelos de
cabra na cabeceira. 14 Quando os oficiais de Saul vieram prender
Davi, Mical lhes disse que ele estava doente e não podia sair da
cama. 15 Saul, porém, enviou os oficiais de volta para prenderem
Davi. "Tragam-no aqui com cama e tudo, para que eu o mate!",
ordenou. 16 Mas, quando chegaram para levar Davi, descobriram
que na cama havia apenas um ídolo do lar, com uma almofada de
pelos de cabra na cabeceira. 17 Saul perguntou a Mical: "Por que
você me traiu e deixou meu inimigo escapar?". "Fui obrigada a
deixá-lo fugir", respondeu Mical. "Ele ameaçou me matar se eu não
o ajudasse." 18 Assim, Davi escapou e foi a Ramá para encontrar-se
com Samuel e contou-lhe tudo que Saul havia feito. Então Davi
foi morar com Samuel em Naiote. 19 Quando Saul foi informado
de que Davi estava em Naiote, em Ramá, 20 enviou oficiais para
o prenderem. Chegando lá, viram Samuel à frente de um grupo
de profetas que profetizavam. Então o Espírito de Deus se apode-
rou dos oficiais de Saul, e eles também começaram a profetizar.
21 Quando Saul ouviu o que havia acontecido, enviou outros oficiais,
mas eles também profetizaram. A mesma coisa aconteceu com um
terceiro grupo. 22 Por fim, o próprio Saul foi à Ramá e chegou ao
grande poço no lugar chamado Seco. "Onde estão Samuel e Davi?",
perguntou ele. Alguém informou: "Estão em Naiote, em Ramá".

1Sm

23Mas, no caminho para Naiote, em Ramá, o Espírito de Deus veio
até mesmo sobre Saul, e ele também profetizou até chegar a Naiote.
24Saul rasgou suas roupas e, despido, deitou-se no chão o dia todo
e a noite toda, profetizando na presença de Samuel. Por isso surgiu
o ditado popular: "Acaso Saul também é profeta?".

CAPÍTULO 20

Jônatas ajuda Davi

1Davi fugiu de Naiote, em Ramá, e se encontrou com Jônatas. "O
que eu fiz?", disse Davi. "Qual é meu crime? Que pecado cometi
contra seu pai para que ele esteja tão decidido a me matar?" 2"Isso
não vai acontecer!", respondeu Jônatas. "Você não será morto. Ele
sempre me conta tudo que pretende fazer, até mesmo as coisas
de pouca importância. Sei que meu pai não esconderia de mim
algo dessa natureza. Não é assim!" 3Então Davi fez um juramento
diante de Jônatas: "Seu pai, sabendo muito bem de nossa amiza-
de, disse a si mesmo: 'Não contarei a Jônatas. Ele ficaria magoado'.
Mas, tão certo como vive o SENHOR e como você mesmo vive, eu
estou a apenas um passo da morte!". 4Jônatas perguntou: "O que
posso fazer para ajudá-lo?". 5Davi respondeu: "Amanhã celebrare-
mos a festa da lua nova. Sempre me sentei com o rei para comer
nessa ocasião, mas amanhã me esconderei no campo e ficarei
ali até o entardecer do terceiro dia. 6Se seu pai perguntar onde
estou, diga a ele: 'Davi insistiu que eu o deixasse ir para casa, em
Belém, participar do sacrifício que toda a família dele oferece a
cada ano'. 7Se ele disser: 'Está bem', então você saberá que não
corro perigo. Mas, se ele se enfurecer, você saberá que ele está
decidido a me fazer mal. 8Mostre-me sua lealdade como amigo,
pois assumimos um compromisso solene diante do SENHOR. Se,
por acaso, você acha que cometi alguma ofensa contra seu pai,
mate-me você mesmo, aqui e agora! Não é necessário me entregar
a seu pai". 9"Nunca!", exclamou Jônatas. "Você sabe que, se eu
tivesse qualquer suspeita de que meu pai planeja matá-lo, avisaria
você no mesmo instante." 10Então Davi perguntou: "Como saberei
se seu pai ficou irado?". 11Jônatas respondeu: "Venha ao campo
comigo", e os dois foram juntos para lá. 12Então Jônatas disse a
Davi: "Prometo diante do SENHOR, o Deus de Israel, que amanhã
ou, no máximo, depois de amanhã, a esta hora, conversarei com

NO QUE ESTOU **PENSANDO** ○ | O QUE ESTOU **SENTINDO** ○ | DO QUE ESTOU **LEMBRANDO** ○

DESENHE OU ESCREVA

meu pai e avisarei você logo em seguida do que ele pensa a seu
respeito. Se ele falar a seu respeito de modo favorável, informarei
você. 13Mas, se ele estiver irado e quiser matá-lo, que o SENHOR
me castigue severamente se eu não avisar você, para que possa
escapar em segurança. Que o SENHOR esteja com você como esteve
com meu pai. 14E que você me trate com o amor leal do SENHOR
enquanto eu viver. Mas, se eu morrer, 15trate minha família com
esse amor leal, mesmo quando o SENHOR eliminar da face da terra
todos os seus inimigos". 16Então Jônatas assumiu um compromis-
so solene com Davi e sua descendência e disse: "Que o SENHOR
destrua todos os inimigos de Davi!". 17E Jônatas fez Davi reafirmar
seu juramento de amizade, pois Jônatas o amava como a si mes-
mo. 18Então Jônatas disse: "Amanhã celebraremos a festa da lua
nova. Darão por sua falta quando virem que seu lugar à mesa está
vazio. 19Depois de amanhã, ao entardecer, vá ao lugar onde você
se escondeu antes e espere ali, junto à pedra de Ezel. 20Eu sairei
e atirarei três flechas para o lado da pedra, como se atirasse num
alvo. 21Então mandarei um ajudante trazer de volta as flechas. Se
você me ouvir dizer a ele: 'As flechas estão deste lado', saberá,
tão certo como vive o SENHOR, que tudo está bem e que não há
perigo algum. 22Mas, se eu disser a ele: 'Vá mais para frente; as
flechas estão adiante', significará que você deve partir de imediato,
pois o SENHOR o manda ir embora. 23E que o SENHOR nos ajude
a preservar para sempre o forte laço de amizade que existe entre
nós". 24Então Davi se escondeu no campo e, quando começou a
festa da lua nova, o rei sentou-se para comer. 25Ocupou seu lugar
de costume, encostado à parede, com Jônatas sentado diante dele
e Abner ao seu lado. O lugar de Davi, porém, ficou vazio. 26Saul
não disse nada sobre isso naquele dia, pois pensou: "Deve ter
acontecido algo que deixou Davi cerimonialmente impuro". 27Mas,
quando o lugar de Davi também ficou vazio no dia seguinte, Saul
perguntou a Jônatas: "Por que o filho de Jessé não veio para a
refeição nem ontem nem hoje?". 28Jônatas respondeu: "Davi me
pediu, com insistência, para ir a Belém. 29Disse: 'Por favor, deixe-
-me ir, pois nossa família oferecerá um sacrifício na cidade. Meu
irmão exigiu que eu estivesse presente. Portanto, peço que me
deixe ir ver meus irmãos'. Por isso ele não está aqui, à mesa do
rei". 30Saul se enfureceu com Jônatas e disse: "Seu traidor, filho

de uma prostituta! Pensa que não sei que você quer que ele seja
rei, para sua própria vergonha e de sua mãe? 31Enquanto esse
filho de Jessé viver, você jamais será rei. Agora vá buscá-lo para
que eu o mate!". 32"Por que ele deve morrer?", perguntou Jônatas
a seu pai. "O que ele fez?" 33Então Saul atirou sua lança contra
Jônatas, com a intenção de matá-lo. Assim, Jônatas viu que seu
pai estava mesmo decidido a matar Davi. 34Enfurecido, Jônatas
levantou-se da mesa e, durante o segundo dia da festa, recusou-se
a comer, frustrado pelo modo como seu pai havia desonrado Davi
publicamente. 35Na manhã seguinte, como combinado, Jônatas
foi ao campo e levou consigo um ajudante para apanhar as flechas.
36Disse ao ajudante: "Comece a correr, para que possa encontrar
as flechas quando eu as atirar". O ajudante correu, e Jônatas atirou
uma flecha para além dele. 37Quando o ajudante estava quase
chegando ao lugar onde a flecha havia caído, Jônatas gritou: "A
flecha está mais à frente! 38Rápido! Não fique aí parado!". Então
o ajudante apanhou a flecha e correu de volta para seu senhor.
39O ajudante não suspeitava de nada; apenas Jônatas e Davi en-
tenderam o sinal. 40Então Jônatas entregou o arco e as flechas ao
ajudante e ordenou que os levasse de volta à cidade. 41Assim que
o ajudante foi embora, Davi saiu de seu esconderijo no lado sul
da pedra de Ezel. Davi se curvou diante de Jônatas três vezes, com
o rosto em terra. E, quando se beijaram e se despediram, ambos
choravam, especialmente Davi. 42Por fim, Jônatas disse a Davi: "Vá
em paz, pois juramos lealdade um ao outro em nome do SENHOR.
Que o SENHOR nos ajude a preservar para sempre o forte laço de
amizade entre nós e entre nossos descendentes". Então Davi partiu,
e Jônatas voltou à cidade.

CAPÍTULO 21

Davi foge de Saul

1Davi foi à cidade de Nobe para encontrar-se com o sacerdote
Aimeleque. Ao vê-lo, Aimeleque tremeu. "Por que você está sozi-
nho?", perguntou. "Por que ninguém o acompanhou?" 2"O rei me
enviou para tratar de um assunto secreto", respondeu Davi. "Pediu
que eu não contasse a ninguém por que estou aqui. Eu disse a
meus homens onde podem me encontrar depois. 3Agora, o que
tem para comer? Dê-me cinco pães, ou qualquer outra coisa que

1Sm 20.42

tiver." 4"Não temos pão comum", respondeu o sacerdote. "Mas há o
pão sagrado, que vocês podem comer, desde que seus homens não
tenham se deitado com mulheres recentemente." 5Davi respondeu:
"Nunca permito que meus homens toquem em mulheres quando
saímos numa campanha. E, se eles permanecem puros em viagens
comuns, quanto mais nesta missão!". 6Uma vez que não havia outro
alimento disponível, o sacerdote lhe deu os pães sagrados, chama-
dos de pães da presença, que eram colocados diante do SENHOR no
santuário. Naquele dia, tinham sido substituídos por pães frescos.
7Doegue, o edomita, chefe dos pastores de Saul, estava lá naquela
ocasião, pois estava cumprindo um ritual diante do SENHOR. 8Davi
perguntou a Aimeleque: "Você tem uma lança ou espada? O as-
sunto do rei era tão urgente que não tive tempo nem de pegar
uma espada ou outra arma!". 9O sacerdote respondeu: "Tenho
apenas a espada de Golias, o gigante filisteu que você matou no
vale de Elá. Está enrolada num pano atrás do colete sacerdotal.
Pode levá-la, pois não há nenhuma outra arma aqui". "Dê-me essa
espada", respondeu Davi. "Não há outra melhor que ela." 10Então
Davi fugiu de Saul e foi até Aquis, rei de Gate. 11Os oficiais de Aquis,
porém, disseram: "Não é este Davi, o rei da terra de Israel? Não
é a ele que o povo honra com danças e cânticos, dizendo: 'Saul
matou milhares, e Davi, dezenas de milhares'?". 12Davi ouviu esses
comentários e teve muito medo do que Aquis, rei de Gate, poderia
fazer com ele. 13Por isso, agiu de modo estranho, fingindo estar
louco, arranhando as portas e deixando saliva escorrer pela barba.
14Por fim, Aquis disse a seus homens: "Precisavam me trazer um
doido? 15Temos doidos suficientes aqui! Por que trouxeram alguém
assim ao meu palácio?".

CAPÍTULO 22

Davi na caverna de Adulão

1Davi fugiu de Gate e se escondeu na caverna de Adulão. Quando
souberam disso, seus irmãos e parentes foram encontrá-lo ali.
2Logo, outros começaram a chegar, pessoas aflitas, endividadas e
descontentes. Davi acabou se tornando o líder de cerca de quatro-
centos homens. 3Mais tarde, Davi foi a Mispá, em Moabe, e pediu
ao rei: "Por favor, permita que meu pai e minha mãe morem aqui
até que eu saiba o que Deus fará comigo". 4Assim, os pais de Davi

permaneceram com o rei de Moabe por todo o tempo que Davi
ficou na fortaleza. 5Certo dia, o profeta Gade disse a Davi: "Deixe a
fortaleza e volte à terra de Judá". Então Davi foi para o bosque de
Herete. 6Saul logo soube da chegada de Davi e dos homens que
o acompanhavam. Nessa ocasião, o rei estava sentado com a lança
na mão, cercado por seus oficiais, sob uma tamargueira na colina
em Gibeá. 7Quando ouviu a notícia, Saul gritou a seus oficiais:
"Escutem, homens de Benjamim! Por acaso aquele filho de Jessé
prometeu campos e videiras a todos vocês? Prometeu torná-los
generais e capitães de seu exército? 8Foi por isso que conspiraram
contra mim? Pois nenhum de vocês me informou quando meu filho
assumiu um compromisso solene com o filho de Jessé. Não tiveram
pena de mim. Sim, meu próprio filho, instigando Davi a me matar,
como ele procura fazer hoje mesmo!". 9Então Doegue, o edomita,
que estava ali com os oficiais de Saul, disse: "Quando estava em
Nobe, vi o filho de Jessé falar com o sacerdote Aimeleque, filho de
Aitube. 10Aimeleque consultou o SENHOR em favor dele. Depois,
deu-lhe alimento e a espada de Golias, o filisteu".

O massacre dos sacerdotes

11Então o rei Saul mandou chamar Aimeleque e toda a sua família,
que serviam como sacerdotes em Nobe, e todos vieram até o rei.
12Quando chegaram, Saul gritou: "Escute, filho de Aitube!". "Sim,
meu senhor", respondeu Aimeleque. 13"Por que você e o filho de
Jessé conspiraram contra mim?", perguntou Saul. "Por que você
lhe deu alimento e uma espada? Por que consultou Deus em favor
dele? Por que o instigou a me matar, como ele procura fazer hoje
mesmo?" 14Aimeleque respondeu: "Ó rei, não existe entre todos os
seus servos alguém tão fiel quanto Davi, seu genro. Ele é capitão de
sua guarda pessoal e membro muito honrado de sua casa. 15Com
certeza essa não foi a primeira vez que consultei a Deus em favor
dele. Que o rei não me acuse nesta questão, nem à minha família,
pois eu não sabia de conspiração alguma contra o senhor!". 16O
rei, porém, disse: "Certamente você será morto, junto com toda a
família de seu pai!". 17Então ordenou à sua guarda pessoal: "Matem
estes sacerdotes do SENHOR, pois eles são aliados de Davi e conspi-
raram com ele! Sabiam que ele estava fugindo de mim, mas não
me avisaram!". Contudo, os homens de Saul se recusaram a matar

NO QUE ESTOU **PENSANDO** ○ | O QUE ESTOU **SENTINDO** ○ | DO QUE ESTOU **LEMBRANDO** ○

DESENHE OU ESCREVA

os sacerdotes do SENHOR. 18Então o rei disse a Doegue: "Mate-os
você". E, naquele dia, Doegue, o edomita, os atacou e, ao todo,
matou 85 sacerdotes, ainda vestidos com suas túnicas sacerdotais
de linho. 19Depois foi a Nobe, a cidade dos sacerdotes, e matou as
famílias deles: homens, mulheres, crianças e recém-nascidos, além
de todo o gado, jumentos e ovelhas. 20Somente Abiatar, um dos
filhos de Aimeleque, filho de Aitube, escapou e fugiu para juntar-se
a Davi. 21Quando contou a Davi que Saul havia matado os sacer-
dotes do SENHOR, 22Davi exclamou: "Eu sabia! Quando vi Doegue,
o edomita, naquele dia, sabia que ele contaria a Saul. Agora sou
responsável pela morte de toda a família de seu pai. 23Fique aqui
comigo, e não tenha medo. Eu o protegerei, pois a mesma pessoa
quer matar nós dois. Comigo você estará seguro".

CAPÍTULO 23

Davi protege a cidade de Queila

1Um dia, Davi recebeu a notícia de que os filisteus estavam ata-
cando a cidade de Queila e roubando cereais das eiras. 2Davi per-
guntou ao SENHOR: "Devo ir e atacá-los?". E o SENHOR lhe respon-
deu: "Sim, vá, lute contra os filisteus e liberte Queila". 3Contudo,
os homens de Davi disseram: "Estamos com medo mesmo aqui,
em Judá. Imagine como seria em Queila para lutar contra os
exércitos filisteus!". 4Davi consultou o SENHOR novamente e, mais
uma vez, o SENHOR respondeu: "Vá a Queila, pois eu entregarei
os filisteus em suas mãos". 5Então Davi e seus homens foram a
Queila. Massacraram os filisteus, tomaram todos os seus rebanhos
e libertaram o povo daquela cidade. 6Quando Abiatar, filho de
Aimeleque, fugiu para juntar-se a Davi em Queila, trouxe consigo
o colete sacerdotal. 7Saul soube que Davi estava em Queila. "Agora
ele não tem como escapar de nós!", exclamou. "Deus o entregou
em minhas mãos, pois ele se enfiou numa cidade com portões e
trancas!" 8Saul reuniu todo o seu exército para marchar até Queila e
cercar Davi e seus homens. 9Contudo, Davi soube do plano de Saul
e pediu a Abiatar, o sacerdote: "Traga o colete sacerdotal!". 10Então
Davi orou: "Ó SENHOR, Deus de Israel, ouvi que Saul planeja vir e
destruir Queila porque estou aqui. 11Será que os líderes de Queila
vão me trair e me entregar a ele? E Saul virá, de fato, conforme ouvi?
Ó SENHOR, Deus de Israel, por favor, responde-me!". E o SENHOR

respondeu: "Ele virá". 12Mais uma vez, Davi perguntou: "Os líderes
de Queila entregarão a mim e a meus homens a Saul?". E o SENHOR
respondeu: "Sim, entregarão".

Davi se esconde no deserto

13Então Davi e seus homens, que agora eram cerca de seiscentos,
partiram de Queila e começaram a andar sem rumo por aquela
região. Quando Saul foi informado de que Davi tinha escapado,
desistiu de ir a Queila. 14Davi permaneceu nas fortalezas do deserto
e na região montanhosa de Zife. Saul o perseguia continuamente,
mas Deus não permitiu que o encontrasse. 15Então, perto de Horesa,
Davi recebeu a notícia de que Saul estava a caminho do deserto
de Zife para procurá-lo e matá-lo. 16Jônatas, o filho de Saul, foi
encontrar Davi e o animou a permanecer firme em Deus. 17"Não
tenha medo!", disse Jônatas. "Meu pai jamais o encontrará! Você
será o rei de Israel, e eu serei o segundo no comando, como meu
pai, Saul, sabe muito bem." 18Então os dois renovaram seu compro-
misso solene diante do SENHOR. Depois Jônatas voltou para casa,
enquanto Davi ficou em Horesa. 19Os habitantes de Zife, porém,
foram até Saul em Gibeá e disseram: "Sabemos onde Davi está
escondido. Está nas fortalezas de Horesa, na colina de Haquilá, no
sul de Jesimom. 20Desça quando estiver preparado, ó rei, e nós
apanharemos Davi e o entregaremos em suas mãos!". 21"Que o
SENHOR os abençoe!", disse Saul. "Finalmente alguém se preocupou
comigo. 22Vão e verifiquem onde ele está e quem o viu ali, pois
dizem que ele é muito astuto. 23Descubram o esconderijo dele e
voltem quando tiverem certeza. Então irei com vocês. E, se ele esti-
ver naquela região, eu o encontrarei, mesmo que precise procurar
por todo canto de Judá!" 24Os homens de Zife voltaram para casa
à frente de Saul. Enquanto isso, Davi e seus homens foram para o
deserto de Maom, no vale de Arabá, ao sul de Jesimom. 25Quando
Davi soube que Saul e seus homens o procuravam, foi ainda mais
para o interior do deserto, até a grande rocha, e permaneceu no
deserto de Maom. Saul, porém, continuou a persegui-lo naquela
região. 26Saul e Davi agora estavam em lados opostos de uma mon-
tanha, e Davi fugia apressadamente de Saul. No mesmo instante
que Saul e seus homens cercaram Davi e seus homens para pren-
dê-los, 27chegou uma mensagem urgente para o rei, informando

NO QUE ESTOU **PENSANDO** ○ | O QUE ESTOU **SENTINDO** ○ | DO QUE ESTOU **LEMBRANDO** ○

DESENHE OU ESCREVA

que os filisteus estavam atacando Israel outra vez. 28Então Saul
deixou de perseguir Davi e voltou para lutar contra os filisteus. A
partir dessa ocasião, o lugar onde Davi estava acampado passou
a ser chamado de Selá-Hamalecote. 29Depois, Davi saiu dali e foi
viver nas fortalezas da região de En-Gedi.

CAPÍTULO 24

Davi poupa a vida de Saul

1Depois que Saul voltou da luta contra os filisteus, foi informado de
que Davi tinha ido para o deserto de En-Gedi. 2Então Saul escolheu
três mil dos melhores soldados de todo o Israel e foi à procura de
Davi e seus homens perto das rochas onde viviam cabras selvagens.
3No lugar onde a estrada passava por alguns currais, Saul entrou
numa caverna para fazer suas necessidades. Aconteceu, porém,
que Davi e seus homens estavam escondidos no fundo daquela
mesma caverna. 4"É sua oportunidade!", disseram os homens de
Davi para ele. "Hoje o SENHOR lhe diz: 'Certamente entregarei o
inimigo em suas mãos, para que faça com ele o que quiser'." Então,
com todo cuidado, Davi se aproximou e cortou um pedaço da borda
do manto de Saul. 5Sua consciência, porém, começou a perturbá-lo
por ter cortado a borda do manto de Saul. 6Por isso, disse a seus
homens: "Que o SENHOR me livre de fazer tal coisa a meu senhor,
o ungido do SENHOR, e atacar aquele que o SENHOR ungiu como
rei". 7Assim, Davi conteve seus homens e não deixou que matassem
Saul. Depois que Saul deixou a caverna para seguir seu caminho,
8Davi saiu e gritou para ele: "Ó meu senhor, o rei!". E, quando Saul
olhou para trás, Davi se curvou com o rosto em terra. 9Então ele
gritou para Saul: "Por que o senhor dá ouvidos àqueles que dizem
que eu procuro lhe fazer mal? 10Hoje mesmo o rei pode ver com os
próprios olhos que isso não é verdade. O SENHOR o entregou em
minhas mãos na caverna. Alguns de meus homens me disseram
que o matasse, mas eu o poupei, pois disse: 'Jamais farei mal ao
rei, pois ele é o ungido do SENHOR'. 11Veja, meu pai, o que tenho
em minha mão. É um pedaço da borda do seu manto! Cortei seu
manto, mas não matei o rei. Isso prova que não procuro lhe fazer
mal e que não me rebelei nem pequei contra o rei, embora esteja
me perseguindo para me matar. 12"Que o SENHOR julgue entre
nós dois. Talvez o SENHOR castigue o rei por aquilo que procura

fazer contra mim, mas eu jamais lhe farei mal. 13 Como diz o antigo
provérbio: 'De pessoas perversas vêm atos perversos', por isso o rei
pode estar certo de que eu jamais lhe farei mal. 14 Afinal de contas,
a quem o rei de Israel procura capturar? A quem persegue? A um
cão morto? A uma pulga? 15 Que o SENHOR julgue entre nós dois e
mostre quem está certo! Que ele seja meu defensor e me livre de
suas mãos!". 16 Quando Davi terminou de falar, Saul respondeu: "É
você mesmo, meu filho Davi?". Então começou a chorar 17 e disse a
Davi: "Você é mais justo que eu, pois me pagou o mal com o bem.
18 Sim, você foi extremamente bondoso comigo, pois o SENHOR me
entregou em suas mãos, mas você não me matou. 19 Quem mais
deixaria seu inimigo escapar quando o tinha em suas mãos? Que
o SENHOR o recompense com o bem pela bondade que mostrou
por mim hoje. 20 Agora vejo que certamente você será rei, e que o
reino de Israel prosperará sob seu governo. 21 Jure-me pelo SENHOR
que, quando isso acontecer, você não eliminará minha família nem
destruirá meus descendentes!". 22 Então Davi fez a Saul esse jura-
mento. Saul voltou para casa, mas Davi e seus homens foram para
sua fortaleza.

CAPÍTULO 25

A morte de Samuel

1 Samuel morreu, e todo o Israel se reuniu para lamentar sua morte.
Foi sepultado em Ramá, onde tinha vivido.

Davi se enfurece contra Nabal

Então Davi desceu para o deserto de Maom. 2 Havia um homem
rico em Maom, que tinha propriedades perto da região do
Carmelo. Possuía três mil ovelhas e mil cabras, e era época da
tosquia das ovelhas. 3 O homem se chamava Nabal; sua esposa,
Abigail, era uma mulher inteligente e bonita. Mas Nabal, des-
cendente de Calebe, era um homem rude e perverso em tudo
que fazia. 4 Quando Davi soube que Nabal estava tosquiando as
ovelhas, 5 chamou dez rapazes e lhes disse: "Subam ao Carmelo
e vão a Nabal; enviem saudações em meu nome. 6 E digam a ele:
'Paz e prosperidade ao senhor e à sua família, e a tudo que é seu.
7 Disseram-me que é época da tosquia. Enquanto seus pastores
estiveram entre nós perto do Carmelo, nunca lhes fizemos mal,

e nada foi roubado deles. 8 Pergunte a seus homens, e eles lhe
dirão que isso é verdade. Diante disso, pedimos que o senhor
seja bondoso conosco, pois chegamos numa época de celebração.
Por favor, reparta conosco e com seu amigo Davi o que puder dos
seus mantimentos'". 9 Os rapazes transmitiram essa mensagem
a Nabal em nome de Davi e esperaram pela resposta. 10 "Quem
é esse tal de Davi?", perguntou-lhes Nabal. "Quem esse filho de
Jessé pensa que é? Hoje em dia, há muitos servos que fogem
de seus senhores. 11 Devo pegar meu pão, minha água e a carne
dos animais que abati para meus tosquiadores e entregar a um
bando que vem não se sabe de onde?" 12 Então os rapazes envia-
dos por Davi voltaram e lhe contaram tudo que Nabal tinha dito.
13 "Peguem suas espadas!", disse Davi, e pôs sua espada à cintura, e
seus homens fizeram a mesma coisa. Quatrocentos deles partiram
com Davi, enquanto duzentos ficaram para guardar a bagagem.
14 Enquanto isso, um dos servos de Nabal foi até Abigail e lhe
disse: "Davi enviou mensageiros do deserto para saudar nosso
senhor, mas ele lhes respondeu com insultos. 15 Os homens de
Davi foram muito bons conosco e nunca nos fizeram mal. Nada
foi roubado de nós durante o tempo em que estiveram conosco
no campo. 16 Na verdade, dia e noite eles foram como um muro
de proteção para nós e para as ovelhas. 17 É bom que a senhora
leve esses fatos em consideração e resolva o que fazer, pois haverá
problemas para nosso senhor e para toda a sua família. Nabal é
um homem tão cruel que ninguém consegue conversar com ele!".
18 Sem perder tempo, Abigail providenciou duzentos pães, duas
vasilhas de couro cheias de vinho, cinco ovelhas preparadas, cinco
cestos de grãos tostados, cem bolos de passas e duzentos bolos
de figo. Colocou tudo em jumentos 19 e disse aos servos: "Vão
adiante, e logo os seguirei". Mas não contou a seu marido, Nabal,
o que estava fazendo. 20 Quando Abigail entrava num desfiladeiro
montada em seu jumento, avistou Davi e seus homens vindo em
sua direção. 21 Davi tinha acabado de dizer: "De nada adiantou
ajudarmos esse sujeito. Protegemos seus rebanhos no deserto,
e nenhum de seus bens se perdeu ou foi roubado. Mas ele me
pagou o bem com o mal. 22 Que Deus me castigue severamente
se eu deixar um homem ou menino vivo na casa de Nabal até
amanhã de manhã!".

Abigail intercede por Nabal

23Quando Abigail viu Davi, desceu depressa do jumento e se
curvou diante de Davi com o rosto em terra. 24Caiu a seus pés e
disse: "A culpa é toda minha, meu senhor! Por favor, ouça o que
sua serva tem a dizer. 25Nabal é um homem perverso; não dê
atenção ao que ele disse. Ele é um insensato, como seu nome
indica. Mas eu nem sequer vi os rapazes que o senhor enviou.
26"Agora, meu senhor, tenha certeza de que, tão certo como vive
o Senhor, e tão certo como a sua própria vida, foi o Senhor que o
impediu de matar e se vingar com as próprias mãos! Que todos
os seus inimigos e os que procuram matá-lo acabem como Nabal!
27Aqui está um presente que sua serva trouxe para o senhor e
seus companheiros. 28Por favor, perdoe-me se o ofendi de algum
modo. Que o Senhor lhe conceda uma dinastia duradoura, pois
está lutando as batalhas do Senhor. Que ele o livre de fazer o
mal durante toda a sua vida! 29"Mesmo quando for perseguido
por aqueles que procuram matá-lo, sua vida estará segura sob o
cuidado do Senhor, seu Deus, protegida como um tesouro. Mas a
vida de seus inimigos desaparecerá como pedras atiradas de uma
funda! 30Quando o Senhor tiver feito tudo que prometeu e o tiver
colocado como líder de Israel, 31não haverá em sua consciência
a tristeza e o peso de ter derramado sangue e se vingado sem
necessidade. E, quando o Senhor tiver feito grandes coisas em
seu favor, lembre-se de sua serva!". 32Davi respondeu a Abigail:
"Louvado seja o Senhor, Deus de Israel, que hoje a enviou ao meu
encontro! 33Graças a Deus por seu bom senso! Que você seja aben-
çoada por me impedir de matar e me vingar com minhas próprias
mãos. 34Pois, tão certo como vive o Senhor, o Deus de Israel, que
me impediu de lhe fazer mal, se você não tivesse vindo depressa ao
meu encontro, amanhã pela manhã não haveria nenhum homem
ou menino vivo na casa de Nabal". 35Então Davi aceitou o presente
de Abigail e lhe disse: "Volte para casa em paz. Ouvi o que você
disse e farei o que me pediu". 36Quando Abigail chegou em casa,
viu que Nabal estava oferecendo um banquete digno de rei. Ele se
divertia e já estava muito bêbado, de modo que ela só lhe contou
sobre o encontro com Davi na manhã seguinte. 37Pela manhã,
quando Nabal estava sóbrio, sua esposa lhe contou o que havia
acontecido. Como consequência, ele teve um mal súbito e ficou

NO QUE ESTOU **PENSANDO** ○ | O QUE ESTOU **SENTINDO** ○ | DO QUE ESTOU **LEMBRANDO** ○

DESENHE OU ESCREVA

completamente paralisado. 38Passados cerca de dez dias, o Senhor
o feriu, e ele morreu.

Davi se casa com Abigail

39Quando Davi soube que Nabal estava morto, disse: "Louvado
seja o Senhor, que vingou o insulto que recebi de Nabal e me
impediu de fazer o mal. O Senhor retribuiu a Nabal o castigo por
seu pecado". Então Davi enviou mensageiros a Abigail para pedir
que se tornasse sua esposa. 40Quando os mensageiros chegaram
ao Carmelo, disseram a Abigail: "Davi mandou buscá-la para que
se case com ele". 41Ela se curvou com o rosto em terra e respondeu:
"Eu, sua serva, ficarei contente em me casar com Davi e, como uma
serva, lavar os pés de seus servos!". 42Sem demora, Abigail montou
num jumento e, levando consigo cinco moças que a serviam, vol-
tou com os mensageiros de Davi. E assim se tornou esposa dele.
43Davi também se casou com Ainoã, de Jezreel, e ambas foram
suas esposas. 44Nesse meio-tempo, Saul tinha dado sua filha Mical,
esposa de Davi, a um homem de Galim chamado Palti, filho de Laís.

CAPÍTULO 26

Davi poupa a vida de Saul novamente

1Alguns homens de Zife foram até Saul, em Gibeá, para lhe dizer:
"Davi está escondido na colina de Haquilá, em frente ao deserto
de Jesimom". 2Então Saul escolheu três mil dos melhores soldados
de Israel e saiu para perseguir Davi no deserto de Zife. 3Acampou
à beira da estrada, ao lado da colina de Haquilá, junto ao deserto
de Jesimom, onde Davi estava escondido. Quando Davi soube
que Saul tinha vindo atrás dele no deserto, 4enviou espiões para
confirmar a notícia de que Saul havia chegado. 5Então Davi foi ao
acampamento de Saul para ver o que se passava por lá. Saul e
Abner, filho de Ner, comandante do seu exército, dormiam dentro
de um círculo formado por seus guerreiros. 6"Quem se oferece para
ir até lá comigo?", perguntou Davi ao hitita Aimeleque e a Abisai,
filho de Zeruia, irmão de Joabe. "Eu irei com o senhor", respondeu
Abisai. 7Então Davi e Abisai entraram no acampamento de Saul à
noite e o encontraram dormindo, com a lança fincada no chão, perto
da cabeça. Abner e os soldados dormiam à sua volta. 8Abisai disse
a Davi: "Certamente desta vez Deus entregou o inimigo em suas

1Sm

mãos! Agora, deixe-me cravá-lo na terra com um só golpe da lança. Não precisarei de outro!". 9"Não o mate!", disse Davi. "Ninguém será considerado inocente se atacar o ungido do SENHOR! 10Por certo o SENHOR ferirá Saul algum dia, ou ele morrerá de velhice, ou na batalha. 11Que o SENHOR me livre de matar o homem que ele ungiu! Mas vamos pegar a lança e o jarro de água que estão perto de sua cabeça, e depois vamos embora." 12Davi pegou a lança e o jarro de água que estavam perto da cabeça de Saul. Depois, ele e Abisai saíram sem que ninguém os visse nem acordasse, pois o SENHOR os tinha feito cair num sono profundo. 13Davi subiu a colina e passou para o outro lado, até estar a uma distância segura. 14Então gritou para os soldados e para Abner, filho de Ner: "Acorde, Abner!". Abner perguntou de volta: "Quem é você? E como ousa acordar o rei aos gritos?". 15"Você é um grande homem, não é mesmo, Abner?", disse Davi. "Quem, em todo o Israel, pode se comparar a você? Por que então não protegeu seu senhor, o rei, quando alguém chegou tão perto dele que poderia matá-lo? 16Isso não é nada bom! Tão certo como o SENHOR vive, você e seus homens merecem morrer, pois não protegeram seu rei, o ungido do SENHOR. Olhe em volta! Onde estão a lança e o jarro de água do rei, que estavam perto da cabeça dele?" 17Saul reconheceu a voz de Davi e disse: "É você, meu filho Davi?". Davi respondeu: "Sim, meu senhor, o rei. 18Por que meu senhor persegue seu servo? O que eu fiz? Qual é meu crime? 19Agora, porém, peço que o rei ouça seu servo. Se o SENHOR incitou o rei contra mim, então que ele aceite minha oferta. Mas, se isso tudo não passa de um plano de homens, que o SENHOR os amaldiçoe! Pois eles me expulsaram de meu lar, de modo que não posso mais viver entre o povo do SENHOR, e disseram: 'Vá servir outros deuses!'. 20Devo morrer em terra estrangeira, longe da presença do SENHOR? Por que o rei de Israel sai à procura de uma pulga? Por que me persegue como uma perdiz nos montes?". 21Então Saul disse: "Pequei. Volte para casa, Davi, meu filho, e não procurarei mais lhe fazer mal, pois hoje você considerou minha vida preciosa. Tenho sido insensato e cometi erros muito graves". 22"Aqui está sua lança, ó rei!", respondeu Davi. "Mande um dos seus servos vir pegá-la. 23O SENHOR recompensa quem age com justiça e lealdade, e eu me recusei a matar o rei, mesmo quando o SENHOR o entregou em minhas mãos, pois é o ungido do SENHOR. 24Agora, que o SENHOR

NO QUE ESTOU **PENSANDO** ○ | O QUE ESTOU **SENTINDO** ○ | DO QUE ESTOU **LEMBRANDO** ○

DESENHE OU ESCREVA

considere minha vida preciosa, como hoje considerei preciosa a vida do rei. Que ele me livre de todos os meus sofrimentos." 25E Saul disse a Davi: "Seja abençoado, Davi, meu filho. Você realizará muitos feitos heroicos e certamente será bem-sucedido". Então Davi foi embora, e Saul voltou para casa.

CAPÍTULO 27

Davi entre os filisteus

1Davi, porém, pensou: "Um dia, Saul me apanhará. O melhor que tenho a fazer é fugir para a terra dos filisteus. Então Saul deixará de me perseguir em todo o território de Israel e, por fim, estarei seguro". 2Assim, Davi levou os seiscentos homens e foi até Aquis, filho de Maoque, rei de Gate. 3Davi, seus soldados e suas famílias se estabeleceram ali com Aquis, em Gate. Davi levou suas duas esposas, Ainoã, de Jezreel, e Abigail, viúva de Nabal, do Carmelo. 4Quando Saul soube que Davi tinha fugido para Gate, deixou de persegui-lo. 5Certo dia, Davi disse a Aquis: "Se parecer bem ao meu senhor, preferimos viver em uma das cidades no campo. Seu servo não precisa morar na cidade real". 6Então Aquis lhe deu a cidade de Ziclague, que pertence aos reis de Judá até hoje, 7e Davi viveu um ano e quatro meses entre os filisteus. 8Partindo de Ziclague, Davi e seus homens atacavam os gesuritas, os gersitas e os amalequitas, povos que desde tempos muito antigos viviam perto de Sur, até a terra do Egito. 9Davi não deixava nenhum sobrevivente, homem ou mulher, nos povoados que atacava. Antes de comparecer à presença do rei Aquis, tomava ovelhas, gado, jumentos, camelos e roupas. 10"Que lugar você atacou hoje?", perguntava Aquis. E Davi respondia: "O sul de Judá, a região dos jerameelitas e dos queneus". 11Davi não deixava nenhum sobrevivente, homem ou mulher, para ir a Gate e contar onde ele havia estado de fato. Isso acontecia repetidamente, enquanto ele vivia entre os filisteus. 12Aquis acreditava em Davi e pensava: "A esta altura, o povo de Israel deve odiá-lo muito. Agora ele ficará aqui e me servirá para sempre!".

CAPÍTULO 28

Saul consulta uma médium

1Naqueles dias, os filisteus reuniram suas tropas para outra guerra contra Israel. O rei Aquis disse a Davi: "Saiba que você e seus

homens sairão à batalha comigo". 2"Está bem", disse Davi. "Agora
o senhor verá por si mesmo o que somos capazes de fazer." Então
Aquis disse a Davi: "Colocarei você como meu guarda pessoal en-
quanto eu viver". 3Nesse tempo, Samuel já havia morrido, e todo
o Israel tinha chorado sua morte. Estava sepultado em Ramá, sua
cidade natal. Saul havia expulsado da nação todos os médiuns e
todos os que consultam os espíritos dos mortos. 4Os filisteus acam-
param em Suném, e Saul reuniu todo o exército israelita e acampou
em Gilboa. 5Quando Saul viu o imenso exército dos filisteus, entrou
em pânico. 6Consultou o SENHOR a respeito do que deveria fazer,
mas o SENHOR não lhe respondeu, nem por sonhos, nem pelo Urim,
nem por profetas. 7Então Saul disse a seus conselheiros: "Procurem
uma mulher que seja médium, para que eu pergunte a ela o que
fazer". Seus conselheiros responderam: "Há uma médium em En-
Dor". 8Então Saul se disfarçou com roupas comuns e, acompanhado
de dois de seus homens, foi à noite à casa da mulher. "Preciso
falar com um homem que está morto", disse ele à mulher. "Você
pode invocar o espírito dele para mim?" 9"Quer que me matem?",
respondeu ela. "Você sabe que Saul expulsou todos os médiuns
e todos os que consultam os espíritos dos mortos. Por que pre-
para uma armadilha contra a minha vida?" 10Saul, porém, jurou
em nome do SENHOR e prometeu: "Tão certo como vive o SENHOR,
nenhum mal lhe acontecerá por isso". 11Por fim, a mulher disse:
"De quem é o espírito que devo invocar?". "De Samuel", respondeu
Saul. 12Quando a mulher viu Samuel, gritou: "Você me enganou!
Você é Saul!". 13"Não tenha medo", disse o rei. "O que você vê?"
"Vejo um deus subindo da terra", disse a mulher. 14"Qual é a apa-
rência dele?", perguntou Saul. "É um ancião envolto num manto",
respondeu ela. Saul entendeu que era Samuel e se curvou diante
dele com o rosto em terra. 15Então Samuel perguntou a Saul: "Por
que me perturba, chamando-me de volta?". "Porque estou muito
angustiado", respondeu Saul. "Os filisteus estão em guerra contra
mim! Deus me abandonou e não me responde por meio de pro-
fetas nem por sonhos. Por isso chamei o senhor, para que me diga
o que fazer." 16Samuel, porém, disse: "Por que me consultar, se o
SENHOR o abandonou e se tornou seu inimigo? 17O SENHOR fez
exatamente conforme tinha dito por meu intermédio. Rasgou de
suas mãos o reino e o entregou a outro, Davi. 18O SENHOR lhe fez isso

NO QUE ESTOU **PENSANDO** | O QUE ESTOU **SENTINDO** | DO QUE ESTOU **LEMBRANDO**

○ ○ ○

DESENHE OU ESCREVA

hoje porque você se recusou a executar a ira ardente dele contra os
amalequitas. 19Além disso, o SENHOR entregará você e o exército de
Israel nas mãos dos filisteus e, amanhã, você e seus filhos estarão
aqui comigo. O SENHOR entregará o exército de Israel nas mãos
dos filisteus". 20No mesmo instante, Saul caiu estendido no chão,
paralisado de terror com as palavras de Samuel. Estava fraco de
fome, pois não havia comido nada durante todo aquele dia e toda
aquela noite. 21Quando a mulher viu quanto ele estava perturbado,
disse: "Meu senhor, obedeci à sua ordem e arrisquei minha vida.
22Agora, faça o que digo e deixe que eu lhe dê alguma coisa para
comer, a fim de que recupere as forças para a viagem de volta".
23Mas Saul se recusou a comer. Seus servos também insistiram
para que ele se alimentasse, até que, por fim, ele concordou. Então
ele se levantou do chão e foi sentar-se na cama. 24A mulher estava
engordando um bezerro, de modo que saiu depressa e o matou.
Pegou um punhado de farinha, preparou a massa e assou um pão
sem fermento. 25Trouxe a refeição para Saul e seus conselheiros, e
eles comeram. Depois, saíram naquela mesma noite.

CAPÍTULO 29

Os filisteus rejeitam Davi

1As tropas dos filisteus estavam reunidas em Afeca, e os israelitas
acamparam junto à fonte de Jezreel. 2Enquanto os governantes
filisteus iam à frente de suas tropas de centenas e de milhares, Davi
e seus homens marchavam na retaguarda com o rei Aquis. 3Então
os comandantes filisteus perguntaram: "O que estes hebreus fazem
aqui?". Aquis respondeu: "Este é Davi, servo do rei Saul, de Israel.
Já faz tempo que está comigo e, desde o dia em que chegou até
hoje, não encontrei nele nenhuma falta". 4Mas os comandantes
filisteus se iraram. "Mande-o de volta para a cidade que o senhor
deu para ele!", exigiram. "Não pode ir à guerra conosco. E se ele
se voltar contra nós na batalha e se tornar nosso adversário? Existe
maneira melhor de ele se reconciliar com seu senhor do que entre-
gando-lhe nossa cabeça? 5Não é este o mesmo Davi a respeito de
quem as mulheres de Israel cantavam em suas danças: 'Saul matou
milhares, e Davi, dezenas de milhares'?" 6Então Aquis chamou Davi
e lhe disse: "Tão certo como vive o SENHOR, você foi um aliado fiel. A
meu ver, deveria acompanhar-me na batalha, pois, desde o dia em

1Sm

que chegou até hoje, nunca encontrei nenhuma falha em você. Mas
os outros governantes filisteus não o aprovam. 7 Por favor, não os
desagrade; volte para casa em paz". 8 "O que fiz para merecer esse
tratamento?", perguntou Davi. "O que o senhor viu de errado em
mim desde que comecei a servi-lo? Por que não posso lutar contra
os inimigos do meu senhor, o rei?" 9 Aquis, porém, insistiu: "Para
mim, você é tão leal quanto um anjo de Deus, mas os comandantes
filisteus não querem que você os acompanhe na batalha. 10 Agora,
levante-se bem cedo e vá embora com seus homens assim que o
dia clarear". 11 Então Davi e seus soldados voltaram bem cedo para
a terra dos filisteus, enquanto o exército filisteu prosseguiu para
Jezreel.

CAPÍTULO 30

Davi extermina os amalequitas

1 Três dias depois, quando Davi e seus homens chegaram à ci-
dade de Ziclague, viram que os amalequitas haviam invadido
o Neguebe e atacado Ziclague; tinham destruído e queimado a
cidade. 2 Não mataram ninguém, mas tomaram como prisioneiros
as mulheres, as crianças e os demais e foram embora. 3 Quando
Davi e seus homens viram a cidade queimada e se deram conta do
que havia acontecido com suas mulheres, seus filhos e suas filhas,
4 lamentaram e choraram em alta voz até não aguentar mais. 5 As
duas esposas de Davi, Ainoã, de Jezreel, e Abigail, viúva de Nabal,
do Carmelo, estavam entre os que foram capturados. 6 Davi ficou
muito aflito, pois os homens estavam amargurados por terem per-
dido seus filhos e suas filhas e começaram a falar em apedrejá-lo.
Mas Davi encontrou forças no SENHOR, seu Deus. 7 Então disse ao
sacerdote Abiatar: "Traga o colete sacerdotal!", e Abiatar, filho de
Aimeleque, o trouxe. 8 Davi perguntou ao SENHOR: "Devo perse-
guir esse bando de saqueadores? Conseguirei apanhá-los?". E o
SENHOR lhe respondeu: "Sim, vá atrás deles. Certamente conseguirá
recuperar tudo que foi tomado de vocês". 9 Davi e os seiscentos
homens partiram e chegaram ao ribeiro de Besor, onde ficaram
alguns deles. 10 Duzentos dos homens estavam exaustos demais
para atravessar o ribeiro, e Davi continuou a perseguição com qua-
trocentos homens. 11 No caminho, encontraram um rapaz egípcio
num campo e o levaram até Davi. Deram-lhe um pouco de pão para

NO QUE ESTOU **PENSANDO** ○ | O QUE ESTOU **SENTINDO** ○ | DO QUE ESTOU **LEMBRANDO** ○

DESENHE OU ESCREVA

comer e água para beber. 12 Também lhe deram um pedaço de bolo
de figo e dois bolos de passas, pois fazia três dias e três noites que
não comia nem bebia nada. Em pouco tempo, recuperou as forças.
13 Davi lhe perguntou: "A quem você pertence e de onde veio?". "Sou
egípcio, escravo de um amalequita", respondeu ele. "Meu senhor
me abandonou três dias atrás porque fiquei doente. 14 Estávamos
voltando de um ataque aos queretitas, no Neguebe, ao território de
Judá e à terra de Calebe, e tínhamos queimado Ziclague." 15 "Você
pode me levar até esse bando de saqueadores?", perguntou Davi. O
rapaz respondeu: "Se o senhor jurar por Deus que não me matará
nem me entregará ao meu senhor, eu o levarei até eles". 16 O rapaz
o levou até os amalequitas. Estavam espalhados pelos campos,
comendo, bebendo e festejando por causa da grande quantidade
de bens que haviam tomado da terra dos filisteus e da terra de
Judá. 17 Davi e seus homens massacraram os amalequitas, atacan-
do-os durante toda a noite e todo o dia seguinte, até o entardecer.
Nenhum deles escapou, exceto quatrocentos rapazes que fugiram
montados em camelos. 18 Davi recuperou tudo que os amalequitas
haviam tomado e resgatou suas duas esposas. 19 Não faltava coisa
alguma: nem pequena nem grande, nem filho nem filha, nem
qualquer outra coisa que havia sido tomada. Davi trouxe tudo de
volta. 20 Também recuperou todos os rebanhos, e seus companhei-
ros os levaram à frente dos outros animais. "Este despojo pertence
a Davi!", disseram. 21 Então Davi voltou ao ribeiro de Besor, onde
estavam os duzentos homens que tinham sido deixados para trás
porque estavam exaustos demais para acompanhá-los. Saíram ao
encontro de Davi e seus companheiros, e ele os cumprimentou com
alegria. 22 Contudo, entre os que tinham acompanhado Davi havia
alguns homens perversos que disseram: "Como eles não foram
conosco, não devem receber nada dos despojos que recuperamos.
Devolvam as esposas e os filhos deles e mandem todos embora".
23 Davi, porém, disse: "Não, meus irmãos! Não sejam egoístas com
aquilo que o SENHOR nos deu. Ele nos guardou e nos ajudou a
derrotar o bando de saqueadores que nos atacou. 24 Quem lhes
dará ouvidos quando falam desse modo? Dividiremos igualmente
entre os que foram à batalha e os que guardaram a bagagem". 25 A
partir daquele dia, Davi fez disso decreto e estatuto em Israel, e
assim é até hoje. 26 Quando Davi chegou a Ziclague, enviou parte

dos despojos aos líderes de Judá, que eram seus amigos. Disse:
"Eis um presente para vocês, tirado dos inimigos do SENHOR!". 27Os
presentes foram enviados ao povo das seguintes cidades: Betel,
Ramote do Neguebe, Jatir, 28Aroer, Sifmote, Estemoa, 29Racal,
as cidades dos jerameelitas e as cidades dos queneus, 30Hormá,
Borasã, Atace, 31Hebrom e todos os outros lugares por onde Davi e
seus homens haviam passado.

CAPÍTULO 31

A morte de Saul

1Enquanto isso, os filisteus atacaram Israel, e os israelitas fugiram
deles. Muitos foram mortos nas encostas do monte Gilboa. 2Os
filisteus cercaram Saul e seus filhos e mataram três deles: Jônatas,
Abinadabe e Malquisua. 3O combate se tornou cada vez mais in-
tenso em volta de Saul, e os arqueiros filisteus o alcançaram e o
feriram gravemente. 4Saul disse a seu escudeiro: "Pegue sua espa-
da e mate-me antes que esses filisteus incircuncisos venham, me
torturem e zombem de mim". Mas o escudeiro teve medo e não
quis matá-lo. Então Saul pegou sua própria espada e se lançou so-
bre ela. 5Quando viu que Saul estava morto, o escudeiro se lançou
sobre sua espada e morreu ao lado do rei. 6Foi assim que Saul e
seus três filhos, seu escudeiro e seus soldados morreram juntos
naquele mesmo dia. 7Quando os israelitas do outro lado do vale
de Jezreel e além do Jordão souberam que o exército israelita ha-
via fugido e que Saul e seus filhos estavam mortos, abandonaram
suas cidades e fugiram. Então os filisteus vieram e ocuparam essas
cidades. 8No dia seguinte, quando os filisteus foram saquear os
mortos, encontraram os corpos de Saul e seus três filhos no monte
Gilboa. 9Cortaram a cabeça de Saul e removeram sua armadura.
Então anunciaram o ocorrido no templo de seus ídolos e ao povo de
toda a terra da Filístia. 10Colocaram a armadura de Saul no templo
de Astarote e penduraram o corpo no muro da cidade de Bete-Sã.
11Quando os habitantes de Jabes-Gileade souberam o que os filis-
teus haviam feito a Saul, 12todos os seus guerreiros mais valentes
viajaram a noite toda para Bete-Sã e baixaram do muro os corpos
de Saul e seus filhos. Levaram os corpos para Jabes, onde os quei-
maram. 13Depois, enterraram os ossos debaixo de uma tamargueira
em Jabes e jejuaram durante sete dias.

NO QUE ESTOU **PENSANDO** | O QUE ESTOU **SENTINDO** | DO QUE ESTOU **LEMBRANDO**

2 SAMUEL

CAPÍTULO 1

Davi é informado da morte de Saul

1Depois da morte de Saul, Davi retornou de sua vitória sobre os
amalequitas e passou dois dias em Ziclague. 2No terceiro dia, apa-
receu um homem do exército de Saul. Ele havia rasgado as roupas
e colocado terra sobre a cabeça. Ao chegar, curvou-se diante de
Davi com o rosto no chão. 3"De onde você vem?", perguntou Davi.
O homem respondeu: "Escapei do acampamento israelita". 4"O que
aconteceu?", disse Davi. "Conte-me como foi a batalha." "Todo o nos-
so exército fugiu do conflito", disse o homem. "Muitos morreram, e
Saul e seu filho Jônatas também estão mortos." 5"Como você sabe
que Saul e Jônatas estão mortos?", perguntou Davi. 6O homem
respondeu: "Aconteceu de eu chegar ao monte Gilboa e ver Saul
apoiado em sua lança, enquanto carros de guerra e cavaleiros ini-
migos se aproximavam dele. 7Quando ele se virou e me viu, gritou
para que eu me aproximasse dele. 'Aqui estou, senhor', eu lhe disse.
8Ele perguntou: 'Quem é você?'. E eu respondi: 'Sou amalequita'.
9Então ele me suplicou: 'Venha cá e mate-me, pois a dor é terrível
e quero morrer'. 10Então o matei, pois sabia que ele não sobrevive-
ria. Em seguida, tomei sua coroa e seu bracelete e os trouxe para
cá, para o meu senhor". 11Quando ouviram a notícia, Davi e seus
homens rasgaram as vestes. 12Lamentaram, choraram e jejuaram
o dia todo por Saul e seu filho Jônatas, pelo exército do SENHOR e
pela nação de Israel, pois naquele dia muitos haviam morrido pela
espada. 13Depois, Davi disse ao jovem que havia trazido a notícia:

DESENHE OU ESCREVA

"De onde você é?". Ele respondeu: "Sou filho de um estrangeiro, um
amalequita que vive em sua terra". 14Davi perguntou: "Como você
não teve medo de matar o ungido do SENHOR?". 15Então Davi cha-
mou um de seus soldados e lhe ordenou: "Mate-o!". O soldado feriu
o amalequita com sua espada e o matou. 16Davi disse: "Você con-
denou a si mesmo ao confessar que matou o ungido do SENHOR".

O cântico de Davi para Saul e Jônatas

17Davi entoou uma canção fúnebre para Saul e Jônatas 18e orde-
nou que fosse ensinada ao povo de Judá. Ela é conhecida como
Cântico do Arco e está registrada no *Livro de Jasar*. 19Seu esplendor,
ó Israel, está morto sobre os montes! Como caíram os valentes!
20Não contem essa notícia em Gate, não a proclamem nas ruas de
Ascalom, para que não se alegrem as filhas dos filisteus, para que
as filhas dos incircuncisos não festejem em triunfo. 21Ó montes de
Gilboa, que não haja orvalho nem chuva sobre vocês, nem campos
férteis que produzam ofertas de cereais. Pois ali foram profanados
os escudos de valentes; o escudo de Saul não será mais ungido
com óleo. 22O arco de Jônatas não recuava, e a espada de Saul era
invencível. Derramaram o sangue de seus inimigos e atravessaram
o corpo de guerreiros. 23Quão amados e estimados eram Saul e
Jônatas! Estiveram juntos na vida e na morte. Eram mais velozes
que as águias, mais fortes que os leões. 24Ó filhas de Israel, chorem
por Saul, pois ele as vestia com finos trajes vermelhos, com roupas
adornadas de ouro. 25Como caíram os valentes na batalha! Jônatas
está morto sobre os montes. 26Como choro por você, meu irmão
Jônatas, quanto eu o estimava! Seu amor por mim era precioso,
mais que o amor das mulheres. 27Como caíram os valentes! Estão
mortos, despojados de suas armas.

CAPÍTULO 2

Davi é ungido rei de Judá

1Depois disso, Davi perguntou ao SENHOR: "Devo voltar para alguma
das cidades de Judá?". "Sim", respondeu o SENHOR. Então Davi per-
guntou: "Para que cidade devo ir?". "Para Hebrom", disse o SENHOR.
2Então Davi partiu com suas duas esposas, Ainoã, de Jezreel, e
Abigail, a viúva de Nabal, do Carmelo, 3e também com os homens
que o acompanhavam e suas famílias. Eles se estabeleceram nos

povoados vizinhos a Hebrom. 4 Então vieram os homens de Judá
e ungiram Davi rei do povo de Judá. Quando Davi soube que os
moradores de Jabes-Gileade haviam sepultado Saul, 5 enviou-lhes a
seguinte mensagem: "Que o SENHOR os abençoe por terem sido tão
fiéis a Saul, seu senhor, e lhe terem dado um sepultamento digno.
6 Que, em troca, o SENHOR seja fiel a vocês e os recompense com sua
bondade. E eu também os recompensarei pelo que fizeram. 7 Agora
que Saul está morto, peço que continuem a ser fortes e corajosos.
E saibam que o povo de Judá me ungiu para ser seu novo rei".

Isbosete é proclamado rei de Israel

8 Contudo, Abner, filho de Ner, comandante do exército de Saul, já
havia levado Isbosete, filho de Saul, para Maanaim. 9 Ali, proclamou
Isbosete rei sobre Gileade, Jezreel, Efraim, Benjamim e sobre a terra
dos assuritas e todo o restante de Israel. 10 Isbosete, filho de Saul, ti-
nha 40 anos quando começou a reinar sobre Israel, e reinou por dois
anos. Enquanto isso, o povo de Judá permaneceu leal a Davi, 11 que
fez de Hebrom sua capital e reinou sobre Judá por sete anos e meio.

Guerra entre Israel e Judá

12 Certo dia, Abner, filho de Ner, conduziu as tropas de Isbosete, filho
de Saul, de Maanaim para Gibeom. 13 Ao mesmo tempo, Joabe, filho
de Zeruia, saiu com as tropas de Davi e foi ao encontro deles na
represa de Gibeom, onde os dois exércitos ficaram frente a frente,
posicionando-se em lados opostos da represa. 14 Então Abner disse a
Joabe: "Proponho que alguns de nossos guerreiros lutem em con-
fronto direto diante de nós". "Está bem", respondeu Joabe. 15 Então
foram escolhidos doze soldados de Benjamim para representar
Isbosete, filho de Saul, e doze soldados para representar Davi.
16 Cada um agarrou seu adversário pela cabeça e cravou a espada
um no lado do outro, e todos morreram juntos. Por isso, desde
então, esse lugar em Gibeom é conhecido como Helcate-Hazurim.
17 Seguiu-se nesse dia uma violenta batalha, na qual Abner e os
homens de Israel foram derrotados pelos soldados de Davi.

A morte de Asael

18 Joabe, Abisai e Asael, os três filhos de Zeruia, participaram
da batalha nesse dia. Asael, que era rápido como uma gazela,

NO QUE ESTOU **PENSANDO** ○ | O QUE ESTOU **SENTINDO** ○ | DO QUE ESTOU **LEMBRANDO** ○

DESENHE OU ESCREVA

19 começou a perseguir Abner. Continuou decididamente em seu
encalço, sem perdê-lo de vista. 20 Quando Abner olhou para trás
e viu que ele se aproximava, perguntou: "É você, Asael?". "Sou eu
mesmo", respondeu ele. 21 "Saia do meu encalço!", disse Abner.
"Enfrente um dos soldados mais jovens e tome suas armas." Mas
Asael continuou a persegui-lo. 22 Mais uma vez, Abner o advertiu:
"Pare de me perseguir! Não quero matá-lo. Como poderia encarar
seu irmão Joabe?". 23 Asael, porém, se recusou a dar meia-volta, e
Abner lhe cravou no estômago a parte de trás da lança, que saiu
pelas costas. Asael caiu morto no chão. E todos que passavam por
ali paravam ao ver Asael caído e morto. 24 Então Joabe e Abisai
saíram em perseguição a Abner. O sol estava se pondo quando
chegaram ao monte Amá, perto de Gia, no caminho para o deser-
to de Gibeom. 25 Os soldados de Abner, da tribo de Benjamim,
se reuniram no alto do monte para resistir ao ataque. 26 Então
Abner gritou para Joabe: "Será que não há como evitar matar-
mos uns aos outros? Não vê que isso só resultará em amargura?
Quando você vai ordenar que seus homens parem de perseguir
seus irmãos israelitas?". 27 Joabe respondeu: "Só Deus sabe o que
teria acontecido se você não tivesse falado, pois, se fosse preciso,
nós os teríamos perseguido a noite toda". 28 Então Joabe tocou a
trombeta e seus homens pararam de perseguir os soldados de
Israel, e a batalha cessou. 29 Durante toda aquela noite, Abner e
seus homens recuaram pelo vale do Jordão. Atravessaram o rio,
marcharam a manhã inteira e só pararam quando chegaram a
Maanaim. 30 Enquanto isso, Joabe e seus homens também vol-
taram da perseguição a Abner. Quando Joabe fez a contagem,
viu que faltavam apenas dezenove homens, além de Asael. 31 Os
soldados de Davi, por sua vez, haviam matado 360 homens da
tribo de Benjamim e dos demais soldados de Abner. 32 Joabe e
seus homens levaram o corpo de Asael para Belém e o sepultaram
no túmulo de seu pai. Então caminharam a noite toda e chegaram
a Hebrom ao amanhecer.

CAPÍTULO 3

1 Assim começou uma longa guerra entre a família de Saul e a fa-
mília de Davi. Com o tempo, Davi se fortaleceu cada vez mais, e a
família de Saul foi se enfraquecendo.

2Sm

Os filhos de Davi nascidos em Hebrom

2 Estes são os filhos de Davi que nasceram em Hebrom: O mais
velho era Amnom, filho de Ainoã, de Jezreel. 3 O segundo era
Daniel, filho de Abigail, a viúva de Nabal, do Carmelo. O terceiro
era Absalão, filho de Maaca, filha de Talmai, rei de Gesur. 4 O quarto
era Adonias, filho de Hagite. O quinto era Sefatias, filho de Abital.
5 O sexto era Itreão, filho de Eglá, esposa de Davi. Todos esses filhos
de Davi nasceram em Hebrom.

Abner une forças com Davi

6 Enquanto continuava a guerra entre as famílias de Saul e de
Davi, Abner se tornou um líder cada vez mais influente entre a
família de Saul. 7 Um dia, Isbosete, filho de Saul, acusou Abner
de ter relações com uma das concubinas de Saul, uma mulher
chamada Rispa, filha de Aiá. 8 Abner ficou furioso com as palavras
de Isbosete. "Por acaso sou um cão de Judá para ser tratado dessa
maneira?", gritou ele. "Depois de tudo que fiz por seu pai, Saul, e
pela família e os amigos dele ao não entregar você a Davi, minha
recompensa é ser acusado por causa dessa mulher? 9 Que Deus me
castigue severamente se eu não fizer por Davi tudo que o SENHOR
prometeu a ele! 10 Tomarei o reino da família de Saul e o entregarei
a Davi. Estabelecerei o trono de Davi tanto sobre Israel como sobre
Judá, desde Dã, ao norte, até Berseba, ao sul!" 11 Isbosete não se
atreveu a dizer nem mais uma palavra, pois teve medo do que
Abner poderia fazer. 12 Então Abner enviou mensageiros para dizer
a Davi: "Afinal, a quem pertence esta terra? Faça um acordo comigo,
e eu o ajudarei a conseguir o apoio de todo o Israel". 13 "Está bem",
respondeu Davi. "Mas só farei acordo com você se, quando vier
para cá, trouxer de volta minha esposa Mical, filha de Saul." 14 Davi
enviou a seguinte mensagem a Isbosete, filho de Saul: "Devolva
minha esposa Mical, pois eu conquistei o direito de me casar com
ela com os prepúcios de cem filisteus". 15 Então Isbosete mandou
tirar Mical de seu marido, Palti, filho de Laís. 16 Palti a seguiu até
Baurim, chorando ao longo de todo o caminho, até que Abner lhe
disse: "Volte para casa!", e ele voltou. 17 Abner reuniu as autorida-
des de Israel e lhes disse: "Faz algum tempo que vocês querem
declarar Davi seu rei. 18 Chegou a hora de agir! Pois o SENHOR disse:
'Escolhi meu servo Davi para livrar meu povo, Israel, das mãos dos

2Sm

NO QUE ESTOU **PENSANDO** ○ O QUE ESTOU **SENTINDO** ○ DO QUE ESTOU **LEMBRANDO** ○

DESENHE OU ESCREVA

filisteus e de todos os seus inimigos'". 19 Abner também falou com
os homens de Benjamim. Depois, foi a Hebrom para dizer a Davi
que todo o povo de Israel e de Benjamim tinha concordado em
apoiá-lo. 20 Quando Abner, acompanhado de vinte homens, chegou
a Hebrom, Davi os recebeu com um grande banquete. 21 Então
Abner disse a Davi: "Deixe que eu vá e convoque uma reunião de
todo o Israel para apoiar meu senhor, o rei. Farão uma aliança com
o senhor para que reine sobre eles, e o senhor governará sobre
tudo que seu coração desejar". Davi se despediu dele, e Abner
partiu em paz.

Abner é assassinado por Joabe

22 Contudo, logo depois que Davi despediu Abner em paz, Joabe e
alguns dos soldados de Davi retornaram de um ataque, trazendo
muitos despojos. 23 Quando Joabe chegou, foi informado de que
Abner, filho de Ner, tinha acabado de visitar o rei, que o havia des-
pedido em paz. 24 Joabe foi até o rei e perguntou: "O que foi que
o senhor fez? Por que deixou Abner escapar? 25 O senhor conhece
muito bem Abner, filho de Ner! Sabe que ele veio espioná-lo e
descobrir tudo que o senhor anda fazendo!". 26 Então Joabe saiu da
presença de Davi e enviou mensageiros para alcançar Abner. Eles o
encontraram perto do poço de Sirá e o trouxeram de volta, sem que
Davi soubesse. 27 Quando Abner chegou a Hebrom, Joabe o cha-
mou para um lado, junto ao portão da cidade, como se fosse falar
com ele em particular. Então, apunhalou-o no estômago e o matou
para vingar a morte de Asael, seu irmão. 28 Quando Davi soube o
que havia acontecido, declarou: "Juro pelo SENHOR que eu e meu
reino somos para sempre inocentes desse crime contra Abner, filho
de Ner. 29 Que essa culpa permaneça sobre Joabe e sua família!
Que em todas as gerações da família de Joabe nunca falte um
homem que tenha fluxo ou lepra, que use muletas, que morra pela
espada, ou que tenha de mendigar o alimento!". 30 Assim, Joabe e
seu irmão Abisai assassinaram Abner, pois ele havia matado Asael,
irmão deles, na batalha em Gibeom.

Davi lamenta a morte de Abner

31 Então Davi disse a Joabe e a todos que estavam com ele:
"Rasguem suas roupas e vistam pano de saco. Lamentem a morte

de Abner", e o próprio rei seguiu o cortejo fúnebre. 32 Sepultaram
Abner em Hebrom, e o rei chorou em alta voz junto ao túmulo, e
todo o povo lamentou com ele. 33 Então o rei entoou esta canção
fúnebre: "Acaso Abner devia morrer como um vilão? 34 Suas mãos
não estavam atadas, nem seus pés acorrentados. Não, você foi as-
sassinado, vítima de uma trama perversa". Todo o povo lamentou
uma vez mais por Abner. 35 Davi tinha se recusado a comer no dia
do funeral, e todos insistiram para que ele se alimentasse. Mas
ele havia feito um voto: "Que Deus me castigue severamente se
eu comer alguma coisa antes do pôr do sol". 36 Seu voto agradou
muito o povo. De fato, aprovavam tudo que o rei fazia. 37 Assim,
todos em Judá e em Israel entenderam que Davi não era res-
ponsável pelo assassinato de Abner, filho de Ner. 38 Então o rei
disse a seus oficiais: "Não percebem que um grande comandante
caiu hoje em Israel? 39 E, embora eu seja o rei ungido, esses dois
filhos de Zeruia, Joabe e Abisai, são fortes demais para que eu
os controle. Que o SENHOR retribua a esses homens maus por
sua maldade".

CAPÍTULO 4

O assassinato de Isbosete

1 Quando Isbosete, filho de Saul, soube da morte de Abner em
Hebrom, perdeu completamente o ânimo, e todo o Israel ficou
sem reação. 2 Dois de seus irmãos, Baaná e Recabe, eram capitães
dos grupos de ataque de Isbosete. Eram filhos de Rimom, membro
da tribo de Benjamim, que vivia em Beerote. A cidade de Beerote
fazia parte do território de Benjamim, 3 pois seus habitantes origi-
nais fugiram para Gitaim, onde ainda vivem como estrangeiros.
4 (Jônatas, filho de Saul, tinha um filho chamado Mefibosete, que
ficou aleijado quando era criança. Mefibosete tinha 5 anos quando
chegou de Jezreel a notícia de que Saul e Jônatas haviam sido mor-
tos na batalha. Ao ouvir isso, a ama do menino o tomou nos braços
e fugiu. Na pressa, porém, deixou-o cair, e ele ficou aleijado.) 5 Certo
dia, Recabe e Baaná, filhos de Rimom, de Beerote, foram à casa de
Isbosete por volta do meio-dia, quando ele estava descansando.
6 A mulher que ficava à porta estava peneirando trigo, mas ficou
sonolenta e cochilou. Então Recabe e Baaná passaram por ela sem
serem notados 7 e entraram na casa, onde encontraram Isbosete

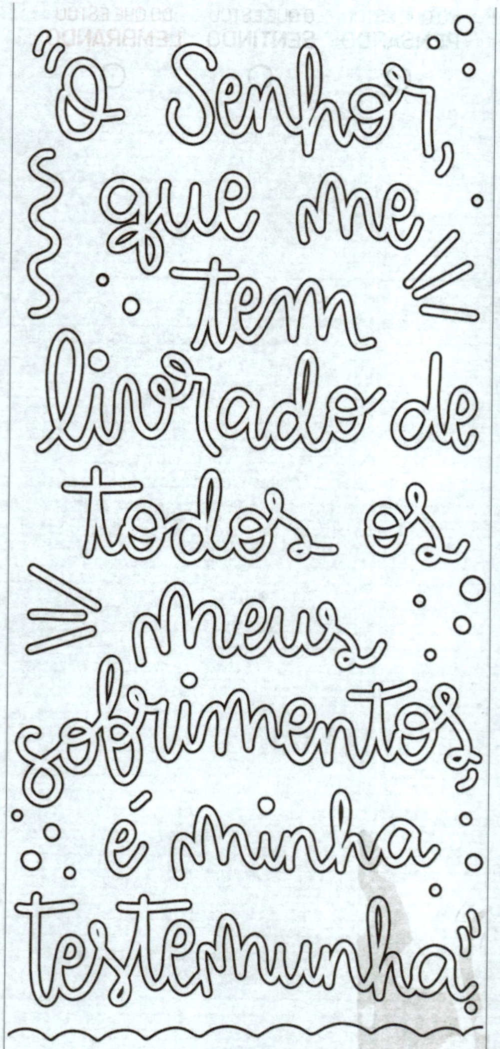

2Sm 4.9

dormindo em sua cama. Eles o feriram e o mataram, e depois
cortaram sua cabeça. Então, levando a cabeça, fugiram durante
a noite pelo vale do Jordão. 8 Chegando a Hebrom, entregaram
a cabeça de Isbosete a Davi. "Veja!", disseram ao rei. "Aqui está a
cabeça de Isbosete, filho de seu inimigo, Saul, que tentou matá-lo.
Hoje o SENHOR concedeu ao rei vingança sobre Saul e toda a sua
família!" 9 Davi, porém, disse a Recabe e Baaná, filhos de Rimom,
de Beerote: "O SENHOR, que me tem livrado de todos os meus
sofrimentos, é minha testemunha. 10 Quando alguém me informou
que Saul estava morto, pensando que trazia uma boa notícia, eu
o agarrei e o matei em Ziclague. Foi essa a recompensa que rece-
beu pela notícia! 11 Quanto mais devo recompensar os perversos
que mataram um homem inocente em sua própria casa e em sua
própria cama? Não devo responsabilizá-los pela morte dele e eli-
miná-los da face da terra?". 12 Então Davi ordenou a seus soldados
que os matassem, e assim eles fizeram. Cortaram as mãos e os
pés deles e penduraram os corpos junto à represa em Hebrom.
Depois, pegaram a cabeça de Isbosete e a sepultaram no túmulo
de Abner, em Hebrom.

CAPÍTULO 5

Davi se torna rei de todo o Israel

1 Então todas as tribos de Israel vieram a Hebrom para encontrar-se
com Davi. "Somos do mesmo povo e raça", disseram. 2 "No passado,
quando Saul era nosso rei, era você que liderava o exército de Israel.
E o SENHOR lhe disse: 'Você será o pastor do meu povo, Israel. Será
o líder de Israel'." 3 Então, ali em Hebrom, o rei Davi fez um acordo
diante do SENHOR com todas as autoridades de Israel, e elas o un-
giram rei de Israel. 4 Davi tinha 30 anos quando começou a reinar
e, ao todo, reinou por quarenta anos. 5 Havia reinado sobre Judá
sete anos e seis meses e, em Jerusalém, reinou sobre todo o Israel
e Judá por 33 anos.

Davi conquista Jerusalém

6 Então o rei partiu com seus soldados para Jerusalém, a fim de lutar
contra os jebuseus, que viviam naquele lugar. Os jebuseus zomba-
vam de Davi: "Você jamais entrará aqui! Até os cegos e aleijados
são capazes de impedi-lo!". Diziam isso porque imaginavam estar

seguros, 7 mas Davi tomou a fortaleza de Sião, que hoje é chamada
de Cidade de Davi. 8 No dia do ataque, Davi disse a seus soldados:
"Odeio esses jebuseus 'cegos' e 'aleijados'. Quem os atacar deve
entrar na cidade pelo túnel de água". Essa é a origem do ditado: "Os
cegos e os aleijados não entrarão na casa". 9 Então Davi foi morar na
fortaleza de Sião e a chamou de Cidade de Davi. Ampliou a cidade,
desde o aterro até a parte interna. 10 Davi foi se tornando cada vez
mais poderoso, pois o SENHOR, o Deus dos Exércitos, estava com ele.
11 Hirão, rei de Tiro, enviou a Davi mensageiros com madeira de ce-
dro, carpinteiros e pedreiros, que construíram um palácio para Davi.
12 E Davi compreendeu que o SENHOR o havia confirmado como
rei sobre Israel e exaltado seu reino por causa de seu povo, Israel.
13 Depois de mudar-se de Hebrom para Jerusalém, Davi tomou mais
concubinas e esposas e teve mais filhos e filhas. 14 Estes são os
nomes dos filhos de Davi que nasceram em Jerusalém: Samua,
Sobabe, Natã, Salomão, 15 Ibar, Elisua, Nefegue, Jafia, 16 Elisama,
Eliada e Elifelete.

2Sm

Davi derrota os filisteus

17 Quando os filisteus souberam que Davi tinha sido ungido rei de
Israel, mobilizaram suas tropas para capturá-lo. Davi, porém, foi
informado disso e desceu para a fortaleza. 18 Os filisteus chegaram
e se espalharam pelo vale de Refaim. 19 Então Davi perguntou ao
SENHOR: "Devo sair e lutar contra os filisteus? Tu os entregarás em
minhas mãos?". O SENHOR respondeu a Davi: "Sim, vá, pois eu certa-
mente os entregarei em suas mãos". 20 Então Davi foi a Baal-Perazim
e ali derrotou os filisteus, e exclamou: "O SENHOR irrompeu no meio
de meus inimigos como uma violenta inundação!". Por isso, cha-
mou aquele lugar de Baal-Perazim. 21 Davi e seus homens levaram
os ídolos que os filisteus haviam abandonado ali. 22 Pouco tempo
depois, os filisteus voltaram a se espalhar pelo vale de Refaim.
23 Mais uma vez, Davi consultou o SENHOR. "Não os ataque pela
frente", respondeu o SENHOR. "Em vez disso, dê a volta por trás deles
e ataque-os perto dos álamos. 24 Quando ouvir um som como de
pés marchando por cima dos álamos, ataque! É o sinal de que o
SENHOR vai à sua frente para derrotar o exército filisteu." 25 Davi fez
como o SENHOR ordenou e derrotou os filisteus por todo o caminho,
desde Gibeom até Gezer.

NO QUE ESTOU PENSANDO ○ | O QUE ESTOU SENTINDO ○ | DO QUE ESTOU LEMBRANDO ○

DESENHE OU ESCREVA

CAPÍTULO 6

A arca é levada para Jerusalém

1 Davi reuniu novamente todos os melhores guerreiros de Israel,
trinta mil ao todo. 2 Partiu com eles para Baalá de Judá a fim de
buscar a arca de Deus, junto à qual era invocado o nome do SENHOR
dos Exércitos, que está entronizado entre os querubins. 3 Puseram a
arca de Deus num carro novo e a levaram da casa de Abinadabe, que
ficava num monte. Saindo da casa, Uzá e Aiô, filhos de Abinadabe,
guiavam a carroça nova 4 que transportava a arca de Deus. Aiô estava
à frente da arca. 5 Davi e todo o povo de Israel celebravam diante
do SENHOR, entoando cânticos e tocando todo tipo de instrumentos
musicais: liras, harpas, tamborins, chocalhos e címbalos. 6 Quando
chegaram à eira de Nacom, os bois tropeçaram, e Uzá estendeu a
mão e segurou a arca. 7 A ira do SENHOR se acendeu contra Uzá,
e Deus o feriu por causa disso. E ele morreu ali mesmo, ao lado
da arca de Deus. 8 Davi ficou indignado porque a ira do SENHOR
irrompeu contra Uzá e chamou aquele lugar de Perez-Uzá, como
é conhecido até hoje. 9 Davi teve medo do SENHOR e perguntou:
"Como poderei levar a arca do SENHOR?". 10 Então resolveu não trans-
ferir mais a arca do SENHOR para a Cidade de Davi. Em vez disso,
levou-a para a casa de Obede-Edom, na cidade de Gate. 11 A arca do
SENHOR ficou na casa de Obede-Edom, em Gate, por três meses, e
o SENHOR abençoou Obede-Edom e toda a sua família. 12 Disseram
ao rei Davi: "O SENHOR tem abençoado a família de Obede-Edom e
tudo que ele possui por causa da arca de Deus". Então Davi foi até lá
e, com grande festa, levou a arca de Deus da casa de Obede-Edom
para a Cidade de Davi. 13 Quando os homens que carregavam a arca
do SENHOR davam seis passos, Davi sacrificava um boi e um novilho
gordo. 14 Davi usava um colete sacerdotal de linho e dançava diante
do SENHOR com todas as suas forças. 15 Assim, Davi e todo o povo
de Israel levaram a arca do SENHOR com gritos de alegria e ao som
de trombetas.

Mical trata Davi com desprezo

16 Enquanto a arca do SENHOR entrava na Cidade de Davi, Mical,
filha de Saul, olhava pela janela. Quando viu o rei Davi saltando
e dançando diante do SENHOR, encheu-se de desprezo por ele.
17 Trouxeram a arca do SENHOR e a colocaram em seu lugar, dentro

de uma tenda especial que Davi tinha preparado para ela. E Davi
ofereceu ao SENHOR holocaustos e ofertas de paz. 18Depois que
terminou de oferecer os sacrifícios, abençoou o povo em nome
do SENHOR dos Exércitos. 19Para cada homem e mulher israelita
na multidão, ele deu um pão, um bolo de tâmaras e um bolo de
passas. Então todos voltaram para casa. 20Quando Davi voltou para
casa a fim de abençoar sua família, Mical, filha de Saul, saiu ao
encontro dele e disse: "Como o rei de Israel se mostrou digno de
honra hoje, exibindo-se sem qualquer vergonha diante das servas,
como um homem vulgar!". 21Davi respondeu a Mical: "Eu dançava
diante do SENHOR, que me escolheu em lugar de seu pai e de toda
a sua família! Ele me nomeou líder de Israel, o povo do SENHOR,
por isso continuarei a celebrar diante do SENHOR. 22Estou disposto
a me tornar ainda mais desprezível e até mesmo a ser humilhado
aos meus próprios olhos! Mas as servas que você mencionou cer-
tamente me considerarão digno de honra". 23E Mical, filha de Saul,
não teve filhos até o final de sua vida.

CAPÍTULO 7

A aliança do SENHOR com Davi

1Quando o rei Davi já havia se estabelecido em seu palácio e o
SENHOR lhe tinha dado descanso de todos os inimigos ao redor,
2mandou chamar o profeta Natã. O rei disse: "Veja, moro num pa-
lácio, uma casa de cedro, enquanto a arca de Deus está lá fora,
numa simples tenda". 3Natã respondeu ao rei: "Faça o que tem
em mente, pois o SENHOR está com o rei". 4Naquela mesma noite,
porém, o SENHOR disse a Natã: 5"Vá e diga a meu servo Davi que
assim diz o SENHOR: 'Acaso cabe a você construir uma casa para eu
habitar? 6Desde o dia em que tirei os israelitas do Egito até hoje,
nunca morei numa casa. Sempre acompanhei o povo de um lugar
para o outro numa tenda, num tabernáculo. 7E, no entanto, onde
quer que eu tenha ido com os israelitas, nunca me queixei às tribos
de Israel e aos pastores de meu povo. Nunca lhes perguntei: Por
que não construíram para mim um palácio, uma casa de cedro?'.
8"Agora vá e diga a meu servo Davi que assim diz o SENHOR dos
Exércitos: 'Eu o tirei das pastagens onde você cuidava das ovelhas e
o escolhi para ser o líder de meu povo, Israel. 9Estive com você por
onde andou e destruí todos os seus inimigos diante de seus olhos.

2Sm 6.21

Agora, tornarei seu nome tão conhecido quanto o dos homens mais
importantes da terra! 10Providenciarei uma terra para meu povo,
Israel, e os plantarei num lugar seguro, onde jamais serão perturba-
dos. Nações perversas não os oprimirão como fizeram no passado,
11desde o tempo em que nomeei juízes para governar meu povo,
Israel. Eu lhes darei descanso de todos os seus inimigos'. "'Além
disso, o SENHOR declara que fará uma casa para você, uma dinastia
real! 12Pois, quando você morrer e for sepultado com seus antepas-
sados, escolherei um de seus filhos, de sua própria descendência, e
estabelecerei seu reino. 13Ele é que construirá uma casa para meu
nome, e estabelecerei seu trono para sempre. 14Eu serei seu pai, e
ele será meu filho. Se ele pecar, eu o corrigirei e disciplinarei com
a vara, como qualquer outro pai faria. 15Contudo, não retirarei dele
meu favor, como o retirei de Saul, quando o removi do seu caminho.
16Sua casa e seu reino continuarão para sempre diante de mim, e
seu trono será estabelecido para sempre'". 17Natã voltou até Davi e
contou ao rei tudo que o SENHOR lhe tinha revelado.

Oração de gratidão de Davi

18Então o rei Davi entrou no santuário, pôs-se diante do SENHOR e
orou: "Quem sou eu, ó Soberano SENHOR, e o que é minha família,
para que me trouxesses até aqui? 19E agora, Soberano SENHOR,
como se isso não bastasse, dizes que dará a teu servo uma dinastia
duradoura! Tratas a todos dessa forma, ó Soberano SENHOR? 20"Que
mais posso dizer-te? Tu sabes como teu servo é de fato, ó Soberano
SENHOR. 21Por causa de tua promessa e de acordo com tua vontade,
fizeste todas estas grandes coisas e as tornaste conhecidas a teu ser-
vo. 22"Quão grande és, ó Soberano SENHOR! Não há ninguém igual
a ti! Jamais ouvimos falar de outro Deus como tu! 23Engrandeceste
teu nome ao livrar teu povo do Egito. Realizaste milagres impressio-
nantes e removeste as nações e os deuses do caminho de teu povo.
24Fizeste de Israel teu próprio povo para sempre, e tu, ó SENHOR, te
tornaste seu Deus. 25"E agora, ó SENHOR Deus, sou teu servo; faze
o que prometeste a meu respeito e de minha família. Confirma-o
como uma promessa que durará para sempre. 26Que o teu nome
seja honrado para sempre, a fim de que todos digam: 'O SENHOR
dos Exércitos é o Deus de Israel!'. E que a dinastia de teu servo Davi
permaneça diante de ti para sempre. 27"Ó SENHOR dos Exércitos,

o Deus de Israel, tive a coragem de fazer-te esta oração porque
revelaste tudo isso a teu servo ao dizer: 'Farei uma casa para você,
uma dinastia real!'. [28]Pois tu és Deus, ó Soberano SENHOR. Tuas
palavras são verdadeiras, e tu prometeste estas coisas boas a teu
servo. [29]E agora, que seja do teu agrado abençoar a casa de teu
servo, para que ela permaneça para sempre diante de ti. Pois tu
falaste, ó Soberano SENHOR, e quando concedes uma bênção a teu
servo, é uma bênção para sempre!".

CAPÍTULO 8

Vitórias militares de Davi

[1]Depois disso, Davi derrotou e sujeitou os filisteus, conquistando
Gate, sua maior cidade. [2]Também conquistou a terra de Moabe. Fez
os moabitas se deitarem no chão numa fileira e os mediu com uma
corda, formando grupos. Para cada grupo que poupou, executou
dois grupos. Assim Davi sujeitou os moabitas, e eles lhe pagaram
tributo. [3]Davi também derrotou Hadadezer, filho de Reobe, rei de
Zobá, quando Hadadezer tentou recuperar o controle da região
do rio Eufrates. [4]Davi tomou mil carros de guerra, sete mil cava-
leiros e vinte mil soldados da infantaria. Levou cavalos suficientes
para cem carros de guerra e aleijou o restante. [5]Quando os sírios
de Damasco chegaram para ajudar o rei Hadadezer, Davi matou
22 mil deles. [6]Então colocou destacamentos de seu exército em
Damasco, a capital dos sírios. Assim Davi sujeitou os sírios, e eles lhe
pagaram tributo. O SENHOR concedia vitórias a Davi por onde quer
que ele fosse. [7]Davi levou para Jerusalém os escudos de ouro dos
oficiais de Hadadezer, [8]além de grande quantidade de bronze de
Tebá e de Berotai, cidades que pertenciam a Hadadezer. [9]Quando
Toí, rei de Hamate, soube que Davi tinha destruído todo o exército
de Hadadezer, [10]enviou seu filho Jorão para parabenizar Davi por
sua campanha bem-sucedida. Hadadezer e Toí eram inimigos e
sempre estavam em guerra. Jorão presenteou Davi com objetos de
prata, ouro e bronze. [11]O rei Davi dedicou todos esses presentes ao
SENHOR, como fez com a prata e o ouro das outras nações que havia
derrotado: [12]de Edom, Moabe, Amom, da Filístia e de Amaleque,
além de Hadadezer, filho de Reobe, rei de Zobá. [13]Davi se tornou
ainda mais conhecido ao voltar da batalha em que matou dezoito
mil edomitas no vale do Sal. [14]Davi colocou destacamentos de seu
exército em todo o território de Edom, e assim sujeitou todos os
edomitas. O SENHOR concedia vitórias a Davi por onde quer que
ele fosse. [15]Davi reinou sobre todo o Israel e fazia o que era justo
e correto para seu povo. [16]Joabe, filho de Zeruia, era comandante
de seu exército. Josafá, filho de Ailude, era o historiador do reino.
[17]Zadoque, filho de Aitube, e Aimeleque, filho de Abiatar, eram
os sacerdotes. Seraías era o secretário da corte. [18]Benaia, filho de
Joiada, era comandante da guarda pessoal do rei. E os filhos de
Davi serviam como líderes sacerdotais.

CAPÍTULO 9

Davi trata Mefibosete com bondade

[1]Certo dia, Davi perguntou: "Resta alguém da família de Saul, a
quem eu possa mostrar bondade por causa de Jônatas?". [2]Havia
um servo da família de Saul, cujo nome era Ziba, e o trouxeram
a Davi. "Você é Ziba?", perguntou o rei. "Sim, seu servo, meu se-
nhor!", respondeu Ziba. [3]Então o rei lhe perguntou: "Resta alguém
da família de Saul? Se resta, gostaria de mostrar a bondade de
Deus para com ele". "Um dos filhos de Jônatas ainda está vivo",
respondeu Ziba. "Ele é aleijado dos dois pés." [4]"Onde ele está?",
perguntou o rei. Ziba respondeu: "Em Lo-Debar, na casa de Maquir,
filho de Amiel". [5]Então Davi mandou buscá-lo na casa de Maquir.
[6]Seu nome era Mefibosete, filho de Jônatas, filho de Saul. Quando
compareceu diante de Davi, curvou-se com o rosto no chão. Davi
disse: "Saudações, Mefibosete". Mefibosete respondeu: "Aqui está
seu servo, meu senhor!". [7]"Não tenha medo", disse Davi. "Quero
mostrar bondade a você por causa de Jônatas, seu pai. Vou lhe
dar todas as terras que pertenciam a seu avô Saul, e você comerá
sempre aqui comigo, à mesa do rei." [8]Mefibosete se prostrou e
disse: "Quem é seu servo, para que o senhor mostre bondade a
alguém como eu, que não vale mais que um cão morto?". [9]Então o
rei mandou chamar Ziba, servo de Saul, e disse: "Dei ao neto de seu
senhor tudo que pertencia a Saul e sua família. [10]Você, seus filhos e
servos cultivarão a terra para ele, a fim de produzir alimento para a
casa de seu senhor. Mefibosete, neto de seu senhor, comerá sempre
à minha mesa". Ziba tinha quinze filhos e vinte servos. [11]"Sou seu
servo", respondeu Ziba. "Farei tudo que meu senhor, o rei, man-
dou." E, daquele momento em diante, Mefibosete passou a comer

NO QUE ESTOU **PENSANDO** ○ | O QUE ESTOU **SENTINDO** ○ | DO QUE ESTOU **LEMBRANDO** ○

DESENHE OU ESCREVA

à mesa de Davi, como se fosse um de seus filhos. 12Mefibosete
tinha um filho ainda jovem chamado Mica. Daquele momento em
diante, todos os membros da casa de Ziba se tornaram servos de
Mefibosete. 13E Mefibosete, que era aleijado dos dois pés, morava
em Jerusalém e comia sempre à mesa do rei.

CAPÍTULO 10

Davi derrota os amonitas

1Algum tempo depois, morreu Naás, rei dos amonitas, e seu filho
Hanum subiu ao trono. 2Davi disse: "Vou demonstrar lealdade a
Hanum, assim como seu pai, Naás, sempre foi leal a mim". Então
Davi enviou representantes para expressar seu pesar a Hanum pela
morte do pai dele. Mas, quando os representantes de Davi chega-
ram à terra de Amom, 3os líderes amonitas disseram a Hanum, seu
senhor: "O rei acredita mesmo que esses homens estão aqui para
honrar seu pai? Não! Davi os enviou com o objetivo de espionar a
cidade para vir e conquistá-la!". 4Então Hanum prendeu os repre-
sentantes de Davi e raspou metade da barba de cada um, cortou
metade de suas roupas até as nádegas e os expulsou de sua terra.
5Quando Davi soube o que havia acontecido, enviou mensageiros
ao encontro dos homens, para que lhes dissessem: "Fiquem em
Jericó até que sua barba tenha crescido e voltem em seguida", pois
estavam muito envergonhados. 6Quando os amonitas perceberam
quanto haviam enfurecido Davi, contrataram vinte mil soldados de
infantaria dos sírios das terras de Bete-Reobe e Zobá, mil homens
do rei de Maaca e doze mil da terra de Tobe. 7Davi foi informado
disso e enviou Joabe e todos os seus guerreiros para lutarem con-
tra eles. 8As tropas amonitas avançaram e formaram sua frente de
batalha à entrada da cidade, enquanto os sírios de Zobá e Reobe e
os homens de Tobe e Maaca se posicionaram para lutar nos campos
abertos. 9Joabe viu que teria de lutar em duas frentes ao mesmo
tempo, por isso escolheu alguns dos melhores guerreiros de Israel
e os pôs sob seu comando pessoal para enfrentar os sírios. 10Deixou
o restante do exército sob o comando de seu irmão Abisai, que
atacou os amonitas. 11Joabe disse a seu irmão: "Se os sírios forem
fortes demais para mim, venha me ajudar. E, se os amonitas fo-
rem fortes demais para você, eu irei ajudá-lo. 12Coragem! Lutemos
bravamente por nosso povo e pelas cidades de nosso Deus. E que

NO QUE ESTOU PENSANDO ○ | O QUE ESTOU SENTINDO ○ | DO QUE ESTOU LEMBRANDO ○

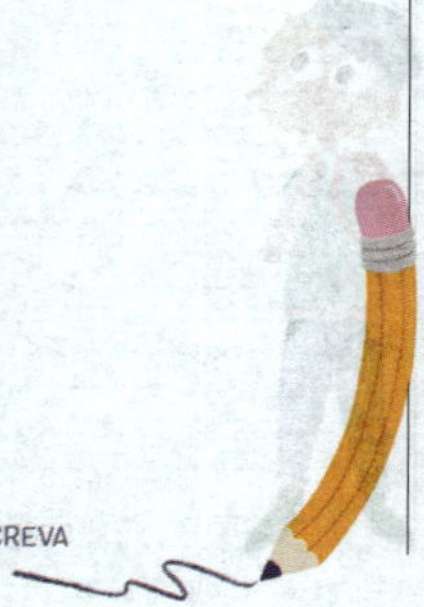

DESENHE OU ESCREVA

seja feita a vontade do SENHOR!". 13Joabe e suas tropas atacaram,
e os sírios começaram a fugir. 14Quando os amonitas viram que
os sírios batiam em retirada, também fugiram de Abisai e recu-
aram para dentro da cidade. Terminada a batalha, Joabe voltou
para Jerusalém. 15Os sírios viram que não tinham como enfrentar
Israel. Assim, ao se reagrupar, 16receberam o reforço de soldados
sírios convocados por Hadadezer do outro lado do rio Eufrates. Essas
tropas chegaram a Helã conduzidas por Sobaque, comandante das
forças de Hadadezer. 17Quando Davi foi informado do que estava
acontecendo, reuniu todo o Israel, atravessou o Jordão e levou o
exército até Helã. Os sírios se posicionaram para a batalha e lutaram
contra Davi. 18Mais uma vez, porém, os sírios fugiram dos israelitas.
O exército de Davi matou setecentos homens em carros de guerra
e quarenta mil soldados de infantaria, incluindo Sobaque, coman-
dante de seu exército. 19Quando todos os reis aliados a Hadadezer
viram que ele havia sido derrotado pelos israelitas, renderam-se a
Israel e se tornaram súditos de Davi. Depois disso, os sírios tiveram
medo de voltar a ajudar os amonitas.

CAPÍTULO 11

Davi e Bate-Seba

1No começo do ano, época em que os reis costumavam ir à guerra,
Davi enviou Joabe e as tropas israelitas para lutarem contra os amo-
nitas. Eles destruíram o exército inimigo e cercaram a cidade de
Rabá. Mas Davi ficou em Jerusalém. 2Certa tarde, Davi se levantou
da cama depois de seu descanso e foi caminhar pelo terraço do
palácio. Enquanto olhava do terraço, reparou numa mulher muito
bonita que tomava banho. 3Davi mandou alguém para descobrir
quem era a mulher. Disseram-lhe: "É Bate-Seba, filha de Eliã e es-
posa de Urias, o hitita". 4Então Davi enviou mensageiros para que
a trouxessem, e teve relações com ela. Bate-Seba havia acabado de
completar o ritual de purificação depois da menstruação. E ela vol-
tou para casa. 5Passado algum tempo, quando Bate-Seba descobriu
que estava grávida, enviou um mensageiro a Davi para lhe dizer:
"Estou grávida". 6Então Davi mandou uma mensagem para Joabe:
"Envie-me Urias, o hitita", e Joabe o enviou a Davi. 7Quando Urias
chegou, Davi perguntou como estavam Joabe e o exército e como
ia a guerra. 8Então disse a Urias: "Vá para casa e descanse". Depois

que Urias deixou o palácio, Davi lhe enviou um presente. 9Urias,
porém, não foi para casa. Passou a noite na entrada do palácio
com os guardas do rei. 10Quando Davi soube que Urias não tinha
ido para casa, mandou chamá-lo e perguntou: "O que aconteceu?
Depois de ter ficado tanto tempo fora, por que você não foi para
casa ontem à noite?". 11Urias respondeu: "A arca e os exércitos de
Israel e de Judá estão em tendas, e Joabe, meu comandante, e
seus soldados estão acampados ao ar livre. Como eu poderia ir para
casa para beber, comer e dormir com minha mulher? Juro diante
do rei que jamais faria uma coisa dessas". 12Então Davi lhe disse:
"Pois bem. Fique aqui hoje, e amanhã poderá retornar". Urias ficou
em Jerusalém aquele dia e o dia seguinte. 13Davi o convidou para
jantar e o embriagou. Outra vez, porém, ele dormiu numa esteira,
com os guardas do rei, e não foi para sua casa.

Davi trama a morte de Urias

14Na manhã seguinte, Davi escreveu uma carta para Joabe e
mandou Urias entregá-la. 15A carta continha a seguinte instrução:
"Coloque Urias na linha de frente, onde o combate estiver mais
intenso. Depois, recue para que ele seja morto". 16Então Joabe
colocou Urias numa posição próxima do muro da cidade, onde
sabia que estavam os principais guerreiros do inimigo. 17Quando
os soldados inimigos saíram da cidade para lutar, Urias, o hitita, foi
morto junto com muitos outros soldados israelitas. 18Joabe enviou
a Davi um relatório da batalha. 19Disse a seu mensageiro: "Conte ao
rei tudo que aconteceu na batalha. 20Pode ser que ele fique irado e
pergunte: 'Por que as tropas se aproximaram tanto da cidade? Não
sabiam que atirariam contra eles dos muros? 21Acaso Abimeleque,
filho de Gideão, não foi morto em Tebes por uma mulher que ati-
rou uma pedra de moinho do alto da muralha? Por que chegaram
tão perto dos muros?'. Então diga-lhe: 'Seu soldado Urias, o hitita,
também foi morto'". 22O mensageiro foi a Jerusalém e deu um
relatório completo a Davi. 23"O inimigo saiu contra nós em campo
aberto", disse o mensageiro. "Quando os perseguíamos de volta
até o portão da cidade, 24os arqueiros no alto do muro atiraram
flechas contra nós. Alguns dos homens do rei foram mortos; entre
eles estava Urias, o hitita." 25Davi respondeu: "Diga a Joabe que
não desanime. A espada devora este hoje e aquele amanhã. Lutem

NO QUE ESTOU PENSANDO | O QUE ESTOU SENTINDO | DO QUE ESTOU LEMBRANDO

○ ○ ○

DESENHE OU ESCREVA

bravamente e conquistem a cidade!". 26Quando a esposa de Urias
soube que seu marido havia morrido, chorou por ele. 27Terminado
o período de luto, Davi mandou trazê-la para o palácio. Ela se tornou
uma de suas esposas e deu à luz um filho. Mas o que Davi fez
desagradou o SENHOR.

CAPÍTULO 12

Natã repreende Davi

1Então o SENHOR enviou o profeta Natã a Davi. Ele foi até o rei e lhe
disse: "Havia dois homens em certa cidade. Um era rico, e o outro,
pobre. 2O rico era dono de muitas ovelhas e muito gado. 3O pobre
não tinha nada, exceto uma cordeirinha que ele havia comprado.
Ele criou a cordeirinha, e ela cresceu com os filhos dele. Comia de
seu prato, bebia de seu copo e até dormia em seus braços; ela era
como sua filha. 4Certo dia, um visitante chegou à casa do rico. Em
vez de matar um dos animais de seu próprio rebanho, o rico tomou
a cordeirinha do pobre, a matou e a preparou para seu visitante".
5Davi ficou furioso com esse homem rico e jurou: "Tão certo como
vive o SENHOR, o homem que faz uma coisa dessas merece morrer!
6Deve restituir quatro ovelhas ao pobre por ter roubado a cordei-
rinha e não ter mostrado compaixão". 7Então Natã disse a Davi:
"Você é esse homem! Assim diz o SENHOR, o Deus de Israel: 'Eu o
ungi rei de Israel e o livrei das mãos de Saul. 8Dei-lhe a casa e as
mulheres de seu senhor e os reinos de Israel e Judá. E, se isso não
bastasse, teria lhe dado muito mais. 9Por que, então, você despre-
zou a palavra do SENHOR e fez algo tão horrível? Você assassinou
Urias, o hitita, com a espada dos amonitas e roubou a esposa dele!
10De agora em diante, a espada não se afastará de sua família, pois
você me desprezou ao tomar para si a mulher de Urias'. 11"Assim diz
o SENHOR: 'De sua própria família farei surgir seu castigo. Tomarei
suas mulheres diante de seus olhos e as darei a outro homem; ele
se deitará com elas à vista de todos. 12O que você fez em segredo,
eu farei acontecer abertamente, diante de todo o Israel'".

Davi confessa sua culpa

13Então Davi confessou a Natã: "Pequei contra o SENHOR". Natã res-
pondeu: "Sim, mas o SENHOR o perdoou, e você não morrerá por
causa do seu pecado. 14Contudo, uma vez que você demonstrou

o mais absoluto desprezo pela palavra do SENHOR ao agir desse
modo, seu filho morrerá". 15Depois que Natã voltou para casa, o
SENHOR fez adoecer gravemente o filho de Davi com a mulher de
Urias. 16Davi suplicou ao SENHOR que poupasse a criança. Jejuou
e passou a noite prostrado no chão. 17Os oficiais do palácio insis-
tiram para que ele se levantasse e comesse com eles, mas Davi
se recusou. 18No sétimo dia, a criança morreu. Os servos de Davi
ficaram com medo de contar para ele. "Não ouviu nossos conselhos
quando a criança estava doente", disseram. "Se lhe contarmos que a
criança morreu, poderá cometer uma insanidade." 19Davi percebeu
que estavam cochichando e compreendeu o que havia aconteci-
do. "A criança morreu?", perguntou. "Sim", responderam eles. "Está
morta." 20Então Davi levantou-se do chão, lavou-se, perfumou-se
e trocou de roupa. Foi ao santuário e adorou o SENHOR. Depois,
voltou ao palácio, pediu que lhe trouxessem alimento e comeu.
21Seus servos ficaram perplexos. "Não o entendemos", disseram.
"Enquanto a criança estava viva, o senhor chorou e jejuou. Agora
que a criança morreu, o senhor parou de lamentar e voltou a co-
mer." 22Davi respondeu: "Enquanto a criança estava viva, jejuei e
chorei, pois pensava: 'Quem sabe o SENHOR terá compaixão de
mim e deixará a criança viver'. 23Mas por que jejuar agora que ela
morreu? Poderia eu fazê-la voltar? Um dia irei até ela, mas ela não
voltará a mim". 24Então Davi consolou Bate-Seba, sua mulher, e
teve relações com ela. Bate-Seba engravidou e deu à luz um filho, a
quem Davi chamou Salomão. O SENHOR amou a criança 25e enviou
uma mensagem por meio do profeta Natã, dizendo que o menino
devia se chamar Jedidias, conforme o SENHOR havia ordenado.

Davi conquista Rabá

26Enquanto isso, Joabe continuou a lutar contra Rabá, a capital de
Amom, e tomou a cidade real. 27Joabe enviou mensageiros a Davi
para lhe dizer: "Lutei contra Rabá e capturei seus reservatórios de
água. 28Traga o restante do exército aqui e conquiste a cidade. De
outro modo, eu a tomarei e levarei o crédito pela vitória". 29Então
Davi reuniu o restante do exército e foi a Rabá. Eles atacaram a
cidade e a conquistaram. 30Davi removeu a coroa da cabeça do
rei, e ela foi colocada sobre sua cabeça. A coroa era feita de ouro,
enfeitada com pedras preciosas, e pesava cerca de 35 quilos. Davi

2Sm 12.24

tomou grande quantidade de despojos da cidade. 31Também tor-
nou os habitantes de Rabá seus escravos e os obrigou a trabalhar
com serras, picaretas e machados de ferro, e também nos fornos
de tijolos. Foi assim que Davi tratou o povo de todas as cidades
amonitas. Então ele e todo o exército voltaram para Jerusalém.

CAPÍTULO 13

Tamar é violentada

1Absalão, filho de Davi, tinha uma irmã muito bonita chama-
da Tamar. Amnom, outro filho de Davi, apaixonou-se por ela.
2Amnom ficou tão obcecado por Tamar que adoeceu. Ela era vir-
gem, e Amnom imaginou que seria impossível possuí-la. 3Contudo,
Amnom tinha um amigo muito astuto, seu primo Jonadabe. Ele
era filho de Simeia, irmão de Davi. 4Certo dia, Jonadabe disse a
Amnom: "Qual é o problema? Por que o filho do rei parece tão
abatido todos os dias?". Amnom lhe respondeu: "Estou apaixonado
por Tamar, irmã de meu irmão Absalão". 5"Faça o seguinte", disse
Jonadabe. "Deite-se e finja que está doente. Quando seu pai o vi-
sitar, peça-lhe que deixe Tamar vir e preparar algo para você comer.
Peça que ela prepare o alimento aqui mesmo, para que você a veja
e ela o sirva." 6Então Amnom se deitou e fingiu que estava doen-
te. Quando o rei foi vê-lo, Amnom lhe pediu: "Por favor, permita
que minha irmã Tamar venha e prepare dois bolos aqui mesmo,
para que eu a veja e ela os sirva para mim". 7Davi concordou e
mandou Tamar ir à casa de Amnom preparar algo para ele comer.
8Quando Tamar chegou à casa de Amnom, foi até o lugar onde
ele estava deitado, para que ele pudesse vê-la preparar a massa.
Então ela assou os bolos, conforme ele tinha pedido. 9Contudo,
quando ela colocou a bandeja diante de Amnom, ele se recusou
a comer. "Saiam todos daqui", disse ele a seus servos. E todos saí-
ram. 10Então Amnom disse a Tamar: "Agora traga os bolos ao meu
quarto e dê-me de comer". Tamar fez conforme ele pediu. 11Quando,
porém, ela lhe ofereceu a comida, ele a agarrou e exigiu: "Venha
para a cama comigo, minha irmã!". 12"Não, meu irmão! Não me
violente!", exclamou Tamar. "Isso não se faz em Israel! Não faça
essa loucura! 13Como eu poderia viver com tamanha vergonha?
E você cairia em desgraça em Israel! Por favor, fale com o rei, e
ele permitirá que você se case comigo!" 14Mas Amnom não quis

ouvi-la e, como era mais forte que ela, violentou-a. 15Então a paixão
de Amnom se transformou em profundo desprezo, e seu desprezo
por ela foi mais intenso que a paixão que havia sentido. "Saia da-
qui!", gritou para ela. 16"Não, não!", respondeu Tamar. "Mandar-me
embora agora seria pior do que o mal que você me fez." Amnom,
porém, não quis ouvi-la. 17Chamou seu servo e ordenou: "Ponha
esta mulher para fora daqui e tranque a porta!". 18O servo a pôs
para fora e trancou a porta. Tamar vestia uma túnica longa, como
era costume naqueles dias entre as filhas virgens do rei. 19Então
rasgou sua túnica, jogou cinzas sobre a cabeça e, cobrindo o rosto
com as mãos, foi embora chorando. 20Seu irmão Absalão a viu e
perguntou: "É verdade que Amnom esteve com você? Bem, minha
irmã, é melhor ficar quieta, pois Amnom é seu irmão. Não se aflija
com isso". Então Tamar, como uma mulher desolada, foi morar na
casa de seu irmão Absalão. 21Quando o rei Davi soube o que havia
acontecido, ficou furioso. 22E, embora Absalão não tivesse dito nada
a Amnom a esse respeito, odiou Amnom profundamente pelo que
ele havia feito à sua irmã.

Absalão se vinga de Amnom

23Dois anos depois, quando as ovelhas de Absalão estavam sendo
tosquiadas em Baal-Hazor, perto de Efraim, Absalão convidou to-
dos os filhos do rei para uma festa. 24Foi até o rei e disse: "Meus
tosquiadores estão trabalhando. Gostaria que o rei e seus servos
celebrassem essa ocasião comigo". 25Mas o rei respondeu: "Não,
meu filho. Se todos nós fôssemos, seria um peso para você". Embora
Absalão insistisse, o rei se recusou a ir, mas abençoou Absalão.
26"Está bem", disse Absalão. "Se o senhor não pode vir, permita
que meu irmão Amnom vá conosco." "Por que Amnom?", pergun-
tou o rei. 27Mas Absalão continuou a insistir até que, finalmente,
o rei concordou em deixar seus filhos, incluindo Amnom, irem à
festa. 28Absalão disse a seus homens: "Esperem até Amnom estar
bêbado; então, quando eu ordenar, matem-no. Não tenham medo.
A responsabilidade é minha. Sejam corajosos e valentes!". 29Assim,
quando Absalão deu o sinal, eles mataram Amnom. Os outros fi-
lhos do rei montaram em suas mulas e fugiram. 30Quando ainda
estavam a caminho de Jerusalém, a notícia chegou a Davi: "Absalão
matou todos os filhos do rei; não restou um sequer com vida!".

NO QUE ESTOU **PENSANDO** ○ | O QUE ESTOU **SENTINDO** ○ | DO QUE ESTOU **LEMBRANDO** ○

DESENHE OU ESCREVA

31O rei se levantou, rasgou suas roupas e lançou-se no chão. Seus
conselheiros também rasgaram suas roupas. 32Nesse momento,
Jonadabe, filho de Simeia, irmão de Davi, chegou e disse: "Não
pense, meu senhor, que todos os filhos do rei foram mortos! Foi
apenas Amnom! Absalão tramava isso desde que Amnom violentou
sua irmã Tamar. 33O meu senhor, o rei, não deve acreditar que todos
os seus filhos estão mortos! Apenas Amnom morreu". 34Enquanto
isso, Absalão fugiu. Então a sentinela sobre o muro de Jerusalém
viu muita gente descendo o monte pela estrada que vinha do oeste.
35E Jonadabe disse ao rei: "Veja! Lá estão eles! São os filhos do rei
voltando, como eu tinha dito". 36Logo eles chegaram, chorando e
soluçando, e o rei e todos os seus servos choraram amargamente
com eles. 37Davi chorou muitos dias por seu filho Amnom. Absalão
fugiu para a terra de Talmai, filho de Amiúde, rei de Gesur, 38onde
permaneceu por três anos. 39E o rei Davi, conformado com a morte
de Amnom, abandonou a ideia de perseguir Absalão.

CAPÍTULO 14

Joabe providencia o retorno de Absalão

1Joabe, filho de Zeruia, percebeu que o rei agora desejava ver
Absalão. 2Por isso, mandou trazer de Tecoa uma mulher conhe-
cida por sua sabedoria. Disse-lhe: "Finja que está de luto; vista
roupas de luto e não se perfume. Aja como uma mulher que está
lamentando a morte de alguém há muito tempo. 3Depois, vá até
o rei e apresente a história que vou lhe contar". Então Joabe disse
o que ela deveria falar. 4Quando a mulher de Tecoa se aproximou
do rei, curvou-se com o rosto no chão e disse: "Ó rei! Ajude-me!".
5"Qual é o problema?", perguntou o rei. "Pobre de mim, sou viúva!",
respondeu ela. "Meu marido morreu. 6Meus dois filhos brigaram
no campo. Como não havia ninguém por perto para separá-los,
um deles acabou matando o outro. 7Agora, o resto da família está
exigindo de sua serva: 'Entregue-nos seu filho. Vamos executá-lo
por ter matado o irmão. Ele não merece herdar a propriedade da
família'. Querem apagar a última brasa que me restou; se o fizerem,
o nome e a família de meu marido desaparecerão da face da terra."
8"Eu cuidarei disso", disse o rei. "Vá para casa." 9A mulher de Tecoa
respondeu: "Ó meu senhor, o rei, que a culpa caia sobre mim e so-
bre a família de meu pai, e que o rei e seu trono sejam inocentes!".

10"Se alguém criar problemas, traga-o a mim", disse o rei. "Eu lhe
garanto que ele nunca mais a incomodará." 11Então ela disse: "Por
favor, prometa pelo SENHOR, seu Deus, que não deixará o vinga-
dor da vítima matar meu filho. Não quero mais derramamento de
sangue". Ele respondeu: "Tão certo como vive o SENHOR, ninguém
tocará num fio de cabelo da cabeça de seu filho!". 12"Permita-me
pedir mais uma coisa ao meu senhor, o rei", disse a mulher. "Fale",
respondeu ele. 13Então ela disse: "Por que o senhor não faz pelo
povo de Deus o mesmo que prometeu fazer por mim? Ao tomar
essa decisão, o senhor condenou a si mesmo, pois se recusou a
trazer para casa seu filho banido. 14Um dia, todos nós morreremos.
Nossa vida é como água que, depois de derramada na terra, não
pode mais ser recolhida. Mas Deus não apaga a vida; ao contrário,
ele cria meios de trazer de volta aqueles que foram banidos de sua
presença. 15"Vim suplicar ao meu senhor, o rei, porque outros me
ameaçaram. Pensei: 'Talvez o rei me escute 16e nos livre daqueles
que desejam nos eliminar da herança que Deus nos deu. 17Sim, o
meu senhor, o rei, restaurará nossa paz de espírito'. Sei que o senhor
é como um anjo de Deus, capaz de discernir entre o bem e o mal.
Que o SENHOR, seu Deus, esteja com o rei". 18"Preciso saber uma
coisa", disse o rei. "Diga-me a verdade." "Sim, ó meu senhor, o rei",
disse a mulher. 19"Foi Joabe quem a mandou aqui?", perguntou o
rei. A mulher respondeu: "Ó meu senhor, o rei, como posso negar?
Ninguém é capaz de esconder coisa alguma do senhor. Sim, foi
Joabe, servo do rei, que me enviou e me disse o que falar. 20Agiu
desse modo para que o senhor pudesse ver a questão com outros
olhos. Mas o senhor é sábio como um anjo de Deus e entende
tudo que acontece em nosso meio!". 21Então o rei mandou chamar
Joabe e lhe disse: "Muito bem, vá e traga de volta o jovem Absalão".
22Joabe se curvou com o rosto no chão e disse: "Finalmente sei que
obtive o favor do meu senhor, o rei, pois atendeu a meu pedido!".
23Joabe foi a Gesur e trouxe Absalão de volta a Jerusalém. 24O rei,
porém, deu a seguinte ordem: "Absalão pode ir para casa, mas não
deve vir à minha presença". Portanto, Absalão não viu o rei.

A reconciliação de Absalão e Davi

25Não havia nenhum homem em todo o Israel tão elogiado por sua
beleza como Absalão; era perfeito da cabeça aos pés. 26Cortava o

NO QUE ESTOU **PENSANDO** ○ | O QUE ESTOU **SENTINDO** ○ | DO QUE ESTOU **LEMBRANDO** ○

DESENHE OU ESCREVA

cabelo uma vez por ano por causa de seu peso: 2,4 quilos, segundo
o peso real. 27Tinha três filhos e uma filha. Sua filha se chamava
Tamar e era muito bonita. 28Absalão morou dois anos em Jerusalém
sem ver o rei. 29Então mandou chamar Joabe para pedir que in-
tercedesse por ele, mas Joabe não quis vir. Mandou chamá-lo de
novo e, mais uma vez, ele se recusou a vir. 30Então Absalão disse
a seus servos: "Vão e ponham fogo no campo de cevada de Joabe
que fica junto de minha propriedade". Os servos foram e puseram
fogo no campo, como Absalão havia ordenado. 31Então Joabe foi
à casa de Absalão e lhe perguntou: "Por que seus servos puseram
fogo em meu campo?". 32Absalão respondeu: "Eu quero que você
pergunte ao rei por que ele me trouxe de Gesur se não pretendia
me receber. Teria sido melhor eu ficar onde estava. Quero ver o
rei; se ele me considera culpado de algo, então que mande me
matar". 33Joabe contou ao rei o que Absalão tinha dito. Por fim,
Davi mandou chamar Absalão. Ele veio, curvou-se com o rosto no
chão diante do rei, e o rei o beijou.

CAPÍTULO 15

A rebelião de Absalão

1Algum tempo depois, Absalão providenciou para si uma carru-
agem com cavalos e contratou cinquenta guardas para servirem
como sua guarda de honra. 2Todas as manhãs, ele se levantava cedo
e ia até o portão da cidade. Quando alguém trazia uma causa para
ser julgada pelo rei, Absalão perguntava de que cidade a pessoa
era, e ela lhe respondia a qual tribo de Israel pertencia. 3Então
Absalão dizia: "Sua causa é justa e legítima. É pena que o rei não
tenha ninguém para ouvi-la". 4E dizia ainda: "Quem me dera ser
juiz. Então todos me apresentariam suas questões legais, e eu lhes
faria justiça!". 5Quando alguém ia se prostrar diante dele, Absalão
não o permitia. Ao contrário, tomava-o pela mão e o beijava. 6Fazia
isso com todos que vinham ao rei pedir justiça e, desse modo, ia
conquistando o coração de todos em Israel. 7Passados quatro anos,
Absalão disse ao rei: "Deixe-me ir a Hebrom para cumprir o voto
que fiz ao SENHOR. 8Enquanto eu estava em Gesur, na Síria, prometi
oferecer sacrifícios ao SENHOR em Hebrom caso ele me trouxesse de
volta a Jerusalém". 9"Está bem", disse o rei. "Vá e cumpra seu voto."
Então Absalão foi a Hebrom. 10Enquanto estava lá, porém, enviou

em segredo mensageiros para todas as tribos de Israel. Eles diziam às pessoas: "Assim que ouvirem as trombetas, digam: 'Absalão foi coroado rei em Hebrom!'". 11Absalão levou consigo duzentos homens de Jerusalém como seus convidados, mas eles não faziam ideia de suas intenções. 12Enquanto Absalão oferecia os sacrifícios, mandou chamar Aitofel, um dos conselheiros de Davi que vivia na cidade de Gilo. Em pouco tempo, muitos outros se uniram a Absalão, e a conspiração ganhou força.

Davi foge de Jerusalém

13Logo, um mensageiro chegou a Jerusalém para informar Davi: "Todo o Israel se uniu a Absalão!". 14"Então devemos fugir de imediato, ou será tarde demais!", disse Davi a seus conselheiros. "Rápido! Se sairmos de Jerusalém antes que Absalão chegue, escaparemos e impediremos que ele mate todos os moradores da cidade." 15"O senhor tem o nosso apoio", responderam seus conselheiros. "Faça o que lhe parecer melhor." 16Então o rei e toda a sua família partiram de imediato. Ele deixou para trás apenas dez concubinas para cuidarem do palácio. 17O rei e todos que o acompanhavam foram a pé e pararam na última casa da cidade, 18a fim de deixar os soldados do rei passarem e tomarem a dianteira. Também iam com Davi sua guarda pessoal e seiscentos homens de Gate. 19Então o rei se voltou para Itai, comandante dos homens de Gate, e disse: "Por que você está vindo conosco? Volte para o novo rei, pois Israel não é sua pátria; você é um estrangeiro no exílio. 20Chegou faz pouco tempo, e não seria certo eu obrigá-lo a vir conosco. Nem sei para onde vamos. Volte e leve consigo seus parentes, e que a bondade e a fidelidade o acompanhem!". 21Itai, porém, disse ao rei: "Tão certo como vive o SENHOR e como vive o rei, eu juro que, não importa o que aconteça, irei aonde for o meu senhor, o rei, seja para viver ou para morrer!". 22Davi respondeu: "Muito bem, venha conosco". E Itai, todos os seus homens e suas famílias acompanharam Davi. 23Por onde passavam o rei e os que o seguiam, todo o povo chorava em alta voz. Atravessaram o vale de Cedrom e foram em direção ao deserto. 24Zadoque e todos os levitas também os acompanharam, carregando a arca da aliança de Deus. Puseram a arca no chão, e Abiatar ofereceu sacrifícios até que todos tivessem saído da cidade. 25Então Davi ordenou a

2Sm

NO QUE ESTOU **PENSANDO** ○

O QUE ESTOU **SENTINDO** ○

DO QUE ESTOU **LEMBRANDO** ○

DESENHE OU ESCREVA

Zadoque: "Leve a arca de Deus de volta para a cidade. Se for da vontade do SENHOR, ele me trará de volta para ver novamente a arca e o santuário. 26Mas, se ele não se agradar mais de mim, que faça comigo o que lhe parecer melhor". 27O rei também disse ao sacerdote Zadoque: "Preste atenção. Você deve voltar à cidade, com seu filho Aimaás e com Jônatas, filho de Abiatar. 28Farei uma parada em um dos pontos de travessia do Jordão e ficarei ali esperando notícias suas". 29Então Zadoque e Abiatar levaram a arca de Deus de volta para Jerusalém e ali permaneceram. 30Davi prosseguiu pelo caminho para o monte das Oliveiras, chorando enquanto andava. Estava com a cabeça coberta e os pés descalços. Os que iam com ele também tinham a cabeça coberta e choravam enquanto subiam ao monte. 31Quando alguém informou a Davi que Aitofel, seu conselheiro, agora apoiava Absalão, Davi orou: "Ó SENHOR, faze que Aitofel dê conselhos errados a Absalão!". 32Quando Davi chegou ao alto do monte, onde o povo costumava adorar a Deus, Husai, o arquita, o esperava ali. Husai havia rasgado suas roupas e colocado terra sobre a cabeça. 33Mas Davi lhe disse: "Se você vier comigo, será apenas um peso. 34Volte à cidade e diga a Absalão: 'Agora serei seu conselheiro, ó rei, como no passado fui conselheiro de seu pai'. Assim, você poderá frustrar os conselhos de Aitofel. 35Os sacerdotes Zadoque e Abiatar estarão lá. Informe-os dos planos feitos no palácio, 36e eles enviarão seus filhos Aimaás e Jônatas para me contar o que se passa". 37Assim, Husai, amigo de Davi, voltou para Jerusalém e ali chegou na mesma hora em que Absalão entrava na cidade.

CAPÍTULO 16

Davi e Ziba

1Quando Davi tinha acabado de passar pelo alto do monte, Ziba, servo de Mefibosete, estava à sua espera. Tinha dois jumentos carregados com duzentos pães, cem bolos de passas, cem frutas de verão e uma vasilha de couro cheia de vinho. 2"Para que tudo isso?", perguntou o rei. Ziba respondeu: "Os jumentos são para a família do rei montar, e o pão e as frutas de verão são para os servos comerem. O vinho é para os que ficarem exaustos no deserto". 3"E onde está Mefibosete, neto de seu senhor Saul?", perguntou o rei. Ziba respondeu: "Ficou em Jerusalém, pois disse: 'Hoje o povo de Israel me devolverá o reino de meu avô Saul'". 4Então o rei disse

a Ziba: "Nesse caso, dou a você tudo que pertence a Mefibosete".
"Humildemente me prostro", respondeu Ziba. "Que o meu senhor,
o rei, sempre se agrade de mim."

Simei amaldiçoa Davi

5Quando o rei Davi chegou a Baurim, um homem do povoado saiu
ao seu encontro e começou a amaldiçoá-lo. Era Simei, filho de Gera,
do mesmo clã da família de Saul. 6Atirava pedras contra o rei, seus
oficiais e os guerreiros que o cercavam. 7"Saia daqui, assassino,
bandido!", gritava para Davi. 8"O SENHOR lhe está retribuindo por
todo o sangue derramado no clã de Saul. Você roubou o trono,
e agora o SENHOR o entregou a seu filho Absalão. Finalmente
está provando de seu próprio remédio, pois é assassino!" 9Então
Abisai, filho de Zeruia, disse: "Por que este cão morto amaldiçoa
meu senhor, o rei? Dê a ordem, e eu cortarei a cabeça dele!". 10O
rei, porém, disse: "Quem pediu a opinião de vocês, filhos de Zeruia?
Se o SENHOR mandou este homem me amaldiçoar, quem são vocês
para questioná-lo?". 11Então Davi disse a Abisai e a todos os seus
servos: "Meu próprio filho procura me matar. Não teria este pa-
rente de Saul ainda mais motivos para fazer o mesmo? Deixem-no
em paz. Que ele me amaldiçoe, pois foi o SENHOR que o mandou.
12Talvez o SENHOR veja que tenho sido injustiçado e me abençoe
por causa dessas maldições de hoje". 13Assim, Davi e seus homens
prosseguiram em seu caminho. Simei os seguia pela encosta de
um monte próximo, amaldiçoando Davi e atirando pedras e terra
contra ele. 14O rei e todos que o acompanhavam chegaram exaustos
ao rio Jordão e, por isso, descansaram ali.

Aitofel aconselha Absalão

15Nesse meio-tempo, Absalão e uma multidão de israelitas entra-
ram em Jerusalém, acompanhados por Aitofel. 16Quando Husai,
o arquita, amigo de Davi, chegou à cidade, foi logo ao encontro
de Absalão. "Viva o rei!", exclamou. "Viva o rei!" 17"É assim que
você mostra lealdade a seu amigo Davi?", perguntou-lhe Absalão.
"Por que não está com ele?" 18Husai respondeu: "Estou aqui por-
que pertenço àquele que é escolhido pelo SENHOR e por todos os
homens de Israel. 19Além do mais, é natural que eu sirva ao filho
de Davi. Assim como fui conselheiro de seu pai, agora serei seu

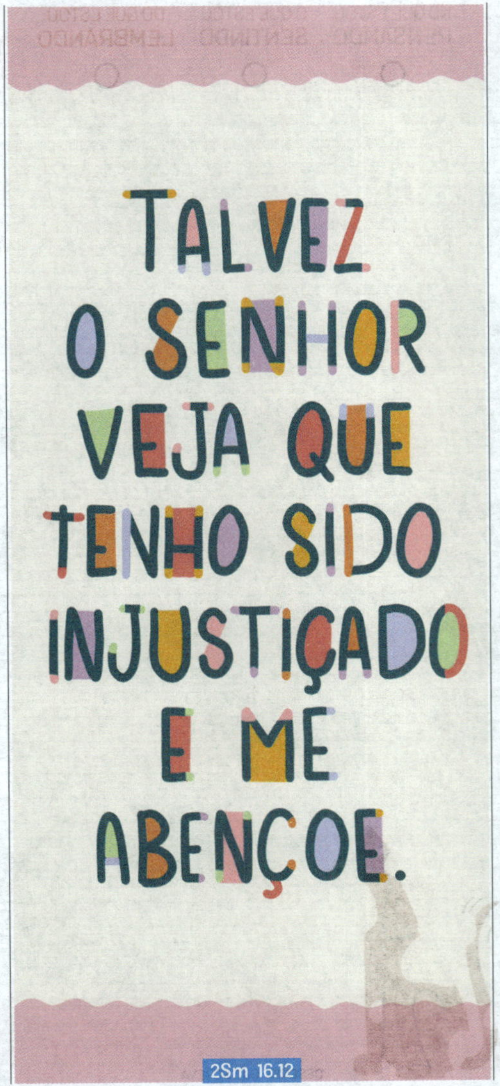

conselheiro". 20Então Absalão se voltou para Aitofel e perguntou:
"O que devo fazer agora?". 21Aitofel respondeu: "Tenha relações
com as concubinas que seu pai deixou aqui para tomar conta do
palácio. Então todo o Israel saberá que você insultou seu pai de tal
modo que será impossível haver reconciliação; isso encorajará os
que estão do seu lado". 22Então armaram uma tenda no terraço do
palácio, e ali Absalão teve relações com as concubinas de seu pai
à vista de todo o Israel. 23Absalão seguiu os conselhos de Aitofel,
como Davi tinha feito, pois as palavras de Aitofel pareciam sábias,
como se fossem um conselho dado pelo próprio Deus.

CAPÍTULO 17

1Aitofel disse a Absalão: "Permita-me escolher doze mil homens
para sair em perseguição a Davi ainda esta noite. 2Eu o alcançarei
enquanto está exausto e desanimado. Farei que ele entre em pâ-
nico, e assim todos os seus soldados fugirão. Então matarei apenas
o rei 3e trarei todo o exército para o senhor. A morte do homem a
quem o senhor busca lhe trará de volta os demais. Assim, ficará em
paz com todo o povo". 4O plano pareceu bom a Absalão e a todas
as autoridades de Israel.

Husai contesta o conselho de Aitofel

5Depois, porém, Absalão disse: "Tragam Husai, o arquita. Vejamos
qual é a opinião dele". 6Quando Husai chegou, Absalão lhe contou
o que Aitofel tinha dito. Então perguntou: "Qual é sua opinião?
Devemos seguir o conselho de Aitofel? Se não, o que você suge-
re?". 7Husai respondeu a Absalão: "Desta vez o conselho de Aitofel
está equivocado. 8O senhor conhece seu pai e os homens dele;
são guerreiros valentes. No momento, estão tão furiosos quanto
uma ursa da qual roubaram os filhotes. E lembre-se de que seu
pai é um soldado experiente; ele não passará a noite com o povo.
9É provável que já esteja escondido em alguma cova ou caverna.
Quando ele sair e atacar, e alguns de nossos soldados forem mor-
tos, a notícia de que os homens de Absalão foram massacrados
se espalhará. 10Então, até os soldados mais destemidos, embora
sejam corajosos como um leão, serão tomados de pavor. Afinal,
todo o Israel sabe como seu pai é um guerreiro poderoso e como
são valentes os homens que o acompanham. 11"Recomendo que o

senhor reúna todo o exército de Israel e convoque soldados desde
Dã, ao norte, até Berseba, ao sul, tão numerosos quanto a areia da
praia. Aconselho, também, que o senhor mesmo vá à frente das
tropas. 12Quando encontrarmos Davi, cairemos sobre ele como o
orvalho cai sobre a terra. Nem ele nem nenhum de seus homens
sobreviverão. 13E, caso Davi consiga escapar para alguma cidade,
o senhor terá todo o Israel sob seu comando. Levaremos cordas e
arrastaremos os muros da cidade para o vale mais próximo, até
que não reste uma pedrinha sequer". 14Então Absalão e todos os
homens de Israel disseram: "O conselho de Husai é melhor que o
de Aitofel", pois o SENHOR havia decidido frustrar o sensato conselho
de Aitofel a fim de trazer desgraça sobre Absalão.

Husai avisa Davi

15Husai contou aos sacerdotes Zadoque e Abiatar o que Aitofel tinha
dito a Absalão e às autoridades de Israel e o que ele próprio havia
aconselhado. 16"Rápido!", disse ele aos sacerdotes. "Encontrem
Davi e insistam para que ele não passe esta noite nos pontos de
travessia do Jordão, mas que atravesse o rio e vá para o deserto. Do
contrário, ele e todos que o acompanham morrerão." 17Jônatas e
Aimaás haviam ficado em En-Rogel, para não serem vistos entrando
e saindo da cidade. Tinham pedido que uma serva lhes trouxesse a
mensagem que deviam transmitir ao rei Davi. 18Contudo, um rapaz
os viu em En-Rogel e avisou Absalão. Por isso, fugiram depressa
para Baurim, onde um homem os escondeu dentro de um poço
em seu quintal. 19A esposa desse homem estendeu um grande
pedaço de pano sobre o poço e em cima espalhou grãos de cereal
para secar ao sol, para que ninguém suspeitasse que estivessem ali.
20Os homens de Absalão chegaram e perguntaram à mulher: "Você
viu Aimaás e Jônatas?". A mulher respondeu: "Estiveram aqui, mas
atravessaram o riacho". Os homens de Absalão os procuraram sem
sucesso e voltaram para Jerusalém. 21Jônatas e Aimaás saíram do
poço e correram para onde o rei Davi estava. "Depressa!", disseram
ao rei. "Atravessem o Jordão ainda esta noite!" E lhe contaram que
Aitofel havia aconselhado que ele fosse capturado e morto. 22Então
Davi e todos que o acompanhavam atravessaram o rio durante a
noite e chegaram à outra margem antes do amanhecer. 23Quando
Aitofel viu que Absalão não havia seguido seu conselho, selou seu

NO QUE ESTOU PENSANDO ○ | O QUE ESTOU SENTINDO ○ | DO QUE ESTOU LEMBRANDO ○

TALVEZ O SENHOR VEJA QUE TENHO SIDO INJUSTIÇADO E ME ABENÇOE

DESENHE OU ESCREVA

jumento, foi para sua cidade natal, pôs seus negócios em ordem e
se enforcou. Assim morreu, e foi sepultado no túmulo da família.
24Davi chegou logo a Maanaim. A essa altura, Absalão havia reu-
nido todo o exército de Israel e conduzia as tropas até o outro lado
do Jordão. 25Absalão havia nomeado Amasa para comandar seu
exército em lugar de Joabe. (Amasa era primo de Joabe. Seu pai
era Jéter, um ismaelita, e sua mãe, Abigail, era filha de Naás, irmã
de Zeruia, mãe de Joabe.) 26Absalão e o exército israelita acam-
param na terra de Gileade. 27Quando Davi chegou a Maanaim,
foi recebido por Sobi, filho de Naás, de Rabá dos amonitas, e por
Maquir, filho de Amiel, de Lo-Debar, e por Barzilai, de Rogelim,
em Gileade. 28Trouxeram camas, vasilhas, tigelas, trigo e cevada,
farinha e grãos tostados, feijão e lentilha, 29mel, coalhada, ovelhas e
queijo para Davi e os que o acompanhavam, pois disseram: "Vocês
devem estar muito famintos, cansados e sedentos depois da longa
caminhada pelo deserto".

CAPÍTULO 18

A derrota e a morte de Absalão

1Davi passou em revista os soldados que estavam com ele e no-
meou generais e capitães para liderá-los. 2Em seguida, enviou-os
em três grupos: um sob o comando de Joabe; outro sob o comando
de Abisai, irmão de Joabe, filho de Zeruia; e o outro sob o comando
de Itai, de Gate. O rei disse a seus soldados: "Também vou com
vocês". 3Os homens, porém, se opuseram. "O senhor não deve ir",
disseram. "Se tivermos de recuar ou fugir, ou mesmo se metade
de nós morrer, para eles não fará diferença. O senhor vale por dez
mil de nós; por isso, é melhor que fique na cidade e nos envie
ajuda, se for necessário." 4"Farei o que acharem melhor", disse o
rei. Assim, ficou junto ao portão da cidade, enquanto os soldados
saíam marchando em grupos de cem e de mil. 5O rei deu a se-
guinte ordem a Joabe, Abisai e Itai: "Por minha causa, tratem o
jovem Absalão com bondade". Todas as tropas ouviram o rei dar
essa ordem a seus comandantes. 6Então saíram para o campo, e
a batalha começou no bosque de Efraim. 7Os soldados israelitas
foram derrotados pelos homens de Davi. Houve grande matança
naquele dia, e vinte mil homens perderam a vida. 8A batalha se
espalhou por toda a região, e morreram mais homens no bosque do

que os que foram mortos pela espada. 9Durante a batalha, Absalão
deparou com alguns homens de Davi. Tentou fugir montado numa
mula, mas, ao passar debaixo dos galhos espessos de uma grande
árvore, ficou enroscado neles pela cabeça. A mula continuou a correr
e o deixou ali, pendurado na árvore. 10Um dos soldados de Davi
presenciou a cena e disse a Joabe: "Vi Absalão pendurado numa
árvore". 11"Você o viu?", perguntou Joabe. "E por que não o matou
ali mesmo? Eu o teria recompensado com dez peças de prata e um
cinturão de guerreiro!" 12Mas o soldado respondeu a Joabe: "Eu
não mataria o filho do rei nem por mil peças de prata! Todos nós
ouvimos o rei dizer ao senhor, a Abisai e a Itai: 'Por minha causa,
poupem o jovem Absalão'. 13E, se eu tivesse traído o rei e matado
seu filho, certamente ele ficaria sabendo, e o senhor seria o primeiro
a ficar contra mim". 14"Não vou perder mais tempo discutindo com
você!", disse Joabe. Então pegou três dardos e atravessou com eles
o peito de Absalão quando ele ainda estava vivo, pendurado na
árvore. 15Em seguida, dez jovens escudeiros de Joabe cercaram
Absalão e o mataram. 16Então Joabe tocou a trombeta, e seus ho-
mens pararam de perseguir o exército de Israel. 17Atiraram o corpo
de Absalão numa cova profunda no bosque e sobre ela colocaram
um monte de pedras. E todos os israelitas fugiram para suas casas.
18Quando ainda estava vivo, Absalão havia construído para si um
monumento no vale do Rei, pois disse: "Não tenho filho para dar
continuidade a meu nome". Chamou-o de Monumento de Absalão,
como é conhecido até hoje.

Davi lamenta a morte de Absalão

19Então Aimaás, filho de Zadoque, disse: "Deixe-me ir correndo dar
ao rei a boa notícia de que o SENHOR o livrou de seus inimigos!".
20"Não", disse Joabe. "Não será uma boa notícia para o rei saber
que o filho dele morreu. Você pode servir de mensageiro em outra
ocasião, mas não hoje." 21Então Joabe disse a um etíope: "Vá e
conte ao rei o que você viu". O homem se curvou diante de Joabe e
partiu correndo. 22Contudo, Aimaás, filho de Zadoque, insistiu com
Joabe: "Não importa o que aconteça, deixe-me ir também". "Por
que você quer ir, meu filho?", disse Joabe. "Não haverá recompensa
alguma pela notícia." 23"Eu sei, mas deixe-me ir mesmo assim",
implorou. Por fim, Joabe disse: "Está bem, pode ir". Então Aimaás

NO QUE ESTOU **PENSANDO** ○ | O QUE ESTOU **SENTINDO** ○ | DO QUE ESTOU **LEMBRANDO** ○

DESENHE OU ESCREVA

pegou o caminho mais fácil, pela planície, e correu até Maanaim à
frente do etíope. 24Enquanto Davi estava entre os portões interno
e externo da cidade, o guarda subiu até o terraço sobre a porta,
junto ao muro. Ao olhar dali, viu um homem correndo na direção
deles. 25Gritou para avisar Davi, e o rei respondeu: "Se está sozi-
nho, traz boas notícias". Quando o mensageiro se aproximou, 26o
guarda viu outro homem correndo na direção deles e avisou: "Outro
homem se aproxima!". E disse o rei: "Também traz boas notícias".
27"O primeiro homem corre como Aimaás, filho de Zadoque", disse
o guarda. "Ele é um homem bom e traz boas notícias", respondeu o
rei. 28Então Aimaás gritou para o rei: "Tudo está bem!". Curvou-se
diante do rei com o rosto no chão e disse: "Louvado seja o SENHOR,
seu Deus, que entregou os rebeldes que ousaram se levantar contra
o meu senhor, o rei!". 29"E quanto a Absalão?", perguntou o rei. "Ele
está bem?" Aimaás respondeu: "Quando Joabe me enviou, havia
grande confusão, mas não sei o que aconteceu". 30"Espere aqui",
disse o rei. E Aimaás ficou esperando ao lado. 31Então chegou o
etíope e disse: "Tenho boas notícias para o meu senhor, o rei. Hoje
o SENHOR o livrou de todos que se rebelaram contra o rei". 32"E
quanto ao jovem Absalão?", perguntou o rei. "Ele está bem?" O
etíope respondeu: "Que todos os inimigos do meu senhor, o rei,
e todos os que se levantam para lhe fazer mal tenham o mesmo
destino daquele jovem!". 33O rei ficou muito abalado. Foi para o
quarto que ficava sobre o portão da cidade e começou a chorar.
Andando de um lado para o outro, clamava: "Ah, meu filho Absalão!
Meu filho, meu filho Absalão! Quem me dera eu tivesse morrido
em seu lugar! Ah, Absalão, meu filho, meu filho!".

CAPÍTULO 19

Joabe repreende o rei

1Logo chegou a Joabe a notícia de que o rei chorava e lamentava
a morte de Absalão. 2Quando o povo soube da grande tristeza
do rei pela morte de seu filho, a alegria da vitória daquele dia se
transformou em profundo pesar. 3Os soldados entraram na cida-
de sem chamar a atenção, como se estivessem envergonhados e
houvessem fugido da batalha. 4O rei cobriu o rosto com as mãos
e continuou a chorar: "Ah, meu filho Absalão! Ah, Absalão, meu
filho, meu filho!". 5Então Joabe foi até o quarto do rei e disse: "Hoje

salvamos sua vida e a vida de seus filhos e filhas e de suas esposas
e concubinas. E, no entanto, o senhor age desse modo e nos faz
sentir envergonhados. 6Parece amar os que o odeiam e odiar os
que o amam. Hoje deixou claro que todos os seus comandantes e
soldados não significam nada para o senhor. Pelo visto, se Absalão
tivesse sobrevivido e todos nós tivéssemos morrido, o senhor esta-
ria satisfeito. 7Agora saia e vá parabenizar seus soldados, pois juro
pelo SENHOR que, se o rei não for, nem um só deles permanecerá
aqui esta noite. Isso seria pior que todo o mal que já lhe aconte-
ceu na vida". 8Assim, o rei saiu e se sentou à entrada da cidade, e
quando se espalhou a notícia de que o rei estava ali, todos foram
vê-lo. Enquanto isso, os israelitas haviam fugido para suas casas, 9e
em todas as tribos de Israel houve muita discussão. O povo dizia:
"O rei nos livrou de nossos inimigos e nos libertou dos filisteus,
mas teve de fugir por causa de Absalão. 10Agora Absalão, a quem
ungimos para reinar sobre nós, está morto. Não devemos demorar
para trazer o rei Davi de volta!". 11Então Davi enviou uma mensagem
aos sacerdotes Zadoque e Abiatar: "Perguntem às autoridades de
Judá: 'Por que vocês demoram tanto para receber o rei de volta? Até
eu já sei que todo o Israel deseja a minha volta. 12Vocês são meus
parentes, minha própria tribo, meu povo e minha raça! Então por
que são os últimos a receber o rei de volta?'". 13E Davi pediu que
dissessem a Amasa: "Você é meu parente, meu povo e minha raça.
Que Deus me castigue severamente se, de hoje em diante, você
não se tornar comandante de meu exército em lugar de Joabe". 14A
mensagem de Davi convenceu todas as autoridades de Judá, e eles
deram uma resposta unânime. Mandaram dizer ao rei: "Volte para
nós e traga todos que estão com o senhor!".

Davi volta para Jerusalém

15Então o rei começou a viagem de volta para Jerusalém. Quando
chegou ao rio Jordão, o povo de Judá foi a Gilgal para encontrar-se
com ele e acompanhá-lo até o outro lado do rio. 16Simei, filho de
Gera, de Baurim, na terra de Benjamim, atravessou com os homens
de Judá para dar as boas-vindas ao rei Davi. 17Estavam com ele mil
homens da tribo de Benjamim, incluindo Ziba, servo da casa de
Saul, e os quinze filhos e vinte servos de Ziba. Desceram apressa-
damente ao Jordão para receber o rei. 18Atravessaram o rio, para

NO QUE ESTOU **PENSANDO** ○ O QUE ESTOU **SENTINDO** ○ DO QUE ESTOU **LEMBRANDO** ○

DESENHE OU ESCREVA

ajudar a família do rei a chegar à outra margem e para fazer o que
ele lhes solicitasse.

Davi tem misericórdia de Simei

Quando o rei estava prestes a atravessar o rio, Simei, filho de Gera,
curvou-se diante dele e suplicou: 19"Ó meu senhor, o rei, por favor,
perdoe-me. Esqueça as coisas terríveis que seu servo disse quando
o senhor saiu de Jerusalém. 20Sei quanto pequei. Por isso vim aqui
hoje, a primeira pessoa em todo o Israel a receber o meu senhor,
o rei". 21Então Abisai, filho de Zeruia, disse: "Simei deve ser morto,
pois amaldiçoou o rei ungido do SENHOR!". 22"Quem pediu a opi-
nião de vocês, filhos de Zeruia?", disse Davi. "Por que agem como
se fossem meus inimigos? Hoje não é um dia de execuções, pois
hoje voltei a ser rei em Israel!" 23Então, virando-se para Simei, Davi
prometeu: "Sua vida será poupada".

O reencontro de Davi e Mefibosete

24Mefibosete, neto de Saul, veio para encontrar-se com o rei. Desde
que Davi havia saído de Jerusalém até o dia em que voltou em
segurança, Mefibosete não tinha lavado os pés, nem feito a barba,
nem lavado as roupas. 25Quando ele chegou a Jerusalém, o rei lhe
perguntou: "Por que você não veio comigo, Mefibosete?". 26Ele
respondeu: "Ó meu senhor, o rei, meu servo Ziba me enganou. Pedi
que ele selasse meu jumento para que eu pudesse acompanhar o
rei, pois, como o senhor sabe, sou aleijado. 27Ele, no entanto, falou
mal de mim e disse que eu havia me recusado a vir. Mas sei que
meu senhor, o rei, é como um anjo de Deus. Portanto, faça o que lhe
parecer melhor. 28Meus parentes e eu só poderíamos esperar que
o senhor mandasse nos matar. Contudo, o senhor me honrou ao
permitir que eu comesse à sua mesa. Que mais eu poderia pedir?".
29"Não precisa continuar se explicando", respondeu Davi. "Resolvi
que você e Ziba dividirão sua terra igualmente entre si." 30"Dê tudo
a ele", disse Mefibosete. "Para mim, basta saber que meu senhor, o
rei, voltou para casa em segurança."

Davi trata Barzilai com bondade

31Barzilai, de Gileade, havia descido de Rogelim para acompanhar
o rei na travessia do Jordão. 32Era bastante idoso – tinha 80 anos

– e era muito rico. Foi ele quem providenciou alimento para o rei
durante sua estada em Maanaim. 33O rei disse a Barzilai: "Venha co-
migo para Jerusalém, e eu cuidarei de você". 34Barzilai, porém, res-
pondeu: "Sou idoso demais para ir com o rei a Jerusalém. 35Tenho
80 anos e não consigo mais apreciar coisa alguma. A comida e a
bebida já não têm sabor, e já não consigo ouvir a voz dos cantores.
Seria apenas um peso para meu senhor, o rei. 36Atravessar o Jordão
com o rei é honra suficiente para mim! 37Depois, permita que eu
volte para morrer em minha cidade, onde meu pai e minha mãe
foram sepultados. Mas aqui está seu servo, Quimã; permita que ele
vá com meu senhor, o rei, e receba o que o senhor quiser lhe dar".
38"Está bem", concordou o rei. "Quimã virá comigo, e eu o ajudarei
da maneira como você achar melhor. E farei por você qualquer coisa
que me pedir." 39Assim, todo o povo atravessou o Jordão com o
rei. Depois que Davi abençoou Barzilai e o beijou, Barzilai voltou
para casa. 40O rei atravessou para Gilgal, levando Quimã consigo.
Todo o povo de Judá e metade do povo de Israel o acompanharam.

Discussão sobre o rei

41Contudo, os homens de Israel vieram queixar-se ao rei: "Os ho-
mens de Judá se apropriaram do rei e não nos deram a honra de
ajudar a levar o senhor, sua família e todos os seus acompanhantes
até o outro lado do Jordão". 42Os homens de Judá argumentaram:
"O rei é nosso parente próximo. Por que vocês estão irados? Não
comemos à custa do rei nem recebemos favor especial algum!".
43"Mas há dez tribos em Israel", responderam os outros. "Portanto,
temos dez vezes mais direito ao rei do que vocês. Que direito vo-
cês têm de nos tratar com desprezo? Não fomos nós os primeiros
a propor trazer nosso rei de volta?" A discussão continuou, e os
homens de Judá falaram com ainda mais rispidez que os de Israel.

CAPÍTULO 20

A rebelião de Seba

1Estava ali por acaso um homem perverso chamado Seba, filho de
Bicri, da tribo de Benjamim. Seba tocou a trombeta e começou a gri-
tar: "Abaixo a dinastia de Davi! O filho de Jessé nada tem a nos ofe-
recer! Vamos, homens de Israel, todos de volta para casa!". 2Então
todo o povo de Israel que estava ali abandonou Davi e seguiu Seba,

NO QUE ESTOU **PENSANDO** ○ | O QUE ESTOU **SENTINDO** ○ | DO QUE ESTOU **LEMBRANDO** ○

DESENHE OU ESCREVA

filho de Bicri. O povo de Judá, porém, permaneceu com o rei e o
acompanhou do rio Jordão até Jerusalém. 3Quando Davi chegou a
seu palácio em Jerusalém, mandou confinar as dez concubinas que
haviam ficado ali. O rei lhes providenciou sustento, mas não teve
mais relações com elas. Permaneceram como viúvas até o fim da
vida. 4O rei disse a Amasa: "Reúna o exército de Judá e apresente-se
aqui em três dias". 5Amasa saiu para convocar os soldados de Judá,
mas levou mais tempo que o prazo definido pelo rei. 6Então Davi
disse a Abisai: "Seba, filho de Bicri, vai nos prejudicar mais que
Absalão. Leve minhas tropas e persiga-o antes que ele entre numa
cidade fortificada, onde não possamos alcançá-lo". 7Os soldados de
Joabe, junto com a guarda pessoal do rei e os guerreiros valentes,
saíram de Jerusalém para perseguir Seba. 8Quando chegaram à
grande rocha em Gibeom, Amasa foi ao encontro deles. Joabe ves-
tia seu traje militar e levava um punhal preso ao cinto. Quando deu
um passo à frente para saudar Amasa, tirou o punhal da bainha.
9"Como vai, meu primo?", disse Joabe, e o pegou pela barba com a
mão direita, como se fosse beijá-lo. 10Amasa não percebeu o punhal
na mão esquerda dele, e Joabe o feriu no estômago, de modo que
suas entranhas se derramaram no chão. Joabe não precisou feri-lo
outra vez, pois Amasa morreu rapidamente. Joabe e seu irmão
Abisai deixaram o corpo ali e continuaram a perseguir Seba. 11Um
dos soldados de Joabe gritou: "Se estiverem do lado de Joabe e
Davi, venham e sigam Joabe!". 12Amasa, porém, estava estendido
numa poça de sangue no meio do caminho, e os soldados de Joabe
viram que todos paravam para olhar. Então um dos soldados o
arrastou para fora do caminho, até um campo, e o cobriu com um
manto. 13Com o corpo de Amasa fora do caminho, todos seguiram
Joabe em perseguição a Seba, filho de Bicri. 14Enquanto isso, Seba
passou por todas as tribos de Israel e, por fim, chegou à cidade de
Abel-Bete-Maaca. Todos os membros de seu clã, os bicritas, se reu-
niram para lutar e o seguiram até a cidade. 15Quando os soldados
de Joabe chegaram, cercaram Abel-Bete-Maaca. Construíram uma
rampa junto às fortificações da cidade e começaram a derrubar o
muro. 16Então uma mulher sábia da cidade gritou: "Ouçam! Digam
a Joabe que se aproxime, pois desejo falar com ele!". 17Quando ele
se aproximou, a mulher perguntou: "O senhor é Joabe?". "Sim, sou
eu", respondeu ele. Então ela disse: "Ouça sua serva com atenção".

"Estou ouvindo", disse ele. 18A mulher continuou: "Antigamente
era costume dizer: 'Se precisar resolver um desentendimento, peça
conselho na cidade de Abel'. 19Somos pacíficos e fiéis em Israel, mas
o senhor está prestes a destruir uma cidade importante de nossa
terra. Por que deseja destruir aquilo que pertence ao SENHOR?".
20"De maneira nenhuma!", respondeu Joabe. "Não quero arruinar
nem destruir sua cidade. 21Não é essa a minha intenção. Quero
apenas capturar um homem chamado Seba, filho de Bicri, da região
montanhosa de Efraim, que se rebelou contra o rei Davi. Se vocês
o entregarem para mim, deixarei a cidade em paz." "Está bem",
respondeu a mulher. "Jogaremos a cabeça dele para você por cima
do muro." 22Então a mulher levou o seu bom conselho até o povo.
Eles cortaram a cabeça de Seba e a jogaram para Joabe. Ele tocou
a trombeta, e seus soldados se retiraram da cidade. Todos voltaram
para suas casas, e Joabe voltou para o rei, em Jerusalém. 23Joabe
era o comandante de todo o exército de Israel. Benaia, filho de
Joiada, era o comandante da guarda pessoal do rei. 24Adonirão era
encarregado daqueles que realizavam trabalhos forçados. Josafá,
filho de Ailude, era o historiador do reino. 25Seva era o secretário da
corte. Zadoque e Abiatar eram os sacerdotes. 26E Ira, descendente
de Jair, servia Davi como sacerdote.

CAPÍTULO 21

Davi vinga os gibeonitas

1Durante o reinado de Davi, houve uma terrível fome que durou três
anos, e o rei consultou o SENHOR a esse respeito. O SENHOR disse: "A
fome veio porque Saul e sua família são culpados de terem matado
os gibeonitas". 2Então o rei mandou chamar os gibeonitas. Eles não
faziam parte do povo de Israel, mas eram tudo que restava dos
amorreus. Os israelitas tinham jurado que não os matariam, mas
Saul, em seu zelo por Israel e Judá, havia tentado exterminá-los.
3Davi lhes perguntou: "O que posso fazer por vocês? Como posso
reparar o mal que lhes foi feito, para que vocês abençoem o povo
do SENHOR?". 4Os gibeonitas responderam: "Prata e ouro não resol-
verão a questão entre nós e a família de Saul. Também não temos o
direito de exigir a vida de ninguém em Israel". "Que farei por vocês,
então?", perguntou Davi. 5Eles responderam: "Saul planejava nos
destruir; queria nos impedir de ter um lugar no território de Israel.

NO QUE ESTOU **PENSANDO** ○ | O QUE ESTOU **SENTINDO** ○ | DO QUE ESTOU **LEMBRANDO** ○

DESENHE OU ESCREVA

6Portanto, entregue-nos sete dos filhos de Saul, para que os exe-
cutemos diante do SENHOR em Gibeá, no monte do SENHOR". "Está
bem", disse o rei. "Farei o que me pedem." 7O rei poupou a vida de
Mefibosete, filho de Jônatas, filho de Saul, por causa do juramento
que Davi e Jônatas haviam feito diante do SENHOR. 8Contudo, en-
tregou-lhes Armoni e Mefibosete, os dois filhos de Saul com Rispa,
filha de Aiá. Também entregou-lhes os cinco filhos de Merabe, filha
de Saul, esposa de Adriel, filho de Barzilai, de Meolá. 9Os homens
de Gibeom os executaram no monte, diante do SENHOR. Os sete
foram mortos ao mesmo tempo, no início da colheita da cevada.
10Então Rispa, filha de Aiá, estendeu um pano de saco sobre uma
rocha e ficou ali todo o período da colheita. Não deixou que as
aves de rapina despedaçassem os corpos deles durante o dia e
impediu os animais selvagens de os devorarem durante a noite.
11Quando Davi soube o que Rispa, concubina de Saul, havia feito,
12foi até o povo de Jabes-Gileade para reaver os ossos de Saul e de
seu filho Jônatas. (Quando os filisteus mataram Saul e Jônatas no
monte Gilboa, o povo de Jabes-Gileade tinha roubado os corpos
deles da praça de Bete-Sã, onde os filisteus os haviam pendurado.)
13Davi trouxe os ossos de Saul e de Jônatas, e também os ossos dos
homens que os gibeonitas haviam executado. 14O rei ordenou que
os ossos de Saul e de Jônatas fossem enterrados na sepultura de
Quis, pai de Saul, na cidade de Zela, na terra de Benjamim. Depois
disso, Deus atendeu às orações em favor do povo.

Batalhas contra gigantes filisteus

15Mais uma vez, houve guerra entre os filisteus e Israel. Quando
Davi e seus soldados estavam no meio de uma batalha, Davi per-
deu as forças e ficou exausto. 16Isbibenobe era descendente de
gigantes, e a ponta de sua lança de bronze pesava cerca de 3,5
quilos. Ele estava armado com uma espada nova e jurou que ia
matar Davi. 17Mas Abisai, filho de Zeruia, veio socorrer Davi e matou
o filisteu. Então os homens de Davi exigiram: "O senhor não vai
mais sair conosco para lutar! Por que correr o risco de apagar a
lâmpada de Israel?". 18Depois disso, houve outra batalha contra os
filisteus, em Gobe. Enquanto lutavam, Sibecai, de Husate, matou
Safe, outro descendente de gigantes. 19Durante uma batalha em
Gobe, Elanã, filho de Jair, de Belém, matou o irmão de Golias, de

Gate. O cabo de sua lança era da grossura de um eixo de tecelão.
20Em outra batalha com os filisteus em Gate, havia um homem de
grande estatura com seis dedos em cada mão e seis dedos em cada
pé, 24 dedos ao todo, que também era descendente de gigantes.
21Mas, quando ele desafiou os israelitas e zombou deles, foi morto
por Jônatas, filho de Simeia, irmão de Davi. 22Esses quatro filisteus
eram descendentes dos gigantes de Gate, mas Davi e seus guerreiros os mataram.

CAPÍTULO 22

Cântico de louvor de Davi

1Davi entoou esta canção ao SENHOR no dia em que o SENHOR o
livrou de todos os seus inimigos e de Saul. 2Assim cantou: "O
SENHOR é minha rocha, minha fortaleza e meu libertador; 3meu
Deus é minha rocha, em quem encontro proteção. Ele é meu escudo, o poder que me salva e meu lugar seguro. Ele é meu refúgio, meu salvador, aquele que me livra da violência. 4Clamei ao
SENHOR, que é digno de louvor, e ele me livrou de meus inimigos.
5"As ondas da morte me cercaram, torrentes de destruição caíram
sobre mim. 6A sepultura me envolveu em seus laços, a morte pôs
uma armadilha em meu caminho. 7Em minha aflição, clamei ao
SENHOR; sim, clamei a Deus por socorro. Do seu santuário ele me
ouviu; meu clamor chegou a seus ouvidos. 8"A terra se abalou e
estremeceu; tremeram os alicerces dos céus, agitaram-se por causa
de sua ira. 9De suas narinas saiu fumaça, de sua boca, fogo consumidor; brasas vivas saíram dele. 10Ele abriu os céus e desceu,
com nuvens escuras de tempestade sob os pés. 11Montado num
querubim, pairava sobre as asas do vento. 12Envolveu-se num
manto de escuridão, em densas nuvens de chuva. 13Um clarão
resplandeceu ao seu redor, e dele saíram brasas vivas. 14O SENHOR
trovejou dos céus; a voz do Altíssimo ressoou. 15Atirou flechas e
dispersou seus inimigos, lançou raios e os fez fugir em confusão.
16Então, por ordem do SENHOR, com o forte sopro de suas narinas,
o fundo do mar apareceu e os alicerces da terra ficaram expostos.
17"Dos céus estendeu a mão e me resgatou; tirou-me de águas profundas. 18Livrou-me de inimigos poderosos, dos que me odiavam e
eram fortes demais para mim. 19Quando eu estava angustiado, eles
me atacaram, mas o SENHOR me sustentou. 20Ele me levou a um

2Sm 22.3

lugar seguro, e me livrou porque se agrada de mim. 21O SENHOR me
recompensou por minha justiça; por causa de minha inocência, me
restaurou. 22Pois guardei os caminhos do SENHOR, não me afastei
de Deus para seguir o mal. 23Cumpri todos os seus estatutos e
nunca abandonei seus decretos. 24Sou inculpável diante de Deus;
do pecado me guardei. 25O SENHOR me recompensou por minha
justiça; ele viu minha inocência. 26"Aos fiéis te mostras fiel, e, aos
íntegros, mostras integridade. 27Aos puros te mostras puro, mas,
aos perversos, te mostras astuto. 28Livras os humildes, mas teus
olhos observam os orgulhosos, e tu os humilhas. 29Ó SENHOR, tu
és minha lâmpada! O SENHOR ilumina minha escuridão. 30Com tua
força, posso atacar qualquer exército; com meu Deus, posso saltar
qualquer muralha. 31"O caminho de Deus é perfeito: as promessas do SENHOR sempre se cumprem; ele é escudo para todos que
nele se refugiam. 32Pois quem é Deus, senão o SENHOR? Quem é
rocha firme, senão o nosso Deus? 33Deus é minha fortaleza inabalável e remove os obstáculos de meu caminho. 34Torna meus pés
ágeis como os da corça e me sustenta quando ando pelos montes.
35Treina minhas mãos para a batalha e fortalece meus braços para
vergar o arco de bronze. 36Tu me deste teu escudo de vitória; teu
socorro me engrandece. 37Abriste um caminho largo para meus
pés, de modo que não vacilem. 38"Persegui meus inimigos e os
destruí; não retornei enquanto não foram derrotados. 39Acabei
com eles e os feri até que não pudessem se levantar; tombaram
diante de meus pés. 40Tu me armaste fortemente para a batalha,
ajoelhaste meus inimigos diante de mim. 41Puseste o pescoço deles sob meus pés; destruí todos que me odiavam. 42Procuraram
ajuda, mas ninguém os socorreu; clamaram ao SENHOR, mas ele
não respondeu. 43Eu os moí tão fino como o pó da terra; eu os
esmaguei e os pisoteei como a lama das ruas. 44"Tu me livraste de
meus acusadores e me preservaste como governante de nações;
povos que eu não conhecia agora me servem. 45Nações estrangeiras se encolhem diante de mim; rendem-se assim que ouvem
sobre os meus feitos. 46Todos eles perdem a coragem e, tremendo,
saem de suas fortalezas. 47"O SENHOR vive! Louvada seja minha
Rocha! Exaltado seja Deus, a Rocha da minha salvação! 48Ele é o
Deus que se vinga dos que me fazem o mal; sujeita as nações ao
meu poder 49e me livra de meus adversários. Tu me manténs em

segurança, fora do alcance de meus inimigos; de homens violen-
tos me livras. 50Por isso, ó SENHOR, te louvarei entre as nações;
sim, cantarei louvores ao teu nome. 51Concedes grandes vitórias
a teu rei e mostras amor por teu ungido, por Davi e todos os seus
descendentes, para sempre!".

CAPÍTULO 23

Palavras finais de Davi

1Estas são as últimas palavras de Davi: "Isto é o que diz Davi, filho
de Jessé; Davi, que foi tão exaltado, Davi, o homem ungido pelo
Deus de Jacó, Davi, o amável salmista de Israel. 2"O Espírito do
SENHOR fala por meu intermédio; suas palavras estão em minha
língua. 3O Deus de Israel falou, a Rocha de Israel me disse: 'Aquele
que governa com justiça, que governa no temor de Deus, 4é como a
luz da manhã ao nascer do sol, como a manhã sem nuvens, como o
brilho do sol que faz crescer a grama nova depois da chuva'. 5"Acaso
não foi minha família que Deus escolheu? Sim, ele fez comigo uma
aliança sem fim, bem definida e garantida nos mínimos detalhes;
ele me dará segurança e êxito. 6Os perversos, porém, são como
espinhos lançados fora, pois ferem a mão de quem os toca. 7É pre-
ciso usar ferramentas de ferro para cortá-los; serão inteiramente
consumidos pelo fogo".

Os guerreiros mais valentes de Davi

8Estes são os nomes dos guerreiros mais valentes de Davi. O primei-
ro era Jabesão, o hacmonita, líder dos Três, isto é, dos três guerreiros
mais valentes dentre os soldados de Davi. Certa ocasião, usou sua
lança para matar oitocentos soldados inimigos numa só batalha. 9O
segundo era Eleazar, filho de Dodô, descendente de Aoí. Ele era um
dos três guerreiros que estavam com Davi quando enfrentaram os
filisteus depois que todo o exército israelita havia recuado. 10Eleazar
matou filisteus até que sua mão ficou cansada demais para levantar
a espada, e o SENHOR lhe deu grande vitória naquele dia. Quando
o exército voltou, os soldados só tiveram de recolher os despojos.
11Depois dele vinha Samá, filho de Agé, de Harar. Certa ocasião, os
filisteus se reuniram em Leí e atacaram os israelitas numa plantação
de lentilhas. O exército israelita fugiu, 12mas Samá permaneceu em
sua posição no meio do campo e derrotou os filisteus. Desse modo,

NO QUE ESTOU PENSANDO ○ | O QUE ESTOU SENTINDO ○ | DO QUE ESTOU LEMBRANDO ○

DESENHE OU ESCREVA

o SENHOR lhe deu grande vitória. 13Durante a colheita, quando Davi
estava na caverna de Adulão, o exército filisteu acampou no vale
de Refaim. Os Três – que faziam parte dos Trinta, um grupo de elite
entre os valentes de Davi – desceram para encontrá-lo em Adulão.
14Nessa ocasião, Davi estava na fortaleza, e um destacamento filis-
teu havia ocupado a cidade de Belém. 15Davi comentou: "Ah, como
seria bom beber a água pura do poço que fica junto ao portão de
Belém!". 16Então os Três atravessaram as fileiras dos filisteus, tiraram
água do poço e a trouxeram a Davi. Ele, porém, se recusou a bebê-la.
Em vez disso, derramou-a no chão como oferta ao SENHOR. 17"Que
o SENHOR não permita que eu beba desta água!", exclamou. "Ela é
tão preciosa quanto o sangue destes homens que arriscaram a vida
para trazê-la." E Davi não a bebeu. Esses são exemplos dos feitos
desses três guerreiros.

Os trinta valentes de Davi

18Abisai, filho de Zeruia, irmão de Joabe, era líder dos Trinta. Certa
ocasião, usou sua lança para matar trezentos soldados inimigos
numa só batalha. Foi por causa de feitos como esse que ele se
tornou tão famoso quanto os Três. 19Abisai era o mais conhecido
dos Trinta e era seu comandante, embora não fosse um dos Três.
20Também havia Benaia, filho de Joiada, soldado valente de
Cabzeel. Realizou muitos feitos heroicos, como matar dois grandes
guerreiros de Moabe. Em outra ocasião, num dia de neve, perse-
guiu um leão até uma cova e o matou. 21Uma vez, com apenas
um cajado, matou um imponente guerreiro egípcio armado com
uma lança. Benaia arrancou a lança da mão do egípcio e com ela
o matou. 22Feitos como esses tornaram Benaia tão famoso quanto
os três guerreiros mais valentes. 23Foi mais honrado que qualquer
outro membro dos Trinta, embora não fosse um dos Três. Davi o
nomeou comandante de sua guarda pessoal. 24Entre os Trinta
estavam: Asael, irmão de Joabe; Elanã, filho de Dodô, de Belém;
25Samá, de Harode; Elica, de Harode; 26Helez, de Pelom; Ira, fi-
lho de Iques, de Tecoa; 27Abiezer, de Anatote; Sibecai, de Husate;
28Zalmom, de Aoí; Maarai, de Netofate; 29Helede, filho de Baaná,
de Netofate; Itai, filho de Ribai, de Gibeá, na terra de Benjamim;
30Benaia, de Piratom; Hurai, de Naal-Gaás; 31Abi-Albom, de Arbate;
Azmavete, de Baurim; 32Eliaba, de Saalbom; os filhos de Jasém;

Jônatas, 33filho de Sage, de Harar; Aião, filho de Sarar, de Harar; 34Elifelete, filho de Aasbai, de Maaca; Eliã, filho de Aitofel, de Gilo; 35Hezro, do Carmelo; Paarai, de Arba; 36Igal, filho de Natã, de Zobá; Bani, de Gade; 37Zeleque, de Amom; Naarai, de Beerote, escudeiro de Joabe, filho de Zeruia; 38Ira, de Jatir; Garebe, de Jatir; 39Urias, o hitita. Ao todo, eram 37.

CAPÍTULO 24

Davi realiza um censo

1Mais uma vez, a ira do SENHOR ardeu contra Israel e incitou Davi contra eles. "Vá e conte o povo de Israel e de Judá", disse-lhe o SENHOR. 2Então o rei disse a Joabe, comandante de seu exército: "Faça uma contagem de todas as tribos de Israel, desde Dã, ao norte, até Berseba, ao sul, para que eu saiba o número exato do povo". 3Joabe, porém, respondeu ao rei: "Que o SENHOR, seu Deus, dê ao rei vida longa para ver a população cem vezes mais numerosa do que é hoje! Mas por que meu senhor, o rei, deseja fazer essa contagem?". 4Apesar da objeção de Joabe, o rei insistiu que fizessem o censo. Então Joabe e os comandantes do exército saíram para contar o povo de Israel. 5Primeiro atravessaram o Jordão e acamparam em Aroer, ao sul da cidade, no meio do vale de Gade. Em seguida, foram a Jazer, 6depois, a Gileade, na terra de Tatim-Hodsi e a Dã-Jaã, e deram a volta para Sidom. 7Então chegaram à fortaleza de Tiro, e a todas as cidades dos heveus e dos cananeus. Por fim, dirigiram-se ao sul de Judá, até Berseba. 8Tendo percorrido toda a terra em nove meses e vinte dias, voltaram para Jerusalém. 9Joabe informou ao rei o total da contagem. Havia em Israel oitocentos mil homens aptos para irem à guerra que sabiam manejar a espada e, em Judá, havia quinhentos mil.

Julgamento por causa do pecado de Davi

10Depois que Davi fez o censo, sua consciência começou a incomodá-lo. Ele disse ao SENHOR: "Pequei grandemente ao fazer essa contagem. Perdoe meu pecado, ó SENHOR, pois cometi uma insensatez". 11Na manhã seguinte, a palavra do SENHOR veio ao profeta Gade, vidente de Davi. Esta foi a mensagem: 12"Vá e diga a Davi que assim diz o SENHOR: 'Darei a você três opções. Escolha um destes castigos, e eu o aplicarei a você'". 13Gade foi a Davi e lhe perguntou:

"Qual destas opções você escolhe: três anos de fome por toda a terra, três meses fugindo de seus inimigos, ou três dias de praga intensa por toda a terra? Pense bem e decida o que devo responder àquele que me enviou". 14"Não tenho para onde correr nesta situação!", respondeu Davi a Gade. "Mas é melhor cair nas mãos do SENHOR, pois sua misericórdia é grande. Que eu não caia nas mãos de homens." 15Então, naquela manhã, o SENHOR enviou sobre Israel uma praga que durou o tempo determinado. Morreram setenta mil pessoas em todo o Israel, desde Dã, ao norte, até Berseba, ao sul. 16Mas, quando o anjo estava pronto para destruir Jerusalém, o SENHOR teve compaixão e disse ao anjo da morte: "Pare! Já basta!". Naquele momento, o anjo do SENHOR estava perto da eira de Araúna, o jebuseu. 17Quando Davi viu o anjo, disse ao SENHOR: "Fui eu que pequei e fiz o que era mau! O povo é inocente. O que fizeram? Que tua ira caia sobre mim e minha família".

Davi constrói um altar

18Naquele dia, Gade foi a Davi e disse: "Vá e construa um altar para o SENHOR na eira de Araúna, o jebuseu". 19Então Davi subiu até lá para cumprir a ordem do SENHOR. 20Quando Araúna viu o rei e seus servos se aproximando, saiu e curvou-se diante do rei com o rosto no chão. 21"Por que meu senhor, o rei, veio aqui?", perguntou Araúna. Davi respondeu: "Vim comprar sua eira e construir nela um altar para o SENHOR, a fim de que ele faça cessar a praga". 22"Pode ficar com a eira, meu senhor, o rei", disse Araúna. "Use-a como lhe parecer melhor. Aqui estão os bois para o holocausto, e o senhor pode usar as tábuas de trilhar e as cangas dos bois como lenha para o fogo do altar. 23Eu lhe darei tudo, ó rei. E que o SENHOR, seu Deus, aceite seu sacrifício." 24O rei, porém, respondeu a Araúna: "Não! Faço questão de pagar por tudo. Não apresentarei ao SENHOR, meu Deus, holocaustos que nada me custaram". Então Davi pagou cinquenta peças de prata pela eira e pelos bois. 25Davi construiu ali um altar ao SENHOR e ofereceu holocaustos e ofertas de paz. O SENHOR respondeu à sua oração em favor da terra, e a praga sobre Israel cessou.

1 REIS

CAPÍTULO 1

A velhice de Davi

1O rei Davi já estava muito idoso e, por mais cobertores que puses-
sem sobre ele, não se aquecia. 2Então seus conselheiros lhe disse-
ram: "Vamos procurar uma jovem virgem para servi-lo e cuidar do
senhor, o rei. Ela se deitará em seus braços e o manterá aquecido".
3Então procuraram em toda a terra de Israel uma jovem bonita e
encontraram Abisague, de Suném, e a levaram ao rei. 4A jovem,
muito bela, passou a cuidar do rei e a servi-lo. O rei, porém, não
teve relações sexuais com ela.

Adonias reivindica o trono

5Por essa época, Adonias, filho de Davi e Hagite, começou a se ga-
bar: "Eu assumirei o trono". Providenciou carruagens e cavaleiros,
e também cinquenta homens que serviam como sua guarda de
honra. 6Seu pai nunca o havia disciplinado, nem sequer lhe pergun-
tava: "Por que está fazendo isso?". Adonias havia nascido depois de
Absalão e também era muito bonito. 7Adonias buscou conselho com
Joabe, filho de Zeruia, e com o sacerdote Abiatar, e eles o apoiaram
em seu plano. 8Mas o sacerdote Zadoque, Benaia, filho de Joiada,
o profeta Natã, Simei, Reí e a guarda pessoal de Davi se recusaram
a apoiar Adonias. 9Adonias foi à pedra de Zoelete, perto de En-
Rogel, onde ofereceu sacrifícios de ovelhas, bois e novilhos gordos.
Convidou todos os seus irmãos, os outros filhos do rei Davi, e todos
os homens de Judá, oficiais do rei. 10Mas não convidou o profeta

NO QUE ESTOU **PENSANDO** ○ | O QUE ESTOU **SENTINDO** ○ | DO QUE ESTOU **LEMBRANDO** ○

DESENHE OU ESCREVA

Natã, nem Benaia, nem a guarda pessoal do rei, nem seu irmão
Salomão. 11Então Natã foi falar com Bate-Seba, mãe de Salomão, e
lhe perguntou: "Você está sabendo que Adonias, filho de Hagite, se
proclamou rei, e nosso senhor Davi nem sabe? 12Se deseja salvar a
sua vida e a de seu filho Salomão, siga meu conselho. 13Vá depressa
ao rei Davi e diga-lhe: 'Meu senhor, o rei, não jurou a mim que meu
filho Salomão certamente seria o próximo rei e se sentaria em seu
trono? Então por que Adonias se proclamou rei?'. 14E, enquanto
você ainda estiver falando com ele, eu virei e confirmarei tudo que
disse". 15O rei Davi, já bastante idoso, estava em seu quarto, onde
Abisague cuidava dele. Bate-Seba foi até lá 16e curvou-se diante
do rei. "O que você quer?", perguntou ele. 17Ela respondeu: "Meu
senhor jurou diante do SENHOR, seu Deus, que Salomão, o filho de
sua serva, certamente seria o próximo rei e se sentaria em seu trono.
18Mas, agora, Adonias se proclamou rei, e meu senhor, o rei, nem
sabe. 19Ele ofereceu muitos sacrifícios de bois, novilhos gordos e
ovelhas, e convidou todos os filhos do rei para a celebração. Também
convidou o sacerdote Abiatar e Joabe, o comandante do exército.
Mas não convidou seu servo Salomão. 20Agora, ó meu senhor, o
rei, todo o Israel espera que o senhor anuncie quem o sucederá no
trono. 21Se o senhor não tomar uma providência, meu filho Salomão
e eu seremos tratados como criminosos quando meu senhor, o rei,
morrer". 22Enquanto ela ainda falava com o rei, chegou o profeta
Natã. 23Os servos do rei lhe disseram: "O profeta Natã deseja vê-
-lo". Natã entrou, curvou-se com o rosto no chão diante do rei 24e
perguntou: "Meu senhor, o rei, decidiu que Adonias será o próximo
rei e se sentará em seu trono? 25Hoje ele ofereceu muitos sacrifícios
de bois, novilhos gordos e ovelhas, e convidou todos os filhos do rei
para a celebração. Também convidou os comandantes do exército e
o sacerdote Abiatar. Estão comendo e bebendo com ele e gritando:
'Viva o rei Adonias!'. 26Mas ele não convidou a mim, seu servo, nem
ao sacerdote Zadoque, nem a Benaia, filho de Joiada, nem a seu
servo Salomão. 27Meu senhor, o rei, fez isso sem informar nenhum
de seus conselheiros quem será o próximo rei?".

Salomão é proclamado rei

28O rei Davi respondeu: "Chamem Bate-Seba!". Então ela voltou e
ficou em pé diante dele. 29O rei repetiu seu juramento: "Tão certo

como vive o Senhor, que me livrou de todos os perigos, 30seu
filho Salomão será o próximo rei e se sentará em meu trono hoje
mesmo, como jurei a você diante do Senhor, o Deus de Israel!".
31Então Bate-Seba se curvou diante do rei com o rosto no chão e
exclamou: "Que o rei Davi, meu senhor, viva para sempre!". 32O
rei Davi ordenou: "Chamem o sacerdote Zadoque, o profeta Natã
e Benaia, filho de Joiada". Quando eles chegaram à presença do rei,
33ele lhes disse: "Levem Salomão e meus conselheiros à fonte de
Giom. Salomão deve ir montado em minha mula. 34Ali o sacerdote
Zadoque e o profeta Natã o ungirão rei sobre Israel. Toquem a trom-
beta e gritem: 'Viva o rei Salomão!'. 35Em seguida, acompanhem
Salomão de volta para cá, e ele se sentará em meu trono. Será
meu sucessor, pois eu decretei que ele reinará sobre Israel e Judá".
36"Amém!", respondeu Benaia, filho de Joiada. "Que o Senhor,
o Deus de meu senhor, o rei, confirme suas palavras. 37E que o
Senhor esteja com Salomão como esteve com meu senhor, o rei,
e que torne o reinado de Salomão ainda maior que o seu!" 38Então
o sacerdote Zadoque, o profeta Natã, Benaia, filho de Joiada, e a
guarda pessoal do rei levaram Salomão à fonte de Giom, e Salomão
foi montado na mula que pertencia ao rei Davi. 39Ali o sacerdote
Zadoque pegou uma vasilha de óleo da tenda sagrada e ungiu
Salomão. Em seguida, tocaram a trombeta, e todo o povo gritou:
"Viva o rei Salomão!". 40E todos acompanharam Salomão, tocando
flautas e soltando gritos de alegria. A celebração era tão animada e
barulhenta que fazia o chão tremer. 41Adonias e seus convidados
ouviram a celebração bem na hora em que terminavam o banque-
te. Quando Joabe ouviu o som da trombeta, perguntou: "O que está
acontecendo? Por que a cidade está nesse alvoroço?". 42Enquanto
ele ainda falava, chegou Jônatas, filho do sacerdote Abiatar. "Entre",
disse-lhe Adonias. "Você é um homem de bem. Com certeza traz
boas notícias." 43"Pelo contrário!", respondeu Jônatas. "O rei Davi,
nosso senhor, proclamou Salomão o novo rei! 44Enviou-o à fonte
de Giom acompanhado do sacerdote Zadoque, do profeta Natã e
de Benaia, filho de Joiada, sob a proteção da guarda pessoal do rei.
Salomão ia montado na mula que pertence ao rei, 45e Zadoque e
Natã o ungiram rei na fonte de Giom. Acabam de voltar, e a cidade
inteira está festejando com grande alegria. Esse é o motivo de todo
esse alvoroço. 46Além disso, agora mesmo Salomão está sentado

1Rs 1.36

no trono real, 47e todos os oficiais do rei foram cumprimentar Davi
e lhe disseram: 'Que o seu Deus torne a fama de Salomão ainda
maior que a sua, e que o reinado de Salomão seja ainda maior que
o seu!'. E, deitado na cama, o rei curvou-se em adoração 48e disse:
'Louvado seja o Senhor, o Deus de Israel, que hoje escolheu um
sucessor para sentar-se em meu trono enquanto ainda estou vivo
para ver isso acontecer'." 49Então, em pânico, os convidados de
Adonias se levantaram da mesa do banquete e se dispersaram.
50Adonias, com medo de Salomão, correu para a tenda sagrada
e se agarrou às pontas do altar. 51Salomão soube que Adonias,
por medo, estava agarrado às pontas do altar e dizia: "Que o rei
Salomão jure hoje que não matará a mim, seu servo!". 52Salomão
respondeu: "Se ele for leal, não se tocará num só fio de cabelo
de sua cabeça. Mas, se ele demonstrar más intenções, morrerá".
53Então o rei Salomão mandou chamar Adonias, e eles o retiraram
de junto do altar. Ele veio e se curvou diante do rei Salomão, que
lhe disse: "Vá para casa".

CAPÍTULO 2

Instruções finais de Davi a Salomão

1Quando se aproximava o momento de sua morte, Davi deu as
seguintes instruções a seu filho Salomão: 2"Vou para onde todos
na terra irão algum dia. Seja corajoso e seja homem. 3Obedeça às
ordens do Senhor, seu Deus, e siga os caminhos dele. Guarde os
decretos, mandamentos, estatutos e preceitos escritos na lei de
Moisés, para que seja bem-sucedido em tudo que fizer e por onde
quer que for. 4Desse modo, o Senhor manterá a promessa que me
fez: 'Se seus descendentes viverem como devem e me seguirem
fielmente de todo o coração e de toda a alma, sempre haverá um
deles no trono de Israel'. 5"Além disso, você sabe o mal que Joabe,
filho de Zeruia, me fez quando assassinou os dois comandantes
do exército de Israel, Abner, filho de Ner, e Amasa, filho de Jéter.
Ele os matou como se fossem inimigos de guerra, mas era tem-
po de paz. Assim, manchou seu cinto e sua sandália com sangue
inocente. 6Faça com ele o que lhe parecer melhor, mas não deixe
que envelheça e desça à sepultura em paz. 7"Seja bondoso com os
filhos de Barzilai, de Gileade. Faça deles convidados permanentes
à sua mesa, pois cuidaram de mim quando eu fugia de seu irmão

Absalão. 8"E lembre-se de Simei, filho de Gera, de Baurim, da tribo
de Benjamim. Ele lançou contra mim uma terrível maldição quando
fui a Maanaim. Quando ele desceu ao meu encontro no rio Jordão,
jurei pelo SENHOR que não o mataria. 9Contudo, esse juramento
não o torna inocente. Você é um homem sábio e saberá providen-
ciar para ele uma morte sangrenta em sua velhice". 10Então Davi
morreu e foi sepultado na Cidade de Davi com seus antepassados.
11Reinou por quarenta anos sobre Israel: sete em Hebrom e 33 em
Jerusalém. 12Salomão se sentou no trono de seu pai, Davi, e seu
reinado foi firmemente estabelecido.

Salomão estabelece seu governo

13Certo dia, Adonias, filho de Hagite, foi falar com Bate-Seba, mãe
de Salomão. Ela lhe perguntou: "Você vem em paz?". "Sim, venho
em paz", disse ele. 14"Na verdade, tenho um favor a lhe pedir." "O
que é?", perguntou ela. 15Ele respondeu: "Como você sabe, o reino
era meu por direito; todo o Israel esperava que eu fosse o próximo
rei. Mas a situação mudou e o reino foi para meu irmão, pois o
SENHOR quis assim. 16Agora, tenho apenas uma coisa a lhe pedir.
Por favor, não deixe de me atender". "O que você quer?", perguntou
ela. 17Ele disse: "Fale em meu favor ao rei Salomão, pois sei que ele
a atenderá. Peça que ele permita que eu me case com Abisague,
a jovem de Suném". 18"Está bem", respondeu Bate-Seba. "Vou fa-
lar com o rei por você." 19Então Bate-Seba foi até o rei Salomão
para falar com ele sobre o pedido de Adonias. O rei se levantou
do trono para recebê-la e se curvou diante dela. Depois que o rei
voltou a sentar-se, ordenou que trouxessem um trono para sua
mãe, e ela se sentou à sua direita. 20"Tenho um pequeno pedido
a lhe fazer", disse ela. "Espero que não deixe de me atender." "O
que é, minha mãe?", perguntou ele. "Eu não recusaria um pedido
seu." 21Ela respondeu: "Permita que seu irmão Adonias se case
com Abisague, a jovem de Suném". 22"Como pode me pedir que
entregue Abisague a Adonias?", disse o rei Salomão. "Peça de uma
vez que eu dê o reino para ele! Sabe bem que ele é meu irmão mais
velho e que conta com o apoio do sacerdote Abiatar e de Joabe,
filho de Zeruia." 23Então o rei Salomão fez um juramento diante do
SENHOR: "Que Deus me castigue severamente se Adonias não tiver
selado seu destino com esse pedido. 24O SENHOR me confirmou e

NO QUE ESTOU PENSANDO ○ O QUE ESTOU SENTINDO ○ DO QUE ESTOU LEMBRANDO ○

DESENHE OU ESCREVA

me colocou no trono de meu pai, Davi, e estabeleceu minha di-
nastia como prometeu. Portanto, tão certo como vive o SENHOR,
Adonias morrerá ainda hoje!". 25E o rei Salomão ordenou a Benaia,
filho de Joiada, que atacasse Adonias, e ele foi morto. 26Depois, o
rei disse ao sacerdote Abiatar: "Volte para sua casa em Anatote.
Você merece morrer, mas não o matarei hoje, pois você carregou a
arca do SENHOR Soberano para meu pai, Davi, e o acompanhou em
todas as dificuldades dele". 27Então Salomão depôs Abiatar de seu
cargo de sacerdote do SENHOR e, desse modo, cumpriu a profecia
do SENHOR em Siló a respeito dos descendentes de Eli. 28Essas
notícias chegaram até Joabe. Embora não houvesse apoiado a
revolta de Absalão, ele tinha dado seu apoio a Adonias. Por isso,
fugiu para a tenda sagrada do SENHOR e se agarrou às pontas do
altar. 29Salomão soube disso e enviou Benaia, filho de Joiada, para
executá-lo. 30Benaia foi à tenda sagrada do SENHOR e disse a Joabe:
"O rei ordena que você saia!". "Não", respondeu Joabe. "Vou morrer
aqui." Então Benaia voltou ao rei e lhe contou o que Joabe tinha
dito. 31"Faça o que ele diz", respondeu o rei. "Mate-o ali, junto ao
altar, e sepulte-o. Assim, removerá de mim e da família de meu pai
a culpa pelos crimes injustificados que Joabe cometeu. 32O SENHOR
o punirá por sua culpa no assassinato de dois homens mais justos
e melhores que ele. Sem que meu pai soubesse, Joabe matou
Abner, filho de Ner, comandante do exército de Israel, e Amasa,
filho de Jéter, comandante do exército de Judá. 33Que o sangue
deles recaia sobre Joabe e seus descendentes para sempre, e que
o SENHOR conceda paz a Davi, seus descendentes, sua dinastia e
seu trono para sempre!" 34Benaia, filho de Joiada, voltou à tenda
sagrada e matou Joabe, que foi sepultado em sua casa no deserto.
35Então o rei nomeou Benaia, filho de Joiada, comandante do exér-
cito em lugar de Joabe, e o sacerdote Zadoque em lugar de Abiatar.
36Depois, o rei mandou chamar Simei e lhe disse: "Construa uma
casa em Jerusalém e more aqui. Não dê um passo fora da cidade
para ir a qualquer outro lugar. 37No dia em que sair e atravessar
o vale de Cedrom, certamente morrerá e será responsável por sua
própria morte". 38Simei respondeu: "Sua sentença é justa; farei
o que meu senhor, o rei, ordena". E Simei morou em Jerusalém
durante muito tempo. 39Três anos mais tarde, porém, dois escra-
vos de Simei fugiram para a casa de Aquis, filho de Maaca, rei de

Gate. Quando alguém disse a Simei onde eles estavam, 40ele selou
um jumento e foi até Gate procurá-los. Ao encontrá-los, levou-os
de volta a Jerusalém. 41Salomão soube que Simei tinha saído de
Jerusalém, ido a Gate e voltado. 42O rei mandou chamá-lo e per-
guntou: "Não o fiz jurar pelo SENHOR e não o adverti de que não
fosse a lugar algum, pois do contrário certamente morreria? E você
respondeu: 'Sua sentença é justa; farei o que ordena'. 43Então por
que não manteve o juramento ao SENHOR e não obedeceu à minha
ordem?". 44O rei também disse a Simei: "Certamente você se lem-
bra de todas as maldades que fez a meu pai, Davi. Que o SENHOR
faça esse mal recair sobre sua cabeça. 45Mas que eu, o rei Salomão,
receba as bênçãos do SENHOR e que sempre haja um descendente
de Davi neste trono na presença do SENHOR". 46Então, por ordem do
rei, Benaia, filho de Joiada, levou Simei para fora e o matou. Assim,
o reino de Salomão foi firmemente estabelecido.

CAPÍTULO 3

Salomão pede sabedoria

1Salomão fez um acordo com o faraó, rei do Egito, e se casou com
uma das filhas dele. Trouxe-a para morar na Cidade de Davi até
terminar a construção do palácio real, do templo do SENHOR e do
muro ao redor de Jerusalém. 2Nessa época, o povo de Israel oferecia
sacrifícios nos altares das colinas de suas regiões, pois ainda não
havia sido construído um templo em honra ao nome do SENHOR.
3Salomão amava o SENHOR, seguindo os decretos de seu pai, Davi,
exceto pelo fato de oferecer sacrifícios e queimar incenso nos alta-
res das colinas. 4O lugar de adoração mais importante ficava em
Gibeom, por isso o rei Salomão foi para lá e ofereceu mil holocaus-
tos. 5Naquela noite, o SENHOR apareceu a Salomão num sonho e lhe
disse: "Peça o que quiser, e eu lhe darei". 6Salomão respondeu: "Tu
mostraste grande amor leal ao teu servo, meu pai, Davi, pois ele foi
fiel, justo e verdadeiro diante de ti. Agora, continuaste a mostrar teu
grande amor leal dando-lhe um filho para sentar-se em seu trono.
7"Agora, ó SENHOR, meu Deus, tu me fizeste reinar em lugar de meu
pai, Davi, mas sou como uma criança pequena que não sabe o que
fazer. 8Aqui estou, no meio do teu povo escolhido, uma nação tão
grande e numerosa que nem se pode contar! 9Dá a teu servo um
coração compreensivo, para que eu possa governar bem o teu povo

1Rs 3.12

e saber a diferença entre o certo e o errado. Pois quem é capaz de
governar sozinho este teu grande povo?". 10O Senhor se agradou
do pedido de Salomão. 11Por isso, Deus respondeu: "Uma vez que
você pediu sabedoria para governar meu povo com justiça, e não
vida longa, nem riqueza, nem a morte de seus inimigos, 12atenderei
a seu pedido. Eu lhe darei um coração sábio e compassivo, como
ninguém teve nem jamais terá. 13Também lhe darei o que não
pediu: riquezas e fama. Nenhum outro rei em todo o mundo se
comparará a você pelo resto de sua vida. 14E, se você me seguir e
obedecer a meus decretos e mandamentos, como fez seu pai, Davi,
eu lhe darei vida longa". 15Então Salomão acordou e percebeu que
tinha sido um sonho. Voltou a Jerusalém e se colocou diante da arca
da aliança do SENHOR, onde apresentou holocaustos e ofertas de
paz. Depois, ofereceu um grande banquete a todos os seus oficiais.

Salomão julga com sabedoria

16Algum tempo depois, duas prostitutas compareceram diante do
rei para resolver uma questão. 17Disse uma delas: "Por favor, meu
senhor, esta mulher e eu moramos na mesma casa. Eu dei à luz
um filho quando ela estava comigo na casa. 18Três dias depois,
esta mulher também deu à luz um filho. Estávamos só nós duas na
casa; não havia mais ninguém ali. 19"O bebê dela morreu durante a
noite, porque ela rolou sobre ele enquanto dormia. 20Então ela se
levantou de noite, tirou meu filho do meu lado enquanto eu dormia
e o pôs para dormir ao lado dela. Depois, colocou o filho dela, que
estava morto, em meus braços. 21De manhã, bem cedo, quando
fui amamentar meu filho, ele estava morto! Quando o observei
mais de perto, na claridade do dia, vi que não era meu". 22"Não!",
interrompeu a outra mulher. "O filho morto era seu, e o vivo é meu!"
"Não!", disse a primeira mulher. "O filho vivo é meu, e o morto era
seu!" E assim elas discutiram diante do rei. 23Então o rei disse:
"Vamos esclarecer as coisas. As duas afirmam que o filho vivo é seu,
e cada uma diz que o morto é da outra. 24Pois bem, tragam-me uma
espada". E trouxeram uma espada para o rei. 25Ele disse: "Cortem
a criança viva ao meio e deem metade a uma mulher e metade à
outra!". 26Então, por causa de seu amor pelo menino, a verdadeira
mãe gritou: "Não, meu senhor! Dê o menino a ela. Por favor, não
o mate!". A outra mulher, porém, disse: "Muito bem, ele não será

nem meu nem seu. Dividam a criança ao meio!". 27 Então o rei disse:
"Não matem o bebê. Deem o menino à mulher que deseja que ele
viva, pois ela é a mãe". 28 Quando todo o Israel soube da decisão do
rei, teve grande respeito por ele, pois viu a sabedoria que Deus lhe
tinha dado para fazer justiça.

CAPÍTULO 4

Oficiais e governadores de Salomão

1 O rei Salomão governou sobre todo o Israel, 2 e estes foram seus
oficiais mais importantes: Azarias, filho de Zadoque, era o sacer-
dote. 3 Eliorefe e Aías, filhos de Sisa, eram os secretários da corte.
Josafá, filho de Ailude, era o historiador do reino. 4 Benaia, filho
de Joiada, era o comandante do exército. Zadoque e Abiatar eram
os sacerdotes. 5 Azarias, filho de Natã, era supervisor dos governa-
dores distritais. Zabude, filho de Natã, era sacerdote e conselheiro
pessoal do rei. 6 Aisar era administrador do palácio. Adonirão, filho
de Abda, era encarregado dos trabalhos forçados. 7 Salomão tinha
também em todo o Israel doze governadores distritais respon-
sáveis por fornecer alimento para a casa do rei. Cada um deles
fornecia provisões durante um mês do ano. 8 Estes são os nomes
dos doze governadores: Ben-Hur, da região montanhosa de Efraim.
9 Ben-Dequer, em Macaz, Saalbim, Bete-Semes e Elom-Bete-Hanã.
10 Ben-Hesede, em Arubote, Socó e toda a região de Héfer. 11 Ben-
Abinadabe, em toda a Nafote-Dor. (Ele era casado com Tafate, uma
das filhas de Salomão.) 12 Baaná, filho de Ailude, em Taanaque e
em Megido, e em toda a Bete-Sã, próxima de Zaretã, abaixo de
Jezreel, e todo o território desde Bete-Sã até Abel-Meolá e para
além de Jocmeão. 13 Ben-Geber, em Ramote-Gileade, incluindo
as Cidades de Jair (assim chamadas por causa de Jair, da tribo de
Manassés), em Gileade, e na região de Argobe, em Basã, incluindo
sessenta grandes cidades fortificadas com trancas de bronze nos
portões. 14 Ainadabe, filho de Ido, em Maanaim. 15 Aimaás, em
Naftali. (Ele era casado com Basemate, outra filha de Salomão.)
16 Baaná, filho de Husai, em Aser e em Bealote. 17 Josafá, filho de
Parua, em Issacar. 18 Simei, filho de Elá, em Benjamim. 19 Geber,
filho de Uri, na terra de Gileade, incluindo os territórios de Seom,
rei dos amorreus, e de Ogue, rei de Basã. Ele era o único gover-
nador dessa região.

NO QUE ESTOU **PENSANDO** O QUE ESTOU **SENTINDO** DO QUE ESTOU **LEMBRANDO**

○ ○ ○

DESENHE OU ESCREVA

A prosperidade e a sabedoria de Salomão

20 O povo de Judá e Israel era tão numeroso quanto a areia na beira
do mar. Todos estavam muito contentes, e tinham comida e bebida
com fartura. 21 Salomão governava sobre todos os reinos, desde o
rio Eufrates, ao norte, até a terra dos filisteus e a fronteira do Egito,
ao sul. Os povos conquistados enviavam tributos a Salomão e con-
tinuaram a servi-lo durante toda a vida. 22 Para a provisão diária
do palácio de Salomão, eram necessários trinta cestos grandes de
farinha da melhor qualidade, sessenta cestos grandes de farinha
comum, 23 dez bois dos currais de engorda, vinte bois do pasto, cem
ovelhas, e também veados, gazelas, corças e aves seletas. 24 Salomão
dominava sobre todos os reinos a oeste do rio Eufrates, desde Tifsa
até Gaza, e havia paz em todas as fronteiras. 25 Durante a vida de
Salomão, Judá e Israel viveram em paz e segurança. E, desde Dã, ao
norte, até Berseba, ao sul, cada família possuía sua própria videira e
sua própria figueira. 26 Salomão possuía quatro mil estábulos para
os cavalos de seus carros de guerra e doze mil cavalos. 27 Os governa-
dores distritais forneciam, com regularidade, o alimento para o rei
Salomão e sua corte: cada um providenciava para que nada faltasse
no mês que lhe havia sido designado. 28 Também providenciavam a
cevada e a palha necessárias para os cavalos de guerra e os cavalos
de carga nos estábulos do rei. 29 Deus concedeu a Salomão grande
sabedoria e entendimento, e conhecimento tão vasto quanto a
areia na beira do mar. 30 Sua sabedoria era maior que a de todos
os sábios do Oriente e de todos os sábios do Egito. 31 Ele era mais
sábio que qualquer outra pessoa, incluindo Etã, o ezraíta, e Hemã,
Calcol e Darda, filhos de Maol. Sua fama se espalhou por todas
as nações vizinhas. 32 Compôs 3.000 provérbios e escreveu 1.005
canções. 33 Podia falar com entendimento sobre plantas de toda
espécie, desde o grande cedro do Líbano até o pequeno hissopo
que cresce nas fendas dos muros. Também tinha conhecimento de
animais, aves, répteis e peixes. 34 Reis de todas as nações enviavam
seus representantes para ouvirem a sabedoria de Salomão.

CAPÍTULO 5

Preparativos para a construção do templo

1 Hirão, rei de Tiro, sempre havia sido um fiel aliado de Davi.
Quando soube que Salomão, filho de Davi, tinha sido ungido

como o novo rei de Israel, Hirão mandou representantes para
cumprimentá-lo. 2Salomão enviou esta mensagem a Hirão:
3"Você sabe que meu pai, Davi, não pôde construir um templo
em honra ao nome do SENHOR, seu Deus, por causa das muitas
guerras que as nações vizinhas travaram contra ele. Não podia
construir enquanto o SENHOR não lhe desse vitória sobre todos
os seus inimigos. 4Agora, porém, o SENHOR, meu Deus, me deu
paz em todas as fronteiras; não tenho inimigos, e tudo vai bem.
5Por isso, planejo construir um templo em honra ao nome do
SENHOR, meu Deus, exatamente como ele instruiu meu pai, Davi.
Pois o SENHOR lhe disse: 'Seu filho, a quem eu colocarei em seu
trono, construirá o templo em honra ao meu nome'. 6"Portanto,
peço-lhe que ordene que cortem para mim cedros do Líbano.
Meus servos trabalharão ao lado dos seus, e pagarei aos seus
servos o salário que você pedir. Como bem sabe, ninguém aqui
corta madeira como vocês, sidônios". 7Hirão ficou muito contente
quando recebeu a mensagem de Salomão e disse: "Louvado seja
o SENHOR neste dia, pois deu a Davi um filho sábio para ser rei
dessa grande nação!". 8Então enviou esta resposta a Salomão:
"Recebi sua mensagem e fornecerei toda a madeira de cedro
e de cipreste que precisar. 9Meus servos levarão as toras das
montanhas do Líbano para o mar Mediterrâneo; ali, colocarão as
toras em balsas e as farão flutuar ao longo da costa até o lugar
que você escolher. Ao chegar, desembarcaremos as toras, e seus
servos as levarão. O pagamento poderá ser feito com alimentos
para o meu palácio". 10Assim, Hirão forneceu toda a madeira de
cedro e de cipreste que Salomão desejava. 11Em troca, Salomão
lhe enviava um pagamento anual de vinte mil cestos grandes de
trigo para o consumo de sua corte e vinte mil tonéis de azeite
puro de oliva. 12O SENHOR deu sabedoria a Salomão, como lhe
havia prometido. E Hirão e Salomão fizeram um acordo de paz.
13Então Salomão convocou trinta mil trabalhadores de todo o
Israel. 14Enviou-os ao Líbano em grupos de dez mil por mês,
de modo que cada homem passava um mês no Líbano e dois
meses em casa. Adonirão era encarregado desses trabalhadores.
15Salomão também tinha 70.000 carregadores, 80.000 corta-
dores de pedra na região montanhosa 16e 3.600 chefes que
supervisionavam as obras. 17Por ordem do rei, eles extraíram

NO QUE ESTOU **PENSANDO** O QUE ESTOU **SENTINDO** DO QUE ESTOU **LEMBRANDO**

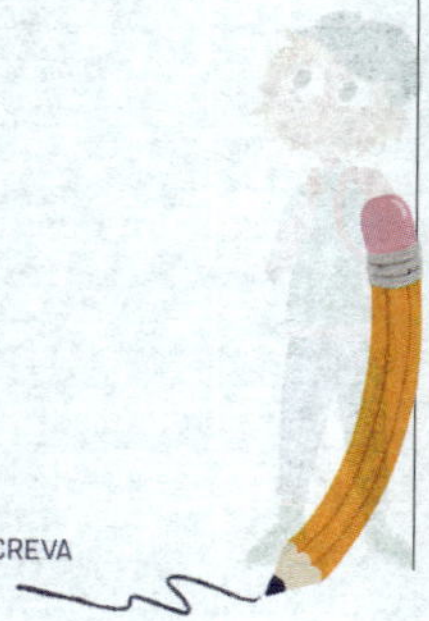

DESENHE OU ESCREVA

grandes blocos de pedra de alta qualidade e os modelaram para
o alicerce do templo. 18Homens da cidade de Gebal ajudaram os
construtores de Salomão e Hirão a prepararem a madeira e as
pedras para o templo.

CAPÍTULO 6

Salomão constrói o templo

1No mês de zive, o segundo mês, durante o quarto ano de seu
reinado, Salomão começou a construir o templo do SENHOR. Isso
ocorreu 480 anos depois que o povo de Israel foi liberto da escra-
vidão na terra do Egito. 2O templo que o rei Salomão construiu
para o SENHOR media 27 metros de comprimento, 9 metros de
largura e 13,5 metros de altura. 3A sala de entrada na frente do
templo media 9 metros de largura, a mesma largura do templo,
e se projetava 4,5 metros à frente do templo. 4Salomão também
fez janelas com grades e molduras por todo o templo. 5Junto às
paredes externas do edifício, nas laterais e nos fundos, ele cons-
truiu um anexo com salas. 6Esse anexo tinha três andares; o andar
de baixo media 2,25 metros de largura, o segundo andar media
2,7 metros de largura, e o terceiro, 3,15 metros de largura. As
salas eram ligadas às paredes do templo por vigas apoiadas em
saliências nas paredes, por isso as vigas não eram inseridas nas
paredes em si. 7O acabamento das pedras usadas na construção do
templo era feito na própria pedreira, de modo que não havia ba-
rulho algum de martelo, machado ou qualquer outra ferramenta
de ferro no local da construção. 8A entrada para o andar de baixo
ficava no lado sul do templo. Havia uma escada em caracol que
subia para o segundo andar, e outro lance de escadas que ia do
segundo para o terceiro andar. 9Uma vez concluída a estrutura
do templo, Salomão colocou um forro de vigas e tábuas de cedro.
10Além disso, construiu um anexo com salas junto aos lados do
edifício, ligado às paredes do templo por vigas de cedro. Cada
andar do anexo media 2,25 metros de altura. 11Então esta mensa-
gem do SENHOR veio a Salomão: 12"Quanto a este templo que você
está construindo, se seguir todos os meus decretos e estatutos e
obedecer a todos os meus mandamentos, cumprirei a promessa
que fiz a seu pai, Davi. 13Habitarei no meio dos israelitas e jamais
abandonarei meu povo, Israel".

O interior do templo

14 Assim, Salomão terminou a construção do templo. 15 Todo o inte-
rior, desde o piso até o teto, foi revestido com madeira. Revestiu as
paredes e o teto com tábuas de cedro e, para o piso, usou tábuas
de cipreste. 16 Na parte de trás do templo, separou um santuário
interno, o lugar santíssimo. Esse santuário interno media 9 metros
de profundidade e era revestido com cedro do piso ao teto. 17 O salão
principal do templo, fora do lugar santíssimo, media 18 metros
de comprimento. 18 Em todo o interior do templo, tábuas de cedro
cobriam completamente as paredes de pedra, e as tábuas eram
enfeitadas com entalhes de frutos e flores abertas. 19 Ele preparou
o santuário interno na parte de trás do templo, onde seria coloca-
da a arca da aliança do SENHOR. 20 Esse santuário interno media 9
metros de comprimento, 9 metros de largura e 9 metros de altura.
Revestiu com ouro puro o interior do santuário e também o altar
de cedro. 21 Depois, Salomão revestiu com ouro puro o interior do
restante do templo e fez correntes de ouro para a entrada do lugar
santíssimo. 22 Assim, terminou de revestir com ouro o interior de
todo o templo, incluindo o altar do lugar santíssimo. 23 Fez dois
querubins de madeira de oliveira, cada um medindo 4,5 metros
de altura, e os colocou no santuário interno. 24 As asas abertas de
cada querubim mediam de uma ponta à outra 4,5 metros, e cada
asa media 2,25 metros de comprimento. 25 Os dois querubins ti-
nham a mesma forma e o mesmo tamanho; 26 cada um media 4,5
metros de altura. 27 Ele os colocou lado a lado no santuário interno
do templo. Suas asas abertas iam de uma parede à outra, enquanto
as asas internas se tocavam no meio da sala. 28 Revestiu os dois que-
rubins com ouro. 29 Enfeitou todas as paredes do santuário interno
e do salão principal com entalhes de querubins, palmeiras e flores
abertas. 30 Revestiu o piso do santuário e do salão com ouro. 31 Para
a entrada do santuário interno, fez portas de duas folhas de madeira
de oliveira e batentes de cinco lados. 32 Essas portas de duas folhas
eram enfeitadas com entalhes de querubins, palmeiras e flores
abertas. As portas, incluindo os enfeites de querubins e palmeiras,
foram revestidas com ouro. 33 Depois, para a entrada do templo, fez
batentes de quatro lados de madeira de oliveira. 34 Fez também
duas portas articuladas de cipreste, cada uma com dobradiças que
permitiam dobrar uma folha sobre a outra. 35 Essas portas eram

NO QUE ESTOU **PENSANDO** ○ | O QUE ESTOU **SENTINDO** ○ | DO QUE ESTOU **LEMBRANDO** ○

DESENHE OU ESCREVA

enfeitadas com entalhes de querubins, palmeiras e flores abertas
e eram completamente revestidas com ouro. 36 As paredes do pátio
interno foram construídas com uma camada de vigas de cedro entre
cada três camadas de pedras cortadas. 37 O alicerce do templo do
SENHOR foi lançado no mês de zive, durante o quarto ano do reinado
de Salomão. 38 A construção toda foi completada no oitavo mês,
no mês de bul, durante o décimo primeiro ano de seu reinado.
Portanto, a construção do templo levou sete anos.

CAPÍTULO 7

Salomão constrói seu palácio

1 Salomão também construiu para si um palácio e levou treze
anos para terminá-lo. 2 Um dos edifícios que Salomão construiu
se chamava Palácio da Floresta do Líbano. Media 45 metros de
comprimento, 22,5 metros de largura e 13,5 metros de altura. Nele
havia quatro fileiras de colunas de cedro, com grandes vigas de
cedro assentadas sobre as colunas. 3 O teto do salão era de cedro
e ficava acima das vigas, que eram sustentadas por colunas. Havia
45 vigas, dispostas em três fileiras com 15 vigas em cada uma.
4 Em cada lado do longo salão havia três fileiras de janelas, uma de
frente para a outra. 5 Todas as portas e suas vergas tinham batentes
retangulares e eram dispostas de três em três, uma de frente para a
outra. 6 Salomão também construiu o Salão das Colunas, que media
22,5 metros de comprimento e 13,5 metros de largura. Tinha na
frente uma varanda com colunas e uma cobertura acima delas.
7 Salomão construiu ainda a sala do trono, conhecida como Salão
do Julgamento, onde se sentava para ouvir as questões a serem
julgadas. A sala era revestida de madeira de cedro desde o piso
até o teto. 8 A residência onde ele morava ficava em torno de um
pátio atrás do Salão do Julgamento e era construída da mesma
forma. Ele também construiu uma residência semelhante para a
filha do faraó, com quem havia se casado. 9 Todos esses edifícios
foram construídos com grandes blocos de pedra de alta qualidade,
cortados na medida exata de todos os lados, do alicerce até o beiral
do telhado, desde o lado externo até o grande pátio. 10 Algumas das
grandes pedras do alicerce mediam 4,5 metros por 3,6 metros.
11 Por cima dos alicerces foram colocados blocos de pedra de alta
qualidade, cortados sob medida, e vigas de cedro. 12 As paredes

do grande pátio foram construídas com uma camada de vigas de
cedro entre cada três camadas de pedras cortadas, como as paredes
do pátio interno do templo do SENHOR, com sua sala de entrada.

Os utensílios do templo

13O rei Salomão mandou que viesse de Tiro um homem chamado
Hirão. 14Ele era israelita por parte de mãe, uma viúva da tribo de
Naftali, e seu pai, originário de Tiro, havia sido artífice em bron-
ze. Hirão era extremamente hábil e talentoso em qualquer obra
em bronze e veio realizar todo o trabalho com metais para o rei
Salomão. 15Hirão fundiu duas colunas de bronze, cada uma com
8,1 metros de altura e 5,4 metros de circunferência. 16Para o alto das
colunas, fundiu capitéis de bronze, com 2,25 metros de altura cada
um. 17Cada capitel era enfeitado com sete conjuntos de correntes
entrelaçadas. 18Para enfeitar os capitéis no alto das colunas, fez duas
fileiras de romãs ao redor desses conjuntos de correntes. 19Os capi-
téis no alto das colunas da sala de entrada tinham forma de lírios e
mediam 1,8 metro de altura. 20Nos capitéis das duas colunas havia
duzentas romãs dispostas em duas fileiras, perto da superfície arre-
dondada e do conjunto de correntes entrelaçadas. 21Hirão colocou
as colunas na entrada do templo, uma à direita e outra à esquerda.
À que estava à direita deu o nome de Jaquim; e à outra, à esquerda,
deu o nome de Boaz. 22Os capitéis no alto das colunas tinham a
forma de lírios. E assim foi terminada a obra das colunas. 23Depois,
Hirão fundiu um grande tanque redondo, que chamaram de Mar.
O tanque media 4,5 metros de uma borda à outra, 2,25 metros de
profundidade e 13,5 metros de circunferência. 24Logo abaixo da
borda, tinha ao seu redor duas fileiras de frutos decorativos. Havia
cerca de vinte frutos por metro em toda a circunferência, forman-
do uma única peça de fundição com o tanque. 25O tanque ficava
apoiado sobre doze touros, todos voltados para fora: três voltados
para o norte, três para o oeste, três para o sul e três para o leste. 26As
paredes do tanque tinham 8 centímetros de espessura, e sua borda
se projetava para fora como uma taça, semelhante a um lírio. Tinha
capacidade para cerca de 42 mil litros de água. 27Hirão também
fez dez bases móveis de bronze para levar água. Cada uma media
1,8 metro de comprimento, 1,8 metro de largura e 1,35 metro
de altura. 28Foram construídos com painéis laterais presos com

NO QUE ESTOU **PENSANDO** ○ | O QUE ESTOU **SENTINDO** ○ | DO QUE ESTOU **LEMBRANDO** ○

DESENHE OU ESCREVA

travessões. 29Tanto os painéis como os travessões eram enfeitados
com entalhes de leões, bois e querubins. Acima e abaixo dos leões
e bois havia guirlandas decorativas. 30Cada uma das bases tinha
quatro rodas de bronze e eixos de bronze. Nos cantos das bases,
havia suportes para as pias de bronze; os suportes eram decorados,
de cada lado, com entalhes de guirlandas. 31Na parte superior de
cada base havia um encaixe redondo para a bacia. Projetava-se 45
centímetros acima da parte superior da base, como um pedestal
redondo, e sua abertura tinha 67,5 centímetros de um lado ao
outro; do lado de fora, era enfeitada com entalhes de guirlandas.
Os painéis das bases eram quadrados, e não redondos. 32Sob os
painéis ficavam as quatro rodas ligadas aos eixos que haviam sido
fundidos como parte da base. As rodas tinham 67,5 centímetros
de diâmetro 33e eram semelhantes a rodas de carros de guerra. Os
eixos, raios, aros e cubos das rodas eram todos de bronze fundido.
34Em cada um dos quatro cantos da base havia alças, que tam-
bém eram fundidas como parte da estrutura. 35Em volta da parte
superior de cada base havia uma borda com 22,5 centímetros de
largura. Os suportes nos cantos e os painéis laterais eram fundidos
com a base, como se fossem uma só peça. 36Entalhes de querubins,
leões e palmeiras enfeitavam os painéis e os suportes nos cantos
em todos os espaços disponíveis, e havia guirlandas ao redor de
tudo. 37As dez bases tinham todas o mesmo tamanho e foram feitas
iguais, cada uma fundida no mesmo molde. 38Hirão também fez
dez pias menores de bronze, uma para cada base móvel. Cada pia
media 1,8 metro de diâmetro e tinha capacidade para cerca de
840 litros de água. 39Ele colocou cinco bases do lado sul do templo
e cinco do lado norte. O grande tanque de bronze chamado Mar
foi colocado perto do canto sudeste do templo. 40Também fez as
bacias, pás e tigelas necessárias. Assim, Hirão terminou tudo que
o rei Salomão havia ordenado que ele fizesse para o templo do
SENHOR: 41as duas colunas; os dois capitéis em forma de taça no
alto das colunas; os dois conjuntos de correntes entrelaçadas que
enfeitavam os capitéis; 42as quatrocentas romãs penduradas nas
correntes nos capitéis (duas fileiras de romãs para cada conjunto
de correntes que enfeitavam os capitéis no alto das colunas); 43as
dez bases móveis para levar água com as dez pias; 44o Mar e os
doze bois debaixo dele; 45os baldes das cinzas, as pás e as tigelas.

Hirão fez todos esses objetos de bronze polido para o templo do
SENHOR, conforme as instruções do rei Salomão. 46O rei ordenou
que fossem fundidos em moldes de barro no vale do Jordão, entre
Sucote e Zaretã. 47Salomão não pesou todos esses objetos, porque
eram muitos; o peso do bronze não pôde ser medido. 48Salomão
também fez toda a mobília do templo do SENHOR: o altar de ouro;
a mesa de ouro para os pães da presença; 49os candelabros de
ouro maciço, cinco do lado direito e cinco do lado esquerdo, em
frente ao lugar santíssimo; os enfeites de flores, as lâmpadas e
as tenazes, todos de ouro; 50os baldes pequenos, os cortadores
de pavio, as tigelas, as colheres e os incensários, todos de ouro
maciço; as dobradiças das portas de entrada para o lugar santíssimo
e do salão principal do templo, revestidas com ouro. 51Assim, o rei
Salomão concluiu toda a sua obra no templo do SENHOR. Então
trouxe todos os presentes que seu pai, Davi, havia consagrado – a
prata, o ouro e os diversos objetos – e os guardou na tesouraria do
templo do SENHOR.

CAPÍTULO 8

O transporte da arca para o templo

1Em seguida, Salomão mandou chamar a Jerusalém todas as auto-
ridades de Israel e todos os líderes das tribos, os chefes das famílias
israelitas. Eles levariam a arca da aliança do SENHOR do lugar onde
estava, na Cidade de Davi, também conhecida como Sião, para
o templo. 2Todos os homens de Israel se reuniram diante do rei
Salomão durante a Festa das Cabanas, celebrada no mês de etanim,
o sétimo mês. 3Quando todos os líderes de Israel chegaram, os
sacerdotes ergueram a arca. 4Os sacerdotes e os levitas levaram
a arca do SENHOR, junto com a tenda do encontro e todos os seus
utensílios sagrados. 5Ali, diante da arca, o rei Salomão e toda a co-
munidade de Israel ofereceram tantos sacrifícios de ovelhas e bois
que não puderam ser contados. 6Então os sacerdotes levaram a arca
da aliança do SENHOR para o santuário interno do templo, o lugar
santíssimo, e a colocaram sob as asas dos querubins. 7Os querubins
tinham as asas abertas sobre a arca, e elas cobriam a arca e as varas
usadas para transportá-la. 8Essas varas eram tão compridas que
suas pontas podiam ser vistas do lugar santo, diante do lugar santís-
simo, mas não de fora; e estão ali até hoje. 9Na arca havia só as duas
tábuas de pedra que Moisés tinha colocado dentro dela no monte
Sinai, onde o SENHOR fez uma aliança com os israelitas depois que
eles saíram da terra do Egito. 10Quando os sacerdotes saíram do
lugar santo, uma densa nuvem encheu o templo do SENHOR. 11Com
isso, os sacerdotes não puderam dar continuidade a seus serviços,
pois a presença gloriosa do SENHOR encheu o templo do SENHOR.

Salomão louva o SENHOR

12Então Salomão orou: "Ó SENHOR, tu disseste que habitarias numa
densa nuvem. 13Agora, construí para ti um templo majestoso, um
lugar para habitares para sempre!". 14Então o rei se voltou para toda
a comunidade de Israel que estava em pé diante dele e abençoou
o povo. 15Em seguida, orou: "Louvado seja o SENHOR, o Deus de
Israel, que cumpriu o que prometeu a meu pai, Davi, pois lhe disse:
16'Desde o dia em que tirei Israel, meu povo, do Egito, não escolhi
nenhuma cidade das tribos de Israel como lugar onde deveria ser
construído um templo em honra ao meu nome. Contudo, escolhi
Davi para reinar sobre meu povo, Israel'". 17Salomão disse: "Meu
pai, Davi, queria construir este templo em honra ao nome do
SENHOR, o Deus de Israel. 18Mas o SENHOR lhe disse: 'Sua intenção
de construir um templo em honra ao meu nome é boa, 19mas essa
tarefa não caberá a você. Um de seus filhos construirá o templo em
honra ao meu nome'. 20"O SENHOR cumpriu sua promessa, pois eu
sou o sucessor de meu pai, Davi, e agora ocupo o trono de Israel,
como o SENHOR havia prometido. Construí este templo em honra
ao nome do SENHOR, o Deus de Israel, 21e preparei nele um lugar
para a arca que contém a aliança que o SENHOR fez com nossos
antepassados quando os tirou do Egito".

Oração de dedicação do templo

22Então Salomão se pôs diante do altar do SENHOR, na presença
de toda a comunidade de Israel. Levantou as mãos para o céu 23e
orou: "Ó SENHOR, o Deus de Israel, não há Deus como tu em cima,
nos céus, nem embaixo, na terra. Tu guardas a tua aliança e mos-
tras amor leal àqueles que andam diante de ti de todo o coração.
24Cumpriste tua promessa a teu servo Davi, meu pai. Fizeste essa
promessa com a tua própria boca, e hoje a cumpriste com as tuas
próprias mãos. 25"Agora, ó SENHOR, o Deus de Israel, cumpre a

NO QUE ESTOU PENSANDO ○ | O QUE ESTOU SENTINDO ○ | DO QUE ESTOU LEMBRANDO ○

DESENHE OU ESCREVA

1Rs

outra promessa que fizeste a teu servo Davi, meu pai, quando
lhe disseste: 'Se seus descendentes viverem como devem e me
seguirem fielmente como você fez, sempre haverá um deles no
trono de Israel'. 26Agora, ó Deus de Israel, cumpre a promessa
que fizeste a teu servo Davi, meu pai. 27"Contudo, será possível
que Deus habite na terra? Nem mesmo os mais altos céus podem
contê-lo, muito menos este templo que construí! 28Ainda assim,
ouve minha oração e minha súplica, ó SENHOR, meu Deus. Ouve
o clamor e a oração que teu servo te faz hoje. 29Guarda noite e
dia este templo, o lugar do qual disseste: 'Meu nome estará ali'.
Ouve sempre as orações que teu servo fizer voltado para este lu-
gar. 30Ouve as súplicas de teu servo e de Israel, teu povo, quando
orarmos voltados para este lugar. Sim, ouve-nos dos céus onde
habitas e, quando ouvires, perdoa-nos. 31"Se alguém pecar contra
outra pessoa e se for exigido que faça um juramento de inocência
diante do teu altar neste templo, 32ouve dos céus e julga entre teus
servos, entre o acusador e o acusado. Castiga o culpado e declara
justo o inocente, cada um conforme merece. 33"Se o teu povo,
Israel, for derrotado por seus inimigos porque pecou contra ti, e se
voltar para ti, invocar o teu nome e orar a ti neste templo, 34ouve
dos céus, perdoa o pecado de teu povo, Israel, e traze-o de volta a
esta terra que deste a seus antepassados. 35"Se o céu se fechar e
não houver chuva porque o povo pecou contra ti, e se eles orarem
voltados para este templo, invocarem o teu nome e se afastarem de
seus pecados porque tu os castigaste, 36ouve dos céus e perdoa os
pecados de teus servos, o teu povo, Israel. Ensina-os a seguir o ca-
minho certo e envia chuva à terra que deste por herança a teu povo.
37"Se houver fome na terra, ou peste, ou praga nas lavouras, ou se
elas forem atacadas por gafanhotos ou lagartas, ou se os inimigos
do teu povo invadirem a terra e sitiarem suas cidades, seja qual for
o desastre ou epidemia que ocorrer, 38e se alguém do teu povo,
ou toda a nação de Israel, orar a respeito de suas aflições com as
mãos levantadas para este templo, 39ouve dos céus onde habitas
e perdoa. Trata o teu povo como ele merece, pois somente tu co-
nheces o coração de cada um. 40Assim eles te temerão enquanto
viverem na terra que deste a nossos antepassados. 41"No futuro,
estrangeiros que não pertencem a teu povo, Israel, ouvirão falar
de ti. Virão de terras distantes por causa do teu nome, 42porque

1Rs 8.30

ouvirão falar do teu grande nome, da tua mão forte e do teu braço
poderoso. E, quando orarem voltados para este templo, 43ouve dos
céus onde habitas e concede o que pedem. Assim, todos os povos
da terra conhecerão teu nome e te temerão, como faz teu povo,
Israel. Também saberão que neste templo que construí teu nome é
honrado. 44"Se o teu povo sair para onde o enviares a fim de lutar
contra seus inimigos, e se orarem ao SENHOR voltados para esta
cidade que escolheste e para este templo que construí em honra
ao teu nome, 45ouve dos céus suas orações e defende sua causa.
46"Quando pecarem contra ti, pois não há quem não peque, tua ira
cairá sobre eles e tu permitirás que seus inimigos os conquistem e
os levem como escravos para outras terras, próximas ou distantes.
47Se caírem em si nessa terra de exílio e se arrependerem, supli-
cando-te: 'Pecamos, praticamos o mal e agimos perversamente',
48e se voltarem para ti de todo o coração e de toda a alma na
terra de seus inimigos e orarem voltados para a terra que deste
a seus antepassados, para esta cidade que escolheste e para este
templo que construí em honra ao teu nome, 49ouve dos céus onde
habitas suas orações e súplicas e defende sua causa. 50Perdoa teu
povo que pecou contra ti. Perdoa todas as ofensas que cometeram
contra ti. Faze que seus conquistadores os tratem com misericórdia,
51pois são o teu povo, a tua propriedade especial, que libertaste do
Egito, uma fornalha de fundir ferro. 52"Olha atentamente para as
súplicas do teu servo e para as súplicas do teu povo, Israel. Ouve e
responde sempre que clamarmos a ti. 53Pois, quando tiraste nossos
antepassados do Egito, ó Soberano SENHOR, disseste a teu servo
Moisés que separarias Israel de todas as nações da terra para ser
tua propriedade especial".

A dedicação do templo

54Quando Salomão terminou de fazer essas orações e súplicas ao
SENHOR, levantou-se de diante do altar do SENHOR, onde havia se
ajoelhado com as mãos estendidas para o céu. 55Ficou em pé e, em
alta voz, abençoou toda a comunidade de Israel: 56"Louvado seja
o SENHOR, que deu descanso ao seu povo, Israel, como prometeu.
Nenhuma só palavra falhou das maravilhosas promessas que ele
fez por meio de seu servo Moisés. 57Que o SENHOR, nosso Deus, seja
conosco assim como foi com nossos antepassados; que ele jamais

nos deixe nem nos abandone. 58 Que ele nos dê a disposição de fa-
zer sua vontade e obedecer a todos os seus mandamentos, decretos
e estatutos que ele deu a nossos antepassados. 59 E que as palavras
dessa minha oração na presença do SENHOR estejam sempre diante
dele, dia e noite, para que o SENHOR, nosso Deus, defenda a causa
de seu servo e de seu povo, Israel, conforme as necessidades de
cada dia. 60 Então os povos de toda a terra saberão que somente
o SENHOR é Deus, e que não há nenhum outro. 61 Quanto a vocês,
sejam inteiramente fiéis ao SENHOR, nosso Deus, e obedeçam sem-
pre a seus decretos e mandamentos, como fazem hoje". 62 Então
o rei e todo o Israel ofereceram sacrifícios ao SENHOR. 63 Salomão
apresentou ao SENHOR uma oferta de paz de 22 mil bois e 120 mil
ovelhas. Assim, o rei e todo o povo de Israel fizeram a dedicação do
templo do SENHOR. 64 Naquele mesmo dia, o rei consagrou a parte
central do pátio em frente ao templo do SENHOR. Ali apresentou
holocaustos, ofertas de cereal e a gordura das ofertas de paz, pois
o altar de bronze, na presença do SENHOR, era pequeno demais para
tantos holocaustos, ofertas de cereal e gordura das ofertas de paz.
65 Então Salomão e todo o Israel celebraram a Festa das Cabanas
na presença do SENHOR, nosso Deus. Uma grande multidão havia
se reunido, de lugares distantes como Lebo-Hamate, ao norte, e o
ribeiro do Egito, ao sul. A celebração durou, no total, catorze dias:
sete dias para a dedicação do altar e sete dias para a Festa das
Cabanas. 66 Terminada a festa, Salomão mandou o povo para casa.
Eles abençoaram o rei e foram embora alegres e exultantes, pois
o SENHOR tinha mostrado sua bondade a seu servo Davi e a seu
povo, Israel.

CAPÍTULO 9

A resposta do SENHOR a Salomão

1 Salomão terminou de construir o templo do SENHOR e o palácio
real. Concluiu tudo que havia planejado fazer. 2 Então o SENHOR apa-
receu a Salomão pela segunda vez, como havia aparecido em
Gibeom. 3 O SENHOR lhe disse: "Ouvi sua oração e sua súplica.
Consagrei este templo que você construiu, onde meu nome será
honrado para sempre. Olharei continuamente para ele, com todo
o meu coração. 4 "Quanto a você, se me seguir com integridade
e retidão, como fez seu pai, Davi, obedecendo a todos os meus

NO QUE ESTOU **PENSANDO** | O QUE ESTOU **SENTINDO** | DO QUE ESTOU **LEMBRANDO**

DESENHE OU ESCREVA

mandamentos, decretos e estatutos, 5 estabelecerei o trono de sua
dinastia sobre Israel para sempre. Pois fiz esta promessa a seu pai,
Davi: 'Um de seus descendentes sempre se sentará no trono de
Israel'. 6 "Mas, se você ou seus descendentes me abandonarem
e desobedecerem a meus mandamentos e decretos, seguindo e
adorando outros deuses, 7 arrancarei Israel desta terra que lhe dei.
Rejeitarei este templo que consagrei em honra ao meu nome, e
farei de Israel objeto de zombaria e desprezo entre as nações. 8 E,
embora este templo seja agora imponente, todos que passarem
perto dele ficarão chocados e horrorizados. Perguntarão: 'Por que
o SENHOR fez coisas tão terríveis com esta terra e com este templo?'.
9 "E a resposta será: 'Porque os israelitas abandonaram o SENHOR,
seu Deus, que tirou seus antepassados da terra do Egito e, em lugar
dele, adoraram outros deuses e se prostraram diante deles. Por isso
o SENHOR trouxe sobre eles essas calamidades'".

O acordo de Salomão com Hirão

10 Salomão levou vinte anos para construir o templo do SENHOR
e o palácio real. Depois desse tempo, 11 Salomão deu a Hirão, rei
de Tiro, vinte cidades da Galileia. Hirão havia fornecido toda a
madeira de cedro e de cipreste e todo o ouro que Salomão havia
pedido. 12 Contudo, quando Hirão veio de Tiro para ver as cidades
que Salomão lhe tinha dado, não ficou nada satisfeito com elas.
13 "Que espécie de cidades são essas, meu irmão?", perguntou ele.
Então Hirão chamou aquela região de Cabul, como é conhecida
até hoje. 14 Hirão tinha enviado a Salomão 4.200 quilos de ouro.

As muitas realizações de Salomão

15 Este é o relato do trabalho forçado que o rei Salomão impôs para
a construção do templo do SENHOR, do palácio real, do aterro e do
muro de Jerusalém, além das cidades de Hazor, Megido e Gezer.
16 (O faraó, rei do Egito, havia atacado e conquistado Gezer. Matou
seus habitantes cananeus, incendiou a cidade e a deu como presen-
te à sua filha quando ela se casou com Salomão. 17 Assim, Salomão
reconstruiu a cidade de Gezer.) Também construiu Bete-Horom
Baixa, 18 Baalate e Tamar, no deserto daquela região. 19 Construiu
cidades para servirem como centros de armazenamento e também
cidades para seus carros de guerra e cavalos. Construiu tudo que

desejou em Jerusalém, no Líbano e em todo o reino. 20Ainda ha-
via na terra habitantes que não eram israelitas: amorreus, hititas,
ferezeus, heveus e jebuseus. 21Eram descendentes das nações que
os israelitas não haviam destruído completamente. Salomão os
recrutou para trabalhos forçados, e é nessa condição que trabalham
até hoje. 22Mas Salomão não recrutou nenhum israelita para tra-
balhos forçados; eles o serviram como soldados, funcionários do
governo, oficiais e capitães de seu exército, comandantes de carros
de guerra e cavaleiros. 23Nomeou 550 israelitas para supervisiona-
rem os trabalhadores de seus vários projetos. 24Salomão transferiu
a residência de sua esposa, a filha do faraó, da Cidade de Davi para
o novo palácio que ele havia construído para ela. Depois, construiu
o aterro. 25Três vezes por ano, Salomão apresentava holocaustos e
ofertas de paz sobre o altar que havia construído para o SENHOR e
também queimava incenso perante o SENHOR. Assim, ele terminou
o trabalho de construção do templo. 26O rei Salomão também cons-
truiu navios em Eziom-Geber, um porto próximo a Elate, na terra
de Edom, às margens do mar Vermelho. 27Hirão enviou uma frota
com marinheiros experientes para servirem nas tripulações dos
navios, junto com os marinheiros de Salomão. 28Navegaram a Ofir
e trouxeram para Salomão 14.700 quilos de ouro.

CAPÍTULO 10

A visita da rainha de Sabá

1Quando a rainha de Sabá ouviu falar da fama de Salomão, que
honrava o nome do SENHOR, foi até ele para pô-lo à prova com
perguntas difíceis. 2Chegou a Jerusalém com uma comitiva nu-
merosa e uma imensa caravana de camelos carregados de espe-
ciarias, grande quantidade de ouro e pedras preciosas. Quando
se encontrou com Salomão, conversou com ele a respeito de tudo
que tinha em mente. 3Salomão respondeu a todas as suas pergun-
tas; nada era difícil demais para o rei explicar. 4Quando a rainha
de Sabá percebeu quanto Salomão era sábio e viu o palácio que
ele havia construído, 5a comida que era servida às mesas do rei,
os alojamentos e a organização de seus oficiais e servos, os trajes
esplêndidos que vestiam, os copeiros da corte e os holocaustos
que Salomão oferecia no templo do SENHOR, ficou muito admirada.
6Disse ela ao rei: "É verdade tudo que ouvi em meu país a respeito

NO QUE ESTOU PENSANDO ○ | O QUE ESTOU SENTINDO ○ | DO QUE ESTOU LEMBRANDO ○

DESENHE OU ESCREVA

de suas realizações e de sua sabedoria! 7Não acreditava no que
diziam até que cheguei aqui e vi com os próprios olhos. Aliás, não
tinham me contado nem a metade! Sua sabedoria e prosperidade
vão muito além do que ouvi. 8Como deve ser feliz o seu povo! Que
privilégio para seus oficiais estarem em sua presença todos os dias,
ouvindo sua sabedoria! 9Louvado seja o SENHOR, seu Deus, que se
agradou de você e o colocou no trono de Israel. Por causa do amor
eterno do SENHOR por Israel, ele o fez rei para governar com justiça
e retidão". 10Então ela presenteou o rei com 4.200 quilos de ouro,
especiarias em grande quantidade e pedras preciosas. Nunca mais
foram recebidas tantas especiarias quanto as que a rainha de Sabá
deu ao rei Salomão. 11(Além disso, os navios de Hirão trouxeram
ouro de Ofir e grandes carregamentos de madeira de sândalo e
pedras preciosas. 12O rei usou a madeira de sândalo para fazer
corrimões para o templo e para o palácio real, e também liras e
harpas para os músicos. Nunca antes nem depois se viu tamanho
suprimento de madeira de sândalo.) 13O rei Salomão deu à rainha
de Sabá tudo que ela pediu, além dos presentes costumeiros que
ele já havia entregado com generosidade. Então ela e sua comitiva
regressaram para sua terra.

A riqueza e o esplendor de Salomão

14A cada ano, Salomão recebia cerca de 23.300 quilos de ouro,
15sem contar a renda adicional proveniente dos mercadores e co-
merciantes, de todos os reis da Arábia e dos governadores do país.
16O rei Salomão fez duzentos escudos grandes de ouro batido, cada
um pesando 7,2 quilos. 17Também fez trezentos escudos menores
de ouro batido, cada um pesando 1,8 quilo. O rei colocou esses
escudos no Palácio da Floresta do Líbano. 18Então o rei fez um
grande trono de marfim revestido de ouro puro. 19O trono tinha
seis degraus e um encosto arredondado. De cada lado do assento
havia um apoio para o braço e, junto de cada apoio, a escultura de
um leão. 20Também havia outros doze leões, um de cada lado dos
seis degraus. Nenhum outro trono em todo o mundo se comparava
ao de Salomão. 21Todas as taças do rei Salomão eram de ouro, e
todos os utensílios do Palácio da Floresta do Líbano eram de ouro
puro. Não eram de prata, pois nos dias de Salomão a prata era
considerada um metal sem valor. 22O rei tinha uma frota de navios

mercantes que navegavam com os navios de Hirão. Uma vez a cada
três anos, as embarcações voltavam trazendo ouro, prata, marfim,
macacos e pavões. 23Salomão se tornou o mais rico e sábio de todos
os reis da terra. 24Gente de todas as nações vinha consultá-lo e ouvir
a sabedoria que Deus lhe tinha dado. 25A cada ano, os visitantes
traziam presentes de prata e ouro, roupas, armas, especiarias, cava-
los e mulas. 26Salomão ajuntou muitos carros de guerra e cavalos.
Possuía 1.400 carros de guerra e 12.000 cavalos. Mantinha alguns
deles nas cidades designadas para guardar esses carros de guerra e
outros perto dele, em Jerusalém. 27O rei tornou a prata tão comum
em Jerusalém como as pedras. E havia tanta madeira valiosa de
cedro como as figueiras-bravas que crescem nas colinas de Judá.
28Os cavalos de Salomão eram importados do Egito e da Cilícia; os
comerciantes do rei os adquiriam da Cilícia pelo preço de mercado.
29Naquela época, um carro de guerra do Egito custava 600 peças
de prata, e um cavalo, 150 peças de prata. Depois, eram exportados
aos reis dos hititas e aos reis da Síria.

CAPÍTULO 11

As muitas esposas de Salomão

1Rs

1O rei Salomão amou muitas mulheres estrangeiras. Além da
filha do faraó, ele se casou com mulheres de Moabe, de Amom,
de Edom, de Sidom e dos hititas. 2O SENHOR havia instruído os
israelitas claramente: "Não se casem com mulheres dessas nações,
pois desviarão seu coração para os deuses delas". E, no entanto,
Salomão amou essas mulheres. 3No total, casou-se com setecentas
princesas e teve trezentas concubinas. E elas desviaram seu coração
do SENHOR. 4Quando Salomão era idoso, elas o induziram a adorar
outros deuses em vez de ser inteiramente fiel ao SENHOR, seu Deus,
como seu pai, Davi, tinha sido. 5Salomão adorou Astarote, a deusa
dos sidônios, e Moloque, o repulsivo deus dos amonitas. 6Com
isso, Salomão fez o que era mau aos olhos do SENHOR; recusou-se
a seguir inteiramente o SENHOR, como seu pai, Davi, tinha feito.
7No monte que fica a leste de Jerusalém, chegou a construir um
lugar de culto para Camos, o repulsivo deus de Moabe, e outro para
Moloque, o repulsivo deus dos amonitas. 8Salomão construiu esses
lugares de culto para que suas esposas estrangeiras queimassem
incenso e oferecessem sacrifícios aos deuses delas. 9O SENHOR se

NO QUE ESTOU **PENSANDO** ○ | O QUE ESTOU **SENTINDO** ○ | DO QUE ESTOU **LEMBRANDO** ○

DESENHE OU ESCREVA

irou com Salomão, porque o coração dele tinha se desviado do
SENHOR, o Deus de Israel, que lhe havia aparecido duas vezes. 10Ele
tinha advertido Salomão especificamente de que não adorasse ou-
tros deuses, mas Salomão não obedeceu à ordem do SENHOR. 11Por
isso, o SENHOR lhe disse: "Uma vez que você não cumpriu minha
aliança e desobedeceu a meus decretos, certamente tirarei de você
o reino e o entregarei a um de seus servos. 12Mas, por causa de seu
pai, Davi, não farei isso enquanto você estiver vivo. Tirarei o reino de
seu filho 13e, ainda assim, não tirarei dele o reino inteiro; deixarei
que governe sobre uma tribo, por causa do meu servo Davi e de
Jerusalém, a cidade que escolhi".

Os adversários de Salomão

14Então o SENHOR levantou o edomita Hadade, da família real de
Edom, para ser adversário de Salomão. 15Anos antes, Davi tinha
derrotado Edom. Joabe, comandante do exército de Davi, tinha fi-
cado para trás a fim de enterrar alguns soldados israelitas mortos na
batalha. Enquanto estavam ali, mataram todos os homens de Edom.
16Joabe e o exército de Israel tinham permanecido ali seis meses,
até matarem todos os edomitas. 17Contudo, Hadade e alguns dos
oficiais de seu pai conseguiram fugir e seguiram para o Egito. Na
época, Hadade ainda era bem jovem. 18Partiram de Midiã e foram
a Parã, onde outros se juntaram a eles. Em seguida, foram ao Egito
e se apresentaram ao faraó, o rei do Egito, que lhes ofereceu casas,
sustento e terras. 19O faraó se agradou de Hadade e lhe deu em
casamento sua cunhada, a irmã da rainha Tafnes. 20A esposa de
Hadade deu à luz um filho chamado Genubate. Tafnes o criou na
casa do faraó, entre os próprios filhos do faraó. 21Quando chegou
a Hadade no Egito a notícia de que Davi e seu comandante Joabe
estavam mortos, ele disse ao faraó: "Deixe-me voltar para minha
terra". 22"Por quê?", perguntou o faraó. "O que lhe falta aqui para
que você queira voltar para sua terra?" "Não me falta nada", respon-
deu ele. "Ainda assim, peço que me deixe voltar." 23Deus também
levantou Rezom, filho de Eliada, para ser adversário de Salomão.
Rezom havia fugido de seu senhor Hadadezer, rei de Zobá, 24e se
tornado líder de um bando de rebeldes. Depois que Davi derrotou
Hadadezer, Rezom e seus homens fugiram para Damasco, onde
Rezom se tornou rei. 25Ele foi inimigo ferrenho de Israel durante o

resto do reinado de Salomão e, assim como Hadade, causou mui-
tos problemas. Rezom continuou a reinar na Síria e odiava Israel
profundamente.

Jeroboão se rebela contra Salomão

26Outro líder rebelde foi Jeroboão, filho de Nebate, um dos pró-
prios oficiais de Salomão. Veio da cidade de Zeredá, em Efraim; sua
mãe era viúva e se chamava Zerua. 27Esta é a história por trás de
sua rebelião. Salomão estava construindo o aterro e reparando os
muros da Cidade de Davi, seu pai. 28Jeroboão era um jovem muito
capaz e, quando Salomão viu como era diligente, encarregou-o dos
trabalhadores das tribos de Efraim e Manassés, os descendentes de
José. 29Certo dia, quando Jeroboão saía de Jerusalém, Aías, profeta
de Siló, encontrou-se com ele no caminho. Aías vestia uma capa
nova. Enquanto os dois estavam sozinhos no campo, 30Aías pegou
sua capa nova e a rasgou em doze partes. 31Disse a Jeroboão: "Fique
com dez pedaços, pois assim diz o SENHOR, o Deus de Israel: 'Estou
prestes a tirar o reino das mãos de Salomão e entregar dez tribos
a você. 32Contudo, deixarei uma tribo para ele, por causa do meu
servo Davi e de Jerusalém, a cidade que escolhi dentre todas as
tribos de Israel. 33Pois Salomão me abandonou e adorou Astarote,
a deusa dos sidônios, Camos, o deus de Moabe, e Moloque, o deus
dos amonitas. Não seguiu meus caminhos nem fez o que me agra-
da. Não obedeceu a meus decretos e estatutos, como fez seu pai,
Davi. 34"'Contudo, não tirarei o reino inteiro de Salomão agora. Por
causa do meu servo Davi, a quem escolhi e que obedeceu a meus
mandamentos e decretos, manterei Salomão no governo enquanto
ele viver. 35Mas tirarei o reino do filho dele e darei dez tribos a você.
36O filho de Salomão terá uma tribo, para que os descendentes
de meu servo Davi continuem a brilhar como uma lâmpada em
Jerusalém, a cidade que escolhi como lugar para o meu nome.
37Eu o colocarei no trono de Israel, e você governará sobre tudo
que seu coração desejar. 38Se der ouvidos ao que digo, seguir meus
caminhos e fizer o que me agrada, e se obedecer a meus estatutos
e mandamentos, como fez meu servo Davi, sempre estarei com
você. Estabelecerei para você uma dinastia, como fiz com Davi, e
lhe darei Israel. 39Por causa do pecado de Salomão, castigarei os
descendentes de Davi, mas não para sempre'". 40Salomão tentou

NO QUE ESTOU PENSANDO ○ O QUE ESTOU SENTINDO ○ DO QUE ESTOU LEMBRANDO ○

DESENHE OU ESCREVA

matar Jeroboão, mas ele fugiu para junto de Sisaque, rei do Egito,
e ficou ali até a morte de Salomão.

Resumo do reinado de Salomão

41Os demais acontecimentos do reinado de Salomão, incluindo
todos os seus feitos e sua sabedoria, estão registrados no *Livro
dos Atos de Salomão*. 42Salomão reinou por quarenta anos sobre
todo o Israel, em Jerusalém. 43Quando morreu e se reuniu a seus
antepassados, foi sepultado na Cidade de Davi, seu pai. Seu filho
Roboão foi seu sucessor.

CAPÍTULO 12

As tribos do norte se rebelam

1Roboão foi a Siquém, onde todo o Israel havia se reunido para
proclamá-lo rei. 2Quando Jeroboão, filho de Nebate, soube disso,
voltou do Egito, para onde havia fugido do rei Salomão. 3Os líde-
res de Israel convocaram Jeroboão, e ele e toda a comunidade de
Israel foram falar com Roboão. 4"Seu pai foi muito duro conosco",
disseram. "Alivie a carga pesada de trabalho e de impostos altos
que seu pai nos obrigou a carregar. Então seremos seus súditos le-
ais." 5Roboão respondeu: "Deem-me três dias para pensar. Depois,
voltem para saber minha resposta". E o povo foi embora. 6O rei
Roboão discutiu o assunto com os homens mais velhos que haviam
sido conselheiros de seu pai, Salomão. "O que vocês aconselham?",
perguntou ele. "Como devo responder a este povo?" 7Eles disse-
ram: "Se o senhor estiver disposto a servir este povo hoje e lhe der
uma resposta favorável, eles serão seus súditos leais para sempre".
8Mas Roboão rejeitou o conselho dos homens mais velhos e pediu
a opinião dos jovens que haviam crescido com ele e agora o acom-
panhavam. 9"O que vocês aconselham?", perguntou ele. "Como
devo responder a este povo que deseja que eu alivie as cargas
impostas por meu pai?" 10Os jovens responderam: "Você deve
dizer o seguinte a essa gente que diz que seu pai foi muito duro
com eles e que pede alívio: 'Meu dedo mínimo é mais grosso que
a cintura de meu pai! 11Sim, meu pai lhes impôs cargas pesadas,
mas eu as tornarei ainda mais pesadas! Meu pai os castigou com
chicotes comuns, mas eu os castigarei com chicotes de pontas de
metal!'". 12Três dias depois, Jeroboão e todo o povo voltaram para

1Rs

saber a decisão do rei, como ele havia ordenado. 13Roboão lhes
respondeu com aspereza, pois rejeitou o conselho dos homens
mais velhos 14e seguiu o conselho dos mais jovens. Disse ao povo:
"Meu pai lhes impôs cargas pesadas, mas eu as tornarei ainda
mais pesadas! Meu pai os castigou com chicotes comuns, mas eu
os castigarei com chicotes de pontas de metal!". 15Assim, o rei não
atendeu o povo. Essa mudança nos acontecimentos foi da vontade
do SENHOR, pois cumpriu a mensagem do SENHOR a Jeroboão, filho
de Nebate, por meio do profeta Aías, de Siló. 16Quando todo o Israel
viu que o rei não iria atender a seu pedido, respondeu: "Abaixo a
dinastia de Davi! O filho de Jessé nada tem a nos oferecer! Volte
para casa, Israel! E você, Davi, cuide de sua própria casa!". Então
o povo de Israel voltou para casa. 17Roboão, porém, continuou a
governar sobre os israelitas que moravam nas cidades de Judá.
18O rei Roboão enviou Adonirão, encarregado dos trabalhos for-
çados, para restaurar a ordem, mas o povo de Israel o apedrejou
até a morte. Quando essa notícia chegou ao rei Roboão, ele subiu
rapidamente em sua carruagem e fugiu para Jerusalém. 19E até
hoje as tribos do norte de Israel se recusam a ser governadas por
um descendente de Davi. 20Quando o povo de Israel soube que
Jeroboão tinha voltado do Egito, convocou uma assembleia e o
proclamou rei sobre todo o Israel. Apenas a tribo de Judá perma-
neceu leal à família de Davi.

A profecia de Semaías

21Quando Roboão chegou a Jerusalém, mobilizou os homens das
tribos de Judá e Benjamim, 180 mil dos melhores soldados, para
guerrearem contra Israel e recuperarem o reino. 22Deus, porém,
falou a Semaías, homem de Deus: 23"Diga a Roboão, filho de
Salomão, rei de Judá, e a todo o povo de Judá e Benjamim, e ao
restante do povo: 24'Assim diz o SENHOR: Não lutem contra seus
compatriotas, os israelitas. Voltem para casa, pois eu mesmo fiz isso
acontecer!'". Eles obedeceram à palavra do SENHOR e voltaram para
casa, conforme o SENHOR havia ordenado.

Jeroboão faz bezerros de ouro

25Então Jeroboão fortificou a cidade de Siquém, na região monta-
nhosa de Efraim, e se estabeleceu ali. Mais tarde, fortificou Peniel.

26Jeroboão pensou: "Se eu não tiver cuidado, o reino voltará à
dinastia de Davi. 27Quando o povo for a Jerusalém para oferecer
sacrifícios no templo do SENHOR, voltará a ser leal a Roboão, rei de
Judá. Eles me matarão e o proclamarão rei deles". 28Então, seguin-
do a recomendação de seus conselheiros, o rei fez dois bezerros
de ouro. Disse ao povo: "É complicado demais ir a Jerusalém para
adorar. Veja, Israel, estes são os deuses que tiraram vocês do Egito!".
29Colocou um dos bezerros em Betel e o outro em Dã, nos dois
extremos de seu reino. 30Isso se tornou um grande pecado, pois
o povo viajava até Dã, ao norte, para adorar o ídolo que ficava ali.
31Jeroboão também construiu santuários idólatras e designou para
serem sacerdotes homens do povo, que não eram da tribo sacer-
dotal de Levi. 32Instituiu uma festa religiosa em Betel, no décimo
quinto dia do oitavo mês, uma imitação da festa celebrada todos
os anos em Judá. Ali em Betel, Jeroboão ofereceu sacrifícios aos
bezerros que havia feito e designou sacerdotes para os santuários
idólatras que havia construído. 33No décimo quinto dia do oitavo
mês, data que ele mesmo tinha definido, ofereceu sacrifícios no
altar em Betel. Instituiu, desse modo, uma festa religiosa para Israel
e subiu ao altar para queimar incenso.

CAPÍTULO 13

Um profeta condena Jeroboão

1Por ordem do SENHOR, um homem de Deus, vindo de Judá, foi até
Betel e chegou ali quando Jeroboão se aproximava do altar para
queimar incenso. 2Então, por ordem do SENHOR, ele gritou: "Altar,
altar! Assim diz o SENHOR: 'Um menino chamado Josias nascerá
na dinastia de Davi. Sobre você ele sacrificará os sacerdotes dos
santuários idólatras que queimam incenso aqui, e sobre você serão
queimados ossos humanos!'". 3Naquele mesmo dia, o homem de
Deus deu um sinal. Disse ele: "O SENHOR anunciou este sinal: O
altar se rachará, e suas cinzas se derramarão pelo chão". 4Quando o
rei Jeroboão ouviu o homem de Deus falar contra o altar em Betel,
apontou para o homem e ordenou: "Prendam-no!". No mesmo
instante, porém, a mão do rei ficou paralisada nessa posição, e
ele não conseguia fazê-la voltar à posição normal. 5Ao mesmo
tempo, uma grande rachadura apareceu no altar e as cinzas se
derramaram, exatamente como o homem de Deus tinha dito na

mensagem recebida do SENHOR. 6O rei disse ao homem de Deus:
"Por favor, peça ao SENHOR, seu Deus, que restaure a minha mão!".
O homem de Deus orou ao SENHOR e a mão do rei foi restaurada,
e ele pôde movimentá-la novamente. 7Então o rei disse ao ho-
mem de Deus: "Venha ao palácio comigo e coma alguma coisa, e
eu lhe darei um presente". 8Mas o homem de Deus respondeu a
Jeroboão: "Mesmo que o rei me desse metade de tudo que possui,
eu não o acompanharia. Não comeria nem beberia coisa alguma
neste lugar, 9pois o SENHOR me ordenou: 'Não coma nem beba
coisa alguma enquanto estiver lá e não volte pelo mesmo cami-
nho por onde foi'". 10Então ele partiu de Betel e voltou para casa
por outro caminho. 11Acontece que morava em Betel um profeta
idoso. Seus filhos foram até ele e lhe contaram o que o homem de
Deus havia feito em Betel naquele dia. Também contaram ao pai
o que o homem de Deus tinha dito ao rei. 12O profeta idoso lhes
perguntou: "Por onde ele foi?". Eles mostraram ao pai o caminho
por onde o homem de Deus tinha ido. 13"Selem o jumento", disse
o profeta idoso. Eles selaram o jumento para o pai, e ele montou.
14Foi atrás do homem de Deus e o encontrou sentado debaixo de
uma grande árvore. Perguntou-lhe: "Você é o homem de Deus
que veio de Judá?". "Sim, sou eu", respondeu ele. 15Então o pro-
feta disse ao homem de Deus: "Venha para casa comigo e coma
alguma coisa". 16"Não posso ir com você", respondeu ele. "Não
tenho permissão para comer nem beber coisa alguma neste lugar,
17pois o SENHOR me ordenou: 'Não coma nem beba coisa alguma
enquanto estiver lá e não volte pelo mesmo caminho por onde
foi'." 18O profeta idoso, porém, respondeu: "Também sou profeta
como você. E um anjo me deu esta ordem da parte do SENHOR:
'Traga-o para casa com você, para que ele coma pão e beba água'".
No entanto, estava mentindo. 19Eles voltaram juntos, e o homem
de Deus comeu e bebeu na casa do profeta. 20Então, enquanto
estavam sentados à mesa, veio uma ordem do SENHOR ao profeta
idoso. 21Ele falou ao homem de Deus que tinha vindo de Judá:
"Assim diz o SENHOR: 'Você desafiou a palavra do SENHOR e deso-
bedeceu à ordem que o SENHOR, seu Deus, lhe deu. 22Voltou a este
lugar e comeu e bebeu onde ele lhe disse que não comesse nem
bebesse. Por isso seu corpo não será sepultado no túmulo de seus
antepassados'". 23Quando o homem de Deus terminou de comer

NO QUE ESTOU **PENSANDO** ○ | O QUE ESTOU **SENTINDO** ○ | DO QUE ESTOU **LEMBRANDO** ○

DESENHE OU ESCREVA

e beber, o profeta idoso selou seu próprio jumento para ele, 24e
o homem de Deus partiu. Enquanto estava a caminho, apareceu
um leão e o matou. Seu corpo ficou na estrada, com o jumento e
o leão parados ao lado dele. 25Algumas pessoas que passaram
viram o corpo estendido ali, com o leão parado ao lado dele, e
deram a notícia em Betel, onde morava o profeta idoso. 26Quando
o profeta que o trouxe de volta soube do que havia acontecido,
disse: "É o homem de Deus que desafiou a palavra do SENHOR.
O SENHOR cumpriu sua palavra ao fazer que o leão o atacasse e
matasse". 27Então o profeta disse a seus filhos: "Selem o jumento
para mim". Eles selaram o jumento, 28e o profeta foi e encontrou
o corpo estendido na estrada. O jumento e o leão ainda estavam
parados ao lado dele; o leão não havia comido o corpo nem ata-
cado o jumento. 29O profeta colocou o corpo do homem de Deus
sobre o jumento e o levou de volta à cidade para lamentar por ele
e sepultá-lo. 30Pôs o corpo em sua própria sepultura e lamentou
por ele, exclamando: "Ah, meu irmão!". 31Depois de sepultá-lo, o
profeta disse a seus filhos: "Quando eu morrer, enterrem-me no
túmulo onde está sepultado o homem de Deus. Ponham meus
ossos ao lado dos ossos dele, 32pois a mensagem que o SENHOR
ordenou que ele proclamasse contra o altar em Betel e contra os
santuários idólatras nas cidades de Samaria certamente se cum-
prirá". 33Mesmo depois disso, Jeroboão não se arrependeu de seus
maus caminhos. Continuou a nomear sacerdotes dentre o povo
comum; qualquer um que desejasse podia se tornar sacerdote
dos santuários idólatras. 34Com isso, por causa desse pecado, a
dinastia de Jeroboão foi eliminada da face da terra.

CAPÍTULO 14

A profecia de Aías contra Jeroboão

1Por esse tempo, Abias, filho de Jeroboão, ficou doente. 2Jeroboão
disse à sua esposa: "Ponha um disfarce para que ninguém reconhe-
ça que você é minha esposa e vá a Siló falar com o profeta Aías, o
homem que me disse que eu seria rei sobre este povo. 3Leve para
ele um presente de dez pães, alguns bolos e uma vasilha de mel.
Ele lhe dirá o que acontecerá com o menino". 4A esposa de Jeroboão
foi à casa de Aías, em Siló. Ele já estava velho e não podia mais en-
xergar. 5O SENHOR, porém, tinha dito a Aías: "A esposa de Jeroboão

virá aqui, fingindo que é outra pessoa. Perguntará a respeito do filho dela, pois ele está doente. Transmita-lhe a resposta que eu darei a você". 6Quando Aías ouviu os passos dela junto à porta, disse: "Entre, esposa de Jeroboão! Por que finge ser outra pessoa? Tenho más notícias para você. 7Leve a seu marido, Jeroboão, esta mensagem: 'Assim diz o SENHOR, o Deus de Israel: Eu o exaltei dentre o povo e o fiz líder de Israel, meu povo. 8Arranquei o reino da família de Davi e o entreguei a você. Mas você não tem sido como meu servo Davi, que obedeceu a meus mandamentos e me seguiu de todo o coração, e sempre fez o que me agrada. 9Você pecou mais que todos os que vieram antes. Fez para si outros deuses e me enfureceu com seus bezerros de ouro. Sim, você me deu as costas! 10Por isso, trarei desgraça sobre sua família e destruirei todos os seus descendentes do sexo masculino em Israel, tanto escravos como livres. Queimarei sua dinastia como se queima lixo, até que tenha desaparecido. 11Os membros da família de Jeroboão que morrerem na cidade serão comidos pelos cães, e os que morrerem no campo serão comidos pelos abutres. Eu, o SENHOR, falei!'". 12Então Aías disse à esposa de Jeroboão: "Volte para casa; quando você puser os pés na cidade, o menino morrerá. 13Todo o Israel lamentará a morte dele e o sepultará. Ele será o único membro de sua família que terá um sepultamento digno, pois esse menino é o único de toda a família de Jeroboão do qual o SENHOR, o Deus de Israel, se agradou. 14"Além disso, o SENHOR levantará um rei sobre Israel que destruirá a família de Jeroboão. Isso acontecerá hoje, agora mesmo! 15O SENHOR sacudirá Israel como a corrente de água agita as canas de junco. Arrancará os israelitas desta boa terra que deu a seus antepassados e os dispersará além do rio Eufrates, pois enfureceram o SENHOR com os postes que levantaram para adorar a deusa Aserá. 16Ele abandonará Israel, porque Jeroboão pecou e fez Israel pecar com ele". 17Então a esposa de Jeroboão voltou a Tirza, e o menino morreu no instante em que ela entrou em casa. 18E todo o Israel o sepultou e lamentou por ele, conforme o SENHOR havia anunciado por meio do profeta Aías. 19Os demais acontecimentos do reinado de Jeroboão, as guerras e o modo como governou, estão registrados no *Livro da História dos Reis de Israel*. 20Jeroboão reinou em Israel por 22 anos. Quando morreu e se reuniu a seus antepassados, seu filho Nadabe foi seu sucessor.

NO QUE ESTOU **PENSANDO** | O QUE ESTOU **SENTINDO** | DO QUE ESTOU **LEMBRANDO**

DESENHE OU ESCREVA

Roboão reina em Judá

21Enquanto isso, Roboão, filho de Salomão, reinava em Judá. Tinha 41 anos quando começou a reinar, e reinou por dezessete anos em Jerusalém, a cidade que o SENHOR havia escolhido dentre todas as tribos de Israel como lugar para o seu nome. A mãe de Roboão era uma mulher amonita chamada Naamá. 22O povo de Judá fez o que era mau aos olhos do SENHOR e provocou sua ira com os pecados que cometeu, pois foram ainda piores que os de seus antepassados. 23Construíram santuários idólatras e levantaram colunas sagradas e postes de Aserá em todos os montes e debaixo de toda árvore verdejante. 24Havia até mesmo prostitutos cultuais por toda a terra. O povo imitava as práticas detestáveis das nações que o SENHOR havia expulsado de diante dos israelitas. 25No quinto ano do reinado de Roboão, Sisaque, rei do Egito, subiu e atacou Jerusalém. 26Saqueou os tesouros do templo do SENHOR e do palácio real; roubou tudo, incluindo os escudos de ouro que Salomão havia feito. 27Mais tarde, o rei Roboão fez escudos de bronze para substituí-los e os confiou aos oficiais da guarda que protegiam a entrada do palácio real. 28Sempre que o rei ia ao templo do SENHOR, os guardas levavam os escudos e, em seguida, os devolviam à sala da guarda. 29Os demais acontecimentos do reinado de Roboão e tudo que ele fez estão registrados no *Livro da História dos Reis de Judá*. 30Houve guerra constante entre Roboão e Jeroboão. 31Quando Roboão morreu, foi sepultado com seus antepassados na Cidade de Davi. Sua mãe era uma mulher amonita chamada Naamá. Seu filho Abias foi seu sucessor.

CAPÍTULO 15

Abias reina em Judá

1No décimo oitavo ano do reinado de Jeroboão, filho de Nebate, Abias começou a reinar em Judá. 2Reinou por três anos em Jerusalém. Sua mãe se chamava Maaca e era neta de Absalão. 3Cometeu os mesmos pecados que seu pai e não foi inteiramente fiel ao SENHOR, seu Deus, como seu antepassado Davi. 4Mas, por causa de Davi, o SENHOR, seu Deus, permitiu que seus descendentes continuassem a brilhar como uma lâmpada em Jerusalém e deu a Abias um filho para reinar depois dele. 5Pois Davi tinha feito o que era certo aos olhos do SENHOR e obedecido a seus mandamentos

durante toda a vida, exceto no caso de Urias, o hitita. 6Durante
todo o reinado de Abias, houve guerra entre Abias e Jeroboão.
7Os demais acontecimentos do reinado de Abias e tudo que ele
fez estão registrados no *Livro da História dos Reis de Judá*. Houve
guerra constante entre Abias e Jeroboão. 8Quando Abias morreu
e se reuniu a seus antepassados, foi sepultado na Cidade de Davi.
Seu filho Asa foi seu sucessor.

Asa reina em Judá

9No vigésimo ano do reinado de Jeroboão em Israel, Asa começou
a reinar em Judá. 10Reinou em Jerusalém por 41 anos. Sua avó se
chamava Maaca e era neta de Absalão. 11Asa fez o que era certo
aos olhos do SENHOR, como seu antepassado Davi. 12Expulsou da
terra os prostitutos cultuais e removeu todos os ídolos que seus
antepassados haviam feito. 13Chegou a depor sua avó Maaca da
posição de rainha-mãe, pois ela havia feito um poste obsceno
para a deusa Aserá. Derrubou esse poste obsceno e o queimou no
vale de Cedrom. 14Embora os santuários idólatras não tivessem
sido removidos, o coração de Asa permaneceu inteiramente fiel
ao SENHOR durante toda a sua vida. 15Ele trouxe para o templo do
SENHOR a prata, o ouro e os diversos utensílios que ele e seu pai
haviam consagrado. 16Houve guerra constante entre Asa e Baasa,
rei de Israel. 17Baasa, rei de Israel, invadiu Judá e fortificou Ramá,
a fim de impedir que qualquer um entrasse ou saísse do território
de Asa, rei de Judá. 18Em resposta, Asa juntou toda a prata e todo o
ouro que restavam na tesouraria do templo do SENHOR e no palácio
real. Enviou alguns de seus oficiais a Ben-Hadade, rei da Síria, que
governava em Damasco, filho de Tabrimom e neto de Heziom, com
a prata e o ouro e a seguinte mensagem: 19"Façamos um acordo,
você e eu, como aquele que houve entre seu pai e o meu. Envio
um presente de prata e ouro. Rompa seu acordo com Baasa, rei
de Israel, para que ele me deixe em paz". 20Ben-Hadade aceitou
a proposta do rei Asa e enviou os comandantes de seu exército
para atacarem as cidades de Israel. Eles conquistaram Ijom, Dã,
Abel-Bete-Maaca e todo o Quinerete, bem como a terra de Naftali.
21Quando Baasa, rei de Israel, soube do que havia acontecido,
abandonou seu projeto de fortificar Ramá e permaneceu em Tirza.
22Então o rei Asa decretou que todos os homens de Judá, sem

NO QUE ESTOU **PENSANDO** ○ O QUE ESTOU **SENTINDO** ○ DO QUE ESTOU **LEMBRANDO** ○

DESENHE OU ESCREVA

exceção, ajudassem a levar embora as pedras e a madeira usadas
por Baasa para fortificar Ramá. Asa empregou esses materiais para
fortificar a cidade de Geba, em Benjamim, e a cidade de Mispá.
23Os demais acontecimentos do reinado de Asa, a extensão de seu
poder, tudo que ele fez e o nome das cidades que ele construiu,
estão registrados no *Livro da História dos Reis de Judá*. Em sua
velhice, sofreu de uma doença nos pés. 24Quando Asa morreu, foi
sepultado com seus antepassados na Cidade de Davi. Seu filho
Josafá foi seu sucessor.

Nadabe reina em Israel

25Nadabe, filho de Jeroboão, começou a reinar em Israel no segun-
do ano do reinado de Asa, rei de Judá. Reinou em Israel por dois
anos. 26Fez o que era mau aos olhos do SENHOR; seguiu o exemplo
de seu pai, Jeroboão, e persistiu nos pecados que ele havia levado
Israel a cometer. 27Baasa, filho de Aías, da tribo de Issacar, conspirou
contra Nadabe e o assassinou enquanto ele e o exército israelita
sitiavam a cidade filisteia de Gibetom. 28Baasa matou Nadabe no
terceiro ano do reinado de Asa, rei de Judá, e se tornou seu sucessor.
29Assim que Baasa subiu ao poder, matou todos os descendentes
de Jeroboão. Não restou ninguém de sua família, exatamente como
o SENHOR havia anunciado por meio do profeta Aías, de Siló. 30Isso
aconteceu porque Jeroboão havia provocado a ira do SENHOR com
os pecados que tinha cometido e levado Israel a cometer. 31Os
demais acontecimentos do reinado de Nadabe e tudo que ele fez
estão registrados no *Livro da História dos Reis de Israel*.

Baasa reina em Israel

32Houve guerra constante entre Asa, rei de Judá, e Baasa, rei de
Israel. 33Baasa, filho de Aías, começou a reinar sobre todo o Israel
no terceiro ano do reinado de Asa, rei de Judá. Reinou em Tirza
por 24 anos. 34Fez o que era mau aos olhos do SENHOR; seguiu o
exemplo de Jeroboão e persistiu nos pecados que Jeroboão havia
levado Israel a cometer.

CAPÍTULO 16

1Esta mensagem do SENHOR foi transmitida ao rei Baasa pelo pro-
feta Jeú, filho de Hanani: 2"Eu o levantei do pó a fim de torná-lo

líder do meu povo, Israel, mas você seguiu o exemplo de Jeroboão.
Provocou minha ira ao fazer meu povo, Israel, pecar. 3Por isso, des-
truirei você e sua família, assim como destruí os descendentes de
Jeroboão, filho de Nebate. 4Os membros da família de Baasa que
morrerem na cidade serão comidos pelos cães, e os que morrerem
no campo serão comidos pelos abutres". 5Os demais acontecimen-
tos do reinado de Baasa, o que ele fez e a extensão de seu poder
estão registrados no *Livro da História dos Reis de Israel*. 6Quando
Baasa morreu e se reuniu a seus antepassados, foi sepultado em
Tirza. Seu filho Elá foi seu sucessor. 7A mensagem do SENHOR contra
Baasa e sua família veio por meio do profeta Jeú, filho de Hanani.
Foi transmitida porque Baasa havia feito o que era mau aos olhos do
SENHOR, como a família de Jeroboão, e também porque Baasa havia
destruído a família de Jeroboão. Os pecados de Baasa provocaram
a ira do SENHOR.

Elá reina em Israel

8Elá, filho de Baasa, começou a reinar em Israel no vigésimo sexto
ano do reinado de Asa, rei de Judá. Reinou em Tirza por dois anos.
9Então Zinri, comandante de metade dos carros de guerra do rei,
conspirou contra ele. Certo dia, em Tirza, Elá estava se embebedan-
do na casa de Arza, supervisor do palácio. 10Zinri entrou, feriu Elá
e o matou. Isso aconteceu no vigésimo sétimo ano do reinado de
Asa, rei de Judá. Zinri se tornou o sucessor de Elá. 11Logo que Zinri
subiu ao poder, matou toda a família de Baasa. Não deixou vivo
nenhum filho do sexo masculino. Exterminou até mesmo parentes
e amigos. 12Desse modo, Zinri destruiu a dinastia de Baasa, como o
SENHOR havia anunciado por meio do profeta Jeú. 13Isso aconteceu
por causa de todos os pecados que Baasa e seu filho Elá haviam
cometido e levado Israel a cometer. Com seus ídolos inúteis, provo-
caram a ira do SENHOR, Deus de Israel. 14Os demais acontecimentos
do reinado de Elá e tudo que ele fez estão registrados no *Livro da
História dos Reis de Israel*.

Zinri reina em Israel

15Zinri começou a reinar em Israel no vigésimo sétimo ano do rei-
nado de Asa, rei de Judá. Reinou em Tirza por apenas sete dias.
Nessa ocasião, o exército de Israel estava acampado próximo à

NO QUE ESTOU **PENSANDO** ○ | O QUE ESTOU **SENTINDO** ○ | DO QUE ESTOU **LEMBRANDO** ○

DESENHE OU ESCREVA

cidade filisteia de Gibetom. 16Quando souberam que Zinri havia
traído e assassinado o rei, naquele mesmo dia proclamaram Onri,
comandante do exército, o novo rei de Israel. 17Onri levou todo o
exército de Israel de Gibetom a Tirza e cercou a cidade. 18Quando
Zinri viu que a cidade havia sido conquistada, foi para a parte mais
protegida do palácio real, ateou fogo ao edifício e morreu no meio
das chamas. 19Ele também havia feito o que era mau aos olhos do
SENHOR. Seguiu o exemplo de Jeroboão nos pecados que tinha
cometido e levado Israel a cometer. 20Os demais acontecimentos
do reinado de Zinri e sua conspiração estão registrados no *Livro da
História dos Reis de Israel*.

Onri reina em Israel

21O povo de Israel se dividiu em dois partidos. Metade queria pro-
clamar rei Tibni, filho de Ginate, e a outra metade apoiava Onri.
22Os partidários de Onri derrotaram os de Tibni, filho de Ginate.
Tibni morreu, e Onri se tornou rei. 23Onri começou seu reinado no
trigésimo primeiro ano do reinado de Asa, rei de Judá. Ao todo,
reinou por doze anos, seis deles em Tirza. 24Então Onri comprou de
Sêmer o monte de Samaria por setenta quilos de prata. Construiu
ali uma cidade que chamou de Samaria, em homenagem a Sêmer,
o antigo proprietário do monte. 25Onri fez o que era mau aos olhos
do SENHOR, pior que todos os reis antes dele. 26Seguiu o exemplo
de Jeroboão, filho de Nebate, em todos os pecados que tinha co-
metido e levado Israel a cometer. Com seus ídolos inúteis, o povo
provocou a ira do SENHOR, Deus de Israel. 27Os demais aconteci-
mentos do reinado de Onri, o que ele fez e a extensão de seu poder
estão registrados no *Livro da História dos Reis de Israel*. 28Quando
Onri morreu e se reuniu a seus antepassados, foi sepultado em
Samaria. Seu filho Acabe foi seu sucessor.

Acabe reina em Israel

29Acabe, filho de Onri, começou a reinar em Israel no trigésimo
oitavo ano do reinado de Asa, rei de Judá. Reinou em Samaria por
22 anos. 30Acabe, filho de Onri, fez o que era mau aos olhos do
SENHOR, pior que todos os reis antes dele. 31E, como se não bas-
tasse seguir o exemplo pecaminoso de Jeroboão, casou-se com
Jezabel, filha de Etbaal, rei dos sidônios, e começou a se prostrar

diante de Baal e adorá-lo. 32Primeiro, Acabe construiu um templo
e um altar para Baal em Samaria. 33Depois, levantou um poste
para a deusa Aserá. Fez mais coisas para provocar a ira do SENHOR,
Deus de Israel, que todos os reis de Israel antes dele. 34Durante o
reinado de Acabe, Hiel, um homem de Betel, reconstruiu Jericó.
Quando lançou os alicerces, morreu seu filho mais velho, Abirão.
E, quando terminou a reconstrução e colocou as portas, morreu
seu filho mais novo, Segube. Tudo isso aconteceu de acordo com a
mensagem do SENHOR a respeito de Jericó, transmitida por meio
de Josué, filho de Num.

CAPÍTULO 17

Elias é alimentado por corvos

1Elias, que era de Tisbe, em Gileade, disse ao rei Acabe: "Tão certo
como vive o SENHOR, o Deus de Israel, a quem sirvo, não haverá
orvalho nem chuva durante os próximos anos, até que eu ordene!".
2Então o SENHOR disse a Elias: 3"Vá para o leste e esconda-se junto
ao riacho de Querite, que fica a leste do rio Jordão. 4Beba água do
riacho e coma o que os corvos lhe trouxerem, pois eu dei ordem
para levarem alimento até você". 5Elias fez o que o SENHOR ordenou
e acampou junto ao riacho de Querite, a leste do Jordão. 6Os corvos
lhe traziam pão e carne de manhã e à tarde, e ele bebia água do
riacho. 7Depois de algum tempo, porém, o riacho secou, pois não
caía chuva em parte alguma da terra.

A viúva de Sarepta

8Então o SENHOR disse a Elias: 9"Vá morar em Sarepta, perto da
cidade de Sidom. Dei ordem a uma viúva que mora ali para lhe
dar alimento". 10Elias foi a Sarepta. Quando chegou ao portão da
cidade, viu uma viúva apanhando gravetos e lhe perguntou: "Pode
me dar um pouco de água para beber, por favor?". 11Enquanto ela ia
buscar a água, ele disse: "Traga também um pedaço de pão". 12Mas
ela respondeu: "Tão certo como vive o SENHOR, seu Deus, não tenho
um pedaço sequer de pão em casa. Tenho apenas um punhado de
farinha que restou numa vasilha e um pouco de azeite no fundo do
jarro. Estava apanhando alguns gravetos para preparar esta última
refeição, e depois meu filho e eu morreremos". 13Elias, porém, disse:
"Não tenha medo! Faça o que acabou de dizer, mas primeiro faça

1Rs 17.22

um pouco de pão para mim. Depois, use o resto para preparar uma
refeição para você e seu filho. 14Pois assim diz o SENHOR, Deus de
Israel: 'Sempre haverá farinha na vasilha e azeite no jarro, até o
dia em que o SENHOR enviar chuva'". 15Ela fez conforme Elias dis-
se. Assim, Elias, a mulher e a família dela tiveram alimento para
muitos dias. 16Sempre havia farinha na vasilha e azeite no jarro,
exatamente como o SENHOR tinha prometido por meio de Elias.
17Algum tempo depois, o filho da mulher ficou doente. Foi pio-
rando e, por fim, morreu. 18Disse ela a Elias: "Homem de Deus, o
que você me fez? Veio para lembrar-me de meus pecados e matar
meu filho?". 19Elias, porém, respondeu: "Dê-me seu filho". Tomou o
corpo do menino dos braços dela, carregou-o para o andar de cima,
onde estava hospedado, e o pôs na cama. 20Então Elias clamou ao
SENHOR: "Ó SENHOR, meu Deus, por que trouxeste desgraça a esta
viúva que me recebeu em seu lar e fizeste o filho dela morrer?".
21Em seguida, Elias se deitou sobre o menino três vezes e clamou
ao SENHOR: "Ó SENHOR, meu Deus, por favor, permite que a vida
volte a este menino!". 22O SENHOR ouviu a oração de Elias, e o me-
nino voltou a viver. 23Elias o levou para baixo e o entregou à mãe.
"Veja, seu filho está vivo", disse ele. 24Então a mulher disse a Elias:
"Agora tenho certeza de que você é um homem de Deus, e de que
o SENHOR verdadeiramente fala por seu intermédio!".

CAPÍTULO 18

Confronto no monte Carmelo

1Algum tempo depois, no terceiro ano da seca, o SENHOR disse
a Elias: "Vá apresentar-se ao rei Acabe. Diga-lhe que enviarei
chuva". 2Elias foi apresentar-se a Acabe. A fome era severa em
Samaria. 3Acabe mandou chamar Obadias, o administrador do
palácio. (Obadias temia profundamente o SENHOR. 4Certa vez,
quando Jezabel havia tentado matar todos os profetas do SENHOR,
Obadias escondeu cem deles em duas cavernas. Colocou cinquenta
em cada caverna e forneceu alimento e água para eles.) 5Acabe
disse a Obadias: "Precisamos ir a todas as fontes e vales na terra.
Quem sabe encontraremos pasto suficiente para salvar pelo menos
alguns de meus cavalos e mulas!". 6Então dividiram o território
entre si. Acabe foi para um lado, e Obadias, para o outro. 7Enquanto
Obadias caminhava, viu de repente Elias vindo em sua direção. Ao

reconhecê-lo, Obadias curvou-se diante dele com o rosto no chão.
"É o senhor mesmo, meu senhor Elias?", perguntou. 8 "Sim, sou eu",
respondeu Elias. "Agora vá e diga ao rei: 'Elias está aqui'." 9 Obadias,
porém, protestou: "Que mal lhe fiz para que me envie para morrer
nas mãos de Acabe? 10 Pois, tão certo como vive o Senhor, seu Deus,
o rei o procurou em todas as nações e reinos da terra, de uma
extremidade à outra. E cada vez que lhe diziam: 'Elias não está
aqui', o rei Acabe fazia o rei daquela nação jurar que tinha falado a
verdade. 11 E agora o senhor diz: 'Vá e diga ao rei: Elias está aqui'.
12 Mas, assim que eu o deixar, o Espírito do Senhor o levará embora,
sabe-se lá para onde, e quando Acabe chegar e não o encontrar,
ele me matará. E, no entanto, tenho servido fielmente ao Senhor
toda a minha vida. 13 Ninguém lhe falou da ocasião em que Jezabel
tentou matar os profetas do Senhor? Escondi cem deles em duas
cavernas e lhes forneci alimento e água. 14 E agora o senhor diz:
'Vá e diga ao rei: Elias está aqui'. Se eu fizer isso, certamente Acabe
me matará!". 15 Mas Elias disse: "Tão certo como vive o Senhor dos
Exércitos, em cuja presença estou, hoje mesmo me apresentarei
ao rei Acabe". 16 Então Obadias foi dizer a Acabe que Elias tinha
vindo, e Acabe saiu para encontrar-se com Elias. 17 Quando Acabe
o viu, disse: "É você mesmo, perturbador de Israel?". 18 "Não causei
problema algum a Israel", respondeu Elias. "O senhor e sua famí-
lia é que são os perturbadores, pois se recusaram a obedecer aos
mandamentos do Senhor e, em vez disso, adoraram imagens de
Baal. 19 Agora, convoque todo o Israel para encontrar-se comigo no
monte Carmelo, além dos 450 profetas de Baal e os 400 profetas
de Aserá que comem à mesa de Jezabel." 20 Acabe convocou todo
o povo de Israel e os profetas para se reunirem no monte Carmelo.
21 Elias se colocou diante do povo e disse: "Até quando ficarão os-
cilando de um lado para o outro? Se o Senhor é Deus, sigam-no!
Mas, se Baal é Deus, então sigam Baal!". O povo, contudo, ficou
em silêncio. 22 Então Elias lhes disse: "Sou o único que resta dos
profetas do Senhor, mas Baal tem 450 profetas. 23 Agora, tragam
para cá dois novilhos. Que os profetas de Baal escolham um deles,
cortem o animal em pedaços e o coloquem sobre a lenha do altar,
mas não ponham fogo na lenha. Eu prepararei o outro novilho e
o colocarei sobre a lenha no altar, mas não porei fogo na lenha.
24 Então invoquem o nome de seu deus, e eu invocarei o nome do

1Rs

NO QUE ESTOU **PENSANDO** ○

O QUE ESTOU **SENTINDO** ○

DO QUE ESTOU **LEMBRANDO** ○

DESENHE OU ESCREVA

Senhor. O deus que responder com fogo, esse é o Deus verdadei-
ro!". E todo o povo concordou. 25 Então Elias disse aos profetas de
Baal: "Comecem vocês, pois são muitos. Escolham um dos novilhos,
preparem-no e invoquem o nome de seu deus. Mas não ponham
fogo na lenha". 26 Eles prepararam um dos novilhos e o colocaram
sobre o altar. Invocaram o nome de Baal desde a manhã até o
meio-dia e gritavam: "Ó Baal, responde-nos!", mas não houve res-
posta alguma. E dançavam em volta do altar que haviam feito. 27 Por
volta do meio-dia, Elias começou a zombar deles: "Vocês precisam
gritar mais alto", dizia ele. "Sem dúvida ele é um deus! Talvez esteja
meditando ou ocupado em outro lugar. Ou talvez esteja viajando,
ou dormindo, e precise ser acordado!" 28 Então gritaram mais alto
e, como era seu costume, cortaram-se com facas e espadas, até
sangrarem. 29 Agitaram-se em transe desde o meio-dia até a hora
do sacrifício da tarde, mas não houve sequer um som, nem resposta
ou reação alguma. 30 Então Elias disse ao povo: "Venham aqui!".
Todos se reuniram em volta dele enquanto ele consertava o altar
do Senhor que havia sido derrubado. 31 Pegou doze pedras, uma
para cada tribo dos filhos de Jacó, a quem o Senhor disse: "Teu
nome será Israel", 32 e com elas reconstruiu o altar em nome do
Senhor. Depois, cavou ao redor do altar uma valeta com capacidade
suficiente para doze litros de água. 33 Empilhou lenha sobre o altar,
cortou o novilho em pedaços e colocou os pedaços sobre a lenha.
Em seguida, ordenou: "Encham quatro jarras grandes com água
e derramem a água sobre o holocausto e a lenha". 34 Depois que
fizeram isso, disse: "Façam a mesma coisa novamente". Quando
terminaram, ele disse: "Agora façam o mesmo pela terceira vez".
Eles seguiram sua instrução, 35 e a água corria ao redor do altar e
encheu a valeta. 36 Na hora costumeira de oferecer o sacrifício da
tarde, o profeta Elias se aproximou do altar e orou: "Ó Senhor,
Deus de Abraão, Isaque e Jacó, prova hoje que és Deus em Israel
e que sou teu servo. Prova que fiz tudo isso por ordem tua. 37 Ó
Senhor, responde-me! Que este povo saiba que tu, ó Senhor, és
o verdadeiro Deus e estás buscando o povo de volta para ti!". 38 No
mesmo instante, fogo do Senhor desceu do céu e queimou o no-
vilho, a madeira, as pedras e o chão, e secou até a água da valeta.
39 Quando o povo viu isso, todos se prostraram com o rosto no chão
e gritaram: "O Senhor é Deus! Sim, o Senhor é Deus!". 40 Então

Elias ordenou: "Prendam todos os profetas de Baal. Não deixem
nenhum escapar!". O povo os prendeu, e Elias os levou para o riacho
de Quisom e ali os matou.

Elias ora pedindo chuva

41Em seguida, Elias disse a Acabe: "Vá comer e beber, pois ouço
uma forte tempestade chegando". 42Acabe foi comer e beber. Elias,
porém, subiu ao topo do monte Carmelo, prostrou-se até o chão
com o rosto entre os joelhos e orou. 43Depois, disse a seu servo:
"Vá e olhe na direção do mar". O servo foi e olhou, depois voltou
e disse: "Não vi nada". Sete vezes Elias mandou que ele fosse e
olhasse. 44Por fim, na sétima vez, o servo lhe disse: "Vi subir do
mar uma pequena nuvem, do tamanho da mão de um homem".
Então Elias lhe disse: "Vá depressa dizer a Acabe: 'Apronte seu carro
e volte para casa. Se não se apressar, a chuva o impedirá!'". 45Em
pouco tempo, o céu ficou escuro com nuvens. Um vento forte trouxe
uma grande tempestade, e Acabe partiu em sua carruagem a toda
velocidade para Jezreel. 46Então o SENHOR concedeu força extra-
ordinária a Elias. Ele prendeu a capa no cinto e correu à frente do
carro de Acabe até a entrada de Jezreel.

CAPÍTULO 19

Elias foge para o Sinai

1Acabe contou a Jezabel tudo que Elias havia feito, incluindo o
modo como havia matado todos os profetas de Baal. 2Por isso,
Jezabel enviou esta mensagem a Elias: "Que os deuses me casti-
guem severamente se, até amanhã nesta hora, eu não fizer a você
o que você fez aos profetas de Baal!". 3Elias teve medo e fugiu para
salvar a vida. Foi para Berseba, uma cidade em Judá, e ali deixou
seu servo. 4Depois, foi sozinho para o deserto, caminhando o dia
todo. Sentou-se debaixo de um pé de giesta e orou, pedindo para
morrer. "Já basta, SENHOR", disse ele. "Tira minha vida, pois não sou
melhor que meus antepassados que já morreram." 5Então ele se
deitou debaixo do pé de giesta e dormiu. Enquanto dormia, um
anjo o tocou e disse: "Levante-se e coma!". 6Elias olhou em redor
e viu, perto de sua cabeça, um pão assado sobre pedras quentes
e um jarro de água. Ele comeu, bebeu e se deitou novamente. 7O
anjo do SENHOR voltou, tocou-o mais uma vez e disse: "Levante-se
e coma um pouco mais, do contrário não aguentará a viagem que
tem pela frente". 8Elias se levantou, comeu e bebeu, e o alimento
lhe deu forças para uma jornada de quarenta dias e quarenta noites
até o monte Sinai, o monte de Deus. 9Ali encontrou uma caverna
onde passou a noite.

O SENHOR fala com Elias

Então o SENHOR lhe disse: "O que você faz aqui, Elias?". 10Ele res-
pondeu: "Tenho servido com zelo ao SENHOR, o Deus dos Exércitos.
Contudo, os israelitas quebraram a aliança contigo, derrubaram
teus altares e mataram todos os teus profetas. Sou o único que
restou, e agora também procuram me matar". 11"Saia e ponha-se
diante de mim no monte", disse o SENHOR. E, enquanto Elias estava
ali, o SENHOR passou, e um forte vendaval atingiu o monte. Era tão
intenso que as pedras se soltavam do monte diante do SENHOR, mas
o SENHOR não estava no vento. Depois do vento houve um terremo-
to, mas o SENHOR não estava no terremoto. 12Depois do terremoto
houve fogo, mas o SENHOR não estava no fogo. E, depois do fogo,
veio um suave sussurro. 13Quando Elias o ouviu, cobriu o rosto com
a capa, saiu e ficou na entrada da caverna. E uma voz disse: "O que
você faz aqui, Elias?". 14Ele respondeu outra vez: "Tenho servido
com zelo ao SENHOR, o Deus dos Exércitos. Contudo, os israelitas
quebraram a aliança contigo, derrubaram teus altares e mataram
todos os teus profetas. Sou o único que restou, e agora também
procuram me matar". 15Então o SENHOR lhe disse: "Volte pelo cami-
nho por onde veio e vá para o deserto de Damasco. Quando chegar
lá, unja Hazael para ser rei da Síria. 16Depois, unja também Jeú,
neto de Ninsi, para ser rei de Israel, e unja Eliseu, filho de Safate,
da cidade de Abel-Meolá, para substituir você como meu profeta.
17Quem escapar da espada de Hazael será morto por Jeú, e quem
escapar da espada de Jeú será morto por Eliseu. 18No entanto,
preservarei sete mil de Israel que nunca se prostraram diante de
Baal nem o beijaram!".

O chamado de Eliseu

19Elias partiu e encontrou Eliseu, filho de Safate, arando um campo.
Havia doze parelhas de bois no campo, e Eliseu arava com a última
parelha. Elias se aproximou de Eliseu, lançou sua capa sobre os

NO QUE ESTOU **PENSANDO** ○ | O QUE ESTOU **SENTINDO** ○ | DO QUE ESTOU **LEMBRANDO** ○

DESENHE OU ESCREVA

1Rs

ombros dele e continuou a caminhar. 20Eliseu deixou os bois ali,
correu atrás de Elias e disse: "Primeiro deixe-me dar um beijo de
despedida em meu pai e em minha mãe; então o seguirei!". Elias
respondeu: "Pode voltar, mas pense no que lhe fiz". 21Eliseu voltou
para sua parelha de bois e os matou. Usou a madeira do arado para
fazer fogo e assar a carne. Distribuiu a carne para o povo da cidade,
e todos eles comeram. Então partiu com Elias, como seu ajudante.

CAPÍTULO 20

Ben-Hadade ataca Samaria

1Por esse tempo, Ben-Hadade, rei da Síria, mobilizou seu exército
com o apoio de 32 reis aliados e seus carros de guerra e cavalos. Eles
cercaram Samaria e a atacaram. 2Ben-Hadade enviou mensageiros
à cidade para dizer a Acabe, rei de Israel: "Assim diz Ben-Hadade:
3'Sua prata e seu ouro são meus, bem como suas esposas e os
melhores de seus filhos'". 4"Está bem, ó meu senhor, o rei", res-
pondeu o rei de Israel. "Tudo que tenho é seu." 5Pouco depois, os
mensageiros voltaram e disseram: "Assim diz Ben-Hadade: 'Já exigi
que entregasse sua prata, seu ouro, suas esposas e seus filhos. 6Mas
amanhã, a esta hora, enviarei meus oficiais para vasculharem seu
palácio e as casas de seus oficiais e tomarem tudo que conside-
rarem de valor'". 7Então Acabe convocou todas as autoridades de
Israel e lhes disse: "Vejam como esse homem quer nossa desgraça!
Já concordei em lhe entregar minhas esposas, meus filhos, minha
prata e meu ouro!". 8"Não ceda a nenhuma outra exigência!", acon-
selharam as autoridades e o povo. 9Portanto, Acabe respondeu aos
mensageiros de Ben-Hadade: "Digam ao meu senhor, o rei: 'Eu lhe
darei tudo que pediu da primeira vez, mas não posso aceitar sua
última exigência'". Os mensageiros voltaram a Ben-Hadade com
essa resposta. 10Então Ben-Hadade enviou a seguinte mensagem
a Acabe: "Que os deuses me castiguem severamente se restar pó
suficiente de Samaria para dar um punhado a cada um de meus
soldados!". 11O rei de Israel respondeu: "O guerreiro que se arma
com sua espada para lutar não deve se vangloriar como o guerreiro
que já venceu". 12A resposta de Acabe chegou a Ben-Hadade e aos
outros reis quando bebiam em suas tendas. "Preparem-se para ata-
car!", ordenou Ben-Hadade a seus oficiais. E eles se prepararam
para atacar a cidade.

1Rs

NO QUE ESTOU **PENSANDO** ○ | O QUE ESTOU **SENTINDO** ○ | DO QUE ESTOU **LEMBRANDO** ○

DESENHE OU ESCREVA

A vitória de Acabe sobre Ben-Hadade

13Enquanto isso, um profeta foi a Acabe, rei de Israel, e lhe disse:
"Assim diz o SENHOR: 'Está vendo esse enorme exército inimigo?
Hoje eu o entregarei em suas mãos. Com isso, você saberá que
eu sou o SENHOR'". 14Acabe perguntou: "Por meio de quem ele
fará isso acontecer?". O profeta respondeu: "Assim diz o SENHOR:
'Os soldados dos comandantes das províncias o farão'". "Devemos
atacar primeiro?", perguntou Acabe. "Sim", respondeu o profeta.
15Então Acabe convocou os 232 soldados dos comandantes das
províncias. Em seguida, reuniu o restante do exército de Israel, cerca
de sete mil homens. 16Por volta do meio-dia, quando Ben-Hadade
e os 32 reis aliados ainda estavam em suas tendas, bebendo até
ficarem bêbados, 17o primeiro contingente, formado pelos soldados
dos comandantes das províncias, saiu da cidade. Quando eles se
aproximavam, os espiões de Ben-Hadade o avisaram: "Há alguns
soldados vindo de Samaria". 18Ele ordenou: "Quer tenham vindo
em paz, quer para guerrear, tragam esses soldados com vida!". 19Os
soldados dos comandantes das províncias de Acabe e todo o exér-
cito haviam saído para lutar. 20Cada soldado israelita matou seu
adversário sírio e, de repente, todo o exército sírio fugiu. Os israeli-
tas os perseguiram, mas o rei Ben-Hadade e alguns dos cavaleiros
fugiram a cavalo. 21O rei de Israel destruiu os outros cavalos e carros
de guerra e massacrou os sírios. 22Depois disso, o profeta disse ao
rei Acabe: "Prepare-se para outro ataque. Comece a planejar desde
já, pois o rei da Síria voltará na virada do ano".

O segundo ataque de Ben-Hadade

23Depois da derrota, os oficiais de Ben-Hadade lhe disseram: "Os
deuses israelitas são deuses dos montes; por isso venceram. Mas
podemos derrotá-los com facilidade nas planícies. 24Desta vez,
porém, substitua os reis por outros comandantes. 25Reúna outro
exército como o que o senhor perdeu. Dê-nos o mesmo número
de cavalos e carros de guerra, e lutaremos contra os israelitas nas
planícies. Certamente os derrotaremos!". O rei Ben-Hadade fez
conforme aconselharam. 26Na virada do ano, convocou o exército
sírio e marchou novamente contra Israel, dessa vez em Afeque.
27Israel reuniu seu exército, organizou linhas de abastecimento e
saiu para lutar. Mas, em comparação com o enorme exército sírio

que cobria todo o campo, os israelitas pareciam dois pequenos
rebanhos de cabras. 28 O homem de Deus foi ao rei de Israel e lhe
disse: "Assim diz o SENHOR: 'Os sírios pensam que o SENHOR é um
deus dos montes, e não das planícies. Por isso, entregarei todo
o enorme exército sírio em suas mãos. Então vocês saberão que
eu sou o SENHOR'". 29 Os dois exércitos acamparam um de frente
para o outro durante sete dias e, no sétimo dia, a batalha começou.
Os israelitas mataram cem mil soldados de infantaria dos sírios
em um só dia. 30 O restante fugiu para a cidade de Afeque, mas
o muro caiu sobre eles e matou mais 27 mil. Ben-Hadade fugiu
para a cidade e se escondeu num quarto secreto. 31 Os oficiais de
Ben-Hadade lhe disseram: "Senhor, ouvimos que os reis de Israel
são misericordiosos. Vamos nos humilhar, usar panos de saco na
cintura e cordas na cabeça e nos render ao rei de Israel. Talvez ele
deixe o senhor viver". 32 Então vestiram panos de saco e cordas,
foram ao rei de Israel e suplicaram: "Seu servo Ben-Hadade diz:
'Peço que me deixe viver!'". O rei de Israel respondeu: "Ele ainda
está vivo? Ele é meu irmão!". 33 Os homens interpretaram isso como
um bom sinal e, aproveitando essas palavras, responderam: "Sim,
seu irmão Ben-Hadade!". "Vão buscá-lo", disse o rei de Israel. E,
quando Ben-Hadade chegou, Acabe o convidou para subir em sua
carruagem. 34 Ben-Hadade lhe disse: "Devolverei as cidades que
meu pai tomou de seu pai, e você poderá estabelecer centros de
comércio em Damasco, como meu pai fez em Samaria". Acabe disse:
"Sob essas condições, eu o libertarei". Então os dois fizeram um
acordo, e Ben-Hadade foi liberto.

Um profeta condena Acabe

35 Enquanto isso, o SENHOR instruiu um dos membros de um grupo
de profetas a dizer a outro: "Dê um soco em mim!", mas o homem
se recusou a fazê-lo. 36 Então o profeta lhe disse: "Como você não
obedeceu à voz do SENHOR, um leão o matará assim que você sair
daqui". E, quando ele partiu, um leão o atacou e o matou. 37 Em
seguida, o profeta se dirigiu a outro homem e disse: "Dê um soco
em mim!". O homem deu um soco no profeta e o feriu. 38 O profeta
colocou uma faixa de pano sobre os olhos para se disfarçar e espe-
rou pelo rei junto à estrada. 39 Quando o rei ia passando, o profeta
gritou: "Eu, seu servo, estava no meio da batalha acirrada quando,

NO QUE ESTOU **PENSANDO** ○ | O QUE ESTOU **SENTINDO** ○ | DO QUE ESTOU **LEMBRANDO** ○

DESENHE OU ESCREVA

de repente, alguém me trouxe um prisioneiro e disse: 'Vigie este
homem. Se ele escapar, você morrerá ou pagará uma multa de 35
quilos de prata!'. 40 Contudo, enquanto eu estava ocupado fazendo
outra coisa, o prisioneiro desapareceu". "A culpa é sua", respondeu
o rei. "Você mesmo pronunciou sua condenação." 41 Então, sem de-
mora, o profeta tirou a faixa dos olhos, e o rei de Israel reconheceu
que era um dos profetas. 42 O profeta lhe disse: "Assim diz o SENHOR:
'Uma vez que você poupou o homem que eu havia ordenado que
fosse destruído, você deve morrer em lugar dele, e seu povo, em
lugar do povo dele'". 43 O rei de Israel foi para casa, em Samaria,
indignado e aborrecido.

CAPÍTULO 21

A videira de Nabote

1 Naquela época, um homem chamado Nabote, de Jezreel, possuía
um vinhedo que ficava ao lado do palácio de Acabe, rei de Samaria.
2 Certo dia, Acabe disse a Nabote: "Como sua videira fica tão próxima
do meu palácio, quero comprá-la para fazer uma horta. Em troca,
darei a você uma videira melhor, ou, se preferir, pagarei o valor
em dinheiro". 3 Nabote, porém, respondeu: "O SENHOR me livre de
lhe entregar a herança que recebi de meus antepassados!". 4 Então
Acabe foi para casa indignado e aborrecido por causa da resposta
de Nabote. O rei foi deitar-se, virou o rosto e não quis comer. 5 "Qual
é o problema?", perguntou sua esposa Jezabel. "Por que você está
tão aborrecido que nem quer comer?" 6 Acabe respondeu: "Pedi a
Nabote, de Jezreel, que me vendesse sua videira ou que a trocasse
por outra, mas ele não quis". 7 "Afinal, você é o rei de Israel ou não
é?", disse Jezabel. "Levante-se e coma alguma coisa, e não se pre-
ocupe com isso. Conseguirei para você a videira de Nabote." 8 Então
ela escreveu cartas em nome de Acabe, selou-as com o selo do rei
e as enviou para as autoridades e outros líderes da cidade onde
Nabote morava. 9 Nas cartas, ela ordenava: "Reúnam os habitantes
da cidade para jejuar e coloquem Nabote num lugar onde todos
possam vê-lo. 10 Mandem sentar-se em frente dele dois homens de
mau caráter que o acusem de amaldiçoar a Deus e o rei. Depois,
levem-no para fora e matem-no por apedrejamento". 11 As autori-
dades e os outros líderes da cidade seguiram as instruções dadas
por Jezabel em suas cartas. 12 Convocaram os habitantes da cidade

para um jejum e colocaram Nabote num lugar onde todos podiam
vê-lo. 13Então dois homens de mau caráter vieram, sentaram-se
de frente para ele e o acusaram diante de todo o povo, dizendo:
"Ele amaldiçoou a Deus e o rei!". Em seguida, foi arrastado para
fora da cidade e morto por apedrejamento. 14Os líderes da cidade
mandaram avisar Jezabel: "Nabote foi apedrejado e está morto".
15Quando Jezabel ouviu a notícia, disse a Acabe: "Lembra-se da
videira que Nabote se recusou a vender? Agora você pode ficar com
ela. Nabote está morto". 16Acabe desceu de imediato à videira de
Nabote para tomar posse dela. 17Contudo, o SENHOR disse a Elias,
de Tisbe: 18"Vá encontrar-se com Acabe, rei de Israel, que governa
em Samaria. Ele estará na videira de Nabote, para tomar posse dela.
19Transmita-lhe esta mensagem: 'Assim diz o SENHOR: Não foi sufi-
ciente para você matar Nabote? Era preciso que também roubasse
a propriedade dele? Por causa do que você fez, os cães lamberão
seu sangue no mesmo lugar onde lamberam o sangue de Nabote'".
20"Quer dizer que você me encontrou, meu inimigo!", disse Acabe
a Elias. "Sim", respondeu Elias. "Vim porque você se vendeu para
fazer o que é mau aos olhos do SENHOR. 21Agora o SENHOR diz:
'Trarei desgraça sobre você e o exterminarei, e destruirei todos os
seus descendentes do sexo masculino em Israel, tanto escravos
como livres. 22Acabarei com sua família como fiz com a família de
Jeroboão, filho de Nebate, e com a família de Baasa, filho de Aías,
pois você provocou minha ira e levou Israel a pecar'. 23"E quanto a
Jezabel, o SENHOR diz: 'Cães devorarão o corpo de Jezabel no cam-
po em Jezreel'. 24"Os membros da família de Acabe que morrerem
na cidade serão comidos pelos cães, e os que morrerem no campo
serão comidos pelos abutres." 25Não houve ninguém que tenha se
vendido tão completamente para fazer o que é mau aos olhos do
SENHOR como Acabe, influenciado por sua esposa Jezabel. 26Sua
prática mais repugnante foi adorar ídolos como haviam feito os
amorreus, povo que o SENHOR tinha expulsado de diante dos isra-
elitas. 27Quando Acabe ouviu essa mensagem, rasgou suas roupas,
vestiu-se de pano de saco e jejuou. Passou a dormir em cima de
panos de saco e a andar cabisbaixo. 28Então Elias, de Tisbe, rece-
beu outra mensagem do SENHOR: 29"Vê como Acabe se humilhou
diante de mim? Por isso, não trarei calamidade durante sua vida.
Farei cair a calamidade sobre os filhos dele; destruirei sua dinastia".

NO QUE ESTOU **PENSANDO** ○ | O QUE ESTOU **SENTINDO** ○ | DO QUE ESTOU **LEMBRANDO** ○

DESENHE OU ESCREVA

CAPÍTULO 22

Josafá e Acabe

1Durante três anos, não houve guerra entre a Síria e Israel. 2No
terceiro ano, porém, Josafá, rei de Judá, foi visitar o rei de Israel.
3Durante a visita, o rei de Israel disse a seus oficiais: "Não sabem
que a cidade de Ramote-Gileade nos pertence? E, no entanto, não
fizemos coisa alguma para retomá-la do rei da Síria!". 4Então se
voltou para Josafá e perguntou: "Você se juntará a mim na bata-
lha para reconquistar Ramote-Gileade?". Josafá respondeu ao rei
de Israel: "Claro que sim! Você e eu somos como um só. Meus
soldados são seus soldados, e meus cavalos são seus cavalos". 5E
acrescentou: "Antes, porém, consulte o SENHOR". 6Então o rei de
Israel convocou os profetas, cerca de quatrocentos no total, e lhes
perguntou: "Devo ir à guerra contra Ramote-Gileade ou não?".
Todos eles responderam: "Sim, deve! O Senhor entregará o ini-
migo nas mãos do rei". 7Josafá, porém, perguntou: "Acaso não há
aqui um profeta do SENHOR? Devemos consultá-lo também". 8O
rei de Israel respondeu a Josafá: "Há mais um homem que pode
consultar o SENHOR para nós, mas eu o odeio, pois nunca profetiza
nada de bom a meu respeito, só coisas ruins! Chama-se Micaías,
filho de Inlá". "O rei não devia falar assim", respondeu Josafá. 9Então
o rei de Israel chamou um de seus oficiais e disse: "Traga Micaías,
filho de Inlá. Rápido!".

Micaías profetiza contra Acabe

10Vestidos com seus trajes reais, o rei de Israel e Josafá, rei de
Judá, estavam sentados cada um em seu trono na eira, junto à
porta de Samaria. Todos os profetas estavam profetizando diante
deles. 11Um dos profetas, Zedequias, filho de Quenaaná, fez chifres
de ferro e declarou: "Assim diz o SENHOR: 'Com estes chifres o rei
ferirá os sírios até a morte!'". 12Todos os outros profetas concorda-
ram, dizendo: "Sim, suba a Ramote-Gileade e seja vitorioso, pois
o SENHOR a entregará nas mãos do rei!". 13Enquanto isso, o men-
sageiro que foi buscar Micaías lhe disse: "Veja, todos os profetas
prometem vitória para o rei. Concorde com eles e também prome-
ta sucesso". 14Micaías, porém, respondeu: "Tão certo como vive o
SENHOR, direi apenas o que o SENHOR ordenar". 15Quando Micaías
chegou, o rei lhe perguntou: "Micaías, devemos ir à guerra contra

Ramote-Gileade ou não?". Micaías respondeu: "Sim, suba e será
vitorioso, pois o SENHOR a entregará nas mãos do rei!". 16Mas o rei
disse: "Quantas vezes preciso exigir que diga somente a verdade
quando falar em nome do SENHOR?". 17Então Micaías respondeu:
"Vi todo o Israel espalhado pelos montes, como ovelhas sem pas-
tor. E o SENHOR disse: 'Seu líder foi morto. Mande-os para casa em
paz'". 18O rei de Israel disse a Josafá: "Não falei? Ele nunca profetiza
nada de bom a meu respeito, mas somente coisas ruins". 19Micaías
prosseguiu: "Ouça o que o SENHOR diz! Vi o SENHOR sentado em
seu trono, com todo o exército do céu ao redor, à sua direita e à
sua esquerda. 20E o SENHOR perguntou: 'Quem enganará Acabe
para que vá à guerra contra Ramote-Gileade e seja morto ali?'.
"Houve muitas sugestões, 21até que, por fim, um espírito se apro-
ximou do SENHOR e disse: 'Eu o enganarei!'. 22"'De que maneira?',
perguntou o SENHOR. "E o espírito respondeu: 'Sairei e porei um
espírito mentiroso na boca de todos os seus profetas'. "O SENHOR
disse: 'Você conseguirá enganá-lo!'. 23"Como vê, o SENHOR pôs
um espírito mentiroso na boca de todos os seus profetas, pois
o SENHOR decretou sua desgraça". 24Então Zedequias, filho de
Quenaaná, se aproximou de Micaías e lhe deu uma bofetada.
"Como foi que o Espírito do SENHOR me deixou para falar com
você?", perguntou ele. 25Micaías respondeu: "Você descobrirá
em breve, quando tentar se esconder em algum quarto secreto!".
26Então o rei de Israel ordenou: "Prendam Micaías e levem-no de
volta a Amom, governador da cidade, e a meu filho Joás, 27com
a seguinte ordem: 'Ponham este homem na prisão e deem-lhe
apenas pão e água até que eu volte da batalha em segurança!'".
28Micaías, porém, respondeu: "Se voltar em segurança, significará
que o SENHOR não falou por meu intermédio!". E acrescentou aos
que estavam ao redor: "Todos vocês, prestem atenção às minhas
palavras!".

A morte de Acabe

29Então o rei de Israel e Josafá, rei de Judá, levaram seus exérci-
tos para atacar Ramote-Gileade. 30O rei de Israel disse a Josafá:
"Quando entrarmos no combate, usarei um disfarce para que
ninguém me reconheça, mas você vestirá seus trajes reais". O rei
de Israel se disfarçou, e os dois foram à batalha. 31Enquanto isso,
o rei da Síria tinha dado as seguintes ordens aos 32 comandantes
dos carros de guerra: "Ataquem somente o rei de Israel. Não lutem
contra ninguém mais!". 32Quando os comandantes dos carros de
guerra sírios viram Josafá em seus trajes reais, foram atrás dele.
"É o rei de Israel!", disseram. Contudo, quando Josafá gritou, 33os
comandantes dos carros perceberam que não era o rei de Israel e
pararam de persegui-lo. 34Então um soldado sírio disparou uma
flecha ao acaso e acertou o rei de Israel entre as juntas de sua
armadura. "Dê a volta e tire-me daqui!", exclamou Acabe para o
condutor de seu carro. "Estou gravemente ferido!" 35A batalha,
cada vez mais violenta, prosseguiu durante todo o dia, e o rei per-
maneceu em pé, apoiado em seu carro, de frente para os sírios.
O sangue de seu ferimento escorria para o piso do carro e, ao
entardecer, ele morreu. 36Quando o sol se punha, um clamor se
espalhou entre seus soldados: "Estamos perdidos! Voltem para
suas casas!". 37Assim, o rei morreu, e seu corpo foi levado para
Samaria e sepultado ali. 38Seu carro de guerra foi lavado junto
ao tanque de Samaria, e os cães vieram e lamberam seu sangue
no lugar onde as prostitutas se banhavam, exatamente como o
SENHOR havia prometido. 39Os demais acontecimentos do reinado
de Acabe, e tudo que ele fez, incluindo o palácio de marfim e as
cidades que construiu, estão escritos no *Livro da História dos Reis
de Israel*. 40Acabe morreu e se reuniu a seus antepassados, e seu
filho Acazias foi seu sucessor.

O reinado de Josafá em Judá

41Josafá, filho de Asa, começou a reinar em Judá no quarto ano
do reinado de Acabe, rei de Israel. 42Josafá tinha 35 anos quando
começou a reinar e reinou em Jerusalém por 25 anos. Sua mãe
se chamava Azuba e era filha de Sili. 43Josafá foi um bom rei, que
seguiu o exemplo de seu pai, Asa, e fez o que era certo aos olhos
do SENHOR. Contudo, não removeu todos os santuários idólatras,
e o povo continuou a oferecer sacrifícios e queimar incenso neles.
44Josafá manteve paz com o rei de Israel. 45Os demais aconte-
cimentos do reinado de Josafá, a extensão de seu poder e suas
guerras estão registrados no *Livro da História dos Reis de Judá*. 46Ele
expulsou da terra os prostitutos cultuais dos santuários idólatras
que restaram do tempo de seu pai, Asa. 47(Naquela época, não

NO QUE ESTOU **PENSANDO** ○ | O QUE ESTOU **SENTINDO** ○ | DO QUE ESTOU **LEMBRANDO** ○

DESENHE OU ESCREVA

havia rei em Edom, mas apenas um governador.) 48Josafá cons-
truiu uma frota de navios mercantes para buscar ouro em Ofir. As
embarcações, porém, nunca chegaram a navegar, pois naufragaram
no porto de Eziom-Geber. 49Certa vez, Acazias, filho de Acabe, pro-
pôs a Josafá: "Deixe que meus homens naveguem com os seus",
mas Josafá não aceitou a proposta. 50Quando Josafá morreu, foi
sepultado com seus antepassados na Cidade de Davi. Seu filho
Jeorão foi seu sucessor.

O reinado de Acazias em Israel

51Acazias, filho de Acabe, começou a reinar em Israel no décimo
sétimo ano do reinado de Josafá em Judá. Reinou em Samaria por
dois anos. 52Contudo, fez o que era mau aos olhos do SENHOR, pois
seguiu o exemplo de seu pai e sua mãe e o exemplo de Jeroboão,
filho de Nebate, que levou Israel a pecar. 53Serviu a Baal e o ado-
rou, provocando a ira do SENHOR, Deus de Israel, como seu pai
havia feito.

1Rs 22.52

2 REIS

CAPÍTULO 1

Elias confronta o rei Acazias

1Depois da morte do rei Acabe, a terra de Moabe se rebelou con-
tra Israel. 2Certo dia, Acazias caiu pela grade de um cômodo no
terraço de seu palácio em Samaria e ficou gravemente ferido. Ele
enviou mensageiros ao templo de Baal-Zebube, deus de Ecrom,
para saber se iria se recuperar. 3O anjo do SENHOR, porém, disse a
Elias, de Tisbe: "Vá ao encontro dos mensageiros do rei de Samaria
e diga-lhes: 'Acaso não há Deus em Israel? Por que vão consultar
Baal-Zebube, o deus de Ecrom? 4Por isso, assim diz o SENHOR:
Você nunca mais se levantará da cama onde está; certamente
morrerá!'". Então Elias partiu. 5Quando os mensageiros voltaram
ao rei, ele lhes perguntou: "Por que voltaram tão depressa?".
6Eles responderam: "Um homem veio ao nosso encontro e nos
instruiu a voltarmos ao rei e lhe darmos esta mensagem: 'Assim
diz o SENHOR: Acaso não há Deus em Israel? Por que enviou seus
homens para consultar Baal-Zebube, o deus de Ecrom? Por isso,
nunca mais se levantará da cama onde está; certamente morre-
rá'". 7"Como era o homem que lhes anunciou essa mensagem?",
perguntou o rei. 8Eles responderam: "Vestia roupas feitas de pelos
e usava um cinto de couro". "Era Elias, de Tisbe!", exclamou o rei.
9Em seguida, enviou um capitão de seu exército com cinquen-
ta soldados para prender Elias. Eles o encontraram sentado no
alto de um monte. O capitão lhe disse: "Homem de Deus, o rei
ordena que você desça conosco". 10Elias respondeu ao capitão:

NO QUE ESTOU **PENSANDO** ○ O QUE ESTOU **SENTINDO** ○ DO QUE ESTOU **LEMBRANDO** ○

DESENHE OU ESCREVA

"Se sou homem de Deus, que desça fogo do céu e destrua você
e seus cinquenta soldados!". Então desceu fogo do céu e matou
todos eles. 11O rei enviou outro capitão com cinquenta soldados.
O capitão disse a Elias: "Homem de Deus, o rei ordena que você
desça imediatamente". 12Elias, porém, respondeu: "Se sou homem
de Deus, que desça fogo do céu e destrua você e seus cinquenta
soldados!". Novamente desceu fogo do céu e matou todos eles.
13Pela terceira vez, o rei enviou um capitão com cinquenta solda-
dos. Esse capitão, porém, subiu o monte todo, ajoelhou-se diante
de Elias e implorou: "Ó homem de Deus, por favor, poupe minha
vida e a vida destes seus cinquenta servos. 14Sabemos que desceu
fogo do céu e destruiu os outros dois capitães e seus grupos de
soldados. Mas, agora, peço que poupe minha vida!". 15Então o
anjo do SENHOR disse a Elias: "Desça com ele e não tenha medo".
Assim, Elias se levantou, desceu e foi falar com o rei. 16Elias disse
ao rei: "Assim diz o SENHOR: Por que enviou mensageiros para
consultar Baal-Zebube, o deus de Ecrom? Acaso não há Deus em
Israel? Por isso, você nunca mais se levantará da cama onde está;
certamente morrerá". 17Então Acazias morreu, conforme o SENHOR
havia anunciado por meio de Elias. Acazias não tinha nenhum filho
para reinar em seu lugar, de modo que seu irmão Jorão foi seu
sucessor. Isso aconteceu no segundo ano do reinado de Jeorão,
filho de Josafá, rei de Judá. 18Os demais acontecimentos do rei-
nado de Acazias e tudo que ele fez estão registrados no *Livro da
História dos Reis de Israel*.

CAPÍTULO 2

Elias é levado ao céu

1Quando o SENHOR estava para levar Elias ao céu num redemoinho,
Elias e Eliseu partiram de Gilgal. 2No caminho, Elias disse a Eliseu:
"Fique aqui, pois o SENHOR me mandou ir a Betel". Eliseu, porém,
respondeu: "Tão certo como vive o SENHOR, e tão certo como a sua
própria vida, não o deixarei!". E desceram juntos a Betel. 3O grupo
de profetas de Betel foi ao encontro de Eliseu e lhe perguntou:
"Você sabe que o SENHOR levará seu mestre hoje?". "Sim, eu sei",
respondeu Eliseu. "Mas não falem sobre isso." 4Então Elias disse
a Eliseu: "Fique aqui, pois o SENHOR me mandou ir a Jericó". Mas
Eliseu respondeu novamente: "Tão certo como vive o SENHOR, e

2Rs

tão certo como a sua própria vida, não o deixarei". E foram juntos a
Jericó. 5O grupo de profetas de Jericó foi ao encontro de Eliseu e
lhe perguntou: "Você sabe que o SENHOR levará seu mestre hoje?".
"Sim, eu sei", respondeu Eliseu. "Mas não falem sobre isso." 6Então
Elias disse a Eliseu: "Fique aqui, pois o SENHOR me mandou ir ao rio
Jordão". Mais uma vez, porém, Eliseu respondeu: "Tão certo como
vive o SENHOR, e tão certo como a sua própria vida, não o deixarei".
E seguiram juntos pelo caminho. 7Cinquenta homens do grupo
de profetas também foram e observaram de longe quando Elias
e Eliseu pararam junto ao rio Jordão. 8Elias dobrou seu manto e
bateu com ele nas águas. O rio se abriu, e os dois atravessaram
em terra seca. 9Quando chegaram à outra margem, Elias disse a
Eliseu: "Diga-me, o que posso fazer por você antes de ser levado
embora?". Eliseu respondeu: "Peço-lhe que eu receba uma porção
dobrada do seu espírito e me torne seu sucessor". 10Elias respon-
deu: "O que você pediu é uma tarefa difícil, mas, se me vir quando
eu for separado de você, receberá o que pediu; caso contrário, não
será atendido". 11De repente, enquanto caminhavam e conversa-
vam, surgiu uma carruagem de fogo, puxada por cavalos de fogo.
Passou entre os dois e os separou, e Elias foi levado para o céu
num redemoinho. 12Eliseu viu isso e gritou: "Meu pai, meu pai!
Você era como os carros de guerra de Israel e seus cavaleiros!".
E, quando ele sumiu de vista, Eliseu rasgou as roupas ao meio.
13Em seguida, pegou o manto de Elias, que tinha caído, e voltou à
margem do Jordão. 14Bateu nas águas com o manto e gritou: "Onde
está o SENHOR, o Deus de Elias?". Então o rio se dividiu, e Eliseu o
atravessou. 15Quando os membros do grupo de profetas de Jericó
viram o que havia acontecido, exclamaram: "O espírito de Elias
repousa sobre Eliseu!". Então foram encontrar-se com Eliseu e se
curvaram com o rosto no chão diante dele. 16Disseram: "Nós, seus
servos, temos cinquenta homens corajosos que podem procurar
seu mestre no deserto. Talvez o Espírito do SENHOR o tenha deixa-
do em algum monte ou em algum vale". "Não enviem ninguém",
disse Eliseu. 17Mas insistiram tanto que, por fim, constrangido, ele
consentiu: "Está bem, enviem os homens". Os cinquenta homens
procuraram por três dias, mas não encontraram Elias. 18Eliseu ainda
estava em Jericó quando eles voltaram, e disse: "Não lhes falei
que não fossem?".

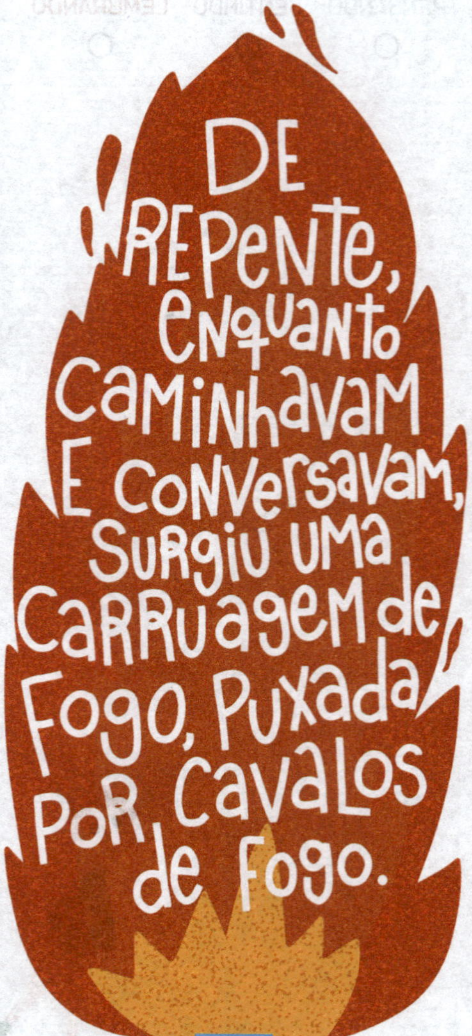

2Rs 2.11

Os primeiros milagres de Eliseu

19Certo dia, alguns moradores de Jericó disseram a Eliseu: "Temos
um problema, meu senhor. A cidade está situada numa boa região,
como o senhor pode ver. Contudo, a água não é boa, e a terra é
improdutiva". 20Eliseu disse: "Tragam-me uma tigela nova cheia
de sal", e fizeram o que ele pediu. 21Eliseu foi à nascente que abas-
tecia a cidade com água e jogou ali o sal. Disse ele: "Assim diz o
SENHOR: 'Purifiquei esta água. Ela não causará mais morte nem
tornará a terra improdutiva'". 22E, desde então, a água permanece
pura, conforme a palavra de Eliseu. 23Eliseu saiu dali e foi a Betel.
Enquanto subia pelo caminho, um grupo de adolescentes da cidade
começou a zombar dele. "Vá embora, careca! Vá embora, careca!",
gritavam. 24Eliseu se voltou para trás, olhou para eles e os amal-
diçoou em nome do SENHOR. Então duas ursas saíram do bosque
e despedaçaram 42 adolescentes. 25Dali Eliseu foi para o monte
Carmelo e, por fim, voltou a Samaria.

CAPÍTULO 3

Guerra entre Israel e Moabe

1Jorão, filho de Acabe, começou a reinar em Israel no décimo oi-
tavo ano do reinado de Josafá, rei de Judá. Reinou em Samaria
por doze anos. 2Fez o que era mau aos olhos do SENHOR, mas não
tanto quanto seu pai e sua mãe. Pelo menos derrubou a coluna
sagrada de Baal que seu pai havia levantado. 3Contudo, persis-
tiu nos pecados que Jeroboão, filho de Nebate, havia cometido
e levado o povo de Israel a cometer. 4Messa, rei de Moabe, era
criador de ovelhas. Costumava pagar ao rei de Israel um tributo
anual de cem mil cordeiros e a lã de cem mil carneiros. 5Depois
da morte de Acabe, porém, o rei de Moabe se rebelou contra o
rei de Israel. 6Então, sem demora, o rei Jorão partiu de Samaria e
reuniu o exército de Israel. 7No caminho, enviou esta mensagem
a Josafá, rei de Judá: "O rei de Moabe se rebelou contra mim. Você
sairá comigo para batalhar contra ele?". Josafá respondeu: "Claro
que sim! Meus soldados são seus soldados, e meus cavalos são
seus cavalos". 8E perguntou: "Que caminho vamos tomar?". "Vamos
atacar pelo deserto de Edom", respondeu o rei de Israel. 9O rei de
Edom e seus soldados se uniram ao rei de Israel e ao rei de Judá,
e os três exércitos seguiram pelo caminho. Depois que andaram

sete dias pelo deserto, já não havia água para os homens nem para os animais. 10"O que vamos fazer?", exclamou o rei de Israel. "Será que o SENHOR trouxe os três reis até aqui só para permitir que o rei de Moabe nos derrote?" 11Então Josafá perguntou: "Não há aqui um profeta do SENHOR? Se houver, podemos consultar o SENHOR por meio dele". Um dos oficiais do rei de Israel respondeu: "Eliseu, filho de Safate, está aqui. Ele era o ajudante de Elias". 12"Sim, o SENHOR fala por meio dele", disse Josafá. Então o rei de Israel, Josafá, o rei de Judá, e o rei de Edom foram consultar Eliseu. 13"Por que veio me procurar?", perguntou Eliseu ao rei de Israel. "Vá consultar os profetas idólatras de seu pai e de sua mãe!" O rei de Israel, porém, disse: "Vim procurá-lo porque foi o SENHOR que chamou esses três reis só para entregá-los nas mãos do rei de Moabe!". 14Eliseu respondeu: "Tão certo como vive o SENHOR dos Exércitos, a quem sirvo, eu não lhe daria atenção alguma se não fosse por respeito a Josafá, rei de Judá. 15Agora, tragam-me alguém que saiba tocar harpa". Enquanto o músico tocava, a mão do SENHOR veio sobre Eliseu, 16e ele disse: "Assim diz o SENHOR: 'Este vale seco se encherá de poços de água!'. 17Pois assim diz o SENHOR: 'Vocês não verão vento nem chuva, mas o vale se encherá de água. Terão o suficiente para vocês, seus rebanhos e outros animais'. 18E, como se isso não bastasse, o SENHOR ainda entregará o exército de Moabe em suas mãos! 19Vocês conquistarão as melhores cidades deles, até mesmo as fortificadas. Cortarão as árvores frutíferas, taparão todas as fontes e entulharão com pedras as terras de plantio". 20No dia seguinte, por volta da hora em que se oferecia o sacrifício da manhã, começou a aparecer água, descendo desde Edom, e, em pouco tempo, havia água por toda parte. 21Enquanto isso, o povo de Moabe soube que os três exércitos marchavam contra eles, e todos os homens com idade suficiente para lutar foram convocados e se posicionaram ao longo da fronteira. 22Quando se levantaram na manhã seguinte, o sol brilhava sobre a água. Para os moabitas, ela parecia vermelha como sangue. 23"É sangue!", exclamaram. "Os três exércitos atacaram uns aos outros e se mataram! Venha, povo de Moabe, vamos tomar os despojos!" 24Mas, quando os moabitas chegaram ao acampamento de Israel, o exército israelita se levantou e os atacou até que deram meia-volta e fugiram. Os israelitas os perseguiram até Moabe, avançando pelo território e derrotando

NO QUE ESTOU **PENSANDO** ○ | O QUE ESTOU **SENTINDO** ○ | DO QUE ESTOU **LEMBRANDO** ○

DESENHE OU ESCREVA

Moabe definitivamente. 25Arrasaram as cidades, entulharam com pedras as terras de plantio, taparam as fontes de água e cortaram as árvores frutíferas. Por fim, só restou Quir-Haresete com suas muralhas de pedra, mas atiradores com fundas a cercaram e a atacaram. 26Quando o rei de Moabe percebeu que estava perdendo a batalha, liderou setecentos homens com espadas, numa tentativa de romper as linhas inimigas próximas do rei de Edom, mas fracassou. 27Então o rei de Moabe pegou seu filho mais velho, que devia sucedê-lo, e o ofereceu como holocausto sobre o muro da cidade. Por isso, houve grande ira contra Israel, e os israelitas se retiraram e voltaram para sua terra.

CAPÍTULO 4

Eliseu ajuda uma viúva pobre

1Certo dia, a viúva de um dos membros do grupo de profetas foi pedir ajuda a Eliseu: "Meu marido, que o servia, morreu, e o senhor sabe como ele temia o SENHOR. Agora, veio um credor que ameaça levar meus dois filhos como escravos". 2"O que posso fazer para ajudá-la?", perguntou Eliseu. "Diga-me, o que você tem em casa?" "Não tenho nada, exceto uma vasilha de azeite", respondeu ela. 3Então Eliseu disse: "Tome emprestadas muitas vasilhas de seus amigos e vizinhos, quantas conseguir. 4Depois, entre em casa com seus filhos e feche a porta. Derrame nas vasilhas o azeite que você tem e separe-as quando estiverem cheias". 5A viúva seguiu as instruções de Eliseu. Seus filhos traziam vasilhas, e ela as enchia. 6Logo, todas estavam cheias até a borda. "Traga mais uma vasilha", disse ela a um dos filhos. "Acabaram as vasilhas!", respondeu ele. E o azeite parou de correr. 7Quando ela contou ao homem de Deus o que havia acontecido, ele lhe disse: "Agora venda o azeite e pague suas dívidas. Você e seus filhos poderão viver do que sobrar".

Eliseu e a mulher de Suném

8Certo dia, Eliseu foi à cidade de Suném. Uma mulher rica que morava na cidade o convidou para fazer uma refeição em sua casa. Depois disso, sempre que ele passava por lá, parava na casa dela para comer. 9A mulher disse ao marido: "Sem dúvida esse homem que sempre passa por aqui é um santo homem de Deus. 10Vamos construir um quartinho para ele no terraço e mobiliá-lo com uma

cama, uma mesa, uma cadeira e uma lâmpada. Assim, quando ele
passar por aqui, terá um lugar para ficar". 11 Um dia, Eliseu voltou
a Suném e subiu ao quarto para descansar. 12 Disse a seu servo,
Geazi: "Chame a sunamita". Quando ela veio, 13 Eliseu disse a Geazi:
"Diga-lhe: 'Somos gratos por sua bondade e seu cuidado conosco.
O que podemos fazer por você? Podemos falar em seu favor ao rei
ou ao comandante do exército?'". "Não", respondeu ela. "Minha
família cuida bem de mim." 14 Mais tarde, Eliseu perguntou a Geazi:
"O que podemos fazer por ela?". Geazi respondeu: "Ela não tem
filhos, e o marido é idoso". 15 "Chame-a de novo", disse Eliseu. A
mulher voltou e, enquanto ela estava à porta do quarto, 16 Eliseu
lhe disse: "Ano que vem, por esta época, você estará com um filho
nos braços!". "Não, meu senhor!", exclamou ela. "Por favor, homem
de Deus, não me dê falsas esperanças." 17 Mas, de fato, a mulher
ficou grávida. No ano seguinte, naquela mesma época, teve um
filho, como Eliseu tinha dito. 18 Certo dia, quando o menino estava
mais crescido, saiu para acompanhar o pai, que estava no campo
com os ceifeiros. 19 De repente, o menino gritou: "Ai! Que dor de
cabeça!". Seu pai disse a um dos servos: "Leve-o para casa, para a
mãe dele". 20 O servo levou o menino para casa, e a mãe o segurou
no colo. Mas, por volta do meio-dia, ele morreu. 21 Ela o carregou
para cima e o deitou na cama do homem de Deus; fechou a porta
e o deixou ali. 22 Então enviou um recado para o marido: "Mande
um dos servos e uma jumenta, para que eu vá depressa falar com o
homem de Deus e volte em seguida". 23 "Por que hoje?", perguntou
ele. "Não é a festa da lua nova nem sábado." Ela, porém, respondeu:
"Não se preocupe". 24 Então ela mandou selar a jumenta e disse
ao servo: "Rápido! Só diminua o passo quando eu mandar". 25 E
partiu para encontrar-se com o homem de Deus no monte Carmelo.
Quando ele a viu a distância, disse a Geazi: "Olhe! Lá vem a suna-
mita! 26 Corra ao seu encontro e pergunte: 'Está tudo bem com a
senhora, com seu marido e com seu filho?'". A mulher respondeu:
"Sim, está tudo bem". 27 Mas, quando ela chegou ao homem de
Deus no monte, abraçou os pés dele. Geazi quis afastá-la, mas o
homem de Deus disse: "Deixe-a em paz. Ela está profundamente
angustiada, mas o SENHOR não me revelou o motivo". 28 Então a
mulher disse: "Acaso eu lhe pedi um filho, meu senhor? Não lhe
disse que não me desse falsas esperanças?". 29 Eliseu disse a Geazi:

NO QUE ESTOU **PENSANDO** ○ | O QUE ESTOU **SENTINDO** ○ | DO QUE ESTOU **LEMBRANDO** ○

DESENHE OU ESCREVA

"Prepare-se para viajar; pegue meu cajado e vá! Não cumprimente
ninguém pelo caminho. Quando chegar, coloque o cajado sobre o
rosto do menino". 30 Mas a mãe do menino disse: "Tão certo como
vive o SENHOR, e tão certo como a sua própria vida, não voltarei
para casa se o senhor não for comigo". Então Eliseu voltou com ela.
31 Geazi foi à frente e pôs o cajado sobre o rosto do menino, mas
não aconteceu nada. Não havia sinal de vida. Geazi voltou para en-
contrar-se com Eliseu e lhe disse: "O menino ainda não despertou".
32 De fato, quando Eliseu chegou, o menino estava morto, deitado
em sua cama. 33 Eliseu entrou sozinho no quarto, fechou a porta
e orou ao SENHOR. 34 Depois, deitou-se sobre o corpo do menino
e colocou sua boca sobre a dele, seus olhos sobre os dele e suas
mãos sobre as dele. E, enquanto se estendia sobre ele, o corpo do
menino começou a se aquecer. 35 Eliseu se levantou, andou de um
lado para o outro no quarto e, em seguida, se estendeu novamente
sobre ele. Dessa vez, o menino espirrou sete vezes e abriu os olhos.
36 Eliseu chamou Geazi e lhe disse: "Chame a sunamita!". Quando
ela entrou, Eliseu disse: "Aqui está seu filho". 37 Ela caiu aos pés do
profeta e se curvou diante dele. Então pegou o filho e saiu.

Milagres durante o período de fome

38 Eliseu voltou a Gilgal, onde havia fome na terra. Certo dia, quando
o grupo de profetas estava sentado diante dele, ordenou a seu
servo: "Ponha no fogo uma panela grande e faça um ensopado
para o resto do grupo". 39 Um dos profetas foi ao campo apanhar
ervas. Encontrou uma trepadeira do campo e voltou trazendo frutos
silvestres em sua capa. Cortou os frutos em pedaços e os colocou
na panela, sem saber exatamente o que eram. 40 O ensopado foi
servido aos homens, mas, assim que provaram alguns bocados,
gritaram: "Homem de Deus, há veneno neste ensopado!". E não
puderam comê-lo. 41 Eliseu disse: "Tragam-me um pouco de fari-
nha". Jogou a farinha na panela e disse: "Agora podem comer". E o
ensopado não lhes fez mal. 42 Outro dia, um homem de Baal-Salisa
trouxe comida para o homem de Deus, vinte pães de cevada feitos
dos primeiros grãos da colheita e também grãos frescos. Eliseu
disse: "Distribua entre o povo para que comam". 43 "Como vamos
alimentar cem pessoas só com isso?", perguntou seu servo. Mas
Eliseu repetiu: "Distribua entre o povo para que comam, pois assim

diz o SENHOR: 'Todos comerão e ainda sobrará!'". 44E, quando dis-
tribuíram o alimento, houve suficiente para todos e ainda sobrou,
como o SENHOR tinha dito.

CAPÍTULO 5

A cura de Naamã

1O rei da Síria tinha grande respeito por Naamã, comandante do
seu exército, pois, por meio dele, o SENHOR tinha dado grandes
vitórias à Síria. Mas, embora Naamã fosse um guerreiro valente,
sofria de lepra. 2Naquela época, saqueadores sírios tinham inva-
dido o território de Israel, e entre os cativos havia uma menina que
se tornou serva da esposa de Naamã. 3Certo dia, a menina disse à
sua senhora: "Como seria bom se meu senhor fosse ver o profeta
em Samaria! Ele o curaria da lepra!". 4Naamã contou ao rei o que a
menina israelita tinha dito. 5Então o rei da Síria lhe respondeu: "Vá
visitar o profeta. Eu lhe darei uma carta de apresentação ao rei de
Israel". Naamã partiu levando 350 quilos de prata, 72 quilos de ouro
e dez roupas de festa. 6A carta para o rei de Israel dizia: "Com esta
carta apresento meu servo Naamã. Quero que o rei o cure da lepra".
7Quando o rei de Israel leu a carta, rasgou as roupas e disse: "Acaso
sou Deus, capaz de dar ou de tirar a vida? Por que esse homem me
pede que cure um leproso? Como vocês podem ver, ele procura um
pretexto para nos atacar!". 8Mas, quando Eliseu, o homem de Deus,
soube que o rei de Israel havia rasgado as roupas, mandou-lhe esta
mensagem: "Por que o rei ficou tão aflito? Envie Naamã a mim, e
ele saberá que há um profeta verdadeiro em Israel". 9Então Naamã
foi com seus cavalos e carruagens e parou à porta da casa de Eliseu.
10Ele mandou um mensageiro dizer a Naamã: "Vá e lave-se sete
vezes no rio Jordão. Sua pele será restaurada, e você ficará curado
da lepra". 11Naamã ficou indignado e disse: "Imaginei que ele sairia
para me receber! Esperava que movesse as mãos sobre a lepra,
invocasse o nome do SENHOR, seu Deus, e me curasse! 12Não são
os rios Abana e Farfar, em Damasco, melhores que qualquer rio
de Israel? Será que eu não poderia me lavar em um deles e ser
curado?". Naamã deu meia-volta e partiu furioso. 13Mas seus oficiais
tentaram convencê-lo, dizendo: "Meu senhor, se o profeta lhe tives-
se pedido para fazer algo muito difícil, o senhor não teria feito? Por
certo o senhor deve obedecer à instrução dele, pois disse apenas:

'Vá, lave-se e será curado'". 14Assim, Naamã desceu ao Jordão e
mergulhou sete vezes, conforme a instrução do homem de Deus.
Sua pele ficou saudável como a de uma criança, e ele foi curado.
15Então Naamã e toda a sua comitiva voltaram para onde morava
o homem de Deus. Ao chegar diante dele, Naamã disse: "Agora
sei que no mundo inteiro não há Deus, senão em Israel. Por favor,
aceite um presente de seu servo". 16Eliseu, porém, respondeu: "Tão
certo como vive o SENHOR, a quem sirvo, não aceitarei presente
algum". Embora Naamã insistisse, Eliseu recusou. 17Então Naamã
disse: "Está bem, mas peço que permita que este seu servo leve
para casa duas mulas carregadas com a terra deste lugar. De agora
em diante, nunca mais oferecerei holocaustos ou sacrifícios a qual-
quer outro deus, senão ao SENHOR. 18Mas que o SENHOR me perdoe
por uma coisa: quando meu senhor, o rei, for ao templo do deus
Rimom para adorar ali e se apoiar em meu braço, que o SENHOR me
perdoe quando eu também me curvar". 19"Vá em paz", disse Eliseu.
Então Naamã partiu para casa.

A ganância de Geazi

20Mas Geazi, servo de Eliseu, o homem de Deus, pensou: "Meu
senhor não deveria ter deixado esse sírio, Naamã, partir sem acei-
tar os presentes. Tão certo como vive o SENHOR, vou correr atrás
dele para ver se consigo alguma coisa". 21E Geazi correu atrás de
Naamã. Quando Naamã viu que Geazi corria atrás dele, desceu de
sua carruagem e foi ao encontro dele. "Está tudo bem?", perguntou
Naamã. 22"Sim, está tudo bem", respondeu Geazi. "Meu senhor me
enviou para dizer que acabaram de chegar dois jovens profetas da
região montanhosa de Efraim. Meu senhor pediu 35 quilos de prata
e duas roupas de festa para eles." 23"Claro, leve setenta quilos de
prata", insistiu Naamã. Ele lhe deu duas roupas de festa, colocou
a prata em duas sacolas e enviou dois servos para carregarem os
presentes para Geazi. 24Ao chegarem à colina, Geazi pegou as sa-
colas, enviou os servos de volta e escondeu os presentes dentro
de casa. 25Quando entrou para ver seu senhor, Eliseu, este lhe per-
guntou: "Onde você esteve, Geazi?". "Não estive em lugar algum",
respondeu Geazi. 26Mas Eliseu lhe disse: "Você não percebe que eu
estava presente em espírito quando Naamã desceu da carruagem
para encontrar-se com você? Esta definitivamente não era ocasião

de receber dinheiro e roupas, oliveiras e videiras, ovelhas, gado e
servos. 27Por isso, você e seus descendentes sofrerão da lepra de
Naamã para sempre". Quando Geazi saiu dali, seu corpo estava
coberto de lepra; sua pele estava branca como a neve.

CAPÍTULO 6

O ferro do machado

1Certo dia, os membros do grupo de profetas disseram a Eliseu:
"Como vê, este lugar onde nos reunimos é pequeno demais.
2Vamos descer ao rio Jordão, onde há muitos troncos, e construir
ali um lugar para nos reunirmos". "Está bem", disse Eliseu. "Podem
ir." 3"Venha conosco", sugeriu um deles. "Eu irei", disse ele. 4E foi
com eles. Quando chegaram ao Jordão, começaram a derrubar
árvores. 5Enquanto um deles cortava um tronco, a parte de ferro
do machado caiu no rio. "Ai, meu senhor!", gritou. "O machado
era emprestado!" 6"Onde caiu?", perguntou o homem de Deus.
Quando mostraram o lugar para Eliseu, ele cortou um galho e o
jogou na água, e fez o ferro do machado flutuar. 7"Pegue-o", disse
Eliseu. E o homem estendeu a mão e o pegou.

Eliseu frustra o exército da Síria

8Quando o rei da Síria estava em guerra contra Israel, consultava
seus oficiais e dizia: "Posicionaremos nossas tropas em tal lugar".
9De imediato, o homem de Deus advertia o rei de Israel: "Não se
aproxime de tal lugar, pois os sírios planejam posicionar suas tropas
ali". 10E o rei de Israel mandava um aviso para o lugar indicado pelo
homem de Deus. Várias vezes ele advertiu o rei de que ficasse alerta
naqueles lugares. 11Furioso com essa situação, o rei sírio reuniu
seus oficiais e perguntou: "Qual de vocês anda informando o rei
de Israel sobre meus planos?". 12"Ó meu senhor, o rei, não somos
nós", respondeu um dos oficiais. "Eliseu, o profeta de Israel, revela
ao rei de Israel até as palavras que o senhor diz em seus aposentos!"
13O rei ordenou: "Vão e descubram onde ele está, para que eu
mande capturá-lo!" Então lhe informaram: "Eliseu está em Dotã".
14Assim, certa noite, o rei da Síria mandou um grande exército com
muitos carros de guerra e cavalos para cercar a cidade. 15Na manhã
seguinte, o servo do homem de Deus se levantou bem cedo. Ao
sair, viu que havia soldados, cavalos e carros de guerra por toda

2Rs 6.20

parte. "Ai, meu senhor, o que faremos agora?", exclamou o servo.
16"Não tenha medo!", disse Eliseu. "Pois do nosso lado há muitos
mais que do lado deles!" 17Então Eliseu orou: "Ó SENHOR, abre os
olhos dele, para que veja". O SENHOR abriu os olhos do servo, e ele
viu as colinas ao redor de Eliseu cheias de cavalos e carruagens de
fogo. 18Quando os sírios avançaram na direção de Eliseu, ele orou:
"Ó SENHOR, faze que fiquem cegos". E o SENHOR fez que ficassem
cegos, conforme Eliseu havia pedido. 19Então Eliseu saiu e lhes
disse: "Vocês tomaram o caminho errado! Esta não é a cidade certa!
Sigam-me, e eu os levarei até o homem que procuram". Então ele
os guiou à cidade de Samaria. 20Assim que entraram em Samaria,
Eliseu orou: "Ó SENHOR, agora abre os olhos deles, para que vejam".
O SENHOR abriu os olhos deles, e descobriram que estavam no meio
de Samaria. 21Quando o rei de Israel os viu, perguntou a Eliseu:
"Devo matá-los, meu senhor? Devo matá-los?". 22"Claro que não!",
respondeu Eliseu. "Eles não são prisioneiros que você capturou na
batalha. Dê-lhes comida e bebida e mande-os de volta para casa,
para o senhor deles." 23Então o rei lhes ofereceu um grande ban-
quete e os mandou de volta para casa, para o senhor deles. Depois
disso, os invasores sírios não invadiram mais a terra de Israel.

Ben-Hadade cerca Samaria

24Algum tempo depois, porém, Ben-Hadade, rei da Síria, reuniu
todo o seu exército e cercou Samaria. 25Como resultado, houve
grande fome na cidade. O cerco durou tanto tempo que uma
cabeça de jumento era vendida por 960 gramas de prata, e um
terço de litro de esterco de pombo, por 60 gramas de prata. 26Um
dia, quando o rei de Israel caminhava pelos muros da cidade, uma
mulher gritou para ele: "Ó meu senhor, o rei! Por favor, ajude-me!".
27Ele respondeu: "Se o SENHOR não a ajudar, o que poderei fazer?
Não tenho alimento na eira, nem vinho na prensa de uvas". 28Mas
depois o rei perguntou: "Qual é o problema?". Ela respondeu: "Esta
mulher me disse: 'Vamos comer o seu filho hoje, e amanhã come-
remos o meu'. 29Então cozinhamos meu filho e o comemos. No dia
seguinte, eu disse a ela: 'Mate seu filho para que o comamos', mas
ela o havia escondido". 30Quando o rei ouviu isso, rasgou as roupas.
E, enquanto ele caminhava pelos muros, o povo viu que, por baixo
do manto, ele usava pano de saco junto à pele. 31Então o rei jurou:

"Que Deus me castigue severamente se eu não separar a cabeça de Eliseu de seus ombros ainda hoje!". 32 Eliseu estava sentado em sua casa com as autoridades de Israel quando o rei mandou um mensageiro até ele. Antes, porém, que o mensageiro chegasse, Eliseu disse às autoridades: "O filho do assassino enviou um homem para cortar minha cabeça. Quando o mensageiro chegar, fechem a porta e não o deixem entrar. Logo ouviremos os passos de seu senhor atrás dele". 33 Enquanto Eliseu ainda falava, o mensageiro chegou e comunicou a mensagem do rei: "Toda essa desgraça vem do SENHOR! Por que devo continuar a esperar no SENHOR?".

CAPÍTULO 7

1 Eliseu respondeu: "Ouçam esta mensagem do SENHOR! Assim diz o SENHOR: 'Amanhã a esta hora, na porta de Samaria, seis litros de farinha fina custarão apenas doze gramas de prata, e doze litros de cevada também custarão apenas doze gramas de prata'". 2 O oficial que auxiliava o rei disse ao homem de Deus: "Ainda que o SENHOR abrisse as janelas do céu, isso não poderia acontecer!". Eliseu, porém, respondeu: "Você verá com os próprios olhos, mas não comerá coisa alguma!".

Leprosos vão ao acampamento inimigo

3 Havia quatro homens com lepra sentados junto à porta da cidade. "Por que ficarmos sentados aqui, esperando a morte?", perguntaram uns aos outros. 4 "Morreremos de fome se ficarmos aqui, mas também morreremos de fome se entrarmos na cidade, pois não há alimento lá. Vamos sair e nos render ao exército sírio. Se eles nos deixarem viver, melhor. Mas, se nos matarem, de qualquer maneira teríamos morrido." 5 Ao anoitecer, partiram para o acampamento dos sírios. Quando chegaram às extremidades do acampamento, viram que não havia ninguém ali. 6 Pois o Senhor havia feito o exército sírio ouvir o ruído de carros de guerra e o galope de cavalos e os sons de um grande exército que se aproximava. Disseram uns aos outros: "O rei de Israel contratou mercenários hititas e egípcios para nos atacarem!". 7 Por isso, fugiram ao anoitecer, abandonando tendas, cavalos, jumentos e tudo mais, e correram para salvar a vida. 8 Quando os leprosos chegaram às extremidades do acampamento, foram de uma tenda à outra, comendo e bebendo. Pegaram a prata,

NO QUE ESTOU **PENSANDO** ○ | O QUE ESTOU **SENTINDO** ○ | DO QUE ESTOU **LEMBRANDO** ○

DESENHE OU ESCREVA

o ouro e as roupas que encontraram e esconderam tudo. 9 Por fim, disseram uns aos outros: "Isto não está certo. Este é um dia de boas notícias e não contamos a ninguém! Se esperarmos até o amanhecer, seremos castigados. Venham! Vamos voltar e dar as notícias no palácio". 10 Então voltaram à cidade e relataram aos guardas do portão o que havia acontecido. "Fomos ao acampamento sírio e não havia ninguém!", disseram eles. "Os cavalos e os jumentos estavam amarrados, e as tendas, todas armadas, mas não havia ninguém por ali." 11 Os guardas gritaram, anunciando a notícia no palácio.

Israel saqueia o acampamento

12 O rei se levantou no meio da noite e disse a seus oficiais: "Vou explicar o que aconteceu. Os sírios sabem que estamos morrendo de fome, por isso deixaram o acampamento e se esconderam nos campos. Estão à nossa espera para nos capturar com vida e conquistar a cidade quando sairmos". 13 Um de seus oficiais disse: "Seria melhor que enviássemos espiões para ver. Eles podem usar cinco dos cavalos que sobraram. Se acontecer alguma coisa com eles, não será pior que se ficarem aqui e morrerem com o restante de nós". 14 Assim, prepararam dois carros de guerra com cavalos, e o rei enviou espiões para ver o que havia acontecido ao acampamento sírio. 15 Foram até o rio Jordão, seguindo o rastro de roupas e equipamentos que os sírios tinham abandonado em sua fuga desesperada. Os espiões voltaram e contaram tudo ao rei. 16 Então o povo correu e saqueou o acampamento sírio. E, de fato, naquele dia seis litros de farinha fina foram vendidos por apenas doze gramas de prata, e doze litros de cevada também foram vendidos por apenas doze gramas de prata, como o SENHOR tinha dito. 17 O rei colocou o oficial que o auxiliava para controlar o movimento à porta da cidade, mas ele foi derrubado, pisoteado e morto quando a multidão correu para fora. Tudo aconteceu, portanto, conforme o homem de Deus tinha dito quando o rei foi à sua casa. 18 O homem de Deus tinha dito ao rei: "Amanhã a esta hora, na porta de Samaria, seis litros de farinha fina custarão apenas doze gramas de prata, e doze litros de cevada também custarão apenas doze gramas de prata". 19 O oficial do rei havia respondido: "Ainda que o SENHOR abrisse as janelas do céu, isso não poderia acontecer!". E o homem de Deus tinha dito: "Você verá com os próprios olhos,

mas não comerá coisa alguma!". 20E assim aconteceu, pois ele foi
pisoteado pelo povo à porta da cidade e morreu.

CAPÍTULO 8

A mulher de Suném volta para casa

1Eliseu tinha dito à mulher cujo filho ele havia ressuscitado: "Reúna
sua família e mude-se para outro lugar, pois o SENHOR proclamou
sobre a terra de Israel uma fome que durará sete anos". 2A mu-
lher seguiu a instrução do homem de Deus. Reuniu sua família
e mudou-se para a terra dos filisteus, onde ficou sete anos. 3Ao
final dos sete anos, a mulher voltou da terra dos filisteus e foi ao
rei para reaver sua casa e suas terras. 4Quando ela chegou, o rei
falava com Geazi, o servo do homem de Deus. O rei havia acaba-
do de dizer: "Conte-me alguns dos grandes feitos de Eliseu", 5e
Geazi lhe falava sobre a ocasião em que Eliseu havia ressuscitado
um menino. Naquele exato momento, a mãe do menino entrou e
apresentou ao rei sua petição para reaver a casa e as terras. "Veja,
ó meu senhor, o rei!", exclamou Geazi. "Esta é a mulher, e este é o
filho dela, que Eliseu ressuscitou!" 6"É verdade?", perguntou o rei
à mulher. E ela lhe contou o que havia acontecido. Então o rei or-
denou a um de seus oficiais: "Providencie que tudo seja devolvido
a ela, incluindo o valor das colheitas realizadas durante o tempo
em que esteve ausente".

2Rs

Hazael mata Ben-Hadade

7Eliseu foi a Damasco, capital da Síria, onde o rei Ben-Hadade estava
doente. Quando alguém disse ao rei que o homem de Deus tinha
chegado, 8o rei disse a Hazael: "Leve um presente para o homem
de Deus. Depois, peça que ele pergunte ao SENHOR se vou me re-
cuperar desta doença". 9Hazael levou consigo o presente, quarenta
camelos carregados com os melhores produtos de Damasco. Foi
vê-lo e disse: "Seu servo Ben-Hadade, rei da Síria, me enviou para
perguntar se ele vai se recuperar de sua doença". 10Eliseu respon-
deu: "Vá e diga-lhe: 'Certamente se recuperará'. Na verdade, porém,
o SENHOR me mostrou que ele certamente morrerá". 11Eliseu olhou
fixamente para Hazael até deixá-lo constrangido. Então o homem
de Deus começou a chorar. 12"Por que o senhor está chorando?",
perguntou Hazael. Eliseu respondeu: "Sei das coisas terríveis que

NO QUE ESTOU **PENSANDO** ○ | O QUE ESTOU **SENTINDO** ○ | DO QUE ESTOU **LEMBRANDO** ○

DESENHE OU ESCREVA

você fará com os israelitas. Queimará as cidades fortificadas, matará
os jovens à espada, esmagará as criancinhas e rasgará o ventre das
mulheres grávidas!". 13Hazael disse: "Como é que alguém tão sem
importância como eu poderia fazer coisas tão grandes?". Eliseu res-
pondeu: "O SENHOR me mostrou que você será rei da Síria". 14Hazael
se despediu de Eliseu e, quando voltou, o rei lhe perguntou: "O
que Eliseu lhe disse?". Hazael respondeu: "Disse que o senhor cer-
tamente se recuperará". 15Mas, no dia seguinte, Hazael pegou uma
coberta, encharcou-a em água e a segurou sobre o rosto do rei, até
que morresse. E Hazael foi seu sucessor na Síria.

Jeorão reina em Judá

16No quinto ano de Jorão, filho de Acabe, rei de Israel, enquanto
Josafá ainda reinava em Judá, Jeorão, filho de Josafá, começou a
reinar em Judá. 17Jeorão tinha 32 anos quando começou a reinar,
e reinou em Jerusalém por oito anos. 18Seguiu o exemplo dos reis
de Israel e foi tão perverso quanto a família do rei Acabe, pois se
casou com uma das filhas de Acabe. Jeorão fez o que era mau aos
olhos do SENHOR. 19Mas o SENHOR não quis destruir Judá, pois havia
prometido a seu servo Davi que os descendentes dele continuariam
a brilhar como uma lâmpada para sempre. 20Durante o reinado
de Jeorão, os edomitas se rebelaram contra Judá e proclamaram
seu próprio rei. 21Então Jeorão saiu com todos os seus carros de
guerra para atacar a cidade de Zair. Os edomitas cercaram o rei e
os comandantes de seus carros, mas ele saiu à noite e os atacou.
Contudo, o exército de Jeorão desertou e voltou para casa. 22Até
hoje, portanto, Edom é independente de Judá. A cidade de Libna
também se rebelou nessa ocasião. 23Os demais acontecimentos do
reinado de Jeorão e tudo que ele fez estão registrados no *Livro da
História dos Reis de Judá*. 24Quando Jeorão morreu, foi sepultado
com seus antepassados na Cidade de Davi. Seu filho Acazias foi
seu sucessor.

Acazias reina em Judá

25Acazias, filho de Jeorão, começou a reinar em Judá no décimo
segundo ano do reinado de Jorão, filho de Acabe, rei de Israel.
26Acazias tinha 22 anos quando começou a reinar, e reinou em
Jerusalém por um ano. Sua mãe era Atalia, neta de Onri, rei de

Israel. 27 Acazias seguiu o exemplo da família do rei Acabe. Fez
o que era mau aos olhos do SENHOR, como a família de Acabe,
pois se casou com uma mulher dessa família. 28 Acazias se uniu
a Jorão, filho de Acabe, na guerra contra Hazael, rei da Síria, em
Ramote-Gileade. Quando os sírios feriram o rei Jorão na batalha,
29 ele voltou a Jezreel para se recuperar dos ferimentos sofridos
em Ramote. Acazias, filho de Jeorão, rei de Judá, foi visitar Jorão,
filho de Acabe, em Jezreel, pois ele ainda se recuperava de seus
ferimentos.

CAPÍTULO 9

Jeú é ungido rei de Israel

1 Enquanto isso, o profeta Eliseu chamou um membro do grupo de
profetas e lhe disse: "Prepare-se para viajar e leve esta vasilha de
óleo. Vá a Ramote-Gileade 2 e procure Jeú, filho de Josafá, filho de
Ninsi. Chame-o a uma sala à parte, longe de seus companheiros, 3 e
derrame o óleo sobre a cabeça dele. Diga-lhe: 'Assim diz o SENHOR:
Eu o ungi rei de Israel'. Depois, abra a porta e saia correndo". 4 O
jovem profeta fez o que Eliseu ordenou e foi a Ramote-Gileade.
5 Quando chegou lá, encontrou Jeú sentado com outros oficiais
do exército. "Comandante, tenho uma mensagem para o senhor",
disse o profeta. "Para qual de nós?", perguntou Jeú. "Para o senhor,
comandante", respondeu ele. 6 Jeú se levantou e entrou na casa.
O jovem profeta derramou o óleo sobre a cabeça de Jeú e disse:
"Assim diz o SENHOR, o Deus de Israel: 'Eu o ungi rei de Israel, o
povo do SENHOR. 7 Destrua a família de Acabe, seu senhor. Desse
modo, vingarei o assassinato de meus profetas e de todos os servos
do SENHOR mortos por Jezabel. 8 Toda a família de Acabe deve ser
exterminada. Destruirei todos os seus descendentes do sexo mas-
culino em Israel, tanto escravos como livres. 9 Destruirei a família
de Acabe como destruí as famílias de Jeroboão, filho de Nebate,
e de Baasa, filho de Aías. 10 Cães comerão Jezabel no campo em
Jezreel, e ninguém a sepultará'". Então o jovem profeta abriu a porta
e saiu correndo. 11 Jeú voltou aos outros oficiais do rei, e um deles
lhe perguntou: "O que esse louco queria? Está tudo bem?". "Vocês
conhecem gente desse tipo e as coisas que eles dizem", respondeu
Jeú. 12 "Você está escondendo algo", disseram. "Conte-nos o que ele
disse." Então Jeú lhes contou: "Ele me disse: 'Assim diz o SENHOR:

NO QUE ESTOU PENSANDO ○ | O QUE ESTOU SENTINDO ○ | DO QUE ESTOU LEMBRANDO ○

DESENHE OU ESCREVA

Eu o ungi rei de Israel'". 13 No mesmo instante, eles estenderam
suas capas sobre os degraus para Jeú passar, tocaram a trombeta
e gritaram: "Jeú é rei!".

Jeú mata Jorão e Acazias

14 Assim, Jeú, filho de Josafá, filho de Ninsi, liderou uma conspi-
ração contra o rei Jorão. (O rei Jorão havia estado com o exército
em Ramote-Gileade, onde defendeu Israel do exército de Hazael,
rei da Síria. 15 Contudo, o rei Jorão tinha sido ferido na batalha e
voltou a Jezreel para se recuperar dos ferimentos causados pelos
sírios.) Jeú disse aos homens que estavam com ele: "Se querem
que eu seja rei, não deixem que ninguém saia da cidade e vá a
Jezreel contar o que fizemos". 16 Em seguida, Jeú subiu numa car-
ruagem e foi a Jezreel, onde o rei Jorão se recuperava de seus
ferimentos. Acazias, rei de Judá, também estava ali, pois tinha ido
visitar Jorão. 17 Quando a sentinela na torre de Jezreel viu Jeú e
sua tropa se aproximarem, gritou: "Uma tropa se aproxima!". O rei
Jorão ordenou: "Envie um cavaleiro para perguntar se eles vêm
em paz". 18 O cavaleiro foi ao encontro de Jeú e disse: "O rei quer
saber se vocês vêm em paz". Jeú respondeu: "O que lhe interessa
a paz? Junte-se a nós!". A sentinela informou: "O mensageiro se
encontrou com eles, mas não está voltando!". 19 Então o rei enviou
outro cavaleiro. Ele foi ao encontro deles e disse: "O rei quer saber
se vocês vêm em paz". Jeú respondeu novamente: "O que lhe in-
teressa a paz? Junte-se a nós!". 20 A sentinela exclamou: "O men-
sageiro se encontrou com eles, mas também não está voltando!
Deve ser Jeú, filho de Ninsi, pois conduz seu carro de guerra como
um louco!". 21 "Rápido! Prepare meu carro de guerra!", ordenou o
rei Jorão. Jorão, rei de Israel, e Acazias, rei de Judá, cada um em
seu carro, saíram ao encontro de Jeú e o acharam no campo de
Nabote, em Jezreel. 22 O rei Jorão perguntou: "Você vem em paz,
Jeú?". Jeú respondeu: "Como pode haver paz enquanto estamos
cercados da idolatria e da feitiçaria de sua mãe, Jezabel?". 23 Então
o rei Jorão deu meia-volta com seus cavalos e fugiu, gritando para
o rei Acazias: "Traição, Acazias!". 24 Jeú disparou seu arco com toda
a força e atingiu Jorão entre os ombros. A flecha atravessou seu
coração, e ele caiu morto dentro do carro de guerra. 25 Jeú disse a
Bidcar, seu oficial: "Jogue-o no campo que pertencia a Nabote de

Jezreel. Lembra-se de quando você e eu acompanhávamos a cavalo
o pai dele, Acabe? O SENHOR pronunciou esta mensagem contra ele:
26'Assim diz o SENHOR: Ontem vi o assassinato de Nabote e seus
filhos. Juro solenemente que o farei pagar por ele neste campo'.
Portanto, jogue-o na propriedade de Nabote, como o SENHOR disse".
27Quando Acazias, rei de Judá, viu o que estava acontecendo, fugiu
pela estrada para Bete-Hagã. Jeú foi atrás dele, gritando: "Atirem
nele também!". E atingiram Acazias em seu carro de guerra, na
subida para Gur, perto de Ibleã. Ele conseguiu ir até Megido, mas
morreu ali. 28Os servos de Acazias levaram seu corpo no carro de
guerra para Jerusalém, onde o sepultaram com seus antepassados
na Cidade de Davi. 29Acazias havia começado a reinar em Judá no
décimo primeiro ano do reinado de Jorão, filho de Acabe.

A morte de Jezabel

30Quando Jezabel soube que Jeú tinha chegado a Jezreel, pin-
tou os olhos, arrumou os cabelos e sentou-se em frente a uma
janela. 31Quando Jeú entrou pela porta do palácio, ela gritou para
ele: "Veio em paz, assassino? Você é como Zinri, que matou seu
senhor!". 32Jeú olhou para cima, viu Jezabel na janela e gritou:
"Quem está do meu lado?". Dois ou três eunucos olharam para
ele. 33"Joguem-na para baixo!", ordenou Jeú. Eles a jogaram pela
janela, e o sangue espirrou na parede e nos cavalos. E Jeú atropelou
o corpo com as patas de seus cavalos. 34Em seguida, Jeú entrou
no palácio, comeu e bebeu. Depois, disse: "Alguém vá sepultar
aquela maldita mulher, pois era filha de rei". 35Mas, quando foram
sepultá-la, só encontraram o crânio, os pés e as mãos. 36Quando
voltaram e contaram a Jeú, ele disse: "Isso cumpre a mensagem
do SENHOR, anunciada por meio de seu servo Elias, de Tisbe: 'Cães
devorarão o corpo de Jezabel no campo em Jezreel. 37Seus restos
serão espalhados como esterco no campo, de modo que ninguém
será capaz de reconhecê-la'".

CAPÍTULO 10

Jeú mata a família de Acabe

1Acabe tinha setenta filhos que moravam na cidade de Samaria.
Jeú escreveu uma carta às autoridades e aos oficiais da cidade e
aos guardiões dos filhos do rei Acabe, em que dizia: 2"Os filhos do

NO QUE ESTOU **PENSANDO** ○ O QUE ESTOU **SENTINDO** ○ DO QUE ESTOU **LEMBRANDO** ○

DESENHE OU ESCREVA

rei estão sob seus cuidados, e vocês têm carros de guerra, cavalos,
uma cidade fortificada e armas. Assim que receberem esta carta,
3escolham para ser rei o melhor e mais capaz dos filhos de seu se-
nhor e preparem-se para lutar pela dinastia de Acabe". 4Eles ficaram
apavorados e disseram: "Dois reis não foram capazes de enfrentar
esse homem! O que podemos fazer?". 5Então os administradores do
palácio e da cidade, juntamente com as autoridades e os guardiões
dos filhos do rei, enviaram esta mensagem a Jeú: "Somos seus ser-
vos e faremos o que o senhor ordenar. Não proclamaremos nenhum
rei; faça o que lhe parecer melhor". 6Jeú respondeu com outra carta:
"Se estão do meu lado e vão me obedecer, tragam-me as cabeças
dos filhos de seu senhor a Jezreel, amanhã a esta hora". Os setenta
filhos de Acabe estavam sob os cuidados dos líderes de Samaria,
onde haviam sido criados desde a infância. 7Quando a carta chegou,
os líderes mataram os setenta filhos do rei. Colocaram as cabeças
em cestos e as entregaram a Jeú, em Jezreel. 8Um mensageiro foi a
Jeú e disse: "Eles trouxeram as cabeças dos filhos do rei". Então Jeú
ordenou: "Façam com elas dois montões junto ao portão de entrada
da cidade e deixem que fiquem lá até amanhã cedo". 9Na manhã
seguinte, ele saiu e se dirigiu à multidão que havia se reunido ali.
"Vocês não têm culpa", disse ele. "Eu conspirei contra meu senhor e
o matei. Mas quem matou todos estes? 10Podem ter certeza de que
a mensagem do SENHOR a respeito da família de Acabe se cumprirá.
O SENHOR declarou por meio de seu servo Elias que isso acontece-
ria." 11Então Jeú matou todos os parentes de Acabe que restavam
em Jezreel e todos os seus oficiais mais importantes, seus amigos
pessoais e seus sacerdotes. Nenhum descendente de Acabe sobre-
viveu. 12Depois, Jeú partiu para Samaria. No caminho, em Bete-
Equede dos Pastores, 13encontrou alguns parentes de Acazias, rei
de Judá. "Quem são vocês?", perguntou. Eles responderam: "Somos
parentes do rei Acazias. Vamos visitar a família do rei Acabe e da
rainha-mãe". 14"Prendam-nos vivos!", ordenou Jeú a seus homens.
Eles os capturaram, 42 pessoas ao todo, e os mataram junto ao
poço de Bete-Equede. Nenhum deles escapou. 15Quando Jeú partiu
dali, encontrou Jonadabe, filho de Recabe, que vinha falar com ele.
Depois de cumprimentá-lo, Jeú lhe disse: "Você é leal a mim como
sou a você?". "Sim, eu sou", respondeu Jonadabe. "Então dê-me sua
mão", disse Jeú. Jonadabe estendeu a mão, e Jeú o ajudou a subir

2Rs

à carruagem. 16 E lhe disse: "Venha comigo, e você verá a minha
dedicação ao SENHOR". Jonadabe foi com ele. 17 Quando Jeú chegou
a Samaria, matou todos que restavam ali da família de Acabe, como
o SENHOR havia anunciado por meio de Elias.

Jeú mata os sacerdotes de Baal

18 Jeú reuniu todo o povo da cidade e lhes disse: "A adoração de
Acabe a Baal não foi nada comparado ao modo como eu o ado-
rarei! 19 Portanto, convoquem todos os profetas e adoradores de
Baal e reúnam todos os seus sacerdotes. Todos devem vir, pois
vou oferecer um grande sacrifício a Baal. Quem não comparecer
será morto". O plano astuto de Jeú, porém, era destruir todos os
adoradores de Baal. 20 Então Jeú ordenou: "Preparem uma reu-
nião solene para prestar culto a Baal!". A convocação foi feita, 21 e
ele enviou mensageiros por todo o Israel. Todos os adoradores de
Baal vieram, e ninguém faltou. Encheram o templo de Baal de uma
extremidade à outra. 22 Jeú instruiu o responsável pela sala de ves-
timentas: "Todos os adoradores de Baal devem usar estas roupas". E
as roupas foram distribuídas. 23 Em seguida, Jeú entrou no templo
de Baal com Jonadabe, filho de Recabe. Disse aos adoradores de
Baal: "Certifiquem-se de que ninguém que adora o SENHOR esteja
aqui, mas somente aqueles que adoram Baal". 24 Estavam todos
dentro do templo para oferecer sacrifícios e holocaustos. Jeú havia
colocado oitenta homens do lado de fora do edifício e os avisado:
"Se deixarem alguém escapar, pagarão com a própria vida". 25 Assim
que Jeú terminou de oferecer o holocausto, deu ordem a seus
guardas e oficiais: "Entrem e matem todos. Não deixem ninguém
escapar!". Os guardas e os oficiais mataram todos e arrastaram os
corpos para fora. Então os homens de Jeú entraram na câmara mais
interna do templo de Baal. 26 Levaram para fora a coluna sagrada
usada no culto a Baal e a jogaram no fogo. 27 Despedaçaram a co-
luna sagrada, demoliram o templo de Baal e o transformaram em
banheiros públicos, como é até hoje. 28 Desse modo, Jeú destruiu
todos os vestígios do culto a Baal em Israel. 29 Contudo, não destruiu
os bezerros de ouro em Betel e Dã com os quais Jeroboão, filho
de Nebate, havia levado Israel a pecar. 30 Ainda assim, o SENHOR
disse a Jeú: "Você fez bem em seguir minhas instruções e destruir
a família de Acabe. Por isso, seus descendentes serão reis de Israel

NO QUE ESTOU **PENSANDO** ○ O QUE ESTOU **SENTINDO** ○ DO QUE ESTOU **LEMBRANDO** ○

DESENHE OU ESCREVA

até a quarta geração". 31 Mas Jeú não obedeceu de todo o coração
à lei do SENHOR, o Deus de Israel. Não se afastou dos pecados que
Jeroboão havia levado Israel a cometer.

A morte de Jeú

32 Naquele tempo, o SENHOR começou a reduzir o território de Israel.
O rei Hazael conquistou várias regiões do reino 33 a leste do rio
Jordão, incluindo toda a terra de Gileade, de Gade, de Rúben e
de Manassés. Conquistou a região desde a cidade de Aroer, per-
to do vale do Arnom, até Gileade e Basã, ao norte. 34 Os demais
acontecimentos do reinado de Jeú, tudo que ele fez e a extensão
de seu poder, estão registrados no *Livro da História dos Reis de
Israel*. 35 Quando Jeú morreu e se reuniu a seus antepassados, foi
sepultado em Samaria. Seu filho Jeoacaz foi seu sucessor. 36 Ao
todo, Jeú reinou por 28 anos sobre Israel em Samaria.

CAPÍTULO 11

A rainha Atalia reina em Judá

1 Quando Atalia, mãe de Acazias, rei de Judá, soube que seu filho
estava morto, começou a exterminar o restante da família real.
2 Mas Jeoseba, filha do rei Jeorão e irmã de Acazias, pegou Joás, o
filho ainda pequeno de Acazias, dentre os outros filhos do rei que
estavam para ser mortos, e o colocou com sua ama num quarto
para escondê-los de Atalia. Assim, a criança não foi morta. 3 Joás
ficou escondido no templo do SENHOR durante seis anos, enquanto
Atalia governava o país.

Rebelião contra Atalia

4 No sétimo ano do reinado de Atalia, o sacerdote Joiada mandou
chamar ao templo do SENHOR os comandantes dos mercenários
cários e dos guardas do palácio. Firmou com eles um pacto solene
e os fez jurar lealdade ali, no templo do SENHOR; então lhes mostrou
o filho do rei. 5 Disse-lhes: "Vocês devem fazer o seguinte: Uma terça
parte dos que entrarem em serviço no sábado ficará de guarda
no palácio real. 6 Outra terça parte ficará de guarda na porta de
Sur. E a última terça parte ficará na porta atrás dos outros guardas
do palácio. Esses três grupos vigiarão o palácio. 7 As outras duas
companhias, que não estiverem em serviço no sábado, guardarão

2Rs

o rei no templo do SENHOR. 8 Posicionem-se em volta do rei, de
armas na mão. Matem qualquer pessoa que tentar romper a defesa.
Permaneçam com o rei aonde ele for". 9 Os comandantes fizeram
tudo que o sacerdote Joiada ordenou. Cada um levou seus oficiais
ao sacerdote Joiada, tanto os que iam entrar em serviço naquele
sábado como os que iam sair. 10 O sacerdote lhes forneceu lanças e
escudos que haviam pertencido ao rei Davi e que estavam guarda-
dos no templo do SENHOR. 11 Os guardas do palácio se posicionaram
em volta do rei, de armas na mão. Formaram uma fileira desde o
lado sul do templo até o lado norte e ao redor do altar. 12 Então
Joiada trouxe Joás, o filho do rei, para fora, pôs a coroa em sua
cabeça e lhe entregou uma cópia da lei. Depois, ungiram Joás e o
proclamaram rei, e todos bateram palmas e gritaram: "Viva o rei!".

A morte de Atalia

13 Quando Atalia ouviu o barulho dos guardas e do povo, foi para o
templo do SENHOR, onde o povo estava reunido. 14 Ao chegar, viu o
rei em pé, no lugar de honra junto à coluna, como era costume du-
rante as coroações. Estava rodeado pelos comandantes e tocadores
de trombeta, e gente de toda a terra se alegrava e tocava trombetas.
Quando Atalia viu tudo isso, rasgou suas roupas e gritou: "Traição!
Traição!". 15 Então o sacerdote Joiada ordenou aos comandantes
encarregados das tropas: "Levem-na aos soldados que estão na
frente do templo e matem qualquer pessoa que a seguir". Pois o
sacerdote tinha dito: "Ela não deve ser morta dentro do templo do
SENHOR". 16 Eles a prenderam e a levaram à porta por onde os cavalos
entram no palácio, e ela foi morta ali.

As reformas religiosas de Joiada

17 Joiada fez uma aliança entre o SENHOR, o rei e o povo, estabelecen-
do que eles seriam o povo do SENHOR. Também firmou uma aliança
entre o rei e o povo. 18 Todo o povo foi ao templo de Baal e o derru-
bou. Demoliram os altares, despedaçaram os ídolos e executaram
Matã, sacerdote de Baal, em frente aos altares. O sacerdote Joiada
pôs guardas no templo do SENHOR. 19 Em seguida, os comandantes
dos mercenários cários e todo o povo escoltaram o rei para fora do
templo do SENHOR. Passaram pela porta da guarda e entraram no
palácio, onde o rei se sentou no trono real. 20 Todo o povo do reino

2Rs 11.17

se alegrou e a cidade ficou em paz, pois Atalia tinha sido morta no
palácio real. 21 Joás tinha 7 anos quando começou a reinar.

CAPÍTULO 12

Joás faz reparos no templo

1 Joás começou a reinar em Judá no sétimo ano do reinado de Jeú,
rei de Israel. Reinou em Jerusalém por quarenta anos. Sua mãe
se chamava Zíbia e era de Berseba. 2 Durante toda a vida, Joás fez
o que era certo aos olhos do SENHOR, como o sacerdote Joiada o
orientava. 3 Mesmo assim, não destruiu os santuários idólatras, e
o povo continuou a oferecer sacrifícios e a queimar incenso nesses
lugares. 4 Certo dia, o rei Joás disse aos sacerdotes: "Juntem toda
a prata trazida como oferta sagrada ao templo do SENHOR, tanto
o imposto do censo e os pagamentos de votos como as ofertas
voluntárias. 5 Cada sacerdote deve recolher a prata com um dos
tesoureiros e usá-la para fazer os reparos necessários no templo".
6 Contudo, no vigésimo terceiro ano do reinado de Joás, os sacer-
dotes ainda não haviam feito os reparos no templo. 7 Então o rei
Joás chamou Joiada e os outros sacerdotes e lhes perguntou: "Por
que ainda não fizeram os reparos no templo? Não recebam mais a
prata dos tesoureiros, exceto a que for usada para reparar o templo".
8 Os sacerdotes concordaram em não aceitar mais a prata do povo
e em deixar que outros assumissem a responsabilidade de fazer
os reparos no templo. 9 O sacerdote Joiada fez uma abertura na
tampa de uma caixa grande e a colocou do lado direito do altar, na
entrada do templo do SENHOR. Os sacerdotes que guardavam a en-
trada colocavam na caixa todas as contribuições do povo. 10 Sempre
que a caixa ficava cheia, o secretário da corte e o sumo sacerdote
pesavam a prata trazida ao templo do SENHOR e a colocavam em
sacolas. 11 Entregavam a prata aos supervisores da construção, que
a usavam para pagar os homens que trabalhavam no templo do
SENHOR: os carpinteiros, os construtores, 12 os pedreiros e os cor-
tadores de pedra. Também compravam a madeira e as pedras
lavradas necessárias para fazer os reparos no templo do SENHOR
e pagavam outras despesas relacionadas à reforma do templo. 13 A
contribuição trazida ao templo não era usada para fazer taças de
prata, nem cortadores de pavio, nem bacias, nem trombetas, nem
outros utensílios de ouro ou prata para o templo do SENHOR. 14 Era

entregue aos trabalhadores, que a usavam para fazer os reparos no
templo. 15 Não se pedia que os supervisores da construção prestas-
sem contas desse valor, pois eram homens de confiança. 16 Mas as
contribuições das ofertas pela culpa e das ofertas pelo pecado não
eram trazidas ao templo do SENHOR. Eram entregues aos sacerdotes
para seu uso pessoal.

O final do reino de Joás

17 Nessa época, Hazael, rei da Síria, guerreou contra Gate e a con-
quistou. Então resolveu atacar Jerusalém. 18 O rei Joás recolheu
todos os objetos sagrados que Josafá, Jeorão e Acazias, os reis ante-
riores de Judá, tinham consagrado e os que ele mesmo consagrara.
Enviou-os a Hazael, junto com todo o ouro que havia na tesouraria
do templo do SENHOR e no palácio real. Com isso, Hazael suspendeu
o ataque a Jerusalém. 19 Os demais acontecimentos do reinado de
Joás e tudo que ele fez estão registrados no *Livro da História dos
Reis de Judá*. 20 Os oficiais de Joás conspiraram contra ele e o as-
sassinaram em Bete-Milo, na estrada para Sila. 21 Os oficiais que o
assassinaram foram Jozacar, filho de Simeate, e Jeozabade, filho
de Somer. Joás foi sepultado com seus antepassados na Cidade de
Davi. Seu filho Amazias foi seu sucessor.

CAPÍTULO 13

Jeoacaz reina em Israel

1 Jeoacaz, filho de Jeú, começou a reinar em Israel no vigésimo
terceiro ano do reinado de Joás, filho de Acazias, rei de Judá. Reinou
em Samaria por dezessete anos. 2 Fez o que era mau aos olhos do
SENHOR; seguiu o exemplo de Jeroboão, filho de Nebate, e persis-
tiu nos pecados que Jeroboão havia levado Israel a cometer. 3 O
SENHOR se irou grandemente com Israel e permitiu que Hazael,
rei da Síria, e seu filho Ben-Hadade, derrotassem os israelitas re-
petidas vezes. 4 Então Jeoacaz orou ao SENHOR pedindo ajuda, e o
SENHOR atendeu à sua oração, pois viu como o rei da Síria oprimia
Israel cruelmente. 5 O SENHOR providenciou um libertador para
salvar os israelitas da tirania dos sírios, e Israel voltou a viver em
segurança, como em outros tempos. 6 Ainda assim, continuaram
a seguir o mau exemplo de Jeroboão. Também permitiram que
o poste de Aserá permanecesse em pé em Samaria. 7 Por fim, o

NO QUE ESTOU **PENSANDO** ○ | O QUE ESTOU **SENTINDO** ○ | DO QUE ESTOU **LEMBRANDO** ○

DESENHE OU ESCREVA

exército de Jeoacaz foi reduzido a cinquenta cavaleiros, dez carros
de guerra e dez mil soldados de infantaria. O rei da Síria havia
destruído o restante, como se fosse pó debaixo de seus pés. 8 Os
demais acontecimentos do reinado de Jeoacaz, tudo que ele fez e
a extensão de seu poder, estão registrados no *Livro da História dos
Reis de Israel*. 9 Quando Jeoacaz morreu e se reuniu a seus antepas-
sados, foi sepultado em Samaria. Seu filho Jeoás foi seu sucessor.

Jeoás reina em Israel

10 Jeoás, filho de Jeoacaz, começou a reinar em Israel no trigésimo
sétimo ano do reinado de Joás, rei de Judá. Reinou em Samaria
por dezesseis anos. 11 Fez o que era mau aos olhos do SENHOR. Não
se afastou dos pecados que Jeroboão, filho de Nebate, havia levado
Israel a cometer. 12 Os demais acontecimentos do reinado de Jeoás
e tudo que ele fez, incluindo a extensão de seu poder e a guerra
contra Amazias, estão registrados no *Livro da História dos Reis de
Israel*. 13 Quando Jeoás morreu e se reuniu a seus antepassados, foi
sepultado em Samaria, com os reis de Israel. Seu filho Jeroboão
II foi seu sucessor.

A profecia final de Eliseu

14 Quando Eliseu estava sofrendo da doença da qual morreria,
Jeoás, rei de Israel, o visitou e chorou por ele, dizendo: "Meu pai,
meu pai! Você era como os carros de guerra de Israel e seus cava-
leiros!". 15 Eliseu lhe disse: "Pegue um arco e algumas flechas", e
o rei fez o que ele pediu. 16 Então Eliseu lhe disse: "Ponha a mão
sobre o arco", e pôs suas mãos sobre as mãos do rei. 17 Em segui-
da, ordenou: "Abra a janela que dá para o leste", e o rei a abriu.
Depois, Eliseu disse: "Atire!", e o rei atirou uma flecha. "Essa é a
flecha do SENHOR", anunciou Eliseu. "É uma flecha de vitória sobre
a Síria, pois você conquistará completamente os sírios em Afeque."
18 Depois, Eliseu disse: "Agora pegue as outras flechas e atire-as
contra o chão". O rei pegou as flechas e atirou-as contra o chão três
vezes. 19 O homem de Deus se irou com ele. "Você deveria ter atirado
contra o chão cinco ou seis vezes!", exclamou. "Assim, teria ferido
os sírios até que fossem completamente destruídos. Agora você
será vitorioso apenas três vezes." 20 Eliseu morreu e foi sepultado.
Grupos de saqueadores moabitas costumavam invadir a terra na

virada do ano. 21 Certa vez, enquanto alguns israelitas sepultavam um homem, viram um desses bandos. Rapidamente, jogaram o corpo no túmulo de Eliseu e fugiram. Assim que o corpo tocou os ossos de Eliseu, o homem voltou à vida e se pôs em pé. 22 Hazael, rei da Síria, oprimiu Israel durante todo o reinado de Jeoacaz. 23 O SENHOR, porém, foi bondoso e misericordioso com os israelitas, e eles não foram totalmente destruídos. Teve compaixão deles por causa da aliança que havia feito com Abraão, Isaque e Jacó. Naquela ocasião, como até hoje, não quis destruí-los completamente nem expulsá-los de sua presença. 24 Hazael, rei da Síria, morreu, e seu filho Ben-Hadade foi seu sucessor. 25 Então Jeoás, filho de Jeoacaz, reconquistou as cidades que Ben-Hadade havia tomado de seu pai, Jeoacaz. Jeoás derrotou Ben-Hadade em três ocasiões e recuperou as cidades israelitas.

CAPÍTULO 14

Amazias reina em Judá

1 Amazias, filho de Joás, começou a reinar em Judá no segundo ano do reinado de Jeoás, filho de Jeoacaz, rei de Israel. 2 Amazias tinha 25 anos quando começou a reinar, e reinou em Jerusalém por 29 anos. Sua mãe se chamava Jeoadã e era de Jerusalém. 3 Amazias fez o que era certo aos olhos do SENHOR, mas não como seu antepassado Davi. Seguiu o exemplo de seu pai, Joás. 4 Amazias não destruiu os santuários idólatras, e o povo continuou a oferecer sacrifícios e a queimar incenso nesses lugares. 5 Quando Amazias se firmou no poder, executou os oficiais que haviam assassinado seu pai. 6 Contudo, não matou os filhos dos assassinos, em obediência ao mandamento do SENHOR registrado por Moisés no Livro da Lei: "Os pais não serão executados por causa do pecado dos filhos, nem os filhos por causa do pecado dos pais. Aqueles que merecem morrer deverão ser executados por causa de seus próprios crimes". 7 Amazias também matou dez mil edomitas no vale do Sal. Conquistou a cidade de Selá e mudou seu nome para Jocteel, como se chama até hoje. 8 Certo dia, ele enviou mensageiros a Jeoás, filho de Jeoacaz, filho de Jeú, rei de Israel, com este desafio: "Venha enfrentar-me numa batalha!". 9 Mas Jeoás, rei de Israel, respondeu a Amazias, rei de Judá, com a seguinte história: "Nos montes do Líbano, o espinheiro enviou esta mensagem ao

NO QUE ESTOU **PENSANDO**

O QUE ESTOU **SENTINDO**

DO QUE ESTOU **LEMBRANDO**

DESENHE OU ESCREVA

poderoso cedro: 'Dê sua filha em casamento a meu filho'. No entanto, um animal selvagem do Líbano veio, pisoteou o espinheiro e o esmagou. 10 "De fato, você derrotou Edom e está orgulhoso disso. Mas contente-se com sua vitória e fique em casa! Por que trazer desgraça sobre você e o povo de Judá?". 11 Amazias, porém, se recusou a ouvir. Então Jeoás, rei de Israel, mobilizou seu exército contra Amazias, rei de Judá. Os dois exércitos se enfrentaram em Bete-Semes, em Judá. 12 O exército de Judá foi derrotado pelo exército de Israel, e os soldados fugiram para casa. 13 Jeoás, rei de Israel, capturou Amazias, filho de Joás, filho de Acazias, rei de Judá, em Bete-Semes. Em seguida, marchou para Jerusalém, onde destruiu 180 metros do muro da cidade, desde a porta de Efraim até a porta da Esquina. 14 Levou embora todo o ouro, toda a prata e todos os utensílios do templo do SENHOR. Também levou os tesouros do palácio real e fez reféns; depois, voltou para Samaria. 15 Os demais acontecimentos do reinado de Jeoás e tudo que ele fez, incluindo a extensão de seu poder e sua guerra contra Amazias, rei de Judá, estão registrados no *Livro da História dos Reis de Israel*. 16 Quando Jeoás morreu e se reuniu a seus antepassados, foi sepultado em Samaria, com os reis de Israel. Seu filho Jeroboão II foi seu sucessor. 17 Amazias, filho de Joás, rei de Judá, viveu ainda mais quinze anos depois da morte de Jeoás, filho de Jeoacaz, rei de Israel. 18 Os demais acontecimentos do reinado de Amazias estão registrados no *Livro da História dos Reis de Judá*. 19 Houve uma conspiração contra Amazias em Jerusalém, e ele fugiu para Laquis. Seus inimigos, porém, mandaram assassinos atrás dele e o mataram ali. 20 Seu corpo foi trazido de volta para Jerusalém num cavalo, e ele foi sepultado com seus antepassados na Cidade de Davi. 21 Todo o povo de Judá proclamou rei seu filho Uzias, de 16 anos, como sucessor de seu pai, Amazias. 22 Depois que seu pai morreu e se reuniu a seus antepassados, Uzias reconstruiu a cidade de Elate e a recuperou para Judá.

Jeroboão II reina em Israel

23 Jeroboão II, filho de Jeoás, começou a reinar em Israel no décimo quinto ano do reinado de Amazias, filho de Joás, rei de Judá. Reinou em Samaria por 41 anos. 24 Fez o que era mau aos olhos do SENHOR. Não se afastou dos pecados que Jeroboão, filho de

2Rs

Nebate, havia levado Israel a cometer. 25 Jeroboão II recuperou os
territórios de Israel entre Lebo-Hamate e o mar Morto, conforme
o SENHOR, o Deus de Israel, havia anunciado por meio de Jonas,
filho de Amitai, profeta de Gate-Héfer. 26 O SENHOR viu como era
grande o sofrimento em Israel, tanto para escravos como para li-
vres, e não havia ninguém em Israel que pudesse socorrê-los. 27 E,
porque o SENHOR não tinha dito que apagaria completamente o
nome de Israel, usou Jeroboão II, filho de Jeoás, para socorrê-los.
28 Os demais acontecimentos do reinado de Jeroboão II, tudo que
ele fez, a extensão de seu poder, as guerras que travou e como ele
recuperou para Israel as cidades de Damasco e de Hamate, que
haviam pertencido a Judá, estão registrados no *Livro da História
dos Reis de Israel*. 29 Quando Jeroboão II morreu e se reuniu a seus
antepassados, foi sepultado em Samaria, com os reis de Israel. Seu
filho Zacarias foi seu sucessor.

CAPÍTULO 15

Uzias reina em Judá

1 Uzias, filho de Amazias, começou a reinar em Judá no vigésimo
sétimo ano do reinado de Jeroboão II, rei de Israel. 2 Tinha 16 anos
quando começou a reinar, e reinou em Jerusalém por 52 anos.
Sua mãe se chamava Jecolias e era de Jerusalém. 3 Fez o que era
certo aos olhos do SENHOR, como seu pai, Amazias. 4 Contudo, não
destruiu os santuários idólatras, e o povo continuou a oferecer sa-
crifícios e a queimar incenso nesses lugares. 5 O SENHOR feriu o rei
com lepra, enfermidade que durou até o dia de sua morte. Vivia
isolado, numa casa separada. Jotão, filho do rei, tomava conta do
palácio e governava o povo. 6 Os demais acontecimentos do reinado
de Uzias e tudo que ele fez estão registrados no *Livro da História
dos Reis de Judá*. 7 Quando Uzias morreu, foi sepultado com seus
antepassados na Cidade de Davi. Seu filho Jotão foi seu sucessor.

Zacarias reina em Israel

8 Zacarias, filho de Jeroboão II, começou a reinar em Israel no trigési-
mo oitavo ano do reinado de Uzias, rei de Judá. Reinou em Samaria
por seis meses. 9 Fez o que era mau aos olhos do SENHOR, como
seus antepassados. Não se afastou dos pecados que Jeroboão, fi-
lho de Nebate, havia levado Israel a cometer. 10 Então Salum, filho

NO QUE ESTOU **PENSANDO** ○
O QUE ESTOU **SENTINDO** ○
DO QUE ESTOU **LEMBRANDO** ○

DESENHE OU ESCREVA

de Jabes, conspirou contra Zacarias, matou-o diante do povo e se
tornou seu sucessor. 11 Os demais acontecimentos do reinado de
Zacarias estão registrados no *Livro da História dos Reis de Israel*.
12 Assim se cumpriu a mensagem do SENHOR a Jeú: "Seus descen-
dentes serão reis de Israel até a quarta geração".

Salum reina em Israel

13 Salum, filho de Jabes, começou a reinar em Israel no trigésimo
nono ano do reinado de Uzias, rei de Judá. Reinou em Samaria
por apenas um mês. 14 Então Menaém, filho de Gadi, veio de Tirza
a Samaria, matou Salum, filho de Jabes, e se tornou seu sucessor.
15 Os demais acontecimentos do reinado de Salum, incluindo a
conspiração que liderou, estão registrados no *Livro da História dos
Reis de Israel*.

Menaém reina em Israel

16 Nessa ocasião, Menaém destruiu a cidade de Tapua e seus arredo-
res, até Tirza, pois seus habitantes se recusaram a entregar a cidade.
Matou toda a população e rasgou o ventre das mulheres grávidas.
17 Menaém, filho de Gadi, começou a reinar em Israel no trigésimo
nono ano do reinado de Uzias, rei de Judá. Reinou em Samaria por
dez anos. 18 Fez o que era mau aos olhos do SENHOR. Durante todo
o seu reinado, não se afastou dos pecados que Jeroboão, filho de
Nebate, havia levado Israel a cometer. 19 Então Tiglate-Pileser, rei da
Assíria, invadiu a terra de Israel. Contudo, Menaém lhe pagou 35
toneladas de prata a fim de obter seu apoio e firmar-se no poder.
20 Menaém extorquiu esse valor dos ricos de Israel e exigiu que
cada um contribuísse com seiscentos gramas de prata para o tributo
pago ao rei da Assíria. Assim, o rei da Assíria parou de atacar Israel e
foi embora. 21 Os demais acontecimentos do reinado de Menaém e
tudo que ele fez estão registrados no *Livro da História dos Reis de
Israel*. 22 Quando Menaém morreu e se reuniu a seus antepassados,
seu filho Pecaías se tornou seu sucessor.

Pecaías reina em Israel

23 Pecaías, filho de Menaém, começou a reinar em Israel no quin-
quagésimo ano do reinado de Uzias, rei de Judá. Reinou em
Samaria por dois anos. 24 Fez o que era mau aos olhos do SENHOR.

Não se afastou dos pecados que Jeroboão, filho de Nebate, havia
levado Israel a cometer. 25Então Peca, filho de Remalias e coman-
dante do exército de Pecaías, conspirou contra ele. Acompanhado
de cinquenta homens de Gileade, assassinou o rei, e também
Argobe e Arié, na fortaleza do palácio em Samaria. E Peca se tornou
seu sucessor. 26Os demais acontecimentos do reinado de Pecaías
e tudo que ele fez estão registrados no *Livro da História dos Reis
de Israel*.

Peca reina em Israel

27Peca, filho de Remalias, começou a reinar em Israel no quinqua-
gésimo segundo ano do reinado de Uzias, rei de Judá. Reinou em
Samaria por vinte anos. 28Fez o que era mau aos olhos do SENHOR.
Não se afastou dos pecados que Jeroboão, filho de Nebate, havia
levado Israel a cometer. 29Durante o reinado de Peca, Tiglate-Pileser,
rei da Assíria, atacou Israel novamente e conquistou as cidades de
Ijom, Abel-Bete-Maaca, Janoa, Quedes e Hazor. Também conquis-
tou as regiões de Gileade e da Galileia, e todo o território de Naftali,
e levou os habitantes cativos para a Assíria. 30Então Oseias, filho
de Elá, conspirou contra Peca, filho de Remalias, e o assassinou.
Começou a reinar em Israel no vigésimo ano do reinado de Jotão,
filho de Uzias. 31Os demais acontecimentos do reinado de Peca
e tudo que ele fez estão registrados no *Livro da História dos Reis
de Israel*.

Jotão reina em Judá

32Jotão, filho de Uzias, começou a reinar em Judá no segundo ano
do reinado de Peca, filho de Remalias, rei de Israel. 33Tinha 25
anos quando começou a reinar, e reinou em Jerusalém por de-
zesseis anos. Sua mãe se chamava Jerusa e era filha de Zadoque.
34Jotão fez o que era certo aos olhos do SENHOR, como seu pai,
Uzias. 35Contudo, não destruiu os santuários idólatras, e o povo
continuou a oferecer sacrifícios e a queimar incenso nesses lugares.
Jotão reconstruiu a porta superior do templo do SENHOR. 36Os de-
mais acontecimentos do reinado de Jotão e tudo que ele fez estão
registrados no *Livro da História dos Reis de Judá*. 37Naqueles dias,
o SENHOR começou a instigar Rezim, rei da Síria, e Peca, filho de
Remalias, a atacarem Judá. 38Quando Jotão morreu, foi sepultado
com seus antepassados na Cidade de Davi. Seu filho Acaz foi seu
sucessor.

NO QUE ESTOU **PENSANDO** ○ | O QUE ESTOU **SENTINDO** ○ | DO QUE ESTOU **LEMBRANDO** ○

DESENHE OU ESCREVA

CAPÍTULO 16

Acaz reina em Judá

1Acaz, filho de Jotão, começou a reinar em Judá no décimo sétimo
ano do reinado de Peca, filho de Remalias. 2Tinha 20 anos quando
começou a reinar, e reinou em Jerusalém por dezesseis anos. Ao
contrário de seu antepassado Davi, não fez o que era certo aos
olhos do SENHOR, seu Deus. 3Em vez disso, seguiu o exemplo dos
reis de Israel e até sacrificou seu filho no fogo. Desse modo, seguiu
as práticas detestáveis das nações que o SENHOR havia expulsado
da terra diante dos israelitas. 4Ofereceu sacrifícios e queimou in-
censo nos santuários idólatras, nos montes e debaixo de toda árvo-
re verdejante. 5Então Rezim, rei da Síria, e Peca, filho de Remalias,
rei de Israel, subiram para atacar Jerusalém. Cercaram Acaz, mas
não conseguiram derrotá-lo. 6Nessa época, o rei de Edom recupe-
rou a cidade de Elate para os edomitas. Expulsou o povo de Judá
e colocou edomitas para morarem ali, onde estão até hoje. 7O rei
Acaz enviou mensageiros para dizer a Tiglate-Pileser, rei da Assíria:
"Sou seu servo e seu súdito. Venha salvar-me dos exércitos da Síria
e de Israel que estão me atacando". 8Então Acaz pegou a prata e o
ouro do templo do SENHOR e dos tesouros do palácio e os enviou
como pagamento para o rei da Assíria. 9O rei da Assíria atendeu
ao pedido e atacou Damasco, a capital da Síria, e deportou seus
habitantes para Quir. Também matou Rezim, rei da Síria. 10Então
o rei Acaz foi a Damasco para encontrar-se com Tiglate-Pileser, rei
da Assíria. Enquanto estava lá, viu o altar da cidade e enviou ao
sacerdote Urias um modelo e um desenho detalhado do altar.
11O sacerdote Urias seguiu as instruções do rei e construiu um
altar exatamente igual, que ficou pronto antes de o rei voltar de
Damasco. 12Quando o rei voltou, viu o altar e ofereceu sacrifícios
sobre ele. 13Apresentou um holocausto, uma oferta de cereal e uma
oferta derramada e aspergiu o altar com o sangue de uma oferta de
paz. 14O rei Acaz removeu o antigo altar de bronze de seu lugar, na
frente do templo do SENHOR, entre o novo altar e a entrada, e o co-
locou do lado norte do novo altar. 15Disse ao sacerdote Urias: "Use
o novo altar para o holocausto da manhã, para a oferta de cereal

da tarde, para o holocausto e a oferta de cereal do rei, e para o
holocausto, a oferta de cereal e a oferta derramada de todo o povo.
Com o sangue de todos os holocaustos e sacrifícios, faça aspersão
sobre o novo altar. O altar de bronze será apenas para meu uso
pessoal". 16 Urias fez como o rei Acaz ordenou. 17 Depois, o rei Acaz
tirou os painéis e as bacias das dez bases móveis usadas para levar
água. Também removeu o grande tanque de bronze chamado Mar
de cima dos touros e o colocou sobre o pavimento de pedra. 18 Por
causa do rei da Assíria, removeu a cobertura construída dentro do
templo para ser usada aos sábados, bem como a entrada externa
do rei para o templo do SENHOR. 19 Os demais acontecimentos do
reinado de Acaz e tudo que ele fez estão registrados no *Livro da
História dos Reis de Judá*. 20 Quando Acaz morreu, foi sepultado
com seus antepassados na Cidade de Davi. Seu filho Ezequias foi
seu sucessor.

CAPÍTULO 17

Oseias reina em Israel

1 Oseias, filho de Elá, começou a reinar em Israel no décimo segundo
ano do reinado de Acaz, rei de Judá. Reinou em Samaria por nove
anos. 2 Fez o que era mau aos olhos do SENHOR, mas não tanto
quanto os reis que governaram Israel antes dele. 3 Salmaneser, rei
da Assíria, atacou o rei Oseias e o obrigou a lhe pagar tributos.
4 Oseias, porém, conspirou contra o rei da Assíria. Deixou de pagar
o tributo anual e pediu ajuda a Sô, rei do Egito. Quando o rei da
Assíria descobriu a traição de Oseias, mandou colocá-lo na prisão.

Os assírios conquistam Samaria

5 O rei da Assíria ocupou todo o território de Israel e, durante três
anos, cercou a cidade de Samaria. 6 Por fim, no nono ano do reinado
de Oseias, o rei assírio conquistou Samaria e exilou os israelitas
na Assíria. Criou assentamentos para eles em Hala, ao longo das
margens do rio Habor, em Gozã, e nas cidades da Média. 7 Isso
aconteceu porque os israelitas adoraram outros deuses. Pecaram
contra o SENHOR, seu Deus, que os havia tirado da terra do Egito e
os livrado do poder do faraó, o rei do Egito. 8 Seguiram as práticas
das nações que o SENHOR tinha expulsado de diante deles, bem
como as práticas introduzidas pelos reis de Israel. 9 Os israelitas

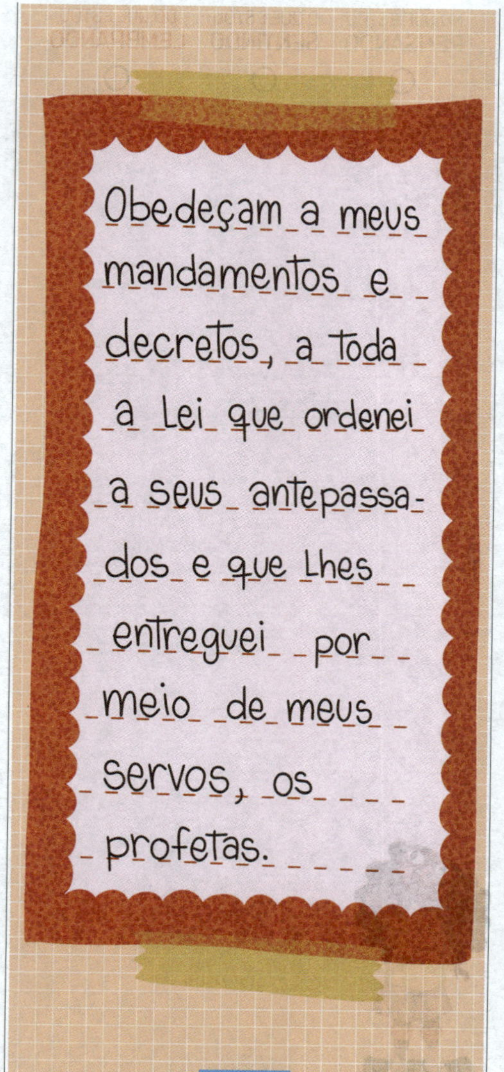

2Rs 17.13

também fizeram, em segredo, muitas coisas que não eram corre-
tas diante do SENHOR, seu Deus. Construíram santuários idólatras
em todas as cidades, desde o menor posto de vigilância até a
maior cidade murada. 10 Ergueram colunas sagradas e postes de
Aserá no alto de todo monte e debaixo de toda árvore verdejante.
11 Queimaram incenso no topo dos montes, como faziam as nações
que o SENHOR havia expulsado de diante deles. Os israelitas pra-
ticaram muitos atos perversos que provocaram a ira do SENHOR.
12 Adoraram ídolos, apesar das advertências claras do SENHOR contra
isso. 13 Repetidamente, o SENHOR enviou profetas e videntes para
advertirem Israel e Judá, com esta mensagem: "Afastem-se de seus
maus caminhos. Obedeçam a meus mandamentos e decretos, a
toda a lei que ordenei a seus antepassados e que lhes entreguei por
meio de meus servos, os profetas". 14 Mas os israelitas se recusaram
a ouvir. Foram tão teimosos quanto seus antepassados que não
quiseram crer no SENHOR, seu Deus. 15 Rejeitaram seus decretos e
a aliança que ele havia feito com seus antepassados e despreza-
ram todas as suas advertências. Adoraram ídolos inúteis, de modo
que eles próprios se tornaram inúteis. Seguiram o exemplo das
nações ao redor e desobedeceram à ordem do SENHOR para que
não as imitassem. 16 Rejeitaram todos os mandamentos do SENHOR,
seu Deus, e fizeram dois bezerros de metal. Ergueram um poste
de Aserá e adoraram Baal e todos os astros do céu. 17 Chegaram a
sacrificar os próprios filhos e filhas no fogo. Consultaram adivinhos,
praticaram feitiçaria, venderam-se para fazer o que é mau aos olhos
do SENHOR e provocaram sua ira. 18 O SENHOR se indignou muito
com Israel e o expulsou de sua presença. Com isso, restou somente
a tribo de Judá. 19 Mesmo o povo de Judá, porém, não obedeceu
aos mandamentos do SENHOR, seu Deus, pois seguiu as práticas
perversas introduzidas por Israel. 20 O SENHOR rejeitou todos os
descendentes de Israel. Como castigo, entregou-os a seus inimigos,
até que expulsou Israel de sua presença. 21 Pois quando o SENHOR
arrancou Israel do reino de Davi, os israelitas escolheram Jeroboão,
filho de Nebate, como rei. Mas Jeroboão afastou Israel do SENHOR
e os levou a cometer grande pecado. 22 E os israelitas continuaram
a seguir todos os caminhos maus de Jeroboão. Não se afastaram
desses pecados, 23 até que, por fim, o SENHOR os expulsou de sua
presença, como todos os seus profetas haviam advertido. Assim,

Israel foi deportado de sua terra para a Assíria, onde permanece
até hoje.

Estrangeiros se estabelecem em Israel

24O rei da Assíria trouxe povos da Babilônia, de Cuta, de Ava, de
Hamate e de Sefarvaim e os estabeleceu nas cidades de Samaria,
em lugar dos israelitas. Eles tomaram posse de Samaria e habitaram
em suas cidades. 25Assim que chegaram, esses estrangeiros não
adoravam o SENHOR, de modo que o SENHOR mandou leões, que
mataram alguns deles. 26Por isso, enviaram uma mensagem ao
rei da Assíria: "O povo que o senhor deportou para as cidades de
Samaria não conhece os costumes do deus da terra. Ele mandou
leões para destruí-los, porque não conhecem suas exigências".
27Então o rei da Assíria deu esta ordem: "Enviem um dos sacerdo-
tes exilados de volta a Samaria. Ele viverá ali e ensinará aos novos
habitantes os costumes do deus da terra". 28Um dos sacerdotes
exilados de Samaria voltou a Betel e ensinava os novos habitantes
a adorarem corretamente o SENHOR. 29Contudo, cada um desses
povos estrangeiros continuou a fazer seus deuses e adorá-los.
Em todas as cidades onde habitavam, colocaram seus ídolos nos
santuários idólatras que o povo de Samaria havia construído. 30Os
da Babilônia adoravam as imagens do deus Sucote-Benote. Os de
Cuta adoravam o deus Nergal. Os de Hamate adoravam o deus
Asima. 31Os aveus adoravam os deuses Nibaz e Tartaque. E o povo
de Sefarvaim até queimava os próprios filhos como sacrifício aos
deuses Adrameleque e Anameleque. 32Esses novos habitantes
adoravam o SENHOR, mas também nomeavam qualquer pessoa
como sacerdote para oferecer sacrifícios nos lugares de culto. 33E,
embora adorassem o SENHOR, continuavam a seguir seus próprios
deuses, de acordo com os costumes de suas nações de origem.
34Até hoje, continuam com suas antigas práticas em vez de adorar
verdadeiramente o SENHOR e obedecer aos decretos, estatutos,
leis e mandamentos que o SENHOR deu aos descendentes de Jacó,
cujo nome ele mudou para Israel. 35Pois o SENHOR havia feito uma
aliança com eles e ordenado: "Não adorem outros deuses, nem se
prostrem diante deles, não os sirvam, nem lhes ofereçam sacrifícios.
36Adorem somente o SENHOR, que os tirou do Egito com grande
força e com braço poderoso. Curvem-se somente diante dele e

NO QUE ESTOU **PENSANDO** ○ | O QUE ESTOU **SENTINDO** ○ | DO QUE ESTOU **LEMBRANDO** ○

Obedeçam a meus mandamentos e decretos, a toda a lei que ordenei a seus antepassados e que lhes entreguei por meio de meus servos, os profetas.

DESENHE OU ESCREVA

ofereçam sacrifícios a ele somente. 37Tomem sempre o cuidado
de obedecer aos decretos, estatutos, leis e mandamentos que ele
lhes prescreveu. Não adorem outros deuses. 38Não se esqueçam da
aliança que fiz com vocês e não adorem outros deuses. 39Adorem
somente o SENHOR, seu Deus. Ele os livrará de todos os seus inimi-
gos". 40Mas o povo se recusou a ouvir e continuou com suas antigas
práticas. 41Assim, embora os novos habitantes adorassem o SENHOR,
também adoravam seus ídolos. E até hoje seus descendentes fazem
a mesma coisa.

CAPÍTULO 18

Ezequias reina em Judá

1Ezequias, filho de Acaz, começou a reinar em Judá no terceiro ano
do reinado de Oseias, filho de Elá, rei de Israel. 2Tinha 25 anos
quando começou a reinar, e reinou em Jerusalém por 29 anos.
Sua mãe se chamava Abi e era filha de Zacarias. 3Ezequias fez o
que era certo aos olhos do SENHOR, como seu antepassado Davi.
4Removeu os santuários idólatras, quebrou as colunas sagradas
e derrubou os postes de Aserá. Despedaçou a serpente de bronze
que Moisés havia feito, pois os israelitas queimavam incenso para
ela. A serpente de bronze se chamava Neustã. 5Ezequias confiava
no SENHOR, o Deus de Israel. Não houve ninguém como ele entre
todos os reis de Judá, nem antes nem depois. 6Ezequias se apegou
ao SENHOR, não se afastou dele e teve o cuidado de obedecer a
todos os mandamentos que o SENHOR tinha ordenado por meio de
Moisés. 7Assim, o SENHOR estava com Ezequias, e ele era bem-su-
cedido em tudo que fazia. Rebelou-se contra o rei da Assíria e não
lhe pagou tributo. 8Derrotou os filisteus até Gaza e seu território,
desde o menor posto de vigilância até a maior cidade fortificada.
9No quarto ano do reinado de Ezequias, o sétimo ano do reinado
de Oseias, filho de Elá, rei de Israel, Salmaneser, rei da Assíria,
atacou a cidade de Samaria e a cercou. 10Três anos depois, no sexto
ano do reinado de Ezequias e no nono ano do reinado de Oseias,
rei de Israel, Samaria foi conquistada. 11O rei assírio deportou os
israelitas para a Assíria e os colocou em assentamentos em Hala,
ao longo das margens do rio Habor, em Gozã, e nas cidades da
Média. 12Isso aconteceu porque eles não ouviram nem obede-
ceram ao SENHOR, seu Deus. Em vez disso, violaram sua aliança,

todas as leis às quais Moisés, servo do SENHOR, havia ordenado
que obedecessem.

A Assíria invade Judá

13 No décimo quarto ano do reinado de Ezequias, Senaqueribe, rei
da Assíria, atacou as cidades fortificadas de Judá e as conquistou.
14 Ezequias, rei de Judá, enviou esta mensagem ao rei da Assíria, em
Laquis: "Cometi um erro. Se você se retirar, eu lhe pagarei qualquer
tributo que exigir". O rei da Assíria exigiu 10.500 quilos de prata
e 1.050 quilos de ouro. 15 Para juntar essa quantia, Ezequias usou
toda a prata guardada no templo do SENHOR e nos tesouros do
palácio. 16 Arrancou até o ouro das portas e dos batentes do templo
do SENHOR que ele havia coberto com ouro e entregou tudo ao
rei da Assíria.

Senaqueribe ameaça Jerusalém

17 Apesar disso, o rei da Assíria enviou, de Laquis, seu comandante
em chefe, seu comandante de campo e seu porta-voz, juntamen-
te com um grande exército, para confrontarem o rei Ezequias em
Jerusalém. Os assírios se posicionaram ao lado do aqueduto que
abastece o tanque superior, perto do caminho para o campo onde
se lava roupa. 18 Mandaram chamar o rei Ezequias, mas ele enviou
os seguintes oficiais ao encontro deles: Eliaquim, filho de Hilquias,
o administrador do palácio; Sebna, o secretário da corte; e Joá, filho
de Asafe, o historiador do reino. 19 O porta-voz do rei assírio mandou
que transmitissem esta mensagem a Ezequias: "Assim diz o grande
rei da Assíria: Em que você confia, que lhe dá tanta segurança?
20 Pensa que meras palavras podem substituir experiência e força
militar? Com quem você conta para se rebelar contra mim? 21 Com
o Egito? Se você se apoiar no Egito, ele será como um junco que se
quebra sob seu peso e perfura sua mão. O faraó, rei do Egito, não é
digno de nenhuma confiança! 22 "Talvez vocês digam: 'Confiamos
no SENHOR, nosso Deus!'. Mas não foi a ele que Ezequias insultou?
Ezequias não destruiu os santuários e altares dele e obrigou todos
em Judá e Jerusalém a adorarem somente no altar em Jerusalém?
23 "Vou lhes dizer uma coisa: Façam um acordo com meu senhor,
o rei da Assíria. Eu lhes darei dois mil cavalos se forem capazes de
encontrar homens em número suficiente para montá-los! 24 Com

NO QUE ESTOU **PENSANDO** ○ O QUE ESTOU **SENTINDO** ○ DO QUE ESTOU **LEMBRANDO** ○

DESENHE OU ESCREVA

seu exército minúsculo, como podem pensar em desafiar até o
contingente mais fraco do exército de meu senhor, mesmo com a
ajuda dos carros de guerra e dos cavaleiros do Egito? 25 Além disso,
imaginam que invadimos sua terra sem a direção do SENHOR? Foi
o próprio SENHOR que nos disse: 'Ataquem essa terra e destruam-
-na!'". 26 Então Eliaquim, filho de Hilquias, Sebna e Joá disseram ao
porta-voz: "Por favor, fale conosco em aramaico, pois entendemos
bem essa língua. Não fale em hebraico, pois o povo sobre o muro o
ouvirá". 27 O porta-voz, no entanto, respondeu: "Vocês pensam que
meu senhor enviou essa mensagem apenas para vocês e para seu
senhor? Ele quer que todo o povo a ouça, pois, quando cercarmos
esta cidade, eles sofrerão junto com vocês. Ficarão tão famintos e
sedentos que comerão as próprias fezes e beberão a própria urina!".
28 Então o porta-voz se levantou e gritou em hebraico: "Ouçam esta
mensagem do grande rei da Assíria! 29 Assim diz o rei: Não deixem
que Ezequias os engane. Ele jamais será capaz de livrá-los de meu
poder. 30 Não deixem que ele os convença a confiar no SENHOR,
dizendo: 'Certamente o SENHOR nos livrará; esta cidade jamais cairá
nas mãos do rei da Assíria!'. 31 "Não deem ouvidos a Ezequias! Estas
são as condições que o rei da Assíria oferece: Façam as pazes comi-
go, abram as portas e saiam. Então, cada um de vocês continuará
a comer de sua própria videira e de sua própria figueira e a beber
de seu próprio poço. 32 Depois, providenciarei que sejam levados a
outra terra como esta, uma terra com cereais e vinho novo, com pão
e vinhedos, com olivais e mel. Escolham a vida, e não a morte! "Não
deem ouvidos a Ezequias quando ele tentar enganá-los, dizendo:
'O SENHOR nos livrará!'. 33 Acaso os deuses de alguma outra nação li-
vraram seu povo do rei da Assíria? 34 O que aconteceu aos deuses de
Hamate e de Arpade? E quanto aos deuses de Sefarvaim, de Hena
e de Iva? Acaso algum deus livrou Samaria de meu poder? 35 Qual
dos deuses de qualquer nação foi capaz de livrar seu povo de meu
poder? O que os faz pensar que o SENHOR pode livrar Jerusalém
de minhas mãos?". 36 Mas o povo permaneceu em silêncio e não
disse uma palavra sequer, pois Ezequias havia ordenado: "Não lhe
respondam". 37 Então Eliaquim, filho de Hilquias, administrador do
palácio, Sebna, secretário da corte, e Joá, filho de Asafe, historiador
do reino, voltaram a Ezequias. Rasgaram suas roupas e foram contar
ao rei o que o porta-voz tinha dito.

CAPÍTULO 19

Ezequias busca a ajuda do Senhor

1Quando o rei Ezequias ouviu esse relato, rasgou as roupas, ves-
tiu-se com panos de saco e entrou no templo do SENHOR. 2Enviou
Eliaquim, o administrador do palácio, Sebna, o secretário da cor-
te, e os principais sacerdotes, todos vestidos com panos de saco,
ao profeta Isaías, filho de Amoz. 3Eles lhe disseram: "Assim diz o
rei Ezequias: 'Hoje é um dia de angústia, insulto e humilhação.
É como quando a criança está prestes a nascer, mas a mãe não
tem forças para dar à luz. 4Contudo, talvez o SENHOR, seu Deus,
tenha ouvido o porta-voz que o rei da Assíria enviou para desafiar
o Deus vivo e o castigue por suas palavras. Por favor, ore por nós
que restamos!'". 5Depois que os oficiais do rei Ezequias transmi-
tiram a mensagem ao profeta Isaías, 6ele respondeu: "Digam ao
rei que assim diz o SENHOR: 'Não se assuste com os insultos que
os mensageiros do rei da Assíria lançaram contra mim. 7Ouça! Eu
mesmo agirei contra o rei da Assíria, e ele receberá notícias que
o farão voltar para sua terra. Ali eu providenciarei que ele seja
morto à espada'". 8Enquanto isso, o porta-voz partiu de Jerusalém
e foi consultar o rei da Assíria, pois tinha sido informado de que
o rei havia deixado Laquis e estava atacando Libna. 9Logo depois,
o rei Senaqueribe recebeu a notícia de que Tiraca, rei da Etiópia,
havia saído com seu exército para lutar contra ele. Então enviou
seus homens de volta a Ezequias em Jerusalém com a seguinte
mensagem: 10"Esta é uma mensagem para Ezequias, rei de Judá.
Não deixe que seu Deus, em quem você confia, o engane com pro-
messas de que Jerusalém não será conquistada pelo rei da Assíria.
11Você sabe muito bem o que os reis da Assíria fizeram por onde
passaram. Destruíram completamente todos que atravessaram seu
caminho! Quem é você para escapar? 12Acaso os deuses de outras
nações, como Gozã, Harã, Rezefe, e o povo de Éden, que estava em
Telassar, as livraram? Meus antecessores destruíram todos eles!
13O que aconteceu ao rei de Hamate e ao rei de Arpade? O que
aconteceu aos reis de Sefarvaim, de Hena e de Iva?". 14Depois que
Ezequias recebeu a carta dos mensageiros e a leu, subiu ao templo
do SENHOR e a estendeu diante do SENHOR. 15Então Ezequias fez
esta oração na presença do SENHOR: "Ó SENHOR, o Deus de Israel,
que estás entronizado entre os querubins! Só tu és Deus de todos

2Rs 19.16

os reinos da terra. Sim, tu criaste os céus e a terra. 16Inclina teus
ouvidos, ó SENHOR, e ouve! Abre teus olhos, ó SENHOR, e vê! Ouve
as palavras com as quais Senaqueribe desafia o Deus vivo! 17"É ver-
dade, SENHOR, que os reis da Assíria destruíram todas essas nações.
18Lançaram os deuses dessas nações no fogo e os queimaram. É
claro que os assírios conseguiram destruí-los! Não eram deuses
de verdade, mas apenas ídolos de madeira e pedra moldados por
mãos humanas. 19Agora, SENHOR, nosso Deus, salva-nos do poder
desse rei; então todos os reinos da terra saberão que somente tu,
SENHOR, és Deus!".

Isaías prediz o livramento de Judá

20Então Isaías, filho de Amoz, enviou esta mensagem a Ezequias:
"Assim diz o SENHOR, o Deus de Israel: Ouvi sua oração a respeito
de Senaqueribe, rei da Assíria. 21E o SENHOR proferiu esta palavra
contra ele: "A filha virgem de Sião o despreza e ri de você. A filha de
Jerusalém balança a cabeça com desdém enquanto você foge. 22"A
quem você desafiou e de quem zombou? Contra quem levantou a
voz? Para quem olhou com arrogância? Para o Santo de Israel! 23Por
meio de seus mensageiros, desafiou o Senhor. Disse: 'Com meus
numerosos carros de guerra, conquistei os montes mais elevados,
sim, os picos mais remotos do Líbano. Cortei seus cedros mais altos
e seus melhores ciprestes. Cheguei a suas regiões mais distantes
e explorei suas florestas mais densas. 24Cavei poços em muitas
terras estrangeiras e me refresquei com sua água. Com a sola de
meu pé, sequei todos os rios do Egito!'. 25"Mas você não sabe? Eu
decidi tudo isso há muito tempo. Planejei essas coisas no passado
distante, e agora as realizo. Planejei que você transformaria cidades
fortificadas em montes de escombros. 26Por isso, seus habitantes
perdem as forças e ficam assustados e envergonhados. São frágeis
como a relva, indefesos como brotos verdes e tenros. São como
capim que surge no telhado, queimado antes mesmo de crescer.
27"Mas eu o conheço bem: sei onde está e sei de suas idas e vin-
das; sei como se enfureceu contra mim. 28E, por causa de sua raiva
contra mim e de sua arrogância, que eu mesmo ouvi, porei minha
argola em seu nariz e meu freio em sua boca. Eu o farei voltar pelo
mesmo caminho por onde veio". 29Então Isaías disse a Ezequias:
"Esta é a prova de que minhas palavras são verdadeiras: "Neste ano

vocês comerão somente o que crescer por si, e, no ano seguinte, o
que brotar disso. Mas, no terceiro ano, semeiem e colham, cuidem
de suas videiras e comam de seus frutos. 30 Vocês que restarem
em Judá, os que escaparem da destruição, lançarão raízes em seu
próprio solo, crescerão e darão frutos. 31 Pois um remanescente de
meu povo sairá de Jerusalém, um grupo de sobreviventes partirá
do monte Sião. O zelo do SENHOR dos Exércitos fará que isso acon-
teça! 32 "E assim diz o SENHOR a respeito do rei da Assíria: "Seus
exércitos não entrarão em Jerusalém, nem dispararão contra ela
uma só flecha. Não marcharão com escudos fora de suas portas,
nem construirão rampas de terra contra seus muros. 33 O rei voltará
à terra dele pelo mesmo caminho por onde veio. Não entrará na
cidade, diz o SENHOR. 34 Por minha própria honra e por causa de
meu servo Davi, defenderei esta cidade e a libertarei". 35 Naquela
noite, o anjo do SENHOR foi ao acampamento assírio e matou 185
mil soldados assírios. Quando os sobreviventes acordaram na
manhã seguinte, encontraram cadáveres por toda parte. 36 Então
Senaqueribe, rei da Assíria, levantou acampamento e partiu para
sua terra. Voltou para Nínive e ali ficou. 37 Certo dia, enquanto ele
adorava no templo de seu deus Nisroque, seus filhos Adrameleque
e Sarezer o mataram à espada. Fugiram para a terra de Ararate, e
outro filho, Esar-Hadom, se tornou seu sucessor na Assíria.

CAPÍTULO 20

A doença e a recuperação de Ezequias

1 Por esse tempo, Ezequias ficou doente e estava para morrer. O
profeta Isaías, filho de Amoz, foi visitá-lo e transmitiu-lhe a seguinte
mensagem: "Assim diz o SENHOR: 'Ponha suas coisas em ordem,
pois você vai morrer. Não se recuperará dessa doença'". 2 Quando
Ezequias ouviu isso, virou o rosto para a parede e orou ao SENHOR:
3 "Ó SENHOR, lembra-te de como sempre te servi com fidelidade e
devoção, e de como sempre fiz o que é certo aos teus olhos". Depois,
o rei chorou amargamente. 4 Então, antes que Isaías deixasse o pá-
tio intermediário, recebeu esta mensagem do SENHOR: 5 "Volte a
Ezequias, líder de meu povo, e diga-lhe: Assim diz o SENHOR, o
Deus de seu antepassado Davi: 'Ouvi sua oração e vi suas lágrimas.
Vou curá-lo e, daqui a três dias, você sairá da cama e irá ao templo
do SENHOR. 6 Acrescentarei quinze anos à sua vida e livrarei você e

NO QUE ESTOU **PENSANDO** ○

O QUE ESTOU **SENTINDO** ○

DO QUE ESTOU **LEMBRANDO** ○

DESENHE OU ESCREVA

esta cidade do rei da Assíria. Defenderei esta cidade por causa de
minha honra e por causa de meu servo Davi'". 7 Então Isaías disse:
"Preparem uma pasta de figos". Os servos de Ezequias fizeram a pas-
ta e a espalharam sobre a ferida, e Ezequias se recuperou. 8 Ezequias
tinha perguntado a Isaías: "Que sinal o SENHOR dará como prova
de que ele vai me curar e de que irei ao templo do SENHOR daqui
a três dias?". 9 Isaías respondeu: "Este é o sinal do SENHOR de que
cumprirá o que prometeu. Você prefere que a sombra do relógio
de sol avance dez graus ou recue dez graus?". 10 "É natural que a
sombra avance", disse Ezequias. "Isso seria fácil. Faça-a voltar dez
graus." 11 O profeta Isaías orou ao SENHOR, e ele fez a sombra recuar
dez graus no relógio de sol de Acaz.

Mensageiros da Babilônia

12 Pouco tempo depois, Merodaque-Baladã, filho de Baladã, rei da
Babilônia, enviou cartas e um presente para Ezequias, pois soube
que o rei tinha estado muito doente. 13 Ezequias recebeu os mensa-
geiros babilônios e lhes mostrou tudo que havia na casa do tesouro:
a prata, o ouro, as especiarias e os óleos aromáticos. Também os
levou para conhecer seu arsenal e lhes mostrou tudo que havia nos
tesouros do rei. Não houve nada em seu palácio nem em seu reino
que Ezequias não lhes mostrasse. 14 Então o profeta Isaías foi ver o
rei Ezequias e lhe perguntou: "O que esses homens queriam? De
onde vieram?". Ezequias respondeu: "Vieram da Babilônia, uma
terra distante". 15 "O que viram em seu palácio?", perguntou Isaías.
"Viram tudo", Ezequias respondeu. "Eu lhes mostrei tudo que pos-
suo, todos os meus tesouros." 16 Então Isaías disse a Ezequias: "Ouça
esta mensagem do SENHOR: 17 'Está chegando o dia em que tudo em
seu palácio, todos os tesouros que seus antepassados acumularam
até agora, será levado para a Babilônia. Não ficará coisa alguma', diz
o SENHOR. 18 'Até mesmo alguns de seus descendentes serão levados
para o exílio. Eles se tornarão eunucos e servirão no palácio do rei da
Babilônia'". 19 Ezequias disse a Isaías: "A mensagem do SENHOR que
você transmitiu é boa". Pois o rei pensava: "Pelo menos haverá paz
e segurança durante minha vida". 20 Os demais acontecimentos do
reinado de Ezequias, incluindo a extensão de seu poder e como
construiu uma represa e cavou um túnel para abastecer a cidade
com água, estão registrados no *Livro da História dos Reis de Judá*.

21 Ezequias morreu e se reuniu a seus antepassados, e seu filho
Manassés foi seu sucessor.

CAPÍTULO 21

Manassés reina em Judá

1 Manassés tinha 12 anos quando começou a reinar, e reinou em
Jerusalém por 55 anos. Sua mãe se chamava Hefzibá. 2 Manassés
fez o que era mau aos olhos do SENHOR e seguiu as práticas detes-
táveis das nações que o SENHOR havia expulsado de diante dos is-
raelitas. 3 Reconstruiu os santuários idólatras que seu pai, Ezequias,
havia destruído. Construiu altares para Baal e ergueu um poste de
Aserá, como Acabe, rei de Israel, havia feito. Também se curvou
diante de todos os astros dos céus e lhes prestou culto. 4 Construiu
altares idólatras no templo do SENHOR, sobre o qual o SENHOR tinha
dito: "Meu nome permanecerá em Jerusalém para sempre". 5 Nos
dois pátios do templo do SENHOR, construiu altares para os astros do
céu. 6 Manassés também sacrificou seu filho no fogo. Praticou feiti-
çaria e adivinhação e consultou médiuns e praticantes do ocultismo.
Fez muitas coisas perversas aos olhos do SENHOR e, com isso, provo-
cou sua ira. 7 Manassés chegou a fazer uma imagem esculpida da
deusa Aserá e colocá-la no templo, sobre o qual o SENHOR tinha dito
a Davi e a seu filho Salomão: "Meu nome será honrado para sempre
neste templo em Jerusalém, a cidade que escolhi dentre todas as
tribos de Israel. 8 Se os israelitas tiverem o cuidado de obedecer
a meus mandamentos, todas as leis que meu servo Moisés lhes
deu, não os expulsarei desta terra que dei a seus antepassados".
9 Mas o povo se recusou a ouvir, e Manassés os levou a fazer coisas
piores do que as nações que o SENHOR tinha destruído quando os
israelitas entraram na terra. 10 Então o SENHOR disse por meio de
seus servos, os profetas: 11 "Manassés, rei de Judá, fez muitas coisas
detestáveis. É ainda mais perverso que os amorreus que habitavam
nesta terra antes de Israel e fez o povo de Judá pecar com seus
ídolos. 12 Portanto, assim diz o SENHOR, o Deus de Israel: Trarei des-
graça tão grande sobre Jerusalém e Judá que fará tinir os ouvidos
daqueles que ouvirem a respeito. 13 Julgarei Jerusalém de acordo
com o mesmo critério que usei para julgar Samaria e a família de
Acabe. Limparei Jerusalém como quem limpa um prato e depois o
vira de cabeça para baixo. 14 Rejeitarei até mesmo o remanescente
de meu povo e o entregarei a seus inimigos como despojo. 15 Pois
eles fizeram o que era mau aos meus olhos e provocaram minha
ira desde que seus antepassados saíram do Egito". 16 Além de levar
o povo de Judá a pecar e fazer o que era mau aos olhos do SENHOR,
Manassés assassinou muitos inocentes, até encher Jerusalém do
sangue deles, de uma extremidade à outra. 17 Os demais aconte-
cimentos do reinado de Manassés e tudo que ele fez, incluindo
os pecados que cometeu, estão registrados no *Livro da História
dos Reis de Judá*. 18 Quando Manassés morreu e se reuniu a seus
antepassados, foi sepultado no jardim de seu palácio, o jardim de
Uzá. Seu filho Amom foi seu sucessor.

Amom reina em Judá

19 Amom tinha 22 anos quando começou a reinar, e reinou em
Jerusalém por dois anos. Sua mãe se chamava Mesulemete e era
filha de Haruz, de Jotbá. 20 Fez o que era mau aos olhos do SENHOR,
como seu pai, Manassés, havia feito. 21 Seguiu o exemplo de seu pai
e adorou os mesmos ídolos que ele. 22 Abandonou o SENHOR, o Deus
de seus antepassados, e não andou nos caminhos do SENHOR. 23 Os
próprios oficiais de Amom conspiraram contra ele e o assassinaram
em seu palácio. 24 Mas o povo da terra matou todos que haviam
conspirado contra o rei Amom e proclamou rei seu filho Josias.
25 Os demais acontecimentos do reinado de Amom e tudo que ele
fez estão registrados no *Livro da História dos Reis de Judá*. 26 Ele
foi sepultado em seu túmulo no jardim de Uzá. Seu filho Josias
foi seu sucessor.

CAPÍTULO 22

Josias reina em Judá

1 Josias tinha 8 anos quando começou a reinar, e reinou por 31
anos em Jerusalém. Sua mãe se chamava Jedida e era filha de
Adaías, de Bozcate. 2 Josias fez o que era certo aos olhos do SENHOR
e seguiu o exemplo de seu antepassado Davi, não se desviando
nem para um lado nem para o outro. 3 No décimo oitavo ano de seu
reinado, o rei Josias enviou Safã, secretário da corte, filho de Azalias,
filho de Mesulão, ao templo do SENHOR. Disse-lhe: 4 "Vá ao sumo
sacerdote Hilquias e peça-lhe que pese a prata que os guardas
das portas recolheram do povo no templo do SENHOR. 5 Entregue

NO QUE ESTOU **PENSANDO** ○ | O QUE ESTOU **SENTINDO** ○ | DO QUE ESTOU **LEMBRANDO** ○

DESENHE OU ESCREVA

a prata aos homens encarregados de supervisionar a reforma do
templo. Eles a usarão para pagar os trabalhadores que farão reparos
no templo do SENHOR. 6Precisarão de carpinteiros, construtores e
pedreiros. Também deverão comprar a madeira e as pedras cortadas
necessárias para os reparos no templo. 7Contudo, não exija que
os supervisores prestem contas do valor que receberam, pois são
homens de confiança".

Hilquias encontra a lei de Deus

8O sumo sacerdote Hilquias disse a Safã, secretário da corte:
"Encontrei o Livro da Lei no templo do SENHOR!". E Hilquias entre-
gou o livro a Safã, que o leu. 9Safã voltou ao rei e relatou: "Seus
oficiais entregaram a prata recolhida no templo do SENHOR aos
trabalhadores e supervisores no templo". 10Safã também disse ao
rei: "O sacerdote Hilquias me entregou um livro". E Safã leu o livro
para o rei. 11Quando o rei ouviu o que estava escrito no Livro da
Lei, rasgou suas roupas. 12Em seguida, deu estas ordens ao sacer-
dote Hilquias, a Aicam, filho de Safã, a Acbor, filho de Micaías, a
Safã, o secretário da corte, e a Asaías, conselheiro pessoal do rei:
13"Vão consultar o SENHOR por mim, pelo povo e por todo o Judá.
Perguntem a respeito das palavras escritas neste livro que foi
encontrado. A grande ira do SENHOR arde contra nós, pois nossos
antepassados não obedeceram às palavras deste livro. Eles não
fizeram tudo que ele diz que devemos fazer". 14Então o sacerdo-
te Hilquias, Aicam, Acbor, Safã e Asaías foram ao Bairro Novo de
Jerusalém consultar a profetisa Hulda. Ela era esposa de Salum,
filho de Ticvá, filho de Harás, responsável pelo guarda-roupa do
templo. 15Ela lhes disse: "O SENHOR, o Deus de Israel, falou! Voltem
e digam ao homem que os enviou 16que assim diz o SENHOR: 'Trarei
desgraça sobre esta cidade e sobre seus habitantes. Todas as pala-
vras escritas no livro que o rei de Judá leu se cumprirão. 17Pois meu
povo me abandonou e queimou incenso a outros deuses, e estou
grandemente irado com eles por tudo que fizeram. Minha ira arderá
contra este lugar e não será apagada'. 18"Mas vão ao rei de Judá que
os enviou para consultarem o SENHOR e digam-lhe que assim diz o
SENHOR a respeito da mensagem que acabaram de ouvir: 19'Você se
arrependeu e se humilhou diante do SENHOR quando ouviu o que
eu disse contra esta cidade e contra seus habitantes, que esta terra

NO QUE ESTOU **PENSANDO** | O QUE ESTOU **SENTINDO** | DO QUE ESTOU **LEMBRANDO**

DESENHE OU ESCREVA

seria amaldiçoada e se tornaria desolada. Você rasgou as roupas
e chorou diante de mim. E eu certamente o ouvi, diz o SENHOR.
20Portanto, só enviarei a calamidade anunciada depois que você
tiver se reunido a seus antepassados e tiver sido sepultado em paz.
Você não verá a desgraça que trarei sobre esta cidade'". Então eles
levaram a mensagem ao rei.

CAPÍTULO 23

As reformas religiosas de Josias

1Josias mandou chamar todas as autoridades de Judá e de
Jerusalém. 2Então o rei subiu ao templo do SENHOR com os sacer-
dotes e os profetas e com todo o povo de Judá e de Jerusalém, dos
mais simples até os mais importantes. Leu para eles todo o Livro
da Aliança encontrado no templo do SENHOR. 3O rei ficou em pé no
lugar de honra junto à coluna e renovou a aliança na presença do
SENHOR. Comprometeu-se a obedecer ao SENHOR e a cumprir seus
mandamentos, preceitos e decretos de todo o coração e de toda a
alma. Confirmou, desse modo, os termos da aliança escritos no livro,
e todo o povo se comprometeu com a aliança. 4Em seguida, o rei
deu ordens ao sumo sacerdote Hilquias, aos sacerdotes auxiliares e
aos guardas das portas do templo para que removessem do templo
do SENHOR todos os utensílios usados para o culto a Baal, a Aserá e
a todos os astros do céu. Mandou queimar tudo fora de Jerusalém,
nos terraços do vale de Cedrom, e levou as cinzas para Betel.
5Eliminou os sacerdotes idólatras nomeados por reis anteriores
de Judá, pois haviam oferecido sacrifícios nos santuários idólatras
em todo o território de Judá e nos arredores de Jerusalém. Também
haviam oferecido sacrifícios a Baal, ao sol, à lua, às constelações e a
todos os astros dos céus. 6Removeu do templo do SENHOR o poste
de Aserá e o levou para fora de Jerusalém, para o vale de Cedrom,
onde o queimou. Depois, moeu as cinzas do poste e lançou o pó
sobre os túmulos do povo. 7Também demoliu os alojamentos dos
prostitutos e das prostitutas cultuais dentro do templo do SENHOR,
onde as mulheres teciam enfeites para o poste de Aserá. 8Josias
trouxe para Jerusalém todos os sacerdotes que moravam em outras
cidades de Judá. Profanou os santuários idólatras, onde haviam
queimado incenso, desde Geba até Berseba. Destruiu os santuários
na entrada da porta de Josué, governador de Jerusalém, à esquerda

de quem entra pela porta da cidade. **9**Os sacerdotes que haviam
servido nos santuários idólatras não tinham permissão de servir no
altar do SENHOR, em Jerusalém, mas podiam comer dos pães sem
fermento junto com os outros sacerdotes. **10**O rei profanou o altar de
Tofete, no vale de Ben-Hinom, a fim de que ninguém mais pudesse
usá-lo para sacrificar no fogo um filho ou uma filha como oferta a
Moloque. **11**Removeu da entrada do templo do SENHOR as estátuas
de cavalos que os reis anteriores de Judá haviam dedicado ao sol.
Ficavam perto do alojamento do eunuco Natã-Meleque, oficial do
templo. O rei também queimou os carros de guerra consagrados
ao sol. **12**Derrubou os altares que os reis de Judá haviam construído
no terraço do palácio, sobre a sala de Acaz. Destruiu os altares que
Manassés havia construído nos dois pátios do templo do SENHOR.
Despedaçou-os e espalhou o entulho no vale de Cedrom. **13**O rei
também profanou os santuários idólatras a leste de Jerusalém, ao
sul do monte da Corrupção, que Salomão, rei de Israel, havia cons-
truído para Astarote, a repulsiva deusa dos sidônios, e para Camos,
o repulsivo deus dos moabitas, e para Moloque, o repugnante deus
dos amonitas. **14**Fez em pedaços as colunas sagradas e cortou os
postes de Aserá. Depois, espalhou sobre eles ossos humanos. **15**O
rei também demoliu o altar em Betel, o santuário idólatra que
Jeroboão, filho de Nebate, havia construído quando levou Israel
a pecar. Queimou o santuário e o reduziu a pó e queimou o poste
de Aserá. **16**Então Josias olhou ao redor e viu várias sepulturas na
encosta do monte. Mandou retirar os ossos das sepulturas e os
queimou no altar em Betel para profaná-lo. Tudo isso aconteceu
exatamente como o SENHOR havia anunciado por meio do homem
de Deus, quando Jeroboão estava junto ao altar durante a festa.
Depois, Josias se voltou e viu o túmulo do homem de Deus que
havia predito essas coisas. **17**"Que monumento é aquele ali?", o rei
perguntou. E o povo da cidade lhe disse: "É o túmulo do homem
de Deus que veio de Judá e anunciou exatamente o que o senhor
acaba de fazer ao altar em Betel!". **18**Josias respondeu: "Deixem-no
em paz. Não mexam nos ossos". Assim, não queimaram seus ossos,
nem os ossos do profeta de Samaria. **19**Então Josias demoliu todos
os santuários idólatras nas cidades de Samaria, como havia feito
em Betel. Tinham sido construídos pelos reis de Israel e haviam
provocado a ira do SENHOR. **20**Matou os sacerdotes dos santuários

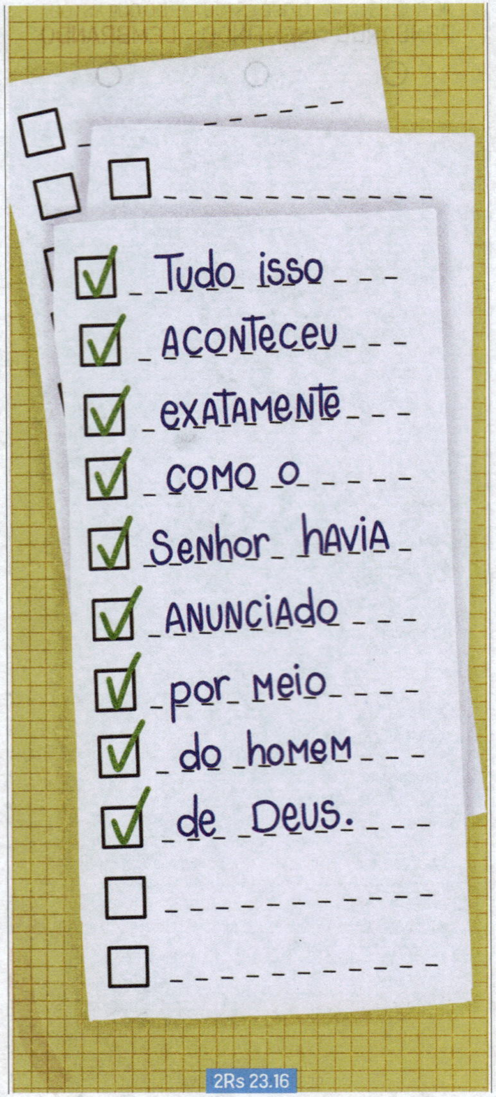

2Rs 23.16

idólatras em seus próprios altares e queimou ossos humanos sobre
os altares para profaná-los. Por fim, voltou para Jerusalém.

Josias celebra a Páscoa

21O rei Josias deu a seguinte ordem a todo o povo: "Celebrem a
Páscoa do SENHOR, seu Deus, como requer este Livro da Aliança".
22A Páscoa não havia sido celebrada dessa forma desde o tempo
em que os juízes governavam Israel, nem nos dias dos reis de Israel
e de Judá. **23**Mas, no décimo oitavo ano do reinado de Josias, a
Páscoa foi celebrada ao SENHOR em Jerusalém. **24**Josias também
exterminou os médiuns e os praticantes de ocultismo, os ídolos
do lar, os ídolos em geral e toda espécie de prática repulsiva tan-
to em Jerusalém como em todo o território de Judá. Fez isso em
obediência às leis escritas no livro que o sacerdote Hilquias havia
encontrado no templo do SENHOR. **25**Nunca antes houve um rei
como Josias, que se voltasse para o SENHOR de todo o coração,
de toda a alma e de todas as forças, e obedecesse a toda a lei de
Moisés. E nunca mais houve um rei como ele. **26**Ainda assim, o
SENHOR continuou grandemente irado contra Judá, por causa de
todas as coisas que Manassés havia feito para provocá-lo. **27**Pois o
SENHOR disse: "Também expulsarei Judá de minha presença, como
expulsei Israel. E rejeitarei Jerusalém, a cidade que escolhi, e o
templo onde meu nome deveria ser honrado". **28**Os demais aconte-
cimentos do reinado de Josias e tudo que ele fez estão registrados
no *Livro da História dos Reis de Judá*. **29**Durante o reinado de Josias,
o faraó Neco, rei do Egito, foi ao rio Eufrates dar apoio ao rei da
Assíria. O rei Josias e seu exército saíram para lutar contra ele, mas
o faraó o matou quando se enfrentaram em Megido. **30**Os oficiais
de Josias levaram seu corpo de volta num carro, de Megido para
Jerusalém, e o sepultaram em seu próprio túmulo. Então o povo
ungiu Jeoacaz, filho de Josias, e o proclamou rei.

Jeoacaz reina em Judá

31Jeoacaz tinha 23 anos quando começou a reinar, e reinou em
Jerusalém por três meses. Sua mãe se chamava Hamutal e era filha
de Jeremias, de Libna. **32**Fez o que era mau aos olhos do SENHOR,
como seus antepassados. **33**O faraó Neco prendeu Jeoacaz em
Ribla, na terra de Hamate, para impedir que reinasse em Jerusalém.

Também exigiu que Judá pagasse um tributo de 3.500 quilos de
prata e 35 quilos de ouro.

Jeoaquim reina em Judá

34Em seguida, o faraó Neco escolheu Eliaquim, outro filho de Josias,
como sucessor de seu pai e mudou o nome dele para Jeoaquim.
Jeoacaz foi levado como prisioneiro para o Egito, onde morreu.
35A fim de obter o ouro e a prata que o faraó Neco havia exigido
como tributo, Jeoaquim cobrou dos habitantes de Judá um impos-
to proporcional às posses de cada um. 36Jeoaquim tinha 25 anos
quando começou a reinar, e reinou em Jerusalém por onze anos.
Sua mãe se chamava Zebida e era filha de Pedaías, de Ruma. 37Ele
fez o que era mau aos olhos do SENHOR, como seus antepassados.

CAPÍTULO 24

1Durante o reinado de Jeoaquim, Nabucodonosor, rei da Babilônia,
invadiu a terra de Judá. Jeoaquim se rendeu e lhe pagou tributo por
três anos, mas depois se rebelou. 2Então o SENHOR enviou bandos
de saqueadores babilônios, sírios, moabitas e amonitas contra o
reino de Judá para destruí-lo, como tinha anunciado por meio de
seus profetas. 3Essas desgraças aconteceram a Judá por ordem
do SENHOR. Ele havia resolvido expulsar Judá de sua presença
por causa dos muitos pecados de Manassés, 4que havia enchido
Jerusalém de sangue inocente. O SENHOR não perdoou esse peca-
do. 5Os demais acontecimentos do reinado de Jeoaquim e tudo
que ele fez estão registrados no *Livro da História dos Reis de Judá*.
6Quando Jeoaquim morreu e se reuniu a seus antepassados, seu
filho Joaquim foi seu sucessor. 7Depois disso, o rei do Egito não se
atreveu a sair de suas fronteiras, pois o rei da Babilônia conquistou
toda a região que antes havia pertencido ao Egito, desde o ribeiro
do Egito até o rio Eufrates.

Joaquim reina em Judá

8Joaquim tinha 18 anos quando começou a reinar, e reinou em
Jerusalém por três meses. Sua mãe se chamava Neústa e era filha
de Elnatã, de Jerusalém. 9Fez o que era mau aos olhos do SENHOR,
como seus antepassados. 10Durante o reinado de Joaquim, os ofi-
ciais de Nabucodonosor, rei da Babilônia, subiram contra Jerusalém

NO QUE ESTOU **PENSANDO** ○ | O QUE ESTOU **SENTINDO** ○ | DO QUE ESTOU **LEMBRANDO** ○

DESENHE OU ESCREVA

e a cercaram. 11O próprio Nabucodonosor chegou à cidade durante
o cerco. 12Então Joaquim, rei de Judá, a rainha-mãe, os conselhei-
ros, os comandantes e os oficiais se renderam aos babilônios. No
oitavo ano de seu reinado, Nabucodonosor levou Joaquim como
prisioneiro. 13Conforme o SENHOR havia declarado de antemão,
Nabucodonosor levou embora todos os tesouros do templo do
SENHOR e do palácio real. Removeu todos os utensílios de ouro
que Salomão, rei de Israel, havia colocado no templo. 14O rei
Nabucodonosor deportou gente de toda a cidade de Jerusalém,
incluindo todos os comandantes e os melhores soldados, artífices
e ferreiros, dez mil pessoas ao todo. Só ficaram na terra os mais
pobres. 15Nabucodonosor levou cativos para a Babilônia o rei
Joaquim, a rainha-mãe, as esposas e os oficiais do rei e todos os
nobres de Jerusalém. 16Também deportou sete mil soldados, todos
fortes e aptos para a guerra, além de mil artífices e ferreiros. 17Então
o rei da Babilônia escolheu Matanias, tio de Joaquim, como rei de
Judá e mudou o nome dele para Zedequias.

Zedequias reina em Judá

18Zedequias tinha 21 anos quando começou a reinar, e reinou em
Jerusalém por onze anos. Sua mãe se chamava Hamutal e era filha
de Jeremias, de Libna. 19Fez o que era mau aos olhos do SENHOR,
como Jeoaquim antes dele. 20Estas coisas aconteceram por causa
da ira do SENHOR contra o povo de Jerusalém e de Judá. Por fim, ele
os expulsou de sua presença e os mandou para o exílio.

A queda de Jerusalém

Zedequias se rebelou contra o rei da Babilônia.

CAPÍTULO 25

1Assim, em 15 de janeiro, durante o nono ano do reinado de
Zedequias, Nabucodonosor, rei da Babilônia, e todo o seu exército
cercaram Jerusalém e construíram rampas de ataque contra os mu-
ros. 2Jerusalém permaneceu cercada até o décimo primeiro ano do
reinado de Zedequias. 3Em 18 de julho, no décimo primeiro ano do
reinado de Zedequias, a fome na cidade tinha se tornado tão severa
que não havia mais nenhum alimento. 4Assim, abriram uma brecha
no muro da cidade. Como a cidade estava cercada pelos babilônios,

os soldados esperaram até o anoitecer e fugiram pelo portão entre
os dois muros atrás do jardim do rei. Então seguiram em direção
ao vale do Jordão. 5 Contudo, o exército babilônio perseguiu o rei
e o alcançou nas planícies de Jericó, pois todos os seus soldados
o haviam abandonado e se dispersado. 6 Capturaram Zedequias
e o levaram ao rei da Babilônia, em Ribla, onde ele recebeu sua
sentença. 7 Mataram seus filhos diante dele, depois lhe arrancaram
os olhos, o prenderam com correntes de bronze e o levaram para
a Babilônia.

O templo é destruído

8 Em 14 de agosto daquele ano, o décimo nono do reinado de
Nabucodonosor, Nebuzaradã, capitão da guarda e oficial do rei da
Babilônia, chegou a Jerusalém. 9 Queimou o templo do Senhor,
o palácio real e todas as casas de Jerusalém. Pôs fogo em todos
os edifícios importantes da cidade. 10 Depois supervisionou o
exército babilônio na demolição de todos os muros de Jerusalém.
11 Em seguida, Nebuzaradã, capitão da guarda, deportou o povo
que havia ficado na cidade, os desertores que se entregaram ao
rei da Babilônia e o restante da população. 12 Permitiu, no entanto,
que alguns dos mais pobres ficassem para cuidar das videiras e
dos campos. 13 Os babilônios despedaçaram as colunas de bronze
na frente do templo do Senhor, as bases móveis de bronze e o
grande tanque de bronze chamado Mar, e levaram todo o bronze
para a Babilônia. 14 Também levaram os baldes para cinzas, as pás,
os cortadores de pavios, as colheres e todos os outros utensílios
de bronze usados para o serviço no templo. 15 O capitão da guarda
levou ainda os incensários e as bacias e todos os outros utensílios
de ouro puro ou prata. 16 Era impossível calcular o peso do bronze
das duas colunas, do Mar e das bases móveis para levar água. Esses
objetos tinham sido feitos para o templo do Senhor nos dias de
Salomão. 17 Cada coluna media 8,1 metros de altura. O capitel de
bronze no alto de cada coluna media cerca de 2,25 metros de altura
e era enfeitado ao redor com correntes entrelaçadas de romãs feitas
de bronze. 18 O capitão da guarda levou como prisioneiros o sumo
sacerdote Seraías, o sacerdote auxiliar Sofonias e três dos principais
guardas das portas. 19 Dentre o povo que ainda estava escondido na
cidade, levou um oficial responsável pelo exército de Judá, cinco

NO QUE ESTOU **PENSANDO** O — O QUE ESTOU **SENTINDO** O — DO QUE ESTOU **LEMBRANDO** O

DESENHE OU ESCREVA

dos conselheiros pessoais do rei; o secretário do comandante do
exército, que era encarregado do alistamento de soldados, e ou-
tros sessenta homens do povo. 20 Nebuzaradã, capitão da guarda,
levou-os ao rei da Babilônia, em Ribla. 21 E ali em Ribla, na terra de
Hamate, o rei da Babilônia mandou executá-los. Assim, o povo de
Judá foi enviado para o exílio, para longe de sua terra.

Gedalias governa em Judá

22 Nabucodonosor, rei da Babilônia, nomeou Gedalias, filho de
Aicam, filho de Safã, como governador do povo que ele havia
deixado em Judá. 23 Quando os comandantes do exército e seus
homens souberam que o rei da Babilônia havia nomeado Gedalias
governador, foram vê-lo em Mispá. Entre eles estavam Ismael, fi-
lho de Netanias, Joanã, filho de Careá, Seraías, filho do netofatita
Tanumete, Jezanias, filho do maacatita, e todos os seus homens.
24 Gedalias jurou a eles que os oficiais babilônios não tinham
intenção de lhes fazer nenhum mal. "Não tenham medo deles",
disse. "Vivam na terra e sirvam ao rei da Babilônia, e tudo lhes
irá bem." 25 Mas, no sétimo mês desse mesmo ano, Ismael, filho
de Netanias, filho de Elisama, que era da família real, foi com dez
homens a Mispá e matou Gedalias. Também matou todos os judeus
e babilônios que estavam com ele em Mispá. 26 Então todo o povo
de Judá, dos mais simples até os mais importantes, bem como os
comandantes do exército, fugiu para o Egito, com medo do que os
babilônios lhe fariam.

Esperança para a linhagem real de Israel

27 No trigésimo sétimo ano do exílio de Joaquim, rei de Judá,
Evil-Merodaque começou a reinar na Babilônia. Foi bondoso com
Joaquim e o libertou da prisão em 2 de abril daquele ano. 28 Falou
com ele gentilmente e o colocou num lugar mais elevado que o
de outros reis exilados na Babilônia. 29 Providenciou roupas novas
para Joaquim, no lugar das roupas de prisioneiro, e permitiu que
ele comesse na presença do rei enquanto vivesse. 30 Assim o rei
lhe deu uma provisão diária de alimento pelo resto de sua vida.

2Rs

1 CRÔNICAS

CAPÍTULO 1

De Adão aos filhos de Noé

1Os descendentes de Adão foram: Sete, Enos, 2Cainã, Maalalel,
Jarede, 3Enoque, Matusalém, Lameque 4e Noé. Os filhos de Noé
foram: Sem, Cam e Jafé.

Descendentes de Jafé

5Os descendentes de Jafé foram: Gômer, Magogue, Madai, Javã,
Tubal, Meseque e Tirás. 6Os descendentes de Gômer foram:
Asquenaz, Rifate e Togarma. 7Os descendentes de Javã foram:
Elisá, Társis, Quitim e Rodanim.

Descendentes de Cam

8Os descendentes de Cam foram: Cuxe, Mizraim, Pute e Canaã. 9Os
descendentes de Cuxe foram: Sebá, Havilá, Sabtá, Raamá e Sabtecá.
Os descendentes de Raamá foram: Sabá e Dedã. 10Cuxe também
foi o antepassado de Ninrode, o primeiro guerreiro valente da terra.
11Mizraim foi o antepassado dos luditas, anamitas, leabitas, naftuí-
tas, 12patrusitas, casluítas e dos caftoritas, dos quais descendem os
filisteus. 13O filho mais velho de Canaã foi Sidom. Canaã também
foi o antepassado dos hititas, 14jebuseus, amorreus, girgaseus, 15he-
veus, arqueus, sineus, 16arvadeus, zemareus e hamateus.

Descendentes de Sem

17Os descendentes de Sem foram: Elão, Assur, Arfaxade, Lude e Arã.

NO QUE ESTOU PENSANDO ○ | O QUE ESTOU SENTINDO ○ | DO QUE ESTOU LEMBRANDO ○

DESENHE OU ESCREVA

Os descendentes de Arã foram: Uz, Hul, Géter e Más. 18Arfaxade
gerou Salá, e Salá gerou Héber. 19Héber teve dois filhos. O pri-
meiro recebeu o nome de Pelegue, pois em sua época a terra foi
dividida. O irmão de Pelegue recebeu o nome de Joctã. 20Joctã foi
o antepassado de Almodá, Salefe, Hazarmavé, Jerá, 21Adorão, Uzal,
Dicla, 22Obal, Abimael, Sabá, 23Ofir, Havilá e Jobabe. Todos eles
foram descendentes de Joctã. 24Os descendentes de Sem foram:
Arfaxade, Selá, 25Héber, Pelegue, Reú, 26Serugue, Naor, Terá 27e
Abrão, mais tarde chamado de Abraão.

Descendentes de Abraão

28Os filhos de Abraão foram: Isaque e Ismael. 29Estes são seus re-
gistros genealógicos: Os filhos de Ismael foram: Nebaiote, o mais
velho, Quedar, Adbeel, Mibsão, 30Misma, Dumá, Massá, Hadade,
Temá, 31Jetur, Nafis e Quedemá. Esses foram os filhos de Ismael.
32Estes foram os filhos de Quetura, concubina de Abraão: Zinrã,
Jocsã, Medã, Midiã, Isbaque e Suá. Os filhos de Jocsã foram: Sabá
e Dedã. 33Os filhos de Midiã foram: Efá, Éfer, Enoque, Abida e Elda.
Todos esses foram descendentes de Abraão com sua concubina
Quetura.

Descendentes de Isaque

34Abraão gerou Isaque. Os filhos de Isaque foram: Esaú e Israel.

Descendentes de Esaú

35Os filhos de Esaú foram: Elifaz, Reuel, Jeús, Jalão e Corá. 36Os
descendentes de Elifaz foram: Temã, Omar, Zefô, Gaetã, Quenaz e
Amaleque, que nasceu a Timna. 37Os descendentes de Reuel foram:
Naate, Zerá, Samá e Mizá.

Povos de Edom

38Os descendentes de Seir foram: Lotã, Sobal, Zibeão, Aná, Disom,
Ézer e Disã. 39Os descendentes de Lotã foram: Hori e Hemã. A irmã
de Lotã se chamava Timna. 40Os descendentes de Sobal foram: Alvã,
Maanate, Ebal, Sefô e Onã. Os descendentes de Zibeão foram: Aiá e
Aná. 41O filho de Aná foi Disom. Os descendentes de Disom foram:
Hendã, Esbã, Itrã e Querã. 42Os descendentes de Ézer foram: Bilã,
Zaavã e Acã. Os descendentes de Disã foram: Uz e Arã.

Reis de Edom

43Estes são os reis que governaram na terra de Edom antes de os
israelitas terem rei: Belá, filho de Beor, reinou na cidade de Dinabá.
44Quando Belá morreu, Jobabe, filho de Zerá, de Bozra, foi seu
sucessor. 45Quando Jobabe morreu, Husã, da terra dos temanitas,
foi seu sucessor. 46Quando Husã morreu, Hadade, filho de Bedade,
foi seu sucessor na cidade de Avite. Foi Hadade quem derrotou os
midianitas na terra de Moabe. 47Quando Hadade morreu, Samlá,
da cidade de Masreca, foi seu sucessor. 48Quando Samlá morreu,
Saul, da cidade de Reobote, próxima ao Eufrates, foi seu sucessor.
49Quando Saul morreu, Baal-Hanã, filho de Acbor, foi seu sucessor.
50Quando Baal-Hanã morreu, Hadade foi seu sucessor na cidade de
Paú. Sua mulher era Meetabel, filha de Matrede e neta de Mezaabe.
51Então Hadade morreu. Os chefes dos clãs de Edom foram: Timna,
Alvá, Jetete, 52Oolibama, Elá, Pinom, 53Quenaz, Temã, Mibzar,
54Magdiel e Irã. Esses foram os chefes dos clãs de Edom.

CAPÍTULO 2

Descendentes de Israel

1Os filhos de Israel foram: Rúben, Simeão, Levi, Judá, Issacar,
Zebulom, 2Dã, José, Benjamim, Naftali, Gade e Aser.

Descendentes de Judá

3Judá teve três filhos com Bate-Suá, uma mulher cananeia: Er, Onã
e Selá. Mas o SENHOR viu que Er, o filho mais velho, era perverso, e
por isso o matou. 4Algum tempo depois, Judá teve filhos gêmeos
com sua nora, Tamar. Chamavam-se Perez e Zerá. Ao todo, Judá
teve cinco filhos. 5Os filhos de Perez foram: Hezrom e Hamul. 6Os
filhos de Zerá foram: Zinri, Etã, Hemã, Calcol e Darda, cinco ao todo.
7O filho de Carmi se chamava Acã e trouxe calamidade sobre Israel
ao tomar para si despojos consagrados para o SENHOR. 8O filho de
Etã foi Azarias.

De Hezrom, neto de Judá, a Davi

9Os filhos de Hezrom foram: Jerameel, Rão e Calebe. 10Rão gerou
Aminadabe. Aminadabe gerou Naassom, um dos líderes de Judá.
11Naassom gerou Salmom. Salmom gerou Boaz. 12Boaz gerou
Obede. Obede gerou Jessé. 13O primeiro filho de Jessé foi Eliabe;

NO QUE ESTOU PENSANDO ○ | O QUE ESTOU SENTINDO ○ | DO QUE ESTOU LEMBRANDO ○

DESENHE OU ESCREVA

o segundo, Abinadabe; o terceiro, Simeia; 14o quarto, Natanael; o
quinto, Radai; 15o sexto, Ozém; e o sétimo, Davi. 16As irmãs deles se
chamavam Zeruia e Abigail. Os três filhos de Zeruia foram: Abisai,
Joabe e Asael. 17Abigail se casou com Jéter, um ismaelita, e tiveram
um filho chamado Amasa.

Outros descendentes de Hezrom

18Calebe, filho de Hezrom, teve filhos com sua esposa Azuba e com
Jeriote. Os filhos de Azuba foram: Jeser, Sobabe e Ardom. 19Quando
Azuba morreu, Calebe se casou com Efrata, e teve com ela um fi-
lho chamado Hur. 20Hur gerou Uri. Uri gerou Bezalel. 21Quando
Hezrom tinha 60 anos, casou-se com a irmã de Gileade, filha de
Maquir. Tiveram um filho chamado Segube. 22Segube gerou Jair,
que governou 23 cidades na terra de Gileade. 23(Contudo, Gesur
e Arã tomaram as Cidades de Jair, além de Quenate e os sessenta
povoados ao redor.) Todos esses foram descendentes de Maquir,
pai de Gileade. 24Logo depois que Hezrom morreu na cidade de
Calebe-Efrata, sua esposa Abia deu à luz um filho chamado Asur,
pai de Tecoa.

Descendentes de Jerameel, filho de Hezrom

25Os filhos de Jerameel, filho mais velho de Hezrom, foram: Rão,
o mais velho, Buna, Orém, Ozém e Aías. 26Atara, segunda esposa
de Jerameel, teve um filho chamado Onã. 27Os filhos de Rão, filho
mais velho de Jerameel, foram: Maaz, Jamim e Equer. 28Os filhos
de Onã foram: Samai e Jada. Os filhos de Samai foram: Nadabe
e Abisur. 29Os filhos de Abisur com sua esposa Abiail foram: Abã
e Molide. 30Os filhos de Nadabe foram Selede e Apaim. Selede
morreu sem filhos, 31mas Apaim teve um filho chamado Isi. O
filho de Isi se chamava Sesã, e o filho de Sesã, Alai. 32Os filhos
de Jada, irmão de Samai, foram: Jéter e Jônatas. Jéter morreu
sem filhos, 33mas Jônatas teve dois filhos: Pelete e Zaza. Todos
esses foram descendentes de Jerameel. 34Sesã não teve filhos,
mas teve filhas. Tinha também um servo egípcio chamado Jará.
35Sesã deu uma de suas filhas em casamento a Jará, e eles ti-
veram um filho chamado Atai. 36Atai gerou Natã. Natã gerou
Zabade. 37Zabade gerou Eflal. Eflal gerou Obede. 38Obede ge-
rou Jeú. Jeú gerou Azarias. 39Azarias gerou Helez. Helez gerou

Eleasá. 40 Eleasá gerou Sismai. Sismai gerou Salum. 41 Salum
gerou Jecamias. Jecamias gerou Elisama.

Descendentes de Calebe, filho de Hezrom

42 Um dos descendentes de Calebe, irmão de Jerameel, foi Messa,
o filho mais velho. Messa gerou Zife. Outros descendentes de
Calebe foram os filhos de Maressa, pai de Hebrom. 43 Os filhos de
Hebrom foram: Corá, Tapua, Requém e Sema. 44 Sema gerou Raão.
Raão gerou Jorqueão. Requém gerou Samai. 45 O filho de Samai se
chamava Maom. Maom foi o pai de Bete-Zur. 46 Efá, concubina de
Calebe, deu à luz Harã, Moza e Gazez. Harã gerou Gazez. 47 Os filhos
de Jadai foram: Regém, Jotão, Gesã, Pelete, Efá e Saafe. 48 Maaca,
outra concubina de Calebe, deu à luz Seber e Tiraná. 49 Também deu
à luz Saafe, pai de Madmana, e Seva, pai de Macbena e de Gibeá.
Calebe também teve uma filha chamada Acsa. 50 Todos esses foram
descendentes de Calebe.

Descendentes de Hur, filho de Calebe

Os filhos de Hur, filho mais velho de Efrata, esposa de Calebe,
foram: Sobal, fundador de Quiriate-Jearim, 51 Salma, fundador de
Belém, e Harefe, fundador de Bete-Gader. 52 Os descendentes de
Sobal, fundador de Quiriate-Jearim, foram: o povo de Haroé, me-
tade dos manaatitas, 53 e os clãs de Quiriate-Jearim: os itritas, os
fateus, os sumateus e os misraeus, dos quais descenderam os povos
de Zorá e Estaol. 54 Os descendentes de Salma foram: o povo de
Belém, os netofatitas, o povo de Atarote-Bete-Joabe, a outra metade
dos manaatitas, os zoreus, 55 e as famílias dos escribas que viviam
em Jabez: os tiratitas, os simeatitas e os sucatitas. Todos esses foram
os queneus, descendentes de Hamate, pai do clã de Recabe.

CAPÍTULO 3

Descendentes de Davi

1 Estes são os filhos de Davi que nasceram em Hebrom: O mais velho
era Amnom, filho de Ainoã, de Jezreel. O segundo era Daniel, filho
de Abigail, do Carmelo. 2 O terceiro era Absalão, filho de Maaca,
filha de Talmai, rei de Gesur. O quarto era Adonias, filho de Hagite.
3 O quinto era Sefatias, filho de Abital. O sexto era Itreão, filho de
Eglá, esposa de Davi. 4 Esses foram os seis filhos de Davi nascidos

NO QUE ESTOU PENSANDO ○ O QUE ESTOU SENTINDO ○ DO QUE ESTOU LEMBRANDO ○

em Hebrom, onde ele reinou por sete anos e meio. Depois Davi
reinou por 33 anos em Jerusalém. 5 Os filhos de Davi nascidos em
Jerusalém foram: Samua, Sobabe, Natã e Salomão; a mãe deles
era Bate-Seba, filha de Amiel. 6 Davi também teve outros nove fi-
lhos: Ibar, Elisua, Elpalete, 7 Nogá, Nefegue, Jafia, 8 Elisama, Eliada e
Elifelete. 9 Todos esses foram filhos de Davi, além dos filhos que teve
com suas concubinas. Davi também teve uma filha chamada Tamar.

Descendentes de Salomão

10 Os descendentes de Salomão foram: Roboão, Abias, Asa, Josafá,
11 Jeorão, Acazias, Joás, 12 Amazias, Uzias, Jotão, 13 Acaz, Ezequias,
Manassés, 14 Amom, Josias. 15 Os filhos de Josias foram: o mais ve-
lho, Joanã; o segundo, Jeoaquim; o terceiro, Zedequias; e o quarto,
Jeoacaz. 16 Os sucessores de Jeoaquim foram: seu filho Joaquim
e seu irmão Zedequias.

Descendentes de Joaquim

17 Os filhos de Joaquim, exilado pelos babilônios, foram: Sealtiel,
18 Malquirão, Pedaías, Senazar, Jecamias, Hosama e Nedabias. 19 Os
filhos de Pedaías foram: Zorobabel e Simei. Os filhos de Zorobabel
foram: Mesulão e Hananias. A irmã deles se chamava Selomite.
20 Seus outros cinco filhos foram: Hasubá, Oel, Berequias, Hasadias
e Jusabe-Hesede. 21 Os filhos de Hananias foram: Pelatias e Jesaías.
O filho de Jesaías foi Refaías. O filho de Refaías foi Arnã. O filho
de Arnã foi Obadias. O filho de Obadias foi Secanias. 22 Os des-
cendentes de Secanias foram: Semaías e seus filhos Hatus, Igal,
Bariá, Nearias e Safate, seis ao todo. 23 Os filhos de Nearias foram:
Elioenai, Ezequias e Azricão, três ao todo. 24 Os filhos de Elioenai
foram: Hodavias, Eliasibe, Pelaías, Acube, Joanã, Delaías e Anani,
sete ao todo.

CAPÍTULO 4

Outros descendentes de Judá

1 Os descendentes de Judá foram: Perez, Hezrom, Carmi, Hur e
Sobal. 2 Reaías, filho de Sobal, gerou Jaate. Jaate gerou Aumai e
Laade. Esses foram os clãs dos zoratitas. 3 Os descendentes de Etã
foram: Jezreel, Isma e Idbás, sua irmã Hazelelponi, 4 Penuel, pai
de Gedor, e Ézer, pai de Husá. Todos esses foram descendentes

1Cr

de Hur, o filho mais velho de Efrata, antepassado de Belém. 5Asur, pai de Tecoa, teve duas esposas: Helá e Naará. 6Naará deu à luz Auzã, Héfer, Temeni e Haastari. 7Helá deu à luz Zerete, Izar, Etnã 8e Coz, antepassado de Anube, Zobeba e todos os clãs de Aarel, filho de Harum. 9Havia um homem chamado Jabez, mais respeitado que qualquer um de seus irmãos. Sua mãe lhe deu o nome de Jabez, porque disse: "Eu o dei à luz com muita dor". 10Jabez orou ao Deus de Israel: "Ah, como seria bom se me abençoasses e expandisses meu território! Sê comigo em tudo que eu fizer e guarda-me de todo mal e aflição!". E Deus atendeu a seu pedido. 11Quelube, irmão de Suá, gerou Meir. Meir gerou Estom. 12Estom gerou Bete-Rafa, Paseia e Teína. Teína gerou Ir-Naás. Esses foram os habitantes de Reca. 13Os filhos de Quenaz foram: Otniel e Seraías. Os filhos de Otniel foram: Hatate e Meonotai. 14Meonotai gerou Ofra. Seraías gerou Joabe, fundador de Ge-Harasim, assim chamada porque seus habitantes eram artesãos. 15Os filhos de Calebe, filho de Jefoné, foram: Iru, Elá e Naã. O filho de Elá foi Quenaz. 16Os filhos de Jealelel foram: Zife, Zifa, Tiria e Asareel. 17Os filhos de Ezra foram: Jéter, Merede, Éfer e Jalom. Uma das esposas de Merede deu à luz Miriã, Samai e Isbá, pai de Estemoa. 18Ele se casou com uma mulher de Judá que deu à luz Jerede, pai de Gedor, Héber, pai de Socó, e Jecutiel, pai de Zanoa. Merede também se casou com Bitia, filha do faraó, e ela lhe deu filhos. 19A esposa de Hodias era irmã de Naã. Um de seus filhos gerou Queila, o garmita, e o outro gerou Estemoa, o maacatita. 20Os filhos de Simão foram: Amnom, Rina, Ben-Hanã e Tilom. Os filhos de Isi foram: Zoete e Ben-Zoete.

Descendentes de Selá, filho de Judá

21Os descendentes de Selá, filho de Judá, foram: Er, pai de Leca; Laada, pai de Maressa; os clãs dos que trabalham com linho em Bete-Asbeia; 22Joquim; os homens de Cozeba; Joás e Sarafe, que governaram Moabe e Jasubi-Leém. Esses nomes vêm de registros antigos. 23Eram oleiros que habitavam em Netaim e em Gederá e que trabalhavam para o rei.

Descendentes de Simeão

24Os filhos de Simeão foram: Jemuel, Jamim, Jaribe, Zoar e Saul. 25Os descendentes de Saul foram: Salum, Mibsão e Misma. 26Os

descendentes de Misma foram: Hamuel, Zacur e Simei. 27Simei teve dezesseis filhos e seis filhas, mas nenhum de seus irmãos teve uma família grande. Por isso a tribo de Simeão nunca chegou a ser tão numerosa quanto a tribo de Judá. 28Habitavam em Berseba, Moladá, Hazar-Sual, 29Bila, Azém, Tolade, 30Betuel, Hormá, Ziclague, 31Bete-Marcabote, Hazar-Susim, Bete-Biri e Saaraim. Essas cidades permaneceram sob seu controle até o tempo do rei Davi. 32Seus descendentes também habitavam em Etã, Aim, Rimom, Toquém e Asã, cinco cidades 33com os povoados ao seu redor, até Baalate. Esse era seu território, e esses nomes estão listados em seus registros genealógicos. 34Outros descendentes de Simeão foram: Mesobabe, Janleque, Josa, filho de Amazias; 35Joel, Jeú, filho de Josibias, filho de Seraías, filho de Asiel; 36Elioenai, Jaacobá, Jesoaías, Asaías, Adiel, Jesimiel, Benaia 37e Ziza, filho de Sifi, filho de Alom, filho de Jedaías, filho de Sinri e filho de Semaías. 38Esses foram os nomes de alguns dos chefes dos clãs de Simeão. Suas famílias cresceram muito 39e mudaram-se para a região de Gerar, na parte leste do vale, à procura de pastos para seus rebanhos. 40Encontraram ali muitas pastagens boas, e a terra era ampla, tranquila e pacífica. Alguns dos descendentes de Cam tinham vivido naquela região. 41Mas, durante o reinado de Ezequias, rei de Judá, esses líderes de Simeão invadiram a região e destruíram completamente as habitações dos descendentes de Cam e dos meunitas. Hoje não resta vestígio deles. Mataram todos que viviam ali e tomaram a terra para si, pois queriam bons pastos para seus rebanhos. 42Quinhentos homens da tribo de Simeão invadiram o monte Seir, liderados por Pelatias, Nearias, Refaías e Uziel, filhos de Isi. 43Destruíram os amalequitas que haviam sobrevivido, e habitam ali até hoje.

CAPÍTULO 5

Descendentes de Rúben

1O filho mais velho de Israel era Rúben, mas ele teve relações com uma das concubinas de seu pai e o desonrou. Por isso seus direitos de filho mais velho foram dados aos filhos de seu irmão José. Desse modo, Rúben não aparece nos registros genealógicos como filho mais velho. 2Os descendentes de Judá se tornaram a tribo mais poderosa e dela veio um governante para a nação, mas os direitos de

filho mais velho pertenciam a José. 3Os filhos de Rúben, filho mais
velho de Israel, foram: Enoque, Palu, Hezrom e Carmi. 4Os descen-
dentes de Joel foram: Semaías, Gogue, Simei, 5Mica, Reaías, Baal
6e Beera. Beera era o chefe dos rubenitas quando foram levados
ao cativeiro por Tiglate-Pileser, rei da Assíria. 7Os parentes de Beera,
listados em seus registros genealógicos de acordo com seus clãs,
foram: Jeiel, o chefe, Zacarias 8e Belá, filho de Azaz, filho de Sema,
filho de Joel. Os rubenitas habitavam na região que se estende de
Aroer até Nebo e Baal-Meom. 9Uma vez que tinham tantos reba-
nhos na terra de Gileade, espalharam-se para o leste, em direção
ao limite do deserto que se estende para o rio Eufrates. 10Durante
o reinado de Saul, os rubenitas guerrearam contra os hagarenos
e os derrotaram. Então passaram a viver nos acampamentos deles
em toda a região a leste de Gileade.

Descendentes de Gade

11Ao lado dos rubenitas, ficaram os descendentes de Gade, que
habitavam na terra de Basã até Salcá. 12Joel foi o chefe na terra de
Basã, e Safã, o segundo no poder, seguido de Janai e Safate. 13Seus
parentes, chefes de outros sete clãs, foram: Micael, Mesulão, Seba,
Jorai, Jacã, Zia e Héber. 14Todos esses foram descendentes de Abiail,
filho de Huri, filho de Jaroa, filho de Gileade, filho de Micael, filho
de Jesisai, filho de Jado, filho de Buz. 15Aí, filho de Abdiel, filho
de Guni, foi o chefe de seus clãs. 16Os gaditas habitaram na terra
de Gileade, em Basã e em seus povoados, e em toda a região de
pastagens de Sarom. 17Todos foram listados nos registros genealó-
gicos no tempo de Jotão, rei de Judá, e de Jeroboão, rei de Israel.

As tribos a leste do Jordão

18Havia 44.760 homens aptos para a guerra nos exércitos de Rúben
e Gade e da meia tribo de Manassés. Eram todos hábeis no combate
e armados com escudos, espadas e arcos. 19Guerrearam contra os
hagarenos e contra Jetur, Nafis e Nodabe. 20Durante a batalha,
clamaram a Deus e ele atendeu às suas orações, pois confiaram
nele. Assim, os hagarenos e todos os seus aliados foram derro-
tados. 21Tomaram dos hagarenos como despojo 50 mil camelos,
250 mil ovelhas e 2 mil jumentos, e fizeram 100 mil prisioneiros.
22Muitos dos hagarenos foram mortos na batalha, pois Deus lutou

NO QUE ESTOU PENSANDO ○
O QUE ESTOU SENTINDO ○
DO QUE ESTOU LEMBRANDO ○

DESENHE OU ESCREVA

contra eles. As tribos se estabeleceram na terra deles, até que foram
levadas para o exílio. 23A meia tribo de Manassés era numerosa e
se espalhou por toda a terra, desde Basã até Baal-Hermom, Senir
e o monte Hermom. 24Os chefes de seus clãs foram: Éfer, Isi, Eliel,
Azriel, Jeremias, Hodavias e Jadiel. Esses homens foram guerreiros
valentes de grande reputação e chefes de seus clãs. 25Contudo,
essas tribos foram infiéis ao Deus de seus antepassados. Adoraram
os deuses das nações que Deus havia destruído diante deles. 26Por
isso, o Deus de Israel fez Pul, rei da Assíria, também conhecido como
Tiglate-Pileser, invadir a terra e levar cativos os membros das tribos
de Rúben e Gade e da meia tribo de Manassés. Os assírios os depor-
taram para Hala, Habor, Hara e para o rio Gozã, onde estão até hoje.

CAPÍTULO 6

A linhagem sacerdotal

1Os filhos de Levi foram: Gérson, Coate e Merari. 2Os descendentes
de Coate foram: Anrão, Isar, Hebrom e Uziel. 3Os filhos de Anrão
foram: Arão, Moisés e Miriã. Os filhos de Arão foram: Nadabe, Abiú,
Eleazar e Itamar. 4Eleazar gerou Fineias. Fineias gerou Abisua.
5Abisua gerou Buqui. Buqui gerou Uzi. 6Uzi gerou Zeraías. Zeraías
gerou Meraiote. 7Meraiote gerou Amarias. Amarias gerou Aitube.
8Aitube gerou Zadoque. Zadoque gerou Aimaás. 9Aimaás gerou
Azarias. Azarias gerou Joanã. 10Joanã gerou Azarias, sumo sacerdote
no templo que Salomão construiu em Jerusalém. 11Azarias gerou
Amarias. Amarias gerou Aitube. 12Aitube gerou Zadoque. Zadoque
gerou Salum. 13Salum gerou Hilquias. Hilquias gerou Azarias.
14Azarias gerou Seraías. Seraías gerou Jeozadaque, 15que foi de-
portado quando o SENHOR enviou o povo de Judá e de Jerusalém
para o exílio por meio de Nabucodonosor.

Os clãs dos levitas

16Os filhos de Levi foram: Gérson, Coate e Merari. 17Os descenden-
tes de Gérson foram: Libni e Simei. 18Os descendentes de Coate
foram: Anrão, Isar, Hebrom e Uziel. 19Os descendentes de Merari
foram: Mali e Musi. Estes foram os clãs dos levitas, listados de acor-
do com seus antepassados: 20Os descendentes de Gérson foram:
Libni, Jaate, Zima, 21Joá, Ido, Zerá e Jeaterai. 22Os descendentes
de Coate foram: Aminadabe, Coré, Assir, 23Elcana, Abiasafe, Assir,

24Taate, Uriel, Uzias e Saul. 25Os descendentes de Elcana foram:
Amasai, Aimote, 26Elcana, Zofai, Naate, 27Eliabe, Jeroão, Elcana e
Samuel. 28Os filhos de Samuel foram: Joel, o mais velho, e Abias,
o segundo. 29As gerações de descendentes de Merari foram: Mali,
Libni, Simei, Uzá, 30Simeia, Hagias e Asaías.

Os músicos do templo

31Estes foram os homens que Davi nomeou para dirigirem a música
na casa do SENHOR depois que a arca foi colocada ali. 32Ministravam
com música no tabernáculo, na tenda do encontro, até que Salomão
construiu o templo do SENHOR em Jerusalém. Realizavam seu tra-
balho de acordo com as normas que lhes haviam sido transmitidas.
33Estes são os homens que serviram ali, junto com seus filhos. O
músico Hemã era do clã de Coate. Os antepassados de Hemã foram:
Joel, Samuel, 34Elcana, Jeroão, Eliel, Toá, 35Zufe, Elcana, Maate,
Amasai, 36Elcana, Joel, Azarias, Sofonias, 37Taate, Assir, Abiasafe,
Coré, 38Isar, Coate, Levi e Israel. 39O primeiro ajudante de Hemã
foi seu irmão Asafe. Os antepassados de Asafe foram: Berequias,
Simeia, 40Micael, Baaseias, Malquias, 41Etni, Zerá, Adaías, 42Etã,
Zima, Simei, 43Jaate, Gérson e Levi. 44O segundo ajudante de
Hemã foi Etã, do clã de Merari. Os antepassados de Etã foram: Quisi,
Abdi, Maluque, 45Hasabias, Amazias, Hilquias, 46Anzi, Bani, Sêmer,
47Mali, Musi, Merari e Levi. 48Seus parentes levitas foram encar-
regados de muitas outras tarefas no tabernáculo, a casa de Deus.

Descendentes de Arão

49Somente Arão e seus descendentes serviam na função de sacer-
dotes. Apresentavam as ofertas no altar do holocausto e no altar de
incenso e realizavam todas as tarefas relacionadas ao lugar santíssi-
mo. Faziam expiação por Israel conforme tudo que Moisés, servo de
Deus, havia ordenado. 50Os descendentes de Arão foram: Eleazar,
Fineias, Abisua, 51Buqui, Uzi, Zeraías, 52Meraiote, Amarias, Aitube,
53Zadoque e Aimaás.

Território para os levitas

54Este é um registro das cidades e do território que, por sorteio,
foram entregues aos descendentes de Arão, do clã de Coate.
55Seu território abrangia Hebrom, em Judá, e as pastagens ao

NO QUE ESTOU **PENSANDO** ○ O QUE ESTOU **SENTINDO** ○ DO QUE ESTOU **LEMBRANDO** ○

DESENHE OU ESCREVA

redor, 56mas os campos e os povoados vizinhos foram entregues a
Calebe, filho de Jefoné. 57Assim, os descendentes de Arão recebe-
ram as seguintes cidades, cada uma com as pastagens ao redor:
Hebrom (uma cidade de refúgio), Libna, Jatir, Estemoa, 58Holom,
Debir, 59Aim, Jutá e Bete-Semes. 60E, do território de Benjamim,
receberam: Gibeom, Geba, Alemete e Anatote, cada uma com suas
pastagens. Ao todo, os descendentes de Arão receberam treze ci-
dades, de acordo com seus clãs. 61Os demais descendentes de
Coate receberam, por sorteio, dez cidades no território da meia
tribo de Manassés. 62Os descendentes de Gérson receberam, por
sorteio, de acordo com seus clãs, treze cidades nos territórios de
Issacar, Aser, Naftali e da região de Basã, de Manassés, a leste do
Jordão. 63Os descendentes de Merari receberam, por sorteio, de
acordo com seus clãs, doze cidades nos territórios de Rúben, Gade
e Zebulom. 64Os israelitas entregaram todas essas cidades e pas-
tagens aos levitas. 65As cidades nos territórios de Judá, Simeão e
Benjamim, mencionadas anteriormente, foram entregues por sor-
teio. 66Os descendentes de Coate receberam as seguintes cidades
no território de Efraim, cada uma com suas pastagens: 67Siquém,
uma das cidades de refúgio na região montanhosa de Efraim, e
Gezer, 68Jocmeão, Bete-Horom, 69Aijalom e Gate-Rimom. 70Os
demais descendentes de Coate receberam as seguintes cidades
no território da meia tribo de Manassés: Aner e Bileã, cada uma
com suas pastagens. 71Os descendentes de Gérson receberam as
cidades de Golã, em Basã, e Asterote, no território da meia tribo de
Manassés, cada uma com suas pastagens. 72No território de Issacar,
receberam Quedes, Daberate, 73Ramote e Aném, cada uma com
suas pastagens. 74No território de Aser, receberam Masal, Abdom,
75Hucoque e Reobe, cada uma com suas pastagens. 76No território
de Naftali, receberam Quedes, na Galileia, Hamom e Quiriataim,
cada uma com suas pastagens. 77Os demais descendentes de
Merari receberam as seguintes cidades: Jocneã, Carta, Rimom e
Tabor, no território de Zebulom, cada uma com suas pastagens.
78No território de Rúben, a leste do rio Jordão, defronte de Jericó,
receberam Bezer (uma cidade no deserto), Jaza, 79Quedemote e
Mefaate, cada uma com suas pastagens. 80E, no território de Gade,
receberam Ramote, em Gileade, Maanaim, 81Hesbom e Jazer, cada
uma com suas pastagens.

1Cr

CAPÍTULO 7

Descendentes de Issacar

1Os quatro filhos de Issacar foram: Tolá, Puá, Jasube e Sinrom. 2Os
filhos de Tolá foram: Uzi, Refaías, Jeriel, Jamai, Ibsão e Samuel.
Cada um deles foi chefe de um clã. No tempo do rei Davi, o total de
homens aptos para a guerra listados no registro desses clãs era de
22.600. 3O filho de Uzi foi Israías. Os filhos de Israías foram: Micael,
Obadias, Joel e Issias. Os cinco foram chefes de clãs. 4Todos eles
tiveram muitas esposas e muitos filhos, por isso o total de homens
disponíveis para o serviço militar entre seus descendentes era de
36.000. 5O total de homens aptos para a guerra de todos os clãs
da tribo de Issacar era de 87.000. Todos eles foram listados nos
registros genealógicos.

Descendentes de Benjamim

6Os três filhos de Benjamim foram: Belá, Bequer e Jediael. 7Os
cinco filhos de Belá foram: Esbom, Uzi, Uziel, Jerimote e Iri. Cada
um deles foi chefe de um clã. O total de homens aptos para a
guerra desses clãs era de 22.034, conforme listado nos registros
genealógicos. 8Os filhos de Bequer foram: Zemira, Joás, Eliézer,
Elioenai, Onri, Jeremote, Abias, Anatote e Alemete. 9Cada um de-
les foi chefe de um clã. O total de homens aptos para a guerra e
chefes desses clãs era de 20.200, conforme listado nos registros
genealógicos. 10O filho de Jediael foi Bilã. Os filhos de Bilã foram:
Jeús, Benjamim, Eúde, Quenaaná, Zetã, Társis e Aisaar. 11Cada um
deles foi chefe de um clã. O total de homens aptos para a guerra
desses clãs era de 17.200. 12Os filhos de Ir foram: Supim e Hupim.
O filho de Aer foi Husim.

Descendentes de Naftali

13Os filhos de Naftali foram: Jazeel, Guni, Jezer e Silém. Todos eles
foram descendentes de Bila, concubina de Jacó.

Descendentes de Manassés

14Os descendentes de Manassés com sua concubina arameia fo-
ram: Asriel e Maquir, pai de Gileade. 15Maquir se casou com uma
mulher do clã de Hupim e Supim. A irmã de Maquir se chamava
Maaca. Outro descendente de Manassés foi Zelofeade, que só teve

NO QUE ESTOU **PENSANDO** ○ O QUE ESTOU **SENTINDO** ○ DO QUE ESTOU **LEMBRANDO** ○

DESENHE OU ESCREVA

filhas. 16Maaca, esposa de Maquir, deu à luz um filho e lhe deu o
nome de Perez. Seu irmão se chamava Seres. Os filhos de Perez
foram: Ulão e Requém. 17O filho de Ulão foi Bedã. Todos esses fo-
ram descendentes de Gileade, filho de Maquir, filho de Manassés.
18Hamolequete, irmã de Maquir, deu à luz Isode, Abiezer e Maalá.
19Os filhos de Semida foram: Aiã, Siquém, Liqui e Anião.

Descendentes de Efraim

20Os descendentes de Efraim foram: Sutela, Berede, Taate, Eleada,
Taate, 21Zabade, Sutela, Ézer e Eleade. Estes dois foram mortos
quando tentavam roubar o gado de moradores dos arredores de
Gate. 22Seu pai, Efraim, lamentou sua morte por muito tempo, e
seus parentes vieram consolá-lo. 23Depois, Efraim teve relações
com sua esposa, e ela engravidou e deu à luz um filho. Efraim
lhe deu o nome de Berias, por causa da desgraça que sua família
havia sofrido. 24Sua filha se chamava Seerá. Ela construiu as cida-
des de Bete-Horom Baixa, Bete-Horom Alta e Uzém-Seerá. 25Os
descendentes de Efraim foram: Refa, Resefe, Telá, Taã, 26Ladã,
Amiúde, Elisama, 27Num e Josué. 28Os descendentes de Efraim
habitavam no território que incluía Betel e seus povoados ao sul,
Naarã a leste, Gezer e seus povoados a oeste, e Siquém e seus
povoados ao norte, até Aiá e seus povoados. 29Ao longo da divisa
de Manassés, ficavam as cidades de Bete-Sã, Taanaque, Megido e
Dor, com seus povoados. Os descendentes de José, filho de Israel,
habitavam nessas cidades.

Descendentes de Aser

30Os filhos de Aser foram: Imna, Isvá, Isvi e Berias. A irmã deles se
chamava Sera. 31Os filhos de Berias foram: Héber e Malquiel, pai de
Birzavite. 32Os filhos de Héber foram: Jaflete, Somer e Hotão. A irmã
deles se chamava Suá. 33Os filhos de Jaflete foram: Pasaque, Bimal
e Asvate. 34Os filhos de Somer foram: Aí, Roga, Jeubá e Arã. 35Os
filhos de Helém, irmão de Somer, foram: Zofa, Imna, Seles e Amal.
36Os filhos de Zofa foram: Suá, Harnefer, Sual, Beri, Inra, 37Bezer,
Hode, Samá, Silsa, Itrã e Beera. 38Os filhos de Jéter foram: Jefoné,
Pispa e Ara. 39Os filhos de Ula foram: Ará, Haniel e Rizia. 40Cada
um desses descendentes de Aser foi chefe de um clã. Eram todos
homens escolhidos, guerreiros valentes e líderes de destaque. O

1Cr

total de homens disponíveis para o serviço militar era de 26.000,
conforme listado nos registros genealógicos.

CAPÍTULO 8

Descendentes de Benjamim

1 O primeiro filho de Benjamim foi Belá, o segundo, Asbel, o terceiro,
Aará, 2 o quarto, Noá, e o quinto, Rafa. 3 Os filhos de Belá foram: Adar,
Gera, Abiúde, 4 Abisua, Naamã, Aoá, 5 Gera, Sefufá e Hurão. 6 Os fi-
lhos de Eúde, chefes dos clãs que habitavam em Geba, foram depor-
tados para Maanate. 7 Os filhos de Eúde foram: Naamã, Aías e Gera.
Gera, que os exilou, foi o pai de Uzá e Aiúde. 8 Depois que Saarim
se divorciou de suas esposas Husim e Baara, teve filhos na terra de
Moabe. 9 Hodes, sua esposa, deu à luz Jobabe, Zíbia, Messa, Malcã,
10 Jeús, Saquias e Mirma. Todos esses filhos foram chefes de clãs.
11 Husim, esposa de Saarim, deu à luz Abitube e Elpaal. 12 Os filhos
de Elpaal foram Héber, Misã, Semede (que construiu as cidades de
Ono e Lode, com seus povoados), 13 Berias e Sema. Todos eles foram
chefes de clãs que habitavam em Aijalom; eles expulsaram os mo-
radores de Gate. 14 Aiô, Sasaque, Jeremote, 15 Zebadias, Arade, Éder,
16 Micael, Ispa e Joá foram os filhos de Berias. 17 Zebadias, Mesulão,
Hizqui, Héber, 18 Ismerai, Izlias e Jobabe foram filhos de Elpaal.
19 Jaquim, Zicri, Zabdi, 20 Elienai, Ziletai, Eliel, 21 Adaías, Beraías e
Sinrate foram filhos de Simei. 22 Ispã, Héber, Eliel, 23 Abdom, Zicri,
Hanã, 24 Hananias, Elão, Antotias, 25 Ifdeias e Penuel foram filhos de
Sasaque. 26 Sanserai, Searias, Atalias, 27 Jaaresias, Elias e Zicri foram
filhos de Jeroão. 28 Esses foram os chefes dos clãs, conforme listados
em seus registros genealógicos; todos moravam em Jerusalém.

A família de Saul

29 Jeiel, pai de Gibeom, morava em Gibeom. Sua esposa se cha-
mava Maaca, 30 e seu filho mais velho, Abdom. Os outros filhos
de Jeiel foram: Zur, Quis, Baal, Ner, Nadabe, 31 Gedor, Aiô, Zacarias
32 e Miclote, que gerou Simeão. Todos moravam com suas famí-
lias, próximos uns dos outros, em Jerusalém. 33 Ner gerou Quis.
Quis gerou Saul. Os filhos de Saul foram: Jônatas, Malquisua,
Abinadabe e Isbosete. 34 O filho de Jônatas se chamava Mefibosete.
Mefibosete gerou Mica. 35 Os filhos de Mica foram: Pitom, Meleque,
Tareia e Acaz. 36 Acaz gerou Jadá. Os filhos de Jadá foram: Alemete,

NO QUE ESTOU **PENSANDO** ○ | O QUE ESTOU **SENTINDO** ○ | DO QUE ESTOU **LEMBRANDO** ○

DESENHE OU ESCREVA

Azmavete e Zinri. Zinri gerou Moza. 37 Moza gerou Bineá. Bineá
gerou Refaías. Refaías gerou Eleasá. Eleasá gerou Azel. 38 Azel teve
seis filhos: Azricão, Bocru, Ismael, Searias, Obadias e Hanã. Todos
esses foram filhos de Azel. 39 Eseque, irmão de Azel, teve três filhos:
o primeiro se chamava Ulão, o segundo, Jeús, e o terceiro, Elifelete.
40 Todos os filhos de Ulão foram guerreiros valentes e arqueiros
habilidosos. Tiveram muitos filhos e netos, 150 ao todo. Todos esses
foram descendentes de Benjamim.

CAPÍTULO 9

1 Todo o Israel foi listado nos registros genealógicos do *Livro dos
Reis de Israel*.

Os exilados que voltaram

O povo de Judá foi exilado na Babilônia por causa de sua infideli-
dade. 2 Os primeiros exilados a regressar a suas propriedades em
suas respectivas cidades foram os sacerdotes, os levitas, os servi-
dores do templo, além de outros israelitas. 3 Alguns membros das
tribos de Judá, Benjamim, Efraim e Manassés se estabeleceram em
Jerusalém. 4 Uma das famílias a voltar foi a de Utai, filho de Amiúde,
filho de Onri, filho de Inri, filho de Bani, descendente de Perez,
filho de Judá. 5 Do clã dos silonitas, alguns dos que voltaram foram:
Asaías, o mais velho, e seus filhos. 6 Do clã dos zeraítas, alguns dos
que voltaram foram: Jeuel e seus parentes. Ao todo, voltaram 690
famílias da tribo de Judá. 7 Da tribo de Benjamim, alguns dos que
voltaram foram: Salu, filho de Mesulão, filho de Hodavias, filho de
Hassenua; 8 Ibneias, filho de Jeroão; Elá, filho de Uzi, filho de Micri;
e Mesulão, filho de Sefatias, filho de Reuel, filho de Ibnias. 9 Todos
esses homens foram chefes de clãs e estão listados nos registros
genealógicos. Ao todo, voltaram 956 famílias da tribo de Benjamim.

Os sacerdotes que voltaram

10 Dos sacerdotes, alguns dos que voltaram foram: Jedaías,
Jeoiaribe, Jaquim, 11 Azarias, filho de Hilquias, filho de Mesulão,
filho de Zadoque, filho de Meraiote, filho de Aitube. Azarias era o
principal encarregado da casa de Deus. 12 Outros sacerdotes que
voltaram foram: Adaías, filho de Jeroão, filho de Pasur, filho de
Malquias; e Masai, filho de Adiel, filho de Jazera, filho de Mesulão,

filho de Mesilemite, filho de Imer. 13Ao todo, voltaram 1.760 sa-
cerdotes. Foram chefes de clãs e homens muito capazes. Eram
responsáveis por servir na casa de Deus.

Os levitas que voltaram

14Dos levitas, os que voltaram foram: Semaías, filho de Hassube,
filho de Azricão, filho de Hasabias, descendente de Merari;
15Baquebacar; Heres; Galal; Matanias, filho de Mica, filho de Zicri,
filho de Asafe; 16Obadias, filho de Semaías, filho de Galal, filho de
Jedutum; e Berequias, filho de Asa, filho de Elcana, que morava
na região de Netofate. 17Dos guardas das portas, os que voltaram
foram: Salum, Acube, Talmom, Aimã e seus parentes. Salum era o
chefe dos guardas. 18Antes dessa época, eram responsáveis pela
Porta do Rei, do lado leste. Eram guardas das portas dos acam-
pamentos dos levitas. 19Salum era filho de Coré, descendente de
Abiasafe, do clã de Corá. Ele e seus parentes, os coraítas, eram
responsáveis por guardar a entrada do santuário, como seus ante-
passados haviam guardado a entrada do tabernáculo. 20Naquele
tempo, Fineias, filho de Eleazar, era o encarregado dos guardas das
portas, e o SENHOR estava com ele. 21Mais tarde, Zacarias, filho de
Meselemias, foi o responsável por guardar a entrada. 22Ao todo,
havia 212 guardas das portas naquele tempo, e foram listados
nos registros genealógicos de seus povoados. Os antepassados
deles haviam sido nomeados por Davi e por Samuel, o vidente,
porque eram homens de confiança. 23Esses guardas das portas e
seus descendentes, conforme suas divisões, eram responsáveis por
guardar a entrada da casa do SENHOR quando ela era uma tenda.
24Os guardas das portas ficavam nos quatro lados: leste, oeste,
norte e sul. 25Seus parentes nos povoados vinham de tempo em
tempo dividir essa responsabilidade com eles por períodos de sete
dias. 26Os quatro principais guardas das portas, todos levitas, eram
oficiais de confiança, pois eram responsáveis pelas salas e pelos
tesouros da casa de Deus. 27Passavam a noite ao redor da casa
de Deus, pois era seu dever guardá-la e abrir suas portas todas as
manhãs. 28Alguns dos guardas das portas foram nomeados para
cuidar dos diversos objetos usados no culto. Conferiam tudo que
era retirado e devolvido, para que nada se perdesse. 29Outros eram
responsáveis pela mobília, pelos utensílios do santuário e pelos

NO QUE ESTOU **PENSANDO** — O QUE ESTOU **SENTINDO** — DO QUE ESTOU **LEMBRANDO**

DESENHE OU ESCREVA

suprimentos, como farinha da melhor qualidade, vinho, azeite,
incenso e especiarias. 30Eram os sacerdotes, porém, que mistura-
vam as especiarias. 31Matitias, levita e filho mais velho de Salum, o
coraíta, era encarregado de assar os pães para as ofertas. 32E alguns
membros do clã de Coate eram encarregados de preparar os pães
colocados sobre a mesa todos os sábados. 33Os músicos, todos
chefes de famílias levitas, moravam no templo. Eram isentos de
outras responsabilidades, pois realizavam seu serviço dia e noite.
34Todos esses homens moravam em Jerusalém. Eram chefes de
famílias levitas, listados como líderes nos registros genealógicos.

Genealogia do rei Saul

35Jeiel, pai de Gibeom, morava na cidade de Gibeom. Sua esposa
se chamava Maaca, 36e seu filho mais velho, Abdom. Os outros
filhos de Jeiel foram: Zur, Quis, Baal, Ner, Nadabe, 37Gedor, Aiô,
Zacarias e Miclote. 38Miclote gerou Simeão. Todos moravam com
suas famílias, próximos uns dos outros, em Jerusalém. 39Ner gerou
Quis. Quis gerou Saul. Os filhos de Saul foram: Jônatas, Malquisua,
Abinadabe e Isbosete. 40Jônatas gerou Mefibosete. Mefibosete ge-
rou Mica. 41Os filhos de Mica foram: Pitom, Meleque, Tareia e Acaz.
42Acaz gerou Jadá. Os filhos de Jadá foram: Alemete, Azmavete e
Zinri. Zinri gerou Moza. 43Moza gerou Bineá. O filho de Bineá foi
Refaías. O filho de Refaías foi Eleasá. O filho de Eleasá foi Azel.
44Estes foram os seis filhos de Azel: Azricão, Bocru, Ismael, Searias,
Obadias e Hanã. Todos esses foram filhos de Azel.

CAPÍTULO 10

A morte de Saul

1Os filisteus atacaram Israel, e os israelitas fugiram deles. Muitos
foram mortos nas encostas do monte Gilboa. 2Os filisteus cerca-
ram Saul e seus filhos e mataram três deles: Jônatas, Abinadabe
e Malquisua. 3O combate se tornou cada vez mais intenso em
volta de Saul, e os arqueiros filisteus o alcançaram e o feriram.
4Saul disse a seu escudeiro: "Pegue sua espada e mate-me antes
que esses filisteus incircuncisos venham e me torturem". Mas o
escudeiro teve medo e não quis matá-lo. Então Saul pegou sua
própria espada e se lançou sobre ela. 5Quando viu que Saul estava
morto, o escudeiro se lançou sobre sua espada e morreu. 6Saul

e seus três filhos morreram juntos, e sua dinastia chegou ao fim.
7Quando os israelitas no vale de Jezreel viram que o exército
israelita havia fugido e que Saul e seus filhos estavam mortos,
abandonaram suas cidades e fugiram. Então os filisteus vieram
e ocuparam essas cidades. 8No dia seguinte, quando os filisteus
foram saquear os mortos, encontraram os corpos de Saul e seus
três filhos no monte Gilboa. 9Removeram a armadura de Saul
e cortaram sua cabeça. Então anunciaram o ocorrido diante de
seus ídolos e ao povo de toda a terra da Filístia. 10Colocaram a
armadura de Saul no templo de seus deuses e penduraram sua
cabeça no templo de Dagom. 11Quando os habitantes de Jabes-
Gileade souberam o que os filisteus haviam feito a Saul, 12todos
os seus guerreiros mais valentes foram e trouxeram os corpos
de Saul e seus filhos de volta para Jabes. Enterraram os ossos
debaixo de uma grande árvore em Jabes e jejuaram durante sete
dias. 13Saul morreu porque foi infiel ao SENHOR. Não obedeceu ao
mandamento do SENHOR e chegou a consultar uma médium, 14em
vez de pedir orientação ao SENHOR. Por isso o SENHOR o matou e
entregou o reino a Davi, filho de Jessé.

CAPÍTULO 11

Davi se torna rei de todo o Israel

1Então todo o Israel se reuniu diante de Davi, em Hebrom. "Somos
do mesmo povo e raça", disseram. 2"No passado, quando Saul era
rei, era você que liderava o exército de Israel. E o SENHOR, seu
Deus, lhe disse: 'Você será o pastor do meu povo, Israel. Será o
líder do meu povo, Israel'." 3Então, ali em Hebrom, Davi fez um
acordo diante do SENHOR com todas as autoridades de Israel, e
elas o ungiram rei de Israel, conforme o SENHOR havia anunciado
por meio de Samuel.

Davi conquista Jerusalém

4Então Davi e todo o Israel foram a Jerusalém (isto é, Jebus), onde
moravam os jebuseus, que viviam naquele lugar. 5Os jebuseus
zombaram de Davi: "Você jamais entrará aqui!", mas Davi tomou
a fortaleza de Sião, que hoje é chamada de Cidade de Davi. 6Davi
tinha dito a seus soldados: "O primeiro que atacar os jebuseus se
tornará o comandante de meus exércitos!". Joabe, filho de Zeruia,

NO QUE ESTOU PENSANDO ○

O QUE ESTOU SENTINDO ○

DO QUE ESTOU LEMBRANDO ○

DESENHE OU ESCREVA

foi o primeiro a atacar, e assim se tornou o comandante dos exérci-
tos de Davi. 7Davi foi morar na fortaleza, e ela passou a ser chamada
de Cidade de Davi. 8Ampliou a cidade, desde o aterro até a região
ao redor, enquanto Joabe reconstruiu o restante da cidade. 9Davi
foi se tornando cada vez mais poderoso, pois o SENHOR dos Exércitos
estava com ele.

Os guerreiros mais valentes de Davi

10Estes foram os líderes dos guerreiros valentes de Davi. Junto com
todo o Israel, apoiaram firmemente o reinado de Davi, conforme
o SENHOR havia prometido a respeito de Israel. 11Este é o registro
dos guerreiros mais valentes de Davi. O primeiro era Jasobeão,
o hacmonita, líder dos Três, isto é, dos guerreiros mais valentes
dentre os soldados de Davi. Certa ocasião, usou sua lança para
matar trezentos soldados inimigos numa só batalha. 12O segundo
era Eleazar, filho de Dodai, descendente de Aoí. 13Estava com Davi
quando os filisteus se reuniram para a batalha em Pas-Damim e
atacaram os israelitas numa plantação de cevada. O exército isra-
elita fugiu, 14mas Eleazar e Davi mantiveram sua posição no meio
do campo e derrotaram os filisteus. O SENHOR os salvou e lhes deu
grande vitória. 15Certa vez, Davi estava na rocha junto à caverna de
Adulão, e o exército filisteu estava acampado no vale de Refaim.
Os Três – que faziam parte dos Trinta, um grupo de elite entre os
valentes de Davi – desceram para encontrá-lo em Adulão. 16Nessa
ocasião, Davi estava na fortaleza, e um destacamento filisteu havia
ocupado a cidade de Belém. 17Davi comentou: "Ah, como seria bom
beber a água pura do poço que fica junto ao portão de Belém!".
18Então os Três atravessaram as fileiras dos filisteus, tiraram água
do poço junto ao portão de Belém e a trouxeram a Davi. Ele, porém,
se recusou a bebê-la. Em vez disso, derramou-a no chão como oferta
ao SENHOR. 19"Que Deus não permita que eu beba desta água!",
exclamou. "Ela é tão preciosa quanto o sangue destes homens
que arriscaram a vida para trazê-la." E Davi não a bebeu. Esses são
exemplos dos feitos desses três guerreiros.

Os trinta valentes de Davi

20Abisai, irmão de Joabe, era o líder dos Trinta. Certa ocasião, usou
sua lança para matar trezentos soldados inimigos numa só batalha.

Foi por causa de feitos como esse que ele se tornou tão famoso quanto os Três. 21Abisai era o mais conhecido dos Trinta e era seu comandante, embora não fosse um dos Três. 22Também havia Benaia, filho de Joiada, soldado valente de Cabzeel. Realizou muitos feitos heroicos, como matar dois grandes guerreiros de Moabe. Em outra ocasião, num dia de neve, perseguiu um leão até uma cova e o matou. 23Uma vez, com apenas um cajado, matou um guerreiro egípcio de 2,25 metros de altura armado com uma lança da grossura de um eixo de tecelão. Benaia arrancou a lança da mão do egípcio e com ela o matou. 24Feitos como esses tornaram Benaia tão famoso quanto os três guerreiros mais valentes. 25Foi mais honrado que qualquer outro membro dos Trinta, embora não fosse um dos Três. Davi o nomeou comandante de sua guarda pessoal. 26Outros guerreiros valentes de Davi foram: Asael, irmão de Joabe; Elanã, filho de Dodô, de Belém; 27Samá, de Harode; Helez, de Pelom; 28Ira, filho de Iques, de Tecoa; Abiezer, de Anatote; 29Sibecai, de Husate; Zalmom, de Aoí; 30Maarai, de Netofate; Helede, filho de Baaná, de Netofate; 31Itai, filho de Ribai, de Gibeá, na terra de Benjamim; Benaia, de Piratom; 32Hurai, de Naal-Gaás; Abi-Albom, de Arbate; 33Azmavete, de Baurim; Eliaba, de Saalbom; 34os filhos de Jasém, de Gizom; Jônatas, filho de Sage, de Harar; 35Aião, filho de Sarar, de Harar; Elifal, filho de Ur; 36Héfer, de Maquerate; Aías, de Pelom; 37Hezro, do Carmelo; Paarai, filho de Ezbai; 38Joel, irmão de Natã; Mibar, filho de Hagri; 39Zeleque, de Amom; Naarai, de Beerote, escudeiro de Joabe, filho de Zeruia; 40Ira, de Jatir; Garebe, de Jatir; 41Urias, o hitita; Zabade, filho de Alai; 42Adina, filho de Siza, líder rubenita que tinha consigo trinta homens; 43Hanã, filho de Maaca; Josafá, de Mitene; 44Uzia, de Asterote; Sama e Jeiel, filhos de Hotão, de Aroer; 45Jediael, filho de Sinri; Joá, de Tiz; 46Eliel, de Maave; Jeribai e Josavias, filhos de Elnaão; Itma, de Moabe; 47Eliel e Obede; Jaasiel, de Zobá.

CAPÍTULO 12

Guerreiros se unem ao exército de Davi

1Estes foram os homens que se juntaram a Davi em Ziclague, quando ele estava escondido de Saul, filho de Quis. Estavam entre os guerreiros que lutaram ao lado de Davi na batalha. 2Todos eles eram arqueiros habilidosos, capazes de atirar flechas com o arco, ou

1Cr 12.18

pedras com a funda, tanto com a mão esquerda como com a direita. Eram todos parentes de Saul, da tribo de Benjamim. 3Seu chefe era Aiezer, filho de Semaá, de Gibeá; seu irmão Joás era o segundo no comando. Os outros guerreiros foram: Jeziel e Pelete, filhos de Azmavete; Beraca; Jeú, de Anatote; 4Ismaías, de Gibeom, guerreiro valente e líder entre os Trinta; Jeremias, Jaaziel, Joanã e Jozabade, de Gederá; 5Eluzai, Jerimote, Bealias, Semarias e Sefatias, de Harufe; 6Elcana, Issias, Azareel, Joezer e Jasobeão, todos coraítas; 7Joela e Zebadias, filhos de Jeroão, de Gedor. 8Alguns guerreiros valentes e treinados para o combate da tribo de Gade também se juntaram a Davi quando ele estava na fortaleza no deserto. Eram hábeis com o escudo e a lança, ferozes como leões e ágeis como gazelas nos montes. 9Ézer era o chefe; Obadias, o segundo; Eliabe, o terceiro; 10Mismana, o quarto; Jeremias, o quinto; 11Atai, o sexto; Eliel, o sétimo; 12Joanã, o oitavo; Elzabade, o nono; 13Jeremias, o décimo; e Macbanai, o décimo primeiro. 14Esses guerreiros de Gade eram comandantes do exército. O mais fraco deles era capaz de enfrentar cem soldados, e o mais forte, capaz de enfrentar mil. 15Esses foram os homens que atravessaram o Jordão durante a época de cheia do rio, no início do ano, e expulsaram todos que habitavam nos vales nas margens leste e oeste. 16Outros de Benjamim e de Judá se juntaram a Davi na fortaleza. 17Davi foi ao encontro deles e lhes disse: "Se vieram em paz, para me ajudar, somos amigos. Mas, se vieram para me entregar a meus inimigos, embora eu seja inocente, que o Deus de seus antepassados veja isso e castigue vocês!". 18Então o Espírito veio sobre Amasai, chefe dos Trinta, e ele disse: "Somos seus, Davi! Estamos do seu lado, filho de Jessé! Paz e prosperidade sejam com você e com todos que o ajudam, pois o seu Deus o ajuda!". Davi os recebeu e os nomeou oficiais de suas tropas. 19Alguns homens de Manassés desertaram do exército israelita e se juntaram a Davi quando ele saiu com os filisteus para guerrear contra Saul. Os governantes filisteus, porém, não permitiram que Davi e seus homens fossem com eles. Depois de discutirem, mandaram-no embora, pois disseram: "Se Davi passar para o lado de Saul e voltar-se contra nós, isso custará nossa cabeça". 20Os homens de Manassés que se uniram a Davi quando ele voltava para Ziclague foram: Adna, Jozabade, Jediael, Micael, Jozabade, Eliú e Ziletai. Cada um deles comandava mil soldados da tribo de Manassés.

21Ajudaram Davi a perseguir bandos de saqueadores, pois eram
guerreiros valentes que se tornaram comandantes de seu exército.
22A cada dia, mais homens se juntavam a Davi, até que ele passou
a ter um grande exército, como o exército de Deus. 23Estes são os
números de guerreiros armados que se uniram a Davi em Hebrom.
Todos queriam que Davi se tornasse rei no lugar de Saul, como
o SENHOR havia prometido. 24Da tribo de Judá, 6.800 guerreiros
armados com escudos e com lanças. 25Da tribo de Simeão, 7.100
guerreiros valentes preparados para a guerra. 26Da tribo de Levi,
4.600 guerreiros, 27incluindo Joiada, chefe da família de Arão, com
3.700 homens sob seu comando, 28e Zadoque, jovem guerreiro
valente, com 22 oficiais, membros de sua família. 29Da tribo de
Benjamim, parente de Saul, 3.000 guerreiros. Até então, a maioria
dos homens de Benjamim tinha permanecido leal a Saul. 30Da
tribo de Efraim, 20.800 guerreiros valentes, cada um deles muito
respeitado em seu próprio clã. 31Da meia tribo de Manassés a oeste
do Jordão, 18.000 foram indicados por nome para ajudarem Davi
a se tornar rei. 32Da tribo de Issacar, 200 chefes com seus parentes.
Todos eles entendiam bem os acontecimentos daquele tempo e
sabiam qual era o melhor caminho para Israel seguir. 33Da tribo
de Zebulom, 50.000 guerreiros treinados. Estavam bem armados
e preparados para a batalha e eram inteiramente leais a Davi.
34Da tribo de Naftali, 1.000 oficiais e 37.000 guerreiros armados
com escudos e lanças. 35Da tribo de Dã, 28.600 guerreiros, todos
preparados para a batalha. 36Da tribo de Aser, 40.000 guerreiros
treinados, todos preparados para a batalha. 37Do lado leste do rio
Jordão, onde habitavam as tribos de Rúben e Gade e a meia tribo
de Manassés, 120.000 soldados equipados com todos os tipos
de armas. 38Todos esses soldados vieram a Hebrom em ordem
de batalha, com o único propósito de fazer Davi rei sobre todo o
Israel. Na verdade, todo o Israel concordava que ele devia ser seu
rei. 39Durante três dias, comeram e beberam com Davi, pois seus
parentes haviam feito preparativos para recebê-los. 40Pessoas de
lugares tão distantes como Issacar, Zebulom e Naftali trouxeram
provisões sobre jumentos, camelos, mulas e bois. Trouxeram gran-
des quantidades de farinha, bolos de figo, bolos de passas, vinho,
azeite, bois e ovelhas para a celebração. Houve grande alegria em
todo o Israel.

1Cr 13.8

CAPÍTULO 13

Davi tenta levar a arca para Jerusalém

1Davi consultou todos os seus oficiais, incluindo os generais e capi-
tães de seu exército. 2Em seguida, dirigiu-se a toda a comunidade
de Israel e disse: "Se vocês estiverem de acordo, e se for da vontade
do SENHOR, nosso Deus, enviemos uma mensagem aos israelitas
por toda a terra, incluindo os sacerdotes e levitas em suas cidades,
com suas pastagens, para que se unam a nós. 3É hora de trazermos
de volta a arca de nosso Deus, pois descuidamos dela durante o
reinado de Saul". 4Toda a comunidade concordou, pois o povo en-
tendeu que era a coisa certa a fazer. 5Então Davi convocou todos os
israelitas, desde o ribeiro Sior, no Egito, ao sul, até Lebo-Hamate, ao
norte, para trazerem a arca de Deus, que estava em Quiriate-Jearim.
6Davi e todo o Israel foram a Baalá de Judá (também chamada de
Quiriate-Jearim), a fim de buscar a arca de Deus, junto à qual era
invocado o nome do SENHOR, que está entronizado entre os que-
rubins. 7Puseram a arca de Deus numa carroça nova e a levaram
da casa de Abinadabe. Uzá e Aiô guiavam a carroça. 8Davi e todo
o Israel se alegravam diante de Deus com todas as suas forças,
entoando cânticos e tocando todo tipo de instrumentos musicais:
liras, harpas, tamborins, címbalos e trombetas. 9Quando chegaram
à eira de Nacom, os bois que puxavam a carroça tropeçaram, e Uzá
estendeu a mão para segurar a arca. 10A ira do SENHOR se acendeu
contra Uzá, e ele o matou por haver tocado na arca. E Uzá morreu
ali mesmo, na presença de Deus. 11Davi ficou indignado porque
a ira do SENHOR irrompeu contra Uzá e chamou aquele lugar de
Perez-Uzá, como é conhecido até hoje. 12Davi teve medo do SENHOR
e perguntou: "Como poderei levar a arca do SENHOR?". 13Assim, não
transferiu a arca do SENHOR para a Cidade de Davi. Em vez disso,
levou-a para a casa de Obede-Edom, na cidade de Gate. 14A arca do
SENHOR ficou na casa de Obede-Edom por três meses, e o SENHOR
abençoou a família de Obede-Edom e tudo que ele possuía.

CAPÍTULO 14

O palácio e a família de Davi

1Hirão, rei de Tiro, enviou a Davi mensageiros com madeira de ce-
dro, pedreiros e carpinteiros, para que lhe construíssem um palácio.
2E Davi compreendeu que o SENHOR o havia confirmado como rei

sobre Israel e exaltado seu reino por causa de seu povo, Israel. 3Em
Jerusalém, Davi tomou para si outras mulheres, que lhe deram
mais filhos e filhas. 4Estes são os nomes dos filhos de Davi que
nasceram em Jerusalém: Samua, Sobabe, Natã, Salomão, 5Ibar,
Elisua, Elpalete, 6Nogá, Nefegue, Jafia, 7Elisama, Eliada e Elifelete.

Davi derrota os filisteus

8Quando os filisteus souberam que Davi tinha sido ungido rei de
Israel, mobilizaram suas tropas para capturá-lo. Davi, porém, foi
informado disso e saiu para enfrentá-los. 9Os filisteus chegaram
e invadiram o vale de Refaim. 10Então Davi perguntou a Deus:
"Devo sair e lutar contra os filisteus? Tu os entregarás em minhas
mãos?". O SENHOR respondeu a Davi: "Sim, vá, pois eu certamente
os entregarei em suas mãos". 11Então Davi e seus soldados foram a
Baal-Perazim e ali derrotaram os filisteus. Davi exclamou: "Por meu
intermédio, Deus irrompeu no meio de meus inimigos como uma
violenta inundação!". Por isso, chamou aquele lugar de Baal-Perazim.
12Os filisteus haviam deixado seus ídolos ali, e Davi ordenou que
fossem queimados. 13Pouco tempo depois, os filisteus voltaram a
invadir o vale. 14Mais uma vez, Davi consultou a Deus. "Não os ata-
que pela frente", respondeu Deus. "Em vez disso, dê a volta por trás
deles e ataque-os perto dos álamos. 15Quando ouvir um som como
de pés marchando por cima dos álamos, saia e ataque! É o sinal de
que Deus vai à sua frente para derrotar o exército filisteu." 16Davi
fez como Deus ordenou e derrotou os filisteus por todo o caminho,
desde Gibeom até Gezer. 17Assim, a fama de Davi se espalhou por
toda parte, e o SENHOR fez que todas as nações o temessem.

CAPÍTULO 15

Preparativos para transportar a arca

1Davi construiu várias casas para si na Cidade de Davi. Também
preparou um lugar para a arca de Deus e armou uma tenda especial
para ela. 2Em seguida, ordenou: "Ninguém, a não ser os levitas,
levará a arca de Deus. O SENHOR os escolheu para carregarem a
arca de Deus e o servirem para sempre". 3Então Davi convocou
todo o Israel para ir a Jerusalém a fim de trazer a arca do SENHOR
para o lugar que ele havia preparado. 4Este é o número de descen-
dentes de Arão e de levitas convocados: 5Do clã de Coate, 120, e

NO QUE ESTOU **PENSANDO** ○   O QUE ESTOU **SENTINDO** ○   DO QUE ESTOU **LEMBRANDO** ○

DESENHE OU ESCREVA

seu chefe era Uriel. 6Do clã de Merari, 220, e seu chefe era Asaías.
7Do clã de Gérson, 130, e seu chefe era Joel. 8Dos descendentes
de Elisafã, 200, e seu chefe era Semaías. 9Dos descendentes de
Hebrom, 80, e seu chefe era Eliel. 10Dos descendentes de Uziel,
112, e seu chefe era Aminadabe. 11Em seguida, Davi convocou os
sacerdotes Zadoque e Abiatar, e os chefes dos levitas Uriel, Asaías,
Joel, Semaías, Eliel e Aminadabe. 12Disse-lhes: "Vocês são os chefes
das famílias levitas. Consagrem-se, vocês e todos os seus parentes
levitas, para trazerem a arca do SENHOR, o Deus de Israel, para o
lugar que preparei para ela. 13A ira do SENHOR irrompeu contra
nós da primeira vez, pois não foram vocês, os levitas, que levaram
a arca. Não consultamos a Deus sobre o modo apropriado de trans-
portá-la". 14Então os sacerdotes e os levitas se consagraram a fim de
trazer para Jerusalém a arca do SENHOR, Deus de Israel. 15Os levitas
carregaram a arca de Deus sobre os ombros, usando as varas pre-
sas a ela, conforme o SENHOR havia instruído por meio de Moisés.
16Davi também ordenou aos chefes dos levitas que nomeassem
cantores e músicos para entoarem cânticos alegres acompanhados
por harpas, liras e címbalos. 17Os levitas escolheram Hemã, filho de
Joel, e seus parentes levitas: Asafe, filho de Berequias, e Etã, filho
de Cuxaías, do clã de Merari. 18Foram escolhidos como seus ajudan-
tes os seguintes homens: Zacarias, Jaaziel, Semiramote, Jeiel, Uni,
Eliabe, Benaia, Maaseias, Matitias, Elifeleu, Micneias e os guardas
das portas: Obede-Edom e Jeiel. 19Os músicos Hemã, Asafe e Etã
foram escolhidos para tocar os címbalos de bronze. 20Zacarias, Aziel,
Semiramote, Jeiel, Uni, Eliabe, Maaseias e Benaia foram escolhidos
para tocar as harpas, em tons agudos. 21Matitias, Elifeleu, Micneias,
Obede-Edom, Azazias e Jeiel foram escolhidos para tocar as liras,
em tons de oitava. 22Quenanias, chefe dos levitas, foi escolhido para
dirigir o canto, pois tinha habilidade para isso. 23Berequias e Elcana
foram escolhidos para cuidar da arca. 24Sebanias, Josafá, Natanael,
Amasai, Zacarias, Benaia e Eliézer, todos sacerdotes, foram escolhi-
dos para tocar as trombetas enquanto iam à frente da arca de Deus.
Obede-Edom e Jeías também foram escolhidos para cuidar da arca.

A arca é levada para Jerusalém

25Então Davi, as autoridades de Israel e os generais do exército
foram à casa de Obede-Edom a fim de trazer a arca da aliança do

1Cr

SENHOR para Jerusalém com grande celebração. 26E, como Deus
estava claramente ajudando os levitas enquanto carregavam a arca
da aliança do SENHOR, ofereceram como sacrifício sete novilhos e
sete carneiros. 27Davi vestia um manto de linho fino, assim como os
levitas que carregavam a arca, os músicos e Quenanias, o dirigente
do canto. Davi também vestia um colete sacerdotal. 28Assim, todo o
Israel trouxe a arca da aliança do SENHOR com gritos de alegria, ao
som de trombetas, cornetas, címbalos, harpas e liras. 29Enquanto
a arca da aliança do SENHOR entrava na Cidade de Davi, Mical, filha
de Saul, olhava pela janela. Quando viu o rei Davi saltando e rindo
de alegria, encheu-se de desprezo por ele.

CAPÍTULO 16

1Trouxeram a arca de Deus e a colocaram dentro da tenda especial
que Davi tinha preparado para ela. Em seguida, apresentaram a
Deus holocaustos e ofertas de paz. 2Quando Davi terminou de ofe-
recer os holocaustos e ofertas de paz, abençoou o povo em nome
do SENHOR. 3Depois, para cada homem e mulher em todo o Israel,
deu um pão, um bolo de tâmaras e um bolo de passas. 4Davi no-
meou os seguintes levitas para servirem diante da arca do SENHOR,
invocarem as bênçãos dele e darem graças e louvarem o SENHOR, o
Deus de Israel: 5Asafe, o chefe do grupo, tocava os címbalos. Depois
dele vinha Zacarias, seguido de Jeiel, Semiramote, Jeiel, Matitias,
Eliabe, Benaia, Obede-Edom e Jeiel, que tocavam harpas e liras.
6Os sacerdotes Benaia e Jaaziel tocavam trombetas continuamente
diante da arca da aliança de Deus.

O cântico de louvor de Davi

7Naquele dia, Davi encarregou Asafe e seus parentes levitas de
louvarem com ação de graças ao SENHOR: 8"Deem graças ao
SENHOR e proclamem seu nome, anunciem entre os povos o que
ele tem feito. 9Cantem a ele, sim, cantem louvores a ele, falem
a todos de suas maravilhas. 10Exultem em seu santo nome, ale-
grem-se todos que buscam o SENHOR. 11Busquem o SENHOR e sua
força, busquem sua presença todo o tempo. 12Lembrem-se das
maravilhas que ele fez, dos milagres que realizou e dos juízos que
pronunciou, 13vocês que são filhos de seu servo Israel, descenden-
tes de Jacó, seus escolhidos. 14"Ele é o SENHOR, nosso Deus; vemos

NO QUE ESTOU **PENSANDO** ○ | O QUE ESTOU **SENTINDO** ○ | DO QUE ESTOU **LEMBRANDO** ○

DESENHE OU ESCREVA

sua justiça em toda a terra. 15Lembrem-se de sua aliança para
sempre, do compromisso que ele firmou com mil gerações. 16É a
aliança que fez com Abraão, o juramento que fez a Isaque. 17Ele
a confirmou a Jacó por decreto, ao povo de Israel como aliança
sem fim: 18'Darei a vocês a terra de Canaã, como a porção de sua
herança'. 19"Assim declarou quando vocês ainda eram poucos, um
punhado de estrangeiros em Canaã. 20Vagaram de uma nação a
outra, de um reino a outro. 21E, no entanto, ele não permitiu que
ninguém os oprimisse e, em seu favor, repreendeu reis: 22'Não
toquem em meu povo escolhido, não façam mal a meus profetas'.
23"Toda a terra cante ao SENHOR! Proclamem todos os dias a sua
salvação. 24Anunciem a sua glória entre as nações, contem a todos
as suas maravilhas. 25Grande é o SENHOR! Digno de muito louvor!
Ele é mais temível que todos os deuses. 26Os deuses de outros
povos não passam de ídolos, mas o SENHOR fez os céus! 27Glória
e majestade o cercam, força e alegria enchem sua habitação.
28"Ó nações do mundo, reconheçam o SENHOR, reconheçam que
o SENHOR é glorioso e forte. 29Deem ao SENHOR a glória que seu
nome merece, tragam ofertas e venham à sua presença. Adorem
o SENHOR em todo o seu santo esplendor; 30toda a terra trema
diante dele. O mundo permanece firme e não pode ser abalado.
31"Alegrem-se os céus e exulte a terra! Digam entre as nações:
'O SENHOR reina!'. 32Deem louvor o mar e tudo que nele há! Os
campos e suas colheitas gritem de alegria! 33As árvores do bos-
que exultem diante do SENHOR, pois ele vem para julgar a terra.
34"Deem graças ao SENHOR, porque ele é bom; seu amor dura
para sempre! 35Clamem: 'Salva-nos, ó Deus de nossa salvação!
Reúne-nos e livra-nos das nações, para darmos graças ao teu santo
nome, para nos alegrarmos no teu louvor'. 36"Louvem o SENHOR, o
Deus de Israel, que vive de eternidade a eternidade!". Todo o povo
disse em alta voz: "Amém!" e louvou o SENHOR.

Culto em Jerusalém e em Gibeom

37Davi providenciou que Asafe e seus parentes levitas servissem
continuamente diante da arca da aliança do SENHOR e cumpris-
sem seus deveres de cada dia. 38Faziam parte desse grupo: Obede-
Edom, filho de Jedutum, Hosa e 68 levitas que eram guardas das
portas. 39Enquanto isso, Davi deixou o sacerdote Zadoque e seus

parentes no tabernáculo do SENHOR, no lugar de adoração em
Gibeom, onde continuaram a servir diante do SENHOR. 40Todas as
manhãs e todas as tardes, ofereciam holocaustos ao SENHOR no
altar separado para essa finalidade, em obediência a tudo que
estava escrito na lei do SENHOR, conforme ele tinha ordenado a
Israel. 41Davi também designou Hemã, Jedutum e outros escolhi-
dos por nome para darem graças ao SENHOR, pois "seu amor dura
para sempre". 42Acompanhavam os cânticos de louvor a Deus com
trombetas, címbalos e outros instrumentos. Os filhos de Jedutum
foram nomeados guardas das portas. 43Então todos voltaram para
casa, e Davi também voltou para abençoar sua família.

CAPÍTULO 17

A aliança do SENHOR com Davi

1Quando Davi já havia se estabelecido em seu palácio, mandou
chamar o profeta Natã. Disse: "Veja, moro num palácio, uma
casa de cedro, enquanto a arca da aliança do SENHOR está lá fora,
numa simples tenda". 2Natã respondeu a Davi: "Faça o que tem em
mente, pois Deus está com o rei". 3Naquela mesma noite, porém,
Deus disse a Natã: 4"Vá e diga a meu servo Davi que assim diz o
SENHOR: 'Não será você que construirá uma casa para eu habitar.
5Desde o dia em que tirei os israelitas do Egito até hoje, nunca
morei numa casa. Sempre acompanhei o povo de um lugar para
o outro numa tenda, num tabernáculo. 6E, no entanto, onde quer
que tenha ido com os israelitas, nunca me queixei aos líderes
de Israel, aos pastores de meu povo. Nunca lhes perguntei: Por
que não construíram para mim um palácio, uma casa de cedro?'.
7"Agora vá e diga a meu servo Davi que assim diz o SENHOR dos
Exércitos: 'Eu o tirei das pastagens onde você cuidava das ovelhas
e o escolhi para ser o líder de meu povo, Israel. 8Estive com você
por onde andou e destruí todos os seus inimigos diante de seus
olhos. Agora, tornarei seu nome tão conhecido quanto o dos ho-
mens mais importantes da terra! 9Providenciarei uma terra para
meu povo, Israel, e os plantarei num lugar seguro, onde jamais
serão perturbados. Nações perversas não os oprimirão como fi-
zeram no passado, 10desde o tempo em que nomeei juízes para
governar meu povo, Israel. Também derrotarei todos os seus ini-
migos. "'Além disso, eu declaro que o SENHOR fará uma casa para

1Cr 17.27

você, uma dinastia real! 11Pois, quando você morrer e se reunir a
seus antepassados, escolherei um de seus filhos, de sua própria
descendência, e estabelecerei seu reino. 12Ele é que construirá uma
casa para mim, e estabelecerei seu trono para sempre. 13Eu serei
seu pai, e ele será meu filho. Jamais retirarei dele meu favor, como
o retirei daquele que governou antes de você. 14Eu o confirmarei
para sempre como rei sobre minha casa e sobre meu reino, e seu
trono será estabelecido para sempre'". 15Natã voltou até Davi e
contou ao rei tudo que o SENHOR lhe tinha revelado.

Oração de gratidão de Davi

16Então o rei Davi entrou no santuário, pôs-se diante do SENHOR
e orou: "Quem sou eu, ó SENHOR Deus, e o que é minha família,
para que me trouxesses até aqui? 17E agora, ó Deus, como se isso
não bastasse, dizes que dará a teu servo uma dinastia duradoura!
Como alguém pode ser tão privilegiado, ó SENHOR Deus? 18"Que
mais posso dizer sobre o modo como me honraste? Tu sabes como
teu servo é de fato. 19Por causa de teu servo, ó SENHOR, e de acordo
com tua vontade, fizeste todas estas grandes coisas e as tornaste
conhecidas. 20"Ó SENHOR, não há ninguém igual a ti! Jamais ou-
vimos falar de outro Deus como tu! 21Que outra nação na terra
é como teu povo, Israel? Que outra nação, ó Deus, resgataste da
escravidão para ser teu povo? Engrandeceste teu nome ao livrar
teu povo do Egito. Realizaste milagres impressionantes e removeste
as nações do caminho de teu povo. 22Escolheste Israel para ser teu
próprio povo para sempre, e tu, ó SENHOR, te tornaste seu Deus.
23"E agora, ó SENHOR, sou teu servo; faze o que prometeste a meu
respeito e de minha família. Confirma-o como uma promessa que
durará para sempre. 24Que o teu nome seja estabelecido e honrado
para sempre, a fim de que todos digam: 'O SENHOR dos Exércitos,
o Deus de Israel, é Deus para Israel!'. E que a dinastia de teu servo
Davi permaneça diante de ti para sempre. 25"Ó Deus meu, tive a
coragem de fazer-te esta oração porque revelaste a teu servo que
farás uma casa para mim, uma dinastia real! 26Pois tu és Deus,
ó SENHOR, e prometeste estas coisas boas a teu servo. 27E agora,
que seja do teu agrado abençoar a casa de teu servo, para que ela
permaneça para sempre diante de ti. Pois, quando concedes uma
bênção, ó SENHOR, é uma bênção para sempre!".

CAPÍTULO 18

Vitórias militares de Davi

1 Depois disso, Davi derrotou e sujeitou os filisteus, conquistando Gate e seus povoados. 2 Também conquistou a terra de Moabe, e os moabitas que foram poupados se tornaram súditos de Davi e lhe pagaram tributo. 3 Davi também destruiu o exército de Hadadezer, rei de Zobá, derrotando-o em Hamate, quando Hadadezer tentou fortalecer seu controle ao longo do rio Eufrates. 4 Davi tomou mil carros de guerra, sete mil cavaleiros e vinte mil soldados da infantaria. Levou cavalos suficientes para cem carros de guerra e aleijou o restante. 5 Quando os sírios de Damasco chegaram para ajudar Hadadezer, rei de Zobá, Davi matou 22 mil deles. 6 Então colocou destacamentos de seu exército em Damasco, a capital dos sírios. Assim Davi sujeitou os sírios, e eles lhe pagaram tributo. O SENHOR concedia vitórias a Davi por onde quer que ele fosse. 7 Davi levou para Jerusalém os escudos de ouro dos oficiais de Hadadezer, 8 bem como grande quantidade de bronze de Tebá e de Cum, cidades que pertenciam a Hadadezer. Mais tarde, Salomão derreteu o bronze e o usou para fazer o grande tanque de bronze chamado Mar, as colunas e os diversos utensílios de bronze do templo. 9 Quando Toí, rei de Hamate, soube que Davi tinha destruído todo o exército de Hadadezer, rei de Zobá, 10 enviou seu filho Jorão para parabenizar Davi por sua campanha bem-sucedida. Hadadezer e Toí eram inimigos e sempre estavam em guerra. Jorão presenteou Davi com objetos de prata, ouro e bronze. 11 O rei Davi dedicou todos esses presentes ao SENHOR, junto com a prata e o ouro que ele havia tomado de outras nações: de Edom, Moabe, Amom, da Filístia e de Amaleque. 12 Abisai, filho de Zeruia, destruiu dezoito mil edomitas no vale do Sal. 13 Colocou destacamentos do exército em Edom e, assim, todos os edomitas se tornaram súditos de Davi. O SENHOR concedia vitórias a Davi por onde quer que ele fosse. 14 Davi reinou sobre todo o Israel e fazia o que era justo e correto para seu povo. 15 Joabe, filho de Zeruia, era comandante de seu exército. Josafá, filho de Ailude, era o historiador do reino. 16 Zadoque, filho de Aitube, e Aimeleque, filho de Abiatar, eram sacerdotes. Seraías era o secretário da corte. 17 Benaia, filho de Joiada, era comandante da guarda pessoal do rei. E os filhos de Davi eram seus assistentes diretos.

NO QUE ESTOU PENSANDO ○ | O QUE ESTOU SENTINDO ○ | DO QUE ESTOU LEMBRANDO ○

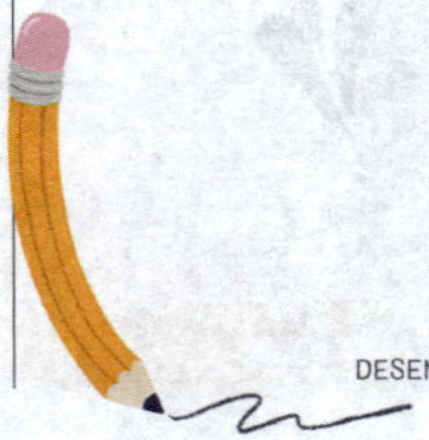

DESENHE OU ESCREVA

CAPÍTULO 19

Davi derrota os amonitas

1 Algum tempo depois, morreu Naás, rei dos amonitas, e seu filho Hanum subiu ao trono. 2 Davi disse: "Vou demonstrar lealdade a Hanum assim como seu pai, Naás, sempre foi leal a mim". Então Davi enviou representantes para expressar seu pesar a Hanum pela morte do pai dele. Mas, quando os representantes de Davi chegaram à terra de Amom, 3 os líderes amonitas disseram a Hanum: "O rei acredita mesmo que esses homens estão aqui para honrar seu pai? Não! Davi os enviou com o objetivo de espionar a terra para vir e conquistá-la!". 4 Então Hanum prendeu os representantes de Davi, raspou a barba de cada um, cortou metade de suas roupas até as nádegas e os mandou de volta a Davi. 5 Quando Davi soube do que havia acontecido, enviou mensageiros ao encontro dos homens, para que lhes dissessem: "Fiquem em Jericó até que sua barba tenha crescido e voltem em seguida", pois estavam muito envergonhados. 6 Quando Hanum e os amonitas perceberam quanto haviam enfurecido Davi, enviaram 35 toneladas de prata para Arã-Naarim, Arã-Maaca e Zobá, a fim de contratarem seus carros de guerra e cavaleiros. 7 Também contrataram 32 mil carros de guerra e obtiveram o apoio do rei de Maaca e de seu exército. Esses soldados acamparam em Medeba, onde se juntaram a eles tropas amonitas que Hanum havia recrutado em suas próprias cidades. 8 Davi foi informado disso e enviou Joabe e todos os seus guerreiros para lutarem contra eles. 9 As tropas amonitas avançaram e formaram sua frente de batalha à entrada da cidade, enquanto os outros reis se posicionaram para lutar nos campos abertos. 10 Joabe viu que teria de lutar em duas frentes ao mesmo tempo, por isso escolheu alguns dos melhores guerreiros de Israel e os pôs sob seu comando pessoal para enfrentar os sírios. 11 Deixou o restante do exército sob o comando de seu irmão Abisai, que atacou os amonitas. 12 Joabe disse a seu irmão: "Se os sírios forem fortes demais para mim, venha me ajudar. E, se os amonitas forem fortes demais para você, eu irei ajudá-lo. 13 Coragem! Lutemos bravamente por nosso povo e pelas cidades de nosso Deus. E que seja feita a vontade do SENHOR!". 14 Joabe e suas tropas atacaram, e os sírios começaram a fugir. 15 Quando os amonitas viram que os sírios batiam em retirada, também fugiram de Abisai e recuaram para dentro da cidade. Então

Joabe voltou para Jerusalém. 16Os sírios viram que não tinham
como enfrentar Israel. Assim, enviaram mensageiros para convo-
car mais soldados do outro lado do rio Eufrates. Essas tropas eram
conduzidas por Sobaque, comandante do exército de Hadadezer.
17Quando Davi foi informado do que estava acontecendo, reuniu
todo o Israel, atravessou o Jordão e posicionou suas tropas em for-
mação de batalha. Entrou em combate com os sírios, que lutaram
contra ele. 18Mais uma vez, porém, os sírios fugiram dos israelitas.
O exército de Davi matou sete mil homens em carros de guerra e
quarenta mil soldados de infantaria, incluindo Sobaque, coman-
dante de seu exército. 19Quando os aliados de Hadadezer viram
que ele havia sido derrotado por Israel, renderam-se a Davi e se
tornaram seus súditos. Depois disso, os sírios não quiseram mais
ajudar os amonitas.

CAPÍTULO 20

Davi conquista Rabá

1No começo do ano, época em que os reis costumavam ir à guerra,
Joabe conduziu o exército israelita em ataques bem-sucedidos con-
tra a terra dos amonitas. Durante essas operações, cercou a cidade
de Rabá, a atacou e a destruiu. Mas Davi ficou em Jerusalém. Joabe
conquistou Rabá e a destruiu. 2Então Davi chegou a Rabá, removeu
a coroa da cabeça do rei, e ela foi colocada sobre sua cabeça. A coroa
era feita de ouro, enfeitada com pedras preciosas, e pesava cerca de
35 quilos. Davi tomou grande quantidade de despojos da cidade.
3Também tornou os habitantes de Rabá seus escravos e os obrigou
a trabalhar com serras, picaretas e machados de ferro. Foi assim que
Davi tratou o povo de todas as cidades amonitas. Então ele e todo
o exército voltaram para Jerusalém.

Batalhas contra gigantes filisteus

4Depois disso, houve guerra contra os filisteus em Gezer. Enquanto
lutavam, Sibecai, de Husate, matou Safe, um descendente de gi-
gantes, e, desse modo, os filisteus foram subjugados. 5Durante
outra batalha contra os filisteus, Elanã, filho de Jair, matou Lami,
irmão de Golias, de Gate. O cabo da lança de Lami era da grossu-
ra de um eixo de tecelão. 6Em outra batalha com os filisteus em
Gate, havia um homem de grande estatura com seis dedos em cada

NO QUE ESTOU **PENSANDO** ○ | O QUE ESTOU **SENTINDO** ○ | DO QUE ESTOU **LEMBRANDO** ○

DESENHE OU ESCREVA

mão e seis dedos em cada pé, 24 dedos ao todo, que também era
descendente de gigantes. 7Mas, quando ele desafiou os israelitas
e zombou deles, foi morto por Jônatas, filho de Simeia, irmão de
Davi. 8Esses filisteus eram descendentes dos gigantes de Gate, mas
Davi e seus guerreiros os mataram.

CAPÍTULO 21

Davi realiza um censo

1Satanás se levantou contra Israel e incitou Davi a fazer um censo.
2Davi disse a Joabe e aos comandantes do exército: "Façam uma
contagem de todo o Israel, desde Berseba, ao sul, até Dã, ao norte,
e tragam-me um relatório para que eu saiba o número exato do
povo". 3Joabe, porém, respondeu: "Que o SENHOR torne a popula-
ção cem vezes mais numerosa do que é hoje! Mas por que meu
senhor, o rei, deseja fazer essa contagem? Eles não são todos seus
servos? Por que levar Israel a pecar?". 4Apesar da objeção de Joabe,
o rei insistiu que fizessem o censo. Então Joabe saiu para contar o
povo de Israel. Depois, voltou para Jerusalém 5e informou a Davi
o número de pessoas. Havia em Israel 1.100.000 homens aptos
para irem à guerra que sabiam manejar a espada e, em Judá, ha-
via 470.000. 6Mas Joabe não incluiu no censo as tribos de Levi e
Benjamim, pois achou absurda a ordem do rei.

Julgamento por causa do pecado de Davi

7Deus se desagradou muito do censo e castigou Israel por isso.
8Então Davi disse a Deus: "Pequei grandemente ao fazer essa
contagem. Perdoe meu pecado, pois cometi uma insensatez". 9O
SENHOR falou a Gade, o vidente de Davi. Esta foi a mensagem: 10"Vá
e diga a Davi que assim diz o SENHOR: 'Darei a você três opções.
Escolha um destes castigos, e eu o aplicarei a você'". 11Gade foi
a Davi e disse: "Estas são as três opções que o SENHOR lhe deu:
12três anos de fome, três meses de destruição pela espada de seus
inimigos, ou três dias de praga intensa, durante os quais o anjo do
SENHOR trará devastação sobre toda a terra de Israel. Decida o que
devo responder àquele que me enviou". 13"Não tenho para onde
correr nesta situação!", respondeu Davi a Gade. "Mas é melhor cair
nas mãos do SENHOR, pois sua misericórdia é grande. Que eu não
caia nas mãos de homens." 14Então o SENHOR enviou uma praga

sobre Israel, e setenta mil pessoas morreram. 15E Deus enviou um anjo para destruir Jerusalém. Mas, quando o anjo estava prestes a fazê-lo, o SENHOR teve compaixão e disse ao anjo da morte: "Pare! Já basta!". Naquele momento, o anjo do SENHOR estava perto da eira de Araúna, o jebuseu. 16Davi olhou para cima e viu o anjo do SENHOR entre o céu e a terra, com a espada desembainhada na mão, estendida sobre Jerusalém. Então Davi e as autoridades de Israel se vestiram de pano de saco e se prostraram com o rosto no chão. 17Davi disse a Deus: "Fui eu que ordenei o censo! Eu pequei e fiz o que era mau! Mas o povo é inocente, como ovelhas. O que fizeram? Ó SENHOR, meu Deus, que tua ira caia sobre mim e minha família, mas não castigue teu povo!".

Davi constrói um altar

18Então o anjo do SENHOR disse a Gade que mandasse Davi construir um altar ao SENHOR na eira de Araúna, o jebuseu. 19Davi subiu para lá a fim de cumprir a ordem que o SENHOR deu por meio de Gade. 20Araúna debulhava o trigo quando virou-se e viu o anjo. Seus quatro filhos, que estavam com ele, fugiram e se esconderam. 21Quando Araúna viu que o rei se aproximava, saiu da eira e curvou-se diante de Davi com o rosto no chão. 22Davi disse a Araúna: "Quero comprar de você esta eira pelo preço justo. Construirei nela um altar para o SENHOR, a fim de que ele faça cessar a praga". 23"Pode ficar com a eira, meu senhor, o rei", disse Araúna. "Use-a como lhe parecer melhor. Eu lhe darei os bois para os holocaustos, as tábuas de trilhar como lenha para o fogo do altar e o trigo como oferta de cereais. Eu lhe darei tudo, ó rei." 24O rei Davi, porém, respondeu a Araúna: "Não! Faço questão de comprá-la pelo preço justo. Não tomarei o que é seu para oferecer ao SENHOR. Não apresentarei holocaustos que nada me custaram". 25Então Davi pagou a Araúna seiscentas peças de ouro pela eira. 26Davi construiu ali um altar ao SENHOR e ofereceu holocaustos e ofertas de paz. E, quando Davi orou, o SENHOR respondeu com fogo do céu para queimar a oferta sobre o altar. 27Então o SENHOR deu ordem para que o anjo pusesse a espada de volta na bainha. 28Quando Davi percebeu que o SENHOR havia respondido à sua oração, ofereceu sacrifícios ali na eira de Araúna, o jebuseu. 29Naquela época, o tabernáculo do SENHOR, que Moisés havia feito no deserto, e o altar de holocaustos estavam

NO QUE ESTOU PENSANDO ○ | O QUE ESTOU SENTINDO ○ | DO QUE ESTOU LEMBRANDO ○

DESENHE OU ESCREVA

no lugar de adoração em Gibeom. 30Mas Davi não podia ir até lá para consultar Deus, pois tinha pavor da espada do anjo do SENHOR.

CAPÍTULO 22

1Então Davi disse: "Este será o lugar do templo do SENHOR Deus e o lugar do altar para os holocaustos de Israel!".

Preparativos para o templo

2Davi deu ordens para reunir os estrangeiros que viviam em Israel e os encarregou de preparar as pedras cortadas para a construção do templo de Deus. 3Davi providenciou grandes quantidades de ferro para os pregos necessários para as portas e suas dobradiças, e deu tanto bronze que não se podia pesar. 4Também providenciou inúmeras toras de cedro, pois os homens de Tiro e Sidom lhe haviam trazido grandes quantidades dessa madeira. 5Davi disse: "Meu filho Salomão ainda é jovem e inexperiente. Uma vez que o templo do SENHOR deve ser um edifício magnífico, famoso e glorioso por todo o mundo, começarei desde já a fazer os preparativos". Assim, antes de sua morte, Davi juntou grandes quantidades de materiais para a construção. 6Então mandou chamar seu filho Salomão e lhe ordenou que construísse um templo para o SENHOR, o Deus de Israel. 7Disse-lhe: "Meu filho, eu quis construir um templo em honra ao nome do SENHOR, meu Deus, 8mas o SENHOR me disse: 'Você matou muitos homens nas batalhas em que lutou. Derramou muito sangue diante de mim, por isso não será você quem construirá um templo em honra ao meu nome. 9Contudo, você terá um filho que será um homem de paz. Darei a ele descanso de seus inimigos de todas as terras vizinhas. Seu nome será Salomão, e darei paz e tranquilidade a Israel durante seu reinado. 10Ele construirá um templo em honra ao meu nome. Ele será meu filho, e eu serei seu pai, e eu estabelecerei o trono de seu reino sobre Israel para sempre'. 11"Agora, meu filho, que o SENHOR seja com você e lhe dê êxito na construção do templo do SENHOR, seu Deus, exatamente como ele prometeu a seu respeito. 12E que o SENHOR lhe dê sabedoria e entendimento, para que você obedeça à lei do SENHOR, seu Deus, ao governar Israel. 13Você terá êxito se for cuidadoso em obedecer aos decretos e estatutos que o SENHOR ordenou a Israel por meio de Moisés. Seja forte e corajoso; não tenha medo nem

1Cr

desanime! 14"Trabalhei arduamente para providenciar os materiais
para a construção do templo do SENHOR: 3.500 toneladas de ouro,
35.000 toneladas de prata e tanto ferro e bronze que não se pode
pesar. Também juntei madeira e pedra, embora talvez você precise
providenciar mais. 15Você tem muitos trabalhadores habilidosos:
cortadores de pedra, pedreiros, carpinteiros e artesãos de todo tipo,
16peritos nos trabalhos com ouro, prata, bronze e ferro. Agora come-
ce a obra, e que o SENHOR esteja com você!". 17Então Davi ordenou
a todos os líderes de Israel que ajudassem Salomão nesse projeto.
18"O SENHOR, seu Deus, está com vocês", declarou. "Ele lhes deu
descanso das nações ao redor. Entregou-as em minhas mãos, e
agora estão sujeitas ao SENHOR e ao seu povo. 19Agora busquem o
SENHOR, seu Deus, de todo o coração e de toda a alma. Construam
o santuário do SENHOR Deus, a fim de trazer a arca da aliança do
SENHOR e os utensílios sagrados para o templo edificado em honra
ao nome do SENHOR."

CAPÍTULO 23

Deveres dos levitas

1Quando Davi já era bem idoso, nomeou seu filho Salomão rei
sobre Israel. 2Convocou todos os líderes de Israel, e também os
sacerdotes e os levitas. 3Foram contados os levitas com 30 anos ou
mais, e o total chegou a 38 mil. 4De todos os levitas, 24 mil foram
designados para supervisionar o trabalho no templo do SENHOR,
6 mil para ser oficiais e juízes, 54 mil para ser guardas das portas
e 4 mil para louvar o SENHOR com os instrumentos musicais que
Davi fez para esse fim. 6Davi dividiu os levitas em grupos com os
nomes dos clãs descendentes dos três filhos de Levi: Gérson, Coate
e Merari.

Os gersonitas

7Os descendentes de Gérson foram: Libni e Simei, filhos de Gérson.
8Os três filhos de Libni foram: Jeiel, o chefe da família, Zetã e Joel.
9Esses foram os chefes da família de Libni. Três descendentes de
Simei foram: Selemote, Haziel e Harã. 10Outros quatro descenden-
tes de Simei foram: Jaate, Ziza, Jeús e Berias. 11Jaate era o chefe da
família, e Ziza, o segundo. Jeús e Berias foram contados como uma
só família, pois nenhum dos dois teve muitos filhos.

1Cr 23.30

Os coatitas

12Quatro descendentes de Coate foram: Anrão, Isar, Hebrom e Uziel.
13Os filhos de Anrão foram: Arão e Moisés. Arão e seus descenden-
tes foram separados para consagrar as coisas santíssimas, queimar
incenso na presença do SENHOR, servi-lo e pronunciar bênçãos em
seu nome para sempre. 14Quanto a Moisés, homem de Deus, seus
filhos foram contados com a tribo de Levi. 15Os filhos de Moisés
foram: Gérson e Eliézer. 16Um dos descendentes de Gérson foi
Sebuel, chefe da família. 17Eliézer teve apenas um filho, Reabias, o
chefe da família. Reabias teve muitos descendentes. 18Um dos des-
cendentes de Isar foi Selomite, chefe da família. 19Os descendentes
de Hebrom foram: Jerias, o chefe da família, Amarias, o segundo,
Jaaziel, o terceiro, e Jecameão, o quarto. 20Os descendentes de
Uziel foram: Mica, o chefe da família, e Issias, o segundo.

Os meraritas

21Os descendentes de Merari foram: Mali e Musi. Os filhos de Mali
foram: Eleazar e Quis. 22Eleazar morreu sem ter filhos; teve apenas
filhas. Suas filhas se casaram com os primos delas, os filhos de Quis.
23Três descendentes de Musi foram: Mali, Éder e Jeremote. 24Estes
foram os descendentes de Levi conforme seus clãs, os chefes de
suas famílias, registrados por nome. Cada um precisava ter 20 anos
ou mais a fim de se qualificar para o serviço na casa do SENHOR.
25Pois Davi disse: "O SENHOR, Deus de Israel, nos deu paz e habitará
sempre em Jerusalém. 26Os levitas não precisam mais carregar o
tabernáculo nem seus utensílios de um lugar para outro". 27De
acordo com as últimas instruções de Davi, foram registrados para o
serviço todos os levitas de 20 anos ou mais. 28O trabalho dos levitas
era ajudar os sacerdotes, os descendentes de Arão, no serviço da
casa do SENHOR. Também cuidavam dos pátios e das salas laterais,
ajudavam a realizar as cerimônias de purificação e serviam na casa
de Deus de várias outras maneiras. 29Eram encarregados dos pães
da presença colocados sobre a mesa, da farinha da melhor quali-
dade para as ofertas de cereais, dos bolos sem fermento, dos pães
assados em azeite e da mistura das massas. Eram responsáveis,
ainda, por verificar todos os pesos e medidas. 30Todas as manhãs
e todas as tardes, apresentavam-se diante do SENHOR para entoar
cânticos de ação de graças e louvor. 31Ajudavam nos holocaustos

oferecidos ao SENHOR nos sábados, nas festas de lua nova e em
todas as outras festas fixas. O número requerido de levitas estava
sempre de serviço na presença do SENHOR, e seguiam todos os
procedimentos que lhes haviam sido prescritos. 32E assim, sob
a supervisão dos sacerdotes, os descendentes de Arão, os levitas
guardavam a tenda do encontro e o santuário e cumpriam seus
deveres no serviço da casa do SENHOR.

CAPÍTULO 24

Deveres dos sacerdotes

1Os descendentes de Arão, os sacerdotes, foram divididos em tur-
nos para o serviço. Os filhos de Arão foram: Nadabe, Abiú, Eleazar
e Itamar. 2Mas Nadabe e Abiú morreram antes de seu pai e não
tinham filhos. Então Eleazar e Itamar deram continuidade ao sa-
cerdócio. 3Com a ajuda de Zadoque, descendente de Eleazar, e de
Aimeleque, descendente de Itamar, Davi dividiu os descendentes
de Arão em turnos, de acordo com suas responsabilidades. 4Os
descendentes de Eleazar foram divididos em dezesseis turnos, e
os de Itamar, em oito, pois havia mais chefes de família entre os
descendentes de Eleazar. 5As tarefas foram designadas aos grupos
por sorteio, para que não houvesse nenhuma preferência, pois ha-
via entre os descendentes de Eleazar e de Itamar muitos líderes
qualificados para servir a Deus no santuário. 6Semaías, filho do
levita Natanael, foi o secretário e anotou os nomes e as tarefas na
presença do rei, dos líderes, do sacerdote Zadoque, de Aimeleque,
filho de Abiatar, e dos chefes das famílias dos sacerdotes e dos
levitas. Os descendentes de Eleazar e de Itamar foram designados
por sorteio alternadamente. 7A primeira sorte caiu para Jeoiaribe;
a segunda, para Jedaías; 8a terceira, para Harim; a quarta, para
Seorim; 9a quinta, para Malquias; a sexta, para Miamim; 10a sétima,
para Hacoz; a oitava, para Abias; 11a nona, para Jesua; a décima,
para Secanias; 12a décima primeira, para Eliasibe; a décima segun-
da, para Jaquim; 13a décima terceira, para Hupá; a décima quarta,
para Jesebeabe; 14a décima quinta, para Bilga; a décima sexta, para
Imer; 15a décima sétima, para Hezir; a décima oitava, para Hapises;
16a décima nona, para Petaías; a vigésima, para Jeezquel; 17a vigé-
sima primeira, para Jaquim; a vigésima segunda, para Gamul; 18a
vigésima terceira, para Delaías; a vigésima quarta, para Maazias.

NO QUE ESTOU **PENSANDO** ○ | O QUE ESTOU **SENTINDO** ○ | DO QUE ESTOU **LEMBRANDO** ○

DESENHE OU ESCREVA

19Cada grupo realizava as tarefas que lhe haviam sido designadas
na casa do SENHOR, de acordo com os procedimentos definidos
por seu antepassado Arão em obediência às ordens do SENHOR,
o Deus de Israel.

Chefes de famílias levitas

20Os outros chefes de famílias descendentes de Levi foram: Dos
descendentes de Anrão: Sebuel. Dos descendentes de Sebuel:
Jedias. 21Dos descendentes de Reabias: Issias. 22Dos descenden-
tes de Isar: Selomite. Dos descendentes de Selomite: Jaate. 23Dos
descendentes de Hebrom: Jerias, o chefe, Amarias, o segundo,
Jaaziel, o terceiro, e Jecameão, o quarto. 24Dos descendentes de
Uziel: Mica. Dos descendentes de Mica: Samir 25e Issias, irmão de
Mica. Dos descendentes de Issias: Zacarias. 26Dos descendentes
de Merari: Mali e Musi. Dos descendentes de Jaazias: Beno. 27Dos
descendentes de Merari, por Jaazias: Beno, Soão, Zacur e Ibri.
28Dos descendentes de Mali: Eleazar, que não teve filhos. 29Dos
descendentes de Quis: Jerameel. 30Dos descendentes de Musi:
Mali, Éder e Jerimote. Esses foram os descendentes de Levi, de
acordo com suas famílias. 31Como os descendentes de Arão, suas
tarefas foram designadas por sorteio, sem distinção de idade nem
de posição entre as famílias. As sortes foram lançadas na presença
do rei Davi, de Zadoque, de Aimeleque e dos chefes das famílias
dos sacerdotes e dos levitas.

CAPÍTULO 25

Responsabilidades dos músicos

1Depois, Davi e os comandantes do exército nomearam homens das
famílias de Asafe, Hemã e Jedutum para profetizar, com o acompa-
nhamento de liras, harpas e címbalos. Esta é a lista de seus nomes
e de suas responsabilidades: 2Dos filhos de Asafe: Zacur, José,
Netanias e Asarela. Trabalhavam sob a direção de seu pai, Asafe,
que profetizava por ordem do rei. 3Dos filhos de Jedutum: Gedalias,
Zeri, Jesaías, Simei, Hasabias e Matitias, seis ao todo. Trabalhavam
sob a direção de seu pai, Jedutum, que profetizava com o acompa-
nhamento da lira, dando graças e louvando o SENHOR. 4Dos filhos
de Hemã: Buquias, Matanias, Uziel, Subael, Jerimote, Hananias,
Hanani, Eliata, Gidalti, Romanti-Ézer, Josbecasa, Maloti, Hotir e

Maaziote. 5 Todos eram filhos de Hemã, vidente do rei, pois Deus
lhe tinha dado o privilégio de ter catorze filhos e filhas, de acordo
com sua promessa. 6 Todos esses homens estavam sob a direção
de seus pais e serviam como músicos na casa do SENHOR. Eram
responsáveis por tocar címbalos, harpas e liras na casa de Deus.
Asafe, Jedutum e Hemã se reportavam diretamente ao rei. 7 Eles e
suas famílias estavam preparados para cantar diante do SENHOR, e
todos, 288 no total, eram músicos talentosos. 8 Os músicos foram
nomeados para seu serviço por sorteio, tanto jovens como idosos,
mestres ou aprendizes. 9 A primeira sorte caiu para José, do clã de
Asafe, e doze de seus filhos e parentes; a segunda, para Gedalias
e doze de seus filhos e parentes; 10 a terceira, para Zacur e doze de
seus filhos e parentes; 11 a quarta, para Zeri e doze de seus filhos e
parentes; 12 a quinta, para Netanias e doze de seus filhos e parentes;
13 a sexta, para Buquias e doze de seus filhos e parentes; 14 a sétima,
para Asarela e doze de seus filhos e parentes; 15 a oitava, para Jesaías
e doze de seus filhos e parentes; 16 a nona, para Matanias e doze
de seus filhos e parentes; 17 a décima, para Simei e doze de seus
filhos e parentes; 18 a décima primeira, para Uziel e doze de seus
filhos e parentes; 19 a décima segunda, para Hasabias e doze de
seus filhos e parentes; 20 a décima terceira, para Subael e doze de
seus filhos e parentes; 21 a décima quarta, para Matitias e doze de
seus filhos e parentes; 22 a décima quinta, para Jerimote e doze de
seus filhos e parentes; 23 a décima sexta, para Hananias e doze de
seus filhos e parentes; 24 a décima sétima, para Josbecasa e doze
de seus filhos e parentes; 25 a décima oitava, para Hanani e doze de
seus filhos e parentes; 26 a décima nona, para Maloti e doze de seus
filhos e parentes; 27 a vigésima, para Eliata e doze de seus filhos e
parentes; 28 a vigésima primeira, para Hotir e doze de seus filhos e
parentes; 29 a vigésima segunda, para Gidalti e doze de seus filhos
e parentes; 30 a vigésima terceira, para Maaziote e doze de seus
filhos e parentes; 31 a vigésima quarta, para Romanti-Ézer e doze
de seus filhos e parentes.

CAPÍTULO 26

Deveres dos guardas das portas

1 Estas são as divisões dos guardas das portas: Dos coraítas:
Meselemias, filho de Coré, da família de Abiasafe. 2 O primeiro
filho de Meselemias foi Zacarias, o segundo, Jediael, o terceiro,
Zebadias, o quarto, Jatniel, 3 o quinto, Elão, o sexto, Joanã, e o
sétimo, Elioenai. 4 O primeiro filho de Obede-Edom foi Semaías,
o segundo, Jeozabade, o terceiro, Joá, o quarto, Sacar, o quinto,
Natanael, 5 o sexto, Amiel, o sétimo, Issacar, e o oitavo, Peuletai.
Deus havia abençoado Obede-Edom. 6 Semaías, filho de Obede-
Edom, teve filhos muito capazes, que ocuparam posições de grande
autoridade no clã. 7 Estes eram os nomes deles: Otni, Rafael, Obede
e Elzabade. Seus parentes, Eliú e Semaquias, também foram ho-
mens muito capazes. 8 Todos esses descendentes de Obede-Edom,
incluindo seus filhos e parentes, 62 ao todo, foram homens muito
capazes e aptos para seu trabalho. 9 Os dezoito filhos e parentes de
Meselemias também foram homens muito capazes. 10 Os filhos de
Hosa, do clã de Merari, foram: Sinri, nomeado chefe por seu pai,
embora não fosse o mais velho, 11 Hilquias, o segundo, Tebalias,
o terceiro, e Zacarias, o quarto. Os filhos e parentes de Hosa fo-
ram treze ao todo. 12 Essas divisões de guardas das portas foram
feitas conforme os chefes de suas famílias. Os guardas, como os
outros levitas, serviam na casa do SENHOR. 13 Foram encarregados
de guardar as portas por sorteio, de acordo com as famílias, sem
levar em conta idade ou treinamento. 14 Meselemias e seu grupo
ficaram responsáveis pela porta leste. Seu filho Zacarias, conse-
lheiro de grande sabedoria, ficou responsável pela porta norte.
15 Obede-Edom ficou responsável pela porta sul, e seus filhos, pelo
depósito. 16 Supim e Hosa ficaram responsáveis pela porta oeste e
pela passagem que dava para o templo. O serviço dos guardas foi
dividido de forma igual. 17 Todos os dias, seis levitas ficavam encar-
regados da porta leste, quatro da porta norte, quatro da porta sul,
e duas duplas do depósito. 18 Cada dia, seis ficavam encarregados
da porta oeste, quatro da passagem que dava para o templo, e dois
do pátio. 19 Essas foram as divisões dos guardas das portas dos clãs
de Coré e de Merari.

Tesoureiros e outros oficiais

20 Outros levitas, sob a liderança de Aías, eram encarregados dos
tesouros da casa de Deus e dos depósitos onde ficavam os objetos
consagrados. 21 Da família de Libni, no clã de Gérson, Jeiel era o
chefe. 22 Os filhos de Jeiel, Zetã e seu irmão Joel, eram encarregados

NO QUE ESTOU **PENSANDO** ○ | O QUE ESTOU **SENTINDO** ○ | DO QUE ESTOU **LEMBRANDO** ○

DESENHE OU ESCREVA

1Cr

dos tesouros da casa do SENHOR. 23 Os líderes descendentes de
Anrão, de Isar, de Hebrom e de Uziel foram: 24 Do clã de Anrão,
Sebuel foi descendente de Gérson, filho de Moisés. Era o oficial en-
carregado dos tesouros. 25 Suas gerações de parentes por parte de
Eliézer foram: Reabias, Jesaías, Jorão, Zicri e Selemote. 26 Selemote
e seus parentes eram encarregados dos tesouros que o rei Davi, os
chefes das famílias, os generais e capitães e outros oficiais do exér-
cito haviam dedicado ao SENHOR. 27 Esses homens dedicaram parte
dos despojos que haviam obtido nas batalhas para a manutenção
da casa do SENHOR. 28 Selomote e seus parentes também cuidavam
de todas as ofertas dedicadas ao SENHOR pelo vidente Samuel, por
Saul, filho de Quis, por Abner, filho de Ner, e por Joabe, filho de
Zeruia. Eram responsáveis, ainda, pelas demais ofertas dedicadas
ao SENHOR. 29 Do clã de Isar, Quenanias e seus filhos receberam as
responsabilidades administrativas de Israel como oficiais e juízes.
30 Do clã de Hebrom, Hasabias e seus parentes, 1.700 homens capa-
zes, foram encarregados das terras israelitas a oeste do rio Jordão.
Eram responsáveis por todas as questões relacionadas ao serviço
do SENHOR e do rei nessa região. 31 Também do clã de Hebrom,
Jerias era o chefe dos hebronitas, de acordo com os registros ge-
nealógicos. No quadragésimo ano do reinado de Davi, fez-se uma
busca nos registros e foram encontrados homens capazes do clã
de Hebrom em Jazer, na terra de Gileade. 32 Havia 2.700 homens
capazes e chefes de família entre os parentes de Jerias. O rei Davi
os enviou para o lado leste do Jordão e os encarregou das tribos
de Rúben e Gade e da meia tribo de Manassés. Eram responsáveis
por todas as questões relacionadas a Deus e ao rei.

CAPÍTULO 27

Comandantes e divisões militares

1 Esta é a lista dos israelitas, chefes de família, generais e capitães
que serviam o rei na supervisão das divisões do exército de serviço
a cada mês do ano. Cada divisão tinha 24 mil homens e servia
durante um mês. 2 Jasobeão, filho de Zabdiel, era comandante da
primeira divisão de 24 mil homens, de serviço durante o primeiro
mês. 3 Era descendente de Perez e chefe de todos os oficiais do
exército para o primeiro mês. 4 Dodai, descendente de Aoí, era
comandante da segunda divisão de 24 mil homens, de serviço

NO QUE ESTOU PENSANDO ○

O QUE ESTOU SENTINDO ○

DO QUE ESTOU LEMBRANDO ○

DESENHE OU ESCREVA

durante o segundo mês. Miclote era o chefe da divisão. 5 Benaia,
filho do sacerdote Joiada, era comandante da terceira divisão de
24 mil homens, de serviço durante o terceiro mês. 6 Esse Benaia
comandou o grupo militar de elite de Davi, conhecido como os
Trinta. Seu filho Amizabade era o chefe da divisão. 7 Asael, irmão
de Joabe, era comandante da quarta divisão de 24 mil homens,
de serviço durante o quarto mês. Asael foi sucedido por seu filho
Zebadias. 8 Sama, o izraíta, era comandante da quinta divisão de 24
mil homens, de serviço durante o quinto mês. 9 Ira, filho de Iques,
de Tecoa, era comandante da sexta divisão de 24 mil homens, de
serviço durante o sexto mês. 10 Helez, de Pelom, descendente de
Efraim, era comandante da sétima divisão de 24 mil homens, de
serviço durante o sétimo mês. 11 Sibecai, de Husate, descendente
de Zera, era comandante da oitava divisão de 24 mil homens, de
serviço durante o oitavo mês. 12 Abiezer, de Anatote, da tribo de
Benjamim, era comandante da nona divisão de 24 mil homens, de
serviço durante o nono mês. 13 Maarai, de Netofate, descendente
de Zera, era comandante da décima divisão de 24 mil homens, de
serviço durante o décimo mês. 14 Benaia, de Piratom, em Efraim,
era comandante da décima primeira divisão de 24 mil homens,
de serviço durante o décimo primeiro mês. 15 Helede, de Netofate,
descendente de Otniel, era comandante da décima segunda divisão
de 24 mil homens, de serviço durante o décimo segundo mês.

Líderes das tribos

16 Estas foram as tribos de Israel e seus líderes: da tribo de Rúben:
Eliézer, filho de Zicri; da tribo de Simeão: Sefatias, filho de Maaca;
17 da tribo de Levi: Hasabias, filho de Quemuel; da tribo de Arão: o
sacerdote, Zadoque; 18 da tribo de Judá: Eliú, irmão de Davi; da tribo
de Issacar: Onri, filho de Micael; 19 da tribo de Zebulom: Ismaías,
filho de Obadias; da tribo de Naftali: Jeremote, filho de Azriel; 20 da
tribo de Efraim: Oseias, filho de Azazias; da tribo de Manassés, a
oeste: Joel, filho de Pedaías; 21 da tribo de Manassés, em Gileade,
a leste: Ido, filho de Zacarias; da tribo de Benjamim: Jaasiel, filho
de Abner; 22 da tribo de Dã: Azareel, filho de Jeroão. Esses foram os
líderes das tribos de Israel. 23 Quando Davi fez o censo, não contou
os que tinham menos de 20 anos, pois o SENHOR havia prometi-
do que os israelitas seriam numerosos como as estrelas no céu.

24Joabe, filho de Zeruia, começou o censo, mas nunca o terminou,
porque a ira de Deus caiu sobre Israel. O número total nunca foi
anotado nos registros oficiais do rei Davi.

Oficiais do reino de Davi

25Azmavete, filho de Adiel, era encarregado dos depósitos do pa-
lácio. Jônatas, filho de Uzias, era encarregado dos depósitos nos
campos, nas cidades, nos povoados e nas fortalezas. 26Ezri, filho
de Quelube, era encarregado dos trabalhadores nos campos, que
cultivavam as terras. 27Simei, de Ramá, era encarregado dos vinhe-
dos. Zabdi, de Sifá, era encarregado das uvas e do fornecimento de
vinho. 28Baal-Hanã, de Gederá, era encarregado das plantações
de oliveiras e figueiras-bravas do rei nas colinas de Judá. Joás era
encarregado dos depósitos de azeite. 29Sitrai, de Sarom, era en-
carregado do gado na planície de Sarom. Safate, filho de Adlai, era
encarregado do gado nos vales. 30Obil, o ismaelita, era encarregado
dos camelos. Jedias, de Meronote, era encarregado dos jumen-
tos. 31Jaziz, o hagareno, era encarregado das ovelhas. Todos esses
oficiais administravam as propriedades do rei Davi. 32Jônatas, tio
de Davi, era conselheiro do rei, homem sábio e também escriba.
Jeiel, filho de Hacmoni, era responsável por ensinar os filhos do
rei. 33Aitofel era conselheiro do rei. Husai, o arquita, era amigo do
rei. 34Aitofel foi sucedido por Joiada, filho de Benaia, e por Abiatar.
Joabe era comandante do exército do rei.

CAPÍTULO 28

Instruções de Davi a Salomão

1Davi convocou todos os oficiais de Israel para irem a Jerusalém:
os líderes das tribos, os comandantes das divisões do exército, os
generais e os capitães, os administradores das propriedades e dos
rebanhos do rei, os oficiais do palácio, os guerreiros valentes, e
todos os outros soldados do reino. 2Davi se pôs em pé e disse:
"Meus irmãos e meu povo! Era meu desejo construir um templo
onde a arca da aliança do SENHOR, o lugar de descanso dos pés de
nosso Deus, repousasse para sempre. Fiz os preparativos neces-
sários para construí-lo, 3mas Deus me disse: 'Você não construirá
um templo em honra ao meu nome, pois é homem de guerra e
derramou muito sangue'. 4"Contudo, o SENHOR, o Deus de Israel,

NO QUE ESTOU **PENSANDO** ○ | O QUE ESTOU **SENTINDO** ○ | DO QUE ESTOU **LEMBRANDO** ○

DESENHE OU ESCREVA

me escolheu dentre toda a família de meu pai para ser rei em Israel,
para sempre. Escolheu a tribo de Judá para governar e, dentre as
famílias de Judá, escolheu a de meu pai. Dentre os filhos de meu
pai, agradou-se de me fazer rei sobre todo o Israel. 5E, dentre os
muitos filhos que o SENHOR me deu, escolheu Salomão para ser
meu sucessor no trono de Israel e para governar o reino do SENHOR.
6Ele me disse: 'Seu filho Salomão construirá meu templo e meus
pátios, pois eu o escolhi para ser meu filho, e eu serei seu pai.
7E, se ele continuar a obedecer a meus mandamentos e estatutos,
como obedece hoje, farei seu reino durar para sempre'. 8"Agora,
portanto, com Deus como nossa testemunha, e diante de todo o
Israel, a comunidade do SENHOR, eu lhes digo: tenham o cuidado
de obedecer a todos os mandamentos do SENHOR, seu Deus, para
que continuem a possuir esta boa terra e a deixem para seus filhos
como herança permanente. 9"E você, meu filho Salomão, aprenda
a conhecer o Deus de seus antepassados. Sirva-o de todo o coração
e com a alma alegre. Pois o SENHOR vê todos os corações e conhece
todos os planos e pensamentos. Se você o buscar, o encontrará.
Mas, se você o abandonar, ele o rejeitará para sempre. 10Portanto,
leve isto a sério. O SENHOR o escolheu para construir um templo
que sirva de santuário. Seja forte e faça o trabalho". 11Então Davi
entregou a seu filho Salomão as plantas do templo e de tudo que
ficava ao redor, incluindo a sala de entrada, os depósitos, as salas
dos andares superiores, as salas internas e o lugar de expiação.
12Davi também entregou a Salomão as plantas de tudo que havia
planejado para os pátios do templo do SENHOR, das salas externas,
dos tesouros e dos depósitos para as ofertas dedicadas ao SENHOR.
13Deu, ainda, instruções a respeito das divisões dos sacerdotes e
dos levitas, além das responsabilidades no templo do SENHOR e
das especificações para os objetos usados no serviço do templo.
14Davi deu instruções a respeito de quanto ouro e quanta prata
deviam ser usados para confeccionar esses objetos para o serviço.
15Informou a quantidade de ouro necessária para os candelabros
e as lâmpadas de ouro, e a quantidade de prata necessária para os
candelabros e as lâmpadas de prata, de acordo com o uso de cada
um. 16Especificou a quantidade de ouro para a mesa sobre a qual
seriam colocados os pães da presença, e a quantidade de prata
para as outras mesas. 17Davi também especificou a quantidade

de ouro puro para os garfos, as bacias, os jarros e as tigelas, bem
como a quantidade de prata para as tigelas. 18Especificou, ainda,
a quantidade de ouro refinado para o altar de incenso. E, por fim,
entregou-lhe o projeto para o trono do SENHOR, os querubins de
ouro cujas asas se estendiam sobre a arca da aliança do SENHOR.
19Davi disse a Salomão: "Todos os detalhes dessas plantas me fo-
ram escritos sob a direção do SENHOR". 20E continuou: "Seja forte
e corajoso e faça o trabalho. Não tenha medo nem desanime, pois
o SENHOR Deus, meu Deus, está com você. Ele não o deixará nem o
abandonará durante toda a construção do templo do SENHOR. 21As
divisões dos sacerdotes e dos levitas servirão no templo do SENHOR.
Outros, com todo tipo de habilidade, se oferecerão para ajudar, e
os oficiais e todo o povo estarão às suas ordens".

CAPÍTULO 29

Ofertas para a construção do templo

1O rei Davi se voltou para toda a comunidade e disse: "Meu filho
Salomão, que Deus escolheu, ainda é jovem e inexperiente. O tra-
balho que ele tem pela frente é enorme, pois o templo que ele
construirá não será para meros humanos, mas para o SENHOR Deus.
2Usando todos os recursos a meu dispor, juntei o que pude para a
construção do templo de meu Deus. Agora, há ouro, prata, bronze,
ferro e madeira suficientes, bem como grandes quantidades de
ônix e outras pedras preciosas, joias caras, todo tipo de pedra da
melhor qualidade e mármore. 3"E agora, por causa de minha ale-
gria com a construção do templo de meu Deus, entrego todos os
meus tesouros pessoais, ouro e prata, para ajudar na construção,
além de todos os materiais que juntei para o santo templo. 4Ofereço
105 toneladas de ouro de Ofir e 245 toneladas de prata refinada
para revestir as paredes das construções, 5e para os outros trabalhos
em ouro e prata a serem feitos pelos artesãos. Quem seguirá meu
exemplo e entregará, hoje, ofertas ao SENHOR?". 6Então os chefes
das famílias, os líderes das tribos, os generais e os capitães, e os
administradores do rei ofertaram voluntariamente. 7Para a constru-
ção do templo de Deus, entregaram 175 toneladas de ouro, 10.000
peças de ouro, 350 toneladas de prata, 630 toneladas de bronze
e 3.500 toneladas de ferro. 8Também contribuíram com pedras
preciosas, que foram guardadas no tesouro da casa do SENHOR, sob

NO QUE ESTOU **PENSANDO** ○ | O QUE ESTOU **SENTINDO** ○ | DO QUE ESTOU **LEMBRANDO** ○

DESENHE OU ESCREVA

os cuidados de Jeiel, descendente de Gérson. 9O povo se alegrou
com as ofertas, pois as entregou ao SENHOR voluntariamente e de
todo o coração, e o rei Davi também se encheu de alegria.

Oração de louvor de Davi

10Então Davi louvou o SENHOR na presença de toda a comunidade:
"Ó SENHOR, Deus de nosso antepassado Israel, louvado sejas para
sempre! 11Ó SENHOR, a ti pertencem a grandeza, o poder, a glória,
a vitória e a majestade. Tudo que há nos céus e na terra é teu,
ó SENHOR, e este é teu reino. Tu estás acima de tudo. 12Riqueza
e honra vêm somente de ti, pois tu governas sobre tudo. Poder
e força estão em tuas mãos, e cabe a ti exaltar e dar força. 13"Ó
nosso Deus, damos graças e louvamos teu nome glorioso! 14Mas
quem sou eu, e quem é meu povo, para que pudéssemos te dar
alguma coisa? Tudo que temos vem de ti, e demos apenas o que
primeiro de ti recebemos! 15Somos estrangeiros e peregrinos na
terra, como nossos antepassados antes de nós. Nossos dias na terra
são como uma sombra, passam rápido, sem deixar vestígio. 16"Ó
SENHOR, nosso Deus, até mesmo estes materiais que juntamos para
construir um templo em honra ao teu nome santo vêm de ti! Tudo
pertence a ti! 17Eu sei, meu Deus, que examinas nosso coração e te
regozijas quando nele encontras integridade. Tu sabes que fiz tudo
isso com boas intenções e vi teu povo entregar ofertas voluntaria-
mente e com alegria. 18"Ó SENHOR, o Deus de nossos antepassados
Abraão, Isaque e Israel, leva teu povo a sempre desejar te obedecer.
Mantém o coração deles sempre leal a ti. 19Dá a meu filho Salomão
o desejo sincero de obedecer a todos os teus mandamentos, pre-
ceitos e decretos, e de fazer todo o necessário a fim de construir
este templo, para o qual realizei estes preparativos". 20Então Davi
disse a toda a comunidade: "Louvem o SENHOR, seu Deus!". E toda
a comunidade louvou o SENHOR, o Deus de seus antepassados,
e eles se prostraram e se ajoelharam diante do SENHOR e do rei.

Salomão é proclamado rei

21No dia seguinte, trouxeram mil novilhos, mil carneiros e mil cor-
deiros e os apresentaram ao SENHOR como sacrifícios e holocaustos.
Também trouxeram ofertas derramadas e muitos outros sacrifícios
em favor de todo o Israel. 22Naquele dia, festejaram e comeram

na presença do SENHOR com grande alegria. Mais uma vez, procla-
maram Salomão, filho de Davi, como rei. Ungiram Salomão diante
do SENHOR, como seu líder, e ungiram Zadoque como sacerdote.
23Salomão se sentou no trono do SENHOR em lugar de seu pai, Davi.
Foi bem-sucedido em tudo, e todo o Israel lhe obedecia. 24Todos os
oficiais, os guerreiros e os filhos de Davi prometeram ser leais ao
rei Salomão. 25O SENHOR exaltou Salomão diante de todo o Israel e
lhe deu mais esplendor que qualquer outro rei de Israel antes dele.

Resumo do reinado de Davi

26Davi, filho de Jessé, reinou sobre todo o Israel. 27Reinou em
Israel por quarenta anos, sete anos em Hebrom e 33 em Jerusalém.
28Morreu em boa velhice, depois de desfrutar uma vida longa,
cheia de riqueza e honra. Seu filho Salomão foi seu sucessor.
29Todos os acontecimentos do reinado de Davi, do início ao fim,
estão escritos no *Registro do Vidente Samuel*, no *Registro do Profeta*
Natã e no *Registro do Vidente Gade*, 30incluindo os grandes feitos
de seu reinado e tudo que aconteceu com ele, com Israel e com
todos os reinos vizinhos.

Naquele dia, festejaram e comeram na presença do Senhor com grande alegria. Mais uma vez, proclamaram Salomão, filho de Davi, como rei.

1Cr 29.22

2 CRÔNICAS

CAPÍTULO 1

Salomão pede sabedoria

1Salomão, filho de Davi, estabeleceu firme controle sobre seu reino,
pois o SENHOR, seu Deus, estava com ele e o tornou muito poderoso.
2Salomão convocou todas as autoridades de Israel: os generais e
capitães do exército, os juízes e todos os líderes e chefes dos clãs.
3Então conduziu toda a comunidade ao lugar de culto em Gibeom,
pois ali ficava a tenda do encontro. Essa era a tenda que Moisés,
servo do SENHOR, havia feito no deserto. 4Davi tinha transportado a
arca de Deus de Quiriate-Jearim para a tenda que ele havia preparado
do para ela em Jerusalém. 5Mas o altar de bronze feito por Bezalel,
filho de Uri e neto de Hur, ainda estava ali em Gibeom, em frente ao
tabernáculo do SENHOR. Então Salomão e o povo se reuniram nesse
local para consultar o SENHOR. 6Na presença do SENHOR, Salomão
ofereceu mil holocaustos sobre o altar de bronze, que estava na
tenda do encontro. 7Naquela noite, Deus apareceu a Salomão e
lhe disse: "Peça o que quiser, e eu lhe darei". 8Salomão respondeu
a Deus: "Tu mostraste grande amor leal a meu pai, Davi, e agora
me fizeste rei em seu lugar. 9Ó SENHOR Deus, cumpre a promessa
que fizeste a meu pai, Davi, pois me fizeste rei sobre um povo tão
numeroso como o pó da terra! 10Dá-me sabedoria e conhecimento
para que eu os lidere bem, pois quem é capaz de governar este teu
grande povo?". 11Deus disse a Salomão: "Uma vez que esse é seu
desejo, e não pediu riqueza, nem bens, nem fama, nem a morte
de seus inimigos, nem vida longa, mas sabedoria e conhecimento

2Cr 1.11-12

para governar bem meu povo, sobre o qual o fiz rei, 12certamente
lhe darei a sabedoria e o conhecimento que pediu. Também lhe
darei riqueza, bens e fama como nenhum rei teve nem jamais terá".
13Então Salomão voltou da tenda do encontro, no lugar de culto em
Gibeom, para Jerusalém, e reinou sobre todo o Israel. 14Salomão
ajuntou muitos carros de guerra e cavalos. Possuía 1.400 carros
de guerra e 12.000 cavalos. Mantinha alguns deles nas cidades
designadas para guardar esses carros de guerra e outros perto
dele, em Jerusalém. 15O rei tornou a prata e o ouro tão comuns
em Jerusalém como as pedras. E havia tanta madeira valiosa de
cedro como as figueiras-bravas que crescem nas colinas de Judá.
16Os cavalos de Salomão eram importados do Egito e da Cilícia; os
comerciantes do rei os adquiriam da Cilícia pelo preço de mercado.
17Naquela época, um carro de guerra do Egito custava 600 peças de
prata, e um cavalo, 150 peças de prata. Depois, eram exportados
aos reis dos hititas e aos reis da Síria.

CAPÍTULO 2

Preparativos para a construção do templo

1Salomão resolveu construir um templo em honra ao nome do
SENHOR, e um palácio para si próprio. 2Convocou 70.000 carre-
gadores, 80.000 homens para cortarem pedras na região mon-
tanhosa e 3.600 chefes para supervisionarem as obras. 3Salomão
enviou a seguinte mensagem a Hirão, rei de Tiro: "Peço que me
forneça madeira de cedro, como fez com meu pai, Davi, quando ele
construiu seu palácio. 4Estou para construir um templo em honra
ao nome do SENHOR, meu Deus. Será um lugar consagrado para
queimar incenso aromático diante dele, para apresentar os pães
da presença e para oferecer holocaustos todas as manhãs e todas
as tardes, nos sábados, nas luas novas e nas festas fixas estabele-
cidas pelo SENHOR, nosso Deus. Ele ordenou que Israel fizesse isso
para sempre. 5"O templo que vou construir será imponente, pois
nosso Deus é maior que todos os outros deuses. 6Contudo, quem
poderia construir uma casa digna dele? Nem mesmo os mais altos
céus seriam capazes de contê-lo! E quem sou eu para pensar em
construir um templo para ele, a não ser como lugar para queimar
sacrifícios diante dele? 7"Portanto, envie-me um mestre artífice
competente, que saiba trabalhar com ouro, prata, bronze, ferro,

com tecido púrpura, vermelho e azul, que seja habilidoso para fazer
entalhes e que trabalhe com os artífices de Judá e Jerusalém que
meu pai, Davi, escolheu. 8"Mande-me, também, madeira de cedro,
cipreste e sândalo do Líbano, pois sei que ninguém no Líbano corta
madeira como seus servos. Enviarei meus servos para ajudá-los.
9Será necessária muita madeira, pois o templo que vou construir
será grande e imponente. 10Como pagamento a seus cortadores
de madeira, enviarei vinte mil cestos grandes de trigo batido, vinte
mil cestos grandes de cevada, vinte mil tonéis de vinho e vinte
mil tonéis de azeite". 11Hirão, rei de Tiro, enviou esta resposta a
Salomão: "O SENHOR ama seu povo, por isso o fez rei sobre ele!
12Louvado seja o SENHOR, o Deus de Israel, que criou os céus e a
terra! Ele deu ao rei Davi um filho sábio, que tem inteligência e
entendimento, e que construirá um templo para o SENHOR e um
palácio para si próprio. 13"Envio-lhe Hurão-Abi, mestre artífice muito
talentoso. 14Sua mãe é da tribo de Dã, em Israel, e seu pai é de Tiro.
Ele tem habilidade para trabalhar com ouro, prata, bronze e ferro,
e também com pedra, madeira, tecido púrpura, vermelho e azul
e linho fino. É habilidoso para fazer entalhes e capaz de executar
qualquer projeto que você lhe der. Ele trabalhará com seus artí-
fices e com os homens indicados por meu senhor Davi, seu pai.
15"Agora, envie o trigo, a cevada, o azeite e o vinho, conforme meu
senhor mencionou. 16Cortaremos toda a madeira necessária das
montanhas do Líbano, colocaremos as toras em balsas e as faremos
flutuar ao longo da costa do mar Mediterrâneo até Jope. Dali você
as transportará até Jerusalém". 17Salomão fez um censo de todos
os estrangeiros na terra de Israel, como o censo que seu pai, Davi,
havia feito, e descobriu que eram 153.600. 18Designou 70.000
deles como carregadores, 80.000 como cortadores de pedra na
região montanhosa e 3.600 como chefes para supervisionar a obra.

CAPÍTULO 3

Salomão constrói o templo

1Então Salomão começou a construir o templo do SENHOR em
Jerusalém, no monte Moriá, onde o SENHOR havia aparecido a seu
pai, Davi. O templo foi construído na eira de Araúna, o jebuseu, o
local escolhido por Davi. 2A construção começou no segundo dia
do segundo mês do quarto ano do reinado de Salomão. 3O alicerce

NO QUE ESTOU **PENSANDO** O QUE ESTOU **SENTINDO** DO QUE ESTOU **LEMBRANDO**

DESENHE OU ESCREVA

do templo de Deus construído por Salomão tinha 27 metros de
comprimento e 9 metros de largura, conforme a medida antiga.
4A sala de entrada na frente do templo media 9 metros de lar-
gura, a mesma largura do templo, e 9 metros de altura. Salomão
revestiu seu interior com ouro puro. 5Cobriu todas as paredes do
salão principal do templo com madeira de cipreste revestida com
ouro puro e enfeitada com entalhes de palmeiras e de correntes.
6Enfeitou as paredes do templo com pedras preciosas e com ouro
da terra de Parvaim. 7Revestiu com ouro as vigas, os batentes, as
paredes e as portas de todo o templo e entalhou nas paredes figuras
de querubins. 8Fez o lugar santíssimo com 9 metros de largura, a
mesma largura do templo, e 9 metros de comprimento. Revestiu
seu interior com 21 toneladas de ouro puro. 9Cada um dos pregos
de ouro pesava 600 gramas. Também revestiu com ouro as paredes
das salas superiores. 10Fez duas figuras em forma de querubins,
as revestiu com ouro e as colocou no lugar santíssimo. 11As asas
abertas dos querubins mediam, juntas, 9 metros. Uma das asas
do primeiro querubim media 2,25 metros e tocava a parede do
templo. A outra asa, que também media 2,25 metros, tocava a asa
do segundo querubim. 12De igual modo, uma das asas do segundo
querubim media 2,25 metros e tocava a parede oposta. A outra asa,
que também media 2,25 metros, tocava a asa do primeiro queru-
bim. 13Portanto, as asas abertas dos querubins mediam, juntas, 9
metros. Os querubins ficavam em pé, de frente para o salão prin-
cipal do templo. 14Na entrada do lugar santíssimo, colocou uma
cortina de linho fino, enfeitada com fio azul, púrpura e vermelho,
e bordada com figuras de querubins. 15Para a frente do templo, fez
duas colunas, cada uma com 8,1 metros de altura e com um capitel
de 2,25 metros de altura. 16Fez conjuntos de correntes entrelaçadas
e os colocou para enfeitar o alto das colunas. Também fez cem romãs
decorativas e as prendeu às correntes. 17Depois, levantou as duas
colunas na frente do templo, uma ao sul da entrada e outra ao norte.
Chamou a coluna ao sul de Jaquim, e a coluna ao norte, de Boaz.

CAPÍTULO 4

A mobília do templo

1Salomão também fez um altar de bronze com 9 metros de compri-
mento, 9 metros de largura e 4,5 metros de altura. 2Depois, fundiu

um grande tanque redondo, chamado Mar. O tanque media 4,5
metros de uma borda à outra, 2,25 metros de profundidade e 13,5
metros de circunferência. 3Logo abaixo da borda, tinha ao seu redor
duas fileiras de figuras semelhantes a touros. Havia cerca de vinte
figuras por metro em toda a circunferência, formando uma única
peça de fundição com o tanque. 4O tanque ficava apoiado sobre
doze touros, todos voltados para fora: três voltados para o norte,
três para o oeste, três para o sul e três para o leste. 5As paredes do
tanque tinham oito centímetros de espessura, e sua borda se pro-
jetava para fora como uma taça, semelhante a um lírio. Tinha capa-
cidade para cerca de sessenta mil litros de água. 6Fez também dez
pias menores para lavar os utensílios para os holocaustos. Colocou
cinco do lado sul e cinco do lado norte. Os sacerdotes, porém, se
lavavam no tanque chamado Mar. 7Fez dez candelabros de ouro, de
acordo com as especificações que havia recebido, e os colocou no
templo, cinco do lado sul e cinco do lado norte. 8Fez dez mesas e as
colocou no templo, cinco do lado sul e cinco do lado norte. Também
fez cem bacias de ouro. 9Depois, construiu o pátio dos sacerdotes
e o grande pátio externo. Fez portas para as entradas dos pátios
e as revestiu com bronze. 10O grande tanque de bronze chamado
Mar foi colocado perto do canto sudeste do templo. 11Hurão-Abi
também fez as bacias, pás e tigelas necessárias. Assim, Hurão-Abi
terminou tudo que o rei Salomão havia ordenado que ele fizesse
para o templo de Deus: 12as duas colunas; os dois capitéis em
forma de taça no alto das colunas; os dois conjuntos de correntes
entrelaçadas que enfeitavam os capitéis; 13as quatrocentas romãs
penduradas nas correntes dos capitéis (duas fileiras de romãs para
cada conjunto de correntes que enfeitavam os capitéis no alto das
colunas); 14as bases móveis para levar água com as pias; 15o Mar
e os doze bois debaixo dele; 16os baldes das cinzas, as pás, os
garfos de carne e os demais utensílios. Hurão-Abi fez todos esses
utensílios de bronze polido para o templo do SENHOR, conforme
as instruções do rei Salomão. 17O rei ordenou que fossem fundi-
dos em moldes de barro no vale do Jordão, entre Sucote e Zaretã.
18Salomão usou uma quantidade tão grande de bronze que seu
peso não pôde ser medido. 19Salomão também fez toda a mobília
para o templo de Deus: o altar de ouro; as mesas para os pães
da presença; 20os candelabros e suas lâmpadas de ouro maciço,

NO QUE ESTOU **PENSANDO** ○ | O QUE ESTOU **SENTINDO** ○ | DO QUE ESTOU **LEMBRANDO** ○

DESENHE OU ESCREVA

para serem acesas diante do lugar santíssimo, conforme determi-
nado; 21os enfeites de flores, as lâmpadas e as tenazes, todos do
ouro mais puro; 22os cortadores de pavio, as tigelas, as colheres
e os incensários, todos de ouro maciço; as dobradiças das portas
de entrada do lugar santíssimo e do salão principal do templo,
revestidas com ouro.

CAPÍTULO 5

1Assim, o rei Salomão concluiu toda a sua obra no templo do
SENHOR. Então trouxe todos os presentes que seu pai, Davi, havia
consagrado – a prata, o ouro e os diversos objetos – e os guardou
na tesouraria do templo de Deus.

O transporte da arca para o templo

2Em seguida, Salomão mandou chamar a Jerusalém todas as auto-
ridades de Israel e todos os líderes das tribos, os chefes das famílias
israelitas. Eles levariam a arca da aliança do SENHOR do lugar onde
estava, na Cidade de Davi, também conhecida como Sião, para o
templo. 3Todos os homens de Israel se reuniram diante do rei du-
rante a Festa das Cabanas, celebrada anualmente no sétimo mês.
4Quando todos os líderes de Israel chegaram, os levitas ergueram
a arca. 5Os sacerdotes e os levitas levaram a arca do SENHOR, jun-
to com a tenda do encontro e todos os seus utensílios sagrados.
6Ali, diante da arca, o rei Salomão e toda a comunidade de Israel
ofereceram tantos sacrifícios de ovelhas e bois que não puderam
ser contados. 7Então os sacerdotes levaram a arca da aliança do
SENHOR para o santuário interno do templo, o lugar santíssimo, e
a colocaram sob as asas dos querubins. 8Os querubins tinham as
asas abertas sobre a arca, e elas cobriam a arca e as varas usadas
para transportá-la. 9Essas varas eram tão compridas que suas pontas
podiam ser vistas do lugar santo, diante do lugar santíssimo, mas
não de fora; e estão ali até hoje. 10Na arca havia só as duas tábuas de
pedra que Moisés tinha colocado dentro dela no monte Sinai, onde
o SENHOR fez uma aliança com os israelitas depois que eles saíram
da terra do Egito. 11Então os sacerdotes saíram do lugar santo. Todos
eles haviam se purificado, estivessem ou não de serviço naquele
dia. 12E os levitas que eram músicos – Asafe, Hemã, Jedutum, e
todos os seus filhos e parentes – vestiam roupas de linho fino e

estavam em pé do lado leste do altar, tocando címbalos, liras e
harpas. Cento e vinte sacerdotes tocando trombetas os acompa-
nhavam. 13Os que tocavam trombetas e os cantores, em uníssono,
louvaram e agradeceram ao SENHOR. Acompanhados de trombetas,
címbalos e outros instrumentos, levantaram as vozes e louvaram
o SENHOR com estas palavras: "Ele é bom! Seu amor dura para
sempre!". Nesse momento, uma densa nuvem encheu o templo
do SENHOR. 14Com isso, os sacerdotes não puderam dar continui-
dade a seus serviços, pois a presença gloriosa do SENHOR encheu
o templo de Deus.

CAPÍTULO 6

Salomão louva o SENHOR

1Então Salomão orou: "Ó SENHOR, tu disseste que habitarias numa
densa nuvem. 2Agora, construí para ti um templo majestoso, um
lugar para habitares para sempre!". 3Então o rei se voltou para
toda a comunidade de Israel que estava em pé diante dele e
abençoou o povo. 4Em seguida, orou: "Louvado seja o SENHOR,
o Deus de Israel, que cumpriu o que prometeu a meu pai, Davi,
pois lhe disse: 5'Desde o dia em que tirei meu povo da terra do
Egito, não escolhi nenhuma cidade das tribos de Israel como lugar
onde deveria ser construído um templo em honra ao meu nome.
Também não escolhi um líder para meu povo, Israel. 6Agora, porém,
escolhi Jerusalém como lugar para que meu nome seja honrado, e
escolhi Davi para reinar sobre Israel, meu povo'". 7Salomão disse:
"Meu pai, Davi, queria construir este templo em honra ao nome do
SENHOR, o Deus de Israel. 8Mas o SENHOR lhe disse: 'Sua intenção
de construir um templo em honra ao meu nome é boa, 9mas essa
tarefa não caberá a você. Um de seus filhos construirá o templo em
honra ao meu nome'. 10"O SENHOR cumpriu sua promessa, pois eu
sou o sucessor de meu pai, Davi, e agora ocupo o trono de Israel,
como o SENHOR havia prometido. Construí este templo em honra
ao nome do SENHOR, o Deus de Israel, 11e coloquei nele a arca que
contém a aliança que o SENHOR fez com os israelitas".

Oração de dedicação do templo

12Então Salomão se pôs diante do altar do SENHOR, na presença
de toda a comunidade de Israel, e levantou as mãos para orar.

2Cr 5.13

13Ele havia feito uma plataforma de bronze com 2,25 metros de
comprimento, 2,25 metros de largura e 1,35 metro de altura, e a
havia colocado no centro do pátio externo do templo. Ficou em pé
na plataforma e depois ajoelhou-se diante de toda a comunidade
de Israel. Levantou as mãos para o céu 14e orou: "Ó SENHOR, o
Deus de Israel, não há Deus como tu em cima, nos céus, nem
embaixo, na terra. Tu guardas a tua aliança e mostras amor leal
àqueles que andam diante de ti de todo o coração. 15Cumpriste
tua promessa a teu servo Davi, meu pai. Fizeste essa promessa com
a tua própria boca e hoje a cumpriste com as tuas próprias mãos.
16"Agora, ó SENHOR, o Deus de Israel, cumpre a outra promessa
que fizeste a teu servo Davi, meu pai, quando lhe disseste: 'Se
seus descendentes viverem como devem e seguirem fielmente
minha lei, como você fez, sempre haverá um deles no trono de
Israel'. 17Agora, ó SENHOR, o Deus de Israel, cumpre a promessa que
fizeste a teu servo Davi. 18"Contudo, será possível que Deus habite
na terra com os seres humanos? Nem mesmo os mais altos céus
podem contê-lo, muito menos este templo que construí! 19Ainda
assim, ouve minha oração e minha súplica, ó SENHOR, meu Deus.
Ouve o clamor e a oração que teu servo te faz hoje. 20Guarda noite
e dia este templo, o lugar no qual disseste que colocarias teu
nome. Ouve sempre as orações que teu servo fizer voltado para
este lugar. 21Ouve as súplicas de teu servo e de Israel, teu povo,
quando orarmos voltados para este lugar. Sim, ouve-nos dos céus
onde habitas e, quando ouvires, perdoa-nos. 22"Se alguém pecar
contra outra pessoa, e se for exigido que faça um juramento de
inocência diante do teu altar neste templo, 23ouve dos céus e julga
entre teus servos, entre o acusador e o acusado. Castiga o culpado
e declara justo o inocente, cada um conforme merece. 24"Se o teu
povo, Israel, for derrotado por seus inimigos porque pecou contra
ti, e se voltar para ti, invocar teu nome e orar a ti neste templo,
25ouve dos céus, perdoa o pecado de teu povo, Israel, e traze-o
de volta a esta terra que deste a ele e a seus antepassados. 26"Se
o céu fechar e não houver chuva porque o povo pecou contra ti,
e se eles orarem voltados para este templo, invocarem teu nome
e se afastarem de seus pecados porque tu os castigaste, 27ouve
dos céus e perdoa os pecados de teus servos, o teu povo, Israel.
Ensina-os a seguir o caminho certo e envia chuva à terra que deste

por herança a teu povo. 28"Se houver fome na terra, ou peste, ou
praga nas lavouras, ou se elas forem atacadas por gafanhotos ou
lagartas, ou se os inimigos do teu povo invadirem a terra e sitiarem
suas cidades, seja qual for o desastre ou epidemia que ocorrer, 29e
se alguém do teu povo, ou toda a nação de Israel, orar a respeito
de suas dificuldades e aflições com as mãos levantadas para este
templo, 30ouve dos céus onde habitas e perdoa. Trata o teu povo
como ele merece, pois somente tu conheces o coração de cada um.
31Assim eles te temerão e andarão em teus caminhos enquanto
viverem na terra que deste a nossos antepassados. 32"No futuro,
estrangeiros que não pertencem a teu povo, Israel, ouvirão falar
de ti. Virão de terras distantes quando ouvirem falar do teu gran-
de nome, da tua mão forte e do teu braço poderoso. E, quando
orarem voltados para este templo, 33ouve dos céus onde habitas e
concede o que pedem. Assim, todos os povos da terra conhecerão
teu nome e te temerão, como faz teu povo, Israel. Também saberão
que neste templo que construí teu nome é honrado. 34"Se o teu
povo sair para onde o enviares a fim de lutar contra seus inimigos,
e se orarem a ti voltados para esta cidade que escolheste e para
este templo, que construí em honra ao teu nome, 35ouve dos céus
suas orações e defende sua causa. 36"Quando pecarem contra ti,
pois não há quem não peque, tua ira cairá sobre eles e tu permi-
tirás que seus inimigos os conquistem e os levem como escravos
para terras estrangeiras, próximas ou distantes. 37Se caírem em si
nessa terra de exílio e se arrependerem, suplicando-te: 'Pecamos,
praticamos o mal e agimos perversamente', 38e se voltarem para
ti de todo o coração e de toda a alma na terra de seu cativeiro e
orarem voltados para a terra que deste a seus antepassados, para
esta cidade que escolheste e para este templo que construí em
honra ao teu nome, 39ouve dos céus onde habitas suas orações e
súplicas e defende sua causa. Perdoa teu povo que pecou contra
ti. 40"Ó meu Deus, olha e ouve atentamente todas as orações feitas
a ti neste lugar. 41"E, agora, levanta-te, ó SENHOR Deus, e entra
neste teu lugar de descanso, junto à arca, o símbolo do teu poder.
Estejam teus sacerdotes, ó SENHOR Deus, vestidos de salvação;
alegrem-se teus servos leais em tua bondade. 42Ó SENHOR Deus,
não rejeites o rei que ungiste. Lembra-te do teu amor leal por
teu servo Davi".

NO QUE ESTOU **PENSANDO** ○

O QUE ESTOU **SENTINDO** ○

DO QUE ESTOU **LEMBRANDO** ○

DESENHE OU ESCREVA

CAPÍTULO 7

A dedicação do templo

1Quando Salomão terminou de orar, desceu fogo do céu e queimou
os holocaustos e os sacrifícios, e a presença gloriosa do SENHOR
encheu o templo. 2Os sacerdotes não podiam entrar no templo
do SENHOR, pois a presença gloriosa do SENHOR havia enchido o
templo. 3Quando todos os israelitas viram o fogo descer e a pre-
sença gloriosa do SENHOR encher o templo, prostraram-se com o
rosto no chão, adoraram e louvaram o SENHOR, dizendo: "Ele é
bom! Seu amor dura para sempre!". 4Então o rei e todo o povo
ofereceram sacrifícios ao SENHOR. 5O rei Salomão apresentou um
sacrifício de 22 mil bois e 120 mil ovelhas. Assim, o rei e todo o
povo fizeram a dedicação do templo do SENHOR. 6Os sacerdotes
tomaram seus lugares designados, bem como os levitas, que can-
tavam: "Seu amor dura para sempre!". Os levitas acompanhavam
o cântico com os instrumentos musicais que o rei Davi tinha feito
para louvar o SENHOR. Os sacerdotes, de frente para os levitas, to-
cavam as trombetas, e todo o Israel estava em pé. 7Em seguida,
Salomão consagrou a parte central do pátio em frente ao templo
do SENHOR. Ali apresentou holocaustos e a gordura das ofertas de
paz, pois o altar de bronze que ele havia construído era pequeno
demais para tantos holocaustos, ofertas de cereal e gordura das
ofertas de paz. 8Durante os sete dias seguintes, Salomão e todo o
Israel celebraram a Festa das Cabanas. Uma grande multidão havia
se reunido, de lugares distantes como Lebo-Hamate, ao norte, e o
ribeiro do Egito, ao sul. 9No oitavo dia, foi realizada uma cerimônia
de encerramento, pois haviam comemorado a dedicação do altar
por sete dias e a Festa das Cabanas por mais sete dias. 10Terminada
a festa, Salomão mandou o povo para casa. Foram embora alegres
e exultantes, pois o SENHOR tinha mostrado toda a sua bondade a
Davi, a Salomão e a seu povo, Israel.

A resposta do SENHOR a Salomão

11Salomão terminou o templo do SENHOR e o palácio real. Concluiu
tudo que havia planejado fazer na construção do templo e do palá-
cio. 12Então, certa noite, o SENHOR lhe apareceu e disse: "Ouvi sua
oração e escolhi este templo como o lugar para se fazer sacrifícios.
13Se, por vezes, eu fechar o céu para que não chova, ou ordenar

que gafanhotos devorem suas colheitas, ou enviar pragas entre
meu povo, 14então, se meu povo, que se chama pelo meu nome,
humilhar-se e orar, buscar minha presença e afastar-se de seus
maus caminhos, eu os ouvirei dos céus, perdoarei seus pecados e
restaurarei sua terra. 15Olharei e ouvirei atentamente cada oração
feita neste lugar. 16Pois escolhi e consagrei este templo, onde meu
nome será honrado para sempre. Olharei continuamente para ele,
com todo o meu coração. 17"Quanto a você, se me seguir fielmente,
como fez seu pai, Davi, obedecendo a todos os meus mandamen-
tos, decretos e estatutos, 18estabelecerei o trono de sua dinastia.
Pois fiz esta aliança com seu pai, Davi: 'Um de seus descendentes
sempre governará Israel'. 19"Mas, se você ou seus descendentes me
abandonarem e desobedecerem a meus decretos e mandamentos,
seguindo e adorando outros deuses, 20arrancarei o povo desta terra
que lhe dei. Rejeitarei este templo que consagrei em honra ao meu
nome, e farei dele objeto de zombaria e desprezo entre as nações.
21E, embora este templo seja agora imponente, todos que passa-
rem perto dele ficarão chocados. Perguntarão: 'Por que o SENHOR
fez coisas tão terríveis com esta terra e com este templo?'. 22"E a
resposta será: 'Porque os israelitas abandonaram o SENHOR, o Deus
de seus antepassados, que os tirou da terra do Egito e, em lugar
dele, adoraram outros deuses e se prostraram diante deles. Por isso
ele trouxe sobre eles todas essas calamidades'".

CAPÍTULO 8

As muitas realizações de Salomão

1Salomão levou vinte anos para construir o templo do SENHOR e
o palácio real. Depois desse tempo, 2voltou sua atenção para a
reconstrução das cidades que o rei Hirão lhe tinha dado e nelas
estabeleceu israelitas. 3Salomão também lutou contra a cidade de
Hamate-Zobá e a conquistou. 4Reconstruiu Tadmor, no deserto, e
construiu na região de Hamate cidades para servirem como centros
de armazenamento. 5Fortificou as cidades de Bete-Horom Alta e
Bete-Horom Baixa, reconstruindo seus muros e colocando portões
com trancas. 6Também reconstruiu Baalate e outros centros de
armazenamento e construiu cidades para seus carros de guerra
e cavalos. Construiu tudo que desejou em Jerusalém, no Líbano
e em todo o reino. 7Ainda havia na terra habitantes que não eram

NO QUE ESTOU **PENSANDO** | O QUE ESTOU **SENTINDO** | DO QUE ESTOU **LEMBRANDO**

DESENHE OU ESCREVA

israelitas: hititas, amorreus, ferezeus, heveus e jebuseus. 8Eram
descendentes das nações que os israelitas não haviam destruído
completamente. Salomão os recrutou para trabalhos forçados, e
é nessa condição que trabalham até hoje. 9Mas Salomão não re-
crutou nenhum israelita para trabalhos forçados; eles o serviram
como soldados, oficiais de seu exército, comandantes de carros de
guerra e cavaleiros. 10Nomeou 250 oficiais para supervisionarem
os trabalhadores. 11Salomão transferiu a residência de sua esposa,
a filha do faraó, da Cidade de Davi para o novo palácio que ele havia
construído para ela. Disse: "Minha esposa não deve morar no palá-
cio de Davi, rei de Israel, pois a arca do SENHOR esteve ali, e é lugar
sagrado". 12Depois, Salomão ofereceu holocaustos ao SENHOR sobre
o altar que havia construído para ele diante da sala de entrada do
templo. 13Conforme Moisés havia ordenado, oferecia sacrifícios aos
sábados, nas festas de lua nova e nas três festas anuais: a Páscoa, a
Festa da Colheita e a Festa das Cabanas. 14Segundo as instruções de
seu pai, Davi, designou os turnos dos sacerdotes. Também encarre-
gou os levitas de dirigirem o louvor e ajudarem os sacerdotes em
suas responsabilidades diárias. Designou, por divisões, os guardas
das portas, de acordo com as ordens de Davi, homem de Deus.
15Todas as ordens de Davi com respeito aos sacerdotes, aos levitas
e aos tesouros foram cumpridas à risca. 16Salomão certificou-se de
que fosse realizado todo o trabalho relacionado à construção do
templo do SENHOR, desde o dia em que foram lançados os alicerces
até a conclusão das obras. 17Por fim, Salomão foi a Eziom-Geber e
a Elate, portos às margens do mar Vermelho, na terra de Edom.
18Hirão lhe enviou embarcações comandadas por seus próprios
oficiais, com uma tripulação de marinheiros experientes. Essas
embarcações navegaram com os marinheiros de Salomão para
Ofir e trouxeram de volta para o rei Salomão 15.750 quilos de ouro.

CAPÍTULO 9

A visita da rainha de Sabá

1Quando a rainha de Sabá ouviu falar da fama de Salomão, foi até
Jerusalém para pô-lo à prova com perguntas difíceis. Chegou à
cidade com uma comitiva numerosa e uma imensa caravana de
camelos carregados de especiarias, grande quantidade de ouro e
pedras preciosas. Quando se encontrou com Salomão, conversou

2Cr

com ele a respeito de tudo que tinha em mente. 2Salomão res-
pondeu a todas as suas perguntas; nada era difícil demais para ele
explicar. 3Quando a rainha de Sabá percebeu quanto Salomão era
sábio e viu o palácio que ele havia construído, 4a comida que era
servida às mesas do rei, os alojamentos e a organização de seus
oficiais e servos, os trajes esplêndidos que vestiam, os copeiros da
corte e suas roupas, e os holocaustos que Salomão oferecia no tem-
plo do SENHOR, ficou muito admirada. 5Disse ela ao rei: "É verdade
tudo que ouvi em meu país a respeito de suas realizações e de sua
sabedoria! 6Não acreditava no que diziam até que cheguei aqui e vi
com os próprios olhos. Aliás, não tinham me contado nem a metade
a respeito de sua grande sabedoria! Vai muito além do que ouvi.
7Como deve ser feliz o seu povo! Que privilégio para seus oficiais
estarem em sua presença todos os dias, ouvindo sua sabedoria!
8Louvado seja o SENHOR, seu Deus, que se agradou de você e o fez
rei para governar para ele. Por causa do amor de Deus por Israel,
e porque ele deseja estabelecer para sempre este reino, ele o fez
rei para governar com justiça e retidão". 9Então ela presenteou o
rei com 4.200 quilos de ouro, especiarias em grande quantidade e
pedras preciosas. Nunca houve especiarias tão finas como as que a
rainha de Sabá deu ao rei Salomão. 10(Além disso, os marinheiros
de Hirão e de Salomão trouxeram ouro de Ofir, madeira de sândalo
e pedras preciosas. 11O rei usou a madeira de sândalo para fazer os
degraus das escadas do templo e do palácio real, e também liras e
harpas para os músicos. Nunca se tinham visto coisas tão belas em
Judá.) 12O rei Salomão deu à rainha de Sabá tudo que ela pediu,
muito mais que os presentes que ela havia trazido. Então ela e sua
comitiva regressaram para sua terra.

A riqueza e o esplendor de Salomão

13A cada ano, Salomão recebia 23.300 quilos de ouro, 14sem con-
tar a renda adicional proveniente dos mercadores e comerciantes.
Todos os reis da Arábia e os governadores das províncias também
lhe traziam ouro e prata. 15O rei Salomão fez duzentos escudos
grandes de ouro batido, cada um pesando 7,2 quilos. 16Também fez
trezentos escudos menores de ouro batido, cada um pesando 3,6
quilos. O rei colocou esses escudos no Palácio da Floresta do Líbano.
17Então o rei fez um grande trono de marfim revestido de ouro puro.

2Cr 9.7-8

18O trono tinha seis degraus e um lugar de descanso para os pés
feito de ouro. De cada lado do assento havia um apoio para o braço
e, junto de cada apoio, a escultura de um leão. 19Também havia
outros doze leões, um de cada lado dos seis degraus. Nenhum outro
trono em todo o mundo se comparava ao de Salomão. 20Todas as
taças do rei Salomão eram de ouro, e todos os utensílios do Palácio
da Floresta do Líbano eram de ouro puro. Não eram de prata, pois
nos dias de Salomão a prata era considerada um metal sem valor.
21O rei tinha uma frota de navios mercantes que navegavam com
os marinheiros enviados por Hirão. Uma vez a cada três anos, as
embarcações voltavam trazendo ouro, prata, marfim, macacos e
pavões. 22Salomão se tornou o mais rico e sábio de todos os reis
da terra. 23Reis de todas as nações vinham consultá-lo e ouvir a
sabedoria que Deus lhe tinha dado. 24A cada ano, os visitantes tra-
ziam presentes de prata e ouro, roupas, armas, especiarias, cavalos
e mulas. 25Salomão tinha quatro mil estábulos para seus cavalos
e carros de guerra, e doze mil cavalos. Mantinha alguns deles nas
cidades designadas para guardar esses carros de guerra e outros
perto dele, em Jerusalém. 26Governava sobre todos os reis, desde
o rio Eufrates, ao norte, até a terra dos filisteus e a fronteira do Egito,
ao sul. 27O rei tornou a prata tão comum em Jerusalém como as
pedras. E havia tanta madeira valiosa de cedro como as figueiras-
-bravas que crescem nas colinas de Judá. 28Os cavalos de Salomão
eram importados do Egito e de muitos outros países.

Resumo do reinado de Salomão

29Os demais acontecimentos do reinado de Salomão, do início ao
fim, estão anotados no *Registro do Profeta Natã*, na *Profecia de Aías,*
de Siló e nas *Visões do Vidente Ido*, acerca de Jeroboão, filho de
Nebate. 30Salomão reinou por quarenta anos sobre todo o Israel,
em Jerusalém. 31Quando morreu e se reuniu a seus antepassados,
foi sepultado na Cidade de Davi, seu pai. Seu filho Roboão foi seu
sucessor.

CAPÍTULO 10

As tribos do norte se rebelam

1Roboão foi a Siquém, onde todo o Israel havia se reunido para
proclamá-lo rei. 2Quando Jeroboão, filho de Nebate, soube disso,

voltou do Egito, para onde havia fugido do rei Salomão. 3Os líderes de Israel convocaram Jeroboão, e ele e todo o Israel foram falar com Roboão. 4"Seu pai foi muito duro conosco", disseram. "Alivie a carga pesada de trabalho e de impostos altos que seu pai nos obrigou a carregar. Então seremos seus súditos leais." 5Roboão respondeu: "Voltem daqui três dias para saber minha resposta". E o povo foi embora. 6O rei Roboão discutiu o assunto com os homens mais velhos que haviam sido conselheiros de seu pai, Salomão. "O que vocês aconselham?", perguntou ele. "Como devo responder a este povo?" 7Eles disseram: "Se o senhor tratar este povo com bondade, se agradá-los e lhes der uma resposta favorável, eles serão seus súditos leais para sempre". 8Mas Roboão rejeitou o conselho dos homens mais velhos e pediu a opinião dos jovens que haviam crescido com ele e agora o acompanhavam. 9"O que vocês aconselham?", perguntou ele. "Como devemos responder a este povo que deseja que eu alivie as cargas impostas por meu pai?" 10Os jovens responderam: "Você deve dizer o seguinte a essa gente que diz que seu pai foi muito duro com eles e que pede alívio: 'Meu dedo mínimo é mais grosso que a cintura de meu pai! 11Sim, meu pai lhes impôs cargas pesadas, mas eu as tornarei ainda mais pesadas! Meu pai os castigou com chicotes comuns, mas eu os castigarei com chicotes de pontas de metal!'". 12Três dias depois, Jeroboão e todo o povo voltaram para saber a decisão do rei, como ele havia ordenado. 13Roboão lhes respondeu com aspereza, pois rejeitou o conselho dos homens mais velhos 14e seguiu o conselho dos mais jovens. Disse ao povo: "Meu pai lhes impôs cargas pesadas, mas eu as tornarei ainda mais pesadas! Meu pai os castigou com chicotes comuns, mas eu os castigarei com chicotes de pontas de metal!". 15Assim, o rei não atendeu o povo. Essa mudança nos acontecimentos foi da vontade de Deus, pois cumpriu a mensagem do SENHOR a Jeroboão, filho de Nebate, por meio do profeta Aías, de Siló. 16Quando todo o Israel viu que o rei não iria atender a seu pedido, respondeu: "Abaixo a dinastia de Davi! O filho de Jessé nada tem a nos oferecer! Volte para casa, Israel! E você, Davi, cuide de sua própria casa!". Então todo o povo de Israel voltou para casa. 17Roboão, porém, continuou a governar sobre os israelitas que moravam nas cidades de Judá. 18O rei Roboão enviou Adonirão, encarregado dos trabalhos forçados, para restaurar a ordem, mas o povo de Israel o apedrejou até a morte. Quando essa notícia chegou ao rei Roboão, subiu rapidamente em sua carruagem e fugiu para Jerusalém. 19E até hoje as tribos do norte de Israel se recusam a ser governadas por um descendente de Davi.

NO QUE ESTOU **PENSANDO** ○

O QUE ESTOU **SENTINDO** ○

DO QUE ESTOU **LEMBRANDO** ○

DESENHE OU ESCREVA

CAPÍTULO 11

A profecia de Semaías

1Quando Roboão chegou a Jerusalém, mobilizou os homens das tribos de Judá e Benjamim, 180 mil dos melhores soldados, para guerrearem contra Israel e recuperarem o reino. 2O SENHOR, porém, disse a Semaías, homem de Deus: 3"Diga a Roboão, filho de Salomão, rei de Judá, e a todos os israelitas em Judá e Benjamim: 4'Assim diz o SENHOR: Não lutem contra seus compatriotas. Voltem para casa, pois eu mesmo fiz isto acontecer!'". Eles obedeceram à palavra do SENHOR e não lutaram contra Jeroboão.

Roboão fortifica Judá

5Roboão permaneceu em Jerusalém e fortificou várias cidades para defender Judá. 6Fortificou Belém, Etã, Tecoa, 7Bete-Zur, Socó, Adulão, 8Gate, Maressa, Zife, 9Adoraim, Laquis, Azeca, 10Zorá, Aijalom e Hebrom. Essas cidades foram fortificadas em Judá e em Benjamim. 11Roboão fortaleceu suas defesas, colocou nelas comandantes e armazenou provisões de alimento, azeite e vinho. 12Também colocou nessas cidades escudos e lanças, fortalecendo-as ainda mais. Assim, apenas Judá e Benjamim permaneceram sob seu controle. 13Todos os sacerdotes e levitas que moravam nas tribos do norte de Israel apoiaram Roboão. 14Os levitas abandonaram suas pastagens e seus bens e se mudaram para Judá e Jerusalém, pois Jeroboão e seus filhos não permitiam que eles servissem ao SENHOR como sacerdotes. 15Jeroboão nomeou seus próprios sacerdotes para servirem nos santuários idólatras, onde prestavam culto aos ídolos em forma de bodes e bezerros que ele havia feito. 16De todas as tribos de Israel, aqueles que desejavam sinceramente adorar o SENHOR, o Deus de Israel, acompanharam os levitas até Jerusalém, onde podiam oferecer sacrifícios ao SENHOR, o Deus de seus antepassados. 17Fortaleceram o reino de Judá e, durante três anos, apoiaram Roboão, filho de Salomão, pois durante esse tempo seguiram fielmente os passos de Davi e de Salomão.

A família de Roboão

18 Roboão se casou com sua prima Maalate, filha de Jerimote, fi-
lho de Davi. A mãe dela era Abiail, filha de Eliabe, filho de Jessé.
19 Maalate deu à luz três filhos: Jeús, Semarias e Zaão. 20 Depois
Roboão se casou com Maaca, neta de Absalão. Maaca deu à luz
Abias, Atai, Ziza e Selomite. 21 Roboão amava Maaca mais que a
qualquer outra de suas esposas e concubinas. Ao todo, teve 18
esposas e 60 concubinas, que deram à luz 28 filhos e 60 filhas.
22 Roboão nomeou Abias, filho de Maaca, como líder entre seus ir-
mãos e, desse modo, deixou claro que ele seria seu sucessor. 23 Com
inteligência, espalhou os outros filhos por toda a terra de Judá e
de Benjamim e por todas as cidades fortificadas. Deu-lhes grande
quantidade de suprimentos e arranjou muitas esposas para eles.

CAPÍTULO 12

O Egito invade Judá

1 Quando Roboão havia se fortalecido e se estabelecido firmemente,
ele e todo o Israel abandonaram a lei do SENHOR. 2 Por causa des-
sa infidelidade ao SENHOR, no quinto ano do reinado de Roboão,
Sisaque, rei do Egito, subiu e atacou Jerusalém. 3 Veio com 1.200
carros de guerra, 60.000 cavaleiros e um exército incontável de sol-
dados de infantaria líbios, suquitas e etíopes. 4 Sisaque conquistou
as cidades fortificadas de Judá e avançou para atacar Jerusalém.
5 Então o profeta Semaías foi ao encontro de Roboão e dos líde-
res de Judá, que haviam todos fugido para Jerusalém por causa
de Sisaque. Semaías lhes disse: "Assim diz o SENHOR: 'Vocês me
abandonaram, por isso agora eu os abandonei, entregando-os nas
mãos de Sisaque'". 6 Então os líderes de Israel e o rei se humilha-
ram e disseram: "O SENHOR é justo!". 7 Quando o SENHOR viu que
eles se humilharam, deu a Semaías esta mensagem: "Visto que
se humilharam, não os destruirei completamente, mas logo lhes
darei algum alívio. Não usarei Sisaque para derramar minha ira
sobre Jerusalém. 8 Eles, contudo, se tornarão servos dele, para que
aprendam a diferença entre servir a mim e servir aos governantes
da terra". 9 Então Sisaque, rei do Egito, subiu e atacou Jerusalém.
Saqueou os tesouros do templo do SENHOR e do palácio real; levou
tudo, incluindo os escudos de ouro que Salomão havia feito. 10 Mais
tarde, o rei Roboão fez escudos de bronze para substituí-los e os

2Cr

NO QUE ESTOU PENSANDO ○ | O QUE ESTOU SENTINDO ○ | DO QUE ESTOU LEMBRANDO ○

DESENHE OU ESCREVA

confiou aos oficiais da guarda que protegiam a entrada do palácio
real. 11 Sempre que o rei ia ao templo do SENHOR, os guardas le-
vavam os escudos e, em seguida, os devolviam à sala da guarda.
12 Porque Roboão se humilhou, a ira do SENHOR se afastou dele, e
ele não foi completamente destruído. Ainda havia coisas boas na
terra de Judá.

Resumo do reinado de Roboão

13 O rei Roboão se estabeleceu firmemente em Jerusalém e conti-
nuou a reinar. Tinha 41 anos quando começou a reinar, e reinou
por dezessete anos em Jerusalém, a cidade que o SENHOR havia
escolhido dentre todas as tribos de Israel como lugar para o seu
nome. A mãe de Roboão se chamava Naamá e era de Amom. 14 Ele
foi um rei perverso, pois não buscou o SENHOR de todo o coração.
15 Os demais acontecimentos do reinado de Roboão, do início ao
fim, estão anotados no *Registro do Profeta Semaías* e no *Registro do
Vidente Ido*, que fazem parte do registro genealógico. Houve guerra
constante entre Roboão e Jeroboão. 16 Quando Roboão morreu e se
reuniu a seus antepassados, foi sepultado na Cidade de Davi. Seu
filho Abias foi seu sucessor.

CAPÍTULO 13

A guerra entre Abias e Jeroboão

1 No décimo oitavo ano do reinado de Jeroboão em Israel, Abias co-
meçou a reinar em Judá. 2 Reinou por três anos em Jerusalém. Sua
mãe se chamava Maaca e era filha de Uriel, de Gibeá. Houve guerra
entre Abias e Jeroboão. 3 Judá, sob o comando do rei Abias, foi à ba-
talha com quatrocentos mil de seus melhores soldados, e Jeroboão
reuniu oitocentos mil dos melhores soldados de Israel. 4 Quando
o exército de Judá chegou à região montanhosa de Efraim, Abias
ficou em pé no alto do monte Zemaraim e gritou para Jeroboão
e todo o Israel: "Ouçam-me! 5 Não sabem que o SENHOR, o Deus
de Israel, fez uma aliança permanente com Davi e deu o trono de
Israel a seus descendentes para sempre? 6 Mesmo assim, Jeroboão,
filho de Nebate, servo de Salomão, filho de Davi, rebelou-se contra
seu senhor. 7 Homens desocupados e perversos se juntaram a ele
e conspiraram contra Roboão, filho de Salomão, quando ele era
jovem, inexperiente e incapaz de enfrentá-los. 8 "Vocês acreditam,

de fato, que podem resistir ao reino do SENHOR, que ele entregou
aos descendentes de Davi? Seu exército é enorme, e vocês têm os
bezerros de ouro que Jeroboão fez para serem seus deuses. 9 No
entanto, expulsaram os sacerdotes do SENHOR, descendentes de
Arão, e os levitas e nomearam seus próprios sacerdotes, como fazem
as outras nações. Qualquer um que se apresente com um novilho
ou sete carneiros para ser consagrado pode se tornar sacerdote
de seus falsos deuses! 10 "Quanto a nós, o SENHOR é nosso Deus,
e não o abandonamos. Somente os descendentes de Arão servem
ao SENHOR como sacerdotes, e somente os levitas os ajudam em
seu trabalho. 11 Eles apresentam holocaustos e incenso aromático
ao SENHOR todas as manhãs e todas as tardes. Colocam os pães
da presença sobre a mesa sagrada e todas as tardes acendem o
candelabro de ouro. Nós seguimos as instruções do SENHOR, nos-
so Deus, mas vocês o abandonaram. 12 Podem ver, portanto, que
Deus está conosco. Ele é nosso líder. Os sacerdotes dele tocam as
trombetas e nos conduzem à batalha contra vocês. Ó israelitas, não
lutem contra o SENHOR, o Deus de seus antepassados, pois não
serão bem-sucedidos!". 13 Enquanto isso, Jeroboão tinha manda-
do uma parte de seu exército dar a volta por trás do exército de
Judá, formando uma emboscada. 14 Quando os homens de Judá
perceberam que eram atacados pela frente e por trás, clamaram ao
SENHOR. Então os sacerdotes tocaram as trombetas, 15 e os homens
de Judá gritaram. Ao som desse brado de guerra, Deus derrotou
Jeroboão e dispersou todo o Israel diante de Abias e do exército
de Judá. 16 Os israelitas fugiram dos soldados de Judá, e Deus os
entregou em suas mãos. 17 Abias e seu exército lhes infligiram
grandes perdas; quinhentos mil dos melhores soldados de Israel
foram mortos naquele dia. 18 Nessa ocasião, portanto, o exército de
Judá derrotou os israelitas, pois confiou no SENHOR, o Deus de seus
antepassados. 19 Abias e seu exército perseguiram os soldados de
Jeroboão e conquistaram as cidades de Betel, Jesana e Efrom, e
os povoados ao redor. 20 Jeroboão, rei de Israel, não recuperou seu
poder enquanto Abias viveu; por fim, o SENHOR feriu Jeroboão, e
ele morreu. 21 Enquanto isso, Abias de Judá se tornou cada vez mais
poderoso. Casou-se com 14 mulheres e teve 22 filhos e 16 filhas.
22 Os demais acontecimentos do reinado de Abias, incluindo suas
palavras e seus atos, estão registrados no *Comentário do Profeta Ido*.

NO QUE ESTOU **PENSANDO** ○ | O QUE ESTOU **SENTINDO** ○ | DO QUE ESTOU **LEMBRANDO** ○

DESENHE OU ESCREVA

CAPÍTULO 14

Os primeiros anos do reinado de Asa

1 Quando Abias morreu e se reuniu a seus antepassados, foi se-
pultado na Cidade de Davi. Seu filho Asa foi seu sucessor. Houve
paz na terra durante dez anos. 2 Asa fez o que era bom e certo aos
olhos do SENHOR, seu Deus. 3 Removeu os altares estrangeiros e os
santuários idólatras, despedaçou as colunas sagradas e derrubou
os postes de Aserá. 4 Ordenou ao povo de Judá que buscasse o
SENHOR, o Deus de seus antepassados, e obedecesse a suas leis e a
seus mandamentos. 5 Asa também removeu os santuários idólatras
e os altares de incenso de todas as cidades de Judá. Assim, o reino
de Asa desfrutou um tempo de paz. 6 Nesse período, ele construiu
cidades fortificadas em toda a terra de Judá. Ninguém lutou contra
ele durante esses anos, pois o SENHOR lhe deu descanso. 7 Asa disse
ao povo de Judá: "Vamos construir essas cidades e fortificá-las com
muros, torres, portões e trancas. A terra ainda é nossa porque bus-
camos o SENHOR, nosso Deus, e ele nos deu descanso de todos os
lados". Assim, eles prosseguiram com os projetos e os concluíram
com êxito. 8 O rei Asa tinha um exército de 300 mil guerreiros da
tribo de Judá, armados com escudos grandes e lanças. Também
tinha um exército de 280 mil guerreiros da tribo de Benjamim,
armados com escudos pequenos e arcos. Os dois exércitos eram
formados por homens valentes. 9 Certa vez, um etíope chamado
Zerá atacou Judá com um exército de um milhão de soldados e
trezentos carros de guerra. Avançaram até a cidade de Maressa, 10 de
modo que Asa saiu com seu exército para a batalha no vale ao norte
de Maressa. 11 Então Asa clamou ao SENHOR, seu Deus: "Ó SENHOR,
ninguém além de ti pode ajudar os fracos contra os poderosos!
Ajuda-nos, ó SENHOR, nosso Deus, pois em ti confiamos. Em teu
nome enfrentamos esse exército imenso. Ó SENHOR, tu és nosso
Deus; não permitas que simples homens prevaleçam contra ti!".
12 Então o SENHOR derrotou os etíopes diante de Asa e do exército
de Judá, e eles fugiram. 13 Asa e seu exército os perseguiram até
Gerar, e caíram tantos etíopes que não conseguiram se recuperar.
Foram destruídos pelo SENHOR e por seu exército, e os soldados
de Judá levaram grande quantidade de despojos. 14 Enquanto
estavam em Gerar, atacaram todas as cidades da região, e o terror
do SENHOR veio sobre o povo dali. Como resultado, os soldados de

Judá levaram muitos despojos também dessas cidades. [15]Atacaram,
ainda, os acampamentos onde havia rebanhos e levaram muitas
ovelhas e camelos. Em seguida, voltaram para Jerusalém.

CAPÍTULO 15

As reformas religiosas de Asa

[1]Então o Espírito de Deus veio sobre Azarias, filho de Odede, [2]e ele
foi ao encontro do rei Asa. "Ouça-me, Asa!", disse ele. "Ouça-me todo
o povo de Judá e de Benjamim! O SENHOR estará com vocês en-
quanto estiverem com ele! Sempre que o buscarem, o encontrarão.
Mas, se o abandonarem, ele os abandonará. [3]Durante muito tempo,
Israel esteve sem o verdadeiro Deus, sem sacerdote para ensiná-los
e sem lei para instruí-los. [4]No entanto, sempre que se viram em
dificuldades e se voltaram para o SENHOR, o Deus de Israel, e o bus-
caram, eles o encontraram. [5]"Naquele tempo, não era seguro viajar.
Problemas afligiam os habitantes de todas as terras. [6]Uma nação
lutava contra outra, e uma cidade contra outra, pois Deus os afligia
com todo tipo de angústia. [7]Quanto a vocês, porém, sejam fortes
e corajosos, pois seu trabalho será recompensado." [8]Quando Asa
ouviu essa mensagem do profeta Azarias, encheu-se de coragem e
removeu todos os ídolos repulsivos da terra de Judá e de Benjamim
e das cidades que ele havia capturado na região montanhosa de
Efraim. Além disso, restaurou o altar do SENHOR, que ficava na frente
da sala de entrada do templo do SENHOR. [9]Depois, Asa reuniu todo
o povo de Judá e de Benjamim, e também o povo de Efraim, de
Manassés e de Simeão que havia se estabelecido entre eles. Muita
gente de Israel tinha se mudado para Judá no reinado de Asa, quan-
do viu que o SENHOR, seu Deus, estava com ele. [10]Reuniram-se em
Jerusalém no terceiro mês do décimo quinto ano do reinado de Asa.
[11]Naquele dia, sacrificaram ao SENHOR setecentos bois e sete mil
ovelhas dos despojos que haviam tomado na batalha. [12]Então fize-
ram um acordo de buscar o SENHOR, o Deus de seus antepassados,
de todo o coração e de toda a alma. [13]Concordaram que qualquer
um que não buscasse o SENHOR, o Deus de Israel, deveria morrer,
jovem ou idoso, homem ou mulher. [14]Fizeram esse juramento de
lealdade ao SENHOR em alta voz, ao som de trombetas e clarins.
[15]Todo o Judá se alegrou com esse acordo, pois o fizeram de todo
o coração. Buscaram o SENHOR com sinceridade e o encontraram. E

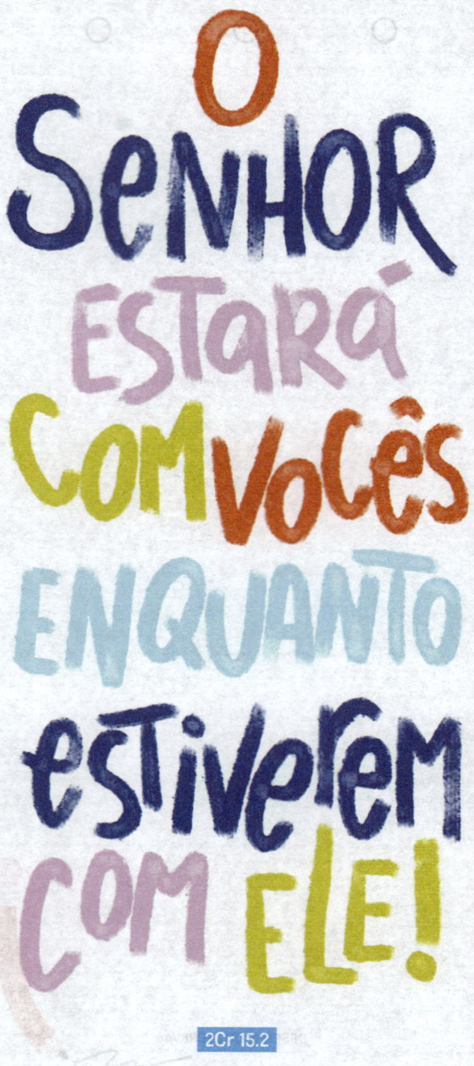

2Cr 15.2

o SENHOR lhes deu descanso de todos os lados. [16]O rei Asa chegou
a depor sua avó Maaca da posição de rainha-mãe, pois ela havia
feito um poste obsceno para a deusa Aserá. Derrubou esse poste
obsceno, o quebrou e o queimou no vale de Cedrom. [17]Embora
os santuários idólatras não tivessem sido removidos de Israel, o
coração de Asa permaneceu inteiramente fiel durante toda a sua
vida. [18]Ele trouxe para o templo de Deus a prata, o ouro e os diversos
utensílios que ele e seu pai haviam consagrado. [19]Não houve mais
guerra até o trigésimo quinto ano do reinado de Asa.

CAPÍTULO 16

Os últimos anos do reinado de Asa

[1]No trigésimo sexto ano do reinado de Asa, Baasa, rei de Israel,
invadiu Judá e fortificou Ramá, a fim de impedir que qualquer um
entrasse ou saísse do território de Asa, rei de Judá. [2]Em resposta,
Asa removeu a prata e o ouro dos tesouros do templo do SENHOR
e do palácio real. Enviou a prata e o ouro a Ben-Hadade, rei da
Síria, que governava em Damasco, com a seguinte mensagem:
[3]"Façamos um acordo, você e eu, como aquele que houve entre seu
pai e o meu. Envio-lhe prata e ouro. Rompa seu acordo com Baasa,
rei de Israel, para que ele me deixe em paz". [4]Ben-Hadade aceitou
a proposta do rei Asa e enviou os comandantes de seu exército
para atacarem as cidades de Israel. Eles conquistaram Ijom, Dã,
Abel-Bete-Maaca e todas as cidades de Naftali que serviam como
centros de armazenamento. [5]Quando Baasa, rei de Israel, soube o
que havia acontecido, abandonou seu projeto de fortificar Ramá
e parou todas as obras ali. [6]Então o rei Asa ordenou aos homens
de Judá que levassem embora as pedras e a madeira usadas por
Baasa para fortificar Ramá. Asa empregou esses materiais para
fortificar as cidades de Geba e Mispá. [7]Por esse tempo, o vidente
Hanani foi a Asa, rei de Judá, e lhe disse: "Uma vez que você confiou
no rei da Síria, em vez de confiar no SENHOR, seu Deus, perdeu a
oportunidade de destruir o exército do rei da Síria. [8]Você não se
lembra do que aconteceu aos etíopes, aos líbios e a seu exército
enorme, com todos os seus carros de guerra e cavaleiros? Naquela
ocasião, você confiou no SENHOR, e ele os entregou em suas mãos.
[9]Os olhos do SENHOR passam por toda a terra para mostrar sua força
àqueles cujo coração é inteiramente dedicado a ele. Como você foi

tolo! De agora em diante, haverá guerras contra você". 10Asa se irou
tanto com o vidente por lhe ter dito isso que mandou prendê-lo e
colocá-lo no tronco. Nessa época, Asa também começou a oprimir
duramente alguns do povo.

Resumo do reinado de Asa

11Os demais acontecimentos do reinado de Asa, do início ao fim,
estão registrados no *Livro dos Reis de Judá e de Israel*. 12No trigési-
mo nono ano de seu reinado, Asa foi atacado por uma doença nos
pés. Embora a doença fosse muito grave, ele não buscou a ajuda do
SENHOR, mas só dos médicos. 13Então, no quadragésimo primeiro
ano de seu reinado, morreu e se reuniu a seus antepassados. 14Foi
sepultado no túmulo que havia mandado abrir na Cidade de Davi.
Foi colocado num leito perfumado com especiarias e vários óleos
aromáticos, e o povo fez uma imensa fogueira em sua honra.

CAPÍTULO 17

Josafá reina em Judá

1Josafá, filho de Asa, foi seu sucessor. Ele fortaleceu Judá, para
que pudesse resistir a Israel. 2Colocou tropas em todas as cidades
fortificadas de Judá e designou guarnições adicionais para a terra
de Judá e para as cidades de Efraim que seu pai, Asa, havia con-
quistado. 3O SENHOR esteve com Josafá, pois ele seguiu o exemplo
dos primeiros anos de seu pai e não adorou as imagens de Baal.
4Buscou o Deus de seu pai e obedeceu a seus mandamentos, em
vez de seguir as práticas perversas do reino de Israel. 5Por isso, o
SENHOR estabeleceu o controle de Josafá sobre o reino de Judá.
Todo o povo de Judá trazia tributos a Josafá, e ele se tornou muito
rico e respeitado. 6Comprometeu-se de coração a seguir os cami-
nhos do SENHOR. Removeu de Judá os santuários idólatras e os pos-
tes de Aserá. 7No terceiro ano de seu reinado, enviou seus oficiais
Ben-Hail, Obadias, Zacarias, Natanael e Micaías para ensinarem
em todas as cidades de Judá. 8Com eles foram os levitas Semaías,
Netanias, Zebadias, Asael, Semiramote, Jônatas, Adonias, Tobias
e Tobe-Adonias e os sacerdotes Elisama e Jeorão. 9Eles levaram
consigo cópias do Livro da Lei do SENHOR e foram por todas as
cidades de Judá, ensinando o povo. 10Então o temor do SENHOR
caiu sobre todos os reinos vizinhos, de modo que nenhum deles

NO QUE ESTOU **PENSANDO** ○ | O QUE ESTOU **SENTINDO** ○ | DO QUE ESTOU **LEMBRANDO** ○

DESENHE OU ESCREVA

declarou guerra a Josafá. 11Alguns filisteus trouxeram presentes e
prata como tributo, e os árabes trouxeram 7.700 carneiros e 7.700
bodes. 12Josafá se tornou cada vez mais poderoso e construiu forta-
lezas e cidades para servirem como centros de armazenamento em
toda a terra de Judá. 13Guardou muitos suprimentos nas cidades
de Judá e colocou em Jerusalém um exército com guerreiros ex-
perientes. 14Seu exército foi registrado de acordo com os clãs. De
Judá havia 300 mil soldados organizados em grupos de mil, sob
o comando de Adna. 15Em seguida, vinha Joanã, que comanda-
va 280 mil soldados. 16Depois dele vinha Amazias, filho de Zicri,
que se apresentou voluntariamente para o serviço do SENHOR e
que comandava 200 mil soldados. 17De Benjamim havia 200 mil
soldados equipados com arcos e escudos. Seu comandante era
Eliada, guerreiro experiente. 18Em seguida, vinha Jozabade, que
comandava 180 mil homens armados. 19Essas eram as tropas que
estavam à disposição do rei, além daquelas que ele havia colocado
nas cidades fortificadas em toda a terra de Judá.

CAPÍTULO 18

Josafá e Acabe

1Josafá, muito rico e respeitado, aliou-se a Acabe por meio do ca-
samento de seu filho com a filha de Acabe. 2Alguns anos depois,
foi a Samaria visitar Acabe, que ofereceu a ele e a seus oficiais um
enorme banquete, para o qual abateu um grande número de ove-
lhas e bois. Então Acabe persuadiu Josafá a unir forças com ele
para recuperar Ramote-Gileade. 3Acabe, rei de Israel, perguntou a
Josafá, rei de Judá: "Você irá comigo a Ramote-Gileade?". Josafá
respondeu: "Claro que sim! Você e eu somos como um só. Meus
soldados são seus soldados. Certamente iremos com você à bata-
lha!". 4E acrescentou: "Antes, porém, consulte o SENHOR". 5Então o
rei de Israel convocou os profetas, cerca de quatrocentos no total, e
perguntou: "Devemos ir à guerra contra Ramote-Gileade ou não?".
Todos eles responderam: "Sim, devem! Deus entregará o inimigo
nas mãos do rei". 6Josafá, porém perguntou: "Acaso não há aqui
um profeta do SENHOR? Devemos consultá-lo também". 7O rei de
Israel respondeu a Josafá: "Há mais um homem que pode consultar
o SENHOR para nós, mas eu o odeio, pois nunca profetiza nada de
bom a meu respeito, só coisas ruins! Chama-se Micaías, filho de

2Cr

Inlá". "O rei não devia falar assim", respondeu Josafá. 8Então o rei
de Israel chamou um de seus oficiais e disse: "Traga Micaías, filho
de Inlá. Rápido!".

Micaías profetiza contra Acabe

9Vestidos com seus trajes reais, o rei de Israel e Josafá, rei de Judá,
estavam sentados cada um em seu trono na eira junto à porta de
Samaria. Todos os profetas estavam profetizando diante deles. 10Um
dos profetas, Zedequias, filho de Quenaaná, fez chifres de ferro e
declarou: "Assim diz o SENHOR: 'Com estes chifres o rei ferirá os sí-
rios até a morte!'". 11Todos os outros profetas concordaram, dizendo:
"Sim, suba a Ramote-Gileade e seja vitorioso, pois o SENHOR a entre-
gará nas mãos do rei!". 12Enquanto isso, o mensageiro que foi bus-
car Micaías lhe disse: "Veja, todos os profetas prometem vitória para
o rei. Concorde com eles e também prometa sucesso". 13Micaías,
porém, respondeu: "Tão certo como vive o SENHOR, direi apenas o
que meu Deus ordenar". 14Quando Micaías chegou, o rei lhe per-
guntou: "Micaías, devemos ir à guerra contra Ramote-Gileade ou
não?". Micaías respondeu: "Sim, suba e será vitorioso, pois eles
serão entregues em suas mãos!". 15Mas o rei disse: "Quantas vezes
preciso exigir que diga somente a verdade quando falar em nome
do SENHOR?". 16Então Micaías respondeu: "Vi todo o Israel espa-
lhado pelos montes, como ovelhas sem pastor. E o SENHOR disse:
'Seu líder foi morto. Mande-os para casa em paz'". 17O rei de Israel
disse a Josafá: "Não falei? Ele nunca profetiza nada de bom a meu
respeito, mas apenas coisas ruins". 18Micaías prosseguiu: "Ouça o
que o SENHOR diz! Vi o SENHOR sentado em seu trono, com todo o
exército do céu ao redor, à sua direita e à sua esquerda. 19E o SENHOR
perguntou: 'Quem enganará Acabe, rei de Israel, para que vá à
guerra contra Ramote-Gileade e seja morto ali?'. "Houve muitas su-
gestões, 20até que, por fim, um espírito se aproximou do SENHOR e
disse: 'Eu o enganarei!'. "'De que maneira?', perguntou o SENHOR.
21"E o espírito respondeu: 'Sairei e porei um espírito mentiroso na
boca de todos os seus profetas'. "O SENHOR disse: 'Você conseguirá
enganá-lo. Vá e faça isso!'. 22"Como vê, o SENHOR pôs um espírito
mentiroso na boca de todos os seus profetas, pois o SENHOR de-
cretou sua desgraça". 23Então Zedequias, filho de Quenaaná, se
aproximou de Micaías e lhe deu uma bofetada. "Como foi que o

NO QUE ESTOU **PENSANDO** ○ | O QUE ESTOU **SENTINDO** ○ | DO QUE ESTOU **LEMBRANDO** ○

DESENHE OU ESCREVA

Espírito do SENHOR me deixou para falar com você?", perguntou ele.
24Micaías respondeu: "Você descobrirá em breve, quando tentar se
esconder em algum quarto secreto!". 25Então o rei de Israel orde-
nou: "Prendam Micaías e levem-no de volta a Amom, governador
da cidade, e a meu filho Joás, 26com a seguinte ordem: 'Ponham
este homem na prisão e deem-lhe apenas pão e água até que eu
volte da batalha em segurança!'". 27Micaías, porém, respondeu:
"Se voltar em segurança, significará que o SENHOR não falou por
meu intermédio!". E acrescentou aos que estavam ao redor: "Todos
vocês, prestem atenção às minhas palavras!".

A morte de Acabe

28Então o rei de Israel e Josafá, rei de Judá, levaram seus exérci-
tos para atacar Ramote-Gileade. 29O rei de Israel disse a Josafá:
"Quando entrarmos no combate, usarei um disfarce para que nin-
guém me reconheça, mas você vestirá seus trajes reais". O rei de
Israel se disfarçou, e os dois foram à batalha. 30Enquanto isso, o
rei da Síria tinha dado as seguintes ordens aos comandantes dos
carros de guerra: "Ataquem somente o rei de Israel. Não lutem
contra ninguém mais!". 31Quando os comandantes dos carros de
guerra sírios viram Josafá em seus trajes reais, foram atrás dele. "É
o rei de Israel!", disseram. Contudo, Josafá clamou, e o SENHOR o
salvou. Deus o ajudou e afastou dele seus inimigos. 32Assim que
os comandantes dos carros perceberam que ele não era o rei de
Israel, pararam de persegui-lo. 33Então um soldado sírio disparou
uma flecha a esmo e acertou o rei de Israel entre as juntas de sua
armadura. "Dê a volta e tire-me daqui!", exclamou Acabe para o con-
dutor de seu carro. "Estou gravemente ferido!" 34A batalha, cada vez
mais violenta, prosseguiu durante todo o dia, e o rei permaneceu
em pé, apoiado em seu carro, de frente para os sírios. Ao entardecer,
quando o sol se punha, ele morreu.

CAPÍTULO 19

Josafá nomeia juízes

1Quando Josafá, rei de Judá, voltou em segurança a seu palácio, em
Jerusalém, 2o vidente Jeú, filho de Hanani, saiu ao encontro dele.
"Por que o rei ajuda os perversos e ama os que odeiam o SENHOR?",
perguntou-lhe Jeú. "Por causa disso, o SENHOR está muito irado

com você. 3Mas ainda há algo de bom em você, pois removeu os
postes de Aserá de toda a terra e buscou a Deus de todo o cora-
ção." 4Josafá morava em Jerusalém, mas saía para visitar o povo
por todo o território, desde Berseba até a região montanhosa de
Efraim, a fim de animar todos a voltarem para o SENHOR, o Deus
de seus antepassados. 5Nomeou juízes na terra, em todas as cida-
des fortificadas, 6e lhes disse: "Sejam cuidadosos! Lembrem-se de
que não estão julgando para agradar as pessoas, mas para agradar
o SENHOR. Ele estará com vocês sempre que derem um veredito.
7Temam o SENHOR e julguem com integridade, pois o SENHOR, nos-
so Deus, não tolera injustiça, nem parcialidade, nem suborno". 8Em
Jerusalém, Josafá nomeou alguns levitas, sacerdotes e chefes de
famílias de Israel para julgarem os casos que envolvessem a lei do
SENHOR e questões civis. 9Estas foram suas ordens para eles: "Ajam
sempre no temor do SENHOR, com fidelidade e coração íntegro.
10Toda vez que chegar até vocês uma causa de seus compatriotas is-
raelitas de outras cidades, seja de homicídio, seja de outra violação
da lei, dos mandamentos, dos decretos ou dos estatutos de Deus,
advirtam-nos para que eles não pequem contra o SENHOR, a fim de
que a ira dele não venha sobre vocês e sobre eles. Se agirem desse
modo, estarão livres de culpa. 11"Amarias, o sumo sacerdote, terá a
última palavra nos casos relacionados ao SENHOR. Zebadias, filho
de Ismael, líder da tribo de Judá, terá a última palavra em todas as
questões relativas ao reino. Os levitas os ajudarão nesses trabalhos.
Sejam corajosos no cumprimento de seus deveres, e que o SENHOR
esteja com aqueles que agirem corretamente!".

CAPÍTULO 20

Guerra com as nações vizinhas

1Depois disso, os exércitos dos moabitas e dos amonitas e alguns
meunitas declararam guerra a Josafá. 2Mensageiros informaram
a Josafá: "Um exército enorme de Edom vem de além do mar
Morto contra o rei. Já está em Hazazom-Tamar (isto é, em En-Gedi)".
3Josafá ficou amedrontado com essa notícia e pediu orientação
ao SENHOR. Ordenou um jejum em todo o Judá, 4e habitantes de
todas as cidades de Judá vieram a Jerusalém para buscar a ajuda
do SENHOR. 5Josafá se pôs em pé diante da comunidade de Judá
e de Jerusalém, em frente ao pátio novo do templo do SENHOR,

2Cr 20.20

6e orou: "Ó SENHOR, o Deus de nossos antepassados, somente tu
és o Deus que está nos céus. Tu governas todos os reinos da terra.
És forte e poderoso, e ninguém pode resistir a ti! 7Ó nosso Deus,
acaso não expulsaste os habitantes desta terra quando Israel, teu
povo, chegou? Não deste esta terra para sempre aos descendentes
de teu amigo Abraão? 8Teu povo se estabeleceu aqui e construiu
este templo em honra ao teu nome. 9Disseram: 'Se enfrentarmos
alguma calamidade, como guerra, praga ou fome, nos colocaremos
em tua presença diante deste templo onde teu nome é honrado.
Clamaremos a ti em nossa angústia, e tu nos ouvirás e nos salvarás'.
10"Agora, vê o que fazem os exércitos de Amom, Moabe e do monte
Seir. Tu não permitiste que nossos antepassados invadissem essas
nações quando Israel saiu do Egito, por isso os israelitas se desvia-
ram deles e não os destruíram. 11Vê como nos retribuem! Vieram
nos expulsar de nossa terra, que nos deste por herança. 12Ó nosso
Deus, não os castigarás por isso? Não temos forças para lutar com
esse exército imenso que está prestes a nos atacar. Não sabemos
o que fazer, mas esperamos o socorro que vem de ti". 13Enquanto
todos os homens de Judá estavam diante do SENHOR com suas
crianças de colo, suas esposas e seus filhos, 14o Espírito do SENHOR
veio sobre um homem ali no meio. Seu nome era Jaaziel, filho de
Zacarias, filho de Benaia, filho de Jeiel, filho de Matanias, levita
descendente de Asafe. 15Ele disse: "Escutem-me, todos vocês, povo
de Judá e de Jerusalém! Escute, rei Josafá! Assim diz o SENHOR:
Não tenham medo! Não fiquem desanimados por causa desse exér-
cito imenso, pois a batalha não é sua, mas de Deus. 16Amanhã,
marchem contra eles. Vocês os encontrarão vindo pela subida de
Ziz, no fim do vale que abre para o deserto de Jeruel. 17Quando
os encontrarem, porém, não terão de lutar. Tomem suas posições;
depois, fiquem parados e vejam o livramento do SENHOR. Ele está
com vocês, povo de Judá e de Jerusalém. Não tenham medo nem
desanimem. Saiam para enfrentá-los amanhã, pois o SENHOR está
com vocês!". 18Então o rei Josafá se prostrou com o rosto no chão,
e todo o povo de Judá e de Jerusalém fez o mesmo, em adoração
ao SENHOR. 19Em seguida, os levitas dos clãs de Coate e de Coré
se levantaram para louvar em alta voz o SENHOR, o Deus de Israel.
20Bem cedo, na manhã seguinte, o exército de Judá saiu para o
deserto de Tecoa. No caminho, Josafá parou e disse: "Escutem-me,

povo de Judá e de Jerusalém! Creiam no SENHOR, seu Deus, e per-
manecerão firmes. Creiam em seus profetas e terão êxito". 21Depois
de consultar o povo, o rei nomeou cantores para irem adiante do
exército, cantando e louvando o SENHOR por sua santa majestade.
Cantavam assim: "Deem graças ao SENHOR; seu amor dura para
sempre!". 22No momento em que começaram a cantar e louvar,
o SENHOR trouxe confusão sobre os exércitos de Amom, Moabe e
do monte Seir, e eles começaram a lutar entre si. 23Os exércitos de
Moabe e Amom se voltaram contra seus aliados do monte Seir e
mataram todos eles. Depois que haviam destruído o exército de
Seir, começaram a atacar uns aos outros. 24Quando os homens de
Judá chegaram ao local de onde se avista o deserto, viram apenas
cadáveres no chão, até onde se podia enxergar. Não escapou nem
um só dos inimigos. 25O rei Josafá e seus homens saíram para reco-
lher os despojos. Encontraram grande quantidade de suprimentos,
roupas e outros objetos de valor, mais do que eram capazes de
carregar. Havia tantos despojos que levaram três dias para recolher
tudo. 26No quarto dia, reuniram-se no vale de Beracá, que recebeu
esse nome depois daquele dia, pois louvaram o SENHOR ali. Por isso,
até hoje é chamado de vale de Beracá. 27Então todos os soldados
de Judá e de Jerusalém voltaram, com Josafá à frente, muito ale-
gres porque o SENHOR lhes tinha dado vitória sobre seus inimigos.
28Entraram marchando em Jerusalém, ao som de harpas, liras e
trombetas, e foram ao templo do SENHOR. 29Quando todos os reinos
vizinhos souberam que o próprio SENHOR havia lutado contra os
inimigos de Israel, o temor de Deus veio sobre eles. 30E o reino de
Josafá teve paz, pois seu Deus lhe deu descanso de todos os lados.

Resumo do reinado de Josafá

31Assim, Josafá reinou sobre a terra de Judá. Tinha 35 anos quando
começou a reinar, e reinou em Jerusalém por 25 anos. Sua mãe
se chamava Azuba e era filha de Sili. 32Josafá foi um bom rei, que
seguiu o exemplo de seu pai, Asa, e fez o que era certo aos olhos do
SENHOR. 33Contudo, não removeu todos os santuários idólatras, e o
povo não se comprometeu a seguir o Deus de seus antepassados.
34Os demais acontecimentos do reinado de Josafá, do início ao fim,
estão anotados nos *Registros de Jeú, filho de Hanani*, e foram incluí-
dos no *Livro dos Reis de Israel*. 35Algum tempo depois, Josafá, rei de

NO QUE ESTOU **PENSANDO** ○ O QUE ESTOU **SENTINDO** ○ DO QUE ESTOU **LEMBRANDO** ○

DESENHE OU ESCREVA

Judá, fez um acordo com Acazias, rei de Israel, que era um homem
muito perverso. 36Juntos, construíram uma frota de navios mercan-
tes no porto em Eziom-Geber. 37Então Eliézer, filho de Dodava, de
Maressa, profetizou contra Josafá, dizendo: "Porque você se aliou
ao rei Acazias, o SENHOR destruirá o que você construiu". Assim, as
embarcações naufragaram e nunca chegaram a navegar.

CAPÍTULO 21

Jeorão reina em Judá

1Quando Josafá morreu, foi sepultado com seus antepassados na
Cidade de Davi. Seu filho Jeorão foi seu sucessor. 2Os irmãos de
Jeorão, os outros filhos de Josafá, foram: Azarias, Jeiel, Zacarias,
Micael e Sefatias; todos foram filhos de Josafá, rei de Judá. 3Seu
pai tinha dado a cada um deles presentes caros de prata, ouro e
objetos de valor, e também algumas das cidades fortificadas de
Judá. Contudo, nomeou Jeorão para ser seu sucessor, pois era o
filho mais velho. 4Quando Jeorão havia se estabelecido firmemente
no reino de seu pai, matou todos os seus irmãos e outros líderes
de Judá. 5Jeorão tinha 32 anos quando começou a reinar, e reinou
em Jerusalém por oito anos. 6Seguiu o exemplo dos reis de Israel
e foi tão perverso quanto a família do rei Acabe, pois se casou com
uma das filhas de Acabe. Jeorão fez o que era mau aos olhos do
SENHOR. 7Mas o SENHOR não quis destruir a dinastia de Davi, pois
havia feito uma aliança com Davi e prometido que seus descen-
dentes continuariam a brilhar como uma lâmpada para sempre.
8Durante o reinado de Jeorão, os edomitas se rebelaram contra
Judá e proclamaram seu próprio rei. 9Então Jeorão saiu com todo o
seu exército e todos os seus carros de guerra. Os edomitas cercaram
o rei e os comandantes de seus carros, mas ele saiu à noite e os
atacou. 10Ainda assim, até hoje Edom é independente de Judá. A
cidade de Libna também se rebelou nessa ocasião. Tudo isso acon-
teceu porque Jeorão havia abandonado o SENHOR, o Deus de seus
antepassados. 11Havia construído santuários idólatras na região
montanhosa de Judá e levado o povo de Judá e de Jerusalém a
prostituir-se e desviar-se. 12Então o profeta Elias escreveu esta carta
para Jeorão: "Assim diz o SENHOR, o Deus de seu antepassado Davi:
Você não seguiu o bom exemplo de seu pai, Josafá, nem de seu
avô, Asa, rei de Judá. 13Em vez disso, tem sido tão perverso quanto

os reis de Israel e tem levado o povo de Jerusalém e de Judá a
prostituir-se, como fez o rei Acabe em Israel. E chegou a matar seus
próprios irmãos, homens melhores que você. [14]Por isso, agora o
SENHOR está prestes a castigar você, seu povo, seus filhos, suas
esposas e tudo que lhe pertence, com uma terrível praga. [15]Você
sofrerá de uma séria doença intestinal que se agravará a cada dia,
até que seus intestinos saiam do corpo". [16]Então o SENHOR instigou
os filisteus e os árabes que moravam perto dos etíopes a atacarem
Jeorão. [17]Eles marcharam contra Judá, romperam suas defesas e
levaram tudo que era de valor do palácio real, e também os filhos e
as esposas do rei. Somente Acazias, seu filho mais novo, foi poupa-
do. [18]Depois de tudo isso, o SENHOR feriu Jeorão com uma doença
intestinal incurável. [19]Ela se tornou cada vez mais grave e, ao fim de
dois anos, seus intestinos saíram do corpo e ele morreu em agonia.
Seu povo não fez nenhuma fogueira em sua homenagem, como
havia feito para seus antepassados. [20]Jeorão tinha 32 anos quando
começou a reinar, e reinou em Jerusalém por oito anos. Ninguém
lamentou sua morte. Ele foi sepultado na Cidade de Davi, mas não
no cemitério dos reis.

CAPÍTULO 22

Acazias reina em Judá

[1]Então o povo de Jerusalém proclamou Acazias, filho mais novo de
Jeorão, o novo rei, pois os bandos de saqueadores que vieram com
os árabes tinham matado todos os filhos mais velhos de Jeorão.
Assim, Acazias, filho de Jeorão, reinou em Judá. [2]Acazias tinha 22
anos quando começou a reinar, e reinou em Jerusalém por um
ano. Sua mãe era Atalia, neta do rei Onri. [3]Acazias também seguiu
o exemplo da família do rei Acabe, pois sua mãe o incentivou a
praticar o mal. [4]Fez o que era mau aos olhos do SENHOR, como a
família de Acabe. Depois da morte de seu pai, eles se tornaram
seus conselheiros e o levaram à ruína. [5]Seguindo o conselho de-
les, Acazias se uniu a Jorão, filho de Acabe, rei de Israel, na guerra
contra Hazael, rei da Síria, em Ramote-Gileade. Quando os sírios
feriram Jorão na batalha, [6]ele voltou a Jezreel para se recuperar
dos ferimentos sofridos em Ramote. Visto que Jorão estava ferido,
Acazias, rei de Judá, foi visitá-lo em Jezreel. [7]Deus havia decidido
que essa visita seria a ruína de Acazias. Enquanto Acazias estava

NO QUE ESTOU **PENSANDO** ○ | O QUE ESTOU **SENTINDO** ○ | DO QUE ESTOU **LEMBRANDO** ○

DESENHE OU ESCREVA

em Jezreel, saiu com Jorão ao encontro de Jeú, neto de Ninsi, a
quem o SENHOR havia escolhido para destruir a dinastia de Acabe.
[8]Quando Jeú executava o juízo contra a família de Acabe, encontrou
alguns oficiais de Judá e parentes de Acazias que o serviam, e os
matou. [9]Então os homens de Jeú partiram em busca de Acazias
e o encontraram escondido na cidade de Samaria. Eles o trouxe-
ram a Jeú e o mataram. Acazias recebeu um sepultamento digno,
pois o povo disse: "Ele era neto de Josafá, homem que buscou o
SENHOR de todo o coração". Contudo, nenhum dos membros da
família de Acazias que sobreviveram conseguiu reinar em seu lugar.

A rainha Atalia reina em Judá

[10]Quando Atalia, mãe de Acazias, rei de Judá, soube que seu filho
estava morto, mandou exterminar o restante da família real de
Judá. [11]Mas Jeoseba, filha do rei Jeorão, pegou Joás, o filho ainda
pequeno de Acazias, dentre os outros filhos do rei que estavam
para ser mortos, e o colocou num quarto com sua ama. Assim,
Jeoseba, esposa do sacerdote Joiada e irmã de Acazias, escondeu
o menino para que Atalia não o matasse. [12]Joás ficou escondido
com eles no templo de Deus durante seis anos, enquanto Atalia
governava o país.

CAPÍTULO 23

Rebelião contra Atalia

[1]No sétimo ano do reinado de Atalia, o sacerdote Joiada decidiu
agir. Criou coragem e fez um acordo com os comandantes dos ba-
talhões: Azarias, filho de Jeroão; Ismael, filho de Joanã; Azarias,
filho de Obede; Maaseias, filho de Adaías; e Elisafate, filho de Zicri.
[2]Esses homens viajaram por todo o reino de Judá e convocaram
os levitas e os chefes das famílias de todas as cidades para irem a
Jerusalém. [3]Todos se reuniram no templo de Deus, onde firmaram
um pacto solene com o jovem rei Joás. Joiada lhes disse: "Aqui está
o filho do rei! Chegou a hora de ele governar! O SENHOR prometeu
que um descendente de Davi seria nosso rei. [4]Vocês devem fazer
o seguinte: quando os sacerdotes e os levitas entrarem em serviço
no sábado, uma terça parte de vocês ficará de guarda nas portas.
[5]Outra terça parte irá ao palácio real. E a última terça parte ficará de
guarda na Porta do Alicerce. Os demais permanecerão nos pátios

do templo do SENHOR. 6Lembrem-se: apenas os sacerdotes e os
levitas de serviço podem entrar no templo do SENHOR, pois foram
consagrados. O restante do povo deve obedecer às instruções do
SENHOR e ficar do lado de fora. 7Vocês, levitas, posicionem-se em
volta do rei, de armas na mão. Matem qualquer pessoa que tentar
entrar no templo. Permaneçam com o rei aonde ele for". 8Então
os levitas e o povo de Judá fizeram tudo que o sacerdote Joiada
ordenou. Os comandantes se encarregaram dos homens que iam
entrar em serviço naquele sábado e dos que iam sair. O sacerdote
Joiada não deixou ninguém ir para casa no fim do turno. 9Depois,
Joiada forneceu aos comandantes as lanças e os escudos grandes
e pequenos que haviam pertencido ao rei Davi e que estavam
guardados no templo de Deus. 10Posicionou todos os homens em
volta do rei, de armas na mão. Formaram uma fileira desde o lado
sul do templo até o lado norte e ao redor do altar. 11Então Joiada
e seus filhos trouxeram Joás, o filho do rei, para fora, puseram a
coroa em sua cabeça e lhe entregaram uma cópia da lei. Depois,
ungiram Joás e o proclamaram rei, e todos gritaram: "Viva o rei!".

A morte de Atalia

12Quando Atalia ouviu o barulho do povo correndo e os gritos de
louvor ao rei, foi para o templo do SENHOR, onde o povo estava
reunido. 13Ao chegar, viu o rei em pé, no lugar de honra junto à
coluna na entrada do templo. Estava rodeado pelos comandantes e
tocadores de trombeta, e gente de toda a terra se alegrava e tocava
trombetas. Cantores com instrumentos musicais dirigiam o povo
numa grande celebração. Quando Atalia viu tudo isso, rasgou suas
roupas e gritou: "Traição! Traição!". 14Então o sacerdote Joiada or-
denou aos comandantes encarregados das tropas: "Levem-na aos
soldados que estão na frente do templo e matem qualquer pessoa
que a seguir". Pois o sacerdote tinha dito: "Ela não deve ser morta
dentro do templo do SENHOR". 15Eles a prenderam e a levaram à
porta dos Cavalos, no terreno do palácio, e a mataram ali.

As reformas religiosas de Joiada

16Joiada fez uma aliança entre ele, o povo e o rei, estabelecendo
que eles seriam o povo do SENHOR. 17Todo o povo foi ao templo de
Baal e o derrubou. Demoliram os altares, despedaçaram os ídolos e

NO QUE ESTOU **PENSANDO** ○ | O QUE ESTOU **SENTINDO** ○ | DO QUE ESTOU **LEMBRANDO** ○

DESENHE OU ESCREVA

executaram Matã, sacerdote de Baal, em frente aos altares. 18Joiada
encarregou os sacerdotes e os levitas de cuidarem do templo do
SENHOR, segundo as instruções de Davi. Ordenou que apresentas-
sem holocaustos ao SENHOR, como ordenava a lei de Moisés, com
cânticos e alegria, conforme Davi tinha instruído. 19Também pôs
guardas às portas do templo do SENHOR, para que não entrasse nin-
guém que, por algum motivo, estivesse cerimonialmente impuro.
20Então os comandantes dos batalhões, os nobres, os governantes
e todo o povo da terra escoltaram o rei para fora do templo do
SENHOR. Passaram pela porta Superior e entraram no palácio, onde
o rei se sentou no trono real. 21Todo o povo do reino se alegrou e a
cidade ficou em paz, pois Atalia tinha sido morta.

CAPÍTULO 24

Joás faz reparos no templo

1Joás tinha 7 anos quando começou a reinar, e reinou em
Jerusalém por quarenta anos. Sua mãe se chamava Zíbia e era de
Berseba. 2Joás fez o que era certo aos olhos do SENHOR enquanto
o sacerdote Joiada estava vivo. 3Joiada escolheu duas esposas
para Joás, e ele teve filhos e filhas. 4Algum tempo depois, Joás
resolveu fazer reparos no templo do SENHOR. 5Reuniu os sacerdo-
tes e os levitas e lhes deu as seguintes instruções: "Vão a todas as
cidades de Judá e recolham o imposto anual para fazer os reparos
no templo do SENHOR. Façam isso logo!". Os levitas, porém, não se
apressaram. 6Então o rei mandou chamar o sumo sacerdote Joiada
e lhe perguntou: "Por que você não exigiu que os levitas saíssem
e recolhessem os impostos que as cidades de Judá e a cidade de
Jerusalém devem pagar para o templo? Moisés, servo do SENHOR,
estabeleceu que a comunidade de Israel pagasse esse imposto
para a manutenção do tabernáculo da aliança". 7Ao longo dos anos,
os seguidores da perversa Atalia haviam arrombado o templo de
Deus e usado os objetos sagrados do templo do SENHOR para ado-
rar as imagens de Baal. 8Por isso, o rei ordenou que fizessem uma
caixa grande e a colocassem do lado de fora da porta do templo
do SENHOR. 9Então foi proclamado em Judá e em Jerusalém que o
povo devia trazer ao SENHOR o imposto que Moisés, servo de Deus,
havia requerido dos israelitas no deserto. 10Isso agradou todos os
líderes e o povo, e eles trouxeram de bom grado suas contribuições

e as colocaram na caixa até enchê-la. 11Sempre que a caixa fica-
va cheia, os levitas a levavam aos oficiais do rei. O secretário da
corte e um oficial do sumo sacerdote a esvaziavam e a levavam
de volta ao templo. Assim faziam diariamente e reuniram muitos
recursos. 12O rei e Joiada entregavam o valor aos supervisores
da construção, que contratavam pedreiros, carpinteiros e artífices
que trabalhavam com ferro e bronze para reformar o templo do
SENHOR. 13Os homens encarregados da reforma trabalhavam com
dedicação, e a obra foi progredindo. Restauraram o templo de
Deus de acordo com o modelo original e o reforçaram. 14Quando
todos os reparos foram concluídos, trouxeram ao rei e a Joiada
os recursos que sobraram. O valor foi usado para fazer diversos
objetos para o templo do SENHOR, utensílios para o serviço e para
os holocaustos, além de vasilhas e outros objetos de ouro e de
prata. Enquanto o sacerdote Joiada viveu, os holocaustos eram
oferecidos continuamente no templo do SENHOR. 15Joiada viveu
muitos anos e morreu em idade avançada, com 130 anos. 16Foi
sepultado entre os reis na Cidade de Davi, pois havia feito o bem
em Israel para Deus e seu templo.

As reformas de Joiada são desfeitas

17Depois da morte de Joiada, os líderes de Judá vieram ao rei
Joás e se curvaram diante dele, e ele ouviu seus conselhos.
18Abandonaram o templo do SENHOR, o Deus de seus antepassa-
dos, e adoraram postes de Aserá e ídolos. Por causa desse pecado,
a ira de Deus veio sobre Judá e Jerusalém. 19Ainda assim, o SENHOR
enviou profetas para trazê-los de volta para ele. Os profetas os ad-
vertiram, mas o povo não quis ouvir. 20Então o Espírito de Deus veio
sobre Zacarias, filho do sacerdote Joiada. Ele se pôs em pé diante do
povo e disse: "Isto é o que Deus diz: 'Por que vocês desobedecem
aos mandamentos do SENHOR e, com isso, deixam de prosperar?
Visto que abandonaram o SENHOR, agora ele os abandonou!'".
21Então os líderes conspiraram contra Zacarias, e o rei ordenou
que ele fosse morto por apedrejamento no pátio do templo do
SENHOR. 22O rei Joás não levou em conta a lealdade que Joiada, pai
de Zacarias, lhe havia demonstrado, e matou seu filho. As últimas
palavras de Zacarias antes de morrer foram: "Que o SENHOR veja o
que estão fazendo e vingue a minha morte!".

NO QUE ESTOU PENSANDO | O QUE ESTOU SENTINDO | DO QUE ESTOU LEMBRANDO

DESENHE OU ESCREVA

O fim do reinado de Joás

23Na virada do ano, o exército sírio marchou contra Joás. Invadiram
Judá e Jerusalém e mataram todos os líderes do povo. Enviaram
para seu rei em Damasco tudo que haviam saqueado. 24Embora os
sírios tivessem atacado com apenas um exército pequeno, o SENHOR
entregou em suas mãos o exército muito maior de Judá. O povo de
Judá havia abandonado o SENHOR, o Deus de seus antepassados,
por isso o juízo foi executado contra Joás. 25Os sírios se retiraram
e deixaram Joás gravemente ferido. Seus próprios oficiais cons-
piraram contra ele porque havia assassinado o filho do sacerdote
Joiada e o mataram em sua cama. Ele foi sepultado na Cidade de
Davi, mas não no cemitério dos reis. 26Os assassinos foram Jozacar,
filho de uma amonita chamada Simeate, e Jeozabade, filho de uma
moabita chamada Somer. 27O relato sobre os filhos de Joás, as
muitas profecias a respeito dele e o registro da reforma do templo
de Deus estão registrados no *Comentário sobre o Livro dos Reis*.
Seu filho Amazias foi seu sucessor.

CAPÍTULO 25

Amazias reina em Judá

1Amazias tinha 25 anos quando começou a reinar, e reinou em
Jerusalém por 29 anos. Sua mãe se chamava Jeoadã e era de
Jerusalém. 2Amazias fez o que era certo aos olhos do SENHOR, mas
não de todo o coração. 3Quando Amazias se firmou no poder, exe-
cutou os oficiais que haviam assassinado seu pai. 4Contudo, não
matou os filhos dos assassinos, em obediência ao mandamento
do SENHOR registrado por Moisés no Livro da Lei: "Os pais não se-
rão executados por causa do pecado dos filhos, nem os filhos por
causa do pecado dos pais. Aqueles que merecem morrer deverão
ser executados por causa de seus próprios crimes". 5Amazias orga-
nizou o exército e nomeou generais e capitães para todo o Judá e
para Benjamim. Fez um censo e constatou que tinha um exército
de trezentos mil soldados de elite, com mais de 20 anos, todos
treinados no uso da espada e do escudo. 6Também pagou 3.500
quilos de prata para contratar cem mil guerreiros experientes de
Israel. 7Então um homem de Deus foi até ele e lhe disse: "Ó rei, não
contrate soldados de Israel, pois o SENHOR não está com Israel. Ele
não ajudará o povo de Efraim! 8Se deixar que acompanhem seus

2Cr

soldados na batalha, mesmo que lutem com coragem, serão derro-
tados pelo inimigo. Deus o derrubará, pois ele tem poder para aju-
dá-lo ou fazê-lo tropeçar". 9 Amazias perguntou ao homem de Deus:
"E quanto à prata que paguei para contratar o exército de Israel?". O
homem de Deus respondeu: "O SENHOR pode lhe dar muito mais
que isso!". 10 Então Amazias dispensou os soldados que havia con-
tratado e os mandou de volta para Efraim. Eles ficaram furiosos com
Judá e voltaram para casa indignados. 11 Amazias criou coragem
e conduziu seu exército até o vale do Sal, onde mataram dez mil
soldados edomitas da região de Seir. 12 Capturaram outros dez mil e
os levaram para o alto de um penhasco, de onde os atiraram, e eles
se despedaçaram. 13 Enquanto isso, os soldados que Amazias havia
contratado e depois mandado de volta atacaram muitas cidades
de Judá entre Samaria e Bete-Horom. Mataram três mil pessoas e
levaram grande quantidade de despojos. 14 Quando o rei Amazias
voltou da matança dos edomitas, trouxe os deuses que havia to-
mado do povo de Seir. Estabeleceu-os como seus próprios deuses,
prostrou-se diante deles e ofereceu-lhes sacrifícios. 15 O SENHOR se
irou grandemente e lhe enviou um profeta para perguntar: "Por
que você se volta para deuses que não foram capazes nem de salvar
de suas mãos o próprio povo deles?". 16 O rei, porém, o interrompeu
e disse: "Desde quando você é conselheiro do rei? Cale-se antes
que eu mande matá-lo!". O profeta parou, mas o advertiu: "Sei que
Deus resolveu destruí-lo, porque você fez isso e porque não quis
aceitar meu conselho". 17 Depois de consultar seus conselheiros,
Amazias, rei de Judá, enviou este desafio a Jeoás, filho de Jeoacaz
e neto de Jeú, rei de Israel: "Venha enfrentar-me numa batalha!".
18 Mas Jeoás, rei de Israel, respondeu a Amazias, rei de Judá, com
a seguinte história: "Nos montes do Líbano, o espinheiro enviou
esta mensagem ao poderoso cedro: 'Dê sua filha em casamento a
meu filho'. No entanto, um animal selvagem do Líbano veio, piso-
teou o espinheiro e o esmagou. 19 "Você diz: 'Derrotei Edom', e está
muito orgulhoso disso. Mas meu conselho é que fique em casa. Por
que causar problemas que só trarão desgraça sobre você e o povo
de Judá?". 20 Amazias, porém, se recusou a ouvir, pois Deus havia
resolvido destruí-lo por ter se voltado para os deuses de Edom.
21 Então Jeoás, rei de Israel, mobilizou seu exército contra Amazias,
rei de Judá. Os dois exércitos se enfrentaram em Bete-Semes, em

2Cr 26.5

Judá. 22 O exército de Judá foi derrotado pelo exército de Israel,
e os soldados fugiram para casa. 23 Jeoás, rei de Israel, capturou
Amazias, filho de Joás e neto de Acazias, em Bete-Semes. Trouxe-o
para Jerusalém, onde destruiu 180 metros do muro da cidade,
desde a porta de Efraim até a porta da Esquina. 24 Levou embora
todo o ouro, toda a prata e todos os utensílios do templo de Deus
guardados por Obede-Edom. Também levou os tesouros do palácio
real e fez reféns; depois, voltou para Samaria. 25 Amazias, filho de
Joás, rei de Judá, viveu ainda mais quinze anos depois da morte de
Jeoás, filho de Jeoacaz, rei de Israel. 26 Os demais acontecimentos
do reinado de Amazias, do início ao fim, estão registrados no *Livro
dos Reis de Judá e de Israel*. 27 Depois que Amazias se afastou do
SENHOR, houve uma conspiração contra ele em Jerusalém, e ele
fugiu para Laquis. Seus inimigos, porém, mandaram assassinos
atrás dele e o mataram ali. 28 Seu corpo foi trazido de volta para
Jerusalém num cavalo, e ele foi sepultado com seus antepassados
na Cidade de Davi.

CAPÍTULO 26

Uzias governa em Judá

1 Todo o povo de Judá proclamou Uzias, de 16 anos, rei, como suces-
sor de seu pai, Amazias. 2 Depois que seu pai morreu e se reuniu a
seus antepassados, Uzias reconstruiu a cidade de Elate e a recupe-
rou para Judá. 3 Uzias tinha 16 anos quando começou a reinar, e
reinou em Jerusalém por 52 anos. Sua mãe se chamava Jecolias e
era de Jerusalém. 4 Fez o que era certo aos olhos do SENHOR, como
seu pai, Amazias. 5 Uzias buscou a Deus durante a vida de Zacarias,
que o ensinou a temer a Deus. Enquanto o rei buscou a direção do
SENHOR, Deus lhe deu êxito. 6 Uzias declarou guerra contra os filis-
teus e derrubou os muros de Gate, Jabne e Asdode. Ele construiu
novas cidades na região de Asdode e em outras partes da Filístia.
7 Deus o ajudou nas guerras contra os filisteus, nas batalhas contra
os árabes de Gur e nas guerras contra os meunitas. 8 Os meunitas
lhe pagavam tributo anual, e sua fama se espalhou até o Egito,
pois ele havia se tornado muito poderoso. 9 Uzias construiu torres
fortificadas em Jerusalém, junto à porta da Esquina, à porta do Vale
e no canto do muro. 10 Também construiu fortalezas no deserto e
cavou muitas cisternas, pois tinha grandes rebanhos nas colinas

de Judá e na planície. Era um homem que amava a terra. Tinha
muitos trabalhadores que cuidavam de seus campos e vinhedos,
tanto nas colinas como nos vales férteis. 11 Uzias tinha um exército
de guerreiros bem treinados, prontos para irem à batalha, divididos
em tropas. Esse exército havia sido convocado e organizado pelo
secretário Jeiel e pelo oficial Maaseias. Estavam sob o comando de
Hananias, um dos oficiais do rei. 12 As tropas de guerreiros valentes
eram comandadas por 2.600 chefes de famílias. 13 O exército era
formado por uma elite de 307.500 homens, preparados para aju-
dar o rei contra qualquer inimigo. 14 Uzias providenciou para todo
o exército escudos, lanças, capacetes, couraças, arcos e fundas de
atirar pedras. 15 Construiu sobre os muros de Jerusalém máquinas
de guerra criadas por peritos; elas atiravam flechas e lançavam
grandes pedras das torres e dos cantos dos muros. Sua fama se
espalhou até lugares distantes, pois o SENHOR o ajudou extraordi-
nariamente e ele se tornou muito poderoso.

O pecado e o castigo de Uzias

16 Quando Uzias se tornou poderoso, também se encheu de orgulho,
o que o levou à ruína. Pecou contra o SENHOR, seu Deus, ao entrar
no santuário do templo do SENHOR para queimar incenso no altar
de incenso. 17 O sacerdote Azarias foi atrás dele com outros oitenta
sacerdotes do SENHOR, todos homens corajosos. 18 Confrontaram
o rei Uzias e disseram: "Não cabe a você, Uzias, queimar incenso
ao SENHOR. Isso é tarefa somente dos sacerdotes, os descendentes
de Arão, consagrados para esse trabalho. Saia do santuário, pois
você pecou. O SENHOR Deus não o honrará". 19 Uzias, que segurava
um incensário, ficou indignado. Enquanto ele demonstrava sua
raiva contra os sacerdotes diante do altar de incenso no templo
do SENHOR, apareceu lepra em sua testa. 20 Quando viram a lepra,
o sumo sacerdote Azarias e todos os outros sacerdotes o expul-
saram imediatamente do templo. O próprio rei se apressou em
sair dali, pois o SENHOR o havia ferido. 21 O rei Uzias ficou leproso
até o dia de sua morte. Vivia isolado, numa casa separada, e havia
sido excluído do templo do SENHOR. Seu filho Jotão tomava conta
do palácio e governava o povo. 22 Os demais acontecimentos do
reinado de Uzias, do início ao fim, foram registrados pelo profeta
Isaías, filho de Amoz. 23 Quando Uzias morreu, foi sepultado com

NO QUE ESTOU **PENSANDO** ○ | O QUE ESTOU **SENTINDO** ○ | DO QUE ESTOU **LEMBRANDO** ○

DESENHE OU ESCREVA

seus antepassados. Seu túmulo ficava num campo próximo que
pertencia aos reis, pois o povo disse: "Era leproso". Seu filho Jotão
foi seu sucessor.

CAPÍTULO 27

Jotão reina em Judá

1 Jotão tinha 25 anos quando começou a reinar, e reinou em
Jerusalém por dezesseis anos. Sua mãe se chamava Jerusa e era
filha de Zadoque. 2 Jotão fez o que era certo aos olhos do SENHOR,
como seu pai, Uzias, mas não cometeu o pecado de entrar no tem-
plo do SENHOR. Mesmo assim, o povo continuou com suas práti-
cas perversas. 3 Jotão reconstruiu a porta superior do templo do
SENHOR. Também realizou trabalhos extensos de reparo no muro,
sobre o monte Ofel. 4 Construiu cidades na região montanhosa de
Judá e edificou fortalezas e torres nos bosques. 5 Guerreou contra
os amonitas e os derrotou. Durante os três anos seguintes, recebeu
deles um tributo anual de 3.500 quilos de prata, dez mil cestos
grandes de trigo e dez mil cestos grandes de cevada. 6 O rei Jotão se
tornou poderoso porque teve o cuidado de viver em obediência ao
SENHOR, seu Deus. 7 Os demais acontecimentos do reinado de Jotão,
incluindo suas guerras e outras atividades, estão registrados no
Livro dos Reis de Israel e de Judá. 8 Tinha 25 anos quando começou
a reinar, e reinou em Jerusalém por dezesseis anos. 9 Quando Jotão
morreu e se reuniu a seus antepassados, foi sepultado na Cidade
de Davi. Seu filho Acaz foi seu sucessor.

CAPÍTULO 28

Acaz reina em Judá

1 Acaz tinha 20 anos quando começou a reinar, e reinou em
Jerusalém por dezesseis anos. Ao contrário de seu antepassado
Davi, não fez o que era certo aos olhos do SENHOR. 2 Em vez dis-
so, seguiu o exemplo dos reis de Israel. Fez ídolos de metal para
adorar Baal, 3 queimou incenso no vale de Ben-Hinom e chegou a
sacrificar os próprios filhos no fogo. Desse modo, seguiu as práti-
cas detestáveis das nações que o SENHOR havia expulsado da terra
diante dos israelitas. 4 Ofereceu sacrifícios e queimou incenso nos
santuários idólatras, nos montes e debaixo de toda árvore verde-
jante. 5 Por isso, o SENHOR, seu Deus, entregou Acaz nas mãos do rei

da Síria, que o derrotou e levou muitos de seu povo para o exílio em Damasco. Também o entregou nas mãos do rei de Israel, que derrotou Acaz e matou muitos de seus soldados. 6Em um só dia, Peca, filho de Remalias, matou 120 mil soldados de Judá, todos guerreiros experientes, pois haviam abandonado o SENHOR, o Deus de seus antepassados. 7Então Zicri, um guerreiro de Efraim, matou Maaseias, filho do rei, Azricão, oficial encarregado do palácio do rei, e Elcana, o segundo no comando depois do rei. 8Os soldados de Israel capturaram duzentas mil mulheres e crianças de Judá e tomaram enormes quantidades de despojos, que levaram para Samaria. 9Odede, profeta do SENHOR, estava em Samaria quando o exército de Israel voltou. Saiu ao encontro deles e lhes disse: "O SENHOR, o Deus de seus antepassados, estava irado com Judá e o entregou em suas mãos, mas vocês foram longe demais e os mataram com fúria que chegou até os céus. 10Agora, pretendem escravizar esse povo de Judá e de Jerusalém. E quanto a seus próprios pecados contra o SENHOR, seu Deus? 11Ouçam-me e mandem de volta esses prisioneiros que vocês capturaram, pois são seus parentes. Tenham cuidado, pois a ira ardente do SENHOR se voltou contra vocês!". 12Então alguns dos líderes de Israel – Azarias, filho de Joanã, Berequias, filho de Mesilemote, Jeizquias, filho de Salum, e Amasa, filho de Hadlai – confrontaram os homens que voltavam da batalha. 13"Não tragam os prisioneiros para cá!", disseram. "Se o fizerem, aumentaremos nossos pecados e nossa culpa diante do SENHOR. Nossa culpa já é grande, e a ira ardente do SENHOR se voltou contra Israel!" 14Então os guerreiros libertaram os prisioneiros e colocaram os despojos diante dos líderes do povo. 15Os quatro homens já mencionados por nome vieram à frente e deram roupas dos despojos aos presos que estavam nus. Vestiram-nos, deram-lhes sandálias, providenciaram comida e bebida para eles e aplicaram bálsamo sobre seus ferimentos. Puseram sobre jumentos aqueles que estavam fracos e levaram todos os prisioneiros de volta para seu povo em Jericó, a cidade das palmeiras. Depois, voltaram para Samaria.

Acaz fecha o templo

16Nessa época, o rei Acaz pediu ajuda ao rei da Assíria. 17Os exércitos de Edom tinham invadido Judá outra vez e levado prisioneiros. 18Os filisteus haviam atacado cidades nas colinas de Judá e no Neguebe. Conquistaram e ocuparam Bete-Semes, Aijalom e Gederote, além de Socó, Timna e Ginzo, com seus povoados. 19O SENHOR humilhou Judá por causa de Acaz, rei de Judá, pois ele havia incentivado o povo a pecar e havia sido inteiramente infiel ao SENHOR. 20Quando Tiglate-Pileser, rei da Assíria, chegou, atacou Acaz em vez de ajudá-lo. 21Acaz tomou objetos de valor do templo do SENHOR, do palácio real e das casas de seus oficiais e os entregou ao rei da Assíria como tributo, mas de nada adiantou. 22Mesmo nesse tempo de grande dificuldade, o rei Acaz foi ainda mais infiel ao SENHOR. 23Ofereceu sacrifícios aos deuses de Damasco que o haviam derrotado, pois disse: "Visto que esses deuses ajudaram o rei da Síria, também me ajudarão se eu lhes oferecer sacrifícios". Em vez disso, porém, eles foram a causa de sua ruína e da ruína de todo o Judá. 24Acaz pegou os utensílios do templo de Deus e os despedaçou. Trancou as portas do templo do SENHOR para que ninguém pudesse adorar ali e fez altares idólatras em cada esquina de Jerusalém. 25Colocou santuários idólatras em todas as cidades de Judá para queimar incenso a outros deuses. Com isso, provocou a ira do SENHOR, o Deus de seus antepassados. 26Os demais acontecimentos do reinado de Acaz e tudo que ele fez, do início ao fim, estão registrados no *Livro dos Reis de Judá e de Israel*. 27Quando Acaz morreu e se reuniu a seus antepassados, foi sepultado em Jerusalém, mas não no cemitério dos reis de Judá. Seu filho Ezequias foi seu sucessor.

NO QUE ESTOU **PENSANDO** ○ | O QUE ESTOU **SENTINDO** ○ | DO QUE ESTOU **LEMBRANDO** ○

DESENHE OU ESCREVA

CAPÍTULO 29

Ezequias reina em Judá

1Ezequias tinha 25 anos quando começou a reinar, e reinou em Jerusalém por 29 anos. Sua mãe se chamava Abia e era filha de Zacarias. 2Fez o que era certo aos olhos do SENHOR, como seu antepassado Davi.

Ezequias reabre o templo

3Logo no primeiro mês do primeiro ano de seu reinado, Ezequias reabriu as portas do templo do SENHOR e as consertou. 4Mandou chamar os sacerdotes e os levitas para se encontrarem com ele na praça do lado leste do templo. 5"Ouçam-me, levitas!", disse ele. "Purifiquem-se e purifiquem o templo do SENHOR, o Deus de seus

antepassados. Removam do santuário todos os objetos impuros.
6 Nossos antepassados foram infiéis e fizeram o que era mau aos
olhos do Senhor, nosso Deus. Abandonaram o Senhor e seu lu-
gar de habitação; deram as costas para ele. 7 Também fecharam
as portas da sala de entrada do templo e apagaram as lâmpadas.
Deixaram de queimar incenso e de apresentar holocaustos no
santuário do Deus de Israel. 8 "Por isso a ira do Senhor veio sobre
Judá e sobre Jerusalém. Ele fez deles objeto de espanto, horror
e zombaria, como vocês veem com os próprios olhos. 9 Por causa
disso, nossos pais foram mortos pela espada, e nossos filhos, filhas e
esposas foram capturados. 10 Agora, porém, farei uma aliança com o
Senhor, o Deus de Israel, para que sua ira ardente se afaste de nós.
11 Meus filhos, não sejam mais negligentes quanto a seus deveres!
O Senhor os escolheu para estarem diante dele, para o servirem,
para dirigirem o povo no culto e para lhe queimarem incenso."
12 Os levitas que começaram a trabalhar de imediato foram: Do clã
de Coate: Maate, filho de Amasai, e Joel, filho de Azarias. Do clã
de Merari: Quis, filho de Abdi, e Azarias, filho de Jealelel. Do clã
de Gérson: Joá, filho de Zima, e Éden, filho de Joá. 13 Da família de
Elisafã: Sinri e Jeuel. Da família de Asafe: Zacarias e Matanias. 14 Da
família de Hemã: Jeuel e Simei. Da família de Jedutum: Semaías
e Uziel. 15 Esses homens reuniram seus parentes levitas, e todos
se purificaram. Em seguida, começaram a purificar o templo do
Senhor, obedecendo às ordens do rei, de acordo com as instru-
ções do Senhor. 16 Os sacerdotes foram até o interior do templo do
Senhor para purificá-lo e trouxeram para fora, ao pátio do templo,
todas as coisas impuras que encontraram. Os levitas as levaram dali
para o vale de Cedrom. 17 Começaram o trabalho no primeiro dia do
primeiro mês e, em oito dias, haviam chegado à sala de entrada
do templo do Senhor. Depois, levaram oito dias para purificar o
templo do Senhor, de modo que todo o trabalho foi completado
em dezesseis dias.

A rededicação do templo

18 Então os levitas foram ao rei Ezequias e lhe relataram:
"Purificamos todo o templo do Senhor, o altar de holocaustos
com todos os seus utensílios e a mesa dos pães da presença com
todos os seus utensílios. 19 Recuperamos todos os objetos que o

NO QUE ESTOU **PENSANDO** | O QUE ESTOU **SENTINDO** | DO QUE ESTOU **LEMBRANDO**

DESENHE OU ESCREVA

rei Acaz jogou fora quando foi infiel e fechou o templo. Agora es-
tão diante do altar do Senhor, purificados e prontos para o uso".
20 Logo cedo na manhã seguinte, o rei Ezequias reuniu os líderes
da cidade e subiu ao templo do Senhor. 21 Trouxeram sete novilhos,
sete carneiros e sete cordeiros como holocausto e sete bodes como
oferta pelo pecado em favor do reino, do templo e de Judá. O rei
ordenou que os sacerdotes, descendentes de Arão, sacrificassem os
animais no altar do Senhor. 22 Os sacerdotes abateram os novilhos,
pegaram o sangue e o aspergiram no altar. Em seguida, abateram
os carneiros e aspergiram o sangue sobre o altar. Por fim, fizeram
o mesmo com os cordeiros. 23 Os bodes para a oferta pelo pecado
foram levados para diante do rei e da comunidade, que impuse-
ram as mãos sobre eles. 24 Depois disso, os sacerdotes abateram
os bodes como oferta pelo pecado e aspergiram o sangue sobre
o altar para fazer expiação pelos pecados de todo o Israel. O rei
havia ordenado que o holocausto e a oferta pelo pecado fossem
apresentados em favor de todo o Israel. 25 O rei Ezequias colocou
os levitas no templo do Senhor, com címbalos, harpas e liras. Ele
obedeceu a todas as instruções que o Senhor tinha dado ao rei Davi
por meio de Gade, o vidente do rei, e por meio do profeta Natã.
26 Os levitas tomaram seus lugares com os instrumentos musicais
de Davi, e os sacerdotes tomaram seus lugares com as trombetas.
27 Ezequias ordenou que o holocausto fosse oferecido sobre o al-
tar. Enquanto o sacrifício era oferecido, tiveram início os cânticos
de louvor ao Senhor, acompanhados das trombetas e dos outros
instrumentos musicais de Davi, rei de Israel. 28 Toda a comunidade
adorou ao som dos cânticos dos músicos e do toque das trombetas,
até que terminaram todos os holocaustos. 29 Em seguida, o rei e
todos ali presentes se prostraram em adoração. 30 O rei Ezequias e
os oficiais ordenaram aos levitas que louvassem o Senhor com os
cânticos escritos por Davi e pelo vidente Asafe. Eles o louvaram com
alegria e se prostraram em adoração. 31 Então Ezequias declarou:
"Agora que vocês se consagraram ao Senhor, tragam seus sacri-
fícios e ofertas de gratidão ao templo do Senhor". E a comunidade
trouxe sacrifícios e ofertas de gratidão, e alguns, voluntariamente,
também trouxeram holocaustos. 32 No total, a comunidade ofereceu
ao Senhor setenta novilhos, cem carneiros e duzentos cordeiros
como holocaustos. 33 Também trouxeram seiscentos bois e três mil

ovelhas como ofertas consagradas. 34Não havia, porém, sacerdotes
em número suficiente para preparar todos os holocaustos. Então
seus parentes, os levitas, os ajudaram até que o trabalho fosse
concluído e mais sacerdotes fossem purificados, pois os levitas ha-
viam respondido mais depressa que os sacerdotes à ordem para
se purificarem. 35Houve grande quantidade de holocaustos, além
das ofertas derramadas que os acompanhavam e da gordura das
muitas ofertas de paz. Assim, o templo do SENHOR foi restaurado
para o culto. 36Ezequias e todo o povo se alegraram com o que
Deus havia feito pelo povo, pois tudo foi realizado sem demora.

CAPÍTULO 30

Preparativos para a Páscoa

1O rei Ezequias enviou uma mensagem a todo o Israel e Judá
e escreveu cartas para o povo de Efraim e Manassés. Convidou
todos a virem ao templo do SENHOR em Jerusalém para celebrar
a Páscoa do SENHOR, o Deus de Israel. 2O rei, seus oficiais e toda a
comunidade de Jerusalém decidiram celebrar a Páscoa um mês
depois da data estabelecida. 3Não conseguiram celebrá-la na data
prescrita, porque não havia como purificar sacerdotes em número
suficiente até esse dia, e o povo ainda não tinha se reunido em
Jerusalém. 4Esse plano para celebrar a Páscoa pareceu bom ao
rei e a toda a comunidade. 5Assim, fizeram uma proclamação em
todo o Israel, desde Berseba, ao sul, até Dã, ao norte, convidando
todos a virem a Jerusalém para celebrar a Páscoa do SENHOR, o
Deus de Israel. Fazia tempo que essa festa não era celebrada por
um grande número de pessoas, como a lei exigia. 6Por ordem do
rei, mensageiros foram enviados a todo o Israel e Judá. Levavam
cartas que diziam: "Ó israelitas, voltem para o SENHOR, o Deus de
Abraão, Isaque e Israel, para que ele se volte para nós, os poucos
que sobrevivemos à conquista pelos reis assírios. 7Não sejam
como seus antepassados e parentes que foram infiéis ao SENHOR,
o Deus de seus antepassados, e se tornaram objeto de desprezo,
como vocês mesmos podem ver. 8Não sejam teimosos, como eles
foram, mas submetam-se ao SENHOR. Venham a este templo que
ele consagrou para sempre. Adorem o SENHOR, seu Deus, para
que sua ira ardente se desvie de vocês. 9"Pois, se voltarem para o
SENHOR, seus parentes e seus filhos serão tratados com bondade

por aqueles que os capturaram e voltarão a esta terra. Pois o
SENHOR, seu Deus, é cheio de graça e compaixão. Não os rejeitará
se voltarem para ele".

A celebração da Páscoa

10Os mensageiros foram de cidade em cidade em Efraim e
Manassés e até o território de Zebulom, mas a maioria do povo riu
e zombou deles. 11Contudo, alguns de Aser, Manassés e Zebulom
se humilharam e vieram a Jerusalém. 12Ao mesmo tempo, a mão
de Deus estava sobre o povo da terra de Judá, dando-lhes um só
coração para obedecer às ordens do rei e de seus oficiais, conforme
a palavra do SENHOR. 13Assim, uma grande multidão se reuniu em
Jerusalém no segundo mês, para comemorar a Festa dos Pães sem
Fermento. 14Começaram a trabalhar e removeram os santuários
idólatras de Jerusalém. Também removeram todos os altares de
incenso e os jogaram no vale de Cedrom. 15No décimo quarto dia
do segundo mês, o povo abateu o cordeiro pascal. Isso deixou os
sacerdotes e levitas envergonhados, por isso se purificaram e trou-
xeram holocaustos ao templo do SENHOR. 16Tomaram seus lugares
no templo, conforme a instrução da lei de Moisés, homem de Deus.
Os levitas trouxeram sangue dos sacrifícios para os sacerdotes, que
o aspergiram sobre o altar. 17Visto que muitas pessoas não haviam
se purificado, os levitas tiveram de abater para elas o cordeiro pas-
cal, a fim de consagrá-las ao SENHOR. 18A maioria dos que vieram de
Efraim, Manassés, Issacar e Zebulom não havia se purificado. Mas
o rei Ezequias orou por eles e foi permitido que comessem a refei-
ção pascal, embora isso fosse contrário aos requisitos da lei. Pois
Ezequias orou: "Que o SENHOR, que é bondoso, perdoe 19aqueles
que resolveram buscar o SENHOR, o Deus de seus antepassados,
mesmo que não estejam devidamente purificados conforme os
padrões do santuário". 20E o SENHOR ouviu a oração de Ezequias e
perdoou o povo. 21Então os israelitas que estavam em Jerusalém
comemoraram com grande alegria durante sete dias a Festa dos
Pães sem Fermento. A cada dia, os levitas e os sacerdotes louvavam
o SENHOR com instrumentos ressoantes. 22Ezequias elogiou todos
os levitas pela aptidão que demonstraram no serviço ao SENHOR.
A celebração prosseguiu por sete dias. Apresentaram ofertas de
paz, e o povo agradeceu ao SENHOR, o Deus de seus antepassados.

23 Toda a comunidade resolveu continuar com a festa por mais sete
dias, de modo que celebraram com alegria por mais uma semana.
24 Ezequias, rei de Judá, deu à comunidade mil novilhos e sete mil
ovelhas para as ofertas, e os oficiais deram mil novilhos e dez mil
ovelhas e cabras. Nesse meio-tempo, muitos outros sacerdotes se
purificaram. 25 Toda a comunidade de Judá se alegrou, incluindo
os sacerdotes, os levitas, todos que vieram da terra de Israel, os
estrangeiros residentes em Israel que vieram para a festa e todos
que moravam em Judá. 26 Houve grande alegria em Jerusalém,
pois a cidade não via uma celebração como essa desde os dias de
Salomão, filho do rei Davi. 27 Então os sacerdotes e os levitas se
levantaram e abençoaram o povo, e Deus, de sua santa habitação
nos céus, ouviu sua oração.

CAPÍTULO 31

As reformas religiosas de Ezequias

1 Quando a festa terminou, os israelitas que haviam participado
saíram pelas cidades de Judá, Benjamim, Efraim e Manassés e
despedaçaram todas as colunas sagradas, derrubaram os postes
de Aserá e removeram os santuários e altares idólatras. Depois
disso, voltaram para suas cidades e casas. 2 Ezequias organizou os
sacerdotes e os levitas em divisões, para oferecerem os holocaustos
e as ofertas de paz e para servirem, darem graças e louvarem ao
SENHOR junto às portas da habitação do SENHOR. 3 O rei também
contribuiu pessoalmente com animais para os holocaustos diários
da manhã e da tarde e para os holocaustos dos sábados, das fes-
tas da lua nova e das festas anuais prescritas pela lei do SENHOR.
4 Além disso, ordenou ao povo de Jerusalém que trouxesse uma
parte de seus bens para os sacerdotes e os levitas, a fim de que
pudessem se dedicar inteiramente à lei do SENHOR. 5 Quando os
israelitas souberam dessa exigência, responderam generosamente
e trouxeram a primeira porção de seus cereais, do vinho novo, do
azeite, do mel e de tudo que os campos produziam. Trouxeram
uma grande quantidade, o dízimo de tudo que haviam produzi-
do. 6 Os habitantes de Israel que tinham se mudado para Judá,
e os próprios habitantes de Judá, trouxeram o dízimo do gado,
das ovelhas, bem como das coisas que haviam sido consagra-
das ao SENHOR, seu Deus, e juntaram tudo em vários montões.

NO QUE ESTOU **PENSANDO** ○ | O QUE ESTOU **SENTINDO** ○ | DO QUE ESTOU **LEMBRANDO** ○

DESENHE OU ESCREVA

7 Começaram a amontoar as ofertas no terceiro mês e terminaram
no sétimo. 8 Quando Ezequias e seus oficiais viram esses montões,
agradeceram ao SENHOR e a seu povo, Israel. 9 "De onde veio tudo
isto?", perguntou Ezequias aos sacerdotes e aos levitas. 10 Azarias, o
sumo sacerdote, da família de Zadoque, respondeu: "Desde que o
povo começou a trazer ofertas para o templo do SENHOR, temos ali-
mento suficiente e ainda tem sobrado muito. O SENHOR abençoou
seu povo, e tudo isto é o que sobra". 11 Ezequias mandou preparar
depósitos no templo do SENHOR. Quando estavam prontos, 12 o povo
trouxe fielmente as ofertas, os dízimos e os objetos consagrados
para serem usados no templo. O levita Conanias foi encarregado
desses depósitos, e seu irmão Simei era seu auxiliar. 13 Os superviso-
res subordinados a eles eram Jeiel, Azazias, Naate, Asael, Jerimote,
Jozabade, Eliel, Ismaquias, Maate e Benaia. As nomeações foram
feitas pelo rei Ezequias e por Azarias, o principal encarregado do
templo de Deus. 14 Coré, filho do levita Imna, guarda da porta do
Leste, foi encarregado de distribuir as ofertas voluntárias feitas a
Deus, as contribuições e os objetos consagrados ao SENHOR. 15 Seus
assistentes fiéis eram Éden, Miniamim, Jesua, Semaías, Amarias
e Secanias. Distribuíam as ofertas entre as famílias dos sacerdotes
em suas cidades, de acordo com suas divisões, e as repartiam por
igual entre idosos e jovens. 16 Distribuíam as ofertas a todos os ho-
mens e meninos, de 3 anos para cima, que constavam dos registros
genealógicos. A distribuição incluía todos que vinham ao templo
do SENHOR para realizar suas tarefas diárias, de acordo com suas
divisões. 17 Repartiam as ofertas entre os sacerdotes que estavam
listados nos registros genealógicos, de acordo com suas famílias, e
entre os levitas de 20 anos para cima, anotados de acordo com suas
tarefas e divisões. 18 Também entregavam porções de alimento às
famílias de todos que estavam listados nos registros genealógicos,
incluindo as crianças pequenas, as esposas, os filhos e as filhas,
pois toda a comunidade havia sido fiel ao se purificar. 19 Quanto
aos sacerdotes, os descendentes de Arão, que viviam nos campos
ao redor das cidades, foram nomeados homens para distribuir em
porções a todos os sacerdotes e a todos os levitas listados nos regis-
tros genealógicos. 20 Assim, o rei Ezequias organizou a distribuição
em todo o Judá, e fez o que era bom, certo e verdadeiro aos olhos
do SENHOR, seu Deus. 21 Em tudo que fez no serviço do templo de

Deus e em seus esforços para obedecer à lei e aos mandamentos
de Deus, Ezequias buscou seu Deus de todo o coração. Como re-
sultado, foi muito bem-sucedido.

CAPÍTULO 32

A Assíria invade Judá

1Depois de Ezequias ter sido tão fiel em todas essas situações,
Senaqueribe, rei da Assíria, invadiu Judá. Cercou as cidades for-
tificadas e deu ordem para que seu exército rompesse os muros.
2Quando Ezequias percebeu que Senaqueribe também pretendia
atacar Jerusalém, 3consultou seus oficiais e conselheiros milita-
res, e eles resolveram fechar a passagem das águas das fontes
que havia do lado de fora da cidade. 4Organizaram uma enorme
equipe de trabalho para fechar as fontes de água e o riacho que
atravessava os campos, pois disseram: "Não devemos permitir que
os reis da Assíria encontrem toda essa água quando chegarem
aqui". 5Então Ezequias se dedicou a reparar todos os trechos onde
o muro estava quebrado, construiu torres e fez outro muro do lado
de fora do primeiro. Também reforçou o aterro da Cidade de Davi e
fabricou grande quantidade de armas e escudos. 6Nomeou oficiais
militares sobre o povo, os reuniu diante dele na praça junto à porta
da cidade e os encorajou, dizendo: 7"Sejam fortes e corajosos!
Não tenham medo nem desanimem por causa do rei da Assíria
e de seu exército poderoso, pois um poder muito maior está do
nosso lado! 8Ele tem um grande exército, mas são apenas homens.
Nós, porém, temos o SENHOR, nosso Deus, para nos ajudar e lutar
nossas batalhas!". As palavras de Ezequias deram grande ânimo
a seu povo.

Senaqueribe ameaça Jerusalém

9Enquanto Senaqueribe, rei da Assíria, cercava a cidade de Laquis,
enviou seus oficiais a Jerusalém com esta mensagem para
Ezequias, rei de Judá, e para todo o povo da cidade: 10"Assim diz
Senaqueribe, rei da Assíria: Em que vocês confiam, para imaginar
que sobreviverão quando eu cercar Jerusalém? 11Ezequias disse: 'O
SENHOR, nosso Deus, nos salvará do rei da Assíria'. Não é verdade!
Ele está enganando vocês e os condenando a morrer de fome e
sede! 12Não percebem que o próprio Ezequias destruiu todos os

NO QUE ESTOU **PENSANDO** ○ O QUE ESTOU **SENTINDO** ○ DO QUE ESTOU **LEMBRANDO** ○

DESENHE OU ESCREVA

santuários e altares do SENHOR? Ordenou que Judá e Jerusalém
adorassem somente no altar do templo e queimassem incenso
apenas ali. 13"Sem dúvida, vocês sabem o que eu e os reis da Assíria
antes de mim fizemos a todos os povos da terra! Acaso algum dos
deuses dessas nações livrou seu povo de minhas mãos? 14Qual
de seus deuses foi capaz de salvar seu povo do poder destruidor
de meus antecessores? O que os faz pensar que seu Deus poderá
livrá-los de minhas mãos? 15Não permitam que Ezequias os enga-
ne! Não se deixem iludir por ele! Volto a dizer: nenhum deus de
qualquer nação ou reino foi capaz de livrar seu povo das minhas
mãos ou das mãos de meus antepassados. Muito menos o Deus
de vocês os salvará de meu poder!". 16Os oficiais de Senaqueribe
zombaram ainda mais do SENHOR Deus e de seu servo Ezequias.
17O rei Senaqueribe também enviou cartas insultando o SENHOR, o
Deus de Israel. Escreveu: "Assim como os deuses de todas as outras
nações não foram capazes de salvar seu povo das minhas mãos,
também o Deus de Ezequias fracassará". 18Os oficiais assírios que
trouxeram as cartas gritaram isso em hebraico para o povo sobre os
muros da cidade, tentando amedrontá-lo para que fosse mais fácil
conquistar a cidade. 19Falaram do Deus de Jerusalém como se fosse
um dos deuses estrangeiros, feito por mãos humanas. 20Então o rei
Ezequias e o profeta Isaías, filho de Amoz, oraram e clamaram aos
céus. 21E o SENHOR enviou um anjo que destruiu o exército assírio
com todos os seus comandantes e oficiais. O rei da Assíria voltou
envergonhado para sua terra. Quando entrou no templo de seu
deus, alguns de seus próprios filhos o mataram ali à espada. 22Foi
assim que o SENHOR salvou Ezequias e o povo de Jerusalém das
mãos de Senaqueribe, rei da Assíria, e de todos os outros que os
ameaçavam. Então houve paz em toda a terra. 23Daquela ocasião
em diante, o rei Ezequias se tornou muito respeitado entre todas
as nações, e muitos traziam a Jerusalém ofertas para o SENHOR e
presentes valiosos para o rei.

A doença e a recuperação de Ezequias

24Por esse tempo, Ezequias ficou doente e estava para morrer.
Orou ao SENHOR, que respondeu à sua oração e lhe deu um sinal
miraculoso. 25Ezequias, porém, não correspondeu como devia à
bondade com que foi tratado e se tornou orgulhoso. Por isso, a

ira do SENHOR veio sobre ele e sobre Judá e Jerusalém. 26 Então
Ezequias se humilhou e se arrependeu de seu orgulho, como tam-
bém os habitantes de Jerusalém. Com isso, a ira do SENHOR não
caiu sobre eles durante a vida de Ezequias. 27 Ezequias era muito
rico e respeitado. Construiu depósitos especiais para guardar pra-
ta, ouro, pedras preciosas, especiarias, escudos e outros objetos
de valor que lhe pertenciam. 28 Também construiu armazéns para
guardar cereais, vinho novo e azeite e fez muitos estábulos para
o gado e currais para as ovelhas. 29 Construiu cidades e adquiriu
muitos rebanhos e gado, pois o SENHOR lhe deu grande riqueza.
30 Bloqueou a fonte superior de Giom e trouxe a água por um túnel
para o lado oeste da Cidade de Davi. Ezequias foi bem-sucedido em
tudo que fez. 31 No entanto, quando chegaram representantes da
Babilônia para perguntar sobre os acontecimentos extraordinários
que haviam ocorrido na terra, Deus se afastou de Ezequias para
testá-lo e ver o que havia, de fato, em seu coração.

Resumo do reinado de Ezequias

32 Os demais acontecimentos do reinado de Ezequias e seus atos
de devoção estão registrados na *Visão do Profeta Isaías, Filho de
Amoz*, incluída no *Livro dos Reis de Judá e de Israel*. 33 Quando
Ezequias morreu e se reuniu a seus antepassados, foi sepultado
na parte superior do cemitério dos reis, e todo o Judá e os habitan-
tes de Jerusalém o honraram por ocasião de sua morte. Seu filho
Manassés foi seu sucessor.

CAPÍTULO 33

Manassés reina em Judá

1 Manassés tinha 12 anos quando começou a reinar, e reinou em
Jerusalém por 55 anos. 2 Fez o que era mau aos olhos do SENHOR
e seguiu as práticas detestáveis das nações que o SENHOR havia
expulsado de diante dos israelitas. 3 Reconstruiu os santuários
idólatras que seu pai, Ezequias, havia destruído. Construiu altares
para Baal e ergueu postes de Aserá. Também se curvou diante de
todos os astros dos céus e lhes prestou culto. 4 Construiu altares
idólatras no templo do SENHOR, sobre o qual o SENHOR tinha dito:
"Meu nome permanecerá em Jerusalém para sempre". 5 Nos dois
pátios do templo do SENHOR, construiu altares para os astros do

NO QUE ESTOU **PENSANDO** ○

O QUE ESTOU **SENTINDO** ○

DO QUE ESTOU **LEMBRANDO** ○

DESENHE OU ESCREVA

céu. 6 Manassés também sacrificou seus filhos no fogo no vale de
Ben-Hinom. Praticou feitiçaria, adivinhação e magia e consultou
médiuns e praticantes do ocultismo. Fez muitas coisas perversas aos
olhos do SENHOR e, com isso, provocou sua ira. 7 Manassés chegou a
fazer uma imagem esculpida e colocá-la no templo de Deus, sobre o
qual Deus tinha dito a Davi e a seu filho Salomão: "Meu nome será
honrado para sempre neste templo e em Jerusalém, a cidade que
escolhi dentre todas as tribos de Israel. 8 Se os israelitas tiverem o
cuidado de obedecer a meus mandamentos, todas as leis, estatutos
e decretos que meu servo Moisés lhes deu, não os expulsarei desta
terra que dei a seus antepassados". 9 Manassés, porém, levou o povo
de Judá e de Jerusalém a fazer coisas piores do que as nações que
o SENHOR tinha destruído diante dos israelitas. 10 O SENHOR falou a
Manassés e a seu povo, mas eles ignoraram seus avisos. 11 Por isso,
o SENHOR enviou os comandantes dos exércitos assírios, e eles cap-
turaram Manassés. Puseram um gancho em seu nariz, o prenderam
com correntes de bronze e o levaram para a Babilônia. 12 Em sua
angústia, Manassés buscou o SENHOR, seu Deus, e se humilhou com
sinceridade diante do Deus de seus antepassados. 13 Quando ele
orou, Deus ouviu sua súplica, atendeu a seu pedido e o trouxe de
volta a Jerusalém e a seu reino. Então Manassés reconheceu que
o SENHOR é Deus. 14 Depois disso, Manassés reconstruiu o muro
externo da Cidade de Davi, bem alto, desde o oeste da fonte de
Giom, no vale de Cedrom, até a porta do Peixe e ao redor da co-
lina de Ofel. Colocou comandantes militares em todas as cidades
fortificadas de Judá. 15 Manassés também removeu do templo do
SENHOR os deuses estrangeiros e o ídolo que havia colocado ali.
Derrubou todos os altares que havia construído na colina do templo
e todos os altares em Jerusalém e os jogou fora da cidade. 16 Depois,
restaurou o altar do SENHOR e apresentou sobre ele sacrifícios de
paz e ofertas de gratidão. Também incentivou o povo de Judá a
adorar o SENHOR, o Deus de Israel. 17 O povo continuou a sacrificar
naqueles lugares de adoração, mas somente ao SENHOR, seu Deus.
18 Os demais acontecimentos do reinado de Manassés, sua oração
a Deus e as palavras que os videntes lhe disseram em nome do
SENHOR, o Deus de Israel, estão registrados no *Livro dos Reis de
Israel*. 19 A oração de Manassés, o modo como Deus lhe respondeu
e um relato de todos os seus pecados e de sua infidelidade se

encontram no *Registro dos Videntes*. Inclui uma lista dos locais
onde ele construiu altares idólatras e levantou postes de Aserá e
ídolos antes de se humilhar e se arrepender. 20 Quando Manassés
morreu e se reuniu a seus antepassados, foi sepultado em seu pa-
lácio. Seu filho Amom foi seu sucessor.

Amom reina em Judá

21 Amom tinha 22 anos quando começou a reinar, e reinou em
Jerusalém por dois anos. 22 Fez o que era mau aos olhos do SENHOR,
como seu pai, Manassés. Adorou todos os ídolos que seu pai havia
feito e lhes ofereceu sacrifícios. 23 Mas, ao contrário de seu pai, não
se humilhou diante do SENHOR. Em vez disso, Amom pecou ainda
mais. 24 Os próprios oficiais de Amom conspiraram contra ele e o
assassinaram em seu palácio. 25 O povo de Judá, porém, matou
todos que haviam conspirado contra o rei Amom e proclamou seu
filho Josias como rei em seu lugar.

CAPÍTULO 34

Josias reina em Judá

1 Josias tinha 8 anos quando começou a reinar, e reinou em
Jerusalém por 31 anos. 2 Fez o que era certo aos olhos do SENHOR
e seguiu o exemplo de seu antepassado Davi, não se desviando
nem para um lado nem para o outro. 3 No oitavo ano de seu rei-
nado, enquanto ainda era jovem, começou a buscar o Deus de
seu antepassado Davi. Então, no décimo segundo ano, começou
a purificar Judá e Jerusalém, destruindo os santuários idólatras,
os postes de Aserá, os ídolos esculpidos e as imagens de metal.
4 Deu ordens para que fossem destruídos os altares de Baal e des-
pedaçados os altares de incenso que ficavam acima deles. Também
ordenou que os postes de Aserá, os ídolos esculpidos e as imagens
de metal fossem despedaçados e espalhados sobre os túmulos
daqueles que lhes haviam oferecido sacrifícios. 5 Queimou os ossos
dos sacerdotes idólatras sobre seus próprios altares e, com isso,
purificou Judá e Jerusalém. 6 Fez a mesma coisa nas cidades de
Manassés, Efraim e Simeão, e até na distante Naftali, bem como nas
ruínas ao seu redor. 7 Destruiu os santuários idólatras e os postes
de Aserá, reduziu os ídolos a pó e despedaçou todos os altares de
incenso em toda a terra de Israel. Por fim, voltou a Jerusalém. 8 No

NO QUE ESTOU **PENSANDO** ○ | O QUE ESTOU **SENTINDO** ○ | DO QUE ESTOU **LEMBRANDO** ○

DESENHE OU ESCREVA

décimo oitavo ano do reinado de Josias, depois de ele purificar a
terra e o templo, nomeou Safã, filho de Azalias, Maaseias, gover-
nador de Jerusalém, e Joá, filho de Joacaz, o historiador do reino,
para restaurarem o templo do SENHOR, seu Deus. 9 Eles entregaram
ao sumo sacerdote Hilquias a prata recolhida pelos levitas que
guardavam as portas do templo de Deus. As ofertas foram trazidas
pelo povo de Manassés, de Efraim e de todo o remanescente de
Israel, bem como de Judá e de Benjamim, e pelos habitantes de
Jerusalém. 10 Hilquias e os outros líderes entregaram a prata aos
homens encarregados de supervisionar a reforma do templo do
SENHOR. Eles pagaram os trabalhadores que faziam os reparos e
a restauração do templo. 11 Também contrataram carpinteiros e
construtores que compraram pedras cortadas para as paredes e
madeira para os suportes e as vigas. Restauraram aquilo que reis
anteriores de Judá haviam deixado ficar em ruínas. 12 Os trabalha-
dores realizaram a obra com fidelidade, sob a liderança de Jaate e
Obadias, levitas do clã de Merari, e de Zacarias e Mesulão, levitas
do clã de Coate. Outros levitas, todos músicos talentosos, 13 fica-
ram responsáveis pelos carregadores e pelos trabalhadores em
várias funções. Ainda outros auxiliavam como secretários, oficiais
e guardas das portas.

Hilquias encontra a lei de Deus

14 Enquanto estavam retirando a prata recolhida no templo do
SENHOR, o sacerdote Hilquias encontrou o Livro da Lei do SENHOR,
escrito por Moisés. 15 Hilquias disse a Safã, secretário da corte:
"Encontrei o Livro da Lei no templo do SENHOR!". E Hilquias entre-
gou o livro a Safã. 16 Safã levou o livro ao rei e relatou: "Seus oficiais
estão fazendo tudo que lhes foi ordenado. 17 A prata recolhida no
templo do SENHOR foi entregue aos supervisores e trabalhadores".
18 Safã também disse ao rei: "O sacerdote Hilquias me entregou
um livro". E Safã leu o livro para o rei. 19 Quando o rei ouviu o que
estava escrito na Lei, rasgou suas roupas. 20 Em seguida, deu estas
ordens a Hilquias, a Aicam, filho de Safã, a Acbor, filho de Micaías,
a Safã, secretário da corte, e a Asaías, conselheiro pessoal do rei:
21 "Vão consultar o SENHOR por mim e por todo o remanescente
de Israel e de Judá. Perguntem a respeito das palavras escritas no
livro que foi encontrado. A grande ira do SENHOR foi derramada

sobre nós, pois nossos antepassados não obedeceram à palavra do
SENHOR. Não temos feito o que este livro ordena". 22 Então Hilquias
e os outros homens foram ao Bairro Novo de Jerusalém consultar
a profetisa Hulda. Ela era esposa de Salum, filho de Tocate, filho de
Harás, responsável pelo guarda-roupa do templo. 23 Ela lhes disse:
"O SENHOR, o Deus de Israel, falou! Voltem e digam ao homem
que os enviou 24 que assim diz o SENHOR: 'Trarei desgraça sobre
esta cidade e sobre seus habitantes. Todas as maldições escritas
no livro que foi lido para o rei de Judá se cumprirão. 25 Pois o meu
povo me abandonou e queimou incenso a outros deuses, e estou
grandemente irado com eles por tudo que fizeram. Minha ira será
derramada sobre este lugar e não será apagada'. 26 "Mas vão ao rei
de Judá que os enviou para consultarem o SENHOR e digam-lhe que
assim diz o SENHOR, o Deus de Israel, a respeito da mensagem que
acabaram de ouvir: 27 'Você se arrependeu e se humilhou diante
de Deus quando ouviu as palavras dele contra esta cidade e contra
seus habitantes. Você se humilhou, rasgou suas roupas e chorou
diante de mim. E eu certamente o ouvi, diz o SENHOR. 28 Portanto, só
enviarei a calamidade anunciada depois que você tiver se reunido
a seus antepassados e tiver sido sepultado em paz. Você não verá
a desgraça que trarei sobre esta cidade e sobre seus habitantes'".
Então eles levaram a mensagem ao rei.

As reformas religiosas de Josias

29 Josias mandou chamar todas as autoridades de Judá e de
Jerusalém. 30 Subiu ao templo do SENHOR com os sacerdotes e
os levitas e com todo o povo de Judá e de Jerusalém, dos mais
importantes até os mais simples. Leu para eles todo o Livro da
Aliança encontrado no templo do SENHOR. 31 O rei tomou seu
lugar de honra junto à coluna e renovou a aliança na presença
do SENHOR. Comprometeu-se a obedecer ao SENHOR e a cumprir
seus mandamentos, preceitos e decretos de todo o coração e de
toda a alma. Prometeu cumprir todos os termos da aliança escritos
no livro. 32 Exigiu o mesmo de todos em Jerusalém e do povo de
Benjamim. Os habitantes de Jerusalém fizeram essa promessa e
renovaram sua aliança com Deus, o Deus de seus antepassados.
33 Josias removeu todos os ídolos repulsivos de toda a terra de
Israel e exigiu que todos adorassem o SENHOR, seu Deus. E, pelo
restante da vida do rei, eles não se afastaram do SENHOR, o Deus
de seus antepassados.

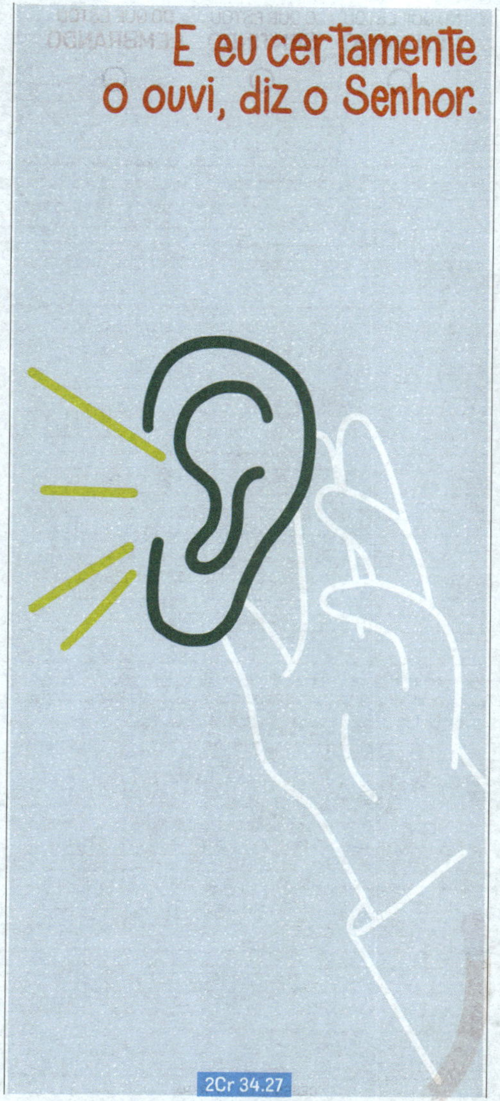

CAPÍTULO 35

Josias celebra a Páscoa

1 Então Josias celebrou a Páscoa do SENHOR em Jerusalém, e assim
o cordeiro pascal foi abatido no décimo quarto dia do primeiro mês.
2 Josias também nomeou os sacerdotes para suas atribuições e os
encorajou a realizar seu trabalho no templo do SENHOR. 3 Deu a
seguinte ordem aos levitas encarregados de instruir todo o Israel
e consagrados para servir ao SENHOR: "Coloquem a arca sagrada no
templo construído por Salomão, filho de Davi, rei de Israel. Não pre-
cisam mais levá-la de um lado para outro sobre os ombros. Agora,
dediquem seu tempo a servir ao SENHOR, seu Deus, e a seu povo,
Israel. 4 Apresentem-se para o serviço de acordo com as divisões de
seus antepassados por famílias, conforme as instruções de Davi,
rei de Israel, e de seu filho Salomão. 5 "Fiquem no santuário, no
lugar indicado para cada divisão, e ajudem as famílias das quais
foram encarregados quando elas trouxerem suas ofertas ao tem-
plo. 6 Abatam os cordeiros pascais, consagrem-se e preparem-se
para ajudar os que chegarem. Sigam todas as instruções que o
SENHOR deu por meio de Moisés". 7 Então Josias deu ao povo 30.000
cordeiros e cabritos para as ofertas de Páscoa, além de 3.000 bois,
todos dos rebanhos e do gado do rei. 8 Os oficiais do rei também
deram contribuições voluntárias para o povo, para os sacerdotes
e para os levitas. Hilquias, Zacarias e Jeiel, os chefes do templo
de Deus, deram aos sacerdotes 2.600 cordeiros e cabritos e 300
bois como ofertas de Páscoa. 9 Os líderes dos levitas – Conanias
e seus irmãos Semaías e Natanael, bem como Hasabias, Jeiel e
Jozabade – deram 5.000 cordeiros e cabritos e 500 bois aos levitas
para suas ofertas de Páscoa. 10 Quando tudo estava pronto para a
comemoração da Páscoa, os sacerdotes e os levitas tomaram seus
lugares, organizados de acordo com suas divisões, conforme o rei
havia ordenado. 11 Então os levitas abateram os cordeiros da Páscoa
e apresentaram o sangue aos sacerdotes, que o aspergiram sobre o
altar enquanto os levitas preparavam os animais. 12 Repartiram os
holocaustos entre o povo de acordo com suas divisões, para que as
famílias os oferecessem ao SENHOR conforme prescrito no Livro de

Moisés, e fizeram o mesmo com os bois. 13Assaram os cordeiros da Páscoa, como prescrito, cozinharam as ofertas sagradas em potes, caldeirões e panelas e os levaram depressa ao povo. 14Em seguida, os levitas prepararam as ofertas de Páscoa para si mesmos e para os sacerdotes, os descendentes de Arão, pois os sacerdotes haviam ficado ocupados desde a manhã até a noite, oferecendo os holocaustos e as porções de gordura. Os levitas se encarregaram de todos os preparativos. 15Os músicos, descendentes de Asafe, estavam em seus lugares, segundo as ordens de Davi, Asafe, Hemã e Jedutum, vidente do rei. Os guardas das portas não precisaram deixar seus postos, pois seus parentes, os levitas, também lhes prepararam as ofertas de Páscoa. 16Toda a cerimônia para a Páscoa do SENHOR foi realizada naquele dia. Os holocaustos foram sacrificados no altar do SENHOR, como o rei Josias havia ordenado. 17Todos os israelitas presentes em Jerusalém celebraram a Páscoa e a Festa dos Pães sem Fermento por sete dias. 18A Páscoa não havia sido celebrada dessa maneira desde o tempo do profeta Samuel. Nenhum dos reis de Israel havia comemorado a Páscoa como o rei Josias, com todos os sacerdotes e os levitas, os habitantes de Jerusalém e o povo de todo o Judá e Israel que estavam presentes na cidade. 19Essa comemoração de Páscoa ocorreu no décimo oitavo ano do reinado de Josias.

Josias morre na batalha

20Depois que Josias terminou de restaurar o templo, Neco, rei do Egito, levou seu exército para Carquemis, junto ao rio Eufrates, e Josias e seu exército saíram para lutar contra ele. 21O rei Neco, porém, enviou mensageiros a Josias para lhe dizer: "O que quer comigo, rei de Judá? Hoje não tenho nada contra você! Estou a caminho da batalha contra outra nação, e Deus ordenou que eu me apressasse! Não interfira com Deus, que está comigo, ou ele o destruirá". 22Josias, porém, não deu ouvidos às palavras de Neco, que ele havia falado a mando de Deus, e não quis voltar atrás. Em vez disso, disfarçou-se e levou seu exército para a batalha na planície de Megido. 23Arqueiros do inimigo atingiram o rei Josias com suas flechas, e ele gritou para seus homens: "Tirem-me da batalha, pois estou gravemente ferido!". 24Então tiraram Josias de sua carruagem e o colocaram em outra. Levaram-no de volta

NO QUE ESTOU **PENSANDO** ○ O QUE ESTOU **SENTINDO** ○ DO QUE ESTOU **LEMBRANDO** ○

DESENHE OU ESCREVA

para Jerusalém, onde morreu e foi sepultado no cemitério dos reis. Todo o Judá e Jerusalém lamentaram por ele. 25O profeta Jeremias compôs cânticos fúnebres em homenagem a Josias, e até hoje os cantores e cantoras ainda entoam esses lamentos sobre sua morte. Eles se tornaram uma tradição e estão registrados *no Livro das Lamentações*. 26Os demais acontecimentos do reinado de Josias e seus atos de devoção, realizados de acordo com a lei do SENHOR, 27do início ao fim, estão registrados no *Livro dos Reis de Israel e de Judá*.

CAPÍTULO 36

Jeoacaz reina em Judá

1O povo da terra proclamou Jeoacaz, filho de Josias, como seu sucessor em Jerusalém. 2Jeoacaz tinha 23 anos quando começou a reinar, e reinou em Jerusalém por três meses. 3Foi deposto pelo rei do Egito, que exigiu de Judá o pagamento de 3.500 quilos de prata e 35 quilos de ouro como tributo.

Jeoaquim reina em Judá

4O rei do Egito nomeou Eliaquim, irmão de Jeoacaz, rei sobre Judá e sobre Jerusalém, e mudou o nome dele para Jeoaquim. Depois, Neco levou Jeoacaz para o Egito como prisioneiro. 5Jeoaquim tinha 25 anos quando começou a reinar, e reinou em Jerusalém por onze anos. Fez o que era mau aos olhos do SENHOR, seu Deus. 6Então Nabucodonosor, rei da Babilônia, atacou Jerusalém e prendeu Jeoaquim com correntes de bronze. Depois, levou-o para a Babilônia. 7Nabucodonosor também levou alguns dos tesouros do templo do SENHOR e os colocou em seu palácio, na Babilônia. 8Os demais acontecimentos do reinado de Jeoaquim, incluindo todas as coisas detestáveis que fez e tudo que foi achado contra ele, estão registrados *no Livro dos Reis de Israel e de Judá*. Seu filho Joaquim foi seu sucessor.

Joaquim reina em Judá

9Joaquim tinha 18 anos quando começou a reinar, e reinou em Jerusalém por três meses e dez dias. Fez o que era mau aos olhos do SENHOR. 10Na virada do ano, o rei Nabucodonosor levou Joaquim para a Babilônia. Nessa ocasião, também levou os tesouros do

templo do SENHOR. Nabucodonosor nomeou Zedequias, tio de
Joaquim, rei sobre Judá e sobre Jerusalém.

Zedequias reina em Judá

11 Zedequias tinha 21 anos quando começou a reinar, e reinou em
Jerusalém por onze anos. 12 Zedequias fez o que era mau aos olhos
do SENHOR, seu Deus, e não se humilhou quando o profeta Jeremias
lhe falou diretamente da parte do SENHOR. 13 Também se rebelou
contra o rei Nabucodonosor, embora lhe tivesse jurado lealdade
em nome de Deus. Zedequias era um homem duro e teimoso e se
recusou a voltar para o SENHOR, o Deus de Israel. 14 Da mesma forma,
todos os líderes dos sacerdotes e o povo se tornaram cada vez mais
infiéis. Seguiram todas as práticas detestáveis das nações vizinhas
e profanaram o templo do SENHOR que havia sido consagrado em
Jerusalém. 15 Repetidamente, o SENHOR, o Deus de seus antepassa-
dos, enviou profetas para adverti-los, pois tinha compaixão de seu
povo e do lugar de sua habitação. 16 No entanto, eles zombaram
dos mensageiros de Deus e desprezaram suas palavras. Caçoaram
dos profetas até que a ira do SENHOR não pôde mais ser contida e
nada mais se pôde fazer.

A queda de Jerusalém

17 Então o SENHOR trouxe o rei da Babilônia contra eles. Os babilô-
nios mataram os jovens e foram atrás deles até dentro do santuário.
Não tiveram piedade nem dos rapazes, nem das moças, nem dos
idosos e doentes. Deus os entregou todos nas mãos do rei. 18 Ele
levou para a Babilônia todos os utensílios, grandes e pequenos,
do templo de Deus e todos os tesouros do templo do SENHOR e do
palácio do rei e de seus oficiais. 19 Seu exército queimou o templo
de Deus, derrubou os muros de Jerusalém, queimou todos os pa-
lácios e destruiu tudo que era de valor. 20 Os poucos habitantes
que sobreviveram foram levados para o exílio na Babilônia e se
tornaram servos do rei e de seus filhos, até que o reino da Pérsia
conquistou o poder. 21 Cumpriu-se, desse modo, a mensagem do
SENHOR transmitida por Jeremias. A terra finalmente desfrutou seu
descanso sabático e permaneceu desolada até que se completaram
os setenta anos, conforme o profeta havia anunciado.

Ciro permite que os exilados regressem

22 No primeiro ano do reinado de Ciro, rei da Pérsia, o SENHOR cum-
priu a profecia que havia anunciado por meio de Jeremias. O
SENHOR despertou o coração de Ciro para registrar por escrito a
seguinte proclamação e enviá-la a todo o seu reino: 23 "Assim diz
Ciro, rei da Pérsia: "O SENHOR, o Deus dos céus, me deu todos os
reinos da terra. Ele me encarregou de construir para ele um tem-
plo em Jerusalém, na terra de Judá. Quem pertence ao povo dele,
volte para realizar essa tarefa. E que o SENHOR, seu Deus, esteja
com vocês!".

2Cr 36.23

ESDRAS

CAPÍTULO 1

Ciro permite que os exilados regressem

1No primeiro ano de Ciro, rei da Pérsia, o SENHOR cumpriu a profecia
que havia anunciado por meio de Jeremias. Despertou o coração de
Ciro para registrar por escrito a seguinte proclamação e enviá-la a
todo o seu reino: **2**"Assim diz Ciro, rei da Pérsia: "O SENHOR, o Deus
dos céus, me deu todos os reinos da terra. Ele me encarregou de
lhe construir um templo em Jerusalém, em Judá. **3**Quem pertence
ao povo de Deus, volte a Jerusalém, em Judá, para reconstruir o
templo do SENHOR, o Deus de Israel, que habita em Jerusalém. E
que seu Deus esteja com vocês! **4**Onde quer que se encontre esse
remanescente judeu, que seus vizinhos ajudem com as despesas,
dando-lhes prata e ouro, suprimentos e animais, além de ofertas
voluntárias para o templo de Deus, em Jerusalém". **5**Então o SENHOR
despertou o coração dos sacerdotes, dos levitas e dos chefes das tri-
bos de Judá e Benjamim, para que fossem a Jerusalém e reconstru-
íssem o templo do SENHOR. **6**Todos os seus vizinhos ajudaram, dan-
do-lhes utensílios de prata e ouro, suprimentos e animais. Também
lhes deram muitos presentes valiosos, além de todas as ofertas
voluntárias. **7**O rei Ciro tirou os utensílios que o rei Nabucodonosor
havia levado do templo do SENHOR, em Jerusalém, e colocado no
templo de seus próprios deuses. **8**Ciro, rei da Pérsia, deu instruções
a Mitredate, seu tesoureiro, para que contasse esses utensílios e os
entregasse a Sesbazar, líder dos exilados que voltavam para Judá.
9Esta é uma lista dos objetos que foram devolvidos: 30 bacias de

Ed

NO QUE ESTOU PENSANDO | O QUE ESTOU SENTINDO | DO QUE ESTOU LEMBRANDO

DESENHE OU ESCREVA

ouro, 1.000 bacias de prata, 29 incensários de prata, **10**30 tigelas
de ouro, 410 tigelas de prata, 1.000 objetos diversos. **11**Ao todo,
havia 5.400 utensílios de ouro e prata. Sesbazar trouxe tudo isso
consigo quando os exilados voltaram da Babilônia para Jerusalém.

CAPÍTULO 2

Exilados que regressaram com Zorobabel

1Esta é uma lista dos judeus da província que regressaram do ca-
tiveiro. O rei Nabucodonosor os havia deportado para a Babilônia,
mas eles voltaram para Jerusalém e Judá, cada um para sua cidade
de origem. **2**Seus líderes eram Zorobabel, Jesua, Neemias, Seraías,
Reelaías, Mardoqueu, Bilsã, Mispar, Bigvai, Reum e Baaná. Este é o
número de homens de Israel que regressaram do exílio: **3**da família
de Parós, 2.172; **4**da família de Sefatias, 372; **5**da família de Ará,
775; **6**da família de Paate-Moabe (descendentes de Jesua e Joabe),
2.812; **7**da família de Elão, 1.254; **8**da família de Zatu, 945; **9**da fa-
mília de Zacai, 760; **10**da família de Bani, 642; **11**da família de Bebai,
623; **12**da família de Azgade, 1.222; **13**da família de Adonicam, 666;
14da família de Bigvai, 2.056; **15**da família de Adim, 454; **16**da famí-
lia de Ater (descendentes de Ezequias), 98; **17**da família de Bezai,
323; **18**da família de Jora, 112; **19**da família de Hasum, 223; **20**da
família de Gibar, 95; **21**do povo de Belém, 123; **22**do povo de Netofa,
56; **23**do povo de Anatote, 128; **24**do povo de Bete-Azmavete, 42;
25do povo de Quiriate-Jearim, Quefira e Beerote, 743; **26**do povo
de Ramá e Geba, 621; **27**do povo de Micmás, 122; **28**do povo de
Betel e Ai, 223; **29**dos cidadãos de Nebo, 52; **30**dos cidadãos de
Magbis, 156; **31**dos cidadãos de Elão Ocidental, 1.254; **32**dos cida-
dãos de Harim, 320; **33**dos cidadãos de Lode, Hadide e Ono, 725;
34dos cidadãos de Jericó, 345; **35**dos cidadãos de Senaá, 3.630.
36Estes são os sacerdotes que regressaram do exílio: da família de
Jedaías (da linhagem de Jesua), 973; **37**da família de Imer, 1.052;
38da família de Pasur, 1.247; **39**da família de Harim, 1.017. **40**Estes
são os levitas que regressaram do exílio: das famílias de Jesua e
Cadmiel (descendentes de Hodavias), 74; **41**os cantores da famí-
lia de Asafe, 128; **42**os guardas das portas das famílias de Salum,
Ater, Talmom, Acube, Hatita e Sobai, 139. **43**Os descendentes destes
servidores do templo regressaram do exílio: Zia, Hasufa, Tabaote,
44Queros, Sia, Padom, **45**Lebana, Hagaba, Acube, **46**Hagabe, Salmai,

Hanã, [47]Gidel, Gaar, Reaías, [48]Rezim, Necoda, Gazão, [49]Uzá, Paseá,
Besai, [50]Asná, Meunim, Nefusim, [51]Baquebuque, Hacufa, Harur,
[52]Baslute, Meída, Harsa, [53]Barcos, Sísera, Tamá, [54]Nesias, Hatifa.
[55]Os descendentes destes servidores do rei Salomão regressaram
do exílio: Sotai, Soferete, Peruda, [56]Jaala, Darcom, Gidel, [57]Sefatias,
Hatil, Poquerete-Hazebaim e Ami. [58]Ao todo, os servidores do tem-
plo e os descendentes dos servos de Salomão eram 392. [59]Nessa
ocasião, outro grupo regressou das cidades de Tel-Melá, Tel-Harsa,
Querube, Adã e Imer. Contudo, não puderam comprovar que eles
ou suas famílias eram descendentes de Israel. [60]Estavam nesse
grupo as famílias de Delaías, Tobias e Necoda, 652 pessoas ao todo.
[61]Também regressaram as famílias de três sacerdotes: Habaías,
Hacoz e Barzilai. (Esse Barzilai havia se casado com uma mulher
descendente de Barzilai, de Gileade, e assumido o nome da fa-
mília dela.) [62]Procuraram seus nomes nos registros genealógicos,
mas não os encontraram, por isso não se qualificaram para servir
como sacerdotes. [63]O governador ordenou que não comessem das
porções dos sacrifícios separadas para os sacerdotes até que um
sacerdote consultasse o SENHOR a esse respeito usando o Urim e o
Tumim. [64]Portanto, os que regressaram para Judá foram 42.360,
[65]além dos 7.337 servos e servas e dos 200 cantores e cantoras.
[66]Levaram consigo 736 cavalos, 245 mulas, [67]435 camelos e
6.720 jumentos. [68]Quando chegaram ao templo do SENHOR, em
Jerusalém, alguns dos chefes das famílias entregaram ofertas
voluntárias para a reconstrução do templo de Deus em seu local
original. [69]Cada chefe contribuiu com o que pôde. Suas ofertas
totalizaram 525 quilos de ouro, 3.000 quilos de prata e 100 vestes
para os sacerdotes. [70]Assim, os sacerdotes, os levitas, os cantores,
os guardas das portas, os servidores do templo e alguns do povo
se estabeleceram em povoados perto de Jerusalém. O restante do
povo regressou às suas cidades em todo o Israel.

CAPÍTULO 3

A reconstrução do altar

[1]No sétimo mês, quando os israelitas já haviam se estabelecido em
suas cidades, todo o povo se reuniu em Jerusalém com um só pro-
pósito. [2]Então Jesua, filho de Jeozadaque, juntou-se a seus colegas,
os sacerdotes, e a Zorobabel, filho de Sealtiel, e seus companheiros,
para reconstruir o altar do Deus de Israel. Queriam apresentar ho-
locaustos ali, conforme a instrução da lei de Moisés, homem de
Deus. [3]Embora o povo tivesse medo dos habitantes daquela região,
reconstruíram o altar no mesmo lugar original. Assim, começaram
a oferecer holocaustos no altar do SENHOR todas as manhãs e todas
as tardes. [4]Celebraram a Festa das Cabanas, conforme prescrito
pela lei, e ofereceram o número de holocaustos especificado para
cada dia da festa. [5]Ofereceram ainda os holocaustos regulares e
as ofertas exigidas para as celebrações da lua nova e para as festas
anuais do SENHOR. O povo também trouxe ofertas voluntárias para
o SENHOR. [6]Quinze dias antes do início da Festa das Cabanas, os
sacerdotes haviam começado a oferecer ao SENHOR os holocaustos,
antes mesmo de lançarem os alicerces do templo do SENHOR.

O povo começa a reconstruir o templo

[7]Então contrataram pedreiros e carpinteiros e lhes pagaram com
moedas de prata. Também compraram toras de cedro dos povos de
Tiro e de Sidom e lhes pagaram com alimento, vinho e azeite. As
toras eram trazidas dos montes do Líbano e vinham pela costa do
mar Mediterrâneo até Jope, pois Ciro, rei da Pérsia, havia permitido
que assim se fizesse. [8]A construção do templo de Deus começou
no segundo mês do segundo ano depois da chegada a Jerusalém.
O grupo de trabalhadores era constituído de todos que haviam
regressado do exílio, incluindo Zorobabel, filho de Sealtiel, Jesua,
filho de Jeozadaque, e seus colegas, os sacerdotes, bem como todos
os levitas. Os levitas de 20 anos para cima foram encarregados
de supervisionar a construção do templo do SENHOR. [9]Jesua, seus
filhos e seus parentes, Cadmiel e seus filhos e os descendentes de
Hodavias supervisionavam aqueles que trabalhavam no templo de
Deus. Os levitas da família de Henadade os auxiliavam nessa tarefa.
[10]Quando os construtores terminaram os alicerces do templo do
SENHOR, os sacerdotes puseram suas vestes e tomaram seus lugares
para tocar as trombetas. Os levitas, descendentes de Asafe, fizeram
soar os címbalos para louvar o SENHOR, conforme o rei Davi havia
prescrito. [11]Com louvores e ação de graças, entoaram este cântico ao
SENHOR: "Ele é bom! Seu amor por Israel dura para sempre!". Então
todo o povo louvou o SENHOR em alta voz, pois haviam sido lan-
çados os alicerces do templo do SENHOR. [12]Muitos dos sacerdotes,

Ed 3.11

Ed

dos levitas e dos outros chefes de família mais velhos, que tinham
visto o primeiro templo, choraram alto quando viram os alicerces
do novo templo. Outros tantos, porém, gritavam de alegria. 13Os
gritos alegres e o choro se misturavam num barulho tão forte que
se podia ouvir de muito longe.

CAPÍTULO 4

Inimigos se opõem à reconstrução

1Os inimigos de Judá e Benjamim souberam que os exilados esta-
vam reconstruindo o templo do SENHOR, o Deus de Israel. 2Eles foram
a Zorobabel e aos outros chefes de família e disseram: "Queremos
participar da construção, pois também adoramos seu Deus, como
vocês. Temos oferecido sacrifícios para ele desde que Esar-Hadom,
rei da Assíria, nos trouxe para cá". 3Mas Zorobabel, Jesua e os outros
chefes de família de Israel responderam: "De maneira nenhuma!
Vocês não podem participar desse trabalho. Somente nós construi-
remos o templo para o SENHOR, o Deus de Israel, conforme Ciro, rei
da Pérsia, nos ordenou". 4Então os habitantes da região tentaram
desanimar e amedrontar o povo de Judá, para que não continuas-
sem a construção. 5Subornaram agentes para trabalhar contra eles e
frustrar seus planos. Isso prosseguiu durante todo o reinado de Ciro,
rei da Pérsia, até que Dario, rei da Pérsia, subiu ao poder.

Oposição durante os reinados de Xerxes e Artaxerxes

6Anos depois, quando Xerxes começou a reinar, os inimigos de
Judá escreveram uma carta de acusação contra o povo de Judá
e de Jerusalém. 7Mais tarde, durante o reinado de Artaxerxes, rei
da Pérsia, os inimigos de Judá, liderados por Bislão, Mitredate
e Tabeel, enviaram a Artaxerxes uma carta em aramaico, que foi
traduzida para o rei. 8O comandante Reum e o secretário da corte
Sinsai escreveram a carta, na qual apresentaram ao rei Artaxerxes
um relatório negativo sobre Jerusalém. 9Saudaram o rei em nome
de todos os seus colegas: os juízes e as autoridades locais, o povo de
Tarpel, os persas, os babilônios e o povo de Ereque e de Susã (isto
é, Elão). 10Também enviaram saudações do restante do povo que o
grande e renomado Assurbanípal havia deportado e estabelecido
em Samaria e em todas as terras vizinhas da província a oeste do
rio Eufrates. 11Esta é uma cópia da carta: "Ao rei Artaxerxes, de seus

NO QUE ESTOU **PENSANDO** ○ O QUE ESTOU **SENTINDO** ○ DO QUE ESTOU **LEMBRANDO** ○

DESENHE OU ESCREVA

súditos leais na província a oeste do rio Eufrates. 12"Informamos ao
rei que os judeus que saíram da Babilônia para Jerusalém estão
reconstruindo esta cidade rebelde e má. Já restauraram os alicer-
ces e, em breve, terminarão os muros. 13É bom o rei saber que, se
esta cidade for reconstruída e seus muros forem concluídos, haverá
grande prejuízo para o tesouro real, pois os judeus se recusarão a
lhe pagar tributos, impostos e taxas. 14"Visto que somos seus súdi-
tos leais e não desejamos vê-lo desonrado desse modo, enviamos
ao rei estas informações. 15Sugerimos que se faça uma busca no
registro de seus antepassados, no qual o rei descobrirá como esta
cidade foi rebelde em outros tempos. Aliás, foi destruída por causa
de sua longa e problemática história de rebelião contra os reis e as
nações que a dominavam. 16Declaramos ao rei que, se esta cidade
for reconstruída e seus muros forem concluídos, o rei perderá a pro-
víncia a oeste do rio Eufrates". 17O rei Artaxerxes enviou a seguinte
resposta: "Ao comandante Reum, ao secretário da corte Sinsai, e a
seus companheiros em Samaria e em toda a província a oeste do
rio Eufrates. Saudações. 18"A carta que vocês enviaram foi traduzida
e lida para mim. 19Ordenei que se fizesse uma busca nos registros
e descobri que, de fato, Jerusalém tem sido, ao longo dos anos,
foco de insurreição contra vários reis. Aliás, rebeliões e revoltas
são normais ali. 20Reis poderosos governaram sobre Jerusalém e
sobre toda a província a oeste do rio Eufrates e receberam tributos,
impostos e taxas. 21Portanto, deem ordens para que esses homens
parem seu trabalho. A cidade não deve ser reconstruída enquanto
eu não mandar. 22Sejam diligentes e não descuidem desse assunto,
pois não devemos permitir que a situação prejudique os interesses
do rei". 23Quando a carta do rei Artaxerxes foi lida para Reum, Sinsai
e seus companheiros, eles foram depressa a Jerusalém e, fazendo
uso de força, obrigaram os judeus a parar a construção.

A reconstrução é retomada

24Assim, a obra no templo de Deus em Jerusalém foi interrompida
e ficou parada até o segundo ano do reinado de Dario, rei da Pérsia.

CAPÍTULO 5

1Nessa época, os profetas Ageu e Zacarias, filho de Ido, profetiza-
ram aos judeus de Judá e Jerusalém. Falavam em nome do Deus

de Israel, que estava sobre eles. 2Em resposta, Zorobabel, filho
de Sealtiel, e Jesua, filho de Jeozadaque, começaram outra vez
a reconstruir o templo de Deus em Jerusalém. E os profetas de
Deus estavam com eles e os auxiliavam. 3Tatenai, governador da
província a oeste do rio Eufrates, Setar-Bozenai e seus companhei-
ros foram a Jerusalém e perguntaram: "Quem lhes deu permissão
para reconstruir este templo e restaurar esta estrutura?". 4Também
perguntaram os nomes de todos os homens que trabalhavam no
templo. 5Mas os olhos de Deus estavam sobre os líderes judeus, e
eles não foram impedidos de prosseguir com a construção até que
um relatório fosse enviado a Dario e ele comunicasse sua decisão.

A carta de Tatenai ao rei Dario

6Esta é uma cópia da carta que o governador Tatenai, Setar-Bozenai
e os outros oficiais da província a oeste do rio Eufrates enviaram
ao rei Dario: 7"Ao rei Dario. Saudações. 8"Informamos ao rei que
fomos até o local da construção do templo do grande Deus na
província de Judá. O templo está sendo reconstruído com pedras
especialmente preparadas, e as vigas já estão sendo colocadas nas
paredes. A obra avança com muita energia e êxito. 9"Perguntamos
aos líderes: 'Quem lhes deu permissão para reconstruir este tem-
plo e restaurar esta estrutura?'. 10E exigimos os nomes deles, para
que pudéssemos dizer ao rei quem eram os líderes. 11"Esta foi a
resposta: 'Somos servos do Deus dos céus e da terra e estamos
reconstruindo o templo que foi construído aqui muitos anos atrás,
por um grande rei de Israel. 12Nossos antepassados, porém, provo-
caram a ira do Deus dos céus, e ele os entregou a Nabucodonosor,
rei da Babilônia, que destruiu este templo e deportou o povo para
a Babilônia. 13No entanto, Ciro, rei da Babilônia, no primeiro ano
de seu reinado, publicou um decreto ordenando que o templo de
Deus fosse reconstruído. 14O rei Ciro também devolveu os utensílios
de ouro e de prata que Nabucodonosor havia tirado do templo de
Deus, em Jerusalém, e colocado no templo da Babilônia. Esses
utensílios foram removidos dali e entregues a um homem cha-
mado Sesbazar, a quem o rei Ciro nomeou governador de Judá.
15O rei instruiu Sesbazar a colocar os utensílios de volta em seu
lugar, em Jerusalém, e a reconstruir o templo de Deus em seu
antigo local. 16Então Sesbazar veio e lançou os alicerces do templo

NO QUE ESTOU **PENSANDO** ○ O QUE ESTOU **SENTINDO** ○ DO QUE ESTOU **LEMBRANDO** ○

DESENHE OU ESCREVA

de Deus em Jerusalém. O povo tem trabalhado nele desde então,
embora ainda não esteja acabado'. 17"Portanto, se parecer bem ao
rei, pedimos que se faça uma busca nos arquivos reais da Babilônia,
para descobrir se o rei Ciro de fato publicou esse decreto ordenando
a reconstrução do templo de Deus, em Jerusalém. E que o rei nos
informe sua decisão sobre esse assunto".

CAPÍTULO 6

Dario aprova a reconstrução

1Então o rei Dario ordenou que se fizesse uma busca nos arquivos
da Babilônia, que ficavam guardados junto aos tesouros. 2Mas foi
na fortaleza em Ecbatana, na província da Média, que se encontrou
um documento que dizia: "Memorando: 3"No primeiro ano do rei-
nado do rei Ciro, foi publicado um decreto a respeito do templo de
Deus, em Jerusalém. "Que o templo seja reconstruído para ser um
local onde se ofereçam sacrifícios, usando os alicerces originais. Ele
terá 27 metros de altura e 27 metros de largura. 4A cada três ca-
madas de grandes pedras, será colocada uma camada de madeira.
Todas as despesas serão pagas pela tesouraria real. 5Além disso, os
utensílios de ouro e de prata que Nabucodonosor levou do templo
de Deus, em Jerusalém, para a Babilônia devem ser devolvidos a
Jerusalém e colocados em seus devidos lugares. Que sejam levados
de volta ao templo de Deus". 6O rei Dario enviou esta mensagem:
"Agora, portanto, Tatenai, governador da província a oeste do rio
Eufrates, Setar-Bozenai, seus companheiros e outros oficiais a oeste
do rio Eufrates, permaneçam afastados de lá! 7Não interfiram na
construção do templo de Deus. Deixem que seja reconstruído em
seu antigo local, e não impeçam o governador de Judá e os líderes
dos judeus de realizarem seu trabalho. 8"Além disso, decreto que
ajudem esses líderes dos judeus a reconstruir o templo de Deus.
Paguem, sem demora, todos os custos da construção, usando os
impostos recolhidos na província a oeste do rio Eufrates, para que a
obra não seja interrompida. 9"Deem aos sacerdotes em Jerusalém
tudo que eles precisarem: novilhos, carneiros e cordeiros para os
holocaustos oferecidos ao Deus dos céus. Providenciem, sem falta, a
quantidade de trigo, sal, vinho e azeite que for necessária para cada
dia. 10Assim, eles poderão oferecer sacrifícios agradáveis ao Deus
dos céus e orar pelo bem-estar do rei e de seus filhos. 11"Se alguém

desobedecer a este decreto de alguma maneira, terá uma viga de
sua casa arrancada. Ele será amarrado a essa viga e pendurado nela,
e sua casa será transformada num monte de entulho. 12 Que o Deus
que escolheu a cidade de Jerusalém como lugar para que seu nome
seja honrado destrua qualquer rei ou nação que desobedecer a esta
ordem e destruir este templo. "Eu, Dario, publiquei este decreto.
Que ele seja obedecido com toda a diligência".

A dedicação do templo

13 Tatenai, governador da província a oeste do rio Eufrates, Setar-
Bozenai e seus companheiros obedeceram de imediato à ordem
do rei Dario. 14 Com isso, os líderes dos judeus puderam continuar
seu trabalho e foram encorajados pela pregação dos profetas Ageu
e Zacarias, filho de Ido. Finalmente, o templo foi terminado, como
havia sido ordenado pelo Deus de Israel e decretado por Ciro, Dario
e Artaxerxes, reis da Pérsia. 15 O templo foi concluído no dia 12 de
março, no sexto ano do reinado do rei Dario. 16 Então o templo de
Deus foi dedicado com grande alegria pelos israelitas, pelos sa-
cerdotes, pelos levitas e pelo restante do povo que regressou do
exílio. 17 Durante a cerimônia de dedicação, foram sacrificados cem
novilhos, duzentos carneiros e quatrocentos cordeiros. Doze bodes
foram apresentados como oferta pelo pecado de todo o Israel, de
acordo com o número das tribos. 18 Em seguida, os sacerdotes e os
levitas foram divididos em vários grupos para servirem no templo
de Deus, em Jerusalém, conforme prescrito no Livro de Moisés.

A celebração da Páscoa

19 No dia 21 de abril, o povo que havia regressado do exílio cele-
brou a Páscoa. 20 Os sacerdotes e os levitas haviam se purificado e
estavam cerimonialmente puros. Abateram o cordeiro da Páscoa
por todos que regressaram, por seus colegas, os sacerdotes, e por
si mesmos. 21 Todo o povo de Israel que havia regressado do exílio
participou da refeição de Páscoa, junto com todos que haviam dei-
xado os costumes impuros dos povos que ali viviam a fim de adorar
o SENHOR, o Deus de Israel. 22 Em seguida, comemoraram durante
sete dias a Festa dos Pães sem Fermento. Houve grande alegria em
toda a terra, pois o SENHOR tornou o rei da Assíria favorável a eles e
o levou a ajudá-los a reconstruir o templo de Deus, o Deus de Israel.

NO QUE ESTOU PENSANDO ○ | O QUE ESTOU SENTINDO ○ | DO QUE ESTOU LEMBRANDO ○

DESENHE OU ESCREVA

CAPÍTULO 7

Esdras chega a Jerusalém

1 Muitos anos depois, durante o reinado de Artaxerxes, rei da Pérsia,
havia um homem chamado Esdras. Ele era filho de Seraías, filho de
Azarias, filho de Hilquias, 2 filho de Salum, filho de Zadoque, filho de
Aitube, 3 filho de Amarias, filho de Azarias, filho de Meraiote, 4 filho
de Zeraías, filho de Uzi, filho de Buqui, 5 filho de Abisua, filho de
Fineias, filho de Eleazar, filho do sumo sacerdote Arão. 6 Esdras era
escriba, conhecedor da lei de Moisés, dada ao povo pelo SENHOR,
o Deus de Israel. Esdras foi da Babilônia a Jerusalém, e o rei lhe
deu tudo que ele pediu, porque a mão do SENHOR, seu Deus, estava
sobre ele. 7 Alguns dos israelitas, e também alguns sacerdotes, levi-
tas, cantores, guardas das portas e servidores do templo, viajaram
com ele para Jerusalém no sétimo ano do reinado de Artaxerxes.
8 Esdras chegou a Jerusalém em agosto desse mesmo ano. 9 Partiu
da Babilônia em 8 de abril, o primeiro dia do novo ano, e chegou
a Jerusalém em 4 de agosto, porque a bondosa mão do SENHOR,
seu Deus, estava sobre ele. 10 Pois Esdras tinha decidido estudar a
lei do SENHOR, obedecer a ela e ensinar seus decretos e estatutos
ao povo de Israel.

A carta de Artaxerxes a Esdras

11 O rei Artaxerxes tinha dado uma cópia da seguinte carta a Esdras,
o sacerdote e escriba que estudava os mandamentos e decretos
do SENHOR e os ensinava a Israel: 12 "De Artaxerxes, rei dos reis, ao
sacerdote Esdras, mestre da lei do Deus dos céus. Saudações. 13 "Eu
decreto que qualquer israelita em meu reino, incluindo os sacer-
dotes e os levitas, que desejar regressar com você para Jerusalém,
poderá ir. 14 Eu e meus sete conselheiros o instruímos a investigar a
situação em Judá e em Jerusalém, com base na lei de seu Deus, que
está em suas mãos. 15 Também o encarregamos de levar consigo a
prata e o ouro que lhe entregamos voluntariamente como oferta
para o Deus de Israel, que habita em Jerusalém. 16 "Além disso, você
levará toda prata e todo ouro que obtiver na província da Babilônia,
bem como as ofertas voluntárias do povo e dos sacerdotes para o
templo de seu Deus, em Jerusalém. 17 Use esses recursos para com-
prar novilhos, carneiros, cordeiros e as respectivas ofertas de cereal
e ofertas derramadas. Tudo isso será oferecido no altar do templo de

seu Deus, em Jerusalém. 18A prata e o ouro que restarem poderão
ser usados como parecer melhor a você e a seu povo, conforme a
vontade de Deus. 19"Quanto aos utensílios que lhe confiamos para
o serviço no templo de seu Deus, entregue-os todos diante do Deus
de Jerusalém. 20Se precisar de mais alguma coisa para o templo de
seu Deus, ou para qualquer necessidade semelhante, use recursos
da tesouraria real. 21"Eu, o rei Artaxerxes, envio o seguinte decreto
a todos os tesoureiros da província a oeste do rio Eufrates: 'Deem
a Esdras, sacerdote e mestre da lei do Deus dos céus, tudo que
ele requisitar. 22Deem-lhe até 3.500 quilos de prata, 100 cestos
grandes de trigo, 100 tonéis de vinho, 100 tonéis de azeite e sal à
vontade. 23Tenham o cuidado de providenciar tudo que o Deus dos
céus ordenar para seu templo; afinal, por que provocar a ira de Deus
contra este império do rei e de seus filhos? 24Também decreto que
nenhum sacerdote, levita, cantor, guarda das portas, servidor do
templo, nem qualquer outro trabalhador no templo será obrigado a
pagar tributos, impostos e taxas de qualquer tipo'. 25"E você, Esdras,
use a sabedoria que seu Deus lhe deu para nomear magistrados e
juízes que conheçam as leis de seu Deus para governarem todo o
povo na província a oeste do rio Eufrates. Ensine a lei a todos que
não a conhecem. 26Qualquer um que se recusar a obedecer à lei
de seu Deus e do rei será castigado de imediato com a morte, com
o exílio, com o confisco dos bens ou com a prisão".

Esdras louva o Senhor

27Louvem o SENHOR, o Deus de nossos antepassados, que colocou
no coração do rei o desejo de embelezar o templo do SENHOR, em
Jerusalém, 28e que me mostrou seu amor leal ao honrar-me dian-
te do rei, de seu conselho e de todos os seus oficiais poderosos!
Senti-me encorajado porque a mão do SENHOR, meu Deus, estava
sobre mim e reuni alguns dos líderes de Israel para voltar comigo
a Jerusalém.

CAPÍTULO 8

Exilados que regressaram com Esdras

1Esta é uma lista dos chefes de família, com suas genealogias,
aqueles que regressaram comigo da Babilônia durante o reina-
do do rei Artaxerxes: 2da família de Fineias: Gérson; da família

Ed 7.28

de Itamar: Daniel; da família de Davi: Hatus, 3descendente de
Secanias; da família de Parós: Zacarias e 150 homens registrados
com ele; 4da família de Paate-Moabe: Elioenai, filho de Zeraías, e
200 homens registrados com ele; 5da família de Zatu: Secanias,
filho de Jaaziel, e 300 homens registrados com ele; 6da família
de Adim: Ebede, filho de Jônatas, e 50 homens registrados com
ele; 7da família de Elão: Jesaías, filho de Atalias, e 70 homens
registrados com ele; 8da família de Sefatias: Zebadias, filho de
Micael, e 80 homens registrados com ele; 9da família de Joabe:
Obadias, filho de Jeiel, e 218 homens registrados com ele; 10da
família de Bani: Selomite, filho de Josifias, e 160 homens regis-
trados com ele; 11da família de Bebai: Zacarias, filho de Bebai, e
28 homens registrados com ele; 12da família de Azgade: Joanã,
filho de Hacatã, e 110 homens registrados com ele; 13da família
de Adonicam, que chegaram depois: Elifelete, Jeiel e Semaías, e
60 homens registrados com eles; 14da família de Bigvai: Utai e
Zacur, e 70 homens registrados com eles.

A viagem de Esdras a Jerusalém

15Reuni os exilados perto do canal de Aava, e acampamos ali por
três dias enquanto eu revisava as listas do povo e dos sacerdotes
que haviam chegado. Descobri que nenhum levita se havia ofe-
recido para nos acompanhar. 16Por isso, mandei chamar Eliézer,
Ariel, Semaías, Elnatã, Jaribe, Elnatã, Natã, Zacarias e Mesulão,
líderes do povo. Também mandei chamar Joiaribe e Elnatã, dois
homens com discernimento. 17Enviei-os a Ido, chefe dos levitas
em Casifia, para que pedissem a ele, a seus parentes e aos servi-
dores do templo que nos enviassem ministros para o templo de
Deus, em Jerusalém. 18Visto que a bondosa mão de nosso Deus
estava sobre nós, eles nos enviaram Serebias, junto com 18 de
seus filhos e parentes. Era um homem inteligente, descendente
de Mali, descendente de Levi, filho de Israel. 19Também nos en-
viaram Hasabias, junto com Jesaías, dos descendentes de Merari,
20 de seus filhos e parentes, 20e 220 servidores do templo. Os
servidores do templo eram assistentes dos levitas, um grupo de
trabalhadores do templo instituído pelo rei Davi e por seus oficiais.
Todos estavam registrados por nome. 21Ali, junto ao canal de Aava,
ordenei que todos nós jejuássemos e nos humilhássemos diante

de nosso Deus. Oramos para que ele nos proporcionasse uma
viagem segura e nos protegesse, como também a nossos filhos
e a nossos bens. 22 Pois tive vergonha de pedir ao rei soldados e
cavaleiros para nos acompanhar e nos proteger de inimigos ao
longo do caminho. Afinal, tínhamos dito ao rei: "A bondosa mão
de nosso Deus está sobre todos que o adoram, mas seu poder e
sua ira estão contra todos que o abandonam". 23 Assim, jejuamos e
pedimos com fervor que nosso Deus cuidasse de nós, e ele atendeu
à nossa oração. 24 Nomeei doze chefes dos sacerdotes – Serebias,
Hasabias e outros dez sacerdotes – 25 para ficarem encarregados
do transporte da prata, do ouro e dos outros objetos que o rei, seu
conselho, seus oficiais e todo o povo de Israel haviam doado para
o templo de Deus. 26 Pesei o tesouro ao entregá-lo, e seu total era:
22.750 quilos de prata, 3.500 quilos de utensílios de prata, 3.500
quilos de ouro, 27 20 tigelas de ouro, cada uma pesando 8,6 quilos;
2 utensílios finos de bronze polido, tão valiosos como ouro. 28 Eu
disse aos sacerdotes: "Vocês e esses tesouros foram consagrados ao
SENHOR. A prata e o ouro são ofertas voluntárias ao SENHOR, o Deus
de nossos antepassados. 29 Guardem bem esses tesouros até que
os apresentem aos líderes dos sacerdotes, aos levitas e aos chefes
de família de Israel, que os pesarão nos depósitos do templo do
SENHOR, em Jerusalém". 30 Os sacerdotes e os levitas aceitaram a
responsabilidade de transportar esses tesouros de prata e de ouro
até o templo de nosso Deus, em Jerusalém. 31 Levantamos acampa-
mento junto ao canal de Aava, no dia 19 de abril, e partimos para
Jerusalém. E a mão de nosso Deus nos protegeu e nos guardou
de inimigos e bandidos ao longo do caminho. 32 Assim, chegamos
em segurança a Jerusalém, onde descansamos por três dias. 33 No
quarto dia depois de nossa chegada, a prata, o ouro e os utensílios
valiosos foram pesados no templo de nosso Deus e entregues a
Meremote, filho do sacerdote Urias. Estavam com ele Eleazar, filho
de Fineias, e os levitas Jozabade, filho de Jesua, e Noadias, filho
de Binui. 34 Pesaram e contaram tudo, e o peso total foi registrado
oficialmente. 35 Os exilados que haviam regressado do cativeiro
ofereceram holocaustos ao Deus de Israel. Apresentaram 12 touros
por todo o povo de Israel, 96 carneiros e 77 cordeiros. Também
apresentaram 12 bodes como oferta pelo pecado. Tudo isso foi
oferecido como holocausto ao SENHOR. 36 Os decretos do rei foram

NO QUE ESTOU PENSANDO | O QUE ESTOU SENTINDO | DO QUE ESTOU LEMBRANDO

DESENHE OU ESCREVA

entregues aos oficiais que ocupavam os cargos mais elevados e aos
governadores da província a oeste do rio Eufrates, que passaram a
apoiar o povo e o templo de Deus.

CAPÍTULO 9

A oração de Esdras a respeito dos casamentos mistos

1 Depois que essas coisas foram feitas, os líderes judeus vieram e
me disseram: "Muitos israelitas, e até mesmo alguns sacerdotes
e levitas, não se mantiveram separados dos outros povos que ha-
bitam nesta terra. Adotaram as práticas detestáveis dos cananeus,
dos hititas, dos ferezeus, dos jebuseus, dos amonitas, dos moabitas,
dos egípcios e dos amorreus. 2 Os homens de Israel se casaram
com mulheres desses povos e as tomaram como esposas para
seus filhos. A descendência santa se contaminou por meio desses
casamentos mistos. E, pior ainda, os líderes e os oficiais foram os
primeiros a cometer essa infidelidade". 3 Quando ouvi isso, rasguei
minha túnica e meu manto, arranquei cabelos da cabeça e da bar-
ba e me sentei, absolutamente pasmo. 4 Então todos que tremiam
diante das palavras do Deus de Israel vieram e sentaram-se comigo
por causa dessa infidelidade cometida pelos exilados que haviam
regressado. E fiquei sentado ali, atônito, até o sacrifício da tarde.
5 Na hora do sacrifício, levantei-me de onde havia sentado em la-
mentação, com as roupas rasgadas. Caí de joelhos, ergui as mãos
ao SENHOR, meu Deus, 6 e orei: "Ó meu Deus, estou profundamente
humilhado e tenho vergonha de levantar meu rosto para ti. Pois
nossos pecados se elevam acima de nossa cabeça, e nossa culpa
chegou até os céus. 7 Desde os dias de nossos antepassados até
agora, temos vivido cheios de pecado. Por isso, nós, nossos reis
e nossos sacerdotes fomos entregues nas mãos dos reis da terra.
Fomos mortos, capturados, roubados e desprezados, como acon-
tece hoje. 8 "Agora, porém, a graça do SENHOR, nosso Deus, nos foi
concedida por um breve momento. Ele permitiu que alguns de nós
sobrevivêssemos como um remanescente e nos deu segurança nes-
te lugar santo. Nosso Deus iluminou nossos olhos e nos concedeu
um pouco de alívio de nossa escravidão. 9 Éramos escravos, mas,
em seu amor leal, nosso Deus não nos abandonou na escravidão.
Em vez disso, fez os reis da Pérsia nos tratarem com bondade. Ele
renovou nossas forças, para que reconstruíssemos o templo de

nosso Deus e restaurássemos suas ruínas. Deu-nos um muro de
proteção em Judá e em Jerusalém. 10"Agora, ó nosso Deus, o que
podemos dizer depois de tudo isso? Pois, mais uma vez, abando-
namos teus mandamentos! 11Tu nos advertiste por meio de teus
servos, os profetas, quando eles disseram: 'A terra em que estão
entrando está inteiramente contaminada pelas práticas detestáveis
dos povos que nela habitam. Está cheia de corrupção, de uma ex-
tremidade à outra. 12Não permitam que suas filhas se casem com
os filhos deles, nem tomem as filhas deles como esposas para seus
filhos. Jamais promovam a paz e a prosperidade dessas nações. Se
seguirem essas instruções, serão fortes, desfrutarão das coisas boas
que a terra produz e deixarão essa prosperidade como herança para
seus filhos para sempre'. 13"Tudo que nos aconteceu é castigo de
nossa maldade e de nossa grande culpa. Ainda assim, recebemos
um castigo muito menor do que merecíamos, pois tu, nosso Deus,
permitiste que alguns de nós sobrevivêssemos como um remanes-
cente. 14E, no entanto, quebramos teus mandamentos outra vez e
nos casamos com pessoas que praticam essas coisas detestáveis.
Acaso tua ira não será suficiente para nos destruir, a ponto de não
sobreviver nem mesmo este pequeno remanescente? 15Ó SENHOR,
Deus de Israel, tu és justo. Aqui estamos diante de ti com nossa
culpa, um mero remanescente que escapou, embora, por sermos
culpados, nenhum de nós tenha o direito de estar em tua presença".

CAPÍTULO 10

O povo confessa seu pecado

1Enquanto Esdras orava e fazia essa confissão, chorando e com o
rosto no chão diante do templo de Deus, uma grande multidão
de israelitas – homens, mulheres e crianças – se reuniu e chorou
amargamente com ele. 2Então Secanias, filho de Jeiel, descen-
dente de Elão, disse a Esdras: "Fomos infiéis a nosso Deus, pois
nos casamos com mulheres estrangeiras, dos povos desta terra.
Apesar disso, há esperança para Israel. 3Façamos agora uma alian-
ça com nosso Deus, firmando que nos divorciaremos de nossas
esposas estrangeiras e as mandaremos embora com seus filhos.
Seguiremos seu conselho e o conselho dos outros que tremem
diante dos mandamentos de nosso Deus. Que tudo seja feito de
acordo com a lei de Deus. 4Levante-se, pois é seu dever nos dizer

Ed 9.15

como corrigir esta situação. Nós o apoiaremos; portanto, seja forte
e faça o que tem de ser feito!". 5Então Esdras se levantou e exigiu
que os líderes dos sacerdotes, os levitas e todo o povo de Israel
jurassem que fariam o que Secanias tinha dito. E todos fizeram
um juramento solene. 6Em seguida, Esdras se retirou de diante do
templo de Deus e foi à sala de Joanã, filho de Eliasibe. Não bebeu
nem comeu nada enquanto esteve ali, pois ainda lamentava a in-
fidelidade dos exilados que haviam regressado. 7Depois disso, foi
feita uma proclamação por todo o Judá e Jerusalém, para que todos
os que vieram do exílio se reunissem em Jerusalém. 8Aqueles que
não viessem em três dias perderiam todas as suas propriedades e
seriam expulsos da comunidade dos exilados, conforme a decisão
dos líderes e das autoridades. 9Dentro de três dias, todo o povo de
Judá e de Benjamim havia se reunido em Jerusalém. A reunião
aconteceu no dia 19 de dezembro, e todo o povo estava sentado na
praça diante do templo de Deus. Tremiam por causa da seriedade
do assunto e porque chovia. 10Então o sacerdote Esdras se levantou
e disse: "Vocês agiram de modo infiel. Aumentaram a culpa de
Israel ao se casar com mulheres estrangeiras. 11Agora, confessem
seu pecado ao SENHOR, o Deus de seus antepassados, e façam o
que agrada a ele. Separem-se do povo da terra e dessas mulheres
estrangeiras". 12Toda a comunidade respondeu em alta voz: "Você
tem razão! Faremos o que disse! 13No entanto, não é algo que possa
ser feito em um dia ou dois, pois há muitos de nós envolvidos neste
grande pecado. E agora é a estação das chuvas, portanto não po-
demos ficar aqui fora por muito mais tempo. 14Que nossos líderes
decidam por toda a comunidade. Todo aquele que tiver uma esposa
estrangeira virá num dia marcado, acompanhado das autoridades
e dos juízes de sua cidade, para que a ira ardente de nosso Deus a
esse respeito seja afastada de nós". 15Os únicos que se opuseram
à proposta foram Jônatas, filho de Asael, e Jazeías, filho de Ticvá,
apoiados por Mesulão e pelo levita Sabetai. 16Foi esse, portanto, o
plano que seguiram. Esdras escolheu líderes para representarem
suas famílias e designou cada representante por nome. No dia 29
de dezembro, os líderes se reuniram para tratar da questão. 17Assim,
em 27 de março, o primeiro dia do novo ano, haviam terminado
de resolver todos os casos de homens que tinham se casado com
mulheres estrangeiras.

Os culpados de casamento misto

18Os sacerdotes que se casaram com mulheres estrangeiras fo-
ram: Da família de Jesua, filho de Jeozadaque, e de seus irmãos:
Maaseias, Eliézer, Jaribe e Gedalias. 19Assumiram o compromisso
de divorciar-se de suas esposas, e cada um ofereceu um carneiro
como sacrifício por causa de sua culpa. 20Da família de Imer: Hanani
e Zebadias. 21Da família de Harim: Maaseias, Elias, Semaías, Jeiel e
Uzias. 22Da família de Pasur: Elioenai, Maaseias, Ismael, Natanael,
Jozabade e Elasa. 23Os levitas culpados desse pecado foram:
Jozabade, Simei, Quelaías (também chamado Quelita), Petaías,
Judá e Eliézer. 24O cantor culpado desse pecado foi: Eliasibe. Os
porteiros culpados desse pecado foram: Salum, Telém e Uri. 25Os
outros israelitas culpados desse pecado foram: Da família de Parós:
Ramias, Jezias, Malquias, Miamim, Eleazar, Malquias e Benaia.
26Da família de Elão: Matanias, Zacarias, Jeiel, Abdi, Jeremote e
Elias. 27Da família de Zatu: Elioenai, Eliasibe, Matanias, Jeremote,
Zabade e Aziza. 28Da família de Bebai: Joanã, Hananias, Zabai e
Atlai. 29Da família de Bani: Mesulão, Maluque, Adaías, Jasube, Seal
e Jeremote. 30Da família de Paate-Moabe: Adna, Quelal, Benaia,
Maaseias, Matanias, Bezaleel, Binui e Manassés. 31Da família de
Harim: Eliézer, Issias, Malquias, Semaías, Simeão, 32Benjamim,
Maluque e Semarias. 33Da família de Hasum: Matenai, Matatá,
Zabade, Elifelete, Jeremai, Manassés e Simei. 34Da família de
Bani: Maadai, Anrão, Uel, 35Benaia, Bedias, Queluí, 36Vanias,
Meremote, Eliasibe, 37Matanias, Matenai e Jaasai. 38Da família de
Binui: Simei, 39Selemias, Natã, Adaías, 40Macnadbai, Sasai, Sarai,
41Azareel, Selemias, Semarias, 42Salum, Amarias e José. 43Da famí-
lia de Nebo: Jeiel, Matitias, Zabade, Zebina, Jadai, Joel e Benaia.
44Todos esses homens se casaram com mulheres estrangeiras, e
alguns tiveram filhos com essas esposas.

NEEMIAS

CAPÍTULO 1

1Estas são as memórias de Neemias, filho de Hacalias.

A preocupação de Neemias com Jerusalém

No mês de quisleu, no vigésimo ano do reinado do rei Artaxerxes,
eu estava na fortaleza de Susã. 2Hanani, um de meus irmãos, veio
me visitar com alguns homens que haviam chegado de Judá.
Perguntei-lhes a respeito dos judeus que haviam regressado do
cativeiro e da situação em Jerusalém. 3Eles responderam: "As coisas
não vão bem para os que regressaram à província de Judá. Eles es-
tão passando por dificuldades e humilhações. O muro de Jerusalém
foi derrubado, e suas portas foram destruídas pelo fogo". 4Quando
ouvi isso, sentei-me e chorei. Durante alguns dias, lamentei, jejuei
e orei ao Deus dos céus. 5Então disse: "Ó SENHOR, Deus dos céus,
Deus grande e temível, que guardas tua aliança de amor leal para
com os que te amam e obedecem a teus mandamentos, 6ouve
minha oração! Olha do alto e vê que oro noite e dia por teu povo,
Israel. Confesso que temos pecado contra ti. Sim, minha própria
família e eu temos pecado! 7Temos pecado terrivelmente contra ti.
Não temos obedecido a teus mandamentos, decretos e estatutos,
que nos deste por meio de teu servo Moisés. 8"Por favor, lembra-
-te do que disseste a teu servo Moisés: 'Se forem infiéis a mim,
eu os dispersarei entre as nações, 9mas, se voltarem para mim e
obedecerem a meus mandamentos e viverem de acordo com eles,
então, mesmo que estejam exilados nos confins da terra, eu os

Ne 1.6

reunirei e os trarei de volta ao lugar que escolhi para estabelecer
meu nome'. 10"O povo que tu resgataste com teu grande poder e
com tua forte mão é teu servo. 11Ó Senhor, por favor, ouve a oração
deste teu servo! Ouve as orações de teus servos que se agradam
em te honrar. Peço que me concedas êxito hoje e que o rei me seja
favorável". Nesse tempo, eu era copeiro do rei.

CAPÍTULO 2

Neemias recebe permissão para ir a Jerusalém

1No mês de nisã, no vigésimo ano do reinado do rei Artaxerxes,
eu estava servindo vinho ao rei. Nunca eu tinha estado triste em
sua presença. 2O rei me perguntou: "Por que está com o rosto tão
triste? Você não parece doente. Deve estar profundamente angus-
tiado". Fiquei com muito medo, 3mas respondi: "Que o rei viva
para sempre! Como meu rosto não pareceria triste? A cidade onde
estão sepultados meus antepassados está em ruínas, e suas portas
foram destruídas pelo fogo". 4"O que você deseja que eu faça?",
perguntou o rei. Depois de orar ao Deus dos céus, 5respondi: "Se
lhe parecer bem, e se o rei for favorável a mim, seu servo, peço que
me envie a Judá para reconstruir a cidade onde meus antepassa-
dos estão sepultados". 6O rei, com a rainha sentada ao seu lado,
perguntou: "Quanto tempo você ficará ausente? Quando voltará?".
Respondi ao rei quanto tempo ficaria ausente, e ele atendeu a meu
pedido. 7Disse também: "Se lhe parecer bem, gostaria que o rei
me desse cartas para levar aos governadores da província a oeste
do rio Eufrates, com instruções para que eles permitam que eu
viaje em segurança por seus territórios até chegar a Judá. 8Peço
ainda que o rei me dê uma carta para levar a Asafe, administra-
dor da floresta real, com instruções para que me forneça madeira.
Precisarei desse material para as vigas das portas da fortaleza junto
ao templo, para o muro da cidade e para minha própria casa". O
rei atendeu a esses pedidos, pois a bondosa mão de Deus esta-
va sobre mim. 9Fui aos governadores da província a oeste do rio
Eufrates e lhes entreguei as cartas do rei. Além disso, o rei enviou
oficiais do exército e cavaleiros para me protegerem. 10Mas, quan-
do Sambalate, o horonita, e Tobias, o oficial amonita, souberam
de minha chegada, ficaram muito irritados porque alguém veio
promover o bem dos israelitas.

Neemias inspeciona o muro de Jerusalém

11Assim, cheguei a Jerusalém. Três dias depois, 12saí discretamente
durante a noite, levando comigo uns poucos homens. Não havia
contado a ninguém os planos para Jerusalém que Deus tinha colo-
cado em meu coração. Não levamos nenhum animal de carga além
daquele que eu montava. 13Depois que escureceu, saí pela porta do
Vale, passei pelo poço do Chacal e fui até a porta do Esterco para ins-
pecionar o muro de Jerusalém, que tinha sido derrubado, e as por-
tas, que haviam sido destruídas pelo fogo. 14Em seguida, fui à porta
da Fonte e ao tanque do Rei, mas, por causa do entulho, não havia
espaço para meu animal passar. 15Por isso, embora ainda estivesse
escuro, subi pelo vale de Cedrom e inspecionei os muros ali, antes
de voltar e entrar de novo pela porta do Vale. 16Os oficiais da cidade
não sabiam aonde eu tinha ido nem o que estava fazendo, pois não
havia contado meus planos a ninguém. Ainda não tinha falado com
os líderes judeus: os sacerdotes, os nobres, os oficiais e outros que
realizariam o trabalho. 17Mas, então, eu lhes disse: "Vocês sabem
muito bem da terrível situação em que estamos. Jerusalém está em
ruínas, e suas portas foram destruídas pelo fogo. Venham, vamos
reconstruir o muro de Jerusalém e acabar com essa vergonha!".
18Então lhes contei como a mão de Deus tinha estado sobre mim
e lhes relatei minha conversa com o rei. Eles responderam: "Sim,
vamos reconstruir o muro!", e ficaram animados para realizar essa
boa obra. 19Mas, quando Sambalate, o horonita, Tobias, o oficial
amonita, e Gesém, o árabe, souberam de nosso plano, zombaram
de nós com desprezo e perguntaram: "O que estão fazendo? Estão
se rebelando contra o rei?". 20Eu lhes respondi: "O Deus dos céus
nos dará êxito. Nós, seus servos, começaremos a reconstruir este
muro. Vocês, porém, não têm nenhuma parte, nenhum direito legal
ou histórico sobre Jerusalém".

CAPÍTULO 3

A reconstrução do muro de Jerusalém

1Então o sumo sacerdote Eliasibe e os outros sacerdotes começaram
a reconstruir a porta das Ovelhas. Eles a consagraram, colocaram as
portas no lugar e reconstruíram o muro até a torre dos Cem, que
também consagraram, e até a torre de Hananel. 2Os habitantes da
cidade de Jericó trabalharam ao lado deles, e mais adiante estava

Zacur, filho de Inri. 3A porta do Peixe foi construída pelos filhos
de Hassenaá. Colocaram as vigas, levantaram as portas e puse-
ram os ferrolhos e as trancas. 4Meremote, filho de Urias e neto de
Hacoz, consertou o trecho seguinte do muro. Ao seu lado estava
Mesulão, filho de Berequias e neto de Mesezabel, e mais adiante,
Zadoque, filho de Baaná. 5Os habitantes de Tecoa consertaram o
trecho seguinte, embora seus líderes se recusassem a trabalhar
com os supervisores da construção. 6Os reparos da porta Antiga
foram realizados por Joiada, filho de Paseia, e por Mesulão, filho de
Besodias. Colocaram as vigas, levantaram as portas e puseram os
ferrolhos e as trancas. 7Ao lado deles estavam Melatias, de Gibeom,
Jadom, de Meronote, homens de Gibeom e homens de Mispá,
cidades sob a autoridade do governador da província a oeste do
rio Eufrates. 8Uziel, filho de Haraías, ourives de profissão, consertou
o trecho seguinte, e mais adiante estava Hananias, fabricante de
perfumes. Reconstruíram Jerusalém até o muro Largo. 9Refaías,
filho de Hur, governador de metade do distrito de Jerusalém, tra-
balhou ao lado deles no muro. 10No trecho seguinte, Jedaías, filho
de Harumafe, consertou o muro em frente de sua própria casa, e ao
lado dele estava Hatus, filho de Hasabneias. 11Em seguida vinham
Malquias, filho de Harim, e Hassube, filho de Paate-Moabe, que
consertaram outra parte do muro e a torre dos Fornos. 12Salum,
filho de Haloes, e as filhas dele, consertaram o trecho seguinte.
Salum era governador da outra metade do distrito de Jerusalém.
13Os reparos da porta do Vale foram realizados pelos habitantes de
Zanoa, sob a liderança de Hanum. Levantaram as portas e puse-
ram os ferrolhos e as trancas. Também consertaram os 450 metros
seguintes do muro até a porta do Esterco. 14Os reparos da porta
do Esterco foram realizados por Malquias, filho de Recabe, gover-
nador do distrito de Bete-Haquerém. Ele a reconstruiu, levantou
as portas e pôs os ferrolhos e as trancas. 15Os reparos da porta da
Fonte foram realizados por Salum, filho de Col-Hozé, governador
do distrito de Mispá. Ele a reconstruiu, colocou o telhado, levantou
as portas e pôs os ferrolhos e as trancas. Além disso, consertou o
muro do tanque de Siloé, perto do jardim do rei, e reconstruiu o
muro até os degraus que descem da Cidade de Davi. 16Ao lado
dele estava Neemias, filho de Azbuque, governador de metade do
distrito de Bete-Zur. Ele reconstruiu o muro desde o lugar em frente

dos túmulos da família de Davi até o reservatório de água e até a
Casa dos Guerreiros. 17Os reparos do trecho seguinte foram reali-
zados por um grupo de levitas que trabalharam sob a supervisão
de Reum, filho de Bani. Depois deles vinha Hasabias, governador
de metade do distrito de Queila, representando seu distrito. 18No
trecho seguinte trabalharam seus parentes, liderados por Binui,
filho de Henadade, governador da outra metade do distrito de
Queila. 19Ézer, filho de Jesua, governador do distrito de Mispá,
consertou o trecho seguinte do muro, desde o lugar em frente da
subida para a casa das armas até a esquina do muro. 20Mais adian-
te, Baruque, filho de Zabai, consertou com grande zelo o trecho
desde a esquina do muro até a entrada da casa do sumo sacerdote
Eliasibe. 21Meremote, filho de Urias e neto de Hacoz, reconstruiu
o trecho do muro desde a entrada da casa de Eliasibe até o fim da
casa. 22Os reparos do trecho seguinte foram realizados pelos sacer-
dotes que moravam ao redor da cidade. 23Ao seu lado, Benjamim
e Hassube consertaram o trecho em frente de suas casas, e Azarias,
filho de Maaseias e neto de Ananias, consertou o trecho ao lado
de sua casa. 24Em seguida vinha Binui, filho de Henadade, que
consertou o trecho desde a casa de Azarias até a esquina do muro.
25Palal, filho de Uzai, consertou o trecho em frente da esquina do
muro e da torre do palácio real, ao lado do pátio da guarda. Ao lado
dele estavam Pedaías, filho de Parós, 26e os servidores do templo
que moravam na colina de Ofel, que consertaram o muro até o
lugar em frente da porta das Águas, a leste, e da torre do palácio.
27Mais adiante, os habitantes de Tecoa consertaram outro trecho,
desde o lugar em frente da grande torre alta até o muro de Ofel.
28Os reparos acima da porta dos Cavalos foram realizados pelos
sacerdotes; cada um consertou o trecho do muro em frente de sua
própria casa. 29Depois deles, Zadoque, filho de Imer, também con-
sertou o trecho do muro em frente de sua casa. Ao seu lado estava
Semaías, filho de Secanias, guarda da porta Oriental. 30Hananias,
filho de Selemias, e Hanum, sexto filho de Zalafe, consertaram o
trecho seguinte, enquanto Mesulão, filho de Berequias, consertou
o trecho em frente de onde ele morava. 31Malquias, um dos ourives,
consertou o muro até as casas para os servidores do templo e para
os negociantes, em frente da porta da Guarda; então continuou
o trabalho até a sala superior da esquina. 32Os outros ourives e

NÃO TENHAM MEDO DO INIMIGO! LEMBREM-SE DO SENHOR, QUE É GRANDE E TEMÍVEL.

Ne 4.14

negociantes consertaram o muro desde a sala superior da esquina
até a porta das Ovelhas.

CAPÍTULO 4

Inimigos se opõem à reconstrução

1Sambalate ficou furioso quando soube que estávamos reconstruin-
do o muro. Indignou-se e zombou dos judeus. 2Disse na presença
de seus companheiros e dos oficiais do exército samaritano: "O que
esse punhado de judeus fracos pensa que está fazendo? Imaginam
que serão capazes de construir o muro em um dia só porque ofe-
receram alguns sacrifícios? Pensam que podem fazer algo com as
pedras queimadas que tiraram de um monte de entulho?". 3Tobias,
o amonita, estava ao seu lado e comentou: "Basta uma raposa subir
lá, e esse muro de pedra desaba!". 4Então orei: "Ouve-nos, nosso
Deus, pois estamos sendo ridicularizados. Que essa zombaria caia
sobre a cabeça deles, e que eles próprios se tornem prisioneiros
numa terra estrangeira! 5Não ignores sua culpa. Não apagues seus
pecados, pois provocaram tua ira aqui, diante dos construtores".
6Por fim, o muro foi reconstruído até metade de sua altura ao re-
dor de toda a cidade, pois o povo trabalhou com entusiasmo. 7
No entanto, quando Sambalate, Tobias, os árabes, os amonitas e
os asdoditas souberam que a obra avançava e que as brechas no
muro de Jerusalém estavam sendo fechadas, encheram-se de ira.
8Eles planejaram vir, lutar contra Jerusalém e causar confusão em
nosso meio. 9Mas nós oramos a nosso Deus e colocamos guardas na
cidade de dia e de noite para nos proteger. 10Então o povo de Judá
começou a se queixar: "Os trabalhadores estão cansados, e ainda
há muito entulho para remover. Não seremos capazes de construir
o muro sozinhos". 11Enquanto isso, nossos inimigos diziam: "Antes
que eles se deem conta do que está acontecendo, cairemos sobre
eles e os mataremos, acabando com seu trabalho". 12Os judeus
que moravam perto dos inimigos nos disseram diversas vezes:
"Eles virão de todas as direções e nos atacarão!". 13Por isso, colo-
quei guardas armados atrás das partes mais baixas do muro e nos
lugares mais expostos. Dividi-os por famílias, para que montassem
guarda armados com espadas, lanças e arcos. 14Examinei a situação,
reuni os nobres, os oficiais e o restante do povo e lhes disse: "Não
tenham medo do inimigo! Lembrem-se do Senhor, que é grande

e temível, e lutem por seus irmãos, seus filhos, suas filhas, suas
esposas e seus lares!". 15 Quando nossos inimigos descobriram
que sabíamos de seus planos e que Deus os havia frustrado, to-
dos nós voltamos ao trabalho no muro. 16 Dali em diante, porém,
apenas metade de meus homens trabalhava, pois a outra metade
ficava de guarda com lanças, escudos, arcos e couraças. Os líderes
ficavam na retaguarda de todo o povo de Judá, 17 que construía o
muro. Os trabalhadores prosseguiram com a obra; com uma das
mãos levavam as cargas, enquanto, com a outra, seguravam uma
arma. 18 Todos os construtores tinham uma espada presa à cintura.
O tocador de trombeta ficava comigo para dar o sinal de alerta.
19 Então expliquei aos nobres, aos oficiais e ao restante do povo:
"A obra é extensa, e estamos muito separados uns dos outros ao
longo do muro. 20 Quando ouvirem o toque da trombeta, corram
para onde ele soar. Nosso Deus lutará por nós". 21 Trabalhávamos o
dia inteiro, do nascer ao pôr do sol, e metade dos homens estava
sempre de guarda. 22 Nessa ocasião, eu disse aos que moravam
fora dos muros que passassem a noite em Jerusalém. Assim, eles e
seus servos poderiam ajudar na guarda à noite e trabalhar durante
o dia. 23 Nenhum de nós – nem eu, nem meus parentes, nem meus
servos, nem os guardas que estavam comigo – trocava de roupa.
Carregávamos sempre nossas armas, até mesmo quando íamos
beber água.

CAPÍTULO 5

Neemias defende os oprimidos

1 Por esse tempo, alguns homens e suas esposas fizeram um grande
protesto contra seus irmãos judeus. 2 Alguns deles diziam: "Nossas
famílias são grandes; precisamos de mais alimento para sobrevi-
ver". 3 Outros diziam: "Hipotecamos nossos campos, nossas videi-
ras e nossas casas para conseguir comida durante este período de
escassez". 4 Ainda outros diziam: "Tomamos dinheiro emprestado
para pagar os impostos do rei sobre nossos campos e vinhedos.
5 Somos da mesma família que os ricos, e nossos filhos são iguais
aos filhos deles. Contudo, somos obrigados a vender nossos filhos
como escravos só para termos dinheiro suficiente para viver. Já
vendemos algumas de nossas filhas, e não há nada que possamos
fazer, pois nossos campos e vinhedos agora pertencem a outros".

NO QUE ESTOU PENSANDO ○ O QUE ESTOU SENTINDO ○ DO QUE ESTOU LEMBRANDO ○

Não tenham medo do inimigo! Lembrem-se do Senhor, que é grande e temível.

DESENHE OU ESCREVA

6 Quando ouvi essas reclamações, fiquei muito indignado. 7 Depois
de pensar bem na questão, repreendi os nobres e os oficiais, dizen-
do: "Vocês estão prejudicando seus próprios irmãos ao cobrar juros
quando lhes pedem dinheiro emprestado!". Em seguida, convoquei
uma reunião pública para tratar do problema. 8 Na reunião, eu lhes
disse: "Temos feito todo o possível para resgatar nossos irmãos ju-
deus que se venderam a estrangeiros, mas agora vocês os vendem
de volta à escravidão. Quantas vezes precisaremos resgatá-los?". E
eles não tinham nada a dizer em sua defesa. 9 Então prossegui: "O
que vocês estão fazendo não é certo! Acaso não deviam andar no
temor de nosso Deus, para evitar a zombaria das nações inimigas?
10 Eu, meus irmãos e os homens que trabalham para mim temos
emprestado dinheiro e cereal para o povo. Agora, porém, deixemos
de cobrar juros! 11 Devolvam-lhes hoje mesmo seus campos, seus
vinhedos, seus olivais e suas casas. Devolvam também a centésima
parte, os juros que cobraram quando lhes emprestaram dinheiro,
cereais, vinho novo e azeite". 12 Eles responderam: "Devolveremos
tudo e não exigiremos mais nada do povo. Faremos conforme você
diz". Então chamei os sacerdotes e fiz os nobres e os oficiais jura-
rem que cumpririam sua promessa. 13 Depois, sacudi as dobras de
meu manto e disse: "Que Deus assim os sacuda de seus lares e de
suas propriedades se vocês não cumprirem o que prometeram!
Que fiquem sem absolutamente nada!". Toda a comunidade res-
pondeu: "Amém", e louvaram o SENHOR. E o povo cumpriu o que
havia prometido. 14 Durante os doze anos em que fui governador
de Judá, do vigésimo ano ao trigésimo segundo ano do reinado do
rei Artaxerxes, nem eu nem meus oficiais cobramos o tributo de ali-
mentação ao qual tínhamos direito. 15 Os governadores anteriores,
no entanto, haviam colocado cargas pesadas sobre o povo; exigiam
uma porção de alimento e de vinho, além de quarenta peças de
prata. Até mesmo os oficiais deles se aproveitavam do povo. Mas,
por temor a Deus, não agi dessa maneira. 16 Dediquei-me ao traba-
lho no muro e não adquiri terras. Exigi que todos os meus servos
também trabalhassem no muro. 17 Não pedi nada, embora 150 ju-
deus e oficiais comessem com frequência à minha mesa, além de
todos os visitantes de outras terras. 18 Os suprimentos pelos quais
eu pagava todos os dias eram um boi, seis das melhores ovelhas,
e muitas aves. Além disso, a cada dez dias, precisávamos de uma

grande quantidade de vinhos de todo tipo. E, no entanto, não cobrei
o tributo de alimentação a que o governador tinha direito, pois o
trabalho que o povo realizava já representava uma carga pesada.
19 Lembra-te, ó meu Deus, de tudo que tenho feito por este povo,
e abençoa-me por isso.

CAPÍTULO 6

A oposição continua

1 Sambalate, Tobias, Gesém, o árabe, e o restante de nossos inimigos
descobriram que eu havia terminado de reconstruir o muro e que
não restavam brechas, embora as portas ainda não tivessem sido
colocadas em seus lugares. 2 Então Sambalate e Gesém enviaram
uma mensagem pedindo que eu me encontrasse com eles num
dos povoados da planície de Ono. Sabendo que eles planejavam
me fazer mal, 3 respondi com a seguinte mensagem: "Estou en-
volvido com uma obra muito importante e não posso ir. Por que
eu deveria interromper o trabalho para me encontrar com vocês?".
4 Quatro vezes eles enviaram a mesma mensagem, e cada vez lhes
respondi da mesma forma. 5 Na quinta vez, o servo de Sambalate
trouxe nas mãos uma carta aberta, 6 que dizia: "Há um boato entre
as nações vizinhas, e Gesém o confirma, que você e os judeus pla-
nejam se rebelar e, por isso, estão reconstruindo o muro. De acordo
com esses relatos, você planeja se tornar o rei deles. 7 Corre a notícia
de que você nomeou profetas em Jerusalém para proclamarem
a seu respeito: 'Olhem! Há um rei em Judá!'. Pode ter certeza
de que essa informação chegará ao conhecimento do rei. Sugiro,
portanto, que venha conversar comigo". 8 Eu lhe respondi: "Nada
do que você diz é verdade. É tudo invenção sua". 9 Estavam apenas
tentando nos intimidar e imaginavam que iríamos interromper a
obra. Assim, continuei o trabalho com determinação ainda maior.
10 Algum tempo depois, fui visitar Semaías, filho de Delaías e neto
de Meetabel, que não podia sair de sua casa. Ele disse: "Vamos nos
encontrar no templo de Deus e trancar as portas. Esta noite seus
inimigos virão matá-lo". 11 Eu, porém, respondi: "Alguém de minha
posição deve fugir do perigo? Alguém como eu deve entrar no
templo para salvar a vida? Não farei isso!". 12 Percebi que Deus não
tinha falado com Semaías, mas que ele havia sido contratado por
Sambalate e Tobias para anunciar essa profecia contra mim. 13 Eles

NO QUE ESTOU **PENSANDO** ○ | O QUE ESTOU **SENTINDO** ○ | DO QUE ESTOU **LEMBRANDO** ○

DESENHE OU ESCREVA

esperavam me intimidar e me fazer pecar. Assim, poderiam me
difamar e me desacreditar. 14 Lembra-te, ó meu Deus, de todo mal
feito por Tobias e Sambalate. E lembra-te da profetisa Noadia e de
todos os outros profetas que tentaram me intimidar.

Os construtores terminam o muro

15 Por fim, no dia 2 de outubro, 52 dias depois de começarmos
o trabalho, o muro ficou pronto. 16 Quando nossos inimigos e as
nações vizinhas souberam disso, ficaram assustados e sentiram-se
humilhados. Perceberam que a obra havia sido realizada com a
ajuda de nosso Deus. 17 Durante esses 52 dias, Tobias e os nobres
de Judá trocaram várias cartas. 18 Muitos em Judá haviam jurado
lealdade a Tobias, pois seu sogro era Secanias, filho de Ará, e seu
filho Joanã era casado com a filha de Mesulão, filho de Berequias.
19 Eles sempre me falavam das boas ações de Tobias e lhe contavam
tudo que eu dizia. E Tobias continuava a mandar cartas de ameaça
para me intimidar.

CAPÍTULO 7

1 Depois que o muro foi terminado e que eu havia colocado as por-
tas em seus lugares, foram nomeados os guardas das portas, os
cantores e os levitas. 2 Entreguei a responsabilidade de governar
Jerusalém a meu irmão Hanani e a Hananias, comandante da for-
taleza, pois era um homem fiel que temia a Deus mais do que a
maioria dos homens. 3 Eu lhes disse: "Não deixem as portas abertas
durante a parte mais quente do dia. Mesmo quando os guardas
das portas estiverem de serviço, deverão fechá-las e trancá-las.
Nomeiem moradores de Jerusalém para montar guarda, todos em
turnos regulares. Alguns ficarão em postos de sentinela, e outros,
em frente de suas casas".

Neemias registra o povo

4 Nesse tempo, a cidade era grande e espaçosa, mas a população era
pequena e nenhuma das casas havia sido reconstruída. 5 Então meu
Deus me deu a ideia de convocar todos os nobres e as autoridades
da cidade e todos os cidadãos comuns para registrá-los. Eu havia
encontrado o registro genealógico dos primeiros a regressar a Judá.
Nele estava escrito: 6 Esta é uma lista dos judeus da província que

regressaram do cativeiro. O rei Nabucodonosor os havia deportado
para a Babilônia, mas eles voltaram para Jerusalém e Judá, cada um
para sua cidade de origem. 7Seus líderes eram Zorobabel, Jesua,
Neemias, Seraías, Reelaías, Naamani, Mardoqueu, Bilsã, Mispar,
Bigvai, Reum e Baaná. Este é o número de homens de Israel que
regressaram do exílio: 8da família de Parós, 2.172; 9da família de
Sefatias, 372; 10da família de Ará, 652; 11da família de Paate-Moabe
(descendentes de Jesua e de Joabe), 2.818; 12da família de Elão,
1.254; 13da família de Zatu, 845; 14da família de Zacai, 760; 15da
família de Bani, 648; 16da família de Bebai, 628; 17da família de
Azgade, 2.322; 18da família de Adonicam, 667; 19da família de
Bigvai, 2.067; 20da família de Adim, 655; 21da família de Ater (des-
cendentes de Ezequias), 98; 22da família de Hassum, 328; 23da fa-
mília de Bezai, 324; 24da família de Jora, 112; 25da família de Gibar,
95; 26do povo de Belém e Netofa, 188; 27do povo de Anatote, 128;
28do povo de Bete-Azmavete, 42; 29do povo de Quiriate-Jearim,
Quefira e Beerote, 743; 30do povo de Ramá e Geba, 621; 31do povo
de Micmás, 122; 32do povo de Betel e Ai, 123; 33do povo de Nebo
Ocidental, 52; 34dos cidadãos de Elão Ocidental, 1.254; 35os cida-
dãos de Harim, 320; 36os cidadãos de Jericó, 345; 37os cidadãos de
Lode, Hadide e Ono, 721; 38os cidadãos de Senaá, 3.930. 39Estes
são os sacerdotes que regressaram do exílio: da família de Jedaías
(da linhagem de Jesua), 973; 40da família de Imer, 1.052; 41da fa-
mília de Pasur, 1.247; 42da família de Harim, 1.017. 43Estes são os
levitas que regressaram do exílio: das famílias de Jesua e Cadmiel
(descendentes de Hodavias), 74; 44os cantores da família de Asafe,
148; 45os guardas das portas das famílias de Salum, Ater, Talmom,
Acube, Hatita e Sobai, 138. 46Os descendentes destes servidores do
templo regressaram do exílio: Zia, Hasufa, Tabaote, 47Queros, Sia,
Padom, 48Lebana, Hagaba, Salmai, 49Hanã, Gidel, Gaar, 50Reaías,
Rezim, Necoda, 51Gazão, Uzá, Paseia, 52Besai, Meunim, Nefusim,
53Baquebuque, Hacufa, Harur, 54Baslute, Meída, Harsa, 55Barcos,
Sísera, Tamá, 56Nesias e Hatifa. 57Os descendentes destes servos do
rei Salomão regressaram do exílio: Sotai, Soferete, Peruda, 58Jaala,
Darcom, Gidel, 59Sefatias, Hatil, Poquerete-Hazebaim e Ami. 60Ao
todo, os servidores do templo e os descendentes dos servos de
Salomão eram 392. 61Nessa ocasião, outro grupo regressou das
cidades de Tel-Melá, Tel-Harsa, Querube, Adã e Imer. Contudo, não

NO QUE ESTOU **PENSANDO** O — O QUE ESTOU **SENTINDO** O — DO QUE ESTOU **LEMBRANDO** O

DESENHE OU ESCREVA

puderam comprovar que eles ou suas famílias eram descendentes
de Israel. 62Estavam nesse grupo as famílias de Delaías, Tobias e
Necoda, 642 pessoas ao todo. 63Também regressaram as famílias
de três sacerdotes: Habaías, Hacoz e Barzilai. (Esse Barzilai havia
se casado com uma mulher descendente de Barzilai, de Gileade, e
assumido o nome da família dela.) 64Procuraram seus nomes nos
registros genealógicos, mas não os encontraram, por isso não se
qualificaram para servir como sacerdotes. 65O governador ordenou
que não comessem das porções dos sacrifícios separadas para os sa-
cerdotes até que um sacerdote consultasse o SENHOR a esse respeito
usando o Urim e o Tumim. 66Portanto, os que regressaram para
Judá foram 42.360, 67além dos 7.337 servos e servas e dos 245
cantores e cantoras. 68Levaram consigo 736 cavalos, 245 mulas,
69435 camelos e 6.720 jumentos. 70Alguns dos chefes das famílias
fizeram donativos para a obra. O governador deu à tesouraria o
total de 8,6 quilos de ouro, 50 bacias de ouro e 530 vestes para
os sacerdotes. 71Os outros líderes deram à tesouraria o total de
172 quilos de ouro e 1.320 quilos de prata. 72O restante do povo
deu 172 quilos de ouro, 1.200 quilos de prata e 67 vestes para
os sacerdotes. 73Assim, os sacerdotes, os levitas, os guardas das
portas, os cantores, os servidores do templo e alguns do povo se
estabeleceram perto de Jerusalém. O restante do povo regressou
às suas cidades em todo o Israel.

CAPÍTULO 8

Esdras faz a leitura da Lei

1Em outubro, quando os israelitas já haviam se estabelecido em
suas cidades, todo o povo se reuniu com um só propósito na pra-
ça em frente da porta das Águas. Pediram ao escriba Esdras que
trouxesse o Livro da Lei de Moisés, que o SENHOR tinha dado a
Israel. 2Assim, no dia 8 de outubro, o sacerdote Esdras trouxe o
Livro da Lei perante a comunidade constituída de homens e mu-
lheres e de todas as crianças com idade suficiente para entender.
3Ficou de frente para a praça, junto à porta das Águas, desde o
amanhecer até o meio-dia, e leu em voz alta para todos que po-
diam entender. Todo o povo ouviu com atenção a leitura do Livro
da Lei. 4O escriba Esdras estava em pé sobre uma plataforma de
madeira feita para a ocasião. À sua direita estavam Matitias, Sema,

Anaías, Urias, Hilquias e Maaseias; à sua esquerda, Pedaías, Misael,
Malquias, Hasum, Hasbadana, Zacarias e Mesulão. 5 Esdras estava
sobre a plataforma, à vista de todo o povo. Quando o viram abrir
o Livro da Lei, todos se levantaram. 6 Esdras louvou o SENHOR, o
grande Deus, e todo o povo disse: "Amém! Amém!", com as mãos
erguidas. Depois, prostraram-se com o rosto no chão e adoraram
o SENHOR. 7 Em seguida, os levitas Jesua, Bani, Serebias, Jamim,
Acube, Sabetai, Hodias, Maaseias, Quelita, Azarias, Jozabade, Hanã
e Pelaías instruíram o povo acerca da Lei, e todos permaneceram em
seus lugares. 8 Liam o Livro da Lei de Deus, explicavam com clareza
o significado do que era lido e ajudavam o povo a entender cada
passagem. 9 Então o governador Neemias, o sacerdote e escriba
Esdras e os levitas que instruíam o povo disseram: "Não se lamen-
tem nem chorem num dia como este! Hoje é um dia consagrado
ao SENHOR, seu Deus!". Pois todo o povo chorava enquanto ouvia as
palavras da Lei. 10 E Neemias prosseguiu: "Vão e comemorem com
um banquete de comidas saborosas e bebidas doces e repartam
o alimento com aqueles do povo que não prepararam nada. Este
é um dia consagrado ao nosso Senhor. Não fiquem tristes, pois a
alegria do SENHOR é sua força!". 11 Os levitas também acalmaram o
povo, dizendo: "Aquietem-se! Não fiquem tristes! Hoje é um dia
santo!". 12 Então o povo saiu para comer e beber numa refeição
festiva, para repartir o alimento e celebrar com grande alegria, pois
tinham ouvido e entendido as palavras de Deus.

A Festa das Cabanas

13 No dia 9 de outubro, os chefes de todas as famílias do povo, junto
com os sacerdotes e os levitas, reuniram-se com o escriba Esdras
para examinar a Lei mais atentamente. 14 Enquanto estudavam a
Lei, descobriram que o SENHOR havia ordenado por meio de Moisés
que os israelitas morassem em cabanas durante a festa a ser co-
memorada naquele mês. 15 Ele tinha dito que se devia fazer uma
proclamação por todas as suas cidades e em Jerusalém, para que
o povo fosse até os montes apanhar ramos de oliveiras cultivadas
e oliveiras silvestres, ramos de murtas, de palmeiras e de outras
árvores frondosas. Deviam usar esses ramos para construir as ca-
banas, conforme prescrito pela Lei. 16 O povo saiu, cortou ramos e
os usou para construir cabanas nos terraços das casas, nos seus

Ne 8.9

pátios, nos pátios do templo de Deus, na praça junto à porta das
Águas e na praça junto à porta de Efraim. 17 Então todos que ha-
viam regressado do cativeiro moraram nessas cabanas durante a
festa, e todos estavam cheios de grande alegria. Os israelitas não
celebravam a festa dessa maneira desde os dias de Josué, filho
de Num. 18 Durante os sete dias da festa, Esdras leu o Livro da Lei
de Deus a cada dia. Então, no oitavo dia, realizaram uma reunião
solene, conforme prescrito.

CAPÍTULO 9

O povo confessa seus pecados

1 No dia 31 de outubro, o povo de Israel se reuniu novamente;
dessa vez, jejuaram, vestiram pano de saco e jogaram terra sobre
a cabeça. 2 Os que eram de descendência israelita se separaram de
todos os estrangeiros. Levantaram-se e confessaram seus pecados e
as maldades de seus antepassados. 3 Durante três horas, permane-
ceram em pé no mesmo lugar enquanto o Livro da Lei do SENHOR,
seu Deus, era lido para eles em voz alta. Depois, confessaram seus
pecados e adoraram o SENHOR, seu Deus, durante mais três horas.
4 Os levitas Jesua, Bani, Cadmiel, Sebanias, Buni, Serebias, Bani
e Quenani estavam em pé em sua plataforma e clamavam em
alta voz ao SENHOR, seu Deus. 5 Então os levitas Jesua, Cadmiel,
Bani, Hasabneias, Serebias, Hodias, Sebanias e Petaías disseram ao
povo: "Levantem-se e louvem o SENHOR, seu Deus, que vive desde
sempre e para sempre!". Em seguida, oraram: "Louvado seja teu
nome glorioso! Exaltado seja acima de toda bênção e todo louvor!
6 "Somente tu és o SENHOR. Fizeste o céu e os céus além do céu,
e todas as estrelas. Fizeste a terra, os mares, e tudo que neles há.
Preservas todos os seres com vida, e o exército dos céus te presta
adoração. 7 "Tu és o SENHOR Deus, que escolheste Abrão, o trouxeste
de Ur dos caldeus e lhe deste o nome de Abraão. 8 Viste a fidelidade
de seu coração e fizeste com ele uma aliança, para dar a ele e à
sua descendência a terra dos cananeus, dos hititas, dos amorreus,
dos ferezeus, dos jebuseus e dos girgaseus. E cumpriste tua pro-
messa, pois és sempre fiel à tua palavra. 9 "Viste a aflição de nossos
antepassados no Egito e ouviste os clamores deles junto ao mar
Vermelho. 10 Fizeste sinais e maravilhas contra o faraó, seus oficiais
e todo o seu povo, pois sabias como tratavam arrogantemente

nossos antepassados. Tens uma fama tremenda, que não foi es-
quecida. 11Dividiste o mar, para que teu povo atravessasse em terra
seca, e depois lançaste seus inimigos nas profundezas do mar, e
eles afundaram como pedras nas águas impetuosas. 12Conduziste
nossos antepassados com uma coluna de nuvem durante o dia e
uma coluna de fogo durante a noite, para que encontrassem o
caminho por onde deviam ir. 13"Desceste ao monte Sinai e falaste
com eles do céu. Deste estatutos justos, leis verdadeiras e decretos
e mandamentos bons. 14Tu os instruíste a respeito de teu sábado
santo. Ordenaste, por meio de teu servo Moisés, que obedecessem
a teus mandamentos, decretos e leis. 15"Providenciaste-lhes pão do
céu quando tiveram fome e água da rocha quando tiveram sede.
Ordenaste que fossem e tomassem posse da terra que juraste lhes
dar. 16"Nossos antepassados, porém, eram orgulhosos e teimo-
sos e não deram atenção a teus mandamentos. 17Não quiseram
obedecer e não se lembraram dos milagres que havias realizado
em favor deles. Em vez disso, rebelaram-se e nomearam um líder
para levá-los de volta à escravidão no Egito. Mas tu és Deus de
perdão, misericordioso e compassivo, lento para se irar e cheio de
amor. Não os abandonaste, 18mesmo quando fizeram um ídolo
em forma de bezerro e disseram: 'Este é seu deus que os tirou
do Egito!'. Sim, cometeram blasfêmias terríveis! 19"Mas, em tua
grande misericórdia, não os abandonaste para morrer no deserto.
A coluna de nuvem continuava a conduzi-los durante o dia, e a colu-
na de fogo lhes mostrava o caminho durante a noite. 20Enviaste teu
bom Espírito para instruí-los e não deixaste de lhes dar maná do
céu para se alimentarem, nem água para matarem a sede. 21Tu os
sustentaste no deserto durante quarenta anos, e nada lhes faltou.
Suas roupas não se desgastaram, nem seus pés ficaram inchados.
22"Depois, entregaste reinos e nações a nossos antepassados e
distribuíste teu povo por todos os cantos da terra. Eles tomaram
posse da terra de Seom, rei de Hesbom, e da terra de Ogue, rei
de Basã. 23Tornaste seus descendentes tão numerosos como as
estrelas do céu e os trouxeste para a terra que havias prometido
a seus antepassados. 24"Eles entraram e tomaram posse da terra.
Tu derrotaste nações inteiras diante deles e entregaste nas mãos
de teu povo os cananeus que habitavam na terra. Teu povo fez o
que quis com essas nações e seus reis. 25Nossos antepassados

NO QUE ESTOU **PENSANDO** ○ O QUE ESTOU **SENTINDO** ○ DO QUE ESTOU **LEMBRANDO** ○

DESENHE OU ESCREVA

conquistaram cidades fortificadas e terras férteis. Apossaram-se
de casas cheias de coisas boas, com cisternas já escavadas e com
vinhedos, olivais e muitas árvores frutíferas. Comeram até se fartar,
engordaram e desfrutaram de tuas muitas bênçãos. 26"Apesar de
tudo isso, foram desobedientes e se rebelaram contra ti. Deram
as costas para tua Lei, mataram os profetas que enviaste para
adverti-los a voltarem para ti e cometeram blasfêmias terríveis.
27Por isso, tu os entregaste nas mãos de seus inimigos, que os
fizeram sofrer. Nos momentos de angústia, porém, clamaram a
ti, e tu os ouviste do céu. Em tua grande misericórdia, enviaste
libertadores que os livraram de seus inimigos. 28"Mas, assim
que teu povo tinha descanso, voltava a praticar o mal diante de
ti. Portanto, permitiste que seus inimigos os dominassem. E, no
entanto, quando teu povo voltava para ti e pedia socorro, tu os
ouvias novamente. Em tua misericórdia, tu os resgataste muitas
vezes. 29"Tu os advertiste a voltarem para tua Lei, mas eles se tor-
naram orgulhosos e desobedeceram a teus mandamentos. Não
cumpriram teus estatutos, que dão vida a quem lhes obedece. Em
rebeldia, deram as costas para ti e, teimosamente, não quiseram
ouvir. 30Por muitos anos, foste paciente com eles. Enviaste teu
Espírito, que os advertiu por meio dos profetas. Ainda assim, eles
se recusaram a ouvir. Por isso, mais uma vez, permitiste que os
povos da terra os dominassem. 31Em tua grande misericórdia, po-
rém, não os destruíste completamente nem os abandonaste para
sempre. Que Deus bondoso e compassivo tu és! 32"Agora, nosso
Deus, o grande, poderoso e temível Deus, que guardas tua aliança
de amor leal, não permitas que te pareçam insignificantes todas
as dificuldades que enfrentamos. Grande aflição veio sobre nós
e sobre nossos reis, líderes, sacerdotes, profetas e antepassados,
sobre todo o teu povo, desde os dias em que os reis da Assíria
triunfaram sobre nós até hoje. 33Foste justo todas as vezes que
nos castigaste. Agimos perversamente e nos deste apenas o que
merecíamos. 34Nossos reis, líderes, sacerdotes e antepassados não
obedeceram à tua lei nem deram ouvidos às advertências em teus
mandamentos e preceitos. 35Mesmo quando tinham seu próprio
reino, não te serviram, apesar de teres derramado tua bondade
sobre eles. Deste-lhes uma terra ampla e fértil, mas eles não qui-
seram servir-te nem abandonar sua perversidade. 36"Por isso, hoje

Ne

somos escravos na terra de fartura que deste a nossos antepassados
para que desfrutassem dela. Somos escravos aqui nesta boa terra.
37 A grande produção desta terra se acumula nas mãos dos reis que
puseste sobre nós por causa de nossos pecados. Eles têm poder
sobre nós e sobre nossos rebanhos. Nós lhes servimos como eles
querem e estamos em grande angústia".

O povo concorda em obedecer

38 O povo respondeu: "Em vista disso tudo, fazemos uma aliança
solene e a registramos por escrito. Neste documento selado estão
os nomes de nossos líderes, levitas e sacerdotes".

CAPÍTULO 10

1 Os que assinaram e selaram o documento foram: O governador
Neemias, filho de Hacalias, e Zedequias. 2 Os sacerdotes Seraías,
Azarias, Jeremias, 3 Pasur, Amarias, Malquias, 4 Hatus, Sebanias,
Maluque, 5 Harim, Meremote, Obadias, 6 Daniel, Ginetom, Baruque,
7 Mesulão, Abias, Miamim, 8 Maazias, Bilgai e Semaías. 9 Os levitas
Jesua, filho de Azanias, Binui, dos descendentes de Henadade,
Cadmiel, 10 Sebanias, Hodias, Quelita, Pelaías, Hanã, 11 Mica, Reobe,
Hasabias, 12 Zacur, Serebias, Sebanias, 13 Hodias, Bani e Beninu. 14 Os
líderes do povo Parós, Paate-Moabe, Elão, Zatu, Bani, 15 Buni, Azgade,
Bebai, 16 Adonias, Bigvai, Adim, 17 Ater, Ezequias, Azur, 18 Hodias,
Hasum, Besai, 19 Harife, Anatote, Nebai, 20 Magpias, Mesulão, Hezir,
21 Mesezabel, Zadoque, Jadua, 22 Pelatias, Hanã, Anaías, 23 Oseias,
Hananias, Hassube, 24 Haloes, Pílea, Sobeque, 25 Reum, Hasabná,
Maaseias, 26 Aías, Hanã, Anã, 27 Maluque, Harim e Baaná.

O compromisso do povo

28 Então o restante do povo – os sacerdotes, os levitas, os guardas
das portas, os cantores, os servidores do templo e todos que haviam
se separado dos povos estrangeiros da terra a fim de obedecer
à Lei de Deus, na companhia de suas esposas, seus filhos, suas
filhas e de todos que tinham idade para entender – 29 uniu-se a
seus líderes e assumiu um compromisso solene. Juraram que se-
riam amaldiçoados se não obedecessem à Lei de Deus, dada por
seu servo Moisés, e prometeram obedecer atentamente a todos
os mandamentos, estatutos e decretos do SENHOR, nosso Senhor:

NO QUE ESTOU **PENSANDO** ○ | O QUE ESTOU **SENTINDO** ○ | DO QUE ESTOU **LEMBRANDO** ○

DESENHE OU ESCREVA

30 "Prometemos não permitir que nossas filhas se casem com os
habitantes desta terra, nem permitir que as filhas deles se casem
com nossos filhos. 31 "Também prometemos que, se os habitantes
desta terra trouxerem mercadorias ou cereais para vender no sá-
bado ou em qualquer outro dia santo, não compraremos deles. A
cada sete anos, deixaremos a terra descansar e cancelaremos todas
as dívidas. 32 "Além disso, prometemos obedecer ao mandamento
de pagar o imposto anual de quatro gramas de prata para o serviço
do templo de nosso Deus. 33 Esse imposto também será usado para
providenciar os pães da presença, as ofertas regulares de cereais e
os holocaustos, as ofertas para os sábados, para as celebrações da
lua nova e para as festas anuais, as ofertas sagradas e as ofertas pelo
pecado para fazer expiação por Israel. Será usado para tudo que for
necessário para o trabalho no templo de nosso Deus. 34 "Fizemos
um sorteio a fim de definir uma escala anual regular para que as
famílias dos sacerdotes, dos levitas e do povo tragam ao templo de
nosso Deus a lenha para ser queimada no altar do SENHOR, nosso
Deus, conforme prescrito na Lei. 35 "Prometemos trazer anualmente
ao templo do SENHOR os primeiros frutos de todas as colheitas, tanto
dos produtos da terra como das árvores frutíferas. 36 Concordamos
em entregar a Deus nossos filhos mais velhos e as primeiras crias de
todos os nossos rebanhos, tanto de bois como de ovelhas, conforme
prescrito pela Lei. Nós os apresentaremos aos sacerdotes que minis-
tram no templo de nosso Deus. 37 Armazenaremos os produtos da
terra nos depósitos do templo de nosso Deus. Traremos o melhor
de nossa farinha e outras ofertas de cereal, o melhor de nossos
frutos, de nosso vinho novo e de nosso azeite. Prometemos ainda
entregar aos levitas um décimo de tudo que nossa terra produzir,
pois são os levitas que recolhem os dízimos em todas as cidades
onde trabalhamos. 38 "Um sacerdote descendente de Arão acompa-
nhará os levitas quando receberem esses dízimos. A décima parte
de tudo que for recolhido como dízimo será entregue pelos levitas
ao templo de nosso Deus e colocada nos depósitos. 39 O povo e
os levitas deverão trazer essas ofertas de cereal, de vinho novo e
de azeite para os depósitos e colocá-las nos recipientes sagrados
perto dos sacerdotes que ali estiverem ministrando, dos guardas
das portas e dos cantores. "Prometemos não descuidar do templo
de nosso Deus".

CAPÍTULO 11

O repovoamento de Jerusalém

1 Os líderes do povo passaram a morar em Jerusalém, a cidade san-
ta. Um décimo do povo das outras cidades foi escolhido por sorteio
para morar lá também, enquanto o restante permaneceu onde es-
tava. 2 O povo abençoou todos que se ofereceram para morar em
Jerusalém. 3 Esta é uma lista dos nomes dos líderes das províncias
que foram morar em Jerusalém. A maioria do povo, dos sacerdotes,
dos levitas, dos servidores do templo e dos descendentes dos servos
de Salomão continuou a viver em suas próprias casas nas várias
cidades de Judá, 4 mas alguns do povo de Judá e de Benjamim
se mudaram para Jerusalém. Da tribo de Judá: Ataías, filho de
Uzias, filho de Zacarias, filho de Amarias, filho de Sefatias, filho de
Maalaleel, da descendência de Perez; 5 também Maaseias, filho de
Baruque, filho de Col-Hozé, filho de Hazaías, filho de Adaías, filho
de Joiaribe, filho de Zacarias, da família de Selá. 6 Dos descendentes
de Perez, 468 foram morar em Jerusalém. Eram todos homens
valorosos. 7 Da tribo de Benjamim: Salu, filho de Mesulão, filho de
Joede, filho de Pedaías, filho de Colaías, filho de Maaseias, filho de
Itiel, filho de Jesaías; 8 depois dele, Gabai e Salai e 928 parentes ao
todo. 9 O chefe deles era Joel, filho de Zicri, auxiliado por Judá, filho
de Hassenua, o segundo no comando da cidade. 10 Dos sacerdotes:
Jedaías, filho de Joiaribe, Jaquim 11 e Seraías, filho de Hilquias, filho
de Mesulão, filho de Zadoque, filho de Meraiote, filho de Aitube,
principal encarregado do templo de Deus; 12 também 822 colegas
que serviam no templo; Adaías, filho de Jeroão, filho de Pelalias,
filho de Anzi, filho de Zacarias, filho de Pasur, filho de Malquias,
13 junto com 242 colegas, chefes de suas famílias; e ainda Amassai,
filho de Azareel, filho de Azai, filho de Mesilemote, filho de Imer, 14 e
128 de seus colegas, homens valorosos. O chefe deles era Zabdiel,
filho de Gedolim. 15 Dos levitas: Semaías, filho de Hassube, filho
de Azricam, filho de Hasabias, filho de Buni; 16 também Sabetai
e Jozabade, líderes dos levitas, encarregados do trabalho fora do
templo de Deus; 17 e ainda Matanias, filho de Mica, filho de Zabdi,
descendente de Asafe, que dirigia as ações de graças e as orações;
também Baquebuquias, assistente de Matanias, e Abda, filho de
Samua, filho de Galal, filho de Jedutum. 18 Havia ao todo 284 levitas
na cidade santa. 19 Dos guardas das portas: Acube e Talmom e 172
colegas que guardavam as portas. 20 Os outros sacerdotes e levitas
e o restante dos israelitas moravam cada um na propriedade de sua
família nas outras cidades de Judá. 21 Mas os servidores do templo,
sob a liderança de Zia e Gispa, moravam todos na colina de Ofel.
22 O chefe dos levitas em Jerusalém era Uzi, filho de Bani, filho de
Hasabias, filho de Matanias, filho de Mica, descendente de Asafe.
Os membros da família de Asafe eram cantores no templo de Deus.
23 Exerciam suas responsabilidades diárias de acordo com os termos
de uma ordem do rei. 24 Petaías, filho de Mesezabel, descendente
de Zera, filho de Judá, era o conselheiro do rei em todos os assun-
tos referentes ao povo. 25 Quanto aos povoados vizinhos, com seus
campos, alguns do povo de Judá foram morar em Quiriate-Arba
e seus povoados, em Dibom e seus povoados e em Jecabzeel e
seus povoados. 26 Também foram morar em Jesua, em Moladá, em
Bete-Palete, 27 em Hazar-Sual, em Berseba e seus povoados, 28 em
Ziclague e em Meconá e seus povoados. 29 E ainda, em En-Rimom,
em Zorá, em Jarmute, 30 em Zanoa e em Adulão e seus povoados,
em Laquis, com seus campos, e em Azeca e seus povoados. Assim,
o povo de Judá se estabeleceu desde Berseba, no sul, até o vale
de Hinom. 31 Alguns do povo de Benjamim foram morar em Geba,
em Micmás, em Aia e em Betel e seus povoados. 32 Também foram
morar em Anatote, em Nobe, em Ananias, 33 em Hazor, em Ramá,
em Gitaim, 34 em Hadide, em Zeboim, em Nebalate, 35 em Lode, em
Ono e em Ge-Harasim. 36 Alguns dos levitas que viviam em Judá
foram morar com a tribo de Benjamim.

NO QUE ESTOU PENSANDO ○ | O QUE ESTOU SENTINDO ○ | DO QUE ESTOU LEMBRANDO ○

DESENHE OU ESCREVA

CAPÍTULO 12

A lista dos sacerdotes e dos levitas

1 Os sacerdotes e levitas que regressaram com Zorobabel, filho de
Sealtiel, e com Jesua, o sumo sacerdote, foram: Seraías, Jeremias,
Esdras, 2 Amarias, Maluque, Hatus, 3 Secanias, Harim, Meremote,
4 Ido, Ginetom, Abias, 5 Miniamim, Moadias, Bilga, 6 Semaías,
Joiaribe, Jedaías, 7 Salu, Amoque, Hilquias e Jedaías. Esses foram
os líderes dos sacerdotes e seus companheiros nos dias de Jesua.
8 Os levitas que regressaram com eles foram: Jesua, Binui, Cadmiel,
Serebias, Judá e também Matanias, que, com seus companheiros,
era encarregado dos cânticos de ação de graças. 9 Seus compa-
nheiros Baquebuquias e Uni ficavam em frente deles durante o

Ne

culto. 10 O sumo sacerdote Jesua gerou Joiaquim; Joiaquim ge-
rou Eliasibe; Eliasibe gerou Joiada; 11 Joiada gerou Joanã; Joanã
gerou Jadua. 12 Quando Joiaquim era sumo sacerdote, os chefes
das famílias dos sacerdotes foram: Meraías, chefe da família de
Seraías; Hananias, chefe da família de Jeremias; 13 Mesulão, chefe
da família de Esdras; Joanã, chefe da família de Amarias; 14 Jônatas,
chefe da família de Maluqui; José, chefe da família de Secanias;
15 Adna, chefe da família de Harim; Helcai, chefe da família de
Meremote; 16 Zacarias, chefe da família de Ido; Mesulão, chefe da
família de Ginetom; 17 Zicri, chefe da família de Abias; um chefe da
família de Miniamin; Piltai, chefe da família de Moadias; 18 Samua,
chefe da família de Bilga; Jônatas, chefe da família de Semaías;
19 Matenai, chefe da família de Joiaribe; Uzi, chefe da família de
Jedaías; 20 Calai, chefe da família de Salu; Héber, chefe da família
de Amoque; 21 Hasabias, chefe da família de Hilquias; Netanel,
chefe da família de Jedaías. 22 Nos dias de Eliasibe, Joiada, Joanã
e Jadua, manteve-se um registro dos chefes das famílias dos levitas.
Durante o reinado de Dario, o persa, manteve-se um registro dos
sacerdotes. 23 Até os dias de Joanã, neto de Eliasibe, manteve-se
um registro dos chefes das famílias dos levitas no *Livro da História*.
24 Estes foram os chefes das famílias dos levitas: Hasabias, Serebias,
Jesua, Binui, Cadmiel e outros companheiros que ficavam em fren-
te deles durante as cerimônias de louvor e ação de graças; um
lado respondia ao outro, conforme ordenado por Davi, homem
de Deus. 25 Matanias, Baquebuquias, Obadias, Mesulão, Talmom
e Acube eram os guardas das portas encarregados dos depósitos
junto às portas. 26 Todos eles serviam nos dias de Joiaquim, filho
de Jesua, filho de Jeozadaque, e nos dias do governador Neemias
e do sacerdote e escriba Esdras.

A dedicação do muro de Jerusalém

27 Para a dedicação do novo muro de Jerusalém, pediu-se que
os levitas de toda a terra viessem a Jerusalém para auxiliar nas
cerimônias. Deviam participar dessa ocasião alegre com cânticos
de ação de graças e com música de címbalos, harpas e liras. 28 Os
cantores foram reunidos da região ao redor de Jerusalém e dos
povoados dos netofatitas. 29 Também vieram de Bete-Gilgal e das
regiões rurais próximas de Geba e de Azmavete, pois os cantores

NO QUE ESTOU **PENSANDO** ○ | O QUE ESTOU **SENTINDO** ○ | DO QUE ESTOU **LEMBRANDO** ○

DESENHE OU ESCREVA

haviam construído seus próprios povoados ao redor de Jerusalém.
30 Primeiro, os sacerdotes e os levitas purificaram a si mesmos;
depois, purificaram o povo, as portas e o muro. 31 Eu conduzi os
líderes de Judá até o alto do muro e organizei dois grandes co-
ros. Um dos coros foi para o sul pelo alto do muro, até a porta do
Esterco. 32 Hosaías e metade dos líderes de Judá seguiram o coro,
33 junto com Azarias, Esdras, Mesulão, 34 Judá, Benjamim, Semaías
e Jeremias. 35 Depois deles vinham alguns sacerdotes que tocavam
trombetas: Zacarias, filho de Jônatas, filho de Semaías, filho de
Matanias, filho de Micaías, filho de Zacur, descendente de Asafe.
36 Os companheiros de Zacarias eram Semaías, Azarel, Milalai,
Gilalai, Maai, Natanel, Judá e Hanani. Eles tocavam os instrumen-
tos musicais prescritos por Davi, homem de Deus. O escriba Esdras
ia à frente deles. 37 Quando chegaram à porta da Fonte, foram em
frente e subiram pelos degraus que levavam até a Cidade de Davi.
Passaram pela casa de Davi e, de lá, foram até a porta das Águas,
a leste. 38 O segundo coro foi para o norte, no sentido oposto, para
encontrar-se com o primeiro coro. Fui com eles e com a outra me-
tade do povo pelo alto do muro, passando pela torre dos Fornos,
até o muro Largo, 39 e depois desde a porta de Efraim até a porta
Antiga, passando pela porta do Peixe e pela torre de Hananel e
prosseguindo até a torre dos Cem. Dali, continuamos para a porta
das Ovelhas e paramos junto à porta da Guarda. 40 Os dois corais
seguiram, então, para o templo de Deus, onde tomaram seus lu-
gares. Eu fiz o mesmo, junto com os líderes que estavam comigo.
41 Acompanhamos os sacerdotes que tocavam trombetas: Eliaquim,
Maaseias, Miniamim, Micaías, Elioenai, Zacarias e Hananias, 42 e os
cantores: Maaseias, Semaías, Eleazar, Uzi, Joanã, Malquias, Elão e
Ézer. Eles tocavam e cantavam bem alto, sob a direção de Jezraías.
43 Naquele dia alegre, foram oferecidos muitos sacrifícios, pois
Deus tinha dado ao povo motivo para se alegrar. As mulheres e as
crianças também participaram da celebração, e podia-se ouvir de
longe a alegria do povo de Jerusalém.

Provisões para o culto no templo

44 Naquele dia, foram nomeados os homens encarregados dos
depósitos para as ofertas e os primeiros frutos da colheita e para
os dízimos. Eram responsáveis por recolher dos campos fora das

cidades as porções exigidas pela lei para os sacerdotes e os levitas,
pois todo o povo estava alegre com os sacerdotes e os levitas e
com seu trabalho. 45Tanto eles como os cantores e os guardas das
portas realizavam o serviço de seu Deus e o serviço de purificação,
conforme Davi e seu filho Salomão haviam ordenado. 46O costume
de ter regentes do coro para dirigir os hinos de louvor e de ação
de graças a Deus havia começado muito tempo antes, nos dias de
Davi e Asafe. 47Por isso, agora, nos dias de Zorobabel e de Neemias,
todo o Israel trazia uma provisão diária de alimentos para os can-
tores, os guardas das portas e os levitas. Os levitas, por sua vez,
entregavam uma porção daquilo que recebiam aos sacerdotes, os
descendentes de Arão.

CAPÍTULO 13

As diversas reformas realizadas por Neemias

1Naquele mesmo dia, enquanto o Livro de Moisés era lido para
o povo, encontrou-se escrito nele que jamais se deveria permitir
que amonitas ou moabitas fizessem parte da comunidade de Deus,
2pois não tinham dado aos israelitas alimento e água no deserto.
Em vez disso, tinham contratado Balaão para amaldiçoá-los. Nosso
Deus, porém, transformou a maldição em bênção. 3Quando o povo
ouviu esse trecho da Lei, mandou embora todos os descendentes
de estrangeiros. 4Antes disso, o sacerdote Eliasibe havia sido no-
meado para supervisionar os depósitos no templo de nosso Deus.
Ele era parente de Tobias 5e tinha colocado à disposição dele uma
grande sala junto ao templo. Anteriormente, esse lugar era usado
para armazenar as ofertas de cereal, o incenso, diversos utensílios
do templo e os dízimos dos cereais, do vinho novo e do azeite
(prescritos para os levitas, os cantores e os guardas das portas), e
também as ofertas para os sacerdotes. 6Nesse tempo, eu não estava
em Jerusalém, pois tinha voltado a Artaxerxes, rei da Babilônia, no
trigésimo segundo ano de seu reinado. Mais tarde, porém, pedi sua
permissão para regressar. 7Quando cheguei a Jerusalém, soube
da maldade que Eliasibe havia feito ao providenciar para Tobias
uma sala nos pátios do templo de Deus. 8Fiquei extremamente
indignado e joguei todos os pertences de Tobias para fora da sala.
9Em seguida, ordenei que as salas fossem purificadas e trouxe
de volta os utensílios do templo de Deus, as ofertas de cereal e o

NO QUE ESTOU **PENSANDO** | O QUE ESTOU **SENTINDO** | DO QUE ESTOU **LEMBRANDO**

DESENHE OU ESCREVA

incenso. 10Descobri também que os levitas não haviam recebido
as porções de alimento que lhes eram devidas, de modo que eles
e os cantores responsáveis pelos cultos de adoração tinham todos
voltado a trabalhar em seus campos. 11De imediato, confrontei
as autoridades e lhes perguntei: "Por que o templo de Deus foi
abandonado?". Então chamei de volta todos os levitas e os coloquei
de novo em seus postos. 12Assim, mais uma vez, todo o povo de
Judá começou a trazer para os depósitos do templo os dízimos
dos cereais, do vinho novo e do azeite. 13Nomeei supervisores
para os depósitos: o sacerdote Selemias, o escriba Zadoque e o
levita Pedaías. Designei Hanã, filho de Zacur e neto de Matanias,
para ser seu ajudante. Eles eram homens de confiança e ficaram
encarregados de repartir as provisões entre seus colegas levitas.
14Lembra-te desta boa obra, ó meu Deus, e não te esqueças de tudo
que tenho feito com fidelidade pelo templo de meu Deus e pelo
culto ali prestado. 15Naqueles dias, vi homens de Judá trabalhando
nas prensas de uvas no sábado. Também ajuntavam cereais, que
colocavam sobre jumentos, e traziam vinho, uvas, figos e produtos
de toda espécie a Jerusalém para vendê-los no sábado. Então os
repreendi por venderem seus produtos nesse dia. 16Alguns homens
de Tiro que moravam em Jerusalém traziam peixes e mercadorias
de todo tipo. No sábado, vendiam para o povo de Judá, e isso em
Jerusalém! 17Assim, confrontei os nobres de Judá e lhes pergun-
tei: "Por que fazem tamanho mal profanando o sábado? 18Acaso
nossos antepassados não cometeram o mesmo erro, fazendo nosso
Deus trazer toda esta desgraça sobre nós e sobre nossa cidade?
Agora vocês trazem ainda mais ira contra Israel ao permitir que o
sábado seja profanado desse modo!". 19Em seguida, ordenei que
as portas de Jerusalém fossem fechadas no dia antes do sábado,
assim que começasse a escurecer, e só fossem abertas depois que
o sábado tivesse terminado. Enviei alguns de meus servos para
guardar as portas, a fim de que não entrasse nenhuma mercadoria
no sábado. 20Os comerciantes e vendedores de vários produtos
acamparam do lado de fora de Jerusalém uma ou duas vezes,
21mas falei duramente com eles: "O que fazem aqui, acampados
ao redor do muro? Se fizerem isso de novo, mandarei prendê-los!".
E essa foi a última vez que vieram no sábado. 22Então ordenei que
os levitas se purificassem e guardassem as portas, para manter o

Ne

sábado como um dia sagrado. Lembra-te também desta boa obra,
ó meu Deus! Tem compaixão de mim de acordo com teu grande
amor leal! 23Nessa mesma época, vi que alguns homens de Judá
haviam se casado com mulheres de Asdode, de Amom e de Moabe.
24Além disso, a metade de seus filhos falava a língua de Asdode
ou de algum outro povo, mas não sabia falar a língua de Judá.
25Por isso, confrontei esses homens e invoquei maldições sobre
eles. Bati em alguns deles e arranquei seus cabelos. Também os
fiz jurar em nome de Deus que não permitiriam que suas filhas
se casassem com os filhos dos povos da terra, nem que as filhas
deles se casassem com seus filhos ou com eles mesmos. 26"Não foi
exatamente isso que levou Salomão, rei de Israel, a pecar?", pergun-
tei-lhes. "Não havia nenhum rei igual a ele entre as nações, e Deus
o amou e o fez rei sobre todo o Israel. Até mesmo ele, porém, foi
levado a pecar por suas esposas estrangeiras. 27Como puderam ao
menos pensar em cometer essa grande maldade e ser infiéis a Deus
casando com mulheres estrangeiras?" 28Um dos filhos de Joiada,
filho do sumo sacerdote Eliasibe, havia se casado com uma filha
de Sambalate, o horonita, por isso o expulsei de minha presença.
29Lembra-te deles, ó meu Deus, pois profanaram o sacerdócio e a
aliança dos sacerdotes e dos levitas. 30Assim, eliminei tudo que
era estrangeiro e designei tarefas específicas para os sacerdotes
e os levitas. 31Também me certifiquei de que a provisão de lenha
para o altar e os primeiros frutos da colheita fossem trazidos nas
datas estabelecidas. Lembra-te disso em meu favor, ó meu Deus.

Ne 13.22

Ne

ESTER

CAPÍTULO 1

O banquete do rei

1 Estes acontecimentos ocorreram nos dias do rei Xerxes, que rei-
nou sobre 127 províncias, desde a Índia até a Etiópia. 2 Do trono
real na fortaleza de Susã, Xerxes governava seu império. 3 No
terceiro ano de reinado, ofereceu um banquete a todos os seus
nobres e oficiais. Convidou todos os oficiais militares da Pérsia e
da Média e os príncipes e nobres das províncias. 4 A festa durou
180 dias e foi uma demonstração formidável da grande riqueza
do império e da pompa e esplendor de sua majestade. 5 Terminada
a celebração, o rei ofereceu um banquete para todo o povo que
estava na fortaleza de Susã, desde os mais importantes até os mais
humildes. O banquete durou sete dias e foi realizado no pátio
do jardim do palácio real. 6 O pátio estava enfeitado com cortinas
brancas de algodão e com tapeçarias azuis, presas com cordas de
linho branco e fitas vermelhas a argolas de prata fixadas a colunas
de mármore. Havia sofás com armação de ouro e de prata sobre
um piso de mosaico de pórfiro, mármore, madrepérola e outras
pedras preciosas. 7 As bebidas eram servidas em taças de ouro
de diversos modelos, e havia grande quantidade de vinho real,
para mostrar a generosidade do rei. 8 Por ordem do rei, podia-se
beber à vontade, pois ele havia instruído os oficiais de seu palácio
a servirem quanto vinho cada convidado quisesse. 9 Na mesma
ocasião, a rainha Vasti ofereceu um banquete para as mulheres
no palácio do rei Xerxes.

NO QUE ESTOU PENSANDO ○ | O QUE ESTOU SENTINDO ○ | DO QUE ESTOU LEMBRANDO ○

DESENHE OU ESCREVA

A rainha Vasti é deposta

10 No sétimo dia da festa, quando o rei Xerxes estava muito alegre
por causa do vinho, ordenou aos sete eunucos que o serviam –
Meumã, Bizta, Harbona, Bigtá, Abagta, Zetar e Carcas – 11 que lhe
trouxessem a rainha Vasti, usando a coroa real. Ele queria que os
nobres e os demais convidados contemplassem sua beleza, pois era
uma mulher muito bonita. 12 Mas, quando transmitiram a ordem do
rei à rainha Vasti, ela se recusou a ir. O rei ficou furioso e indigna-
do. 13 Então o rei consultou seus sábios, que entendiam das leis e
dos costumes dos persas, e aos quais ele sempre pedia conselhos.
14 Seus nomes eram Carsena, Setar, Admata, Társis, Meres, Marsena
e Memucã, sete nobres da Pérsia e da Média. Tinham acesso direto
ao rei e ocupavam os cargos mais altos do império. 15 "O que se
deve fazer com a rainha Vasti?", perguntou o rei. "De acordo com a
lei, qual é o castigo para uma rainha que se recusa a obedecer às
ordens do rei, transmitidas pelos eunucos?" 16 Memucã respondeu
ao rei e aos nobres: "A rainha Vasti ofendeu não somente o rei, mas
todos os nobres e cidadãos das províncias do império. 17 Mulheres
de toda parte começarão a desprezar o marido quando souberem
que a rainha Vasti se recusou a comparecer diante do rei. 18 Antes
de terminar este dia, as esposas dos nobres do rei em toda a Pérsia
e a Média saberão o que a rainha fez e começarão a tratar o marido
da mesma forma. Haverá grande desprezo e indignação sem fim.
19 "Portanto, se parecer bem ao rei, sugerimos que publique um
decreto real, uma lei dos medos e dos persas que não pode ser
revogada. Determinará que a rainha Vasti seja expulsa para sempre
da presença do rei Xerxes e que o rei escolha outra rainha mais
digna que ela. 20 Quando o decreto for publicado em todo o vasto
império do rei, maridos de toda parte, seja qual for a posição social,
serão respeitados pela esposa". 21 O conselho pareceu razoável ao
rei e a seus nobres, e ele aceitou a proposta de Memucã. 22 Enviou
cartas a todas as partes do império, a cada província, em sua própria
escrita e língua, proclamando que todo homem devia ser o chefe
de sua própria casa e ter sempre a última palavra.

CAPÍTULO 2

Ester se torna rainha

1 Passada a indignação de Xerxes, ele começou a pensar em Vasti,

naquilo que ela havia feito e no decreto que ele havia publicado.
2Então seus conselheiros sugeriram: "Permita que procuremos
em todo o império moças belas e virgens para o rei. 3E que o rei
nomeie agentes em cada província para que tragam essas lindas
moças ao harém na fortaleza em Susã. Hegai, eunuco do rei e en-
carregado do harém, providenciará que elas recebam tratamentos
de beleza. 4Depois disso, a moça que mais agradar o rei se tornará
rainha em lugar de Vasti". O rei gostou muito desse conselho e o
pôs em prática. 5Nesse tempo, havia na fortaleza de Susã um judeu
chamado Mardoqueu, filho de Jair. Era da tribo de Benjamim e des-
cendente de Quis e Simei. 6Sua família estava entre aqueles que,
com Joaquim, rei de Judá, tinham sido deportados de Jerusalém
para a Babilônia pelo rei Nabucodonosor. 7Mardoqueu tinha
uma prima jovem, muito bonita e atraente, chamada Hadassa,
também conhecida como Ester. Quando o pai e a mãe de Ester
morreram, Mardoqueu a criou como sua própria filha. 8Como
resultado do decreto do rei, Ester e muitas outras moças foram
trazidas ao palácio real, na fortaleza de Susã, e colocadas sob os
cuidados de Hegai, o encarregado do harém. 9Hegai ficou muito
impressionado com a beleza de Ester e a tratou com bondade. Sem
demora, providenciou que ela recebesse comida especial e trata-
mentos de beleza. Também lhe designou sete moças escolhidas
do palácio real e a transferiu, com as jovens, para o melhor lugar
do harém. 10Mardoqueu havia instruído Ester a não revelar a nin-
guém sua nacionalidade nem a origem de sua família. 11Todos os
dias, Mardoqueu caminhava perto do pátio do harém para saber
notícias de Ester e descobrir o que estava acontecendo. 12Antes de
ser levada aos aposentos reais, cada moça recebia os doze meses
prescritos de tratamentos de beleza: seis meses com óleo de mirra
e seis meses com perfumes e cosméticos. 13Quando chegava sua
vez de ir aos aposentos reais, podia escolher do harém as roupas
e as joias que quisesse. 14À tarde, era conduzida aos aposentos
reais e, na manhã seguinte, ia para outra parte do harém, onde
moravam as mulheres do rei. Ali, ficava sob os cuidados de Saasgaz,
eunuco do rei encarregado das concubinas. Ela não voltaria a se
encontrar com o rei a menos que ele tivesse gostado muito dela
e mandasse chamá-la pelo nome. 15Ester era filha de Abiail, tio
de Mardoqueu. (Mardoqueu havia adotado Ester, sua prima mais

NO QUE ESTOU **PENSANDO** ○ | O QUE ESTOU **SENTINDO** ○ | DO QUE ESTOU **LEMBRANDO** ○

DESENHE OU ESCREVA

nova, como filha.) Quando chegou a vez de Ester se apresentar
ao rei, ela aceitou o conselho de Hegai, eunuco encarregado do
harém. Não pediu nada além do que ele sugeriu e agradou a todos
que a viram. 16Ester foi levada ao rei Xerxes no palácio real no mês
de dezembro, no sétimo ano de seu reinado. 17O rei gostou mais
de Ester que de qualquer outra moça. Agradou-se tanto dela que
pôs a coroa real sobre sua cabeça e a declarou rainha em lugar de
Vasti. 18Para comemorar a ocasião, ofereceu a todos os seus nobres
e oficiais um grande banquete em homenagem a Ester. Declarou
aquele dia feriado em todas as províncias e distribuiu presentes
generosos para todos. 19Mesmo depois que todas as moças haviam
sido transferidas para a outra parte do harém e que Mardoqueu
tinha se tornado um dos oficiais do palácio, 20Ester continuou a
manter em segredo sua nacionalidade e a origem de sua família.
Ainda seguia as instruções de Mardoqueu como havia feito quando
vivia sob os seus cuidados.

A lealdade de Mardoqueu ao rei

21Certo dia, quando Mardoqueu estava de serviço junto à porta do
palácio real, dois eunucos do rei, Bigtana e Teres, guardas da porta
dos aposentos do rei, se indignaram com Xerxes e conspiraram para
matá-lo. 22Mardoqueu, porém, soube do plano e transmitiu a infor-
mação à rainha Ester, que contou ao rei em nome de Mardoqueu.
23Quando o caso foi investigado e descobriu-se que o relato de
Mardoqueu era verdadeiro, os dois homens foram enforcados. Tudo
isso está registrado no *Livro da História do Reinado do Rei Xerxes*.

CAPÍTULO 3

A conspiração de Hamã contra os judeus

1Algum tempo depois, o rei Xerxes promoveu Hamã, filho de
Hamedata, o agagita, e lhe deu posição de autoridade sobre todos
os nobres do império. 2Quando Hamã passava, todos os oficiais do
palácio real se curvavam diante dele para lhe demonstrar respeito,
pois o rei assim havia ordenado. Mardoqueu porém, não se curva-
va diante dele para lhe demonstrar respeito. 3Então os oficiais do
palácio real perguntaram a Mardoqueu: "Por que você desobe-
dece à ordem do rei?". 4Todos os dias lhe diziam isso, mas, ainda
assim, ele não dava ouvidos. Então contaram tudo a Hamã, para

ver se ele iria tolerar a conduta de Mardoqueu, pois Mardoqueu
lhes tinha dito que era judeu. 5Quando Hamã viu que Mardoqueu
não se curvava para lhe demonstrar respeito, ficou furioso. 6Foi
informado da nacionalidade de Mardoqueu e decidiu que não
bastava matar somente a ele. Em vez disso, procurou um modo
de destruir todos os judeus, o povo de Mardoqueu, do império de
Xerxes. 7Em abril, no décimo segundo ano do reinado de Xerxes,
foram lançadas sortes (chamadas purim) na presença de Hamã, a
fim de determinar o melhor dia e mês para executar o plano. A data
sorteada foi 7 de março, quase um ano depois. 8Então Hamã foi ao
rei Xerxes e disse: "Há certo povo espalhado por todas as províncias
de seu império que se mantém separado dos demais. Eles têm leis
diferentes das leis dos outros povos e não obedecem às leis do rei.
Portanto, não é do interesse do rei deixar que vivam. 9Se parecer
bem ao rei, publique um decreto para que eles sejam destruídos,
e eu darei 350 toneladas de prata aos administradores do governo
para serem depositadas nos tesouros do rei". 10O rei concordou e,
para confirmar sua decisão, tirou do dedo o anel com o selo real
e o entregou a Hamã, filho de Hamedata, o agagita, inimigo dos
judeus. 11O rei disse: "A prata e o povo são seus; faça com eles o que
lhe parecer melhor". 12Assim, no dia 17 de abril, os secretários do rei
foram convocados, e um decreto foi redigido exatamente da forma
como Hamã ditou. Em seguida, foi enviado aos mais altos oficiais
do rei, aos governadores das respectivas províncias e aos nobres
de cada província, em sua própria escrita e língua. O decreto foi
redigido em nome do rei Xerxes e selado com seu anel. 13As cartas
foram enviadas por mensageiros a todas as províncias do império,
com ordens para que todos os judeus – jovens e idosos, mulheres
e crianças – fossem destruídos, mortos e aniquilados num único
dia. A data marcada para que isso acontecesse era 7 de março do
ano seguinte. Os bens dos judeus seriam entregues a quem os
matasse. 14Uma cópia do decreto devia ser publicada como lei em
cada província e proclamada a todos os povos, a fim de que esti-
vessem preparados para cumprir seu dever na data marcada. 15Por
ordem do rei, o decreto foi rapidamente enviado por mensageiros
e também foi proclamado na fortaleza de Susã. Então o rei e Hamã
se sentaram para beber, enquanto a confusão se espalhava pela
cidade de Susã.

NO QUE ESTOU **PENSANDO** ○ | O QUE ESTOU **SENTINDO** ○ | DO QUE ESTOU **LEMBRANDO** ○

DESENHE OU ESCREVA

CAPÍTULO 4

Mardoqueu pede ajuda a Ester

1Quando Mardoqueu soube de tudo que havia acontecido, rasgou
suas roupas, vestiu-se de pano de saco, cobriu-se de cinzas e saiu
pela cidade, chorando alto e amargamente. 2Foi até a porta do
palácio, mas ninguém que estivesse usando roupas de luto tinha
permissão para entrar. 3Quando a notícia do decreto chegou a to-
das as províncias, houve grande pranto entre os judeus. Jejuaram,
choraram e lamentaram, e muitos se deitaram em pano de saco e
em cinzas. 4Quando as criadas de Ester e os eunucos vieram e lhe
contaram sobre Mardoqueu, ela ficou muito angustiada. Enviou-lhe
roupas para vestir em lugar do pano de saco, mas ele não aceitou.
5Então Ester mandou chamar Hataque, um dos eunucos do rei
que havia sido nomeado para servi-la. Ordenou que ele fosse até
Mardoqueu e descobrisse o que o perturbava e por que ele estava
de luto. 6Hataque foi até Mardoqueu na praça da cidade, em frente
à porta do palácio. 7Mardoqueu lhe contou tudo e lhe informou a
quantidade exata de prata que Hamã havia prometido pagar ao
tesouro real pela destruição dos judeus. 8Mardoqueu entregou a
Hataque uma cópia do decreto publicado em Susã que ordenava
o extermínio de todos os judeus. Pediu a Hataque que mostrasse o
decreto a Ester e lhe explicasse a situação. Também pediu a Hataque
que a orientasse a ir falar com o rei para implorar por misericórdia
e interceder em favor de seu povo. 9Hataque voltou a Ester com
o recado de Mardoqueu. 10Então Ester mandou Hataque dizer a
Mardoqueu: 11"Todos os oficiais do rei, e até mesmo o povo das
províncias, sabem que qualquer pessoa que se apresenta diante
do rei no pátio interno sem ter sido convidada está condenada a
morrer, a menos que o rei lhe estenda seu cetro de ouro. Além do
mais, há trinta dias o rei não me chama à sua presença". 12E o recado
de Ester foi transmitido a Mardoqueu. 13Mardoqueu enviou esta
resposta a Ester: "Não pense que por estar no palácio você escapará
quando todos os outros judeus forem mortos. 14Se ficar calada num
momento como este, alívio e livramento virão de outra parte para
os judeus, mas você e seus parentes morrerão. Quem sabe não foi
justamente para uma ocasião como esta que você chegou à posição
de rainha?". 15Então Ester enviou esta resposta a Mardoqueu: 16"Vá,
reúna todos os judeus de Susã e jejuem por mim. Não comam nem

bebam durante três dias e três noites. Minhas criadas e eu faremos
o mesmo. Depois, irei à presença do rei, mesmo que seja contra
a lei. Se eu tiver de morrer, morrerei". 17Mardoqueu foi e fez tudo
conforme as instruções de Ester.

CAPÍTULO 5

O pedido de Ester ao rei

1No terceiro dia do jejum, Ester vestiu seus trajes reais e entrou
no pátio interno do palácio, em frente do salão do rei. O rei estava
sentado no trono, voltado para a entrada. 2Quando viu a rainha
Ester ali no pátio interno, ele a recebeu de bom grado e lhe es-
tendeu o cetro de ouro. Ester se aproximou e tocou a ponta do
cetro. 3"O que você deseja, rainha Ester?", perguntou o rei. "Qual
é seu pedido? Eu atenderei, mesmo que peça metade do reino!"
4Ester respondeu: "Se lhe parecer bem, venha hoje com Hamã
a um banquete que preparei para o rei". 5O rei se voltou para
seus servos e disse: "Digam a Hamã que venha depressa para
um banquete, como Ester pediu". Então o rei e Hamã foram ao
banquete que Ester havia preparado. 6Enquanto bebiam vinho,
o rei disse a Ester: "Agora diga-me o que você deseja. Qual é seu
pedido? Eu atenderei, mesmo que peça metade do reino!". 7Ester
respondeu: "Este é meu pedido e meu desejo: 8Se conto com o
favor do rei e se lhe parecer bem atender a meu pedido, venha
amanhã com Hamã ao banquete que lhes prepararei. Então ex-
plicarei do que se trata".

O plano de Hamã para matar Mardoqueu

9Hamã saiu do banquete muito feliz e animado. Contudo, ficou
furioso quando viu que Mardoqueu, sentado à porta do palácio,
não se levantou nem demonstrou nervosismo em sua presença.
10Hamã, porém, se conteve e foi para casa. Então reuniu seus ami-
gos e sua esposa, Zeres, 11e gabou-se de sua grande riqueza e de
seus muitos filhos. Vangloriou-se das honras que o rei lhe havia
concedido e de como havia sido promovido acima de todos os
outros nobres e oficiais. 12Disse também: "Se isso não bastasse, a
rainha Ester convidou somente o rei e a mim para um banquete que
ela preparou! E ainda me convidou para outro banquete com ela
e com o rei amanhã!". 13Depois, acrescentou: "Nada disso, porém,

NO QUE ESTOU **PENSANDO** ○ | O QUE ESTOU **SENTINDO** ○ | DO QUE ESTOU **LEMBRANDO** ○

DESENHE OU ESCREVA

me satisfará enquanto eu vir o judeu Mardoqueu sentado à porta
do palácio". 14Então Zeres, esposa de Hamã, e todos os amigos dele
sugeriram: "Mande fazer uma forca de mais de vinte metros e, pela
manhã, peça ao rei que Mardoqueu seja enforcado nela. Depois
disso, você poderá ir alegremente ao banquete com o rei". A suges-
tão agradou Hamã, e ele mandou fazer a forca.

CAPÍTULO 6

O rei honra Mardoqueu

1Naquela noite, o rei não conseguia dormir; então mandou que
trouxessem o livro da história de seu reinado e o lessem para ele.
2Nesses registros ele descobriu que Mardoqueu havia denuncia-
do Bigtana e Teres, os dois eunucos que guardavam a porta dos
aposentos reais e que haviam conspirado para matar o rei Xerxes.
3"Que recompensa ou reconhecimento Mardoqueu recebeu por
isso?", quis saber o rei. Seus servos responderam: "Não se fez nada
por ele". 4"Quem está no pátio?", perguntou o rei. Hamã tinha
acabado de entrar no pátio externo do palácio para pedir ao rei
que Mardoqueu fosse executado na forca que ele havia preparado.
5Os servos responderam: "É Hamã que está no pátio". "Digam a ele
que entre", ordenou o rei. 6Hamã entrou, e o rei lhe perguntou: "O
que devo fazer para honrar um homem que muito me agrada?".
Hamã pensou: "A quem o rei desejaria honrar senão a mim?". 7Por
isso, respondeu: "Se o rei deseja honrar alguém, 8mande trazer
um dos mantos que o rei costuma usar, e um cavalo no qual o rei
costuma montar, e que tenha o emblema real na cabeça. 9Ordene
que o manto e o cavalo sejam entregues a um dos mais nobres
oficiais do rei e que ele ponha o manto sobre o homem que o rei
deseja honrar e o conduza pela praça da cidade sobre o cavalo
do rei. Mande que o oficial proclame em alta voz: 'Assim o rei faz
a quem ele deseja honrar!'". 10"Excelente!", disse o rei a Hamã.
"Vá depressa pegar meu manto e meu cavalo e faça ao judeu
Mardoqueu, que está sentado à porta do palácio, exatamente o
que você sugeriu. Não se esqueça de nenhum detalhe!" 11Então
Hamã pegou o manto e o cavalo do rei, vestiu Mardoqueu com o
manto e o conduziu sobre o cavalo pela praça da cidade, procla-
mando em alta voz: "Assim o rei faz a quem ele deseja honrar!".
12Depois disso, Mardoqueu voltou para a porta do palácio, mas

Hamã correu para casa, abatido e humilhado. 13Quando Hamã
contou a Zeres, sua esposa, e a todos os seus amigos o que havia
acontecido, seus conselheiros e sua esposa disseram: "Visto que
Mardoqueu, diante de quem você foi humilhado, é judeu de nas-
cimento, seus planos contra ele jamais serão bem-sucedidos. Você
ficará arruinado se continuar a se opor a ele". 14Enquanto ainda
falavam, os eunucos do rei chegaram e, sem demora, levaram
Hamã ao banquete que Ester havia preparado.

CAPÍTULO 7

O rei manda executar Hamã

1O rei e Hamã foram ao banquete da rainha Ester. 2Mais uma vez,
enquanto bebiam vinho, o rei perguntou a Ester: "Diga-me o que
deseja, rainha Ester. Qual é seu pedido? Eu atenderei, mesmo que
peça metade do reino!". 3A rainha Ester respondeu: "Se conto com
o favor do rei, e se lhe parecer bem atender meu pedido, poupe
minha vida e a vida de meu povo. 4Pois eu e meu povo fomos
vendidos para sermos destruídos, mortos e aniquilados. Se fosse
apenas o caso de termos sido vendidos como escravos, eu teria
permanecido calada, pois não teria cabimento perturbar o rei
com um assunto de tão pouca importância". 5"Quem faria uma
coisa dessas?", perguntou o rei Xerxes. "Onde está o homem que
teria a audácia de fazer isso?" 6Ester respondeu: "Nosso inimigo e
adversário é Hamã, este homem perverso". Hamã ficou apavorado
diante do rei e da rainha. 7Furioso, o rei se levantou e saiu para
o jardim do palácio. Hamã, porém, ficou ali, implorando por sua
vida à rainha Ester, pois sabia que o rei certamente o condenaria à
morte. 8Em desespero, atirou-se sobre o sofá onde a rainha Ester
estava reclinada e, nesse exato momento, o rei voltou do jardim
do palácio. O rei exclamou: "Ele se atreve até a violentar a rainha
aqui no palácio, diante de meus próprios olhos?". E, assim que o
rei falou, seus servos cobriram o rosto de Hamã. 9Harbona, um
dos eunucos do rei, disse: "Hamã construiu uma forca de mais de
vinte metros no pátio da casa dele. Pretendia usá-la para enforcar
Mardoqueu, o homem que salvou o rei de ser assassinado". "Usem-
na para enforcar Hamã!", ordenou o rei. 10Assim, executaram Hamã
na forca que ele havia construído para Mardoqueu; e a ira do rei
se acalmou.

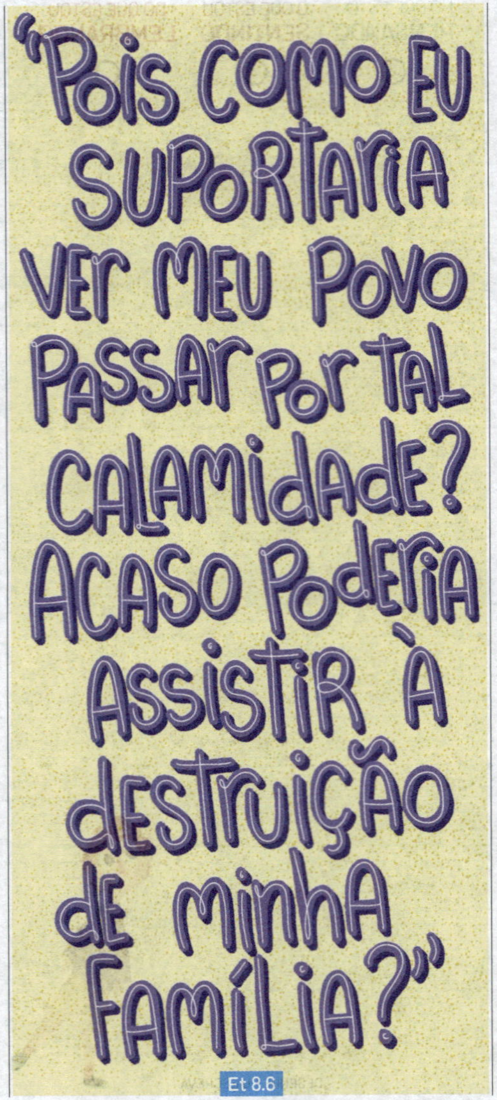

CAPÍTULO 8

Um decreto em favor dos judeus

1Naquele mesmo dia, o rei Xerxes entregou à rainha Ester os bens
de Hamã, inimigo dos judeus. Então Mardoqueu foi trazido à
presença do rei, pois Ester havia contado ao rei que ele era seu
parente. 2O rei tirou do dedo o anel com o selo real, que ele havia
tomado de volta de Hamã, e o entregou a Mardoqueu. Assim, Ester
o nomeou administrador dos bens de Hamã. 3Então Ester voltou
a apresentar-se ao rei e, caindo a seus pés, suplicou com lágrimas
que ele cancelasse o plano perverso de Hamã, o agagita, contra os
judeus. 4Mais uma vez, o rei estendeu o cetro de ouro para Ester.
Ela se levantou e ficou em pé diante dele. 5Disse ela: "Se parecer
bem ao rei, se conto com seu favor, se o rei considerar correto e
se o tenho agradado, que seja publicado um decreto anulando
as ordens de Hamã, filho de Hamedata, o agagita, para aniquilar
os judeus em todas as províncias do rei. 6Pois como eu suportaria
ver meu povo passar por tal calamidade? Acaso poderia assistir à
destruição de minha família?". 7O rei Xerxes disse à rainha Ester e
ao judeu Mardoqueu: "Entreguei a Ester os bens de Hamã, e ele
foi enforcado porque tentou destruir os judeus. 8Agora, enviem aos
judeus um decreto em nome do rei, dizendo o que vocês acharem
melhor, e selem-no com o anel do rei. Lembrem-se, porém, de que
o que já foi escrito em nome do rei e selado com seu anel não pode
ser revogado". 9Assim, no dia 25 de junho, os secretários do rei
foram convocados, e um decreto foi redigido exatamente da forma
como Mardoqueu ditou. O decreto foi enviado aos judeus, aos mais
altos oficiais do rei, aos governadores e aos nobres de todas as 127
províncias, desde a Índia até a Etiópia. As ordens foram redigidas
na escrita e na língua de cada povo do império, incluindo as dos
judeus. 10Mardoqueu escreveu o decreto em nome do rei Xerxes e o
selou com o anel do rei. Enviou as cartas por mensageiros montados
em cavalos velozes criados nas estrebarias do rei. 11O decreto do
rei concedia aos judeus de todas as cidades autoridade para se
reunirem e defenderem a própria vida. Permitia que destruíssem,
matassem e aniquilassem qualquer exército, de qualquer nacio-
nalidade ou província, que os atacasse ou a seus filhos e esposas.
Também permitia que tomassem os bens de seus inimigos. 12A
data marcada para que isso acontecesse em todas as províncias do

Et

rei Xerxes era 7 de março do ano seguinte. 13 Uma cópia do decreto
devia ser publicada como lei em cada província e proclamada a
todos os povos, a fim de que os judeus estivessem preparados para
se vingar de seus inimigos na data marcada. 14 Por ordem do rei, os
mensageiros saíram a toda pressa, montados em cavalos velozes
criados nas estrebarias do rei. O decreto também foi proclamado
na fortaleza de Susã. 15 Mardoqueu saiu da presença do rei vestido
com trajes reais em azul e branco, uma grande coroa de ouro e
um manto de linho fino e tecido vermelho; e o povo de Susã co-
memorou alegremente o novo decreto. 16 Os judeus se encheram
de felicidade e alegria e foram honrados em toda parte. 17 Em cada
província e cidade, em cada lugar aonde o decreto do rei chegava,
os judeus se alegravam muito e comemoravam com grandes ban-
quetes, festas e feriados. Muitos que pertenciam a outros povos
do império se tornaram judeus, porque temiam o que os judeus
pudessem fazer com eles.

CAPÍTULO 9

A vitória dos judeus

1 Assim, no dia 7 de março, os dois decretos do rei entraram em
vigor. Nesse dia, os inimigos dos judeus esperavam dominá-los,
mas aconteceu o contrário; os judeus dominaram seus inimigos.
2 Reuniram-se em suas cidades em todas as províncias do rei Xerxes
para atacar qualquer um que procurasse lhes fazer mal. Ninguém
conseguiu resistir-lhes, pois todos tinham muito medo deles. 3 E to-
dos os nobres das províncias, os mais altos oficiais, os governadores
e os oficiais do rei ajudaram os judeus, pois temiam Mardoqueu.
4 Ele havia sido promovido no palácio do rei e, à medida que se
tornava mais poderoso, sua fama se espalhava por todas as provín-
cias. 5 Portanto, na data marcada, os judeus feriram seus inimigos
à espada. Mataram e aniquilaram seus inimigos e fizeram o que
queriam com aqueles que os odiavam. 6 Só na fortaleza de Susã, os
judeus atacaram e mataram quinhentos homens. 7 Também mata-
ram Parsandata, Dalfom, Aspata, 8 Porata, Adalia, Aridata, 9 Parmasta,
Arisai, Aridai e Vaizata, 10 os dez filhos de Hamã, filho de Hamedata,
inimigo dos judeus. No entanto, não tomaram nenhum despojo.
11 Naquele mesmo dia, quando o rei foi informado do número de
pessoas mortas na fortaleza de Susã, 12 mandou chamar a rainha

NO QUE ESTOU **PENSANDO** ○ | O QUE ESTOU **SENTINDO** ○ | DO QUE ESTOU **LEMBRANDO** ○

DESENHE OU ESCREVA

Ester e disse: "Só na fortaleza de Susã, os judeus mataram qui-
nhentos homens, além dos filhos de Hamã. Se fizeram isso aqui,
o que terão feito nas províncias? E agora, o que mais deseja? Seu
pedido será atendido; diga-me e será feito". 13 Ester respondeu:
"Se parecer bem ao rei, dê permissão aos judeus de Susã para que
façam novamente amanhã o mesmo que fizeram hoje; e que os
corpos dos dez filhos de Hamã sejam pendurados na forca". 14 O rei
concordou e publicou o decreto em Susã, e os corpos dos dez filhos
de Hamã foram pendurados na forca. 15 Então, no dia 8 de março,
os judeus de Susã se reuniram e mataram trezentos homens. Mais
uma vez, porém, não tomaram nenhum despojo. 16 Enquanto isso,
os outros judeus em todas as províncias do rei haviam se reunido
para defender a própria vida. Livraram-se de seus inimigos ao ma-
tar 75 mil dos que odiavam os judeus. No entanto, não tomaram
nenhum despojo. 17 Isso foi feito em todas as províncias no dia 7 de
março, e no dia 8 descansaram e comemoraram sua vitória com um
dia de festa e alegria. 18 (Os judeus de Susã mataram seus inimigos
nos dias 7 e 8 de março e descansaram no dia 9, fazendo dele um
dia de festa e alegria.) 19 Por isso, os judeus que vivem em povoados
nas regiões rurais celebram a festa anual nesse dia determinado,
data em que se alegram, festejam e presenteiam uns aos outros
com alimentos.

A Festa de Purim

20 Mardoqueu registrou esses acontecimentos e enviou cartas aos
judeus em todas as províncias do rei Xerxes, tanto aos de perto
como aos de longe, 21 instruindo-os a celebrar uma festa anual nes-
ses dois dias. 22 Ordenou que celebrassem com festas e alegria,
presenteando uns aos outros com alimentos e distribuindo presen-
tes aos pobres. Assim, recordariam a ocasião em que os judeus se
livraram de seus inimigos e em que sua tristeza foi transformada
em alegria, e seu lamento, em dia de festa. 23 Os judeus aceita-
ram a orientação de Mardoqueu e adotaram esse costume anual.
24 Hamã, filho de Hamedata, o agagita, inimigo dos judeus, havia
tramado destruí-los numa data determinada pelo lançamento de
sortes (chamadas purim). 25 Mas, quando Ester foi à presença do
rei, ele publicou um decreto que fez o plano perverso de Hamã se
voltar contra ele, e Hamã e seus filhos foram pendurados numa

força. 26Por isso, essa comemoração se chama Purim, palavra que
se usava antigamente para "lançar sortes". Assim, por causa da carta
de Mardoqueu e daquilo que lhes havia acontecido, 27os judeus
em todo o reino concordaram em dar início a essa tradição e trans-
miti-la a seus descendentes e a todos que se tornassem judeus.
Declararam que não deixariam de celebrar anualmente esses
dois dias na data determinada. 28Esses dias seriam lembrados e
comemorados de geração em geração, por todas as famílias, em
todas as províncias e cidades do império. A Festa de Purim jamais
deixaria de ser celebrada pelos judeus, nem a lembrança do que
havia acontecido se apagaria entre seus descendentes. 29Então a
rainha Ester, filha de Abiail, e o judeu Mardoqueu escreveram outra
carta com toda a autoridade para confirmar a carta de Mardoqueu e
estabelecer a Festa de Purim. 30Enviaram cartas a todos os judeus
das 127 províncias do império de Xerxes, desejando-lhes paz e
segurança. 31Essas cartas estabeleciam a Festa de Purim, uma cele-
bração anual desses dias na data determinada, conforme decretado
tanto pelo judeu Mardoqueu como pela rainha Ester. O povo resol-
veu celebrar essa festa, assim como haviam estabelecido para si e
seus descendentes os tempos de jejum e de lamentação. 32Assim,
o decreto de Ester confirmou as orientações para a Festa de Purim,
e tudo foi escrito nos registros.

CAPÍTULO 10

A grandeza de Xerxes e de Mardoqueu

1O rei Xerxes impôs tributos a todo o seu império, incluindo as
distantes regiões do litoral. 2Suas grandes realizações e o relato
completo da grandeza de Mardoqueu, a quem o rei havia promo-
vido, estão registrados no *Livro da História dos Reis da Média e da
Pérsia*. 3O judeu Mardoqueu ocupou o cargo mais alto do reino,
abaixo apenas do próprio rei Xerxes. Era muito importante entre
os judeus, que o tinham em alta consideração, pois ele continuou
a trabalhar para o bem de seu povo e a buscar o bem-estar de todos
os seus descendentes.

Et 9.31

JÓ

CAPÍTULO 1

Prólogo

1Havia um homem chamado Jó que vivia na terra de Uz. Ele era
íntegro e correto, temia a Deus e se mantinha afastado do mal.
2Tinha sete filhos e três filhas. 3Era dono de sete mil ovelhas, três
mil camelos, quinhentas juntas de bois e quinhentas jumentas.
Também tinha muitos servos. Na verdade, era o homem mais rico
de toda aquela região. 4Os filhos de Jó se revezavam em prepa-
rar banquetes em suas casas e convidavam suas três irmãs para
celebrar com eles. 5Quando terminavam esses dias de festas, Jó
mandava chamar seus filhos, a fim de purificá-los. Levantava-se de
manhã bem cedo e oferecia um holocausto em favor de cada um
deles, pois pensava: "Pode ser que meus filhos tenham pecado e
amaldiçoado a Deus em seu coração". Essa era a prática habitual
de Jó.

A primeira provação de Jó

6Certo dia, os anjos vieram à presença do SENHOR, e Satanás,
o acusador, veio com eles. 7"De onde você vem?", perguntou o
SENHOR. Satanás respondeu: "Estive rodeando a terra, observando
o que nela acontece". 8Então o SENHOR perguntou: "Você reparou
em meu servo Jó? Não há ninguém na terra como ele. É homem
íntegro e correto, teme a Deus e se mantém afastado do mal".
9Satanás respondeu: "É verdade, mas Jó tem bons motivos para
temer a Deus. 10Tu puseste um muro de proteção ao redor dele,

NO QUE ESTOU **PENSANDO** ○ | O QUE ESTOU **SENTINDO** ○ | DO QUE ESTOU **LEMBRANDO** ○

DESENHE OU ESCREVA

de sua família e de seus bens e o abençoaste em tudo que ele
faz. Vê como ele é rico! 11Estende tua mão e toma tudo que ele
tem, e certamente ele te amaldiçoará na tua face!". 12"Pois bem,
você pode prová-lo", disse o SENHOR. "Faça o que quiser com tudo
que ele possui, mas não lhe cause nenhum dano físico." Então
Satanás saiu da presença do SENHOR. 13Certo dia, quando os filhos
e as filhas de Jó estavam num banquete na casa do irmão mais
velho, 14chegou à casa de Jó um mensageiro com esta notícia:
"Seus bois estavam arando, e os jumentos, pastando perto deles,
15quando os sabeus nos atacaram. Roubaram todos os animais e
mataram todos os empregados. Só eu escapei para lhe contar".
16Enquanto ele falava, outro mensageiro chegou com esta notí-
cia: "O fogo de Deus caiu do céu e queimou suas ovelhas e todos
os seus pastores. Só eu escapei para lhe contar". 17Enquanto ele
falava, outro mensageiro chegou com esta notícia: "Três bandos
de saqueadores caldeus roubaram seus camelos e mataram seus
servos. Só eu escapei para lhe contar". 18Enquanto ele falava, ainda
outro mensageiro chegou com esta notícia: "Seus filhos e suas
filhas estavam num banquete na casa do irmão mais velho. 19De
repente, veio do deserto um vendaval terrível e atingiu a casa de
todos os lados. A casa desabou, e todos os seus filhos morreram.
Só eu escapei para lhe contar". 20Então Jó se levantou e rasgou seu
manto. Depois, raspou a cabeça, prostrou-se com o rosto no chão
em adoração 21e disse: "Saí nu do ventre de minha mãe, e estarei
nu quando partir. O SENHOR me deu o que eu tinha, e o SENHOR o
tomou. Louvado seja o nome do SENHOR!". 22Em tudo isso, Jó não
pecou nem culpou a Deus.

CAPÍTULO 2

A segunda provação de Jó

1Certo dia, os anjos vieram outra vez à presença do SENHOR, e
Satanás, o acusador, veio com eles. 2"De onde você vem?", per-
guntou o SENHOR. Satanás respondeu: "Estive rodeando a terra, ob-
servando o que nela acontece". 3Então o SENHOR perguntou: "Você
reparou em meu servo Jó? Não há ninguém na terra como ele. É
homem íntegro e correto, teme a Deus e se mantém afastado do
mal. E não perdeu sua integridade, apesar de você me ter instigado
a prejudicá-lo sem motivo". 4Satanás respondeu: "Pele por pele!

Um homem dará tudo que tem para salvar a própria vida. 5Estende
tua mão e tira a saúde dele, e certamente ele te amaldiçoará na
tua face!". 6"Pois bem", disse o SENHOR. "Faça o que quiser com
ele, mas poupe-lhe a vida." 7Então Satanás saiu da presença do
SENHOR e causou em Jó feridas terríveis, da sola dos pés ao alto da
cabeça. 8Jó, sentado em meio a cinzas, raspava a pele com um caco
de cerâmica. 9Sua esposa lhe disse: "Você ainda tenta manter sua
integridade? Amaldiçoe a Deus e morra!". 10Jó respondeu: "Você
fala como uma mulher insensata. Aceitaremos da mão de Deus
apenas as coisas boas e nunca o mal?". Em tudo isso, Jó não pecou
com seus lábios.

Os três amigos de Jó compartilham de sua angústia

11Quando três amigos de Jó souberam das tragédias que o haviam
atingido, cada um saiu de onde vivia e os três foram juntos consolá-
-lo e animá-lo. Seus nomes eram Elifaz, de Temã, Bildade, de Suá, e
Zofar, de Naamá. 12Quando viram Jó de longe, mal o reconheceram.
Choraram alto, rasgaram seus mantos e jogaram terra ao ar, sobre
a cabeça. 13Depois, sentaram-se no chão com ele durante sete dias
e sete noites. Não disseram nada, pois viram que o sofrimento de
Jó era grande demais.

CAPÍTULO 3

O primeiro discurso de Jó

1Por fim, Jó falou e amaldiçoou o dia de seu nascimento. 2Disse
ele: 3"Apagado seja o dia em que nasci e a noite em que fui con-
cebido. 4Transforme-se esse dia em escuridão; Deus, lá do alto,
o ignore, e luz nenhuma brilhe sobre ele. 5Domine esse dia a
escuridão absoluta; uma nuvem negra o cubra, e densa escuridão
o encha de terror. 6Apodere-se dessa noite a escuridão; nunca mais
seja contada entre os dias do ano, nunca mais seja incluída entre os
meses. 7Sim, estéril seja essa noite, desprovida de toda a alegria.
8Amaldiçoem esse dia os que vivem a amaldiçoar, aqueles que
podem despertar o Leviatã. 9Escureçam-se suas estrelas matutinas;
espere o dia pela luz, mas em vão, e jamais veja a luz do amanhe-
cer. 10Amaldiçoado seja esse dia por não fechar o ventre de minha
mãe, por permitir que eu nascesse, para presenciar todo este sofri-
mento. 11"Por que eu não nasci morto? Por que não morri ao sair

NO QUE ESTOU PENSANDO ○ | O QUE ESTOU SENTINDO ○ | DO QUE ESTOU LEMBRANDO ○

DESENHE OU ESCREVA

do ventre? 12Por que me deitaram no colo de minha mãe? Por que
ela me amamentou no seio? 13Se eu tivesse morrido ao nascer,
agora estaria em paz; sim, dormiria e repousaria. 14Descansaria
com os reis da terra e seus conselheiros, cujos edifícios agora estão
em ruínas. 15Descansaria com os príncipes, ricos em ouro, cujos
palácios eram cheios de prata. 16Por que não me sepultaram como
uma criança que nasceu morta, como um bebê que nunca viu a
luz? 17Pois na morte os perversos já não causam problemas, e os
cansados repousam. 18Até mesmo os cativos encontram sossego
nela, onde não há capatazes para ameaçá-los. 19Os ricos e os po-
bres estão ali, e o escravo se vê livre de seu senhor. 20"Por que
conceder luz aos miseráveis e vida aos amargurados? 21Anseiam
pela morte, e ela não vem; cavam à procura dela mais que de
tesouros ocultos. 22Enchem-se de alegria quando enfim morrem
e exultam quando chegam ao túmulo. 23Por que conceder luz aos
que não têm futuro, aos que Deus cercou de todos os lados? 24De
tanto gemer, não consigo comer; meus gritos de dor se derramam
como água. 25O que sempre temi veio sobre mim, o que tanto
receava me aconteceu. 26Não tenho paz, nem sossego; não tenho
descanso, só aflição".

CAPÍTULO 4

A primeira resposta de Elifaz a Jó

1Então Elifaz, de Temã, respondeu a Jó: 2"Você terá paciência e me
permitirá dizer algo? Afinal, quem poderia permanecer calado?
3Você já deu ânimo a muita gente e deu força aos fracos. 4Suas
palavras sustentaram os que tropeçavam, e você deu apoio aos
vacilantes. 5Mas agora, quando vem a aflição, você desanima;
quando é atingido por ela, entra em pânico. 6Seu temor a Deus
não lhe dá confiança? Sua vida íntegra não lhe traz esperança?
7"Pense bem! Acaso os inocentes morrem? Quando os justos foram
destruídos? 8Pelo que tenho observado, os que cultivam a maldade
e semeiam a opressão, isso também é o que colhem. 9Um sopro
de Deus os destrói; desaparecem com uma rajada de sua ira. 10O
leão ruge e seu filhote rosna, mas os dentes dos leões jovens são
quebrados. 11O leão feroz morre de fome porque não há presa, e os
filhotes da leoa se dispersam. 12"Esta verdade me foi revelada em
segredo, como que sussurrada em meu ouvido. 13Ela veio à noite,

numa visão perturbadora, quando todos estão em sono profundo.
14O medo e o terror se apoderaram de mim e fizeram estremecer
meus ossos. 15Um espírito passou diante de meu rosto, e os pelos
de meu corpo se arrepiaram. 16O espírito parou, mas não pude
ver sua forma; um vulto estava diante de meus olhos. No silêncio,
ouvi uma voz dizer: 17'Pode algum mortal ser inocente perante
Deus? Pode o homem ser puro diante do Criador?'. 18"Se Deus não
confia nos próprios anjos e acusa seus mensageiros de insensatez,
19quanto menos confiará em pessoas feitas de barro! Vêm do pó e
são facilmente destruídas, como traças. 20Estão vivas pela manhã e
mortas ao entardecer; desaparecem para sempre, sem deixar ves-
tígio. 21As cordas de sua tenda são arrancadas e a tenda desaba, e
na ignorância morrem."

CAPÍTULO 5

Continuação da resposta de Elifaz

1"Grite por socorro, mas alguém responderá? Qual dos anjos o
ajudará? 2Por certo, o ressentimento destrói o insensato, e a inve-
ja mata o tolo. 3Observei que os insensatos têm sucesso por um
tempo, mas desgraça repentina vem sobre eles. 4Seus filhos per-
dem toda e qualquer segurança; são oprimidos no tribunal, e não
há quem os defenda. 5Os famintos devoram sua colheita, mesmo
quando protegida por espinheiros, e os sedentos anseiam por sua
riqueza. 6Embora o mal não surja do solo, nem as dificuldades
brotem da terra, 7o ser humano nasce para enfrentar aflições, tão
certo como as faíscas do fogo voam para o alto. 8"Se eu fosse você,
buscaria a Deus e lhe apresentaria minha causa. 9Ele faz grandes
coisas, maravilhosas demais para entender, e realiza milagres
incontáveis. 10Dá chuva à terra e água aos campos. 11Exalta os hu-
mildes e protege os que sofrem. 12Frustra os planos dos maliciosos,
para que as obras de suas mãos fracassem. 13Apanha os sábios em
sua própria astúcia e frustra as intrigas dos ardilosos. 14Ficam na
escuridão em pleno dia e tateiam ao meio-dia como se fosse noite.
15Ele salva os pobres das ofensas dos fortes e os livra das garras
dos poderosos. 16Por fim, os desamparados têm esperança, e a
boca dos perversos é fechada. 17"Mas como são felizes os que Deus
corrige! Não despreze, portanto, a disciplina do Todo-poderoso.
18Pois ele fere, mas enfaixa a ferida; bate, mas suas mãos curam.

Ele faz grandes coisas, maravilhosas demais para entender, e realiza milagres incontáveis.

Faça sua lista de milagres!

Jó 5.9

19Ele o livrará de seis desgraças, e até mesmo na sétima o guardará
do mal. 20Ele o livrará da morte no tempo de fome e do poder da
espada no tempo de guerra. 21Você estará protegido das calúnias
e não terá medo quando vier a destruição. 22Rirá da destruição e
da fome, e animais selvagens não o assustarão. 23Fará um pacto
com as pedras do campo, e os animais selvagens estarão em paz
com você. 24Saberá que seu lar está seguro; ao contar seus bens, de
nada achará falta. 25Terá muitos filhos, tantos descendentes como
o capim no pasto. 26Em boa velhice irá para a sepultura, como um
feixe de cereal colhido no tempo certo. 27"Observamos a vida e
vimos que tudo isso é verdade; ouça meu conselho e aplique-o
à sua vida".

CAPÍTULO 6

O segundo discurso de Jó: resposta a Elifaz

1Então Jó falou novamente: 2"Se fosse possível pesar minha aflição
e pôr numa balança meu sofrimento, 3pesariam mais que toda
a areia do mar; por isso falei de modo impulsivo. 4Pois o Todo-
poderoso me derrubou com suas flechas, e minha alma bebe o
veneno delas; os terrores de Deus se alinham contra mim. 5Os
jumentos selvagens não zurram ao não encontrar capim? Os
bois não mugem quando não têm alimento? 6As pessoas não se
queixam quando falta sal na comida? Alguém gosta da clara de
ovo, que não tem sabor? 7Perco o apetite só de olhar para ela;
tenho enjoo só de pensar em comê-la! 8"Quem dera meu pedido
fosse atendido, e Deus concedesse meu desejo. 9Quem dera ele
me esmagasse, estendesse a mão e acabasse comigo. 10Ao menos
tenho este consolo e alegria: apesar da dor, não neguei as pala-
vras do Santo. 11Contudo, faltam-me forças para prosseguir; não
vejo motivo para viver. 12Acaso tenho a força de uma pedra? Meu
corpo é feito de bronze? 13Não! Estou completamente desampa-
rado, sem chance alguma de sucesso. 14"É preciso ter compaixão
de um amigo abatido, mas vocês me acusam sem nenhum temor
do Todo-poderoso. 15Meus irmãos, vocês se mostraram indignos de
confiança, como um riacho intermitente que transborda sobre as
margens, 16quando fica turvo por causa do gelo, e a neve sobre ele
se amontoa. 17Mas, chegado o tempo de seca, a água desaparece, e
o riacho some no calor. 18As caravanas saem de suas rotas, mas não

há o que beber, e morrem ali. 19As caravanas de Temá procuram
essa água, e os viajantes de Sabá esperam encontrá-la. 20Contam
com ela, mas se decepcionam; quando chegam, suas esperanças
são frustradas. 21Da mesma forma, vocês não me ajudaram; viram
minha desgraça e ficaram com medo. 22Mas, por quê? Alguma vez
lhes pedi presentes? Supliquei que me dessem algo seu? 23Pedi
que me livrassem de meus inimigos ou que me resgatassem de
meus opressores? 24Ensinem-me, e eu me calarei; mostrem-me
onde errei. 25Palavras honestas são dolorosas, mas de que servem
suas críticas? 26Consideram suas palavras convincentes, enquanto
ignoram meu clamor de desespero? 27Seriam capazes de apostar
um órfão num jogo de azar; sim, venderiam até mesmo um amigo.
28Olhem para mim! Acaso eu mentiria para vocês? 29Não pressu-
ponham que sou culpado, pois nada fiz de errado. 30Pensam que
sou mentiroso? Acaso não sei mais distinguir entre bem e mal?"

CAPÍTULO 7

1"Acaso a vida na terra não é uma luta? Nossos dias são como os
de um trabalhador braçal, 2como o servo que anseia pela sombra,
como o empregado à espera do pagamento. 3Recebi de herança
meses de puro vazio, fui condenado a passar noites longas em
aflição. 4Deitado na cama, penso: 'Quando chegará a manhã?',
mas a noite se arrasta e reviro-me até o amanhecer. 5Meu corpo
está coberto de vermes e crostas de feridas; minha pele se racha
e vaza pus."

Jó clama a Deus

6"Meus dias correm mais depressa que a lançadeira de um tecelão
e terminam sem esperança. 7Lembra-te, ó Deus, de que minha
vida é apenas um sopro; nunca mais voltarei a ver a felicidade. 8Tu
me vês agora, mas em breve não me verás; procurarás por mim,
mas já não existirei. 9Como uma nuvem que se dissipa e some, os
que descem à sepultura não voltam mais. 10Deixam seu lar para
sempre, e ninguém se lembrará deles novamente. 11"Não posso me
calar, tenho de expressar minha angústia; minha alma amargurada
precisa se queixar. 12Acaso sou eu o mar revolto ou algum monstro
marinho, para que me ponhas sob vigilância? 13Penso: 'Na cama
encontrarei descanso, e o leito me aliviará o sofrimento', 14mas tu

NO QUE ESTOU PENSANDO ○ O QUE ESTOU SENTINDO ○ DO QUE ESTOU LEMBRANDO ○

DESENHE OU ESCREVA

me assustas com sonhos e me aterrorizas com visões. 15Preferiria
ser estrangulado; melhor morrer que sofrer assim. 16Odeio minha
vida e não quero continuar a viver; deixa-me em paz, pois meus
dias passam como um sopro. 17"O que é o ser humano, para que
lhe dês tanta importância e penses nele com tanta atenção? 18Pois
o examinas todas as manhãs e o pões à prova a cada instante. 19Por
que não me deixas em paz? Dá-me tempo pelo menos para engolir
a saliva! 20Se eu pequei, o que te fiz, ó Vigia de toda a humanidade?
Por que fizeste de mim o teu alvo? Acaso sou um fardo para ti?
21Por que não perdoas meu pecado e removes minha culpa? Pois
em breve me deitarei no pó e morrerei; quando procurares por
mim, já não existirei".

CAPÍTULO 8

A primeira resposta de Bildade a Jó

1Então Bildade, de Suá, respondeu a Jó: 2"Até quando continuará
a falar assim? Suas palavras parecem um vendaval! 3Acaso Deus
perverte o que é justo? O Todo-poderoso distorce o que é certo?
4Certamente seus filhos pecaram contra ele e, por isso, recebe-
ram o castigo devido. 5Mas, se você buscar a Deus e clamar ao
Todo-poderoso, 6e, se for puro e íntegro, ele sem demora agirá em
seu favor e devolverá o que por direito lhe pertence. 7E, embora
tenha começado com pouco, no final você terá muito. 8"Pergunte às
gerações anteriores, atente à experiência dos antepassados. 9Pois
nós nascemos ontem e nada sabemos; nossos dias na terra passam
como uma sombra. 10Mas os que vieram antes de nós o instruirão;
eles lhe ensinarão a sabedoria de outrora. 11"Pode o papiro crescer
fora do brejo? O junco se desenvolve sem água? 12Quando ainda
estão florescendo, antes de ser cortados, começam a secar mais
depressa que a grama. 13O mesmo acontece com todos que se
esquecem de Deus; as esperanças do ímpio se evaporam. 14A con-
fiança dele está por um fio; apoia-se numa teia de aranha. 15Busca
segurança no lar, mas ela não durará; tenta agarrá-la com força,
mas ela não permanecerá. 16O ímpio é como a planta verdejante
que cresce ao sol; seus ramos se espalham pelo jardim, 17suas ra-
ízes se aprofundam por entre um montão de pedras e num leito
de rochas se firmam. 18Mas, quando a planta é arrancada, é como
se nunca houvesse existido! 19Esse é o fim de sua vida, e do solo

brotam outras plantas que tomam seu lugar. 20"Mas uma coisa é
certa: Deus não rejeitará o íntegro, nem estenderá a mão ao per-
verso. 21Voltará a encher sua boca de riso, e seus lábios, de gritos
de alegria. 22Os que odeiam você serão cobertos de vergonha, e o
lar dos perversos será destruído".

CAPÍTULO 9

O terceiro discurso de Jó: resposta a Bildade

1Então Jó falou novamente: 2"Sim, eu sei que tudo isso é verdade
de modo geral, mas como alguém pode ser inocente aos olhos
de Deus? 3Se uma pessoa quisesse levar Deus ao tribunal, acaso
poderia lhe responder uma vez em mil? 4Pois Deus é muito sá-
bio e poderoso: quem alguma vez o enfrentou e saiu vencedor?
5"Ele move montanhas sem dar aviso, e, em sua ira, as põe abaixo.
6Sacode a terra de seu lugar e faz tremer seus alicerces. 7Se ele
ordena, o sol não nasce e as estrelas não brilham. 8Ele, sozinho,
estendeu os céus e marcha sobre as ondas do mar. 9Criou todas
as estrelas: a Ursa e o Órion, as Plêiades e as constelações do sul.
10Ele faz grandes coisas, maravilhosas demais para entender, e
realiza milagres incontáveis. 11"Quando se aproxima de mim,
não posso vê-lo; quando passa, não percebo sua presença. 12Se
ele toma à força, quem o fará devolver? Quem ousa perguntar:
'O que estás fazendo?'. 13E Deus não refreia sua ira; até os mons-
tros marinhos são esmagados sob os seus pés. 14"Quem sou eu,
então, para tentar responder a Deus, ou mesmo argumentar com
ele? 15Ainda que fosse inocente, seria incapaz de me defender;
poderia apenas implorar por misericórdia ao meu Juiz. 16E, mesmo
que eu o chamasse e ele me respondesse, não acredito que me
daria atenção. 17Pois ele me ataca com uma tempestade e, sem
motivo, me fere repetidas vezes. 18Não permite que eu recupere o
fôlego, mas enche minha vida de amargura. 19Se é uma questão
de força, ele é o forte; se é uma questão de justiça, quem ousa
levá-lo ao tribunal? 20Embora eu seja inocente, minha própria
boca me declararia culpado; embora eu seja íntegro, ela provaria
que sou perverso. 21"Sou íntegro, mas isso não faz diferença para
mim; desprezo minha vida. 22Íntegro ou perverso, é tudo a mesma
coisa; por isso digo: 'Ele destrói tanto o íntegro como o perver-
so'. 23Quando uma praga vem repentinamente, ele ri da morte

NO QUE ESTOU **PENSANDO** ○ | O QUE ESTOU **SENTINDO** ○ | DO QUE ESTOU **LEMBRANDO** ○

DESENHE OU ESCREVA

dos inocentes. 24A terra está nas mãos dos perversos, e ele cega
os olhos dos juízes; se não é Deus quem faz isso, então quem é?
25"Minha vida corre mais depressa que um atleta, foge sem jamais
ver a alegria. 26Desaparece como um barco veloz de papiro, como
a águia que se lança sobre a presa. 27Se eu decidisse esquecer
minhas queixas, deixar de lado a tristeza e exibir um rosto ale-
gre, 28ainda assim temeria todos os meus sofrimentos, pois sei,
ó Deus, que não me considerarás inocente. 29Não importa o que
aconteça, serei considerado culpado; então de que adianta con-
tinuar lutando? 30Mesmo que eu me lave com sabão e limpe as
mãos com soda, 31tu me lançarás num poço de lodo, e até minhas
roupas terão nojo de mim. 32"Deus não é ser humano, como eu;
não posso discutir com ele nem levá-lo ao tribunal. 33Se ao menos
houvesse um mediador entre nós, alguém que nos aproximasse
um do outro! 34Ele afastaria de mim o castigo de Deus, e eu já
não viveria aterrorizado. 35Então falaria com ele sem medo, mas,
sozinho, não consigo fazê-lo."

CAPÍTULO 10

Jó expressa seu pedido a Deus

1"Estou cansado de minha vida, vou me queixar abertamente;
minha alma amargurada precisa se expressar. 2Direi a Deus: 'Não
apenas me condenes; dize-me que acusações tens contra mim.
3Que vantagem tens em me oprimir? Por que me rejeitas, se sou
obra de tuas mãos, enquanto sorris para as tramas dos perversos?
4Acaso teus olhos são como os nossos? Vês as coisas como um
ser humano qualquer? 5Tua vida é tão breve como a nossa? Vives
tão pouco, como o homem, 6que precisas, sem demora, investigar
minha culpa e procurar meu pecado? 7Embora saibas que não
sou culpado, não há quem possa livrar-me de tuas mãos. 8"'Tu me
formaste com tuas mãos; tu me fizeste e, no entanto, me destróis
por completo. 9Lembra-te de que do barro me fizeste; acaso me
farás voltar tão depressa ao pó? 10Tu guiaste minha concepção e
me moldaste no ventre materno. 11Com carne e pele me vestiste
e me teceste os ossos com meus tendões. 12Tu me deste vida e
me mostraste teu amor, e com teu cuidado me preservaste. 13"'Teu
verdadeiro motivo, porém, tua real intenção, 14era me vigiar e, se eu
pecasse, não perdoar minha culpa. 15Se sou culpado, pior para mim;

e, mesmo que eu seja inocente, não posso manter a cabeça erguida,
pois estou cheio de vergonha e sofrimento. 16Se mantenho a cabeça
erguida, tu me caças como um leão e manifestas contra mim teu
imenso poder. 17Repetidas vezes depões contra mim; sobre mim
derramas tua ira crescente e me atacas com um exército após o
outro. 18"'Por que, então, me tiraste do ventre de minha mãe? Por
que não me deixaste morrer antes de vir ao mundo? 19Seria como
se eu nunca tivesse existido; iria direto do ventre para o túmulo.
20Restam-me apenas alguns dias; por favor, deixa-me em paz, para
que eu tenha um instante de alívio 21antes de partir para a terra de
escuridão e densas sombras, para nunca mais voltar. 22É uma terra
escura como a meia-noite, terra de profunda escuridão e desordem,
onde até mesmo a luz é escura como a meia-noite'".

CAPÍTULO 11

A primeira resposta de Zofar a Jó

1Então Zofar, de Naamá, respondeu a Jó: 2"Não haverá resposta a
essa torrente de palavras? Uma pessoa é inocentada só por falar
muito? 3Devem todos calar-se enquanto você continua a tagarelar?
Quando zomba de Deus, ninguém o repreenderá? 4Você afirma:
'Minhas crenças são puras' e 'Sou limpo aos olhos de Deus'. 5Se ao
menos Deus se pronunciasse e lhe dissesse o que pensa! 6Se ao
menos lhe revelasse os segredos da sabedoria, pois a verdadeira
sabedoria não é coisa simples! Escute! Deus sem dúvida o está
castigando muito menos do que você merece. 7"Acaso você pode
desvendar os mistérios de Deus e descobrir tudo sobre o Todo-
poderoso? 8Esse conhecimento é mais alto que os céus, e o que
você pode fazer? É mais profundo que o abismo, e o que você pode
saber? 9É mais vasto que a terra e mais amplo que o mar. 10Se
Deus passa e prende alguém ou convoca o tribunal, quem pode
detê-lo? 11Pois ele conhece os falsos e registra seus pecados. 12É tão
impossível um tolo tornar-se sábio como um jumento selvagem
dar à luz uma criança. 13"Se ao menos você preparasse o coração e
levantasse as mãos a Deus em oração! 14Livre-se de seus pecados e
deixe toda a maldade para trás. 15Então seu rosto se iluminará com
a inocência; você será forte e não terá medo. 16Você se esquecerá de
seus sofrimentos; serão como águas passadas. 17Sua vida será mais
luminosa que o meio-dia; até a escuridão será clara como a manhã.

Jó 11.13-14

18Você se sentirá seguro, pois terá esperança; estará protegido e
descansará tranquilo. 19Sem medo se deitará, e muitos buscarão
sua ajuda. 20Os perversos, porém, ficarão cegos, sem ter para onde
fugir; sua única esperança será a morte".

CAPÍTULO 12

O quarto discurso de Jó: resposta a Zofar

1Então Jó falou novamente: 2"Vocês de fato sabem tudo, não é?
Mas, quando morrerem, a sabedoria morrerá com vocês! 3Pois
bem, eu também sei algumas coisas, e vocês não são melhores
que eu; qualquer um sabe aquilo que me disseram. 4Meus amigos,
contudo, riem de mim, pois clamo a Deus e espero uma resposta.
Sou justo e íntegro, e, no entanto, eles riem de mim. 5Quem está
tranquilo zomba de quem sofre; dá um empurrão em quem trope-
ça. 6Os ladrões, porém, são deixados em paz, e os que provocam a
Deus vivem em segurança, embora Deus os mantenha sob o seu
poder. 7"Pergunte aos animais, e eles lhe ensinarão; pergunte às
aves do céu, e elas lhe dirão. 8Fale com a terra, e ela o instruirá;
deixe que os peixes do mar o informem. 9Pois todos eles sabem
que meu sofrimento veio da mão do SENHOR. 10Em suas mãos está
a vida de todas as criaturas e o fôlego de toda a humanidade. 11O
ouvido prova as palavras que ouve, assim como a língua distingue
os sabores. 12A sabedoria pertence aos idosos, e o entendimento,
aos mais velhos. 13"Em Deus, porém, estão a sabedoria e o poder;
a ele pertencem o conselho e o entendimento. 14Ninguém pode
reconstruir o que ele derruba, ninguém pode libertar quem ele
aprisiona. 15Se ele retém a chuva, a terra se transforma em deserto;
se ele libera as águas, há inundações em toda parte. 16Sim, a ele
pertencem a força e a sabedoria; enganadores e enganados estão
sob seu poder. 17Ele destitui os conselheiros e os dispensa; faz de
tolos juízes sábios. 18Tira o manto dos reis e lhes amarra uma corda
na cintura. 19Destitui os sacerdotes e os dispensa; derruba os que
estão no poder há muitos anos. 20Silencia o conselheiro de confian-
ça e retira o entendimento dos anciãos. 21Derrama desonra sobre
os príncipes e deixa os fortes desarmados. 22"Ele revela mistérios
ocultos nas trevas e ilumina a escuridão mais profunda. 23Exalta na-
ções e as destrói, expande nações e as abandona. 24Despoja os reis
de entendimento e os deixa vagar por um deserto sem caminhos.

25Andam tateando na escuridão, sem luz; ele os faz cambalear
como bêbados."

CAPÍTULO 13

Jó quer defender sua causa diante de Deus

1"Vi tudo isso com os próprios olhos; ouvi com os próprios ouvidos,
e agora entendo. 2O que vocês sabem, eu também sei; não são
melhores que eu. 3Quero falar diretamente com o Todo-poderoso,
quero defender minha causa diante de Deus. 4Vocês me difamam
com mentiras; são médicos incapazes de curar. 5Se ao menos se
calassem! É a atitude mais sábia que poderiam tomar. 6Ouçam mi-
nha defesa, prestem atenção a meus argumentos. 7"Vocês querem
defender Deus com mentiras? Apresentam argumentos desonestos
em nome dele? 8Distorcem seu testemunho em favor dele? Acaso
são advogados de Deus? 9O que acontecerá quando ele decidir
investigá-los? Conseguirão enganá-lo como enganam qualquer
pessoa? 10Não! Certamente ele os repreenderá se distorcerem às
escondidas seu testemunho em favor dele. 11Acaso a majestade
dele não os aterrorizará? O terror dele não cairá sobre vocês? 12Suas
frases feitas valem tanto quanto cinzas; sua defesa é fraca como um
pote de barro. 13"Calem-se e deixem-me em paz! Permitam-me
falar, e eu arcarei com as consequências. 14Sim, porei minha vida
em risco e direi o que penso de fato. 15Ainda que Deus me mate,
ele é minha única esperança; apresentarei a ele minha causa. 16Isto,
porém, é o que me salvará: não sou ímpio; se o fosse, não poderia
me colocar diante dele. 17"Escutem bem o que vou dizer, ouçam-me
com atenção. 18Preparei minha defesa; serei declarado inocente.
19Quem pode discutir comigo a esse respeito? E, se provarem que
estou errado, me calarei e morrerei."

Jó pergunta qual foi seu pecado

20"Ó Deus, concede-me estas duas coisas, e não me esconderei de
ti. 21Remove tua mão de cima de mim e não me assustes com tua
temível presença. 22Chama-me, e eu responderei; ou permita que
eu fale e responde-me. 23Diga-me, o que fiz de errado? Mostra-me
minha rebeldia e meu pecado. 24Por que te afastas de mim? Por
que me tratas como teu inimigo? 25Atormentarias uma folha so-
prada pelo vento? Perseguirias a palha seca? 26"Escreves acusações

NO QUE ESTOU **PENSANDO** ○ | O QUE ESTOU **SENTINDO** ○ | DO QUE ESTOU **LEMBRANDO** ○

DESENHE OU ESCREVA

amargas contra mim e trazes à tona os pecados de minha juven-
tude. 27Prendes meus pés com correntes, vigias todos os meus
caminhos e examinas todas as minhas pegadas. 28Eu me consumo
como madeira que apodrece, como roupa comida pela traça."

CAPÍTULO 14

1"Como é frágil o ser humano! Sua vida é breve e cheia de afli-
ções. 2Como uma flor, nasce e depois murcha; como uma sombra
passageira, some depressa. 3É preciso que vigies uma criatura tão
frágil e exijas que te preste contas? 4Quem pode extrair pureza de
algo impuro? Ninguém! 5Estabeleceste a extensão de nossa vida;
sabes quantos meses viveremos, e não recebemos nem um dia
a mais. 6Portanto, dá-nos sossego, deixa-nos descansar! Somos
como trabalhadores braçais; permite que terminemos nosso tra-
balho em paz. 7"Até mesmo uma árvore tem mais esperança, pois,
se for cortada, voltará a brotar e dar novos ramos. 8Ainda que as
raízes tenham envelhecido na terra e o tronco esteja podre, 9com
o cheiro da água, voltará a brotar e dar ramos, como uma planta
nova. 10"Mas, quando as pessoas morrem, perdem as forças; dão
o último suspiro e, depois, onde estão? 11Como a água evapora
do lago e o rio desaparece na seca, 12são colocadas no túmulo e
não voltam a se levantar. Até que os céus deixem de existir, não
acordarão; não serão despertadas de seu sono. 13"Quem dera tu me
escondesses na sepultura e me esquecesses ali até tua ira passar!
Quem dera me desses um tempo de descanso, para que só então
te lembrasses de mim! 14Podem os mortos voltar a viver? Assim eu
teria esperança durante todos os meus anos de luta e aguardaria
a libertação que a morte traz. 15Tu chamarias, e eu responderia; tu
ansiarias por mim, a obra de tuas mãos. 16Assim, tu protegerias
meus passos, em vez de vigiares meus pecados. 17Meus pecados
seriam fechados num saco, e tu cobririas minha culpa. 18"Em vez
disso, assim como os montes desmoronam e as rochas caem de
onde estão, 19como a água desgasta as pedras e as enchentes
arrastam a terra, tu destróis a esperança do ser humano. 20Tu pre-
vales sempre sobre ele, e ele se vai; tu o desfiguras na morte e
o mandas embora. 21Não sabe se os filhos crescerão com honra ou
afundarão no esquecimento. 22Ele sofre sua própria dor e lamenta
apenas por si mesmo".

CAPÍTULO 15

A segunda resposta de Elifaz a Jó

1Então Elifaz, de Temã, respondeu: 2"Um homem sábio não res-
ponderia com esse falatório! Suas palavras não passam de vento.
3O sábio não se envolve em conversas sem propósito, nem usa
palavras sem sentido. 4De fato, você não tem temor a Deus e não lhe
mostra reverência. 5Seus pecados dizem à boca o que ela deve falar;
suas palavras se baseiam em engano astuto. 6Sua própria boca o
condena, não eu; seus próprios lábios depõem contra você. 7"Acaso
você foi o primeiro ser humano a nascer? Veio ao mundo antes de
serem criados os montes? 8Estava presente no conselho secreto de
Deus? Só você é dono da sabedoria? 9O que você sabe que nós não
sabemos? Que compreensão tem que nós não temos? 10Homens
idosos, de cabelo grisalho, mais velhos que seu pai, pensam exa-
tamente como nós! 11"A consolação de Deus não é suficiente para
você? Palavras amáveis não lhe bastam? 12O que o fez perder a
razão? Por que seus olhos chegam a faiscar 13quando você se volta
contra Deus e diz tais absurdos? 14O que é o ser humano, para se
considerar puro? Pode alguém nascido de mulher ser justo? 15Deus
não confia nem nos anjos! Aos olhos dele, nem mesmo os céus são
puros. 16Quanto menos um ser humano detestável e corrupto, que
tem sede de perversidade! 17"Escute, e eu lhe mostrarei; falarei
com base em minha experiência. 18Ela é confirmada pelo relato
de homens sábios, que ouviram as mesmas verdades de seus an-
tepassados, 19daqueles aos quais foi dada a terra, muito antes de
chegar qualquer estrangeiro. 20"Os perversos se contorcem de dor a
vida toda; aos cruéis estão reservados tempos de sofrimento. 21Em
seus ouvidos ressoam sons de terror, e mesmo em dias tranquilos
temem o ataque do destruidor. 22Não se atrevem a sair no escuro,
por medo de serem mortos pela espada. 23Ficam perambulando
e dizendo: 'Onde posso encontrar pão?'; sabem que o dia de sua
destruição se aproxima. 24Vivem angustiados e aflitos, cheios de
terror, como um rei que se prepara para a batalha, 25pois agitam os
punhos contra Deus e desafiam arrogantemente o Todo-poderoso.
26Com seus fortes escudos levantados, avançam contra ele em
rebeldia. 27"Em sua prosperidade, o rosto dos perversos inchou,
e sua barriga acumulou gordura. 28Suas cidades, porém, serão
arruinadas; habitarão em casas abandonadas, prestes a desabar.

NO QUE ESTOU **PENSANDO** ○ | O QUE ESTOU **SENTINDO** ○ | DO QUE ESTOU **LEMBRANDO** ○

DESENHE OU ESCREVA

29Suas riquezas não durarão, seus bens não permanecerão, e suas
propriedades não se estenderão pela terra. 30"Não escaparão das
trevas; o sol abrasador queimará seus ramos, e o sopro de Deus os
destruirá. 31Que não se iludam mais ao confiar em riquezas vazias,
pois o vazio será sua única recompensa. 32Serão cortados na flor
da idade; seus ramos jamais voltarão a verdejar. 33Serão como a
videira cujas uvas são colhidas cedo demais, como a oliveira que
perde as flores antes que se formem os frutos. 34Pois os ímpios
não têm futuro; o fogo destruirá suas casas enriquecidas com su-
bornos. 35Concebem desgraça e dão à luz maldade; seu ventre só
gera engano".

CAPÍTULO 16

O quinto discurso de Jó: resposta a Elifaz

1Então Jó falou novamente: 2"Já ouvi tudo isso antes; que péssimos
consoladores são vocês! 3Será que nunca vão parar de tagarelar?
Que perturbação os faz continuar falando? 4Eu poderia dizer as
mesmas coisas se estivessem em meu lugar, poderia berrar críticas
e balançar a cabeça contra vocês. 5Mas eu faria diferente: eu lhes
daria ânimo e tentaria aliviar seu sofrimento. 6Em vez disso, sofro
se me defendo, e sofro igualmente se me recuso a falar. 7"Ó Deus,
tu me esgotaste e destruíste toda a minha família! 8Reduziste-me
a pele e osso, como para provar que pequei; minha magreza depõe
contra mim. 9Deus me odeia e, em sua ira, me despedaçou; range
os dentes contra mim e me transpassa com seu olhar. 10As pessoas
zombam e riem de mim e, com desprezo, me dão tapas no rosto;
sim, uma multidão se junta contra mim. 11Deus me entregou aos
pecadores, atirou-me nas mãos dos perversos. 12"Eu vivia tranquilo,
até que ele me despedaçou; pelo pescoço me agarrou e me que-
brou ao meio. Fez de mim seu alvo, 13e agora seus arqueiros me
cercam. Suas flechas me perfuram sem misericórdia, e meu sangue
molha o chão. 14Repetidamente, ele se lança contra mim e me ataca
como um guerreiro. 15Em minha tristeza, visto pano de saco; meu
orgulho se revolve no pó. 16Meu rosto está vermelho de tanto cho-
rar, e sombras escuras me circundam os olhos. 17No entanto, nada
fiz de errado, e minha oração é pura. 18"Ó terra, não esconda meu
sangue! Não permita que meu clamor permaneça oculto. 19Agora
mesmo, minha testemunha está nos céus, meu advogado está

nas alturas. 20Meus amigos me desprezam, mas derramo minhas lágrimas diante de Deus. 21Preciso de um mediador entre mim e Deus, como alguém que intercede por seu amigo. 22Pois em breve seguirei pelo caminho do qual jamais voltarei."

CAPÍTULO 17

Jó continua a defender sua inocência

1"Meu espírito está quebrado, e minha vida, quase apagada; o túmulo está pronto para me receber. 2Estou cercado de zombadores; seus insultos estão sempre diante de mim. 3"Dá-me garantia de que me defenderás, ó Deus, pois ninguém mais tomará meu partido. 4Fechaste a mente deles para o entendimento, mas não permitas que triunfem. 5Traem os amigos em benefício próprio; deixa que os filhos deles desfaleçam de fome. 6"Deus me transformou em motivo de zombaria; as pessoas cospem em meu rosto. 7Meus olhos estão inchados de tanto chorar; sou apenas sombra do que já fui. 8Os virtuosos ficam horrorizados quando me veem, e os inocentes se levantam contra os ímpios. 9Os justos prosseguem em seu caminho, e os de mãos limpas se fortalecem cada vez mais. 10"Quanto a vocês, voltem com um argumento melhor; ainda assim, não encontrarei sábio algum em seu meio. 11Meus dias chegaram ao fim e minhas esperanças se foram; os desejos de meu coração não se realizaram. 12Esses homens dizem que a noite é dia, afirmam que a escuridão é luz. 13E se eu descer à sepultura e arrumar minha cama na escuridão? 14E se eu chamar o túmulo de pai e o verme, de mãe ou irmã? 15Onde está, então, minha esperança? Há alguém que possa encontrá-la? 16Não, minha esperança descerá comigo à sepultura; descansaremos juntos no pó".

CAPÍTULO 18

A segunda resposta de Bildade a Jó

1Então Bildade, de Suá, respondeu: 2"Até onde você vai com suas palavras? Mostre sensatez, se deseja que respondamos! 3Imagina que somos animais? Pensa que somos ignorantes? 4Ainda que arranque os cabelos de raiva, acaso isso destruirá a terra? Fará as rochas mudarem de lugar? 5"Por certo, a luz do perverso se apagará; as faíscas de seu fogo deixarão de brilhar. 6A luz de sua tenda se escurecerá; a lâmpada pendurada sobre ele se extinguirá. 7Os

NO QUE ESTOU **PENSANDO** ○ | O QUE ESTOU **SENTINDO** ○ | DO QUE ESTOU **LEMBRANDO** ○

DESENHE OU ESCREVA

passos confiantes do perverso serão encurtados; será arruinado pelas próprias tramas. 8O perverso caminha direto para a rede; cai num alçapão. 9Uma armadilha o pega pelo calcanhar, um laço o prende com força. 10Há uma cilada escondida na terra, uma corda estendida em seu caminho. 11"Terrores cercam o perverso e o perseguem a cada passo. 12A fome esgota suas forças, e a calamidade aguarda seu tropeço. 13A doença consumirá sua pele, e uma morte horrível devorará seus membros. 14É arrancado da segurança de seu lar e levado ao rei dos terrores. 15O lar do perverso será consumido pelo fogo, e enxofre se espalhará sobre sua casa. 16Por baixo, suas raízes secarão; por cima, seus ramos murcharão. 17Toda lembrança de sua existência desaparecerá da terra; ninguém recordará seu nome. 18Será lançado da luz para as trevas, expulso do mundo. 19Não terá filhos nem netos, nem haverá sobreviventes no lugar onde morava. 20No oeste, ficarão espantados com seu destino; no leste, serão tomados de horror. 21Dirão: 'Esta era a habitação do perverso, o lugar de alguém que não conheceu a Deus'".

CAPÍTULO 19

O sexto discurso de Jó: resposta a Bildade

1Então Jó falou novamente: 2"Até quando vocês vão me atormentar? Até quando vão me esmagar com suas palavras? 3Dez vezes já me insultaram; deveriam se envergonhar de me tratar tão mal. 4Ainda que eu tivesse pecado, seria problema meu, e não de vocês. 5Pensam que são melhores que eu; usam minha humilhação como prova de meu pecado. 6Mas Deus é que foi injusto comigo e me prendeu em sua rede. 7"Clamo: 'Socorro!', mas ninguém responde; grito em protesto, mas não há justiça. 8Deus fechou meu caminho para eu não passar e cobriu de escuridão minha estrada. 9Despojou-me de minha honra e removeu a coroa de minha cabeça. 10Destruiu-me por todos os lados, e estou acabado; como se eu fosse uma árvore, arrancou minha esperança pela raiz. 11Sua ira arde contra mim; ele me considera seu inimigo. 12Suas tropas avançam e abrem caminhos para me atacar; acampam ao redor de minha tenda. 13"Meus irmãos se mantêm afastados, meus conhecidos se voltaram contra mim. 14Minha família se foi, meus amigos chegados me esqueceram. 15Meus hóspedes e criadas me consideram um estranho; para eles, sou como um estrangeiro. 16Quando

chamo meu servo, ele não vem; tenho de suplicar! 17Meu hálito
enoja minha esposa; sou rejeitado pela própria família. 18Até as
crianças me desprezam; quando me levanto para falar, me dão as
costas. 19Meus amigos chegados me detestam; aqueles que eu
amo se voltaram contra mim. 20Fui reduzido a pele e osso; esca-
pei da morte por um triz. 21"Tenham misericórdia de mim, meus
amigos! Tenham misericórdia, pois a mão de Deus me feriu. 22Será
que também precisam me perseguir, como Deus me persegue?
Já não me criticaram o suficiente? 23"Quem dera minhas palavras
fossem registradas! Quem dera fossem escritas num monumento,
24entalhadas com um cinzel de ferro e preenchidas com chumbo,
gravadas para sempre na rocha! 25"Quanto a mim, sei que meu
Redentor vive e que um dia, por fim, ele se levantará sobre a terra.
26E, depois que meu corpo tiver se decomposto, ainda assim, em
meu corpo, verei a Deus! 27Eu o verei por mim mesmo, sim, o verei
com meus próprios olhos; meu coração muito anseia por esse dia!
28"Como vocês se atrevem a me perseguir e dizer: 'É culpa dele'?
29Deveriam temer o castigo, pois sua atitude merece ser punida;
então saberão que há juízo".

CAPÍTULO 20

A segunda resposta de Zofar a Jó

1Então Zofar, de Naamá, respondeu: 2"Preciso falar, pois é profundo
meu incômodo. 3Tive de suportar seus insultos, mas agora meu
espírito me leva a responder. 4"Você não sabe que, desde a anti-
guidade, desde que o ser humano foi posto na terra, 5o triunfo dos
perversos dura pouco, e a alegria dos ímpios é apenas temporária?
6Embora seu orgulho chegue aos céus, e sua cabeça toque as nu-
vens, 7eles desaparecerão para sempre, lançados fora como seu
próprio excremento. Seus conhecidos perguntarão: 'Onde estão
eles?'. 8Passarão como um sonho e não serão encontrados; desa-
parecerão como uma visão na noite. 9Aqueles que os viram, não
os verão mais; suas famílias não os reconhecerão. 10Seus filhos
pedirão esmolas aos pobres, pois terão de devolver as riquezas
que roubaram. 11Embora sejam jovens e vigorosos, seus ossos serão
deitados no pó. 12"Desfrutaram o doce gosto da perversidade e a
deixaram derreter sob a língua. 13Ficaram com ela na boca, para
melhor saboreá-la. 14De repente, a comida azeda em seu estômago;

torna-se veneno de serpente em seu interior. 15Vomitarão a riqueza
que engoliram; Deus não permitirá que a retenham. 16Sugarão
veneno de cobra; a língua da víbora os matará. 17Nunca mais
desfrutarão os ribeiros, os rios de onde emanam leite e mel.
18Devolverão tudo pelo que trabalharam; sua riqueza não lhes trará
alegria. 19Pois oprimiram os pobres e os deixaram desamparados;
tomaram casas que não haviam construído. 20Sempre gananciosos,
nunca satisfeitos; perderam tudo com que sonharam. 21Comem
até se fartar e, depois, não sobra coisa alguma; por isso, sua pros-
peridade não durará. 22"Em meio à fartura, enfrentarão aflições,
e o sofrimento os dominará. 23Que Deus lhes encha o estômago
de problemas; que Deus faça chover sobre eles sua ira ardente!
24Quando tentarem escapar da arma de ferro, a flecha com ponta
de bronze os atravessará. 25Quando a flecha lhes for arrancada das
costas, a ponta brilhará com sangue. O terror da morte virá sobre
eles; 26seus tesouros serão lançados em profunda escuridão. Um
fogo descontrolado os devorará e consumirá tudo que lhes resta.
27Os céus revelarão a culpa dos perversos; a terra se levantará con-
tra eles. 28Uma inundação arrastará suas casas; a ira de Deus cairá
sobre eles como chuva torrencial. 29Essa é a recompensa que Deus
dá aos perversos; é a herança decretada por Deus".

CAPÍTULO 21

O sétimo discurso de Jó: resposta a Zofar

1Então Jó falou novamente: 2"Escutem com atenção o que eu digo;
essa é a consolação que podem me dar. 3Enquanto eu estiver falan-
do, tenham paciência; depois que tiver falado, podem continuar a
zombar de mim. 4"Minha queixa não é contra seres humanos; tenho
bons motivos para estar impaciente. 5Olhem para mim, e ficarão
pasmos; assustados, colocarão a mão sobre a boca. 6Quando penso
no que estou dizendo, fico arrepiado; todo o meu corpo estremece.
7"Por que os perversos continuam com vida, chegam à velhice e
se tornam poderosos? 8Veem seus filhos crescer e se estabelecer
e desfrutam a companhia de seus netos. 9Seus lares são seguros
e livres de todo medo, e Deus não os castiga. 10Seus touros nunca
deixam de procriar, suas vacas dão crias e não abortam. 11Deixam
seus filhos brincar como cordeiros; seus pequeninos saltam e dan-
çam. 12Cantam com tamborins e harpas e celebram ao som da flauta.

13Passam os dias em prosperidade e descem à sepultura em paz.
14E, no entanto, dizem a Deus: 'Deixa-nos em paz! Não queremos
saber de ti nem de teus caminhos. 15Quem é o Todo-poderoso e
por que deveríamos lhe obedecer? De que nos adiantará orar?'.
16Acreditam que a prosperidade depende de si mesmos, mas eu
quero distância desse modo de pensar. 17"Quantas vezes a luz dos
perversos se apaga? Quantas vezes sofrem desgraças? Acaso Deus,
em sua ira, lhes reparte tristezas? 18Quantas vezes são carregados
pelo vento, como palha, ou levados embora pela tempestade, como
ciscos? 19"Vocês dizem: 'Ao menos Deus castiga os filhos deles!'.
Mas eu digo que ele deveria castigar os pais, para que entendam
seu juízo. 20Que seus próprios olhos vejam sua destruição; que
eles mesmos bebam da ira do Todo-poderoso! 21Afinal, depois de
mortos, não se importarão com o que acontece à sua família. 22"Mas
quem pode dar lições a Deus, uma vez que ele julga até os mais po-
derosos? 23Um morre em prosperidade, confortável e seguro, 24um
retrato perfeito de boa saúde, em excelente forma e cheio de vigor.
25Outro morre em amarga pobreza, sem nunca ter experimentado
as coisas boas da vida. 26Ambos, porém, são enterrados no mesmo
pó; ambos são comidos pelos mesmos vermes. 27"Sei o que estão
pensando, sei dos planos que tramam contra mim. 28'Onde está a
casa dos ricos?', vocês me dirão. 'Onde está a casa dos perversos?'
29Perguntem, porém, àqueles que viajam, e eles lhes dirão a verda-
de. 30Os perversos são poupados no dia da calamidade e socorridos
no dia da fúria. 31Ninguém os critica abertamente, nem lhes dá o
que merecem por seus atos. 32Quando são levados à sepultura, uma
guarda de honra vigia seu túmulo. 33A terra lhes dá doce repouso, e
uma grande multidão acompanha o funeral e presta homenagens
enquanto o corpo é sepultado. 34"Como podem suas palavras vazias
me consolar? Suas explicações não passam de mentiras!".

CAPÍTULO 22

A terceira resposta de Elifaz a Jó

1Então Elifaz, de Temã, respondeu: 2"Pode alguém fazer algo para
ajudar a Deus? Pode alguém, ainda que sábio, lhe ser útil? 3Que
vantagem há para o Todo-poderoso em você ser justo? Ele ganharia
alguma coisa se você fosse perfeito? 4É por causa de seu temor
que ele o acusa e traz juízo contra você? 5Não! É por causa de sua

NO QUE ESTOU **PENSANDO** ○ | O QUE ESTOU **SENTINDO** ○ | DO QUE ESTOU **LEMBRANDO** ○

DESENHE OU ESCREVA

perversidade; seus pecados não têm limites! 6"Por certo você em-
prestou dinheiro a seu amigo e exigiu roupas dele como garantia;
sim, você o deixou sem ter o que vestir. 7Recusou-se a dar água ao
sedento e comida ao faminto. 8Pensou que a terra pertencia aos
poderosos e que somente os privilegiados tinham direito a ela.
9Mandou a viúva embora de mãos vazias e acabou com as esperan-
ças dos órfãos. 10Por isso está cercado de armadilhas e estremece
com temores repentinos. 11Por isso está em trevas e não consegue
ver, e ondas de águas o cobrem. 12"Deus é grande, mais alto que os
céus, mais alto que as estrelas mais distantes. 13Você, porém, res-
ponde: 'Por isso Deus não vê o que faço! Como pode julgar através
da densa escuridão? 14Nuvens espessas se movem ao seu redor, e
ele não pode nos ver; está lá no alto, caminhando pela abóbada do
céu!'. 15"Você continuará nos velhos caminhos, nos quais sempre
andaram os perversos? 16Eles foram levados em tenra idade; os
alicerces de sua vida foram arrastados pela correnteza. 17Pois disse-
ram a Deus: 'Deixa-nos em paz! O que o Todo-poderoso pode fazer
conosco?'. 18E, no entanto, foi ele que lhes encheu o lar de coisas
boas; por isso quero distância desse modo de pensar. 19"Os justos
se alegrarão ao ver a destruição dos perversos, e, com desprezo, os
inocentes zombarão deles. 20Dirão: 'Vejam, nossos inimigos foram
destruídos, e suas riquezas, consumidas pelo fogo'. 21"Sujeite-se a
Deus, e terá paz; então as coisas lhe irão bem. 22Ouça as instruções
de Deus e guarde-as no coração. 23Se voltar para o Todo-poderoso,
será restaurado; portanto, coloque sua vida em ordem. 24Se abrir
mão de sua cobiça por dinheiro e lançar no rio seu ouro precioso,
25o Todo-poderoso será seu tesouro; ele será sua prata de grande
valor! 26"Então você se alegrará no Todo-poderoso e levantará os
olhos para ele. 27Orará a Deus, e ele o ouvirá, e você cumprirá seus
votos. 28Será bem-sucedido em tudo que decidir fazer, e a luz bri-
lhará em seu caminho. 29Se outros estiverem em dificuldade e você
disser: 'Ajuda-os', Deus os salvará. 30Até mesmo pecadores serão
resgatados; sim, serão resgatados porque você tem mãos puras".

CAPÍTULO 23

O oitavo discurso de Jó: resposta a Elifaz

1Então Jó falou novamente: 2"Minha queixa hoje ainda é amarga,
e me esforço para não gemer. 3Se ao menos eu soubesse onde

encontrar a Deus, iria a seu tribunal. 4Exporia minha causa e apre-
sentaria meus argumentos. 5Ouviria sua resposta e entenderia o
que ele me dissesse. 6Acaso ele usaria seu grande poder para dis-
cutir comigo? Não! Ele me ouviria com imparcialidade. 7Os justos
podem lhe apresentar sua causa; meu Juiz me absolveria de uma
vez por todas. 8Se vou para o leste, lá ele não está; sigo para o
oeste, mas não consigo encontrá-lo. 9Não o vejo no norte, pois está
escondido; quando olho para o sul, ele está oculto. 10"E, no entanto,
ele sabe aonde vou; quando ele me provar, sairei puro como o ouro.
11Pois permaneci nos caminhos de Deus; segui seus passos e nunca
me desviei. 12Não me afastei de seus mandamentos; dei mais valor
a suas palavras que ao alimento diário. 13Mas, quando ele toma
sua decisão, quem pode fazê-lo mudar de ideia? Ele faz o que bem
deseja. 14Portanto, fará comigo tudo que planejou; ele controla meu
destino. 15Não é de admirar que eu me apavore em sua presença;
quando penso nisso, entro em pânico. 16Deus fez meu coração des-
falecer; o Todo-poderoso me encheu de medo. 17A escuridão me
cerca; há trevas densas e impenetráveis por toda parte."

CAPÍTULO 24

Jó pergunta por que os perversos não são castigados

1"Por que o Todo-poderoso não marca uma data para seu juízo? Por
que os que o conhecem esperam por ele em vão? 2Os perversos
mudam os marcos das divisas, roubam rebanhos e os trazem para
seus pastos. 3Levam o jumento que pertence ao órfão e exigem o
boi da viúva como penhor. 4Os pobres são empurrados para fora do
caminho, e os necessitados se escondem para se proteger. 5Como
jumentos selvagens nas regiões áridas, passam todo o tempo em
busca de comida; até no deserto procuram alimento para os filhos.
6Fazem a colheita de um campo que não semearam e recolhem
as uvas nas videiras dos perversos. 7Passam a noite nus e com frio,
pois não têm roupas nem cobertas. 8Encharcados pelas chuvas das
montanhas, encolhem-se junto às rochas por falta de abrigo. 9"Os
perversos arrancam o filho da viúva do seio dela; tomam o bebê
como garantia por um empréstimo. 10Os pobres andam nus por
falta de roupas; colhem alimento para outros, enquanto passam
fome. 11Espremem azeitonas para obter azeite, mas não podem
prová-lo; pisam uvas para fazer vinho, enquanto passam sede. 12Os

gemidos dos que estão para morrer sobem da cidade, e os feridos
clamam por socorro, mas Deus não faz caso de seus lamentos. 13"Os
perversos se revoltam contra a luz; não reconhecem os caminhos
dela, nem permanecem em suas estradas. 14O assassino se levan-
ta bem cedo, para matar os pobres e os necessitados; à noite ele
se torna ladrão. 15O adúltero espera o cair da noite, pois pensa:
'Ninguém me verá'; esconde o rosto para ninguém o reconhecer.
16Os bandidos arrombam casas à noite e dormem durante o dia;
não estão acostumados com a luz. 17A noite escura é sua manhã;
aliam-se aos terrores da escuridão. 18"Mas, como espuma num rio,
desaparecem; tudo que possuem é amaldiçoado, e temem entrar
nas próprias videiras. 19A sepultura consome os pecadores, como
a seca e o calor consomem a neve. 20Sua própria mãe se esquece-
rá deles; para os vermes, terão sabor doce. Ninguém se lembrará
deles; os perversos serão derrubados como árvores. 21Enganam a
mulher que não tem filhos para defendê-la; não socorrem a viúva
necessitada. 22"Deus, em seu poder, leva embora os ricos; ainda
que prosperem, não têm garantia de que viverão. 23Talvez lhes
seja permitido ficar em segurança, mas Deus os vigia sem cessar.
24Ainda que sejam importantes agora, depressa desaparecerão,
como todos os outros, cortados como espigas de cereal. 25Acaso
alguém pode afirmar o contrário? Quem pode provar que estou
errado?".

CAPÍTULO 25

A terceira resposta de Bildade a Jó

1Então Bildade, de Suá, respondeu: 2"Deus é poderoso e temível;
ele impõe a paz nos céus. 3Quem pode contar seu exército celestial?
Acaso sua luz não brilha sobre toda a terra? 4Pode algum mortal
ser inocente perante Deus? Pode alguém nascido de mulher ser
puro? 5Deus é mais glorioso que a lua; brilha mais que as estrelas.
6Comparados a ele, somos larvas; nós, mortais, não passamos de
vermes".

CAPÍTULO 26

O nono discurso de Jó: resposta a Bildade

1Então Jó falou novamente: 2"Grande ajuda você deu aos inde-
fesos! Belo socorro prestou aos fracos! 3Como esclareceu minha

ignorância! Sábio conselho ofereceu! 4De onde tirou todas essas
palavras de sabedoria? De quem é o espírito que fala por seu in-
termédio? 5"Tremem os mortos, aqueles que vivem debaixo das
águas. 6O lugar dos mortos está nu diante de Deus; o lugar de
destruição está descoberto. 7Deus estende o céu do norte sobre o
vazio e suspende a terra sobre o nada. 8Envolve a chuva com densas
nuvens, e elas não se rompem com o peso da água. 9Encobre a
face da lua e a esconde com suas nuvens. 10Criou o horizonte ao
separar as águas e definiu o limite entre dia e noite. 11Tremem os
alicerces do céu, estremecem diante de sua repreensão. 12Com seu
poder, acalmou o mar; com sua habilidade, despedaçou o monstro
marinho. 13Com seu sopro, trouxe beleza aos céus; com sua mão,
feriu a serpente veloz. 14Isso é apenas o começo de tudo que ele
faz, um mero sussurro de sua força; quem pode compreender o
trovão de seu poder?".

CAPÍTULO 27

O discurso final de Jó

1Jó continuou a falar: 2"Juro pelo Deus vivo, que tirou de mim meus
direitos, pelo Todo-poderoso, que me encheu a alma de amargura:
3enquanto eu viver e tiver o fôlego de Deus nas narinas, 4meus
lábios não pronunciarão maldades, e minha língua não falará men-
tiras. 5Jamais darei razão a vocês; defenderei até a morte minha
integridade. 6Afirmarei minha inocência sem hesitar; por toda a
vida, terei a consciência limpa. 7"Que meu inimigo seja castigado
como os perversos, e meu adversário, como os que praticam o mal.
8Pois que esperança têm os ímpios quando Deus os elimina, quan-
do ele lhes tira a vida? 9Acaso Deus lhes ouvirá o clamor quando
vier sobre eles o sofrimento? 10Acaso se alegram no Todo-poderoso?
Podem clamar a Deus a qualquer momento? 11Eu lhes ensinarei
sobre o poder de Deus; não esconderei nada a respeito do Todo-
poderoso. 12Vocês, porém, já viram tudo isso e, no entanto, dizem
essas coisas inúteis. 13"Isto é o que os perversos receberão de Deus,
esta é a herança que o Todo-poderoso dará aos opressores. 14Pode
ser que tenham grandes famílias, mas seus filhos morrerão em
guerras ou de fome. 15Uma praga eliminará os que sobreviverem,
e nem mesmo suas viúvas chorarão por eles. 16"Pode ser que os
perversos tenham muita riqueza e acumulem montes de roupas,

NO QUE ESTOU **PENSANDO** ○ | O QUE ESTOU **SENTINDO** ○ | DO QUE ESTOU **LEMBRANDO** ○

DESENHE OU ESCREVA

17mas os justos vestirão essas roupas, e os inocentes repartirão es-
sas riquezas. 18Os perversos constroem casas frágeis como teias de
aranha, precárias como o abrigo temporário do vigia. 19Os perversos
são ricos quando vão dormir, mas, ao acordar, veem que toda a
sua riqueza se foi. 20O terror os encobre, como uma inundação,
e são arrastados pelas tempestades da noite. 21Um vento do leste
os carrega, e desaparecem; arranca-os de seu lugar. 22Sopra vio-
lentamente sobre eles, sem piedade; lutam para escapar de seu
poder. 23Então todos batem palmas e riem deles com desprezo."

CAPÍTULO 28

Jó fala de sabedoria e entendimento

1"As pessoas sabem de onde extrair a prata e onde refinar o ouro.
2Sabem de onde tirar o ferro da terra e como separar o cobre da
rocha. 3Sabem fazer brilhar luz na escuridão e procurar minério
nas regiões mais distantes, em meio às trevas profundas. 4Cavam
entradas para minas, em lugares onde ninguém vive. Descem por
meio de cordas, balançando de um lado para o outro. 5O alimento
cresce na superfície, mas, abaixo dela, a terra é derretida como que
por fogo. 6Ali, as rochas contêm safiras, e, no pó, se encontra ouro.
7São tesouros que nenhuma ave de rapina consegue enxergar,
nem o olho do falcão pode ver. 8Nenhum animal selvagem pisou
nessas riquezas, nenhum leão pôs a pata sobre elas. 9As pessoas
sabem como despedaçar as rochas mais duras e como revirar até as
raízes dos montes. 10Abrem túneis nas rochas e encontram pedras
preciosas. 11Represam a água dos ribeiros e trazem à luz tesouros
ocultos. 12"Mas onde se pode encontrar sabedoria? Onde se pode
achar entendimento? 13Ninguém sabe onde encontrá-la, pois ela
não se acha entre os vivos. 14'Não está aqui', diz o abismo, 'Nem
aqui', diz o mar. 15Não se pode comprá-la com ouro, nem adquiri-la
com prata. 16Vale mais que todo o ouro de Ofir, mais que o ônix
precioso e a safira. 17A sabedoria é mais valiosa que ouro e cristal;
não se pode comprá-la com joias de ouro fino. 18Coral e jaspe não se
comparam a ela; o preço da sabedoria ultrapassa o dos rubis. 19Não
se pode trocá-la pelo precioso topázio da Etiópia; ela vale mais que
o ouro puríssimo. 20"Onde, afinal, está a sabedoria? Onde está o
entendimento? 21Está escondida dos olhos de toda a humanidade;
nem mesmo as aves do céu conseguem descobri-la. 22A Destruição

e a Morte dizem: 'Ouvimos apenas rumores de onde encontrá-la'.
23"Somente Deus conhece o caminho para a sabedoria; ele sabe
onde encontrá-la. 24Pois ele enxerga toda a terra; vê tudo que há
debaixo do céu. 25Determina a força dos ventos e o volume das
águas. 26Fez as leis para controlar a chuva e definiu o caminho dos
relâmpagos. 27Então viu a sabedoria e a avaliou; em seu lugar a
pôs e cuidadosamente a examinou. 28É isto que ele diz a toda a
humanidade: 'O temor do Senhor é a verdadeira sabedoria; afas-
tar-se do mal é o verdadeiro entendimento'".

CAPÍTULO 29

Jó fala das bênçãos do passado

1Jó continuou a falar: 2"Tenho saudade dos tempos que passaram,
dos dias em que Deus cuidava de mim. 3Ele iluminava o caminho
à minha frente, e eu andava em segurança em meio à escuridão.
4Na flor de minha idade, a amizade de Deus estava presente em
meu lar. 5O Todo-poderoso ainda estava comigo, e eu tinha meus
filhos ao redor. 6Meus pés eram lavados em leite, e ribeiros de
azeite corriam das rochas para mim. 7"Naquele tempo, eu ia até a
porta da cidade e tomava meu lugar entre os líderes. 8Os jovens
abriam caminho ao me ver, e até os idosos se punham em pé. 9As
autoridades se calavam e colocavam a mão sobre a boca. 10Os mais
altos oficiais da cidade faziam silêncio e refreavam a língua em
sinal de respeito. 11"Todos que me ouviam me elogiavam, todos
que me viam falavam bem de mim. 12Pois eu auxiliava os pobres
que pediam ajuda e os órfãos que precisavam de socorro. 13Os que
estavam à beira da morte me abençoavam; eu trazia alegria ao
coração das viúvas. 14Era honesto em tudo que fazia; a retidão me
cobria como manto, e a justiça eu usava como turbante. 15Servia
de olhos para os cegos e de pés para os aleijados. 16Era um pai
para os pobres e defendia a causa dos estrangeiros. 17Quebrava as
mandíbulas dos ímpios e de seus dentes resgatava as vítimas. 18'Por
certo morrerei rodeado por minha família', pensava, 'depois de uma
vida longa e boa. 19Pois sou como a árvore cujas raízes chegam até
a água, cujos ramos são refrescados pelo orvalho. 20Recebo sempre
novas honras, e minha força vive renovada.' 21"Todos escutavam
meus conselhos; ficavam em silêncio e esperavam que eu falasse.
22E, depois que eu falava, nada tinham a acrescentar, pois o que

NO QUE ESTOU **PENSANDO** ○ | O QUE ESTOU **SENTINDO** ○ | DO QUE ESTOU **LEMBRANDO** ○

DESENHE OU ESCREVA

eu dizia os satisfazia. 23Esperavam minhas palavras como quem
espera a chuva; bebiam-nas como chuva de primavera. 24Quando
estavam desanimados, eu sorria para eles; valorizavam meu olhar
de aprovação. 25Como um líder, eu lhes dizia o que fazer; vivia como
rei entre suas tropas e consolava os que choravam."

CAPÍTULO 30

Jó fala de sua angústia

1"Agora, porém, os mais jovens zombam de mim, rapazes cujos
pais não são dignos de correr com meus cães pastores. 2De que
me serve a força deles? Seu vigor já desapareceu! 3Enfraquecidos
pela pobreza e pela fome, roem a terra seca, em regiões sombrias
e desoladas. 4Colhem ervas silvestres entre os arbustos e comem
as raízes das giestas. 5São expulsos, aos gritos, da companhia das
pessoas, como se fossem ladrões. 6Agora, moram em desfiladeiros
medonhos, em cavernas e entre as rochas. 7Uivam como animais
no meio dos arbustos e ajuntam-se debaixo dos espinheiros.
8São gente insensata, sem nome nem valor; foram expulsos da
terra. 9"Agora, divertem-se às minhas custas! Sou alvo de piadas
e canções vulgares. 10Desprezam-me e ficam longe de mim; só se
aproximam para cuspir em meu rosto. 11Pois Deus cortou a corda
de meu arco; já que ele me humilhou, eles não se refreiam mais.
12Essa gente desprezível se opõe a mim abertamente; lançam-me
de um lado para o outro e planejam minha desgraça. 13Bloqueiam
meu caminho e fazem de tudo para me destruir. Sabem que não
tenho quem me ajude; 14atacam-me de todos os lados. Quando
estou caído, lançam-se sobre mim; 15vivo aterrorizado. O vento
carregou minha honra; minha prosperidade passou como uma
nuvem. 16"Agora, minha vida se esvai; a aflição me persegue du-
rante o dia. 17A noite corrói meus ossos; a dor que me atormenta
não descansa. 18Com mão forte, Deus agarra minha roupa; pega-me
pela gola de minha túnica. 19Lança-me na lama; não passo de pó e
cinza. 20"Clamo a ti, ó Deus, e não me respondes; fico em pé diante
de ti, mas não me dás atenção. 21Tu me tratas com crueldade e
usas teu poder para me perseguir. 22Tu me lanças no redemoinho
e me destróis na tempestade. 23E sei que me envias para a morte,
para o destino de todos os que vivem. 24"Por certo, ninguém se
voltaria contra os necessitados, quando clamam por socorro em

suas dificuldades. **25**Acaso eu não chorava pelos aflitos? Não me
angustiava pelos pobres? **26**Esperava o bem, mas em seu lugar veio
o mal; aguardava a luz, mas em seu lugar veio a escuridão. **27**Meu
coração está agitado e não sossega; dias de aflição me atormentam.
28Ando nas sombras, sem a luz do sol; levanto-me em praça pública
e clamo por socorro. **29**Contudo, sou considerado irmão dos chacais
e companheiro das corujas. **30**Minha pele escureceu, e meus ossos
ardem de febre. **31**Minha harpa toca canções fúnebres, e minha
flauta acompanha os que choram."

CAPÍTULO 31

Jó defende sua inocência pela última vez

1"Fiz uma aliança com meus olhos de não olhar com cobiça para
nenhuma jovem. **2**Pois o que Deus, lá de cima, escolheu para nós?
Qual é nossa herança do Todo-poderoso, que está lá no alto? **3**Não
é calamidade para os perversos e desgraça para os que praticam o
mal? **4**Afinal, ele não vê tudo que faço e cada passo que dou? **5**"Se
minha conduta foi falsa, e se procurei enganar alguém, **6**que Deus
me pese numa balança justa, pois conhecerá minha integridade.
7Se me desviei de seu caminho, se meu coração cobiçou o que os
olhos viram, ou se sou culpado de algum outro pecado, **8**que outros
comam o que semeei; que minhas plantações sejam arrancadas
pela raiz. **9**"Se meu coração foi seduzido por uma mulher, ou se
cobicei a esposa de meu próximo, **10**que minha esposa se torne
serva de outro homem; que outros durmam com ela. **11**Pois a cobiça
é um pecado vergonhoso, um crime que merece castigo. **12**É fogo
que tudo consome, levando à destruição, capaz de destruir tudo
que tenho. **13**"Se fui injusto com meus servos e servas quando me
apresentaram suas queixas, **14**que farei quando Deus me confron-
tar? Que direi quando ele me chamar para prestar contas? **15**Pois o
mesmo Deus que me criou, também criou meus servos; formou no
ventre materno tanto eles como eu. **16**"Acaso me recusei a ajudar
os pobres ou acabei com a esperança da viúva? **17**Fui mesquinho
com meu alimento e me recusei a compartilhá-lo com os órfãos?
18Não! Desde a juventude, tenho cuidado dos órfãos como um pai
e, por toda a vida, tenho ajudado as viúvas. **19**Sempre que via al-
guém passar frio por falta de roupa, e o pobre que não tinha o que
vestir, **20**acaso eles não me abençoavam por lhes prover roupas

NO QUE ESTOU **PENSANDO** ○ | O QUE ESTOU **SENTINDO** ○ | DO QUE ESTOU **LEMBRANDO** ○

DESENHE OU ESCREVA

de lã para aquecê-los? **21**"Se levantei a mão contra o órfão, certo
de que os juízes tomariam meu partido, **22**que meu ombro seja
deslocado e meu braço, arrancado da articulação! **23**Seria melhor
que enfrentar o castigo de Deus; pois, se a majestade de Deus é
contra mim, que esperança resta? **24**"Acaso confiei no dinheiro ou
me senti seguro por causa de meu ouro? **25**Acaso me vangloriei de
minha riqueza e de tudo que possuo? **26**"Olhei para o sol, que brilha
no céu, ou para a lua, que percorre seu resplendor, **27**e, em segredo,
meu coração foi seduzido a lhes lançar beijos de adoração? **28**Se
o fiz, devo ser castigado pelos juízes, pois significa que neguei o
Deus que está lá no alto. **29**"Alguma vez me alegrei com a desgraça
de meus inimigos, ou exultei porque lhes aconteceu algum mal?
30Não, jamais cometi o pecado de amaldiçoar alguém ou de pedir
sua morte como vingança. **31**"Meus servos nunca disseram: 'Ele
deixa os outros passar fome'. **32**Nunca deixei o estrangeiro dormir
na rua; minha porta sempre esteve aberta para todos. **33**"Acaso
procurei encobrir meus pecados, como outros fazem, e esconder
a culpa em meu coração? **34**Mantive-me calado e não saí de casa,
por medo da multidão ou do desprezo do povo? **35**"Se ao menos
alguém me ouvisse! Vejam, aqui está minha defesa assinada. Que
o Todo-poderoso me responda; que meu adversário registre sua
denúncia por escrito. **36**Eu enfrentaria a acusação de peito aberto
e a usaria como coroa. **37**Pois eu diria a Deus exatamente o que
tenho feito; compareceria diante dele como um príncipe. **38**"Se
a terra protestar contra mim, se todos os seus sulcos clamarem,
39se roubei suas colheitas, ou se matei seus donos, **40**que cresçam
espinhos em lugar de trigo e ervas daninhas em lugar de cevada".
Assim terminam as palavras de Jó.

CAPÍTULO 32

Eliú responde aos amigos de Jó

1Os três amigos de Jó pararam de lhe responder, pois ele insistia
em dizer que era inocente. **2**Então Eliú, filho de Baraquel, o buzita,
da família de Rão, ficou irado. Indignou-se porque Jó se achava
mais justo que Deus. **3**Também indignou-se com os três amigos
de Jó, pois não conseguiram responder a seus argumentos, a fim
de demonstrar que Jó estava errado. **4**Eliú havia esperado os outros
falarem, pois eram mais velhos que ele. **5**Mas, quando viu que

não tinham mais nada a dizer, expressou sua indignação. 6Assim,
Eliú, filho de Baraquel, o buzita, disse: "Eu sou jovem, e vocês são
idosos; por isso me contive e não dei minha opinião. 7Pensei:
'Os mais velhos devem falar, pois a sabedoria vem com o tempo'.
8Contudo, há um espírito dentro de cada um, o sopro do Todo-
poderoso, que lhe dá entendimento. 9Nem sempre os de mais
idade são sábios; às vezes, os velhos não entendem o que é justo.
10Portanto, ouçam-me, e eu lhes direi o que penso. 11"Esperei todo
esse tempo, ouvindo seus argumentos atentamente, observando
enquanto procuravam palavras. 12Dei-lhes toda a atenção, mas
nenhum de vocês provou que Jó está errado, nem respondeu a
seus argumentos. 13Não venham me dizer: 'Ele é sábio demais para
nós; só Deus pode convencê-lo'. 14Se Jó tivesse discutido comigo,
eu não teria respondido como vocês. 15Estão aí perplexos, sem
resposta, sem terem mais o que dizer. 16Devo continuar a esperar,
agora que se calaram? Devo também permanecer em silêncio?
17Não! Darei minha resposta; também expressarei minha opinião.
18Pois tenho muito a dizer, e o espírito em mim me impulsiona
a falar. 19Sou como um barril de vinho sem respiradouro, como
uma vasilha de couro prestes a romper. 20Preciso falar para ter
alívio; sim, deixem-me responder! 21Não tomarei partido, nem
tentarei bajular ninguém. 22Pois, se tentasse usar de bajulação,
meu Criador logo me destruiria."

CAPÍTULO 33

Eliú apresenta seus argumentos contra Jó

1"Jó, ouça minhas palavras, preste atenção ao que vou dizer.
2Chegou minha vez de falar; as palavras estão na ponta da língua.
3Falo com toda a sinceridade, digo a pura verdade. 4O Espírito de
Deus me criou, o sopro do Todo-poderoso me dá vida. 5Responda-
me, se puder; apresente seus argumentos e defina sua posição.
6Você e eu somos iguais diante de Deus; eu também fui formado
do barro. 7Portanto, não tenha medo de mim; não serei severo de-
mais com você. 8"Você falou em minha presença, e ouvi bem suas
palavras. 9Você disse: 'Sou puro e não tenho pecado; sou inocente
e não tenho culpa. 10Deus procura motivos para se opor a mim e me
considera seu inimigo. 11Prende meus pés no tronco e vigia todos os
meus movimentos'. 12"Mas você está enganado, e eu lhe mostrarei

NO QUE ESTOU **PENSANDO** ○ O QUE ESTOU **SENTINDO** ○ DO QUE ESTOU **LEMBRANDO** ○

DESENHE OU ESCREVA

o motivo, pois Deus é maior que qualquer ser humano. 13Sendo
assim, por que você o acusa? Por que diz que ele não responde
às queixas humanas? 14Pois Deus fala repetidamente, embora as
pessoas não prestem atenção. 15Fala em sonhos, em visões durante
a noite, quando o sono profundo cai sobre todos, enquanto dor-
mem em suas camas. 16Sussurra em seus ouvidos e aterroriza-os
com advertências. 17Faz que deixem de praticar o mal e livra-os do
orgulho. 18Preserva-os do túmulo e de serem atravessados pela
espada. 19"Deus os disciplina no leito de enfermidade, com dores
constantes nos ossos. 20Eles perdem a vontade de comer; nem
mesmo o alimento mais delicioso lhes apetece. 21Sua carne defi-
nha a olhos nus, e seus ossos ficam à vista. 22Estão cada vez mais
perto do túmulo; os mensageiros da morte os esperam. 23"Mas,
se um dos milhares de anjos do céu aparecer, para interceder por
alguém e declará-lo justo, 24Deus terá compaixão e dirá: 'Livre-o do
túmulo, pois encontrei resgate por sua vida'. 25Então seu corpo se
tornará saudável como o de um menino; será forte e jovem outra
vez. 26Quando ele orar a Deus, será aceito. Deus o receberá com
alegria e o restituirá à condição de justo. 27Ele declarará a seus
amigos: 'Pequei e perverti o que é correto, mas não valeu a pena.
28Deus me livrou do túmulo; agora minha vida contempla a luz'.
29"Sim, Deus faz essas coisas acontecerem repetidas vezes com as
pessoas. 30Ele as livra da sepultura, para que desfrutem a luz da
vida. 31Preste atenção, Jó; fique quieto e ouça-me, pois tenho mais
coisas para falar. 32Mas, se você tem algo a dizer, responda; fale,
pois quero que seja absolvido. 33Se não tem nada a dizer, fique
quieto e ouça-me, e eu lhe ensinarei a sabedoria".

CAPÍTULO 34

Eliú acusa Jó de arrogância

1Então Eliú disse: 2"Ouçam-me, vocês que são sábios; prestem
atenção, vocês que têm conhecimento. 3Jó disse: 'O ouvido prova
as palavras que ouve, assim como a língua distingue os sabores'.
4Portanto, vamos discernir para nós mesmos o que é certo; vamos
descobrir juntos o que é bom. 5Pois Jó também disse: 'Sou inocente,
mas Deus tirou de mim meus direitos. 6Sou inocente, mas eles me
chamam de mentiroso; minha dor é incurável, embora eu não tenha
pecado'. 7"Digam-me, alguma vez houve um homem como Jó, com

sua sede por palavras irreverentes? 8Escolhe como companheiros
os que praticam o mal e anda com homens perversos. 9Chegou até
a dizer: 'Por que desperdiçar meu tempo tentando agradar a Deus?'.
10"Ouçam-me, vocês que têm entendimento: Deus não peca de
forma alguma! O Todo-poderoso não pratica o mal! 11Ele retribui a
cada um de acordo com seus atos; trata as pessoas como merecem.
12Na verdade, Deus não fará o mal; o Todo-poderoso não cometerá
injustiça. 13Quem entregou a terra aos cuidados de Deus? Quem o
fez responsável por todo o mundo? 14Se Deus retirasse seu espírito
e removesse seu sopro, 15toda a vida cessaria, e a humanidade
voltaria ao pó. 16"Portanto, se você é sábio, ouça-me; preste atenção
ao que digo. 17Acaso Deus poderia governar se odiasse a justiça?
Você pretende condenar o Juiz todo-poderoso? 18Ele diz aos reis:
'Vocês são perversos', e aos nobres: 'Vocês são injustos'. 19Para Deus,
não importa a posição da pessoa; ele não dá mais atenção aos ricos
que aos pobres, pois todos foram criados por ele. 20Morrem de re-
pente, falecem no meio da noite; os poderosos são removidos sem
a ajuda de mãos humanas. 21"Pois Deus observa como as pessoas
vivem; ele vê tudo que fazem. 22Não há escuridão densa o bastante
onde os perversos possam se esconder de seus olhos. 23Não são as
pessoas que decidem o momento em que comparecerão diante de
Deus para ser julgadas. 24Ele destrói os poderosos sem consultar
ninguém e põe outros em seu lugar. 25Ele sabe o que fazem e à
noite os derruba e os destrói. 26Ele os fere porque são perversos e
os castiga em público, para que todos vejam. 27Pois deixaram de
segui-lo e não têm respeito algum por seus caminhos. 28Fazem os
pobres clamar e chamar a atenção de Deus, e ele ouve os gritos dos
aflitos. 29Mas, se ele permanecer calado, quem o criticará? Quando
ele esconde seu rosto, ninguém pode encontrá-lo, nem indivíduo
nem nação. 30Ele impede que os ímpios governem, para que não
sejam uma cilada para o povo. 31"Por que ninguém diz a Deus:
'Pequei, mas não voltarei a pecar'? 32Ou: 'Não sei qual foi meu erro;
mostra-me se fiz o mal, e deixarei de fazê-lo de imediato'? 33"Acaso
Deus deve adaptar a justiça dele a suas exigências? Você o rejeitou!
A escolha é sua, não minha; compartilhe sua sabedoria conosco.
34Afinal, pessoas inteligentes me dirão, e os sábios que me ouvem
falarão: 35'Jó fala por ignorância; suas palavras não fazem sentido'.
36Jó, você merece o castigo mais severo pelo modo perverso como

Jó 34.21

falou. 37Pois, ao seu pecado, acrescentou a rebeldia; não mostra
respeito e não para de falar contra Deus".

CAPÍTULO 35

Eliú lembra Jó da justiça de Deus

1Então Eliú disse: 2"Você acha certo afirmar: 'Sou justo diante de
Deus'? 3Pois você também pergunta: 'O que eu ganho com isso?
Que vantagem há em não pecar?'. 4"Responderei a você e a todos
os seus amigos. 5Olhe para o céu, e veja as nuvens lá no alto, muito
acima de você. 6Se você pecar, em que isso afetará Deus? Mesmo
que peque repetidamente, que efeito terá sobre ele? 7Se você for
justo, isso será um grande presente para ele? O que você tem para
lhe dar? 8Seus pecados só afetam gente como você; suas boas ações
só afetam outros humanos. 9"As pessoas clamam por socorro quan-
do oprimidas; gritam pedindo ajuda sob a força dos poderosos.
10E, no entanto, não perguntam: 'Onde está Deus, meu Criador,
aquele que me dá canções durante a noite? 11Onde está aquele
que nos torna mais inteligentes que os animais e mais sábios que
as aves do céu?'. 12Quando clamam, Deus não responde, por causa
do orgulho dos maus. 13É errado, porém, dizer que Deus não ouve
e afirmar que o Todo-poderoso não se importa. 14Você diz que não
vê Deus, mas espere, e ele lhe fará justiça. 15Você diz que Deus, em
sua ira, não castiga os pecadores, e, portanto, não faz muito caso
da perversidade. 16Você não sabe o que diz, Jó; fala como um tolo".

CAPÍTULO 36

1Eliú continuou a falar: 2"Deixe-me prosseguir e lhe mostrarei a ver-
dade, pois ainda não terminei de defender a Deus! 3Apresentarei
argumentos profundos em favor da justiça de meu Criador. 4Digo
somente a verdade, pois sou homem de pleno conhecimento.
5"Deus é poderoso, mas não despreza ninguém; ele é grande em
força e entendimento. 6Não permite que os perversos vivam, mas
faz justiça aos aflitos. 7Observa atentamente os justos, coloca-os em
tronos com reis e exalta-os para sempre. 8Se estão acorrentados e
amarrados com cordas de aflição, 9ele faz que vejam o motivo; mos-
tra-lhes que pecaram, sendo orgulhosos. 10Chama-lhes a atenção
e ordena que se afastem do mal. 11"Se obedecerem e servirem a
Deus, serão abençoados com prosperidade a vida inteira; todos

os seus dias serão agradáveis. 12Se, porém, não o ouvirem, serão atravessados pela espada e perecerão por falta de entendimento. 13Pois os ímpios são cheios de ressentimento; mesmo quando Deus os castiga, não clamam por socorro. 14Morrem em plena juventude, depois de desperdiçar a vida em imoralidade. 15Mas, por meio do sofrimento, ele livra os que sofrem e, por meio da adversidade, obtém sua atenção. 16"Jó, Deus também quer afastá-lo do sofrimento e levá-lo a um lugar onde não há aflição; quer pôr em sua mesa as comidas mais saborosas. 17Você, porém, insiste em saber se os perversos serão julgados; só consegue pensar no juízo e na justiça. 18Tome cuidado, para que a riqueza não o seduza; não deixe que o suborno o leve a pecar. 19Acaso toda a sua riqueza ou todos os seus grandes esforços poderiam guardá-lo da aflição? 20Não deseje a proteção da noite, pois é quando as pessoas serão destruídas. 21Fique atento! Afaste-se do mal, pois Deus enviou este sofrimento para guardá-lo de uma vida de maldade."

Eliú lembra Jó do poder de Deus

22"Deus é muito poderoso; quem é mestre como ele? 23Ninguém pode lhe ordenar o que fazer, nem lhe dizer: 'Agiste mal'. 24Você deve, sim, dar glória a Deus por suas obras poderosas e entoar cânticos de louvor. 25Todos viram suas obras, ainda que apenas de longe. 26"Deus é tão grande que não podemos compreender; não há como calcular os anos de sua existência. 27Ele faz a água subir como vapor e depois a destila em chuva. 28As nuvens derramam a chuva, e a humanidade toda se beneficia. 29Quem pode entender a extensão das nuvens e o trovão que ressoa do céu? 30Deus espalha relâmpagos em volta de si e cobre as profundezas do mar. 31Com esses atos poderosos, governa os povos e lhes dá comida com fartura. 32Enche as mãos de relâmpagos e atira cada um em seu alvo. 33O trovão anuncia sua presença, e a tempestade, sua ira indignada."

CAPÍTULO 37

1"Quando penso nisso, meu coração bate mais depressa e estremece dentro de mim. 2Ouça com atenção o estrondo da voz de Deus, que da boca dele troveja. 3Ressoa pelo céu, e seus relâmpagos brilham em todas as direções. 4Depois vem o rugido de trovões, a

NO QUE ESTOU **PENSANDO** ○ O QUE ESTOU **SENTINDO** ○ DO QUE ESTOU **LEMBRANDO** ○

DESENHE OU ESCREVA

voz tremenda de sua majestade; quando ele fala, não a refreia. 5A voz de Deus é gloriosa no trovão; é impossível imaginar a grandeza de seu poder! 6"Ele diz à neve: 'Venha sobre a terra!', e ordena à chuva: 'Caia em torrentes!'. 7Todos param de trabalhar, a fim de observar seu poder. 8Os animais selvagens buscam abrigo e ficam em suas tocas. 9A tempestade sai de seus aposentos, e ventos fortes trazem o frio. 10O sopro de Deus envia o gelo e congela grandes extensões de água. 11Ele carrega de umidade as nuvens e espalha entre elas seus relâmpagos. 12As nuvens se agitam sob sua direção e cumprem suas ordens sobre toda a terra. 13Deus faz tudo isso para castigar as pessoas, ou para mostrar seu amor. 14"Preste atenção, Jó! Pare e pense nos feitos maravilhosos de Deus! 15Você sabe como Deus controla a tempestade e faz os relâmpagos brilharem nas nuvens? 16Você entende como ele move as nuvens com perfeição e conhecimento maravilhosos? 17Enquanto você fica sufocado de calor em sua roupa, e o vento sul perde a força e tudo se acalma, 18ele faz o céu refletir o calor como um espelho de bronze; acaso você pode fazer o mesmo? 19"Ensina-nos, então, o que dizer a Deus; somos ignorantes demais para apresentar nossos argumentos. 20Deus deve ser avisado de que desejo falar? É possível falar quando se está confuso? 21Não podemos olhar para o sol, pois ele brilha intensamente no céu, quando o vento dispersa as nuvens. 22Da mesma forma, dourado esplendor vem do monte de Deus; ele está vestido de tremenda majestade. 23O Todo-poderoso está além de nossa compreensão; apesar de seu grande poder, a ninguém oprime em sua justiça e retidão. 24Por isso em toda parte as pessoas o temem; todos os sábios lhe mostram devoção".

CAPÍTULO 38

O SENHOR desafia Jó

1Então, do meio de um redemoinho, o SENHOR respondeu a Jó: 2"Quem é esse que questiona minha sabedoria com palavras tão ignorantes? 3Prepare-se como um guerreiro, pois lhe farei algumas perguntas, e você me responderá. 4"Onde você estava quando eu lancei os alicerces do mundo? Diga-me, já que sabe tanto. 5Quem definiu suas dimensões e estendeu a linha de medir? Vamos, você deve saber. 6O que sustenta seus alicerces e quem lançou sua pedra angular, 7enquanto as estrelas da manhã cantavam juntas, e os

anjos davam gritos de alegria? 8"Quem estabeleceu os limites do
mar quando do ventre ele brotou, 9quando eu o vesti com nuvens
e o envolvi em escuridão profunda? 10Pois o contive atrás de portas
com trancas, para delimitar seus litorais. 11Disse: 'Daqui não pode
passar; aqui suas ondas orgulhosas devem parar!'. 12"Você alguma
vez deu ordem para que a manhã aparecesse e fez o amanhecer
se levantar no leste? 13Fez a luz do dia se espalhar até os confins
da terra, para acabar com a perversidade da noite? 14À medida
que a luz se aproxima, a terra toma forma, como o barro sob um
anel de selar; como uma veste, seus contornos se mostram. 15A
luz incomoda os perversos e detém o braço levantado para come-
ter violência. 16"Você explorou as nascentes do mar? Percorreu
suas profundezas? 17Sabe onde ficam as portas da morte? Viu as
portas da escuridão absoluta? 18Tem ideia da extensão da terra?
Responda-me, se é que você sabe! 19"De onde vem a luz, e para
onde vai a escuridão? 20Você é capaz de levar cada uma a seu
lugar? Sabe como chegar lá? 21Claro que sabe de tudo isso! Afinal,
já havia nascido antes de tudo ser criado e tem muita experiência!
22"Você alguma vez visitou os depósitos de neve ou viu onde fica
guardado o granizo? 23Eu os reservo como armas para os tempos
de angústia, para o dia de batalha e guerra. 24Onde os relâmpagos
se dividem? De onde se dispersa o vento leste? 25"Quem abriu
um canal para as chuvas torrenciais? Quem definiu o percurso
dos relâmpagos? 26Quem faz a chuva cair sobre a terra árida, no
deserto, onde ninguém habita? 27Quem envia a chuva para saciar
a terra seca e fazer brotar o capim novo? 28"Acaso a chuva tem pai?
Quem gera o orvalho? 29Quem é a mãe do gelo? Quem dá à luz
a geada que vem do céu? 30Pois a água se transforma em gelo,
duro como pedra, e a superfície das águas profundas se congela.
31"Você é capaz de controlar as estrelas e amarrar o grupo das
Plêiades ou afrouxar as cordas do Órion? 32Pode fazer aparecer no
tempo exato as constelações, ou guiar a Ursa e seus filhotes pelo
céu? 33Conhece as leis do universo? Pode usá-las para governar a
terra? 34"Pode gritar para as nuvens e fazer chover? 35Pode fazer
os raios aparecerem e lhes dizer onde cair? 36Quem dá intuição
ao coração e instinto à mente? 37Quem é sábio o suficiente para
contar todas as nuvens? Quem pode inclinar as vasilhas de água do
céu, 38quando a terra está seca e o solo se endureceu em torrões?

NO QUE ESTOU **PENSANDO** ○ | O QUE ESTOU **SENTINDO** ○ | DO QUE ESTOU **LEMBRANDO** ○

DESENHE OU ESCREVA

39"Acaso você pode caçar a presa para a leoa e saciar a fome dos
leõezinhos, 40enquanto eles se agacham na toca ou ficam à esprei-
ta no mato? 41Quem providencia alimento para os corvos quando
seus filhotes clamam a Deus e, famintos, andam de um lado para
o outro?"

CAPÍTULO 39

O Senhor continua com seu desafio

1"Você sabe quando as cabras monteses dão à luz? Viu as corças
nascerem? 2Sabe quantos meses dura sua gestação? Sabe qual é o
momento do parto? 3Elas se agacham para dar à luz seus filhotes, e
assim suas crias nascem. 4Os filhotes crescem nos campos abertos
e vão embora, para nunca mais voltar. 5"Quem deu ao jumento sua
liberdade? Quem desatou suas cordas? 6Eu o coloquei no deserto;
as terras estéreis são seu lar. 7Ele despreza o barulho da cidade e
não faz caso dos gritos do condutor. 8Os montes são seu pasto, onde
ele procura o capim. 9"Acaso o boi selvagem aceitará ser domado?
Passará a noite no curral? 10Você consegue prendê-lo ao arado?
Acaso ele lavrará um campo para você? 11Sendo ele muito forte,
pode-se confiar nele? Você pode ir embora, certo de que ele fará
seu trabalho? 12Pode depender dele para recolher o trigo e levá-lo
ao lugar de debulhar os grãos? 13"A avestruz bate as asas, alegre,
mas não tem a plumagem da cegonha. 14Ela põe seus ovos na terra,
para que sejam aquecidos no pó. 15Não se preocupa que alguém
possa pisá-los ou que um animal selvagem os destrua. 16Trata seus
filhotes com dureza, como se não fossem seus; não se importa se
eles morrem. 17Pois Deus não lhe deu sabedoria, nem lhe concedeu
entendimento. 18Quando, porém, ela se levanta para correr, zomba
até mesmo do cavalo mais veloz e seu cavaleiro. 19"Acaso você deu
força ao cavalo ou lhe cobriu o pescoço com a crina? 20Deu-lhe a
habilidade de pular como um gafanhoto? Seu bufar majestoso é as-
sustador! 21Ele revolve o chão com as patas e alegra-se em sua força
quando corre para a batalha. 22Ri do medo e nada teme; não foge
da espada. 23Flechas voam ao seu redor, lanças e dardos faíscam.
24Agitado e enfurecido, devora o caminho; lança-se à batalha quan-
do a trombeta ressoa. 25Relincha ao toque da trombeta e fareja de
longe a batalha, à espera das ordens do capitão e do ruído de luta.
26"Acaso é sua sabedoria que faz o falcão voar alto e abrir as asas

para o sul? 27É por ordem sua que a águia se eleva e faz o ninho lá no alto? 28Ela mora nos rochedos; constrói seu ninho nas pedras mais altas. 29Dali, ela caça sua presa; de longe, seus olhos a avistam. 30Seus filhotes bebem sangue; onde há um animal morto, ali ela está".

CAPÍTULO 40

1Então o SENHOR disse a Jó: 2"Ainda quer discutir com o Todo-poderoso? Você critica Deus, mas será que tem as respostas?".

Jó responde ao SENHOR

3Então Jó respondeu ao SENHOR: 4"Eu não sou nada; como poderia encontrar as respostas? Cobrirei minha boca com a mão. 5Já falei demais; não tenho mais nada a dizer".

O SENHOR desafia Jó outra vez

6Então, do meio do redemoinho, o SENHOR respondeu a Jó: 7"Prepare-se como um guerreiro, pois lhe farei algumas perguntas, e você responderá. 8"Porá em dúvida minha justiça e me condenará só para provar que tem razão? 9Você é tão forte quanto Deus? Sua voz pode trovejar como a dele? 10Então vista-se de glória e esplendor, de honra e majestade. 11Dê vazão à sua ira, deixe-a transbordar contra os orgulhosos. 12Humilhe-os com um olhar, pise os perversos onde estiverem. 13Enterre-os no pó, prenda-os no mundo dos mortos. 14Então eu mesmo reconheceria que você pode se salvar por sua própria força. 15"Veja o Beemote, que eu criei, assim como criei você; ele come capim, como o boi. 16Veja a força que ele tem nos lombos e o vigor nos músculos da barriga. 17Sua cauda é forte como o cedro, e os tendões de suas coxas são entrelaçados. 18Seus ossos são canos de bronze, e suas pernas, barras de ferro. 19É ótimo exemplo das obras de Deus, e somente seu Criador é capaz de ameaçá-lo. 20Os montes lhe oferecem seu melhor alimento, e ali brincam os animais selvagens. 21Ele se deita sob arbustos espinhosos, onde os juncos do brejo o escondem. 22Os arbustos lhe dão sombra entre os salgueiros junto ao riacho. 23Ele não se perturba com as enchentes do rio, nem se preocupa quando o Jordão transborda e se agita ao redor. 24Ninguém o pega de surpresa, nem lhe prende um anel no nariz."

NO QUE ESTOU **PENSANDO** ○ O QUE ESTOU **SENTINDO** ○ DO QUE ESTOU **LEMBRANDO** ○

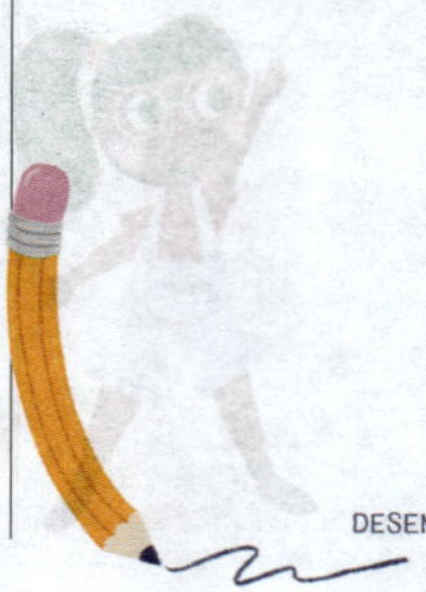

DESENHE OU ESCREVA

CAPÍTULO 41

O SENHOR continua seu desafio

1"Você é capaz de pegar o Leviatã com um anzol ou prender sua língua com um laço? 2É capaz de amarrá-lo, passando uma corda por seu nariz, ou atravessar seu queixo com um gancho? 3Acaso ele implorará por misericórdia ou suplicará por piedade? 4Aceitará trabalhar para você e ser seu escravo para o resto da vida? 5Fará dele um animal de estimação, como um pássaro, ou deixará que suas meninas brinquem com ele? 6Comerciantes o comprarão para vendê-lo no mercado? 7É possível furar sua pele com lanças ou ferir sua cabeça com arpões? 8Se você encostar a mão nele, o resultado será uma batalha que você não esquecerá, e nunca mais tentará fazê-lo! 9Não! É inútil procurar capturá-lo; o caçador que tentar será derrubado. 10E, visto que ninguém ousa perturbá-lo, quem será capaz de me enfrentar? 11Quem me deu alguma coisa, para que eu precise retribuir depois? Tudo debaixo do céu me pertence. 12"Quero destacar as pernas do Leviatã, sua enorme força e sua forma perfeita. 13Quem é capaz de arrancar seu couro? Quem pode atravessar sua couraça dupla? 14Quem é capaz de fazê-lo abrir a boca? Seus dentes são aterrorizantes! 15As escamas de suas costas são como fileiras de escudos firmemente unidos uns aos outros. 16São tão próximas umas às outras que nem mesmo ar passa entre elas. 17Cada escama é presa à vizinha; são entrelaçadas e nada pode atravessá-las. 18"Seu forte sopro atira lampejos de luz, seus olhos são como o sol do amanhecer. 19De sua boca saltam relâmpagos; saem chamas de fogo. 20Suas narinas soltam fumaça, como vapor de uma panela aquecida numa fogueira de juncos. 21Seu hálito faria acender carvão, pois chamas saltam de sua boca. 22"A força tremenda do pescoço do Leviatã espalha terror por onde ele passa. 23Sua carne é dura e firme e não se pode atravessá-la. 24Seu coração é duro como rocha, como pedra de moinho. 25Quando ele se levanta, os valentes se enchem de medo e são tomados de pavor. 26Nenhuma espada pode detê-lo, nem lança, nem dardo, nem arpão. 27Para essa criatura, ferro é como palha, e bronze, como madeira podre. 28Flechas não o levam a fugir, pedras lançadas de uma funda são como ciscos. 29Bastões são como folhas de capim, e ele ri do zunido das lanças. 30Sua barriga é coberta de escamas afiadas como vidro; quando ela se arrasta na lama, escava como

um arado. 31"O Leviatã faz as profundezas se agitarem como uma
panela e o mar se revolver como um pote de óleo. 32Deixa na água
um rastro luminoso, que faz o mar parecer branco. 33Não há nada
na terra semelhante a ele, nenhuma criatura tão destemida. 34De
todas as criaturas, ele é a mais imponente; é o rei de todos os ani-
mais selvagens".

CAPÍTULO 42

Jó responde ao SENHOR

1Então Jó respondeu ao SENHOR: 2"Sei que podes fazer todas as
coisas, e ninguém pode frustrar teus planos. 3Perguntaste: 'Quem
é esse que, com tanta ignorância, questiona minha sabedoria?'.
Sou eu; falei de coisas de que eu não entendia, coisas maravilho-
sas demais que eu não conhecia. 4Disseste: 'Ouça, e eu falarei! Eu
lhe farei algumas perguntas, e você responderá'. 5Antes, eu só te
conhecia de ouvir falar; agora, eu te vi com meus próprios olhos.
6Retiro tudo que disse e me sento arrependido no pó e nas cinzas".

Conclusão: o SENHOR abençoa Jó

7Depois que o SENHOR terminou de falar com Jó, disse a Elifaz, de
Temã: "Estou muito irado com você e com seus dois amigos, pois
não falaram o que é certo a meu respeito, como fez meu servo Jó.
8Por isso, peguem sete novilhos e sete carneiros, levem os animais
a meu servo Jó e ofereçam holocaustos em favor de si mesmos.
Meu servo Jó orará por vocês, e eu aceitarei a oração dele. Não
tratarei vocês como merecem por sua insensatez, pois não falaram o
que é certo a meu respeito, como fez meu servo Jó". 9Então Elifaz, de
Temã, Bildade, de Suá, e Zofar, de Naamá, fizeram o que o SENHOR
havia ordenado, e o SENHOR aceitou a oração de Jó. 10Quando Jó
orou por seus amigos, o SENHOR o tornou próspero de novo. Na
verdade, o SENHOR lhe deu o dobro do que tinha antes. 11Todos os
seus irmãos, suas irmãs e seus amigos de outros tempos vieram
e festejaram com ele à mesa de sua casa. Eles o consolaram e o
confortaram por todas as provações que o SENHOR tinha enviado
contra ele, e cada um lhe trouxe um presente de prata e um anel
de ouro. 12O SENHOR abençoou Jó na segunda parte de sua vida
ainda mais que na primeira. Ele teve catorze mil ovelhas, seis mil
camelos, mil juntas de bois e mil jumentas. 13Deus também deu a
Jó sete filhos e três filhas. 14Jó chamou a primeira filha de Jemima,
a segunda, de Quézia, e a terceira, de Quéren-Hapuque. 15Em toda
a terra, não havia mulheres tão lindas como as filhas de Jó. E seu
pai lhes deu herança junto com os irmãos delas. 16Depois disso,
Jó viveu 140 anos e viu quatro gerações de filhos e netos. 17Então,
morreu, depois de uma vida longa e plena.

Quando Jó orou por seus amigos, o Senhor o tornou próspero de novo.

Na verdade, o Senhor lhe deu o dobro do que tinha antes.

Jó 42.10

SALMOS

Livro 1 (Salmos 1–41)

CAPÍTULO 1

1 Feliz é aquele que não segue o conselho dos perversos, não se
detém no caminho dos pecadores, nem se junta à roda dos zom-
badores. 2 Pelo contrário, tem prazer na lei do SENHOR e nela me-
dita dia e noite. 3 Ele é como a árvore plantada à margem do rio,
que dá seu fruto no tempo certo. Suas folhas nunca murcham, e
ele prospera em tudo que faz. 4 O mesmo não acontece com os
perversos! São como palha levada pelo vento. 5 Serão condenados
quando vier o juízo; os pecadores não terão lugar entre os justos.
6 Pois o SENHOR guarda o caminho dos justos, mas o caminho dos
perversos leva à destruição.

CAPÍTULO 2

1 Por que as nações se enfurecem tanto? Por que perdem seu
tempo com planos inúteis? 2 Os reis da terra se preparam para
a batalha; os governantes conspiram juntos, contra o SENHOR e
contra seu ungido. 3 "Vamos quebrar estas correntes!", eles dizem.
"Vamos nos libertar da escravidão!" 4 Aquele que governa nos céus
ri; o Senhor zomba deles. 5 Então, em sua ira, ele os repreende e,
com sua fúria, os aterroriza. 6 Ele diz: "Estabeleci meu rei no trono
em Sião, em meu santo monte". 7 O rei proclama o decreto do
SENHOR: "O SENHOR me disse: 'Você é meu filho; hoje eu o gerei.
8 Basta pedir e lhe darei as nações como herança, a terra inteira
como sua propriedade. 9 Você as quebrará com cetro de ferro e as

Feliz é aquele que não segue o conselho dos perversos, não se detém no caminho dos pecadores, nem se junta à roda dos zombadores.

Sl 1.1

despedaçará como vasos de barro'". 10 Portanto, reis, sejam pru-
dentes! Aceitem a advertência, governantes da terra! 11 Sirvam ao
SENHOR com temor, alegrem-se nele com tremor. 12 Sujeitem-se
ao filho, para que ele não se ire e vocês não sejam destruídos de
repente, pois sua ira se acende num instante; felizes, porém, os
que nele se refugiam!

CAPÍTULO 3

Salmo de Davi, quando fugia de Absalão, seu filho.

1 Ó SENHOR, tenho tantos inimigos; tanta gente é contra mim! 2 São
muitos os que dizem: "Deus nunca o livrará!".

Interlúdio

3 Mas tu, SENHOR, és um escudo ao meu redor; és minha glória
e manténs minha cabeça erguida. 4 Clamei ao SENHOR, e ele me
respondeu de seu santo monte.

Interlúdio

5 Deitei-me e dormi; acordei em segurança, pois o SENHOR me guar-
dava. 6 Não tenho medo de dez mil inimigos que me cercam de
todos os lados. 7 Levanta-te, SENHOR! Salva-me, Deus meu! Acerta
meus inimigos no queixo e quebra os dentes dos perversos. 8 De
ti, SENHOR, vem o livramento; abençoa o teu povo!

Interlúdio

CAPÍTULO 4

**Ao regente do coral: salmo de Davi,
para ser acompanhado com instrumentos de cordas.**

1 Responde-me quando clamo a ti, ó Deus que me faz justiça. Livra-
me de minha angústia; tem compaixão de mim e ouve minha
oração. 2 Até quando vocês jogarão minha reputação na lama? Até
quando farão acusações infundadas e continuarão a mentir?

Interlúdio

3 Estejam certos disto: o SENHOR separa o fiel para si; o SENHOR res-
ponderá quando eu clamar a ele. 4 Não pequem ao permitir que a
ira os controle; reflitam durante a noite e permaneçam em silêncio.

Interlúdio

5 Ofereçam os sacrifícios exigidos e confiem no SENHOR. 6 Muitos
dizem: "Quem nos mostrará o bem?". Que a luz do teu rosto brilhe
sobre nós, SENHOR! 7 Tu me deste alegria maior que a daqueles que

têm fartas colheitas de cereais e vinho novo. 8Em paz me deitarei
e dormirei, pois somente tu, SENHOR, me guardas em segurança.

CAPÍTULO 5

**Ao regente do coral: salmo de Davi,
para ser acompanhado com flauta.**

1Ó SENHOR, ouve minhas palavras e presta atenção a meus gemidos.
2Atende a meu clamor por socorro, meu Rei e meu Deus, pois é
somente a ti que oro. 3Escuta minha voz logo cedo, SENHOR; toda
manhã te apresento meus pedidos e fico à espera. 4Ó Deus, tu não
tens prazer algum na maldade e não toleras o pecado dos perversos.
5Os orgulhosos não terão lugar em tua presença, pois odeias todos
que praticam o mal. 6Tu destróis os mentirosos; o SENHOR detesta
assassinos e enganadores. 7Por causa do teu grande amor entrarei
em tua casa; adorarei em teu templo com profunda reverência.
8Conduz-me pela tua justiça, SENHOR, para que meus inimigos não
me vençam. Remove os obstáculos do teu caminho, para que eu o
siga. 9Meus inimigos são incapazes de falar a verdade; seu dese-
jo mais intenso é destruir. Sua conversa é repulsiva, como o mau
cheiro de um túmulo aberto; sua língua é cheia de bajulação. 10Ó
Deus, declara-os culpados; que eles caiam nas próprias armadilhas.
Expulsa-os por causa de seus muitos pecados, pois se rebelaram
contra ti. 11Alegrem-se, porém, todos que em ti se refugiam; que
cantem alegres louvores para sempre. Estende sobre eles tua prote-
ção, para que exultem todos que amam teu nome. 12Pois tu, SENHOR,
abençoas os justos; com teu favor os proteges como um escudo.

CAPÍTULO 6

**Ao regente do coral: salmo de Davi,
para ser acompanhado com instrumento de oito cordas.**

1Ó SENHOR, não me repreendas em tua ira, nem me disciplines
em tua fúria. 2Tem compaixão de mim, SENHOR, pois estou fraco;
cura-me, SENHOR, pois meus ossos agonizam. 3Meu coração está
muito angustiado; SENHOR, quando virás me restaurar? 4Volta-te,
SENHOR, e livra-me! Salva-me por causa do teu amor. 5Pois os mor-
tos não se lembram de ti; quem te louvará da sepultura? 6Estou
exausto de tanto gemer; à noite inundo a cama de tanto chorar, e
de lágrimas a encharco. 7A tristeza me embaça a vista; meus olhos

NO QUE ESTOU **PENSANDO** ○ | O QUE ESTOU **SENTINDO** ○ | DO QUE ESTOU **LEMBRANDO** ○

DESENHE OU ESCREVA

estão cansados por causa de todos os meus inimigos. 8Afastem-se
de mim, todos vocês que praticam o mal, pois o SENHOR ouviu meu
pranto. 9O SENHOR ouviu minha súplica; o SENHOR responderá à
minha oração. 10Sejam humilhados e aterrorizados todos os meus
inimigos; recuem de repente, envergonhados.

CAPÍTULO 7

**Salmo que Davi cantou ao SENHOR sobre Cuxe,
da tribo de Benjamim.**

1Em ti me refugio, SENHOR, meu Deus; salva-me dos que me perse-
guem e livra-me! 2Do contrário, eles me atacarão como leões e me
despedaçarão, sem que ninguém me resgate. 3Ó SENHOR, meu Deus,
se fiz o mal, se cometi alguma injustiça, 4se traí um amigo ou saqueei
meu adversário sem razão, 5que meus inimigos me persigam e cap-
turem; que me pisoteiem no chão e no pó arrastem minha honra.
Interlúdio
6Levanta-te, SENHOR, em tua ira! Ergue-te contra a fúria de meus
inimigos! Desperta, meu Deus, e faz justiça! 7Reúne as nações
diante de ti e toma teu lugar de autoridade sobre elas. 8O SENHOR
julga as nações; declara-me justo, ó SENHOR, pois sou inocente, ó
Altíssimo! 9Faz cessar a maldade dos perversos e dá segurança ao
justo. Pois tu sondas a mente e o coração, ó Deus justo. 10Deus é
meu escudo; ele salva os que têm coração íntegro. 11Deus é justo
juiz; todos os dias ele mostra sua ira contra os perversos. 12Se eles
não se arrependerem, Deus afiará sua espada; armará seu arco para
disparar, 13preparará suas armas mortais e acenderá suas flechas
com fogo. 14Sim, o perverso gera o mal; concebe o sofrimento e
dá à luz a mentira. 15Abre uma cova profunda, mas ele próprio cai
em sua armadilha. 16Sua maldade se volta contra ele; sua violência
lhe cai sobre a cabeça. 17Darei graças ao SENHOR porque ele é justo;
cantarei louvores ao nome do SENHOR Altíssimo.

CAPÍTULO 8

**Ao regente do coral: salmo de Davi,
para ser acompanhado com instrumento de cordas.**

1Ó SENHOR, nosso Senhor, teu nome majestoso enche a terra; tua gló-
ria é mais alta que os céus! 2Tu ensinaste crianças e bebês a anuncia-
rem tua força; assim calaste teus inimigos e todos que a ti se opõem.

3Quando olho para o céu e contemplo a obra de teus dedos, a lua e
as estrelas que ali puseste, pergunto: 4Quem são os simples mortais,
para que penses neles? Quem são os seres humanos, para que com
eles te importes? 5E, no entanto, os fizeste apenas um pouco meno-
res que Deus e os coroaste de glória e honra. 6Tu os encarregaste de
tudo que criaste e puseste sob a autoridade deles todas as coisas:
7os rebanhos, o gado e todos os animais selvagens; 8as aves do céu,
os peixes do mar e tudo que percorre as correntes dos oceanos. 9Ó
SENHOR, nosso Senhor, teu nome majestoso enche a terra!

CAPÍTULO 9

Ao regente do coral: salmo de Davi,
para ser cantado com a melodia "A morte do filho".

1Eu te louvarei, SENHOR, de todo o meu coração; anunciarei as
maravilhas que fizeste. 2Por causa de ti, me alegrarei e celebra-
rei; cantarei louvores ao teu nome, ó Altíssimo. 3Meus inimigos
recuaram; tropeçaram e morreram diante de tua presença. 4Pois
julgaste meu direito e minha causa; de teu trono julgaste com
justiça. 5Repreendeste as nações e destruíste os perversos; apagas-
te o nome deles de uma vez por todas. 6O inimigo está acabado,
arruinado para sempre; arrasaste suas cidades e elas caíram em
esquecimento. 7O SENHOR, porém, reina para sempre; de seu trono,
executa o julgamento. 8Julgará o mundo com justiça e governará as
nações com imparcialidade. 9O SENHOR é abrigo para os oprimidos,
refúgio em tempos de aflição. 10Quem conhece teu nome confia
em ti, pois tu, SENHOR, não abandonas quem te busca. 11Cantem
louvores ao SENHOR, que reina em Sião; anunciem ao mundo seus
feitos. 12Pois aquele que vinga o sangue derramado não se esquece
dos aflitos; ele não ignora seu clamor. 13SENHOR, tem misericórdia
de mim! Vê como meus inimigos me atormentam e livra-me das
garras da morte. 14Salva-me, para que eu te louve às portas de
Jerusalém; para que eu me alegre por teu resgate. 15As nações
caíram na cova que abriram; seus pés ficaram presos no laço que
esconderam. 16O SENHOR é conhecido por sua justiça; os perversos
são pegos nas próprias armadilhas.

Interlúdio silencioso

17Os perversos descerão à sepultura; esse é o destino de todas as
nações que se esquecem de Deus. 18O necessitado, porém, não será
esquecido para sempre; a esperança dos pobres nunca mais será
frustrada. 19Levanta-te, SENHOR! Não permitas que simples mortais
te desafiem! Julga as nações! 20Faze-as tremer de medo, SENHOR;
que as nações saibam que não passam de simples mortais.

Interlúdio

NO QUE ESTOU **PENSANDO** ○ O QUE ESTOU **SENTINDO** ○ DO QUE ESTOU **LEMBRANDO** ○

DESENHE OU ESCREVA

CAPÍTULO 10

1Ó SENHOR, por que permaneces distante? Por que te escondes
em tempos de aflição? 2O perverso, em sua arrogância, persegue
o pobre; que seja pego em suas próprias tramas. 3Pois conta van-
tagem de seus desejos maus; elogia os gananciosos e amaldiçoa o
SENHOR. 4O perverso é orgulhoso demais para buscá-lo; seus planos
não levam em conta que Deus existe. 5No entanto, é bem-sucedido
em tudo que faz; não vê que teu castigo o aguarda e despreza
todos os seus inimigos. 6Pensa: "Nenhum mal nos atingirá; nunca
teremos problemas!". 7Sua boca é cheia de maldições, mentiras e
ameaças; em sua língua há violência e maldade. 8Fica de tocaia nos
povoados, à espera para matar inocentes; está sempre à procura
de vítimas indefesas. 9Como o leão à espreita em seu esconderi-
jo, aguarda para atacar os desamparados. Como o caçador, ele os
apanha e os arrasta dali. 10As vítimas indefesas são esmagadas;
caem sob a força do perverso. 11O perverso diz consigo: "Deus não
se importa! Fechou os olhos e não vê o que faço!". 12Levanta-te,
SENHOR! Castiga o perverso, ó Deus! Não te esqueças dos indefe-
sos! 13Por que o perverso continua a desprezar a Deus? Ele pensa:
"Deus jamais me pedirá contas". 14Tu, porém, vês o sofrimento e
a angústia que ele causa; observa-o e castiga-o. O indefeso confia
em ti; tu amparas o órfão. 15Quebra os braços dessa gente má e
perversa; pede contas de sua maldade até nada mais restar. 16O
SENHOR é rei para todo o sempre! As nações desaparecerão de sua
terra. 17Tu, SENHOR, conheces o desejo dos humildes; ouvirás seu
clamor e os confortarás. 18Farás justiça ao órfão e ao oprimido, para
que nenhum simples mortal volte a lhes causar terror.

CAPÍTULO 11

Ao regente do coral: salmo de Davi.

1No SENHOR eu me refugio. Por que, então, vocês me dizem: "Voe
para os montes, como um pássaro! 2Os perversos preparam seus

arcos e colocam as flechas nas cordas. Das sombras eles atiram
contra os que têm coração íntegro. 3Os alicerces ruíram; o que
pode fazer o justo?". 4O SENHOR, porém, está em seu santo templo;
o SENHOR governa dos céus. Observa a todos com atenção, examina
cada pessoa na terra. 5O SENHOR põe à prova tanto o justo como
o perverso; ele odeia quem ama a violência. 6Fará chover brasas
vivas e enxofre sobre os perversos e com ventos abrasadores os
castigará. 7Pois o SENHOR é justo e ama a justiça; os íntegros verão
sua face.

CAPÍTULO 12

Ao regente do coral: salmo de Davi, para ser acompanhado com instrumento de oito cordas.

1Socorro, SENHOR, pois os fiéis estão desaparecendo depressa! Os
que te temem sumiram da terra! 2Todos mentem uns aos outros;
falam com lábios bajuladores e coração fingido. 3Que o SENHOR
corte os lábios bajuladores e cale a língua arrogante. 4Eles dizem:
"Mentiremos quanto quisermos. Os lábios são nossos; quem nos
impedirá?". 5O SENHOR responde: "Vi a violência cometida con-
tra os indefesos e ouvi o gemido dos pobres. Agora me levanta-
rei para salvá-los, como eles tanto desejam". 6As promessas do
SENHOR são puras como prata refinada no forno, purificada sete
vezes. 7Portanto, SENHOR, sabemos que protegerás os oprimidos e
para sempre os guardarás desta geração mentirosa, 8ainda que os
perversos andem confiantes, e a maldade seja elogiada em toda
a terra.

CAPÍTULO 13

Ao diretor do coral: salmo de Davi.

1Até quando, SENHOR, te esquecerás de mim? Será para sempre? Até
quando esconderás de mim o teu rosto? 2Até quando terei de lutar
com a angústia em minha alma, com a tristeza em meu coração
a cada dia? Até quando meu inimigo terá vantagem sobre mim?
3Volta-te e responde-me, SENHOR, meu Deus! Restaura o brilho de
meus olhos, ou morrerei. 4Não permitas que meus inimigos digam:
"Nós o derrotamos!"; não deixes que se alegrem com meu tropeço.
5Eu, porém, confio em teu amor; por teu livramento me alegrarei.
6Cantarei ao SENHOR, porque ele é bom para mim.

Sl 13.6

CAPÍTULO 14

Ao regente do coral: salmo de Davi.

1Os tolos dizem em seu coração: "Não há Deus". São corruptos e
praticam o mal; nenhum deles faz o bem. 2O SENHOR olha dos céus
para toda a humanidade, para ver se alguém é sábio, se alguém
busca a Deus. 3Todos, porém, se desviaram; todos se corromperam.
Ninguém faz o bem, nem um sequer! 4Acaso os que praticam o
mal jamais aprenderão? Devoram meu povo como se fosse pão e
nem pensam em orar ao SENHOR. 5Grande terror se apoderará deles,
pois Deus está com os que lhe obedecem. 6Os perversos frustram os
planos dos oprimidos, mas o SENHOR protegerá seu povo. 7Quem
virá do monte Sião para salvar Israel? Quando o SENHOR restaurar
seu povo, Jacó dará gritos de alegria, e Israel exultará.

CAPÍTULO 15

Salmo de Davi.

1SENHOR, quem pode ter acesso a teu santuário? Quem pode per-
manecer em teu santo monte? 2Quem leva uma vida íntegra e prati-
ca a justiça; quem, de coração, fala a verdade. 3Quem não difama os
outros, não prejudica o próximo, nem fala mal dos amigos. 4Quem
despreza os que têm conduta reprovável, e honra os que temem o
SENHOR, e cumpre suas promessas mesmo quando é prejudicado.
5Quem empresta dinheiro sem visar lucro e não aceita suborno
para mentir sobre o inocente. Quem age assim jamais será abalado.

CAPÍTULO 16

Salmo de Davi.

1Guarda-me, ó Deus, pois em ti me refugio. 2Eu disse ao SENHOR:
"Tu és meu Senhor! Tudo que tenho de bom vem de ti". 3Os que
são fiéis aqui na terra são os verdadeiros heróis; tenho prazer na
companhia deles. 4Muitas são as aflições dos que correm atrás de
outros deuses; não participarei de seus sacrifícios de sangue, nem
invocarei o nome deles. 5Somente tu, SENHOR, és minha heran-
ça, meu cálice de bênçãos; tu guardas tudo que possuo. 6A terra
que me deste é agradável; que herança maravilhosa! 7Louvarei o
SENHOR, que me guia; mesmo à noite meu coração me ensina. 8Sei
que o SENHOR está sempre comigo; não serei abalado, pois ele está
à minha direita. 9Não é de admirar que meu coração esteja alegre e

eu exulte; meu corpo repousa em segurança. 10Pois tu não deixarás
minha alma entre os mortos, nem permitirás que teu santo apo-
dreça no túmulo. 11Tu me mostrarás o caminho da vida e me darás
a alegria de tua presença e o prazer de viver contigo para sempre.

CAPÍTULO 17

Oração de Davi.

1Ouve, SENHOR, minha súplica por justiça; atende a meu clamor
por socorro. Escuta minha oração, pois ela vem de lábios sinceros.
2Declara-me inocente, pois teus olhos veem com imparcialidade.
3Tu puseste à prova meus pensamentos; durante a noite, exami-
naste meu coração. Tu me sondaste e não encontraste nenhum
mal; estou decidido a não pecar com minhas palavras. 4Quanto
ao modo de agir, segui teus mandamentos, que me guardam de
imitar as ações de pessoas cruéis. 5Meus passos permaneceram
em teu caminho, meus pés não se desviaram dele. 6Clamo a ti, ó
Deus, pois sei que responderás; inclina-te e ouve minha oração.
7Mostra-me as maravilhas do teu amor; com teu poder, tu livras
os que buscam em ti refúgio dos inimigos. 8Protege-me, como
a menina de teus olhos; esconde-me à sombra de tuas asas.
9Guarda-me dos perversos que me atacam, dos inimigos mortais
que me cercam. 10Eles não têm compaixão; ouve como contam
vantagem! 11Seguem meus passos e me rodeiam, prontos para me
derrubar. 12São como leões famintos, ansiosos para me despedaçar,
como jovens leões escondidos, de tocaia. 13Levanta-te, ó SENHOR!
Enfrenta-os e faze-os cair de joelhos! Com tua espada, livra-me dos
perversos! 14Pelo poder de tua mão, SENHOR, destrói os que buscam
neste mundo sua recompensa. Satisfaz, porém, a fome dos que te
são preciosos; que os filhos deles tenham fartura e deixem herança
para os netos. 15Porque sou justo, verei a ti; quando acordar, te verei
face a face e me satisfarei.

CAPÍTULO 18

Ao regente do coral: salmo de Davi, servo do SENHOR.
Ele entoou este cântico ao SENHOR no dia em que o SENHOR
o livrou de todos os seus inimigos e de Saul. Cantou:

1Eu te amo, SENHOR; tu és minha força. 2O SENHOR é minha rocha,
minha fortaleza e meu libertador; meu Deus é meu rochedo, em

NO QUE ESTOU **PENSANDO** ○ | O QUE ESTOU **SENTINDO** ○ | DO QUE ESTOU **LEMBRANDO** ○

DESENHE OU ESCREVA

quem encontro proteção. Ele é meu escudo, o poder que me salva e
meu lugar seguro. 3Clamei ao SENHOR, que é digno de louvor, e ele
me livrou de meus inimigos. 4Os laços da morte me cercaram, tor-
rentes de destruição caíram sobre mim. 5A sepultura me envolveu
em seus laços, a morte pôs uma armadilha em meu caminho. 6Em
minha aflição, clamei ao SENHOR; sim, pedi socorro a meu Deus. De
seu santuário ele me ouviu; meu clamor chegou a seus ouvidos.
7A terra se abalou e estremeceu; tremeram os fundamentos dos
montes, agitaram-se por causa de sua ira. 8De suas narinas saiu
fumaça, de sua boca, fogo consumidor; brasas vivas saíram dele.
9Ele abriu os céus e desceu, com nuvens escuras de tempestade
sob os pés. 10Montado num querubim, pairava sobre as asas do
vento. 11Envolveu-se num manto de escuridão, em densas nuvens
de chuva. 12Nuvens espessas escondiam o brilho ao seu redor e
faziam chover granizo e brasas vivas. 13O SENHOR trovejou dos
céus; a voz do Altíssimo ressoou, em meio ao granizo e às brasas
vivas. 14Atirou flechas e dispersou seus inimigos, lançou muitos
raios e os fez fugir em confusão. 15Então, por tua ordem, SENHOR,
com o forte sopro de tuas narinas, o fundo do mar apareceu, e os
alicerces da terra ficaram expostos. 16Dos céus estendeu a mão e
me resgatou; tirou-me de águas profundas. 17Livrou-me de inimi-
gos poderosos, dos que me odiavam e eram fortes demais para
mim. 18Quando eu estava angustiado, eles me atacaram, mas o
SENHOR me sustentou. 19Ele me levou a um lugar seguro e me
livrou porque se agrada de mim. 20O SENHOR me recompensou
por minha justiça; por causa de minha inocência, me restaurou.
21Pois guardei os caminhos do SENHOR; não me afastei de meu
Deus para seguir o mal. 22Cumpri todos os seus estatutos e nunca
abandonei seus decretos. 23Sou inculpável diante de Deus; do
pecado me guardei. 24O SENHOR me recompensou por minha
justiça; ele viu minha inocência. 25Aos fiéis te mostras fiel, e, aos
íntegros, mostras integridade. 26Aos puros te mostras puro, mas,
aos perversos, te mostras astuto. 27Livras os humildes, mas humi-
lhas os orgulhosos. 28Manténs acesa minha lâmpada; ó SENHOR,
meu Deus, ilumina minha escuridão. 29Com tua força, posso atacar
qualquer exército; com meu Deus, posso saltar qualquer muralha.
30O caminho de Deus é perfeito; as promessas do SENHOR sem-
pre se cumprem; ele é escudo para todos que nele se refugiam.

31Pois quem é Deus, senão o SENHOR? Quem é rocha firme, senão
o nosso Deus? 32Deus me reveste de força e remove os obstáculos
de meu caminho. 33Torna meus pés ágeis como os da corça e me
sustenta quando ando pelos montes. 34Treina minhas mãos para a
batalha e fortalece meus braços para vergar o arco de bronze. 35Tu
me deste teu escudo de vitória; tua mão direita me sustenta, teu
socorro me engrandece. 36Abriste um caminho largo para meus
pés, de modo que não vacilem. 37Persegui meus inimigos e os
alcancei; não retornei enquanto não foram derrotados. 38Eu os
feri até que não pudessem se levantar; tombaram diante de meus
pés. 39Tu me armaste fortemente para a batalha; ajoelhaste meus
inimigos diante de mim. 40Puseste o pescoço deles sob meus pés;
destruí todos que me odiavam. 41Pediram ajuda, mas ninguém
os socorreu; clamaram ao SENHOR, mas ele não respondeu. 42Eu
os moí tão fino como o pó da terra; eu os lancei fora como a lama
das ruas. 43Tu me livraste de meus acusadores e me puseste como
governante das nações; povos que eu não conhecia agora me ser-
vem. 44Rendem-se assim que ouvem sobre meus feitos; nações
estrangeiras se encolhem diante de mim. 45Todos eles perdem a
coragem e, tremendo, saem de suas fortalezas. 46O SENHOR vive!
Louvada seja minha Rocha! Exaltado seja o Deus de minha salva-
ção! 47Ele é o Deus que se vinga dos que me fazem o mal; sujeita
as nações ao meu poder 48e me livra de meus adversários. Tu me
manténs em segurança, fora do alcance de meus inimigos; de
homens violentos me livras. 49Por isso, ó SENHOR, te louvarei entre
as nações; sim, cantarei louvores ao teu nome. 50Concedes grandes
vitórias ao teu rei e mostras amor por teu ungido, por Davi e todos
os seus descendentes, para sempre!

CAPÍTULO 19

Ao regente do coral: salmo de Davi.

1Os céus proclamam a glória de Deus; o firmamento demonstra
a habilidade de suas mãos. 2Dia após dia, eles continuam a falar;
noite após noite, eles o tornam conhecido. 3Não há som nem pa-
lavras, nunca se ouve o que eles dizem. 4Sua mensagem, porém,
chegou a toda a terra, e suas palavras, aos confins do mundo. Deus
preparou no céu uma morada para o sol. 5Dela o sol irrompe como
o noivo depois do casamento; alegra-se como o valente guerreiro

NO QUE ESTOU **PENSANDO** ○ | O QUE ESTOU **SENTINDO** ○ | DO QUE ESTOU **LEMBRANDO** ○

DESENHE OU ESCREVA

em seu caminho. 6O sol nasce numa extremidade do céu e realiza
seu trajeto até a outra extremidade; nada pode se esconder de seu
calor. 7A lei do SENHOR é perfeita e revigora a alma. Os decretos do
SENHOR são dignos de confiança e dão sabedoria aos ingênuos. 8Os
preceitos do SENHOR são justos e alegram o coração. Os mandamen-
tos do SENHOR são límpidos e iluminam a vida. 9O temor do SENHOR
é puro e dura para sempre. As instruções do SENHOR são verdadeiras
e todas elas são corretas. 10São mais desejáveis que o ouro, mesmo
o ouro puro. São mais doces que o mel, mesmo o mel que goteja
do favo. 11São uma advertência para teu servo, grande recompensa
para quem os cumpre. 12Quem é capaz de distinguir os próprios
erros? Absolve-me das faltas que me são ocultas. 13Livra teu servo
dos pecados intencionais! Não permitas que me controlem. Então
serei inculpável e inocente de grande pecado. 14Que as palavras
da minha boca e a meditação do meu coração sejam agradáveis a
ti, SENHOR, minha rocha e meu redentor!

CAPÍTULO 20

Ao regente do coral: salmo de Davi.

1Que o SENHOR responda ao seu clamor em tempos de sofrimento;
o nome do Deus de Jacó o guarde de todo mal. 2Que, de seu santu-
ário, ele lhe envie socorro e, de Sião, o fortaleça. 3Que ele se lembre
de todas as suas ofertas e olhe com favor para os seus holocaustos.
Interlúdio
4Que ele conceda os desejos do seu coração e lhe dê sucesso em
todos os seus planos. 5Daremos gritos de alegria pela sua vitória
e hastearemos bandeiras em nome de nosso Deus. Que o SENHOR
responda a todas as suas orações. 6Agora sei que o SENHOR salva
seu ungido; ele responderá de seu santo céu e o livrará com seu
grande poder. 7Alguns povos confiam em carros de guerra, outros,
em cavalos, mas nós confiamos no nome do SENHOR, nosso Deus.
8Tais nações perdem as forças e caem, mas nós nos levantamos e
permanecemos firmes. 9Dá vitória ao teu rei, ó SENHOR! Responde
ao nosso clamor por socorro.

CAPÍTULO 21

Ao regente do coral: salmo de Davi.

1Em tua força, SENHOR, o rei se alegra; grita de alegria porque lhe

dás vitória. 2Concedeste o desejo de seu coração e não negaste
nada do que ele pediu.

Interlúdio

3Tu o recebeste com riqueza de bênçãos; puseste em sua cabeça
uma coroa de ouro puro. 4Ele pediu que lhe preservasses a vida,
e tu atendeste a seu pedido; seus dias se estendem para sempre.
5Tua vitória lhe dá grande honra, e tu o cobriste de esplendor e
majestade. 6A ele deste bênçãos eternas e a alegria de tua presença.
7Pois o rei confia no SENHOR; o amor do Altíssimo não permitirá que
ele se abale. 8Tu alcançarás todos os teus inimigos; tua forte mão
direita apanhará todos que te odeiam. 9Quando te manifestares,
tu os lançarás numa fornalha ardente. Em sua ira, o SENHOR os
consumirá; sim, fogo os devorará. 10Eliminarás da face da terra seus
filhos; jamais terão descendentes. 11Embora conspirem contra ti,
suas tramas perversas não terão sucesso. 12Pois darão meia-volta e
fugirão quando virem tuas flechas apontadas para eles. 13Levanta-
te, ó SENHOR, em teu poder! Com música e cânticos celebraremos
tua força.

CAPÍTULO 22

Ao regente do coral: salmo de Davi, para ser cantado com a melodia "Corça da manhã".

1Meu Deus, meu Deus, por que me abandonaste? Por que estás
tão distante de meus gemidos por socorro? 2Todos os dias clamo
a ti, meu Deus, mas não respondes; todas as noites levanto a voz,
mas não encontro alívio. 3Tu, porém, és santo e estás entronizado
sobre os louvores de Israel. 4Nossos antepassados confiaram em
ti, e tu os livraste. 5Clamaram a ti e foram libertos; em ti confiaram
e jamais foram envergonhados. 6Mas eu sou um verme, e não um
homem; todos me insultam e me desprezam. 7Os que me veem
zombam de mim; riem com maldade e balançam a cabeça: 8"Esse
é o que confia no SENHOR? Que ele o livre! Que o liberte, se dele se
agrada!". 9Tu, porém, me tiraste a salvo do ventre de minha mãe
e me deste segurança quando ela ainda me amamentava. 10Fui
colocado em teus braços assim que nasci; desde o ventre de mi-
nha mãe, tens sido meu Deus. 11Não permaneças distante de mim,
pois o sofrimento está próximo, e ninguém mais pode me ajudar.
12Meus inimigos me rodeiam como touros; sim, touros ferozes de

Sl 23.3

Basã me cercam. 13Abrem a boca contra mim como leões que ru-
gem e despedaçam a presa. 14Minha vida é derramada como água;
todos os meus ossos estão desconjuntados. Meu coração é como
cera que se derrete dentro de mim. 15Minha força secou, como um
caco de barro, minha língua está grudada ao céu da boca; tu me dei-
taste no pó, à beira da morte. 16Meus inimigos me rodeiam como
cães, um bando de perversos me cerca; perfuraram minhas mãos
e meus pés. 17Posso contar todos os meus ossos; meus inimigos me
encaram e desdenham de mim. 18Repartem minhas roupas entre
si e lançam sortes por minha veste. 19Ó SENHOR, não permaneças
distante! És minha força; vem depressa me ajudar. 20Livra-me da
espada e não permitas que esses cães me tirem a vida. 21Salva-me
da boca do leão e dos chifres dos bois selvagens. 22Proclamarei teu
nome a meus irmãos; no meio de teu povo reunido te louvarei.
23Louvem o SENHOR, todos que o temem! Glorifiquem-no, todos os
descendentes de Jacó! Reverenciem-no, todos os descendentes de
Israel! 24Pois ele não desprezou nem desdenhou o sofrimento dos
aflitos; não lhes deu as costas, mas ouviu seus clamores por socorro.
25Eu te louvarei na grande congregação; cumprirei meus votos na
presença dos que te adoram. 26Os pobres comerão e se saciarão;
todos que buscam o SENHOR o louvarão e terão o coração cheio
de alegria sem fim. 27Toda a terra reconhecerá o SENHOR e voltará
para ele; diante dele se prostrarão todas as famílias das nações.
28Pois o SENHOR reina e governa sobre todos os povos. 29Que os
ricos da terra celebrem e o adorem; todos os mortais se prostrem
diante dele, todos cuja vida terminará como pó. 30Nossos filhos
também o servirão, as gerações futuras ouvirão sobre o Senhor.
31Proclamarão sua justiça aos que ainda não nasceram e falarão a
respeito de tudo que ele fez.

CAPÍTULO 23

Salmo de Davi.

1O SENHOR é meu pastor, e nada me faltará. 2Ele me faz repou-
sar em verdes pastos e me leva para junto de riachos tranquilos.
3Renova minhas forças e me guia pelos caminhos da justiça; assim,
ele honra o seu nome. 4Mesmo quando eu andar pelo escuro vale
da morte, não terei medo, pois tu estás ao meu lado. Tua vara e
teu cajado me protegem. 5Preparas um banquete para mim na

presença de meus inimigos. Unges minha cabeça com óleo; meu
cálice transborda. 6Certamente a bondade e o amor me seguirão to-
dos os dias de minha vida, e viverei na casa do SENHOR para sempre.

CAPÍTULO 24

Salmo de Davi.

1A terra e tudo que nela há são do SENHOR; o mundo e todos os
seus habitantes lhe pertencem. 2Pois sobre os mares ele edificou os
alicerces da terra e sobre as profundezas do oceano a estabeleceu.
3Quem pode subir o monte do SENHOR? Quem pode permanecer
em seu santo lugar? 4Somente os que têm as mãos puras e o cora-
ção limpo, que não se entregam aos ídolos e não juram em falso.
5Eles receberão a bênção do SENHOR e a justiça do Deus de sua
salvação. 6São esses os que te buscam e adoram em tua presença,
ó Deus de Jacó.

Interlúdio

7Abram-se, portões da cidade! Abram-se, antigos portais, para
que entre o Rei da glória. 8Quem é o Rei da glória? O SENHOR,
forte e poderoso. O SENHOR, invencível nas batalhas. 9Abram-se,
portões da cidade! Abram-se, antigos portais, para que entre o Rei
da glória. 10Quem é o Rei da glória? O SENHOR dos Exércitos; ele
é o Rei da glória.

CAPÍTULO 25

Salmo de Davi.

1Ó SENHOR, a ti entrego minha vida; 2confio em ti, meu Deus! Não
permitas que eu seja envergonhado, nem que meus inimigos
se alegrem com minha derrota. 3Quem confia em ti jamais será
envergonhado, mas os que buscam enganar o próximo serão en-
vergonhados. 4Mostra-me o caminho certo, SENHOR, ensina-me por
onde devo andar. 5Guia-me pela tua verdade e ensina-me, pois és
o Deus que me salva; em ti ponho minha esperança todo o dia.
6Lembra-te, SENHOR, de tua compaixão e de teu amor, que tens
mostrado desde tempos antigos. 7Não te lembres dos pecados e
da rebeldia de minha juventude; lembra-te de mim segundo o teu
amor, pois és misericordioso, ó SENHOR. 8O SENHOR é bom e justo;
mostra o caminho correto aos que se desviam. 9Guia os humildes
na justiça e ensina-lhes seu caminho. 10O SENHOR conduz com

Sl 27.1

amor e fidelidade a todos que cumprem sua aliança e obedecem
a seus preceitos. 11Por causa do teu nome, ó SENHOR, perdoa meus
pecados, que são muitos. 12Quem são os que temem o SENHOR?
Ele lhes mostrará o caminho que devem escolher. 13Viverão em
prosperidade, e seus filhos herdarão a terra. 14O SENHOR é amigo
dos que o temem; ele lhes ensina sua aliança. 15Meus olhos estão
sempre voltados para o SENHOR, pois ele livra meus pés de armadi-
lhas. 16Volta-te para mim e tem misericórdia, pois estou sozinho e
aflito. 17Meus problemas só aumentam; livra-me de toda a minha
angústia! 18Atenta para minha dor e para meu sofrimento; perdoa
todos os meus pecados. 19Vê quantos inimigos tenho e a crueldade
de com que me odeiam. 20Protege minha vida e livra-me! Não
permitas que eu seja envergonhado, pois em ti me refugio. 21Que
a integridade e a retidão me guardem, pois em ti ponho minha
esperança. 22Ó Deus, resgata Israel de todas as suas angústias.

CAPÍTULO 26

Salmo de Davi.

1Declara-me inocente, SENHOR, pois tenho vivido com integridade;
tenho confiado no SENHOR sem vacilar. 2Põe-me à prova, SENHOR, e
examina-me; investiga meu coração e minha mente. 3Pois estou
sempre consciente do teu amor e tenho vivido de acordo com a
tua verdade. 4Não passo tempo com mentirosos, nem ando com
hipócritas. 5Detesto as reuniões dos que praticam o mal e não me
associo aos perversos. 6Lavo as mãos para declarar minha inocência.
Venho ao teu altar, ó SENHOR, 7para entoar um cântico de gratidão e
anunciar todas as tuas maravilhas. 8Amo o teu santuário, SENHOR,
o lugar onde habita tua presença gloriosa. 9Não permitas que eu
tenha o destino dos pecadores, não me condenes junto com os
assassinos. 10Eles têm as mãos sujas de tramas perversas e vivem
a aceitar subornos. 11Eu, porém, vivo com integridade; resgata-me
e tem misericórdia de mim. 12Agora estou em solo firme e louvarei
o SENHOR no meio do povo.

CAPÍTULO 27

Salmo de Davi.

1O SENHOR é minha luz e minha salvação; então, por que ter medo?
O SENHOR é a fortaleza de minha vida; então, por que estremecer?

Sl

2Quando os maus vierem para me destruir, quando meus inimigos
e adversários me atacarem, eles tropeçarão e cairão. 3Ainda que um
exército me cerque, meu coração não temerá. Ainda que invistam
contra mim, permanecerei confiante. 4A única coisa que peço ao
SENHOR, o meu maior desejo, é morar na casa do SENHOR todos os
dias de minha vida, para contemplar a beleza do SENHOR e meditar
em seu templo. 5Pois ali me abrigará em tempos de aflição e em
seu santuário me esconderá; em segurança, numa rocha alta, me
colocará. 6Então manterei a cabeça erguida, acima dos inimigos
que me cercam. Em seu santuário, oferecerei sacrifícios com gri-
tos de alegria; cantarei e louvarei o SENHOR com música. 7Ouve
minha oração, ó SENHOR; tem compaixão e responde-me! 8Meu
coração ouviu tua voz dizer: "Venha e entre na minha presença", e
meu coração respondeu: "SENHOR, eu irei!". 9Não voltes as costas
para mim; em tua ira, não rejeites teu servo. Sempre foste meu
auxílio; não me deixes agora, não me abandones, ó Deus de minha
salvação! 10Mesmo que meu pai e minha mãe me abandonem, o
SENHOR me acolherá. 11Ensina-me a viver, SENHOR; guia-me pelo
caminho certo, pois meus inimigos estão à minha espera. 12Não
permitas que eu caia nas mãos deles, pois me acusam de coisas
que nunca fiz e me ameaçam, respirando violência. 13Ainda assim,
confio que verei a bondade do SENHOR enquanto estiver aqui, na
terra dos vivos. 14Espere pelo SENHOR e seja valente e corajoso;
sim, espere pelo SENHOR.

CAPÍTULO 28

Salmo de Davi.

1A ti eu clamo, ó SENHOR, minha rocha; não feches teus ouvidos para
mim. Pois, se permaneceres calado, será melhor que eu desista e
morra. 2Ouve minha súplica por misericórdia, quando eu clamar
por socorro, quando levantar as mãos para o teu santuário. 3Não me
arrastes com os perversos, com os que praticam o mal, que dirigem
palavras amigáveis ao próximo, enquanto tramam maldades no
coração. 4Dá o castigo pelo que fizeram, segundo a medida de sua
perversidade. Retribui-lhes por seus atos e faz que recebam o que
merecem. 5Eles não se importam com as obras do SENHOR, nem
com o que suas mãos criaram. Por isso ele os derrubará, e nunca
mais voltarão a se erguer. 6Louvado seja o SENHOR, pois ouviu meu

NO QUE ESTOU PENSANDO ○ | O QUE ESTOU SENTINDO ○ | DO QUE ESTOU LEMBRANDO ○

DESENHE OU ESCREVA

clamor por misericórdia! 7O SENHOR é minha força e meu escudo;
confio nele de todo o coração. Ele me ajuda, e meu coração se enche
de alegria; por isso lhe dou graças com meus cânticos. 8O SENHOR é
a força de seu povo, fortaleza segura para seu ungido. 9Salva o teu
povo! Abençoa os que pertencem a ti! Conduze-os como pastor e
leva-os em teus braços para sempre.

CAPÍTULO 29

Salmo de Davi.

1Honrem o SENHOR, seres celestiais, honrem o SENHOR por sua gló-
ria e força. 2Honrem o SENHOR pela glória de seu nome, adorem
o SENHOR no esplendor de sua santidade. 3A voz do SENHOR ecoa
sobre o mar, o Deus da glória troveja; sobre o imenso mar, o SENHOR
fala. 4A voz do SENHOR é poderosa, a voz do SENHOR é majestosa.
5A voz do SENHOR quebra os grandes cedros, o SENHOR despeda-
ça os cedros do Líbano. 6Faz os montes do Líbano saltarem como
bezerros, faz o monte Hermom pular como novilhos selvagens. 7A
voz do SENHOR risca o céu com relâmpagos. 8A voz do SENHOR sa-
code o deserto, o SENHOR faz tremer o deserto de Cades. 9A voz do
SENHOR torce os fortes carvalhos e arranca as folhas dos bosques;
em seu templo todos proclamam: "Glória!". 10O SENHOR comanda
as águas da inundação, o SENHOR governa como Rei para sempre.
11O SENHOR dá força ao seu povo, o SENHOR os abençoa com paz.

CAPÍTULO 30

Salmo de Davi; cântico para a dedicação do templo.

1Eu te exaltarei, SENHOR, pois me livraste; não permitiste que
meus inimigos rissem de mim. 2SENHOR, meu Deus, clamei a ti
por socorro, e restauraste minha saúde. 3SENHOR, da sepultura
me tiraste e não me deixaste cair na cova da morte. 4Cantem ao
SENHOR, todos que lhe são fiéis! Louvem seu santo nome, 5pois
sua ira dura apenas um instante, mas seu favor, a vida inteira! O
choro pode durar toda a noite, mas a alegria vem com o amanhecer.
6Quando eu era próspero, dizia: "Agora, nada pode me derrubar!".
7Ó SENHOR, teu favor me mantinha firme como uma montanha;
então o SENHOR me deu as costas, e entrei em pânico. 8Clamei a ti,
SENHOR, supliquei ao Senhor por misericórdia: 9"Que vantagem
terás se eu morrer, se eu descer à cova? Acaso o pó te louvará?

Falará de tua fidelidade? 10 Ouve-me, SENHOR, e tem misericórdia de
mim; ajuda-me, SENHOR!". 11 Transformaste meu pranto em dança;
tiraste minhas roupas de luto e me vestiste de alegria, 12 para que
eu cante louvores a ti e não me cale. SENHOR, meu Deus, te darei
graças para sempre!

CAPÍTULO 31

Ao regente do coral: salmo de Davi.

1 Em ti, SENHOR, me refugio; não permitas que eu seja envergonha-
do. Salva-me por causa da tua justiça; 2 inclina o teu ouvido para
me escutar e livra-me depressa. Que tu sejas para mim rocha de
proteção, fortaleza onde estarei seguro. 3 És minha rocha e minha
fortaleza; por causa do teu nome, guia-me e conduze-me. 4 Tira-me
da armadilha que me prepararam, pois só em ti encontro proteção.
5 Em tuas mãos entrego meu espírito; resgata-me, SENHOR, pois és
Deus fiel. 6 Detesto os que adoram ídolos inúteis; eu, porém, confio
no SENHOR. 7 Exultarei e me alegrarei em teu amor, pois viste minha
aflição e te importas com minha angústia. 8 Não me entregaste a
meus inimigos, mas me puseste em lugar seguro. 9 Tem misericór-
dia de mim, SENHOR, pois estou angustiado; lágrimas me embaçam
os olhos, e meu corpo e minha alma definham. 10 A tristeza me
consome, e meus dias se encurtam com gemidos. Minha força se
esvai por causa do pecado, e meus ossos se desgastam. 11 Todos os
meus inimigos zombam de mim, e meus vizinhos me desprezam;
até meus amigos têm medo de se aproximar. Quando me veem
na rua, correm para o outro lado. 12 Não se lembram de mim, como
se eu estivesse morto, como se fosse um jarro quebrado. 13 Ouço
muitos boatos a meu respeito, e o terror me cerca. Conspiram contra
mim, tramam tirar minha vida. 14 Eu, porém, confio em ti, SENHOR, e
digo: "Tu és meu Deus!". 15 Meu futuro está em tuas mãos; livra-me
dos que me perseguem sem cessar. 16 Que a luz do teu rosto brilhe
sobre teu servo; salva-me por causa do teu amor. 17 Não permitas
que eu seja envergonhado, SENHOR, pois clamo a ti. Que os per-
versos sejam envergonhados, que fiquem calados na sepultura.
18 Silencia seus lábios mentirosos, lábios orgulhosos e arrogantes
que acusam os justos. 19 Grande é a bondade que reservaste para os
que te temem! Tu a concedes aos que em ti se refugiam e os aben-
çoas à vista de todos. 20 Tu os escondes em tua presença, a salvo

de todos que contra eles conspiram. Tu os proteges num abrigo,
longe das línguas acusadoras. 21 Louvado seja o SENHOR, pois ele
me mostrou as maravilhas de seu amor; manteve-me a salvo numa
cidade cercada de inimigos. 22 Apavorado, clamei: "Estou separado
de tua presença!". Mas ele ouviu a minha súplica por misericórdia
e respondeu ao meu clamor por socorro. 23 Amem o SENHOR, todos
vocês que lhe são fiéis, pois o SENHOR protege quem nele confia,
mas castiga severamente o arrogante. 24 Portanto, sejam fortes e
corajosos, todos vocês que põem sua esperança no SENHOR!

CAPÍTULO 32

Salmo de Davi.

1 Como é feliz aquele cuja desobediência é perdoada, cujo pecado
é coberto! 2 Sim, como é feliz aquele cuja culpa o SENHOR não leva
em conta, cuja consciência é sempre sincera! 3 Enquanto me recu-
sei a confessar meu pecado, meu corpo definhou, e eu gemia o
dia inteiro. 4 Dia e noite, tua mão pesava sobre mim; minha força
evaporou como água no calor do verão.

Interlúdio

5 Finalmente, confessei a ti todos os meus pecados e não escondi
mais a minha culpa. Disse comigo: "Confessarei ao SENHOR a minha
rebeldia", e tu perdoaste toda a minha culpa.

Interlúdio

6 Portanto, todos que forem fiéis orem a ti enquanto há tempo, para
que não se afoguem quando vier a inundação. 7 Pois és meu escon-
derijo; tu me guardas da aflição e me cercas de cânticos de vitória.

Interlúdio

8 O SENHOR diz: "Eu o guiarei pelo melhor caminho para sua vida,
lhe darei conselhos e cuidarei de você. 9 Não sejam como o cavalo
ou a mula, que não têm entendimento e precisam de freios e rédeas
para ser controlados". 10 O perverso tem muitas tristezas, mas o que
confia no SENHOR é cercado de amor. 11 Portanto, alegrem-se no
SENHOR e exultem, todos vocês que são justos! Gritem de alegria,
todos vocês que têm coração íntegro!

CAPÍTULO 33

1 Cantem de alegria ao SENHOR, vocês que são justos; é apropriado
que os íntegros o louvem. 2 Celebrem ao SENHOR com melodias da

harpa, toquem música para ele com instrumento de dez cordas.
3Entoem para ele um novo cântico, toquem com habilidade e can-
tem com alegria. 4Pois a palavra do SENHOR é verdadeira e podemos
confiar em tudo que ele faz. 5Ele ama o que é justo e bom; o amor
do SENHOR enche a terra. 6O SENHOR falou, e os céus foram criados;
pelo sopro de sua boca as estrelas nasceram. 7Determinou os limi-
tes do mar e juntou os oceanos em reservatórios. 8Que o mundo
inteiro tema o SENHOR, e todos os habitantes da terra tremam diante
dele. 9Pois, quando ele falou, o mundo veio a existir; tudo surgiu
por sua ordem. 10O SENHOR desfaz os planos das nações e frustra
os projetos dos povos. 11Mas os planos do SENHOR permanecem
para sempre; seus propósitos jamais serão abalados. 12Como é
feliz a nação cujo Deus é o SENHOR, cujo povo ele escolheu para
lhe pertencer! 13O SENHOR olha dos céus e vê toda a humanidade.
14De seu trono ele observa todos os habitantes da terra. 15Formou
o coração de cada um; por isso, entende tudo que fazem. 16Nem
mesmo um poderoso exército pode salvar um rei; grande força não
é suficiente para livrar um guerreiro. 17Não confie em seu cavalo de
guerra para obter vitória; apesar de toda a sua força, ele não é capaz
de salvá-lo. 18O SENHOR, porém, está atento aos que o temem, aos
que esperam por seu amor. 19Ele os livra da morte e os conserva
com vida em tempos de fome. 20Nossa esperança está no SENHOR;
ele é nosso auxílio e nosso escudo. 21Nele nosso coração se alegra,
pois confiamos em seu santo nome. 22Que o teu amor nos cerque,
SENHOR, pois só em ti temos esperança.

CAPÍTULO 34

Salmo de Davi sobre a ocasião em que se fingiu de louco diante de Abimeleque, que o expulsou de sua presença.

1Louvarei o SENHOR em todo o tempo; meus lábios sempre o louva-
rão. 2Somente no SENHOR me gloriarei; que todos os humildes se
alegrem. 3Venham, proclamemos a grandeza do SENHOR; juntos,
exaltemos o seu nome. 4Busquei o SENHOR, e ele me respondeu;
livrou-me de todos os meus temores. 5Os que olham para ele fi-
carão radiantes; no rosto deles não haverá sombra de decepção.
6Clamei ao SENHOR em meu desespero, e ele me ouviu; livrou-me
de todas as minhas angústias. 7O anjo do SENHOR é guardião; ele
cerca e defende os que o temem. 8Provem e vejam que o SENHOR é

Sl 33.22

bom! Como é feliz o que nele se refugia! 9Temam o SENHOR, vocês
que lhe são fiéis, pois os que o temem terão tudo de que precisam.
10Até mesmo os leões jovens e fortes passam fome, mas aos que
buscam o SENHOR nada de bom faltará. 11Venham, meus filhos, e
ouçam-me; eu os ensinarei a temer o SENHOR. 12Quem deseja ter
uma vida longa e próspera? 13Refreie a língua de falar maldades
e os lábios de dizerem mentiras. 14Afaste-se do mal e faça o bem;
busque a paz e esforce-se para mantê-la. 15Os olhos do SENHOR
estão sobre os justos, e seus ouvidos, abertos para seus clamores.
16O SENHOR, porém, volta o rosto contra os que praticam o mal; apa-
gará da terra qualquer lembrança deles. 17O SENHOR ouve os justos
quando clamam por socorro; ele os livra de todas as suas angústias.
18O SENHOR está perto dos que têm o coração quebrantado e resgata
os de espírito oprimido. 19O justo enfrenta muitas dificuldades, mas
o SENHOR o livra de todas elas. 20Pois o SENHOR protege os ossos do
justo; nem um sequer será quebrado. 21A calamidade certamente
destruirá os perversos, e os que odeiam o justo serão castigados.
22O SENHOR, porém, resgatará os que o servem; ninguém que nele
se refugia será condenado.

CAPÍTULO 35

Salmo de Davi.

1Ó SENHOR, defende-me dos que me acusam; luta contra os que lu-
tam contra mim. 2Põe tua armadura e toma teu escudo, prepara-te
para a batalha e vem me socorrer. 3Levanta tua lança e teu dardo
contra aqueles que me perseguem. Que eu te ouça dizer: "Eu lhe
darei vitória!". 4Sejam derrotados e humilhados os que procuram
me matar, recuem envergonhados os que planejam me prejudicar.
5Sopra-os para longe, como palha ao vento, e que o anjo do SENHOR
os disperse. 6Torna o caminho deles escuro e escorregadio, e que o
anjo do SENHOR os persiga. 7Não lhes fiz mal algum, mas eles me
prepararam uma armadilha; sem motivo, abriram uma cova para
me pegar. 8Portanto, que venha sobre eles destruição repentina!
Sejam pegos na armadilha que me prepararam, sejam destruídos
na cova que abriram para mim. 9Então me alegrarei no SENHOR,
exultarei porque ele me salva. 10Eu o louvarei com todos os ossos
de meu corpo: "SENHOR, quem se compara a ti? Quem além de
ti resgata o indefeso das mãos do forte? Quem protege o pobre

e o humilde daqueles que os exploram?". 11Testemunhas maldo-
sas depõem contra mim e me acusam de crimes que não cometi.
12Pagam-me o bem com o mal; estou desesperado! 13Quando eles
ficavam doentes, eu lamentava; humilhava-me com jejuns por eles,
mas minhas orações não eram respondidas. 14Como se fossem
meus amigos ou familiares, eu me entristecia, como se lamentas-
se por minha própria mãe. 15Mas agora, em minha aflição, eles
se alegram; triunfantes, juntam-se contra mim. Pessoas que nem
conheço me atacam, agridem-me sem cessar. 16Zombam de mim
e me insultam, rosnam e me mostram os dentes. 17Até quando,
Senhor, ficarás olhando? Salva-me de seus ataques ferozes, livra-me
desses leões! 18Então te darei graças diante da comunidade e te
louvarei perante todo o povo. 19Não permitas que meus inimigos
traiçoeiros riam de mim, não deixes que me desprezem os que
me odeiam sem razão. 20Não falam de paz; tramam contra os que
vivem tranquilos na terra. 21Gritam: "Ah! Agora o pegamos! Nós o
vimos com os próprios olhos!". 22Viste tudo isso, SENHOR; não per-
maneças calado, Senhor, e não me abandones agora. 23Desperta!
Levanta-te para me fazeres justiça! Defende minha causa, meu Deus
e meu Senhor. 24Julga-me, SENHOR, meu Deus, conforme a tua jus-
tiça; não permitas que meus inimigos riam às minhas custas. 25Não
deixes que digam: "Conseguimos o que queríamos! Agora vamos
acabar com ele!". 26Sejam envergonhados e humilhados os que
se alegram com a minha desgraça. Sejam cobertos de vergonha
e desonra os que triunfam sobre mim. 27Exultem e alegrem-se,
porém, os que me defendem; que eles digam sempre: "Grande é
o SENHOR, que se agrada de abençoar seu servo com paz!". 28Então
proclamarei tua justiça e te louvarei o dia todo.

CAPÍTULO 36

Ao regente do coral: salmo de Davi, servo do SENHOR.

1O pecado do ímpio sussurra ao seu coração; ele não tem o menor
temor de Deus. 2Em sua cega presunção, não percebe quão grande
é sua perversidade. 3Tudo que diz é distorcido e enganoso; não
quer agir com prudência nem fazer o bem. 4Mesmo à noite, trama
maldades; suas ações nunca são boas, e não se esforça para fugir
do mal. 5Teu amor, SENHOR, é imenso como os céus; tua fidelidade
vai além das nuvens. 6Tua justiça é como os montes imponentes,

NO QUE ESTOU **PENSANDO** ○ O QUE ESTOU **SENTINDO** ○ DO QUE ESTOU **LEMBRANDO** ○

DESENHE OU ESCREVA

teus decretos, como as profundezas do oceano; tu, SENHOR, cuidas
tanto das pessoas como dos animais. 7Como é precioso o teu amor,
ó Deus! Toda a humanidade encontra abrigo à sombra de tuas asas.
8Tu os alimentas com a fartura de tua casa e deixas que bebam de
teu rio de delícias. 9Pois és a fonte de vida, a luz pela qual vemos.
10Derrama teu amor sobre os que te conhecem, concede justiça
aos sinceros de coração. 11Não permitas que os arrogantes me pi-
soteiem, nem que os perversos me empurrem. 12Vejam! Caíram os
que praticam o mal! Foram derrubados e nunca mais se levantarão.

CAPÍTULO 37

Salmo de Davi.

1Não se preocupe com os perversos, nem tenha inveja dos que
praticam o mal. 2Pois, como o capim, logo secarão e, como a grama
verde, logo murcharão. 3Confie no SENHOR e faça o bem, e você vive-
rá seguro na terra e prosperará. 4Busque no SENHOR a sua alegria,
e ele lhe dará os desejos de seu coração. 5Entregue seu caminho
ao SENHOR; confie nele, e ele o ajudará. 6Tornará sua inocência
radiante como o amanhecer, e a justiça de sua causa, como o sol
do meio-dia. 7Aquiete-se na presença do SENHOR, espere nele com
paciência. Não se preocupe com o perverso que prospera, nem se
aborreça com seus planos maldosos. 8Deixe a ira de lado! Não se
enfureça! Não perca a calma; isso só lhe trará prejuízo. 9Pois os per-
versos serão destruídos, mas os que confiam no SENHOR possuirão
a terra. 10Em breve, o perverso desaparecerá; ainda que o procure,
não o encontrará. 11Os humildes possuirão a terra e viverão em paz e
prosperidade. 12O perverso trama contra o justo; rosna e lhe mostra
os dentes. 13Mas o Senhor ri, pois vê que o dia do julgamento se
aproxima. 14Os perversos puxam suas espadas e preparam seus
arcos, para matar o pobre e o oprimido, para massacrar os que são
corretos. 15Suas espadas, porém, lhes atravessarão o próprio cora-
ção, e seus arcos serão quebrados. 16Melhor ser justo e ter pouco
que ser perverso e rico. 17Pois a força dos perversos será despeda-
çada, mas o SENHOR sustenta os justos. 18A cada dia, o SENHOR cuida
dos íntegros; eles receberão uma herança que dura para sempre.
19Em tempos de calamidade, não serão envergonhados; mesmo
em dias de fome, terão mais que o suficiente. 20Os perversos, con-
tudo, morrerão; os inimigos do SENHOR são como flores do campo

e desaparecerão como fumaça. 21O perverso toma emprestado e
nunca paga, mas o justo dá com generosidade. 22Aqueles a quem
o SENHOR abençoa possuirão a terra, mas aqueles a quem amal-
diçoa serão destruídos. 23O SENHOR dirige os passos do justo; ele
se agrada de quem anda em seu caminho. 24Ainda que tropece,
não cairá, pois o SENHOR o segura pela mão. 25Fui jovem e agora
sou velho, mas nunca vi o justo ser abandonado, nem seus filhos
mendigarem pão. 26O justo é generoso e empresta de boa vontade,
e seus filhos são uma bênção. 27Afaste-se do mal e faça o bem, e
você viverá na terra para sempre. 28Pois o SENHOR ama a justiça e
jamais abandonará seu povo fiel. Ele sempre os protegerá, mas
os filhos dos perversos serão destruídos. 29Os justos possuirão a
terra e nela habitarão para sempre. 30O justo oferece conselhos
sábios e ensina o que é certo. 31Guarda no coração a lei de Deus,
por isso seus passos são firmes. 32O perverso fica à espreita do
justo e procura matá-lo. 33O SENHOR, porém, não deixará que o
perverso tenha sucesso, nem condenará o justo quando ele for
julgado. 34Ponha sua esperança no SENHOR e ande com firmeza
pelo caminho dele. Ele o honrará e lhe dará a terra, e você verá os
perversos serem destruídos. 35Vi pessoas más e cruéis florescerem
como árvores em solo nativo. 36Mas, quando voltei a olhar, tinham
desaparecido; procurei por elas, mas não as encontrei. 37Observe
os que são íntegros e justos; um futuro maravilhoso espera os que
amam a paz. 38Os rebeldes, porém, serão destruídos de uma só
vez; não têm futuro algum. 39O SENHOR salva os justos; ele é sua
fortaleza em tempos de aflição. 40O SENHOR os socorre e os livra
dos perversos. Ele os salva, porque nele se refugiam.

CAPÍTULO 38

Salmo de Davi, em que pede a Deus que se lembre dele.

1Ó SENHOR, não me repreendas em tua ira, nem me disciplines em
tua fúria! 2Tuas flechas se cravam fundo em mim, e o peso de tua
mão me esmaga. 3Por causa de tua ira, todo o meu corpo adoece;
minha saúde está arruinada, por causa de meu pecado. 4Minha
culpa me sufoca; é um fardo pesado e insuportável. 5Minhas feri-
das infeccionaram e cheiram mal, por causa de minha insensatez.
6Estou encurvado e atormentado; entristecido, ando o dia todo de
um lado para o outro. 7Meu corpo arde em febre, minha saúde está

Sl 37.37

arruinada. 8Estou exausto e abatido; meus gemidos vêm de um
coração angustiado. 9Tu conheces meus desejos, Senhor, e ouves
cada um de meus suspiros. 10Meu coração bate depressa, minhas
forças se esvaem, e a luz de meus olhos se apaga. 11Amigos e conhe-
cidos se afastam de mim, por causa de minha doença, e até minha
família se mantém distante. 12Meus inimigos preparam armadilhas
para me matar; os que desejam meu mal tramam para me arruinar
e passam o dia planejando sua traição. 13Eu, porém, me faço de
surdo para suas ameaças; como mudo, permaneço calado diante
deles. 14Escolhi nada ouvir e nada responder. 15Pois espero por ti, ó
SENHOR; responde por mim, Senhor, meu Deus. 16Orei: "Não deixes
que meus inimigos zombem de mim, nem que se divirtam com mi-
nha queda". 17Estou à beira de um colapso; enfrento dor constante.
18Confesso, porém, minha culpa; sinto profundo lamento do que
fiz. 19Meus inimigos são muitos e fortes; eles me odeiam sem razão.
20Pagam o bem com o mal e opõem-se a mim porque procuro
o bem. 21Não me abandones, SENHOR; não permaneças distante,
meu Deus. 22Vem depressa me ajudar, ó Senhor, meu salvador!

CAPÍTULO 39

Para Jedutum, regente do coral: salmo de Davi.

1Disse comigo: "Tomarei cuidado com o que faço e não pecarei no
que digo. Ficarei calado enquanto o perverso estiver por perto".
2Mas, enquanto eu estava em silêncio, sem falar sequer de coisas
boas, a angústia cresceu dentro de mim. 3Quanto mais eu pensava,
mais ardia meu coração; então, decidi falar: 4"Mostra-me, SENHOR,
como é breve meu tempo na terra; mostra-me que meus dias estão
contados e que minha vida é passageira. 5A vida que me deste
não é mais longa que alguns palmos, e diante de ti toda a minha
existência não passa de um momento; na verdade, o ser humano
não passa de um sopro".

Interlúdio

6Somos apenas sombras que se movem, e nossas inquietações não
dão em nada. Acumulamos riquezas sem saber quem as gastará.
7Agora, Senhor, o que devo esperar? És minha única esperança.
8Livra-me de minha rebeldia e não permitas que os tolos zombem
de mim. 9Estou calado; não direi uma só palavra, pois minha puni-
ção vem de ti. 10Mas, por favor, para de me castigar; os golpes de

tua mão me reduzem a nada! 11Quando nos disciplinas por nossos
pecados, consomes como a traça o que nos é mais precioso; o ser
humano não passa de um sopro.
Interlúdio
12Ouve minha oração, SENHOR! Escuta meus clamores por socorro!
Não ignores minhas lágrimas, pois sou como estrangeiro diante de
ti, um viajante que está só de passagem, como eram meus ante-
passados. 13Desvia de mim o olhar, para que eu volte a sorrir, antes
que eu me vá e deixe de existir.

CAPÍTULO 40

Ao regente do coral: salmo de Davi.

1Esperei com paciência pelo SENHOR; ele se voltou para mim e ouviu
meu clamor. 2Tirou-me de um poço de desespero, de um atoleiro de
lama. Pôs meus pés sobre uma rocha e firmou meus passos. 3Deu-
me um novo cântico para entoar, um hino de louvor a nosso Deus.
Muitos verão o que ele fez, temerão e confiarão no SENHOR. 4Como
é feliz o que confia no SENHOR, que não depende dos arrogantes,
nem dos que se desviam para a mentira! 5SENHOR, meu Deus, tu
nos fizeste muitas maravilhas, e teus planos para nós são tantos
que não se pode contá-los; não há ninguém igual a ti. Se eu ten-
tasse relatar todos os teus feitos, jamais chegaria ao fim. 6Não tens
prazer em ofertas nem em sacrifícios; agora que me fizeste ouvir,
compreendo: tu não exiges holocaustos nem ofertas pelo pecado.
7Então eu disse: "Aqui estou, conforme está escrito a meu respeito
no livro. 8Tenho prazer em fazer tua vontade, meu Deus, pois a tua
lei está em meu coração". 9Anunciei a tua justiça a toda a comuni-
dade; não tive medo de falar, como bem sabes, ó SENHOR. 10Não
escondi em meu coração a tua justiça; falei de tua fidelidade e de
tua salvação. Proclamei a toda a comunidade o teu amor e a tua ver-
dade. 11SENHOR, não retenhas de mim a tua compaixão; que o teu
amor e a tua verdade sempre me protejam. 12Pois as dificuldades
me cercam; são tantas que não se pode contá-las. Meus pecados
se acumularam de tal modo que não consigo enxergar saída. São
mais numerosos que os cabelos de minha cabeça; por isso, perdi
todo o ânimo. 13Por favor, SENHOR, livra-me! Vem depressa, SENHOR,
e ajuda-me! 14Sejam envergonhados e humilhados os que procu-
ram me matar. Voltem atrás em desonra os que se alegram com a

NO QUE ESTOU **PENSANDO** ○ | O QUE ESTOU **SENTINDO** ○ | DO QUE ESTOU **LEMBRANDO** ○

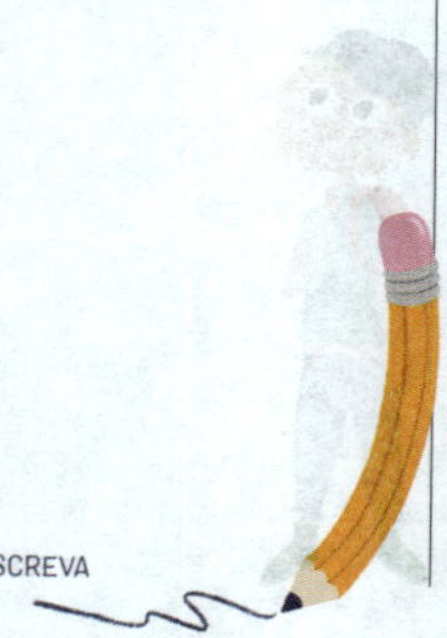

DESENHE OU ESCREVA

minha desgraça. 15Recuem horrorizados com a própria vergonha,
pois disseram: "Ah! Agora o pegamos!". 16Alegrem-se e exultem,
porém, todos que te buscam. Todos que amam tua salvação, digam
sempre: "Grande é o SENHOR!". 17Quanto a mim, pobre e aflito, que
o Senhor me mantenha em seus pensamentos. Tu és meu auxílio
e minha salvação; ó meu Deus, não te demores!

CAPÍTULO 41

Ao regente do coral: salmo de Davi.

1Como é feliz aquele que se importa com o pobre! Em tempos de
aflição, o SENHOR o livra. 2O SENHOR o protege e lhe conserva a vida.
Ele o faz prosperar na terra e o livra de seus inimigos. 3O SENHOR
cuida dele quando fica doente e lhe restaura a saúde. 4Orei: "Ó
SENHOR, tem misericórdia de mim! Cura-me, pois pequei contra
ti!". 5Meus inimigos, porém, só falam mal de mim: "Quando ele
morrerá e será esquecido?". 6Visitam-me como se fossem meus
amigos, mas todo o tempo reúnem calúnias contra mim e depois as
espalham por aí. 7Todos que me odeiam falam de mim em sussur-
ros e imaginam o pior. 8"Ele está com uma doença mortal", dizem,
"nunca mais se levantará da cama!" 9Até meu melhor amigo, em
quem eu confiava e com quem repartia meu pão, voltou-se contra
mim. 10SENHOR, tem misericórdia de mim! Devolve-me a saúde,
para que eu lhes dê o que merecem. 11Sei que te agradas de mim,
pois não deixaste que meus inimigos triunfassem. 12Preservaste
minha vida porque sou inocente e trouxeste-me à tua presença para
sempre. 13Louvado seja o SENHOR, o Deus de Israel, de eternidade
a eternidade. Amém e amém!

Livro 2 (Salmos 42–72)

CAPÍTULO 42

Ao regente do coral: salmo dos descendentes de Corá.

1Como a corça anseia pelas correntes de água, assim minha alma
anseia por ti, ó Deus. 2Tenho sede de Deus, do Deus vivo; quando
poderei estar na presença dele? 3Dia e noite, as lágrimas têm sido
meu alimento, enquanto zombam de mim o tempo todo, dizendo:
"Onde está o seu Deus?". 4Meu coração se enche de tristeza, pois
me lembro de como eu andava com a multidão de adoradores, à

frente do cortejo que subia até a casa de Deus, cantando de alegria
e dando graças, em meio aos sons de uma grande festa. 5Por que
você está tão abatida, ó minha alma? Por que está tão triste? Espere
em Deus! Ainda voltarei a louvá-lo, meu Salvador e 6meu Deus!
Agora estou profundamente abatido, mas me lembro de ti, desde
o distante monte Hermom, onde nasce o Jordão, desde a terra
do monte Mizar. 7Ouço o tumulto do mar revolto, enquanto suas
ondas e correntezas passam sobre mim. 8Durante o dia, porém,
o SENHOR me derrama seu amor, e à noite entoo seus cânticos e
faço orações ao Deus que me dá vida. 9Clamo: "Ó Deus, minha
rocha, por que te esqueceste de mim? Por que tenho de andar
entristecido, oprimido por meus inimigos?". 10Os insultos deles me
quebram os ossos; zombam de mim o tempo todo, dizendo: "Onde
está o seu Deus?". 11Por que você está tão abatida, ó minha alma?
Por que está tão triste? Espere em Deus! Ainda voltarei a louvá-lo,
meu Salvador e meu Deus!

CAPÍTULO 43

1Declara-me inocente, ó Deus! Defende-me desse povo mau, livra-
-me dos falsos e injustos. 2Pois tu és minha fortaleza, ó Deus; por
que me rejeitaste? Por que tenho de andar entristecido, oprimido
por meus inimigos? 3Envia a tua luz e a tua verdade, para que me
guiem. Que elas me conduzam ao teu santo monte, ao lugar onde
habitas. 4Ali, irei ao altar de Deus, a Deus, fonte de toda a minha ale-
gria. Eu te louvarei com minha harpa, ó Deus, meu Deus! 5Por que
você está tão abatida, ó minha alma? Por que está tão triste? Espere
em Deus! Ainda voltarei a louvá-lo, meu Salvador e meu Deus!

CAPÍTULO 44

Ao regente do coral: salmo dos descendentes de Corá.

1Ó Deus, ouvimos com os próprios ouvidos; nossos antepassados
nos contaram tudo que fizeste em seus dias, muito tempo atrás.
2Com teu poder, expulsaste as nações e estabeleceste teu povo na
terra. Esmagaste os povos inimigos e libertaste nossos antepassa-
dos. 3Não foi por suas espadas que eles conquistaram a terra, não foi
pela força de seus braços que alcançaram vitória. Foi pela tua mão
direita e pelo teu braço forte, pela luz intensa do teu rosto; foi por
causa do teu amor por eles. 4Tu és meu Rei e meu Deus; decretas

NO QUE ESTOU **PENSANDO** ○ | O QUE ESTOU **SENTINDO** ○ | DO QUE ESTOU **LEMBRANDO** ○

DESENHE OU ESCREVA

vitórias para Israel. 5Com teu poder, afastamos nossos inimigos;
em teu nome, pisoteamos nossos adversários. 6Não confio em meu
arco, não conto com minha espada para me salvar. 7Tu nos concedes
vitória sobre nossos inimigos e envergonhas os que nos odeiam. 8Ó
Deus, o dia todo te damos glória e louvamos teu nome para sempre.
Interlúdio
9Agora, porém, tu nos rejeitaste e nos envergonhaste; já não con-
duzes nossos exércitos para as batalhas. 10Tu nos fazes bater em
retirada diante de nossos inimigos e permites que sejamos saque-
ados por aqueles que nos odeiam. 11Entregaste-nos como ovelhas
para o matadouro e espalhaste-nos entre as nações. 12Vendeste teu
povo precioso por uma ninharia e não tiveste lucro com a venda.
13Permitiste que as nações vizinhas zombassem de nós; somos
objeto de desprezo e ridículo para os que nos rodeiam. 14Fizeste
de nós motivo de riso entre as nações; com desdém, balançam a
cabeça para nós. 15Não há como escapar da humilhação constante;
temos o rosto coberto de vergonha. 16Não ouvimos outra coisa,
senão os insultos dos que zombam de nós. Não vemos outra coisa,
senão os inimigos que desejam vingança. 17Tudo isso aconteceu
sem que nos esquecêssemos de ti, sem que fôssemos infiéis à
tua aliança. 18Nosso coração não te abandonou, não desviamos
os pés de teu caminho. 19Tu, porém, nos esmagaste no deserto,
onde vivem os chacais, e nos cobriste de escuridão e morte. 20Se
tivéssemos nos esquecido do nome de nosso Deus, ou estendido as
mãos em oração a deuses estrangeiros, 21Deus com certeza saberia,
pois ele conhece os segredos de cada coração. 22Mas, por causa
de ti, enfrentamos a morte todos os dias; somos como ovelhas
levadas para o matadouro. 23Desperta, Senhor! Por que dormes?
Levanta-te! Não nos rejeites para sempre! 24Por que escondes o
rosto de nós? Por que te esqueces de nosso sofrimento e opressão?
25Desfalecemos no pó, caídos com o corpo no chão. 26Levanta-te e
ajuda-nos! Resgata-nos por causa do teu amor!

CAPÍTULO 45

Ao regente do coral: canção de amor para ser cantada
com a melodia "lírios". Salmo dos descendentes de Corá.

1Lindas palavras comovem meu coração; recitarei um belo poe-
ma a respeito do rei, pois minha língua é como a pena de um

habilidoso escritor. 2Tu és o mais belo de todos; palavras graciosas
fluem de teus lábios. Sim, Deus te abençoou para sempre. 3Põe
tua espada à cintura, ó poderoso guerreiro; tu és glorioso e ma-
jestoso! 4Em tua majestade, cavalga para a vitória e defende a
verdade, a humildade e a justiça; avança e realiza feitos notáveis.
5Tuas flechas são agudas e atravessam o coração de teus inimigos;
as nações caem a teus pés. 6Teu trono, ó Deus, permanece para
todo o sempre; tu governas com cetro de justiça. 7Amas a justiça
e odeias o mal; por isso, Deus, o teu Deus, te ungiu. Derramou
sobre ti o óleo da alegria mais que sobre qualquer outro. 8Mirra,
aloés e cássia perfumam tuas roupas; em palácios de marfim,
instrumentos de cordas te alegram. 9Entre as mulheres de tua
corte há filhas de reis; à tua direita, está a rainha, usando joias
de ouro puro de Ofir. 10Ouça, ó filha de rei; leve a sério o que
digo. Esqueça seu povo e sua família, 11pois o rei, seu marido, se
encanta com sua beleza; honre-o, pois ele é seu senhor. 12A cidade
de Tiro a cobrirá de presentes, os ricos suplicarão por seu favor. 13A
princesa é uma linda noiva, belíssima em seu vestido dourado.
14Em suas roupas bordadas, é levada até o rei, acompanhada de
suas damas de honra. 15Formam um grupo alegre e festivo que
entra no palácio real. 16Teus filhos serão reis, como o pai deles;
tu os farás governantes de muitas terras. 17Eu darei honra ao teu
nome por todas as gerações; por isso, as nações te louvarão para
todo o sempre.

CAPÍTULO 46

Ao regente do coral: cântico dos descendentes de Corá, para ser cantado com vozes de soprano.

1Deus é nosso refúgio e nossa força, sempre pronto a nos socorrer
em tempos de aflição. 2Portanto, não temeremos quando vierem
terremotos e montes desabarem no mar. 3Que o oceano estrondeie
e espumeje! Que os montes estremeçam enquanto as águas se
elevam!

Interlúdio

4Um rio e seus canais alegram a cidade de nosso Deus, o santo
lugar do Altíssimo. 5Deus habita nessa cidade, e ela não será des-
truída; desde o amanhecer, Deus a protegerá. 6As nações estão
em confusão, e seus reinos desmoronam. A voz de Deus troveja, e

a terra se dissolve. 7O SENHOR dos Exércitos está entre nós; o Deus
de Jacó é nossa fortaleza.

Interlúdio

8Venham, contemplem as gloriosas obras do SENHOR! Vejam como
ele traz destruição sobre o mundo! 9Acaba com as guerras em toda
a terra, quebra o arco e parte ao meio a lança, e destrói os escudos
com fogo. 10"Aquietem-se e saibam que eu sou Deus! Serei honrado
entre todas as nações; serei honrado no mundo inteiro." 11O SENHOR
dos Exércitos está entre nós; o Deus de Jacó é nossa fortaleza.

Interlúdio

CAPÍTULO 47

Ao regente do coral: salmo dos descendentes de Corá.

1Batam palmas, todos os povos! Celebrem a Deus em alta voz!
2Pois o SENHOR Altíssimo é temível; é o grande Rei de toda a terra.
3Ele derrota os povos diante de nós e põe as nações sob nossos
pés. 4Escolheu para nós uma terra como herança, o orgulho dos
descendentes de Jacó, a quem ele ama.

Interlúdio

5Deus subiu em meio a gritos de alegria; o SENHOR se elevou ao
forte som de trombetas. 6Cantem louvores a Deus, cantem louvores,
cantem louvores ao nosso Rei, cantem louvores! 7Pois Deus é o Rei
de toda a terra; louvem-no com um salmo. 8Deus reina sobre as
nações, sentado em seu santo trono. 9Os governantes do mundo
se juntaram ao povo do Deus de Abraão. Pois todos os reis da terra
pertencem a Deus; ele é grandemente exaltado em toda parte.

CAPÍTULO 48

Cântico; salmo dos descendentes de Corá.

1Grande é o SENHOR e muito digno de louvor, na cidade de nos-
so Deus, em seu santo monte. 2O monte Sião, o santo monte, é
alto e magnífico; toda a terra se alegra em vê-lo; é a cidade do
grande Rei. 3O próprio Deus está em suas torres e se revela como
seu protetor. 4Os reis da terra uniram forças e avançaram contra a
cidade. 5Mas, quando a viram, ficaram espantados e fugiram ater-
rorizados. 6Foram tomados de medo e se contorceram de dores,
como a mulher no parto. 7Tu os destruíste como os navios de Társis,

despedaçados por um forte vento do leste. 8Tínhamos ouvido falar
da glória da cidade, mas agora a vimos com os próprios olhos, a
cidade do SENHOR dos Exércitos. É a cidade de nosso Deus, que a
manterá segura para sempre.

Interlúdio

9Ó Deus, em teu amor meditamos enquanto adoramos em teu
templo. 10Como teu nome merece, ó Deus, serás louvado até os
confins da terra; tua forte mão direita está cheia de vitória. 11Alegre-
se o povo no monte Sião! Todas as cidades de Judá exultem por
causa de teus decretos! 12Percorram a cidade de Sião, vão e contem
suas muitas torres. 13Observem os muros fortificados e caminhem
por todas as cidadelas, para que possam descrevê-las às gerações
futuras. 14Pois assim é nosso Deus; ele é nosso Deus para todo o
sempre e nos guiará até o dia de nossa morte.

CAPÍTULO 49

Ao regente do coral: salmo dos descendentes de Corá.

1Ouçam isto, todos os povos! Escutem, todos os habitantes da terra!
2Toda a humanidade, sem exceção, tanto ricos como pobres, pres-
tem atenção! 3Pois minhas palavras são sábias, e meus pensamen-
tos, cheios de entendimento. 4Ouço muitos provérbios com atenção
e, ao som da harpa, explico enigmas. 5Por que terei medo quando
vierem as dificuldades, quando inimigos perversos me cercarem?
6Eles confiam em seus bens e contam vantagem de suas grandes
riquezas. 7Mas não são capazes de se redimir da morte e pagar
um resgate a Deus. 8O preço para resgatar uma vida é altíssimo,
e ninguém é capaz de pagar o suficiente 9para viver para sempre
e jamais ver a sepultura. 10Os sábios, no fim, morrerão, como os
tolos e os ignorantes, que deixam toda a sua riqueza para trás. 11A
sepultura é seu lar eterno, onde ficarão para sempre. Dão o próprio
nome às suas terras, 12mas a sua fama não durará; como os animais,
eles também morrerão. 13Esse é o destino dos tolos, embora sejam
admirados pelo que dizem.

Interlúdio

14Como ovelhas, são levados à sepultura, onde a morte será seu
pastor. Pela manhã, os justos governarão sobre eles; seus corpos
apodrecerão na sepultura, longe de suas grandes propriedades.

15Quanto a mim, Deus resgatará minha vida e me livrará do poder
da sepultura.

Interlúdio

16Portanto, não desanimem quando o perverso enriquecer e sua
casa se tornar ainda mais luxuosa. 17Pois, quando morrer, nada
levará consigo; sua riqueza não o acompanhará ao túmulo. 18Nesta
vida, ele se considera afortunado e é elogiado por seu sucesso.
19Contudo, morrerá como todos os seus antepassados e nunca mais
voltará a ver a luz do dia. 20Os que contam vantagem de suas rique-
zas nada entendem; como os animais, também morrerão.

CAPÍTULO 50

Salmo de Asafe.

1O SENHOR, o Deus Poderoso, falou; convocou toda a humanidade,
desde onde o sol nasce até onde se põe. 2Do monte Sião, lugar
de perfeita beleza, Deus resplandece. 3Nosso Deus se aproxima e
não está em silêncio. Fogo devora tudo em seu caminho, e ao seu
redor há uma grande tempestade. 4Ele convoca os céus em cima
e a terra embaixo, para testemunharem o julgamento de seu povo.
5"Tragam aqui os que me são fiéis, os que fizeram comigo uma
aliança de oferta de sacrifícios." 6Então, que os céus proclamem
sua justiça, pois o próprio Deus será o juiz.

Interlúdio

7"Ó meu povo, ouça o que direi, estas são minhas acusações contra
você, ó Israel: Eu sou Deus, o seu Deus! 8Não o reprovo por seus
sacrifícios, nem pelos holocaustos que sempre oferecem. 9Não
preciso, contudo, dos novilhos de seus estábulos, nem dos bodes
de seus currais. 10Pois são meus todos os animais dos bosques, e
sou dono do gado nos milhares de colinas. 11Conheço cada pássaro
dos montes, e todos os animais dos campos me pertencem. 12Se
eu tivesse fome, não lhes diria, pois meu é o mundo inteiro e tudo
que nele há. 13Acaso como a carne de touros ou bebo o sangue
de bodes? 14Ofereçam a Deus seu sacrifício de gratidão e cum-
pram os votos que fizerem ao Altíssimo. 15Então clamem a mim
em tempos de aflição; eu os livrarei, e vocês me darão glória." 16Ao
perverso, porém, Deus diz: "De que adianta recitar meus decretos
e falar a respeito de minha aliança? 17Pois você recusa minha dis-
ciplina e trata minhas palavras como lixo. 18Quando vê ladrões,

aprova o que fazem e passa seu tempo com adúlteros. 19Sua boca
está cheia de maldade, e sua língua, repleta de mentiras. 20Vive
a caluniar seu irmão, filho de sua própria mãe. 21Enquanto você
assim agia, permaneci calado, e você pensou que éramos iguais.
Agora, porém, o repreenderei; contra você apresentarei minhas
acusações. 22Pensem bem e arrependam-se todos vocês que de
mim se esquecem; caso contrário, eu os despedaçarei e ninguém
os ajudará. 23A gratidão, porém, é um sacrifício que de fato me
honra; se permanecerem em meus caminhos, eu lhes revelarei
a salvação de Deus".

CAPÍTULO 51

Ao regente do coral: salmo de Davi, sobre a ocasião em que o profeta Natã veio falar com Davi após o adultério com Bate-Seba.

1Tem misericórdia de mim, ó Deus, por causa do teu amor. Por causa
da tua grande compaixão, apaga as manchas de minha rebeldia.
2Lava-me de toda a minha culpa, purifica-me do meu pecado.
3Pois reconheço minha rebeldia; meu pecado me persegue todo
o tempo. 4Pequei contra ti, somente contra ti; fiz o que é mau aos
teus olhos. Por isso, tens razão no que dizes, e é justo teu julga-
mento contra mim. 5Pois sou pecador desde que nasci, sim, desde
que minha mãe me concebeu. 6Tu, porém, desejas a verdade no
íntimo e no coração me mostras a sabedoria. 7Purifica-me de mi-
nha impureza, e ficarei limpo; lava-me, e ficarei mais branco que
a neve. 8Devolve-me a alegria e a felicidade! Tu me quebraste;
agora, permite que eu exulte outra vez. 9Não continues a olhar
para meus pecados; remove as manchas de minha culpa. 10Cria
em mim, ó Deus, um coração puro; renova dentro de mim um
espírito firme. 11Não me expulses de tua presença e não retires
de mim teu Santo Espírito. 12Restaura em mim a alegria de tua
salvação e torna-me disposto a te obedecer. 13Então ensinarei teus
caminhos aos rebeldes, e eles voltarão a ti. 14Perdoa-me por ter
derramado sangue, ó Deus de minha salvação; então, com alegria,
anunciarei tua justiça. 15Abre meus lábios, Senhor, para que minha
boca te louve. 16Tu não desejas sacrifícios, do contrário eu os ofere-
ceria; também não queres holocaustos. 17O sacrifício que desejas
é um espírito quebrantado; não rejeitarás um coração humilde e

NO QUE ESTOU **PENSANDO** ○ O QUE ESTOU **SENTINDO** ○ DO QUE ESTOU **LEMBRANDO** ○

DESENHE OU ESCREVA

arrependido. 18Olha com favor para Sião e ajuda-a; reconstrói os
muros de Jerusalém. 19Então te agradarás dos sacrifícios de justiça,
dos holocaustos e das ofertas queimadas; e sobre teu altar novilhos
voltarão a ser sacrificados.

CAPÍTULO 52

Ao regente do coral: salmo de Davi sobre a ocasião em que Doegue, o edomita, disse a Saul: "Davi foi à casa de Aimeleque".

1Por que conta vantagem de seus crimes, grande guerreiro? Não
sabe que o amor de Deus dura para sempre? 2O dia todo você trama
destruição; sua língua mentirosa corta como navalha afiada. 3Ama
o mal mais que o bem e fala mais mentiras que verdades.

Interlúdio

4Você gosta de destruir os outros com suas palavras, seu mentiroso!
5Por isso, Deus o destruirá de uma vez por todas; ele o tirará de sua
casa e o arrancará da terra dos vivos.

Interlúdio

6Os justos verão isso e temerão; rirão de você e dirão: 7"Vejam o
que acontece aos poderosos guerreiros que não fazem de Deus
sua fortaleza! Confiam em suas muitas riquezas e se refugiam em
sua maldade". 8Eu, porém, sou como a oliveira que floresce na casa
de Deus; sempre confiarei no amor de Deus. 9Eu te louvarei para
sempre, ó Deus, por aquilo que fizeste. Confiarei em teu bom nome,
na presença de teu povo fiel.

CAPÍTULO 53

Ao regente do coral: meditação; salmo de Davi.

1Os tolos dizem em seu coração: "Não há Deus". São corruptos e
praticam o mal; nenhum deles faz o bem. 2Deus olha dos céus
para toda a humanidade, para ver se alguém é sábio, se alguém
busca a Deus. 3Todos, porém, se desviaram; todos se corromperam.
Ninguém faz o bem, nem um sequer! 4Acaso os que praticam o mal
jamais aprenderão? Devoram meu povo como se fosse pão e nem
pensam em orar a Deus. 5Grande terror se apoderará deles, terror
como nunca experimentaram. Deus espalhará os ossos dos que
atacam seu povo; serão humilhados, pois Deus os rejeitou. 6Quem
virá do monte Sião para salvar Israel? Quando Deus restaurar seu
povo, Jacó dará gritos de alegria, e Israel exultará.

CAPÍTULO 54

**Ao regente do coral: salmo de Davi sobre a ocasião em que os
zifeus vieram e disseram a Saul: "Davi está escondido entre
nós". Para ser acompanhado com instrumentos de cordas.**

1Vem com a força do teu nome, ó Deus, e salva-me! Defende-me
com teu grande poder. 2Ouve minha oração, ó Deus; escuta minha
súplica. 3Pois desconhecidos me atacam, pessoas violentas tentam
me matar; eles não se importam com Deus.

Interlúdio

4Deus, porém, é meu auxílio; o Senhor me mantém com vida. 5Que
as tramas perversas de meus inimigos se voltem contra eles; des-
trói-os, como prometeste. 6Oferecerei a ti um sacrifício voluntário;
louvarei teu nome, ó SENHOR, porque és bom. 7Pois me livraste de
minhas aflições e me ajudaste a vencer meus inimigos.

CAPÍTULO 55

**Ao regente do coral: salmo de Davi, para ser acom-
panhado com instrumentos de cordas.**

1Ouve minha oração, ó Deus! Não ignores meu clamor por socorro!
2Ouve-me e responde-me, pois estou sobrecarregado e confuso.
3Meus inimigos gritam contra mim e fazem ameaças perversas.
Sobre mim trazem desgraças e me perseguem furiosamente.
4Dentro do peito, meu coração acelera; o terror da morte se apo-
dera de mim. 5Sou tomado de medo e pânico, e não consigo parar
de tremer. 6Quem dera eu tivesse asas como a pomba; voaria para
longe e encontraria descanso. 7Sim, fugiria para bem longe, para
o sossego do deserto.

Interlúdio

8Sim, eu me apressaria em escapar para um lugar distante do ven-
daval e da tempestade. 9Confunde-os, Senhor, e frustra seus planos,
pois vejo violência e conflito na cidade. 10Dia e noite os muros são
guardados de invasores, mas a perversidade e a maldade estão
do lado de dentro. 11Tudo está desmoronando; ameaça e engano
correm soltos pelas ruas. 12Não é meu inimigo que me insulta; se
fosse, eu poderia suportar. Não são meus adversários que se levan-
tam contra mim; deles eu poderia me esconder. 13Antes, é você,
meu igual, meu companheiro e amigo chegado. 14Como era agra-
dável a comunhão que desfrutávamos quando acompanhávamos

Sl 56.9

a multidão à casa de Deus! 15Que a morte apanhe meus inimigos
de surpresa; que desçam vivos à sepultura, pois a maldade mora
dentro deles. 16Eu, porém, invocarei a Deus, e o SENHOR me livrará.
17Pela manhã, ao meio-dia e à noite, clamo angustiado, e ele ouve
minha voz. 18Ele me resgata e me mantém a salvo na batalha, em-
bora muitos ainda estejam contra mim. 19Deus, que governa desde
a eternidade, me ouvirá e lhes dará o que merecem.

Interlúdio

Pois meus inimigos não querem mudar sua conduta; eles não te-
mem a Deus. 20Quanto a meu companheiro, ele traiu seus amigos
e não cumpriu suas promessas. 21Sua fala é macia como manteiga,
mas em seu coração há guerra. Suas palavras são suaves como
azeite, mas na verdade são punhais. 22Entregue suas aflições ao
SENHOR, e ele cuidará de você; jamais permitirá que o justo tropece
e caia. 23Tu, porém, ó Deus, lançarás os perversos no abismo de
destruição. Assassinos e mentirosos morrerão ainda jovens, mas
eu sempre confiarei em ti.

CAPÍTULO 56

**Ao regente do coral: salmo de Davi sobre a ocasião
em que os filisteus o prenderam em Gate. Para ser
cantado com a melodia "Pomba em carvalhos distantes".**

1Ó Deus, tem misericórdia de mim, pois sofro perseguição; meus
inimigos me atacam o dia todo. 2Vivo perseguido por aqueles que
me caluniam, e muitos me atacam abertamente. 3Quando eu tiver
medo, porém, confiarei em ti. 4Louvo a Deus por suas promessas,
confio em Deus e não temerei; o que me podem fazer os simples
mortais? 5Sempre distorcem o que digo e passam dias traman-
do me prejudicar. 6Reúnem-se para me espionar e vigiam meus
passos, ansiosos para me matar. 7Castiga-os por sua maldade;
ó Deus, derruba-os em tua ira. 8Conheces bem todas as minhas
angústias; recolheste minhas lágrimas num jarro e em teu livro
registraste cada uma delas. 9Meus inimigos baterão em retirada
quando eu clamar a ti; uma coisa sei: Deus está do meu lado!
10Louvo a Deus por suas promessas, sim, louvo o SENHOR por suas
promessas. 11Confio em Deus e não temerei; o que me podem fazer
os simples mortais? 12Cumprirei os votos que fiz a ti, ó Deus, e te
oferecerei um sacrifício de gratidão. 13Pois me livraste da morte;

não deixaste que meus pés tropeçassem. Agora, posso andar em
tua presença, ó Deus, em tua luz que dá vida.

CAPÍTULO 57

Ao regente do coral: salmo de Davi sobre a ocasião em que ele fugiu de Saul para a caverna. Para ser cantado com a melodia "Não destruas!".

1Tem misericórdia de mim, ó Deus, tem misericórdia! Em ti me
refugio. À sombra de tuas asas me esconderei, até que passe o
perigo. 2Clamo ao Deus Altíssimo, ao Deus que cumpre seus pro-
pósitos para mim. 3Dos céus ele enviará socorro para me salvar e
envergonhará os que me perseguem.

Interlúdio

Meu Deus enviará seu amor e sua fidelidade! 4Estou cercado de
leões ferozes, ansiosos para devorar suas presas humanas. Seus
dentes são como lanças e flechas, e sua língua corta como espada
afiada. 5Sê exaltado, ó Deus, acima dos mais altos céus; que a tua
glória brilhe sobre toda a terra! 6Meus inimigos me prepararam
uma armadilha; estou exausto de tanta angústia. Abriram uma cova
profunda em meu caminho, mas eles próprios caíram nela.

Interlúdio

7Meu coração está firme em ti, ó Deus, meu coração está firme; por
isso canto louvores a ti! 8Desperte, minha alma! Despertem, lira
e harpa! Quero acordar o amanhecer com a minha canção. 9Eu te
darei graças, Senhor, no meio dos povos; cantarei louvores a ti entre
as nações. 10Pois o teu amor se eleva até os céus; a tua fidelidade
alcança as nuvens. 11Sê exaltado, ó Deus, acima dos mais altos céus;
que a tua glória brilhe sobre toda a terra!

CAPÍTULO 58

Ao regente do coral: salmo de Davi, para ser cantado com a melodia "Não destruas!".

1Vocês, governantes, sabem o que significa justiça? Acaso julgam o
povo com imparcialidade? 2De modo algum! Tramam injustiça em
seu coração e espalham violência por toda a terra. 3Os perversos
são pecadores desde o ventre materno; mentem e se corrompem
desde o nascimento. 4São venenosos como serpentes, como cobras
que se fazem de surdas, 5para não ouvir a música dos encantadores,

NO QUE ESTOU **PENSANDO** ○ | O QUE ESTOU **SENTINDO** ○ | DO QUE ESTOU **LEMBRANDO** ○

DESENHE OU ESCREVA

ainda que eles toquem com habilidade. 6Quebra os dentes dos
perversos, ó Deus! Despedaça, SENHOR, a mandíbula desses leões!
7Que desapareçam como água em terra sedenta, que se tornem
inúteis as armas em suas mãos. 8Que sejam como a lesma que
se desmancha em lodo, como a criança que nasce morta e nunca
verá o sol. 9Deus os eliminará, tanto os jovens como os velhos,
mais depressa que um fogo de espinhos esquenta uma panela.
10O justo se alegrará quando vir a vingança contra a injustiça; no
sangue do perverso, lavará os pés. 11Então, por fim, alguém dirá:
"De fato, há recompensa para o justo; com certeza há um Deus que
faz justiça na terra".

CAPÍTULO 59

Ao regente do coral: salmo de Davi, sobre a ocasião em que Saul enviou soldados para vigiar a casa de Davi a fim de matá-lo. Para ser cantado com a melodia "Não destruas!".

1Livra-me de meus inimigos, ó Deus, protege-me dos que vieram
me destruir. 2Livra-me dos criminosos, salva-me dos assassinos.
3Armaram uma emboscada para mim; inimigos ferozes estão à
minha espera, SENHOR, embora eu não tenha pecado nem os te-
nha ofendido. 4Sou inocente, mas eles se apressam em me atacar.
Desperta! Vê o que está acontecendo e ajuda-me! 5Ó SENHOR, Deus
dos Exércitos, Deus de Israel, desperta e castiga as nações; não
tenhas misericórdia dos traidores perversos.

Interlúdio

6Eles saem à noite, rosnando como cães ferozes enquanto rondam
a cidade. 7Ouve as coisas imundas que lhes saem da boca; suas
palavras cortam como espadas. "Afinal, quem nos ouvirá?", dizem
com desprezo. 8Mas tu, SENHOR, ris deles; zombas das nações. 9És
minha força; em ti espero, pois tu, ó Deus, és minha fortaleza. 10Em
seu amor, meu Deus estará comigo; permitirá que eu triunfe sobre
meus inimigos. 11Não os mates, para que meu povo não se esqueça
depressa; dispersa-os com teu poder e derruba-os, ó Senhor, nosso
escudo. 12Pelas coisas pecaminosas que dizem, pelo mal que há
em seus lábios, que sejam apanhados em seu orgulho, em suas
maldições e mentiras. 13Destrói-os em tua ira! Extermina-os por
completo! Então o mundo todo saberá que Deus reina em Israel.

Interlúdio

14Eles saem à noite, rosnando como cães ferozes enquanto ron-
dam a cidade. 15Andam à procura de alimento, mas vão dormir
insatisfeitos. 16Eu, porém, cantarei sobre o teu poder; cada manhã,
cantarei com alegria sobre o teu amor. Pois tu tens sido minha
fortaleza, lugar seguro em minha aflição. 17Ó minha Força, a ti canto
louvores, pois tu, ó Deus, és minha fortaleza, o Deus que mostra
amor por mim.

CAPÍTULO 60

**Ao regente do coral: salmo de Davi,
útil para o ensino, sobre a ocasião em que Davi lutou
contra Arã-Naaraim e Arã-Zobá, e Joabe regressou
e matou doze mil edomitas no vale do Sal. Para ser
cantado com a melodia "Lírio do testemunho".**

1Tu nos rejeitaste, ó Deus, e quebraste nossas defesas; sobre nós
derramaste tua ira; agora, restaura-nos. 2Sacudiste nossa terra e
nela abriste fendas; repara as brechas, pois a terra estremece. 3Foste
muito severo conosco, teu povo, e nos fizeste beber vinho que nos
deixou atordoados. 4Contudo, levantaste uma bandeira para os que
te temem, um ponto de abrigo em meio ao ataque.

Interlúdio

5Agora, livra teu povo amado; responde-nos e salva-nos por teu
poder. 6Deus, em seu santuário, prometeu: "Com alegria dividirei
Siquém e medirei o vale de Sucote. 7Gileade é minha, e também
Manassés; Efraim é meu capacete, e Judá, meu cetro. 8Moabe é
minha bacia de lavar; sobre Edom limparei os pés e darei um grito
de triunfo sobre a Filístia". 9Quem me levará à cidade fortificada?
Quem me guiará até Edom? 10Acaso nos rejeitaste, ó Deus? Não
marcharás mais com nossos exércitos? 11Ajuda-nos contra nossos
inimigos, pois todo socorro humano é inútil. 12Com o auxílio
de Deus, realizaremos grandes feitos, pois ele pisará os nossos
inimigos.

CAPÍTULO 61

**Ao regente do coral: salmo de Davi, para ser acom-
panhado com instrumentos de cordas.**

1Ó Deus, ouve meu clamor! Escuta minha oração! 2Dos confins da
terra clamo a ti, com meu coração sobrecarregado. Leva-me à rocha

NO QUE ESTOU **PENSANDO** ○ | O QUE ESTOU **SENTINDO** ○ | DO QUE ESTOU **LEMBRANDO** ○

DESENHE OU ESCREVA

alta e segura, 3pois és meu refúgio e minha fortaleza, onde meus
inimigos não me alcançarão. 4Permite-me viver para sempre em
teu santuário, seguro sob o abrigo de tuas asas!

Interlúdio

5Pois ouviste meus votos, ó Deus, e me deste a bênção reservada
para os que temem teu nome. 6Acrescenta muitos anos à vida do
rei! Que ele viva por muitas gerações! 7Que ele reine na presença
de Deus para sempre, e que o teu amor e a tua fidelidade o guar-
dem. 8Então cantarei para sempre louvores ao teu nome, enquanto
cumpro meus votos a cada dia.

CAPÍTULO 62

**Para Jedutum, regente do coral:
salmo de Davi.**

1Em silêncio diante de Deus, minha alma espera, pois dele vem
minha vitória. 2Somente ele é minha rocha e minha salvação, mi-
nha fortaleza onde jamais serei abalado. 3São tantos os inimigos
contra um só homem; todos tentam me matar. Para eles, não passo
de um muro inclinado ou uma cerca prestes a cair. 4Planejam
me derrubar de minha posição elevada; têm prazer em contar
mentiras. Diante de mim, me elogiam; em seu coração, porém,
me amaldiçoam.

Interlúdio

5Que minha alma espere em silêncio diante de Deus, pois nele está
minha esperança. 6Somente ele é minha rocha e minha salvação,
minha fortaleza onde não serei abalado. 7Minha vitória e minha
honra vêm somente de Deus; ele é meu refúgio, uma rocha segura.
8Ó meu povo, confie nele em todo tempo; derrame o coração diante
dele, pois Deus é nosso refúgio.

Interlúdio

9As pessoas são vazias e enganosas, como uma rajada de vento.
Se fosse colocada numa balança, toda a humanidade pesaria me-
nos que um sopro. 10Não ganhem a vida por meio da extorsão,
nem ponham sua esperança em coisas roubadas. Se suas riquezas
aumentarem, não façam delas o centro de sua vida. 11Deus falou
claramente, e eu ouvi várias vezes: O poder, ó Deus, pertence a ti;
12o amor, Senhor, é teu. Certamente retribuirás a cada um conforme
suas ações.

CAPÍTULO 63

Salmo de Davi, sobre a ocasião em que estava no deserto de Judá.

1 Ó Deus, tu és meu Deus; eu te busco de todo o coração. Minha
alma tem sede de ti; todo o meu corpo anseia por ti nesta terra
seca, exausta e sem água. 2 Eu te vi em teu santuário e contemplei
teu poder e tua glória. 3 Teu amor é melhor que a própria vida;
com meus lábios te louvarei. 4 Sim, te louvarei enquanto viver; a
ti em oração levantarei as mãos. 5 Tu me satisfazes mais que um
rico banquete; com cânticos de alegria te louvarei. 6 Quando me
deito, fico acordado pensando em ti, meditando a teu respeito a
noite toda. 7 Pois tu és meu auxílio; à sombra de tuas asas canto
de alegria. 8 Minha alma se apega a ti; tua forte mão direita me
sustenta. 9 Aqueles, porém, que tramam me destruir descerão às
profundezas da terra. 10 Morrerão pela espada e servirão de comida
para os chacais. 11 O rei, contudo, se alegrará em Deus; todos que ju-
raram falar a verdade o louvarão, mas os mentirosos serão calados.

CAPÍTULO 64

Ao regente do coral: salmo de Davi.

1 Ó Deus, ouve minha queixa; protege-me das ameaças de meus
inimigos. 2 Esconde-me das tramas dessa multidão perversa, do
tumulto dos que praticam o mal. 3 Eles afiam a língua como espada
e apontam palavras amargas como flechas. 4 De emboscadas, atiram
nos inocentes; atacam de repente, sem medo algum. 5 Animam uns
aos outros a fazer o mal e planejam como preparar armadilhas em
segredo. "Quem nos verá?", perguntam. 6 Enquanto tramam seus
crimes, dizem: "Criamos o plano perfeito!". Sim, o coração e a mente
do ser humano são astutos. 7 Deus, porém, os atingirá com suas
flechas e repentinamente os derrubará. 8 A própria língua os levará
à ruína, e todos que os virem balançarão a cabeça em desprezo.
9 Quando isso acontecer, todos temerão; proclamarão as obras de
Deus e entenderão o que ele faz. 10 Os justos se alegrarão no SENHOR
e nele encontrarão refúgio, e os que têm coração íntegro o louvarão.

CAPÍTULO 65

Ao regente do coral: cântico; salmo de Davi.

1 Que grande louvor, ó Deus, te aguarda em Sião! Cumpriremos
os votos que te fizemos, 2 pois respondes às nossas orações; todos

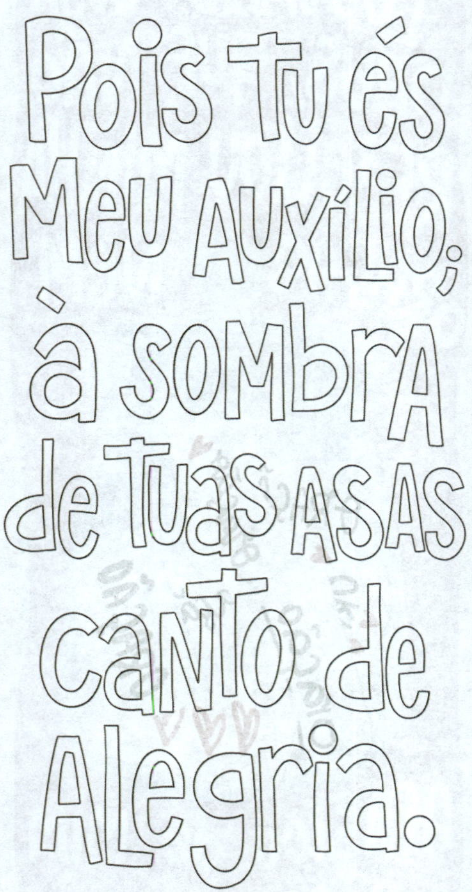

Sl 63.7

virão a ti. 3 Embora sejam muitos os nossos pecados, tu perdoas
nossa rebeldia. 4 Como é feliz aquele que tu escolhes para se apro-
ximar de ti, aquele que vive em teus pátios. Quantas coisas boas nos
saciarão em tua casa, em teu santo templo. 5 Tu respondes às nossas
orações com notáveis feitos de justiça, ó Deus de nossa salvação. És
a esperança de todos na terra, e até dos que navegam por mares
distantes. 6 Formaste os montes com teu poder e de grande força
te armaste. 7 Acalmaste a fúria dos mares e as ondas impetuosas, e
calaste o tumulto das nações. 8 Os habitantes dos confins da terra se
admiram com tuas maravilhas. Desde onde o sol nasce até onde se
põe, despertas gritos de alegria. 9 Cuidas da terra e a regas, tornan-
do-a rica e fértil. O rio de Deus tem muita água; proporciona fartura
de cereais, porque assim ordenaste. 10 Encharcas o solo arado, dis-
solves os torrões e nivelas os sulcos. Amoleces a terra com chuvas
e abençoas suas plantações. 11 Coroas o ano com boas colheitas;
tuas pegadas deixam um rastro de fartura. 12 Os pastos no deserto
ficam verdes, e as encostas dos montes florescem de alegria. 13 Os
campos estão cobertos de rebanhos, e os vales, forrados de cereais;
toda a terra grita e canta de alegria!

CAPÍTULO 66

Ao regente do coral: cântico; salmo.

1 Aclamem a Deus, todos os habitantes da terra! 2 Cantem a glória
de seu nome, anunciem ao mundo quão glorioso ele é. 3 Digam a
Deus: "Como são notáveis os teus feitos! Teus inimigos rastejam
diante do teu grande poder. 4 Tudo que há na terra te adorará; can-
tará louvores a ti e anunciará teu nome em cânticos".

Interlúdio

5 Venham e vejam as obras de Deus! Que feitos notáveis ele reali-
za em favor das pessoas! 6 Abriu um caminho seco pelo meio do
mar, e seu povo atravessou a pé; ali nos alegramos nele. 7 Com seu
grande poder, ele governa para sempre e vigia cada movimento das
nações; que nenhum rebelde se levante contra ele.

Interlúdio

8 Que o mundo inteiro celebre nosso Deus e cante louvores a ele
em alta voz! 9 Nossa vida está em suas mãos; ele não permite que
nossos pés tropecem. 10 Tu nos puseste à prova, ó Deus, e nos purifi-
caste como prata. 11 Tu nos prendeste em tua armadilha e colocaste

sobre nossas costas o fardo da opressão. 12Permitiste que inimigos
nos pisoteassem; passamos pelo fogo e pela água, mas tu nos trou-
xeste a um lugar de grande fartura. 13Agora venho ao teu templo
com holocaustos para cumprir os votos que fiz a ti, 14sim, os votos
sagrados que fiz quando estava em grande aflição. 15Por isso te
apresentarei holocaustos: meus melhores carneiros, como aroma
agradável, e um sacrifício de novilhos e cabritos.

Interlúdio

16Venham e ouçam, todos vocês que temem a Deus, e eu lhes
contarei o que ele fez por mim. 17Pois a ele clamei por socorro e o
louvei enquanto falava. 18Se eu não tivesse confessado o pecado
em meu coração, o Senhor não teria ouvido. 19Mas Deus ouviu! Ele
atendeu à minha oração. 20Louvado seja Deus, que não rejeitou
minha oração, nem afastou de mim o seu amor.

CAPÍTULO 67

Ao regente do coral: cântico; salmo para ser acompanhado com instrumentos de cordas.

1Que Deus seja misericordioso e nos abençoe. Que a luz de seu
rosto brilhe sobre nós.

Interlúdio

2Que teus caminhos sejam conhecidos em toda a terra, e tua sal-
vação, entre as nações de toda parte. 3Que os povos te louvem, ó
Deus, sim, que todos os povos te louvem. 4Que o mundo inteiro
cante de alegria, pois governas os povos com justiça e guias as
nações de toda a terra.

Interlúdio

5Que os povos te louvem, ó Deus, sim, que todos os povos te
louvem. 6Então a terra dará suas colheitas, e Deus, o nosso Deus,
nos abençoará ricamente. 7Sim, Deus nos abençoará, e todos os
habitantes da terra o temerão.

CAPÍTULO 68

Ao regente do coral: cântico; salmo de Davi.

1Levanta-te, ó Deus, e dispersa teus inimigos; fujam de ti todos que
te odeiam. 2Sopra-os para longe como fumaça e derrete-os como

Sl 66.20

cera no fogo. Que os perversos sejam destruídos na presença de
Deus. 3Que os justos, porém, se alegrem; exultem na presença de
Deus e sejam cheios de alegria. 4Cantem louvores a Deus e a seu
nome, exaltem aquele que cavalga sobre as nuvens. Seu nome é
SENHOR; alegrem-se em sua presença! 5Pai dos órfãos, defensor das
viúvas, esse é Deus, cuja habitação é santa. 6Deus dá uma família
aos que vivem sós; liberta os presos e os faz prosperar. Os rebeldes,
porém, ele faz morar em terra árida. 7Ó Deus, quando conduziste
teu povo, quando marchaste através do deserto,

Interlúdio

8a terra tremeu, e o céu derramou chuva, diante de ti, o Deus do
Sinai, diante de ti, o Deus de Israel. 9Enviaste muitas chuvas, ó Deus,
para refrescar a terra exausta. 10Ali teu povo se estabeleceu, e com
farta colheita, ó Deus, proveste aos necessitados. 11O Senhor dá a
ordem, e um grande exército traz boas notícias. 12Reis inimigos e
seus exércitos fogem, enquanto as mulheres repartem em casa
os despojos. 13Mesmo os que viviam entre os currais de ovelhas
encontraram pombas com asas de prata e penas de ouro. 14O Todo-
poderoso dispersou os reis, como uma tempestade de neve sobre o
monte Zalmom. 15Os montes de Basã são majestosos, com cumes
altos que chegam até o céu. 16Ó montes elevados, por que olham
com inveja para o monte Sião, onde Deus escolheu habitar, onde
o SENHOR habitará para sempre? 17Cercado de milhares e milhares
de carruagens, o Senhor veio do monte Sinai para seu santuário.
18Quando subiste às alturas, levaste muitos prisioneiros; recebeste
dádivas do povo, até mesmo dos que se rebelaram contra ti. Agora
o SENHOR Deus viverá ali, em nosso meio. 19Louvado seja o Senhor;
louvado seja Deus, nosso salvador! A cada dia ele nos carrega em
seus braços.

Interlúdio

20O nosso Deus é Deus que salva! O SENHOR Soberano nos livra
da morte. 21Deus esmagará a cabeça de seus inimigos, esmaga-
rá o crânio dos que insistem em pecar. 22O Senhor diz: "De Basã
farei descer meus inimigos; das profundezas do mar os farei su-
bir. 23Você, meu povo, lavará os pés no sangue deles, e até seus
cães terão sua porção!". 24Já se vê teu cortejo, ó Deus, o cortejo de
meu Deus e Rei, entrando no santuário. 25À frente vão os cantores,
atrás vêm os músicos, no meio vêm as moças tocando tamborins.

26Louvem a Deus, todos vocês, louvem o SENHOR, a fonte de vida
de Israel. 27Vejam, à frente vai a pequena tribo de Benjamim; logo
atrás vem a grande multidão de governantes de Judá e todos os
governantes de Zebulom e Naftali. 28Manifesta tua força, ó Deus,
mostra teu poder divino por nós, como fizeste no passado. 29Os
reis levam tributos ao teu templo, em Jerusalém. 30Repreende-os,
esses animais selvagens à espreita entre os juncos, essa manada
de touros no meio de bezerros fracos. Faze-os trazer barras de pra-
ta como humilde tributo, dispersa as nações que têm prazer em
guerrear. 31Que o Egito venha com dádivas de metais preciosos,
que a Etiópia traga tributos a Deus. 32Cantem a Deus, reinos da
terra, cantem louvores ao Senhor!

Interlúdio

33Cantem àquele que cavalga pelos céus antigos, cuja voz pode-
rosa troveja dos céus. 34Anunciem a todos o poder de Deus; sua
majestade está sobre Israel, sua força é poderosa nos céus. 35Deus
é temível em seu santuário; o Deus de Israel dá poder e força a seu
povo. Louvado seja Deus!

CAPÍTULO 69

**Ao regente do coral: salmo de Davi,
para ser cantado com a melodia "Lírios".**

1Salva-me, ó Deus, pois as águas subiram até meu pescoço.
2Afundo cada vez mais na lama e não tenho onde apoiar os pés.
Entrei em águas profundas, e as correntezas me cobrem. 3Estou
exausto de tanto clamar; minha garganta está seca. Meus olhos
estão inchados de tanto chorar, à espera de meu Deus. 4Os que
me odeiam sem razão são mais numerosos que os cabelos de
minha cabeça. Muitos inimigos tentam me destruir com menti-
ras; exigem que eu devolva o que não roubei. 5Ó Deus, tu sabes
como sou tolo; é impossível esconder de ti meus pecados. 6Não
permitas que por minha causa sejam envergonhados os que em
ti confiam, ó Soberano SENHOR dos Exércitos. Não deixes que por
minha causa sejam humilhados, ó Deus de Israel. 7Pois, por tua
causa, suporto insultos; meu rosto está coberto de vergonha.
8Até meus irmãos fingem não me conhecer; tratam-me como
um desconhecido. 9O zelo por tua casa me consome; os insultos
dos que te insultam caíram sobre mim. 10Quando choro e jejuo,

eles zombam de mim. 11Quando visto pano de saco, eles riem de
mim. 12Sou o assunto principal de suas conversas, e os bêbados
cantam a meu respeito. 13Eu, porém, continuo orando a ti, SENHOR,
na esperança de que, desta vez, mostrarás teu favor. Responde-me,
ó Deus, por teu grande amor; salva-me por tua fidelidade. 14Livra-
me do atoleiro, não permitas que eu afunde ainda mais. Salva-me
dos que me odeiam, tira-me destas águas profundas. 15Não deixes
que as correntezas me cubram, nem que as águas profundas me
engulam, nem que a cova da morte me devore. 16Responde às
minhas orações, ó SENHOR, pois o teu amor é bom. Cuida de mim,
pois a tua misericórdia é imensa. 17Não te escondas de teu servo;
responde-me sem demora, pois estou aflito. 18Vem e resgata-me;
livra-me de meus inimigos! 19Tu sabes que sofro zombaria, ver-
gonha e humilhação; vês tudo que meus inimigos fazem. 20Os
insultos deles me partiram o coração; estou desesperado! Se ao
menos alguém tivesse piedade de mim; quem dera viessem me
consolar. 21Em vez disso, põem veneno em minha comida; ofere-
cem vinagre para matar minha sede. 22Que a mesa farta diante
deles se transforme em laço, e que sua prosperidade se torne
armadilha. 23Que seus olhos se escureçam para que não vejam,
e que seu corpo trema sem parar. 24Derrama tua fúria sobre eles,
consome-os com o ardor de tua ira. 25Que as casas deles fiquem
desoladas, e que não reste ninguém em suas tendas. 26Pois in-
sultam aquele a quem castigaste, acrescentam dor a quem feriste.
27Amontoa uns sobre os outros os pecados deles; não permitas
que sejam absolvidos. 28Apaga o nome deles do Livro da Vida; não
deixes que sejam incluídos entre os justos. 29Estou aflito e sofro;
socorre-me, ó Deus, com tua salvação! 30Então louvarei o nome
de Deus com cânticos e o exaltarei com ações de graças. 31Pois isso
agrada o SENHOR mais que sacrifícios de bois, mais que ofertas
de touros com chifres e cascos. 32Os humildes verão Deus agir
e se alegrarão; animem-se todos que buscam socorro em Deus.
33Pois o SENHOR ouve o clamor dos pobres; não despreza seu povo
aprisionado. 34Louvem-no, céus e terra, os mares e tudo que neles
se move. 35Pois Deus salvará Sião e reconstruirá as cidades de
Judá. Seu povo viverá ali e em sua própria terra se estabelecerá.
36Os descendentes dos que o servem herdarão a terra, e os que o
amam ali viverão, em segurança.

CAPÍTULO 70

Ao regente do coral:
salmo de Davi pedindo a Deus
que se lembre dele.

1Por favor, Deus, livra-me! Vem depressa, SENHOR, e ajuda-me!
2Sejam envergonhados e humilhados os que procuram me matar.
Voltem atrás em desonra os que se alegram com a minha desgraça.
3Recuem horrorizados com a própria vergonha, pois disseram: "Ah!
Agora o pegamos!". 4Alegrem-se e exultem, porém, todos que te
buscam. Todos que amam tua salvação, digam sempre: "Deus é
grande!". 5Quanto a mim, pobre e aflito, vem depressa me socor-
rer, ó Deus. Tu és meu auxílio e minha salvação; ó SENHOR, não te
demores!

CAPÍTULO 71

1Em ti, SENHOR, me refugio; não permitas que eu seja envergonha-
do. 2Salva-me e resgata-me, pois tu és justo. Inclina teu ouvido para
me escutar e livra-me. 3Sê minha rocha de refúgio, onde sempre
posso me esconder. Dá ordem para que eu seja liberto, pois és
minha rocha e minha fortaleza. 4Livra-me, meu Deus, do poder
dos perversos, das garras dos opressores cruéis. 5Só tu, Senhor, és
minha esperança; confio em ti, SENHOR, desde a infância. 6Sim, de
ti dependo desde meu nascimento; cuidas de mim desde o ventre
de minha mãe. Sempre te louvarei! 7Minha vida é exemplo para
muitos, pois tens sido minha força e meu refúgio. 8Por isso, não
deixo de te louvar; o dia todo declaro tua glória. 9Não me rejeites
agora, em minha velhice; não me abandones quando me faltam
as forças. 10Pois meus inimigos falam contra mim; juntos, plane-
jam me matar. 11Dizem: "Deus o abandonou! Vamos persegui-lo e
prendê-lo, pois agora ninguém o livrará". 12Ó Deus, não permaneças
distante; vem depressa me socorrer, meu Deus. 13Traz vergonha
e destruição sobre meus acusadores, cobre de vergonha e humi-
lhação os que desejam me prejudicar. 14Eu, porém, continuarei a
esperar em ti e te louvarei cada vez mais. 15Falarei a todos de tua
justiça; o dia todo, anunciarei tua salvação, embora não seja habi-
lidoso com as palavras. 16Louvarei teus feitos poderosos, SENHOR
Soberano; contarei a todos que somente tu és justo. 17Ó Deus, des-
de a infância me tens ensinado, e até hoje anuncio tuas maravilhas.

18Não me abandones, ó Deus, agora que estou velho, de cabelos
brancos. Deixe-me proclamar tua força a esta nova geração, teu
poder a todos que vierem depois de mim. 19Tua justiça, ó Deus,
chega até os mais altos céus; tens feito coisas grandiosas. Quem
se compara a ti, ó Deus? 20Permitiste que eu passasse por muito
sofrimento, mas ainda restaurarás minha vida e me farás subir das
profundezas da terra. 21Tu me darás ainda mais honra e voltarás
a me confortar. 22Então te louvarei com instrumento de cordas,
pois és fiel às tuas promessas, ó meu Deus. Cantarei louvores a ti
com a harpa, ó Santo de Israel. 23Darei gritos de alegria e cantarei
louvores a ti, pois tu me resgataste. 24Anunciarei, o dia todo, teus
feitos de justiça, pois foram envergonhados e humilhados todos
que tentaram me prejudicar.

CAPÍTULO 72

Salmo de Salomão.

1Dá ao rei tua justiça, ó Deus, e concede retidão ao filho do rei.
2Ajuda-o a julgar teu povo corretamente; que os pobres sejam
tratados com imparcialidade. 3Que os montes produzam prospe-
ridade para todos, e que as colinas deem muitos frutos. 4Ajuda-o a
defender os pobres dentre o povo, a salvar os filhos dos necessita-
dos e a esmagar seus opressores. 5Que eles te temam enquanto o
sol brilhar, enquanto a lua permanecer no céu; sim, para sempre!
6Que o governo do rei seja como a chuva sobre a grama recém-cor-
tada, como os aguaceiros que regam a terra. 7Que todos os justos
floresçam durante seu reinado, que haja grande paz até que a lua
deixe de existir. 8Que ele reine de mar a mar, e do rio Eufrates até
os confins da terra. 9Nômades do deserto se curvarão diante dele,
seus inimigos lamberão o pó a seus pés. 10Os reis de Társis e de
outras terras distantes lhe pagarão tributos. Os reis de Sabá e de
Sebá lhe darão presentes. 11Todos os reis se curvarão diante dele,
e todas as nações o servirão. 12Ele livrará o pobre que clamar por
socorro e ajudará o oprimido indefeso. 13Ele tem compaixão do
fraco e do necessitado e os salvará. 14Ele os resgatará da opressão
e da violência, pois considera preciosa a vida deles. 15Viva o rei!
Que ele receba o ouro de Sabá. Que o povo sempre ore por ele e o
abençoe o dia todo. 16Que haja fartura de cereais em toda a terra,
crescendo até o alto dos montes. Que as árvores frutíferas sejam

como as do Líbano, e que o povo prospere como grama no campo.
17Que o nome do rei permaneça para sempre, que dure enquanto
o sol brilhar. Que todas as nações sejam abençoadas por meio dele
e o louvem. 18Louvado seja o SENHOR Deus, o Deus de Israel, o
único que realiza tais maravilhas! 19Louvado seja seu nome glorioso
para sempre! Que sua glória encha toda a terra. Amém e amém!
20Terminam aqui as orações de Davi, filho de Jessé.

Livro 3 (Salmos 73–89)

CAPÍTULO 73

Salmo de Asafe.

1Certamente Deus é bom para Israel, para os que têm coração
puro. 2Quanto a mim, quase tropecei; meus pés escorregaram e
quase caí. 3Pois tive inveja dos orgulhosos quando os vi prosperar
apesar de sua perversidade. 4Levam uma vida sem sofrimento e
têm o corpo saudável e forte. 5Não enfrentam dificuldades, nem
estão cheios de problemas, como os demais. 6Ostentam o orgu-
lho como um colar de pedras preciosas e vestem-se de crueldade.
7Seus olhos cobiçam sempre mais, e o coração vive cheio de más
intenções. 8Zombam e falam somente maldades; em seu orgulho,
ameaçam usar de violência. 9Falam como se fossem donos dos
céus, e suas palavras arrogantes percorrem a terra. 10Por isso, o
povo se volta para eles e bebe todas as suas palavras. 11"O que
Deus sabe?", perguntam. "Acaso o Altíssimo tem conhecimento
disso?" 12Vejam como os perversos desfrutam uma vida tranquila,
enquanto suas riquezas se multiplicam. 13Foi à toa que mantive o
coração puro? Foi em vão que agi de modo íntegro? 14O dia todo
só enfrento problemas; cada manhã sou castigado. 15Se eu tivesse
falado como eles, teria traído teu povo. 16Tentei compreender por
que prosperam; que tarefa difícil! 17Então, entrei em teu santu-
ário, ó Deus, e por fim entendi o destino deles. 18Tu os puseste
num caminho escorregadio e os fizeste cair do precipício para a
destruição. 19São destruídos de repente, completamente tomados
de pavor. 20Quando te levantares, ó Senhor, rirás das ideias tolas
deles, como quem ri de um sonho pela manhã. 21Percebi, então,
que meu coração se amargurou e que eu estava despedaçado por
dentro. 22Fui tolo e ignorante; a teus olhos devo ter parecido um

NO QUE ESTOU **PENSANDO** O QUE ESTOU **SENTINDO** DO QUE ESTOU **LEMBRANDO**

DESENHE OU ESCREVA

animal irracional. 23E, no entanto, ainda pertenço a ti; tu seguras
minha mão direita. 24Tu me guias com teu conselho e me conduzes
a um destino glorioso. 25Quem mais eu tenho no céu senão a ti?
Eu te desejo mais que a qualquer coisa na terra. 26Minha saúde
pode acabar e meu espírito fraquejar, mas Deus continua sendo a
força de meu coração; ele é minha possessão para sempre. 27Os
que te abandonam perecerão, pois destróis os que de ti se afastam.
28Quanto a mim, como é bom estar perto de Deus! Fiz do SENHOR
Soberano meu refúgio e anunciarei a todos tuas maravilhas.

CAPÍTULO 74

Salmo de Asafe.

1Ó Deus, por que nos rejeitaste por tanto tempo? Por que é tão
intensa tua ira contra as ovelhas de teu pasto? 2Lembra-te de que
somos o povo que adquiriste muito tempo atrás, a tribo que res-
gataste como tua propriedade; lembra-te ainda do monte Sião, a
tua habitação. 3Caminha pelas ruínas assustadoras da cidade; vê
como o inimigo destruiu teu santuário. 4Ali teus inimigos deram
gritos de vitória; ali, hastearam suas bandeiras de guerra. 5Usaram
seus machados como lenhadores no bosque. 6Com machados e
picaretas, despedaçaram os painéis entalhados. 7Incendiaram todo
o teu santuário, profanaram o lugar de habitação do teu nome.
8Pensaram: "Vamos destruir tudo!", e queimaram todos os luga-
res de adoração a Deus. 9Já não vemos teus sinais; não há mais
profetas, e ninguém sabe quando isso acabará. 10Até quando, ó
Deus, permitirás que nossos inimigos te insultem? Acaso deixarás
que blasfemem teu nome para sempre? 11Por que reténs tua forte
mão direita? Estende-a com poder e destrói-os! 12Tu, ó Deus, és meu
rei desde a antiguidade e trazes salvação à terra. 13Com tua força,
dividiste o mar e despedaçaste as cabeças dos monstros marinhos.
14Esmagaste as cabeças do Leviatã e o deste como alimento aos
animais do deserto. 15Fizestes jorrar fontes e riachos e secaste rios
de águas torrenciais. 16Tanto o dia como a noite pertencem a ti;
criaste a luz das estrelas e o sol. 17Determinaste os limites da terra
e fizeste o verão e o inverno. 18Vê como os inimigos te insultam,
SENHOR; uma nação insensata blasfemou teu nome. 19Não permitas
que esses animais selvagens destruam tua pomba; não te esque-
ças para sempre de teu povo aflito. 20Lembra-te das promessas

da aliança, pois a terra está cheia de escuridão e violência. [21]Não
permitas que os oprimidos voltem a ser humilhados; em vez disso,
que os pobres e os necessitados louvem teu nome. [22]Levanta-te,
ó Deus, e defende tua causa; lembra-te de como esses tolos te
insultam o dia todo. [23]Não ignores o que teus inimigos disseram,
nem o tumulto que cresce sem parar.

CAPÍTULO 75

Ao regente do coral:
salmo de Asafe. Para ser cantado
com a melodia "Não destruas!".

[1]Graças te damos, ó Deus! Graças te damos porque estás próximo;
em toda parte se fala de tuas maravilhas. [2]Tu disseste: "No tempo
que determinei, julgarei com justiça. [3]Quando a terra e seus mo-
radores estremecem, sou eu que mantenho firmes seus alicerces.
Interlúdio
[4]"Adverti aos orgulhosos: 'Parem de contar vantagem!'. Disse aos
perversos: 'Não levantem os punhos! [5]Não levantem os punhos
aos céus em rebeldia, nem falem com tamanha arrogância'". [6]Pois
ninguém na terra, de leste a oeste, nem mesmo no deserto, deve
exaltar a si mesmo. [7]Somente Deus é quem julga; ele decide quem
se levantará e quem cairá. [8]Pois o SENHOR tem na mão um cálice
cujo vinho espuma misturado com especiarias. Ele derrama o vinho,
e todos os perversos o bebem até a última gota. [9]Quanto a mim,
sempre anunciarei o que Deus tem feito; cantarei louvores ao Deus
de Jacó. [10]Pois Deus disse: "Acabarei com a força dos perversos, mas
farei crescer o poder dos justos".

CAPÍTULO 76

Ao regente do coral: salmo de Asafe,
para ser acompanhado com instrumentos de cordas.

[1]Deus é honrado em Judá, grande é seu nome em Israel.
[2]Jerusalém é onde ele habita, o monte Sião é seu lar. [3]Quebrou
ali as flechas flamejantes do inimigo, os escudos, as espadas e as
armas de guerra.
Interlúdio
[4]Tu és glorioso e mais majestoso que os montes eternos. [5]Os ini-
migos mais valentes foram saqueados e jazem no sono da morte;

Sl 77.12

nenhum guerreiro foi capaz de levantar as mãos. [6]Quando os re-
preendeste, ó Deus de Jacó, cavalos e cavaleiros ficaram imóveis.
[7]Não é de admirar que sejas tão temido! Quem pode permanecer
diante de ti quando irrompe a tua ira? [8]Dos céus pronunciaste tua
sentença; a terra estremeceu e se calou. [9]Tu te levantaste para jul-
gar, ó Deus, para salvar os oprimidos da terra.
Interlúdio
[10]A rebeldia humana resultará em tua glória, pois tu a usas como
arma. [11]Façam votos ao SENHOR, seu Deus, e cumpram-nos; todos
paguem tributos àquele que deve ser temido. [12]Pois ele acaba com
o orgulho dos príncipes, e os reis da terra o temem.

CAPÍTULO 77

Para Jedutum, regente do coral: salmo de Asafe.

[1]Clamo a Deus; sim, grito bem alto. Quem dera Deus me ouvisse!
[2]Quando eu estava angustiado, busquei o Senhor. Orei a noite
toda, de mãos estendidas para o céu, mas minha alma recusou
ser consolada. [3]Lembro-me de Deus e começo a gemer; desfaleço,
ansioso por sua ajuda.
Interlúdio
[4]Tu não me deixas dormir; estou tão desesperado que nem consigo
falar! [5]Penso nos dias que passaram, nos anos que há muito se
foram. [6]À noite, relembro canções alegres; consulto minha alma e
procuro compreender minha situação. [7]Acaso o Senhor me rejeitou
em definitivo? Jamais voltará a ser bondoso comigo? [8]Seu amor se
foi para nunca mais voltar? Deixou de cumprir suas promessas para
sempre? [9]Deus se esqueceu de ser bondoso? Em sua ira, fechou a
porta para a compaixão?
Interlúdio
[10]Pensei: "É por esta razão que sofro; o Altíssimo voltou sua mão di-
reita contra mim". [11]Depois, porém, lembro-me de tudo que fizeste,
SENHOR; recordo-me de tuas maravilhas do passado. [12]Estão sempre
em meus pensamentos; não deixo de refletir sobre teus poderosos
feitos. [13]Teus caminhos, ó Deus, são santos; que deus é poderoso
como o nosso Deus? [14]És o Deus que realiza maravilhas; mostras
o teu poder entre as nações! [15]Com teu braço forte resgataste teu
povo, os descendentes de Jacó e José.
Interlúdio

[16]As águas te viram, ó Deus, as águas te viram e estremeceram;
até as profundezas do mar se agitaram. [17]As nuvens derramaram
chuva, os trovões ressoaram nas alturas, os teus relâmpagos risca-
ram os céus. [18]No redemoinho ouviu-se o estrondo de teu trovão;
os relâmpagos iluminaram o mundo, e a terra tremeu e se abalou.
[19]Teu caminho passou pelo mar, teu trajeto, pelas águas poderosas,
e ninguém percebeu teus passos. [20]Conduziste teu povo como um
rebanho de ovelhas, pelas mãos de Moisés e Arão.

CAPÍTULO 78

Salmo de Asafe.

[1]Ó meu povo, ouça minhas instruções! Abra os ouvidos para o que
direi, [2]pois lhe falarei por meio de parábola. Ensinarei enigmas
de nosso passado, [3]histórias que ouvimos e conhecemos, que
nossos antepassados nos transmitiram. [4]Não esconderemos es-
sas verdades de nossos filhos; contaremos à geração seguinte os
feitos gloriosos do SENHOR, seu poder e suas maravilhas. [5]Pois ele
estabeleceu seus preceitos a Jacó, deu sua lei a Israel. Ordenou a
nossos antepassados que a ensinassem a seus filhos, [6]para que a
geração seguinte, os filhos ainda por nascer, a conhecesse, e eles,
por sua vez, a ensinarão a seus filhos. [7]Portanto, cada geração deve
pôr sua esperança em Deus, não esquecer seus poderosos feitos e
obedecer a seus mandamentos. [8]Assim, não serão como seus an-
tepassados, teimosos, rebeldes e infiéis, que se recusaram a confiar
em Deus de todo o coração. [9]Os guerreiros de Efraim, embora arma-
dos de arcos, deram meia-volta e fugiram no dia da batalha. [10]Não
cumpriram a aliança de Deus, não quiseram viver de acordo com
sua lei. [11]Esqueceram o que ele havia feito, as maravilhas que lhes
tinha mostrado, [12]os milagres que realizara para seus antepassados
na planície de Zoã, na terra do Egito. [13]Pois ele dividiu o mar e os
conduziu na travessia; fez as águas se erguerem como muralhas.
[14]Durante o dia, os guiava com uma nuvem, durante a noite, com
a luz do fogo. [15]No deserto, partiu as rochas para lhes dar água,
como a que jorra de um manancial. [16]Da pedra, fez brotar riachos e
correr água como um rio. [17]Ainda assim, continuaram a pecar contra
ele e se rebelaram contra o Altíssimo no deserto. [18]Puseram Deus
à prova em seu coração e exigiram a comida que tanto queriam.
[19]Chegaram a falar contra o próprio Deus, dizendo: "Deus não é

NO QUE ESTOU **PENSANDO** ○ | O QUE ESTOU **SENTINDO** ○ | DO QUE ESTOU **LEMBRANDO** ○

DESENHE OU ESCREVA

capaz de nos dar comida no deserto. [20]Sim, ele pode bater numa
rocha e dela fazer brotar água, mas não é capaz de dar pão e carne a
seu povo". [21]Quando o SENHOR os ouviu, se enfureceu; o fogo de sua
ira ardeu contra Jacó. Sim, sua ira se levantou contra Israel, [22]pois
não creram em Deus nem confiaram em seu cuidado. [23]Apesar dis-
so, ele deu ordem às nuvens; abriu as portas dos céus. [24]Fez chover
maná para alimentá-los; deu-lhes pão dos céus. [25]Eles comeram
o pão dos anjos; receberam comida à vontade. [26]Ele enviou dos
céus o vento do leste e, por seu poder, guiou o vento do sul. [27]Fez
chover carne como se fosse pó, muitas e muitas aves, como a areia
da praia. [28]Fez as aves caírem dentro do acampamento, ao redor
de suas tendas. [29]O povo comeu à vontade; ele atendeu ao dese-
jo deles. [30]Mas, antes que estivessem satisfeitos, enquanto ainda
tinham comida na boca, [31]a ira de Deus se levantou contra eles.
Ele matou seus homens mais fortes; feriu mortalmente os jovens
de Israel. [32]Ainda assim, continuaram a pecar; não confiaram em
Deus, apesar de suas maravilhas. [33]Por isso, reduziu a vida deles
a um sopro e fez seus dias terminarem em terror. [34]Quando Deus
começou a matá-los, finalmente o buscaram; arrependeram-se e
levaram Deus a sério. [35]Então lembraram que Deus era sua rocha,
que o Deus Altíssimo era seu redentor. [36]Contudo, foi só da boca
para fora; mentiram para ele com os lábios. [37]Pois o coração não
era leal a Deus; não foram fiéis à sua aliança. [38]E, no entanto, ele
foi misericordioso; perdoou seus pecados e não os destruiu. Muitas
vezes conteve sua ira e não se enfureceu contra eles. [39]Pois se lem-
brou de que eram simples mortais; passam como o vento, que não
volta mais. [40]Quantas vezes se rebelaram contra ele no deserto e o
entristeceram naquela terra desolada! [41]Repetidamente, puseram
Deus à prova e provocaram o Santo de Israel. [42]Não se recordaram
do seu poder, nem do dia em que ele os resgatou de seus inimigos.
[43]Não se lembraram dos sinais que ele fizera no Egito, das maravi-
lhas realizadas na planície de Zoã. [44]Ele transformou os rios em san-
gue, para que ninguém bebesse de suas águas. [45]Enviou enxames
de moscas para devorá-los e rãs para destruí-los. [46]Entregou suas
plantações às lagartas e suas colheitas, aos gafanhotos. [47]Destruiu
as videiras com granizo e as figueiras, com geadas. [48]Entregou seu
gado à chuva de pedras e seus rebanhos, aos raios. [49]Lançou sobre
eles sua ira ardente, sua fúria, indignação e hostilidade. Enviou

contra eles muitos anjos destruidores. 50 Voltou sua ira contra eles;
não lhes poupou a vida, mas os devastou com a peste. 51 Matou
todos os filhos mais velhos do Egito, a flor da juventude na terra
de Cam. 52 Mas conduziu seu povo como um rebanho de ovelhas
e os guiou em segurança pelo deserto. 53 Manteve-os a salvo, e
não tiveram medo; o mar cobriu seus inimigos. 54 Levou o povo
até a fronteira de sua terra santa, à região montanhosa que para
eles conquistou. 55 Diante deles expulsou as nações e repartiu entre
eles sua herança; estabeleceu as tribos de Israel em seus lugares.
56 Ainda assim, continuaram a pôr à prova o Deus Altíssimo e a se
rebelar contra ele; não obedeceram a seus preceitos. 57 Voltaram
atrás e foram infiéis, como seus antepassados; mostraram-se in-
dignos de confiança, como um arco defeituoso. 58 Provocaram a ira
de Deus ao construir altares para outros deuses; com seus ídolos,
despertaram nele ciúmes. 59 Quando Deus os ouviu, se enfureceu
e rejeitou por completo Israel. 60 Abandonou sua habitação em Siló,
o tabernáculo onde vivia no meio do povo. 61 Deixou que a arca
de seu poder fosse capturada, entregou sua glória nas mãos de
inimigos. 62 Permitiu que seu povo fosse morto à espada, pois se
enfureceu com eles, sua propriedade. 63 Os jovens foram consumi-
dos pelo fogo, e as moças não puderam entoar canções de núpcias.
64 Os sacerdotes foram mortos à espada, e as viúvas não puderam
lamentar as mortes. 65 Então o Senhor se levantou, como de um
sono, como o guerreiro que desperta da embriaguez. 66 Fez os ini-
migos recuarem e os entregou à vergonha para sempre. 67 Rejeitou,
porém, os descendentes de José; não escolheu a tribo de Efraim.
68 Antes, escolheu a tribo de Judá, o monte Sião, que ele amou.
69 Ali construiu seu santuário, alto como os céus, firme e duradouro
como a terra. 70 Escolheu Davi, seu servo, e dos currais o chamou.
71 Tirou-o do pastoreio de ovelhas e cordeiros e tornou-o pastor dos
descendentes de Jacó, o povo que a Deus pertence, Israel. 72 Com
coração sincero, Davi cuidou deles e os conduziu com sensatez.

CAPÍTULO 79

Salmo de Asafe.

1 Ó Deus, as nações invadiram a terra que te pertence; profana-
ram teu santo templo e transformaram Jerusalém num monte
de ruínas. 2 Deixaram os corpos de teus servos para servirem de

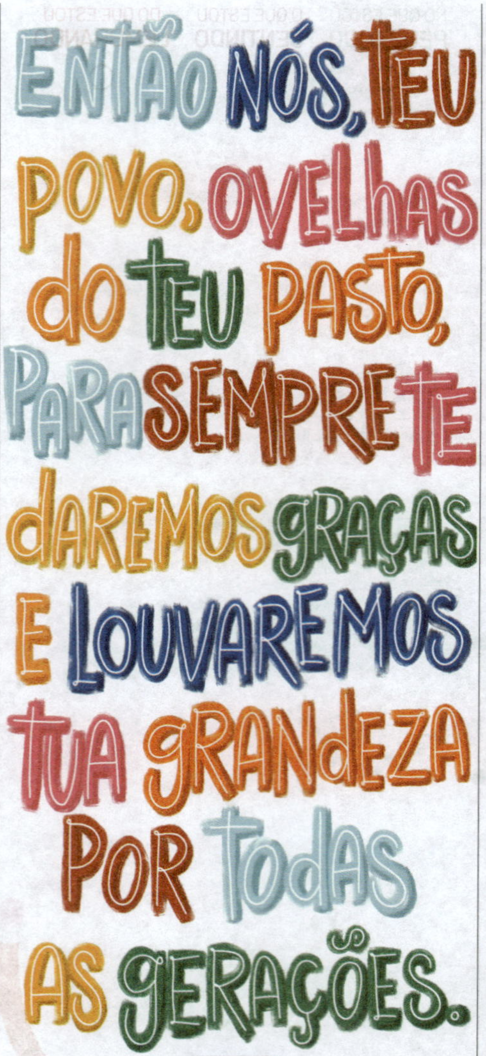

Sl 79.13

alimento às aves do céu. A carne de teus fiéis se tornou comida para
os animais selvagens. 3 O sangue correu como água ao redor de
Jerusalém, e não resta ninguém para sepultar os mortos. 4 Nossos
vizinhos zombam de nós; somos objeto de riso e desprezo para os
que nos rodeiam. 5 Até quando, SENHOR, ficarás irado conosco? Será
para sempre? Até quando teu zelo arderá como fogo? 6 Derrama tua
fúria sobre as nações que não te reconhecem, sobre os reinos que
não invocam teu nome. 7 Pois devoraram teu povo, Israel, e trans-
formaram suas casas em ruínas. 8 Não nos culpes pelos pecados de
nossos antepassados! Que a tua compaixão venha depressa nos
socorrer, pois é grande o nosso desespero! 9 Ajuda-nos, ó Deus de
nossa salvação, pela glória do teu nome. Livra-nos e perdoa nossos
pecados, pela honra do teu nome. 10 Por que permitir que as nações
digam: "Onde está o seu Deus?" Mostra-nos tua vingança contra as
nações, pois elas derramaram o sangue de teus servos. 11 Ouve os
gemidos dos prisioneiros; por teu grande poder, salva os condena-
dos à morte. 12 Ó Senhor, retribui sete vezes mais a nossos vizinhos
pelos insultos que lançaram contra ti. 13 Então nós, teu povo, ovelhas
do teu pasto, para sempre te daremos graças e louvaremos tua
grandeza por todas as gerações.

CAPÍTULO 80

Ao regente do coral: salmo de Asafe,
para ser cantado com a melodia "Lírios da aliança".

1 Ouve, ó Pastor de Israel, que conduz os descendentes de José como
um rebanho. Tu que estás entronizado acima dos querubins, mani-
festa teu esplendor 2 a Efraim, a Benjamim e a Manassés. Mostra-
nos teu poder e vem salvar-nos! 3 Restaura-nos, ó Deus! Que a luz
do teu rosto brilhe sobre nós; só então seremos salvos. 4 Ó SENHOR,
Deus dos Exércitos, até quando ficarás irado com as orações do teu
povo? 5 Tu nos deste tristeza como alimento e nos fizeste beber
copos cheios de lágrimas. 6 Tu nos tornaste motivo de desprezo das
nações vizinhas; agora nossos inimigos zombam de nós. 7 Restaura-
nos, ó Deus dos Exércitos! Que a luz do teu rosto brilhe sobre nós;
só então seremos salvos. 8 Tu nos trouxeste do Egito, como uma
videira; expulsaste as nações e nos plantaste no solo. 9 Limpaste
o terreno para nós; fincamos raízes e enchemos a terra. 10 Nossa
sombra se estendeu por cima dos montes, nossos ramos cobriram

os altos cedros. 11 Estendemos nossos ramos até o Mediterrâneo,
nossos brotos se espalharam até o Eufrates. 12 Mas, agora, por que
derrubaste nossos muros? Todos que passam roubam nossos frutos.
13 Os javalis da floresta devoram a videira, animais selvagens se ali-
mentam dela. 14 Ó Deus dos Exércitos, suplicamos que voltes! Olha
dos céus e vê a nossa aflição. Cuida desta videira 15 que tu mesmo
plantaste, o filho que criaste para ti. 16 Somos cortados e queimados
por nossos inimigos; que eles pereçam ao ver a repreensão em tua
face! 17 Fortalece aquele a quem amas, o filho que criaste para ti.
18 Então jamais te abandonaremos; reanima-nos, para que invoque-
mos o teu nome. 19 Restaura-nos, ó SENHOR, o Deus dos Exércitos!
Que a luz do teu rosto brilhe sobre nós; só então seremos salvos.

CAPÍTULO 81

Ao regente do coral: salmo de Asafe,
para ser acompanhado com instrumento de cordas.

1 Cantem louvores a Deus, nossa força! Aclamem ao Deus de Jacó.
2 Cantem! Façam soar o tamborim, a doce lira e a harpa. 3 Toquem
a trombeta na lua nova e na lua cheia, para convocar a nossa fes-
ta. 4 Pois assim exigem os estatutos de Israel; esse é o decreto do
Deus de Jacó. 5 Ele o ordenou como lei para Israel, quando atacou
o Egito para nos libertar. Ouvi uma voz desconhecida dizer: 6 "Agora
removerei o peso de seus ombros e libertarei suas mãos das tarefas
pesadas. 7 Vocês clamaram a mim em sua aflição, e eu os salvei; da
nuvem de tempestade lhes respondi e pus vocês à prova quando
não havia água em Meribá.

Interlúdio

8 "Ó meu povo, ouça minhas advertências; quem dera você me
escutasse, ó Israel! 9 Jamais tenha em seu meio outro deus; não
se curve diante de deus estrangeiro. 10 Pois fui eu, o SENHOR, seu
Deus, que o tirei da terra do Egito. Abra bem a boca, e a encherei
de coisas boas. 11 "Meu povo, no entanto, não quis ouvir; Israel não
me obedeceu. 12 Por isso, deixei que seguissem seus desejos tei-
mosos e vivessem de acordo com suas próprias ideias. 13 Ah, se meu
povo me escutasse; quem dera Israel andasse em meus caminhos!
14 Então eu derrotaria seus inimigos sem demora; minhas mãos
cairiam sobre seus adversários. 15 Os que odeiam o SENHOR se en-
colheriam diante dele, condenados para sempre. 16 Vocês, porém,

NO QUE ESTOU **PENSANDO** ○ | O QUE ESTOU **SENTINDO** ○ | DO QUE ESTOU **LEMBRANDO** ○

DESENHE OU ESCREVA

eu alimentaria com trigo da melhor qualidade e os saciaria com
mel silvestre tirado da rocha".

CAPÍTULO 82

Salmo de Asafe.

1 Deus preside a assembleia dos céus; no meio dos seres celestiais,
anuncia seu julgamento: 2 "Até quando tomarão decisões injustas
que favorecem a causa dos perversos?

Interlúdio

3 "Façam justiça ao pobre e ao órfão, defendam os direitos do
oprimido e do desamparado. 4 Livrem o pobre e o necessitado,
libertem-nos das garras dos perversos. 5 Esses opressores nada
entendem; são completos ignorantes! Andam sem rumo na escu-
ridão, enquanto os alicerces da terra estremecem. 6 Eu digo: 'Vocês
são deuses, são todos filhos do Altíssimo. 7 Morrerão, porém, como
simples mortais e cairão como qualquer governante'". 8 Levanta-te,
ó Deus, e julga a terra, pois todas as nações te pertencem.

CAPÍTULO 83

Cântico; salmo de Asafe.

1 Ó Deus, não fiques em silêncio! Não feches os ouvidos e não per-
maneças calado, ó Deus! 2 Não ouves o tumulto de teus adversá-
rios? Não vês que teus inimigos te desafiam? 3 Tramam com astúcia
contra o teu povo; conspiram contra os teus protegidos. 4 Dizem:
"Venham, exterminemos a nação de Israel, para que ninguém se
lembre de sua existência". 5 Sim, em unanimidade decidiram; fize-
ram um tratado e aliaram-se contra ti 6 os edomitas e os ismaelitas,
os moabitas e os hagarenos, 7 os gebalitas, os amonitas e os ama-
lequitas, os povos da Filístia e de Tiro. 8 A eles também se uniram
os assírios e se aliaram aos descendentes de Ló.

Interlúdio

9 Trata-os como trataste os midianitas, como trataste Sísera e Jabim
no rio Quisom. 10 Foram destruídos em En-Dor; tornaram-se adubo
para a terra. 11 Que seus nobres morram como Orebe e Zeebe, e
todos os seus príncipes, como Zeba e Zalmuna, 12 pois disseram:
"Vamos nos apossar das pastagens de Deus!". 13 Ó meu Deus,
espalha-os como folhas num redemoinho, como palha ao vento.
14 Assim como o fogo consome o bosque, como a chama incendeia

os montes, 15persegue-os com a tua tempestade, enche-os de medo
com o teu vendaval. 16Faze-os cair na desgraça mais profunda, até
que se sujeitem ao teu nome, SENHOR. 17Sejam envergonhados e
aterrorizados para sempre e morram em desonra. 18Então aprende-
rão que somente tu és chamado SENHOR, somente tu és o Altíssimo,
supremo sobre toda a terra.

CAPÍTULO 84

Ao regente do coral: salmo dos descendentes de Corá, para ser acompanhado com instrumento de cordas.

1Como é agradável o lugar de tua habitação, ó SENHOR dos Exércitos!
2Sinto desejo profundo, sim, morro de vontade de entrar nos pátios
do SENHOR. Com todo o meu coração e todo o meu ser, aclamarei
ao Deus vivo. 3Até o pardal encontra um lar, e a andorinha faz um
ninho e cria seus filhotes perto do teu altar, ó SENHOR dos Exércitos,
meu Rei e meu Deus! 4Como são felizes os que habitam em tua
casa, sempre cantando louvores a ti!

Interlúdio

5Como são felizes os que de ti recebem forças, os que decidem
percorrer os teus caminhos. 6Quando passarem pelo vale do Choro,
ele se transformará num lugar de fontes revigorantes; as primeiras
chuvas o cobrirão de bênçãos. 7Eles continuarão a se fortalecer, e
cada um deles se apresentará diante de Deus, em Sião. 8Ó SENHOR,
Deus dos Exércitos, ouve minha oração; escuta, ó Deus de Jacó!

Interlúdio

9Ó Deus, olha com favor para o rei, nosso escudo; mostra bondade
ao teu ungido! 10Um só dia em teus pátios é melhor que mil dias
em qualquer outro lugar. Prefiro ser porteiro da casa de meu Deus
a viver na morada dos perversos. 11Pois o SENHOR Deus é nosso sol
e nosso escudo; ele nos dá graça e honra. O SENHOR não negará
bem algum àqueles que andam no caminho certo. 12Ó SENHOR dos
Exércitos, como são felizes os que confiam em ti!

CAPÍTULO 85

Ao regente do coral: salmo dos descendentes de Corá.

1SENHOR, abençoaste a tua terra; restauraste a condição de Israel.
2Perdoaste a culpa do teu povo; cobriste todos os seus pecados.

Interlúdio

Sl 85.10

3Reprimiste tua fúria, sim, refreaste tua ira ardente. 4Agora, ó Deus
de nossa salvação, restaura-nos; deixa de lado tua ira contra nós.
5Ficarás indignado conosco para sempre? Prolongarás tua ira por
todas as gerações? 6Não nos reanimarás, para que o teu povo se
alegre em ti? 7Mostra-nos o teu amor, SENHOR, e concede-nos a tua
salvação. 8Ouço com atenção o que Deus, o SENHOR, diz, pois ele
fala de paz a seu povo fiel; que não voltem, porém, a seus caminhos
insensatos. 9Certamente sua salvação está perto dos que o temem;
então nossa terra se encherá de sua glória. 10O amor e a verdade
se encontraram, a justiça e a paz se beijaram. 11A verdade brota da
terra, e a justiça sorri dos céus. 12Sim, o SENHOR dará suas bênçãos;
nossa terra produzirá uma farta colheita. 13A justiça vai adiante dele
e prepara o caminho para os seus passos.

CAPÍTULO 86

Oração de Davi.

1Inclina-te, SENHOR, e ouve minha oração; responde-me, pois es-
tou aflito e necessitado. 2Protege-me, pois sou fiel a ti; salva-me,
pois sou teu servo e em ti confio. Tu és meu Deus! 3Tem miseri-
córdia de mim, ó Senhor, pois clamo a ti sem parar. 4Alegra-me,
Senhor, pois a ti me entrego. 5Ó Senhor, tu és tão bom, tão pronto
a perdoar, tão cheio de amor por todos que te buscam. 6Ouve
minha oração, SENHOR, e atende a meu clamor. 7Em tempos de
aflição, clamarei a ti, e tu me responderás. 8Nenhum dos deuses
é semelhante a ti, Senhor, nenhum deles pode fazer o que tu
fazes. 9Todas as nações que criaste virão e se prostrarão diante de
ti, Senhor, e glorificarão o teu nome. 10Pois tu és grande e realizas
maravilhas; só tu és Deus. 11Ensina-me os teus caminhos, SENHOR,
para que eu viva segundo a tua verdade. Concede-me pureza de
coração, para que eu honre o teu nome. 12Ó Senhor, meu Deus,
de todo o meu coração te louvarei; glorificarei o teu nome para
sempre. 13Pois grande é o teu amor por mim; tu me livraste das
profundezas da morte. 14Ó Deus, os arrogantes se levantam con-
tra mim, pessoas violentas tentam me matar; não se importam
contigo. 15Mas tu, Senhor, és Deus de compaixão e misericórdia,
lento para se irar e cheio de amor e fidelidade. 16Olha para cá e
tem compaixão de mim! Dá tua força a teu servo; sim, salva teu
humilde servo. 17Mostra-me um sinal do teu favor; então serão

envergonhados os que me odeiam, pois tu, SENHOR, me ajudas
e me consolas.

CAPÍTULO 87

Cântico; salmo dos descendentes de Corá.

1No monte santo está a cidade fundada pelo SENHOR. 2Ele ama a
cidade de Jerusalém, mais que qualquer outro lugar em Israel.
3Ó cidade de Deus, que coisas gloriosas são ditas a seu respeito!
Interlúdio
4Incluirei o Egito e a Babilônia entre os que me conhecem, também
a Filístia e Tiro, e até a distante Etiópia; ali todos se tornaram seus
cidadãos! 5A respeito de Jerusalém se dirá: "Ali todos desfrutam
os direitos de cidadãos", e o próprio Altíssimo abençoará a cidade.
6Quando o SENHOR registrar as nações, dirá: "Ali todos se tornaram
seus cidadãos!".
Interlúdio
7O povo tocará flautas e cantará: "A fonte de minha vida brota de
Jerusalém!".

CAPÍTULO 88

Ao regente do coral: salmo dos descendentes de Corá, para ser cantado com a melodia "O sofrimento da aflição". Salmo de Hemã, o ezraíta.

1Ó SENHOR, Deus de minha salvação, clamo a ti de dia, venho a ti
de noite. 2Agora, ouve minha oração; escuta meu clamor. 3Pois
minha vida está cheia de problemas, e a morte se aproxima. 4Fui
considerado morto, alguém que já não tem forças. 5Deixaram-me
entre os mortos, estendido como um cadáver no túmulo. Caí no
esquecimento e estou separado do teu cuidado. 6Tu me lançaste
na cova mais funda, nas profundezas mais escuras. 7Tua ira pesa
sobre mim; uma após a outra, tuas ondas me encobrem.
Interlúdio
8Afastaste de mim os meus amigos e para eles me tornaste repul-
sivo; estou preso numa armadilha, e não há como escapar. 9As
lágrimas de aflição me cegaram os olhos; todos os dias, clamo por
ti, SENHOR, e a ti levanto as mãos. 10Será que tuas maravilhas têm al-
gum uso para os mortos? Acaso os mortos se levantam e te louvam?
Interlúdio

NO QUE ESTOU PENSANDO	O QUE ESTOU SENTINDO	DO QUE ESTOU LEMBRANDO
○	○	○

DESENHE OU ESCREVA

11Podem os que estão no túmulo anunciar teu amor? Podem procla-
mar tua fidelidade no lugar de destruição? 12Acaso as trevas falam
de tuas maravilhas? Pode alguém na terra do esquecimento contar
de tua justiça? 13A ti, SENHOR, eu clamo; dia após dia, continuarei
a suplicar. 14Ó SENHOR, por que me rejeitas? Por que escondes de
mim o rosto? 15Desde a juventude estive doente e à beira da morte;
teus terrores me deixaram indefeso e desesperado. 16Sim, tua ira
intensa me esmagou, teus terrores acabaram comigo. 17O dia todo,
agitam-se ao meu redor como uma inundação e me encobrem por
completo. 18Tiraste de mim meus companheiros e pessoas queri-
das; a escuridão é a minha amiga mais chegada.

CAPÍTULO 89

Salmo de Etã, o ezraíta.

1Cantarei para sempre o teu amor, ó SENHOR! Anunciarei a tua fi-
delidade a todas as gerações. 2Pois sei que o teu amor dura para
sempre, e a tua fidelidade permanece firme como os céus. 3Tu
disseste: "Fiz uma aliança com Davi, meu servo escolhido. A ele fiz
este juramento: 4'Estabelecerei seus descendentes como reis para
sempre; eles se sentarão em seu trono de geração em geração'".
Interlúdio
5Ó SENHOR, os céus louvam as tuas maravilhas; multidões de anjos
te exaltam por tua fidelidade. 6Pois quem nos céus se compara ao
SENHOR? Quem é semelhante ao SENHOR entre os seres celestiais?
7Os mais altos poderes angelicais reverenciam a Deus; ele é mais
temível que todos que rodeiam seu trono. 8Ó SENHOR, Deus dos
Exércitos, quem é poderoso como tu, SENHOR? Tu és totalmente
fiel! 9Governas os mares revoltos e acalmas as ondas agitadas.
10Esmagaste o grande monstro marinho; com o teu braço podero-
so, dispersaste teus inimigos. 11Os céus são teus, a terra é tua, tudo
que há no mundo pertence a ti; tu fizeste todas as coisas. 12Criaste
o norte e o sul; o monte Tabor e o monte Hermom louvam o teu
nome. 13Teu braço é poderoso! Tua mão é forte! Tua mão direita se
levanta com força gloriosa. 14Justiça e retidão são os alicerces do
teu trono, amor e verdade vão à tua frente. 15Feliz é o povo que ouve
o alegre chamado para adorar, pois andará na luz de tua presen-
ça, SENHOR. 16O dia todo eles se alegram em teu nome e exultam
em tua justiça. 17Tu és a força gloriosa deles; é do teu agrado nos

fortalecer. 18Sim, nossa proteção vem do Senhor; ele, o Santo de
Israel, nos deu nosso rei. 19Muito tempo atrás, numa visão, falaste a
teus fiéis e disseste: "Levantei um guerreiro; dentre o povo o escolhi
para ser rei. 20Encontrei meu servo Davi e o ungi com meu santo
óleo. 21Com minha mão o firmarei, com meu braço o fortalecerei.
22Seus inimigos não o derrotarão, os perversos não o dominarão.
23Esmagarei seus adversários diante dele, destruirei aqueles que
o odeiam. 24Minha fidelidade e meu amor o acompanharão; em
meu nome, ele crescerá em poder. 25Estenderei seu governo sobre
o mar, seu domínio, sobre os rios. 26Ele me dirá: 'Tu és meu Pai,
meu Deus e a Rocha de minha salvação'. 27Darei a ele os privilégios
de filho mais velho, e ele será o rei mais poderoso da terra. 28Eu
o amarei e lhe serei bondoso para sempre; minha aliança com
ele jamais será quebrada. 29Farei que ele sempre tenha herdeiros;
enquanto existirem os céus, seu trono não terá fim. 30Se, porém,
seus descendentes abandonarem minha lei e não seguirem meus
estatutos, 31se não obedecerem aos meus decretos e não guarda-
rem meus mandamentos, 32castigarei seu pecado com a vara e sua
desobediência, com açoites. 33Contudo, não desistirei de amá-lo,
nem deixarei de lhe ser fiel. 34Não quebrarei minha aliança, não
voltarei atrás em minhas palavras. 35Fiz um juramento a Davi e,
em minha santidade, não minto. 36Sua dinastia continuará para
sempre, seu reino permanecerá como o sol. 37Será duradouro como
a lua, minha fiel testemunha no céu".

Interlúdio

38Agora, porém, tu o rejeitaste e o descartaste; estás irado com o teu
ungido. 39Renunciaste tua aliança com ele e jogaste sua coroa no
pó. 40Derrubaste os muros que o protegiam e destruíste as fortale-
zas que o defendiam. 41Todos que por ali passam o saqueiam, e ele
se tornou motivo de zombaria para seus vizinhos. 42Tu fortaleceste
seus inimigos e lhes deste razão para celebrar. 43Tornaste inútil sua
espada e não o ajudaste na batalha. 44Acabaste com seu esplendor
e derrubaste seu trono. 45Fizeste-o envelhecer antes do tempo e o
envergonhaste em público.

Interlúdio

46Até quando, Senhor, esta situação continuará? Acaso te esconde-
rás para sempre? Até quando tua ira arderá como fogo? 47Lembra-te
de como minha vida é curta, de como é vazia a existência humana!

NO QUE ESTOU **PENSANDO** ○ | O QUE ESTOU **SENTINDO** ○ | DO QUE ESTOU **LEMBRANDO** ○

DESENHE OU ESCREVA

48Ninguém vive para sempre, todos morrem; ninguém escapa das
garras da sepultura.

Interlúdio

49Onde está, Senhor, o teu antigo amor? Tu o prometeste a Davi
com um juramento fiel. 50Considera, Senhor, como teus servos
passam vergonha; levo no coração os insultos de muitos. 51Teus
inimigos, Senhor, têm zombado de mim; zombam do teu ungido
por onde ele vai. 52Louvado seja o Senhor para sempre! Amém
e amém!

Livro 4 (Salmos 90–106)

CAPÍTULO 90

Oração de Moisés, homem de Deus.

1Senhor, tu tens sido nosso refúgio ao longo das gerações. 2Antes
que os montes nascessem, antes que formasses a terra e o mundo,
de eternidade a eternidade, tu és Deus. 3Fazes as pessoas voltarem
ao pó quando dizes: "Retornem ao pó, mortais". 4Para ti, mil anos
são como um dia que passa, breves como algumas horas da noite.
5Arrastas as pessoas como numa enchente; elas são como sonhos
que desaparecem. São como a grama que nasce pela manhã; 6pela
manhã, brota e floresce, mas, à tarde, murcha e seca. 7Somos con-
sumidos por tua ira, ficamos apavorados com tua fúria. 8Tu pões
diante de ti os nossos pecados, nossos pecados secretos, e vês todos
eles. 9Passamos a vida debaixo de tua ira e terminamos nossos dias
com um gemido. 10Recebemos setenta anos, alguns chegam aos
oitenta. Mas até os melhores anos são cheios de dor e desgosto;
logo desaparecem, e nós voamos. 11Quem conhece o poder de tua
ira? Grande é a tua fúria, como o temor de que és digno. 12Ajuda-nos
a entender como a vida é breve, para que vivamos com sabedo-
ria. 13Ó Senhor, volta-te para nós! Até quando te demorarás? Tem
compaixão de teus servos. 14Satisfaze-nos a cada manhã com o
teu amor, para que cantemos de alegria até o final da vida. 15Dá-
nos alegria proporcional aos dias de aflição; compensa-nos pelos
anos em que sofremos. 16Que nós, teus servos, vejamos teus feitos
outra vez; que nossos filhos vejam a tua glória. 17Seja sobre nós a
bondade do Senhor, nosso Deus; faze prosperar nossos esforços,
sim, faze prosperar nossos esforços.

CAPÍTULO 91

1Aquele que habita no abrigo do Altíssimo encontrará descanso à
sombra do Todo-poderoso. 2Isto eu declaro a respeito do SENHOR:
ele é meu refúgio, meu lugar seguro, ele é meu Deus e nele confio.
3Pois ele o livrará das armadilhas da vida e o protegerá de doenças
mortais. 4Ele o cobrirá com as suas penas e o abrigará sob as suas
asas; a sua fidelidade é armadura e proteção. 5Não tenha medo
dos terrores da noite, nem da flecha que voa durante o dia. 6Não
tema a praga que se aproxima na escuridão, nem a calamidade
que devasta ao meio-dia. 7Ainda que mil caiam ao seu lado e dez
mil morram ao seu redor, você não será atingido. 8Basta abrir os
olhos, e verá como são castigados os perversos. 9Se você se refu-
giar no SENHOR, se fizer do Altíssimo seu abrigo, 10nenhum mal
o atingirá, nenhuma praga se aproximará de sua casa. 11Pois ele
ordenará a seus anjos que o protejam aonde quer que você vá.
12Eles o sustentarão com as mãos, para que não machuque o pé em
alguma pedra. 13Você pisará leões e cobras, esmagará leões ferozes
e serpentes debaixo dos pés. 14O SENHOR diz: "Livrarei aquele que
me ama, protegerei o que confia em meu nome. 15Quando clamar
por mim, eu responderei e estarei com ele em meio às dificuldades;
eu o resgatarei e lhe darei honra. 16Com vida longa o recompensarei
e lhe darei minha salvação".

CAPÍTULO 92

Salmo; cântico para ser entoado no sábado.

1É bom dar graças ao SENHOR e cantar louvores ao Altíssimo. 2É
bom proclamar de manhã o teu amor e, de noite, a tua fidelidade,
3ao som de um instrumento de dez cordas, da harpa e da melodia
da lira. 4Tu me alegras, SENHOR, com tudo que tens feito; canto de
alegria por causa de tuas obras. 5Quão grandes, SENHOR, são os
teus feitos e profundos os teus pensamentos! 6Só o ignorante não
sabe, só o tolo não entende: 7embora os perversos brotem como
a grama e floresçam os que praticam o mal, eles serão destruídos
para sempre. 8Mas tu, SENHOR, serás eternamente exaltado! 9Teus
inimigos, SENHOR, perecerão; todos que praticam o mal serão dis-
persados. 10Tu, porém, me tornaste forte como o boi selvagem e
me ungiste com óleo da melhor qualidade. 11Meus olhos viram
a queda de meus inimigos, meus ouvidos ouviram a derrota de

Sl 91.2

meus perversos adversários. 12Os justos, porém, florescerão como
palmeiras e crescerão como os cedros do Líbano. 13Pois estão plan-
tados na casa do SENHOR; florescerão nos pátios de nosso Deus.
14Mesmo na velhice produzirão frutos; continuarão verdejantes e
cheios de vida. 15Anunciarão: "O SENHOR é justo! Ele é minha rocha;
nele não há injustiça".

CAPÍTULO 93

1O SENHOR reina! Está vestido de majestade; sim, o SENHOR está ves-
tido de majestade e armado de força. O mundo permanece firme e
não será abalado. 2Teu trono permanece desde os tempos antigos;
tu existes desde a eternidade. 3As águas subiram, ó SENHOR, as
águas rugiram como trovão, as águas levantaram ondas impetuo-
sas. 4Mais poderoso que o estrondo dos mares, mais poderoso que
as ondas que rebentam na praia, mais poderoso que tudo isso é
o SENHOR nas alturas. 5Teus preceitos soberanos não podem ser
alterados; teu reino, SENHOR, é santo para todo o sempre!

CAPÍTULO 94

1Ó SENHOR, Deus da vingança, ó Deus da vingança, manifesta
teu esplendor! 2Levanta-te, ó Juiz da terra, dá aos orgulhosos o
que merecem. 3Até quando, SENHOR? Até quando os perversos
se alegrarão de suas maldades? 4Até quando falarão com arro-
gância? Até quando os que praticam o mal contarão vantagens?
5Esmagam o teu povo, SENHOR, oprimem os que pertencem a ti.
6Matam viúvas e estrangeiros e assassinam órfãos. 7"O SENHOR
não vê", eles dizem. "O Deus de Israel não se importa." 8Pensem
melhor, tolos! Quando vocês, insensatos, entenderão? 9Acaso é
surdo aquele que fez os ouvidos? É cego aquele que formou os
olhos? 10Aquele que castiga as nações não os castigará? Aquele
que tudo sabe não sabe o que vocês fazem? 11O SENHOR conhece os
pensamentos de cada um; sabe que nada valem. 12Feliz é aquele a
quem disciplinas, SENHOR, aquele a quem ensinas tua lei. 13Tu lhe
dás alívio em tempos de aflição, até que se abra uma cova para os
perversos. 14Pois o SENHOR não rejeitará seu povo; não abandonará
os que lhe pertencem. 15Os julgamentos voltarão a se basear na
justiça, e os de coração íntegro a buscarão. 16Quem me protegerá
dos perversos? Quem me defenderá dos que praticam o mal? 17Se o

SENHOR não tivesse me ajudado, eu já estaria no silêncio do túmulo.
18Gritei: "Estou caindo!", mas o teu amor, SENHOR, me sustentou.
19Quando minha mente estava cheia de dúvidas, teu consolo me
deu esperança e ânimo. 20Podem os líderes injustos, aqueles cujos
decretos permitem a injustiça, afirmar que Deus está do lado deles?
21Juntam-se contra os justos e condenam os inocentes à morte.
22Mas o SENHOR é a minha fortaleza; meu Deus é a rocha onde me
refugio. 23Deus fará os pecados dos perversos caírem sobre eles; ele
os destruirá por suas maldades. O SENHOR, nosso Deus, os destruirá.

CAPÍTULO 95

1Venham, vamos cantar ao SENHOR! Vamos aclamar a Rocha de
nossa salvação. 2Vamos chegar diante dele com ações de graças
e cantar a ele salmos de louvor. 3Pois o SENHOR é o grande Deus,
o grande Rei acima de todos os deuses. 4Em suas mãos estão as
profundezas da terra, a ele pertencem os mais altos montes. 5O
mar é dele, pois ele o criou; suas mãos formaram a terra firme.
6Venham, vamos adorar e nos prostrar, vamos nos ajoelhar diante
do SENHOR, nosso Criador, 7pois ele é o nosso Deus. Somos o povo
que ele pastoreia, o rebanho sob o seu cuidado. Quem dera hoje
vocês ouvissem a voz do SENHOR! 8Pois ele diz: "Não endureçam o
coração, como fizeram seus antepassados em Meribá, como fizeram
em Massá, no deserto. 9Ali eles me tentaram e me puseram à prova,
apesar de terem visto tudo que fiz. 10Por quarenta anos estive irado
com eles e disse: 'São um povo cujo coração sempre se afasta de
mim; recusam-se a andar em meus caminhos'. 11Assim, jurei em
minha ira: 'Jamais entrarão em meu descanso'".

CAPÍTULO 96

1Cantem ao SENHOR um cântico novo! Toda a terra cante ao SENHOR!
2Cantem ao SENHOR e louvem o seu nome; proclamem todos os
dias a sua salvação. 3Anunciem a sua glória entre as nações, contem
a todos as suas maravilhas. 4Grande é o SENHOR! Digno de muito
louvor! Ele é mais temível que todos os deuses. 5Os deuses de
outros povos não passam de ídolos, mas o SENHOR fez os céus!
6Glória e majestade o cercam, força e beleza enchem seu santu-
ário. 7Ó nações do mundo, reconheçam o SENHOR; reconheçam
que o SENHOR é forte e glorioso. 8Deem ao SENHOR a glória que seu

Sl 94.18

nome merece, tragam ofertas e entrem em seus pátios. 9Adorem o
SENHOR em todo o seu santo esplendor; toda a terra trema diante
dele. 10Digam entre as nações: "O SENHOR reina!"; ele firmou o
mundo para que não seja abalado e com imparcialidade julgará
todos os povos. 11Alegrem-se os céus e exulte a terra! Deem louvor
o mar e tudo que nele há! 12Os campos e suas colheitas gritem de
alegria! As árvores do bosque exultem 13diante do SENHOR, pois
ele vem; ele vem julgar a terra. Julgará o mundo com justiça e as
nações, com sua verdade.

CAPÍTULO 97

1O SENHOR reina! Alegre-se a terra, exultem os litorais mais distan-
tes. 2Nuvens escuras o cercam; justiça e retidão são a base de seu
trono. 3Fogo se espalha adiante dele, queimando todos os seus
inimigos. 4Seus relâmpagos iluminam o mundo; a terra os vê e
estremece. 5Os montes se derretem como cera diante do SENHOR,
diante do Senhor de toda a terra. 6Os céus proclamam sua justiça;
todos os povos veem sua glória. 7Sejam envergonhados os que
adoram ídolos, os que contam vantagem de seus deuses inúteis,
pois todos os deuses se prostram diante dele. 8Sião ouviu e se
alegrou, e todas as cidades de Judá exultam, por causa de tua jus-
tiça, ó SENHOR. 9Pois tu, SENHOR, és supremo sobre toda a terra; és
exaltado muito acima de todos os deuses. 10Vocês que amam o
SENHOR, odeiem o mal! Ele protege a vida de seus fiéis e os resgata
da mão dos perversos. 11A luz brilha sobre os justos, e a alegria,
sobre os que têm coração íntegro. 12Alegrem-se no SENHOR todos
os justos e louvem seu santo nome!

CAPÍTULO 98

Salmo.

1Cantem ao SENHOR um cântico novo, pois ele fez maravilhas;
sua mão direita e seu braço santo conquistaram a vitória! 2O
SENHOR anunciou seu poder de salvar e revelou sua justiça às na-
ções. 3Lembrou-se de seu amor e fidelidade a Israel; os confins da
terra viram a vitória de nosso Deus. 4Aclamem ao SENHOR todos os
habitantes da terra; louvem-no em alta voz com alegres cânticos!
5Cantem louvores ao SENHOR com a harpa, com a harpa e com cân-
ticos harmoniosos, 6com trombetas e ao som de cornetas; exultem

e cantem diante do SENHOR, o Rei! 7Deem gritos de louvor o mar e
tudo que nele há, e também a terra e todos os seres vivos. 8Os rios
batam palmas, e os montes cantem de alegria 9diante do SENHOR,
pois ele vem julgar a terra. Julgará o mundo com justiça e as nações,
com imparcialidade.

CAPÍTULO 99

1O SENHOR reina! Tremam os povos! Ele está sentado em seu trono
acima dos querubins. Trema toda a terra! 2O SENHOR é soberano em
Sião, exaltado acima de todos os povos. 3Seja louvado teu grande
e temível nome, pois é santo! 4Rei poderoso, que ama a justiça,
tu estabeleceste a imparcialidade. Agiste com justiça e retidão em
Israel. 5Exaltem o SENHOR, nosso Deus; prostrem-se a seus pés,
pois ele é santo! 6Moisés e Arão estavam entre seus sacerdotes, e
Samuel também invocava seu nome. Clamavam ao SENHOR, e ele
lhes respondia. 7Da coluna de nuvem lhes falava, e eles seguiam os
preceitos e os decretos que ele lhes dava. 8Ó SENHOR, nosso Deus,
tu lhes respondias; eras para eles Deus perdoador, mas os castigava
quando se desviavam. 9Exaltem o SENHOR, nosso Deus, e prostrem-
-se em seu santo monte, pois o SENHOR, nosso Deus, é santo!

CAPÍTULO 100

Salmo de ações de graças.

1Aclamem ao SENHOR todos os habitantes da terra! 2Sirvam ao
SENHOR com alegria, apresentem-se diante dele com cânticos.
3Reconheçam que o SENHOR é Deus! Ele nos criou e a ele perten-
cemos; somos seu povo, o rebanho que ele pastoreia. 4Entrem por
suas portas com ações de graças e, em seus pátios, com cânticos
de louvor; deem-lhe graças e louvem o seu nome. 5Pois o SENHOR
é bom! Seu amor dura para sempre, e sua fidelidade, por todas
as gerações.

CAPÍTULO 101

Salmo de Davi.

1Cantarei o teu amor e a tua justiça, SENHOR; com cânticos te louva-
rei. 2Buscarei viver de modo inculpável; quando virás me ajudar?
Viverei com integridade em minha própria casa. 3Não olharei para
coisa alguma que seja má e vulgar. Odeio todos que agem de forma

NO QUE ESTOU PENSANDO ○ | O QUE ESTOU SENTINDO ○ | DO QUE ESTOU LEMBRANDO ○

DESENHE OU ESCREVA

desonesta; não terei nada a ver com eles. 4Rejeitarei ideias per-
versas e me manterei afastado de todo mal. 5Não tolerarei quem
difama seu próximo, não suportarei presunção nem orgulho. 6Irei
à procura dos fiéis para conviverem comigo. Só terão permissão
de me servir os que andam no caminho certo. 7Não permitirei que
enganadores habitem em minha casa, nem que mentirosos perma-
neçam em minha presença. 8Minha tarefa diária será acabar com os
perversos e expulsar da cidade do SENHOR os que praticam o mal.

CAPÍTULO 102

Oração de um aflito que derrama seus problemas diante do SENHOR.

1SENHOR, ouve minha oração, escuta minha súplica! 2Não escondas
de mim o rosto na hora de minha aflição. Inclina-te para ouvir e
responde-me depressa quando clamo a ti. 3Pois meus dias somem
como fumaça; como brasas ardentes, meus ossos queimam. 4Meu
coração está esgotado, secou-se como capim; até perdi o apetite.
5Por causa de minha ansiedade, não passo de pele e osso. 6Sou
como a coruja no deserto, como a pequena coruja num lugar deso-
lado. 7Não consigo dormir; sou como o pássaro solitário no telhado.
8Todos os dias meus inimigos me insultam; zombam de mim e me
amaldiçoam. 9As cinzas são meu alimento, e as lágrimas se mistu-
ram com minha bebida, 10por causa de tua ira e de tua fúria, pois
me levantaste e depois me lançaste fora. 11Minha vida passa rápido,
como as sombras que se vão; vou murchando, como o capim. 12Tu,
porém, SENHOR, reinarás para sempre; teu nome será lembrado por
todas as gerações. 13Tu te levantarás e terás misericórdia de Sião; já
é tempo de lhe mostrar compaixão, este é o momento esperado.
14Pois teus servos amam cada pedra de seus muros e estimam
até mesmo o pó em suas ruas. 15As nações temerão o nome do
SENHOR, os reis da terra estremecerão diante de sua glória. 16Pois
o SENHOR reconstruirá Sião; ele aparecerá em sua glória. 17Ouvirá
as orações dos indefesos e não rejeitará suas súplicas. 18Fique isto
registrado para as gerações futuras, para que um povo ainda não
criado louve o SENHOR. 19Contem-lhes que o SENHOR olhou para bai-
xo, de seu santuário celeste. Do alto olhou para a terra, 20para ouvir
o gemido dos prisioneiros, para libertar os condenados à morte.
21Assim, o nome do SENHOR será proclamado em Sião, seu louvor,
em Jerusalém, 22quando os povos se reunirem e os reinos vierem

SI

para servir ao SENHOR. 23 No meio de minha vida, ele me tirou as
forças e me encurtou os dias. 24 Mas eu clamei a ele: "Ó meu Deus,
que vive para sempre, não tires minha vida enquanto ainda sou
jovem!". 25 Muito tempo atrás, lançaste os fundamentos da terra e
com as tuas mãos formaste os céus. 26 Eles deixarão de existir, mas
tu permanecerás para sempre; eles se desgastarão, como roupa
velha. Tu os trocarás, como se fossem vestuário, e os jogarás fora.
27 Tu, porém, és sempre o mesmo; teus dias jamais terão fim. 28 Os
filhos de teus servos viverão em segurança, e seus descendentes
prosperarão em tua presença.

CAPÍTULO 103

Salmo de Davi.

1 Todo o meu ser louve o SENHOR; louvarei seu santo nome de todo
o coração. 2 Todo o meu ser louve o SENHOR; que eu jamais me
esqueça de suas bênçãos. 3 Ele perdoa todos os meus pecados e
cura todas as minhas doenças. 4 Ele me resgata da morte e me coroa
de amor e misericórdia. 5 Ele enche minha vida de coisas boas;
minha juventude é renovada como a águia! 6 O SENHOR faz justiça
e defende a causa dos oprimidos. 7 Revelou seus planos a Moisés e
seus feitos, aos israelitas. 8 O SENHOR é compassivo e misericordioso,
lento para se irar e cheio de amor. 9 Não nos acusará o tempo todo,
nem permanecerá irado para sempre. 10 Não nos castiga por nos-
sos pecados, nem nos trata como merecemos. 11 Pois seu amor por
aqueles que o temem é imenso como a distância entre os céus e
a terra. 12 De nós ele afastou nossos pecados, tanto como o Oriente
está longe do Ocidente. 13 O SENHOR é como um pai para seus filhos,
bondoso e compassivo para os que o temem. 14 Pois ele sabe como
somos fracos; lembra que não passamos de pó. 15 Nossos dias na
terra são como o capim; como as flores do campo, desabrocha-
mos. 16 O vento sopra, porém, e desaparecemos, como se nunca
tivéssemos existido. 17 Mas o amor do SENHOR por aqueles que o
temem dura de eternidade a eternidade. Sua justiça se estende
até os filhos dos filhos 18 dos que guardam sua aliança, dos que
obedecem a seus mandamentos. 19 O SENHOR fez dos céus o seu
trono, de onde reina sobre todas as coisas. 20 Louvem o SENHOR
todos os anjos, os poderosos que executam seus planos, os que
cumprem cada uma de suas ordens. 21 Sim, louvem o SENHOR os

Sl 103.13

exércitos de anjos, os que o servem e fazem sua vontade. 22 Louve
o SENHOR tudo o que ele criou, todas as coisas em todo o seu reino.
Todo o meu ser louve o SENHOR.

CAPÍTULO 104

1 Todo o meu ser louve o SENHOR. Ó SENHOR, meu Deus, como és
grandioso! Estás vestido de glória e majestade, 2 envolto num man-
to de luz. Estendes a cortina estrelada dos céus, 3 pões as vigas de
tua casa nas nuvens de chuva. Fazes das nuvens o teu carro de
combate, cavalgas nas asas do vento. 4 Os ventos são teus mensa-
geiros, e as chamas de fogo, teus servos. 5 Firmaste o mundo sobre
seus alicerces, para que jamais seja abalado. 6 Vestiste a terra com
torrentes de água, com água que cobriu até os montes. 7 Por tua
ordem, as águas fugiram; ao som de teu trovão, saíram correndo.
8 Montes se ergueram e vales afundaram, ao nível que tu decretas-
te. 9 Estabeleceste um limite para as águas, para que nunca mais
cobrissem a terra. 10 Fazes as fontes derramarem água nos vales,
e os riachos correm entre os montes. 11 Todos os animais bebem
dessa água, e os jumentos selvagens matam a sede. 12 As aves fazem
ninhos junto aos riachos e cantam entre os ramos das árvores. 13 De
tua habitação celeste, envias chuva sobre os montes e enches a terra
com o fruto do teu trabalho. 14 Fazes o pasto crescer para os animais,
e as plantas, para as pessoas cultivarem. Permites que, da terra,
colham seu alimento: 15 vinho para alegrar o coração, azeite para
fazer brilhar a pele, pão para dar forças. 16 As árvores do SENHOR são
bem cuidadas, os cedros do Líbano que ele plantou. 17 Nelas as aves
fazem seus ninhos, nos ciprestes as cegonhas têm seu lar. 18 No alto
dos montes vivem as cabras selvagens, nas rochas se escondem os
coelhos silvestres. 19 Fizeste a lua para marcar as estações, e o sol
sabe a hora de se pôr. 20 Envias a escuridão e se faz noite, quando
vagueiam os animais do bosque. 21 Os leões jovens rugem por sua
presa, saem à procura do alimento que Deus lhes provê. 22 Ao ama-
nhecer eles se recolhem, voltam à toca para descansar. 23 Então as
pessoas saem para o serviço, onde trabalham até o entardecer. 24 Ó
SENHOR, que variedade de coisas criaste! Fizeste todas elas com
sabedoria; a terra está cheia de tuas criaturas. 25 Ali está o oceano,
vasto e imenso, cheio de seres de todo tipo, grandes e pequenos.
26 Por ele passam navios, e o Leviatã, que criaste para brincar no

mar. [27]Todos dependem de ti para lhes proveres o alimento de que
necessitam. [28]Quando tu lhes dás, eles o recolhem; abres a mão
para alimentá-los, e eles ficam satisfeitos. [29]Se te afastas deles,
porém, enchem-se de medo; quando lhes retiras o fôlego, morrem
e voltam ao pó. [30]Quando sopras teu fôlego, novos seres são gera-
dos, e renovas a face da terra. [31]Que a glória do SENHOR permaneça
para sempre; o SENHOR tem prazer em tudo que criou! [32]Basta um
olhar, e a terra estremece; com um simples toque, faz fumegar os
montes. [33]Cantarei ao SENHOR enquanto viver, louvarei meu Deus
até meu último suspiro. [34]Todos os meus pensamentos lhe sejam
agradáveis; no SENHOR me alegrarei. [35]Desapareçam da terra todos
os pecadores, deixem de existir para sempre os perversos. Todo o
meu ser louve o SENHOR. Louvado seja o SENHOR!

CAPÍTULO 105

[1]Deem graças ao SENHOR e proclamem seu nome; anunciem
entre os povos o que ele tem feito. [2]Cantem a ele, sim, cantem
louvores a ele; falem a todos de suas maravilhas. [3]Exultem em seu
santo nome, alegrem-se todos que buscam o SENHOR. [4]Busquem
o SENHOR e sua força, busquem sua presença continuamente.
[5]Lembrem-se das maravilhas que ele fez, dos milagres que rea-
lizou e dos juízos que pronunciou, [6]vocês que são filhos de seu
servo Abraão, descendentes de Jacó, seus escolhidos. [7]Ele é o
SENHOR, nosso Deus; vemos sua justiça em toda a terra. [8]Ele é fiel
à sua aliança para sempre, ao compromisso que firmou com mil
gerações. [9]É a aliança que fez com Abraão, o juramento que fez a
Isaque. [10]Ele a confirmou a Jacó por decreto, ao povo de Israel como
aliança sem fim: [11]"Darei a vocês a terra de Canaã, como a porção
de sua herança". [12]Assim declarou quando eles ainda eram poucos,
um punhado de estrangeiros em Canaã. [13]Vagaram de uma nação
a outra, de um reino a outro. [14]E, no entanto, não permitiu que
ninguém os oprimisse e, em seu favor, repreendeu reis: [15]"Não
toquem em meu povo escolhido, não façam mal a meus profetas".
[16]Mandou vir fome sobre a terra de Canaã e cortou a provisão de
alimento. [17]Então enviou um homem adiante deles, José, que foi
vendido como escravo. [18]Feriram seus pés com correntes e com
ferros prenderam seu pescoço. [19]O SENHOR pôs José à prova, até
chegar a hora de cumprir sua palavra. [20]O faraó mandou chamar

NO QUE ESTOU **PENSANDO** ○ | O QUE ESTOU **SENTINDO** ○ | DO QUE ESTOU **LEMBRANDO** ○

DESENHE OU ESCREVA

José e o libertou; o governante de nações lhe abriu a porta da
prisão. [21]José foi encarregado do palácio real e se tornou adminis-
trador de todos os seus bens. [22]Tinha toda a liberdade de instruir os
assistentes do faraó e de ensinar os conselheiros da corte. [23]Então
Israel chegou ao Egito; Jacó viveu como estrangeiro na terra de
Cam. [24]O SENHOR multiplicou seu povo, até que se tornaram
mais numerosos que seus opressores. [25]Voltou os egípcios contra
seu povo, e eles tramaram contra os servos do SENHOR. [26]Mas o
SENHOR enviou Moisés, seu servo, e Arão, a quem havia escolhido.
[27]Eles realizaram sinais entre os egípcios, maravilhas na terra de
Cam. [28]O SENHOR cobriu o Egito com trevas, pois desobedeceram à
ordem para deixar seu povo ir. [29]Transformou as águas em sangue
e matou os peixes. [30]Rãs infestaram a terra e invadiram até os apo-
sentos do rei. [31]Por sua ordem, moscas desceram sobre os egípcios,
e piolhos encheram todo o seu território. [32]Enviou-lhes granizo em
lugar de chuva, e relâmpagos faiscaram sobre a terra. [33]Destruiu
as videiras e as figueiras e despedaçou todas as árvores. [34]Por sua
ordem, vieram enxames de gafanhotos, incontáveis gafanhotos
jovens. [35]Devoraram toda a vegetação da terra e destruíram toda
a plantação nos campos. [36]Depois, matou o filho mais velho de
todos os lares egípcios, a força e o orgulho de cada família. [37]Tirou
seu povo do Egito cheio de prata e de ouro, e ninguém das tribos
de Israel sequer tropeçou. [38]Os egípcios se alegraram quando eles
partiram, pois muito os temiam. [39]O SENHOR estendeu sobre o povo
uma cobertura de nuvem e lhe deu fogo para iluminar a escuridão.
[40]Quando pediram carne, enviou codornas; saciou sua fome com o
pão do céu. [41]Partiu uma rocha, e jorrou água, que correu como um
rio pelo deserto. [42]Pois ele se lembrou da santa promessa que havia
feito a seu servo Abraão. [43]Tirou seu povo do Egito com alegria,
seus escolhidos, com celebração. [44]Deu a seu povo as terras das
nações, e eles colheram o que outros haviam plantado. [45]Tudo isso
aconteceu para que guardassem seus decretos e obedecessem a
suas leis. Louvado seja o SENHOR!

CAPÍTULO 106

[1]Louvado seja o SENHOR! Deem graças ao SENHOR porque ele é
bom; seu amor dura para sempre! [2]Quem poderá contar os feitos
poderosos do SENHOR? Quem poderá louvá-lo como ele merece?

3Como são felizes os que fazem o que é certo e praticam a justiça
todo o tempo! 4Lembra-te de mim, SENHOR, quando mostrares favor
ao teu povo; aproxima-te e resgata-me. 5Que eu compartilhe da
prosperidade dos teus escolhidos; que eu me alegre na alegria
do teu povo e exulte com aqueles que pertencem a ti. 6Pecamos,
como nossos antepassados; fomos desobedientes e rebeldes.
7No Egito, nossos antepassados não deram valor às maravilhas
do SENHOR. Não se lembraram de seus muitos atos de bondade;
rebelaram-se contra ele junto ao mar Vermelho. 8Assim mesmo
ele os resgatou, para proteger a honra de seu nome, para mostrar
seu grande poder. 9Ordenou que o mar Vermelho secasse e os
conduziu pelas águas como por um deserto. 10Ele os resgatou das
mãos de seus inimigos e os libertou das garras de seus adversários.
11As águas se fecharam e cobriram seus opressores; nenhum deles
sobreviveu. 12Então creram em suas promessas e cantaram louvores
a ele. 13Depressa, porém, esqueceram-se do que ele havia feito;
não quiseram esperar por seus conselhos. 14No deserto, os desejos
do povo se tornaram insaciáveis; puseram Deus à prova naquela
terra desolada. 15Ele atendeu a seus pedidos, mas também lhes
enviou uma praga. 16No acampamento, tiveram inveja de Moisés
e de Arão, o sacerdote consagrado ao SENHOR. 17Por isso, a terra se
abriu; engoliu Datã e sepultou Abirão e os outros rebeldes. 18Fogo
desceu sobre aqueles que os seguiam; uma chama consumiu os
perversos. 19No monte Sinai, fizeram um bezerro; prostraram-se
diante de uma imagem de metal. 20Trocaram seu Deus glorioso
pela estátua de um boi que come capim. 21Esqueceram-se de Deus,
seu salvador, que havia feito coisas grandiosas no Egito, 22atos ma-
ravilhosos na terra de Cam, feitos notáveis no mar Vermelho. 23Por
isso, declarou que os destruiria, mas Moisés, seu escolhido, pôs-se
entre ele e o povo e suplicou-lhe que afastasse sua ira e não os
destruísse. 24Eles, porém, se recusaram a entrar na terra agradável,
pois não creram na promessa. 25Em vez disso, resmungaram em
suas tendas e não deram ouvidos ao SENHOR. 26Assim, ele jurou
solenemente que os mataria no deserto, 27que dispersaria seus
descendentes entre as nações e os enviaria para o exílio em terras
distantes. 28Depois, juntaram-se aos adoradores de Baal em Peor;
chegaram a comer sacrifícios oferecidos a mortos. 29Com todos
esses atos, provocaram a ira do SENHOR, por isso uma praga se

NO QUE ESTOU **PENSANDO** ○ O QUE ESTOU **SENTINDO** ○ DO QUE ESTOU **LEMBRANDO** ○

DESENHE OU ESCREVA

espalhou entre eles. 30Fineias, porém, teve coragem de intervir, e
a praga foi detida. 31Assim, desde então, ele foi considerado justo.
32Também em Meribá, provocaram a ira do SENHOR, e causaram
sérios problemas a Moisés. 33Fizeram Moisés se irar, e ele falou sem
refletir. 34Não destruíram as nações que habitavam na terra, como
o SENHOR lhes havia ordenado. 35Em vez disso, misturaram-se com
elas e adotaram seus costumes. 36Adoraram ídolos estrangeiros, o
que causou sua ruína. 37Chegaram a sacrificar aos demônios seus
filhos e filhas. 38Derramaram sangue inocente, o sangue de seus
filhos e filhas. Ao oferecer sacrifícios aos ídolos de Canaã, contami-
naram a terra com sangue. 39A si mesmos contaminaram com seus
atos perversos; seu amor aos ídolos foi adultério. 40Por isso, a ira
do SENHOR se acendeu, e ele sentiu aversão por seu povo, sua pro-
priedade. 41Entregou-os às nações, e foram dominados por aqueles
que os odiavam. 42Seus inimigos os oprimiram e os sujeitaram ao
seu poder cruel. 43Muitas vezes os livrou, mas escolheram se rebe-
lar contra ele; por fim, seu pecado os destruiu. 44Ainda assim, ele
viu a aflição do povo e ouviu seus clamores. 45Lembrou-se de sua
aliança com eles e teve compaixão por causa do seu grande amor.
46Fez que seus captores os tratassem com misericórdia. 47Salva-nos,
SENHOR, nosso Deus! Reúne-nos dentre as nações, para darmos
graças ao teu santo nome, para nos alegrarmos no teu louvor!
48Louvem o SENHOR, o Deus de Israel, que vive de eternidade a
eternidade. Todos digam "Amém"! Louvado seja o SENHOR!

Livro 5 (Salmos 107–150)

CAPÍTULO 107

1Deem graças ao SENHOR, porque ele é bom; seu amor dura para
sempre! 2O SENHOR os resgatou? Proclamem em alta voz! Contem a
todos que ele os resgatou de seus inimigos. 3Pois ele reuniu os que
estavam exilados em muitas terras, do leste e do oeste, do norte e
do sul. 4Eles vagavam pelo deserto, perdidos e sem lar. 5Famintos
e sedentos, chegaram à beira da morte. 6Em sua aflição, clamaram
ao SENHOR, e ele os livrou de seus sofrimentos. 7Conduziu-os por
um caminho seguro, a uma cidade onde pudessem morar. 8Que
louvem o SENHOR por seu grande amor e pelas maravilhas que fez
pela humanidade. 9Pois ele sacia o sedento e enche de coisas boas

o faminto. 10 Estavam sentados na escuridão e em trevas profun-
das, presos com as algemas de ferro do sofrimento. 11 Rebelaram-se
contra as palavras de Deus e desprezaram o conselho do Altíssimo.
12 Por isso ele os sujeitou a trabalhos pesados; caíram, e não houve
quem os ajudasse. 13 Em sua aflição, clamaram ao SENHOR, e ele os
livrou de seus sofrimentos. 14 Tirou-os da escuridão e das trevas
profundas e quebrou suas algemas. 15 Que louvem o SENHOR por
seu grande amor e pelas maravilhas que fez pela humanidade.
16 Pois ele quebrou as portas de bronze da prisão e partiu as trancas
de ferro. 17 Foram tolos; rebelaram-se e sofreram por causa de seus
pecados. 18 Não conseguiam nem pensar em comer e estavam às
portas da morte. 19 Em sua aflição, clamaram ao SENHOR, e ele os
livrou de seus sofrimentos. 20 Enviou sua palavra e os curou, e os
resgatou da morte. 21 Que louvem o SENHOR por seu grande amor
e pelas maravilhas que fez pela humanidade. 22 Que ofereçam sa-
crifícios de ações de graças e anunciem suas obras com canções
alegres. 23 Viajaram pelo mundo em navios; percorreram as rotas
comerciais dos mares. 24 Também eles viram as obras do SENHOR
e suas maravilhas nas águas mais profundas. 25 Por sua ordem, os
ventos se levantaram e agitaram as ondas. 26 Seus navios eram lan-
çados aos céus, depois desciam às profundezas; foram tomados de
pavor. 27 Cambaleavam e tropeçavam, como bêbados, e não sabiam
mais o que fazer. 28 Em sua aflição, clamaram ao SENHOR, e ele os
livrou de seus sofrimentos. 29 Acalmou a tempestade e aquietou as
ondas. 30 A calmaria os alegrou, e ele os levou ao porto em seguran-
ça. 31 Que louvem o SENHOR por sua bondade e pelas maravilhas
que fez pela humanidade. 32 Que o exaltem em público, diante da
comunidade e dos líderes do povo. 33 Ele transforma rios em de-
sertos, e fontes de água em terra seca. 34 Torna a terra fértil em solo
inútil, por causa da perversidade de seus habitantes. 35 Também
transforma os desertos em açudes e a terra seca em fontes de água.
36 Leva os famintos para ali se estabelecerem e construírem suas
cidades. 37 Eles semeiam campos, plantam videiras e têm grandes
colheitas. 38 Sim, ele os abençoa! Ali, criam famílias numerosas, e
seus rebanhos não param de crescer. 39 Mas, quando diminuem
em número e empobrecem por causa da opressão, da miséria e da
tristeza, 40 o SENHOR lança desprezo sobre seus príncipes e os faz
vagar num deserto sem caminhos. 41 Contudo, livra do sofrimento

Sl 108.2

os pobres e aumenta suas famílias como rebanhos de ovelhas. 42 Os
justos verão essas coisas e se alegrarão, enquanto os perversos
serão calados. 43 Quem é sábio levará tudo isso a sério; perceberá
como tem sido leal o amor do SENHOR.

CAPÍTULO 108

Cântico; salmo de Davi.

1 Meu coração está firme em ti, ó Deus; por isso te cantarei louvores
com todo o meu ser. 2 Despertem, lira e harpa! Quero acordar o
amanhecer com a minha canção. 3 Eu te darei graças, SENHOR, no
meio dos povos; cantarei louvores a ti entre as nações. 4 Pois o teu
amor é mais alto que os céus; a tua fidelidade chega até as nuvens.
5 Sê exaltado, ó Deus, acima dos mais altos céus; que a tua glória
brilhe sobre toda a terra! 6 Agora, livra teu povo amado; respon-
de-nos e salva-nos por teu poder. 7 Deus, em seu santuário, pro-
meteu: "Com alegria dividirei Siquém e medirei o vale de Sucote.
8 Gileade é minha, e também Manassés; Efraim é meu capacete, e
Judá, meu cetro. 9 Moabe é minha bacia de lavar; limparei os pés
sobre Edom e darei um grito de triunfo sobre a Filístia". 10 Quem
me levará à cidade fortificada? Quem me guiará até Edom? 11 Acaso
nos rejeitaste, ó Deus? Não marcharás mais com nossos exércitos?
12 Ajuda-nos contra nossos inimigos, pois todo socorro humano é
inútil. 13 Com o auxílio de Deus, realizaremos grandes feitos, pois
ele pisará os nossos inimigos.

CAPÍTULO 109

Ao regente do coral: salmo de Davi.

1 Ó Deus, a quem eu louvo, não permaneças calado, 2 enquanto os
perversos me caluniam e falam mentiras a meu respeito. 3 Eles me
cercam de palavras odiosas e me atacam sem motivo. 4 Retribuem
meu amor com acusações, mesmo enquanto oro por eles. 5 Pagam-
me o bem com o mal, e o amor, com o ódio. 6 Que um perverso tes-
temunhe contra ele, e um acusador o leve a julgamento. 7 Quando
julgarem sua causa, que o declarem culpado; considerem pecado
suas orações. 8 Que sua vida seja curta, e outro ocupe seu lugar.
9 Que seus filhos se tornem órfãos, e sua esposa, viúva. 10 Que seus
filhos andem sem rumo, como mendigos, e sejam expulsos de suas
casas em ruínas. 11 Que os credores tomem todos os seus bens, e

estranhos levem o fruto de seu trabalho. 12Que ninguém o trate com bondade, nem tenha compaixão de seus órfãos. 13Que todos os seus descendentes morram; que o nome de sua família seja apagado na geração seguinte. 14Que o SENHOR nunca se esqueça dos pecados de seus antepassados; que os pecados de sua mãe jamais sejam apagados. 15Que o SENHOR se lembre sempre de sua culpa; que seu nome seja de todo esquecido. 16Pois não quis ser bondoso com os outros; foi no encalço dos pobres e necessitados e perseguiu até a morte os de coração quebrantado. 17Gostava de amaldiçoar; agora, que ele próprio seja amaldiçoado. Não tinha prazer em abençoar; agora, que ele não seja abençoado. 18Para ele, amaldiçoar é como a roupa que ele veste, como a água que bebe, como os alimentos saborosos que come. 19Agora, que suas maldições voltem para ele; apeguem-se a seu corpo como roupas, amarrem-se em torno dele como um cinto. 20Que essas maldições se tornem castigo do SENHOR para meus acusadores, para os que falam mal de mim. 21Quanto a mim, ó SENHOR Soberano, trata-me bem, por causa do teu nome; livra-me, porque és fiel e bom. 22Pois sou pobre e necessitado, e meu coração está ferido. 23Vou desaparecendo, como a sombra ao entardecer; sou lançado para longe, como um gafanhoto. 24De tanto jejuar, meus joelhos estão fracos; não passo de pele e osso. 25Sou motivo de zombaria em todo lugar; quando me veem, balançam a cabeça em desprezo. 26Ajuda-me, SENHOR, meu Deus; salva-me por causa do teu amor! 27Que eles reconheçam que isso veio de ti, que tu mesmo o fizeste, SENHOR. 28Que importa se me amaldiçoarem? Tu me abençoarás! Quando me atacarem, serão envergonhados; mas eu, teu servo, continuarei a me alegrar! 29Que meus acusadores sejam vestidos de humilhação, que a vergonha os cubra como um manto. 30Eu, porém, sempre darei graças ao SENHOR; louvarei seu nome diante de todos. 31Pois ele está junto aos necessitados, pronto para salvá-los dos que os condenam.

CAPÍTULO 110

Salmo de Davi.

1O SENHOR disse ao meu Senhor: "Sente-se no lugar de honra à minha direita, até que eu humilhe seus inimigos e os ponha debaixo de seus pés". 2O SENHOR estenderá seu reino poderoso desde

Sião; você governará seus inimigos. 3Quando você for à guerra, seu povo o servirá de livre vontade. Você está envolto em vestes santas, e sua força será renovada a cada dia, como o orvalho da manhã. 4O SENHOR jurou e não voltará atrás: "Você é sacerdote para sempre, segundo a ordem de Melquisedeque". 5O Senhor está à sua direita para protegê-lo; esmagará muitos reis no dia de sua ira. 6Castigarás as nações e encherá suas terras de cadáveres; esmagará cabeças por todo o mundo. 7Ele próprio, contudo, se refrescará em riachos ao longo do caminho; ele será vitorioso.

CAPÍTULO 111

1Louvado seja o SENHOR! De todo o meu coração darei graças ao SENHOR quando me reunir com os justos. 2Como são grandiosas as obras do SENHOR! Todos que têm prazer nele devem nelas meditar. 3Tudo que ele faz revela sua glória e majestade; sua justiça permanece para sempre. 4Ele nos faz recordar suas maravilhas; o SENHOR é compassivo e misericordioso. 5Dá alimento aos que o temem, lembra-se sempre de sua aliança. 6Mostrou seu poder ao seu povo ao lhe dar as terras de outras nações. 7Tudo que ele faz é justo e bom; todos os seus mandamentos são confiáveis. 8São verdadeiros para sempre; devem ser obedecidos com fidelidade e retidão. 9Ele pagou o resgate por seu povo, garantiu para sempre sua aliança com eles; seu nome é santo e temível! 10O temor do SENHOR é o princípio do conhecimento; todos que obedecem a seus mandamentos mostram bom senso. Louvem-no para sempre!

CAPÍTULO 112

1Louvado seja o SENHOR! Como é feliz aquele que teme o SENHOR e tem prazer em obedecer a seus mandamentos! 2Seus filhos serão bem-sucedidos em toda a terra; uma geração inteira de justos será abençoada. 3Em sua casa, haverá riqueza e prosperidade, e suas boas ações permanecerão para sempre. 4A luz brilha na escuridão para o justo; ele é compassivo, misericordioso e íntegro. 5Feliz é o que empresta com generosidade e conduz seus negócios honestamente. 6Ele não será abalado; sua lembrança durará por muito tempo. 7Não teme más notícias; confia plenamente no cuidado do SENHOR. 8É confiante e destemido; olha com triunfo para seus inimigos. 9Compartilha generosamente com os pobres, e seus atos

de justiça serão lembrados para sempre; ele terá influência e honra.
10O perverso verá isso e ficará furioso, rangerá os dentes de raiva e
desaparecerá; seus desejos serão frustrados.

CAPÍTULO 113

1Louvado seja o SENHOR! Sim, louvem, ó servos do SENHOR, louvem
o nome do SENHOR! 2Bendito seja o nome do SENHOR, agora e para
sempre. 3Em todo lugar, do Oriente ao Ocidente, louvem o nome
do SENHOR. 4Pois o SENHOR é engrandecido acima das nações; sua
glória está acima dos céus. 5Quem se compara ao SENHOR, nosso
Deus, entronizado nas alturas? 6Ele se inclina para ver o que acon-
tece nos céus e na terra. 7Levanta do pó o necessitado e ergue do
lixo o pobre. 8Coloca-os entre príncipes, entre os príncipes de seu
povo. 9Dá uma família à mulher estéril e a torna uma mãe feliz.
Louvado seja o SENHOR!

CAPÍTULO 114

1Quando o povo de Israel saiu do Egito, quando a família de Jacó
deixou aquela terra estrangeira, 2a terra de Judá se tornou o san-
tuário de Deus, e Israel se tornou seu domínio. 3O mar Vermelho
os viu chegando e se abriu, e as águas do rio Jordão recuaram. 4Os
montes saltaram como carneiros, e as colinas, como cordeiros. 5Que
aconteceu, ó mar Vermelho, para que se abrisse? Que aconteceu, ó
rio Jordão, para que recuasse? 6Por que, ó montes, saltaram como
carneiros? Por que, ó colinas, saltaram como cordeiros? 7Estremeça,
ó terra, na presença do Senhor, na presença do Deus de Jacó. 8Ele
transformou a rocha em açude; sim, do rochedo fez nascer uma
fonte de água.

CAPÍTULO 115

1Não a nós, SENHOR, não a nós, mas ao teu nome seja toda a gló-
ria, por teu amor e por tua fidelidade. 2Por que as nações dizem:
"Onde está o deus deles?". 3Nosso Deus está nos céus e faz tudo
como deseja. 4Seus ídolos não passam de objetos de prata e ouro,
formados por mãos humanas. 5Têm boca, mas não falam; olhos,
mas não veem. 6Têm ouvidos, mas não ouvem; nariz, mas não
respiram. 7Têm mãos, mas não apalpam; pés, mas não andam;
garganta, mas não emitem som. 8Aqueles que fazem ídolos e neles

Sl 112.9

confiam são exatamente iguais a eles. 9Ó Israel, confie no SENHOR;
ele é seu auxílio e seu escudo! 10Ó sacerdotes, descendentes de
Arão, confiem no SENHOR; ele é seu auxílio e seu escudo! 11Todos
vocês que temem o SENHOR, confiem nele; ele é seu auxílio e
seu escudo! 12O SENHOR se lembra de nós e nos abençoará; sim,
abençoará o povo de Israel e os sacerdotes, descendentes de Arão.
13Abençoará os que temem o SENHOR, tanto os grandes como os
pequenos. 14Que o SENHOR multiplique bênçãos para vocês e seus
filhos. 15Sejam abençoados pelo SENHOR, que fez os céus e a terra.
16Os céus pertencem ao SENHOR, mas ele deu a terra à humanidade.
17Os mortos não cantam louvores ao SENHOR, pois desceram ao
silêncio da sepultura. 18Nós, porém, louvaremos o SENHOR agora e
para sempre. Louvado seja o SENHOR!

CAPÍTULO 116

1Amo o SENHOR, porque ele ouve a minha voz e as minhas ora-
ções. 2Porque ele se inclina para ouvir, orarei enquanto viver. 3A
morte me envolveu com suas cordas, e os terrores da sepultura
me dominaram; não via outra coisa senão sofrimento e tristeza.
4Então clamei pelo nome do SENHOR: "Livra-me, SENHOR!". 5O
SENHOR é compassivo e justo; o nosso Deus é misericordioso!
6O SENHOR protege os ingênuos; eu estava diante da morte, e
ele me salvou. 7Volte, minha alma, a descansar, pois o SENHOR
lhe tem sido bom. 8Ele livrou minha alma da morte, meus olhos,
das lágrimas, meus pés, da queda. 9Por isso, andarei na presença
do SENHOR enquanto viver aqui na terra. 10Eu cri, por isso disse:
"Estou profundamente aflito!". 11Em meu desespero, declarei:
"Todos são mentirosos!". 12Que posso oferecer ao SENHOR por tudo
que ele me tem feito? 13Celebrarei meu livramento e louvarei o
nome do SENHOR. 14Cumprirei meus votos ao SENHOR na presença
de todo o seu povo. 15O SENHOR se importa profundamente com a
morte de seus fiéis. 16Ó SENHOR, sou teu servo, sim, teu servo, teu
humilde servo; tu me livraste de minhas correntes. 17Oferecerei a
ti um sacrifício de ação de graças e louvarei o nome do SENHOR.
18Cumprirei meus votos ao SENHOR na presença de todo o seu
povo, 19na casa do SENHOR, no meio de Jerusalém. Louvado seja
o SENHOR!

CAPÍTULO 117

1Louvem o SENHOR todas as nações; louvem-no todos os povos.
2Pois grande é o seu amor por nós; a fidelidade do SENHOR dura
para sempre. Louvado seja o SENHOR!

CAPÍTULO 118

1Deem graças ao SENHOR, porque ele é bom; seu amor dura para
sempre! 2Todo o Israel diga: "Seu amor dura para sempre!". 3Os
sacerdotes, descendentes de Arão, digam: "Seu amor dura para
sempre!". 4Todos que temem o SENHOR digam: "Seu amor dura para
sempre!". 5Em minha angústia, orei ao SENHOR; o SENHOR me ouviu
e me livrou. 6O SENHOR está comigo, portanto não temerei; o que
me podem fazer os simples mortais? 7Sim, o SENHOR está comigo,
e ele me ajudará; olharei com triunfo para os que me odeiam. 8É
melhor refugiar-se no SENHOR que confiar em pessoas. 9É melhor
refugiar-se no SENHOR que confiar em príncipes. 10Todas as nações
hostis me cercaram, mas eu as destruí em nome do SENHOR. 11Sim,
elas me cercaram de todos os lados, mas eu as destruí em nome
do SENHOR. 12Como um enxame de abelhas me rodearam e arde-
ram contra mim como um fogo crepitante, mas eu as destruí em
nome do SENHOR. 13Meus inimigos fizeram todo o possível para
me derrubar, mas o SENHOR me sustentou. 14O SENHOR é minha
força e meu cântico; ele é minha salvação. 15No acampamento dos
justos há cânticos de alegria e vitória; a mão direita do SENHOR
realizou grandes feitos! 16A mão direita do SENHOR se levanta em
triunfo; a mão direita do SENHOR realizou grandes feitos! 17Não
morrerei; pelo contrário, viverei para contar o que o SENHOR fez.
18O SENHOR me castigou severamente, mas não me deixou morrer.
19Abram para mim as portas por onde entram os justos; entrarei
e darei graças ao SENHOR. 20Essas portas conduzem à presença do
SENHOR, e os justos entram por elas. 21Eu te dou graças porque
respondeste à minha oração e me deste vitória! 22A pedra que os
construtores rejeitaram se tornou a pedra angular. 23Isso é obra do
SENHOR e é maravilhosa de ver. 24Este é o dia que o SENHOR fez; nele
nos alegraremos e exultaremos. 25Ó SENHOR, por favor, salva-nos!
Ó SENHOR, dá-nos sucesso! 26Bendito é o que vem em nome do
SENHOR; nós os abençoamos da casa do SENHOR. 27O SENHOR é Deus
e resplandece sobre nós; peguem o sacrifício e amarrem-no com

Sl 119.9

cordas sobre o altar. 28Tu és meu Deus, e eu te louvarei! Tu és meu
Deus, e eu te exaltarei! 29Deem graças ao SENHOR, porque ele é
bom; seu amor dura para sempre!

CAPÍTULO 119

Álef

1Como são felizes os íntegros, os que seguem a lei do SENHOR!
2Como são felizes os que obedecem a seus preceitos e o buscam de
todo o coração. 3Não praticam o mal e andam em seus caminhos.
4Tu nos encarregaste de seguir fielmente tuas ordens. 5Meu grande
desejo é que minhas ações sempre reflitam teus decretos. 6Então
não ficarei envergonhado quando meditar em todos os teus man-
damentos. 7Eu te darei graças por viver corretamente, à medida
que aprender teus justos estatutos. 8Obedecerei a teus decretos;
por favor, não desistas de mim!

Bêt

9Como pode o jovem se manter puro? Obedecendo à tua palavra.
10De todo o meu coração te busquei; não permitas que eu me des-
vie de teus mandamentos. 11Guardei tua palavra em meu coração,
para não pecar contra ti. 12Eu te louvo, ó SENHOR; ensina-me teus
decretos. 13Recitei em voz alta todos os estatutos que nos deste.
14Alegrei-me com o caminho apontado por teus preceitos tanto
quanto com muitas riquezas. 15Meditarei em tuas ordens e refletirei
sobre teus caminhos. 16Terei prazer em teus decretos e não me
esquecerei de tua palavra.

Guímel

17Trata teu servo com bondade, para que eu viva e obedeça à tua
palavra. 18Abre meus olhos, para que eu veja as maravilhas de
tua lei. 19Sou estrangeiro na terra; não escondas de mim teus
mandamentos. 20Tenho sempre intenso desejo por teus estatutos.
21Tu repreendes os arrogantes; são malditos os que se desviam
de teus mandamentos. 22Não permitas que zombem de mim e
me desprezem, pois tenho obedecido a teus preceitos. 23Até os
príncipes se reúnem e falam contra mim, mas eu meditarei em
teus decretos. 24Tenho prazer em teus preceitos; eles me dão
conselhos sábios.

Dálet

25 Estou prostrado no pó; restaura minha vida com a tua palavra.
26 Relatei meus planos a ti, e me respondeste; agora, ensina-me
teus decretos. 27 Ajuda-me a entender tuas ordens e eu meditarei
em tuas maravilhas. 28 Minha alma chora de tristeza; fortalece-
-me com tua palavra. 29 Afasta de mim o caminho da mentira;
dá-me o privilégio de conhecer tua lei. 30 Escolhi o caminho da
verdade; decidi viver de acordo com teus estatutos. 31 Apego-me
a teus preceitos; SENHOR, não permitas que eu seja envergo-
nhado! 32 Buscarei teus mandamentos, pois tu aumentas meu
entendimento.

He

33 Ensina-me teus decretos, ó SENHOR, e eu os guardarei até o fim.
34 Dá-me entendimento e obedecerei à tua lei; de todo o coração
a porei em prática. 35 Faze-me andar em teus mandamentos, pois
neles tenho prazer. 36 Dá-me entusiasmo por teus preceitos, e não
pela ganância! 37 Desvia meus olhos de coisas inúteis e restaura-me
por meio de tua palavra. 38 Confirma a teu servo a tua promessa,
que fizeste aos que te temem. 39 Afasta-me de meus caminhos ver-
gonhosos, pois teus estatutos são bons. 40 Anseio por obedecer às
tuas ordens; restaura minha vida por tua justiça.

Vav

41 SENHOR, dá-me o teu amor, a salvação que me prometeste.
42 Então poderei responder aos que me insultam, pois confio em
tua palavra. 43 Não retires de mim a palavra da verdade, pois teus
estatutos são minha esperança. 44 Continuarei a obedecer à tua lei
para todo o sempre. 45 Andarei em liberdade, pois me dediquei
às tuas ordens. 46 Falarei de teus preceitos a reis, e não me en-
vergonharei. 47 Como tenho prazer em teus mandamentos! Como
eu os amo! 48 Celebro teus mandamentos, que amo, e em teus
decretos medito.

Zain

49 Lembra-te da promessa que fizeste a este teu servo; ela é minha
esperança. 50 Tua promessa renova minhas forças; ela me consola
em minha aflição. 51 O tempo todo os orgulhosos me desprezam,

NO QUE ESTOU **PENSANDO** ○ O QUE ESTOU **SENTINDO** ○ DO QUE ESTOU **LEMBRANDO** ○

DESENHE OU ESCREVA

mas eu não me desvio de tua lei. 52 Medito em teus estatutos tão
antigos; ó SENHOR, eles me consolam! 53 Fico furioso com os perver-
sos, pois eles rejeitam tua lei. 54 Teus decretos são o tema de minhas
canções, na casa onde tenho vivido. 55 À noite, penso em quem tu
és, SENHOR; portanto, obedeço à tua lei. 56 Assim passo meus dias:
obedecendo às tuas ordens.

Hêt

57 SENHOR, tu és minha herança; prometo obedecer às tuas palavras!
58 Busco teu favor de todo o coração; tem misericórdia de mim,
como prometeste. 59 Refleti sobre o rumo de minha vida e resolvi
seguir teus preceitos. 60 Eu me apressarei e, sem demora, obede-
cerei a teus mandamentos. 61 Os perversos tentam me arrastar, mas
não me esquecerei de tua lei. 62 Levanto-me à meia-noite para te
dar graças por teus justos estatutos. 63 Sou amigo de todos que te
temem, dos que obedecem às tuas ordens. 64 Ó SENHOR, o teu amor
enche a terra; ensina-me teus decretos.

Tét

65 Muitas coisas boas me tens feito, SENHOR, como prometeste.
66 Ensina-me bom senso e dá-me conhecimento, pois creio em teus
mandamentos. 67 Antes de me disciplinares, eu vivia desviado; ago-
ra, porém, sigo tua palavra de perto. 68 Tu és bom e fazes somente
o bem; ensina-me teus decretos. 69 Os arrogantes mentem a meu
respeito, mas eu obedeço às tuas ordens de todo o coração. 70 O
coração deles é tolo e insensível, mas eu tenho prazer em tua lei.
71 O sofrimento foi bom para mim, pois me ensinou a dar atenção
a teus decretos. 72 Tua lei é mais valiosa para mim que milhares de
peças de ouro e de prata.

Iode

73 Tu me fizeste, tu me formaste; dá-me entendimento para apren-
der teus mandamentos. 74 Que eu seja motivo de alegria para os
que te temem, pois em tua palavra depositei minha esperança.
75 Eu sei, ó SENHOR, que teus estatutos são justos; tu me disciplinas-
te por tua fidelidade. 76 Agora, que o teu amor me console, como
prometeste a este teu servo. 77 Cerca-me de tua compaixão, para
que eu viva, pois tenho prazer em tua lei. 78 Sejam envergonhados

os arrogantes que mentiram a meu respeito; eu, porém, meditarei
em tuas ordens. 79Unam-se a mim todos que te temem, os que
conhecem teus preceitos. 80Que eu seja inculpável na obediência
a teus decretos; então jamais serei envergonhado.

Kaf

81Estou exausto de tanto esperar por teu livramento, mas depositei
minha esperança em tua palavra. 82Meus olhos se esforçam para
ver tua promessa se cumprir; quando me consolarás? 83Mesmo
enrugado, como uma vasilha de couro na fumaça, não me esqueci
de teus decretos. 84Até quando terei de esperar? Quando castigarás
os que me perseguem? 85Os arrogantes, que não seguem tua lei,
abriram covas fundas para me pegar. 86Todos os teus mandamentos
são confiáveis; protege-me dos que me perseguem sem motivo.
87Quase acabaram comigo, mas eu não abandonei tuas ordens.
88Por teu amor, preserva minha vida; então continuarei a obedecer
a teus preceitos.

Lâmed

89Tua palavra eterna, ó SENHOR, está firme nos céus. 90Tua fideli-
dade se estende de uma geração a outra, duradoura como a terra
que estabeleceste. 91Teus estatutos permanecem até hoje, pois tudo
está a serviço de teus planos. 92Se tua lei não fosse meu prazer, eu
teria morrido em meu sofrimento. 93Jamais me esquecerei de tuas
ordens, pois é por meio delas que me dás vida. 94Sou teu; salva-me,
pois tenho buscado tuas ordens. 95Embora os perversos fiquem
à espreita para me matar, meditarei em teus preceitos. 96Percebi
que até mesmo a perfeição tem limite, mas não há limite para teu
mandamento.

Mem

97Como eu amo a tua lei; penso nela o dia todo! 98Teus manda-
mentos me fazem mais sábio que meus inimigos, pois sempre me
guiam. 99Sim, tenho mais prudência que meus mestres, pois vivo
a meditar em teus preceitos. 100Tenho mais entendimento que os
anciãos, pois obedeço às tuas ordens. 101Recuso-me a andar em
todo caminho mau, a fim de obedecer à tua palavra. 102Não me
afastei de teus estatutos, pois tu me ensinaste bem. 103Como são

NO QUE ESTOU **PENSANDO** ○ | O QUE ESTOU **SENTINDO** ○ | DO QUE ESTOU **LEMBRANDO** ○

DESENHE OU ESCREVA

doces as tuas palavras; são mais doces que o mel! 104Tuas ordens
me dão discernimento; por isso odeio todo caminho falso.

Nun

105Tua palavra é lâmpada para meus pés e luz para meu caminho.
106Prometi uma vez e volto a prometer: obedecerei a teus justos
estatutos. 107Sofri muito, ó SENHOR; restaura minha vida, como pro-
meteste. 108SENHOR, aceita minha oferta de louvor e ensina-me
teus estatutos. 109Minha vida está sempre por um fio, mas não me
esquecerei de tua lei. 110Os perversos me prepararam armadilhas,
mas não me desviarei de tuas ordens. 111Teus preceitos são meu te-
souro permanente; são o prazer do meu coração. 112Estou decidido
a cumprir teus estatutos para sempre, até o fim.

Sâmeq

113Odeio pessoas inconstantes, mas amo a tua lei. 114Tu és meu
refúgio e meu escudo; tua palavra é minha esperança. 115Afastem-
se de mim, vocês que praticam o mal, pois obedecerei aos manda-
mentos de meu Deus. 116Sustenta-me como prometeste, SENHOR,
para que eu viva; não permitas que minha esperança seja frustra-
da. 117Sustenta-me e serei salvo; então meditarei continuamente
em teus decretos. 118Rejeitaste, porém, todos que se afastam de
teus decretos, os que só enganam a si mesmos. 119Removes os
ímpios da terra como coisa desprezível; por isso, amo teus precei-
tos. 120Estremeço de medo de ti; tenho temor reverente por teus
estatutos.

Áin

121Não me entregues a meus inimigos, pois tenho feito o que é
justo e certo. 122Garantas o bem deste teu servo; não permitas que
os arrogantes me oprimam. 123Meus olhos se esforçam para ver teu
livramento, o cumprimento de tua promessa de justiça. 124Sou teu
servo; trata-me conforme o teu amor e ensina-me os teus decre-
tos. 125Dá discernimento a este teu servo; então entenderei teus
preceitos. 126SENHOR, é tempo de agires, pois violaram a tua lei.
127Por isso amo teus mandamentos, mais que o ouro, mais que
o ouro puro. 128Cada um de teus mandamentos é reto; por isso,
odeio todo caminho falso.

Pê
129Teus preceitos são maravilhosos; por isso eu lhes obedeço! 130O
ensinamento de tua palavra esclarece, e até os ingênuos enten-
dem. 131Abro a boca e suspiro, pois anseio por teus mandamentos.
132Vem e mostra-me tua misericórdia, como fazes por todos que
amam o teu nome. 133Firma meus passos conforme a tua palavra,
para que o pecado não me domine. 134Livra-me da opressão das
pessoas; então poderei obedecer às tuas ordens. 135Olha para mim
com favor; ensina-me teus decretos. 136Rios de lágrimas brotam de
meus olhos, porque as pessoas não cumprem tua lei.

Tsade
137Tu, SENHOR, és justo, e imparciais são teus estatutos. 138Teus pre-
ceitos são perfeitos, de todo confiáveis. 139Sou tomado de indigna-
ção, pois meus inimigos desprezam tuas palavras. 140Tua promessa
foi plenamente comprovada; por isso este teu servo tanto a ama.
141Sou insignificante e desprezado, mas não me esqueço de tuas
ordens. 142Tua justiça é eterna, e tua lei é verdadeira. 143Quando
aflição e angústia pesam sobre mim, encontro prazer em teus
mandamentos. 144Teus preceitos são sempre justos; ajuda-me a
entendê-los, para que eu viva!

Qof
145Oro de todo o coração; responde-me, SENHOR! Obedecerei a
teus decretos. 146Clamo a ti; livra-me, para que eu obedeça a teus
preceitos. 147Levanto-me cedo, antes de o sol nascer; clamo e ponho
minha esperança em tuas promessas. 148Desperto de madrugada,
para refletir em tuas palavras. 149Por teu amor, ó SENHOR, ouve meu
clamor; restaura minha vida conforme teus estatutos. 150Pessoas
más aproximam-se para me atacar; elas estão distantes de tua lei.
151Mas tu, SENHOR, estás perto, e todos os teus mandamentos são
verdadeiros. 152Sei, há muito tempo, que teus preceitos durarão
para sempre.

Rêsh
153Vê meu sofrimento e livra-me, pois não me esqueci de tua lei.
154Defende minha causa e liberta-me; protege minha vida, como
prometeste. 155Os perversos estão longe da salvação, pois não dão

Sl 119.133

importância a teus decretos. 156SENHOR, como é grande a tua mi-
sericórdia; restaura minha vida conforme teus estatutos! 157São
muitos os que me perseguem e me afligem, mas não me desviei
de teus preceitos. 158Ver esses traidores me dá desgosto, pois não
obedecem à tua palavra. 159Vê, SENHOR, como eu amo tuas ordens;
restaura minha vida por causa do teu amor. 160A própria essência
de tuas palavras é verdade; todos os teus justos estatutos perma-
necerão para sempre.

Shin
161Os poderosos me perseguem sem motivo, mas só diante de tua
palavra meu coração treme. 162Alegro-me em tua palavra, como
quem descobre um grande tesouro. 163Odeio e detesto a falsida-
de, mas amo a tua lei. 164Sete vezes por dia te louvarei, porque
teus estatutos são justos. 165Os que amam tua lei estão totalmente
seguros e não tropeçam. 166Anseio por teu livramento, SENHOR;
tenho cumprido teus mandamentos. 167Tenho obedecido a teus
preceitos, pois os amo muito. 168Sim, obedeço às tuas ordens e
aos teus preceitos, pois vês tudo que faço.

Tau
169Ó SENHOR, ouve meu clamor; dá-me entendimento, como pro-
meteste. 170Ouve minha oração; livra-me, conforme tua palavra.
171Que louvor transborde de meus lábios, pois tu me ensinas teus
decretos. 172Que minha língua cante sobre tua palavra, pois todos
os teus mandamentos são justos. 173Estende a tua mão para me
ajudar, pois escolhi seguir tuas ordens. 174Ó SENHOR, anseio por
teu livramento; tua lei é meu prazer. 175Que eu viva para poder
te louvar, e que teus estatutos me ajudem. 176Andei sem rumo,
como ovelha perdida; vem buscar teu servo, pois não me esqueci
de teus mandamentos.

CAPÍTULO 120

Cântico para os peregrinos a caminho de Jerusalém.

1Em minha angústia, clamei ao SENHOR, e ele respondeu à minha
oração. 2Livra-me, SENHOR, dos mentirosos e dos enganadores. 3Ó
língua mentirosa, o que Deus fará com você? Como aumentará
seu castigo? 4Ele a atravessará com flechas afiadas e a queimará

com brasas vivas. 5Como sofro na distante Meseque! É doloroso
viver entre os moradores de Quedar! 6Estou cansado de habitar
entre os que odeiam a paz. 7Procuro a paz, mas, quando falo de
paz, eles querem guerra!

CAPÍTULO 121

Cântico para os peregrinos a caminho de Jerusalém.

1Olho para os montes e pergunto: "De onde me virá socorro?". 2Meu
socorro vem do SENHOR, que fez os céus e a terra! 3Ele não deixará
que você tropece; aquele que o protege não cochilará. 4Aquele que
guarda Israel não cochila nem dorme. 5O SENHOR é seu protetor! O
SENHOR está ao seu lado, como sombra que o abriga. 6O sol não lhe
fará mal de dia, nem a lua, de noite. 7O SENHOR o guarda de todo
mal e protege sua vida. 8O SENHOR o guarda em tudo que você faz,
agora e para sempre.

CAPÍTULO 122

Cântico para os peregrinos a caminho de Jerusalém; salmo de Davi.

1Alegrei-me quando me disseram: "Vamos à casa do SENHOR".
2Agora estamos aqui, junto às suas portas, ó Jerusalém. 3Jerusalém
é cidade bem construída, com muros firmes e compactos. 4Todas
as tribos de Israel, o povo do SENHOR, sobem para cá. Vêm para dar
graças ao nome do SENHOR, conforme a lei requer. 5Aqui estão os
tronos de onde se pronunciam julgamentos, os tronos da dinastia
de Davi. 6Orem pela paz de Jerusalém; sejam prósperos todos que
amam esta cidade. 7Que haja paz dentro de seus muros e prosperi-
dade em seus palácios. 8Em favor de minha família e amigos, direi:
"Que você tenha paz, ó Jerusalém!". 9Em favor da casa do SENHOR,
nosso Deus, buscarei o seu bem.

CAPÍTULO 123

Cântico para os peregrinos a caminho de Jerusalém.

1Levanto meus olhos para ti, ó Deus que habitas nos céus!
2Continuamos a olhar para o SENHOR, nosso Deus, esperando
sua compaixão, como os servos que olham para as mãos de seus

NO QUE ESTOU PENSANDO ○ | O QUE ESTOU SENTINDO ○ | DO QUE ESTOU LEMBRANDO ○

DESENHE OU ESCREVA

senhores, e a serva que olha para a mão de sua senhora. 3Tem
misericórdia de nós, SENHOR, tem misericórdia, pois estamos can-
sados de tanto desprezo. 4Estamos exaustos de tanta zombaria dos
orgulhosos e do desprezo dos arrogantes.

CAPÍTULO 124

Cântico para os peregrinos a caminho de Jerusalém; salmo de Davi.

1E se o SENHOR não estivesse ao nosso lado? Que todo o Israel diga:
2E se o SENHOR não estivesse ao nosso lado quando os inimigos
nos atacaram? 3Eles nos teriam engolido vivos com sua ira ardente
contra nós. 4As águas nos teriam encoberto, a correnteza nos teria
afogado. 5Sim, as águas violentas de sua fúria nos teriam afogado.
6Louvado seja o SENHOR, que não permitiu que nos despedaçassem
com seus dentes! 7Escapamos como um pássaro que foge da arma-
dilha do caçador; a armadilha se quebrou, e estamos livres! 8Nosso
socorro vem do SENHOR, que fez os céus e a terra.

CAPÍTULO 125

Cântico para os peregrinos a caminho de Jerusalém.

1Os que confiam no SENHOR são como o monte Sião; não serão
abalados, mas permanecerão para sempre. 2Assim como os montes
cercam Jerusalém, o SENHOR se põe ao redor de seu povo, agora e
para sempre. 3Os perversos não governarão a terra dos justos, para
que os justos não sejam tentados a fazer o mal. 4Ó SENHOR, faze o
bem àqueles que são bons, aos que têm o coração sincero. 5Expulsa,
porém, os que andam por caminhos tortuosos, ó SENHOR; leva-os
embora junto com os que praticam o mal. Que Israel tenha paz!

CAPÍTULO 126

Cântico para os peregrinos a caminho de Jerusalém.

1Quando o SENHOR trouxe os exilados de volta a Sião, foi como
um sonho. 2Nossa boca se encheu de riso, e cantamos de alegria.
As outras nações disseram: "O SENHOR fez coisas grandiosas por
eles". 3Sim, o SENHOR fez coisas grandiosas por nós; que alegria!

4Restaura, SENHOR, nossa situação, como os riachos revigoram o
deserto. 5Os que semeiam com lágrimas colherão com gritos de
alegria. 6Choram enquanto lançam as sementes, mas cantam quan-
do voltam com a colheita.

CAPÍTULO 127

**Cântico para os peregrinos
a caminho de Jerusalém; salmo de Salomão.**

1Se o SENHOR não constrói a casa, o trabalho dos construtores é vão.
Se o SENHOR não protege a cidade, de nada adianta guardá-la com
sentinelas. 2É inútil trabalhar tanto, desde a madrugada até tarde
da noite, e se preocupar em conseguir o alimento, pois Deus cuida
de seus amados enquanto dormem. 3Os filhos são um presente do
SENHOR, uma recompensa que ele dá. 4Os filhos que o homem tem
em sua juventude são como flechas na mão do guerreiro. 5Feliz é o
que tem uma aljava cheia delas; não será envergonhado quando
enfrentar seus inimigos às portas da cidade.

CAPÍTULO 128

**Cântico para os peregrinos
a caminho de Jerusalém.**

1Como é feliz aquele que teme o SENHOR, que anda em seus
caminhos! 2Você desfrutará o fruto de seu trabalho; será feliz e
próspero. 3Sua esposa será como videira frutífera que floresce em
seu lar. Seus filhos serão como brotos de oliveiras ao redor de sua
mesa. 4Esta é a bênção do SENHOR para aquele que o teme. 5Que
o SENHOR o abençoe desde Sião. Que você veja a prosperidade
de Jerusalém enquanto viver. 6Que você viva para ver seus netos.
Que Israel tenha paz!

CAPÍTULO 129

**Cântico para os peregrinos
a caminho de Jerusalém.**

1Desde minha juventude, meus inimigos me perseguem. Que todo
o Israel diga: 2Desde minha juventude, meus inimigos me perse-
guem, mas nunca me derrotaram. 3Minhas costas estão cobertas de
feridas, como os longos sulcos feitos pelo arado na terra. 4O SENHOR,
porém, é justo; ele me livrou das cordas dos perversos. 5Recuem

envergonhados e derrotados todos que odeiam Sião. 6Sejam inú-
teis como o capim que cresce no telhado, que seca antes de crescer
por inteiro, 7capim que não é colhido pelo ceifeiro, deixado de lado
por aquele que amarra os feixes. 8Que ninguém que passar por
eles diga: "O SENHOR os abençoe; nós os abençoamos em nome
do SENHOR".

CAPÍTULO 130

**Cântico para os peregrinos
a caminho de Jerusalém.**

1Das profundezas do desespero, SENHOR, clamo a ti. 2Escuta minha
voz, ó Senhor; dá ouvidos à minha oração. 3SENHOR, se mantivesses
um registro de nossos pecados, quem, ó Senhor, sobreviveria? 4Tu,
porém, ofereces perdão, para que aprendamos a te temer. 5Espero
no SENHOR, sim, espero nele; em sua palavra, depositei minha es-
perança. 6Anseio pelo Senhor, mais que as sentinelas anseiam pelo
amanhecer; sim, mais que as sentinelas anseiam pelo amanhecer.
7Ó Israel, ponha sua esperança no SENHOR; pois no SENHOR há amor
e transbordante redenção. 8Ele próprio resgatará Israel de todos
os seus pecados.

CAPÍTULO 131

**Cântico para os peregrinos
a caminho de Jerusalém; salmo de Davi.**

1SENHOR, meu coração não é orgulhoso, e meus olhos não são
arrogantes. Não me envolvo com questões grandiosas ou maravi-
lhosas demais para minha compreensão. 2Pelo contrário, acalmei
e aquietei a alma, como criança desmamada que não chora mais
pelo leite da mãe. Sim, minha alma dentro de mim é como uma
criança desmamada. 3Ó Israel, ponha sua esperança no SENHOR,
agora e para sempre!

CAPÍTULO 132

**Cântico para os peregrinos
a caminho de Jerusalém.**

1SENHOR, lembra-te de Davi e de tudo que ele sofreu. 2Ele fez uma
promessa solene ao SENHOR; jurou ao Poderoso de Jacó: 3"Não
voltarei para casa, não descansarei em minha cama, 4não deixarei

que meus olhos durmam, nem fecharei as pálpebras para cochilar, 5enquanto não encontrar lugar para a habitação do SENHOR, o santuário para o Poderoso de Jacó". 6Ouvimos dizer que a arca estava em Efrata e a encontramos nos campos de Jaar. 7Vamos ao santuário do SENHOR; adoremos diante de seu trono! 8Levanta-te, SENHOR, e entra no teu lugar de descanso, junto com a arca, o símbolo do teu poder. 9Que teus sacerdotes se vistam de justiça, que teus fiéis cantem de alegria. 10Por causa do teu servo Davi, não rejeites aquele que ungiste. 11O SENHOR fez um juramento solene a Davi e prometeu jamais voltar atrás: "Colocarei em seu trono um de seus descendentes. 12Se os seus descendentes obedecerem aos termos de minha aliança e aos preceitos que eu lhes ensino, sua linhagem real continuará para todo o sempre". 13Pois o SENHOR escolheu Sião; desejou-a para ser sua habitação. 14"Este é meu descanso para sempre", disse ele. "Habitarei aqui, pois este é o lugar que desejei. 15Abençoarei esta cidade e a tornarei próspera; saciarei seus pobres com alimento. 16Vestirei seus sacerdotes com salvação; seus fiéis cantarão de alegria. 17Aqui aumentarei o poder de Davi; meu ungido será luz para meu povo. 18Vestirei de vergonha seus inimigos, mas ele usará uma coroa gloriosa."

CAPÍTULO 133

Cântico para os peregrinos
a caminho de Jerusalém; salmo de Davi.

1Como é bom e agradável quando os irmãos vivem em união! 2Pois a união é preciosa como o óleo da unção, que era derramado sobre a cabeça de Arão e descia por sua barba, até a bainha de suas vestes. 3É revigorante como o orvalho do monte Hermom que desce sobre os montes de Sião. Ali o SENHOR pronuncia sua bênção e dá vida para sempre.

CAPÍTULO 134

Cântico para os peregrinos
a caminho de Jerusalém.

1Louvem o SENHOR todos vocês, servos do SENHOR, todos que servem de noite na casa do SENHOR. 2Levantem suas mãos para o santuário e louvem o SENHOR. 3De Sião os abençoe o SENHOR, que fez os céus e a terra!

CAPÍTULO 135

1Louvado seja o SENHOR! Louvem o nome do SENHOR! Louvem-no vocês, servos do SENHOR, 2vocês que servem na casa do SENHOR, nos pátios da casa de nosso Deus. 3Louvem o SENHOR, porque o SENHOR é bom; celebrem seu nome amável com música. 4Pois o SENHOR escolheu Jacó para si; Israel é seu tesouro especial. 5Sim, conheço a grandeza do SENHOR; nosso Senhor é maior que qualquer outro deus. 6O SENHOR faz tudo como deseja, nos céus e na terra, nos mares e em suas profundezas. 7Faz as nuvens subirem sobre toda a terra, envia os relâmpagos que acompanham a chuva e manda o vento sair de seus depósitos. 8Matou o filho mais velho de todos os lares egípcios, tanto das pessoas como dos animais. 9Realizou sinais e maravilhas no Egito, contra o faraó e todo o seu povo. 10Destruiu grandes nações e matou reis poderosos: 11Seom, rei dos amorreus, Ogue, rei de Basã, e todos os reis de Canaã. 12Entregou a terra deles como herança, sim, como herança a seu povo, Israel. 13Teu nome, ó SENHOR, permanece para sempre; tua fama, ó SENHOR, é conhecida por todas as gerações. 14Pois o SENHOR fará justiça ao seu povo e terá compaixão de seus servos. 15Os ídolos das nações não passam de objetos de prata e de ouro, formados por mãos humanas. 16Têm boca, mas não falam; olhos, mas não veem. 17Têm ouvidos, mas não ouvem; em sua boca, não há fôlego de vida. 18Aqueles que fazem ídolos e neles confiam são exatamente iguais a eles. 19Ó Israel, louve o SENHOR! Ó sacerdotes, descendentes de Arão, louvem o SENHOR! 20Ó levitas, louvem o SENHOR! Todos vocês que temem o SENHOR, louvem o SENHOR! 21O SENHOR seja louvado desde Sião, pois ele habita em Jerusalém. Louvado seja o SENHOR!

CAPÍTULO 136

1Deem graças ao SENHOR, porque ele é bom. *Seu amor dura para sempre!* 2Deem graças ao Deus dos deuses. *Seu amor dura para sempre!* 3Deem graças ao Senhor dos senhores. *Seu amor dura para sempre!* 4Deem graças ao único que realiza grandes maravilhas. *Seu amor dura para sempre!* 5Deem graças àquele que criou os céus com muita habilidade. *Seu amor dura para sempre!* 6Deem graças àquele que colocou a terra no meio das águas. *Seu amor dura para sempre!* 7Deem graças àquele que fez as

luzes celestes: *Seu amor dura para sempre!* 8o sol para gover-
nar o dia, *Seu amor dura para sempre!* 9a lua e as estrelas para
governarem a noite. *Seu amor dura para sempre!* 10Deem graças
àquele que matou os filhos mais velhos dos egípcios. *Seu amor*
dura para sempre! 11Ele tirou Israel do Egito. *Seu amor dura para*
sempre! 12Agiu com mão forte e braço poderoso. *Seu amor dura*
para sempre! 13Deem graças àquele que abriu o mar Vermelho ao
meio. *Seu amor dura para sempre!* 14Fez Israel atravessá-lo a salvo,
Seu amor dura para sempre! 15mas lançou o faraó e seu exército
no mar Vermelho. *Seu amor dura para sempre!* 16Deem graças
àquele que guiou seu povo pelo deserto. *Seu amor dura para*
sempre! 17Deem graças àquele que feriu mortalmente grandes
reis. *Seu amor dura para sempre!* 18Ele matou reis poderosos: *Seu*
amor dura para sempre! 19Seom, rei dos amorreus, *Seu amor dura*
para sempre! 20e Ogue, rei de Basã. *Seu amor dura para sempre!*
21Entregou a terra desses reis como herança, *Seu amor dura para*
sempre! 22sim, como herança a seu servo, Israel. *Seu amor dura*
para sempre! 23Ele se lembrou de nós em nossa humilhação. *Seu*
amor dura para sempre! 24Livrou-nos de nossos inimigos. *Seu*
amor dura para sempre! 25Ele dá alimento a todos os seres vivos.
Seu amor dura para sempre! 26Deem graças ao Deus dos céus.
Seu amor dura para sempre!

CAPÍTULO 137

1Junto aos rios da Babilônia, sentamos e choramos, ao nos lembrar-
mos de Sião. 2Pusemos de lado nossas harpas e as penduramos
nos galhos dos salgueiros. 3Os que nos levaram cativos queriam
que cantássemos; nossos opressores exigiam uma canção alegre:
"Cantem para nós uma das canções de Sião!". 4Mas como podería-
mos cantar as canções do SENHOR estando em terra estrangeira? 5Se
eu me esquecer de ti, ó Jerusalém, que minha mão direita perca sua
habilidade. 6Que minha língua se prenda ao céu da boca se eu não
me lembrar de ti, se não fizer de Jerusalém minha maior alegria.
7Ó SENHOR, lembra-te do que os edomitas fizeram no dia em que
Jerusalém foi conquistada. Disseram: "Destruam-na! Arrasem-na
até o chão!". 8Ó Babilônia, você será destruída; feliz é aquele que
lhe retribuir por tudo que fez contra nós. 9Feliz aquele que pegar
suas crianças e as esmagar contra a rocha.

NO QUE ESTOU **PENSANDO** ○
O QUE ESTOU **SENTINDO** ○
DO QUE ESTOU **LEMBRANDO** ○

DESENHE OU ESCREVA

CAPÍTULO 138

Salmo de Davi.

1Graças te dou, SENHOR, de todo o meu coração; cantarei louvores
a ti diante dos deuses. 2Prostro-me diante do teu santo templo;
louvo teu nome por teu amor e tua fidelidade, pois engrandeceste
acima de tudo teu nome e tua palavra. 3Quando eu clamo, tu me
respondes; coragem e força me dás. 4Os reis de toda a terra te darão
graças, SENHOR, pois todos eles ouvirão tuas palavras. 5Sim, canta-
rão a respeito dos caminhos do SENHOR, pois a glória do SENHOR é
grande. 6Mesmo nas alturas, o SENHOR cuida dos humildes, mas
mantém distância dos orgulhosos. 7Ainda que eu esteja cercado de
aflições, tu me protegerás da ira de meus inimigos. Estendes tua
mão, e o poder de tua mão direita me liberta. 8O SENHOR cumprirá
seus planos para minha vida, pois teu amor, ó SENHOR, dura para
sempre; não me abandones, pois tu me fizeste.

CAPÍTULO 139

Ao regente do coral: salmo de Davi.

1Ó SENHOR, tu examinas meu coração e conheces tudo a meu res-
peito. 2Sabes quando me sento e quando me levanto; mesmo de
longe, conheces meus pensamentos. 3Tu me vês quando viajo e
quando descanso; sabes tudo que faço. 4Antes mesmo de eu falar,
SENHOR, sabes o que vou dizer. 5Vais adiante de mim e me segues;
pões sobre mim a tua mão. 6Esse conhecimento é maravilhoso
demais para mim; é grande demais para eu compreender! 7É im-
possível escapar do teu Espírito; não há como fugir da tua presença.
8Se subo aos céus, lá estás; se desço ao mundo dos mortos, lá estás
também. 9Se eu tomar as asas do amanhecer, se habitar do outro
lado do oceano, 10mesmo ali tua mão me guiará, e tua força me
sustentará. 11Eu poderia pedir à escuridão que me escondesse, e
à luz ao meu redor que se tornasse noite, 12mas nem mesmo na
escuridão posso me esconder de ti. Para ti, a noite é tão clara como
o dia; escuridão e luz são a mesma coisa. 13Tu formaste o meu
interior e me teceste no ventre de minha mãe. 14Eu te agradeço
por me teres feito de modo tão extraordinário; tuas obras são ma-
ravilhosas, e disso eu sei muito bem. 15Tu me observavas quando
eu estava sendo formado em segredo, enquanto eu era tecido na
escuridão. 16Tu me viste quando eu ainda estava no ventre; cada

dia de minha vida estava registrado em teu livro, cada momen-
to foi estabelecido quando ainda nenhum deles existia. 17Como
são preciosos os teus pensamentos a meu respeito, ó Deus; é
impossível enumerá-los! 18Não sou capaz de contá-los; são mais
numerosos que os grãos de areia. E, quando acordo, tu ainda estás
comigo. 19Ó Deus, quem dera destruísses os perversos; afastem-
-se de mim, assassinos! 20Eles blasfemam contra ti; teus inimigos
usam teu nome em vão. 21Acaso, SENHOR, não devo odiar os que
te odeiam? Não devo desprezar os que se opõem a ti? 22Sim, eu
os odeio com todas as minhas forças, pois teus inimigos são meus
inimigos. 23Examina-me, ó Deus, e conhece meu coração; prova-me
e vê meus pensamentos. 24Mostra-me se há em mim algo que te
ofende e conduze-me pelo caminho eterno.

CAPÍTULO 140

Ao regente do coral:
salmo de Davi.

1Ó SENHOR, livra-me dos perversos; protege-me dos violentos, 2dos
que tramam o mal em seu coração e provocam tumultos o tempo
todo. 3Sua língua fere como uma serpente; veneno de víbora goteja
de seus lábios.

Interlúdio

4Ó SENHOR, protege-me das mãos dos perversos; guarda-me dos
violentos, pois eles tramam contra mim. 5Os orgulhosos me pre-
pararam uma armadilha; estenderam uma rede e armaram ciladas
ao longo do caminho.

Interlúdio

6Eu disse ao SENHOR: "Tu és meu Deus!"; ouve, SENHOR, as minhas
súplicas. 7Ó Soberano SENHOR, meu salvador poderoso, tu me pro-
tegeste no dia da batalha. 8SENHOR, não dês aos perversos o que
desejam; não permitas que seus planos maldosos tenham sucesso,
para que não se encham de orgulho.

Interlúdio

9Sejam destruídos meus inimigos pelo mesmo mal que tramaram
contra mim. 10Caiam sobre eles brasas ardentes; sejam atirados no
fogo, ou em poços fundos de onde não poderão escapar. 11Não per-
mitas que os mentirosos prosperem em nossa terra; derrama a cala-
midade sobre os violentos. 12Sei, porém, que o SENHOR defenderá a

NO QUE ESTOU **PENSANDO** ○ | O QUE ESTOU **SENTINDO** ○ | DO QUE ESTOU **LEMBRANDO** ○

DESENHE OU ESCREVA

causa dos aflitos; ele fará justiça aos pobres. 13Certamente os justos
louvarão teu nome; os íntegros viverão em tua presença.

CAPÍTULO 141

Salmo de Davi.

1Ó SENHOR, eu clamo a ti; vem depressa! Ouve quando peço tua
ajuda. 2Aceita minha oração, como incenso oferecido a ti, e minhas
mãos levantadas, como oferta da tarde. 3Assume o controle do que
eu digo, SENHOR, e guarda meus lábios. 4Não permitas que eu me
desvie para o mal, ou me envolva em atos perversos. Não deixes
que eu participe dos banquetes dos que praticam o mal. 5Firam-me
os justos! Será um favor! Se eles me corrigirem, será remédio que
dá alívio; não permitas que eu o recuse. Contudo, oro constante-
mente, contra os perversos e tudo que eles fazem. 6Quando seus
líderes forem lançados num precipício, ouvirão minhas palavras
e saberão que são verdadeiras. 7Como pedras que o arado traz à
superfície, seus ossos ficarão espalhados, sem que ninguém os
enterre. 8Espero por tua ajuda, SENHOR Soberano! És meu refúgio;
não permitas que me matem. 9Guarda-me das armadilhas que me
prepararam, dos laços dos que praticam o mal. 10Que os perversos
caiam em suas próprias redes, mas que eu consiga escapar.

CAPÍTULO 142

Salmo de Davi
a respeito de sua experiência na caverna;
uma oração.

1Clamo em alta voz ao SENHOR; suplico pela misericórdia do
SENHOR. 2Derramo diante dele minhas queixas e lhe apresento
minhas angústias. 3Quando estou abatido, somente tu sabes o
caminho que devo seguir. Aonde quer que eu vá, prepararam ar-
madilhas contra mim. 4Procuro alguém que venha me ajudar, mas
ninguém sequer lembra que eu existo. Não tenho onde me abrigar,
ninguém se importa com o que acontece comigo. 5Então clamo a
ti, SENHOR, e digo: "Tu és meu refúgio, és tudo que desejo na vida.
6Ouve meu clamor, pois estou muito fraco. Livra-me dos que me
perseguem, pois são fortes demais para mim. 7Tira-me da prisão,
para que eu te dê graças. Os justos se juntarão ao meu redor, pois
tu és bom para mim".

CAPÍTULO 143

Salmo de Davi.

1 Ouve minha oração, SENHOR; escuta minha súplica! Responde-
me, pois és fiel e justo. 2 Não leves teu servo a julgamento, pois
diante de ti ninguém é inocente. 3 Meu inimigo me perseguiu;
derrubou-me no chão e obrigou-me a morar em trevas, como as
do túmulo. 4 Vou perdendo todo o ânimo; estou tomado de medo.
5 Lembro-me de tempos passados; reflito em todas as tuas obras e
penso em tudo que fizeste. 6 Levanto minhas mãos a ti em oração;
anseio por ti, como a terra seca tem sede de chuva.
Interlúdio
7 Vem depressa, SENHOR, e responde-me, pois meu ânimo se esvai.
Não te afastes de mim, ou morrerei. 8 Faze-me ouvir do teu amor
a cada manhã, pois confio em ti. Mostra-me por onde devo andar,
pois me entrego a ti. 9 Livra-me de meus inimigos, SENHOR, pois me
refugio em ti. 10 Ensina-me a fazer tua vontade, pois tu és meu Deus.
Que o teu Espírito bondoso me conduza adiante por um caminho
reto e seguro. 11 Pela honra do teu nome, SENHOR, preserva minha
vida. Por tua justiça, tira-me deste sofrimento. 12 Por teu amor, acaba
com meus inimigos e destrói meus adversários, pois sou teu servo.

CAPÍTULO 144

Salmo de Davi.

1 Louvado seja o SENHOR, minha rocha; ele treina minhas mãos
para a guerra e dá a meus dedos habilidade para a batalha. 2 Ele é
meu aliado infalível e minha fortaleza, minha torre segura e meu
libertador. Ele é meu escudo, em quem me refugio; faz as nações
se sujeitarem a mim. 3 Ó SENHOR, quem são os seres humanos, para
que prestes atenção neles? Quem são os simples mortais, para que
penses neles? 4 São como uma brisa; seus dias são como uma som-
bra que passa. 5 Abre os céus, SENHOR, e desce; toca os montes para
que soltem fumaça. 6 Lança teus relâmpagos e dispersa os inimigos;
atira tuas flechas e confunde-os. 7 Estende tua mão desde os céus e
salva-me; tira-me das águas profundas, livra-me do poder de meus
inimigos. 8 Eles têm a boca cheia de mentiras; juram dizer a verda-
de, mas mentem. 9 Cantarei a ti, ó Deus, um cântico novo; cantarei
louvores a ti com instrumento de dez cordas. 10 Pois tu concedes
vitória aos reis; livraste teu servo Davi da espada mortal. 11 Salva-me!

Livra-me do poder de meus inimigos. Eles têm a boca cheia de
mentiras; juram dizer a verdade, mas mentem. 12 Que nossos filhos
floresçam na juventude como plantas viçosas. Que nossas filhas
sejam como colunas graciosas, esculpidas para enfeitar um palácio.
13 Que nossos celeiros fiquem cheios de colheitas de todo tipo. Que
os rebanhos em nossos campos se multipliquem aos milhares, e
até às dezenas de milhares, 14 e que nossos bois fiquem carregados
de alimentos. Que nenhum inimigo consiga romper nossos muros,
que ninguém seja levado ao cativeiro, nem haja gritos de angústia
em nossas praças. 15 Como são felizes os que vivem desse modo!
Verdadeiramente são felizes aqueles cujo Deus é o SENHOR!

CAPÍTULO 145

Salmo de louvor de Davi.

1 Eu te exaltarei, meu Deus e Rei, louvarei teu nome para todo o sem-
pre. 2 Todos os dias te louvarei, sim, louvarei teu nome para sempre.
3 Grande é o SENHOR! Ele é digno de muito louvor! É impossível
medir sua grandeza. 4 Que cada geração conte a seus filhos sobre
tuas obras e proclame teu poder. 5 Meditarei em teu majestoso e
glorioso esplendor e em tuas maravilhas. 6 Todos falarão de teus
feitos notáveis, e eu anunciarei tua grandeza. 7 Todos contarão a
história de tua imensa bondade e cantarão de alegria sobre tua
justiça. 8 O SENHOR é misericordioso e compassivo, lento para se irar
e cheio de amor. 9 O SENHOR é bom para todos; derrama misericór-
dia sobre toda a sua criação. 10 Todas as tuas obras te darão graças,
ó SENHOR, e teus fiéis te louvarão. 11 Falarão da glória do teu reino
e proclamarão o teu poder. 12 Anunciarão teus feitos poderosos e a
majestade e glória do teu reino. 13 Pois o teu reino é reino para sem-
pre; tu governas por todas as gerações. O SENHOR sempre cumpre
suas promessas; é bondoso em tudo que faz. 14 O SENHOR ajuda os
que caíram e levanta os que estão encurvados sob o peso de suas
cargas. 15 Os olhos de todos estão voltados para ti com esperança; tu
lhes provês o alimento conforme necessitam. 16 Quando abres tua
mão, satisfazes o anseio de todos os seres vivos. 17 O SENHOR é justo
em tudo que faz; é cheio de bondade. 18 O SENHOR está perto de
todos que o invocam, sim, de todos que o invocam com sinceridade.
19 Ele concede os desejos dos que o temem; ouve seus clamores e
os livra. 20 O SENHOR protege todos que o amam, mas destrói os

perversos. 21 Louvarei o SENHOR, e que todos na terra louvem seu
santo nome, para todo o sempre!

CAPÍTULO 146

1 Louvado seja o SENHOR! Que todo o meu ser louve o SENHOR.
2 Louvarei o SENHOR enquanto eu viver; cantarei a meu Deus até
o último suspiro. 3 Não confiem nos poderosos; não é neles que
encontrarão salvação. 4 Quando sua vida se vai, voltam ao pó, e
todos os seus planos morrem com eles. 5 Como são felizes os que
têm o Deus de Jacó como seu auxílio, os que põem sua esperança
no SENHOR, seu Deus. 6 Ele fez os céus e a terra, o mar e tudo que
neles há; ele cumpre suas promessas para sempre. 7 Faz justiça aos
oprimidos e alimenta os famintos. O SENHOR liberta os prisioneiros.
8 O SENHOR abre os olhos dos cegos. O SENHOR levanta os abatidos.
O SENHOR ama os justos. 9 O SENHOR protege os estrangeiros e cuida
dos órfãos e das viúvas, mas frustra os planos dos perversos. 10 O
SENHOR reinará para sempre; ele será seu Deus, ó Sião, por todas
as gerações. Louvado seja o SENHOR!

CAPÍTULO 147

1 Louvado seja o SENHOR! Como é bom cantar louvores a nosso
Deus! Como é agradável e apropriado! 2 O SENHOR reconstrói
Jerusalém e traz os exilados de volta a Israel. 3 Ele cura os de
coração quebrantado e enfaixa suas feridas. 4 Conta as estrelas e
chama cada uma pelo nome. 5 Nosso Senhor é grande! Seu poder
é absoluto! É impossível medir seu entendimento. 6 O SENHOR
protege os humildes, mas lança os perversos no pó. 7 Cantem com
ações de graças ao SENHOR, cantem ao nosso Deus louvores com
a harpa. 8 Ele cobre os céus de nuvens, provê chuva para a terra e
faz o capim crescer nos montes. 9 Alimenta os animais selvagens e
dá de comer aos filhotes dos corvos quando pedem. 10 Seu prazer
não está na força do cavalo, nem no poder humano. 11 O SENHOR se
agrada dos que o temem, dos que põem a esperança em seu amor.
12 Exalte o SENHOR, ó Jerusalém! Louve seu Deus, ó Sião! 13 Pois ele
reforçou as trancas de suas portas e abençoou seus filhos dentro
de seus muros. 14 Ele conserva a paz em suas fronteiras e satisfaz
sua fome com o melhor trigo. 15 Ele envia suas ordens ao mundo,
e sua palavra corre veloz. 16 Envia a neve como lã branca e espalha

NO QUE ESTOU **PENSANDO** ○ | O QUE ESTOU **SENTINDO** ○ | DO QUE ESTOU **LEMBRANDO** ○

DESENHE OU ESCREVA

a geada sobre a terra como cinzas. 17 Lança granizo como pedras;
quem é capaz de suportar o frio intenso? 18 Então, por sua ordem,
tudo se dissolve; envia seus ventos, e o gelo derrete. 19 Ele revelou
sua palavra a Jacó, seus decretos e estatutos, a Israel. 20 Não fez
o mesmo com nenhuma outra nação; elas não conhecem seus
estatutos. Louvado seja o SENHOR!

CAPÍTULO 148

1 Louvado seja o SENHOR! Louvem o SENHOR desde os céus! Louvem-
no desde as alturas! 2 Louvem-no, todos os seus anjos! Louvem-no,
todos os exércitos celestiais! 3 Louvem-no, sol e lua! Louvem-no,
todas as estrelas brilhantes! 4 Louvem-no, altos céus! Louvem-no,
vapores acima das nuvens! 5 Todas as coisas criadas louvem o nome
do SENHOR, pois ele ordenou, e elas vieram a existir. 6 Ele as pôs em
seu lugar para todo o sempre; seu decreto jamais será revogado.
7 Louvem o SENHOR desde a terra, vocês criaturas das profundezas
do oceano, 8 fogo e granizo, neve e nuvens, ventos tempestuosos
que lhe obedecem, 9 montanhas e colinas, árvores frutíferas e ce-
dros, 10 animais selvagens e domésticos, seres que rastejam e os
que voam, 11 reis da terra e todos os povos, governantes e juízes da
terra, 12 rapazes e moças, idosos e crianças. 13 Louvem todos o nome
do SENHOR, pois exaltado é seu nome; sua glória está acima da terra
e dos céus! 14 Ele deu força a seu povo e honra a seus fiéis, o povo
de Israel, que lhe é chegado. Louvado seja o SENHOR!

CAPÍTULO 149

1 Louvado seja o SENHOR! Cantem ao SENHOR um cântico novo, can-
tem louvores a ele na congregação dos fiéis. 2 Ó Israel, alegre-se
em seu Criador! Ó povo de Sião, exulte em seu Rei! 3 Louvem o
nome dele com danças, acompanhadas de tamborins e harpas.
4 Pois o SENHOR tem prazer em seu povo; ele coroa os humildes
com vitória. 5 Alegrem-se os fiéis porque ele os honra; cantem de
alegria em suas camas. 6 Louvores a Deus estejam em seus lábios,
e uma espada afiada em suas mãos, 7 para se vingarem das nações
e castigarem os povos, 8 para prenderem seus reis com algemas e
seus líderes, com correntes de ferro, 9 para executarem a sentença
escrita contra eles; esse é o glorioso privilégio de seus fiéis. Louvado
seja o SENHOR!

CAPÍTULO 150

1Louvado seja o SENHOR! Louvem o SENHOR em seu santuário,
louvem-no em seu majestoso céu! 2Louvem-no por seus feitos
poderosos, louvem sua grandeza sem igual! 3Louvem-no com o
toque da trombeta, louvem-no com a lira e a harpa! 4Louvem-no
com tamborins e danças, louvem-no com instrumentos de cordas
e flautas! 5Louvem-no com o som dos címbalos, louvem-no com
címbalos ressonantes! 6Tudo que respira louve ao SENHOR! Louvado
seja o SENHOR!

Sl 150.6

PROVÉRBIOS

CAPÍTULO 1

A finalidade dos provérbios

1Estes são os provérbios de Salomão, filho de Davi, rei de Israel.
2Sua finalidade é ensinar sabedoria e disciplina às pessoas e aju-
dá-las a compreender as instruções dos sábios. 3Sua finalidade é
ensinar-lhes uma vida disciplinada e bem-sucedida e ajudá-las a
fazer o que é certo, justo e imparcial. 4Estes provérbios darão juízo
aos ingênuos e conhecimento e discernimento aos jovens. 5O sábio
que os ouvir se tornará ainda mais sábio. Quem tem entendimento
receberá orientação, 6ao examinar o significado destes provérbios
e parábolas, das palavras dos sábios e seus enigmas. 7O temor do
Senhor é o princípio do conhecimento, mas os tolos desprezam a
sabedoria e a disciplina.

O conselho de um pai: adquira sabedoria

8Meu filho, preste atenção à correção de seu pai e não deixe de lado
a instrução de sua mãe. 9O que aprender com eles será coroa de
graça em sua cabeça e colar de honra em seu pescoço. 10Meu filho,
se pecadores quiserem seduzi-lo, não permita que isso aconteça.
11Talvez lhe digam: "Venha conosco! Vamos nos esconder e matar
alguém. Armaremos emboscada contra inocentes, só para passar o
tempo. 12Vamos engoli-los vivos, como a sepultura; vamos engoli-
-los inteiros, como os que descem à cova. 13Encontraremos todo tipo
de riquezas e encheremos nossas casas com tudo que roubarmos.
14Venha, junte-se a nós! Dividiremos igualmente os despojos".

Meu filho, preste atenção à correção de seu pai e não deixe de lado a instrução de sua mãe.

Pv 1.8

15Meu filho, não vá com eles! Afaste-se de seus caminhos. 16Eles
correm para fazer o mal; apressam-se em derramar sangue. 17Se
um pássaro vê alguém montar a armadilha, sabe que não deve
se aproximar. 18Eles, porém, armam emboscadas para si mesmos;
tentam acabar com a própria vida. 19Esse é o destino de todos os
gananciosos; sua própria cobiça os destrói.

A Sabedoria grita nas ruas

20A Sabedoria grita nas ruas e levanta a voz na praça pública. 21Sim,
proclama nas avenidas e anuncia em frente à porta da cidade: 22"Até
quando vocês, ingênuos, insistirão em sua ingenuidade? Até quan-
do vocês, zombadores, terão prazer na zombaria? Até quando vo-
cês, tolos, detestarão o conhecimento? 23Venham e ouçam minhas
advertências; abrirei meu coração para vocês e os tornarei sábios.
24"Muitas vezes eu os chamei, mas não quiseram vir; estendi-lhes
a mão, mas não me deram atenção. 25Desprezaram meu conselho
e rejeitaram minha repreensão. 26Por isso, rirei quando estiverem
em dificuldades; zombarei quando estiverem em apuros, 27quando
a calamidade lhes sobrevier como a tempestade, e a desgraça os
envolver como o furacão, e a angústia e a aflição os dominarem.
28"Quando clamarem por socorro, não responderei; ainda que me
procurem, não me encontrarão. 29Porque detestaram o conheci-
mento e escolheram não temer o Senhor. 30Rejeitaram meu con-
selho e ignoraram minha repreensão. 31Portanto, comerão os frutos
amargos de seu estilo de vida e engasgarão em suas próprias intri-
gas. 32Pois os ingênuos se afastam de mim e rumam para a morte;
os tolos são destruídos por sua própria acomodação. 33Os que me
ouvem, porém, viverão em paz, tranquilos e sem temer o mal".

CAPÍTULO 2

Os benefícios da sabedoria

1Meu filho, preste atenção às minhas palavras e guarde meus man-
damentos como um tesouro. 2Dê ouvidos à sabedoria e concentre
o coração no entendimento. 3Clame por inteligência e peça enten-
dimento. 4Busque-os como a prata, procure-os como a tesouros
escondidos. 5Então entenderá o que é o temor do Senhor e obterá
o conhecimento de Deus. 6Pois o Senhor concede sabedoria; de sua
boca vêm conhecimento e entendimento. 7Ele reserva bom senso

aos honestos e é escudo para os íntegros. 8Guarda os caminhos dos
justos e protege seus fiéis por onde andam. 9Então você entenderá o
que é certo, justo e imparcial e saberá o bom caminho a seguir. 10Pois
a sabedoria entrará em seu coração, e o conhecimento o encherá de
alegria. 11As escolhas sábias o guardarão, e o entendimento o prote-
gerá. 12A sabedoria o livrará das ações dos maus, daqueles cujas pa-
lavras são perversas. 13Eles se afastam do rumo certo e andam por ca-
minhos sombrios. 14Têm prazer em praticar o mal e aplaudem a mal-
dade dos perversos. 15Suas ações são desonestas, e seus caminhos,
tortuosos. 16A sabedoria o livrará da mulher imoral, das palavras
sedutoras da promíscua. 17Ela abandona o marido, o companheiro
de sua juventude, e ignora a aliança que fez diante de Deus. 18Entrar
na casa dela leva à morte; é a estrada para a sepultura. 19O homem
que a visita está perdido; jamais alcançará os caminhos da vida.
20Portanto, siga os passos dos bons e permaneça nos caminhos dos
justos. 21Pois os retos viverão na terra, e os íntegros nela permanece-
rão. 22Os perversos, porém, serão eliminados da terra, e os desleais,
arrancados dela.

CAPÍTULO 3

Confiança no Senhor

1Meu filho, não se esqueça de minhas instruções; guarde meus
mandamentos em seu coração. 2Se assim fizer, viverá muitos anos, e
sua vida será cheia de paz. 3Não permita que a bondade e a lealdade
o abandonem; prenda-as ao redor do pescoço e escreva-as no fundo
do coração. 4Então você conseguirá favor e boa reputação, diante
de Deus e das pessoas. 5Confie no Senhor de todo o coração; não
dependa de seu próprio entendimento. 6Busque a vontade dele em
tudo que fizer, e ele lhe mostrará o caminho que deve seguir. 7Não
se impressione com sua própria sabedoria; tema o Senhor e afaste-
-se do mal. 8Então você terá saúde para o corpo e força para os ossos.
9Honre o Senhor com suas riquezas e com a melhor parte de tudo
que produzir. 10Então seus celeiros se encherão de cereais, e seus to-
néis transbordarão de vinho. 11Meu filho, não rejeite a disciplina do
Senhor; não desanime quando ele o corrigir. 12Pois o Senhor corri-
ge quem ele ama, assim como o pai corrige o filho a quem ele quer
bem. 13Feliz é a pessoa que encontra sabedoria, aquela que adquire
entendimento. 14Pois a sabedoria dá mais lucro que a prata e rende

NO QUE ESTOU PENSANDO | O QUE ESTOU SENTINDO | DO QUE ESTOU LEMBRANDO

DESENHE OU ESCREVA

mais que o ouro. 15A sabedoria vale muito mais que rubis; nada do
que você deseja se compara a ela. 16Com a mão direita, ela oferece
vida longa; com a esquerda, riqueza e honra. 17Ela o guiará por
estradas agradáveis; todos os seus caminhos levam a uma vida de
paz. 18A sabedoria é árvore de vida para quem dela toma posse; fe-
lizes os que se apegam a ela com firmeza. 19Por meio da sabedoria,
o Senhor fundou a terra; por meio do entendimento, estabeleceu
os céus. 20Por seu conhecimento, brotam as fontes profundas e do
céu cai o orvalho durante a noite. 21Meu filho, não perca de vista o
bom senso e o discernimento; apegue-se a eles, 22pois darão vigor
à sua alma e serão como joias em seu pescoço. 23Eles o manterão
seguro em seu caminho, e seus pés não tropeçarão. 24Quando for
dormir, não sentirá medo; quando se deitar, terá sono tranquilo.
25Não precisará temer o desastre repentino, nem a destruição que
vem sobre os perversos. 26Pois o Senhor será sua segurança; não
permitirá que seu pé fique preso numa armadilha. 27Não deixe
de fazer o bem àqueles que precisarem, sempre que isso estiver
ao seu alcance. 28Se você pode ajudar seu próximo agora, não lhe
diga: "Volte amanhã, e lhe darei algo". 29Não planeje o mal contra
seu próximo, pois quem mora por perto confia em você. 30Não
procure motivos para brigar, se ninguém lhe fez mal. 31Não tenha
inveja dos violentos, nem imite sua conduta. 32Esses perversos são
detestáveis para o Senhor, mas aos justos ele oferece sua amizade.
33O Senhor amaldiçoa a casa dos perversos, mas abençoa o lar dos
justos. 34O Senhor zomba dos zombadores, mas concede graça aos
humildes. 35Os sábios recebem honra como herança, mas os tolos
são envergonhados em público.

CAPÍTULO 4

O conselho sábio de um pai

1Meus filhos, ouçam quando seu pai lhes ensina; prestem atenção
e aprendam a ter discernimento. 2Pois a orientação que lhes dou
é boa; não se afastem de minhas instruções. 3Quando eu era filho
de meu pai, filho único, amado por minha mãe, 4meu pai me en-
sinava: "Leve minhas palavras a sério! Siga meus mandamentos,
e viverá. 5Adquira sabedoria e aprenda a ter discernimento; não se
esqueça de minhas palavras nem se afaste delas. 6Não abandone a
sabedoria, pois ela o protegerá; ame-a, e ela o guardará. 7Adquirir

sabedoria é a coisa mais sábia que você pode fazer; em tudo o mais,
aprenda a ter discernimento. 8Se você der valor à sabedoria, ela o
engrandecerá; abrace-a, e ela o honrará. 9Ela lhe colocará uma bela
grinalda na cabeça e o presenteará com uma linda coroa". 10Meu
filho, ouça minhas palavras e ponha-as em prática, e terá uma vida
longa e boa. 11Eu lhe ensinarei o caminho da sabedoria e o condu-
zirei por uma estrada reta. 12Quando andar por ele, nada o deterá;
quando correr, não tropeçará. 13Apegue-se às minhas instruções e
não as solte; guarde-as bem, pois são a chave da vida. 14Não imite a
conduta dos perversos, nem siga pelos caminhos dos maus. 15Nem
pense nisso, não vá por esse caminho; desvie-se dele e siga adiante.
16Pois os perversos não dormem enquanto não praticam o mal; não
descansam enquanto não fazem alguém tropeçar. 17Comem o pão
da perversidade e bebem o vinho da violência. 18O caminho dos jus-
tos é como a primeira luz do amanhecer, que brilha cada vez mais
até o dia pleno clarear. 19O caminho dos perversos é como a mais
absoluta escuridão; nem sequer sabem o que os faz tropeçar. 20Meu
filho, preste atenção ao que digo; ouça bem minhas palavras. 21Não
as perca de vista; mantenha-as no fundo do coração. 22Pois elas dão
vida a quem as encontra e saúde a todo o corpo. 23Acima de todas
as coisas, guarde seu coração, pois ele dirige o rumo de sua vida.
24Evite toda conversa maldosa; afaste-se das palavras perversas.
25Olhe sempre para frente; mantenha os olhos fixos no que está
diante de você. 26Estabeleça um caminho reto para seus pés; per-
maneça na estrada segura. 27Não se desvie nem para a direita nem
para a esquerda; não permita que seus pés sigam o mal.

CAPÍTULO 5

Evite mulheres imorais

1Meu filho, preste atenção à minha sabedoria; ouça bem meu con-
selho prudente. 2Assim você mostrará discernimento, e seus lábios
expressarão o que aprendeu. 3Pois os lábios da mulher imoral são
doces como mel, e sua boca é mais suave que azeite. 4No fim, po-
rém, ela é amarga como veneno e afiada como uma espada de dois
gumes. 5Seus pés descem para a morte; seus passos conduzem
direto à sepultura. 6Pois ela não se interessa pelo caminho da vida;
não se dá conta de que anda sem rumo por uma trilha tortuosa.
7Portanto, meu filho, preste atenção; nunca se desvie do que irei lhe

Pv 6.6

dizer. 8Mantenha distância dessa mulher; não se aproxime da porta
de sua casa! 9Se o fizer, perderá sua honra e entregará a homens im-
piedosos tudo que conquistou. 10Estranhos consumirão sua riqueza,
e outros desfrutarão o fruto de seu trabalho. 11No final, você gemerá
de angústia, quando a doença lhe consumir o corpo. 12Dirá: "Como
odiei a disciplina! Se ao menos não tivesse desprezado as advertên-
cias! 13Por que não ouvi meus mestres? Por que não dei atenção aos
que me instruíam? 14Cheguei à beira da ruína total, e agora todos
saberão de minha vergonha!". 15Beba a água de sua própria cisterna,
compartilhe seu amor somente com sua esposa. 16Por que derramar
pelas ruas a água de suas fontes, ao ter sexo com qualquer mulher?
17Reserve essa água apenas para vocês; não a reparta com estra-
nhos. 18Seja abençoada a sua fonte! Alegre-se com a mulher de sua
juventude! 19Ela é gazela amorosa, corça graciosa; que os seios de
sua esposa o satisfaçam sempre e você seja cativado por seu amor
todo o tempo! 20Por que, meu filho, se deixar cativar pela mulher
imoral, ou acariciar os seios da promíscua? 21Pois o SENHOR vê com
clareza o que o homem faz e examina todos os seus caminhos. 22O
perverso é cativo dos próprios pecados; são cordas que o apanham
e o prendem. 23Ele morrerá por falta de disciplina e se perderá por
sua grande insensatez.

CAPÍTULO 6

Lições para a vida diária

1Meu filho, se você aceitou ser fiador de seu amigo ou se concordou
em garantir a dívida de um estranho, 2se caiu numa armadilha por
causa do acordo feito e se está preso por suas palavras, 3siga meu
conselho e livre-se dessa obrigação, pois você se colocou nas mãos
de seu amigo. Procure-o, humilhe-se e insista com ele. 4Não deixe
para amanhã; não descanse enquanto não resolver essa situação.
5Livre-se como a gazela que escapa do caçador, como o pássaro que
foge da rede. 6Aprenda com a formiga, preguiçoso! Observe como
ela age e seja sábio. 7Embora não tenha príncipe, nem autoridade,
nem governante, 8ela trabalha duro durante todo o verão, juntando
comida para o inverno. 9Mas você, preguiçoso, até quando dormirá?
Quando sairá da cama? 10Um pouco mais de sono, mais um cochilo,
mais um descanso com os braços cruzados, 11e a pobreza o assaltará
como um bandido; a escassez o atacará como um ladrão armado.

12Como são os desprezíveis e os perversos? Eles vivem mentindo:
13demonstram sua falsidade com um piscar de olho, com um movi-
mento do pé ou por sinais com os dedos. 14Seu coração pervertido
trama a maldade, e andam sempre criando problemas. 15Por isso,
serão destruídos de repente, despedaçados num instante sem
que possam se recuperar. 16Há seis coisas que o SENHOR odeia, ou
melhor, sete coisas que ele considera detestáveis: 17olhos arrogan-
tes, língua mentirosa, mãos que matam o inocente, 18coração que
trama a maldade, pés que se apressam em fazer o mal, 19testemu-
nha falsa que diz mentiras, e aquele que semeia desentendimento
entre irmãos. 20Meu filho, obedeça aos mandamentos de seu pai
e não deixe de lado a instrução de sua mãe. 21Guarde as palavras
deles em seu coração e amarre-as em seu pescoço. 22Quando você
andar, os conselhos de seus pais o guiarão; quando dormir, eles
o protegerão; quando acordar, eles o orientarão. 23Pois o manda-
mento é lâmpada, e a instrução é luz; e as correções da disciplina
são o caminho que conduz à vida. 24Eles o protegerão da mulher
imoral, das palavras sedutoras da promíscua. 25Não cobice sua be-
leza; não deixe que seus olhares o seduzam. 26Pois a prostituta o
levará à pobreza, mas dormir com a esposa de outro homem lhe
custará a vida. 27Pode um homem carregar fogo junto ao peito sem
que a roupa se queime? 28Pode alguém caminhar sobre brasas
sem que os pés se queimem? 29Assim acontece com quem dorme
com a mulher de outro; aquele que a toca não ficará sem castigo.
30Pode-se encontrar desculpa para o ladrão que rouba porque está
com fome. 31Ainda assim, se for apanhado, terá de pagar sete vezes
o que roubou, mesmo que precise vender tudo que há em sua casa.
32Mas o homem que comete adultério não tem juízo, pois destrói
a si mesmo. 33Será ferido e desonrado, e sua vergonha jamais se
apagará. 34Porque o marido ciumento ficará furioso e não terá mi-
sericórdia quando se vingar. 35Não aceitará compensação alguma,
nem se satisfará com os presentes mais valiosos.

CAPÍTULO 7

Outra advertência sobre mulheres imorais

1Meu filho, siga meu conselho; guarde meus mandamentos como
um tesouro. 2Obedeça a meus mandamentos e viva; cuide de mi-
nhas instruções como da menina de seus olhos. 3Amarre-as aos
dedos como lembrança e escreva-as no fundo do coração. 4Ame
a sabedoria como se fosse sua irmã e faça do discernimento um
membro da família. 5Eles o guardarão da mulher imoral, das pala-
vras sedutoras da promíscua. 6Enquanto estava à janela de minha
casa e olhava pela cortina, 7vi alguns rapazes ingênuos e percebi
um entre eles que não tinha juízo. 8Ele atravessava a rua, perto
da esquina onde morava certa mulher, e caminhava em direção à
casa dela. 9Era o crepúsculo, o anoitecer, quando caía a escuridão
profunda. 10A mulher se aproximou dele, com roupas provocantes
e coração malicioso. 11Era ousada e inquieta, do tipo que nunca
para em casa. 12Está sempre nas ruas e nos mercados, à espreita
em cada esquina. 13Abraçou o rapaz e o beijou e, sem a menor
vergonha, lhe disse: 14"Hoje apresentei uma oferta de paz e cumpri
meus votos. 15Por isso, estava à sua procura; saí para encontrá-lo, e
agora o achei! 16Estendi lindas cobertas sobre minha cama e lençóis
coloridos de linho egípcio. 17Perfumei minha cama com mirra, aloés
e canela. 18Venha, vamos nos embriagar de amor até o amanhecer!
Vamos desfrutar as carícias um do outro, 19pois meu marido não
está em casa. Ele partiu numa longa viagem; 20levou consigo uma
bolsa cheia de dinheiro e só voltará no fim do mês". 21Assim ela o
seduziu com palavras agradáveis e com elogios doces o atraiu. 22Ele
a acompanhou de imediato, como boi que vai para o matadouro,
como cervo que caiu na armadilha 23à espera da flecha que lhe
atravessará o coração, como o pássaro que voa direto para o laço,
sem saber que lhe custará a vida. 24Portanto, meu filho, ouça-me;
preste atenção às minhas palavras. 25Não deixe que seu coração se
desvie para ela, não se perca em seus caminhos tortuosos. 26Pois
ela causou a ruína de muitos; não são poucas as suas vítimas. 27Sua
casa é o caminho para a sepultura, seu quarto é a câmara da morte.

CAPÍTULO 8

A Sabedoria pede para ser ouvida

1Escutem, pois a Sabedoria chama! Ouçam, porque o entendimento
levanta a voz! 2No alto dos montes, junto ao caminho, a Sabedoria
se coloca nas encruzilhadas. 3Ao lado das portas da cidade, na entra-
da, ela anuncia: 4"A vocês eu clamo, a todos vocês! Levanto minha
voz para todo o povo. 5Vocês, inexperientes, mostrem discerni-
mento! Vocês, tolos, mostrem entendimento! 6Ouçam, pois tenho

NO QUE ESTOU PENSANDO ○ | O QUE ESTOU SENTINDO ○ | DO QUE ESTOU LEMBRANDO ○

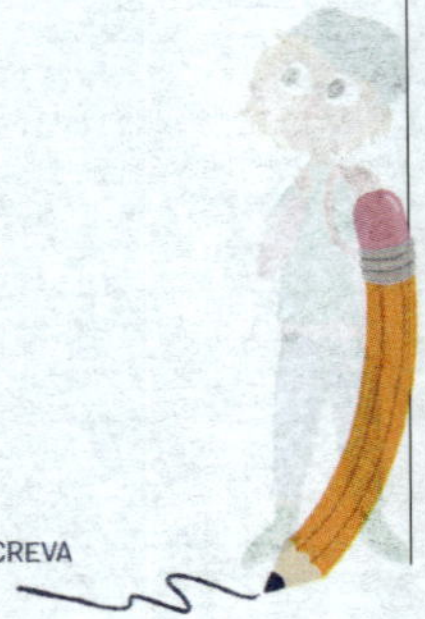

DESENHE OU ESCREVA

Pv

coisas importantes a lhes dizer. Tudo que digo é correto, 7pois falo
a verdade, e toda espécie de engano é detestável para mim. 8Meu
conselho é justo; não há nada nele que distorça a verdade ou dela
se desvie. 9Minhas palavras são claras para os que têm entendi-
mento e corretas para os que têm conhecimento. 10Escolham minha
instrução em vez da prata e o conhecimento em vez do ouro puro.
11Pois a sabedoria vale muito mais que rubis; nada do que você
deseja se compara a ela. 12"Eu, a Sabedoria, moro com a prudência;
sei onde encontrar conhecimento e discernimento. 13Quem teme
o SENHOR odeia o mal; portanto, odeio o orgulho e a arrogância,
a corrupção e as palavras perversas. 14O bom senso e o sucesso
me pertencem, o discernimento e o poder são meus. 15Graças a
mim, os reis governam e as autoridades emitem decretos justos.
16Com minha ajuda, as autoridades lideram e os nobres julgam
com justiça. 17"Amo os que me amam; os que me procuram por
certo me encontrarão. 18Tenho riquezas e honra, bens duradouros
e justiça. 19Minha dádiva vale mais que ouro, mais que ouro puro;
meu rendimento é melhor que a fina prata. 20Ando em retidão, nos
caminhos da justiça. 21Os que me amam recebem riquezas como
herança; sim, encherei seus tesouros! 22"O SENHOR me estabele-
ceu desde o princípio, antes de criar qualquer outra coisa. 23Fui
designada desde eras passadas, logo no início, antes de a terra
existir. 24Nasci antes que os oceanos fossem criados, antes que a
água brotasse de suas fontes. 25Nasci antes de serem formados os
montes, antes de existirem as colinas, 26quando ele ainda não havia
feito a terra e os campos, nem o primeiro punhado de terra. 27Eu
estava lá quando ele estabeleceu o céu, quando traçou o horizonte
sobre os oceanos. 28Estava lá quando ele pôs as nuvens no alto,
quando estabeleceu fontes nas profundezas da terra. 29Estava lá
quando ele determinou os limites do mar, para que não avanças-
se além de suas divisas. E, quando ele demarcou os alicerces da
terra, 30eu estava ao seu lado como arquiteta. Eu era sua alegria
constante, sempre exultando em sua presença. 31Como me alegrei
com o mundo que ele criou! Como exultei com a humanidade!
32"Por isso, meus filhos, ouçam-me, pois todos que seguem meus
caminhos são felizes. 33Ouçam minha instrução e sejam sábios;
não a desprezem. 34Felizes os que me ouvem, que ficam à mi-
nha porta todos os dias, esperando por mim na entrada de minha

NO QUE ESTOU **PENSANDO** ○ | O QUE ESTOU **SENTINDO** ○ | DO QUE ESTOU **LEMBRANDO** ○

DESENHE OU ESCREVA

casa! 35Pois quem me encontra, encontra vida e recebe o favor do
SENHOR. 36Quem não me encontra, prejudica a si mesmo; todos
que me odeiam amam a morte".

CAPÍTULO 9

1A Sabedoria construiu sua casa e ergueu suas sete colunas.
2Preparou um grande banquete; misturou os vinhos e arrumou
a mesa. 3Enviou suas servas para convidarem a todos; do ponto
mais alto da cidade, ela clama: 4"Venham à minha casa todos os
ingênuos", e aos que não têm juízo ela diz: 5"Venham, comam de
meu banquete e bebam do vinho que misturei. 6Deixem sua inge-
nuidade para trás e vivam; andem pelo caminho do discernimento".
7Quem repreende o zombador recebe insulto como resposta; quem
corrige o perverso prejudica a si mesmo. 8Não se dê o trabalho de
repreender o zombador, pois ele o odiará; repreenda, porém, o
sábio, e ele o amará. 9Instrua o sábio, e ele crescerá na sabedoria;
ensine o justo, e ele aprenderá ainda mais. 10O temor do SENHOR é
o princípio da sabedoria; o conhecimento do Santo resulta em
discernimento. 11A sabedoria multiplicará seus dias e tornará sua
vida mais longa. 12Se você se tornar sábio, o benefício será seu; se
desprezar a sabedoria, sofrerá as consequências.

A Insensatez pede para ser ouvida

13A mulher chamada Insensatez é atrevida; é ignorante e nem se dá
conta disso. 14Senta-se à porta de sua casa, no ponto mais alto da
cidade. 15Clama aos que passam pelo caminho, ocupados com seus
próprios assuntos: 16"Venham à minha casa todos os ingênuos", e
aos que não têm juízo ela diz: 17"Água roubada é mais refrescante!
Pão comido às escondidas é mais saboroso!". 18Mal sabem, porém,
que ali estão os mortos; seus convidados estão nas profundezas
da sepultura.

CAPÍTULO 10

Provérbios de Salomão

1Os provérbios de Salomão: O filho sábio alegra seu pai, o filho
tolo entristece sua mãe. 2As riquezas de origem desonesta não têm
valor duradouro, mas uma vida justa livra da morte. 3O SENHOR não
deixa o justo passar fome, mas se recusa a satisfazer o desejo dos

perversos. 4O preguiçoso logo empobrece, mas os que trabalham
com dedicação enriquecem. 5O jovem sábio faz a colheita no verão,
mas o que dorme durante a colheita é uma vergonha. 6O justo é
coberto de bênçãos, mas as palavras dos perversos ocultam vio-
lência. 7O justo deixa boas lembranças, mas o nome dos perversos
apodrece. 8O sábio recebe os mandamentos de bom grado, mas as
palavras do insensato causam sua ruína. 9Quem anda em integri-
dade anda em segurança; quem segue caminhos tortuosos será
exposto. 10Quem fecha os olhos para a maldade causa problemas,
mas a repreensão clara promove a paz. 11As palavras do justo são
fonte de vida; as palavras dos perversos ocultam intenções violen-
tas. 12O ódio provoca brigas, mas o amor cobre todas as ofensas.
13Palavras sábias vêm dos lábios de quem tem entendimento, mas
quem não tem juízo é castigado com a vara. 14Os sábios guardam
o conhecimento como um tesouro, mas a conversa do insensato
só conduz à desgraça. 15A riqueza do rico é sua fortaleza; a pobre-
za dos pobres é sua destruição. 16O salário do justo produz vida,
mas o dinheiro do perverso o conduz ao pecado. 17Quem aceita a
disciplina está no caminho da vida, mas o que despreza a repre-
ensão se desvia dele. 18Quem esconde o ódio se torna mentiroso;
quem espalha calúnias é tolo. 19Quem fala demais acaba pecando;
quem é prudente fica de boca fechada. 20As palavras do justo são
como a fina prata; o coração do perverso não tem valor algum.
21As palavras do justo dão ânimo a muitos, mas os insensatos são
destruídos por falta de juízo. 22A bênção do SENHOR traz riqueza,
e ele não permite que a tristeza a acompanhe. 23O tolo se diverte
em fazer o mal, mas o sensato tem prazer em viver com sabedoria.
24Os temores do perverso se tornarão realidade; as esperanças
dos justos lhe serão concedidas. 25As tempestades da vida levam
embora o perverso, mas o justo tem alicerce duradouro. 26Como
vinagre nos dentes ou fumaça nos olhos, assim o preguiçoso irrita
seus chefes. 27O temor do SENHOR prolonga a vida, mas os dias
dos perversos são encurtados. 28As esperanças dos justos resultam
em alegria; as expectativas dos perversos não dão em nada. 29O
caminho do SENHOR é fortaleza para os íntegros, mas é destruição
para os que praticam o mal. 30O justo jamais será abalado, mas
os perversos serão removidos da terra. 31A boca do justo oferece
conselhos sábios, mas a língua que engana será cortada. 32Dos

Pv 10.12

lábios do justo vêm palavras proveitosas, mas da boca dos perversos
só vêm palavras más.

CAPÍTULO 11

1O uso de balanças desonestas é detestável para o SENHOR, mas ele
se alegra com pesos exatos. 2O orgulho leva à desgraça, mas com a
humildade vem a sabedoria. 3A honestidade guia os justos; a deso-
nestidade destrói os desleais. 4As riquezas de nada ajudarão no dia
do juízo, mas uma vida justa livra da morte. 5A integridade dirige
os passos do justo, mas o peso do pecado cai sobre os perversos. 6A
justiça dos justos os livra; a ambição dos desleais os apanha numa
armadilha. 7Quando o perverso morre, sua esperança morre com
ele, pois confiou na própria força. 8O justo é salvo da angústia, mas
o perverso a recebe em lugar dele. 9O hipócrita, com suas palavras,
destrói seus amigos, mas o conhecimento livra os justos. 10A cidade
inteira comemora o sucesso dos justos; todos gritam de alegria
quando morrem os perversos. 11A cidade prospera pelos benefícios
que os justos trazem, mas as palavras dos perversos a destroem.
12É falta de bom senso desprezar o próximo; a pessoa sensata per-
manece calada. 13O fofoqueiro espalha segredos, mas a pessoa
confiável sabe guardar confidências. 14Sem uma liderança sábia,
a nação cai; ter muitos conselheiros lhe dá segurança. 15Quem acei-
ta ser fiador terá problemas; quem evita esse compromisso está
seguro. 16A mulher bondosa ganha respeito; tudo que os homens
cruéis obtêm é riqueza. 17Quem faz o bem beneficia a si mesmo;
quem pratica o mal só se prejudica. 18A riqueza do perverso dura
apenas um momento, mas a recompensa do justo é duradoura.
19O justo encontra a vida; o perverso encontra a morte. 20Os per-
versos de coração são detestáveis para o SENHOR, mas ele se alegra
com os que andam em integridade. 21O perverso certamente será
castigado, mas os justos serão poupados. 22A mulher bonita, mas
indiscreta, é como anel de ouro em focinho de porco. 23Os justos
têm a expectativa de uma recompensa, enquanto os perversos só
podem esperar o juízo. 24Quem dá com generosidade se torna mais
rico, mas o mesquinho perde tudo. 25O generoso prospera; quem
revigora outros será revigorado. 26O povo amaldiçoa quem esconde
os cereais, mas abençoa quem os vende no tempo de necessidade.
27Quem procura o bem encontra favor; quem procura o mal será

encontrado por ele. 28Quem confia em seu dinheiro cairá, mas o
justo floresce como a verde folhagem. 29Quem causa problemas à
família herda o vento; o insensato se torna servo do sábio. 30O fruto
do justo é árvore de vida; o sábio conquista pessoas. 31Se o justo
recebe o que merece aqui na terra, quanto mais o pecador perverso.

CAPÍTULO 12

1Para aprender, é preciso amar a disciplina; é estupidez odiar a re-
preensão. 2O SENHOR aprova a pessoa de bem, mas condena quem
planeja o mal. 3A perversidade nunca traz estabilidade, mas a raiz
dos justos permanecerá firme. 4A mulher virtuosa coroa de honra
seu marido, mas a que age vergonhosamente é como câncer em
seus ossos. 5Os planos do justo são corretos, mas os conselhos do
perverso são traiçoeiros. 6As palavras do perverso são emboscada
mortal, mas as palavras dos justos salvam vidas. 7Os perversos mor-
rem e desaparecem, mas a família dos justos permanece firme. 8O
sensato recebe elogios, mas o perverso de coração é desprezado. 9É
melhor ser uma pessoa simples e ter quem a ajude que aparentar
ser quem não é e não ter o que comer. 10O justo cuida de seus
animais, mas os perversos são sempre cruéis. 11Quem trabalha com
dedicação tem fartura de alimento; quem corre atrás de fantasias
não tem juízo. 12Os ladrões invejam o despojo uns dos outros,
mas os justos estão bem arraigados e florescem. 13O perverso é
apanhado na armadilha das próprias palavras, mas o justo escapa
dessa aflição. 14As palavras sábias produzem muitos benefícios, e o
trabalho árduo é recompensado. 15O insensato pensa que sua con-
duta é correta, mas o sábio dá ouvidos aos conselhos. 16O insensato
se ira com facilidade, mas o sábio ignora a ofensa. 17A testemunha
honesta diz a verdade; a testemunha falsa conta mentiras. 18Os
comentários de algumas pessoas ferem, mas as palavras dos sábios
trazem cura. 19Palavras verdadeiras resistem à prova do tempo, mas
as mentiras logo ficam evidentes. 20O engano enche o coração dos
que tramam o mal; a alegria enche o coração dos que promovem a
paz. 21Nenhum mal vem sobre o justo, mas os perversos enfrentam
todo tipo de dificuldade. 22Os lábios mentirosos são detestáveis
para o SENHOR, mas os que dizem a verdade lhe trazem alegria. 23O
sábio não se gaba de seu conhecimento, mas os tolos mostram a
todos sua insensatez. 24Quem trabalha com dedicação chega a ser

Pv 12.10

líder, mas o preguiçoso se torna escravo. 25A preocupação deprime
a pessoa, mas uma palavra de incentivo a anima. 26O justo dá bons
conselhos a seus amigos, mas os perversos os desencaminham. 27O
preguiçoso nem mesmo cozinha o animal que caçou, mas o que
trabalha com dedicação valoriza tudo que possui. 28O caminho dos
justos conduz à vida; é uma estrada que não leva à morte.

CAPÍTULO 13

1O filho sábio aceita a disciplina de seu pai; o zombador se recusa
a ouvir a repreensão. 2Com palavras sábias consegue-se uma boa
refeição, mas os desleais têm fome de violência. 3Quem controla
a língua terá vida longa; quem fala demais acaba se arruinando.
4O preguiçoso muito quer e nada alcança, mas os que trabalham
com dedicação prosperam. 5O justo odeia mentiras; o perverso
causa vergonha e desonra. 6A justiça guarda o caminho do ínte-
gro, mas a perversidade desencaminha o pecador. 7Alguns que são
pobres fingem ser ricos; outros que são ricos fingem ser pobres.
8O rico tem como pagar resgate por sua vida; o pobre nem sequer
é ameaçado. 9A vida dos justos brilha alegremente, mas a luz dos
perversos se apagará. 10O orgulho só traz conflitos, mas os que
aceitam conselhos são sábios. 11O dinheiro ganho por meios ilícitos
logo acaba; a riqueza conquistada com trabalho árduo cresce com
o tempo. 12A esperança adiada faz o coração ficar doente, mas o
sonho realizado é árvore de vida. 13Quem despreza o bom con-
selho se envolve em dificuldades; quem respeita o mandamento
será bem-sucedido. 14A instrução do sábio é fonte de vida; quem a
aceita escapa das armadilhas da morte. 15O sensato é respeitado; o
desleal caminha para a destruição. 16O sábio pensa antes de agir; os
tolos se gabam de sua insensatez. 17O mensageiro desleal depara
com dificuldades, mas o mensageiro confiável traz cura. 18Quem
despreza a disciplina acabará em pobreza e vergonha; quem aceita
a repreensão será honrado. 19É agradável ver sonhos se realizarem,
mas os tolos se recusam a se afastar do mal. 20Quem anda com
os sábios se torna sábio, mas quem anda com os tolos sofrerá as
consequências. 21Desgraças perseguem os pecadores, enquanto
bênçãos recompensam os justos. 22A pessoa de bem deixa herança
para os netos, mas a riqueza do pecador vai para as mãos do justo.
23As terras dos pobres produzem muito alimento, mas a injustiça

tudo consome. 24Quem não corrige os filhos mostra que não os
ama; quem ama os filhos se preocupa em discipliná-los. 25O justo
come até se satisfazer, mas o estômago dos perversos fica vazio.

CAPÍTULO 14

1A mulher sábia edifica o lar, mas a insensata o destrói com as
próprias mãos. 2Quem anda pelo caminho reto teme o SENHOR;
quem escolhe estradas tortuosas o despreza. 3A conversa arrogante
do insensato se torna uma vara que o castiga, mas as palavras do
sábio o protegem. 4Um estábulo sem bois permanece limpo, mas é
a força do boi que provê a colheita farta. 5A testemunha honesta não
mente; a testemunha falsa respira mentiras. 6O zombador procura
sabedoria e nunca a encontra, mas para o que tem discernimento o
conhecimento vem fácil. 7Afaste-se do tolo, pois em seus lábios não
achará conhecimento. 8O prudente sabe para onde vai, mas os in-
sensatos enganam a si mesmos. 9Os insensatos zombam da própria
culpa, mas os justos a reconhecem e buscam reconciliação. 10Cada
coração conhece sua própria amargura, e ninguém pode compar-
tilhar de toda a sua alegria. 11A casa dos perversos será destruída,
mas a tenda dos justos florescerá. 12Há caminhos que a pessoa
considera corretos, mas que acabam levando à estrada da morte.
13O riso pode esconder o coração aflito, mas, quando a alegria se
extingue, a dor permanece. 14O desleal recebe o que merece, mas
a pessoa de bem é recompensada. 15O ingênuo acredita em tudo
que ouve; o prudente examina seus passos com cuidado. 16O sábio
é cauteloso e evita o perigo; o tolo confia demais em si mesmo e
se precipita. 17Quem se ira com facilidade faz coisas tolas; quem
trama o mal é odiado. 18Os ingênuos são revestidos de insensatez,
enquanto os prudentes são coroados de conhecimento. 19Os maus
se prostrarão diante dos bons; os perversos se curvarão à porta dos
justos. 20Os pobres são desprezados pelos vizinhos, enquanto os
ricos têm muitos amigos. 21É pecado desprezar o próximo; feliz o
que ajuda os pobres. 22Os que tramam fazer o mal se perdem, mas
os que planejam fazer o bem encontram amor e fidelidade. 23O
trabalho árduo produz lucro, mas a conversa fiada leva à pobreza.
24A riqueza é coroa para os sábios, mas a insensatez dos tolos só
resulta em mais insensatez. 25A testemunha confiável salva vidas,
mas a testemunha falsa é traidora. 26Quem teme o SENHOR está

NO QUE ESTOU **PENSANDO** ○ | O QUE ESTOU **SENTINDO** ○ | DO QUE ESTOU **LEMBRANDO** ○

DESENHE OU ESCREVA

seguro; ele é refúgio para seus filhos. 27O temor do SENHOR é fonte
de vida; ajuda a escapar das armadilhas da morte. 28Uma popu-
lação que cresce é a glória do rei, mas a falta de súditos é a ruína
do príncipe. 29Quem tem entendimento controla sua raiva; quem
se ira facilmente demonstra grande insensatez. 30O contentamen-
to dá saúde ao corpo; a inveja é como câncer nos ossos. 31Quem
oprime o pobre insulta seu Criador, mas quem ajuda o necessitado
honra a Deus. 32O perverso é destruído por sua maldade, mas o
justo encontra refúgio mesmo na hora da morte. 33A sabedoria é
preservada no coração sensato; não é possível encontrá-la entre os
tolos. 34A justiça engrandece a nação, mas o pecado é vergonha
para qualquer povo. 35O rei se alegra em seus servos prudentes,
mas se enfurece contra os que o envergonham.

CAPÍTULO 15

1A resposta gentil desvia o furor, mas a palavra ríspida desperta
a ira. 2A língua dos sábios torna atraente o conhecimento, mas a
boca dos tolos despeja a insensatez. 3Os olhos do SENHOR estão em
todo lugar; observam tanto os maus como os bons. 4Palavras sua-
ves são árvore de vida, mas a língua enganosa esmaga o espírito.
5O insensato despreza a instrução de seu pai, mas quem aprende
com a repreensão demonstra prudência. 6Há tesouros na casa do
justo, mas os rendimentos dos perversos causam problemas. 7A
boca dos sábios espalha conhecimento; o coração dos tolos nada
tem a oferecer. 8Os sacrifícios dos perversos são detestáveis para o
SENHOR, mas ele tem prazer nas orações dos justos. 9Os caminhos
dos perversos são detestáveis para o SENHOR, mas ele ama aquele
que busca a justiça. 10Quem abandona o caminho correto sofrerá
disciplina severa; quem odeia a repreensão morrerá. 11A Morte e
a Destruição nada escondem do SENHOR, quanto mais o coração
humano! 12O zombador odeia ser repreendido, por isso se afasta
dos sábios. 13O coração contente alegra o rosto, mas o coração triste
abate o espírito. 14O sábio tem fome de conhecimento, enquanto
os tolos se alimentam de insensatez. 15Para os aflitos, todos os dias
são difíceis; para o coração alegre, a vida é um banquete contínuo.
16É melhor ter pouco e temer o SENHOR que ter um grande tesouro
e viver ansioso. 17Um prato de verduras ao lado de quem você ama
é melhor que carne saborosa junto de alguém que você odeia.

18Quem se ira facilmente provoca brigas, mas quem tem paciên-
cia acalma a discussão. 19O caminho do preguiçoso é bloqueado
por espinhos, mas o caminho do justo é uma estrada aberta. 20O
filho sensato alegra seu pai; o filho tolo despreza sua mãe. 21A
insensatez alegra quem não tem juízo, mas quem tem bom senso
permanece no caminho certo. 22Planos fracassam onde não há
conselho, mas têm êxito quando há muitos conselheiros. 23Todos
se alegram quando dão a resposta apropriada; como é bom dizer a
coisa certa na hora certa! 24O caminho da vida leva o prudente para
cima; ele deixa a sepultura para trás. 25O SENHOR derruba a casa
dos orgulhosos, mas protege a propriedade da viúva. 26Os planos
perversos são detestáveis para o SENHOR, mas ele tem prazer nas
palavras puras. 27A cobiça traz aflição para toda a família, mas quem
odeia subornos viverá. 28O coração do justo pensa bem antes de
falar; a boca dos perversos transborda de palavras maldosas. 29O
SENHOR está longe dos perversos, mas ouve as orações dos justos.
30O olhar animador alegra o coração; boas notícias dão vigor ao
corpo. 31Quem dá ouvidos à crítica construtiva se sente à vontade
entre os sábios. 32Quem rejeita a disciplina prejudica a si mesmo,
mas quem dá ouvidos à repreensão adquire entendimento. 33O
temor do SENHOR ensina sabedoria; a humildade precede a honra.

CAPÍTULO 16

1É da natureza humana fazer planos, mas a resposta certa vem do
SENHOR. 2Ainda que as pessoas se considerem puras, o SENHOR
examina as intenções de cada um. 3Confie ao SENHOR tudo que
você faz, e seus planos serão bem-sucedidos. 4O SENHOR fez tudo
com propósito, até mesmo o perverso para o dia da calamidade.
5Os orgulhosos são detestáveis para o SENHOR; certamente serão
castigados. 6Amor e fidelidade fazem expiação pelo pecado; o te-
mor do SENHOR evita o mal. 7Quando a vida de uma pessoa agrada
o SENHOR, até seus inimigos vivem em paz com ela. 8É melhor ter
pouco com justiça que ser rico com desonestidade. 9É da natureza
humana fazer planos, mas é o SENHOR quem dirige nossos passos.
10As decisões do rei têm grande autoridade; ele nunca deve julgar
de modo injusto. 11O SENHOR exige balanças e pesos exatos; ele
determina os padrões da imparcialidade. 12A maldade é detestável
para o rei, pois seu governo é estabelecido sobre a justiça. 13O rei

Pv 16.3

se agrada de palavras que vêm de lábios justos e ama quem fala
o que é certo. 14A ira do rei é como uma sentença de morte, mas
o sábio procura acalmá-lo. 15Quando o rei sorri, há vida; seu favor
refresca como chuva de primavera. 16É melhor adquirir sabedoria
que ouro, e é melhor obter discernimento que prata. 17O cami-
nho dos justos os afasta do mal; quem segue esse caminho está
seguro. 18O orgulho precede a destruição; a arrogância precede a
queda. 19É melhor viver humildemente com os pobres que repartir
o despojo com os orgulhosos. 20Quem ouve a instrução prospera;
quem confia no SENHOR é feliz. 21O sábio é conhecido por seu dis-
cernimento; palavras agradáveis são convincentes. 22A sensatez é
fonte de vida para quem a possui, mas é desperdício disciplinar os
insensatos. 23Da mente sábia vêm conselhos sábios; as palavras dos
sábios são convincentes. 24Palavras bondosas são como mel: doces
para a alma e saudáveis para o corpo. 25Há caminhos que a pessoa
considera corretos, mas acabam levando à estrada da morte. 26É
bom que os trabalhadores tenham apetite; o estômago vazio os
impulsiona. 27A pessoa sem caráter cria problemas; suas palavras
são fogo destruidor. 28O perverso semeia discórdia; o difamador
separa até os melhores amigos. 29A pessoa violenta engana os com-
panheiros e os leva para o mau caminho. 30Com olhos semicerrados
as pessoas tramam o mal; com sorriso malicioso o põem em prática.
31Os cabelos brancos são coroa de glória, para quem andou nos ca-
minhos da justiça. 32É melhor ser paciente que poderoso; é melhor
ter autocontrole que conquistar uma cidade. 33As pessoas podem
lançar as sortes, mas quem determina o resultado é o SENHOR.

CAPÍTULO 17

1É melhor um pedaço de pão seco e paz que uma casa cheia de
banquetes e conflitos. 2O servo prudente governará sobre o filho
que envergonha o pai e terá parte na herança com os filhos de seu
senhor. 3O fogo prova a pureza da prata e do ouro, mas o SENHOR
prova o coração. 4A pessoa má gosta de ouvir maldades; o men-
tiroso dá atenção a palavras destrutivas. 5Quem zomba do pobre
insulta seu Criador; quem se alegra com a desgraça alheia será
castigado. 6Os netos são coroa de honra para os idosos; os pais
são o orgulho de seus filhos. 7Não convém ao tolo falar com elo-
quência, e muito menos ao governante mentir. 8O suborno é como

um amuleto da sorte; quem o oferece sempre alcança o que quer.
9Quem perdoa a ofensa mostra amor, mas quem insiste nela separa
amigos. 10Uma repreensão é mais eficaz para o prudente que cem
açoites para o tolo. 11A pessoa má sempre procura razão para se re-
belar, por isso será severamente castigada. 12É melhor deparar com
uma ursa da qual roubaram os filhotes que confrontar um tolo em
sua insensatez. 13Quem paga o bem com o mal sempre terá o mal
em sua casa. 14Começar uma briga é como abrir a comporta de uma
represa; portanto, pare antes que irrompa a discussão. 15Absolver o
culpado e condenar o inocente são duas coisas detestáveis para o
SENHOR. 16De nada adianta pagar para instruir o tolo, pois ele não
tem vontade de aprender. 17O amigo é sempre leal, e um irmão
nasce na hora da dificuldade. 18É falta de juízo dar garantia pela
dívida de alguém ou aceitar ser fiador de um amigo. 19Quem gosta
de brigar ama o pecado; quem confia em muralhas procura a pró-
pria ruína. 20O coração perverso não prospera; a língua mentirosa
se mete em dificuldades. 21O filho tolo causa tristeza ao pai; não
há alegria para o pai de um rebelde. 22O coração alegre é um bom
remédio, mas o espírito abatido consome as forças. 23O perverso
recebe suborno em segredo, para desviar o rumo da justiça. 24O
sensato mantém os olhos fixos na sabedoria, mas os olhos do tolo
vagueiam até os confins da terra. 25O filho tolo causa tristeza a
seu pai e amargura àquela que o deu à luz. 26É errado castigar
os justos por serem bons e açoitar os líderes por serem honestos.
27Quem é verdadeiramente sábio usa poucas palavras; quem tem
entendimento controla suas emoções. 28Até o insensato passa por
sábio quando fica calado; de boca fechada, até parece inteligente.

CAPÍTULO 18

1Quem vive isolado se preocupa apenas consigo e rejeita todo bom
senso. 2O tolo não se interessa pelo entendimento; só quer saber
de expressar suas opiniões. 3A prática do mal resulta em desonra;
o comportamento vergonhoso causa desprezo. 4Palavras sábias
são como águas profundas; a sabedoria flui do sábio como riacho
transbordante. 5Não é certo absolver o culpado nem negar justiça
ao inocente. 6As palavras do tolo o envolvem em brigas; ele pede
para receber uma surra. 7A boca do tolo é sua ruína; ele cai na
armadilha dos próprios lábios. 8Calúnias são petiscos saborosos
que descem até o íntimo de quem ouve. 9Quem é relaxado em seu
trabalho causa tanto estrago quanto aquele que destrói. 10O nome
do SENHOR é fortaleza segura; o justo corre para ele e fica protegido.
11O rico vê sua riqueza como uma cidade fortificada; imagina que
é uma muralha alta e segura. 12A arrogância precede a destruição;
a humildade precede a honra. 13Falar sem antes ouvir os fatos é
vergonhoso e insensato. 14O espírito da pessoa sustenta seu corpo
enfermo, mas quem pode suportar o espírito abatido? 15Quem tem
discernimento está sempre pronto a aprender; seus ouvidos estão
abertos para o conhecimento. 16As portas se abrem para quem dá
presentes; eles dão acesso a pessoas importantes. 17Quem fala pri-
meiro no tribunal parece ter razão, até que seu oponente comece a
lhe fazer perguntas. 18Lançar sortes acaba com discussões e resolve
contendas entre adversários poderosos. 19É mais difícil reconquis-
tar um amigo ofendido que uma cidade fortificada; as discussões
separam amigos como um portão trancado. 20As palavras sábias
saciam como uma boa refeição; as palavras certas dão satisfação.
21A língua tem poder para trazer morte ou vida; quem gosta de
falar arcará com as consequências. 22O homem que encontra uma
esposa encontra um bem precioso e recebe o favor do SENHOR.
23O pobre suplica por misericórdia; o rico responde com insultos.
24Alguns que se dizem amigos destroem uns aos outros, mas o
verdadeiro amigo é mais próximo que um irmão.

CAPÍTULO 19

1É melhor ser pobre e honesto que ser desonesto e tolo. 2De nada
adianta o entusiasmo sem conhecimento; a pressa resulta em es-
colhas erradas. 3O insensato arruína a própria vida e depois se ira
contra o SENHOR. 4A riqueza atrai muitos que se dizem amigos,
mas a pobreza afasta todos eles. 5A testemunha falsa não ficará
sem castigo; o mentiroso também não escapará. 6Muitos buscam o
favor de quem governa; todos querem ser amigos daquele que dá
presentes. 7Se até os parentes do pobre o desprezam, quanto mais
seus amigos o evitarão! Ainda que o pobre suplique, eles todos o
abandonam. 8Quem adquire bom senso ama a si mesmo; quem
dá valor ao entendimento prospera. 9A testemunha falsa não ficará
sem castigo; o mentiroso será destruído. 10Não é certo o tolo viver
no luxo nem o escravo governar sobre príncipes. 11O sensato não

NO QUE ESTOU **PENSANDO** ○ | O QUE ESTOU **SENTINDO** ○ | DO QUE ESTOU **LEMBRANDO** ○

DESENHE OU ESCREVA

perde a calma, mas conquista respeito ao ignorar as ofensas. 12A
ira do rei é como o rugido do leão, mas seu favor é como o orvalho
sobre a grama. 13O filho tolo é uma desgraça para o pai; a esposa
briguenta é irritante como uma goteira. 14Os pais deixam casas e
riquezas como herança para os filhos, mas apenas o SENHOR pode
dar uma esposa prudente. 15O preguiçoso dorme profundamente,
mas sua apatia o leva a passar fome. 16Quem guarda os mandamen-
tos preserva a vida; quem os despreza morrerá. 17Quem ajuda os
pobres empresta ao SENHOR; ele o recompensará. 18Discipline seus
filhos enquanto há esperança; do contrário, você destruirá a vida
deles. 19A pessoa que se ira facilmente deve sofrer as consequên-
cias; se você a livrar uma vez, terá de fazê-lo novamente. 20Obtenha
todo conselho e instrução que puder, e você será sábio para o resto
da vida. 21É da natureza humana fazer planos, mas o propósito
do SENHOR prevalecerá. 22A lealdade torna a pessoa cativante; é
melhor ser pobre que desonesto. 23O temor do SENHOR conduz à
vida; dá segurança e proteção contra o mal. 24O preguiçoso pega
a comida na mão, mas não se dá o trabalho de levá-la à boca. 25Se
você castigar o zombador, o ingênuo aprenderá uma lição; se cor-
rigir o sábio, ele se tornará ainda mais sábio. 26O filho que maltrata
o pai ou manda embora a mãe causa vergonha e desonra pública.
27Meu filho, se você deixar de ouvir a instrução, dará as costas para
o conhecimento. 28A testemunha corrupta zomba da justiça; a boca
do perverso devora o mal. 29O castigo está preparado para os zom-
badores, assim como o açoite para as costas dos tolos.

CAPÍTULO 20

1O vinho produz zombadores; o álcool leva a brigas; quem é domi-
nado pela bebida não é sábio. 2O furor do rei é como o rugido do
leão; quem provoca sua ira põe a vida em risco. 3Evitar contendas
é sinal de honra; apenas o insensato insiste em brigar. 4Quem tem
preguiça de arar a terra na época certa não terá comida no tempo
da colheita. 5Os bons conselhos ficam no fundo do coração, mas a
pessoa sensata os traz à tona. 6Muitos se dizem amigos leais, mas
quem pode encontrar alguém realmente confiável? 7O justo anda
em integridade; felizes os filhos que seguem seus passos. 8Quando
o rei se senta para julgar, analisa todas as provas e distingue entre
o mal e o bem. 9Quem pode dizer: "Purifiquei o coração; estou

Pv 20.11

limpo e sem pecado"? 10Dois pesos e duas medidas: toda espécie
de desonestidade é detestável para o SENHOR. 11Até crianças mos-
tram quem são, por sua conduta, se agem de modo puro e corre-
to. 12Ouvidos para ouvir e olhos para ver: ambos são dádivas do
SENHOR. 13Se você ama o sono, acabará pobre; mantenha os olhos
abertos e terá fartura de alimento! 14O comprador pechincha e diz:
"Não vale nada", mas depois conta vantagem de seu bom negócio.
15As palavras que transmitem conhecimento são mais valiosas que
grandes quantidades de ouro e rubis. 16Quem aceita ser fiador de
um desconhecido perderá a roupa do corpo; ela ficará como pa-
gamento de quem garante a dívida do estranho. 17Pão roubado
tem sabor doce, mas depois será como areia na boca. 18Com bons
conselhos os planos são bem-sucedidos; não saia para a guerra
sem boas orientações. 19O fofoqueiro vive espalhando segredos;
portanto, evite a companhia de quem fala demais. 20Quem insulta
o pai ou a mãe terá sua luz apagada na mais absoluta escuridão.
21A herança obtida antes da hora acaba não sendo bênção no final.
22Não diga: "Vou me vingar deste mal"; espere o SENHOR resolver
a questão. 23A desonestidade é detestável para o SENHOR; ele não
se agrada de balanças adulteradas. 24É o SENHOR que dirige nossos
passos; então por que tentar entender tudo ao longo do caminho?
25É uma armadilha prometer algo a Deus apressadamente e só de-
pois calcular o custo. 26O rei sábio espalha os perversos como trigo
e passa sobre eles a roda de debulhar. 27A luz do SENHOR penetra o
espírito humano e revela todas as intenções ocultas. 28Bondade e
fidelidade protegem o rei; seu trono é firmado pelo amor. 29A glória
dos jovens está em sua força, e o esplendor dos idosos, em seus
cabelos brancos. 30O castigo físico elimina o mal; essa disciplina
purifica o coração.

CAPÍTULO 21

1O coração do rei é como canais de águas controlados pelo SENHOR;
ele os conduz para onde quer. 2Ainda que as pessoas se considerem
corretas, o SENHOR examina o coração de cada um. 3O SENHOR se
agrada mais ao fazermos o que é certo e justo do que ao lhe ofe-
recermos sacrifícios. 4Olhos arrogantes, coração orgulhoso e atos
perversos: tudo isso é pecado. 5Quem planeja bem e trabalha com
dedicação prospera; quem se apressa e toma atalhos fica pobre.

6A riqueza obtida por meio de mentiras é neblina que se dissipa e
armadilha mortal. 7A violência dos perversos os destruirá, pois se
recusam a fazer o que é justo. 8O culpado anda por um caminho
tortuoso; o inocente percorre uma estrada reta. 9É melhor viver so-
zinho no canto de um sótão que morar com uma esposa briguenta
numa bela casa. 10O perverso deseja o mal e não tem compaixão do
próximo. 11Quando o zombador é castigado, o ingênuo se torna sá-
bio; quando o sábio é instruído, adquire ainda mais conhecimento.
12Deus, o Justo, sabe o que se passa na casa dos perversos e trará
desgraça sobre eles. 13Quem fecha os ouvidos aos clamores dos
pobres será ignorado quando passar necessidade. 14O presente
entregue em segredo acalma a ira; o suborno oferecido às escon-
didas abranda a fúria. 15A justiça é alegria para o justo, mas causa
pavor nos que praticam o mal. 16Quem se desvia do caminho da
prudência acabará na companhia dos mortos. 17Quem ama os pra-
zeres ficará pobre; quem ama o vinho e o luxo nunca enriquecerá.
18Os perversos são castigados em lugar dos justos, e os desleais,
em lugar dos honestos. 19É melhor viver sozinho no deserto que
morar com uma esposa briguenta que só sabe reclamar. 20O sá-
bio possui riqueza e luxo, mas o tolo gasta tudo que tem. 21Quem
busca a justiça e o amor encontra vida, justiça e honra. 22O sábio
conquista a cidade dos fortes e derruba a fortaleza em que eles
confiam. 23Cuide da língua e fique de boca fechada, e você não se
meterá em apuros. 24O zombador é orgulhoso e convencido e age
com extrema arrogância. 25O preguiçoso deseja muitas coisas, mas
acaba em ruína, pois suas mãos se recusam a trabalhar. 26Algumas
pessoas cobiçam o tempo todo, mas o justo gosta de repartir o que
tem. 27O sacrifício do perverso é detestável, especialmente quando
oferecido com más intenções. 28A testemunha falsa será morta;
a testemunha confiável terá permissão de falar. 29A teimosia do
perverso transparece em seu rosto, mas o justo pensa antes de
agir. 30Não há sabedoria, entendimento, nem conselho humano
capaz de resistir ao SENHOR. 31O cavalo é preparado para o dia da
batalha, mas quem dá a vitória é o SENHOR.

CAPÍTULO 22

1A boa reputação vale mais que grandes riquezas; ser estimado é
melhor que prata e ouro. 2O rico e o pobre têm isto em comum:

NO QUE ESTOU **PENSANDO** O QUE ESTOU **SENTINDO** DO QUE ESTOU **LEMBRANDO**

DESENHE OU ESCREVA

o SENHOR criou os dois. 3O prudente antevê o perigo e toma pre-
cauções; o ingênuo avança às cegas e sofre as consequências. 4A
humildade e o temor do SENHOR trazem riquezas, honra e vida
longa. 5O perverso anda por um caminho cheio de espinhos e pe-
rigos; quem dá valor à vida se afasta dele. 6Ensine seus filhos no
caminho certo, e, mesmo quando envelhecerem, não se desviarão
dele. 7Assim como o rico domina sobre o pobre, quem toma em-
prestado se torna servo de quem empresta. 8Quem semeia injustiça
colhe desgraça, e seu reino de terror chegará ao fim. 9A pessoa
generosa será abençoada, pois alimenta o pobre. 10Mande embora
o zombador e cessarão as brigas; não haverá mais contendas nem
insultos. 11Quem ama o coração puro e fala de modo agradável terá
o rei como amigo. 12O SENHOR preserva aquele que tem conhe-
cimento, mas frustra os planos dos desleais. 13O preguiçoso diz:
'Há um leão lá fora! Se eu sair, ele me matará!". 14A conversa da
mulher imoral é cova profunda; quem provoca a ira do SENHOR nela
cairá. 15O coração da criança é inclinado à insensatez, mas a vara
da disciplina a afastará dela. 16Quem explora os pobres ou cobre
os ricos de presentes para progredir na vida acabará na pobreza.

Ditados dos sábios

17Ouça as palavras dos sábios; dedique o coração à minha instrução.
18Porque é bom guardar no coração estes ditados e tê-los sempre
na ponta da língua. 19Hoje eu as ensino a você, para que confie no
SENHOR. 20Escrevi para você estes trinta ditados cheios de conselhos
e conhecimento. 21Assim você saberá a verdade e transmitirá um
relato preciso àqueles que o enviaram. 22Não explore o pobre só
porque tem oportunidade, nem se aproveite do necessitado no
tribunal. 23Pois o SENHOR defenderá a causa deles; pagará na mes-
ma medida a todos que os exploram. 24Não faça amizade com os
briguentos, nem ande com quem se ira facilmente, 25pois apren-
derá a ser igual a eles e colocará a si mesmo em perigo. 26Não
se comprometa a garantir a dívida de outro, nem aceite servir de
fiador. 27Se você não tiver como pagar a dívida, até a cama em que
dorme será tomada. 28Não mude de lugar os antigos marcadores
de divisa estabelecidos pelas gerações anteriores. 29Você já viu
alguém muito competente no que faz? Ele servirá reis em vez de
trabalhar para gente comum.

Pv

CAPÍTULO 23

1Quando se sentar para comer com uma autoridade, preste aten-
ção a quem está diante de você. 2Se você costuma comer demais,
controle o apetite; 3não deseje as iguarias que ele lhe oferece, pois
talvez queira enganá-lo. 4Não se desgaste tentando ficar rico; tenha
discernimento para saber quando parar. 5Num piscar de olhos a
riqueza desaparecerá; criará asas e voará para longe, como uma
águia. 6Não coma com pessoas mesquinhas, nem deseje suas
iguarias. 7Elas pensam sempre no custo daquilo que oferecem;
insistem: "Coma e beba", mas não falam com sinceridade. 8Você vo-
mitará o pouco que comeu e desperdiçará seus elogios. 9Não perca
tempo falando com o tolo, pois ele despreza até os conselhos mais
sensatos. 10Não mude de lugar os antigos marcadores de divisa;
não tome as terras dos órfãos. 11Pois o Resgatador deles é forte; ele
próprio apresentará as acusações contra você. 12Dedique-se à instru-
ção; ouça atentamente as palavras de conhecimento. 13Não deixe
de disciplinar seus filhos; a vara da disciplina não os matará. 14Sim,
a vara da disciplina pode muito bem salvá-los da morte. 15Meu
filho, se seu coração for sábio, meu coração se alegrará! 16Sentirei
profunda alegria quando seus lábios expressarem o que é certo.
17Não tenha inveja dos pecadores, mas tema sempre o SENHOR.
18Você será recompensado por isso; sua esperança não será frus-
trada. 19Ouça, meu filho, e seja sábio: mantenha seu coração no
rumo certo. 20Não ande com os beberrões, nem se envolva com os
comilões, 21pois eles caminham para a pobreza e, de tanto dormi-
rem, terão apenas trapos para vestir. 22Ouça seu pai, que lhe deu
vida, e não despreze sua mãe quando ela envelhecer. 23Adquira
a verdade e não a venda; obtenha sabedoria, instrução e discer-
nimento. 24O pai dos justos tem motivos para se alegrar; é uma
grande alegria ter filhos sábios. 25Portanto, alegre seu pai e sua
mãe; que seja feliz aquela que o deu à luz. 26Meu filho, dê-me seu
coração; que seus olhos tenham prazer em seguir meus caminhos.
27A prostituta é uma cova profunda; a promíscua é perigosa como
um poço estreito. 28Ela se esconde e espera, como ladrão, ansiosa
para conduzir mais homens à infidelidade. 29Quem se sente an-
gustiado e triste? Quem vive brigando e se queixando? Quem sofre
ferimentos desnecessários? Quem tem os olhos sempre verme-
lhos? 30Aquele que passa horas tomando vinho e experimentando
bebidas fortes. 31Não olhe demoradamente para o vinho, obser-
vando quanto ele é vermelho; como brilha no copo e desce
suavemente. 32Pois, no fim, ele morde como cobra venenosa; pica
como víbora. 33Você terá alucinações e dirá coisas sem sentido.
34Ficará tonto como marinheiro em alto-mar, agarrado ao mastro
em meio à tempestade. 35Dirá: "Bateram em mim, mas não senti;
nem percebi quando levei uma surra. Quando acordarei para beber
de novo?".

CAPÍTULO 24

1Não tenha inveja dos maus, nem deseje a companhia deles. 2Pois
tramam violência no coração, e suas palavras sempre causam pro-
blemas. 3Com sabedoria se constrói a casa, e com entendimento ela
se fortalece. 4Pelo conhecimento seus cômodos se enchem de toda
espécie de bens preciosos e desejáveis. 5O sábio é mais poderoso
que o forte; quem tem conhecimento se fortalece sempre mais.
6Portanto, não saia para guerrear sem boa orientação; com muitos
conselheiros se obtém a vitória. 7A sabedoria é elevada demais
para o insensato; entre os líderes à porta da cidade, nada tem a
dizer. 8Quem planeja o mal se torna conhecido como criador de
problemas. 9Os planos do insensato são pecado; o zombador é
detestável para todos. 10Se você vacilar no momento de dificulda-
de, sua força será pequena. 11Liberte os que foram injustamente
condenados a morrer; salve-os enquanto vão tropeçando para a
morte. 12Não se desculpe, dizendo: "Não sabia o que estava acon-
tecendo"; lembre-se de que Deus conhece cada coração. Aquele
que zela por sua vida sabe que você estava ciente; ele retribuirá a
cada um conforme suas ações. 13Meu filho, coma mel, pois é bom,
e o favo é doce ao paladar. 14Da mesma forma, a sabedoria é doce
para a alma; se você a encontrar, terá um futuro brilhante, e suas
esperanças não serão frustradas. 15Não seja como o perverso, que
fica de tocaia na frente da casa do justo, nem ataque a moradia dele.
16Ainda que o justo tropece sete vezes, voltará a se levantar, mas
uma só calamidade é suficiente para derrubar o perverso. 17Não se
alegre quando seu inimigo cair; não exulte quando ele tropeçar.
18Pois o SENHOR se desagradará disso e dele desviará sua ira. 19Não
se perturbe por causa dos maus; não tenha inveja dos perversos.
20Pois os maus não têm futuro; a luz dos perversos se apagará.

NO QUE ESTOU PENSANDO ○ | O QUE ESTOU SENTINDO ○ | DO QUE ESTOU LEMBRANDO ○

DESENHE OU ESCREVA

21Meu filho, tema o SENHOR e o rei e não se associe com os rebeldes,
22pois serão destruídos repentinamente; quem sabe que castigo
virá do SENHOR e do rei?

Mais ditados dos sábios

23Estes são mais alguns ditados dos sábios: É errado tomar parti-
do quando se julga um caso. 24O juiz que diz ao perverso: "Você
é inocente", será amaldiçoado pelo povo e odiado pelas nações.
25Mas as coisas irão bem para os que condenam o culpado; eles
receberão grandes bênçãos. 26Uma resposta honesta é como um
beijo de amizade. 27Antes de construir sua casa, planeje-se e pre-
pare os campos. 28Não testemunhe contra o próximo sem motivo;
não minta a respeito dele. 29E não diga: "Agora vou me vingar
do que ele me fez! Vou acertar as contas com ele!". 30Passei pelo
campo do preguiçoso, pelo vinhedo daquele que não tem juízo.
31Tudo estava cheio de espinhos e coberto de ervas daninhas, e
seu muro de pedras, em ruínas. 32Então, enquanto observava e
pensava no que via, aprendi esta lição: 33Um pouco mais de sono,
mais um cochilo, mais um descanso com os braços cruzados, 34e a
pobreza o assaltará como um bandido; a escassez o atacará como
um ladrão armado.

CAPÍTULO 25

Mais provérbios de Salomão

1Estes são mais provérbios de Salomão, reunidos pelos conselheiros
de Ezequias, rei de Judá. 2É direito de Deus ocultar certas coisas, e é
direito do rei tentar descobri-las. 3Ninguém consegue compreender
a altura do céu e a profundidade da terra; de igual modo, ninguém
sabe o que se passa na mente do rei. 4Remova as impurezas da
prata, e o ourives poderá com ela criar um vaso. 5Remova os per-
versos da corte do rei, e seu reinado se firmará na justiça. 6Não
chame atenção para si diante do rei, nem exija um lugar entre as
pessoas importantes. 7É melhor esperar até ser convidado perante
os nobres que ser mandado embora e humilhado em público. Só
porque você viu algo, 8não se apresse em ir ao tribunal. Pois o que
você fará no final se seu oponente lhe provar que está errado?
9Quando discutir com o próximo, não revele os segredos de outra
pessoa. 10Do contrário, você ganhará má fama e nunca mais se

A LÍNGUA QUE ESPALHA BOATOS PROVOCA A IRA.

Pv 25.23

livrará dela. 11O conselho oferecido na hora certa é agradável como
maçãs de ouro numa bandeja de prata. 12Para quem se dispõe a
ouvir, a crítica construtiva é como brinco de ouro ou joia de ouro
puro. 13O mensageiro confiável é como a neve no verão; reanima
o espírito de seu senhor. 14A pessoa que promete um presente,
mas não o entrega, é como nuvens e ventos que não trazem chuva.
15A paciência pode convencer o príncipe, e palavras suaves podem
quebrar ossos. 16Se você encontrar mel, não coma demais, para não
enjoar e vomitar. 17Não visite seu vizinho com muita frequência,
pois deixará de ser bem-vindo. 18Mentir a respeito de outra pessoa
faz tanto mal quanto agredi-la com um pedaço de pau, feri-la com
uma espada ou atingi-la com uma flecha afiada. 19Confiar numa
pessoa desleal em tempos de dificuldade é como mastigar com
um dente quebrado ou caminhar com um pé aleijado. 20Entoar
canções alegres para uma pessoa com o coração aflito é como tirar
o agasalho de alguém num dia de frio ou derramar vinagre sobre
uma ferida. 21Se seus inimigos tiverem fome, dê-lhes de comer;
se tiverem sede, dê-lhes de beber. 22Você amontoará brasas vivas
sobre a cabeça deles, e o SENHOR o recompensará. 23Tão certo como
o vento do norte traz chuva, a língua que espalha boatos provoca
a ira. 24É melhor viver sozinho no canto de um sótão que morar
com uma esposa briguenta numa bela casa. 25Boas notícias vindas
de uma terra distante são como água fresca para o sedento. 26O
justo que cede à pressão do perverso é como nascente poluída ou
fonte cheia de lama. 27Não faz bem comer mel demais, nem é bom
procurar honras para si. 28Quem não tem domínio próprio é como
uma cidade sem muros.

CAPÍTULO 26

1Como neve no verão e chuva na colheita, assim a honra é impró-
pria para o tolo. 2Como o pardal que alça voo e a andorinha que
atravessa o céu, a maldição imerecida não pousa sobre quem ela é
dirigida. 3Conduza o cavalo com o chicote, o jumento com o freio e
o tolo com a vara nas costas. 4Não responda aos argumentos insen-
satos do tolo, para que não se torne tolo como ele. 5Responda aos
argumentos insensatos do tolo, para que ele não se considere sábio.
6Confiar ao tolo a responsabilidade de transmitir uma mensagem é
como cortar o próprio pé ou beber veneno. 7Um provérbio na boca

do tolo é tão inútil quanto uma perna paralisada. 8Honrar o tolo é
tão insensato quanto amarrar a pedra à atiradeira. 9Um provérbio
na boca do tolo é como um ramo cheio de espinhos na mão de um
bêbado. 10Quem contrata um tolo ou o primeiro que passa é como o
arqueiro que atira ao acaso. 11Como o cão volta a seu vômito, assim
o tolo repete sua insensatez. 12Há mais esperança para o tolo que
para aquele que se considera sábio. 13O preguiçoso diz: "Há um
leão no caminho! Tenho certeza de que há um leão lá fora!". 14Como
a porta gira nas dobradiças, assim o preguiçoso se revira na cama.
15O preguiçoso pega a comida na mão, mas não se dá o trabalho de
levá-la à boca. 16O preguiçoso se considera mais esperto que sete
conselheiros sábios. 17Meter-se em discussão alheia é como puxar
um cachorro pelas orelhas. 18O louco que atira com arma mortal
causa tanto estrago 19quanto quem mente para um amigo e depois
diz: "Estava só brincando!". 20Sem lenha, o fogo apaga; sem intri-
gas, as brigas cessam. 21Como as brasas acendem o carvão e o fogo
acende a lenha, assim o briguento provoca conflitos. 22Calúnias são
como petiscos saborosos que descem até o íntimo de quem ouve.
23Palavras suaves podem esconder um coração perverso, como uma
camada de esmalte cobre o vaso de barro. 24As pessoas podem
encobrir o ódio com palavras agradáveis, mas isso não passa de
engano. 25Ainda que pareçam amáveis, não acredite nelas; seu
coração está cheio de maldade. 26Mesmo que escondam o ódio
dissimuladamente, sua maldade será exposta em público. 27Quem
prepara uma armadilha para outros nela cairá; quem rola uma pe-
dra sobre outros por ela será esmagado. 28A língua mentirosa odeia
suas vítimas; palavras bajuladoras causam ruína.

CAPÍTULO 27

1Não conte vantagem a respeito do futuro, pois você não sabe o
que o amanhã trará. 2Deixe que outro o elogie, e não sua própria
boca; alguém desconhecido, e não seus próprios lábios. 3A pedra
é pesada, e a areia também, mas pesa ainda mais o ressentimento
causado pelo insensato. 4A ira é cruel, e a fúria, como a inundação,
mas a inveja é ainda mais perigosa. 5A repreensão franca é melhor
que o amor escondido. 6As feridas feitas por um amigo sincero
são melhores que os beijos de um inimigo. 7Quem está satisfeito
recusa o mel, mas para o faminto até o alimento amargo é doce.

Pv 27.8

8Quem anda distante de casa é como pássaro longe do ninho. 9O
conselho sincero de um amigo é agradável como perfume e incen-
so. 10Jamais abandone um amigo, nem o seu nem o de seu pai.
Quando vier a calamidade, não peça ajuda a seu irmão; é melhor
recorrer a um vizinho próximo que a um irmão distante. 11Meu filho,
seja sábio e alegre meu coração; então poderei responder aos que
me criticam. 12O prudente antevê o perigo e toma precauções; o
ingênuo avança às cegas e sofre as consequências. 13Quem aceita
ser fiador de um desconhecido perderá a roupa do corpo; ela ficará
como pagamento de quem garante a dívida do estranho. 14A sau-
dação ruidosa logo cedo será recebida como maldição. 15A esposa
briguenta é irritante como a goteira num dia de chuva. 16Tentar
contê-la é como deter o vento ou agarrar o óleo com a mão. 17Como
o ferro afia o ferro, assim um amigo afia o outro. 18Quem cuida da
figueira comerá de seus frutos; quem protege os interesses de seu
senhor será recompensado. 19Como a água reflete o rosto, assim
o coração reflete quem a pessoa é. 20Como a Morte e a Destruição
nunca se satisfazem, assim os desejos do homem nunca são sacia-
dos. 21O fogo prova a pureza da prata e do ouro, mas a pessoa é
provada pelos elogios que recebe. 22Ainda que se moa o insensato
como cereal no pilão, é impossível separá-lo de sua insensatez.
23Tome conhecimento do estado de suas ovelhas e dedique-se a
cuidar de seus rebanhos, 24pois a riqueza não dura para sempre, e
pode ser que a coroa não passe para a geração seguinte. 25Depois
de recolhido o feno, germinada a nova plantação e reunido o capim
dos montes, 26os carneiros darão lã para suas roupas e os bodes
poderão ser vendidos pelo preço de um campo. 27Você terá leite de
cabra suficiente para si, para sua família e para suas servas.

CAPÍTULO 28

1Os perversos fogem mesmo quando ninguém os persegue, mas o
justo é valente como o leão. 2A corrupção moral de uma nação faz
cair seu governo, mas o líder sábio e prudente traz estabilidade. 3O
pobre que oprime os pobres é como a chuva torrencial que destrói a
plantação. 4Quem despreza a lei exalta os perversos; quem obede-
ce à lei luta contra eles. 5Os que praticam o mal não compreendem
a justiça, mas os que buscam o SENHOR a entendem plenamente.
6É melhor ser pobre e honesto que ser rico e desonesto. 7O filho

que obedece à lei demonstra prudência; aquele que anda com
libertinos envergonha seu pai. 8O lucro obtido da cobrança de juros
altos terminará no bolso de alguém que trata os pobres com bon-
dade. 9As orações de quem se recusa a ouvir a lei são detestáveis
para Deus. 10Quem leva os justos para o mau caminho cairá na
própria armadilha, mas os íntegros herdarão o bem. 11O rico pode
se considerar sábio, mas não engana o pobre que tem discerni-
mento. 12Quando os justos são bem-sucedidos, todos se alegram;
quando os perversos assumem o poder, as pessoas se escondem.
13Quem oculta seus pecados não prospera; quem os confessa e os
abandona recebe misericórdia. 14Quem teme fazer o mal é feliz,
mas quem endurece o coração cai em desgraça. 15O governante
perverso é tão perigoso para os pobres quanto o leão que ruge ou o
urso que ataca. 16O governante que não tem entendimento oprime
seu povo, mas o que odeia a corrupção tem vida longa. 17A cons-
ciência atormentada do assassino o levará à sepultura; ninguém
tente detê-lo. 18O íntegro será salvo do perigo, mas o perverso será
destruído repentinamente. 19Quem trabalha com dedicação tem
fartura de alimento, mas quem corre atrás de fantasias acaba na
miséria. 20A pessoa fiel obterá grande recompensa, mas o que
deseja enriquecer depressa se meterá em apuros. 21Nunca é bom
agir com parcialidade, mas há quem faça o mal até por um pedaço
de pão. 22O ganancioso tenta enriquecer depressa, mas não per-
cebe que caminha para a pobreza. 23No fim, as pessoas apreciam
a crítica honesta muito mais que a bajulação. 24Quem rouba de
seu pai e de sua mãe e diz: "Que mal há nisso?", não é melhor que
o assassino. 25A ganância provoca brigas; a confiança no Senhor
conduz à prosperidade. 26Quem confia no próprio entendimento
é tolo; quem anda com sabedoria está seguro. 27Quem ajuda os
pobres não passará necessidade, mas quem fecha os olhos para
a pobreza será amaldiçoado. 28Quando os perversos assumem o
poder, as pessoas se escondem; quando eles são destruídos, os
justos prosperam.

CAPÍTULO 29

1Quem sempre se recusa a aceitar a repreensão será destruído
de repente, sem que possa se recuperar. 2Quando os justos go-
vernam, o povo se alegra; quando os perversos estão no poder, o

NO QUE ESTOU **PENSANDO** ○ O QUE ESTOU **SENTINDO** ○ DO QUE ESTOU **LEMBRANDO** ○

DESENHE OU ESCREVA

povo geme. 3O homem que ama a sabedoria alegra seu pai, mas
o que anda com prostitutas desperdiça sua riqueza. 4O rei justo dá
estabilidade à nação, mas o que exige subornos a destrói. 5Quem
bajula os amigos prepara uma armadilha para os pés deles. 6A
pessoa má é pega no laço do próprio pecado, mas o justo escapa e
grita de alegria. 7O justo se preocupa com os direitos dos pobres,
mas o perverso não dá a mínima atenção para isso. 8Os zombadores
alvoroçam a cidade inteira, mas os sábios acalmam a ira. 9Se o
sábio levar o insensato ao tribunal, haverá tumulto e zombaria,
mas nada se resolverá. 10Os sanguinários odeiam o íntegro, mas
os justos procuram ajudá-lo. 11O tolo mostra toda a sua ira, mas o
sábio a controla em silêncio. 12Se um governante der atenção aos
mentirosos, todos os seus conselheiros serão perversos. 13O pobre
e o opressor têm isto em comum: o Senhor permite que ambos
enxerguem. 14Se o rei julgar os pobres com justiça, seu trono du-
rará para sempre. 15A criança que é corrigida se torna sábia, mas o
filho indisciplinado envergonha sua mãe. 16Quando os perversos
estão no poder, o pecado se multiplica, mas os justos verão sua
queda. 17Discipline seus filhos, e eles darão paz a seu espírito e
alegria a seu coração. 18O povo que não aceita a orientação divina
se corrompe, mas quem obedece à lei é feliz. 19Para corrigir o servo
é preciso mais que palavras; ainda que ele as entenda, não obe-
decerá. 20Há mais esperança para o tolo que para alguém que fala
sem pensar. 21O servo mimado desde a infância se tornará rebelde.
22A pessoa irada provoca conflitos; quem perde a calma facilmente
comete muitos pecados. 23O orgulho termina em humilhação, mas
a humildade alcança a honra. 24Quem ajuda o ladrão prejudica a si
mesmo; sob juramento, não ousa testemunhar. 25Temer as pessoas
é uma armadilha perigosa, mas quem confia no Senhor está segu-
ro. 26Muitos buscam o favor do governante, mas a justiça vem do
Senhor. 27O justo despreza o injusto; o perverso despreza o íntegro.

CAPÍTULO 30

Ditados de Agur

1Os ditados de Agur, filho de Jaque, contêm esta mensagem: Estou
cansado, ó Deus; estou cansado e exausto, ó Deus. 2Sou o mais tolo
dos homens; não tenho discernimento. 3Não aprendi a sabedoria
humana, nem tenho conhecimento do Santo. 4Quem é capaz de

Pv

subir aos céus e descer? Quem segura o vento nas mãos? Quem
envolve os oceanos em sua capa? Quem criou o mundo inteiro?
Qual é seu nome? E qual é o nome de seu filho? Diga-me, se é
que sabe! 5Toda palavra de Deus se prova verdadeira; ele é escudo
para quem busca sua proteção. 6Não acrescente nada às palavras
dele; se o fizer, ele o repreenderá e mostrará que você é menti-
roso. 7Ó Deus, eu te peço dois favores; concede-os antes que eu
morra. 8Primeiro, ajuda-me a ficar longe da falsidade e da mentira.
Segundo, não me dês nem pobreza nem riqueza; dá-me apenas
o que for necessário. 9Pois, se eu ficar rico, pode ser que te negue
e diga: "Quem é o SENHOR?". E, se eu for pobre demais, pode ser
que roube e, com isso, desonre o nome do meu Deus. 10Não fale
mal do servo a seu senhor; do contrário, o servo o amaldiçoará, e
você sofrerá as consequências. 11Alguns amaldiçoam o pai e são
ingratos com a mãe. 12Consideram-se puros, mas são imundos
e nunca foram lavados. 13Olham ao redor com orgulho e lançam
olhares de desprezo. 14Seus dentes são como espadas, e suas pre-
sas, como facas. Devoram da terra os pobres e, da humanidade, os
necessitados. 15A sanguessuga tem duas bocas que dizem: "Mais,
mais!". Há três coisas que nunca se satisfazem, ou melhor, quatro
que nunca dizem: "É suficiente!": 16a sepultura, o ventre estéril, o
deserto sedento e o fogo abrasador. 17O olho de quem zomba do
pai e despreza as instruções da mãe será arrancado pelos corvos
do vale e devorado pelos abutres. 18Há três coisas que me deixam
maravilhado, ou melhor, quatro coisas que não entendo: 19como a
águia plana no céu, como a serpente rasteja sobre a rocha, como a
embarcação navega no mar, e como o homem ama a mulher. 20A
mulher adúltera devora o homem, depois limpa a boca e diz: "Não
fiz nada de errado". 21Há três coisas que fazem a terra estremecer,
ou melhor, quatro que ela não pode suportar: 22o servo que se
torna rei, o tolo arrogante que prospera, 23a mulher amargurada
que enfim arranja um marido, e a serva que toma o lugar de sua
senhora. 24Quatro coisas na terra são pequenas, mas muito sábias:
25as formigas, que, embora não sejam fortes, armazenam alimento
no verão, 26os coelhos silvestres, que, embora não sejam podero-
sos, fazem sua toca nas rochas, 27os gafanhotos, que, embora não
tenham rei, marcham em fileira, 28e as lagartixas, que, embora
sejam fáceis de apanhar, vivem até nos palácios dos reis. 29Há três

NO QUE ESTOU **PENSANDO** ○

O QUE ESTOU **SENTINDO** ○

DO QUE ESTOU **LEMBRANDO** ○

DESENHE OU ESCREVA

seres vivos que caminham com passo elegante, ou melhor, quatro
que se movem de modo imponente: 30o leão, rei dos animais,
que não abre caminho para ninguém, 31o galo, que anda de peito
estufado, o bode, e o rei à frente de seu exército. 32Se você agiu
como tolo e foi orgulhoso ou tramou o mal, tape a boca em sinal
de vergonha. 33Como bater o leite produz manteiga, e um soco no
nariz o faz sangrar, provocar a ira resulta em brigas.

CAPÍTULO 31

Ditados do rei Lemuel

1Os ditados do rei Lemuel contêm esta mensagem, que sua mãe lhe
ensinou: 2Meu filho, filho de meu ventre, filho de meus votos, 3não
desperdice sua força com mulheres, nem sua vida com aquelas
que destroem reis. 4Não convém aos reis, ó Lemuel, tomar muito
vinho; os governantes não devem desejar bebida alcoólica. 5Se
beberem, pode ser que se esqueçam da lei e deixem de fazer justiça
aos oprimidos. 6O álcool é para os que estão morrendo, e o vinho,
para os que estão amargurados. 7Que bebam para se esquecer de
sua pobreza e não se lembrar de suas dificuldades. 8Fale em favor
daqueles que não podem se defender; garanta justiça para os que
estão aflitos. 9Sim, fale em favor dos pobres e desamparados, e
providencie que recebam justiça.

A mulher virtuosa

10Quem encontrará uma mulher virtuosa? Ela é mais preciosa que
rubis. 11O marido tem plena confiança nela, e ela lhe enriquecerá
a vida grandemente. 12Ela lhe faz bem, e não mal, todos os dias de
sua vida. 13Ela adquire lã e linho e, com alegria, trabalha os fios
com as mãos. 14Como navio mercante, traz alimentos de longe.
15Levanta-se de madrugada para preparar a refeição da família e
planeja as tarefas do dia para suas servas. 16Vai examinar um campo
e o compra; com o que ganha, planta um vinhedo. 17É cheia de
energia, forte e trabalhadora. 18Certifica-se de que seus negócios
sejam lucrativos; sua lâmpada permanece acesa à noite. 19Suas
mãos operam o tear, e seus dedos manejam a roca. 20Estende a
mão para ajudar os pobres e abre os braços para os necessitados.
21Quando chega o inverno, não se preocupa, pois todos em sua
família têm roupas quentes. 22Faz suas próprias cobertas e usa

vestidos de linho fino e tecido vermelho. 23Seu marido é respeitado
na porta da cidade, onde se senta com as demais autoridades. 24Faz
roupas de linho com cintos e faixas para vender aos comerciantes.
25Veste-se de força e dignidade e ri sem medo do futuro. 26Quando
ela fala, suas palavras são sábias; quando dá instruções, demonstra
bondade. 27Cuida bem de tudo em sua casa e nunca dá lugar à pre-
guiça. 28Seus filhos se levantam e a chamam de "abençoada", e seu
marido a elogia: 29"Há muitas mulheres virtuosas neste mundo,
mas você supera todas elas!". 30Os encantos são enganosos, e a
beleza não dura para sempre, mas a mulher que teme o SENHOR
será elogiada. 31Recompensem-na por tudo que ela faz; que suas
obras a elogiem publicamente.

Pv 31.27

ECLESIASTES

CAPÍTULO 1
1Estas são as palavras do Mestre, filho de Davi, que reinou em
Jerusalém.

Nada faz sentido
2"Nada faz sentido", diz o Mestre. "Nada faz o menor sentido." 3O
que as pessoas ganham com todo o seu árduo trabalho debaixo
do sol? 4Gerações vêm e gerações vão, mas a terra permanece a
mesma. 5O sol nasce, o sol se põe e, logo, retorna a seu lugar para
nascer outra vez. 6O vento sopra para o sul, depois para o norte;
dá voltas e mais voltas, soprando em círculos. 7Os rios correm
para o mar, mas ele nunca se enche; a água retorna aos rios e
corre novamente para o mar. 8Tudo é tão cansativo que não há
como descrever. Não importa quanto vemos, nunca ficamos sa-
tisfeitos; não importa quanto ouvimos, nunca nos contentamos.
9A história simplesmente se repete. O que foi feito antes será
feito outra vez. Nada debaixo do sol é realmente novo. 10De vez
em quando, alguém diz: "Isto é novidade!". O fato, porém, é que
nada é realmente novo. 11Não nos lembramos do que aconteceu
no passado, e as gerações futuras tampouco se lembrarão do que
fazemos hoje.

A inutilidade da sabedoria
12Eu, o Mestre, fui rei de Israel e vivi em Jerusalém. 13Dediquei-
me a buscar o entendimento e a usar a sabedoria para examinar

NO QUE ESTOU **PENSANDO** ○ O QUE ESTOU **SENTINDO** ○ DO QUE ESTOU **LEMBRANDO** ○

DESENHE OU ESCREVA

tudo que se faz debaixo do céu. Descobri que Deus deu uma
existência trágica à humanidade. 14Observei tudo que acontece
debaixo do sol e, de fato, nada faz sentido; é como correr atrás do
vento. 15O que está errado não pode ser corrigido; o que ainda
falta não pode ser recuperado. 16Disse a mim mesmo: "Sou mais
sábio que todos os reis que governaram em Jerusalém antes de
mim. Tenho mais sabedoria e conhecimento que eles". 17Então
me dediquei a aprender de tudo: desde a sabedoria até a loucu-
ra e a insensatez. Descobri, por experiência, que procurar essas
coisas também é como correr atrás do vento. 18Quanto maior a
sabedoria, maior a aflição; quanto maior o conhecimento, maior
a tristeza.

CAPÍTULO 2
A inutilidade dos prazeres
1Disse a mim mesmo: "Venha, vamos experimentar o prazer; va-
mos procurar as coisas boas da vida!". Descobri, porém, que isso
também não fazia sentido. 2Portanto, disse: "O riso é tolice. De
que adianta buscar o prazer?". 3Depois de pensar muito, resolvi
me animar com vinho. E, enquanto ainda buscava a sabedoria,
apeguei-me à insensatez. Assim, procurei experimentar o que ha-
veria de melhor para as pessoas em sua curta vida debaixo do sol.
4Dediquei-me a projetos grandiosos, construindo casas enormes
e plantando belos vinhedos. 5Fiz jardins e parques e os enchi de
árvores frutíferas de toda espécie. 6Construí açudes para juntar
água e regar meus pomares verdejantes. 7Comprei escravos e
escravas, e outros nasceram em minha casa. Tive muito gado e
rebanhos, mais que todos os que viveram em Jerusalém antes
de mim. 8Juntei grande quantidade de prata e ouro, tesouros de
muitos reis e províncias. Contratei cantores e cantoras e tive muitas
concubinas. Tive tudo que um homem pode desejar! 9Tornei-me
mais importante que todos os que viveram em Jerusalém antes
de mim, e nunca me faltou sabedoria. 10Tudo que desejei, busquei
e consegui. Não me neguei prazer algum. No trabalho árduo, en-
contrei grande prazer, a recompensa por meus esforços. 11Mas, ao
olhar para tudo que havia me esforçado tanto para realizar, vi que
nada fazia sentido; era como correr atrás do vento. Não havia nada
que valesse a pena debaixo do sol.

O sábio e o tolo

12Então resolvi comparar a sabedoria com a loucura e a insensa-
tez (pois quem pode fazê-lo melhor que eu, o rei?). 13Pensei: "A
sabedoria é melhor que a insensatez, assim como a luz é melhor
que as trevas. 14O sábio vê para onde está indo, mas o tolo anda
na escuridão". Apesar disso, vi que o sábio e o tolo têm o mesmo
destino. 15Disse a mim mesmo: "Uma vez que terei o mesmo fim do
tolo, de que vale toda a minha sabedoria? Nada disso faz sentido!".
16Pois nem o sábio nem o tolo serão lembrados por muito tempo;
ambos morrerão, e logo serão esquecidos. 17Por isso, passei a odiar
minha vida, pois tudo que é feito debaixo do sol é frustrante. Nada
faz sentido; é como correr atrás do vento.

A inutilidade do trabalho

18Passei a odiar todo o meu árduo trabalho debaixo do sol, pois
deixarei para meus sucessores tudo que me esforcei para obter.
19E quem pode dizer se eles serão sábios ou tolos? No entanto,
terão controle sobre tudo que consegui debaixo do sol, com minha
habilidade e meu esforço. Isso não faz o menor sentido! 20Assim,
cheguei a me desesperar e questionei o valor de todo o meu árduo
trabalho debaixo do sol. 21Algumas pessoas trabalham com sabe-
doria, conhecimento e habilidade, mas terão de deixar o resultado
de seu trabalho para alguém que não se esforçou. Isso também
não faz sentido; é uma grande tragédia. 22O que as pessoas ga-
nham com tanto esforço e ansiedade debaixo do sol? 23Seus dias
de trabalho são cheios de dor e tristeza, e nem mesmo à noite
sua mente descansa. Nada faz sentido. 24Por isso, concluí que a
melhor coisa a fazer é desfrutar a comida e a bebida e encontrar
satisfação no trabalho. Percebi, então, que esses prazeres vêm da
mão de Deus. 25Pois quem pode comer ou desfrutar algo sem ele?
26Deus concede sabedoria, conhecimento e alegria àqueles que
lhe agradam. Se, porém, um pecador enriquece, Deus lhe toma a
riqueza e a entrega àqueles que lhe agradam. Isso também não
faz sentido; é como correr atrás do vento.

CAPÍTULO 3

Tudo tem seu tempo

1Há um momento certo para tudo, um tempo para cada atividade

Ec 3.1

debaixo do céu. 2Há tempo de nascer, e tempo de morrer; tem-
po de plantar, e tempo de colher. 3Tempo de matar, e tempo de
curar; tempo de derrubar, e tempo de construir. 4Tempo de chorar,
e tempo de rir; tempo de se entristecer, e tempo de dançar. 5Tempo
de espalhar pedras, e tempo de ajuntá-las; tempo de abraçar, e
tempo de se afastar. 6Tempo de procurar, e tempo de deixar de
buscar; tempo de guardar, e tempo de jogar fora. 7Tempo de rasgar,
e tempo de remendar; tempo de calar, e tempo de falar. 8Tempo
de amar, e tempo de odiar; tempo de guerra, e tempo de paz. 9O
que as pessoas ganham com tanto trabalho árduo? 10Vi o fardo
que Deus pôs sobre toda a humanidade. 11E, no entanto, Deus fez
tudo apropriado para seu devido tempo. Ele colocou um senso de
eternidade no coração humano, mas mesmo assim ninguém é ca-
paz de entender toda a obra de Deus, do começo ao fim. 12Concluí,
portanto, que a melhor coisa a fazer é ser feliz e desfrutar a vida
enquanto é possível. 13Cada um deve comer e beber e desfrutar
os frutos de seu trabalho, pois são presentes de Deus. 14E sei que
tudo que Deus faz é definitivo; não se pode acrescentar ou tirar
nada. O propósito de Deus é que as pessoas o temam. 15O que
acontece agora já aconteceu antes, e o que acontecerá no futuro
também já aconteceu, pois Deus faz as mesmas coisas acontecerem
repetidamente.

As injustiças da vida

16Observei também que debaixo do sol há maldade onde deveria
haver justiça. Sim, até os tribunais são corruptos. 17Disse a mim
mesmo: "No devido tempo, Deus julgará tanto os justos como os
perversos, por tudo que fizeram". 18Também refleti sobre a condição
humana, como Deus mostra às pessoas que elas não são melhores
que os animais. 19Pois tanto pessoas como animais têm o mesmo
destino: ambos respiram e ambos morrem. As pessoas não têm
vantagem alguma sobre os animais. Isso não faz o menor sentido!
20Todos vão para o mesmo lugar: vieram do pó e a ele retornam.
21Afinal, quem pode afirmar que o espírito dos seres humanos vai
para cima e o espírito dos animais desce para a terra? 22Vi, portanto,
que a melhor coisa a fazer é alegrar-se com seu trabalho. É isso
que nos cabe na vida. Ninguém nos trará de volta para ver o que
acontece depois que morremos.

CAPÍTULO 4

1 Observei, ainda, toda a opressão que ocorre debaixo do sol. Vi as
lágrimas dos oprimidos, e ninguém para consolá-los. Os opressores
são poderosos, e suas vítimas, indefesas. 2 Concluí, portanto, que
os mortos são mais felizes que os vivos. 3 Mais felizes que todos,
porém, são os que ainda não nasceram, pois não viram o mal que
se faz debaixo do sol. 4 Então observei que todo esforço e trabalho
é motivado pela inveja que as pessoas sentem umas das outras.
Isso também não faz sentido; é como correr atrás do vento. 5 "Os
tolos cruzam os braços e se arruínam." 6 E, no entanto, "É melhor ter
um punhado com tranquilidade que dois punhados com trabalho
árduo e correr atrás do vento".

As vantagens do companheirismo

7 Observei outra coisa que não faz sentido debaixo do sol. 8 É o caso
do homem que vive completamente sozinho, sem filho nem irmão,
mas que ainda assim se esforça para obter toda riqueza que puder.
A certa altura, porém, ele se pergunta: "Para quem trabalho? Por
que deixo de aproveitar tantos prazeres?". Nada faz sentido, e é tudo
angustiante. 9 É melhor serem dois que um, pois um ajuda o outro a
alcançar o sucesso. 10 Se um cair, o outro o ajuda a levantar-se. Mas
quem cai sem ter quem o ajude está em sérios apuros. 11 Da mesma
forma, duas pessoas que se deitam juntas aquecem uma à outra.
Mas como fazer para se aquecer sozinho? 12 Sozinha, a pessoa corre
o risco de ser atacada e vencida, mas duas pessoas juntas podem
se defender melhor. Se houver três, melhor ainda, pois uma corda
trançada com três fios não arrebenta facilmente.

A inutilidade do poder político

13 É melhor ser um jovem pobre e sábio que um rei velho e tolo, que
não aceita conselhos. 14 Pode acontecer de o jovem sair da pobreza
e ser bem-sucedido, e até tornar-se rei, mesmo que tenha estado
na prisão. 15 Em pouco tempo, porém, todos correm para o lado de
outro jovem, que o sucede. 16 Multidões incontáveis o cercam, mas
depois surge uma nova geração que o rejeita. Isso também não faz
sentido; é como correr atrás do vento.

CAPÍTULO 5

Instruções para se aproximar de Deus

1 Quando você entrar na casa de Deus, tome cuidado com o que faz
e ouça com atenção. Age mal quem apresenta ofertas a Deus sem
pensar. 2 Não se precipite em fazer promessas nem em apresentar
suas questões a Deus. Afinal, Deus está nos céus, e você, na terra;
portanto, fale pouco. 3 Do excesso de trabalho vem o sonho agitado;
do excesso de palavras vêm as promessas do tolo. 4 Quando fizer
uma promessa a Deus, não demore a cumpri-la, pois ele não se
agrada dos tolos. Cumpra todas as promessas que fizer. 5 É melhor
não dizer nada que fazer uma promessa e não cumprir. 6 Não permi-
ta que sua boca o leve a pecar. E não se defenda dizendo ao mensa-
geiro do templo que a promessa foi um engano. Isso deixaria Deus
irado, e ele poderia destruir tudo que você conquistou. 7 Sonhar
demais é inútil, assim como falar muito. Em vez disso, tema a Deus.

A inutilidade das riquezas

8 Não se surpreenda se, em toda a terra, você vir os pobres sofrendo
opressão pelos poderosos, e a justiça e o direito sendo pervertidos.
Cada oficial é subordinado a uma autoridade superior, e a justiça se
perde em meio à burocracia. 9 Até mesmo o rei tira para si o máximo
proveito da terra. 10 Quem ama o dinheiro nunca terá o suficiente.
Quem ama a riqueza nunca se satisfará com o que ganha. Não faz
sentido viver desse modo! 11 Quanto mais você tem, mais pessoas
aparecem para ajudá-lo a gastar. Portanto, de que serve a riqueza,
senão para vê-la escapar por entre os dedos? 12 Quem trabalha com
dedicação dorme bem, quer coma pouco, quer muito. As muitas
riquezas, porém, não deixam o rico dormir. 13 Observei ainda outro
grave problema debaixo do sol: o acúmulo de riquezas prejudica
seu dono. 14 Se o dinheiro é colocado em investimentos arriscados
e eles dão errado, perde-se tudo. No final, não sobra nada para
deixar aos filhos. 15 Todos nós chegamos ao fim da vida nus e de
mãos vazias, como no dia em que nascemos. Não levamos conosco
o fruto de nosso trabalho. 16 Isto também é um grande mal: as pes-
soas vão embora deste mundo como vieram. Todo o seu esforço é
inútil, como trabalhar para o vento. 17 Passam a vida sob uma nuvem
escura de frustração, doença e indignação. 18 Ainda assim, observei
pelo menos uma coisa positiva: é bom que as pessoas comam,

bebam e desfrutem os resultados de seu trabalho debaixo do sol
durante a vida curta que Deus lhes dá e aceitem a parte que lhes
cabe. 19Também é bom receber de Deus riqueza e boa saúde para
aproveitá-la. Alegrar-se com seu trabalho e aceitar a parte que lhe
cabe na vida são, sem dúvida, presentes de Deus. 20Deus mantém
as pessoas tão ocupadas com as alegrias da vida que não lhes sobra
tempo para refletir sobre o passado.

CAPÍTULO 6

1Vi debaixo do sol outra grande tragédia que pesa sobre a hu-
manidade. 2Deus concede a alguns muita riqueza, honra e tudo
que desejam, mas não lhes dá a oportunidade de usufruir dis-
so. Eles morrem e outro acaba usufruindo de todas essas coisas!
Isso também não faz sentido; é uma verdadeira desgraça. 3Um
homem pode ter cem filhos e viver muitos anos. Se, porém, não
encontrar satisfação alguma na vida e não tiver nem mesmo um
enterro digno, teria sido melhor que houvesse nascido morto. 4Pois
assim seu nascimento teria sido inútil, e ele teria desaparecido na
escuridão. Não teria recebido sequer um nome, 5e jamais teria visto
o sol, nem saberia de sua existência. E, no entanto, teria desfrutado
mais paz que se houvesse crescido e se tornado um homem infeliz.
6Mesmo que vivesse dois mil anos, não acharia contentamento.
E, visto que deve morrer como todos os outros, de que adiantaria?
7Todos passam a vida se esforçando para ter o que comer, mas
nunca parece suficiente. 8Será, então, que o sábio tem alguma
vantagem sobre o tolo? O pobre ganha algo por saber como agir
diante dos outros? 9Aproveite o que você tem em vez de desejar o
que não tem. Querer cada vez mais não faz sentido; é como correr
atrás do vento.

O futuro: definido e desconhecido

10Tudo já foi decidido; sabia-se há muito tempo o que cada pessoa
seria. Portanto, não adianta discutir com Deus sobre nosso destino.
11Quanto mais palavras são ditas, mais vazias elas são. Então, que
diferença fazem? 12Nesta vida breve e sem sentido, quem sabe
como é melhor passar os dias? A vida é como a sombra. Quem
sabe o que acontecerá debaixo do sol depois que tivermos partido?

NO QUE ESTOU PENSANDO ○ | O QUE ESTOU SENTINDO ○ | DO QUE ESTOU LEMBRANDO ○

DESENHE OU ESCREVA

CAPÍTULO 7

Sabedoria para a vida

1Uma boa reputação vale mais que perfume caro, e o dia da morte
é melhor que o do nascimento. 2É melhor ir a funerais que ir a
festas; afinal, todos morrem, e é bom que os vivos se lembrem
disso. 3A tristeza é melhor que o riso, pois aperfeiçoa o coração. 4O
sábio pensa na morte com frequência, enquanto o tolo só pensa
em se divertir. 5É melhor ouvir a repreensão do sábio que o elogio
do tolo. 6O riso do tolo some depressa, como espinhos que estalam
no fogo; isso também não faz sentido. 7A extorsão transforma o
sábio em tolo, e os subornos corrompem o coração. 8Terminar algo
é melhor que começar; a paciência é melhor que o orgulho. 9Não se
ire facilmente, pois a raiva é a marca dos tolos. 10Não viva saudoso
dos "bons e velhos tempos"; isso não é sábio. 11A sabedoria é ainda
melhor quando acompanhada do dinheiro; ambos são proveitosos
debaixo do sol. 12Tanto sabedoria como dinheiro dão proteção, mas
somente a sabedoria preserva a vida. 13Aceite o modo como Deus
faz as coisas; afinal, quem é capaz de endireitar o que ele fez torto?
14Desfrute a prosperidade enquanto pode, mas, quando chegarem
os tempos difíceis, reconheça que ambos vêm de Deus; lembre-se
de que nada é garantido nesta vida.

Os limites da sabedoria humana

15Vi de tudo nesta vida sem sentido, incluindo justos que morrem
cedo e perversos que têm vida longa. 16Portanto, não seja justo
nem sábio demais! Por que destruir a si mesmo? 17Tampouco seja
perverso demais. Não seja tolo; por que morrer antes da hora?
18Preste atenção a estas instruções, pois quem teme a Deus evita
os dois extremos. 19A sabedoria torna o sábio mais poderoso que
dez líderes de uma cidade. 20Não há uma única pessoa na terra
que sempre faça o bem e nunca peque. 21Não escute a conver-
sa alheia às escondidas; pode ser que ouça seu servo falar mal
a seu respeito. 22Pois você sabe que muitas vezes você mesmo
falou mal de outros. 23Sempre me esforcei para que a sabedoria
guiasse meus pensamentos e ações. Disse a mim mesmo: "Serei
sábio", mas não adiantou. 24A sabedoria está sempre distante e é
difícil de encontrar. 25Procurei por toda parte, decidido a encontrar
sabedoria e entender a razão dos acontecimentos. Resolvi provar

a mim mesmo que a perversidade é tolice, e a insensatez, loucura.
26 Descobri que a mulher sedutora é mais amarga que a morte. Sua
paixão é um laço, e suas mãos são correntes. Quem agrada a Deus
escapará dela, mas o pecador será pego em sua armadilha. 27 "Esta é
a minha conclusão", diz o Mestre. "Descobri isso depois de analisar
a questão por todos os ângulos. 28 Embora tenha procurado repe-
tidamente, ainda não encontrei o que busco. Entre mil homens,
somente um é sábio; mas entre as mulheres não achei uma sequer!
29 Foi isto, porém, que descobri: Deus criou os seres humanos para
serem justos, mas eles buscaram todo tipo de maldade."

CAPÍTULO 8

1 Como é maravilhoso ser sábio, analisar e interpretar as coisas! A
sabedoria ilumina o rosto e abranda a dureza das feições.

Obediência ao rei

2 Obedeça ao rei, como jurou a Deus que faria. 3 Não procure evitar
seu dever, nem se junte aos que tramam o mal, pois o rei faz o que
bem entende. 4 Suas ordens têm respaldo em seu grande poder.
Ninguém pode resistir a elas nem as questionar. 5 Quem obedece às
suas ordens não será castigado. Quem é sábio encontrará o tempo
e o modo apropriado de fazer o que é certo, 6 pois há um tempo e
um modo para tudo, mesmo em meio às dificuldades. 7 Aliás, como
é possível evitar o que não se sabe que acontecerá? 8 Ninguém pode
impedir o próprio espírito de partir. Ninguém é capaz de evitar o
dia de sua morte; não há como fugir dessa batalha. E, diante da
morte, a maldade certamente não livrará o perverso.

Os perversos e os justos

9 Pensei muito sobre tudo que acontece debaixo do sol, onde as
pessoas têm poder para prejudicar umas às outras. 10 Vi perversos
serem sepultados com honra; frequentavam o templo e hoje são
elogiados na mesma cidade em que cometeram seus crimes. Isso
também não faz sentido. 11 Quando um crime não é castigado de
imediato, as pessoas se veem incentivadas a fazer o mal. 12 Mas,
ainda que alguém peque cem vezes e continue a viver por muito
tempo, sei que aqueles que temem a Deus terminarão em situação
melhor. 13 Os perversos não prosperarão, pois não temem a Deus.

Seus dias, como as sombras do anoitecer, não se prolongarão.
14 Há mais uma coisa que não faz sentido em nosso mundo. Nesta
vida, justos muitas vezes são tratados como se fossem perversos,
e perversos, como se fossem justos. Isso não faz sentido algum!
15 Recomendo, portanto, que as pessoas aproveitem a vida, pois
a melhor coisa a fazer neste mundo é comer, beber e alegrar-se.
Assim, terão algo que os acompanhe em todo o árduo trabalho
que Deus lhes dá debaixo do sol. 16 Enquanto procurava sabedoria
e observava os fardos pesados que as pessoas carregam aqui na
terra, vi que, dia e noite, sua atividade não cessa. 17 Percebi que
ninguém é capaz de descobrir tudo que Deus faz debaixo do sol.
Nem mesmo os mais sábios conseguem compreender tudo, em-
bora afirmem o contrário.

CAPÍTULO 9

A morte chega para todos

1 Dediquei-me também a investigar isto: embora os justos e os sá-
bios, e também suas ações, estejam nas mãos de Deus, ninguém
sabe o que os aguarda, se amor ou ódio. 2 No fim, todos têm o
mesmo destino, seja a pessoa justa ou perversa, boa ou má, ceri-
monialmente pura ou impura, religiosa ou não. Ocorre o mesmo
à pessoa de bem e ao pecador; aquele que faz promessas a Deus é
tratado como o que teme fazê-lo. 3 É uma grande tragédia que todos
debaixo do sol tenham o mesmo destino. Além disso, o coração das
pessoas está cheio de maldade. Elas seguem seu próprio caminho
de loucura, pois não há nada adiante, senão a morte. 4 Só para os
vivos há esperança. Como dizem: "Melhor ser um cão vivo que um
leão morto". 5 Os vivos pelo menos sabem que vão morrer, mas os
mortos nada sabem. Já não têm recompensas para receber e caem
no esquecimento. 6 Amar, odiar, invejar, tudo que já fizeram ao lon-
go da vida passou há muito tempo. Já não participam de coisa
alguma que acontece debaixo do sol. 7 Portanto, coma sua comida
com prazer e beba seu vinho com alegria, pois Deus se agrada disso.
8 Vista roupas elegantes e use perfume. 9 Viva alegremente com a
mulher que você ama todos os dias desta vida sem sentido que
Deus lhe deu debaixo do sol, pois essa é a recompensa por todos
os seus esforços neste mundo. 10 Tudo que fizer, faça bem feito, pois
quando descer à sepultura não haverá trabalho, nem planos, nem

conhecimento, nem sabedoria. 11Observei outra coisa debaixo do
sol. Aquele que corre mais rápido nem sempre ganha a corrida, e
o guerreiro mais forte nem sempre vence a batalha. Às vezes os
sábios passam fome, os sensatos não enriquecem, e os instruídos
não alcançam sucesso. Tudo depende de se estar no lugar certo na
hora certa. 12Ninguém é capaz de prever quando virão os tempos
difíceis. Como peixe na rede ou pássaro na armadilha, as pessoas
caem em desgraça de modo repentino.

Considerações sobre a sabedoria e a insensatez

13Outro exemplo de sabedoria me impressionou enquanto eu
observava como as coisas funcionam debaixo do sol. 14Havia uma
cidade pequena, com poucos habitantes, e um grande rei veio com
seu exército e a cercou. 15Um homem sábio, mas muito pobre, usou
sua sabedoria para salvar a cidade. Depois, porém, ninguém se
lembrou de lhe agradecer. 16Por isso, pensei: embora a sabedoria
seja melhor que a força, o sábio é desprezado quando é pobre. Suas
palavras logo são esquecidas. 17É melhor ouvir as palavras calmas
da pessoa sábia que os gritos do rei tolo. 18É melhor ter sabedoria
que armas de guerra, mas um só pecador destrói muitas coisas boas.

CAPÍTULO 10

1Como moscas mortas produzem mau cheiro até num frasco de
perfume, assim um pouco de insensatez estraga muita sabedoria
e honra. 2O sábio escolhe o caminho certo, mas o tolo toma o rumo
errado. 3Os tolos podem ser identificados apenas por seu modo de
andar. 4Se uma autoridade se irar contra você, não abandone seu
posto; o espírito calmo pode superar até mesmo grandes erros.

As ironias da vida

5Observei outro mal debaixo do sol. Governantes cometem um erro
grave 6quando dão grande autoridade aos tolos e colocam pessoas
valorosas em cargos inferiores. 7Cheguei a ver servos andando a
cavalo, como príncipes, e príncipes andando a pé, como servos!
8Quem cava um poço corre o risco de cair nele. Quem derruba um
muro corre o risco de ser mordido por uma cobra. 9Quem trabalha
numa pedreira corre o risco de ser ferido pelas pedras. Quem corta
lenha corre perigo a cada golpe do machado. 10Trabalhar com um

NO QUE ESTOU **PENSANDO** ○ | O QUE ESTOU **SENTINDO** ○ | DO QUE ESTOU **LEMBRANDO** ○

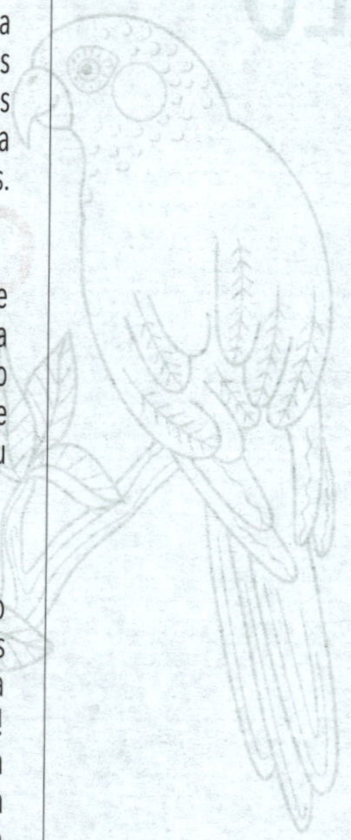

DESENHE OU ESCREVA

machado sem corte exige muito mais esforço; portanto, afie a lâmi-
na. Esse é o valor da sabedoria: ela o ajuda a ser bem-sucedido. 11Se
a cobra morde antes de ser encantada, de que adianta ser encan-
tador de serpentes? 12As palavras do sábio trazem aprovação, mas
o tolo é destruído por aquilo que ele mesmo diz. 13O tolo baseia
seus argumentos em ideias insensatas, por isso suas conclusões
são perversa loucura; 14mesmo assim, fala sem parar. Ninguém
sabe de fato o que acontecerá; ninguém é capaz de prever o futu-
ro. 15O tolo fica tão exausto com seu trabalho que nem consegue
encontrar o caminho de casa. 16Como é triste a terra governada por
uma pessoa imatura, cujas autoridades fazem banquetes logo de
manhã. 17Como é feliz a terra que tem como rei um líder nobre,
cujas autoridades fazem banquetes no momento apropriado, para
recuperarem as forças, e não para se embebedarem. 18Por causa da
preguiça, o telhado enverga; por causa do ócio, surgem goteiras
na casa. 19A festa proporciona riso, o vinho proporciona alegria,
e o dinheiro proporciona isso tudo! 20Nunca faça pouco do rei,
nem mesmo em pensamento. Não zombe dos poderosos, nem
mesmo em seu quarto. Pois um passarinho poderia contar a eles
tudo que você disse.

CAPÍTULO 11

As incertezas da vida

1Envie os grãos de sua colheita mar afora, e com o tempo isso lhe
trará retorno. 2Invista seus recursos em vários lugares, pois des-
conhece os riscos adiante. 3Quando as nuvens estão carregadas,
vêm as chuvas; quando a árvore cai, para o norte ou para o sul, ali
permanece. 4O agricultor que espera condições de tempo perfei-
tas nunca semeia; se ele fica observando cada nuvem, não colhe.
5Assim como é impossível entender o caminho do vento ou o misté-
rio do crescimento do bebê no ventre da mãe, também é impossível
entender as obras de Deus, que faz todas as coisas. 6Semeie pela
manhã e continue a trabalhar à tarde, pois você não sabe se o lucro
virá de uma atividade ou de outra, ou talvez de ambas.

Conselhos para jovens e idosos

7A luz é doce; como é bom ver o nascer de um novo dia. 8Se você
chegar à velhice, desfrute cada dia de sua vida. Lembre-se, porém,

que haverá muitos dias sombrios. Nada do que ainda está por vir faz
sentido. 9Jovem, alegre-se em sua juventude! Aproveite cada mo-
mento. Faça tudo que desejar; não perca nada! Lembre-se, porém,
que Deus lhe pedirá contas de tudo que fizer. 10Não se preocupe
com coisa alguma e mantenha o corpo saudável. Lembre-se, porém,
que a juventude, e a vida inteira diante de você, não fazem sentido.

CAPÍTULO 12

1Não se esqueça de seu Criador nos dias de sua juventude. Honre-o
enquanto você é jovem, antes que venham os tempos difíceis e
cheguem os anos em que você dirá: "Não tenho mais prazer em
viver". 2Lembre-se dele antes que o sol, a lua e as estrelas percam
o brilho aos seus olhos, e as nuvens voltem a cobrir o céu depois da
chuva. 3Lembre-se dele antes que suas pernas comecem a tremer, e
antes que seus ombros se encurvem. Lembre-se dele antes que os
poucos dentes que lhe restam já não possam mastigar, e antes que
seus olhos deixem de ver com clareza. 4Lembre-se dele antes que
seus ouvidos fiquem fracos e você já não ouça o som das pessoas
trabalhando nas ruas. Hoje você levanta com o primeiro canto dos
pássaros, mas um dia não os ouvirá mais. 5Lembre-se dele antes
que você tenha medo de cair e se preocupe com os perigos nas
ruas; antes que seus cabelos fiquem brancos como a amendoeira
em flor, e você se arraste como um gafanhoto prestes a morrer; e
antes que você perca o desejo. Lembre-se dele antes que falte pou-
co para descer ao túmulo, seu lar eterno, quando os pranteadores
chorarão em seu funeral. 6Sim, lembre-se de seu Criador agora,
enquanto você é jovem, antes que o fio de prata da vida se rompa
e antes que a taça de ouro se quebre. Não espere até que o cântaro
se despedace junto à fonte e a roldana se parta junto ao poço. 7Pois,
então, o pó voltará à terra e o espírito voltará a Deus, que o deu.

Reflexões finais a respeito do Mestre

8"Nada faz sentido", diz o Mestre. "Nada faz o menor sentido." 9O
Mestre era considerado sábio e ensinou ao povo tudo que sabia.
Com muita atenção, ouviu, examinou e organizou muitos provér-
bios. 10O Mestre se esforçou para usar as palavras certas a fim de
expressar verdades com clareza. 11As palavras do sábio são como
hastes de ferro, e a coleção de seus ditados, como pregos bem
fixados, que o pastor usa para conduzir as ovelhas. 12Meu filho,
deixe-me dar-lhe mais um conselho: tenha cuidado, pois escrever
livros não tem fim, e estudar demais é cansativo. 13Aqui termina
meu relato. Esta é minha conclusão: tema a Deus e obedeça a seus
mandamentos, pois esse é o dever de todos. 14Deus nos julgará
por todos os nossos atos, incluindo o que fazemos em segredo,
seja o bem, seja o mal.

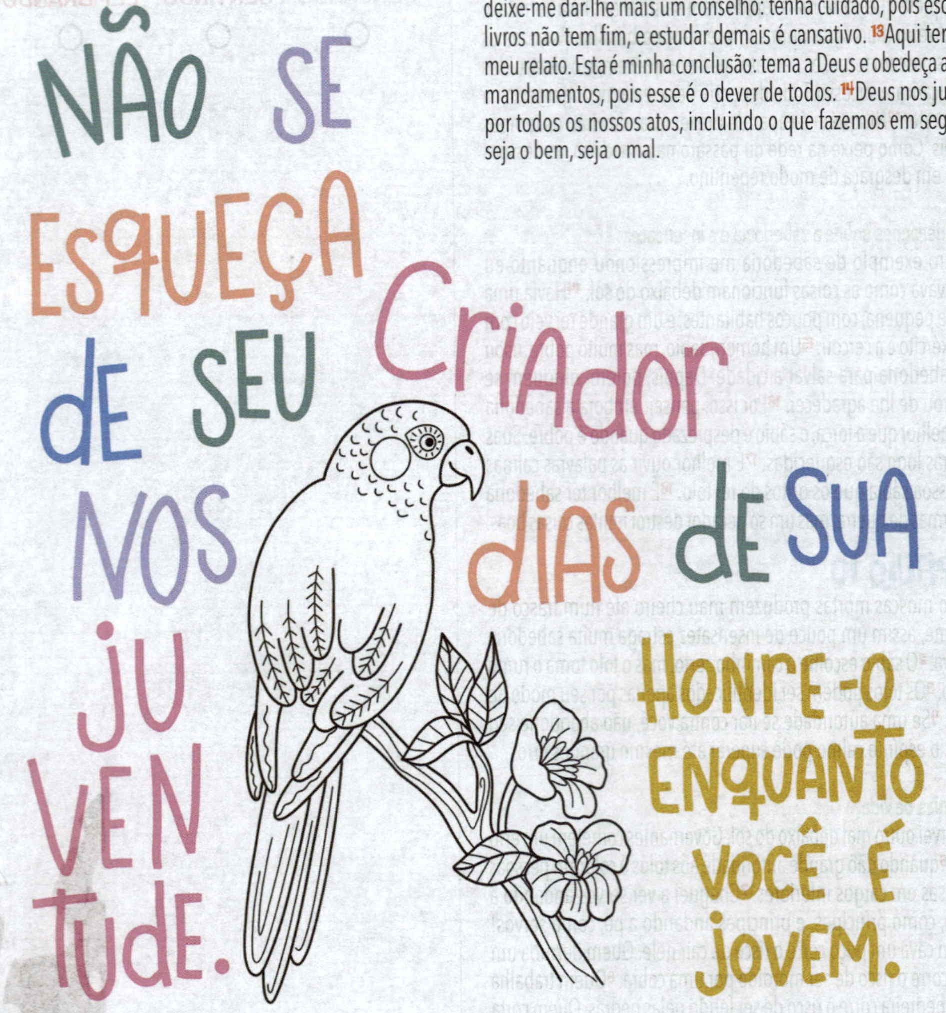

Ec 12.1

CÂNTICO DOS CÂNTICOS

CAPÍTULO 1

1Este é o cântico dos cânticos de Salomão.

A Amada

2Beije-me, beije-me mais uma vez, pois seu amor é mais doce
que o vinho. 3Como é agradável seu perfume; seu nome é como
a fragrância que se espalha. Não é de admirar que todas as moças
o amem! 4Leve-me com você; venha, vamos depressa! O rei me
trouxe ao quarto dele.

As mulheres de Jerusalém

Ó rei, estamos alegres e felizes por sua causa! Celebraremos seu
amor mais que o vinho.

A Amada

Com razão elas o amam. 5Sou morena e bela, ó mulheres de
Jerusalém; morena como as tendas de Quedar, bela como as cor-
tinas de Salomão. 6Não me olhem assim porque sou morena; o
sol me escureceu a pele. Meus irmãos se zangaram comigo e me
obrigaram a cuidar de seus vinhedos; de mim mesma, de minha
videira, não pude cuidar. 7Diga-me, meu amor, aonde levará seu
rebanho hoje? Onde fará suas ovelhas descansarem ao meio-dia?
Por que eu andaria sem rumo, como uma prostituta, entre seus
amigos e os rebanhos deles?

NO QUE ESTOU PENSANDO ○ | O QUE ESTOU SENTINDO ○ | DO QUE ESTOU LEMBRANDO ○

DESENHE OU ESCREVA

O Amado

8Se você não sabe, mais bela de todas as mulheres, siga a trilha
de meu rebanho e leve seus cabritos para pastar junto às tendas
dos pastores. 9Você é cativante, minha querida, como uma égua
entre os cavalos do faraó. 10Como são belas suas faces; seus brincos
realçam sua beleza! Como é lindo seu pescoço, enfeitado com um
colar de joias! 11Faremos para você brincos de ouro com enfeites
de prata.

A Amada

12O rei está deitado em seu sofá, encantado com a fragrância de
meu perfume. 13Meu amado é como uma delicada bolsa de mirra
que repousa entre meus seios. 14É como um ramo de flores de hena
dos vinhedos de En-Gedi.

O Amado

15Como você é linda, minha querida, como você é linda! Seus olhos
são como pombas.

A Amada

16Como você é belo, meu amor, como você é encantador! A grama
macia é nosso leito; 17os ramos perfumados do cedro são as vigas
de nossa casa, e os pinheiros aromáticos, os caibros do telhado.

CAPÍTULO 2

A Amada

1Eu sou a flor que nasce na planície de Sarom, o lírio que cresce
no vale.

O Amado

2Como um lírio entre os espinhos, assim é minha querida entre
as moças.

A Amada

3Como uma macieira entre as árvores do bosque, assim é meu ama-
do entre os rapazes. À sua sombra agradável eu me sento e saboreio
seus deliciosos frutos. 4Ele me trouxe ao salão de banquetes; seu
grande amor por mim é evidente. 5Fortaleçam-me com bolos de

passas, revigorem-me com maçãs, pois desfaleço de amor. 6Seu
braço esquerdo está sob a minha cabeça, e o direito me abraça.
7Prometam, ó mulheres de Jerusalém, pelas gazelas e corças selva-
gens, que não despertarão o amor antes do tempo. 8Ah, ouço meu
amado chegando! Ele salta sobre os montes, pula sobre as colinas.
9Meu amado é como a gazela, como o jovem cervo. Vejam, lá está
ele atrás do muro, observando pelas janelas, espiando por entre
as grades. 10Meu amado me disse: "Levante-se, minha querida!
Venha comigo, minha bela! 11Veja, o inverno acabou, e as chuvas
passaram. 12As flores estão brotando; chegou a época das canções,
e o arrulhar das pombas enche o ar. 13As figueiras começam a dar
frutos, e as videiras perfumadas florescem. Levante-se, minha que-
rida! Venha comigo, minha bela!".

O Amado

14Minha pomba está escondida entre as pedras, oculta nas fendas
das rochas. Mostre-me seu rosto e deixe-me ouvir sua voz. Pois sua
voz é doce, e seu rosto é lindo.

As mulheres de Jerusalém

15Peguem todas as raposas, as raposinhas, antes que destruam o
vinhedo do amor, pois as videiras estão em flor!

A Amada

16Meu amado é meu, e eu sou dele; ele pastoreia entre os lírios.
17Antes que soprem as brisas do amanhecer, e fujam as sombras
da noite, volte para mim, meu amor, como a gazela, como o jovem
cervo nos montes íngremes.

CAPÍTULO 3

A Amada

1Certa noite, na cama, ansiei por meu amado; ansiei por ele, mas
ele não veio. 2Pensei: "Vou me levantar e andar pela cidade, vou
procurá-lo em todas as ruas e praças; sim, vou em busca de meu
amado". Procurei por toda parte, mas não o encontrei. 3Os guardas
me pararam enquanto faziam a ronda, e eu lhes perguntei: "Vocês
viram meu amado?". 4Pouco depois de me afastar deles, encontrei
meu amado! Segurei-o e abracei-o com força; levei-o à casa de

minha mãe, à cama onde fui concebida. 5Prometam, ó mulheres de
Jerusalém, pelas gazelas e corças selvagens, que não despertarão
o amor antes do tempo.

As mulheres de Jerusalém

6O que é isso que vem subindo do deserto, como nuvem de fu-
maça? De onde vem esse perfume de mirra e incenso, o aroma de
todo tipo de especiaria? 7Vejam, é a liteira de Salomão, cercada por
sessenta homens valentes, os melhores soldados de Israel! 8São
todos habilidosos com a espada, guerreiros experientes. Cada um
traz sua espada, pronto para defender o rei dos perigos da noite.
9A liteira do rei Salomão é feita de madeira importada do Líbano.
10As colunas são de prata, a cobertura é de ouro, as almofadas são
de tecido púrpura. Foi enfeitada com carinho pelas mulheres de
Jerusalém.

A Amada

11Mulheres de Sião, venham ver o rei Salomão! Ele usa a coroa
que sua mãe lhe deu no dia em que ele se casou, no dia mais
feliz de sua vida.

CAPÍTULO 4

O Amado

1Você é linda, minha querida, como você é linda! Seus olhos por
trás do véu são como pombas. Seu cabelo é como um rebanho
de cabras que desce pelas encostas de Gileade. 2Seus dentes são
brancos como ovelhas recém-tosquiadas e lavadas. Seu sorriso
é perfeito; cada dente tem seu par ideal. 3Seus lábios são como
uma fita vermelha; sua boca é linda. Suas faces por trás do véu são
rosadas como romãs. 4Seu pescoço é belo, como a torre de Davi,
enfeitada com escudos de mil guerreiros valentes. 5Seus dois seios
são como duas crias de gazela, filhotes gêmeos que se alimentam
entre os lírios. 6Antes que soprem as brisas do amanhecer, e fujam
as sombras da noite, irei ao monte de mirra e à colina de incenso.
7Você é inteiramente linda, minha querida; não há em você defeito
algum! 8Venha comigo do Líbano, minha noiva, venha comigo do
Líbano. Desça do monte Amana, dos cumes do Senir e do Hermom,
onde os leões têm suas tocas e os leopardos vivem nas montanhas.

9Você conquistou meu coração, minha amiga, minha noiva. Você
o cativou com um só olhar de relance, com um só enfeite de seu
colar. 10Seu amor é delicioso, minha amiga, minha noiva. Seu amor
é melhor que vinho; seu perfume é mais agradável que especia-
rias. 11Seus lábios são doces como néctar, minha noiva; debaixo de
sua língua há mel e leite. Seus vestidos são perfumados como os
cedros do Líbano. 12Você é meu jardim particular, minha amiga,
minha noiva, nascente fechada, fonte escondida. 13Seus renovos
guardam um paraíso de romãs com especiarias raras: hena e nardo,
14nardo e açafrão, cálamo perfumado e canela, com todas as árvores
de incenso, com mirra, aloés e todas as outras especiarias finas.
15Você é uma fonte de jardim, um poço de água fresca que desce
dos montes do Líbano.

A Amada

16Desperte, vento norte! Levante-se, vento sul! Soprem em meu
jardim e espalhem sua fragrância por toda parte. Entre em seu
jardim, meu amor, e saboreie seus melhores frutos.

CAPÍTULO 5

O Amado

1Entrei em meu jardim, minha amiga, minha noiva! Recolhi mirra
com minhas especiarias, comi meu favo com mel, bebi meu vinho
com leite.

As mulheres de Jerusalém

Comam e bebam, amado e amada! Sim, bebam de seu amor
quanto puderem!

A Amada

2Eu dormia, mas meu coração estava desperto, quando ouvi meu
amado bater à porta e chamar: "Abra a porta para mim, minha
amiga, minha querida, minha pomba, minha perfeita. Minha
cabeça está molhada de orvalho, e meu cabelo, úmido do sereno
da noite". 3Eu respondi: "Já tirei a túnica; vou ter de me vestir de
novo? Já lavei os pés; vou ter de sujá-los?". 4Meu amado tentou
destrancar a porta, e meu coração se agitou. 5Levantei-me de um
salto para abrir a porta ao meu amor. Minhas mãos destilavam

NO QUE ESTOU **PENSANDO** ○ O QUE ESTOU **SENTINDO** ○ DO QUE ESTOU **LEMBRANDO** ○

DESENHE OU ESCREVA

perfume e de meus dedos pingava mirra, quando puxei o ferrolho.
6Abri para meu amado, mas ele já havia partido! Meu coração
quase parou de tristeza. Procurei por ele, mas não o encontrei.
Chamei por ele, mas ele não respondeu. 7Os guardas me en-
contraram enquanto faziam a ronda. Bateram-me e feriram-me,
arrancaram-me o manto, aqueles guardas dos muros. 8Prometam,
ó mulheres de Jerusalém: Se encontrarem meu amado, digam-lhe
que desfaleço de amor.

As mulheres de Jerusalém

9Diga-nos, mulher de beleza incomparável: Por que seu amado é
melhor que todos os outros? O que ele tem de tão especial para
fazermos a você essa promessa?

A Amada

10Meu amado é moreno e fascinante; ele se destaca no meio
da multidão! 11Sua cabeça é como o ouro puro, seu cabelo on-
dulado, preto como o corvo. 12Seus olhos são como pombas
junto aos riachos, incrustados como joias lavadas em leite.
13Suas faces são como jardins de especiarias que espalham sua
fragrância. Seus lábios são como lírios perfumados com mirra.
14Seus braços são como barras redondas de ouro, enfeitadas com
berilo. Seu ventre é como marfim polido, que resplandece com
safiras. 15Suas pernas são como colunas de mármore apoiadas
em bases de ouro puro. Seu porte é majestoso, como o dos
cedros do Líbano. 16Sua voz é a própria doçura; ele é desejável
em todos os sentidos. Esse, ó mulheres de Jerusalém, é meu
amado, meu amigo.

CAPÍTULO 6

As mulheres de Jerusalém

1Para onde foi seu amado, ó mulher de beleza incomparável? Diga-
nos que caminho ele tomou, e a ajudaremos a encontrá-lo.

A Amada

2Meu amado desceu a seu jardim, aos canteiros de especiarias, para
pastorear nos jardins e para colher lírios. 3Eu sou de meu amado, e
meu amado é meu; ele pastoreia entre os lírios.

O Amado
4Você é linda, minha querida, como a bela cidade de Tirza. Sim, é
linda como Jerusalém, majestosa como um exército com bandeiras
ao vento. 5Desvie de mim seus olhos, pois eles me dominam. Seu
cabelo é como um rebanho de cabras que desce pelas encostas de
Gileade. 6Seus dentes são brancos como ovelhas recém-lavadas.
Seu sorriso é perfeito; cada dente tem seu par ideal. 7Suas faces
por trás do véu são rosadas como romãs. 8Mesmo entre sessenta
rainhas, oitenta concubinas e incontáveis moças, 9eu ainda esco-
lheria minha pomba, minha perfeita, a predileta de sua mãe, muito
amada por aquela que a deu à luz. As moças a veem e dizem que
ela é feliz; até mesmo as rainhas e as concubinas do rei a elogiam:
10"Quem é essa que se levanta como o amanhecer, bela como a lua,
brilhante como o sol, majestosa como um exército com bandeiras
ao vento?".

A Amada
11Desci ao bosque das nogueiras e fui ao vale ver as novas plantas,
ver se as videiras tinham brotado e se as romãs tinham florescido.
12Antes que eu me desse conta, meu desejo me levou à carruagem
de um nobre.

As mulheres de Jerusalém
13Volte, volte para junto de nós, sulamita! Volte, volte para que a
vejamos outra vez!

O Amado
Por que vocês olham para a sulamita enquanto ela se move com
tanta graça entre duas fileiras de dançarinas?

CAPÍTULO 7

1Como são lindos seus pés calçados com sandálias, moça com porte
de princesa! As curvas de seus quadris são como joias, trabalho de
artífice habilidoso. 2Seu umbigo tem forma perfeita, como taça
cheia de vinho de boa mistura. Sua cintura é como um monte
de trigo cercado de lírios. 3Seus dois seios são como duas crias,
como filhotes gêmeos da gazela. 4Seu pescoço é gracioso como
uma torre de marfim. Seus olhos são como os açudes cristalinos

NO QUE ESTOU **PENSANDO** ○ | O QUE ESTOU **SENTINDO** ○ | DO QUE ESTOU **LEMBRANDO** ○

DESENHE OU ESCREVA

de Hesbom, junto à porta de Bete-Rabim. Seu nariz é belo como
a torre do Líbano, de onde se avista Damasco. 5Sua cabeça é ma-
jestosa como o monte Carmelo, e o brilho de seu cabelo irradia
nobreza; o rei é prisioneiro de suas tranças. 6Como você é linda!
Como você é agradável, meu amor, e cheia de delícias! 7É esbelta
como uma palmeira, e seus seios são como os cachos de frutos.
8Eu disse: "Subirei a palmeira e me apossarei de seus frutos". Que
seus seios sejam como cachos de uva, e que o aroma de sua respi-
ração tenha o perfume das maçãs. 9Que seus beijos sejam como
o melhor vinho.

A Amada
Sim, vinho que escorre para meu amado, que flui suave por lábios
e dentes. 10Eu sou de meu amado, e ele me deseja. 11Venha, meu
amor, vamos aos campos, passar a noite entre as flores silvestres.
12Vamos levantar cedo para ir aos vinhedos ver se as videiras bro-
taram, se as flores abriram e se as romãs já estão em flor; ali eu lhe
darei meu amor. 13Ali as mandrágoras espalham sua fragrância, e
os melhores frutos estão à nossa porta, delícias novas e antigas,
que guardei para você, meu amado.

CAPÍTULO 8

A Amada
1Quem dera você fosse meu irmão, amamentado nos seios de
minha mãe. Então eu poderia beijá-lo publicamente, e ninguém
me criticaria. 2Eu o levaria ao lar de minha infância, e ali você me
ensinaria. Eu lhe daria de beber vinho com especiarias, o néctar de
minhas romãs. 3Seu braço esquerdo estaria sob a minha cabeça, e
o direito me abraçaria. 4Prometam, ó mulheres de Jerusalém, que
não despertarão o amor antes do tempo.

As mulheres de Jerusalém
5Quem é essa que vem subindo do deserto, apoiada em seu
amado?

A Amada
Despertei você debaixo da macieira, onde sua mãe o deu à luz,
onde, com muitas dores, ela o trouxe ao mundo. 6Coloque-me

como selo sobre seu coração, como selo sobre seu braço. Pois o
amor é forte como a morte, e o ciúme, exigente como a sepultura. O
amor arde como fogo, como as labaredas mais intensas. 7As muitas
águas não podem apagar o amor, nem os rios podem afogá-lo. Se
algum homem tentasse usar todas as suas riquezas para comprar
o amor, sua oferta seria por completo desprezada.

Os irmãos da Amada

8Temos uma irmãzinha, que ainda é jovem demais para ter seios.
O que faremos por nossa irmã, se alguém a pedir em casamento?
9Se ela for um muro, nós a protegeremos com uma torre de prata.
Se ela for uma porta, nós a fecharemos com uma tranca de cedro.

A Amada

10Eu sou um muro, e meus seios são suas torres. Quando meu
amado olha para mim, ele se agrada do que vê. 11Salomão tem um
vinhedo em Baal-Hamom, que ele arrenda para lavradores. Cada
um lhe paga mil peças de prata para colher os frutos. 12Quanto a
meu vinhedo, faço dele o que quero, e Salomão não precisa pagar
mil peças de prata. Darei, contudo, duzentas peças aos que cuidam
de seus frutos.

O Amado

13Minha querida, que mora nos jardins, seus companheiros ouvem
atentamente sua voz; deixe-me ouvi-la também!

A Amada

14Venha correndo, meu amado! Seja como a gazela, como o jovem
cervo sobre os montes de especiarias.

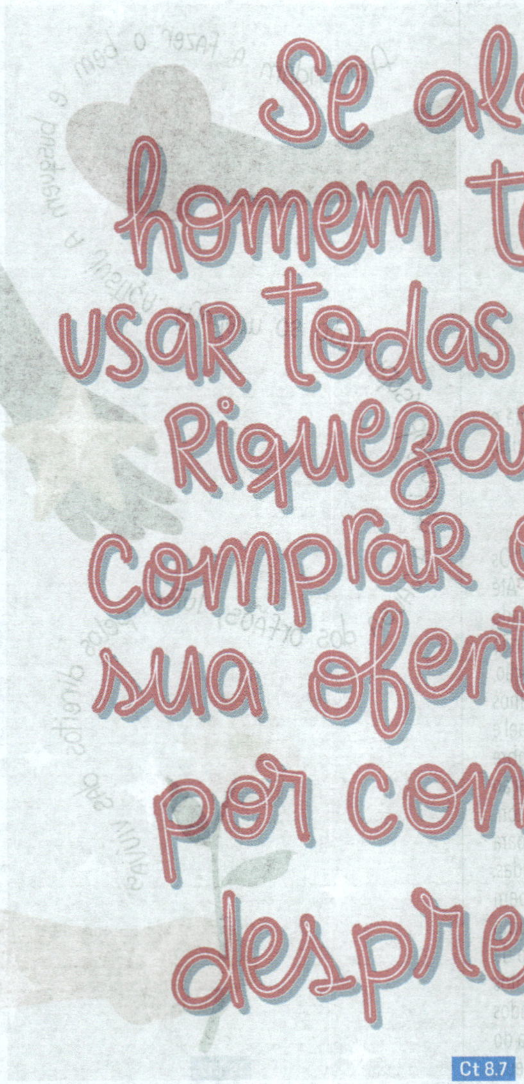

ISAÍAS

CAPÍTULO 1

1Estas são as visões de Isaías, filho de Amoz, acerca de Judá e
Jerusalém. Ele teve estas visões durante os anos em que Uzias,
Jotão, Acaz e Ezequias eram reis de Judá.

Mensagem para o povo rebelde de Judá

2Ouçam, ó céus! Preste atenção, ó terra! Assim diz o SENHOR: "Os
filhos que criei e dos quais cuidei se rebelaram contra mim. 3Até
mesmo o boi conhece seu dono, e o jumento reconhece o cuidado
de seu senhor, mas Israel não conhece seu Senhor; meu povo não
reconhece meu cuidado por ele". 4Ah, como é pecadora esta nação,
sobrecarregada pelo peso da culpa! São um povo perverso, filhos
corruptos que rejeitaram o SENHOR. Desprezaram o Santo de Israel e
deram as costas para ele. 5Por que continuam a atrair castigo sobre
si? Vão se rebelar para sempre? Sua cabeça está ferida, seu coração
está enfermo. 6Estão machucados da cabeça aos pés, cheios de con-
tusões, vergões e feridas abertas, e não há ataduras nem óleo para
dar alívio. 7Sua terra está em ruínas, suas cidades foram queimadas.
Estrangeiros saqueiam seus campos diante de vocês e destroem
tudo que veem pela frente. 8A bela Sião está abandonada, como
o abrigo do vigia no vinhedo, como a cabana numa plantação de
pepinos, como a cidade que foi sitiada. 9Se o SENHOR dos Exércitos
não houvesse poupado alguns de nós, teríamos sido exterminados
como Sodoma e destruídos como Gomorra. 10Ouçam a palavra do
SENHOR, líderes de "Sodoma"! Prestem atenção à lei de nosso Deus,

Is 1.17

povo de "Gomorra"! 11"O que os faz pensar que desejo seus muitos
sacrifícios?", diz o SENHOR. "Estou farto de holocaustos de carneiros
e da gordura de novilhos gordos. Não tenho prazer no sangue de
touros, de cordeiros e de bodes. 12Quem lhes pediu que fizessem
esse alvoroço por meus pátios quando vêm me adorar? 13Parem
de trazer ofertas inúteis; o incenso que oferecem me dá náusea!
Suas festas de lua nova, seus sábados e seus dias especiais de je-
jum são pecaminosos e falsos; não aguento mais suas reuniões
solenes! 14Odeio suas festas de lua nova e celebrações anuais;
são um peso para mim, não as suporto! 15Não olharei para vocês
quando levantarem as mãos para orar; ainda que ofereçam muitas
orações, não os ouvirei, pois suas mãos estão cobertas de sangue.
16Lavem-se e limpem-se! Removam seus pecados de minha vista
e parem de fazer o mal. 17Aprendam a fazer o bem e busquem a
justiça. Ajudem os oprimidos, defendam a causa dos órfãos, lutem
pelos direitos das viúvas. 18"Venham, vamos resolver este assunto",
diz o SENHOR. "Embora seus pecados sejam como o escarlate, eu
os tornarei brancos como a neve; embora sejam vermelhos como
o carmesim, eu os tornarei brancos como a lã. 19Se estiverem dis-
postos a me obedecer, terão comida com fartura. 20Se, porém, se
desviarem e se recusarem a ouvir, serão devorados pela espada.
Eu, o SENHOR, falei!"

Jerusalém, cidade infiel

21Vejam como a cidade antes tão fiel tornou-se uma prostituta.
Antes era o centro da justiça e da retidão, agora está cheia de as-
sassinos. 22Antes era como prata, agora se tornou coisa desprezível.
Antes era pura, agora é como vinho misturado com água. 23Seus
líderes são rebeldes, companheiros de ladrões. Todos eles amam
subornos e exigem propinas, mas não defendem a causa dos ór-
fãos nem se preocupam com os direitos das viúvas. 24Por isso o
Soberano SENHOR dos Exércitos, o Poderoso de Israel, diz: "Eu me
vingarei de meus inimigos; darei a meus adversários o que eles
merecem! 25Levantarei o punho contra você; o derreterei e separa-
rei o que é descartável e removerei todas as suas impurezas. 26Eu
lhe darei bons juízes e conselheiros sábios, como tinha no passado.
Então você voltará a ser chamada de Centro da Justiça e Cidade
Fiel". 27Sião será redimida pela justiça, e os que se arrependerem

serão restaurados pela retidão. 28Mas os rebeldes e os pecadores
serão destruídos, e serão consumidos os que abandonarem o
SENHOR. 29Vocês se envergonharão de sua idolatria em bosques
de carvalhos. Ficarão desconcertados de terem adorado em jardins
dedicados a ídolos. 30Serão como uma grande árvore com folhas
murchas, como um jardim sem água. 31Os mais fortes em seu meio
desaparecerão como palha; seus atos perversos serão a faísca que a
incendeia. Queimarão junto com suas obras, e ninguém conseguirá
apagar o fogo.

CAPÍTULO 2

O reinado futuro do SENHOR

1Esta é uma visão que Isaías, filho de Amoz, teve acerca de Judá e
Jerusalém: 2Nos últimos dias, o monte da casa do SENHOR será o
mais alto de todos. Será elevado acima de todos os outros montes,
e povos de todo o mundo irão até lá para adorar. 3Gente de muitas
nações virá e dirá: "Venham, vamos subir ao monte do SENHOR, à
casa do Deus de Jacó. Ali ele nos ensinará seus caminhos, e neles
andaremos". Pois a lei do SENHOR sairá de Sião; sua palavra virá de
Jerusalém. 4O SENHOR será mediador entre os povos e resolverá
os conflitos das nações. Os povos transformarão suas espadas em
arados e suas lanças em podadeiras. As nações deixarão de lutar
entre si e já não treinarão para a guerra.

Advertência sobre o julgamento

5Venham, descendentes de Jacó, vamos andar na luz do SENHOR!
6Pois tu, SENHOR, rejeitaste teu povo, os descendentes de Jacó,
porque encheram a terra com práticas do oriente e feiticeiros,
como é costume dos filisteus; sim, fizeram acordos com nações
estrangeiras. 7Israel está cheia de prata e ouro; seus tesouros são
incontáveis. Sua terra está cheia de cavalos de guerra; seus carros
de combate não têm fim. 8Sua terra está cheia de ídolos; o povo
adora objetos que fez com as próprias mãos. 9Por isso, agora
serão humilhados, e todos serão rebaixados; não os perdoes!
10Escondam-se em cavernas no meio das rochas, escondam-se
no pó, para escaparem do terror do SENHOR e da glória de sua
majestade. 11O orgulho humano será rebaixado, a arrogância hu-
mana será humilhada. Somente o SENHOR será exaltado naquele

NO QUE ESTOU **PENSANDO** ○ O QUE ESTOU **SENTINDO** ○ DO QUE ESTOU **LEMBRANDO** ○

DESENHE OU ESCREVA

dia de julgamento. 12Pois o SENHOR dos Exércitos tem um dia
de acerto de contas. Ele castigará os orgulhosos e os poderosos
e derrubará tudo que se exalta. 13Cortará os cedros imponentes
do Líbano e os grandes carvalhos de Basã. 14Arrasará os montes
altos e as colinas elevadas. 15Derrubará as torres altas e os muros
fortificados. 16Afundará os grandes navios mercantes e todas as
magníficas embarcações. 17O orgulho humano será humilhado,
a arrogância humana será rebaixada. Somente o SENHOR será
exaltado naquele dia de julgamento. 18Os ídolos desaparecerão
por completo. 19Quando o SENHOR se levantar para sacudir a terra,
seus inimigos rastejarão para dentro de buracos no chão. Em ca-
vernas no meio das rochas, se esconderão do terror do SENHOR e da
glória de sua majestade. 20Naquele dia, abandonarão os ídolos de
ouro e prata que eles próprios fizeram para adorar. Deixarão seus
deuses para roedores e morcegos, 21enquanto rastejam para den-
tro de cavernas e se escondem entre as rochas dos desfiladeiros.
Tentarão escapar do terror do SENHOR e da glória de sua majestade
quando ele se levantar para sacudir a terra. 22Não ponham sua
confiança em simples mortais; são frágeis como um sopro. Que
valor eles têm?

CAPÍTULO 3

Julgamento contra Judá

1O Soberano SENHOR dos Exércitos, tirará de Jerusalém e de Judá
tudo aquilo de que dependem: cada pedaço de pão, cada gota de
água, 2todos os seus heróis e soldados, juízes e profetas, adivinhos
e autoridades, 3oficiais do exército e altos funcionários, conselhei-
ros, magos e astrólogos. 4Nomearei meninos como seus líderes,
crianças pequenas para governá-los. 5As pessoas oprimirão umas
às outras: homem contra homem, vizinho contra vizinho. Os jo-
vens insultarão os idosos, e os canalhas desprezarão os honrados.
6Naquele dia, um homem dirá a seu irmão: "Você tem roupas;
seja nosso líder! Assuma o governo deste monte de ruínas". 7Mas
ele responderá: "Não posso ajudar! Não tenho roupa nem comida
sobrando; não me escolham como líder". 8Jerusalém tropeçará, e
Judá cairá, pois falam contra o SENHOR e não querem lhe obedecer;
rebelam-se abertamente contra sua glória. 9A expressão do rosto
os denuncia; exibem seu pecado como o povo de Sodoma, nem

sequer procuram escondê-lo. Estão perdidos! Trouxeram desgraça
sobre si mesmos. 10Digam aos justos que tudo lhes irá bem; desfru-
tarão a recompensa de seus esforços. 11Os perversos, porém, estão
perdidos, pois receberão exatamente o que merecem. 12Líderes
imaturos oprimem meu povo, mulheres o governam. Ó meu povo,
seus líderes o enganam e o conduzem pelo caminho errado. 13O
SENHOR toma seu lugar no tribunal e apresenta sua causa contra
seu povo. 14O SENHOR se apresenta para pronunciar julgamento
sobre as autoridades do povo e seus governantes: "Vocês acaba-
ram com Israel, meu vinhedo; o que roubaram dos pobres agora
enche suas casas. 15Como ousam esmagar meu povo e esfregar o
rosto dos pobres no pó?". Quem exige uma resposta é o Soberano
SENHOR dos Exércitos.

Advertência a Jerusalém

16O SENHOR diz: "A bela Sião é arrogante; estica seu pescoço ele-
gante e lança olhares atrevidos, caminhando com passos curtos,
fazendo tinir os enfeites de seus tornozelos. 17Por isso, o Senhor
fará surgir crostas em sua cabeça; o SENHOR deixará calva a bela
Sião". 18Naquele dia, o Senhor removerá tudo que a embeleza: os
enfeites, as tiaras, os colares em forma de meia-lua, 19os brincos,
as pulseiras e os véus; 20os lenços, os enfeites para o tornozelo,
os cintos, os perfumes e os amuletos; 21os anéis, as joias do na-
riz, 22as roupas de festa, os vestidos, os mantos e as bolsas; 23os
espelhos, as roupas de linho fino, os adornos para a cabeça e os
xales. 24Em vez de exalar perfume agradável, ela terá mau cheiro;
usará cordas como cinto e perderá todo o seu lindo cabelo. Vestirá
pano de saco em vez de roupas finas, e a vergonha tomará o lugar
de sua beleza. 25Os homens da cidade serão mortos à espada, e
seus guerreiros morrerão na batalha. 26Os portões de Sião chora-
rão e se lamentarão; a cidade será como uma mulher devastada,
encolhida no chão.

CAPÍTULO 4

1Naquele dia, restarão tão poucos homens que sete mulheres briga-
rão por um só e dirão: "Deixe que todas nós nos casemos com você!
Providenciaremos nossa comida e nossas roupas. Só queremos seu
sobrenome, para que não zombem de nós!".

NO QUE ESTOU **PENSANDO** ○ | O QUE ESTOU **SENTINDO** ○ | DO QUE ESTOU **LEMBRANDO** ○

DESENHE OU ESCREVA

Promessa de restauração

2Naquele dia, porém, o renovo do SENHOR será belo e glorioso;
o fruto da terra será o orgulho e o esplendor de todos que sobre-
viverem em Israel. 3Todos que restarem em Sião serão um povo
santo, aqueles que permanecerem em Jerusalém, que estiverem
registrados entre os vivos. 4O Senhor lavará a imundície da bela
Sião; removerá de Jerusalém as manchas de sangue com o quente
sopro de julgamento abrasador. 5Então o SENHOR proverá sombra
para o monte Sião, e todos se reunirão ali. Durante o dia, proverá
uma camada de nuvem e, à noite, de fumaça e fogo ardente, que
cobrirá a terra gloriosa. 6Será abrigo contra o calor do dia e escon-
derijo contra tempestades e chuvas.

CAPÍTULO 5

Cântico sobre o vinhedo do SENHOR

1Agora, cantarei a meu amado uma canção sobre seu vinhedo: Meu
amado tinha um vinhedo numa colina muito fértil. 2Ele arou a terra,
tirou as pedras e plantou as melhores videiras. No meio do vinhedo,
construiu uma torre de vigia e, junto às rochas, fez um tanque de
prensar. Então esperou pela colheita de uvas doces, mas o vinhedo
só produziu uvas amargas. 3Agora, habitantes de Jerusalém e Judá,
julguem entre mim e meu vinhedo. 4O que mais poderia ter feito
por meu vinhedo que já não fiz? Por que, quando esperava uvas
doces, ele produziu uvas amargas? 5Agora lhes digo o que farei com
meu vinhedo: Removerei suas cercas e deixarei que seja destruído.
Derrubarei seus muros e deixarei que seja pisoteado. 6Farei dele
um lugar desolado, onde as videiras não são podadas e a terra não
é capinada, um lugar cheio de espinhos e mato. Darei ordem às
nuvens para que não derramem chuva sobre ele. 7A nação de Israel
é o vinhedo do SENHOR dos Exércitos, o povo de Judá é seu jardim
agradável. Ele esperava colher justiça, mas encontrou opressão.
Esperava colher retidão, mas ouviu gritos de angústia.

A culpa e o julgamento de Judá

8Que aflição espera vocês que compram casas e mais casas, campos
e mais campos, até não haver lugar para outros e vocês se tornarem
os únicos donos da terra! 9Mas eu ouvi o SENHOR dos Exércitos
fazer um juramento solene: "Muitas casas ficarão desertas; até

as belas mansões ficarão vazias. 10Um vinhedo de dez jeiras não
produzirá vinte litros de vinho; dez cestos grandes de sementes
só produzirão um cesto de cereais". 11Que aflição espera os que se
levantam cedo pela manhã, para começar a beber, e passam a noite
tomando vinho, para ficar embriagados. 12Em suas festas sempre
há vinho e belas músicas, de lira e harpa, tamborim e flauta, mas
nunca pensam no SENHOR, não se dão conta do que ele faz. 13Por
isso meu povo irá para o exílio num lugar distante, pois não me
conhece. Os nobres morrerão de fome, e a multidão morrerá de
sede. 14A sepultura saliva de ansiedade, com a boca bem aberta.
Os mais importantes e os mais simples e toda a multidão embria-
gada serão devorados. 15A humanidade será abatida, o povo será
rebaixado; até os arrogantes baixarão o olhar em humilhação. 16O
SENHOR dos Exércitos, porém, será exaltado em sua justiça; a santi-
dade de Deus será demonstrada em sua retidão. 17Naquele dia, os
cordeiros encontrarão bons pastos; as ovelhas gordas e os cabritos
comerão entre as ruínas. 18Que aflição espera os que arrastam sua
perversidade com cordas feitas de mentiras, que arrastam atrás de
si o pecado como quem puxa uma carroça! 19Zombam de Deus e
dizem: "Anda logo! Toma uma providência! Queremos ver o que
és capaz de fazer. Que o Santo de Israel realize seu plano, pois
queremos saber o que é". 20Que aflição espera os que chamam o
mal de bem e o bem de mal, a escuridão de luz e a luz de escuridão,
o amargo de doce e o doce de amargo! 21Que aflição espera os que
são sábios aos próprios olhos e pensam ter entendimento! 22Que
aflição espera os que são heróis em tomar vinho e se gabam de
quanta bebida conseguem ingerir! 23Aceitam subornos para deixar
o perverso em liberdade e negam justiça ao inocente. 24Portanto,
assim como o fogo consome a palha e o capim seco se desfaz com
a chama, suas raízes apodrecerão e suas flores murcharão. Pois
rejeitaram a lei do SENHOR dos Exércitos, desprezaram a palavra
do Santo de Israel. 25Por isso a ira do SENHOR se acende contra seu
povo, por isso ele levantou sua mão para esmagá-los. Os montes
estremecem, e os cadáveres do povo estão espalhados pelas ruas
como lixo. Mesmo assim, a ira do SENHOR não se satisfará; sua
mão ainda está levantada para castigar. 26Ele enviará um sinal a
nações distantes, assobiará para os que estão nos confins da terra;
eles virão correndo. 27Não se cansarão nem tropeçarão; ninguém

Is 6.8

descansará nem dormirá. Nenhum cinto estará solto, nenhuma
correia de sandália se arrebentará. 28Suas flechas estarão afiadas,
seus arcos, prontos para a batalha. Os cascos de seus cavalos sol-
tarão faíscas, as rodas de seus carros girarão como um turbilhão.
29Rugirão como leões, como os leões mais fortes. Rosnarão e se
lançarão sobre suas vítimas, e as levarão embora; ninguém poderá
livrá-las. 30Naquele dia, rugirão sobre suas vítimas como ruge o
mar. Se alguém olhar por toda a terra, só verá trevas e aflição; até
a luz será obscurecida pelas nuvens.

CAPÍTULO 6

A purificação e o chamado de Isaías

1No ano em que o rei Uzias morreu, eu vi o Senhor. Ele estava
sentado em um trono alto, e a borda de seu manto enchia o tem-
plo. 2Acima dele havia serafins, cada um com seis asas: com duas
asas cobriam o rosto, com duas cobriam os pés e com duas voa-
vam. 3Diziam em alta voz uns aos outros: "Santo, santo, santo é o
SENHOR dos Exércitos; toda a terra está cheia de sua glória!" 4Suas
vozes sacudiam o templo até os alicerces, e todo o edifício estava
cheio de fumaça. 5Então eu disse: "Estou perdido! É o meu fim,
pois sou um homem de lábios impuros e vivo no meio de pessoas
de lábios impuros. Meus olhos, porém, viram o Rei, o SENHOR dos
Exércitos!". 6Então um dos serafins voou em minha direção, tra-
zendo uma brasa ardente que ele havia tirado do altar com uma
tenaz. 7Tocou meus lábios com a brasa e disse: "Veja, esta brasa
tocou seus lábios. Sua culpa foi removida, e seus pecados foram
perdoados". 8Então ouvi o Senhor perguntar: "Quem enviarei como
mensageiro a este povo? Quem irá por nós?". E eu respondi: "Aqui
estou; envia-me". 9Ele disse: "Vá e diga a este povo: 'Ouçam com
atenção, mas não entendam; observem bem, mas não aprendam'.
10Endureça o coração deste povo; tape os ouvidos e feche os olhos
deles. Assim, não verão com os olhos, nem ouvirão com os ouvidos,
não entenderão com o coração, nem se voltarão para mim a fim
de serem curados". 11Então eu disse: "Senhor, até quando isso vai
durar?", e ele respondeu: "Até que as cidades fiquem vazias, e as ca-
sas, abandonadas, e toda a terra seja devastada; 12até que o SENHOR
tenha mandado todos embora, e toda a terra de Israel esteja deser-
ta. 13Se ainda sobreviver uma décima parte, um remanescente, ela

será invadida outra vez e queimada. Mas, assim como o terebinto e
o carvalho deixam um toco quando cortados, o toco de Israel será
uma semente santa".

CAPÍTULO 7

Mensagem para Acaz

1Quando Acaz, filho de Jotão e neto de Uzias, era rei de Judá, Rezim,
rei da Síria, e Peca, filho de Remalias, rei de Israel, saíram para atacar
Jerusalém. Contudo, não conseguiram executar seu plano. 2Havia
chegado à corte de Judá a seguinte notícia: "A Síria se aliou com
Israel contra nós!". O coração do rei e de seu povo estremeceu de
medo, como árvores se agitam numa tempestade. 3Então o SENHOR
disse a Isaías: "Pegue seu filho, Sear-Jasube, e vá encontrar-se com
o rei Acaz. Ele estará no final do aqueduto que abastece o tanque
superior, perto do caminho para o campo onde se lava roupa. 4Diga
a Acaz que pare de se preocupar e que não precisa ter medo da
ira ardente daquelas duas brasas apagadas, Rezim, rei da Síria, e
Peca, filho de Remalias. 5É verdade que os reis da Síria e de Israel
tramam contra ele e dizem: 6'Atacaremos Judá e a conquistaremos;
então colocaremos o filho de Tabeal para reinar sobre Judá'. 7Mas
assim diz o SENHOR Soberano: "Essa invasão não acontecerá; jamais
ocorrerá, 8pois a Síria não é mais forte que sua capital, Damasco, e
Damasco não é mais forte que seu rei, Rezim. Quanto a Israel, em
sessenta e cinco anos, será esmagada e completamente destruída.
9Israel não é mais forte que sua capital, Samaria, e Samaria não é
mais forte que seu rei, Peca, filho de Remalias. Se vocês não crerem
com firmeza, não permanecerão firmes".

O sinal de Emanuel

10Depois, o SENHOR enviou esta mensagem ao rei Acaz: 11"Peça ao
SENHOR, seu Deus, um sinal de confirmação. Pode ser algo difícil,
alto como os céus ou profundo como o lugar dos mortos". 12O rei
Acaz, porém, respondeu: "Não porei o SENHOR à prova desse modo".
13Então o profeta disse: "Ouçam bem, descendentes de Davi! Não
basta esgotarem a paciência das pessoas? Agora também querem
esgotar a paciência de meu Deus? 14Por isso, o Senhor mesmo lhes
dará um sinal. Vejam! A virgem ficará grávida! Ela dará à luz um
filho e o chamará de Emanuel. 15Quando essa criança tiver idade

NO QUE ESTOU **PENSANDO** ○ O QUE ESTOU **SENTINDO** ○ DO QUE ESTOU **LEMBRANDO** ○

DESENHE OU ESCREVA

suficiente para escolher o bem e rejeitar o mal, comerá coalhada
e mel. 16Pois, antes de a criança chegar a essa idade, as terras dos
dois reis que vocês tanto temem ficarão desertas. 17"Então o SENHOR
trará sobre vocês, sua nação e sua família, coisas como nunca houve
desde que Israel se separou de Judá; trará contra vocês o rei da
Assíria!". 18Naquele dia, o SENHOR assobiará para chamar o exército
do sul do Egito e o exército da Assíria, e eles os cercarão como
enxames de moscas e abelhas. 19Virão em grandes multidões e
ocuparão as regiões férteis e também os vales desolados, as ca-
vernas e os lugares tomados de espinhos. 20Naquele dia, o Senhor
alugará uma "navalha" que virá de além do rio Eufrates – o rei da
Assíria – e a usará para raspar tudo: sua terra, suas plantações e seu
povo. 21Naquele dia, o camponês terá sorte se lhe sobrarem uma
vaca e duas ovelhas. 22Ainda assim, haverá leite suficiente para
todos, pois restarão poucas pessoas na terra. Comerão coalhada e
mel até ficarem satisfeitos. 23Naquele dia, os vinhedos prósperos,
que hoje valem mil peças de prata, se tornarão terrenos cheios de
espinhos e mato. 24Toda a terra ficará coberta de espinhos e mato,
e será uma região de caça cheia de animais selvagens. 25Ninguém
irá às encostas férteis das colinas, onde antes cresciam jardins, pois
estarão tomadas de espinhos e mato. Ali bois e ovelhas pastarão.

CAPÍTULO 8

A futura invasão assíria

1Então o SENHOR me disse: "Faça uma grande placa e escreva de
modo bem claro o seguinte nome: Maher-Shalal-Hash-Baz". 2Pedi
ao sacerdote Urias e a Zacarias, filho de Jeberequias, dois homens
conhecidos por sua honestidade, que fossem testemunhas do que
fiz. 3Então deitei-me com minha esposa, e ela ficou grávida e deu
à luz um filho. E o SENHOR disse: "Dê-lhe o nome Maher-Shalal-
Hash-Baz. 4Pois, antes que esse menino tenha idade suficiente
para dizer 'papai' ou 'mamãe', o rei da Assíria levará embora os
bens de Damasco e as riquezas de Samaria". 5Mais uma vez, o
SENHOR falou comigo e disse: 6"Meu cuidado pelo povo de Judá
é como as águas de Siloé, que fluem suavemente. Contudo, eles
me rejeitaram e agora se alegram com o que acontecerá aos reis
Rezim e Peca. 7Portanto, o Senhor fará vir sobre eles uma grande
inundação do rio Eufrates: o rei da Assíria com toda a sua glória.

A inundação fará transbordar todos os seus canais 8e cobrirá Judá
até o pescoço. Abrirá as asas e submergirá sua terra de um extremo
ao outro, ó Emanuel. 9"Reúnam-se, nações, e fiquem aterroriza-
das; prestem atenção, todas as terras distantes. Preparem-se para
a batalha, mas serão destruídas; sim, preparem-se para a batalha,
mas serão destruídas. 10Convoquem conselhos de guerra, mas de
nada adiantará; desenvolvam estratégias, mas não terão sucesso.
Pois Deus está conosco!"

Chamado para confiar no Senhor

11O Senhor me advertiu firmemente de que não pensasse como
todos os outros. Disse ele: 12"Não chame tudo de conspiração, como
eles fazem; não viva com medo do que eles temem. 13Considere
o Senhor dos Exércitos santo em sua vida; é a ele que você deve
temer. Ele é quem deve fazê-lo estremecer; 14ele o manterá seguro.
Mas, para Israel e Judá, ele será pedra de tropeço, rocha que os
faz cair. Para o povo de Jerusalém, será armadilha e laço. 15Muitos
tropeçarão e cairão e nunca mais se levantarão; serão presos no
laço e capturados". 16Preserve os ensinamentos de Deus; confie a lei
àqueles que me seguem. 17Esperarei pelo Senhor, que se afastou
dos descendentes de Jacó; porei nele minha esperança. 18Eu e os
filhos que o Senhor me deu serviremos de sinal e advertência para
Israel da parte do Senhor dos Exércitos, que habita no monte Sião.
19Talvez alguém lhes diga: "Vamos perguntar aos médiuns e aos
que consultam os espíritos dos mortos. Com sussurros e murmúrios
eles nos dirão o que fazer". Mas será que o povo não deve pedir
orientação a Deus? Será que os vivos devem buscar a orientação
de mortos? 20Consultem a lei e os ensinamentos de Deus! Aqueles
que contradizem sua palavra jamais verão a luz. 21Andam sem
rumo, cansados e famintos. E, por causa da fome, amaldiçoam seu
rei e seu Deus. Olharão para o céu, 22depois olharão para a terra,
mas para onde voltarem os olhos só haverá problemas, angústia e
sombrio desespero. Serão lançados nas trevas.

CAPÍTULO 9

Esperança no Messias

1Esse tempo de escuridão e desespero, no entanto, não durará
para sempre. A terra de Zebulom e de Naftali será humilhada, mas

no futuro a Galileia dos gentios, localizada junto à estrada entre o
Jordão e o mar, se encherá de glória. 2O povo que anda na escuri-
dão verá grande luz. Para os que vivem na terra de trevas profundas,
uma luz brilhará. 3Tu multiplicarás a nação de Israel, e seu povo se
alegrará. Eles se alegrarão diante de ti como os camponeses se
alegram na colheita, como os guerreiros ao repartir os despojos.
4Pois tu quebrarás o jugo de escravidão que os oprimia e levanta-
rás o fardo que lhes pesava sobre os ombros. Quebrarás a vara do
opressor, como fizeste ao destruir o exército de Midiã. 5As botas dos
guerreiros e os uniformes manchados de sangue das batalhas serão
queimados; servirão de lenha para o fogo. 6Pois um menino nos
nasceu, um filho nos foi dado. O governo estará sobre seus ombros,
e ele será chamado de Maravilhoso Conselheiro, Deus Poderoso, Pai
Eterno e Príncipe da Paz. 7Seu governo e sua paz jamais terão fim.
Reinará com imparcialidade e justiça no trono de Davi, para todo
o sempre. O zelo do Senhor dos Exércitos fará que isso aconteça!

A ira do Senhor contra Israel

8O Senhor se pronunciou contra Jacó, seu julgamento caiu sobre
Israel. 9Os habitantes de Israel e de Samaria, que falaram com tanto
orgulho e arrogância, logo ficarão sabendo. 10Disseram: "No lugar
dos tijolos quebrados de nossas ruínas, colocaremos pedras traba-
lhadas, e no lugar das figueiras-bravas derrubadas, plantaremos
cedros". 11O Senhor, porém, trará os inimigos de Rezim contra Israel
e instigará seus adversários. 12Os sírios do leste e os filisteus do
oeste mostrarão suas presas e devorarão Israel. Mesmo assim, a
ira do Senhor não se satisfará; sua mão ainda está levantada para
castigar. 13Pois mesmo depois do castigo, o povo não se arrepen-
derá; não buscará o Senhor dos Exércitos. 14Portanto, em um só
dia, o Senhor destruirá a cabeça e a cauda, o ramo da palmeira e
o junco. 15Os líderes de Israel são a cabeça, os profetas mentirosos
são a cauda. 16Pois esses líderes enganaram o povo e o conduziram
pelo caminho da destruição. 17Por isso o Senhor não se agrada dos
jovens, nem mostra compaixão pelas viúvas e pelos órfãos. Pois
todos são hipócritas perversos; todos falam tolices. Mesmo assim,
a ira do Senhor não se satisfará; sua mão ainda está levantada para
castigar. 18Essa maldade é como incêndio num matagal; consome
não apenas os espinhos e o mato, mas também queima os bosques

e faz subir nuvens de fumaça. 19A terra ficará ressecada, por causa da
fúria do SENHOR dos Exércitos. O povo servirá de lenha para o fogo, e
ninguém poupará sequer seu irmão. 20Atacarão o vizinho à direita,
mas continuarão com fome. Devorarão o vizinho à esquerda, mas
não se saciarão; por fim, comerão os próprios filhos. 21Manassés
se alimentará de Efraim, Efraim se alimentará de Manassés, ambos
devorarão Judá. Mesmo assim, a ira do SENHOR não se satisfará;
sua mão ainda está levantada para castigar.

IS

CAPÍTULO 10

1Que aflição espera os juízes injustos e os que decretam leis opres-
soras! 2Não fazem justiça aos pobres e negam os direitos dos ne-
cessitados de meu povo. Exploram as viúvas e tiram proveito dos
órfãos. 3O que farão quando eu os castigar, quando trouxer de uma
terra distante calamidade sobre vocês? A quem pedirão ajuda?
Onde seus tesouros estarão seguros? 4Serão levados como prisio-
neiros ou ficarão caídos entre os mortos. Mesmo assim, a ira do
SENHOR não se satisfará; sua mão ainda está levantada para castigar.

Julgamento contra a Assíria

5"Que aflição espera a Assíria, a vara de minha ira; uso-a como bas-
tão para expressar minha fúria! 6Envio a Assíria contra uma nação
ímpia, contra o povo com o qual estou irado. A Assíria os saqueará
e os pisará como pó sob os seus pés. 7O rei da Assíria, porém, não
entenderá que é meu instrumento; esse não é seu modo de pensar.
Seu plano é somente destruir, derrubar uma nação após a outra. 8Ele
dirá: 'Em breve cada um de meus príncipes será rei. 9'Destruímos
Calno, como fizemos com Carquemis, Hamate caiu diante de nós,
como aconteceu com Arpade, e derrotamos Samaria, como fizemos
com Damasco. 10Sim, acabamos com muitos reinos, cujos deuses
eram mais poderosos que os de Jerusalém e Samaria. 11Portanto,
derrotaremos Jerusalém e seus deuses, como destruímos Samaria
e seus deuses'". 12Depois que o Senhor tiver usado o rei da Assíria
para realizar seus propósitos no monte Sião e em Jerusalém, ele
se voltará contra o rei da Assíria e o castigará, pois o rei é orgulhoso
e arrogante. 13Ele diz: "Fiz isto com meu braço poderoso, com mi-
nha astuta sabedoria o planejei. Destruí as defesas das nações e
levei seus tesouros; como um touro, derrubei seus reis. 14Roubei as

NO QUE ESTOU **PENSANDO** ○ O QUE ESTOU **SENTINDO** ○ DO QUE ESTOU **LEMBRANDO** ○

DESENHE OU ESCREVA

riquezas de seus ninhos e ajuntei reinos como o camponês ajunta
ovos. Ninguém pode bater as asas contra mim, nem dar um pio
de protesto". 15Mas será que o machado pode se orgulhar de ser
mais poderoso que aquele que o usa? É a serra mais importante
que a pessoa que com ela corta? Pode a vara golpear se não hou-
ver quem a mova? Acaso o cajado de madeira anda sozinho? 16Por
isso, o Soberano SENHOR dos Exércitos enviará uma praga sobre
as tropas orgulhosas da Assíria, e fogo ardente consumirá sua gló-
ria. 17O SENHOR, a Luz de Israel, será o fogo; o Santo será a chama.
Devorará como fogo os espinhos e o mato e queimará o inimigo em
um só dia. 18O SENHOR consumirá a glória da Assíria, como o fogo
consome um bosque em terra fértil; ela definhará como os enfermos
durante uma praga. 19De todo esse bosque glorioso, restarão apenas
algumas árvores, tão poucas que uma criança poderá contá-las.

Esperança para o povo do SENHOR

20Naquele dia, o remanescente de Israel, os sobreviventes da
família de Jacó, não dependerão mais de aliados que procuram
destruí-los. Confiarão fielmente no SENHOR, o Santo de Israel. 21Um
remanescente voltará, sim, o remanescente de Jacó voltará para o
Deus Poderoso. 22Embora o povo de Israel seja numeroso como
a areia do mar, apenas um remanescente voltará. O SENHOR, em
sua justiça, decidiu destruir seu povo; 23sim, o Soberano SENHOR
dos Exércitos, já decidiu destruir toda a terra. 24Portanto, assim
diz o Soberano SENHOR dos Exércitos: "Ó meu povo em Sião, não
tema os assírios quando oprimirem vocês com vara e bastão, como
fizeram os egípcios muito tempo atrás. 25Em breve, minha fúria
contra vocês passará, e minha ira se levantará para destruir os assí-
rios". 26O SENHOR dos Exércitos os castigará com seu chicote, como
fez quando Gideão venceu os midianitas na rocha de Orebe, ou
quando o SENHOR ergueu sua vara para afogar o exército egípcio
no mar. 27Naquele dia, o SENHOR acabará com a servidão de seu
povo; quebrará o jugo de escravidão e o levantará de seus ombros.
28Vejam, agora os assírios estão em Aiate; passam por Migrom, e
guardam seus pertences em Micmás. 29Atravessam o desfiladeiro
e acampam em Geba. A cidade de Ramá está tomada de medo; o
povo de Gibeá, cidade natal de Saul, foge para se salvar. 30Gritem
de terror, habitantes de Galim! Alertem Laís! Ah, pobre Anatote!

31O povo de Madmena foge, e os habitantes de Gebim tentam se
esconder. 32O inimigo para em Nobe pelo resto do dia; sacode o
punho contra o belo monte Sião, o monte de Jerusalém. 33Mas,
vejam, o Soberano SENHOR dos Exércitos cortará com grande força
a poderosa árvore da Assíria! Ele derrubará os orgulhosos; a árvore
imponente será lançada por terra. 34Cortará as árvores do bosque
com um machado; o Líbano cairá pelas mãos do Poderoso.

CAPÍTULO 11

O ramo da linhagem de Jessé

1Do tronco da linhagem de Jessé brotará um renovo; sim, um novo
Ramo que de suas raízes dará frutos. 2E o Espírito do SENHOR estará
sobre ele, o Espírito de sabedoria e discernimento, o Espírito de
conselho e poder, o Espírito de conhecimento e temor do SENHOR.
3Ele terá prazer em obedecer ao SENHOR; não julgará pela aparên-
cia, nem acusará com base em rumores. 4Fará justiça aos pobres e
tomará decisões imparciais em favor dos oprimidos. A terra estre-
mecerá com a força de sua palavra, e o sopro de sua boca destruirá
os perversos. 5Vestirá a justiça como um cinto e a verdade como
uma cinta nos quadris. 6Naquele dia, o lobo viverá com o cordeiro,
e o leopardo se deitará junto ao cabrito. O bezerro estará seguro
perto do leão, e uma criança os guiará. 7A vaca pastará perto do urso,
e seus filhotes descansarão juntos; o leão comerá capim, como a
vaca. 8O bebê brincará em segurança perto da toca da cobra; sim, a
criancinha colocará a mão num ninho de víboras. 9Em todo o meu
santo monte, não se fará mal nem haverá destruição, pois, como as
águas enchem o mar, a terra estará cheia de gente que conhece o
SENHOR. 10Naquele dia, o descendente de Jessé será uma bandeira
de salvação para todo o mundo. As nações se reunirão junto a ele,
e a terra onde ele habita será um lugar glorioso. 11Naquele dia, o
Senhor estenderá a mão pela segunda vez, para trazer de volta o
remanescente de seu povo, aqueles que restarem na Assíria e no
norte do Egito, no sul do Egito, na Etiópia e em Elão, na Babilônia,
em Hamate e nas distantes terras costeiras. 12Levantará uma ban-
deira entre as nações e reunirá os exilados de Israel. Ajuntará o
povo disperso de Judá, desde os confins da terra. 13Então, por
fim, acabará o ciúme entre Israel e Judá, e deixarão de ser rivais.
14Unirão forças para vir sobre a Filístia no oeste; juntos, atacarão e

Is 12.2

saquearão as nações do leste. Ocuparão as terras de Edom e Moabe,
e Amom lhes obedecerá. 15O SENHOR abrirá um caminho seco no
golfo do mar Vermelho, moverá a mão sobre o rio Eufrates e enviará
um vento forte que o dividirá em sete riachos, para que possa ser
atravessado a pé. 16Fará uma estrada para o remanescente de seu
povo, o remanescente que virá da Assíria, como fez por Israel muito
tempo atrás, quando o povo voltou do Egito.

CAPÍTULO 12

Cânticos de louvor pela salvação

1Naquele dia, vocês cantarão: "Eu te louvarei, ó SENHOR! Estavas ira-
do comigo, mas tua ira passou; agora tu me consolas. 2Vejam, Deus
veio me salvar; confiarei nele e não terei medo. O SENHOR Deus é
minha força e meu cântico; ele me deu vitória!". 3Com alegria vocês
beberão das fontes da salvação. 4Naquele dia, cantarão: "Deem
graças ao SENHOR! Louvem seu nome! Contem aos povos o que ele
fez, anunciem que seu nome é magnífico. 5Cantem ao SENHOR, pois
ele tem feito maravilhas; tornem seu louvor conhecido em todo o
mundo. 6Todos os habitantes de Sião celebrem em alta voz, pois
grande é o Santo de Israel que vive em seu meio".

CAPÍTULO 13

Mensagem a respeito da Babilônia

1Isaías, filho de Amoz, recebeu esta mensagem acerca da Babilônia:
2"Levantem uma bandeira no topo descoberto de uma colina; con-
voquem um exército contra a Babilônia. Quando eles entrarem nos
palácios dos grandes e poderosos, acenem com a mão para en-
corajá-los. 3Eu, o SENHOR, consagrei esses soldados; sim, chamei
guerreiros valentes para executar minha ira, e eles se alegrarão
quando eu for exaltado". 4Ouçam o barulho nos montes! Escutem
os grandes exércitos marchando! São ruídos e gritos de muitas
nações; o SENHOR dos Exércitos reuniu essas tropas. 5Vêm de países
distantes, dos mais longínquos horizontes. São as armas do SENHOR
para executar sua ira; com elas destruirá toda a terra. 6Gritem de
terror, pois o dia do SENHOR chegou, o dia em que o Todo-poderoso
virá para destruir. 7Todo braço está paralisado de medo, todo co-
ração se derrete, 8todos estão apavorados. São tomados de dores
agudas de aflição, como as dores da mulher no parto. Apavorados,

olham uns para os outros, com o rosto ardendo de medo. 9Vejam,
o dia do SENHOR está chegando, o dia terrível de sua fúria e ira
ardente! A terra ficará desolada, e os pecadores serão destruídos.
10Os céus acima deles escurecerão, e as estrelas deixarão de brilhar.
O sol estará escuro ao nascer, e a lua não iluminará. 11"Eu, o SENHOR,
castigarei o mundo por sua maldade, os perversos por seu pecado.
Esmagarei a pretensão dos arrogantes, humilharei o orgulho dos
poderosos. 12Tornarei as pessoas mais escassas que o ouro, mais
raras que o ouro puro de Ofir. 13Pois sacudirei os céus; a terra se
moverá de seu lugar, quando o SENHOR dos Exércitos mostrar sua
fúria, no dia de sua ira ardente." 14Todos na Babilônia correrão
como uma gazela perseguida, como ovelhas sem pastor. Tentarão
encontrar seu povo e fugir para sua terra. 15Quem for capturado
será morto, atravessado com a espada. 16Suas crianças serão mas-
sacradas diante de seus olhos; suas casas serão saqueadas, e suas
esposas, violentadas. 17"Vejam, instigarei o reino da Média contra
a Babilônia; não se poderá comprá-lo com prata, nem suborná-lo
com ouro. 18Matarão os jovens com flechas, não terão misericórdia
dos bebês indefesos, nem compaixão das crianças." 19A Babilônia, o
mais glorioso dos reinos, o esplendor e o orgulho dos caldeus, será
devastada como Sodoma e Gomorra, quando Deus as destruiu. 20A
Babilônia jamais voltará a ser habitada; permanecerá vazia geração
após geração. Nômades não acamparão ali, pastores não levarão
suas ovelhas para passar a noite. 21Animais do deserto habitarão
na cidade arruinada, criaturas uivantes rondarão as casas. Corujas
viverão entre as ruínas, bodes selvagens ali saltarão. 22Hienas uiva-
rão nas fortalezas, chacais farão tocas nos palácios luxuosos. Os dias
da Babilônia estão contados; logo chegará a hora de sua destruição.

CAPÍTULO 14

Consolo para Israel

1O SENHOR, porém, terá misericórdia dos descendentes de Jacó.
Mais uma vez, escolherá Israel para ser seu povo. Ele os trará de vol-
ta e os estabelecerá em sua própria terra. Gente de muitas nações
virá, se juntará a eles ali e se unirá ao povo de Israel. 2As nações do
mundo ajudarão o povo de Israel a retornar, e aqueles que vierem
morar na terra do SENHOR os servirão. Os que conquistaram Israel
serão conquistados, e Israel dominará seus opressores.

NO QUE ESTOU **PENSANDO** ○ | O QUE ESTOU **SENTINDO** ○ | DO QUE ESTOU **LEMBRANDO** ○

DESENHE OU ESCREVA

Zombaria do rei da Babilônia

3Naquele dia, quando o SENHOR der a seu povo descanso da tris-
teza, do medo e da terrível escravidão a que foram submetidos,
4vocês zombarão do rei da Babilônia e dirão: "O homem pode-
roso foi destruído; acabou sua insolência. 5O SENHOR esmagou
seu poder perverso e derrubou seu reino de maldade. 6Você feriu
o povo com incontáveis golpes de fúria; cheio de ira, dominou
as nações com tirania implacável. 7Mas, por fim, a terra descansa
tranquila; agora pode voltar a cantar! 8Até as árvores do bosque,
os ciprestes e os cedros do Líbano, entoam esta alegre canção:
'Agora que você foi derrubado, ninguém virá nos derrubar!'. 9"O
lugar dos mortos se empolga com a sua chegada. Líderes e reis
mortos há muito tempo se levantam para vê-lo. 10A uma só voz
eles clamam: 'Agora você é tão fraco quanto nós! 11Seu orgulho
foi enterrado com você; o som da harpa em seu palácio cessou.
Agora larvas são seu lençol, e vermes, sua coberta'. 12"Como você
caiu dos céus, ó estrela brilhante, filho da alvorada! Foi lançado à
terra, você que destruía as nações. 13Pois dizia consigo: 'Subirei aos
céus e colocarei meu trono acima das estrelas de Deus. Dominarei
no monte dos deuses, nos lugares distantes do norte. 14Subirei
aos mais altos céus e serei como o Altíssimo'. 15Em vez disso, será
lançado ao lugar dos mortos, ao mais profundo abismo. 16Todos
olharão para você e perguntarão: 'É esse o homem que fazia a
terra tremer e abalava os reinos do mundo? 17É esse o rei que
destruiu a terra e a transformou em deserto? É ele que arrasava
as grandes cidades e não tinha misericórdia de seus prisioneiros?'.
18"Os reis das nações foram sepultados em glória majestosa, cada
um em seu túmulo, 19mas você será lançado fora de sua sepultura,
como um galho inútil. Como um cadáver pisoteado, será jogado
numa vala comum, com os que foram mortos na batalha. Descerá
ao abismo 20e não terá um sepultamento digno, pois destruiu
sua nação e massacrou seu povo. Os descendentes de alguém tão
perverso nunca mais receberão honras. 21Matem os filhos desse
homem! Que morram por causa dos pecados do pai, para que não
se levantem a fim de conquistar a terra e encher o mundo com
suas cidades". 22Assim diz o SENHOR dos Exércitos: "Eu mesmo me
levantei contra a Babilônia! Destruirei seus filhos e os filhos de seus
filhos", diz o SENHOR. 23"Transformarei a Babilônia em lugar para

corujas, cheio de pântanos e brejos; varrerei a terra com a vassoura
da destruição. Eu, o SENHOR dos Exércitos, falei!"

Mensagem a respeito da Assíria

24 O SENHOR dos Exércitos jurou: "Tudo acontecerá como planejei;
será conforme decidi. 25 Derrubarei os assírios quando estiverem
em Israel e os pisotearei em meus montes. Meu povo não será mais
seu escravo, nem se curvará sob o peso de suas cargas. 26 Tenho um
plano para toda a terra; minha mão está sobre todas as nações.
27 O SENHOR dos Exércitos falou; quem pode mudar seus planos?
Quando levanta sua mão, quem pode detê-la?".

Mensagem a respeito da Filístia

28 Recebi esta mensagem no ano em que o rei Acaz morreu: 29 Não
se alegrem, filisteus, por estar morto o rei que os feriu. Pois dessa
cobra nascerá outra mais venenosa, uma serpente terrível e abrasa-
dora! 30 Alimentarei os pobres em meus pastos, e os necessitados se
deitarão em paz. Quanto a vocês, eu os matarei de fome e destruirei
os poucos que restarem. 31 Lamentem junto aos portões! Chorem
alto nas cidades! Derretam-se de medo, filisteus! Um exército po-
deroso vem do norte, como fumaça; cada soldado avança depres-
sa, ansioso para lutar. 32 Que diremos aos mensageiros filisteus?
Digam-lhes: "O SENHOR reconstruiu Sião; dentro de seus muros
seu povo oprimido encontrará refúgio".

CAPÍTULO 15

Mensagem a respeito de Moabe

1 Recebi esta mensagem acerca de Moabe: Em uma só noite, a ci-
dade de Ar será arrasada, e a cidade de Quir, destruída. 2 Seu povo
irá ao templo em Dibom para lamentar, aos lugares de culto nos
montes para chorar. Chorarão pelo destino de Nebo e Medeba, ras-
parão a cabeça e cortarão a barba. 3 Vestirão pano de saco e vagarão
pelas ruas; de todas as casas e praças públicas virão gemidos de
lamento. 4 Os habitantes de Hesbom e Eleale clamarão; suas vozes
serão ouvidas até em Jaaz. Os guerreiros mais valentes de Moabe
gritarão de terror; indefesos, tremerão de medo. 5 Meu coração
chora por Moabe; seus habitantes fogem para Zoar e para Eglate-
Selisia. Sobem chorando pelo caminho de Luíte; seus clamores

de angústia são ouvidos por toda a estrada de Horonaim. 6 Até as
águas de Ninrim secaram; a vegetação às suas margens murchou.
As plantas morreram; todo verde desapareceu. 7 O povo reúne seus
bens e os carrega para o outro lado do riacho dos Salgueiros. 8 Um
clamor de angústia ecoa pela terra de Moabe, de uma extremidade
à outra, de Eglaim até Beer-Elim. 9 O riacho perto de Dibom está
vermelho de sangue, mas ainda não terminei de castigar Dibom!
Leões caçarão os sobreviventes, tanto os que tentarem fugir como
os que ficarem para trás.

CAPÍTULO 16

1 Enviem cordeiros desde Selá, como tributo ao governante da terra.
Enviem-nos pelo deserto, para o monte da bela Sião. 2 As mulheres
de Moabe foram abandonadas, como aves sem ninho, nas partes
rasas do rio Arnom. 3 "Ajudem-nos!", elas clamam. "Defendam-nos
como uma sombra ao meio-dia! Protejam os fugitivos; não nos
traiam agora que escapamos. 4 Deixem que o povo de Moabe more
com vocês; escondam nossos refugiados do inimigo, até que passe
o terror." Quando a opressão e a destruição tiverem terminado,
quando os invasores inimigos tiverem partido, 5 Deus estabelecerá
como rei um dos descendentes de Davi. Ele reinará com misericór-
dia e verdade, julgará sempre com imparcialidade e buscará fazer
o que é justo. 6 Ouvimos falar da arrogante Moabe, de seu orgulho,
sua altivez e sua fúria, mas toda essa soberba desapareceu. 7 Toda a
terra de Moabe chora, sim, todos em Moabe lamentam ao lembrar
dos bolos de passas de Quir-Haresete; não resta um sequer. 8 As
plantações de Hesbom estão abandonadas, os vinhedos de Sibma,
desertos. Os governantes das nações derrubaram Moabe, essa bela
videira. Seus ramos se estendiam para o norte, até a cidade de
Jazar, e se espalhavam para o leste, até o deserto. Seus brotos se
estendiam tão longe para o oeste que atravessavam o mar Morto.
9 Por isso, agora choro por Jazar e pelos vinhedos de Sibma; minhas
lágrimas correrão por Hesbom e por Eleale. Não há mais gritos
de alegria por seus frutos de verão e suas colheitas. 10 Encerrou-
se a alegria, acabou-se a celebração pela colheita. Já não haverá
cânticos nos vinhedos, nem gritos de exultação, ninguém pisará
as uvas nos tanques de prensar; acabei com toda a alegria de suas
colheitas. 11 O clamor de meu coração por Moabe é como o lamento

de uma harpa; estou cheio de angústia por Quir-Haresete. 12O povo
de Moabe adorará em seus santuários idólatras, mas de nada lhe
adiantará. Clamarão aos deuses em seus templos, mas ninguém
poderá salvá-los. 13O SENHOR já havia anunciado essas coisas sobre
Moabe no passado. 14Agora, porém, o SENHOR diz: "Dentro de três
anos, contando cada dia, a glória de Moabe chegará ao fim. De sua
grande população, restarão uns poucos sobreviventes".

CAPÍTULO 17

Mensagem a respeito de Damasco e de Israel

1Recebi esta mensagem acerca de Damasco: "Vejam, a cidade de
Damasco desaparecerá; ela se tornará um monte de ruínas! 2As
cidades de Aroer ficarão desertas; rebanhos pastarão nas ruas e ali
se deitarão, sem que ninguém os espante. 3As cidades fortificadas
de Israel também serão destruídas, e acabará o poder do reino
de Damasco. Tudo que restar da Síria terá o mesmo destino da
glória de Israel", declara o SENHOR dos Exércitos. 4"Naquele dia, a
glória de Israel perderá seu brilho; seu corpo robusto definhará. 5A
terra toda parecerá um campo de cereais depois que os ceifeiros
colheram as espigas. Ficará desolada, como os campos no vale de
Refaim depois da colheita. 6Restarão apenas uns poucos de seu
povo, como as azeitonas que sobram quando a árvore é sacudida.
Apenas duas ou três restam nos galhos mais altos, quatro ou cin-
co aqui e ali em seus ramos", declara o SENHOR, o Deus de Israel.
7Naquele dia, enfim, as pessoas olharão para seu Criador e voltarão
os olhos para o Santo de Israel. 8Não buscarão mais a ajuda de
seus ídolos, nem adorarão aquilo que suas próprias mãos fizeram.
Já não se curvarão para seus postes de Aserá, nem adorarão nos
santuários idólatras que construíram. 9Suas maiores cidades ficarão
como um bosque desabitado, como a terra que os heveus e os
amorreus abandonaram quando os israelitas vieram para cá tanto
tempo atrás; tudo ficará desolado. 10Pois você se afastou do Deus
que o salva, se esqueceu da Rocha que o protege. Por isso, pode
até plantar as melhores videiras e importar as mudas mais caras.
11Pode ser que elas brotem no dia em que as puser na terra, pode
ser que floresçam na manhã em que as plantar, mas você jamais
colherá delas uma uva sequer; sua colheita será apenas tristeza e
dor contínua. 12Ouça! As tropas de muitas nações rugem como ruge

NO QUE ESTOU **PENSANDO** ○ | O QUE ESTOU **SENTINDO** ○ | DO QUE ESTOU **LEMBRANDO** ○

DESENHE OU ESCREVA

o mar. Escute o estrondo dos exércitos, que avançam como ondas
estrondosas. 13Embora rujam como a rebentação na praia, Deus
os calará e eles fugirão, como palha dispersada pelo vento, como
folhas num redemoinho antes da tempestade. 14Ao cair da tarde,
Israel espera, cheio de pavor, mas, ao amanhecer, seus inimigos
estão mortos. Esse é o castigo merecido dos que nos saqueiam, o
fim apropriado para os que nos destroem.

CAPÍTULO 18

Mensagem a respeito da Etiópia

1Que aflição espera você, Etiópia, terra de velas tremulantes junto
à nascente do Nilo, 2que envia embaixadores pelo rio em rápidas
embarcações! Vão, velozes mensageiros! Levem a mensagem a
um povo alto, de pele lisa, temido em toda parte por suas con-
quistas e destruição, cuja terra é dividida por rios. 3Todos vocês,
povos do mundo, todos os habitantes da terra, olhem quando eu
erguer sobre o monte minha bandeira de guerra; ouçam quando
eu soar a trombeta! 4Pois o SENHOR me disse: "Do lugar onde habito
observarei quieto, como sobe o calor num dia de verão, como se
forma o orvalho da manhã durante a colheita". 5Antes de começa-
rem a atacar, enquanto seus planos amadurecem como uvas, o
SENHOR cortará seus brotos com a podadeira; removerá os ramos
que se espalharam e os lançará fora. 6Seu exército poderoso será
deixado morto nos campos, para os abutres dos montes e para os
animais selvagens. Abutres despedaçarão os cadáveres no verão,
e animais selvagens roerão os ossos no inverno. 7Naquele tempo,
o SENHOR dos Exércitos receberá presentes dessa terra dividida por
rios, desse povo alto, de pele lisa, temido em toda parte por suas
conquistas e destruição. Levarão presentes ao monte Sião, onde
habita o SENHOR dos Exércitos.

CAPÍTULO 19

Mensagem a respeito do Egito

1Recebi esta mensagem acerca do Egito: Vejam, o SENHOR avança
contra o Egito, montado em uma nuvem veloz! Os ídolos do Egito
estremecem diante dele; o coração dos egípcios se derrete de
medo. 2"Farei egípcio lutar contra egípcio, irmão contra irmão, vizi-
nho contra vizinho, cidade contra cidade, província contra província.

3 Os egípcios se desesperarão, e eu confundirei seus planos. Pedirão
sabedoria a seus ídolos e invocarão espíritos; consultarão mé-
diuns e praticantes do ocultismo. 4 Entregarei o Egito a um senhor
cruel; um rei feroz os governará”, declara o Soberano SENHOR dos
Exércitos. 5 As águas do Nilo deixarão de inundar os campos; o leito
do rio ficará seco e árido. 6 Os canais do Nilo secarão; os ribeiros
do Egito terão mau cheiro, e juncos e canas apodrecerão. 7 Toda
a vegetação às margens do rio, todas as plantações junto a ele,
secarão e serão levadas pelo vento. 8 Os pescadores lamentarão, os
que lançam anzóis no Nilo gemerão, e os que usam redes perderão
o ânimo. 9 Não haverá linho para os ceifeiros, nem fio para os tece-
lões. 10 Ficarão todos desesperados; os trabalhadores se encherão
de tristeza. 11 Como são tolos os oficiais de Zoã; seus conselhos ao rei
do Egito são absurdos! Ainda assim, contarão vantagem ao faraó?
Ousarão se gabar da sabedoria de seus antepassados? 12 Onde estão
seus grandes conselheiros, faraó? Que lhe informem os planos de
Deus, o que o SENHOR dos Exércitos fará ao Egito. 13 Os oficiais de Zoã
são tolos, os oficiais de Mênfis foram enganados. As autoridades
do povo fizeram o Egito se desviar. 14 O SENHOR enviou sobre eles
um espírito de confusão; estão equivocados em tudo que dizem.
Fazem o Egito cambalear, como um bêbado em seu vômito. 15 Não
há nada que o Egito possa fazer; todos estão indefesos: a cabeça e
a cauda, o ramo da palmeira e o junco. 16 Naquele dia, os egípcios
serão frágeis como mulheres. Eles se encolherão de medo debaixo
da mão levantada do SENHOR dos Exércitos. 17 A simples menção à
terra de Judá os encherá de terror, pois o SENHOR dos Exércitos tra-
çou seus planos contra eles. 18 Naquele dia, cinco cidades egípcias
seguirão o SENHOR dos Exércitos e até começarão a falar a língua
de Canaã. Uma dessas cidades será Heliópolis, a Cidade do Sol.
19 Naquele dia, haverá um altar ao SENHOR no centro do Egito e um
monumento ao SENHOR em sua fronteira. 20 Serão sinal e testemu-
nho de que o SENHOR dos Exércitos é adorado na terra do Egito.
Quando o povo clamar ao SENHOR por causa de seus opressores, ele
enviará um salvador que lutará por eles e os livrará. 21 Naquele dia,
o SENHOR se revelará aos egípcios. Sim, eles conhecerão o SENHOR
e lhe apresentarão sacrifícios e ofertas. Farão um voto ao SENHOR e
o cumprirão. 22 O SENHOR ferirá o Egito, mas depois trará cura. Pois
os egípcios se voltarão para o SENHOR, e ele ouvirá suas súplicas e

Quando o povo clamar ao Senhor por causa de seus opressores, ele enviará um salvador que lutará por eles e os livrará.

Is 19.20

lhes dará cura. 23 Naquele dia, o Egito e a Assíria serão ligados por
uma estrada. Os egípcios e os assírios viajarão livremente entre
seus países e adorarão juntos. 24 Naquele dia, Israel será o tercei-
ro, junto com o Egito e a Assíria, uma bênção no meio da terra.
25 Porque o SENHOR dos Exércitos dirá: “Bendito seja o Egito, meu
povo. Bendita seja a Assíria, a terra que criei. Bendito seja Israel,
minha propriedade especial”.

CAPÍTULO 20

Mensagem a respeito do Egito e da Etiópia

1 No ano em que Sargom, rei da Assíria, enviou seu comandante em
chefe para conquistar a cidade de Asdode, na Filístia, 2 o SENHOR
disse a Isaías, filho de Amoz: “Tire o pano de saco que você está
vestindo e as sandálias que está calçando”. Isaías obedeceu e pas-
sou a andar nu e descalço. 3 Então o SENHOR disse: “Meu servo Isaías
andou nu e descalço durante três anos como sinal e advertência
das dificuldades terríveis que trarei sobre o Egito e a Etiópia. 4 O
rei da Assíria levará como prisioneiros os egípcios e os etíopes,
tanto jovens como velhos. Ele os fará andar nus e descalços, com
as nádegas descobertas, para vergonha do Egito. 5 Então os filisteus
entrarão em pânico, pois contavam com o poder da Etiópia e se
gabavam de seus aliados no Egito. 6 Dirão: ‘Se isso aconteceu com
aqueles que eram nossa esperança de socorro, o que será de nós?
Confiávamos que eles nos protegeriam do rei da Assíria!’”.

CAPÍTULO 21

Mensagem a respeito da Babilônia

1 Recebi esta mensagem acerca da Babilônia, o deserto junto ao
mar: O desastre se aproxima, vindo do deserto, como um vendaval
impetuoso que chega do Neguebe. 2 Tenho uma visão assustado-
ra: vejo o traidor trair, o destruidor destruir. Prossigam, elamitas e
medos, ataquem e cerquem as cidades. Porei fim a todos os gemi-
dos que ela causou. 3 Sinto pontadas intensas no estômago; sou
tomado de dores agudas, como as dores da mulher em trabalho de
parto. Desfaleço quando ouço o que Deus planeja fazer; não consi-
go olhar de tanto medo. 4 Minha mente está confusa e meu coração
dispara; desejava que a noite chegasse, mas agora a escuridão me
aterroriza. 5 Eles preparam um grande banquete, estendem tapetes

para que os convidados se sentem; todos comem e bebem. Rápido,
levantem-se! Peguem seus escudos e preparem-se para a batalha!
6Enquanto isso, o Senhor me disse: "Coloque um vigia no muro da
cidade; ele deve anunciar em alta voz o que vê. 7Deve ficar atento
a carros de guerra puxados por pares de cavalos, e a cavaleiros
montados em jumentos e em camelos. Que o vigia permaneça bem
alerta!". 8Então o vigia gritou: "Meu senhor, todos os dias fico na
torre de vigia, todas as noites permaneço em meu posto. 9Agora,
veja! Finalmente! Aí vem um homem num carro de guerra, com
um par de cavalos!". Então o vigia disse: "Ela caiu! A Babilônia caiu!
Todos os ídolos da Babilônia estão despedaçados no chão". 10Ó meu
povo, moído e peneirado, eu lhes anunciei tudo que o SENHOR dos
Exércitos disse, tudo que o Deus de Israel me falou.

Mensagem a respeito de Edom

11Recebi esta mensagem acerca de Edom: Alguém em Edom grita
para mim: "Guarda, quanto falta para amanhecer? Quando termina-
rá a noite?". 12O guarda responde: "O amanhecer está próximo, mas
logo a noite voltará; se quiser perguntar de novo, volte e pergunte".

Mensagem a respeito da Arábia

13Recebi esta mensagem acerca da Arábia: Ó caravanas de Dedã,
escondam-se nos bosques da Arábia. 14Ó habitantes de Temã, tra-
gam água para essa gente sedenta, alimento para esses refugiados
exaustos. 15Fugiram da espada, da espada desembainhada, do arco
preparado e dos terrores da batalha. 16O Senhor me disse: "Dentro
de um ano, contando cada dia, toda a glória de Quedar chegará ao
fim. 17Somente alguns de seus arqueiros valentes sobreviverão. Eu,
o SENHOR, o Deus de Israel, falei!".

CAPÍTULO 22

Mensagem a respeito de Jerusalém

1Recebi esta mensagem acerca de Jerusalém, o vale da Visão: O que
está acontecendo? Por que todos correm para os terraços? 2A cidade
inteira está em grande agitação. O que vejo nesta cidade festiva?
Há cadáveres por toda parte; não morreram pela espada, nem na
batalha. 3Todos os seus líderes fugiram; renderam-se sem resistir. O
povo tentou escapar, mas também foi capturado. 4Por isso eu disse:

NO QUE ESTOU **PENSANDO** ○ | O QUE ESTOU **SENTINDO** ○ | DO QUE ESTOU **LEMBRANDO** ○

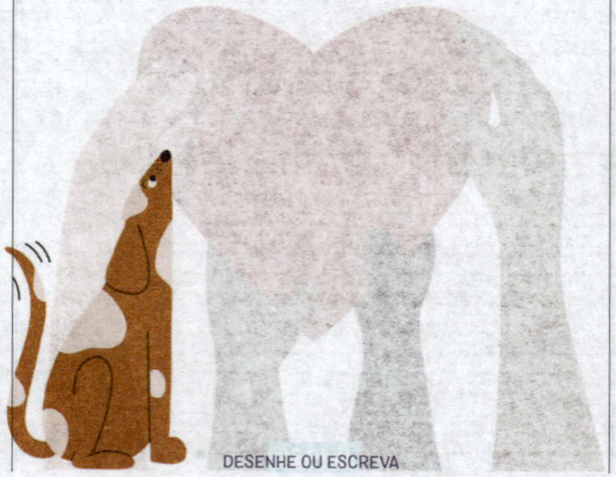

DESENHE OU ESCREVA

"Deixem-me chorar em paz; não tentem me consolar. Deixem-me
chorar por meu povo, enquanto vejo sua destruição". 5Que dia de
grande aflição! Que dia de confusão e terror enviado pelo Soberano
SENHOR dos Exércitos sobre o vale da Visão! Os muros de Jerusalém
foram derrubados; lamentos ressoam das encostas dos montes.
6Os elamitas são arqueiros, com seus carros e cavaleiros; os ho-
mens de Quir levantam os escudos. 7Carros de guerra enchem
seus lindos vales, cavaleiros atacam seus portões. 8As defesas de
Judá foram removidas; vocês correm ao arsenal para pegar suas
armas. 9Inspecionam as brechas nos muros de Jerusalém; guardam
água no tanque inferior. 10Examinam as casas e derrubam algumas;
usam suas pedras para reforçar os muros. 11Entre os muros da ci-
dade constroem um reservatório, para guardar a água do tanque
velho. Em nenhum momento, pedem ajuda àquele que fez tudo
isso; não levam em conta aquele que há muito planejou essas coi-
sas. 12Naquele dia, o Soberano SENHOR dos Exércitos, os chamou
para que chorassem e lamentassem. Disse-lhes que raspassem a
cabeça e vestissem pano de saco. 13Em vez disso, vocês dançam e
brincam; abatem gado e matam ovelhas, comem carne e bebem
vinho. Dizem: "Comamos e bebamos, porque amanhã morrere-
mos!". 14O SENHOR dos Exércitos me revelou o seguinte: "Até o dia
em que vocês morrerem, esse terrível pecado não será perdoado.
Eu, o Soberano SENHOR dos Exércitos, falei!".

Mensagem para Sebna

15O Soberano SENHOR dos Exércitos me disse: "Confronte Sebna, ad-
ministrador do palácio, e transmita-lhe esta mensagem: 16"Quem
você pensa que é, e o que está fazendo aqui, construindo uma bela
sepultura para si, um monumento no alto da rocha? 17Pois o SENHOR
está prestes a lançá-lo para longe, ó homem poderoso! Ele o pegará
com firmeza, 18o embrulhará como uma bola e o atirará para uma
terra distante. Você morrerá naquele lugar, e seus gloriosos carros
de guerra lá ficarão. Você é uma vergonha para seu senhor! 19"Sim,
eu o expulsarei de seu cargo", diz o SENHOR. "Eu o removerei de sua
posição. 20Então chamarei meu servo Eliaquim, filho de Hilquias,
para ocupar seu lugar. 21Vestirei Eliaquim com as roupas oficiais
que você usava e lhe darei seu título e autoridade. Ele será como
um pai para o povo de Jerusalém e de Judá. 22Darei a ele a chave

da casa de Davi, o cargo mais elevado da corte. Quando ele abrir
portas, ninguém poderá fechá-las; quando fechar portas, ninguém
poderá abri-las. 23Trará honra ao nome de seus familiares, pois o
colocarei firmemente no lugar, como um prego na parede. 24A
família toda dependerá dele, e ele honrará até o membro mais
humilde de sua casa." 25Contudo, o SENHOR dos Exércitos também
disse: "Chegará o dia em que arrancarei o prego que parecia tão
firme. Ele será derrubado e cairá no chão. Tudo que nele se apoia
cairá com ele. Eu, o SENHOR, falei!".

CAPÍTULO 23

Mensagem a respeito de Tiro

1Recebi esta mensagem acerca de Tiro: Lamentem, navios de Társis,
pois o porto e as casas de Tiro foram destruídos! Os boatos que
vocês ouviram em Chipre são verdadeiros. 2Chorem em silêncio,
moradores do litoral e comerciantes de Sidom! Seus negociantes
atravessavam o mar 3e navegavam em águas profundas. Traziam-lhe
os cereais do Egito e as colheitas do Nilo. Você era o mercado das
nações. 4Agora, porém, será envergonhada, cidade de Sidom, pois
Tiro, a fortaleza do mar, diz: "Nunca tive dores de parto nem dei à luz;
não tenho filhos nem filhas". 5Quando o Egito receber a notícia sobre
Tiro, haverá grande tristeza. 6Avisem Társis! Lamentem, moradores
do litoral! 7Essas ruínas são tudo que resta de sua cidade antes tão
alegre? Como foi longa sua história! Quantos colonizadores envia-
ram para lugares distantes! 8Quem trouxe essa calamidade sobre
Tiro, a grande fundadora de reinos? Seus comerciantes eram todos
príncipes, seus negociantes eram os nobres da terra. 9O SENHOR dos
Exércitos fez isso para acabar com seu orgulho, para rebaixar os no-
bres da terra. 10Venham, habitantes de Társis, percorram a terra como
faz o Nilo, pois Tiro está indefesa. 11O SENHOR estendeu a mão sobre
o mar e sacudiu os reinos da terra. Pronunciou-se contra a Fenícia e
ordenou que suas fortalezas fossem destruídas. 12Disse: "Você nunca
mais se alegrará, ó filha de Sidom, pois foi esmagada. Mesmo que
fuja para Chipre, não encontrará descanso". 13Olhem para a terra
da Babilônia; seu povo não existe mais! Os assírios entregaram a
Babilônia aos animais selvagens do deserto. Construíram rampas de
ataque junto a seus muros, demoliram seus palácios e transforma-
ram a cidade num monte de ruínas. 14Lamentem, navios de Társis,

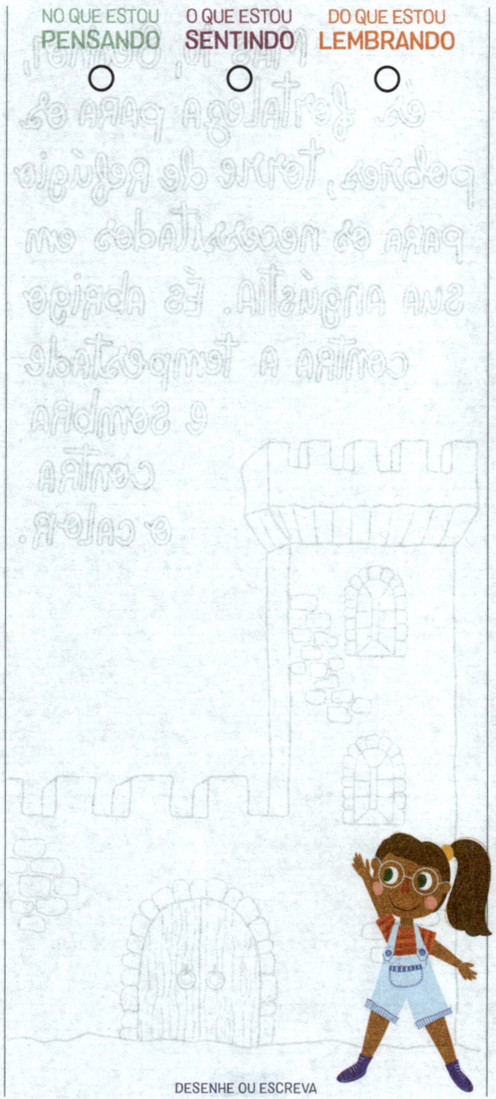

pois seu porto está destruído! 15Durante setenta anos, o tempo de
vida de um rei, Tiro ficará esquecida. Depois disso, porém, a cidade
voltará à vida, como na canção sobre a prostituta: 16Pegue a harpa e
ande pelas ruas, ó prostituta esquecida. Cante uma doce melodia e
entoe suas canções, para que voltem a lembrar-se de você. 17Depois
de setenta anos, o SENHOR fará Tiro renascer. Contudo, não será di-
ferente do que era antes. Voltará a ser prostituta de todos os reinos
do mundo. 18No final, porém, seu lucro será entregue ao SENHOR.
Suas riquezas não serão acumuladas, mas proverão comida farta e
roupas finas para os servos do SENHOR.

CAPÍTULO 24

A destruição da terra

1Vejam, o SENHOR está prestes a destruir a terra e transformá-la num
enorme deserto! Ele devasta sua superfície e dispersa seus habi-
tantes. 2Sacerdotes e povo, servos e senhores, servas e senhoras,
os que compram e os que vendem, os que emprestam e os que
tomam emprestado, credores e devedores, ninguém será poupa-
do. 3A terra será completamente esvaziada e saqueada. O SENHOR
falou! 4A terra lamenta e seca, sim, o mundo definha e murcha;
até mesmo os mais nobres da terra definham. 5A terra sofre por
causa do pecado de seus habitantes, pois transgrediram as leis de
Deus, violaram seus decretos e quebraram sua aliança eterna. 6Por
isso, a maldição consome a terra; seus habitantes pagam por seus
pecados. São destruídos pelo fogo, e apenas alguns sobrevivem. 7O
vinho novo seca, e as videiras murcham; os que festejavam agora
gemem. 8O som animado dos tamborins cessou, e já não se ouvem
os gritos alegres de celebração; os acordes melodiosos da harpa se
calaram. 9Acabaram-se as alegrias do vinho e das canções; a bebida
forte tem gosto amargo. 10A cidade se contorce em meio ao caos;
todas as casas estão trancadas, para que ninguém entre. 11Nas ruas,
multidões clamam por vinho; a alegria se transformou em tristeza,
a celebração foi expulsa da terra. 12A cidade foi deixada em ruínas;
seus portões foram despedaçados. 13Assim é em toda a terra: so-
brou apenas um remanescente, como as azeitonas que sobram
quando a árvore é sacudida, como as uvas que restam na videira
depois da colheita. 14Mas todos que restaram gritam e cantam de
alegria; os que moram no oeste louvam a majestade do SENHOR.

15 Nas terras do leste, deem glória ao SENHOR; nas terras além do
mar, louvem o nome do SENHOR, o Deus de Israel! 16 Ouvimos cân-
ticos de louvor desde os confins da terra, cânticos que glorificam o
Justo! Meu coração, porém, está pesado de angústia; chorem por
mim, pois desfaleço. O engano ainda prevalece; há traição por toda
parte. 17 Terror, armadilhas e laços esperam por vocês, habitantes
da terra. 18 Os que fogem apavorados cairão numa armadilha; os
que escaparem da armadilha serão pegos num laço. Destruição cai
dos céus como chuva; os alicerces da terra estremecem. 19 A terra se
despedaçou; está totalmente destruída e é sacudida com violência.
20 A terra cambaleia como um bêbado, estremece como uma tenda
na tempestade. Cai e não voltará a se levantar, pois a culpa de sua
rebelião é pesada demais. 21 Naquele dia, o SENHOR castigará os
poderes celestiais nos céus e os governantes das nações na terra.
22 Serão reunidos e presos, trancados na prisão e, por fim, casti-
gados. 23 Então o esplendor da lua minguará, e o brilho do sol se
apagará, pois o SENHOR dos Exércitos reinará no monte Sião; reinará
com grande glória em Jerusalém, diante das autoridades do povo.

CAPÍTULO 25

Louvor pelo julgamento e pela salvação

1 Ó SENHOR, honrarei e louvarei teu nome, pois és meu Deus. Fazes
coisas maravilhosas! Tu as planejaste há muito tempo e agora as
realizaste. 2 Transformas cidades poderosas em montes de ruínas;
cidades com muros fortes se tornam escombros. Belos palácios em
terras distantes são destruídos e jamais serão reconstruídos. 3 Por
isso, nações fortes declararão tua glória; povos cruéis te temerão.
4 Mas tu, SENHOR, és fortaleza para os pobres, torre de refúgio para
os necessitados em sua angústia. És abrigo contra a tempestade e
sombra contra o calor. Pois os atos opressores dos cruéis são como
tempestade que açoita um muro, 5 como o calor implacável do de-
serto. Tu, porém, calas o rugido das nações estrangeiras; como a
sombra de uma nuvem diminui o calor implacável, assim os cânti-
cos de soberba dos cruéis são silenciados. 6 Em Jerusalém, o SENHOR
dos Exércitos oferecerá um grande banquete para todos os povos do
mundo. Será um banquete delicioso, com vinho puro e envelhecido
e carne da melhor qualidade. 7 Ali removerá a nuvem de tristeza, a
sombra escura que cobre toda a terra. 8 Ele engolirá a morte para

Is 25.4

sempre; o SENHOR Soberano enxugará todas as lágrimas! Removerá
para sempre todo insulto, contra sua terra e seu povo. O SENHOR
falou! 9 Naquele dia, o povo dirá: "Este é nosso Deus! Confiamos
nele, e ele nos salvou! Este é o SENHOR, em quem confiamos; ale-
gremo-nos em seu livramento!". 10 Pois a mão do SENHOR descan-
sará sobre Jerusalém. Moabe, porém, será esmagada; será como
palha pisada e deixada para apodrecer. 11 Deus empurrará para
baixo o povo de Moabe, como um nadador empurra a água para
baixo com as mãos. Acabará com seu orgulho e com todas as suas
obras perversas. 12 Os muros altos de Moabe serão demolidos; serão
derrubados por terra, até o pó.

CAPÍTULO 26

Cântico de louvor ao SENHOR

1 Naquele dia, todos na terra de Judá entoarão este cântico: Nossa
cidade é forte; estamos cercados pelos muros da salvação de
Deus! 2 Abram os portões para os justos, deixem entrar os fiéis.
3 Tu guardarás em perfeita paz todos que em ti confiam, aqueles
cujos propósitos estão firmes em ti. 4 Confiem sempre no SENHOR,
pois o SENHOR Deus é a Rocha eterna. 5 Ele humilha os orgulhosos;
rebaixa a cidade arrogante e a lança ao pó. 6 Os pobres a pisoteiam,
e os necessitados caminham sobre ela. 7 Para os justos, porém, o
caminho é reto. Tu, que ages com retidão, tornas plano o caminho
adiante deles. 8 SENHOR, ao seguir tuas justas decisões, depositamos
em ti nossa esperança; o desejo de nosso coração é glorificar teu
nome. 9 À noite eu te procuro, ó Deus; pela manhã te busco de todo
o coração. Pois só quando vens julgar a terra as pessoas aprendem a
justiça. 10 Tua bondade com os perversos não os leva a fazer o bem.
Embora outros pratiquem a justiça, eles continuam a fazer o mal;
não levam em conta a majestade do SENHOR. 11 Ó SENHOR, eles não
prestam atenção à tua mão levantada; mostra-lhes teu zelo em
defender teu povo. Então serão envergonhados; que o fogo de tua
ira consuma teus inimigos! 12 SENHOR, tu nos concederás paz; sim,
tudo que realizamos vem de ti. 13 Ó SENHOR, nosso Deus, outros
senhores nos governaram, mas só a ti adoramos. 14 Aqueles a quem
servimos estão mortos; seus espíritos jamais voltarão a viver. Tu os
atacaste e os destruíste; há muito caíram no esquecimento. 15 Ó
SENHOR, engrandeceste nosso povo; sim, tu nos tornaste grandes.

Expandiste nossas fronteiras e foste glorificado. 16 SENHOR, em an-
gústia te buscamos; oramos sob o peso de tua disciplina. 17 Como
a mulher grávida que se contorce e grita de dor quando dá à luz,
assim estávamos em tua presença, SENHOR. 18 Nós também nos con-
torcemos de dor intensa, mas nosso sofrimento em nada resultou.
Não trouxemos salvação à terra, nem vida ao mundo. 19 Teus mortos,
porém, viverão; seus corpos ressuscitarão. Aqueles que dormem
na terra se levantarão e cantarão de alegria. Pois tua luz que dá
vida descerá como o orvalho sobre teu povo no lugar dos mortos.

Restauração para Israel

20 Vá para casa, meu povo, e tranque as portas! Esconda-se por um
breve tempo, até que tenha passado a ira do SENHOR. 21 Vejam, o
SENHOR vem dos céus para castigar os habitantes da terra por seus
pecados! A terra já não esconderá os que foram mortos; ela os
mostrará para que todos os vejam.

CAPÍTULO 27

1 Naquele dia, o SENHOR tomará sua veloz e terrível espada e cas-
tigará o Leviatã, a serpente que se move com rapidez, a serpente
que se enrola e se contorce. Ele matará o dragão do mar. 2 "Naquele
dia, cantem sobre o vinhedo frutífero. 3 Eu, o SENHOR, o vigiarei e o
regarei com cuidado. Dia e noite o vigiarei, para que ninguém lhe
cause dano. 4 Minha ira terá passado; se houver espinhos e mato
crescendo ali, eu os atacarei e os queimarei, 5 a menos que se voltem
para mim e me peçam ajuda. Que façam as pazes comigo, sim, que
façam as pazes comigo." 6 Está chegando o tempo em que os des-
cendentes de Jacó criarão raízes; Israel brotará e florescerá e enche-
rá de frutos toda a terra! 7 Acaso o SENHOR feriu Israel como feriu seus
inimigos? Destruiu o povo como destruiu seus adversários? 8 Não,
mas os exilou para que lhe prestassem contas; foram exilados de
sua terra, como se um vento oriental os tivesse soprado para longe.
9 O SENHOR fez isso para purificar Israel de sua perversidade, para
remover todo o seu pecado. Por isso, todos os santuários idólatras
serão reduzidos a pó; nenhum poste de Aserá ou altar de incenso
continuará em pé. 10 As cidades fortificadas ficarão silenciosas e
vazias, as casas, abandonadas, as ruas, cobertas de ervas daninhas.
Bezerros pastarão ali e mastigarão brotos e ramos. 11 Israel é como

NO QUE ESTOU PENSANDO ○ | O QUE ESTOU SENTINDO ○ | DO QUE ESTOU LEMBRANDO ○

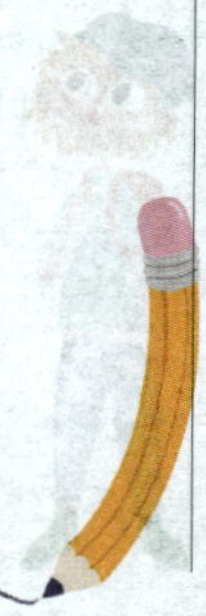

DESENHE OU ESCREVA

os ramos secos de uma árvore, quebrados e usados para acender o
fogo sob as panelas; é nação tola e insensata. Por isso, aquele que os
criou não terá compaixão nem misericórdia. 12 Chegará o dia, porém,
em que o SENHOR os ajuntará como grãos colhidos à mão. Um por
um, ele os reunirá, desde o rio Eufrates, no leste, até o ribeiro do
Egito, no oeste. 13 Naquele dia, soará a grande trombeta. Muitos
que estavam perecendo no exílio na Assíria e no Egito voltarão a
Jerusalém para adorar o SENHOR em seu santo monte.

CAPÍTULO 28

Mensagem a respeito de Samaria

1 Que aflição espera a orgulhosa cidade de Samaria, a coroa gloriosa
dos bêbados de Israel! Fica na parte alta de um vale fértil, mas sua
beleza gloriosa murchará como uma flor. Ela é o orgulho de um
povo que o vinho derrubou. 2 O Senhor enviará um exército pode-
roso contra ela; como forte tempestade de granizo, chuva torrencial,
ou violenta inundação, eles irromperão contra ela e a derrubarão
por terra. 3 A orgulhosa cidade de Samaria, a coroa gloriosa dos
bêbados de Israel, será pisoteada pelos inimigos. 4 Fica na parte alta
de um vale fértil, mas sua beleza gloriosa murchará como uma flor.
Quem a vir a apanhará, como o figo temporão que alguém apanha
e come. 5 Naquele dia, o próprio SENHOR dos Exércitos será a coroa
gloriosa de Israel. Será o orgulho e a alegria do remanescente de
seu povo. 6 Dará a seus juízes anseio pela justiça e coragem aos
guerreiros que defendem seus portões. 7 Agora, porém, Israel é con-
duzida por bêbados, que vacilam por causa do vinho e cambaleiam
por causa do álcool. Os sacerdotes e os profetas cambaleiam por
causa da bebida forte e ficam tontos por causa do vinho. Vacilam
quando têm visões e cambaleiam quando pronunciam suas deci-
sões. 8 Suas mesas estão cobertas de vômito; há sujeira por toda
parte. 9 Perguntam: "Quem o SENHOR pensa que somos? Por que
fala conosco dessa maneira? Acaso somos crianças pequenas, re-
cém-desmamadas? 10 Ele nos diz as mesmas coisas repetidamente,
uma linha de cada vez, uma linha mais uma vez, um pouco aqui,
um pouco ali!". 11 Agora o SENHOR terá de falar a seu povo por meio
de opressores estrangeiros de língua estranha. 12 Ele disse a seu
povo: "Este é o lugar de descanso; que os exaustos repousem aqui.
Este é o lugar de conforto", mas eles não quiseram ouvir. 13 Por isso,

mais uma vez, o SENHOR lhes explicará sua mensagem, uma linha
de cada vez, uma linha mais uma vez, um pouco aqui, um pouco
ali, para que tropecem e caiam; serão feridos, pegos em armadi-
lhas e capturados. 14 Portanto, ouçam esta mensagem do SENHOR,
vocês, governantes zombadores em Jerusalém. 15 Dizem: "Fizemos
um acordo para enganar a morte, uma negociação para evitar a
sepultura. A destruição que se aproxima jamais nos tocará, pois
construímos um forte refúgio feito de mentiras e engano". 16 Por
isso, assim diz o SENHOR Soberano: "Vejam, ponho em Sião uma
pedra angular, uma pedra firme e testada! É uma pedra angular
preciosa, sobre a qual se pode construir com segurança; quem
crer jamais será abalado. 17 Provarei vocês com a corda de medir
da justiça e com o prumo da retidão. Porque seu refúgio é feito de
mentiras, uma tempestade de granizo o derrubará. Porque é feito
de engano, uma inundação o arrastará. 18 Cancelarei o acordo que
fizeram para enganar a morte, acabarei com sua negociação para
evitar a sepultura. Quando o terrível inimigo chegar, vocês serão
pisoteados. 19 A inundação virá repetidamente, a cada manhã, dia e
noite, até que sejam levados embora". Essa mensagem deixará seu
povo aterrorizado. 20 A cama que vocês fizeram é curta demais para
se deitarem, os cobertores são muito estreitos para se cobrirem.
21 O SENHOR virá, como fez contra os filisteus no monte Perazim e
contra os amorreus em Gibeão. Virá para fazer algo estranho, para
realizar um ato incomum. 22 Pois o Soberano SENHOR dos Exércitos
disse claramente que está decidido a destruir toda a terra. Portanto,
deixem de zombar, ou seu castigo será ainda maior. 23 Ouçam o que
vou dizer; escutem e prestem muita atenção. 24 Acaso o agricultor
vive arando a terra, mas nunca semeia? Vive preparando o solo, mas
nunca planta? 25 Por fim, não lança as sementes de endro, cominho,
trigo, cevada e trigo candeal, cada uma de maneira apropriada, cada
uma em seu devido lugar? 26 O agricultor sabe exatamente o que
fazer, pois Deus lhe deu entendimento. 27 Não se debulha o endro
com uma marreta; ele é malhado com uma vara. Não se passa uma
roda de trilhar sobre o cominho; ele é batido de leve com uma ripa.
28 É fácil moer o cereal para o pão, portanto ele não o soca demais.
Ele o debulha sob as rodas de uma carroça, mas não o tritura até
virar pó. 29 O SENHOR dos Exércitos é excelente mestre e dá grande
sabedoria ao agricultor.

NO QUE ESTOU **PENSANDO** ○

O QUE ESTOU **SENTINDO** ○

DO QUE ESTOU **LEMBRANDO** ○

DESENHE OU ESCREVA

CAPÍTULO 29

Mensagem a respeito de Jerusalém

1 "Que aflição espera Ariel, a cidade de Davi! Ano após ano celebram
suas festas. 2 Contudo, trarei calamidade sobre vocês; haverá muito
choro e tristeza. Ariel se tornará exatamente o que significa seu
nome: um altar coberto de sangue. 3 Serei seu inimigo, cercarei
Jerusalém e atacarei seus muros. Levantarei torres de cerco e a
destruirei. 4 Então, das profundezas da terra, você falará; suas pa-
lavras virão do pó. Sua voz sussurrará do chão, como um fantasma
chamado da sepultura. 5 "De repente, porém, seus inimigos cruéis
serão esmagados como o mais fino pó. Seus muitos agressores
serão expulsos como palha ao vento. De repente, num instante, 6 eu,
o SENHOR dos Exércitos, entrarei em ação com trovão, terremoto e
grande estrondo, com vendaval, tempestade e fogo consumidor.
7 Todas as nações que lutam contra Ariel desaparecerão como um
sonho. Os que atacam seus muros sumirão como uma visão no-
turna. 8 O faminto sonha que está comendo, mas ao acordar ainda
sente fome. O sedento sonha que está bebendo, mas ao amanhecer
ainda sente sede. Assim será com seus muitos inimigos, aqueles
que atacam o monte Sião". 9 Estão espantados? Não acreditam?
Continuem cegos, se quiserem. Estão entorpecidos, mas não é
pelo vinho; cambaleiam, mas não é por bebida forte. 10 É porque
o SENHOR derramou sobre vocês um espírito de sono profundo;
fechou os olhos de seus profetas e videntes. 11 Para eles, todos os
acontecimentos futuros desta visão são um livro selado. Quando
você o entregar aos que sabem ler, dirão: "Não podemos ler, pois
está selado". 12 Quando o entregar aos que não sabem ler, dirão:
"Não sabemos ler". 13 Portanto, o Senhor diz: "Este povo fala que
me pertence; honra-me com os lábios, mas o coração está longe de
mim. A adoração que me prestam não passa de regras ensinadas
por homens. 14 Por isso, mais uma vez deixarei este povo maravilha-
do com obras maravilhosas. A sabedoria dos sábios passará, e a inte-
ligência dos inteligentes desaparecerá". 15 Que aflição espera os que
procuram esconder seus planos do SENHOR, que realizam seus atos
perversos na escuridão! Dizem: "O SENHOR não nos vê; não sabe o
que se passa". 16 Como são tolos! Ele é o oleiro e certamente é maior
que vocês, o barro. Pode o objeto criado dizer sobre aquele que o
criou: "Ele não me fez"? Pode o vaso dizer: "O oleiro não sabe o que

faz"? 17Logo, em pouco tempo, os bosques do Líbano se tornarão
campo fértil, e o campo fértil produzirá colheitas fartas. 18Naquele
dia, os surdos ouvirão as palavras lidas de um livro, e os cegos verão
no meio da escuridão e das trevas. 19Os humildes ficarão cheios
de alegria do SENHOR, e os pobres exultarão no Santo de Israel.
20O opressor já não existirá, o arrogante desaparecerá, e os que
tramam o mal serão destruídos. 21Os que condenam os inocentes
com testemunhos falsos desaparecerão. O mesmo acontecerá aos
que trapaceiam para perverter a justiça e contam mentiras para
destruir os inocentes. 22Por isso o SENHOR, que resgatou Abraão,
diz ao povo de Israel: "Meu povo não será mais envergonhado,
nem ficará pálido de medo. 23Quando virem seus muitos filhos e
todas as bênçãos que lhes dei, reconhecerão a santidade do Santo
de Jacó e temerão o Deus de Israel. 24Os que se desviam terão
discernimento, e os que se queixam aceitarão instrução."

CAPÍTULO 30

A inútil aliança entre Judá e o Egito

1"Que aflição espera meus filhos rebeldes!", diz o SENHOR. "Vocês
fazem planos contrários aos meus, acordos não dirigidos por mim;
com isso, amontoam pecado sobre pecado. 2Pois, sem me consultar,
desceram ao Egito em busca de ajuda. Puseram sua confiança na
proteção do faraó; tentaram esconder-se na sombra dele. 3Mas, ao
confiar no faraó, serão envergonhados; ao esconder-se nele, serão
humilhados. 4Pois, embora o poder dele se estenda até Zoã, e seus
embaixadores tenham chegado a Hanes, 5todos que confiam nele
serão envergonhados; ele de nada os ajudará, mas sim lhes trará hu-
milhação e desonra." 6Recebi esta mensagem acerca dos animais do
Neguebe: As caravanas se movem lentamente pelo terrível deserto,
lugar de leoas e leões, de serpentes e cobras venenosas. Seguem
em direção ao Egito, com jumentos carregados de riquezas, camelos
levando muitos tesouros, pagamentos em troca de proteção. O Egito
nada dará como retribuição; 7as promessas do Egito não têm valor
algum! Por isso eu o chamo de Raabe, o Dragão Inofensivo.

Advertência para o povo rebelde de Judá

8Agora vá e escreva estas palavras; registre-as num livro. Elas
permanecerão até o fim dos tempos como testemunha 9de que

Is 30.23

esse povo é rebelde e teimoso e se recusa a ouvir a lei do SENHOR.
10Dizem aos videntes: "Não tenham mais visões!", e aos profetas:
"Não nos digam o que é certo. Falem de coisas agradáveis, contem-
-nos mentiras. 11Esqueçam a verdade, saiam do caminho estreito.
Parem de nos falar do Santo de Israel". 12Esta é a resposta do Santo
de Israel: "Porque desprezam o que lhes digo e preferem confiar em
opressão e mentiras, 13a calamidade virá sobre vocês de repente,
como um muro inclinado que se rompe e desmorona. Num instante
desabará e cairá por terra. 14Serão despedaçados como vasilha de
barro, esmigalhados tão completamente que não sobrará um caco
grande o suficiente para tirar brasas da lareira ou um pouco de
água do poço". 15Assim diz o SENHOR Soberano, o Santo de Israel:
"Vocês só serão salvos se voltarem para mim e em mim descansa-
rem. Na tranquilidade e na confiança está sua força, mas vocês não
quiseram saber. 16Disseram: 'Nada disso! Entraremos na batalha,
montados em cavalos velozes'. A única velocidade que verão, po-
rém, será a de seus inimigos os perseguindo! 17Cada um deles
perseguirá mil de vocês; cinco deles farão todos vocês fugirem.
Serão deixados como mastro solitário numa colina, como bandeira
no alto de um monte distante".

Bênçãos para o povo do SENHOR

18Portanto, o SENHOR esperará até que voltem para ele, para lhes
mostrar seu amor e compaixão. Pois o SENHOR é Deus fiel; felizes
os que nele esperam. 19O povo de Sião, que mora em Jerusalém,
você não chorará mais! Ele será bondoso quando lhe pedirem aju-
da; certamente atenderá a seus clamores. 20Embora o Senhor lhes
tenha dado angústia como alimento e aflição como bebida, ele
permanecerá com vocês para lhes ensinar. Vocês verão seu mestre
com os próprios olhos, 21e seus ouvidos o ouvirão. Uma voz atrás
de vocês dirá: "Este é o caminho pelo qual devem andar", quer se
voltem para a direita, quer para a esquerda. 22Então vocês destrui-
rão todos os seus ídolos de prata e suas valiosas imagens de ouro.
Jogarão tudo fora como se fossem trapos imundos e dirão: "Já vai
tarde!". 23Então o SENHOR os abençoará com chuva na época de
plantar. Terão colheitas fartas e muita pastagem para seus animais.
24Os bois e os jumentos que lavram a terra comerão cereais de boa
qualidade, e o vento levará a palha. 25No dia em que seus inimigos

forem massacrados e as torres caírem, haverá riachos correndo em
todos os montes e colinas. 26A lua será tão brilhante quanto o sol, e
o sol será sete vezes mais claro, como a luz de sete dias em um só!
Assim será quando o Senhor começar a sarar seu povo e a curar as
feridas que lhe causou. 27Vejam, o Senhor vem de longe, ardendo
de ira, cercado de densas nuvens de fumaça! Seus lábios estão
cheios de fúria, suas palavras consomem como fogo. 28Seu sopro é
como inundação que sobe até o pescoço de seus inimigos. Com sua
peneira, separará as nações para a destruição; colocará nelas um
freio e as levará à ruína. 29Mas vocês entoarão um cântico de ale-
gria, como os cânticos das festas sagradas. Vocês se alegrarão, como
quando o flautista conduz um grupo de peregrinos a Jerusalém,
o monte do Senhor, a Rocha de Israel. 30O Senhor fará ouvir sua
voz majestosa e mostrará a força de seu braço poderoso. Em sua
ira, descerá com chamas devoradoras, chuvas torrenciais, tempes-
tades e pedras de granizo. 31Por ordem do Senhor, os assírios serão
despedaçados; ele os ferirá mortalmente com seu cetro. 32Quando
o Senhor os ferir com sua vara de castigo, seu povo celebrará com
tamborins e harpas. Ele levantará seu braço poderoso e lutará con-
tra seus inimigos. 33Tofete, o lugar de fogo, há muito está pronto
para o rei assírio; um monte de lenha aguarda sobre a fogueira. O
sopro do Senhor, como fogo de um vulcão, a acenderá.

CAPÍTULO 31

É inútil confiar no Egito

1Que aflição espera os que buscam a ajuda do Egito, que confiam
em seus cavalos, carros e cavaleiros e dependem da força de exérci-
tos humanos em vez de olhar para o Senhor, o Santo de Israel! 2Em
sua sabedoria, o Senhor enviará grande calamidade; não mudará
de ideia. Ele se levantará contra os perversos e contra aqueles que
os ajudam. 3Pois os egípcios são simples mortais, e não Deus! Seus
cavalos são apenas carne, e não espírito! Quando o Senhor levantar
a mão contra eles, tropeçarão aqueles que ajudam e aqueles que
são ajudados; todos cairão e morrerão juntos. 4Pois o Senhor me
disse: "Quando um leão jovem e forte ruge sobre a ovelha que ele
matou, não se assusta com os gritos nem com os ruídos de um
bando de pastores. De igual modo, o Senhor dos Exércitos descerá
e lutará sobre o monte Sião. 5O Senhor dos Exércitos sobrevoará

Jerusalém e a protegerá como uma ave protege o ninho. Defenderá
e livrará a cidade, passará sobre ela e a salvará". 6Ó israelitas, em-
bora sejam rebeldes e perversos, voltem para o Senhor. 7Chegará
o dia em que cada um de vocês jogará fora os ídolos de ouro e
as imagens de prata que suas mãos pecaminosas fizeram. 8"Os
assírios serão destruídos, mas não por espadas de homens. A es-
pada de Deus os ferirá; entrarão em pânico e fugirão. Os jovens
assírios serão levados como escravos. 9Até os mais fortes tremerão
de pavor, e os príncipes fugirão ao ver suas bandeiras de guerra."
Assim diz o Senhor, cujo fogo queima em Sião, cujas chamas ardem
em Jerusalém.

CAPÍTULO 32

O livramento final de Israel

1Vejam, aí vem um rei justo! Seus príncipes governarão com reti-
dão. 2Cada um será como abrigo contra o vento e refúgio contra
a tempestade, como riacho no deserto e sombra de uma grande
pedra em terra seca. 3Então todos que têm olhos verão a verdade,
e todos que têm ouvidos a ouvirão. 4Até os que se iram depressa
terão bom senso e entendimento, e os que gaguejam falarão com
clareza. 5Naquele dia, os tolos não serão considerados heróis, e as
pessoas sem caráter não serão respeitadas. 6Pois os tolos dizem
tolices e planejam o mal. Praticam a perversidade e espalham falsos
ensinamentos a respeito do Senhor. Negam comida aos famintos e
não dão água aos sedentos. 7As artimanhas dessa gente sem caráter
são perversas; tramam planos maldosos e mentem para condenar
os pobres, mesmo quando a causa dos pobres é justa. 8Os genero-
sos, porém, planejam fazer o que é generoso e permanecem firmes
em sua generosidade. 9Ouçam, mulheres negligentes; prestem
atenção, vocês que são tão arrogantes. 10Em breve, pouco mais de
um ano, vocês, presunçosas, ficarão apavoradas. Suas plantações de
frutas nada produzirão, e não haverá colheitas. 11Tremam, mulheres
negligentes, deixem de lado sua arrogância. Arranquem suas lindas
roupas e vistam-se de pano de saco. 12Batam no peito em lamento
por suas belas propriedades e videiras frutíferas. 13Pois suas ter-
ras ficarão cobertas de espinhos e mato; seus lares alegres e suas
cidades felizes desaparecerão. 14O palácio será abandonado, e a
cidade, sempre agitada, ficará vazia. Jumentos selvagens andarão

soltos, e rebanhos pastarão nas fortalezas e nas torres de vigia, 15até
que, por fim, o Espírito seja derramado do céu sobre nós. Então o
deserto se tornará campo fértil, e o campo fértil produzirá colheitas
fartas. 16A retidão governará no deserto, e a justiça, no campo fértil.
17E essa justiça trará paz; haverá sossego e confiança para sempre.
18Meu povo viverá em paz, tranquilo em seu lar; terá descanso e
segurança. 19Ainda que os bosques sejam destruídos e a cidade seja
arrasada, 20o povo será abençoado. Onde quer que semeiem, terão
colheitas fartas; seu gado e seus jumentos pastarão livremente.

CAPÍTULO 33

Mensagem a respeito da Assíria

1Que aflição espera vocês, assírios, que destroem os outros, mas
nunca foram destruídos! Traem outros, mas nunca foram traídos.
Quando terminarem de destruir, serão destruídos. Quando ter-
minarem de trair, serão traídos. 2Mas tem misericórdia de nós,
SENHOR, pois esperamos em ti. Sê nosso braço forte a cada dia,
nossa salvação em tempos de angústia. 3O inimigo corre quando
ouve tua voz; quando te levantas, as nações fogem. 4Como os cam-
pos são despojados por lagartas e gafanhotos, assim o exército da
Assíria será despojado! 5Embora o SENHOR seja grandioso e viva
nos céus, fará de Sião a habitação de sua justiça e retidão. 6Ele
será seu firme alicerce e lhe proverá farto suprimento de salvação,
sabedoria e conhecimento; o temor do SENHOR será seu tesouro.
7Agora, porém, seus guerreiros valentes choram em público; seus
embaixadores da paz derramam lágrimas de amargura. 8Suas es-
tradas estão desertas; ninguém mais viaja por elas. Quebraram o
tratado de paz e não se importam com as promessas que fizeram
perante testemunhas; não têm respeito por ninguém. 9A terra de
Israel murcha de tanto chorar; o Líbano seca de vergonha. A planície
de Sarom agora é um deserto; Basã e Carmelo foram saqueados.
10O SENHOR, no entanto, diz: "Agora me levantarei; agora mostrarei
meu poder e minha força. 11Vocês só produzem capim seco e palha;
seu sopro se transformará em fogo e os consumirá. 12Seu povo será
completamente queimado, como espinheiros cortados e lançados
no fogo. 13Prestem atenção ao que fiz, nações distantes! Vocês que
estão próximas, reconheçam meu poder!". 14Os pecadores em Sião
tremem de medo; o terror se apodera dos ímpios. "Quem pode

Is 32.18

conviver com esse fogo consumidor? Quem pode sobreviver a
essas chamas devoradoras?" 15Os que são justos e íntegros, que
não lucram por meios desonestos, que se mantêm afastados de
subornos, que não dão ouvidos aos que tramam assassinatos, que
fecham os olhos para toda tentação de fazer o mal, 16esses habitarão
nas alturas; as rochas dos montes serão sua fortaleza. Terão provisão
de alimento e não lhes faltará água. 17Seus olhos verão o rei em
todo o seu esplendor, verão uma terra que se estende para longe.
18Vocês se lembrarão deste tempo de terror e perguntarão: "Onde
estão os oficiais que contaram nossas torres? Onde estão os que
registraram o despojo tirado de nossa cidade derrotada?". 19Não
verão mais esse povo arrogante, que fala uma língua estranha e
desconhecida. 20Em vez disso, verão Sião como lugar de festas sa-
gradas; verão Jerusalém, cidade tranquila e segura. Será como uma
tenda com as cordas bem esticadas e estacas firmemente cravadas
no chão. 21O SENHOR será nosso Poderoso; será como um largo rio
de proteção que nenhum adversário consegue atravessar, em que
nenhuma embarcação inimiga consegue navegar. 22Pois o SENHOR
é nosso juiz, nosso comandante e nosso rei; ele nos livrará. 23As
velas dos inimigos pendem soltas de mastros quebrados, presas
com cordas inúteis. Seu tesouro será repartido entre o povo de
Israel; até mesmo os deficientes físicos receberão sua parte. 24O
povo já não dirá: "Estamos doentes e indefesos", pois o SENHOR
perdoará seus pecados.

CAPÍTULO 34

Mensagem para as nações

1Venham e escutem, nações da terra; o mundo e tudo que nele
há, ouçam minhas palavras! 2Pois é grande a ira do SENHOR com
as nações; está furioso com todos os seus exércitos. Ele as destrui-
rá por completo, ele as condenará à matança. 3Seus mortos não
serão sepultados; o fedor de seus cadáveres encherá a terra, e o
sangue escorrerá pelos montes. 4Os céus lá no alto se dissolverão
e desaparecerão como pergaminho enrolado. As estrelas cairão do
céu, como folhas secas da videira, como figos murchos da figueira.
5E, quando minha espada tiver terminado seu trabalho nos céus,
cairá sobre Edom, a nação que condenei à destruição. 6A espada do
SENHOR está banhada em sangue e coberta de gordura, de sangue

de cordeiros e bodes, de gordura de carneiros. Sim, o SENHOR ofe-
recerá um sacrifício na cidade de Bozra, fará grande matança em
Edom. 7Até homens fortes como bois morrerão, tanto os mais jo-
vens como os mais velhos. A terra ficará ensopada de sangue, e o
solo, cheio de gordura. 8Pois é o dia da vingança do SENHOR, o ano
em que retribuirá a Edom por tudo que fez a Israel. 9Os riachos
de Edom se encherão de piche ardente, e a terra ficará coberta de
fogo e enxofre. 10Esse julgamento sobre Edom jamais terá fim; sua
fumaça subirá para sempre. A terra ficará deserta de geração em
geração; ninguém voltará a habitar nela. 11Ali viverão a coruja do
deserto e o mocho, o corujão e o corvo. Pois Deus medirá aquela
terra com cuidado; ele a medirá para o caos e para a destruição.
12Ela se chamará Terra do Nada, e logo seus nobres desaparecerão.
13Espinhos invadirão seus palácios, urtigas e cardos crescerão em
suas fortalezas. As ruínas serão morada de chacais e habitação de
corujas. 14Animais do deserto se misturarão ali com hienas, bodes
selvagens berrarão uns para os outros entre as ruínas, criaturas
da noite irão até lá para descansar. 15Ali a coruja fará seu ninho e
porá seus ovos; chocará os filhotinhos e os cobrirá com suas asas.
Os abutres também irão para lá, cada um com seu par. 16Procurem
no livro do SENHOR e vejam o que ele fará. Não faltará nenhum
desses animais, nenhum deles ficará sem par, pois o SENHOR assim
prometeu; seu Espírito fará tudo se realizar. 17Ele lançou sortes e
dividiu a terra e a entregou a essas criaturas como propriedade. Elas
a possuirão para sempre, de geração em geração.

CAPÍTULO 35

Esperança de restauração

1As regiões desabitadas e o deserto exultarão; a terra desolada se
alegrará e florescerá como o açafrão. 2Haverá muitas flores, cânticos
e alegria! Os desertos se tornarão verdes como os montes do Líbano,
belos como o monte Carmelo e a planície de Sarom. Ali o SENHOR
mostrará sua glória, o esplendor de nosso Deus. 3Fortaleçam os
de mãos cansadas, apoiem os de joelhos fracos. 4Digam aos de
coração temeroso: "Sejam fortes e não temam, pois seu Deus vem
para vingar-se de seus inimigos; ele vem para salvá-los". 5Quando
ele vier, abrirá os olhos dos cegos e os ouvidos dos surdos. 6Os
aleijados pularão como o cervo, e os mudos cantarão de alegria.

Is 35.2

Fontes brotarão no deserto, e rios correrão na região desolada. 7O
solo ressecado se tornará um açude, e a terra sedenta, mananciais
de água. O capim, a cana e o junco florescerão onde antes viviam
os chacais do deserto. 8Um caminho largo atravessará a terra antes
desabitada e será chamado Caminho de Santidade; os impuros
jamais passarão por ele. Será somente para os que andam nos
caminhos de Deus; os tolos jamais andarão por ele. 9Ao longo desse
trajeto, leões não ficarão à espreita, nem qualquer outro animal
feroz. Não haverá nenhum perigo; somente os redimidos andarão
por ele. 10Os que foram resgatados pelo SENHOR voltarão; entrarão
cantando em Sião, coroados com alegria sem fim. A tristeza e o
lamento desaparecerão, e eles ficarão cheios de alegria e felicidade.

CAPÍTULO 36

A Assíria invade Judá

1No décimo quarto ano do reinado de Ezequias, Senaqueribe, rei
da Assíria, atacou as cidades fortificadas de Judá e as conquistou.
2Então o rei da Assíria enviou, de Laquis, seu comandante em chefe,
junto com um grande exército, para confrontarem o rei Ezequias em
Jerusalém. Os assírios se posicionaram ao lado do aqueduto que
abastece o tanque superior, perto do caminho para o campo onde
se lava roupa. 3Estes são os oficiais que saíram ao encontro deles:
Eliaquim, filho de Hilquias, o administrador do palácio; Sebna, o
secretário da corte; e Joá, filho de Asafe, o historiador do reino.

Senaqueribe ameaça Jerusalém

4O porta-voz do rei assírio mandou que transmitissem esta men-
sagem a Ezequias: "Assim diz o grande rei da Assíria: Em que você
confia, que lhe dá tanta segurança? 5Pensa que meras palavras
podem substituir experiência e força militar? Com quem você conta
para se rebelar contra mim? 6Com o Egito? Se você se apoiar no
Egito, ele será como um junco que se quebra sob seu peso e perfura
sua mão. O faraó, rei do Egito, não é digno de nenhuma confiança!
7"Talvez vocês digam: 'Confiamos no SENHOR, nosso Deus!'. Mas
não foi a ele que Ezequias insultou? Ezequias não destruiu os
santuários e altares dele e obrigou todos em Judá e Jerusalém a
adorarem somente no altar em Jerusalém? 8"Vou lhes dizer uma
coisa: Façam um acordo com meu senhor, o rei da Assíria. Eu lhes

darei dois mil cavalos se forem capazes de encontrar homens em
número suficiente para montá-los! 9Com seu exército minúsculo,
como podem pensar em desafiar até o contingente mais fraco do
exército de meu senhor, mesmo com a ajuda dos carros e dos ca-
valeiros do Egito? 10Além disso, imaginam que invadimos sua terra
sem a direção do SENHOR? Foi o próprio SENHOR que nos disse:
'Ataquem essa terra e destruam-na!'". 11Então Eliaquim, Sebna e
Joá disseram ao porta-voz: "Por favor, fale conosco em aramaico,
pois entendemos bem essa língua. Não fale em hebraico, pois o
povo sobre o muro o ouvirá". 12O porta-voz, no entanto, respondeu:
"Vocês pensam que meu senhor enviou essa mensagem apenas
para vocês e para seu senhor? Ele quer que todo o povo a ouça,
pois, quando cercarmos esta cidade, eles sofrerão junto com vocês.
Ficarão tão famintos e sedentos que comerão as próprias fezes e
beberão a própria urina!". 13Então o porta-voz se levantou e gritou
em hebraico: "Ouçam esta mensagem do grande rei da Assíria!
14Assim diz o rei: Não deixem que Ezequias os engane. Ele jamais
será capaz de livrá-los. 15Não deixem que ele os convença a confiar
no SENHOR, dizendo: 'Certamente o SENHOR nos livrará; esta cidade
jamais cairá nas mãos do rei da Assíria'. 16"Não deem ouvidos a
Ezequias! Estas são as condições que o rei da Assíria oferece: Façam
as pazes comigo, abram as portas e saiam. Então, cada um de vocês
continuará a comer de sua própria videira e de sua própria figueira
e a beber de seu próprio poço. 17Depois, providenciarei que sejam
levados a outra terra como esta, uma terra com cereais e vinho
novo, com pão e vinhedos. 18"Não deixem Ezequias enganá-los,
dizendo: 'O SENHOR nos livrará!'. Acaso os deuses de alguma outra
nação livraram seu povo do rei da Assíria? 19O que aconteceu aos
deuses de Hamate e de Arpade? E quanto aos deuses de Sefarvaim?
Acaso algum deus livrou Samaria de meu poder? 20Qual dos deu-
ses de qualquer nação foi capaz de livrar seu povo de meu poder?
O que os faz pensar que o SENHOR pode livrar Jerusalém de minhas
mãos?". 21Mas o povo permaneceu em silêncio e não disse uma
palavra sequer, pois Ezequias havia ordenado: "Não lhe respon-
dam". 22Então Eliaquim, filho de Hilquias, administrador do palácio,
Sebna, secretário da corte, e Joá, filho de Asafe, historiador do reino,
voltaram a Ezequias. Rasgaram suas roupas e foram contar ao rei o
que o porta-voz tinha dito.

NO QUE ESTOU **PENSANDO** ○ | O QUE ESTOU **SENTINDO** ○ | DO QUE ESTOU **LEMBRANDO** ○

DESENHE OU ESCREVA

CAPÍTULO 37

Ezequias busca a ajuda do SENHOR

1Quando o rei Ezequias ouviu esse relato, rasgou as roupas, ves-
tiu-se com panos de saco e entrou no templo do SENHOR. 2Enviou
Eliaquim, o administrador do palácio, Sebna, o secretário da corte,
e os principais sacerdotes, todos vestidos com panos de saco, ao
profeta Isaías, filho de Amoz. 3Eles lhe disseram: "Assim diz o rei
Ezequias: 'Hoje é um dia de angústia, insulto e humilhação. É como
quando a criança está prestes a nascer, mas a mãe não tem forças
para dar à luz. 4Contudo, talvez o SENHOR, seu Deus, tenha ouvido
o porta-voz que o rei da Assíria enviou para desafiar o Deus vivo e
o castigue por suas palavras. Por favor, ore por nós que restamos!'".
5Depois que os oficiais do rei Ezequias transmitiram a mensagem
ao profeta Isaías, 6ele respondeu: "Digam ao rei que assim diz
o SENHOR: 'Não se assuste com os insultos que os mensageiros
do rei da Assíria lançaram contra mim. 7Ouça! Eu mesmo agirei
contra o rei da Assíria, e ele receberá notícias que o farão voltar
para sua terra. Ali eu providenciarei que ele seja morto à espada'".
8Enquanto isso, o porta-voz partiu de Jerusalém e foi consultar o
rei da Assíria, pois tinha sido informado de que o rei havia deixado
Laquis e estava atacando Libna. 9Logo depois, o rei Senaqueribe
recebeu a notícia de que Tiraca, rei da Etiópia, havia saído com seu
exército para lutar contra ele. Então enviou seus homens de volta a
Ezequias em Jerusalém com a seguinte mensagem: 10"Esta é uma
mensagem para Ezequias, rei de Judá. Não deixe que seu Deus,
em quem você confia, o engane com promessas de que Jerusalém
não será conquistada pelo rei da Assíria. 11Você sabe muito bem
o que os reis da Assíria fizeram por onde passaram. Destruíram
completamente todos que atravessaram seu caminho! Quem é
você para escapar? 12Acaso os deuses de outras nações, como Gozã,
Harã, Rezefe, e o povo de Éden, que estava em Telassar, as livraram?
Meus antecessores destruíram todos eles! 13O que aconteceu ao
rei de Hamate e ao rei de Arpade? O que aconteceu aos reis de
Sefarvaim, de Hena e de Iva?". 14Depois que Ezequias recebeu a
carta dos mensageiros e a leu, subiu ao templo do SENHOR e a
estendeu diante do SENHOR. 15Então Ezequias fez esta oração na
presença do SENHOR: 16"Ó SENHOR dos Exércitos, o Deus de Israel,
que estás entronizado entre os querubins! Só tu és Deus de todos

Is

os reinos da terra. Sim, tu criaste os céus e a terra. 17Inclina teus
ouvidos, ó SENHOR, e ouve! Abre teus olhos, ó SENHOR, e vê! Ouve
as palavras com as quais Senaqueribe desafia o Deus vivo! 18"É ver-
dade, SENHOR, que os reis da Assíria destruíram todas essas nações.
19Lançaram os deuses dessas nações no fogo e os queimaram. É
claro que os assírios conseguiram destruí-los! Não eram deuses
de verdade, mas apenas ídolos de madeira e pedra moldados por
mãos humanas. 20Agora, SENHOR, nosso Deus, salva-nos do poder
desse rei; então todos os reinos da terra saberão que somente tu,
SENHOR, és Deus".

Isaías prediz o livramento de Judá

21Então Isaías, filho de Amoz, enviou esta mensagem a Ezequias:
"Assim diz o SENHOR, o Deus de Israel: Visto que você orou a mim
a respeito de Senaqueribe, rei da Assíria, 22o SENHOR proferiu esta
palavra contra ele: 'A filha virgem de Sião o despreza e ri de você.
A filha de Jerusalém balança a cabeça com desdém enquanto você
foge. 23"A quem você desafiou e de quem zombou? Contra quem
levantou a voz? Para quem olhou com arrogância? Para o Santo de
Israel! 24Por meio de seus mensageiros, desafiou o Senhor. Disse:
'Com meus numerosos carros de guerra, conquistei os montes mais
elevados, sim, os picos mais remotos do Líbano. Cortei seus cedros
mais altos e seus melhores ciprestes. Cheguei a suas maiores altu-
ras e explorei suas florestas mais densas. 25Cavei poços em muitas
terras estrangeiras e me refresquei com sua água. Com a sola de
meu pé, sequei todos os rios do Egito!'. 26"Mas você não sabe? Eu
decidi tudo isso há muito tempo. Planejei essas coisas no passado
distante, e agora as realizo. Planejei que você transformaria cidades
fortificadas em montes de escombros. 27Por isso, seus habitantes
perdem as forças e ficam assustados e envergonhados. São frágeis
como a relva, indefesos como brotos verdes e tenros. São como
capim que surge no telhado, queimado antes de crescer. 28"Mas
eu o conheço bem; sei onde está e sei de suas idas e vindas; sei
como se enfureceu contra mim. 29E, por causa de sua raiva contra
mim e de sua arrogância, que eu mesmo ouvi, porei minha argola
em seu nariz e meu freio em sua boca. Eu o farei voltar pelo mesmo
caminho por onde veio". 30Então Isaías disse a Ezequias: "Esta é a
prova de que minhas palavras são verdadeiras: "Neste ano vocês

NO QUE ESTOU PENSANDO

O QUE ESTOU SENTINDO

DO QUE ESTOU LEMBRANDO

DESENHE OU ESCREVA

comerão somente o que crescer por si, e no ano seguinte, o que bro-
tar disso. Mas, no terceiro ano, semeiem e colham, cuidem de suas
videiras e comam de seus frutos. 31Vocês que restarem em Judá, os
que escaparem da destruição, lançarão raízes em seu próprio solo,
crescerão e darão frutos. 32Pois um remanescente de meu povo
sairá de Jerusalém, um grupo de sobreviventes partirá do monte
Sião. O zelo do SENHOR dos Exércitos fará que isso aconteça! 33"E
assim diz o SENHOR a respeito do rei da Assíria: "Seus exércitos não
entrarão em Jerusalém, nem dispararão contra ela uma só flecha.
Não marcharão com escudos fora de seus portões, nem construi-
rão rampas de terra contra seus muros. 34O rei voltará à terra dele
pelo mesmo caminho por onde veio. Não entrará na cidade, diz
o SENHOR. 35Por minha própria honra e por causa de meu servo
Davi, defenderei esta cidade e a libertarei". 36Naquela noite, o anjo
do SENHOR foi ao acampamento assírio e matou 185 mil soldados
assírios. Quando os sobreviventes acordaram na manhã seguinte,
encontraram cadáveres por toda parte. 37Então Senaqueribe, rei da
Assíria, levantou acampamento e partiu para sua terra. Voltou para
Nínive e ali ficou. 38Certo dia, enquanto ele adorava no templo de
seu deus Nisroque, seus filhos Adrameleque e Sarezer o mataram
à espada. Fugiram para a terra de Arate, e outro filho, Esar-Hadom,
se tornou seu sucessor na Assíria.

CAPÍTULO 38

A doença e a recuperação de Ezequias

1Por esse tempo, Ezequias ficou doente e estava para morrer. O
profeta Isaías, filho de Amoz, foi visitá-lo e transmitiu-lhe a seguinte
mensagem: "Assim diz o SENHOR: 'Ponha suas coisas em ordem,
pois você vai morrer. Não se recuperará dessa doença'". 2Quando
Ezequias ouviu isso, virou o rosto para a parede e orou ao SENHOR:
3"Ó SENHOR, lembra-te de como sempre te servi com fidelidade e
devoção, e de como sempre fiz o que é certo aos teus olhos". Depois,
o rei chorou amargamente. 4Então Isaías recebeu esta mensagem
do SENHOR: 5"Volte a Ezequias e diga-lhe: Assim diz o SENHOR, o
Deus de seu antepassado Davi: 'Ouvi sua oração e vi suas lágrimas.
Acrescentarei quinze anos à sua vida 6e livrarei você e esta cidade
do rei da Assíria. Sim, defenderei esta cidade. 7"'Este é o sinal do
SENHOR de que cumprirá o que prometeu. 8Farei a sombra do sol

recuar dez graus no relógio de sol de Acaz'". Então a sombra no
relógio de sol de Acaz recuou dez graus.

Poema de louvor de Ezequias

9Quando o rei Ezequias se recuperou, escreveu este poema: 10Eu
disse: "No pleno vigor de minha vida, devo entrar no lugar dos
mortos? Serei roubado do restante de meus anos?". 11Eu disse:
"Nunca mais verei o SENHOR Deus na terra dos vivos. Nunca mais
verei pessoa alguma, nem estarei com os que vivem neste mundo.
12Minha vida foi levada embora, como uma tenda de pastor na
tempestade. Foi cortada como o tecelão corta o tecido do tear; de
repente, minha vida se acabou. 13Esperei a noite inteira com paciên-
cia, mas era como se leões me despedaçassem; de repente, minha
vida se acabou. 14Delirante, chilreava como a andorinha ou como
o grou, depois gemia como a pomba. Meus olhos se cansaram de
olhar para o céu à espera de socorro. Estou aflito, Senhor; respon-
de-me!". 15Mas o que posso dizer? Ele mesmo enviou esta doença.
Agora, andarei humildemente toda a vida, por causa da angústia
que senti. 16Senhor, tua disciplina é boa, pois conduz à vida e à
saúde. Tu restauras minha saúde e permites que eu viva! 17Sim,
a angústia me fez bem, pois tu me livraste da morte e perdoaste
todos os meus pecados. 18Pois os mortos não podem exaltar-te; não
podem entoar louvores. Aqueles que descem à cova já não podem
esperar em tua fidelidade. 19Somente os vivos te louvam como
faço hoje; cada geração fala de tua fidelidade à geração seguinte.
20Sim, o SENHOR está disposto a me curar! Com instrumentos de
cordas, entoarei louvores todos os dias de minha vida, no templo
do SENHOR. 21Isaías tinha dito aos servos de Ezequias: "Preparem
uma pasta de figos e coloquem-na sobre a ferida, e Ezequias se
recuperará". 22Ezequias tinha perguntado: "Que sinal o SENHOR dará
como prova de que irei ao templo do SENHOR?".

CAPÍTULO 39

Mensageiros da Babilônia

1Pouco tempo depois, Merodaque-Baladã, filho de Baladã, rei da
Babilônia, enviou cartas e um presente para Ezequias, pois sou-
be que o rei tinha estado muito doente e havia se recuperado.
2Ezequias recebeu com alegria os mensageiros babilônios e lhes

Is 38.20

mostrou tudo que havia na casa do tesouro: a prata, o ouro, as
especiarias e os óleos aromáticos. Também os levou para conhecer
seu arsenal e lhes mostrou tudo que havia nos tesouros do rei.
Não houve nada em seu palácio nem em seu reino que Ezequias
não lhes mostrasse. 3Então o profeta Isaías foi ver o rei Ezequias e
lhe perguntou: "O que esses homens queriam? De onde vieram?".
Ezequias respondeu: "Vieram da Babilônia, uma terra distante".
4"O que viram em seu palácio?", perguntou Isaías. "Viram tudo",
Ezequias respondeu. "Eu lhes mostrei tudo que possuo, todos os
meus tesouros." 5Então Isaías disse a Ezequias: "Ouça esta men-
sagem do SENHOR dos Exércitos: 6'Está chegando o dia em que
tudo em seu palácio, todos os tesouros que seus antepassados acu-
mularam até agora, será levado para a Babilônia. Não ficará coisa
alguma', diz o SENHOR. 7'Até mesmo alguns de seus descendentes
serão levados para o exílio. Eles se tornarão eunucos e servirão no
palácio do rei da Babilônia'". 8Ezequias disse a Isaías: "A mensagem
do SENHOR que você transmitiu é boa". Pois o rei pensava: "Pelo
menos haverá paz e segurança durante minha vida".

CAPÍTULO 40

Consolo para o povo de Deus

1"Consolem, consolem meu povo", diz o seu Deus. 2"Falem com
carinho a Jerusalém; digam-lhe que seus dias de luta acabaram e
que seus pecados foram perdoados. Sim, o SENHOR a castigou em
dobro por todos os seus pecados." 3Ouçam! Uma voz clama: "Abram
caminho no deserto para o SENHOR! Preparem para nosso Deus
uma estrada reta na terra desolada! 4Aterrem os vales, nivelem os
montes e as colinas. Endireitem as curvas, tornem planos os trechos
acidentados. 5Então a glória do SENHOR será revelada, e todos a
verão. O SENHOR falou!". 6Uma voz disse: "Clame!". Eu perguntei:
"O que devo clamar?". "Anuncie que os seres humanos são como
capim; sua beleza passa depressa, como as flores do campo. 7O
capim seca e as flores murcham quando o SENHOR sopra sobre elas;
o mesmo acontece aos seres humanos. 8O capim seca e as flores
murcham, mas a palavra de nosso Deus permanece para sempre."
9Ó Sião, mensageiro de boas notícias, grite do alto dos montes!
Grite mais forte, ó Jerusalém, grite sem medo! Diga às cidades de
Judá: "Seu Deus está chegando!". 10Sim, o SENHOR Soberano vem

com poder; com braço forte governará. Vejam, ele traz consigo sua
recompensa! 11 Como pastor, ele alimentará seu rebanho; levará os
cordeirinhos nos braços e os carregará junto ao coração; conduzirá
ternamente as ovelhas com suas crias.

Não há outro como o Senhor

12 Quem mais segurou os oceanos nas mãos? Quem mediu os céus
com os dedos? Quem mais sabe o peso da terra ou pesou na ba-
lança os montes e as colinas? 13 Quem pode orientar o Espírito do
Senhor? Quem sabe o suficiente para aconselhá-lo ou instruí-lo?
14 Acaso o Senhor já precisou do conselho de alguém? Necessita
que o instruam a respeito do que é bom? Alguém lhe ensinou o
que é certo ou lhe mostrou o caminho da sabedoria? 15 Não, pois
todas as nações do mundo não passam de uma gota num balde.
Não são nada mais que pó sobre a balança. Ele levanta toda a terra
como se fosse um grão de areia. 16 Nem toda a madeira nos bosques
do Líbano nem todos os seus animais seriam suficientes para um
holocausto digno de nosso Deus. 17 As nações do mundo não têm
valor para ele; aos seus olhos, valem menos que nada, são apenas
vazio. 18 A quem vocês podem comparar Deus? Que imagem usa-
rão para representá-lo? 19 Acaso pode ser comparado a um ídolo
feito num molde, coberto de ouro e enfeitado com correntes de
prata? 20 Quem é pobre demais para ter um ídolo desses pode
escolher madeira que não apodrece e um artesão habilidoso para
entalhar uma imagem que não tombe! 21 Acaso não ouviram? Não
entendem? Estão surdos para as palavras de Deus, palavras que ele
falou antes que o mundo existisse? Será que são tão ignorantes?
22 Deus se senta acima do círculo da terra; para ele, as pessoas lá
embaixo parecem gafanhotos. Estende os céus como uma cortina
e faz com eles sua tenda. 23 Julga os poderosos do mundo e reduz
todos eles a nada. 24 Mal são plantados, mal chegam a criar raízes,
logo murcham, quando sopra sobre eles; o vento os leva embora
como palha. 25 "A quem vocês me compararão? Quem é igual a
mim?", pergunta o Santo. 26 Olhem para os céus; quem criou as es-
trelas? Ele as faz sair como um exército, uma após a outra, e chama
cada uma pelo nome. Por causa de seu grande poder e sua força
incomparável, nenhuma delas ousa se ausentar. 27 Ó Jacó, como
pode dizer que o Senhor não vê o que se passa? Ó Israel, como

pode dizer que Deus não se importa com seus direitos? 28 Você não
ouviu? Não entendeu? O Senhor é o Deus eterno, o Criador de toda
a terra. Ele nunca perde as forças nem se cansa, e ninguém pode
medir a profundidade de sua sabedoria. 29 Dá forças aos cansados
e vigor aos fracos. 30 Até os jovens perdem as forças e se cansam,
e os rapazes tropeçam de tão exaustos. 31 Mas os que confiam no
Senhor renovam suas forças; voam alto, como águias. Correm e
não se cansam, caminham e não desfalecem.

CAPÍTULO 41

O auxílio de Deus para Israel

1 "Ouçam em silêncio diante de mim, povos do outro lado do mar;
preparem seus argumentos mais convincentes. Venham agora e
falem; o tribunal está pronto para ouvir seu caso. 2 "Quem instigou
esse rei que vem do leste e o chamou para o justo serviço de Deus?
Quem lhe dá vitória sobre muitas nações e permite que ele piso-
teie seus reis? Com sua espada, reduz exércitos a pó; com seu arco,
dispersa-os como palha ao vento. 3 Ele os persegue e segue adiante
em segurança, mesmo que caminhe em território desconhecido.
4 Quem realizou feitos tão poderosos e chamou cada nova geração,
desde o princípio dos tempos? Eu, o Senhor, o Primeiro e o Último,
somente eu." 5 Os povos do outro lado do mar observam com temor;
terras distantes estremecem e se aprontam para a guerra. 6 Cada
um encoraja seu amigo, dizendo: "Seja forte!". 7 O escultor anima o
ourives, e o que faz moldes ajuda na bigorna. "Muito bem", dizem,
"está ficando bom." Com todo o cuidado, juntam as partes e fixam o
ídolo com pregos, para que não tombe. 8 "Quanto a você, meu servo
Israel, Jacó, meu escolhido, descendente de meu amigo Abraão, 9 eu
o chamei de volta dos confins da terra e disse: 'Você é meu servo'.
Pois eu o escolhi e não o lançarei fora. 10 Não tenha medo, pois estou
com você; não desanime, pois sou o seu Deus. Eu o fortalecerei e o
ajudarei; com minha vitoriosa mão direita o sustentarei. 11 "Sim, to-
dos os seus furiosos inimigos ficarão confusos e humilhados. Quem
se opuser a você morrerá e não dará em nada. 12 Você procurará e
não encontrará aqueles que tentaram conquistá-lo. Quem o atacar
será reduzido a nada. 13 Pois eu o seguro pela mão direita, eu, o
Senhor, seu Deus, e lhe digo: 'Não tenha medo, estou aqui para
ajudá-lo. 14 Embora você não passe de um verme, ó Jacó, não tenha

medo, pequenino Israel, pois eu o ajudarei. Eu sou o SENHOR, seu
Redentor, eu sou o Santo de Israel'. 15 Você será um novo instrumento
de debulhar, com muitos dentes afiados. Despedaçará seus inimigos
e transformará os montes em palha. 16 Você os lançará para o alto, e
o vento os levará embora; um redemoinho os espalhará. Então você
se alegrará no SENHOR e se gloriará no Santo de Israel. 17 "Quando
os pobres e necessitados procurarem água e não a encontrarem, e
tiverem a língua ressequida de sede, eu, o SENHOR, os ouvirei; eu,
o Deus de Israel, jamais os abandonarei. 18 Abrirei rios para eles nos
planaltos e lhes darei fontes de água nos vales. Encherei o deserto de
açudes e a terra seca, de mananciais. 19 Plantarei árvores no deserto:
cedro, acácia, murta, oliveira, cipreste, abeto e pinheiro. 20 Assim,
todos que virem esse milagre entenderão o que ele significa: o
SENHOR fez isso, o Santo de Israel o criou. 21 "Apresentem a causa de
seus ídolos", diz o SENHOR. "Que eles mostrem o que são capazes
de fazer", diz o Rei de Israel. 22 "Que nos digam o que aconteceu há
muito tempo, para que analisemos as provas, ou digam o que o fu-
turo reserva, para que saibamos o que acontecerá. 23 Sim, anunciem
o que acontecerá nos dias por vir; então saberemos que são deuses
de fato. Façam alguma coisa, boa ou má! Façam algo que cause
espanto e nos encha de medo. 24 Mas não! Vocês são menos que
nada e nada podem fazer; os que escolhem vocês contaminam a si
mesmos. 25 "Eu, porém, levantei um líder que virá do norte; desde o
leste ele invocará meu nome. Eu lhe darei vitória sobre os líderes dos
povos; ele os pisará como o oleiro pisa o barro. 26 "Quem lhes falou
desde o começo que isto aconteceria? Quem previu estas coisas e
os fez admitir que tinha razão? Ninguém disse coisa alguma, nem
uma só palavra! 27 Eu fui o primeiro a dizer a Sião: 'Veja! O socorro
está a caminho!'. Enviarei a Jerusalém um mensageiro com boas
notícias. 28 Nenhum de seus ídolos lhes disse isso, nenhum deles
respondeu quando perguntei. 29 São objetos tolos e sem valor; todos
os seus ídolos são vazios como o vento."

CAPÍTULO 42

O servo escolhido do SENHOR

1 "Vejam meu servo, que eu fortaleço; ele é meu escolhido, que me
dá alegria. Pus sobre ele meu Espírito; ele trará justiça às nações.
2 Não gritará, nem levantará a voz em público. 3 Não esmagará a
cana quebrada, nem apagará a chama que já está fraca; fará justiça
a todos os injustiçados. 4 Não vacilará nem desanimará, enquanto
não fizer a justiça prevalecer em toda a terra. Até mesmo terras
distantes, do outro lado do mar, aguardarão suas instruções." 5 Deus,
o SENHOR, criou os céus e os estendeu; criou a terra e tudo que
nela há. Dá fôlego a cada um e vida a todos que caminham sobre
a terra. É ele quem diz: 6 "Eu, o SENHOR, o chamei para mostrar
minha justiça; eu o tomarei pela mão e o protegerei. Eu o darei a
meu povo, Israel, como símbolo de minha aliança com eles, e você
será luz para guiar as nações: 7 abrirá os olhos dos cegos, libertará
da prisão os cativos, livrará os que estão em calabouços escuros.
8 "Eu sou o SENHOR; este é meu nome! Não darei minha glória a
ninguém, não repartirei meu louvor com ídolos esculpidos. 9 Tudo
que profetizei se cumpriu, e agora profetizarei novamente; eu lhes
falarei do futuro antes que aconteça".

Cântico de louvor ao SENHOR

10 Cantem um novo cântico ao SENHOR, cantem seu louvor desde os
confins da terra! Cantem, vocês que navegam pelos mares, todos
vocês que moram em litorais distantes! 11 Levantem a voz, cidades
do deserto, alegrem-se as vilas de Quedar! Exultem, habitantes
de Sela, aclamem do alto dos montes! 12 Que o mundo inteiro glo-
rifique o SENHOR e cante seu louvor! 13 O SENHOR marchará como
herói poderoso; sairá como guerreiro, cheio de fúria. Dará seu grito
de guerra e esmagará todos os seus inimigos. 14 "Durante muito
tempo, fiquei em silêncio; sim, me contive. Agora, porém, como
a mulher no parto, gritarei, gemerei e ficarei ofegante. 15 Arrasarei
os montes e as colinas e acabarei com sua vegetação. Tornarei os
rios em terra seca e secarei os açudes. 16 Conduzirei este povo cego
por um novo caminho e o guiarei por um rumo desconhecido.
Transformarei em luz a escuridão diante dele e tornarei planos os
trechos acidentados. Sim, farei estas coisas; não o abandonarei.
17 Mas os que confiam em ídolos e dizem: 'Vocês são nossos deuses',
sofrerão vergonhosa derrota."

Israel não ouve nem vê

18 "Ouçam, surdos! Olhem e vejam, cegos! 19 Quem é cego como
meu povo, meu servo? Quem é surdo como meu mensageiro?

NO QUE ESTOU PENSANDO | O QUE ESTOU SENTINDO | DO QUE ESTOU LEMBRANDO

DESENHE OU ESCREVA

Is

Quem é cego como meu povo escolhido, o servo do SENHOR?
20Vocês veem e reconhecem o que é certo, mas se recusam a fazê-
-lo. Ouvem com os ouvidos, mas não prestam atenção." 21Porque
o SENHOR é justo, ele exaltou sua lei gloriosa. 22Seu povo, porém,
foi roubado e saqueado, escravizado, aprisionado e apanhado
numa armadilha. São presa fácil para qualquer um e não têm
quem os proteja, ninguém que os leve de volta para casa. 23Quem
ouvirá essas lições do passado e verá a ruína que os espera no
futuro? 24Quem permitiu que Israel fosse roubado e ferido? Foi o
SENHOR, contra quem pecamos, pois seu povo não andou em seu
caminho, nem obedeceu à sua lei. 25Por isso ele derramou sobre
eles sua ira ardente e os destruiu na batalha. Ficaram envoltos em
chamas, mas se recusaram a entender. Foram consumidos pelo
fogo, mas não aprenderam a lição.

CAPÍTULO 43

O Salvador de Israel

1Mas agora, ó Jacó, ouça o SENHOR que o criou; ó Israel, assim diz
aquele que o formou: "Não tema, pois eu o resgatei; eu o chamei
pelo nome, você é meu. 2Quando passar por águas profundas,
estarei a seu lado. Quando atravessar rios, não se afogará. Quando
passar pelo fogo, não se queimará; as chamas não lhe farão mal.
3Pois eu sou o SENHOR, seu Deus, o Santo de Israel, seu Salvador.
Dei o Egito como resgate por sua liberdade; em troca de você, dei
a Etiópia e Sebá. 4Outros foram entregues em seu lugar, troquei
a vida deles pela sua. Pois você é precioso para mim, é honrado
e eu o amo. 5"Não tema, pois estou com você; reunirei você e
seus descendentes desde o leste e o oeste. 6Direi ao norte e ao
sul: 'Tragam de volta meus filhos e filhas, desde os confins da
terra. 7Tragam todos que me reconhecem como seu Deus, pois
eu os criei para minha glória; fui eu quem os formou'". 8Tragam o
povo que tem olhos, mas é cego, que tem ouvidos, mas é surdo.
9Reúnam as nações! Juntem os povos do mundo! Qual de seus
ídolos predisse coisas semelhantes a estas? Qual deles pode pre-
ver o que acontecerá amanhã? Onde estão as testemunhas des-
sas previsões? Quem pode comprovar que disseram a verdade?
10"Você é minha testemunha, ó Israel!", diz o SENHOR. "Você é meu
servo. Foi escolhido para me conhecer, para crer em mim, para

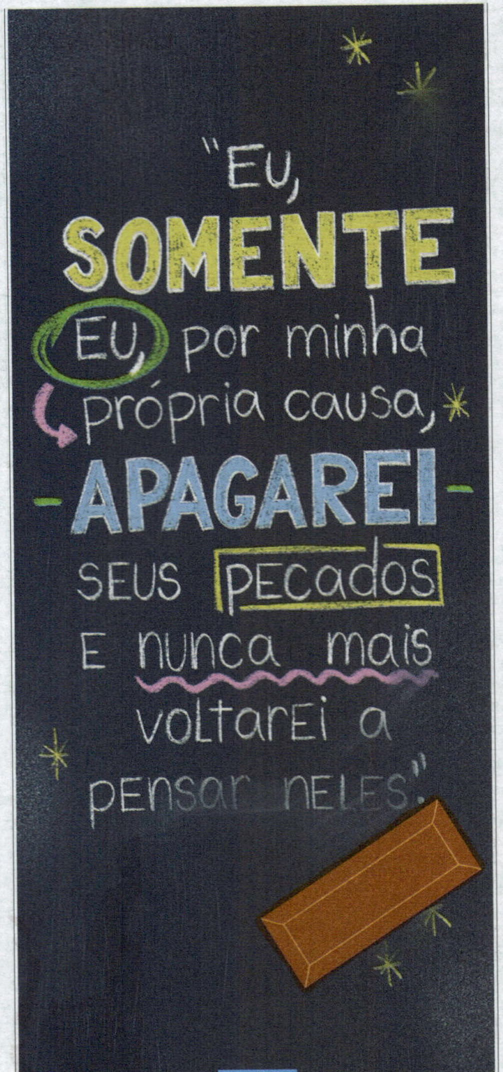

Is 43.25

entender que somente eu sou Deus. Não há outro Deus, nunca
houve e nunca haverá. 11Eu, somente eu, sou o SENHOR, e não há
outro Salvador. 12Primeiro, previ sua salvação, então o salvei e
proclamei isso ao mundo. Nenhum deus estrangeiro jamais fez
algo assim; você, Israel, é testemunha de que sou o único Deus",
diz o SENHOR. 13"Desde a eternidade, eu sou Deus; não há quem
possa livrar alguém de minha mão, não há quem possa desfazer
o que eu fiz."

O SENHOR promete vitória

14Assim diz o SENHOR, seu Redentor, o Santo de Israel: "Por sua
causa, enviarei um exército contra a Babilônia; obrigarei os ba-
bilônios a fugir nos navios de que tanto se orgulham. 15Eu sou
o SENHOR, seu Santo, Criador e Rei de Israel. 16Eu sou o SENHOR,
que abriu uma passagem no meio das águas, um caminho seco
pelo mar. 17Chamei o exército poderoso do Egito, com seus car-
ros e cavalos. Eu os submergi nas ondas, e eles se afogaram;
sua vida se apagou como um pavio fumegante. 18"Esqueçam
tudo isso, não é nada comparado ao que vou fazer. 19Pois es-
tou prestes a realizar algo novo. Vejam, já comecei! Não per-
cebem? Abrirei um caminho no meio do deserto, farei rios na
terra seca. 20Os animais selvagens nos campos me glorificarão,
e também os chacais e as corujas, por lhes dar água no deser-
to. Sim, farei rios na terra seca, para que meu povo escolhido se
refresque. 21Formei este povo para mim mesmo; um dia, ele me
honrará perante o mundo. 22"Mas você, ó Jacó, não clama por mim;
você se cansou de mim, ó Israel! 23Não me trouxe ovelhas nem
bodes para holocaustos, não me honrou com sacrifícios, embora eu
não o tenha sobrecarregado nem cansado com exigências de ofer-
tas de cereal e incenso. 24Você não me trouxe cálamo perfumado,
nem me agradou com a gordura de sacrifícios. Em vez disso, me
sobrecarregou com seus pecados e me cansou com suas maldades.
25"Eu, somente eu, por minha própria causa, apagarei seus peca-
dos e nunca mais voltarei a pensar neles. 26Relembremos juntos
a situação, apresente sua defesa para provar inocência. 27Desde o
princípio, seu primeiro antepassado pecou, e seus líderes se rebe-
laram contra mim. 28Por isso, humilhei seus sacerdotes; decretei
destruição total para Jacó, vergonha para Israel."

CAPÍTULO 44

1"Agora ouça-me, meu servo Jacó, Israel, meu escolhido. **2**O SENHOR,
que o criou e que o ajuda, diz: Não tema, ó Jacó, meu servo, ó
querido Israel, meu escolhido. **3**Pois eu derramarei água para matar
sua sede e regar seus campos secos. Derramarei meu Espírito sobre
seus descendentes e minha bênção sobre suas futuras gerações.
4Eles crescerão como capim regado, como salgueiros à beira do rio.
5Alguns afirmarão: 'Pertenço ao SENHOR', outros dirão: 'Sou descen-
dente de Jacó'. Alguns escreverão nas mãos o nome do SENHOR e
tomarão para si o nome Israel."

A insensatez da idolatria

6Assim diz o SENHOR, Rei e Redentor de Israel, o SENHOR dos
Exércitos: "Eu sou o Primeiro e o Último; não há outro Deus. **7**Quem
é semelhante a mim? Que se apresente à minha frente! Que faça o
que eu fiz desde os tempos antigos, quando estabeleci um povo e
anunciei seu futuro. **8**Não tremam, não tenham medo; acaso não
lhes anunciei meus propósitos há muito tempo? Vocês são minhas
testemunhas: há outro Deus além de mim? Não! Não há nenhuma
outra Rocha, nenhuma sequer!". **9**Como são tolos os que fabricam
ídolos! Esses objetos que tanto estimam não têm valor algum. Os
que adoram ídolos não sabem disso, por isso serão envergonhados.
10Quem senão um tolo faria seu próprio deus, um ídolo que em
nada pode ajudá-lo? **11**Todos que adoram ídolos serão envergonha-
dos, bem como todos esses artesãos, simples mortais que se dizem
capazes de fazer um deus. Ainda que unam forças, estarão unidos
em terror e vergonha. **12**O ferreiro trabalha na forja para criar uma
ferramenta afiada; martela e modela com toda a força. De tanto tra-
balhar, sente fome e fraqueza, fica sedento e desfalece. **13**O escultor,
por sua vez, mede um bloco de madeira e nele desenha um esboço.
Trabalha com cinzel e plaina e entalha a imagem de uma pessoa.
Dá à imagem beleza humana e a coloca num pequeno santuário.
14Corta cedros, escolhe cipreste e carvalho, planta um pinheiro
no bosque, para que a chuva o faça crescer. **15**Então, usa parte da
madeira para fazer fogo e com ele se aquece e assa o pão. Depois,
pega o que resta e faz para si um deus para adorar. Faz um ídolo
e se curva diante dele. **16**Queima parte da árvore para assar carne,
come e se mantém aquecido. "Que fogo bom!", diz. "Já não sinto

NO QUE ESTOU PENSANDO ○ | O QUE ESTOU SENTINDO ○ | DO QUE ESTOU LEMBRANDO ○

DESENHE OU ESCREVA

frio!" **17**Então, pega o que resta e faz seu deus: um ídolo esculpido.
Curva-se diante dele e o adora, ora a ele e diz: "Livra-me, pois tu
és meu deus!". **18**Quanta estupidez e ignorância! Seus olhos estão
fechados, e ele não consegue ver, sua mente está fechada, e não
consegue compreender. **19**Aquele que fez o ídolo não para e pensa:
"Queimei metade da madeira para me aquecer e para assar o pão
e a carne; como é possível o restante ser um deus? Vou me curvar
para adorar um pedaço de madeira?". **20**Tal pessoa se alimenta de
cinzas e engana a si mesma, confia em algo que em nada pode
ajudá-la. E, no entanto, não é capaz de perguntar: "Será que este
ídolo que tenho em mãos não é uma mentira?".

Restauração para Jerusalém

21"Preste atenção, ó Jacó, pois você é meu servo, ó Israel. Eu, o
SENHOR, o formei e não me esquecerei de você. **22**Afastei seus
pecados para longe, como uma nuvem; dispersei suas maldades,
como a névoa da manhã. Volte para mim, pois paguei o preço do
seu resgate." **23**Cantem, ó céus, pois o SENHOR fez esta maravilha!
Gritem de alegria, ó profundezas da terra! Irrompam em cânticos,
ó montes, bosques e todas as árvores! Pois o SENHOR resgatou Jacó
e é glorificado em Israel. **24**Assim diz o SENHOR, seu Redentor e
Criador: "Eu sou o SENHOR, que fiz todas as coisas; sozinho estendi
os céus. Quem estava comigo quando criei a terra? **25**Mostro que
os falsos profetas são mentirosos e faço os adivinhos parecerem
tolos. Faço os sábios errarem suas previsões e assim provo que
são insensatos. **26**Mas cumpro as previsões de meus profetas! Por
meio deles, digo a Jerusalém: 'Este lugar voltará a ser habitado', e
às cidades de Judá: 'Vocês serão reconstruídas; restaurarei todas
as suas ruínas'. **27**Quando eu falar aos rios: 'Sequem', eles secarão.
28Quando disser a respeito de Ciro: 'Ele é meu pastor', ele certa-
mente fará tudo que eu quiser. Ele dirá: 'Reconstruam Jerusalém!'
e ordenará: 'Restaurem o templo!'".

CAPÍTULO 45

Ciro, o escolhido do SENHOR

1É isto que diz o SENHOR a Ciro, seu ungido, cuja mão direita ele for-
talecerá. Diante dele, reis poderosos ficarão paralisados de medo;
os portões de suas fortalezas se abrirão e nunca mais se fecharão.

2Assim diz ele: "Irei à sua frente, Ciro, e tornarei planos os montes;
quebrarei os portões de bronze e destruirei as trancas de ferro. 3Eu
lhe darei tesouros escondidos na escuridão, sim, riquezas secretas.
Farei isso para que saiba que eu sou o SENHOR, o Deus de Israel,
que chama você pelo nome. 4"Foi por causa de Jacó, meu servo,
Israel, meu escolhido, que o chamei para realizar essa tarefa. Por
isso o chamei pelo nome, quando você não me conhecia. 5Eu sou
o SENHOR; não há outro Deus. Eu o preparei para a batalha, embora
você não me conheça, 6para que todo o mundo, de leste a oeste,
saiba que não há outro Deus; eu sou o SENHOR, e não há outro.
7Formo a luz e crio as trevas, trago a paz e crio a calamidade; eu, o
SENHOR, faço essas coisas. 8"Abram-se, ó céus, e derramem justiça.
Abra-se a terra, para que brote a salvação e, com ela, a justiça; eu,
o SENHOR, as criei. 9"Que aflição espera quem contesta seu Criador!
Acaso o pote de barro discute com o oleiro? O barro argumenta com
aquele que lhe dá forma e diz: 'Você não está fazendo direito!', ou
exclama: 'Você não sabe trabalhar!'? 10Que terrível seria se uma
criança dissesse ao pai: 'Por que você me gerou?', e à mãe: 'Por
que me trouxe ao mundo?'". 11Assim diz o SENHOR, o Santo de Israel
e seu Criador: "Querem questionar o que farei por meus filhos?
Querem dar ordens a respeito do que minhas mãos fizeram? 12Eu fiz
a terra e criei os seres humanos para nela habitarem. Com minhas
mãos, estendi os céus, e todas as estrelas estão às minhas ordens.
13Levantarei esse homem para que cumpra meu justo propósito
e guiarei suas ações. Ele restaurará minha cidade e libertará meu
povo cativo, sem exigir recompensa nem tributo. Eu, o SENHOR dos
Exércitos, falei!".

Conversão futura dos gentios

14Assim diz o SENHOR: "Você governará os egípcios, os etíopes e
os sabeus. Eles lhe trarão toda a sua mercadoria, e ela será sua.
Caminharão atrás de você, como prisioneiros acorrentados; cairão
de joelhos à sua frente e dirão: 'Deus está com você, e ele é o único
Deus; não há outro além dele'". 15De fato, ó Deus de Israel, nosso
Salvador, tu ages de formas misteriosas. 16Todos os artesãos que fa-
zem ídolos serão humilhados; juntos, serão envergonhados. 17Mas
o SENHOR salvará o povo de Israel com salvação permanente; nunca
mais serão humilhados e envergonhados. 18Pois o SENHOR é Deus;

Is 45.18

criou os céus e a terra e pôs todas as coisas no devido lugar. Fez o
mundo para ser habitado, e não para ser um lugar de vazio e caos.
Ele diz: "Eu sou o SENHOR, e não há outro. 19Não sussurro coisas
obscuras em algum canto escondido, nem teria dito ao povo de
Israel que me buscasse se não fosse possível me encontrar. Eu,
o SENHOR falo apenas a verdade e declaro somente o que é certo.
20"Reúnam-se e venham, fugitivos de nações vizinhas! Como são
tolos os que levam consigo seus ídolos de madeira e oram a deuses
que não podem salvar! 21Consultem uns aos outros e defendam
sua causa, juntem-se e decidam o que dizer. Quem anunciou essas
coisas tanto tempo atrás? Quem lhes disse o que aconteceria? Não
fui eu, o SENHOR? Pois não há outro Deus além de mim, Deus justo e
Salvador; não há outro além de mim. 22Que todo o mundo se volte
para mim para ser salvo! Pois eu sou Deus, e não há nenhum outro.
23Jurei por meu próprio nome, disse o que é justo e não voltarei
atrás em minha palavra: Diante de mim todo joelho se dobrará, e
toda língua me declarará lealdade". 24O povo dirá: "O SENHOR é
a única fonte de minha justiça e força". E todos que contra ele se
iraram virão até ele e serão envergonhados. 25No SENHOR, todas as
gerações de Israel serão justificadas e nele se gloriarão.

CAPÍTULO 46

Os falsos deuses da Babilônia

1Bel e Nebo, os deuses da Babilônia, se curvam enquanto são postos
no chão. São transportados em carros de boi, e os pobres animais
tropeçam por causa do peso; 2tanto os ídolos como seus donos
se curvam. Os deuses não podem proteger o povo, e o povo não
pode proteger os deuses; vão juntos para o cativeiro. 3"Ouçam-me,
descendentes de Jacó, todos vocês que restam em Israel. Eu os car-
reguei desde que nasceram, cuidei de vocês desde que estavam no
ventre. 4Serei o seu Deus por toda a sua vida, até que seus cabelos
fiquem brancos. Eu os criei e cuidarei de vocês, eu os carregarei e os
salvarei. 5"A quem vocês me compararão? Que imagem usarão para
me representar? 6Alguns gastam seu ouro e sua prata e contratam
um artesão para lhes fazer um deus; então se curvam diante dele e
o adoram! 7Levam-no consigo sobre os ombros e, quando o põem
no lugar, ali ele fica; não pode nem mesmo se mexer! Quando
alguém lhe faz uma oração, ele não responde; não pode livrar as

pessoas de suas aflições. 8"Não se esqueçam disto; tenham-no em
mente! Lembrem-se bem, ó rebeldes! 9Lembrem-se do que fiz no
passado, pois somente eu sou Deus; eu sou Deus, e não há outro
semelhante a mim. 10Só eu posso lhes anunciar, desde já, o que
acontecerá no futuro. Todos os meus planos se cumprirão, pois faço
tudo que desejo. 11Chamarei do leste uma ave de rapina veloz, um
líder de uma terra distante, para que cumpra minhas ordens. O que
eu disse, isso farei. 12"Ouça-me, povo teimoso que está longe da
justiça. 13Pois estou pronto para endireitar as coisas, não no futuro
distante, mas agora! Estou pronto para salvar Sião e para mostrar
minha glória a Israel."

CAPÍTULO 47

Queda da Babilônia

1"Desça, ó Babilônia, e sente-se no pó, pois chegaram ao fim seus
dias no trono. A bela Babilônia nunca voltará a ser princesa en-
cantadora e delicada. 2Pegue as pedras de moer e faça farinha,
remova seu véu e tire seu manto; exponha-se à vista de todos. 3Você
ficará nua e envergonhada; eu me vingarei e não terei compaixão."
4Nosso Redentor, cujo nome é SENHOR dos Exércitos, é o Santo
de Israel. 5"Ó bela Babilônia, sente-se na escuridão e no silêncio;
nunca mais será conhecida como rainha de reinos. 6Pois eu estava
irado com meu povo escolhido e, para castigá-los, os entreguei em
suas mãos. Mas você não teve compaixão deles e oprimiu até os
idosos. 7Disse: 'Serei rainha para sempre!'. Não refletiu sobre suas
ações, nem pensou nas consequências. 8"Ouça isto, você que ama
o prazer, que vive despreocupada, sentindo-se segura. Você diz:
'Sou a única, e não há outra; nunca serei viúva nem perderei meus
filhos'. 9Estas duas coisas lhe acontecerão no mesmo instante: ficará
viúva e perderá seus filhos. Sim, essas calamidades virão sobre
você, apesar de toda a sua feitiçaria e magia. 10"Sentia-se segura
em sua maldade e dizia: 'Ninguém me vê'. Sua sabedoria e seu
conhecimento a enganavam, e pensava: 'Sou a única, não há outra'.
11Por isso a desgraça a alcançará, e você não poderá evitá-la com
encantamentos. A calamidade cairá sobre você, e não terá como
comprar seu livramento. Uma catástrofe a atingirá de repente, e não
estará preparada para ela. 12"Use sua magia! Use os encantamen-
tos a que se dedicou todos esses anos! Talvez eles tenham algum

NO QUE ESTOU **PENSANDO** ○ | O QUE ESTOU **SENTINDO** ○ | DO QUE ESTOU **LEMBRANDO** ○

DESENHE OU ESCREVA

proveito, talvez assustem alguém. 13Você está cansada de tantos
conselhos; onde estão seus astrólogos, que observam as estrelas
e fazem previsões todos os meses? Que se levantem e a salvem do
que o futuro lhe reserva! 14Mas eles são como palha que queima no
fogo; não podem salvar a si mesmos das chamas. Você não receberá
deles ajuda alguma; a fogueira deles não aquece ninguém. 15Seus
amigos, com quem você negociou desde a juventude, seguirão
cada um o próprio caminho, e não haverá ninguém que a salve."

CAPÍTULO 48

O teimoso povo de Deus

1"Ouça-me, ó família de Jacó, vocês que são chamados pelo nome
de Israel e vieram da linhagem de Judá. Escutem, vocês que juram
em nome do SENHOR e invocam o Deus de Israel, mas não em
verdade e em justiça. 2Vocês se chamam de habitantes da cidade
santa e dizem que confiam no Deus de Israel, cujo nome é SENHOR
dos Exércitos. 3Muito tempo atrás, eu lhes disse o que aconteceria;
então agi de modo repentino, e todas as minhas previsões se cum-
priram. 4Pois sei como vocês são teimosos; seu pescoço é rígido
como ferro, e sua cabeça, dura como bronze. 5Por isso lhes falei o
que aconteceria, anunciei de antemão o que faria, para que vocês
não dissessem: 'Meus ídolos fizeram isso; minha imagem de ma-
deira e meu deus de metal ordenaram que acontecesse!'. 6Vocês
ouviram minhas previsões e as viram se cumprir, mas não querem
admitir. Agora lhes anuncio coisas novas, segredos que vocês ainda
não conheciam. 7São coisas novíssimas, não do passado, para que
não digam: 'Já sabíamos disso!'. 8"Sim, eu lhes falarei de coisas
totalmente novas, sobre as quais nunca ouviram. Pois sei muito
bem que são traidores, rebeldes desde que nasceram. 9Contudo,
por causa do meu nome e minha honra, refrearei minha ira e não
os exterminarei. 10Eu os purifiquei, não como a prata é purificada,
mas na fornalha do sofrimento. 11Faço isso por minha própria causa,
sim, por minha própria causa. Não permitirei que meu nome seja
manchado e não repartirei minha glória com outros."

Libertos da Babilônia

12"Ouça-me, ó família de Jacó, Israel, meu escolhido! Somente eu
sou Deus, o Primeiro e o Último. 13Minha mão lançou os alicerces

da terra, minha mão direita estendeu os céus lá no alto. Quando
chamo as estrelas, elas aparecem todas em ordem." 14Acaso algum
de seus ídolos lhes disse isso? Venham todos vocês e ouçam: O
SENHOR escolheu seu aliado e o usará para acabar com o império
da Babilônia e destruir os exércitos babilônios. 15"Eu disse: Eu o
chamei! Sim, eu o enviarei nesta missão e o ajudarei a ter êxito.
16Cheguem mais perto e ouçam; desde o princípio, eu lhes disse
claramente o que aconteceria." Agora, o SENHOR Soberano e seu
Espírito me enviaram com esta mensagem: 17Assim diz o SENHOR,
seu Redentor, o Santo de Israel: "Eu sou o SENHOR, seu Deus, que
lhe ensina o que é bom e o conduz pelo caminho que deve seguir.
18Quem dera tivesse prestado atenção às minhas ordens! Teria ex-
perimentado paz que flui como um rio, justiça que o cobriria como
as ondas do mar. 19Seus descendentes seriam incontáveis, como a
areia da praia! Não teria sido necessário destruí-lo, nem eliminar o
nome de sua família". 20Saiam do cativeiro! Deixem a Babilônia e
os babilônios! Proclamem esta mensagem! Anunciem-na em alta
voz para os confins da terra! O SENHOR resgatou seus servos, o povo
de Israel. 21Não passaram sede quando ele os guiou pelo deserto.
Ele partiu a rocha, e água jorrou para que bebessem. 22"Mas para
os perversos não há paz", diz o SENHOR.

CAPÍTULO 49

A comissão do servo do SENHOR

1Ouçam-me, vocês em terras distantes! Prestem atenção, vocês que
estão longe! O SENHOR me chamou antes de meu nascimento;
desde o ventre ele me chamou pelo nome. 2Tornou minhas pala-
vras de juízo afiadas como espada, escondeu-me na sombra de sua
mão; sou como flecha afiada em sua aljava. 3Ele me disse: "Você é
meu servo, Israel, e me trará glória". 4Respondi: "Mas meu trabalho
parece tão inútil! Esforcei-me em vão, sem propósito algum. No
entanto, deixo tudo nas mãos do SENHOR; confio que Deus me
recompensará". 5Agora, fala o SENHOR, aquele que no ventre me
formou para ser seu servo, que me encarregou de trazer Israel de
volta para ele. O SENHOR me honrou, meu Deus me fortaleceu. 6Ele
diz: "Você fará mais que restaurar o povo de Israel para mim; eu o
farei luz para os gentios, e você levará minha salvação aos confins
da terra". 7O SENHOR, o Redentor e o Santo de Israel, diz àquele

NO QUE ESTOU PENSANDO ○ | O QUE ESTOU SENTINDO ○ | DO QUE ESTOU LEMBRANDO ○

DESENHE OU ESCREVA

que é desprezado e rejeitado pelas nações, àquele que é servo dos
governantes: "Reis se levantarão quando você passar, príncipes se
curvarão até o chão, por causa do SENHOR, que é fiel, por causa do
Santo de Israel, que o escolheu".

Promessas da restauração de Israel

8Assim diz o SENHOR: "No tempo certo, eu lhe responderei; no dia
da salvação, o ajudarei. Eu o protegerei e o darei ao povo, para
que seja símbolo da minha aliança com eles. Por seu intermédio,
restabelecerei a terra de Israel e a devolverei a seu povo. 9Direi aos
prisioneiros: 'Saiam em liberdade!', e aos que estão na escuridão:
'Venham para a luz!'. Serão minhas ovelhas e se alimentarão em
pastos verdes e nas colinas que antes eram estéreis. 10Não terão
fome nem sede, e o sol ardente não os atingirá. Pois o SENHOR,
em sua misericórdia, os guiará; ele os conduzirá a águas frescas.
11Transformará os montes em caminhos planos, e as estradas serão
erguidas acima dos vales. 12Vejam, meu povo retornará de longe,
de terras ao norte e a oeste, e de lugares distantes ao sul, como o
Egito". 13Cantem, ó céus! Alegre-se, ó terra! Irrompam em cânticos,
ó montes! Pois o SENHOR consolou seu povo e terá compaixão dele
em meio ao sofrimento. 14Sião, porém, diz: "O SENHOR nos abando-
nou, o Senhor se esqueceu de nós". 15"Pode a mãe se esquecer do
filho que ainda mama? Pode deixar de sentir amor pelo filho que
ela deu à luz? Mesmo que isso fosse possível, eu não me esqueceria
de vocês! 16Vejam, escrevi seu nome na palma de minhas mãos;
seus muros em ruínas estão sempre em minha mente. 17Em breve,
seus descendentes voltarão, e todos que procuram destruí-la irão
embora. 18Olhe ao redor e veja, pois todos os seus filhos voltarão
para você. Tão certo como eu vivo", diz o SENHOR, "eles serão como
joias, e você se enfeitará com eles, como uma noiva se enfeita.
19"Seu povo logo encherá até as regiões mais desoladas de sua terra
abandonada. Seus inimigos, que a escravizaram, estarão bem lon-
ge. 20As gerações nascidas no exílio voltarão e dirão: 'Precisamos de
mais espaço! Esta terra é pequena demais!'. 21Então você pensará:
'Quem me deu todos esses descendentes? Quase todos os meus
filhos foram mortos, e os que restaram foram levados para o exílio;
fiquei aqui sozinha. De onde veio tanta gente? Quem os criou para
mim?'" 22Assim diz o SENHOR Soberano: "Vejam, darei um sinal às

nações; elas trarão os filhos pequenos de Israel de volta nos braços e carregarão as filhas nos ombros. 23Reis e rainhas os servirão e atenderão a todas as suas necessidades. Eles se curvarão diante de você com o rosto no chão e lamberão o pó de seus pés. Então você saberá que eu sou o SENHOR; quem confia em mim jamais será envergonhado". 24Quem pode tirar o despojo das mãos de um guerreiro? Quem pode exigir que um tirano liberte seus prisioneiros? 25Mas o SENHOR diz: "Os cativos dos guerreiros serão libertos, e o despojo dos tiranos será retomado. Pois lutarei contra os que lutam contra você e salvarei seus filhos. 26Alimentarei seus inimigos com a própria carne deles, ficarão bêbados com rios do próprio sangue. Todo o mundo saberá que eu, o SENHOR, sou seu Salvador e seu Redentor, o Poderoso de Israel".

CAPÍTULO 50

1Assim diz o SENHOR: "Acaso sua mãe foi mandada embora porque me divorciei dela? Vendi vocês como escravos para meus credores? Não, foram vendidos por causa de seus pecados, e sua mãe se foi por causa da rebeldia de vocês. 2Por que ninguém apareceu quando eu vim? Por que ninguém respondeu quando chamei? É porque não tenho poder para libertar? Pois eu, com uma simples palavra, seco o mar e transformo rios em desertos cheios de peixes mortos. 3Visto os céus com escuridão e cubro-os com roupas de luto".

O obediente servo do SENHOR

4O SENHOR Soberano me deu suas palavras de sabedoria, para que eu saiba consolar os cansados. Todas as manhãs ele me acorda e abre meu entendimento para ouvi-lo. 5O SENHOR Soberano falou comigo, e eu ouvi; não me rebelei nem me afastei. 6Ofereci as costas aos que me batiam e a face aos que me arrancavam a barba. Não escondi o rosto daqueles que zombavam de mim e em mim cuspiam. 7Porque o SENHOR Soberano me ajuda, não serei envergonhado. Por isso, firmei o rosto como uma pedra e sei que não serei envergonhado. 8Aquele que me faz justiça está perto; quem se atreverá a se queixar de mim? Onde estão meus acusadores? Que se apresentem! 9Vejam, o SENHOR Soberano está do meu lado! Quem me declarará culpado? Todos os meus inimigos serão destruídos como roupas velhas, comidas pelas traças. 10Quem entre

Is 50.4

vocês teme o SENHOR e obedece a seu servo? Se vocês caminham na escuridão, sem um raio de luz sequer, confiem no SENHOR e apoiem-se em seu Deus. 11Mas tenham cuidado, vocês que vivem em sua própria luz e se aquecem em seu próprio fogo. Esta é a recompensa que receberão de mim: em breve cairão em grande tormento.

CAPÍTULO 51

Chamado para confiar no SENHOR

1"Ouçam-me, todos que procuram justiça, todos que buscam o SENHOR! Olhem para a rocha da qual foram cortados, para a pedreira de onde foram extraídos. 2Sim, pensem em Abraão, seu antepassado, e em Sara, que deu à luz sua nação. Abraão era apenas um quando eu o chamei, mas o abençoei e o tornei uma grande nação." 3O SENHOR voltará a consolar Sião e terá compaixão de suas ruínas. Seu deserto florescerá como o Éden, sua terra desolada, como o jardim do SENHOR. Ali haverá alegria e exultação, e cânticos de gratidão encherão o ar. 4"Ouça-me, povo meu; escute-me, nação minha, pois minha lei será proclamada, e meu juízo se tornará luz para as nações. 5Minha justiça logo virá, minha salvação está a caminho; meu braço forte julgará as nações. Todas as terras distantes olharão para mim e aguardarão com esperança meu braço poderoso. 6Levantem os olhos para os céus lá no alto e olhem para a terra embaixo. Os céus desaparecerão como fumaça, e a terra se gastará como uma peça de roupa. Os habitantes da terra morrerão como moscas, mas minha salvação é permanente; meu governo justo não terá fim! 7"Ouçam-me, vocês que sabem a diferença entre certo e errado, que têm minha lei no coração. Não se assustem com o desprezo das pessoas, nem temam seus insultos. 8Pois a traça os comerá como se fossem uma roupa; o verme os devorará como se fossem lã. Minha justiça, porém, durará para sempre; minha salvação continuará de geração em geração!" 9Desperta, desperta, ó SENHOR! Veste-te de força! Move teu braço poderoso! Levanta-te como fizeste nos dias passados, quando mataste o Egito, o dragão do Nilo. 10Não és o mesmo hoje, aquele que secou as águas e fez um caminho no fundo do mar para que seu povo atravessasse? 11Os que foram resgatados pelo SENHOR voltarão; entrarão em Sião cantando, coroados de alegria sem fim. Tristeza e lamento

desaparecerão, e eles se encherão de alegria e exultação. 12“Sim,
sou eu quem os consola; por que, então, temem simples mortais,
que murcham como o capim e desaparecem? 13Vocês, porém, se
esqueceram do SENHOR, seu Criador, aquele que estendeu os céus
e lançou os alicerces da terra. Viverão com medo de opressores
humanos? Continuarão a temer a ira de seus inimigos? Onde está
a fúria deles agora? 14Em breve, todos vocês cativos serão libertos;
prisão, fome e morte não serão seu destino! 15Pois eu sou o SENHOR,
seu Deus, que agita os mares e faz as ondas rugirem; meu nome
é SENHOR dos Exércitos. 16Pus minhas palavras em sua boca e o
escondi em segurança em minha mão. Estendi os céus e lancei
os alicerces da terra. Sou eu quem diz a Israel: ‘Tu és meu povo!’”.
17Desperte, desperte, ó Jerusalém! Você bebeu do cálice da ira do
SENHOR, bebeu do cálice do terror, virou-o até a última gota. 18Não
sobrou nenhum de seus filhos para pegá-la pela mão e guiá-la.
19Duas calamidades a atingiram: desolação e destruição, fome e
guerra. E quem restou para ter compaixão de você? Quem restou
para consolá-la? 20Seus filhos desmaiaram e estão caídos pelas
ruas, indefesos como antílopes pegos numa rede. O SENHOR derra-
mou sua ira, sim, Deus os repreendeu. 21Agora, porém, ouçam isto,
vocês que estão aflitos e completamente embriagados, mas não
com vinho. 22Assim diz o SENHOR Soberano, seu Deus e Defensor:
“Vejam, tirei de suas mãos o cálice terrível; não beberão mais de
minha ira. 23Agora, darei esse cálice aos que os atormentaram e
lhes disseram: ‘Pisaremos em vocês no pó e andaremos sobre suas
costas’”.

CAPÍTULO 52

Livramento para Jerusalém

1Desperte, desperte, ó Sião! Vista-se de força! Ponha suas lindas
roupas, ó cidade santa de Jerusalém, pois os incircuncisos e os
impuros não entrarão mais por seus portões. 2Levante-se do pó,
ó Jerusalém, sente-se no lugar de honra. Tire de seu pescoço as
correntes de escravidão, ó cativa Sião. 3Pois assim diz o SENHOR:
“Quando eu a vendi ao exílio, não recebi pagamento algum.
Agora a resgatarei sem ter de pagar por você”. 4Assim diz o SENHOR
Soberano: “Há muito tempo, meu povo escolheu morar no Egito.
Agora, a Assíria os oprime sem nenhuma razão. 5O que é isso?”,

NO QUE ESTOU **PENSANDO** ○ | O QUE ESTOU **SENTINDO** ○ | DO QUE ESTOU **LEMBRANDO** ○

DESENHE OU ESCREVA

pergunta o SENHOR. “Por que meu povo foi escravizado novamente?
Aqueles que os dominam gritam de alegria. Meu nome é blasfema-
do o dia inteiro. 6Mas eu revelarei meu nome ao meu povo, e eles,
por fim, reconhecerão que sou eu quem fala com eles.” 7Como são
belos sobre os montes os pés do mensageiro que traz boas-novas,
boas-novas de paz e salvação, de que o Deus de Israel reina! 8Os
vigias gritam e cantam de alegria, pois, com os próprios olhos, veem
o SENHOR voltar a Sião. 9Que as ruínas de Jerusalém gritem de
alegria, pois o SENHOR consolou seu povo; ele resgatou Jerusalém.
10O SENHOR mostrou seu santo poder diante dos olhos de todas as
nações. Todos os confins da terra verão a salvação de nosso Deus.
11Saiam! Saiam e deixem para trás o cativeiro, não toquem no que
é impuro. Saiam daí e purifiquem-se, vocês que levam de volta os
objetos sagrados do SENHOR. 12Não partirão às pressas, como quem
foge para salvar a vida, pois o SENHOR irá à sua frente; sim, o Deus
de Israel os protegerá na retaguarda.

O servo sofredor

13Vejam, meu servo terá êxito; será muito exaltado. 14Muitos,
porém, ficaram espantados quando o viram: seu rosto estava tão
desfigurado que mal parecia humano; por seu aspecto, quase não
era possível reconhecê-lo como homem. 15Ele causará assombro em
muitas nações; reis ficarão mudos diante dele, pois verão aquilo
que ninguém lhes havia falado, entenderão aquilo que nunca
tinham ouvido.

CAPÍTULO 53

1Quem creu em nossa mensagem? A quem o SENHOR revelou seu
braço forte? 2Meu servo cresceu em sua presença, como tenro
broto verde, como raiz em terra seca. Não havia nada de belo nem
majestoso em sua aparência, nada que nos atraísse. 3Foi despre-
zado e rejeitado, homem de dores, que conhece o sofrimento mais
profundo. Demos as costas para ele e desviamos o olhar; ele foi
desprezado, e não nos importamos. 4Apesar disso, foram as nossas
enfermidades que ele tomou sobre si, e foram as nossas doenças
que pesaram sobre ele. Pensamos que seu sofrimento era castigo
de Deus, castigo por sua culpa. 5Mas ele foi ferido por causa de
nossa rebeldia e esmagado por causa de nossos pecados. Sofreu

o castigo para que fôssemos restaurados e recebeu açoites para
que fôssemos curados. 6 Todos nós nos desviamos como ovelhas;
deixamos os caminhos de Deus para seguir os nossos caminhos.
E, no entanto, o SENHOR fez cair sobre ele os pecados de todos nós.
7 Ele foi oprimido e humilhado, mas não disse uma só palavra. Foi
levado como cordeiro para o matadouro; como ovelha muda diante
dos tosquiadores, não abriu a boca. 8 Condenado injustamente, foi
levado embora. Ninguém se importou de ele morrer sem deixar
descendentes, de sua vida ser cortada no meio do caminho. Mas
ele foi ferido mortalmente por causa da rebeldia do meu povo.
9 Não havia cometido nenhuma injustiça e jamais havia engana-
do alguém. Ainda assim, foi sepultado como criminoso, colocado
no túmulo de um homem rico. 10 Fazia parte do plano do SENHOR
esmagá-lo e causar-lhe dor. Quando, porém, sua vida for entregue
como oferta pelo pecado, ele terá muitos descendentes. Terá vida
longa, e o plano do SENHOR prosperará em suas mãos. 11 Quando
ele vir tudo que resultar de sua angústia, ficará satisfeito. E, por
causa de tudo que meu servo justo passou, ele fará que muitos
sejam considerados justos, pois levará sobre si os pecados deles.
12 Eu lhe darei as honras de um soldado vitorioso, pois ele se expôs
à morte. Foi contado entre os rebeldes; levou sobre si a culpa de
muitos e intercedeu pelos pecadores.

CAPÍTULO 54

A glória futura de Jerusalém

1 "Cante, ó mulher sem filhos, você que nunca deu à luz! Cante
alegremente, em alta voz, ó Jerusalém, você que nunca esteve em
trabalho de parto! Pois a abandonada agora tem mais filhos que
a mulher que vive com o marido", diz o SENHOR. 2 "Amplie o lugar
onde mora, construa mais um cômodo, aumente sua casa, e não
economize nisso! 3 Pois logo você transbordará para todos os lados;
seus descendentes ocuparão outras nações e povoarão as cidades
arruinadas. 4 "Não se assuste; você não será envergonhada. Não
tenha medo; você não sofrerá humilhação. Não se lembrará mais
da vergonha de sua juventude, nem da tristeza da viuvez. 5 Pois seu
marido será aquele que a fez; o SENHOR dos Exércitos é seu nome!
Ele é seu Redentor, o Santo de Israel, o Deus de toda a terra. 6 Pois
o SENHOR a chamou de volta de seu lamento, você que era como

uma jovem esposa abandonada", diz o seu Deus. 7 "Por um breve
tempo eu a abandonei, mas com grande compaixão a receberei de
volta. 8 Num ímpeto de fúria, escondi meu rosto de você por um
momento, mas com amor eterno terei compaixão de você", diz o
SENHOR, seu Redentor. 9 "Assim como jurei no tempo de Noé que
nunca mais cobriria a terra com um dilúvio, agora juro que nunca
mais ficarei irado com você nem a castigarei. 10 Pois, ainda que os
montes se movam e as colinas desapareçam, meu amor por você
permanecerá. A aliança de minha bênção jamais será quebrada",
diz o SENHOR, que tem compaixão de você. 11 "Ó cidade açoitada
por tempestades, aflita e desolada! Eu a reconstruirei com pedras
preciosas e edificarei seus alicerces com safiras. 12 Farei suas torres
de rubis cintilantes, seus portões, de joias brilhantes, seus muros,
de pedras preciosas. 13 Ensinarei seus filhos, e eles terão grande
paz. 14 Você estará segura sob um governo justo e imparcial, e seus
inimigos se manterão afastados. Viverá em paz, e nenhum terror
se aproximará. 15 Se alguma nação vier lutar contra você, não será
porque eu a enviei; todos que a atacarem serão derrotados. 16 "Eu
criei o ferreiro que abana as brasas do fogo e produz armas de
destruição, e criei os exércitos que destroem. 17 Naquele dia, porém,
nenhuma arma voltada contra você prevalecerá. Você calará toda
voz que se levantar para acusá-la. É assim que o SENHOR agirá em
favor de seus servos; eu lhes farei justiça. Eu, o SENHOR, falei!"

CAPÍTULO 55

Convite à salvação

1 "Alguém tem sede? Venha e beba, mesmo que não tenha dinheiro!
Venha, beba vinho ou leite; é tudo de graça! 2 Por que gastar seu
dinheiro com comida que não fortalece? Por que pagar por aquilo
que não satisfaz? Ouçam-me, e vocês comerão o que é bom e se
deliciarão com os alimentos mais saborosos. 3 "Venham a mim com
os ouvidos bem abertos; escutem, e encontrarão vida. Farei com
vocês uma aliança permanente, o amor que fielmente prometi a
Davi. 4 Vejam como eu o usei para mostrar meu poder aos povos;
eu o fiz governante das nações. 5 Vocês também darão ordens a
nações que não conhecem, e povos desconhecidos virão correndo
lhes obedecer. Pois eu, o SENHOR, seu Deus, o Santo de Israel, os
tornei gloriosos." 6 Busquem o SENHOR enquanto podem achá-lo;

invoquem-no agora, enquanto ele está perto. 7Que os perversos
mudem de conduta e deixem de lado até mesmo a ideia de fazer
o mal. Que se voltem para o SENHOR, para que ele tenha miseri-
córdia deles; sim, voltem-se para nosso Deus, pois ele os perdoará
generosamente. 8"Meus pensamentos são muito diferentes dos
seus", diz o SENHOR, "e meus caminhos vão muito além de seus ca-
minhos. 9Pois, assim como os céus são mais altos que a terra, meus
caminhos são mais altos que seus caminhos, e meus pensamentos,
mais altos que seus pensamentos. 10"A chuva e a neve descem dos
céus e na terra permanecem até regá-la. Fazem brotar os cereais e
produzem sementes para o agricultor e pão para os famintos. 11O
mesmo acontece à minha palavra: eu a envio, e ela sempre produz
frutos. Ela fará o que desejo e prosperará aonde quer que eu a
enviar. 12Vocês viverão com alegria e paz; os montes e as colinas
cantarão, e as árvores do campo baterão palmas. 13Onde antes havia
espinhos, crescerá o cipreste; onde antes havia urtigas, brotará a
murta. Isso resultará em glória para o nome do SENHOR; será sinal
permanente, que nunca será destruído."

CAPÍTULO 56

Bênçãos para todas as nações

1Assim diz o SENHOR: "Sejam justos e façam o que é certo, pois logo
virei para livrá-los e para mostrar minha justiça entre vocês. 2Feliz é
aquele que tiver o cuidado de agir desse modo. Feliz é aquele que
honrar meus sábados e evitar fazer o mal. 3"Não permitam que o
estrangeiro comprometido com o SENHOR diga: 'O SENHOR jamais
me deixará fazer parte de seu povo'. E não permitam que o eunuco
diga: 'Sou uma árvore seca, sem filhos e sem futuro'. 4Pois assim
diz o SENHOR: Eu abençoarei os eunucos que guardarem meus sá-
bados e fizerem o que me agrada e se apegarem à minha aliança.
5Eu lhes darei, dentro dos muros de minha casa, um memorial e
um nome muito maior que filhos e filhas. Pois o nome que lhes
darei é permanente; nunca desaparecerá! 6"Abençoarei também
os estrangeiros comprometidos com o SENHOR, que o servem e
amam seu nome, que o adoram e não profanam o sábado e que se
apegam firmemente à minha aliança. 7Eu os levarei ao meu santo
monte e os encherei de alegria em minha casa de oração. Aceitarei
seus holocaustos e sacrifícios, pois meu templo será chamado casa

Is 55.9

de oração para todas as nações. 8Pois o SENHOR Soberano, que traz
de volta os exilados, diz: Também trarei outros de volta, além do
meu povo, Israel".

Condenação dos líderes pecadores

9Venham, animais do campo! Venham, animais do bosque!
Venham e devorem! 10Pois os vigias do meu povo são cegos e ig-
norantes. São como cães de guarda mudos, que não avisam quando
o perigo se aproxima. Gostam de ficar deitados, dormindo e so-
nhando; 11como cães gulosos, nunca estão satisfeitos. São pastores
ignorantes; cada um segue seu caminho e procura seus interesses.
12Dizem: "Venham, vamos arranjar vinho e dar uma festa; vamos
nos embebedar. Amanhã faremos a mesma coisa, e daremos uma
festa ainda maior!".

CAPÍTULO 57

1O justo perece, e o fiel muitas vezes morre cedo, mas ninguém
parece se importar nem se perguntar por quê. Ninguém parece
entender que Deus os poupa do mal que virá. 2Pois quem anda por
caminhos íntegros descansará em paz quando morrer.

Condenação da idolatria

3"Mas vocês, filhos de feiticeiras, venham cá! Aproximem-se, filhos
de adúlteros e de prostitutas! 4De quem vocês zombam, fazendo
caretas e mostrando a língua? Vocês são filhos de pecadores e de
mentirosos! 5Adoram seus ídolos com ardente paixão, debaixo dos
carvalhos e de toda árvore verdejante. Sacrificam os filhos nos vales,
entre as rochas dos desfiladeiros. 6Seus deuses são as pedras lisas
nos vales; vocês os adoram com ofertas derramadas e ofertas de
cereais. Eles, e não eu, são sua herança; pensam que tudo isso
me agrada? 7Cometeram adultério em todos os montes altos; ali
adoraram seus ídolos e foram infiéis a mim. 8Puseram símbolos
pagãos nos batentes e atrás das portas. Abandonaram-me e foram
para a cama com esses deuses detestáveis. Comprometeram-se
com eles e gostam de olhar seus corpos nus. 9Foram até Moloque,
com óleo de azeite e muitos perfumes, e enviaram para longe seus
mensageiros, até mesmo ao mundo dos mortos. 10Cansaram-se
de tanto procurar, mas nunca desistiram. O desejo renovou suas

forças, de modo que não ficaram exaustos. 11"Vocês temem esses
ídolos? Eles os apavoram? Foi por isso que mentiram para mim e se
esqueceram de mim e de minhas palavras? Foi por causa do meu
longo silêncio que deixaram de me temer? 12Agora mostrarei a
todos essas suas boas obras; nenhuma delas os ajudará. 13Vejamos
se seus ídolos os salvarão quando clamarem por socorro. Até um
sopro de vento é capaz de derrubá-los; basta alguém respirar sobre
eles para que tombem! Mas quem confia em mim herdará a terra
e possuirá meu santo monte."

Deus perdoa os arrependidos

14Deus diz: "Preparem o caminho! Tirem do meio da estrada as
rochas e as pedras, para que meu povo passe!". 15O Alto e Sublime,
que vive na eternidade, o Santo diz: "Habito nos lugares altos e
santos, e também com os de espírito oprimido e humilde. Dou
novo ânimo aos abatidos e coragem aos de coração arrependido.
16Porque não lutarei contra vocês para sempre, nem ficarei eter-
namente irado. Se o fizesse, todos morreriam, sim, todos os seres
que eu criei. 17Por causa da cobiça do meu povo, fiquei furioso e os
castiguei. Afastei-me deles, mas continuaram a seguir seu caminho
obstinado. 18Tenho visto o que fazem, mas ainda assim irei curá-los.
Eu os guiarei, consolarei os que choram, 19porei em seus lábios
palavras de louvor. Que eles tenham muita paz, tanto os que estão
perto como os que estão longe", diz o SENHOR, que os cura. 20"Os
perversos, porém, são como o mar agitado que nunca se aquieta e
revolve lama e sujeira sem parar. 21Para os perversos não há paz",
diz o meu Deus.

CAPÍTULO 58

Verdadeira e falsa adoração

1"Grite alto, com todas as suas forças! Grite alto, como o som da
trombeta! Fale ao meu povo, Israel, sobre sua rebeldia e seus peca-
dos! 2Apesar disso, agem como se fossem piedosos! Vêm ao templo
todos os dias e parecem ter prazer em aprender a meu respeito.
Agem como nação justa que jamais abandonaria as leis de seu
Deus. Pedem que eu atue em favor deles e fingem querer estar
perto de mim. 3Dizem: 'Jejuamos diante de ti! Por que não prestas
atenção? Nós nos humilhamos com severidade, e tu nem reparas!'.

NO QUE ESTOU **PENSANDO** ○ | O QUE ESTOU **SENTINDO** ○ | DO QUE ESTOU **LEMBRANDO** ○

DESENHE OU ESCREVA

"Vou lhes dizer por quê", eu respondo. "É porque jejuam para satis-
fazer a si mesmos. Enquanto isso, oprimem seus empregados. 4De
que adianta jejuar, se continuam a brigar e discutir? Com esse tipo
de jejum, não ouvirei suas orações. 5Vocês se humilham ao cumprir
os rituais: curvam a cabeça, como junco ao vento, vestem-se de
pano de saco e cobrem-se de cinzas. É isso que chamam de jejum?
Acreditam mesmo que agradará o SENHOR? 6"Este é o tipo de jejum
que desejo: Soltem os que foram presos injustamente, aliviem as
cargas de seus empregados. Libertem os oprimidos, removam as
correntes que prendem as pessoas. 7Repartam seu alimento com os
famintos, ofereçam abrigo aos que não têm casa. Deem roupas aos
que precisam, não se escondam dos que carecem de ajuda. 8"Então
sua luz virá como o amanhecer, e suas feridas sararão num instante.
Sua justiça os conduzirá adiante, e a glória do SENHOR os protegerá
na retaguarda. 9Então vocês clamarão, e o SENHOR responderá. 'Aqui
estou', ele dirá. "Removam o jugo pesado de opressão, parem de
fazer acusações e espalhar boatos maldosos. 10Deem alimento aos
famintos e ajudem os aflitos. Então sua luz brilhará na escuridão, e a
escuridão ao redor se tornará clara como o meio-dia. 11O SENHOR os
guiará continuamente, lhes dará água quando tiverem sede e res-
taurará suas forças. Vocês serão como um jardim bem regado, como
a fonte que não para de jorrar. 12Reconstruirão as ruínas desertas de
suas cidades e serão conhecidos como reparadores de muros e res-
tauradores de ruas e casas. 13"Guardem o sábado como dia santo;
não usem esse dia para cuidar de seus interesses. Desfrutem o sá-
bado e falem dele com prazer, como dia santo do SENHOR. Honrem
o sábado com tudo que fizerem nesse dia; não sigam seus desejos,
nem falem coisas inúteis. 14Então o SENHOR será sua alegria; grande
honra lhes darei e os sustentarei com a propriedade que prometi a
seu antepassado Jacó. Eu, o SENHOR, falei!"

CAPÍTULO 59

Advertências contra o pecado

1Ouçam! O braço do SENHOR não é fraco demais para salvá-los,
nem seu ouvido é surdo para ouvi-los. 2Foram suas maldades que
os separaram de Deus; por causa de seus pecados, ele se afastou
e já não os ouvirá. 3Suas mãos estão manchadas de sangue, e seus
dedos, imundos de pecado. Seus lábios estão cheios de mentiras,

e sua boca transborda de corrupção. 4Ninguém se preocupa em ser justo e íntegro; os processos judiciais se baseiam em mentiras. As pessoas concebem maldades e dão à luz o pecado. 5Chocam serpentes venenosas e tecem teias de aranha. Quem comer seus ovos morrerá, quem neles pisar fará sair uma víbora. 6Suas teias não servem de roupa, e ninguém pode se cobrir com elas. Tudo que fazem é cheio de pecado, e a violência é sua marca. 7Seus pés correm para fazer o mal e se apressam em cometer homicídio. Pensam somente em pecar; por onde passam, deixam sofrimento e destruição. 8Não sabem onde encontrar paz, não entendem o que significa ser justo. Traçaram caminhos tortuosos, e quem os segue não sabe o que é paz. 9Não há retidão em nosso meio, não sabemos viver de modo justo. Procuramos luz, mas só encontramos trevas; procuramos claridade, mas andamos na escuridão. 10Apalpamos as paredes, como cegos; andamos tateando, como quem não tem olhos. Mesmo no mais claro meio-dia, tropeçamos como se fosse noite. Entre os vivos, somos como os mortos. 11Rugimos como ursos, gememos como pombas. Procuramos justiça, mas ela nunca chega; procuramos salvação, mas ela está distante de nós. 12Nossos pecados estão amontoados diante de Deus e testemunham contra nós; sim, sabemos que somos pecadores. 13Sabemos que nos rebelamos e negamos o SENHOR; demos as costas para nosso Deus. Sabemos que fomos injustos e opressores; planejamos cada uma de nossas mentiras. 14Nossos tribunais se opõem ao que é certo; não há justiça em parte alguma. A verdade anda tropeçando pelas ruas, e a honestidade foi banida. 15Sim, a verdade sumiu, e quem rejeita o mal é perseguido. O SENHOR viu tudo isso e se desagradou de não encontrar justiça alguma. 16Admirou-se porque ninguém se apresentou para ajudar os oprimidos. Então ele mesmo interveio para salvá-los com seu braço forte, e sua justiça o susteve. 17Vestiu a justiça como armadura e pôs na cabeça o capacete da salvação. Cobriu-se com a túnica da vingança e envolveu-se com o manto do zelo. 18Ele retribuirá a seus inimigos pelo mal que fizeram; sua fúria cairá sobre seus adversários, e até os confins da terra lhes dará o castigo merecido. 19No oeste, temerão o nome do SENHOR; no leste, o glorificarão. Pois ele virá como uma forte correnteza, impelida pelo sopro do SENHOR. 20"O Redentor virá a Jerusalém para resgatar em Israel aqueles que se afastaram de seus pecados", diz o SENHOR.

IS

NO QUE ESTOU **PENSANDO** ○ | O QUE ESTOU **SENTINDO** ○ | DO QUE ESTOU **LEMBRANDO** ○

DESENHE OU ESCREVA

21"E esta é minha aliança com eles", diz o SENHOR. "Meu Espírito não os deixará, nem estas palavras que lhes dei. Estarão em seus lábios, nos lábios de seus filhos e nos lábios de seus descendentes, para sempre. Eu, o SENHOR, falei!"

CAPÍTULO 60

A glória futura de Jerusalém

1"Levante-se, Jerusalém! Que sua luz brilhe para que todos a vejam, pois sobre você se levanta e reluz a glória do SENHOR. 2Trevas escuras como a noite cobrem as nações da terra, mas sobre você se levanta e se manifesta a glória do SENHOR. 3As nações virão à sua luz, os reis verão o seu esplendor. 4"Levante os olhos e veja, pois todos se reúnem e voltam para casa! Seus filhos vêm de terras distantes, e suas filhas pequenas são carregadas nos braços. 5Você os verá, e seu coração vibrará de alegria, pois comerciantes do mundo todo virão até você e lhe trarão as riquezas de muitas nações. 6Grandes caravanas de camelos cobrirão sua terra, camelos vindos de Midiã e de Efá. O povo de Sabá trará ouro e incenso e adorará o SENHOR. 7Entregarão a você os rebanhos de Quedar e trarão para meus altares os carneiros de Nebaiote. Aceitarei suas ofertas e tornarei meu templo ainda mais glorioso. 8"O que vejo voando como nuvens para Israel, como pombas para seus ninhos? 9São navios dos confins da terra, de nações que confiam em mim. À frente vêm as grandes embarcações de Társis, trazendo de volta o povo de Israel, que vem de lugares distantes com sua prata e seu ouro. Eles honrarão o SENHOR, seu Deus, o Santo de Israel, pois ele a encheu de esplendor. 10"Estrangeiros virão para reconstruir suas cidades, e seus reis a servirão. Pois, ainda que eu a tenha destruído em minha ira, por causa de minha graça terei misericórdia de você. 11Seus portões ficarão abertos dia e noite para receber as riquezas de muitas nações. Os reis do mundo serão conduzidos como prisioneiros num desfile de vitória. 12Pois as nações que não a servirem serão destruídas. 13"A glória do Líbano será sua: os bosques de ciprestes, abetos e pinheiros. Ela adornará meu santuário; meu templo será glorioso! 14Os descendentes de seus opressores virão e se curvarão diante de você. Aqueles que a desprezavam beijarão seus pés. Eles a chamarão de Cidade do SENHOR, a Sião do Santo de Israel. 15"Antes você era desprezada e odiada, e ninguém sequer

passava por você, mas agora eu a tornarei majestosa para sempre,
uma alegria para todas as gerações. 16Reis poderosos e grandes
nações atenderão a todas as suas necessidades, como se você fosse
uma criança amamentada por uma rainha. Você saberá, enfim, que
eu, o SENHOR, sou seu Salvador e seu Redentor, o Poderoso de Israel.
17Trocarei seu bronze por ouro, seu ferro por prata, sua madeira por
bronze, e suas pedras por ferro. A paz será seu líder, e a justiça, seu
governante. 18A violência desaparecerá de sua terra; a desolação e
a destruição da guerra chegarão ao fim. A salvação a rodeará como
os muros de uma cidade, e o louvor estará nos lábios de todos que
ali entrarem. 19"Você não precisará do brilho do sol durante o dia,
nem da claridade da lua durante a noite, pois o SENHOR será sua luz
eterna; seu Deus será sua glória. 20Seu sol nunca se porá, sua lua
nunca deixará de brilhar. Pois o SENHOR será sua luz eterna; seus
dias de lamento chegarão ao fim. 21Todo o seu povo será justo; pos-
suirão a terra para sempre. Pois eu os plantarei ali com as próprias
mãos, para manifestar minha glória. 22A menor família se tornará
mil pessoas, e o grupo mais minúsculo, uma nação poderosa. No
tempo certo, eu, o SENHOR, farei isso acontecer."

CAPÍTULO 61

Boas-novas para os oprimidos

1O Espírito do SENHOR Soberano está sobre mim, pois o SENHOR me
ungiu para levar boas-novas aos pobres. Ele me enviou para con-
solar os de coração quebrantado e para proclamar que os cativos
serão soltos e os prisioneiros, libertos. 2Ele me enviou para dizer
aos que choram que é chegado o tempo do favor do SENHOR e o
dia da ira de Deus contra seus inimigos. 3A todos que choram em
Sião ele dará uma bela coroa em vez de cinzas, uma alegre bênção
em vez de lamento, louvores festivos em vez de desespero. Em sua
justiça, serão como grandes carvalhos que o SENHOR plantou para
sua glória. 4Reconstruirão as antigas ruínas, restaurarão os luga-
res desde muito destruídos e renovarão as cidades devastadas há
gerações e gerações. 5Estrangeiros serão seus servos; alimentarão
seus rebanhos, lavrarão seus campos e cuidarão de suas videiras.
6Vocês serão chamados de sacerdotes do SENHOR, ministros de nos-
so Deus. Das riquezas das nações se alimentarão e se orgulharão
de possuírem os tesouros delas. 7Em lugar de vergonha e desonra,

Is 61.2

desfrutarão uma porção dupla de honra. Terão prosperidade em
dobro em sua terra e alegria sem fim. 8"Pois eu, o SENHOR, amo
a justiça e odeio o roubo e a maldade. Recompensarei meu povo
fielmente e farei com ele aliança permanente. 9Seus descendentes
serão reconhecidos e honrados entre as nações. Todos saberão que
eles são um povo abençoado pelo SENHOR." 10É imensa a minha
alegria no SENHOR, meu Deus! Pois ele me vestiu com roupas de
salvação e pôs sobre mim um manto de justiça. Sou como o noivo
com suas vestes de casamento, como a noiva com suas joias. 11O
SENHOR Soberano mostrará sua justiça às nações do mundo; todos
o louvarão! Será como um jardim no começo da primavera, quando
as plantas brotam por toda parte.

CAPÍTULO 62

Oração de Isaías por Jerusalém

1Por causa de Sião, não permanecerei quieto. Por causa de
Jerusalém, não ficarei calado, até sua justiça brilhar como o ama-
nhecer e sua salvação resplandecer como uma tocha acesa. 2As
nações verão sua justiça, reis de todo o mundo contemplarão
sua glória. E você receberá um novo nome, da boca do SENHOR.
3Será uma esplêndida coroa na mão do SENHOR, erguida na mão
de Deus para que todos a vejam. 4Nunca mais será chamada de
"Cidade Abandonada" nem de "Terra Desolada". Seu novo nome
será "Cidade do Prazer de Deus" e "Esposa de Deus", pois o SENHOR
tem prazer em você e a tomará como esposa. 5Seus filhos se com-
prometerão com você, como o jovem se compromete com sua
noiva. Então Deus se alegrará por você, como o noivo se alegra
por sua noiva. 6Ó Jerusalém, coloquei vigias sobre seus muros;
eles vigiarão continuamente, dia e noite. Não descansem, vocês
que oram ao SENHOR! 7Não deem descanso ao SENHOR até que ele
complete sua obra, até que ele torne Jerusalém motivo de orgu-
lho de toda a terra. 8O SENHOR jurou a Jerusalém por sua própria
força: "Nunca mais a entregarei a seus inimigos; nunca mais virão
guerreiros de outras nações para levar seu cereal e seu vinho novo.
9Vocês que colherem o cereal o comerão e louvarão o SENHOR. Nos
pátios do templo beberão o vinho que prensaram". 10Saiam pelos
portões! Saiam pelos portões! Preparem o caminho para meu
povo retornar! Aplanem, aplanem a estrada e removam as pedras,

levantem uma bandeira para que todas as nações a vejam! 11O
SENHOR enviou esta mensagem até os confins da terra: "Digam ao
povo de Sião: Vejam, seu Salvador se aproxima! Olhem, ele traz
consigo sua recompensa!". 12Eles serão chamados de "Povo Santo"
e "Povo que o SENHOR Resgatou". E Jerusalém será conhecida como
"Lugar Desejável" e "Cidade Não Abandonada".

CAPÍTULO 63

Julgamento dos inimigos do Senhor

1Quem é este que vem de Edom, da cidade de Bozra, com as roupas
manchadas de vermelho? Quem é este vestido de trajes reais, que
marcha em sua grande força? "Sou eu, o SENHOR, anunciando sua
justiça! Sou eu, o SENHOR, poderoso para salvar!" 2Por que suas
roupas estão vermelhas, como se você tivesse pisado uvas? 3"Pisei
uvas sozinho no tanque de prensar; não havia ninguém para me
ajudar. Em minha ira, esmaguei meus inimigos como se fossem
uvas. Em minha fúria, pisoteei meus adversários; seu sangue
manchou minhas roupas. 4Chegou a hora de vingar meu povo, de
resgatá-los de seus opressores. 5Admirei-me porque ninguém se
apresentou para ajudar os oprimidos. Então eu mesmo intervim
para salvá-los com meu braço forte, e minha fúria me susteve. 6Em
minha ira, esmaguei as nações; eu as fiz cambalear e cair e derra-
mei seu sangue na terra."

Louvor pelo livramento

7Falarei do amor do SENHOR, louvarei o SENHOR por tudo que tem
feito. Eu me alegrarei em sua grande bondade por Israel, que ele
concedeu conforme sua misericórdia e seu imenso amor. 8Ele disse:
"São meu próprio povo; certamente não me trairão outra vez"; por
isso ele se tornou seu Salvador. 9Em todo o sofrimento deles, ele
também sofreu e ele mesmo os salvou. Em seu amor e misericórdia,
ele os resgatou; levantou-os e nos braços os carregou ao longo dos
anos. 10Mas eles se rebelaram e entristeceram seu Espírito Santo.
Por isso ele se tornou seu inimigo e lutou contra eles. 11Então eles
se lembraram dos dias passados, quando Moisés tirou o povo do
Egito. Clamaram: "Onde está aquele que conduziu Israel através do
mar, com Moisés como pastor? Onde está aquele que enviou seu
Espírito Santo para estar no meio de seu povo? 12Onde está aquele

Is 63.7

que manifestou seu poder quando Moisés levantou a mão, que
dividiu o mar diante deles e assim tornou seu nome conhecido para
sempre? 13Onde está aquele que os conduziu pelo fundo do mar?
Eram como magníficos cavalos selvagens, correndo pelo deserto
sem tropeçar. 14Como o gado que desce para um vale tranquilo, o
Espírito do SENHOR lhes deu descanso. Sim, tu conduziste teu povo
e tornaste teu nome glorioso".

Súplica por misericórdia e perdão

15Ó SENHOR, olha dos céus! Olha para nós de tua santa e gloriosa
habitação! Onde estão o zelo e o poder que costumavas mos-
trar em nosso favor? Onde estão tua misericórdia e compaixão?
16Certamente ainda és nosso Pai! Ainda que Abraão e Jacó nos
deserdassem, continuarias, SENHOR, a ser nosso Pai; és nosso
Redentor desde as eras passadas. 17Por que permitiste, SENHOR,
que nos desviássemos de teus caminhos? Por que nos endureceste
o coração, para que deixássemos de te temer? Volta, pois somos
teus servos, as tribos que são tua propriedade. 18Por pouco tempo
teu povo santo possuiu teu lugar santo; agora nossos inimigos o
destruíram. 19Parece que nunca pertencemos a ti; é como se nunca
tivéssemos sido teu povo.

CAPÍTULO 64

1Quem dera abrisses os céus e descesses! Os montes tremeriam
em tua presença! 2Assim como o fogo faz a lenha queimar e a água
ferver, tua vinda faria as nações estremecerem; então seus inimigos
entenderiam a razão de tua fama! 3Quando desceste muito tem-
po atrás, realizaste coisas maravilhosas que não esperávamos; ah,
como os montes tremeram diante de ti! 4Porque desde o começo
do mundo, nenhum ouvido ouviu e nenhum olho viu um Deus
semelhante a ti, que trabalha em favor dos que nele esperam.
5Recebes de braços abertos os que praticam a justiça com alegria,
os que seguem teus caminhos. Mas ficaste muito irado conosco,
pois pecamos constantemente; como seremos salvos? 6Estamos
todos impuros por causa de nosso pecado; quando mostramos
nossos atos de justiça, não passam de trapos imundos. Como as
folhas das árvores, murchamos e caímos, e nossos pecados nos
levam embora como o vento. 7Ainda assim, ninguém invoca teu

nome nem suplica por tua misericórdia. Por isso te afastaste de
nós e nos entregaste a nossos pecados. 8Apesar de tudo, ó SENHOR,
és nosso Pai. Nós somos o barro, e tu és o oleiro; somos todos
formados por tua mão. 9Não te ires tanto conosco, SENHOR, não te
lembres para sempre de nossos pecados. Pedimos que olhes para
nós e vejas que somos teu povo. 10Tuas cidades santas estão des-
truídas; Sião é um deserto, sim, Jerusalém é uma ruína desolada.
11O santo e belo templo, onde nossos antepassados te louvavam,
foi queimado; tudo que era precioso foi destruído. 12Depois disso
tudo, SENHOR, ainda te recusarás a nos ajudar? Permanecerás calado
e continuarás a nos castigar?

CAPÍTULO 65

Julgamento e salvação finais

1O SENHOR diz: "Estava pronto para atender, mas ninguém pediu
ajuda; estava pronto para ser encontrado, mas ninguém me pro-
curou. A uma nação que não invocava meu nome, eu disse: 'Aqui
estou! Aqui estou!'. 2O dia todo abri os braços para um povo re-
belde, mas eles seguiram seus caminhos perversos e suas ideias
distorcidas. 3O dia todo me insultam abertamente, ao adorarem
ídolos em seus jardins e queimarem incenso em seus altares.
4À noite, andam no meio das sepulturas e consultam os mortos.
Comem carne de porco e fazem ensopados com outros alimentos
proibidos. 5Apesar disso, dizem uns aos outros: 'Não se aproxime,
pois vai me contaminar! Sou mais santo que você!'. Essa gente
é fedor em minhas narinas, fumaça irritante que nunca passa.
6"Vejam, meu decreto está escrito diante de mim: Não perma-
necerei calado; retribuirei conforme merecem! Sim, eu lhes darei
o que merecem, 7tanto por seus pecados como pelos pecados de
seus antepassados", diz o SENHOR. "Pois eles também queimaram
incenso nos montes e me insultaram nas colinas; eu lhes darei o
que merecem! 8"Contudo, não destruirei todos eles", diz o SENHOR.
"É possível encontrar uvas boas num cacho de uvas podres; pois
alguém dirá: 'Não jogue todas fora, algumas ainda estão boas!'.
Assim também não destruirei todo o Israel, pois ainda tenho ali
servos fiéis. 9Preservarei um remanescente do povo de Israel e de
Judá para possuir minha terra. Aqueles que eu escolhi a herdarão,
e meus servos ali habitarão. 10A planície de Sarom voltará a ficar

NO QUE ESTOU **PENSANDO** ○ | O QUE ESTOU **SENTINDO** ○ | DO QUE ESTOU **LEMBRANDO** ○

DESENHE OU ESCREVA

cheia de rebanhos para meu povo que me buscou, e o vale de Acor
servirá de pasto para o gado. 11"Mas, porque vocês abandonaram o
SENHOR e se esqueceram de seu santo monte, e porque prepararam
banquetes para honrar a deusa Sorte e oferecer vinho misturado ao
deus Destino, 12hoje eu os destinarei à espada; todos vocês se cur-
varão diante do carrasco. Pois, quando chamei, não responderam;
quando falei, não ouviram. Praticaram o mal, bem diante dos meus
olhos, e escolheram fazer o que desprezo." 13Portanto, assim diz
o SENHOR Soberano: "Meus servos comerão, mas vocês passarão
fome. Meus servos beberão, mas vocês terão sede. Meus servos se
alegrarão, mas vocês serão humilhados. 14Meus servos cantarão
de alegria, mas vocês gritarão de tristeza e desespero. 15Seu nome
será maldição entre meu povo escolhido, pois o SENHOR Soberano
os destruirá e chamará seus servos por outro nome. 16Todos que
pedem uma bênção ou fazem um juramento o farão pelo Deus
da verdade. Pois deixarei de lado minha ira e me esquecerei das
maldades cometidas no passado. 17"Vejam! Crio novos céus e nova
terra, e ninguém mais pensará nas coisas passadas. 18Alegrem-se e
exultem para sempre em minha criação! Vejam! Criarei Jerusalém
para ser um lugar de celebração; seu povo será fonte de alegria.
19Eu me alegrarei por Jerusalém e terei prazer em meu povo. Nela
não se ouvirá mais o som de pranto e clamor. 20"Nunca mais mor-
rerão bebês de poucos dias, nunca mais morrerão adultos antes de
terem uma vida plena. Ninguém mais será considerado velho aos
cem anos; somente os amaldiçoados morrerão jovens. 21Naqueles
dias, habitarão nas casas que construíram e comerão dos frutos de
suas próprias videiras. 22Invasores não habitarão em suas casas,
nem lhes tomarão suas videiras. Pois meu povo terá vida longa
como as árvores; meus escolhidos terão tempo para desfrutar
tudo que conseguiram com grande esforço. 23Não trabalharão
inutilmente, e seus filhos não serão condenados à desgraça. Pois
são um povo abençoado pelo SENHOR, e seus filhos também serão
abençoados. 24Eu os atenderei antes mesmo de clamarem a mim;
enquanto ainda estiverem falando de suas necessidades, respon-
derei a suas orações! 25O lobo e o cordeiro comerão juntos, o leão
se alimentará de palha como o boi, mas as serpentes comerão
pó. Em meu santo monte, ninguém será ferido nem destruído;
eu, o SENHOR falei!".

CAPÍTULO 66

1 Assim diz o SENHOR: "O céu é meu trono, e a terra é o suporte de meus pés. Acaso construiriam para mim um templo assim tão bom? Que lugar de descanso me poderiam fazer? 2 Minhas mãos criaram os céus e a terra; eles e tudo que neles há são meus. Eu, o SENHOR, falei! "Abençoarei os de coração humilde e oprimido, os que tremem diante de minha palavra. 3 Quanto aos que escolhem seguir os próprios caminhos, que têm prazer em seus pecados detestáveis, não aceitarei suas ofertas. Quando oferecem um boi, é tão inaceitável quanto um sacrifício humano. Quando sacrificam um cordeiro, é como se tivessem oferecido um cão. Quando trazem uma oferta de cereal, é como uma oferta de sangue de porco. Quando queimam incenso, é como se tivessem abençoado um ídolo. 4 Enviarei sobre eles grande aflição, tudo que mais temem. Pois, quando chamei, não responderam; quando falei, não ouviram. Praticaram o mal, bem diante dos meus olhos, e escolheram fazer o que desprezo". 5 Ouçam esta mensagem do SENHOR, todos vocês que tremem diante de suas palavras: "Seu próprio povo os odeia e os expulsa porque são leais ao meu nome. Zombam: 'Que o SENHOR seja glorificado! Alegrem-se nele!', mas eles serão envergonhados. 6 Que tumulto é esse na cidade? Que barulho é esse que vem do templo? É a voz do SENHOR, vingando-se de seus inimigos. 7 "Antes mesmo que comecem as dores de parto, Jerusalém dá à luz um filho. 8 Quem ouviu falar de algo tão estranho? Quem viu uma coisa dessas? Acaso algum país nasceu em um só dia? Alguma nação veio a existir num instante? Mas, quando começarem as dores de parto de Sião, seus filhos já terão nascido. 9 Acaso eu levaria esta nação à hora do parto e não a faria nascer?", diz o SENHOR. "Não! Jamais a impediria de nascer", diz o seu Deus. 10 "Alegrem-se com Jerusalém! Exultem por ela, todos que a amam e todos que por ela choraram! 11 Bebam de sua glória até se fartarem, como a criancinha mama e é confortada no seio da mãe." 12 Assim diz o SENHOR: "Darei a Jerusalém um rio de paz e prosperidade; as riquezas das nações fluirão para ela. Seus filhos serão amamentados em seus seios, levados em seus braços e acalentados em seus joelhos. 13 Eu os consolarei em Jerusalém, como a mãe consola seu filho". 14 Quando virem essas coisas, seu coração se alegrará; vocês florescerão como uma planta viçosa! Todos verão a mão do SENHOR abençoar seus servos e sua ira pesar contra seus inimigos. 15 Vejam, o SENHOR vem com fogo, e seus carros de guerra são velozes como um vendaval. Trará castigo com a fúria de sua ira e com o fogo ardente de sua repreensão. 16 O SENHOR julgará o mundo com fogo e sua espada, e muitos serão mortos por ele. 17 "Os que se consagram e se purificam num jardim sagrado com um ídolo no centro, que comem carne de porco e de rato e outras carnes detestáveis, terão um fim terrível", diz o SENHOR. 18 "Eu vejo o que fazem e sei o que pensam. Por isso, reunirei todas as nações e todos os povos, e eles verão minha glória. 19 Realizarei um sinal no meio deles. Enviarei os sobreviventes como mensageiros às nações: a Társis, aos líbios, aos lídios (flecheiros famosos), a Tubal e à Grécia e a todas as terras além do mar que não ouviram falar de minha fama nem viram minha glória. Ali, anunciarão minha glória às nações. 20 Trarão de volta das nações os remanescentes do povo e os levarão ao meu santo monte em Jerusalém, como se fossem ofertas de cereais levadas ao templo do SENHOR. Virão em cavalos, em carruagens e em carroças, em mulas e em camelos", diz o SENHOR. 21 "E eu nomearei alguns deles para serem meus sacerdotes e levitas. Eu, o SENHOR, falei! 22 "Tão certo como meus novos céus e minha nova terra permanecerão, vocês sempre serão meu povo, com um nome que jamais desaparecerá", diz o SENHOR. 23 "Toda a humanidade virá me adorar uma semana após a outra, um mês após o outro. 24 Quando saírem, verão os cadáveres dos que se rebelaram contra mim. Pois os vermes que os devoram nunca morrerão, e o fogo que os queima nunca se apagará. Todos que passarem por ali os verão com o mais absoluto horror."

NO QUE ESTOU **PENSANDO** ○ | O QUE ESTOU **SENTINDO** ○ | DO QUE ESTOU **LEMBRANDO** ○

DESENHE OU ESCREVA

JEREMIAS

CAPÍTULO 1

1 Estas são as palavras de Jeremias, filho de Hilquias, um dos sacer-
dotes da cidade de Anatote, na terra de Benjamim. 2 O SENHOR lhe
deu esta mensagem no décimo terceiro ano do reinado de Josias,
filho de Amom, rei de Judá. 3 Também lhe deu outras mensagens
durante todo o reinado de Jeoaquim, filho de Josias, rei de Judá,
até o décimo primeiro ano do reinado de Zedequias, outro filho
de Josias. Em agosto daquele ano, o povo de Jerusalém foi levado
para o exílio.

O chamado de Jeremias e suas primeiras visões

4 O SENHOR me deu esta mensagem: 5 "Eu o conheci antes de for-
má-lo no ventre de sua mãe; antes de você nascer, eu o separei
e o nomeei para ser meu profeta às nações". 6 Então eu disse: "Ó
Soberano SENHOR, não sou capaz de falar em teu nome! Sou jovem
demais para isso!". 7 O SENHOR respondeu: "Não diga: 'Sou jovem
demais', pois você irá aonde eu o enviar e dirá o que eu lhe ordenar.
8 E não tenha medo do povo, pois estarei com você e o protegerei.
Eu, o SENHOR, falei!". 9 Então o SENHOR estendeu a mão, tocou minha
boca e disse: "Veja, coloquei minhas palavras em sua boca! 10 Hoje
lhe dou autoridade para enfrentar nações e reinos, para arrancar e
derrubar, para destruir e arrasar, para edificar e plantar". 11 Então o
SENHOR me disse: "O que você vê, Jeremias?". Eu respondi: "Vejo o
ramo de uma amendoeira". 12 "Você viu bem", disse o SENHOR. "Isso
significa que estou vigiando e certamente realizarei todos os meus

Jr 1.7-8

planos." 13 Então o SENHOR falou comigo outra vez e perguntou: "O
que vê agora?". Respondi: "Vejo uma panela fervendo, derraman-
do-se do norte para cá". 14 O SENHOR disse: "Terror vindo do norte
ferverá e se derramará sobre o povo desta terra. 15 Ouça! Estou con-
vocando todos os exércitos dos reinos do norte. Eu, o SENHOR, falei!
"Eles colocarão seus tronos junto aos portões de Jerusalém. Atacarão
seus muros e todas as outras cidades de Judá. 16 Pronunciarei jul-
gamento contra meu povo por toda a sua maldade, por terem me
abandonado e queimado incenso para outros deuses; adoram ído-
los que fizeram com as próprias mãos! 17 "Levante-se e prepare-se
para agir; diga-lhes tudo que eu ordenar. Não tenha medo deles,
senão o farei parecer medroso diante deles. 18 Pois hoje eu o fortaleci
como uma cidade fortificada, como uma coluna de ferro ou um
muro de bronze. Você enfrentará toda esta terra: os reis, os oficiais,
os sacerdotes e o povo de Judá. 19 Eles lutarão contra você, mas não
vencerão, pois estou com você e o protegerei. Eu, o SENHOR, falei!".

CAPÍTULO 2

O SENHOR acusa seu povo

1 O SENHOR me deu outra mensagem: 2 "Vá e proclame esta men-
sagem para Jerusalém. Assim diz o SENHOR: "Lembro-me de como
você desejava me agradar, quando era uma jovem noiva, muito
tempo atrás. Você me amava e me seguia até mesmo no deserto.
3 Naqueles dias, Israel era santo para o SENHOR, era como os pri-
meiros frutos de sua colheita. Todos que faziam mal a seu povo
eram declarados culpados, e sobre eles vinha calamidade. Eu, o
SENHOR, falei!". 4 Ouçam a palavra do SENHOR, descendentes de Jacó
e todas as famílias de Israel! 5 Assim diz o SENHOR: "Que defeito seus
antepassados encontraram em mim, para que se afastassem tanto?
Foram atrás de ídolos inúteis, e eles próprios se tornaram inúteis.
6 Não perguntaram: 'Onde está o SENHOR, que nos tirou do Egito em
segurança e nos conduziu pelo deserto, uma terra árida e cheia de
covas, terra de seca e densa escuridão, onde ninguém vive e pela
qual ninguém passa?'. 7 "E, quando eu os trouxe para uma terra
fértil, para desfrutar sua fartura e as coisas boas que ela produzia,
vocês contaminaram minha terra e corromperam a herança que
eu lhes tinha dado. 8 Os sacerdotes não perguntaram: 'Onde está
o SENHOR?'. Os que ensinavam minha lei não me deram atenção, os

governantes se voltaram contra mim, os profetas falaram em nome
de Baal e foram atrás de ídolos inúteis. **9**Portanto, apresentarei mi-
nha acusação contra vocês", diz o SENHOR. "Também apresentarei
acusações contra seus descendentes. **10**"Vão para a terra de Chipre,
no oeste, e vejam; vão para a terra de Quedar, no leste, e prestem
atenção. Alguém já ouviu falar de algo parecido? **11**Alguma vez uma
nação trocou seus deuses por outros, mesmo que não sejam deuses
de verdade? Meu povo, no entanto, trocou seu Deus glorioso por
ídolos inúteis! **12**Os céus se espantam diante disso, ficam horrori-
zados e abalados", diz o SENHOR. **13**"Pois meu povo cometeu duas
maldades: Abandonaram a mim, a fonte de água viva, e cavaram
para si cisternas rachadas, que não podem reter água."

Os resultados do pecado de Israel

14"Por que Israel se tornou escravo? Por que foi levado como des-
pojo? **15**Leões rugiram contra ele, e a terra foi destruída. As cidades
estão arruinadas, e ninguém mais vive nelas. **16**Egípcios vindos de
Mênfis e de Tafnes destruíram o orgulho de Israel. **17**E você mesmo é
responsável por isso, pois abandonou o SENHOR, seu Deus, embora
ele o guiasse pelo caminho! **18**"Que lucro você teve com seus trata-
dos com o Egito e seus acordos com a Assíria? De que lhe adiantam
as águas do Nilo ou as águas do Eufrates? **19**Sua maldade trará seu
próprio castigo; será envergonhado por ter se afastado de mim e
verá como é mau e amargo abandonar o SENHOR, seu Deus, e não
o temer. Eu, o Soberano SENHOR dos Exércitos, falei! **20**"Há muito
tempo, quebrei o jugo que o oprimia e despedacei as correntes de
sua escravidão. Ainda assim, você disse: 'Jamais o servirei'. No alto
dos montes e debaixo de toda árvore verdejante, você se prostituiu
ao se curvar para ídolos. **21**Contudo, eu o plantei, como videira de
origem pura, da melhor qualidade; como você se transformou em
videira silvestre e degenerada? **22**Por mais sabão ou soda que use,
não consegue se limpar; ainda vejo a mancha de sua culpa. Eu, o
SENHOR Soberano, falei!"

Israel, esposa infiel

23"Você diz: 'Não tenho mancha nenhuma! Não adorei as imagens
de Baal!'. Mas como pode dizer isso? Vá a qualquer vale da terra
e veja como agiu! Reconheça o que fez! Você é como a fêmea do

NO QUE ESTOU **PENSANDO** ○ O QUE ESTOU **SENTINDO** ○ DO QUE ESTOU **LEMBRANDO** ○

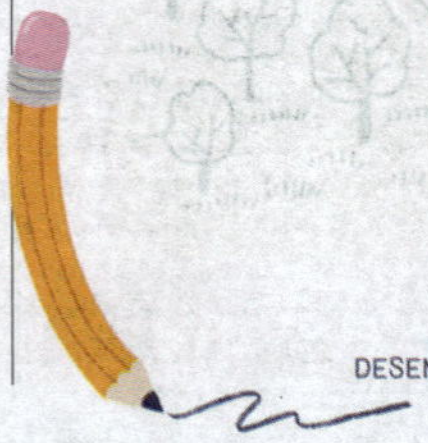

DESENHE OU ESCREVA

camelo, inquieta e desesperada para encontrar um macho. **24**É
como a jumenta selvagem, que fareja o vento na época do acasa-
lamento. Quem é capaz de conter seu desejo? Os que a desejam
não precisam procurá-la, pois você vai correndo até eles! **25**Quando
parará de correr? Quando deixará de ofegar por outros deuses?
Mas você diz: 'Não adianta falar comigo; estou apaixonada pelos
deuses estrangeiros e irei atrás deles'. **26**"A nação de Israel é como
ladrão que só fica envergonhado quando é pego em flagrante.
O povo, seus reis, oficiais, sacerdotes e profetas são todos iguais.
27Dizem a um pedaço de madeira: 'Você é meu pai', e a um bloco
de pedra: 'Você é minha mãe'. Dão as costas para mim, mas, em
tempos de aflição, clamam: 'Vem nos salvar!'. **28**Por que não cla-
mam aos deuses que vocês mesmos fizeram? Que eles os salvem
quando vier a aflição! Pois seus deuses são tão numerosos quanto
as cidades de Judá. **29**Por que me acusam de fazer o mal? Foram
vocês que se rebelaram", diz o SENHOR. **30**"Eu castiguei seus filhos,
mas eles não aceitaram minha disciplina. Vocês mesmos mataram
seus profetas, como um leão mata sua presa. **31**"Ó meu povo, ouça
as palavras do SENHOR! Acaso tenho sido como um deserto para
Israel? Tenho sido como uma terra de profunda escuridão? Por
que, então, meu povo diz: 'Finalmente nos livramos de Deus! Não
precisamos mais dele!'? **32**Acaso uma jovem se esquece de suas
joias ou a noiva esconde seu vestido? Contudo, por anos a fio, meu
povo se esqueceu de mim. **33**"Você trama a melhor forma de con-
quistar seus amantes; até uma prostituta poderia aprender com
você! **34**Suas roupas estão manchadas com o sangue dos inocentes
e dos pobres, embora você não os tenha pego arrombando sua casa.
35Ainda assim, você diz: 'Não fiz nada de errado; certamente Deus
não está irado comigo'. Agora, porém, eu a julgarei severamente,
pois você afirma que não pecou. **36**Primeiro aqui, depois ali, vai de
um aliado a outro pedindo ajuda. Mas seus novos amigos no Egito
a decepcionarão, como fez a Assíria. **37**Em desespero, será levada
para o exílio com as mãos sobre a cabeça, pois o SENHOR rejeitou as
nações em que você confia; elas em nada a ajudarão."

CAPÍTULO 3

1"Se um homem se divorciar da esposa e ela se casar com outro
homem, ele não a receberá de volta, pois isso contaminaria a terra.

Você, porém, se prostituiu com muitos amantes e, no entanto, quer
voltar para mim?", diz o SENHOR. 2"Olhe para o alto dos montes:
existe um só lugar em que você não tenha se contaminado pelo
adultério com outros deuses? Senta-se à beira do caminho, como
uma prostituta à espera de um cliente, sozinha, como um nômade
no deserto. Contaminou a terra com sua prostituição e sua perver-
sidade. 3Por isso não vieram as chuvas de primavera, pois você é
uma prostituta descarada, que não tem vergonha alguma. 4Ainda
assim, você me diz: 'Pai, tens me conduzido desde minha juven-
tude. 5Certamente não ficarás irado para sempre! Certamente te
esquecerás do que aconteceu!'. Você fala desse modo, mas continua
a praticar todo o mal possível."

Judá segue o exemplo de Israel

6Durante o reinado de Josias, o SENHOR me disse: "Viu o que fez a
infiel nação de Israel? Como esposa que comete adultério, Israel
adorou outros deuses no alto dos montes e debaixo de toda árvore
verdejante. 7Pensei: 'Depois de fazer tudo isso, ela voltará para
mim', mas não voltou, e Judá, sua irmã traiçoeira, viu isso. 8Ela viu
que me divorciei da infiel Israel por causa de seu adultério. Mas
Judá, irmã traiçoeira, não teve temor algum; também me deixou
e se entregou à prostituição. 9Israel não se preocupou nem um
pouco em cometer adultério ao adorar ídolos feitos de madeira e
pedra. Agora, a terra está contaminada. 10Apesar de tudo isso, Judá,
sua irmã traiçoeira, não voltou para mim com sinceridade. Apenas
fingiu estar arrependida. Eu, o SENHOR, falei!".

Esperança para a rebelde Israel

11Então o SENHOR me disse: "Até mesmo a infiel Israel é menos
culpada que a traiçoeira Judá! 12Portanto, vá e proclame esta men-
sagem a Israel. Assim diz o SENHOR: 'Ó Israel, meu povo infiel,
volte para mim, pois sou misericordioso; não ficarei irado com você
para sempre. 13Reconheça sua culpa; admita que se rebelou con-
tra o SENHOR, seu Deus, e cometeu adultério contra ele ao adorar
ídolos debaixo de toda árvore verdejante. Confesse que não quis
ouvir minha voz. Eu, o SENHOR falei!'. 14O SENHOR diz: "Voltem

para casa, filhos rebeldes, pois eu sou seu mestre. Eu os trarei de
volta a Sião – um desta cidade, dois daquela família – de onde
quer que estejam dispersos. 15Eu lhes darei líderes segundo meu
coração, que os guiarão com conhecimento e entendimento. 16"E,
quando sua terra voltar a ficar cheia de gente", diz o SENHOR, "vo-
cês não terão mais saudades da época em que tinham a arca da
aliança do SENHOR. Não sentirão falta da arca nem se lembrarão
dela, e não será necessário reconstruí-la. 17Então Jerusalém será
conhecida como 'O Trono do SENHOR'. Todas as nações irão até lá
para honrar o SENHOR. Não seguirão mais os desejos teimosos de
seu coração perverso. 18Naqueles dias, o povo de Judá e o povo de
Israel voltarão juntos do exílio no norte, para a terra que dei a seus
antepassados como herança para sempre. 19"Disse comigo: Como
eu gostaria de tratá-los como filhos! Meu maior desejo era lhes dar
esta linda terra, a herança mais excelente do mundo. Queria que
me chamassem de 'Pai' e que jamais se afastassem de mim. 20Mas
você me traiu, povo de Israel! Foi como esposa infiel que abandona
o marido. Eu, o SENHOR, falei." 21Ouvem-se vozes no alto dos mon-
tes, choro e súplicas dos israelitas, porque escolheram caminhos
tortuosos e se esqueceram do SENHOR, seu Deus. 22"Meus filhos
rebeldes", diz o SENHOR, "voltem para mim, e eu curarei a rebeldia
de seu coração." "Sim, nós voltaremos", o povo responde, "pois tu
és o SENHOR, nosso Deus. 23Nossa idolatria nas colinas e as orgias
religiosas nos montes não passam de ilusão. Somente no SENHOR,
nosso Deus, Israel encontrará salvação. 24Desde a juventude obser-
vamos nossos antepassados desperdiçarem com algo vergonhoso
tudo que trabalharam para ter: rebanhos e gado, filhos e filhas.
25Que a vergonha nos sirva de cama, e a desonra, de cobertor, pois
nós e nossos antepassados pecamos contra o SENHOR, nosso Deus.
Desde a juventude até hoje, nunca lhe obedecemos."

CAPÍTULO 4

1"Ó Israel", diz o SENHOR, "se quisesse, poderia voltar para mim.
Poderia jogar fora seus ídolos detestáveis e nunca mais se desviar.
2Quando jurasse por meu nome e dissesse: 'Tão certo como vive o
SENHOR', poderia fazê-lo em verdade, justiça e retidão. Então você
seria uma bênção para as nações do mundo, e todos os povos viriam
e louvariam meu nome."

Julgamento futuro contra Judá

3Assim diz o SENHOR ao povo de Judá e de Jerusalém: "Passem
o arado na terra endurecida! Não desperdicem sementes entre os
espinhos! 4Ó povo de Judá e habitantes de Jerusalém, removam os
obstáculos de seu coração e mudem sua atitude perante o SENHOR.
Do contrário, por causa de seus pecados, minha ira arderá como fogo
que ninguém pode apagar. 5"Anunciem em Judá e proclamem em
Jerusalém! Mandem tocar a trombeta em toda a terra e avisem:
'Reúnam-se! Corram para as cidades fortificadas!'. 6Levantem a ban-
deira para advertir Sião: 'Fujam agora mesmo! Não demorem!'. Pois,
do norte, trago sobre vocês terrível destruição!". 7Um leão saiu de seu
abrigo, um destruidor de nações. Saiu de sua toca e se encaminha
até vocês; ele devastará sua terra. Suas cidades serão arruinadas,
e ninguém viverá nelas. 8Portanto, vistam roupas de luto, chorem
e lamentem, pois a ira ardente do SENHOR ainda está sobre nós.
9"Naquele dia", diz o SENHOR, "os reis e os oficiais estremecerão de
medo. Os sacerdotes ficarão horrorizados, e os profetas, espanta-
dos." 10Então eu disse: "Ó Soberano SENHOR, o povo foi enganado
por aquilo que disseste, pois prometeste paz a Jerusalém, mas a
espada está em nossa garganta!". 11Naquele dia, o SENHOR dirá
ao povo de Jerusalém: "Meu povo querido, do deserto sopra um
vento abrasador, e não uma brisa suave para separar a palha dos
cereais. 12É uma rajada violenta, que eu enviei; agora pronunciarei
sua sentença". 13Os inimigos avançam sobre nós como nuvens de
tempestade; seus carros de guerra são como vendavais, seus cavalos,
mais velozes que águias. Que terrível será! Estamos perdidos! 14Ó
Jerusalém, purifique seu coração, para que seja salva. Até quando
abrigará pensamentos malignos? 15Sua destruição foi anunciada
desde Dã até a região montanhosa de Efraim. 16"Avisem as nações
ao redor e anunciem a Jerusalém: Os inimigos vêm de uma terra
distante e dão gritos de guerra contra as cidades de Judá. 17Cercam
Jerusalém como guardas ao redor de um campo, pois meu povo se
rebelou contra mim", diz o SENHOR. 18"Suas próprias ações trouxeram
isso sobre vocês; é um castigo amargo, que atinge o seu coração!"

Jeremias chora por seu povo

19Meu coração, meu coração! Estou me contorcendo de dor! Meu
coração bate forte dentro de mim; não consigo me aquietar! Pois

NO QUE ESTOU **PENSANDO** | O QUE ESTOU **SENTINDO** | DO QUE ESTOU **LEMBRANDO**

DESENHE OU ESCREVA

ouvi o som das trombetas dos inimigos e o rugido de seus gritos
de guerra. 20Ondas de destruição cobrem a terra, até deixá-la in-
teiramente desolada. De repente, minhas tendas foram destruídas;
meus abrigos foram derrubados num instante. 21Até quando terei
de ver as bandeiras e ouvir o som das trombetas? 22"Meu povo é
tolo e não me conhece", diz o SENHOR. "São crianças sem juízo, que
não entendem coisa alguma. São astutos para fazer o mal, mas não
têm ideia de como fazer o bem."

Jeremias vê a calamidade que se aproxima

23Olhei para a terra, e ela estava sem forma e vazia; olhei para os
céus, e não havia luz alguma. 24Olhei para os montes e para as
colinas, e eles estremeciam e balançavam. 25Olhei, e todo o povo
tinha desaparecido; as aves do céu voaram para longe. 26Olhei, e
os campos férteis haviam se transformado em deserto; as cidades
estavam em ruínas, por causa da ira ardente do SENHOR. 27Assim
diz o SENHOR: "Toda a terra será devastada, mas não a destruirei por
completo. 28A terra lamentará e os céus escurecerão, por causa de
meu decreto contra meu povo; estou decidido e não voltarei atrás".
29Ao som de cavaleiros e arqueiros, os habitantes da cidade fogem.
Escondem-se entre os arbustos e correm para os montes. Todas as
cidades foram abandonadas; não resta uma pessoa sequer! 30O
que você está fazendo, cidade devastada? Por que se veste com
belas roupas e põe joias de ouro? Por que pinta os olhos? De nada
adiantará enfeitar-se toda! Seus aliados, que eram seus amantes,
a desprezam e tentam matá-la. 31Ouço gritos, como os da mulher
em trabalho de parto, gemidos de quem dá à luz o primeiro filho.
É a bela Sião, que grita ofegante: "Socorro, estão me matando!".

CAPÍTULO 5

Os pecados de Judá

1"Corram por todas as ruas de Jerusalém", diz o SENHOR. "Procurem
por toda parte, busquem em cada lugar! Se encontrarem ao menos
uma pessoa justa e honesta, não destruirei a cidade. 2Contudo,
mesmo quando estão sob juramento e declaram: 'Tão certo como
vive o SENHOR', continuam a mentir!" 3SENHOR, tu procuras ho-
nestidade; feriste teu povo, mas eles não se importaram. Tu os
esmagaste, mas eles se recusaram a ser corrigidos. São teimosos,

duros como pedra; não querem se arrepender. 4 Então eu pensei:
"O que se pode esperar dos pobres? Eles nada sabem. Não co-
nhecem os caminhos do SENHOR, não entendem o que a justiça
de Deus exige. 5 Portanto, irei a seus líderes e falarei com eles;
por certo conhecem os caminhos do SENHOR e entendem o que a
justiça de Deus exige. Mas os líderes também, de comum acordo,
livraram-se do jugo de Deus e quebraram suas correntes. 6 Agora,
um leão do bosque os atacará; um lobo do deserto os destruirá.
Um leopardo ficará à espreita nos arredores de suas cidades e
despedaçará qualquer um que se arriscar a sair. Pois sua rebeldia
é grande, e muitos são seus pecados. 7 "Como posso perdoá-los?
Até mesmo seus filhos se afastaram de mim; juram por deuses
que, na verdade, não são deuses! Eu os alimentei até que estives-
sem satisfeitos, e, no entanto, cometeram adultério e se reuniram
para ir a prostíbulos! 8 São garanhões bem alimentados e cheios
de desejo, cada um relinchando para a esposa de seu próximo.
9 Acaso não devo castigá-los por isso?", diz o SENHOR. "Não devo
me vingar de uma nação como esta? 10 "Vão por entre as fileiras
dos vinhedos e destruam as videiras, mas deixem algumas vivas.
Cortem os ramos das videiras, pois essa gente não pertence ao
SENHOR. 11 O povo de Israel e o povo de Judá têm me traído", diz o
SENHOR. 12 "Mentiram a respeito do SENHOR e disseram: 'Ele não vai
nos incomodar! Nenhuma calamidade virá sobre nós; não haverá
guerra nem fome. 13 Os profetas que ele envia são uns tagarelas
que não falam em nome dele. Que suas previsões de calamidade
caiam sobre eles mesmos!'." 14 Portanto, assim me diz o SENHOR, o
Deus dos Exércitos: "Porque meu povo fala desse modo, minhas
mensagens sairão de sua boca como chamas de fogo e queima-
rão o povo como lenha. 15 Ó Israel, trarei uma nação distante para
atacá-lo", diz o SENHOR. "É uma nação poderosa, nação antiga, cuja
língua você não conhece, cuja fala você não entende. 16 Suas ar-
mas são mortais, seus guerreiros são valentes. 17 Devorarão suas
colheitas e seu alimento, seus filhos e suas filhas. Devorarão seus
rebanhos e seu gado, suas uvas e seus figos. Destruirão suas ci-
dades fortificadas, que vocês consideram tão seguras. 18 "Mesmo
naqueles dias, porém, eu não os destruirei completamente", diz
o SENHOR. 19 "E, quando o povo lhe perguntar: 'Por que o SENHOR,
nosso Deus, fez tudo isso conosco?', responda: 'Vocês o rejeitaram

e se entregaram a deuses estrangeiros em sua própria terra. Agora,
servirão estrangeiros numa terra que não é de vocês'."

Advertência para o povo de Deus

20 "Anuncie a Israel, diga a Judá: 21 Ouça, povo tolo e insensato,
que tem olhos, mas não vê, que tem ouvidos, mas não ouve.
22 Acaso não me temem? Por que não tremem diante de mim?
Eu, o SENHOR, pus a areia como limite do mar, limite permanente
que as águas não podem atravessar. Ainda que as ondas se le-
vantem e se agitem, não ultrapassam os limites que estabeleci.
23 Mas este povo tem coração teimoso e rebelde; afastaram-se de
mim e me abandonaram. 24 Não dizem com sinceridade: 'Vivamos
com temor do SENHOR, nosso Deus, pois ele nos dá as chuvas de
outono e de primavera e nos garante a colheita no tempo certo'.
25 Sua perversidade afastou de vocês essas bênçãos maravilhosas;
seu pecado lhes tomou todas essas coisas boas. 26 "No meio do
meu povo existem homens perversos que espreitam suas vítimas
como o caçador de tocaia. Estão sempre colocando armadilhas para
apanhar as pessoas. 27 Como uma gaiola cheia de pássaros, a casa
deles é cheia de tramas perversas. Por isso, são poderosos e ricos,
28 gordos e de aparência saudável. Suas maldades não têm limites;
não querem fazer justiça aos órfãos e negam os direitos dos pobres.
29 Acaso não devo castigá-los por isso?", diz o SENHOR. "Não devo
me vingar de uma nação como esta? 30 Algo horrível e espantoso
ocorre nesta terra: 31 os profetas fazem profecias falsas, os sacerdotes
governam com mão de ferro, e, pior ainda, meu povo fica feliz com
isso! O que farão, porém, quando o fim chegar?"

CAPÍTULO 6

Última advertência para Jerusalém

1 "Fujam, habitantes de Benjamim! Saiam de Jerusalém! Toquem
a trombeta em Tecoa! Enviem um sinal para Bete-Haquerém! Um
exército poderoso vem do norte, trazendo calamidade e destruição.
2 Ó Sião, você é minha bela e delicada filha, mas eu a destruirei!
3 Inimigos a cercarão, como pastores acampados ao redor da cidade;
cada um escolherá um lugar para suas tropas devorarem. 4 Gritam:
'Preparem-se para a batalha! Ataquem ao meio-dia!'. 'Não! É tarde
demais; o dia está quase no fim, e as sombras da noite já vêm.'

5'Então, vamos atacar à noite e destruir seus palácios!'" 6Assim diz o SENHOR dos Exércitos: "Cortem árvores e construam rampas de ataque contra os muros de Jerusalém. Essa cidade deve ser castigada, pois dentro dela só há opressão. 7Dela brota maldade, como água de uma fonte; pelas ruas se ouve o som de violência e destruição, e vejo somente doenças e feridas. 8Ouça esta advertência, Jerusalém, ou me afastarei de você. Ouça, para que eu não a transforme num monte de ruínas, numa terra onde ninguém vive". 9Assim diz o SENHOR dos Exércitos: "Até os poucos que restarem em Israel serão colhidos, como faz o lavrador que examina cada videira novamente para apanhar as uvas que deixou escapar".

A rebelião constante de Judá

10A quem darei esta advertência? Quem ouvirá quando eu falar? Seus ouvidos estão tapados e não conseguem escutar. Desprezam a palavra do SENHOR e detestam ouvi-la. 11Por isso, estou cheio da ira do SENHOR; estou cansado de contê-la dentro de mim! "Derramarei minha ira sobre as crianças nas ruas e sobre os jovens reunidos em grupo; sobre maridos e esposas e sobre pessoas de idade. 12Suas casas serão entregues a seus inimigos, e também seus campos e esposas. Pois levantarei minha mão poderosa contra o povo desta terra", diz o SENHOR. 13"Desde o mais humilde até o mais importante, sua vida é dominada pela ganância. Desde os profetas até os sacerdotes, são todos impostores. 14Oferecem curativos superficiais para a ferida mortal do meu povo. Dão garantias de paz, quando não há paz alguma. 15Acaso se envergonham de sua conduta detestável? De maneira alguma! Nem sabem o que é vergonha! Portanto, estarão entre os que caírem no massacre; ficarão arruinados quando eu os castigar", diz o SENHOR.

Judá rejeita o caminho do SENHOR

16Assim diz o SENHOR: "Parem nas encruzilhadas e olhem ao redor, perguntem qual é o caminho antigo, o bom caminho; andem por ele e encontrarão descanso para a alma. Vocês, porém, respondem: 'Não é esse o caminho que queremos seguir'. 17Coloquei sobre vocês vigias que disseram: 'Fiquem atentos ao som da trombeta'. Vocês, porém, respondem: 'Não vamos prestar atenção'. 18"Portanto, ouçam isto, todas as nações, considerem a situação do meu povo.

NO QUE ESTOU PENSANDO ○ | O QUE ESTOU SENTINDO ○ | DO QUE ESTOU LEMBRANDO ○

DESENHE OU ESCREVA

19Ouça, toda a terra: Trarei calamidade sobre meu povo. Será fruto de suas próprias intrigas, pois não querem me ouvir; rejeitaram a minha lei. 20De nada adianta me oferecerem incenso doce de Sabá; fiquem com seu cálamo perfumado, importado de terras distantes! Não aceitarei seus holocaustos; seus sacrifícios não têm aroma agradável para mim". 21Portanto, assim diz o SENHOR: "Colocarei obstáculos no caminho deste povo; pais e filhos tropeçarão neles, vizinhos e amigos morrerão".

Uma invasão vinda do norte

22Assim diz o SENHOR: "Vejam, um exército vem do norte! De terras distantes se levanta uma grande nação. 23Estão armados com arcos e lanças; são cruéis e não têm misericórdia. Quando avançam montados em cavalos, o barulho é como o rugido do mar. Vêm em formação de batalha com o intuito de destruí-la, bela Sião". 24Ouvimos relatos sobre o inimigo, e nossas mãos tremem de medo. Somos tomados de pontadas de angústia, como as dores da mulher em trabalho de parto. 25Não saiam para os campos! Não viagem pelas estradas! A espada do inimigo está por toda parte e nos aterroriza a cada passo. 26Ó meu povo, vista-se de pano de saco e sente-se sobre as cinzas. Lamente e chore amargamente, como quem perdeu o único filho, pois, de repente, o destruidor virá sobre você. 27"Jeremias, fiz de você um examinador de metais, para que determine a qualidade do meu povo. 28São rebeldes da pior espécie e vivem espalhando calúnias. São duros como o bronze e o ferro e corrompem as pessoas. 29O fole assopra o fogo com força para separar as impurezas, mas não os purifica, pois sua maldade permanece. 30São chamados de 'Prata Rejeitada', pois eu, o SENHOR, os rejeito."

CAPÍTULO 7

Jeremias fala no templo

1O SENHOR deu outra mensagem a Jeremias: 2"Vá à entrada do templo do SENHOR e proclame esta mensagem ao povo: 'Ó Judá, ouça esta mensagem do SENHOR! Escutem, todos vocês que adoram neste lugar! 3Assim diz o SENHOR dos Exércitos, o Deus de Israel: "'Se vocês abandonarem seus maus caminhos, deixarei que fiquem em sua própria terra. 4Não se deixem enganar por aqueles que lhes fazem falsas promessas e repetem: 'O templo do SENHOR está aqui!

O templo do SENHOR está aqui!'. 5Contudo, só serei misericordioso
se vocês abandonarem seus pensamentos e atos perversos e come-
çarem a tratar uns aos outros com justiça, 6se pararem de explorar os
estrangeiros, os órfãos e as viúvas, se pararem de cometer homicídio
e se deixarem de prejudicar a si mesmos ao adorar outros deuses.
7Então permitirei que fiquem nesta terra que há muito tempo dei
a seus antepassados para sempre. 8"'Não se deixem enganar por
falsas promessas e conversas inúteis. 9Acreditam mesmo que po-
dem roubar, matar, cometer adultério, mentir e queimar incenso
para Baal e para todos os seus outros novos deuses 10e depois vir
aqui, se apresentar diante de mim em meu templo e dizer: 'Estamos
seguros!', para depois voltar a praticar todas essas coisas detestá-
veis? 11Vocês mesmos não reconhecem que este templo, que leva
meu nome, se transformou em esconderijo de ladrões? Certamente
vejo todo o mal que acontece nele. Eu, o SENHOR, falei! 12"'Agora,
vão a Siló, o primeiro lugar onde coloquei a tenda que levava meu
nome. Vejam o que fiz ali por causa da perversidade do meu povo,
os israelitas. 13Enquanto vocês praticavam essas maldades, diz o
SENHOR, eu lhes falei repetidamente, mas vocês não quiseram ou-
vir. Eu os chamei, mas vocês se recusaram a responder. 14Portanto,
assim como destruí Siló, agora destruirei este templo que leva meu
nome, este templo no qual vocês confiam, este lugar que dei a vocês
e a seus antepassados. 15Expulsarei vocês de minha presença e os
enviarei para longe, como fiz com seus parentes, o povo de Israel'."

A idolatria persistente de Judá

16"Jeremias, não interceda mais por este povo. Não chore nem faça
orações por eles, e não suplique para que eu os ajude, pois não o
ouvirei. 17Não vê o que fazem nas cidades de Judá e nas ruas de
Jerusalém? 18Veja como as crianças juntam lenha e os pais acen-
dem fogo para os sacrifícios. Veja como as mulheres preparam a
massa e fazem bolos para a Rainha dos Céus. Além disso, apre-
sentam ofertas derramadas para outros deuses. Tenho razão para
estar tão irado! 19Acaso é a mim que eles prejudicam?", pergunta
o SENHOR. "Na verdade, prejudicam a si mesmos, para sua própria
vergonha." 20Portanto, assim diz o SENHOR Soberano: "Derramarei
minha ira ardente sobre este lugar. Seus habitantes, seus animais,
suas árvores e suas colheitas serão consumidos pelo fogo de minha

NO QUE ESTOU **PENSANDO** ○ | O QUE ESTOU **SENTINDO** ○ | DO QUE ESTOU **LEMBRANDO** ○

DESENHE OU ESCREVA

ira, que ninguém pode apagar". 21Assim diz o SENHOR dos Exércitos,
o Deus de Israel: "Peguem seus holocaustos e demais sacrifícios e
comam a carne vocês mesmos! 22Quando tirei seus antepassados
do Egito, não eram ofertas e holocaustos que eu queria deles. 23Esta
foi minha ordem: 'Obedeçam ao que digo, e eu serei o seu Deus, e
vocês serão o meu povo. Façam o que ordeno, e tudo lhes irá bem'.
24"Meu povo, porém, não me deu ouvidos. Continuaram a fazer o
que bem queriam e a seguir os desejos teimosos de seu coração
perverso. Andaram para trás em vez de avançar. 25Desde o dia em
que seus antepassados saíram do Egito até agora, continuo a enviar
meus servos, os profetas, dia após dia. 26Meu povo, porém, não
me deu ouvidos. Foram ainda mais teimosos e desobedientes que
seus antepassados. 27"Diga-lhes tudo isso, mas eles não escutarão.
Anuncie estas advertências, mas eles não responderão. 28Diga-lhes:
'Esta é a nação que não obedece ao SENHOR, seu Deus, e não quer
ser ensinada. A verdade já não existe no meio deles; desapareceu
de seus lábios. 29Raspem a cabeça em sinal de luto e chorem nos
montes. Pois o SENHOR rejeitou e abandonou esta geração que
provocou sua ira'."

O vale da matança

30"O povo de Judá pecou diante dos meus olhos", diz o SENHOR.
"Colocaram ídolos detestáveis no templo que leva meu nome e o
contaminaram. 31Construíram santuários idólatras em Tofete, no
vale de Ben-Hinom, e ali sacrificaram seus filhos e filhas no fogo.
Jamais ordenei tamanha maldade; nunca me passou pela mente!
32Portanto, tenham cuidado", diz o SENHOR, "pois está chegando o
dia em que não se chamará mais Tofete, nem vale de Ben-Hinom,
mas vale da Matança. Sepultarão corpos em Tofete até não haver
mais lugar. 33Os cadáveres deste povo servirão de alimento para
os abutres e os animais selvagens, e não restará ninguém para es-
pantá-los. 34Acabarei com os cânticos alegres e com o riso nas ruas
de Jerusalém, e já não se ouvirão as vozes felizes de noivos e de
noivas nas cidades de Judá. A terra ficará inteiramente desolada."

CAPÍTULO 8

1"Naquele tempo", diz o SENHOR, "os inimigos abrirão as sepultu-
ras dos reis e dos oficiais de Judá, e os túmulos dos sacerdotes,

dos profetas e dos habitantes de Jerusalém. 2 Espalharão os ossos no chão, diante do sol, da lua e das estrelas, os deuses que meu povo amou, serviu, seguiu, buscou e adorou. Seus ossos não serão recolhidos nem sepultados outra vez, mas ficarão espalhados no chão como esterco. 3 E o povo que sobreviver dessa nação perversa preferirá a morte a viver nos lugares para onde os enviarei. Eu, o SENHOR dos Exércitos, falei!"

O engano dos falsos profetas

4 "Jeremias, diga ao povo: 'Assim diz o SENHOR: "'Quando uma pessoa cai, não volta a se levantar? Quando descobre que está no caminho errado, não dá meia-volta? 5 Então por que este povo de Jerusalém continua em seu caminho e se recusa a voltar? Apegam-se firmemente a suas mentiras e não querem retornar. 6 Escuto suas conversas e não ouço uma só palavra verdadeira. Acaso alguém está arrependido de sua maldade? Alguém diz: 'Que coisa terrível eu fiz'? Não! Todos correm pelo caminho do pecado, velozes como cavalos galopando para a batalha. 7 Até a cegonha que voa pelos céus sabe a época de migrar, assim como a rolinha, a andorinha e o grou; todos voltam no tempo certo a cada ano. Meu povo, contudo, não conhece os decretos do SENHOR. 8 "'Como podem dizer: 'Somos sábios, pois temos a lei do SENHOR', se seus mestres a distorcem escrevendo mentiras? 9 Esses mestres sábios serão envergonhados e cairão na armadilha de sua insensatez, pois rejeitaram a palavra do SENHOR; afinal, será que são mesmo tão sábios? 10 Entregarei suas esposas a outros e darei seus campos a estranhos. Desde o mais humilde até o mais importante, sua vida é dominada pela ganância. Até meus profetas e sacerdotes agem desse modo; são todos impostores. 11 Oferecem curativos superficiais para a ferida mortal do meu povo. Dão garantias de paz, quando não há paz alguma. 12 Acaso se envergonham de sua conduta detestável? De maneira nenhuma! Nem sabem o que é vergonha! Portanto, estarão entre os que caírem no massacre; ficarão arruinados quando eu os castigar, diz o SENHOR. 13 Certamente os consumirei; não haverá mais colheita de figos nem de uvas. Suas árvores frutíferas morrerão, tudo que lhes dei em breve acabará. Eu, o SENHOR, falei!'. 14 "Então o povo dirá: 'Por que devemos ficar parados esperando? Venham, vamos para as cidades fortificadas e morramos ali! Pois o SENHOR,

NO QUE ESTOU PENSANDO | O QUE ESTOU SENTINDO | DO QUE ESTOU LEMBRANDO

DESENHE OU ESCREVA

nosso Deus, decretou nossa destruição e nos deu um cálice de veneno para beber, pois pecamos contra o SENHOR. 15 Esperávamos paz, mas ela não veio; esperávamos tempo de cura, mas só encontramos terror'. 16 "Desde a terra de Dã, ao norte, pode-se ouvir o bufar dos cavalos de guerra dos inimigos. O relinchar de seus garanhões faz a terra tremer; vêm para devorar a terra e tudo que nela há, tanto as cidades como seus habitantes. 17 Enviarei essas tropas inimigas entre vocês, serpentes venenosas que ninguém consegue encantar; elas os morderão, e vocês morrerão. Eu, o SENHOR, falei!"

Jeremias chora por Judá

18 Minha tristeza não tem cura; meu coração está enfermo. 19 Escutem o choro do meu povo, pode-se ouvi-lo por toda a terra: "Acaso o SENHOR abandonou Sião? Seu rei não está mais ali?". "Por que provocaram minha ira com ídolos esculpidos e seus inúteis deuses estrangeiros?", diz o SENHOR. 20 O povo se lamenta: "A colheita chegou ao fim, o verão acabou, e, no entanto, não estamos salvos!". 21 Sofro com a dor do meu povo, lamento e sou tomado de tristeza. 22 Não há remédio em Gileade? Não há médico ali? Por que não há cura para as feridas do meu povo?

CAPÍTULO 9

1 Quem dera minha cabeça fosse uma represa, e meus olhos, uma fonte de lágrimas! Choraria dia e noite por meu povo que foi massacrado. 2 Quem dera pudesse ir para bem longe, morar numa cabana no deserto e me esquecer do meu povo! Pois todos são adúlteros, um bando de traidores.

Julgamento pela desobediência

3 "Meu povo curva a língua como um arco para disparar mentiras. Não querem defender a verdade; vão de mal a pior e não me conhecem", diz o SENHOR. 4 "Cuidado com seu amigo! Não confie nem mesmo em seu irmão! Pois irmão engana irmão, e amigo calunia amigo. 5 Todos trapaceiam e mentem, ninguém diz a verdade. Com língua experiente, contam mentiras; cansam-se de tanto pecar. 6 Amontoam falsidade sobre falsidade e se recusam a me conhecer", diz o SENHOR. 7 Portanto, assim diz o SENHOR dos Exércitos: "Vejam, eu os purificarei e os provarei, como se faz com o metal; que mais

posso fazer com meu povo? 8Pois sua língua dispara mentiras como
flechas envenenadas; falam palavras amigáveis a seus vizinhos
enquanto, no coração, tramam matá-los. 9Acaso não devo castigá-
-los por isso?", diz o SENHOR. "Não devo me vingar de uma nação
como esta?" 10Chorarei pelos montes e lamentarei pelas pastagens
no deserto. Pois estão desolados e sem vida; não se ouve mais o
mugido do gado, e as aves e os animais selvagens fugiram. 11"Farei
de Jerusalém um monte de ruínas; será morada de chacais. As
cidades de Judá serão abandonadas, e ninguém viverá nelas", diz
o SENHOR. 12Quem é sábio o bastante para entender todas essas
coisas? Quem foi instruído pelo SENHOR para explicá-las? Por que
a terra foi arruinada de tal modo que ninguém tem coragem de
passar por ela? 13O SENHOR responde: "Isso aconteceu porque meu
povo abandonou a minha lei; não quiseram obedecer às minhas
instruções. 14Em vez disso, seguiram os desejos teimosos de seu
coração e adoraram imagens de Baal, como seus antepassados lhes
ensinaram. 15Agora, assim diz o SENHOR dos Exércitos, o Deus de
Israel: Ouçam! Eu os alimentarei com amargura e lhes darei vene-
no para beber. 16Eu os espalharei por todo o mundo, até lugares
de que nem eles nem seus antepassados ouviram falar. Mesmo
lá, eu os perseguirei com a espada até que os tenha destruído
por completo".

Pranto em Jerusalém

17Assim diz o SENHOR dos Exércitos: "Considerem tudo isso e cha-
mem as mulheres que pranteiam; mandem trazer aquelas que
choram em funerais. 18Venham depressa! Comecem a lamentar!
Que seus olhos se encham de lágrimas. 19Ouçam o pranto deses-
perado do povo de Sião: 'Estamos arruinados! Que humilhação!
Temos de deixar nossa terra, pois nossas casas foram destruídas!'".
20Ouçam, mulheres, as palavras do SENHOR, abram os ouvidos para
o que ele tem a dizer. Ensinem as filhas a prantear, ensinem umas
às outras a lamentar. 21Pois a morte subiu por nossas janelas e
entrou em nossas mansões. Exterminou as crianças que brinca-
vam nas ruas e os jovens que se reuniam nas praças. 22Assim diz o
SENHOR: "Corpos ficarão espalhados pelos campos como montes
de esterco, como feixes de cereal depois da colheita; não restará
ninguém para enterrá-los". 23Assim diz o SENHOR: "Que o sábio não

se orgulhe de sua sabedoria, nem o poderoso de seu poder, nem
o rico de suas riquezas. 24Aquele que deseja se orgulhar, que se
orgulhe somente disto: de me conhecer e entender que eu sou o
SENHOR, que demonstra amor leal e traz justiça e retidão à terra;
isso é o que me agrada. Eu, o SENHOR, falei! 25"Está chegando o
dia", diz o SENHOR, "em que castigarei todos, tanto circuncidados
como incircuncisos: 26os egípcios, os edomitas, os amonitas, os
moabitas, os povos que vivem no deserto, em lugares distantes, e
até mesmo o povo de Judá. Pois, como todas essas nações, o povo
de Israel também tem o coração incircunciso."

CAPÍTULO 10

A idolatria traz destruição

1Ó Israel, ouça esta palavra do SENHOR para você! 2Assim diz o
SENHOR: "Não se comportem como as outras nações, que tentam
ler seu futuro nas estrelas. Não tenham medo de suas previsões,
ainda que elas encham outras nações de terror. 3Os costumes des-
sas nações são inúteis: cortam uma árvore, e dela o artesão esculpe
um ídolo. 4Enfeitam-no com ouro e prata e fixam-no com martelo e
pregos, para que não tombe. 5Seus deuses são como espantalhos
numa plantação de pepinos. Não são capazes de falar e precisam
ser carregados, pois não conseguem andar. Não tenham medo
desses deuses, pois não podem lhes fazer nem mal, nem bem".
6SENHOR, não há ninguém semelhante a ti! Tu és grande, e teu
nome é poderoso. 7Quem não te temeria, ó Rei das nações? Esse
título pertence a ti somente! Entre todos os sábios da terra e em
todos os reinos do mundo, não há ninguém semelhante a ti. 8Os
que adoram ídolos são tolos e insensatos; adoram objetos feitos de
madeira. 9Trazem placas de prata batida de Társis e ouro de Ufaz e
entregam a artesãos habilidosos, que fazem seus ídolos. Vestem-
nos com mantos azuis e roxos, feitos por hábeis alfaiates. 10Mas o
SENHOR é o único Deus verdadeiro; ele é o Deus vivo e o Rei eterno!
A terra treme com sua ira; as nações não podem suportar sua fúria.
11Diga isto àqueles que adoram outros deuses: "Esses deuses, que
não fizeram os céus nem a terra, desaparecerão da terra e de de-
baixo dos céus". 12O SENHOR, porém, fez a terra com seu poder e a
estabeleceu com sua sabedoria. Com seu entendimento, estendeu
os céus. 13Quando fala no meio do trovão, as chuvas rugem nos

céus. Eleva as nuvens acima da terra, envia relâmpagos com a chuva
e ordena que o vento saia de seus depósitos. 14Todo ser humano
é tolo e não tem conhecimento! Os artesãos são envergonhados
pelos ídolos que fazem, pois as imagens que esculpiram são uma
fraude; não têm fôlego nem poder. 15Os ídolos são inúteis, são
mentiras ridículas; no dia do acerto de contas, serão todos destruí-
dos. 16Mas o Deus de Israel não é como esses ídolos; ele é o Criador
de todas as coisas, incluindo Israel, a nação que lhe pertence. Seu
nome é SENHOR dos Exércitos!

A destruição que se aproxima

17Reúnam seus pertences e preparem-se para partir; o cerco está
para começar. 18Pois assim diz o SENHOR: "Lançarei fora repentina-
mente todos vocês que vivem nesta terra. Derramarei sobre vocês
grandes aflições; finalmente sentirão minha ira". 19Minha ferida é
grave, e minha dor é grande. Minha doença não tem cura, mas devo
suportá-la. 20Destruíram minha casa, e não resta ninguém que me
ajude a reconstruí-la. Levaram meus filhos; nunca mais os verei.
21Os pastores do meu povo perderam a razão; não buscam mais o
SENHOR. Por isso fracassaram, e seus rebanhos estão espalhados.
22Ouçam o ruído assustador dos grandes exércitos que avançam
do norte! As cidades de Judá serão destruídas e se tornarão morada
de chacais.

A oração de Jeremias

23Eu sei, ó SENHOR, que nossa vida não nos pertence; não somos
capazes de planejar o próprio caminho. 24Por isso, SENHOR, cor-
rige-me, mas não sejas severo demais; não uses tua ira, pois se
o fizesses eu morreria. 25Derrama tua fúria sobre as nações que
não te conhecem, sobre os povos que não invocam teu nome. Pois
devoraram teu povo, Israel; sim, o devoraram e o consumiram,
transformando a terra num lugar desolado.

CAPÍTULO 11

Judá quebra a aliança

1O SENHOR deu outra mensagem a Jeremias: 2"Lembre os habi-
tantes de Judá e de Jerusalém dos termos de minha aliança com
eles. 3Diga-lhes: 'Assim diz o SENHOR, o Deus de Israel: Maldito

NO QUE ESTOU **PENSANDO** ○ | O QUE ESTOU **SENTINDO** ○ | DO QUE ESTOU **LEMBRANDO** ○

DESENHE OU ESCREVA

será aquele que não obedecer aos termos de minha aliança! 4Pois
eu disse a seus antepassados quando os tirei do Egito, uma forna-
lha de fundir ferro: 'Se vocês me obedecerem e fizerem tudo que
ordeno, serão o meu povo, e eu serei o seu Deus'. 5Disse isso para
cumprir a promessa que fiz a seus antepassados de lhes dar uma
terra que produzisse leite e mel com fartura, a terra em que hoje
vocês habitam'". Então eu respondi: "Que assim seja, SENHOR!". 6E o
SENHOR disse: "Proclame esta mensagem nas cidades de Judá e nas
ruas de Jerusalém. Diga: 'Lembrem-se da antiga aliança e de todas
as suas exigências. 7Pois adverti solenemente seus antepassados
quando os tirei do Egito: 'Obedeçam-me!'. Repeti essa advertência
inúmeras vezes até hoje, 8mas seus antepassados não me deram
ouvidos nem prestaram atenção. Pelo contrário, seguiram os de-
sejos teimosos de seu coração perverso. E, porque se recusaram a
obedecer, eu trouxe sobre eles todas as maldições descritas nesta
aliança'". 9O SENHOR falou comigo novamente e disse: "Descobri
uma conspiração contra mim entre os habitantes de Judá e de
Jerusalém. 10Voltaram aos pecados de seus antepassados. Não
quiseram me ouvir e adoraram outros deuses. Israel e Judá que-
braram a aliança que fiz com seus antepassados. 11Por isso, assim
diz o SENHOR: Trarei calamidade sobre eles, e não escaparão. Ainda
que me supliquem, não ouvirei seu clamor. 12Os habitantes de
Judá e de Jerusalém clamarão a seus ídolos e queimarão incenso
para eles, mas os ídolos não os salvarão quando vier a calamidade.
13Vejam, habitantes de Judá, seus deuses são tão numerosos quan-
to suas cidades! Seus altares vergonhosos, altares para queimar
incenso a Baal, são tão numerosos quanto as ruas de Jerusalém!
14"Portanto, Jeremias, não ore mais por este povo. Não chore por
eles, pois não os ouvirei quando clamarem a mim em sua aflição.
15"Que direito tem meu povo amado de vir ao meu templo depois
de ter cometido tanta imoralidade? Acaso seus votos e sacrifícios
poderão evitar sua destruição? A verdade é que se alegram em
praticar o mal. 16Eu, o SENHOR, os chamava de oliveira verdejante,
bonita de ver e cheia de bons frutos. Agora, porém, enviei a fúria
de seus inimigos para incendiar e destruir seus ramos. 17"Eu, o
SENHOR dos Exércitos, que plantei essa oliveira, ordenei que fosse
destruída. Pois o povo de Israel e o povo de Judá fizeram o mal e
provocaram minha ira ao queimar incenso a Baal".

Conspiração contra Jeremias

18Então o SENHOR me falou das conspirações que meus inimigos tra-
mavam contra mim. 19Eu era como cordeiro levado para o matadou-
ro. Não fazia ideia de que planejavam me matar. "Vamos destruir
esse homem e suas palavras!", diziam. "Vamos derrubá-lo para que
seu nome seja esquecido para sempre!" 20Ó SENHOR dos Exércitos,
tu julgas com justiça e examinas pensamentos e emoções. Permite
que eu veja tua vingança contra eles, pois coloquei minha causa em
tuas mãos. 21Assim diz o SENHOR a respeito dos homens de Anatote
que queriam me ver morto. Eles tinham dito: "Nós o mataremos
se não parar de profetizar em nome do SENHOR". 22Portanto, assim
diz o SENHOR dos Exércitos a respeito deles: "Eu os castigarei! Seus
jovens morrerão na batalha, e seus filhos e filhas morrerão de fome.
23Nenhum dos conspiradores de Anatote sobreviverá, pois eu trarei
calamidade sobre eles quando chegar a hora de seu castigo".

CAPÍTULO 12

Jeremias questiona a justiça do SENHOR

1SENHOR, tu sempre me fazes justiça quando apresento uma causa
diante de ti. Portanto, desejo te fazer esta queixa: Por que os per-
versos são tão prósperos? Por que os desonestos vivem em paz?
2Tu os plantaste, e eles criaram raízes e deram frutos. Teu nome está
em seus lábios, mas tu estás longe de seu coração. 3Quanto a mim,
SENHOR, tu me conheces; tu me vês e provas meus pensamentos.
Arrasta essa gente como ovelhas para o matadouro; separa-os para
a matança! 4Até quando esta terra ficará de luto? Até o capim nos
campos secou. Os animais selvagens e as aves desapareceram por
causa da maldade dos que nela habitam. Pois o povo disse: "O
SENHOR não vê o que o futuro nos reserva!".

A resposta do SENHOR a Jeremias

5"Se correr com homens o deixa cansado, como poderá competir
com cavalos? Se tropeça e cai em campo aberto, o que fará nas
matas junto ao Jordão? 6Até seus irmãos, membros de sua família,
se voltaram contra você; conspiram e se queixam a seu respeito.
Não confie neles, por mais agradáveis que sejam suas palavras.
7"Abandonei meu povo, a nação que me pertence; entreguei aque-
les que eu mais amo a seus inimigos. 8Meu povo escolhido rugiu

NO QUE ESTOU PENSANDO ○ | O QUE ESTOU SENTINDO ○ | DO QUE ESTOU LEMBRANDO ○

DESENHE OU ESCREVA

contra mim como leão no bosque, por isso os tratei com desprezo.
9Meu povo escolhido age como ave de rapina, mas ele próprio será
cercado por abutres; tragam os animais selvagens para devorar os
cadáveres! 10"Muitos governantes destruíram meu vinhedo; piso-
tearam minha propriedade e transformaram sua beleza em deserto.
11Fizeram dela uma terra devastada; ouço seu triste lamento. Toda a
terra está desolada, e ninguém se importa. 12Pode-se ver exércitos
destruidores no alto dos montes. A espada do SENHOR devora o
povo de uma extremidade à outra da terra; ninguém escapará!
13Meu povo semeou trigo, mas colhe espinhos. Esforçou-se muito,
mas de nada adiantou. Terá uma colheita de vergonha por causa
da ira ardente do SENHOR."

Uma mensagem para os vizinhos de Israel

14Assim diz o SENHOR: "Arrancarei de suas terras todas as nações
perversas que se apossam da herança que dei ao meu povo, Israel.
E arrancarei Judá do meio delas. 15Depois disso, porém, voltarei e
terei compaixão de todos eles. Eu os trarei de volta às suas terras,
cada nação à sua herança. 16E se, verdadeiramente, essas nações
aprenderem os caminhos do meu povo e jurarem por meu nome:
'Tão certo como vive o SENHOR' – como ensinaram meu povo a
jurar pelo nome de Baal –, elas receberão um lugar no meio do
meu povo. 17Mas qualquer nação que não quiser me obedecer
será arrancada e destruída. Eu, o SENHOR, falei!".

CAPÍTULO 13

O cinto de linho de Jeremias

1O SENHOR me disse: "Vá, compre um cinto de linho e vista-o, mas
não o lave". 2Comprei o cinto de linho, como o SENHOR me havia
instruído, e o vesti. 3Então recebi outra mensagem do SENHOR:
4"Pegue o cinto de linho que está vestindo e vá ao rio Eufrates.
Esconda-o ali, num buraco entre as pedras". 5Fui e o escondi jun-
to ao Eufrates, como o SENHOR me havia ordenado. 6Depois de
muito tempo, o SENHOR me disse: "Volte ao rio Eufrates e pegue o
cinto que eu lhe disse que escondesse ali". 7Fui ao Eufrates, cavei
onde havia escondido o cinto e o tirei dali. Mas o cinto tinha apo-
drecido e não servia para nada. 8Então recebi esta mensagem do
SENHOR: 9"Assim diz o SENHOR: Do mesmo modo farei apodrecer

o orgulho de Judá e de Jerusalém. 10Este povo perverso não quer
me ouvir. Seguem os desejos teimosos de seu coração e adoram
outros deuses. Portanto, eles se tornarão semelhantes a esse cinto:
não servirão para nada! 11Assim como o cinto se apega à cintura
do homem, eu criei Judá e Israel para se apegarem a mim, diz o
SENHOR. Deveriam ser meu povo, meu louvor e minha glória, uma
honra para meu nome. Mas não quiseram me ouvir. 12"Portanto,
diga-lhes: 'Assim diz o SENHOR, o Deus de Israel: Que todas as suas
vasilhas fiquem cheias de vinho'. E eles responderão: 'Claro! As vasi-
lhas são feitas para ficar cheias de vinho'. 13"Então diga-lhes: 'Assim
diz o SENHOR: Deixarei todos nesta terra completamente embria-
gados, desde o rei sentado no trono de Davi até os sacerdotes e os
profetas, e todos os habitantes de Jerusalém. 14Eu os despedaçarei,
colocando uns contra os outros, até mesmo pais contra filhos, diz o
SENHOR. Não deixarei que minha piedade, nem minha misericórdia,
nem minha compaixão me impeçam de destruí-los'".

Advertência a respeito do orgulho

15Ouçam e prestem atenção; não sejam arrogantes, pois o SENHOR
falou. 16Deem glória ao SENHOR, seu Deus, antes que as trevas ve-
nham sobre vocês, antes que ele os faça tropeçar e cair nos montes
sombrios. Então, quando procurarem luz, só encontrarão escuridão
densa e terrível. 17E, se ainda assim não quiserem ouvir, chorarei
sozinho por causa de seu orgulho. Lágrimas amargas se derramarão
de meus olhos, pois o rebanho do SENHOR será levado para o exílio.
18Diga ao rei e à mãe dele: "Desçam de seus tronos e sentem-se
no pó, pois sua coroa gloriosa será arrancada de sua cabeça". 19As
cidades do Neguebe fecharão os portões, e ninguém conseguirá
abri-los. Os habitantes de Judá serão levados como prisioneiros;
todos irão para o exílio. 20Abra os olhos e veja os exércitos que vêm
do norte! Onde está seu rebanho, o lindo rebanho de que ele a
encarregou de cuidar? 21O que dirá quando o SENHOR colocar seus
antigos aliados para a dominarem? Pontadas de angústia tomarão
conta de você, como as dores da mulher em trabalho de parto.
22Você se perguntará: "Por que isso me aconteceu?". Foi por causa
de seus muitos pecados! Por isso os exércitos invasores arrancaram
suas roupas e a violentaram. 23Acaso o etíope pode mudar a cor de
sua pele? Pode o leopardo tirar suas manchas? De igual modo, você

NO QUE ESTOU **PENSANDO** ○ | O QUE ESTOU **SENTINDO** ○ | DO QUE ESTOU **LEMBRANDO** ○

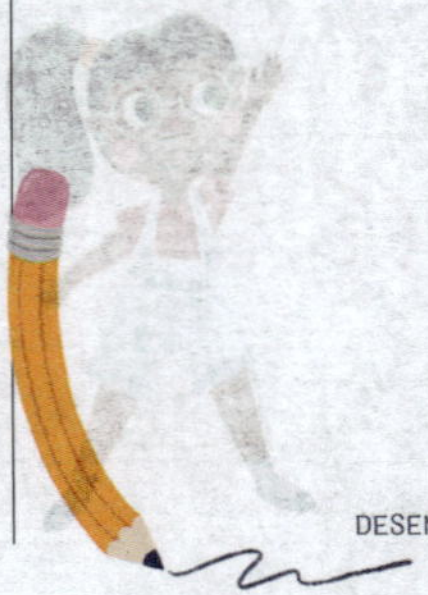

DESENHE OU ESCREVA

é incapaz de fazer o bem, pois se acostumou a fazer o mal. 24"Eu
a dispersarei como palha levada pelos ventos do deserto. 25Esta é
sua parte, a porção que lhe reservei", diz o SENHOR, "pois você se es-
queceu de mim e confiou em falsos deuses. 26Eu mesmo arrancarei
suas roupas, para que apareça sua vergonha. 27Vi seu adultério e
sua lascívia, sua idolatria detestável nos campos e sobre as colinas.
Que aflição a espera, Jerusalém! Quando você se purificará?"

CAPÍTULO 14

Seca terrível em Judá

1Jeremias recebeu esta mensagem do SENHOR acerca da grande
seca: 2"Judá anda chorando; o comércio às portas da cidade parou.
O povo senta-se no chão, pois está de luto; de Jerusalém sobe
um grande clamor. 3Os nobres mandam os servos buscarem água,
mas todos os poços secaram. Confusos e desesperados, voltam com
jarros vazios e cobrem a cabeça, entristecidos. 4A terra está seca e
rachada por falta de chuva. Preocupados, os lavradores também
cobrem a cabeça. 5Até a corça abandona sua cria, pois não há capim
no campo. 6Os jumentos selvagens ficam no alto dos montes e ofe-
gam como chacais sedentos. Forçam a vista para achar pastagem,
mas nada encontram". 7"Nossa maldade nos alcançou, SENHOR",
diz o povo, "ainda assim, ajuda-nos por causa do teu nome. De ti
nos afastamos e contra ti pecamos repetidamente. 8Ó Esperança
de Israel, nosso Salvador em tempos de angústia, por que és como
estrangeiro entre nós? Por que és como viajante de passagem pela
terra, que fica só uma noite? 9Acaso também estás surpreso? Nosso
guerreiro valente não tem poder para nos salvar? Tu estás em nosso
meio, SENHOR, somos conhecidos como teu povo; por favor, não
nos abandones!" 10Assim diz o SENHOR a seu povo: "Vocês gostam
de andar longe de mim e não controlam os pés. Por isso, não me
agradarei mais de vocês; agora me lembrarei de toda a sua perver-
sidade e os castigarei por seus pecados".

O SENHOR proíbe Jeremias de interceder

11Então o SENHOR me disse: "Não ore mais pelo bem deste povo.
12Quando jejuarem, não darei atenção a seu clamor. Quando apre-
sentarem seus holocaustos e ofertas de cereal, não me agradarei.
Em vez disso, os devorarei com guerra, fome e doença". 13Então

eu disse: "Ó Soberano SENHOR, os profetas dizem ao povo: 'Tudo
está bem. Não haverá guerra nem fome. O SENHOR certamente
lhes dará paz'". 14 O SENHOR me disse: "Esses profetas contam men-
tiras em meu nome. Não os enviei nem ordenei que falassem.
Não lhes dei mensagem alguma. Profetizam a respeito de visões
e revelações que nunca viram nem ouviram. Dizem tolices que
inventaram em seu próprio coração mentiroso. 15 Por isso, assim
diz o SENHOR: Castigarei esses profetas mentirosos, pois falam
em meu nome, embora eu não os tenha enviado. Dizem que não
haverá guerra nem fome, mas eles próprios morrerão por guerra
e fome. 16 Quanto ao povo para o qual profetizam, terão o corpo
jogado nas ruas de Jerusalém, vítimas da fome e da guerra. Não
restará ninguém para enterrá-los. Maridos, esposas, filhos e filhas,
todos morrerão. Pois derramarei sobre eles sua própria maldade.
17 Portanto, diga-lhes o seguinte: "Noite e dia, meus olhos se en-
chem de lágrimas; não consigo parar de chorar, pois minha filha
virgem, meu povo precioso, foi derrubada e está mortalmente fe-
rida. 18 Se saio aos campos, vejo os corpos daqueles que o inimigo
matou. Se ando pelas ruas, vejo aqueles que morreram de fome.
Os profetas e sacerdotes prosseguem com seu trabalho, mas não
sabem o que fazem".

Oração por cura

19 SENHOR, tu rejeitaste Judá completamente? Acaso odeias
Sião? Por que nos feriste a ponto de não podermos ser curados?
Esperávamos paz, mas ela não veio; esperávamos tempo de cura,
mas só encontramos terror. 20 SENHOR, confessamos a nossa malda-
de e a maldade de nossos antepassados; todos pecamos contra ti.
21 Por causa do teu nome, SENHOR, não nos abandones; não deson-
res teu trono glorioso. Lembra-te de nós e não quebres tua aliança
conosco. 22 Acaso algum desses deuses estrangeiros pode enviar a
chuva? Ela cai por si mesma do céu? Somente tu, ó SENHOR, nosso
Deus, podes fazer essas coisas; por isso esperamos teu socorro.

CAPÍTULO 15

A inevitável condenação de Judá

1 Então o SENHOR me disse: "Mesmo que Moisés e Samuel interce-
dessem diante de mim em favor deste povo, eu não ajudaria. Fora

Jr 14.22

com eles! Expulse-os de minha presença! 2 E se lhe perguntarem:
'Para onde iremos?', diga-lhes: 'Assim diz o SENHOR: "'Os destinados
à morte, para a morte; os destinados à guerra, para a guerra; os
destinados à fome, para a fome; os destinados ao cativeiro, para o
cativeiro'. 3 "Enviarei contra eles quatro tipos de destruidores", diz
o SENHOR. "Enviarei espada para matá-los, cães para arrastá-los,
abutres para devorá-los e animais selvagens para acabar com o
que tiver sobrado. 4 Por causa das maldades que Manassés, filho de
Ezequias, rei de Judá, fez em Jerusalém, farei de meu povo objeto
de horror para todos os reinos da terra. 5 "Quem terá compaixão de
você, Jerusalém? Quem chorará por você? Quem se dará o traba-
lho de perguntar se está bem? 6 Você me abandonou e me deu as
costas", diz o SENHOR. "Portanto, levantarei a mão para destruí-la;
estou cansado de mostrar compaixão. 7 Às portas das cidades, eu
os espalharei ao vento, como palha separada do cereal, e levarei
seus filhos queridos. Destruirei meu próprio povo, pois não querem
abandonar seus maus caminhos. 8 Haverá mais viúvas que grãos de
areia do mar. Ao meio-dia, trarei um destruidor contra as mães dos
jovens. Farei cair sobre elas angústia e terror repentinos. 9 A mãe
de sete filhos desmaia e respira com dificuldade; para ela, o sol se
pôs enquanto ainda era dia. Agora está sem filhos, envergonhada
e humilhada. Entregarei os que restarem para serem mortos pelo
inimigo. Eu, o SENHOR falei!"

A queixa de Jeremias

10 Então eu disse: "Como estou aflito, minha mãe! Quem dera eu
tivesse morrido ao nascer! Sou odiado em todo lugar. Não sou um
credor que ameaça cobrar a dívida, nem um devedor que se recusa
a pagá-la; ainda assim, todos me amaldiçoam". 11 O SENHOR respon-
deu: "Eu cuidarei de você; em tempos de calamidade e aflição,
seus inimigos lhe pedirão que interceda por eles. 12 Alguém é capaz
de quebrar uma barra de ferro do norte ou uma barra de bronze?
13 Entregarei de graça sua riqueza e seus tesouros como despojo
a seus inimigos, pois o pecado corre solto pela terra. 14 Farei que
seus inimigos os levem como prisioneiros para uma terra estran-
geira. Pois minha ira se acendeu como fogo e arderá contra vocês".
15 Então eu disse: "SENHOR, tu sabes o que me tem acontecido;
intervém, ajuda-me e castiga meus perseguidores! Dá-me tempo,

não permitas que eu morra ainda jovem; é por teu nome que tenho
sofrido humilhações. 16 Quando descobri tuas palavras, devorei-as;
são minha alegria e dão prazer a meu coração, pois pertenço a ti,
ó SENHOR, Deus dos Exércitos. 17 Nunca participei dos banquetes
alegres do povo; sentei-me sozinho, porque tua mão pesava sobre
mim, e enchi-me de indignação com os pecados deles. 18 Por que,
então, continuo a sofrer? Por que minha ferida não tem cura? Teu
socorro parece incerto como um riacho inconstante; é como uma
fonte que secou". 19 Assim diz o SENHOR: "Se voltar para mim, eu o
restaurarei, para que possa continuar a me servir. Se disser palavras
de valor, em vez de palavras inúteis, será meu porta-voz. Você os
influenciará, mas não deixará que o influenciem. 20 Lutarão contra
você como um exército, mas o tornarei invencível como uma mura-
lha de bronze. Não o vencerão, pois estou com você para protegê-lo
e livrá-lo. Eu, o SENHOR, falei! 21 Certamente o livrarei desses homens
perversos e o resgatarei de suas mãos cruéis".

CAPÍTULO 16

Jeremias é proibido de casar-se

1 Recebi outra mensagem do SENHOR. Ele disse: 2 "Não se case nem
tenha filhos neste lugar. 3 Pois assim diz o SENHOR a respeito dos
filhos e das filhas que nascerem nesta terra e a respeito de suas
mães e seus pais: 4 Eles morrerão de doenças terríveis. Ninguém
chorará por eles, nem os enterrará; ficarão espalhados pela terra
como esterco. Morrerão por guerra e fome, e seus cadáveres servi-
rão de alimento para os abutres e os animais selvagens".

Castigo que virá sobre Judá

5 Assim diz o SENHOR: "Não vá a funerais para prantear, nem de-
monstre compaixão por este povo, pois tirei dele minha proteção;
removi minha bondade e minha misericórdia. 6 Tanto os mais im-
portantes como os mais simples morrerão nesta terra. Ninguém os
sepultará nem chorará por eles. Seus amigos não se cortarão nem
rasparão a cabeça em sinal de tristeza. 7 Ninguém oferecerá uma
refeição para consolar os que estiverem de luto, nem mesmo pela
morte da mãe ou do pai. Ninguém lhe dará um cálice de vinho para
consolá-los. 8 "Não vá a seus banquetes e a suas festas. Não coma
nem beba com eles. 9 Pois assim diz o SENHOR dos Exércitos, o Deus

NO QUE ESTOU **PENSANDO** ○

O QUE ESTOU **SENTINDO** ○

DO QUE ESTOU **LEMBRANDO** ○

DESENHE OU ESCREVA

de Israel: Durante sua vida, diante de seus olhos, acabarei com os
cânticos alegres e com o riso nesta terra, e não se ouvirão mais
as vozes felizes de noivos e de noivas. 10 "Quando você anunciar
tudo isso ao povo, eles perguntarão: 'Por que o SENHOR decretou
coisas tão terríveis contra nós? O que fizemos para ser tratados
desse modo? Qual foi nosso pecado contra o SENHOR, nosso Deus?'.
11 "Então você lhes responderá que assim diz o SENHOR: 'Seus an-
tepassados me deixaram. Adoraram e serviram outros deuses, me
abandonaram e não obedeceram à minha lei. 12 E vocês são ainda
piores que seus antepassados! Seguem os desejos teimosos de seu
coração perverso e não querem me ouvir. 13 Por isso os expulsarei
desta terra e os enviarei a uma terra estrangeira, onde vocês e seus
antepassados nunca estiveram. Ali poderão adorar deuses dia e
noite, e não lhes concederei nenhum favor'."

Esperança apesar da calamidade

14 "Mas está chegando o dia", diz o SENHOR, "em que, ao fazer um
juramento, ninguém mais dirá: 'Tão certo como vive o SENHOR, que
tirou o povo de Israel da terra do Egito'. 15 Em vez disso, dirá: 'Tão
certo como vive o SENHOR, que trouxe o povo de Israel de volta da
terra do norte e de todas as nações onde os havia exilado'. Pois eu
os trarei de volta à terra que dei a seus antepassados. 16 "Agora,
porém, envio muitos pescadores que os pescarão", diz o SENHOR,
"e envio caçadores que os caçarão nos montes, nas colinas e nas
cavernas. 17 Eu os observo de perto e vejo cada pecado. É impossível
se esconderem de mim. 18 Eu os castigarei em dobro por todos os
seus pecados, pois contaminaram minha terra com as imagens
sem vida de seus ídolos repulsivos e encheram minha terra com
suas práticas detestáveis."

Jeremias expressa confiança

19 SENHOR, és minha força e fortaleza, meu refúgio no dia da an-
gústia. Nações de todo o mundo virão a ti e dirão: "Nossos an-
tepassados nos deixaram uma herança enganosa, pois adoraram
ídolos inúteis. 20 Acaso alguém pode fazer seus próprios deuses?
De maneira nenhuma são deuses verdadeiros!". 21 O SENHOR diz:
"Agora lhes mostrarei meu poder, agora lhes mostrarei minha força.
Finalmente entenderão e saberão que eu sou o SENHOR."

CAPÍTULO 17

O pecado e o castigo de Judá

1"O pecado de Judá está escrito com cinzel de ferro, gravado com
ponta de diamante em seu coração de pedra e nas pontas de seus
altares. 2Até seus filhos adoram nos altares e nos postes dedicados a
Aserá, debaixo de toda árvore verdejante e no alto das colinas, 3nos
montes e nos campos. Entregarei todas as suas riquezas, seus tesou-
ros e seus santuários idólatras como despojo para seus inimigos,
porque o pecado corre solto na terra. 4A herança que reservei para
vocês lhes escapará por entre os dedos. Farei que seus inimigos os
levem como prisioneiros para uma terra estrangeira. Pois minha ira
se acendeu como fogo e arderá para sempre".

Sabedoria do SENHOR

5Assim diz o SENHOR: "Maldito é quem confia nas pessoas, que se
apoia na força humana e afasta seu coração do SENHOR. 6É como
arbusto solitário no deserto; não tem esperança alguma. Habitará
em lugares desolados e estéreis, numa terra salgada, onde nin-
guém vive. 7"Feliz é quem confia no SENHOR, cuja esperança é o
SENHOR. 8É como árvore plantada junto ao rio, com raízes que se
estendem até as correntes de água. Não se incomoda com o calor,
e suas folhas continuam verdes. Não teme os longos meses de
seca, e nunca deixa de produzir frutos. 9"O coração humano é mais
enganoso que qualquer coisa e é extremamente perverso; quem
sabe, de fato, o quanto é mau? 10Eu, o SENHOR, examino o coração
e provo os pensamentos. Dou a cada pessoa a devida recompensa,
de acordo com suas ações".

A confiança de Jeremias no SENHOR

11Como a perdiz que choca ovos de outro pássaro, assim são os
que obtêm riquezas por meios injustos. Na metade da vida, per-
derão suas riquezas; no final, não passarão de velhos tolos. 12Nós,
porém, adoramos diante do teu trono eterno, exaltado e glorioso.
13Ó SENHOR, esperança de Israel, todos que se afastarem de ti serão
envergonhados. Serão enterrados no pó da terra, pois abandona-
ram o SENHOR, a fonte de água viva. 14Ó SENHOR, se me curares, serei
verdadeiramente curado; se me salvares, serei verdadeiramente

salvo. Louvo somente a ti! 15As pessoas zombam de mim e dizem:
"Onde está a mensagem do SENHOR? Por que suas profecias não se
cumprem?". 16SENHOR, não abandonei meu trabalho como pastor
do teu povo. Não pedi que enviasses calamidades; ouviste tudo que
eu disse. 17SENHOR, não me aterrorizes; somente tu és meu refúgio
no dia da calamidade. 18Traze vergonha e desespero sobre os que
me perseguem, mas não permitas que eu fique envergonhado e
desesperado. Traze sobre eles um dia de calamidade, sim, traze
sobre eles destruição em dobro!

Guardar o sábado

19Assim me disse o SENHOR: "Vá e fique junto aos portões de
Jerusalém, primeiro junto ao portão por onde o rei entra e sai,
depois junto a cada um dos outros portões. 20Diga ao povo: 'Ouçam
esta mensagem do SENHOR, reis de Judá, todo o povo de Judá e
todos os habitantes de Jerusalém, vocês todos que passam por
estes portões. 21Assim diz o SENHOR: Ouçam minha advertência!
Parem de negociar junto aos portões de Jerusalém no dia de sá-
bado. 22Não trabalhem no sábado, mas façam dele um dia santo.
Foi o que ordenei a seus antepassados, 23mas eles não deram
ouvidos nem obedeceram. Recusaram-se teimosamente a prestar
atenção e não aceitaram minha disciplina. 24"Se, contudo, vocês
me obedecerem, diz o SENHOR, e não negociarem junto aos por-
tões da cidade nem trabalharem no sábado, se o guardarem como
dia santo, 25então o rei e seus oficiais entrarão e sairão por estes
portões para sempre. Sempre haverá um descendente de Davi
sentado no trono em Jerusalém. Os reis e seus oficiais entrarão
e sairão em carruagens e a cavalo no meio do povo de Judá, e
esta cidade permanecerá para sempre. 26De todas as partes ao
redor de Jerusalém, das cidades de Judá e Benjamim, das coli-
nas do oeste, da região montanhosa e do Neguebe, virá gente
para apresentar holocaustos e sacrifícios. Trarão ofertas de cereal,
incenso e ofertas de gratidão ao templo do SENHOR. 27"Mas, se
vocês não me ouvirem e não guardarem o sábado como dia santo
e se, nesse dia, trouxerem cargas de mercadorias pelos portões de
Jerusalém como nos outros dias, porei fogo nestes portões. O fogo
se espalhará até os palácios e os consumirá, e ninguém será capaz
de apagar as chamas'".

CAPÍTULO 18

O oleiro e o barro

1 O SENHOR deu outra mensagem a Jeremias: 2 “Desça até a casa
do oleiro, e eu lhe falarei ali”. 3 Fui à casa do oleiro e o encontrei
trabalhando na roda. 4 Mas o vaso de barro que ele estava fazendo
não saiu como desejava, por isso ele amassou o barro e começou
novamente. 5 Então o SENHOR me deu esta mensagem: 6 “Ó Israel,
acaso não posso fazer com vocês o mesmo que o oleiro fez com
o barro? Como o barro está nas mãos do oleiro, vocês estão em
minhas mãos. 7 Se eu anunciar que uma nação ou reino será ar-
rancado, derrubado e destruído, 8 mas essa nação abandonar seus
maus caminhos, não a destruirei como havia planejado. 9 E, se eu
anunciar que plantarei e edificarei uma nação ou reino, 10 mas
essa nação praticar o mal e não quiser me obedecer, não a aben-
çoarei como havia declarado. 11 “Portanto, Jeremias, vá e proclame
a todo o povo de Judá e aos habitantes de Jerusalém: ‘Assim diz
o SENHOR: Planejo calamidade para vocês, e não o bem. Por isso,
cada um abandone seus maus caminhos e faça o que é certo’”.
12 “Não perca seu tempo”, o povo respondeu. “Continuaremos a
viver como quisermos e a seguir os desejos teimosos de nosso
coração perverso.” 13 Portanto, assim diz o SENHOR: “Quem ouviu
coisa igual a essa, mesmo entre as outras nações? Israel, minha
filha virgem, fez algo terrível! 14 Pode a neve desaparecer do alto
dos montes do Líbano? Podem secar-se os riachos que correm
desses montes distantes? 15 Meu povo, contudo, me abandonou
e queima incenso para ídolos inúteis. Tropeçaram e saíram dos
caminhos antigos e andam por trilhas lamacentas. 16 Portanto, sua
terra ficará desolada; será um monumento à sua tolice. Todos que
passarem por lá ficarão pasmos e balançarão a cabeça em espanto.
17 Espalharei meu povo diante de seus inimigos, como o vento
leste espalha o pó. Darei as costas para eles e não os ajudarei em
sua calamidade”.

Conspiração contra Jeremias

18 Então o povo disse: “Venham, vamos planejar um jeito de nos
livrarmos de Jeremias. Temos vários sacerdotes, e também homens
sábios e profetas. Não precisamos que ele nos ensine a lei, e não
precisamos de seus conselhos e profecias. Vamos espalhar boatos

NO QUE ESTOU **PENSANDO** ○ | O QUE ESTOU **SENTINDO** ○ | DO QUE ESTOU **LEMBRANDO** ○

DESENHE OU ESCREVA

a seu respeito e ignorar o que ele diz”. 19 SENHOR, olha para mim!
Ouve o que dizem meus inimigos! 20 Acaso se paga o bem com o
mal? Cavaram um buraco para me matar, mesmo eu tendo inter-
cedido por eles e tentado protegê-los de tua ira. 21 Portanto, que
os filhos deles morram de fome! Que morram pela espada! Que
suas esposas se tornem viúvas e fiquem sem filhos! Que os mais
velhos sejam mortos por uma praga, e os jovens, na batalha! 22 Que
se ouçam gritos vindos de suas casas quando guerreiros atacarem
repentinamente, pois cavaram um buraco para mim e esconderam
armadilhas ao longo do meu caminho. 23 SENHOR, tu conheces os
planos que fizeram para me matar; não os perdoes por seus crimes
nem apagues seus pecados. Que eles morram diante de ti; trata-os
de acordo com a tua ira.

CAPÍTULO 19

O vaso despedaçado

1 Assim me disse o SENHOR: “Vá e compre um vaso de barro. Depois,
peça a alguns líderes do povo e dos sacerdotes que o acompanhem.
2 Vá ao depósito de lixo no vale de Ben-Hinom, que fica junto ao
portão dos Cacos, e proclame esta mensagem: 3 ‘Ouçam esta men-
sagem do SENHOR, reis de Judá e habitantes de Jerusalém! Assim
diz o SENHOR dos Exércitos, o Deus de Israel: Trarei calamidade
sobre este lugar, calamidade tão terrível que fará tinir os ouvidos
de quem ouvir a respeito! 4 “Pois o povo me abandonou e trans-
formou este vale num lugar de perversidade. Queimam incenso a
deuses estrangeiros, ídolos até então desconhecidos desta geração,
de seus antepassados e dos reis de Judá. Encheram este lugar com
o sangue de crianças inocentes. 5 Construíram lugares de adoração
a Baal e lhe queimaram os filhos como sacrifício. Jamais ordenei ta-
manha maldade; nunca me passou pela mente! 6 Portanto, tomem
cuidado, diz o SENHOR, pois está chegando o dia em que este lugar
não se chamará mais Tofete, nem vale de Ben-Hinom, mas vale da
Matança. 7 “Pois eu transtornarei os planos minuciosos de Judá e
Jerusalém. Permitirei que seu povo seja massacrado por exércitos
invasores e deixarei seus cadáveres para servirem de alimento para
os abutres e os animais selvagens. 8 Transformarei Jerusalém em
um monte de escombros; será um monumento à sua tolice. Todos
que passarem por lá ficarão pasmos e abrirão a boca de espanto

quando virem suas ruínas. 9Farei os inimigos cercarem a cidade,
até que acabe toda a comida. Então, os que estiverem presos den-
tro dela comerão os próprios filhos, filhas e amigos. Serão levados
ao mais absoluto desespero'. 10"Então, Jeremias, você quebrará o
vaso à vista desses homens 11e lhes dirá: 'Assim diz o SENHOR dos
Exércitos: Como este vaso está despedaçado, assim despedaçarei
o povo de Judá e o povo de Jerusalém, e não haverá quem possa
restaurá-los. Enterrarão os corpos aqui em Tofete, até que não haja
mais espaço. 12Assim farei a este lugar e a seu povo, diz o SENHOR.
Farei a cidade ficar contaminada como Tofete. 13Sim, todas as casas
de Jerusalém, incluindo o palácio dos reis de Judá, se tornarão
como Tofete, todas as casas em que vocês queimaram incenso nos
terraços para adorar as estrelas e apresentaram ofertas derramadas
para seus ídolos'". 14Então Jeremias voltou de Tofete, onde havia
anunciado essa mensagem, e parou diante do templo do SENHOR.
Ali, disse ao povo: 15"Assim diz o SENHOR dos Exércitos, o Deus de
Israel: Trarei calamidade sobre esta cidade e sobre os povoados ao
redor conforme prometi, pois vocês se recusaram teimosamente
a me ouvir".

CAPÍTULO 20

Jeremias e Pasur

1Pasur, filho de Imer, sacerdote encarregado do templo do SENHOR,
ouviu o que Jeremias profetizava. 2Mandou prender o profeta
Jeremias e ordenou que o açoitassem e o pusessem no tronco junto
à porta de Benjamim, no templo do SENHOR. 3No dia seguinte,
Pasur o soltou, e Jeremias disse: "Pasur, o SENHOR mudou seu
nome. De agora em diante, você será chamado de 'Homem que
Vive em Terror'. 4Pois assim diz o SENHOR: 'Enviarei terror sobre você
e sobre todos os seus amigos, e você verá quando forem mortos
pelas espadas do inimigo. Entregarei o povo de Judá ao rei da
Babilônia, e ele os levará presos para a Babilônia ou os atravessará
com a espada. 5Entregarei Jerusalém nas mãos de seus inimigos, e
eles saquearão todos os tesouros da cidade – as pedras preciosas, o
ouro e a prata de seus reis – e levarão para a Babilônia. 6Você, Pasur,
e todos em sua casa serão levados para o exílio na Babilônia. Ali
morrerão e serão sepultados, você e todos os seus amigos a quem
você profetizou mentiras'".

NO QUE ESTOU **PENSANDO** ○ | O QUE ESTOU **SENTINDO** ○ | DO QUE ESTOU **LEMBRANDO** ○

DESENHE OU ESCREVA

A queixa de Jeremias

7Ó SENHOR, tu me constrangeste, e eu me deixei constranger. És
mais forte que eu e prevaleceste. Agora, sou motivo de zomba-
ria todos os dias; todos riem de mim. 8Pois, sempre que abro a
boca, é para gritar: "Violência e destruição!". Essas mensagens do
SENHOR me transformaram em alvo constante de piadas. 9Mas, se
digo que nunca mais mencionarei o SENHOR, nem falarei em seu
nome, sua palavra arde como fogo em meu coração; é como fogo
em meus ossos. Estou cansado de tentar contê-la; é impossível!
10Ouvi muitos boatos a meu respeito; me chamam de "Homem
que Vive em Terror" e me ameaçam: "Se disser alguma coisa, o
denunciaremos". Até os que se dizem amigos íntimos me vigiam
e esperam que eu cometa algum erro fatal. Dizem: "Ele cairá em
sua própria armadilha; então nos vingaremos dele". 11O SENHOR,
porém, está ao meu lado como poderoso guerreiro. Diante dele
meus perseguidores tropeçarão; não conseguirão me derrotar.
Fracassarão e serão totalmente humilhados; sua desonra jamais
será esquecida. 12Ó SENHOR dos Exércitos, tu provas o justo e exa-
minas pensamentos e emoções. Permite que eu veja tua vingança
contra eles, pois coloquei minha causa em tuas mãos. 13Cantem ao
SENHOR! Louvem o SENHOR! Pois ele salva o pobre e necessitado
da mão de seus opressores. 14E, no entanto, amaldiçoo o dia em
que nasci; ninguém celebre o dia em que minha mãe me deu à
luz. 15Maldito o mensageiro que disse a meu pai: "Tenho boas no-
tícias! Alegre-se, seu filho nasceu!". 16Que ele seja destruído como
as cidades antigas que o SENHOR arrasou sem compaixão. Que seja
aterrorizado todo o dia com gritos de guerra, 17pois não me matou
quando nasci. Quem dera eu tivesse morrido no ventre de minha
mãe e seu corpo tivesse sido minha sepultura! 18Por que eu nasci?
Toda a minha vida é apenas sofrimento, tristeza e vergonha.

CAPÍTULO 21

Judá não escapará da Babilônia

1O SENHOR deu esta mensagem a Jeremias quando o rei Zedequias
enviou Pasur, filho de Malquias, e o sacerdote Sofonias, filho de
Maaseias, para falarem com o profeta. Suplicaram a Jeremias:
2"Consulte o SENHOR por nós e peça que nos ajude. Nabucodonosor,
rei da Babilônia, está atacando Judá. Quem sabe o SENHOR não

fará um de seus milagres poderosos, como no passado, e obrigará
Nabucodonosor a retirar seus exércitos". 3Jeremias respondeu:
"Voltem ao rei Zedequias e digam-lhe: 4'Assim diz o SENHOR, o Deus
de Israel: Tornarei inúteis suas armas contra o rei da Babilônia e os
babilônios que os atacam do lado de fora de seus muros. Trarei seus
inimigos para dentro desta cidade. 5Eu mesmo lutarei contra vocês
com mão forte e braço poderoso, pois é grande a minha ira. Sim,
vocês me deixaram furioso! 6Enviarei sobre esta cidade uma peste
terrível, e tanto as pessoas como os animais morrerão. 7Depois de
tudo isso, diz o SENHOR, entregarei o rei Zedequias, seus servos, e
todos os habitantes desta cidade que sobreviverem à doença, à
guerra e à fome a Nabucodonosor, rei da Babilônia, e a seus outros
inimigos. Nabucodonosor os matará sem misericórdia, nem pieda-
de, nem compaixão'. 8"Digam a todo o povo: 'Assim diz o SENHOR:
Escolham entre a vida e a morte! 9Quem ficar em Jerusalém mor-
rerá por guerra, fome ou doença, mas os que saírem e se renderem
aos babilônios viverão. Sua recompensa será a vida. 10Pois decidi
trazer calamidade, e não o bem, sobre esta cidade, diz o SENHOR.
Será entregue ao rei da Babilônia, e ele a queimará de alto a baixo'."

Julgamento dos reis de Judá

11"Digam à família real de Judá: 'Ouçam esta mensagem do
SENHOR! 12Assim diz o SENHOR à dinastia de Davi: "'A cada manhã,
façam justiça ao povo que vocês julgam; ajudem os que são ex-
plorados e livrem-nos de seus opressores. Do contrário, minha ira
arderá como fogo que ninguém é capaz de apagar, por causa de
todos os seus pecados. 13Eu mesmo lutarei contra os habitantes de
Jerusalém, essa fortaleza poderosa, contra o povo que diz: 'Estamos
seguros aqui; ninguém conseguirá entrar'. 14Eu mesmo os castiga-
rei por tudo que fizeram, diz o SENHOR. Acenderei um fogo em seus
bosques, e ele queimará tudo ao redor'".

CAPÍTULO 22

Mensagem para os reis de Judá

1O SENHOR me disse: "Vá e fale diretamente com o rei de Judá. Diga-
lhe: 2'Ouça esta mensagem do SENHOR, ó rei de Judá, sentado no
trono de Davi. Que seus servos e todo o seu povo também escutem.
3Assim diz o SENHOR: Sejam imparciais e justos. Ajudem os que são

NO QUE ESTOU **PENSANDO** ○ | O QUE ESTOU **SENTINDO** ○ | DO QUE ESTOU **LEMBRANDO** ○

DESENHE OU ESCREVA

explorados e livrem-nos de seus opressores. Abandonem suas mal-
dades: não maltratem os estrangeiros, nem os órfãos, nem as viúvas
e parem de matar inocentes! 4Se me obedecerem, sempre haverá
um descendente de Davi sentado no trono em Jerusalém. O rei
passará pelas portas do palácio em carruagens e cavalos, acompa-
nhado de seus servos e súditos. 5Mas, se vocês não derem ouvidos
a esta advertência, juro por meu próprio nome, diz o SENHOR, que
este palácio se tornará um monte de escombros'".

Mensagem a respeito do palácio

6Assim diz o SENHOR acerca do palácio de Judá: "Eu o amo tanto
quanto a fértil floresta de Gileade e os bosques verdes do Líbano.
Contudo, o transformarei num deserto, e ninguém habitará dentro
de seus muros. 7Chamarei demolidores, que trarão consigo suas
ferramentas. Arrancarão suas belas vigas de cedro e as lançarão
no fogo. 8"Pessoas de muitas nações passarão pelas ruínas desta
cidade e dirão umas às outras: 'Por que o SENHOR destruiu esta
grande cidade?'. 9E a resposta será: 'Porque eles quebraram sua
aliança com o SENHOR, seu Deus, ao adorar e servir outros deuses'".

Mensagem a respeito de Jeoacaz

10Não chorem pelo rei morto nem lamentem sua perda; chorem,
porém, pelo rei que foi levado como prisioneiro, pois nunca mais
voltará nem verá sua terra natal. 11Pois assim diz o SENHOR acerca
de Jeoacaz, que sucedeu seu pai, o rei Josias, e foi levado para o
exílio: "Ele jamais voltará. 12Morrerá exilado numa terra distante e
nunca mais verá sua terra natal".

Mensagem a respeito de Jeoaquim

13"Que aflição espera Jeoaquim, que edifica seu palácio de forma
desonesta! Constrói suas paredes com injustiça, pois obriga gente
do seu povo a trabalhar sem pagar salário. 14Diz: 'Construirei para
mim um palácio magnífico, com salas espaçosas e muitas janelas.
Revestirei tudo com painéis de cedro e pintarei de vermelho vívido'.
15Mas um belo palácio de cedro não faz um grande rei! Josias, seu
pai, também tinha muita comida e bebida, mas em tudo que fazia
era justo e íntegro; por isso tudo deu certo para ele. 16Fez justiça
ao pobre e ao necessitado e os ajudou, e tudo lhe correu bem. Não

é isso que significa me conhecer?", diz o SENHOR. **17**"Você, porém,
só tem olhos para a cobiça e a desonestidade; derrama sangue
inocente e reina com crueldade e opressão." **18**Portanto, assim diz
o SENHOR acerca de Jeoaquim, filho de Josias, rei de Judá: "O povo
não lamentará por ele, nem clamará: 'Que tristeza, meu irmão! Que
tristeza, minha irmã!'. Seus súditos não lamentarão por ele, nem
clamarão: 'Que tristeza, nosso senhor morreu! Que tristeza, sua
majestade se foi!'. **19**Será enterrado como se enterra um jumento:
arrastado e jogado fora dos portões de Jerusalém. **20**Chore por seus
aliados no Líbano, grite por eles em Basã. Procure-os nas regiões
a oeste do rio; veja, foram todos destruídos! **21**Eu o adverti quan-
do você era próspero, mas você respondeu: 'Recuso-me a ouvir'.
Sempre foi assim, desde a juventude; nunca me obedece! **22**Agora
o vento levará para longe seus aliados; todos os seus amigos serão
levados para o exílio. Então certamente verá sua perversidade e
ficará envergonhado. **23**Você que mora num lindo palácio, todo
revestido de madeira de cedro do Líbano, logo gemerá com pon-
tadas de angústia, como as dores da mulher em trabalho de parto."

Mensagem para Joaquim

24"Tão certo como eu vivo", diz o SENHOR, "eu o abandonarei,
Joaquim, filho de Jeoaquim, rei de Judá. Mesmo que você fosse
o anel de selar em minha mão direita, eu o arrancaria. **25**Eu o en-
tregarei àqueles que procuram matá-lo, àqueles que você tanto
teme: o rei Nabucodonosor da Babilônia e o exército babilônio.
26Expulsarei você e sua mãe desta terra e vocês morrerão em nação
estrangeira, e não em sua terra natal. **27**Jamais voltarão à terra pela
qual anseiam. **28**"Por que esse homem, Joaquim, é como um vaso
quebrado, jogado fora? Por que ele e seus filhos serão exilados em
terra estrangeira? **29**Ó terra, terra, terra de Judá! Ouça esta mensa-
gem do SENHOR! **30**Assim diz o SENHOR: 'Registrem Joaquim como
homem sem filhos. Ele não terá êxito, pois não terá filhos que o
sucedam no trono de Davi para reinar em Judá'."

CAPÍTULO 23

O descendente justo

1"Que aflição espera os pastores de minhas ovelhas, pois destruí-
ram e dispersaram aqueles de quem deviam cuidar", diz o SENHOR.

NO QUE ESTOU **PENSANDO** ○ | O QUE ESTOU **SENTINDO** ○ | DO QUE ESTOU **LEMBRANDO** ○

DESENHE OU ESCREVA

2Portanto, assim diz o SENHOR, o Deus de Israel, a esses líderes do
povo: "Em vez de cuidarem do meu rebanho e o conduzirem em se-
gurança, vocês o abandonaram e o levaram à destruição. Agora, eu
os castigarei pelo mal que fizeram. **3**Contudo, reunirei o remanes-
cente do meu rebanho das terras para onde os expulsei. Eu os trarei
de volta para seu curral, e eles serão férteis e se multiplicarão. **4**Em
seguida, nomearei bons pastores que cuidarão dessas ovelhas. Elas
nunca mais terão medo, e nenhuma delas se perderá. Eu, o SENHOR,
falei! **5**"Pois está chegando o dia", diz o SENHOR, "em que levantarei
um Renovo, um descendente justo, da linhagem do rei Davi. Ele
reinará com sabedoria e fará o que é justo e certo em toda a terra.
6E este será seu nome: 'O SENHOR é nossa justiça'. Nesse dia, Judá
será salvo, e Israel viverá em segurança. **7**"Está chegando o dia",
diz o SENHOR, "em que as pessoas que fizerem um juramento não
dirão: 'Tão certo como vive o SENHOR, que tirou o povo de Israel da
terra do Egito'. **8**Em vez disso, dirão: 'Tão certo como vive o SENHOR,
que trouxe o povo de Israel de volta da terra do norte e de todas as
nações onde os havia exilado'. Então viverão em sua própria terra."

Julgamento dos falsos profetas

9Meu coração está quebrantado por causa dos falsos profetas,
e todos os meus ossos tremem. Cambaleio como um bêbado,
como alguém vencido pelo vinho, por causa das santas palavras
que o SENHOR pronunciou contra eles. **10**Pois a terra está cheia de
adultério e debaixo de maldição. A terra está de luto; os pastos do
deserto secaram. Pois todos praticam o mal e abusam do poder.
11"Até os sacerdotes e profetas são homens corrompidos. Vi seus
atos desprezíveis aqui mesmo, em meu templo", diz o SENHOR.
12"Portanto, os caminhos deles se tornarão escorregadios. Serão
perseguidos na escuridão, e ali cairão. Pois trarei calamidade sobre
eles no tempo determinado para seu castigo. Eu, o SENHOR, falei!
13"Vi que os profetas de Samaria eram terríveis, pois profetizavam
em nome de Baal e faziam Israel, meu povo, pecar. **14**Agora, porém,
vejo que os profetas de Jerusalém são ainda piores; cometem adul-
tério, gostam da desonestidade e incentivam quem pratica o mal,
para que ninguém se arrependa de sua maldade. Esses profetas
são tão perversos quanto os habitantes de Sodoma e Gomorra."
15Portanto, assim diz o SENHOR dos Exércitos acerca dos profetas:

"Eu os alimentarei com amargura e lhes darei veneno para beber, pois foi por causa dos profetas de Jerusalém que a perversidade encheu esta terra". 16Assim diz o SENHOR dos Exércitos a seu povo: "Não deem ouvidos a esses profetas quando profetizam para vocês e os enchem de falsas esperanças. Eles inventam tudo que dizem; não falam da parte do SENHOR. 17Vivem repetindo aos que desprezam minha palavra: 'O SENHOR diz que terão paz!'. E aos que seguem os desejos teimosos de seu coração, dizem: 'Nada de mal lhes acontecerá!'. 18"Acaso algum desses profetas esteve na presença do SENHOR para ouvir suas palavras? Algum deles prestou atenção e obedeceu? 19Vejam, a ira do SENHOR irrompe como uma tempestade, um vendaval sobre a cabeça dos perversos! 20A ira do SENHOR não passará até que ele cumpra tudo que planejou. Em dias futuros, vocês entenderão tudo isso claramente. 21"Não enviei esses profetas, mas eles correm de um lado para o outro. Não lhes dei mensagem alguma, e ainda assim continuam a profetizar. 22Se houvessem estado diante de mim e me ouvido, teriam anunciado minhas palavras e levado meu povo a se arrepender de seus maus caminhos e suas más ações. 23Acaso sou Deus apenas de perto?", diz o SENHOR. "Não sou Deus também de longe? 24Pode alguém se esconder de mim onde eu não veja? Não estou em toda parte, nos céus e na terra?", diz o SENHOR. 25"Ouvi esses profetas dizerem: 'Tive um sonho! Tive um sonho!' e depois contarem mentiras em meu nome. 26Até quando isso continuará? Se são profetas, são profetas do engano e inventam tudo que dizem. 27Relatando esses sonhos falsos, procuram fazer meu povo se esquecer de mim, como seus antepassados se esqueceram de mim ao adorar os ídolos de Baal. 28"Que esses falsos profetas relatem seus sonhos, mas que meus verdadeiros mensageiros proclamem fielmente todas as minhas palavras; há diferença entre palha e trigo! 29Acaso minha palavra não arde como fogo?", diz o SENHOR. "Não é como martelo que despedaça a rocha? 30"Portanto", diz o SENHOR, "sou contra esses profetas que roubam palavras uns dos outros e afirmam que as receberam de mim. 31Sou contra esses profetas cheios de lábia que dizem: 'Esta profecia é do SENHOR!'. 32Sou contra esses falsos profetas. Seus sonhos imaginários são mentiras descaradas que fazem meu povo pecar. Não os enviei nem os nomeei, e eles não têm nada a dizer a este povo. Eu, o SENHOR, falei!"

Jr 24.7

Falsas profecias e falsos profetas

33"Se alguém do povo, ou algum dos profetas ou dos sacerdotes lhe perguntar: 'Que palavras pesadas o SENHOR lhe deu para anunciar hoje?', responda: 'Vocês são o peso! O SENHOR diz que os abandonará!'. 34"Se algum profeta, sacerdote ou qualquer outra pessoa disser: 'Tenho uma profecia do SENHOR', castigarei essa pessoa e toda a sua família. 35Perguntem uns aos outros: 'Qual é a resposta do SENHOR?', ou 'O que o SENHOR diz?'. 36Mas parem de usar a expressão 'profecia do SENHOR'. Pois alguns a usam para conferir autoridade às próprias ideias e distorcem as palavras de nosso Deus, o Deus vivo, o SENHOR dos Exércitos. 37"Isto é o que você dirá aos profetas: 'Qual é a resposta do SENHOR?', ou 'O que o SENHOR diz?'. 38Mas, se responderem: 'Esta é uma profecia do SENHOR!', você deve dizer: 'Assim diz o SENHOR: Porque usaram a expressão 'profecia do SENHOR', embora eu os tenha advertido de que não a usassem, 39eu me esquecerei completamente de vocês. Sim, os expulsarei de minha presença, junto com esta cidade que dei a vocês e a seus antepassados. 40Farei de vocês objeto de ridículo, e seu nome será infame para sempre'."

CAPÍTULO 24

Figos bons e figos ruins

1Depois que Nabucodonosor, rei da Babilônia, levou para o exílio o rei Joaquim, filho de Jeoaquim, junto com os oficiais de Judá e seus artífices e artesãos, o SENHOR me deu esta visão. Vi dois cestos de figos postos diante do templo do SENHOR, em Jerusalém. 2Um cesto estava cheio de figos frescos e maduros, e o outro, cheio de figos ruins e tão estragados que não serviam para comer. 3Então o SENHOR me disse: "O que você vê, Jeremias?". "Figos", respondi. "Alguns muito bons e outros muito ruins, tão estragados que não servem para comer." 4Então o SENHOR me deu esta mensagem: 5"Assim diz o SENHOR, o Deus de Israel: Os figos bons representam os exilados que enviei de Judá para a terra dos babilônios. 6Eu os guardarei e cuidarei deles e os trarei de volta para cá. Eu os edificarei, e não os derrubarei. Eu os plantarei, e não os arrancarei. 7Darei a eles coração capaz de reconhecer que eu sou o SENHOR. Eles serão o meu povo, e eu serei o seu Deus, pois eles se voltarão para mim de todo o coração. 8"Os figos ruins", diz o SENHOR,

"representam Zedequias, rei de Judá, seus oficiais, o povo que
restou em Jerusalém e aqueles que moram no Egito. Eu os trata-
rei como figos ruins, tão estragados que não servem para comer.
9Farei deles objeto de horror e símbolo de calamidade para todas as
nações na terra. Em todos os lugares por onde eu os espalhar, serão
alvo de vergonha e zombaria, insulto e maldição. 10E eu enviarei
guerra, fome e doença até que tenham desaparecido da terra de
Israel, que dei a eles e a seus antepassados."

CAPÍTULO 25

Setenta anos de cativeiro

1Jeremias recebeu do SENHOR esta mensagem para todo o povo
de Judá no quarto ano do reinado de Jeoaquim, filho de Josias,
rei de Judá. Nesse mesmo ano, Nabucodonosor, rei da Babilônia,
começou a reinar. 2O profeta Jeremias disse a todo o povo de Judá
e a todos os habitantes de Jerusalém: 3"Durante 23 anos, desde
o décimo terceiro ano do reinado de Josias, filho de Amom, rei de
Judá, até hoje, o SENHOR me tem dado suas mensagens. Eu as
anunciei fielmente, mas vocês não ouviram. 4"Repetidamente, o
SENHOR tem enviado seus servos, os profetas, mas vocês não ou-
viram nem prestaram atenção. 5Todas as vezes a mensagem foi a
mesma: 'Abandonem seus maus caminhos e suas más ações. Só
então habitarão nesta terra que o SENHOR deu a vocês e a seus
antepassados para sempre. 6Não provoquem minha ira ao ado-
rar deuses que vocês fizeram com suas próprias mãos. Então, não
lhes farei mal algum'. 7"Mas vocês não me deram ouvidos", diz o
SENHOR. "Provocaram minha ira ao adorar ídolos que vocês fizeram
com as próprias mãos e trouxeram calamidades sobre si mesmos.
8Agora, o SENHOR dos Exércitos diz: Porque não me escutaram,
9reunirei todos os exércitos do norte sob o comando de meu servo
Nabucodonosor, rei da Babilônia. Eu os trarei contra esta terra e
seus habitantes e contra as nações vizinhas. Destruirei vocês com-
pletamente e os transformarei para sempre em ruínas e em objeto
de horror e desprezo. 10Acabarei com seus cânticos alegres e seu
riso, e não se ouvirão mais as vozes felizes de noivos e de noivas. As
pedras de moinho se calarão, e as luzes das casas se apagarão. 11Esta
terra inteira se transformará em desolação e ruína. Israel e as nações
vizinhas servirão ao rei da Babilônia durante setenta anos. 12"Então,

NO QUE ESTOU PENSANDO ○ | O QUE ESTOU SENTINDO ○ | DO QUE ESTOU LEMBRANDO ○

DESENHE OU ESCREVA

quando terminarem os setenta anos de exílio, castigarei o rei e o
povo da Babilônia por seus pecados", diz o SENHOR. "Transformarei
a terra dos babilônios em ruínas para sempre. 13Trarei sobre eles
todos os terrores que prometi neste livro, todos os castigos anun-
ciados por Jeremias contra as nações. 14Muitas nações e muitos
grandes reis escravizarão os babilônios, assim como eles escraviza-
ram meu povo. Eu os castigarei na mesma proporção do sofrimento
que causaram com suas ações."

O cálice da ira do SENHOR

15Assim me disse o SENHOR, o Deus de Israel: "Pegue da minha
mão este cálice cheio do vinho de minha ira e faça que bebam dele
todas as nações às quais eu o enviar. 16Quando beberem, ficarão
cambaleando, enlouquecidas por causa das guerras que enviarei
contra elas". 17Então peguei o cálice da ira do SENHOR e fiz todas as
nações beberem dele, cada uma das nações às quais o SENHOR me
enviou. 18Fui a Jerusalém e às outras cidades de Judá, e seus reis
e oficiais beberam do cálice. Hoje, não passam de ruína desolada,
objeto de horror, desprezo e maldição. 19Dei o cálice ao faraó, rei
do Egito, a seus servos e oficiais e a todo o seu povo, 20bem como
aos estrangeiros que vivem naquela terra. Também o dei a todos
os reis da terra de Uz e aos reis das cidades filisteias de Ascalom,
Gaza, Ecrom, e ao que resta de Asdode. 21Dei o cálice às nações de
Edom, Moabe e Amom, 22aos reis de Tiro e Sidom e aos reis das
regiões além do mar. 23Dei-o também a Dedã, Temá, Buz e àqueles
que vivem em lugares distantes. 24Dei-o aos reis da Arábia, aos
reis das tribos nômades do deserto 25e aos reis de Zinri, de Elão e
da Média. 26Dei-o ainda aos reis das terras do norte, próximas e
distantes, uma após a outra, a todos os reinos do mundo. E, por fim,
o próprio rei da Babilônia bebeu do cálice. 27Então o SENHOR me
disse: "Agora diga-lhes: 'Assim diz o SENHOR dos Exércitos, o Deus
de Israel: Bebam do cálice, fiquem embriagados e vomitem; caiam
para nunca mais levantar, pois envio contra vocês guerras terrí-
veis'. 28E, se não quiserem aceitar o cálice, diga-lhes: 'Assim diz o
SENHOR dos Exércitos: Vocês serão obrigados a beber. 29Comecei
a castigar Jerusalém, a cidade que leva meu nome. Acaso deixarei
que escapem do castigo? Não, vocês não escaparão. Trarei guerra
contra todas as nações da terra. Eu, o SENHOR dos Exércitos, falei!'.

30“Agora, profetize todas essas coisas e diga-lhes: “‘De sua san-
ta habitação nos céus o SENHOR rugirá contra sua terra. Gritará
como aqueles que pisam uvas, gritará contra todos os habitantes
da terra. 31O estrondo de sua voz chegará aos confins da terra,
pois o SENHOR apresentará sua causa contra as nações. Julgará
toda a humanidade e matará os perversos à espada. Eu, o SENHOR,
falei!’”. 32Assim diz o SENHOR dos Exércitos: “Vejam, a calamida-
de virá sobre uma nação após a outra! Um grande vendaval está
se formando nos confins da terra!”. 33Nesse dia, aqueles que o
SENHOR tiver massacrado encherão a terra de uma extremidade à
outra. Ninguém chorará por eles nem ajuntará seus corpos para
enterrá-los. Ficarão espalhados pela terra como esterco. 34Chorem
e gemam, pastores perversos! Rolem no pó, líderes do rebanho! O
dia de sua matança chegou; vocês cairão e se despedaçarão como
um vaso frágil. 35Não encontrarão lugar para se esconder, não terão
como escapar. 36Ouçam os gritos desesperados dos pastores, o
lamento dos líderes do rebanho, pois o SENHOR está destruindo o
pasto deles. 37Campos tranquilos serão devastados pela ira ardente
do SENHOR. 38Como um leão forte à procura de alimento, ele saiu
da toca; a terra dos pastores ficará em ruínas por causa da espada
do inimigo e da ira ardente do SENHOR.

CAPÍTULO 26

Jeremias escapa da morte

1Jeremias recebeu esta mensagem do SENHOR no início do reinado
de Jeoaquim, filho de Josias, rei de Judá: 2“Assim diz o SENHOR:
Vá ao pátio do templo do SENHOR e fale aos habitantes das cida-
des de Judá que vieram adorar no templo. Transmita-lhes minha
mensagem completa, sem que falte uma só palavra. 3Talvez eles
escutem e abandonem seus maus caminhos. Então voltarei atrás
e não enviarei a calamidade que estou prestes a derramar sobre
eles por causa de seus pecados. 4“Diga-lhes: ‘Assim diz o SENHOR:
Se vocês não me derem ouvidos e não obedecerem à minha lei,
que lhes dei, 5e se não derem ouvidos a meus servos, os profe-
tas – pois eu os enviei repetidamente para adverti-los, mas vocês
não quiseram ouvir –, 6então destruirei o templo, como destruí
Siló, o lugar onde ficava o tabernáculo. Farei de Jerusalém objeto
de maldição entre todas as nações da terra’”. 7Os sacerdotes, os

NO QUE ESTOU **PENSANDO** ○ | O QUE ESTOU **SENTINDO** ○ | DO QUE ESTOU **LEMBRANDO** ○

DESENHE OU ESCREVA

profetas e todo o povo ouviram Jeremias falar na frente do templo
do SENHOR. 8Quando Jeremias terminou sua mensagem e disse
tudo que o SENHOR lhe havia ordenado, os sacerdotes, os profetas
e todo o povo o atacaram e gritaram: “Vamos matá-lo! 9Que direito
você tem de profetizar, em nome do SENHOR, que este templo
será destruído como Siló? Que história é essa de que Jerusalém
será destruída e ficará desabitada?”. E todo o povo o ameaçava em
frente ao templo do SENHOR. 10Quando os oficiais de Judá ouviram
o que estava acontecendo, correram do palácio até o templo e
sentaram-se para julgar à entrada da porta Nova do templo do
SENHOR. 11Os sacerdotes e os profetas apresentaram suas acusa-
ções aos oficiais e ao povo. “Este homem deve ser condenado à
morte”, disseram. “Vocês ouviram com os próprios ouvidos que ele
profetizou contra esta cidade!” 12Então Jeremias disse aos oficiais e
ao povo: “O SENHOR me enviou para profetizar contra este templo
e esta cidade. O SENHOR me deu cada palavra que lhes falei. 13Se,
contudo, vocês deixarem de pecar e começarem a obedecer ao
SENHOR, seu Deus, ele voltará atrás e não enviará a calamidade
que anunciou contra vocês. 14Quanto a mim, estou em suas mãos.
Façam comigo o que lhes parecer melhor. 15Se me matarem, po-
rém, saibam que derramarão sangue inocente. Vocês, esta cidade e
cada um de seus habitantes serão responsabilizados por isso. Pois
é verdade que o SENHOR me enviou para dizer cada palavra que
ouviram”. 16Então os oficiais e o povo disseram aos sacerdotes e
aos profetas: “Este homem não merece a sentença de morte, pois
nos falou em nome do SENHOR, nosso Deus”. 17Então alguns dos
anciãos do povo se levantaram e falaram a todos que estavam
reunidos ali. 18Disseram: “Lembrem-se de quando Miqueias, de
Moresete, profetizou durante o reinado de Ezequias, rei de Judá.
Ele disse ao povo de Judá: ‘Assim diz o SENHOR dos Exércitos:
O monte Sião será lavrado como um campo aberto; Jerusalém
será transformada em ruínas. Mato cobrirá o monte onde hoje
está o templo’. 19Acaso o rei Ezequias e o povo o mataram porque
ele disse isso? Não, mas temeram o SENHOR e lhe suplicaram por
misericórdia. Então o SENHOR voltou atrás e não enviou a cala-
midade que havia pronunciado contra eles. Estamos prestes a
fazer grande mal a nós mesmos”. 20Urias, filho de Semaías, de
Quiriate-Jearim, também profetizava nessa época em nome do

SENHOR. E, como Jeremias, previu a mesma calamidade sobre a
cidade e a nação. 21Quando o rei Jeoaquim, os comandantes do
exército e os oficiais ouviram o que Urias disse, o rei planejou
matá-lo. Urias, porém, soube do plano e, com medo, fugiu para
o Egito. 22Então o rei Jeoaquim enviou Elnatã, filho de Acbor, e
outros homens ao Egito para capturar Urias. 23Eles o prenderam
e o levaram de volta ao rei Jeoaquim. O rei matou Urias com uma
espada e mandou sepultá-lo numa vala comum. 24Apesar disso,
Aicam, filho de Safã, protegeu Jeremias e convenceu o tribunal a
não o entregar à multidão para ser morto.

CAPÍTULO 27

Jeremias usa um jugo de boi

1Jeremias recebeu esta mensagem do SENHOR no início do rei-
nado de Zedequias, filho de Josias, rei de Judá. 2Assim me disse
o SENHOR: "Faça um jugo, ponha-o sobre o pescoço e prenda-o
com cordas de couro. 3Depois, envie mensagens aos reis de
Edom, Moabe, Amom, Tiro e Sidom por meio dos embaixado-
res que vieram ver o rei Zedequias em Jerusalém. 4Diga-lhes
que transmitam esta mensagem a seus senhores: 'Assim diz o
SENHOR dos Exércitos, o Deus de Israel: 5Com minha grande força
e meu braço poderoso, fiz a terra, todas as pessoas e todos os
animais. Isso tudo é meu, e posso entregá-lo a quem eu quiser.
6Agora, entregarei suas nações a meu servo, Nabucodonosor, rei da
Babilônia. Coloquei tudo debaixo de seu controle, até os animais
selvagens. 7Todas as nações servirão a ele, seu filho e seu neto,
até terminar o tempo deles. Então, muitas nações e grandes reis
conquistarão e dominarão a Babilônia. 8Submetam-se, portanto,
ao rei da Babilônia e sirvam-no. Coloquem o pescoço debaixo do
jugo da Babilônia. Eu castigarei qualquer nação que se recusar
a servi-lo. Enviarei guerra, fome e doença sobre essa nação até
que a Babilônia a conquiste. 9"'Não deem ouvidos a seus falsos
profetas, adivinhos, intérpretes de sonhos, médiuns e feiticeiros,
que dizem: 'O rei da Babilônia não os dominará'. 10São todos
mentirosos, e suas mentiras os levarão a ser expulsos da terra. Eu
os expulsarei e os enviarei para longe, e vocês morrerão. 11Mas a
nação que se sujeitar ao rei da Babilônia poderá continuar em sua
terra e cultivá-la. Eu, o SENHOR, falei!'". 12Depois, repeti a mesma

NO QUE ESTOU PENSANDO ○ | O QUE ESTOU SENTINDO ○ | DO QUE ESTOU LEMBRANDO ○

DESENHE OU ESCREVA

mensagem a Zedequias, rei de Judá: "Submeta-se ao jugo do rei
da Babilônia e de seu povo, e vocês viverão. 13Por que você e seu
povo morreriam? Por que escolher guerra, fome e doença que o
SENHOR trará contra toda nação que não se submeter ao rei da
Babilônia? 14Não deem ouvidos aos falsos profetas que lhes dizem:
'O rei da Babilônia não os dominará'. São mentirosos. 15Assim diz o
SENHOR: 'Não enviei esses profetas. Eles contam mentiras em meu
nome. Por isso expulsarei vocês desta terra. Todos vocês morrerão,
junto com todos esses profetas'". 16Então falei aos sacerdotes e ao
povo e disse: "Assim diz o SENHOR: 'Não deem ouvidos aos profetas
que afirmam que, em breve, serão devolvidos os objetos preciosos
que foram tirados do meu templo e levados para a Babilônia. É
tudo mentira. 17Não lhes deem ouvidos. Submetam-se ao rei da
Babilônia, e viverão. Por que provocar a destruição desta cidade
inteira? 18Se, de fato, eles são profetas e transmitem mensagens
do SENHOR, que orem ao SENHOR dos Exércitos e supliquem que
os objetos que restam no templo do SENHOR, no palácio do rei e
em Jerusalém não sejam levados para a Babilônia'. 19"Pois assim
diz o SENHOR dos Exércitos acerca das colunas à entrada do templo,
do tanque de bronze chamado Mar, das bases móveis e de todos
os outros objetos cerimoniais. 20Nabucodonosor, rei da Babilônia,
os deixou aqui quando levou Joaquim, filho de Jeoaquim, rei de
Judá, para o exílio na Babilônia com todos os nobres de Judá e
Jerusalém. 21Assim diz o SENHOR dos Exércitos, o Deus de Israel,
a respeito dos objetos preciosos que restaram no templo e no
palácio do rei de Judá: 22'Todos eles serão levados para a Babilônia
e ali ficarão até que eu mande buscá-los', diz o SENHOR. 'Então os
trarei de volta a Jerusalém'".

CAPÍTULO 28

Jeremias condena Hananias

1Naquele mesmo ano, o quarto ano do reinado de Zedequias, rei
de Judá, no mês de agosto, Hananias, filho de Azur, um profeta
de Gibeom, se dirigiu a mim publicamente no templo, diante de
todos os sacerdotes e do povo, e disse: 2"Assim diz o SENHOR dos
Exércitos, o Deus de Israel: 'Removerei do seu pescoço o jugo do
rei da Babilônia. 3Dentro de dois anos, trarei de volta todos os
objetos preciosos do templo que o rei Nabucodonosor levou para

a Babilônia. 4Também trarei de volta Joaquim, filho de Jeoaquim,
rei de Judá, e todos os outros exilados de Judá levados para a
Babilônia. Certamente quebrarei o jugo que o rei da Babilônia colo-
cou sobre seu pescoço. Eu, o SENHOR, falei!'". 5Jeremias respondeu
a Hananias diante de todos os sacerdotes e do povo que estava no
templo do SENHOR: 6"Amém! Que sua profecia se cumpra! Espero
que o SENHOR faça tudo que você anunciou. Espero que ele traga
de volta da Babilônia os objetos preciosos do templo e todos os
exilados. 7Agora, porém, ouça as palavras que lhe digo na presença
de todo o povo. 8Os antigos profetas, que vieram antes de você e
de mim, falaram contra muitas nações e grandes reinos, e sempre
advertiram a respeito de guerra, calamidade e doença. 9Portanto,
um profeta que anuncia paz precisa esperar que suas previsões se
cumpram antes de ser considerado, de fato, enviado pelo SENHOR".
10Então o profeta Hananias tirou do pescoço de Jeremias o jugo
e o quebrou em pedaços. 11E disse novamente a todo o povo:
"Assim diz o SENHOR: 'Assim como este jugo foi quebrado, dentro
de dois anos quebrarei o jugo de opressão de todas as nações que
agora estão sujeitas a Nabucodonosor, rei da Babilônia'". Depois
disso, Jeremias saiu dali. 12Logo após o confronto com Hananias, o
SENHOR deu esta mensagem a Jeremias: 13"Vá e diga a Hananias:
'Assim diz o SENHOR: Você quebrou o jugo de madeira, mas em
seu lugar colocou um jugo de ferro. 14O SENHOR dos Exércitos, o
Deus de Israel, diz: Coloquei um jugo de ferro sobre o pescoço
de todas essas nações para serem escravas de Nabucodonosor,
rei da Babilônia. Coloquei tudo debaixo de seu controle, até os
animais selvagens'". 15Então Jeremias disse a Hananias: "Ouça,
Hananias! O SENHOR não enviou você, mas o povo acredita em
suas mentiras. 16Por isso, assim diz o SENHOR: 'Você morrerá. Sua
vida chegará ao fim ainda este ano, pois você se rebelou contra
o SENHOR'". 17Naquele mesmo ano, dois meses depois, o profeta
Hananias morreu.

CAPÍTULO 29

Uma carta para os exilados

1O profeta Jeremias escreveu uma carta e a enviou de Jerusalém
aos líderes, sacerdotes, profetas e a todo o povo que o rei
Nabucodonosor havia levado para a Babilônia. 2Isso aconteceu
depois que o rei Joaquim, a rainha-mãe, os oficiais do palácio e
os outros oficiais de Judá, bem como todos os artífices e artesãos,
foram deportados de Jerusalém. 3Ele enviou a carta por meio
de Elasa, filho de Safã, e de Gemarias, filho de Hilquias, quan-
do eles foram à Babilônia como embaixadores de Zedequias a
Nabucodonosor. A carta de Jeremias dizia: 4Assim diz o SENHOR dos
Exércitos, o Deus de Israel, a todos os exilados que ele deportou de
Jerusalém para a Babilônia: 5"Construam casas e estabeleçam-se
nelas. Plantem pomares e comam os frutos que eles produzirem.
6Casem-se e tenham filhos. Encontrem esposas para seus filhos e
maridos para suas filhas, a fim de que vocês tenham muitos ne-
tos. Multipliquem-se! Não diminuam! 7Trabalhem pela paz e pela
prosperidade da cidade para a qual os deportei. Orem por ela ao
SENHOR, pois a prosperidade de vocês depende da prosperidade
dela". 8Assim diz o SENHOR dos Exércitos, o Deus de Israel: "Não
se deixem enganar pelos profetas e adivinhos que há no meio de
vocês na terra da Babilônia. Não deem ouvidos aos sonhos deles,
porque sonham o que vocês querem ouvir. 9Eles contam menti-
ras em meu nome. Eu não os enviei", diz o SENHOR. 10Assim diz o
SENHOR: "Vocês ficarão na Babilônia durante setenta anos. Depois
disso, eu virei e cumprirei todas as boas promessas que lhes fiz e
os trarei de volta para casa. 11Porque eu sei os planos que tenho
para vocês", diz o SENHOR. "São planos de bem, e não de mal, para
lhes dar o futuro pelo qual anseiam. 12Naqueles dias, quando vocês
clamarem por mim em oração, eu os ouvirei. 13Se me buscarem de
todo o coração, me encontrarão. 14Serei encontrado por vocês", diz
o SENHOR. "Acabarei com seu exílio e os restaurarei. Eu os reunirei
de todas as nações para as quais os enviei e os trarei de volta para
casa, para sua terra." 15Vocês dizem que o SENHOR levantou profetas
para vocês na Babilônia. 16Mas assim diz o SENHOR acerca do rei
sentado no trono de Davi e de todos que ainda moram aqui em
Jerusalém, seus compatriotas que não foram enviados para o exílio
na Babilônia. 17Assim diz o SENHOR dos Exércitos: "Enviarei guerra,
fome e doença sobre eles e farei que sejam como figos ruins, tão
estragados que não servem para comer. 18Sim, eu os perseguirei
com guerra, fome e doença e os espalharei pelo mundo. Em todas
as nações para onde eu os enviar, farei deles objeto de condenação,
horror, desprezo e zombaria. 19Pois não querem me ouvir, embora

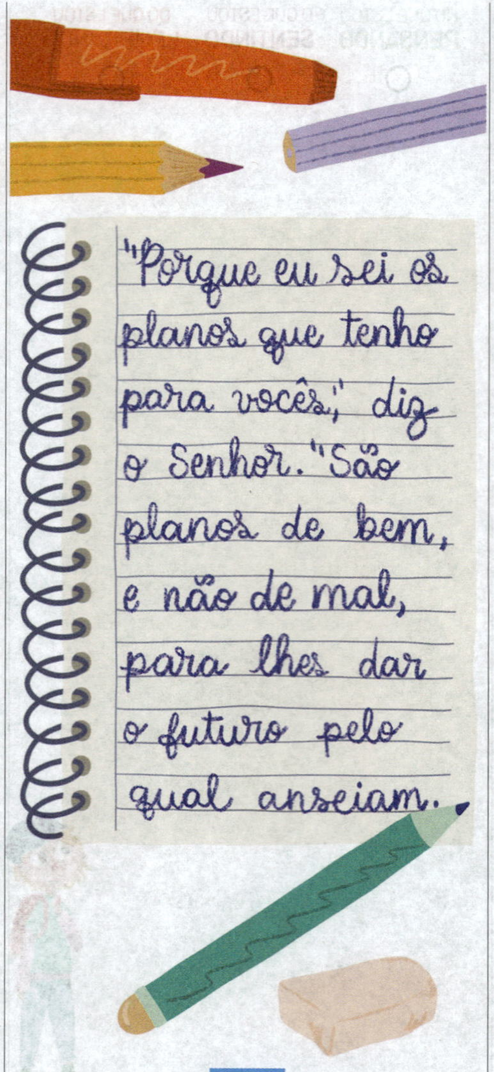

Jr 29.11

eu lhes tenha falado repetidamente por meio dos profetas que
enviei. E vocês que estão no exílio também não deram ouvidos",
diz o SENHOR. **20**Portanto, ouçam esta mensagem do SENHOR, todos
vocês exilados na Babilônia. **21**Assim diz o SENHOR dos Exércitos, o
Deus de Israel, acerca de seus profetas – Acabe, filho de Colaías,
e Zedequias, filho de Maaseias – que contam mentiras em meu
nome: "Eu os entregarei a Nabucodonosor, rei da Babilônia, para
que sejam mortos diante de vocês. **22**O terrível destino deles se
tornará notório; por isso, quando os exilados judeus quiserem
amaldiçoar alguém, dirão: 'Que o SENHOR faça com você o que
fez com Zedequias e Acabe, que foram queimados vivos pelo rei
da Babilônia!'. **23**Pois esses homens fizeram coisas horríveis entre
meu povo: cometeram adultério com a esposa de seu próximo e
mentiram em meu nome, dizendo coisas que eu não havia ordenado. E eu sou testemunha disso. Eu, o SENHOR, falei".

Mensagem para Semaías

24O SENHOR enviou esta mensagem a Semaías, o neelamita:
25"Assim diz o SENHOR dos Exércitos, o Deus de Israel: Você escreveu uma carta em seu próprio nome para o sacerdote Sofonias,
filho de Maaseias, e enviou cópias para outros sacerdotes e para o
povo em Jerusalém. Você escreveu: **26**'O SENHOR o nomeou para
substituir Joiada, o sacerdote encarregado do templo do SENHOR.
É responsabilidade sua prender no tronco e colocar uma corrente
de ferro no pescoço de qualquer louco que afirmar ser profeta.
27Por que, então, não fez nada para deter Jeremias, de Anatote,
que finge ser profeta entre vocês? **28**Jeremias enviou uma carta à
Babilônia e previu que nosso exílio seria longo. Disse: 'Construam
casas e estabeleçam-se nelas. Plantem pomares e comam os frutos que eles produzirem'". **29**Quando o sacerdote Sofonias recebeu
essa carta, leu-a para Jeremias. **30**Então o SENHOR deu esta mensagem a Jeremias: **31**"Envie uma carta aberta a todos os exilados
na Babilônia. Diga-lhes: 'Assim diz o SENHOR acerca de Semaías,
o neelamita: Porque ele profetizou a vocês sem que eu o tivesse
enviado e os fez acreditar em suas mentiras, **32**castigarei a ele e a
sua família. Nenhum de seus descendentes verá as coisas boas
que farei por meu povo, pois ele os incitou a se rebelarem contra
mim. Eu, o SENHOR, falei!'".

NO QUE ESTOU **PENSANDO** ○ | O QUE ESTOU **SENTINDO** ○ | DO QUE ESTOU **LEMBRANDO** ○

DESENHE OU ESCREVA

CAPÍTULO 30

Promessas de livramento

1O SENHOR deu outra mensagem a Jeremias: **2**"Assim diz o SENHOR,
o Deus de Israel: Jeremias, registre por escrito tudo que eu lhe
disse. **3**Porque está chegando o dia em que restaurarei meu povo
de Israel e de Judá. Eu os trarei para casa, para esta terra que dei a
seus antepassados, e eles voltarão a possuí-la. Eu, o SENHOR, falei!".
4Esta é a mensagem do SENHOR acerca de Israel e de Judá. **5**Assim
diz o SENHOR: "Ouço gritos de medo; há terror, e não paz. **6**Parem
e pensem: Acaso homens dão à luz? Então por que estão aí, com
o rosto pálido e as mãos na barriga, como a mulher em trabalho
de parto? **7**Em toda a história, nunca houve uma ocasião de tanto
terror; será um tempo de angústia para Israel. No final, porém,
ele será resgatado! **8**Pois naquele dia", diz o SENHOR dos Exércitos,
"quebrarei o jugo que está sobre seu pescoço e arrebentarei suas
correntes; não serão mais escravizados por estrangeiros. **9**Pois meu
povo servirá ao SENHOR, seu Deus, e ao descendente de Davi, o rei
que estabelecerei para eles. **10**"Portanto, não tenha medo, meu servo Jacó; não desanime, ó Israel", diz o SENHOR. "Pois o trarei de volta
de terras distantes, e seus descendentes retornarão do exílio. Israel
voltará a ter uma vida de paz e sossego, e ninguém o assustará.
11Porque estou com você e o resgatarei", diz o SENHOR. "Destruirei
completamente todas as nações entre as quais o espalhei, mas
você não será completamente destruído. Eu o disciplinarei, mas
com justiça; não posso permitir que fique impune." **12**Assim diz
o SENHOR: "Seu ferimento é incurável; é uma ferida grave. **13**Não
há ninguém para socorrê-la, não há remédio que cure sua ferida.
14Todos os seus amantes a abandonaram; não se importam com
você. Eu a feri cruelmente, como se fosse meu inimigo. Pois seus
pecados são muitos, e sua culpa é grande. **15**Por que se queixa
de seu castigo, dessa ferida que não tem cura? Tive de castigá-la,
pois seus pecados são muitos, e sua culpa é grande. **16**"Mas todos
que a devorarem serão devorados, todos os seus inimigos serão
enviados para o exílio. Todos que a saquearem serão saqueados,
todos que a despojarem serão despojados. **17**Restaurarei sua saúde
e curarei suas feridas", diz o SENHOR. "Pois a chamam de rejeitada,
'Sião, cidade com que ninguém se importa'." **18**Assim diz o SENHOR:
"Quando eu trouxer Israel de volta do exílio e restaurar sua situação,

Jerusalém será reconstruída sobre suas ruínas, e o palácio voltará
a ser habitado. 19Haverá alegria e cânticos de gratidão, e eu farei
meu povo se multiplicar, e não diminuir; eu os honrarei, e não os
humilharei. 20Seus filhos prosperarão, como no passado; eu os
estabelecerei como nação diante de mim e castigarei quem lhes
fizer mal. 21Voltarão a ter o próprio governante, e ele virá do meio
deles. Eu o aproximarei de mim", diz o SENHOR, "pois quem ousaria
se aproximar por conta própria? 22Vocês serão o meu povo, e eu
serei o seu Deus." 23Vejam, a ira do SENHOR irrompe como uma
tempestade, um vendaval sobre a cabeça dos perversos! 24A ira
ardente do SENHOR não passará até que ele cumpra tudo que pla-
nejou. Em dias futuros, vocês entenderão tudo isso.

CAPÍTULO 31

Esperança de restauração

1"Naquele tempo", diz o SENHOR, "eu serei o Deus de todas as fa-
mílias de Israel, e eles serão o meu povo. 2Assim diz o SENHOR:
"Os que sobreviverem à destruição que está por vir encontrarão
favor até no deserto, pois darei descanso ao povo de Israel." 3Há
muito tempo, o SENHOR disse a Israel: "Eu amei você com amor
eterno, com amor leal a atraí para mim. 4Eu a reconstruirei, Israel,
minha filha virgem; você voltará a ser feliz e a dançar alegremente
com seus tamborins. 5Voltará a plantar suas videiras nos montes
de Samaria e ali comerá de seus frutos. 6Virá o dia em que os vigias
gritarão da região montanhosa de Efraim: 'Venham, vamos subir
a Sião para adorar o SENHOR, nosso Deus!'". 7Assim diz o SENHOR:
"Cantem de alegria por causa de Israel, pois ela é a maior das na-
ções! Cantem alegres louvores, dizendo: 'Ó SENHOR, salva teu povo,
o remanescente de Israel!'. 8Pois eu os trarei de volta do norte e dos
confins da terra. Não me esquecerei dos cegos nem dos aleijados,
nem das grávidas nem das mulheres em trabalho de parto; uma
grande multidão voltará! 9Virão com lágrimas de alegria, e eu os
conduzirei para casa com grande cuidado. Andarão junto a riachos
tranquilos e em caminhos planos, onde não tropeçarão. Pois eu
sou o pai de Israel, e Efraim é meu filho mais velho. 10"Ouçam
esta mensagem do SENHOR, ó nações, anunciem estas palavras
nos litorais distantes: Aquele que espalhou seu povo o reunirá e o
guardará, como um pastor cuida de seu rebanho. 11Pois o SENHOR

Jr 31.13

resgatou Israel daqueles que eram mais fortes que ele. 12Eles virão
e cantarão de alegria no alto do monte Sião; estarão radiantes pelas
boas dádivas do SENHOR: cereais, vinho novo, azeite, rebanhos e
gado. Sua vida será como um jardim regado, e não haverá mais
tristeza. 13As moças dançarão de alegria, e os homens – jovens e
idosos – tomarão parte na celebração. Transformarei seu pranto em
alegria; eu os consolarei e lhes darei exultação em lugar de tristeza.
14Seus sacerdotes terão fartura de alimento, e meu povo se saciará
com minhas boas dádivas. Eu, o SENHOR, falei!"

A tristeza de Raquel se transforma em alegria

15Assim diz o SENHOR: "Ouve-se um clamor em Ramá, angústia
profunda e pranto amargo. Raquel chora por seus filhos e se recusa
a ser consolada, pois eles já não existem". 16Agora, porém, assim diz
o SENHOR: "Não chore mais, pois eu a recompensarei por seu choro",
diz o SENHOR. "Seus filhos voltarão da terra do inimigo. 17Há espe-
rança para seu futuro", diz o SENHOR. "Seus filhos voltarão para sua
terra. 18Ouvi Israel dizer: 'Tu me disciplinaste severamente, como
bezerro que precisa ser domesticado. Faze-me voltar para ti e res-
taura-me, pois somente tu és o SENHOR, meu Deus. 19Afastei-me
de Deus, mas depois me arrependi. Indignei-me comigo mesmo
por causa de minha estupidez. Senti profunda vergonha de tudo
que fiz quando era jovem'. 20"Acaso Israel não continua a ser meu
filho querido?", diz o SENHOR. "Tenho de castigá-lo com frequência,
mas ainda assim o amo. Por isso meu coração anseia por ele e dele
certamente terei misericórdia. 21Ponha sinais na estrada, coloque
postes indicadores. Preste atenção no caminho pelo qual você veio.
Volte, ó minha filha virgem, Israel, volte para suas cidades. 22Até
quando andará sem rumo, minha filha rebelde? Porque o SENHOR
fará algo novo acontecer: Israel abraçará seu Deus." 23Assim diz o
SENHOR dos Exércitos, o Deus de Israel: "Quando eu restaurar o
povo, os habitantes de Judá e de suas cidades dirão novamente:
'O SENHOR a abençoe, ó morada justa, ó monte santo!'. 24O povo
das cidades, os lavradores e os pastores habitarão juntos em Judá.
25Pois dei descanso aos exaustos e alegria aos aflitos". 26Então acor-
dei e olhei ao redor. Meu sono havia sido muito agradável. 27"Está
chegando o dia", diz o SENHOR, "em que farei aumentar o número
de pessoas e de animais em Israel e em Judá. 28No passado, tive o

cuidado de arrancar e derrubar esta nação. Eu a arrasei e a destruí
e trouxe calamidade sobre ela. No futuro, porém, terei o mesmo
cuidado de edificá-la e plantá-la. Eu, o SENHOR, falei! 29“O povo não
citará mais este provérbio: ‘Os pais comeram uvas azedas, mas os
dentes dos filhos é que estragaram’. 30Cada um morrerá por seus
próprios pecados; quem comer uvas azedas é que ficará com os
dentes estragados. 31“Está chegando o dia”, diz o SENHOR, “em que
farei uma nova aliança com o povo de Israel e de Judá. 32Não será
como a aliança que fiz com seus antepassados, quando os tomei
pela mão e os tirei da terra do Egito. Embora eu os amasse como
o marido ama a esposa, eles quebraram a aliança”, diz o SENHOR.
33“E esta é a nova aliança que farei com o povo de Israel depois
daqueles dias”, diz o SENHOR. “Porei minhas leis em sua mente
e as escreverei em seu coração. Serei o seu Deus, e eles serão o
meu povo. 34E não será necessário ensinarem a seus vizinhos e
parentes, dizendo: ‘Você precisa conhecer o SENHOR’. Pois todos,
desde o mais humilde até o mais importante, me conhecerão”, diz
o SENHOR. “E eu perdoarei sua maldade e nunca mais me lembrarei
de seus pecados.” 35O SENHOR dá o sol para iluminar o dia e a lua
e as estrelas para iluminarem a noite; agita o mar e faz rugir as
ondas. Seu nome é SENHOR dos Exércitos, e é isto o que ele diz:
36“Assim como não anulo as leis da natureza, não descartarei meu
povo, Israel”. 37Assim diz o SENHOR: “Assim como não se pode medir
os céus nem explorar os alicerces da terra, não rejeitarei o povo de
Israel pelo mal que fizeram. Eu, o SENHOR, falei!”. 38“Está chegando
o dia”, diz o SENHOR, “em que Jerusalém será reconstruída para
mim, desde a torre de Hananeel até o portão da Esquina. 39Uma
linha de medir será estendida sobre a colina de Garebe até Goa.
40Toda a região, incluindo o cemitério e o lugar onde se jogavam
as cinzas, e todos os campos a leste, até o vale de Cedrom e até o
portão dos Cavalos, serão santos para o SENHOR. Jerusalém nunca
mais será conquistada nem destruída.”

CAPÍTULO 32

Jeremias compra um campo

1Jeremias recebeu esta mensagem do SENHOR no décimo ano do
reinado de Zedequias, rei de Judá. Esse também foi o décimo oi-
tavo ano do reinado de Nabucodonosor. 2Nessa ocasião, o exército

babilônio cercava Jerusalém, e Jeremias estava preso no pátio da
guarda, no palácio real. 3Zedequias, rei de Judá, o havia colocado
ali e perguntado por que ele continuava a anunciar esta profecia:
“Assim diz o SENHOR: ‘Estou prestes a entregar esta cidade ao rei
da Babilônia, e ele a conquistará. 4O rei Zedequias será captura-
do pelos babilônios e levado para falar face a face com o rei da
Babilônia. 5O rei levará Zedequias para a Babilônia, onde lidarei
com ele’, diz o SENHOR. ‘Vocês não serão bem-sucedidos se luta-
rem contra os babilônios’”. 6Nesse tempo, o SENHOR me enviou
uma mensagem: 7“Seu primo Hanameel, filho de Salum, virá e
lhe dirá: ‘Compre meu campo em Anatote. Pela lei, você tem direito
de comprá-lo antes que eu o ofereça a outro’”. 8Exatamente como o
SENHOR tinha dito, meu primo Hanameel veio me visitar na prisão e
disse: “Compre meu campo em Anatote, na terra de Benjamim. Pela
lei, você tem direito de comprá-lo antes que eu o ofereça a outro.
Portanto, compre-o para si”. Então entendi que a mensagem que eu
tinha ouvido era do SENHOR. 9Assim, comprei o campo em Anatote
e paguei a Hanameel dezessete peças de prata. 10Assinei e selei a
escritura diante de testemunhas, pesei a prata e lhe paguei. 11Em
seguida, peguei a escritura selada e uma cópia não selada com os
termos e as condições da compra 12e as entreguei a Baruque, filho
de Nerias, neto de Maaseias. Fiz tudo isso na presença de meu
primo Hanameel, das testemunhas que assinaram a escritura e
dos homens de Judá que estavam no pátio da guarda. 13Então,
na presença deles, disse a Baruque: 14“Assim diz o SENHOR dos
Exércitos, o Deus de Israel: ‘Pegue a escritura selada e a cópia não
selada e coloque-as num vaso de barro, a fim de conservá-las por
muito tempo’. 15Pois assim diz o SENHOR dos Exércitos, o Deus de
Israel: ‘Algum dia, as pessoas voltarão a ter propriedades nesta terra
e comprarão e venderão casas, vinhedos e campos’”.

A oração de Jeremias

16Depois que entreguei os documentos a Baruque, filho de Nerias,
orei ao SENHOR: 17“Ó Soberano SENHOR! Tu fizeste os céus e a terra
com tua mão forte e teu braço poderoso. Nada é difícil demais para
ti! 18Mostras tua bondade a milhares de pessoas, mas também
permites que as consequências do pecado de uma geração recaiam
sobre a geração seguinte. Tu és Deus grande e poderoso, o SENHOR

dos Exércitos. 19Tens toda sabedoria e fazes grandes milagres. Vês
a conduta de todos e lhes dás o que merecem. 20Realizaste sinais
e maravilhas na terra do Egito, feitos lembrados ainda hoje. E con-
tinuas a fazer grandes milagres em Israel e em todo o mundo. Por
isso o teu nome é famoso até hoje. 21"Tiraste Israel do Egito com
sinais e maravilhas, com mão forte e braço poderoso e com grande
terror. 22Deste ao povo de Israel esta terra que havias prometido a
seus antepassados muito tempo atrás, terra que produz leite e mel
com fartura. 23Nossos antepassados vieram e tomaram posse da
terra, mas não quiseram te obedecer nem seguir tuas instruções.
Não fizeram nada do que lhes ordenaste. Por isso enviaste sobre
eles esta terrível calamidade. 24"Vê como foram construídas rampas
junto aos muros da cidade! Por meio de guerra, fome e doença, a
cidade será entregue aos babilônios, que a conquistarão. Tudo acon-
teceu exatamente como anunciaste. 25E, no entanto, ó Soberano
SENHOR, ordenaste que eu comprasse o campo e pagasse um bom
preço por ele diante destas testemunhas, embora a cidade esteja
prestes a ser entregue aos babilônios".

Profecia da queda de Jerusalém

26Então Jeremias recebeu esta mensagem do SENHOR: 27"Eu sou o
SENHOR, o Deus de toda a humanidade. Acaso alguma coisa é difícil
demais para mim? 28Portanto, assim diz o SENHOR: Entregarei esta
cidade aos babilônios e a Nabucodonosor, rei da Babilônia, e ele a
conquistará. 29Os babilônios que estão cercando os muros entrarão
na cidade e a incendiarão. Queimarão todas as casas em que o povo
provocou minha ira queimando incenso a Baal em seus terraços
e apresentando ofertas derramadas a outros deuses. 30Desde o
princípio, Israel e Judá fizeram somente o mal. Provocaram minha
ira com suas maldades", diz o SENHOR. 31"Desde o dia em que esta
cidade foi construída até hoje, não fez outra coisa senão despertar
minha fúria, por isso estou decidido a me livrar dela. 32"Os pecados
de Israel e de Judá – os pecados do povo de Jerusalém, dos reis,
dos oficiais, dos sacerdotes e dos profetas – provocaram minha ira.
33Meu povo deu as costas para mim e se recusou a voltar. Embora
eu os tenha ensinado repetidamente, não quiseram receber ins-
trução nem obedecer. 34Colocaram seus ídolos detestáveis em
meu templo e o profanaram. 35Construíram lugares de adoração

Jr 32.40

a Baal no vale de Ben-Hinom e ali sacrificaram seus filhos e filhas
a Moloque. Jamais ordenei tamanha maldade; nunca me passou
pela mente! Esse terrível mal fez Israel pecar."

Promessa de restauração

36"Agora, quero dizer algo mais a respeito desta cidade. Vocês
afirmam: 'Ela será entregue ao rei da Babilônia por meio de
guerra, fome e doença'. Mas assim diz o SENHOR, o Deus de Israel:
37Certamente trarei meu povo de volta de todas as nações entre as
quais o espalhei em minha fúria. Eu os trarei de volta para este lugar
e farei que vivam em segurança. 38Eles serão o meu povo, e eu serei
o seu Deus. 39Eu lhes darei um só coração e um só propósito: ado-
rar-me para sempre, para o seu próprio bem e para o bem de seus
descendentes. 40Estabelecerei com eles uma aliança permanente:
jamais deixarei de lhes fazer o bem. Porei em seu coração o desejo
de me adorar, e eles nunca se afastarão de mim. 41Terei alegria em
lhes fazer o bem e os plantarei nesta terra firmemente, de todo o
coração. 42"Assim diz o SENHOR: Assim como trouxe todas essas ca-
lamidades sobre eles, também lhes farei todo o bem que prometi.
43Campos voltarão a ser comprados e vendidos nesta terra sobre
a qual hoje vocês dizem: 'Foi arrasada pelos babilônios, é uma
terra desolada, em que não há mais pessoas nem animais'. 44Sim,
campos voltarão a ser comprados e vendidos e escrituras serão as-
sinadas na terra de Benjamim, aqui em Jerusalém, nas cidades de
Judá, na região montanhosa, nas colinas de Judá e no Neguebe.
Pois, um dia, eu os restaurarei à sua terra. Eu, o SENHOR, falei!"

CAPÍTULO 33

Promessas de paz e prosperidade

1Enquanto Jeremias estava preso no pátio da guarda, o SENHOR
lhe deu outra mensagem: 2"Assim diz o SENHOR, o SENHOR que
fez a terra, que a formou e a estabeleceu; o SENHOR é seu nome:
3Pergunte-me e eu lhe contarei coisas maravilhosas, segredos que
você não sabe, a respeito do que está por vir. 4Pois assim diz o
SENHOR, o Deus de Israel: Vocês derrubaram as casas desta cidade e
até o palácio do rei a fim de obter material para fortalecer os muros
contra as rampas de cerco e as espadas dos inimigos. 5Esperam
lutar contra os babilônios, mas os homens desta cidade já estão

praticamente mortos, pois, em minha ira ardente, decidi destruí-los.
Abandonei-os por causa de toda a sua maldade. 6“Virá o dia, porém,
em que curarei as feridas de Jerusalém e lhe darei prosperidade e
paz verdadeira. 7Restaurarei o povo de Judá e de Israel à sua terra
e reconstruirei suas cidades. 8Eu as purificarei de suas maldades
contra mim e perdoarei todos os seus pecados de rebeldia. 9Então
esta cidade me trará louvor, glória e honra diante de todas as na-
ções da terra! Os povos do mundo verão todo o bem que faço por
meu povo e tremerão de espanto diante da paz e da prosperidade
que lhes dou. 10“Assim diz o SENHOR: Vocês disseram: ‘Esta é uma
terra desolada, onde não há mais pessoas nem animais’. Contudo,
nas ruas vazias de Jerusalém e das outras cidades de Judá serão
ouvidos novamente 11os sons de alegria e de riso. As vozes felizes
de noivos e de noivas voltarão a ser ouvidas, e também os cânticos
alegres dos que trazem ofertas de gratidão ao SENHOR. Cantarão:
‘Deem graças ao SENHOR dos Exércitos, porque o SENHOR é bom;
seu amor dura para sempre!’. Pois eu restaurarei a situação desta
terra ao que era no passado, diz o SENHOR. 12“Assim diz o SENHOR
dos Exércitos: Embora hoje esta terra esteja desolada e não tenha
pessoas nem animais, um dia voltará a ter pastos para os quais os
pastores levarão seus rebanhos. 13Os pastores voltarão a contar seus
rebanhos nas cidades da região montanhosa, nas colinas de Judá,
no Neguebe, na terra de Benjamim, nos arredores de Jerusalém e
em todas as cidades de Judá. Eu, o SENHOR, falei! 14“Virá o dia, diz
o SENHOR, em que farei por Israel e por Judá todo o bem que lhes
prometi. 15“Naquele dia e naquele tempo, levantarei um Renovo,
um descendente justo da linhagem do rei Davi. Ele fará o que é justo
e certo em toda a terra. 16Nesse dia, Judá será salvo, e Jerusalém
viverá em segurança. E este será seu nome: ‘O SENHOR é nossa
justiça’. 17Porque assim diz o SENHOR: Sempre haverá um descen-
dente de Davi no trono de Israel. 18E sempre haverá sacerdotes le-
vitas para me oferecer holocaustos, ofertas de cereais e sacrifícios”.
19Então Jeremias recebeu esta mensagem do SENHOR: 20“Assim diz
o SENHOR: Se alguém conseguisse anular minha aliança com o dia e
com a noite, de modo que um não viesse depois do outro, 21então
se anularia minha aliança com meu servo Davi. Só então deixaria
de haver um descendente para reinar em seu trono. O mesmo se
aplica à minha aliança com os sacerdotes levitas que me servem.

NO QUE ESTOU **PENSANDO** ○ | O QUE ESTOU **SENTINDO** ○ | DO QUE ESTOU **LEMBRANDO** ○

DESENHE OU ESCREVA

22Como não se pode contar as estrelas no céu nem medir a areia na
beira do mar, assim também tornarei incontáveis os descendentes
de meu servo Davi e os levitas que me servem”. 23O SENHOR deu
outra mensagem a Jeremias: 24“Você observou o que o povo anda
dizendo? ‘O SENHOR escolheu Judá e Israel e depois os abandonou!’
Desprezam meu povo e dizem que não deve ser considerada nação.
25Mas assim diz o SENHOR: Como não anularei minhas leis que
governam o dia e a noite, o céu e a terra, assim também não rejei-
tarei meu povo. 26Jamais abandonarei os descendentes de Jacó e
de meu servo Davi, nem mudarei o plano de que os descendentes
de Davi governem os descendentes de Abraão, Isaque e Jacó. Pelo
contrário, eu os restaurarei à sua terra e terei compaixão deles”.

CAPÍTULO 34

Advertência para Zedequias

1Nabucodonosor, rei da Babilônia, veio com todos os exércitos dos
reinos que ele governava e lutou contra Jerusalém e contra as ci-
dades de Judá. Naquela ocasião, Jeremias recebeu esta mensagem
do SENHOR: 2“Vá a Zedequias, rei de Judá, e diga-lhe: ‘Assim diz
o SENHOR, o Deus de Israel: Estou prestes a entregar esta cidade
ao rei da Babilônia, e ele a queimará de alto a baixo. 3Você não
escapará das mãos dele, mas será capturado e levado para falar face
a face com o rei da Babilônia. Então será enviado para o exílio na
Babilônia. 4“Ouça, porém, esta promessa do SENHOR, ó Zedequias,
rei de Judá. Assim diz o SENHOR: Você não morrerá na guerra, 5mas
em paz. O povo queimará incenso em sua honra, como fizeram em
honra de seus antepassados, os reis que o precederam. Chorarão
por você e lamentarão: ‘Que tristeza! Nosso rei morreu!’. Eu decretei
isso, diz o SENHOR’”. 6O profeta Jeremias transmitiu essa mensagem
a Zedequias, rei de Judá. 7Nessa época, o exército babilônio cercava
Jerusalém, Laquis e Azeca, as únicas cidades fortificadas de Judá
que ainda não tinham sido conquistadas.

Libertação dos escravos hebreus

8Jeremias recebeu esta mensagem do SENHOR depois que o rei
Zedequias fez uma aliança com o povo para libertar os escravos.
9Ele havia ordenado que todo o povo libertasse suas escravas e seus
escravos hebreus. Ninguém devia manter em escravidão alguém

de seu próprio povo. 10 Os oficiais e todo o povo tinham obedecido
à ordem do rei e libertado cada um de seus escravos, 11 mas depois
mudaram de ideia. Tomaram de volta os homens e as mulheres
que haviam libertado e os obrigaram a ser escravos novamente.
12 Então o SENHOR lhes deu esta mensagem por meio de Jeremias:
13 "Assim diz o SENHOR, o Deus de Israel: Fiz uma aliança com seus
antepassados muito tempo atrás, quando os livrei da escravidão
no Egito. 14 Disse-lhes que todo escravo hebreu deveria ser liberto
depois de servir durante seis anos. Contudo, seus antepassados
não me deram ouvidos nem me obedeceram. 15 Há pouco tempo,
vocês se arrependeram e fizeram o que era certo aos meus olhos.
Libertaram os escravos e fizeram comigo uma aliança solene no
templo que leva meu nome. 16 Agora, porém, voltaram atrás em seu
juramento e profanaram meu nome ao pegar de volta os homens e
as mulheres que haviam libertado e os obrigar a ser escravos nova-
mente. 17 "Portanto, assim diz o SENHOR: Vocês não me obedeceram
e não libertaram seu povo. Por isso lhes darei liberdade para serem
destruídos por guerra, doença e fome. Vocês serão objeto de horror
para todas as nações da terra. 18 Porque não cumpriram os termos
de minha aliança, eu os cortarei ao meio, como vocês cortaram o
bezerro e caminharam entre as duas partes para confirmar seus
votos. 19 Sim, cortarei ao meio todos que se comprometeram com
a aliança, quer sejam oficiais de Judá e de Jerusalém, oficiais do
palácio, sacerdotes ou gente comum. 20 Eu os entregarei a seus
inimigos, e eles os matarão. Seus corpos servirão de alimento para
os abutres e os animais selvagens. 21 "Entregarei Zedequias, rei de
Judá, e seus oficiais ao exército do rei da Babilônia. E, embora te-
nham se retirado de Jerusalém por um tempo, 22 chamarei de volta
os exércitos babilônios. Eles lutarão contra a cidade, a conquistarão
e a queimarão de alto a baixo. Farei que todas as cidades de Judá
sejam destruídas e que ninguém more nelas".

CAPÍTULO 35

A fidelidade dos recabitas

1 O SENHOR deu esta mensagem a Jeremias quando Jeoaquim, filho
de Josias, era rei de Judá: 2 "Vá ao local onde moram os recabitas
e convide-os para vir ao templo do SENHOR. Leve-os para uma das
salas internas e ofereça-lhes vinho". 3 Então fui buscar Jazanias,

NO QUE ESTOU **PENSANDO** ○ | O QUE ESTOU **SENTINDO** ○ | DO QUE ESTOU **LEMBRANDO** ○

DESENHE OU ESCREVA

filho de Jeremias e neto de Habazinias, e todos os seus irmãos e
filhos, que representavam todas as famílias dos recabitas. 4 Levei-
os ao templo do SENHOR e fomos à sala dos filhos de Hanã, filho
de Jigdalias, homem de Deus. Ficava ao lado da sala usada pelos
oficiais do templo, logo acima da sala de Maaseias, filho de Salum,
porteiro do templo. 5 Coloquei diante deles taças e jarras cheias
de vinho e os convidei a beber, 6 mas eles recusaram, dizendo:
"Não bebemos vinho, pois nosso antepassado, Jonadabe, filho de
Recabe, nos deu esta ordem: 'Nunca bebam vinho, nem vocês nem
seus descendentes. 7 Não construam casas, não plantem lavouras
nem possuam vinhedos; vivam sempre em tendas. Com isso, terão
vida longa e feliz nesta terra'. 8 Assim, temos obedecido a tudo que
ele nos ordenou. Nunca bebemos vinho, nem nós, nem nossas
esposas, nem nossos filhos e filhas. 9 Não construímos casas, nem
possuímos vinhedos e campos, nem plantamos lavouras. 10 Temos
vivido em tendas e obedecido fielmente a todas as ordens de nos-
so antepassado Jonadabe. 11 Mas, quando Nabucodonosor, rei da
Babilônia, atacou esta terra, tivemos medo dos exércitos babilônios
e sírios e resolvemos nos mudar para Jerusalém. Por isso estamos
aqui". 12 Então o SENHOR deu esta mensagem a Jeremias: 13 "Assim
diz o SENHOR dos Exércitos, o Deus de Israel: Vá e diga aos habitan-
tes de Judá e de Jerusalém: 'Venham e aprendam uma lição sobre
como obedecer às minhas palavras, diz o SENHOR. 14 Os recabitas não
bebem vinho até hoje em obediência à ordem de seu antepassado
Jonadabe, filho de Recabe. Mas eu tenho falado a vocês repetida-
mente e se recusam a obedecer. 15 Tenho enviado meus profetas
vez após vez para lhes dizer: 'Abandonem seus maus caminhos
e façam o que é certo. Deixem de adorar outros deuses. Assim,
viverão em paz nesta terra que dei a vocês e a seus antepassados'.
Mas vocês não quiseram ouvir nem obedecer. 16 Os descendentes
de Jonadabe, filho de Recabe, têm obedecido fielmente a seu
antepassado, mas este povo se recusa a me ouvir'. 17 "Portanto,
assim diz o SENHOR Deus dos Exércitos, o Deus de Israel: 'Porque
não querem me ouvir nem responder quando os chamo, enviarei
sobre Judá e sobre Jerusalém todas as calamidades que prometi'".
18 Então Jeremias se voltou para os recabitas e disse: "Assim diz
o SENHOR dos Exércitos, o Deus de Israel: 'Vocês obedeceram a
todas as ordens de seu antepassado Jonadabe e seguiram todas

as suas instruções'. [19]Por isso, assim diz o SENHOR dos Exércitos, o Deus de Israel: 'Sempre haverá descendentes de Jonadabe, filho de Recabe, para me servir'".

CAPÍTULO 36

Baruque lê as mensagens do SENHOR

[1]No quarto ano do reinado de Jeoaquim, filho de Josias, rei de Judá, o SENHOR deu esta mensagem a Jeremias: [2]"Pegue um rolo e escreva nele todas as minhas mensagens contra Israel, Judá e as outras nações. Comece com a primeira mensagem, do tempo de Josias, e escreva todas, até hoje. [3]Talvez o povo de Judá se arrependa ao ouvir novamente todas as coisas terríveis que planejei para eles. Então perdoarei sua maldade e seus pecados". [4]Jeremias mandou chamar Baruque, filho de Nerias, e enquanto Jeremias ditava para ele todas as profecias que o SENHOR lhe tinha dado, Baruque as escrevia no rolo. [5]Depois, Jeremias disse a Baruque: "Estou preso aqui e não posso ir ao templo. [6]Portanto, vá você ao templo no próximo dia de jejum e leia as mensagens do SENHOR que ditei para que as escrevesse no rolo. Leia as mensagens para o povo de todas as cidades de Judá que estiver no templo. [7]Quem sabe eles abandonem seus maus caminhos e peçam perdão ao SENHOR antes que seja tarde demais, pois o SENHOR os ameaçou com sua ira ardente". [8]Baruque, filho de Nerias, fez tudo conforme Jeremias lhe ordenou e leu as mensagens do SENHOR para o povo que estava no templo. [9]Fez isso num dia de jejum sagrado, no final do outono, no quinto ano do reinado de Jeoaquim, filho de Josias. Gente de todas as cidades de Judá tinha ido a Jerusalém para participar da adoração no templo naquele dia. [10]Baruque leu para todo o povo as palavras de Jeremias escritas no rolo. Estava diante da sala de Gemarias, filho do secretário Safã. A sala ficava no pátio superior do templo, perto do portão Novo. [11]Quando Micaías, filho de Gemarias e neto de Safã, ouviu as mensagens do SENHOR escritas no rolo, [12]desceu à sala do secretário no palácio onde estavam reunidos os oficiais administrativos. Lá estavam o secretário Elisama, Delaías, filho de Semaías, Elnatã, filho de Acbor, Gemarias, filho de Safã, Zedequias, filho de Hananias, e todos os outros oficiais. [13]Quando Micaías lhes falou das mensagens que Baruque estava lendo para o povo, [14]os oficiais enviaram Jeudi, filho de Netanias, neto de Selemias e bisneto de Cusi, para dizer a Baruque: "Venha e leia as mensagens para nós também". Então Baruque, filho de Nerias, pegou o rolo e foi até eles. [15]"Sente-se e leia o rolo para nós", disseram os oficiais, e Baruque fez o que pediram. [16]Quando ouviram as mensagens, olharam uns para os outros assustados. "Precisamos relatar ao rei o que ouvimos", disseram a Baruque. [17]"Mas, primeiro, diga-nos como você recebeu essas mensagens. Vieram diretamente de Jeremias?" [18]Baruque explicou: "Jeremias as ditou e eu as escrevi com tinta neste rolo, palavra por palavra". [19]"Você e Jeremias devem se esconder!", os oficiais disseram a Baruque. "Não digam a ninguém onde estão." [20]Então os oficiais deixaram o rolo guardado na sala do secretário Elisama e foram contar ao rei o que tinham ouvido.

NO QUE ESTOU **PENSANDO** ○ O QUE ESTOU **SENTINDO** ○ DO QUE ESTOU **LEMBRANDO** ○

DESENHE OU ESCREVA

O rei Jeoaquim queima o rolo

[21]O rei mandou Jeudi buscar o rolo. Jeudi o levou da sala do secretário Elisama e o leu para o rei e para todos os oficiais presentes. [22]Era final do outono, e o rei estava numa parte do palácio usada durante o inverno, sentado diante de um braseiro para se aquecer. [23]Cada vez que Jeudi terminava de ler três ou quatro colunas, o rei pegava uma faca, cortava aquela parte do rolo e a jogava no fogo. Assim, pedaço por pedaço, o rolo inteiro foi queimado. [24]Nem o rei nem seus servos mostraram qualquer sinal de medo ou remorso diante do que tinham ouvido. [25]Mesmo quando Elnatã, Delaías e Gemarias imploraram ao rei que não queimasse o rolo, ele não lhes deu atenção. [26]Em seguida, o rei ordenou a seu filho Jerameel, a Seraías, filho de Azriel, e a Selemias, filho de Abdeel, que prendessem o profeta Jeremias e seu secretário, Baruque. O SENHOR, porém, os tinha escondido.

Jeremias reescreve o rolo

[27]Depois que o rei havia queimado o rolo no qual Baruque tinha escrito as palavras de Jeremias, o SENHOR deu esta mensagem a Jeremias: [28]"Pegue outro rolo e escreva novamente tudo que estava no primeiro rolo, que o rei Jeoaquim queimou. [29]Depois, diga ao rei: 'Assim diz o SENHOR: Você queimou o rolo porque ele dizia que o rei da Babilônia destruiria esta terra e acabaria com as pessoas e os animais. [30]Agora, assim diz o SENHOR a respeito de

Jr

Jeoaquim, rei de Judá: Ele não terá herdeiros para se sentarem no
trono de Davi. Seu corpo será lançado fora e não será enterrado;
ficará exposto ao calor do dia e à geada da noite. 31 Castigarei o
rei, sua família e seus servos por seus pecados. Derramarei sobre
eles e sobre todos os habitantes de Jerusalém e de Judá todas
as calamidades que prometi, pois não quiseram dar ouvidos às
minhas advertências'". 32 Então Jeremias pegou outro rolo e ditou
novamente a seu secretário, Baruque, filho de Nerias. Escreveu tudo
que estava no rolo que o rei Jeoaquim havia queimado. Dessa vez,
porém, acrescentou muitas outras coisas.

CAPÍTULO 37

Zedequias manda chamar Jeremias

1 Zedequias, filho de Josias, foi sucessor de Joaquim, filho de
Jeoaquim, no trono de Judá. Foi nomeado por Nabucodonosor,
rei da Babilônia. 2 Mas nem Zedequias, nem seus servos, nem o
povo que restou na terra de Judá deram ouvidos ao que o Senhor
tinha dito por intermédio do profeta Jeremias. 3 Ainda assim, o rei
Zedequias enviou Jucal, filho de Selemias, e o sacerdote Sofonias,
filho de Maaseias, para pedirem a Jeremias: "Ore por nós ao
Senhor, nosso Deus". 4 Jeremias ainda não havia sido preso, de
modo que podia circular livremente entre o povo. 5 Nessa época, o
exército do faraó do Egito partiu de sua terra, preparado para guer-
rear. Quando o exército babilônio soube disso, suspendeu o cerco
de Jerusalém. 6 Então o Senhor deu esta mensagem a Jeremias:
7 "Assim diz o Senhor, o Deus de Israel: O rei de Judá os enviou para
me consultar a respeito do que acontecerá. Digam-lhe: 'Embora o
exército do faraó tenha vindo para ajudá-los, logo voltará ao Egito.
8 Os babilônios retornarão, conquistarão esta cidade e a queimarão
de alto a baixo'. 9 "Assim diz o Senhor: Não se iludam, imaginan-
do que os babilônios foram embora para sempre. Eles voltarão!
10 Ainda que vocês destruíssem todo o exército babilônio e restasse
apenas um punhado de sobreviventes feridos, eles sairiam de suas
tendas e queimariam esta cidade de alto a baixo".

Jeremias é preso

11 Quando o exército babilônio se retirou de Jerusalém por causa
do exército do faraó, que se aproximava, 12 Jeremias resolveu sair

NO QUE ESTOU **PENSANDO** ○ O QUE ESTOU **SENTINDO** ○ DO QUE ESTOU **LEMBRANDO** ○

DESENHE OU ESCREVA

da cidade para ir ao território de Benjamim e tomar posse de sua
propriedade ali, entre seus parentes. 13 Quando passava pelo portão
de Benjamim, um guarda o prendeu e disse: "Você está desertando
para o lado dos babilônios!". O guarda que o prendeu foi Jerias,
filho de Selemias e neto de Hananias. 14 "Não é verdade!", disse
Jeremias. "Não estou desertando para o lado dos babilônios."
Jerias, porém, não deu ouvidos e levou Jeremias aos oficiais. 15 Eles
ficaram furiosos com Jeremias e mandaram açoitá-lo e prendê-lo na
casa do secretário Jônatas, que havia sido transformada em prisão.
16 Jeremias foi colocado numa cela do calabouço e ali ficou por
muitos dias. 17 Mais tarde, em segredo, o rei Zedequias mandou
buscar Jeremias e levá-lo ao palácio, onde lhe perguntou: "Você
tem alguma mensagem do Senhor?". "Sim, tenho", disse Jeremias.
"Você será entregue ao rei da Babilônia." 18 Então Jeremias pergun-
tou ao rei: "Que crime cometi? O que fiz contra o rei, contra seus
servos ou contra o povo para ser preso? 19 Onde estão seus profetas,
que lhe disseram que o rei da Babilônia não atacaria nem o rei
nem esta terra? 20 Suplico que me ouça, ó meu senhor, o rei. Não
me mande de volta para o calabouço na casa do secretário Jônatas,
pois morrerei naquele lugar". 21 Então o rei Zedequias ordenou que
Jeremias fosse levado ao pátio da guarda do palácio e ficasse preso
ali. O rei também ordenou que Jeremias recebesse um pão fresco
diariamente enquanto houvesse pão na cidade. Assim, Jeremias
foi colocado na prisão do palácio.

CAPÍTULO 38

Jeremias no poço

1 Sefatias, filho de Matã, Gedalias, filho de Pasur, Jucal, filho de
Semelias, e Pasur, filho de Maquias, ouviram o que Jeremias di-
zia a todo o povo: 2 "Assim diz o Senhor: 'Todos que ficarem em
Jerusalém morrerão por guerra, fome ou doença, mas os que
se renderem aos babilônios viverão. A recompensa deles será a
vida; eles viverão!'. 3 Assim diz o Senhor: 'A cidade de Jerusalém
certamente será entregue ao exército do rei da Babilônia, que a
conquistará'". 4 Então esses oficiais foram ver o rei e disseram: "Esse
homem deve morrer! Suas palavras vão desanimar os poucos sol-
dados que restam, bem como todo o povo. Ele não busca o bem,
mas a desgraça da nação". 5 O rei Zedequias concordou e disse:

"Façam o que quiserem com ele. Não posso impedi-los". 6Então
os oficiais tiraram Jeremias de sua cela e o baixaram por meio de
cordas para dentro de um poço vazio no pátio da prisão. O poço
pertencia a Malquias, membro da família real. Não tinha água, mas
havia uma camada de lama no fundo, e Jeremias ficou atolado
nela. 7O etíope Ebede-Meleque, oficial importante da corte, soube
que Jeremias estava no poço. Naquele momento, o rei julgava um
caso junto ao portão de Benjamim; 8então Ebede-Meleque saiu
apressadamente do palácio para falar com ele. 9"Ó meu senhor, o
rei", disse, "estes homens fizeram muito mal em colocar o profeta
Jeremias no poço. Logo ele morrerá de fome, pois não há mais pão
na cidade." 10Então o rei disse a Ebede-Meleque: "Leve trinta homens sob suas ordens e tire Jeremias do poço antes que ele morra".
11Ebede-Meleque levou os homens e foi à sala do palácio debaixo
da tesouraria, onde encontrou alguns pedaços de pano e roupas
velhas. Levou-os até o poço e, por meio de cordas, os desceu para
Jeremias. 12Ebede-Meleque disse a Jeremias: "Coloque os pedaços
de pano debaixo dos braços, para que as cordas não o machuquem".
Quando Jeremias estava pronto, 13puxaram-no para cima. Jeremias
foi levado de volta para o pátio da guarda e permaneceu preso ali.

Zedequias interroga Jeremias

14Certo dia, o rei Zedequias mandou buscar Jeremias para se encontrar com ele na terceira entrada do templo do SENHOR. "Quero lhe
fazer uma pergunta", disse o rei. "Não tente esconder a verdade."
15Jeremias disse: "Se eu lhe disser a verdade, você me matará. E, se
eu lhe der conselhos, você não me ouvirá". 16Então o rei Zedequias
lhe prometeu em segredo: "Tão certo como vive o SENHOR, que nos
criou, não o matarei nem o entregarei aos homens que desejam
tirar sua vida". 17Então Jeremias disse a Zedequias: "Assim diz o
SENHOR, o Deus dos Exércitos, o Deus de Israel: 'Se você se render
aos oficiais babilônios, você e sua família viverão, e a cidade não
será queimada. 18Mas, se não se render, não escapará! A cidade
será entregue aos babilônios, e eles a queimarão de alto a baixo'".
19"Tenho medo de me render", disse o rei, "pois pode acontecer
de os babilônios me entregarem aos judeus que passaram para o
lado deles. Quem sabe que crueldades farão comigo!" 20Jeremias
respondeu: "Você não será entregue a eles se obedecer ao SENHOR.

NO QUE ESTOU **PENSANDO** ○ O QUE ESTOU **SENTINDO** ○ DO QUE ESTOU **LEMBRANDO** ○

DESENHE OU ESCREVA

Sua vida será poupada, e tudo lhe irá bem. 21Mas, se não quiser
se render, foi isto que o SENHOR me revelou: 22Todas as mulheres
que restaram em seu palácio serão trazidas para fora e entregues
aos oficiais do exército babilônio. Então as mulheres lhe dirão: 'Que
belos amigos você tem! Traíram você e o enganaram. Quando seus
pés atolaram na lama, abandonaram-no à própria sorte'. 23Todas as
suas esposas e todos os seus filhos serão levados pelos babilônios,
e você não escapará. Será capturado pelo rei da Babilônia, e esta
cidade será queimada de alto a baixo". 24Então Zedequias disse a
Jeremias: "Se alguém souber dessa conversa, você morrerá! 25Pode
ser que meus oficiais fiquem sabendo que falei com você e digam:
'Conte-nos sobre o que você e o rei conversaram. Se não nos contar,
o mataremos'. 26Se isso acontecer, diga-lhes apenas que suplicou
para não ser levado de volta ao calabouço de Jônatas, pois tem
medo de morrer ali". 27De fato, pouco depois, os oficiais do rei foram ver Jeremias e lhe perguntaram por que o rei tinha mandado
chamá-lo. Jeremias, porém, seguiu as instruções do rei, e os oficiais
foram embora sem descobrir a verdade. Ninguém tinha ouvido a
conversa entre Jeremias e o rei. 28Jeremias continuou preso no
pátio da guarda até o dia em que Jerusalém foi conquistada.

CAPÍTULO 39

A queda de Jerusalém

1Em janeiro do nono ano do reinado de Zedequias, rei de Judá,
Nabucodonosor, rei da Babilônia, chegou com todo o seu exército para cercar Jerusalém. 2Dois anos e meio depois, em 18
de julho, no décimo primeiro ano do reinado de Zedequias, foi
aberta uma brecha no muro da cidade. 3Todos os oficiais do exército babilônio entraram e se sentaram junto ao portão do Meio:
Nergal-Sarezer, de Sangar, Nebo-Sarsequim, um dos chefes dos
oficiais, Nergal-Sarezer, conselheiro real, e todos os outros oficiais
do rei da Babilônia. 4Zedequias, o rei de Judá, e todos os soldados fugiram quando viram que os babilônios tinham invadido a
cidade. Esperaram até o anoitecer, passaram pelo portão entre os
dois muros atrás do jardim do rei e fugiram em direção ao vale do
Jordão. 5Contudo, os soldados babilônios os perseguiram e alcançaram o rei Zedequias nas planícies de Jericó. Eles o capturaram
e o levaram a Nabucodonosor em Ribla, na terra de Hamate. Ali

o rei da Babilônia sentenciou Zedequias. 6Obrigou Zedequias a
testemunhar a matança de seus filhos e de todos os nobres de Judá.
7Depois, arrancou seus olhos, o prendeu com correntes de bronze e
o levou para a Babilônia. 8Os babilônios queimaram Jerusalém, in-
cluindo o palácio real e as casas do povo, e derrubaram os muros da
cidade. 9Nebuzaradã, capitão da guarda, deportou para a Babilônia
o restante do povo que havia ficado na cidade, os desertores que
tinham passado para seu lado e todos os outros sobreviventes.
10Permitiu, no entanto, que alguns dos mais pobres ficassem na
terra de Judá para cuidar dos vinhedos e dos campos.

Jeremias permanece em Judá

11O rei Nabucodonosor tinha ordenado a Nebuzaradã, capitão da
guarda, que encontrasse Jeremias. 12"Cuide que ele não seja fe-
rido", disse. "Tome conta dele e providencie tudo que ele pedir."
13Então Nebuzaradã, capitão da guarda, Nebusazbã, um dos chefes
dos oficiais, Nergal-Sarezer, conselheiro real, e os outros oficiais do
rei da Babilônia 14mandaram tirar Jeremias da prisão. Entregaram-
no aos cuidados de Gedalias, filho de Aicam e neto de Safã, que o
levou para sua casa. Jeremias permaneceu em Judá, no meio de
seu povo. 15Enquanto Jeremias ainda estava na prisão, o SENHOR
lhe tinha dado a seguinte mensagem: 16"Diga ao etíope Ebede-
Meleque: 'Assim diz o SENHOR dos Exércitos, o Deus de Israel: Farei
a esta cidade tudo que prometi. Enviarei calamidade, e não o bem.
Você a verá ser destruída, 17mas eu o livrarei daqueles que você
tanto teme. 18Porque confiou em mim, darei a você sua vida como
recompensa. Eu o resgatarei e o protegerei. Eu, o SENHOR, falei!'".

CAPÍTULO 40

1O SENHOR deu uma mensagem a Jeremias depois que
Nebuzaradã, capitão da guarda, o pôs em liberdade em Ramá. Ele
havia encontrado Jeremias acorrentado entre todos os prisioneiros
de Jerusalém e Judá que estavam sendo levados para o exílio na
Babilônia. 2O capitão da guarda mandou chamar Jeremias e disse:
"O SENHOR, seu Deus, trouxe esta calamidade sobre esta terra. 3O
SENHOR cumpriu o que tinha dito, pois esse povo pecou contra o
SENHOR e lhe desobedeceu. Por isso aconteceram todas essas coi-
sas. 4Mas eu vou tirar suas correntes e libertá-lo. Se quiser ir comigo

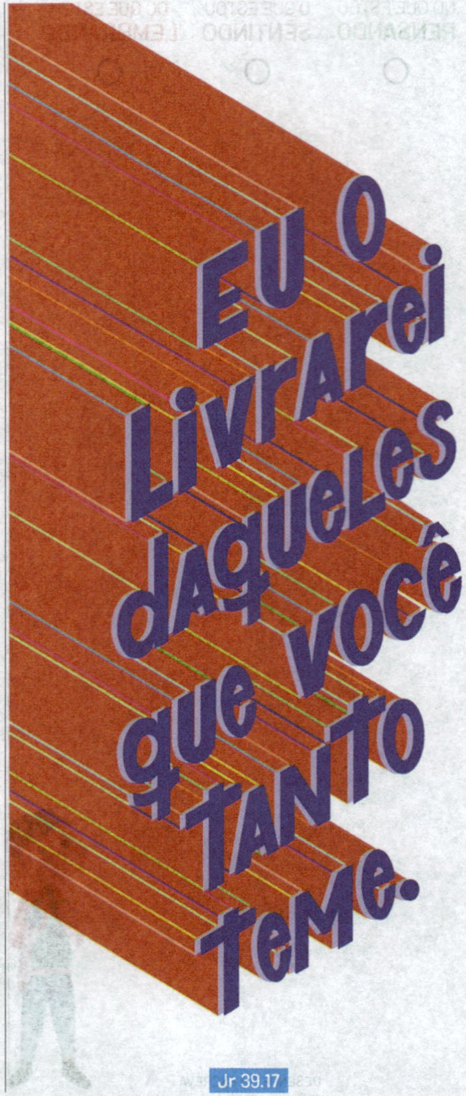

Jr 39.17

para a Babilônia, está bem. Providenciarei que cuidem de você. Se
não quiser ir, fique aqui. Toda a terra está diante de você; vá para
onde quiser. 5Se resolver ficar, volte para Gedalias, filho de Aicam
e neto de Safã. O rei da Babilônia o nomeou governador de Judá.
Fique com o povo que ele governa. E, se quiser ir para algum outro
lugar, faça o que lhe parecer melhor". Então Nebuzaradã, capitão
da guarda, deu a Jeremias um pouco de alimento e dinheiro e
o deixou partir. 6Jeremias voltou para Gedalias, filho de Aicam,
em Mispá, e habitou em Judá com os poucos que haviam ficado
na terra.

Gedalias governa em Judá

7Os comandantes dos grupos de soldados que estavam no interior
de Judá souberam que o rei da Babilônia havia nomeado Gedalias,
filho de Aicam, para governar o povo pobre que tinha ficado em
Judá, isto é, os homens, as mulheres e as crianças que não haviam
sido enviados para o exílio na Babilônia. 8Então foram ver Gedalias
em Mispá. Entre eles estavam Ismael, filho de Netanias, Joanã e
Jônatas, filhos de Careá, Seraías, filho de Tanumete, os filhos de Efai,
o netofatita, Jazanias, filho do maacatita, e todos os seus homens.
9Gedalias jurou a eles que os babilônios não tinham intenção de
lhes fazer mal. "Não tenham medo de servi-los. Vivam na terra e
sirvam ao rei da Babilônia, e tudo lhes irá bem", ele prometeu.
10"Quanto a mim, ficarei em Mispá e os representarei diante dos
babilônios que vierem se encontrar conosco. Estabeleçam-se nas
cidades que tomaram e vivam dos frutos da terra. Colham uvas,
frutas de verão e azeitonas e armazenem tudo." 11Quando os judeus
em Moabe, Amom, Edom e outras terras vizinhas souberam que o
rei da Babilônia tinha deixado um remanescente do povo em Judá
e que Gedalias era o governador, 12começaram a voltar para Judá
dos lugares para os quais haviam fugido. Pararam em Mispá, onde
se encontraram com Gedalias. Depois, seguiram para os campos
em Judá e tiveram uma farta colheita de uvas e frutas de verão.

Conspiração contra Gedalias

13Algum tempo depois, Joanã, filho de Careá, e os outros coman-
dantes dos soldados que estavam no interior foram até Gedalias,
em Mispá, 14e lhe disseram: "Você sabia que Baalis, rei de Amom,

enviou Ismael, filho de Netanias, para assassiná-lo?". Gedalias, po-
rém, não acreditou neles. 15Mais tarde, Joanã falou com Gedalias
em particular e se ofereceu para matar Ismael em segredo. "Por
que deixar que ele venha e mate você?", Joanã perguntou. "O que
será, então, dos judeus que voltaram? Se isso acontecer, os poucos
que restaram ficarão espalhados e perdidos." 16Gedalias, porém,
disse a Joanã: "Eu o proíbo de fazer isso, pois você está mentindo
a respeito de Ismael".

CAPÍTULO 41

O assassinato de Gedalias

1Em outubro daquele ano, Ismael, filho de Netanias e neto de
Elisama, que era da família real e que havia sido um alto oficial do
rei, foi a Mispá com dez homens para se encontrar com Gedalias,
filho de Aicam e neto de Safã. Enquanto faziam uma refeição jun-
tos, 2Ismael e os dez homens se levantaram de um salto, puxaram
suas espadas e mataram Gedalias, que o rei da Babilônia havia
nomeado governador. 3Ismael também matou todos os soldados
judeus e babilônios que estavam com Gedalias em Mispá. 4No dia
seguinte, antes que alguém soubesse do assassinato de Gedalias,
5oitenta homens chegaram de Siquém, Siló e Samaria para ado-
rar no templo do SENHOR. Tinham raspado a cabeça, rasgado as
roupas e se cortado e traziam ofertas de cereal e incenso. 6Ismael,
filho de Netanias, saiu de Mispá e foi ao encontro deles, chorando
ao longo do caminho. Quando os encontrou, disse: "Venham e
vejam o que aconteceu a Gedalias, filho de Aicam". 7Assim que
todos entraram na cidade, Ismael e os homens que o acompanha-
vam mataram setenta deles e jogaram os corpos numa cisterna.
8Os outros dez sobreviveram, pois haviam convencido Ismael a
soltá-los ao prometer lhes trazer os suprimentos de trigo, cevada,
azeite e mel que haviam escondido. 9A cisterna em que Ismael
jogou os corpos dos homens que ele assassinou era a grande
cisterna cavada pelo rei Asa, quando ele fortificou a cidade para
se defender de Baasa, rei de Israel. Ismael, filho de Netanias, a
encheu de cadáveres. 10Então Ismael prendeu as filhas do rei e
outras pessoas que Nebuzaradã, capitão da guarda, havia deixado
em Mispá aos cuidados de Gedalias. Ismael partiu para a terra de
Amom levando os prisioneiros. 11Quando Joanã, filho de Careá, e os

NO QUE ESTOU PENSANDO ○ | O QUE ESTOU SENTINDO ○ | DO QUE ESTOU LEMBRANDO ○

DESENHE OU ESCREVA

outros comandantes que o acompanhavam souberam dos crimes
de Ismael, 12reuniram todos os seus soldados e partiram para lutar
contra ele. Eles o alcançaram no grande açude perto de Gibeom.
13O povo que Ismael tinha capturado gritou de alegria quando viu
Joanã e os outros comandantes. 14Todos os prisioneiros de Mispá
escaparam e começaram a ajudar Joanã. 15Enquanto isso, Ismael
e oito dos homens que estavam com ele escaparam de Joanã e
foram para a terra de Amom. 16Então Joanã, filho de Careá, e os
outros comandantes levaram todo o povo que tinham resgatado
em Gibeom: os soldados, as mulheres, as crianças e os oficiais do
palácio que Ismael havia capturado em Mispá depois de matar
Gedalias. 17Foram todos para o povoado de Gerute-Quimã, perto
de Belém, de onde planejavam fugir para o Egito. 18Tinham medo
daquilo que os babilônios fariam quando soubessem que Ismael
havia assassinado Gedalias, o governador nomeado pelo rei da
Babilônia.

CAPÍTULO 42

Advertência para permanecer em Judá

1Então todos os comandantes dos grupos de soldados, incluindo
Joanã, filho de Careá, e Jezanias, filho de Hosaías, e todo o povo,
desde o mais humilde até o mais importante, procuraram 2o profeta
Jeremias e disseram: "Ore por nós ao SENHOR, seu Deus. Como
pode ver, somos apenas um pequeno e humilde remanescente
comparado ao que éramos antes. 3Ore para que o SENHOR, seu
Deus, nos mostre o que devemos fazer e para onde devemos ir".
4"Está bem", disse Jeremias. "Orarei ao SENHOR, seu Deus, como
vocês pediram, e lhes direi tudo que ele responder. Não esconderei
nada de vocês." 5Então disseram a Jeremias: "Que o SENHOR, seu
Deus, seja testemunha verdadeira e fiel contra nós se não obedecer-
mos a tudo que ele nos ordenar! 6Quer suas ordens nos agradem
quer não, obedeceremos ao SENHOR, nosso Deus, a quem o envia-
mos com nossa súplica. Pois, se obedecermos ao SENHOR, nosso
Deus, tudo irá bem para nós". 7Dez dias depois, o SENHOR enviou
sua resposta a Jeremias. 8Então o profeta chamou Joanã, filho de
Careá, os outros comandantes e todo o povo, desde o mais hu-
milde até o mais importante, 9e disse-lhes: "Vocês me enviaram
ao SENHOR, o Deus de Israel, com seu pedido, e esta é a resposta:

10'Se ficarem nesta terra, eu os edificarei, e não os derrubarei; eu
os plantarei, e não os arrancarei. Pois lamento pela calamidade
que trouxe sobre vocês. 11Não precisam mais ter medo do rei da
Babilônia', diz o SENHOR. 'Pois eu estou com vocês; eu os salvarei e
os livrarei das mãos dele. 12Terei compaixão de vocês e farei que ele
também tenha e permita que fiquem nesta terra.' 13"Mas, se vocês
se recusarem a obedecer ao SENHOR, seu Deus, e se disserem: 'Não
ficaremos nesta terra; 14iremos para o Egito onde não há guerra,
nem convocação para lutar, nem fome, e ali viveremos', 15então
ouçam a mensagem do SENHOR para o remanescente de Judá.
Assim diz o SENHOR dos Exércitos, o Deus de Israel: 'Se vocês estão
decididos a ir para o Egito e morar lá, 16a guerra e a fome que tanto
temem os alcançarão e ali vocês morrerão. 17Isso é o que espera
todos que insistirem em partir e morar no Egito. Sim, morrerão por
guerra, fome e doença. Ninguém escapará da calamidade que trarei
sobre vocês'. 18"Assim diz o SENHOR dos Exércitos, o Deus de Israel:
'Assim como derramei minha ira e minha fúria sobre os habitantes
de Jerusalém, também as derramarei sobre vocês quando entrarem
no Egito. Serão objeto de condenação, horror, maldição e zombaria.
Nunca mais verão sua terra natal'. 19"Ouça, ó remanescente de Judá.
O SENHOR lhes disse: 'Não vão para o Egito!'. Não se esqueçam des-
sa advertência que hoje lhes dei. 20Pois vocês não foram honestos
quando me enviaram para orar ao SENHOR, seu Deus, por vocês.
Disseram: 'Diga-nos tudo que o SENHOR, nosso Deus, falar, e nós o
faremos'. 21Hoje lhes disse exatamente o que ele falou, mas vocês
não obedecerão ao SENHOR, seu Deus, como não lhe obedeceram
no passado. 22Estejam certos, portanto, de que morrerão por guerra,
fome e doença no Egito, para onde insistem em ir".

CAPÍTULO 43

Jeremias é levado para o Egito

1Quando Jeremias acabou de transmitir a todo o povo a mensagem
do SENHOR, seu Deus, 2Azarias, filho de Hosaías, e Joanã, filho de
Careá, e todos os outros homens arrogantes disseram a Jeremias:
"Você está mentindo! O SENHOR, nosso Deus, não nos proibiu de ir
morar no Egito! 3Baruque, filho de Nerias, o convenceu a dizer isso,
pois ele deseja que fiquemos aqui e sejamos mortos pelos babi-
lônios ou levados para o exílio". 4Joanã, os outros comandantes e

NO QUE ESTOU PENSANDO ○ | O QUE ESTOU SENTINDO ○ | DO QUE ESTOU LEMBRANDO ○

DESENHE OU ESCREVA

todo o povo não obedeceram à ordem do SENHOR para que ficassem
em Judá. 5Joanã e os outros comandantes levaram consigo todo
o povo que tinha regressado das nações vizinhas para morar em
Judá. 6Havia na multidão homens, mulheres e crianças, as filhas
do rei e todos que Nebuzaradã, o capitão da guarda, havia deixado
com Gedalias, filho de Aicam e neto de Safã. Também levaram o
profeta Jeremias e Baruque, filho de Nerias. 7O povo não obedeceu
ao SENHOR e foi para o Egito, até a cidade de Tafnes. 8Quando chega-
ram a Tafnes, o SENHOR deu outra mensagem a Jeremias: 9"Pegue
algumas pedras grandes e, diante do povo de Judá, enterre-as de-
baixo das pedras do pavimento na entrada do palácio do faraó, aqui
em Tafnes. 10Então, diga ao povo: 'Assim diz o SENHOR dos Exércitos,
o Deus de Israel: Certamente trarei meu servo Nabucodonosor, rei
da Babilônia, aqui para o Egito. Colocarei seu trono sobre estas
pedras que escondi. Ele estenderá sobre elas sua tenda real. 11E,
quando ele vier, destruirá a terra do Egito. Trará morte aos destina-
dos à morte, exílio aos destinados ao exílio e guerra aos destinados
à guerra. 12Incendiará os templos dos deuses egípcios; queimará os
templos e levará os ídolos como despojo. Limpará a terra do Egito,
como um pastor que tira os piolhos de seu manto, e sairá dali sem
sofrer dano algum. 13Quebrará as colunas no templo do sol, no
Egito, e queimará os templos dos deuses egípcios'".

CAPÍTULO 44

Julgamento por causa da idolatria

1Jeremias recebeu esta mensagem acerca dos judeus que viviam no
norte do Egito, nas cidades de Migdol, Tafnes e Mênfis, e também
no sul do Egito: 2"Assim diz o SENHOR dos Exércitos, o Deus de Israel:
Vocês viram a calamidade que eu trouxe sobre Jerusalém e sobre
todas as cidades de Judá. Hoje elas estão desertas e em ruínas,
3porque provocaram minha ira com sua perversidade. Queimaram
incenso e adoraram outros deuses que nem eles, nem vocês, nem
seus antepassados jamais conheceram. 4"Repetidamente, enviei
meus servos, os profetas, para lhes dizer: 'Não façam essas coisas
terríveis que eu tanto detesto!'. 5Mas eles não deram ouvidos nem
abandonaram sua perversidade, e continuaram a queimar incenso
para esses deuses. 6Por isso minha fúria transbordou e caiu como
fogo sobre as cidades de Judá e as ruas de Jerusalém, que até hoje

são ruínas desoladas. 7 "Agora, o SENHOR dos Exércitos, o Deus de
Israel, lhes pergunta: Por que destroem a si mesmos? Nenhum de
vocês sobreviverá: nenhum homem, mulher, criança ou recém-nas-
cido que veio de Judá. 8 Por que provocar minha ira queimando
incenso para os ídolos que vocês fizeram aqui no Egito? Destruirão a
si mesmos e se tornarão objeto de maldição e zombaria para todas
as nações. 9 Acaso se esqueceram dos pecados de seus antepassa-
dos, dos pecados dos reis e das rainhas de Judá, e dos pecados
que vocês e suas esposas cometeram em Judá e em Jerusalém?
10 Até hoje, não mostraram remorso nem temor. Ninguém escolheu
obedecer à minha lei e aos decretos que dei a vocês e a seus an-
tepassados. 11 "Portanto, assim diz o SENHOR dos Exércitos, o Deus
de Israel: Estou decidido a destruir cada um de vocês! 12 Tomarei o
remanescente de Judá, aqueles que teimaram em vir para o Egito
e morar aqui, e os consumirei. Cairão no Egito, mortos por guerra
e fome. Todos morrerão, desde o mais humilde até o mais impor-
tante. Serão objeto de condenação, horror, maldição e zombaria.
13 Eu os castigarei no Egito como os castiguei em Jerusalém, com
guerra, fome e doença. 14 Desse remanescente que fugiu para o
Egito, na esperança de um dia voltar para Judá, ninguém sobre-
viverá. Embora anseiem voltar para sua terra, apenas uns poucos
retornarão". 15 Então todas as mulheres que estavam presentes e
todos os homens que sabiam que suas esposas haviam queima-
do incenso para ídolos, uma grande multidão de todos os judeus
que viviam no norte e no sul do Egito, responderam a Jeremias:
16 "Não ouviremos as mensagens que você transmite em nome
do SENHOR! 17 Faremos o que bem entendermos. Queimaremos
incenso e apresentaremos ofertas derramadas para a Rainha do
Céu, como nós, nossos antepassados e nossos reis e oficiais sempre
fizemos nas cidades de Judá e nas ruas de Jerusalém. Naqueles
dias, havia alimento com fartura, éramos prósperos e não tínhamos
problemas! 18 Mas desde que paramos de queimar incenso para a
Rainha do Céu e deixamos de adorá-la com ofertas derramadas,
temos enfrentado grandes aflições e morrido por guerra e fome".
19 "Além disso", acrescentaram as mulheres, "você imagina que
queimávamos incenso, apresentávamos ofertas derramadas à
Rainha do Céu e fazíamos bolos que retratavam sua imagem sem
o conhecimento e a ajuda de nossos maridos?" 20 Então Jeremias

NO QUE ESTOU **PENSANDO** ○ O QUE ESTOU **SENTINDO** ○ DO QUE ESTOU **LEMBRANDO** ○

DESENHE OU ESCREVA

disse a todos, tanto homens como mulheres, que lhe tinham dado
essa resposta: 21 "Vocês pensam que o SENHOR não sabia que vocês,
seus antepassados, seus reis e oficiais e todo o povo queimavam
incenso a ídolos nas cidades de Judá e nas ruas de Jerusalém? 22 O
SENHOR fez de sua terra objeto de maldição, ruína desolada e sem
habitantes, como está hoje, porque não suportava mais suas práti-
cas detestáveis. 23 Todas essas coisas terríveis aconteceram a vocês
porque queimaram incenso a ídolos e pecaram contra o SENHOR.
Não obedeceram à sua voz nem seguiram sua lei, seus decretos e
seus preceitos!". 24 Então Jeremias disse a todos, inclusive às mu-
lheres: "Ouçam esta mensagem do SENHOR, todos vocês judeus que
agora vivem no Egito. 25 Assim diz o SENHOR dos Exércitos, o Deus
de Israel: 'Vocês e suas esposas disseram: 'Cumpriremos nossa
promessa de queimar incenso e apresentar ofertas derramadas à
Rainha do Céu', e provaram com suas ações que estavam falando
sério. Portanto, cumpram as promessas e votos que fizeram para
ela'. 26 "Ouçam, porém, esta mensagem do SENHOR, todos vocês
judeus que agora vivem no Egito: 'Jurei por meu grande nome',
diz o SENHOR, 'que nenhum judeu na terra do Egito pronunciará
meu nome. Nenhum de vocês invocará meu nome nem o usará
para jurar: 'Tão certo como vive o SENHOR Soberano'. 27 Pois eu os
vigiarei para trazer sobre vocês calamidade, e não bem. Os judeus
que hoje vivem no Egito sofrerão guerra e fome até que estejam
todos mortos. 28 Apenas uns poucos escaparão da morte e voltarão
do Egito para Judá. Então todos que vieram para o Egito saberão
quais palavras são verdadeiras: as minhas ou as deles! 29 "'E esta
é a prova que lhes dou', diz o SENHOR, 'de que todas as minhas
palavras se cumprirão e de que eu os castigarei aqui.' 30 Assim diz
o SENHOR: 'Entregarei o faraó Hofra, rei do Egito, nas mãos de seus
inimigos que desejam matá-lo, assim como entreguei Zedequias,
rei de Judá, a Nabucodonosor, rei da Babilônia'".

CAPÍTULO 45

Mensagem para Baruque

1 O profeta Jeremias transmitiu esta mensagem a Baruque, filho
de Nerias, no quarto ano do reinado de Jeoaquim, filho de Josias,
depois que Baruque escreveu tudo que Jeremias havia ditado:
2 "Assim diz o SENHOR, o Deus de Israel, a você, Baruque: 3 Você

disse: 'Estou cercado de aflições! Será que já não sofri o suficien-
te? E agora o SENHOR acrescentou ainda mais dor! Estou exausto
de tanto gemer e não encontro descanso'. 4"Baruque, assim diz
o SENHOR: 'Destruirei esta nação que edifiquei; arrancarei o que
plantei. 5Você procura grandes coisas para si mesmo? Não faça isso!
Trarei calamidade sobre todo este povo; a você, porém, darei sua
vida como recompensa aonde quer que vá. Eu, o SENHOR, falei!'".

CAPÍTULO 46

Mensagens para as nações

1O profeta Jeremias recebeu do SENHOR estas mensagens acerca
das nações.

Mensagens a respeito do Egito

2Esta mensagem acerca do Egito foi anunciada no quarto ano do
reinado de Jeoaquim, filho de Josias, rei de Judá, quando o fa-
raó Neco, rei do Egito, e seu exército foram derrotados junto ao
rio Eufrates por Nabucodonosor, rei da Babilônia, na batalha de
Carquemis. 3"Preparem seus escudos e avancem para a batalha!
4Selem os cavalos e montem neles, cavaleiros! Tomem suas posi-
ções e coloquem os capacetes. Afiem as lanças e vistam as arma-
duras. 5Mas o que vejo? O exército egípcio foge, apavorado. Seus
guerreiros mais valentes correm sem olhar para trás. Estão cercados
de terror", diz o SENHOR. 6"Os mais velozes não conseguem fugir,
os mais fortes não podem escapar. No norte, junto ao rio Eufrates,
tropeçam e caem. 7"Quem é este que sobe como o Nilo no tempo
das cheias e inunda toda a terra? 8É o exército egípcio que inunda
toda a terra. Conta vantagem de que a cobrirá como uma enchen-
te e destruirá as cidades e seus habitantes. 9Avancem, cavalos e
carros de guerra, ataquem, guerreiros valentes do Egito! Venham
todos vocês, aliados da Etiópia, da Líbia e da Lídia, hábeis com o
escudo e o arco. 10Porque este é o dia do Soberano SENHOR dos
Exércitos, dia de vingar-se de seus inimigos. A espada devorará
até se fartar, sim, até se embriagar com seu sangue. O Soberano
SENHOR dos Exércitos receberá hoje um sacrifício na terra do norte,
junto ao rio Eufrates. 11"Suba a Gileade para buscar remédio, ó filha
virgem do Egito! Mas de nada adiantarão seus muitos medica-
mentos, pois não há cura para você. 12As nações ouviram falar de

Preparem seus escudos e avancem para a batalha!

Selem os cavalos e montem neles, cavaleiros! Tomem suas posições e coloquem os capacetes.

desenhe um cavaleiro e cole no cavalo!

Jr 46.3-4

sua humilhação, a terra está cheia de seus gritos de desespero.
Seus guerreiros mais valentes tropeçarão uns nos outros e juntos
cairão." 13Então o SENHOR deu ao profeta Jeremias esta mensagem
acerca dos planos de Nabucodonosor, rei da Babilônia, para atacar
o Egito. 14"Anunciem esta mensagem no Egito, proclamem-na em
Migdol, Mênfis e Tafnes! Preparem-se para a batalha, pois a espada
devorará todos ao seu redor. 15Por que seus guerreiros caíram? Não
conseguem ficar em pé, pois o SENHOR os derrubou. 16Tropeçam
e caem uns sobre os outros e dizem entre si: 'Venham, vamos vol-
tar ao nosso povo, à nossa terra natal; vamos fugir da espada do
inimigo!'. 17Ali eles dirão: 'O faraó, o rei do Egito, só faz barulho;
perdeu sua oportunidade!'. 18"Tão certo como eu vivo", diz o Rei,
cujo nome é SENHOR dos Exércitos, "vem contra o Egito alguém
alto como o monte Tabor, como o monte Carmelo junto ao mar.
19Arrume a bagagem! Prepare-se para ir ao exílio, povo do Egito! A
cidade de Mênfis será destruída, e não restará um só habitante. 20O
Egito é formoso como uma bela novilha, mas uma grande mosca
do norte está a caminho. 21Os mercenários do Egito são fortes como
bezerros gordos, mas eles também darão meia-volta e fugirão, pois
este é um dia de grande calamidade para o Egito, o tempo de seu
castigo. 22O Egito foge como uma serpente que desliza para longe;
os exércitos invasores avançam e vêm contra ele com machados,
como se fossem lenhadores. 23Cortarão seu povo como árvores", diz
o SENHOR, "pois são mais numerosos que gafanhotos. 24O Egito será
humilhado; será entregue ao povo do norte." 25Assim diz o SENHOR
dos Exércitos, o Deus de Israel: "Castigarei Amom, o deus de Tebas,
e todos os outros deuses do Egito. Castigarei seus governantes, o
faraó e todos que nele confiam. 26Eu os entregarei àqueles que de-
sejam matá-los, a Nabucodonosor, rei da Babilônia, e a seu exército.
Depois disso, porém, a terra voltará a ser habitada, como no passa-
do. Eu, o SENHOR, falei! 27"Mas não tenha medo, meu servo Jacó;
não desanime, ó Israel. Pois eu o trarei de volta de terras distantes,
e seus descendentes retornarão do exílio. Israel voltará a ter uma
vida de paz e sossego, e ninguém o assustará. 28Não tenha medo,
meu servo Jacó, pois estou com você", diz o SENHOR. "Destruirei
completamente todas as nações entre as quais o espalhei, mas
você não será completamente destruído. Eu o disciplinarei, mas
com justiça; não posso permitir que fique impune."

CAPÍTULO 47

Mensagem a respeito da Filístia

1O Senhor deu esta mensagem ao profeta Jeremias acerca dos
filisteus de Gaza, antes de ela ser derrotada pelo exército egípcio.
2Assim diz o Senhor: "Do norte se aproxima uma enchente para
inundar a terra. Destruirá a terra e tudo que nela há, tanto as cidades
como seus habitantes. O povo gritará de terror, e todos na terra se
lamentarão. **3**Ouçam o ruído dos cascos de cavalos, o barulho dos
carros de guerra e o estrondo de suas rodas. Os pais fogem apavo-
rados, sem olhar para trás, para seus filhos indefesos. **4**"Chegou o
dia de destruir os filisteus e seus aliados de Tiro e de Sidom. Sim,
o Senhor destruirá os filisteus, o remanescente da ilha de Creta.
5Gaza será humilhada, e sua cabeça será raspada; Ascalom ficará
em silêncio. E você, remanescente da planície costeira, até quando
cortará a si mesmo em sinal de lamento? **6**"Ó espada do Senhor,
quando descansará? Volte para sua bainha; repouse e aquiete-se.
7"Mas como pode se aquietar se o Senhor a enviou numa missão?
Deve destruir a cidade de Ascalom e o povo que vive no litoral".

CAPÍTULO 48

Mensagem a respeito de Moabe

1Esta é a mensagem acerca de Moabe. Assim diz o Senhor dos
Exércitos, o Deus de Israel: "Que aflição espera a cidade de Nebo;
logo ela estará em ruínas! A cidade de Quiriataim será humilha-
da e conquistada; a fortaleza será envergonhada e derrubada.
2Ninguém mais se orgulhará de Moabe, pois em Hesbom tramam
destruí-la. Dizem: 'Venham, vamos acabar com aquela nação!'. A ci-
dade de Madmém também será silenciada; a espada a perseguirá.
3Ouçam os gritos de Horonaim, gritos de devastação e de grande
destruição. **4**Toda a terra de Moabe está destruída; suas crianças gri-
tarão aos prantos. **5**Seus refugiados não param de chorar enquanto
sobem a ladeira para Luíte. Gritam de terror no caminho que desce
para Horonaim. **6**Fujam para salvar a vida! Escondam-se no deserto!
7Porque confiaram em sua riqueza e habilidade, serão capturados.
Seu deus, Camos, será levado para terras distantes, junto com seus
sacerdotes e oficiais. **8**"Todas as cidades serão destruídas, e nin-
guém escapará, nem nos planaltos nem nos vales, pois o Senhor
falou. **9**Quem dera Moabe tivesse asas para que pudesse voar para

NO QUE ESTOU **PENSANDO** ○ | O QUE ESTOU **SENTINDO** ○ | DO QUE ESTOU **LEMBRANDO** ○

DESENHE OU ESCREVA

longe, pois suas cidades ficarão desertas, sem nenhum habitante.
10Maldito aquele que não cumprir diligentemente o trabalho do
Senhor, que impedir sua espada de derramar sangue! **11**"Desde o
início de sua história, Moabe viveu em paz; nunca foi para o exílio. É
como o vinho deixado em repouso; não foi passado de uma vasilha
para a outra e agora está aromático e suave. **12**Mas está chegando
o dia", diz o Senhor, "em que enviarei homens para tirar o vinho
da vasilha. Eles o despejarão e despedaçarão a vasilha. **13**Enfim
Moabe terá vergonha de seu deus, Camos, como o povo de Israel
se envergonhou do bezerro de ouro em Betel. **14**"Você costumava
dizer: 'Somos fortes, guerreiros valentes'. **15**Agora, porém, Moabe e
suas cidades serão destruídas; seus jovens mais promissores morre-
rão", diz o Rei, cujo nome é Senhor dos Exércitos. **16**"A destruição de
Moabe vem depressa, a calamidade se aproxima. **17**Vocês, amigos
de Moabe, lamentem por ela e chorem! Vejam como o cajado forte
está quebrado, como o cetro glorioso está em pedaços! **18**"Desçam
de sua glória e sentem-se no pó, habitantes de Dibom, pois os des-
truidores de Moabe também os arrasarão; derrubarão todas as suas
torres. **19**Fiquem à beira do caminho e vigiem, habitantes de Aroer.
Perguntem àqueles que fogem de Moabe: 'O que aconteceu?'. **20**"A
resposta será: 'Moabe está em ruínas, humilhada; chorem e lamen-
tem! Anunciem nas margens do rio Arnom: Moabe foi destruída!'.
21O julgamento chegou às cidades do planalto: a Holom, Jaza e
Mefaate, **22**a Dibom, Nebo e Bete-Diblataim, **23**a Quiriataim, Bete-
Gamul e Bete-Meom, **24**a Queriote e Bozra e a todas as cidades de
Moabe, distantes e próximas. **25**"A força de Moabe acabou; seu bra-
ço foi quebrado", diz o Senhor. **26**"Que ela cambaleie e caia como
um bêbado, pois se rebelou contra o Senhor. Moabe se revolverá
no próprio vômito, e todos zombarão dela. **27**Você não zombou
dos israelitas? Acaso foram encontrados na companhia de ladrões
para que os desprezassem dessa forma? **28**"Fujam de suas cidades
e morem em cavernas habitantes de Moabe. Escondam-se como
pombas que fazem seus ninhos nas fendas dos rochedos. **29**Todos
nós ouvimos falar do orgulho de Moabe, pois seu orgulho é muito
grande. Sabemos de sua soberba, sua arrogância e seu coração
altivo. **30**Conheço sua insolência", diz o Senhor, "mas sua arrogância
é vazia, tão vazia quanto seus atos. **31**Agora, chorarei por Moabe,
sim, gritarei de tristeza por Moabe; lamentarei pelos homens de

Quir-Haresete. 32“Habitantes de Sibma, cheia de videiras, chorarei
por vocês mais do que chorei por Jazer. Seus ramos se estendiam
até o mar Morto, mas o destruidor acabou com tudo; colheu suas
uvas e seus frutos de verão. 33Alegria e exultação desapareceram
da fértil Moabe; os tanques de prensar deixaram de produzir vinho.
Ninguém mais pisa as uvas com gritos alegres; há gritos, mas não
de alegria. 34“Seus gritos de terror são ouvidos desde Hesbom até
Eleale e Jaaz; desde Zoar até Horonaim e Eglate-Selisia. Agora, até
as águas de Ninrim secaram. 35“Darei fim a Moabe”, diz o SENHOR,
“pois o povo oferece sacrifícios nos santuários idólatras e queima
incenso a seus falsos deuses. 36Meu coração geme como uma
flauta por Moabe e por Quir-Haresete, pois toda a sua riqueza se
foi. 37Seus habitantes raspam a cabeça e a barba, fazem cortes nas
mãos e vestem panos de saco. 38Há choro e tristeza em todas as
casas e ruas de Moabe, pois eu a despedacei como um jarro velho
que ninguém quer”, diz o SENHOR. 39“Como se estilhaçou! Ouçam
o choro! Vejam a humilhação de Moabe! Tornou-se objeto de zom-
baria, exemplo de ruína para todos os seus vizinhos.” 40Assim diz
o SENHOR: “Veja, o inimigo desce veloz, como águia, e abre suas
asas sobre Moabe! 41Suas cidades cairão, e suas fortalezas serão
conquistadas. Até os guerreiros mais valentes ficarão em agonia,
como a mulher em trabalho de parto. 42Moabe deixará de ser na-
ção, pois se exaltou diante do SENHOR. 43“Terror, armadilhas e laços
a esperam, ó Moabe!”, diz o SENHOR. 44“Quem fugir do terror cairá
na armadilha, quem escapar da armadilha será apanhado no laço.
Não deixarei que ninguém escape, pois a hora de seu castigo che-
gou”, diz o SENHOR. 45“O povo foge até Hesbom, mas não consegue
seguir adiante, pois de Hesbom, antiga cidade do rei Seom, vem
fogo para devorar toda a terra e seus rebeldes habitantes. 46“Que
aflição a espera, ó Moabe! O povo do deus Camos será destruído!
Seus filhos e suas filhas foram levados para o exílio. 47No futuro,
porém, restaurarei a situação de Moabe. Eu, o SENHOR, falei!” Aqui
termina a profecia de Jeremias contra Moabe.

CAPÍTULO 49

Mensagem a respeito de Amom

1Esta é a mensagem acerca dos amonitas. Assim diz o SENHOR:
“Acaso não há descendentes de Israel para herdar a terra de Gade?
Por que vocês, que adoram Moloque, habitam nas cidades de
Gade? 2Está chegando o dia”, diz o SENHOR, “em que farei soar o
grito de guerra contra a cidade de Rabá. Ela se tornará um monte
de ruínas, e os povoados vizinhos serão queimados. Então Israel
tomará de volta as terras que vocês tiraram dele”, diz o SENHOR.
3“Grite, ó Hesbom, pois a cidade de Ai está destruída. Chorem,
ó habitantes de Rabá, e vistam roupas de luto. Lamentem e es-
condam-se entre os muros, pois seu deus, Moloque, será levado
para terras distantes, junto com seus sacerdotes e oficiais. 4Você
se orgulha de seus vales férteis, ó filha rebelde. Confiou em suas
riquezas e pensou que ninguém jamais lhe faria mal. 5Mas eu trarei
terror sobre você”, diz o Soberano, o SENHOR dos Exércitos. “Seus
vizinhos a expulsarão de sua terra, e ninguém ajudará seus habi-
tantes quando fugirem. 6No futuro, porém, restaurarei a situação
dos amonitas. Eu, o SENHOR, falei.”

Mensagem a respeito de Edom

7Esta é a mensagem acerca de Edom. Assim diz o SENHOR dos
Exércitos: “Não há sabedoria em Temã? Não resta ninguém para dar
bons conselhos? Sua sabedoria desapareceu? 8Deem meia-volta e
fujam! Escondam-se em cavernas profundas, ó habitantes de Dedã!
Pois, quando eu trouxer calamidade sobre Edom, castigarei vocês
também. 9Aqueles que colhem uvas sempre deixam algumas para
os pobres. Se ladrões viessem à noite, não levariam tudo. 10Mas
eu despojarei completamente a terra de Edom, e não restará lugar
algum para se esconder. Seus filhos, irmãos e vizinhos serão todos
destruídos, e Edom deixará de existir. 11Protegerei, contudo, os órfãos
que restarem em seu meio, e as viúvas também podem esperar
minha ajuda”. 12Assim diz o SENHOR: “Se os inocentes têm de sofrer,
quanto mais vocês! Não ficarão impunes; também beberão deste
cálice. 13Pois jurei por meu próprio nome”, diz o SENHOR, “que Bozra
se tornará objeto de horror e um monte de ruínas; será motivo de
zombaria e maldição. Todas as suas cidades ficarão desoladas para
sempre.” 14Ouvi uma mensagem do SENHOR, que um embaixador foi
enviado às nações para dizer: “Formem uma coalizão contra Edom
e preparem-se para a batalha!”. 15Assim diz o SENHOR a Edom: “Eu a
tornarei pequena entre as nações; será desprezada por todos. 16Você
foi iludida pelo medo que provoca e por seu orgulho. Vive numa

NO QUE ESTOU PENSANDO ○ | O QUE ESTOU SENTINDO ○ | DO QUE ESTOU LEMBRANDO ○

DESENHE OU ESCREVA

Jr

fortaleza de pedra e controla os altos dos montes. Mas ainda que faça
seu ninho nas alturas com as águias, eu a derrubarei", diz o SENHOR.
17"Edom será objeto de horror; todos que passarem por ela ficarão
pasmos e abrirão a boca de espanto quando virem suas ruínas.
18Será como a destruição de Sodoma e Gomorra e de suas cidades
vizinhas", diz o SENHOR. "Ninguém viverá ali, ninguém habitará nela.
19Virei como um leão da mata do Jordão que ataca as ovelhas no
pasto. Expulsarei Edom de sua terra e ali colocarei o líder que eu
escolher. Pois quem é semelhante a mim e quem pode me desafiar?
Que governante pode se opor à minha vontade?" 20Ouçam o que o
SENHOR planejou contra Edom e contra os habitantes de Temã. Até
as crianças serão arrastadas como ovelhas, e suas casas, destruídas.
21A terra tremerá com o estrondo da queda de Edom, e até do mar
Vermelho se ouvirá seu clamor. 22Veja, o inimigo desce veloz, como
águia, e abre suas asas sobre Bozra! Até os guerreiros mais valentes
ficarão em agonia, como a mulher em trabalho de parto.

Mensagem a respeito de Damasco

23Esta é a mensagem acerca de Damasco: "O medo tomou conta
das cidades de Hamate e Arpade, pois ouviram a notícia de sua des-
truição. Seu coração está agitado, como o mar numa tempestade.
24Damasco se enfraqueceu, e todos os seus habitantes se preparam
para fugir. Medo, angústia e dor se apoderam dela, como da mulher
em trabalho de parto. 25A cidade famosa, antes tão alegre, será
abandonada. 26Seus jovens cairão nas ruas, todos os seus soldados
serão mortos", diz o SENHOR dos Exércitos. 27"Acenderei fogo nos
muros de Damasco, e ele queimará os palácios de Ben-Hadade."

Mensagem a respeito de Quedar e de Hazor

28Esta é a mensagem acerca de Quedar e dos reinos de Hazor,
que Nabucodonosor, rei da Babilônia, atacou. Assim diz o SENHOR:
"Avancem contra Quedar! Destruam o povo do Oriente! 29Tomarão
seus rebanhos e tendas e levarão seus bens e camelos. Por toda
parte se ouvirão gritos de pânico: 'Estamos cercados de terror!'.
30Corram para salvar a vida", diz o SENHOR. "Escondam-se em ca-
vernas profundas, habitantes de Hazor, pois Nabucodonosor, rei
da Babilônia, está se preparando para destruí-los. 31"Subam e ata-
quem essa nação confiante", diz o SENHOR. "Seu povo vive sozinho

NO QUE ESTOU **PENSANDO** ○ | O QUE ESTOU **SENTINDO** ○ | DO QUE ESTOU **LEMBRANDO** ○

DESENHE OU ESCREVA

no deserto; não tem muros nem portões. 32Vocês tomarão como
despojo os camelos e todos os outros animais deles. Espalharei ao
vento essa gente que vive em lugares distantes. Trarei calamidade
sobre eles de todos os lados", diz o SENHOR. 33"Hazor se tornará
morada de chacais e ficará desolada para sempre. Ninguém viverá
ali, ninguém habitará nela."

Mensagem a respeito de Elão

34O profeta Jeremias recebeu esta mensagem do SENHOR acerca de
Elão no início do reinado de Zedequias, rei de Judá. 35Assim diz o
SENHOR dos Exércitos: "Destruirei os arqueiros de Elão, os melhores
soldados de seus exércitos. 36Trarei inimigos de todos os lados e
espalharei os habitantes de Elão aos quatro ventos; serão exilados
em nações do mundo inteiro. 37Irei com os inimigos de Elão para
despedaçá-la; em minha ira ardente, trarei calamidade sobre os ela-
mitas", diz o SENHOR. "Seus inimigos os perseguirão com a espada
até que os tenham destruído completamente. 38Colocarei meu tro-
no em Elão", diz o SENHOR, "e destruirei seu rei e seus oficiais. 39No
futuro, porém, restaurarei a situação de Elão. Eu, o SENHOR, falei!"

CAPÍTULO 50

Mensagem a respeito da Babilônia

1O SENHOR deu ao profeta Jeremias esta mensagem acerca da
Babilônia e da terra dos babilônios: 2"Anunciem a todo o mun-
do, não escondam nada. Levantem uma bandeira para proclamar
a todos que a Babilônia cairá. Suas imagens e seus ídolos serão
despedaçados; seus deuses, Bel e Merodaque, sofrerão completa
humilhação. 3Porque do norte uma nação virá e trará tamanha
destruição que ninguém voltará a habitar ali. Tudo desaparecerá;
tanto pessoas como animais fugirão."

Esperança para Israel e Judá

4"Naqueles dias e naquele tempo", diz o SENHOR, "o povo de Israel
voltará com o povo de Judá. Virão chorando e buscando o SENHOR,
seu Deus. 5Perguntarão pelo caminho para Sião e voltarão para
casa. Eles se apegarão ao SENHOR numa aliança permanente que
jamais será esquecida. 6"Meu povo tem sido como ovelhas perdi-
das; seus pastores as fizeram desviar do caminho e as soltaram nos

montes. Elas perderam o rumo e não lembram como voltar para
o curral. 7Todos que as encontraram as devoraram. Seus inimigos
disseram: 'Não fizemos nada de errado ao atacá-las, pois pecaram
contra o SENHOR, seu verdadeiro lugar de descanso, a esperança
de seus antepassados'. 8"Agora, porém, fujam da Babilônia! Saiam
da terra dos babilônios! Como bodes que vão adiante do rebanho,
guiem meu povo de volta para casa. 9Pois estou levantando um
exército de grandes nações do norte. Unirão forças para atacar a
Babilônia e a conquistarão. As flechas do inimigo serão certeiras;
irão direto para o alvo! 10A Babilônia será saqueada até que os
saqueadores estejam cheios de despojos. Eu, o SENHOR, falei!"

A Babilônia cairá

11"Vocês se alegram e exultam, vocês que saquearam a nação que
me pertence. Saltam como bezerros na campina e relincham como
garanhões. 12Mas sua terra natal será coberta de vergonha e de-
sonra. Vocês se tornarão a menor das nações, um deserto, uma
terra seca e desolada. 13Por causa da fúria do SENHOR, a Babilônia
ficará vazia; ninguém viverá nela. Todos que passarem por lá
ficarão pasmos e abrirão a boca de espanto quando virem suas
ruínas. 14"Todas vocês, nações vizinhas, preparem-se para atacar
a Babilônia. Que seus arqueiros atirem contra ela e não poupem
flechas, pois ela pecou contra o SENHOR. 15De todos os lados, deem
gritos de guerra contra ela. Vejam, está se rendendo! Seus muros
caíram! É a vingança do SENHOR, portanto vinguem-se dela; façam
a ela o mesmo que ela fez a outros! 16Eliminem da Babilônia todos
que plantam lavouras e mandem embora todos que colhem. Por
causa da espada do inimigo, todos fugirão para sua própria terra."

Esperança para o povo de Deus

17"Os israelitas são como ovelhas dispersadas por leões. Primeiro o
rei da Assíria os devorou, depois Nabucodonosor, rei da Babilônia,
quebrou seus ossos." 18Portanto, assim diz o SENHOR dos Exércitos,
o Deus de Israel: "Castigarei o rei da Babilônia e sua terra, assim
como castiguei o rei da Assíria. 19Trarei Israel de volta para sua
própria terra, para pastar nos campos no Carmelo e em Basã e
para saciar-se novamente na região montanhosa de Efraim e em
Gileade. 20Naqueles dias", diz o SENHOR, "não se encontrará pecado

NO QUE ESTOU **PENSANDO** ○ | O QUE ESTOU **SENTINDO** ○ | DO QUE ESTOU **LEMBRANDO** ○

DESENHE OU ESCREVA

algum em Israel nem em Judá, pois perdoarei o remanescente
que eu preservar."

Julgamento divino sobre a Babilônia

21"Subam, guerreiros, contra a terra de Merataim e contra os ha-
bitantes de Pecode! Persigam-nos, matem-nos e destruam-nos
completamente, como lhes ordenei", diz o SENHOR. 22"Façam ouvir
na terra o grito de guerra, o estrondo de grande destruição. 23A
Babilônia, o martelo de toda a terra, está quebrada e despedaça-
da; está desolada entre as nações. 24Preparei uma armadilha para
você, Babilônia; foi surpreendida e apanhada, pois lutou contra
o SENHOR. 25O SENHOR abriu seu arsenal e trouxe para fora as
armas de sua fúria. Sim, o Soberano SENHOR dos Exércitos, agirá
na terra dos babilônios. 26Venham contra ela de terras distantes,
arrombem seus celeiros, transformem seus muros e casas em
montes de escombros. Destruam-na completamente, não deixem
sobrar coisa alguma. 27Ataquem todos os seus jovens guerreiros
e acabem com eles. Que aflição os espera, pois chegou o dia do
castigo da Babilônia! 28Escutem o povo que escapou da Babilônia
contar em Sião como o SENHOR, nosso Deus, se vingou dos que
destruíram seu templo. 29"Convoquem os arqueiros para virem à
Babilônia, cerquem a cidade para que ninguém escape. Façam a ela
o mesmo que ela fez a outros, pois desafiou o SENHOR, o Santo de
Israel. 30Seus jovens cairão nas ruas, todos os seus soldados serão
mortos", diz o SENHOR. 31"Veja, sou seu inimigo, povo arrogante",
diz o Soberano SENHOR dos Exércitos. "O dia do acerto de contas
chegou, o dia em que eu o castigarei. 32Ó povo insolente, você
tropeçará e cairá, e ninguém o levantará. Pois acendi um fogo nas
cidades da Babilônia que queimará tudo ao seu redor." 33Assim diz
o SENHOR dos Exércitos: "O povo de Israel e o povo de Judá foram
oprimidos; seus captores os prenderam e não querem soltá-los.
34Mas seu Redentor é forte; seu nome é SENHOR dos Exércitos. Ele
os defenderá e voltará a lhes dar descanso em Israel. Mas para o
povo da Babilônia não haverá descanso! 35"A espada de guerra virá
sobre os babilônios", diz o SENHOR. "Virá sobre o povo da Babilônia,
sobre seus oficiais e seus sábios. 36A espada virá sobre seus falsos
profetas, e eles se tornarão tolos. Virá sobre seus guerreiros valen-
tes, e eles se apavorarão. 37A espada virá sobre cavalos e carros de

guerra e sobre os estrangeiros que ali habitam, e eles se tornarão
como mulheres. Virá sobre seus tesouros, e todos eles serão sa-
queados. 38A seca virá até mesmo sobre suas fontes de água, e
elas secarão. Por que tudo isso acontecerá? Porque toda a terra se
encheu de ídolos, e o povo está enlouquecido por eles. 39"Em breve
a Babilônia servirá de morada para animais do deserto e hienas;
corujas farão ali seus ninhos. Jamais voltará a ser habitada, ficará
desolada para sempre. 40Eu a destruirei como destruí Sodoma e
Gomorra e as cidades vizinhas", diz o SENHOR. "Ninguém viverá ali,
ninguém habitará nela. 41"Vejam, um grande exército vem do nor-
te! Uma grande nação e muitos reis se levantam, de terras distantes,
contra vocês. 42Estão armados com arcos e lanças, são cruéis e não
têm compaixão. Quando avançam montados em cavalos, o barulho
é como o rugido do mar. Vêm em formação de batalha com o intuito
de destruí-la, Babilônia. 43O rei da Babilônia ouviu relatos sobre
o inimigo, e suas mãos tremem de medo. Pontadas de angústia
tomam conta dele, como as dores da mulher em trabalho de parto.
44"Virei como um leão da mata do Jordão que ataca as ovelhas no
pasto. Expulsarei a Babilônia de sua terra e ali colocarei o líder que
eu escolher. Pois quem é semelhante a mim e quem pode me de-
safiar? Que governante pode se opor à minha vontade?" 45Ouçam
o que o SENHOR planejou contra a Babilônia e contra a terra dos
babilônios. Até as crianças serão arrastadas como ovelhas, e suas
casas, destruídas. 46A terra tremerá com a queda da Babilônia, e
por todo o mundo se ouvirá seu grito de desespero.

CAPÍTULO 51

1Assim diz o SENHOR: "Levantarei um vento destruidor contra a
Babilônia e os habitantes daquela terra. 2Estrangeiros virão para
peneirá-la e soprá-la para longe, como palha. Virão de todos os
lados para atacá-la no dia da calamidade. 3Não deem tempo
para os arqueiros vestirem suas couraças, nem armarem seus
arcos. Não poupem nem mesmo seus melhores soldados; des-
truam seu exército completamente. 4Cairão mortos na terra dos
babilônios, feridos em suas ruas. 5Pois o SENHOR dos Exércitos
não abandonou Israel nem Judá. Ele ainda é seu Deus, embora
a terra em que vivem esteja cheia de pecado contra o Santo de
Israel". 6Fujam da Babilônia! Salvem-se! Não sejam castigados

NO QUE ESTOU **PENSANDO** ○ | O QUE ESTOU **SENTINDO** ○ | DO QUE ESTOU **LEMBRANDO** ○

Pois o Senhor é Deus que dá o justo castigo, sempre retribui em plena medida.

DESENHE OU ESCREVA

com ela! Chegou o tempo da vingança do SENHOR; ele dará à
Babilônia o castigo merecido. 7A Babilônia foi como uma taça de
ouro nas mãos do SENHOR, uma taça que embriagou o mundo
inteiro. As nações beberam do vinho da Babilônia e enlouquece-
ram. 8Mas, de repente, a Babilônia também caiu; chorem por ela,
deem-lhe remédio, talvez ela ainda possa ser curada. 9Tentamos
ajudar a Babilônia, mas já era tarde demais. Deixem-na, voltem para
sua própria terra. Pois o castigo dela chega até os céus; é tão grande
que não pode ser medido. 10O SENHOR nos fez justiça; venham,
vamos anunciar em Sião tudo que o SENHOR, nosso Deus, tem feito.
11Afiem as flechas! Levantem os escudos! Pois o SENHOR incitou
os reis da Média a marcharem contra a Babilônia e a destruírem.
Essa é sua vingança contra aqueles que profanaram seu templo.
12Levantem a bandeira de guerra contra a Babilônia, reforcem
a guarda e coloquem vigias. Preparem uma emboscada, pois o
SENHOR realizará tudo que planejou contra seus moradores. 13Você
fica junto a um grande rio e está repleta de tesouros. Mas seu fim
chegou; o fio de sua vida foi cortado. 14O SENHOR dos Exércitos jurou
por seu próprio nome: "Suas cidades se encherão de inimigos,
como campos cobertos de gafanhotos, e eles darão gritos de vitória".

Cântico de louvor ao SENHOR

15O SENHOR fez a terra com seu poder e a estabeleceu com sua
sabedoria. Com seu entendimento, estendeu os céus. 16Quando
fala no meio do trovão, as chuvas rugem nos céus. Eleva as nuvens
acima da terra, envia relâmpagos com a chuva e ordena que o vento
saia de seus depósitos. 17Todo ser humano é tolo e não tem conhe-
cimento! Os artesãos são envergonhados pelos ídolos que fazem,
pois as imagens que esculpiram são uma fraude; não têm fôlego
nem poder. 18Os ídolos são inúteis, são mentiras ridículas; no dia do
acerto de contas, serão todos destruídos. 19Mas o Deus de Israel não
é como esses ídolos; ele é o Criador de todas as coisas, incluindo
Israel, a nação que lhe pertence. Seu nome é SENHOR dos Exércitos!

O grande castigo da Babilônia

20"Você é meu martelo e minha espada", diz o SENHOR. "Com você
despedaçarei nações e destruirei muitos reinos. 21Com você des-
truirei o cavalo, o cavaleiro, o carro de guerra e o condutor. 22Com

você despedaçarei homens e mulheres, velhos e crianças, rapazes
e moças. 23Com você despedaçarei pastores e rebanhos, lavradores
e bois, capitães e oficiais. 24"Retribuirei à Babilônia e aos habitantes
daquela terra por todo o mal que fizeram ao meu povo em Sião", diz
o SENHOR. 25"Veja, ó montanha poderosa, destruidora da terra! Sou
seu inimigo", diz o SENHOR. "Levantarei minha mão contra você, e a
derrubarei das alturas. Quando eu terminar, você não passará de um
monte de escombros queimados. 26Nem mesmo suas pedras serão
reaproveitadas para outras construções. Ficará completamente ar-
ruinada", diz o SENHOR. 27Levantem uma bandeira para as nações!
Façam soar o toque de guerra! Mobilizem-nas contra a Babilônia,
convoquem os exércitos de Ararate, Mini e Asquenaz. Nomeiem um
comandante e tragam muitos cavalos, como um enxame de gafa-
nhotos. 28Reúnam contra ela os exércitos das nações comandados
pelos reis da Média e todos os seus capitães e oficiais. 29A terra es-
tremece e se contorce de dor, pois todos os planos do SENHOR contra
a Babilônia permanecem inalterados; a Babilônia ficará desolada,
sem um só habitante. 30Seus guerreiros valentes pararam de lutar e
permanecem em seus quartéis, sem coragem alguma; tornaram-se
como mulheres. Os invasores queimaram as casas e quebraram os
portões da cidade. 31Mensageiros correm apressados para contar ao
rei que sua cidade foi conquistada. 32Todas as rotas de fuga estão fe-
chadas; os juncos dos pântanos foram incendiados, e o exército está
em pânico. 33Assim diz o SENHOR dos Exércitos, o Deus de Israel:
"A Babilônia é como o trigo na eira, prestes a ser pisado. Em breve,
começará sua colheita". 34"Nabucodonosor, rei da Babilônia, nos
devorou, nos esmagou e nos deixou sem forças. Ele nos engoliu
como um monstro; encheu o estômago com nossas riquezas e nos
vomitou de nossa terra. 35Que a Babilônia sofra da mesma forma
que nos fez sofrer", diz o povo de Sião. "Que seus habitantes pa-
guem por terem derramado nosso sangue", diz Jerusalém.

A vingança do SENHOR contra a Babilônia

36Assim diz o SENHOR a Jerusalém: "Defenderei sua causa e os
vingarei. Secarei o rio da Babilônia, e também suas fontes, 37e ela
se tornará um monte de ruínas, morada de chacais. Será objeto de
horror e desprezo, um lugar onde ninguém vive. 38Seus habitantes
rugirão juntos, como leões fortes; rosnarão como leõezinhos. 39E,

enquanto estiverem inflamados de tanto beber, prepararei para
eles outro tipo de banquete. Eu os farei beber até que caiam no
sono, e nunca mais acordarão", diz o SENHOR. 40"Eu os levarei como
cordeiros para o matadouro, como carneiros e bodes. 41"Como caiu
a Babilônia, a grande Babilônia, admirada em toda a terra! Tornou-
se objeto de horror entre as nações. 42O mar se levantou sobre a
Babilônia; está coberta de ondas violentas. 43Suas cidades estão em
ruínas; é uma terra seca e deserta, onde ninguém vive e por onde
ninguém passa. 44Castigarei Bel, o deus dos babilônios, e o farei
vomitar tudo que engoliu. As nações não virão mais para adorá-lo;
o muro da Babilônia caiu!"

Uma mensagem para os exilados

45"Saia da Babilônia, meu povo! Salvem-se da ira ardente do
SENHOR! 46Mas não entrem em pânico; não tenham medo quando
ouvirem os primeiros rumores, pois continuarão a chegar rumo-
res ano após ano. Haverá violência na terra, e governantes lutarão
uns contra os outros. 47Pois certamente está chegando o dia em
que castigarei a Babilônia e todos os seus ídolos. Toda a sua terra
será envergonhada, e seus mortos ficarão espalhados pelas ruas.
48Então os céus e a terra se alegrarão, porque do norte virão exérci-
tos destruidores contra a Babilônia", diz o SENHOR. 49"Assim como a
Babilônia matou o povo de Israel e outros povos de todo o mundo,
também seu povo será morto. 50Saiam, todos vocês que escaparam
da espada! Não fiquem parados, fujam enquanto podem! Embora
estejam numa terra distante, lembrem-se do SENHOR e pensem
em seu lar em Jerusalém." 51"Estamos envergonhados", diz o povo.
"Fomos insultados e humilhados, pois estrangeiros profanaram o
templo do SENHOR." 52"Sim", diz o SENHOR, "mas está chegando o
dia em que eu destruirei os ídolos da Babilônia. Por toda a terra se
ouvirão os gemidos de seu povo ferido. 53Ainda que a Babilônia
chegue até os céus e construa fortalezas poderosas, enviarei inimi-
gos para destruí-la. Eu, o SENHOR, falei!"

A destruição total da Babilônia

54"Ouçam os gritos que vêm da Babilônia, o som de grande des-
truição daquela terra! 55Pois o SENHOR está destruindo a Babilônia;
ele calará sua voz estrondosa. Ondas de inimigos a atingem com

violência; pela cidade ressoam ruídos da batalha. 56 Exércitos
destruidores vêm contra a Babilônia; seus homens valentes são
capturados, seus arcos se quebram em suas mãos. Pois o SENHOR
é Deus que dá o justo castigo; sempre retribui em plena medida.
57 Deixarei embriagados seus líderes e seus sábios, bem como seus
capitães, oficiais e guerreiros. Eles cairão no sono e nunca mais
acordarão!", diz o Rei, cujo nome é SENHOR dos Exércitos. 58 Assim
diz o SENHOR dos Exércitos: "Os largos muros da Babilônia serão
arrasados, e seus grandes portões, queimados. Construtores de
muitas nações trabalharam em vão, pois sua obra será destruída
pelo fogo".

A mensagem de Jeremias é enviada para a Babilônia

59 O profeta Jeremias transmitiu esta mensagem a Seraías, filho
de Nerias e neto de Maaseias, chefe dos assessores do rei, quando
Seraías foi à Babilônia com Zedequias, rei de Judá. Isso aconte-
ceu no quarto ano do reinado de Zedequias. 60 Jeremias havia
registrado num rolo todas as calamidades que viriam em breve
sobre a Babilônia, todas as palavras escritas aqui. 61 Jeremias disse
a Seraías: "Quando chegar à Babilônia, leia em voz alta tudo que
está neste rolo. 62 Depois, diga: 'SENHOR, tu disseste que destruirás
a Babilônia, de modo que não restarão aqui nem pessoas nem ani-
mais. Ela ficará desolada para sempre'. 63 Quando tiver terminado
de ler o rolo, amarre-o a uma pedra e jogue-o no rio Eufrates. 64 Em
seguida, diga: 'Da mesma forma, a Babilônia e seu povo afundarão
e nunca mais se levantarão por causa das calamidades que trarei
sobre ela'". Aqui terminam as mensagens de Jeremias.

CAPÍTULO 52

A queda de Jerusalém

1 Zedequias tinha 21 anos quando começou a reinar, e reinou em
Jerusalém por onze anos. Sua mãe se chamava Hamutal e era filha
de Jeremias, de Libna. 2 Fez o que era mau aos olhos do SENHOR,
como Jeoaquim antes dele. 3 Estas coisas aconteceram por causa
da ira do SENHOR contra o povo de Jerusalém e de Judá. Por fim,
ele os expulsou de sua presença. Zedequias se rebelou contra o
rei da Babilônia. 4 Assim, em 15 de janeiro, durante o nono ano de
reinado de Zedequias, Nabucodonosor, rei de Babilônia, e todo o

NO QUE ESTOU PENSANDO ○ | O QUE ESTOU SENTINDO ○ | DO QUE ESTOU LEMBRANDO ○

DESENHE OU ESCREVA

seu exército cercaram Jerusalém e construíram rampas de ataque
contra os muros. 5 Jerusalém permaneceu cercada até o décimo
primeiro ano do reinado de Zedequias. 6 Em 18 de julho, no décimo
primeiro ano do reinado de Zedequias, a fome na cidade tinha se
tornado tão severa que não havia mais nenhum alimento. 7 Assim,
abriram uma brecha no muro da cidade, e todos os soldados fugi-
ram. Como a cidade estava cercada pelos babilônios, os soldados
esperaram até o anoitecer. Então, passaram pelo portão entre os
dois muros atrás do jardim do rei e fugiram em direção ao vale do
Jordão. 8 Contudo, o exército babilônio perseguiu o rei Zedequias
e o alcançou nas planícies de Jericó, pois todos os seus soldados o
haviam abandonado e se dispersado. 9 Capturaram Zedequias e o
levaram ao rei da Babilônia, em Ribla, na terra de Hamate. Ali o rei
da Babilônia sentenciou Zedequias. 10 Obrigou Zedequias a vê-lo
matar seus filhos e todos os oficiais de Judá. 11 Depois, arrancou
seus olhos, o prendeu com correntes de bronze e o levou para a
Babilônia. Zedequias permaneceu preso até o dia de sua morte.

O templo é destruído

12 Em 17 de agosto daquele ano, o décimo nono ano do reinado
de Nabucodonosor, Nebuzaradã, capitão da guarda e oficial do rei
babilônio, chegou a Jerusalém. 13 Queimou o templo do SENHOR,
o palácio real e todas as casas de Jerusalém. Queimou também
todos os edifícios importantes da cidade. 14 Depois, supervisionou
o exército babilônio na demolição de todos os muros de Jerusalém.
15 Em seguida, Nebuzaradã, capitão da guarda, deportou alguns dos
mais pobres, o povo que havia ficado na cidade, os desertores de
Judá que se entregaram ao rei da Babilônia e o restante dos arte-
sãos. 16 Permitiu, no entanto, que alguns dos mais pobres ficassem
para cuidar dos vinhedos e dos campos. 17 Os babilônios despeda-
çaram as colunas de bronze na frente do templo do SENHOR, as
bases móveis de bronze e o grande tanque de bronze chamado
Mar, e levaram todo o bronze para a Babilônia. 18 Também levaram
os baldes para cinzas, as pás, os cortadores de pavios, as bacias,
as vasilhas e todos os outros utensílios de bronze usados para o
serviço no templo. 19 O capitão da guarda também levou os baldes
pequenos, os incensários, as bacias, as panelas, os candeeiros, as
colheres, as vasilhas usadas para as ofertas derramadas e todos os

outros utensílios de ouro puro ou de prata. 20 Era impossível calcular
o peso do bronze das duas colunas, do Mar com os doze touros de
bronze debaixo dele e das bases móveis. Esses objetos tinham sido
feitos para o templo do SENHOR por ordem do rei Salomão. 21 Cada
coluna media 8,3 metros de altura e tinha 5,5 metros de circunfe-
rência. Era oca, e suas paredes tinham cerca de 8 centímetros de
espessura. 22 O capitel de bronze no alto de cada coluna media cerca
de 2,25 metros de altura e era enfeitado ao redor com correntes en-
trelaçadas de romãs feitas de bronze. 23 Havia 96 romãs nos lados,
e nas correntes entrelaçadas ao redor do topo havia, ao todo, cem
romãs. 24 Nebuzaradã, capitão da guarda, levou como prisioneiros
o sumo sacerdote Seraías, o sacerdote auxiliar Sofonias e três dos
principais guardas das portas. 25 Dentre o povo que ainda estava
escondido na cidade, levou um oficial responsável pelo exército,
sete dos conselheiros pessoais do rei, o secretário do comandante
do exército, que era encarregado do alistamento, e outros sessenta
homens do povo. 26 Nebuzaradã, capitão da guarda, levou-os ao rei
da Babilônia, em Ribla. 27 E ali em Ribla, na terra de Hamate, o rei da
Babilônia mandou executá-los. Assim, o povo de Judá foi enviado
para o exílio, para longe de sua terra. 28 No sétimo ano do reinado
de Nabucodonosor, 3.023 judeus foram levados para o exílio na
Babilônia. 29 No décimo oitavo ano de Nabucodonosor, mais 832
pessoas foram exiladas de Jerusalém. 30 No vigésimo terceiro ano
de Nabucodonosor, ele enviou Nebuzaradã, capitão da guarda, que
levou mais 745 judeus. Ao todo, 4.600 pessoas foram exiladas.

Esperança para a dinastia de Israel

31 No trigésimo sétimo ano do exílio de Joaquim, rei de Judá,
Evil-Merodaque começou a reinar na Babilônia. Foi bondoso com
Joaquim e o libertou da prisão em 31 de março daquele ano.
32 Falou com ele gentilmente e o colocou num lugar mais eleva-
do que o de outros reis exilados na Babilônia. 33 Providenciou-lhe
roupas novas, em lugar das roupas de prisioneiro, e permitiu que
ele comesse na presença do rei enquanto vivesse. 34 Joaquim rece-
beu do rei da Babilônia uma provisão diária de alimento enquanto
viveu, até o dia de sua morte.

Jr 52.33

LAMENTAÇÕES

CAPÍTULO 1

Grande tristeza em Jerusalém

1 A cidade que antes era cheia de gente agora está deserta. Antes era
grande entre as nações, agora está sozinha, como uma viúva. Antes
era rainha de toda a terra, agora é escrava. 2 Ela passa a noite aos
prantos; lágrimas correm por seu rosto. De todos os seus amantes,
não resta um sequer para consolá-la. Todos os seus amigos a traí-
ram e se tornaram seus inimigos. 3 Judá foi levada para o exílio e
oprimida com cruel escravidão. Vive entre as nações e não tem lugar
para descansar. Seus inimigos a perseguiram, e ela não tem a quem
recorrer. 4 As estradas para Sião estão de luto, pois as multidões já
não vêm celebrar as festas. Os portões da cidade estão em silêncio,
os sacerdotes gemem, as moças choram. Como é amargo seu desti-
no! 5 Seus adversários se tornaram seus senhores, e seus inimigos
prosperam, pois o SENHOR castigou Jerusalém por seus muitos
pecados. Seus filhos foram capturados e levados para o exílio. 6 A
bela Sião foi despojada de toda a sua majestade. Seus príncipes
são como cervos famintos em busca de pasto. Estão fracos demais
para fugir do inimigo que os persegue. 7 Em meio à sua tristeza e
às suas andanças, Jerusalém se lembra de seu antigo esplendor.
Agora, porém, caiu nas mãos de seu inimigo, e não há quem a
ajude. Seu inimigo a derrubou e zombou de sua queda. 8 Jerusalém
pecou terrivelmente, por isso foi jogada fora como trapo imundo.
Todos que antes a honravam agora a desprezam, pois a viram nua
e humilhada. Só resta a ela gemer e esconder o rosto. 9 Com sua

NO QUE ESTOU **PENSANDO** ○ | O QUE ESTOU **SENTINDO** ○ | DO QUE ESTOU **LEMBRANDO** ○

DESENHE OU ESCREVA

impureza, contaminou as vestes e não pensou nas consequências.
Agora está caída no chão, e não há quem a levante. "SENHOR, vê
minha aflição", ela diz. "O inimigo triunfou." 10 O inimigo a saqueou
e levou todos os seus valiosos bens. Ela viu estrangeiros profanarem
seu templo sagrado, o lugar em que o SENHOR os proibira de entrar.
11 Seu povo geme, à procura de pão; trocaram seus tesouros por ali-
mento para sobreviver. "Olha, SENHOR", ela se lamenta, "e vê como
sou desprezada! 12 "Isso tudo nada significa para vocês que passam
por mim? Olhem ao redor e vejam se há dor igual à minha, que o
SENHOR trouxe sobre mim quando se acendeu sua ira. 13 "Do céu
enviou fogo que me queima os ossos; pôs uma armadilha em meu
caminho e me fez voltar atrás. Deixou-me devastada, atormentada
o dia todo por uma doença. 14 "Trançou meus pecados como uma
corda para me prender ao jugo do exílio. O Senhor me tirou a força e
me entregou a meus inimigos; estou indefesa nas mãos deles. 15 "O
Senhor tratou meus homens valentes com desprezo. Por ordem sua,
um grande exército veio para esmagar meus jovens guerreiros. O
Senhor pisou a amada cidade de Jerusalém como se pisam uvas no
tanque de prensar. 16 "Choro por todas essas coisas, lágrimas correm
por meu rosto. Não resta ninguém para me consolar, estão longe
os que poderiam me animar. Meus filhos não têm futuro, pois o
inimigo nos conquistou." 17 Sião estende as mãos, mas ninguém a
consola. O SENHOR disse a respeito de seu povo, Israel: "Que seus
vizinhos sejam seus inimigos! Que Jerusalém seja jogada fora
como trapo imundo!". 18 "O SENHOR é justo", diz Jerusalém, "pois me
rebelei contra ele. Ouçam todos os povos e vejam minha angústia,
pois meus filhos e filhas foram levados para o exílio. 19 "Pedi ajuda
a meus aliados, mas eles me traíram. Meus sacerdotes e meus líde-
res morreram de fome na cidade, enquanto procuravam alimento
para sobreviver. 20 "SENHOR, vê minha angústia! Meu coração está
aflito, e minha alma, desesperada, pois me rebelei terrivelmente
contra ti. Nas ruas, a espada mata, e, em casa, só há morte. 21 "Outros
ouviram meus gemidos, mas ninguém veio me consolar. Quando
meus inimigos souberam de minha desgraça, se alegraram de ver
o que tu havias feito. Ah, traze o dia que prometeste, em que eles
sofrerão como eu sofri! 22 "Vê todas as maldades deles, SENHOR, e
castiga-os como me castigaste, por todos os meus pecados. Meus
gemidos são muitos, e meu coração está enfermo."

CAPÍTULO 2

A ira de Deus pelo pecado

1Em sua ira, o Senhor cobriu com uma sombra a bela Sião. A mais
gloriosa das cidades de Israel foi lançada por terra das alturas
dos céus. No dia de sua grande ira, o Senhor não teve compaixão
nem mesmo de seu templo. 2Sem piedade, o SENHOR destruiu
todas as casas de Israel. Em sua ira, derrubou os muros fortifica-
dos da bela Jerusalém. Jogou-os por terra e humilhou o reino e
seus governantes. 3Toda a força de Israel desapareceu sob a sua
ira ardente. Retirou sua proteção durante os ataques do inimigo.
Como labaredas de fogo, consome tudo ao redor. 4Prepara o arco
para atacar seu povo, como se fosse seu inimigo. Usa contra eles
sua força para matar os melhores jovens. Derrama como fogo sua
fúria sobre a tenda da bela Sião. 5Sim, o Senhor derrotou Israel
como se fosse seu inimigo. Destruiu seus palácios e demoliu suas
fortalezas. Trouxe tristeza e choro sem fim sobre a bela Jerusalém.
6Derrubou com violência seu templo, como uma cabana num jar-
dim. O SENHOR fez cair no esquecimento as festas sagradas e os
sábados. Reis e sacerdotes caíram juntos diante de sua ira ardente.
7O Senhor rejeitou seu altar e desprezou seu santuário. Entregou
os palácios de Jerusalém a seus inimigos. No templo do SENHOR,
gritam como se fosse um dia de celebração. 8O SENHOR se decidiu
a derrubar os muros da bela Sião. Traçou planos detalhados para
sua destruição e fez o que planejou. Por isso as fortificações e os
muros caíram diante dele. 9Os portões de Jerusalém afundaram na
terra; ele despedaçou suas trancas. Seu rei e seus príncipes foram
exilados entre as nações; sua lei deixou de existir. Seus profetas não
recebem mais visões do SENHOR. 10Os líderes da bela Jerusalém
sentam-se no chão em silêncio. Vestem-se de pano de saco e jo-
gam pó sobre a cabeça. As moças de Jerusalém abaixam a cabeça,
envergonhadas. 11Chorei até que não tivesse mais lágrimas; meu
coração está aflito. Meu espírito se derrama de angústia, quando
vejo a calamidade de meu povo. Crianças pequenas e bebês desfa-
lecem e morrem nas ruas. 12Clamam às mães: "Estamos com fome
e sede!". Desfalecem nas ruas, como o guerreiro ferido na batalha.
Lutam para respirar e morrem lentamente nos braços maternos.
13Que posso dizer a seu respeito? Quem alguma vez viu tamanha
tristeza? Ó filha de Jerusalém, a que posso compará-la em sua

Lm 2.19

angústia? Ó filha virgem de Sião, como posso consolá-la? Sua ferida
é mais profunda que o mar; quem pode curá-la? 14Seus profetas
anunciaram visões inúteis e mentiras. Não lhe mostraram seus pe-
cados para salvá-la do exílio. Em vez disso, anunciaram mensagens
enganosas e a encheram de falsa esperança. 15Todos que passam
caçoam de você; zombam da bela Jerusalém e a insultam: "Esta
é a cidade chamada de 'A Mais Bela do Mundo' e 'Alegria de Toda
a Terra'?". 16Todos os seus inimigos falam mal de você; zombam,
rosnam e dizem: "Finalmente a destruímos! Esperamos tanto por
este dia, e enfim ele chegou!". 17Mas foi o SENHOR que fez tudo
que planejou; cumpriu as promessas de trazer calamidade feitas
muito tempo atrás. Destruiu Jerusalém sem compaixão; fez seus
inimigos se alegrarem com sua derrota e lhes deu poder sobre ela.
18Chorem em alta voz diante do Senhor, ó muros da bela Sião! Que
suas lágrimas corram dia e noite como um rio. Não se permitam
descanso algum, nem deem alívio a seus olhos. 19Levantem-se no
meio da noite e clamem, derramem como água o coração diante do
Senhor. Levantem as mãos em oração e supliquem por seus filhos,
pois desfalecem de fome pelas ruas. 20"Ó SENHOR, pensa nisso!
Acaso deves tratar teu povo dessa maneira? Devem as mães comer
os próprios filhos, que elas criaram com tanto carinho? Devem os
sacerdotes e os profetas ser mortos dentro do templo do Senhor?
21"Estão jogados nas ruas, jovens e velhos, rapazes e moças, mortos
pelas espadas do inimigo. Tu os mataste em tua ira e os massacraste
sem piedade. 22"Convocaste terrores de todos os lados, como se
os chamasses para uma ocasião solene. No dia da ira do SENHOR,
ninguém escapou nem sobreviveu. Os filhos que levei em meus
braços e criei o inimigo destruiu."

CAPÍTULO 3

Esperança na fidelidade do SENHOR

1Eu sou aquele que viu as aflições trazidas pela vara da ira do
SENHOR. 2Ele me conduziu para a escuridão e removeu toda a luz.
3Voltou sua mão contra mim repetidamente, o dia todo. 4Fez minha
pele e minha carne envelhecerem e me quebrou os ossos. 5Sitiou-
me e cercou-me de angústia e aflição. 6Enterrou-me num lugar
escuro, como os que há muito morreram. 7Cercou-me de muros, e
não consigo escapar; prendeu-me com pesadas correntes. 8E, ainda

que eu clame e grite, ele fechou os ouvidos para minha oração.
9 Com um muro de pedra, impediu meu caminho; tornou minha
estrada tortuosa. 10 Escondeu-se como um urso ou um leão que
espera para atacar. 11 Arrastou-me para fora do caminho e despeda-
çou-me; deixou-me devastado. 12 Preparou seu arco e me fez alvo
de suas flechas. 13 As flechas que ele atirou entraram fundo em meu
coração. 14 Meu povo ri de mim; o dia inteiro entoam canções de
zombaria. 15 De amargura ele me encheu e me fez beber um amargo
cálice de dor. 16 Fez-me comer pedrinhas até quebrar os dentes e
cobriu-me de pó. 17 Tirou-me a paz, e já não sei o que é prosperar.
18 Grito: "Meu esplendor se foi! Tudo que eu esperava do SENHOR se
perdeu!". 19 Como é amargo recordar meu sofrimento e meu desam-
paro! 20 Lembro-me sempre destes dias terríveis enquanto lamento
minha perda. 21 Ainda ouso, porém, ter esperança quando me re-
cordo disto: 22 O amor do SENHOR não tem fim! Suas misericórdias
são inesgotáveis. 23 Grande é sua fidelidade; suas misericórdias se
renovam cada manhã. 24 Digo a mim mesmo: "O SENHOR é minha
porção; por isso, esperarei nele!". 25 O SENHOR é bom para os que
dependem dele, para os que o buscam. 26 Portanto, é bom esperar
em silêncio pela salvação do SENHOR. 27 É bom as pessoas se sujei-
tarem, ainda jovens, ao jugo de sua disciplina. 28 Que permaneçam
sozinhas e em silêncio sob o jugo do SENHOR. 29 Que se deitem com
o rosto no pó, pois talvez ainda haja esperança. 30 Que deem a outra
face para os que os ferem e aceitem os insultos de seus inimigos.
31 Pois o Senhor não abandona ninguém para sempre. 32 Embora
traga tristeza, também mostra compaixão, por causa da grandeza
de seu amor. 33 Pois não tem prazer em afligir as pessoas, nem em
lhes causar tristeza. 34 Quando alguém esmaga sob os pés todos
os prisioneiros da terra, 35 quando nega a outros seus direitos em
oposição ao Altíssimo, 36 quando distorce a justiça nos tribunais,
será que o Senhor não vê tudo isso? 37 Quem pode ordenar que
algo aconteça sem a permissão do Senhor? 38 Acaso o Altíssimo não
envia tanto a calamidade como o bem? 39 Então por que nós, huma-
nos, nos queixamos quando somos castigados por nossos pecados?
40 Em vez disso, examinemos nossos caminhos e voltemos para o
SENHOR. 41 Levantemos o coração e as mãos para Deus nos céus e
digamos: 42 "Pecamos e nos rebelamos, e tu não nos perdoaste.
43 "Com tua ira nos envolveste, nos perseguiste e nos massacraste

sem piedade. 44 Tu te escondeste numa nuvem, para que nossas
orações não chegassem a ti. 45 Como refugo e lixo, nos lançaste fora,
no meio das nações. 46 "Todos os nossos inimigos falam contra nós.
47 Vivemos cheios de medo, pois estamos presos numa armadilha,
devastados e arruinados". 48 Rios de lágrimas correm de meus olhos
pela destruição de meu povo. 49 Minhas lágrimas correm sem parar;
não cessarão 50 até que o SENHOR se incline dos céus e veja. 51 Meu
coração está aflito pelo destino das mulheres de Jerusalém. 52 Meus
inimigos, a quem nunca fiz mal, caçaram-me como se eu fosse um
pássaro. 53 Num poço me jogaram e atiraram pedras sobre mim.
54 A água subiu acima de minha cabeça e clamei: "É o fim!". 55 Mas,
lá do fundo do poço, invoquei teu nome, SENHOR. 56 Tu me ouviste
quando clamei: "Ouve minha súplica! Escuta meu clamor por socor-
ro!". 57 Sim, tu vieste quando clamei e disseste: "Não tenha medo".
58 Senhor, defende minha causa, pois redimiste minha vida. 59 Viste
a injustiça que me fizeram, SENHOR; demonstra tua justiça. 60 Viste
os planos vingativos que meus inimigos tramaram contra mim.
61 SENHOR, ouviste os insultos deles; sabes muito bem dos planos
que tramaram. 62 Meus inimigos me acusam e conspiram contra
mim o dia todo. 63 Olha para eles! Sentados ou em pé, zombam de
mim com suas canções. 64 SENHOR, dá-lhes o que merecem por todo
o mal que fizeram. 65 Dá-lhes coração duro e teimoso, e que tuas
maldições caiam sobre eles. 66 Persegue-os em tua ira e destrói-os
sob os céus do SENHOR.

CAPÍTULO 4

A ira do SENHOR é satisfeita

1 Como o ouro perdeu seu brilho! Até o ouro mais puro ficou em-
baçado. As pedras sagradas estão espalhadas pelas ruas. 2 Vejam
como os filhos preciosos de Sião, que valem seu peso em ouro
puro, são tratados como vasos de barro feitos por um oleiro qual-
quer. 3 Até os chacais amamentam seus filhotes, mas meu povo
não age assim. Como as avestruzes no deserto, ignora cruelmente
o clamor de seus filhos. 4 A língua seca dos bebês gruda no céu da
boca, por causa da sede. As crianças imploram por um pedaço de
pão, mas ninguém as atende. 5 Os que antes comiam as comidas
mais finas agora morrem de fome nas ruas. Os que antes vestiam
roupas da melhor qualidade agora reviram os montes de lixo. 6 A

culpa de meu povo é maior que a de Sodoma, que foi destruída
de repente, e ninguém ofereceu ajuda. 7Nossos príncipes eram
radiantes de saúde, mais brilhantes que a neve e mais brancos
que o leite. Seu rosto era rosado como rubis, e sua aparência, como
safiras. 8Agora, porém, seu rosto está mais escuro que fuligem;
ninguém os reconhece nas ruas. Sua pele está pegada aos ossos,
seca como madeira. 9Os que morreram pela espada foram mais
felizes que os que morrem de inanição. Famintos, definham por
falta de alimento dos campos. 10Mulheres de bom coração cozinha-
ram os próprios filhos. Elas os comeram para sobreviver ao cerco.
11Agora, porém, a ira do SENHOR está satisfeita; sua ira ardente foi
derramada. Em Sião ele acendeu um fogo que queimou a cidade
até seus alicerces. 12Nenhum rei em toda a terra, ninguém no mun-
do inteiro, poderia imaginar que o inimigo entraria pelas portas
de Jerusalém. 13Mas foi o que aconteceu por causa do pecado de
seus profetas e da maldade de seus sacerdotes, que profanaram
a cidade ao derramar sangue inocente. 14Andavam sem destino
pelas ruas, como cegos, tão contaminados de sangue que ninguém
se atrevia a tocar neles. 15"Afastem-se!", gritavam para eles. "Estão
contaminados! Não toquem em nós!" Fugiram para terras distantes
e andaram sem rumo entre as nações, mas nenhuma permitiu
que ficassem. 16O SENHOR, em sua ira, os espalhou e deixou de
ajudá-los. Ninguém mais respeita os sacerdotes nem honra os
líderes. 17Esperamos em vão que nossos aliados viessem nos so-
correr. Buscamos a ajuda de nações incapazes de nos livrar. 18Não
podíamos sair às ruas, pois nossos passos eram vigiados. Nosso
fim se aproximava, nossos dias estavam contados; estávamos
condenados! 19Nossos inimigos eram mais rápidos que as águias
no céu; fugimos para as montanhas, mas eles nos perseguiram.
No deserto nos escondemos, mas eles estavam ali, esperando por
nós. 20Nosso rei, o ungido do SENHOR, a vida de nossa nação, foi
capturado nos laços deles. E nós pensávamos que sua sombra nos
protegeria de qualquer nação da terra! 21Ó povo de Edom, você se
alegra e exulta na terra de Uz? Mas você também beberá do cálice
da ira do SENHOR; também ficará embriagado e será despido. 22Ó
bela Sião, o castigo de sua maldade chegará ao fim; logo voltará
do exílio. Mas para você, Edom, o castigo está só começando; logo
seus muitos pecados serão expostos.

CAPÍTULO 5

Súplica por restauração

1Lembra-te, SENHOR, do que aconteceu conosco e vê como fomos
humilhados! 2Nossa herança foi entregue a estranhos, e nossas
casas, a estrangeiros. 3Somos órfãos e já não temos pai, e nossa mãe
ficou viúva. 4Temos de pagar pela água que bebemos, e até a lenha
nos custa caro. 5Os que nos perseguem estão bem perto; estamos
exaustos, mas não nos deixam descansar. 6Ao Egito e à Assíria nos
sujeitamos, para conseguir alimento e sobreviver. 7Nossos ante-
passados pecaram e já morreram, e nós recebemos o castigo que
eles mereciam. 8Escravos se tornaram nossos senhores; não restou
ninguém para nos resgatar. 9Arriscamos a vida à procura de alimen-
to, pois a violência tomou conta do deserto. 10A fome nos escureceu
a pele, como se tivesse sido queimada no forno. 11As mulheres de
Sião e as moças das cidades de Judá são violentadas por nossos
inimigos. 12Os príncipes são pendurados pelas mãos, os idosos
são tratados com desprezo. 13Os rapazes são levados para trabalhar
nos moinhos, os meninos cambaleiam sob os pesados fardos de
lenha. 14As autoridades não se sentam mais à porta das cidades, os
rapazes não tocam mais música. 15A alegria desapareceu de nosso
coração, nossas danças se transformaram em pranto. 16A coroa caiu
de nossa cabeça; que aflição por causa de nosso pecado! 17Nosso
coração desfalece, nossos olhos se embaçaram de lágrimas, 18pois
o monte Sião está desolado; tornou-se morada de chacais. 19Mas
tu, SENHOR, reinas eternamente! Teu trono permanece de geração
em geração. 20Por que continuas a te esquecer de nós? Por que nos
abandonaste por tanto tempo? 21Restaura-nos, SENHOR, e faze-nos
voltar para ti! Devolve-nos a alegria que tínhamos antes! 22Ou será
que nos rejeitaste completamente? Ainda estás irado conosco?

EZEQUIEL

CAPÍTULO 1

Visão dos seres vivos

1Em 31 de julho de meu trigésimo ano, enquanto eu estava com os exilados judeus junto ao rio Quebar, na Babilônia, os céus se abriram e tive visões de Deus. 2Isso aconteceu no quinto ano do exílio do rei Joaquim. 3(O SENHOR deu essa mensagem ao sacerdote Ezequiel, filho de Buzi, junto ao rio Quebar, na terra dos babilônios, e a mão do SENHOR estava sobre ele.) 4Quando olhei, vi uma grande tempestade que vinha do norte. Uma nuvem faiscava com relâmpagos e brilhava com luz intensa. Dentro da nuvem havia fogo e, no meio do fogo, resplandecia algo semelhante a âmbar reluzente. 5Do centro da nuvem surgiram quatro seres vivos de aparência humana, 6porém cada um tinha quatro rostos e quatro asas. 7Suas pernas eram retas, e seus pés tinham cascos como os de bezerro e brilhavam como bronze polido. 8Debaixo de cada uma das quatro asas, vi mãos humanas. Assim, cada um dos quatro seres tinha quatro rostos e quatro asas. 9As asas de cada um dos seres tocavam as asas dos seres ao seu lado. Cada um se movia para a frente, sem se virar. 10Cada um dos quatro seres tinha rosto humano na frente, rosto de leão à direita, rosto de boi à esquerda e rosto de águia atrás. 11Cada um tinha dois pares de asas estendidas: com um par tocava as asas dos seres de cada lado e com o outro par cobria o corpo. 12Deslocavam-se em qualquer direção que o espírito indicava e moviam-se para a frente, sem se virar. 13Os seres vivos eram semelhantes a brasas acesas ou tochas reluzentes, e relâmpagos pareciam faiscar entre eles. 14Os seres vivos se deslocavam de um lado para o outro rapidamente, como relâmpagos. 15Enquanto eu olhava para esses seres, vi quatro rodas que tocavam o chão junto a eles, uma roda para cada um. 16As rodas brilhavam, como se fossem feitas de berilo. As quatro rodas eram semelhantes e feitas da mesma forma; cada uma tinha dentro dela outra roda que girava na transversal. 17Os seres podiam se deslocar em qualquer uma das quatro direções, sem se virar enquanto se moviam. 18Os aros das rodas eram altos e assustadores, cobertos de olhos em todo o redor. 19Quando os seres vivos se moviam, as rodas se moviam com eles. Quando eles voavam para cima, as rodas também subiam. 20O espírito dos seres vivos estava nas rodas; aonde quer que o espírito fosse, as rodas e os seres vivos o acompanhavam. 21Quando os seres se moviam, as rodas também se moviam. Quando os seres paravam, as rodas também paravam. Quando os seres voavam para cima, as rodas também subiam, pois o espírito dos seres vivos estava nas rodas. 22Acima deles estendia-se uma superfície como o céu, brilhante como cristal. 23Abaixo dessa superfície as asas de cada ser vivo se estendiam de modo a tocar as asas dos outros, e as outras duas asas cobriam seu corpo. 24Quando voavam, o estrondo de suas asas soava para mim como ondas do mar quebrando na praia, como a voz do Todo-poderoso, ou como os gritos de um grande exército. Quando os seres pararam, abaixaram as asas. 25Enquanto estavam com as asas abaixadas, uma voz falou de além da superfície acima deles. 26Acima dessa superfície havia algo parecido com um trono de safira. No trono, bem no alto, havia uma figura semelhante a um homem. 27Da cintura para cima, tinha a aparência de âmbar reluzente que cintilava como o fogo, e, da cintura para baixo, parecia uma chama ardente que brilhava com esplendor. 28Estava rodeado por um aro luminoso, como arco-íris que resplandece entre as nuvens num dia de chuva. Essa era a aparência da glória do SENHOR para mim. Quando a vi, prostrei-me com o rosto no chão e ouvi a voz de alguém que falava comigo.

NO QUE ESTOU **PENSANDO** ○ | O QUE ESTOU **SENTINDO** ○ | DO QUE ESTOU **LEMBRANDO** ○

DESENHE OU ESCREVA

CAPÍTULO 2

O chamado e a comissão de Ezequiel

1"Levante-se, filho do homem", disse a voz. "Quero falar com você." 2Enquanto ele falava, o Espírito entrou em mim e me pôs em pé, e eu ouvi suas palavras com atenção. 3"Filho do homem", disse ele, "eu

Ez

o envio à nação de Israel, uma nação rebelde, que se revoltou contra
mim. Até hoje, eles e seus antepassados têm se revoltado contra
mim. 4São um povo teimoso, de coração duro. Mas eu o envio para
lhes dizer: 'Assim diz o SENHOR Soberano!'. 5E, quer eles ouçam quer
não – lembre-se de que são rebeldes –, pelo menos saberão que
tiveram um profeta no meio deles. 6"Filho do homem, não tenha
medo deles nem de suas palavras. Não tema, ainda que suas ame-
aças o cerquem como urtigas, espinhos e escorpiões. Não desanime
com seus olhares raivosos, pois são um povo rebelde. 7Anuncie-lhes
minha mensagem, quer eles ouçam quer não, pois são completa-
mente rebeldes. 8Filho do homem, preste atenção ao que lhe digo.
Não seja rebelde como eles. Abra sua boca e coma o que lhe dou."
9Então olhei e vi a mão de alguém estendida para mim. Segurava
um rolo, 10que ela abriu. Vi que de ambos os lados estavam escritos
cânticos fúnebres, lamentações e palavras de condenação.

CAPÍTULO 3

1A voz me disse: "Filho do homem, coma o que lhe dou. Coma este
rolo! Depois, vá e fale ao povo de Israel". 2Então abri a boca, e ele me
deu o rolo para eu comer. 3"Filho do homem, encha seu estômago
com ele", disse a voz. Quando comi, o sabor era doce como mel em
minha boca. 4Em seguida, ele disse: "Filho do homem, vá ao povo
de Israel e transmita-lhe minhas mensagens. 5Não o envio a um
povo estrangeiro, cuja língua você não entende, mas ao povo de
Israel. 6Não, eu não o envio a um povo de língua estrangeira e difícil.
Se o fizesse, eles lhe dariam ouvidos! 7O povo de Israel, porém,
não lhe dará ouvidos, assim como não deu ouvidos a mim. Pois
todos eles têm o coração duro e são teimosos. 8Mas eu tornei você
tão obstinado e inflexível quanto eles. 9Endureci sua testa como a
pedra mais dura. Portanto, não tenha medo deles nem tema seus
olhares raivosos, pois são um povo rebelde". 10Então ele acrescen-
tou: "Filho do homem, primeiro deixe que minhas palavras entrem
até o fundo de seu coração. Ouça-as com atenção. 11Depois, vá a seu
povo no exílio e diga-lhes: 'Assim diz o SENHOR Soberano!'. Faça isso
quer eles ouçam quer não". 12Em seguida, o Espírito me pôs em
pé, e eu ouvi uma estrondosa proclamação atrás de mim. (Que a
glória do SENHOR seja louvada em sua habitação!) 13Era o som das
asas dos seres vivos que tocavam umas nas outras e o barulho das

rodas debaixo deles. 14O Espírito me levantou e me tirou de lá. Saí
amargurado e agitado, mas a mão do SENHOR era forte sobre mim.
15Cheguei à colônia dos exilados judeus em Tel-Abibe, junto ao rio
Quebar. Estava atônito e permaneci no meio deles durante sete dias.

Um vigia para Israel

16Depois de sete dias, o SENHOR me deu uma mensagem: 17"Filho
do homem, eu o nomeei vigia de Israel. Sempre que receber uma
mensagem minha, advirta o povo. 18Se eu avisar os perversos:
'Vocês estão condenados à morte', mas você não lhes transmitir
a advertência, para que mudem sua conduta perversa e salvem a
vida, eles morrerão em seus pecados. E eu o considerarei responsá-
vel pela morte deles. 19Se você os advertir, mas eles não quiserem
se arrepender e continuarem a pecar, eles morrerão em seus pe-
cados. Você, porém, salvará sua vida. 20"Se os justos se desviarem
de sua conduta justa e não prestarem atenção aos obstáculos que
eu puser em seu caminho, eles morrerão. E, se você não os advertir,
eles morrerão em seus pecados. Nenhum dos atos de justiça deles
será lembrado, e eu o considerarei responsável pela morte deles.
21Mas, se você advertir os justos a não pecarem e eles lhe derem
ouvidos e não pecarem, eles viverão. E você também salvará sua
vida". 22A mão do SENHOR veio sobre mim, e ele disse: "Levante-se
e vá até o vale, e eu lhe falarei ali". 23Levantei-me, fui até o vale e ali
vi a glória do SENHOR, como na primeira visão junto ao rio Quebar, e
prostrei-me com o rosto no chão. 24Então o Espírito entrou em mim
e me pôs em pé. "Vá para sua casa e tranque-se dentro dela", disse
ele. 25"Ali, filho do homem, você será amarrado com cordas e não
poderá sair para o meio do povo. 26Farei sua língua se prender ao
céu da boca, para que fique mudo e não possa repreendê-los, pois
são rebeldes. 27Mas, quando eu lhe der uma mensagem, despren-
derei sua língua e deixarei que fale. Então você lhes dirá: 'Assim
diz o SENHOR Soberano!'. Quem escolher ouvir, ouvirá, mas quem
se recusar, não ouvirá, pois são um povo rebelde."

CAPÍTULO 4

Sinal do cerco que está para vir

1"Agora, filho do homem, pegue um tijolo de barro, coloque-o à
sua frente e desenhe nele a cidade de Jerusalém. 2Retrate a cidade

cercada. Construa um muro ao redor dela, arme o acampamento
inimigo e cerque a cidade com rampas e troncos de ataque. 3Pegue
uma panela de ferro e coloque-a entre você e a cidade. Volte-se
para a cidade e mostre como será o cerco de Jerusalém. Isso será
um sinal de advertência para o povo de Israel. 4"Agora, deite-se
sobre o lado esquerdo e ponha sobre si os pecados de Israel. Você
terá de carregar os pecados de Israel pelo número de dias que
ficar deitado sobre o lado esquerdo. 5Determinei que carregará os
pecados de Israel por 390 dias, um dia para cada ano de pecado
do povo. 6Depois, deite-se sobre o lado direito durante quarenta
dias, um dia para cada ano de pecado de Judá. 7"Enquanto isso,
continue a olhar para o cerco de Jerusalém. Deite-se com o braço
descoberto e profetize contra a cidade. 8Eu o amarrarei com cordas
para que você não possa virar-se de um lado para o outro, até que
tenha completado os dias do cerco. 9"Pegue um pouco de trigo,
cevada, feijão, lentilha, milho-miúdo e trigo candeal e misture-os
numa vasilha. Use-os para preparar seu pão durante os 390 dias em
que ficará deitado sobre o lado esquerdo. 10Racione suas porções,
240 gramas por dia, e coma-as em horas determinadas. 11Depois,
meça pouco mais de meio litro de água para cada dia e beba-a em
horas determinadas. 12Prepare e coma esse alimento como faria
com bolos de cevada. Asse-o diante de todo o povo, usando fezes
humanas secas como combustível." 13E o SENHOR disse: "Assim os
israelitas comerão pão impuro na terra dos gentios, para onde eu
os expulsarei". 14Então eu disse: "Ó SENHOR Soberano, jamais me
contaminei! Desde a infância, nunca comi animais mortos por
doença ou despedaçados por outros animais. Nunca comi carne
alguma proibida pela lei". 15Então ele me disse: "Em lugar de fezes
humanas, você pode usar esterco de vaca para assar o pão". 16E
acrescentou: "Filho do homem, tornarei a comida extremamente
escassa em Jerusalém. Será pesada com grande cuidado e con-
sumida com medo. A água será racionada, e o povo beberá com
desespero. 17Diante da falta de comida e água, olharão uns para os
outros aterrorizados e definharão debaixo de seu castigo."

CAPÍTULO 5

Sinal do julgamento que está para vir

1"Filho do homem, pegue uma espada afiada e use-a como navalha

NO QUE ESTOU **PENSANDO** O QUE ESTOU **SENTINDO** DO QUE ESTOU **LEMBRANDO**

DESENHE OU ESCREVA

para raspar sua cabeça e sua barba. Use uma balança para pesar o
cabelo e dividi-lo em três partes. 2Coloque uma terça parte no meio
do desenho de Jerusalém e, depois de encenar o cerco à cidade,
queime o cabelo ali. Espalhe outra terça parte ao redor do desenho
e corte-a com a espada. Espalhe a terceira parte ao vento, pois eu
espalharei meu povo com a espada. 3Guarde apenas um pouco
de cabelo e amarre-o em seu manto. 4Então, pegue alguns desses
fios de cabelo e jogue-os no fogo, para que se queimem. Dali um
fogo se espalhará e destruirá todo o Israel. 5"Assim diz o SENHOR
Soberano: Esta é uma ilustração do que acontecerá a Jerusalém.
Coloquei-a no centro das nações, 6mas ela se revoltou contra meus
estatutos e decretos e foi mais perversa que as nações ao seu redor.
Não quis obedecer a meus estatutos e decretos. 7"Portanto, assim
diz o SENHOR Soberano: Vocês são mais rebeldes que as nações
vizinhas e não quiseram obedecer a meus decretos e estatutos.
Nem sequer viveram de acordo com os padrões de justiça das
nações ao seu redor. 8Portanto, eu mesmo, o SENHOR Soberano,
estou contra vocês. Eu os castigarei publicamente diante de todas
as nações. 9Por causa de seus ídolos detestáveis, punirei vocês
como nunca fiz antes e nunca voltarei a fazer. 10Pais devorarão os
filhos, e filhos devorarão os pais. Eu os castigarei e espalharei aos
quatro ventos os poucos que sobreviverem. 11"Tão certo como eu
vivo, diz o SENHOR Soberano, eu os destruirei completamente. Não
terei compaixão alguma de vocês, pois profanaram meu templo
com imagens repugnantes e pecados detestáveis. 12Uma terça
parte de seu povo morrerá na cidade por doença e fome, uma
terça parte será morta pelo inimigo fora dos muros da cidade, e
eu espalharei uma terça parte aos quatro ventos e os perseguirei
com minha espada. 13Por fim, minha ira se completará, e ficarei
satisfeito. E, quando minha fúria contra eles tiver passado, todo
o Israel saberá que eu, o SENHOR, lhes falei segundo o meu zelo.
14"Portanto, eu o transformarei em uma ruína, em objeto de insulto
aos olhos das nações ao redor e para todos que passarem por ali.
15Você se tornará alvo de insultos, zombarias e horror, e servirá
de advertência para todas as nações ao redor. Elas verão o que
acontece quando o SENHOR, em sua ira, castiga uma nação e a re-
preende, diz o SENHOR. 16"Farei chover sobre você as flechas mortais
da fome, para destruí-la. A fome se tornará cada vez mais severa,

até que desapareça todo suprimento. 17 Além da fome, enviarei
animais selvagens para atacá-la e devorar seus filhos. Doença e
guerra a alcançarão, e trarei contra você a espada do inimigo. Eu,
o SENHOR, falei!".

CAPÍTULO 6

Julgamento contra os montes de Israel

1 Recebi outra mensagem do SENHOR: 2 "Filho do homem, volte o
rosto para os montes de Israel e profetize contra eles. 3 Proclame
esta mensagem do SENHOR Soberano contra os montes de Israel.
Assim diz o SENHOR Soberano aos montes, às colinas, aos desfiladei-
ros e aos vales: Estou prestes a trazer guerra sobre vocês e destruir
seus santuários idólatras. 4 Todos os seus altares serão demolidos,
e seus lugares de adoração serão destruídos. Matarei o povo diante
de seus ídolos. 5 Porei os cadáveres dos israelitas diante de seus ído-
los e espalharei os ossos ao redor de seus altares. 6 Onde quer que
vocês vivam, haverá desolação, e destruirei os santuários idólatras.
Seus altares serão demolidos, seus ídolos serão despedaçados, seus
lugares de adoração serão derrubados e todos os objetos religiosos
que vocês fizeram serão destruídos. 7 O lugar ficará cheio de cadá-
veres, e vocês saberão que somente eu sou o SENHOR. 8 "Deixarei,
porém, que alguns do meu povo escapem da destruição, e eles
serão espalhados entre as nações do mundo. 9 Então, quando estive-
rem exilados entre as nações, se lembrarão de mim. Reconhecerão
quanto me entristece seu coração infiel e seus olhos lascivos por
seus ídolos. Por fim, terão nojo de si mesmos por causa de todos os
seus pecados detestáveis. 10 Saberão que somente eu sou o SENHOR
e que falava sério quando disse que traria sobre eles essa calami-
dade. 11 "Assim diz o SENHOR Soberano: Batam palmas de horror e
batam os pés. Gritem por causa de todos os pecados detestáveis
que o povo de Israel cometeu. Agora, morrerão de guerra, fome e
doença. 12 A doença matará os que estiverem exilados em lugares
distantes, a guerra destruirá os que estiverem por perto, e os que
sobrarem morrerão de fome. Enfim derramarei toda a minha fúria
sobre eles. 13 Eles saberão que sou o SENHOR quando seus mortos
estiverem espalhados entre os ídolos e os altares em todas as coli-
nas e montes, debaixo de toda árvore verdejante e de todo carvalho
que dá sombra, os lugares onde ofereciam sacrifícios a seus ídolos.

Ez

NO QUE ESTOU PENSANDO ○ | O QUE ESTOU SENTINDO ○ | DO QUE ESTOU LEMBRANDO ○

DESENHE OU ESCREVA

14 Eu os arrasarei e deixarei suas cidades desoladas, desde o deserto,
no sul, até Ribla, no norte. Então saberão que eu sou o SENHOR".

CAPÍTULO 7

O fim se aproxima

1 Então recebi esta mensagem do SENHOR: 2 "Filho do homem, assim
diz o SENHOR Soberano a Israel: "Chegou o fim! Para onde quer
que vocês olhem, norte, sul, leste ou oeste, sua terra está acabada.
3 Não resta esperança, pois lançarei minha ira contra vocês. Eu os
chamarei para prestar contas de todos os seus pecados detestá-
veis. 4 Não os pouparei nem terei piedade; darei a vocês o que
merecem por todos os seus pecados detestáveis. Então saberão
que eu sou o SENHOR. 5 "Assim diz o SENHOR Soberano: Desgraça
após desgraça se aproximam! 6 Chegou o fim, finalmente chegou;
sua condenação os espera! 7 Ó povo de Israel, já amanhece o dia de
sua destruição; chegou a hora, o tempo da aflição está próximo. Nos
montes se ouvem gritos de angústia, e não de alegria. 8 Em breve
derramarei sobre vocês minha fúria e contra vocês lançarei minha
ira. Eu os chamarei para prestar contas de todos os seus pecados
detestáveis. 9 Não os pouparei nem terei piedade; darei a vocês o
que merecem por todos os seus pecados detestáveis. Então saberão
que eu, o SENHOR, os feri. 10 "O dia do juízo chegou; sua destruição
os espera! A vara da perversidade brotou, sim, o orgulho do povo
floresceu. 11 Sua violência se transformou numa vara que os casti-
gará por sua maldade. Nenhum dos orgulhosos sobreviverá; toda a
sua riqueza e prestígio desaparecerão. 12 Sim, chegou a hora; este é
o dia! Que os compradores não se alegrem, nem os vendedores se
entristeçam, pois todos eles cairão sob a minha ira ardente. 13 Ainda
que os comerciantes sobrevivam, jamais voltarão a seus negócios.
Pois a profecia contra o povo não mudará. Ninguém cuja vida é
corrompida pelo pecado se recuperará."

A desolação de Israel

14 "A trombeta convoca o exército, mas ninguém sai para guerrear,
pois minha fúria está contra todos eles. 15 Fora da cidade há guerra,
dentro dela, doença e fome. Quem estiver fora dos muros será mor-
to pela espada do inimigo. Quem estiver dentro da cidade morrerá
de fome e doença. 16 Os sobreviventes que fugirem para os montes

gemerão como pombas, por causa de seus pecados. 17Suas mãos
ficarão fracas, e seus joelhos, frouxos como água. 18De pano de saco
se vestirão e ficarão cobertos de horror. Rasparão a cabeça, em sinal
de tristeza e remorso. 19"Jogarão seu dinheiro na rua, o lançarão
fora como se fosse lixo. Seu ouro e sua prata não os salvarão no dia
da ira do SENHOR. Não os saciarão nem os alimentarão, pois sua
ganância só os faz tropeçar. 20Tinham orgulho de suas lindas joias
e com elas fizeram ídolos detestáveis e imagens repugnantes. Por
isso farei que todas as suas riquezas se tornem repulsivas para eles
21e as entregarei como despojo a estrangeiros, às nações perversas,
e elas as profanarão. 22Desviarei deles meu olhar quando ladrões
invadirem e profanarem minha terra preciosa. 23"Preparem corren-
tes para meu povo, pois o sangue de crimes terríveis cobre a terra;
Jerusalém está cheia de violência. 24Trarei as nações mais cruéis
para ocuparem suas casas. Acabarei com o orgulho dos poderosos
e profanarei seus santuários. 25O terror tomará conta do povo; bus-
carão a paz, mas não a encontrarão. 26Virá uma calamidade após a
outra, um rumor após o outro. Buscarão sem sucesso uma visão dos
profetas. Não receberão ensinamentos dos sacerdotes nem conse-
lhos das autoridades. 27O rei e o príncipe ficarão desamparados e
chorarão de desespero; as mãos do povo tremerão de medo. Trarei
sobre eles o mal que fizeram a outros, e receberão o castigo que
tanto merecem. Então saberão que eu sou o SENHOR".

CAPÍTULO 8

Idolatria no templo

1Em 17 de setembro, no sexto ano do exílio do rei Joaquim, en-
quanto as autoridades de Judá estavam em minha casa, a mão
do SENHOR Soberano veio sobre mim. 2Vi uma figura semelhante
a um homem: da cintura para baixo, parecia uma chama ardente,
e, da cintura para cima, tinha a aparência de âmbar reluzente. 3Ele
estendeu algo que parecia uma mão e me pegou pelos cabelos.
Então o Espírito me elevou entre a terra e o céu e me transportou
para Jerusalém, numa visão dada por Deus. Fui levado à porta norte
do pátio interno do templo, onde havia um ídolo que provocou o
ciúme do SENHOR. 4De repente, estava ali a glória do Deus de Israel,
como eu tinha visto antes no vale. 5Então o SENHOR me disse: "Filho
do homem, olhe para o norte". Olhei para o norte e ali, perto da

NO QUE ESTOU **PENSANDO** ○ | O QUE ESTOU **SENTINDO** ○ | DO QUE ESTOU **LEMBRANDO** ○

DESENHE OU ESCREVA

entrada da porta junto ao altar, estava o ídolo que havia provoca-
do o ciúme do SENHOR. 6"Filho do homem", disse ele, "você vê o
que estão fazendo? Vê os pecados detestáveis que o povo de Israel
comete para me afastar de meu templo? Venha, e eu lhe mostrarei
pecados ainda mais detestáveis que estes!" 7Então ele me levou à
porta do pátio do templo, onde vi um buraco no muro. 8Disse-me:
"Agora, filho do homem, cave no muro". Cavei no muro e encontrei
uma passagem escondida. 9"Entre", disse ele, "e veja os pecados
perversos e detestáveis que cometem ali!" 10Entrei e vi as paredes
cobertas de desenhos de toda espécie de animal que rasteja e de
criaturas detestáveis. Também vi diversos ídolos adorados pelos
israelitas. 11Estavam ali setenta autoridades de Israel, e no meio
estava Jazanias, filho de Safã. Cada um deles segurava um incen-
sário do qual subia uma nuvem de incenso. 12Então o SENHOR me
disse: "Filho do homem, você vê o que as autoridades de Israel
fazem com seus ídolos em salas escuras? Dizem: 'O SENHOR não nos
vê; o SENHOR abandonou nossa terra!'". 13E acrescentou: "Venha, e
eu lhe mostrarei pecados ainda mais detestáveis que estes!". 14Em
seguida, levou-me até a porta norte do templo do SENHOR, onde
algumas mulheres estavam sentadas chorando pelo deus Tamuz.
15"Filho do homem, você vê isso?", ele perguntou. "Venha, e eu lhe
mostrarei pecados ainda mais detestáveis que estes!" 16Em segui-
da, levou-me para o pátio interno do templo do SENHOR. Na entrada
do templo, entre o pórtico e o altar, havia cerca de 25 homens com
as costas para o templo do SENHOR. Estavam voltados para o leste,
prostrados no chão, e adoravam o sol. 17"Filho do homem, você vê
isso?", perguntou ele. "Será que não significa nada para o povo de
Judá cometer esses pecados detestáveis que levam a nação inteira
à violência, que a fazem zombar de mim e provocar minha ira? 18Por
isso responderei com fúria. Não os pouparei nem terei piedade.
Mesmo que clamem bem alto, não os ouvirei."

CAPÍTULO 9

A matança dos idólatras

1Então o SENHOR disse em alta voz: "Tragam os homens escolhidos
para castigar a cidade! Digam-lhes que venham com suas armas
de destruição!". 2Logo surgiram seis homens, vindos da porta su-
perior, voltada para o norte, e cada um tinha na mão uma arma

mortal. Estava com eles um homem vestido de linho, que levava
na cintura um estojo com material de escrever. Todos entraram no
pátio do templo e ficaram junto ao altar de bronze. 3Então a glória
do Deus de Israel se levantou do meio dos querubins, onde havia
estado, e se moveu para a entrada do templo. O SENHOR chamou
o homem vestido de linho que carregava o estojo com material de
escrever 4e lhe disse: "Ande pelas ruas de Jerusalém e ponha um
sinal na testa de todos que choram e gemem por causa dos pecados
detestáveis cometidos em sua cidade". 5Em seguida, ouvi o SENHOR
dizer aos outros homens: "Sigam-no pela cidade e matem todos
cuja testa não estiver marcada. Não mostrem compaixão nem te-
nham piedade! 6Matem todos: idosos e jovens, meninas, mulheres
e crianças pequenas. Mas não toquem naqueles que tiverem o
sinal. Comecem aqui mesmo, no templo!". E eles começaram pelos
setenta líderes, na entrada do templo. 7"Profanem o templo!", o
SENHOR ordenou. "Encham seus pátios de cadáveres. Vão!" Então
eles saíram e começaram a matança em toda a cidade. 8Enquanto
isso, fiquei sozinho. Prostrei-me com o rosto no chão e clamei: "Ó
SENHOR Soberano! Acaso tua fúria contra Jerusalém exterminará
todos que restam em Israel?". 9Então ele me disse: "Os pecados
do povo de Israel e de Judá são muito, muito grandes. Toda a terra
se encheu de homicídio; a cidade está repleta de injustiça. Eles
dizem: 'O SENHOR não nos vê; o SENHOR abandonou nossa terra!'.
10Por isso não os pouparei nem terei piedade deles. Eu lhes darei
o que merecem por tudo que fizeram". 11Então o homem vestido
de linho, que carregava o estojo com material de escrever, voltou
para relatar: "Fiz o que ordenaste".

CAPÍTULO 10

A glória do SENHOR deixa o templo

1Olhei e vi algo que se parecia com um trono de safira sobre
uma superfície de cristal acima da cabeça dos querubins. 2Então
o SENHOR disse ao homem vestido de linho: "Vá entre as rodas
que estão debaixo dos querubins, pegue um punhado de brasas
ardentes e espalhe-as sobre a cidade". Ele assim fez enquanto eu
observava. 3Os querubins estavam na extremidade sul do templo
quando o homem entrou, e a nuvem de glória encheu o pátio in-
terno. 4Então a glória do SENHOR se elevou acima dos querubins

Ez

NO QUE ESTOU **PENSANDO** O | O QUE ESTOU **SENTINDO** O | DO QUE ESTOU **LEMBRANDO** O

DESENHE OU ESCREVA

e foi para a porta do templo. Essa nuvem encheu o templo, e o
pátio resplandeceu com a glória do SENHOR. 5O movimento das asas
dos querubins fazia um som como a voz do Deus Todo-poderoso,
e podia-se ouvi-lo até no pátio externo. 6O SENHOR ordenou ao
homem vestido de linho: "Vá entre os querubins e pegue algumas
brasas ardentes que estão entre as rodas". O homem foi e colocou-se
ao lado das rodas. 7Em seguida, um dos querubins estendeu a
mão e pegou algumas brasas ardentes do fogo que estava entre
os querubins. Colocou as brasas nas mãos do homem vestido de
linho, e o homem as recebeu e saiu. 8(Todos os querubins tinham
debaixo das asas o que se parecia com mãos humanas.) 9Olhei e vi
que cada um dos quatro querubins tinha ao seu lado uma roda, e as
rodas brilhavam como berilo. 10As quatro rodas eram semelhantes e
feitas da mesma forma; cada uma tinha dentro dela outra roda que
girava na transversal. 11Os querubins podiam se deslocar em qual-
quer uma das quatro direções, sem se virar enquanto se moviam.
Deslocavam-se para a frente, sem se virar. 12Tanto os querubins
como as rodas eram cobertos de olhos. Os querubins tinham olhos
por todo o corpo, inclusive nas mãos, nas costas e nas asas. 13Ouvi
alguém se referir às rodas como "rodas giratórias". 14Cada um dos
quatro querubins tinha quatro rostos: o primeiro era rosto de boi,
o segundo, de homem, o terceiro, de leão, e o quarto, de águia.
15Então os querubins se elevaram. Eram os mesmos seres vivos
que eu tinha visto junto ao rio Quebar. 16Quando os querubins
se moviam, as rodas se moviam com eles. Quando levantavam as
asas para voar, as rodas os acompanhavam. 17Quando os querubins
paravam, as rodas paravam. Quando voavam para cima, as rodas
subiam, pois o espírito dos seres vivos estava nas rodas. 18Então
a glória do SENHOR se afastou da porta do templo e parou sobre
os querubins. 19E, enquanto eu observava, os querubins voaram,
acompanhados de suas rodas, até a porta leste do templo do
SENHOR. E a glória do Deus de Israel pairava sobre eles. 20Esses
seres vivos eram os mesmos que eu tinha visto debaixo do Deus de
Israel quando estava junto ao rio Quebar. Eu sabia que eram que-
rubins, 21pois cada um tinha quatro rostos, quatro asas e o que se
parecia com mãos humanas debaixo das asas. 22E seus rostos eram
iguais aos dos seres que eu tinha visto no Quebar, e se deslocavam
para a frente, como os outros.

CAPÍTULO 11

Julgamento contra os líderes de Israel

1Então o Espírito me pôs em pé e me levou à porta leste do templo
do SENHOR, onde vi 25 homens. Entre eles estavam Jazanias, filho
de Azur, e Pelatias, filho de Benaia, líderes do povo. 2O Espírito
me disse: “Filho do homem, estes são os homens que planejam
o mal e dão conselhos perversos nesta cidade. 3Dizem ao povo:
‘Não acham que é uma boa hora para construir casas? Esta cidade
é como uma panela de ferro; estamos seguros dentro dela, como
a carne na panela’. 4Portanto, filho do homem, profetize contra eles
em alta voz”. 5Então o Espírito do SENHOR veio sobre mim e ordenou
que eu dissesse: “Assim diz o SENHOR ao povo de Israel: Eu sei o
que vocês dizem, pois conheço cada pensamento que lhes vem à
mente. 6Assassinaram muitos nesta cidade e encheram suas ruas
de cadáveres. 7“Portanto, assim diz o SENHOR Soberano: De fato,
esta cidade é a panela de ferro, mas os pedaços de carne são aque-
les que vocês mataram. Quanto a vocês, em breve os arrancarei da
panela. 8Trarei sobre vocês a espada de guerra que tanto temem, diz
o SENHOR Soberano. 9Eu os expulsarei de Jerusalém e os entregarei
a estrangeiros, que executarão meus julgamentos contra vocês.
10Vocês serão massacrados até as fronteiras de Israel. Eu os julgarei,
e vocês saberão que eu sou o SENHOR. 11Esta cidade não será para
vocês como uma panela de ferro, e vocês não serão como a carne,
segura dentro dela. Eu os julgarei até as fronteiras de Israel, 12e
vocês saberão que eu sou o SENHOR. Pois não quiseram seguir meus
decretos e estatutos; em vez disso, imitaram as práticas das nações
ao seu redor”. 13Enquanto eu ainda profetizava, Pelatias, filho de
Benaia, morreu. Então prostrei-me com o rosto no chão e clamei: “Ó
SENHOR Soberano, matarás todos que restarem em Israel?”.

Esperança para Israel no exílio

14Então recebi esta mensagem do SENHOR: 15“Filho do homem,
aqueles que ainda restam em Jerusalém falam de você, de seus
parentes e de todo o povo de Israel que está no exílio. Dizem:
‘Estão longe do SENHOR, por isso agora ele nos deu a terra deles!’.
16“Portanto, diga aos exilados: ‘Assim diz o SENHOR Soberano:
Embora eu os tenha espalhado entre as nações do mundo, serei
um santuário para vocês durante seu tempo no exílio. 17Eu, o

Eu lhes darei um só coração e colocarei dentro deles um novo espírito.

Ez 11.19

SENHOR Soberano, digo que os reunirei das nações onde foram
espalhados e lhes devolverei a terra de Israel’. 18“Quando eles re-
gressarem para sua terra natal, removerão todos os resquícios de
suas imagens repugnantes e de seus ídolos detestáveis. 19Eu lhes
darei um só coração e colocarei dentro deles um novo espírito.
Removerei seu coração de pedra e lhes darei coração de carne,
20para que obedeçam a meus decretos e estatutos. Então eles
serão o meu povo, e eu serei o seu Deus. 21Quanto àqueles que
anseiam por suas imagens repugnantes e seus ídolos detestáveis,
darei a eles o castigo merecido por seus pecados. Eu, o SENHOR
Soberano, falei!”.

A glória do SENHOR deixa Jerusalém

22Então os querubins levantaram as asas, acompanhados de suas
rodas, e a glória do Deus de Israel pairava sobre eles. 23Então a
glória do SENHOR subiu da cidade e parou acima do monte a leste.
24Depois disso, o Espírito de Deus me levou de volta à Babilônia,
para o povo no exílio. Assim terminou a minha visão. 25E eu relatei
aos exilados tudo que o SENHOR me tinha mostrado.

CAPÍTULO 12

Sinais do exílio que está para acontecer

1Recebi mais uma mensagem do SENHOR: 2“Filho do homem,
você vive entre rebeldes que têm olhos, mas não querem ver, que
têm ouvidos, mas não querem ouvir, pois são um povo rebelde.
3“Portanto, filho do homem, prepare sua bagagem com os poucos
pertences que um exilado conseguiria carregar, saia de sua casa e
vá para outro lugar, como se tivesse sido enviado para o exílio. Faça
isso diante de todos, para que o vejam. Talvez prestem atenção, em-
bora sejam rebeldes. 4Leve sua bagagem para fora durante o dia,
à vista de todos. E, ao anoitecer, enquanto o observam, saia de sua
casa, como fazem os exilados. 5Faça um buraco no muro e saia por
ele diante de todos. 6Enquanto o observam, coloque sua bagagem
nos ombros e caminhe na escuridão da noite. Cubra o rosto para
não ver a terra que está deixando para trás, pois fiz de você um
sinal para o povo de Israel”. 7Assim, fiz o que me foi ordenado. À
luz do dia, carreguei para fora minha bagagem, com as coisas que
levaria para o exílio. Ao anoitecer, enquanto o povo observava, fiz

um buraco no muro com as mãos e caminhei na escuridão da noi-
te, com a bagagem sobre os ombros. 8Na manhã seguinte, recebi
esta mensagem do SENHOR: 9"Filho do homem, esses rebeldes,
o povo de Israel, lhe perguntaram o que significa tudo isso que
você fez. 10Diga-lhes: 'Assim diz o SENHOR Soberano: Essas ações
contêm uma advertência para o rei Zedequias, em Jerusalém, e
para todo o povo de Israel'. 11Diga a todos que suas ações são um
sinal para mostrar o que lhes acontecerá em breve, pois serão leva-
dos como prisioneiros para o exílio. 12"Até mesmo Zedequias sairá
de Jerusalém durante a noite, por um buraco no muro, levando
somente o que conseguir carregar. Cobrirá o rosto, e seus olhos
não verão a terra que ele está deixando para trás. 13Então lançarei
minha rede sobre ele e o prenderei em meu laço. Eu o levarei à
Babilônia, à terra dos babilônios, mas ele não a verá, e nela mor-
rerá. 14Espalharei seus servos e seus guerreiros aos quatro ventos
e enviarei a espada para persegui-los. 15E, quando eu os espalhar
entre as nações, eles saberão que eu sou o SENHOR. 16Contudo,
livrarei uns poucos da morte por fome, guerra ou doença, para
que confessem às nações para onde forem levados todos os seus
pecados detestáveis. Então saberão que eu sou o SENHOR". 17Depois,
recebi esta mensagem do SENHOR: 18"Filho do homem, trema ao
comer sua comida e estremeça de medo ao beber sua água. 19Diga
ao povo: 'Assim diz o SENHOR Soberano acerca dos habitantes de
Israel e de Jerusalém: Com ansiedade comerão sua comida e com
desespero beberão sua água, pois sua terra será completamente
despojada por causa da violência dos que nela habitam. 20As cida-
des serão destruídas, e os campos ficarão devastados. Então vocês
saberão que eu sou o SENHOR'".

Um novo provérbio para Israel

21Recebi outra mensagem do SENHOR: 22"Filho do homem, você
ouviu o provérbio que citam em Israel: 'O tempo passa e as pro-
fecias dão em nada'. 23Por isso, diga ao povo: 'Assim diz o SENHOR
Soberano: Acabarei com esse provérbio, e logo vocês deixarão de
citá-lo'. Agora, anuncie-lhes: 'Chegou o dia de todas as profecias
se cumprirem!'. 24"Não haverá mais visões falsas nem previsões
lisonjeiras em Israel. 25Pois eu sou o SENHOR; o que eu disser, acon-
tecerá. Não haverá mais demora, ó rebeldes de Israel. Cumprirei

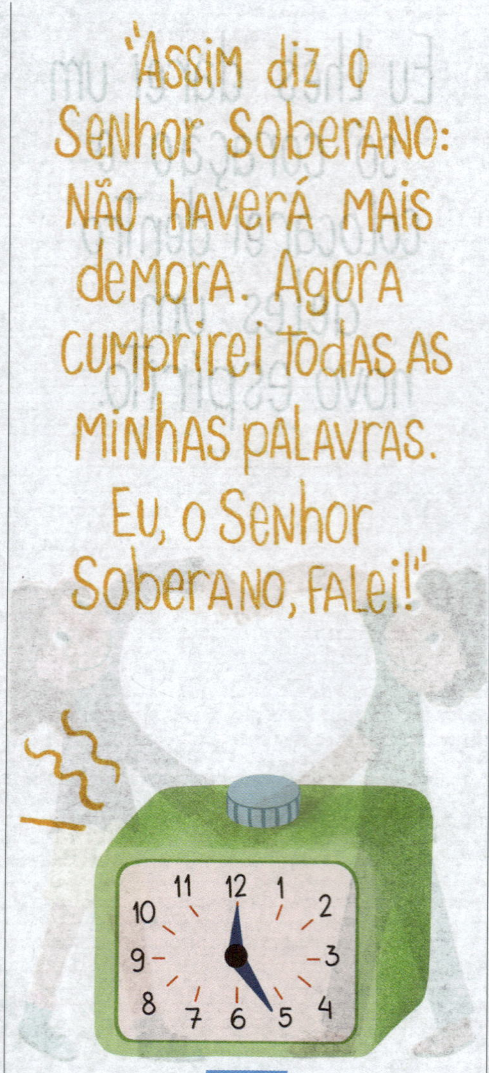

Ez 12.28

minhas palavras durante sua vida. Eu, o SENHOR, falei!". 26Então
recebi esta mensagem do SENHOR: 27"Filho do homem, o povo
de Israel diz: 'Ele fala do futuro distante. Levará muito tempo para
que suas visões se cumpram'. 28Portanto, diga-lhes: 'Assim diz o
SENHOR Soberano: Não haverá mais demora. Agora cumprirei todas
as minhas palavras. Eu, o SENHOR Soberano, falei!'".

CAPÍTULO 13

Julgamento contra os falsos profetas

1Então recebi esta mensagem do SENHOR: 2"Filho do homem,
profetize contra os falsos profetas de Israel, que falam o que lhes
vem à mente. Diga-lhes: 'Ouçam a palavra do SENHOR. 3Assim diz
o SENHOR Soberano: Que aflição espera esses profetas insensatos,
que seguem a própria imaginação e que não viram coisa alguma!'.
4"Ó povo de Israel, seus profetas são como chacais no meio de ruí-
nas. 5Não tomaram nenhuma providência para consertar as brechas
nos muros que rodeiam a nação, para que permanecesse firme
na batalha no dia do SENHOR. 6Em vez disso, anunciaram visões
falsas e fizeram previsões mentirosas. Dizem: 'Esta mensagem é do
SENHOR', embora o SENHOR jamais os tenha enviado. E, no entanto,
esperam que as palavras que profetizam se cumpram! 7Acaso não
são falsas suas visões e mentirosas suas previsões, se vocês afir-
mam: 'Esta mensagem é do SENHOR', quando nem sequer falei
com vocês? 8"Portanto, assim diz o SENHOR Soberano: Porque suas
palavras são falsas e suas visões, mentirosas, eu me colocarei contra
vocês, diz o SENHOR Soberano. 9Levantarei minha mão contra todos
os profetas que têm visões falsas e fazem previsões mentirosas, e
eles serão expulsos da comunidade de Israel. Apagarei seus nomes
dos registros de Israel, e eles nunca voltarão a pisar em sua própria
terra. Então vocês saberão que eu sou o SENHOR Soberano. 10"Isso
acontecerá porque esses profetas enganam meu povo, dizendo:
'Tudo está em paz', quando não há paz alguma. É como se o povo
tivesse construído um muro precário e esses profetas o cobrissem
com cal! 11Diga aos que passam cal que o muro logo cairá. Uma
forte tempestade virá, e grandes pedras de granizo e ventos impe-
tuosos o derrubarão. 12E, quando o muro cair, o povo dirá: 'O que
aconteceu com a cal que vocês passaram?'. 13"Portanto, assim diz o
SENHOR Soberano: Destruirei esse muro com ventos impetuosos de

indignação, com forte tempestade de ira e com pedras de granizo
de fúria. 14Despedaçarei seu muro coberto de cal até os alicerces e,
quando ele cair, esmagará vocês. Então vocês saberão que eu sou
o Senhor. 15Enfim satisfarei minha fúria contra o muro e contra
aqueles que o cobriram com cal. Em seguida, direi a vocês: 'O muro
e aqueles que o cobriram com cal não existem mais. 16Eram os
profetas de Israel, que anunciavam visões de paz para Jerusalém,
quando não há paz alguma. Eu, o Senhor Soberano, falei!'."

Julgamento contra as falsas profetisas

17"Agora, filho do homem, pronuncie-se contra as mulheres
que profetizam o que lhes vem à mente. 18Assim diz o Senhor
Soberano: Que aflição espera vocês, mulheres que enlaçam a alma
de meu povo, tanto dos jovens como dos idosos! Amarram amu-
letos no pulso deles e lhes fazem véus para a cabeça. Pensam que
podem enlaçar outros sem provocar a própria destruição? 19Vocês
me desonram no meio de meu povo em troca de uns punhados
de cevada ou um pedaço de pão. Quando mentem ao meu povo,
que gosta de ouvir mentiras, vocês matam aqueles que não deviam
morrer e prometem vida àqueles que não deviam viver. 20"Assim
diz o Senhor Soberano: Estou contra todos os seus amuletos, que
vocês usam para enlaçar meu povo. Eu os arrancarei de seus braços
e libertarei meu povo, como pássaros que alguém solta de uma
gaiola. 21Arrancarei os véus e livrarei meu povo de suas mãos, e
eles não serão mais suas vítimas. Então vocês saberão que eu sou
o Senhor. 22Com suas mentiras, vocês desanimaram os justos, mas
eu não queria que eles se entristecessem. Também encorajaram os
perversos ao lhes prometer vida, embora eles continuem a pecar.
23Por causa de tudo isso, vocês não falarão mais de visões que
nunca tiveram, nem farão previsões enganosas. Pois eu livrarei meu
povo de suas mãos. Então vocês saberão que eu sou o Senhor".

CAPÍTULO 14

A idolatria dos líderes de Israel

1Então alguns dos líderes de Israel me visitaram e, enquanto esta-
vam sentados comigo, 2recebi esta mensagem do Senhor: 3"Filho
do homem, esses homens levantaram ídolos em seu coração e se-
guem coisas que os farão cair em pecado. Por que eu ouviria os

NO QUE ESTOU **PENSANDO** ○

O QUE ESTOU **SENTINDO** ○

DO QUE ESTOU **LEMBRANDO** ○

DESENHE OU ESCREVA

pedidos deles? 4Por isso, diga-lhes: 'Assim diz o Senhor Soberano:
O povo de Israel levanta ídolos em seu coração e cai em pecado, e
depois vai consultar um profeta. Portanto, eu, o Senhor, lhes darei
o tipo de resposta que sua grande idolatria merece. 5Farei isso para
conquistar o coração de todo o meu povo, que se afastou de mim
para seguir ídolos'. 6"Portanto, diga ao povo de Israel: 'Assim diz
o Senhor Soberano: Arrependam-se e afastem-se de seus ídolos;
parem de cometer pecados detestáveis! 7Pois eu, o Senhor, respon-
derei a todos, tanto israelitas como estrangeiros, que se afastam
de mim, levantam ídolos em seu coração e, desse modo, caem em
pecado, e depois procuram um profeta para me consultar. 8Eu me
voltarei contra essas pessoas e farei delas um exemplo ao elimi-
ná-las do meio de meu povo. Então vocês saberão que eu sou o
Senhor. 9"'E, se um profeta é enganado e levado a transmitir uma
mensagem, é porque eu, o Senhor, o enganei. Levantarei minha
mão contra esses profetas e os eliminarei do meio de Israel. 10Tanto
os falsos profetas como os que buscam a orientação deles serão
castigados por seus pecados. 11Assim, o povo de Israel aprenderá
a não se desviar mais de mim nem se contaminar com todos os
seus pecados. Eles serão o meu povo, e eu serei o seu Deus. Eu, o
Senhor Soberano, falei!'".

A certeza do julgamento divino

12Então recebi esta mensagem do Senhor: 13"Filho do homem,
suponhamos que o povo de uma terra tivesse pecado contra mim,
e eu levantasse minha mão para esmagá-lo, cortasse seu supri-
mento de comida e enviasse fome para destruir tanto pessoas
como animais. 14Mesmo que Noé, Daniel e Jó estivessem ali, sua
justiça não salvaria ninguém a não ser eles mesmos, diz o Senhor
Soberano. 15"Ou suponhamos que eu enviasse animais selvagens
para invadir a nação e tornar a terra tão desolada e perigosa que
ninguém poderia passar por ela. 16Tão certo como eu vivo, diz o
Senhor Soberano, mesmo que esses três homens estivessem ali,
não seriam capazes de salvar seus filhos nem suas filhas. Apenas
eles seriam salvos, mas a terra seria arrasada. 17"Ou suponhamos
que eu trouxesse guerra contra a terra e enviasse exércitos inimi-
gos para destruir tanto pessoas como animais. 18Tão certo como
eu vivo, diz o Senhor Soberano, mesmo que esses três homens

estivessem ali, não seriam capazes de salvar seus filhos nem suas
filhas. Apenas eles seriam salvos. 19“Ou suponhamos que eu der-
ramasse minha fúria ao enviar uma epidemia sobre a terra e essa
doença matasse tanto pessoas como animais. 20Tão certo como eu
vivo, diz o SENHOR Soberano, ainda que Noé, Daniel e Jó estives-
sem ali, não seriam capazes de salvar seus filhos nem suas filhas.
Somente eles seriam salvos por sua justiça. 21“Agora, assim diz o
SENHOR Soberano: Como será terrível quando esses quatro casti-
gos terríveis – guerra, fome, animais selvagens e doença – caírem
sobre Jerusalém e destruírem todo o seu povo e seus animais!
22Contudo, haverá sobreviventes, que se juntarão a vocês no exílio
na Babilônia. Vocês verão com os próprios olhos como eles são per-
versos e se sentirão consolados diante da calamidade que eu trouxe
sobre Jerusalém. 23Quando se encontrarem com eles, entenderão
que não foi sem motivo que fiz essas coisas a Israel. Eu, o SENHOR
Soberano, falei!”.

CAPÍTULO 15

Jerusalém, uma videira inútil

1Recebi esta mensagem do SENHOR: 2“Filho do homem, como
comparar uma videira com uma árvore? Acaso a madeira da vi-
deira é útil como a da árvore? 3Pode ser usada para fazer objetos,
como ganchos para pendurar vasilhas e panelas? 4Não, ela serve
apenas como lenha e, mesmo assim, queima depressa demais. 5As
videiras são inúteis tanto antes como depois de serem lançadas no
fogo. 6“Assim diz o SENHOR Soberano: Os habitantes de Jerusalém
são como videiras que crescem no meio das árvores do bosque.
Porque são inúteis, eu os lancei no fogo para serem queimados.
7E, se escaparem de um fogo, providenciarei outro para os consu-
mir. Quando eu me voltar contra eles, vocês saberão que eu sou o
SENHOR. 8Deixarei a terra desolada, pois meu povo foi infiel a mim.
Eu, o SENHOR Soberano falei!”.

CAPÍTULO 16

Jerusalém, esposa infiel

1Então recebi outra mensagem do SENHOR: 2“Filho do homem, faça
Jerusalém ver como são detestáveis seus pecados. 3Transmita-lhe
esta mensagem do SENHOR Soberano: Você não passa de uma
cananeia! Seu pai era amorreu, e sua mãe era hitita. 4No dia em
que você nasceu, ninguém cortou seu cordão umbilical, nem a la-
vou, nem a esfregou com sal, nem a enrolou em panos. 5Ninguém
teve compaixão nem cuidou de você. No dia em que nasceu, você
foi rejeitada e abandonada num campo. 6“Mas eu passei por lá e
a vi, indefesa, esperneando em seu sangue, e lhe disse: ‘Viva!’. 7Eu
a fiz desenvolver-se, como uma planta no campo. Você cresceu e se
tornou uma linda joia. Seus seios se formaram e seu cabelo cresceu,
mas você continuava nua. 8Quando passei por você outra vez, vi que
já tinha idade suficiente para amar. Eu a envolvi com meu manto
para cobrir sua nudez e pronunciei meus votos de casamento. Fiz
uma aliança com você, diz o SENHOR Soberano, e você se tornou
minha. 9“Então lavei você, limpei o sangue e passei óleo perfumado
em sua pele. 10Eu lhe dei roupas caras de linho fino e de seda com
lindos bordados e sandálias feitas do mais excelente couro de ca-
bra. 11Também lhe dei belas joias, pulseiras e lindos colares, 12uma
argola para o nariz, brincos para as orelhas e uma bela coroa para a
cabeça. 13Assim, você foi enfeitada com ouro e prata. Suas roupas
eram feitas de linho fino e seda e tinham lindos bordados. Você co-
mia os alimentos mais seletos – farinha da melhor qualidade, mel
e azeite – e se tornou mais linda que nunca. Parecia uma rainha,
e de fato era! 14Sua fama logo se espalhou por todo o mundo, por
causa de sua beleza. Eu a vesti com meu esplendor e aperfeiçoei sua
beleza, diz o SENHOR Soberano. 15“No entanto, você pensou que era
dona de sua fama e de sua beleza. Então, entregou-se como prosti-
tuta a todo homem que passava. Sua beleza estava à disposição de
quem a pedisse. 16Usou os presentes lindos que lhe dei para fazer
altares para seus ídolos e ali se prostituiu. Nunca se viu uma coisa
dessas! 17Pegou as joias e os enfeites de ouro e prata que lhe dei, fez
estátuas de homens e as adorou. Desse modo, cometeu adultério
contra mim. 18Com as lindas roupas bordadas que lhe dei, vestiu
seus ídolos e usou meu óleo perfumado e meu incenso para ado-
rá-los. 19Colocou diante deles como sacrifício a farinha da melhor
qualidade, o azeite e o mel com que cuidei de você, diz o SENHOR
Soberano. 20“Depois, pegou seus filhos e suas filhas, que havia ge-
rado para mim, e os sacrificou a seus deuses. Acaso não bastou você
se prostituir? 21Também teve de matar meus filhos como sacrifício a
ídolos? 22Em todo o seu pecado detestável e em seu adultério, você

NO QUE ESTOU PENSANDO ○ | O QUE ESTOU SENTINDO ○ | DO QUE ESTOU LEMBRANDO ○

DESENHE OU ESCREVA

não se lembrou daqueles dias, muito tempo atrás, em que estava
nua e abandonada, esperneando em seu sangue. 23"Que aflição a
espera!, diz o SENHOR Soberano. Além de todas as suas maldades,
24você construiu um lugar de adoração e ergueu altares a ídolos
em todas as praças da cidade. 25Em cada esquina, contaminou sua
beleza e ofereceu seu corpo a todos que passavam, aumentando
sua prostituição. 26Então acrescentou a seus amantes o lascivo Egito
e provocou minha ira com promiscuidade cada vez maior. 27Por
isso eu a feri com minha mão e reduzi seu território. Entreguei-a a
seus inimigos, os filisteus, e até eles ficaram espantados com sua
conduta depravada. 28Você também se prostituiu com os assírios.
Parece que nunca se cansa de procurar amantes! E, mesmo depois
de se prostituir com eles, não ficou satisfeita. 29Acrescentou a seus
amantes a Babilônia, terra de comerciantes, mas ainda assim não
se contentou. 30"Como seu coração é fraco, diz o SENHOR Soberano,
para fazer essas coisas e se comportar como uma prostituta desa-
vergonhada! 31Constrói lugares de adoração em todas as esquinas
e altares a seus ídolos em todas as praças. Na verdade, você foi
pior que uma prostituta, pois nem exigiu pagamento. 32Sim, você
é uma esposa adúltera que acolhe estranhos em vez do marido.
33As prostitutas cobram por seus serviços, mas você não! Oferece
presentes a seus amantes e os suborna para adulterarem com você.
34Faz, portanto, o contrário de outras prostitutas. Paga seus amantes
em vez de eles pagarem você!"

Julgamento contra Jerusalém por sua prostituição

35"Portanto, prostituta, ouça esta mensagem do SENHOR. 36Assim
diz o SENHOR Soberano: Visto que você derramou sua lascívia e
se expôs em prostituição a todos os seus amantes, adorou ídolos
detestáveis e matou seus filhos como sacrifícios a seus deuses,
37ouça o que farei. Reunirei todos os seus aliados – seus amantes
com os quais você teve prazer, os que você amou e também os que
odiou – e a deixarei nua diante deles, para que todos a vejam. 38Eu
a castigarei por homicídio e adultério e, na fúria de meu ciúme,
a cobrirei de sangue. 39Então a entregarei a esses muitos povos
que são seus amantes, e eles a destruirão. Derrubarão seus lugares
de adoração e os altares de seus ídolos. Arrancarão suas roupas,
levarão suas lindas joias e a deixarão completamente nua. 40Eles

NO QUE ESTOU **PENSANDO** ○ | O QUE ESTOU **SENTINDO** ○ | DO QUE ESTOU **LEMBRANDO** ○

DESENHE OU ESCREVA

se juntarão e formarão uma multidão violenta que a apedrejará e a
cortará com espadas. 41Queimarão suas casas e a castigarão diante
de muitas mulheres. Eu porei fim à sua prostituição, e você não
pagará mais seus muitos amantes. 42"Por fim, satisfarei minha fúria
contra você, e meu ciúme se acalmará. Ficarei tranquilo e já não
ficarei irado com você. 43Primeiro, porém, uma vez que você não se
lembrou de sua juventude, mas provocou minha ira com todas as
suas maldades, eu lhe darei o castigo merecido por sua conduta, diz
o SENHOR Soberano. Pois a todos os seus pecados detestáveis você
acrescentou a depravação. 44Todos que inventam provérbios dirão a
seu respeito: 'Tal mãe, tal filha'. 45Pois sua mãe detestava o marido
e os filhos, e você faz o mesmo. É exatamente como suas irmãs, que
também desprezaram marido e filhos. De fato, sua mãe era hitita,
e seu pai, amorreu. 46"Sua irmã mais velha era Samaria, que vivia
com as filhas ao norte. Sua irmã mais nova era Sodoma, que vivia
com as filhas ao sul. 47Mas você não apenas imitou sua conduta e
seus pecados detestáveis; em pouco tempo, você as superou em
sua depravação. 48Tão certo como eu vivo, diz o SENHOR Soberano,
Sodoma e suas filhas nunca foram tão perversas quanto você e suas
filhas. 49Sodoma cometia os pecados de orgulho, glutonaria e pre-
guiça, enquanto os pobres e necessitados sofriam. 50Era arrogante
e cometia pecados detestáveis, por isso eu a exterminei, como você
viu. 51"Nem mesmo Samaria cometeu metade dos pecados que
você cometeu. Você fez coisas muito mais detestáveis que suas
irmãs. Comparadas a você, elas parecem justas. 52Você deveria se
envergonhar. Seus pecados são tão terríveis que fazem suas irmãs
parecerem justas, e até mesmo puras. Que coisa vergonhosa!
53"Um dia, porém, restaurarei Sodoma e Samaria, e você também.
54Então você ficará verdadeiramente envergonhada de tudo que
fez, pois seus pecados fazem suas irmãs se sentirem bem em
comparação com você. 55Quando suas irmãs, Sodoma e Samaria, e
todos os seus habitantes forem restaurados, você também será res-
taurada. 56Você, em seus dias de arrogância, desprezava Sodoma.
57Agora, porém, sua perversidade se tornou evidente para todo o
mundo, e você é desprezada por Edom, por todos os vizinhos dele
e pela Filístia. 58Esse é o castigo por sua depravação e seus pecados
detestáveis, diz o SENHOR. 59"Assim diz o SENHOR Soberano: Eu lhe
darei o que você merece, pois não levou a sério seus votos solenes

e quebrou sua aliança. 60 Contudo, me lembrarei da aliança que fiz
com você em sua juventude e estabelecerei com você uma aliança
permanente. 61 Então você se lembrará com vergonha de tudo que
fez. Farei que suas irmãs, Samaria e Sodoma, se tornem suas filhas,
embora elas não façam parte de nossa aliança. 62 Reafirmarei minha
aliança com você, e você saberá que eu sou o SENHOR. 63 Você se
lembrará de seus pecados e ficará calada de tanta vergonha quando
eu perdoar tudo que fez. Eu, o SENHOR Soberano, falei!".

CAPÍTULO 17

A parábola das duas águias

1 Recebi esta mensagem do SENHOR: 2 "Filho do homem, apresente
esta parábola e conte esta história ao povo de Israel. 3 Transmita-lhes
a seguinte mensagem do SENHOR Soberano: "Uma grande águia,
com asas grandes e penas longas, coberta com plumagem de várias
cores, veio ao Líbano. Agarrou a ponta de um cedro 4 e arrancou
seu galho mais alto. Levou-o para uma terra de comerciantes e
plantou-o numa cidade de mercadores. 5 Também levou da terra
uma semente e a plantou em solo fértil. Colocou-a junto a um rio
largo, onde pudesse crescer como um salgueiro. 6 A planta criou
raízes, cresceu e se tornou uma videira baixa, mas espalhada. Os
ramos se voltaram para a águia, e as raízes se aprofundaram no solo.
Produziu ramos fortes e deu brotos. 7 Então, surgiu outra águia, com
asas grandes e muita plumagem. A videira lançou raízes e ramos
na direção dela, em busca de água, 8 embora já estivesse planta-
da em boa terra e tivesse água com fartura, para que crescesse e
se transformasse numa bela videira e produzisse ramos e frutos.
9 "Agora, portanto, assim diz o SENHOR Soberano: Acaso essa videira
prosperará? Não! Eu a arrancarei pela raiz! Cortarei seus frutos e
deixarei que suas folhas murchem. Eu a arrancarei facilmente; não
será necessário um braço forte nem um grande exército. 10 Mas,
quando a videira for replantada, acaso florescerá? Pelo contrário,
murchará quando o vento do leste soprar contra ela. Morrerá na
mesma terra onde havia crescido".

Explicação da parábola

11 Então recebi esta mensagem do SENHOR: 12 "Diga a este povo
rebelde: Vocês não entendem o que significa essa parábola? O
rei da Babilônia veio a Jerusalém e levou seu rei e seus príncipes
para a Babilônia. 13 Firmou um tratado com um membro da família
real e o obrigou a jurar lealdade. Também exilou os líderes mais
influentes de Israel, 14 para que o reino não voltasse a se fortalecer
nem se rebelasse. Ele só sobreviveria se cumprisse seu tratado com
a Babilônia. 15 "Contudo, esse homem da família real de Israel se
rebelou contra a Babilônia e enviou embaixadores ao Egito, para
pedir um grande exército e muitos cavalos. Acaso Israel pode deixar
de cumprir os tratados que fez sob juramento e ficar impune? 16 Tão
certo como eu vivo, diz o SENHOR Soberano, o rei de Israel morrerá
na Babilônia, a terra do rei que o colocou no poder e cujo tratado
ele desprezou e quebrou. 17 O faraó e todo o seu exército poderoso
não serão capazes de ajudar Israel quando o rei da Babilônia cercar
Jerusalém novamente e destruir muitas vidas. 18 Pois o rei de Israel
desprezou seu tratado e o quebrou depois de jurar obediência; por-
tanto, ele não escapará. 19 "Por isso, assim diz o SENHOR Soberano:
Tão certo como eu vivo, eu o castigarei por quebrar minha aliança
e desprezar o voto solene que fez em meu nome. 20 Lançarei minha
rede sobre ele e o pegarei em meu laço. Eu o levarei à Babilônia
e o julgarei por sua traição contra mim. 21 Todos os seus melhores
guerreiros serão mortos na batalha, e os que sobreviverem serão
espalhados aos quatro ventos. Então você saberá que eu, o SENHOR,
falei. 22 "Assim diz o SENHOR Soberano: Pegarei um ramo da ponta
de um cedro alto e o plantarei no topo do monte mais elevado de
Israel. 23 Ele se tornará um cedro majestoso que estenderá seus
ramos e produzirá sementes. Aves de toda espécie farão ninhos ali
e encontrarão abrigo à sombra de seus ramos. 24 E todas as árvores
saberão que eu, o SENHOR, derrubo a árvore alta e faço crescer a
árvore baixa. Faço a árvore verde murchar e dou vida à árvore seca.
Eu, o SENHOR, falei e cumprirei o que prometi!".

CAPÍTULO 18

A justiça de Deus

1 Recebi outra mensagem do SENHOR: 2 "Por que vocês citam este
provérbio a respeito da terra de Israel: 'Os pais comeram uvas aze-
das, mas os dentes dos filhos é que estragaram'? 3 Tão certo como eu
vivo, diz o SENHOR Soberano, vocês não citarão mais esse provérbio
em Israel. 4 Pois todos me pertencem, tanto pais como filhos. Aquele

NO QUE ESTOU PENSANDO ○ | O QUE ESTOU SENTINDO ○ | DO QUE ESTOU LEMBRANDO ○

DESENHE OU ESCREVA

que pecar é que morrerá. 5"Suponhamos que um homem seja justo
e faça o que é certo e direito. 6Não participa de banquetes nos
lugares de adoração diante dos ídolos de Israel nem os adora. Não
comete adultério e não tem relações com a mulher quando ela está
menstruada. 7É um credor misericordioso, que não fica com os ob-
jetos entregues como garantia pelos devedores pobres. Não rouba
dos pobres; antes, dá alimento aos famintos e providencia roupas
aos necessitados. 8Empresta dinheiro sem visar lucros, mantém-se
afastado da injustiça, é honesto e imparcial quando julga 9e obede-
ce fielmente a meus decretos e estatutos. Quem age desse modo é
justo e certamente viverá, diz o SENHOR Soberano. 10"Suponhamos,
porém, que esse homem tenha um filho ladrão ou assassino, que se
recusa a fazer o que é certo. 11Suponhamos que esse filho faça todas
as maldades que seu pai jamais faria: participe de banquetes ofere-
cidos a ídolos nos lugares de adoração, cometa adultério, 12oprima
os pobres e os desamparados, roube de seus devedores ao não lhes
devolver sua garantia, adore ídolos, pratique pecados detestáveis
13e empreste dinheiro visando lucros. Acaso esse pecador deve
viver? Não, ele será responsabilizado e morrerá. 14"Suponhamos,
porém, que esse filho pecador tenha, por sua vez, um filho que vê
a perversidade do pai e decide não viver desse modo. 15Esse filho
não participa de banquetes nos lugares de adoração, não adora
ídolos e não comete adultério. 16Não explora os pobres; antes, trata
os devedores com imparcialidade e não rouba deles. Dá alimentos
aos famintos e providencia roupas aos necessitados. 17Ajuda os
pobres, não empresta dinheiro visando lucros e obedece a todos os
meus decretos e estatutos. Ele não morrerá por causa dos pecados
de seu pai; certamente viverá. 18O pai, no entanto, morrerá por
causa de seus muitos pecados, por ser cruel, roubar das pessoas e
fazer o que era claramente errado no meio de seu povo. 19"Vocês,
porém, perguntam: 'Como assim? O filho não paga pelos pecados
do pai?'. Não! Pois se o filho faz o que é justo e certo e guarda meus
decretos, ele certamente viverá. 20Aquele que pecar é que morrerá.
O filho não será castigado pelos pecados do pai, e o pai não será cas-
tigado pelos pecados do filho. Os justos serão recompensados por
sua justiça, e os perversos serão castigados por sua perversidade.
21Mas, se os perversos abandonarem seus pecados e obedecerem a
meus decretos e fizerem o que é justo e certo, com certeza viverão,

Deixem toda a sua rebeldia para trás e busquem um coração novo e um espírito novo.

Ez 18.31

e não morrerão. 22Todos os pecados que cometeram no passado
serão esquecidos, e eles viverão por causa de seus atos de justiça.
23"Vocês acham que eu gosto de ver os perversos morrerem?, diz
o SENHOR Soberano. Claro que não! Meu desejo é que eles se afas-
tem de seus maus caminhos e vivam. 24Contudo, se os justos se
afastarem de sua justiça, cometerem pecados e agirem como outros
pecadores, deve-se permitir que vivam? Claro que não! Todos os
seus atos de justiça serão esquecidos, e eles morrerão por causa
de seus pecados. 25"Vocês, porém, dizem: 'O Senhor não é justo!'.
Ouça, ó povo de Israel: quem é injusto, eu ou vocês? 26Se os justos
se afastarem de sua justiça e cometerem pecados, morrerão por
causa disso. Sim, eles morrerão por causa de seus pecados. 27E,
se os perversos se afastarem de sua perversidade e fizerem o que
é justo e certo, preservarão a vida. 28Eles viverão, pois pensaram
melhor e decidiram se afastar de seus pecados. 29E, no entanto,
o povo de Israel continua a dizer: 'O Senhor não é justo!'. Ó povo
de Israel, vocês é que são injustos, e não eu! 30"Portanto, julgarei
cada um de vocês, ó povo de Israel, conforme suas ações, diz o
SENHOR Soberano. Arrependam-se e afastem-se de seus pecados, e
não permitam que eles os derrubem. 31Deixem toda a sua rebeldia
para trás e busquem um coração novo e um espírito novo. Por que
morrer, ó povo de Israel? 32Não é meu desejo que morram, diz o
SENHOR Soberano. Arrependam-se e vivam!"

CAPÍTULO 19

Cântico fúnebre pelos reis de Israel

1"Entoe este cântico fúnebre pelos príncipes de Israel: 2"Que é sua
mãe? Uma leoa entre os leões! Ela se deitava entre os leõezinhos
e criava seus filhotes. 3Criou um deles para se tornar um leão forte.
Ele aprendeu a caçar e a despedaçar a presa e se tornou devorador
de gente. 4As nações ouviram falar dele e o apanharam na cova
que lhe prepararam. Com ganchos o levaram para a terra do Egito.
5"Quando a leoa viu que sua esperança por ele estava perdida,
pegou outro filhote e o ensinou a ser um leão forte. 6Ele andava
entre os leões e se destacava por sua força. Aprendeu a caçar e
a despedaçar a presa e também se tornou devorador de gente.
7Derrubou fortalezas e destruiu cidades. A terra e seus habitantes
tremiam de medo quando ouviam seu rugido. 8Então os exércitos

das nações o atacaram e o cercaram por todos os lados. Lançaram
uma rede sobre ele e o apanharam na cova que lhe prepararam.
9 Com ganchos o arrastaram para dentro de uma jaula e o levaram
ao rei da Babilônia. Eles o mantiveram preso, para que nunca mais
se ouvisse sua voz nos montes de Israel. 10 "Sua mãe era como uma
videira plantada junto à água. Tinha folhagem viçosa e dava fru-
tos, porque havia muita água. 11 Seus ramos se tornaram fortes o
suficiente para serem cetros de reis. Ela cresceu, ficou muito alta e
se elevou acima de todas as outras. 12 Mas a videira foi arrancada
pela raiz com fúria e atirada ao chão. O vento do deserto secou
seus frutos e quebrou seus fortes ramos, por isso ela murchou e foi
consumida pelo fogo. 13 Agora a videira está plantada no deserto,
onde o solo é duro e seco. 14 De seus ramos saiu fogo e consumiu
seus frutos. Os ramos que sobraram não são fortes o suficiente para
serem cetros de reis. "Este é um cântico fúnebre e será entoado
num funeral".

EZ

CAPÍTULO 20

A rebelião de Israel

1 Em 14 de agosto, durante o sétimo ano do exílio do rei Joaquim,
alguns dos líderes de Israel vieram consultar o SENHOR e, en-
quanto estavam sentados comigo, 2 recebi esta mensagem do
SENHOR: 3 "Filho do homem, diga aos líderes de Israel: 'Assim diz o
SENHOR Soberano: Como ousam vir me consultar? Tão certo como
eu vivo, diz o SENHOR Soberano, não lhes direi coisa alguma!'.
4 "Filho do homem, apresente acusações contra eles e condene-os.
Faça-os ver como eram detestáveis os pecados de seus antepassa-
dos. 5 Transmita-lhes esta mensagem do SENHOR Soberano: Quando
escolhi Israel, quando me revelei aos descendentes de Jacó, no
Egito, jurei solenemente que eu, o SENHOR, seria o seu Deus.
6 Naquele dia, jurei que os tiraria do Egito e os levaria para uma
terra que havia encontrado para eles, uma terra boa, que produz
leite e mel com fartura, a mais linda de todas as terras. 7 Então lhes
disse: 'Cada um de vocês livre-se de suas imagens repugnantes
pelas quais está obcecado. Não se contamine com os ídolos do
Egito, pois eu sou o SENHOR, seu Deus'. 8 "Eles, porém, se rebelaram
contra mim e não quiseram ouvir. Não se livraram das imagens
repugnantes pelas quais estavam obcecados, nem abandonaram

NO QUE ESTOU PENSANDO ○ | O QUE ESTOU SENTINDO ○ | DO QUE ESTOU LEMBRANDO ○

Deixem tudo o sua rebeldia para trás, e busquem um coração novo e um espírito novo.

DESENHE OU ESCREVA

os ídolos do Egito. Então ameacei derramar minha fúria sobre eles
para satisfazer minha ira enquanto ainda estavam no Egito. 9 Mas,
por causa do meu nome, não o fiz. Não permiti que meu nome fosse
desonrado entre as nações vizinhas diante das quais me revelei
quando tirei os israelitas do Egito. 10 Portanto, eu os tirei do Egito
e os levei para o deserto. 11 Ali lhes dei meus decretos e estatutos,
para que encontrassem vida ao praticá-los. 12 Também lhes dei os sá-
bados como sinal entre mim e eles, para lembrá-los de que eu sou
o SENHOR, que os separou para serem santos. 13 "O povo de Israel,
no entanto, se rebelou contra mim e não quis obedecer a meus
decretos no deserto. A obediência lhes teria dado vida, mas não
seguiram meus estatutos. Além disso, profanaram meus sábados.
Portanto, ameacei derramar minha fúria sobre eles e consumi-los
inteiramente no deserto. 14 Mais uma vez, porém, me contive por
causa do meu nome, para que não fosse desonrado diante das
nações que tinham visto meu poder quando tirei Israel do Egito.
15 Contudo, fiz um juramento solene contra eles no deserto. Jurei
que não os faria entrar na terra que lhes tinha dado, uma terra que
produz leite e mel com fartura, a mais linda de todas as terras. 16 Pois
rejeitaram meus estatutos, recusaram-se a seguir meus decretos e
profanaram meus sábados, porque entregaram o coração a seus
ídolos. 17 Apesar disso, tive compaixão deles e não os destruí no
deserto. 18 "Então adverti seus filhos no deserto a não seguirem
os passos e o estilo de vida de seus pais, que se contaminaram
com seus ídolos. 19 Disse-lhes: 'Eu sou o SENHOR, seu Deus. Sigam
meus decretos, obedeçam a meus estatutos 20 e guardem meus
sábados como dias santos, pois são um sinal entre mim e vocês
para lembrá-los de que eu sou o SENHOR, seu Deus'. 21 "Seus filhos,
porém, também se rebelaram contra mim. A obediência lhes teria
dado vida, mas não guardaram meus decretos nem seguiram meus
estatutos. Além disso, profanaram meus sábados. Portanto, mais
uma vez, ameacei derramar minha fúria sobre eles no deserto para
satisfazer minha ira. 22 No entanto, contive meu julgamento por
causa do meu nome, para que não fosse desonrado diante das
nações que tinham visto meu poder quando tirei Israel do Egito.
23 Contudo, fiz um juramento solene contra eles no deserto. Jurei
que os espalharia entre todas as nações, 24 pois não obedeceram
a meus estatutos. Desprezaram meus decretos, profanaram meus

sábados e cobiçaram os ídolos de seus antepassados. 25 Eu os
entreguei a decretos e estatutos inúteis, que não conduziriam à
vida. 26 Deixei que se contaminassem com suas ofertas idólatras
e permiti que oferecessem seus primeiros filhos como sacrifícios
a seus deuses, para que eu os devastasse e lhes mostrasse que
somente eu sou o SENHOR."

Julgamento e restauração

27 "Portanto, filho do homem, transmita ao povo de Israel esta men-
sagem do SENHOR Soberano: Seus antepassados continuaram a
blasfemar contra mim e a me trair, 28 pois, quando os trouxe à
terra que lhes havia prometido, eles ofereceram sacrifícios onde
quer que vissem montes altos e árvores verdejantes. Provocaram
minha fúria ao oferecer sacrifícios a seus deuses. Levaram perfumes
e incenso e apresentaram ofertas derramadas. 29 Disse-lhes: 'Que
lugar alto é este para onde vão?'. (Desde então, esse tipo de lugar
é chamado de Bamá, 'lugar alto'.) 30 "Portanto, transmita ao povo
de Israel esta mensagem do SENHOR Soberano: Vocês continuarão
a se contaminar, como fizeram seus antepassados? Vão se prosti-
tuir adorando imagens repugnantes? 31 Pois, quando apresentam
ofertas para elas e sacrificam seus filhos no fogo, continuam a se
contaminar com ídolos até hoje. Acaso devo permitir que me con-
sultem, ó povo de Israel? Tão certo como eu vivo, diz o SENHOR
Soberano, não lhes direi coisa alguma. 32 "Vocês dizem: 'Queremos
ser como as nações ao redor, que servem a ídolos de madeira e de
pedra'. Mas o que vocês planejam nunca acontecerá. 33 Tão certo
como eu vivo, diz o SENHOR Soberano, eu os governarei com mão
de ferro, com grande ira e poder tremendo. 34 E com grande ira
estenderei minha mão forte e meu braço poderoso e os trarei de
volta das terras onde foram espalhados. 35 Eu os levarei ao deserto
das nações e ali os julgarei face a face. 36 Ali os julgarei como julguei
seus antepassados no deserto depois de tirá-los do Egito, diz o
SENHOR Soberano. 37 Eu os examinarei cuidadosamente e os farei
obedecer aos termos de minha aliança. 38 Tirarei de seu meio todos
que se rebelam e se revoltam contra mim. Eu os farei sair das terras
em que estão exilados, mas eles nunca entrarão na terra de Israel.
Então vocês saberão que eu sou o SENHOR. 39 "Quanto a vocês, povo
de Israel, assim diz o SENHOR Soberano: Continuem a adorar seus

NO QUE ESTOU **PENSANDO** ○ | O QUE ESTOU **SENTINDO** ○ | DO QUE ESTOU **LEMBRANDO** ○

DESENHE OU ESCREVA

ídolos. Mais cedo ou mais tarde, porém, vocês me obedecerão e
deixarão de desonrar meu santo nome com sua idolatria. 40 Pois em
meu santo monte, o alto monte de Israel, diz o SENHOR Soberano,
todo o povo de Israel me adorará, e eu os aceitarei. Ali exigirei
que tragam todas as suas ofertas, suas melhores dádivas e tudo
que me consagrarem. 41 Quando eu os trouxer de volta do exílio,
vocês serão para mim como uma oferta agradável. E, por meio de
vocês, demonstrarei minha santidade diante de todas as nações.
42 Então, quando eu os tiver trazido de volta à terra que, com jura-
mento solene, prometi a seus antepassados, saberão que eu sou
o SENHOR. 43 Vocês se lembrarão de todas as formas pelas quais
se contaminaram e terão nojo de si mesmos por todo o mal que
fizeram. 44 Saberão que eu sou o SENHOR, ó povo de Israel, quando,
por causa do meu nome, eu os tratar com compaixão, apesar de
toda a sua perversidade. Eu, o SENHOR Soberano, falei!".

Julgamento contra o Neguebe

45 Então recebi esta mensagem do SENHOR: 46 "Filho do homem,
volte o rosto para o sul e pronuncie-se contra ele; profetize contra
os matagais do Neguebe. 47 Diga ao bosque do sul: 'Assim diz o
SENHOR Soberano: Ouça a palavra do SENHOR! Eu o incendiarei, e
todas as árvores, tanto as verdes como as secas, serão consumidas.
As chamas ardentes não serão apagadas e queimarão tudo, desde o
sul até o norte. 48 Todos verão que eu, o SENHOR, acendi esse fogo,
e ele não será apagado'". 49 Então eu disse: "Ó SENHOR Soberano,
eles dizem a meu respeito: 'Ele só fala por meio de parábolas!'".

CAPÍTULO 21

A espada de julgamento do SENHOR

1 Recebi esta mensagem do SENHOR: 2 "Filho do homem, volte o
rosto para Jerusalém e profetize contra Israel e seus santuários.
3 Diga-lhe: 'Assim diz o SENHOR: Sou seu inimigo, ó Israel, e estou
prestes a tirar a espada da bainha para destruir seu povo, tanto os
justos como os perversos. 4 Sim, eliminarei tanto os justos como os
perversos! Empunharei minha espada contra todos na terra, desde
o sul até o norte. 5 O mundo inteiro saberá que eu sou o SENHOR. A
espada está em minha mão, e ela não voltará à bainha'. 6 "Filho do
homem, comece a gemer! Comece a gemer diante do povo com

EZ

amargura e coração quebrantado. 7Quando lhe perguntarem por que você está gemendo, diga-lhes: 'Estou gemendo por causa da notícia que recebi. Quando ela se realizar, até mesmo o coração mais valente se derreterá de medo; toda a força desaparecerá. Todo espírito se angustiará; joelhos fortes se tornarão frouxos como água. E o SENHOR Soberano diz: Ela está vindo! Está a caminho!'". 8Em seguida, o SENHOR me disse: 9"Filho do homem, transmita ao povo esta mensagem do Senhor: "Uma espada, uma espada está sendo afiada e polida. 10Está sendo afiada para a matança e polida para faiscar como relâmpago. Agora nos alegraremos com o cetro de meu filho, o governante de Judá? A espada despreza qualquer pedaço de madeira! 11Sim, a espada está sendo afiada e polida, preparada para as mãos do carrasco. 12"Filho do homem, grite e lamente-se, bata nas coxas em sinal de angústia, pois a espada matará meu povo e seus líderes; todos morrerão! 13Ela porá todos eles à prova; e o que acontecerá quando o cetro, que a espada despreza, não mais existir?, diz o SENHOR Soberano. 14"Filho do homem, profetize para eles e bata palmas. Depois, pegue a espada e golpeie duas vezes, ou mesmo três vezes, para simbolizar a matança, a grande matança que os ameaça de todos os lados. 15Que o coração deles se derreta de terror, pois a espada reluz em todas as portas. Faísca como relâmpago e está polida para a matança. 16Ó espada, golpeie à direita, golpeie à esquerda, para onde se virar e onde quiser. 17Eu também baterei palmas e satisfarei minha fúria. Eu, o SENHOR, falei!".

Presságios para o rei da Babilônia

18Recebi esta mensagem do SENHOR: 19"Filho do homem, desenhe um mapa e sobre ele trace dois caminhos para que a espada do rei da Babilônia os siga. Coloque um marco na estrada que sai da Babilônia, onde ela se divide em dois caminhos, 20um para Amom e sua capital, Rabá, e outro para Judá e Jerusalém, a cidade fortificada. 21O rei da Babilônia está na encruzilhada, sem saber se deve atacar Jerusalém ou Rabá. Ele chama seus adivinhos para que façam previsões, e eles lançam sortes com flechas sacudidas da aljava, consultam seus ídolos e examinam o fígado de animais sacrificados. 22O presságio em sua mão direita indica 'Jerusalém!'. Seus soldados atacarão as portas da cidade com troncos e darão gritos de guerra. Levantarão torres de cerco e construirão rampas contra

NO QUE ESTOU PENSANDO ○

O QUE ESTOU SENTINDO ○

DO QUE ESTOU LEMBRANDO ○

DESENHE OU ESCREVA

os muros. 23Os habitantes de Jerusalém pensarão que se trata de um presságio falso, por causa de seu acordo com os babilônios. Mas o rei da Babilônia os lembrará de sua rebeldia. Ele os atacará e os levará prisioneiros. 24"Portanto, assim diz o SENHOR Soberano: Repetidamente, vocês me lembram de seus pecados e sua rebeldia. Nem sequer tentam escondê-los! Em tudo que fazem, seus pecados ficam evidentes. Por isso, chegou a hora de seu castigo. 25"Ó príncipe de Israel, corrupto e perverso, o dia do acerto de contas chegou! 26Assim diz o SENHOR Soberano: "Tire sua coroa coberta de joias, pois o antigo sistema está para mudar. Os humildes serão exaltados, e os orgulhosos, humilhados. 27Destruição! Destruição! Certamente destruirei o reino, e não será restaurado até que venha aquele que tem o direito de julgá-lo; então o entregarei a ele."

Mensagem para os amonitas

28"Agora, filho do homem, profetize acerca dos amonitas e sua zombaria. Transmita-lhes esta mensagem do SENHOR Soberano: "Uma espada, uma espada está pronta para a matança. Está polida para destruir e faísca como relâmpago. 29Seus profetas lhes deram visões falsas, seus adivinhos lhes contaram mentiras. A espada cairá sobre o pescoço dos perversos, para quem chegou o dia do juízo. 30"Agora, ponham a espada de volta na bainha, pois em sua própria terra, no lugar onde nasceram, eu os julgarei. 31Derramarei minha fúria sobre vocês e soprarei em vocês o fogo de minha ira. Eu os entregarei a homens cruéis, hábeis em destruir. 32Vocês serão combustível para o fogo, e seu sangue será derramado em sua própria terra. Não haverá mais lembrança de vocês na história, pois eu, o SENHOR, falei!".

CAPÍTULO 22

Os pecados de Jerusalém

1Recebi esta mensagem do SENHOR: 2"Filho do homem, você está preparado para pronunciar julgamento sobre Jerusalém, esta cidade de assassinos? Faça que ela veja como são detestáveis seus pecados 3e transmita-lhe esta mensagem do SENHOR Soberano: Ó cidade de assassinos, condenada e maldita, cidade de ídolos imundos e repugnantes, 4você é culpada pelo sangue que derramou e está contaminada pelos ídolos que fez. Seu dia de castigo se

aproxima! Você chegou ao fim de seus anos, e farei de você objeto
de zombaria no mundo inteiro. 5Ó cidade infame, cheia de confu-
são, povos distantes e próximos zombarão de você! 6"Todo líder
de Israel que vive dentro de seus muros está decidido a derramar
sangue. 7Pais e mães são tratados com desprezo, estrangeiros são
obrigados a pagar por proteção, órfãos e viúvas são oprimidos em
seu meio. 8Você despreza minhas coisas santas e profana meus
sábados. 9Pessoas acusam outras falsamente e as condenam à
morte. Em seu meio há idólatras e gente que faz coisas obscenas.
10Homens têm relações sexuais com a esposa do próprio pai e se
impõem sobre mulheres menstruadas. 11Há quem cometa adul-
tério com a esposa do vizinho, quem contamine sua nora e quem
violente a própria irmã. 12Por toda parte há assassinos de aluguel,
agiotas que cobram juros abusivos e sujeitos que praticam extorsão.
Não se lembram de mim, diz o SENHOR Soberano. 13"Agora, porém,
bato as mãos com indignação por causa do ganho desonesto e do
derramamento de sangue em seu meio. 14Quão forte e corajosa
você será no dia do acerto de contas? Eu, o SENHOR, falei e cumprirei
o que prometi. 15Espalharei você entre as nações e acabarei com
sua perversidade. 16E, quando você tiver sido desonrada entre as
nações, saberá que eu sou o SENHOR".

A fornalha de refinar do SENHOR

17Então recebi esta mensagem do SENHOR: 18"Filho do homem, o
povo de Israel é a coisa desprezível, sem valor, que resta depois de
fundir a prata. São refugo, uma mistura inútil de cobre, estanho, fer-
ro e chumbo. 19Portanto, diga-lhes: 'Assim diz o SENHOR Soberano:
Porque vocês são coisa desprezível, sem valor, eu os reunirei em
Jerusalém. 20Como a prata, o cobre, o ferro, o chumbo e o estanho
são derretidos na fornalha, assim eu os derreterei com o calor de
minha ira ardente. 21Eu os reunirei e soprarei sobre vocês o fogo
de minha fúria, 22e vocês derreterão como a prata derrete no calor
intenso. Então saberão que eu, o SENHOR, derramei sobre vocês a
minha fúria'".

Os pecados dos líderes de Israel

23Recebi outra mensagem do SENHOR: 24"Filho do homem, trans-
mita esta mensagem a Israel: No dia de minha indignação, vocês

NO QUE ESTOU **PENSANDO** ○

O QUE ESTOU **SENTINDO** ○

DO QUE ESTOU **LEMBRANDO** ○

DESENHE OU ESCREVA

serão como uma terra contaminada, uma terra sem chuva. 25Seus
príncipes tramam conspirações, como leões à espreita da presa.
Devoram inocentes, apropriam-se de tesouros, obtêm riquezas por
extorsão e fazem muitas viúvas na terra. 26Seus sacerdotes não
guardaram minha lei e profanaram minhas coisas santas. Não fa-
zem distinção entre sagrado e profano e não ensinam meu povo
a distinguir entre cerimonialmente puro e impuro. Desrespeitam
meus sábados, de modo que sou desonrado no meio deles. 27Seus
líderes são como lobos que despedaçam as vítimas. Destroem a
vida das pessoas por dinheiro! 28E seus profetas encobrem tudo
isso com visões falsas e previsões mentirosas. Dizem: 'Recebi
esta mensagem do SENHOR Soberano', quando, na verdade, o
SENHOR não lhes disse coisa alguma. 29Até mesmo o povo oprime
os pobres, rouba dos necessitados e nega justiça aos estrangeiros.
30"Procurei alguém que reconstruísse o muro que guarda a terra,
que se pusesse na brecha para que eu não a destruísse, mas não
encontrei ninguém. 31Agora, portanto, derramarei minha fúria so-
bre eles e os consumirei com o fogo de minha ira. Farei cair sobre
sua cabeça o castigo merecido por tudo que fizeram. Eu, o SENHOR
Soberano, falei!".

CAPÍTULO 23

O adultério das duas irmãs

1Recebi esta mensagem do SENHOR: 2"Filho do homem, havia duas
irmãs, filhas da mesma mãe. 3Elas se tornaram prostitutas no Egito.
Quando ainda eram meninas, deixavam que homens acariciassem
seus seios. 4A irmã mais velha se chamava Oolá, e a mais nova,
Oolibá. Casei-me com elas, e me deram filhos e filhas. Refiro-me
a Samaria e Jerusalém, pois Oolá é Samaria, e Oolibá, Jerusalém.
5"Então, embora fosse minha, Oolá desejou ardentemente outros
amantes e se entregou aos assírios. 6Todos eles eram jovens atra-
entes, capitães e comandantes, com belas roupas azuis, montados
a cavalo. 7Assim, ela se prostituiu com os homens mais desejáveis
da Assíria, adorou seus ídolos e se contaminou. 8Pois, quando ela
saiu do Egito, não deixou para trás a prostituição. Continuou de-
pravada como em sua juventude, quando os egípcios dormiram
com ela, acariciaram seus seios e a usaram como prostituta. 9"Por
isso eu a entreguei a seus amantes assírios, que ela tanto desejou.

10Eles arrancaram suas roupas, levaram seus filhos e filhas e então
a mataram. Depois que ela recebeu esse castigo, sua reputação
tornou-se conhecida entre todas as mulheres da terra. 11"Contudo,
embora Oolibá tenha visto o que aconteceu à sua irmã Oolá, se-
guiu pelo mesmo caminho. Na verdade, foi ainda mais depravada
e se entregou ao desejo e à prostituição. 12Cobiçou os assírios – os
capitães e comandantes em belos uniformes, montados a cavalo
–, todos eles jovens atraentes. 13Vi que estava se contaminando,
como sua irmã mais velha. 14"Então levou sua prostituição ainda
mais longe e se apaixonou por figuras pintadas numa parede, fi-
guras de oficiais babilônios, com uniformes vermelhos chamativos
15e com belos cintos e turbantes de tecido fino. Estavam vestidos
como oficiais da terra da Babilônia. 16Quando ela viu essas pin-
turas, desejou ardentemente entregar-se a eles, por isso enviou
mensageiros à Babilônia para convidá-los para a visitarem. 17Eles
vieram, cometeram adultério com ela e a contaminaram na cama
do amor. Depois de ser contaminada, porém, teve nojo deles e os
rejeitou. 18"Da mesma forma, eu tive nojo de Oolibá e a rejeitei,
como havia rejeitado sua irmã, porque ela se exibiu diante deles
e a eles se entregou para satisfazer seus desejos. 19Entregou-se,
porém, à prostituição ainda maior ao lembrar-se de sua juventude,
quando era prostituta no Egito. 20Desejou amantes com genitais
grandes como de jumentos e ejaculação como de cavalos. 21E as-
sim, Oolibá, você reviveu a depravação de sua juventude no Egito,
quando permitiu que seus seios fossem acariciados."

O SENHOR julga Oolibá

22"Portanto, Oolibá, assim diz o SENHOR Soberano: De todas as
partes, enviarei seus amantes contra você, as mesmas nações das
quais você se afastou com nojo. 23Os babilônios virão com todos
os caldeus de Pecode, Soa e Coa. E todos os assírios virão com
eles, jovens atraentes, capitães, comandantes, oficiais dos carros
de guerra e outros oficiais de alto escalão, todos a cavalo. 24Virão
do norte contra você com carros de guerra, carroças e muitas ar-
mas, preparados para o ataque. Assumirão posições de batalha e
a cercarão com soldados armados com escudos e capacetes. E eu
a entregarei a eles para ser castigada, para que façam com você o
que quiserem. 25Voltarei contra você a ira do meu ciúme, e eles a
tratarão com crueldade. Cortarão fora seu nariz e suas orelhas e
matarão à espada os sobreviventes. Seus filhos serão levados como
prisioneiros, e tudo que restar será queimado. 26Arrancarão suas
roupas e lindas joias. 27Desse modo, acabarei com a depravação
e a prostituição que você trouxe do Egito. Nunca mais você olhará
com desejo para essas coisas, nem se lembrará mais com sauda-
de de seu tempo no Egito. 28"Pois assim diz o SENHOR Soberano:
Certamente eu a entregarei a seus inimigos, àqueles que você de-
testa, àqueles que você rejeitou. 29Eles a tratarão com ódio, tomarão
tudo que você possui e a deixarão completamente nua. A vergonha
de sua prostituição ficará exposta para todo o mundo. 30Você trouxe
tudo isso sobre si mesma ao se prostituir com outras nações, ao se
contaminar com seus ídolos. 31Porque você seguiu pelo mesmo
caminho que sua irmã, eu a obrigarei a beber do mesmo cálice de
terror do qual ela bebeu. 32"Assim diz o SENHOR Soberano: "Você
beberá do cálice de terror de sua irmã, um copo grande e fundo.
Ele está cheio até a borda de desprezo e zombaria. 33Embriaguez
e angústia se apossarão de você, pois seu cálice está cheio até a
borda de desgraça e desolação, o mesmo copo do qual sua irmã,
Samaria, bebeu. 34Você beberá desse cálice de terror até a última
gota. Então o fará em pedaços e com os cacos mutilará seus seios.
Eu, o SENHOR Soberano, falei! 35"E, porque você se esqueceu de
mim e me deu as costas, assim diz o SENHOR Soberano: Você sofrerá
as consequências de sua depravação e prostituição".

O SENHOR julga as duas irmãs

36O SENHOR me disse: "Filho do homem, pronuncie julgamento
sobre Oolá e Oolibá por todos os seus pecados detestáveis. 37Elas
cometeram adultério e assassinato: adultério ao adorarem ídolos
e assassinato ao queimarem como sacrifício os filhos que geraram
para mim. 38Além disso, contaminaram meu templo e profanaram
meu sábado. 39No mesmo dia em que sacrificaram seus filhos aos
ídolos, tiveram a ousadia de vir ao meu templo para adorar; en-
traram em minha casa e a profanaram. 40"Vocês, irmãs, enviaram
mensageiros a terras distantes para conseguir homens. Quando
eles chegaram, vocês tomaram banho, pintaram os olhos e coloca-
ram suas joias mais finas para recebê-los. 41Sentaram-se com eles
num sofá com lindos bordados e colocaram meu incenso e meu

NO QUE ESTOU **PENSANDO** ○ | O QUE ESTOU **SENTINDO** ○ | DO QUE ESTOU **LEMBRANDO** ○

DESENHE OU ESCREVA

Ez

óleo especial na mesa arrumada diante de vocês. 42De seu quarto
vinham sons de muitos homens bebendo e se divertindo. Eram
homens do deserto, lascivos e beberrões, que colocaram pulseiras
em seus braços e lindas coroas em sua cabeça. 43Então eu disse: 'Se
eles querem mesmo ter relações com prostitutas velhas e acabadas
como essas, que tenham!'. 44E foi o que fizeram. Tiveram relações
com Oolá e Oolibá, prostitutas desavergonhadas. 45Mas os justos
julgarão essas cidades irmãs de acordo com o que de fato são:
adúlteras e assassinas. 46"Agora, assim diz o SENHOR Soberano:
Tragam um exército contra elas e entreguem-nas para serem aterro-
rizadas e saqueadas. 47Seus inimigos as apedrejarão e as golpearão
com espadas. Matarão seus filhos e filhas e queimarão suas casas.
48Desse modo, acabarei com a depravação na terra, e meu julga-
mento servirá de advertência para que outras não sigam seu mau
exemplo. 49Vocês receberão o castigo merecido por sua prostituição
e idolatria. Então saberão que eu sou o SENHOR Soberano".

CAPÍTULO 24

O sinal da panela de cozinhar

1Em 15 de janeiro, durante o nono ano do exílio do rei Joaquim,
recebi esta mensagem do SENHOR: 2"Filho do homem, registre
esta data, pois hoje o rei da Babilônia começou a atacar Jerusalém.
3Depois, use uma ilustração para transmitir a esses rebeldes a se-
guinte mensagem do SENHOR Soberano: "Coloque uma panela
no fogo e ponha água dentro dela. 4Encha-a com os pedaços mais
seletos de carne: a coxa, o quarto dianteiro e os cortes mais macios.
5Use somente as melhores ovelhas do rebanho e amontoe lenha
no fogo sob a panela. Faça a água ferver e cozinhe os ossos com a
carne. 6"Agora, assim diz o SENHOR Soberano: Que aflição espera
Jerusalém, cidade de assassinos! Ela é a panela enferrujada, cuja
sujeira não se pode limpar. Pegue a carne sem escolhê-la, pois
nenhum pedaço é melhor que o outro. 7Porque o sangue que ela
derramou está espalhado sobre as pedras; nem sequer foi derrama-
do no chão, onde o pó o cobriria. 8Portanto, espalharei seu sangue
numa pedra, para que todos vejam, uma expressão de minha ira
e de minha vingança contra ela. 9"Assim diz o SENHOR Soberano:
Que aflição espera Jerusalém, cidade de assassinos; eu mesmo
amontoarei a lenha debaixo dela! 10Sim, amontoe a lenha; que

Ez 24.14

ardam as chamas para fazer a panela ferver. Cozinhe a carne com
diversos temperos, depois queime os ossos. 11Agora, coloque a
panela vazia sobre as brasas, esquente-a até ficar incandescente
e queime a ferrugem e a sujeira. 12Mas de nada adianta; não se
pode limpar a ferrugem, nem mesmo com fogo. 13Sua impureza
é sua depravação; tentei limpá-la, mas você não quis. Portanto,
agora ficará em sua impureza, até que eu tenha satisfeito minha
fúria contra você. 14"Eu, o SENHOR, falei! Chegou a hora, e não me
conterei. Não mudarei de ideia nem terei compaixão. Você será
julgada de acordo com suas ações, diz o SENHOR Soberano".

A morte da esposa de Ezequiel

15Recebi esta mensagem do SENHOR: 16"Filho do homem, com um
só golpe tirarei de você seu tesouro mais precioso. Contudo, você
não deve mostrar tristeza alguma com a morte dela. Não chore,
não derrame lágrimas. 17Sofra em silêncio, mas não lamente jun-
to ao túmulo. Não descubra a cabeça nem tire as sandálias. Não
siga os rituais de luto nem aceite comida de amigos que vierem
consolá-lo". 18Pela manhã, anunciei essa mensagem ao povo e,
à tarde, minha esposa morreu. No dia seguinte, fiz tudo que me
havia sido ordenado. 19Então o povo perguntou: "O que significa
tudo isso? O que você quer nos dizer?". 20Eu respondi: "Recebi
uma mensagem do SENHOR 21e fui instruído a transmiti-la ao povo
de Israel. Assim diz o SENHOR Soberano: 'Profanarei meu templo,
a fonte de sua segurança e seu orgulho, o lugar que lhes dá pra-
zer ao coração. Seus filhos e filhas, que vocês deixaram para trás,
serão mortos à espada. 22Então vocês farão como Ezequiel. Não
seguirão os rituais de luto nem se consolarão com comida trazida
pelos amigos. 23Sua cabeça permanecerá coberta, e não tirarão as
sandálias. Não prantearão nem chorarão, mas definharão por causa
de seus pecados. Lamentarão uns com os outros por todo o mal
que fizeram. 24Ezequiel lhes serve de exemplo; farão exatamente
o que ele fez. E, quando esse dia chegar, saberão que eu sou o
SENHOR Soberano'". 25Então o SENHOR me disse: "Filho do homem,
no dia em que eu tirar deles sua fortaleza – sua alegria e sua glória,
o desejo de seu coração e seu tesouro mais precioso –, também
tirarei deles seus filhos e filhas. 26Nesse dia, um sobrevivente de
Jerusalém virá ao seu encontro na Babilônia e lhe contará o que

aconteceu. 27Quando ele chegar, você recuperará sua voz para que possa falar com ele, e isso será um sinal para o povo. Então eles saberão que eu sou o SENHOR".

CAPÍTULO 25

Mensagem para Amom

1Então recebi esta mensagem do SENHOR: 2"Filho do homem, volte o rosto para a terra de Amom e profetize contra seus habitantes. 3Transmita aos amonitas esta mensagem do SENHOR Soberano: Ouçam a palavra do SENHOR Soberano! Porque vocês se alegraram quando meu templo foi profanado, zombaram de Israel em sua desolação e riram de Judá quando ele foi enviado para o exílio, 4eu os entregarei aos nômades dos desertos do leste. Eles montarão acampamentos em seu meio e armarão tendas em sua terra. Colherão seus frutos e beberão o leite de seu gado. 5Transformarei a cidade de Rabá em pasto para camelos e todo o território dos amonitas em lugar de descanso para ovelhas. Então vocês saberão que eu sou o SENHOR. 6"Assim diz o SENHOR Soberano: Porque bateram palmas, dançaram e pularam exultantes com a destruição do povo de Israel, 7levantarei minha mão contra vocês. Eu os entregarei como despojo a muitas nações. Eliminarei vocês dentre os povos e os destruirei completamente. Então vocês saberão que eu sou o SENHOR."

Mensagem para Moabe

8"Assim diz o SENHOR Soberano: Porque o povo de Moabe disse que Judá é como todas as outras nações, 9abrirei seu lado leste e acabarei com as imponentes cidades de sua fronteira: Bete-Jesimote, Baal-Meom e Quiriataim. 10Entregarei Moabe aos nômades dos desertos do leste, como entreguei Amom. Os amonitas não serão mais contados entre as nações. 11Da mesma forma, trarei meu julgamento sobre os moabitas. Então eles saberão que eu sou o SENHOR."

Mensagem para Edom

12"Assim diz o SENHOR Soberano: O povo de Edom pecou grandemente quando se vingou do povo de Judá. 13Portanto, assim diz o SENHOR Soberano: Levantarei minha mão contra Edom. Exterminarei seus habitantes e seus animais com a espada. Transformarei a terra em deserto, desde Temã até Dedã. 14Farei isso

NO QUE ESTOU **PENSANDO** ○ | O QUE ESTOU **SENTINDO** ○ | DO QUE ESTOU **LEMBRANDO** ○

DESENHE OU ESCREVA

por meio de meu povo, Israel. Eles executarão minha vingança com terrível ira, e Edom saberá que essa vingança veio de mim. Eu, o SENHOR Soberano, falei!"

Mensagem para a Filístia

15"Assim diz o SENHOR Soberano: Os habitantes da Filístia atacaram Judá por vingança amarga e ódio profundo. 16Portanto, assim diz o SENHOR Soberano: Levantarei minha mão contra os filisteus. Exterminarei os queretitas e destruirei completamente os habitantes do litoral. 17Executarei vingança terrível contra eles para castigá-los por aquilo que fizeram. E, quando eu tiver me vingado, eles saberão que eu sou o SENHOR".

CAPÍTULO 26

Mensagem para Tiro

1Em 3 de fevereiro, no décimo segundo ano do exílio do rei Joaquim, recebi esta mensagem do SENHOR: 2"Filho do homem, Tiro se alegrou com a queda de Jerusalém e disse: 'Ah! Aquela que era a porta para as mais prósperas rotas comerciais do leste foi quebrada, e agora é minha vez! Porque ela está desolada, eu ficarei rico!'. 3"Portanto, assim diz o SENHOR Soberano: Ó cidade de Tiro, sou seu inimigo e trarei muitas nações contra você, como ondas do mar que quebram em suas praias. 4Elas destruirão os muros de Tiro e derrubarão suas torres. Eu rasparei seu solo até torná-lo rocha bruta! 5Será apenas uma rocha no mar, um lugar para os pescadores estenderem suas redes, pois eu falei, diz o SENHOR Soberano. Tiro se tornará presa de muitas nações, 6e seus povoados no continente serão destruídos pela espada. Então eles saberão que eu sou o SENHOR. 7"Assim diz o SENHOR Soberano: Do norte trarei contra Tiro o rei da Babilônia, Nabucodonosor. Ele é rei de reis e virá com seus cavalos, seus carros de guerra e condutores, e com um grande exército. 8Primeiro ele destruirá os povoados no continente, e depois, para atacá-la, construirá um muro de cerco e uma rampa e levantará uma barreira de escudos contra você. 9Usará troncos para atacar seus muros e demolirá suas torres com marretas. 10Os cascos dos cavalos dele encherão a cidade de poeira, e o barulho dos condutores e dos carros de guerra fará estremecer os muros quando passarem por suas portas quebradas. 11Os cavaleiros

pisotearão todas as ruas da cidade. Matarão seu povo à espada, e
suas fortes colunas cairão. 12"Saquearão todas as suas riquezas e
mercadorias e derrubarão seus muros. Destruirão suas lindas casas
e lançarão ao mar suas pedras, suas vigas de madeira e até mesmo
seu pó. 13Acabarei com a música de seus cânticos, e não se ouvirá
mais o som da harpa no meio de seu povo. 14Transformarei sua
ilha em rocha bruta, um lugar para os pescadores estenderem suas
redes. Você jamais será reconstruída, pois eu, o SENHOR, falei. Sim,
o SENHOR Soberano falou!"

Os efeitos da destruição de Tiro

15"Assim diz o SENHOR Soberano à cidade de Tiro: Todo o litoral estre-
mecerá com o estrondo de sua queda, enquanto os feridos gemem
durante a matança. 16Os governantes das cidades portuárias desce-
rão de seus tronos e removerão seus mantos e suas belas roupas.
Sentarão no chão, tremendo de pavor por causa de sua destruição.
17Lamentarão por você e entoarão este cântico fúnebre: "Ó famosa
cidade da ilha, que governava o mar, como você foi destruída! Seus
habitantes, com poder naval, espalhavam medo por todo o mundo.
18Agora, as regiões litorâneas estremecem com sua queda; as ilhas
se apavoram diante de sua ruína. 19"Assim diz o SENHOR Soberano:
Transformarei Tiro em ruínas desabitadas, como muitas outras. Eu a
sepultarei debaixo das ondas terríveis, e grandes mares a engolirão.
20Eu a enviarei à cova, para juntar-se àqueles que desceram até lá
há muito tempo. Sua cidade permanecerá em ruínas, sepultada
debaixo da terra, como aqueles que estão na cova, que entraram
no mundo dos mortos. Você já não terá lugar na terra dos vivos. 21Eu
lhe darei um fim terrível, e você deixará de existir. Procurarão por
você, mas nunca mais a encontrarão. Eu, o SENHOR Soberano, falei!".

CAPÍTULO 27

O fim da glória de Tiro

1Recebi esta mensagem do SENHOR: 2"Filho do homem, entoe um
cântico fúnebre para Tiro, 3essa cidade que é entrada para o mar,
que estabelece relações comerciais com muitas nações. Transmita-
lhe a seguinte mensagem do SENHOR Soberano: "Ó cidade de Tiro,
você se gloriava: 'Minha beleza é perfeita!'. 4Estendeu seus limites
para o mar; seus construtores aperfeiçoaram sua beleza. 5Você era

NO QUE ESTOU PENSANDO ○ | O QUE ESTOU SENTINDO ○ | DO QUE ESTOU LEMBRANDO ○

DESENHE OU ESCREVA

como uma grande embarcação, construída com os melhores ci-
prestes de Senir. Com um cedro do Líbano fabricaram seu mastro.
6Fizeram seus remos com carvalhos de Basã. Seu convés de pinho
dos litorais de Chipre era decorado com marfim. 7Suas velas eram
de linho egípcio da melhor qualidade e esvoaçavam sobre você
como uma bandeira. Seus toldos eram azuis e vermelhos, coloridos
com tinturas dos litorais de Elisá. 8Seus remadores eram de Sidom
e Arvade, seus timoneiros, homens habilidosos de Tiro. 9Antigos
e sábios artesãos de Gebal calafetaram a embarcação. Navios de
todas as nações vinham com mercadorias para negociar com você.
10"Homens das terras distantes da Pérsia, de Lídia e da Líbia serviam
em seu grande exército. Penduravam os escudos e os capacetes em
seus muros e assim lhe davam muita honra. 11Homens de Arvade
e de Heleque montavam guarda no alto de seus muros, e em suas
torres ficavam homens de Gamade. Os escudos deles, pendura-
dos em seus muros, completavam sua beleza. 12"Társis enviava
negociantes para comprar sua grande variedade de mercadorias
em troca de prata, ferro, estanho e chumbo, 13e comerciantes da
Grécia, de Tubal e de Meseque traziam escravos e artigos de bronze
para negociar com você. 14"De Bete-Togarma vinham cavalos de
montaria, cavalos para carros de guerra e mulas para serem nego-
ciados por suas mercadorias, 15e comerciantes vinham de Dedã.
Você tinha o monopólio do mercado de várias regiões litorâneas,
que lhe pagavam com presas de marfim e madeira de ébano. 16"A
Síria enviava negociantes para comprar sua grande variedade de
mercadorias, e em troca lhe dava turquesa, tinturas vermelhas, bor-
dados, linho fino e joias de coral e de rubis. 17Judá e Israel faziam
comércio com você e pagavam com trigo de Minite, figos, mel,
azeite e bálsamo. 18"Damasco enviava negociantes para comprar
sua grande variedade de mercadorias, e em troca lhe dava vinho
de Helbom e lã de Zaar. 19Gregos de Uzal vinham negociar suas
mercadorias, e em troca traziam ferro trabalhado, cássia e cálamo
perfumado. 20"Dedã enviava negociantes para comercializar com
você seus valiosos mantos para selas. 21Os árabes e os príncipes
de Quedar enviavam comerciantes para negociar com você e pa-
gavam com cordeiros, carneiros e bodes. 22Negociantes de Sabá e
de Ramá lhe davam especiarias de todo tipo, joias e ouro em troca
de suas mercadorias. 23"Harã, Cane, Éden, Sabá, Assur e Quilmade

também vinham com seus negociantes. 24Traziam tecidos da me-
lhor qualidade para comercializar: tecido azul, bordados e tapetes
multicoloridos enrolados e amarrados com cordões. 25Os navios
de Társis eram suas caravanas marítimas. Os depósitos em sua ilha
viviam abarrotados!".

A destruição de Tiro

26"Mas veja! Seus remadores a levaram para águas tempestuo-
sas! Um poderoso vento do leste a despedaçou no coração do mar.
27Tudo se perdeu: riquezas e mercadorias, marinheiros e pilotos,
construtores de navios, negociantes e guerreiros. No dia de sua
ruína, todos a bordo afundam até as profundezas do mar. 28Suas
cidades no litoral tremem, seus pilotos gritam de pavor. 29Todos os
remadores abandonam os navios, os marinheiros e os pilotos ficam
na praia. 30Gritam por você e choram amargamente. Jogam pó
sobre a cabeça e rolam em cinzas. 31Por sua causa raspam a cabeça e
se vestem de pano de saco. Choram com amarga angústia e profun-
da lamentação. 32Enquanto lamentam e choram por você, entoam
este triste cântico fúnebre: 'Acaso houve alguma cidade como Tiro,
que agora está em silêncio no fundo do mar? 33As mercadorias que
você negociava pelos mares satisfaziam os desejos de muitas na-
ções. Reis nos confins da terra se enriqueceram com seu comércio.
34Agora você é um navio naufragado e quebrado no fundo do mar.
Suas mercadorias e seus tripulantes afundaram com você. 35Todos
que moram no litoral estão espantados com seu terrível destino. Os
reis estão horrorizados e olham com expressão perturbada. 36Os
comerciantes entre as nações balançam a cabeça quando a veem,
pois você chegou a um terrível fim e não mais existirá'".

CAPÍTULO 28

Mensagem para o rei de Tiro

1Recebi esta mensagem do SENHOR: 2"Filho do homem, transmita
ao príncipe de Tiro esta mensagem do SENHOR Soberano: "Em seu
grande orgulho, você diz: 'Sou um deus! Sento-me num trono di-
vino, no coração do mar'. Mas você é apenas homem, e não deus,
embora se considere sábio como um. 3Pensa que é mais sábio que
Daniel e imagina que nenhum segredo lhe está oculto. 4Com sua
sabedoria e entendimento, acumulou grande riqueza: ouro e prata

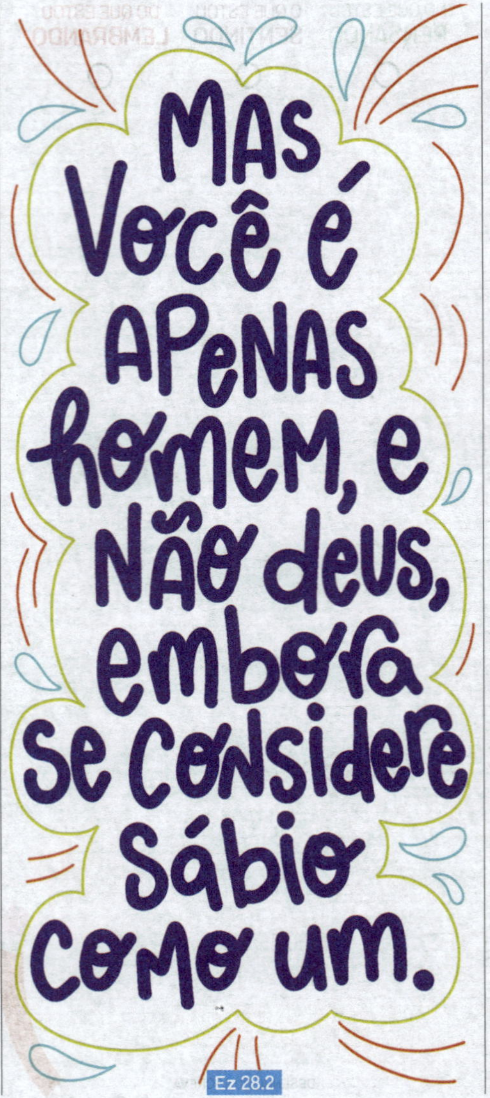

para seus tesouros. 5Sim, sua sabedoria o enriqueceu grandemen-
te, e suas riquezas o tornaram muito orgulhoso. 6"Portanto, assim
diz o SENHOR Soberano: Uma vez que se considera sábio como
um deus, 7trarei contra você um exército estrangeiro, o terror das
nações. Empunharão espadas contra sua sabedoria maravilhosa e
profanarão seu esplendor. 8Eles o farão descer à cova, e você morrerá
no fundo do mar, ferido violentamente. 9Acaso dirá àqueles que
o matarem: 'Sou um deus'? Para eles você não será deus algum,
mas apenas homem! 10Morrerá de forma vergonhosa nas mãos
de estrangeiros. Eu, o SENHOR Soberano, falei!". 11Também recebi
esta mensagem do SENHOR: 12"Filho do homem, entoe este cântico
fúnebre para o rei de Tiro. Transmita-lhe a seguinte mensagem do
SENHOR Soberano: "Você era o modelo de perfeição, cheio de sabe-
doria e beleza. 13Estava no Éden, o jardim de Deus. Suas roupas eram
enfeitadas com todas as pedras preciosas: rubi, topázio, esmeralda,
crisólito, ônix e jaspe, safira, berilo e turquesa, todas trabalhadas
com cuidado para você sobre o ouro mais puro. Foram-lhe entregues
no dia em que você foi criado. 14Eu o escolhi e o ungi, como queru-
bim guardião. Você tinha acesso ao monte santo de Deus e andava
entre as pedras cintilantes. 15"Era irrepreensível em tudo que fazia
desde o dia em que foi criado, até que se achou maldade em você.
16Seu rico comércio o levou à violência, e você pecou. Por isso o bani
em desonra do monte de Deus. Eu o expulsei, ó querubim guardião,
de seu lugar entre as pedras cintilantes. 17Seu coração se encheu de
orgulho por causa de sua beleza. Sua sabedoria se corrompeu por
causa de seu esplendor. Por isso o atirei à terra e o expus ao olhar
dos reis. 18Você profanou seus santuários com seus muitos pecados
e seu comércio desonesto. Por isso fiz sair de dentro de você um
fogo que o consumiu. Reduzi-o a cinzas no chão, à vista de todos
que observavam. 19Todos que o conheciam estão horrorizados com
seu destino; você chegou a um terrível fim, e não mais existirá".

Mensagem para Sidom

20Então recebi outra mensagem do SENHOR: 21"Filho do ho-
mem, volte o rosto para a cidade de Sidom e profetize contra ela.
22Transmita aos habitantes de Sidom esta mensagem do SENHOR
Soberano: "Ó Sidom, sou seu inimigo e revelarei minha glória na-
quilo que lhe fizer. Quando eu trouxer julgamento sobre você e

revelar minha santidade em seu meio, todos que observam saberão
que eu sou o Senhor. 23 Enviarei uma peste contra você, e sangue
correrá em suas ruas. O ataque virá de todos os lados: seus habitan-
tes morrerão pela espada e ficarão estendidos no meio da cidade;
então todos saberão que eu sou o Senhor. 24 Os vizinhos zombado-
res de Israel deixarão de feri-lo e rasgá-lo como roseiras silvestres e
espinhos. Pois eles saberão que eu sou o Senhor Soberano."

Restauração para Israel

25 "Assim diz o Senhor Soberano: O povo de Israel voltará a viver
em sua própria terra, a terra que dei a meu servo Jacó. Pois eu os
reunirei das terras distantes onde os espalhei e, diante das nações
do mundo, revelarei minha santidade no meio de meu povo. 26 Eles
viverão em segurança em Israel, construirão casas e plantarão vi-
nhedos. E, quando eu castigar as nações vizinhas que os trataram
com desprezo, eles saberão que eu sou o Senhor, seu Deus".

CAPÍTULO 29

Mensagem para o Egito

1 Em 7 de janeiro, no décimo ano do exílio do rei Joaquim, recebi
esta mensagem do Senhor: 2 "Filho do homem, volte o rosto para
o Egito e profetize contra o faraó, rei do Egito, e todo o seu povo.
3 Transmita-lhes esta mensagem do Senhor Soberano: "Sou seu
inimigo, ó faraó, rei do Egito, grande monstro à espreita nos ribeiros
do Nilo! Pois você disse: 'O rio Nilo é meu; eu o fiz para mim'. 4 Porei
anzóis em seu queixo e o arrastarei para a terra firme, com peixes
presos a suas escamas. 5 Abandonarei no deserto, para morrerem,
você e todos os peixes de seu rio. Ficará em campo aberto, sem ser
enterrado, pois o entreguei como alimento aos animais selvagens
e às aves. 6 Todo o povo do Egito saberá que eu sou o Senhor, pois,
para Israel, você foi apenas um bordão de juncos. 7 Quando Israel o
usou como apoio, você rachou e lhe feriu o ombro. Quando ele colo-
cou sobre você o peso, você desmoronou e o fez machucar as costas.
8 "Portanto, assim diz o Senhor Soberano: Trarei a espada contra
você, ó Egito, e destruirei tanto pessoas como animais. 9 A terra do
Egito ficará seca e desolada, e os egípcios saberão que eu sou o
Senhor. "Porque você disse: 'O rio Nilo é meu; eu o fiz', 10 agora sou
seu inimigo e de seu rio. Tornarei a terra do Egito completamente

NO QUE ESTOU PENSANDO | O QUE ESTOU SENTINDO | DO QUE ESTOU LEMBRANDO

DESENHE OU ESCREVA

seca e desolada, desde Migdol até Assuã, e até o sul, na fronteira
com a Etiópia. 11 Durante quarenta anos, ninguém habitará nem
passará por ali, nem pessoas nem animais. 12 Farei do Egito uma
nação desolada, cercada por outras nações desoladas. Suas cida-
des ficarão vazias e devastadas durante quarenta anos, cercadas
por outras cidades devastadas. Eu espalharei os egípcios entre as
nações do mundo. 13 "Mas assim diz o Senhor Soberano: Depois de
quarenta anos, trarei os egípcios de volta das nações entre as quais
foram espalhados. 14 Restaurarei o Egito e trarei seu povo de volta à
terra de Patros, no sul, de onde eles vieram. No entanto, continuará
a ser um reino sem importância. 15 Será a mais humilde das nações
e nunca voltará a se elevar acima de seus vizinhos. Eu a tornarei tão
pequena que não dominará mais nação alguma. 16 "Então Israel não
confiará mais na ajuda do Egito. O Egito ficará tão devastado que
lembrará Israel do pecado que cometeu ao confiar nele no passado.
Então saberão que eu sou o Senhor Soberano".

Nabucodonosor conquistará o Egito

17 Em 26 de abril, o primeiro dia do ano novo, durante o vigésimo
sétimo ano do exílio do rei Joaquim, recebi esta mensagem do
Senhor: 18 "Filho do homem, o exército de Nabucodonosor, rei da
Babilônia, lutou contra Tiro com tanto afinco que a cabeça de seus
guerreiros foi esfregada até perder o cabelo e seus ombros fica-
rem esfolados. E, no entanto, Nabucodonosor e seu exército não
conquistaram nenhum despojo para compensar todo o esforço.
19 Portanto, assim diz o Senhor Soberano: Darei a terra do Egito a
Nabucodonosor, rei da Babilônia. Ele levará sua riqueza e saque-
ará tudo que houver ali para pagar seu exército. 20 Sim, eu lhe dei
a terra do Egito como recompensa por seu esforço, diz o Senhor
Soberano, pois ele estava trabalhando para mim quando destruiu
Tiro. 21 "E virá o dia em que farei reviver a antiga glória de Israel,
e suas palavras, Ezequiel, serão ouvidas abertamente. Então eles
saberão que eu sou o Senhor".

CAPÍTULO 30

Um dia triste para o Egito

1 Recebi outra mensagem do Senhor: 2 "Filho do homem, profeti-
ze e transmita esta mensagem do Senhor Soberano: "Chorem e

lamentem por esse dia, **3**pois o dia terrível se aproxima, o dia do
SENHOR! É um dia de nuvens densas, um dia de desespero para
as nações. **4**Uma espada virá contra o Egito, e o chão se cobrirá de
mortos. Sua riqueza será levada, e seus alicerces serão destruídos.
A terra da Etiópia será saqueada; **5**Etiópia, Líbia, Lídia, toda a Arábia
e seus outros aliados serão destruídos nessa guerra. **6**"Pois assim
diz o SENHOR: Todos os aliados do Egito cairão, e acabará o orgulho
de seu poder. Desde Migdol até Assuã, serão mortos pela espada,
diz o SENHOR Soberano. **7**O Egito ficará desolado, cercado por ou-
tras nações desoladas, e suas cidades ficarão devastadas, cercadas
por outras cidades devastadas. **8**Os egípcios saberão que eu sou o
SENHOR quando tiver incendiado o Egito e destruído todos os seus
aliados. **9**Naquele dia, enviarei mensageiros velozes em navios para
aterrorizar os confiantes etíopes. Grande angústia se apossará deles
no dia da inevitável destruição do Egito! **10**"Pois assim diz o SENHOR
Soberano: Pelo poder de Nabucodonosor, rei da Babilônia, acabarei
com as multidões do Egito. **11**Ele e seus exércitos, os mais cruéis
de todos, serão enviados para destruir a terra. Guerrearão contra o
Egito até que o chão fique coberto de mortos. **12**Secarei o rio Nilo
e venderei a terra a homens maus. Pelas mãos de estrangeiros,
devastarei a terra do Egito e tudo que nela há. Eu, o SENHOR, falei!
13"Assim diz o SENHOR Soberano: Despedaçarei os ídolos do Egito e
as imagens em Mênfis. Não restarão governantes no Egito; o terror
se espalhará por toda a terra. **14**Destruirei o sul do Egito, incendia-
rei Zoã e trarei julgamento contra Tebas. **15**Derramarei minha fúria
sobre Pelúsio, a fortaleza mais poderosa do Egito, e exterminarei
as multidões de Tebas. **16**Sim, incendiarei todo o Egito: Pelúsio se
contorcerá de dor, Tebas será despedaçada, e Mênfis viverá em cons-
tante terror. **17**Os jovens de Heliópolis e de Bubastis morrerão na
batalha, e as mulheres serão levadas como escravas. **18**Quando eu
quebrar a força arrogante do Egito, também será um dia de trevas
para Tafnes. Uma nuvem escura a encobrirá, e suas filhas serão
levadas como prisioneiras. **19**Assim, trarei grande castigo sobre o
Egito, e eles saberão que eu sou o SENHOR".

Os braços quebrados do faraó

20Em 29 de abril, no décimo primeiro ano do exílio do rei Joaquim,
recebi esta mensagem do SENHOR: **21**"Filho do homem, quebrei
o braço do faraó, rei do Egito. Seu braço não foi enfaixado para
sarar, e também não foram postas talas para fortalecê-lo de modo
que pudesse segurar uma espada. **22**Portanto, assim diz o SENHOR
Soberano: Eu sou inimigo do faraó, rei do Egito! Quebrarei seus
dois braços, o bom e o que já foi quebrado, e farei a espada cair de
sua mão. **23**Espalharei os egípcios entre nações do mundo inteiro.
24Fortalecerei os braços do rei da Babilônia e porei minha espada
em sua mão, mas quebrarei os braços do faraó; ele ficará caído,
mortalmente ferido, gemendo de dor. **25**Fortalecerei os braços do
rei da Babilônia, enquanto os braços do faraó pendem inúteis. E,
quando eu puser minha espada na mão do rei da Babilônia e ele
a levantar contra o Egito, os egípcios saberão que eu sou o SENHOR.
26Espalharei os egípcios entre nações do mundo inteiro. Então eles
saberão que eu sou o SENHOR".

CAPÍTULO 31

O Egito é comparado à Assíria derrotada

1Em 21 de junho, no décimo primeiro ano do exílio do rei Joaquim,
recebi esta mensagem do SENHOR. **2**"Filho do homem, transmita
esta mensagem ao faraó, rei do Egito, e a todas as suas multidões:
'Quem é comparável a você em grandeza? **3**Veja a poderosa Assíria,
que antes era como um cedro do Líbano, com lindos ramos que da-
vam muita sombra e cujo topo alcançava as nuvens. **4**Fontes profun-
das o regavam e o faziam crescer e ficar viçoso. A água corria à sua
volta como um rio e fluía para todas as árvores do campo. **5**Elevou-se
acima de todas as árvores que havia ao seu redor. Cresceu e deu
ramos longos e espessos, pela fartura de água em suas raízes. **6**As
aves se aninhavam em seus ramos, e os animais selvagens davam
crias à sua sombra. Todas as grandes nações do mundo viviam sob
seus galhos. **7**Era forte e belo, com ramos amplos, que se espalha-
vam, pois suas raízes eram profundas e chegavam às fontes de
água. **8**Nenhum outro cedro no jardim de Deus se comparava a
ele. Nenhum cipreste tinha ramos como os dele, nenhum plátano
tinha galhos semelhantes. Nenhuma árvore no jardim de Deus era
tão bela quanto ele. **9**Fiz esse cedro tão lindo e lhe dei folhagem
tão magnífica que ele era motivo de inveja de todas as árvores do
Éden, o jardim de Deus. **10**"Portanto, assim diz o SENHOR Soberano:
Porque o Egito se tornou orgulhoso e arrogante e se elevou tanto

NO QUE ESTOU PENSANDO ○ | O QUE ESTOU SENTINDO ○ | DO QUE ESTOU LEMBRANDO ○

DESENHE OU ESCREVA

acima dos outros, e seu topo chegou até as nuvens, 11 eu o entre-
garei a uma nação poderosa que lhe dará o que merece por sua
maldade. Sim, eu já o rejeitei. 12 Um exército estrangeiro, o terror
das nações, o derrubou e o deixou caído no chão. Seus ramos estão
espalhados entre os montes e os vales da terra, e todos que viviam
à sua sombra foram embora e o deixaram ali jogado. 13 "As aves
pousam em seu tronco caído, e os animais selvagens descansam
entre seus ramos. 14 Que nenhuma árvore de outra nação exulte
com orgulho de sua prosperidade, ainda que seja mais alta que as
nuvens e muito bem regada. Pois todas estão condenadas a morrer,
a descer às profundezas da terra. Cairão na cova com todo o resto do
mundo. 15 "Assim diz o Senhor Soberano: Quando a Assíria desceu
à sepultura, fiz as fontes profundas ficarem de luto. Detive o curso
de seus rios e sequei suas muitas águas. Vesti o Líbano de preto e
fiz as árvores do campo murcharem. 16 Fiz as nações tremerem de
medo ao som de sua queda, pois a enviei para a sepultura junto
com todos que descem à cova. E todas as outras árvores do Éden,
as mais belas e excelentes do Líbano, aquelas cujas raízes descem
até as águas profundas, se consolaram nas profundezas da terra.
17 Seus aliados também foram todos destruídos e morreram. Todas
as nações que tinham vivido à sua sombra desceram à sepultura.
18 "Ó Egito, a qual dessas árvores do Éden você comparará sua força
e sua glória? Você também será lançado nas profundezas, junto
com todas essas nações. Ficará caído no meio dos rejeitados que
morreram à espada. Esse será o destino do faraó e de todas as suas
multidões. Eu, o Senhor Soberano, falei!".

CAPÍTULO 32

Advertência ao faraó

1 Em 3 de março, no décimo segundo ano do exílio do rei Joaquim,
recebi esta mensagem do Senhor: 2 "Filho do homem, lamente
pelo faraó, rei do Egito, e transmita-lhe esta mensagem: 'Você se
considera um leão forte entre as nações, mas na verdade é um
monstro marinho que se contorce em seus rios e revolve a lama
com os pés. 3 Portanto, assim diz o Senhor Soberano: Enviarei mui-
tos povos para apanhá-lo em minha rede e arrastá-lo para fora da
água. 4 Eu o deixarei jogado no chão; todas as aves do céu pousarão
sobre você, e os animais selvagens de toda a terra o devorarão até

NO QUE ESTOU **PENSANDO** ○ O QUE ESTOU **SENTINDO** ○ DO QUE ESTOU **LEMBRANDO** ○

DESENHE OU ESCREVA

se fartar. 5 Espalharei sua carne pelos montes e encherei os vales
com seus ossos. 6 Encharcarei a terra com seu sangue; ele correrá
até os montes e encherá os desfiladeiros até a borda. 7 Quando
eu exterminá-lo, cobrirei os céus e escurecerei as estrelas. Taparei
o sol com uma nuvem, e a lua não dará sua luz. 8 Escurecerei as
estrelas brilhantes lá no alto e cobrirei sua terra com trevas. Eu, o
Senhor Soberano, falei! 9 "Perturbarei o coração de muitos quan-
do levar a notícia de sua destruição a nações distantes, que você
não conheceu. 10 Sim, causarei espanto em muitas terras, e os reis
ficarão aterrorizados ao saber de seu destino. Tremerão de medo
quando eu agitar minha espada diante deles no dia de sua queda.
11 Pois assim diz o Senhor Soberano: 'A espada do rei da Babilônia
virá contra você. 12 Exterminarei suas multidões com espadas de
poderosos guerreiros, o terror das nações. Eles destruirão o orgulho
do Egito, e todas as suas multidões serão vencidas. 13 Acabarei com
todos os seus rebanhos que pastam junto aos riachos. Nunca mais
nem pessoas nem animais levantarão lama naquelas águas com
seus pés. 14 Então farei que as águas do Egito se acalmem, e elas
fluirão suavemente, como azeite, diz o Senhor Soberano. 15 Quando
eu destruir o Egito, despojá-lo de todos os seus bens e abater todo o
seu povo, vocês saberão que eu sou o Senhor. 16 Sim, este é o cân-
tico fúnebre que entoarão para o Egito. Que as nações lamentem
pelo Egito e por suas multidões. Eu, o Senhor Soberano, falei!".

O Egito desce à cova

17 Em 17 de março, no décimo segundo ano, recebi outra men-
sagem do Senhor: 18 "Filho do homem, lamente pelas multidões
do Egito e pelas outras nações poderosas, pois eu as enviarei
às profundezas da terra, junto com aqueles que descem à cova.
19 Diga-lhes: 'Ó Egito, acaso você é mais belo que as outras na-
ções? Desça à cova e fique ali, entre os rejeitados!'. 20 Os egípcios
cairão, junto com os muitos que morreram à espada, pois a es-
pada está empunhada contra eles. O Egito e suas multidões se-
rão arrastados para seu julgamento. 21 Lá embaixo, no lugar dos
mortos, líderes poderosos receberão o Egito e seus aliados com
zombaria, dizendo: 'Eles desceram; estão entre os rejeitados, entre
as multidões mortas à espada'. 22 "A Assíria está ali, cercada pelas
sepulturas de seu exército, aqueles que foram mortos à espada.

23Suas sepulturas ficam no fundo da cova e estão cercadas por seus
aliados. Causavam terror em toda parte, mas agora foram mortos à
espada. 24"Elão está ali, cercado pelas sepulturas de todas as suas
multidões, aqueles que foram mortos à espada. Causavam terror
em toda parte, mas agora estão nas profundezas da terra, como
rejeitados. Sim, estão na cova, envergonhados, junto com aqueles
que foram antes deles. 25Têm um lugar para deitar entre os mortos,
cercados pelas sepulturas de todas as suas multidões. Em vida eles
aterrorizavam nações, mas agora estão envergonhados, junto com
outros na cova, todos eles rejeitados, mortos à espada. 26"Meseque
e Tubal estão ali, cercados pelas sepulturas de todas as suas mul-
tidões. Causavam terror em toda parte, mas agora são rejeitados,
todos mortos à espada. 27Não foram sepultados com honras, como
seus heróis caídos, que desceram ao lugar dos mortos com suas
armas, com seus escudos cobrindo o corpo e suas espadas debaixo
da cabeça. Sua culpa está sobre eles, pois, em vida, aterrorizaram
a todos. 28"Também você, Egito, ficará ali, esmagado entre os re-
jeitados, todos mortos à espada. 29"Edom está ali com seus reis
e príncipes. Embora fossem poderosos, também estão entre os
que foram mortos à espada, entre os rejeitados que desceram à
cova. 30"Todos os príncipes do norte e os sidônios estão ali, com os
outros que morreram. Causavam terror com sua força, mas foram
envergonhados. Estão ali como rejeitados, com outros que foram
mortos à espada. Estão envergonhados, junto com aqueles que
desceram à cova. 31"Quando o faraó e todo o seu exército chegarem,
ficarão consolados porque não foram os únicos que perderam suas
multidões na batalha, diz o SENHOR Soberano. 32Embora eu tenha
feito esse terror vir sobre todos os vivos, o faraó e suas multidões
ficarão ali entre os rejeitados que foram mortos à espada. Eu, o
SENHOR Soberano, falei!".

CAPÍTULO 33

Ezequiel como vigia de Israel

1Mais uma vez, recebi uma mensagem do SENHOR: 2"Filho do ho-
mem, transmita esta mensagem a seu povo: 'Quando eu trago
um exército contra um país, os habitantes dessa terra escolhem
alguém para ser vigia. 3Quando o vigia vê o inimigo, ele dá o sinal
de alarme para avisar o povo. 4Se aqueles que ouvirem o sinal

NO QUE ESTOU PENSANDO | O QUE ESTOU SENTINDO | DO QUE ESTOU LEMBRANDO

DESENHE OU ESCREVA

de alarme não tomarem providências, serão culpados da própria
morte. 5Ouviram o sinal de alarme, mas não deram atenção, de
modo que a responsabilidade é deles. Se tivessem dado atenção
à advertência, teriam salvado a vida. 6Se, contudo, o vigia vê o
inimigo, mas não dá o sinal de alarme para advertir o povo, ele
é responsável. Eles morrerão em seus pecados, mas considerarei
o vigia responsável pela morte deles'. 7"Agora, filho do homem,
eu o coloquei como vigia do povo de Israel. Portanto, ouça o que
eu digo e advirta-os em meu nome. 8Se eu anunciar que alguns
perversos certamente morrerão e você não lhes disser que mudem
sua conduta, eles morrerão em seus pecados, mas considerarei você
responsável pela morte deles. 9Se, contudo, você os advertir para
que mudem sua conduta e eles não o fizerem, morrerão em seus
pecados, mas você salvará a vida."

A mensagem do vigia

10"Filho do homem, transmita esta mensagem ao povo de Israel:
Vocês dizem: 'Nossos pecados pesam sobre nós; estamos definhan-
do! Como sobreviveremos?'. 11Tão certo como eu vivo, diz o SENHOR
Soberano, não tenho prazer algum na morte dos perversos. Antes,
meu desejo é que se afastem de seus maus caminhos, para que
vivam. Arrependam-se! Afastem-se de sua maldade! Por que mor-
rer, ó povo de Israel? 12"Filho do homem, transmita esta mensagem
a seu povo: A conduta justa dos justos não os salvará se eles se
voltarem para o pecado, nem a conduta perversa dos perversos
os destruirá se eles se afastarem de seus pecados. 13Se eu disser
aos justos que eles viverão, mas depois eles pecarem, confiando
que sua justiça no passado os salvará, nenhum de seus atos de
justiça será lembrado, e eles morrerão por causa de seus pecados.
14Suponhamos que eu diga aos perversos que eles certamente
morrerão, mas depois eles se afastem de seus pecados e façam o
que é justo e certo. 15Pode ser, por exemplo, que devolvam a garan-
tia de um devedor, restituam o que roubaram, obedeçam a meus
decretos que dão vida e não pratiquem mais o mal. Nesse caso,
certamente viverão, e não morrerão. 16Nenhum de seus pecados do
passado será lembrado, pois fizeram o que é justo e certo, e certa-
mente viverão. 17"Seu povo diz: 'O Senhor não é justo', mas são eles
os injustos. 18Pois, se os justos se afastarem de sua conduta justa e

praticarem o mal, morrerão. 19Mas, se os perversos se afastarem de
sua conduta perversa e fizerem o que é justo e certo, viverão. 20Ó
povo de Israel, vocês dizem: 'O Senhor não é justo'. Mas eu julgarei
cada um de vocês de acordo com suas ações".

A queda de Jerusalém é explicada

21Em 8 de janeiro, no décimo segundo ano de nosso exílio, um
sobrevivente de Jerusalém veio a mim e disse: "A cidade caiu!".
22Na noite anterior, a mão do SENHOR tinha vindo sobre mim e me
restaurado a voz. Por isso, consegui falar quando o homem chegou
na manhã seguinte. 23Então recebi esta mensagem do SENHOR:
24"Filho do homem, o remanescente de Israel, que vive espalhado
entre as cidades arruinadas, anda dizendo: 'Abraão era um só e, no
entanto, veio a possuir toda a terra. Nós somos muitos; certamente
a terra nos foi dada como propriedade'. 25Portanto, diga-lhes: 'Assim
diz o SENHOR Soberano: Vocês comem carne com sangue, adoram
ídolos e assassinam inocentes. Acreditam mesmo que a terra deve
ser sua? 26Assassinos! Idólatras! Adúlteros! Acaso deveriam pos-
suir a terra?'. 27"Diga-lhes: 'Assim diz o SENHOR Soberano: Tão certo
como eu vivo, os que vivem nas ruínas morrerão à espada, os que
vivem nos campos abertos serão devorados por animais selvagens
que eu enviarei, e os que estão escondidos em fortalezas e em
cavernas morrerão de doença. 28Destruirei completamente a terra
e arrasarei o orgulho de seu poder. Os montes de Israel ficarão de-
solados, e ninguém passará por eles. 29Quando eu tiver destruído
a terra completamente por causa de seus pecados detestáveis, eles
saberão que eu sou o SENHOR'. 30"Filho do homem, seu povo fala
de você em suas casas e junto às portas. Dizem uns aos outros:
'Venham, vamos ouvir o que o profeta tem a nos dizer da parte
do SENHOR'. 31Eles vêm, fingindo ser sinceros, e sentam-se diante
de você. Ouvem suas palavras, mas não têm intenção alguma de
pô-las em prática. Têm a boca cheia de palavras sensuais, e seu
coração só quer dinheiro. 32Eles o consideram um divertimento,
como alguém que entoa canções de amor com uma linda voz ou
toca belas músicas num instrumento. Ouvem suas palavras, mas
não as põem em prática. 33Quando, porém, todas essas terríveis
coisas acontecerem, e elas certamente acontecerão, saberão que
um profeta esteve no meio deles".

Ez 34.11

CAPÍTULO 34

Os pastores de Israel

1Então recebi esta mensagem do SENHOR: 2"Filho do homem, pro-
fetize contra os pastores, os líderes de Israel. Transmita-lhes esta
mensagem do SENHOR Soberano: Que aflição os espera, pastores
que alimentam a si mesmos! Acaso os pastores não deveriam ali-
mentar seu rebanho? 3Vocês bebem o leite, vestem-se com a lã
e abatem os melhores animais, mas deixam seu rebanho passar
fome. 4Não cuidaram das ovelhas fracas, não curaram as doentes
nem enfaixaram as que estavam feridas. Não foram procurar as
que se desgarraram e se perderam. Em vez disso, conduziram-nas
com dureza e crueldade. 5Por não terem pastor, minhas ovelhas
se espalharam e se tornaram presa fácil para qualquer animal
selvagem. 6Andam sem rumo pelos montes e pelas colinas, por
toda a face da terra, mas ninguém saiu para procurá-las. 7"Por
isso, pastores, ouçam a palavra do SENHOR: 8Tão certo como eu
vivo, diz o SENHOR Soberano, vocês abandonaram meu rebanho e
o deixaram ser atacado por animais selvagens. E, embora fossem
meus pastores, não procuraram minhas ovelhas quando elas se
perderam. Cuidaram de si mesmos e deixaram o rebanho passar
fome. 9Portanto, pastores, ouçam a palavra do SENHOR. 10Assim
diz o SENHOR Soberano: Agora considero esses pastores meus ini-
migos e os responsabilizarei pelo que aconteceu a meu rebanho.
Não permitirei que continuem pastoreando meu rebanho e que
continuem alimentando a si mesmos. Livrarei meu rebanho de
sua boca; minhas ovelhas não serão mais sua presa."

O Bom Pastor

11"Pois assim diz o SENHOR Soberano: Eu mesmo procurarei mi-
nhas ovelhas e as encontrarei. 12Serei como o pastor que busca
o rebanho espalhado. Encontrarei minhas ovelhas e as livrarei de
todos os lugares para onde foram espalhadas naquele dia de nu-
vens e escuridão. 13Eu as tirarei do meio dos povos e das nações e
as trarei de volta para sua terra. Eu as alimentarei nos montes de
Israel, junto aos rios e em todos os lugares habitados. 14Sim, eu lhes
darei bons pastos nas altas colinas de Israel. Elas se deitarão em
lugares agradáveis e se alimentarão nos pastos verdes das colinas.
15Eu mesmo cuidarei delas e lhes darei lugar para descansar, diz

o SENHOR Soberano. 16Procurarei as perdidas que se desgarraram
e as trarei de volta. Enfaixarei as ovelhas feridas e fortalecerei as
fracas. Destruirei, porém, as gordas e poderosas. Sim, eu as alimen-
tarei, mas com juízo! 17"Quanto a você, meu rebanho, assim diz o
SENHOR Soberano: Julgarei entre um animal e outro do rebanho
e separarei as ovelhas dos bodes. 18Não lhes basta ficarem com os
melhores pastos? Também precisam pisotear o resto? Não lhes bas-
ta beberem água pura? Também precisam enlamear o resto? 19Por
que meu rebanho deve se alimentar dos pastos que vocês pisotea-
ram e beber da água que vocês sujaram? 20"Portanto, assim diz o
SENHOR Soberano: Certamente julgarei entre as ovelhas gordas e
as magras. 21Pois vocês, ovelhas gordas, empurraram, chifraram e
não deram espaço para meu rebanho doente e faminto, até que o
espalharam para terras distantes. 22Portanto, salvarei meu rebanho,
e ele não será mais maltratado. Julgarei entre um animal e outro
do rebanho. 23Porei sobre as ovelhas um pastor, meu servo Davi;
ele as alimentará e será seu pastor. 24E eu, o SENHOR, serei o seu
Deus, e meu servo Davi será príncipe no meio de meu povo. Eu,
o SENHOR, falei!"

A aliança de paz do SENHOR

25"Farei uma aliança de paz com meu povo e expulsarei da terra
os animais ferozes. Ele poderá acampar em segurança no deserto
e dormir sem medo nos bosques. 26Abençoarei meu povo e suas
casas ao redor de meu santo monte. E, no devido tempo, enviarei as
chuvas de que precisam; haverá chuvas de bênçãos. 27Os pomares
e os campos de meu povo darão colheitas fartas, e todos viverão em
segurança. Quando eu tiver quebrado suas correntes de servidão
e os resgatado daqueles que os escravizavam, eles saberão que
eu sou o SENHOR. 28Não serão mais presa para outras nações, nem
serão devorados por animais selvagens. Viverão em segurança, e
ninguém lhes causará medo. 29"Tornarei sua terra conhecida por
suas colheitas, e eles nunca mais passarão fome nem sofrerão os
insultos de nações estrangeiras. 30Desse modo, saberão que eu, o
SENHOR, seu Deus, estou com eles. E saberão que eles, o povo de
Israel, são meu povo, diz o SENHOR Soberano. 31Vocês são o meu
rebanho, ovelhas do meu pasto. Vocês são o meu povo, e eu sou o
seu Deus. Eu, o SENHOR Soberano, falei!"

Ez 34.25

CAPÍTULO 35

Mensagem para Edom

1Recebi outra mensagem do SENHOR: 2"Filho do homem, volte o
rosto para o monte Seir e profetize contra seu povo. 3Transmita-lhe
esta mensagem do SENHOR Soberano: "Sou seu inimigo, ó monte
Seir; levantarei minha mão contra você para destruí-lo completa-
mente. 4Transformarei suas cidades em ruínas e as deixarei desola-
das. Então você saberá que eu sou o SENHOR. 5"Seu ódio profundo
dos israelitas o levou a matá-los quando estavam indefesos, quando
eu já os havia castigado por todos os seus pecados. 6Tão certo como
eu vivo, diz o SENHOR Soberano, visto que vocês não mostraram
aversão alguma ao sangue derramado, eu derramarei o seu sangue.
Sua vez chegou! 7Deixarei o monte Seir completamente desolado
e matarei todos que tentarem escapar e qualquer um que voltar.
8Encherei seus montes de cadáveres; suas colinas, seus vales e seus
desfiladeiros ficarão cobertos de gente morta à espada. 9Eu o deixa-
rei desolado para sempre; suas cidades jamais serão reconstruídas.
Então você saberá que eu sou o SENHOR. 10"Pois você disse: 'As terras
de Israel e Judá serão minhas. Sim, tomarei posse delas. Que me
importa se o SENHOR está ali?'. 11Portanto, tão certo como eu vivo,
diz o SENHOR Soberano, eu lhe darei o castigo merecido por sua
ira, sua inveja e seu ódio. Eu me revelarei a Israel por meio daquilo
que fizer a você. 12Então você saberá que eu, o SENHOR, ouvi todas
as palavras de desprezo que você pronunciou contra os montes de
Israel. Pois você disse: 'Estão desolados; foram entregues a mim
como alimento!'. 13Com essas palavras, você se exaltou diante de
mim, e eu ouvi tudo! 14"Assim diz o SENHOR Soberano: O mundo
todo se alegrará quando eu o deixar desolado. 15Você se alegrou
com a desolação do território de Israel, e agora me alegrarei com
sua desolação. Você, povo no monte Seir, e todos que vivem em
Edom serão exterminados! Então saberão que eu sou o SENHOR."

CAPÍTULO 36

Restauração de Israel

1"Filho do homem, profetize aos montes de Israel e transmita-lhes
esta mensagem: Ó montes de Israel, ouçam a palavra do SENHOR!
2Assim diz o SENHOR Soberano: Seus inimigos zombaram de vocês,
dizendo: 'Bem feito! Agora as antigas montanhas são nossas!'. 3Por

isso, transmita aos montes de Israel esta mensagem do Senhor
Soberano: Seus inimigos o atacaram de todos os lados e o torna-
ram propriedade de muitas nações e objeto de muita zombaria e
calúnia. 4 Portanto, ó montes de Israel, ouçam a palavra do Senhor
Soberano. Ele fala às colinas e aos montes, aos desfiladeiros e aos
vales, às ruínas arrasadas e às cidades desertas, destruídas e ridi-
cularizadas pelas nações vizinhas. 5 Assim diz o Senhor Soberano:
A ira de meu zelo arde contra essas nações, especialmente contra
Edom, porque me desprezaram completamente, se apossaram de
minha terra com satisfação e a tomaram como despojo. 6 "Portanto,
profetize às colinas e aos montes, aos desfiladeiros e aos vales de
Israel. Assim diz o Senhor Soberano: Estou furioso em meu zelo
porque vocês passaram vergonha diante das nações vizinhas.
7 Portanto, assim diz o Senhor Soberano: Jurei solenemente que
essas nações logo passarão vergonha também. 8 "Os montes de
Israel, no entanto, produzirão colheitas fartas de frutos para meu
povo, pois em breve ele voltará para casa! 9 Pois estou com vocês e
lhes darei atenção. Seu solo será arado, e suas lavouras serão plan-
tadas. 10 Multiplicarei a população de Israel, e as cidades arruinadas
serão reconstruídas e ficarão cheias de gente. 11 Multiplicarei tanto
as pessoas como os animais. Ó montes de Israel, trarei gente para
habitá-los outra vez! Eu os tornarei ainda mais prósperos que antes.
Então vocês saberão que eu sou o Senhor. 12 Farei meu povo andar
sobre vocês novamente, e serão território dele. Vocês nunca mais
o deixarão sem filhos. 13 "Assim diz o Senhor Soberano: As outras
nações zombam de você e dizem: 'É uma terra que devora seu povo
e os deixa sem filhos!'. 14 Mas você nunca mais devorará seu povo
nem o deixará sem filhos, diz o Senhor Soberano. 15 Não o deixarei
ouvir os insultos de outras nações, nem sua zombaria. Você não será
uma terra que faz sua nação cair, diz o Senhor Soberano". 16 Então
recebi esta mensagem do Senhor: 17 "Filho do homem, quando os
israelitas viviam em sua própria terra, eles a profanaram com seu
estilo de vida. Para mim, sua conduta foi tão impura como o fluxo
menstrual de uma mulher. 18 Eles contaminaram a terra com assas-
sinato e adoração a ídolos, por isso derramei sobre eles minha fúria.
19 Eu os espalhei entre as nações para castigá-los por sua conduta.
20 Quando, porém, foram espalhados entre as nações, desonraram
meu santo nome. Pois as nações diziam: 'Este é o povo do Senhor,

NO QUE ESTOU **PENSANDO** ○

O QUE ESTOU **SENTINDO** ○

DO QUE ESTOU **LEMBRANDO** ○

DESENHE OU ESCREVA

mas ele não foi capaz de mantê-lo a salvo em sua própria terra!'.
21 Tive consideração por meu santo nome, que meu povo deson-
rou entre as nações. 22 "Portanto, transmita ao povo de Israel esta
mensagem do Senhor Soberano: Eu os trarei de volta, ó povo de
Israel, mas não porque merecem. Farei isso por causa do meu santo
nome, que vocês desonraram entre as nações. 23 Eu lhes mostrarei
a santidade de meu grande nome, o nome que vocês desonraram
entre as nações. E, quando eu mostrar minha santidade por meio
de vocês diante das nações, diz o Senhor, elas saberão que eu
sou o Senhor. 24 Pois eu os reunirei dentre as nações e os trarei de
volta para sua terra. 25 "Então aspergirei sobre vocês água pura, e
ficarão limpos. Eu os purificarei de sua impureza e sua adoração a
ídolos. 26 Eu lhes darei um novo coração e colocarei em vocês um
novo espírito. Removerei seu coração de pedra e lhes darei coração
de carne. 27 Porei dentro de vocês meu Espírito, para que sigam
meus decretos e tenham o cuidado de obedecer a meus estatutos.
28 "Vocês habitarão em Israel, a terra que dei a seus antepassados.
Vocês serão o meu povo, e eu serei o seu Deus. 29 Eu os livrarei de
sua impureza. Aumentarei a produção de cereais e não enviarei
mais fome à terra. 30 Darei colheitas fartas de suas árvores frutíferas
e seus campos, e nunca mais as nações vizinhas zombarão de sua
terra por causa da fome. 31 Então se lembrarão dos pecados que co-
meteram no passado e terão aversão de si mesmos por todas as coi-
sas detestáveis que fizeram. 32 Mas assim diz o Senhor Soberano:
Lembrem-se de que não farei tudo isso porque vocês merecem. Ó
meu povo de Israel, vocês deveriam se envergonhar profundamen-
te de tudo que fizeram! 33 "Assim diz o Senhor Soberano: Quando
eu os purificar de seus pecados, farei que suas cidades voltem a ser
habitadas e as ruínas sejam reconstruídas. 34 Os campos que esta-
vam vazios e desolados à vista de todos voltarão a ser cultivados.
35 E, quando eu trouxer vocês de volta, as pessoas dirão: 'Essa terra
que antes era deserta agora é como o jardim do Éden! As cidades
abandonadas e em ruínas agora têm muros fortes e estão cheias de
gente!'. 36 Com isso, as nações vizinhas que restarem saberão que
eu, o Senhor, reconstruí as ruínas e replantei onde estava deserto.
Pois eu, o Senhor, falei e cumprirei o que prometi. 37 "Assim diz o
Senhor Soberano: Estou disposto a ouvir as orações de Israel e a
multiplicar seu povo como um rebanho. 38 Serão numerosos como

EZ

os rebanhos consagrados que enchem as ruas de Jerusalém na
época de suas festas. As cidades que estavam em ruínas voltarão
a ficar cheias de gente, e todos saberão que eu sou o SENHOR".

CAPÍTULO 37

O vale dos ossos secos

1A mão do SENHOR veio sobre mim, e o Espírito do SENHOR me
levou a um vale cheio de ossos. 2Ele me conduziu por entre os
ossos que cobriam o fundo do vale, espalhados por toda parte
e completamente secos. 3Então ele me perguntou: "Filho do
homem, acaso estes ossos podem voltar a viver?". Respondi: "Ó
SENHOR Soberano, só tu o sabes". 4Então ele me disse: "Profetize
a estes ossos e diga: 'Ossos secos, ouçam a palavra do SENHOR!
5Assim diz o SENHOR Soberano: Soprarei meu espírito e os trarei
de volta à vida! 6Porei carne e músculo em vocês e os cobrirei com
pele. Darei fôlego a vocês, e voltarão à vida. Então saberão que eu
sou o SENHOR'". 7Assim, anunciei essa mensagem, como ele me
havia ordenado. De repente, enquanto eu profetizava, ouviu-se
em todo o vale o barulho de ossos batendo uns contra os outros,
e os ossos de cada corpo estavam se juntando. 8Então, enquanto
eu observava, músculos e carne se formaram sobre os ossos. Em
seguida, pele se formou para cobrir os corpos, mas ainda não
respiravam. 9Então ele me disse: "Filho do homem, profetize aos
ventos. Anuncie-lhes uma mensagem e diga: 'Assim diz o SENHOR
Soberano: Ó fôlego, venha dos quatro ventos! Sopre nesses corpos
mortos para que voltem a viver!'". 10Anunciei a mensagem, como
ele me havia ordenado, e o espírito entrou nos corpos. Todos eles
voltaram à vida e se levantaram, e formavam um grande exército.
11Então ele me disse: "Filho do homem, esses ossos representam
todo o povo de Israel. Eles dizem: 'Tornamo-nos ossos velhos e
secos; não há mais esperança. Nossa nação acabou'. 12Portanto,
profetize para eles e diga: 'Assim diz o SENHOR Soberano: Ó meu
povo, eu abrirei as sepulturas do exílio e os farei sair delas. Então
os trarei de volta à terra de Israel. 13Quando isso acontecer, meu
povo, vocês saberão que eu sou o SENHOR. 14Soprarei meu espírito
em vocês, e voltarão a viver, e eu os trarei de volta para sua terra.
Então saberão que eu, o SENHOR, falei e cumpri o que prometi.
Sim, eu, o SENHOR, falei!'".

NO QUE ESTOU **PENSANDO** ○ | O QUE ESTOU **SENTINDO** ○ | DO QUE ESTOU **LEMBRANDO** ○

DESENHE OU ESCREVA

Israel e Judá são reunidos

15Recebi outra mensagem do SENHOR: 16"Filho do homem, pegue
um pedaço de madeira e grave nele estas palavras: 'Isto representa
Judá e suas tribos aliadas'. Depois, pegue outro pedaço de madeira
e grave nele estas palavras: 'Isto representa Efraim e as tribos do
norte de Israel'. 17Agora, segure-os juntos em sua mão, como se
fossem um só pedaço de madeira. 18Quando seus compatriotas lhe
perguntarem o que isso significa, 19diga-lhes: 'Assim diz o SENHOR
Soberano: Pegarei Efraim e as tribos do norte, suas irmãs, e as jun-
tarei a Judá. Farei delas um só pedaço de madeira em minha mão'.
20"Em seguida, segure diante do povo os pedaços de madeira que
você gravou, para que todos os vejam, 21e transmita esta mensagem
do SENHOR Soberano: Reunirei meu povo de Israel dentre as nações
onde foram espalhados e os trarei de volta para sua terra. 22Eu os
reunirei em uma só nação nos montes de Israel. Um único rei os
governará, e não serão mais divididos em duas nações nem em
dois reinos. 23Nunca mais se contaminarão com ídolos, nem com
imagens detestáveis, nem com qualquer de suas rebeliões, pois
eu os salvarei de sua apostasia pecaminosa. Sim, eu os purificarei;
então eles serão o meu povo, e eu serei o seu Deus. 24"Meu servo
Davi será seu rei, e eles terão um só pastor. Seguirão meus estatutos
e terão o cuidado de guardar meus decretos. 25Viverão na terra que
dei a meu servo Jacó, a terra onde seus antepassados viveram. Eles,
seus filhos e seus netos viverão ali para sempre, de geração em
geração, e meu servo Davi será seu príncipe para sempre. 26Farei
com eles uma aliança de paz, uma aliança permanente. Eu lhes
darei sua terra e os multiplicarei e estabelecerei meu templo no
meio deles para sempre. 27Sim, eu habitarei no meio deles. Serei o
seu Deus, e eles serão o meu povo. 28E, quando meu templo estiver
entre eles para sempre, as nações saberão que eu sou o SENHOR,
que santifico Israel".

CAPÍTULO 38

Mensagem para Gogue

1Recebi esta mensagem do SENHOR: 2"Filho do homem, volte o
rosto para Gogue, da terra de Magogue, príncipe que governa as
nações de Meseque e Tubal, e profetize contra ele. 3Transmita-lhe
esta mensagem do SENHOR Soberano: Gogue, príncipe de Meseque

e Tubal, sou seu inimigo. 4 Eu o farei voltar e colocarei argolas em
seu queixo para levá-lo junto com todo o seu exército: seus cava-
los e condutores de carros de guerra vestidos com sua armadura
completa e uma grande multidão armada com escudos e espadas.
5 A Pérsia, a Etiópia e a Líbia, com todas as suas armas, o acom-
panharão. 6 Gômer e todos os seus exércitos também se unirão a
você, bem como os exércitos de Bete-Togarma, do extremo norte,
e muitos outros. 7 "Prepare-se; esteja pronto! Mantenha todos os
exércitos ao seu redor de prontidão e assuma o comando deles.
8 Daqui a muito tempo, você será convocado para entrar em ação.
No futuro distante, você virá de repente sobre a terra de Israel, que
viverá confiante depois de ter se recuperado da guerra e depois
que seu povo tiver regressado de muitas terras para os montes de
Israel. 9 Você e todos os seus aliados, um exército imenso e assus-
tador, virão sobre Israel como uma tempestade e cobrirão a terra
como uma nuvem. 10 "Assim diz o SENHOR Soberano: Naquele dia,
maus pensamentos lhe virão à mente e você tramará um plano
perverso. 11 Dirá: 'Israel é uma terra desprotegida, cheia de povoa-
dos sem muros, sem portões e sem trancas. Marcharei contra ela
e acabarei com esse povo que vive tão confiante. 12 Irei às cidades
antes desoladas, mas que agora estão cheias de gente que voltou
do exílio em muitas nações. Tomarei grande quantidade de des-
pojo, pois agora seus habitantes têm muito gado e outros bens.
Pensam que o mundo gira em torno deles!'. 13 Contudo, Sabá, Dedã
e os comerciantes de Társis, com todos os seus jovens guerreiros,
perguntarão: 'Você pensa mesmo que os grandes exércitos que
reuniu podem tomar a prata e o ouro deles? Acham que podem
levar seus rebanhos, apoderar-se de seus bens e tomar despojos?'.
14 "Portanto, filho do homem, profetize contra Gogue. Transmita-lhe
esta mensagem do SENHOR Soberano: Quando meu povo estiver
vivendo confiante na terra dele, então você despertará. 15 Virá de
sua terra no extremo norte com sua grande cavalaria e seu exército
poderoso, 16 atacará meu povo, Israel, e cobrirá a terra como uma
nuvem. Naquele dia, trarei você, Gogue, contra minha terra à vista
de todos e mostrarei minha santidade por meio de tudo que lhe
acontecer. Então todas as nações me conhecerão. 17 "Assim diz o
SENHOR Soberano: Acaso você é aquele de quem falei muito tempo
atrás, quando anunciei por meio de meus servos, os profetas de

NO QUE ESTOU **PENSANDO** ○ O QUE ESTOU **SENTINDO** ○ DO QUE ESTOU **LEMBRANDO** ○

DESENHE OU ESCREVA

Israel, que, no futuro, o traria contra meu povo? 18 Mas assim diz o
SENHOR Soberano: Quando Gogue invadir a terra de Israel, minha
fúria transbordará! 19 Pois, em meu zelo e em minha ira ardente,
sacudirei a terra de Israel violentamente naquele dia. 20 Todos os
seres vivos, os peixes do mar, as aves do céu, os animais do campo,
os animais que rastejam pelo chão, e todas as pessoas da terra,
tremerão em minha presença. Montes serão derrubados, despe-
nhadeiros cairão e muros desabarão. 21 Convocarei a espada contra
você em todas as colinas de Israel, diz o SENHOR Soberano, e seus
homens voltarão as espadas uns contra os outros. 22 Castigarei você
e seus exércitos com doença e derramamento de sangue; enviarei
chuvas torrenciais, granizo, fogo e enxofre! 23 Com isso mostrarei
minha grandeza e santidade e me farei conhecido às nações do
mundo. Então saberão que eu sou o SENHOR."

CAPÍTULO 39

O massacre das multidões de Gogue

1 "Filho do homem, profetize contra Gogue. Transmita-lhe esta men-
sagem do SENHOR Soberano: Sou seu inimigo, ó Gogue, príncipe
que governa as nações de Meseque e Tubal. 2 Eu o farei dar a volta
e o trarei do extremo norte, e o conduzirei em direção aos montes
de Israel. 3 Derrubarei o arco de sua mão esquerda e as flechas de
sua mão direita. 4 Você, seu exército e seus aliados morrerão nos
montes. Eu os darei como alimento aos abutres e aos animais sel-
vagens. 5 Você cairá em campos abertos, pois eu falei, diz o SENHOR
Soberano. 6 Enviarei fogo sobre Magogue e sobre todos os seus
aliados que vivem em segurança no litoral. Então eles saberão que
eu sou o SENHOR. 7 "Assim, farei conhecido meu santo nome no
meio de meu povo, Israel. Não deixarei que ninguém desonre meu
nome. E as nações também saberão que eu sou o SENHOR, o Santo
de Israel. 8 Esse dia de julgamento virá, diz o SENHOR Soberano.
Tudo acontecerá como eu declarei. 9 "Então os habitantes das ci-
dades de Israel sairão e recolherão seus escudos pequenos e os
grandes, seus arcos e flechas, seus dardos e lanças e os usarão
como lenha. Haverá o suficiente para sete anos! 10 Não precisarão
cortar lenha dos campos nem dos bosques, pois essas armas for-
necerão todo o combustível necessário. Eles saquearão aqueles
que os saquearam e despojarão aqueles que os despojaram, diz o

SENHOR Soberano. 11"Nesse dia, prepararei um enorme cemitério
para Gogue e suas multidões no vale dos Viajantes, a leste do mar
Morto. Ele impedirá a passagem dos que viajam por ali, e eles
mudarão o nome do lugar para vale das Multidões de Gogue. 12O
povo de Israel levará sete meses para sepultar os corpos e puri-
ficar a terra. 13Todos em Israel ajudarão a sepultar, pois esse dia
em que eu mostrar minha glória será uma data memorável para
Israel, diz o SENHOR Soberano. 14"Depois de sete meses, grupos
de homens serão nomeados para percorrer a terra em busca de
esqueletos para sepultar, a fim de que a terra seja purificada.
15Onde forem encontrados ossos, será colocado um sinal para
que os coveiros os levem e os enterrem no vale das Multidões
de Gogue. 16(Haverá ali uma cidade chamada Hamoná.) E com
isso, enfim, a terra será purificada. 17"Agora, filho do homem,
assim diz o SENHOR Soberano: Chame todas as aves e todos os
animais selvagens e diga-lhes: Reúnam-se para meu grande ban-
quete sacrificial. Venham, de longe e de perto, para os montes de
Israel e ali comam carne e bebam sangue! 18Comam a carne de
homens poderosos e bebam o sangue dos príncipes das nações
como se fossem carneiros, cordeiros, bodes e touros, todos animais
engordados de Basã. 19Devorem carne até se empanturrar e bebam
sangue até se embriagar. Este é o banquete sacrificial que lhes
preparei. 20Comam com fartura à minha mesa; comam cavalos,
condutores de carros de guerra, homens valentes e guerreiros de
toda espécie, diz o SENHOR Soberano. 21"Desse modo, mostrarei
minha glória às nações. Todos verão o castigo que trouxe sobre
eles e o poder de minha mão quando eu castigo. 22E, daquele dia
em diante, o povo de Israel saberá que sou o SENHOR, seu Deus.
23As nações saberão por que Israel foi enviado para o exílio: foi
como castigo por causa do pecado, pois foram infiéis a seu Deus.
Por isso me afastei deles e os entreguei a seus inimigos, para que
os destruíssem. 24Escondi deles o rosto e os castiguei por causa
de sua impureza e de seus pecados."

Restauração do povo de Deus

25"Portanto, assim diz o SENHOR Soberano: Acabarei com o exílio
de meu povo; terei compaixão de todo o Israel, pois tenho zelo
por meu santo nome. 26Quando voltarem para sua terra e viverem

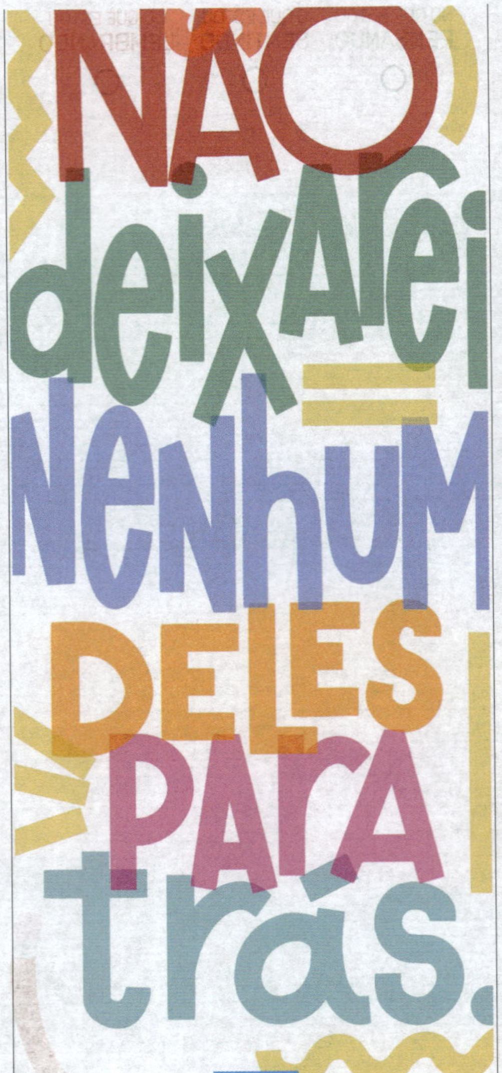

Ez 39.28

em segurança, sem que ninguém lhes cause medo, assumirão a
responsabilidade por sua vergonha e infidelidade no passado.
27Quando eu os trouxer de volta das terras de seus inimigos, mos-
trarei minha santidade no meio deles, para que todas as nações a
vejam. 28Então meu povo saberá que eu sou o SENHOR, seu Deus,
pois os enviei para o exílio entre as nações e os trouxe de volta para
sua terra. Não deixarei nenhum deles para trás 29e nunca mais me
afastarei deles, pois derramarei meu Espírito sobre o povo de Israel.
Eu, o SENHOR Soberano, falei!".

CAPÍTULO 40

A nova área do templo

1Em 28 de abril, no vigésimo quinto ano de nosso exílio, catorze
anos depois da queda de Jerusalém, a mão do SENHOR veio sobre
mim, e ele me levou para lá. 2Numa visão, Deus me levou para a
terra de Israel e me colocou num monte muito alto. Dali, vi em
direção ao sul algo parecido com uma cidade. 3Quando ele me
levou mais perto, vi um homem cuja face brilhava como bronze. Ele
estava em pé junto a uma porta e tinha na mão uma corda de medir
feita de linho e uma vara de medir. 4Disse-me: "Filho do homem,
observe e ouça. Preste muita atenção a tudo que lhe mostrarei. Você
foi trazido aqui para que eu lhe mostre várias coisas. Depois você
voltará ao povo de Israel e contará tudo que vir".

A porta leste

5Vi um muro que cercava completamente a área do templo. O ho-
mem pegou a vara de medir de 3 metros de comprimento e com
ela mediu o muro, que tinha 3 metros de espessura e 3 metros de
altura. 6Em seguida, foi à porta leste. Subiu os degraus e mediu a
soleira da porta, que tinha 3 metros de profundidade. 7Na passa-
gem de entrada, havia salas para guardas de cada lado. Cada uma
das salas era quadrada e media 3 metros de cada lado, e a distância
entre as salas era de 2,5 metros ao longo da parede da passagem.
A soleira interna da porta, que dava para o pórtico na extremidade
interna da passagem de entrada, tinha 3 metros de profundidade.
8Ele também mediu o pórtico. 9Tinha 4 metros de extensão e suas
colunas tinham 1 metro de espessura. Esse pórtico era a extremi-
dade interna da passagem de entrada e era voltado para o templo.

10 Havia três salas de cada lado da passagem de entrada. Cada uma
tinha as mesmas medidas, e as paredes entre elas também eram
idênticas. 11 Então o homem mediu a porta de entrada, que tinha
5 metros de largura e 6,5 metros de comprimento na passagem.
12 Em frente de cada sala havia uma mureta com 0,5 metro de altura.
As salas propriamente ditas tinham 3 metros de cada lado. 13 Então
ele mediu toda a largura da porta, a distância desde a parede dos
fundos de uma sala para guardas até a parede dos fundos de ou-
tra sala; essa distância era de 12,5 metros. 14 Mediu as paredes
divisórias ao longo de todo o interior da passagem até o pórtico; a
distância era de 30 metros. 15 O comprimento total da passagem,
de uma extremidade à outra, era de 25 metros. 16 Nas paredes das
salas e em suas paredes divisórias havia janelas embutidas que se
estreitavam em direção à parte interna. Também havia janelas no
pórtico. As superfícies das paredes divisórias eram enfeitadas com
entalhes de palmeiras.

O pátio externo

17 Então o homem me levou pela entrada até o pátio externo do
templo. Ao longo das paredes do pátio havia uma calçada e, junto às
paredes, havia trinta salas que abriam para a calçada. 18 A calçada la-
deava as portas, e seu comprimento desde os muros até o pátio era
o mesmo da passagem de entrada. Essa era a calçada inferior. 19 Em
seguida, o homem mediu a largura do pátio externo do templo,
entre a entrada externa e a interna, e a distância era de 50 metros.

A porta norte

20 O homem mediu a porta norte da mesma forma que a leste.
21 Também ali havia três salas e um pórtico. Todas as medidas eram
iguais às da porta leste. A passagem da entrada tinha 25 metros de
comprimento e 12,5 metros de largura entre as paredes dos fundos
de uma sala para guardas e a parede dos fundos de outra sala. 22 As
janelas, o pórtico e os enfeites de palmeiras eram idênticos aos da
porta leste. Havia sete degraus que davam para a passagem da
entrada, e o pórtico ficava na extremidade interna da passagem
de entrada. 23 Do lado norte, como do lado leste, havia outra porta
que dava para o pátio interno do templo, oposta à entrada externa.
A distância entre as duas entradas era de 50 metros.

NO QUE ESTOU **PENSANDO** O

O QUE ESTOU **SENTINDO** O

DO QUE ESTOU **LEMBRANDO** O

DESENHE OU ESCREVA

A porta sul

24 Então o homem me levou à porta sul e mediu suas partes, e eram
exatamente iguais às medidas das outras portas. 25 Tinha janelas
ao longo das paredes, como as outras, e um pórtico no qual a
passagem de entrada abria para o pátio externo. E, como nas outras
portas, a passagem de entrada tinha 25 metros de comprimento e
12,5 metros de largura. 26 Essa entrada também tinha uma escada
com sete degraus que davam para ela, um pórtico na extremi-
dade interna e enfeites de palmeiras nas paredes divisórias. 27 E
aqui também havia outra entrada que dava para o pátio interno,
oposta à entrada externa. A distância entre as duas entradas era
de 50 metros.

Portas para o pátio interno

28 Então o homem me levou à porta sul, que dava para o pátio
interno. Ele a mediu, e tinha as mesmas medidas das outras portas.
29 Suas salas para guardas, suas paredes divisórias e seu pórtico
eram do mesmo tamanho das outras portas, e havia janelas ao
longo das paredes e no pórtico. E, como nas outras portas, a pas-
sagem da entrada tinha 25 metros de comprimento e 12,5 metros
de largura. 30 (Os pórticos que davam para o pátio interno tinham
4 metros de comprimento e 12,5 metros de largura.) 31 O pórtico
da porta sul ficava voltado para o pátio externo. Suas colunas eram
enfeitadas com palmeiras, e oito degraus subiam até sua entrada.
32 Então ele me levou à porta leste, que dava para o pátio interno.
Ele a mediu, e tinha as mesmas medidas das outras portas. 33 Suas
salas para guardas, suas paredes divisórias e seu pórtico eram do
mesmo tamanho das outras portas, e havia janelas ao longo das
paredes e no pórtico. A passagem da entrada tinha 25 metros de
comprimento e 12,5 metros de largura. 34 Seu pórtico ficava voltado
para o pátio externo. Suas colunas eram enfeitadas com palmeiras,
e oito degraus subiam até sua entrada. 35 Então ele me levou à
porta norte, que dava para o pátio interno. Ele a mediu, e tinha
as mesmas medidas das outras portas. 36 Suas salas para guardas,
suas paredes divisórias e seu pórtico tinham as mesmas medidas
das outras portas e janelas dispostas da mesma forma. A entrada
da passagem tinha 25 metros de comprimento e 12,5 metros de
largura. 37 Seu pórtico ficava voltado para o pátio externo. Suas

colunas eram enfeitadas com palmeiras, e oito degraus subiam
até sua entrada.

Salas para o preparo dos sacrifícios

38 No pórtico de uma das entradas internas havia uma porta que
dava para uma sala lateral onde era lavada a carne para os holocaus-
tos. 39 De cada lado desse pórtico havia duas mesas onde os animais
para os sacrifícios eram abatidos para os holocaustos, as ofertas pelo
pecado e as ofertas pela culpa. 40 Do lado de fora do pórtico, de
cada lado das escadas que subiam para a entrada norte, havia mais
duas mesas. 41 Havia, portanto, oito mesas no total, quatro do lado
de dentro e quatro do lado de fora, onde se abatiam os sacrifícios.
42 Também havia quatro mesas de pedra cortada para o preparo dos
holocaustos, cada uma com 75 centímetros de comprimento e de
largura e 50 centímetros de altura. Sobre essas mesas eram colo-
cados os instrumentos para abater os animais para os sacrifícios.
43 Havia ganchos, cada um com 8 centímetros de comprimento,
presos ao redor das paredes do pórtico. A carne dos sacrifícios era
colocada sobre as mesas.

Salas para os sacerdotes

44 Dentro do pátio interno havia duas salas, uma ao lado da porta
norte, voltada para o sul, e outra ao lado da porta sul, voltada para
o norte. 45 E o homem me disse: "A sala ao lado da porta norte é
para os sacerdotes que supervisionam a manutenção do templo.
46 A sala ao lado da porta sul é para os sacerdotes encarregados
do altar, os descendentes de Zadoque, pois somente eles, den-
tre todos os levitas, podem se aproximar do SENHOR, para servir
diante dele".

O pátio interno e o templo

47 Então o homem mediu o pátio interno, e era um quadrado com
50 metros de largura e 50 metros de comprimento. O altar ficava
no pátio em frente ao templo. 48 Então ele me levou ao pórtico do
templo. Mediu as paredes de ambos os lados da passagem para o
pórtico, e tinham 2,5 metros de espessura. A entrada propriamente
dita tinha 7 metros de largura, e as paredes de cada lado da entrada
tinham mais 1,5 metros de comprimento. 49 O pórtico tinha 10
metros de largura e 6 metros de profundidade. Dez degraus subiam
para ele, com uma coluna de cada lado.

NO QUE ESTOU **PENSANDO** ○ | O QUE ESTOU **SENTINDO** ○ | DO QUE ESTOU **LEMBRANDO** ○

DESENHE OU ESCREVA

CAPÍTULO 41

1 Depois disso, o homem me levou ao santuário do templo. Mediu
as paredes de cada lado de sua porta, e tinham 3 metros de es-
pessura. 2 A entrada tinha 5 metros de largura, e as paredes de
cada lado tinham 2,5 metros de comprimento. O santuário pro-
priamente dito tinha 20 metros de comprimento e 10 metros de
largura. 3 Então ele passou do santuário para a sala interna. Mediu
as paredes de cada lado de sua entrada, e tinham 1 metro de
espessura. A entrada tinha 3 metros de largura, e as paredes de
cada lado da entrada tinham 3,5 metros de comprimento. 4 A sala
interna do santuário tinha 10 metros de comprimento e 10 metros
de largura. Ele me disse: "Este é o lugar santíssimo". 5 Então ele
mediu a parede do templo, e tinha 3 metros de espessura. Junto
à parte externa da parede havia uma fileira de salas; cada sala
tinha 2 metros de largura. 6 Essas salas laterais ficavam em três
andares, uma acima da outra, e havia trinta salas em cada andar.
Os pontos de sustentação das salas laterais ficavam apoiados em
saliências externas na parede do templo; não se estendiam para
dentro da parede. 7 Cada andar era mais largo que o andar abaixo,
acompanhando a inclinação da parede do templo. Uma escada
subia do andar inferior para os andares do meio e de cima. 8 Vi
que o templo era construído sobre uma plataforma que servia
de base para as salas laterais. Essa plataforma tinha 3 metros de
altura. 9 A parede externa das salas laterais do templo tinha 2,5
metros espessura. Havia, portanto, uma área aberta entre essas
salas laterais 10 e a fileira de salas junto à parede externa do pátio
interno. Essa área aberta tinha 10 metros de largura e se esten-
dia ao redor de todo o templo. 11 Duas portas nas salas laterais
davam para a área aberta da plataforma, que tinha 2,5 metros de
largura. Uma porta ficava voltada para o norte, e a outra, para o
sul. 12 Havia um edifício grande a oeste, voltado para o pátio do
templo. Tinha 35 metros de largura e 45 metros de comprimento,
e suas paredes tinham 2,5 metros de espessura. 13 Então o homem
mediu o templo, e tinha 50 metros de comprimento. O pátio ao
redor do edifício, incluindo suas paredes, tinha mais 50 metros

de comprimento. 14 O pátio interno do lado leste do templo tinha
50 metros de largura. 15 O edifício a oeste, incluindo suas duas
paredes, também tinha 50 metros de largura. O santuário, a sala
interna e o pórtico do templo 16 eram todos revestidos de madeira,
assim como as armações das janelas embutidas. As paredes inter-
nas eram revestidas de madeira acima e abaixo das janelas. 17 O
espaço acima da porta que dava para a sala interna e suas paredes
internas e externas também eram revestidos de madeira. 18 Todas
as paredes eram enfeitadas com entalhes de querubins, cada um
com dois rostos, alternados com entalhes de palmeiras. 19 Um
dos rostos do querubim, o rosto de homem, ficava voltado para a
palmeira de um lado. O outro rosto, o de leão forte, ficava voltado
para a palmeira do outro lado. Havia figuras entalhadas ao redor
de todo o templo, 20 desde o chão até o alto das paredes, inclusive
na parede externa do santuário. 21 Na entrada do santuário havia
colunas quadradas, e as colunas na entrada do lugar santíssimo
eram semelhantes. 22 Havia um altar de madeira com 1,5 metros
de altura e 1 metro de cada lado. Seus cantos, sua base e seus lados
eram de madeira. O homem me disse: "Esta é a mesa que fica na
presença do Senhor". 23 Tanto o santuário como o lugar santíssimo
tinham portas duplas, 24 cada uma com duas folhas que se abriam
para os dois lados. 25 As portas que davam para o santuário eram
enfeitadas com entalhes de querubins e de palmeiras, assim como
as paredes. E havia uma cobertura de madeira na frente do pórtico
do templo. 26 Dos dois lados do pórtico havia janelas embutidas
enfeitadas com entalhes de palmeiras. As salas laterais junto à
parede externa também tinham coberturas.

CAPÍTULO 42

Salas para os sacerdotes

1 Então o homem me levou ao pátio do templo, passando pela porta
norte. Entramos no pátio externo e chegamos a um edifício com
salas junto à parede do pátio interno. 2 Esse edifício, cuja entrada
dava para o norte, tinha 50 metros de comprimento e 25 metros
de largura. 3 Um conjunto de salas dava para o espaço do pátio
interno, que tinha 10 metros de largura. Outro conjunto de salas
dava para a calçada do pátio externo. Os dois conjuntos tinham
três andares e ficavam um de frente para o outro. 4 Entre os dois

NO QUE ESTOU **PENSANDO** ○ O QUE ESTOU **SENTINDO** ○ DO QUE ESTOU **LEMBRANDO** ○

DESENHE OU ESCREVA

conjuntos de salas havia uma passagem com 5 metros de largura.
Estendia-se ao longo dos 50 metros do edifício, e todas as portas
davam para o norte. 5 Cada um dos dois andares superiores com
salas era mais estreito que o andar abaixo, pois nos andares supe-
riores precisava haver espaço para passagens na frente de cada
um. 6 Uma vez que havia três andares e eles não tinham colunas
de sustentação como os pátios, cada andar superior era recuado em
relação ao andar abaixo. 7 Havia uma parede externa que servia de
divisória entre as salas e o pátio externo e que tinha 25 metros de
comprimento. 8 Essa parede acrescentava comprimento ao conjunto
externo de salas, que se estendia por apenas 25 metros, enquanto
o conjunto interno, cujas salas eram voltadas para o templo, tinha
50 metros de comprimento. 9 Havia uma entrada pelo lado leste
do pátio externo para essas salas. 10 Do lado sul do templo havia
dois conjuntos de salas ao sul do pátio interno, entre o templo e o
pátio externo. A disposição dessas salas era semelhante à das salas
do lado norte. 11 Havia uma passagem entre os dois conjuntos de
salas, como do lado norte do templo. Esse conjunto de salas tinha
o mesmo comprimento do outro, e também as mesmas entradas e
portas. As dimensões deles eram idênticas. 12 Havia, portanto, uma
entrada na parede voltada para o conjunto interno de salas e outra
na extremidade leste da passagem interior. 13 Então o homem me
disse: "Estas salas ao norte e ao sul que dão para o pátio do templo
são santas. Aqui os sacerdotes que oferecem sacrifícios ao Senhor
comerão as ofertas santíssimas. E, porque as salas são santas, serão
usadas para guardar as ofertas sagradas: as ofertas de cereal, as
ofertas pelo pecado e as ofertas pela culpa. 14 Quando os sacerdotes
saírem do santuário, não irão diretamente para o pátio externo.
Primeiro, removerão as roupas que usaram enquanto serviam no
templo, pois elas são santas. Vestirão outras roupas antes de entrar
nas dependências abertas para o povo". 15 Quando o homem termi-
nou de medir a área interna do templo, ele me levou para fora pela
porta leste a fim de medir toda a área ao redor. 16 Mediu o lado leste
com a vara de medir, e tinha 250 metros de comprimento. 17 Mediu
o lado norte, e também tinha 250 metros. 18 O lado sul tinha 250
metros, 19 e o lado oeste também tinha 250 metros. 20 Portanto,
a área tinha 250 metros de cada lado e um muro ao redor para
separar o santo do comum.

CAPÍTULO 43

A glória do Senhor volta ao templo

1 Depois disso, o homem me levou à porta leste. 2 De repente, a
glória do Deus de Israel surgiu, vindo do leste. O som de sua vinda
era como o rugido de águas revoltas, e toda a paisagem se ilumi-
nou com sua glória. 3 A visão era como as outras que eu havia tido,
primeiro junto ao rio Quebar e depois quando ele veio destruir
Jerusalém. Prostrei-me com o rosto no chão, 4 e a glória do SENHOR
entrou no templo pela porta leste. 5 Então o Espírito me pôs em
pé e me levou ao pátio interno, e a glória do SENHOR encheu o
templo. 6 Ouvi alguém falar comigo de dentro do templo, enquanto
o homem que havia tomado as medidas estava ao meu lado. 7 O
SENHOR me disse: "Filho do homem, este é o lugar de meu trono
e o lugar onde descanso meus pés. Habitarei aqui para sempre
no meio do povo de Israel. Eles e seus reis nunca mais profanarão
meu santo nome ao cometer adultério adorando outros deuses
ou ao honrar relíquias de seus reis que morreram. 8 Puseram os
altares de seus ídolos ao lado de meu altar, com apenas uma parede
entre mim e eles. Profanaram meu santo nome com esse pecado
detestável, por isso os consumi em minha ira. 9 Agora, que deixem
de adorar outros deuses e honrar as relíquias de seus reis, e eu
habitarei no meio deles para sempre. 10 "Filho do homem, descre-
va para o povo de Israel o templo que lhe mostrei, para que eles
se envergonhem de todos os seus pecados. Que eles estudem a
planta do templo 11 e fiquem envergonhados de tudo que fizeram.
Descreva-lhes todas as especificações do templo, incluindo as en-
tradas e saídas, e todos os outros detalhes. Fale de seus decretos e
suas leis. Escreva todas essas especificações e todos esses decretos
diante do povo, para que se lembrem deles e lhes obedeçam. 12 E
esta é a lei do templo: todo o alto do monte onde está o templo é
santo. Sim, esta é a lei do templo."

O altar

13 "Estas são as medidas do altar: há uma calha ao redor de todo
o altar com 0,5 metro de profundidade e 0,5 metro de largura,
com uma borda de 23 centímetros à sua volta. E esta é a altura
do altar: 14 da calha o altar se eleva por 1 metro até uma borda
inferior ao seu redor com 0,5 metro de largura. Da borda inferior o

altar se eleva por 2 metros até a borda superior, que também tem
0,5 metro de largura. 15 A parte de cima do altar, onde fica o fogo,
se eleva mais 2 metros, com um chifre em cada um dos quatro
cantos. 16 A parte de cima do altar é quadrada, com 6 metros de
cada lado. 17 A borda superior também forma um quadrado, com
7 metros de cada lado, uma calha de 0,5 metro e uma saliência
de 25 centímetros ao redor da borda. Há degraus do lado leste do
altar". 18 Então ele me disse: "Filho do homem, assim diz o SENHOR
Soberano: Estas serão as regras para a queima de ofertas e a asper-
são de sangue depois que o altar for construído. 19 Nessa ocasião,
os sacerdotes levitas da família de Zadoque, aqueles que servem
diante de mim, devem receber um novilho para uma oferta pelo
pecado, diz o SENHOR Soberano. 20 Você pegará um pouco do san-
gue do novilho e o aplicará aos quatro chifres do altar, aos quatro
cantos da borda superior e à saliência em volta da borda. Com isso,
purificará o altar e fará expiação por ele. 21 Em seguida, pegará o
novilho para a oferta pelo pecado e o queimará no lugar indicado,
fora da área do templo. 22 "No segundo dia, apresentará como
oferta pelo pecado um bode sem defeito. Em seguida, purificará
o altar e fará expiação por ele novamente, como fez com o novilho.
23 Quando tiver terminado a cerimônia de purificação, apresentará
outro novilho sem defeito e um carneiro perfeito do rebanho.
24 Você os oferecerá ao SENHOR, e os sacerdotes espalharão sal
sobre eles e os apresentarão como holocausto ao SENHOR. 25 "Todos
os dias, por sete dias, você apresentará um bode, um novilho e um
carneiro do rebanho como oferta pelo pecado. Nenhum desses
animais deve ter qualquer defeito. 26 Fará isso todos os dias, por
sete dias, para purificar o altar e fazer expiação por ele e, desse
modo, separá-lo para o uso sagrado. 27 No oitavo dia, e a cada dia
depois disso, os sacerdotes oferecerão no altar os holocaustos e
as ofertas de paz do povo. Então eu aceitarei vocês. Eu, o SENHOR
Soberano, falei!".

CAPÍTULO 44

O príncipe, os levitas e os sacerdotes

1 Depois disso, o homem me levou de volta à porta leste no muro
externo do templo, mas ela estava fechada. 2 Então o SENHOR me
disse: "Esta porta deve permanecer fechada; nunca mais será

aberta. Ninguém jamais a abrirá nem passará por ela, pois o
SENHOR, o Deus de Israel, entrou por ela. Portanto, permanecerá
sempre fechada. 3Somente o príncipe pode sentar-se junto a essa
entrada para comer na presença do SENHOR. Mas só pode entrar
e sair pelo pórtico da entrada". 4Então o homem me levou para a
frente do templo, passando pela porta norte. Olhei e vi a glória do
SENHOR encher o templo do SENHOR, e prostrei-me com o rosto no
chão. 5Então o SENHOR me disse: "Filho do homem, preste atenção.
Use seus olhos e seus ouvidos e escute atentamente tudo que lhe
digo acerca das regras no templo do SENHOR. Observe com atenção
os procedimentos para o uso das entradas e saídas do templo. 6E
transmita a esses rebeldes, o povo de Israel, esta mensagem do
SENHOR Soberano: Ó povo de Israel, basta de seus pecados detes-
táveis! 7Vocês trouxeram estrangeiros incircuncisos para dentro
de meu santuário, gente incircuncisa de corpo e coração. Com
isso, profanaram meu templo enquanto me ofereciam comida, a
gordura e o sangue dos sacrifícios. Além de todos os seus outros
pecados detestáveis, vocês quebraram minha aliança. 8Em vez
de guardar minhas ordens sobre as coisas sagradas, contrataram
estrangeiros para realizar o serviço de meu santuário. 9"Portanto,
assim diz o SENHOR Soberano: Nenhum estrangeiro, nem mesmo
aqueles que vivem no meio do povo de Israel, entrará em meu
santuário se não tiver sido circuncidado, de corpo e coração. 10E
os homens da tribo de Levi que me abandonaram quando Israel
se afastou de mim para adorar ídolos sofrerão as consequências
de seus pecados. 11Ainda poderão ser guardas do templo e das
portas, poderão abater os animais trazidos para os holocaustos e
estar presentes para servir o povo. 12Contudo, incentivaram o povo
a adorar ídolos e fizeram Israel cair em pecado profundo. Por isso,
jurei solenemente que eles sofrerão as consequências de seus
pecados, diz o SENHOR Soberano. 13Não se aproximarão de mim
para me servir como sacerdotes. Não tocarão em nenhuma das
minhas coisas sagradas nem nas ofertas sagradas, pois carrega-
rão a vergonha de todos os pecados detestáveis que cometeram.
14Cuidarão do templo e serão encarregados do trabalho de ma-
nutenção e dos serviços gerais. 15"Contudo, os sacerdotes levitas
da família de Zadoque continuaram a servir fielmente no templo
quando Israel me abandonou. Eles me servirão; estarão em minha

NO QUE ESTOU **PENSANDO** ○ | O QUE ESTOU **SENTINDO** ○ | DO QUE ESTOU **LEMBRANDO** ○

DESENHE OU ESCREVA

presença e oferecerão a gordura e o sangue dos sacrifícios, diz o
SENHOR Soberano. 16Somente eles entrarão em meu santuário e
se aproximarão de minha mesa para me servir. Eles cumprirão
todas as minhas ordens. 17"Quando entrarem pela porta para o
pátio interno, vestirão somente roupas de linho. Não usarão veste
alguma de lã enquanto estiverem de serviço no pátio interno ou
no templo propriamente dito. 18Usarão turbantes de linho e as
roupas de baixo de linho. Nunca vestirão roupas que os façam
transpirar. 19Quando voltarem ao pátio externo, onde o povo está,
removerão as vestes que usam enquanto me servem. Deixarão
essas vestes nas salas sagradas e vestirão outras roupas, a fim de
não colocar ninguém em perigo ao consagrá-lo indevidamente
por meio das vestes. 20"Não rasparão a cabeça nem deixarão
o cabelo comprido demais; antes, o manterão aparado. 21Os
sacerdotes não beberão vinho antes de entrar no pátio interno.
22Poderão escolher a esposa somente entre as virgens de Israel
ou entre as viúvas dos sacerdotes. Não se casarão com outras vi-
úvas nem com mulheres divorciadas. 23Ensinarão meu povo a
diferença entre sagrado e profano, entre cerimonialmente puro e
impuro. 24"Servirão como juízes para resolver desentendimentos
entre membros de meu povo. Suas decisões serão baseadas em
meus estatutos. E eles mesmos obedecerão às minhas instruções
e aos meus decretos em todas as festas sagradas e se certificarão
de que meus sábados sejam separados como dias santos. 25"O
sacerdote não deverá se contaminar por se aproximar de uma
pessoa morta, a menos que seja seu pai, sua mãe, seu filho, sua
filha, seu irmão ou sua irmã não casada. Nesses casos, será per-
mitido que se torne impuro. 26Mesmo assim, só poderá retomar
seus deveres no templo depois de se purificar cerimonialmente
e esperar sete dias. 27No primeiro dia em que voltar ao trabalho e
entrar no pátio interno e no santuário, apresentará uma oferta pelo
pecado por si mesmo, diz o SENHOR Soberano. 28"Os sacerdotes
não terão propriedades nem porção alguma de terra, pois eu sou
sua herança. 29Seu alimento virá das ofertas e dos sacrifícios que
os israelitas trouxerem para o templo: as ofertas de cereal, as ofer-
tas pelo pecado e as ofertas pela culpa. Tudo que for consagrado
para o SENHOR pertencerá aos sacerdotes. 30Os primeiros frutos
maduros e todas as ofertas trazidas irão para os sacerdotes. As

primeiras porções serão entregues aos sacerdotes, para que os
lares de vocês sejam abençoados. 31 Os sacerdotes não comerão
carne de qualquer ave ou animal que morrer de causas naturais
ou que for morto por outro animal."

CAPÍTULO 45

Divisão da terra

1 "Quando vocês repartirem a terra entre as tribos de Israel, separem
uma parte para o SENHOR como sua porção santa. Ela terá 12,5
quilômetros de comprimento e 10 quilômetros de largura. Toda
essa área será santa. 2 Uma parte dessa terra, com 250 metros de
cada lado, será separada para o templo. Ao redor dela haverá um
espaço aberto com 25 metros de largura. 3 Dentro da área santa
maior, separem uma porção de terra com 12,5 quilômetros de
comprimento e 5 quilômetros de largura. Dentro dela ficará o
santuário, o lugar santíssimo. 4 Essa área será santa, separada para
os sacerdotes que servem ao SENHOR no santuário. Ali ficarão suas
casas e meu templo. 5 A faixa de terra sagrada ao lado dela, também
com 12,5 quilômetros de comprimento e 5 quilômetros de largura,
será destinada às casas dos levitas que trabalham no templo. Será
propriedade deles e um lugar para seus povoados. 6 "Junto à área
santa maior haverá um faixa de terra com 12,5 quilômetros de
comprimento e 2,5 quilômetros de largura. Ela será separada para
uma cidade onde qualquer um em Israel poderá morar. 7 "Duas fai-
xas de terra serão separadas para o príncipe. Uma delas fará divisa
com o lado leste das terras sagradas e com a cidade, e a outra fará
divisa com o lado oeste. As divisas no extremo leste e no extremo
oeste das terras do príncipe ficarão junto às divisas leste e oeste
dos territórios das tribos. 8 Essas porções de terra serão separadas
para o príncipe. Então meus príncipes não oprimirão mais meu
povo; distribuirão o restante da terra entre o povo e separarão uma
parte para cada tribo."

Regras para os príncipes

9 "Assim diz o SENHOR Soberano: Basta, príncipes de Israel! Parem
com a violência e a opressão e façam o que é justo e certo. Parem de
expulsar meu povo de suas casas, diz o SENHOR Soberano. 10 Usem
somente pesos, medidas e balanças honestos para secos e líquidos.

NO QUE ESTOU **PENSANDO** ○ | O QUE ESTOU **SENTINDO** ○ | DO QUE ESTOU **LEMBRANDO** ○

DESENHE OU ESCREVA

11 O ômer será a unidade padrão para medir volume, e o efa e o bato
medirão, cada um, um décimo de ômer. 12 A medida padrão para
pesos será o siclo de prata. Um siclo consistirá em vinte geras, e
sessenta siclos corresponderão a uma mina."

Ofertas especiais e comemorações

13 "Esta é a oferta que vocês entregarão ao príncipe: um cesto de
trigo ou de cevada para cada sessenta cestos que colherem, 14 um
centésimo de seu azeite, 15 e uma ovelha ou um bode para cada
duzentos de seus rebanhos em Israel. Serão ofertas de cereal,
holocaustos e ofertas de paz que farão expiação por aqueles que
os apresentarem, diz o SENHOR Soberano. 16 Todo o povo de Israel
levará essas ofertas ao príncipe. 17 Caberá ao príncipe fornecer as
ofertas apresentadas nas festas religiosas, nas comemorações da
lua nova, aos sábados e em outras ocasiões semelhantes. Ele provi-
denciará as ofertas pelo pecado, os holocaustos, as ofertas de cereal,
as ofertas derramadas e as ofertas de paz para fazer expiação pelo
povo de Israel. 18 "Assim diz o SENHOR Soberano: No primeiro dia
do primeiro mês de cada ano, vocês sacrificarão um novilho sem
defeito para purificar o templo. 19 O sacerdote pegará sangue dessa
oferta pelo pecado e o aplicará aos batentes da porta do templo, aos
quatro cantos da borda superior do altar e aos batentes da entrada
do pátio interno. 20 Vocês farão o mesmo no sétimo dia do ano novo
em favor de qualquer um que houver pecado sem intenção ou por
ignorância. Assim, purificarão o templo. 21 "No décimo quarto dia do
primeiro mês, vocês celebrarão a Páscoa. Essa festa durará sete dias.
O pão que comerem durante esses dias será feito sem fermento.
22 No dia da Páscoa, o príncipe fornecerá um novilho como oferta
pelo pecado em favor de si mesmo e do povo de Israel. 23 A cada
dia, durante os sete dias da festa, ele preparará um holocausto para
o SENHOR com sete novilhos e sete carneiros sem defeito. Também
apresentará, a cada dia, um bode como oferta pelo pecado. 24 O
príncipe fornecerá um cesto de farinha como oferta de cereal e um
jarro de azeite com cada novilho e cada carneiro. 25 "Durante os sete
dias da Festa das Cabanas, que ocorre a cada ano no décimo quinto
dia do sétimo mês, o príncipe fornecerá esses mesmos sacrifícios
como oferta pelo pecado, holocausto e oferta de cereal, bem como
a quantidade requerida de azeite."

CAPÍTULO 46

1“Assim diz o SENHOR Soberano: A porta leste do pátio interno fica-
rá fechada durante os seis dias de trabalho da semana, mas será
aberta aos sábados e nas comemorações da lua nova. 2O príncipe
entrará pelo pórtico da entrada, vindo de fora. Ficará em pé junto
ao batente da porta enquanto o sacerdote apresenta os holocaustos
e as ofertas de paz. Ele se curvará em adoração na passagem de
entrada e depois sairá por onde entrou. A porta não será fechada até
a tarde. 3O povo se curvará e adorará o SENHOR junto a essa porta
aos sábados e nas comemorações da lua nova. 4“A cada sábado o
príncipe apresentará ao SENHOR um holocausto de seis cordeiros e
um carneiro, todos sem defeito. 5Apresentará uma oferta de cereal
de um cesto de farinha com o carneiro e a quantidade de farinha
que puder com cada cordeiro; também oferecerá um jarro de azei-
te para cada cesto de farinha. 6Nas comemorações da lua nova,
trará um novilho, seis cordeiros e um carneiro, todos sem defeito.
7Junto com o novilho, apresentará um cesto de farinha da melhor
qualidade como oferta de cereal. Junto com o carneiro, apresenta-
rá outro cesto de farinha. E, junto com cada cordeiro, apresentará
a quantidade de farinha que desejar. Para cada cesto de farinha,
oferecerá um jarro de azeite. 8“Quando o príncipe entrar, virá pelo
pórtico e sairá por onde entrou. 9Mas, quando o povo entrar pela
porta norte para adorar o SENHOR durante as festas religiosas, sairá
pela porta sul. E quem entrar pela porta sul sairá pela porta norte.
Ninguém sairá pela mesma porta por onde entrou, mas sempre
pela porta oposta. 10O príncipe entrará e sairá com o povo nessas
ocasiões. 11“Portanto, nas festas especiais e nas festas sagradas, a
oferta de cereal será um cesto de farinha da melhor qualidade para
cada novilho, mais outro cesto de farinha para cada carneiro e a
quantidade de farinha que o adorador desejar oferecer com cada
cordeiro. Para cada cesto de farinha será apresentado um jarro de
azeite. 12Quando o príncipe oferecer voluntariamente ao SENHOR
um holocausto ou uma oferta de paz, a porta leste do pátio interno
será aberta para ele, e ele oferecerá os sacrifícios como faz aos sába-
dos. Então ele sairá e a porta será fechada. 13“A cada manhã, vocês
oferecerão um cordeiro de um ano sem defeito como holocausto ao
SENHOR. 14Junto com ele, apresentarão ao SENHOR uma oferta de ce-
real com a sexta parte de um cesto de farinha e um terço do jarro de

azeite para umedecer a farinha da melhor qualidade. Este será um
decreto permanente para vocês. 15O cordeiro, a oferta de cereal e o
azeite devem ser apresentados como sacrifício diário a cada manhã,
sem falta. 16“Assim diz o SENHOR Soberano: Se o príncipe der um
pedaço de terra para um de seus filhos como herança, pertencerá
a ele e a seus descendentes para sempre. 17Mas, se o príncipe der
um pedaço de terra de sua herança para um de seus servos, o ser-
vo a manterá apenas até o Ano do Jubileu. Nessa ocasião, a terra
voltará para o príncipe. Contudo, aquilo que o príncipe der a seus
filhos será permanente. 18Além disso, o príncipe não poderá tomar
a propriedade de ninguém à força. Se ele der propriedades a seus
filhos, terão de ser de suas próprias terras, pois não quero que meu
povo seja despejado de suas propriedades”.

As cozinhas do templo

19Depois disso, o homem me levou pela entrada ao lado da porta e
me conduziu às salas sagradas reservadas para os sacerdotes e que
ficavam voltadas para o norte. Mostrou-me um lugar na extremida-
de oeste dessas salas 20e explicou: “Aqui os sacerdotes cozinharão
a carne das ofertas pela culpa e das ofertas pelo pecado e assarão
o pão feito com a farinha das ofertas de cereal. Farão isso aqui para
não ter de carregar os sacrifícios pelo pátio externo e correr o risco
de consagrar o povo indevidamente”. 21Então ele me levou de volta
ao pátio externo e me conduziu a cada um de seus quatro cantos.
Em cada canto vi uma área cercada. 22Cada uma dessas áreas cer-
cadas tinha 20 metros de comprimento e 15 metros de largura
e era rodeada por um muro. 23Ao longo da parte interna desses
muros havia uma saliência de pedra, com lugares para acender
fogo debaixo da saliência, em todo o redor. 24O homem me disse:
“Estas são as cozinhas onde os assistentes do templo cozinharão
os sacrifícios oferecidos pelo povo”.

CAPÍTULO 47

O rio de cura

1Depois disso, o homem me levou de volta à entrada do templo.
Ali, notei que jorrava água para o leste por debaixo da porta do
templo e passava à direita do altar, do lado sul. 2Ele me levou para
fora do muro pela porta norte e me conduziu até a entrada leste.

Ali, vi que a água corria pelo lado sul da porta leste. 3O homem me
conduziu pela água e, enquanto caminhávamos, ele ia medindo.
Quando percorremos quinhentos metros, ele me levou para o outro
lado do rio. Ali a água chegava a meus tornozelos. 4Ele mediu mais
quinhentos metros e atravessamos o rio novamente. Dessa vez, a
água chegava a meus joelhos. Depois de mais quinhentos metros,
chegava à minha cintura. 5Então ele mediu mais quinhentos metros
e ali a água era um rio fundo o suficiente para atravessar a nado,
mas fundo demais para atravessar a pé. 6Ele me perguntou: "Filho
do homem, você está vendo?", e me levou de volta à margem do rio.
7Ao voltar, fiquei surpreso de ver muitas árvores que cresciam dos
dois lados do rio. 8Então ele me disse: "Este rio corre para o leste,
pelo deserto, até o vale do mar Morto. Sua água tornará pura a água
salgada do mar Morto. 9Por onde a água deste rio passar, haverá
muitos seres vivos. O mar Morto ficará cheio de peixes, porque
sua água se tornará pura. Surgirá vida por onde esta água fluir.
10Pescadores ficarão às margens do mar Morto. Desde En-Gedi até
En-Eglaim, as praias ficarão cobertas de redes secando ao sol. O
mar Morto se encherá de peixes de toda espécie, como os peixes
do mar Mediterrâneo. 11Mas os brejos e os pântanos não serão
purificados; continuarão salgados. 12Em ambas as margens do rio
crescerão árvores frutíferas de toda espécie. As folhas dessas árvores
nunca secarão nem cairão, e sempre haverá frutos em seus ramos.
Produzirão uma nova colheita a cada mês, pois são regadas pela
água do rio que nasce no templo. Seus frutos servirão de alimento,
e suas folhas, de remédio".

As fronteiras da terra

13Assim diz o SENHOR Soberano: "Dividam a terra desta forma entre
as doze tribos de Israel: Os descendentes de José receberão duas
porções de terra. 14As outras tribos receberão porções iguais. Jurei
solenemente que daria esta terra a seus antepassados, e agora ela
passará para vocês como sua herança. 15"Estas são as fronteiras da
terra: A fronteira norte se estenderá do Mediterrâneo, passando por
Hetlom, depois por Lebo-Hamate, até Zedade; 16dali seguirá para
Berota e Sibraim, que ficam na divisa entre Damasco e Hamate e,
por fim, para Hazer-Haticom, na divisa com Haurã. 17Portanto, a
fronteira norte se estenderá do Mediterrâneo até Hazar-Enã, na

Ez 47.9

divisa entre Hamate, ao norte, e Damasco, ao sul. 18"A fronteira
leste começará num ponto entre Haurã e Damasco e se estenderá
para o sul ao longo do rio Jordão, entre Israel e Gileade, passando
o mar Morto e prosseguindo para o sul até Tamar. Essa será a fron-
teira leste. 19"A fronteira sul se estenderá de Tamar até as águas
de Meribá, em Cades, e de lá seguirá o curso do ribeiro do Egito
até o Mediterrâneo. Essa será a fronteira sul. 20"Do lado oeste, o
próprio Mediterrâneo será sua divisa desde a fronteira sul até o pon-
to em que começa a fronteira norte, de frente para Lebo-Hamate.
21"Dividam a terra dentro dessas fronteiras entre as tribos de Israel.
22Distribuam a terra como herança para si mesmos e para todos
os estrangeiros que vivem entre vocês e criam os filhos em seu
meio. Eles serão para vocês como israelitas de nascimento e rece-
berão herança entre as tribos. 23Esses estrangeiros receberão terras
dentro do território da tribo com a qual eles vivem. Eu, o SENHOR
Soberano, falei!"

CAPÍTULO 48

A distribuição da terra

1"Aqui está a lista das tribos de Israel e dos territórios que cada uma
delas receberá. O território de Dã fica no extremo norte. Sua divisa
segue a estrada de Hetlom até Lebo-Hamate e, de lá, para Hazar-
Enã, na fronteira de Damasco, e com Hamate ao norte. O território
de Dã se estende pela terra de Israel de leste a oeste. 2"O território
de Aser fica ao sul do território de Dã e também se estende de leste
a oeste. 3A terra de Naftali fica ao sul da terra de Aser e também
se estende de leste a oeste. 4Em seguida vem Manassés, ao sul de
Naftali, e seu território também se estende de leste a oeste. 5Ao sul
de Manassés fica Efraim, 6depois vem Rúben 7e, em seguida, Judá,
todos com divisas que se estendem de leste a oeste. 8"Ao sul de
Judá fica a terra separada para um propósito especial. Ela terá 12,5
quilômetros de largura e terá as mesmas fronteiras a leste e a oeste
que os territórios das tribos. No centro dela estará o templo. 9"A área
separada para o SENHOR terá 12,5 quilômetros de comprimento e
10 quilômetros de largura. 10Haverá uma faixa de terra para os
sacerdotes, com 12,5 quilômetros de comprimento e 5 quilômetros
de largura. No centro dela estará o templo do SENHOR. 11Essa área
será separada para os sacerdotes consagrados, os descendentes de

Zadoque que me serviram fielmente e que não se desviaram junto
com o povo de Israel e com os outros levitas. 12 Essa será sua porção
especial quando a terra for distribuída, o território santíssimo. Junto
ao território dos sacerdotes ficará a terra onde os outros levitas vi-
verão. 13 "A terra separada para os levitas terá o mesmo tamanho
e a mesma forma da terra dos sacerdotes: 12,5 quilômetros de
comprimento e 5 quilômetros de largura. Juntas, essas porções de
terra terão 12,5 quilômetros de comprimento e 10 quilômetros de
largura. 14 Nenhuma porção dessa terra especial poderá ser vendida,
trocada ou usada por outros, pois pertence ao SENHOR; é consagra-
da. 15 "Outra faixa de terra com 12,5 quilômetros de comprimento e
2,5 quilômetros de largura, ao sul da área sagrada do templo, será
para uso público: para casas, pastos e terras comuns. No centro dela
estará a cidade. 16 A cidade terá 2.250 metros de cada lado: norte,
sul, leste e oeste. 17 Em volta da cidade haverá uma área aberta
com 125 metros em todas as direções. 18 Fora da cidade haverá
uma área para plantações que se estenderá por 5 quilômetros para
leste e 5 quilômetros para oeste junto à divisa com a área sagrada.
Essa terra de cultivo produzirá alimento para os trabalhadores da
cidade. 19 Os que vierem das diversas tribos para trabalharem na
cidade poderão cultivar essa terra. 20 A área toda, incluindo as terras
sagradas e a cidade, formará um quadrado com 12,5 quilômetros
de cada lado. 21 "As áreas que restarem para o leste e para o oeste
das terras sagradas e da cidade serão do príncipe. Cada uma dessas
áreas terá 12,5 quilômetros de comprimento e se estenderá, em
direções opostas, para as fronteiras leste e oeste de Israel. No centro
estarão as terras sagradas e o santuário do templo. 22 Portanto, as
terras do príncipe incluirão toda a área entre os territórios separados
para Judá e para Benjamim, exceto a parte separada para as terras
sagradas e para a cidade. 23 "Estes são os territórios separados para
as tribos restantes. O território de Benjamim se estende pela terra
de Israel de leste a oeste. 24 Ao sul de Benjamim fica o território de
Simeão, que também se estende de leste a oeste. 25 Em seguida
vem o território de Issacar, com as mesmas divisas a leste e a oeste.
26 "Depois vem o território de Zebulom, que também se estende de
leste a oeste. 27 O território de Gade fica ao sul de Zebulom, com as
mesmas divisas a leste e a oeste. 28 A fronteira sul de Gade vai de
Tamar até as águas de Meribá, em Cades, depois segue o ribeiro do

NO QUE ESTOU **PENSANDO** ○ | O QUE ESTOU **SENTINDO** ○ | DO QUE ESTOU **LEMBRANDO** ○

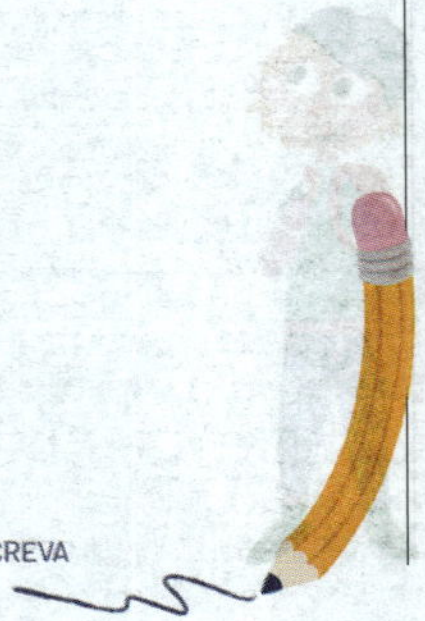

DESENHE OU ESCREVA

Egito até o Mediterrâneo. 29 "Esses são os territórios que serão dis-
tribuídos como herança a cada tribo. Eu, o SENHOR Soberano, falei!"

As portas da cidade

30 "Estas serão as saídas da cidade: no muro norte, que tem 2.250
metros de comprimento, 31 haverá três saídas, cada uma com o
nome de uma das tribos de Israel. A primeira será chamada Rúben,
a segunda, Judá, e a terceira, Levi. 32 No muro leste, que também
tem 2.250 metros de comprimento, estarão as portas chamadas
José, Benjamim e Dã. 33 No muro sul, que também tem 2.250 me-
tros, estarão as portas chamadas Simeão, Issacar e Zebulom. 34 E
no muro oeste, que também tem 2.250 metros de comprimento,
estarão as portas chamadas Gade, Aser e Naftali. 35 "A distância ao
redor de toda a cidade será de 9 quilômetros. E, daquele dia em
diante, o nome da cidade será 'O SENHOR Está Ali'".

Ez

DANIEL

CAPÍTULO 1

Daniel na corte de Nabucodonosor

1 No terceiro ano do reinado de Jeoaquim, em Judá, Nabucodonosor,
rei da Babilônia, veio a Jerusalém e cercou a cidade. 2 O Senhor lhe
deu vitória sobre Jeoaquim, rei de Judá, e permitiu que levasse
para a terra da Babilônia alguns dos utensílios sagrados do templo
de Deus. Nabucodonosor os colocou na casa do tesouro de seu
deus. 3 O rei ordenou que Aspenaz, o chefe de seus oficiais, trou-
xesse ao palácio alguns dos jovens israelitas da família real e de
outras famílias da nobreza. 4 Disse o rei: "Escolha somente rapazes
saudáveis e de boa aparência, que sejam instruídos em diversas
áreas do conhecimento, que tenham entendimento e bom senso e
sejam capacitados para servir no palácio real. Ensine a esses jovens
a língua e a literatura da Babilônia". 5 O rei determinou que rece-
bessem, de suas próprias cozinhas, uma porção diária de alimento
e vinho. Os rapazes seriam treinados durante três anos e depois
passariam a servir ao rei. 6 Daniel, Hananias, Misael e Azarias, todos
da tribo de Judá, estavam entre os escolhidos. 7 O chefe dos oficiais
lhes deu novos nomes babilônios: Daniel passou a ser chamado de
Beltessazar; Hananias, de Sadraque; Misael, de Mesaque; Azarias,
de Abede-Nego. 8 Daniel, porém, decidiu não se contaminar com
a comida e o vinho que o rei lhes tinha dado. Pediu permissão ao
chefe dos oficiais para não comer esses alimentos, a fim de não se
contaminar. 9 Deus havia feito que o chefe dos oficiais mostrasse
compaixão e simpatia a Daniel. 10 Apesar disso, Aspenaz disse:

NO QUE ESTOU **PENSANDO** ○ | O QUE ESTOU **SENTINDO** ○ | DO QUE ESTOU **LEMBRANDO** ○

DESENHE OU ESCREVA

"Tenho medo de meu senhor, o rei. Ele determinou o alimento que
vocês devem comer e o vinho que devem beber. Se ficarem com
a aparência abatida em comparação com os outros rapazes de sua
idade, temo que o rei mande cortar minha cabeça". 11 Daniel falou
com o assistente designado pelo chefe dos oficiais para cuidar dele,
de Hananias, Misael e Azarias. 12 "Faça uma experiência conosco du-
rante dez dias", disse. "Dê-nos apenas legumes para comer e água
para beber. 13 Terminados os dez dias, compare nossa aparência com
a dos outros rapazes que comem a comida do rei. Depois, decida
de acordo com o que você vir." 14 O assistente concordou com a
sugestão e fez a experiência com eles durante dez dias. 15 Passados
os dez dias, Daniel e seus três amigos pareciam mais saudáveis e
bem nutridos que os outros rapazes que se alimentavam da comida
do rei. 16 Depois disso, o assistente só lhes dava legumes em vez
da comida e do vinho servidos aos outros. 17 Deus concedeu aos
quatro rapazes aptidão incomum para entender todos os aspectos
da literatura e da sabedoria, e a Daniel concedeu a capacidade es-
pecial de interpretar sonhos e visões. 18 Ao término do período de
treinamento ordenado pelo rei, o chefe dos oficiais levou todos os
rapazes a Nabucodonosor. 19 O rei conversou com eles, e nenhum
o impressionou tanto quanto Daniel, Hananias, Misael e Azarias. E,
assim, passaram a servir ao rei. 20 Sempre que o rei os consultava
sobre alguma questão que exigia sabedoria e discernimento, ob-
servava que eles eram dez vezes mais capazes que todos os magos
e encantadores de seu reino. 21 Daniel continuou no palácio até o
primeiro ano do reinado de Ciro.

CAPÍTULO 2

O sonho de Nabucodonosor

1 Certa noite, no segundo ano de seu reinado, Nabucodonosor
teve sonhos tão perturbadores que não conseguiu mais dormir.
2 Chamou seus magos, encantadores, feiticeiros e astrólogos e exigiu
que lhe dissessem o que ele havia sonhado. Quando se apresen-
taram ao rei, 3 ele disse: "Tive um sonho que muito me perturbou
e preciso saber o que significa". 4 Então os astrólogos responderam
ao rei em aramaico: "Que o rei viva para sempre! Conte-nos o so-
nho e nós lhe diremos o que ele significa". 5 O rei, porém, disse aos
astrólogos: "Estou falando sério! Se não me disserem qual foi o

sonho e o que ele significa, vocês serão despedaçados, e suas casas,
transformadas em montes de escombros! 6Mas, se me disserem
qual foi o sonho e o que ele significa, lhes darei muitos presentes,
muitas recompensas e honras. Portanto, digam-me qual foi o sonho
e o que ele significa!". 7Eles disseram novamente: "Ó rei, conte-nos
o sonho e então lhe diremos o que ele significa". 8O rei respondeu:
"Sei o que estão fazendo! Estão tentando ganhar tempo, pois sabem
que falo sério quando digo: 9'Se não me contarem qual foi o sonho,
estão condenados!'. Por isso, conspiraram para me dizer mentiras,
na esperança de que mudarei de ideia. Digam-me, porém, qual foi o
sonho e então saberei que podem explicar o que ele significa". 10Os
astrólogos responderam ao rei: "Não há ninguém, em toda terra,
capaz de dizer ao rei qual foi seu sonho! E nenhum rei, por maior e
mais poderoso que fosse, pediu algo assim a um mago, encantador
ou astrólogo! 11É impossível cumprir a exigência do rei. Ninguém,
exceto os deuses, pode dizer qual foi seu sonho, e os deuses não
vivem entre os mortais". 12O rei ficou furioso e ordenou que todos
os sábios da Babilônia fossem executados. 13E, por causa do decreto
do rei, foram enviados homens para encontrar Daniel e seus ami-
gos e matá-los. 14Quando Arioque, comandante da guarda do rei,
veio matá-los, Daniel se dirigiu a ele com sabedoria e prudência.
15Perguntou-lhe: "Por que o rei publicou um decreto tão severo?",
e Arioque lhe contou o que havia acontecido. 16Daniel foi ver o rei
de imediato e pediu mais tempo para comunicar o significado
do sonho. 17Em seguida, Daniel voltou para casa e contou a seus
amigos Hananias, Misael e Azarias o que havia acontecido. 18Pediu
que suplicassem ao Deus dos céus que tivesse misericórdia deles
e lhes revelasse o segredo, para que não fossem mortos com os
outros sábios da Babilônia. 19Naquela noite, o segredo foi revelado a
Daniel numa visão. Então Daniel louvou o Deus dos céus 20e disse:
"Louvado seja o nome de Deus para todo o sempre, pois a ele per-
tencem a sabedoria e o poder. 21Ele muda o curso dos acontecimen-
tos; remove reis de seus tronos e põe outros no lugar. Dá sabedoria
aos sábios e conhecimento aos eruditos. 22Revela coisas profundas
e misteriosas e sabe o que está escondido nas trevas, embora ele
seja cercado de luz. 23Eu te agradeço e te louvo, ó Deus de meus
antepassados, pois me deste sabedoria e força. Tu me mostraste o
que te pedimos; revelaste o que o rei exigiu".

Dn 2.28

Daniel interpreta o sonho

24Então Daniel foi falar com Arioque, a quem o rei havia ordenado
que executasse os sábios da Babilônia. "Não mate os sábios", disse.
"Leve-me ao rei e eu interpretarei o sonho dele." 25Sem demora,
Arioque levou Daniel ao rei e disse: "Encontrei um dos exilados de
Judá que dirá ao rei o significado do sonho!". 26O rei disse a Daniel
(também chamado Beltessazar): "Você pode mesmo me dizer qual
foi meu sonho e o que ele significa?". 27Daniel respondeu: "Não
existem sábios, encantadores, magos nem adivinhos capazes de
revelar o segredo do rei. 28Mas há um Deus nos céus que revela
segredos, e ele mostrou ao rei Nabucodonosor o que acontecerá
no futuro. Agora lhe direi qual foi o sonho e as visões que o rei teve
enquanto estava deitado em sua cama. 29"Enquanto o rei dormia,
sonhou com acontecimentos futuros. Aquele que revela segredos
lhe mostrou o que acontecerá. 30E eu sei o segredo de seu sonho
não porque sou mais sábio que os outros, mas porque Deus deseja
que o rei entenda o que se passava em seu coração. 31"Em sua
visão, ó rei, havia à sua frente uma enorme estátua brilhante, e a
aparência dela era assustadora. 32A cabeça da estátua era feita de
ouro puro. O peito e os braços eram de prata, a barriga e os quadris
eram de bronze, 33as pernas eram de ferro, e os pés, uma mistura
de ferro e barro cozido. 34Enquanto o rei observava, uma pedra
foi cortada de uma montanha, mas não por mãos humanas. Ela
atingiu os pés de ferro e barro e os despedaçou. 35Toda a estátua
se desintegrou em minúsculos pedaços de ferro, barro, bronze,
prata e ouro. Então o vento levou tudo, como se fosse palha na
eira. Mas a pedra que derrubou a estátua se tornou uma grande
montanha que cobriu toda a terra. 36"Esse foi o sonho. Agora, direi
ao rei o que ele significa. 37Ó rei, o senhor é o maior de todos os
reis. O Deus dos céus lhe deu soberania, poder, força e honra. 38Ele
o fez governante de todo o mundo habitado e pôs até os animais
selvagens e as aves debaixo de seu controle. O senhor é a cabeça
de ouro. 39"Quando, porém, seu reino chegar ao fim, outro reino,
inferior ao seu, se levantará em seu lugar. Depois que esse reino
tiver caído, o terceiro reino, representado pelo bronze, se levantará
para governar o mundo. 40Depois dele haverá o quarto reino, forte
como o ferro. Esse reino esmagará e despedaçará todos os impérios
anteriores, como o ferro esmaga e despedaça tudo que ele atinge.

41Os pés e os dedos que o rei viu, uma mistura de ferro e barro co-
zido, mostram que esse reino será dividido. Como ferro misturado
com barro, ele terá um tanto da força do ferro. 42Algumas partes
serão fortes como o ferro, mas outras serão fracas como o barro. 43A
mistura de ferro e barro também mostra que esses reinos tentarão
se fortalecer ao formar alianças entre si por meio de casamentos.
Contudo, não permanecerão unidos, da mesma forma que o ferro
não se une ao barro. 44"Enquanto esses reis estiverem no poder,
o Deus dos céus estabelecerá um reino que jamais será destruído
ou conquistado. Reduzirá os outros reinos a nada e permanecerá
para sempre. 45Esse é o significado da pedra cortada da monta-
nha, mas não por mãos humanas, que despedaçou a estátua de
ferro, bronze, barro, prata e ouro. O grande Deus está mostrando
ao rei o que acontecerá no futuro. O sonho é verdadeiro, e seu
significado é certo".

Nabucodonosor recompensa Daniel

46Então o rei Nabucodonosor se curvou à frente dele e ordenou
que o povo oferecesse sacrifícios e queimasse incenso diante de
Daniel. 47O rei lhe disse: "Verdadeiramente, seu Deus é o maior
de todos os deuses, Senhor dos reis e revelador de mistérios, pois
você conseguiu revelar esse segredo". 48O rei colocou Daniel em
um cargo elevado e lhe deu muitos presentes valiosos. Nomeou-o
governador de toda a província da Babilônia e chefe de todos
os sábios. 49A pedido de Daniel, nomeou Sadraque, Mesaque e
Abede-Nego para cuidarem de todos os negócios da província da
Babilônia, enquanto Daniel permaneceu na corte do rei.

CAPÍTULO 3

A estátua de ouro de Nabucodonosor

1O rei Nabucodonosor fez uma estátua de ouro de 27 metros de
altura e 2,7 metros de largura e a colocou na planície de Dura, na
província da Babilônia. 2Em seguida, enviou mensageiros a todos
os altos funcionários, oficiais, governadores, conselheiros, tesou-
reiros, juízes, magistrados e todas as autoridades das províncias
para que viessem à dedicação da estátua que ele havia levantado.
3Todas essas autoridades vieram e ficaram diante da estátua que o
rei Nabucodonosor havia levantado. 4Então o arauto gritou: "Povos

de todas as raças, nações e línguas, ouçam a ordem do rei! 5Quando
ouvirem o som da trombeta, da flauta, da cítara, da lira, da harpa,
do pífaro e de outros instrumentos musicais, prostrem-se no chão
para adorar a estátua de ouro levantada pelo rei Nabucodonosor.
6Quem não obedecer será lançado de imediato na fornalha ar-
dente!". 7Portanto, ao som dos instrumentos musicais, todos, não
importando sua raça, nação ou língua, se prostraram no chão e
adoraram a estátua de ouro que o rei Nabucodonosor havia levan-
tado. 8Alguns dos astrólogos, porém, foram ao rei e denunciaram
os judeus. 9Disseram ao rei Nabucodonosor: "Que o rei viva para
sempre! 10O rei publicou um decreto exigindo que todos se pros-
trassem e adorassem a imagem de ouro quando ouvissem o som
da trombeta, da flauta, da cítara, da lira, da harpa, do pífaro e dos
outros instrumentos musicais. 11De acordo com esse decreto, quem
não obedecer será lançado na fornalha ardente. 12Alguns judeus
– Sadraque, Mesaque e Abede-Nego –, que o rei encarregou da pro-
víncia da Babilônia, não lhe dão atenção, ó rei. Recusam-se a servir
seus deuses e não adoram a estátua de ouro que o rei levantou".
13Então Nabucodonosor se enfureceu e ordenou que lhe trouxes-
sem Sadraque, Mesaque e Abede-Nego. Quando eles foram con-
duzidos à presença do rei, 14ele lhes disse: "Sadraque, Mesaque e
Abede-Nego, é verdade que vocês se recusam a servir meus deuses
e a adorar a estátua que levantei? 15Eu lhes darei mais uma chance
de se prostrarem e adorarem a estátua que fiz quando ouvirem o
som dos instrumentos musicais. Se, contudo, vocês se recusarem,
serão lançados de imediato na fornalha ardente. E então, que deus
será capaz de livrá-los de minhas mãos?". 16Sadraque, Mesaque e
Abede-Nego responderam: "Ó Nabucodonosor, não precisamos nos
defender diante do rei. 17Se formos lançados na fornalha ardente, o
Deus a quem servimos pode nos salvar. Sim, ele nos livrará de suas
mãos, ó rei. 18Mas, ainda que ele não nos livre, queremos deixar
claro, ó rei, que jamais serviremos seus deuses ou adoraremos a
estátua de ouro que o rei levantou".

A fornalha ardente

19Nabucodonosor se enfureceu tanto com Sadraque, Mesaque e
Abede-Nego que seu rosto ficou desfigurado de raiva. Então orde-
nou que a fornalha fosse aquecida sete vezes mais que de costume.

20Deu ordens também para que alguns dos homens mais fortes de
seu exército amarrassem Sadraque, Mesaque e Abede-Nego e os
lançassem na fornalha ardente. 21Eles os amarraram e os lançaram
na fornalha inteiramente vestidos, com túnicas, turbantes, mantos e
outras roupas. 22E, uma vez que o rei, em sua ira, havia exigido um
fogo tão quente na fornalha, as chamas mataram os soldados que
jogaram os três lá dentro. 23Assim, Sadraque, Mesaque e Abede-
Nego, amarrados, caíram nas chamas intensas. 24De repente, po-
rém, o rei Nabucodonosor se levantou espantado e disse a seus
conselheiros: "Não foram três os homens que amarramos e lança-
mos na fornalha?". "Sim, ó rei", eles responderam. 25"Olhem!", disse
Nabucodonosor. "Vejo quatro homens desamarrados andando no
meio do fogo sem se queimar! E o quarto homem se parece com
um filho de deuses!" 26Então Nabucodonosor se aproximou o má-
ximo que pôde da porta da fornalha ardente e gritou: "Sadraque,
Mesaque e Abede-Nego, servos do Deus Altíssimo, saiam! Venham
aqui!". E Sadraque, Mesaque e Abede-Nego saíram do meio do
fogo. 27Os altos funcionários, os oficiais, os governadores e os con-
selheiros se juntaram ao redor deles e viram que o fogo não os
havia tocado. Nem um fio de cabelo na cabeça deles estava chamus-
cado, e suas roupas não estavam queimadas. Nem sequer tinham
cheiro de fumaça. 28Então Nabucodonosor disse: "Louvado seja o
Deus de Sadraque, Mesaque e Abede-Nego! Ele enviou seu anjo
para livrar seus servos que nele confiaram. Eles desafiaram a ordem
do rei e estavam dispostos a morrer em vez de servir ou adorar qual-
quer outro deus que não fosse seu próprio Deus. 29Portanto, faço
este decreto: Se qualquer pessoa, não importando sua raça, nação
ou língua, disser uma palavra contra o Deus de Sadraque, Mesaque
e Abede-Nego, ela será despedaçada, e sua casa, transformada num
monte de escombros. Não há outro deus capaz de livrar dessa ma-
neira!". 30Então o rei promoveu Sadraque, Mesaque e Abede-Nego
a cargos ainda mais elevados na província da Babilônia.

CAPÍTULO 4

Nabucodonosor sonha com uma árvore

1O rei Nabucodonosor enviou esta mensagem a povos de todas as
raças, nações e línguas em todo o mundo: "Paz e prosperidade!
2Quero que todos saibam dos sinais e das maravilhas que o Deus
Altíssimo realizou em meu favor. 3Como são grandes seus sinais,
como são poderosas suas maravilhas! Seu reino durará para sem-
pre, e seu domínio, por todas as gerações. 4"Eu, Nabucodonosor,
vivia em meu palácio, com todo conforto e prosperidade. 5Certa
noite, porém, tive um sonho que me assustou; enquanto estava
deitado em minha cama, tive visões que me aterrorizaram. 6Por
isso mandei chamar todos os sábios da Babilônia, para que me
dissessem o que meu sonho significava. 7Quando todos os ma-
gos, encantadores, astrólogos e adivinhos vieram, eu lhes contei
meu sonho, mas eles não foram capazes de me dizer o que ele
significava. 8Finalmente, Daniel se apresentou diante de mim, e
eu lhe contei o sonho. (Ele se chama Beltessazar, em homenagem
a meu deus, e o espírito dos santos deuses está nele.) 9"Disse-lhe:
'Beltessazar, chefe dos magos, sei que o espírito dos santos deuses
está em você e que não há mistério que não possa resolver. Agora,
diga-me o que meu sonho significa. 10"'Enquanto estava deitado
em minha cama, tive este sonho. Vi uma grande árvore no meio
da terra. 11A árvore cresceu e ficou muito alta e forte; chegava até o
céu e podia ser vista por todo o mundo. 12Suas folhas eram verdes
e novas, e ela era cheia de frutos para todos comerem. Animais
selvagens viviam à sua sombra, e aves faziam ninhos em seus
ramos. O mundo todo se alimentava dessa árvore. 13"'Então, en-
quanto eu sonhava, vi um mensageiro, um ser santo, que descia
do céu. 14O mensageiro gritou: 'Derrubem a árvore e cortem seus
ramos! Arranquem suas folhas e espalhem seus frutos! Espantem
os animais selvagens de sua sombra e as aves, de seus ramos.
15Mas deixem na terra o toco, com suas raízes, preso com um anel
de ferro e bronze e cercado da relva verde. Que seja molhado pelo
orvalho do céu e viva com os animais selvagens, em meio às plan-
tas do campo. 16Durante sete períodos, terá a mente de um animal
selvagem em vez de mente humana. 17Pois isso foi decretado pelos
mensageiros; foi ordenado pelos seres santos, para que todos sai-
bam que o Altíssimo domina sobre os reinos do mundo. Ele os dá
a quem quer, até mesmo à pessoa mais humilde'. 18"'Beltessazar,
esse foi o sonho que eu, o rei Nabucodonosor, tive. Agora, diga-me
o que ele significa, pois nenhum dos sábios de meu reino foi capaz
de interpretá-lo. Mas você pode fazê-lo, pois o espírito dos santos
deuses está em você'."

"Vejo quatro homens desamarrados andando no meio do fogo sem se queimar! E o quarto homem se parece com um filho dos deuses!"

Dn 3.25

Dn

Daniel interpreta o sonho

19"Ao ouvir isso, Daniel (também chamado Beltessazar), ficou atô-
nito por algum tempo, atemorizado com o significado do sonho.
Então o rei lhe disse: 'Beltessazar, não se assuste com o sonho,
nem com o seu significado'. "Beltessazar respondeu: 'Meu se-
nhor, gostaria que os acontecimentos prenunciados nesse sonho
ocorressem a seus inimigos, e não ao rei! 20A árvore que o rei viu
crescia e ficava alta e forte; chegava até o céu e podia ser vista por
todo o mundo. 21Tinha folhas verdes e novas e era cheia de frutos
para todos comerem. Animais selvagens viviam à sua sombra, e
aves faziam ninhos em seus ramos. 22Essa árvore é o próprio rei.
Pois o rei cresceu e se tornou forte e grande; sua grandeza chega
até o céu, e seu domínio, até os confins da terra. 23"'Então o rei
viu um mensageiro, um ser santo que descia do céu e que disse:
'Derrubem a árvore e destruam-na! Mas deixem na terra o toco,
com suas raízes, preso com um anel de ferro e bronze e cercado
da relva verde. Que seja molhado pelo orvalho do céu e viva com
os animais do campo por sete períodos'. 24"'Este é o significado
do sonho, ó rei, o que o Altíssimo declarou que acontecerá a meu
senhor, o rei. 25O rei será expulso do convívio humano e viverá nos
campos, com os animais selvagens. Comerá capim, como os bois,
e será molhado pelo orvalho do céu. Viverá desse modo por sete
períodos, até entender que o Altíssimo domina sobre os reinos
do mundo e os dá a quem ele quer. 26As raízes e o toco, porém,
foram deixados na terra. Isso significa que o senhor receberá seu
reino de volta quando tiver aprendido que o céu domina. 27"'Ó rei
Nabucodonosor, aceite meu conselho. Pare de pecar e faça o que é
certo. Deixe seus pecados para trás e tenha compaixão dos pobres.
Quem sabe, então, o rei continuará a prosperar'."

O sonho se cumpre

28"Tudo isso, porém, aconteceu ao rei Nabucodonosor. 29Doze
meses depois, ele caminhava sobre o terraço de seu palácio na
Babilônia 30e disse: 'Vejam a grande cidade da Babilônia! Com
meu próprio poder, construí esta cidade para ser o centro de meu
reino e para mostrar o esplendor de minha majestade'. 31"Enquanto
essas palavras ainda estavam em sua boca, veio do céu uma voz
e disse: 'Esta mensagem é para você, rei Nabucodonosor! Você

NO QUE ESTOU PENSANDO | O QUE ESTOU SENTINDO | DO QUE ESTOU LEMBRANDO

DESENHE OU ESCREVA

não governa mais sobre este reino. 32Será expulso do convívio
humano. Viverá nos campos com os animais selvagens e comerá
capim, como os bois. Viverá desse modo por sete períodos, até
que entenda que o Altíssimo domina sobre os reinos do mundo
e os dá a quem ele quer'. 33"Naquela mesma hora, a sentença se
cumpriu e Nabucodonosor foi expulso do convívio humano. Passou
a comer capim, como os bois, e foi molhado pelo orvalho do céu.
Viveu desse modo até seu cabelo crescer como as penas das águias
e suas unhas se parecerem com garras de pássaros."

Nabucodonosor louva a Deus

34"Passado esse tempo, eu, Nabucodonosor, olhei para o céu.
Minha sanidade voltou, louvei e adorei o Altíssimo e honrei aque-
le que vive para sempre. "Seu domínio é para sempre, seu reino,
por todas as gerações. 35Comparados a ele, os habitantes da terra
são como nada. Ele faz o que quer entre os anjos do céu e entre os
habitantes da terra. Ninguém pode detê-lo nem lhe dizer: 'Por que
fazes essas coisas?'. 36"Quando minha sanidade voltou, também
recuperei minha honra e a majestade de meu reino. Meus conse-
lheiros e nobres me procuraram e fui restaurado ao meu reino, com
muito mais honra que antes. 37"Agora eu, Nabucodonosor, louvo,
glorifico e honro o Rei dos céus. Todos os seus atos são justos e
verdadeiros, e ele tem poder para humilhar os orgulhosos".

CAPÍTULO 5

A inscrição na parede

1Muitos anos depois, o rei Belsazar deu um grande banquete para
mil de seus nobres e bebeu vinho com eles. 2Enquanto Belsazar
tomava vinho, ordenou que trouxessem as taças de ouro e prata
que seu antecessor, Nabucodonosor, havia tirado do templo em
Jerusalém. Queria beber nessas taças com seus nobres, suas es-
posas e suas concubinas. 3Então trouxeram as taças de ouro do
templo, a casa de Deus em Jerusalém, e o rei e seus nobres, suas
esposas e concubinas beberam nelas. 4Enquanto tomavam o vinho,
louvavam seus ídolos feitos de ouro, prata, bronze, ferro, madeira
e pedra. 5De repente, viram dedos de mão humana escreverem
no reboco da parede do palácio real, perto do candelabro. O pró-
prio rei viu a mão enquanto ela escrevia, 6e seu rosto ficou pálido

de medo. Seus joelhos batiam um contra o outro, e suas pernas
vacilavam. 7Aos gritos, o rei mandou chamar os encantadores, os
astrólogos e os adivinhos. Disse aos sábios da Babilônia: "Quem
conseguir ler esta inscrição e me disser o que ela significa será
vestido com um manto vermelho, e em seu pescoço será colocada
uma corrente de ouro. Ele se tornará o terceiro em importância
em meu reino!". 8Quando todos os sábios do rei chegaram, ne-
nhum deles foi capaz de ler a inscrição nem de dizer o que ela
significava. 9O rei ficou muito assustado, e seu rosto, ainda mais
pálido. Seus nobres também ficaram abalados. 10A rainha-mãe
soube do que estava acontecendo ao rei e seus nobres e foi de-
pressa à sala de banquetes. Disse ela a Belsazar: "Que o rei viva
para sempre! Não fique tão pálido e assustado. 11Há em seu reino
um homem que tem nele o espírito dos santos deuses. Durante o
reinado de Nabucodonosor, esse homem demonstrou percepção,
entendimento e sabedoria como a dos deuses. Seu antecessor, o rei
Nabucodonosor, o nomeou chefe de todos os magos, encantadores,
astrólogos e adivinhos da Babilônia. 12Esse homem, Daniel, a quem
o rei deu o nome de Beltessazar, tem inteligência extraordinária e
é cheio de conhecimento e entendimento. É capaz de interpretar
sonhos, explicar enigmas e resolver problemas difíceis. Mande
chamar Daniel, e ele lhe dirá o que significa a inscrição".

Daniel interpreta a inscrição

13Daniel foi levado à presença do rei, que lhe perguntou: "Você é
Daniel, um dos exilados trazidos de Judá por meu antecessor, o rei
Nabucodonosor? 14Soube que o espírito dos deuses está em você,
e que é cheio de percepção, entendimento e sabedoria. 15Meus
sábios e encantadores tentaram ler as palavras na parede e me
dizer o que significam, mas não conseguiram. 16Soube que você é
capaz de interpretar e resolver problemas difíceis. Se conseguir ler
as palavras e disser o que significam, será vestido com um manto
vermelho, e em seu pescoço será colocada uma corrente de ouro.
Você se tornará o terceiro em importância em meu reino". 17Daniel
respondeu ao rei: "Guarde seus presentes ou entregue-os a outra
pessoa; mas eu lhe direi o que significa a inscrição. 18Ó rei, o Deus
Altíssimo deu soberania, majestade, glória e honra a seu antecessor,
Nabucodonosor. 19Ele o engrandeceu de tal modo que povos de

NO QUE ESTOU **PENSANDO** | O QUE ESTOU **SENTINDO** | DO QUE ESTOU **LEMBRANDO**

DESENHE OU ESCREVA

todas as raças, nações e línguas estremeciam de medo diante dele.
Matava quem ele queria matar e poupava quem ele queria poupar;
honrava quem ele queria honrar e humilhava quem ele queria
humilhar. 20Quando, porém, seu coração e sua mente se encheram
de arrogância, ele foi tirado de seu trono e despojado de sua glória.
21Foi expulso do convívio humano. Sua mente se tornou como a
de um animal, e ele viveu entre os jumentos selvagens. Passou a
comer capim, como os bois, e foi molhado pelo orvalho do céu, até
entender que o Deus Altíssimo domina sobre todos os reinos do
mundo e nomeia quem ele quer para governar sobre eles. 22"Ó
Belsazar, o senhor é sucessor dele e sabia de tudo isso, mas mesmo
assim não se humilhou. 23Desafiou o Senhor dos céus e mandou
trazer essas taças do templo. O rei, seus nobres, suas esposas e
suas concubinas beberam vinho dessas taças enquanto louvavam
deuses de prata, ouro, bronze, ferro, madeira e pedra, deuses que
não veem, não ouvem, nem sabem coisa alguma. Mas o rei não
honrou ao Deus que lhe dá fôlego de vida e controla seu destino.
24Por isso Deus enviou a mão que escreveu a mensagem. 25"Esta
é a mensagem que foi escrita: MENE, MENE, TEQUEL e PARSIM. 26E
este é o significado das palavras: *Mene*: Deus contou os dias de
seu reinado e determinou seu fim. 27*Tequel*: Você foi pesado na
balança e não atingiu o peso necessário. 28*Parsim*: Seu reino será
dividido e entregue aos medos e aos persas". 29Então, por ordem
de Belsazar, vestiram Daniel com um manto vermelho, colocaram
em seu pescoço uma corrente de ouro e o declararam o terceiro
em importância no reino. 30Naquela mesma noite, Belsazar, rei
da Babilônia, foi morto. 31E Dario, o medo, tinha 62 anos quando
se apoderou do reino.

CAPÍTULO 6

Daniel na cova dos leões

1O rei Dario resolveu dividir o reino em 120 províncias e nomeou
um alto funcionário para governar cada uma delas. 2O rei também
escolheu como administradores Daniel e outros dois homens, para
que supervisionassem os altos funcionários e protegessem os in-
teresses do rei. 3Em pouco tempo, Daniel se mostrou mais capaz
que todos os outros administradores e altos funcionários. Por causa
da grande capacidade de Daniel, o rei planejava colocá-lo à frente

de todo o reino. 4Os outros administradores e altos funcionários
começaram a procurar falhas no modo como Daniel conduzia as
questões de governo, mas nada encontraram para criticar ou con-
denar. Ele era leal, sempre responsável e digno de confiança. 5Por
isso, concluíram: "Nossa única chance de encontrar algum motivo
para acusar Daniel será em relação às leis de seu Deus". 6Então
os administradores e os altos funcionários foram até o rei e lhe
disseram: "Que o rei Dario viva para sempre! 7Nós administradores,
oficiais, altos funcionários, conselheiros e governadores estamos
todos de acordo que o rei deve decretar uma lei a ser cumprida
rigorosamente. Dê ordens para que, nos próximos trinta dias, qual-
quer pessoa que orar a alguém, divino ou humano, exceto ao rei,
seja lançada na cova dos leões. 8Agora, ó rei, decrete e assine essa
lei para que não possa ser mudada, como lei oficial dos medos e
dos persas, que não pode ser revogada". 9E o rei Dario assinou a
lei. 10Quando Daniel soube que a lei tinha sido assinada, foi para
casa e, como de costume, ajoelhou-se no quarto no andar de cima,
com as janelas abertas na direção de Jerusalém. Orava três vezes
por dia e dava graças a seu Deus. 11Os oficiais foram juntos à casa
de Daniel e o encontraram orando e pedindo ajuda a Deus. 12Então
foram diretamente ao rei e o lembraram da lei: "O rei não assinou
um decreto ordenando que qualquer um que orasse a alguém,
divino ou humano, exceto ao rei, fosse lançado na cova dos le-
ões?". "Sim", respondeu o rei. "Essa decisão está em vigor; é uma
lei oficial dos medos e dos persas, que não pode ser revogada."
13Então disseram ao rei: "Aquele homem, Daniel, um dos exilados
de Judá, não dá importância ao rei nem à sua lei. Continua a orar
ao Deus dele três vezes por dia". 14Quando o rei ouviu isso, ficou
muito angustiado e procurou uma forma de salvar Daniel. Passou
o resto do dia pensando num modo de livrá-lo dessa situação. 15À
noite, os homens foram juntos ao rei e disseram: "Ó rei, o senhor
sabe que, conforme a lei dos medos e dos persas, nenhum decreto
que o rei assina pode ser revogado". 16Por fim, o rei deu ordens
para que Daniel fosse preso e lançado na cova dos leões. O rei lhe
disse: "Que seu Deus, a quem você serve fielmente, o livre". 17Então
trouxeram uma pedra e a colocaram sobre a abertura da cova. O rei
selou a pedra com seu anel e com os anéis de seus nobres, para
que ninguém pudesse resgatar Daniel. 18O rei voltou a seu palácio
e passou a noite em jejum. Não quis nenhum dos divertimentos
habituais e não conseguiu dormir a noite inteira. 19De manhã bem
cedo, levantou-se e foi apressadamente à cova dos leões. 20Quando
chegou lá, gritou angustiado: "Daniel, servo do Deus vivo! O Deus
a quem você serve tão fielmente pôde livrá-lo dos leões?". 21Daniel
respondeu: "Que o rei viva para sempre! 22Meu Deus enviou seu
anjo para fechar a boca dos leões de modo que não me fizessem
mal, pois fui considerado inocente aos olhos de Deus. Também
não fiz coisa alguma contra o senhor, ó rei". 23O rei ficou muito
alegre e ordenou que tirassem Daniel da cova. Não havia sequer
um arranhão nele, pois havia confiado em seu Deus. 24Em seguida,
o rei ordenou que prendessem os homens que haviam acusado
Daniel. Ordenou que fossem lançados na cova dos leões junto com
suas esposas e seus filhos. Os leões os atacaram e os despedaçaram
antes que chegassem ao fundo da cova. 25Então o rei Dario enviou
esta mensagem a povos de todas as raças, nações e línguas em
todo o mundo: "Paz e prosperidade! 26"Decreto que todos em meu
reino devem tremer de medo diante do Deus de Daniel. Pois ele
é o Deus vivo e permanecerá para sempre. Seu reino jamais será
destruído, e seu domínio não terá fim. 27Ele livra e salva seu povo;
realiza sinais e maravilhas nos céus e na terra. Foi ele que livrou
Daniel do poder dos leões". 28Assim, Daniel prosperou durante o
reinado de Dario e durante o reinado de Ciro, o persa.

ELE LIVRA E SALVA SEU POVO; REALIZA SINAIS E MARAVILHAS NOS CÉUS E NA TERRA. FOI ELE QUE LIVROU DANIEL DO PODER DOS LEÕES.

Dn 6.27

CAPÍTULO 7

Visão das quatro bestas

1Anteriormente, durante o primeiro ano do reinado de Belsazar,
rei da Babilônia, Daniel teve um sonho e visões enquanto estava
deitado em sua cama. Escreveu o que havia sonhado e foi isto que
viu. 2Naquela noite em minha visão, eu, Daniel, vi uma tempestade
que agitava o grande mar, com ventos fortes que sopravam de
todas as direções. 3Então, saíram da água quatro bestas enormes,
cada uma diferente das demais. 4A primeira besta era como um
leão com asas de águia. Enquanto eu observava, suas asas foram
arrancadas e ela ficou em pé no chão, sobre as duas patas traseiras,
como um ser humano. E lhe foi dada mente humana. 5Vi, então,
a segunda besta, e ela se parecia com um urso. Levantou-se sobre
um dos lados e tinha na boca, entre os dentes, três costelas. E lhe

foi dito: "Levante-se! Devore a carne de muitos!". 6Em seguida,
surgiu a terceira dessas bestas, que se parecia com um leopardo.
Tinha quatro asas de ave nas costas e quatro cabeças. E lhe foi dada
grande autoridade. 7Então, em minha visão naquela noite, vi uma
quarta besta, terrível, assustadora e muito forte. Devorava e des-
pedaçava suas vítimas com grandes dentes de ferro e esmagava os
restos debaixo de seus pés. Era diferente das outras três e tinha dez
chifres. 8Enquanto eu olhava para os chifres, de repente apareceu
no meio deles outro chifre pequeno. Três dos chifres maiores foram
arrancados pela raiz para dar lugar a ele. Esse chifre pequeno tinha
olhos, como de homem, e uma boca que falava com arrogância.
9Enquanto eu observava, foram colocados alguns tronos, e o Ancião
se sentou para julgar. Suas roupas eram brancas como a neve, e seu
cabelo, como a mais pura lã. Sentava-se num trono de fogo, com
rodas de chamas ardentes, 10e um rio de fogo brotava de sua pre-
sença. Milhões de anjos o serviam, muitos milhões estavam diante
dele. O tribunal iniciou o julgamento, e os livros foram abertos.
11Continuei a observar, pois podia ouvir as palavras arrogantes do
pequeno chifre. Fiquei olhando até que a quarta besta foi morta e
seu corpo, destruído e lançado ao fogo. 12Então foi tirada a autori-
dade das outras três bestas, mas elas tiveram permissão de viver
por mais algum tempo. 13Depois, em minha visão naquela noite,
vi alguém semelhante a um filho de homem vindo com as nuvens
do céu. Ele se aproximou do Ancião e foi conduzido à sua presença.
14Recebeu autoridade, honra e soberania, para que povos de todas
as raças, nações e línguas lhe obedecessem. Seu domínio é eterno;
não terá fim. Seu reino jamais será destruído.

A visão é explicada

15Eu, Daniel, fiquei perturbado com tudo que tinha visto, e minhas
visões me aterrorizaram. 16Por isso aproximei-me de um dos que
estavam em pé junto ao trono e perguntei o que tudo aquilo sig-
nificava. Ele explicou: 17"Essas quatro grandes bestas representam
quatro reinos que surgirão da terra. 18No final, porém, o reino será
entregue ao povo santo do Altíssimo, e eles dominarão para todo
o sempre". 19Então eu quis saber o verdadeiro significado da quarta
besta, tão diferente das demais e tão aterrorizante. Ela havia devo-
rado e despedaçado suas vítimas com dentes de ferro e garras de

NO QUE ESTOU **PENSANDO** | O QUE ESTOU **SENTINDO** | DO QUE ESTOU **LEMBRANDO**

DESENHE OU ESCREVA

bronze e esmagado os restos com os pés. 20Também quis saber
sobre os dez chifres em sua cabeça e o pequeno chifre que surgiu
depois e derrubou três dos outros chifres. Esse chifre parecia mais
forte que os demais e tinha olhos humanos e uma boca que falava
com arrogância. 21Enquanto eu observava, esse chifre guerreava
contra o povo santo de Deus e o derrotava, 22até que o Ancião,
o Altíssimo, veio e pronunciou a sentença em favor de seu povo
santo. Então chegou o tempo de o povo santo tomar posse do reino.
23Depois ele me disse: "A quarta besta é o quarto reino que domi-
nará a terra, e será diferente de todos os outros. Devorará o mundo
inteiro, pisoteará e esmagará tudo que estiver em seu caminho.
24Seus dez chifres são dez reis que governarão esse império. Então
surgirá outro rei, diferente dos dez, que subjugará três reis. 25Ele
desafiará o Altíssimo e oprimirá o povo santo do Altíssimo. Tentará
mudar suas festas sagradas e suas leis, e eles serão colocados sob o
controle dele por um tempo, tempos, e meio tempo. 26"Contudo, o
tribunal o julgará, e todo o seu poder será tirado e completamente
destruído. 27Então serão dados ao povo santo do Altíssimo a sobe-
rania, o poder e a grandeza de todos os reinos debaixo dos céus.
O reino do Altíssimo permanecerá para sempre, e todos os gover-
nantes o servirão e lhe obedecerão". 28Assim terminou a visão. Eu,
Daniel, fiquei aterrorizado por causa de meus pensamentos e meu
rosto ficou pálido de medo, mas não contei essas coisas a ninguém.

CAPÍTULO 8

Visão de um carneiro e de um bode

1Durante o terceiro ano do reinado de Belsazar, eu, Daniel, tive
outra visão, depois da primeira. 2Nessa visão eu estava na fortaleza
de Susã, na província de Elão, em pé junto ao rio Ulai. 3Quando
levantei os olhos, vi um carneiro com dois chifres compridos, em
pé junto ao rio. Um dos chifres era mais comprido que o outro,
embora tivesse crescido depois do outro. 4O carneiro dava chifradas
em tudo em seu caminho para o oeste, para o norte e para o sul,
e ninguém conseguia detê-lo nem ajudar suas vítimas. Ele fazia o
que queria e se tornou muito poderoso. 5Enquanto eu observava,
de repente um bode surgiu do oeste e atravessou a terra com tanta
rapidez que nem sequer tocou o chão. Esse bode, que tinha um
chifre enorme entre os olhos, 6foi na direção do carneiro de dois

chifres que eu tinha visto em pé junto ao rio, e avançou sobre ele
cheio de fúria. 7O bode atacou o carneiro furiosamente e o atingiu
com um golpe que quebrou seus dois chifres. O carneiro ficou sem
forças para resistir, e o bode o derrubou e o pisoteou. Ninguém foi
capaz de livrar o carneiro do poder do bode. 8O bode se tornou
muito poderoso, mas, no auge de seu poder, seu grande chifre foi
quebrado. No lugar dele nasceram quatro chifres proeminentes,
que apontavam para as quatro direções da terra. 9Então, de um
dos chifres proeminentes surgiu um pequeno chifre, cujo poder
se tornou muito grande. Estendeu-se para o sul e para o leste e em
direção à terra gloriosa. 10Seu poder chegou aos céus, onde atacou
o exército celestial, lançou à terra alguns do exército e algumas
das estrelas e os pisoteou. 11Chegou a desafiar o Comandante do
exército celestial ao suspender os sacrifícios diários oferecidos a
ele e destruir seu templo. 12Ao exército celestial não foi permitido
reagir a essa rebelião. Portanto, o sacrifício diário foi interrompido,
e a verdade, derrotada. O chifre teve êxito em tudo que fez. 13Então
ouvi dois seres santos conversando entre si. Um deles perguntou:
"Quanto tempo durarão os acontecimentos dessa visão? Até quan-
do a rebelião que causa profanação impedirá os sacrifícios diários?
Até quando o templo e o exército celestial serão pisoteados?". 14O
outro respondeu: "Levará 2.300 tardes e manhãs; então o templo
será restaurado".

Gabriel explica a visão

15Enquanto eu, Daniel, tentava entender o significado dessa visão,
alguém que parecia um homem parou diante de mim. 16E ouvi
uma voz humana vinda do rio Ulai gritar: "Gabriel, explique a este
homem o significado da visão!". 17Quando Gabriel se aproximou de
onde eu estava, fiquei tão aterrorizado que me prostrei com o rosto
no chão. Ele disse: "Filho de homem, você precisa entender que os
acontecimentos da visão se referem ao tempo do fim". 18Enquanto
ele falava, desmaiei e caí com o rosto no chão. Gabriel me despertou
com um toque e me ajudou a ficar em pé. 19Então ele disse: "Estou
aqui para lhe contar o que acontecerá depois, no tempo da ira,
pois aquilo que você viu se refere ao fim dos tempos. 20O carneiro
com dois chifres representa os reis da Média e da Pérsia. 21O bode
peludo representa o rei da Grécia, e o grande chifre entre os olhos

NO QUE ESTOU **PENSANDO** — O QUE ESTOU **SENTINDO** — DO QUE ESTOU **LEMBRANDO**

DESENHE OU ESCREVA

dele representa o primeiro rei do império grego. 22Os quatro chifres
proeminentes que apareceram no lugar do chifre grande mostram
que o império grego se dividirá em quatro reinos, mas nenhum
deles será tão grande quanto o primeiro. 23"No final de seu reinado,
quando o pecado estiver no auge, subirá ao poder um rei feroz,
mestre de intrigas. 24Ele se tornará muito forte, mas não por seu
próprio poder. Causará terrível destruição e terá êxito em tudo que
fizer. Destruirá líderes poderosos e devastará o povo santo. 25Será
um mestre do engano e se tornará arrogante; destruirá muitos sem
aviso. Chegará a enfrentar na batalha o Príncipe dos príncipes, mas
será quebrado, embora não por força humana. 26"Essa visão das
2.300 tardes e manhãs é verdadeira. Guarde, porém, a visão em
segredo, pois esses acontecimentos só ocorrerão depois de muito
tempo". 27Então eu, Daniel, fiquei abatido e doente por vários dias.
Depois, levantei-me e voltei a tratar dos negócios do rei, mas a visão
me deixou muito perturbado e não consegui entendê-la.

CAPÍTULO 9

A oração de Daniel por seu povo

1Era o primeiro ano do reinado de Dario, o medo, filho de Assuero,
que se tornou rei dos babilônios. 2Nesse primeiro ano, eu, Daniel,
ao estudar a palavra do SENHOR revelada ao profeta Jeremias,
compreendi que Jerusalém devia permanecer desolada por se-
tenta anos. 3Então me voltei para o Senhor Deus e supliquei a
ele com oração e jejum. Também vesti pano de saco e coloquei
cinzas sobre a cabeça. 4Orei ao SENHOR, meu Deus, e confessei: "Ó
Senhor, és Deus grande e temível! Tu guardas tua aliança de amor
leal para com os que te amam e obedecem a teus mandamentos.
5Contudo, nós pecamos e fizemos o mal. Fomos rebeldes contra ti
e desprezamos teus mandamentos e estatutos. 6Não demos ouvi-
dos a teus servos, os profetas, que falaram em teu nome a nossos
reis, príncipes, antepassados e a todo o povo da terra. 7"Senhor,
tu és justo; mas, como vês, nosso rosto está coberto de vergonha.
Todos estamos envergonhados, incluindo os habitantes de Judá e
de Jerusalém e todo o Israel, espalhados em lugares próximos e
distantes, para onde tu nos enviaste por causa de nossa deslealda-
de contigo. 8Ó SENHOR, nós, nossos reis, príncipes e antepassados
estamos cobertos de vergonha porque pecamos contra ti. 9Mas

o Senhor, nosso Deus, é misericordioso e perdoador, embora te-
nhamos nos rebelado contra ele. 10Não obedecemos ao SENHOR,
nosso Deus, pois não seguimos as leis que ele nos deu por meio
de seus servos, os profetas. 11Todo o Israel desobedeceu às tuas leis,
desviou-se e não quis ouvir tua voz. "Por isso, agora as maldições
solenes e os juízos escritos na lei de Moisés, servo de Deus, foram
derramados sobre nós por causa de nosso pecado. 12Tu cumpriste
tua palavra e fizeste conosco e com nossos governantes exata-
mente como havias advertido. Nunca houve calamidade tão ter-
rível quanto a que aconteceu em Jerusalém. 13Todas as maldições
escritas contra nós na lei de Moisés se cumpriram. E, no entanto,
não quisemos buscar a misericórdia do SENHOR, nosso Deus, não
nos afastamos de nossos pecados nem reconhecemos sua verda-
de. 14Portanto, o SENHOR trouxe sobre nós a calamidade que havia
preparado. O SENHOR, nosso Deus, foi justo em fazer todas essas
coisas, pois não lhe obedecemos. 15"Ó Senhor, nosso Deus, tu
trouxeste honra duradoura para teu nome ao resgatar teu povo
do Egito com grande demonstração de poder. Mas nós pecamos
e estamos cheios de maldade. 16De acordo com toda a tua justiça,
Senhor, desvia tua ira furiosa de Jerusalém, tua cidade e teu santo
monte. Como resultado de nossos pecados e dos pecados de nossos
antepassados, todas as nações vizinhas zombam de Jerusalém e
de teu povo. 17"Ó nosso Deus, ouve a oração de teu servo; ouve
minha súplica. Por causa de ti mesmo, Senhor, volta a olhar com
bondade para teu santuário desolado. 18"Ó meu Deus, inclina-te
e ouve-me; abre teus olhos e vê nossa desolação. Vê como nossa
cidade, a cidade que leva teu nome, está em ruínas. Fazemos esta
súplica não porque merecemos, mas por causa de tua misericórdia.
19"Ó Senhor, ouve; ó Senhor, perdoa; ó Senhor, atende-nos e age!
Por causa de ti mesmo, não te demores, ó meu Deus, pois teu povo
e tua cidade carregam teu nome".

A mensagem de Gabriel a respeito do Ungido

20Continuei a orar e a confessar meu pecado e o pecado de meu
povo, Israel, suplicando ao SENHOR, meu Deus, por Jerusalém, seu
santo monte. 21Enquanto eu orava, Gabriel, que eu tinha visto na
visão anterior, veio a mim depressa, na hora do sacrifício da tarde.
22Ele explicou: "Daniel, vim lhe dar percepção e entendimento.

Dn 9.23

23Assim que você começou a orar, foi dada uma ordem, e agora
estou aqui para lhe dizer qual foi essa ordem, pois você é muito
precioso para Deus. Ouça com atenção para entender o significado
de sua visão. 24"Um período de setenta semanas de sete foi decre-
tado ao seu povo e à sua cidade santa para dar fim à rebelião, acabar
com o pecado, fazer expiação por sua culpa, trazer justiça eterna,
confirmar a visão profética e ungir o lugar santíssimo. 25Agora ouça
e entenda! Passarão sete semanas, mais 62 semanas desde que
for dada a ordem para reconstruir Jerusalém até a chegada do go-
vernante, o Ungido. Apesar dos tempos difíceis, Jerusalém será
reconstruída com ruas e fortes defesas. 26"Depois desse período
de 62 semanas de sete, o Ungido será morto, e nada dele restará.
Surgirá um governante cujos exércitos destruirão a cidade e o tem-
plo. O fim chegará com uma inundação, e a guerra e seus sofrimen-
tos estão decretados desde esse tempo até o fim. 27O governante
fará um tratado com muitos por um período de uma semana, mas
depois de metade desse tempo ele acabará com os sacrifícios e
com as ofertas. E, numa parte do templo, ele colocará uma terrível
profanação, até que o destino declarado para esse profanador seja
finalmente derramado sobre ele".

CAPÍTULO 10

Visão do mensageiro

1No terceiro ano do reinado de Ciro, rei da Pérsia, Daniel (também
chamado Beltessazar) teve outra visão. Ele entendeu que essa visão
era verdadeira e se referia a certos acontecimentos que ocorreriam
no futuro, tempos de guerra e de grande dificuldade. 2Eu, Daniel,
recebi essa visão depois de passar três semanas de luto. 3Durante
todo esse tempo, não havia comido nada saboroso. Não tinha pro-
vado nenhuma carne e nenhum vinho e não tinha usado nenhuma
loção perfumada até passarem as três semanas. 4Em 23 de abril
daquele ano, estava em pé próximo ao grande rio Tigre. 5Levantei
os olhos e vi um homem vestido com roupas de linho e um cinto
de ouro puro. 6Seu corpo era semelhante a uma pedra preciosa.
Seu rosto faiscava como relâmpago, e seus olhos eram como tochas
acesas. Seus braços e seus pés brilhavam como bronze polido, e
sua voz era como o som de uma grande multidão. 7Somente eu,
Daniel, tive essa visão. Os homens que estavam comigo não viram

coisa alguma. De repente, porém, eles se encheram de terror e
correram para se esconder. **8**Assim, fiquei ali sozinho e tive essa
visão extraordinária. Perdi as forças, fiquei muito pálido e quase
desfaleci. **9**Então ouvi o homem falar e, ao som de sua voz, perdi
os sentidos e fiquei ali estendido, com o rosto no chão. **10**Nesse
instante, a mão de alguém me tocou e me pôs, ainda trêmulo, sobre
minhas mãos e meus joelhos. **11**E o homem me disse: "Daniel, você
é muito precioso para Deus; por isso, ouça com atenção o que tenho
a lhe dizer. Levante-se, pois fui enviado a você". Quando ele me
disse isso, me levantei, ainda tremendo. **12**Em seguida, ele disse:
"Não tenha medo, Daniel. Pois, desde o primeiro dia em que você
começou a orar por entendimento e a se humilhar diante de seu
Deus, seu pedido foi ouvido. Eu vim em resposta à sua oração. **13**Por
21 dias, porém, o príncipe do reino da Pérsia me impediu. Então
Miguel, um dos príncipes mais importantes, veio me ajudar, e eu
o deixei ali com os reis da Pérsia. **14**Agora estou aqui para explicar
o que acontecerá com seu povo no futuro, pois essa visão se refere
a um tempo que ainda está por vir". **15**Enquanto ele falava comigo,
eu olhava para o chão, sem conseguir dizer uma única palavra.
16Então aquele que se parecia com um homem tocou meus lábios,
e eu abri a boca e comecei a falar. Disse àquele que estava diante
de mim: "Meu senhor, estou angustiado por causa da visão que
tive, e me sinto muito fraco. **17**Como é possível alguém como eu,
seu servo, falar com meu senhor? Minhas forças se foram, e mal
consigo respirar". **18**Então aquele que se parecia com um homem
tocou em mim novamente, e senti minhas forças voltarem. **19**"Não
tenha medo", ele disse, "pois você é muito precioso para Deus.
Que a paz esteja com você! Tenha ânimo! Seja forte!" Enquanto
ele falava, logo me senti mais forte e disse: "Fale, meu senhor, pois
me fortaleceu". **20**Então ele disse: "Você sabe por que eu vim? Em
breve terei de voltar para lutar com o príncipe do reino da Pérsia
e, depois disso, virá o príncipe do reino da Grécia. **21**Mas agora lhe
direi o que está escrito no Livro da Verdade. (Ninguém me ajuda
na luta contra esses príncipes, exceto Miguel, o príncipe de vocês.

CAPÍTULO 11

1Tenho acompanhado Miguel para apoiá-lo e fortalecê-lo desde o
primeiro ano do reinado de Dario, o medo.)

NO QUE ESTOU **PENSANDO** | O QUE ESTOU **SENTINDO** | DO QUE ESTOU **LEMBRANDO**

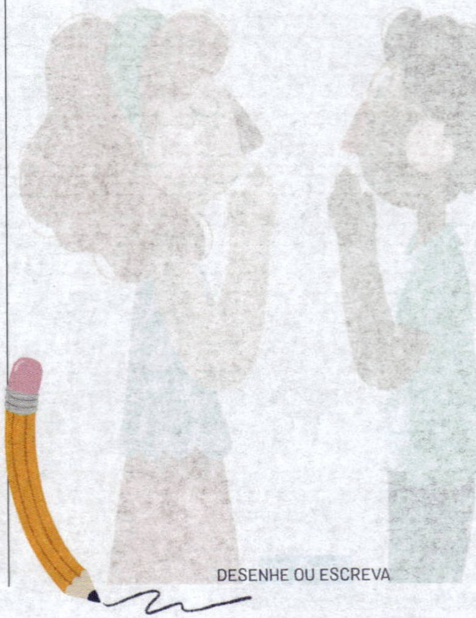

DESENHE OU ESCREVA

Reis do sul e do norte

2"Agora, portanto, eu lhe revelarei a verdade. Outros três reis persas
reinarão e serão sucedidos pelo quarto rei, muito mais rico que os
outros. Ele usará sua riqueza para instigar todos a lutarem contra
o reino da Grécia. **3**"Então surgirá um rei poderoso, que governará
com grande autoridade e realizará tudo que desejar fazer. **4**Mas, no
auge de seu poder, seu reino será quebrado e dividido em quatro
partes. Não será governado pelos descendentes do rei e o reino não
terá a mesma autoridade de antes, pois seu império será arrancado
fora e entregue a outros. **5**"O rei do sul se tornará poderoso, mas
um de seus oficiais se tornará ainda mais poderoso e governará
seu reino com grande força. **6**"Alguns anos depois, será formada
uma aliança entre o rei do norte e o rei do sul. A filha do rei do sul
se casará com o rei do norte para garantir a aliança, mas tanto ela
como seu pai perderão a influência sobre ele. Ela será abandona-
da, junto com aqueles que a apoiam. **7**Mas, quando um de seus
parentes se tornar o rei do sul, ele reunirá um exército, entrará
na fortaleza do rei do norte e o derrotará. **8**Quando ele voltar ao
Egito, levará os ídolos deles, e também objetos valiosos de ouro
e prata. Por alguns anos, deixará o rei do norte em paz. **9**"Mais
tarde, o rei do norte invadirá o reino do sul, mas logo voltará para
sua terra. **10**Os filhos do rei do norte, porém, reunirão um exército
poderoso que avançará como uma inundação e levará a batalha até
a fortaleza do inimigo. **11**"Enfurecido, o rei do sul sairá para lutar
contra o grande exército reunido pelo rei do norte e o derrotará.
12Depois que o exército inimigo for vencido, o rei do sul se tornará
orgulhoso e executará muitos milhares de inimigos; sua vitória,
porém, não durará muito tempo. **13**"Alguns anos depois, o rei do
norte voltará com um exército bem equipado, muito maior que
antes. **14**Nessa ocasião, haverá uma rebelião geral contra o rei do
sul. Homens violentos de seu povo, Daniel, se juntarão a eles em
cumprimento desta visão, mas serão derrotados. **15**Então o rei do
norte virá e cercará uma cidade fortificada e a conquistará. Nem as
melhores tropas do sul conseguirão resistir a esse ataque. **16**"O rei
do norte continuará a avançar sem oposição; ninguém será capaz
de resistir-lhe. Ele se deterá na terra gloriosa, decidido a destruí-la.
17Fará planos de vir com a força de todo o seu reino e formará uma
aliança com o rei do sul. Dará sua filha em casamento a fim de

derrubar o reino, mas seu plano falhará. 18"Depois disso, voltará
sua atenção para o litoral e conquistará muitas cidades. No entan-
to, um comandante de outra terra acabará com sua insolência e
o fará retirar-se, envergonhado. 19Ele se refugiará em sua própria
fortaleza, mas tropeçará e nunca mais será visto. 20"Seu sucessor
enviará um cobrador de impostos para manter o esplendor real.
Depois de um breve reinado, porém, ele morrerá, mas não como
resultado de ira nem na batalha. 21"O próximo a subir ao poder
será um homem desprezível, que não faz parte da linhagem real.
Ele se infiltrará quando menos se espera e assumirá o controle do
reino por meio de intrigas. 22Diante dele, grandes exércitos serão
arrasados, incluindo um príncipe da aliança. 23Com promessas en-
ganosas, fará várias alianças. Apesar de ter apenas um punhado de
seguidores, ele se tornará forte. 24Sem aviso, entrará nas regiões
mais ricas da terra e distribuirá entre seus seguidores o despojo e
os bens dos ricos, coisa que seus antecessores nunca fizeram. Fará
planos para conquistar fortalezas, mas isso durará pouco tempo.
25"Então juntará coragem e reunirá um grande exército contra o rei
do sul. Este sairá para a batalha, mas de nada adiantará, pois haverá
conspirações contra ele. 26Sua derrota será causada por gente de
sua própria confiança. Seu exército será arrasado, e muitos serão
mortos. 27Decididos a fazer o mal, esses reis tentarão enganar um
ao outro enquanto estiverem à mesa de negociações; mas isso não
fará diferença alguma, pois o fim chegará no tempo determinado.
28"O rei do norte voltará para casa com muitas riquezas. No cami-
nho, ele se colocará contra o povo da santa aliança e fará grandes
estragos antes de seguir viagem. 29"Então, no tempo determinado,
ele voltará a invadir o sul, mas dessa vez o resultado será diferente.
30Ele se assustará com os navios de guerra do litoral oeste e voltará
para casa. Então descarregará sua ira sobre o povo da santa aliança e
recompensará os que abandonarem a aliança. 31"Seu exército toma-
rá a fortaleza do templo, contaminará o santuário, acabará com os
sacrifícios diários e colocará ali uma terrível profanação. 32Ele usará
de adulação e conquistará os que violaram a aliança; mas aqueles
que conhecem seu Deus serão fortes e resistirão. 33"Líderes sábios
instruirão a muitos, mas esses mestres morrerão pela espada e pelo
fogo, ou serão capturados e saqueados. 34Durante essas persegui-
ções, receberão pouca ajuda, e muitos que se juntarem a eles não

NO QUE ESTOU **PENSANDO** ○ | O QUE ESTOU **SENTINDO** ○ | DO QUE ESTOU **LEMBRANDO** ○

DESENHE OU ESCREVA

serão sinceros. 35Alguns dos sábios serão vítimas de perseguição
e, desse modo, serão refinados, purificados e limpos até o tempo
do fim, pois o tempo determinado ainda está por vir. 36"O rei fará
o que bem entender, se exaltará, afirmará ser maior que todos os
deuses e chegará a blasfemar contra o Deus dos deuses. Terá êxito,
mas apenas até que se complete o tempo da ira; pois aquilo que foi
determinado certamente acontecerá. 37Ele não respeitará os deuses
de seus antepassados, nem o deus preferido das mulheres, nem
deus algum, pois dirá que é maior que todos eles. 38Em lugar deles,
adorará o deus da fortaleza, um deus que seus antepassados não
conheceram, e lhe dará honras com ouro, prata, pedras preciosas
e presentes caros. 39Dizendo contar com a ajuda desse deus es-
trangeiro, atacará as fortalezas mais poderosas. Honrará os que se
sujeitarem a ele, os nomeará para cargos de autoridade e dividirá a
terra entre eles como recompensa. 40"Então, no tempo do fim, o rei
do sul lutará contra o rei do norte. O rei do norte atacará com carros
de guerra e seus condutores e com muitos navios. Invadirá várias
terras e as arrasará como uma inundação. 41Entrará na terra gloriosa
e muitas nações cairão, mas Moabe, Edom e a maior parte de Amom
escaparão. 42Ele conquistará muitos países, e nem mesmo o Egito
escapará. 43Tomará para si o ouro, a prata e os tesouros do Egito,
e os líbios e os etíopes serão seus servos. 44"Mas, então, chegarão
notícias do leste e do norte que o deixarão alarmado, e ele partirá
enfurecido para destruir e aniquilar muitos. 45Armará suas tendas
entre o monte santo e glorioso e o mar. Enquanto estiver lá, porém,
chegará a seu fim, e ninguém o ajudará."

CAPÍTULO 12

O tempo do fim

1"Nessa época, Miguel, o grande príncipe que guarda seu povo, se
levantará. Haverá um tempo de angústia como nunca houve desde
que as nações vieram a existir. Nesse tempo, porém, todos de seu
povo que tiverem o nome escrito no livro serão salvos. 2Muitos dos
que estão mortos e enterrados ressuscitarão, alguns para a vida
eterna e outros para a vergonha e a desonra eterna. 3Os sábios bri-
lharão intensamente como o esplendor do céu, e os que conduzem
muitos à justiça resplandecerão como estrelas, para sempre. 4Mas
você, Daniel, mantenha esta profecia em segredo; sele o livro até

o tempo do fim, quando muitos correrão de um lado para o outro
e o conhecimento aumentará". 5Então eu, Daniel, olhei e vi dois
outros em pé em margens opostas do rio. 6Um deles perguntou
ao homem vestido de linho, que agora estava sobre o rio: "Quanto
tempo passará até que terminem esses acontecimentos espanto-
sos?". 7O homem vestido de linho, que estava sobre o rio, levantou
as duas mãos em direção ao céu, pronunciou um juramento solene
àquele que vive para sempre e disse: "Passará um tempo, tempos e
meio tempo. Quando o povo santo finalmente for quebrado, todas
essas coisas se cumprirão". 8Ouvi o que ele disse, mas não entendi
o significado. Por isso, perguntei: "Meu senhor, como estas coisas
terminarão?". 9Ele respondeu: "Agora vá, Daniel, pois aquilo que
eu disse será mantido em segredo e selado até o tempo do fim.
10Muitos serão purificados, limpos e refinados por essas prova-
ções. Os perversos, porém, continuarão em sua perversidade, e
nenhum deles entenderá. Somente os sábios compreenderão seu
significado. 11"A partir do momento em que o sacrifício diário for
suspenso e a terrível profanação for colocada ali, haverá 1.290 dias.
12Feliz aquele que esperar e permanecer até o fim dos 1.335 dias!
13"Quanto a você, siga seu caminho até o fim. Você descansará e,
no final dos dias, se levantará para receber sua herança".

Dn 12.13

OSEIAS

CAPÍTULO 1

[1]O SENHOR revelou esta mensagem a Oseias, filho de Beeri, durante
os anos em que Uzias, Jotão, Acaz e Ezequias eram reis de Judá, e
Jeroboão, filho de Jeoás, era rei de Israel.

A esposa e os filhos de Oseias

[2]Quando o SENHOR começou a falar a Israel por meio de Oseias,
disse-lhe: "Vá e case-se com uma prostituta, para que os filhos dela
sejam concebidos em prostituição. Isso mostrará como Israel agiu
como prostituta ao afastar-se do SENHOR". [3]Então Oseias se casou
com Gômer, filha de Diblaim. Ela ficou grávida e deu um filho a
Oseias. [4]E o SENHOR disse: "Dê à criança o nome de Jezreel, 'Deus
semeia', pois estou prestes a castigar a dinastia do rei Jeú para vin-
gar os homicídios que ele cometeu em Jezreel. Sim, acabarei com
o reino de Israel. [5]Nesse dia, destruirei seu poder militar no vale
de Jezreel". [6]Pouco tempo depois, Gômer engravidou novamente e
deu à luz uma filha. O SENHOR disse a Oseias: "Dê à sua filha o nome
de Lo-Ruama, 'Não Amada', pois não mostrarei mais amor ao povo
de Israel, nem lhe perdoarei. [7]Contudo, mostrarei amor ao povo
de Judá. Eu, o SENHOR, seu Deus, os livrarei de seus inimigos, não
com armas e exércitos, nem com cavalos e carros de guerra, mas por
meu poder". [8]Depois de Gômer ter desmamado Lo-Ruama, ficou
grávida mais uma vez e deu à luz outro filho. [9]E o SENHOR disse:
"Dê-lhe o nome de Lo-Ami, 'Não Meu Povo', pois Israel não é meu
povo, e eu não sou seu Deus. [10]"Virá o tempo, porém, em que o

NO QUE ESTOU PENSANDO	O QUE ESTOU SENTINDO	DO QUE ESTOU LEMBRANDO
O	O	O

DESENHE OU ESCREVA

povo de Israel se tornará como a areia à beira do mar, que não se
pode contar. Então, no lugar onde lhes foi dito: 'Vocês não são meu
povo', se dirá: 'Vocês são filhos do Deus vivo'. [11]Nesse tempo, o povo
de Judá e o povo de Israel se unirão. Escolherão para si um só líder
e voltarão juntos do exílio. Que grande dia será o dia em que Deus
semear seu povo novamente em sua terra!

CAPÍTULO 2

[1]"Nesse dia, vocês chamarão seus irmãos de Ami, 'Meu Povo', e
chamarão suas irmãs de Ruama, 'Minhas Amadas'."

Acusações contra a esposa infiel

[2]"Apresentem acusações contra sua mãe, pois ela já não é minha
esposa, e eu já não sou seu marido. Digam-lhe que remova do
rosto a maquiagem de prostituta e que tire as roupas que deixam
os seios à mostra. [3]Do contrário, eu a deixarei nua, como no dia em
que nasceu. Permitirei que morra de sede, como numa terra seca
e desolada. [4]E não amarei seus filhos, pois foram concebidos em
prostituição. [5]Sua mãe é uma prostituta indecente que engravidou
de forma vergonhosa. Disse: 'Irei atrás de outros amantes e me
venderei a eles em troca de comida e água, em troca de roupas
de lã e de linho, em troca de azeite e bebidas'. [6]"Por isso a cercarei
com espinheiros; levantarei um muro à frente dela para fazê-la se
perder em seu caminho. [7]Quando correr atrás de seus amantes,
não os alcançará. Procurará por eles, mas não os encontrará. Então
pensará: 'Voltarei para meu marido, pois com ele estava melhor
que agora'. [8]Ela não entende que tudo que tem foi dado por mim:
o trigo, o vinho novo, o azeite. Dei-lhe até mesmo prata e ouro,
mas ela ofereceu meus presentes a Baal. [9]"Agora, porém, tomarei
de volta o trigo e o vinho que lhe providenciei a cada colheita.
Tomarei as roupas de lã e de linho que lhe dei para cobrir sua nudez.
[10]Eu a deixarei nua em público, à vista de todos os seus amantes.
Ninguém será capaz de livrá-la de minhas mãos. [11]Acabarei com
suas celebrações, com suas festas de lua nova e seus sábados, com
todos os seus feriados. [12]Destruirei suas videiras e figueiras, que
ela diz ter recebido de seus amantes. Farei que se tornem densos
matagais, onde animais selvagens comerão os frutos. [13]Eu a casti-
garei por todas as vezes que queimou incenso a suas imagens de

Baal, que colocou brincos e joias e saiu atrás de seus amantes, mas
se esqueceu de mim”, diz o SENHOR.

O amor do SENHOR pela nação infiel de Israel

14“Contudo, eu a conquistarei de volta; ao deserto a levarei e lhe
falarei com carinho. 15Devolverei suas videiras e transformarei o vale
de Acor numa porta de esperança. Ela se entregará a mim, como
fez há muito tempo, quando era jovem, quando eu a libertei da
escravidão no Egito. 16Nesse dia”, diz o SENHOR, “você me chamará
de ‘meu marido’, e não de ‘meu senhor’. 17Limparei de seus lábios
os nomes de Baal, e você nunca mais os pronunciará. 18Nesse dia,
farei uma aliança com todos os animais selvagens, com as aves
do céu e com todos os animais que rastejam pelo chão, para que
não lhe façam mal. Removerei da terra todas as armas de guerra,
as espadas e os arcos, para que você viva em paz e segurança. 19Eu
me casarei com você para sempre, e lhe mostrarei retidão e justiça,
amor e compaixão. 20Serei fiel a você e a tornarei minha, e você
conhecerá a mim, o SENHOR. 21“Naquele dia, eu responderei”, diz o
SENHOR. “Responderei aos céus, e os céus responderão à terra. 22A
terra responderá aos clamores do trigo, das videiras e das oliveiras.
E eles, por sua vez, responderão: ‘Deus semeia!’. 23Então semearei
uma safra de israelitas e os farei crescer para mim mesmo. Mostrarei
amor por aquela que chamei ‘Não Amada’. E àqueles que chamei
‘Não Meu Povo’, direi: ‘Agora vocês são meu povo’. E eles respon-
derão: ‘Tu és nosso Deus!’”.

CAPÍTULO 3

A esposa de Oseias é redimida

1Então o SENHOR me disse: “Vá e ame sua esposa outra vez, em-
bora ela cometa adultério com um amante. Isso mostrará que o
SENHOR ainda ama Israel, ainda que o povo tenha se voltado para
outros deuses e sinta prazer em lhes trazer ofertas”. 2Assim, eu
a comprei de volta por quinze peças de prata, um barril gran-
de de cevada e um odre de vinho. 3Então eu lhe disse: “Você
viverá em minha casa por muitos dias e deixará de se prostituir.
Durante esse tempo, não terá relações sexuais com ninguém, e
eu também esperarei por você”. 4Isso mostra que Israel ficará um
longo tempo sem rei nem príncipe, sem sacrifícios nem colunas

NO QUE ESTOU PENSANDO ○ | O QUE ESTOU SENTINDO ○ | DO QUE ESTOU LEMBRANDO ○

DESENHE OU ESCREVA

sagradas, sem sacerdotes nem ídolos. 5Depois disso, porém, o
povo retornará e buscará o SENHOR, seu Deus, e o descendente de
Davi, seu rei. Naquele tempo, tremerão em reverência ao SENHOR
e à sua bondade.

CAPÍTULO 4

Acusações do SENHOR contra Israel

1Ó israelitas, ouçam a palavra do SENHOR! O SENHOR apresentou
acusações contra vocês: “Não há fidelidade, nem bondade, nem
conhecimento de Deus em sua terra. 2Vocês fazem votos e não os
cumprem; matam, roubam e cometem adultério. Há violência em
toda parte, um homicídio atrás do outro. 3Por isso sua terra está de
luto, e todos desfalecem. Até os animais selvagens, as aves do céu
e os peixes do mar estão desaparecendo. 4“Não apontem o dedo
para outra pessoa, não tentem escapar da culpa! Minha queixa é
contra vocês, sacerdotes! 5Vocês tropeçarão em plena luz do dia,
e seus profetas cairão com vocês durante a noite; e eu destruirei
Israel, sua mãe. 6Meu povo está sendo destruído porque não me
conhece. Porque vocês, sacerdotes, não querem me conhecer, eu
não os reconhecerei como meus sacerdotes. Porque se esqueceram
da lei de seu Deus, eu me esquecerei de seus filhos. 7Quanto maior
o número de sacerdotes, mais eles pecam contra mim. Trocaram a
glória de Deus pela vergonha de ídolos. 8“Quando o povo traz suas
ofertas pelo pecado, os sacerdotes se alimentam. Por isso, eles se
alegram quando o povo peca! 9E, assim como são os sacerdotes,
assim é o povo. Por isso, a ambos castigarei por seus atos perver-
sos. 10Eles comerão, mas ainda sentirão fome; eles se prostituirão,
mas nada receberão, pois abandonaram o SENHOR 11para cometer
adultério com outros deuses. “O vinho tirou o entendimento de
meu povo. 12Pedem conselho a pedaços de madeira, pensam que
uma vara lhes dirá o futuro. Seu desejo de ir atrás de ídolos os
tornou insensatos. Prostituíram-se cometendo adultério com outros
deuses e abandonando seu Deus. 13Oferecem sacrifícios a ídolos no
alto dos montes; sobem as colinas para queimar incenso à sombra
agradável de carvalhos, álamos e terebintos. “Por isso suas filhas se
voltam para a prostituição, e suas noras cometem adultério. 14Mas
por que eu as castigaria por sua prostituição e adultério? Pois seus
homens fazem a mesma coisa, pecando com prostitutas de rua

e dos santuários. Ó povo sem entendimento, você segue rumo à
destruição! 15"Embora você, Israel, se prostitua, que Judá não seja
culpado dessas coisas. Não participe da falsa adoração em Gilgal
nem em Bete-Áven, não faça juramentos ali em nome do Senhor.
16A nação de Israel é rebelde como uma bezerra teimosa. Acaso
o Senhor deve alimentá-la como um cordeiro em pastos verdes?
17Deixe Israel de lado, pois se apegou à idolatria. 18Quando os go-
vernantes de Israel terminam de beber, saem à procura de prostitu-
tas; amam a vergonha mais que a honra. 19Por isso, um forte vento
os levará para longe; seus sacrifícios idólatras os envergonharão."

CAPÍTULO 5

O fracasso dos líderes de Israel

1"Ouçam isto, sacerdotes! Prestem atenção, líderes de Israel!
Escutem, membros da família real; foi pronunciada a sentença con-
tra vocês, pois conduziram meu povo a uma armadilha, em Mispá
e em Tabor. 2Os rebeldes promoveram grande matança, mas eu os
castigarei pelo que fizeram. 3Conheço você, Efraim; não pode se
esconder de mim, Israel. Você me abandonou e se prostituiu; está
inteiramente contaminado. 4Suas ações não lhe permitem voltar
para seu Deus; a prostituição domina seu coração, e você não co-
nhece o Senhor. 5"A arrogância de Israel dá testemunho contra ele;
Israel e Efraim tropeçarão sob o peso da culpa, e Judá também cairá
com eles. 6Quando vierem com seus rebanhos e gado para oferecer
sacrifícios ao Senhor, não o encontrarão, pois ele se afastou deles.
7Traíram a honra do Senhor ao gerar filhos que não lhe pertencem.
Agora, por ocasião da lua nova, serão devorados, juntamente com
sua riqueza. 8"Soem o alarme em Gibeá! Toquem a trombeta em
Ramá! Deem o grito de guerra em Bete-Áven! Entrem na batalha,
guerreiros de Benjamim! 9Uma coisa é certa, Israel: no dia de seu
castigo, você se tornará um monte de ruínas. 10"Os líderes de Judá
são trapaceiros e ladrões, por isso derramarei minha ira sobre eles
como água. 11O povo de Israel será esmagado e quebrado por meu
juízo, pois está decidido a adorar ídolos. 12Destruirei Israel como a
traça acaba com a lã, tornarei Judá tão fraca quanto madeira podre.
13"Quando Israel e Judá viram como estavam doentes, Israel se
voltou para a Assíria, para seu grande rei, mas ele não foi capaz de
curá-lo. 14Pois serei como um leão para Israel, como um leão novo

Os 6.3

e forte para Judá, e os despedaçarei. Eu os levarei embora, e não
sobrará ninguém para resgatá-los. 15Então retornarei a meu lugar,
até que reconheçam sua culpa e voltem para mim. Pois, assim que
vier o sofrimento, eles me buscarão ansiosamente."

CAPÍTULO 6

Chamado ao arrependimento

1"Venham, voltemos para o Senhor! Ele nos despedaçou, agora
irá nos sarar. Ele nos feriu, agora nos fará curativos. 2Em pouco
tempo nos restaurará, e logo viveremos em sua presença. 3Ah,
como precisamos conhecer o Senhor; busquemos conhecê-lo!
Ele nos responderá, tão certo como chega o amanhecer ou vêm as
chuvas da primavera." 4"Ó Israel e Judá, que farei com vocês? Seu
amor se dissipa como a neblina da manhã e desaparece como o
orvalho à luz do sol. 5Enviei meus profetas para despedaçar vocês,
para matá-los com minhas palavras, com julgamentos inescapáveis
como a luz. 6Quero que demonstrem amor, e não que ofereçam
sacrifícios. Quero que me conheçam, mais do que desejo holocaus-
tos. 7Como Adão, porém, vocês quebraram minha aliança e traíram
minha confiança. 8"Gileade é uma cidade de pecadores, cheia de
marcas de sangue. 9Sacerdotes são como bandos de assaltantes, de
tocaia à espera de suas vítimas. Assassinam viajantes ao longo da
estrada para Siquém e praticam todo tipo de perversidade. 10Sim,
vi algo horrível em Efraim e em Israel: meu povo se contaminou
prostituindo-se com outros deuses! 11"Ó Judá, uma colheita de
castigo também espera por você, embora eu quisesse restaurar a
situação de meu povo."

CAPÍTULO 7

Israel ama a maldade

1"Desejo curar Israel, mas seus pecados são grandes demais;
Samaria está cheia de mentirosos. Há ladrões do lado de dentro e
bandidos do lado de fora. 2Seu povo não percebe que eu o observo.
Está cercado por seus atos pecaminosos, e eu vejo todos eles. 3"Com
suas maldades, divertem o rei, e os príncipes riem de suas mentiras.
4São todos adúlteros, sempre ardendo de paixão. São como o forno
mantido quente, enquanto o padeiro bate a massa. 5No dia da festa
do rei, os príncipes se embebedam com vinho e dão as mãos aos

zombadores. 6 Seu coração é como um forno que arde com intriga.
Sua trama queima a noite toda e, pela manhã, irrompe em chamas
abrasadoras. 7 Como um forno ardente, consomem seus líderes.
Matam seus reis, um após o outro, e ninguém clama a mim por
socorro. 8 "O povo de Israel se mistura com outros povos e se torna
imprestável como um bolo mal assado. 9 Estrangeiros consomem
suas forças, mas eles não sabem disso. Seus cabelos ficam brancos,
mas eles não se dão conta. 10 Sua arrogância testemunha contra
eles, e, no entanto, não se voltam para o Senhor, seu Deus, nem
buscam encontrá-lo. 11 "O povo de Israel se tornou como pombas
tolas e sem juízo, que primeiro chamam o Egito e depois voam até
a Assíria para pedir socorro. 12 Enquanto voam de um lado para o
outro, lançarei sobre eles minha rede e os derrubarei como uma ave
do céu; eu os castigarei por todo o mal que fizeram. 13 "Que aflição
espera os que me abandonaram! Que morram, pois se rebelaram
contra mim. Eu desejava resgatá-los, mas contaram mentiras a
meu respeito. 14 Não clamam a mim de coração sincero; em vez
disso, gemem angustiados em suas camas. Cortam-se ritualmente
e suplicam por trigo e vinho novo, mas de mim se afastam. 15 Eu os
instruí e os fortaleci, mas agora tramam o mal contra mim. 16 Olham
para toda parte, menos para o Altíssimo; são inúteis, como um arco
defeituoso. Seus líderes serão mortos por seus inimigos, por causa
de sua insolência contra mim. Então o povo do Egito rirá deles."

CAPÍTULO 8

Israel colhe vendaval

1 "Soem o alarme! O inimigo desce como águia sobre o templo do
Senhor. Pois o povo quebrou minha aliança e se rebelou contra
minha lei. 2 Agora, Israel clama a mim: 'Socorre-nos, pois és nosso
Deus!'. 3 Mas os israelitas rejeitaram o bem, e agora o inimigo os
persegue. 4 Nomearam reis sem que eu consentisse e escolheram
príncipes sem minha aprovação. Fizeram para si ídolos de prata e
ouro e assim provocaram a própria destruição. 5 "Ó Samaria, rejeito
o bezerro que você fez! Minha ira arde contra você; até quando será
incapaz de se manter inocente? 6 Esse bezerro que você adora, ó
Israel, foi feito por suas próprias mãos; ele não é Deus! Portanto,
deve ser despedaçado. 7 "Semearam ventos e colherão vendaval.
Os talos de trigo murcharão e não produzirão alimento. E, mesmo

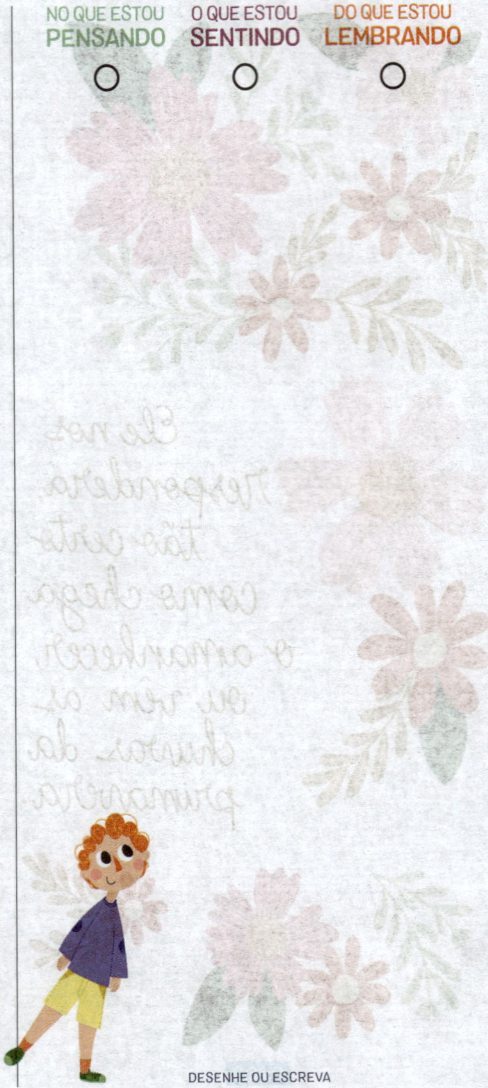

que haja trigo, os estrangeiros o comerão. 8 O povo de Israel foi
engolido; está abandonado entre as nações, como utensílio que
ninguém quer. 9 Como jumento selvagem no cio, subiram até a
Assíria. O povo de Israel se vendeu a muitos amantes. 10 Embora te-
nham se vendido às nações, agora eu os reunirei para o julgamento.
Começarão a definhar sob a opressão do grande rei. 11 "O povo de
Israel construiu muitos altares para remover o pecado, mas esses
mesmos altares se tornaram lugares para pecar. 12 Embora eu lhes
tenha dado minhas leis, agem como se elas não se aplicassem a
eles. 13 Gostam de oferecer sacrifícios e comer de sua carne, mas eu
não aceito esses sacrifícios. Pedirei conta de seus pecados e os casti-
garei; eles voltarão para o Egito. 14 Israel se esqueceu de seu Criador
e construiu grandes palácios, e Judá fortificou suas cidades. Por
isso, enviarei fogo sobre suas cidades e queimarei suas fortalezas."

CAPÍTULO 9

Oseias anuncia o castigo de Israel

1 Ó povo de Israel, não se alegre como as outras nações. Pois vocês
foram infiéis a seu Deus e se venderam como prostituta ao adorar
outros deuses em toda eira de cereal. 2 Agora, suas colheitas não
bastarão para alimentá-los; não haverá uvas para fazer vinho novo.
3 Vocês não permanecerão na terra do Senhor; em vez disso, vol-
tarão para o Egito e, na Assíria, comerão alimentos impuros. 4 Ali
não apresentarão ofertas de vinho ao Senhor; seus sacrifícios não o
agradarão. Serão impuros, como o alimento tocado por uma pessoa
de luto; todos que apresentarem esses sacrifícios se contaminarão.
Eles próprios comerão o alimento, mas não poderão oferecê-lo ao
Senhor. 5 O que oferecerão nos feriados sagrados? Como celebrarão
as festas do Senhor? 6 Mesmo que escapem da destruição nas mãos
da Assíria, o Egito os conquistará, e Mênfis os sepultará. A urtiga
cobrirá seus tesouros de prata, e espinhos invadirão as ruínas de
suas casas. 7 Chegou o tempo do castigo de Israel, o dia do acerto de
contas; sim, Israel se dará conta disso. Por causa de seu grande pe-
cado e sua hostilidade, vocês dizem: "Os profetas enlouqueceram, e
os homens inspirados não passam de tolos!". 8 O profeta é um vigia
sobre Israel para meu Deus, mas, por onde vai, encontra armadi-
lhas; até no templo de Deus enfrenta hostilidade. 9 Meu povo faz
coisas depravadas como em Gibeá, muito tempo atrás. Deus não

esquecerá; certamente os castigará por seus pecados. 10“Quando
encontrei você, Israel, foi como encontrar uvas no deserto. Quando
vi seus antepassados, foi como ver os primeiros figos maduros. Mas
eles me abandonaram por causa de Baal-Peor e se entregaram à
vergonhosa idolatria. Logo se tornaram tão repugnantes quanto o
ídolo que adoravam. 11A glória de Israel fugirá como uma ave, pois
não lhes nascerão filhos; não crescerão no ventre, nem sequer serão
concebidos. 12Ainda que alguns de seus filhos cheguem a crescer,
eu os tomarei de vocês. Será um dia terrível quando eu me afastar
e os deixar sozinhos. 13Vi Israel se tornar bela como Tiro; agora,
porém, entregará seus filhos para o massacre.” 14Ó Senhor, o que
devo pedir para teu povo? Pedirei ventres que não deem à luz e
seios que não deem leite. 15“Toda a perversidade deles começou
em Gilgal; ali comecei a odiá-los. Eu os expulsarei de minha terra
por causa de suas maldades. Não os amarei mais, porque todos os
seus líderes são rebeldes. 16O povo de Israel está ferido; suas raízes
secaram, e eles não darão mais frutos. E, se derem à luz, eu matarei
seus filhos queridos.” 17Meu Deus rejeitará os israelitas, pois não lhe
obedecem. Andarão sem rumo, errantes entre as nações.

CAPÍTULO 10

O julgamento do Senhor contra Israel

1Como Israel é próspero! É uma videira viçosa cheia de frutos. Mas,
quanto mais seu povo enriquece, mais altares idólatras constrói.
Quanto mais fartas suas colheitas, mais belas suas colunas sagra-
das. 2O coração dos israelitas é inconstante; são culpados e devem
ser castigados. O Senhor derrubará seus altares e despedaçará
suas colunas. 3Então eles dirão: “Não temos rei, pois não teme-
mos o Senhor. Mas, ainda que tivéssemos rei, o que ele poderia
fazer por nós?”. 4Proferem palavras vazias e fazem alianças que
não pretendem cumprir. Por isso disputas legais brotam em seu
meio, como ervas daninhas num campo arado. 5Os habitantes de
Samaria tremem de medo por causa do bezerro em Bete-Áven, e
por ele lamentam. Embora seus sacerdotes idólatras se alegrem
com o bezerro, será removida a glória de seu ídolo. 6Será levado
para a Assíria, como presente para o grande rei de lá. Efraim será
humilhado, e Israel, envergonhado, porque seu povo confiou nesse
ídolo. 7Samaria e seu rei serão cortados fora e ficarão à deriva, como

Plantem boas sementes de justiça e terão uma colheita de amor. Arem o solo endurecido de seu coração.

Os 10.12

um pedaço de madeira lançado no mar. 8Os santuários idólatras
em Áven, onde Israel pecou, serão destruídos; espinhos e mato
crescerão ao redor de seus altares. O povo suplicará aos montes:
“Soterrem-nos!” e pedirá às colinas: “Caiam sobre nós!”. 9“Ó Israel,
desde o tempo de Gibeá, só houve pecado e mais pecado! Não foi
com razão que os perversos de Gibeá foram atacados? 10Agora,
quando me parecer melhor, eu também os atacarei. Convocarei
os exércitos das nações para castigá-los por seus muitos pecados.
11“Israel é como bezerra treinada que pisa o trigo, um trabalho fácil,
que ela gosta de fazer. Mas eu colocarei um jugo opressor sobre
seu pescoço delicado; obrigarei Judá a arar e farei Israel lavrar o
solo endurecido. 12Eu disse: ‘Plantem boas sementes de justiça e
terão uma colheita de amor. Arem o solo endurecido de seu coração,
pois é hora de buscar o Senhor, para que ele venha e faça chover
justiça sobre vocês’. 13“Mas vocês cultivaram a maldade e juntaram
uma farta colheita de pecados. Comeram o fruto das mentiras ao
confiar em carros de guerra. e em seus grandes exércitos. 14Agora os
horrores da guerra surgirão no meio de seu povo. Todas as suas for-
talezas cairão, como quando Salmã destruiu Bete-Arbel. Até mães e
crianças foram despedaçadas ali. 15O mesmo lhe acontecerá, Betel,
por causa de sua grande maldade. Quando amanhecer o dia do
juízo, o rei de Israel será totalmente destruído.”

CAPÍTULO 11

O amor do Senhor por Israel

1“Quando Israel era menino, eu o amei, e do Egito chamei meu
filho. 2Mas, quanto mais o chamava, mais ele se afastava de mim;
oferecia sacrifícios às imagens de Baal e queimava incenso aos
ídolos. 3Ensinei Israel a andar, conduzindo-o pela mão. Mas ele não
se deu conta de que era eu quem dele cuidava. 4Guiei Israel com
meus laços de amor. Tirei o jugo de seu pescoço e eu mesmo me
inclinei para alimentá-lo. 5“Mas, porque meu povo não quer voltar
para mim, voltará para o Egito e será obrigado a viver na Assíria.
6A guerra devastará suas cidades, e os inimigos derrubarão suas
portas. Destruirão os israelitas, por causa de suas tramas. 7Pois meu
povo está decidido a me abandonar; eles me chamam Altíssimo,
mas não me honram de verdade. 8“Como eu poderia desistir de
você, Israel? Como poderia deixá-lo? Como poderia destruí-lo como

Os

Admá ou arrasá-lo como Zeboim? Meu coração está dilacerado, e minha compaixão transborda. 9Não enviarei minha ira furiosa, não destruirei Israel, pois sou Deus, e não um simples mortal. Sou o Santo que vive entre vocês, e não virei com minha ira. 10Pois, um dia, meu povo me seguirá; eu, o SENHOR, rugirei como leão, e, quando eu rugir, meu povo retornará, tremendo, desde o oeste. 11Como um bando de aves, virão do Egito; tremendo como pombas, voltarão da Assíria. Eu os trarei de volta para casa", diz o SENHOR.

Acusações contra Israel e Judá

12Israel me cerca de mentiras e traições, mas Judá ainda obedece a Deus e é fiel ao Santo.

CAPÍTULO 12

1O povo de Israel se alimenta de vento; corre atrás do vento leste o dia todo. Acumula mentiras e violência, faz acordos com a Assíria e, ao mesmo tempo, envia azeite para comprar o apoio do Egito. 2Agora o SENHOR apresenta acusações contra Judá; está prestes a castigar Jacó por sua conduta enganosa, e lhe retribuir por tudo que fez. 3Ainda no ventre, Jacó agarrou o calcanhar de seu irmão; quando se tornou homem, lutou com Deus. 4Sim, lutou com o anjo e venceu; chorou e suplicou-lhe que o abençoasse. Ali em Betel, encontrou Deus, e Deus falou com ele. 5O SENHOR Deus dos Exércitos, o SENHOR é seu nome! 6Portanto, voltem para seu Deus; pratiquem o amor e a justiça e confiem sempre nele. 7O povo, no entanto, se comporta como comerciantes astutos, que usam balanças desonestas e gostam de explorar. 8Israel diz: "Fiquei rico! Fiz fortuna com meu próprio esforço! Ninguém descobriu que enganei outros; meu histórico é impecável!". 9"Mas eu sou o SENHOR, seu Deus, que os tirou do Egito. Eu os farei morar em tendas outra vez, como fazem em feriados sagrados. 10Enviei meus profetas para adverti-los com muitas visões e parábolas." 11Mas os habitantes de Gileade não valem nada, por causa de seu pecado. Em Gilgal também sacrificam bois; seus altares são enfileirados como montes de pedras à beira de um campo arado. 12Jacó fugiu para a terra de Arã e ali cuidou de ovelhas para obter uma esposa. 13Então, por meio de um profeta, o SENHOR tirou do Egito os descendentes de Jacó; e, por meio de um profeta, eles foram protegidos. 14Mas o povo de Israel provocou o Senhor amargamente. Agora ele os sentenciará à morte como pagamento por seus pecados.

NO QUE ESTOU **PENSANDO** ○ | O QUE ESTOU **SENTINDO** ○ | DO QUE ESTOU **LEMBRANDO** ○

DESENHE OU ESCREVA

CAPÍTULO 13

A ira do SENHOR contra Israel

1Quando a tribo de Efraim falava, o povo tremia de medo, pois essa tribo era importante em Israel. Mas pecaram ao adorar Baal e, com isso, selaram sua destruição. 2Agora, continuam a pecar ao fazer ídolos de prata, imagens modeladas por mãos humanas. "Ofereçam-lhes sacrifícios!", eles dizem. "Beijem os ídolos em forma de bezerro!" 3Por isso, desaparecerão como a neblina da manhã, como o orvalho à luz do sol, como a palha soprada pelo vento, como a fumaça que sai pela chaminé. 4"Eu sou o SENHOR, seu Deus, que os tirou do Egito. Vocês não reconhecerão outro Deus além de mim, pois não existe outro salvador. 5Cuidei de vocês no deserto, naquela terra seca e sedenta. 6Mas depois que comeram e se saciaram, ficaram orgulhosos e se esqueceram de mim. 7Agora, eu os atacarei como um leão, como um leopardo à espreita no caminho. 8Como uma ursa da qual roubaram os filhotes, arrancarei seu coração. Como uma leoa faminta os devorarei, e como um animal selvagem os despedaçarei. 9"Ó Israel, você está prestes a ser destruído por mim, seu único ajudador. 10Agora, onde está seu rei? Que ele salve suas cidades! Onde estão os líderes da terra, os reis e os príncipes que vocês exigiram de mim? 11Em minha ira, eu lhes dei reis e, em minha fúria, os tirei. 12"A culpa de Efraim foi acumulada, e seu pecado, armazenado para o castigo. 13O povo sentiu dores, como as dores do parto, mas é insensato como uma criança que não quer nascer. A hora do nascimento chegou, mas ele fica no ventre. 14"Devo resgatá-los da sepultura? Devo redimi-los da morte? Ó morte, traga seus horrores! Ó sepultura, traga suas pragas! Pois não terei compaixão deles. 15Efraim é o mais próspero de seus irmãos, mas um vento leste, uma rajada do SENHOR, se levantará no deserto. Suas fontes se esgotarão, e seus poços secarão. Todas as suas riquezas serão saqueadas e levadas embora. 16O povo de Samaria sofrerá as consequências de sua culpa, pois se rebelou contra seu Deus. Serão mortos pela espada inimiga; suas crianças serão despedaçadas, e suas mulheres grávidas, abertas ao meio."

CAPÍTULO 14

Cura para os arrependidos

1Volte, ó Israel, para o SENHOR, seu Deus, pois seus pecados causa-
ram sua queda. 2Tragam suas confissões e voltem para o SENHOR.
Digam-lhe: "Perdoa nossos pecados e recebe-nos com bondade,
para que possamos oferecer-te nossos louvores. 3A Assíria não pode
nos salvar, nossos cavalos de guerra também não. Nunca mais di-
remos aos ídolos que fizemos: 'Vocês são nossos deuses'. Somente
em ti os órfãos encontram misericórdia". 4"Então eu os curarei de
sua infidelidade e os amarei com todo o meu ser, pois minha ira
desaparecerá para sempre. 5Serei para Israel como o orvalho re-
frescante. Israel florescerá como o lírio; lançará raízes profundas no
solo, como os cedros do Líbano. 6Seus ramos se estenderão como
belas oliveiras, perfumados como os cedros do Líbano. 7Meu povo
viverá novamente à minha sombra; crescerá como o trigo e flores-
cerá como a videira. Seu aroma será agradável, como o dos vinhos
do Líbano. 8"Ó Israel, fique longe dos ídolos! Sou eu que respondo
às suas orações e cuido de vocês. Sou como a árvore sempre verde;
todos os seus frutos vêm de mim." 9Quem for sábio, entenda estas
coisas; quem tiver discernimento, ouça com atenção. Os caminhos
do SENHOR são retos, e neles andam os justos. Mas, nesses mesmos
caminhos, os pecadores tropeçam e caem.

Os 14.8

Os

JOEL

CAPÍTULO 1

1 O SENHOR deu esta mensagem a Joel, filho de Petuel.

Lamentação pela praga de gafanhotos

2 Ouçam isto, líderes do povo! Ouçam todos que habitam na terra!
Em toda a sua história, já ocorreu algo semelhante? 3 Contem a seus
filhos o que aconteceu, e que seus filhos contem aos filhos deles;
transmitam esta história de geração em geração. 4 Depois que
os gafanhotos cortadores devoraram as colheitas, os gafanhotos
migradores comeram o que restava; então vieram os gafanhotos
saltadores e, depois deles, os gafanhotos destruidores! 5 Despertem
e chorem, bêbados! Lamentem, vocês que tomam vinho! Todas as
uvas estão arruinadas, todo o seu vinho doce acabou. 6 Uma nação
imensa invadiu minha terra, um exército terrível, tão numeroso que
não se pode contar. Seus dentes são como os de leões, suas pre-
sas, como as da leoa. 7 Destruiu minhas videiras e arruinou minhas
figueiras. Arrancou sua casca e as destruiu; seus galhos ficaram
desfolhados. 8 Chorem como a moça vestida de luto, que lamenta
a morte do noivo. 9 Pois não há cereal nem vinho para oferecer no
templo do SENHOR. Por isso os sacerdotes estão de luto; aqueles que
servem na casa do SENHOR choram. 10 Os campos estão arruinados,
a terra está desolada. O trigo está destruído, as uvas secaram e
o azeite acabou. 11 Desesperem-se, agricultores! Lamentem, vocês
que cuidam das videiras! Chorem, pois o trigo e a cevada, todas
as colheitas nos campos, estão arruinados. 12 As videiras secaram,

NO QUE ESTOU PENSANDO | O QUE ESTOU SENTINDO | DO QUE ESTOU LEMBRANDO

DESENHE OU ESCREVA

e as figueiras murcharam. As romãzeiras, as palmeiras e as ma-
cieiras, todas as árvores frutíferas secaram, e com elas murchou a
alegria do povo. 13 Vistam-se de pano de saco e chorem, sacerdotes!
Lamentem, vocês que servem diante do altar! Venham, passem a
noite vestidos de pano de saco, vocês que servem ao meu Deus.
Pois não há cereal nem vinho para oferecer no templo de seu Deus.
14 Convoquem um tempo de jejum, juntem o povo para uma reunião
solene. Tragam os líderes e todos que habitam na terra para o tem-
plo do SENHOR, seu Deus, e ali clamem a ele. 15 O dia do SENHOR está
próximo, o dia em que virá destruição da parte do Todo-poderoso;
que dia terrível será! 16 Nosso alimento desaparece diante dos
olhos; já não há alegria e exultação na casa de nosso Deus. 17 As
sementes morrem na terra seca, as colheitas de cereal se perdem.
Os celeiros estão vazios, os armazéns, abandonados. 18 Como os ani-
mais gemem de fome! As manadas de gado vagam confusas, pois
não encontram pasto; os rebanhos de ovelhas sofrem. 19 Socorro,
SENHOR! O fogo devorou os pastos do deserto, e as chamas quei-
maram as árvores do campo. 20 Até os animais selvagens clamam
a ti, pois os riachos secaram, e o fogo devorou os pastos do deserto.

CAPÍTULO 2

Os gafanhotos invadem como um exército

1 Toquem a trombeta em Sião! Soem o alarme em meu santo
monte! Que todos tremam de medo, pois está chegando o dia do
SENHOR. 2 É um dia de escuridão e trevas, um dia de densas nuvens
e sombras profundas. Como o amanhecer se estende pelos montes,
assim surge um grande e poderoso exército. Nunca se viu algo
parecido, e nunca mais se verá. 3 À frente deles o fogo arde, atrás
deles vêm chamas. Diante deles a terra se estende, bela como o
jardim do Éden. Atrás deles só há desolação; nada escapa. 4 Parecem
cavalos, atacam como cavalos de guerra. 5 Olhem para eles, saltando
sobre o topo dos montes; ouçam o barulho que fazem, como o
estrondo de carros de guerra, como o fogo crepitante que devora
um campo cheio de palha, como um exército poderoso que avança
para a batalha. 6 O medo toma conta do povo; todo rosto fica pálido
de terror. 7 Os agressores marcham como guerreiros e, como solda-
dos, escalam os muros da cidade. Marcham sempre em frente, sem
deixar suas fileiras. 8 Não empurram uns aos outros; cada um se

move na posição correta. Rompem as linhas de defesa, sem desfa-
zer a formação. 9 Atacam a cidade e correm ao longo de seus muros.
Entram em todas as casas e sobem pelas janelas, como ladrões.
10 A terra treme com seu avanço, e os céus estremecem. O sol e a
lua escurecem, e as estrelas deixam de brilhar. 11 O SENHOR está à
frente de seu exército; com um grito, ele o comanda. É seu exército
poderoso e segue suas ordens. O dia do SENHOR é espantoso e
terrível; quem poderá sobreviver?

Chamado ao arrependimento

12 Por isso, o SENHOR diz: "Voltem para mim de todo o coração, ve-
nham a mim com jejum, choro e lamento! 13 Não rasguem as roupas
em sinal de tristeza; rasguem o coração!". Voltem para o SENHOR,
seu Deus, pois ele é misericordioso e compassivo, lento para se irar
e cheio de amor; está sempre pronto a voltar atrás e não castigar.
14 Quem sabe ele mude de ideia e lhes envie bênção em lugar
desse castigo. Talvez possam apresentar ofertas de cereal e vinho
ao SENHOR, seu Deus, como faziam antes. 15 Toquem a trombeta em
Sião! Convoquem um tempo de jejum, juntem o povo para uma
reunião solene. 16 Reúnam e consagrem todo o povo, os anciãos, as
crianças e até os bebês. Chamem o noivo de seu aposento e a noiva,
de seu quarto. 17 Que os sacerdotes, que servem na presença do
SENHOR, chorem entre o pórtico do templo e o altar. Que façam esta
oração: "Poupa teu povo, SENHOR! Não permitas que a nação que
pertence a ti se torne objeto de zombaria. Não deixes que seja mo-
tivo de piada para as nações que dizem: 'Onde está o seu Deus?'".

O SENHOR promete restauração

18 Então o SENHOR teve compaixão de seu povo e com zelo guardou
sua terra. 19 O SENHOR respondeu: "Vejam! Eu lhes envio cereal,
vinho novo e azeite, suficientes para saciá-los. Vocês não serão mais
objeto de zombaria entre as nações vizinhas. 20 Expulsarei esses
exércitos que vêm do norte e os enviarei para uma terra seca e
desolada. Os que estão na vanguarda serão empurrados para o mar
Morto, e os da retaguarda, para o Mediterrâneo. O mau cheiro dos
corpos em decomposição se espalhará sobre a terra". Certamente
o SENHOR tem feito grandes coisas! 21 Não tema, ó terra; alegre-se
e exulte, pois o SENHOR tem feito grandes coisas. 22 Não tenham

medo, animais do campo, pois os pastos do deserto ficarão verdes.
As árvores voltarão a dar frutos, as figueiras e as videiras ficarão
carregadas. 23 Alegrem-se, vocês que habitam em Sião! Exultem
no SENHOR, seu Deus! Pois ele envia as chuvas na medida certa; as
chuvas de outono voltarão a cair, e também as chuvas de primavera.
24 As eiras voltarão a se encher de trigo, e os tanques de prensar
transbordarão de vinho novo e azeite. 25 "Eu lhes devolverei o que
perderam por causa dos gafanhotos migradores, dos saltadores,
dos destruidores e dos cortadores; enviei esse grande exército de-
vastador contra vocês. 26 Vocês voltarão a ter alimento até se saciar
e louvarão o SENHOR, seu Deus, que realiza esses milagres em seu
favor; nunca mais meu povo será envergonhado. 27 Então vocês
saberão que estou no meio de Israel, que sou o SENHOR, seu Deus, e
não há nenhum outro; nunca mais meu povo será envergonhado."

O SENHOR promete seu Espírito

28 "Então, depois que eu tiver feito essas coisas, derramarei meu
Espírito sobre todo tipo de pessoa. Seus filhos e suas filhas profeti-
zarão; os velhos terão sonhos, e os jovens terão visões. 29 Naqueles
dias, derramarei meu Espírito até mesmo sobre servos e servas.
30 Farei maravilhas nos céus e na terra: sangue e fogo, e colunas
de fumaça. 31 O sol se escurecerá, a lua se tornará vermelha como
sangue antes que chegue o grande e terrível dia do SENHOR. 32 Mas
todo aquele que invocar o nome do SENHOR será salvo, pois alguns
no monte Sião, em Jerusalém, escaparão, como o SENHOR prome-
teu. Estarão entre os sobreviventes que o SENHOR chamou."

CAPÍTULO 3

Julgamento contra as nações inimigas

1 "No tempo em que essas coisas acontecerem, quando eu restau-
rar Judá e Jerusalém, 2 reunirei todas as nações no vale de Josafá.
Ali eu as julgarei por terem maltratado Israel, minha propriedade,
por terem espalhado meu povo entre as nações e repartido minha
terra. 3 Fizeram um sorteio para decidir quem de meu povo seria
seu escravo. Deram meninos em troca de prostitutas e venderam
meninas por vinho para se embriagar. 4 "O que vocês têm contra
mim, Tiro, Sidom e cidades da Filístia? Estão tentando se vingar de
mim? Se essa é sua intenção, tomem cuidado! Eu as atacarei sem

demora e lhes darei o que merecem por suas ações. 5Roubaram
minha prata, meu ouro e meus tesouros preciosos e os levaram
para seus templos. 6Venderam aos gregos os habitantes de Judá
e Jerusalém, para que os levassem para longe de sua terra na-
tal. 7"Mas eu os trarei de volta de todos os lugares para onde os
venderam, e darei a vocês o que merecem. 8Venderei seus filhos
e filhas aos habitantes de Judá, e eles os venderão ao povo da
Arábia, uma nação distante. Eu, o SENHOR, falei!" 9Anunciem às
nações de toda parte: "Preparem-se para a guerra! Convoquem
seus melhores guerreiros; que todos os seus soldados avancem
para a batalha. 10Forjem seus arados para fazer espadas e trans-
formem suas podadeiras em lanças; treinem até os mais fracos
para serem guerreiros. 11Venham depressa, nações de toda parte;
reúnam-se no vale!". E agora, ó SENHOR, convoca teus guerreiros!
12"Que as nações se mobilizem para a guerra e marchem para o
vale de Josafá! Ali eu, o SENHOR, me sentarei para julgar todas elas.
13Lancem a foice, pois a colheita está madura. Venham e pisem as
uvas, pois o tanque de prensar está cheio. Os tonéis transbordam
com a perversidade das nações." 14Multidões e multidões esperam
no vale da decisão, onde o dia do SENHOR chegará em breve. 15O
sol e a lua escurecerão, e as estrelas deixarão de brilhar. 16A voz do
SENHOR rugirá desde Sião e trovejará desde Jerusalém; os céus e
a terra tremerão. Mas o SENHOR será refúgio para seu povo, uma
fortaleza para o povo de Israel.

Bênçãos para o povo de Deus

17"Então vocês saberão que eu, o SENHOR, seu Deus, habito em Sião,
meu santo monte. Jerusalém será santa, e exércitos estrangeiros
não voltarão a conquistá-la. 18Naquele dia, vinho doce gotejará dos
montes, e leite fluirá das colinas. Água encherá o leito dos riachos
de Judá; uma fonte brotará do templo do SENHOR e regará o vale
das Acácias. 19O Egito, porém, se transformará numa terra desolada,
e Edom se tornará um deserto, pois atacaram o povo de Judá e
mataram inocentes em sua terra. 20"Judá, porém, ficará cheia de
gente para sempre, e Jerusalém permanecerá por todas as gera-
ções. 21Perdoarei os crimes de meu povo, que ainda não perdoei;
e eu, o SENHOR, habitarei em Sião."

Jl 3.11

AMÓS

CAPÍTULO 1

[1]Esta mensagem acerca de Israel foi dada a Amós, pastor de ovelhas
da cidade de Tecoa, em Judá. Ele a recebeu em visões dois anos
antes do terremoto, quando Uzias era rei de Judá, e Jeroboão, filho
de Jeoás, era rei de Israel. [2]Foi isto que ele viu e ouviu: "A voz do
SENHOR rugirá desde Sião e trovejará desde Jerusalém! Os pastos
verdes dos pastores secarão, e o capim no monte Carmelo murchará
e morrerá".

Julgamento sobre as nações vizinhas

[3]Assim diz o SENHOR: "Os habitantes de Damasco pecaram repeti-
damente; não deixarei que fiquem impunes! Feriram meu povo
em Gileade, como o cereal é debulhado com trilhos de ferro. [4]Por
isso enviarei fogo sobre o palácio do rei Hazael, e as fortalezas do rei
Ben-Hadade serão destruídas. [5]Derrubarei os portões de Damasco
e matarei todos que habitam no vale de Áven. Destruirei o gover-
nante em Bete-Éden, e o povo da Síria será levado como escravo
para Quir", diz o SENHOR. [6]Assim diz o SENHOR: "Os habitantes de
Gaza pecaram repetidamente; não deixarei que fiquem impunes!
Enviaram todo o povo para o exílio e o entregaram como escravos
para Edom. [7]Por isso enviarei fogo sobre os muros de Gaza, e suas
fortalezas serão destruídas. [8]Matarei os que habitam em Asdode
e destruirei o governante de Ascalom. Então me voltarei para ata-
car Ecrom, e os filisteus que restarem serão mortos", diz o SENHOR
Soberano. [9]Assim diz o SENHOR: "Os habitantes de Tiro pecaram

NO QUE ESTOU PENSANDO ○ | O QUE ESTOU SENTINDO ○ | DO QUE ESTOU LEMBRANDO ○

DESENHE OU ESCREVA

repetidamente; não deixarei que fiquem impunes! Quebraram o
pacto de irmãos com Israel e entregaram todo o povo como escravo
para Edom. [10]Por isso enviarei fogo sobre os muros de Tiro, e suas
fortalezas serão destruídas". [11]Assim diz o SENHOR: "Os habitantes de
Edom pecaram repetidamente; não deixarei que fiquem impunes!
Com espadas perseguiram seus parentes, os israelitas, e não tive-
ram compaixão deles. Em sua fúria, os despedaçaram sem parar e
foram implacáveis em sua ira. [12]Por isso enviarei fogo sobre Temã,
e as fortalezas de Bozra serão destruídas". [13]Assim diz o SENHOR:
"Os habitantes de Amom pecaram repetidamente; não deixarei
que fiquem impunes! Quando atacaram Gileade para ampliar suas
fronteiras, abriram as mulheres grávidas ao meio com espadas.
[14]Por isso enviarei fogo sobre os muros de Rabá, e suas fortalezas
serão destruídas. A batalha virá sobre eles com gritos, como um
redemoinho numa forte tempestade. [15]Seu rei e seus príncipes
irão juntos para o exílio", diz o SENHOR.

CAPÍTULO 2

[1]Assim diz o SENHOR: "Os habitantes de Moabe pecaram repetida-
mente; não deixarei que fiquem impunes! Queimaram os ossos
do rei de Edom até reduzi-los a cinzas. [2]Por isso enviarei fogo sobre
a terra de Moabe, e as fortalezas de Queriote serão destruídas. Os
que habitam nela cairão em meio ao ruído da batalha, aos gritos
dos guerreiros e ao som da trombeta. [3]Destruirei seu rei e matarei
seus príncipes", diz o SENHOR.

Julgamento de Deus sobre Judá e Israel

[4]Assim diz o SENHOR: "Os habitantes de Judá pecaram repeti-
damente; não deixarei que fiquem impunes! Rejeitaram a lei
do SENHOR e não obedeceram a seus decretos. Foram desviados
pelas mesmas mentiras que enganaram seus antepassados. [5]Por
isso enviarei fogo sobre Judá, e as fortalezas de Jerusalém serão
destruídas". [6]Assim diz o SENHOR: "Os habitantes de Israel pecaram
repetidamente; não deixarei que fiquem impunes! Vendem por
prata o justo e, por um par de sandálias, o pobre. [7]Pisoteiam a
cabeça dos indefesos no pó e empurram os oprimidos para fora
do caminho. Pai e filho dormem com a mesma mulher e assim
profanam meu santo nome. [8]Aos pés dos altares reclinam-se com

roupas que seus devedores lhes deram como garantia. Na casa de
seus deuses, bebem vinho comprado com multas injustas. 8“Diante
dos olhos de meu povo, destruí os amorreus, embora fossem altos
como cedros e fortes como carvalhos. Destruí os frutos de seus ga-
lhos e arranquei suas raízes. 10Trouxe vocês do Egito e os guiei qua-
renta anos pelo deserto, para que possuíssem a terra dos amorreus.
11Escolhi alguns de seus filhos para serem profetas e outros, para
serem nazireus. Acaso podem negar isso, israelitas?”, diz o SENHOR.
12“Mas vocês deram vinho para os nazireus beberem e ordenaram
a seus profetas: ‘Chega de profecias!’. 13“Por isso eu os esmagarei,
como uma carroça sobrecarregada de trigo amassa a terra. 14O que
corre mais rápido não escapará, o mais forte em seu meio se en-
fraquecerá, nem o guerreiro valente se salvará. 15O arqueiro não
manterá sua posição, o corredor mais veloz não conseguirá escapar,
nem o que estiver a cavalo se salvará. 16Naquele dia, seus guerreiros
mais corajosos largarão as armas e fugirão”, diz o SENHOR.

CAPÍTULO 3

1Povo de Israel, ouça esta mensagem que o SENHOR pronunciou
contra você, contra toda a família que ele trouxe do Egito: 2“De
todas as famílias da terra, só escolhi vocês. Por isso devo castigá-los
por todos os seus pecados”.

Testemunhas contra Israel

3Acaso duas pessoas podem andar juntas se não estiverem de
acordo? 4Acaso o leão ruge na floresta sem antes encontrar sua
presa? O leão forte rosna em sua toca se nada tiver caçado? 5A ave
é pega na armadilha se não houver isca? A armadilha se fecha se
nada for apanhado? 6Quando a trombeta soa o alarme, o povo não
fica assustado? Acaso a calamidade sobrevém a uma cidade sem
que o SENHOR a tenha planejado? 7Certamente o SENHOR Soberano
não fará coisa alguma sem antes revelar seu plano a seus servos,
os profetas. 8O leão rugiu, quem não temerá? O SENHOR Soberano
falou, quem não profetizará? 9Anunciem aos líderes da Filístia e aos
poderosos do Egito: “Reúnam-se nas colinas ao redor de Samaria e
sejam testemunhas do caos e da opressão em Israel”. 10“Meu povo
esqueceu como fazer o que é certo”, diz o SENHOR. “Suas fortalezas
estão cheias de bens obtidos por meio de roubo e violência. 11Por

isso”, diz o SENHOR Soberano, “um inimigo se aproxima. Ele os cer-
cará e acabará com suas defesas, e depois saqueará suas fortalezas.”
12Assim diz o SENHOR: “Como o pastor que tenta arrancar uma ove-
lha da boca do leão e só consegue recuperar duas pernas ou um
pedaço da orelha, assim será o destino dos israelitas em Samaria,
deitados em camas luxuosas e recostados em sofás com lençóis
de Damasco. 13“Agora ouçam estas palavras e anunciem-nas em
todo o Israel”, diz o SENHOR Soberano, o Deus dos Exércitos. 14“No
mesmo dia em que eu castigar Israel por seus pecados, destruirei os
altares idólatras em Betel. As pontas do altar serão cortadas e cairão
no chão. 15Destruirei as belas casas dos ricos, suas mansões de
inverno e suas residências de verão, todos os seus palácios cheios
de marfim”, diz o SENHOR.

CAPÍTULO 4

Israel não aprende

1Ouçam, vacas gordas que vivem em Samaria, mulheres que opri-
mem os pobres, esmagam os necessitados e pedem aos maridos:
“Tragam-nos mais bebida!”. 2O SENHOR Soberano jurou por sua
santidade: “Chegará o dia em que serão levadas com ganchos no
nariz. Até a última de vocês será arrastada como peixe no anzol!
3Serão levadas para fora pelas ruínas do muro e expulsas de suas
fortalezas”, diz o SENHOR. 4“Andem, vão a Betel cometer pecados!
Continuem a desobedecer em Gilgal! Ofereçam sacrifícios todas
as manhãs e tragam seus dízimos a cada três dias. 5Apresentem
seu pão com fermento como oferta de gratidão. Entreguem suas
ofertas voluntárias para saírem se gabando delas! É o tipo de coisa
que vocês, israelitas, gostam de fazer”, diz o SENHOR Soberano. 6“Eu
trouxe fome sobre toda cidade, escassez de alimento sobre todo lu-
gar. Nem assim vocês voltaram para mim”, diz o SENHOR. 7“Segurei
as chuvas quando suas plantações mais precisavam delas. Enviei
chuva para uma cidade, mas a retive em outra. Chovia sobre um
campo, enquanto outro secava. 8Andavam de cidade em cidade
em busca de água, mas nunca havia suficiente. Nem assim vocês
voltaram para mim”, diz o SENHOR. 9“Castiguei suas plantações e
videiras com pragas e ferrugem; gafanhotos devoraram suas figuei-
ras e oliveiras. Nem assim vocês voltaram para mim”, diz o SENHOR.
10“Enviei pragas contra vocês, como as pragas que enviei contra o

Egito. Matei seus jovens na guerra e levei todos os seus cavalos;
o mau cheiro dos mortos encheu o ar. Nem assim vocês voltaram
para mim", diz o Senhor. 11"Destruí algumas de suas cidades, como
destruí Sodoma e Gomorra. Os que sobreviveram pareciam grave-
tos chamuscados, tirados do fogo. Nem assim vocês voltaram para
mim", diz o Senhor. 12"Portanto, farei tudo isso com você, ó Israel!
Prepare-se para encontrar seu Deus!" 13Pois aquele que formou os
montes agita os ventos e revela seus pensamentos à humanidade.
Ele transforma a luz do amanhecer em escuridão e pisa sobre os
lugares altos da terra; seu nome é Senhor, o Deus dos Exércitos!

CAPÍTULO 5

Chamado ao arrependimento

1Ouça, povo de Israel! Ouça este meu cântico fúnebre: 2"A virgem
Israel caiu, para nunca mais se levantar! Está estendida no chão,
e não há quem a ajude a ficar em pé". 3O Senhor Soberano diz:
"Quando uma cidade mandar mil homens para a batalha, apenas
cem retornarão. Quando dela saírem cem, apenas dez voltarão
com vida". 4Assim diz o Senhor ao povo de Israel: "Busquem-me e
vivam! 5Não adorem nos altares em Betel, não vão aos santuários
em Gilgal ou Berseba. Pois os habitantes de Gilgal serão levados
para o exílio, e os de Betel serão reduzidos a nada". 6Busquem
o Senhor e vivam! Do contrário, ele passará por Israel como um
fogo e a destruirá por completo. Não haverá em Betel ninguém
que possa apagar as chamas. 7Vocês transformam a retidão em
amargura e tratam a justiça como lixo. 8Pois ele criou as estrelas,
as Plêiades e o Órion. Transforma a escuridão em manhã e o dia em
noite. Tira água dos oceanos e a derrama sobre a terra; seu nome é
Senhor! 9Com rapidez tremenda, destrói os fortes e esmaga suas
defesas. 10Como vocês odeiam juízes honestos! Como detestam
os que dizem a verdade! 11Oprimem os pobres e roubam seu trigo
com impostos injustos. Por isso, ainda que construam belas casas
de pedra, jamais morarão nelas. Ainda que plantem videiras verde-
jantes, jamais beberão o vinho delas. 12Pois eu sei que seus atos de
rebeldia são muitos, e seus pecados são grandes. Afligem o justo
aceitando subornos e não fazem justiça ao pobre nos tribunais.
13Quem for prudente ficará de boca fechada, pois este é um tempo
de desgraça. 14Façam o bem e fujam do mal, para que tenham

NO QUE ESTOU PENSANDO ○ | O QUE ESTOU SENTINDO ○ | DO QUE ESTOU LEMBRANDO ○

DESENHE OU ESCREVA

vida! Então o Senhor, o Deus dos Exércitos, os ajudará, como vocês
afirmam. 15Odeiem o mal e amem o bem, estabeleçam a justiça em
seus tribunais. Talvez o Senhor, o Deus dos Exércitos, ainda tenha
compaixão do remanescente de seu povo. 16Portanto, assim diz o
Senhor Soberano, o Deus dos Exércitos: "Haverá choro nas praças
públicas e angústia nas ruas. Chamem os lavradores para chorar
com vocês, convoquem pranteadores para lamentar. 17Haverá la-
mento em cada videira, pois destruirei todas elas", diz o Senhor.

Advertência sobre o julgamento que está por vir

18Que aflição espera vocês que dizem: "Se ao menos o dia do Senhor
chegasse!". Não fazem ideia do que desejam; aquele dia trará escuri-
dão, e não luz. 19Vocês serão como o homem que foge de um leão e
acaba encontrando um urso, que apoia a mão na parede de sua casa
e é picado por uma cobra. 20Sim, o dia do Senhor será de escuridão,
e não de luz; não haverá um só raio de claridade no meio das trevas.
21"Sinto imenso desprezo de suas festas religiosas, não suporto suas
reuniões solenes. 22Não aceitarei seus holocaustos nem suas ofertas
de cereal. Não darei a mínima atenção para suas melhores ofertas
de paz. 23Chega de seus ruidosos cânticos de louvor! Não ouvirei
a música de suas harpas. 24Em vez disso, quero ver uma grande
inundação de justiça, um rio inesgotável de retidão. 25"Foi a mim
que vocês trouxeram sacrifícios e ofertas durante os quarenta anos
no deserto, povo de Israel? 26Não, vocês serviram Sicute, seu deus
rei, e Quium, seu deus estrela, imagens que fizeram para si mesmos!
27Por isso eu os enviarei para o exílio, para uma terra a leste de
Damasco", diz o Senhor, cujo nome é Deus dos Exércitos.

CAPÍTULO 6

1Que aflição espera vocês que vivem sossegados em Jerusalém
e vocês que se sentem seguros em Samaria! São líderes famosos
em Israel, e as pessoas recorrem a vocês. 2Vão, porém, a Calné e
vejam o que aconteceu ali. Depois, vão à grande cidade de Hamate
e desçam à cidade filisteia de Gate. Vocês não são melhores que
elas, e vejam como foram destruídas. 3Vocês afastam qualquer
pensamento de calamidade vindoura, mas suas ações só apres-
sam o dia do castigo. 4Que aflição espera vocês que se deitam em
camas de marfim e se espreguiçam em seus sofás, comendo a carne

de cordeiros do rebanho e dos novilhos engordados no estábulo.
5Entoam canções ao som da harpa e pensam ser grandes músicos,
como Davi. 6Bebem vinho em taças enormes e se perfumam com os
melhores óleos aromáticos; não se importam com a ruína da nação.
7Por isso, serão os primeiros levados para o exílio; as festas dos
que viviam sossegados cessarão. 8O SENHOR Soberano jurou por
seu próprio nome, e é isto que ele, o SENHOR, o Deus dos Exércitos,
diz: "Não suporto a arrogância de Israel e odeio suas fortalezas.
Entregarei esta cidade e tudo que nela há a seus inimigos". 9(Se
restarem dez homens numa casa, todos morrerão. 10E, quando um
parente responsável por sepultar os mortos entrar na casa para
tirá-los de lá, perguntará ao que restou: "Há mais alguém com
você?". E, quando o sobrevivente começar a responder: "Não, eu
juro pelo...", o parente o interromperá e dirá: "Pare! Nem sequer
mencione o nome do SENHOR".) 11Quando o SENHOR der a ordem, as
casas, grandes e pequenas, serão despedaçadas. 12Acaso os cavalos
podem galopar sobre as rochas? Alguém pode ará-las com bois?
Vocês transformam a retidão em veneno e o fruto da justiça, em
amargura. 13Contam vantagem pela conquista de Lo-Debar: "Acaso
não conquistamos Carnaim com nossa própria força?". 14"Ó povo de
Israel, estou prestes a trazer contra vocês uma nação", diz o SENHOR,
o Deus dos Exércitos. "Ela os oprimirá em toda a sua terra, desde
Lebo-Hamate, ao norte, até o vale de Arabá, ao sul."

Am

CAPÍTULO 7

Visão dos gafanhotos

1Foi isto que o SENHOR Soberano me mostrou numa visão: ele se
preparava para enviar sobre a terra um exército de gafanhotos.
Isso foi depois que a porção do rei havia sido colhida dos campos,
quando brotava a colheita principal. 2Em minha visão, os gafanho-
tos comeram todas as plantas da terra. Então eu disse: "Ó SENHOR
Soberano, perdoa-nos! Do contrário, não sobreviveremos, pois
Israel é muito pequeno". 3Então o SENHOR voltou atrás e disse: "O
que você viu não acontecerá".

Visão do fogo

4Foi isto que o SENHOR Soberano me mostrou em outra visão: ele se
preparava para castigar seu povo com um grande fogo. O fogo havia

NO QUE ESTOU **PENSANDO** ○ | O QUE ESTOU **SENTINDO** ○ | DO QUE ESTOU **LEMBRANDO** ○

DESENHE OU ESCREVA

consumido as profundezas do mar e devorava toda a terra. 5Então
eu disse: "Ó SENHOR Soberano, imploro-te que pares. Do contrário,
não sobreviveremos, pois Israel é muito pequeno". 6Então o SENHOR
Soberano voltou atrás e disse: "Isso também não acontecerá".

Visão do prumo

7Foi isto que ele me mostrou em outra visão: o Senhor estava em
pé, junto a um muro que havia sido construído usando-se um pru-
mo, e segurava o prumo em sua mão. 8O SENHOR me perguntou:
"Amós, o que você vê?". Respondi: "Um prumo". Então o Senhor
disse: "Provarei meu povo com este prumo. Não fecharei mais os
olhos para o que fazem. 9Os santuários idólatras de seus antepas-
sados ficarão em ruínas, e os lugares de adoração de Israel serão
destruídos; trarei a espada contra a dinastia de Jeroboão".

Amós e Amazias

10Então Amazias, sacerdote de Betel, enviou uma mensagem a
Jeroboão, rei de Israel: "Amós conspira contra o rei aqui mesmo,
no meio do povo, falando coisas intoleráveis! 11Assim diz ele: 'Em
breve Jeroboão será morto pela espada, e o povo de Israel será en-
viado para o exílio'". 12Então Amazias ordenou a Amós: "Vá embora
daqui, profeta! Volte para a terra de Judá e ganhe a vida profetizan-
do ali! 13Não nos incomode com suas profecias aqui em Betel. Este
é o santuário do rei e o lugar de adoração de todo o reino!". 14Amós
respondeu: "Não sou profeta e nunca fui treinado para ser profeta.
Sou apenas um boiadeiro e colhedor de figos. 15Mas o SENHOR me
tirou de junto de meu rebanho e disse: 'Vá e profetize a meu povo,
Israel'. 16Agora, portanto, ouça esta mensagem do SENHOR: "Você
diz: 'Não profetize contra Israel; pare de pregar contra meu povo'.
17Mas assim diz o SENHOR: 'Sua esposa se tornará prostituta nesta
cidade, e seus filhos e filhas serão mortos pela espada. Sua terra
será dividida, e você morrerá em terra estrangeira. E o povo de Israel
certamente será levado para o exílio, para longe de sua terra natal'".

CAPÍTULO 8

Visão das frutas maduras

1Em outra visão, o SENHOR Soberano me mostrou um cesto cheio
de frutas maduras 2e perguntou: "Amós, o que você vê?". Respondi:

"Um cesto cheio de frutas maduras". Então o SENHOR disse: "Assim
como essas frutas, o povo de Israel já está maduro; não voltarei a
adiar seu castigo. 3Naquele dia, os cânticos no templo se transfor-
marão em lamentos. Haverá cadáveres espalhados por toda par-
te, e serão levados em silêncio para fora da cidade. Eu, o SENHOR
Soberano, falei!". 4Ouçam isto, vocês que roubam dos pobres e
oprimem os necessitados! 5Não veem a hora de o sábado acabar
e as festas religiosas terminarem para que voltem a fazer negócios.
Usam medidas falsas para medir o trigo e enganam o comprador
com balanças desonestas. 6Misturam o trigo que vendem com pa-
lha varrida do chão. Escravizam os pobres por uma moeda de prata
ou um par de sandálias. 7O SENHOR, a Glória de Israel, jurou por seu
próprio nome: "Jamais esquecerei tudo que vocês fizeram! 8A terra
tremerá por causa de suas maldades, e todos que nela habitam
lamentarão. A terra se levantará como o Nilo, o rio do Egito, na época
das enchentes; ela se erguerá e depois afundará. 9"Naquele dia", diz
o SENHOR Soberano, "farei o sol se pôr ao meio-dia e em plena luz
do dia escurecerei a terra. 10Transformarei suas festas em tempos de
lamento e seus cânticos, em canções fúnebres. Vocês se vestirão de
luto e rasparão a cabeça, como se seu único filho tivesse morrido;
será um dia de muita amargura! 11"Está chegando o tempo", diz o
SENHOR Soberano, "em que enviarei fome sobre a terra, não fome
de pão nem sede de água, mas de ouvir as palavras do SENHOR.
12As pessoas andarão sem rumo, de mar em mar e de um extremo
ao outro, em busca da palavra do SENHOR, mas não a encontrarão.
13Naquele dia, moças belas e rapazes fortes desmaiarão de sede. 14E
aqueles que juram pelos ídolos de Samaria, que fazem juramentos
em nome do deus de Dã e votos em nome do deus de Berseba,
todos eles cairão e nunca mais se levantarão."

CAPÍTULO 9

Visão de Deus junto ao altar

1Então vi o Senhor em pé junto ao altar. Ele disse: "Golpeie o alto
das colunas do templo, para que os alicerces tremam. Derrube o
telhado sobre a cabeça do povo que estiver embaixo. Matarei à es-
pada os que sobreviverem; ninguém escapará! 2"Ainda que cavem
até o lugar dos mortos, estenderei a mão e os arrancarei de lá. Ainda
que subam até os céus, os farei descer. 3Ainda que se escondam no

Am 9.6

topo do monte Carmelo, os buscarei e de lá os tirarei. Ainda que se
escondam no fundo do mar, enviarei a serpente marinha para que
os morda. 4Ainda que seus inimigos os levem para o exílio, orde-
narei que a espada os mate ali. Estou decidido a trazer calamidade
sobre eles, e não o bem". 5O Soberano SENHOR dos Exércitos toca a
terra e ela se derrete, e todos que nela habitam lamentam. A terra
se levanta como o Nilo, o rio do Egito, na época das enchentes e
depois afunda. 6O SENHOR constrói sua casa até os céus e estabelece
seus alicerces sobre a terra. Ele tira água dos oceanos e a derrama
sobre a terra; SENHOR é o seu nome! 7"Acaso vocês, israelitas, são
mais importantes para mim que os etíopes?", diz o SENHOR. "Tirei
Israel do Egito, mas também tirei os filisteus de Creta e os sírios de
Quir. 8"Eu, o SENHOR Soberano, vigio a nação pecaminosa de Israel.
Eu a varrerei da face da terra, mas jamais destruirei por completo o
povo de Israel", diz o SENHOR. 9"Pois darei ordens e sacudirei Israel
com as outras nações, como o trigo é sacudido na peneira; mas ne-
nhum grão se perderá. 10Todos os pecadores, porém, morrerão pela
espada, todos que dizem: 'Nenhuma calamidade virá sobre nós.'

Promessa de restauração

11"Naquele dia, restaurarei a tenda caída de Davi e consertarei seus
muros quebrados. Das ruínas a reconstruirei e restaurarei sua an-
tiga glória. 12Israel possuirá o que restar de Edom e de todas as
nações que chamei para serem minhas". O SENHOR falou e fará essas
coisas. 13"Virá o tempo", diz o SENHOR, "em que o trigo e as uvas cres-
cerão tão rápido que o povo não dará conta de colhê-los. Vinho doce
gotejará das videiras no alto das colinas de Israel. 14Trarei meu povo
exilado de Israel de volta de terras distantes, e eles reconstruirão as
cidades destruídas e voltarão a morar nelas. Plantarão vinhedos e
jardins, comerão de suas colheitas e beberão de seu vinho. 15Eu os
plantarei firmemente ali, em sua própria terra. Nunca mais serão
arrancados da terra que lhes dei", diz o SENHOR, seu Deus.

OBADIAS

CAPÍTULO 1

1Esta é a visão que o SENHOR Soberano revelou a Obadias acerca
da terra de Edom.

O julgamento de Edom é anunciado

Ouvimos uma mensagem do SENHOR, que um embaixador foi
enviado às nações para dizer: "Preparem-se, todos! Vamos reunir
nossos exércitos e atacar Edom!". 2O SENHOR diz a Edom: "Eu o
tornarei pequeno entre as nações; você será grandemente despre-
zado. 3Foi enganado por seu orgulho, pois vive numa fortaleza de
pedra e mora no alto dos montes. 'Quem me derrubará daqui de
cima?', pensa consigo. 4Mesmo que suba tão alto como as águias
e faça seu ninho entre as estrelas, de lá eu o derrubarei", diz o
SENHOR. 5"Se ladrões viessem durante a noite e o assaltassem (que
calamidade o espera!), não levariam tudo, e aqueles que colhem
uvas sempre deixam algumas para os pobres. 6No entanto, todos os
cantos de Edom serão vasculhados e saqueados; todos os tesouros
serão encontrados e levados embora. 7"Todos os seus aliados o
expulsarão de sua terra; eles lhe prometerão paz enquanto tramam
enganá-lo e conquistá-lo. Seus amigos de confiança lhe prepararão
armadilhas, e você nem se dará conta. 8Naquele dia, não restará
um sábio sequer em toda a terra de Edom", diz o SENHOR. "Pois,
nos montes de Edom, destruirei todos que têm entendimento. 9Os
guerreiros mais poderosos de Temã ficarão aterrorizados, e todos
nos montes de Edom serão exterminados na matança."

Os 1.21

Motivos para o castigo de Edom

10"Por causa da violência que cometeu contra seus parentes, os
israelitas, você será coberto de vergonha e destruído para sempre.
11Quando eles foram invadidos, você se manteve afastado e não
quis ajudá-los. Estrangeiros levaram a riqueza da nação e tiraram
sortes para dividir Jerusalém, e você agiu como se fosse um deles.
12"Não deveria ter ficado satisfeito quando exilaram seus parentes
em terras distantes. Não deveria ter se alegrado quando o povo de
Judá sofreu tamanha desgraça. Não deveria ter falado com arrogân-
cia naquele tempo de aflição. 13Não deveria ter saqueado a terra de
Israel naquele dia de calamidade. Não deveria ter ficado satisfeito
com sua destruição naquele dia de calamidade. Não deveria ter
roubado a riqueza deles naquele dia de calamidade. 14Não deveria
ter ficado nas encruzilhadas para matar os que tentavam escapar.
Não deveria ter capturado e entregado os sobreviventes naquele
tempo de aflição."

Edom é destruído, e Israel, restaurado

15"Está próximo o dia em que eu, o SENHOR, julgarei todas as
nações! Como você fez a Israel, assim lhe será feito. Toda a sua
maldade cairá sobre sua cabeça. 16Assim como você engoliu meu
povo em meu monte santo, você e as nações vizinhas engolirão o
castigo contínuo que eu derramar sobre vocês. Sim, todas as nações
beberão, cambalearão e, por fim, desaparecerão. 17"Mas o monte
Sião se tornará refúgio para os que escaparem; será um lugar santo.
O povo de Israel voltará para tomar posse de sua herança. 18O povo
de Israel será um fogo intenso, e Edom será um campo de palha
seca. Os descendentes de José serão uma chama que passará pelo
campo e consumirá tudo. Não haverá sobreviventes em Edom; eu,
o SENHOR, falei. 19"Então meu povo que vive no Neguebe ocupará
os montes de Edom. Os que vivem nas colinas de Judá possuirão as
planícies dos filisteus e tomarão os campos de Efraim e de Samaria.
O povo de Benjamim ocupará a terra de Gileade. 20Os exilados
de Israel retornarão para sua terra e ocuparão o litoral fenício até
Sarepta. Os cativos de Jerusalém, exilados no norte, voltarão para
casa e ocuparão as cidades do Neguebe. 21Os que foram resgata-
dos subirão ao monte Sião, em Jerusalém, para governar sobre os
montes de Edom; e o reino será do SENHOR."

JONAS

CAPÍTULO 1

Jonas foge de Deus

1O SENHOR deu esta mensagem a Jonas, filho de Amitai: 2"Apronte-se e vá à grande cidade de Nínive. Anuncie meu julgamento contra ela, pois vi como seu povo é perverso". 3Jonas se aprontou, mas foi na direção contrária, a fim de fugir do SENHOR. Desceu ao porto de Jope, onde encontrou um navio que estava de partida para Társis. Comprou a passagem e embarcou para Társis, a fim de fugir do SENHOR. 4O SENHOR, porém, enviou sobre o mar um vento forte, e caiu uma tempestade tão violenta que o navio estava prestes a se despedaçar. 5Com muito medo, os marinheiros clamavam a seus deuses para que os socorressem e lançavam a carga ao mar para deixar o navio mais leve. Enquanto isso, Jonas dormia profundamente no porão. 6Então o capitão desceu para falar com ele. "Como pode dormir numa situação dessas?", disse. "Levante-se e ore a seu deus! Quem sabe ele prestará atenção em nós e poupará nossa vida!" 7Então a tripulação tirou sortes para ver qual deles havia ofendido os deuses e causado a terrível tempestade. Quando tiraram as sortes, elas indicaram que Jonas era o culpado. 8"Por que essa terrível tempestade veio sobre nós?", perguntaram. "Quem é você? Qual é sua profissão? De onde vem? Qual é sua nacionalidade?" 9Jonas respondeu: "Sou hebreu e adoro o SENHOR, o Deus dos céus, que fez o mar e a terra". 10Os marinheiros ficaram apavorados quando ouviram isso, pois Jonas já havia lhes contado que estava fugindo do SENHOR. "Por que fez uma coisa dessas?", disseram. 11E, visto que

a tempestade piorava cada vez mais, perguntaram-lhe: "O que devemos fazer com você para que a tempestade se acalme?". 12Jonas respondeu: "Joguem-me ao mar, e ele voltará a ficar calmo. Eu sei que esta terrível tempestade é culpa minha". 13Em vez disso, os marinheiros remaram com ainda mais força para levar a embarcação à terra, mas não conseguiram, pois o mar tempestuoso havia se tornado muito violento. 14Então clamaram ao SENHOR e disseram: "Ó SENHOR, não nos deixes morrer por causa deste homem, e não nos responsabilizes pela morte dele! Ó SENHOR, tu sabes os motivos por que enviaste esta tempestade sobre ele!". 15Depois, os marinheiros pegaram Jonas e o lançaram ao mar e, no mesmo instante, a furiosa tempestade se aquietou. 16Espantados com o grande poder do SENHOR, os marinheiros lhe ofereceram um sacrifício e firmaram o compromisso de servi-lo. 17O SENHOR fez que um grande peixe engolisse Jonas. E Jonas ficou dentro do peixe por três dias e três noites.

CAPÍTULO 2

A oração de Jonas

1Então, de dentro do peixe, Jonas orou ao SENHOR, seu Deus, 2e disse: "Em minha angústia, clamei ao SENHOR, e ele me respondeu. Gritei da terra dos mortos, e tu me ouviste. 3Nas profundezas do oceano me lançaste, e afundei até o coração do mar. As águas me envolveram; fui encoberto por tuas tempestuosas ondas. 4Então eu disse: 'Tu me expulsaste de tua presença e, no entanto, olharei de novo para teu santo templo'. 5Afundei debaixo das ondas, e as águas se fecharam sobre mim; algas marinhas se enrolaram em minha cabeça. 6Afundei até os alicerces dos montes; fiquei preso na terra, cujas portas se fecharam para sempre. Mas tu, ó SENHOR, meu Deus, me resgataste da morte! 7Quando minha vida se esvaía, me lembrei do SENHOR, e minha oração subiu a ti em teu santo templo. 8Os que adoram falsos deuses dão as costas para as misericórdias de Deus. 9Eu, porém, oferecerei sacrifícios a ti com cânticos de gratidão e cumprirei todos os meus votos, pois somente do SENHOR vem o livramento". 10Então o SENHOR ordenou que o peixe vomitasse Jonas na praia.

CAPÍTULO 3

Jonas vai a Nínive

1Depois disso, o SENHOR falou com Jonas pela segunda vez:

2"Apronte-se, vá à grande cidade de Nínive e transmita a mensagem
que eu lhe dei". 3Dessa vez, Jonas obedeceu à ordem do SENHOR e
foi a Nínive, uma cidade tão grande que eram necessários três dias
para percorrê-la inteira. 4No dia em que Jonas entrou na cidade,
proclamou às multidões: "Daqui a quarenta dias Nínive será des-
truída!". 5Os habitantes de Nínive creram em Deus e, desde o mais
importante até o mais humilde, declararam um jejum e se vestiram
de pano de saco. 6Quando o rei de Nínive ouviu o que Jonas dizia,
desceu do trono, tirou as vestes reais, vestiu-se de pano de saco e
sentou-se sobre um monte de cinzas. 7Então o rei e seus nobres
enviaram este decreto a toda a cidade: "Ninguém, nem mesmo os
animais de seu gado e de seus rebanhos, poderá comer ou beber
coisa alguma. 8Tanto as pessoas como os animais devem se cobrir
de pano de saco, e todos devem orar fervorosamente ao SENHOR.
Devem deixar seus maus caminhos e toda a sua violência. 9Quem
sabe Deus voltará atrás, conterá sua ira ardente e não nos destruirá".
10Quando Deus viu o que fizeram e como deixaram seus maus
caminhos, voltou atrás e não os destruiu como havia ameaçado.

CAPÍTULO 4

A ira de Jonas por causa da misericórdia do SENHOR

1Isso tudo deixou Jonas aborrecido e muito irado. 2Então, orou ao
SENHOR: "Antes de eu sair de casa, não foi isso que eu disse que
tu farias, ó SENHOR? Por esse motivo fugi para Társis! Sabia que és
Deus misericordioso e compassivo, lento para se irar e cheio de
amor. Estás pronto a voltar atrás e não trazer calamidade. 3Agora
tira minha vida, SENHOR! Para mim é melhor morrer que viver des-
se modo". 4O SENHOR respondeu: "Você acha certo ficar tão irado
assim?". 5Então Jonas foi até um lugar a leste de Nínive e construiu
um abrigo para sentar-se à sua sombra enquanto esperava para ver
o que aconteceria à cidade. 6O SENHOR Deus fez crescer ali uma
planta, que logo espalhou suas folhas grandes sobre a cabeça de
Jonas e o protegeu do sol. Isso aliviou o desconforto de Jonas,
e ele ficou muito grato pela planta. 7No dia seguinte, porém, ao
amanhecer, Deus também mandou uma lagarta. Ela comeu o talo
da planta, que secou. 8Quando o calor do sol se intensificou, Deus
mandou um vento leste quente soprar sobre Jonas. O sol bateu em
sua cabeça até ele sentir-se tão fraco que desejou morrer. "Para mim

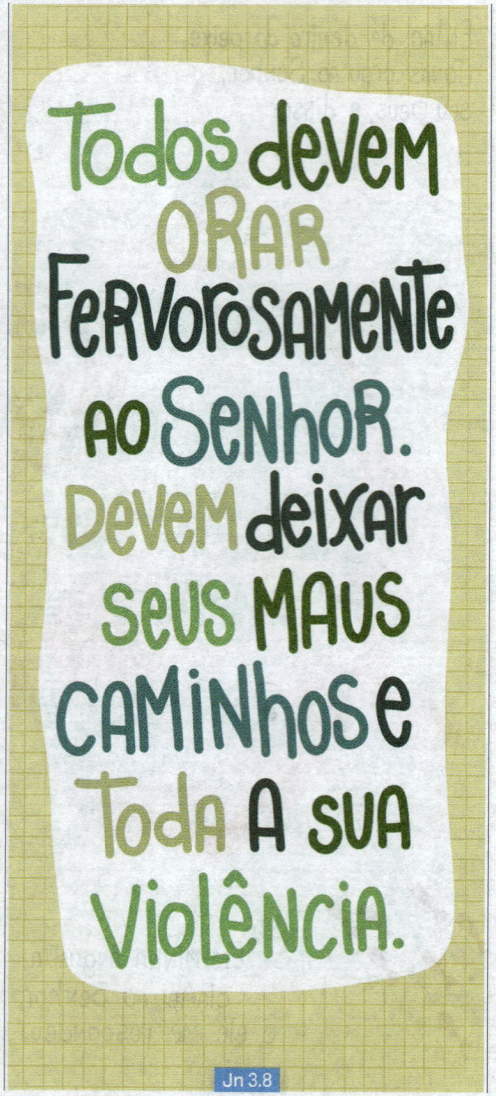

Jn 3.8

é melhor morrer que viver desse modo", disse ele. 9Deus pergun-
tou a Jonas: "Você acha certo ficar tão irado por causa da planta?".
Jonas respondeu: "Sim, acho certo ficar tão irado a ponto de querer
morrer!". 10Então o SENHOR disse: "Você tem compaixão de uma
planta, embora não tenha feito coisa alguma para que ela crescesse.
Ela depressa apareceu e depressa murchou. 11Nínive, porém, tem
mais de 120 mil pessoas que não sabem decidir entre o certo e o
errado, sem falar de muitos animais. Acaso não devo ter compaixão
dessa grande cidade?".

MIQUEIAS

CAPÍTULO 1

1O SENHOR deu esta mensagem a Miqueias, de Moresete, durante
os anos em que Jotão, Acaz e Ezequias foram reis de Judá. As visões
diziam respeito a Samaria e a Jerusalém.

Grande tristeza por Samaria e Jerusalém

2Prestem atenção, todos os povos! Que a terra e tudo que nela há
ouçam! O SENHOR Soberano faz acusações contra vocês; de seu
santo templo o Senhor fala. 3Vejam, o SENHOR se aproxima! Ele
deixa seu trono nos céus e pisa sobre os lugares altos da terra.
4Os montes se derretem sob seus pés e escorrem para os vales,
como cera no fogo, como água que desce pela encosta. 5E por
que isso acontece? Por causa da rebeldia de Israel, dos pecados
dos descendentes de Jacó. Quem é responsável pela rebeldia de
Israel? Samaria, sua capital! Onde fica o centro de idolatria de Judá?
Em Jerusalém, sua capital! 6"Por isso, transformarei a cidade de
Samaria num monte de ruínas. Farei de suas ruas um campo
para plantar videiras. Atirarei no vale as pedras de seus muros,
até que os alicerces fiquem descobertos. 7Todas as suas imagens
esculpidas serão despedaçadas, todos os seus tesouros sagrados
serão queimados. Isso tudo foi comprado com o pagamento de
sua prostituição e será levado embora para pagar prostitutas em
outro lugar." 8Por isso, chorarei e lamentarei; andarei descalço e nu.
Uivarei como o chacal e gemerei como a coruja. 9Pois a ferida de
meu povo não tem cura. Chegou a Judá, até as portas de Jerusalém.

NO QUE ESTOU PENSANDO ○ | O QUE ESTOU SENTINDO ○ | DO QUE ESTOU LEMBRANDO ○

DESENHE OU ESCREVA

10Não contem isso a nossos inimigos em Gate; não chorem. Vocês,
habitantes de Bete-Leafra, rolem no pó. 11Vocês, habitantes de Safir,
vão para o exílio, nus e envergonhados. Os habitantes de Zaanã não
se atrevem a sair da cidade. Os habitantes de Bete-Ezel estão em
prantos, pois não têm proteção. 12Os habitantes de Marote anseiam
por alívio, mas a calamidade do SENHOR chega até os portões de
Jerusalém. 13Atrelem os cavalos a suas carruagens e fujam, habi-
tantes de Laquis. Você foi a primeira cidade em Judá a seguir Israel
em sua rebeldia, e levou a bela Sião a pecar. 14Deem presentes de
despedida a Moresete-Gate; a cidade de Aczibe enganou os reis
de Israel. 15Ó habitantes de Maressa, trarei um conquistador para
tomar sua cidade. E a liderança de Israel irá a Adulão. 16Ó habitantes
de Judá, raspem a cabeça, pois seus filhos queridos serão levados
para longe. Fiquem calvos como a águia, pois seus pequenos serão
exilados em terras distantes.

CAPÍTULO 2

Julgamento contra os opressores ricos

1Que aflição espera vocês que ficam acordados à noite fazendo
planos perversos! Levantam-se ao amanhecer para realizá-los, só
porque têm poder para isso. 2Quando desejam um terreno, en-
contram um modo de se apropriar dele. Quando querem a casa
de alguém, tomam-na por meio de violência. Oprimem um ho-
mem para que lhes entregue sua propriedade e deixam a família
dele sem herança. 3Portanto, assim diz o SENHOR: "Eu retribuirei
sua maldade com maldade; não conseguirão livrar o pescoço do
laço. Não andarão mais com arrogância, pois será um tempo de
calamidade". 4Naquele dia, seus inimigos zombarão de vocês e
entoarão canções de lamento a seu respeito: "Estamos acabados,
totalmente arruinados! Deus confiscou nossa terra, ele a tomou de
nós. Entregou nossos campos àqueles que nos levaram cativos".
5Então outros estabelecerão suas divisas, e o povo do SENHOR será
ignorado na hora de repartir a terra.

Verdadeiros e falsos profetas

6"Não diga uma coisa dessas", o povo responde. "Não profetize
dessa maneira; essa desgraça jamais nos acontecerá!" 7Acaso
deve falar desse modo, ó povo de Israel? O Espírito do SENHOR

Mq

terá paciência com essa conduta? Se fizesse o que é certo, minhas
palavras lhe trariam consolo. 8Até agora, porém, meu povo se rebela
contra mim, como se fosse um inimigo. Roubam a túnica daqueles
que confiaram em vocês e os deixam aos farrapos, como quem
volta da batalha. 9Expulsaram mulheres de seus lares confortáveis
e tomaram para sempre de seus filhos tudo que Deus lhes deu.
10Levantem-se! Vão embora! Esta não é mais sua terra nem seu
lar, pois vocês a encheram de pecado e a arruinaram por completo.
11Se um profeta que vive a mentir lhes dissesse: "Proclamarei para
vocês as alegrias do vinho e da bebida forte", de um profeta assim
vocês se alegrariam!

Esperança de restauração

12"Algum dia, ó Israel, reunirei os que restaram. Juntarei vocês
novamente, como ovelhas no curral, como rebanho em seu pasto.
Sim, sua terra voltará a se encher do ruído das multidões. 13Seu líder
abrirá o caminho e os conduzirá para fora do exílio, pelas portas das
cidades inimigas, de volta para sua terra. Seu rei os conduzirá; o
próprio SENHOR os guiará."

CAPÍTULO 3

Julgamento contra os líderes de Israel

1Eu disse: "Ouçam, líderes de Israel! Vocês deveriam saber o que
é certo, 2mas odeiam o bem e amam o mal. Esfolam meu povo
e arrancam a carne de seus ossos. 3Sim, comem a carne de meu
povo; arrancam sua pele e quebram seus ossos. Cortam-no em
pedaços, como carne para a panela. 4Então, na hora da aflição,
clamam ao SENHOR; esperam mesmo que ele responda? Depois
de todo o mal que fizeram, ele nem olhará para vocês!". 5Assim
diz o SENHOR: "Vocês, falsos profetas, fazem meu povo se desviar!
Prometem paz aos que lhes dão comida, mas anunciam guerra aos
que não os alimentam. 6Agora, a noite se fechará ao seu redor e
acabará com suas visões. A escuridão os cobrirá e dará fim a suas
predições. O sol se porá para os profetas, e seu dia chegará ao fim.
7Então vocês, videntes, serão envergonhados, e vocês, adivinhos,
serão humilhados. Cobrirão a boca, porque não há resposta de
Deus". 8Quanto a mim, estou cheio de poder, cheio do Espírito do
SENHOR. Estou cheio de justiça e força para anunciar o pecado e

Mq 2.13

a rebeldia de Israel. 9Escutem, líderes de Israel! Vocês odeiam a
justiça e distorcem o que é certo. 10Constroem Jerusalém sobre
um alicerce de homicídio e corrupção. 11Os governantes julgam
conforme os subornos que recebem, os sacerdotes cobram para
ensinar a lei, os profetas só profetizam quando são pagos, e, no
entanto, todos afirmam depender do SENHOR. Dizem: "Nenhum
mal nos acontecerá, pois o SENHOR está em nosso meio". 12Por causa
de vocês, o monte Sião será arado como um campo; Jerusalém
será transformada num monte de ruínas. Crescerá mato na colina,
onde hoje fica o templo.

CAPÍTULO 4

O reino futuro do SENHOR

1Nos últimos dias, o monte da casa do SENHOR será o mais alto de
todos. Será elevado acima das colinas, e povos de todo o mundo
irão até lá. 2Gente de muitas nações virá e dirá: "Venham, subamos
ao monte do SENHOR, à casa do Deus de Jacó. Ali ele nos ensina-
rá como devemos viver e andaremos em seus caminhos". Pois a
lei do SENHOR sairá de Sião; sua palavra sairá de Jerusalém. 3O
SENHOR será mediador entre povos e resolverá conflitos entre na-
ções poderosas e distantes. Elas forjarão suas espadas para fazer
arados e transformarão suas lanças em podadeiras. As nações já não
lutarão entre si, nem treinarão mais para a guerra. 4Todos viverão
em paz, sentados sob suas videiras e figueiras, pois não haverá
nada a temer. Assim prometeu o SENHOR dos Exércitos! 5Embora
as nações ao redor sigam seus deuses, nós seguiremos o SENHOR,
nosso Deus, para sempre.

Israel volta do exílio

6"Naquele dia", diz o SENHOR, "reunirei os fracos, os que foram
exilados, aqueles a quem feri. 7Os fracos sobreviverão como um
remanescente, os exilados se tornarão uma nação forte. Então eu, o
SENHOR, reinarei sobre eles no monte Sião, para sempre." 8Quanto a
você, bela Sião, fortaleza do povo de Deus, voltará a ter força e poder
soberano. O reino de minha preciosa Jerusalém será restaurado.
9Agora, por que grita de terror? Acaso não tem rei para governá-la?
Morreram todos os seus sábios? Sim, você foi tomada de dor como
a mulher que dá à luz. 10Ó habitantes da bela Sião, contorçam-se

e gemam, como a mulher em trabalho de parto, pois terão de
deixar a cidade para morar nos campos. Vocês serão enviados ao
exílio na distante Babilônia. Ali, porém, o SENHOR os libertará; ele
os livrará das garras de seus inimigos. 11Agora muitas nações se
reuniram contra você, dizendo: "Que ela seja profanada! Vejamos
a destruição de Sião!". 12Mas elas não conhecem os pensamentos
do SENHOR, nem entendem seu plano. Essas nações não sabem que
ele as reúne para serem batidas e pisadas, como feixes de cereal na
eira. 13"Levante-se e esmague as nações, ó bela Sião! Pois eu lhe
darei chifres de ferro e cascos de bronze, para que pisoteie muitas
nações até despedaçá-las. Você dedicará ao SENHOR as riquezas que
elas roubaram; dedicará seus tesouros ao Soberano de toda a terra."

CAPÍTULO 5

1Mobilizem-se! Reúnam suas tropas! O inimigo cerca Jerusalém.
Com uma vara ferirá o rosto do líder de Israel.

Um governante de Belém

2Mas você, ó Belém Efrata, é apenas uma pequena vila entre todo o
povo de Judá. E, no entanto, um governante de Israel, cujas origens
são do passado distante, sairá de você em meu favor. 3O povo de
Israel será entregue a seus inimigos, até que a mulher em trabalho
de parto dê à luz. Por fim, seus compatriotas voltarão do exílio para
sua própria terra. 4Ele se levantará para conduzir seu rebanho com
a força do SENHOR e a majestade do nome do SENHOR, seu Deus.
Então seu povo viverá tranquilo, pois ele será exaltado em todo o
mundo 5e será a fonte de paz. Quando os assírios invadirem nossa
terra e romperem nossas defesas, nomearemos sete pastores para
nos proteger, oito príncipes para nos conduzir. 6Eles conquistarão
a Assíria com a espada e entrarão pelas portas da terra de Ninrode.
Ele nos livrará dos assírios, quando eles passarem pelas fronteiras
para invadir nossa terra.

A purificação do remanescente

7Então o remanescente de Israel ocupará seu lugar entre as nações.
Será como o orvalho enviado pelo SENHOR, como a chuva que cai
sobre a grama, que ninguém é capaz de conter e ninguém conse-
gue deter. 8Sim, o remanescente de Israel ocupará seu lugar entre

NO QUE ESTOU **PENSANDO** ○ | O QUE ESTOU **SENTINDO** ○ | DO QUE ESTOU **LEMBRANDO** ○

DESENHE OU ESCREVA

as nações. Será como o leão entre os animais no bosque, como
o leão forte no meio de rebanhos de ovelhas, que as ataca e as
despedaça quando passam, sem que ninguém as livre. 9O povo
de Israel enfrentará seus adversários, e todos os seus inimigos
serão exterminados. 10"Naquele dia", diz o SENHOR, "matarei seus
cavalos e destruirei seus carros de guerra. 11Derrubarei seus muros
e demolirei suas fortalezas. 12Acabarei com a prática da feitiçaria,
e não haverá mais adivinhos. 13Destruirei seus ídolos e suas colu-
nas sagradas, para que vocês nunca mais adorem as obras de suas
mãos. 14Acabarei com seus santuários e postes de Aserá e destruirei
suas cidades. 15Com terrível ira, derramarei minha vingança sobre
todas as nações que não me obedeceram."

CAPÍTULO 6

As acusações do SENHOR contra Israel

1Ouçam o que o SENHOR diz: "Levantem-se e apresentem sua causa!
Que os montes e as colinas sejam testemunhas de suas queixas.
2E agora, ó montes e firmes alicerces da terra, ouçam a queixa do
SENHOR. Ele julgará seu povo, fará acusações contra Israel. 3"Ó meu
povo, o que fiz para se cansarem de mim? Respondam-me! 4Eu os
tirei do Egito e os resgatei da escravidão; enviei Moisés, Arão e Miriã
para guiá-los. 5Ó meu povo, não se lembra de como Balaque, rei
de Moabe, planejou que você fosse amaldiçoado, e como, em vez
disso, Balaão, filho de Beor, o abençoou? Não recorda sua viagem
do vale das Acácias a Gilgal, quando eu, o SENHOR, lhe revelei minha
fidelidade?" 6Que podemos apresentar ao SENHOR? Devemos trazer
holocaustos ao Deus Altíssimo? Devemos nos prostrar diante dele
com ofertas de bezerros de um ano? 7Devemos oferecer ao SENHOR
milhares de carneiros e dez mil rios de azeite? Devemos sacrificar
nossos filhos mais velhos para pagar por nossos pecados? 8Ó povo,
o SENHOR já lhe declarou o que é bom e o que ele requer de você:
que pratique a justiça, ame a misericórdia e ande humildemente
com seu Deus.

A culpa e o castigo de Israel

9Se forem sábios, temam o SENHOR! Sua voz clama a todos em
Jerusalém: "Ouçam os exércitos de destruição; o SENHOR os envia.
10Que direi sobre as casas dos perversos, cheias de tesouros obtidos

pelo engano? E quanto à prática repulsiva de calcular cereais com
medidas falsas? 11Como posso aceitar seus comerciantes que usam
balanças e pesos desonestos? 12Os ricos entre vocês enriqueceram
por meio de extorsão e violência. Seus habitantes estão acostu-
mados a mentir; sua língua não consegue mais dizer a verdade.
13"Por isso eu a farei sofrer! Em ruínas a deixarei por causa de seus
pecados. 14Você comerá, mas nunca se saciará; continuará a sentir
as dores de fome. E, embora tente economizar alguma coisa, no
fim nada lhe sobrará. O pouco que você ajuntar darei àqueles que
a conquistarem. 15Você semeará plantações, mas não as colherá.
Espremerá azeitonas, mas não terá óleo suficiente para se ungir.
Pisará uvas, mas não obterá suco para fazer vinho. 16Você obedece
apenas às leis do rei Onri e segue apenas as práticas do rei Acabe.
Por isso farei de você um exemplo e a levarei à ruína. Será tratada
com desprezo e insultada por todos que a virem".

CAPÍTULO 7

Sofrimento transformado em esperança

1Pobre de mim! Sinto-me como quem apanha frutas depois da
colheita e nada encontra para comer. Não há um cacho de uvas
sequer, nem um único figo novo para saciar minha fome. 2Os fiéis
desapareceram; não resta uma só pessoa honesta na terra. São
todos assassinos, que preparam armadilhas até para os próprios ir-
mãos; 3suas mãos são hábeis para fazer o mal. Governantes e juízes
exigem subornos; os mais influentes conseguem o que querem e
tramam juntos para perverter a justiça. 4Até o melhor deles é como
um espinheiro, e o mais honesto é perigoso como uma cerca de
espinhos. Mas o dia anunciado se aproxima; está chegando a hora
de seu castigo, um tempo de confusão. 5Não confie em ninguém,
nem mesmo em seu melhor amigo, nem sequer em sua esposa.
6Pois o filho despreza o pai, a filha se rebela contra a mãe, a nora
se rebela contra a sogra; seus inimigos estão em sua própria casa!
7Quanto a mim, busco o SENHOR e espero confiante que Deus me
salve; certamente meu Deus me ouvirá! 8Não se alegrem, meus
inimigos; pois, mesmo que eu caia, voltarei a me levantar. Ainda
que eu esteja em trevas, o SENHOR será minha luz. 9Serei paciente
enquanto o SENHOR me castiga, pois pequei contra ele. Depois dis-
so, ele defenderá minha causa e fará o que é direito. O SENHOR me

NO QUE ESTOU **PENSANDO** ○ | O QUE ESTOU **SENTINDO** ○ | DO QUE ESTOU **LEMBRANDO** ○

DESENHE OU ESCREVA

levará para a luz, e verei sua justiça. 10Então meus inimigos verão
que o SENHOR está do meu lado e se envergonharão de ter dito:
"Onde está o SENHOR, seu Deus?". Com os próprios olhos eu os verei
cair; serão pisados como lama nas ruas. 11Naquele dia, Israel, seus
muros serão reconstruídos, e suas fronteiras, ampliadas. 12Gente de
muitas terras virá até você: desde a Assíria até as cidades do Egito,
desde o Egito até o rio Eufrates, e de mares e montes distantes.
13A terra, porém, ficará vazia e desolada, por causa da maldade
dos que nela habitam.

A compaixão do SENHOR por Israel

14Ó SENHOR, protege teu povo com teu cajado de pastor; conduz
este rebanho que pertence a ti! Embora vivam sozinhos num bos-
que no alto do monte Carmelo, leva-os para pastar nos campos
verdes de Basã e Gileade, como faziam muito tempo atrás. 15"Sim,
realizarei grandes milagres em seu favor, como fiz quando os res-
gatei da terra do Egito." 16Todas as nações ficarão admiradas do
que o SENHOR fará por vocês. Elas terão vergonha de seu pequeno
poder; cobrirão a boca com as mãos e taparão os ouvidos. 17Como
serpentes que rastejam para fora de seus esconderijos, sairão ao
encontro do SENHOR, nosso Deus. Terão muito temor dele e treme-
rão em sua presença. 18Que outro Deus há semelhante a ti, que
perdoas a culpa do remanescente e esqueces os pecados dos que
te pertencem? Não permanecerás irado com teu povo para sempre,
pois tens prazer em mostrar teu amor. 19Voltarás a ter compaixão
de nós; pisarás nossas maldades sob teus pés e lançarás nossos
pecados nas profundezas do mar. 20Tu nos mostrarás tua fidelidade
e teu amor como prometeste há muito tempo a Abraão e a Jacó,
nossos antepassados.

NAUM

CAPÍTULO 1

1 Naum, que vivia em Elcós, recebeu numa visão esta mensagem
acerca de Nínive.

A ira do Senhor contra Nínive

2 O Senhor é Deus zeloso, cheio de vingança e ira. Vinga-se de
todos que a ele se opõem e reserva sua fúria para seus inimigos.
3 O Senhor é lento para se irar, mas tem grande poder e nunca
deixa de castigar o culpado. Demonstra seu poder no vendaval
e na tempestade; as nuvens são poeira debaixo de seus pés. 4 À
sua ordem, os oceanos secam e os rios desaparecem. Os pastos
verdejantes de Basã e do Carmelo se esvaem, e os bosques do
Líbano murcham. 5 Em sua presença, os montes tremem e as colinas
se derretem; a terra estremece e seus habitantes são destruídos.
6 Quem pode resistir à sua indignação? Quem pode sobreviver à
sua ira ardente? Sua fúria queima como fogo, e os montes desabam
em sua presença. 7 O Senhor é bom; é forte refúgio quando vem
a aflição. Está perto dos que nele confiam, 8 mas arrasará seus ini-
migos com uma tremenda inundação. Perseguirá seus adversários
escuridão adentro. 9 Por que vocês tramam contra o Senhor? Ele
os destruirá com um só golpe; não precisará vir outra vez. 10 Seus
inimigos, emaranhados como espinheiros e cambaleantes como
bêbados, serão queimados como palha seca. 11 Ó Nínive, quem é
esse seu conselheiro perverso, que trama o mal contra o Senhor?
12 Assim diz o Senhor: "Embora os assírios tenham muitos aliados,

serão destruídos e desaparecerão. Ó meu povo, eu o castiguei
antes, mas não o castigarei outra vez. 13 Agora quebrarei o jugo
sobre seu pescoço e arrancarei as correntes de sua opressão". 14 E
assim diz o Senhor acerca dos assírios: "Vocês não terão mais filhos
para dar continuidade ao seu nome; destruirei todos os ídolos nos
templos de seus deuses. Estou preparando uma sepultura para
vocês, pois são desprezíveis!". 15 Vejam, um mensageiro vem pelas
montanhas com boas notícias! Ele traz uma mensagem de paz.
Celebrem suas festas, ó habitantes de Judá, e cumpram seus votos,
pois seus inimigos perversos nunca mais invadirão sua terra; serão
completamente destruídos.

CAPÍTULO 2

A queda de Nínive

1 Ó Nínive, seu inimigo vem destruí-la. Guarde as muralhas! Vigie
as estradas! Prepare suas defesas! Reúna suas forças! 2 Embora os
saqueadores tenham despojado Israel, o Senhor restaurará sua
honra. Os ramos da videira foram arrancados, mas ele restaurará
seu esplendor. 3 Os escudos de seus guerreiros são vermelhos;
vejam os uniformes escarlates dos soldados valentes! Observem
seus reluzentes carros de guerra se alinharem, enquanto as lanças
se agitam acima deles. 4 Os implacáveis carros de guerra percorrem
as ruas e atravessam velozes as praças. Brilham como tochas de fogo
e se movem com a rapidez de relâmpagos. 5 Os oficiais são convo-
cados e, de tanta pressa, saem tropeçando, correndo para os muros
a fim de organizar as defesas. 6 As comportas do rio foram abertas!
O palácio está prestes a desabar! 7 O exílio de Nínive foi decretado,
e todas as servas lamentam sua derrota. Gemem como pombas
e batem no peito em sinal de tristeza. 8 Nínive é como um açude
rompido, que deixa vazar seu povo. "Parem! Parem!", alguém grita,
mas ninguém olha para trás. 9 Saqueiem a prata! Levem o ouro!
Os tesouros de Nínive não têm fim; sua riqueza é incalculável. 10 A
cidade é saqueada e fica vazia e arruinada; corações se derretem e
joelhos vacilam. O povo fica angustiado, de rosto pálido, tremendo
de medo. 11 Onde está agora a grande Nínive, toca cheia de leões?
Ali o povo, como leões e seus filhotes, andava livremente e sem te-
mor. 12 O leão despedaçava a carne para seus filhotes e estrangulava
a presa para a leoa. Enchia sua toca de presas e suas cavernas, de

despojos. 13"Sou seu inimigo!", diz o SENHOR dos Exércitos. "Em
breve seus carros serão queimados, e seus jovens morrerão na
batalha. Você nunca mais saqueará nações conquistadas; jamais
se ouvirá novamente a voz de seus mensageiros."

CAPÍTULO 3

Julgamento do SENHOR contra Nínive

1Que aflição espera Nínive, cidade de homicídio e mentiras! É
cheia de riquezas tomadas à força, e nunca lhe faltam vítimas.
2Ouçam o estalo de chicotes, o estrondo de rodas! Os cavalos vêm
galopando, e os carros de guerra sacodem sem parar. 3Vejam as
espadas faiscantes e as lanças reluzentes quando passa a cavalaria!
Há incontáveis mortos, montes de cadáveres. Os corpos são tantos
que os vivos neles tropeçam. 4Tudo isso porque Nínive, prostituta
bela, dona de encantamentos mortais, seduziu as nações com sua
beleza. Ensinou a elas sua magia e enfeitiçou gente de toda parte.
5"Sou seu inimigo!", diz o SENHOR dos Exércitos. "Agora levantarei
suas vestes e mostrarei às nações sua nudez e vergonha. 6Cobrirei
você de sujeira e mostrarei ao mundo como é desprezível. 7Todos
que a virem se afastarão e dirão: 'Nínive está arruinada! Onde estão
os que choram por ela?'. Alguém lamentará sua destruição?" 8Acaso
você é melhor que a cidade de Tebas, situada junto ao rio Nilo e cer-
cada de água? Por todos os lados era protegida pelo rio, e as águas
eram seus muros. 9A Etiópia e a terra do Egito lhe davam apoio
ilimitado. A nação de Pute e a Líbia estavam entre seus aliados.
10E, no entanto, Tebas foi conquistada, e seus habitantes, levados
como escravos. Seus bebês foram lançados com violência contra as
pedras nas ruas. Soldados tiraram sortes para decidir quem levaria
oficiais egípcios como servos; todos os seus líderes foram acorren-
tados. 11E você, Nínive, também tropeçará como um bêbado e se
esconderá de medo do inimigo que ataca. 12Todas as suas fortalezas
cairão; serão devoradas como figos maduros que caem na boca de
quem sacode a árvore. 13Seus soldados ficarão fracos e indefesos
como mulheres. Os portões de sua terra serão escancarados para
o inimigo, e fogo consumirá as trancas. 14Prepare-se para o cerco!
Estoque água! Reforce suas defesas! Entre nos buracos para pisar
o barro, coloque-o nas formas e faça tijolos para reparar os mu-
ros! 15Mesmo assim, o fogo a devorará; a espada a exterminará.

NO QUE ESTOU PENSANDO | O QUE ESTOU SENTINDO | DO QUE ESTOU LEMBRANDO

○ ○ ○

DESENHE OU ESCREVA

O inimigo a consumirá como gafanhotos que devoram tudo pela
frente. Mesmo que você se multiplique como gafanhotos, não have-
rá como escapar. 16Seus comerciantes se tornaram mais numerosos
que as estrelas do céu. Mas, como nuvem de gafanhotos, devastam
a terra e voam para longe. 17Seus guardas e oficiais também são
como gafanhotos, que se ajuntam sobre os muros nos dias frios.
Mas, como gafanhotos que voam embora quando o sol aparece,
todos vão para longe e desaparecem. 18Seus líderes dormem, ó
rei assírio; seus nobres estão mortos, estendidos no pó. Seu povo
está espalhado pelos montes, e não há quem os reúna. 19Não há
cura para sua ferida; ela é mortal. Todos que ouvirem sobre sua
destruição baterão palmas de alegria. Onde se poderá encontrar
alguém que não sofreu com sua constante crueldade?

HABACUQUE

CAPÍTULO 1

1Esta é a mensagem que o profeta Habacuque recebeu numa visão.

A queixa de Habacuque

2Até quando, SENHOR, terei de pedir socorro? Tu, porém, não ou-
ves. Clamo: "Há violência por toda parte!", mas tu não vens salvar.
3Terei de ver estas maldades para sempre? Por que preciso assistir
a tanta opressão? Para qualquer lugar que olho, vejo destruição e
violência. Estou cercado de pessoas que discutem e brigam o tempo
todo. 4A lei está amortecida, e não se faz justiça nos tribunais. Os
perversos são mais numerosos que os justos e, com isso, a justiça
é corrompida.

A resposta do SENHOR

5"Observem as nações ao redor; olhem e admirem-se! Pois faço
algo em seus dias, algo em que vocês não acreditariam mesmo que
alguém lhes contasse. 6Estou levantando os babilônios, um povo
cruel e violento. Eles marcharão por todo o mundo e conquistarão
outras terras. 7São conhecidos por sua crueldade e decidem por si
mesmos o que é certo. 8Seus cavalos são mais velozes que leopar-
dos e mais ferozes que lobos ao anoitecer. Seus cavaleiros atacam,
vindos de longe; como águias, lançam-se sobre a presa para devorá-
-la. 9"Todos eles vêm prontos para agir com violência; seus exércitos
avançam como o vento do deserto, ajuntando prisioneiros como se
fossem areia. 10Zombam de reis e príncipes e desprezam todas as

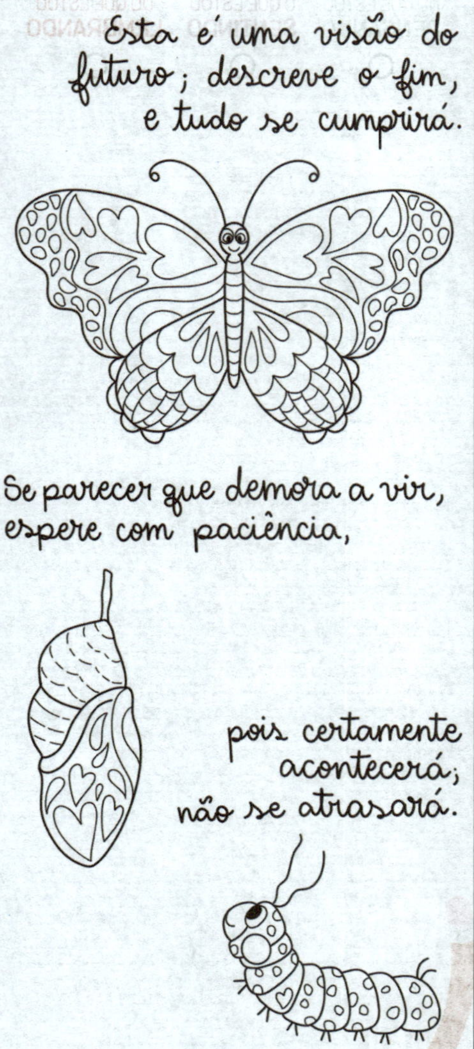

Hq 2.3

suas fortalezas. Constroem rampas de terra contra seus muros e as
conquistam. 11Passam com rapidez, como o vento, e desaparecem.
Sua culpa, porém, é grande, pois têm como deus sua própria força."

A segunda queixa de Habacuque

12Ó SENHOR, meu Deus, meu Santo, tu que és eterno certamente
não planejas nos exterminar! Ó SENHOR, nossa Rocha, enviaste os
babilônios para nos disciplinar, como castigo por nossos pecados.
13Mas tu és puro e não suportas ver o mal e a opressão; permane-
cerás indiferente diante desses traiçoeiros? Ficarás calado enquanto
os perversos engolem os que são mais justos que eles? 14Somos
apenas peixes para ser apanhados e mortos? Somos apenas seres
do mar, que não têm quem os guie? 15Seremos fisgados por seus
anzóis e pegos em suas redes enquanto eles se alegram e festejam?
16Então eles oferecerão sacrifícios a suas redes e queimarão incenso
diante delas, dizendo: "Essas redes nos enriqueceram!". 17Deixarás
que permaneçam impunes? Continuarão a destruir cruelmente as
nações?

CAPÍTULO 2

1Subirei até minha torre de vigia e ficarei de guarda. Ali esperarei
para ver o que ele diz, que resposta dará à minha queixa.

A segunda resposta do SENHOR

2Então o SENHOR me disse: "Escreva minha resposta em tábuas,
para que se possa ler depressa e com clareza. 3Esta é uma visão do
futuro; descreve o fim, e tudo se cumprirá. Se parecer que demora
a vir, espere com paciência, pois certamente acontecerá; não se
atrasará. 4"Olhe para os arrogantes, os perversos que em si mes-
mos confiam; o justo, porém, viverá por sua fidelidade a Deus. 5A
riqueza é traiçoeira, e os arrogantes nunca descansam. Escancaram
a boca como a sepultura e, como a morte, nunca se saciam. Em
sua cobiça, ajuntaram muitas nações e engoliram muitos povos.
6"Em breve, porém, seus cativos os insultarão; zombarão deles,
dizendo: 'Que aflição espera vocês, ladrões! Ficaram ricos pela ex-
torsão; até quando continuarão desse modo?'. 7De repente, seus
credores tomarão providências; eles se voltarão contra vocês e le-
varão tudo que têm, enquanto vocês olham, trêmulos e indefesos.

8Porque saquearam muitas nações, agora todos os sobreviventes os saquearão. Cometeram homicídio nos campos e encheram as cidades de violência. 9"Que aflição espera vocês que constroem casas enormes com dinheiro obtido por meio de opressão! Acreditam que a riqueza comprará segurança e manterá sua família afastada do perigo. 10Mas, com os homicídios que cometeram, envergonharam seu nome e condenaram a própria vida. 11As pedras das paredes clamam contra vocês, e as vigas dos telhados também se queixam. 12"Que aflição espera vocês que constroem cidades com dinheiro obtido por meio de homicídio e corrupção! 13Acaso o SENHOR dos Exércitos não transformará em cinzas as riquezas das nações? Elas trabalham com afinco, mas de nada adianta! 14Pois, assim como as águas enchem o mar, a terra se encherá do conhecimento da glória do SENHOR. 15"Que aflição espera vocês que dão bebidas a seus companheiros! Vocês os obrigam a se embriagar e depois se alegram, maldosos, quando eles ficam nus e envergonhados. 16Em breve, porém, será sua vez de serem humilhados; venham, bebam e fiquem despidos e expostos! Bebam do cálice do SENHOR, e toda a sua glória será transformada em desonra. 17Derrubaram as florestas do Líbano, agora vocês serão derrubados. Destruíram os animais selvagens, agora o terror deles virá sobre vocês. Cometeram homicídio nos campos e encheram as cidades de violência. 18"De que vale o ídolo esculpido por mãos humanas, ou a imagem de metal que só os engana? Como é tolo confiar em sua própria criação, num deus que nem sequer é capaz de falar! 19Que aflição espera vocês que dizem a ídolos de madeira: 'Despertem!', e que dizem a imagens mudas de pedra: 'Levantem-se!'. Acaso um ídolo pode lhes dizer o que fazer? Apesar de serem revestidos de ouro e prata, não há vida dentro deles. 20O SENHOR, porém, está em seu santo templo; toda a terra cale-se diante dele."

CAPÍTULO 3

A oração de Habacuque

1O profeta Habacuque entoou esta oração: 2Ouvi a teu respeito, SENHOR; estou maravilhado com tuas obras. Neste momento de tanta necessidade, ajuda-nos outra vez, como fizeste no passado. E, em tua ira, lembra-te de tua misericórdia. 3Vejo Deus atravessar os desertos, vindo de Edom; o Santo vem do monte Parã. *Interlúdio*

NO QUE ESTOU PENSANDO ○ | O QUE ESTOU SENTINDO ○ | DO QUE ESTOU LEMBRANDO ○

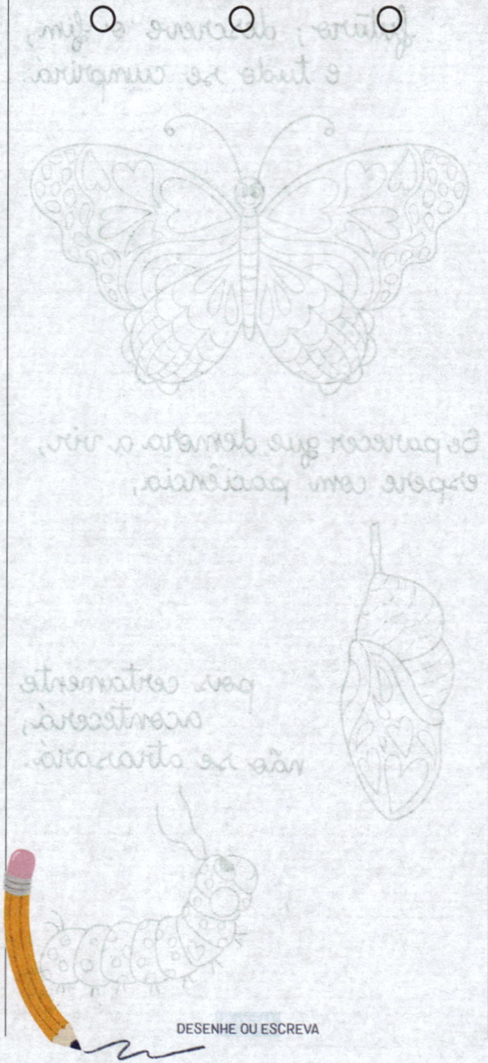

Seu esplendor envolve os céus, e a terra se enche de seu louvor. 4Sua vinda é radiante como o nascer do sol; raios de luz saem de suas mãos, onde está escondido seu poder. 5A peste marcha adiante dele, e a praga vem logo atrás. 6Quando ele para, a terra estremece; quando ele olha, as nações tremem. Ele derruba os montes perpétuos e arrasa as colinas antigas; dele são os caminhos eternos. 7Vejo o povo de Cusã em aflição, e a nação de Midiã treme de terror. 8Foi com ira, SENHOR, que feriste os rios e dividiste o mar? Estavas furioso com eles? Não! Vinhas em tuas carruagens vitoriosas! 9Pegaste teu arco e tua aljava cheia de flechas e dividiste a terra com rios. *Interlúdio* 10Os montes viram e tremeram, e as águas avançaram com violência. O grande abismo clamou e levantou bem alto as mãos. 11O sol e a lua pararam no céu enquanto tuas flechas brilhantes voavam e tua lança reluzente faiscava. 12Marchaste pela terra com ira e, furioso, pisaste as nações. 13Saíste para resgatar teu povo, para libertar teus ungidos. Esmagaste a cabeça dos perversos e os descobriste até os ossos. *Interlúdio* 14Com tuas armas destruíste o líder dos que avançaram como um vendaval, pensando que o povo fosse presa fácil. 15Marchaste sobre o mar com teus cavalos, e as águas poderosas se agitaram. 16Estremeci por dentro quando ouvi isso; meus lábios tremeram de medo. Minhas pernas vacilaram, e tremi de terror. Esperarei em silêncio pelo dia em que a calamidade virá sobre nossos invasores. 17Ainda que a figueira não floresça e não haja frutos nas videiras, ainda que a colheita de azeitonas não dê em nada e os campos fiquem vazios e improdutivos, ainda que os rebanhos morram nos campos e os currais fiquem vazios, 18mesmo assim me alegrarei no SENHOR; exultarei no Deus de minha salvação! 19O SENHOR Soberano é minha força! Ele torna meus pés firmes como os da corça, para que eu possa andar em lugares altos. (Ao regente do coral: Essa oração deve ser acompanhada por instrumentos de corda.)

SOFONIAS

CAPÍTULO 1

1O SENHOR deu esta mensagem a Sofonias quando Josias, filho
de Amom, era rei de Judá. Sofonias era filho de Cuchi, filho de
Gedalias, filho de Amarias, filho de Ezequias.

Julgamento futuro contra Judá

2"Destruirei todas as coisas sobre a face da terra", diz o SENHOR.
3"Destruirei tanto pessoas como animais, destruirei as aves do céu
e os peixes do mar. Reduzirei os perversos a montes de escom-
bros e exterminarei a humanidade da face da terra", diz o SENHOR.
4"Esmagarei Judá e Jerusalém com meu punho e eliminarei até
o último vestígio de seu culto a Baal. Acabarei com os sacerdotes
idólatras, de modo que todos se esquecerão deles. 5Pois eles so-
bem a seus terraços e se curvam para as estrelas e os astros. Juram
pelo nome do SENHOR, mas também adoram Moloque. 6Destruirei
os que antes seguiam o SENHOR, mas agora já não o fazem. Não
pedem a direção do SENHOR, nem o buscam mais." 7Fiquem em
silêncio na presença do SENHOR Soberano, pois se aproxima o dia
do SENHOR. O SENHOR preparou seu povo para uma grande matan-
ça e escolheu seus carrascos. 8"Naquele dia de julgamento", diz o
SENHOR, "castigarei os líderes e os príncipes de Judá e todos que
seguem costumes estrangeiros. 9Sim, castigarei os que participam
de cultos idólatras e enchem a casa de seus senhores de violência e
engano." 10"Naquele dia", diz o SENHOR, "um grito de alarme virá do
portão dos Peixes e ressoará em todo o bairro novo da cidade; um

Sf 2.3

grande estrondo virá das colinas. 11Lamentem, vocês que moram na
região do mercado, pois todos os comerciantes e negociantes serão
destruídos. 12"Vasculharei com lamparinas os cantos mais escuros
de Jerusalém, para castigar os que vivem acomodados em seus pe-
cados. Pensam que o SENHOR não lhes fará coisa alguma, nem boa
nem má. 13Por isso, seus bens serão saqueados, e suas casas, destru-
ídas. Construirão casas novas, mas não habitarão nelas. Plantarão vi-
deiras, mas não beberão de seu vinho. 14"Esse dia terrível do SENHOR
se aproxima; ele virá depressa. Será um dia de amargura em que
até os homens fortes gritarão. 15Será um dia em que o SENHOR der-
ramará sua ira, dia de sofrimento e angústia, dia de ruína e deso-
lação, dia de escuridão e trevas, dia de nuvens sombrias e densas,
16dia de toque de trombetas e gritos de batalha. Caem as cidades
cercadas por muros e as fortalezas mais poderosas! 17"Porque peca-
ram contra o SENHOR, eu os farei tatear no escuro como cegos. Seu
sangue será derramado no pó, e seus corpos apodrecerão sobre a
terra." 18Seu ouro e sua prata não os salvarão no dia da ira do
SENHOR. Pois toda a terra será consumida pelo fogo de seu zelo.
Ele dará um fim assustador a todos que habitam a terra.

CAPÍTULO 2

Chamado ao arrependimento

1Reúna-se, ajunte-se, ó nação desavergonhada! 2Reúna-se antes
que comece o julgamento, antes que o tempo passe como palha
levada pelo vento. Tome uma providência agora, antes que caia a
terrível fúria do SENHOR e comece o dia da ira do SENHOR. 3Todos vo-
cês, humildes, busquem o SENHOR e sigam suas ordens. Busquem
a justiça e vivam com humildade; talvez o SENHOR os proteja no
dia de sua ira.

Julgamento contra a Filístia

4Gaza e Ascalom serão abandonadas, Asdode e Ecrom, demolidas.
5Que aflição espera vocês, filisteus, que vivem no litoral e na terra
de Canaã, pois este julgamento também é contra vocês! O SENHOR
os destruirá, até que não reste ninguém em seu meio. 6O litoral
filisteu se transformará em pasto, lugar de acampamento de pas-
tores e de currais para os rebanhos. 7O remanescente da tribo de
Judá ali se alimentará e, à noite, descansará nas casas abandonadas

Sf

de Ascalom. Pois o Senhor, seu Deus, visitará seu povo e, em sua
bondade, os restaurará.

Julgamento contra Moabe e Amom

8 “Ouvi a zombaria dos moabitas e os insultos dos amonitas, que
riem de meu povo e invadem suas fronteiras. 9 Agora, tão certo
como eu vivo”, diz o Senhor dos Exércitos, o Deus de Israel, “Moabe
e Amom serão destruídas, como Sodoma e Gomorra. Sua terra será
um lugar de urtigas, de poços de sal e desolação sem fim. O re-
manescente de meu povo os saqueará e tomará sua terra.” 10 Eles
receberão o castigo merecido por seu orgulho, pois zombaram do
povo do Senhor dos Exércitos. 11 O Senhor os encherá de terror
quando destruir todos os deuses da terra. Então nações de todo o
mundo adorarão o Senhor, cada uma em sua terra.

Julgamento contra a Etiópia e a Assíria

12 “Vocês, etíopes, também serão mortos por minha espada”, diz o
Senhor. 13 E, com sua mão, ele ferirá as terras do norte e destruirá
a terra da Assíria. Fará de Nínive uma terra vazia e desolada, seca
como um deserto. 14 A cidade orgulhosa se tornará pasto para re-
banhos e gado, e toda espécie de animal selvagem ali descansará.
A coruja do deserto e o mocho se alojarão no alto de suas colunas
arruinadas, e pelas janelas se ouvirá o som das aves. O entulho
fechará as entradas, e os painéis de cedro ficarão expostos. 15 Essa
é a cidade barulhenta, que antes vivia em segurança. Dizia com
orgulho: “Sou a mais poderosa das cidades! Não há outra igual
a mim!”. Agora, porém, vejam como ficou em ruínas, morada de
animais selvagens. Todos que passarem por ela rirão de desprezo
e sacudirão o punho em provocação.

CAPÍTULO 3

A rebeldia e a redenção de Jerusalém

1 Que aflição espera Jerusalém, cidade rebelde e impura, cheia
de violência e opressão! 2 Ninguém pode lhe dizer coisa alguma;
ela recusa toda correção. Não confia no Senhor, nem se aproxima
de seu Deus. 3 Seus líderes são como leões que rugem, caçando
suas vítimas. Seus juízes são como lobos ao cair da noite, que não
deixam vestígio de suas presas ao amanhecer. 4 Seus profetas são

Sf 3.17

mentirosos arrogantes que buscam os próprios interesses. Seus
sacerdotes profanam o templo ao transgredir a lei de Deus. 5 Mas
o Senhor ainda está na cidade e não pratica o mal. A cada dia, ele
faz justiça e nunca falha; os perversos, porém, não se envergonham.
6 “Exterminei as nações, destruí suas torres. Suas ruas ficaram de-
sertas, suas cidades são ruínas caladas. Não há sobreviventes, nem
um sequer. 7 Pensei: ‘Agora eles me temerão! Certamente ouvirão
minhas advertências! Então não precisarei feri-los outra vez, nem
destruir suas casas’. Mas eles continuam a se levantar cedo para
praticar todo tipo de maldade. 8 Portanto, sejam pacientes”, diz o
Senhor, “pois em breve me levantarei para acusar essas nações.
Resolvi juntar os reinos da terra e derramar sobre eles minha
ira ardente. Toda a terra será consumida pelo fogo de meu zelo.
9 “Então purificarei os lábios dos povos, para que possam se reunir
e adorar o Senhor. 10 Meu povo dispersado, que vive além dos rios
da Etiópia, virá para apresentar suas ofertas. 11 Naquele dia, vocês
não precisarão se envergonhar, pois já não serão rebeldes contra
mim. Removerei de seu meio os orgulhosos; não haverá mais
arrogância em meu santo monte. 12 Só restarão os pobres e os hu-
mildes, pois eles confiam no nome do Senhor. 13 O remanescente
de Israel não cometerá injustiça; não mentirão nem enganarão
uns aos outros. Comerão e dormirão em segurança, e não haverá
quem os atemorize.” 14 Cante, ó filha de Sião! Grite bem alto, ó
Israel! Alegre-se e exulte de todo o coração, ó preciosa Jerusalém!
15 Pois o Senhor removerá as acusações contra você e dispersará
os exércitos de seu inimigo. O Senhor, o rei de Israel, estará em
seu meio, e você nunca mais temerá a calamidade. 16 Naquele dia,
se anunciará em Jerusalém: “Anime-se, ó Sião! Não tenha medo!
17 Pois o Senhor, seu Deus, está em seu meio; ele é um Salvador
poderoso. Ele se agradará de vocês com exultação e acalmará todos
os seus medos com amor; ele se alegrará em vocês com gritos de
alegria!”. 18 “Juntarei os que choram por não participarem das festas
sagradas; nunca mais serão envergonhados. 19 Tratarei severamente
todos que os oprimiram; salvarei os fracos e indefesos. Aos que an-
tes foram exilados, darei reconhecimento e honra nas terras em que
sofreram humilhação. 20 Naquele dia, reunirei vocês e os trarei para
casa. Eu lhes darei honra e reconhecimento entre todas as nações da
terra, e os restaurarei diante dos olhos delas. Eu, o Senhor, falei!”.

AGEU

CAPÍTULO 1

Chamado para reconstruir o templo

1Em 29 de agosto do segundo ano do reinado de Dario, o
SENHOR transmitiu esta mensagem por meio do profeta Ageu
ao governador de Judá, Zorobabel, filho de Sealtiel, e ao sumo
sacerdote Josué, filho de Jeozadaque. 2"Assim diz o SENHOR dos
Exércitos: Este povo diz: 'Ainda não chegou a hora de reconstruir
a casa do SENHOR'". 3Então o SENHOR enviou esta mensagem por
meio do profeta Ageu: 4"Por que vocês vivem em casas luxuosas
enquanto minha casa continua em ruínas? 5Assim diz o SENHOR
dos Exércitos: Vejam o que tem acontecido com vocês! 6Plantam
muito, mas colhem pouco. Comem, mas não se saciam. Bebem,
mas ainda têm sede. Vestem-se, mas não se aquecem. Seus salá-
rios desaparecem como se vocês os colocassem em bolsos furados.
7"Assim diz o SENHOR dos Exércitos: Vejam o que tem acontecido
com vocês! 8Agora, subam as colinas, tragam madeira e recons-
truam minha casa. Então me alegrarei nela e serei honrado, diz o
SENHOR. 9Vocês esperavam colheitas fartas, mas elas foram escas-
sas. E, quando trouxeram esse pouco para casa, eu o fiz desaparecer
com um sopro. Por quê? Porque minha casa continua em ruínas,
diz o SENHOR dos Exércitos, enquanto vocês estão ocupados cons-
truindo suas casas. 10É por causa de vocês que os céus retêm o
orvalho e a terra não produz colheitas. 11Enviei uma seca sobre seus
campos e sobre as colinas, uma seca que fará murchar o trigo, as
uvas, as azeitonas e todas as suas plantações, que fará vocês e seus

NO QUE ESTOU PENSANDO ○ O QUE ESTOU SENTINDO ○ DO QUE ESTOU LEMBRANDO ○

DESENHE OU ESCREVA

animais passarem fome e destruirá tudo que vocês trabalharam
para conseguir".

Obediência ao chamado de Deus

12Então Zorobabel, filho de Sealtiel, e o sumo sacerdote Josué, filho
de Jeozadaque, e todo o remanescente do povo obedeceram à
mensagem do SENHOR, seu Deus. Quando o povo ouviu as palavras
do profeta Ageu, que o SENHOR, seu Deus, tinha enviado, temeu o
SENHOR. 13Então Ageu, o mensageiro do SENHOR, transmitiu ao povo
esta mensagem do SENHOR: "Estou com vocês, diz o SENHOR!". 14E
o SENHOR deu ânimo ao governador de Judá, Zorobabel, filho de
Sealtiel, ao sumo sacerdote Josué, filho de Jeozadaque, e a todo
o remanescente do povo. Começaram a trabalhar na casa de seu
Deus, o SENHOR dos Exércitos, 15em 21 de setembro do segundo
ano do reinado de Dario.

CAPÍTULO 2

O esplendor menor do novo templo

1Então, em 17 de outubro desse mesmo ano, o SENHOR transmitiu
outra mensagem por meio do profeta Ageu: 2"Diga ao governador
de Judá, Zorobabel, filho de Sealtiel, e ao sumo sacerdote Josué,
filho de Jeozadaque, e ao remanescente do povo: 3'Algum de vocês
se lembra deste templo em sua antiga glória? Como ele lhes parece
agora, em comparação com o anterior? Deve parecer insignificante!
4Mas assim diz o SENHOR: Seja forte, Zorobabel! Seja forte, sumo
sacerdote Josué, filho de Jeozadaque! Sejam fortes, todos vocês
que restam na terra! Mãos à obra, pois eu estou com vocês, diz o
SENHOR dos Exércitos. 5Meu Espírito habita em seu meio, como pro-
meti quando vocês saíram do Egito. Portanto, não tenham medo'.
6"Pois assim diz o SENHOR dos Exércitos: Em pouco tempo sacudirei
novamente os céus e a terra, os mares e a terra seca. 7Sacudirei
todas as nações, e os tesouros das nações virão para este templo.
Encherei este lugar de glória, diz o SENHOR dos Exércitos. 8A prata
e o ouro me pertencem, diz o SENHOR dos Exércitos. 9A glória des-
te novo templo será maior que a glória do antigo, diz o SENHOR
dos Exércitos, e neste lugar estabelecerei a paz. Eu, o SENHOR dos
Exércitos, falei!".

Bênçãos prometidas aos obedientes

10Em 18 de dezembro do segundo ano do reinado de Dario, o
SENHOR enviou esta mensagem ao profeta Ageu: 11"Assim diz o
SENHOR dos Exércitos. Pergunte aos sacerdotes sobre a lei: 12'Se
alguém levar em sua roupa a carne consagrada de um sacrifício, e
se, por acaso, a roupa tocar num pão, num ensopado, em vinho, em
azeite ou em qualquer outro tipo de alimento, esse alimento tam-
bém se tornará consagrado?'". "Não", responderam os sacerdotes.
13Em seguida, Ageu perguntou: "Se alguém se tornar cerimonial-
mente impuro ao tocar num cadáver e depois tocar num desses
alimentos, o alimento ficará contaminado?". "Sim", responderam
os sacerdotes. 14Então Ageu disse: "É o que acontece com este
povo e com esta nação, diz o SENHOR. Tudo que fazem e oferecem
é contaminado por seu pecado. 15Vejam o que estava acontecendo
com vocês antes de começarem a lançar os alicerces do templo
do SENHOR. 16Quando esperavam uma colheita de vinte medidas,
colhiam apenas dez. Quando esperavam tirar cinquenta medidas
da prensa de uvas, tiravam apenas vinte. 17Enviei ferrugem, mofo e
granizo para destruir tudo que vocês trabalharam para produzir. E,
no entanto, vocês não voltaram para mim, diz o SENHOR. 18"Pensem
neste 18 de dezembro, o dia em que foram lançados os alicerces do
templo do SENHOR. Sim, pensem bem. 19Eu lhes faço uma promessa
agora, enquanto a semente ainda está no celeiro e suas videiras,
figueiras, romãzeiras e oliveiras ainda não deram frutos. Mas, de
hoje em diante, eu os abençoarei".

Promessas para Zorobabel

20Naquele mesmo dia, 18 de dezembro, o SENHOR enviou mais
uma mensagem a Ageu: 21"Diga ao governador de Judá, Zorobabel,
que estou prestes a sacudir os céus e a terra. 22Derrubarei tronos
e destruirei o poder de reinos estrangeiros. Derrubarei os carros
de guerra e seus condutores; os cavalos cairão, e seus cavaleiros
matarão uns aos outros. 23"Naquele dia, diz o SENHOR dos Exércitos,
honrarei você, meu servo Zorobabel, filho de Sealtiel. Farei que você
seja como um anel de selar em meu dedo, diz o SENHOR, pois eu o
escolhi. Eu, o SENHOR dos Exércitos, falei!".

ZACARIAS

CAPÍTULO 1

Chamado para voltar ao SENHOR

1 Em novembro do segundo ano do reinado de Dario, o SENHOR deu
esta mensagem ao profeta Zacarias, filho de Berequias, neto de Ido:
2 "Eu, o SENHOR, fiquei extremamente irado com seus antepassa-
dos. 3 Portanto, diga ao povo: 'Assim diz o SENHOR dos Exércitos:
Voltem-se para mim, e eu me voltarei para vocês, diz o SENHOR
dos Exércitos'. 4 Não sejam como seus antepassados, que não qui-
seram ouvir nem deram atenção quando os antigos profetas lhes
disseram: 'Assim diz o SENHOR dos Exércitos: Deixem seus cami-
nhos maus e abandonem suas práticas perversas'. 5 "Onde estão
agora seus antepassados? Morreram há muito tempo, assim como
os profetas. 6 Mas tudo que eu disse e ordenei por meio de meus
servos, os profetas, aconteceu a seus antepassados. Por isso, eles
se arrependeram e disseram: 'Recebemos do SENHOR dos Exércitos
o que merecíamos. Ele fez o que havia prometido'".

Um homem entre as murtas

7 Três meses depois, no dia 15 de fevereiro, o SENHOR deu outra
mensagem ao profeta Zacarias, filho de Berequias, neto de Ido.
8 Numa visão durante a noite, vi um homem montado num ca-
valo vermelho, parado entre algumas murtas num desfiladeiro.
Atrás dele, havia cavaleiros montados em cavalos vermelhos,
marrons e brancos. 9 Perguntei ao anjo que falava comigo: "Meu
senhor, o que significam estes cavalos?". "Eu lhe mostrarei", o

NO QUE ESTOU **PENSANDO** | O QUE ESTOU **SENTINDO** | DO QUE ESTOU **LEMBRANDO**

DESENHE OU ESCREVA

anjo respondeu. 10 O cavaleiro que estava entre as murtas ex-
plicou: "Eles são aqueles que o SENHOR enviou para percorrer a
terra". 11 Então os outros cavaleiros disseram ao anjo do SENHOR,
que estava entre as murtas: "Percorremos toda a terra, e ela
está em paz". 12 Quando o anjo do SENHOR ouviu isso, disse: "Ó
SENHOR dos Exércitos, durante estes setenta anos tens estado
irado com Jerusalém e as cidades de Judá. Quanto tempo leva-
rá para voltares a ter compaixão delas?". 13 E, ao anjo que falava
comigo, o SENHOR respondeu com palavras boas e consoladoras.
14 Então o anjo me disse: "Proclame esta mensagem: 'Assim diz
o SENHOR dos Exércitos: Tenho grande zelo por Jerusalém e pelo
monte Sião, 15 mas estou extremamente irado com as outras na-
ções que agora vivem tranquilas. Eu estava apenas um pouco
irado com meu povo, mas as nações fizeram que ele sofresse
muito. 16 "'Portanto, assim diz o SENHOR: Voltei a mostrar compai-
xão por Jerusalém. Meu templo será reconstruído, diz o SENHOR
dos Exércitos, e serão tiradas medidas para a reconstrução de
Jerusalém'. 17 "Diga também: 'Assim diz o SENHOR dos Exércitos:
As cidades de Israel voltarão a transbordar de prosperidade, e o
SENHOR voltará a consolar Sião e escolherá Jerusalém para si'".

Quatro chifres e quatro ferreiros

18 Então levantei os olhos e vi quatro chifres de animais. 19 "O que
significam estes chifres?", perguntei ao anjo que falava comigo. Ele
respondeu: "Estes chifres representam as nações que dispersaram
Judá, Israel e Jerusalém". 20 Então o SENHOR me mostrou quatro
ferreiros. 21 "O que estes homens vieram fazer?", perguntei. O anjo
respondeu: "Os quatro chifres são as nações que dispersaram e
humilharam Judá. Agora, os ferreiros vieram para aterrorizar, der-
rubar e destruir essas nações".

CAPÍTULO 2

A futura prosperidade de Jerusalém

1 Quando levantei os olhos outra vez, vi um homem segurando
uma corda de medir. 2 "Aonde você vai?", perguntei. Ele respondeu:
"Vou medir Jerusalém para saber sua largura e seu comprimen-
to". 3 Então o anjo que estava comigo foi se encontrar com outro
anjo que vinha em sua direção. 4 O outro anjo disse: "Corra e diga

àquele jovem: 'Um dia Jerusalém ficará tão cheia de pessoas e
animais que não haverá muros na cidade, pois não caberão todos
dentro dela. 5Então eu mesmo serei um muro de fogo ao redor
de Jerusalém para protegê-la, diz o SENHOR. E eu serei a glória no
meio da cidade'".

Os exilados são chamados de volta

6O SENHOR diz: "Saiam! Fujam da Babilônia, na terra do norte,
pois eu os espalhei aos quatro ventos. 7Saia, povo de Sião exilado
na Babilônia!". 8Depois de um período de glória, o SENHOR dos
Exércitos me enviou contra as nações que saquearam vocês e disse:
"Quem lhes faz mal, faz mal à menina dos meus olhos. 9Levantarei
minha mão para esmagar essas nações, e seus próprios escravos
as saquearão". Então vocês saberão que o SENHOR dos Exércitos me
enviou. 10O SENHOR diz: "Cante e alegre-se, ó bela Sião, pois venho
habitar em seu meio. 11Naquele dia, muitas nações se juntarão
ao SENHOR, e elas também serão meu povo. Habitarei em seu
meio, e vocês saberão que o SENHOR dos Exércitos me enviou. 12A
terra de Judá será a propriedade do SENHOR na terra santa, e mais
uma vez ele escolherá Jerusalém para ser sua cidade. 13Cale-se
diante do SENHOR toda a humanidade, pois ele se levanta de sua
santa habitação".

CAPÍTULO 3

A purificação do sumo sacerdote

1Então o anjo me mostrou o sumo sacerdote Josué em pé diante
do anjo do SENHOR. Satanás, o acusador, também estava ali, ao
lado direito do anjo, e fazia acusações contra Josué. 2O SENHOR
disse a Satanás: "Eu, o SENHOR, rejeito suas acusações, Satanás. Sim,
o SENHOR, que escolheu Jerusalém, o repreende. Este homem é
como uma brasa tirada do fogo". 3Josué continuava em pé diante do
anjo, e suas roupas estavam imundas. 4Então o anjo disse aos que
ali estavam: "Tirem as roupas imundas dele". E, voltando-se para
Josué, disse: "Veja, removi seus pecados e agora lhe dou roupas de
festa". 5Eu disse: "Também precisam colocar um turbante limpo em
sua cabeça". E eles colocaram um turbante limpo na cabeça dele e
o vestiram com as roupas novas, enquanto o anjo do SENHOR per-
manecia ali. 6Então o anjo do SENHOR falou solenemente a Josué e

Não desprezem os começos humildes, pois o Senhor se alegra ao ver a obra começar.

Zc 4.10

disse: 7"Assim diz o SENHOR dos Exércitos: Se você andar em meus
caminhos e seguir meus preceitos, receberá autoridade sobre meu
templo e seus pátios. Deixarei que ande junto com os outros que
aqui estão. 8"Ouçam, ó sumo sacerdote Josué e todos os outros
sacerdotes. Vocês são símbolo de coisas futuras. Em breve trarei
meu servo, o Renovo. 9Agora, olhem para a pedra que coloquei
diante de Josué, uma única pedra com sete faces. Gravarei nela
uma inscrição, diz o SENHOR dos Exércitos, e em um só dia remo-
verei os pecados desta terra. 10"E, naquele dia, diz o SENHOR dos
Exércitos, cada um de vocês convidará seu próximo para sentar-se
debaixo de sua videira e de sua figueira".

CAPÍTULO 4

Um candelabro e duas oliveiras

1Então o anjo que falava comigo voltou e me despertou, como se eu
tivesse estado dormindo. 2"O que você vê agora?", ele perguntou.
Respondi: "Vejo um candelabro de ouro maciço, com uma vasilha
de azeite em cima. Ao redor da vasilha há sete lâmpadas, e cada
lâmpada tem sete tubos com pavios. 3Vejo também duas oliveiras,
uma de cada lado da vasilha". 4Então perguntei ao anjo: "O que
é isto, meu senhor?". 5"Você não sabe?", perguntou o anjo. "Não,
meu senhor", respondi. 6Então ele me disse: "Assim diz o SENHOR a
Zorobabel: Não por força, nem por poder, mas pelo meu Espírito, diz
o SENHOR dos Exércitos. 7Nada será obstáculo para Zorobabel, nem
mesmo uma grande montanha; diante dele ela se tornará uma
planície! E, quando Zorobabel colocar no lugar a última pedra do
templo, o povo gritará: 'É pela graça! É pela graça!'". 8Depois, recebi
outra mensagem do SENHOR: 9"Zorobabel lançou os alicerces deste
templo, e ele o completará. Então vocês saberão que o SENHOR dos
Exércitos me enviou. 10Não desprezem os começos humildes, pois
o SENHOR se alegra ao ver a obra começar, ao ver o prumo na mão
de Zorobabel". (As sete lâmpadas representam os olhos do SENHOR,
que percorrem toda a terra.) 11Então perguntei ao anjo: "O que são
as duas oliveiras, uma de cada lado do candelabro? 12E o que são os
dois ramos de oliveira que derramam azeite dourado por dois tubos
de ouro?". 13"Você não sabe?", ele perguntou. "Não, meu senhor",
respondi. 14Então ele me disse: "Eles representam os dois ungidos
que ficam na presença do Senhor de toda a terra".

Zc

CAPÍTULO 5

Um rolo que voava

1Levantei os olhos novamente e vi um rolo que voava. 2"O que você
vê?", perguntou o anjo. "Vejo um rolo voando", respondi. "Parece
ter uns nove metros de comprimento e a metade disso de largura."
3Em seguida, ele me disse: "Nesse rolo está a maldição que sai
para toda a terra. Uma maldição do rolo diz que os ladrões serão
expulsos da terra; a outra maldição diz que os que juram falsamen-
te serão expulsos da terra. 4E assim diz o SENHOR dos Exércitos:
Envio esta maldição à casa de todo ladrão e à casa de todo que jura
falsamente pelo meu nome. E minha maldição permanecerá na
casa e a destruirá completamente, até sua madeira e suas pedras".

Uma mulher num cesto

5Então o anjo que falava comigo se adiantou e disse: "Levante os
olhos e veja o que está vindo". 6"O que é?", perguntei. Ele respon-
deu: "É um cesto para medir cereais e está cheio do pecado de
todos que habitam a terra". 7Então a tampa de chumbo do cesto
foi levantada, e dentro dele havia uma mulher sentada. 8O anjo
disse: "A mulher se chama Perversidade", e a empurrou de volta
para dentro do cesto e fechou a tampa. 9Em seguida, levantei os
olhos e vi duas mulheres voando em nossa direção, planando no
vento. Suas asas pareciam asas de cegonha, e elas pegaram o cesto
e o carregaram pelos ares. 10"Para onde estão levando o cesto?",
perguntei ao anjo. 11Ele respondeu: "Para a terra da Babilônia, onde
construirão um templo para ele. E, quando o templo estiver pronto,
colocarão o cesto ali, em seu pedestal".

CAPÍTULO 6

Quatro carros de guerra

1Então levantei os olhos novamente e vi quatro carros de guerra que
saíam de entre dois montes de bronze. 2Cavalos vermelhos puxa-
vam o primeiro carro, cavalos pretos puxavam o segundo, 3cavalos
brancos puxavam o terceiro, e cavalos malhados e fortes puxavam o
quarto. 4"O que significam estes cavalos, meu senhor?", perguntei
ao anjo que falava comigo. 5O anjo respondeu: "Eles são os quatro
espíritos do céu que estão diante do Senhor de toda a terra. Saem
para fazer o trabalho dele. 6O carro de guerra com cavalos pretos

vai para o norte, o carro de guerra com cavalos brancos vai para o
oeste e o carro de guerra com cavalos malhados vai para o sul". 7Os
cavalos fortes estavam impacientes para sair e percorrer a terra.
Então o SENHOR disse: "Vão e percorram a terra!", e eles partiram
de imediato. 8Em seguida, o SENHOR me chamou e disse: "Veja,
os que foram para o norte deram descanso ao meu Espírito ali na
terra do norte".

A coroação de Josué

9Então recebi outra mensagem do SENHOR: 10"Heldai, Tobias e
Jedaías trarão presentes de prata e de ouro dos judeus exilados
na Babilônia. Assim que chegarem, vá ao encontro deles na casa
de Josias, filho de Sofonias. 11Aceite os presentes e faça uma coroa
usando o ouro e a prata. Depois, coloque-a na cabeça do sumo
sacerdote Josué, filho de Jeozadaque. 12Diga-lhe: 'Assim diz o
SENHOR dos Exércitos: Aqui está o homem chamado Renovo. Ele
brotará de seu lugar e construirá o templo do SENHOR. 13Sim, ele
construirá o templo do SENHOR. Então receberá a honra devida e,
de seu trono, governará como rei. De seu trono, também servirá
como sacerdote, e haverá harmonia perfeita entre as duas funções'.
14"A coroa será um memorial no templo do SENHOR para honrar
aqueles que a ofereceram: Heldai, Tobias, Jedaías e Josias, filho
de Sofonias". 15Pessoas virão de terras distantes para reconstruir
o templo do SENHOR. Quando isso acontecer, vocês saberão que
o SENHOR dos Exércitos me enviou. Tudo isso acontecerá se vocês
obedecerem fielmente às ordens do SENHOR, seu Deus.

CAPÍTULO 7

Chamado à justiça e à misericórdia

1Em 7 de dezembro do quarto ano do reinado de Dario, o SENHOR
deu outra mensagem a Zacarias. 2O povo de Betel tinha enviado
Sarezer, Regem-Meleque e seus homens para buscar o favor do
SENHOR 3e para perguntar aos profetas e aos sacerdotes no templo
do SENHOR dos Exércitos: "Devemos continuar a lamentar e jejuar
no quinto mês, como temos feito por tantos anos?". 4Em resposta,
o SENHOR dos Exércitos me deu esta mensagem: 5"Diga a todo
o seu povo e a seus sacerdotes: 'Durante estes setenta anos de
exílio, vocês jejuaram e lamentaram no quinto e no sétimo mês,

mas foi, de fato, para mim que jejuaram? 6E, mesmo agora, não
comem e bebem apenas para agradar a si mesmos? 7Não é esta a
mesma mensagem que o SENHOR proclamou por meio dos profe-
tas no passado, quando Jerusalém e as cidades de Judá estavam
cheias de gente, e quando havia muitos habitantes no Neguebe
e nas colinas de Judá?'". 8Então Zacarias recebeu esta mensagem
do SENHOR: 9"Assim diz o SENHOR dos Exércitos: Julguem com
justiça e mostrem compaixão e bondade uns pelos outros. 10Não
oprimam as viúvas, nem os órfãos, nem os estrangeiros, nem os
pobres. E não tramem o mal uns contra os outros. 11"Seus antepas-
sados não quiseram ouvir esta mensagem. Em rebeldia, deram-me
as costas e taparam os ouvidos para não escutar. 12Tornaram o
coração duro como pedra, para não ouvir as instruções nem as
mensagens que o SENHOR dos Exércitos lhes enviou por seu
Espírito, por meio dos antigos profetas. Por isso o SENHOR dos
Exércitos ficou tão irado com eles. 13"Porque não quiseram ouvir
quando eu os chamei, não os ouvi quando eles me chamaram,
diz o SENHOR dos Exércitos. 14Como um vendaval, eu os espalhei
entre as nações distantes, que eles não conheciam. Sua terra ficou
tão desolada que ninguém sequer passava por ela. Transformaram
sua terra agradável num deserto".

CAPÍTULO 8

Bênçãos prometidas para Jerusalém

1Então recebi outra mensagem do SENHOR dos Exércitos: 2"Assim
diz o SENHOR dos Exércitos: Tenho muito ciúme do monte Sião e
sou consumido de zelo por ele! 3"Assim diz o SENHOR: Voltarei
para o monte Sião e habitarei em Jerusalém. Então Jerusalém
será chamada Cidade Fiel, e o monte do SENHOR dos Exércitos
será chamado Monte Santo. 4"Assim diz o SENHOR dos Exércitos:
Homens e mulheres idosos voltarão a caminhar apoiados em suas
bengalas nas ruas de Jerusalém e se sentarão juntos nas praças, 5e
as ruas da cidade ficarão cheias de meninos e meninas brincando.
6"Assim diz o SENHOR dos Exércitos: No momento, isso pode lhes
parecer impossível, ó remanescente do povo. Mas acaso é impos-
sível para mim?, diz o SENHOR dos Exércitos. 7"Assim diz o SENHOR
dos Exércitos: Podem ter certeza de que resgatarei meu povo dos
lugares para onde foram levados no leste e no oeste. 8Eu os trarei

Zc 8.9

de volta para que habitem em Jerusalém. Eles serão o meu povo, e
eu serei o seu Deus fiel e justo. 9"Assim diz o SENHOR dos Exércitos:
Sejam fortes e completem a tarefa! Desde que lançaram os alicerces
do templo do SENHOR dos Exércitos, vocês têm ouvido o que os
profetas dizem a respeito de terminar a obra. 10Antes de iniciarem
os trabalhos do templo, não havia dinheiro para contratar pessoas
ou pagar por animais. Nenhum viajante estava seguro, pois havia
inimigos por toda parte. Eu os havia incitado uns contra os outros.
11"Agora, porém, não tratarei mais o remanescente de meu povo
como o tratei no passado, diz o SENHOR dos Exércitos. 12Pois, ago-
ra, plantarão as sementes em paz. As videiras ficarão carregadas
de uvas, a terra produzirá suas colheitas, e os céus derramarão o
orvalho. Darei essas bênçãos como herança ao remanescente deste
povo. 13Entre as outras nações, Judá e Israel se tornaram símbolo
de nação amaldiçoada, mas não será mais assim! Agora eu os res-
gatarei e os transformarei em bênção. Portanto, não tenham medo.
Sejam fortes e continuem a reconstruir o templo! 14"Pois assim diz
o SENHOR dos Exércitos: Eu estava decidido a castigá-los quando
seus antepassados provocaram minha ira, e não voltei atrás, diz o
SENHOR dos Exércitos. 15Agora, porém, estou decidido a abençoar
Jerusalém e o povo de Judá. Portanto, não tenham medo. 16Isto
é o que vocês devem fazer: Digam a verdade uns aos outros. Em
seus tribunais, pronunciem sentenças justas, que conduzam à paz.
17Não tramem o mal uns contra os outros. Não se agradem de fazer
juramentos falsos. Odeio todas essas coisas, diz o SENHOR". 18Esta é
outra mensagem que recebi do SENHOR dos Exércitos. 19"Assim diz o
SENHOR dos Exércitos: Os jejuns habituais que vocês têm observado
no quarto mês, bem como no quinto, no sétimo e no décimo mês,
chegaram ao fim. Eles se tornarão festas de alegria e celebração
para o povo de Judá. Portanto, amem a verdade e a paz. 20"Assim
diz o SENHOR dos Exércitos: Pessoas de nações e cidades de todo
lugar virão a Jerusalém. 21Os habitantes de uma cidade dirão aos
habitantes de outra: 'Venham conosco a Jerusalém para pedir ao
SENHOR que nos abençoe. Vamos adorar o SENHOR dos Exércitos.
Estou decidido a ir'. 22Muitos povos e nações poderosas virão a
Jerusalém para buscar o SENHOR dos Exércitos e pedir que ele os
abençoe. 23"Assim diz o SENHOR dos Exércitos: Naquele dia, dez
homens de nações e línguas diferentes agarrarão a barra das vestes

de um judeu e dirão: 'Deixe que o acompanhemos, pois ouvimos dizer que Deus está com vocês'".

CAPÍTULO 9

Julgamento contra os inimigos de Israel

1Esta é a sentença do SENHOR contra a terra de Hadraque e a cidade de Damasco, pois os olhos da humanidade, incluindo os de todas as tribos de Israel, estão voltados para o SENHOR. 2A destruição é garantida para Hamate, perto de Damasco, e para as cidades de Tiro e Sidom, embora sejam tão astutas. 3Tiro construiu fortalezas e tornou a prata e o ouro tão comuns quanto o pó e a lama nas ruas. 4Mas o Senhor despojará Tiro de seus bens e lançará suas fortalezas no mar; a cidade será consumida pelo fogo. 5Ascalom verá a queda de Tiro e se encherá de medo. Gaza tremerá de pavor, e o mesmo acontecerá a Ecrom, pois sua esperança será frustrada. O rei de Gaza será morto, e Ascalom ficará deserta; 6estrangeiros ocuparão Asdode. Sim, acabarei com o orgulho dos filisteus; 7arrancarei de sua boca a carne com sangue e de seus dentes tirarei os detestáveis sacrifícios. Então os filisteus que sobreviverem adorarão o nosso Deus e se tornarão uma nova família em Judá. Os filisteus de Ecrom se unirão ao meu povo, como fizeram em outros tempos os jebuseus. 8Guardarei meu templo e o protegerei de exércitos invasores. Nunca mais estrangeiros opressores invadirão a terra de meu povo, pois agora eu a vigio de perto.

A vinda do rei de Sião

9Alegre-se, ó povo de Sião! Exulte, ó preciosa Jerusalém! Vejam, seu rei está chegando; ele é justo e vitorioso, mas também é humilde e vem montado num jumento, num jumentinho, cria de jumenta. 10Removerei de Israel os carros de guerra e, de Jerusalém, os cavalos. Destruirei as armas usadas na batalha, e seu rei trará paz às nações. Seu reino se estenderá de um mar a outro e do rio Eufrates até os confins da terra. 11Por causa da aliança que fiz com vocês, aliança selada com sangue, livrarei seus prisioneiros da morte em um poço sem água. 12Voltem para a fortaleza, todos vocês prisioneiros que ainda têm esperança! Hoje mesmo proclamo que lhes darei o dobro do que perderam. 13Judá é meu arco, e Israel, minha flecha. Os filhos de Sião são minha espada, e, como um guerreiro,

NO QUE ESTOU **PENSANDO** ○ O QUE ESTOU **SENTINDO** ○ DO QUE ESTOU **LEMBRANDO** ○

DESENHE OU ESCREVA

eu a empunharei contra os gregos. 14O SENHOR aparecerá sobre seu povo; suas flechas sairão como relâmpagos! O SENHOR Soberano tocará a trombeta e atacará como um redemoinho vindo do sul. 15O SENHOR dos Exércitos os protegerá, e eles lançarão pedras contra seus inimigos e os derrotarão. Gritarão na batalha, como se estivessem embriagados de vinho; ficarão cheios de sangue, como uma bacia, cobertos de sangue, como os cantos do altar. 16Naquele dia, o SENHOR, seu Deus, salvará seu povo, como o pastor salva suas ovelhas. Eles brilharão em sua terra como joias numa coroa. 17Ah, como serão belos e maravilhosos! A fartura de trigo dará vigor aos rapazes, e o vinho novo fará florescer as moças.

CAPÍTULO 10

O SENHOR restaurará seu povo

1Peçam ao SENHOR chuva na primavera, pois ele forma as nuvens de tempestade. E ele enviará aguaceiros, para que todos os campos se tornem pastos verdes. 2Os ídolos do lar dão conselhos inúteis, os adivinhadores só predizem mentiras, e os que interpretam sonhos proclamam falsidades que não trazem nenhuma consolação. Por isso meu povo anda sem rumo, como ovelhas perdidas que não têm pastor. 3"Minha ira arde contra seus pastores, e eu castigarei esses líderes. Pois o SENHOR dos Exércitos chegou para cuidar de Judá, seu rebanho. Ele o tornará forte e glorioso, como um majestoso cavalo na batalha. 4De Judá virão a pedra angular, a estaca da tenda, o arco para a batalha, e todos os governantes. 5Serão como guerreiros poderosos na batalha, que pisam os inimigos na lama sob seus pés. Pois o SENHOR está com eles na luta, e derrubarão até os cavaleiros do inimigo. 6"Fortalecerei Judá e livrarei Israel; eu os restaurarei, porque tenho compaixão deles. Será como se eu nunca os houvesse rejeitado, pois eu sou o SENHOR, seu Deus, e ouvirei seus clamores. 7Os habitantes de Israel serão como guerreiros poderosos, e seu coração se alegrará como se fosse pelo vinho. Seus filhos também verão isso e exultarão; sim, seu coração se alegrará no SENHOR. 8Quando eu assobiar para eles, virão até mim, pois os resgatei. Eles crescerão e se tornarão numerosos como antes. 9Embora eu os tenha espalhado entre as nações, ainda se lembrarão de mim nas terras distantes. Eles e seus filhos sobreviverão e voltarão para Israel. 10Eu os trarei de volta do Egito e os juntarei da Assíria. Eu

ZC

os estabelecerei outra vez em Gileade e no Líbano, até que não
haja mais espaço para todos. 11Passarão pelo mar da aflição, pois as
ondas do mar serão contidas, e as águas do Nilo secarão. O orgulho
da Assíria será abatido, e o domínio do Egito chegará ao fim. 12Por
meu poder fortalecerei meu povo, e, pela autoridade de meu nome,
viverão. Eu, o SENHOR, falei!"

CAPÍTULO 11

1Abra suas portas, ó Líbano, para que o fogo devore seus bosques de
cedro. 2Chorem, ciprestes, por todos os cedros caídos; até os mais
majestosos tombaram. Chorem, carvalhos de Basã, pois os densos
bosques foram derrubados. 3Ouçam o gemido dos pastores, pois
os pastos verdes foram destruídos. Ouçam os leões fortes rugirem,
pois as matas no vale do Jordão foram devastadas.

Os bons e os maus pastores

4Assim diz o SENHOR, meu Deus: "Vá e cuide do rebanho destinado
para a matança. 5Os compradores abatem suas ovelhas sem remor-
so, e os vendedores dizem: 'Louvado seja o SENHOR, pois fiquei
rico!'. Nem mesmo os pastores têm compaixão das ovelhas. 6Da
mesma forma, não terei compaixão dos habitantes desta terra", diz
o SENHOR. "Eu os entregarei nas mãos uns dos outros e nas mãos
de seu rei. Eles devastarão a terra, e eu não os livrarei." 7Portanto,
cuidei do rebanho destinado para a matança, o rebanho oprimido.
Então peguei duas varas de pastor e chamei uma delas de Favor
e a outra de União. 8Num só mês, acabei com seus três pastores.
Contudo, perdi a paciência com as ovelhas, e elas também me
odiaram. 9Então eu lhes disse: "Não serei mais seu pastor. Não
me importarei se morrerem ou se forem devoradas. E, aquelas que
restarem, comam a carne umas das outras!". 10Em seguida, peguei
a vara chamada Favor e a quebrei ao meio, para mostrar que havia
cancelado a aliança que tinha feito com todas as nações. 11Assim
acabou minha aliança com elas. O rebanho aflito me observava e
entendeu que o SENHOR falava por meio de minhas ações. 12Então
eu lhes disse: "Se quiserem, paguem meu salário; mas, se não
quiserem, não me paguem". E eles me pagaram trinta moedas de
prata. 13Então o SENHOR me disse: "Lance isso ao oleiro", esse preço
fabuloso pelo qual me avaliaram! Peguei as trinta moedas de prata

NO QUE ESTOU **PENSANDO** | O QUE ESTOU **SENTINDO** | DO QUE ESTOU **LEMBRANDO**

○ ○ ○

DESENHE OU ESCREVA

e as lancei ao oleiro no templo do SENHOR. 14Depois, peguei minha
outra vara, União, e a quebrei ao meio, para mostrar que a união
entre Judá e Israel havia se rompido. 15Então o SENHOR me disse:
"Volte e faça agora o papel de pastor inútil, 16para mostrar como
entregarei esta nação a um pastor que não cuidará das ovelhas que
estiverem morrendo, nem protegerá as pequenas; não curará as
feridas, nem alimentará as saudáveis. Em vez disso, comerá a carne
das ovelhas mais gordas e arrancará seus cascos. 17"Que aflição es-
pera esse pastor inútil, que abandona o rebanho! A espada cortará
seu braço e atravessará seu olho direito. O braço ficará imprestável,
e o olho direito, totalmente cego".

CAPÍTULO 12

O livramento futuro de Jerusalém

1Esta é a mensagem que o SENHOR anunciou acerca do destino de
Israel: "Mensagem do SENHOR, que estendeu os céus, lançou os
alicerces da terra e formou o espírito humano. 2Farei que Jerusalém
seja como uma bebida que deixará as nações vizinhas cambalean-
do quando enviarem seus exércitos para cercar Jerusalém e Judá.
3Naquele dia, transformarei Jerusalém numa pedra pesada. Todas
as nações se reunirão contra ela para tentar movê-la, mas só ferirão
a si mesmas. 4"Naquele dia", diz o SENHOR, "farei que todos os cava-
los entrem em pânico e todos os cavaleiros enlouqueçam. Cuidarei
do povo de Judá, mas cegarei todos os cavalos de seus inimigos.
5E as famílias de Judá pensarão: 'Os habitantes de Jerusalém en-
contraram força no SENHOR dos Exércitos, seu Deus'. 6"Naquele dia,
farei que as famílias de Judá sejam como uma chama que põe
fogo num monte de lenha, ou como uma tocha acesa no meio de
feixes de cereal. Elas incendiarão todas as nações vizinhas, à direita
e à esquerda, enquanto os habitantes de Jerusalém permanece-
rão em segurança. 7"O SENHOR dará vitória primeiro ao restante
de Judá, antes de Jerusalém, para que a honra dos habitantes de
Jerusalém e da linhagem real de Davi não seja superior à honra do
restante de Judá. 8Naquele dia, o SENHOR defenderá os habitantes
de Jerusalém; o mais fraco entre eles será como o rei Davi, e os
descendentes do rei serão como Deus, como o anjo do SENHOR que
vai diante deles. 9Pois, naquele dia, começarei a destruir todas as
nações que atacarem Jerusalém. 10"Então derramarei um espírito

de graça e oração sobre a linhagem de Davi e os habitantes de
Jerusalém. Olharão para aquele a quem transpassaram e chora-
rão por ele como quem chora a morte do filho único; lamentarão
amargamente por ele, como quem lamenta a perda do filho mais
velho. 11Naquele dia, o pranto em Jerusalém será como o grande
pranto por Hadade-Rimom no vale de Megido. 12"Todo o Israel
chorará, cada família separadamente, os maridos longe das espo-
sas. A família de Davi chorará separadamente, bem como a família
de Natã, 13a família de Levi e a família de Simei. 14Cada uma das
famílias sobreviventes de Judá chorará separadamente, os maridos
longe das esposas."

CAPÍTULO 13

Uma fonte de purificação

1"Naquele dia, uma fonte será aberta para a linhagem de Davi e
para os habitantes de Jerusalém, uma fonte para purificá-los de to-
dos os seus pecados e impurezas. 2"Naquele dia", diz o SENHOR dos
Exércitos, "eliminarei da terra a idolatria, de modo que até o nome
dos ídolos será esquecido. Removerei da terra os falsos profetas e o
espírito de impureza. 3Se alguém continuar a profetizar, seu próprio
pai e sua própria mãe lhe dirão: 'Você deve morrer, pois profetizou
mentiras em nome do SENHOR'. E, enquanto ele estiver profetizan-
do, seu pai e sua mãe o matarão. 4"Naquele dia, as pessoas terão
vergonha de dizer que têm o dom de profetizar. Ninguém vestirá
roupas de profeta para enganar outros. 5Dirá: 'Não sou profeta;
sou lavrador. Comecei a trabalhar no campo quando era menino'.
6E se alguém perguntar: 'Que feridas são essas em seu peito?', ele
responderá: 'Fui ferido na casa de meus amigos'."

As ovelhas são dispersadas

7"Desperte, ó espada, contra meu pastor, o homem que é meu com-
panheiro", diz o SENHOR dos Exércitos. "Fira o pastor, e as ovelhas se-
rão dispersas, e eu me voltarei contra os cordeiros. 8Dois terços dos
habitantes da terra serão feridos e morrerão", diz o SENHOR, "mas
restará um terço na terra. 9Farei essa terça parte passar pelo fogo
e a purificarei. Eu a refinarei como se refina a prata e a purificarei
como se purifica o ouro. Ela invocará meu nome, e eu lhe respon-
derei. Direi: 'Este é meu povo', e ela dirá: 'O SENHOR é nosso Deus'."

NO QUE ESTOU PENSANDO | O QUE ESTOU SENTINDO | DO QUE ESTOU LEMBRANDO

DESENHE OU ESCREVA

CAPÍTULO 14

O SENHOR governará a terra

1Fiquem atentos, pois se aproxima o dia do SENHOR, em que seus
bens serão saqueados diante de vocês! 2Reunirei todas as nações
para lutarem contra Jerusalém. A cidade será conquistada, as casas
serão saqueadas, e as mulheres, violentadas. Metade da população
será levada para o exílio, e o restante será deixado na cidade. 3Então
o SENHOR sairá para lutar contra essas nações, como fez no passado.
4Naquele dia, seus pés estarão sobre o monte das Oliveiras, a leste
de Jerusalém. O monte se dividirá ao meio, formando um vale
muito amplo, de leste a oeste. Metade do monte se deslocará para
o norte e metade para o sul. 5Vocês fugirão pelo vale, pois ele se
estenderá até Azal. Sim, vocês fugirão, como fugiram do terremoto
nos dias de Uzias, rei de Judá. Então o SENHOR, meu Deus, virá com
todos os seus santos. 6Naquele dia, as fontes de luz deixarão de
brilhar; 7ainda assim, sempre será dia! Só o SENHOR sabe como
isso acontecerá. Não haverá dia nem noite como sempre houve,
pois mesmo à noite haverá claridade. 8Naquele dia, fluirão de
Jerusalém águas que dão vida; metade das águas correrá para o
mar Morto e metade para o Mediterrâneo. Fluirão continuamente,
tanto no verão como no inverno. 9E o SENHOR será rei sobre toda a
terra. Naquele dia, haverá um só SENHOR, e somente seu nome será
adorado. 10Toda a terra, desde Geba, ao norte de Judá, até Rimom,
ao sul de Jerusalém, se tornará uma grande planície. Jerusalém,
contudo, ficará em seu lugar elevado e será habitada desde o portão
de Benjamim até o local do portão antigo, e dali até o portão da
Esquina, e desde a torre de Hananel até as prensas de uvas do rei.
11Jerusalém, por fim em segurança, ficará cheia de gente e nunca
mais será amaldiçoada nem destruída. 12O SENHOR enviará uma
praga contra todos os povos que guerrearam contra Jerusalém. Eles
se transformarão em cadáveres ambulantes, com a carne em de-
composição. Seus olhos apodrecerão nas órbitas, e a língua apodre-
cerá na boca. 13Naquele dia, o SENHOR os encherá de grande pânico,
e eles lutarão uns contra os outros com as próprias mãos. 14Judá
também lutará em Jerusalém. A riqueza de todas as nações vizinhas
será recolhida, grandes quantidades de ouro e prata e de roupas.
15Essa mesma praga cairá sobre cavalos, mulas, camelos, jumentos
e todos os outros animais dos acampamentos do inimigo. 16No

final, os inimigos que sobreviverem à praga subirão a Jerusalém a
cada ano para adorar o Rei, o SENHOR dos Exércitos, e para celebrar
a Festa das Cabanas. 17Se alguma nação não quiser ir a Jerusalém
para adorar o Rei, o SENHOR dos Exércitos, não receberá chuva. 18Se
o povo do Egito não quiser ir à festa, o SENHOR o castigará com as
mesmas pragas que enviará sobre as outras nações que se recusa-
rem a ir. 19O Egito e as outras nações serão castigados se não forem
celebrar a Festa das Cabanas. 20Naquele dia, até mesmo os sinos
dos cavalos terão gravadas estas palavras: SANTO PARA O SENHOR.
E as panelas no templo do SENHOR serão tão sagradas quanto as
bacias usadas junto ao altar. 21Na verdade, todas as panelas em
Jerusalém e em Judá serão santas ao SENHOR dos Exércitos. Todos
que vierem oferecer sacrifícios poderão usar qualquer uma delas
para cozinhá-los. E, naquele dia, não haverá mais comerciantes no
templo do SENHOR dos Exércitos.

Zc 14.20

MALAQUIAS

CAPÍTULO 1

1Esta é a mensagem que o SENHOR anunciou a Israel por meio do
profeta Malaquias.

O amor de Deus por Israel

2"Eu sempre amei vocês", diz o SENHOR. Mas vocês perguntam:
"De que maneira nos amou?". E o SENHOR responde: "Foi desta
maneira: amei seu antepassado Jacó, 3mas rejeitei o irmão dele,
Esaú, e devastei sua região montanhosa. Transformei a propriedade
de Esaú num deserto para chacais". 4O povo de Edom talvez diga:
"Fomos arrasados, mas reconstruiremos as ruínas". O SENHOR dos
Exércitos, porém, declara: "Podem reconstruir, mas eu demolirei
tudo outra vez. Seu país ficará conhecido como 'Terra da Maldade', e
seu povo será chamado de 'Povo Contra o Qual o SENHOR Está Irado
Para Sempre'. 5Quando vocês virem a destruição com os próprios
olhos, dirão: 'A grandeza do SENHOR vai muito além das fronteiras
de Israel!'".

Sacrifícios indignos

6O SENHOR dos Exércitos diz aos sacerdotes: "O filho honra seu pai, e
o servo respeita seu senhor. Se eu sou seu pai e seu senhor, onde es-
tão a honra e o respeito que mereço? Vocês desprezam meu nome!
"Mas vocês perguntam: 'De que maneira desprezamos teu nome?'.
7"Vocês o desprezam oferecendo sacrifícios contaminados sobre
meu altar. "E vocês perguntam: 'De que maneira contaminamos

NO QUE ESTOU **PENSANDO** ○ | O QUE ESTOU **SENTINDO** ○ | DO QUE ESTOU **LEMBRANDO** ○

DESENHE OU ESCREVA

os sacrifícios?'. "Vocês os contaminam dizendo que a mesa do
SENHOR não merece respeito. 8Acaso não é errado sacrificarem ani-
mais cegos? Não é errado oferecerem animais aleijados e doentes?
Apresentem ofertas como essas a seu governador e vejam se ele
ficará satisfeito e se agradará de vocês!", diz o SENHOR dos Exércitos.
9"Vão em frente, supliquem a Deus para que tenha compaixão de
vocês. Mas por que ele atenderia, uma vez que apresentam esse
tipo de oferta?", diz o SENHOR dos Exércitos. 10"Quem dera um de
vocês fechasse as portas do templo para que não se acendesse em
vão o fogo do meu altar! Não me agrado de vocês", diz o SENHOR dos
Exércitos, "e não aceitarei suas ofertas. 11Contudo, meu nome é hon-
rado de manhã até a noite por pessoas de outras nações. Em todo o
mundo oferecem incenso e sacrifícios puros em minha honra, pois
meu nome é grande entre as nações", diz o SENHOR dos Exércitos.
12"Mas vocês, com suas ações, desonram meu nome. Ao trazer
alimentos desprezíveis, declaram que não há nada de errado em
contaminar a mesa do Senhor. 13Dizem: 'É difícil demais servir ao
SENHOR!' e desprezam minhas ordens", diz o SENHOR dos Exércitos.
"Vocês trazem como ofertas animais roubados, aleijados e doentes!
Acaso devo aceitar de suas mãos esse tipo de oferta?", diz o SENHOR.
14"Maldito seja o trapaceiro que promete um carneiro forte de seu
rebanho, mas depois sacrifica ao Senhor um animal defeituoso. Pois
eu sou o grande Rei", diz o SENHOR dos Exércitos, "e meu nome é
temido entre as nações!"

CAPÍTULO 2

Advertência aos sacerdotes

1"Ouçam, sacerdotes! Este mandamento é para vocês. 2Escutem-
me e decidam honrar meu nome", diz o SENHOR dos Exércitos,
"pois, do contrário, enviarei maldição sobre vocês. Amaldiçoarei até
mesmo as bênçãos que receberem. Na verdade, já as amaldiçoei,
pois vocês não levaram a sério minha advertência. 3Castigarei seus
descendentes, esfregarei em seu rosto o esterco dos sacrifícios que
vocês ofereceram em suas festas sagradas e os lançarei no monte
de esterco. 4Assim, vocês saberão que enviei este mandamento
para que minha aliança com os levitas continue", diz o SENHOR dos
Exércitos. 5"O propósito de minha aliança com os levitas era dar
vida e paz, e foi o que lhes dei. Para isso, era necessário que me

MI

temessem, e eles demonstraram grande temor por mim e reve-
rência por meu nome. 6Transmitiram ao povo a verdade das leis
que receberam de mim. Não mentiram nem enganaram; andaram
comigo, vivendo de modo pacífico e justo, e desviaram muitos do
pecado. 7"As palavras do sacerdote devem guardar o conhecimento
de Deus, e o povo deve buscar o sacerdote para receber instru-
ção, pois ele é mensageiro do SENHOR dos Exércitos. 8Mas vocês,
sacerdotes, se desviaram dos caminhos de Deus. Suas instruções
fizeram muitos caírem em pecado. Vocês quebraram a aliança que
fiz com os levitas", diz o SENHOR dos Exércitos. 9"Por isso fiz que
vocês fossem desprezados e humilhados diante de todo o povo,
pois não me obedeceram, mas mostraram parcialidade na aplica-
ção de minha lei."

Chamado à fidelidade

10Não somos filhos do mesmo Pai? Não fomos todos criados pelo
mesmo Deus? Então por que traímos uns aos outros e quebramos a
aliança de nossos antepassados? 11Judá foi infiel, e uma coisa detes-
tável foi feita em Israel e em Jerusalém. Os homens de Judá conta-
minaram o santuário que o SENHOR ama ao se casarem com mulhe-
res que adoram deuses estrangeiros. 12Que o SENHOR elimine das
casas de Israel até o último homem que fez isso e que, ainda assim,
apresenta uma oferta ao SENHOR dos Exércitos. 13Há outra coisa
que vocês fazem. Cobrem de lágrimas o altar do SENHOR, choram
e gemem porque ele não dá atenção às suas ofertas nem as aceita
com prazer. 14E ainda perguntam: "Por quê?". Porque o SENHOR
foi testemunha dos votos que você e sua esposa fizeram quando
jovens. Mas você foi infiel, embora ela tenha continuado a ser sua
companheira, a esposa à qual você fez seus votos de casamento.
15Acaso o SENHOR não o fez um só com sua esposa? Em corpo e em
espírito vocês pertencem a ele. E o que ele quer? Dessa união, quer
filhos dedicados a ele. Portanto, guardem seu coração; permane-
çam fiéis à esposa de sua mocidade. 16"Pois eu odeio o divórcio",
diz o SENHOR, o Deus de Israel. "Divorciar-se de sua esposa é cobri-la
de crueldade", diz o SENHOR dos Exércitos. "Portanto, guardem seu
coração; não sejam infiéis." 17Vocês cansaram o SENHOR com suas
palavras. "De que maneira o cansamos?", vocês perguntam. Vocês
o cansaram dizendo que todos que praticam o mal são bons aos
olhos do SENHOR e que ele se agrada deles, e também ao perguntar:
"Onde está o Deus da justiça?".

CAPÍTULO 3

O dia futuro de julgamento

1"Vejam! Envio meu mensageiro, que preparará o caminho diante
de mim. Então, de repente, o Senhor a quem vocês buscam virá a
seu templo. O mensageiro da aliança, por quem vocês anseiam,
certamente virá", diz o SENHOR dos Exércitos. 2"Mas quem pode-
rá suportar quando ele vier? Quem permanecerá em pé em sua
presença quando ele aparecer? Pois ele será como fogo ardente
que refina o metal, como sabão forte que branqueia as roupas.
3Ele se sentará como refinador de prata e queimará toda impure-
za. Purificará os levitas e os refinará como ouro e prata, para que
voltem a oferecer sacrifícios aceitáveis ao SENHOR. 4Então o SENHOR
se agradará novamente das ofertas do povo de Judá e do povo de
Jerusalém, como no passado. 5"Naquele dia, eu julgarei vocês. Não
demorarei para testemunhar contra todos os feiticeiros, adúlteros
e mentirosos. Falarei contra aqueles que roubam o salário de seus
empregados, que oprimem as viúvas e os órfãos, ou que privam os
estrangeiros de seus direitos, pois essas pessoas não me temem",
diz o SENHOR dos Exércitos.

Chamado ao arrependimento

6"Eu sou o SENHOR e não mudo. Por isso vocês, descendentes de
Jacó, ainda não foram destruídos. 7Desde os dias de seus antepas-
sados vocês se afastaram de meus decretos e não os seguiram.
Agora, voltem-se para mim, e eu me voltarei para vocês", diz o
SENHOR dos Exércitos. "Mas vocês perguntam: 'De que maneira
voltaremos?'. 8"Acaso alguém pode roubar a Deus? Mas vocês
têm me roubado! "Perguntam: 'Em que te roubamos?'. "Vocês me
roubaram nos dízimos e nas ofertas. 9Estão sob maldição, pois a
nação inteira tem me roubado. 10Tragam todos os seus dízimos
aos depósitos do templo, para que haja provisão em minha casa.
Se o fizerem", diz o SENHOR dos Exércitos, "abrirei as janelas do céu
para vocês. Derramarei tantas bênçãos que não haverá espaço para
guardá-las! Sim, ponham-me à prova! 11Suas colheitas serão fartas,
pois as protegerei das pragas. Suas uvas não cairão das videiras

NO QUE ESTOU **PENSANDO** ○ | O QUE ESTOU **SENTINDO** ○ | DO QUE ESTOU **LEMBRANDO** ○

DESENHE OU ESCREVA

antes de amadurecerem", diz o SENHOR dos Exércitos. 12"Então todas
as nações os chamarão de abençoados, pois sua terra será cheia de
alegria", diz o SENHOR dos Exércitos. 13"Vocês falaram coisas terríveis
contra mim", diz o SENHOR. "Mas vocês perguntam: 'O que falamos
contra ti?'. 14"Vocês disseram: 'De que adianta servir a Deus? Que
vantagem temos em obedecer a suas ordens ou chorar por nossos
pecados diante do SENHOR dos Exércitos? 15De agora em diante,
chamaremos de abençoados os arrogantes. Pois os que praticam
maldades enriquecem, e os que provocam a ira de Deus nenhum
mal sofrem'."

O SENHOR promete misericórdia

16Então aqueles que temiam o SENHOR falaram uns com os outros,
e o SENHOR ouviu o que disseram. Na presença dele, foi escrito
um livro memorial para registrar os nomes dos que o temiam e
que sempre honravam seu nome. 17"Eles serão meu povo", diz o
SENHOR dos Exércitos. "No dia em que eu agir, eles serão meu te-
souro especial. Terei compaixão deles como o pai tem compaixão
de seu filho obediente. 18Então vocês verão outra vez a diferença
entre o justo e o mau, entre o que serve a Deus e o que não serve."

CAPÍTULO 4

O dia do julgamento se aproxima

1Assim diz o SENHOR dos Exércitos: "O dia do julgamento se aproxi-
ma e arde como uma fornalha. Naquele dia, serão queimados como
palha os arrogantes e os perversos. Serão consumidos, desde as
raízes até os ramos. 2"Mas, para vocês que temem meu nome, o sol
da justiça se levantará, trazendo cura em suas asas. E vocês sairão
e saltarão de alegria, como bezerros soltos no pasto. 3No dia em
que eu agir, vocês pisarão sobre os perversos como se eles fossem
pó sob os seus pés", diz o SENHOR dos Exércitos. 4"Lembrem-se de
obedecer à lei de Moisés, meu servo, a todos os decretos e estatutos
que dei a todo o Israel no monte Sinai. 5"Vejam, eu lhes envio o
profeta Elias antes da vinda do grande e terrível dia do SENHOR.
6Ele fará que o coração dos pais volte para seus filhos e o coração
dos filhos volte para seus pais. Do contrário, eu virei e castigarei a
terra com maldição."

Ml 3.17

NOVO
TESTAMENTO

MATEUS

CAPÍTULO 1

Os antepassados de Jesus Cristo

[1]Este é o registro dos antepassados de Jesus Cristo, descendente
de Davi e de Abraão: [2]Abraão gerou Isaque. Isaque gerou Jacó.
Jacó gerou Judá e seus irmãos. [3]Judá gerou Perez e Zerá, cuja
mãe foi Tamar. Perez gerou Esrom. Esrom gerou Rão. [4]Rão ge-
rou Aminadabe. Aminadabe gerou Naassom. Naassom gerou
Salmom. [5]Salmom gerou Boaz, cuja mãe foi Raabe. Boaz gerou
Obede, cuja mãe foi Rute. Obede gerou Jessé. [6]Jessé gerou o
rei Davi. Davi gerou Salomão, cuja mãe foi Bate-Seba, viúva de
Urias. [7]Salomão gerou Roboão. Roboão gerou Abias. Abias ge-
rou Asa. [8]Asa gerou Josafá. Josafá gerou Jeorão. Jeorão gerou
Uzias. [9]Uzias gerou Jotão. Jotão gerou Acaz. Acaz gerou Ezequias.
[10]Ezequias gerou Manassés. Manassés gerou Amom. Amom ge-
rou Josias. [11]Josias gerou Joaquim e seus irmãos, nascidos no
tempo do exílio na Babilônia. [12]Depois do exílio na Babilônia:
Joaquim gerou Salatiel. Salatiel gerou Zorobabel. [13]Zorobabel ge-
rou Abiúde. Abiúde gerou Eliaquim. Eliaquim gerou Azor. [14]Azor
gerou Sadoque. Sadoque gerou Aquim. Aquim gerou Eliúde.
[15]Eliúde gerou Eleazar. Eleazar gerou Matã. Matã gerou Jacó.
[16]Jacó gerou José, marido de Maria. Maria deu à luz Jesus, que
é chamado Cristo. [17]Portanto, são catorze gerações de Abraão até
Davi, catorze de Davi até o exílio na Babilônia e catorze do exílio
na Babilônia até Cristo.

O nascimento de Jesus Cristo

[18]Foi assim que nasceu Jesus Cristo. Maria, sua mãe, estava pro-
metida para se casar com José. Antes do casamento, porém, ela
engravidou pelo poder do Espírito Santo. [19]José, seu noivo, era
um homem justo e resolveu romper a união em segredo, pois não
queria envergonhá-la com uma separação pública. [20]Enquanto ele
pensava nisso, um anjo do Senhor lhe apareceu em sonho e disse:
"José, filho de Davi, não tenha medo de receber Maria como esposa,
pois a criança dentro dela foi concebida pelo Espírito Santo. [21]Ela
terá um filho, e você lhe dará o nome de Jesus, pois ele salvará
seu povo dos seus pecados". [22]Tudo isso aconteceu para cumprir o
que o Senhor tinha dito por meio do profeta: [23]"Vejam! A virgem
ficará grávida! Ela dará à luz um filho, e o chamarão Emanuel, que
significa 'Deus conosco'". [24]Quando José acordou, fez o que o anjo
do Senhor lhe havia ordenado e recebeu Maria como esposa. [25]No
entanto, não teve relações com ela até o menino nascer; e ele lhe
deu o nome de Jesus.

CAPÍTULO 2

Visitantes do Oriente

[1]Jesus nasceu em Belém, na Judeia, durante o reinado de Herodes.
Por esse tempo, alguns sábios das terras do Oriente chegaram a
Jerusalém [2]e perguntaram: "Onde está o recém-nascido rei dos
judeus? Vimos sua estrela no Oriente e viemos adorá-lo". [3]Ao ou-
vir isso, o rei Herodes ficou perturbado, e com ele todo o povo de
Jerusalém. [4]Reuniu os principais sacerdotes e os mestres da lei e
lhes perguntou: "Onde nascerá o Cristo?". [5]Eles responderam: "Em
Belém da Judeia, pois assim escreveu o profeta: [6]'E você, Belém, na
terra de Judá, não é a menor entre as principais cidades de Judá,
pois de você virá um governante que será o pastor do meu povo,
Israel'". [7]Então Herodes convocou os sábios em segredo e soube por
eles o momento em que a estrela tinha aparecido. [8]"Vão a Belém e
procurem o menino com atenção", disse ele. "Quando o encontra-
rem, voltem e digam-me, para que eu vá e também o adore." [9]Após
a conversa com o rei, os sábios seguiram seu caminho, guiados pela
estrela que tinham visto no Oriente. Ela ia adiante deles, até que pa-
rou acima do lugar onde o menino estava. [10]Quando viram a estrela,
ficaram muito alegres. [11]Ao entrar na casa, viram o menino com

Maria, sua mãe, e se prostraram e o adoraram. Então abriram seus
tesouros e o presentearam com ouro, incenso e mirra. 12Quando
chegou a hora de partir, retornaram para sua terra por outro cami-
nho, pois haviam sido avisados em sonho para não voltar a Herodes.

A fuga para o Egito

13Depois que os sábios partiram, um anjo do Senhor apareceu a
José em sonho. "Levante-se", disse o anjo. "Fuja para o Egito com o
menino e sua mãe. Fique lá até eu lhe dizer que volte, pois Herodes
vai procurar o menino a fim de matá-lo." 14Naquela mesma noite,
José se levantou e partiu com o menino e Maria, sua mãe, para o
Egito, 15onde ficaram até a morte de Herodes. Cumpriu-se, assim,
o que o Senhor tinha dito por meio do profeta: "Do Egito chamei
meu filho". 16Quando Herodes se deu conta de que os sábios o
haviam enganado, ficou furioso. Enviou soldados para matar todos
os meninos de dois anos para baixo em Belém e seus arredores,
tomando por base o relato dos sábios acerca da primeira aparição
da estrela. 17Com isso, cumpriu-se o que foi dito por meio do profeta
Jeremias: 18"Ouviu-se um clamor em Ramá, choro e grande lamen-
tação. Raquel chora por seus filhos e se recusa a ser consolada, pois
eles já não existem".

A volta para Israel

19Quando Herodes morreu, um anjo do Senhor apareceu em sonho
a José, no Egito. 20"Levante-se", disse o anjo. "Leve o menino e a
mãe de volta para a terra de Israel, pois já morreram os que tenta-
vam matar o menino." 21Então José se levantou e se preparou para
voltar à terra de Israel com o menino e sua mãe. 22Soube, porém,
que o novo governador da Judeia era Arquelau, filho de Herodes, e
teve medo de ir para lá. Depois de ser avisado em sonho, partiu para
a região da Galileia. 23A família foi morar numa cidade chamada
Nazaré, cumprindo-se, desse modo, o que os profetas haviam dito,
que Jesus seria chamado nazareno.

CAPÍTULO 3

João Batista prepara o caminho

1Naqueles dias, João Batista apareceu no deserto da Judeia e co-
meçou a anunciar a seguinte mensagem: 2"Arrependam-se, pois

NO QUE ESTOU **PENSANDO** ○ | O QUE ESTOU **SENTINDO** ○ | DO QUE ESTOU **LEMBRANDO** ○

DESENHE OU ESCREVA

o reino dos céus está próximo". 3O profeta Isaías se referia a João
quando disse: "Ele é uma voz que clama no deserto: 'Preparem o
caminho para a vinda do Senhor! Abram a estrada para ele!'". 4As
roupas de João eram tecidas com pelos de camelo, e ele usava
um cinto de couro e alimentava-se de gafanhotos e mel silvestre.
5Gente de Jerusalém, de toda a Judeia e de todo o vale do Jordão
ia até ele. 6Quando confessavam seus pecados, ele os batizava no
rio Jordão. 7Mas, quando João viu que muitos fariseus e saduceus
vinham ao lugar de batismo, ele os repreendeu abertamente. "Raça
de víboras!", exclamou. "Quem os convenceu a fugir da ira que
está por vir? 8Provem por suas ações que vocês se arrependeram.
9Não pensem que podem dizer uns aos outros: 'Estamos a salvo,
pois somos filhos de Abraão'. Isso não significa nada, pois eu lhes
digo que até destas pedras Deus pode fazer surgir filhos de Abraão.
10Agora mesmo o machado do julgamento está pronto para cortar
as raízes das árvores. Toda árvore que não produz bons frutos será
cortada e lançada ao fogo. 11"Eu batizo com água aqueles que se
arrependem. Depois de mim, porém, virá alguém mais poderoso
que eu, alguém muito superior, cujas sandálias não sou digno de
carregar. Ele os batizará com o Espírito Santo e com fogo. 12Ele já
tem na mão a pá, e com ela separará a palha do trigo e limpará a
área onde os cereais são debulhados. Juntará o trigo no celeiro,
mas queimará a palha no fogo que nunca se apaga."

O batismo de Jesus

13Jesus foi da Galileia ao rio Jordão para que João o batizasse.
14João, porém, tentou impedi-lo. "Eu é que preciso ser batizado
pelo senhor", disse ele. "Então por que vem a mim?" 15Jesus res-
pondeu: "É necessário que seja assim, pois devemos fazer tudo que
Deus requer". E João concordou em batizá-lo. 16Depois do batismo,
enquanto Jesus saía da água, o céu se abriu, e ele viu o Espírito de
Deus descer como uma pomba e pousar sobre ele. 17E uma voz do
céu disse: "Este é meu Filho amado, que me dá grande alegria".

CAPÍTULO 4

A tentação de Jesus

1Em seguida, Jesus foi conduzido pelo Espírito ao deserto para ser
tentado pelo diabo. 2Depois de passar quarenta dias e quarenta

noites sem comer, teve fome. 3O tentador veio e lhe disse: "Se
você é o Filho de Deus, ordene que estas pedras se transformem
em pães". 4Jesus, porém, respondeu: "As Escrituras dizem: 'Uma
pessoa não vive só de pão, mas de toda palavra que vem da boca
de Deus'". 5Então o diabo o levou à cidade santa, até o ponto mais
alto do templo, 6e disse: "Se você é o Filho de Deus, salte daqui.
Pois as Escrituras dizem: 'Ele ordenará a seus anjos que o prote-
jam. Eles o sustentarão com as mãos, para que não machuque o
pé em alguma pedra'". 7Jesus respondeu: "As Escrituras também
dizem: 'Não ponha à prova o Senhor, seu Deus'". 8Em seguida, o
diabo o levou até um monte muito alto e lhe mostrou todos os
reinos do mundo e sua glória. 9"Eu lhe darei tudo isto", declarou.
"Basta ajoelhar-se e adorar-me." 10"Saia daqui, Satanás!", disse
Jesus. "Pois as Escrituras dizem: 'Adore o Senhor, seu Deus, e
sirva somente a ele'." 11Então o diabo foi embora, e anjos vieram
e serviram Jesus.

O início do ministério de Jesus

12Quando Jesus soube que João havia sido preso, voltou à Galileia.
13Saindo de Nazaré, mudou-se para Cafarnaum, junto ao mar da
Galileia, na região de Zebulom e Naftali. 14Cumpriu-se, desse
modo, o que foi dito por meio do profeta Isaías: 15"Na terra de
Zebulom e Naftali, junto ao mar, além do rio Jordão, na Galileia,
onde vivem tantos gentios, 16o povo que vivia na escuridão viu
uma grande luz, e sobre os que viviam na terra onde a morte lança
sua sombra, uma luz brilhou". 17A partir de então, Jesus começou
a anunciar sua mensagem: "Arrependam-se, pois o reino dos céus
está próximo".

Os primeiros discípulos

18Enquanto andava à beira do mar da Galileia, Jesus viu dois ir-
mãos, Simão, também chamado Pedro, e André. Jogavam redes
ao mar, pois viviam da pesca. 19Jesus lhes disse: "Sigam-me, e eu
farei de vocês pescadores de gente". 20No mesmo instante, deixa-
ram suas redes e o seguiram. 21Pouco adiante, Jesus viu outros
dois irmãos, Tiago e João, consertando redes num barco com o
pai, Zebedeu. Jesus os chamou, 22e eles também o seguiram de
imediato, deixando para trás o barco e o pai.

Multidões seguem Jesus

23Jesus viajou por toda a região da Galileia, ensinando nas sinago-
gas, anunciando as boas-novas do reino e curando as pessoas de
todo tipo de doenças. 24As notícias a seu respeito se espalharam
até a Síria, e logo o povo começou a lhe trazer todos que estavam
enfermos. Qualquer que fosse a enfermidade ou dor, quer esti-
vessem possuídos por demônio, quer sofressem de convulsões,
quer fossem paralíticos, Jesus os curava. 25Grandes multidões o
seguiam, gente da Galileia, das Dez Cidades, de Jerusalém, de toda
a Judeia e da região a leste do rio Jordão.

CAPÍTULO 5

O Sermão do Monte

1Certo dia, quando Jesus viu que as multidões se ajuntavam, subiu
a encosta do monte e ali sentou-se. Seus discípulos se reuniram ao
redor, 2e ele começou a ensiná-los.

As bem-aventuranças

3"Felizes os pobres de espírito, pois o reino dos céus lhes pertence.
4Felizes os que choram, pois serão consolados. 5Felizes os humil-
des, pois herdarão a terra. 6Felizes os que têm fome e sede de
justiça, pois serão saciados. 7Felizes os misericordiosos, pois serão
tratados com misericórdia. 8Felizes os que têm coração puro, pois
verão a Deus. 9Felizes os que promovem a paz, pois serão chama-
dos filhos de Deus. 10Felizes os perseguidos por causa da justiça,
pois o reino dos céus lhes pertence. 11"Felizes são vocês quando,
por minha causa, sofrerem zombaria e perseguição, e quando
outros, mentindo, disserem todo tipo de maldade a seu respeito.
12Alegrem-se e exultem, porque uma grande recompensa os espera
no céu. E lembrem-se de que os antigos profetas foram perseguidos
da mesma forma."

Ensino sobre sal e luz

13"Vocês são o sal da terra. Mas, se o sal perder o sabor, para que
servirá? É possível torná-lo salgado outra vez? Será jogado fora e
pisado pelos que passam, pois já não serve para nada. 14"Vocês
são a luz do mundo. É impossível esconder uma cidade construída
no alto de um monte. 15Não faz sentido acender uma lâmpada e

depois colocá-la sob um cesto. Pelo contrário, ela é colocada num
pedestal, de onde ilumina todos que estão na casa. 16Da mesma
forma, suas boas obras devem brilhar, para que todos as vejam e
louvem seu Pai, que está no céu."

Ensino sobre a lei

17"Não pensem que eu vim abolir a lei de Moisés ou os escritos
dos profetas; vim cumpri-los. 18Eu lhes digo a verdade: enquanto
o céu e a terra existirem, nem a menor letra ou o menor traço da
lei desaparecerá até que todas as coisas se cumpram. 19Portanto,
quem desobedecer até ao menor mandamento, e ensinar outros
a fazer o mesmo, será considerado o menor no reino dos céus. Mas
aquele que obedecer à lei de Deus e ensiná-la será considerado
grande no reino dos céus. 20"Eu os advirto: a menos que sua jus-
tiça supere muito a justiça dos mestres da lei e dos fariseus, vocês
jamais entrarão no reino dos céus."

Ensino sobre a ira

21"Vocês ouviram o que foi dito a seus antepassados: 'Não mate. Se
cometer homicídio, estará sujeito a julgamento'. 22Eu, porém, lhes
digo que basta irar-se contra alguém para estar sujeito a julgamen-
to. Quem xingar alguém de estúpido, corre o risco de ser levado ao
tribunal. Quem chamar alguém de louco, corre o risco de ir para
o inferno de fogo. 23"Portanto, se você estiver apresentando uma
oferta no altar do templo e se lembrar de que alguém tem algo
contra você, 24deixe sua oferta ali no altar. Vá, reconcilie-se com
a pessoa e então volte e apresente sua oferta. 25"Quando você e
seu adversário estiverem a caminho do tribunal, acertem logo suas
diferenças. Do contrário, pode ser que o acusador o entregue ao
juiz, e o juiz, a um oficial, e você seja lançado na prisão. 26Eu lhe
digo a verdade: você não será solto enquanto não tiver pago até
o último centavo."

Ensino sobre o adultério

27"Vocês ouviram o que foi dito: 'Não cometa adultério'. 28Eu, po-
rém, lhes digo que quem olhar para uma mulher com cobiça já
cometeu adultério com ela em seu coração. 29Se o olho direito o
leva a pecar, arranque-o e jogue-o fora. É melhor perder uma parte

Mt 5.44

do corpo que ser todo ele lançado no inferno. 30E, se a mão direita
o leva a pecar, corte-a e jogue-a fora. É melhor perder uma parte
do corpo que ser todo ele lançado no inferno."

Ensino sobre o divórcio

31"Também foi dito: 'Quem se divorciar da esposa deverá conce-
der-lhe um certificado de divórcio'. 32Eu, porém, lhes digo que
quem se divorcia da esposa, exceto por imoralidade, a faz cometer
adultério. E quem se casa com uma mulher divorciada também
comete adultério."

Ensino sobre juramentos e votos

33"Vocês também ouviram o que foi dito a seus antepassados:
'Não quebre seus juramentos; cumpra os juramentos que fizer ao
Senhor'. 34Eu, porém, lhes digo que não façam juramento algum.
Não digam: 'Juro pelo céu', pois o céu é o trono de Deus. 35Também
não digam: 'Juro pela terra', pois a terra é onde ele descansa os pés.
E não digam: 'Juro por Jerusalém', pois Jerusalém é a cidade do
grande Rei. 36Nem sequer digam: 'Juro pela minha cabeça', pois
vocês não podem tornar branco ou preto um fio de cabelo sequer.
37Quando disserem 'sim', seja de fato sim. Quando disserem 'não',
seja de fato não. Qualquer coisa além disso vem do maligno."

Ensino sobre a vingança

38"Vocês ouviram o que foi dito: 'Olho por olho, dente por dente'.
39Eu, porém, lhes digo que não se oponham ao perverso. Se al-
guém lhe der um tapa na face direita, ofereça também a outra. 40Se
você for processado no tribunal e lhe tomarem a roupa do corpo,
deixe que levem também a capa. 41Se alguém o forçar a caminhar
uma milha com ele, caminhe duas. 42Dê a quem pedir e não volte
as costas a quem quiser tomar emprestado de você."

Ensino sobre o amor pelos inimigos

43"Vocês ouviram o que foi dito: 'Ame o seu próximo' e odeie o
seu inimigo. 44Eu, porém, lhes digo: amem os seus inimigos e
orem por quem os persegue. 45Desse modo, vocês agirão como
verdadeiros filhos de seu Pai, que está no céu. Pois ele dá a luz do
sol tanto a maus como a bons e faz chover tanto sobre justos como

injustos. 46Se amarem apenas aqueles que os amam, que recom-
pensa receberão? Até os cobradores de impostos fazem o mesmo.
47Se cumprimentarem apenas seus amigos, que estarão fazendo
de mais? Até os gentios fazem isso. 48Portanto, sejam perfeitos,
como perfeito é seu Pai celestial."

CAPÍTULO 6

Ensino sobre auxílio aos necessitados

1"Tenham cuidado! Não pratiquem suas boas ações em público,
para serem admirados por outros, pois não receberão a recom-
pensa de seu Pai, que está no céu. 2Quando ajudarem alguém
necessitado, não façam como os hipócritas que tocam trombetas
nas sinagogas e nas ruas para serem elogiados pelos outros. Eu
lhes digo a verdade: eles não receberão outra recompensa além
dessa. 3Mas, quando ajudarem alguém necessitado, não deixem
que a mão esquerda saiba o que a direita está fazendo. 4Deem
sua ajuda em segredo, e seu Pai, que observa em segredo, os
recompensará."

Ensino sobre oração

5"Quando vocês orarem, não sejam como os hipócritas, que gos-
tam de orar em público nas sinagogas e nas esquinas, onde todos
possam vê-los. Eu lhes digo a verdade: eles não receberão outra
recompensa além dessa. 6Mas, quando orarem, cada um vá para
seu quarto, feche a porta e ore a seu Pai, em segredo. Então seu Pai,
que observa em segredo, os recompensará. 7"Ao orar, não repitam
frases vazias sem parar, como fazem os gentios. Eles acham que, se
repetirem as palavras várias vezes, suas orações serão respondidas.
8Não sejam como eles, pois seu Pai sabe exatamente do que vocês
precisam antes mesmo de pedirem. 9"Portanto, orem da seguinte
forma: Pai nosso que estás no céu, santificado seja o teu nome.
10Venha o teu reino. Seja feita a tua vontade, assim na terra como
no céu. 11Dá-nos hoje o pão para este dia, 12e perdoa nossas dívidas,
assim como perdoamos os nossos devedores. 13E não nos deixes
cair em tentação, mas livra-nos do mal. Pois teu é o reino, o poder
e a glória para sempre. Amém. 14"Seu Pai celestial os perdoará se
perdoarem aqueles que pecam contra vocês. 15Mas, se vocês se
recusarem a perdoar os outros, seu Pai não perdoará seus pecados."

Mt 6.9-13

Ensino sobre jejum

16"Quando jejuarem, não façam como os hipócritas, que se esfor-
çam para parecer tristes e desarrumados a fim de que as pessoas
percebam que estão jejuando. Eu lhes digo a verdade: eles não
receberão outra recompensa além dessa. 17Mas, quando jejuarem,
penteiem o cabelo e lavem o rosto. 18Desse modo, ninguém notará
que estão jejuando, exceto seu Pai, que sabe o que vocês fazem
em segredo. E seu Pai, que observa em segredo, os recompensará."

Ensino sobre dinheiro e bens

19"Não ajuntem tesouros aqui na terra, onde as traças e a ferrugem
os destroem, e onde ladrões arrombam casas e os furtam. 20Ajuntem
seus tesouros no céu, onde traças e ferrugem não destroem, e onde
ladrões não arrombam nem furtam. 21Onde seu tesouro estiver, ali
também estará seu coração. 22"Seus olhos são como uma lâmpada
que ilumina todo o corpo. Quando os olhos são bons, todo o corpo
se enche de luz. 23Mas, quando os olhos são maus, o corpo se enche
de escuridão. E, se a luz que há em vocês é, na verdade, escuridão,
como é profunda essa escuridão! 24"Ninguém pode servir a dois
senhores, pois odiará um e amará o outro; será dedicado a um e
desprezará o outro. Vocês não podem servir a Deus e ao dinheiro."

Ensino sobre a preocupação

25"Por isso eu lhes digo que não se preocupem com a vida diária, se
terão o suficiente para comer, beber ou vestir. A vida não é mais que
comida, e o corpo não é mais que roupa? 26Observem os pássaros.
Eles não plantam nem colhem, nem guardam alimento em celeiros,
pois seu Pai celestial os alimenta. Acaso vocês não são muito mais
valiosos que os pássaros? 27Qual de vocês, por mais preocupado que
esteja, pode acrescentar ao menos uma hora à sua vida? 28"E por que
se preocupar com a roupa? Observem como crescem os lírios do cam-
po. Não trabalham nem fazem roupas 29e, no entanto, nem Salomão
em toda a sua glória se vestiu como eles. 30E, se Deus veste com
tamanha beleza as flores silvestres que hoje estão aqui e amanhã são
lançadas ao fogo, não será muito mais generoso com vocês, gente de
pequena fé? 31"Portanto, não se preocupem, dizendo: 'O que vamos
comer? O que vamos beber? O que vamos vestir?'. 32Essas coisas
ocupam o pensamento dos pagãos, mas seu Pai celestial já sabe do

que vocês precisam. 33 Busquem, em primeiro lugar, o reino de Deus
e a sua justiça, e todas essas coisas lhes serão dadas. 34 "Portanto, não
se preocupem com o amanhã, pois o amanhã trará suas próprias
inquietações. Bastam para hoje os problemas deste dia."

CAPÍTULO 7

Não julguem os outros

1 "Não julguem para não serem julgados, 2 pois vocês serão julga-
dos pelo modo como julgam os outros. O padrão de medida que
adotarem será usado para medi-los. 3 "Por que você se preocupa
com o cisco no olho de seu amigo enquanto há um tronco em seu
próprio olho? 4 Como pode dizer a seu amigo: 'Deixe-me ajudá-lo
a tirar o cisco de seu olho', se não consegue ver o tronco em seu
próprio olho? 5 Hipócrita! Primeiro, livre-se do tronco em seu olho;
então você verá o suficiente para tirar o cisco do olho de seu ami-
go. 6 "Não deem o que é santo aos cães, nem joguem pérolas aos
porcos; pois os porcos pisotearão as pérolas, e os cães se voltarão
contra vocês e os atacarão."

Oração eficaz

7 "Peçam, e receberão. Procurem, e encontrarão. Batam, e a porta lhes
será aberta. 8 Pois todos que pedem, recebem. Todos que procuram,
encontram. E, para todos que batem, a porta é aberta. 9 "Respondam:
Se seu filho lhe pedir pão, você lhe dará uma pedra? 10 Ou, se pedir
um peixe, você lhe dará uma cobra? 11 Portanto, se vocês, que são
maus, sabem dar bons presentes a seus filhos, quanto mais seu
Pai, que está no céu, dará bons presentes aos que lhe pedirem!"

A regra de ouro

12 "Em todas as coisas façam aos outros o que vocês desejam que
eles lhes façam. Essa é a essência de tudo que ensinam a lei e os
profetas."

A porta estreita

13 "Entrem pela porta estreita. A estrada que conduz à destruição é
ampla, e larga é sua porta, e muitos escolhem esse caminho. 14 Mas
a porta para a vida é estreita, e o caminho é difícil, e são poucos
os que o encontram."

A árvore e seus frutos

15 "Tomem cuidado com falsos profetas que vêm disfarçados de
ovelhas, mas que, na verdade, são lobos esfomeados. 16 Vocês os
identificarão por seus frutos. É possível colher uvas de espinheiros
ou figos de ervas daninhas? 17 Da mesma forma, a árvore boa produz
frutos bons, e a árvore ruim produz frutos ruins. 18 A árvore boa não
pode produzir frutos ruins, e a árvore ruim não pode produzir frutos
bons. 19 Toda árvore que não produz bons frutos é cortada e lançada
ao fogo. 20 Portanto, é possível identificar a pessoa por seus frutos."

Verdadeiros discípulos

21 "Nem todos que me chamam: 'Senhor! Senhor!' entrarão no
reino dos céus, mas apenas aqueles que, de fato, fazem a vontade
de meu Pai, que está no céu. 22 No dia do juízo, muitos me dirão:
'Senhor! Senhor! Não profetizamos em teu nome, não expulsamos
demônios em teu nome e não realizamos muitos milagres em teu
nome?'. 23 Eu, porém, responderei: 'Nunca os conheci. Afastem-se
de mim, vocês que desobedecem à lei!'."

Construir sobre um alicerce firme

24 "Quem ouve minhas palavras e as pratica é tão sábio como a
pessoa que constrói sua casa sobre uma rocha firme. 25 Quando
vierem as chuvas e as inundações, e os ventos castigarem a casa, ela
não cairá, pois foi construída sobre rocha firme. 26 Mas quem ouve
meu ensino e não o pratica é tão tolo como a pessoa que constrói
sua casa sobre a areia. 27 Quando vierem as chuvas e as inundações
e os ventos castigarem a casa, ela cairá com grande estrondo."

Reação ao sermão

28 Quando Jesus acabou de dizer essas coisas, a multidão ficou
maravilhada com seu ensino, 29 pois ele ensinava com verdadeira
autoridade, diferentemente dos mestres da lei.

CAPÍTULO 8

Jesus cura um leproso

1 Quando Jesus desceu a encosta do monte, grandes multidões o
seguiram. 2 Um leproso aproximou-se de Jesus, ajoelhou-se diante
dele e disse: "Senhor, se quiser, pode me curar e me deixar limpo".

3 Jesus estendeu a mão e tocou nele. “Eu quero”, respondeu. “Seja
curado e fique limpo!” No mesmo instante, o homem foi curado da
lepra. 4 Então Jesus disse ao homem: “Não conte isso a ninguém. Vá
e apresente-se ao sacerdote para que ele o examine. Leve a oferta
que a lei de Moisés exige. Isso servirá como testemunho”.

Um oficial romano demonstra fé

5 Quando Jesus chegou a Cafarnaum, um oficial romano se apro-
ximou dele e suplicou: 6 “Senhor, meu jovem servo está de cama,
paralisado e com dores terríveis”. 7 Jesus disse: “Vou até lá para
curá-lo”. 8 O oficial, porém, respondeu: “Senhor, não mereço que
entre em minha casa. Basta uma ordem sua, e meu servo será cura-
do. 9 Sei disso porque estou sob a autoridade de meus superiores e
tenho autoridade sobre meus soldados. Só preciso dizer ‘Vão’, e eles
vão, ou ‘Venham’, e eles vêm. E, se digo a meus escravos: ‘Façam
isto’, eles o fazem”. 10 Quando Jesus ouviu isso, ficou admirado e
disse aos que o seguiam: “Eu lhes digo a verdade: jamais vi fé
como esta em Israel! 11 E também lhes digo: muitos virão de toda
parte, do leste e do oeste, e se sentarão com Abraão, Isaque e Jacó
no banquete do reino dos céus. 12 Mas muitos para os quais o reino
foi preparado serão lançados fora, na escuridão, onde haverá choro
e ranger de dentes”. 13 Então Jesus disse ao oficial romano: “Volte
para casa. Tal como você creu, assim acontecerá”. E o jovem servo
foi curado na mesma hora.

Jesus cura muitas pessoas

14 Quando Jesus chegou à casa de Pedro, viu que a sogra dele estava
de cama, com febre. 15 Jesus tocou em sua mão e a febre a deixou.
Então ela se levantou e passou a servi-lo. 16 Ao entardecer, trouxeram
a Jesus muita gente possuída por demônios. Ele expulsou esses
espíritos impuros com uma simples ordem e curou todos os enfer-
mos. 17 Cumpriu-se, desse modo, o que foi dito pelo profeta Isaías:
“Levou sobre si nossas enfermidades e removeu nossas doenças”.

O preço de seguir Jesus

18 Quando Jesus viu a grande multidão ao seu redor, ordenou que
atravessassem para o outro lado do mar. 19 Então um dos mestres
da lei lhe disse: “Mestre, eu o seguirei aonde quer que vá”. 20 Jesus

Mt 8.26

respondeu: “As raposas têm tocas onde morar e as aves têm ninhos,
mas o Filho do Homem não tem sequer um lugar para recostar a
cabeça”. 21 Outro discípulo disse: “Senhor, deixe-me primeiro se-
pultar meu pai”. 22 Jesus respondeu: “Siga-me agora. Deixe que
os mortos sepultem seus próprios mortos”.

Jesus acalma a tempestade

23 Em seguida, Jesus entrou no barco, e seus discípulos o acom-
panharam. 24 De repente, veio sobre o mar uma tempestade vio-
lenta, com ondas que cobriam o barco. Jesus, no entanto, dormia.
25 Os discípulos foram acordá-lo, clamando: “Senhor, salve-nos!
Vamos morrer!”. 26 “Por que vocês estão com medo?”, perguntou
ele. “Como é pequena a sua fé!” Então levantou-se, repreendeu o
vento e o mar, e houve grande calmaria. 27 Os discípulos ficaram
admirados. “Quem é este homem?”, diziam eles. “Até os ventos e
o mar lhe obedecem!”

Jesus exerce autoridade sobre demônios

28 Quando Jesus chegou ao outro lado do mar, à região dos gada-
renos, dois homens possuídos por demônios saíram do cemitério
e foram ao seu encontro. Eram tão violentos que ninguém podia
passar por ali. 29 Eles começaram a gritar: “Por que vem nos im-
portunar, Filho de Deus? Veio aqui para nos atormentar antes do
tempo determinado?”. 30 A certa distância deles, havia uma grande
manada de porcos pastando. 31 Então os demônios suplicaram: “Se
vai nos expulsar, mande-nos entrar naquela manada de porcos”.
32 “Vão!”, ordenou Jesus. Os demônios saíram dos homens e entra-
ram nos porcos, e toda a manada se atirou pela encosta íngreme
do monte para dentro do mar e se afogou. 33 Os que cuidavam dos
porcos fugiram para uma cidade próxima e contaram a todos o
que havia ocorrido com os homens possuídos por demônios. 34 Os
habitantes da cidade saíram ao encontro de Jesus e suplicaram que
ele fosse embora da região.

CAPÍTULO 9

Jesus cura um paralítico

1 Jesus entrou num barco e atravessou o mar até a cidade onde
morava. 2 Algumas pessoas lhe trouxeram um paralítico deitado

numa maca. Ao ver a fé que eles tinham, Jesus disse ao paralítico:
"Anime-se, filho! Seus pecados estão perdoados". 3 Alguns mestres
da lei disseram a si mesmos: "Isso é blasfêmia!". 4 Jesus, percebendo
o que pensavam, perguntou: "Por que vocês reagem com tanta
maldade em seu coração? 5 O que é mais fácil dizer: 'Seus pecados
estão perdoados' ou 'Levante-se e ande'? 6 Mas eu lhes mostrarei
que o Filho do Homem tem autoridade na terra para perdoar pecados".
Então disse ao paralítico: "Levante-se, pegue sua maca e vá
para casa". 7 O homem se levantou e foi para casa. 8 Ao ver isso, a
multidão se encheu de temor e louvou a Deus por ele ter dado tal
autoridade aos seres humanos.

Jesus chama Mateus

9 Enquanto Jesus caminhava, viu um homem chamado Mateus
sentado onde se coletavam impostos. "Siga-me", disse-lhe Jesus,
e Mateus se levantou e o seguiu. 10 Mais tarde, na casa de Mateus,
Jesus e seus discípulos estavam à mesa, acompanhados de um
grande número de cobradores de impostos e pecadores. 11 Quando
os fariseus viram isso, perguntaram aos discípulos: "Por que o seu
mestre come com cobradores de impostos e pecadores?". 12 Jesus
ouviu o que disseram e respondeu: "As pessoas saudáveis não precisam
de médico, mas sim os doentes". 13 E acrescentou: "Agora vão
e aprendam o significado desta passagem das Escrituras: 'Quero
que demonstrem misericórdia, e não que ofereçam sacrifícios'. Pois
não vim para chamar os justos, mas sim os pecadores".

Discussão sobre o jejum

14 Os discípulos de João Batista foram a Jesus e lhe perguntaram:
"Por que seus discípulos não têm o hábito de jejuar, como nós e
os fariseus?". 15 Jesus respondeu: "Por acaso os convidados de um
casamento ficam de luto enquanto festejam com o noivo? Um dia,
porém, o noivo lhes será tirado, e então jejuarão. 16 "Além disso,
ninguém remendaria uma roupa velha usando pano novo. O pano
rasgaria a roupa, deixando um buraco ainda maior. 17 "E ninguém
colocaria vinho novo em velhos recipientes de couro. O couro se
arrebentaria, deixando vazar o vinho, e os recipientes velhos se
estragariam. Vinho novo é guardado em recipientes novos, para
que ambos se conservem".

Jesus cura em resposta à fé

18 Enquanto Jesus ainda falava, o líder da sinagoga local veio e se
ajoelhou diante dele. "Minha filha acaba de morrer", disse. "Mas, se
o senhor vier e puser as mãos sobre ela, ela viverá." 19 Então Jesus e
seus discípulos se levantaram e foram com ele. 20 Nesse instante,
uma mulher que havia doze anos sofria de hemorragia se aproximou
por trás dele e tocou na borda de seu manto, 21 pois pensava:
"Se eu apenas tocar em seu manto, serei curada". 22 Jesus se voltou
e, quando a viu, disse: "Filha, anime-se! Sua fé a curou". A partir
daquele momento, a mulher ficou curada. 23 Quando Jesus chegou
à casa do líder da sinagoga, viu a multidão agitada e ouviu a música
fúnebre. 24 "Saiam daqui!", disse ele. "A menina não está morta; está
apenas dormindo." Os que estavam ali riram dele. 25 Depois que
a multidão foi colocada para fora, Jesus entrou e tomou a menina
pela mão, e ela se levantou. 26 A notícia desse milagre se espalhou
por toda a região.

Jesus cura dois cegos e um mudo

27 Depois que Jesus saiu dali, dois cegos foram atrás dele, gritando:
"Filho de Davi, tenha misericórdia de nós!". 28 Quando Jesus entrou
em casa, os cegos se aproximaram, e ele lhes perguntou: "Vocês
creem que eu posso fazê-los ver?". "Sim, Senhor", responderam eles.
29 Ele tocou nos olhos dos dois e disse: "Seja feito conforme a sua fé".
30 Então os olhos deles se abriram e puderam ver. Jesus os advertiu
severamente: "Não contem a ninguém". 31 Eles, porém, saíram e
espalharam sua fama por toda a região. 32 Quando partiram, foi
levado a Jesus um homem que não conseguia falar porque estava
possuído por um demônio. 33 O demônio foi expulso e, em seguida,
o homem começou a falar. As multidões ficaram admiradas. "Jamais
aconteceu algo parecido em Israel!", exclamavam. 34 Os fariseus,
contudo, disseram: "Ele expulsa demônios porque o príncipe dos
demônios lhe dá poder".

A necessidade de trabalhadores

35 Jesus andava por todas as cidades e todos os povoados da
região, ensinando nas sinagogas, anunciando as boas-novas do
reino e curando todo tipo de enfermidade e doença. 36 Quando
viu as multidões, teve compaixão delas, pois estavam confusas e

desamparadas, como ovelhas sem pastor. 37Disse aos discípulos:
"A colheita é grande, mas os trabalhadores são poucos. 38Orem
ao Senhor da colheita; peçam que ele envie mais trabalhadores
para seus campos".

CAPÍTULO 10

Jesus envia os doze apóstolos

1Jesus reuniu seus doze discípulos e lhes deu autoridade para ex-
pulsar espíritos impuros e curar todo tipo de enfermidade e doença.
2Estes são os nomes dos doze apóstolos: primeiro, Simão, tam-
bém chamado Pedro, depois André, irmão de Pedro, Tiago, filho de
Zebedeu, João, irmão de Tiago, 3Filipe, Bartolomeu, Tomé, Mateus,
o cobrador de impostos, Tiago, filho de Alfeu, Tadeu, 4Simão, o ca-
naneu, Judas Iscariotes, que depois traiu Jesus. 5Jesus enviou os
Doze com as seguintes instruções: "Não vão aos gentios nem aos
samaritanos; 6vão, antes, às ovelhas perdidas do povo de Israel.
7Vão e anunciem que o reino dos céus está próximo. 8Curem os
doentes, ressuscitem os mortos, purifiquem os leprosos e expulsem
os demônios. Deem de graça, pois também de graça vocês recebe-
ram. 9"Não levem no cinto moedas de ouro, prata ou mesmo de
cobre. 10Não levem bolsa de viagem, nem outra muda de roupa,
nem sandálias, nem cajado. Quem trabalha merece seu sustento.
11"Sempre que entrarem em uma cidade ou povoado, procurem
uma pessoa digna e fiquem em sua casa até partirem. 12Quando
entrarem na casa, saúdem-na com a paz. 13Se o lar se revelar digno,
que sua paz permaneça nela; se não, retirem a bênção. 14Se alguma
casa ou cidade se recusar a recebê-los ou a ouvir sua mensagem,
sacudam a poeira dos pés ao sair. 15Eu lhes digo a verdade: no
dia do juízo, as cidades perversas de Sodoma e Gomorra serão
tratadas com menos rigor que essa cidade. 16"Ouçam, eu os envio
como ovelhas no meio de lobos. Portanto, sejam espertos como
serpentes e simples como pombas. 17Tenham cuidado, pois vocês
serão entregues aos tribunais e chicoteados nas sinagogas. 18Por
minha causa serão julgados diante de governantes e reis, mas essa
será a oportunidade de falar a meu respeito a eles e aos gentios.
19Quando forem presos, não se preocupem com o modo como
responderão nem com o que dirão. Naquele momento, as palavras
certas lhes serão concedidas, 20pois não serão vocês que falarão,

Mt 10.31

mas o Espírito de seu Pai falará por meio de vocês. 21"O irmão
trairá seu irmão e o entregará à morte, e assim também o pai a
seu próprio filho. Os filhos se rebelarão contra os pais e os matarão.
22Todos os odiarão por minha causa, mas quem perseverar até o
fim será salvo. 23Quando forem perseguidos numa cidade, fujam
para outra. Eu lhes digo a verdade: o Filho do Homem voltará antes
que tenham percorrido todas as cidades de Israel. 24"O discípulo
não está acima de seu mestre, nem o escravo acima de seu senhor.
25Para o discípulo é suficiente ser como seu mestre, e o escravo,
como seu senhor. Uma vez que o dono da casa foi chamado de
Belzebu, os membros da família serão chamados de nomes ainda
piores! 26"Não tenham medo daqueles que os ameaçam, pois virá
o dia em que tudo que está encoberto será revelado, e tudo que é
secreto será divulgado. 27O que agora lhes digo no escuro, anun-
ciem às claras, e o que sussurro em seus ouvidos, proclamem dos
telhados. 28"Não tenham medo dos que querem matar o corpo;
eles não podem tocar na alma. Temam somente a Deus, que pode
destruir no inferno tanto a alma como o corpo. 29Quanto custam
dois pardais? Uma moeda de cobre? No entanto, nenhum deles
cai no chão sem o conhecimento de seu Pai. 30Quanto a vocês, até
os cabelos de sua cabeça estão contados. 31Portanto, não tenham
medo; vocês são muito mais valiosos que um bando inteiro de
pardais. 32"Quem me reconhecer em público aqui na terra, eu o
reconhecerei diante de meu Pai no céu. 33Mas quem me negar aqui
na terra, eu também o negarei diante de meu Pai no céu. 34"Não
imaginem que vim trazer paz à terra! Não vim trazer paz, mas a
espada. 35'Vim para pôr o homem contra seu pai, a filha contra sua
mãe, e a nora contra sua sogra. 36Seus inimigos estarão em sua
própria casa'. 37"Quem ama seu pai ou sua mãe mais que a mim
não é digno de mim; e quem ama seu filho ou sua filha mais que
a mim não é digno de mim. 38Quem se recusa a tomar sua cruz
e me seguir não é digno de mim. 39Quem se apegar à própria
vida a perderá; mas quem abrir mão de sua vida por minha causa
a encontrará. 40"Quem recebe vocês recebe a mim, e quem me
recebe também recebe aquele que me enviou. 41Quem acolhe um
profeta como alguém que fala da parte de Deus recebe a mesma
recompensa que um profeta. E quem acolhe um justo por causa
de sua justiça recebe uma recompensa igual à dele. 42Se alguém

der um copo de água fria que seja ao menor de meus seguidores,
certamente não perderá sua recompensa".

CAPÍTULO 11

Jesus e João Batista

1Quando Jesus terminou de dar essas instruções a seus doze dis-
cípulos, saiu para ensinar e anunciar sua mensagem nas cidades
da região. 2João Batista, que estava na prisão, soube de todas as
coisas que o Cristo estava fazendo. Por isso, enviou seus discípu-
los para perguntarem a Jesus: 3"O senhor é aquele que haveria
de vir, ou devemos esperar algum outro?". 4Jesus respondeu:
"Voltem a João e contem a ele o que vocês veem e ouvem: 5os
cegos veem, os aleijados andam, os leprosos são purificados, os
surdos ouvem, os mortos são ressuscitados e as boas-novas são
anunciadas aos pobres". 6E disse ainda: "Felizes são aqueles que
não se sentem ofendidos por minha causa". 7Enquanto os discípu-
los de João saíam, Jesus começou a falar a respeito dele para as
multidões: "Que tipo de homem vocês foram ver no deserto? Um
caniço que qualquer brisa agita? 8Afinal, o que esperavam ver?
Um homem vestido com roupas caras? Não, quem veste roupas
caras mora em palácios. 9Acaso procuravam um profeta? Sim, ele
é mais que profeta. 10João é o homem ao qual as Escrituras se
referem quando dizem: 'Envio meu mensageiro adiante de ti, e
ele preparará teu caminho à tua frente!'. 11"Eu lhes digo a verdade:
de todos os que nasceram de mulher, nenhum é maior que João
Batista. E, no entanto, até o menor no reino dos céus é maior que
ele. 12Desde os dias em que João pregava, o reino dos céus sofre
violência, e pessoas violentas o atacam. 13Pois, antes de João vir,
todos os profetas e a lei de Moisés falavam dos dias de João com
grande expectativa, 14e, se vocês estiverem dispostos a aceitar o
que eu digo, ele é Elias, aquele que os profetas disseram que vi-
ria. 15Quem é capaz de ouvir, ouça com atenção! 16"A que posso
comparar esta geração? Ela se parece com crianças que brincam
na praça. Queixam-se a seus amigos: 17'Tocamos flauta, e vocês
não dançaram; entoamos lamentos, e vocês não se entristeceram'.
18Quando João apareceu, não costumava comer nem beber em
público, e vocês disseram: 'Está possuído por demônio'. 19O Filho
do Homem, por sua vez, come e bebe, e vocês dizem: 'É comilão

Mt 11.28

e beberrão, amigo de cobradores de impostos e pecadores'. Mas a
sabedoria é comprovada pelos resultados que produz".

Julgamento para os que não creem

20Então Jesus começou a denunciar as cidades onde ele havia feito
muitos milagres, pois não tinham se arrependido. 21"Que aflição
as espera, Corazim e Betsaida! Porque, se nas cidades de Tiro e
Sidom tivessem sido realizados os milagres que realizei em vocês,
há muito tempo seus habitantes teriam se arrependido e demons-
trado isso vestindo panos de saco e jogando cinzas sobre a cabeça.
22Eu lhes digo que, no dia do juízo, Tiro e Sidom serão tratadas com
menos rigor que vocês. 23"E você, Cafarnaum, será elevada até o
céu? Não, descerá até o lugar dos mortos. Porque, se na cidade de
Sodoma tivessem sido realizados os milagres que realizei em você,
ela estaria de pé ainda hoje. 24Eu lhe digo que, no dia do juízo,
Sodoma será tratada com menos rigor que você".

Jesus agradece ao Pai

25Naquela ocasião, Jesus orou da seguinte maneira: "Pai, Senhor
dos céus e da terra, eu te agradeço porque escondeste estas coi-
sas dos que se consideram sábios e instruídos e as revelaste aos
que são como crianças. 26Sim, Pai, foi do teu agrado fazê-lo assim.
27"Meu Pai me confiou todas as coisas. Ninguém conhece verda-
deiramente o Filho, a não ser o Pai, e ninguém conhece verdadei-
ramente o Pai, a não ser o Filho e aqueles a quem o Filho escolhe
revelá-lo. 28"Venham a mim todos vocês que estão cansados e
sobrecarregados, e eu lhes darei descanso. 29Tomem sobre vocês
o meu jugo. Deixem que eu lhes ensine, pois sou manso e humilde
de coração, e encontrarão descanso para a alma. 30Meu jugo é fácil
de carregar, e o fardo que lhes dou é leve".

CAPÍTULO 12

Discussão sobre o sábado

1Por aquele tempo, Jesus estava caminhando pelos campos de
cereal, num sábado. Seus discípulos, sentindo fome, começaram
a colher espigas e comê-las. 2Alguns fariseus os viram e protes-
taram: "Veja, seus discípulos desobedecem à lei colhendo cereal
no sábado!". 3Jesus respondeu: "Vocês não leram nas Escrituras o

que fez Davi quando ele e seus companheiros tiveram fome? 4Ele
entrou na casa de Deus e, com seus companheiros, comeram os
pães sagrados que só os sacerdotes tinham permissão de comer. 5E
vocês não leram na lei de Moisés que os sacerdotes de serviço no
templo podem trabalhar no sábado? 6Eu lhes digo: há alguém aqui
maior que o templo! 7Vocês não teriam condenado meus discípulos
inocentes se soubessem o significado das Escrituras: 'Quero que
demonstrem misericórdia, e não que ofereçam sacrifícios'. 8Pois o
Filho do Homem é senhor até mesmo do sábado".

Jesus cura no sábado

9Então Jesus foi à sinagoga local, 10onde viu um homem que tinha
uma das mãos deformada. Os fariseus perguntaram a Jesus: "A
lei permite curar no sábado?". Esperavam que ele dissesse "sim",
para que pudessem acusá-lo. 11Jesus respondeu: "Se um de vocês
tivesse uma ovelha e ela caísse num poço no sábado, não traba-
lharia para tirá-la de lá? 12Quanto mais vale uma pessoa que uma
ovelha! Sim, a lei permite que se faça o bem no sábado". 13Em
seguida, disse ao homem: "Estenda a mão". Ele a estendeu, e ela
foi restaurada e ficou igual à outra. 14Então os fariseus convocaram
uma reunião para tramar um modo de matá-lo.

Jesus, o Servo escolhido de Deus

15Jesus, sabendo o que planejavam, retirou-se daquela região.
Muitos o seguiram, e ele curou todos os enfermos que havia entre
eles. 16Contudo, advertiu-lhes que não revelassem quem ele era.
17Cumpriu-se, assim, a profecia de Isaías a seu respeito: 18"Vejam
meu Servo, aquele que escolhi. Ele é meu Amado; nele tenho gran-
de alegria. Porei sobre ele meu Espírito, e ele proclamará justiça às
nações. 19Não lutará nem gritará, nem levantará a voz em público.
20Não esmagará a cana quebrada, nem apagará a chama que já
está fraca. Por fim, ele fará que a justiça seja vitoriosa. 21E seu nome
será a esperança de todo o mundo".

A fonte do poder de Jesus

22Então levaram até Jesus um homem cego e mudo que estava
possuído por um demônio. Jesus o curou, e ele passou a falar e
ver. 23Admirada, a multidão perguntou: "Será que este homem é

o Filho de Davi?". 24No entanto, quando os fariseus souberam do
milagre, disseram: "Ele só expulsa demônios porque seu poder
vem de Belzebu, o príncipe dos demônios". 25Jesus conhecia os
pensamentos deles e respondeu: "Todo reino dividido interna-
mente está condenado à ruína. Uma cidade ou família dividida
contra si mesma se desintegrará. 26Se Satanás expulsa Satanás,
está dividido e luta contra si mesmo. Seu reino não sobreviverá.
27Se eu expulso demônios pelo poder de Belzebu, o que dizer de
seus discípulos? Eles também expulsam demônios, de modo que
condenarão vocês pelo que acabaram de dizer. 28Mas, se expulso
demônios pelo Espírito de Deus, então o reino de Deus já chegou
até vocês. 29Afinal, quem tem poder para entrar na casa de um
homem forte e saquear seus bens? Somente alguém ainda mais
forte, alguém capaz de amarrá-lo e saquear sua casa. 30"Quem
não está comigo opõe-se a mim, e quem não trabalha comigo
na verdade trabalha contra mim. 31"Por isso eu lhes digo: todo
pecado e toda blasfêmia serão perdoados, mas a blasfêmia con-
tra o Espírito não será perdoada. 32Quem falar contra o Filho do
Homem será perdoado, mas quem falar contra o Espírito Santo
não será perdoado, nem neste mundo nem no mundo por vir.
33"Uma árvore é identificada por seus frutos. Se a árvore é boa, os
frutos serão bons. Se a árvore é ruim, os frutos serão ruins. 34Raça
de víboras! Como poderiam homens maus como vocês dizer o
que é bom e correto? Pois a boca fala do que o coração está cheio.
35A pessoa boa tira coisas boas do tesouro de um coração bom, e
a pessoa má tira coisas más do tesouro de um coração mau. 36Eu
lhes digo: no dia do juízo, vocês prestarão contas de toda palavra
inútil que falarem. 37Por suas palavras vocês serão absolvidos, e
por elas serão condenados".

O sinal de Jonas

38Alguns dos mestres da lei e fariseus vieram a Jesus e disseram:
"Mestre, queremos que nos mostre um sinal de sua autoridade".
39Jesus, porém, respondeu: "Vocês pedem um sinal porque são
uma geração perversa e adúltera, mas o único sinal que lhes darei
será o do profeta Jonas. 40Pois, assim como Jonas passou três dias
e três noites no ventre do grande peixe, o Filho do Homem ficará
três dias e três noites no coração da terra. 41"No dia do juízo, os

habitantes de Nínive se levantarão contra esta geração e a condena-
rão, pois eles se arrependeram de seus pecados quando ouviram a
mensagem anunciada por Jonas; e vocês têm à sua frente alguém
maior que Jonas! 42A rainha de Sabá também se levantará contra
esta geração no dia do juízo e a condenará, pois veio de uma terra
distante para ouvir a sabedoria de Salomão; e vocês têm à sua
frente alguém maior que Salomão! 43"Quando um espírito impuro
deixa uma pessoa, anda por lugares secos à procura de descanso,
mas não o encontra. 44Então, diz: 'Voltarei à casa da qual saí'. Ele
volta para sua antiga casa e a encontra vazia, varrida e arrumada.
45Então o espírito busca outros sete espíritos, piores que ele, e todos
entram na pessoa e passam a morar nela, e a pessoa fica pior que
antes. Assim acontecerá com esta geração perversa".

A verdadeira família de Jesus

46Enquanto Jesus falava à multidão, sua mãe e seus irmãos esta-
vam do lado de fora, pedindo para falar com ele. 47Alguém disse a
Jesus: "Sua mãe e seus irmãos estão lá fora e querem falar com o
senhor". 48Jesus respondeu: "Quem é minha mãe? Quem são meus
irmãos?". 49Então apontou para seus discípulos e disse: "Vejam,
estes são minha mãe e meus irmãos. 50Quem faz a vontade de meu
Pai no céu é meu irmão, minha irmã e minha mãe".

CAPÍTULO 13

A parábola do semeador

1Mais tarde, naquele mesmo dia, Jesus saiu de casa e sentou-se
à beira-mar. 2Logo, uma grande multidão se juntou ao seu redor.
Então ele entrou num barco, sentou-se e ensinou o povo que
permanecia na praia. 3Jesus contou várias parábolas, como esta:
"Um lavrador saiu para semear. 4Enquanto espalhava as sementes
pelo campo, algumas caíram à beira do caminho, e as aves vieram
e as comeram. 5Outras sementes caíram em solo rochoso e, não
havendo muita terra, germinaram rapidamente, 6mas as plantas
logo murcharam sob o calor do sol e secaram, pois não tinham
raízes profundas. 7Outras sementes caíram entre espinhos, que
cresceram e sufocaram os brotos. 8Ainda outras caíram em solo
fértil e produziram uma colheita trinta, sessenta e até cem vezes
maior que a quantidade semeada. 9Quem é capaz de ouvir, ouça

NO QUE ESTOU **PENSANDO** ○ | O QUE ESTOU **SENTINDO** ○ | DO QUE ESTOU **LEMBRANDO** ○

DESENHE OU ESCREVA

com atenção!". 10Os discípulos vieram e lhe perguntaram: "Por que
o senhor usa parábolas quando fala ao povo?". 11Ele respondeu: "A
vocês é permitido entender os segredos do reino dos céus, mas a
outros não. 12Pois ao que tem, mais lhe será dado, e terá em grande
quantia; mas do que nada tem, até o que tem lhe será tirado. 13É
por isso que uso parábolas: eles olham, mas não veem; escutam,
mas não ouvem nem entendem. 14"Cumpre-se, desse modo, a pro-
fecia de Isaías que diz: 'Quando ouvirem o que digo, não entende-
rão. Quando virem o que faço, não compreenderão. 15Pois o coração
deste povo está endurecido; ouvem com dificuldade e têm os olhos
fechados, de modo que seus olhos não veem, e seus ouvidos não
ouvem, e seu coração não entende, e não se voltam para mim,
nem permitem que eu os cure'. 16"Felizes, porém, são seus olhos,
pois eles veem; e seus ouvidos, pois eles ouvem. 17Eu lhes digo a
verdade: muitos profetas e justos desejaram ver o que vocês têm
visto e ouvir o que vocês têm ouvido, mas não puderam. 18"Agora,
ouçam a explicação da parábola sobre o lavrador que saiu para
semear. 19As sementes que caíram à beira do caminho represen-
tam os que ouvem a mensagem sobre o reino e não a entendem.
Então o maligno vem e arranca a semente que foi lançada em seu
coração. 20As que caíram no solo rochoso representam aqueles
que ouvem a mensagem e, sem demora, a recebem com alegria.
21Contudo, uma vez que não têm raízes profundas, não duram
muito. Assim que enfrentam problemas ou são perseguidos por
causa da mensagem, cedo desanimam. 22As que caíram entre os
espinhos representam outros que ouvem a mensagem, mas logo
ela é sufocada pelas preocupações desta vida e pela sedução da
riqueza, de modo que não produzem fruto. 23E as que caíram em
solo fértil representam os que ouvem e entendem a mensagem
e produzem uma colheita trinta, sessenta e até cem vezes maior
que a quantidade semeada".

A parábola do trigo e do joio

24Esta foi outra parábola que Jesus contou: "O reino dos céus é
como um agricultor que semeou boas sementes em seu campo.
25Enquanto os servos dormiam, seu inimigo veio, semeou joio
no meio do trigo e foi embora. 26Quando a plantação começou a
crescer, o joio também cresceu. 27"Os servos do agricultor vieram

Mt

e disseram: 'O campo em que o senhor semeou as boas semen-
tes está cheio de joio. De onde ele veio?'. 28"'Um inimigo fez isso',
respondeu o agricultor. "'Devemos arrancar o joio?', perguntaram
os servos. 29"'Não', respondeu ele. 'Se tirarem o joio, pode acon-
tecer de arrancarem também o trigo. 30Deixem os dois crescerem
juntos até a colheita. Então, direi aos ceifeiros que separem o joio,
amarrem-no em feixes e queimem-no e, depois, guardem o trigo
no celeiro'".

A parábola da semente de mostarda

31Então Jesus contou outra parábola: "O reino dos céus é como
a semente de mostarda que alguém semeia num campo. 32É a
menor de todas as sementes, mas se torna a maior das hortaliças;
cresce até se transformar em árvore, e vêm as aves e fazem ninho
em seus galhos".

A parábola do fermento

33Jesus também contou a seguinte parábola: "O reino dos céus é
como o fermento usado por uma mulher para fazer pão. Embora
ela coloque apenas uma pequena quantidade de fermento em três
medidas de farinha, toda a massa fica fermentada".

As parábolas cumprem uma profecia

34Jesus sempre usava histórias e comparações como essas quan-
do falava às multidões. Na verdade, nunca lhes falava sem usar
parábolas. 35Cumpriu-se, desse modo, o que foi dito por meio do
profeta: "Eu lhes falarei por meio de parábolas; explicarei coisas
escondidas desde a criação do mundo".

Explicação da parábola do trigo e do joio

36Em seguida, deixando as multidões do lado de fora, Jesus entrou
em casa. Seus discípulos lhe pediram: "Por favor, explique-nos a
história do joio no campo". 37Jesus respondeu: "O Filho do Homem
é o agricultor que planta as boas sementes. 38O campo é o mundo,
e as boas sementes são o povo do reino. O joio são as pessoas que
pertencem ao maligno, 39e o inimigo que plantou o joio no meio
do trigo é o diabo. A colheita é o fim dos tempos, e os que fazem
a colheita são os anjos. 40"Da mesma forma que o joio é separado

Mt 13.33

e queimado no fogo, assim será no fim dos tempos. 41O Filho do
Homem enviará seus anjos, e eles removerão do reino tudo que
produz pecado e todos que praticam o mal 42e os lançarão numa
fornalha ardente, onde haverá choro e ranger de dentes. 43Então
os justos brilharão como o sol no reino de seu Pai. Quem é capaz
de ouvir, ouça com atenção!"

A parábola do tesouro escondido

44"O reino dos céus é como um tesouro escondido que um ho-
mem descobriu num campo. Em seu entusiasmo, ele o escondeu
novamente, vendeu tudo que tinha e, com o dinheiro da venda,
comprou aquele campo."

A parábola da pérola

45"O reino dos céus também é como um negociante que procurava
pérolas da melhor qualidade. 46Quando descobriu uma pérola de
grande valor, vendeu tudo que tinha e, com o dinheiro da venda,
comprou a tal pérola."

A parábola da rede de pesca

47"O reino dos céus é, ainda, como uma rede de pesca que foi
lançada ao mar e pegou peixes de todo tipo. 48Quando a rede es-
tava cheia, os pescadores a arrastaram até a praia, sentaram-se e
juntaram os peixes bons em cestos, jogando fora os ruins. 49Assim
será no fim dos tempos. Os anjos virão, separarão os perversos dos
justos 50e os lançarão na fornalha ardente, onde haverá choro e
ranger de dentes. 51Vocês entendem todas essas coisas?" "Sim",
responderam eles.

Mestres da lei no reino

52Então ele acrescentou: "Todo mestre da lei que se torna discípulo
no reino dos céus é como o dono de uma casa que tira do seu
tesouro verdades preciosas, tanto novas como velhas".

Jesus é rejeitado em Nazaré

53Quando Jesus terminou de contar essas parábolas, deixou aquela
região 54e voltou para Nazaré, cidade onde tinha morado. Enquanto
ensinava na sinagoga, todos se admiravam e perguntavam: "De

onde lhe vêm a sabedoria e o poder para realizar milagres? 55 Não
é esse o filho do carpinteiro? Conhecemos Maria, sua mãe, e tam-
bém seus irmãos, Tiago, José, Simão e Judas. 56 Todas as suas irmãs
moram aqui, entre nós. Onde ele aprendeu todas essas coisas?". 57 E
sentiam-se muito ofendidos. Então Jesus lhes disse: "Um profeta
recebe honra em toda parte, menos em sua cidade e entre sua
própria família". 58 E, por causa da incredulidade deles, realizou ali
apenas uns poucos milagres.

CAPÍTULO 14

Herodes e a morte de João Batista

1 Quando Herodes Antipas ouviu falar de Jesus, 2 disse a seus conse-
lheiros: "Deve ser João Batista que ressuscitou dos mortos! Por isso
ele tem poder para fazer esses milagres". 3 Herodes havia mandado
prender e encarcerar João para agradar Herodias, que era esposa de
Filipe, seu irmão. 4 João tinha dito repetidamente a Herodes: "É con-
tra a lei que o senhor viva com ela". 5 Herodes queria matá-lo, mas
tinha medo de provocar uma revolta, pois o povo acreditava que
João era profeta. 6 Contudo, numa festa de aniversário de Herodes,
a filha de Herodias dançou diante dos convidados e agradou muito
o rei, 7 e ele prometeu, sob juramento, que lhe daria qualquer coisa
que ela pedisse. 8 Instigada pela mãe, a moça disse: "Quero a cabe-
ça de João Batista num prato!". 9 O rei se arrependeu do que tinha
dito, mas, por causa do juramento feito diante dos convidados, deu
as ordens para que atendessem ao pedido. 10 João foi decapitado
na prisão, 11 e sua cabeça foi trazida num prato e entregue à moça,
que a levou à sua mãe. 12 Os discípulos de João vieram, levaram seu
corpo e o sepultaram. Em seguida, foram a Jesus e lhe contaram
o que havia acontecido.

A primeira multiplicação dos pães

13 Logo que Jesus ouviu a notícia, partiu de barco para um lugar
isolado, a fim de ficar só. As multidões, porém, descobriram para
onde ele ia e o seguiram a pé, vindas de muitas cidades. 14 Quando
Jesus saiu do barco, viu a grande multidão, teve compaixão dela e
curou os enfermos. 15 Ao entardecer, os discípulos foram até ele e
disseram: "Este lugar é isolado, e já está ficando tarde. Mande as
multidões embora, para que possam ir aos povoados e comprar

Mt 14.27

comida". 16 "Não há necessidade", disse Jesus. "Providenciem vocês
mesmos alimento para elas." 17 Eles responderam: "Temos apenas
cinco pães e dois peixes!". 18 "Tragam para cá", disse ele. 19 Em segui-
da, mandou o povo sentar-se na grama. Tomou os cinco pães e os
dois peixes, olhou para o céu e os abençoou. Então, partiu os pães
em pedaços e os entregou a seus discípulos, que distribuíram às
multidões. 20 Todos comeram à vontade, e os discípulos recolheram
doze cestos com as sobras. 21 Os que comeram foram cerca de cinco
mil homens, sem contar mulheres e crianças.

Jesus anda sobre as águas

22 Logo em seguida, Jesus insistiu com seus discípulos que voltas-
sem ao barco e atravessassem até o outro lado do mar, enquanto
ele despedia as multidões. 23 Depois de mandá-las para casa, Jesus
subiu sozinho ao monte a fim de orar. Quando anoiteceu, ele ain-
da estava ali, sozinho. 24 Enquanto isso, os discípulos, distantes da
terra firme, lutavam contra as ondas, pois um vento forte havia se
levantado. 25 Por volta das três da madrugada, Jesus foi até eles,
caminhando sobre as águas. 26 Quando os discípulos o viram ca-
minhando sobre as águas, ficaram aterrorizados. "É um fantasma!",
gritaram, cheios de medo. 27 Imediatamente, porém, Jesus lhes dis-
se: "Não tenham medo! Coragem, sou eu!". 28 Então Pedro gritou:
"Se é realmente o senhor, ordene que eu vá caminhando sobre as
águas até onde está!". 29 "Venha!", respondeu Jesus. Então Pedro
desceu do barco e caminhou sobre as águas em direção a Jesus.
30 Mas, quando reparou no vento forte e nas ondas, ficou aterroriza-
do, começou a afundar e gritou: "Senhor, salva-me!". 31 No mesmo
instante, Jesus estendeu a mão e o segurou. "Como é pequena a
sua fé!", disse ele. "Por que você duvidou?" 32 Quando entraram
no barco, o vento parou. 33 Então os outros discípulos o adoraram
e exclamaram: "De fato, o senhor é o Filho de Deus!".

Jesus cura os enfermos

34 Depois de atravessarem o mar, chegaram a Genesaré. 35 Quando
o povo reconheceu Jesus, a notícia de sua chegada se espalhou ra-
pidamente por toda a região, e trouxeram os enfermos para que fos-
sem curados. 36 Suplicavam que ele deixasse os enfermos apenas
tocar na borda de seu manto, e todos que o tocavam eram curados.

CAPÍTULO 15

Ensino sobre a pureza interior

1Então alguns fariseus e mestres da lei chegaram de Jerusalém
para ver Jesus e lhe perguntaram: 2"Por que seus discípulos de-
sobedecem à tradição dos líderes religiosos? Eles não respeitam
a cerimônia de lavar as mãos antes de comer!". 3Jesus respondeu:
"E por que vocês, com suas tradições, desobedecem ao manda-
mento de Deus? 4Pois Deus ordenou: 'Honre seu pai e sua mãe' e
'Quem insultar seu pai ou sua mãe será executado'. 5Em vez disso,
vocês ensinam que, se alguém disser a seus pais: 'Sinto muito,
mas não posso ajudá-los; jurei entregar como oferta a Deus aquilo
que eu teria dado a vocês', 6não precisará mais honrar seus pais.
Com isso, vocês anulam a palavra de Deus em favor de sua própria
tradição. 7Hipócritas! Isaías tinha razão quando assim profetizou
a seu respeito: 8'Este povo me honra com os lábios, mas o cora-
ção está longe de mim. 9Sua adoração é uma farsa, pois ensinam
ideias humanas como se fossem mandamentos divinos'". 10Jesus
chamou a multidão para perto de si e disse: "Ouçam e procurem
entender. 11Não é o que entra pela boca que os contamina; vo-
cês se contaminam com as palavras que saem dela". 12Então os
discípulos vieram e perguntaram: "O senhor sabe que ofendeu
os fariseus com isso que acabou de dizer?". 13Jesus respondeu:
"Toda planta que meu Pai celestial não plantou será arrancada pela
raiz. 14Portanto, não façam caso deles. São guias cegos conduzin-
do cegos e, se um cego conduzir outro, ambos cairão numa vala".
15Então Pedro disse: "Explique-nos a parábola de que as pessoas
não são contaminadas pelo que comem". 16"Ainda não entendem?",
perguntou Jesus. 17"Tudo que comem passa pelo estômago e vai
para o esgoto, 18mas as palavras vêm do coração, e é isso que os
contamina. 19Pois do coração vêm maus pensamentos, homicídio,
adultério, imoralidade sexual, roubo, mentiras e calúnias. 20São
essas coisas que os contaminam. Comer sem lavar as mãos não
os contaminará."

A mulher cananeia

21Então Jesus deixou a Galileia, rumo ao norte, para a região de
Tiro e Sidom. 22Uma mulher cananeia que ali morava veio a ele,
suplicando: "Senhor, Filho de Davi, tenha misericórdia de mim!

Mt 15.31

Minha filha está possuída por um demônio que a atormenta ter-
rivelmente". 23Jesus não disse uma só palavra em resposta. Então
os discípulos insistiram com ele: "Mande-a embora; ela não para
de gritar atrás de nós". 24Jesus disse à mulher: "Fui enviado para
ajudar apenas as ovelhas perdidas do povo de Israel". 25A mulher,
porém, aproximou-se, ajoelhou-se diante dele e implorou mais
uma vez: "Senhor, ajude-me!". 26Jesus respondeu: "Não é certo
tirar comida das crianças e jogá-la aos cachorros". 27"Senhor, é
verdade", disse a mulher. "No entanto, até os cachorros comem as
migalhas que caem da mesa de seus donos." 28"Mulher, sua fé é
grande", disse-lhe Jesus. "Seu pedido será atendido." E, no mesmo
instante, a filha dela foi curada.

Jesus cura muitas pessoas

29Deixando aquele lugar, Jesus voltou ao mar da Galileia e su-
biu a um monte, onde se sentou. 30Uma grande multidão veio e
colocou diante dele aleijados, cegos, paralíticos, mudos e muitos
outros, e ele curou a todos. 31As pessoas ficavam admiradas e
louvavam o Deus de Israel, pois os que eram mudos agora fala-
vam, os paralíticos estavam curados, os aleijados andavam e os
cegos podiam ver.

A segunda multiplicação dos pães

32Então Jesus chamou seus discípulos e disse: "Tenho compaixão
dessa gente. Estão aqui comigo há três dias e não têm mais nada
para comer. Se eu os mandar embora com fome, podem desmaiar
no caminho". 33Os discípulos disseram: "Onde conseguiríamos
comida suficiente para tamanha multidão neste lugar deserto?".
34Jesus perguntou: "Quantos pães vocês têm?". "Sete, e alguns
peixinhos", responderam eles. 35Então Jesus mandou todo o povo
sentar-se no chão. 36Tomou os sete pães e os peixes, agradeceu a
Deus e os partiu em pedaços. Em seguida, entregou-os aos discípu-
los, que os distribuíram à multidão. 37Todos comeram à vontade, e
os discípulos recolheram, ainda, sete cestos grandes com as sobras.
38Os que comeram foram quatro mil homens, sem contar mulheres
e crianças. 39Então Jesus os mandou para casa, entrou num barco
e atravessou para a região de Magadã.

CAPÍTULO 16

Os líderes exigem um sinal

1Os fariseus e saduceus vieram pôr Jesus à prova, exigindo que
lhes mostrasse um sinal do céu. 2Ele respondeu: “Vocês conhe-
cem o ditado: ‘Céu vermelho ao entardecer, bom tempo amanhã;
3céu vermelho e sombrio logo cedo, mau tempo o dia todo’. Vocês
sabem identificar as condições do tempo no céu, mas não sabem
interpretar os sinais dos tempos! 4Pedem um sinal porque são uma
geração perversa e adúltera, mas o único sinal que lhes darei será o
sinal do profeta Jonas”. Então Jesus os deixou e se retirou.

O fermento dos fariseus e saduceus

5Mais tarde, depois de atravessar o mar, os discípulos descobri-
ram que tinham se esquecido de levar pães. 6Jesus os advertiu:
“Fiquem atentos! Tenham cuidado com o fermento dos fariseus e
saduceus”. 7Os discípulos começaram a discutir entre si por que
não tinham trazido pão. 8Ao tomar conhecimento do que falavam,
Jesus disse: “Como é pequena a sua fé! Por que vocês discutem
entre si sobre a falta de pão? 9Ainda não entenderam? Não se
lembram dos cinco pães para os cinco mil e dos cestos de sobras
que recolheram? 10Nem dos sete pães para os quatro mil e dos
cestos grandes de sobras que recolheram? 11Como não conseguem
entender que não estou falando de pão? Repito: tenham cuidado
com o fermento dos fariseus e saduceus”. 12Finalmente entende-
ram que ele não se referia ao fermento do pão, mas ao ensino dos
fariseus e saduceus.

Pedro declara sua fé

13Quando Jesus chegou à região de Cesareia de Filipe, pergun-
tou a seus discípulos: “Quem as pessoas dizem que o Filho do
Homem é?”. 14Eles responderam: “Alguns dizem que o senhor é
João Batista; outros, que é Elias; e outros, ainda, que é Jeremias ou
um dos profetas”. 15“E vocês?”, perguntou ele. “Quem vocês dizem
que eu sou?” 16Simão Pedro respondeu: “O senhor é o Cristo, o
Filho do Deus vivo!”. 17Jesus disse: “Que grande privilégio você
teve, Simão, filho de João! Foi meu Pai no céu quem lhe revelou
isso. Nenhum ser humano saberia por si só. 18Agora eu lhe digo
que você é Pedro, e sobre esta pedra edificarei minha igreja, e as

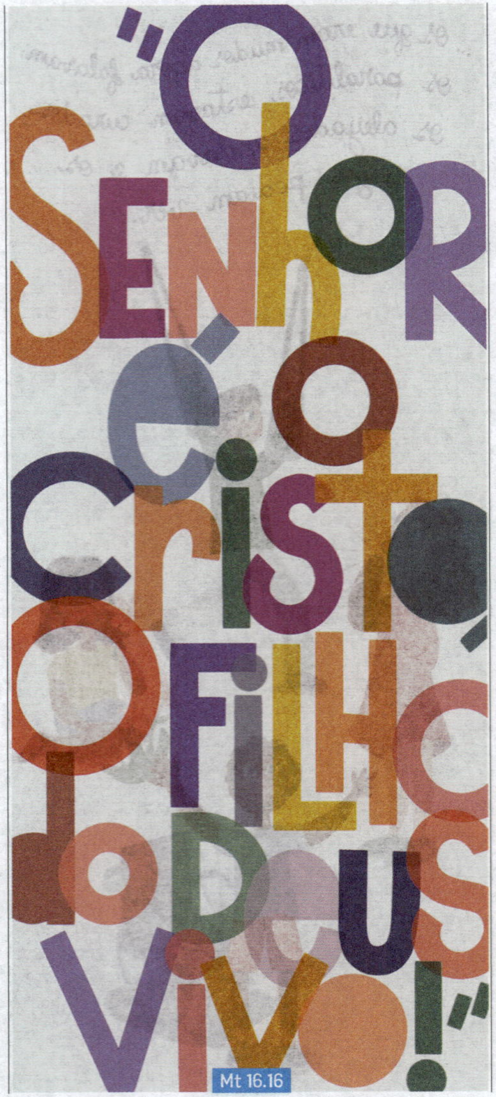

Mt 16.16

forças da morte não a conquistarão. 19Eu lhe darei as chaves do
reino dos céus. O que você ligar na terra terá sido ligado no céu, e
o que você desligar na terra terá sido desligado no céu”. 20Então
ele advertiu a seus discípulos que não dissessem a ninguém que
ele era o Cristo.

Jesus prediz sua morte

21Daquele momento em diante, Jesus começou a falar claramente
a seus discípulos que era necessário que ele fosse a Jerusalém e
sofresse muitas coisas terríveis nas mãos dos líderes do povo, dos
principais sacerdotes e dos mestres da lei. Seria morto, mas no
terceiro dia ressuscitaria. 22Pedro o chamou de lado e começou
a repreendê-lo por dizer tais coisas. “Jamais, Senhor!”, disse ele.
“Isso nunca lhe acontecerá!” 23Jesus se voltou para Pedro e disse:
“Afaste-se de mim, Satanás! Você é uma pedra de tropeço para mim.
Considera as coisas apenas do ponto de vista humano, e não da
perspectiva de Deus”.

Ensino sobre o discipulado

24Então Jesus disse a seus discípulos: “Se alguém quer ser meu
seguidor, negue a si mesmo, tome sua cruz e siga-me. 25Se tentar
se apegar à sua vida, a perderá. Mas, se abrir mão de sua vida
por minha causa, a encontrará. 26Que vantagem há em ganhar
o mundo inteiro, mas perder a vida? E o que daria o homem em
troca de sua vida? 27Pois o Filho do Homem virá com seus anjos
na glória de seu Pai e julgará cada pessoa de acordo com suas
ações. 28Eu lhes digo a verdade: alguns que estão aqui neste
momento não morrerão antes de ver o Filho do Homem vindo
em seu reino!”.

CAPÍTULO 17

A transfiguração

1Seis dias depois, Jesus levou consigo Pedro e os dois irmãos,
Tiago e João, até um monte alto. 2Enquanto os três observavam,
a aparência de Jesus foi transformada de tal modo que seu rosto
brilhava como o sol e suas roupas se tornaram brancas como a luz.
3De repente, Moisés e Elias apareceram e começaram a falar com
Jesus. 4Pedro exclamou: “Senhor, é maravilhoso estarmos aqui! Se

quiser, farei três tendas: uma será sua, uma de Moisés e outra de
Elias". 5 Enquanto ele ainda falava, uma nuvem brilhante os cobriu,
e uma voz que vinha da nuvem disse: "Este é meu Filho amado,
que me dá grande alegria. Ouçam-no!". 6 Os discípulos ficaram
aterrorizados e caíram com o rosto em terra. 7 Então Jesus veio e
os tocou. "Levantem-se", disse ele. "Não tenham medo." 8 E, quando
levantaram os olhos, viram apenas Jesus. 9 Enquanto desciam do
monte, Jesus lhes ordenou: "Não contem a ninguém o que viram,
até que o Filho do Homem ressuscite dos mortos". 10 Os discípulos
lhe perguntaram: "Por que os mestres da lei afirmam que é neces-
sário que Elias volte antes que o Cristo venha?". 11 Jesus respondeu:
"De fato, Elias vem e restaurará tudo. 12 Eu, porém, lhes digo: Elias já
veio, mas não o reconheceram e preferiram maltratá-lo. Da mesma
forma, também farão o Filho do Homem sofrer". 13 Então os discípu-
los entenderam que ele estava falando de João Batista.

Jesus cura um menino possuído por demônio

14 Ao pé do monte, uma grande multidão os esperava. Um homem
veio, ajoelhou-se diante de Jesus e disse: 15 "Senhor, tenha mise-
ricórdia de meu filho. Ele tem convulsões e sofre terrivelmente.
Muitas vezes, cai no fogo ou na água. 16 Eu o trouxe a seus dis-
cípulos, mas eles não puderam curá-lo". 17 Jesus disse: "Geração
incrédula e corrompida! Até quando estarei com vocês? Até quan-
do terei de suportá-los? Tragam o menino para cá". 18 Então Jesus
repreendeu o demônio, e ele saiu do menino, que ficou curado a
partir daquele momento. 19 Mais tarde, os discípulos perguntaram
a Jesus em particular: "Por que não conseguimos expulsar aquele
demônio?". 20 "Porque a sua fé é muito pequena", respondeu Jesus.
"Eu lhes digo a verdade: se tivessem fé, ainda que do tamanho de
uma semente de mostarda, poderiam dizer a este monte: 'Mova-se
daqui para lá', e ele se moveria. Nada seria impossível para vocês,
21 mas essa espécie não sai senão com oração e jejum."

Jesus prediz sua morte pela segunda vez

22 Quando voltaram a se reunir na Galileia, Jesus lhes disse: "O
Filho do Homem será traído e entregue em mãos humanas. 23 Será
morto, mas no terceiro dia ressuscitará". E os discípulos se encheram
de tristeza.

NO QUE ESTOU **PENSANDO** ○ | O QUE ESTOU **SENTINDO** ○ | DO QUE ESTOU **LEMBRANDO** ○

DESENHE OU ESCREVA

O pagamento do imposto do templo

24 Quando Jesus e seus discípulos chegaram a Cafarnaum, os cobra-
dores do imposto do templo abordaram Pedro e lhe perguntaram:
"Seu mestre não paga o imposto do templo?". 25 "Sim, paga", res-
pondeu Pedro. Em seguida, entrou em casa. Antes que ele tivesse
oportunidade de falar, Jesus lhe perguntou: "O que você acha,
Simão? O que os reis costumam fazer: cobram impostos de seu
povo ou dos povos conquistados?". 26 "Cobram dos povos conquista-
dos", respondeu Pedro. "Pois bem", disse Jesus. "Os cidadãos estão
isentos. 27 Mas, como não queremos que se ofendam, desça até o
mar e jogue o anzol. Abra a boca do primeiro peixe que pegar e
ali encontrará uma moeda de prata. Pegue-a e use-a para pagar os
impostos por nós dois."

CAPÍTULO 18

O maior no reino

1 Nessa ocasião, os discípulos vieram a Jesus e perguntaram: "Afinal,
quem é o maior no reino dos céus?". 2 Então Jesus chamou uma
criança pequena e a colocou no meio deles. 3 Em seguida, disse:
"Eu lhes digo a verdade: a menos que vocês se convertam e se
tornem como crianças, jamais entrarão no reino dos céus. 4 Quem
se torna humilde como esta criança é o maior no reino dos céus, 5 e
quem recebe uma criança como esta em meu nome recebe a mim."

Advertência para não causar pecado

6 "Mas, se alguém fizer cair em pecado um destes pequeninos que
em mim confiam, teria sido melhor ter amarrado uma grande pe-
dra de moinho ao pescoço e se afogado nas profundezas do mar.
7 "Quanto sofrimento haverá no mundo por causa das tentações
para o pecado! Ainda que elas sejam inevitáveis, aquele que as
provoca terá sofrimento ainda maior. 8 Portanto, se sua mão ou seu
pé o faz pecar, corte-o e jogue-o fora. É melhor entrar na vida eterna
com apenas uma das mãos ou apenas um dos pés que ser lançado
no fogo eterno com as duas mãos e os dois pés. 9 E, se seu olho o faz
pecar, arranque-o e jogue-o fora. É melhor entrar na vida eterna com
apenas um dos olhos que ser lançado no inferno de fogo com os
dois olhos. 10 "Tomem cuidado para não desprezar nenhum destes
pequeninos. Pois eu lhes digo que, no céu, os anjos deles estão

sempre na presença de meu Pai celestial. 11 E o Filho do Homem
veio para salvar os que estão perdidos."

A parábola da ovelha perdida

12 "Se um homem tiver cem ovelhas e uma delas se perder, o que
vocês acham que ele fará? Não deixará as outras noventa e nove
nos montes e sairá à procura da perdida? 13 E, se a encontrar, eu
lhes digo a verdade: ele se alegrará por causa dela mais que pelas
noventa e nove que não se perderam. 14 Da mesma forma, não é
da vontade de meu Pai, no céu, que nenhum destes pequeninos
se perca."

Como corrigir um irmão

15 "Se um irmão pecar contra você, fale com ele em particular e
chame-lhe a atenção para o erro. Se ele o ouvir, você terá recupe-
rado seu irmão. 16 Mas, se ele não o ouvir, leve consigo um ou dois
outros e fale com ele novamente, para que tudo que você disser
seja confirmado por duas ou três testemunhas. 17 Se ainda assim
ele se recusar a ouvir, apresente o caso à igreja. Então, se ele não
aceitar nem mesmo a decisão da igreja, trate-o como gentio ou
como cobrador de impostos. 18 "Eu lhes digo a verdade: o que vocês
ligarem na terra terá sido ligado no céu, e o que desligarem na terra
terá sido desligado no céu. 19 "Também lhes digo que, se dois de
vocês concordarem aqui na terra a respeito de qualquer coisa que
pedirem, meu Pai, no céu, os atenderá. 20 Pois, onde dois ou três
se reúnem em meu nome, eu estou no meio deles".

A parábola sobre a importância do perdão

21 Então Pedro se aproximou de Jesus e perguntou: "Senhor,
quantas vezes devo perdoar alguém que peca contra mim? Sete
vezes?". 22 Jesus respondeu: "Não sete vezes, mas setenta vezes
sete. 23 "Portanto, o reino dos céus pode ser comparado a um senhor
que decidiu pôr em dia as contas com os servos que lhe deviam.
24 No decorrer do processo, trouxeram diante dele um servo que lhe
devia sessenta milhões de moedas. 25 Uma vez que o homem não
tinha como pagar, o senhor ordenou que ele, sua esposa, seus filhos
e todos os seus bens fossem vendidos para quitar a dívida. 26 "O
homem se curvou diante do senhor e suplicou: 'Por favor, tenha

NO QUE ESTOU **PENSANDO** ○ | O QUE ESTOU **SENTINDO** ○ | DO QUE ESTOU **LEMBRANDO** ○

DESENHE OU ESCREVA

paciência comigo, e eu pagarei tudo'. 27 O senhor teve compaixão
dele, soltou-o e perdoou-lhe a dívida. 28 "No entanto, quando o
servo saiu da presença do senhor, foi procurar outro servo que tra-
balhava com ele e que lhe devia cem moedas de prata. Agarrou-o
pelo pescoço e exigiu que ele pagasse de imediato. 29 "O servo se
curvou diante dele e suplicou: 'Tenha paciência comigo, e eu paga-
rei tudo'. 30 O credor, porém, não estava disposto a esperar. Mandou
que o homem fosse lançado na prisão até que tivesse pago toda
a dívida. 31 "Quando outros servos, companheiros dele, viram isso,
ficaram muito tristes. Foram ao senhor e lhe contaram tudo que
havia acontecido. 32 Então o senhor chamou o homem cuja dívida
ele havia perdoado e disse: 'Servo mau! Eu perdoei sua imensa
dívida porque você me implorou. 33 Acaso não devia ter misericórdia
de seu companheiro, como tive misericórdia de você?'. 34 E, irado,
o senhor mandou o homem à prisão para ser torturado até que
lhe pagasse toda a dívida. 35 "Assim também meu Pai celestial fará
com vocês caso se recusem a perdoar de coração a seus irmãos".

CAPÍTULO 19

Discussão sobre divórcio e casamento

1 Quando Jesus terminou de dizer essas coisas, deixou a Galileia e
foi para a região da Judeia, a leste do rio Jordão. 2 Grandes multi-
dões o seguiram, e ele curou os enfermos. 3 Alguns fariseus apare-
ceram e tentaram apanhar Jesus numa armadilha, perguntando:
"Deve-se permitir que um homem se divorcie de sua mulher por
qualquer motivo?". 4 "Vocês não leram as Escrituras?", respondeu
Jesus. "Elas registram que, desde o princípio, o Criador 'os fez ho-
mem e mulher' 5 e disse: 'Por isso o homem deixa pai e mãe e se
une à sua mulher, e os dois se tornam um só'. 6 Uma vez que já
não são dois, mas um só, que ninguém separe o que Deus uniu."
7 Eles perguntaram: "Então por que Moisés disse na lei que o ho-
mem poderia dar à esposa um certificado de divórcio e mandá-la
embora?". 8 Jesus respondeu: "Moisés permitiu o divórcio apenas
como concessão, pois o coração de vocês é duro, mas não era esse
o propósito original. 9 E eu lhes digo o seguinte: quem se divorciar
de sua esposa, o que só poderá fazer em caso de imoralidade, e se
casar com outra, cometerá adultério". 10 Os discípulos de Jesus dis-
seram: "Se essa é a condição do homem em relação à sua mulher,

é melhor não casar!". 11 "Nem todos têm como aceitar esse ensino",
disse Jesus. "Só aqueles que recebem a ajuda de Deus. 12 Alguns
nascem eunucos, alguns foram feitos eunucos por outros e alguns
a si mesmos se fazem eunucos por causa do reino dos céus. Quem
puder, que aceite isso."

Jesus abençoa as crianças

13 Certo dia, trouxeram crianças para que Jesus pusesse as mãos
sobre elas e orasse em seu favor, mas os discípulos repreendiam
aqueles que as traziam. 14 Jesus, porém, disse: "Deixem que as
crianças venham a mim. Não as impeçam, pois o reino dos céus
pertence aos que são como elas". 15 Então, antes de ir embora, pôs
as mãos sobre a cabeça delas e as abençoou.

O homem rico

16 Um homem veio a Jesus com a seguinte pergunta: "Mestre, que
boas ações devo fazer para obter a vida eterna?". 17 "Por que você
me pergunta sobre o que é bom?", perguntou Jesus. "Há somente
um que é bom. Se você deseja entrar na vida eterna, guarde os
mandamentos." 18 "Quais?", perguntou o homem. Jesus respondeu:
"Não mate. Não cometa adultério. Não roube. Não dê falso teste-
munho. 19 Honre seu pai e sua mãe. Ame o seu próximo como a si
mesmo". 20 "Tenho obedecido a todos esses mandamentos", disse
o homem. "O que mais devo fazer?" 21 Jesus respondeu: "Se você
quer ser perfeito, vá, venda todos os seus bens e dê o dinheiro
aos pobres. Então você terá um tesouro no céu. Depois, venha e
siga-me". 22 Quando o rapaz ouviu isso, foi embora triste, porque
tinha muitos bens.

As recompensas do discipulado

23 Então Jesus disse a seus discípulos: "Eu lhes digo a verdade: é
muito difícil um rico entrar no reino dos céus. 24 Digo também: é
mais fácil um camelo passar pelo buraco de uma agulha que um
rico entrar no reino de Deus". 25 Ao ouvir isso, os discípulos ficaram
perplexos e perguntaram: "Então quem pode ser salvo?". 26 Jesus
olhou atentamente para eles e respondeu: "Para as pessoas isso
é impossível, mas tudo é possível para Deus". 27 Então Pedro dis-
se: "Deixamos tudo para segui-lo. Qual será nossa recompensa?".

Mt 19.14

28 Jesus respondeu: "Eu lhes garanto que, quando o mundo for
renovado e o Filho do Homem se sentar em seu trono glorioso,
vocês, que foram meus seguidores, também se sentarão em doze
tronos para julgar as doze tribos de Israel. 29 E todos que tiverem
deixado casa, irmãos, irmãs, pai, mãe, filhos ou propriedades por
minha causa receberão em troca cem vezes mais e herdarão a vida
eterna. 30 Contudo, muitos primeiros serão os últimos, e muitos
últimos serão os primeiros."

CAPÍTULO 20

A parábola dos trabalhadores do vinhedo

1 "Pois o reino dos céus é como o dono de uma propriedade que saiu
de manhã cedo a fim de contratar trabalhadores para seu vinhedo.
2 Combinou de pagar uma moeda de prata por um dia de serviço e
os mandou trabalhar. 3 "Às nove da manhã, estava passando pela
praça e viu por ali alguns desocupados. 4 Contratou-os e disse-lhes
que, no final do dia, pagaria o que fosse justo. 5 E eles foram tra-
balhar no vinhedo. Ao meio-dia e às três da tarde, fez a mesma
coisa. 6 "Às cinco da tarde, estava outra vez na cidade e viu por ali
mais algumas pessoas. 'Por que vocês não trabalharam hoje?',
perguntou ele. 7 "'Porque ninguém nos contratou', responderam.
"Então o proprietário disse: 'Vão e trabalhem com os outros no meu
vinhedo'. 8 "Ao entardecer, mandou o capataz chamar os trabalha-
dores e pagá-los, começando pelos que haviam sido contratados
por último. 9 Os que foram contratados às cinco da tarde vieram
e receberam uma moeda de prata. 10 Quando chegaram os que
foram contratados primeiro, imaginaram que receberiam mais.
Contudo, também receberam uma moeda de prata. 11 Ao receber o
pagamento, queixaram-se ao proprietário: 12 'Aqueles trabalharam
apenas uma hora e, no entanto, o senhor lhes pagou a mesma
quantia que a nós, que trabalhamos o dia todo no calor intenso'.
13 "O proprietário respondeu a um deles: 'Amigo, não fui injusto.
Você não concordou em trabalhar o dia inteiro por uma moeda de
prata? 14 Pegue seu dinheiro e vá. Eu quis pagar ao último traba-
lhador o mesmo que paguei a você. 15 É contra a lei eu fazer o que
quero com o meu dinheiro? Ou você está com inveja porque fui
bondoso com os outros?'. 16 "Assim, os últimos serão os primeiros,
e os primeiros serão os últimos".

Jesus prediz sua morte e ressurreição

17 Enquanto subia para Jerusalém, Jesus chamou os doze discípulos
e lhes disse, em particular, o que aconteceria com ele: 18 "Ouçam,
estamos subindo para Jerusalém, onde o Filho do Homem será
traído e entregue aos principais sacerdotes e aos mestres da lei.
Eles o condenarão à morte 19 e o entregarão aos gentios, para que
zombem dele, o açoitem e o crucifiquem. No terceiro dia, porém,
ele ressuscitará".

Jesus ensina sobre servir a outros

20 Então a mãe dos filhos de Zebedeu veio a Jesus com seus filhos.
Ela se ajoelhou diante dele a fim de lhe pedir um favor. 21 "O que você
quer?", perguntou ele. Ela respondeu: "Por favor, permita que, no seu
reino, meus dois filhos se sentem em lugares de honra ao seu lado,
um à sua direita e outro à sua esquerda". 22 Jesus respondeu: "Vocês
não sabem o que estão pedindo! São capazes de beber do cálice que
estou prestes a beber?". "Somos!", disseram eles. 23 Então Jesus disse:
"De fato, vocês beberão do meu cálice. Não cabe a mim, no entanto,
dizer quem se sentará à minha direita ou à minha esquerda. Meu Pai
preparou esses lugares para aqueles que ele escolheu". 24 Quando
os outros dez discípulos souberam o que os dois irmãos haviam
pedido, ficaram indignados. 25 Então Jesus os reuniu e disse: "Vocês
sabem que os governantes deste mundo têm poder sobre o povo,
e que os oficiais exercem sua autoridade sobre os súditos. 26 Entre
vocês, porém, será diferente. Quem quiser ser o líder entre vocês, que
seja servo, 27 e quem quiser ser o primeiro entre vocês, que se torne
escravo. 28 Pois nem mesmo o Filho do Homem veio para ser servido,
mas para servir e dar sua vida em resgate por muitos".

Jesus cura dois cegos

29 Quando Jesus e seus discípulos saíam de Jericó, uma grande
multidão os seguiu. 30 Dois cegos estavam sentados à beira do cami-
nho e, quando souberam que Jesus vinha naquela direção, come-
çaram a gritar: "Senhor, Filho de Davi, tenha misericórdia de nós!".
31 "Calem-se!", diziam aos brados os que estavam na multidão. Eles,
porém, gritavam ainda mais alto: "Senhor, Filho de Davi, tenha mi-
sericórdia de nós!". 32 Ao ouvi-los, Jesus parou e perguntou: "O que
vocês querem que eu lhes faça?". 33 Eles responderam: "Senhor, nós
queremos enxergar!". 34 Jesus teve compaixão deles e tocou-lhes
nos olhos. No mesmo instante, passaram a enxergar e o seguiram.

Mt 21.9

CAPÍTULO 21

A entrada de Jesus em Jerusalém

1 Quando já se aproximavam de Jerusalém, Jesus e seus discípulos
chegaram a Betfagé, no monte das Oliveiras. Jesus enviou na frente
dois discípulos. 2 "Vão àquele povoado adiante", disse ele. "Assim
que entrarem, verão uma jumenta amarrada, com seu jumenti-
nho ao lado. Desamarrem os animais e tragam-nos para mim. 3 Se
alguém lhes perguntar o que estão fazendo, digam apenas: 'O
Senhor precisa deles', e de imediato a pessoa deixará que vocês
os levem." 4 Isso aconteceu para cumprir o que foi dito por meio
do profeta: 5 "Digam ao povo de Sião: 'Vejam, seu Rei se aproxima.
Ele é humilde e vem montado num jumento, num jumentinho,
cria de jumenta'". 6 Os dois discípulos fizeram como Jesus havia
ordenado. 7 Trouxeram a jumenta e o jumentinho e puseram seus
mantos sobre o jumentinho, e Jesus montou nele. 8 Grande parte
da multidão estendeu seus mantos ao longo do caminho diante
de Jesus, e outros cortaram ramos das árvores e os espalharam
pelo chão. 9 E as pessoas, tanto as que iam à frente como as que o
seguiam, gritavam: "Hosana, Filho de Davi! Bendito é o que vem
em nome do Senhor! Hosana no mais alto céu!". 10 Quando Jesus
entrou em Jerusalém, toda a cidade estava em grande alvoroço.
"Quem é este?", perguntavam. 11 A multidão respondia: "É Jesus,
o profeta de Nazaré, da Galileia".

Jesus purifica o templo

12 Então Jesus entrou no templo e começou a expulsar todos que
ali estavam comprando e vendendo animais para os sacrifícios.
Derrubou as mesas dos cambistas e as cadeiras dos que vendiam
pombas, 13 dizendo: "As Escrituras declaram: 'Meu templo será cha-
mado casa de oração', mas vocês o transformaram num esconderijo
de ladrões!". 14 Os cegos e os coxos vieram a Jesus no templo, e
ele os curou. 15 Quando os principais sacerdotes e mestres da lei
viram esses milagres maravilhosos e ouviram até as crianças no
templo gritar "Hosana, Filho de Davi", ficaram indignados. 16 "Está
ouvindo o que as crianças estão dizendo?", perguntaram a Jesus.

"Sim", respondeu ele. "Vocês nunca leram as Escrituras? Elas dizem:
'Ensinaste crianças e bebês a te dar louvor'." 17 Então ele voltou a
Betânia, onde passou a noite.

Jesus amaldiçoa a figueira

18 De manhã, enquanto voltava para Jerusalém, Jesus teve fome.
19 Encontrando uma figueira à beira do caminho, foi ver se havia
figos, mas só encontrou folhas. Então, disse à figueira: "Nunca mais
dê frutos!". E, no mesmo instante, a figueira secou. 20 Quando os
discípulos viram isso, ficaram admirados e perguntaram: "Como
a figueira secou tão depressa?". 21 Jesus respondeu: "Eu lhes digo
a verdade: se vocês tiverem fé e não duvidarem, poderão fazer o
mesmo que fiz com esta figueira, e muito mais. Poderão até dizer
a este monte: 'Levante-se e atire-se no mar', e isso acontecerá. 22 Se
crerem, receberão qualquer coisa que pedirem em oração".

A autoridade de Jesus é questionada

23 Quando Jesus voltou ao templo e começou a ensinar, os princi-
pais sacerdotes e líderes do povo vieram até ele e perguntaram:
"Com que autoridade você faz essas coisas? Quem lhe deu esse di-
reito?". 24 Jesus respondeu: "Eu lhes direi com que autoridade faço
essas coisas se vocês responderem a uma pergunta: 25 A autoridade
de João para batizar vinha do céu ou era apenas humana?". Eles
discutiram a questão entre si: "Se dissermos que vinha do céu, ele
perguntará por que não cremos em João. 26 Mas, se dissermos que
era apenas humana, seremos atacados pela multidão, pois todos
pensam que João era profeta". 27 Por fim, responderam a Jesus:
"Não sabemos". E Jesus replicou: "Então eu também não direi com
que autoridade faço essas coisas."

A parábola dos dois filhos

28 "O que acham disto? Um homem que tinha dois filhos disse ao
mais velho: 'Filho, vá trabalhar no vinhedo hoje'. 29 O filho respon-
deu: 'Não vou', mas depois mudou de ideia e foi. 30 Então o pai disse
ao outro filho: 'Vá você', e ele respondeu: 'Sim senhor, eu vou', mas
não foi. 31 "Qual dos dois obedeceu ao pai?" Eles responderam: "O
primeiro". Então Jesus explicou: "Eu lhes digo a verdade: cobrado-
res de impostos e prostitutas entrarão no reino de Deus antes de

vocês. 32 Pois João veio e mostrou o caminho da justiça, mas vocês
não creram nele, enquanto cobradores de impostos e prostitutas
creram. E, mesmo depois de verem isso, vocês se recusaram a mu-
dar de ideia e crer nele."

A parábola dos lavradores maus

33 "Agora, ouçam outra parábola. O dono de uma propriedade
plantou um vinhedo. Construiu uma cerca ao redor, um tanque
de prensar e uma torre para o guarda. Depois, arrendou o vinhedo
a alguns lavradores e partiu para um lugar distante. 34 No tempo
da colheita da uva, enviou seus servos a fim de receber sua parte
da colheita. 35 Os lavradores agarraram os servos, espancaram um
deles, mataram outro e apedrejaram o terceiro. 36 Então o dono
da propriedade enviou um grupo maior de servos para receber
a parte dele, mas o resultado foi o mesmo. 37 "Por fim, o dono en-
viou seu filho, pois pensou: 'Certamente respeitarão meu filho'.
38 "No entanto, quando os lavradores viram o filho, disseram uns
aos outros: 'Aí vem o herdeiro da propriedade. Vamos matá-lo e
tomar posse desta terra!'. 39 Então o agarraram, o arrastaram para
fora do vinhedo e o mataram. 40 "Quando o dono da terra voltar, o
que vocês acham que ele fará com aqueles lavradores?", perguntou
Jesus. 41 Os líderes religiosos responderam: "Ele os matará cruel-
mente e arrendará o vinhedo para outros, que lhe darão sua parte
depois de cada colheita". 42 Então Jesus disse: "Vocês nunca leram
nas Escrituras: 'A pedra que os construtores rejeitaram se tornou
a pedra angular. Isso é obra do Senhor e é maravilhosa de ver'?
43 Eu lhes digo que o reino de Deus lhes será tirado e entregue a
um povo que produzirá os devidos frutos. 44 Quem tropeçar nesta
pedra será despedaçado, e aquele sobre quem ela cair será redu-
zido a pó". 45 Quando os principais sacerdotes e fariseus ouviram
essa parábola, perceberam que eles eram os lavradores maus a
que Jesus se referia. 46 Queriam prendê-lo, mas tinham medo das
multidões, pois elas o consideravam um profeta.

CAPÍTULO 22

A parábola do banquete de casamento

1 Jesus lhes contou outras parábolas. Disse ele: 2 "O reino dos
céus pode ser ilustrado com a história de um rei que preparou

um grande banquete de casamento para seu filho. 3Quando o
banquete estava pronto, o rei enviou seus servos para avisar os
convidados, mas todos se recusaram a vir. 4"Então ele enviou outros
servos para lhes dizer: 'Já preparei o banquete; os bois e novilhos
gordos foram abatidos, e tudo está pronto. Venham para a festa!'.
5Mas os convidados não lhes deram atenção e foram embora: um
para sua fazenda, outro para seus negócios. 6Outros, ainda, agar-
raram os mensageiros, os insultaram e os mataram. 7"O rei ficou
furioso e enviou seu exército para destruir os assassinos e queimar
a cidade deles. 8Disse a seus servos: 'O banquete de casamento está
pronto, e meus convidados não são dignos dessa honra. 9Agora,
saiam pelas esquinas e convidem todos que vocês encontrarem'.
10Então os servos trouxeram todos que encontraram, tanto bons
como maus, e o salão do banquete se encheu de convidados.
11"Quando o rei entrou para recebê-los, notou um homem que
não estava vestido de forma apropriada para um casamento 12e
perguntou-lhe: 'Amigo, como é que você se apresenta sem a roupa
de casamento?'. O homem não teve o que responder. 13Então o rei
disse: 'Amarrem-lhe as mãos e os pés e lancem-no para fora, na
escuridão, onde haverá choro e ranger de dentes'. 14"Pois muitos
são chamados, mas poucos são escolhidos".

Impostos para César

15Então os fariseus se reuniram para tramar um modo de levar
Jesus a dizer algo que desse motivo para o prenderem. 16Enviaram
alguns de seus discípulos, junto com os partidários de Herodes,
para se encontrarem com ele. Disseram: "Mestre, sabemos como
o senhor é honesto e ensina o caminho de Deus de acordo com a
verdade. É imparcial e não demonstra favoritismo. 17Agora, diga-
-nos o que o senhor pensa a respeito disto: É certo pagar impostos
a César ou não?". 18Jesus, porém, sabia de sua má intenção e disse:
"Hipócritas! Por que vocês tentam me apanhar numa armadilha?
19Mostrem-me a moeda usada para pagar o imposto". Quando lhe
deram uma moeda de prata, 20ele disse: "De quem são a imagem
e o título nela gravados?". 21"De César", responderam. "Então deem
a César o que pertence a César, e deem a Deus o que pertence
a Deus", disse ele. 22Sua resposta os deixou admirados, e eles
foram embora.

Mt 22.39

Discussão sobre a ressurreição dos mortos

23No mesmo dia, vieram a Jesus alguns saduceus, líderes religiosos
que afirmam não haver ressurreição dos mortos, 24e perguntaram:
"Mestre, Moisés disse: 'Se um homem morrer sem deixar filhos,
o irmão dele deve se casar com a viúva e ter um filho, que dará
continuidade ao nome do irmão'. 25Numa família havia sete irmãos.
O mais velho se casou e morreu sem deixar filhos, de modo que seu
irmão se casou com a viúva. 26O segundo irmão também morreu, e
o terceiro irmão se casou com ela. E assim por diante, até o sétimo
irmão. 27Por fim, a mulher também morreu. 28Diga-nos, de quem
ela será esposa na ressurreição? Afinal, os sete se casaram com ela".
29Jesus respondeu: "O erro de vocês está em não conhecerem as
Escrituras nem o poder de Deus, 30pois, quando os mortos ressusci-
tarem, não se casarão nem se darão em casamento. Nesse sentido,
serão como os anjos do céu. 31"Agora, quanto a haver ressurreição
dos mortos, vocês não leram a esse respeito nas Escrituras? Deus
disse: 32'Eu sou o Deus de Abraão, o Deus de Isaque e o Deus de
Jacó'. Portanto, ele é o Deus dos vivos, e não dos mortos". 33Quando
as multidões o ouviram, ficaram admiradas com seu ensino.

O mandamento mais importante

34Sabendo os fariseus que Jesus tinha calado os saduceus com
essa resposta, reuniram-se novamente para interrogá-lo. 35Um
deles, especialista na lei, tentou apanhá-lo numa armadilha com
a seguinte pergunta: 36"Mestre, qual é o mandamento mais im-
portante da lei de Moisés?". 37Jesus respondeu: "'Ame o Senhor,
seu Deus, de todo o seu coração, de toda a sua alma e de toda a sua
mente'. 38Este é o primeiro e o maior mandamento. 39O segundo
é igualmente importante: 'Ame o seu próximo como a si mesmo'.
40Toda a lei e todas as exigências dos profetas se baseiam nesses
dois mandamentos".

De quem o Cristo é filho?

41Então, rodeado pelos fariseus, Jesus lhes fez a seguinte pergun-
ta: 42"O que vocês pensam do Cristo? De quem ele é filho?". Eles
responderam: "É filho de Davi". 43Jesus perguntou: "Então por que
Davi, falando por meio do Espírito, chama o Cristo de 'meu Senhor'?
Pois Davi disse: 44'O Senhor disse ao meu Senhor: Sente-se no

lugar de honra à minha direita até que eu humilhe seus inimi-
gos debaixo de seus pés'. 45 Portanto, se Davi chamou o Cristo
de 'meu Senhor', como ele pode ser filho de Davi?". 46 Ninguém
conseguiu responder e, depois disso, não se atreveram a lhe fazer
mais perguntas.

CAPÍTULO 23

Jesus critica os líderes religiosos

1 Então Jesus disse às multidões e a seus discípulos: 2 "Os mestres
da lei e os fariseus ocuparam o lugar de intérpretes oficiais da lei
de Moisés. 3 Portanto, pratiquem tudo que eles dizem e obede-
çam-lhes, mas não sigam seu exemplo, pois eles não fazem o que
ensinam. 4 Oprimem as pessoas com exigências insuportáveis e
não movem um dedo sequer para aliviar seus fardos. 5 "Tudo que
fazem é para se exibir. Usam nos braços filactérios mais largos que
de costume e vestem mantos com franjas mais longas. 6 Gostam de
sentar-se à cabeceira da mesa nos banquetes e de ocupar os lugares
de honra nas sinagogas. 7 Gostam de receber saudações respeitosas
enquanto andam pelas praças e de ser chamados de 'Rabi'. 8 "Não
deixem que pessoa alguma os chame de 'Rabi', pois vocês têm
somente um mestre, e todos vocês são irmãos. 9 Não se dirijam a
pessoa alguma aqui na terra como 'Pai', pois somente Deus no céu
é seu Pai. 10 Não deixem que pessoa alguma os chame de 'Mestre',
pois vocês têm somente um mestre, o Cristo. 11 O mais importante
entre vocês deve ser servo dos outros; 12 pois os que se exaltam se-
rão humilhados, e os que se humilham serão exaltados. 13 "Que afli-
ção os espera, mestres da lei e fariseus! Hipócritas! Fecham a porta
do reino dos céus na cara das pessoas. Vocês mesmos não entram e
não permitem que os outros entrem. 14 "Que aflição os espera, mes-
tres da lei e fariseus! Hipócritas! Tomam posse dos bens das viúvas
de maneira desonesta e, depois, para dar a impressão de piedade,
fazem longas orações em público. Por causa disso, serão duramen-
te castigados. 15 "Que aflição os espera, mestres da lei e fariseus!
Hipócritas! Atravessam terra e mar para converter alguém e depois
o tornam um filho do inferno, duas vezes pior que vocês. 16 "Que
aflição os espera, guias cegos! Vocês dizem não haver importância
se alguém jura 'pelo templo de Deus', mas se jurar 'pelo ouro do
templo' será obrigado a cumprir o juramento. 17 Tolos cegos! O que

NO QUE ESTOU **PENSANDO** ○ | O QUE ESTOU **SENTINDO** ○ | DO QUE ESTOU **LEMBRANDO** ○

DESENHE OU ESCREVA

é mais importante: o ouro ou o templo, que torna o ouro sagrado?
18 Dizem também não haver importância se alguém jura 'pelo altar',
mas se jurar 'pelas ofertas sobre o altar' será obrigado a cumprir
o juramento. 19 Cegos! O que é mais importante: a oferta sobre o
altar ou o altar, que torna a oferta sagrada? 20 Quando juram 'pelo
altar', juram por ele e por tudo que está sobre ele. 21 Quando juram
'pelo templo', juram por ele e por Deus, que nele habita. 22 Quando
juram 'pelo céu', juram pelo trono de Deus e por Deus, que se sen-
ta no trono. 23 "Que aflição os espera, mestres da lei e fariseus!
Hipócritas! Têm o cuidado de dar o dízimo da hortelã, do endro e
do cominho, mas negligenciam os aspectos mais importantes da
lei: justiça, misericórdia e fé. Sim, vocês deviam fazer essas coisas,
mas sem descuidar das mais importantes. 24 Guias cegos! Coam a
água para não engolir um mosquito, mas engolem um camelo!
25 "Que aflição os espera, mestres da lei e fariseus! Hipócritas! Têm
o cuidado de limpar a parte exterior do copo e do prato, enquanto o
interior está imundo, cheio de ganância e falta de domínio próprio.
26 Fariseus cegos! Lavem primeiro o interior do copo e do prato, e o
exterior também ficará limpo. 27 "Que aflição os espera, mestres da
lei e fariseus! Hipócritas! São como túmulos pintados de branco:
bonitos por fora, mas cheios de ossos e de toda espécie de impureza
por dentro. 28 Por fora parecem justos, mas por dentro seu cora-
ção está cheio de hipocrisia e maldade. 29 "Que aflição os espera,
mestres da lei e fariseus! Hipócritas! Constroem túmulos para os
profetas, enfeitam os monumentos dos justos 30 e depois dizem: 'Se
tivéssemos vivido no tempo de nossos antepassados, não teríamos
participado com eles do derramamento de sangue dos profetas'.
31 "Ao dizer isso, porém, testemunham contra si mesmos que são,
de fato, descendentes dos que assassinaram os profetas. 32 Vão e
terminem o que seus antepassados começaram. 33 Serpentes! Raça
de víboras! Como escaparão do julgamento do inferno? 34 "Por isso
eu lhes envio profetas, homens sábios e mestres da lei. Vocês cru-
cificarão alguns e açoitarão outros nas sinagogas, perseguindo-os
de cidade em cidade. 35 Como resultado, serão responsabilizados
pelo assassinato de todos os justos de todos os tempos, desde o
assassinato do justo Abel até o de Zacarias, filho de Baraquias, que
vocês mataram no templo, entre o santuário e o altar. 36 Eu lhes
digo a verdade: esse julgamento cairá sobre a presente geração."

O lamento de Jesus sobre Jerusalém

37"Jerusalém, Jerusalém, cidade que mata profetas e apedreja os
mensageiros de Deus! Quantas vezes eu quis juntar seus filhos
como a galinha protege os pintinhos sob as asas, mas você não
deixou. 38E, agora, sua casa foi abandonada e está deserta. 39Pois
eu lhe digo: você nunca mais me verá, até que diga: 'Bendito é o
que vem em nome do Senhor!'".

CAPÍTULO 24

Jesus fala de acontecimentos futuros

1Quando Jesus saía da área do templo, seus discípulos lhe chama-
ram a atenção para as diversas construções do edifício. 2Ele, porém,
disse: "Estão vendo todas estas construções? Eu lhes digo a verda-
de: elas serão completamente demolidas. Não restará pedra sobre
pedra!". 3Mais tarde, Jesus sentou-se no monte das Oliveiras. Seus
discípulos vieram até ele em particular e perguntaram: "Diga-nos,
quando isso tudo vai acontecer? Que sinal indicará sua volta e o fim
dos tempos?". 4Jesus respondeu: "Não deixem que ninguém os en-
gane, 5pois muitos virão em meu nome, dizendo: 'Eu sou o Cristo',
e enganarão muitos. 6Vocês ouvirão falar de guerras e ameaças de
guerras, mas não entrem em pânico. Sim, é necessário que essas
coisas ocorram, mas ainda não será o fim. 7Uma nação guerreará
contra a outra, e um reino contra o outro. Haverá fome e terremo-
tos em várias partes do mundo. 8Tudo isso, porém, será apenas o
começo das dores de parto. 9"Então vocês serão presos, persegui-
dos e mortos. Por minha causa, serão odiados em todo o mundo.
10Muitos se afastarão de mim, e trairão e odiarão uns aos outros.
11Falsos profetas surgirão em grande número e enganarão muitos.
12O pecado aumentará e o amor de muitos esfriará, 13mas quem se
mantiver firme até o fim será salvo. 14As boas-novas a respeito do
reino serão anunciadas em todo o mundo, para que todas as nações
as ouçam; então, virá o fim. 15"Chegará o dia em que vocês verão
aquilo de que o profeta Daniel falou, a 'terrível profanação' que será
colocada no lugar santo. (Leitor, preste atenção!) 16Quem estiver na
Judeia, fuja para os montes. 17Quem estiver no terraço no alto da
casa, não desça para pegar suas coisas. 18Quem estiver no campo,
não volte nem para pegar o manto. 19Que terríveis serão aqueles
dias para as grávidas e para as mães que estiverem amamentando!

20Orem para que a fuga de vocês não seja no inverno nem no
sábado, 21pois haverá mais angústia que em qualquer outra ocasião
desde o começo do mundo, e nunca mais haverá angústia tão gran-
de. 22De fato, se o tempo de calamidade não tivesse sido limitado,
ninguém sobreviveria, mas esse tempo foi limitado por causa dos
escolhidos. 23"Portanto, se alguém lhes disser: 'Vejam, aqui está o
Cristo!' ou 'Ali está ele!', não acreditem, 24pois falsos cristos e falsos
profetas surgirão e realizarão grandes sinais e maravilhas a fim de
enganar, se possível, até os escolhidos. 25Vejam que eu os avisei
disso de antemão. 26"Portanto, se alguém lhes disser: 'Ele está no
deserto!', nem se deem ao trabalho de sair para procurá-lo. E se
disserem: 'Está escondido aqui!', não acreditem. 27Porque, assim
como o relâmpago lampeja no leste e brilha no oeste, assim será
a vinda do Filho do Homem. 28Onde estiver o cadáver, ali se ajun-
tarão os abutres. 29"Imediatamente depois da angústia daqueles
dias, 'o sol escurecerá, a lua não dará luz, as estrelas cairão do céu e
os poderes dos céus serão abalados'. 30Então, por fim, aparecerá no
céu o sinal da vinda do Filho do Homem, e haverá grande lamen-
tação entre todos os povos da terra. Eles verão o Filho do Homem
vindo nas nuvens do céu com poder e grande glória. 31Ele enviará
seus anjos com um forte sopro de trombeta, e eles reunirão os
escolhidos de todas as partes do mundo, de uma extremidade à
outra do céu. 32"Agora, aprendam a lição da figueira. Quando os
ramos surgem e as folhas começam a brotar, vocês sabem que o
verão está próximo. 33Da mesma forma, quando virem todas essas
coisas, saberão que o tempo está muito próximo, à porta. 34Eu
lhes digo a verdade: esta geração certamente não passará até que
todas essas coisas tenham acontecido. 35O céu e a terra desapare-
cerão, mas as minhas palavras jamais desaparecerão. 36"Contudo,
ninguém sabe o dia nem a hora em que essas coisas acontecerão,
nem mesmo os anjos no céu, nem o Filho. Somente o Pai sabe.
37"Quando o Filho do Homem voltar, será como no tempo de Noé.
38Nos dias antes do dilúvio, o povo seguia sua rotina de banquetes,
festas e casamentos, até o dia em que Noé entrou na arca. 39Não
perceberam o que estava para acontecer até que veio o dilúvio
e levou todos. Assim será na vinda do Filho do Homem. 40"Dois
homens estarão trabalhando juntos no campo; um será levado,
e o outro, deixado. 41Duas mulheres estarão moendo cereal no

moinho; uma será levada, e a outra, deixada. 42 "Portanto, vigiem,
pois não sabem em que ocasião o seu Senhor virá. 43 Entendam
isto: se o dono da casa soubesse exatamente a que horas viria o
ladrão, ficaria atento e não permitiria que a casa fosse arrombada.
44 Estejam também sempre preparados, pois o Filho do Homem
virá quando menos esperam. 45 "O servo fiel e sensato é aquele
a quem seu senhor encarrega de gerir os outros servos da casa e
alimentá-los. 46 Se o senhor voltar e constatar que o servo fez um
bom trabalho, haverá recompensa. 47 Eu lhes digo a verdade: ele
colocará todos os seus bens sob os cuidados desse servo. 48 O que
acontecerá, porém, se o servo for mau e pensar: 'Meu senhor não
voltará tão cedo', 49 e começar a espancar os outros servos, a comer e
a beber e se embriagar? 50 O senhor desse servo voltará em dia que
não se espera e em hora que não se conhece, 51 cortará o servo ao
meio e lhe dará o mesmo destino dos hipócritas. Ali haverá choro
e ranger de dentes."

CAPÍTULO 25

A parábola das dez virgens

1 "Então o reino dos céus será como as dez virgens que pegaram
suas lamparinas e saíram para encontrar-se com o noivo. 2 Cinco
delas eram insensatas, e cinco, prudentes. 3 As cinco insensatas
não levaram óleo suficiente para as lamparinas, 4 mas as outras
cinco tiveram o bom senso de levar óleo de reserva. 5 Como o noivo
demorou a chegar, todas ficaram sonolentas e adormeceram. 6 "À
meia-noite, foram acordadas pelo grito: 'Vejam, o noivo está che-
gando! Saiam para recebê-lo!'. 7 "Todas as virgens se levantaram e
prepararam suas lamparinas. 8 Então as cinco insensatas pediram
às outras: 'Por favor, deem-nos um pouco de óleo, pois nossas lam-
parinas estão se apagando'. 9 "As outras, porém, responderam: 'Não
temos o suficiente para todas. Vão e comprem óleo para vocês'.
10 "Quando estavam fora comprando óleo, o noivo chegou. Então
as cinco que estavam preparadas entraram com ele no banquete
de casamento, e a porta foi trancada. 11 Mais tarde, quando as ou-
tras cinco voltaram, ficaram do lado de fora, chamando: 'Senhor!
Senhor! Abra-nos a porta!'. 12 "Mas ele respondeu: 'A verdade é que
não as conheço'. 13 "Portanto, vigiem, pois não sabem o dia nem a
hora da volta."

NO QUE ESTOU **PENSANDO** | O QUE ESTOU **SENTINDO** | DO QUE ESTOU **LEMBRANDO**

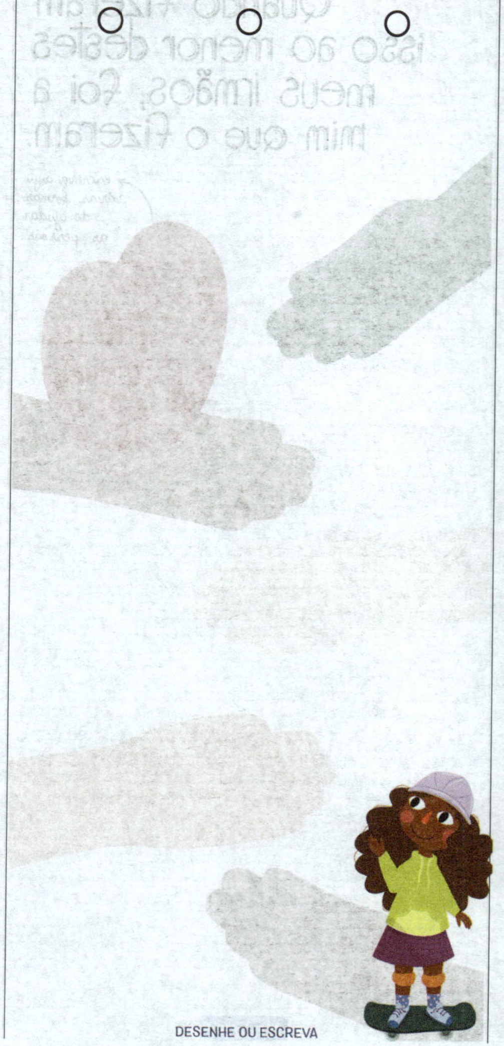

DESENHE OU ESCREVA

A parábola dos três servos

14 "O reino dos céus também pode ser ilustrado com a história de
um homem que estava para fazer uma longa viagem. Ele reuniu
seus servos e lhes confiou seu dinheiro, 15 dividindo-o de forma pro-
porcional à capacidade deles: ao primeiro entregou cinco talentos;
ao segundo, dois talentos; e ao último, um talento. Então foi viajar.
16 "O servo que recebeu cinco talentos começou a investir o dinheiro
e ganhou outros cinco. 17 O servo que recebeu dois talentos também
se pôs a trabalhar e ganhou outros dois. 18 Mas o servo que recebeu
um talento cavou um buraco no chão e ali escondeu o dinheiro
de seu senhor. 19 "Depois de muito tempo, o senhor voltou de via-
gem e os chamou para prestarem contas de como haviam usado
o dinheiro. 20 O servo ao qual ele havia confiado cinco talentos se
apresentou com mais cinco: 'O senhor me deu cinco talentos para
investir, e eu ganhei mais cinco'. 21 "O senhor disse: 'Muito bem,
meu servo bom e fiel. Você foi fiel na administração dessa quantia
pequena, e agora lhe darei muitas outras responsabilidades. Venha
celebrar comigo'. 22 "O servo que havia recebido dois talentos se
apresentou e disse: 'O senhor me deu dois talentos para investir,
e eu ganhei mais dois'. 23 "O senhor disse: 'Muito bem, meu servo
bom e fiel. Você foi fiel na administração dessa quantia pequena,
e agora lhe darei muitas outras responsabilidades. Venha celebrar
comigo'. 24 "Por último, o servo que havia recebido um talento veio
e disse: 'Eu sabia que o senhor é homem severo, que colhe onde
não plantou e ajunta onde não semeou. 25 Tive medo de perder seu
dinheiro, por isso o escondi na terra. Aqui está ele'. 26 "O senhor,
porém, respondeu: 'Servo mau e preguiçoso! Se você sabia que eu
colho onde não plantei e ajunto onde não semeei, 27 por que não
depositou meu dinheiro? Pelo menos eu teria recebido os juros.
28 "Em seguida, ordenou: 'Tirem o dinheiro deste servo e deem ao
que tem os dez talentos. 29 Pois ao que tem, mais lhe será dado, e
terá em grande quantia; mas do que nada tem, mesmo o que não
tem lhe será tomado. 30 Agora lancem este servo inútil para fora, na
escuridão, onde haverá choro e ranger de dentes'."

O juízo final

31 "Quando o Filho do Homem vier em sua glória, acompanhado
de todos os anjos, ele se sentará em seu trono glorioso. 32 Todas

as nações serão reunidas em sua presença, e ele separará as pes-
soas como um pastor separa as ovelhas dos bodes. 33Colocará
as ovelhas à sua direita e os bodes à sua esquerda. 34"Então o
Rei dirá aos que estiverem à sua direita: 'Venham, vocês que são
abençoados por meu Pai. Recebam como herança o reino que
ele lhes preparou desde a criação do mundo. 35Pois tive fome e
vocês me deram de comer. Tive sede e me deram de beber. Era
estrangeiro e me convidaram para a sua casa. 36Estava nu e me
vestiram. Estava doente e cuidaram de mim. Estava na prisão e me
visitaram'. 37"Então os justos responderão: 'Senhor, quando foi que
o vimos faminto e lhe demos de comer? Ou sedento e lhe demos
de beber? 38Ou como estrangeiro e o convidamos para a nossa
casa? Ou nu e o vestimos? 39Quando foi que o vimos doente ou
na prisão e o visitamos?'. 40"E o Rei dirá: 'Eu lhes digo a verdade:
quando fizeram isso ao menor destes meus irmãos, foi a mim que
o fizeram'. 41"Em seguida, o Rei se voltará para os que estiverem
à sua esquerda e dirá: 'Fora daqui, malditos, para o fogo eterno
preparado para o diabo e seus anjos. 42Pois tive fome, e vocês não
me deram de comer. Tive sede, e não me deram de beber. 43Era
estrangeiro, e não me convidaram para a sua casa. Estava nu, e
não me vestiram. Estava doente e na prisão, e não me visitaram'.
44"Então eles dirão: 'Senhor, quando o vimos faminto, sedento,
como estrangeiro, nu, doente ou na prisão, e não o ajudamos?'.
45"Ele responderá: 'Eu lhes digo a verdade: quando se recusaram
a ajudar o menor destes meus irmãos e irmãs, foi a mim que se
recusaram a ajudar'. 46"E estes irão para o castigo eterno, mas os
justos irão para a vida eterna".

CAPÍTULO 26

A conspiração para matar Jesus

1Quando Jesus terminou de falar todas essas coisas, disse a seus
discípulos: 2"Como vocês sabem, a Páscoa começa daqui a dois
dias, e o Filho do Homem será entregue para ser crucificado".
3Naquela mesma hora, os principais sacerdotes e líderes do povo
estavam reunidos na residência de Caifás, o sumo sacerdote, 4tra-
mando uma forma de prender Jesus em segredo e matá-lo. 5"Mas
não durante a festa da Páscoa, para não haver tumulto entre o povo",
concordaram entre eles.

Quando fizeram isso ao menor destes meus irmãos, foi a mim que o fizeram.

Mt 25.40

Jesus é ungido em Betânia

6Enquanto isso, Jesus estava em Betânia, na casa de Simão, o
leproso. 7Quando ele estava à mesa, uma mulher entrou com
um frasco de alabastro contendo um perfume caro e derramou
o perfume sobre a cabeça dele. 8Ao ver isso, os discípulos ficaram
indignados. "Que desperdício!", disseram. 9"O perfume poderia
ter sido vendido por um alto preço, e o dinheiro, dado aos po-
bres!" 10Jesus, sabendo do que falavam, disse: "Por que criticam
esta mulher por ter feito algo tão bom para mim? 11Vocês sempre
terão os pobres em seu meio, mas nem sempre terão a mim. 12Ela
derramou este perfume em mim a fim de preparar meu corpo para
o sepultamento. 13Eu lhes garanto: onde quer que as boas-novas
sejam anunciadas pelo mundo, o que esta mulher fez será contado,
e dela se lembrarão".

Judas concorda em trair Jesus

14Então Judas Iscariotes, um dos Doze, foi aos principais sacerdo-
tes 15e perguntou: "Quanto vocês me pagarão se eu lhes entregar
Jesus?". E eles lhe deram trinta moedas de prata. 16Daquele mo-
mento em diante, Judas começou a procurar uma oportunidade
para trair Jesus.

A última Páscoa

17No primeiro dia da Festa dos Pães sem Fermento, os discípulos
vieram a Jesus e perguntaram: "Onde quer que preparemos a re-
feição da Páscoa?". 18Ele respondeu: "Assim que entrarem na cidade,
verão determinado homem. Digam-lhe: 'O Mestre diz: Meu tempo
chegou e comerei em sua casa a refeição da Páscoa, com meus
discípulos'". 19Então os discípulos fizeram como Jesus os havia
instruído e ali prepararam a refeição da Páscoa. 20Ao anoitecer,
Jesus estava à mesa com os Doze. 21Enquanto comiam, disse: "Eu
lhes digo a verdade: um de vocês vai me trair". 22Muito aflitos, eles
protestaram, um após o outro: "Certamente não serei eu, Senhor!".
23Jesus respondeu: "Um de vocês que acabou de comer da mesma
tigela comigo vai me trair. 24O Filho do Homem deve morrer, como
as Escrituras declararam há muito tempo. Mas que terrível será para
aquele que o trair! Para esse homem seria melhor não ter nascido".
25Judas, aquele que o trairia, também disse: "Certamente não serei

eu, Rabi!". E Jesus respondeu: "É como você diz". 26Enquanto co-
miam, Jesus tomou o pão e o abençoou. Em seguida, partiu-o em
pedaços e deu aos discípulos, dizendo: "Tomem e comam, porque
este é o meu corpo". 27Então tomou o cálice de vinho e agradeceu
a Deus. Depois, entregou-o aos discípulos e disse: "Cada um beba
dele, 28porque este é o meu sangue, que confirma a aliança. Ele
é derramado como sacrifício para perdoar os pecados de muitos.
29Prestem atenção ao que eu lhes digo: não voltarei a beber vinho
até aquele dia em que, com vocês, beberei vinho novo no reino
de meu Pai". 30Então cantaram um hino e saíram para o monte
das Oliveiras.

Jesus prediz a negação de Pedro

31No caminho, Jesus disse: "Esta noite todos vocês me abandona-
rão, pois as Escrituras dizem: 'Deus ferirá o pastor, e as ovelhas do
rebanho serão dispersas'. 32Mas, depois de ressuscitar, irei adiante
de vocês à Galileia". 33Pedro declarou: "Pode ser que todos os outros
o abandonem, mas eu jamais o abandonarei". 34Jesus respondeu:
"Eu lhe digo a verdade: esta mesma noite, antes que o galo cante,
você me negará três vezes". 35Pedro, no entanto, insistiu: "Mesmo
que eu tenha de morrer ao seu lado, jamais o negarei!". E todos os
outros discípulos disseram o mesmo.

Jesus ora no Getsêmani

36Então Jesus foi com eles a um lugar chamado Getsêmani e disse:
"Sentem-se aqui enquanto vou ali orar". 37Levou consigo Pedro e
os dois filhos de Zebedeu e começou a ficar triste e angustiado.
38"Minha alma está profundamente triste, a ponto de morrer", disse
ele. "Fiquem aqui e vigiem comigo." 39Ele avançou um pouco, cur-
vou-se com o rosto no chão e orou: "Meu Pai! Se for possível, afasta
de mim este cálice. Contudo, que seja feita a tua vontade, e não a
minha". 40Depois, voltou aos discípulos e os encontrou dormindo.
"Vocês não puderam vigiar comigo nem por uma hora?", disse ele
a Pedro. 41"Vigiem e orem para que não cedam à tentação, pois o
espírito está disposto, mas a carne é fraca." 42Então os deixou pela
segunda vez e orou: "Meu Pai! Se não for possível afastar de mim
este cálice sem que eu o beba, faça-se a tua vontade". 43Quando
voltou pela segunda vez, encontrou-os dormindo de novo, pois

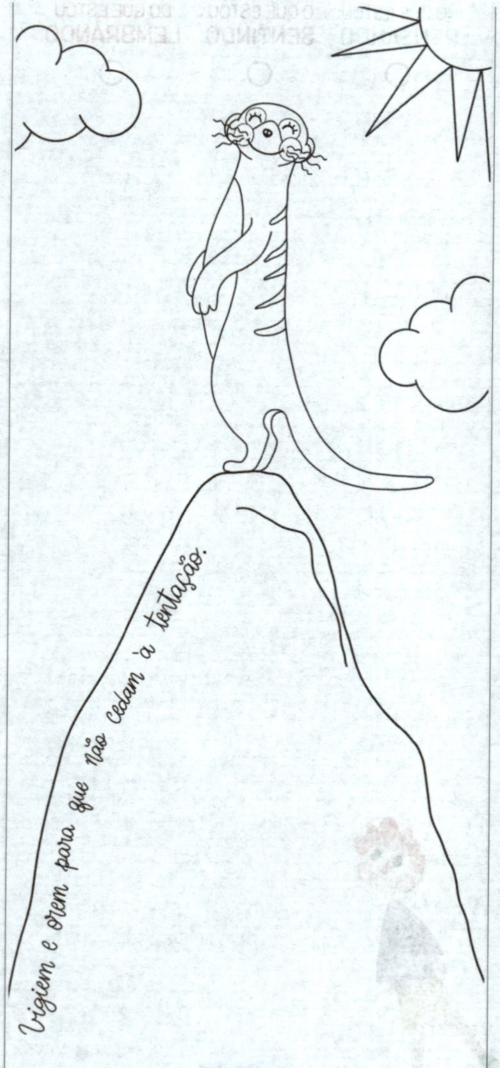

Mt 26.41

não conseguiam manter os olhos abertos. 44Foi orar pela terceira
vez, dizendo novamente as mesmas coisas. 45Em seguida, voltou
aos discípulos e lhes disse: "Como é que vocês ainda dormem e
descansam? Vejam, chegou a hora. O Filho do Homem está para
ser entregue nas mãos de pecadores. 46Levantem-se e vamos. Meu
traidor chegou".

Jesus é traído e preso

47Enquanto Jesus ainda falava, Judas, um dos Doze, chegou com
uma grande multidão armada de espadas e pedaços de pau.
Tinham sido enviados pelos principais sacerdotes e líderes do povo.
48O traidor havia combinado com eles um sinal: "Vocês saberão a
quem devem prender quando eu o cumprimentar com um beijo".
49Então Judas veio diretamente a Jesus. "Saudações, Rabi!", ex-
clamou ele, e o beijou. 50Jesus disse: "Amigo, faça de uma vez o
que veio fazer". Então os outros agarraram Jesus e o prenderam.
51Um dos que estavam com Jesus puxou a espada e feriu o servo
do sumo sacerdote, cortando-lhe a orelha. 52"Guarde sua espada",
disse Jesus. "Os que usam a espada morrerão pela espada. 53Você
não percebe que eu poderia pedir a meu Pai milhares de anjos
para me proteger, e ele os enviaria no mesmo instante? 54Se eu o
fizesse, porém, como se cumpririam as Escrituras, que descrevem
o que é necessário que agora aconteça?" 55Em seguida, Jesus disse
à multidão: "Por acaso sou um revolucionário perigoso para que
venham me prender com espadas e pedaços de pau? Por que não
me prenderam no templo? Ali estive todos os dias, ensinando.
56Mas tudo isto está acontecendo para que se cumpram as palavras
dos profetas registradas nas Escrituras". Nesse momento, todos os
discípulos o abandonaram e fugiram.

O julgamento de Jesus diante do conselho

57Então os que haviam prendido Jesus o levaram para a casa de
Caifás, o sumo sacerdote, onde estavam reunidos os mestres da lei
e os líderes do povo. 58Enquanto isso, Pedro seguia Jesus de longe,
até chegar ao pátio do sumo sacerdote. Entrou ali, sentou-se com os
guardas e esperou para ver o que aconteceria. 59Lá dentro, os prin-
cipais sacerdotes e todo o conselho dos líderes do povo tentavam
encontrar testemunhas que mentissem a respeito de Jesus, para

que pudessem condená-lo à morte. 60 Embora muitos estivessem
dispostos a dar falso testemunho, não puderam usar o depoimento
de ninguém. Por fim, apresentaram-se dois homens, 61 que declara-
ram: "Este homem disse: 'Sou capaz de destruir o templo de Deus
e reconstruí-lo em três dias'". 62 Então o sumo sacerdote se levantou
e disse a Jesus: "Você não vai responder a essas acusações? O que
tem a dizer em sua defesa?". 63 Jesus, porém, permaneceu calado.
O sumo sacerdote lhe disse: "Exijo em nome do Deus vivo que nos
diga se é o Cristo, o Filho de Deus". 64 Jesus respondeu: "É como
você diz. Eu lhes digo que, no futuro, verão o Filho do Homem
sentado à direita do Deus Poderoso e vindo sobre as nuvens do
céu". 65 Então o sumo sacerdote rasgou as vestes e disse: "Blasfêmia!
Que necessidade temos de outras testemunhas? Todos ouviram a
blasfêmia. 66 Qual é o veredicto?". "Culpado!", responderam. "Ele
merece morrer!" 67 Então começaram a cuspir no rosto de Jesus e
a dar-lhe socos. Alguns lhe davam tapas 68 e zombavam: "Profetize
para nós, Cristo! Quem foi que lhe bateu desta vez?".

Pedro nega Jesus

69 Enquanto isso, Pedro estava sentado do lado de fora, no pátio.
Uma criada foi até ele e disse: "Você é um dos que estavam com
Jesus, o galileu". 70 Mas Pedro o negou diante de todos. "Não sei do
que você está falando", disse. 71 Mais tarde, junto ao portão, outra
criada o viu e disse aos que estavam ali: "Este homem estava com
Jesus de Nazaré". 72 Novamente, Pedro o negou, dessa vez com ju-
ramento. "Nem mesmo conheço esse homem!", disse ele. 73 Pouco
depois, alguns dos outros ali presentes vieram a Pedro e disseram:
"Você deve ser um deles; percebemos pelo seu sotaque galileu".
74 Pedro jurou: "Que eu seja amaldiçoado se estiver mentindo. Não
conheço esse homem!". Imediatamente, o galo cantou. 75 Então
Pedro se lembrou das palavras de Jesus: "Antes que o galo cante,
você me negará três vezes". E saiu dali, chorando amargamente.

CAPÍTULO 27

Judas se enforca

1 De manhã cedo, os principais sacerdotes e líderes do povo se
reuniram outra vez para planejar uma maneira de levar Jesus à
morte. 2 Então o amarraram, o levaram e o entregaram a Pilatos,
o governador romano. 3 Quando Judas, que o havia traído, viu
que Jesus tinha sido condenado à morte, encheu-se de remorso
e devolveu as trinta moedas de prata aos principais sacerdotes e
líderes do povo, 4 dizendo: "Pequei, pois traí um homem inocente".
"Que nos importa?", retrucaram eles. "Isso é problema seu." 5 Então
Judas jogou as moedas de prata no templo, saiu e se enforcou. 6 Os
principais sacerdotes juntaram as moedas e disseram: "Não seria
certo colocar este dinheiro no tesouro do templo, pois é dinheiro
manchado de sangue". 7 Então resolveram comprar o campo do
oleiro e transformá-lo num cemitério para estrangeiros. 8 Por isso,
até hoje ele se chama Campo de Sangue. 9 Cumpriu-se, assim, a
profecia de Jeremias que diz: "Tomaram as trinta peças de prata,
preço pelo qual ele foi avaliado pelo povo de Israel, 10 e compraram
o campo do oleiro, conforme o Senhor ordenou".

O julgamento de Jesus diante de Pilatos

11 Agora Jesus estava diante de Pilatos, o governador romano, que
lhe perguntou: "Você é o rei dos judeus?". Jesus respondeu: "É
como você diz". 12 No entanto, quando os principais sacerdotes e
os líderes do povo fizeram acusações contra ele, Jesus permaneceu
calado. 13 Então Pilatos perguntou: "Você não ouve essas acusações
que fazem contra você?". 14 Mas, para surpresa do governador, Jesus
nada disse. 15 A cada ano, durante a festa da Páscoa, era costume
do governador libertar um prisioneiro, qualquer um que a mul-
tidão escolhesse. 16 Nesse ano, havia um prisioneiro, famoso por
sua maldade, chamado Barrabás. 17 Quando a multidão se reuniu
diante de Pilatos naquela manhã, ele perguntou: "Quem vocês
querem que eu solte: Barrabás ou Jesus, chamado Cristo?". 18 Pois
ele sabia muito bem que os líderes religiosos judeus tinham pren-
dido Jesus por inveja. 19 Nesse momento, enquanto Pilatos estava
sentado no tribunal, sua esposa lhe mandou o seguinte recado:
"Deixe esse homem inocente em paz. Na noite passada, tive um
sonho a respeito dele e fiquei muito perturbada". 20 Enquanto isso,
os principais sacerdotes e os líderes do povo convenceram a mul-
tidão a pedir que Barrabás fosse solto e Jesus executado. 21 Então
o governador perguntou outra vez: "Qual dos dois vocês querem
que eu lhes solte?". A multidão gritou em resposta: "Barrabás!".
22 Pilatos perguntou: "E o que farei com Jesus, chamado Cristo?".

NO QUE ESTOU **PENSANDO** ○ | O QUE ESTOU **SENTINDO** ○ | DO QUE ESTOU **LEMBRANDO** ○

DESENHE OU ESCREVA

"Crucifique-o!", gritou a multidão. 23"Por quê?", quis saber Pilatos.
"Que crime ele cometeu?" Mas a multidão gritou ainda mais alto:
"Crucifique-o!". 24Pilatos viu que de nada adiantava insistir e que
um tumulto se iniciava. Assim, mandou buscar uma bacia com
água, lavou as mãos diante da multidão e disse: "Estou inocente
do sangue deste homem. A responsabilidade é de vocês". 25Todo
o povo gritou em resposta: "Que nós e nossos descendentes se-
jamos responsabilizados pela morte dele!". 26Então Pilatos lhes
soltou Barrabás. E, depois de mandar açoitar Jesus, entregou-o
para ser crucificado.

Os soldados zombam de Jesus

27Alguns dos soldados do governador levaram Jesus ao quartel
e chamaram todo o regimento. 28Tiraram as roupas de Jesus e
puseram nele um manto vermelho. 29Teceram uma coroa de espi-
nhos e a colocaram em sua cabeça. Em sua mão direita, puseram
um caniço, como se fosse um cetro. Ajoelhavam-se diante dele e
zombavam: "Salve, rei dos judeus!". 30Cuspiam nele, tomavam-lhe
o caniço da mão e com ele batiam em sua cabeça. 31Quando se
cansaram de zombar dele, tiraram o manto e o vestiram novamente
com suas roupas. Então o levaram para ser crucificado.

A crucificação

32No caminho, encontraram um homem chamado Simão, de
Cirene, e os soldados o obrigaram a carregar a cruz. 33Então
saíram para um lugar chamado Gólgota (que quer dizer "Lugar
da Caveira"). 34Os soldados lhe deram para beber vinho mistu-
rado com fel, mas, quando Jesus o provou, recusou-se a beber.
35Depois de pregá-lo na cruz, os soldados tiraram sortes para
dividir suas roupas. 36Então, sentaram-se em redor e montaram
guarda. 37Acima de sua cabeça estava presa uma tabuleta com a
acusação feita contra ele: "ESTE É JESUS, O REI DOS JUDEUS". 38Dois
criminosos foram crucificados com ele, um à sua direita e outro
à sua esquerda. 39O povo que passava por ali gritava insultos e
sacudia a cabeça, em zombaria: 40"Você disse que destruiria o
templo e o reconstruiria em três dias. Pois bem, se é o Filho de
Deus, salve a si mesmo e desça da cruz!". 41Os principais sacer-
dotes, os mestres da lei e os líderes do povo também zombavam

de Jesus. 42"Salvou os outros, mas não pode salvar a si mesmo!",
diziam. "Quer dizer que ele é o rei de Israel? Que desça da cruz
agora mesmo e creremos nele! 43Ele confiou em Deus, então que
Deus o salve agora, se quiser. Pois ele disse: 'Eu sou o Filho de
Deus'." 44Até os criminosos que tinham sido crucificados com ele
o insultavam da mesma forma.

A morte de Jesus

45Ao meio-dia, desceu sobre toda a terra uma escuridão que durou
três horas. 46Por volta das três da tarde, Jesus clamou em alta voz:
"*Eli, Eli, lamá sabactâni?*", que quer dizer: "Meu Deus, meu Deus,
por que me abandonaste?". 47Alguns dos que estavam ali pensaram
que ele chamava o profeta Elias. 48Um deles correu, ensopou uma
esponja com vinagre e a ergueu num caniço para que ele bebesse.
49Os outros, porém, disseram: "Esperem! Vamos ver se Elias vem
salvá-lo". 50Então Jesus clamou em alta voz novamente e entregou
seu espírito. 51Naquele momento, a cortina do santuário do templo
se rasgou em duas partes, de cima até embaixo. A terra estremeceu,
rochas se partiram 52e sepulturas se abriram. Muitos do povo santo
que haviam morrido ressuscitaram. 53Saíram do cemitério depois
da ressurreição de Jesus, entraram na cidade santa de Jerusalém e
apareceram a muita gente. 54O oficial romano e os outros soldados
que vigiavam Jesus ficaram aterrorizados com o terremoto e com
tudo que havia acontecido, e disseram: "Este homem era verdadei-
ramente o Filho de Deus!". 55Muitas mulheres que tinham vindo
da Galileia com Jesus para servi-lo olhavam de longe. 56Entre elas
estavam Maria Madalena, Maria, mãe de Tiago e José, e a mãe dos
filhos de Zebedeu.

O sepultamento de Jesus

57Ao entardecer, José, um homem rico de Arimateia que tinha
se tornado seguidor de Jesus, 58foi a Pilatos e pediu o corpo de
Jesus. Pilatos ordenou que lhe entregassem o corpo. 59José to-
mou o corpo e o envolveu num lençol limpo, feito de linho, 60e
o colocou num túmulo novo, de sua propriedade, escavado na
rocha. Então rolou uma grande pedra na entrada do túmulo e foi
embora. 61Maria Madalena e a outra Maria estavam ali, sentadas
em frente ao túmulo.

Os guardas no túmulo

[62]No dia seguinte, no sábado, os principais sacerdotes e os fariseus
foram a Pilatos [63]e disseram: "Senhor, lembramos que, quando ain-
da vivia, aquele mentiroso disse: 'Depois de três dias ressuscitarei'.
[64]Por isso, pedimos que lacre o túmulo até o terceiro dia. Isso im-
pedirá que seus discípulos roubem o corpo e depois digam a todos
que ele ressuscitou. Se isso acontecer, estaremos em pior situação
que antes". [65]Pilatos respondeu: "Levem soldados e guardem o
túmulo como acharem melhor". [66]Então eles lacraram o túmulo e
puseram guardas para protegê-lo.

CAPÍTULO 28

A ressurreição

[1]Depois do sábado, no primeiro dia da semana, bem cedo, Maria
Madalena e a outra Maria foram visitar o túmulo. [2]De repente, hou-
ve um grande terremoto, pois um anjo do Senhor desceu do céu,
rolou a pedra da entrada e sentou-se sobre ela. [3]Seu rosto brilhava
como um relâmpago, e suas roupas eram brancas como a neve.
[4]Quando os guardas viram o anjo, tremeram de medo e caíram
desmaiados, como mortos. [5]Então o anjo falou com as mulheres.
"Não tenham medo", disse ele. "Sei que vocês procuram Jesus, que
foi crucificado. [6]Ele não está aqui! Ressuscitou, como tinha dito
que aconteceria. Venham, vejam onde seu corpo estava. [7]Agora
vão depressa e contem aos discípulos que ele ressuscitou e que
vai adiante de vocês para a Galileia. Lá vocês o verão. Lembrem-se
do que eu lhes disse!" [8]As mulheres saíram apressadas do túmulo
e, assustadas mas cheias de alegria, correram para transmitir aos
discípulos a mensagem do anjo. [9]No caminho, Jesus as encontrou
e as cumprimentou. Elas correram para ele, abraçaram seus pés e
o adoraram. [10]Então Jesus lhes disse: "Não tenham medo! Vão e
digam a meus irmãos que se dirijam à Galileia. Lá eles me verão".

O relato dos guardas

[11]Enquanto as mulheres estavam a caminho, alguns dos guardas
entraram na cidade e contaram aos principais sacerdotes o que
havia acontecido. [12]Eles convocaram uma reunião com os líderes
do povo e decidiram subornar os guardas com uma grande soma de
dinheiro. [13]Instruíram os soldados: "Vocês devem dizer o seguinte:

Mt 28.6

'Os discípulos de Jesus vieram durante a noite, enquanto dormía-
mos, e roubaram o corpo'. [14]Se o governador ficar sabendo disso,
nós os defenderemos, para que não se compliquem". [15]Os guardas
aceitaram o suborno e falaram conforme tinham sido instruídos.
Essa versão se espalhou entre os judeus, que continuam a contá-la
até hoje.

A Grande Comissão

[16]Então os onze discípulos partiram para a Galileia e foram ao mon-
te que Jesus havia indicado. [17]Quando o viram, o adoraram; alguns
deles, porém, duvidaram. [18]Jesus se aproximou deles e disse: "Toda
a autoridade no céu e na terra me foi dada. [19]Portanto, vão e façam
discípulos de todas as nações, batizando-os em nome do Pai, do
Filho e do Espírito Santo. [20]Ensinem esses novos discípulos a obe-
decerem a todas as ordens que eu lhes dei. E lembrem-se disto:
estou sempre com vocês, até o fim dos tempos".

MARCOS

CAPÍTULO 1

João Batista prepara o caminho

1Este é o princípio das boas-novas a respeito de Jesus Cristo, o Filho
de Deus. **2**Iniciou-se como o profeta Isaías escreveu: "Envio meu
mensageiro adiante de ti, e ele preparará teu caminho. **3**Ele é uma
voz que clama no deserto: 'Preparem o caminho para a vinda do
Senhor! Abram a estrada para ele!'". **4**Esse mensageiro era João
Batista. Ele apareceu no deserto, pregando o batismo como sinal
de arrependimento para o perdão dos pecados. **5**Gente de toda a
Judeia, incluindo os moradores de Jerusalém, saía para ver e ouvir
João. Quando confessavam seus pecados, ele os batizava no rio
Jordão. **6**João vestia roupas tecidas com pelos de camelo, usava um
cinto de couro e alimentava-se de gafanhotos e mel silvestre. **7**João
anunciava: "Depois de mim virá alguém mais poderoso que eu,
alguém tão superior que não sou digno de me abaixar e desamarrar
as correias de suas sandálias. **8**Eu os batizo com água, mas ele os
batizará com o Espírito Santo!".

O batismo e a tentação de Jesus

9Certo dia, Jesus veio de Nazaré da Galileia, e João o batizou no
rio Jordão. **10**Enquanto saía da água, viu o céu se abrir e o Espírito
Santo descer sobre ele como uma pomba. **11**E uma voz do céu disse:
"Você é meu Filho amado, que me dá grande alegria". **12**Em seguida,
o Espírito conduziu Jesus ao deserto, **13**onde ele foi tentado por
Satanás durante quarenta dias. Estava entre animais selvagens,

e anjos o serviam. **14**Depois que João foi preso, Jesus foi para a
Galileia, onde anunciou as boas-novas de Deus. **15**"Enfim chegou
o tempo prometido!", proclamava. "O reino de Deus está próximo!
Arrependam-se e creiam nas boas-novas!"

Os primeiros discípulos

16Enquanto andava à beira do mar da Galileia, Jesus viu Simão
e seu irmão André. Jogavam redes ao mar, pois viviam da pesca.
17Jesus lhes disse: "Venham! Sigam-me, e eu farei de vocês pes-
cadores de gente". **18**No mesmo instante, deixaram suas redes e o
seguiram. **19**Pouco mais adiante, Jesus viu Tiago e João, filhos de
Zebedeu, consertando redes num barco. **20**Chamou-os de imediato
e eles também o seguiram, deixando seu pai, Zebedeu, no barco
com os empregados.

Jesus expulsa um espírito impuro

21Jesus e seus seguidores foram à cidade de Cafarnaum. Quando
chegou o sábado, entrou na sinagoga e começou a ensinar. **22**O
povo ficou admirado com seu ensino, pois ele falava com verdadei-
ra autoridade, diferentemente dos mestres da lei. **23**De repente, um
homem ali na sinagoga, possuído por um espírito impuro, gritou:
24"Por que vem nos importunar, Jesus de Nazaré? Veio para nos
destruir? Sei quem é você: o Santo de Deus!". **25**"Cale-se!", repre-
endeu-o Jesus. "Saia deste homem!" **26**Então o espírito impuro
soltou um grito, sacudiu o homem violentamente e saiu dele.
27Todos os presentes ficaram admirados e começaram a discutir o
que tinha acontecido. "Que ensinamento novo é esse?", pergunta-
vam. "Como tem autoridade! Até os espíritos impuros obedecem
às ordens dele!" **28**As notícias a respeito de Jesus se espalharam
rapidamente por toda a região da Galileia.

Jesus cura muitas pessoas

29Depois que Jesus saiu da sinagoga com Tiago e João, foram à
casa de Simão e André. **30**A sogra de Simão estava de cama, com
febre. Imediatamente, falaram a seu respeito para Jesus. **31**Ele foi
até ela, tomou-a pela mão e ajudou-a a levantar-se. A febre a deixou,
e ela passou a servi-los. **32**Ao entardecer, depois que o sol se pôs,
trouxeram a Jesus muitos enfermos e possuídos por demônios.

33Toda a cidade se reuniu à porta da casa para observar. 34Então
Jesus curou muitas pessoas que sofriam de diversas enfermidades
e expulsou muitos demônios. Não permitia, porém, que os demô-
nios falassem, pois sabiam quem ele era.

Jesus anuncia sua mensagem na Galileia

35No dia seguinte, antes do amanhecer, Jesus se levantou e foi a
um lugar isolado para orar. 36Mais tarde, Simão e os outros saíram
para procurá-lo. 37Quando o encontraram, disseram: "Todos estão à
sua procura!". 38Jesus respondeu: "Devemos prosseguir para outras
cidades e lá também anunciar minha mensagem. Foi para isso que
vim". 39Então ele viajou por toda a região da Galileia, pregando nas
sinagogas e expulsando demônios.

Jesus cura um leproso

40Um leproso veio e ajoelhou-se diante de Jesus, implorando
para ser curado: "Se o senhor quiser, pode me curar e me deixar
limpo". 41Cheio de compaixão, Jesus estendeu a mão e tocou nele.
"Eu quero", respondeu. "Seja curado e fique limpo!" 42No mesmo
instante, a lepra desapareceu e o homem foi curado. 43Então Jesus
se despediu dele com uma forte advertência: 44"Não conte isso a
ninguém. Vá e apresente-se ao sacerdote para que ele o examine.
Leve a oferta que a lei de Moisés exige pela sua purificação. Isso
servirá como testemunho". 45O homem, porém, saiu e começou a
contar a todos o que havia acontecido. Por isso, em pouco tempo,
grandes multidões cercaram Jesus, e ele já não conseguia entrar
publicamente em cidade alguma. E, embora se mantivesse em
lugares isolados, gente de toda parte vinha até ele.

CAPÍTULO 2

Jesus cura um paralítico

1Dias depois, quando Jesus retornou a Cafarnaum, a notícia de que
ele tinha voltado se espalhou rapidamente. 2Em pouco tempo, a
casa onde estava hospedado ficou tão cheia que não havia lugar
nem do lado de fora da porta. Enquanto ele anunciava a palavra
de Deus, 3quatro homens vieram carregando um paralítico numa
maca. 4Por causa da multidão, não tinham como levá-lo até Jesus.
Então abriram um buraco no teto, acima de onde Jesus estava. Em

Mc 2.5

seguida, baixaram o homem na maca, bem na frente dele. 5Ao ver
a fé que eles tinham, Jesus disse ao paralítico: "Filho, seus peca-
dos estão perdoados". 6Alguns dos mestres da lei que estavam ali
sentados pensaram: 7"O que ele está dizendo? Isso é blasfêmia!
Somente Deus pode perdoar pecados!". 8Jesus logo percebeu o
que eles estavam pensando e perguntou: "Por que vocês ques-
tionam essas coisas em seu coração? 9O que é mais fácil dizer ao
paralítico: 'Seus pecados estão perdoados' ou 'Levante-se, pegue
sua maca e ande'? 10Mas eu lhes mostrarei que o Filho do Homem
tem autoridade na terra para perdoar pecados". Então disse ao pa-
ralítico: 11"Levante-se, pegue sua maca e vá para casa". 12O homem
se levantou de um salto, pegou sua maca e saiu andando diante de
todos. A multidão ficou admirada e louvava a Deus, exclamando:
"Nunca vimos nada igual!".

Jesus chama Levi

13Em seguida, Jesus saiu outra vez para a beira do mar e ensinou
as multidões que vinham até ele. 14Enquanto caminhava por ali,
viu Levi, filho de Alfeu, sentado no lugar onde se coletavam os
impostos. "Siga-me", disse-lhe Jesus, e Levi se levantou e o seguiu.
15Mais tarde, na casa de Levi, Jesus e seus discípulos estavam à
mesa, acompanhados de um grande número de cobradores de
impostos e outros pecadores, pois eram muitos os que o seguiam.
16Quando alguns fariseus, mestres da lei, viram Jesus comer com
cobradores de impostos e outros pecadores, perguntaram a seus
discípulos: "Por que ele come com cobradores de impostos e peca-
dores?". 17Ao ouvir isso, Jesus lhes disse: "As pessoas saudáveis não
precisam de médico, mas sim os doentes. Não vim para chamar os
justos, mas sim os pecadores".

Discussão sobre o jejum

18Certa vez, quando os discípulos de João e os fariseus estavam
jejuando, algumas pessoas vieram a Jesus e perguntaram: "Por que
seus discípulos não têm o hábito de jejuar como os discípulos de
João e os discípulos dos fariseus?". 19Jesus respondeu: "Por acaso
os convidados de um casamento jejuam enquanto festejam com
o noivo? Não podem jejuar enquanto o noivo está com eles. 20Um
dia, porém, o noivo lhes será tirado, e então jejuarão. 21"Além disso,

ninguém remendaria uma roupa velha usando pano novo. O pano
novo encolheria a roupa velha e a rasgaria, deixando um buraco ain-
da maior. 22"E ninguém colocaria vinho novo em velhos recipientes
de couro. O vinho os arrebentaria, e tanto o vinho como os reci-
pientes se estragariam. Vinho novo precisa de recipientes novos".

Discussão sobre o sábado

23Num sábado, enquanto Jesus caminhava pelos campos de cere-
al, seus discípulos começaram a colher espigas. 24Os fariseus lhe
perguntaram: "Por que seus discípulos desobedecem à lei colhen-
do cereal no sábado?". 25Jesus respondeu: "Vocês não leram nas
Escrituras o que fez Davi quando ele e seus companheiros tiveram
fome? 26Ele entrou na casa de Deus, nos dias em que Abiatar era
sumo sacerdote, comeu os pães sagrados que só os sacerdotes ti-
nham permissão de comer e os deu também a seus companheiros".
27Então Jesus disse: "O sábado foi feito por causa do homem, e não
o homem por causa do sábado. 28Portanto, o Filho do Homem é
senhor até mesmo do sábado".

CAPÍTULO 3

Jesus cura no sábado

1Em outra ocasião, Jesus entrou na sinagoga e notou que havia
ali um homem com uma das mãos deformada. 2Os inimigos de
Jesus o observavam atentamente. Se ele curasse a mão do homem,
planejavam acusá-lo, pois era sábado. 3Jesus disse ao homem com
a mão deformada: "Venha e fique diante de todos". 4Em seguida,
voltou-se para seus críticos e perguntou: "O que a lei permite fa-
zer no sábado? O bem ou o mal? Salvar uma vida ou destruí-la?".
Eles ficaram em silêncio. 5Jesus olhou para os que estavam ao seu
redor, irado e muito triste pelo coração endurecido deles. Então
disse ao homem: "Estenda a mão". O homem estendeu a mão,
e ela foi restaurada. 6No mesmo instante, os fariseus saíram e se
reuniram com os membros do partido de Herodes para tramar um
modo de matá-lo.

Multidões seguem Jesus

7Jesus saiu para o mar com seus discípulos, e uma grande multi-
dão os seguiu. Vinham de todas as partes da Galileia, da Judeia,

NO QUE ESTOU **PENSANDO** ○ O QUE ESTOU **SENTINDO** ○ DO QUE ESTOU **LEMBRANDO** ○

DESENHE OU ESCREVA

8de Jerusalém, da Idumeia, do leste do rio Jordão e até de lugares
distantes ao norte, como Tiro e Sidom. A notícia de seus milagres
havia se espalhado para longe, e um grande número de pesso-
as vinha vê-lo. 9Jesus instruiu seus discípulos a prepararem um
barco para evitar que a multidão o esmagasse. 10Havia curado
muitos naquele dia, e os enfermos se empurravam para chegar
até ele e tocá-lo. 11E, sempre que o viam, os espíritos impuros se
atiravam no chão na frente dele e gritavam: "Você é o Filho de
Deus!". 12Jesus, porém, lhes dava ordens severas para que não
revelassem quem ele era.

Jesus escolhe os doze apóstolos

13Depois, Jesus subiu a um monte e chamou aqueles que ele de-
sejava que o acompanhassem, e eles foram. 14Escolheu doze e os
chamou seus apóstolos, para que o seguissem e fossem enviados
para anunciar sua mensagem, 15e lhes deu autoridade para expul-
sar demônios. 16Estes foram os doze que ele escolheu: Simão, a
quem ele chamou Pedro, 17Tiago e João, filhos de Zebedeu, aos
quais deu o nome de Boanerges, que significa "filhos do trovão",
18André, Filipe, Bartolomeu, Mateus, Tomé, Tiago, filho de Alfeu,
Tadeu, Simão, o cananeu, 19Judas Iscariotes, que depois o traiu.

A fonte do poder de Jesus

20Certo dia, Jesus entrou numa casa, e as multidões começaram a
se juntar outra vez. Logo, ele e seus discípulos não tinham tempo
nem para comer. 21Quando os familiares de Jesus souberam o
que estava acontecendo, tentaram impedi-lo de continuar. "Está
fora de si", diziam. 22Então os mestres da lei, que tinham vindo de
Jerusalém, disseram: "Está possuído por Belzebu, príncipe dos de-
mônios. É dele que recebe poder para expulsar demônios". 23Jesus
os chamou e respondeu com uma comparação: "Como é possível
Satanás expulsar Satanás?", perguntou. 24"Um reino dividido inter-
namente será destruído. 25Da mesma forma, uma família dividida
contra si mesma se desintegrará. 26E, se Satanás está dividido e luta
contra si mesmo, não pode se manter de pé; está acabado. 27Quem
tem poder para entrar na casa de um homem forte e saquear seus
bens? Somente alguém ainda mais forte, alguém capaz de amar-
rá-lo e saquear sua casa. 28"Eu lhes digo a verdade: todo pecado

e toda blasfêmia podem ser perdoados, 29 mas quem blasfemar
contra o Espírito Santo jamais será perdoado. Esse é um pecado
com consequências eternas." 30 Ele disse isso porque afirmavam:
"Está possuído por um espírito impuro".

A verdadeira família de Jesus

31 Então a mãe e os irmãos de Jesus foram vê-lo. Ficaram do lado
de fora e mandaram alguém avisá-lo para sair e falar com eles.
32 Havia muitas pessoas sentadas ao seu redor, e alguém disse: "Sua
mãe e seus irmãos estão lá fora e o procuram". 33 Jesus respondeu:
"Quem é minha mãe? Quem são meus irmãos?". 34 Então olhou
para aqueles que estavam ao seu redor e disse: "Vejam, estes são
minha mãe e meus irmãos. 35 Quem faz a vontade de Deus é meu
irmão, minha irmã e minha mãe".

CAPÍTULO 4

A parábola do semeador

1 Mais uma vez, Jesus começou a ensinar à beira-mar. Em pouco
tempo, uma grande multidão se juntou ao seu redor. Então ele
entrou num barco e sentou-se, enquanto o povo ficou na praia.
2 Ele os ensinou contando várias histórias na forma de parábolas,
como esta: 3 "Ouçam! Um lavrador saiu para semear. 4 Enquanto
espalhava as sementes pelo campo, algumas caíram à beira do
caminho, e as aves vieram e as comeram. 5 Outras sementes ca-
íram em solo rochoso e, não havendo muita terra, germinaram
rapidamente, 6 mas as plantas logo murcharam sob o calor do sol
e secaram, pois não tinham raízes profundas. 7 Outras sementes
caíram entre espinhos, que cresceram e sufocaram os brotos, sem
nada produzirem. 8 Ainda outras caíram em solo fértil e germina-
ram, cresceram e produziram uma colheita trinta, sessenta e até
cem vezes maior que a quantidade semeada". 9 Então ele disse:
"Quem tem ouvidos para ouvir, ouça com atenção!". 10 Mais tarde,
quando Jesus estava sozinho com os Doze e os outros que estavam
reunidos ao seu redor, perguntaram-lhe qual era o significado das
parábolas. 11 Ele respondeu: "A vocês é permitido entender o segre-
do do reino de Deus, mas uso parábolas para falar aos de fora, 12 de
modo que: 'Mesmo que vejam o que faço, não perceberão, e ainda
que ouçam o que digo, não compreenderão. Do contrário, poderiam

NO QUE ESTOU **PENSANDO** ○ | O QUE ESTOU **SENTINDO** ○ | DO QUE ESTOU **LEMBRANDO** ○

DESENHE OU ESCREVA

voltar-se para mim, e ser perdoados'". 13 Então Jesus disse: "Se vocês
não entendem o significado desta parábola, como entenderão as
demais? 14 O lavrador lança sementes ao anunciar a mensagem.
15 As sementes que caíram à beira do caminho representam os que
ouvem a mensagem, mas Satanás logo vem e a toma deles. 16 As
que caíram no solo rochoso representam aqueles que ouvem a
mensagem e, sem demora, a recebem com alegria. 17 Contudo, uma
vez que não têm raízes profundas, não duram muito. Assim que
enfrentam problemas ou são perseguidos por causa da mensagem,
cedo desanimam. 18 As que caíram entre os espinhos representam
outros que ouvem a mensagem, 19 mas logo ela é sufocada pelas
preocupações desta vida, pela sedução da riqueza e pelo desejo
por outras coisas, não produzindo fruto. 20 E as que caíram em solo
fértil representam os que ouvem e aceitam a mensagem e produ-
zem uma colheita trinta, sessenta ou até cem vezes maior que a
quantidade semeada".

A parábola da lâmpada

21 Em seguida, Jesus lhes perguntou: "Alguém acenderia uma lâm-
pada e a colocaria sob um cesto ou uma cama? Claro que não! A
lâmpada é colocada num pedestal, de onde sua luz brilhará. 22 Da
mesma forma, tudo que está escondido será revelado, e tudo que
está oculto virá à luz. 23 Quem tem ouvidos para ouvir, ouça com
atenção!". 24 Então acrescentou: "Prestem muita atenção ao que
vão ouvir. Com o mesmo padrão de medida que adotarem, vocês
serão medidos, e mais ainda lhes será acrescentado. 25 Pois ao que
tem, mais lhe será dado; mas do que não tem, até o que tem lhe
será tirado".

A parábola da semente que cresce

26 Jesus também disse: "O reino de Deus é como um lavrador que
lança sementes sobre a terra. 27 Noite e dia, esteja ele dormindo
ou acordado, as sementes germinam e crescem, mas ele não sabe
como isso acontece. 28 A terra produz as colheitas por si própria.
Primeiro aparece uma folha, depois se formam as espigas de trigo
e, por fim, o cereal amadurece. 29 E, assim que o cereal está ma-
duro, o lavrador vem e o corta com a foice, pois chegou o tempo
da colheita".

A parábola da semente de mostarda

30Jesus disse ainda: "Como posso descrever o reino de Deus? Que
comparação devo usar para ilustrá-lo? 31É como uma semente de
mostarda plantada na terra. É a menor das sementes, 32mas se
torna a maior de todas as hortaliças, com ramos tão grandes que as
aves fazem ninhos à sua sombra". 33Jesus usou muitas histórias e
ilustrações semelhantes para ensinar o povo, conforme tinham con-
dições de entender. 34Na verdade, só usava parábolas para ensinar
em público. Depois, quando estava sozinho com seus discípulos,
explicava tudo para eles.

Jesus acalma a tempestade

35Ao anoitecer, Jesus disse a seus discípulos: "Vamos atravessar
para o outro lado do mar". 36Com ele a bordo, partiram e deixaram
a multidão para trás, embora outros barcos os seguissem. 37Logo
uma forte tempestade se levantou. As ondas arrebentavam sobre o
barco, que começou a encher-se de água. 38Jesus dormia na parte
de trás do barco, com a cabeça numa almofada. Os discípulos o
acordaram, clamando: "Mestre, vamos morrer! O senhor não se
importa?". 39Jesus despertou, repreendeu o vento e disse ao mar:
"Silêncio! Aquiete-se!". De repente, o vento parou, e houve grande
calmaria. 40Então Jesus lhes perguntou: "Por que estão com medo?
Ainda não têm fé?". 41Apavorados, os discípulos diziam uns aos
outros: "Quem é este homem? Até o vento e o mar lhe obedecem!".

CAPÍTULO 5

Jesus exerce autoridade sobre demônios

1Assim, chegaram ao outro lado do mar, à região dos gerasenos.
2Quando Jesus desembarcou, imediatamente um homem pos-
suído por um espírito impuro saiu do cemitério e veio ao seu
encontro. 3Esse homem morava entre as cavernas usadas como
túmulos e ninguém conseguia detê-lo, nem mesmo com correntes.
4Sempre que era acorrentado e algemado, quebrava as algemas
dos pulsos e despedaçava as correntes dos pés. Ninguém era forte
o suficiente para dominá-lo. 5Dia e noite, vagava entre os túmulos
e pelos montes, gritando e cortando-se com pedras. 6Quando o
homem viu Jesus, ainda a certa distância, correu ao seu encontro
e se curvou diante dele. 7Então soltou um forte grito: "Por que vem

Mc 4.41

me importunar, Jesus, Filho do Deus Altíssimo? Em nome de Deus,
suplico que não me torture!". 8Pois Jesus já havia falado ao espíri-
to: "Saia deste homem, espírito impuro!". 9Jesus lhe perguntou:
"Qual é o seu nome?". Ele respondeu: "Meu nome é Legião, porque
há muitos de nós dentro deste homem". 10E os espíritos impuros
suplicaram repetidamente que ele não os enviasse a algum lugar
distante. 11Havia uma grande manada de porcos pastando num
monte ali perto. 12"Mande-nos para aqueles porcos", imploraram
os espíritos. "Deixe que entremos neles." 13Jesus lhes deu per-
missão. Os espíritos impuros saíram do homem e entraram nos
porcos, e toda a manada, cerca de dois mil porcos, se atirou pela
encosta íngreme do monte para dentro do mar e se afogou. 14Os
que cuidavam dos porcos fugiram para uma cidade próxima e para
seus arredores, espalhando a notícia. O povo correu para ver o que
havia ocorrido. 15Chegaram até onde Jesus estava e viram o homem
que tinha sido possuído pela legião de demônios. Estava sentado
ali, vestido e em perfeito juízo, e todos tiveram medo. 16Então os
que presenciaram os acontecimentos contaram aos outros o que
havia ocorrido com o homem possuído por demônios e com os
porcos. 17A multidão começou a suplicar que Jesus fosse embora
da região. 18Quando Jesus entrava no barco, o homem que tinha
sido possuído por demônios implorou para ir com ele. 19Jesus,
porém, não permitiu e disse: "Volte para sua casa e para sua fa-
mília e conte-lhes tudo que o Senhor fez por você e como ele foi
misericordioso". 20Então o homem partiu e começou a anunciar
pela região das Dez Cidades quanto Jesus havia feito por ele, e
todos se admiravam do que ele dizia.

Jesus cura em resposta à fé

21Jesus entrou novamente no barco e voltou para o outro lado do
mar, onde uma grande multidão se juntou ao seu redor na praia.
22Então chegou um dos líderes da sinagoga local, chamado Jairo.
Quando viu Jesus, prostrou-se a seus pés e 23suplicou repetidas
vezes: "Minha filhinha está morrendo. Por favor, venha e ponha
as mãos sobre ela; cure-a para que ela viva!". 24Jesus foi com ele,
e todo o povo o seguiu, apertando-se ao seu redor. 25No meio da
multidão estava uma mulher que havia doze anos sofria de he-
morragia. 26Tinha passado por muitas dificuldades nas mãos de

vários médicos e, ao longo dos anos, gastou tudo que possuía,
sem melhorar. Na verdade, havia piorado. 27Tendo ouvido falar
de Jesus, aproximou-se por trás dele no meio da multidão e to-
cou em seu manto, 28pois pensava: "Se eu apenas tocar em seu
manto, serei curada". 29No mesmo instante, a hemorragia parou,
e ela sentiu em seu corpo que tinha sido curada da enfermidade.
30Jesus imediatamente percebeu que dele havia saído poder; por
isso, virou-se para a multidão e perguntou: "Quem tocou em meu
manto?". 31Seus discípulos disseram: "Veja a multidão que o aperta
de todos os lados. Como o senhor ainda pergunta: 'Quem tocou
em mim?'". 32Jesus, porém, continuou a olhar ao redor para ver
quem havia feito aquilo. 33Então a mulher, assustada e tremendo
pelo que lhe tinha acontecido, veio e, ajoelhando-se diante dele,
contou o que havia feito. 34Jesus lhe disse: "Filha, sua fé a curou.
Vá em paz. Seu sofrimento acabou". 35Enquanto Jesus ainda falava
com a mulher, chegaram mensageiros da casa de Jairo, o líder da
sinagoga, e lhe disseram: "Sua filha morreu. Para que continuar
incomodando o mestre?". 36Jesus, porém, ouviu essas palavras e
disse a Jairo: "Não tenha medo. Apenas creia". 37Então Jesus deteve
a multidão e não deixou que ninguém o acompanhasse, exceto
Pedro, Tiago e João, irmão de Tiago. 38Quando chegaram à casa do
líder da sinagoga, Jesus viu um grande tumulto, com muito choro
e lamentação. 39Então entrou e perguntou: "Por que todo esse tu-
multo e choro? A criança não morreu; está apenas dormindo". 40A
multidão riu de Jesus. Ele, porém, fez todos saírem e levou o pai e
a mãe da menina e os três discípulos para o quarto onde ela esta-
va deitada. 41Segurando-a pela mão, disse-lhe: "*Talita cumi!*", que
quer dizer "Menina, levante-se!". 42A menina, que tinha doze anos,
levantou-se de imediato e começou a andar. Todos ficaram muito
admirados. 43Jesus deu ordens claras para que não contassem a
ninguém o que havia acontecido e depois mandou que dessem
alguma coisa para a menina comer.

CAPÍTULO 6

Jesus é rejeitado em Nazaré

1Jesus deixou essa região e voltou com seus discípulos para Nazaré,
cidade onde tinha morado. 2No sábado seguinte, começou a en-
sinar na sinagoga, e muitos dos que o ouviam se admiraram e

Mc 5.34

perguntavam: "De onde vem tanta sabedoria e poder para realizar
esses milagres? 3Não é esse o carpinteiro, filho de Maria e irmão de
Tiago, José, Judas e Simão? Suas irmãs moram aqui, entre nós". E
sentiam-se muito ofendidos. 4Então Jesus lhes disse: "Um profeta
recebe honra em toda parte, menos em sua cidade e entre seus
parentes e sua própria família". 5Por isso, não pôde realizar milagres
ali, exceto pôr as mãos sobre alguns enfermos e curá-los. 6E ficou
admirado com a incredulidade daquele povo.

Jesus envia os doze apóstolos

Então Jesus percorreu diversos povoados, ensinando a seus mora-
dores. 7Reuniu os Doze e começou a enviá-los de dois em dois, dan-
do-lhes autoridade para expulsar espíritos impuros. 8Instruiu-os a
não levar coisa alguma na viagem, exceto um cajado. Não poderiam
levar alimento, nem bolsa de viagem, nem dinheiro. 9Poderiam
calçar sandálias, mas não levar uma muda de roupa extra. 10Disse
ele: "Onde quer que forem, fiquem na mesma casa até partirem
da cidade. 11Mas, se algum povoado se recusar a recebê-los ou a
ouvi-los, ao saírem, sacudam a poeira dos pés como sinal de repro-
vação". 12Então eles partiram, dizendo a todos que encontravam
que se arrependessem. 13Expulsaram muitos demônios e curaram
muitos enfermos, ungindo-os com óleo.

A morte de João Batista

14Logo o rei Herodes ouviu falar de Jesus, pois todos comentavam
a seu respeito. Alguns diziam: "João Batista ressuscitou dos mortos.
Por isso tem poder para fazer esses milagres". 15Outros diziam: "É
Elias". Ainda outros diziam: "É um profeta, como os profetas de an-
tigamente". 16Quando Herodes ouviu falar de Jesus, disse: "João, o
homem a quem decapitei, voltou dos mortos!". 17O rei havia manda-
do prender e encarcerar João para agradar Herodias. Ela era esposa
de seu irmão, Filipe, mas Herodes tinha se casado com ela. 18João
dizia a Herodes: "É contra a lei que o senhor viva com a esposa de
seu irmão". 19Por isso Herodias guardava rancor de João e queria
matá-lo, mas não podia fazê-lo, 20pois Herodes o respeitava e o
protegia, sabendo que ele era um homem justo e santo. Herodes
ficava muito perturbado sempre que falava com João, mas mesmo
assim gostava de ouvi-lo. 21Finalmente, no aniversário de Herodes,

Herodias teve a oportunidade que procurava. Ele deu uma festa
para os membros do alto escalão do governo, para seus oficiais mi-
litares e para os cidadãos mais importantes da Galileia. 22Sua filha,
também chamada Herodias, entrou e apresentou uma dança que
agradou muito Herodes e seus convidados. "Peça-me qualquer coi-
sa que deseje, e eu lhe darei", disse o rei à moça. 23E prometeu, sob
juramento: "Eu lhe darei o que pedir, até metade do meu reino!".
24Ela saiu e perguntou à mãe: "O que devo pedir?". A mãe lhe disse:
"Peça a cabeça de João Batista!". 25A moça voltou depressa ao rei e
disse: "Quero a cabeça de João Batista agora mesmo num prato!".
26O rei muito se entristeceu com isso, mas, por causa do juramento
que havia feito na frente dos convidados, não pôde negar o pedido.
27Assim, enviou no mesmo instante um carrasco com ordens de
cortar a cabeça de João e trazê-la. Ele decapitou João na prisão,
28trouxe a cabeça num prato e a entregou à moça, que a levou à
sua mãe. 29Quando os discípulos de João souberam o que havia
acontecido, foram buscar o corpo e o colocaram numa sepultura.

A primeira multiplicação dos pães

30Os apóstolos voltaram de sua missão e contaram a Jesus tudo que
tinham feito e ensinado. 31Jesus lhes disse: "Vamos sozinhos até
um lugar tranquilo para descansar um pouco", pois tanta gente ia e
vinha que eles não tinham tempo nem para comer. 32Então saíram
de barco para um lugar isolado, a fim de ficarem a sós. 33Contudo,
muitos os reconheceram e os viram partir, e pessoas de várias ci-
dades correram e chegaram antes deles. 34Quando Jesus saiu do
barco, viu a grande multidão e teve compaixão dela, pois eram
como ovelhas sem pastor. Então começou a lhes ensinar muitas
coisas. 35Ao entardecer, os discípulos foram até ele e disseram:
"Este lugar é isolado, e já está tarde. 36Mande as multidões embora,
para que possam ir aos campos e povoados vizinhos e comprar algo
para comer". 37Jesus, porém, disse: "Providenciem vocês mesmos
alimento para eles". "Precisaríamos de muito dinheiro para comprar
comida para todo esse povo!", responderam. 38"Quantos pães vocês
têm?", perguntou ele. "Vão verificar." Eles voltaram e informaram:
"Cinco pães e dois peixes". 39Então Jesus ordenou que fizessem a
multidão sentar-se em grupos na grama verde. 40Assim, eles se
sentaram em grupos de cinquenta e de cem. 41Jesus tomou os

Mc 6.41

cinco pães e os dois peixes, olhou para o céu e os abençoou. Então,
à medida que ia partindo os pães, entregava-os aos discípulos para
que os distribuíssem ao povo. Também dividiu os peixes para que
todos recebessem uma porção. 42Todos comeram à vontade, 43e
os discípulos recolheram doze cestos com os pães e peixes que
sobraram. 44Os que comeram foram cinco mil homens.

Jesus anda sobre o mar

45Logo em seguida, Jesus insistiu com seus discípulos que vol-
tassem ao barco e atravessassem o mar até Betsaida, enquanto
ele mandava o povo para casa. 46Depois de se despedir de todos,
subiu sozinho ao monte para orar. 47Durante a noite, os discípulos
estavam no barco, no meio do mar, e Jesus, sozinho em terra. 48Ele
viu que estavam em apuros, remando com força e lutando contra o
vento e as ondas. Por volta das três da madrugada, Jesus foi até eles
caminhando sobre o mar. Sua intenção era passar por eles, 49mas,
quando o avistaram caminhando sobre as águas, gritaram de pavor,
pensando que fosse um fantasma. 50Ficaram todos aterrorizados
ao vê-lo. Imediatamente, porém, Jesus lhes disse: "Não tenham
medo! Coragem, sou eu!". 51Em seguida, subiu no barco e o vento
parou. Os discípulos ficaram admirados, 52pois ainda não tinham
entendido o milagre dos pães. O coração deles estava endurecido.

Jesus cura os enfermos

53Depois de atravessarem o mar, chegaram a Genesaré. Levaram o
barco até a margem 54e desceram. As pessoas reconheceram Jesus
assim que o viram. 55Quando ouviam que Jesus estava em algum
lugar, corriam por toda a região, levando os enfermos em macas
para onde sabiam que ele estava. 56Aonde quer que ele fosse – aos
povoados, às cidades ou aos campos ao redor –, levavam os enfer-
mos para as praças. Suplicavam que ele os deixasse pelo menos
tocar na borda de seu manto, e todos que o tocavam eram curados.

CAPÍTULO 7

Ensino sobre a pureza interior

1Certo dia, alguns fariseus e mestres da lei chegaram de Jerusalém
para ver Jesus. 2Observaram que alguns de seus discípulos comiam
sua refeição com as mãos impuras, ou seja, sem lavá-las. 3(Pois

todos os judeus, sobretudo os fariseus, não comem sem antes lavar
cuidadosamente as mãos, como exige a tradição dos líderes reli-
giosos. 4Quando chegam do mercado, não comem coisa alguma
sem antes mergulhar as mãos em água. Essa é apenas uma das
muitas tradições às quais se apegam, como a lavagem de copos,
jarras e panelas.) 5Então os fariseus e mestres da lei lhe pergunta-
ram: "Por que seus discípulos não seguem a tradição dos líderes
religiosos? Eles comem sem antes realizar a cerimônia de lavar as
mãos!". 6Jesus respondeu: "Hipócritas! Isaías tinha razão quando
profetizou a seu respeito, pois escreveu: 'Este povo me honra com
os lábios, mas o coração está longe de mim. 7Sua adoração é uma
farsa, pois ensinam doutrinas humanas como se fossem manda-
mentos de Deus'. 8Vocês desprezam a lei de Deus e a substituem
por sua própria tradição". 9Disse ainda: "Vocês se esquivam com
habilidade da lei de Deus para se apegar à sua própria tradição.
10Por exemplo, Moisés deu esta lei: 'Honre seu pai e sua mãe' e
'Quem insultar seu pai ou sua mãe será executado'. 11Vocês, porém,
ensinam que alguém pode dizer a seus pais: 'Não posso ajudá-los.
Jurei entregar como oferta a Deus aquilo que eu teria dado a vocês'.
12Com isso, desobrigam as pessoas de cuidarem dos pais, 13anu-
lando a palavra de Deus a fim de transmitir sua própria tradição. E
esse é apenas um exemplo entre muitos outros". 14Jesus chamou a
multidão para perto de si e disse: "Ouçam, todos vocês, e procurem
entender. 15Não é o que entra no corpo que os contamina; vocês se
contaminam com o que sai do coração. 16Quem tem ouvidos para
ouvir, ouça com atenção!". 17Então Jesus entrou numa casa para se
afastar da multidão, e seus discípulos lhe perguntaram o que ele
queria dizer com a parábola que havia acabado de contar. 18"Vocês
também ainda não entendem?", perguntou. "Não percebem que a
comida que entra no corpo não pode contaminá-los? 19O alimen-
to não vai para o coração, mas apenas passa pelo estômago e vai
parar no esgoto." (Ao dizer isso, declarou que todo tipo de comida
é aceitável.) 20Em seguida, acrescentou: "Aquilo que vem de den-
tro é que os contamina. 21Pois, de dentro, do coração da pessoa,
vêm maus pensamentos, imoralidade sexual, roubo, homicídio,
22adultério, cobiça, perversidade, engano, paixões carnais, inveja,
calúnias, orgulho e insensatez. 23Todas essas coisas desprezíveis
vêm de dentro; são elas que os contaminam".

Mc 7.20

A mulher siro-fenícia demonstra fé

24Então Jesus deixou a Galileia e se dirigiu para o norte, para a
região de Tiro. Não queria que ninguém soubesse onde ele estava
hospedado, mas não foi possível manter segredo. 25De imediato,
uma mulher que tinha ouvido falar dele veio e caiu a seus pés. A
filha dela estava possuída por um espírito impuro, 26e ela implorou
que ele expulsasse o demônio que estava na menina. Sendo ela
grega, nascida na região da Fenícia, na Síria, 27Jesus lhe disse:
"Primeiro devem-se alimentar os filhos. Não é certo tirar comida
das crianças e jogá-la aos cachorros". 28"Senhor, é verdade", disse
a mulher. "No entanto, até os cachorros, debaixo da mesa, comem
as migalhas dos pratos dos filhos." 29"Boa resposta!", disse Jesus.
"Vá para casa, pois o demônio já deixou sua filha." 30E, quando ela
chegou à sua casa, sua filha estava deitada na cama, e o demônio
a havia deixado.

Jesus cura um surdo

31Jesus saiu de Tiro e subiu para Sidom antes de voltar ao mar da
Galileia e à região das Dez Cidades. 32Algumas pessoas lhe trou-
xeram um homem surdo e com dificuldade de fala, e lhe pediram
que pusesse as mãos sobre ele e o curasse. 33Jesus o afastou da
multidão para ficar a sós com ele. Pôs os dedos nos ouvidos do
homem e, em seguida, cuspiu nos dedos e tocou a língua dele.
34Olhando para o céu, suspirou e disse: "*Efatá!*", que significa "Abra-
se!". 35No mesmo instante, o homem passou a ouvir perfeitamente;
sua língua ficou livre, e ele começou a falar com clareza. 36Jesus
ordenou à multidão que não contasse a ninguém, mas, quanto
mais ele os proibia, mais divulgavam o que havia acontecido.
37Estavam muito admirados e diziam repetidamente: "Tudo que
ele faz é maravilhoso! Ele até faz o surdo ouvir e o mudo falar!".

CAPÍTULO 8

A segunda multiplicação dos pães

1Naqueles dias, outra grande multidão se reuniu e, mais uma
vez, o povo ficou sem comida. Jesus chamou os discípulos e
disse: 2"Tenho compaixão dessa gente. Estão aqui comigo há
três dias e não têm mais nada para comer. 3Se eu os mandar
embora com fome, desmaiarão no caminho. Alguns vieram de

longe". 4Os discípulos disseram: "Como conseguiremos comida
suficiente neste lugar deserto para alimentá-los?". 5Jesus per-
guntou: "Quantos pães vocês têm?". "Sete", responderam eles.
6Então Jesus mandou todo o povo sentar-se no chão. Tomou os
sete pães, agradeceu a Deus e os partiu em pedaços. Em seguida,
entregou-os aos discípulos, que os distribuíram à multidão. 7Eles
encontraram, ainda, alguns peixinhos; Jesus também os abençoou
e mandou que os discípulos os distribuíssem. 8Todos comeram
à vontade. Depois, os discípulos recolheram sete cestos grandes
com as sobras. 9Naquele dia, havia cerca de quatro mil homens
na multidão. Após comerem, Jesus os mandou para casa. 10Em
seguida, entrou com seus discípulos num barco e atravessou para
a região de Dalmanuta.

Os fariseus exigem um sinal

11Alguns fariseus vieram ao encontro de Jesus e começaram a
discutir com ele. Para pô-lo à prova, exigiram que lhes mostrasse
um sinal do céu. 12Ao ouvir isso, Jesus suspirou profundamente
e disse: "Por que este povo insiste em pedir um sinal? Eu lhes
digo a verdade: não darei sinal algum aos homens desta geração".
13Então ele os deixou, entrou de volta no barco e atravessou para
o outro lado do mar.

O fermento dos fariseus e de Herodes

14Os discípulos, porém, se esqueceram de levar comida. Tinham
no barco apenas um pão. 15Enquanto atravessavam o mar, Jesus
os advertiu: "Fiquem atentos! Tenham cuidado com o fermento
dos fariseus e de Herodes". 16Os discípulos começaram a discutir
entre si porque não tinham trazido pão. 17Ao saber do que estavam
falando, Jesus disse: "Por que discutem sobre a falta de pão? Ainda
não sabem ou não entenderam? Seu coração está tão endurecido
que não compreendem? 18Vocês têm olhos, mas não veem? Têm
ouvidos, mas não ouvem? Não se lembram de nada? 19Quando
reparti os cinco pães entre os cinco mil, quantos cestos cheios de
sobras vocês recolheram?". "Doze", responderam eles. 20"E quando
reparti os sete pães entre os quatro mil, quantos cestos grandes
cheios de sobras vocês recolheram?" "Sete", responderam. 21"E
vocês ainda não entendem?", perguntou.

Mc 8.34

Jesus cura um cego

22Quando chegaram a Betsaida, algumas pessoas trouxeram um
cego a Jesus e lhe pediram que o tocasse. 23Ele tomou o cego
pela mão e o levou para fora do povoado. Em seguida, cuspiu nos
olhos do homem, pôs as mãos sobre ele e perguntou: "Vê alguma
coisa?". 24Recuperando aos poucos a vista, o homem respondeu:
"Vejo pessoas, mas não as enxergo claramente. Parecem árvores
andando". 25Jesus pôs as mãos sobre os olhos do homem mais
uma vez, e sua visão foi completamente restaurada; ele passou a
ver tudo com nitidez. 26Então Jesus se despediu dele e disse: "Ao
voltar para casa, não entre no povoado".

Pedro declara sua fé

27Jesus e seus discípulos deixaram a Galileia e foram para os povo-
ados perto de Cesareia de Filipe. Enquanto caminhavam, Jesus lhes
perguntou: "Quem as pessoas dizem que eu sou?". 28Eles respon-
deram: "Alguns dizem que o senhor é João Batista; outros, que é
Elias ou um dos profetas". 29"E vocês?", perguntou ele. "Quem vocês
dizem que eu sou?" Pedro respondeu: "O senhor é o Cristo!". 30Mas
Jesus os advertiu de que não falassem a ninguém a seu respeito.

Jesus prediz sua morte

31Então Jesus começou a lhes ensinar que era necessário que o
Filho do Homem sofresse muitas coisas e fosse rejeitado pelos
líderes do povo, pelos principais sacerdotes e pelos mestres da lei.
Seria morto, mas três dias depois ressuscitaria. 32Enquanto falava
abertamente sobre isso com os discípulos, Pedro o chamou de lado
e o repreendeu por dizer tais coisas. 33Jesus se virou, olhou para
seus discípulos e repreendeu Pedro. "Afaste-se de mim, Satanás!",
disse ele. "Você considera as coisas apenas do ponto de vista hu-
mano, e não da perspectiva de Deus." 34Depois, chamou a multidão
e os discípulos e disse: "Se alguém quer ser meu seguidor, negue
a si mesmo, tome sua cruz e siga-me. 35Se tentar se apegar à sua
vida, a perderá. Mas, se abrir mão de sua vida por minha causa e
por causa das boas-novas, a salvará. 36Que vantagem há em ganhar
o mundo inteiro, mas perder a vida? 37E o que daria o homem
em troca de sua vida? 38Se alguém se envergonhar de mim e de
minha mensagem nesta época de adultério e pecado, o Filho do

Homem se envergonhará dele quando vier na glória de seu Pai
com os santos anjos”.

CAPÍTULO 9

1 Jesus prosseguiu: “Eu lhes digo a verdade: alguns que estão aqui
neste momento não morrerão antes de ver o reino de Deus vindo
com grande poder!”.

A transfiguração

2 Seis dias depois, Jesus levou consigo Pedro, Tiago e João até um
monte alto, para estarem a sós. Ali, diante de seus olhos, a aparência
de Jesus foi transformada. 3 Suas roupas ficaram brancas e resplan-
decentes, muito mais claras do que qualquer lavandeiro seria capaz
de deixá-las. 4 Então Elias e Moisés apareceram e começaram a falar
com Jesus. 5 Pedro exclamou: “Rabi, é maravilhoso estarmos aqui!
Vamos fazer três tendas: uma será sua, uma de Moisés e outra de
Elias”. 6 Disse isso porque não sabia o que mais falar, pois estavam
todos apavorados. 7 Então uma nuvem os cobriu, e uma voz que
vinha da nuvem disse: “Este é meu Filho amado. Ouçam-no!”.
8 De repente, quando olharam em volta, só Jesus estava com eles.
9 Enquanto desciam o monte, Jesus ordenou que não contassem
a ninguém o que tinham visto, até que o Filho do Homem tivesse
ressuscitado dos mortos. 10 Eles guardaram segredo, mas conver-
savam entre si com frequência sobre o que ele queria dizer com
“ressuscitar dos mortos”. 11 Então eles perguntaram a Jesus: “Por
que os mestres da lei afirmam que é necessário que Elias volte
antes que o Cristo venha?”. 12 Jesus respondeu: “De fato, Elias vem
primeiro para restaurar tudo. Então por que as Escrituras dizem
que é necessário o Filho do Homem sofrer muito e ser tratado com
desprezo? 13 Eu, porém, lhes digo: Elias já veio e eles preferiram
maltratá-lo, conforme as Escrituras haviam previsto”.

Jesus cura um menino possuído por demônio

14 Ao voltarem para junto dos outros discípulos, viram que estavam
cercados por uma grande multidão e que alguns mestres da lei
discutiam com eles. 15 Quando a multidão viu Jesus, ficou muito
admirada e correu para cumprimentá-lo. 16 “Sobre o que discutem?”,
perguntou Jesus. 17 Um dos homens na multidão respondeu:

NO QUE ESTOU **PENSANDO** ○ O QUE ESTOU **SENTINDO** ○ DO QUE ESTOU **LEMBRANDO** ○

DESENHE OU ESCREVA

“Mestre, eu lhe trouxe meu filho, que está possuído por um es-
pírito impuro que não o deixa falar. 18 Sempre que o espírito se
apodera dele, joga-o no chão, e ele espuma pela boca, range os
dentes e fica rígido. Pedi a seus discípulos que expulsassem o
espírito impuro, mas eles não conseguiram”. 19 Jesus lhes disse:
“Geração incrédula! Até quando estarei com vocês? Até quando
terei de suportá-los? Tragam o menino para cá”. 20 Então o trouxe-
ram. Quando o espírito impuro viu Jesus, causou uma convulsão
intensa no menino e ele caiu no chão, contorcendo-se e espumando
pela boca. 21 Jesus perguntou ao pai do menino: “Há quanto tempo
isso acontece com ele?”. “Desde que ele era pequeno”, respondeu o
pai. 22 “Muitas vezes o espírito o lança no fogo ou na água e tenta
matá-lo. Tenha misericórdia de nós e ajude-nos, se puder.” 23 “Se
puder?”, perguntou Jesus. “Tudo é possível para aquele que crê.”
24 No mesmo instante, o pai respondeu: “Eu creio, mas ajude-me a
superar minha incredulidade”. 25 Quando Jesus viu que a multidão
aumentava, repreendeu o espírito impuro, dizendo: “Espírito que
impede este menino de ouvir e falar, ordeno que saia e nunca mais
entre nele!”. 26 O espírito gritou, causou outra convulsão intensa
no menino e saiu dele. O menino parecia morto. Um murmúrio
correu pela multidão: “Ele morreu”. 27 Mas Jesus o tomou pela
mão e o ajudou a se levantar, e ele ficou em pé. 28 Depois, quando
Jesus estava em casa com seus discípulos, eles perguntaram: “Por
que não conseguimos expulsar aquele espírito impuro?”. 29 Jesus
respondeu: “Essa espécie só sai com oração”.

Jesus prediz sua morte pela segunda vez

30 Ao deixarem aquela região, viajaram pela Galileia. Jesus não que-
ria que ninguém soubesse que ele estava lá, 31 pois queria ensinar
a seus discípulos. Ele lhes dizia: “O Filho do Homem será traído
e entregue em mãos humanas. Será morto, mas três dias depois
ressuscitará”. 32 Eles, porém, não entendiam essas coisas e tinham
medo de lhe perguntar.

O maior no reino

33 Depois que chegaram a Cafarnaum e se acomodaram numa casa,
Jesus perguntou a seus discípulos: “Sobre o que vocês discutiam no
caminho?”. 34 Eles não responderam, pois tinham discutido sobre

qual deles era o maior. 35 Jesus se sentou, chamou os Doze e disse:
"Quem quiser ser o primeiro, que se torne o último e seja servo de
todos". 36 Então colocou uma criança no meio deles, tomou-a nos
braços e disse: 37 "Quem recebe uma criança pequena como esta
em meu nome recebe a mim, e quem me recebe não recebe apenas
a mim, mas também ao Pai, que me enviou".

Diversos ensinamentos de Jesus

38 João disse a Jesus: "Mestre, vimos alguém usar seu nome para
expulsar demônios; nós o proibimos, pois ele não era do nosso gru-
po". 39 "Não o proíbam!", disse Jesus. "Ninguém que faça milagres
em meu nome falará mal de mim a seguir. 40 Quem não é contra
nós é a favor de nós. 41 Eu lhes digo a verdade: se alguém lhes der
um simples copo de água porque vocês são seguidores do Cristo,
essa pessoa certamente será recompensada. 42 "Mas, se alguém
fizer um destes pequeninos que confiam em mim cair em pecado,
seria melhor que lhe amarrassem ao pescoço uma grande pedra de
moinho e fosse jogado ao mar. 43 Se sua mão o leva a pecar, corte-a
fora. É melhor entrar na vida eterna com apenas uma das mãos que
ser lançado no fogo inextinguível do inferno com as duas mãos.
44 Lá os vermes nunca morrem e o fogo nunca se apaga. 45 Se seu
pé o leva a pecar, corte-o fora. É melhor entrar na vida eterna com
apenas um pé que ser lançado no inferno com os dois pés. 46 Lá os
vermes nunca morrem e o fogo nunca se apaga. 47 E, se seu olho
o leva a pecar, lance-o fora. É melhor entrar no reino de Deus com
apenas um dos olhos que ter os dois olhos e ser lançado no inferno.
48 Lá os vermes nunca morrem e o fogo nunca se apaga. 49 "Pois
cada um será provado com fogo. 50 O sal é bom para temperar, mas,
se perder o sabor, como torná-lo salgado outra vez? Tenham entre
vocês as qualidades do bom sal e vivam em paz uns com os outros."

CAPÍTULO 10

Discussão sobre divórcio e casamento

1 Então Jesus deixou Cafarnaum e foi para a região da Judeia, a
leste do rio Jordão. Mais uma vez, multidões se juntaram ao seu
redor e, como de costume, ele as ensinava. 2 Alguns fariseus vie-
ram e tentaram apanhar Jesus numa armadilha com a seguinte
pergunta: "Deve-se permitir que um homem se divorcie de sua

mulher?". 3 Jesus respondeu: "O que Moisés disse na lei a respeito
do divórcio?". 4 "Ele o permitiu", responderam os fariseus. "Disse
que um homem poderia dar à esposa um certificado de divórcio
e mandá-la embora." 5 Jesus, porém, disse: "Moisés escreveu esse
mandamento porque vocês têm o coração duro, 6 mas 'Deus os fez
homem e mulher' desde o princípio da criação. 7 'Por isso o homem
deixa pai e mãe e se une à sua mulher, 8 e os dois se tornam um só'.
Uma vez que já não são dois, mas um só, 9 que ninguém separe o
que Deus uniu". 10 Mais tarde, quando Jesus estava em casa com
seus discípulos, eles tocaram no assunto outra vez. 11 Jesus respon-
deu: "Quem se divorcia de sua esposa e se casa com outra mulher
comete adultério contra ela. 12 E, se a mulher se divorcia do marido
e se casa com outro homem, comete adultério".

Jesus abençoa as crianças

13 Certo dia, trouxeram crianças para que Jesus pusesse as mãos
sobre elas, mas os discípulos repreendiam aqueles que as traziam.
14 Ao ver isso, Jesus ficou indignado com os discípulos e disse:
"Deixem que as crianças venham a mim. Não as impeçam, pois
o reino de Deus pertence aos que são como elas. 15 Eu lhes digo a
verdade: quem não receber o reino de Deus como uma criança de
modo algum entrará nele". 16 Então tomou as crianças nos braços,
pôs as mãos sobre a cabeça delas e as abençoou.

O homem rico

17 Quando Jesus saía para Jerusalém, um homem veio correndo em
sua direção, ajoelhou-se diante dele e perguntou: "Bom mestre,
que devo fazer para herdar a vida eterna?". 18 "Por que você me cha-
ma de bom?", perguntou Jesus. "Apenas Deus é verdadeiramente
bom. 19 Você conhece os mandamentos: 'Não mate. Não cometa
adultério. Não roube. Não dê falso testemunho. Não engane nin-
guém. Honre seu pai e sua mãe'." 20 O homem respondeu: "Mestre,
tenho obedecido a todos esses mandamentos desde a juventude".
21 Com amor, Jesus olhou para o homem e disse: "Ainda há uma
coisa que você não fez. Vá, venda todos os seus bens e dê o dinheiro
aos pobres. Então você terá um tesouro no céu. Depois, venha e
siga-me". 22 Ao ouvir isso, o homem ficou desapontado e foi embora
triste, pois tinha muitos bens.

As recompensas do discipulado

23Jesus olhou ao redor e disse a seus discípulos: "Como é difícil
os ricos entrarem no reino de Deus!". 24Os discípulos se admira-
ram de suas palavras. Mas Jesus disse outra vez: "Filhos, entrar
no reino de Deus é muito difícil. 25É mais fácil um camelo passar
pelo buraco de uma agulha que um rico entrar no reino de Deus".
26Perplexos, os discípulos perguntaram: "Então quem pode ser
salvo?". 27Jesus olhou atentamente para eles e respondeu: "Para
as pessoas isso é impossível, mas não para Deus. Para Deus, tudo
é possível". 28Então Pedro começou a falar: "Deixamos tudo para
segui-lo". 29Jesus respondeu: "Eu lhes garanto que todos que dei-
xaram casa, irmãos, irmãs, mãe, pai, filhos ou propriedades por
minha causa e por causa das boas-novas 30receberão em troca,
neste mundo, cem vezes mais casas, irmãos, irmãs, mães, filhos e
propriedades, com perseguição, e, no mundo futuro, terão a vida
eterna. 31Contudo, muitos primeiros serão os últimos, e muitos
últimos serão os primeiros".

Jesus prediz sua morte e ressurreição

32Por esse tempo, subiam para Jerusalém, e Jesus ia à frente. Os
discípulos estavam muito admirados, e o povo que os seguia ti-
nha grande temor. Jesus chamou os Doze à parte e, mais uma
vez, começou a descrever tudo que estava prestes a lhe acontecer.
33"Ouçam", disse ele. "Estamos subindo para Jerusalém, onde o
Filho do Homem será traído e entregue aos principais sacerdotes
e aos mestres da lei. Eles o condenarão à morte e o entregarão aos
gentios. 34Zombarão dele, cuspirão nele, o açoitarão e o matarão,
mas depois de três dias ele ressuscitará".

Jesus ensina sobre servir a outros

35Então Tiago e João, filhos de Zebedeu, vieram e falaram com ele:
"Mestre, queremos que nos faça um favor". 36"Que favor é esse?",
perguntou ele. 37Eles responderam: "Quando o senhor se sentar em
seu trono glorioso, queremos nos sentar em lugares de honra ao seu
lado, um à sua direita e outro à sua esquerda". 38Jesus lhes disse:
"Vocês não sabem o que estão pedindo! São capazes de beber do
cálice que beberei? São capazes de ser batizados com o batismo com
que serei batizado?". 39"Somos!", responderam eles. Então Jesus

disse: "De fato, vocês beberão do meu cálice e serão batizados
com o meu batismo. 40Não cabe a mim, no entanto, dizer quem se
sentará à minha direita ou à minha esquerda. Esses lugares serão
daqueles para quem eles foram preparados". 41Quando os outros
dez discípulos ouviram o que Tiago e João haviam pedido, ficaram
indignados. 42Então Jesus os reuniu e disse: "Vocês sabem que os
que são considerados líderes neste mundo têm poder sobre o povo,
e que os oficiais exercem sua autoridade sobre os súditos. 43Entre vo-
cês, porém, será diferente. Quem quiser ser o líder entre vocês, que
seja servo, 44e quem quiser ser o primeiro entre vocês, que se torne
escravo de todos. 45Pois nem mesmo o Filho do Homem veio para
ser servido, mas para servir e dar sua vida em resgate por muitos".

Jesus cura o cego Bartimeu

46Então chegaram a Jericó. Quando Jesus e seus discípulos saíam
da cidade, uma grande multidão os seguiu. Um mendigo cego
chamado Bartimeu, filho de Timeu, estava sentado à beira do
caminho. 47Quando Bartimeu soube que Jesus de Nazaré estava
perto, começou a gritar: "Jesus, Filho de Davi, tenha misericórdia
de mim!". 48Muitos lhe diziam aos brados: "Cale-se!". Ele, porém,
gritava ainda mais alto: "Filho de Davi, tenha misericórdia de mim!".
49Quando Jesus o ouviu, parou e disse: "Falem para ele vir aqui".
Então chamaram o cego. "Anime-se!", disseram. "Venha, ele o está
chamando!" 50Bartimeu jogou sua capa para o lado, levantou-se de
um salto e foi até Jesus. 51"O que você quer que eu lhe faça?", per-
guntou Jesus. O cego respondeu: "Rabi, quero enxergar". 52Jesus
lhe disse: "Vá, pois sua fé o curou". No mesmo instante, o homem
passou a ver e seguiu Jesus pelo caminho.

CAPÍTULO 11

A entrada de Jesus em Jerusalém

1Quando já se aproximavam de Jerusalém, Jesus e seus discípulos
chegaram às cidades de Betfagé e Betânia, no monte das Oliveiras.
Jesus enviou na frente dois discípulos. 2"Vão àquele povoado
adiante", disse ele. "Assim que entrarem, verão amarrado ali um
jumentinho, no qual ninguém jamais montou. Desamarrem-no
e tragam-no para cá. 3Se alguém lhes perguntar: 'O que estão fa-
zendo?', digam apenas: 'O Senhor precisa dele e o devolverá em

breve'." 4Os dois discípulos foram e encontraram o jumentinho na
rua, amarrado junto a uma porta. 5Enquanto o desamarravam, algu-
mas pessoas que estavam ali perguntaram: "O que vocês estão fa-
zendo, desamarrando esse jumentinho?". 6Responderam conforme
Jesus havia instruído, e os deixaram levar o animal. 7Os discípulos
trouxeram o jumentinho, puseram seus mantos sobre o animal, e
Jesus montou nele. 8Muitos da multidão espalharam seus mantos
ao longo do caminho diante de Jesus, e outros espalharam ramos
que haviam cortado nos campos. 9E as pessoas, tanto as que iam
à frente como as que o seguiam, gritavam: "Hosana! Bendito é o
que vem em nome do Senhor! 10Bendito é o reino que vem, o rei-
no de nosso antepassado Davi! Hosana no mais alto céu!". 11Jesus
entrou em Jerusalém e foi ao templo. Depois de olhar tudo ao redor
atentamente, voltou a Betânia com os Doze, porque já era tarde.

Jesus amaldiçoa a figueira

12Na manhã seguinte, quando saíam de Betânia, Jesus teve fome.
13Viu que, a certa distância, havia uma figueira cheia de folhas e
foi ver se encontraria figos. No entanto, só havia folhas, pois ainda
não era tempo de dar frutos. 14Então Jesus disse à árvore: "Nunca
mais comam de seu fruto!". E os discípulos ouviram o que ele disse.

Jesus purifica o templo

15Quando voltaram a Jerusalém, Jesus entrou no templo e começou
a expulsar os que compravam e vendiam animais para os sacrifícios.
Derrubou as mesas dos cambistas e as cadeiras dos que vendiam
pombas, 16impediu todos de usarem o templo como mercado 17e
os ensinava, dizendo: "As Escrituras declaram: 'Meu templo será
chamado casa de oração para todas as nações', mas vocês o trans-
formaram num esconderijo de ladrões!". 18Quando os principais
sacerdotes e mestres da lei souberam o que Jesus tinha feito, co-
meçaram a tramar um modo de matá-lo. Contudo, tinham medo
dele, pois o povo estava muito admirado com seu ensino. 19Ao
entardecer, Jesus e seus discípulos saíram da cidade.

Ensino sobre a figueira

20Na manhã seguinte, quando os discípulos passaram pela figueira
que Jesus tinha amaldiçoado, notaram que ela estava seca desde

Mc 11.25

a raiz. 21Pedro se lembrou do que Jesus tinha dito à árvore e ex-
clamou: "Veja, Rabi! A figueira que o senhor amaldiçoou secou!".
22Então Jesus disse aos discípulos: "Tenham fé em Deus. 23Eu lhes
digo a verdade: vocês poderão dizer a este monte: 'Levante-se e
atire-se no mar', e isso acontecerá. É preciso, no entanto, crer que
acontecerá, e não ter nenhuma dúvida em seu coração. 24Digo-lhes
que, se crerem que já receberam, qualquer coisa que pedirem em
oração lhes será concedido. 25Quando estiverem orando, se tiverem
alguma coisa contra alguém, perdoem-no, para que seu Pai no
céu também perdoe seus pecados. 26Mas, se vocês se recusarem
a perdoar, seu Pai no céu não perdoará seus pecados".

A autoridade de Jesus é questionada

27Mais uma vez, voltaram a Jerusalém. Enquanto Jesus passava
pelo templo, os principais sacerdotes, os mestres da lei e os líderes
do povo vieram até ele 28e perguntaram: "Com que autoridade
você faz essas coisas? Quem lhe deu esse direito?". 29Jesus res-
pondeu: "Eu lhes direi com que autoridade faço essas coisas se
vocês responderem a uma pergunta: 30A autoridade de João para
batizar vinha do céu ou era apenas humana? Respondam-me!".
31Eles discutiram a questão entre si: "Se dissermos que vinha do
céu, ele perguntará por que não cremos em João. 32Mas será que
ousamos dizer que era apenas humana?". Tinham medo do que o
povo faria, pois todos acreditavam que João era profeta. 33Por fim,
responderam: "Não sabemos". E Jesus replicou: "Então eu também
não direi com que autoridade faço essas coisas".

CAPÍTULO 12

A parábola dos lavradores maus

1Então Jesus começou a lhes ensinar por meio de parábolas: "Um
homem plantou um vinhedo. Construiu uma cerca ao seu redor,
um tanque de prensar e uma torre para o guarda. Depois, arren-
dou o vinhedo a alguns lavradores e partiu para um lugar distante.
2No tempo da colheita da uva, enviou um de seus servos para
receber sua parte da produção. 3Os lavradores agarraram o servo, o
espancaram e o mandaram de volta de mãos vazias. 4Então o dono
da terra enviou outro servo, mas eles o insultaram e bateram na
cabeça dele. 5O próximo servo que ele mandou foi morto. Outros

servos que ele enviou foram espancados ou mortos, 6até que só
restou um: seu filho muito amado. Por fim, o dono o enviou, pois
pensou: 'Certamente respeitarão meu filho'. 7"Os lavradores, po-
rém, disseram uns aos outros: 'Aí vem o herdeiro da propriedade.
Vamos matá-lo e tomar posse desta terra!'. 8Então o agarraram,
o mataram e jogaram seu corpo para fora do vinhedo. 9"O que
vocês acham que o dono do vinhedo fará?", perguntou Jesus.
"Ele virá, matará os lavradores e arrendará o vinhedo a outros.
10Vocês nunca leram nas Escrituras: 'A pedra que os construtores
rejeitaram se tornou a pedra angular. 11Isso é obra do Senhor e
é maravilhosa de ver'?" 12Os líderes religiosos queriam prender
Jesus, pois perceberam que eram eles os lavradores maus a que
Jesus se referia. No entanto, por medo da multidão, deixaram-no
e foram embora.

Impostos para César

13Mais tarde, os líderes enviaram alguns fariseus e membros do
partido de Herodes com o objetivo de levar Jesus a dizer algo que
desse motivo para o prenderem. 14Disseram: "Mestre, sabemos
como o senhor é honesto. É imparcial e não demonstra favoritis-
mo. Ensina o caminho de Deus de acordo com a verdade. Agora,
diga-nos: É certo pagar impostos a César ou não? 15Devemos pagar
ou não?". Jesus percebeu a hipocrisia deles e disse: "Por que vocês
tentam me apanhar numa armadilha? Mostrem-me uma moeda
de prata, e eu lhes direi". 16Quando lhe deram a moeda, ele disse:
"De quem são a imagem e o título nela gravados?". "De César",
responderam. 17"Então deem a César o que pertence a César, e
deem a Deus o que pertence a Deus", disse ele. Sua resposta os
deixou muito admirados.

Discussão sobre a ressurreição dos mortos

18Depois vieram a Jesus alguns saduceus, líderes religiosos que
afirmam não haver ressurreição dos mortos, e perguntaram:
19"Mestre, Moisés nos deu uma lei segundo a qual se um homem
morrer sem deixar filhos, o irmão dele deve se casar com a viúva
e ter um filho que dará continuidade ao nome do irmão. 20Numa
família havia sete irmãos. O mais velho se casou e morreu sem
deixar filhos. 21O segundo irmão se casou com a viúva, mas também

Mc 12.29-30

morreu sem deixar filhos. Então o terceiro irmão se casou com ela.
22O mesmo aconteceu até o sétimo irmão, e nenhum deixou filhos.
Por fim, a mulher também morreu. 23Diga-nos, de quem ela será
esposa na ressurreição? Afinal, os sete se casaram com ela". 24Jesus
respondeu: "O erro de vocês está em não conhecerem as Escrituras
nem o poder de Deus. 25Pois, quando os mortos ressuscitarem, não
se casarão nem se darão em casamento. Nesse sentido, serão como
os anjos do céu. 26"Agora, quanto a haver ressurreição dos mortos,
vocês não leram a esse respeito nos escritos de Moisés, no relato
sobre o arbusto em chamas? Deus disse a Moisés: 'Eu sou o Deus
de Abraão, o Deus de Isaque e o Deus de Jacó'. 27Portanto, ele é
o Deus dos vivos, e não dos mortos. Vocês estão completamente
enganados!".

O mandamento mais importante

28Um dos mestres da lei estava ali ouvindo a discussão. Ao per-
ceber que Jesus tinha respondido bem, perguntou: "De todos os
mandamentos, qual é o mais importante?". 29Jesus respondeu: "O
mandamento mais importante é este: 'Ouça, ó Israel! O Senhor,
nosso Deus, é o único Senhor. 30Ame o Senhor, seu Deus, de todo
o seu coração, de toda a sua alma, de toda a sua mente e de todas
as suas forças'. 31O segundo é igualmente importante: 'Ame o seu
próximo como a si mesmo'. Nenhum outro mandamento é maior
que esses". 32O mestre da lei respondeu: "Muito bem, mestre. O
senhor falou a verdade ao dizer que há só um Deus, e nenhum
outro. 33E sei que é importante amá-lo de todo o meu coração, de
todo o meu entendimento e de todas as minhas forças, e amar o
meu próximo como a mim mesmo. É mais importante que oferecer
todos os holocaustos e sacrifícios exigidos pela lei". 34Ao perceber
quanto o homem compreendia, Jesus disse: "Você não está longe
do reino de Deus". Depois disso, ninguém se atreveu a lhe fazer
mais perguntas.

De quem o Cristo é filho?

35Mais tarde, enquanto ensinava o povo no templo, Jesus fez a se-
guinte pergunta: "Por que os mestres da lei afirmam que o Cristo é
filho de Davi? 36O próprio Davi, falando por meio do Espírito Santo,
disse: 'O Senhor disse ao meu Senhor: Sente-se no lugar de honra

à minha direita até que eu humilhe seus inimigos debaixo de seus
pés'. 37Uma vez que Davi chamou o Cristo de 'meu Senhor', como
ele pode ser filho de Davi?". E a grande multidão o ouvia com prazer.

Jesus critica os mestres da lei

38Jesus também ensinou: "Cuidado com os mestres da lei! Eles
gostam de se exibir com vestes longas e de receber saudações
respeitosas quando andam pelas praças. 39E como gostam de
sentar-se nos lugares de honra nas sinagogas e à cabeceira da
mesa nos banquetes! 40No entanto, tomam posse dos bens das
viúvas de maneira desonesta e, depois, para dar a impressão de
piedade, fazem longas orações em público. Por causa disso, serão
duramente castigados".

A oferta da viúva

41Jesus sentou-se perto da caixa de ofertas do templo e ficou ob-
servando o povo colocar o dinheiro. Muitos ricos contribuíam com
grandes quantias. 42Então veio uma viúva pobre e colocou duas
moedas pequenas. 43Jesus chamou seus discípulos e disse: "Eu
lhes digo a verdade: essa viúva depositou na caixa de ofertas mais
que todos os outros. 44Eles deram uma parte do que lhes sobrava,
mas ela, em sua pobreza, deu tudo que tinha".

CAPÍTULO 13

Jesus fala de acontecimentos futuros

1Quando Jesus saía do templo, um de seus discípulos disse:
"Mestre, olhe que construções magníficas! Que pedras impressio-
nantes!". 2Jesus respondeu: "Está vendo estas grandes constru-
ções? Serão completamente destruídas. Não restará pedra sobre
pedra!". 3Mais tarde, Jesus sentou-se no monte das Oliveiras, do
outro lado do vale, de frente para o templo. Pedro, Tiago, João e
André vieram e lhe perguntaram em particular: 4"Diga-nos, quando
isso tudo vai acontecer? Que sinais indicarão que essas coisas estão
prestes a se cumprir?". 5Jesus respondeu: "Não deixem que nin-
guém os engane, 6pois muitos virão em meu nome, dizendo: 'Eu
sou o Cristo', e enganarão muitos. 7Vocês ouvirão falar de guerras
e ameaças de guerras, mas não entrem em pânico. Sim, é neces-
sário que essas coisas ocorram, mas ainda não será o fim. 8Uma

NO QUE ESTOU **PENSANDO** ○ | O QUE ESTOU **SENTINDO** ○ | DO QUE ESTOU **LEMBRANDO** ○

nação guerreará contra a outra, e um reino contra o outro. Haverá
terremotos em vários lugares, e também fome. Tudo isso, porém,
será apenas o começo das dores de parto. 9"Tenham cuidado! Vocês
serão entregues aos tribunais e açoitados nas sinagogas. Por minha
causa, serão julgados diante de governadores e reis. Essa será sua
oportunidade de lhes falar a meu respeito. 10É necessário, primeiro,
que as boas-novas sejam anunciadas a todas as nações. 11Quando
forem presos e julgados, não se preocupem com o que dirão. Falem
apenas o que lhes for concedido naquele momento, pois não serão
vocês que falarão, mas o Espírito Santo. 12"O irmão trairá seu irmão
e o entregará à morte, e assim também o pai a seu próprio filho.
Os filhos se rebelarão contra os pais e os matarão. 13Todos os odia-
rão por minha causa, mas quem se mantiver firme até o fim será
salvo. 14"Chegará o dia em que vocês verão a 'terrível profanação'
no lugar onde não deveria estar. (Leitor, preste atenção!) Então,
quem estiver na Judeia, fuja para os montes. 15Quem estiver na
parte de cima da casa, não desça nem entre para pegar coisa algu-
ma. 16Quem estiver no campo, não volte nem para pegar o manto.
17Que terríveis serão aqueles dias para as grávidas e para as mães
que estiverem amamentando! 18Orem para que a fuga de vocês
não aconteça no inverno, 19pois haverá mais angústia naqueles dias
que em qualquer outra ocasião desde que Deus criou o mundo,
e nunca mais haverá angústia tão grande. 20De fato, se o Senhor
não tivesse limitado esse tempo, ninguém sobreviveria, mas, por
causa de seus escolhidos, ele limitou aqueles dias. 21"Portanto, se
alguém lhes disser: 'Vejam, aqui está o Cristo!' ou 'Vejam, ali está
ele!', não acreditem, 22pois falsos cristos e falsos profetas surgirão
e realizarão sinais e maravilhas a fim de enganar, se possível, até
os escolhidos. 23Fiquem atentos! Eu os avisei a esse respeito de
antemão. 24"Naquele tempo, depois da angústia daqueles dias, 'o
sol escurecerá, a lua não dará luz, 25as estrelas cairão do céu, e os
poderes dos céus serão abalados'. 26Então todos verão o Filho do
Homem vindo nas nuvens com grande poder e glória. 27Ele enviará
seus anjos para reunir seus escolhidos de todas as partes do mun-
do, das extremidades da terra às extremidades do céu. 28"Agora,
aprendam a lição da figueira. Quando surgem seus ramos e suas
folhas começam a brotar, vocês sabem que o verão está próximo.
29Da mesma forma, quando virem todas essas coisas, saberão que

o tempo está muito próximo, à porta. 30Eu lhes digo a verdade:
esta geração certamente não passará até que todas essas coisas
tenham acontecido. 31O céu e a terra desaparecerão, mas as minhas
palavras jamais desaparecerão. 32"Contudo, ninguém sabe o dia
nem a hora em que essas coisas acontecerão, nem mesmo os anjos
no céu, nem o Filho. Somente o Pai sabe. 33E, uma vez que vocês
não sabem quando virá esse tempo, vigiem! Fiquem atentos! 34"A
vinda do Filho do Homem pode ser ilustrada pela história de um
homem que partiu numa longa viagem. Quando saiu de casa, deu
instruções a cada um de seus servos sobre o que fazer e disse ao
porteiro que vigiasse, à espera de sua volta. 35Vocês também devem
vigiar! Pois não sabem quando o dono da casa voltará: à tarde, à
meia-noite, de madrugada ou ao amanhecer. 36Que ele não os
encontre dormindo quando chegar sem aviso. 37Eu lhes digo o
que digo a todos: vigiem!".

CAPÍTULO 14

A conspiração para matar Jesus

1Faltavam dois dias para a Páscoa e para a Festa dos Pães sem
Fermento. Os principais sacerdotes e mestres da lei ainda procu-
ravam uma oportunidade de prender Jesus em segredo e matá-lo.
2"Mas não durante a festa da Páscoa, para não haver tumulto entre
o povo", concordaram entre eles.

Jesus é ungido em Betânia

3Enquanto isso, Jesus estava em Betânia, na casa de Simão, o le-
proso. Quando ele estava à mesa, uma mulher entrou com um
frasco de alabastro contendo um perfume caro, feito de essência de
nardo. Ela quebrou o frasco e derramou o perfume sobre a cabeça
dele. 4Alguns dos que estavam à mesa ficaram indignados. "Por
que desperdiçar um perfume tão caro?", perguntaram. 5"Poderia ter
sido vendido por trezentas moedas de prata, e o dinheiro, dado aos
pobres!" E repreenderam a mulher severamente. 6Jesus, porém,
disse: "Deixem-na em paz. Por que a criticam por ter feito algo tão
bom para mim? 7Vocês sempre terão os pobres em seu meio e
poderão ajudá-los sempre que desejarem, mas nem sempre te-
rão a mim. 8Ela fez o que podia e ungiu meu corpo de antemão
para o sepultamento. 9Eu lhes digo a verdade: onde quer que as

Mc 13.33

boas-novas sejam anunciadas pelo mundo, o que esta mulher fez
será contado, e dela se lembrarão".

Judas concorda em trair Jesus

10Então Judas Iscariotes, um dos Doze, foi aos principais sacerdotes
para combinar de lhes entregar Jesus. 11Quando souberam por que
ele tinha vindo, ficaram muito satisfeitos e lhe prometeram dinhei-
ro. Então ele começou a procurar uma oportunidade para trair Jesus.

A última ceia

12No primeiro dia da Festa dos Pães sem Fermento, quando o
cordeiro pascal era sacrificado, os discípulos de Jesus lhe pergun-
taram: "Onde quer que lhe preparemos a refeição da Páscoa?".
13Então Jesus enviou dois deles a Jerusalém, com as seguintes
instruções: "Ao entrarem na cidade, um homem carregando uma
vasilha de água virá ao seu encontro. Sigam-no. 14Digam ao dono
da casa em que ele entrar: 'O Mestre pergunta: Onde fica o apo-
sento no qual comerei a refeição da Páscoa com meus discípulos?'.
15Ele os levará a uma sala grande no andar superior, que já estará
arrumada. Preparem ali a refeição". 16Então os dois discípulos foram
à cidade e encontraram tudo como Jesus tinha dito, e ali prepa-
raram a refeição da Páscoa. 17Ao anoitecer, Jesus chegou com os
Doze. 18Quando estavam à mesa, comendo, Jesus disse: "Eu lhes
digo a verdade: um de vocês que está aqui comendo comigo vai
me trair". 19Aflitos, eles protestaram: "Certamente não serei eu!".
20Jesus respondeu: "É um dos Doze. É alguém que come comigo
da mesma tigela. 21Pois o Filho do Homem deve morrer, como
as Escrituras declararam há muito tempo. Mas que terrível será
para aquele que o trair! Para esse homem seria melhor não ter
nascido". 22Enquanto comiam, Jesus tomou o pão e o abençoou.
Em seguida, partiu-o em pedaços e deu aos discípulos, dizendo:
"Tomem, porque este é o meu corpo". 23Então tomou o cálice de
vinho e agradeceu a Deus. Depois, entregou-o aos discípulos, e
todos beberam. 24Então Jesus disse: "Este é o meu sangue, que
confirma a aliança. Ele é derramado como sacrifício por muitos. 25Eu
lhes digo a verdade: não voltarei a beber vinho até aquele dia em
que beberei um vinho novo no reino de Deus". 26Então cantaram
um hino e saíram para o monte das Oliveiras.

Jesus prediz a negação de Pedro

27No caminho, Jesus disse: "Todos vocês me abandonarão, pois as
Escrituras dizem: 'Deus ferirá o pastor, e as ovelhas serão disper-
sas'. 28Mas, depois de ressuscitar, irei adiante de vocês à Galileia".
29Pedro declarou: "Mesmo que todos os outros o abandonem, eu
jamais farei isso". 30Jesus respondeu: "Eu lhe digo a verdade: esta
mesma noite, antes que o galo cante duas vezes, você me negará
três vezes". 31Pedro, no entanto, insistiu enfaticamente: "Mesmo
que eu tenha de morrer ao seu lado, jamais o negarei!". E todos os
outros discípulos disseram o mesmo.

Jesus ora no Getsêmani

32Então foram a um lugar chamado Getsêmani, e Jesus disse a seus
discípulos: "Sentem-se aqui enquanto vou orar". 33Levou consigo
Pedro, Tiago e João e começou a sentir grande pavor e angústia.
34"Minha alma está profundamente triste, a ponto de morrer", disse
ele. "Fiquem aqui e vigiem." 35Ele avançou um pouco e curvou-se
até o chão. Então orou para que, se possível, a hora que o esperava
fosse afastada dele. 36E clamou: "Aba, Pai, tudo é possível para
ti. Peço que afastes de mim este cálice. Contudo, que seja feita a
tua vontade, e não a minha". 37Depois, voltou aos discípulos e os
encontrou dormindo. "Simão, você está dormindo?", disse ele a
Pedro. "Não pode vigiar comigo nem por uma hora? 38Vigiem e
orem para que não cedam à tentação, pois o espírito está disposto,
mas a carne é fraca." 39Então os deixou novamente e fez a mesma
oração de antes. 40Quando voltou pela segunda vez, mais uma vez
encontrou os discípulos dormindo, pois não conseguiam manter os
olhos abertos. Eles não sabiam o que dizer. 41Ao voltar pela terceira
vez, disse: "Vocês ainda dormem e descansam? Basta; chegou a
hora. O Filho do Homem está para ser entregue nas mãos de pe-
cadores. 42Levantem-se e vamos. Meu traidor chegou".

Jesus é traído e preso

43No mesmo instante, enquanto Jesus ainda falava, Judas, um dos
Doze, chegou com uma multidão armada de espadas e pedaços
de pau. Tinham sido enviados pelos principais sacerdotes, mestres
da lei e líderes do povo. 44O traidor havia combinado com eles
um sinal: "Vocês saberão a quem devem prender quando eu o

NO QUE ESTOU **PENSANDO** O QUE ESTOU **SENTINDO** DO QUE ESTOU **LEMBRANDO**

DESENHE OU ESCREVA

cumprimentar com um beijo. Então poderão levá-lo em seguran-
ça". 45Assim que chegaram, Judas se aproximou de Jesus. "Rabi!",
exclamou ele, e o beijou. 46Os outros agarraram Jesus e o pren-
deram. 47Mas um dos que estavam com Jesus puxou a espada e
feriu o servo do sumo sacerdote, cortando-lhe a orelha. 48Jesus
perguntou: "Por acaso sou um revolucionário perigoso, para que
venham me prender com espadas e pedaços de pau? 49Por que
não me prenderam no templo? Todos os dias estive ali, no meio de
vocês, ensinando. Mas estas coisas estão acontecendo para que se
cumpra o que dizem as Escrituras". 50Então todos o abandonaram
e fugiram. 51Um jovem que os seguia vestia apenas um lençol de
linho. Quando a multidão tentou agarrá-lo, 52ele deixou para trás
o lençol e escapou nu.

O julgamento de Jesus diante do conselho

53Levaram Jesus para a casa do sumo sacerdote, onde estavam
reunidos os principais sacerdotes, os líderes do povo e os mestres
da lei. 54Pedro seguia Jesus de longe e entrou no pátio do sumo
sacerdote. Ali, sentou-se com os guardas para se aquecer junto ao
fogo. 55Lá dentro, os principais sacerdotes e todo o conselho dos
líderes do povo tentavam, sem sucesso, encontrar provas contra
Jesus, para que pudessem condená-lo à morte. 56Muitas testemu-
nhas falsas deram depoimentos, mas elas se contradiziam. 57Por
fim, alguns homens se levantaram e apresentaram o seguinte tes-
temunho falso: 58"Nós o ouvimos dizer: 'Destruirei este templo
feito por mãos humanas e em três dias construirei outro, não feito
por mãos humanas'". 59Mas nem assim seus depoimentos eram
coerentes. 60Então o sumo sacerdote se levantou diante dos demais
e perguntou a Jesus: "Você não vai responder a essas acusações? O
que tem a dizer em sua defesa?". 61Jesus, no entanto, permaneceu
calado e não deu resposta alguma. Então o sumo sacerdote pergun-
tou: "Você é o Cristo, o Filho do Deus Bendito?". 62"Eu sou", disse
Jesus. "E vocês verão o Filho do Homem sentado à direita do Deus
Poderoso e vindo sobre as nuvens do céu." 63Então o sumo sacer-
dote rasgou as vestes e disse: "Que necessidade temos de outras
testemunhas? 64Todos ouviram a blasfêmia. Qual é o veredicto?". E
todos o julgaram culpado e o condenaram à morte. 65Então alguns
deles começaram a cuspir em Jesus. Vendaram seus olhos e lhe

deram socos. "Profetize para nós!", zombavam. E os guardas lhe
davam tapas enquanto o levavam.

Pedro nega Jesus

66Enquanto isso, Pedro estava lá embaixo, no pátio. Uma das criadas
que trabalhava para o sumo sacerdote passou por ali 67e viu Pedro
se aquecendo junto ao fogo. Olhou bem para ele e disse: "Você é um
dos que estavam com Jesus de Nazaré". 68Ele, porém, negou. "Não
faço a menor ideia do que você está falando!", disse, e caminhou
em direção à saída. Naquele instante, o galo cantou. 69Quando a
criada o viu ali, começou a dizer aos outros: "Este homem com cer-
teza é um deles!". 70Mas Pedro negou novamente. Um pouco mais
tarde, alguns dos que estavam por lá confrontaram Pedro, dizendo:
"Você deve ser um deles, pois é galileu". 71Ele, porém, começou a
praguejar e jurou: "Não conheço esse homem de quem vocês estão
falando!". 72E, no mesmo instante, o galo cantou pela segunda vez.
Então Pedro se lembrou das palavras de Jesus: "Antes que o galo
cante duas vezes, você me negará três vezes". E começou a chorar.

CAPÍTULO 15

O julgamento de Jesus diante de Pilatos

1De manhã bem cedo, os principais sacerdotes, os líderes do povo e
os mestres da lei – todo o alto conselho – se reuniram para discutir
o que fariam em seguida. Então amarraram Jesus, o levaram e
o entregaram a Pilatos. 2Pilatos lhe perguntou: "Você é o rei dos
judeus?". Jesus respondeu: "É como você diz". 3Os principais sa-
cerdotes o acusaram de vários crimes, 4e Pilatos perguntou: "Você
não vai responder? O que diz de todas essas acusações?". 5Mas,
para surpresa de Pilatos, Jesus não disse coisa alguma. 6A cada
ano, durante a festa da Páscoa, era costume libertar um prisioneiro,
qualquer um que a multidão escolhesse. 7Um dos prisioneiros era
Barrabás, um revolucionário que havia cometido assassinato duran-
te uma revolta. 8A multidão foi a Pilatos e pediu que ele libertasse
um prisioneiro, como de costume. 9Pilatos perguntou: "Querem
que eu solte o 'rei dos judeus'?". 10(Pois havia percebido que os
principais sacerdotes tinham prendido Jesus por inveja.) 11Nesse
momento, os principais sacerdotes instigaram a multidão a pedir
a libertação de Barrabás em vez de Jesus. 12Pilatos lhes perguntou:

NO QUE ESTOU PENSANDO ○ | O QUE ESTOU SENTINDO ○ | DO QUE ESTOU LEMBRANDO ○

DESENHE OU ESCREVA

"Então o que farei com este homem que vocês chamam de 'rei dos
judeus'?". 13"Crucifique-o!", gritou a multidão. 14"Por quê?", quis sa-
ber Pilatos. "Que crime ele cometeu?" Mas a multidão gritou ainda
mais alto: "Crucifique-o!". 15Para acalmar a multidão, Pilatos lhes
soltou Barrabás. Então, depois de mandar açoitar Jesus, entregou-o
aos soldados romanos para que fosse crucificado.

Os soldados zombam de Jesus

16Os soldados levaram Jesus para o palácio do governador (lugar
conhecido como Pretório) e chamaram todo o regimento. 17Vestiram
Jesus com um manto vermelho, teceram uma coroa de espinhos e a
colocaram em sua cabeça. 18Então o saudavam, zombando: "Salve,
rei dos judeus!". 19Batiam em sua cabeça com uma vara, cuspiam
nele e ajoelhavam-se, fingindo adorá-lo. 20Quando se cansaram
de zombar dele, tiraram o manto vermelho e o vestiram com suas
roupas. Então o levaram para ser crucificado.

A crucificação

21Um homem chamado Simão, de Cirene, passava ali naquele
momento, vindo do campo. Os soldados o obrigaram a carregar
a cruz. (Simão era pai de Alexandre e Rufo.) 22Levaram Jesus a
um lugar chamado Gólgota (que quer dizer "Lugar da Caveira").
23Ofereceram-lhe vinho misturado com mirra, mas ele recusou.
24Então os soldados o pregaram na cruz. Depois, dividiram as
roupas dele e tiraram sortes para decidir quem ficava com cada
peça. 25Eram nove horas da manhã quando o crucificaram. 26Uma
tabuleta anunciava a acusação feita contra ele: "O REI DOS JUDEUS".
27Dois criminosos foram crucificados com ele, um à sua direita e
outro à sua esquerda. 28Assim, cumpriram-se as Escrituras que
diziam: "Ele foi contado entre os rebeldes". 29O povo que passa-
va por ali gritava insultos e sacudia a cabeça em zombaria. "Olhe
só!", gritavam. "Você disse que destruiria o templo e o reconstruiria
em três dias. 30Pois bem, salve a si mesmo e desça da cruz!" 31Os
principais sacerdotes e os mestres da lei também zombavam de
Jesus. "Salvou os outros, mas não pode salvar a si mesmo!", diziam.
32"Que esse Cristo, o rei de Israel, desça da cruz agora mesmo para
que vejamos e creiamos nele!" Até os homens crucificados com
Jesus o insultavam.

A morte de Jesus
33Ao meio-dia, desceu sobre toda a terra uma escuridão que durou
três horas. 34Por volta das três da tarde, Jesus clamou em alta voz:
"Eloí, Eloí, lamá sabactâni?", que quer dizer: "Meu Deus, meu Deus,
por que me abandonaste?". 35Alguns dos que estavam ali, ouvindo
isso, disseram: "Ele está chamando Elias". 36Um deles correu, en-
sopou uma esponja com vinagre e a ergueu num caniço para que
ele bebesse. "Esperem!", disse ele. "Vamos ver se Elias vem tirá-lo
daí." 37Então Jesus clamou em alta voz e deu o último suspiro. 38A
cortina do santuário do templo se rasgou em duas partes, de cima
até embaixo. 39Quando o oficial romano que estava diante dele
viu como ele havia morrido, exclamou: "Este homem era verda-
deiramente o Filho de Deus!". 40Algumas mulheres observavam de
longe. Entre elas estavam Maria Madalena, Maria, mãe de Tiago, o
mais jovem, e de José, e Salomé. 41Eram seguidoras de Jesus e o
haviam servido na Galileia. Também estavam ali muitas mulheres
que foram com ele a Jerusalém.

O sepultamento de Jesus
42Tudo isso aconteceu na sexta-feira, o dia da preparação, antes
do sábado. Ao entardecer, 43José de Arimateia foi corajosamente
a Pilatos e pediu o corpo de Jesus. (José era um membro respeitado
do conselho dos líderes do povo e esperava a chegada do reino
de Deus.) 44Surpreso com o fato de Jesus já estar morto, Pilatos
chamou o oficial romano e perguntou se fazia muito tempo que
ele havia morrido. 45O oficial confirmou que Jesus estava morto, e
Pilatos disse a José que podia levar o corpo. 46José comprou um
lençol de linho, desceu o corpo de Jesus da cruz, envolveu-o no
lençol e colocou-o num túmulo escavado na rocha. Então rolou uma
grande pedra na entrada do túmulo. 47Maria Madalena e Maria,
mãe de José, viram onde o corpo de Jesus tinha sido sepultado.

CAPÍTULO 16

A ressurreição
1Ao entardecer do dia seguinte, terminado o sábado, Maria
Madalena, Maria, mãe de Tiago, e Salomé foram comprar es-
peciarias para ungir o corpo de Jesus. 2No domingo de manhã,
bem cedo, ao nascer do sol, elas foram ao túmulo. 3No caminho,

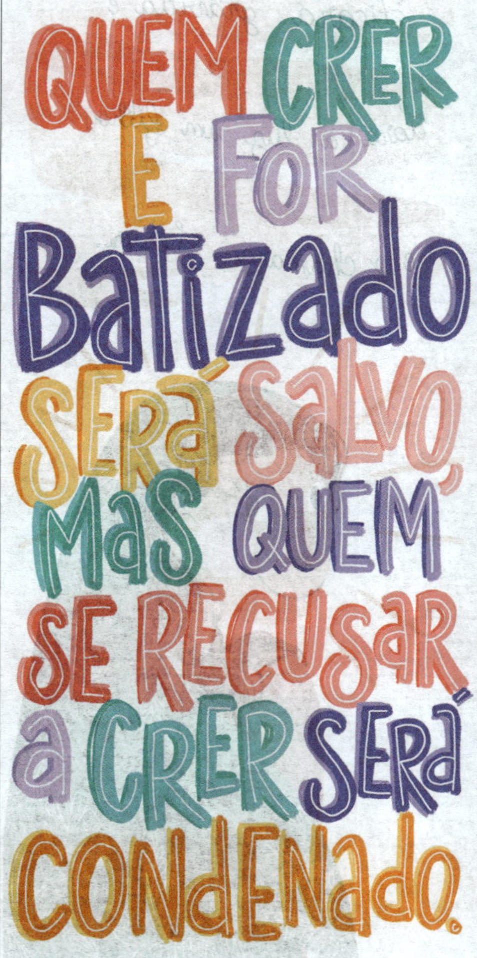

Mc 16.16

perguntavam umas às outras: "Quem removerá para nós a pedra
da entrada do túmulo?". 4Mas, quando chegaram, foram verificar
e viram que a pedra, que era muito grande, já havia sido removi-
da. 5Ao entrarem no túmulo, viram um jovem vestido de branco
sentado do lado direito. Ficaram assustadas, 6mas ele disse: "Não
tenham medo. Vocês procuram Jesus de Nazaré, que foi crucificado.
Ele não está aqui. Ressuscitou! Vejam, este é o lugar onde haviam
colocado seu corpo. 7Agora vão e digam aos discípulos, incluindo
Pedro, que Jesus vai adiante deles à Galileia. Vocês o verão lá, como
ele lhes disse". 8Trêmulas e desnorteadas, as mulheres fugiram do
túmulo e não disseram coisa alguma a ninguém, pois estavam
assustadas demais. 9Quando Jesus ressuscitou dos mortos, no
domingo de manhã, bem cedo, a primeira pessoa que o viu foi
Maria Madalena, a mulher de quem ele havia expulsado sete
demônios. 10Ela foi aos discípulos, que lamentavam e choravam,
e contou o que havia acontecido. 11Quando ela disse que Jesus
estava vivo e que o tinha visto, eles não acreditaram. 12Depois, Jesus
apareceu em outra forma a dois de seus seguidores, enquanto iam
de Jerusalém para o campo. 13Voltaram correndo para contar aos
outros, mas eles não acreditaram. 14Mais tarde, enquanto os onze
discípulos comiam, Jesus lhes apareceu. Ele os repreendeu por sua
incredulidade obstinada, pois se recusaram a crer naqueles que o
tinham visto depois de sua ressurreição. 15Jesus lhes disse: "Vão
ao mundo inteiro e anunciem as boas-novas a todos. 16Quem crer e
for batizado será salvo, mas quem se recusar a crer será condenado.
17Os seguintes sinais acompanharão aqueles que crerem: em meu
nome expulsarão demônios, falarão em novas línguas, 18pegarão
em serpentes sem correr perigo, se beberem algo venenoso, não
lhes fará mal, e colocarão as mãos sobre os enfermos e eles serão
curados". 19Quando o Senhor Jesus acabou de falar com eles, foi
levado para o céu e sentou-se à direita de Deus. 20Os discípulos fo-
ram a toda parte e anunciavam a mensagem, e o Senhor cooperava
com eles, confirmando-a com muitos sinais.

Lc

LUCAS

CAPÍTULO 1

Introdução

1Muitos se propuseram a escrever uma narração dos acontecimen-
tos que se cumpriram entre nós. **2**Usaram os relatos que nos foram
transmitidos por aqueles que, desde o princípio, foram testemu-
nhas oculares e servos da palavra. **3**Depois de investigar tudo deta-
lhadamente desde o início, também decidi escrever-lhe um relato
preciso, excelentíssimo Teófilo, **4**para que tenha plena certeza de
tudo que lhe foi ensinado.

O anúncio do nascimento de João Batista

5Quando Herodes era rei da Judeia, havia um sacerdote chamado
Zacarias, que fazia parte do grupo sacerdotal de Abias. Sua esposa,
Isabel, também pertencia à linhagem sacerdotal de Arão. **6**Zacarias
e Isabel eram justos aos olhos de Deus e obedeciam cuidadosamen-
te a todos os mandamentos e estatutos do Senhor. **7**Não tinham
filhos, pois Isabel era estéril, e ambos já estavam bem velhos.
8Certo dia, Zacarias estava servindo diante de Deus no templo,
pois seu grupo realizava o trabalho sacerdotal, conforme a escala.
9Foi escolhido por sorteio, como era costume dos sacerdotes, para
entrar no santuário do Senhor e queimar incenso. **10**Enquanto o
incenso era queimado, uma grande multidão orava do lado de
fora. **11**Então um anjo do Senhor lhe apareceu, à direita do altar de
incenso. **12**Ao vê-lo, Zacarias ficou muito abalado e assustado. **13**O
anjo, porém, lhe disse: "Não tenha medo, Zacarias! Sua oração foi

ouvida. Isabel, sua esposa, lhe dará um filho, e você o chamará
João. **14**Você terá grande satisfação e alegria, e muitos se alegrarão
com o nascimento do menino, **15**pois ele será grande aos olhos do
Senhor. Nunca tomará vinho nem outra bebida forte. Será cheio
do Espírito Santo, antes mesmo de nascer. **16**Fará muitos israelitas
voltarem ao Senhor, seu Deus. **17**Será um homem com o espírito e
o poder de Elias, e preparará o povo para a vinda do Senhor. Fará o
coração dos pais voltar para seus filhos e levará os rebeldes a acei-
tarem a sabedoria dos justos". **18**Zacarias disse ao anjo: "Como posso
ter certeza de que isso acontecerá? Já sou velho, e minha mulher
também é de idade avançada". **19**O anjo respondeu: "Sou Gabriel,
e estou sempre na presença de Deus. Foi ele quem me enviou para
lhe trazer estas boas-novas. **20**Agora, porém, você ficará mudo até
os dias em que essas coisas acontecerão, pois não acreditou em
minhas palavras, que se cumprirão no devido tempo". **21**Enquanto
isso, o povo esperava Zacarias sair do santuário e se perguntava por
que ele demorava tanto. **22**Quando finalmente saiu, não conseguia
falar com eles, e perceberam por seus gestos e seu silêncio que ele
havia tido uma visão no santuário. **23**Ao fim de seus dias de serviço
no templo, Zacarias voltou para casa. **24**Pouco tempo depois, sua
esposa, Isabel, engravidou e não saiu de casa por cinco meses.
25"Como o Senhor foi bom para mim em minha velhice!", exclamou
ela. "Tirou de mim a humilhação pública de não ter filhos!"

O anúncio do nascimento de Jesus

26No sexto mês da gestação de Isabel, Deus enviou o anjo Gabriel a
Nazaré, uma cidade da Galileia, **27**a uma virgem de nome Maria. Ela
estava prometida em casamento a um homem chamado José, des-
cendente do rei Davi. **28**Gabriel apareceu a ela e lhe disse: "Alegre-
se, mulher favorecida! O Senhor está com você!". **29**Confusa, Maria
tentou imaginar o que o anjo quis dizer. **30**"Não tenha medo, Maria",
disse o anjo, "pois você encontrou favor diante de Deus. **31**Ficará
grávida e dará à luz um filho, e o chamará Jesus. **32**Ele será grande,
e será chamado Filho do Altíssimo. O Senhor Deus lhe dará o trono
de seu antepassado Davi, **33**e ele reinará sobre Israel para sempre;
seu reino jamais terá fim!" **34**Maria perguntou ao anjo: "Como isso
acontecerá? Eu sou virgem!". **35**O anjo respondeu: "O Espírito Santo
virá sobre você, e o poder do Altíssimo a cobrirá com sua sombra.

Portanto, o bebê que vai nascer será santo, e será chamado Filho
de Deus. 36Além disso, sua parenta, Isabel, ficou grávida em idade
avançada. As pessoas diziam que ela era estéril, mas ela concebeu
um filho e está no sexto mês de gestação. 37Pois nada é impossível
para Deus". 38Maria disse: "Sou serva do Senhor. Que aconteça co-
migo tudo que foi dito a meu respeito". E o anjo a deixou.

Maria visita Isabel

39Alguns dias depois, Maria dirigiu-se apressadamente à região
montanhosa da Judeia, à cidade 40onde Zacarias morava. Ela entrou
na casa e saudou Isabel. 41Ao ouvir a saudação de Maria, o bebê
de Isabel se agitou dentro dela, e Isabel ficou cheia do Espírito
Santo. 42Em alta voz, Isabel exclamou: "Você é abençoada entre as
mulheres, e abençoada é a criança em seu ventre! 43Por que tenho a
grande honra de receber a visita da mãe do meu Senhor? 44Quando
ouvi sua saudação, o bebê em meu ventre se agitou de alegria.
45Você é abençoada, pois creu no que o Senhor disse que faria!".

Magnificat: o cântico de louvor de Maria

46Maria respondeu: "Minha alma exalta ao Senhor! 47Como meu
espírito se alegra em Deus, meu Salvador! 48Pois ele observou sua
humilde serva, e, de agora em diante, todas as gerações me chama-
rão abençoada. 49Pois o Poderoso é santo, e fez grandes coisas por
mim. 50Demonstra misericórdia a todos que o temem, geração após
geração. 51Seu braço poderoso fez coisas tremendas! Dispersou os
orgulhosos e os arrogantes. 52Derrubou príncipes de seus tronos e
exaltou os humildes. 53Encheu de coisas boas os famintos e despe-
diu de mãos vazias os ricos. 54Ajudou seu servo Israel e lembrou-se
de ser misericordioso. 55Pois assim prometeu a nossos antepassa-
dos, a Abraão e a seus descendentes para sempre". 56Maria ficou
com Isabel cerca de três meses, e então voltou para casa.

O nascimento de João Batista

57Chegado o tempo de seu bebê nascer, Isabel deu à luz um filho.
58Vizinhos e parentes se alegraram ao tomar conhecimento de que
o Senhor havia sido tão misericordioso com ela. 59Quando o bebê
estava com oito dias, eles vieram para a cerimônia de circuncisão.
Queriam chamar o menino de Zacarias, como o pai, 60mas Isabel

Lc 1.47

disse: "Não! Seu nome é João!". 61Então eles lhe disseram: "Não
há ninguém em sua família com esse nome", 62e com gestos per-
guntaram ao pai como queria chamar o bebê. 63Ele pediu que lhe
dessem uma tabuinha e, para surpresa de todos, escreveu: "Seu
nome é João". 64No mesmo instante, Zacarias voltou a falar e co-
meçou a louvar a Deus. 65Toda a vizinhança se encheu de temor,
e a notícia do que havia acontecido se espalhou por toda a região
montanhosa da Judeia. 66Todos que ficavam sabendo meditavam
sobre esses acontecimentos e perguntavam: "O que vai ser esse
menino?". Pois a mão do Senhor estava sobre ele.

Benedictus: a profecia de Zacarias

67Então seu pai, Zacarias, ficou cheio do Espírito Santo e profetizou:
68"Seja bendito o Senhor, o Deus de Israel, pois visitou e resgatou
seu povo. 69Ele nos enviou poderosa salvação da linhagem real
de seu servo Davi, 70como havia prometido muito tempo atrás por
meio de seus santos profetas. 71Agora seremos salvos de nossos
inimigos e de todos que nos odeiam. 72Ele foi misericordioso com
nossos antepassados ao lembrar-se de sua santa aliança, 73o jura-
mento solene que fez com nosso antepassado Abraão. 74Prometeu
livrar-nos de nossos inimigos para o servirmos sem medo, 75em
santidade e justiça, enquanto vivermos. 76"E você, meu filhinho,
será chamado profeta do Altíssimo, pois preparará o caminho para
o Senhor. 77Dirá a seu povo como encontrar salvação por meio do
perdão de seus pecados. 78Graças à terna misericórdia de nosso
Deus, a luz da manhã, vinda do céu, está prestes a raiar sobre nós,
79para iluminar aqueles que estão na escuridão e na sombra da
morte e nos guiar ao caminho da paz". 80João cresceu e se for-
taleceu em espírito. E viveu no deserto até chegar o tempo de se
apresentar ao povo de Israel.

CAPÍTULO 2

O nascimento de Jesus

1Naqueles dias, o imperador Augusto decretou um recenseamento
em todo o império romano. 2(Esse foi o primeiro recenseamento
realizado quando Quirino era governador da Síria.) 3Todos voltaram
à cidade de origem para se registrar. 4Por ser descendente do rei
Davi, José viajou da cidade de Nazaré da Galileia para Belém, na

Judeia, terra natal de Davi, **5**levando consigo Maria, sua noiva, que
estava grávida. **6**E, estando eles ali, chegou a hora de nascer o bebê.
7Ela deu à luz seu primeiro filho, um menino. Envolveu-o em faixas
de pano e deitou-o numa manjedoura, porque não havia lugar para
eles na hospedaria.

Os pastores e os anjos

8Naquela noite, havia alguns pastores nos campos próximos, vi-
giando rebanhos de ovelhas. **9**De repente, um anjo do Senhor apa-
receu entre eles, e o brilho da glória do Senhor os cercou. Ficaram
aterrorizados, **10**mas o anjo lhes disse: "Não tenham medo! Trago
boas notícias, que darão grande alegria a todo o povo. **11**Hoje em
Belém, a cidade de Davi, nasceu o Salvador, que é Cristo, o Senhor!
12Vocês o reconhecerão por este sinal: encontrarão o bebê enrola-
do em faixas de pano, deitado numa manjedoura". **13**De repente,
juntou-se ao anjo uma grande multidão do exército celestial, lou-
vando a Deus e dizendo: **14**"Glória a Deus nos mais altos céus, e
paz na terra àqueles de que Deus se agrada!". **15**Quando os anjos
voltaram para o céu, os pastores disseram uns aos outros: "Vamos
a Belém para ver esse acontecimento que o Senhor nos anunciou".
16Indo depressa ao povoado, encontraram Maria e José, e lá estava
o bebê, deitado na manjedoura. **17**Depois de o verem, os pastores
contaram a todos o que o anjo tinha dito a respeito da criança,
18e todos que ouviam a história dos pastores ficavam admirados.
19Maria, porém, guardava todas essas coisas no coração e refletia
sobre elas. **20**Os pastores voltaram, glorificando e louvando a Deus
por tudo que tinham visto e ouvido. Tudo aconteceu como o anjo
lhes havia anunciado.

Jesus é apresentado no templo

21Oito dias depois, quando o bebê foi circuncidado, chamaram-no
Jesus, o nome que o anjo lhe tinha dado antes mesmo de ele ser
concebido. **22**Então chegou o tempo da oferta de purificação, como
era a exigência da lei de Moisés. Seus pais o levaram a Jerusalém
para apresentá-lo ao Senhor, **23**pois a lei do Senhor dizia: "Se o
primeiro filho for menino, será consagrado ao Senhor". **24**Assim,
ofereceram o sacrifício exigido pela lei do Senhor: "duas rolinhas
ou dois pombinhos".

Lc 2.10

A profecia de Simeão

25Naquela época, vivia em Jerusalém um homem chamado
Simeão. Ele era justo e devoto, e esperava ansiosamente pela res-
tauração de Israel. O Espírito Santo estava sobre ele **26**e lhe havia
revelado que ele não morreria enquanto não visse o Cristo enviado
pelo Senhor. **27**Nesse dia, o Espírito o conduziu ao templo. Assim,
quando Maria e José chegaram para apresentar o menino Jesus ao
Senhor, como a lei exigia, **28**Simeão tomou a criança nos braços e
louvou a Deus, dizendo: **29**"Soberano Deus, agora podes levar em
paz o teu servo, como prometeste. **30**Vi a tua salvação, **31**que prepa-
raste para todos os povos. **32**Ele é uma luz de revelação às nações e
é a glória do teu povo, Israel!". **33**Os pais de Jesus ficaram admirados
com o que se dizia a respeito dele. **34**Então Simeão os abençoou
e disse a Maria, a mãe do bebê: "Este menino está destinado a
provocar a queda de muitos em Israel, mas também a ascensão
de tantos outros. Foi enviado como sinal de Deus, mas muitos re-
sistirão a ele. **35**Como resultado, serão revelados os pensamentos
mais profundos de muitos corações, e você sentirá como se uma
espada lhe atravessasse a alma".

A profecia de Ana

36A profetisa Ana, filha de Fanuel, da tribo de Aser, também estava
no templo. Era muito idosa e havia perdido o marido depois de
sete anos de casados **37**e vivido como viúva até os 84 anos. Nunca
deixava o templo, adorando a Deus dia e noite, em jejum e ora-
ção. **38**Chegou ali naquele momento e começou a louvar a Deus.
Falava a respeito da criança a todos que esperavam a redenção
de Jerusalém.

A infância de Jesus em Nazaré

39Após cumprirem todas as exigências da lei do Senhor, os pais de
Jesus voltaram para casa em Nazaré, na Galileia. **40**Ali o menino
foi crescendo, saudável e forte. Era cheio de sabedoria, e o favor de
Deus estava sobre ele.

Jesus conversa com os mestres da lei

41Todos os anos, os pais de Jesus iam a Jerusalém para a festa
da Páscoa. **42**Quando Jesus completou doze anos, foram à festa,

como de costume. 43Terminada a celebração, partiram de volta para Nazaré, mas Jesus ficou para trás, em Jerusalém, sem que seus pais notassem sua falta. 44Pensaram que ele estivesse entre os demais viajantes, mas depois de caminharem um dia inteiro começaram a procurá-lo entre os parentes e amigos. 45Como não o encontravam, voltaram a Jerusalém para procurá-lo. 46Por fim, depois de três dias, acharam Jesus no templo, sentado entre os mestres da lei, ouvindo-os e fazendo perguntas. 47Todos que o ouviam se admiravam de seu entendimento e de suas respostas. 48Quando o viram, seus pais ficaram perplexos. Sua mãe lhe disse: "Filho, por que você fez isso conosco? Seu pai e eu estávamos aflitos, procurando você por toda parte". 49"Mas por que me procuravam?", perguntou ele. "Não sabiam que eu devia estar na casa de meu Pai?" 50Não entenderam, porém, o que ele quis dizer. 51Então voltou com os pais para Nazaré, e lhes era obediente. Sua mãe guardava todas essas coisas no coração. 52Jesus crescia em sabedoria, em estatura e no favor de Deus e das pessoas.

CAPÍTULO 3

João Batista prepara o caminho

1Era o décimo quinto ano do reinado do imperador Tibério César. Pôncio Pilatos era governador da Judeia; Herodes Antipas governava a Galileia; seu irmão Filipe governava a Itureia e Traconites; e Lisânias governava Abilene. 2Anás e Caifás eram os sumos sacerdotes. Nesse ano, veio uma mensagem de Deus a João, filho de Zacarias, que vivia no deserto. 3João percorreu os arredores do rio Jordão, pregando o batismo como sinal de arrependimento para o perdão dos pecados. 4O profeta Isaías se referia a João quando escreveu em seu livro: "Ele é uma voz que clama no deserto: 'Preparem o caminho para a vinda do Senhor! Abram uma estrada para ele! 5Os vales serão aterrados, e os montes e as colinas, nivelados. As curvas serão endireitadas, e os lugares acidentados, aplanados. 6Então todos verão a salvação enviada por Deus'". 7João dizia às multidões que vinham até ele para ser batizadas: "Raça de víboras! Quem os convenceu a fugir da ira que está por vir? 8Provem por suas ações que vocês se arrependeram. Não digam uns aos outros: 'Estamos a salvo, pois somos filhos de Abraão'. Isso não significa nada, pois eu lhes digo que até destas pedras Deus pode fazer surgir filhos de Abraão. 9Agora mesmo o machado do julgamento está pronto para cortar as raízes das árvores. Toda árvore que não produz bons frutos será cortada e lançada ao fogo". 10As multidões perguntavam: "O que devemos fazer?". 11João respondeu: "Se tiverem duas vestimentas, deem uma a quem não tem. Se tiverem comida, dividam com quem passa fome". 12Cobradores de impostos também vinham para ser batizados e perguntavam: "Mestre, o que devemos fazer?". 13Ele respondeu: "Não cobrem impostos além daquilo que é exigido". 14"E nós?", perguntaram alguns soldados. "O que devemos fazer?" João respondeu: "Não pratiquem extorsão nem façam acusações falsas. Contentem-se com seu salário". 15Todos esperavam que o Cristo viesse em breve, e estavam ansiosos para saber se João era ele. 16João respondeu às perguntas deles, dizendo: "Eu os batizo com água, mas em breve virá alguém mais poderoso que eu, alguém tão superior que não sou digno de desatar as correias de suas sandálias. Ele os batizará com o Espírito Santo e com fogo. 17Ele já tem na mão a pá, e com ela separará a palha do trigo, a fim de limpar a área onde os cereais são debulhados. Juntará o trigo no celeiro, mas queimará a palha num fogo que nunca se apaga". 18João usou muitas advertências semelhantes ao anunciar as boas-novas ao povo. 19João também criticou publicamente Herodes Antipas, o governador da Galileia, por ter se casado com Herodias, esposa de seu irmão, e por muitas outras maldades que havia cometido. 20A essas maldades Herodes acrescentou outra, mandando prender João.

NO QUE ESTOU PENSANDO ○ | O QUE ESTOU SENTINDO ○ | DO QUE ESTOU LEMBRANDO ○

DESENHE OU ESCREVA

O batismo de Jesus

21Certo dia, quando as multidões estavam sendo batizadas, Jesus também foi batizado. Enquanto ele orava, o céu se abriu, 22e o Espírito Santo desceu sobre ele em forma corpórea como uma pomba. E uma voz do céu disse: "Você é meu filho amado, que me dá grande alegria".

Os antepassados de Jesus

23Jesus estava com cerca de trinta anos quando começou seu ministério. Jesus era conhecido como filho de José. José era filho de Eli. 24Eli era filho de Matate. Matate era filho de Levi. Levi era filho de Melqui. Melqui era filho de Janai. Janai era filho de José. 25José

era filho de Matatias. Matatias era filho de Amós. Amós era filho
de Naum. Naum era filho de Esli. Esli era filho de Nagai. 26 Nagai
era filho de Maate. Maate era filho de Matatias. Matatias era filho
de Semei. Semei era filho de Joseque. Joseque era filho de Jodá.
27 Jodá era filho de Joanã. Joanã era filho de Ressa. Ressa era filho
de Zorobabel. Zorobabel era filho de Salatiel. Salatiel era filho de
Neri. 28 Neri era filho de Melqui. Melqui era filho de Adi. Adi era
filho de Cosã. Cosã era filho de Elmadã. Elmadã era filho de Er. 29 Er
era filho de Josué. Josué era filho de Eliézer. Eliézer era filho de
Jorim. Jorim era filho de Matate. Matate era filho de Levi. 30 Levi era
filho de Simeão. Simeão era filho de Judá. Judá era filho de José.
José era filho de Jonã. Jonã era filho de Eliaquim. 31 Eliaquim era
filho de Meleá. Meleá era filho de Mená. Mená era filho de Matatá.
Matatá era filho de Natã. Natã era filho de Davi. 32 Davi era filho
de Jessé. Jessé era filho de Obede. Obede era filho de Boaz. Boaz
era filho de Salmom. Salmom era filho de Naassom. 33 Naassom
era filho de Aminadabe. Aminadabe era filho de Admim. Admim
era filho de Arni. Arni era filho de Esrom. Esrom era filho de Perez.
Perez era filho de Judá. 34 Judá era filho de Jacó. Jacó era filho de
Isaque. Isaque era filho de Abraão. Abraão era filho de Terá. Terá
era filho de Naor. 35 Naor era filho de Serugue. Serugue era filho
de Ragaú. Ragaú era filho de Faleque. Faleque era filho de Éber.
Éber era filho de Salá. 36 Salá era filho de Cainã. Cainã era filho de
Arfaxade. Arfaxade era filho de Sem. Sem era filho de Noé. Noé era
filho de Lameque. 37 Lameque era filho de Matusalém. Matusalém
era filho de Enoque. Enoque era filho de Jarede. Jarede era filho
de Maalaleel. Maalaleel era filho de Cainã. 38 Cainã era filho de
Enos. Enos era filho de Sete. Sete era filho de Adão. Adão era filho
de Deus.

CAPÍTULO 4

A tentação de Jesus

1 Jesus, cheio do Espírito Santo, voltou do rio Jordão e foi conduzido
pelo Espírito no deserto, 2 onde foi tentado pelo diabo durante qua-
renta dias. Não comeu nada durante todo esse tempo, e teve fome.
3 Então o diabo lhe disse: "Se você é o Filho de Deus, ordene que
esta pedra se transforme em pão". 4 Jesus, porém, respondeu: "As
Escrituras dizem: 'Uma pessoa não vive só de pão'". 5 Então o diabo o

NO QUE ESTOU **PENSANDO** ○ | O QUE ESTOU **SENTINDO** ○ | DO QUE ESTOU **LEMBRANDO** ○

DESENHE OU ESCREVA

levou a um lugar alto e, num momento, lhe mostrou todos os reinos
do mundo. 6 "Eu lhe darei a glória destes reinos e autoridade sobre
eles, pois são meus e posso dá-los a quem eu quiser", disse o diabo.
7 "Eu lhe darei tudo se me adorar." 8 Jesus respondeu: "As Escrituras
dizem: 'Adore o Senhor, seu Deus, e sirva somente a ele'". 9 Então
o diabo o levou a Jerusalém, até o ponto mais alto do templo, e
disse: "Se você é o Filho de Deus, salte daqui. 10 Pois as Escrituras
dizem: 'Ele ordenará a seus anjos que o protejam. 11 Eles o susten-
tarão com as mãos, para que não machuque o pé em alguma pe-
dra'". 12 Jesus respondeu: "As Escrituras dizem: 'Não ponha à prova
o Senhor, seu Deus'". 13 Quando o diabo terminou de tentar Jesus,
deixou-o até que surgisse outra oportunidade.

A volta à Galileia

14 Então Jesus, cheio do poder do Espírito, voltou para a Galileia.
Relatos a seu respeito se espalharam rapidamente por toda a re-
gião. 15 Ele ensinava nas sinagogas, e todos o elogiavam.

Jesus é rejeitado em Nazaré

16 Quando Jesus chegou a Nazaré, cidade de sua infância, foi à
sinagoga no sábado, como de costume, e se levantou para ler as
Escrituras. 17 Entregaram-lhe o livro do profeta Isaías, e ele o abriu e
encontrou o lugar onde estava escrito: 18 "O Espírito do Senhor está
sobre mim, pois ele me ungiu para trazer as boas-novas aos pobres.
Ele me enviou para anunciar que os cativos serão soltos, os cegos
verão, os oprimidos serão libertos, 19 e que é chegado o tempo do
favor do Senhor". 20 Jesus fechou o livro, devolveu-o ao assistente
e sentou-se. Todos na sinagoga o olhavam atentamente. 21 Então
ele começou a dizer: "Hoje se cumpriram as Escrituras que vocês
acabaram de ouvir". 22 Todos falavam bem dele e estavam admira-
dos com as palavras de graça que saíam de seus lábios. Contudo,
perguntavam: "Não é esse o filho de José?". 23 Então ele disse: "Sem
dúvida, vocês citarão para mim o ditado: 'Médico, cure a si mesmo',
ou seja, 'Faça aqui, em sua cidade, o mesmo que fez em Cafarnaum'.
24 Eu, porém, lhes digo a verdade: nenhum profeta é aceito em sua
própria cidade. 25 "Por certo havia muitas viúvas necessitadas em
Israel no tempo de Elias, quando o céu se fechou por três anos e
meio e uma fome terrível devastou a terra. 26 E, no entanto, Elias

não foi enviado a nenhuma delas, mas sim a uma estrangeira, uma
viúva de Sarepta, na região de Sidom. 27E havia muitos leprosos
em Israel no tempo do profeta Eliseu, mas o único que ele curou
foi Naamã, o sírio". 28Quando ouviram isso, aqueles que estavam
na sinagoga ficaram furiosos. 29Levantaram-se, expulsaram Jesus
da cidade e o arrastaram até a beira do monte sobre o qual a cidade
tinha sido construída. Pretendiam empurrá-lo precipício abaixo,
30mas ele passou por entre a multidão e seguiu seu caminho.

Jesus expulsa um espírito impuro

31Então Jesus foi a Cafarnaum, uma cidade na Galileia, onde ensi-
nava na sinagoga aos sábados. 32Ali também o povo ficou admirado
com seu ensino, pois ele falava com autoridade. 33Certa ocasião,
estando ele na sinagoga, um homem possuído por um demônio,
um espírito impuro, gritou: 34"Por que vem nos importunar, Jesus
de Nazaré? Veio para nos destruir? Sei quem é você: o Santo de
Deus!". 35Jesus o repreendeu, dizendo: "Cale-se! Saia deste ho-
mem!". Então o espírito jogou o homem no chão à vista da multidão
e saiu dele, sem machucá-lo. 36Admirado, o povo exclamava: "Que
autoridade e poder ele tem! Até os espíritos impuros lhe obedecem
e saem quando ele ordena!". 37E as notícias a respeito de Jesus se
espalharam pelos povoados de toda a região.

Jesus cura muitas pessoas

38Depois de sair da sinagoga naquele dia, Jesus foi à casa de Simão,
onde encontrou a sogra dele muito doente, com febre alta. Quando
os presentes suplicaram por ela, 39Jesus se pôs ao lado da cama
e repreendeu a febre, que a deixou. Ela se levantou de imediato
e passou a servi-los. 40Quando o sol se pôs, as pessoas trouxeram
seus familiares enfermos até ele. Qualquer que fosse a doença, ao
pôr as mãos sobre eles, Jesus curava a todos. 41Muitos estavam
possuídos por demônios, que saíam gritando: "Você é o Filho de
Deus!". Jesus, no entanto, os repreendia e não permitia que falas-
sem, pois sabiam que ele era o Cristo.

Jesus continua a pregar na Galileia

42Logo cedo na manhã seguinte, Jesus retirou-se para um lugar
isolado. As multidões o procuravam por toda parte e, quando

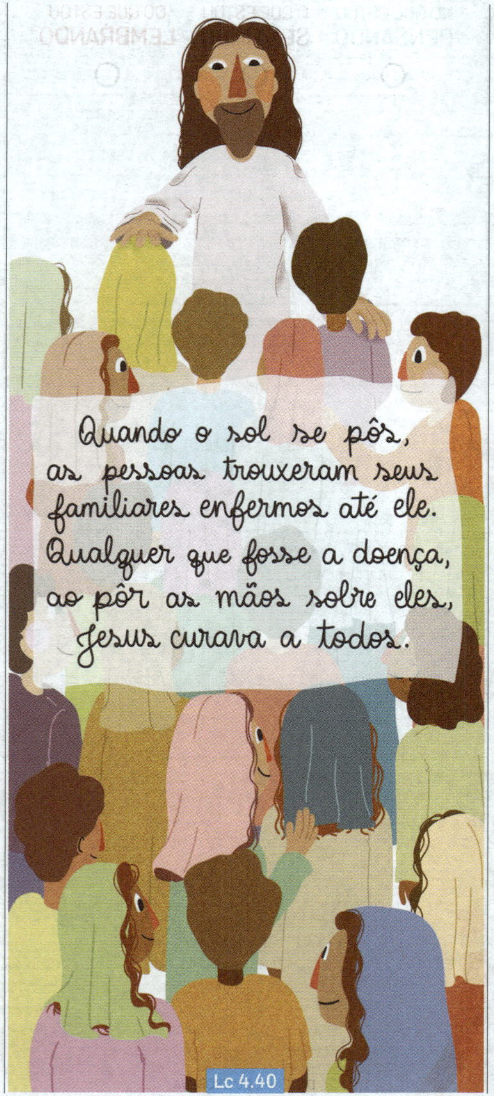

finalmente o encontraram, suplicaram que não as deixasse. 43Ele,
porém, disse: "Preciso anunciar as boas-novas do reino de Deus
também em outras cidades, pois para isso fui enviado". 44E conti-
nuou a anunciar sua mensagem nas sinagogas da Judeia.

CAPÍTULO 5

Os primeiros discípulos

1Estando Jesus à beira do lago de Genesaré, grandes multidões
se apertavam em volta dele para ouvir a palavra de Deus. 2Ele
notou que, junto à praia, havia dois barcos vazios, deixados por
pescadores que lavavam suas redes. 3Entrou num dos barcos e
pediu a Simão, seu dono, que o afastasse um pouco da praia. Então
sentou-se no barco e dali ensinou as multidões. 4Quando terminou
de falar, disse a Simão: "Agora vá para onde é mais fundo e lancem
as redes para pescar". 5Simão respondeu: "Mestre, trabalhamos
duro a noite toda e não pegamos nada. Mas, por ser o senhor
quem nos pede, vou lançar as redes novamente". 6Dessa vez, as
redes ficaram tão cheias de peixes que começaram a se rasgar.
7Então pediram ajuda aos companheiros do outro barco, e logo os
dois barcos estavam tão cheios de peixes que quase afundaram.
8Quando Simão Pedro se deu conta do que havia acontecido, caiu
de joelhos diante de Jesus e disse: "Por favor, Senhor, afaste-se de
mim, porque sou homem pecador". 9Pois ele e seus companheiros
ficaram espantados com a quantidade de peixes que haviam pesca-
do, 10assim como seus sócios, Tiago e João, filhos de Zebedeu. Jesus
respondeu a Simão: "Não tenha medo! De agora em diante, você
será pescador de gente". 11E, assim que chegaram à praia, deixaram
tudo e seguiram Jesus.

Jesus cura um leproso

12Num povoado, Jesus encontrou um homem coberto de lepra.
Quando o homem viu Jesus, prostrou-se com o rosto em terra
e suplicou para ser curado, dizendo: "Se o senhor quiser, pode
me curar e me deixar limpo". 13Jesus estendeu a mão e o tocou.
"Eu quero", respondeu. "Seja curado e fique limpo!" No mesmo
instante, a lepra desapareceu. 14Então Jesus o instruiu a não contar
a ninguém o que havia acontecido. "Vá e apresente-se ao sacer-
dote para que ele o examine", ordenou. "Leve a oferta que a lei

de Moisés exige pela sua purificação. Isso servirá como testemu-
nho." 15Mas as notícias a seu respeito se espalhavam ainda mais,
e grandes multidões vinham para ouvi-lo e para ser curadas de
suas enfermidades. 16Ele, porém, se retirava para lugares isolados,
a fim de orar.

Jesus cura um paralítico

17Certo dia, enquanto Jesus ensinava, alguns fariseus e mestres da
lei estavam sentados por perto. Eles vinham de todos os povoados
da Galileia, da Judeia e de Jerusalém. E o poder do Senhor para
curar estava sobre Jesus. 18Alguns homens vieram carregando um
paralítico numa maca. Tentaram levá-lo para dentro da casa, até
Jesus, 19mas não conseguiram, por causa da multidão. Então subi-
ram ao topo da casa e removeram uma parte do teto. Em seguida,
baixaram o paralítico na maca até o meio da multidão, bem na
frente dele. 20Ao ver a fé que eles tinham, Jesus disse ao paralíti-
co: "Homem, seus pecados estão perdoados". 21Mas os fariseus e
mestres da lei pensavam: "Quem ele pensa que é? Isso é blasfêmia!
Somente Deus pode perdoar pecados!". 22Jesus, sabendo o que
pensavam, perguntou: "Por que vocês questionam essas coisas
em seu coração? 23O que é mais fácil dizer: 'Seus pecados estão
perdoados?' ou 'Levante-se e ande'? 24Mas eu lhes mostrarei que
o Filho do Homem tem autoridade na terra para perdoar pecados".
Então disse ao paralítico: "Levante-se, pegue sua maca e vá para
casa". 25De imediato, à vista de todos, o homem se levantou, pegou
sua maca e foi para casa louvando a Deus. 26Todos ficaram muitos
admirados e, cheios de temor, louvaram a Deus, exclamando: "Hoje
vimos coisas maravilhosas!".

Jesus chama Levi

27Depois disso, Jesus saiu da cidade e viu um cobrador de impos-
tos chamado Levi sentado no local onde se coletavam impostos.
"Siga-me", disse-lhe Jesus, 28e Levi se levantou, deixou tudo e o
seguiu. 29Mais tarde, Levi ofereceu um banquete em sua casa, em
honra de Jesus. Muitos cobradores de impostos e outros convi-
dados comeram com eles, 30mas os fariseus e mestres da lei se
queixaram aos discípulos: "Por que vocês comem e bebem com
cobradores de impostos e pecadores?". 31Jesus lhes respondeu: "As

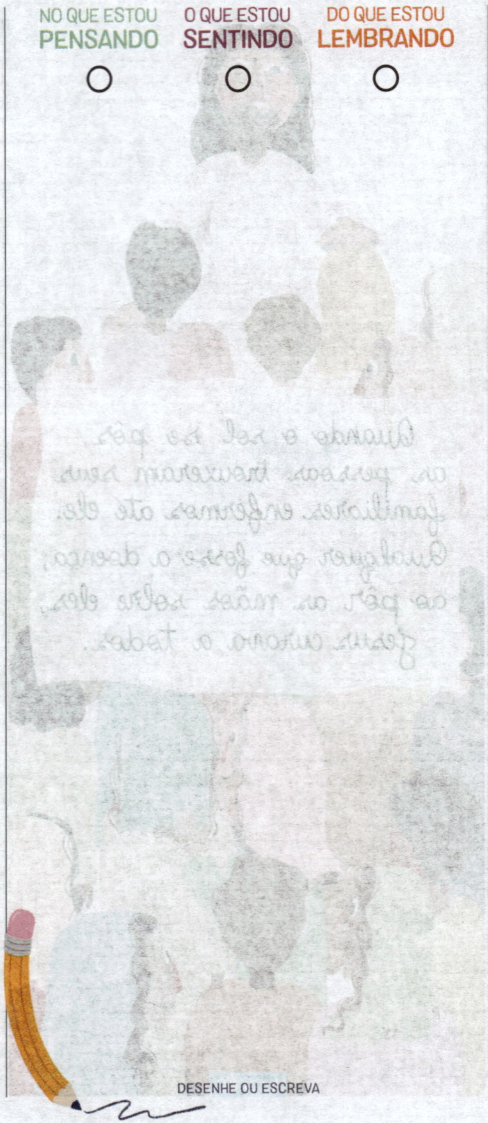

pessoas saudáveis não precisam de médico, mas sim os doentes.
32Não vim para chamar os justos, mas sim os pecadores, para que
se arrependam".

Discussão sobre o jejum

33Algumas pessoas disseram a Jesus: "Os discípulos de João
Batista jejuam e oram com frequência, e os discípulos dos fariseus
também. Por que os seus vivem comendo e bebendo?". 34Jesus
respondeu: "Por acaso os convidados de um casamento jejuam
enquanto festejam com o noivo? 35Um dia, porém, o noivo lhes
será tirado, e então jejuarão". 36Jesus também lhes apresentou a
seguinte ilustração: "Ninguém rasgaria um pedaço de tecido de
uma roupa nova para remendar uma roupa velha. Se o fizesse,
estragaria a roupa nova, e o remendo não se ajustaria à roupa velha.
37"E ninguém colocaria vinho novo em velhos recipientes de couro.
Os recipientes velhos se arrebentariam, deixando vazar o vinho
e estragando o recipiente. 38Vinho novo deve ser guardado em
recipientes novos. 39E ninguém que bebe o vinho velho escolhe
beber o vinho novo, pois diz: 'O vinho velho é melhor'".

CAPÍTULO 6

Discussão sobre o sábado

1Num sábado, enquanto Jesus caminhava pelos campos de cereal,
seus discípulos colheram espigas, removeram a casca com as mãos
e comeram os grãos. 2Alguns fariseus lhes disseram: "Por que vocês
desobedecem à lei colhendo cereal no sábado?". 3Jesus respondeu:
"Vocês não leram nas Escrituras o que fez Davi quando ele e seus
companheiros tiveram fome? 4Ele entrou na casa de Deus, comeu
os pães sagrados que só os sacerdotes tinham permissão de comer
e os deu também a seus companheiros". 5E acrescentou: "O Filho
do Homem é senhor até mesmo do sábado".

Jesus cura no sábado

6Em outro sábado, enquanto Jesus ensinava na sinagoga, estava
ali um homem cuja mão direita era deformada. 7Os mestres da lei
e os fariseus observavam Jesus atentamente. Se ele curasse aquele
homem, eles o acusariam, pois era sábado. 8Jesus, porém, sabia o
que planejavam e disse ao homem com a mão deformada: "Venha

e fique aqui, diante de todos", e o homem foi à frente. 9Então Jesus
lhes disse: "Tenho uma pergunta para vocês: O que a lei permite
fazer no sábado? O bem ou o mal? Salvar uma vida ou destruí-
-la?". 10Depois, olhando para cada um ao redor, disse ao homem:
"Estenda a mão". O homem estendeu a mão, e ela foi restaurada.
11Com isso, os inimigos de Jesus ficaram furiosos e começaram a
discutir o que fazer contra ele.

Jesus escolhe os doze apóstolos

12Certo dia, pouco depois, Jesus subiu a um monte para orar e
passou a noite orando a Deus. 13Quando amanheceu, reuniu
seus discípulos e escolheu doze para serem apóstolos. Estes são
seus nomes: 14Simão, a quem ele chamou Pedro, André, irmão
de Pedro, Tiago, João, Filipe, Bartolomeu, 15Mateus, Tomé, Tiago,
filho de Alfeu, Simão, apelidado de zelote, 16Judas, filho de Tiago,
Judas Iscariotes, que se tornou o traidor.

Multidões seguem Jesus

17Quando Jesus e os discípulos desceram do monte, pararam
numa região plana e ampla. Havia ali muitos de seus seguidores
e uma grande multidão vinda de todas as partes da Judeia, de
Jerusalém e de lugares distantes ao norte, como o litoral de Tiro
e Sidom. 18Tinham vindo para ouvi-lo e para ser curados de suas
enfermidades, e os que eram atormentados por espíritos impuros
eram curados. 19Todos procuravam tocar em Jesus, pois dele saía
poder, e ele curava a todos.

Bênçãos e condenações

20Então Jesus se voltou para seus discípulos e disse: "Felizes são
vocês, pobres, pois o reino de Deus lhes pertence. 21Felizes são vo-
cês que agora estão famintos, pois serão saciados. Felizes são vocês
que agora choram, pois no devido tempo rirão. 22Felizes são vocês
quando os odiarem e os excluírem, quando zombarem de vocês
e os caluniarem como se fossem maus porque seguem o Filho do
Homem. 23Quando isso acontecer, alegrem-se e exultem, porque
uma grande recompensa os espera no céu. E lembrem-se de que os
antepassados deles trataram os profetas da mesma forma. 24"Que
aflição espera vocês, ricos, pois já receberam sua consolação! 25Que

Lc 6.36

aflição espera vocês que agora têm fartura, pois um terrível tempo
de fome os espera! Que aflição espera vocês que agora riem, pois
em breve seu riso se transformará em lamento e tristeza! 26Que
aflição espera vocês que são elogiados por todos, pois os antepas-
sados deles também elogiaram falsos profetas!"

Amor pelos inimigos

27"Mas a vocês que me ouvem, eu digo: amem os seus inimigos,
façam o bem a quem os odeia, 28abençoem quem os amaldiçoa,
orem por quem os maltrata. 29Se alguém lhe der um tapa numa
face, ofereça também a outra. Se alguém exigir de você a roupa
do corpo, deixe que leve também a capa. 30Dê a quem pedir e,
quando tomarem suas coisas, não tente recuperá-las. 31Façam aos
outros o que vocês desejam que eles lhes façam. 32"Se vocês amam
apenas aqueles que os amam, que mérito têm? Até os pecadores
amam quem os ama. 33E, se fazem o bem apenas aos que fazem o
bem a vocês, que mérito têm? Até os pecadores agem desse modo.
34E, se emprestam dinheiro apenas aos que podem devolver, que
mérito têm? Até os pecadores emprestam a outros pecadores, na
expectativa de receber tudo de volta. 35"Portanto, amem os seus
inimigos, façam-lhes o bem e emprestem a eles sem esperar nada
de volta. Então a recompensa que receberão do céu será grande e
estarão agindo, de fato, como filhos do Altíssimo, pois ele é bondoso
até mesmo com os ingratos e perversos. 36Sejam misericordiosos,
assim como seu Pai é misericordioso."

Não julguem os outros

37"Não julguem e não serão julgados. Não condenem e não serão
condenados. Perdoem e serão perdoados. 38Deem e receberão. Sua
dádiva lhes retornará em boa medida, compactada, sacudida para
caber mais, transbordante e derramada sobre vocês. O padrão de
medida que adotarem será usado para medi-los". 39Jesus deu ainda
a seguinte ilustração: "É possível um cego guiar outro cego? Não
cairão os dois num buraco? 40Os discípulos não são maiores que
seu mestre. Mas o aluno bem instruído será como o mestre. 41"Por
que você se preocupa com o cisco no olho de seu amigo enquanto
há um tronco em seu próprio olho? 42Como pode dizer: 'Amigo,
deixe-me ajudá-lo a tirar o cisco de seu olho', se não consegue ver o

tronco em seu próprio olho? Hipócrita! Primeiro, livre-se do tronco
em seu olho; então você verá o suficiente para tirar o cisco do olho
de seu amigo."

A árvore e seus frutos

43"Uma árvore boa não produz frutos ruins, e uma árvore ruim não
produz frutos bons. 44Uma árvore é identificada por seus frutos.
Ninguém colhe figos de espinheiros, nem uvas de arbustos espi-
nhosos. 45A pessoa boa tira coisas boas do tesouro de um coração
bom, e a pessoa má tira coisas más do tesouro de um coração mau.
Pois a boca fala do que o coração está cheio."

Construir sobre um alicerce firme

46"Por que vocês me chamam 'Senhor! Senhor!', se não fazem o
que eu digo? 47Eu lhes mostrarei como é aquele que vem a mim,
ouve as minhas palavras e as pratica. 48Ele é como a pessoa que
está construindo uma casa e que cava fundo e coloca os alicerces em
rocha firme. Quando a água das enchentes sobe e bate contra essa
casa, ela permanece firme, pois foi bem construída. 49Mas quem
ouve e não obedece é como a pessoa que constrói uma casa sobre
o chão, sem alicerces. Quando a água bater nessa casa, ela cairá,
deixando uma pilha de ruínas".

CAPÍTULO 7

Um oficial romano demonstra fé

1Quando Jesus terminou de dizer tudo isso à multidão, entrou em
Cafarnaum. 2Naquela ocasião, um escravo muito estimado de um
oficial romano estava enfermo, à beira da morte. 3Quando o oficial
ouviu falar de Jesus, mandou alguns líderes judeus lhe pedirem
que fosse curar seu escravo. 4Os líderes suplicaram insistentemente
que Jesus socorresse o homem, dizendo: "Ele merece sua ajuda,
5pois ama o povo judeu e até nos construiu uma sinagoga". 6Jesus
foi com eles, mas, antes de chegarem à casa, o oficial mandou al-
guns amigos para dizer: "Senhor, não se incomode em vir à minha
casa, pois não sou digno de tamanha honra. 7Não sou digno sequer
de ir ao seu encontro. Basta uma ordem sua, e meu servo será cura-
do. 8Sei disso porque estou sob a autoridade de meus superiores e
tenho autoridade sobre meus soldados. Só preciso dizer 'Vão', e eles

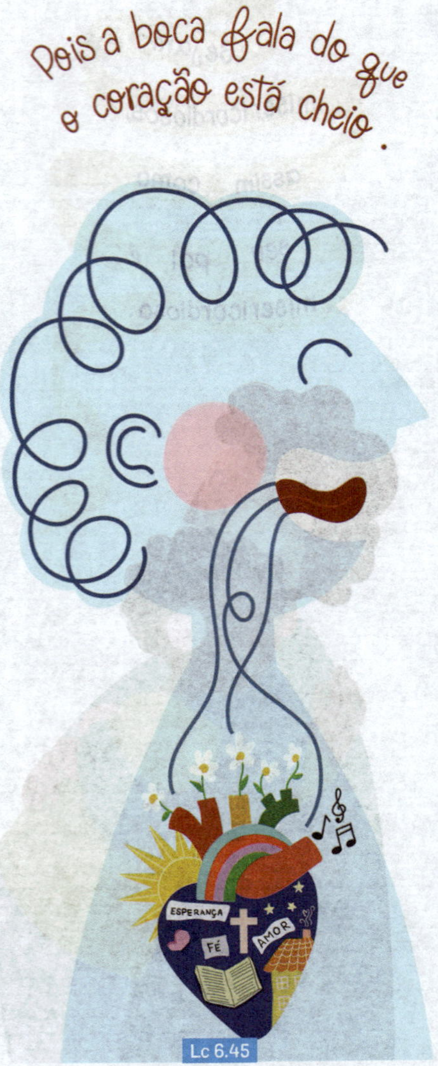

Lc 6.45

vão, ou 'Venham', e eles vêm. E, se digo a meus escravos: 'Façam
isto', eles fazem". 9Quando Jesus ouviu isso, ficou admirado. Voltou-
se para a multidão que o seguia e disse: "Eu lhes digo a verdade:
jamais vi fé como esta em Israel!". 10E, quando os amigos do oficial
voltaram para a casa dele, encontraram o escravo em perfeita saúde.

Jesus ressuscita o filho de uma viúva

11Logo depois, Jesus foi com seus discípulos à cidade de Naim, e
uma grande multidão o seguiu. 12Quando ele se aproximou da
porta da cidade, estava saindo o enterro do único filho de uma
viúva, e uma grande multidão da cidade a acompanhava. 13Quando
o Senhor a viu, sentiu profunda compaixão por ela. "Não chore!",
disse ele. 14Então foi até o caixão, tocou nele e os carregadores
pararam. E disse: "Jovem, eu lhe digo: levante-se!". 15O jovem que
estava morto se levantou e começou a conversar, e Jesus o devolveu
à sua mãe. 16Grande temor tomou conta da multidão, que louvava
a Deus, dizendo: "Um profeta poderoso se levantou entre nós!" e
"Hoje Deus visitou seu povo!". 17Essa notícia sobre Jesus se espa-
lhou por toda a Judeia e seus arredores.

Jesus e João Batista

18Os discípulos de João Batista lhe contaram tudo que Jesus estava
fazendo. Então João chamou dois de seus discípulos 19e os enviou
ao Senhor, para lhe perguntar: "O senhor é aquele que haveria de
vir, ou devemos esperar algum outro?". 20Os dois discípulos de João
encontraram Jesus e lhe disseram: "João Batista nos enviou para
lhe perguntar: 'O senhor é aquele que haveria de vir, ou devemos
esperar algum outro?'". 21Naquela mesma hora, Jesus curou muitas
pessoas de suas doenças, enfermidades e espíritos impuros, e res-
taurou a visão a muitos cegos. 22Em seguida, disse aos discípulos de
João: "Voltem a João e contem a ele o que vocês viram e ouviram:
os cegos veem, os aleijados andam, os leprosos são purificados,
os surdos ouvem, os mortos são ressuscitados e as boas-novas são
anunciadas aos pobres". 23E disse ainda: "Felizes são aqueles que
não se sentem ofendidos por minha causa". 24Depois que os discí-
pulos de João saíram, Jesus começou a falar a respeito dele para as
multidões: "Que tipo de homem vocês foram ver no deserto? Um
caniço que qualquer brisa agita? 25Afinal, o que esperavam ver? Um

homem vestido com roupas caras? Não, quem veste roupas caras
e vive no luxo mora em palácios. 26 Acaso procuravam um profeta?
Sim, ele é mais que profeta. 27 João é o homem ao qual as Escrituras
se referem quando dizem: 'Envio meu mensageiro adiante de ti,
e ele preparará teu caminho à tua frente'. 28 Eu lhes digo: de todos
que nasceram de mulher, nenhum é maior que João Batista. E, no
entanto, até o menor no reino de Deus é maior que ele". 29 Todos
que ouviram as palavras de Jesus, até mesmo os cobradores de im-
postos, concordaram que o caminho de Deus era justo, pois tinham
sido batizados por João. 30 Os fariseus e mestres da lei, no entanto,
rejeitaram o propósito de Deus para eles, pois recusaram o batismo
de João. 31 "Assim, a que posso comparar o povo desta geração?",
perguntou Jesus. 32 "Como posso descrevê-los? São como crianças
que brincam na praça. Queixam-se a seus amigos: 'Tocamos flauta,
e vocês não dançaram, entoamos lamentos, e vocês não choraram'.
33 Quando João Batista apareceu, não costumava comer e beber em
público, e vocês disseram: 'Está possuído por demônio'. 34 O Filho
do Homem, por sua vez, come e bebe, e vocês dizem: 'É comilão e
beberrão, amigo de cobradores de impostos e pecadores'. 35 Mas a
sabedoria é comprovada pela vida daqueles que a seguem."

Jesus é ungido por uma pecadora

36 Um dos fariseus convidou Jesus para jantar. Jesus foi à casa dele
e tomou lugar à mesa. 37 Quando uma mulher daquela cidade, uma
pecadora, soube que ele estava jantando ali, trouxe um frasco de
alabastro contendo um perfume caro. 38 Em seguida, ajoelhou-se
aos pés de Jesus, chorando. As lágrimas caíram sobre os pés dele,
e ela os secou com seu cabelo; e continuou a beijá-los e a derramar
perfume sobre eles. 39 Quando o fariseu que havia convidado Jesus
viu isso, disse consigo: "Se este homem fosse profeta, saberia que
tipo de mulher está tocando nele. Ela é uma pecadora!". 40 Jesus
disse ao fariseu: "Simão, tenho algo a lhe dizer". "Diga, mestre", res-
pondeu Simão. 41 Então Jesus lhe contou a seguinte história: "Um
homem emprestou dinheiro a duas pessoas: quinhentas moedas
de prata a uma delas e cinquenta à outra. 42 Como nenhum dos de-
vedores conseguiu lhe pagar, ele generosamente perdoou ambos
e cancelou suas dívidas. Qual deles o amou mais depois disso?".
43 Simão respondeu: "Suponho que aquele de quem ele perdoou

NO QUE ESTOU **PENSANDO** ○ O QUE ESTOU **SENTINDO** ○ DO QUE ESTOU **LEMBRANDO** ○

os que caíram em solo fértil representam os que, com coração bom e receptivo, ouvem a mensagem, a aceitam e, com paciência, produzem uma grande colheita.

DESENHE OU ESCREVA

a dívida maior". "Você está certo", disse Jesus. 44 Então voltou-se
para a mulher e disse a Simão: "Veja esta mulher ajoelhada aqui.
Quando entrei em sua casa, você não ofereceu água para eu lavar
os pés, mas ela os lavou com suas lágrimas e os secou com seus
cabelos. 45 Você não me cumprimentou com um beijo, mas, desde
a hora em que entrei, ela não parou de beijar meus pés. 46 Você não
me ofereceu óleo para ungir minha cabeça, mas ela ungiu meus
pés com um perfume raro. 47 "Eu lhe digo: os pecados dela, que são
muitos, foram perdoados e, por isso, ela demonstrou muito amor
por mim. Mas a pessoa a quem pouco foi perdoado demonstra
pouco amor". 48 Então Jesus disse à mulher: "Seus pecados estão
perdoados". 49 Os homens que estavam à mesa diziam entre si:
"Quem é esse que anda por aí perdoando pecados?". 50 E Jesus
disse à mulher: "Sua fé a salvou. Vá em paz".

CAPÍTULO 8

Mulheres que seguiam Jesus

1 Pouco tempo depois, Jesus começou a percorrer as cidades e os
povoados vizinhos, anunciando as boas-novas a respeito do reino
de Deus. Iam com ele os Doze 2 e também algumas mulheres que
tinham sido curadas de espíritos impuros e enfermidades. Entre
elas estavam Maria Madalena, de quem ele havia expulsado sete
demônios; 3 Joana, esposa de Cuza, administrador de Herodes;
Susana, e muitas outras que contribuíam com seus próprios recur-
sos para o sustento de Jesus e seus discípulos.

A parábola do semeador

4 Certo dia, uma grande multidão, vinda de várias cidades, juntou-
-se para ouvir Jesus, e ele lhes contou uma parábola: 5 "Um lavrador
saiu para semear. Enquanto espalhava as sementes pelo campo,
algumas caíram à beira do caminho, onde foram pisadas, e as aves
vieram e as comeram. 6 Outras caíram entre as pedras e começaram
a crescer, mas as plantas logo murcharam por falta de umidade.
7 Outras sementes caíram entre os espinhos, que cresceram com
elas e sufocaram os brotos. 8 Ainda outras caíram em solo fértil e
produziram uma colheita cem vezes maior que a quantidade seme-
ada". Quando ele terminou de dizer isso, declarou: "Quem é capaz
de ouvir, ouça com atenção!". 9 Seus discípulos lhe perguntaram o

Lc

que a parábola significava. 10 Ele respondeu: "A vocês é permitido
entender os segredos do reino de Deus, mas uso parábolas para
ensinar os outros, a fim de que, 'Quando olharem, não vejam;
quando escutarem, não entendam'. 11 "Este é o significado da pará-
bola: As sementes são a palavra de Deus. 12 As sementes que caíram
à beira do caminho representam os que ouvem a mensagem, mas
o diabo vem e a arranca do coração deles e os impede de crer
e ser salvos. 13 As sementes no solo rochoso representam os que
ouvem a mensagem e a recebem com alegria. Uma vez, porém,
que não têm raízes profundas, creem apenas por um tempo e de-
pois desanimam quando enfrentam provações. 14 As que caíram
entre os espinhos representam outros que ouvem a mensagem,
mas logo ela é sufocada pelas preocupações, riquezas e prazeres
desta vida, de modo que nunca amadurecem. 15 E as que caíram
em solo fértil representam os que, com coração bom e receptivo,
ouvem a mensagem, a aceitam e, com paciência, produzem uma
grande colheita."

A parábola da lâmpada

16 "Não faz sentido acender uma lâmpada e depois cobri-la com
uma vasilha ou escondê-la debaixo da cama. Pelo contrário, ela
é colocada num pedestal, de onde sua luz pode ser vista pelos
que entram na casa. 17 Da mesma forma, tudo que está escondido
será revelado, e tudo que está oculto virá à luz e será conhecido
por todos. 18 "Portanto, ouçam com atenção! Pois ao que tem, mais
lhe será dado, mas do que não tem, até o que pensa ter lhe será
tomado".

A verdadeira família de Jesus

19 Então a mãe e os irmãos de Jesus foram vê-lo, mas não conse-
guiram chegar até ele por causa da multidão. 20 Alguém disse a
Jesus: "Sua mãe e seus irmãos estão lá fora e querem vê-lo". 21 Jesus
respondeu: "Minha mãe e meus irmãos são aqueles que ouvem a
palavra de Deus e a praticam".

Jesus acalma a tempestade

22 Certo dia, Jesus disse a seus discípulos: "Vamos para o outro
lado do mar". Assim, entraram num barco e partiram. 23 Durante

Lc 8.15

a travessia, Jesus caiu no sono. Logo, porém, veio sobre o mar
uma forte tempestade. O barco começou a se encher de água,
colocando-os em grande perigo. 24 Os discípulos foram acordá-lo,
clamando: "Mestre, Mestre, vamos morrer!". Quando Jesus des-
pertou, repreendeu o vento e as ondas violentas. A tempestade
parou, e tudo se acalmou. 25 Então ele lhes perguntou: "Onde está
a sua fé?". Admirados e temerosos, os discípulos diziam entre si:
"Quem é este homem? Quando ele ordena, até os ventos e o mar
lhe obedecem!".

Jesus exerce autoridade sobre demônios

26 Então chegaram à região dos gadarenos, do outro lado do mar
da Galileia. 27 Quando Jesus desembarcou, um homem possuído
por demônios veio ao seu encontro. Fazia muito tempo que ele
não tinha casa nem roupas e vivia num cemitério fora da cidade.
28 Assim que viu Jesus, gritou e caiu diante dele. Então disse em alta
voz: "Por que vem me importunar, Jesus, Filho do Deus Altíssimo?
Suplico que não me atormente!". 29 Pois Jesus já havia ordenado
que o espírito impuro saísse dele. Esse espírito tinha dominado o
homem em várias ocasiões. Mesmo quando era colocado sob guar-
da, com os pés e as mãos acorrentados, ele quebrava as correntes
e, sob controle do demônio, corria para o deserto. 30 Jesus lhe per-
guntou: "Qual é o seu nome?". "Legião", respondeu ele, pois havia
muitos demônios dentro do homem. 31 E imploravam que Jesus não
os mandasse para o abismo. 32 Ali perto, uma grande manada de
porcos pastava na encosta de uma colina, e os demônios suplicaram
que ele os deixasse entrar nos porcos. Jesus lhes deu permissão.
33 Os demônios saíram do homem e entraram nos porcos, e toda
a manada se atirou pela encosta íngreme para dentro do mar e se
afogou. 34 Quando os que cuidavam dos porcos viram isso, fugiram
para uma cidade próxima e para seus arredores, espalhando a no-
tícia. 35 O povo correu para ver o que havia ocorrido. Uma multidão
se juntou ao redor de Jesus, e eles viram o homem que havia sido
liberto dos demônios. Estava sentado aos pés de Jesus, vestido e
em perfeito juízo, e todos tiveram medo. 36 Os que presenciaram
os acontecimentos contaram aos demais como o homem possuí-
do por demônios tinha sido curado. 37 Todo o povo da região dos
gadarenos suplicou que Jesus fosse embora, pois ficaram muito

assustados. Então ele voltou ao barco e partiu. 38 O homem que
tinha sido liberto dos demônios suplicou para ir com ele, mas Jesus
o mandou para casa, dizendo: 39 "Volte para sua família e conte a
eles tudo que Deus fez por você". E o homem foi pela cidade inteira,
anunciando tudo que Jesus tinha feito por ele.

Jesus cura em resposta à fé

40 Do outro lado do mar, as multidões receberam Jesus com alegria,
pois o estavam esperando. 41 Então um homem chamado Jairo, um
dos líderes da sinagoga local, veio e se prostrou aos pés de Jesus,
suplicando que ele fosse à sua casa. 42 Sua única filha, de cerca de
doze anos, estava à beira da morte. Jesus o acompanhou, cercado
pela multidão. 43 Uma mulher no meio do povo sofria havia doze
anos de uma hemorragia, sem encontrar cura. 44 Ela se aproximou
por trás de Jesus e tocou na borda de seu manto. No mesmo ins-
tante, a hemorragia parou. 45 "Quem tocou em mim?", perguntou
Jesus. Todos negaram, e Pedro disse: "Mestre, a multidão toda se
aperta em volta do senhor". 46 Jesus, no entanto, disse: "Alguém
certamente tocou em mim, pois senti que de mim saiu poder".
47 Quando a mulher percebeu que não poderia permanecer des-
percebida, começou a tremer e caiu de joelhos diante dele. Todos
a ouviram explicar por que havia tocado nele e como havia sido
curada de imediato. 48 Então ele disse: "Filha, sua fé a curou. Vá
em paz". 49 Enquanto Jesus ainda falava com a mulher, chegou um
mensageiro da casa de Jairo, o líder da sinagoga, a quem disse:
"Sua filha morreu. Não incomode mais o mestre". 50 Ao ouvir isso,
Jesus disse a Jairo: "Não tenha medo. Apenas creia, e ela será
curada". 51 Quando chegaram à casa de Jairo, Jesus não deixou
que ninguém o acompanhasse, exceto Pedro, João, Tiago e o pai
e a mãe da menina. 52 A casa estava cheia de gente chorando e
se lamentando, mas ele disse: "Parem de chorar! Ela não está
morta; está apenas dormindo". 53 A multidão riu dele, pois todos
sabiam que ela havia morrido. 54 Então Jesus a tomou pela mão
e disse em voz alta: "Menina, levante-se!". 55 Naquele momento,
ela voltou à vida e levantou-se de imediato. Então Jesus ordenou
que dessem alguma coisa para ela comer. 56 Os pais dela ficaram
maravilhados, mas Jesus insistiu que não contassem a ninguém
o que havia acontecido.

NO QUE ESTOU PENSANDO ○ | O QUE ESTOU SENTINDO ○ | DO QUE ESTOU LEMBRANDO ○

DESENHE OU ESCREVA

CAPÍTULO 9

Jesus envia os doze apóstolos

1 Jesus reuniu os Doze e lhes deu poder e autoridade para expulsar
todos os demônios e curar enfermidades. 2 Depois, enviou-os para
anunciar o reino de Deus e curar os enfermos. 3 Ele os instruiu,
dizendo: "Não levem coisa alguma em sua jornada. Não levem
cajado, nem bolsa de viagem, nem comida, nem dinheiro, nem
mesmo uma muda de roupa extra. 4 Aonde quer que forem, hospe-
dem-se na mesma casa até partirem da cidade. 5 E, se uma cidade
se recusar a recebê-los, sacudam a poeira dos pés ao saírem, em
sinal de reprovação". 6 Então começaram a percorrer os povoados,
anunciando as boas-novas e curando os enfermos.

A perplexidade de Herodes

7 Quando Herodes Antipas ouviu falar de tudo que Jesus fazia, ficou
perplexo, pois alguns diziam que João Batista havia ressuscitado
dos mortos. 8 Outros acreditavam que Jesus era Elias, ou um dos
antigos profetas que tinha voltado à vida. 9 "Eu decapitei João",
dizia Herodes. "Então quem é o homem sobre quem ouço essas
histórias?" E procurava ver Jesus.

A primeira multiplicação dos pães

10 Quando os apóstolos voltaram, contaram a Jesus tudo que tinham
feito. Em seguida, Jesus se retirou para a cidade de Betsaida, a fim
de estar a sós com eles. 11 As multidões descobriram seu paradeiro
e o seguiram. Ele as recebeu, ensinou-lhes a respeito do reino de
Deus e curou os que estavam enfermos. 12 No fim da tarde, os Doze
se aproximaram e lhe disseram: "Mande as multidões aos povoa-
dos e campos vizinhos, para que encontrem comida e abrigo para
passar a noite, pois estamos num lugar isolado". 13 Jesus, porém,
disse: "Providenciem vocês mesmos alimento para eles". "Temos
apenas cinco pães e dois peixes", responderam. "Ou o senhor es-
pera que compremos comida para todo esse povo?" 14 Havia ali
cerca de cinco mil homens. Jesus respondeu: "Digam a eles que
se sentem em grupos de cinquenta". 15 Os discípulos seguiram sua
instrução, e todos se sentaram. 16 Jesus tomou os cinco pães e os
dois peixes, olhou para o céu e os abençoou. Então, partiu-os em
pedaços e os entregou aos discípulos para que distribuíssem ao

povo. 17Todos comeram à vontade, e os discípulos encheram ainda
doze cestos com as sobras.

Pedro declara sua fé

18Certo dia, Jesus orava em particular, acompanhado apenas dos
discípulos. Ele lhes perguntou: "Quem as multidões dizem que
eu sou?". 19Os discípulos responderam: "Alguns dizem que o se-
nhor é João Batista; outros, que é Elias; e outros ainda, que é um
dos profetas antigos que ressuscitou". 20"E vocês?", perguntou ele.
"Quem vocês dizem que eu sou?" Pedro respondeu: "O senhor é o
Cristo enviado por Deus!".

Jesus prediz sua morte

21Jesus advertiu severamente seus discípulos de que não dis-
sessem a ninguém quem ele era. 22"É necessário que o Filho do
Homem sofra muitas coisas", disse. "Ele será rejeitado pelos líderes
do povo, pelos principais sacerdotes e pelos mestres da lei. Será
morto, mas no terceiro dia ressuscitará."

Ensino sobre discipulado

23Disse ele à multidão: "Se alguém quer ser meu seguidor, negue
a si mesmo, tome diariamente sua cruz e siga-me. 24Se tentar se
apegar à sua vida, a perderá. Mas, se abrir mão de sua vida por
minha causa, a salvará. 25Que vantagem há em ganhar o mundo
inteiro, mas perder ou destruir a própria vida? 26Se alguém se en-
vergonhar de mim e de minha mensagem, o Filho do Homem se
envergonhará dele quando vier em sua glória e na glória do Pai e
dos santos anjos. 27Eu lhes digo a verdade: alguns que aqui estão
não morrerão antes de ver o reino de Deus!".

A transfiguração

28Cerca de oito dias depois, Jesus levou consigo Pedro, João e Tiago
a um monte para orar. 29Enquanto ele orava, a aparência de seu
rosto foi transformada, e suas roupas se tornaram brancas e resplan-
decentes. 30De repente, Moisés e Elias apareceram e começaram
a falar com Jesus. 31Tinham um aspecto glorioso e falavam sobre a
partida de Jesus, que estava para se cumprir em Jerusalém. 32Pedro
e os outros lutavam contra o sono, mas acabaram despertando e

NO QUE ESTOU **PENSANDO** ○ | O QUE ESTOU **SENTINDO** ○ | DO QUE ESTOU **LEMBRANDO** ○

DESENHE OU ESCREVA

viram a glória de Jesus e os dois homens que estavam com ele.
33Quando Moisés e Elias iam se retirando, Pedro, sem saber o que
dizia, falou: "Mestre, é maravilhoso estarmos aqui! Vamos fazer três
tendas: uma será sua, uma de Moisés e outra de Elias". 34Enquanto
ele ainda falava, uma nuvem surgiu e os envolveu, enchendo-os
de medo. 35Então uma voz que vinha da nuvem disse: "Este é meu
Filho, meu Escolhido. Ouçam-no!". 36Quando a voz silenciou, só
Jesus estava ali. Naquela ocasião, os discípulos não contaram a
ninguém o que tinham visto.

Jesus cura um menino possuído por demônio

37No dia seguinte, quando desceram do monte, uma grande
multidão veio ao encontro de Jesus. 38Um homem na multidão
gritou: "Mestre, suplico-lhe que veja meu filho, o único que tenho!
39Um espírito impuro se apodera dele e o faz gritar. Lança-o em
convulsões e o faz espumar pela boca. Sacode-o violentamente e
quase nunca o deixa em paz. 40Supliquei a seus discípulos que o
expulsassem, mas eles não conseguiram". 41Jesus disse: "Geração
incrédula e corrompida! Até quando estarei com vocês e terei de su-
portá-los?". Então disse ao homem: "Traga-me seu filho". 42Quando
o menino se aproximou, o demônio o derrubou no chão, numa
convulsão violenta. Jesus, porém, repreendeu o espírito impuro,
curou o menino e o devolveu ao pai. 43Todos se espantaram com
a grandiosidade do poder de Deus.

Jesus prediz sua morte pela segunda vez

Enquanto todos se maravilhavam com seus feitos, Jesus disse aos
discípulos: 44"Ouçam-me e lembrem-se do que lhes digo: o Filho
do Homem será traído e entregue em mãos humanas". 45Eles, po-
rém, não entendiam essas coisas. O significado estava escondido
deles, de modo que não eram capazes de compreender e tinham
medo de perguntar.

O maior no reino

46Os discípulos começaram a discutir sobre qual deles seria o
maior. 47Jesus, conhecendo seus pensamentos, trouxe para junto
de si uma criança pequena 48e disse: "Quem recebe uma crian-
ça como esta em meu nome recebe a mim, e quem me recebe

também recebe aquele que me enviou. Portanto, o menor entre
vocês será o maior".

O uso do nome de Jesus

49João disse a Jesus: "Mestre, vimos alguém usar seu nome para
expulsar demônios; nós o proibimos, pois ele não era do nosso
grupo". 50"Não o proíbam!", disse Jesus. "Quem não é contra vocês
é a favor de vocês."

A oposição dos samaritanos

51Como se aproximava o tempo de ser elevado ao céu, Jesus partiu
com determinação para Jerusalém. 52Enviou mensageiros adian-
te até um povoado samaritano, a fim de fazerem os preparativos
para sua chegada. 53Contudo, os habitantes do povoado não rece-
beram Jesus, porque parecia evidente que ele estava a caminho
de Jerusalém. 54Percebendo isso, Tiago e João disseram a Jesus:
"Senhor, quer que mandemos cair fogo do céu para consumi-los?".
55Jesus, porém, se voltou para eles e os repreendeu. 56E seguiram
para outro povoado.

O preço de seguir Jesus

57Quando andavam pelo caminho, alguém disse a Jesus: "Eu o
seguirei aonde quer que vá". 58Jesus respondeu: "As raposas têm
tocas onde morar e as aves têm ninhos, mas o Filho do Homem
não tem sequer um lugar para recostar a cabeça". 59E a outra pes-
soa ele disse: "Siga-me". O homem, porém, respondeu: "Senhor,
deixe-me primeiro sepultar meu pai". 60Jesus respondeu: "Deixe
que os mortos sepultem seus próprios mortos. Você, porém, deve
ir e anunciar o reino de Deus". 61Outro, ainda, disse: "Senhor, eu o
seguirei, mas deixe que antes me despeça de minha família". 62Mas
Jesus lhe disse: "Quem põe a mão no arado e olha para trás não
está apto para o reino de Deus".

CAPÍTULO 10

Jesus envia seus discípulos

1Depois disso, o Senhor escolheu outros setenta e dois discípulos
e os enviou adiante, dois a dois, às cidades e aos lugares que ele
planejava visitar. 2Estas foram suas instruções: "A colheita é grande,

mas os trabalhadores são poucos. Orem ao Senhor da colheita;
peçam que ele envie mais trabalhadores para seus campos. 3Agora
vão e lembrem-se de que eu os envio como cordeiros no meio de
lobos. 4Não levem dinheiro algum, nem bolsa de viagem, nem
um par de sandálias extras. E não se detenham para cumprimentar
ninguém pelo caminho. 5"Quando entrarem numa casa, digam
primeiro: 'Que a paz de Deus esteja nesta casa'. 6Se os que vivem
ali forem gente de paz, a bênção permanecerá; se não forem, a
bênção voltará a vocês. 7Permaneçam naquela casa e comam e
bebam o que lhes derem, pois quem trabalha merece seu salá-
rio. Não fiquem mudando de casa em casa. 8"Quando entrarem
numa cidade e ela os receber bem, comam o que lhes oferecerem.
9Curem os enfermos e digam-lhes: 'Agora o reino de Deus chegou
até vocês'. 10Mas, se uma cidade se recusar a recebê-los, saiam pelas
ruas e digam: 11'Limpamos de nossos pés até o pó desta cidade em
sinal de reprovação. E saibam disto: o reino de Deus chegou!'. 12Eu
lhes garanto que, no dia do juízo, até Sodoma será tratada com
menos rigor que aquela cidade. 13"Que aflição as espera, Corazim
e Betsaida! Porque, se nas cidades de Tiro e Sidom tivessem sido
realizados os milagres que realizei em vocês, há muito tempo seus
habitantes teriam se arrependido e demonstrado isso vestindo pa-
nos de saco e jogando cinzas sobre a cabeça. 14Eu lhes digo que,
no dia do juízo, Tiro e Sidom serão tratadas com menos rigor que
vocês. 15E você, Cafarnaum, será elevada até o céu? Não, descerá
até o lugar dos mortos". 16Então ele disse aos discípulos: "Quem
aceita sua mensagem também me aceita, e quem os rejeita tam-
bém me rejeita. E quem me rejeita também rejeita aquele que me
enviou". 17Quando os setenta e dois discípulos voltaram, relataram
com alegria: "Senhor, até os demônios nos obedecem pela sua
autoridade!". 18Então ele lhes disse: "Vi Satanás caindo do céu como
um relâmpago! 19Eu lhes dei autoridade para pisarem sobre cobras
e escorpiões, e sobre todo o poder do inimigo. Nada lhes causará
dano. 20Mas não se alegrem porque os espíritos impuros lhes obe-
decem; alegrem-se porque seus nomes estão registrados no céu".

Jesus agradece ao Pai

21Naquele momento, Jesus foi tomado da alegria do Espírito
Santo e disse: "Pai, Senhor dos céus e da terra, eu te agradeço

porque escondeste estas coisas dos que se consideram sábios e inteligentes e as revelaste aos que são como crianças. Sim, Pai, foi do teu agrado fazê-lo assim. 22"Meu Pai me confiou todas as coisas. Ninguém conhece verdadeiramente o Filho, a não ser o Pai, e ninguém conhece verdadeiramente o Pai, a não ser o Filho e aqueles a quem o Filho escolhe revelá-lo". 23Então, em particular, ele se voltou para os discípulos e disse: "Felizes os olhos que veem o que vocês viram. 24Eu lhes digo: muitos profetas e reis desejaram ver o que vocês têm visto e ouvir o que vocês têm ouvido, mas não puderam".

O mandamento mais importante

25Certo dia, um especialista da lei se levantou para pôr Jesus à prova com esta pergunta: "Mestre, o que preciso fazer para herdar a vida eterna?". 26Jesus respondeu: "O que diz a lei de Moisés? Como você a entende?". 27O homem respondeu: "'Ame o Senhor, seu Deus, de todo o seu coração, de toda a sua alma, de toda a sua força e de toda a sua mente' e 'Ame o seu próximo como a si mesmo'". 28"Está correto!", disse Jesus. "Faça isso, e você viverá."

A parábola do bom samaritano

29O homem, porém, querendo justificar suas ações, perguntou a Jesus: "E quem é o meu próximo?". 30Jesus respondeu com uma história: "Certo homem descia de Jerusalém a Jericó, quando foi atacado por bandidos. Eles lhe tiraram as roupas, o espancaram e o deixaram quase morto à beira da estrada. 31"Por acaso, descia por ali um sacerdote. Quando viu o homem caído, atravessou para o outro lado da estrada. 32Um levita fazia o mesmo caminho e viu o homem caído, mas também atravessou e passou longe. 33"Então veio um samaritano e, ao ver o homem, teve compaixão dele. 34Foi até ele, tratou de seus ferimentos com óleo e vinho e os enfaixou. Depois, colocou o homem em seu jumento e o levou a uma hospedaria, onde cuidou dele. 35No dia seguinte, deu duas moedas de prata ao dono da hospedaria e disse: 'Cuide deste homem. Se você precisar gastar a mais com ele, eu lhe pagarei a diferença quando voltar'. 36"Qual desses três você diria que foi o próximo do homem atacado pelos bandidos?", perguntou Jesus. 37O especialista da lei respondeu: "Aquele que teve misericórdia dele". Então Jesus disse: "Vá e faça o mesmo".

NO QUE ESTOU **PENSANDO** ○ O QUE ESTOU **SENTINDO** ○ DO QUE ESTOU **LEMBRANDO** ○

DESENHE OU ESCREVA

Jesus visita Marta e Maria

38Jesus e seus discípulos seguiram viagem e chegaram a um povoado onde uma mulher chamada Marta os recebeu em sua casa. 39Sua irmã, Maria, sentou-se aos pés de Jesus e ouvia o que ele ensinava. 40Marta, porém, estava ocupada com seus muitos afazeres. Foi a Jesus e disse: "Senhor, não o incomoda que minha irmã fique aí sentada enquanto eu faço todo o trabalho? Diga-lhe que venha me ajudar!". 41Mas o Senhor respondeu: "Marta, Marta, você se preocupa e se inquieta com todos esses detalhes. 42Apenas uma coisa é necessária. Quanto a Maria, ela fez a escolha certa, e ninguém tomará isso dela".

CAPÍTULO 11

Ensino sobre a oração

1Certo dia, Jesus estava orando em determinado lugar. Quando terminou, um de seus discípulos lhe disse: "Senhor, ensine-nos a orar, como João ensinou aos discípulos dele". 2Jesus disse: "Orem da seguinte forma: "Pai, santificado seja o teu nome. Venha o teu reino. 3Dá-nos hoje o pão para este dia, 4e perdoa nossos pecados, assim como perdoamos aqueles que pecam contra nós. E não nos deixes cair em tentação". 5E ele prosseguiu: "Suponha que você fosse à casa de um amigo à meia-noite para pedir três pães, dizendo: 6'Um amigo meu acaba de chegar para me visitar e não tenho nada para lhe oferecer', 7e ele respondesse lá de dentro: 'Não me perturbe. A porta já está trancada, e minha família e eu já estamos deitados. Não posso ajudá-lo'. 8Eu lhes digo que, embora ele não o faça por amizade, se você continuar a bater à porta, ele se levantará e lhe dará o que precisa por causa da sua insistência. 9"Portanto eu lhes digo: peçam, e receberão. Procurem, e encontrarão. Batam, e a porta lhes será aberta. 10Pois todos que pedem, recebem. Todos que procuram, encontram. E, para todos que batem, a porta é aberta. 11"Vocês que são pais, respondam: Se seu filho lhe pedir um peixe, você lhe dará uma cobra? 12Ou, se lhe pedir um ovo, você lhe dará um escorpião? 13Portanto, se vocês que são pecadores sabem como dar bons presentes a seus filhos, quanto mais seu Pai no céu dará o Espírito Santo aos que lhe pedirem!".

A fonte do poder de Jesus

14Certo dia, Jesus expulsou um demônio que deixava um homem
mudo e, quando o demônio saiu, o homem começou a falar. A
multidão ficou admirada, 15mas alguns disseram: "É pelo poder de
Belzebu, o príncipe dos demônios, que ele expulsa os demônios".
16Outros exigiram que Jesus lhes desse um sinal do céu para pro-
var sua autoridade. 17Jesus, conhecendo seus pensamentos, disse:
"Todo reino dividido internamente está condenado à ruína. Uma
família dividida contra si mesma se desintegrará. 18Vocês dizem
que eu expulso demônios pelo poder de Belzebu. Mas, se Satanás
está dividido e luta contra si mesmo, como o seu reino sobreviverá?
19E, se meu poder vem de Belzebu, o que dizer de seus discípulos?
Eles também expulsam demônios, de modo que condenarão vocês
pelo que acabaram de dizer. 20Se, contudo, expulso demônios pelo
poder de Deus, então o reino de Deus já chegou a vocês. 21Pois,
quando um homem forte está bem armado e guarda seu palácio,
seus bens estão seguros, 22até que alguém ainda mais forte o ata-
que e o vença, tire dele suas armas e leve embora seus pertences.
23"Quem não está comigo opõe-se a mim, e quem não trabalha
comigo trabalha contra mim. 24"Quando um espírito impuro sai de
uma pessoa, anda por lugares secos à procura de descanso. Mas,
não o encontrando, diz: 'Voltarei à casa da qual saí'. 25Ele volta para
sua antiga casa e a encontra vazia, varrida e arrumada. 26Então o
espírito busca outros sete espíritos, piores que ele, e todos entram
na pessoa e passam a morar nela, e a pessoa fica pior que antes".
27Enquanto ele falava, uma mulher na multidão gritou: "Feliz é
sua mãe, que o deu à luz e o amamentou!". 28Jesus, porém, res-
pondeu: "Ainda mais felizes são os que ouvem a palavra de Deus
e a praticam".

O sinal de Jonas

29Enquanto a multidão se apertava contra Jesus, ele disse: "Esta
geração perversa insiste que eu lhe mostre um sinal, mas o único
sinal que lhes darei será o de Jonas. 30O que aconteceu com ele
foi um sinal para o povo de Nínive. O que acontecer com o Filho
do Homem será um sinal para esta geração. 31"A rainha de Sabá se
levantará contra esta geração no dia do juízo e a condenará, pois
veio de uma terra distante para ouvir a sabedoria de Salomão; e

Lc 11.36

vocês têm à sua frente alguém maior que Salomão! 32Os habitantes
de Nínive também se levantarão contra esta geração no dia do
juízo e a condenarão, pois eles se arrependeram de seus pecados
quando ouviram a mensagem anunciada por Jonas; e vocês têm
à sua frente alguém maior que Jonas!".

Receber a luz

33"Não faz sentido acender uma lâmpada e depois escondê-la ou
colocá-la sob um cesto. Pelo contrário, ela é colocada num pedestal,
de onde sua luz é vista por todos que entram na casa. 34"Seus olhos
são como uma lâmpada que ilumina todo o corpo. Quando os olhos
são bons, todo o corpo se enche de luz. Mas, quando são maus, o
corpo se enche de escuridão. 35Portanto, tomem cuidado para que
sua luz não seja, na verdade, escuridão. 36Se estiverem cheios de
luz, sem nenhum canto escuro, sua vida inteira será radiante, como
se uma lamparina os estivesse iluminando".

Jesus critica os líderes religiosos

37Quando Jesus terminou de falar, um dos fariseus o convidou para
comer em sua casa. Ele foi e tomou lugar à mesa. 38Seu anfitrião
ficou surpreso por ele não realizar primeiro a cerimônia de lavar
as mãos, como era costume entre os judeus. 39Então o Senhor lhe
disse: "Vocês, fariseus, têm o cuidado de limpar o exterior do copo e
do prato, mas estão sujos por dentro, cheios de ganância e perversi-
dade. 40Tolos! Acaso Deus não fez tanto o interior como o exterior?
41Portanto, limpem o interior dando ofertas aos necessitados e fica-
rão limpos por completo. 42"Que aflição os espera, fariseus! Vocês
têm o cuidado de dar o dízimo da hortelã, da arruda e de todas as
ervas, mas negligenciam a justiça e o amor de Deus. Sim, vocês de-
viam fazer essas coisas, mas sem descuidar das mais importantes.
43"Que aflição os espera, fariseus! Pois gostam de sentar-se nos
lugares de honra nas sinagogas e de receber saudações respeitosas
enquanto andam pelas praças. 44Sim, que aflição os espera! Pois
são como túmulos escondidos: as pessoas passam por cima deles
sem saber onde estão pisando". 45Então um especialista da lei dis-
se: "Mestre, o senhor insultou também a nós com o que acabou
de dizer". 46Jesus respondeu: "Sim, que aflição também os espe-
ra, especialistas da lei! Pois oprimem as pessoas com exigências

insuportáveis e não movem um dedo sequer para aliviar seus fardos. 47 Que aflição os espera! Pois constroem monumentos para os profetas que seus próprios antepassados assassinaram. 48 Com isso, porém, testemunham que concordam com o que seus antepassados fizeram. Eles mataram os profetas, e vocês cooperam com eles construindo os monumentos! 49 Foi a isto que Deus, em sua sabedoria, se referiu: 'Eu lhes enviarei profetas e apóstolos, mas eles matarão alguns e perseguirão outros'. 50 "Portanto, esta geração será responsabilizada pelo assassinato de todos os profetas de Deus desde a criação do mundo, 51 desde o assassinato do justo Abel até o de Zacarias, morto entre o altar e o santuário. Sim, certamente esta geração será considerada responsável. 52 "Que aflição os espera, especialistas da lei! Vocês se apossaram da chave do conhecimento e, além de não entrarem no reino, impedem que outros entrem". 53 Quando Jesus se retirou dali, os mestres da lei e os fariseus ficaram extremamente irados e tentaram provocá-lo com muitas perguntas. 54 Queriam apanhá-lo numa armadilha, levando-o a dizer algo que pudessem usar contra ele.

CAPÍTULO 12

Advertência acerca da hipocrisia

1 Quando as multidões cresceram a ponto de haver milhares de pessoas atropelando-se e pisando umas nas outras, Jesus concentrou seu ensino nos discípulos, dizendo: "Tenham cuidado com o fermento dos fariseus, que é a hipocrisia. 2 Virá o dia em que tudo que está encoberto será revelado, e tudo que é secreto será divulgado. 3 O que vocês disseram no escuro será ouvido às claras, e o que conversaram a portas fechadas será proclamado dos telhados. 4 "Meus amigos, não tenham medo daqueles que matam o corpo; depois disso, nada mais podem lhes fazer. 5 Mas eu lhes direi a quem devem temer. Temam a Deus, que tem o poder de matar e lançar no inferno. Sim, a esse vocês devem temer. 6 "Qual é o preço de cinco pardais? Duas moedas de cobre? E, no entanto, Deus não se esquece de nenhum deles. 7 Até os cabelos de sua cabeça estão todos contados. Portanto, não tenham medo; vocês são muito mais valiosos que um bando inteiro de pardais. 8 "Eu lhes digo a verdade: quem me reconhecer aqui, diante das pessoas, o Filho do Homem o reconhecerá na presença dos anjos de Deus.

NO QUE ESTOU **PENSANDO** ○ | O QUE ESTOU **SENTINDO** ○ | DO QUE ESTOU **LEMBRANDO** ○

DESENHE OU ESCREVA

9 Mas quem me negar aqui será negado diante dos anjos de Deus. 10 Quem falar contra o Filho do Homem será perdoado, mas quem blasfemar contra o Espírito Santo não será perdoado. 11 "Quando vocês forem julgados nas sinagogas e diante dos governantes e das autoridades, não se preocupem com o modo como se defenderão nem com o que dirão, 12 pois o Espírito Santo, naquele momento, lhes dará as palavras certas".

A parábola do rico insensato

13 Então alguém da multidão gritou: "Mestre, por favor, diga a meu irmão que divida comigo a herança de meu pai!". 14 Jesus respondeu: "Amigo, quem me pôs como juiz sobre vocês para decidir essas coisas?". 15 Em seguida, disse: "Cuidado! Guardem-se de todo tipo de ganância. A vida de uma pessoa não é definida pela quantidade de seus bens". 16 Então lhes contou uma parábola: "Um homem rico tinha uma propriedade fértil que produziu boas colheitas. 17 Pensou consigo: 'O que devo fazer? Não tenho espaço para toda a minha colheita'. 18 Por fim, disse: 'Já sei! Vou derrubar os celeiros e construir outros maiores. Assim terei espaço suficiente para todo o meu trigo e meus outros bens. 19 Então direi a mim mesmo: Amigo, você guardou o suficiente para muitos anos. Agora descanse! Coma, beba e alegre-se!'. 20 "Mas Deus lhe disse: 'Louco! Você morrerá esta noite. E, então, quem ficará com o fruto do seu trabalho?'. 21 "Sim, é loucura acumular riquezas terrenas e não ser rico para com Deus".

Ensino sobre dinheiro e bens

22 Então, voltando-se para seus discípulos, Jesus disse: "Por isso eu lhes digo que não se preocupem com a vida diária, se terão o suficiente para comer, ou com o corpo, se terão o suficiente para vestir. 23 Pois a vida é mais que comida, e o corpo é mais que roupa. 24 Observem os corvos. Eles não plantam nem colhem, nem guardam comida em celeiros, pois Deus os alimenta. E vocês valem muito mais que qualquer pássaro. 25 Qual de vocês, por mais preocupado que esteja, pode acrescentar ao menos uma hora à sua vida? 26 E, se não podem fazer uma coisa tão pequena, de que adianta se preocupar com as maiores? 27 "Observem como crescem os lírios. Não trabalham nem fazem suas roupas e, no entanto, nem

Salomão em toda a sua glória se vestiu como eles. 28E, se Deus veste com tamanha beleza as flores que hoje estão aqui e amanhã são lançadas ao fogo, não será muito mais generoso com vocês, gente de pequena fé? 29"Não se inquietem com o que comer e o que beber. Não se preocupem com essas coisas. 30Elas ocupam os pensamentos dos pagãos de todo o mundo, mas seu Pai já sabe do que vocês precisam. 31Busquem, acima de tudo, o reino de Deus, e todas essas coisas lhes serão dadas. 32"Não tenham medo, pequeno rebanho, pois seu Pai tem grande alegria em lhes dar o reino. 33"Vendam seus bens e deem aos necessitados. Com isso, ajuntarão tesouros no céu, e as bolsas no céu não se desgastam nem se desfazem. Seu tesouro estará seguro; nenhum ladrão o roubará e nenhuma traça o destruirá. 34Onde seu tesouro estiver, ali também estará seu coração."

Estejam preparados para a vinda do Senhor

35"Estejam vestidos, prontos para servir, e mantenham suas lâmpadas acesas, 36como se esperassem o seu senhor voltar do banquete de casamento. Então poderão abrir-lhe a porta e deixá-lo entrar no momento em que ele chegar e bater. 37Os servos que estiverem prontos, aguardando seu retorno, serão recompensados. Eu lhes digo a verdade: ele mesmo se vestirá como servo, indicará onde vocês se sentarão e os servirá enquanto estão à mesa! 38Quer ele venha no meio da noite, quer de madrugada, ele recompensará os servos que estiverem prontos. 39"Entendam isto: se o dono da casa soubesse exatamente a que horas o ladrão viria, não permitiria que a casa fosse arrombada. 40Estejam também sempre preparados, pois o Filho do Homem virá quando menos esperam". 41Então Pedro perguntou: "Senhor, essa ilustração se aplica apenas a nós, ou a todos?". 42O Senhor respondeu: "O servo fiel e sensato é aquele a quem o senhor encarrega de chefiar os demais servos da casa e alimentá-los. 43Se o senhor voltar e constatar que seu servo fez um bom trabalho, 44eu lhes digo a verdade: ele colocará todos os seus bens sob os cuidados desse servo. 45O que acontecerá, porém, se o servo pensar: 'Meu senhor não voltará tão cedo', e começar a espancar os outros servos, a comer e a beber e se embriagar? 46O senhor desse servo voltará em dia em que não se espera e em hora que não se conhece, cortará o servo ao meio e lhe dará o

Não tenham medo, pequeno rebanho, pois seu Pai tem grande alegria em lhes dar o reino.

Lc 12.32

mesmo destino dos incrédulos. 47"O servo que conhece a vontade do seu senhor e não se prepara nem segue as instruções dele será duramente castigado. 48Mas aquele que não a conhece e faz algo errado será castigado com menos severidade. A quem muito foi dado, muito será pedido; e a quem muito foi confiado, ainda mais será exigido."

Jesus causa divisão

49"Eu vim para incendiar a terra, e gostaria que já estivesse em chamas! 50No entanto, tenho de passar por um batismo e estou angustiado até que ele se realize. 51Vocês pensam que vim trazer paz à terra? Não! Eu vim causar divisão! 52De agora em diante, numa mesma casa cinco pessoas estarão divididas: três contra duas e duas contra três. 53"O pai ficará contra o filho e o filho contra o pai; a mãe contra a filha e a filha contra a mãe; a sogra contra a nora e a nora contra a sogra". 54Então Jesus se voltou para a multidão e disse: "Quando vocês veem nuvens se formando no oeste, dizem: 'Vai chover'. E têm razão. 55Quando sopra o vento sul, dizem: 'Hoje vai fazer calor'. E assim ocorre. 56Hipócritas! Sabem interpretar as condições do tempo na terra e no céu, mas não sabem interpretar o tempo presente. 57"Por que não decidem por si mesmos o que é certo? 58Quando você e seu adversário estiverem a caminho do tribunal, procurem acertar as diferenças antes de chegar lá. Do contrário, pode ser que o acusador o entregue ao juiz, e o juiz, a um oficial que o lançará na prisão. 59Eu lhe digo: você não será solto enquanto não tiver pago até o último centavo".

CAPÍTULO 13

Chamado ao arrependimento

1Por essa época, Jesus foi informado de que Pilatos havia assassinado algumas pessoas da Galileia enquanto ofereciam sacrifícios. 2"Vocês pensam que esses galileus eram mais pecadores que todos os outros da Galileia?", perguntou Jesus. "Foi por isso que sofreram? 3De maneira alguma! Mas, se não se arrependerem, vocês também morrerão. 4E quanto aos dezoito que morreram quando a torre de Siloé caiu sobre eles? Eram mais pecadores que os demais de Jerusalém? 5Não! E eu volto a lhes dizer: a menos que se arrependam, todos vocês também morrerão."

Lc

A parábola da figueira que não produz frutos

6Então Jesus contou a seguinte parábola: "Um homem tinha uma
figueira em seu vinhedo e foi várias vezes procurar frutos nela,
sem sucesso. 7Por fim, disse ao jardineiro: 'Esperei três anos e não
encontrei um figo sequer. Corte a figueira, pois só está ocupando
espaço no pomar'. 8"O jardineiro respondeu: 'Senhor, deixe-a mais
um ano, e eu cuidarei dela e a adubarei. 9Se der figos no próximo
ano, ótimo; se não, mande cortá-la'".

Jesus cura no sábado

10Certo sábado, quando Jesus ensinava numa sinagoga, 11apareceu
uma mulher enferma por causa de um espírito impuro. Andava
encurvada havia dezoito anos e não conseguia se endireitar. 12Ao
vê-la, Jesus a chamou para perto e disse: "Mulher, você está curada
de sua doença!". 13Então ele a tocou e, no mesmo instante, ela
conseguiu se endireitar e começou a louvar a Deus. 14O chefe da
sinagoga ficou indignado porque Jesus a tinha curado no sába-
do. "Há seis dias na semana para trabalhar", disse ele à multidão.
"Venham nesses dias para serem curados, e não no sábado." 15O
Senhor, porém, respondeu: "Hipócritas! Todos vocês trabalham no
sábado! Acaso não desamarram no sábado o boi ou o jumento do
estábulo e o levam dali para lhe dar água? 16Esta mulher, uma filha
de Abraão, foi mantida presa por Satanás durante dezoito anos. Não
deveria ela ser liberta, mesmo que seja no sábado?". 17As palavras
de Jesus envergonharam seus adversários, mas todo o povo se
alegrava com as coisas maravilhosas que ele fazia.

A parábola da semente de mostarda

18Então Jesus disse: "Com que se parece o reino de Deus? Com
o que posso compará-lo? 19É como a semente de mostarda que
alguém plantou na horta. Ela cresce e se torna uma árvore, e os
pássaros fazem ninhos em seus galhos".

A parábola do fermento

20Disse também: "Com que mais se parece o reino de Deus? 21É
como o fermento que uma mulher usa para fazer pão. Embora ela
coloque apenas uma pequena quantidade de fermento em três
medidas de farinha, toda a massa fica fermentada".

NO QUE ESTOU **PENSANDO** | O QUE ESTOU **SENTINDO** | DO QUE ESTOU **LEMBRANDO**

DESENHE OU ESCREVA

A porta estreita

22Jesus foi pelas cidades e povoados ensinando ao longo do cami-
nho, em direção a Jerusalém. 23Alguém lhe perguntou: "Senhor,
só alguns poucos serão salvos?". Ele respondeu: 24"Esforcem-se
para entrar pela porta estreita, pois muitos tentarão entrar, mas
não conseguirão. 25Quando o dono da casa tiver trancado a porta,
será tarde demais. Vocês ficarão do lado de fora, batendo e pedin-
do: 'Senhor, abra a porta para nós!'. Mas ele responderá: 'Não os
conheço, nem sei de onde são'. 26Então vocês dirão: 'Nós comemos
e bebemos com o senhor, e o senhor ensinou em nossas ruas'. 27E
ele responderá: 'Não os conheço nem sei de onde são. Afastem-se
de mim, todos vocês que praticam o mal!'. 28"Haverá choro e ranger
de dentes, pois verão Abraão, Isaque, Jacó e todos os profetas no
reino de Deus, mas vocês serão lançados fora. 29E virão pessoas de
toda parte, do leste e do oeste, do norte e do sul, para ocupar seus
lugares à mesa no reino de Deus. 30E prestem atenção: alguns
últimos serão os primeiros, e alguns primeiros serão os últimos".

A lamentação de Jesus sobre Jerusalém

31Naquele momento, alguns fariseus lhe disseram: "Vá embora da-
qui, pois Herodes Antipas quer matá-lo!". 32Jesus respondeu: "Vão
dizer àquela raposa que continuarei a expulsar demônios e a curar
hoje e amanhã; e, no terceiro dia, realizarei meu propósito. 33Sim,
hoje, amanhã e depois de amanhã, devo seguir meu caminho.
Pois nenhum profeta de Deus deve ser morto fora de Jerusalém!
34"Jerusalém, Jerusalém, cidade que mata profetas e apedreja os
mensageiros de Deus! Quantas vezes eu quis juntar seus filhos
como a galinha protege os pintinhos sob as asas, mas você não
deixou. 35E, agora, sua casa foi abandonada, e você nunca mais me
verá, até que diga: 'Bendito é o que vem em nome do Senhor!'".

CAPÍTULO 14

Jesus cura no sábado

1Certo sábado, Jesus foi comer na casa de um líder fariseu, onde o
observavam atentamente. 2Estava ali um homem com o corpo mui-
to inchado. 3Jesus perguntou aos fariseus e aos especialistas da lei:
"A lei permite ou não curar no sábado?". 4Eles nada responderam,
e Jesus tocou no homem enfermo, o curou e o mandou embora.

5Depois, perguntou a eles: "Qual de vocês, se seu filho ou seu boi
cair num buraco, não se apressará em tirá-lo de lá, mesmo que seja
sábado?". 6Mais uma vez, não puderam responder.

Jesus ensina sobre a humildade

7Quando Jesus observou que os convidados para o jantar procura-
vam ocupar os lugares de honra à mesa, deu-lhes este conselho:
8"Quando você for convidado para um banquete de casamento,
não ocupe o lugar de honra. E se chegar algum convidado mais
importante que você? 9O anfitrião virá e dirá: 'Dê o seu lugar a
esta pessoa', e você, envergonhado, terá de sentar-se no último
lugar da mesa. 10"Em vez disso, ocupe o lugar menos importante
à mesa. Assim, quando o anfitrião o vir, dirá: 'Amigo, temos um
lugar melhor para você!'. Então você será honrado diante de todos
os convidados. 11Pois os que se exaltam serão humilhados, e os
que se humilham serão exaltados". 12Então Jesus se voltou para
o anfitrião e disse: "Quando oferecer um banquete ou jantar, não
convide amigos, irmãos, parentes e vizinhos ricos. Eles poderão re-
tribuir o convite, e essa será sua única recompensa. 13Em vez disso,
convide os pobres, os aleijados, os mancos e os cegos. 14Assim, na
ressurreição dos justos, você será recompensado por ter convidado
aqueles que não podiam lhe retribuir".

A parábola do grande banquete

15Ao ouvir isso, um homem que estava à mesa com Jesus exclamou:
"Feliz será aquele que participar do banquete no reino de Deus!".
16Jesus respondeu com a seguinte parábola: "Certo homem prepa-
rou um grande banquete e enviou muitos convites. 17Quando esta-
va tudo pronto, mandou seu servo dizer aos convidados: 'Venham,
o banquete está pronto'. 18Mas todos eles deram desculpas. Um
disse: 'Acabei de comprar um campo e preciso inspecioná-lo. Peço
que me desculpe'. 19Outro disse: 'Acabei de comprar cinco juntas
de bois e quero experimentá-las. Sinto muito'. 20Ainda outro disse:
'Acabei de me casar e não posso ir'. 21"O servo voltou e informou
a seu senhor o que tinham dito. Ele ficou furioso e ordenou: 'Vá
depressa pelas ruas e becos da cidade e convide os pobres, os alei-
jados, os cegos e os mancos'. 22Depois de cumprir essa ordem, o
servo informou: 'Ainda há lugar para mais gente'. 23Então o senhor

disse: 'Vá pelas estradas do campo e junto às cercas entre as videi-
ras e insista com todos que encontrar para que venham, de modo
que minha casa fique cheia. 24Pois nenhum dos que antes foram
convidados provará do meu banquete'".

O custo do discipulado

25Uma grande multidão seguia Jesus, que se voltou para ela e
disse: 26"Se alguém que me segue amar pai e mãe, esposa e filhos,
irmãos e irmãs, e até mesmo a própria vida, mais que a mim, não
pode ser meu discípulo. 27E, se não tomar sua cruz e me seguir,
não pode ser meu discípulo. 28"Quem começa a construir uma torre
sem antes calcular o custo e ver se possui dinheiro suficiente para
terminá-la? 29Pois, se completar apenas os alicerces e ficar sem
dinheiro, todos rirão dele, 30dizendo: 'Esse aí começou a construir,
mas não conseguiu terminar!'. 31"Ou que rei iria à guerra sem antes
avaliar se seu exército de dez mil poderia derrotar os vinte mil que
vêm contra ele? 32E, se concluir que não, o rei enviará uma delega-
ção para negociar um acordo de paz enquanto o inimigo está longe.
33Da mesma forma, ninguém pode se tornar meu discípulo sem
abrir mão de tudo que possui. 34"O sal é bom para temperar, mas,
se perder o sabor, como torná-lo salgado outra vez? 35O sal sem
sabor não serve nem para o solo nem para adubo; é jogado fora.
Quem é capaz de ouvir, ouça com atenção!".

CAPÍTULO 15

A parábola da ovelha perdida

1Cobradores de impostos e outros pecadores vinham ouvir Jesus
ensinar. 2Os fariseus e mestres da lei o criticavam, dizendo: "Ele
se reúne com pecadores e até come com eles!". 3Então Jesus lhes
contou esta parábola: 4"Se um homem tiver cem ovelhas e uma
delas se perder, o que acham que ele fará? Não deixará as outras
noventa e nove no pasto e buscará a perdida até encontrá-la? 5E,
quando a encontrar, ele a carregará alegremente nos ombros e a
levará para casa. 6Quando chegar, reunirá os amigos e vizinhos e
dirá: 'Alegrem-se comigo, pois encontrei minha ovelha perdida!'.
7Da mesma forma, há mais alegria no céu por causa do pecador
perdido que se arrepende do que por noventa e nove justos que
não precisam se arrepender."

A parábola da moeda perdida

8"Ou suponhamos que uma mulher tenha dez moedas de prata e
perca uma. Acaso não acenderá uma lâmpada, varrerá a casa inteira
e procurará com cuidado até encontrá-la? 9E, quando a encontrar,
reunirá as amigas e vizinhas e dirá: 'Alegrem-se comigo, pois encon-
trei a minha moeda perdida!'. 10Da mesma forma, há alegria na pre-
sença dos anjos de Deus quando um único pecador se arrepende".

A parábola do filho perdido

11Jesus continuou: "Um homem tinha dois filhos. 12O filho mais
jovem disse ao pai: 'Quero a minha parte da herança', e o pai di-
vidiu seus bens entre os filhos. 13"Alguns dias depois, o filho mais
jovem arrumou suas coisas e se mudou para uma terra distante,
onde desperdiçou tudo que tinha por viver de forma desregrada.
14Quando seu dinheiro acabou, uma grande fome se espalhou
pela terra, e ele começou a passar necessidade. 15Convenceu um
fazendeiro da região a empregá-lo, e esse homem o mandou a seus
campos para cuidar dos porcos. 16Embora quisesse saciar a fome
com as vagens dadas aos porcos, ninguém lhe dava coisa alguma.
17"Quando finalmente caiu em si, disse: 'Até os empregados de
meu pai têm comida de sobra, e eu estou aqui, morrendo de fome.
18Vou retornar à casa de meu pai e dizer: Pai, pequei contra o céu e
contra o senhor, 19e não sou mais digno de ser chamado seu filho.
Por favor, trate-me como seu empregado'. 20"Então voltou para a
casa de seu pai. Quando ele ainda estava longe, seu pai o viu. Cheio
de compaixão, correu para o filho, o abraçou e o beijou. 21O filho
disse: 'Pai, pequei contra o céu e contra o senhor, e não sou mais
digno de ser chamado seu filho'. 22"O pai, no entanto, disse aos
servos: 'Depressa! Tragam a melhor roupa da casa e vistam nele.
Coloquem-lhe um anel no dedo e sandálias nos pés. 23Matem o
novilho gordo. Faremos um banquete e celebraremos, 24pois este
meu filho estava morto e voltou à vida. Estava perdido e foi acha-
do!'. E começaram a festejar. 25"Enquanto isso, o filho mais velho
trabalhava no campo. Na volta para casa, ouviu música e dança, 26e
perguntou a um dos servos o que estava acontecendo. 27O servo
respondeu: 'Seu irmão voltou, e seu pai matou o novilho gordo,
pois ele voltou são e salvo!'. 28"O irmão mais velho se irou e não
quis entrar. O pai saiu e insistiu com o filho, 29mas ele respondeu:

Então voltou para a casa de seu pai. Quando ele ainda estava longe, seu pai o viu. Cheio de compaixão, correu para o filho, o abraçou e o beijou.
Lc 15.20

'Todos esses anos, tenho trabalhado como um escravo para o senhor
e nunca me recusei a obedecer às suas ordens. E o senhor nunca
me deu nem mesmo um cabrito para eu festejar com meus amigos.
30Mas, quando esse seu filho volta, depois de desperdiçar o seu
dinheiro com prostitutas, o senhor comemora matando o novilho!'.
31"O pai lhe respondeu: 'Meu filho, você está sempre comigo, e
tudo que eu tenho é seu. 32Mas tínhamos de comemorar este dia
feliz, pois seu irmão estava morto e voltou à vida. Estava perdido
e foi achado!'".

CAPÍTULO 16

A parábola do administrador astuto

1Jesus contou a seguinte história a seus discípulos: "Um homem
rico tinha um administrador que cuidava de seus negócios. Certo
dia, foram-lhe contar que esse administrador estava desperdiçando
seu dinheiro. 2Então mandou chamá-lo e disse: 'O que é isso que
ouço a seu respeito? Preste contas de sua administração, pois não
pode mais permanecer nesse cargo'. 3"O administrador pensou
consigo: 'E agora? Meu patrão vai me demitir. Não tenho força para
trabalhar no campo, e sou orgulhoso demais para mendigar. 4Já sei
como garantir que as pessoas me recebam em suas casas quando
eu for despedido!'. 5"Então ele convocou todos que deviam dinhei-
ro a seu patrão. Perguntou ao primeiro: 'Quanto você deve a meu
patrão?'. 6O homem respondeu: 'Devo cem tonéis de azeite'. Então
o administrador lhe disse: 'Pegue depressa sua conta e mude-a para
cinquenta tonéis'. 7"'E quanto você deve a meu patrão?', perguntou
ao segundo. "Devo cem cestos grandes de trigo', respondeu ele. E o
administrador disse: 'Tome sua conta e mude-a para oitenta cestos'.
8"O patrão elogiou o administrador desonesto por sua astúcia. E
é verdade que os filhos deste mundo são mais astutos ao lidar
com o mundo ao redor que os filhos da luz. 9Esta é a lição: usem a
riqueza deste mundo para fazer amigos. Assim, quando suas posses
se extinguirem, eles os receberão num lar eterno. 10"Se forem fiéis
nas pequenas coisas, também o serão nas grandes. Mas, se forem
desonestos nas pequenas coisas, também o serão nas maiores. 11E,
se vocês não são confiáveis ao lidar com a riqueza injusta deste
mundo, quem lhes confiará a verdadeira riqueza? 12E, se não são
fiéis com os bens dos outros, por que alguém lhes confiaria o que é

de vocês? 13 "Ninguém pode servir a dois senhores, pois odiará um
e amará o outro; será dedicado a um e desprezará o outro. Vocês
não podem servir a Deus e ao dinheiro".

Os fariseus e a lei

14 Os fariseus, que tinham grande amor ao dinheiro, ouviam isso
tudo e zombavam de Jesus. 15 Então ele disse: "Vocês gostam de
parecer justos em público, mas Deus conhece o seu coração. Aquilo
que este mundo valoriza é detestável aos olhos de Deus. 16 "Até a
chegada de João, a lei de Moisés e a mensagem dos profetas eram
seus guias. Agora, porém, as boas-novas do reino de Deus estão
sendo anunciadas, e todos estão ansiosos para entrar. 17 É mais fácil
o céu e a terra desaparecerem que ser anulado até o menor traço da
lei de Deus. 18 "Assim, o homem que se divorcia de sua esposa e se
casa com outra mulher comete adultério. E o homem que se casa
com uma mulher divorciada também comete adultério".

A história do rico e do mendigo

19 Jesus disse: "Havia um homem rico que se vestia de púrpura
e linho fino e vivia sempre cercado de luxos. 20 À sua porta ficava
um mendigo coberto de feridas chamado Lázaro. 21 Ele ansiava
comer o que caía da mesa do homem rico, e os cachorros vinham
lamber suas feridas abertas. 22 "Por fim, o mendigo morreu, e os
anjos o levaram para junto de Abraão. O rico também morreu e foi
sepultado, 23 e foi para o lugar dos mortos. Ali, em tormento, ele
viu Abraão de longe, com Lázaro ao seu lado. 24 "O rico gritou: 'Pai
Abraão, tenha compaixão de mim! Mande Lázaro aqui para que
molhe a ponta do dedo em água e refresque minha língua. Estou
em agonia nestas chamas!'. 25 "Abraão, porém, respondeu: 'Filho,
lembre-se de que durante a vida você teve tudo que queria e Lázaro
não teve coisa alguma. Agora, ele está aqui sendo consolado, e você
está em agonia. 26 Além do mais, há entre nós um grande abismo.
Ninguém daqui pode atravessar para o seu lado, e ninguém daí
pode atravessar para o nosso'. 27 "Então o rico disse: 'Por favor, Pai
Abraão, pelo menos mande Lázaro à casa de meu pai, 28 pois tenho
cinco irmãos e quero avisá-los para que não terminem neste lugar
de tormento'. 29 "'Moisés e os profetas já os avisaram', respondeu
Abraão. 'Seus irmãos podem ouvir o que eles disseram.' 30 "Então o
rico disse: 'Não, Pai Abraão! Mas, se alguém dentre os mortos lhes
fosse enviado, eles se arrependeriam!'. 31 "Abraão, porém, disse: 'Se
eles não ouvem Moisés e os profetas, não se convencerão, mesmo
que alguém ressuscite dos mortos'".

CAPÍTULO 17

Ensino sobre perdão e fé

1 Jesus disse a seus discípulos: "Sempre haverá o que leve as
pessoas a cair em pecado, mas que aflição espera quem causa a
tentação! 2 Seria melhor ser lançado no mar com uma pedra de
moinho amarrada ao pescoço que fazer um destes pequeninos
pecar. 3 Portanto, tenham cuidado! "Se um irmão pecar, repreenda-o
e, se ele se arrepender, perdoe-o. 4 Mesmo que ele peque contra
você sete vezes por dia e, a cada vez, se arrependa e peça perdão,
perdoe-o". 5 Os apóstolos disseram ao Senhor: "Faça nossa fé cres-
cer!". 6 O Senhor respondeu: "Se tivessem fé, ainda que tão peque-
na quanto um grão de mostarda, poderiam dizer a esta amoreira:
'Arranque-se e plante-se no mar', e ela lhes obedeceria. 7 "Quando
um servo chega do campo depois de arar ou cuidar das ovelhas, o
senhor lhe diz: 'Venha logo para a mesa comer conosco'? 8 Não, ele
diz: 'Prepare minha refeição, apronte-se e sirva-me enquanto como
e bebo. Você pode comer depois'. 9 E acaso o senhor agradece ao
servo por fazer o que lhe foi ordenado? 10 Da mesma forma, quan-
do vocês obedecem, devem dizer: 'Somos servos inúteis; apenas
cumprimos nosso dever'".

A cura de dez leprosos

11 Dirigindo-se a Jerusalém, Jesus chegou à fronteira entre a Galileia
e Samaria. 12 Ao entrar num povoado dali, dez leprosos, mantendo
certa distância, 13 clamaram: "Jesus, Mestre, tenha misericórdia
de nós!". 14 Ele olhou para eles e disse: "Vão e apresentem-se aos
sacerdotes". E, enquanto eles iam, foram curados da lepra. 15 Um
deles, ao ver-se curado, voltou a Jesus, louvando a Deus em alta
voz. 16 Lançou-se a seus pés, agradecendo-lhe pelo que havia feito.
Esse homem era samaritano. 17 Jesus perguntou: "Não curei dez
homens? Onde estão os outros nove? 18 Ninguém voltou para dar
glórias a Deus, exceto este estrangeiro?". 19 E disse ao homem:
"Levante-se e vá. Sua fé o curou".

NO QUE ESTOU **PENSANDO** ○ | O QUE ESTOU **SENTINDO** ○ | DO QUE ESTOU **LEMBRANDO** ○

DESENHE OU ESCREVA

Lc

A vinda do reino
20Certo dia, os fariseus perguntaram a Jesus: "Quando virá o reino
de Deus?". Jesus respondeu: "O reino de Deus não é detectado
por sinais visíveis. 21Não se poderá dizer: 'Está aqui!' ou 'Está ali!',
pois o reino de Deus já está entre vocês". 22Então ele disse a seus
discípulos: "Aproximam-se os dias em que desejarão ver o tempo
do Filho do Homem, mas não o verão. 23Dirão a vocês: 'Vejam, lá
está!' ou 'Aqui está ele!', mas não os sigam. 24Porque, assim como
o relâmpago lampeja e ilumina o céu de uma extremidade a outra,
assim será no dia em que vier o Filho do Homem. 25Mas primeiro
é necessário que ele sofra terrivelmente e seja rejeitado por esta
geração. 26"Quando o Filho do Homem voltar, será como no tempo
de Noé. 27Naqueles dias, o povo seguia sua rotina de banquetes,
festas e casamentos, até o dia em que Noé entrou na arca e veio o
dilúvio, que destruiu a todos. 28"E o mundo será como no tempo
de Ló. O povo se ocupava de seus afazeres diários, comendo e bebendo, comprando e vendendo, cultivando e construindo, 29até
o dia em que Ló deixou Sodoma. Então fogo e enxofre ardente
caíram do céu e destruíram a todos. 30Sim, tudo será como sempre
foi até o dia em que o Filho do Homem for revelado. 31Nesse dia,
quem estiver na parte de cima da casa, não desça para pegar suas
coisas. Quem estiver no campo, não volte para casa. 32Lembrem-
se do que aconteceu à esposa de Ló! 33Quem se apegar à própria
vida a perderá; quem abrir mão de sua vida a salvará. 34Naquela
noite, duas pessoas estarão dormindo na mesma cama; uma será
levada, e a outra, deixada. 35Duas mulheres estarão moendo cereal
no moinho; uma será levada, e a outra, deixada. 36Dois homens
estarão trabalhando juntos num campo; um será levado, e o outro,
deixado". 37"Senhor, onde isso acontecerá?", perguntaram os discí-
pulos. Jesus respondeu: "Onde estiver o cadáver, ali se ajuntarão
os abutres".

CAPÍTULO 18

A parábola da viúva persistente
1Jesus contou a seus discípulos uma parábola para mostrar-lhes
que deviam orar sempre e nunca desanimar. 2Disse ele: "Havia
numa cidade um juiz que não temia a Deus nem se importava com
as pessoas. 3Uma viúva daquela cidade vinha a ele com frequência

NO QUE ESTOU **PENSANDO** | O QUE ESTOU **SENTINDO** | DO QUE ESTOU **LEMBRANDO**

DESENHE OU ESCREVA

e dizia: 'Faça-me justiça contra meu adversário'. 4Por algum tempo,
o juiz não lhe deu atenção, mas, por fim, disse a si mesmo: 'Não
temo a Deus e não me importo com as pessoas, 5mas essa viúva
está me irritando. Vou lhe fazer justiça, pois assim deixará de me
importunar'". 6Então o Senhor disse: "Aprendam uma lição com
o juiz injusto. 7Acaso Deus não fará justiça a seus escolhidos que
clamam a ele dia e noite? Continuará a adiar sua resposta? 8Eu
afirmo que ele lhes fará justiça, e rápido! Mas, quando o Filho do
Homem voltar, quantas pessoas com fé ele encontrará na terra?".

A parábola do fariseu e do cobrador de impostos
9Em seguida, Jesus contou a seguinte parábola àqueles que confiavam em sua própria justiça e desprezavam os demais: 10"Dois
homens foram ao templo orar. Um deles era fariseu, e o outro,
cobrador de impostos. 11O fariseu, em pé, fazia esta oração: 'Eu
te agradeço, Deus, porque não sou como as demais pessoas:
desonestas, pecadoras, adúlteras. E, com certeza, não sou como
aquele cobrador de impostos. 12Jejuo duas vezes por semana e
dou o dízimo de tudo que ganho'. 13"Mas o cobrador de impostos
ficou a distância e não tinha coragem nem de levantar os olhos
para o céu enquanto orava. Em vez disso, batia no peito e dizia:
'Deus, tem misericórdia de mim, pois sou pecador'. 14Eu lhes digo
que foi o cobrador de impostos, e não o fariseu, quem voltou para
casa justificado diante de Deus. Pois aqueles que se exaltam serão
humilhados, e aqueles que se humilham serão exaltados".

Jesus abençoa as crianças
15Certo dia, trouxeram crianças para que Jesus pusesse as mãos
sobre elas. Ao ver isso, os discípulos repreenderam aqueles que
as traziam. 16Jesus, porém, chamou as crianças para junto de si e
disse aos discípulos: "Deixem que as crianças venham a mim. Não
as impeçam, pois o reino de Deus pertence aos que são como elas.
17Eu lhes digo a verdade: quem não receber o reino de Deus como
uma criança de modo algum entrará nele".

O homem rico
18Certa vez, um homem de alta posição perguntou a Jesus: "Bom
mestre, que devo fazer para herdar a vida eterna?". 19"Por que você

me chama de bom?", perguntou Jesus. "Apenas Deus é verdadei-
ramente bom. 20Você conhece os mandamentos: 'Não cometa
adultério. Não mate. Não roube. Não dê falso testemunho. Honre
seu pai e sua mãe'." 21O homem respondeu: "Tenho obedecido a
todos esses mandamentos desde a juventude". 22Quando Jesus
ouviu sua resposta, disse: "Ainda há uma coisa que você não fez.
Venda todos os seus bens e dê o dinheiro aos pobres. Então você
terá um tesouro no céu. Depois, venha e siga-me". 23Ao ouvir essas
palavras, o homem se entristeceu, pois era muito rico.

As recompensas do discipulado

24Ao ver a tristeza daquele homem, Jesus disse: "Como é difícil
os ricos entrarem no reino de Deus! 25Na verdade, é mais fácil um
camelo passar pelo buraco de uma agulha que um rico entrar no
reino de Deus". 26Aqueles que o ouviram disseram: "Então quem
pode ser salvo?". 27Jesus respondeu: "O que é impossível para as
pessoas é possível para Deus". 28Pedro disse: "Deixamos nossos
lares para segui-lo". 29Jesus respondeu: "Eu lhes garanto que todos
que deixaram casa, esposa, irmãos, pais ou filhos por causa do reino
de Deus 30receberão neste mundo uma recompensa muitas vezes
maior e, no mundo futuro, terão a vida eterna".

Jesus prediz sua morte e ressurreição

31Jesus chamou os Doze à parte e disse: "Estamos subindo para
Jerusalém, onde tudo que foi escrito pelos profetas a respeito do
Filho do Homem se cumprirá. 32Ele será entregue aos gentios, e
zombarão dele, o insultarão e cuspirão nele. 33Eles o açoitarão e
o matarão, mas no terceiro dia ele ressuscitará". 34Os discípulos,
porém, não entenderam. O significado dessas palavras lhes estava
oculto, e não sabiam do que ele falava.

Jesus cura um mendigo cego

35Quando Jesus se aproximava de Jericó, havia um mendigo cego
sentado à beira do caminho. 36Ao ouvir o barulho da multidão que
passava, perguntou o que estava acontecendo. 37Disseram-lhe que
Jesus de Nazaré estava passando por ali. 38Então começou a gri-
tar: "Jesus, Filho de Davi, tenha misericórdia de mim!". 39Os que
estavam mais à frente o repreendiam e ordenavam que se calasse.

Mas ele gritava ainda mais alto: "Filho de Davi, tenha misericórdia
de mim!". 40Então Jesus parou e ordenou que lhe trouxessem o
homem. Quando ele se aproximou, Jesus lhe perguntou: 41"O que
você quer que eu lhe faça?". "Senhor, eu quero ver!", respondeu o
homem. 42E Jesus disse: "Receba a visão! Sua fé o curou". 43No
mesmo instante, o homem passou a enxergar, e seguia Jesus, lou-
vando a Deus. E todos que presenciaram isso também louvavam
a Deus.

CAPÍTULO 19

Jesus e Zaqueu

1Jesus entrou em Jericó e atravessava a cidade. 2Havia ali um ho-
mem rico chamado Zaqueu, chefe dos cobradores de impostos.
3Tentava ver Jesus, mas era baixo demais e não conseguia olhar
por cima da multidão. 4Por isso, correu adiante e subiu numa fi-
gueira-brava, no caminho por onde Jesus passaria. 5Quando Jesus
chegou ali, olhou para cima e disse: "Zaqueu, desça depressa! Hoje
devo hospedar-me em sua casa". 6Sem demora, Zaqueu desceu
e, com alegria, recebeu Jesus em sua casa. 7Ao ver isso, o povo
começou a se queixar: "Ele foi se hospedar na casa de um pecador!".
8Enquanto isso, Zaqueu se levantou e disse: "Senhor, darei metade
das minhas riquezas aos pobres. E, se explorei alguém na cobrança
de impostos, devolverei quatro vezes mais!". 9Jesus respondeu:
"Hoje chegou a salvação a esta casa, pois este homem também é
filho de Abraão. 10Porque o Filho do Homem veio buscar e salvar
os perdidos".

A parábola dos dez servos

11A multidão estava atenta ao que Jesus dizia. Então, como ele se
aproximava de Jerusalém, contou-lhes uma parábola, pois o povo
achava que o reino de Deus começaria de imediato. 12Disse ele:
"Um nobre foi chamado a um país distante para ser coroado rei
e depois voltar. 13Antes de partir, reuniu dez de seus servos e deu
a cada um deles dez moedas de prata, dizendo: 'Invistam esse di-
nheiro enquanto eu estiver fora'. 14Seu povo, porém, o odiava, e
enviou uma delegação atrás dele para dizer: 'Não queremos que
ele seja nosso rei'. 15"Depois de ser coroado, ele voltou e chamou
os servos aos quais tinha confiado o dinheiro, pois queria saber

quanto haviam lucrado. 16 O primeiro servo informou: 'Senhor,
investi seu dinheiro, e ele rendeu dez vezes a quantia recebida.
17 "'Muito bem!', disse o rei. 'Você é um bom servo. Foi fiel no pou-
co que lhe confiei e, como recompensa, governará dez cidades.'
18 "O servo seguinte informou: 'Senhor, investi seu dinheiro, e ele
rendeu cinco vezes a quantia recebida'. 19 "'Muito bem!', disse o rei.
'Você governará cinco cidades.' 20 "O terceiro servo, porém, trouxe
de volta apenas a quantia recebida e disse: 'Senhor, escondi seu
dinheiro para mantê-lo seguro. 21 Tive medo, pois o senhor é um
homem severo. Toma o que não lhe pertence e colhe o que não
plantou'. 22 "'Servo mau!', exclamou o senhor. 'Suas próprias pala-
vras o condenam. Se você sabia que sou homem severo, que tomo
o que não me pertence e colho o que não plantei, 23 por que não
depositou meu dinheiro? Pelo menos eu teria recebido os juros.'
24 "Então, voltando-se para os outros que estavam ali perto, o rei
ordenou: 'Tomem o dinheiro deste servo e deem ao que tem dez
moedas. 25 "'Mas senhor!', disseram eles. 'Ele já tem dez!' 26 "Então
o rei respondeu: 'Sim, ao que tem, mais lhe será dado; mas do que
nada tem, até o que tem lhe será tomado. 27 E, quanto a esses meus
inimigos que não queriam que eu fosse seu rei, tragam-nos aqui e
executem-nos na minha presença'".

A entrada de Jesus em Jerusalém

28 Depois de contar essa história, Jesus prosseguiu rumo a
Jerusalém. 29 Quando chegou a Betfagé e Betânia, próximo ao
monte das Oliveiras, enviou dois de seus discípulos. 30 "Vão àquele
povoado adiante", disse ele. "Assim que entrarem, verão amarrado
ali um jumentinho no qual ninguém jamais montou. Desamarrem-
no e tragam-no para cá. 31 Se alguém perguntar: 'Por que estão
soltando o jumentinho?', respondam apenas: 'O Senhor precisa
dele'." 32 Eles foram e encontraram o jumentinho, exatamente
como Jesus tinha dito. 33 E, enquanto o desamarravam, seus donos
perguntaram: "Por que estão soltando o jumentinho?". 34 Os dis-
cípulos responderam: "O Senhor precisa dele". 35 Então trouxeram
o jumentinho e lançaram seus mantos sobre o animal, para que
Jesus montasse nele. 36 À medida que Jesus ia passando, as mul-
tidões espalhavam seus mantos ao longo do caminho diante dele.
37 Quando ele chegou próximo à descida do monte das Oliveiras,

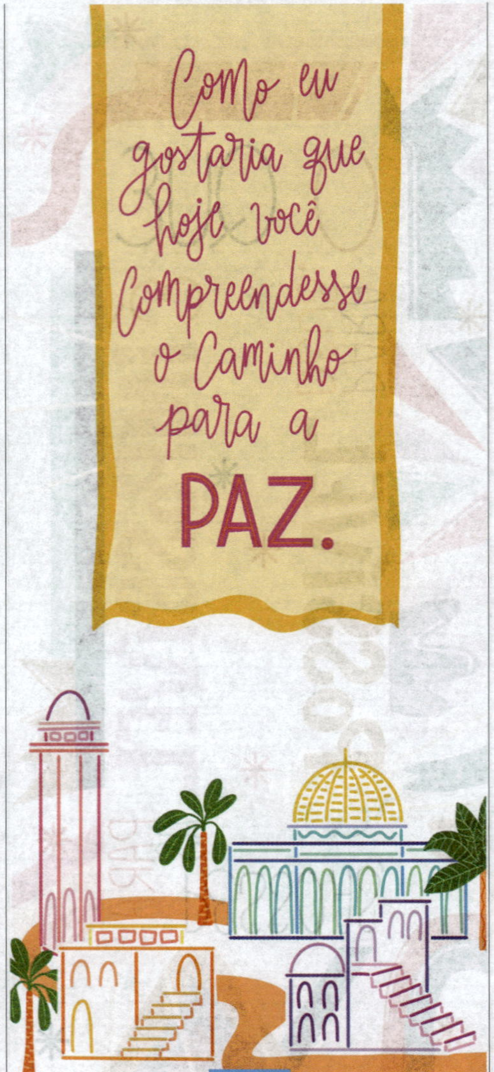

Lc 19.42

seus seguidores começaram a gritar e a cantar enquanto o acom-
panhavam, louvando a Deus por todos os milagres maravilhosos
que tinham visto. 38 "Bendito é o Rei que vem em nome do Senhor!
Paz no céu e glória nas maiores alturas!". 39 Alguns dos fariseus
que estavam entre a multidão disseram: "Mestre, repreenda seus
seguidores por dizerem estas coisas!". 40 Ele, porém, respondeu:
"Se eles se calarem, as próprias pedras clamarão!".

Jesus chora por Jerusalém

41 Quando Jesus se aproximou de Jerusalém e viu a cidade, come-
çou a chorar. 42 "Como eu gostaria que hoje você compreendesse
o caminho para a paz!", disse ele. "Agora, porém, isso está oculto a
seus olhos. 43 Chegará o tempo em que seus inimigos construirão
rampas para atacar seus muros e a rodearão e apertarão o cerco
por todos os lados. 44 Esmagarão você e seus filhos e não deixarão
pedra sobre pedra, pois você não reconheceu que Deus a visitou."

Jesus purifica o templo

45 Então Jesus entrou no templo e começou a expulsar os que ali
vendiam, 46 dizendo: "As Escrituras declaram: 'Meu templo será
casa de oração', mas vocês o transformaram num esconderijo de la-
drões!". 47 Jesus ensinava todos os dias no templo, mas os principais
sacerdotes, os mestres da lei e outros líderes do povo planejavam
matá-lo. 48 Contudo, não conseguiam pensar num modo de fazê-lo,
pois o povo ouvia atentamente tudo que ele dizia.

CAPÍTULO 20

A autoridade de Jesus é questionada

1 Certo dia, quando Jesus ensinava o povo e anunciava as boas-
-novas no templo, os principais sacerdotes, os mestres da lei e
os líderes do povo se aproximaram dele 2 e perguntaram: "Com
que autoridade você faz essas coisas? Quem lhe deu esse direi-
to?". 3 "Primeiro, deixe-me fazer uma pergunta", respondeu ele.
4 "A autoridade de João para batizar vinha do céu ou era apenas
humana?" 5 Eles discutiram a questão entre si: "Se dissermos que
vinha do céu, ele perguntará por que não cremos em João. 6 Mas,
se dissermos que era apenas humana, seremos apedrejados pela
multidão, pois todos estão convencidos de que João era profeta".

7Por fim, responderam a Jesus que não sabiam. 8E Jesus replicou:
"Então eu também não direi com que autoridade faço essas coisas".

A parábola dos lavradores maus

9Em seguida, Jesus se voltou para o povo e contou a seguinte
parábola: "Um homem plantou um vinhedo e o arrendou a alguns
lavradores. Depois, partiu para um lugar distante, onde passou
um longo tempo. 10Na época da colheita da uva, enviou um de
seus servos para receber sua parte da produção. Os lavradores
atacaram o servo, o espancaram e o mandaram de volta, de mãos
vazias. 11Então o dono da propriedade enviou outro servo, mas
eles também o insultaram, o espancaram e o mandaram de volta,
de mãos vazias. 12Enviou ainda um terceiro, e eles o feriram e o
expulsaram do vinhedo. 13"'Que farei?', disse o dono do vinhedo.
'Já sei; enviarei meu filho amado. Certamente eles o respeitarão.'
14"No entanto, quando os lavradores viram o filho, disseram uns
aos outros: 'Aí vem o herdeiro da propriedade. Vamos matá-lo e
tomar posse desta terra!'. 15Então o arrastaram para fora do vinhedo
e o mataram. "O que vocês acham que o dono do vinhedo fará com
eles?", perguntou Jesus. 16"Ele virá, matará os lavradores, e arren-
dará o vinhedo a outros." "Que isso jamais aconteça!", disseram
os que o ouviam. 17Jesus olhou para eles e perguntou: "Então o
que significa esta passagem das Escrituras: 'A pedra que os cons-
trutores rejeitaram se tornou a pedra angular'? 18Quem tropeçar
nessa pedra será despedaçado, e aquele sobre quem ela cair será
reduzido a pó". 19Os mestres da lei e os principais sacerdotes que-
riam prender Jesus ali mesmo, pois perceberam que eles eram os
lavradores maus a que Jesus se referia. No entanto, tinham medo
da reação do povo.

O imposto para César

20Esperando uma oportunidade, os líderes enviaram espiões que
fingiam ser pessoas sinceras. Tentaram fazer Jesus dizer algo que
pudesse ser relatado ao governador romano, de modo que ele fosse
preso. 21Disseram: "Mestre, sabemos que o senhor fala e ensina o
que é certo, não se deixa influenciar por outros e ensina o cami-
nho de Deus de acordo com a verdade. 22Então, diga-nos: É certo
pagar impostos a César ou não?". 23Jesus percebeu a hipocrisia

NO QUE ESTOU **PENSANDO** ○ | O QUE ESTOU **SENTINDO** ○ | DO QUE ESTOU **LEMBRANDO** ○

DESENHE OU ESCREVA

deles e disse: 24"Mostrem-me uma moeda de prata. De quem são
a imagem e o título nela gravados?". "De César", responderam.
25"Então deem a César o que pertence a César, e deem a Deus o
que pertence a Deus", disse ele. 26Eles não conseguiam apanhá-lo
em nada que ele dizia diante do povo. Em vez disso, admiraram-se
de sua resposta e se calaram.

Discussão sobre a ressurreição dos mortos

27Então vieram a Jesus alguns saduceus, líderes religiosos que afir-
mam não haver ressurreição dos mortos, 28e perguntaram: "Mestre,
Moisés nos deu uma lei segundo a qual se um homem morrer e
deixar a esposa sem filhos, o irmão dele deve se casar com a viúva
e ter um filho que dará continuidade ao nome do irmão. 29Numa
família havia sete irmãos. O mais velho se casou e morreu sem dei-
xar filhos. 30O segundo irmão se casou com a viúva, mas também
morreu. 31Então o terceiro irmão se casou com ela. O mesmo acon-
teceu aos sete irmãos, que morreram sem deixar filhos. 32Por fim,
a mulher também morreu. 33Diga-nos, de quem ela será esposa
na ressurreição? Afinal, os sete se casaram com ela". 34Jesus res-
pondeu: "O casamento é para pessoas deste mundo. 35Mas, na era
futura, aqueles que forem considerados dignos de ser ressuscitados
dos mortos não se casarão nem se darão em casamento, 36e nunca
mais morrerão. Nesse sentido, serão como os anjos. São filhos de
Deus e filhos da ressurreição. 37"Agora, quanto a haver ressurrei-
ção dos mortos, o próprio Moisés provou isso quando escreveu a
respeito do arbusto em chamas. Ele se referiu ao Senhor como 'o
Deus de Abraão, o Deus de Isaque e o Deus de Jacó'. 38Portanto, ele
é o Deus dos vivos, e não dos mortos, pois para ele todos vivem".
39"Mestre, o senhor disse bem!", comentaram alguns mestres da
lei. 40E ninguém mais teve coragem de lhe fazer perguntas.

De quem o Cristo é filho?

41Então Jesus lhes perguntou: "Por que se diz que o Cristo é filho
de Davi? 42Afinal, o próprio Davi escreveu no Livro de Salmos: 'O
Senhor disse ao meu Senhor, Sente-se no lugar de honra à minha
direita 43até que eu humilhe seus inimigos, e os ponha debaixo de
seus pés'. 44Uma vez que Davi chamou o Cristo de 'meu Senhor',
como ele pode ser filho de Davi?".

Jesus critica os mestres da lei

45Então, enquanto as multidões o ouviam, Jesus se voltou para seus
discípulos e disse: 46"Cuidado com os mestres da lei! Eles gostam
de se exibir com vestes longas e de receber saudações respeitosas
quando andam pelas praças. E como gostam de sentar-se nos luga-
res de honra nas sinagogas e à cabeceira da mesa nos banquetes!
47No entanto, tomam posse dos bens das viúvas de maneira de-
sonesta e, depois, para dar a impressão de piedade, fazem longas
orações em público. Por causa disso, serão duramente castigados".

CAPÍTULO 21

A oferta da viúva

1Estando Jesus no templo, observava os ricos depositarem suas
contribuições na caixa de ofertas. 2Então uma viúva pobre veio
e colocou duas moedas pequenas. 3Jesus disse: "Eu lhes digo a
verdade: esta viúva pobre deu mais que todos os outros. 4Eles
deram uma parte do que lhes sobrava, mas ela, em sua pobreza,
deu tudo que tinha".

Jesus fala de acontecimentos futuros

5Alguns de seus discípulos começaram a falar das pedras magní-
ficas e das dádivas que adornavam o templo. Jesus, porém, disse:
6"Virá o dia em que estas coisas serão completamente demoli-
das. Não restará pedra sobre pedra!". 7Então eles perguntaram:
"Mestre, quando isso tudo acontecerá? Que sinal indicará que
essas coisas estão prestes a se cumprir?". 8Ele respondeu: "Não
deixem que ninguém os engane, pois muitos virão em meu nome,
dizendo: 'Eu sou o Cristo' e afirmando: 'Chegou a hora!', mas não
acreditem neles. 9E, quando ouvirem falar de guerras e rebeliões,
não entrem em pânico. Sim, é necessário que essas coisas acon-
teçam primeiro, mas ainda não será o fim". 10E continuou: "Uma
nação guerreará contra a outra, e um reino contra o outro. 11Haverá
grandes terremotos, fome e peste em vários lugares, e aconteci-
mentos terríveis e grandes sinais no céu. 12"Antes de tudo isso,
porém, haverá um tempo de perseguição. Vocês serão arrastados
para sinagogas e prisões e, por minha causa, serão julgados diante
de reis e governadores. 13Essa, contudo, será sua oportunidade
de lhes falar sobre mim. 14Mais uma vez lhes digo que não se

NO QUE ESTOU **PENSANDO** ○ | O QUE ESTOU **SENTINDO** ○ | DO QUE ESTOU **LEMBRANDO** ○

DESENHE OU ESCREVA

preocupem com o modo como responderão às acusações contra
vocês, 15pois eu lhes darei as palavras certas e tanta sabedoria que
seus adversários não serão capazes de responder nem contradizer.
16Até mesmo seus pais, irmãos, parentes e amigos os trairão, e até
matarão alguns de vocês. 17Todos os odiarão por minha causa.
18Mas nem um fio de cabelo de sua cabeça se perderá! 19É pela
perseverança que obterão a vida. 20"E, quando virem Jerusalém
cercada de exércitos, saberão que chegou a hora de sua destrui-
ção. 21Então, quem estiver na Judeia, fuja para os montes. Quem
estiver na cidade, saia. E quem estiver no campo, não volte para
a cidade. 22Pois aqueles serão os dias da vingança, e as palavras
proféticas das Escrituras se cumprirão. 23Que dias terríveis serão
aqueles para as grávidas e para as mães que estiverem amamen-
tando! Pois haverá calamidade na terra e grande ira contra este
povo. 24Serão mortos pela espada ou levados como prisioneiros
para todas as nações do mundo. E Jerusalém será pisoteada pelos
gentios até que o tempo deles chegue ao fim. 25"Haverá sinais
no sol, na lua e nas estrelas. E, na terra, as nações ficarão angus-
tiadas, perplexas com o rugir dos mares e a agitação das ondas.
26As pessoas ficarão aterrorizadas diante do que estará prestes
a acontecer na terra, pois os poderes dos céus serão abalados.
27Então todos verão o Filho do Homem vindo numa nuvem com
poder e grande glória. 28Portanto, quando todas essas coisas co-
meçarem a acontecer, levantem-se e ergam a cabeça, pois a sua
salvação estará próxima". 29Em seguida, deu-lhes esta ilustração:
"Observem a figueira, e todas as outras árvores. 30Quando as folhas
aparecem, vocês sabem reconhecer, por conta própria, que o verão
está próximo. 31Da mesma forma, quando virem todas essas coi-
sas acontecerem, saberão que o reino de Deus está próximo. 32Eu
lhes digo a verdade: esta geração não passará até que todas essas
coisas tenham acontecido. 33O céu e a terra desaparecerão, mas
as minhas palavras jamais desaparecerão. 34"Tenham cuidado!
Não deixem seu coração se entorpecer com farras e bebedeiras,
nem com as preocupações desta vida. Não deixem que esse dia
os pegue desprevenidos, 35como uma armadilha. Pois esse dia
virá sobre todos que vivem na terra. 36Estejam sempre atentos
e orem para serem considerados dignos de escapar dos horrores
que sucederão e de estar em pé na presença do Filho do Homem".

Jesus ensina diariamente

37 Todos os dias, Jesus ia ao templo ensinar e, à tarde, voltava para
passar a noite no monte das Oliveiras. 38 Pela manhã, o povo se
reunia bem cedo no templo para ouvi-lo falar.

CAPÍTULO 22

Judas concorda em trair Jesus

1 A Festa dos Pães sem Fermento, também chamada de Páscoa, se
aproximava. 2 Os principais sacerdotes e mestres da lei tramavam
uma forma de matar Jesus, mas tinham medo da reação do povo.
3 Então Satanás entrou em Judas Iscariotes, um dos Doze, 4 e ele foi
aos principais sacerdotes e aos capitães da guarda do templo para
combinar a melhor maneira de lhes entregar Jesus. 5 Eles ficaram
muito satisfeitos e lhe prometeram dinheiro. 6 Judas concordou e
começou a procurar uma oportunidade de trair Jesus, para que o
prendessem quando as multidões não estivessem por perto.

A última Páscoa

7 Chegou o dia da Festa dos Pães sem Fermento, quando o cordeiro
pascal era sacrificado. 8 Jesus mandou Pedro e João na frente e
disse: "Vão e preparem a refeição da Páscoa, para que a comamos
juntos". 9 "Onde o senhor quer que a preparemos?", perguntaram.
10 Ele respondeu: "Logo que vocês entrarem em Jerusalém, um
homem carregando uma vasilha de água virá ao seu encontro.
Sigam-no. Na casa onde ele entrar, 11 digam ao dono: 'O Mestre per-
gunta: Onde fica o aposento no qual comerei a refeição da Páscoa
com meus discípulos?'. 12 Ele os levará a uma sala grande no andar
superior, que já estará arrumada. Preparem ali a refeição". 13 Eles
foram e encontraram tudo como Jesus tinha dito, e ali prepararam
a refeição da Páscoa. 14 Quando chegou a hora, Jesus e seus após-
tolos tomaram lugar à mesa. 15 Jesus disse: "Estava ansioso para
comer a refeição da Páscoa com vocês antes do meu sofrimento.
16 Pois eu lhes digo agora que não voltarei a comê-la até que ela
se cumpra no reino de Deus". 17 Então tomou um cálice de vinho e
agradeceu a Deus. Depois, disse: "Tomem isto e partilhem entre
vocês. 18 Pois não beberei vinho outra vez até que venha o reino
de Deus". 19 Tomou o pão e agradeceu a Deus. Depois, partiu-o e
o deu aos discípulos, dizendo: "Este é o meu corpo, entregue por

vocês. Façam isto em memória de mim". 20 Depois da ceia, Jesus
tomou o cálice de vinho e disse: "Este é o cálice da nova aliança,
confirmada com o meu sangue, que é derramado como sacrifí-
cio por vocês. 21 "Mas aqui, partilhando da mesa conosco, está o
homem que vai me trair. 22 Pois foi determinado que o Filho do
Homem deve morrer. Mas que aflição espera aquele que o trair!"
23 Os discípulos perguntavam uns aos outros qual deles faria uma
coisa dessas. 24 Depois, começaram a discutir entre si qual deles era
o mais importante. 25 Jesus lhes disse: "Neste mundo, os reis e os
grandes homens exercem poder sobre o povo e, no entanto, são
chamados de seus benfeitores. 26 Entre vocês, porém, será diferente.
Que o maior entre vocês ocupe a posição inferior, e o líder seja o
servo. 27 Quem é mais importante, o que está à mesa ou o que
serve? Não é aquele que está à mesa? Mas não aqui! Pois eu estou
entre vocês como quem serve. 28 "Vocês permaneceram comigo
durante meu tempo de provação. 29 E, assim como meu Pai me
concedeu um reino, eu agora lhes concedo o direito de 30 comer e
beber à minha mesa, em meu reino. Vocês se sentarão em tronos
e julgarão as doze tribos de Israel".

Jesus prediz a negação de Pedro

31 Então o Senhor disse: "Simão, Simão, Satanás pediu para penei-
rar cada um de vocês como trigo. 32 Contudo, supliquei em oração
por você, Simão, para que sua fé não vacile. Portanto, quando tiver
se arrependido e voltado para mim, fortaleça seus irmãos". 33 Pedro
disse: "Senhor, estou pronto a ir para a prisão, e até a morrer ao
seu lado". 34 Jesus, porém, respondeu: "Pedro, vou lhe dizer uma
coisa: hoje, antes que o galo cante, você negará três vezes que
me conhece". 35 Em seguida, Jesus lhes perguntou: "Quando eu
os enviei para anunciar as boas-novas sem dinheiro, sem bolsa de
viagem e sem sandálias extras, alguma coisa lhes faltou?". "Não",
responderam eles. 36 Então ele disse: "Agora, porém, peguem
dinheiro e uma bolsa de viagem. E, se não tiverem uma espa-
da, vendam sua capa e comprem uma. 37 Pois é necessário que
se cumpra esta profecia a meu respeito: 'Ele foi contado entre os
rebeldes'. Sim, tudo que os profetas escreveram a meu respeito se
cumprirá". 38 Eles responderam: "Senhor, temos aqui duas espa-
das". "É suficiente", disse ele.

Jesus ora no monte das Oliveiras

39Então, acompanhado de seus discípulos, Jesus foi, como de cos-
tume, ao monte das Oliveiras. 40Ao chegar, disse: "Orem para que
vocês não cedam à tentação". 41Afastou-se a uma distância como
de um arremesso de pedra, ajoelhou-se e orou: 42"Pai, se queres,
afasta de mim este cálice. Contudo, que seja feita a tua vontade, e
não a minha". 43Então apareceu um anjo do céu, que o fortalecia.
44Ele orou com ainda mais fervor, e sua angústia era tanta que seu
suor caía na terra como gotas de sangue.
45Por fim, ele se levantou, voltou aos discípulos e os encontrou
dormindo, exaustos de tristeza. 46"Por que vocês dormem?", per-
guntou ele. "Levantem-se e orem para que não cedam à tentação."

Jesus é traído e preso

47Enquanto Jesus ainda falava, chegou uma multidão conduzida
por Judas, um dos Doze. Ele se aproximou de Jesus e o cumpri-
mentou com um beijo. 48Jesus, porém, lhe disse: "Judas, com um
beijo você trai o Filho do Homem?". 49Quando aqueles que estavam
com Jesus viram o que ia acontecer, disseram: "Senhor, devemos
lutar? Trouxemos as espadas!". 50E um deles feriu o servo do sumo
sacerdote, cortando-lhe a orelha direita. 51Mas Jesus disse: "Basta!".
E, tocando a orelha do homem, curou-o. 52Então Jesus se dirigiu
aos principais sacerdotes, aos capitães da guarda do templo e aos
líderes do povo que tinham vindo buscá-lo: "Por acaso sou um
revolucionário perigoso para que venham me prender com espadas
e pedaços de pau? 53Por que não me prenderam no templo? Todos
os dias eu estava ali, ensinando. Mas esta é a hora de vocês, o tempo
em que reina o poder das trevas".

Pedro nega Jesus

54Então eles o prenderam e o levaram à casa do sumo sacerdote.
Pedro o seguiu de longe. 55Os guardas acenderam uma fogueira
no meio do pátio e sentaram-se em volta, e Pedro sentou-se com
eles. 56Uma criada o notou à luz da fogueira e começou a olhar
fixamente para ele. Por fim, disse: "Este homem era um dos segui-
dores de Jesus!". 57Mas Pedro negou, dizendo: "Mulher, eu nem
o conheço!". 58Pouco depois, um homem olhou para ele e disse:
"Você também é um deles!". "Não sou!", retrucou Pedro. 59Cerca

Lc 22.43

de uma hora mais tarde, outro homem afirmou: "Com certeza esse
aí também estava com ele, pois também é galileu!". 60Pedro, po-
rém, respondeu: "Homem, eu não sei do que você está falando".
E, no mesmo instante, o galo cantou. 61Então o Senhor se voltou
e olhou para Pedro. E Pedro se lembrou das palavras dele: "Hoje,
antes que o galo cante, você me negará três vezes". 62E Pedro saiu
dali, chorando amargamente. 63Os guardas encarregados de Jesus
começaram a zombar dele e a bater nele. 64Vendaram seus olhos
e diziam: "Profetize para nós! Quem foi que lhe bateu desta vez?".
65E o insultavam de muitas outras maneiras.

O julgamento de Jesus diante do conselho

66Ao amanhecer, todos os líderes do povo se reuniram, incluindo
os principais sacerdotes e os mestres da lei. Jesus foi conduzido à
presença desse conselho, 67e eles perguntaram: "Diga-nos, você
é o Cristo?". Jesus respondeu: "Se eu lhes disser, de modo algum
acreditarão em mim. 68E, se eu lhes fizer uma pergunta, não res-
ponderão. 69Mas, de agora em diante, o Filho do Homem se sentará
à direita do Deus Poderoso". 70Todos gritaram: "Então você afirma
que é o Filho de Deus?". E ele respondeu: "Vocês dizem que eu sou".
71"Que necessidade temos de outras testemunhas?", disseram eles.
"Nós mesmos o ouvimos de sua boca!"

CAPÍTULO 23

O julgamento de Jesus diante de Pilatos

1Então todo o conselho levou Jesus a Pilatos. 2Começaram a apre-
sentar o caso: "Este homem corrompe o nosso povo, dizendo que
não se deve pagar impostos ao governo romano e afirmando ser
ele próprio o Cristo, o rei". 3Então Pilatos lhe perguntou: "Você é o
rei dos judeus?". Jesus respondeu: "É como você diz". 4Pilatos se
voltou para os principais sacerdotes e para a multidão e disse: "Não
vejo crime algum neste homem!". 5Mas eles insistiam: "Ele provoca
revoltas em toda a Judeia com seus ensinamentos, começando
pela Galileia e agora aqui, em Jerusalém!". 6"Então ele é galileu?",
perguntou Pilatos. 7Quando responderam que sim, Pilatos o en-
viou a Herodes Antipas, pois a Galileia ficava sob sua jurisdição, e
naqueles dias ele estava em Jerusalém. 8Herodes se animou com a
oportunidade de ver Jesus, pois tinha ouvido falar a seu respeito e

esperava, havia tempo, vê-lo realizar algum milagre. **9**Fez uma série
de perguntas a Jesus, mas ele não lhe respondeu. **10**Enquanto isso,
os principais sacerdotes e mestres da lei permaneciam ali, gritando
acusações. **11**Então Herodes e seus soldados começaram a zombar
de Jesus e ridicularizá-lo. Por fim, vestiram nele um manto real e
o mandaram de volta a Pilatos. **12**Naquele dia, Herodes e Pilatos,
que eram inimigos, tornaram-se amigos. **13**Então Pilatos reuniu
os principais sacerdotes e outros líderes religiosos, juntamente
com o povo, **14**e anunciou seu veredicto: "Vocês me trouxeram
este homem acusando-o de liderar uma revolta. Eu o interroguei
minuciosamente a esse respeito na presença de vocês e vejo que
não há nada que o condene. **15**Herodes chegou à mesma conclusão
e o enviou de volta a nós. Nada do que ele fez merece a pena de
morte. **16**Portanto, ordenarei que seja açoitado e o soltarei". **17**(Era
necessário libertar-lhes um prisioneiro durante a festa da Páscoa.)
18Um grande clamor se levantou da multidão, e a uma só voz gri-
tavam: "Mate-o! Solte-nos Barrabás!". **19**Esse Barrabás estava preso
por ter participado de uma revolta em Jerusalém contra o governo e
ter cometido assassinato. **20**Pilatos discutiu com eles, pois desejava
soltar Jesus. **21**Eles, porém, continuaram gritando: "Crucifique-o!
Crucifique-o!". **22**Pela terceira vez, ele perguntou: "Por quê? Que
crime ele cometeu? Não encontrei motivo para condená-lo à morte.
Portanto, ordenarei que seja açoitado e o soltarei". **23**A multidão
gritava cada vez mais alto, exigindo que Jesus fosse crucificado, e
seu clamor prevaleceu. **24**Então Pilatos condenou Jesus à morte,
conforme exigiam. **25**A pedido deles, libertou Barrabás, o homem
preso por revolta e assassinato. Depois, entregou-lhes Jesus para
fazerem com ele o que quisessem.

A crucificação

26Enquanto levavam Jesus, um homem chamado Simão, de Cirene,
vinha do campo. Os soldados o agarraram, puseram a cruz sobre ele
e o obrigaram a carregá-la atrás de Jesus. **27**Uma grande multidão
os seguia, incluindo muitas mulheres aflitas que choravam por
ele. **28**Mas Jesus, dirigindo-se a elas, disse: "Filhas de Jerusalém,
não chorem por mim; chorem por si mesmas e por seus filhos.
29Pois estão chegando os dias em que dirão: 'Felizes as mulheres
que nunca tiveram filhos e os seios que nunca amamentaram!'.

NO QUE ESTOU **PENSANDO** | O QUE ESTOU **SENTINDO** | DO QUE ESTOU **LEMBRANDO**

DESENHE OU ESCREVA

30Suplicarão aos montes: 'Caiam sobre nós!' e pedirão às colinas:
'Soterrem-nos!'. **31**Pois, se fazem estas coisas com a árvore verde, o
que acontecerá com a árvore seca?". **32**Dois outros homens, ambos
criminosos, foram levados com ele a fim de também serem execu-
tados. **33**Quando chegaram ao lugar chamado Caveira, o pregaram
na cruz. Os criminosos também foram crucificados, um à sua direi-
ta e outro à sua esquerda. **34**Jesus disse: "Pai, perdoa-lhes, pois
não sabem o que fazem". E os soldados tiraram sortes para dividir
entre si as roupas de Jesus. **35**A multidão observava, e os líderes
zombavam. "Salvou os outros, salve a si mesmo, se é o Cristo, o es-
colhido de Deus", diziam. **36**Os soldados também zombavam dele,
oferecendo-lhe vinagre para beber. **37**Diziam: "Se você é o Rei dos
judeus, salve a si mesmo!". **38**Uma tabuleta presa acima dele dizia:
"ESTE É O REI DOS JUDEUS". **39**Um dos criminosos, dependurado ao
lado dele, zombava: "Então você é o Cristo? Salve a si mesmo e a
nós também!". **40**Mas o outro criminoso o repreendeu: "Você não
teme a Deus, nem mesmo ao ser condenado à morte? **41**Nós me-
recemos morrer por nossos crimes, mas este homem não cometeu
mal algum". **42**Então ele disse: "Jesus, lembre-se de mim quando
vier no seu reino". **43**E Jesus lhe respondeu: "Eu lhe asseguro que
hoje você estará comigo no paraíso".

A morte de Jesus

44Já era cerca de meio-dia, e a escuridão cobriu toda a terra até
as três horas da tarde. **45**A luz do sol desapareceu, e a cortina do
santuário do templo rasgou-se ao meio. **46**Então Jesus clamou em
alta voz: "Pai, em tuas mãos entrego meu espírito!". E, com essas
palavras, deu o último suspiro. **47**Quando o oficial romano que su-
pervisionava a execução viu o que havia acontecido, adorou a Deus
e disse: "Sem dúvida este homem era inocente". **48**E, quando toda
a multidão que tinha ido assistir à crucificação viu isso, voltou para
casa entristecida e batendo no peito. **49**Mas os amigos de Jesus,
incluindo as mulheres que o seguiram desde a Galileia, olhavam
de longe.

O sepultamento de Jesus

50Havia um homem bom e justo chamado José, membro do con-
selho dos líderes do povo, **51**mas que não tinha concordado com

a decisão e os atos dos outros líderes religiosos. Era da cidade de
Arimateia, na Judeia, e esperava a vinda do reino de Deus. 52José
foi a Pilatos e pediu o corpo de Jesus. 53Desceu o corpo da cruz,
enrolou-o num lençol de linho e o colocou num túmulo novo, es-
cavado na rocha. 54Isso aconteceu na sexta-feira à tarde, no dia da
preparação, quando o sábado estava para começar. 55As mulheres
da Galileia seguiram José e viram o túmulo onde o corpo de Jesus
foi colocado. 56Depois, foram para casa e prepararam especiarias e
perfumes para ungir o corpo. No sábado, descansaram, conforme
a lei exigia.

CAPÍTULO 24

A ressurreição

1No primeiro dia da semana, bem cedo, as mulheres foram ao tú-
mulo, levando as especiarias que haviam preparado, 2e viram que a
pedra tinha sido afastada da entrada. 3Quando entraram no túmulo,
não encontraram o corpo do Senhor Jesus. 4Enquanto estavam ali,
perplexas, dois homens apareceram, vestidos com mantos resplan-
decentes. 5As mulheres ficaram amedrontadas e se curvaram com
o rosto em terra. Então os homens perguntaram: "Por que vocês
procuram entre os mortos aquele que vive? 6Ele não está aqui.
Ressuscitou! Lembrem-se do que ele lhes disse na Galileia: 7'É
necessário que o Filho do Homem seja traído e entregue nas mãos
de pecadores, seja crucificado e ressuscite no terceiro dia'". 8Então
lembraram-se dessas palavras de Jesus 9e, voltando do túmulo,
foram contar aos onze discípulos e a todos os outros o que havia
acontecido. 10Maria Madalena, Joana, Maria, mãe de Tiago, e as ou-
tras mulheres que as acompanhavam relataram tudo aos apóstolos.
11Para eles, porém, a história pareceu absurda, e não acreditaram
nelas. 12Mas Pedro se levantou e correu até o túmulo. Abaixando-se,
olhou atentamente para dentro e viu os panos de linho vazios; então
voltou para casa, admirado com o que havia acontecido.

O caminho de Emaús

13Naquele mesmo dia, dois dos seguidores de Jesus caminhavam
para o povoado de Emaús, a onze quilômetros de Jerusalém.
14No caminho, falavam a respeito de tudo que havia acontecido.
15Enquanto conversavam e discutiam, o próprio Jesus se aproximou
e começou a andar com eles. 16Os olhos deles, porém, estavam
como que impedidos de reconhecê-lo. 17Jesus lhes perguntou:
"Sobre o que vocês tanto debatem enquanto caminham?". Eles
pararam, com o rosto entristecido. 18Então um deles, chamado
Cleopas, respondeu: "Você deve ser a única pessoa em Jerusalém
que não sabe das coisas que aconteceram lá nos últimos dias".
19"Que coisas?", perguntou Jesus. "As coisas que aconteceram com
Jesus de Nazaré", responderam eles. "Ele era um profeta de pala-
vras e ações poderosas aos olhos de Deus e de todo o povo. 20Mas
os principais sacerdotes e outros líderes religiosos o entregaram
para que fosse condenado à morte e o crucificaram. 21Tínhamos
esperança de que ele fosse aquele que resgataria Israel. Isso tudo
aconteceu há três dias. 22"Algumas mulheres de nosso grupo foram
até seu túmulo hoje bem cedo e voltaram contando uma história
surpreendente. 23Disseram que o corpo havia sumido e que viram
anjos que lhes disseram que Jesus está vivo. 24Alguns homens
de nosso grupo correram até lá para ver e, de fato, tudo estava
como as mulheres disseram, mas não o viram." 25Então Jesus lhes
disse: "Como vocês são tolos! Como custam a entender o que os
profetas registraram nas Escrituras! 26Não percebem que era ne-
cessário que o Cristo sofresse essas coisas antes de entrar em sua
glória?". 27Então Jesus os conduziu por todos os escritos de Moisés
e dos profetas, explicando o que as Escrituras diziam a respeito
dele. 28Aproximando-se de Emaús, o destino deles, Jesus fez como
quem seguiria viagem, 29mas eles insistiram: "Fique conosco esta
noite, pois já é tarde". E Jesus foi para casa com eles. 30Quando
estavam à mesa, ele tomou o pão e o abençoou. Depois, partiu-o e
lhes deu. 31Então os olhos deles foram abertos e o reconheceram.
Nesse momento, ele desapareceu. 32Disseram um ao outro: "Não
ardia o nosso coração quando ele falava conosco no caminho e
nos explicava as Escrituras?". 33E, na mesma hora, levantaram-se
e voltaram para Jerusalém. Ali, encontraram os onze discípulos e
os outros que estavam reunidos com eles, 34que lhes disseram: "É
verdade que o Senhor ressuscitou! Ele apareceu a Pedro!".

Jesus aparece a seus discípulos

35Então os dois contaram como Jesus tinha aparecido enquanto
andavam pelo caminho, e como o haviam reconhecido quando ele

NO QUE ESTOU **PENSANDO** ○ | O QUE ESTOU **SENTINDO** ○ | DO QUE ESTOU **LEMBRANDO** ○

DESENHE OU ESCREVA

partiu o pão. 36Enquanto contavam isso, o próprio Jesus apareceu
entre eles e lhes disse: "Paz seja com vocês!". 37Eles se assustaram
e ficaram amedrontados, pensando que viam um fantasma. 38"Por
que estão perturbados?", perguntou ele. "Por que seu coração está
cheio de dúvida? 39Vejam minhas mãos e meus pés. Sou eu mes-
mo! Toquem-me e vejam que não sou um fantasma, pois fantasmas
não têm carne nem ossos e, como veem, eu tenho." 40Enquanto
falava, mostrou-lhes as mãos e os pés. 41Eles continuaram sem acre-
ditar, cheios de alegria e espanto. Então Jesus perguntou: "Vocês
têm aqui alguma coisa para comer?". 42Eles lhe deram um pedaço
de peixe assado, 43e ele comeu diante de todos. 44Em seguida,
disse: "Enquanto ainda estava com vocês, eu lhes falei que devia
se cumprir tudo que a lei de Moisés, os profetas e os salmos diziam
a meu respeito". 45Então ele lhes abriu a mente para que entendes-
sem as Escrituras, 46e disse: "Sim, está escrito que o Cristo haveria
de sofrer, morrer e ressuscitar no terceiro dia, 47e que a mensagem
de arrependimento para o perdão dos pecados seria proclamada
com a autoridade de seu nome a todas as nações, começando por
Jerusalém. 48Vocês são testemunhas dessas coisas. 49"Agora, envio
a vocês a promessa de meu Pai. Mas fiquem na cidade até que
sejam revestidos do poder do céu".

A ascensão

50Depois Jesus os levou a Betânia e, levantando as mãos para o
céu, os abençoou. 51Enquanto ainda os abençoava, deixou-os e foi
elevado ao céu. 52Então eles o adoraram e voltaram para Jerusalém
cheios de grande alegria. 53E estavam sempre no templo, louvando
a Deus.

Lc 24.38, 39

JOÃO

CAPÍTULO 1

Prólogo: Cristo, a Palavra eterna

1No princípio, aquele que é a Palavra já existia. A Palavra estava
com Deus, e a Palavra era Deus. **2**Ele existia no princípio com
Deus. **3**Por meio dele Deus criou todas as coisas, e sem ele nada
foi criado. **4**Aquele que é a Palavra possuía a vida, e sua vida trou-
xe luz a todos. **5**A luz brilha na escuridão, e a escuridão nunca con-
seguiu apagá-la. **6**Deus enviou um homem chamado João **7**para
falar a respeito da luz, a fim de que, por meio de seu testemu-
nho, todos cressem. **8**Ele não era a luz, mas veio para falar da luz.
9Aquele que é a verdadeira luz, que ilumina a todos, estava che-
gando ao mundo. **10**Veio ao mundo que ele criou, mas o mundo
não o reconheceu. **11**Veio a seu próprio povo, e eles o rejeitaram.
12Mas, a todos que creram nele e o aceitaram, ele deu o direito
de se tornarem filhos de Deus. **13**Estes não nasceram segundo
a ordem natural, nem como resultado da paixão ou da vontade
humana, mas nasceram de Deus. **14**Assim, a Palavra se tornou
ser humano, carne e osso, e habitou entre nós. Ele era cheio de
graça e verdade. E vimos sua glória, a glória do Filho único do Pai.
15João deu testemunho dele quando disse em alta voz: "Este é
aquele a quem eu me referia quando disse: 'Alguém virá depois
de mim, muito mais poderoso que eu, pois existia muito antes de
mim'". **16**De sua plenitude todos nós recebemos graça sobre graça.
17Pois a lei foi dada por meio de Moisés, mas a graça e a verdade
vieram por meio de Jesus Cristo. **18**Ninguém jamais viu a Deus,
mas o Filho único, que mantém comunhão íntima com o Pai,
o revelou.

O testemunho de João Batista

19Este foi o testemunho de João quando os líderes judeus enviaram
de Jerusalém sacerdotes e levitas para lhe perguntar: "Quem é
você?". **20**Ele respondeu com toda franqueza: "Eu não sou o Cristo".
21"Então quem é você?", perguntaram eles. "É Elias?" "Não", respon-
deu ele. "É o Profeta por quem temos esperado?" "Não." **22**"Afinal,
quem é você? Precisamos de uma resposta para aqueles que nos
enviaram. O que você tem a dizer de si mesmo?" **23**João respondeu
com as palavras do profeta Isaías: "Eu sou uma voz que clama no
deserto: 'Preparem o caminho para a vinda do Senhor!'". **24**Então
os fariseus que tinham sido enviados **25**lhe perguntaram: "Se você
não é o Cristo, nem Elias, nem o Profeta, que direito tem de bati-
zar?". **26**João lhes disse: "Eu batizo com água, mas em seu meio há
alguém que vocês não reconhecem. **27**Embora ele venha depois de
mim, não sou digno de desamarrar as correias de sua sandália".
28Esse encontro aconteceu em Betânia, um povoado a leste do rio
Jordão, onde João estava batizando.

Jesus, o Cordeiro de Deus

29No dia seguinte, João viu Jesus caminhando em sua direção e
disse: "Vejam! É o Cordeiro de Deus, que tira o pecado do mun-
do! **30**Era a ele que eu me referia quando disse: 'Um homem virá
depois de mim, muito mais poderoso que eu, pois existia muito
antes de mim'. **31**Eu não o conhecia, mas vim batizando com água
para que ele fosse revelado a Israel". **32**Então João deu o seguinte
testemunho: "Vi o Espírito Santo descer do céu na forma de uma
pomba e permanecer sobre ele. **33**Eu não sabia quem ele era, mas,
quando Deus me enviou para batizar com água, disse-me: 'Aquele
sobre o qual você vir o Espírito descer e permanecer, esse é o que
batizará com o Espírito Santo'. **34**Eu vi isso acontecer e, portanto,
dou testemunho de que ele é o Filho de Deus".

Os primeiros discípulos

35No dia seguinte, João estava novamente com dois de seus discípu-
los. **36**Quando viu Jesus passar, olhou para ele e declarou: "Vejam!

NO QUE ESTOU PENSANDO ○ | O QUE ESTOU SENTINDO ○ | DO QUE ESTOU LEMBRANDO ○

DESENHE OU ESCREVA

É o Cordeiro de Deus!". 37Ao ouvirem isso, os dois discípulos de
João seguiram Jesus. 38Jesus olhou em volta e viu que o seguiam.
"O que vocês querem?", perguntou. Eles responderam: "Rabi (que
significa 'Mestre'), onde o senhor está hospedado?". 39"Venham e
vejam", disse ele. Eram cerca de quatro horas da tarde quando o
acompanharam até o lugar onde Jesus estava hospedado, e pas-
saram o resto do dia com ele. 40André, irmão de Simão Pedro, era
um dos dois que ouviram o que João tinha dito e seguiram Jesus.
41André foi procurar seu irmão, Simão, e lhe disse: "Encontramos o
Messias (isto é, o Cristo)". 42Então André levou Simão para conhecer
Jesus. Olhando para ele, Jesus disse: "Você é Simão, filho de João,
mas será chamado Cefas (isto é, Pedro)". 43No dia seguinte, Jesus
decidiu ir à Galileia. Encontrou Filipe e lhe disse: "Siga-me". 44Filipe
era de Betsaida, cidade natal de André e Pedro. 45Filipe foi procurar
Natanael e lhe disse: "Encontramos aquele sobre quem Moisés, na
lei, e os profetas escreveram! Seu nome é Jesus de Nazaré, filho de
José". 46"Nazaré!", exclamou Natanael. "Pode vir alguma coisa boa
de Nazaré?" "Venha e veja você mesmo", respondeu Filipe. 47Jesus
viu Natanael se aproximar e disse: "Aí está um verdadeiro filho de
Israel, um homem totalmente íntegro". 48"Como o senhor sabe a
meu respeito?", perguntou Natanael. Jesus respondeu: "Vi você
sob a figueira antes que Filipe o chamasse". 49Então Natanael excla-
mou: "Rabi, o senhor é o Filho de Deus, o Rei de Israel!". 50Jesus lhe
perguntou: "Você crê nisso porque eu disse que o vi sob a figueira?
Você verá coisas maiores que essa". 51E acrescentou: "Eu lhes digo
a verdade: vocês verão o céu aberto e os anjos de Deus subindo e
descendo sobre o Filho do Homem".

CAPÍTULO 2

O casamento em Caná

1Três dias depois, houve uma festa de casamento no povoado de
Caná da Galileia. A mãe de Jesus estava ali, 2e Jesus e seus discí-
pulos também foram convidados para a celebração. 3Durante a
festa, o vinho acabou, e a mãe de Jesus lhe disse: "Eles não têm
mais vinho". 4"Mulher, isso não me diz respeito", respondeu Jesus.
"Minha hora ainda não chegou." 5Sua mãe, porém, disse aos em-
pregados: "Façam tudo que ele mandar". 6Havia ali perto seis potes
de pedra usados na purificação cerimonial judaica. Cada um tinha

Jo 2.11

capacidade entre 80 e 120 litros. 7Jesus disse aos empregados:
"Encham os potes com água". Quando os potes estavam cheios,
8disse: "Agora tirem um pouco e levem ao mestre de cerimônias".
Os empregados seguiram suas instruções. 9O mestre de cerimônias
provou a água transformada em vinho, sem conhecer sua procedên-
cia (embora os empregados obviamente soubessem). Então cha-
mou o noivo. 10"O anfitrião sempre serve o melhor vinho primeiro",
disse ele. "Depois, quando todos já beberam bastante, serve o vinho
de menor qualidade. Mas você guardou o melhor vinho até agora!"
11Esse sinal em Caná da Galileia foi o primeiro milagre que Jesus
fez. Com isso ele manifestou sua glória, e seus discípulos creram
nele. 12Depois do casamento, foi a Cafarnaum, onde passou alguns
dias com sua mãe, seus irmãos e seus discípulos.

Jesus purifica o templo

13Era quase época da festa da Páscoa judaica, de modo que Jesus
subiu a Jerusalém. 14No pátio do templo, viu comerciantes que
vendiam bois, ovelhas e pombas para os sacrifícios; também viu
negociantes, em mesas, trocando dinheiro estrangeiro. 15Jesus fez
um chicote de cordas e os expulsou a todos do templo. Pôs para fora
as ovelhas e os bois, espalhou as moedas dos negociantes no chão
e virou as mesas. 16Depois, foi até aqueles que vendiam pombas
e lhes disse: "Tirem essas coisas daqui! Parem de fazer da casa de
meu Pai um mercado!". 17Então os discípulos se lembraram desta
profecia das Escrituras: "O zelo pela casa de Deus me consumirá".
18"O que você está fazendo?", questionaram os líderes judeus. "Que
sinal você nos mostra para comprovar que tem autoridade para
isso?" 19"Pois bem", respondeu Jesus. "Destruam este templo, e
em três dias eu o levantarei." 20Eles disseram: "Foram necessários
46 anos para construir este templo, e você o reconstruirá em três
dias?". 21Mas quando Jesus disse "este templo", estava se referin-
do a seu próprio corpo. 22Depois que ele ressuscitou dos mortos,
seus discípulos se lembraram do que ele tinha dito e creram nas
Escrituras e em suas palavras. 23Por causa dos sinais que Jesus
realizou em Jerusalém durante a festa da Páscoa, muitos creram
nele. 24Jesus, porém, não confiava neles, pois conhecia a todos.
25Ninguém precisava lhe dizer como o ser humano é de fato, pois
ele conhecia a natureza humana.

CAPÍTULO 3

Nicodemos visita Jesus

1 Havia um fariseu chamado Nicodemos, líder religioso entre os
judeus. 2 Certa noite, veio falar com Jesus e disse: "Rabi, todos nós
sabemos que Deus enviou o senhor para nos ensinar. Seus sinais
são prova de que Deus está com o senhor". 3 Jesus respondeu: "Eu
lhe digo a verdade: quem não nascer de novo, não verá o reino de
Deus". 4 "Como pode um homem velho nascer de novo?", pergun-
tou Nicodemos. "Acaso ele pode voltar ao ventre da mãe e nascer
uma segunda vez?" 5 Jesus respondeu: "Eu lhe digo a verdade:
ninguém pode entrar no reino de Deus sem nascer da água e do
Espírito. 6 Os seres humanos podem gerar apenas vida humana,
mas o Espírito dá à luz vida espiritual. 7 Portanto, não se surpreen-
da quando eu digo: 'É necessário nascer de novo'. 8 O vento sopra
onde quer. Assim como você ouve o vento, mas não é capaz de
dizer de onde ele vem nem para onde vai, também é incapaz de
explicar como as pessoas nascem do Espírito". 9 "Como pode ser
isso?", perguntou Nicodemos. 10 Jesus respondeu: "Você é um mes-
tre respeitado em Israel e não entende essas coisas? 11 Eu lhe digo
a verdade: falamos daquilo que sabemos e vimos e, no entanto,
vocês não creem em nosso testemunho. 12 Se vocês não creem em
mim quando falo de coisas terrenas, como crerão se eu falar de
coisas celestiais? 13 Ninguém jamais subiu ao céu, exceto aquele
que de lá desceu, o Filho do Homem. 14 E, como Moisés, no deserto,
levantou a serpente de bronze numa estaca, também é necessário
que o Filho do Homem seja levantado, 15 para que todo o que nele
crer tenha a vida eterna. 16 "Porque Deus amou tanto o mundo que
deu seu Filho único, para que todo o que nele crer não pereça,
mas tenha a vida eterna. 17 Deus enviou seu Filho ao mundo não
para condenar o mundo, mas para salvá-lo por meio dele. 18 "Não
há condenação alguma para quem crê nele. Mas quem não crê
nele já está condenado por não crer no Filho único de Deus. 19 E
a condenação se baseia nisto: a luz de Deus veio ao mundo, mas
as pessoas amaram mais a escuridão que a luz, porque seus atos
eram maus. 20 Quem pratica o mal odeia a luz e não se aproxima
dela, pois teme que seus pecados sejam expostos. 21 Mas quem
pratica a verdade se aproxima da luz, para que outros vejam que
ele faz a vontade de Deus".

Jo 3.16

João Batista exalta Jesus

22 Então Jesus e seus discípulos saíram de Jerusalém e foram à
região da Judeia. Jesus passou um tempo ali com eles, batizando.
23 Nessa época, João também batizava em Enom, perto de Salim,
pois havia ali bastante água, e o povo ia até ele para ser batizado.
24 Isso aconteceu antes de João ser preso. 25 Surgiu uma discussão
entre os discípulos de João e certo judeu a respeito da purificação
cerimonial. 26 Os discípulos de João foram falar com ele e lhe dis-
seram: "Rabi, o homem que o senhor encontrou no outro lado do
rio Jordão, aquele de quem o senhor deu testemunho, também
está batizando. Todos vão até ele". 27 João respondeu: "Ninguém
pode receber coisa alguma, a menos que lhe seja concedida do
céu. 28 Vocês sabem que eu lhes disse claramente: 'Eu não sou o
Cristo. Estou aqui apenas para preparar o caminho para ele'. 29 É o
noivo que se casa com a noiva; o amigo do noivo simplesmente se
alegra de estar ao lado dele e ouvir seus votos. Portanto, muito me
alegro com o destaque dele. 30 Ele deve se tornar cada vez maior,
e eu, cada vez menor".

A superioridade do Filho

31 Aquele que veio do alto é superior a todos. Nós somos da terra
e falamos de coisas terrenas, mas ele veio do céu e é superior a
todos. 32 Ele dá testemunho daquilo que viu e ouviu, mas como
são poucos os que creem no que ele diz! 33 Todo aquele que aceita
seu testemunho confirma que Deus é verdadeiro. 34 Pois ele foi
enviado por Deus e fala as palavras de Deus, porque Deus lhe dá,
sem limites, o Espírito. 35 O Pai ama o Filho e pôs tudo em suas
mãos. 36 E quem crê no Filho de Deus tem a vida eterna. Quem
não obedece ao Filho não tem a vida eterna, mas a ira de Deus
permanece sobre ele.

CAPÍTULO 4

A mulher samaritana junto ao poço

1 Jesus sabia que os fariseus tinham ouvido dizer que ele batizava
e fazia mais discípulos que João, 2 embora Jesus mesmo não os
batizasse, e sim seus discípulos. 3 Assim, deixou a Judeia e voltou
para a Galileia. 4 No caminho, teve de passar por Samaria. 5 Chegou
ao povoado samaritano de Sicar, perto do campo que Jacó tinha

dado a seu filho José. 6O poço de Jacó ficava ali, e Jesus, cansado
da longa caminhada, sentou-se junto ao poço, por volta do meio-dia.
7Pouco depois, uma mulher samaritana veio tirar água, e Jesus lhe
disse: "Por favor, dê-me um pouco de água para beber". 8Naquele
momento, seus discípulos tinham ido ao povoado comprar comida.
9A mulher ficou surpresa, pois os judeus se recusam a ter qualquer
contato com os samaritanos. "Você é judeu, e eu sou uma mulher
samaritana", disse ela a Jesus. "Como é que me pede água para be-
ber?" 10Jesus respondeu: "Se ao menos você soubesse que presente
Deus tem para você e com quem está falando, você me pediria e
eu lhe daria água viva". 11"Mas você não tem corda nem balde, e
o poço é muito fundo", disse ela. "De onde tiraria essa água viva?
12Além do mais, você se considera mais importante que nosso an-
tepassado Jacó, que nos deu este poço? Como pode oferecer água
melhor que esta que Jacó, seus filhos e seus animais bebiam?"
13Jesus respondeu: "Quem bebe desta água logo terá sede outra
vez, 14mas quem bebe da água que eu dou nunca mais terá sede.
Ela se torna uma fonte que brota dentro dele e lhe dá a vida eterna".
15"Por favor, senhor, dê-me dessa água!", disse a mulher. "Assim eu
nunca mais terei sede nem precisarei vir aqui para tirar água." 16"Vá
buscar seu marido", disse Jesus. 17"Não tenho marido", respondeu a
mulher. Jesus disse: "É verdade. Você não tem marido, 18pois teve
cinco maridos e não é casada com o homem com quem vive agora.
Certamente você disse a verdade". 19"O senhor deve ser profeta",
disse a mulher. 20"Então diga-me: por que os judeus insistem que
Jerusalém é o único lugar de adoração, enquanto nós, os samari-
tanos, afirmamos que é aqui, no monte Gerizim, onde nossos ante-
passados adoraram?" 21Jesus respondeu: "Creia em mim, mulher,
está chegando a hora em que já não importará se você adora o
Pai neste monte ou em Jerusalém. 22Vocês, samaritanos, sabem
muito pouco a respeito daquele a quem adoram. Nós adoramos
com conhecimento, pois a salvação vem por meio dos judeus. 23Mas
está chegando a hora, e de fato já chegou, em que os verdadeiros
adoradores adorarão o Pai em espírito e em verdade. O Pai procura
pessoas que o adorem desse modo. 24Pois Deus é Espírito, e é ne-
cessário que seus adoradores o adorem em espírito e em verdade".
25A mulher disse: "Eu sei que o Messias (aquele que é chamado
Cristo) virá. Quando vier, ele nos explicará tudo". 26Então Jesus lhe

NO QUE ESTOU **PENSANDO** ○ | O QUE ESTOU **SENTINDO** ○ | DO QUE ESTOU **LEMBRANDO** ○

DESENHE OU ESCREVA

disse: "Sou eu, o que fala com você!". 27Naquele momento, seus
discípulos voltaram. Ficaram surpresos de encontrá-lo falando com
uma mulher, mas nenhum deles se atreveu a perguntar: "O que o
senhor quer?" ou "Por que conversa com ela?". 28A mulher deixou
sua vasilha de água junto ao poço e correu de volta para o povoado,
dizendo a todos: 29"Venham ver um homem que me disse tudo que
eu já fiz na vida! Será que não é ele o Cristo?". 30Então as pessoas sa-
íram do povoado para vê-lo. 31Enquanto isso, os discípulos insistiam
com Jesus: "Rabi, coma alguma coisa". 32Ele, porém, respondeu:
"Eu tenho um tipo de alimento que vocês não conhecem". 33Os dis-
cípulos perguntaram uns aos outros: "Será que alguém lhe trouxe
comida?". 34Então Jesus explicou: "Meu alimento consiste em fazer
a vontade daquele que me enviou e em terminar a sua obra. 35Vocês
não costumam dizer: 'Ainda faltam quatro meses para a colheita'?
Mas eu lhes digo: despertem e olhem em volta. Os campos estão
maduros para a colheita. 36Os que colhem já recebem salário, e os
frutos que ajuntam são as pessoas que passam a ter a vida eterna.
Que alegria espera tanto o que semeia como o que colhe! 37Vocês
conhecem o ditado: 'Um semeia e outro colhe'. E é verdade. 38Eu
envio vocês para colher onde não semearam; outros realizaram o
trabalho, e agora vocês ajuntarão a colheita".

Muitos samaritanos creem

39Muitos samaritanos do povoado creram em Jesus por causa
daquilo que a mulher relatou: "Ele me disse tudo que eu já fiz!".
40Quando saíram para vê-lo, insistiram que ficasse no povoado.
Jesus permaneceu ali dois dias, 41e muitos outros ouviram sua
palavra e creram. 42Então disseram à mulher: "Agora cremos, não
apenas por causa do que você nos contou, mas porque nós mesmos
o ouvimos. Agora sabemos que ele é, de fato, o Salvador do mundo".

Jesus cura o filho de um oficial

43Depois daqueles dois dias, Jesus partiu para a Galileia. 44Ele mes-
mo tinha dito que um profeta não é honrado em sua própria terra.
45Mas, uma vez que os galileus haviam estado em Jerusalém para
a festa da Páscoa e visto tudo que Jesus fizera, eles o receberam.
46Enquanto Jesus viajava pela Galileia, chegou a Caná, onde tinha
transformado água em vinho. Perto dali, em Cafarnaum, havia um

oficial do governo cujo filho estava muito doente. 47 Quando soube
que Jesus viera da Judeia para a Galileia, foi até ele e suplicou
que fosse a Cafarnaum para curar seu filho, que estava à beira da
morte. 48 Jesus exclamou: "Jamais crerão, a menos que vejam sinais
e maravilhas!". 49 O oficial implorou: "Senhor, por favor, venha antes
que meu filho morra". 50 "Volte!", disse Jesus. "Seu filho viverá." O
homem creu nas palavras de Jesus e partiu para casa. 51 Enquanto
estava a caminho, alguns de seus servos vieram a seu encontro
com a notícia de que seu filho estava vivo e bem. 52 Ele perguntou
quando o menino havia começado a melhorar, e eles responderam:
"Ontem à tarde, à uma hora, a febre subitamente desapareceu!".
53 Então o pai percebeu que havia sido naquele exato momento que
Jesus tinha dito: "Seu filho viverá". E o oficial e todos de sua casa
creram em Jesus. 54 Esse foi o segundo sinal que Jesus realizou na
Galileia, depois que veio da Judeia.

CAPÍTULO 5

Jesus cura um homem no sábado

1 Depois disso, Jesus voltou a Jerusalém para uma das festas reli-
giosas dos judeus. 2 Dentro da cidade, junto à porta das Ovelhas,
ficava o tanque de Betesda, com cinco pátios cobertos. 3 Ficavam ali
cegos, mancos e paralíticos, uma multidão de enfermos, esperando
um movimento da água, 4 pois um anjo do Senhor descia de vez em
quando e agitava a água. O primeiro que entrava no tanque após a
água ser agitada era curado de qualquer enfermidade que tivesse.
5 Um dos homens ali estava doente havia 38 anos. 6 Quando Jesus
o viu e soube que estava enfermo por tanto tempo, perguntou-lhe:
"Você gostaria de ser curado?". 7 O homem respondeu: "Não consigo,
senhor, pois não tenho quem me coloque no tanque quando a água
se agita. Alguém sempre chega antes de mim". 8 Jesus lhe disse:
"Levante-se, pegue sua maca e ande!". 9 No mesmo instante, o ho-
mem ficou curado. Ele pegou sua maca e começou a andar. Uma vez
que esse milagre aconteceu no sábado, 10 os líderes judeus disseram
ao homem que havia sido curado: "Hoje é sábado! A lei não permite
que você carregue essa maca!". 11 Mas ele respondeu: "O homem que
me curou disse: 'Pegue sua maca e ande'". 12 "Quem foi que lhe disse
uma coisa dessas?", perguntaram eles. 13 O homem não sabia, pois
Jesus havia desaparecido no meio da multidão. 14 Mais tarde, Jesus

NO QUE ESTOU **PENSANDO** ○ | O QUE ESTOU **SENTINDO** ○ | DO QUE ESTOU **LEMBRANDO** ○

DESENHE OU ESCREVA

o encontrou no templo e lhe disse: "Agora você está curado; deixe de
pecar, para que nada pior lhe aconteça". 15 O homem foi até os líderes
judeus e lhes disse que tinha sido Jesus quem o havia curado.

Jesus afirma ser o Filho de Deus

16 Então os líderes judeus começaram a perseguir Jesus por não res-
peitar as regras do sábado. 17 Jesus, porém, disse: "Meu Pai sempre
trabalha, e eu também". 18 Assim, os líderes judeus se empenharam
ainda mais em encontrar um modo de matá-lo, pois ele não apenas
violava o sábado, mas afirmava que Deus era seu Pai e, portanto,
se igualava a Deus. 19 Jesus respondeu: "Eu lhes digo a verdade:
o Filho não pode fazer coisa alguma por sua própria conta. Ele faz
apenas o que vê o Pai fazer. Aquilo que o Pai faz, o Filho também
faz. 20 Pois o Pai ama o Filho e lhe mostra tudo que faz. Na verdade,
o Pai lhe mostrará obras ainda maiores que estas, para que vocês
fiquem admirados. 21 Pois assim como o Pai dá vida àqueles que
ele ressuscita dos mortos, também o Filho dá vida a quem ele quer.
22 Além disso, o Pai não julga ninguém, mas deu ao Filho autori-
dade absoluta para julgar, 23 para que todos honrem o Filho como
honram o Pai. Quem não honra o Filho certamente não honra o
Pai, que o enviou. 24 "Eu lhes digo a verdade: quem ouve minha
mensagem e crê naquele que me enviou tem a vida eterna. Jamais
será condenado, mas já passou da morte para a vida. 25 "E eu lhes
asseguro que está chegando a hora, e de fato já chegou, em que os
mortos ouvirão minha voz, a voz do Filho de Deus. E aqueles que a
ouvirem viverão. 26 O Pai tem a vida em si mesmo, e concedeu a seu
Filho igual poder de dar vida, 27 e lhe deu autoridade para julgar a
todos, porque ele é o Filho do Homem. 28 Não fiquem tão surpresos!
Na verdade, vem o tempo em que todos os mortos ouvirão, em seus
túmulos, a voz do Filho de Deus 29 e ressuscitarão. Aqueles que
fizeram o bem ressuscitarão para terem vida eterna, e aqueles que
continuaram a fazer o mal ressuscitarão para serem julgados. 30 Não
posso fazer coisa alguma por minha própria conta. Julgo conforme
aquilo que Deus me diz. Logo, meu julgamento é justo, pois não
faço minha própria vontade, mas a vontade do Pai, que me enviou."

Testemunhas de Jesus

31 "Se eu testemunhasse a respeito de mim mesmo, meu testemunho

não seria válido. 32Mas há outro que também testemunha sobre
mim, e eu lhes asseguro que tudo que ele diz a meu respeito é
verdadeiro. 33Vocês enviaram investigadores para ouvir João, e o
testemunho dele sobre mim é verdadeiro. 34Claro que não tenho
necessidade alguma de testemunhas humanas, mas digo estas
coisas para que vocês sejam salvos. 35João era como uma lâmpada
que queimava e brilhava e, por algum tempo, vocês se empolgaram
com a mensagem dele. 36Mas eu tenho um testemunho maior que
o de João: as obras que realizo. O Pai me deu essas obras para con-
cluir, e elas provam que ele me enviou. 37E o Pai, que me enviou,
testemunhou, ele próprio, a meu respeito. Vocês nunca ouviram sua
voz, nem o viram pessoalmente, 38e não têm sua mensagem no
coração, pois não creem em mim, aquele que foi enviado por ele.
39"Vocês estudam minuciosamente as Escrituras porque creem que
elas lhes dão vida eterna. Mas as Escrituras apontam para mim! 40E,
no entanto, vocês se recusam a vir a mim para receber essa vida.
41"Sua aprovação não vale nada para mim, 42pois eu sei que o amor
a Deus não está em vocês. 43Eu vim em nome de meu Pai, e vocês
me rejeitaram. Se outro vier em seu próprio nome, vocês o receberão.
44Não é de admirar que não possam crer, pois vocês honram uns aos
outros, mas não se importam com a honra que vem do único Deus!
45"Mas não sou eu quem os acusará diante do Pai. Moisés os acusará!
Sim, Moisés, em quem vocês põem sua esperança. 46Se cressem, de
fato, em Moisés, creriam em mim, pois ele escreveu a meu respeito.
47Contudo, uma vez que não creem naquilo que ele escreveu, como
crerão no que eu digo?".

CAPÍTULO 6

A primeira multiplicação dos pães

1Depois disso, Jesus atravessou o mar da Galileia, conhecido tam-
bém como mar de Tiberíades. 2Uma grande multidão o seguia por
toda parte, pois tinham visto os sinais que ele havia realizado ao
curar os enfermos. 3Então Jesus subiu a um monte e sentou-se
com seus discípulos. 4Era quase tempo da festa judaica da Páscoa.
5Jesus logo viu uma grande multidão que vinha a seu encontro.
Voltando-se para Filipe, perguntou: "Onde podemos comprar pão
para alimentar toda essa gente?". 6Disse isso para pôr Filipe à pro-
va, pois já sabia o que ia fazer. 7Filipe respondeu: "Mesmo que

NO QUE ESTOU PENSANDO	O QUE ESTOU SENTINDO	DO QUE ESTOU LEMBRANDO
○	○	○

DESENHE OU ESCREVA

trabalhássemos vários meses, não teríamos dinheiro suficiente para
dar alimento a todos!". 8Então um de seus discípulos, André, irmão
de Simão Pedro, falou: 9"Aqui está um rapaz com cinco pães de ce-
vada e dois peixes. Mas que adianta isso para tanta gente?". 10Jesus
respondeu: "Digam ao povo que se sente". Todos se sentaram na
grama que cobria o monte. Só os homens eram cerca de cinco mil.
11Então Jesus tomou os pães, agradeceu a Deus e os repartiu entre
o povo. Em seguida, fez o mesmo com os peixes. E todos comeram
à vontade. 12Depois que todos estavam satisfeitos, Jesus disse a
seus discípulos: "Agora juntem os pedaços que sobraram, para que
nada se desperdice". 13Eles juntaram o que restou e encheram doze
cestos com as sobras. 14Quando o povo viu Jesus fazer esse sinal,
exclamou: "Sem dúvida ele é o profeta que haveria de vir ao mun-
do!". 15Jesus sabia que pretendiam obrigá-lo a ser rei deles, de
modo que se retirou, sozinho, para o monte.

Jesus anda sobre o mar

16Ao entardecer, os discípulos de Jesus desceram à praia, 17entraram
no barco e atravessaram o mar em direção a Cafarnaum. Quando es-
cureceu, porém, Jesus ainda não tinha vindo se encontrar com eles.
18Logo, um vento forte veio sobre eles, e o mar ficou muito agitado.
19Depois de remarem cinco ou seis quilômetros, de repente viram
Jesus caminhando sobre o mar, em direção ao barco. Ficaram ater-
rorizados, 20mas ele lhes disse: "Sou eu! Não tenham medo". 21Eles
o receberam no barco e, logo em seguida, chegaram a seu destino.

Jesus, o pão da vida

22No dia seguinte, a multidão que tinha ficado do outro lado do mar
viu que os discípulos haviam pegado o único barco dali e que Jesus
não fora com eles. 23Alguns barcos de Tiberíades se aproximaram
do lugar onde o povo tinha comido os pães depois que o Senhor
os abençoou. 24Quando a multidão viu que nem Jesus nem os dis-
cípulos estavam ali, todos entraram nos barcos e atravessaram para
Cafarnaum, a fim de procurá-lo. 25Encontraram-no do outro lado do
mar e lhe perguntaram: "Rabi, quando o senhor chegou aqui?".
26Jesus respondeu: "Eu lhes digo a verdade: vocês querem estar
comigo não porque entenderam os sinais, mas porque lhes dei
alimento. 27Não se preocupem tanto com coisas que se estragam,

como a comida, mas usem suas energias buscando o alimento
que permanece para a vida eterna, o qual o Filho do Homem pode
lhes dar. Pois Deus, o Pai, colocou em mim seu selo de aprovação".
28"Nós também queremos realizar as obras de Deus", disseram eles.
"O que devemos fazer?" 29Jesus lhes disse: "Esta é a única obra que
Deus quer de vocês: creiam naquele que ele enviou". 30Eles respon-
deram: "Se deseja que creiamos no senhor, mostre-nos um sinal. O
que o senhor pode fazer? 31Afinal, nossos antepassados comeram
maná no deserto! As Escrituras dizem: 'Moisés lhes deu de comer
pão do céu'". 32Jesus disse: "Eu lhes digo a verdade: não foi Moisés
quem lhes deu pão do céu. É meu Pai quem dá o verdadeiro pão do
céu a vocês. 33O verdadeiro pão de Deus é aquele que desce do céu
e dá vida ao mundo". 34"Senhor, dê-nos desse pão todos os dias",
disseram eles. 35Jesus respondeu: "Eu sou o pão da vida. Quem
vem a mim nunca mais terá fome. Quem crê em mim nunca mais
terá sede. 36Mas vocês não creram em mim, embora me tenham
visto. 37Contudo, aqueles que o Pai me dá virão a mim, e eu jamais
os rejeitarei. 38Pois desci do céu para fazer a vontade daquele que
me enviou, e não minha própria vontade. 39E esta é a vontade de
Deus: que eu não perca um sequer de todos que ele me deu, mas
que ressuscite todos no último dia. 40Pois é a vontade de meu Pai
que todo aquele que olhar para o Filho e nele crer tenha a vida
eterna. E eu o ressuscitarei no último dia". 41Então os judeus come-
çaram a criticá-lo, pois ele havia afirmado: "Eu sou o pão que desceu
do céu". 42Diziam: "Este não é Jesus, filho de José? Conhecemos
seu pai e sua mãe. Como ele pode dizer: 'Desci do céu'?". 43Jesus,
porém, respondeu: "Parem de me criticar. 44Pois ninguém pode vir
a mim se o Pai, que me enviou, não o trouxer a mim; e no último
dia eu o ressuscitarei. 45Como dizem as Escrituras: 'Todos eles serão
ensinados por Deus'. Todo aquele que ouve o Pai e aprende dele
vem a mim. 46Não que alguém tenha visto o Pai; somente eu, que
fui enviado por Deus, o vi. 47"Eu lhes digo a verdade: quem crê
tem a vida eterna. 48Sim, eu sou o pão da vida! 49Seus antepassa-
dos comeram maná no deserto, mas morreram; 50quem comer o
pão do céu, no entanto, jamais morrerá. 51Eu sou o pão vivo que
desceu do céu. Quem comer deste pão viverá para sempre; e este
pão, que eu oferecerei para que o mundo viva, é a minha carne".
52Então os judeus começaram a discutir entre si a respeito do que

ele queria dizer. "Como pode esse homem nos dar sua carne para
comer?", perguntavam. 53Então Jesus disse novamente: "Eu lhes
digo a verdade: se vocês não comerem a carne do Filho do Homem
e não beberem o seu sangue, não terão a vida em si mesmos. 54Mas
quem come minha carne e bebe meu sangue terá a vida eterna, e
eu o ressuscitarei no último dia. 55Pois minha carne é a verdadeira
comida, e meu sangue é a verdadeira bebida. 56Quem come minha
carne e bebe meu sangue permanece em mim, e eu nele. 57Eu vivo
por causa do Pai, que vive e me enviou; da mesma forma, quem se
alimenta de mim viverá por minha causa. 58Eu sou o verdadeiro pão
que desceu do céu. Seus antepassados comeram maná e morreram;
quem comer este pão não morrerá, mas viverá para sempre". 59Ele
disse essas coisas quando ensinava na sinagoga de Cafarnaum.

Muitos discípulos abandonam Jesus

60Muitos de seus discípulos disseram: "Sua mensagem é dura.
Quem é capaz de aceitá-la?". 61Jesus, sabendo que seus discípulos
reclamavam, disse: "Isso os ofende? 62Então o que pensarão se vi-
rem o Filho do Homem subir ao céu, onde estava antes? 63Somente
o Espírito dá vida. A natureza humana não realiza coisa alguma. E
as palavras que eu lhes disse são espírito e vida. 64Mas alguns de
vocês não creem em mim". Pois Jesus sabia, desde o princípio,
quem não acreditava nele e quem iria traí-lo. 65E acrescentou:
"Por isso eu disse que ninguém pode vir a mim a menos que o
Pai o dê a mim". 66Nesse momento, muitos de seus discípulos se
afastaram dele e o abandonaram. 67Então Jesus se voltou para os
Doze e perguntou: "Vocês também vão embora?". 68Simão Pedro
respondeu: "Senhor, para quem iremos? O senhor tem as palavras
da vida eterna. 69Nós cremos e sabemos que o senhor é o Santo
de Deus". 70Então Jesus disse: "Eu escolhi vocês doze, mas um de
vocês é um diabo". 71Ele se referia a Judas, filho de Simão Iscariotes,
um dos Doze, que mais tarde o trairia.

CAPÍTULO 7

Jesus e seus irmãos

1Depois disso, Jesus viajou pela Galileia. Queria ficar longe da
Judeia, onde os líderes judeus planejavam sua morte. 2Logo, po-
rém, chegou o tempo da celebração judaica chamada Festa das

Cabanas, 3e os irmãos de Jesus lhe disseram: "Saia daqui e vá à
Judeia, onde seus seguidores poderão ver os milagres que realiza.
4Você não se tornará famoso escondendo-se dessa forma. Se você
pode fazer coisas tão maravilhosas, mostre-se ao mundo!". 5Pois
nem mesmo seus irmãos criam nele. 6Jesus respondeu: "Agora não
é o momento certo de eu ir, mas vocês podem ir a qualquer hora.
7O mundo não pode odiá-los, mas a mim ele odeia, pois eu o acuso
de fazer o mal. 8Vão vocês. Eu ainda não irei a essa festa, pois meu
tempo ainda não chegou". 9Tendo dito isso, permaneceu na Galileia.

Jesus ensina abertamente no templo

10Contudo, depois que seus irmãos partiram para a festa, ele tam-
bém foi, mas em segredo, permanecendo distante dos olhos do
público. 11Os líderes judeus tentavam encontrá-lo na festa e per-
guntavam se alguém o tinha visto. 12Havia muita discussão a seu
respeito entre as multidões. Alguns afirmavam: "Ele é um homem
bom", enquanto outros diziam: "Ele não passa de um impostor, que
engana o povo". 13Mas ninguém tinha coragem de falar sobre ele
em público, por medo dos líderes judeus. 14Então, na metade da
festa, Jesus subiu ao templo e começou a ensinar. 15Os judeus que
estavam ali ficaram admirados ao ouvi-lo. "Como ele sabe tanto
sem ter estudado?", perguntavam. 16Jesus lhes respondeu: "Minha
mensagem não vem de mim mesmo; vem daquele que me enviou.
17Quem quiser fazer a vontade de Deus saberá se meu ensino vem
dele ou se falo por mim mesmo. 18Aquele que fala por si mesmo
busca sua própria glória, mas quem procura honrar aquele que o
enviou diz a verdade, e não mentiras. 19Moisés lhes deu a lei, mas ne-
nhum de vocês obedece a ela. Então por que procuram me matar?".
20A multidão respondeu: "Você está possuído por demônio! Quem
procura matá-lo?". 21Jesus respondeu: "Eu fiz um milagre no sábado,
e vocês ficaram admirados. 22No entanto, vocês também trabalham
no sábado quando obedecem à lei da circuncisão que Moisés lhes
deu, embora, na verdade, a circuncisão tenha começado com os
patriarcas, muito antes da lei de Moisés. 23Pois, se o tempo certo
de circuncidar seu filho cai no sábado, vocês realizam a cerimônia,
a fim de não quebrar a lei de Moisés. Então por que ficam indignados
comigo pelo fato de eu curar um homem no sábado? 24Não julguem
de acordo com as aparências, mas julguem de maneira justa".

NO QUE ESTOU **PENSANDO** ○ | O QUE ESTOU **SENTINDO** ○ | DO QUE ESTOU **LEMBRANDO** ○

DESENHE OU ESCREVA

Jesus é o Messias?

25Alguns do povo, que moravam em Jerusalém, começaram a per-
guntar uns aos outros: "Não é este o homem a quem procuram
matar? 26Aqui está ele, porém, falando em público, e não lhe dizem
coisa alguma. Será que nossos líderes acreditam que ele é o Cristo?
27Mas como pode ser este homem? Sabemos de onde ele vem.
Quando o Cristo vier, ninguém saberá de onde ele é". 28Enquanto
ensinava no templo, Jesus disse em alta voz: "Sim, vocês me co-
nhecem e sabem de onde eu venho. Mas não estou aqui por minha
própria conta. Aquele que me enviou é verdadeiro, e vocês não
o conhecem. 29Mas eu o conheço, porque venho dele, e ele me
enviou a vocês". 30Então tentaram prendê-lo, mas ninguém pôs
as mãos nele, porque ainda não havia chegado sua hora. 31Muitos
entre as multidões no templo creram nele e diziam: "Afinal, alguém
espera que o Cristo faça mais sinais do que este homem tem feito?".
32Quando os fariseus ouviram que as multidões sussurravam essas
coisas, eles e os principais sacerdotes enviaram guardas do templo
para prendê-lo. 33Jesus, porém, lhes disse: "Estarei com vocês só
um pouco mais. Então voltarei para aquele que me enviou. 34Vocês
procurarão por mim, mas não me encontrarão. E não poderão ir
para onde eu vou". 35Os judeus se perguntavam: "Para onde ele
pretende ir? Será que planeja partir e ir aos judeus em outras ter-
ras? Talvez até ensine aos gregos! 36O que ele quer dizer quando
fala: 'Vocês procurarão por mim, mas não me encontrarão' e 'Não
poderão ir para onde eu vou'?".

Jesus promete água viva

37No último dia, o mais importante da festa, Jesus se levantou e
disse em alta voz: "Quem tem sede, venha a mim e beba! 38Pois
as Escrituras declaram: 'Rios de água viva brotarão do interior de
quem crer em mim'". 39Quando ele falou de "água viva", estava se
referindo ao Espírito que seria dado mais tarde a todos que nele
cressem. Naquela ocasião o Espírito ainda não tinha sido dado, pois
Jesus ainda não havia sido glorificado.

Divisão e descrença

40Quando as multidões o ouviram dizer isso, alguns declararam:
"Certamente este homem é o profeta por quem esperávamos".

41 Outros afirmaram: "Ele é o Cristo". E ainda outros disseram:
"Não é possível! O Cristo virá da Galileia? 42 As Escrituras afirmam
claramente que o Cristo nascerá da linhagem real de Davi, em
Belém, o povoado onde o rei Davi nasceu". 43 Assim, a multidão
estava dividida a respeito de Jesus. 44 Alguns queriam que ele fosse
preso, mas ninguém pôs as mãos nele. 45 Quando os guardas do
templo voltaram sem ter prendido Jesus, os principais sacerdotes e
fariseus perguntaram: "Por que vocês não o trouxeram?". 46 "Nunca
ouvimos alguém falar como ele!", responderam. 47 "Vocês também
foram enganados?", zombaram os fariseus. 48 "Por acaso um de nós
que seja, entre os líderes ou fariseus, crê nele? 49 As multidões ig-
norantes o seguem, mas elas não têm conhecimento da lei. São
amaldiçoadas!" 50 Então Nicodemos, o líder que antes havia se
encontrado com Jesus, perguntou: 51 "A lei permite condenar um
homem antes mesmo de haver uma audiência?". 52 "Você também
é da Galileia?", responderam eles. "Procure e veja por si mesmo:
nenhum profeta vem da Galileia!" 53 Então todos foram para casa.

CAPÍTULO 8

Uma mulher é pega em adultério

1 Jesus voltou ao monte das Oliveiras, 2 mas na manhã seguinte,
bem cedo, estava outra vez no templo. Logo se reuniu uma mul-
tidão, e ele se sentou e a ensinou. 3 Então os mestres da lei e os
fariseus lhe trouxeram uma mulher pega em adultério e a colo-
caram diante da multidão. 4 "Mestre, esta mulher foi pega no ato
de adultério", disseram eles a Jesus. 5 "A lei de Moisés ordena que
ela seja apedrejada. O que o senhor diz?" 6 Procuravam apanhá-lo
numa armadilha, ao fazê-lo dizer algo que pudessem usar contra
ele. Jesus, porém, apenas se inclinou e começou a escrever com o
dedo na terra. 7 Eles continuaram a exigir uma resposta, de modo
que ele se levantou e disse: "Aquele de vocês que nunca pecou
atire a primeira pedra". 8 Então inclinou-se novamente e voltou a
escrever na terra. 9 Quando ouviram isso, foram saindo, um de cada
vez, começando pelos mais velhos, até que só restaram Jesus e a
mulher no meio da multidão. 10 Então Jesus se levantou de novo
e disse à mulher: "Onde estão seus acusadores? Nenhum deles
a condenou?". 11 "Não, Senhor", respondeu ela. E Jesus disse: "Eu
também não a condeno. Vá e não peque mais".

NO QUE ESTOU **PENSANDO** ○ | O QUE ESTOU **SENTINDO** ○ | DO QUE ESTOU **LEMBRANDO** ○

DESENHE OU ESCREVA

Jesus, a luz do mundo

12 Jesus voltou a falar ao povo e disse: "Eu sou a luz do mundo. Se
vocês me seguirem, não andarão no escuro, pois terão a luz da
vida". 13 Os fariseus disseram: "Você faz essas declarações a respeito
de si mesmo! Seu testemunho não é válido". 14 Jesus respondeu:
"Meu testemunho é válido, embora eu mesmo o dê, pois eu sei
de onde vim e para onde vou, mas vocês não sabem de onde vim
nem para onde vou. 15 Vocês julgam por padrões humanos, mas
eu não julgo ninguém. 16 E, mesmo que o fizesse, meu julgamento
seria correto, pois não estou sozinho. O Pai, que me enviou, está
comigo. 17 A lei de vocês diz que, se duas pessoas concordarem
sobre alguma coisa, seu testemunho é aceito como fato. 18 Eu sou
uma testemunha, e meu Pai, que me enviou, é a outra". 19 "Onde
está seu Pai?", perguntaram eles. Jesus respondeu: "Uma vez que
vocês não sabem quem sou eu, não sabem quem é meu Pai. Se
vocês me conhecessem, também conheceriam meu Pai". 20 Jesus
fez essas declarações enquanto ensinava na parte do templo onde
eram colocadas as ofertas. No entanto, não foi preso, pois ainda não
havia chegado sua hora.

O povo incrédulo é advertido

21 Mais tarde, Jesus lhes disse outra vez: "Eu vou embora. Vocês
procurarão por mim, mas morrerão em seus pecados. Não podem
ir para onde eu vou". 22 Os judeus perguntaram: "Será que ele está
planejando cometer suicídio? A que ele se refere quando diz: 'Não
podem ir para onde eu vou'?". 23 Jesus prosseguiu: "Vocês são da-
qui de baixo; eu sou lá de cima. Vocês pertencem a este mundo;
eu não. 24 Foi por isso que eu disse que vocês morrerão em seus
pecados, pois a menos que creiam que eu sou lá de cima, morrerão
em seus pecados". 25 "Quem é você?", perguntaram eles. Jesus res-
pondeu: "Sou aquele que sempre afirmei ser. 26 Tenho muito que
dizer e julgar a respeito de vocês, mas não o farei. Digo ao mundo
apenas o que ouvi daquele que me enviou, e ele é inteiramente
verdadeiro". 27 Ainda assim, não entenderam que ele lhes falava a
respeito do Pai. 28 Então Jesus disse: "Quando vocês me levantarem,
entenderão que eu sou o Filho do Homem. Não faço coisa alguma
por minha própria conta; digo apenas o que o Pai me ensinou.
29 E aquele que me enviou está comigo; ele não me abandonou,

pois sempre faço o que lhe agrada". **30**Muitos que o ouviram dizer
essas coisas creram nele.

Jesus e Abraão

31Jesus disse aos judeus que creram nele: "Vocês são verdadei-
ramente meus discípulos se permanecerem fiéis a meus ensina-
mentos. **32**Então conhecerão a verdade, e a verdade os libertará".
33"Mas somos descendentes de Abraão", disseram eles. "Nunca
fomos escravos de ninguém. O que quer dizer com 'Vocês serão
libertos'?" **34**Jesus respondeu: "Eu lhes digo a verdade: todo o que
peca é escravo do pecado. **35**O escravo não é membro permanente
da família, mas o filho faz parte da família, para sempre. **36**Portanto,
se o Filho os libertar, vocês serão livres de fato. **37**Sim, eu sei que vo-
cês são descendentes de Abraão. E, no entanto, procuram me matar,
pois não há lugar em seu coração para a minha mensagem. **38**Eu
lhes digo o que vi quando estava com meu Pai, mas vocês seguem
o conselho do pai de vocês". **39**"Nosso pai é Abraão!", declararam
eles. Jesus respondeu: "Se vocês fossem, de fato, filhos de Abraão,
seguiriam o exemplo dele. **40**Em vez disso, procuram me matar
porque eu lhes disse a verdade que ouvi de Deus. Abraão nunca fez
isso. **41**Vocês estão imitando seu verdadeiro pai". "Não somos filhos
ilegítimos!", retrucaram. "O próprio Deus é nosso verdadeiro Pai!"
42Jesus lhes disse: "Se Deus fosse seu Pai, vocês me amariam, por-
que eu venho até vocês da parte de Deus. Não estou aqui por minha
própria conta, mas ele me enviou. **43**Por que vocês não entendem
o que eu digo? É porque nem sequer conseguem me ouvir! **44**Pois
são filhos de seu pai, o diabo, e gostam de fazer as coisas perversas
que ele deseja. Ele foi assassino desde o princípio. Sempre odiou
a verdade, pois não há verdade alguma nele. Quando ele mente,
age de acordo com seu caráter, pois é mentiroso e pai da mentira.
45Portanto, quando eu digo a verdade, é natural que não creiam em
mim! **46**Qual de vocês pode me acusar de pecado? E, uma vez que
lhes digo a verdade, por que não creem em mim? **47**Quem pertence
a Deus ouve as palavras de Deus. Mas vocês não ouvem, pois não
pertencem a Deus". **48**"Samaritano endemoninhado!", responde-
ram os líderes judeus. "Não temos dito desde o início que está
possuído por demônio?" **49**"Não tenho em mim demônio algum",
disse Jesus. "Pelo contrário, honro meu Pai, e vocês me desonram.

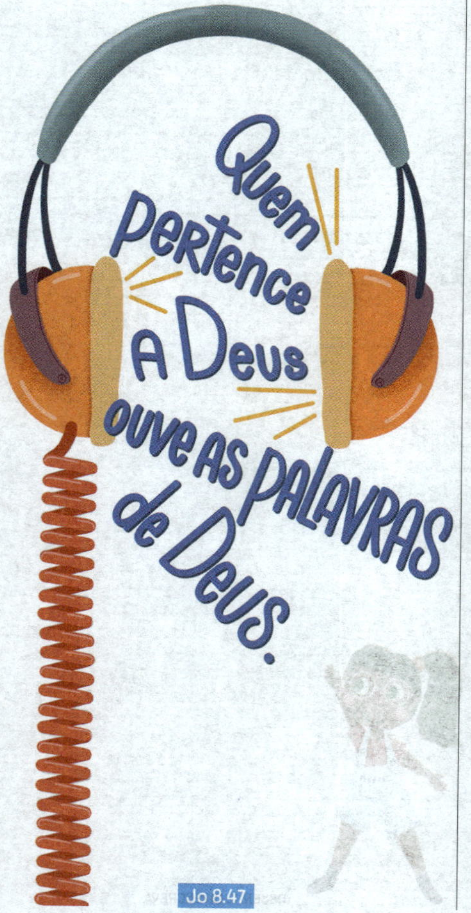

Jo 8.47

50Eu não procuro minha própria glória; há quem a procure para
mim, e ele é o Juiz. **51**Eu lhes digo a verdade: quem obedecer a
meu ensino jamais morrerá!" **52**Os líderes judeus disseram: "Agora
sabemos que você está possuído por demônio. Até Abraão e os
profetas morreram, mas você diz: 'Quem obedecer a meu ensino
jamais morrerá!'. **53**Por acaso você é maior que nosso pai Abraão?
Ele morreu, assim como os profetas. Quem você pensa que é?".
54Jesus respondeu: "Se eu quisesse glória para mim mesmo, essa
glória não contaria. Mas é meu Pai quem me glorifica. Vocês dizem:
'Ele é nosso Deus', **55**mas nem o conhecem. Eu o conheço. Se eu
dissesse que não o conheço, seria tão mentiroso quanto vocês!
Mas eu o conheço e lhe obedeço. **56**Seu pai Abraão exultou com
a expectativa da minha vinda. Ele a viu e se alegrou". **57**Os líderes
judeus disseram: "Você não tem nem cinquenta anos. Como pode
dizer que viu Abraão?". **58**Jesus respondeu: "Eu lhes digo a verdade:
antes mesmo de Abraão nascer, Eu Sou!". **59**Então apanharam pe-
dras para atirar em Jesus, mas ele se ocultou deles e saiu do templo.

CAPÍTULO 9

Jesus traz luz aos cegos

1Enquanto caminhava, Jesus viu um homem cego de nascença.
2Seus discípulos perguntaram: "Rabi, por que este homem nas-
ceu cego? Foi por causa de seus próprios pecados ou dos pecados
de seus pais?". **3**Jesus respondeu: "Nem uma coisa nem outra.
Isso aconteceu para que o poder de Deus se manifestasse nele.
4Devemos cumprir logo as tarefas que nos foram dadas por aque-
le que me enviou. A noite se aproxima, quando ninguém pode
trabalhar. **5**Mas, enquanto estou aqui no mundo, eu sou a luz do
mundo". **6**Depois de dizer isso, Jesus cuspiu no chão, misturou a
terra com saliva e aplicou-a nos olhos do cego. **7**Em seguida, disse:
"Vá lavar-se no tanque de Siloé" (que significa "enviado"). O homem
foi, lavou-se e voltou enxergando. **8**Seus vizinhos e outros que o
conheciam como mendigo começaram a perguntar: "Não é este o
homem que costumava ficar sentado pedindo esmolas?". **9**Alguns
diziam que sim, e outros diziam: "Não, apenas se parece com ele".
O mendigo, porém, insistia: "Sim, sou eu mesmo!". **10**"Quem curou
você?", perguntaram eles. "O que aconteceu?" **11**Ele respondeu: "O
homem chamado Jesus misturou terra com saliva, colocou-a em

meus olhos e disse: 'Vá lavar-se no tanque de Siloé'. Eu fui e me la-
vei, e agora posso ver!". 12 "Onde está esse homem?", perguntaram.
"Não sei", respondeu ele. 13 Então levaram aos fariseus o homem
que havia sido cego, 14 pois foi no sábado que Jesus misturou terra
com saliva e o curou. 15 Os fariseus encheram o homem de pergun-
tas sobre o que havia acontecido, e ele respondeu: "Ele colocou
terra com saliva em meus olhos e, depois que eu me lavei, passei
a enxergar!". 16 Alguns dos fariseus disseram: "Esse homem não é
de Deus, pois trabalha no sábado". Outros disseram: "Mas como
um pecador poderia fazer sinais como esse?". E havia entre eles
uma divergência de opiniões. 17 Os fariseus voltaram a perguntar
ao homem que havia sido cego: "O que você diz desse homem que
o curou?". "Ele deve ser profeta", respondeu o homem. 18 Os líderes
judeus se recusavam a crer que ele havia sido cego e estava curado,
por isso mandaram chamar os pais dele 19 e perguntaram: "Ele é
seu filho? Ele nasceu cego? Se foi, como pode ver agora?". 20 Os pais
responderam: "Sabemos que ele é nosso filho e que nasceu cego,
21 mas não sabemos como pode ver agora nem quem o curou. Ele
tem idade suficiente para falar por si mesmo. Perguntem a ele".
22 Seus pais disseram isso por medo dos líderes judeus, pois estes
haviam anunciado que, se alguém dissesse que Jesus era o Cristo,
seria expulso da sinagoga. 23 Por isso disseram: "Ele tem idade su-
ficiente. Perguntem a ele". 24 Então, pela segunda vez, chamaram
o homem que havia sido cego e lhe disseram: "Deus é quem deve
receber glória por aquilo que aconteceu, pois sabemos que esse
Jesus é pecador". 25 "Não sei se ele é pecador", respondeu o homem.
"Mas uma coisa sei: eu era cego e agora vejo!" 26 "Mas o que ele
fez?", perguntaram. "Como ele o curou?" 27 "Eu já lhes disse!", excla-
mou o homem. "Vocês não ouviram? Por que querem ouvir outra
vez? Por acaso também querem se tornar discípulos dele?" 28 Então
eles o insultaram e disseram: "Você é discípulo dele, mas nós so-
mos discípulos de Moisés! 29 Sabemos que Deus falou a Moisés,
mas nem sabemos de onde vem esse homem". 30 "Que coisa mais
estranha!", respondeu o homem. "Ele curou meus olhos e vocês
não sabem de onde ele vem? 31 Sabemos que Deus não atende
pecadores, mas está pronto a ouvir aqueles que o adoram e fazem
a sua vontade. 32 Desde o princípio do mundo, ninguém foi capaz
de abrir os olhos de um cego de nascença. 33 Se esse homem não

NO QUE ESTOU PENSANDO ○ | O QUE ESTOU SENTINDO ○ | DO QUE ESTOU LEMBRANDO ○

DESENHE OU ESCREVA

fosse de Deus, não teria conseguido fazê-lo." 34 "Você nasceu intei-
ramente pecador!", disseram eles. "E quer ensinar a nós?" Então o
expulsaram da sinagoga.

Cegueira espiritual

35 Quando Jesus soube do que havia acontecido, procurou o ho-
mem e lhe disse: "Você crê no Filho do Homem?". 36 "Quem é ele,
senhor?", perguntou o homem. "Eu quero crer nele." 37 Jesus res-
pondeu: "Você o viu, e ele está falando com você!". 38 "Sim, Senhor,
eu creio!", declarou o homem. E adorou a Jesus. 39 Então Jesus dis-
se: "Eu vim a este mundo para julgar, para dar visão aos cegos e
para fazer que os que veem se tornem cegos". 40 Alguns fariseus que
estavam por perto o ouviram e perguntaram: "Você está dizendo
que nós somos cegos?". 41 "Se vocês fossem cegos, não seriam cul-
pados", respondeu Jesus. "Mas a culpa de vocês permanece, pois
afirmam que podem ver."

CAPÍTULO 10

O Bom Pastor e suas ovelhas

1 "Eu lhes digo a verdade: quem entra no curral das ovelhas às
escondidas, por sobre a cerca, em vez de passar pela porta, é
certamente ladrão e assaltante! 2 Mas quem entra pela porta é
o pastor das ovelhas. 3 O porteiro lhe abre a porta, e as ovelhas
reconhecem sua voz e se aproximam. Ele chama suas ovelhas
pelo nome e as conduz para fora. 4 Depois de reuni-las, vai adiante
delas, e elas o seguem porque conhecem sua voz. 5 Nunca segui-
rão um desconhecido; antes, fugirão dele, pois não reconhecem
sua voz." 6 Os que ouviram Jesus usar essa ilustração não entende-
ram o que ele quis dizer, 7 por isso ele a explicou: "Eu lhes digo a
verdade: eu sou a porta das ovelhas. 8 Todos que vieram antes de
mim eram ladrões e assaltantes, mas as ovelhas não os ouviram.
9 Sim, eu sou a porta. Quem entrar por mim será salvo. Entrará e
sairá e encontrará pasto. 10 O ladrão vem para roubar, matar e des-
truir. Eu vim para lhes dar vida, uma vida plena, que satisfaz. 11 "Eu
sou o bom pastor. O bom pastor sacrifica sua vida pelas ovelhas.
12 O empregado foge quando vê um lobo se aproximar. Abandona
as ovelhas porque elas não lhe pertencem e ele não é seu pastor.
Então o lobo as ataca e dispersa o rebanho. 13 O empregado foge

porque trabalha apenas por dinheiro e não se importa de fato com
as ovelhas. 14“Eu sou o bom pastor. Conheço minhas ovelhas, e elas
me conhecem, 15assim como meu Pai me conhece e eu o conheço;
e eu sacrifico minha vida pelas ovelhas. 16Tenho outras ovelhas, que
não estão neste curral. Devo trazê-las também. Elas ouvirão minha
voz, e haverá um só rebanho e um só pastor. 17“O Pai me ama, pois
sacrifico minha vida para tomá-la de volta. 18Ninguém a tira de
mim, mas eu mesmo a dou. Tenho autoridade para entregá-la e
também para tomá-la de volta, pois foi isso que meu Pai ordenou”.
19Quando Jesus disse essas coisas, as opiniões dos judeus a respei-
to dele se dividiram outra vez. 20Alguns diziam: “Ele está possuído
por demônio e está louco. Por que ouvi-lo?”. 21Outros diziam: “Ele
não fala como alguém que está possuído por demônio. Pode um
demônio abrir os olhos dos cegos?”.

Jesus afirma ser o Filho de Deus

22Era inverno, e Jesus estava em Jerusalém na celebração da Festa
da Dedicação. 23Ele caminhava pelo templo, na parte conhecida
como Pórtico de Salomão, 24quando os líderes judeus o rodearam
e perguntaram: “Quanto tempo vai nos deixar em suspense? Se
você é o Cristo, diga-nos claramente”. 25Jesus respondeu: “Eu já
lhes disse, e vocês não creram em mim. A prova são as obras que
realizo em nome de meu Pai. 26Mas vocês não creem em mim
porque não são minhas ovelhas. 27Minhas ovelhas ouvem a minha
voz; eu as conheço, e elas me seguem. 28Eu lhes dou a vida eterna,
e elas nunca morrerão. Ninguém pode arrancá-las de minha mão,
29pois meu Pai as deu a mim, e ele é mais poderoso que todos.
Ninguém pode arrancá-las da mão de meu Pai. 30O Pai e eu somos
um”. 31Mais uma vez, os líderes judeus pegaram pedras para atirar
nele. 32Jesus disse: “Por orientação de meu Pai, eu fiz muitas boas
obras. Por qual delas vocês querem me apedrejar?”. 33Eles respon-
deram: “Não vamos apedrejá-lo por nenhuma boa obra, mas por
blasfêmia. Você, um simples homem, afirma que é Deus!”. 34Jesus
respondeu: “As próprias Escrituras de vocês afirmam que Deus disse
a certos líderes do povo: ‘Eu digo: vocês são deuses!’. 35E vocês
sabem que as Escrituras não podem ser alteradas. Portanto, se
aqueles que receberam a mensagem de Deus foram chamados
de ‘deuses’, 36por que vocês consideram blasfêmia quando eu digo:

Jo 10.27

‘Eu sou o Filho de Deus’? Afinal, o Pai me consagrou e me enviou
ao mundo. 37Não creiam em mim se não realizo as obras de meu
Pai. 38Mas, se as realizo, creiam na prova, que são as obras, mesmo
que não creiam em mim. Então vocês saberão e entenderão que o
Pai está em mim, e que eu estou no Pai”. 39Novamente, tentaram
prendê-lo, mas ele escapou e os deixou. 40Foi para o outro lado
do rio Jordão, perto do lugar onde João batizava no início, e ficou
ali por algum tempo. 41Muitos o seguiram, comentando entre si:
“João não realizou sinais, mas tudo que ele disse a respeito deste
homem se cumpriu”. 42E muitos ali creram em Jesus.

CAPÍTULO 11

A ressurreição de Lázaro

1Um homem chamado Lázaro estava doente. Ele morava em
Betânia com suas irmãs, Maria e Marta. 2Foi Maria, a irmã de Lázaro,
que mais tarde derramou perfume caro nos pés do Senhor e os
enxugou com os cabelos. 3As duas irmãs enviaram um recado a
Jesus, dizendo: “Senhor, seu amigo querido está muito doente”.
4Quando Jesus ouviu isso, disse: “A doença de Lázaro não acabará
em morte. Ela aconteceu para a glória de Deus, para que o Filho
de Deus receba glória por meio dela”. 5Jesus amava Marta, Maria
e Lázaro. 6Ouvindo, portanto, que Lázaro estava doente, ficou mais
dois dias onde estava. 7Depois, disse a seus discípulos: “Vamos
voltar para a Judeia”. 8Os discípulos se opuseram, dizendo: “Rabi,
apenas alguns dias atrás o povo da Judeia tentou apedrejá-lo. Ainda
assim, o senhor vai voltar para lá?”. 9Jesus respondeu: “Há doze
horas de claridade todos os dias. Durante o dia, as pessoas podem
andar com segurança. Conseguem enxergar, pois têm a luz deste
mundo. 10À noite, porém, correm o risco de tropeçar, pois não há
luz”. 11E acrescentou: “Nosso amigo Lázaro adormeceu, mas agora
vou despertá-lo”. 12Os discípulos disseram: “Senhor, se ele dorme
é porque logo vai melhorar!”. 13Pensavam que Jesus falava apenas
do repouso do sono, mas ele se referia à morte de Lázaro. 14Então
ele disse claramente: “Lázaro está morto. 15E, por causa de vocês, eu
me alegro por não ter estado lá, pois agora vocês vão crer de fato.
Venham, vamos até ele”. 16Tomé, apelidado de Gêmeo, disse aos
outros discípulos: “Vamos até lá também para morrer com Jesus”.
17Quando Jesus chegou a Betânia, disseram-lhe que Lázaro estava

no túmulo havia quatro dias. 18 Betânia ficava a cerca de três quilô-
metros de Jerusalém, 19 e muitos moradores da região tinham vindo
consolar Marta e Maria pela perda do irmão. 20 Quando Marta soube
que Jesus estava chegando, foi ao seu encontro. Maria, porém, ficou
em casa. 21 Marta disse a Jesus: "Se o Senhor estivesse aqui, meu
irmão não teria morrido. 22 Mas sei que, mesmo agora, Deus lhe
dará tudo que pedir". 23 Jesus lhe disse: "Seu irmão vai ressuscitar".
24 "Sim", respondeu Marta. "Ele vai ressuscitar quando todos ressus-
citarem, no último dia." 25 Então Jesus disse: "Eu sou a ressurreição e
a vida. Quem crê em mim viverá, mesmo depois de morrer. 26 Quem
vive e crê em mim jamais morrerá. Você crê nisso, Marta?". 27 "Sim,
Senhor", respondeu ela. "Eu creio que o senhor é o Cristo, o Filho de
Deus, aquele que veio ao mundo da parte de Deus." 28 Em seguida,
voltou para casa. Chamou Maria à parte e disse: "O Mestre está
aqui e quer ver você". 29 Maria se levantou de imediato e foi até ele.
30 Jesus tinha ficado fora do povoado, no lugar onde Marta havia
se encontrado com ele. 31 Quando as pessoas que estavam na casa
viram Maria sair apressadamente, imaginaram que ela ia ao túmulo
de Lázaro chorar e a seguiram. 32 Assim que chegou ao lugar onde
Jesus estava e o viu, caiu a seus pés e disse: "Se o Senhor estives-
se aqui, meu irmão não teria morrido". 33 Quando Jesus viu Maria
chorar, e o povo também, sentiu profunda indignação e grande an-
gústia. 34 "Onde vocês o colocaram?", perguntou. Eles responderam:
"Senhor, venha e veja". 35 Jesus chorou. 36 As pessoas que estavam
por perto disseram: "Vejam como ele o amava!". 37 Outros, porém,
disseram: "Este homem curou um cego. Não poderia ter impedido
que Lázaro morresse?". 38 Jesus, sentindo-se novamente indignado,
chegou ao túmulo, uma gruta com uma pedra fechando a entrada.
39 "Rolem a pedra para o lado", ordenou. "Senhor, ele está morto
há quatro dias", disse Marta, a irmã do falecido. "O mau cheiro será
terrível." 40 Jesus respondeu: "Eu não lhe disse que, se você cresse,
veria a glória de Deus?". 41 Então rolaram a pedra para o lado. Jesus
olhou para o céu e disse: "Pai, eu te agradeço porque me ouviste.
42 Tu sempre me ouves, mas eu disse isso por causa de todas as
pessoas que estão aqui, para que elas creiam que tu me enviaste".
43 Então Jesus gritou: "Lázaro, venha para fora!". 44 E o morto saiu,
com as mãos e os pés presos com faixas e o rosto envolto num pano.
Jesus disse: "Desamarrem as faixas e deixem-no ir!".

NO QUE ESTOU **PENSANDO** ○ O QUE ESTOU **SENTINDO** ○ DO QUE ESTOU **LEMBRANDO** ○

DESENHE OU ESCREVA

A conspiração para matar Jesus

45 Muitos dos judeus que estavam com Maria creram em Jesus
quando viram isso. 46 Alguns, no entanto, foram aos fariseus e
contaram o que Jesus tinha feito. 47 Então os principais sacerdotes
e fariseus reuniram o conselho dos líderes do povo. "Que vamos
fazer?", perguntavam uns aos outros. "Sem dúvida, este homem
realiza muitos sinais. 48 Se permitirmos que continue assim, logo
todos crerão nele. Então o exército romano virá e destruirá nosso
templo e nossa nação." 49 Caifás, o sumo sacerdote naquele ano,
disse: "Vocês não sabem o que estão dizendo! 50 Não percebem
que é melhor para vocês que um homem morra pelo povo em vez
de a nação inteira ser destruída?". 51 Não disse isso por si mesmo,
mas, sendo o sumo sacerdote naquele ano, profetizou que Jesus
morreria pela nação inteira. 52 E não apenas por aquela nação, mas
para reunir em um só corpo todos os filhos de Deus espalhados ao
redor do mundo. 53 Daquele dia em diante, começaram a tramar
a morte de Jesus. 54 Por essa razão, Jesus parou de andar no meio
do povo. Foi para um lugar próximo do deserto, para o povoado
de Efraim, onde permaneceu com seus discípulos. 55 Faltava pouco
tempo para a festa judaica da Páscoa, e muita gente de toda a região
chegou a Jerusalém para participar da cerimônia de purificação,
antes que a Páscoa começasse. 56 Continuavam procurando Jesus
e, estando eles no templo, perguntavam uns aos outros: "O que
vocês acham? Será que ele virá para a Páscoa?". 57 Enquanto isso, os
principais sacerdotes e fariseus deram ordem para que, se alguém
soubesse onde Jesus estava, o denunciasse de imediato, a fim de
que o prendessem.

CAPÍTULO 12

Jesus é ungido em Betânia

1 Seis dias antes de começar a Páscoa, Jesus chegou a Betânia, onde
morava Lázaro, o homem que ele havia ressuscitado dos mortos.
2 Prepararam um jantar em homenagem a Jesus; Marta servia, e
Lázaro estava à mesa com ele. 3 Então Maria pegou um frasco de
perfume caro feito de essência de óleo aromático, ungiu com ele
os pés de Jesus e os enxugou com os cabelos. A casa se encheu
com a fragrância do perfume. 4 Mas Judas Iscariotes, o discípulo
que em breve trairia Jesus, disse: 5 "Este perfume valia trezentas

moedas de prata. Deveria ter sido vendido, e o dinheiro, dado aos
pobres". 6Não que ele se importasse com os pobres; na verdade,
era ladrão e, como responsável pelo dinheiro dos discípulos, muitas
vezes roubava uma parte para si. 7Jesus respondeu: "Deixe-a em
paz. Ela fez isto como preparação para meu sepultamento. 8Vocês
sempre terão os pobres em seu meio, mas nem sempre terão a
mim". 9Quando o povo soube da chegada de Jesus, correu para
vê-lo, e também a Lázaro, a quem Jesus havia ressuscitado dos
mortos. 10Então os principais sacerdotes decidiram matar também
Lázaro, 11pois, por causa dele, muitos do povo os haviam abando-
nado e criam em Jesus.

A entrada de Jesus em Jerusalém

12No dia seguinte, correu pela cidade a notícia de que Jesus estava
a caminho de Jerusalém. Uma grande multidão de visitantes que
tinham vindo para a Páscoa 13tomou ramos de palmeiras e saiu ao
seu encontro, gritando: "Hosana! Bendito é o que vem em nome do
Senhor! Bendito é o Rei de Israel!". 14Jesus conseguiu um jumenti-
nho e montou nele, cumprindo a profecia que dizia: 15"Não tenha
medo, povo de Sião. Vejam, seu Rei se aproxima, montado num ju-
mentinho". 16Seus discípulos não entenderam, naquele momento,
que se tratava do cumprimento de uma profecia. Depois que Jesus
foi glorificado, porém, eles se lembraram do que havia acontecido
e perceberam que era a respeito dele que essas coisas tinham sido
escritas. 17Muitos tinham visto quando Jesus mandou Lázaro sair do
túmulo e o ressuscitou dos mortos, e contavam esse fato a outros.
18Destes, muitos saíram ao encontro de Jesus, porque tinham ou-
vido falar desse sinal. 19Então os fariseus disseram uns aos outros:
"Não podemos fazer nada. Vejam, todo mundo o segue!".

Jesus prediz sua morte

20Alguns gregos que tinham vindo a Jerusalém para adorar du-
rante a festa da Páscoa 21procuraram Filipe, que era de Betsaida,
da Galileia, e lhe disseram: "Por favor, gostaríamos de ver Jesus".
22Filipe falou a esse respeito com André, e os dois foram juntos
falar com Jesus. 23Jesus respondeu: "Chegou a hora de o Filho do
Homem ser glorificado. 24Eu lhes digo a verdade: se o grão de trigo
não for plantado na terra e não morrer, ficará só. Sua morte, porém,

NO QUE ESTOU PENSANDO ○ | O QUE ESTOU SENTINDO ○ | DO QUE ESTOU LEMBRANDO ○

DESENHE OU ESCREVA

produzirá muitos novos grãos. 25Quem ama sua vida neste mundo
a perderá. Quem odeia sua vida neste mundo a conservará por toda
a eternidade. 26Se alguém quer ser meu discípulo, siga-me, pois
meus servos devem estar onde eu estou. E o Pai honrará quem me
servir. 27"Agora minha alma está angustiada. Acaso devo orar 'Pai,
salva-me desta hora'? Mas foi exatamente por esse motivo que eu
vim! 28Pai, glorifica teu nome!". Então uma voz falou do céu: "Eu já
glorifiquei meu nome, e o farei novamente em breve". 29Quando a
multidão ouviu a voz, alguns pensaram que era um trovão, enquan-
to outros afirmavam que um anjo havia falado com ele. 30Então
Jesus lhes disse: "A voz foi por causa de vocês, e não por minha
causa. 31Chegou a hora de julgar o mundo; agora, o governante
deste mundo será expulso. 32E, quando eu for levantado da terra,
atrairei todos a mim". 33Ele disse isso para indicar como morreria.
34A multidão disse: "Entendemos pelas Escrituras que o Cristo vive-
ria para sempre. Como pode dizer que o Filho do Homem morrerá?
Afinal, quem é esse Filho do Homem?". 35Jesus respondeu: "Minha
luz brilhará para vocês só mais um pouco. Andem na luz enquanto
podem, para que a escuridão não os pegue de surpresa. Quem anda
na escuridão não consegue ver aonde vai. 36Creiam na luz enquanto
ainda há tempo; desse modo vocês se tornarão filhos da luz". Depois
de dizer essas coisas, Jesus foi embora e se ocultou deles.

A incredulidade do povo

37Apesar de todos os sinais que Jesus havia realizado, não creram
nele. 38Aconteceu conforme o profeta Isaías tinha dito: "Senhor,
quem creu em nossa mensagem? A quem o Senhor revelou seu
braço forte?". 39Mas o povo não podia crer, pois como Isaías também
disse: 40"O Senhor cegou seus olhos e endureceu seu coração para
que seus olhos não vejam, e seu coração não entenda, e não se
voltem para mim, nem permitam que eu os cure". 41As palavras
de Isaías referiam-se a Jesus, pois viu sua glória e falou sobre ele.
42Ainda assim, muitos creram em Jesus, incluindo alguns dos lí-
deres judeus. Eles, porém, não declararam sua fé abertamente, por
medo de que os fariseus os expulsassem da sinagoga. 43Amaram a
aprovação das pessoas mais que a aprovação de Deus. 44Jesus disse
em alta voz às multidões: "Se vocês creem em mim, não creem
apenas em mim, mas também naquele que me enviou. 45Pois,

quando veem a mim, veem aquele que me enviou. **46**Eu vim como
luz para brilhar neste mundo, a fim de que todo aquele que crê
em mim não permaneça na escuridão. **47**Não julgarei aqueles que
me ouvem mas não me obedecem, pois vim para salvar o mundo,
e não para julgá-lo. **48**Mas todos que me rejeitam e desprezam
minha mensagem serão julgados no dia do julgamento pela ver-
dade que tenho falado. **49**Não falo com minha própria autoridade.
O Pai, que me enviou, me ordenou o que dizer. **50**E eu sei que o
mandamento dele conduz à vida eterna; por isso digo tudo que o
Pai me mandou dizer".

Jo

CAPÍTULO 13

Jesus lava os pés de seus discípulos

1Antes da festa da Páscoa, Jesus sabia que havia chegado sua hora
de deixar este mundo e voltar para o Pai. Ele tinha amado seus
discípulos durante seu ministério na terra, e os amou até o fim.
2Estava na hora do jantar, e o diabo já havia instigado Judas, filho de
Simão Iscariotes, a trair Jesus. **3**Jesus sabia que o Pai lhe dera autori-
dade sobre todas as coisas e que viera de Deus e voltaria para Deus.
4Assim, levantou-se da mesa, tirou a capa e enrolou uma toalha na
cintura. **5**Depois, derramou água numa bacia e começou a lavar os
pés de seus discípulos, enxugando-os com a toalha que estava em
sua cintura. **6**Quando Jesus chegou a Simão Pedro, este lhe disse:
"O Senhor vai lavar os meus pés?". **7**Jesus respondeu: "Você não
entende agora o que estou fazendo, mas algum dia entenderá".
8"Lavar os meus pés? De jeito nenhum!", protestou Pedro. Jesus
respondeu: "Se eu não os lavar, você não terá comunhão comigo".
9Simão Pedro exclamou: "Senhor, então lave também minhas mãos
e minha cabeça, e não somente os pés!". **10**Jesus respondeu: "A
pessoa que tomou banho completo só precisa lavar os pés para
ficar totalmente limpa. E vocês estão limpos, mas nem todos". **11**Pois
Jesus sabia quem o trairia. Foi a isso que se referiu quando disse:
"Nem todos vocês estão limpos". **12**Depois de lavar os pés deles,
Jesus vestiu a capa novamente, retornou a seu lugar e perguntou:
"Vocês entendem o que fiz? **13**Vocês me chamam 'Mestre' e 'Senhor',
e têm razão, porque eu sou. **14**E uma vez que eu, seu Senhor e
Mestre, lavei seus pés, vocês devem lavar os pés uns dos outros. **15**Eu
lhes dei um exemplo a ser seguido. Façam como eu fiz a vocês. **16**Eu

lhes digo a verdade: o escravo não é maior que o seu senhor, nem o
mensageiro é mais importante que aquele que o envia. **17**Agora que
vocês sabem estas coisas, serão felizes se as praticarem."

Jesus prediz a traição de Judas

18"Não digo estas coisas a todos vocês; conheço os que escolhi. Mas
isto cumpre as Escrituras que dizem: 'Aquele que come do meu
alimento voltou-se contra mim'. **19**Eu lhes digo isso de antemão,
para que, quando acontecer, vocês creiam que eu sou aquele de
quem falam as Escrituras. **20**Eu lhes digo a verdade: quem recebe
aquele que envio recebe a mim, e quem recebe a mim recebe
o Pai, que me enviou". **21**Então Jesus sentiu profunda angústia e
exclamou: "Eu lhes digo a verdade: um de vocês vai me trair!". **22**Os
discípulos olharam uns para os outros, sem saber a quem ele se
referia. **23**O discípulo a quem Jesus amava ocupava o lugar ao lado
dele à mesa. **24**Simão Pedro lhe fez um sinal para que perguntasse
a quem Jesus se referia. **25**Então o discípulo se inclinou para Jesus
e perguntou: "Senhor, quem é?". **26**Jesus respondeu: "É aquele a
quem eu der o pedaço de pão que molhei na tigela". E, depois de
molhar o pedaço de pão, deu-o a Judas, filho de Simão Iscariotes.
27Quando Judas comeu o pão, Satanás entrou nele. Então Jesus
lhe disse: "O que você vai fazer, faça logo". **28**Nenhum dos outros
à mesa entendeu o que Jesus quis dizer. **29**Como Judas era o te-
soureiro, alguns imaginaram que Jesus tinha mandado que ele
comprasse o necessário para a festa ou desse algum dinheiro aos
pobres. **30**Judas saiu depressa, e era noite.

Jesus prediz a negação de Pedro

31Assim que Judas saiu, Jesus disse: "Chegou a hora de o Filho do
Homem ser glorificado e, por causa dele, Deus será glorificado.
32Uma vez que Deus recebe glória por causa do Filho, ele dará ao
Filho sua glória, de uma vez por todas. **33**Meus filhos, estarei com
vocês apenas mais um pouco. E, como eu disse aos líderes judeus,
vocês me procurarão, mas não poderão ir para onde eu vou. **34**Por
isso, agora eu lhes dou um novo mandamento: Amem uns aos
outros. Assim como eu os amei, vocês devem amar uns aos outros.
35Seu amor uns pelos outros provará ao mundo que são meus
discípulos". **36**Simão Pedro perguntou: "Para onde o Senhor vai?".

Jesus respondeu: "Para onde vou vocês não podem ir agora, mas
me seguirão mais tarde". 37 "Senhor, por que não posso ir agora?",
perguntou ele. "Estou disposto a morrer pelo senhor." 38 "Morrer
por mim?", disse Jesus. "Eu lhe digo a verdade, Pedro: antes que o
galo cante, você me negará três vezes."

CAPÍTULO 14

Jesus, o caminho para o Pai

1 "Não deixem que seu coração fique aflito. Creiam em Deus; creiam
também em mim. 2 Na casa de meu Pai há muitas moradas. Se
não fosse assim, eu lhes teria dito. Vou preparar lugar para vocês
3 e, quando tudo estiver pronto, virei buscá-los, para que estejam
sempre comigo, onde eu estiver. 4 Vocês conhecem o caminho para
onde vou." 5 "Não sabemos para onde o Senhor vai", disse Tomé.
"Como podemos conhecer o caminho?" 6 Jesus disse: "Eu sou o
caminho, a verdade e a vida. Ninguém pode vir ao Pai senão por
mim. 7 Se vocês realmente me conhecessem, saberiam quem é meu
Pai. Mas, de agora em diante, vão conhecer e ver o Pai". 8 Filipe
disse: "Senhor, mostre-nos o Pai, e ficaremos satisfeitos". 9 Jesus
respondeu: "Filipe, estive com vocês todo esse tempo e você ainda
não sabe quem eu sou? Quem me vê, vê o Pai! Então por que me
pede para mostrar o Pai? 10 Você não crê que eu estou no Pai e o
Pai está em mim? As palavras que eu digo não são minhas, mas
de meu Pai, que permanece em mim e realiza suas obras por meu
intermédio. 11 Apenas creiam que eu estou no Pai e que o Pai está
em mim. Ou creiam pelo menos por causa das obras que vocês me
viram realizar. 12 "Eu lhes digo a verdade: quem crê em mim fará
as mesmas obras que tenho realizado, e até maiores, pois eu vou
para o Pai. 13 Vocês podem pedir qualquer coisa em meu nome, e
eu o farei, para que o Filho glorifique o Pai. 14 Sim, peçam qualquer
coisa em meu nome, e eu o farei!"

Jesus promete o Espírito Santo

15 "Se vocês me amam, obedeçam a meus mandamentos. 16 E eu
pedirei ao Pai, e ele lhes dará outro Encorajador, que nunca os dei-
xará. 17 É o Espírito da verdade. O mundo não o pode receber, pois
não o vê e não o conhece. Mas vocês o conhecem, pois ele habita
com vocês agora e depois estará em vocês. 18 Não os deixarei órfãos;

Jo 15.11

voltarei para vocês. 19 Em breve o mundo não me verá mais, mas
vocês me verão. Porque eu vivo, vocês também viverão. 20 No dia
em que eu for ressuscitado, vocês saberão que eu estou em meu
Pai, vocês em mim, e eu em vocês. 21 Aqueles que aceitam meus
mandamentos e lhes obedecem são os que me amam. E, porque
me amam, serão amados por meu Pai. E eu também os amarei e
me revelarei a cada um deles." 22 Judas (não o Iscariotes) disse: "Por
que o Senhor vai se revelar somente a nós, e não ao mundo em
geral?". 23 Jesus respondeu: "Quem me ama faz o que eu ordeno.
Meu Pai o amará, e nós viremos para morar nele. 24 Quem não
me ama não me obedece. E lembrem-se, estas palavras não são
minhas; elas vêm do Pai, que me enviou. 25 Eu digo estas coisas
enquanto ainda estou com vocês. 26 Mas quando o Pai enviar o
Encorajador, o Espírito Santo, como meu representante, ele lhes
ensinará todas as coisas e os fará lembrar tudo que eu lhes disse.
27 "Eu lhes deixo um presente, a minha plena paz. E essa paz que
eu lhes dou é um presente que o mundo não pode dar. Portanto,
não se aflijam nem tenham medo. 28 Lembrem-se do que eu lhes
disse: 'Vou embora, mas voltarei para vocês'. Se o seu amor por mim
é real, vocês deveriam estar felizes porque eu vou para o Pai, que
é maior que eu. 29 Eu lhes disse estas coisas antes que aconteçam
para que, quando acontecerem, vocês creiam. 30 "Não tenho muito
tempo mais para falar com vocês, pois o governante deste mundo
se aproxima. Ele não tem poder algum sobre mim, 31 mas farei o
que o Pai requer de mim, para que o mundo saiba que eu amo o
Pai. Levantem-se e vamos embora!"

CAPÍTULO 15

Jesus, a videira verdadeira

1 "Eu sou a videira verdadeira, e meu Pai é o lavrador. 2 Todo ramo
que, estando em mim, não dá fruto, ele corta. Todo ramo que dá
fruto, ele poda, para que produza ainda mais. 3 Vocês já foram lim-
pos pela mensagem que eu lhes dei. 4 Permaneçam em mim, e
eu permanecerei em vocês. Pois, assim como um ramo não pode
produzir fruto se não estiver na videira, vocês também não poderão
produzir frutos a menos que permaneçam em mim. 5 "Sim, eu sou a
videira; vocês são os ramos. Quem permanece em mim, e eu nele,
produz muito fruto. Pois, sem mim, vocês não podem fazer coisa

alguma. 6Quem não permanece em mim é jogado fora, como um
ramo imprestável, e seca. Esses ramos são ajuntados num monte
para serem queimados. 7Mas, se vocês permanecerem em mim e
minhas palavras permanecerem em vocês, pedirão o que quiserem,
e isso lhes será concedido! 8Quando vocês produzem muitos frutos,
trazem grande glória a meu Pai e demonstram que são meus discí-
pulos de verdade. 9"Eu os amei como o Pai me amou. Permaneçam
no meu amor. 10Quando vocês obedecem a meus mandamentos,
permanecem no meu amor, assim como eu obedeço aos manda-
mentos de meu Pai e permaneço no amor dele. 11Eu lhes disse
estas coisas para que fiquem repletos da minha alegria. Sim, sua
alegria transbordará! 12Este é meu mandamento: Amem uns aos
outros como eu amo vocês. 13Não existe amor maior do que dar a
vida por seus amigos. 14Vocês serão meus amigos se fizerem o que
eu ordeno. 15Já não os chamo de escravos, pois o senhor não faz
confidências a seus escravos. Agora vocês são meus amigos, pois eu
lhes disse tudo que o Pai me disse. 16Vocês não me escolheram; eu
os escolhi. Eu os chamei para irem e produzirem frutos duradouros,
para que o Pai lhes dê tudo que pedirem em meu nome. 17Este é
meu mandamento: Amem uns aos outros."

Os discípulos de Jesus e o mundo

18"Se o mundo os odeia, lembrem-se de que primeiro odiou a mim.
19O mundo os amaria se pertencessem a ele, mas vocês já não
fazem parte do mundo. Eu os escolhi para que não mais perten-
çam ao mundo, e por isso o mundo os odeia. 20Vocês se lembram
do que eu lhes disse: 'O escravo não é maior que o seu senhor'?
Uma vez que eles me perseguiram, também os perseguirão. E, se
obedeceram à minha palavra, também obedecerão à sua. 21Farão
tudo isso a vocês por minha causa, pois rejeitaram aquele que
me enviou. 22Eles não seriam culpados se eu não tivesse vindo
nem lhes falado. Agora, porém, não têm desculpa por seu pecado.
23Quem me odeia também odeia meu Pai. 24Se eu não tivesse
realizado no meio deles sinais que ninguém mais pode realizar,
eles não seriam culpados. Agora, porém, viram tudo que fiz e, no
entanto, ainda odeiam a mim e a meu Pai. 25Isso cumpre o que está
registrado nas Escrituras deles: 'Odiaram-me sem motivo'. 26"Mas
eu enviarei a vocês o Encorajador, o Espírito da verdade. Ele virá

NO QUE ESTOU **PENSANDO** ○ O QUE ESTOU **SENTINDO** ○ DO QUE ESTOU **LEMBRANDO** ○

DESENHE OU ESCREVA

do Pai e testemunhará a meu respeito. 27E vocês também devem
testemunhar a meu respeito, porque estão comigo desde o início."

CAPÍTULO 16

1"Eu lhes digo estas coisas para que não desanimem da fé. 2Pois
vocês serão expulsos das sinagogas, e virá o tempo em que aqueles
que os matarem pensarão que estão prestando um serviço sagrado
a Deus. 3Farão isso porque nunca conheceram nem o Pai nem a
mim. 4Sim, eu lhes digo estas coisas agora para que, quando elas
acontecerem, vocês se lembrem de que os avisei. Eu não lhes disse
antes porque ainda estaria com vocês mais um pouco."

A obra do Espírito Santo

5"Agora, porém, vou para aquele que me enviou, e nenhum de
vocês me pergunta para onde vou. 6Em vez disso, entristecem-se
por causa do que eu lhes disse. 7Mas, na verdade, é melhor para
vocês que eu vá, pois, se eu não for, o Encorajador não virá. Se eu
for, eu o enviarei a vocês. 8Quando ele vier, convencerá o mundo
do pecado, da justiça e do juízo. 9Do pecado, porque o mundo se
recusou a crer em mim; 10da justiça, porque eu voltarei para o Pai
e não me verão mais; 11do juízo, porque o governante deste mundo
já foi condenado. 12"Há tanta coisa que ainda quero lhes dizer, mas
vocês não podem suportar agora. 13Quando vier o Espírito da ver-
dade, ele os conduzirá a toda a verdade. Não falará por si mesmo,
mas lhes dirá o que ouviu e lhes anunciará o que ainda está para
acontecer. 14Ele me glorificará porque lhes contará tudo que receber
de mim. 15Tudo que pertence ao Pai é meu; por isso eu disse: 'O
Espírito lhes contará tudo que receber de mim'."

A tristeza será transformada em alegria

16"Mais um pouco e vocês não me verão mais; algum tempo depois,
me verão novamente." 17Alguns dos discípulos perguntaram entre
si: "O que ele quer dizer com 'Mais um pouco e vocês não me verão'
e 'algum tempo depois, me verão novamente' e 'vou para o Pai'?
18E o que ele quer dizer com 'mais um pouco'? Não entendemos".
19Jesus, percebendo que desejavam lhe perguntar sobre essas coi-
sas, disse: "Vocês perguntam entre si o que eu quis dizer quando
falei: 'Mais um pouco e vocês não me verão; algum tempo depois,

me verão novamente'? 20Eu lhes digo a verdade: vocês chorarão
e se lamentarão pelo que acontecerá comigo, mas o mundo se
alegrará. Ficarão tristes, mas sua tristeza se transformará em alegria.
21No trabalho de parto, a mulher sente dores, mas, quando o bebê
nasce, sua angústia dá lugar à alegria, pois ela trouxe ao mundo
uma criança. 22Da mesma forma, agora vocês estão tristes, mas eu
os verei novamente; então se alegrarão e ninguém lhes poderá tirar
essa alegria. 23Naquele dia, não terão necessidade de me perguntar
coisa alguma. Eu lhes digo a verdade: vocês pedirão diretamente
ao Pai e ele atenderá, porque pediram em meu nome. 24Vocês
nunca pediram desse modo. Peçam em meu nome e receberão, e
terão alegria completa. 25"Eu lhes falei destas coisas de maneira
figurativa, mas em breve deixarei de usar esse tipo de linguagem
e lhes falarei claramente a respeito do Pai. 26Então vocês pedirão
em meu nome. Não digo que pedirei ao Pai em seu favor, 27pois
o próprio Pai os ama, porque vocês me amam e creem que eu vim
de Deus. 28Sim, eu vim do Pai e entrei no mundo, e agora deixo o
mundo e volto para o Pai". 29Então os discípulos disseram: "Enfim
o senhor fala claramente, e não de maneira figurativa. 30Agora en-
tendemos que o senhor sabe todas as coisas e não há necessidade
de lhe fazer perguntas. Por isso cremos que o senhor veio de Deus".
31Jesus disse: "Enfim vocês creem? 32Mas se aproxima o tempo, e
de fato já chegou, em que vocês serão espalhados; cada um seguirá
seu caminho e me deixará sozinho. Mas não ficarei sozinho, porque
o Pai está comigo. 33Eu lhes falei tudo isso para que tenham paz
em mim. Aqui no mundo vocês terão aflições, mas animem-se,
pois eu venci o mundo".

CAPÍTULO 17

A oração de Jesus

1Depois de dizer todas essas coisas, Jesus olhou para o céu e orou:
"Pai, chegou a hora. Glorifica teu Filho, para que ele te glorifique,
2pois tu lhe deste autoridade sobre toda a humanidade. Ele conce-
de vida eterna a cada um daqueles que lhe deste. 3E a vida eterna
é isto: conhecer a ti, o único Deus verdadeiro, e a Jesus Cristo, a
quem enviaste ao mundo. 4Eu te glorifiquei aqui na terra, comple-
tando a obra que me deste para realizar. 5Agora, Pai, glorifica-me e
leva-me para junto de ti, para a glória que tive a teu lado antes do

NO QUE ESTOU **PENSANDO** ○ | O QUE ESTOU **SENTINDO** ○ | DO QUE ESTOU **LEMBRANDO** ○

DESENHE OU ESCREVA

princípio do mundo. 6"Eu revelei teu nome àqueles que me deste
do mundo. Eles sempre foram teus. Tu os deste a mim, e eles obe-
deceram à tua palavra. 7Agora eles sabem que tudo que eu tenho
vem de ti, 8pois lhes transmiti a mensagem que me deste. Eles a
aceitaram e sabem que eu vim de ti, e creem que tu me enviaste.
9"Minha oração não é por este mundo, mas por aqueles que me
deste, pois eles pertencem a ti. 10Tudo que é meu pertence a ti, e
tudo que é teu pertence a mim, e eu sou glorificado por meio deles.
11Agora deixo este mundo; eles ficam aqui, mas eu vou para tua
presença. Pai santo, tu me deste teu nome; agora protege-os com
o poder do teu nome para que eles estejam unidos, assim como
nós estamos. 12Durante meu tempo aqui com eles, eu os protegi
com o poder do nome que me deste. Eu os guardei de modo que
nenhum deles se perdeu, exceto aquele que estava a caminho da
destruição, como as Escrituras haviam predito. 13"Agora vou para
tua presença. Enquanto ainda estou no mundo, digo estas coisas
para que eles tenham minha plena alegria em si mesmos. 14Eu
lhes dei tua palavra. E o mundo os odeia, porque eles não são do
mundo, como eu também não sou. 15Não peço que os tires do mun-
do, mas que os protejas do maligno. 16Eles não são deste mundo,
como eu também não sou. 17Consagra-os na verdade, que é a tua
palavra. 18Assim como tu me enviaste ao mundo, eu os envio ao
mundo. 19E eu me entrego como sacrifício santo por eles, para que
sejam consagrados na verdade. 20"Não te peço apenas por estes
discípulos, mas também por todos que crerão em mim por meio
da mensagem deles. 21Minha oração é que todos eles sejam um,
como nós somos um, como tu estás em mim, Pai, e eu estou em
ti. Que eles estejam em nós, para que o mundo creia que tu me
enviaste. 22"Eu dei a eles a glória que tu me deste, para que sejam
um, como nós somos um. 23Eu estou neles e tu estás em mim. Que
eles experimentem unidade perfeita, para que todo o mundo saiba
que tu me enviaste e que os amas tanto quanto me amas. 24Pai,
quero que os que me deste estejam comigo onde estou. Então eles
verão toda a glória que me deste, porque me amaste antes mesmo
do princípio do mundo. 25"Pai justo, o mundo não te conhece, mas
eu te conheço; e estes discípulos sabem que tu me enviaste. 26Eu
revelei teu nome a eles, e continuarei a fazê-lo. Então teu amor por
mim estará neles, e eu estarei neles".

CAPÍTULO 18

Jesus é traído e preso

1 Depois de dizer essas coisas, Jesus atravessou com seus discípulos o vale de Cedrom e entrou num bosque de oliveiras. 2 Judas, o traidor, conhecia aquele lugar, pois Jesus tinha ido muitas vezes ali com seus discípulos. 3 Os principais sacerdotes e fariseus tinham dado a Judas um destacamento de soldados e alguns guardas do templo para acompanhá-lo. Eles chegaram ao bosque de oliveiras com tochas, lanternas e armas. 4 Jesus, sabendo tudo que ia lhe acontecer, foi ao encontro deles. "A quem vocês procuram?", perguntou. 5 "A Jesus, o nazareno", responderam. "Sou eu", disse ele. (Judas, o traidor, estava com eles.) 6 Quando Jesus disse: "Sou eu", todos recuaram e caíram para trás, no chão. 7 Mais uma vez, ele perguntou: "A quem vocês procuram?". E, novamente, eles responderam: "A Jesus, o nazareno". 8 "Já lhes disse que sou eu", respondeu ele. "E, uma vez que é a mim que vocês procuram, deixem estes outros irem embora." 9 Ele fez isso para cumprir sua própria declaração: "Não perdi um só de todos que me deste". 10 Então Simão Pedro puxou uma espada e cortou a orelha direita de Malco, o servo do sumo sacerdote. 11 Jesus, porém, disse a Pedro: "Guarde sua espada de volta na bainha. Acaso não beberei o cálice que o Pai me deu?". 12 Assim, os soldados, seu comandante e os guardas do templo prenderam Jesus e o amarraram.

Pedro nega Jesus pela primeira vez

13 Primeiro, levaram Jesus a Anás, pois era sogro de Caifás, o sumo sacerdote naquele ano. 14 Caifás foi quem tinha dito aos outros líderes judeus: "É melhor que um homem morra pelo povo". 15 Simão Pedro e outro discípulo seguiram Jesus. Esse outro discípulo era conhecido do sumo sacerdote, de modo que lhe permitiram entrar com Jesus no pátio do sumo sacerdote. 16 Pedro teve de ficar do lado de fora do portão. Então o discípulo conhecido do sumo sacerdote falou com a moça que tomava conta do portão, e ela deixou Pedro entrar. 17 A moça perguntou a Pedro: "Você não é um dos discípulos daquele homem?". "Não", respondeu ele. "Não sou." 18 Como fazia frio, os servos da casa e os guardas tinham feito uma fogueira com carvão e se esquentavam ao redor dela. Pedro estava ali com eles, esquentando-se também.

NO QUE ESTOU **PENSANDO** ○ | O QUE ESTOU **SENTINDO** ○ | DO QUE ESTOU **LEMBRANDO** ○

DESENHE OU ESCREVA

O sumo sacerdote interroga Jesus

19 Lá dentro, o sumo sacerdote começou a interrogar Jesus a respeito de seus discípulos e de seus ensinamentos. 20 Jesus respondeu: "Falei abertamente a todos. Ensinei regularmente nas sinagogas e no templo, onde o povo se reúne. 21 Por que você me interroga? Pergunte aos que me ouviram. Eles sabem o que eu disse". 22 Um dos guardas do templo que estava perto bateu no rosto de Jesus, dizendo: "Isso é maneira de responder ao sumo sacerdote?". 23 Jesus respondeu: "Se eu disse algo errado, prove. Mas, se digo a verdade, por que você me bate?". 24 Então Anás amarrou Jesus e o enviou a Caifás, o sumo sacerdote.

Pedro nega Jesus pela segunda e terceira vez

25 Nesse meio-tempo, enquanto Simão Pedro estava perto da fogueira, esquentando-se, perguntaram-lhe novamente: "Você não é um dos discípulos dele?". Ele negou, dizendo: "Não sou". 26 Mas um dos servos da casa do sumo sacerdote, parente do homem de quem Pedro havia cortado a orelha, perguntou: "Eu não vi você no bosque de oliveiras com Jesus?". 27 Mais uma vez, Pedro negou. E, no mesmo instante, o galo cantou.

O julgamento de Jesus diante de Pilatos

28 O julgamento de Jesus diante de Caifás terminou nas primeiras horas da manhã. Em seguida, foi levado ao palácio do governador romano. Seus acusadores não entraram, pois se contaminariam e não poderiam celebrar a Páscoa. 29 Então o governador Pilatos foi até eles e perguntou: "Qual é a acusação contra este homem?". 30 Eles responderam: "Não o teríamos entregue ao senhor se ele não fosse um criminoso". 31 "Então levem-no embora e julguem-no de acordo com a lei de vocês", disse Pilatos. "Só os romanos têm direito de executar alguém", responderam os líderes judeus. 32 Assim cumpriu-se a previsão de Jesus sobre como ele morreria. 33 Então Pilatos entrou novamente no palácio e ordenou que trouxessem Jesus. "Você é o rei dos judeus?", perguntou ele. 34 Jesus respondeu: "Essa pergunta é sua ou outros lhe falaram a meu respeito?". 35 "Acaso sou judeu?", disse Pilatos. "Seu próprio povo e os principais sacerdotes o trouxeram a mim para ser julgado. Por quê? O que você fez?" 36 Jesus respondeu: "Meu reino não é deste mundo.

Se fosse, meus seguidores lutariam para impedir que eu fosse
entregue aos líderes judeus. Mas meu reino não procede deste
mundo". 37Pilatos disse: "Então você é rei?". "Você diz que sou rei",
respondeu Jesus. "De fato, nasci e vim ao mundo para testemunhar
a verdade. Todos que amam a verdade ouvem minha voz." 38Pilatos
perguntou: "Que é a verdade?".

Jesus é condenado à morte

Depois que disse isso, Pilatos saiu outra vez para onde estava o
povo e declarou: "Ele não é culpado de crime algum. 39Mas vocês
têm o costume de pedir que eu solte um prisioneiro cada ano,
na Páscoa. Vocês querem que eu solte o 'rei dos judeus'?". 40Eles,
porém, gritaram: "Não! Esse homem, não! Queremos Barrabás!".
Esse Barrabás era um criminoso.

CAPÍTULO 19

1Então Pilatos mandou açoitar Jesus. 2Os soldados fizeram uma
coroa de espinhos e a colocaram em sua cabeça, e depois puseram
nele um manto vermelho. 3Zombavam dele, dizendo: "Salve, rei
dos judeus!", e batiam em seu rosto. 4Pilatos saiu outra vez e disse
ao povo: "Agora vou trazê-lo aqui para vocês, mas que fique bem
claro: eu o considero inocente". 5Então Jesus saiu com a coroa de
espinhos e o manto vermelho. "Vejam, aqui está o homem!", disse
Pilatos. 6Quando os principais sacerdotes e os guardas do templo o
viram, começaram a gritar: "Crucifique-o! Crucifique-o!". "Levem-no
vocês e crucifiquem-no", disse Pilatos. "Eu o considero inocente."
7Os líderes judeus responderam: "Pela nossa lei ele deve morrer,
pois chamou a si mesmo de Filho de Deus". 8Quando Pilatos ouviu
isso, ficou ainda mais amedrontado. 9Levou Jesus de volta para
dentro do palácio e lhe perguntou: "De onde você vem?". Jesus,
porém, não respondeu. 10"Por que você se nega a falar comigo?",
perguntou Pilatos. "Não sabe que tenho autoridade para soltá-lo
ou crucificá-lo?" 11Jesus disse: "Você não teria autoridade alguma
sobre mim se esta não lhe fosse dada de cima. Portanto, aquele
que me entregou a você tem um pecado maior". 12Então Pilatos
tentou libertá-lo, mas os líderes judeus gritavam: "Se o senhor
soltar este homem, não é amigo de César! Quem se declara rei
se rebela contra César". 13Ao ouvir isso, Pilatos trouxe Jesus para

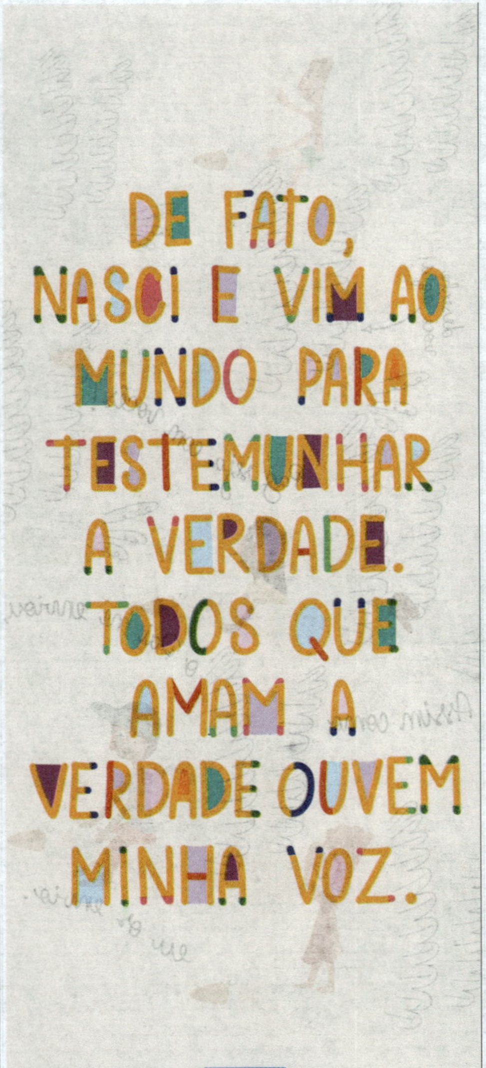

Jo 18.37

fora novamente e se sentou no tribunal, na plataforma chamada
"Pavimento de Pedras" (em aramaico, *Gábata*). 14Era por volta de
meio-dia, no dia da preparação para a Páscoa. E Pilatos disse ao
povo: "Vejam, aqui está o seu rei!". 15"Fora com ele!", gritaram. "Fora
com ele! Crucifique-o!" "O quê? Crucificar o seu rei?", perguntou
Pilatos. Em resposta, os principais sacerdotes gritaram: "Não temos
outro rei além de César!". 16Então Pilatos lhes entregou Jesus para
ser crucificado. E eles levaram Jesus.

A crucificação

17Carregando a própria cruz, Jesus foi ao local chamado Lugar da
Caveira (em aramaico, *Gólgota*). 18Ali eles o pregaram na cruz.
Outros dois foram crucificados com Jesus, um de cada lado e ele
no meio. 19Pilatos colocou no alto da cruz uma placa que dizia:
"JESUS, O NAZARENO, REI DOS JUDEUS". 20O lugar onde Jesus foi cru-
cificado ficava perto da cidade, e a placa estava escrita em aramaico,
latim e grego, de modo que muitos judeus podiam ler a inscrição.
21Os principais sacerdotes disseram a Pilatos: "Mude a inscrição de
'Rei dos judeus' para 'Ele disse: Eu sou o rei dos judeus'". 22Pilatos
respondeu: "O que escrevi, escrevi". 23Depois que os soldados
crucificaram Jesus, repartiram suas roupas em quatro partes, uma
para cada um deles. Também pegaram sua túnica, mas ela era
sem costura, tecida numa única peça, de alto a baixo. 24Por isso
disseram: "Em vez de rasgá-la, vamos tirar sortes para ver quem
ficará com ela". Isso cumpriu as Escrituras que dizem: "Repartiram
minhas roupas entre si e lançaram sortes por minha veste". E foi o
que fizeram. 25Perto da cruz estavam a mãe de Jesus, a irmã dela,
Maria, esposa de Clopas, e Maria Madalena. 26Quando Jesus viu
sua mãe ali, ao lado do discípulo a quem ele amava, disse-lhe:
"Mulher, este é seu filho". 27E, ao discípulo, disse: "Esta é sua mãe".
Daquele momento em diante, o discípulo a recebeu em sua casa.

A morte de Jesus

28Jesus sabia que sua missão havia terminado e, para cumprir
as Escrituras, disse: "Estou com sede". 29Havia ali uma vasilha
com vinagre, de modo que ensoparam uma esponja no vinagre,
a colocaram na ponta de um caniço de hissopo e a ergueram
até os lábios de Jesus. 30Depois de prová-la, Jesus disse: "Está

consumado". Então, inclinou a cabeça e entregou o espírito. 31Era
o Dia da Preparação, e os líderes judeus não queriam que os corpos
ficassem pendurados ali até o dia seguinte, que seria um sábado
muito especial. Por isso pediram a Pilatos que mandasse quebrar as
pernas dos crucificados e removê-los. 32Assim, os soldados vieram
e quebraram as pernas dos dois homens crucificados com Jesus.
33Mas, quando chegaram a Jesus, viram que ele já estava morto
e, portanto, não quebraram suas pernas. 34Um dos soldados, po-
rém, furou seu lado com uma lança e, no mesmo instante, correu
sangue com água. 35Essa informação provém de uma testemunha
ocular. Ela diz a verdade para que vocês também creiam. 36Essas
coisas aconteceram para que se cumprissem as Escrituras que di-
zem: "Nenhum dos seus ossos será quebrado", 37e "Olharão para
aquele a quem transpassaram".

O sepultamento de Jesus

38Depois disso, José de Arimateia, que tinha sido discípulo secre-
to de Jesus porque temia os líderes judeus, pediu autorização a
Pilatos para tirar da cruz o corpo de Jesus. Quando Pilatos lhe deu
permissão, José veio e levou o corpo. 39Estava com ele Nicodemos,
o homem que tinha ido conversar com Jesus à noite. Nicodemos
trouxe cerca de 35 litros de óleo perfumado feito com mirra e aloés.
40Seguindo os costumes judaicos de sepultamento, envolveram
o corpo de Jesus em lençóis compridos de linho, junto com essas
especiarias. 41O local da crucificação ficava próximo a um jardim,
onde havia um túmulo novo que nunca tinha sido usado. 42Como
era o Dia da Preparação para a Páscoa judaica, e uma vez que o
túmulo ficava perto, colocaram Jesus ali.

CAPÍTULO 20

A ressurreição

1No primeiro dia da semana, bem cedo, enquanto ainda estava
escuro, Maria Madalena foi ao túmulo e viu que a pedra da entrada
tinha sido removida. 2Correu e encontrou Simão Pedro e o outro
discípulo, aquele a quem Jesus amava, e disse: "Tiraram do túmulo
o corpo do Senhor, e não sabemos onde o colocaram!". 3Pedro e
o outro discípulo foram ao túmulo. 4Os dois corriam, mas o outro
discípulo foi mais rápido que Pedro e chegou primeiro ao túmulo.

Jo 20.21

5Abaixou-se, olhou para dentro e viu ali as faixas de linho, mas
não entrou. 6Então Simão Pedro chegou e entrou. Também viu ali
as faixas de linho 7e notou que o pano que cobria a cabeça de
Jesus estava dobrado e colocado à parte. 8O discípulo que havia
chegado primeiro ao túmulo também entrou, viu e creu. 9Pois até
então não haviam compreendido as Escrituras segundo as quais
era necessário que Jesus ressuscitasse dos mortos. 10Os discípulos
voltaram para casa.

Jesus aparece a Maria Madalena

11Maria estava do lado de fora do túmulo. Chorando, abaixou-se,
olhou para dentro 12e viu dois anjos vestidos de branco, sentados
à cabeceira e aos pés do lugar onde tinha estado o corpo de Jesus.
13Os anjos lhe perguntaram: "Mulher, por que você está choran-
do?". Ela respondeu: "Porque levaram o meu Senhor, e não sei
onde o colocaram". 14Então, ao virar-se para sair, viu alguém em
pé. Era Jesus, mas ela não o reconheceu. 15"Mulher, por que está
chorando?", perguntou ele. "A quem você procura?" Pensando que
fosse o jardineiro, ela disse: "Se o senhor o levou embora, diga-me
onde o colocou, e eu irei buscá-lo". 16"Maria!", disse Jesus. Ela se
voltou para ele e exclamou: "Rabôni!" (que, em aramaico, quer
dizer "Mestre!"). 17Jesus lhe disse: "Não se agarre a mim, pois ain-
da não subi ao Pai. Mas vá procurar meus irmãos e diga-lhes: 'Eu
vou subir para meu Pai e Pai de vocês, para meu Deus e Deus de
vocês'". 18Maria Madalena encontrou os discípulos e lhes disse: "Vi
o Senhor!". Então contou o que Jesus havia falado.

Jesus aparece a seus discípulos

19Ao entardecer daquele primeiro dia da semana, os discípulos
estavam reunidos com as portas trancadas, por medo dos líderes
judeus. De repente, Jesus surgiu no meio deles e disse: "Paz seja
com vocês!". 20Enquanto falava, mostrou-lhes as feridas nas mãos
e no lado. Eles se encheram de alegria quando viram o Senhor.
21Mais uma vez, ele disse: "Paz seja com vocês! Assim como o
Pai me enviou, eu os envio". 22Então soprou sobre eles e disse:
"Recebam o Espírito Santo. 23Se vocês perdoarem os pecados
de alguém, eles estarão perdoados. Se não perdoarem, eles não
estarão perdoados".

Jesus aparece a Tomé

24 Um dos Doze, Tomé, apelidado de Gêmeo, não estava com os
outros quando Jesus surgiu no meio deles. 25 Eles lhe disseram:
"Vimos o Senhor!". Ele, porém, respondeu: "Não acreditarei se não
vir as marcas dos pregos em suas mãos e não puser meus dedos
nelas e minha mão na marca em seu lado". 26 Oito dias depois, os
discípulos estavam juntos novamente e, dessa vez, Tomé estava
com eles. As portas estavam trancadas, mas, de repente, como an-
tes, Jesus surgiu no meio deles. "Paz seja com vocês!", disse ele.
27 Então, disse a Tomé: "Ponha seu dedo aqui, e veja minhas mãos.
Ponha sua mão na marca em meu lado. Não seja incrédulo. Creia!".
28 "Meu Senhor e meu Deus!", disse Tomé. 29 Então Jesus lhe disse:
"Você crê porque me viu. Felizes são aqueles que creem sem ver".

Propósito do livro

30 Os discípulos viram Jesus fazer muitos outros sinais além dos que
se encontram registrados neste livro. 31 Estes, porém, estão regis-
trados para que vocês creiam que Jesus é o Cristo, o Filho de Deus,
e para que, crendo nele, tenham vida pelo poder do seu nome.

CAPÍTULO 21

Epílogo: Jesus aparece a sete discípulos

1 Depois disso, Jesus apareceu novamente a seus discípulos junto
ao mar de Tiberíades. Foi assim que aconteceu: 2 estavam ali Simão
Pedro, Tomé, apelidado de Gêmeo, Natanael, de Caná da Galileia,
os filhos de Zebedeu e outros dois discípulos. 3 Simão Pedro disse:
"Vou pescar". "Nós também vamos", disseram os outros. Assim, en-
traram no barco e foram, mas não pegaram coisa alguma a noite
toda. 4 Ao amanhecer, Jesus estava na praia, mas os discípulos não
o reconheceram. 5 Ele perguntou: "Filhos, por acaso vocês têm peixe
para comer?". "Não", responderam eles. 6 Então ele disse: "Lancem
a rede para o lado direito do barco e pegarão". Fizeram assim e não
conseguiam recolher a rede, de tão cheia de peixes que estava. 7 O
discípulo a quem Jesus amava disse a Pedro: "É o Senhor!". Quando
Simão Pedro ouviu que era o Senhor, vestiu a capa, pois a havia
removido para trabalhar, e saltou na água. 8 Os outros ficaram no
barco e puxaram até a praia a rede carregada, pois estavam a apenas
uns noventa metros de distância. 9 Quando chegaram, encontraram

NO QUE ESTOU **PENSANDO** ○ | O QUE ESTOU **SENTINDO** ○ | DO QUE ESTOU **LEMBRANDO** ○

Senhor, conheces cada coração.

DESENHE OU ESCREVA

um braseiro, no qual havia um peixe, e pão. 10 Jesus disse: "Tragam
alguns dos peixes que vocês acabaram de pegar". 11 Simão Pedro
entrou no barco e arrastou a rede para a praia. Havia 153 peixes
grandes e, no entanto, a rede não arrebentou. 12 "Venham comer!",
disse Jesus. Nenhum dos discípulos tinha coragem de perguntar:
"Quem é você?", pois sabiam muito bem que era o Senhor. 13 Então
Jesus lhes serviu o pão e o peixe. 14 Foi a terceira vez que Jesus apa-
receu a seus discípulos depois de ressuscitar dos mortos. 15 Depois
da refeição, Jesus perguntou a Simão Pedro: "Simão, filho de João,
você me ama mais do que estes?". "Sim, Senhor", respondeu Pedro.
"O senhor sabe que eu o amo". "Então alimente meus cordeiros",
disse Jesus. 16 Jesus repetiu a pergunta: "Simão, filho de João, você
me ama?". "Sim, Senhor", disse Pedro. "O senhor sabe que eu o
amo". "Então cuide de minhas ovelhas", disse Jesus. 17 Pela terceira
vez, ele perguntou: "Simão, filho de João, você me ama?". Pedro
ficou triste porque Jesus fez a pergunta pela terceira vez e disse:
"O Senhor sabe todas as coisas. Sabe que eu o amo". Jesus disse:
"Então alimente minhas ovelhas. 18 "Eu lhe digo a verdade: quando
você era jovem, podia agir como bem entendia; vestia-se e ia aonde
queria. Mas, quando for velho, estenderá as mãos e outros o vestirão
e o levarão aonde você não quer ir". 19 Jesus disse isso para infor-
má-lo com que tipo de morte ele iria glorificar a Deus. Então Jesus
lhe disse: "Siga-me". 20 Pedro se virou e viu atrás deles o discípulo
a quem Jesus amava, aquele que havia se reclinado perto de Jesus
durante a ceia e perguntado: "Senhor, quem o trairá?". 21 Pedro per-
guntou a Jesus: "Senhor, e quanto a ele?". 22 Jesus respondeu: "Se
eu quiser que ele permaneça vivo até eu voltar, o que lhe importa?
Quanto a você, siga-me". 23 Por isso espalhou-se entre a comunidade
dos irmãos o rumor de que esse discípulo não morreria. Não foi isso,
porém, o que Jesus disse. Ele apenas disse: "Se eu quiser que ele
permaneça vivo até eu voltar, o que lhe importa?".

Observações finais

24 Este é o discípulo que dá testemunho destes acontecimentos
e que os registrou aqui. E sabemos que seu relato é fiel. 25 Jesus
também fez muitas outras coisas. Se todas fossem registradas, su-
ponho que nem o mundo inteiro poderia conter todos os livros
que seriam escritos.

ATOS

CAPÍTULO 1

A promessa do Espírito Santo

1Em meu primeiro livro, relatei a você, Teófilo, tudo que Jesus co-
meçou a fazer e a ensinar 2até o dia em que foi levado para o céu,
depois de dar a seus apóstolos escolhidos mais instruções por meio
do Espírito Santo. 3Durante os quarenta dias após seu sofrimen-
to e morte, Jesus apareceu aos apóstolos diversas vezes. Ele lhes
apresentou muitas provas claras de que estava vivo e lhes falou do
reino de Deus. 4Certa ocasião, enquanto comia com eles, deu-lhes
a seguinte ordem: "Não saiam de Jerusalém até o Pai enviar a pro-
messa, conforme eu lhes disse antes. 5João batizou com água, mas
dentro de poucos dias vocês serão batizados com o Espírito Santo".

A ascensão de Jesus

6Então os que estavam com Jesus lhe perguntaram: "Senhor,
será esse o momento em que restaurará o reino a Israel?". 7Ele
respondeu: "O Pai já determinou o tempo e a ocasião para que
isso aconteça, e não cabe a vocês saber. 8Vocês receberão poder
quando o Espírito Santo descer sobre vocês, e serão minhas tes-
temunhas em toda parte: em Jerusalém, em toda a Judeia, em
Samaria e nos lugares mais distantes da terra". 9Depois de ter dito
isso, foi elevado numa nuvem, e os discípulos não conseguiram
mais vê-lo. 10Continuaram a olhar atentamente para o céu, até que
dois homens vestidos de branco apareceram de repente no meio
deles 11e disseram: "Homens da Galileia, por que estão aí parados,

olhando para o céu? Esse Jesus, que foi elevado do meio de vocês
ao céu, voltará do mesmo modo como o viram subir!".

Matias substitui Judas

12Então voltaram do monte das Oliveiras para Jerusalém, cerca de
um quilômetro de distância. 13Quando chegaram, subiram à sala no
andar superior da casa onde estavam hospedados. Estavam ali Pedro,
João, Tiago, André, Filipe, Tomé, Bartolomeu, Mateus, Tiago, filho de
Alfeu, Simão, o zelote, e Judas, filho de Tiago. 14Todos eles se reu-
niam em oração com um só propósito, acompanhados de algumas
mulheres e também de Maria, mãe de Jesus, e os irmãos dele. 15Por
esse tempo, quando cerca de 120 discípulos estavam reunidos num
só lugar, Pedro se levantou e disse: 16"Irmãos, era necessário que se
cumprissem as Escrituras a respeito de Judas, que serviu de guia
aos que prenderam Jesus. Esse acontecimento havia sido predito
pelo Espírito Santo, por meio do rei Davi. 17Judas era um de nós e
participava do ministério conosco". 18(Ele comprou um campo com
o dinheiro que recebeu por sua perversidade. Ao cair ali de cabeça,
seu corpo se partiu ao meio, e seus intestinos se derramaram. 19A
notícia se espalhou entre todos os habitantes de Jerusalém, e eles
deram ao lugar o nome aramaico *Aceldama*, que significa "Campo de
Sangue".) 20Pedro continuou: "Estava escrito no livro de Salmos: 'Que
sua casa fique desolada, sem ninguém morando nela'. Também diz:
'Que outro ocupe seu lugar'. 21"Agora, portanto, devemos escolher
um dentre os homens que estiveram conosco durante todo o tempo
em que o Senhor Jesus andou entre nós, 22desde que ele foi batizado
por João até o dia em que foi tirado de nosso meio e elevado ao
céu. O escolhido se juntará a nós como testemunha da ressurreição".
23Então indicaram dois homens: José, chamado Barsabás e conheci-
do também como Justo, e Matias. 24Em seguida, oraram: "Senhor, tu
conheces cada coração. Mostra-nos qual destes homens escolheste
25como apóstolo para substituir Judas neste ministério, pois ele se
desviou e foi para seu devido lugar". 26Então lançaram sortes e Matias
foi escolhido como apóstolo, juntando-se aos outros onze.

CAPÍTULO 2

A vinda do Espírito Santo

1No dia de Pentecostes, todos estavam reunidos num só lugar.

2 De repente, veio do céu um som como o de um poderoso ven-
daval e encheu a casa onde estavam sentados. 3 Então surgiu algo
semelhante a chamas ou línguas de fogo que pousaram sobre
cada um deles. 4 Todos ficaram cheios do Espírito Santo e come-
çaram a falar em outras línguas, conforme o Espírito os habilitava.
5 Naquela época, judeus devotos de todas as nações viviam em
Jerusalém. 6 Quando ouviram o som das vozes, vieram correndo
e ficaram espantados, pois cada um deles ouvia em seu próprio
idioma. 7 Muito admirados, exclamavam: “Como isto é possível?
Estes homens são todos galileus 8 e, no entanto, cada um de nós
os ouve falar em nosso próprio idioma! 9 Estão aqui partos, medos,
elamitas, habitantes da Mesopotâmia, da Judeia, da Capadócia,
do Ponto, da província da Ásia, 10 da Frígia, da Panfília, do Egito e
de regiões da Líbia próximas a Cirene, visitantes de Roma 11 (tanto
judeus como convertidos ao judaísmo), cretenses e árabes, e todos
nós ouvimos estas pessoas falarem em nossa própria língua sobre
as coisas maravilhosas que Deus fez!”. 12 Admirados e perplexos,
perguntavam uns aos outros: “Que significa isto?”. 13 Outros, porém,
zombavam e diziam: “Eles estão bêbados!”.

Pedro se dirige à multidão

14 Então Pedro deu um passo à frente com os onze apóstolos e diri-
giu-se em alta voz à multidão: “Ouçam com atenção, todos vocês,
povo da Judeia e habitantes de Jerusalém! Escutem o que lhes
digo! 15 Estas pessoas não estão bêbadas, como alguns de vocês
pensam, pois são apenas nove horas da manhã. 16 Pelo contrário!
O que vocês estão vendo foi predito há tempos pelo profeta Joel:
17 ‘Nos últimos dias’, disse Deus, ‘derramarei meu Espírito sobre
todo tipo de pessoa. Seus filhos e suas filhas profetizarão; os jovens
terão visões, e os velhos terão sonhos. 18 Naqueles dias, derramarei
meu Espírito até mesmo sobre servos e servas, e eles profetizarão.
19 Farei maravilhas em cima, no céu, e sinais embaixo, na terra:
sangue e fogo, e nuvens de fumaça. 20 O sol se escurecerá, e a lua
se tornará vermelha como sangue, antes que chegue o grande e
glorioso dia do Senhor. 21 Mas todo aquele que invocar o nome
do Senhor será salvo’. 22 “Povo de Israel, escute! Deus aprovou pu-
blicamente Jesus, o nazareno, ao realizar milagres, maravilhas e
sinais por meio dele, como vocês bem sabem. 23 Ele foi entregue

conforme o plano preestabelecido por Deus e seu conhecimento
prévio daquilo que aconteceria. Com a ajuda de gentios que des-
conheciam a lei, vocês o pregaram na cruz e o mataram. 24 Mas
Deus o ressuscitou, libertando-o dos horrores da morte, pois ela
não pôde mantê-lo sob seu domínio. 25 A respeito dele disse o rei
Davi: ‘Vejo que o Senhor está sempre comigo; não serei abalado,
pois ele está à minha direita. 26 Não é de admirar que meu coração
esteja alegre e que minha língua o louve; meu corpo repousa em
esperança. 27 Pois tu não deixarás minha alma entre os mortos, nem
permitirás que o teu Santo apodreça no túmulo. 28 Tu me mostraste
o caminho da vida, e me encherás com a alegria de tua presença’.
29 “Irmãos, permitam-me dizer com toda convicção que o patriarca
Davi não estava se referindo a si mesmo, pois ele morreu e foi
sepultado, e seu túmulo ainda está aqui, entre nós. 30 Mas ele
era profeta e sabia que Deus havia prometido sob juramento que
um de seus descendentes se sentaria em seu trono. 31 Davi estava
olhando para o futuro e falando da ressurreição do Cristo, que não
foi deixado entre os mortos nem seu corpo apodreceu no túmulo.
32 “Foi esse Jesus que Deus ressuscitou, e todos nós somos testemu-
nhas disso. 33 Ele foi exaltado ao lugar de honra, à direita de Deus.
E, conforme havia prometido, o Pai lhe deu o Espírito Santo, que
ele derramou sobre nós, como vocês estão vendo e ouvindo hoje.
34 Pois Davi não subiu ao céu e, no entanto, disse: ‘O Senhor disse
ao meu Senhor: Sente-se no lugar de honra à minha direita, 35 até
que eu humilhe seus inimigos e os ponha debaixo de seus pés’.
36 “Portanto, saibam com certeza todos em Israel que a esse Jesus,
que vocês crucificaram, Deus fez Senhor e Cristo!”. 37 As palavras
partiram o coração dos que ouviam, e eles perguntaram a Pedro
e aos outros apóstolos: “Irmãos, o que devemos fazer?”. 38 Pedro
respondeu: “Vocês devem se arrepender, para o perdão de seus
pecados, e cada um deve ser batizado em nome de Jesus Cristo.
Então receberão a dádiva do Espírito Santo. 39 Essa promessa é para
vocês, para seus filhos e para os que estão longe, isto é, para todos
que forem chamados pelo Senhor, nosso Deus”. 40 Pedro continuou
a pregar, advertindo com insistência a seus ouvintes: “Salvem-se
desta geração corrompida!”. 41 Os que acreditaram nas palavras de
Pedro foram batizados, e naquele dia houve um acréscimo de cerca
de três mil pessoas.

A comunidade dos novos convertidos

42Todos se dedicavam de coração ao ensino dos apóstolos, à co-
munhão, ao partir do pão e à oração. 43Havia em todos eles um
profundo temor, e os apóstolos realizavam muitos sinais e maravi-
lhas. 44Os que criam se reuniam num só lugar e compartilhavam
tudo que possuíam. 45Vendiam propriedades e bens e repartiam
o dinheiro com os necessitados, 46adoravam juntos no templo
diariamente, reuniam-se nos lares para comer e partiam o pão
com grande alegria e generosidade, 47sempre louvando a Deus e
desfrutando a simpatia de todo o povo. E, a cada dia, o Senhor lhes
acrescentava aqueles que iam sendo salvos.

CAPÍTULO 3

Pedro cura um mendigo aleijado

1Certo dia, por volta das três da tarde, Pedro e João foram ao templo
orar. 2Um homem, aleijado de nascença, estava sendo carregado.
Todos os dias, ele era colocado ao lado da porta chamada Formosa,
para pedir esmolas a quem entrasse no templo. 3Quando ele viu
que Pedro e João iam entrar, pediu-lhes dinheiro. 4Pedro e João se
voltaram para ele. "Olhe para nós!", disse Pedro. 5O homem fixou o
olhar neles, esperando receber alguma esmola. 6Pedro, no entanto,
disse: "Não tenho prata nem ouro, mas lhe dou o que tenho. Em
nome de Jesus Cristo, o nazareno, levante-se e ande!". 7Então Pedro
segurou o aleijado pela mão e o ajudou a levantar-se. No mesmo
instante, os pés e os tornozelos do homem foram curados e fortale-
cidos. 8De um salto, ele se levantou e começou a andar. Em seguida,
caminhando, saltando e louvando a Deus, entrou no templo com
eles. 9Quando o viram caminhar e o ouviram louvar a Deus, 10todos
perceberam que era o mesmo mendigo que tantas vezes tinham
visto na porta Formosa, e ficaram perplexos. 11Admirados, correram
todos para o Pórtico de Salomão, onde o homem permanecia com
Pedro e João e não se afastava deles.

Pedro anuncia as boas-novas no templo

12Pedro, percebendo o que ocorria, dirigiu-se à multidão. "Povo
de Israel, por que ficam surpresos com isso?", disse ele. "Por que
olham para nós como se tivéssemos feito este homem andar por
nosso próprio poder ou devoção? 13Pois foi o Deus de Abraão, de

Isaque e de Jacó, o Deus de nossos antepassados, quem glorifi-
cou seu Servo Jesus, a quem vocês traíram e rejeitaram diante de
Pilatos, apesar de ele ter decidido soltá-lo. 14Vocês rejeitaram o
Santo e Justo e, em seu lugar, exigiram que um assassino fosse
liberto. 15Mataram o autor da vida, mas Deus o ressuscitou dos
mortos. E nós somos testemunhas desse fato! 16"Pela fé no nome
de Jesus, este homem que vocês veem e conhecem foi curado. A
fé no nome de Jesus o curou diante de seus olhos. 17"Irmãos, sei
que vocês e seus líderes agiram por ignorância. 18Mas Deus assim
cumpriu o que todos os profetas haviam predito acerca do Cristo,
que era necessário ele sofrer essas coisas. 19Agora, arrependam-se
e voltem-se para Deus, para que seus pecados sejam apagados.
20Então, da presença do Senhor virão tempos de renovação, e ele
enviará novamente Jesus, o Cristo que lhes foi designado. 21Pois ele
deve permanecer no céu até o tempo da restauração final de todas
as coisas, conforme Deus prometeu há muito tempo por meio de
seus santos profetas. 22Moisés disse: 'O Senhor, seu Deus, levan-
tará para vocês um profeta como eu, do meio de seu povo. Ouçam
com atenção tudo que ele lhes disser. 23Quem não der ouvidos a
esse profeta será eliminado do meio do povo'. 24"A começar por
Samuel, todos os profetas falaram sobre o que está acontecendo
hoje. 25Vocês são descendentes desses profetas e estão incluídos
na aliança que Deus fez com seus antepassados ao dizer a Abraão:
'Por meio de sua descendência, todas as famílias da terra serão
abençoadas'. 26Quando Deus ressuscitou seu Servo, ele o enviou
primeiro a vocês, o povo de Israel, para abençoá-los, fazendo cada
um de vocês se afastar de seus caminhos pecaminosos."

CAPÍTULO 4

Pedro e João diante do conselho de líderes

1Enquanto falavam ao povo, Pedro e João foram confrontados pelos
sacerdotes, pelo capitão da guarda do templo e por alguns sadu-
ceus. 2Os líderes estavam muito perturbados porque Pedro e João
ensinavam ao povo que em Jesus há ressurreição dos mortos. 3Eles
os prenderam e, como já anoitecia, os colocaram na prisão até a
manhã seguinte. 4Muitos que tinham ouvido a mensagem creram,
totalizando, agora, cerca de cinco mil homens. 5No dia seguinte,
o conselho das autoridades, dos líderes do povo e dos mestres da

lei se reuniu em Jerusalém. 6Estavam ali Anás, o sumo sacerdote,
e também Caifás, João, Alexandre e outros parentes do sumo sa-
cerdote. 7Mandaram trazer Pedro e João e os interrogaram: "Com
que poder, ou em nome de quem, vocês fizeram isso?". 8Cheio
do Espírito Santo, Pedro lhes respondeu: "Autoridades e líderes
do povo, 9estamos sendo interrogados hoje porque realizamos
uma boa ação em favor de um aleijado, e os senhores querem
saber como ele foi curado. 10Saibam os senhores e todo o povo de
Israel que ele foi curado pelo nome de Jesus Cristo, o nazareno,
a quem os senhores crucificaram, mas a quem Deus ressuscitou
dos mortos. 11Pois é a respeito desse Jesus que se diz: 'A pedra
que vocês, os construtores, rejeitaram se tornou a pedra angular'.
12Não há salvação em nenhum outro! Não há nenhum outro nome
debaixo do céu, em toda a humanidade, por meio do qual devamos
ser salvos". 13Quando os membros do conselho viram a coragem
de Pedro e João, ficaram admirados, pois perceberam que eram
homens comuns, sem instrução religiosa formal. Reconheceram
também que eles haviam estado com Jesus. 14Mas não havia
nada que pudessem fazer, pois o homem que tinha sido curado
estava ali diante deles. 15Assim, ordenaram que Pedro e João fos-
sem retirados da sala do conselho e começaram a discutir entre si.
16"Que faremos com esses homens?", perguntavam uns aos outros.
"Não podemos negar que realizaram um sinal, como todos em
Jerusalém sabem. 17Mas, para evitar que espalhem sua mensa-
gem, devemos adverti-los de que não falem nesse nome a mais
ninguém." 18Então os chamaram de volta e ordenaram que nunca
mais falassem nem ensinassem em nome de Jesus. 19Pedro e João,
porém, responderam: "Os senhores acreditam que Deus quer que
obedeçamos a vocês, e não a ele? 20Não podemos deixar de falar do
que vimos e ouvimos!". 21Os membros do conselho fizeram novas
ameaças, mas, por fim, os soltaram. Não sabiam como castigá-los
sem provocar um tumulto, visto que todos louvavam a Deus pelo
ocorrido, 22pois o aleijado que havia sido curado milagrosamente
tinha mais de quarenta anos de idade.

Os discípulos oram pedindo coragem

23Assim que foram libertos, Pedro e João voltaram ao lugar onde
estavam os outros irmãos e lhes contaram o que os principais

sacerdotes e líderes tinham dito. 24Ao ouvir o relato, todos os
presentes levantaram juntos a voz e oraram a Deus: "Ó Soberano
Senhor, Criador dos céus e da terra, do mar e de tudo que neles
há, 25falaste muito tempo atrás pelo Espírito Santo, nas palavras de
nosso antepassado Davi, teu servo: 'Por que as nações se enfurece-
ram tanto? Por que perderam tempo com planos inúteis? 26Os reis
da terra se prepararam para guerrear; os governantes se uniram
contra o Senhor e contra seu Cristo'. 27"De fato, isso aconteceu aqui,
nesta cidade, pois Herodes Antipas, o governador Pôncio Pilatos, os
gentios e o povo de Israel se uniram contra Jesus, teu santo Servo,
a quem ungiste. 28Tudo que fizeram, porém, havia sido decidido
de antemão pela tua vontade. 29E agora, Senhor, ouve as ameaças
deles e concede a teus servos coragem para anunciar tua palavra.
30Estende tua mão com poder para curar, e que sinais e maravi-
lhas sejam realizados por meio do nome de teu santo Servo Jesus".
31Depois dessa oração, o lugar onde estavam reunidos tremeu, e
todos ficaram cheios do Espírito Santo e pregavam corajosamente
a palavra de Deus.

Os discípulos compartilham seus bens

32Todos os que creram estavam unidos em coração e mente. Não
se consideravam donos de seus bens, de modo que compartilha-
vam tudo que tinham. 33Com grande poder, os apóstolos davam
testemunho da ressurreição do Senhor Jesus, e sobre todos eles
havia grande graça. 34Entre eles não havia necessitados, pois quem
possuía terras ou casas vendia o que era seu 35e levava o dinhei-
ro aos apóstolos, para que dessem aos que precisavam de ajuda.
36José, a quem os apóstolos deram o nome Barnabé, que significa
"Filho do encorajamento", era da tribo de Levi e tinha nascido na
ilha de Chipre. 37Ele vendeu um campo que possuía e entregou o
dinheiro aos apóstolos.

CAPÍTULO 5

Ananias e Safira

1Havia, porém, um homem chamado Ananias que, com sua es-
posa, Safira, vendeu uma propriedade. 2Levou apenas parte do
dinheiro aos apóstolos, mas, com aprovação da esposa, afirmou
que aquele era o valor total e ficou com o resto. 3Então Pedro disse:

At

"Ananias, por que você deixou Satanás encher seu coração? Você
mentiu para o Espírito Santo quando guardou parte do dinheiro
para si. 4 A propriedade era sua para vender ou não, como quisesse.
E, depois de vendê-la, o dinheiro também era seu, para entregar
ou não. Como pôde fazer uma coisa dessas? Você não mentiu para
nós, mas para Deus!". 5 Assim que Ananias ouviu essas palavras,
caiu no chão e morreu. Um grande temor se apoderou de todos
que souberam o que havia acontecido. 6 Então alguns jovens se
levantaram, envolveram o corpo num lençol e o levaram para fora,
e depois o sepultaram. 7 Cerca de três horas depois, sua esposa
entrou, sem saber o que havia acontecido. 8 Pedro lhe perguntou:
"Foi esse o valor que você e seu marido receberam pelo terreno?".
Ela respondeu: "Sim, foi esse o valor". 9 Então Pedro disse: "Como
vocês puderam conspirar para pôr à prova o Espírito do Senhor?
Veja, os jovens que sepultaram seu marido estão logo ali, perto
da porta, e também levarão você". 10 No mesmo instante, ela caiu
no chão e morreu. Quando os jovens entraram e viram que ela
estava morta, levaram seu corpo para fora e a sepultaram ao lado
do marido. 11 Um grande temor se apoderou de toda a igreja e de
todos que souberam desse acontecimento.

Os apóstolos realizam muitas curas

12 Os apóstolos realizavam muitos sinais e maravilhas entre o povo.
Todos se reuniam regularmente no templo, na parte conhecida
como Pórtico de Salomão. 13 Quando se reuniam ali, ninguém mais
tinha coragem de juntar-se a eles, embora o povo os tivesse em
alta consideração. 14 Cada vez mais pessoas, multidões de homens
e mulheres, criam no Senhor. 15 Como resultado, o povo levava os
doentes às ruas em camas e macas para que a sombra de Pedro
cobrisse alguns deles enquanto ele passava. 16 Muita gente vinha
das cidades ao redor de Jerusalém, trazendo doentes e atormen-
tados por espíritos impuros, e todos eram curados.

Os apóstolos enfrentam oposição

17 Tomados de inveja, o sumo sacerdote e seus oficiais, que eram
saduceus, 18 prenderam os apóstolos e os colocaram numa pri-
são pública. 19 Um anjo do Senhor, porém, veio durante a noite,
abriu as portas do cárcere e os levou para fora. 20 "Vão ao templo

At 5.19

e transmitam ao povo esta mensagem de vida!", disse ele. 21 Desse
modo, ao amanhecer, os apóstolos entraram no templo, conforme
haviam sido instruídos, e, sem demora, começaram a ensinar.
Mais tarde, o sumo sacerdote e seus oficiais chegaram, reuniram
o conselho, isto é, toda a assembleia dos líderes de Israel, e man-
daram buscar os apóstolos na prisão. 22 Mas, quando os guardas
do templo chegaram à prisão, os homens não estavam lá. Então
voltaram e contaram: 23 "A prisão estava bem trancada, com os guar-
das vigiando do lado de fora, mas, quando abrimos as portas, não
havia ninguém!". 24 Ao ouvir isso, o capitão da guarda do templo
e os principais sacerdotes ficaram perplexos e se perguntavam o
que aconteceria em seguida. 25 Então alguém chegou com a se-
guinte notícia: "Os homens que os senhores puseram na cadeia
estão no templo, ensinando o povo!". 26 O capitão e seus guardas
foram e prenderam os apóstolos, mas sem violência, pois temiam
que o povo os apedrejasse. 27 Em seguida, levaram os apóstolos
e os apresentaram ao conselho de líderes do povo, onde o sumo
sacerdote os confrontou. 28 "Nós lhes ordenamos firmemente que
nunca mais ensinassem em nome desse homem", disse ele. "E,
mesmo assim, vocês encheram Jerusalém com esse seu ensino e
querem nos responsabilizar pela morte dele!" 29 Pedro e os após-
tolos responderam: "Devemos obedecer a Deus antes de qualquer
autoridade humana. 30 O Deus de nossos antepassados ressuscitou
Jesus dos mortos depois que os senhores o mataram, penduran-
do-o numa cruz. 31 Deus o colocou no lugar de honra, à sua direita,
como Príncipe e Salvador, para que o povo de Israel se arrependesse
de seus pecados e fosse perdoado. 32 Somos testemunhas dessas
coisas, e assim é também o Espírito Santo, que Deus dá àqueles que
lhe obedecem". 33 Quando ouviram isso, os membros do conselho
se enfureceram e decidiram matá-los. 34 Um deles, porém, um fa-
riseu chamado Gamaliel, especialista na lei e respeitado por todo
o povo, levantou-se e ordenou que eles fossem retirados da sala
do conselho por um momento. 35 Em seguida, disse aos demais:
"Israelitas, cuidado com o que planejam fazer a esses homens!
36 Algum tempo atrás, surgiu um certo Teudas, que afirmava ser
alguém importante. Umas quatrocentas pessoas se juntaram a ele,
mas foi morto e seus seguidores se dispersaram, e o movimento
deu em nada. 37 Depois dele, na época do censo, apareceu Judas,

da Galileia, que fez muitos seguidores. Ele também foi morto, e
seu grupo se dispersou. 38“Portanto, meu conselho é que deixem
esses homens em paz e os soltem. Se o que planejam e fazem é
meramente humano, logo serão frustrados. 39Mas, se é de Deus,
vocês não serão capazes de impedi-los. Pode até acontecer de vocês
acabarem lutando contra Deus”. 40Os demais membros aceitaram
o conselho de Gamaliel. Chamaram os apóstolos e mandaram
açoitá-los. Depois, ordenaram que nunca mais falassem em nome
de Jesus e, por fim, os soltaram. 41Quando os apóstolos saíram
da reunião do conselho, estavam alegres porque Deus os havia
considerado dignos de sofrer humilhação pelo nome de Jesus. 42E
todos os dias, no templo e de casa em casa, continuavam a ensinar
e anunciar que Jesus é o Cristo.

CAPÍTULO 6

Sete homens são escolhidos para servir

1À medida que o número de discípulos crescia, surgiam murmúrios
de descontentamento. Os judeus de fala grega se queixavam dos
de fala hebraica, dizendo que suas viúvas estavam sendo negli-
genciadas na distribuição diária de alimento. 2Por isso, os Doze
convocaram uma reunião com todos os discípulos e disseram: “Nós,
apóstolos, devemos nos dedicar ao ensino da palavra de Deus, e
não à distribuição de alimentos. 3Sendo assim, irmãos, escolham
sete homens respeitados, cheios do Espírito e de sabedoria, e nós
os encarregaremos desse serviço. 4Então nós nos dedicaremos à
oração e ao ensino da palavra”. 5A ideia agradou a todos, e esco-
lheram Estêvão, homem cheio de fé e do Espírito Santo, e também
Filipe, Prócoro, Nicanor, Timom, Pármenas e Nicolau de Antioquia,
que antes havia se convertido ao judaísmo. 6Esses sete foram apre-
sentados aos apóstolos, que oraram por eles e lhes impuseram
as mãos. 7Assim, a mensagem de Deus continuou a se espalhar.
O número de discípulos se multiplicava em Jerusalém, e muitos
sacerdotes também se converteram.

Estêvão é preso

8Estêvão, homem cheio de graça e poder, realizava milagres e si-
nais entre o povo. 9Um dia, porém, alguns homens da chamada
Sinagoga dos Escravos Libertos começaram a discutir com ele. Eram

NO QUE ESTOU **PENSANDO** ○ | O QUE ESTOU **SENTINDO** ○ | DO QUE ESTOU **LEMBRANDO** ○

DESENHE OU ESCREVA

judeus de Cirene, de Alexandria, da Cilícia e da província da Ásia.
10Nenhum deles era capaz de resistir à sabedoria e ao Espírito pelo
qual Estêvão falava. 11Então convenceram alguns homens a mentir a
respeito dele, dizendo: “Ouvimos Estêvão blasfemar contra Moisés,
e até contra Deus”. 12Com isso, agitaram o povo, os líderes religiosos
e os mestres da lei, e Estêvão foi preso e levado ao conselho dos
líderes do povo.
13As falsas testemunhas declararam: “Este homem vive falando
contra o santo templo e a lei de Moisés. 14Nós o ouvimos dizer
que esse Jesus de Nazaré destruirá o templo e mudará os costumes
que Moisés nos deixou”. 15Nesse momento, todos os membros do
conselho olharam para Estêvão e viram que seu rosto parecia o
rosto de um anjo.

CAPÍTULO 7

O testemunho de Estêvão diante do conselho

1Então o sumo sacerdote lhe perguntou: “Estas acusações são ver-
dadeiras?”. 2Estêvão respondeu: “Irmãos e pais, ouçam-me! O Deus
glorioso apareceu a nosso antepassado Abraão na Mesopotâmia,
antes de ele se estabelecer em Harã, 3e lhe disse: ‘Deixe sua terra
natal e seus parentes e vá para a terra que eu lhe mostrarei’. 4Então
Abraão saiu da terra dos caldeus e morou em Harã até seu pai
morrer. Depois, Deus o trouxe aqui para a terra onde vocês agora vi-
vem. 5“Mas Deus não lhe deu herança alguma aqui, nem mesmo o
espaço de um pé. Contudo, prometeu que a terra toda pertenceria a
Abraão e a seus descendentes, embora ele ainda não tivesse filhos.
6Disse-lhe também que seus descendentes viveriam numa terra es-
trangeira, onde seriam escravizados e oprimidos por quatrocentos
anos. 7Mas Deus disse: ‘Eu castigarei a nação que os escravizar, e,
por fim, sairão dali e me adorarão neste lugar’. 8“Naquele tempo,
Deus deu a Abraão a aliança da circuncisão. Assim, quando seu
filho Isaque nasceu, ele o circuncidou no oitavo dia. Essa prática
continuou quando nasceu Jacó, filho de Isaque, e quando nasceram
os doze filhos de Jacó, os patriarcas de Israel. 9“Os patriarcas tiveram
inveja de seu irmão José e o venderam como escravo para o Egito.
Mas Deus estava com ele 10e o livrou de todas as suas dificuldades.
Deus concedeu a José favor e sabedoria diante do faraó, rei do Egito,
e o faraó o nomeou governador de todo o Egito e administrador de

seu palácio. 11“Então veio uma fome sobre o Egito e sobre Canaã.
Houve grande aflição, e nossos antepassados ficaram sem comida.
12Jacó soube que ainda havia cereal no Egito e enviou seus filhos,
nossos antepassados, para comprarem alimento. 13Da segunda vez
que foram, José revelou sua identidade a seus irmãos e os apre-
sentou ao faraó. 14Depois, José mandou trazer para o Egito seu pai,
Jacó, e todos os seus parentes, 75 pessoas ao todo. 15Assim, Jacó foi
para o Egito e ali morreu, bem como nossos antepassados. 16Seus
corpos foram levados para Siquém e sepultados no túmulo que
Abraão havia comprado por um certo preço dos filhos de Hamor.
17“Aproximando-se o tempo em que Deus cumpriria sua promessa
a Abraão, nosso povo se multiplicou grandemente no Egito. 18Então
subiu ao trono do Egito um novo rei, que nada sabia a respeito de
José. 19Esse rei explorou e oprimiu nosso povo, forçando os pais
a abandonarem seus filhos recém-nascidos, para que morressem.
20“Por essa época, nasceu Moisés, um bebê especial aos olhos de
Deus. Seus pais cuidaram dele em casa por três meses. 21Quando
tiveram de abandoná-lo, a filha do faraó o adotou e o criou como
seu próprio filho. 22Moisés foi educado em toda a sabedoria dos
egípcios e era poderoso em palavras e ações. 23“Certo dia, estando
Moisés com quarenta anos, resolveu visitar seus parentes, o povo
de Israel. 24Ao ver um egípcio maltratando um israelita, defendeu
o israelita e o vingou, matando o egípcio. 25Imaginou que seus
irmãos israelitas entenderiam que ele havia sido enviado por Deus
para resgatá-los, mas isso não aconteceu. 26“No dia seguinte, visi-
tou-os novamente e viu dois homens de Israel brigando. Tentando
agir como pacificador, disse a eles: ‘Homens, vocês são irmãos; por
que brigam um com o outro?’. 27“Mas o homem que era culpado
empurrou Moisés e disse: ‘Quem o nomeou líder e juiz sobre nós?
28Vai me matar como matou o egípcio ontem?’. 29Quando Moisés
ouviu isso, fugiu e foi viver como estrangeiro na terra de Midiã. Ali
nasceram seus dois filhos. 30“Quarenta anos depois, no deserto
próximo ao monte Sinai, um anjo apareceu a Moisés nas chamas
de um arbusto que queimava. 31Quando Moisés viu aquilo, ficou
admirado. Aproximando-se para observar melhor, ouviu a voz do
Senhor, que disse: 32‘Eu sou o Deus de seus antepassados, o Deus
de Abraão, de Isaque e de Jacó’. Moisés tremia de medo e não tinha
coragem de olhar. 33“Então o Senhor lhe disse: ‘Tire as sandálias,

NO QUE ESTOU **PENSANDO** ○ | O QUE ESTOU **SENTINDO** ○ | DO QUE ESTOU **LEMBRANDO** ○

DESENHE OU ESCREVA

pois você está pisando em terra santa. 34Por certo, tenho visto a
aflição do meu povo no Egito. Tenho ouvido seus gemidos e desci
para libertá-los. Agora vá, pois eu o envio de volta ao Egito’. 35“Era
esse o mesmo Moisés que o povo havia rejeitado quando lhe per-
guntaram: ‘Quem o nomeou líder e juiz?’. Por meio do anjo que
apareceu a Moisés no arbusto em chamas, Deus o enviou para ser
líder e libertador. 36Assim, com muitas maravilhas e sinais, ele os
conduziu para fora do Egito, pelo mar Vermelho e pelo deserto, du-
rante quarenta anos. 37“Esse mesmo Moisés disse ao povo de Israel:
‘Deus levantará para vocês um profeta como eu do meio de seu
povo’. 38Moisés estava com nossos antepassados, a congregação do
povo de Deus no deserto, quando o anjo lhe falou no monte Sinai, e
ali Moisés recebeu palavras que dão vida, para transmiti-las a nós.
39“Mas nossos antepassados se recusaram a obedecer a Moisés.
Eles o rejeitaram e, em seu íntimo, voltaram ao Egito. 40Disseram
a Arão: ‘Faça para nós deuses que nos guiem, pois não sabemos
o que aconteceu com esse Moisés que nos tirou do Egito’. 41Logo,
fizeram um ídolo em forma de bezerro, ofereceram-lhe sacrifícios e
começaram a celebrar o objeto que haviam criado. 42Então Deus se
afastou deles e os entregou para servirem as estrelas do céu como
deuses, conforme está escrito no livro dos profetas: ‘Foi a mim que
vocês trouxeram sacrifícios e ofertas durante aqueles quarenta anos
no deserto, povo de Israel? 43Não, vocês carregaram o santuário de
Moloque, a estrela de seu deus Renfã, e as imagens que fizeram
para adorá-los. Por isso eu os enviarei para o exílio, para além da
Babilônia’. 44“Nossos antepassados levaram com eles pelo deserto
o tabernáculo, construído de acordo com o modelo que Deus havia
mostrado a Moisés. 45Anos depois, quando Josué comandou nos-
sos antepassados nas batalhas contra as nações que Deus expulsou
desta terra, foi levado com eles para seu novo território e ali ficou
até o tempo do rei Davi. 46“Davi encontrou favor diante de Deus e
pediu para construir um templo permanente para o Deus de Jacó,
47mas foi Salomão quem o construiu. 48O Altíssimo, porém, não
habita em templos feitos por mãos humanas. Como diz o profeta:
49‘O céu é meu trono, e a terra é o suporte de meus pés. Acaso cons-
truiriam para mim um templo assim tão bom?’, diz o Senhor. ‘Que
lugar de descanso me poderiam fazer? 50Acaso não foram minhas
mãos que criaram o céu e a terra?’. 51“Povo teimoso! Vocês têm o

coração incircuncidado e são surdos para a verdade. Resistirão para sempre ao Espírito Santo? Foi o que seus antepassados fizeram, e vocês também o fazem! 52Que profeta seus antepassados não perseguiram? Mataram até aqueles que predisseram a vinda do Justo, a quem vocês traíram e assassinaram! 53Vocês desobedeceram à lei de Deus, embora a tenham recebido das mãos de anjos". 54Os líderes judeus se enfureceram com a acusação de Estêvão e rangiam os dentes contra ele. 55Mas Estêvão, cheio do Espírito Santo, olhou firmemente para o céu e viu a glória de Deus, e viu Jesus em pé no lugar de honra, à direita de Deus. 56"Olhem!", disse ele. "Vejo os céus abertos e o Filho do Homem em pé no lugar de honra, à direita de Deus!" 57Eles taparam os ouvidos e, aos gritos, lançaram-se contra ele. 58Arrastaram-no para fora da cidade e começaram a apedrejá-lo. Seus acusadores tiraram os mantos e os deixaram aos pés de um jovem chamado Saulo. 59Enquanto atiravam as pedras, Estêvão orou: "Senhor Jesus, recebe o meu espírito". 60Então caiu de joelhos e gritou: "Senhor, não os culpes por este pecado!". E, com isso, adormeceu.

CAPÍTULO 8

1E Saulo concordou inteiramente com a morte de Estêvão.

A perseguição faz os discípulos dispersarem

Uma grande onda de perseguição começou naquele dia e varreu a igreja de Jerusalém. Todos eles, com exceção dos apóstolos, foram dispersos pelas regiões da Judeia e de Samaria. 2(Alguns homens devotos vieram e, com grande tristeza, sepultaram Estêvão.) 3Saulo, porém, procurava destruir a igreja. Ia de casa em casa, arrastava para fora homens e mulheres e os lançava na prisão.

Filipe anuncia as boas-novas em Samaria

4Os que haviam sido dispersos, porém, anunciavam as boas-novas a respeito de Jesus por onde quer que fossem. 5Filipe foi para a cidade de Samaria e ali falou ao povo sobre o Cristo. 6Quando as multidões ouviram sua mensagem e viram os sinais que ele realizava, deram total atenção às suas palavras. 7Muitos espíritos impuros eram expulsos e, aos gritos, deixavam suas vítimas, e muitos paralíticos e aleijados eram curados. 8Por isso, houve grande alegria

naquela cidade. 9Um homem chamado Simão praticava feitiçaria ali havia anos. Ele deixava o povo de Samaria admirado, e afirmava ser alguém importante. 10Todos, dos mais simples aos mais importantes, se referiam a ele como "o Grande Poder de Deus". 11Ouviam-no com atenção, pois, durante muito tempo, ele os tinha deixado admirados com sua magia. 12No entanto, quando Filipe lhes levou a mensagem sobre as boas-novas do reino de Deus e sobre o nome de Jesus Cristo, eles creram e, como resultado, muitos homens e mulheres foram batizados. 13O próprio Simão creu e foi batizado. Começou a seguir Filipe por toda parte, admirando-se dos sinais e milagres que ele realizava. 14Quando os apóstolos em Jerusalém souberam que o povo de Samaria havia aceitado a mensagem de Deus, enviaram para lá Pedro e João. 15Assim que os dois chegaram, oraram para que aqueles convertidos recebessem o Espírito Santo, 16pois, apesar de terem sido batizados em nome do Senhor Jesus, o Espírito Santo ainda não havia descido sobre nenhum deles. 17Então Pedro e João impuseram as mãos sobre eles, e receberam o Espírito Santo. 18Simão viu que as pessoas recebiam o Espírito quando os apóstolos impunham as mãos sobre elas. Então ofereceu-lhes dinheiro, 19dizendo: "Deem-me este poder também, para que, quando eu impuser as mãos sobre as pessoas, elas recebam o Espírito Santo!". 20Pedro, porém, respondeu: "Que seu dinheiro seja destruído com você, por imaginar que o dom de Deus pode ser comprado! 21Você não tem parte nem direito neste ministério, pois seu coração não é justo diante de Deus. 22Arrependa-se de sua maldade e ore ao Senhor. Talvez ele perdoe esses seus maus pensamentos, 23pois vejo que você está cheio de amarga inveja e é prisioneiro do pecado". 24Simão exclamou: "Orem ao Senhor por mim, para que essas coisas terríveis não me aconteçam!". 25Depois de terem testemunhado e proclamado a palavra do Senhor em Samaria, Pedro e João voltaram a Jerusalém. Ao longo do caminho, pararam em muitas vilas samaritanas para anunciar as boas-novas.

Filipe e o eunuco etíope

26Um anjo do Senhor disse a Filipe: "Vá para o sul, para a estrada no deserto que liga Jerusalém a Gaza". 27Filipe partiu e encontrou no caminho um alto oficial etíope, o eunuco responsável pelos

tesouros de Candace, rainha da Etiópia. Ele tinha ido a Jerusalém
para participar da adoração 28e estava no caminho de volta. Sentado
em sua carruagem, lia em voz alta o livro do profeta Isaías. 29Então
o Espírito disse a Filipe: "Aproxime-se e acompanhe a carruagem".
30Filipe correu até a carruagem e, ouvindo que o homem lia o pro-
feta Isaías, perguntou-lhe: "O senhor compreende o que lê?". 31O
homem respondeu: "Como posso entender sem que alguém me
explique?". E convidou Filipe a subir na carruagem e sentar-se ao
seu lado. 32Era esta a passagem das Escrituras que ele estava lendo:
"Ele foi levado como ovelha para o matadouro; como cordeiro mudo
diante dos tosquiadores, não abriu a boca. 33Foi humilhado e a
justiça lhe foi negada. Quem pode falar de seus descendentes? Pois
sua vida foi tirada da terra". 34O eunuco perguntou a Filipe: "Diga-
me, o profeta estava falando de si mesmo ou de outro?". 35Então
Filipe, começando com essa mesma passagem das Escrituras,
anunciou-lhe as boas-novas a respeito de Jesus. 36Prosseguindo,
chegaram a um lugar onde havia água. Então o eunuco disse: "Veja,
aqui tem água! O que me impede de ser batizado?". 37Filipe disse:
"Nada o impede, se você crê de todo o coração". O eunuco respon-
deu: "Creio que Jesus Cristo é o Filho de Deus". 38Então mandou
parar a carruagem, os dois desceram até a água e Filipe o batizou.
39Quando saíram da água, o Espírito do Senhor tomou Filipe e o
levou. O eunuco não tornou a vê-lo, mas seguiu viagem cheio de
alegria. 40Então Filipe apareceu mais ao norte, na cidade de Azoto.
Anunciou as boas-novas ali e em todas as cidades ao longo do
caminho, até chegar a Cesareia.

CAPÍTULO 9

A conversão de Saulo

1Enquanto isso, Saulo, motivado pela ânsia de matar os discípulos
do Senhor, procurou o sumo sacerdote. 2Pediu cartas para as sina-
gogas em Damasco, solicitando que cooperassem com a prisão de
todos os seguidores do Caminho, homens e mulheres, que ali en-
contrasse, para levá-los como prisioneiros a Jerusalém. 3Quando se
aproximava de Damasco, de repente uma luz do céu brilhou ao seu
redor. 4Ele caiu no chão e ouviu uma voz lhe dizer: "Saulo, Saulo,
por que você me persegue?". 5"Quem és tu, Senhor?", perguntou
Saulo. E a voz respondeu: "Sou Jesus, a quem você persegue!

NO QUE ESTOU **PENSANDO** ○ O QUE ESTOU **SENTINDO** ○ DO QUE ESTOU **LEMBRANDO** ○

DESENHE OU ESCREVA

6Agora levante-se e entre na cidade, onde lhe dirão o que fazer". 7Os
homens que estavam com Saulo ficaram calados de espanto, pois
ouviam uma voz, mas não viam ninguém. 8Saulo levantou-se do
chão, mas, ao abrir os olhos, estava cego. Então o conduziram pela
mão até Damasco. 9Lá ele permaneceu, cego, por três dias, e não
comeu nem bebeu coisa alguma. 10Havia em Damasco um discípu-
lo chamado Ananias. O Senhor o chamou numa visão: "Ananias!".
"Sim, Senhor!", respondeu ele. 11O Senhor disse: "Vá à rua Direita,
à casa de Judas. Ao chegar, pergunte por um homem de Tarso
chamado Saulo. Ele está orando neste momento. 12Mostrei-lhe
numa visão um homem chamado Ananias chegando e impondo
as mãos sobre ele para que voltasse a enxergar". 13Ananias, porém,
respondeu: "Senhor, ouvi muita gente falar das coisas horríveis que
esse homem vem fazendo ao teu povo santo em Jerusalém. 14E
ele tem autorização dos principais sacerdotes para prender todos
que invocam o teu nome!". 15O Senhor, no entanto, disse: "Vá, pois
Saulo é o instrumento que escolhi para levar minha mensagem aos
gentios e aos reis, bem como ao povo de Israel. 16E eu mostrarei a
ele quanto deve sofrer por meu nome". 17Ananias foi e encontrou
Saulo. Ao impor as mãos sobre ele, disse: "Irmão Saulo, o Senhor
Jesus, que lhe apareceu no caminho para cá, me enviou para que
você volte a enxergar e fique cheio do Espírito Santo". 18No mesmo
instante, algo semelhante a escamas caiu dos olhos de Saulo, e sua
visão foi restaurada. Então ele se levantou, foi batizado 19e, depois
de comer, recuperou as forças.

Saulo em Damasco e em Jerusalém

Saulo permaneceu alguns dias em Damasco, com os discípulos.
20Logo, começou a falar de Jesus nas sinagogas, dizendo: "Ele é o
Filho de Deus!". 21Todos que o ouviam ficavam admirados. "Não é
esse o homem que causou tanta destruição entre os que invoca-
vam o nome de Jesus em Jerusalém?", perguntavam. "E não veio
aqui para levá-los como prisioneiros aos principais sacerdotes?"
22A pregação de Saulo tornou-se cada vez mais poderosa, pois ele
deixava os judeus de Damasco perplexos, provando que Jesus é o
Cristo. 23Depois de certo tempo, alguns judeus conspiraram para
matá-lo. 24Dia e noite, vigiavam a porta da cidade com a intenção de
assassiná-lo, mas ele foi informado desse plano. 25Então, durante a

noite, alguns de seus discípulos o baixaram pela muralha da cidade
num grande cesto. 26Quando Saulo chegou a Jerusalém, tentou se
encontrar com os discípulos, mas todos estavam com medo dele,
pois não acreditavam que ele tivesse de fato se tornado discípulo.
27Então Barnabé o levou aos apóstolos e lhes contou como Saulo
tinha visto o Senhor no caminho para Damasco e como ele lhe havia
falado. Contou também que, em Damasco, Saulo havia pregado co-
rajosamente em nome de Jesus. 28Saulo permaneceu com os após-
tolos e andava com eles por Jerusalém, pregando corajosamente
em nome do Senhor. 29Também conversava e discutia com alguns
judeus de fala grega, mas estes procuravam matá-lo. 30Quando os
irmãos souberam disso, levaram Saulo a Cesareia e de lá o enviaram
a Tarso. 31A igreja tinha paz em toda a Judeia, Galileia e Samaria
e ia se fortalecendo à medida que andava no temor do Senhor. E,
encorajada pelo Espírito Santo, crescia em número.

Pedro cura Eneias e ressuscita Dorcas

32Pedro viajava por toda parte, e foi visitar o povo santo que vivia na
cidade de Lida. 33Ali encontrou um paralítico chamado Eneias, que
permanecia de cama havia oito anos. 34Pedro lhe disse: "Eneias,
Jesus Cristo cura você! Levante-se e arrume sua maca!". E, no mes-
mo instante, ele se levantou. 35Todos os moradores de Lida e de
Sarona viram Eneias e se converteram ao Senhor. 36Havia em Jope
uma discípula chamada Tabita (que em grego é Dorcas). Sempre
fazia o bem às pessoas e ajudava os pobres. 37Por esse tempo,
ficou doente e morreu. Seu corpo foi lavado para o sepultamento
e colocado numa sala no andar superior. 38Quando os discípulos
souberam que Pedro estava perto de Lida, enviaram dois homens
para lhe suplicar: "Por favor, venha o mais rápido possível!". 39Então
Pedro voltou com eles e, assim que chegou, foi levado para a sala
do andar superior. O cômodo estava cheio de viúvas que choravam
e lhe mostravam os vestidos e outras roupas que Dorcas havia feito
para elas. 40Pedro pediu que todos saíssem do quarto. Então, ajoe-
lhou-se e orou. Voltando-se para o corpo da mulher, disse: "Tabita,
levante-se", e ela abriu os olhos. Quando ela viu Pedro, sentou-se.
41Ele lhe deu a mão e a ajudou a levantar-se. Em seguida, chamou
os discípulos e as viúvas e a apresentou viva. 42A notícia se espalhou
por toda a cidade, e muitos creram no Senhor. 43Pedro ficou em

NO QUE ESTOU **PENSANDO** ○ O QUE ESTOU **SENTINDO** ○ DO QUE ESTOU **LEMBRANDO** ○

DESENHE OU ESCREVA

Jope algum tempo, hospedado na casa de Simão, um homem que
trabalhava com couro.

CAPÍTULO 10

Cornélio manda chamar Pedro

1Morava em Cesareia um oficial do exército romano chamado
Cornélio, capitão do Regimento Italiano. 2Era um homem devoto
e temente a Deus, como era também toda a sua família. Dava aos
pobres esmolas generosas e sempre orava ao Senhor. 3Certa tarde,
por volta das três horas, teve uma visão na qual viu um anjo de Deus
vir em sua direção e dizer: "Cornélio!". 4Temeroso, Cornélio olhou
fixamente para o anjo e perguntou: "Que é, senhor?". E o anjo res-
pondeu: "Suas orações e esmolas subiram até Deus, e ele as guarda
na memória. 5Agora, envie alguns homens a Jope e mande buscar
Simão, também chamado Pedro. 6Ele está hospedado com Simão,
um homem que trabalha com couro e mora à beira do mar". 7Assim
que o anjo foi embora, Cornélio chamou dois servos de sua casa e
um soldado devoto de seu grupo de auxiliares. 8Ele lhes contou o
que havia acontecido e os enviou a Jope.

Pedro visita Cornélio

9No dia seguinte, quando os mensageiros de Cornélio se aproxi-
mavam da cidade, Pedro subiu ao terraço para orar. Era cerca de
meio-dia, 10e ele estava com fome. Enquanto a refeição era prepa-
rada, entrou num êxtase. 11Viu o céu aberto e algo semelhante a
um grande lençol ser baixado por suas quatro pontas. 12No lençol
havia toda espécie de animais, répteis e aves. 13Então uma voz lhe
disse: "Levante-se, Pedro; mate e coma". 14"De modo nenhum,
Senhor!", respondeu Pedro. "Jamais comi coisa alguma que fosse
considerada impura e imprópria." 15Mas a voz falou novamente:
"Não chame de impuro o que Deus purificou". 16A mesma visão
se repetiu três vezes. Então, subitamente, o lençol foi recolhido ao
céu. 17Pedro ficou perplexo, pensando em qual seria o significado
da visão. Nesse momento, os homens que Cornélio tinha enviado
encontraram a casa de Simão. Eles se aproximaram do portão 18e
perguntaram se estava hospedado ali Simão, também chamado
Pedro. 19Enquanto Pedro ainda refletia sobre a visão, o Espírito lhe
disse: "Três homens vieram procurá-lo. 20Levante-se, desça e vá

At

encontrar-se com eles. Não hesite em acompanhá-los, pois eu os
enviei". 21Pedro desceu e disse aos homens: "Eu sou quem vocês
procuram. Por que vieram?". 22Eles responderam: "Cornélio, um ofi-
cial romano, nos enviou. Ele é um homem devoto e temente a Deus,
respeitado por todos os judeus. Um santo anjo o instruiu a chamar
o senhor à casa dele para que ele ouça sua mensagem". 23Então
Pedro convidou os homens para se hospedarem ali aquela noite.
No dia seguinte, foi com eles, acompanhado de alguns irmãos de
Jope. 24Chegaram a Cesareia no dia seguinte. Cornélio os esperava
e havia reunido seus parentes e amigos íntimos. 25Quando Pedro
chegou à casa, Cornélio veio ao seu encontro e prostrou-se diante
dele, adorando-o. 26Mas Pedro o levantou e disse: "Fique de pé!
Eu sou apenas um homem como você". 27Os dois conversaram e
depois entraram na casa, onde muitos outros estavam reunidos.
28Pedro lhes disse: "Vocês sabem que nossas leis proíbem que
um judeu entre num lar gentio como este ou se associe com os
gentios. No entanto, Deus me mostrou que não devo mais con-
siderar ninguém impuro ou impróprio. 29Por isso, vim assim que
fui chamado, sem levantar objeções. Agora digam por que vocês
mandaram me buscar". 30Cornélio respondeu: "Quatro dias atrás,
eu estava orando em casa por volta deste mesmo horário, às três da
tarde. De repente, um homem vestido com roupas resplandecentes
apareceu diante de mim. 31Ele me disse: 'Cornélio, Deus ouviu sua
oração e se lembrou de suas esmolas. 32Agora, envie mensageiros
a Jope e mande buscar Simão, também chamado Pedro. Ele está
hospedado na casa de Simão, um homem que trabalha com couro
e mora à beira do mar'. 33Assim, mandei buscá-lo de imediato, e
foi bom que tenha vindo. Agora estamos todos aqui, esperando
diante de Deus para ouvir a mensagem que o Senhor mandou
que você nos trouxesse".

Os gentios ouvem as boas-novas

34Então Pedro respondeu: "Vejo claramente que Deus não mostra
nenhum favoritismo. 35Em todas as nações ele aceita aqueles que
o temem e fazem o que é certo. 36Esta é a mensagem de boas-
-novas para o povo de Israel: Há paz com Deus por meio de Jesus
Cristo, que é Senhor de todos. 37Vocês sabem o que aconteceu
em toda a Judeia, começando na Galileia, depois do batismo que

João proclamou. 38Sabem também que Deus ungiu Jesus de
Nazaré com o Espírito Santo e com poder. Então Jesus foi por toda
parte fazendo o bem e curando todos os oprimidos pelo diabo,
porque Deus estava com ele. 39"E nós somos testemunhas de tudo
que ele fez em toda a Judeia e em Jerusalém, onde o mataram.
Penduraram-no numa cruz, 40mas Deus o ressuscitou no tercei-
ro dia e permitiu que ele fosse visto, 41não por todo o povo, mas
por nós que fomos escolhidos por Deus de antemão para sermos
suas testemunhas. Nós fomos os que comemos e bebemos com
ele depois que ele ressuscitou dos mortos. 42E ele nos mandou
anunciar sua mensagem em toda parte e testemunhar que Deus
o designou juiz dos vivos e dos mortos. 43É a respeito dele que
todos os profetas dão testemunho, dizendo que todo o que nele
crer receberá o perdão de seus pecados por meio de seu nome".

Os gentios recebem o Espírito Santo

44Enquanto Pedro ainda falava, o Espírito Santo desceu sobre todos
que ouviam a mensagem. 45Os discípulos judeus que acompa-
nhavam Pedro ficaram admirados de que o dom do Espírito Santo
também fosse derramado sobre os gentios, 46pois os ouviram fa-
lar em outras línguas e louvar a Deus. Pedro perguntou: 47"Pode
alguém se opor a que eles sejam batizados agora que, como nós,
também receberam o Espírito Santo?". 48Então ordenou que fossem
batizados em nome de Jesus Cristo. Depois, pediram que Pedro
ficasse com eles alguns dias.

CAPÍTULO 11

A explicação de Pedro

1Logo chegou aos apóstolos e a outros irmãos da Judeia a notícia de
que os gentios haviam recebido a palavra de Deus. 2Mas, quando
Pedro voltou a Jerusalém, os discípulos judeus o criticaram, 3dizen-
do: "Você entrou na casa de gentios e até comeu com eles!". 4Então
Pedro lhes contou exatamente o que havia acontecido. 5Disse: "Eu
estava na cidade de Jope e, enquanto orava, num êxtase, tive uma
visão. Algo semelhante a um lençol grande foi baixado do céu,
preso pelas quatro pontas, vindo até onde eu estava. 6Quando olhei
dentro do lençol, vi toda espécie de animais domésticos e selva-
gens, répteis e aves. 7E ouvi uma voz dizer: 'Levante-se, Pedro; mate

e coma'. 8"Eu respondi: 'De modo nenhum, Senhor! Jamais comi
coisa alguma que fosse considerada impura ou imprópria'. 9"Mas
a voz do céu falou novamente: 'Não chame de impuro o que Deus
purificou'. 10Isso aconteceu três vezes, antes que o lençol, com tudo
que ele continha, fosse recolhido ao céu. 11"Nesse momento, três
homens que haviam sido enviados de Cesareia chegaram à casa
onde eu estava hospedado. 12O Espírito me disse que eu fosse com
eles, sem nada questionar. Esses seis irmãos me acompanharam, e
logo entramos na casa do homem que havia mandado nos buscar.
13Ele nos contou como um anjo havia aparecido em sua casa e
dito: 'Envie mensageiros a Jope e mande buscar Simão, também
chamado Pedro. 14Ele lhe dirá como você e toda a sua casa podem
ser salvos'. 15"Quando comecei a falar, o Espírito Santo desceu sobre
eles, como ocorreu conosco, no princípio. 16Então me lembrei das
palavras do Senhor, quando ele disse: 'João batizou com água, mas
vocês serão batizados com o Espírito Santo'. 17E, uma vez que Deus
deu a esses gentios a mesma dádiva que concedeu a nós quando
cremos no Senhor Jesus Cristo, quem era eu para me opor a Deus?".
18Ao ouvirem isso, pararam de levantar objeções e começaram a
louvar a Deus, dizendo: "Vemos que Deus deu aos gentios o mesmo
privilégio de se arrepender e receber a vida eterna!".

A igreja em Antioquia da Síria

19Enquanto isso, os discípulos que haviam sido dispersos na
perseguição depois da morte de Estêvão chegaram até a Fenícia,
Chipre e Antioquia da Síria. Pregaram a palavra, mas somente aos
judeus. 20Contudo, alguns dos discípulos que foram de Chipre e
Cirene até Antioquia começaram a anunciar aos gentios as boas-
-novas a respeito do Senhor Jesus. 21A mão do Senhor estava com
eles, e muitos desses gentios creram e se converteram ao Senhor.
22Quando a igreja de Jerusalém soube do que havia acontecido,
enviou Barnabé a Antioquia. 23Ao chegar ali e ver essa demonstra-
ção da graça de Deus, alegrou-se muito e incentivou os irmãos a
permanecerem fiéis ao Senhor. 24Barnabé era um homem bom,
cheio do Espírito Santo e de fé. E uma grande multidão se converteu
ao Senhor. 25Então Barnabé foi a Tarso procurar Saulo. 26Quando o
encontrou, levou-o para Antioquia. Ali permaneceram com a igre-
ja um ano inteiro, ensinando a muitas pessoas. Foi em Antioquia

NO QUE ESTOU **PENSANDO** ○ | O QUE ESTOU **SENTINDO** ○ | DO QUE ESTOU **LEMBRANDO** ○

DESENHE OU ESCREVA

que os discípulos foram chamados de cristãos pela primeira vez.
27Durante esse tempo, alguns profetas viajaram de Jerusalém a
Antioquia. 28Um deles, chamado Ágabo, pôs-se em pé numa das
reuniões e predisse, pelo Espírito, que uma grande fome viria so-
bre todo o mundo romano. (Isso se cumpriu durante o reinado de
Cláudio.) 29Então os discípulos de Antioquia decidiram enviar uma
ajuda aos irmãos na Judeia, cada um de acordo com suas possibi-
lidades. 30Foi o que fizeram, enviando as doações aos presbíteros
por meio de Barnabé e Saulo.

CAPÍTULO 12

O martírio de Tiago e a prisão de Pedro

1Por essa época, o rei Herodes Agripa começou a perseguir vio-
lentamente algumas pessoas da igreja. 2Mandou matar à espada
Tiago, irmão de João. 3Quando Herodes viu quanto isso agradava
os judeus, também prendeu Pedro durante a celebração da Festa
dos Pães sem Fermento. 4Depois, lançou-o na cadeia, sob a guarda
de quatro escoltas, cada uma com quatro soldados. A intenção de
Herodes era apresentar Pedro aos judeus para julgamento público
depois da Páscoa. 5Enquanto Pedro estava no cárcere, a igreja orava
fervorosamente a Deus por ele.

A milagrosa fuga de Pedro

6Na noite antes de Pedro ser levado a julgamento, ele dormia, preso
com duas correntes entre dois soldados, e outros montavam guarda
na porta da prisão. 7De repente, uma luz intensa brilhou na cela, e
um anjo do Senhor apareceu. Tocou no lado de Pedro para acordá-lo
e disse: "Depressa! Levante-se!", e as correntes caíram dos pulsos
de Pedro. 8Então o anjo lhe disse: "Vista-se e calce as sandálias",
e Pedro obedeceu. "Agora vista a capa e siga-me", ordenou o anjo.
9Pedro deixou a cela, seguindo o anjo. O tempo todo, porém, pen-
sava que era uma visão, sem entender que era real o que ocorria.
10Passaram o primeiro e o segundo postos de guarda e, quando
chegaram ao portão de ferro que dava para a cidade, o portão se
abriu sozinho para eles. Os dois passaram e foram caminhando ao
longo da rua até que, subitamente, o anjo o deixou. 11Por fim, Pedro
caiu em si. "É verdade mesmo!", disse ele. "O Senhor enviou seu
anjo para me salvar daquilo que Herodes e os judeus planejavam

me fazer!" 12Quando Pedro se deu conta disso, foi à casa de Maria,
mãe de João Marcos, onde muitos estavam reunidos para orar. 13Ele
bateu à porta da frente, e uma serva chamada Rode foi atender. 14Ao
reconhecer a voz de Pedro, ficou tão contente que, em vez de abrir
a porta, correu de volta para dentro dizendo a todos: "Pedro está à
porta!". 15Eles, porém, disseram: "Você está fora de si!". Diante da
insistência dela, concluíram: "Deve ser o anjo dele". 16Enquanto
isso, Pedro continuava a bater. Quando, por fim, abriram a porta e
o viram, ficaram admirados. 17Ele fez um sinal para se acalmarem
e lhes contou como o Senhor o havia tirado da prisão. "Contem a
Tiago e aos outros irmãos o que aconteceu", disse ele. Então foi
para outro lugar. 18Ao amanhecer, houve grande alvoroço entre os
soldados a respeito do que tinha acontecido a Pedro. 19Herodes
ordenou que fosse feita uma busca completa por ele. Não conse-
guindo encontrá-lo, interrogou os guardas e mandou executá-los.
Depois disso, Herodes partiu da Judeia e foi passar algum tempo
em Cesareia.

A morte de Herodes Agripa

20O rei Herodes estava muito irado com o povo de Tiro e Sidom.
Assim, as duas cidades se uniram na tentativa de se reconciliar com
o rei, pois dependiam de suas terras para obter alimento. Então,
tendo conquistado o apoio de Blasto, assistente pessoal do rei,
21conseguiram uma audiência. No dia marcado, Herodes, vestin-
do seus trajes reais, sentou-se em seu trono e fez um discurso para
eles. 22O povo o ovacionava, gritando: "É a voz de um deus, e não
de um homem!". 23No mesmo instante, um anjo do Senhor feriu
Herodes com uma enfermidade, pois ele não ofereceu a glória a
Deus. Foi comido por vermes e morreu. 24Enquanto isso, a palavra
de Deus continuava a se espalhar, e havia muitos novos convertidos.
25Quando Barnabé e Saulo terminaram sua missão em Jerusalém,
voltaram levando consigo João Marcos.

CAPÍTULO 13

Barnabé e Saulo são enviados pela igreja

1Entre os profetas e mestres da igreja de Antioquia da Síria estavam
Barnabé e Simeão, chamado Negro, Lúcio de Cirene, Manaém, que
tinha sido criado com o rei Herodes Antipas, e Saulo. 2Certo dia,

NO QUE ESTOU PENSANDO ○ | O QUE ESTOU SENTINDO ○ | DO QUE ESTOU LEMBRANDO ○

DESENHE OU ESCREVA

enquanto adoravam o Senhor e jejuavam, o Espírito Santo disse:
"Separem Barnabé e Saulo para realizarem o trabalho para o qual
os chamei". 3Então, depois de mais jejuns e orações, impuseram
as mãos sobre eles e os enviaram em sua missão.

A primeira viagem missionária de Paulo

4Enviados pelo Espírito Santo, eles desceram ao porto de Selêucia,
de onde navegaram para a ilha de Chipre. 5Ali, na cidade de
Salamina, foram às sinagogas judaicas e pregaram a palavra de
Deus. João Marcos os acompanhava como assistente. 6Viajaram
por toda a ilha até que, por fim, chegaram a Pafos, onde encontra-
ram um feiticeiro judeu, um falso profeta chamado Barjesus. 7Ele
acompanhava o governador Sérgio Paulo, um homem inteligente
que convidou Barnabé e Saulo para visitá-lo, pois desejava ouvir
a palavra de Deus. 8Mas Elimas, o feiticeiro (esse é o significado
de seu nome), opôs-se a eles, na tentativa de impedir que o go-
vernador viesse a crer. 9Cheio do Espírito Santo, Saulo, também
conhecido como Paulo, encarou Elimas nos olhos 10e disse: "Filho
do diabo, cheio de toda espécie de engano e maldade e inimigo
de tudo que é certo! Quando deixará de distorcer os caminhos
retos do Senhor? 11Preste atenção, pois o Senhor colocou a mão
sobre você para castigá-lo, e você ficará cego, sem conseguir ver a
luz do sol por algum tempo". No mesmo instante, neblina e escu-
ridão cobriram-lhe os olhos e ele começou a tatear, suplicando que
alguém o tomasse pela mão e o guiasse. 12Quando o governador
viu o que havia acontecido, creu, muito admirado com o ensino a
respeito do Senhor.

Paulo e Barnabé em Antioquia da Pisídia

13Paulo e seus companheiros saíram de Pafos num navio e foram
à Panfília, onde aportaram em Perge. Ali, João Marcos os deixou
e voltou para Jerusalém. 14Paulo e Barnabé prosseguiram para o
interior, até Antioquia da Pisídia. No sábado, foram à sinagoga.
15Depois da leitura dos livros da lei e dos profetas, os chefes da
sinagoga lhes mandaram um recado: "Irmãos, se vocês têm uma
palavra de encorajamento para o povo, podem falar". 16Então Paulo
ficou em pé, levantou a mão para pedir silêncio e começou a falar:
"Homens de Israel e gentios tementes a Deus, ouçam-me! 17"O

Deus desta nação de Israel escolheu nossos antepassados e fez
que se multiplicassem e se fortalecessem durante o tempo em
que ficaram no Egito. Então, com braço poderoso, ele os tirou da
escravidão. 18 Ele suportou seu comportamento durante os quaren-
ta anos em que andaram sem rumo pelo deserto. 19 Destruiu sete
nações em Canaã e deu seu território a Israel como herança. 20 Tudo
isso levou cerca de quatrocentos e cinquenta anos. "Depois, Deus
lhes deu juízes para governá-los até o tempo do profeta Samuel.
21 Então o povo pediu um rei, e ele lhes deu Saul, filho de Quis,
homem da tribo de Benjamim, e ele reinou por quarenta anos.
22 Mas Deus removeu Saul e colocou em seu lugar Davi, a respeito
de quem Deus disse: 'Davi, filho de Jessé, é um homem segundo
o meu coração; fará tudo que for da minha vontade'. 23 "E Jesus,
um dos descendentes de Davi, é o salvador que Deus concedeu a
Israel, conforme sua promessa! 24 Antes da vinda de Jesus, João
Batista anunciou que todo o povo de Israel precisava se arrepen-
der e ser batizado. 25 Quando João estava concluindo seu trabalho,
perguntou: 'Vocês pensam que eu sou o Cristo? Não sou! Mas ele
vem em breve, e não sou digno sequer de desamarrar as correias
de suas sandálias'. 26 "Irmãos, vocês que são filhos de Abraão e
também vocês gentios tementes a Deus, esta mensagem de
salvação foi enviada a nós. 27 O povo de Jerusalém e seus líderes
não reconheceram que Jesus era aquele a respeito de quem os
profetas haviam falado. Em vez disso, eles o condenaram e, ao
fazê-lo, cumpriram as palavras dos profetas, que são lidas todos
os sábados. 28 Não encontraram motivo legal para executá-lo, mas,
ainda assim, pediram a Pilatos que o matasse. 29 "Depois de cum-
prirem tudo que as profecias diziam a respeito dele, eles o tiraram
da cruz e o colocaram num túmulo, 30 mas Deus o ressuscitou dos
mortos. 31 E, por muitos dias, ele apareceu àqueles que o tinham
acompanhado da Galileia para Jerusalém. Agora eles são suas tes-
temunhas diante do povo. 32 "Estamos aqui para trazer a vocês esta
boa-nova. A promessa foi feita a nossos antepassados, 33 e agora
Deus a cumpriu para nós, os descendentes deles, ao ressuscitar
Jesus. É isto que o segundo salmo diz a respeito dele: 'Você é meu
Filho; hoje eu o gerei'. 34 Pois Deus havia prometido ressuscitá-lo
dos mortos, para que jamais apodrecesse no túmulo. Ele disse: 'Eu
lhes darei as bênçãos sagradas que prometi a Davi'. 35 Em outro

At 13.38

salmo, ele explicou de modo mais direto: 'Não permitirás que o
teu Santo apodreça no túmulo'. 36 Não se trata de uma referência
a Davi, porque, depois que Davi fez a vontade de Deus em sua ge-
ração, morreu e foi sepultado com seus antepassados, e seu corpo
apodreceu. 37 É uma referência a outra pessoa, a alguém a quem
Deus ressuscitou e cujo corpo não apodreceu. 38 "Ouçam, irmãos!
Estamos aqui para proclamar que, por meio de Jesus, há perdão
para os pecados. 39 Todo o que nele crê é declarado justo diante de
Deus, algo que a lei de Moisés jamais pôde fazer. 40 Por isso, tomem
cuidado para que não se apliquem a vocês as palavras dos profetas:
41 'Olhem, zombadores; fiquem admirados e morram! Pois faço
algo em seus dias, algo em que vocês não acreditariam mesmo
que lhes contassem'". 42 Quando Paulo e Barnabé estavam saindo
da sinagoga, o povo pediu que voltassem a falar dessas coisas na
semana seguinte. 43 Muitos judeus e gentios devotos convertidos
ao judaísmo seguiram Paulo e Barnabé, que insistiam com eles
para que continuassem a confiar na graça de Deus.

Paulo e Barnabé se dirigem aos gentios

44 No sábado seguinte, quase toda a cidade compareceu para ou-
vir a palavra do Senhor. 45 Quando alguns dos judeus viram as
multidões, ficaram com inveja, de modo que difamaram Paulo
e contestavam tudo que ele dizia. 46 Então Paulo e Barnabé se
pronunciaram corajosamente, dizendo: "Era necessário que
pregássemos a palavra de Deus primeiro a vocês, judeus. Mas,
uma vez que vocês a rejeitaram e não se consideraram dignos
da vida eterna, agora vamos oferecê-la aos gentios. 47 Pois foi isso
que o Senhor nos ordenou quando disse: 'Fiz de você uma luz
para os gentios, para levar a salvação até os lugares mais distan-
tes da terra'". 48 Quando ouviram isso, os gentios se alegraram e
agradeceram ao Senhor por essa mensagem, e todos que haviam
sido escolhidos para a vida eterna creram. 49 Assim, a palavra do
Senhor se espalhou por toda aquela região. 50 Então os judeus,
instigando as mulheres religiosas influentes e as autoridades da
cidade, provocaram uma multidão contra Paulo e Barnabé e os
expulsaram dali. 51 Eles, porém, sacudiram o pó dos pés em sinal
de reprovação e foram à cidade de Icônio. 52 E os discípulos estavam
cheios de alegria e do Espírito Santo.

CAPÍTULO 14

Paulo e Barnabé em Icônio

1Em Icônio, Paulo e Barnabé também foram à sinagoga judaica e
falaram de tal modo que muitos creram, tanto judeus como gentios.
2Alguns dos judeus que não creram, porém, incitaram os gentios e
envenenaram a mente deles contra Paulo e Barnabé. 3Ainda assim,
os apóstolos passaram bastante tempo ali, falando corajosamente
da graça do Senhor, que confirmava a mensagem deles concedendo-lhes poder para realizar sinais e maravilhas. 4Com isso, o povo da
cidade ficou dividido: alguns tomaram partido dos judeus, e outros,
dos apóstolos. 5Então um grupo de gentios, judeus e seus líderes
resolveu atacá-los e apedrejá-los. 6Quando os apóstolos souberam
disso, fugiram para a região da Licaônia, para as cidades de Listra e
Derbe e seus arredores. 7E ali anunciaram as boas-novas.

Paulo e Barnabé em Listra e Derbe

8Enquanto estavam em Listra, Paulo e Barnabé encontraram um
homem com os pés aleijados. Sofria desse problema desde o
nascimento e, portanto, nunca tinha andado. Estava sentado 9e
ouvia Paulo pregar. Paulo olhou diretamente para ele e, vendo
que ele tinha fé para ser curado, 10disse em alta voz: "Levante-se!". O homem se levantou de um salto e começou a andar. 11A
multidão, vendo o que Paulo havia feito, gritou no dialeto local:
"Os deuses vieram até nós em forma de homens!". 12Concluíram
que Barnabé era o deus grego Zeus, e Paulo, o deus Hermes, pois
era ele quem proclamava a mensagem. 13O sacerdote do templo
de Zeus, que ficava na entrada da cidade, trouxe touros e coroas
de flores até as portas da cidade, pois ele e a multidão queriam
oferecer sacrifícios aos apóstolos. 14Quando Barnabé e Paulo ouviram o que estava acontecendo, rasgaram as roupas e correram
para o meio do povo, gritando: 15"Amigos, por que vocês estão
fazendo isso? Somos homens como vocês! Viemos lhes anunciar
as boas-novas, para que abandonem estas coisas sem valor e se
voltem para o Deus vivo, que fez os céus e a terra, o mar e tudo
que neles há. 16No passado, ele permitiu que as nações seguissem
seus próprios caminhos, 17mas nunca as deixou sem evidências de
sua existência e de sua bondade. Ele lhes concede chuvas e boas
colheitas, e também alimento e um coração alegre". 18Apesar dessas

palavras, Paulo e Barnabé tiveram dificuldade para impedir que o
povo lhes oferecesse sacrifícios. 19Então alguns judeus chegaram
de Antioquia e Icônio e instigaram a multidão. Apedrejaram Paulo e
o arrastaram para fora da cidade, pensando que ele estivesse morto.
20No entanto, quando os discípulos o rodearam, ele se levantou e
entrou novamente na cidade. No dia seguinte, partiu com Barnabé
para Derbe.

Paulo e Barnabé voltam para Antioquia da Síria

21Depois de terem anunciado as boas-novas em Derbe e feito muitos discípulos, Paulo e Barnabé voltaram a Listra, Icônio e Antioquia
da Pisídia, 22onde fortaleceram os discípulos. Eles os encorajaram
a permanecer na fé, lembrando-os de que é necessário passar por
muitos sofrimentos até entrar no reino de Deus. 23Paulo e Barnabé
também escolheram presbíteros em cada igreja e, com orações
e jejuns, os entregaram aos cuidados do Senhor, em quem haviam crido. 24Então viajaram de volta pela Pisídia até a Panfília.
25Pregaram a palavra em Perge e desceram para Atália. 26Por fim,
voltaram de navio para Antioquia, onde sua viagem tinha começado e onde haviam sido entregues à graça de Deus para realizar o
trabalho que agora completavam. 27Quando chegaram a Antioquia,
reuniram a igreja e relataram tudo que Deus tinha feito por meio
deles e como tinha aberto a porta da fé também para os gentios.
28E permaneceram ali com os discípulos por muito tempo.

CAPÍTULO 15

O concílio de Jerusalém

1Chegaram a Antioquia alguns homens da Judeia e começaram
a ensinar aos irmãos: "A menos que sejam circuncidados, conforme exige a lei de Moisés, vocês não poderão ser salvos". 2Paulo e
Barnabé discordaram deles e discutiram energicamente. Por fim, a
igreja decidiu enviar Paulo e Barnabé a Jerusalém, acompanhados
de alguns irmãos de Antioquia, para tratar dessa questão com os
apóstolos e presbíteros. 3A igreja, portanto, enviou seus representantes a Jerusalém. No caminho, eles pararam na Fenícia e em
Samaria para visitar os irmãos e contaram que os gentios também
estavam sendo convertidos, o que muito alegrou a todos. 4Quando
chegaram a Jerusalém, foram bem recebidos pela igreja, pelos

apóstolos e presbíteros, e relataram tudo que Deus havia feito
por meio deles. 5Contudo, alguns dos irmãos que pertenciam à
seita dos fariseus se levantaram e disseram: "É necessário que
os convertidos gentios sejam circuncidados e guardem a lei de
Moisés". 6Os apóstolos e presbíteros se reuniram para decidir a
questão. 7Depois de uma longa discussão, Pedro se levantou e
se dirigiu a eles, dizendo: "Irmãos, vocês sabem que, há muito
tempo, Deus me escolheu dentre vocês para falar aos gentios a
fim de que eles pudessem ouvir as boas-novas e crer. 8Deus co-
nhece o coração humano e confirmou que aceita os gentios ao
lhes dar o Espírito Santo, como o deu a nós. 9Não fez distinção
alguma entre nós e eles, pois purificou o coração deles por meio
da fé. 10Então por que agora vocês provocam a Deus, sobrecar-
regando os discípulos gentios com um jugo que nem nós nem
nossos antepassados conseguimos suportar? 11Cremos que todos,
nós e eles, somos salvos da mesma forma, pela graça do Senhor
Jesus". 12Todos ouviram em silêncio enquanto Barnabé e Paulo
lhes relatavam os sinais e maravilhas que Deus havia realizado
por meio deles entre os gentios. 13Quando terminaram de falar,
Tiago se levantou e disse: "Irmãos, ouçam-me! 14Pedro lhes falou
sobre como Deus visitou primeiramente os gentios para separar
dentre eles um povo para si. 15E isso está em pleno acordo com o
que disseram os profetas. Como está escrito: 16'Depois disso vol-
tarei e restaurarei a tenda caída de Davi. Reconstruirei suas ruínas
e a restaurarei, 17para que o restante da humanidade busque o
Senhor, incluindo os gentios, todos os que chamei para serem
meus. O Senhor falou, 18aquele que tornou essas coisas conheci-
das desde a eternidade'. 19"Portanto, considero que não devemos
criar dificuldades para os gentios que se convertem a Deus. 20Ao
contrário, devemos escrever a eles dizendo-lhes que se abstenham
de alimentos oferecidos a ídolos, da imoralidade sexual, da carne
de animais estrangulados e do sangue. 21Pois essas leis de Moisés
são pregadas todos os sábados nas sinagogas judaicas em todas
as cidades há muitas gerações".

A decisão do conselho

22Então os apóstolos e presbíteros e toda a igreja em Jerusalém
escolheram representantes e os enviaram a Antioquia da Síria, com

Paulo e Barnabé, para informar sobre essa decisão. Os homens
escolhidos eram dois líderes entre os irmãos: Judas, também
chamado Barsabás, e Silas. 23Esta foi a carta que levaram: "Nós,
os apóstolos e presbíteros, e seus irmãos em Jerusalém, escre-
vemos esta carta aos irmãos gentios em Antioquia, Síria e Cilícia.
Saudações. 24"Soubemos que alguns homens, que daqui saíram
sem nossa autorização, têm perturbado e inquietado vocês com seu
ensino. 25Portanto, depois de chegarmos a um consenso, resolve-
mos enviar-lhes alguns representantes com nossos amados irmãos
Barnabé e Paulo, 26que têm arriscado a vida pelo nome de nosso
Senhor Jesus Cristo. 27Estamos enviando Judas e Silas para confir-
marem pessoalmente o que aqui escrevemos. 28"Pois pareceu bem
ao Espírito Santo e a nós não impor a vocês nenhum peso maior
que estes poucos requisitos: 29abstenham-se de comer alimentos
oferecidos a ídolos, de consumir o sangue ou a carne de animais
estrangulados, e de praticar a imoralidade sexual. Farão muito bem
se evitarem essas coisas. "Que tudo lhes vá bem". 30Os mensageiros
partiram de imediato para Antioquia, onde reuniram os irmãos e
entregaram a carta. 31Houve grande alegria em toda a igreja no dia
em que leram essa mensagem animadora. 32Então Judas e Silas,
ambos profetas, encorajaram e fortaleceram os irmãos com muitas
palavras. 33Permaneceram ali algum tempo, e depois os irmãos os
enviaram em paz de volta à igreja de Jerusalém. 34Silas, porém,
resolveu permanecer ali. 35Paulo e Barnabé ficaram em Antioquia.
Eles e muitos outros ensinavam e pregavam a palavra do Senhor
naquela cidade.

Paulo e Barnabé se separam

36Algum tempo depois, Paulo disse a Barnabé: "Voltemos para
visitar cada uma das cidades onde pregamos a palavra do Senhor,
para ver como os irmãos estão indo". 37Barnabé queria levar João
Marcos, 38mas Paulo se opôs, pois João Marcos tinha se separado
deles na Panfília, não prosseguindo com eles no trabalho. 39O de-
sentendimento entre eles foi tão grave que os dois se separaram.
Barnabé levou João Marcos e navegou para Chipre. 40Paulo esco-
lheu Silas e partiu, e os irmãos o entregaram ao cuidado gracioso
do Senhor. 41Então ele viajou por toda a Síria e Cilícia, fortalecendo
as igrejas de lá.

CAPÍTULO 16

A segunda viagem missionária de Paulo

1 Paulo foi primeiro a Derbe e depois a Listra, onde havia um
jovem discípulo chamado Timóteo. A mãe dele era uma judia
convertida, e o pai era grego. 2 Os irmãos em Listra e em Icônio
o tinham em alta consideração, 3 de modo que Paulo pediu que
ele os acompanhasse em sua viagem. Em respeito aos judeus da
região, providenciou que Timóteo fosse circuncidado antes de
partirem, pois todos sabiam que o pai dele era grego. 4 Em toda
cidade por onde passavam, instruíam os irmãos a seguirem as
decisões tomadas pelos apóstolos e presbíteros em Jerusalém.
5 Assim, as igrejas eram fortalecidas na fé e cresciam em número
a cada dia.

Uma súplica da Macedônia

6 Em seguida, Paulo e Silas viajaram pela região da Frígia e da
Galácia, pois o Espírito Santo os impediu de pregar a palavra
na província da Ásia. 7 Então, chegando à fronteira da Mísia,
tentaram ir para o norte, em direção à Bitínia, mas o Espírito de
Jesus não permitiu. 8 Assim, seguiram viagem pela Mísia até o
porto de Trôade. 9 Naquela noite, Paulo teve uma visão, na qual
um homem da Macedônia em pé lhe suplicava: "Venha para a
Macedônia e ajude-nos!". 10 Então decidimos partir de imediato
para a Macedônia, concluindo que Deus nos havia chamado para
anunciar ali as boas-novas.

Lídia de Filipos crê em Jesus

11 Embarcamos em Trôade e navegamos diretamente para a ilha
de Samotrácia e, no dia seguinte, chegamos a Neápolis. 12 Dali, al-
cançamos Filipos, cidade importante dessa região da Macedônia
e colônia romana, e ali permanecemos vários dias. 13 No sábado,
saímos da cidade e fomos à margem do rio, onde esperávamos en-
contrar um lugar de oração. Sentamo-nos e começamos a conversar
com algumas mulheres ali reunidas. 14 Uma delas era uma mulher
temente a Deus chamada Lídia, da cidade de Tiatira, comerciante
de tecido de púrpura. Enquanto ela nos ouvia, o Senhor lhe abriu
o coração, e ela aceitou aquilo que Paulo estava dizendo. 15 Foi ba-
tizada, junto com sua família, e pediu que nos hospedássemos em

At 16.31

sua casa. "Se concordam que creio de fato no Senhor, venham ficar
em minha casa", disse ela, e insistiu até que aceitamos.

Paulo e Silas na prisão

16 Certo dia, enquanto íamos ao lugar de oração, veio ao nosso en-
contro uma escrava possuída por um espírito pelo qual ela predizia
o futuro. Com suas adivinhações, ganhava muito dinheiro para seus
senhores. 17 Ela seguia Paulo e a nós, gritando: "Estes homens são
servos do Deus Altíssimo e vieram anunciar como vocês podem
ser salvos!". 18 Isso continuou por vários dias, até que Paulo, indig-
nado, se voltou e disse ao espírito dentro da jovem: "Eu ordeno
em nome de Jesus Cristo que saia dela". E, no mesmo instante,
o espírito a deixou. 19 Quando os senhores da escrava viram que
suas expectativas de lucro haviam sido frustradas, agarraram Paulo
e Silas e os arrastaram à presença das autoridades, na praça do
mercado. 20 "Estes judeus estão tumultuando a cidade!", gritaram
para os magistrados. 21 "Eles ensinam costumes que nós, romanos,
não podemos seguir, pois contrariam nossas leis!" 22 Logo, uma
multidão revoltada se juntou contra Paulo e Silas, e os magistrados
ordenaram que os dois fossem despidos e açoitados com varas.
23 Depois de serem severamente açoitados, foram lançados na
prisão. O carcereiro recebeu ordens para não os deixar escapar,
24 por isso os colocou no cárcere interno, prendendo-lhes os pés no
tronco. 25 Por volta da meia-noite, Paulo e Silas oravam e cantavam
hinos a Deus, e os outros presos ouviam. 26 De repente, houve um
forte terremoto, e até os alicerces da prisão foram sacudidos. No
mesmo instante, todas as portas se abriram e as correntes de todos
os presos se soltaram. 27 Quando o carcereiro acordou, viu as portas
da prisão escancaradas. Imaginando que os prisioneiros haviam
escapado, puxou a espada para se matar. 28 Paulo, porém, gritou:
"Não se mate! Estamos todos aqui!". 29 O carcereiro mandou que
trouxessem luz e correu até o cárcere, onde se prostrou, tremendo
de medo, diante de Paulo e Silas. 30 Então ele os levou para fora
e perguntou: "Senhores, que devo fazer para ser salvo?". 31 Eles
responderam: "Creia no Senhor Jesus, e você e sua família serão
salvos". 32 Então pregaram a palavra do Senhor a ele e a toda a sua
família. 33 Mesmo sendo tarde da noite, o carcereiro cuidou deles e
lavou suas feridas. Em seguida, ele e todos os seus foram batizados.

34 Depois, levou-os para sua casa e lhes serviu uma refeição, e ele
e toda a sua família se alegraram porque creram em Deus. 35 Na
manhã seguinte, os magistrados mandaram os guardas ordenarem
ao carcereiro: "Solte estes homens!". 36 Então o carcereiro mandou
dizer a Paulo: "Os magistrados disseram que você e Silas estão
livres. Vão em paz". 37 Paulo, no entanto, respondeu: "Eles nos açoi-
taram publicamente sem julgamento e nos colocaram na prisão, e
nós somos cidadãos romanos. Agora querem que vamos embora às
escondidas? De maneira nenhuma! Que venham eles mesmos e
nos soltem". 38 Os guardas relataram isso aos magistrados, que fica-
ram assustados por saber que Paulo e Silas eram cidadãos romanos.
39 Foram até a prisão e lhes pediram desculpas. Então os trouxeram
para fora e suplicaram que deixassem a cidade. 40 Quando Paulo e
Silas saíram da prisão, voltaram à casa de Lídia. Ali se encontraram
com os irmãos e os encorajaram mais uma vez. Depois, partiram.

CAPÍTULO 17

Paulo anuncia as boas-novas em Tessalônica

1 Então Paulo e Silas passaram pelas cidades de Anfípolis e Apolônia
e chegaram a Tessalônica, onde havia uma sinagoga judaica. 2 Como
era seu costume, Paulo foi à sinagoga e, durante três sábados se-
guidos, discutiu as Escrituras com o povo. 3 Explicou as profecias e
provou que era necessário o Cristo sofrer e ressuscitar dos mortos.
"Esse Jesus de que lhes falo é o Cristo", disse ele. 4 Alguns dos ju-
deus que o ouviam foram convencidos e se uniram a Paulo e Silas,
bem como muitos gregos tementes a Deus e várias mulheres de
alta posição. 5 Alguns judeus, porém, ficaram com inveja, reuniram
alguns desordeiros e desocupados e, com a multidão, começaram
um tumulto. Invadiram a casa de Jasom em busca de Paulo e Silas
para entregá-los ao conselho da cidade, 6 mas, como não os en-
contraram, arrastaram para fora Jasom e alguns outros irmãos e os
levaram diante do conselho. Gritavam: "Aqueles que têm causado
transtornos no mundo todo agora estão aqui, perturbando nossa
cidade, 7 e Jasom os recebeu em sua casa! São todos culpados de
traição contra César, pois afirmam que existe um outro rei, um tal
de Jesus". 8 Ao ouvir isso, o povo da cidade e o conselho se agitaram.
9 Então os oficiais obrigaram Jasom e os outros irmãos a pagarem
fiança, e depois os soltaram.

NO QUE ESTOU **PENSANDO** ○ | O QUE ESTOU **SENTINDO** ○ | DO QUE ESTOU **LEMBRANDO** ○

DESENHE OU ESCREVA

Paulo e Silas em Bereia

10 Ao anoitecer, os irmãos enviaram Paulo e Silas a Bereia. Quando
lá chegaram, foram à sinagoga judaica. 11 Os judeus que moravam
em Bereia tinham a mente mais aberta que os de Tessalônica e
ouviram a mensagem de Paulo com grande interesse. Todos os
dias, examinavam as Escrituras para ver se Paulo e Silas ensina-
vam a verdade. 12 Como resultado, muitos judeus creram, assim
como vários gregos de alta posição, tanto homens como mulheres.
13 Mas, quando os judeus de Tessalônica souberam que Paulo estava
pregando a palavra de Deus em Bereia, foram até lá e criaram um
alvoroço. 14 Os irmãos agiram de imediato e enviaram Paulo para
o litoral, enquanto Silas e Timóteo permaneceram na cidade. 15 Os
que acompanharam Paulo o levaram até Atenas e, depois, voltaram
a Bereia com instruções para Silas e Timóteo irem ao encontro dele
o mais depressa possível.

Paulo anuncia as boas-novas em Atenas

16 Enquanto Paulo esperava por eles em Atenas, ficou muito in-
dignado ao ver ídolos por toda a cidade. 17 Por isso, ia à sinagoga
debater com os judeus e com os gentios tementes a Deus e falava
diariamente na praça pública a todos que ali estavam. 18 Paulo
também debateu com alguns dos filósofos epicureus e estoicos.
Quando lhes falou de Jesus e da ressurreição, eles perguntaram: "O
que esse tagarela está querendo dizer?". Outros disseram: "Parece
estar falando de deuses estrangeiros". 19 Então levaram Paulo ao
conselho da cidade e disseram: "Pode nos dizer que novo ensino é
esse? 20 Você diz coisas um tanto estranhas, e queremos saber o que
significam". 21 (Convém explicar que os atenienses, bem como os
estrangeiros que viviam em Atenas, pareciam não fazer outra coisa
senão discutir as últimas novidades.) 22 Então Paulo se levantou
diante do conselho e assim se dirigiu a seus membros: "Homens de
Atenas, vejo que em todos os aspectos vocês são muito religiosos,
23 pois, enquanto andava pela cidade, reparei em seus diversos al-
tares. Um deles trazia a seguinte inscrição: 'Ao Deus Desconhecido'.
Esse Deus que vocês adoram sem conhecer é exatamente aquele
de que lhes falo. 24 "Ele é o Deus que fez o mundo e tudo que
nele há. Uma vez que é Senhor dos céus e da terra, não habita em
templos feitos por homens 25 e não é servido por mãos humanas,

pois não necessita de coisa alguma. Ele mesmo dá vida e fôlego a
tudo, e supre cada necessidade. 26De um só homem ele criou todas
as nações da terra, tendo decidido de antemão onde se estabele-
ceriam e por quanto tempo. 27"Seu propósito era que as nações
buscassem a Deus e, tateando, talvez viessem a encontrá-lo, embora
ele não esteja longe de nenhum de nós. 28Pois nele vivemos, nos
movemos e existimos. Como disseram alguns de seus próprios
poetas: 'Somos descendência dele'. 29E, por ser isso verdade, não
devemos imaginar Deus como um ídolo de ouro, prata ou pedra,
projetado por artesãos. 30"No passado, Deus não levou em conta a
ignorância das pessoas acerca dessas coisas, mas agora ele ordena
que todos, em todo lugar, se arrependam. 31Pois ele estabeleceu
um dia para julgar o mundo com justiça, por meio do homem que
ele designou, e mostrou a todos quem é esse homem ao ressus-
citá-lo dos mortos". 32Quando ouviram Paulo falar da ressurreição
dos mortos, alguns riram com desprezo. Outros, porém, disseram:
"Queremos ouvir mais sobre isso em outra ocasião". 33Então Paulo
se retirou do conselho, 34mas alguns se juntaram a ele e creram.
Entre eles estavam Dionísio, membro do conselho, uma mulher
chamada Dâmaris, e alguns outros.

CAPÍTULO 18

Paulo encontra Priscila e Áquila em Corinto

1Algum tempo depois, Paulo deixou Atenas e foi para Corinto. 2Ali
encontrou um judeu chamado Áquila, natural do Ponto, que havia
chegado recentemente da Itália com sua esposa, Priscila, depois
que Cláudio César expulsou todos os judeus de Roma. 3Paulo foi
morar e trabalhar com eles, pois eram fabricantes de tendas, como
ele. 4Todos os sábados, Paulo ia à sinagoga e buscava convencer
tanto judeus como gregos. 5Depois que Silas e Timóteo chegaram
da Macedônia, Paulo se dedicou totalmente à pregação da palavra
e testemunhava aos judeus que Jesus era o Cristo. 6Mas, quando
eles se opuseram a Paulo e o insultaram, ele sacudiu o pó da roupa
e disse: "Vocês são responsáveis por sua própria destruição! Eu
sou inocente. De agora em diante, pregarei aos gentios". 7Então
saiu dali e foi à casa de Tício Justo, um gentio temente a Deus que
morava ao lado da sinagoga. 8Crispo, o líder da sinagoga, e toda a
sua família creram no Senhor. Muitos outros em Corinto também

NO QUE ESTOU **PENSANDO** ○ | O QUE ESTOU **SENTINDO** ○ | DO QUE ESTOU **LEMBRANDO** ○

DESENHE OU ESCREVA

ouviram Paulo, creram e foram batizados. 9Certa noite, o Senhor
falou a Paulo numa visão: "Não tenha medo! Continue a falar e
não se cale, 10pois estou com você, e ninguém o atacará nem lhe
fará mal, porque muita gente nesta cidade me pertence". 11Então
Paulo permaneceu ali um ano e meio, ensinando a palavra de Deus.
12Quando Gálio se tornou governador da Acaia, alguns judeus se
levantaram contra Paulo e o levaram diante do governador para
ser julgado. 13Eles o acusaram de convencer as pessoas a adorar a
Deus de maneira contrária à lei judaica. 14Mas, assim que Paulo co-
meçou a apresentar sua defesa, Gálio se voltou para os acusadores
e disse: "Ouçam, judeus! Se sua queixa envolvesse algum delito
ou crime grave, eu teria motivo para aceitar o caso. 15Mas, como
se trata apenas de uma questão de palavras e nomes e da sua lei,
resolvam isso vocês mesmos. Recuso-me a julgar essas coisas". 16E
os expulsou do tribunal. 17A multidão agarrou Sóstenes, o novo
líder da sinagoga, e o espancou ali mesmo, no tribunal. Gálio, no
entanto, não se importou com isso.

Paulo volta a Antioquia da Síria

18Paulo ainda permaneceu em Corinto por algum tempo. Então
se despediu dos irmãos e foi a Cencreia, onde raspou a cabeça,
de acordo com o costume judaico para marcar o fim de um voto.
Em seguida, partiu de navio para a Síria, levando consigo Priscila
e Áquila. 19Chegaram ao porto de Éfeso, onde Paulo os deixou.
Enquanto estava ali, foi à sinagoga para debater com os judeus.
20Eles pediram que ficasse mais tempo, mas ele recusou. 21Ao
despedir-se, Paulo disse: "Voltarei depois, se Deus quiser". Então
zarpou de Éfeso. 22A parada seguinte foi no porto de Cesareia, de
onde subiu a Jerusalém e visitou a igreja. Em seguida, voltou para
Antioquia. 23Depois de passar algum tempo ali, voltou pela Galácia
e pela Frígia, visitando e fortalecendo todos os discípulos.

Apolo em Éfeso

24Enquanto isso, chegou a Éfeso vindo de Alexandria, no Egito,
um judeu chamado Apolo. Era um orador eloquente que conhecia
bem as Escrituras. 25Tinha sido instruído no caminho do Senhor e
ensinava a respeito de Jesus com profundo entusiasmo e exatidão,
embora só conhecesse o batismo de João. 26Quando o ouviram

falar corajosamente na sinagoga, Priscila e Áquila o chamaram
de lado e lhe explicaram com mais exatidão o caminho de Deus.
27Apolo queria percorrer a Acaia, e os irmãos de Éfeso o incenti-
varam. Escreveram uma carta aos discípulos de lá, pedindo que o
recebessem bem. Ao chegar, foi de grande ajuda àqueles que, pela
graça, haviam crido, 28pois, em debates públicos, refutava os judeus
com fortes argumentos. Usando as Escrituras, demonstrava-lhes
que Jesus é o Cristo.

CAPÍTULO 19

A terceira viagem missionária de Paulo

1Enquanto Apolo estava em Corinto, Paulo viajou pelas regiões
do interior até chegar a Éfeso, no litoral, onde encontrou alguns
discípulos. 2Ele lhes perguntou: "Vocês receberam o Espírito Santo
quando creram?". "Não", responderam eles. "Nem sequer ouvimos
que existe o Espírito Santo." 3"Então que batismo vocês recebe-
ram?", perguntou ele. "O batismo de João", responderam. 4Paulo
disse: "João batizava com o batismo de arrependimento, dizendo
ao povo que cresse naquele que viria depois, isto é, em Jesus".
5Assim que ouviram isso, foram batizados em nome do Senhor
Jesus. 6Paulo lhes impôs as mãos e o Espírito Santo veio sobre
eles, e falaram em línguas e profetizaram. 7Eram ao todo uns doze
homens.

O ministério de Paulo em Éfeso

8Em seguida, Paulo foi à sinagoga e ali pregou corajosamente
durante três meses, argumentando de modo convincente sobre
o reino de Deus. 9Mas alguns deles se mostraram endurecidos,
rejeitaram a mensagem e falaram publicamente contra o Caminho.
Paulo, então, deixou a sinagoga e levou consigo os discípulos,
passando a realizar discussões diárias na escola de Tirano. 10Isso
continuou durante os dois anos seguintes, e gente de toda a
província da Ásia, tanto judeus como gregos, ouviu a palavra do
Senhor. 11Deus concedeu a Paulo o poder de realizar milagres ex-
traordinários. 12Quando lenços ou aventais usados por ele eram
colocados sobre enfermos, estes eram curados de suas doenças
e deles saíam espíritos malignos. 13Alguns judeus viajavam pelas
cidades expulsando espíritos malignos. Tentavam usar o nome do

At 19.20

Senhor Jesus, dizendo: "Ordeno que saia em nome de Jesus, a
quem Paulo anuncia!". 14Os homens que faziam isso eram os sete
filhos de Ceva, um dos principais sacerdotes. 15Certa ocasião, o
espírito maligno respondeu: "Eu conheço Jesus e conheço Paulo,
mas quem são vocês?". 16O homem possuído pelo espírito maligno
saltou em cima deles e os atacou com tanta violência que fugiram
da casa, despidos e feridos. 17A notícia do ocorrido se espalhou
rapidamente por toda a cidade de Éfeso, tanto entre judeus como
entre gregos, e sobre eles veio um temor reverente, e o nome do
Senhor Jesus era engrandecido. 18Muitos dos que creram confessa-
ram suas obras pecaminosas. 19Vários deles, que haviam praticado
feitiçaria, trouxeram seus livros de encantamentos e os queimaram
publicamente. O valor dos livros totalizou cinquenta mil moedas
de prata. 20Assim, a mensagem a respeito do Senhor se espalhou
amplamente e teve efeito poderoso. 21Depois disso, Paulo se sentiu
impelido pelo Espírito a passar pela Macedônia e a Acaia antes de
ir a Jerusalém. "E, de lá, devo prosseguir para Roma!", disse ele.
22Então, enviou adiante dele à Macedônia dois assistentes, Timóteo
e Erasto, e permaneceu um pouco mais na província da Ásia.

O tumulto em Éfeso

23Por essa época, houve enorme tumulto em Éfeso por causa do
Caminho. 24Começou com Demétrio, ourives que fabricava mode-
los de prata do templo da deusa grega Ártemis e que empregava
muitos artífices. 25Ele os reuniu a outros que trabalhavam em
ofícios semelhantes e disse: "Senhores, vocês sabem que nossa
prosperidade vem deste empreendimento. 26Mas, como vocês
viram e ouviram, esse sujeito, Paulo, convenceu muita gente de
que deuses feitos por mãos humanas não são deuses de verda-
de. Fez isso não apenas aqui em Éfeso, mas em toda a província.
27Claro que não me refiro apenas à perda do respeito público por
nossa atividade. Também me preocupa que o templo da grande
deusa Ártemis perca sua influência e que esta deusa magnífica,
adorada em toda a província da Ásia e ao redor do mundo, seja
destituída de seu grande prestígio!". 28Ao ouvir isso, ficaram
furiosos e começaram a gritar: "Grande é Ártemis dos efésios!".
29Em pouco tempo, a cidade toda estava uma confusão. O povo
correu para o anfiteatro, arrastando os macedônios Gaio e Aristarco,

companheiros de viagem de Paulo. 30Ele também quis entrar, mas
os discípulos não permitiram. 31Alguns amigos de Paulo, oficiais da
província, também lhe enviaram um recado no qual suplicaram que
não arriscasse a vida entrando no anfiteatro. 32Lá dentro, em polvo-
rosa, o povo todo gritava, e cada um dizia uma coisa. Na verdade, a
maioria nem sabia por que estava ali. 33Entre a multidão, os judeus
empurraram Alexandre para a frente e ordenaram que explicasse a
situação. Ele fez sinal pedindo silêncio e tentou falar. 34No entanto,
quando a multidão percebeu que ele era judeu, começou a gritar
novamente e continuou por cerca de duas horas: "Grande é Ártemis
dos efésios!". 35Por fim, o escrivão da cidade conseguiu acalmar a
multidão e disse: "Cidadãos de Éfeso, todos sabem que Éfeso é a
guardiã do templo da grande Ártemis, cuja imagem caiu do céu
para nós. 36Portanto, sendo este um fato inegável, acalmem-se e
não façam nada precipitadamente. 37Vocês trouxeram estes ho-
mens aqui, mas eles não roubaram nada do templo nem disseram
coisa alguma contra nossa deusa. 38"Se Demétrio e seus artífices
têm alguma queixa contra eles, os tribunais estão abertos e há
oficiais disponíveis para ouvir o caso. Que façam acusações formais.
39E, se há outras queixas que desejam apresentar, elas podem ser
resolvidas em assembleia, conforme a lei. 40Corremos o perigo de
ser acusados de provocar desordem, pois não há motivo para este
tumulto. E, se exigirem de nós uma explicação, não teremos o que
dizer". 41Então os despediu, e a multidão se dispersou.

CAPÍTULO 20

Paulo vai à Macedônia e à Grécia

1Passado o tumulto, Paulo mandou chamar os discípulos e os en-
corajou. Então se despediu e partiu para a Macedônia. 2Enquanto
estava lá, encorajou os discípulos em todas as cidades por onde
passou. Em seguida, desceu à Grécia, 3onde ficou por três meses.
Quando se preparava para navegar de volta à Síria, descobriu que
alguns judeus conspiravam contra sua vida e decidiu voltar pela
Macedônia. 4Alguns homens viajavam com ele: Sópatro, filho
de Pirro, de Bereia; Aristarco e Secundo, de Tessalônica; Gaio, de
Derbe; Timóteo; e Tíquico e Trófimo, da província da Ásia. 5Eles fo-
ram adiante e esperaram por nós em Trôade. 6Terminada a Festa
dos Pães sem Fermento, embarcamos num navio em Filipos e,
cinco dias depois, nos reencontramos em Trôade, onde ficamos
uma semana.

A última visita de Paulo a Trôade

7No primeiro dia da semana, nos reunimos com os irmãos de lá
para o partir do pão. Paulo começou a falar ao povo e, como pre-
tendia embarcar no dia seguinte, continuou até a meia-noite. 8A
sala no andar superior onde estávamos reunidos era iluminada por
muitas lamparinas. 9O discurso de Paulo se estendeu por horas, e
um jovem chamado Êutico, que estava sentado no parapeito da
janela, ficou muito sonolento. Por fim, adormeceu profundamente,
caiu de uma altura de três andares e morreu. 10Paulo desceu, incli-
nou-se sobre o jovem e o abraçou. "Não se desesperem", disse ele.
"O rapaz está vivo!" 11Então todos subiram novamente, partiram o
pão e comeram juntos. Paulo continuou a lhes falar até o amanhe-
cer e depois partiu. 12Enquanto isso, o jovem foi levado para casa
vivo, e todos sentiram grande alívio.

Paulo se encontra com os líderes efésios

13Paulo foi por terra até Assôs, onde havia definido que devíamos
esperar por ele, enquanto nós fomos de navio. 14Encontrou-se co-
nosco em Assôs e navegamos juntos até Mitilene. 15No dia seguinte,
passamos em frente à ilha de Quios. No outro dia, atravessamos
para a ilha de Samos e, um dia depois, chegamos a Mileto. 16Paulo
havia decidido não aportar em Éfeso, pois não queria passar mais
tempo na província da Ásia. Tinha pressa de chegar a Jerusalém, se
possível, para a Festa de Pentecostes. 17Por isso, em Mileto, mandou
chamar os presbíteros da igreja de Éfeso. 18Quando chegaram, ele
lhes disse: "Vocês sabem que, desde o dia em que pisei na província
da Ásia até agora, 19fiz o trabalho do Senhor humildemente e com
muitas lágrimas. Suportei as provações decorrentes das intrigas
dos judeus 20e jamais deixei de dizer a vocês o que precisavam
ouvir, seja publicamente, seja em seus lares. 21Anunciei uma única
mensagem tanto para judeus como para gregos: é necessário que
se arrependam, se voltem para Deus e tenham fé em nosso Senhor
Jesus. 22"Agora, impelido pelo Espírito, vou a Jerusalém. Não sei o
que me espera ali, 23senão que o Espírito Santo me diz, em todas
as cidades, que tenho pela frente prisão e sofrimento. 24Mas minha

NO QUE ESTOU PENSANDO ○ | O QUE ESTOU SENTINDO ○ | DO QUE ESTOU LEMBRANDO ○

DESENHE OU ESCREVA

vida não vale coisa alguma para mim, a menos que eu a use para completar minha carreira e a missão que me foi confiada pelo Senhor Jesus: dar testemunho das boas-novas da graça de Deus. 25"Agora sei que nenhum de vocês, a quem anunciei o reino, me verá outra vez. 26Por isso, declaro hoje que, se alguém se perder, não será por minha culpa, 27pois não deixei de anunciar tudo que Deus quer que vocês saibam. 28"Portanto, cuidem de si mesmos e do rebanho sobre o qual o Espírito Santo os colocou como bispos, a fim de pastorearem sua igreja, comprada com seu próprio sangue. 29Sei que depois de minha partida surgirão em seu meio falsos mestres, lobos ferozes que não pouparão o rebanho. 30Até mesmo entre vocês se levantarão homens que distorcerão a verdade a fim de conquistar seguidores. 31Portanto, vigiem! Lembrem-se dos três anos que estive com vocês, de como dia e noite nunca deixei de aconselhar com lágrimas cada um de vocês. 32"E, agora, eu os entrego a Deus e à mensagem de sua graça que pode edificá-los e dar-lhes uma herança junto com todos que ele separou para si. 33"Jamais cobicei a prata, o ouro ou as roupas de alguém. 34Vocês sabem que estas minhas mãos trabalharam para prover as minhas necessidades e as dos que estavam comigo. 35Fui exemplo constante de como podemos, com trabalho árduo, ajudar os necessitados, lembrando as palavras do Senhor Jesus: 'Há bênção maior em dar que em receber'". 36Quando Paulo terminou de falar, ajoelhou-se e orou com eles. 37Todos choraram muito enquanto se despediam dele com abraços e beijos. 38O que mais os entristeceu foi ele ter dito que nunca mais o veriam. Então eles o acompanharam até o navio.

CAPÍTULO 21

Paulo viaja para Jerusalém

1Depois de nos despedirmos, navegamos em direção à ilha de Cós. No dia seguinte, chegamos a Rodes e, então, a Pátara. 2Ali, embarcamos num navio que partia para a Fenícia. 3Avistamos a ilha de Chipre, passamos por ela à nossa esquerda e aportamos em Tiro, na Síria, onde o navio deixaria sua carga. 4No desembarque, encontramos os discípulos que ali viviam e ficamos com eles por uma semana. Pelo Espírito, eles advertiam Paulo de que não fosse a Jerusalém. 5Ao fim de nosso tempo ali, voltamos ao navio, e toda a congregação, incluindo mulheres e crianças, saiu da cidade e nos

At 20.31

acompanhou até a praia. Ali nos ajoelhamos, oramos 6e nos despedimos. Então subimos a bordo, e eles voltaram para casa. 7Depois que partimos de Tiro, chegamos a Ptolemaida, onde saudamos os irmãos e passamos um dia. 8No dia seguinte, prosseguimos para Cesareia e nos hospedamos na casa de Filipe, o evangelista, um dos sete que tinham servido na igreja em Jerusalém. 9Ele tinha quatro filhas solteiras que profetizavam. 10Muitos dias depois, chegou da Judeia um profeta chamado Ágabo. 11Ele veio ao nosso encontro, tomou o cinto de Paulo e com ele amarrou os próprios pés e as mãos. Em seguida, disse: "O Espírito Santo declara: 'Assim o dono deste cinto será amarrado pelos judeus, em Jerusalém, e entregue aos gentios'". 12Ao ouvir isso, nós e os irmãos dali suplicamos a Paulo que não fosse a Jerusalém. 13Ele, porém, disse: "Por que todo esse choro? Assim vocês me partem o coração! Estou pronto não apenas para ser preso em Jerusalém, mas para morrer pelo Senhor Jesus". 14Quando ficou evidente que não conseguiríamos fazê-lo mudar de ideia, desistimos e dissemos: "Que seja feita a vontade do Senhor".

Paulo chega a Jerusalém

15Depois disso, arrumamos nossas coisas e partimos para Jerusalém. 16Alguns discípulos de Cesareia nos acompanharam e nos levaram à casa de Mnasom, nascido em Chipre e um dos primeiros discípulos. 17Quando chegamos a Jerusalém, os irmãos nos deram calorosas boas-vindas. 18No dia seguinte, Paulo foi conosco a um encontro com Tiago, e todos os presbíteros da igreja de Jerusalém estavam presentes. 19Depois que Paulo os cumprimentou, relatou em detalhes o que Deus havia realizado entre os gentios por meio de seu ministério. 20Quando ouviram isso, louvaram a Deus e disseram: "Você sabe, irmão, quantos milhares de judeus também creram, e todos eles seguem à risca a lei de Moisés. 21Mas eles foram informados de que você ensina todos os judeus que vivem entre os gentios a abandonarem a lei de Moisés. Ouviram que você os instrui a não circuncidarem os filhos nem seguirem os costumes judaicos. 22Que faremos? Certamente eles saberão que você chegou. 23"Queremos que você faça o seguinte. Temos aqui quatro homens que cumpriram um voto. 24Vá com eles ao templo e participe da cerimônia de purificação. Pague as despesas para realizarem o ritual de raspar a cabeça. Então todos saberão que

At

os rumores são falsos e que você mesmo cumpre as leis judaicas.
25"Quanto aos convertidos gentios, devem fazer aquilo que pedi-
mos por carta: abster-se de comer alimentos oferecidos a ídolos,
de consumir o sangue ou a carne de animais estrangulados e de
praticar a imoralidade sexual".

Paulo é preso

26No dia seguinte, Paulo se purificou junto com aqueles homens
e entrou no templo. Declarou quando terminariam os dias da
purificação e quando seria oferecido o sacrifício em favor deles.
27Estando os sete dias quase no fim, alguns judeus da província
da Ásia viram Paulo no templo e incitaram a multidão contra ele.
Agarraram-no, 28gritando: "Homens de Israel, ajudem-nos! Este
é o homem que fala contra nosso povo em toda parte e ensina
todos a desobedecerem às leis judaicas. Fala contra o templo e
até profana este santo lugar, trazendo gentios para dentro dele".
29Antes tinham visto Paulo na cidade com Trófimo, um gentio
de Éfeso, e concluíram que Paulo o havia levado para dentro do
templo. 30Toda a cidade se agitou com essas acusações, e houve
grande tumulto. A multidão agarrou Paulo e o arrastou para fora
do templo, e imediatamente foram fechadas as portas. 31Quando
procuravam matar Paulo, chegou ao comandante do regimento
romano a notícia de que toda a Jerusalém estava em rebuliço. 32No
mesmo instante, ele chamou seus soldados e oficiais e correu para
o meio da multidão. Quando viram o comandante e os soldados se
aproximarem, pararam de espancar Paulo. 33Então o comandante
o prendeu e mandou que o amarrassem com duas correntes. Em
seguida, perguntou à multidão quem era ele e o que havia feito.
34Uns gritavam uma coisa, outros gritavam outra. Não conseguindo
descobrir a verdade no meio de todo o tumulto, ordenou que Paulo
fosse levado à fortaleza. 35Quando Paulo chegou às escadas, o povo
se tornou tão violento que os soldados tiveram de levantá-lo nos
ombros para protegê-lo. 36E a multidão foi atrás, gritando: "Matem-
no! Matem-no!".

Paulo se dirige à multidão

37Quando Paulo estava para ser levado à fortaleza, disse ao co-
mandante: "Posso ter uma palavra com o senhor?". Surpreso, o

comandante perguntou: "Você fala grego? 38Não é você o egípcio
que liderou uma rebelião algum tempo atrás e levou consigo ao
deserto quatro mil assassinos?". 39"Não", respondeu Paulo. "Sou
judeu e cidadão de Tarso, cidade importante da Cilícia. Por favor,
permita-me falar a esta gente." 40O comandante concordou, de
modo que Paulo ficou em pé na escadaria e fez sinal para o povo
se calar. Logo, um silêncio profundo envolveu a multidão, e ele lhes
falou em aramaico, o idioma deles.

CAPÍTULO 22

1"Irmãos e pais", disse Paulo. "Ouçam-me enquanto apresento
minha defesa." 2Quando o ouviram falar em aramaico, o silên-
cio foi ainda maior. 3Então Paulo disse: "Sou judeu, nascido em
Tarso, cidade da Cilícia. Fui criado aqui em Jerusalém e educado
por Gamaliel. Como aluno dele, fui instruído rigorosamente em
nossas leis e nos costumes judaicos. Tornei-me muito zeloso de
honrar a Deus em tudo que fazia, como vocês são hoje. 4E fui ao
encalço dos seguidores do Caminho, perseguindo alguns até a
morte, prendendo homens e mulheres e lançando-os na prisão.
5O sumo sacerdote e todo o conselho dos líderes do povo podem
confirmar isso. Recebi deles cartas para nossos irmãos judeus em
Damasco que me autorizavam a trazer os seguidores do Caminho
de lá para Jerusalém, em cadeias, para serem castigados. 6"Quando
me aproximava de Damasco, por volta do meio-dia, de repente
uma luz muito intensa brilhou ao meu redor. 7Caí no chão e ouvi
uma voz que me disse: 'Saulo, Saulo, por que você me persegue?'.
8"'Quem és tu, Senhor?', perguntei. "E a voz respondeu: 'Sou Jesus,
o nazareno, a quem você persegue'. 9Os que me acompanhavam
viram a luz, mas não entenderam a voz daquele que falava co-
migo. 10"Então perguntei: 'Que devo fazer, Senhor?'. "E o Senhor
me disse: 'Levante-se e entre em Damasco, onde lhe dirão tudo
que você deve fazer'. 11"A luz intensa havia me deixado cego, e
meus companheiros tiveram de levar-me pela mão a Damasco.
12Vivia ali Ananias, um homem devoto, dedicado à lei e muito
respeitado por todos os judeus da cidade. 13Ele veio, colocou-se
ao meu lado e disse: 'Irmão Saulo, volte a enxergar'. E, naquele
mesmo instante, pude vê-lo. 14"Então ele disse: 'O Deus de nossos
antepassados escolheu você para conhecer a vontade dele e para

ver o Justo e ouvi-lo falar. 15Você será testemunha dele, dizendo a todos o que viu e ouviu. 16O que está esperando? Levante-se e seja batizado! Fique limpo de seus pecados invocando o nome do Senhor'. 17"Depois que voltei a Jerusalém, estava orando no templo e tive uma visão, 18na qual o Senhor me dizia: 'Depressa! Saia de Jerusalém, pois o povo daqui não aceitará seu testemunho a meu respeito'. 19"E eu respondi: 'Senhor, sem dúvida eles sabem que em cada sinagoga eu prendia e açoitava aqueles que criam em ti. 20E quando Estêvão, tua testemunha, foi morto, eu estava inteiramente de acordo. Fiquei ali e guardei os mantos que eles tiraram quando foram apedrejá-lo'. 21"Mas o Senhor me disse: 'Vá, pois eu o enviarei para longe, para os gentios'". 22A multidão ouviu Paulo até ele dizer essa palavra. Então começaram a gritar: "Fora com esse sujeito! Ele não merece viver!". 23Gritavam, arrancavam seus mantos e jogavam poeira para o alto.

Paulo revela sua cidadania romana

24O comandante trouxe Paulo para dentro e ordenou que ele fosse açoitado e interrogado a fim de descobrir por que a multidão tinha ficado tão furiosa. 25Quando amarravam Paulo para açoitá-lo, ele disse ao oficial que estava ali: "A lei permite açoitar um cidadão romano sem que ele tenha sido julgado?". 26Ao ouvir isso, o oficial foi ao comandante e perguntou: "O que o senhor está fazendo? Este homem é cidadão romano!". 27O comandante perguntou a Paulo: "Diga-me, você é cidadão romano?". Ele respondeu: "Sim, eu sou". 28"Eu também", disse o comandante. "E paguei caro por minha cidadania!" Paulo respondeu: "Mas eu sou cidadão de nascimento". 29Quando os soldados que estavam prestes a interrogar Paulo ouviram que ele era cidadão romano, retiraram-se de imediato. Até mesmo o comandante ficou com medo ao saber que Paulo era cidadão romano, pois tinha mandado amarrá-lo.

Paulo diante do conselho dos líderes

30No dia seguinte, o comandante ordenou que os principais sacerdotes se reunissem com o conselho dos líderes do povo. Queria descobrir exatamente qual era o problema, por isso soltou Paulo e mandou que o trouxessem diante deles.

NO QUE ESTOU **PENSANDO** ○ | O QUE ESTOU **SENTINDO** ○ | DO QUE ESTOU **LEMBRANDO** ○

DESENHE OU ESCREVA

CAPÍTULO 23

1Paulo olhou fixamente para o conselho dos líderes do povo e disse: "Irmãos, tenho vivido diante de Deus com a consciência limpa". 2No mesmo instante, o sumo sacerdote Ananias ordenou aos que estavam perto de Paulo que lhe dessem um tapa na boca. 3Então Paulo lhe disse: "Deus o ferirá, seu grande hipócrita! Que espécie de juiz é o senhor, desrespeitando a lei ao mandar me agredir dessa forma?". 4Os que estavam perto de Paulo lhe disseram: "Você ousa insultar o sumo sacerdote de Deus?". 5"Irmãos, não sabia que ele era o sumo sacerdote", respondeu Paulo. "Pois as Escrituras dizem: 'Não fale mal de suas autoridades'." 6Sabendo Paulo que alguns membros do conselho dos líderes do povo eram saduceus e outros fariseus, gritou: "Irmãos, sou fariseu, como eram meus antepassados! E estou sendo julgado por causa de minha esperança na ressurreição dos mortos!". 7Quando Paulo disse isso, o conselho se dividiu, fariseus contra saduceus, 8pois os saduceus afirmam não haver ressurreição, nem anjos, nem espíritos, mas os fariseus creem em todas essas coisas. 9Houve grande alvoroço. Alguns dos mestres da lei que eram fariseus se levantaram e começaram a discutir energicamente. "Não vemos nada de errado com este homem!", gritavam. "Talvez um espírito ou um anjo tenha falado a ele!" 10A discussão ficou cada vez mais violenta, e o comandante teve medo de que Paulo fosse feito em pedaços. Assim, ordenou que os soldados o retirassem à força e o levassem de volta à fortaleza. 11Naquela noite, o Senhor apareceu a Paulo e disse: "Tenha ânimo, Paulo! Assim como você testemunhou a meu respeito aqui em Jerusalém, deve fazê-lo também em Roma".

O plano para matar Paulo

12Na manhã seguinte, alguns judeus se juntaram para conspirar, jurando solenemente que não comeriam nem beberiam antes de matar Paulo. 13A conspiração envolveu mais de quarenta homens. 14Foram aos principais sacerdotes e aos líderes do povo e lhes disseram: "Juramos solenemente, sob pena de castigo divino, que não comeremos nem beberemos antes de matar Paulo. 15Agora peçam, vocês e o conselho dos líderes do povo, que o comandante traga Paulo de volta ao conselho. Finjam que os senhores desejam examinar o caso com mais detalhes. Nós o mataremos no caminho".

16 Contudo, o sobrinho de Paulo, filho de sua irmã, soube do plano
deles e foi à fortaleza contar a seu tio. 17 Então Paulo mandou cha-
mar um dos oficiais romanos e disse: "Leve este rapaz ao coman-
dante. Ele tem algo importante para lhe contar". 18 O oficial o levou
ao comandante e explicou: "O preso Paulo me chamou e pediu
que eu trouxesse ao senhor este rapaz, pois ele tem algo a lhe
contar". 19 O comandante tomou o rapaz pela mão e o levou à parte.
"O que você quer me dizer?", perguntou. 20 O sobrinho de Paulo
respondeu: "Alguns judeus pedirão que o senhor apresente Paulo
diante da reunião do conselho amanhã, fingindo que desejam ob-
ter mais informações. 21 Não acredite neles. Há mais de quarenta
homens emboscados para matar Paulo. Juraram solenemente, sob
pena de castigo divino, que não comeriam nem beberiam antes de
matá-lo. Estão de prontidão, apenas esperando sua permissão". 22 O
comandante despediu o rapaz e o advertiu: "Não deixe ninguém
saber que você me contou isso".

Paulo é enviado a Cesareia

23 Então o comandante chamou dois de seus oficiais e ordenou:
"Preparem duzentos soldados para partir a Cesareia hoje às nove
da noite. Levem também duzentos lanceiros e setenta soldados a
cavalo. 24 Providenciem um cavalo para Paulo e levem-no em segu-
rança ao governador Félix". 25 Em seguida, escreveu a seguinte carta
ao governador: 26 "De Cláudio Lísias ao excelentíssimo governador
Félix. Saudações. 27 "Este homem foi capturado por alguns judeus
que estavam prestes a matá-lo quando cheguei com meus solda-
dos. Ao ser informado de que ele era cidadão romano, transferi-o
para um lugar seguro. 28 Então levei-o diante do conselho supremo
dos judeus para investigar o motivo das acusações. 29 Não demorei
a descobrir que ele era acusado de algo relacionado à lei religiosa,
sem dúvida nada que justificasse a pena de morte ou mesmo a
prisão. 30 Fui informado, porém, de uma conspiração para matá-lo
e enviei-o de imediato ao senhor. Também informei aos acusa-
dores que devem apresentar suas denúncias diante do senhor".
31 Naquela noite, os soldados cumpriram as ordens que haviam
recebido e levaram Paulo até Antipátride. 32 Voltaram à fortaleza
na manhã seguinte, enquanto a cavalaria prosseguiu com ele.
33 Quando chegaram a Cesareia, apresentaram Paulo e a carta ao

NO QUE ESTOU **PENSANDO** ○ | O QUE ESTOU **SENTINDO** ○ | DO QUE ESTOU **LEMBRANDO** ○

DESENHE OU ESCREVA

governador Félix. 34 O governador leu a carta e perguntou a Paulo
de que província ele era. "Da Cilícia", respondeu Paulo. 35 "Ouvirei
seu caso pessoalmente quando seus acusadores chegarem", disse
o governador. Em seguida, ordenou que Paulo fosse mantido na
prisão do palácio que Herodes havia construído.

CAPÍTULO 24

Paulo diante de Félix

1 Cinco dias depois, o sumo sacerdote Ananias chegou com alguns
dos líderes do povo e um advogado chamado Tértulo para exporem
ao governador sua causa contra Paulo. 2 Quando Paulo foi chamado,
Tértulo apresentou as acusações: "Excelentíssimo Félix, o senhor
tem proporcionado a nós, judeus, um longo período de paz e, com
perspicácia, tem realizado reformas que muito nos beneficiam. 3 Por
todas essas coisas nós lhe somos extremamente gratos. 4 Contudo,
não desejo tomar seu tempo, por isso peço sua atenção apenas por
um momento. 5 Constatamos que este homem é um perturbador,
que vive causando tumultos entre os judeus de todo o mundo. É
o principal líder da seita conhecida como os Nazarenos. 6 Quando
o prendemos, estava tentando profanar o templo. Nós queríamos
julgá-lo de acordo com nossa lei, 7 mas Lísias, o comandante do re-
gimento, usou de força e o tirou de nossas mãos, 8 e ordenou a nós,
os acusadores, que nos apresentássemos perante o senhor. Nossas
acusações poderão ser confirmadas quando o senhor interrogar
Paulo pessoalmente". 9 Os outros judeus concordaram e declararam
ser verdadeiro o que Tértulo tinha dito. 10 Quando Paulo recebeu
um sinal do governador para falar, disse: "Sei que o senhor tem
julgado questões dos judeus há muitos anos e, portanto, apresen-
to-lhe minha defesa de bom grado. 11 O senhor poderá verificar com
facilidade que cheguei a Jerusalém não mais que doze dias atrás
para adorar no templo. 12 Meus acusadores não me encontraram
discutindo com ninguém no templo, nem causando tumulto em
nenhuma sinagoga, nem nas ruas da cidade. 13 Eles não podem
provar as acusações que fazem contra mim. 14 "Reconheço, porém,
que sou seguidor do Caminho, que eles chamam de seita. Adoro
o Deus de nossos antepassados e creio firmemente na lei judaica
e em tudo que está escrito nos profetas. 15 Tenho em Deus a mesma
esperança destes homens, de que ele ressuscitará tanto os justos

como os injustos. 16Por isso, procuro sempre manter a consciência limpa diante de Deus e dos homens. 17"Depois de estar ausente por vários anos, voltei a Jerusalém com dinheiro para ajudar meu povo e apresentar ofertas. 18Meus acusadores me viram no templo depois que completei minha cerimônia de purificação. Não havia multidão nenhuma ao meu redor e nenhum tumulto. 19Só estavam ali alguns judeus da Ásia, e são eles que deveriam estar aqui diante do senhor para me acusar, se têm algo contra mim. 20Pergunte a estes homens que aqui estão de que crimes o conselho dos líderes do povo me considerou culpado, 21exceto pela ocasião em que gritei: 'Estou sendo julgado diante dos senhores porque creio na ressurreição dos mortos!'". 22Nesse momento, Félix, que tinha bastante conhecimento sobre o Caminho, interrompeu a audiência e disse: "Esperem até Lísias, o comandante do regimento, chegar. Então decidirei o caso de vocês". 23Ordenou que um oficial mantivesse Paulo sob custódia, mas lhe deu certa liberdade e permitiu que seus amigos o visitassem e providenciassem aquilo de que ele precisava. 24Alguns dias depois, Félix voltou com sua esposa, Drusila, que era judia. Mandou chamar Paulo, e os dois ouviram enquanto ele lhes falava a respeito da fé em Cristo Jesus. 25Quando Paulo passou a falar da justiça divina, do domínio próprio e do dia do juízo que estava por vir, Félix teve medo e disse: "Pode ir, por enquanto. Quando for mais conveniente, mandarei chamá-lo outra vez". 26Félix também esperava que Paulo lhe oferecesse dinheiro, de modo que mandava buscá-lo com frequência e conversava com ele. 27Assim se passaram dois anos, e Félix foi sucedido por Pórcio Festo. E, uma vez que Félix desejava obter a simpatia dos judeus, manteve Paulo na prisão.

CAPÍTULO 25

Paulo diante de Festo

1Três dias depois que Festo chegou a Cesareia para assumir suas novas responsabilidades no governo da província, partiu para Jerusalém, 2onde os principais sacerdotes e outros líderes judeus se reuniram com ele e lhe apresentaram as acusações contra Paulo. 3Pediram a Festo, como favor, que transferisse Paulo para Jerusalém, pois planejavam armar uma emboscada para matá-lo no caminho. 4Festo respondeu que Paulo estava em Cesareia e que

At 24.16

ele próprio voltaria para lá em breve. 5"Alguns de vocês que têm autoridade voltem comigo", disse ele. "Se Paulo tiver feito algo de errado, vocês poderão apresentar suas acusações." 6Oito ou dez dias depois, Festo voltou a Cesareia e, no dia seguinte, convocou o tribunal e mandou que trouxessem Paulo. 7Quando Paulo chegou, os líderes judeus vindos de Jerusalém se juntaram ao seu redor e fizeram várias acusações graves que não podiam provar. 8Paulo se defendeu: "Não sou culpado de nenhum crime contra as leis judaicas, nem contra o templo, nem contra o governo romano". 9Então Festo, querendo agradar aos judeus, perguntou: "Você está disposto a ir a Jerusalém e ali ser julgado diante de mim?". 10Paulo respondeu: "Este é um tribunal oficial romano, portanto devo ser julgado aqui mesmo. O senhor sabe muito bem que não fiz nenhum mal aos judeus. 11Se fiz algo para merecer a pena de morte, não me recuso a morrer. Mas, se sou inocente, ninguém tem o direito de me entregar a estes homens. Eu apelo para César". 12Festo consultou seus conselheiros e, por fim, respondeu: "Muito bem, você apelou para César, então irá para César". 13Alguns dias depois, o rei Agripa chegou com sua irmã, Berenice, para visitar Festo. 14Durante a estada deles, que durou vários dias, Festo discutiu o caso de Paulo com o rei. "Tenho aqui um prisioneiro que Félix deixou para mim", disse ele. 15"Quando estive em Jerusalém, os principais sacerdotes e líderes judeus apresentaram acusações contra ele e pediram que eu o condenasse. 16Eu lhes disse que a lei romana não condena ninguém sem julgamento. O acusado deve ter a oportunidade de confrontar seus acusadores e se defender. 17"Quando eles vieram aqui para o julgamento, não me demorei. Convoquei o tribunal logo no dia seguinte e mandei chamar Paulo. 18Os judeus, porém, não o acusaram de nenhum dos crimes que eu esperava. 19Ao contrário, era algo relacionado à sua religião e a um morto chamado Jesus, que Paulo insiste que está vivo. 20Sem saber como investigar essas questões, perguntei a Paulo se estava disposto a ir a Jerusalém e ali ser julgado por essas acusações, 21mas ele apelou ao imperador para que julgue seu caso. Por isso, ordenei que fosse mantido sob custódia até eu tomar as providências necessárias para enviá-lo a César." 22Então Agripa disse a Festo: "Gostaria de ouvir esse homem pessoalmente". E Festo respondeu: "Amanhã poderá ouvi-lo!".

Paulo se dirige a Agripa

23No dia seguinte, Agripa e Berenice chegaram à sala de audiência com grande pompa, acompanhados de oficiais militares e homens importantes da cidade. Festo mandou trazer Paulo e, 24em seguida, disse: "Rei Agripa e demais presentes, este é o homem cuja morte é exigida pelos judeus tanto daqui como de Jerusalém. 25Em minha opinião, ele não fez coisa alguma para merecer a morte. Contudo, uma vez que apelou ao imperador para que julgue seu caso, decidi enviá-lo a Roma. 26"Não sei, porém, o que escrever ao imperador, pois não há nenhuma acusação clara contra ele. Por isso eu o trouxe hoje diante dos senhores, especialmente do rei Agripa, para que, depois de o interrogarmos, eu tenha algo para escrever. 27Pois não faz sentido enviar um prisioneiro ao imperador sem especificar as acusações contra ele".

At

CAPÍTULO 26

1Então Agripa disse a Paulo: "Você pode falar em sua defesa". Paulo fez um sinal com a mão e começou sua defesa: 2"Rei Agripa, considero-me feliz de ter hoje a oportunidade de lhe apresentar minha defesa contra todas as acusações feitas pelos líderes judeus, 3pois sei que conhece bem todos os costumes e controvérsias dos judeus. Portanto, peço que me ouça com paciência. 4"Como os líderes judeus sabem muito bem, recebi educação judaica completa desde a infância entre meu povo e depois em Jerusalém. 5Também sabem, e talvez estejam dispostos a confirmar, que vivi como fariseu, a seita mais rígida de nossa religião. 6Agora estou sendo julgado por causa de minha esperança no cumprimento da promessa feita por Deus a nossos antepassados. 7De fato, é por isso que as doze tribos de Israel adoram a Deus fervorosamente, dia e noite, e compartilham da mesma esperança que eu. E, no entanto, ó rei, acusam-me por causa dessa esperança! 8Por que lhes parece tão incrível que Deus ressuscite os mortos? 9"Eu costumava pensar que era minha obrigação empenhar-me em me opor ao nome de Jesus, o nazareno. 10Foi exatamente o que fiz em Jerusalém. Com autorização dos principais sacerdotes, fui responsável pela prisão de muitos dentre o povo santo. E eu votava contra eles quando eram condenados à morte. 11Muitas vezes providenciei que fossem castigados nas sinagogas, a fim de obrigá-los a blasfemar. Eu me opunha a eles com tanta violência que os perseguia até em cidades estrangeiras. 12"Certo dia, numa dessas missões, dirigia-me a Damasco, autorizado e incumbido pelos principais sacerdotes. 13Por volta do meio-dia, ó rei, ainda a caminho, uma luz do céu, mais intensa que o sol, brilhou sobre mim e meus companheiros. 14Todos nós caímos no chão, e eu ouvi uma voz que me dizia em aramaico: 'Saulo, Saulo, por que você me persegue? Não adianta lutar contra minha vontade'. 15"'Quem és tu, Senhor?', perguntei. "E o Senhor respondeu: 'Sou Jesus, a quem você persegue. 16Agora levante-se, pois eu apareci para nomeá-lo meu servo e minha testemunha. Conte o que viu e o que eu lhe mostrarei no futuro. 17E eu o livrarei tanto de seu povo como dos gentios. Sim, eu o envio aos gentios 18para abrir os olhos deles a fim de que se voltem das trevas para a luz, e do poder de Satanás para Deus. Então receberão o perdão dos pecados e a herança entre o povo de Deus, separado pela fé em mim'. 19"Portanto, rei Agripa, obedeci à visão celestial. 20Anunciei a mensagem primeiro em Damasco, depois em Jerusalém e em toda a Judeia, e também aos gentios, dizendo que todos devem arrepender-se, voltar-se para Deus e mostrar, por meio de suas boas obras, que mudaram de rumo. 21Alguns judeus me prenderam no templo por anunciar essa mensagem e tentaram me matar. 22Mas Deus tem me protegido até este momento, para que eu dê testemunho a todos, dos mais simples até os mais importantes. Não ensino nada além daquilo que os profetas e Moisés disseram que haveria de acontecer, 23que o Cristo sofreria e seria o primeiro a ressuscitar dos mortos e, desse modo, anunciaria a luz de Deus tanto aos judeus como aos gentios". 24De repente, Festo gritou: "Paulo, você está louco! O excesso de estudo o fez perder o juízo!". 25Mas Paulo respondeu: "Não estou louco, excelentíssimo Festo. Digo a mais sensata verdade, 26e o rei Agripa sabe dessas coisas. Expresso-me com ousadia porque tenho certeza de que esses acontecimentos são todos de conhecimento dele, pois não se passaram em algum canto escondido. 27Rei Agripa, o senhor crê nos profetas? Eu sei que sim". 28Então Agripa o interrompeu: "Você acredita que pode me convencer a tornar-me cristão em tão pouco tempo?". 29Paulo respondeu: "Em pouco ou em muito tempo, peço a Deus que tanto o senhor como os demais aqui presentes se tornem como eu, exceto por estas correntes". 30Então o rei, o governador, Berenice

e todos os outros se levantaram e se retiraram. 31Enquanto saíam,
conversavam entre si e concordaram: "Esse homem não fez nada
que mereça morte ou prisão". 32E Agripa disse a Festo: "Ele poderia
ser posto em liberdade se não tivesse apelado a César".

CAPÍTULO 27

Paulo vai a Roma

1Quando chegou a hora, zarpamos para a Itália. Paulo e muitos
outros prisioneiros foram colocados sob a guarda de um oficial
romano chamado Júlio, capitão do Regimento Imperial. 2Aristarco,
um macedônio de Tessalônica, nos acompanhou. Partimos num
navio que tinha vindo do porto de Adramítio, no litoral noroeste
da província da Ásia. Estavam previstas diversas paradas em portos
ao longo da costa. 3No dia seguinte, quando ancoramos em Sidom,
Júlio demonstrou bondade a Paulo permitindo-lhe que desembar-
casse para visitar amigos e receber ajuda material deles. 4Quando
partimos de lá, fomos costeando a ilha de Chipre, devido aos ventos
contrários que tornavam difícil manter o rumo. 5Prosseguindo por
mar aberto, passamos pelo litoral da Cilícia e da Panfília, chegando
a Mirra, na província de Lícia. 6Ali, o oficial no comando encontrou
um navio egípcio de Alexandria que estava de partida para a Itália
e nos fez embarcar. 7Navegamos vagarosamente por vários dias
e, depois de muita dificuldade, nos aproximamos de Cnido. Por
causa dos ventos contrários, atravessamos para Creta, acompanhan-
do o litoral menos exposto da ilha, defronte ao cabo de Salmona.
8Costeamos a ilha com grande esforço, até que chegamos a Bons
Portos, perto da cidade de Laseia. 9Havíamos perdido muito tem-
po. As condições climáticas estavam se tornando perigosas para
a navegação, pois se aproximava o fim do outono, e Paulo tratou
dessa questão com os oficiais do navio. 10Disse ele: "Senhores, se
prosseguirmos, vejo que teremos problemas adiante. Haverá gran-
de prejuízo para o navio e para a carga, e perigo para nossa vida".
11Mas o oficial encarregado dos prisioneiros deu mais ouvidos ao
capitão e ao proprietário do navio que a Paulo. 12E, uma vez que
Bons Portos era uma enseada aberta, um péssimo lugar para passar
o inverno, a maioria da tripulação desejava ir a Fenice, que ficava
mais adiante na costa de Creta, e passar o inverno ali. Fenice era
um bom porto, com abertura apenas para o sudoeste e o noroeste.

At 27.25

A tempestade no mar

13Quando um vento leve começou a soprar do sul, os marinheiros
pensaram que conseguiriam chegar lá a salvo. Por isso, levanta-
ram âncora e foram costeando Creta. 14Mas o tempo mudou de
repente, e um vento com força de furacão, chamado Nordeste,
soprou sobre a ilha e nos empurrou para o mar aberto. 15Como
os marinheiros não conseguiam manobrar o navio para ficar de
frente para o vento, desistiram e deixaram que fosse levado pela
tempestade. 16Navegamos pelo lado menos exposto de uma pe-
quena ilha chamada Cauda, onde, com muito custo, conseguimos
içar para bordo o barco salva-vidas que viajava rebocado. 17Então
os marinheiros amarraram cordas em volta do casco do navio para
reforçá-lo. Temiam ser arrastados para os bancos de areia de Sirte,
diante do litoral africano, por isso baixaram a âncora flutuante para
desacelerar o navio e deixaram que fosse levado pelo vento. 18No
dia seguinte, como ventos com força de vendaval continuavam a
castigar o navio, a tripulação começou a lançar a carga ao mar. 19No
terceiro dia, removeram até mesmo parte do equipamento do navio
e o jogaram fora. 20A tempestade terrível prosseguiu por muitos
dias, escondendo o sol e as estrelas, até que perdemos todas as es-
peranças. 21Fazia tempo que ninguém comia. Por fim, Paulo reuniu
a tripulação e disse: "Os senhores deveriam ter me dado ouvidos no
princípio e não ter deixado Bons Portos. Teriam evitado todo este
prejuízo e esta perda. 22Mas tenham bom ânimo! O navio afundará,
mas nenhum de vocês perderá a vida. 23Pois, ontem à noite, um
anjo do Deus a quem pertenço e sirvo se pôs ao meu lado 24e disse:
'Não tenha medo, Paulo! É preciso que você compareça diante de
César. E Deus, em sua bondade, concedeu proteção a todos que
navegam com você'. 25Portanto, tenham bom ânimo! Creio em
Deus; tudo ocorrerá exatamente como ele disse. 26É necessário,
porém, que sejamos impulsionados para uma ilha".

O naufrágio em Malta

27Por volta da meia-noite, na décima quarta noite de tempestade,
enquanto éramos levados de um lado para o outro no mar Adriático,
os marinheiros perceberam que estávamos perto de terra firme.
28Lançaram a sonda e verificaram que a água tinha 37 metros de
profundidade. Um pouco depois, lançaram a sonda novamente e

encontraram apenas 27 metros. 29 Temiam que, se continuássemos assim, seríamos atirados contra as rochas na praia. Por isso, lançaram quatro âncoras da parte de trás do navio e ansiavam para que o dia chegasse logo. 30 Dando a entender que iriam lançar as âncoras da parte da frente, os marinheiros baixaram o barco salva-vidas, na tentativa de abandonar o navio. 31 Paulo, então, disse ao oficial no comando e aos soldados: "Se os marinheiros não permanecerem a bordo, vocês não conseguirão se salvar". 32 Então os soldados cortaram as cordas do barco salva-vidas e o deixaram à deriva.
33 Enquanto amanhecia, Paulo insistiu que todos comessem. "Deram tão preocupados, vocês não se alimentam há duas semanas", disse ele. 34 "Por favor, comam alguma coisa agora, para seu próprio bem. Pois nem um fio de cabelo de sua cabeça se perderá." 35 Em seguida, tomou um pão, deu graças a Deus na presença de todos, partiu-o em pedaços e comeu. 36 Todos se animaram e começaram a comer.
37 Havia um total de 276 pessoas a bordo. 38 Depois de se alimentar, a tripulação aliviou o peso do navio mais um pouco, atirando ao mar toda a carga de trigo. 39 Ao amanhecer, não reconheceram a terra, mas viram uma enseada com uma praia e cogitaram se seria possível chegar ali e atracar o navio. 40 Então cortaram as âncoras e as deixaram no mar. Depois, afrouxaram as cordas que controlavam os lemes, levantaram a vela da frente e foram rumo à praia, 41 mas o navio foi apanhado entre duas correntezas contrárias e encalhou antes do esperado. A parte da frente se encravou e ficou imóvel, enquanto a parte de trás, atingida pela força das ondas, começou a se partir. 42 Os soldados queriam matar os prisioneiros para que não nadassem até a praia e depois fugissem. 43 O oficial no comando, porém, desejava poupar a vida de Paulo e não permitiu que executassem seu plano. Ordenou aos que sabiam nadar que saltassem ao mar primeiro e fossem em direção a terra. 44 Os outros se agarraram a tábuas ou pedaços do navio destruído. Assim, todos chegaram à praia em segurança.

CAPÍTULO 28

Paulo na ilha de Malta

1 Uma vez a salvo em terra, descobrimos que estávamos na ilha de Malta. 2 O povo de lá nos tratou com muita bondade. Por ser um dia frio e chuvoso, fizeram uma fogueira na praia para nos receber.

NO QUE ESTOU **PENSANDO** | O QUE ESTOU **SENTINDO** | DO QUE ESTOU **LEMBRANDO**

DESENHE OU ESCREVA

3 Enquanto Paulo juntava um monte de gravetos e os colocava no fogo, uma cobra venenosa que fugia do calor mordeu sua mão. 4 Quando os habitantes da ilha viram a cobra pendurada na mão de Paulo, disseram uns aos outros: "Sem dúvida ele é um assassino! Embora tenha escapado do mar, a justiça não lhe permitiu viver". 5 Mas Paulo sacudiu a cobra no fogo e não sofreu nenhum mal. 6 O povo esperava que ele inchasse ou caísse morto de repente. No entanto, depois de esperarem muito tempo e verem que nada havia acontecido, mudaram de ideia e começaram a dizer que ele era um deus. 7 Perto da praia, havia uma propriedade pertencente a Públio, a principal autoridade da ilha. Por três dias, ele nos hospedou e nos tratou com bondade. 8 Aconteceu que o pai de Públio estava doente, com febre e disenteria. Paulo entrou, orou por ele e, impondo as mãos sobre sua cabeça, o curou. 9 Então os demais enfermos da ilha vieram e foram curados. 10 Como resultado, fomos cobertos de presentes e honras e, chegada a hora de partirmos, o povo nos forneceu todos os suprimentos necessários à viagem.

Paulo chega a Roma

11 Três meses depois do naufrágio, embarcamos em outro navio, que havia passado o inverno na ilha. Era um navio alexandrino, que tinha na parte da frente a figura dos deuses gêmeos. 12 Aportamos em Siracusa, onde ficamos três dias. 13 Dali navegamos até Régio. Um dia depois, um vento sul começou a soprar, de modo que no dia seguinte prosseguimos até Potéoli. 14 Ali encontramos alguns irmãos que nos convidaram a passar uma semana com eles. Depois fomos para Roma. 15 Os irmãos em Roma souberam que estávamos chegando e vieram ao nosso encontro no Fórum da Via Ápia. Outros se juntaram a nós nas Três Vendas. Ao vê-los, Paulo se animou e agradeceu a Deus. 16 Quando chegamos a Roma, Paulo recebeu permissão de ter sua própria moradia, sob a guarda de um soldado.

Paulo prega e ensina em Roma

17 Três dias depois de chegar, Paulo convocou os líderes judeus locais e lhes disse: "Irmãos, embora eu não tenha feito nada contra nosso povo nem contra os costumes de nossos antepassados, fui preso em Jerusalém e entregue ao governo romano. 18 Os romanos me interrogaram e queriam me soltar, pois não encontraram

motivo para me condenar à morte. 19Mas, quando os líderes ju-
deus protestaram contra a decisão, considerei necessário apelar
a César, embora não tivesse acusação alguma contra meu próprio
povo. 20Por isso pedi a vocês que viessem aqui hoje para que nos
conhecêssemos, e também para que eu pudesse explicar que estou
preso com estas correntes porque creio na esperança de Israel".
21Eles responderam: "Não recebemos nenhuma carta da Judeia,
e ninguém que veio de lá nos informou alguma coisa contra você.
22Contudo, queremos ouvir o que você pensa, pois o que sabemos
a respeito desse movimento é que ele é contestado em toda parte".
23Então marcaram uma data e, nesse dia, muita gente foi à casa
de Paulo. Ele explicou e testemunhou sobre o reino de Deus e,
desde cedo até a noite, procurou convencê-los acerca de Jesus com
base na lei de Moisés e nos livros dos profetas. 24Alguns foram
convencidos pelas coisas que ele disse, mas outros não creram.
25E, depois de discutirem entre si, foram embora com estas palavras
finais de Paulo: "O Espírito Santo estava certo quando disse a nossos
antepassados por meio do profeta Isaías: 26'Vá e diga a este povo:
Quando ouvirem o que digo, não entenderão. Quando virem o
que faço, não compreenderão. 27Pois o coração deste povo está
endurecido; ouvem com dificuldade e têm os olhos fechados, de
modo que seus olhos não veem, e seus ouvidos não ouvem, e seu
coração não entende, e não se voltam para mim, nem permitem
que eu os cure'. 28Portanto, quero que saibam que esta salvação
vinda de Deus também foi oferecida aos gentios, e eles a aceitarão".
29Depois de ele ter dito essas palavras, os judeus partiram, em gran-
de desacordo uns com os outros. 30Durante os dois anos seguintes,
Paulo morou em Roma, às próprias custas. A todos que o visitavam
ele recebia, 31proclamando corajosamente o reino de Deus e en-
sinando a respeito do Senhor Jesus Cristo sem restrição alguma.

At 28.31

ROMANOS

CAPÍTULO 1

Saudações de Paulo

1Eu, Paulo, escravo de Cristo Jesus, chamado para ser apóstolo e
enviado para anunciar as boas-novas de Deus, escrevo esta carta.
2Deus prometeu as boas-novas muito tempo atrás nas Escrituras
Sagradas, por meio de seus profetas. 3Elas se referem a seu Filho,
que, como homem, nasceu da linhagem do rei Davi, 4e, quando o
poder do Espírito Santo o ressuscitou dos mortos, foi demonstrado
que ele era o Filho de Deus. Ele é Jesus Cristo, nosso Senhor. 5Por
meio dele recebemos a graça e a autoridade, como apóstolos, de
chamar os gentios em toda parte a crer nele e lhe obedecer, em
honra de seu nome. 6E vocês estão entre esses gentios chamados
para pertencer a Jesus Cristo. 7Escrevo a todos vocês que estão em
Roma, amados por Deus e chamados para ser seu povo santo. Que
Deus, nosso Pai, e o Senhor Jesus Cristo lhes deem graça e paz.

As boas-novas de Deus

8Antes de tudo, quero dizer que, por meio de Jesus Cristo, agradeço
a meu Deus por todos vocês, pois sua fé nele é comentada em todo
o mundo. 9O Deus a quem sirvo em meu espírito, anunciando as
boas-novas a respeito de seu Filho, sabe como nunca deixo de me
lembrar de vocês 10em minhas orações, sempre pedindo, se for da
vontade de Deus, uma oportunidade de ir vê-los. 11Desejo muito
visitá-los, a fim de compartilhar com vocês alguma dádiva espiri-
tual que os ajude a se fortalecerem. 12Quando nos encontrarmos,

Rm 1.17

quero encorajá-los na fé, e também quero ser encorajado por sua fé.
13Quero que saibam, irmãos, que muitas vezes planejei visitá-los,
mas até agora fui impedido. Meu desejo é trabalhar entre vocês e
ver frutos espirituais como tenho visto entre outros gentios, 14pois
sinto grande obrigação tanto para com os gregos como os bár-
baros, tanto para com os instruídos como os não instruídos. 15Por
isso, aguardo com expectativa para visitá-los, a fim de anunciar as
boas-novas também a vocês, em Roma. 16Pois não me envergonho
das boas-novas a respeito de Cristo, que são o poder de Deus em
ação para salvar todos os que creem, primeiro os judeus, e também
os gentios. 17As boas-novas revelam como Deus nos declara justos
diante dele, o que, do começo ao fim, é algo que se dá pela fé.
Como dizem as Escrituras: "O justo viverá pela fé".

A ira de Deus contra o pecado

18Assim, Deus mostra do céu sua ira contra todos que são pecadores
e perversos, que por sua maldade impedem que a verdade seja
conhecida. 19Sabem a verdade a respeito de Deus, pois ele a tornou
evidente. 20Por meio de tudo que ele fez desde a criação do mun-
do, podem perceber claramente seus atributos invisíveis: seu poder
eterno e sua natureza divina. Portanto, não têm desculpa alguma.
21Sim, eles conheciam algo sobre Deus, mas não o adoraram nem
lhe agradeceram. Em vez disso, começaram a inventar ideias tolas
e, com isso, sua mente ficou obscurecida e confusa. 22Dizendo-se
sábios, tornaram-se tolos. 23Trocaram a grandeza do Deus imortal
por imagens de seres humanos mortais, bem como de aves, animais
e répteis. 24Por isso, Deus os entregou aos desejos pecaminosos de
seu coração. Como resultado, praticaram entre si coisas desprezíveis
e degradantes com o próprio corpo. 25Trocaram a verdade sobre Deus
pela mentira. Desse modo, adoraram e serviram coisas que Deus
criou, em lugar do Criador, que é digno de louvor eterno! Amém.
26Por isso, Deus os entregou a desejos vergonhosos. Até as mulheres
trocaram sua forma natural de ter relações sexuais por práticas não
naturais. 27E os homens, em vez de ter relações sexuais normais com
mulheres, arderam de desejo uns pelos outros. Homens praticaram
atos indecentes com outros homens e, em decorrência desse pecado,
sofreram em si mesmos o castigo que mereciam. 28Uma vez que
consideraram que conhecer a Deus era algo inútil, o próprio Deus

os entregou a um inútil modo de pensar, deixando que fizessem
coisas que jamais deveriam ser feitas. 29 A vida deles se encheu de
toda espécie de perversidade, pecado, ganância, ódio, inveja, ho-
micídio, discórdia, engano, malícia e fofocas. 30 Espalham calúnias,
odeiam a Deus, são insolentes, orgulhosos e arrogantes. Inventam
novas maneiras de pecar e desobedecem a seus pais. 31 Não têm
entendimento, quebram suas promessas, não mostram afeição nem
misericórdia. 32 Sabem que, de acordo com a justiça de Deus, quem
pratica essas coisas merece morrer, mas ainda assim continuam a
praticá-las. E, o que é pior, incentivam outros a também fazê-lo.

CAPÍTULO 2

O julgamento de Deus

1 Talvez você pense que pode condenar esses indivíduos, mas é
igual a eles e não tem desculpa! Quando diz que eles deveriam
ser castigados, condena a si mesmo, porque você, que julga os
outros, pratica as mesmas coisas. 2 E sabemos que Deus, em sua
justiça, castigará todos que praticam tais coisas. 3 Uma vez que você
julga outros por fazerem essas coisas, o que o leva a pensar que
evitará o julgamento de Deus ao agir da mesma forma? 4 Não per-
cebe quanto ele é bondoso, tolerante e paciente com você? Não
vê que essas manifestações da bondade de Deus visam levá-lo ao
arrependimento? 5 Mas, por causa de seu coração rebelde, você se
recusa a abandonar o pecado, acumulando ira sobre si mesmo. Pois
o dia da ira se aproxima, quando o justo juízo de Deus se revelará.
6 Ele julgará cada um de acordo com seus atos. 7 Dará vida eterna
àqueles que, persistindo em fazer o bem, buscam glória, honra e
imortalidade. 8 Mas derramará ira e indignação sobre os que vivem
para si mesmos, que se recusam a obedecer à verdade e preferem
entregar-se a uma vida de perversidade. 9 A todos que praticam
o mal, ele trará aflição e calamidade: primeiro para os judeus, e
também para os gentios. 10 Mas, a todos que fazem o bem, ele dará
glória, honra e paz: primeiro para os judeus, e também para os
gentios. 11 Pois Deus não age com favoritismo. 12 Assim, todos os que
pecarem, mesmo não tendo a lei escrita de Deus, serão destruídos.
E todos os que pecarem estando sob a lei de Deus, de acordo com
essa lei serão julgados. 13 Pois o simples ato de ouvir a lei não nos
torna justos diante de Deus, mas sim a obediência à lei é que nos

NO QUE ESTOU PENSANDO ○ | O QUE ESTOU SENTINDO ○ | DO QUE ESTOU LEMBRANDO ○

DESENHE OU ESCREVA

torna justos aos olhos dele. 14 Até mesmo os gentios, que não têm
a lei escrita, quando obedecem a ela instintivamente, mostram que
conhecem a lei, mesmo não a tendo. 15 Demonstram que a lei está
gravada em seu coração, pois sua consciência e seus pensamentos
os acusam ou lhes dizem que estão agindo corretamente. 16 Isso se
confirmará no dia em que Deus julgar os segredos de cada um por
meio de Cristo Jesus, de acordo com as boas-novas que anuncio.

Os judeus e a lei

17 Você, que se diz judeu, se apoia na lei de Deus e se orgulha de
seu relacionamento especial com ele. 18 Conhece a vontade de Deus:
sabe o que é certo, porque foi instruído em sua lei. 19 Está convencido
de que é guia para os cegos e luz para os que estão perdidos na es-
curidão. 20 Considera-se capaz de instruir os ignorantes e ensinar os
caminhos de Deus às crianças. Está certo de que a lei de Deus lhe dá
pleno conhecimento e verdade. 21 Pois bem, se você ensina a outros,
por que não ensina a si mesmo? Diz a outros que não roubem, mas
você mesmo rouba? 22 Afirma que é errado cometer adultério, mas
você mesmo adultera? Condena a idolatria, mas rouba objetos dos
templos? 23 Você, que tanto se orgulha de conhecer a lei, desonra a
Deus, desobedecendo à lei? 24 Não é de admirar que as Escrituras
digam: "Os gentios blasfemam o nome de Deus por causa de vocês".
25 A prática judaica da circuncisão só tem valor se você obedece à
lei de Deus. Mas se você, que é circuncidado, não obedece à lei
de Deus, não é diferente de um gentio incircuncidado. 26 E, se os
incircuncidados obedecerem à lei de Deus, acaso não serão também
considerados circuncidados? 27 De fato, os gentios incircuncidados
que cumprem a lei de Deus condenarão você, judeu, que é circun-
cidado e tem a lei de Deus, mas não obedece a ela. 28 Pois ser judeu
exteriormente ou ser circuncidado não torna ninguém judeu de fato.
29 Judeu verdadeiro é quem o é no íntimo, e circuncisão verdadeira
é a do coração, feita pelo Espírito, e não pela letra da lei, recebendo
assim a aprovação de Deus, e não das pessoas.

CAPÍTULO 3

A fidelidade de Deus

1 Então qual é a vantagem de ser judeu? A circuncisão tem algum
valor? 2 Sim, há muitos benefícios. Em primeiro lugar, aos judeus

Rm

foi confiada toda a revelação de Deus. 3É verdade que alguns deles
foram infiéis, mas isso significa que Deus será infiel? 4De maneira
nenhuma! Ainda que todos sejam mentirosos, Deus é verdadeiro. E
as Escrituras dizem a seu respeito: "Será provado que tens razão no
que dizes, e ganharás tua causa no juízo". 5Alguém poderia dizer:
"Mas nosso pecado não cumpre um bom propósito, ajudando os
outros a verem como Deus é justo? Não é uma injustiça, portanto,
Deus nos castigar?". (Estou seguindo o ponto de vista humano.)
6Claro que não! Se fosse assim, como Deus poderia julgar o mun-
do? 7Alguém poderia argumentar, ainda: "Mas por que Deus me
condena como pecador se minha mentira ressalta sua verdade e
lhe traz mais glória?". 8E alguns até nos difamam, afirmando que
dizemos: "Quanto mais pecarmos, melhor!". Quem diz essas coisas
merece condenação.

Todos são pecadores

9Pois bem, devemos concluir que nós, judeus, somos melhores
que os outros? Não, de maneira nenhuma, pois já mostramos
que todos, judeus ou gentios, estão sob o poder do pecado.
10Como afirmam as Escrituras: "Ninguém é justo, nem um sequer.
11Ninguém é sábio, ninguém busca a Deus. 12Todos se desviaram,
todos se tornaram inúteis. Ninguém faz o bem, nem um sequer."
13"Sua conversa é repulsiva, como o odor de um túmulo aberto;
sua língua é cheia de mentiras." "Veneno de serpentes goteja
de seus lábios." 14"Sua boca é cheia de maldição e amargura."
15"Apressam-se em cometer homicídio; 16por onde passam, dei-
xam destruição e sofrimento. 17Não sabem onde encontrar paz."
18"Não têm o menor temor de Deus." 19É evidente que a lei se
aplica àqueles a quem ela foi entregue, pois seu propósito é
evitar desculpas e mostrar que todo o mundo é culpado diante
de Deus. 20Pois ninguém será declarado justo diante de Deus
por fazer o que a lei ordena. A lei simplesmente mostra quanto
somos pecadores.

Cristo tomou sobre si nosso castigo

21Agora, porém, conforme prometido na lei de Moisés e nos pro-
fetas, Deus nos mostrou como somos declarados justos diante
dele sem as exigências da lei: 22somos declarados justos diante

de Deus por meio da fé em Jesus Cristo, e isso se aplica a todos
que creem, sem nenhuma distinção. 23Pois todos pecaram e não
alcançam o padrão da glória de Deus, 24mas ele, em sua graça, nos
declara justos por meio de Cristo Jesus, que nos resgatou do casti-
go por nossos pecados. 25Deus apresentou Jesus como sacrifício
pelo pecado, com o sangue que ele derramou, mostrando assim
sua justiça em favor dos que creem. No passado ele se conteve e
não castigou os pecados antes cometidos, 26pois planejava revelar
sua justiça no tempo presente. Com isso, Deus se mostrou justo,
condenando o pecado, e justificador, declarando justo o pecador
que crê em Jesus. 27Podemos então nos vangloriar de ter feito
algo para sermos aceitos por Deus? Não, pois nossa absolvição
não vem pela obediência à lei, mas pela fé. 28Portanto, somos
declarados justos por meio da fé, e não pela obediência à lei.
29Afinal, Deus é Deus apenas dos judeus? Não é também Deus
dos gentios? Claro que sim! 30Existe um só Deus, e ele declara
justos tanto judeus como gentios somente pela fé. 31Então, se
enfatizamos a fé, quer dizer que podemos abolir a lei? Claro que
não! Na realidade, é só quando temos fé que cumprimos verda-
deiramente a lei.

CAPÍTULO 4

Abraão como exemplo de fé

1Do ponto de vista humano, Abraão foi o fundador de nossa nação.
O que descobriu ele? 2Se suas boas obras o tivessem tornado justo,
ele teria motivo para se vangloriar, mas não perante Deus. 3Pois as
Escrituras dizem: "Abraão creu em Deus, e assim foi considerado
justo". 4O salário daquele que trabalha não é um presente, mas
um direito. 5Contudo, ninguém é considerado justo com base em
seu trabalho, mas sim por meio de sua fé em Deus, que declara
justos os pecadores. 6Davi também falou a esse respeito quan-
do descreveu a felicidade daqueles que são considerados justos
sem terem trabalhado para isso: 7"Como são felizes aqueles cuja
desobediência é perdoada, cujos pecados são cobertos! 8Sim,
como são felizes aqueles cujo pecado o Senhor não leva mais em
conta!". 9Por acaso essa bênção é apenas para os judeus, ou se
estende também aos gentios incircuncidados? Já dissemos que
Deus considerou Abraão justo por meio de sua fé. 10Mas como

isso aconteceu? Ele foi considerado justo somente depois de ter
sido circuncidado, ou antes disso? Está claro que foi antes de ele
ser circuncidado. 11A circuncisão era um sinal de que Abraão já
possuía fé e de que Deus já o havia declarado justo, mesmo antes
de ele ser circuncidado. Portanto, Abraão é o pai daqueles que
têm fé mas não foram circuncidados. Eles são considerados justos
por causa de sua fé. 12E Abraão também é o pai daqueles que
foram circuncidados, mas somente se tiverem o mesmo tipo de
fé que Abraão tinha antes de ser circuncidado. 13A promessa de
que Abraão e seus descendentes herdariam toda a terra não se
baseou em sua obediência à lei de Deus, mas sim no fato de ele
ter sido considerado justo quando teve fé. 14Portanto, se a herança
prometida é apenas para aqueles que obedecem à lei, a fé é desne-
cessária, e a promessa, anulada. 15Pois a lei traz ira sobre aqueles
que tentam obedecer a ela. A única forma de não quebrar a lei é
não ter lei nenhuma para quebrar! 16É por isso que a promessa
vem pela fé, para que ela seja segundo a graça e, assim, alcance
toda a descendência de Abraão, não somente os que vivem sob
a lei, mas todos que têm fé como a que teve Abraão. Pois ele é o
pai de todos que creem. 17Conforme aparece nas Escrituras: "Eu
o fiz pai de muitas nações". Isso aconteceu porque Abraão creu
no Deus que traz os mortos de volta à vida e cria coisas novas
do nada. 18Mesmo quando não havia motivo para ter esperança,
Abraão a manteve, crendo que se tornaria o pai de muitas nações.
Pois Deus lhe tinha dito: "Esse é o número de descendentes que
você terá!". 19E sua fé não se enfraqueceu, embora ele soubesse
que, aos cem anos, seu corpo, bem como o ventre de Sara, já não
tinham vigor. 20Em nenhum momento a fé de Abraão na promessa
de Deus vacilou. Na verdade, ela se fortaleceu e, com isso, ele deu
glória a Deus. 21Abraão estava plenamente convicto de que Deus
é poderoso para cumprir tudo que promete. 22Por isso, por sua fé,
ele foi considerado justo. 23E, quando Deus considerou Abraão
justo, não o fez apenas para benefício dele. As Escrituras dizem
24que foi também para nosso benefício, pois elas garantem que
também seremos considerados justos por crermos naquele que
ressuscitou dos mortos a Jesus, nosso Senhor. 25Ele foi entregue
à morte por causa de nossos pecados e foi ressuscitado para que
fôssemos declarados justos diante de Deus.

NO QUE ESTOU **PENSANDO** ○ | O QUE ESTOU **SENTINDO** ○ | DO QUE ESTOU **LEMBRANDO** ○

DESENHE OU ESCREVA

CAPÍTULO 5

A fé produz alegria

1Portanto, uma vez que pela fé fomos declarados justos, temos paz
com Deus por causa daquilo que Jesus Cristo, nosso Senhor, fez por
nós. 2Foi por meio da fé que Cristo nos concedeu esta graça que
agora desfrutamos com segurança e alegria, pois temos a esperança
de participar da glória de Deus. 3Também nos alegramos ao enfren-
tar dificuldades e provações, pois sabemos que contribuem para
desenvolvermos perseverança, 4e a perseverança produz caráter
aprovado, e o caráter aprovado fortalece nossa esperança, 5e essa
esperança não nos decepcionará, pois sabemos quanto Deus nos
ama, uma vez que ele nos deu o Espírito Santo para nos encher o
coração com seu amor. 6Quando estávamos completamente desam-
parados, Cristo veio na hora certa e morreu por nós, pecadores. 7É
pouco provável que alguém morresse por um justo, embora talvez
alguém se dispusesse a morrer por uma pessoa boa. 8Mas Deus nos
prova seu grande amor ao enviar Cristo para morrer por nós quando
ainda éramos pecadores. 9E, uma vez que fomos declarados justos
por seu sangue, certamente seremos salvos da ira de Deus por meio
dele. 10Pois, se quando ainda éramos inimigos de Deus nosso rela-
cionamento com ele foi restaurado pela morte de seu Filho, agora
que já estamos reconciliados certamente seremos salvos por sua
vida. 11Agora, portanto, podemos nos alegrar em Deus, com quem
fomos reconciliados por meio de nosso Senhor Jesus Cristo.

A diferença entre Adão e Cristo

12Quando Adão pecou, o pecado entrou no mundo, e com ele a mor-
te, que se estendeu a todos, porque todos pecaram. 13É fato que as
pessoas pecaram antes que a lei fosse concedida, mas, porque ela
não existia, seus pecados não foram levados em conta. 14Mesmo as-
sim, do tempo de Adão até o de Moisés, todos morreram, incluindo
os que não desobedeceram a uma ordem explícita de Deus, como
Adão desobedeceu. Na verdade, Adão é um símbolo, uma represen-
tação daquele que ainda haveria de vir. 15Mas há uma grande dife-
rença entre o pecado de Adão e a dádiva de Deus. Pois o pecado de
um único homem trouxe morte para muitos. Ainda maior, porém,
é a graça de Deus e sua dádiva que veio sobre muitos por meio de
um único homem, Jesus Cristo. 16E o resultado da dádiva de Deus

Rm

é bem diferente do resultado do pecado de um único homem,
pois enquanto o pecado de Adão levou à condenação, a dádiva de
Deus nos possibilita ser declarados justos diante dele, apesar de
nossos muitos pecados. 17A morte reinou sobre muitos por meio
do pecado de um único homem. Ainda maior, porém, é a graça
de Deus e sua dádiva de justiça, e todos que a recebem reinarão
em vida por meio de um único homem, Jesus Cristo. 18É verdade
que um só pecado de Adão trouxe condenação a todos, mas um
só ato de justiça de Cristo removeu a culpa e trouxe vida a todos.
19Por causa da desobediência a Deus de uma só pessoa, muitos
se tornaram pecadores. Mas, por causa da obediência de uma só
pessoa a Deus, muitos serão declarados justos. 20A lei foi concedida
para que todos percebessem a gravidade do pecado. Mas, à medida
que o pecado aumentou, a graça se tornou ainda maior. 21Portanto,
assim como o pecado reinou sobre todos e os levou à morte, agora
reina a graça, que nos declara justos diante de Deus e resulta na
vida eterna por meio de Jesus Cristo, nosso Senhor.

CAPÍTULO 6

Libertos do poder do pecado

1Pois bem, devemos continuar pecando para que Deus mostre cada
vez mais sua graça? 2Claro que não! Uma vez que morremos para o
pecado, como podemos continuar vivendo nele? 3Ou acaso se es-
queceram de que, quando fomos unidos a Cristo Jesus no batismo,
nos unimos a ele em sua morte? 4Pois, pelo batismo, morremos
e fomos sepultados com Cristo. E, assim como ele foi ressuscitado
dos mortos pelo poder glorioso do Pai, agora nós também pode-
mos viver uma nova vida. 5Uma vez que nossa união com ele se
assemelhou à sua morte, assim também nossa ressurreição será
semelhante à dele. 6Sabemos que nossa velha natureza humana
foi crucificada com Cristo, para que o pecado não tivesse mais poder
sobre nossa vida e dele deixássemos de ser escravos. 7Pois, quando
morremos com Cristo, fomos libertos do poder do pecado. 8Então,
uma vez que morremos com Cristo, cremos que também com ele
viveremos. 9Temos certeza disso, pois Cristo foi ressuscitado dos
mortos e não mais morrerá. A morte já não tem nenhum poder
sobre ele. 10Quando ele morreu, foi de uma vez por todas, para
quebrar o poder do pecado. Mas agora que ele vive, é para a glória
de Deus. 11Da mesma forma, considerem-se mortos para o poder
do pecado e vivos para Deus em Cristo Jesus. 12Não deixem que o
pecado reine sobre seu corpo, que está sujeito à morte, cedendo
aos desejos pecaminosos. 13Não deixem que nenhuma parte de seu
corpo se torne instrumento do mal para servir ao pecado, mas em
vez disso entreguem-se inteiramente a Deus, pois vocês estavam
mortos e agora têm nova vida. Portanto, ofereçam seu corpo como
instrumento para fazer o que é certo para a glória de Deus. 14O pe-
cado não é mais seu senhor, pois vocês já não vivem sob a lei, mas
sob a graça de Deus. 15Pois bem, uma vez que a graça nos libertou
da lei, quer dizer que podemos continuar pecando? Claro que não!
16Vocês não sabem que se tornam escravos daquilo a que escolhem
obedecer? Podem ser escravos do pecado, que conduz à morte, ou
podem escolher obedecer a Deus, que conduz à vida de justiça.
17Graças a Deus, porque antes vocês eram escravos do pecado, mas
agora obedecem de todo o coração a este ensino que lhes transmi-
timos. 18Estão livres da escravidão do pecado e se tornaram escravos
da justiça. 19Uso o exemplo da escravidão para ajudá-los a entender
isso tudo, pois sua natureza humana é fraca. No passado, vocês se
deixaram escravizar pela impureza e pela maldade, o que os fez
afundar ainda mais no pecado. Agora, devem se entregar como
escravos à vida de justiça, para que se tornem santos. 20Quando
eram escravos do pecado, estavam livres da obrigação de fazer o
que é certo. 21E qual foi o resultado? Hoje vocês se envergonham
das coisas que costumavam fazer, coisas que acabam em morte.
22Agora, porém, estão livres do poder do pecado e se tornaram
escravos de Deus. Fazem aquilo que conduz à santidade e resulta
na vida eterna. 23Pois o salário do pecado é a morte, mas a dádiva
de Deus é a vida eterna em Cristo Jesus, nosso Senhor.

CAPÍTULO 7

Libertos da lei

1Agora, irmãos, vocês que conhecem a lei, não sabem que ela se
aplica apenas enquanto a pessoa vive? 2Por exemplo, quando uma
mulher se casa, a lei a une a seu marido enquanto ele estiver vivo.
No entanto, se ele morrer, as leis do casamento já não se aplica-
rão à mulher. 3Portanto, enquanto o marido estiver vivo, se ela
se casar com outro homem, cometerá adultério. Mas, se o marido

NO QUE ESTOU **PENSANDO** ○ | O QUE ESTOU **SENTINDO** ○ | DO QUE ESTOU **LEMBRANDO** ○

DESENHE OU ESCREVA

morrer, ela ficará livre dessa lei e não cometerá adultério ao se
casar novamente. 4Assim, meus irmãos, vocês morreram para o
poder da lei quando morreram com Cristo, e agora estão unidos
com aquele que foi ressuscitado dos mortos. Como resultado, po-
demos produzir uma colheita de boas obras para Deus. 5Quando
éramos controlados pela natureza humana, desejos pecaminosos
atuavam dentro de nós, e a lei despertava esses desejos maus, que
produziam uma colheita de obras pecaminosas cujo resultado era
a morte. 6Agora, porém, fomos libertos da lei, pois morremos para
ela e já não estamos presos a seu poder. Podemos servir a Deus
não da maneira antiga, obedecendo à letra da lei, mas da maneira
nova, vivendo no Espírito.

A lei de Deus expõe nosso pecado

7Por acaso estou dizendo que a lei de Deus é pecaminosa? Claro
que não! Na verdade, foi a lei que me mostrou meu pecado. Eu ja-
mais saberia que cobiçar é errado se a lei não dissesse: "Não cobice".
8Mas o pecado usou esse mandamento para despertar dentro de
mim todo tipo de desejo cobiçoso. Se não houvesse lei, o pecado
não teria esse poder. 9Houve um tempo em que eu vivia sem a lei.
No entanto, quando tomei conhecimento do mandamento, o peca-
do ganhou vida, 10e eu morri. Assim, descobri que os mandamentos
da lei, que deveriam trazer vida, trouxeram, em vez disso, morte.
11O pecado se aproveitou desses mandamentos e me enganou, e
fez uso deles para me matar. 12Isso, porém, só demonstra que a
lei em si é santa, e santos, justos e bons são seus mandamentos.
13Mas, então, a lei, que é boa, foi responsável por minha morte?
Claro que não! O pecado usou o que era bom para me condenar à
morte. Vemos, com isso, como o pecado é terrível, usando os bons
mandamentos de Deus para seus próprios fins perversos.

A luta contra o pecado

14O problema não está na lei, pois ela é espiritual e boa. O problema
está em mim, pois sou humano, escravo do pecado. 15Não entendo
a mim mesmo, pois quero fazer o que é certo, mas não o faço. Em
vez disso, faço aquilo que odeio. 16Mas, se eu sei que o que faço é
errado, isso mostra que concordo que a lei é boa. 17Portanto, não
sou eu quem faz o que é errado, mas o pecado que habita em mim.

18E eu sei que em mim, isto é, em minha natureza humana, não
há nada de bom, pois quero fazer o que é certo, mas não consigo.
19Quero fazer o bem, mas não o faço. Não quero fazer o que é er-
rado, mas, ainda assim, o faço. 20Então, se faço o que não quero,
na verdade não sou eu quem o faz, mas o pecado que habita em
mim. 21Assim, descobri esta lei em minha vida: quando quero fazer
o que é certo, percebo que o mal está presente em mim. 22Amo a
lei de Deus de todo o coração. 23Contudo, há outra lei dentro de
mim que está em guerra com minha mente e me torna escravo do
pecado que permanece dentro de mim. 24Como sou miserável!
Quem me libertará deste corpo mortal dominado pelo pecado?
25Graças a Deus, a resposta está em Jesus Cristo, nosso Senhor.
Na mente, quero, de fato, obedecer à lei de Deus, mas, por causa
de minha natureza humana, sou escravo do pecado.

CAPÍTULO 8

A vida no Espírito

1Agora, portanto, já não há nenhuma condenação para os que estão
em Cristo Jesus. 2Pois em Cristo Jesus a lei do Espírito que dá vida
os libertou da lei do pecado, que leva à morte. 3A lei não era capaz
de nos salvar por causa da fraqueza de nossa natureza humana, por
isso Deus fez o que a lei era incapaz de fazer ao enviar seu Filho na
semelhança de nossa natureza humana pecaminosa e apresen-
tá-lo como sacrifício por nosso pecado. Com isso, declarou o fim
do domínio do pecado sobre nós, 4de modo que nós, que agora
não seguimos mais nossa natureza humana, mas sim o Espírito,
possamos cumprir as justas exigências da lei. 5Aqueles que são
dominados pela natureza humana pensam em coisas da natureza
humana, mas os que são controlados pelo Espírito pensam em
coisas que agradam o Espírito. 6Portanto, permitir que a natureza
humana controle a mente resulta em morte, mas permitir que o
Espírito controle a mente resulta em vida e paz. 7Pois a mentalidade
da natureza humana é sempre inimiga de Deus. Nunca obedeceu
às leis de Deus, e nunca obedecerá. 8Por isso aqueles que ainda
estão sob o domínio de sua natureza humana não podem agradar
a Deus. 9Vocês, porém, não são controlados pela natureza humana,
mas pelo Espírito, se de fato o Espírito de Deus habita em vocês. E,
se alguém não tem o Espírito de Cristo, a ele não pertence. 10Uma

vez que Cristo habita em vocês, embora o corpo morra por causa
do pecado, o Espírito lhes dá vida porque vocês foram declarados
justos diante de Deus. 11E, se o Espírito de Deus que ressuscitou
Jesus dos mortos habita em vocês, o Deus que ressuscitou Cristo
Jesus dos mortos dará vida a seu corpo mortal, por meio desse
mesmo Espírito que habita em vocês. 12Portanto, irmãos, vocês não
têm de fazer o que sua natureza humana lhes pede, 13porque, se
viverem de acordo com as exigências dela, morrerão. Se, contudo,
pelo poder do Espírito, fizerem morrer as obras do corpo, viverão,
14porque todos que são guiados pelo Espírito de Deus são filhos
de Deus. 15Pois vocês não receberam um espírito que os torne, de
novo, escravos medrosos, mas sim o Espírito de Deus, que os adotou
como seus próprios filhos. Agora nós o chamamos "*Aba*, Pai", 16pois
o seu Espírito confirma a nosso espírito que somos filhos de Deus.
17Se somos seus filhos, então somos seus herdeiros e, portanto,
co-herdeiros com Cristo. Se de fato participamos de seu sofrimento,
participaremos também de sua glória.

A glória futura

18Considero que nosso sofrimento de agora não é nada compa-
rado com a glória que ele nos revelará mais tarde. 19Pois toda a
criação aguarda com grande expectativa o dia em que os filhos de
Deus serão revelados. 20Toda a criação, não por vontade própria,
foi submetida por Deus a uma existência fútil, 21na esperança de
que, com os filhos de Deus, a criação seja gloriosamente liberta da
decadência que a escraviza. 22Pois sabemos que, até agora, toda
a criação geme, como em dores de parto. 23E nós, os que cremos,
também gememos, embora tenhamos o Espírito em nós como an-
tecipação da glória futura, pois aguardamos ansiosos pelo dia em
que desfrutaremos nossos direitos de adoção, incluindo a redenção
de nosso corpo. 24Recebemos essa esperança quando fomos salvos.
(Se já temos alguma coisa, não há necessidade de esperar por ela,
25mas, se esperamos por algo que ainda não temos, devemos fa-
zê-lo com paciência e confiança.) 26E o Espírito nos ajuda em nossa
fraqueza, pois não sabemos orar segundo a vontade de Deus, mas
o próprio Espírito intercede por nós com gemidos que não podem
ser expressos em palavras. 27E o Pai, que conhece cada coração,
sabe quais são as intenções do Espírito, pois o Espírito intercede

por nós, o povo santo, segundo a vontade de Deus. 28E sabemos
que Deus faz todas as coisas cooperarem para o bem daqueles
que o amam e que são chamados de acordo com seu propósito.
29Pois Deus conheceu de antemão os seus e os predestinou para
se tornarem semelhantes à imagem de seu Filho, a fim de que ele
fosse o primeiro entre muitos irmãos. 30Depois de predestiná-los
ele os chamou, e depois de chamá-los, os declarou justos, e depois
de declará-los justos, lhes deu sua glória.

Nada pode nos separar do amor de Deus

31Que podemos dizer diante de coisas tão maravilhosas? Se Deus é
por nós, quem será contra nós? 32Se ele não poupou nem mesmo
seu próprio Filho, mas o entregou por todos nós, acaso não nos dará
todas as outras coisas? 33Quem se atreve a acusar os escolhidos de
Deus? Ninguém, pois o próprio Deus nos declara justos diante dele.
34Quem nos condenará, então? Ninguém, pois Cristo Jesus morreu
e ressuscitou e está sentado no lugar de honra, à direita de Deus, in-
tercedendo por nós. 35O que nos separará do amor de Cristo? Serão
aflições ou calamidades, perseguições ou fome, miséria, perigo ou
ameaças de morte? 36Como dizem as Escrituras: "Por causa de ti,
enfrentamos a morte todos os dias; somos como ovelhas levadas
para o matadouro". 37Mas, apesar de tudo isso, somos mais que
vencedores por meio daquele que nos amou. 38E estou convencido
de que nem morte nem vida, nem anjos nem demônios, nem o que
existe hoje nem o que virá no futuro, nem poderes, 39nem altura
nem profundidade, nada, em toda a criação, jamais poderá nos
separar do amor de Deus revelado em Cristo Jesus, nosso Senhor.

CAPÍTULO 9

Deus escolhe Israel

1Digo-lhes a verdade, tendo Cristo como testemunha, e minha cons-
ciência e o Espírito Santo a confirmam. 2Meu coração está cheio de
amarga tristeza e angústia sem fim 3por meu povo, meus irmãos
judeus. Eu estaria disposto a ser amaldiçoado para sempre, sepa-
rado de Cristo, se isso pudesse salvá-los. 4Eles são o povo de Israel,
escolhidos para serem filhos adotivos de Deus. Ele lhes revelou sua
glória, fez uma aliança com eles e lhes deu sua lei e o privilégio
de adorá-lo e receber suas promessas. 5Do povo de Israel vêm os

patriarcas, e o próprio Cristo, quanto à sua natureza humana, era
israelita. E ele é Deus, aquele que governa sobre todas as coisas
e é digno de louvor eterno! Amém. 6Acaso Deus deixou de cum-
prir sua promessa a Israel? Não, pois nem todos os descendentes
de Israel pertencem, de fato, ao povo de Deus. 7Só porque são
descendentes de Abraão não significa que são, verdadeiramente,
filhos de Abraão. Pois as Escrituras dizem: "Isaque é o filho de quem
depende a sua descendência". 8Isso significa que os descendentes
físicos de Abraão não são, necessariamente, filhos de Deus. Apenas
os filhos da promessa são considerados filhos de Abraão. 9Pois Deus
havia prometido: "Voltarei por esta época, e Sara terá um filho".
10Esse fato não é único. Também Rebeca ficou grávida de nosso
antepassado Isaque e deu à luz gêmeos. 11Antes de eles nascerem,
porém, antes mesmo de terem feito qualquer coisa boa ou má, ela
recebeu uma mensagem de Deus. (Essa mensagem mostra que
Deus escolhe as pessoas conforme os propósitos dele 12e as chama
sem levar em conta as obras que praticam.) Foi dito a Rebeca: "Seu
filho mais velho servirá a seu filho mais novo". 13Nas palavras das
Escrituras: "Amei Jacó, mas rejeitei Esaú". 14Estamos dizendo, então,
que Deus foi injusto? Claro que não! 15Pois Deus disse a Moisés:
"Terei misericórdia de quem eu quiser, e mostrarei compaixão a
quem eu quiser". 16Portanto, a misericórdia depende apenas de
Deus, e não de nosso desejo nem de nossos esforços. 17Pois as
Escrituras afirmam que Deus disse ao faraó: "Eu o coloquei em
posição de autoridade com o propósito de mostrar em você meu
poder e propagar meu nome por toda a terra". 18Como podem ver,
ele escolhe ter misericórdia de alguns e endurecer o coração de
outros. 19Mas algum de vocês dirá: "Então por que Deus os culpa?
Não estão apenas cumprindo a vontade dele?". 20Ora, quem é você,
mero ser humano, para discutir com Deus? Acaso o objeto criado
pode dizer àquele que o criou: "Por que você me fez assim?" 21O
oleiro não tem o direito de usar o mesmo barro para fazer um vaso
para uso especial e outro para uso comum? 22Da mesma forma,
Deus tem o direito de mostrar sua ira e seu poder, suportando com
muita paciência aqueles que são objeto de sua ira, preparados para
a destruição. 23Ele age desse modo para que as riquezas de sua
glória brilhem com esplendor ainda maior sobre aqueles dos quais
ele tem misericórdia, aqueles que ele preparou previamente para

NO QUE ESTOU **PENSANDO** O

O QUE ESTOU **SENTINDO** O

DO QUE ESTOU **LEMBRANDO** O

DESENHE OU ESCREVA

a glória. 24E nós estamos entre os que ele chamou, tanto dentre
os judeus como dentre os gentios. 25A esse respeito, Deus diz na
profecia de Oseias: "Chamarei 'meu povo' aqueles que não eram
meu povo, e amarei aqueles que antes eu não amava". 26E também:
"No lugar onde lhes foi dito: 'Vocês não são meu povo', eles serão
chamados 'filhos do Deus vivo'". 27E, a respeito de Israel, o profeta
Isaías clamou: "Embora o povo de Israel seja numeroso como a
areia do mar, apenas um remanescente será salvo. 28Pois o Senhor
executará sua sentença sobre a terra de modo rápido e decisivo".
29E, como Isaías tinha dito em outra passagem: "Se o Senhor dos
Exércitos não houvesse poupado alguns de nossos filhos, teríamos
sido exterminados como Sodoma e destruídos como Gomorra".

A incredulidade de Israel

30Que significa tudo isso? Embora os gentios não buscassem se-
guir as normas de Deus, foram declarados justos, e isso aconteceu
pela fé. 31Já o povo de Israel, que se esforçou tanto para cumprir
a lei a fim de se tornar justo, nunca teve sucesso. 32Por que não?
Porque tentaram se tornar justos por meio de suas obras, e não
pela fé. Tropeçaram na grande pedra em seu caminho, 33e a esse
respeito as Escrituras afirmam: "Ponho em Sião uma pedra que
os faz tropeçar, uma rocha que os faz cair. Mas quem confiar nele
jamais será envergonhado".

CAPÍTULO 10

1Irmãos, o desejo de meu coração e minha oração a Deus é que o
povo de Israel seja salvo. 2Sei da dedicação deles por Deus, mas é
entusiasmo sem entendimento. 3Pois, não entendendo a maneira
como Deus declara as pessoas justas diante dele, apegam-se a seu
próprio modo de se tornar justos tentando seguir a lei, e recusam
a maneira de Deus. 4Pois Cristo é o propósito para o qual a lei foi
dada. Como resultado, todo o que nele crê é declarado justo.

A salvação é para todos

5Moisés escreve que o modo pelo qual a lei torna alguém justo
exige obediência a todos os seus mandamentos. 6Mas o modo
pelo qual a fé torna alguém justo diz: "Não diga em seu coração:
'Quem subirá ao céu?' (para trazer Cristo para a terra). 7E não diga:

'Quem descerá ao lugar dos mortos?' (para trazer Cristo de volta
à vida)". 8Na verdade, diz: "A mensagem está bem perto; está em
seus lábios e em seu coração". E essa mensagem é a mesma que
anunciamos a respeito da fé: 9se você declarar com sua boca que
Jesus é Senhor e crer em seu coração que Deus o ressuscitou dos
mortos, será salvo. 10Pois é crendo de coração que você é declarado
justo, e é declarando com a boca que você é salvo. 11Como dizem as
Escrituras: "Quem confiar nele jamais será envergonhado". 12Nesse
sentido, não há diferença entre judeus e gentios, uma vez que am-
bos têm o mesmo Senhor, que abençoa generosamente todos que
o invocam. 13Pois "todo aquele que invocar o nome do Senhor será
salvo". 14Mas como poderão invocá-lo se não crerem nele? E como
crerão nele se jamais tiverem ouvido a seu respeito? E como ouvirão
a seu respeito se ninguém lhes falar? 15E como alguém falará se não
for enviado? Por isso as Escrituras dizem: "Como são belos os pés
dos mensageiros que trazem boas-novas!". 16Nem todos, porém,
aceitam as boas-novas, pois o profeta Isaías disse: "Senhor, quem
creu em nossa mensagem?". 17Portanto, a fé vem por ouvir, isto é,
por ouvir as boas-novas a respeito de Cristo. 18Mas eu pergunto:
o povo de Israel ouviu, de fato, a mensagem? Sim, eles ouviram:
"Sua mensagem chegou a toda a terra, e suas palavras alcançaram
os confins do mundo". 19Volto a perguntar: será que o povo de Israel
entendeu? Sim, eles entenderam, pois, já no tempo de Moisés, Deus
disse: "Provocarei seu ciúme por meio de um povo que nem sequer
é nação. Provocarei sua ira por meio de gentios insensatos". 20E,
mais tarde, Isaías se pronunciou com ousadia: "Fui encontrado por
aqueles que não me procuravam. Revelei-me àqueles que não per-
guntavam por mim". 21A respeito de Israel, porém, diz: "O dia todo
abri meus braços para eles, mas foram desobedientes e rebeldes".

CAPÍTULO 11

A misericórdia de Deus para com Israel

1Então pergunto: Deus rejeitou seu povo, a nação de Israel? Claro
que não! Eu mesmo sou israelita, descendente de Abraão e mem-
bro da tribo de Benjamim. 2Não, Deus não rejeitou seu povo, que
conheceu de antemão. Vocês sabem o que as Escrituras dizem a
esse respeito? O profeta Elias se queixou a Deus sobre o povo de
Israel, dizendo: 3"Senhor, eles mataram teus profetas e derrubaram

NO QUE ESTOU **PENSANDO** | O QUE ESTOU **SENTINDO** | DO QUE ESTOU **LEMBRANDO**

DESENHE OU ESCREVA

teus altares. Sou o único que restou, e agora também procuram
me matar". 4E vocês se lembram da resposta de Deus? Ele disse:
"Ainda tenho outros sete mil que jamais se prostraram diante de
Baal". 5O mesmo acontece hoje, pois uns poucos do povo de Israel
permaneceram fiéis, escolhidos pela graça de Deus. 6E, se a escolha
se dá pela graça de Deus, então não se baseia nas obras deles, pois
nesse caso a graça deixaria de ser o que verdadeiramente é, ou
seja, gratuita e imerecida. 7Portanto, a situação é esta: a maioria
do povo de Israel não encontrou o que tanto buscava, mas uns pou-
cos, aqueles que Deus havia escolhido, o encontraram, enquanto
o coração dos demais foi endurecido. 8Como dizem as Escrituras:
"Deus os fez cair em sono profundo. Até hoje, fechou-lhes os olhos
para que não vejam, e tapou-lhes os ouvidos para que não ouçam".
9Da mesma forma, Davi disse: "Que sua mesa farta se transforme
em laço, em armadilha que os faça pensar que tudo vai bem. Que
seus privilégios os façam tropeçar, e que recebam o que merecem.
10Que seus olhos se escureçam para que não vejam, e que suas
costas fiquem encurvadas para sempre". 11Acaso o povo de Deus
tropeçou e caiu sem possibilidade de se levantar? Claro que não!
Foram desobedientes e, por isso, Deus tornou a salvação acessível
aos gentios, para que seu próprio povo sentisse ciúme. 12Se os
gentios foram enriquecidos porque os israelitas fracassaram ao
rejeitar a salvação que Deus lhes oferece, imaginem como será
maior a bênção para o mundo quando Israel for plenamente res-
taurado! 13Dirijo-me especialmente a vocês, gentios. E, uma vez que
fui designado apóstolo aos gentios, enfatizo isso 14porque desejo
que, de algum modo, o povo de Israel sinta ciúme e assim eu possa
levar alguns deles à salvação. 15Pois, se a rejeição deles possibilitou
que o resto do mundo se reconciliasse com Deus, a aceitação será
ainda mais maravilhosa. Será vida para os que estavam mortos!
16Se a parte da massa entregue como oferta é santa, então toda
ela é santa. E, se as raízes da árvore são santas, os ramos também
o serão. 17Mas alguns desses ramos, alguns do povo de Israel, fo-
ram cortados. E vocês, gentios, que eram ramos de uma oliveira
brava, foram enxertados na árvore. Agora, portanto, participam do
alimento nutritivo que vem da raiz da oliveira especial de Deus.
18No entanto, não devem se orgulhar de terem sido enxertados no
lugar dos ramos que foram cortados, pois é a raiz que sustenta o

ramo, e não o contrário. 19Talvez digam: "Esses ramos foram corta-
dos para abrir espaço para nós". 20É verdade, mas lembrem-se de
que esses ramos foram cortados porque não creram e que vocês
estão ali porque creem. Portanto, não se orgulhem, mas temam
o que poderia acontecer. 21Pois, se Deus não poupou os ramos
naturais, também não poupará vocês. 22Observem como Deus
é, ao mesmo tempo, bondoso e severo. É severo com os que lhe
desobedecem, mas é bondoso com vocês, desde que continuem a
confiar em sua bondade. Mas, se deixarem de confiar, também se-
rão cortados. 23E, se o povo de Israel abandonar sua incredulidade,
será enxertado novamente, pois Deus tem poder para enxertá-los
de volta na árvore. 24Vocês eram, por natureza, o ramo cortado de
uma oliveira brava. Portanto, se Deus se mostrou disposto a fazer
algo contrário à natureza ao enxertá-los em sua árvore cultivada,
estará ainda mais disposto a enxertar os ramos naturais de volta
na árvore da qual eles fazem parte.

A misericórdia de Deus é para todos

25Irmãos, quero que vocês entendam este mistério para que não
se orgulhem de si mesmos. Alguns do povo de Israel têm o coração
endurecido, mas isso durará apenas até que o tempo dos gentios
se complete. 26E assim todo o Israel será salvo. Como dizem as
Escrituras: "O libertador virá de Sião e afastará Israel da impiedade.
27E esta é minha aliança com eles: eu removerei seus pecados".
28Muitos do povo de Israel agora são inimigos das boas-novas, e
isso beneficia vocês, gentios. No entanto, porque ele escolheu seus
patriarcas, eles ainda são o povo que Deus ama. 29Pois as bênçãos
de Deus e o seu chamado jamais podem ser anulados. 30Em outros
tempos, vocês, gentios, foram rebeldes contra Deus, mas agora,
por causa da desobediência deles, vocês receberam misericórdia.
31Agora eles são os rebeldes, e Deus foi misericordioso com vocês,
para que eles também participem da misericórdia dele. 32Pois Deus
colocou a todos debaixo da desobediência para que de todos tives-
se misericórdia. 33Como são grandes as riquezas, a sabedoria e o
conhecimento de Deus! É impossível entendermos suas decisões e
seus caminhos! 34"Pois quem conhece os pensamentos do Senhor?
Quem sabe o suficiente para aconselhá-lo?" 35"Quem lhe deu pri-
meiro alguma coisa, para que ele precise depois retribuir?" 36Pois

todas as coisas vêm dele, existem por meio dele e são para ele. A
ele seja toda a glória para sempre! Amém.

CAPÍTULO 12

Sacrifício vivo para Deus

1Portanto, irmãos, suplico-lhes que entreguem seu corpo a Deus,
por causa de tudo que ele fez por vocês. Que seja um sacrifício vivo e
santo, do tipo que Deus considera agradável. Essa é a verdadeira for-
ma de adorá-lo. 2Não imitem o comportamento e os costumes deste
mundo, mas deixem que Deus os transforme por meio de uma
mudança em seu modo de pensar, a fim de que experimentem a
boa, agradável e perfeita vontade de Deus para vocês. 3Com base na
graça que recebi, dou a cada um de vocês a seguinte advertência:
não se considerem melhores do que realmente são. Antes, sejam
honestos em sua autoavaliação, medindo-se de acordo com a fé
que Deus nos deu. 4Da mesma forma que nosso corpo tem vários
membros e cada membro, uma função específica, 5assim é também
com o corpo de Cristo. Somos membros diferentes do mesmo cor-
po, e todos pertencemos uns aos outros. 6Deus, em sua graça, nos
concedeu diferentes dons. Portanto, se você tiver a capacidade de
profetizar, faça-o de acordo com a proporção de fé que recebeu. 7Se
tiver o dom de servir, sirva com dedicação. Se for mestre, ensine
bem. 8Se seu dom consistir em encorajar pessoas, encoraje-as. Se
for o dom de contribuir, dê com generosidade. Se for o de exercer
liderança, lidere de forma responsável. E, se for o de demonstrar
misericórdia, pratique-o com alegria. 9Amem as pessoas sem fingi-
mento. Odeiem tudo que é mau. Apeguem-se firmemente ao que
é bom. 10Amem-se com amor fraternal e tenham prazer em honrar
uns aos outros. 11Jamais sejam preguiçosos, mas trabalhem com
dedicação e sirvam ao Senhor com entusiasmo. 12Alegrem-se em
nossa esperança. Sejam pacientes nas dificuldades e não parem
de orar. 13Quando membros do povo santo passarem por necessi-
dade, ajudem com prontidão. Estejam sempre dispostos a praticar
a hospitalidade. 14Abençoem aqueles que os perseguem. Não os
amaldiçoem, mas orem para que Deus os abençoe. 15Alegrem-se
com os que se alegram e chorem com os que choram. 16Vivam em
harmonia uns com os outros. Não sejam orgulhosos, mas tenham
amizade com gente de condição humilde. E não pensem que

sabem tudo. 17 Nunca paguem o mal com o mal. Pensem sempre
em fazer o que é melhor aos olhos de todos. 18 No que depender
de vocês, vivam em paz com todos. 19 Amados, nunca se vinguem;
deixem que a ira de Deus se encarregue disso, pois assim dizem
as Escrituras: "A vingança cabe a mim, eu lhes darei o troco, diz o
Senhor". 20 Pelo contrário: "Se seu inimigo estiver com fome, dê-
-lhe de comer; se estiver com sede, dê-lhe de beber. Ao fazer isso,
amontoará brasas vivas sobre a cabeça dele". 21 Não deixem que o
mal os vença, mas vençam o mal praticando o bem.

CAPÍTULO 13

Respeito pelas autoridades

1 Todos devem sujeitar-se às autoridades, pois toda autoridade vem
de Deus, e aqueles que ocupam cargos de autoridade foram ali
colocados por ele. 2 Portanto, quem se rebela contra a autoridade
se rebela contra o Deus que a instituiu e será punido. 3 Pois as au-
toridades não causam temor naqueles que fazem o que é certo,
mas sim nos que fazem o que é errado. Você deseja viver livre do
medo das autoridades? Faça o que é certo, e elas o honrarão. 4 As
autoridades estão a serviço de Deus, para o seu bem. Mas, se você
estiver fazendo algo errado, é evidente que deve temer, pois elas
têm o poder de puni-lo, pois estão a serviço de Deus para castigar os
que praticam o mal. 5 Portanto, sujeitem-se a elas, não apenas para
evitar a punição, mas também para manter a consciência limpa. 6 É
por esse motivo também que vocês pagam impostos, pois as auto-
ridades estão a serviço de Deus no trabalho que realizam. 7 Deem
a cada um o que lhe é devido: paguem os impostos e tributos
àqueles que os recolhem e honrem e respeitem as autoridades.

O amor cumpre as exigências da lei de Deus

8 Não devam nada a ninguém, a não ser o amor de uns pelos outros.
Quem ama seu próximo cumpre os requisitos da lei de Deus. 9 Pois
os mandamentos dizem: "Não cometa adultério. Não mate. Não
roube. Não cobice". Esses e outros mandamentos semelhantes se
resumem num só: "Ame o seu próximo como a si mesmo". 10 O
amor não faz o mal ao próximo, portanto o amor cumpre todas as
exigências da lei de Deus. 11 Tudo isso é ainda mais urgente porque
vocês sabem como é tarde; o tempo está se esgotando. Despertem,

NO QUE ESTOU **PENSANDO** | O QUE ESTOU **SENTINDO** | DO QUE ESTOU **LEMBRANDO**

DESENHE OU ESCREVA

pois nossa salvação está mais próxima agora do que quando cremos
no início. 12 A noite está quase acabando, e logo vem o dia. Portanto,
deixem de lado as obras das trevas como se fossem roupas sujas e
vistam a armadura da luz. 13 Uma vez que pertencemos ao dia, vi-
vamos com decência, à vista de todos. Não participem de festanças
desregradas, de bebedeiras, de promiscuidade sexual e de práticas
imorais, e não se envolvam em brigas nem em invejas. 14 Em vez
disso, revistam-se do Senhor Jesus Cristo e não fiquem imaginando
formas de satisfazer seus desejos pecaminosos.

CAPÍTULO 14

Não julguem uns aos outros

1 Aceitem os que são fracos na fé e não discutam sobre as opiniões
deles acerca do que é certo ou errado. 2 Por exemplo, um irmão
crê que não é errado comer qualquer coisa. Outro, porém, que é
mais fraco, come somente legumes e verduras. 3 Quem se sente à
vontade para comer de tudo não deve desprezar quem não o faz.
E quem não come certos alimentos não deve condenar quem o faz,
pois Deus os aceitou. 4 Quem são vocês para condenar os servos de
outra pessoa? O senhor deles julgará se estão em pé ou se caíram.
E, com a ajuda de Deus, ficarão em pé e receberão a aprovação
dele. 5 Da mesma forma, há quem considere um dia mais sagrado
que outro, enquanto outros acreditam que todos os dias são iguais.
Cada um deve estar plenamente convicto do que faz. 6 Quem adora
a Deus num dia especial o faz para honrá-lo. Quem come qualquer
tipo de alimento também o faz para honrar o Senhor, uma vez que
dá graças a Deus antes de comer. E quem se recusa a comer certos
alimentos deseja, igualmente, agradar ao Senhor e por isso dá gra-
ças a Deus. 7 Pois não vivemos nem morremos para nós mesmos.
8 Se vivemos, é para honrar o Senhor. E, se morremos, é para honrar
o Senhor. Portanto, quer vivamos, quer morramos, pertencemos
ao Senhor. 9 Por isso Cristo morreu e ressuscitou, para ser Senhor
tanto dos vivos como dos mortos. 10 Então por que você julga outro
irmão? Por que o despreza? Lembre-se de que todos nós compa-
receremos diante do tribunal de Deus, 11 pois as Escrituras dizem:
"'Tão certo como eu vivo', diz o Senhor, 'todo joelho se dobrará para
mim, e toda língua declarará lealdade a Deus'". 12 Assim, cada um
de nós será responsável por sua vida diante de Deus. 13 Portanto,

deixemos de julgar uns aos outros. Em vez disso, resolvam viver
de modo a nunca fazer um irmão tropeçar e cair. 14Eu sei, e estou
convencido com base na autoridade do Senhor Jesus, que nenhum
alimento é por si mesmo impuro. Mas, se alguém considera errado
ingerir determinado alimento, para essa pessoa ele é impuro. 15E,
se outro irmão se aflige em razão do que você come, ao ingerir
esse alimento você não age com amor. Não deixe que sua comi-
da seja a causa da perdição de alguém por quem Cristo morreu.
16Desse modo, você não será criticado por fazer algo que, a seu ver,
é bom. 17Pois o reino de Deus não diz respeito ao que comemos
ou bebemos, mas a uma vida de justiça, paz e alegria no Espírito
Santo. 18Se servirem a Cristo com essa atitude, agradarão a Deus e
também receberão a aprovação das pessoas. 19Portanto, tenhamos
como alvo a harmonia e procuremos edificar uns aos outros. 20Não
destruam a obra de Deus por causa da comida. Embora todos os
alimentos sejam aceitáveis, é errado comer algo que leve alguém
a tropeçar. 21É melhor deixar de comer carne, ou de beber vinho,
ou de fazer qualquer outra coisa que leve um irmão a tropeçar.
22Você tem direito a suas convicções, mas guarde isso entre você
e Deus. Felizes são aqueles que não se sentem culpados por fazer
algo que consideram correto. 23Mas, se você tem dúvidas quanto
ao que deve ou não comer, será culpado se comer, pois vai contra
suas convicções. Se faz qualquer coisa sem convicção, está pecando.

CAPÍTULO 15

Vivam para ajudar e edificar os outros

1Nós que somos fortes devemos ter consideração pelos fracos, e
não agradar a nós mesmos. 2Devemos agradar ao próximo visan-
do ao que é certo, com a edificação deles como alvo. 3Pois Cristo
não viveu para agradar a si mesmo. Como dizem as Escrituras: "Os
insultos dos que te insultam caem sobre mim". 4Essas coisas foram
registradas há muito tempo para nos ensinar, e as Escrituras nos
dão paciência e ânimo para mantermos a esperança. 5Que Deus,
aquele que concede paciência e ânimo, os ajude a viver em com-
pleta harmonia uns com os outros, como convém aos seguidores
de Cristo Jesus. 6Então todos vocês poderão se unir em uma só voz
para louvar e glorificar a Deus, o Pai de nosso Senhor Jesus Cristo.
7Portanto, aceitem-se uns aos outros como Cristo os aceitou, para

Rm 14.18

que Deus seja glorificado. 8Lembrem-se de que Cristo veio para
servir aos judeus, a fim de mostrar que Deus é fiel às promessas
feitas a seus patriarcas, 9e também para que os gentios glorifiquem
a Deus por suas misericórdias, como dizem as Escrituras: "Por isso
eu te louvarei entre os gentios; sim, cantarei louvores ao teu nome".
10E dizem também: "Alegrem-se com o povo dele, ó gentios". 11E
ainda: "Louvem o Senhor, todos vocês, gentios; louvem-no, todos
os povos". 12E, em outra parte, o profeta Isaías disse: "Virá o herdeiro
do trono de Davi e reinará sobre os gentios. Nele depositarão sua es-
perança". 13Que Deus, a fonte de esperança, os encha inteiramente
de alegria e paz, em vista da fé que vocês depositam nele, de modo
que vocês transbordem de esperança, pelo poder do Espírito Santo.

Propósito da carta

14Meus irmãos, estou plenamente convencido de que vocês estão
cheios de bondade. Conhecem essas coisas tão bem que podem
ensiná-las uns aos outros. 15Ainda assim, atrevi-me a escrever a
vocês sobre alguns desses assuntos, certo de que só precisam de
um lembrete. Pois, pela graça de Deus, 16sou um mensageiro da
parte de Cristo Jesus a vocês, os gentios. Anuncio-lhes as boas-no-
vas para que se tornem oferta aceitável a Deus, separados pelo
Espírito Santo. 17Tenho motivo, portanto, para me entusiasmar com
o que Cristo Jesus tem feito por meio de meu serviço a Deus. 18E, no
entanto, não ouso me vangloriar de nada, exceto do que Cristo fez
por meu intermédio a fim de conduzir os gentios a Deus, por minha
mensagem e pelo meu trabalho, 19convencendo-os pelo poder de
sinais e maravilhas e pelo poder do Espírito de Deus. Assim, apre-
sentei plenamente as boas-novas de Cristo desde Jerusalém até o
Ilírico. 20Sempre me propus a anunciar as boas-novas onde o nome
de Cristo nunca foi ouvido, para não construir sobre alicerce alheio.
21Pois, conforme dizem as Escrituras: "Aqueles aos quais ele nunca
foi anunciado verão, e os que nunca ouviram falar dele entenderão".
22É por isso, aliás, que há tanto tempo tenho adiado minha visita a
vocês, porque estava pregando nesses lugares.

Os planos de viagem de Paulo

23Mas, agora que terminei meu trabalho nessas regiões, e depois
de tantos anos de espera, estou ansioso para visitá-los. 24Planejo ir

à Espanha e, quando for, espero passar por Roma. E, depois de ter
desfrutado um pouco de sua companhia, vocês poderão me ajudar
com a viagem. 25 Antes de visitá-los, porém, devo ir a Jerusalém,
para servir ao povo santo de lá. 26 Pois os irmãos da Macedônia e da
Acaia juntaram, de boa vontade, uma oferta para os pobres dentre o
povo santo em Jerusalém. 27 Ficaram contentes em fazê-lo, pois se
sentem devedores deles. Porque os gentios receberam as bênçãos
espirituais das boas-novas dos irmãos em Jerusalém, consideram
que no mínimo podem retribuir ajudando-os financeiramente.
28 Assim que eu tiver entregado o dinheiro e completado essa boa
ação dos gentios, irei à Espanha, visitando vocês de passagem. 29 E
estou certo de que, quando for, Cristo abençoará ricamente nosso
tempo juntos. 30 Irmãos, peço-lhes em nome de nosso Senhor Jesus
Cristo e pelo amor que lhes foi dado pelo Espírito Santo que se
unam a mim em minha luta, orando a Deus em meu favor. 31 Orem
para que eu me livre dos que estão na Judeia e que se recusam a
crer. Orem também para que o povo santo em Jerusalém se dis-
ponha a aceitar a oferta que estou levando. 32 Então, pela vontade
de Deus, poderei visitar vocês com o coração alegre e teremos um
tempo de descanso juntos. 33 Que o Deus que nos dá sua paz esteja
com todos vocês. Amém.

CAPÍTULO 16

Saudações de Paulo a seus amigos

1 Recomendo-lhes nossa irmã Febe, que serve à igreja em Cencreia.
2 Recebam-na no Senhor, como uma pessoa digna de honra no
meio do povo santo. Ajudem-na no que ela precisar, pois tem sido
de grande ajuda para muitos, especialmente para mim. 3 Deem
minhas saudações a Priscila e Áquila, meus colaboradores no ser-
viço de Cristo Jesus. 4 Certa vez, eles arriscaram a vida por mim.
Sou grato a eles, e também o são todas as igrejas dos gentios.
5 Saúdem a igreja que se reúne na casa deles. Saúdem também
meu querido amigo Epêneto, que foi o primeiro seguidor de Cristo
na província da Ásia. 6 Saúdem Maria, que trabalhou tanto por vo-
cês. 7 Saúdem Andrônico e Júnias, meus compatriotas judeus que
estiveram comigo na prisão. São muito respeitados entre os após-
tolos e se tornaram seguidores de Cristo antes de mim. 8 Saúdem
Amplíato, meu querido amigo no Senhor. 9 Saúdem Urbano, nosso

NO QUE ESTOU **PENSANDO** ○ | O QUE ESTOU **SENTINDO** ○ | DO QUE ESTOU **LEMBRANDO** ○

DESENHE OU ESCREVA

colaborador em Cristo, e meu querido amigo Estáquis. 10 Saúdem
Apeles, um bom homem, aprovado por Cristo. Saúdem os que são
da casa de Aristóbulo. 11 Saúdem Herodião, meu compatriota ju-
deu. Saúdem os da casa de Narciso que são do Senhor. 12 Saúdem
Trifena e Trifosa, obreiras do Senhor, e a estimada Pérside, que tem
trabalhado com dedicação para o Senhor. 13 Saúdem Rufo, a quem
o Senhor escolheu, e também sua mãe, que tem sido mãe para
mim. 14 Saúdem Asíncrito, Flegonte, Hermes, Pátrobas, Hermas e os
irmãos que se reúnem com eles. 15 Saúdem Filólogo, Júlia, Nereu e
sua irmã, e também Olimpas e todo o povo santo que se reúne com
eles. 16 Saúdem uns aos outros com beijo santo. Todas as igrejas de
Cristo lhes enviam saudações.

Instruções finais de Paulo

17 E agora, irmãos, peço-lhes que tomem cuidado com aqueles que
causam divisões e perturbam a fé, ensinando coisas contrárias ao
que vocês aprenderam. Fiquem longe deles. 18 Esses indivíduos
não servem a Cristo, nosso Senhor, mas apenas a seus próprios
interesses, e enganam os inocentes com palavras suaves e baju-
lação. 19 Mas todos sabem que vocês são obedientes ao Senhor, o
que muito me alegra. Quero que sejam sábios quanto a fazer o
bem e permaneçam inocentes de todo mal. 20 Em breve o Deus da
paz esmagará Satanás sob os pés de vocês. Que a graça de nosso
Senhor Jesus seja com vocês. 21 Timóteo, meu colaborador, lhes
envia saudações, bem como Lúcio, Jasom e Sosípatro, meus com-
patriotas judeus. 22 Eu, Tércio, que escrevo esta carta para Paulo,
também envio minhas saudações no Senhor. 23 Gaio os saúda.
Estou hospedado em sua casa, onde ele também tem recebido
toda a igreja. Erasto, tesoureiro da cidade, bem como nosso irmão
Quarto, lhes enviam saudações. 24 Que a graça de nosso Senhor
Jesus Cristo seja com todos vocês. Amém. 25 Toda a glória seja a
Deus, que pode fortalecê-los, como afirmam as boas-novas. Essa
mensagem a respeito de Jesus Cristo revelou seu plano, mantido
em segredo desde o princípio dos tempos, 26 mas que agora, como
os escritos dos profetas predisseram e o Deus eterno ordenou, é
anunciada aos gentios de toda parte, a fim de que eles também
possam crer nele e lhe obedecer. 27 Toda a glória para sempre ao
Deus único e sábio, por meio de Jesus Cristo. Amém.

1 CORÍNTIOS

CAPÍTULO 1

Saudações de Paulo

1 Eu, Paulo, chamado para ser apóstolo de Cristo Jesus pela vontade
de Deus, escrevo esta carta, com nosso irmão Sóstenes, 2 a igreja
de Deus em Corinto, àqueles que ele santificou por meio de Cristo
Jesus. Vocês foram chamados por Deus para ser seu povo santo
junto com todos que, em toda parte, invocam o nome de nosso
Senhor Jesus Cristo, Senhor deles e nosso. 3 Que Deus, nosso Pai,
e o Senhor Jesus Cristo lhes deem graça e paz.

Paulo agradece a Deus

4 Sempre agradeço a meu Deus por vocês e pela graça que ele lhes
tem dado em Cristo Jesus. 5 Por meio dele Deus os enriqueceu em
tudo, em toda capacidade de expressão e em todo entendimento.
6 A mensagem a respeito de Cristo de fato se firmou em vocês, 7 uma
vez que nenhum dom espiritual lhes falta enquanto esperam ansio-
samente pela volta de nosso Senhor Jesus Cristo. 8 Ele os manterá
firmes até o fim, para que estejam livres de toda a culpa no dia
de nosso Senhor Jesus Cristo. 9 Deus é fiel, e ele os convidou a ter
comunhão com seu Filho Jesus Cristo, nosso Senhor.

Divisões na igreja

10 Irmãos, suplico-lhes em nome de nosso Senhor Jesus Cristo
que vivam em harmonia uns com os outros e ponham fim às di-
visões entre vocês. Antes, tenham o mesmo parecer, unidos em

Deus escolheu coisas desprezadas pelo mundo, tidas como insignificantes, e as usou para reduzir a nada aquilo que o mundo considera importante.

1Co 1.28

pensamento e propósito. 11 Pois alguns membros da família de Cloe
me informaram dos desentendimentos entre vocês, meus irmãos.
12 Refiro-me ao fato de alguns dizerem: "Eu sigo Paulo", enquan-
to outros afirmam: "Eu sigo Apolo", ou "Eu sigo Pedro", ou ainda,
"Eu sigo Cristo". 13 Acaso Cristo foi dividido? Será que eu, Paulo,
fui crucificado em favor de vocês? Alguém foi batizado em nome
de Paulo? 14 Graças a Deus, não batizei nenhum de vocês, exceto
Crispo e Gaio, 15 de modo que ninguém pode dizer que foi batizado
em meu nome. 16 Sim, também batizei a família de Estéfanas, mas
não me lembro de ter batizado mais ninguém. 17 Pois Cristo não
me enviou para batizar, mas para anunciar as boas-novas, e não
com palavras de sabedoria humana, para que a cruz de Cristo não
perca seu poder.

A sabedoria de Deus

18 A mensagem da cruz é loucura para os que se encaminham para
a destruição, mas para nós que estamos sendo salvos ela é o poder
de Deus. 19 Como dizem as Escrituras: "Destruirei a sabedoria dos
sábios e rejeitarei a inteligência dos inteligentes". 20 Diante disso,
onde ficam os sábios, os eruditos e os argumentadores desta era?
Deus fez a sabedoria deste mundo parecer loucura. 21 Visto que
Deus, em sua sabedoria, providenciou que o mundo não o conhe-
cesse por meio de sabedoria humana, usou a loucura de nossa
pregação para salvar os que creem. 22 Pois os judeus pedem sinais,
e os gentios buscam sabedoria. 23 Assim, quando pregamos que o
Cristo foi crucificado, os judeus se ofendem, e os gentios dizem
que é tolice. 24 Mas, para os que foram chamados para a salvação,
tanto judeus como gentios, Cristo é o poder de Deus e a sabedoria
de Deus. 25 Pois a "loucura" de Deus é mais sábia que a sabedoria
humana, e a "fraqueza" de Deus é mais forte que a força humana.
26 Lembrem-se, irmãos, de que poucos de vocês eram sábios aos
olhos do mundo ou poderosos ou ricos quando foram chamados.
27 Pelo contrário, Deus escolheu as coisas que o mundo considera
loucura para envergonhar os sábios, assim como escolheu as coi-
sas fracas para envergonhar os poderosos. 28 Deus escolheu coisas
desprezadas pelo mundo, tidas como insignificantes, e as usou
para reduzir a nada aquilo que o mundo considera importante.
29 Portanto, ninguém jamais se orgulhe na presença de Deus.

30 Foi por iniciativa de Deus que vocês estão em Cristo Jesus, que
se tornou a sabedoria de Deus em nosso favor, nos declarou justos
diante de Deus, nos santificou e nos libertou do pecado. 31 Portanto,
como dizem as Escrituras: "Quem quiser orgulhar-se, orgulhe-se
somente no Senhor".

CAPÍTULO 2

A mensagem de sabedoria de Paulo

1 Irmãos, na primeira vez que estive com vocês, não usei palavras
eloquentes nem sabedoria humana para lhes apresentar o plano
secreto de Deus. 2 Pois decidi que, enquanto estivesse com vocês,
me esqueceria de tudo exceto de Jesus Cristo, aquele que foi cruci-
ficado. 3 Fui até vocês em fraqueza, atemorizado e trêmulo. 4 Minha
mensagem e minha pregação foram muito simples. Em vez de usar
argumentos persuasivos e astutos, me firmei no poder do Espírito.
5 Agi desse modo para que vocês não se apoiassem em sabedoria
humana, mas no poder de Deus. 6 No entanto, quando estamos
entre pessoas maduras, falamos com palavras de sabedoria, mas
não com o tipo de sabedoria desta era ou de seus governantes,
que logo caem no esquecimento. 7 Pelo contrário, a sabedoria a
que nos referimos é o mistério de Deus, seu plano antes secreto
e oculto, embora ele o tenha elaborado para nossa glória antes
do começo do mundo. 8 Os governantes desta era, por sua vez,
não a entenderam, pois se a houvessem entendido não teriam
crucificado o Senhor da glória. 9 É a isso que as Escrituras se refe-
rem quando dizem: "Olho nenhum viu, ouvido nenhum ouviu,
e mente nenhuma imaginou o que Deus preparou para aqueles
que o amam". 10 Mas foi a nós que Deus revelou estas coisas por
seu Espírito. Pois o Espírito sonda todas as coisas, até os segredos
mais profundos de Deus. 11 Pois quem conhece os pensamentos
de uma pessoa, senão o próprio espírito dela? Da mesma forma,
ninguém conhece os pensamentos de Deus, senão o Espírito de
Deus. 12 E nós recebemos o Espírito de Deus, e não o espírito deste
mundo, para que conheçamos as coisas maravilhosas que Deus
nos tem dado gratuitamente. 13 Quando lhes dizemos isso, não
empregamos palavras vindas da sabedoria humana, mas palavras
que nos foram ensinadas pelo Espírito, explicando verdades espi-
rituais a pessoas espirituais. 14 Mas o homem natural não aceita as

NO QUE ESTOU **PENSANDO** ○ | O QUE ESTOU **SENTINDO** ○ | DO QUE ESTOU **LEMBRANDO** ○

DESENHE OU ESCREVA

verdades do Espírito de Deus. Elas lhe parecem loucura, e ele não
consegue entendê-las, pois apenas quem é espiritual consegue
avaliar corretamente o que diz o Espírito. 15 Quem é espiritual pode
avaliar todas as coisas, mas ele próprio não pode ser avaliado por
outros. 16 Pois, "Quem conhece os pensamentos do Senhor? Quem
sabe o suficiente para instruí-lo?". Mas nós temos a mente de Cristo.

CAPÍTULO 3

Paulo e Apolo, servos de Cristo

1 Irmãos, quando estive com vocês, não pude lhes falar como a
pessoas espirituais, mas como se pertencessem a este mundo ou
fossem criancinhas em Cristo. 2 Tive de alimentá-los com leite, e
não com alimento sólido, pois não estavam aptos para recebê-lo.
E ainda não estão, 3 porque ainda são controlados por sua nature-
za humana. Têm ciúme uns dos outros, discutem e brigam entre
si. Acaso isso não mostra que são controlados por sua natureza
humana e que vivem como pessoas do mundo? 4 Quando um de
vocês diz: "Eu sigo Paulo", e o outro diz: "Eu sigo Apolo", não estão
agindo exatamente como as pessoas do mundo? 5 Afinal, quem é
Paulo? Quem é Apolo? Somos apenas servos de Deus por meio dos
quais vocês vieram a crer. Cada um de nós fez o trabalho do qual o
Senhor nos encarregou. 6 Eu plantei e Apolo regou, mas quem fez
crescer foi Deus. 7 Não importa quem planta ou quem rega, mas sim
Deus, que faz crescer. 8 Quem planta e quem rega trabalham para
o mesmo fim, e ambos serão recompensados por seu árduo traba-
lho. 9 Pois nós somos colaboradores de Deus, e vocês são lavoura
de Deus e edifício de Deus. 10 Pela graça que me foi dada, lancei
o alicerce como um construtor competente, e agora outros estão
construindo sobre ele. Mas quem constrói sobre o alicerce precisa
ter muito cuidado, 11 pois ninguém pode lançar outro alicerce além
daquele que já foi posto, isto é, Jesus Cristo. 12 Aqueles que cons-
troem sobre esse alicerce podem usar vários materiais: ouro, prata,
pedras preciosas, madeira, feno ou palha. 13 No dia do juízo, porém,
o fogo revelará que tipo de obra cada construtor realizou, e o fogo
mostrará se a obra tem algum valor. 14 Se ela sobreviver, o construtor
receberá recompensa. 15 Se ela queimar, o construtor sofrerá grande
prejuízo, mas será salvo como alguém que é resgatado do meio
do fogo. 16 Vocês não entendem que são o templo de Deus e que o

Espírito de Deus habita em vocês? 17Deus destruirá quem destruir
seu templo. Pois o templo de Deus é santo, e vocês são esse templo.
18Que ninguém se engane. Se algum de vocês pensa que é sábio
conforme os padrões desta era, deve tornar-se louco a fim de ser
verdadeiramente sábio. 19Pois a sabedoria deste mundo é loucura
para Deus. Como dizem as Escrituras: "Ele apanha os sábios na ar-
madilha da própria astúcia deles". 20E também: "O Senhor conhece
os pensamentos dos sábios; sabe que nada valem". 21Portanto, não
se orgulhem de seguir líderes humanos, pois tudo lhes pertence:
22Paulo, Apolo ou Pedro, o mundo, a vida e a morte, o presente e o
futuro. Tudo é de vocês, 23e vocês são de Cristo, e Cristo é de Deus.

CAPÍTULO 4

O relacionamento de Paulo com os coríntios

1Portanto, devemos ser considerados simples servos de Cristo, en-
carregados de explicar os mistérios de Deus. 2De um encarregado
espera-se que seja fiel. 3Quanto a mim, pouco importa como sou
avaliado por vocês ou por qualquer autoridade humana. Na verda-
de, nem minha própria avaliação é importante. 4Minha consciência
está limpa, mas isso não prova que estou certo. O Senhor é quem
me avaliará e decidirá. 5Portanto, não julguem ninguém antes
do tempo, antes que o Senhor volte. Pois ele trará à luz nossos
segredos mais obscuros e revelará nossas intenções mais íntimas.
Então Deus dará a cada um a devida aprovação. 6Irmãos, usei a mim
mesmo e a Apolo para ilustrar o que lhes tenho dito. Se aprende-
rem a não ir além daquilo que está escrito, não se orgulharão de
um à custa de outro. 7Pois que direito vocês têm de julgar desse
modo? O que vocês têm que Deus não lhes tenha dado? E, se tudo
que temos vem de Deus, por que nos orgulharmos como se não
fosse uma dádiva? 8Vocês consideram que já têm tudo de que
precisam. Pensam que já são ricos e até já começaram a reinar
sem nós! Gostaria que, de fato, já estivessem reinando, pois então
eu reinaria com vocês. 9Por vezes me parece que Deus colocou a
nós, os apóstolos, em último lugar, como condenados à morte,
espetáculo para o mundo inteiro, tanto para as pessoas como para
os anjos. 10Nossa dedicação a Cristo nos faz parecer loucos, mas
vocês afirmam ser sábios em Cristo. Nós somos fracos, mas vocês
são fortes. Vocês são respeitados, mas nós somos ridicularizados.

NO QUE ESTOU **PENSANDO** ○ | O QUE ESTOU **SENTINDO** ○ | DO QUE ESTOU **LEMBRANDO** ○

DESENHE OU ESCREVA

11Até agora passamos fome e sede, e não temos roupa necessária
para nos manter aquecidos. Somos espancados e não temos casa.
12Trabalhamos arduamente com as próprias mãos para obter sus-
tento. Abençoamos quem nos amaldiçoa. Somos pacientes com
quem nos maltrata. 13Respondemos com bondade quando falam
mal de nós. E, no entanto, até o momento, temos sido tratados
como a escória do mundo, como o lixo de todos. 14Não escrevo estas
coisas para envergonhá-los, mas para adverti-los como meus filhos
amados. 15Pois, ainda que tivessem dez mil mestres em Cristo, vo-
cês não têm muitos pais, pois eu me tornei seu pai espiritual em
Cristo Jesus por meio das boas-novas que lhes anunciei. 16Portanto,
suplico-lhes que sejam meus imitadores. 17Por isso enviei Timóteo,
meu filho amado e fiel no Senhor. Ele os lembrará de como sigo
Cristo Jesus, de acordo com o que ensino em todas as igrejas, em
qualquer lugar aonde vou. 18Alguns de vocês se tornaram arrogan-
tes, pensando que não irei mais visitá-los. 19Mas eu irei, e logo, se
o Senhor permitir, e então verei se esses arrogantes apenas fazem
discursos pretensiosos ou se têm, de fato, o poder de Deus. 20Pois
o reino de Deus não consiste apenas em palavras, mas em poder.
21O que vocês escolhem? Devo ir com vara para castigá-los ou com
amor e espírito de mansidão?

CAPÍTULO 5

Paulo confronta a imoralidade e o orgulho

1Comenta-se por toda parte que há imoralidade sexual em seu
meio, imoralidade que nem mesmo os pagãos praticam. Soube
de um homem entre vocês que mantém relações sexuais com a
própria madrasta. 2Como podem se orgulhar disso? Deveriam
lamentar-se e excluir de sua comunhão o homem que cometeu
tamanha ofensa. 3Embora eu não esteja com vocês em pessoa,
estou presente em espírito. E, como se estivesse aí, já condenei
esse homem 4em nome do Senhor Jesus. Convoquem uma
reunião. Estarei com vocês em meu espírito, e o poder de nosso
Senhor Jesus também estará presente. 5Entreguem esse homem a
Satanás, para que o corpo seja punido e o espírito seja salvo no dia
do Senhor. 6Não é nada bom se orgulharem disso. Não percebem
que esse pecado é como um pouco de fermento que leveda toda a
massa? 7Livrem-se do fermento velho, para que sejam massa nova,

sem fermento, o que de fato são. Cristo, nosso Cordeiro pascal, foi sacrificado. 8Por isso, celebremos a festa não com o velho pão, fermentado com maldade e perversidade, mas com o novo pão da sinceridade e da verdade, sem nenhum fermento. 9Quando lhes escrevi antes, disse que não deviam se associar com pessoas que se entregam à imoralidade sexual. 10Com isso, porém, não me referia a descrentes que vivem em imoralidade sexual, ou são avarentos, ou exploram os outros, ou adoram ídolos. Vocês teriam de sair deste mundo para evitar pessoas desse tipo. 11O que eu queria dizer era que vocês não devem se associar a alguém que afirma ser irmão mas vive em imoralidade sexual, ou é avarento, ou adora ídolos, ou insulta as pessoas, ou é bêbado ou explora os outros. Nem ao menos comam com gente assim. 12Não cabe a mim julgar os de fora, mas certamente cabe a vocês julgar os que estão dentro. 13Deus julgará os de fora. Portanto, eliminem o mal do meio de vocês.

CAPÍTULO 6

Ações judiciais contra irmãos

1Quando algum de vocês tem um desentendimento com outro irmão, como se atreve a recorrer a um tribunal e pedir que injustos decidam a questão em vez de levá-la ao povo santo? 2Vocês não sabem que um dia nós, os santos, julgaremos o mundo? E, uma vez que vocês julgarão o mundo, acaso não são capazes de decidir entre vocês nem mesmo essas pequenas causas? 3Não sabem que julgaremos os anjos? Que dizer, então, dos desentendimentos corriqueiros desta vida? 4Se vocês têm conflitos legais, por que levá-los para fora da igreja, a juízes que não fazem parte dela? 5Digo isso para envergonhá-los. Ninguém entre vocês tem sabedoria suficiente para resolver essas questões? 6Em vez disso, um irmão processa outro irmão diante dos descrentes! 7O simples fato de terem essas ações judiciais entre si já é uma derrota para vocês. Por que não aceitar a injustiça sofrida? Por que não arcar com o prejuízo? 8Em vez disso, vocês mesmos cometem injustiças e causam prejuízos até contra os próprios irmãos. 9Vocês não sabem que os injustos não herdarão o reino de Deus? Não se enganem: aqueles que se envolvem em imoralidade sexual, adoram ídolos, cometem adultério, se entregam a práticas homossexuais, 10são ladrões, avarentos, bêbados, insultam as pessoas ou exploram os outros não herdarão

"Tudo me é permitido," mas nem tudo convém.

1Co 6.12

o reino de Deus. 11Alguns de vocês eram assim, mas foram purificados e santificados, declarados justos diante de Deus no nome do Senhor Jesus Cristo e pelo Espírito de nosso Deus.

Pecado sexual

12"Tudo me é permitido", mas nem tudo convém. "Tudo me é permitido", mas não devo me tornar escravo de nada. 13"Os alimentos foram feitos para o estômago, e o estômago para os alimentos." É verdade, mas um dia Deus acabará com os dois. Vocês, contudo, não podem dizer que nosso corpo foi feito para a imoralidade sexual. Ele foi feito para o Senhor, e o relacionamento que o Senhor tem conosco inclui nosso corpo. 14Portanto, Deus nos ressuscitará dos mortos por seu poder, assim como ressuscitou o Senhor. 15Vocês não sabem que seu corpo é, na realidade, membro de Cristo? Acaso um homem deve tomar seu corpo, que faz parte de Cristo, e uni-lo a uma prostituta? De maneira nenhuma! 16E vocês não sabem que se um homem se une a uma prostituta ele se torna um corpo com ela? Pois as Escrituras dizem: "Os dois se tornam um só". 17Mas a pessoa que se une ao Senhor tem com ele uma união de espírito. 18Fujam da imoralidade sexual! Nenhum outro pecado afeta o corpo como esse, pois a imoralidade sexual é um pecado contra o próprio corpo. 19Vocês não sabem que seu corpo é o templo do Espírito Santo, que habita em vocês e lhes foi dado por Deus? Vocês não pertencem a si mesmos, 20pois foram comprados por alto preço. Portanto, honrem a Deus com seu corpo.

CAPÍTULO 7

Instruções sobre o casamento

1Agora, quanto às perguntas que vocês me fizeram em sua carta, digo que é bom que o homem não toque em mulher. 2Mas, uma vez que há tanta imoralidade sexual, cada homem deve ter sua própria esposa, e cada mulher, seu próprio marido. 3O marido deve satisfazer as necessidades conjugais de sua esposa, e a esposa deve fazer o mesmo por seu marido. 4A esposa não tem autoridade sobre seu corpo, mas sim o marido. Da mesma forma, não é o marido que tem autoridade sobre seu corpo, mas sim a esposa. 5Não privem um ao outro de terem relações, a menos que ambos concordem em abster-se da intimidade sexual por certo tempo, a fim de se

dedicarem de modo mais pleno à oração. Depois disso, unam-se
novamente, para que Satanás não os tente por causa de sua falta
de domínio próprio. 6 Digo isso como concessão, e não como man-
damento. 7 Gostaria que todos fossem como eu, mas cada um tem
seu próprio dom, concedido por Deus: um tem este tipo de dom,
o outro, aquele. 8 Portanto, digo aos solteiros e às viúvas: é melhor
que permaneçam como eu. 9 Mas, se não conseguirem se controlar,
devem se casar. É melhor se casar que arder em desejo. 10 Para os
casados, porém, tenho uma ordem que não vem de mim, mas do
Senhor: a esposa não deve se separar do marido. 11 Mas, se o fizer,
que permaneça solteira ou se reconcilie com ele. E o marido não
deve se separar da esposa. 12 Agora me dirijo aos demais, embora
o Senhor não tenha dado instrução específica a respeito. Se um
irmão for casado com uma mulher descrente e ela estiver disposta a
continuar vivendo com ele, não se separe dela. 13 E, se uma irmã for
casada com um homem descrente e ele estiver disposto a continuar
vivendo com ela, não se separe dele. 14 Pois o marido descrente é
santificado pela esposa, e a esposa descrente é santificada pelo
marido. Do contrário, os filhos seriam impuros, mas eles são santos.
15 Se, porém, o cônjuge descrente insistir em se separar, deixe-o ir.
Nesses casos, o irmão ou a irmã não está mais preso à outra pessoa,
pois Deus os chamou para viver em paz. 16 Você, esposa, como sabe
que seu marido poderia ser salvo por sua causa? E você, marido,
como sabe que sua esposa poderia ser salva por sua causa? 17 Cada
um continue a viver na situação em que o Senhor o colocou, e cada
um permaneça como estava quando Deus o chamou. Essa é minha
regra para todas as igrejas. 18 Se um homem foi circuncidado antes
de crer, não deve tentar mudar sua condição. E, se um homem não
foi circuncidado antes de crer, não o deve ser agora. 19 Pois não faz di-
ferença se ele foi circuncidado ou não. O importante é que obedeça
aos mandamentos de Deus. 20 Sim, cada um deve permanecer como
estava quando Deus o chamou. 21 Você foi chamado sendo escravo?
Não deixe que isso o preocupe, mas, se tiver a oportunidade de ficar
livre, aproveite-a. 22 E, se você era escravo quando o Senhor o cha-
mou, agora é livre no Senhor. E, se você era livre quando o Senhor
o chamou, agora é escravo de Cristo. 23 Vocês foram comprados por
alto preço, portanto não se deixem escravizar pelo mundo. 24 Cada
um de vocês, irmãos, deve permanecer como estava quando Deus

NO QUE ESTOU **PENSANDO** ○ | O QUE ESTOU **SENTINDO** ○ | DO QUE ESTOU **LEMBRANDO** ○

DESENHE OU ESCREVA

os chamou. 25 Quanto à pergunta sobre as moças que ainda não se
casaram, não tenho para elas um mandamento do Senhor. Em sua
misericórdia, porém, o Senhor me deu sabedoria confiável, e eu
a compartilharei com vocês. 26 Tendo em vista as dificuldades de
nosso tempo, creio que é melhor que permaneçam como estão.
27 Se você já tem esposa, não procure se separar. Se não tem esposa,
não procure se casar. 28 Se, contudo, vier a se casar, não é pecado.
E, se uma moça se casar, também não é pecado. No entanto, aque-
les que se casarem em tempos como os atuais terão de enfrentar
dificuldades, e minha intenção é poupá-los disso. 29 Irmãos, isto é
o que quero dizer: o tempo que resta é muito curto. Portanto, de
agora em diante, aqueles que têm esposa devem agir como se não
fossem casados. 30 Aqueles que choram, que se alegram ou que
compram coisas não devem se entregar totalmente à tristeza, à
alegria ou aos bens. 31 Aqueles que usam as coisas deste mundo não
devem se apegar a elas, pois este mundo, como o conhecemos, logo
passará. 32 Quero que estejam livres das preocupações desta vida. O
homem que não é casado tem mais tempo para se dedicar à obra
do Senhor e pensar em como agradá-lo. 33 Mas o homem casado
precisa pensar em suas responsabilidades neste mundo e em como
agradar sua esposa. 34 Seus interesses estão divididos. Da mesma
forma, a mulher que não é casada ou que nunca se casou pode se
dedicar ao Senhor e ser santa de corpo e espírito. Mas a mulher
casada precisa pensar em suas responsabilidades aqui na terra e
em como agradar seu marido. 35 Digo isso para seu bem, e não
para lhes impor restrições. Quero que façam aquilo que os ajudará
a servir melhor ao Senhor, com o mínimo possível de distrações.
36 Se, contudo, um homem acredita que está tratando sua noiva de
forma inapropriada e que seus impulsos vão além de suas forças,
que se case com ela, como é desejo dele. Não é pecado. 37 Mas,
se tiver assumido um compromisso firme, e não houver urgência,
e ele for capaz de controlar sua paixão, faz bem em não se casar.
38 Portanto, quem se casa com sua noiva faz bem, e quem não se
casa faz melhor ainda. 39 A esposa está ligada ao marido enquanto
ele viver. Se o marido morrer, ela está livre para se casar com quem
quiser, desde que seja um irmão no Senhor. 40 Em minha opinião,
porém, seria melhor que ela não se casasse novamente, e creio que,
ao dizer isso, lhes dou o conselho do Espírito de Deus.

CAPÍTULO 8

Comida sacrificada a ídolos

1Quanto à pergunta sobre a comida sacrificada a ídolos, sabemos
que todos temos conhecimento a esse respeito. Contudo, o conheci-
mento traz orgulho, enquanto o amor fortalece. 2Se alguém pensa
que sabe tudo sobre algo, ainda não aprendeu como deveria. 3Mas
quem ama a Deus é conhecido por ele. 4Então, o que dizer quanto
ao alimento oferecido a ídolos? Bem, todos nós sabemos que, na
verdade, o ídolo nada vale neste mundo, e que há somente um
Deus. 5Sim, é fato que existem os que são chamados de deuses,
por assim dizer, nos céus e na terra, e há pessoas que adoram mui-
tos deuses e muitos senhores. 6Para nós, porém, Há somente um
Deus, o Pai, de quem vieram todas as coisas criadas e para quem
vivemos. E há somente um Senhor, Jesus Cristo, por meio de quem
todas as coisas foram criadas e por meio de quem recebemos vida.
7No entanto, nem todos sabem disso. Alguns estão acostumados
a pensar que os ídolos são de verdade, de modo que, ao comer
alimentos oferecidos a eles, imaginam que estão adorando deuses
de verdade, e sua consciência fraca é contaminada. 8Não obtemos
a aprovação de Deus pelo que comemos. Não perdemos nada se
não comemos, e se comemos, nada ganhamos. 9Contudo, tenham
cuidado para que sua liberdade não leve outros de consciência mais
fraca a tropeçar. 10Pois, se alguém vir você, que diz ter um conhe-
cimento superior, comer no templo de um ídolo, acaso não será
induzido a contaminar a própria consciência ao ingerir alimentos
oferecidos a ídolos? 11Assim, por causa do seu conhecimento supe-
rior, um irmão fraco pelo qual Cristo morreu acaba se perdendo. 12E
quando vocês pecam contra outros irmãos, incentivando-os a fazer
algo que eles consideram errado, pecam contra Cristo. 13Portanto,
se aquilo que eu como faz um irmão pecar, nunca mais comerei
carne, pois não quero fazer meu irmão tropeçar.

CAPÍTULO 9

Paulo abre mão de seus direitos

1Acaso não sou livre como qualquer outro? Não sou apóstolo? Não
vi Jesus, nosso Senhor, com meus próprios olhos? Não são vocês
resultado de meu trabalho no Senhor? 2Mesmo que outros pensem
que não sou apóstolo, certamente o sou para vocês. Vocês mesmos

NO QUE ESTOU **PENSANDO** ○ | O QUE ESTOU **SENTINDO** ○ | DO QUE ESTOU **LEMBRANDO** ○

DESENHE OU ESCREVA

são prova de que sou apóstolo do Senhor. 3Esta é minha resposta
aos que questionam minha autoridade. 4Acaso não temos o direito
de receber comida e bebida por nosso trabalho? 5Não temos o
direito de levar conosco uma esposa crente, como fazem os outros
apóstolos, e como fazem os irmãos do Senhor e Pedro? 6Ou será
que só Barnabé e eu precisamos trabalhar para nos sustentarmos?
7Que soldado precisa pagar pelas próprias despesas? Que agricul-
tor planta uma videira e não tem direito de comer de seus frutos?
Que pastor cuida de um rebanho e não tem permissão de tomar de
seu leite? 8Será que expresso apenas uma opinião humana ou a lei
diz o mesmo? 9Pois está escrito na lei de Moisés: "Não amordacem
o boi para impedir que ele coma enquanto trilha os cereais". Deus
estava pensando apenas nos bois quando disse isso? 10Será que, na
verdade, não estava se referindo a nós? Sim, essas palavras foram
escritas a nosso respeito e, portanto, quem ara e quem trilha o
cereal deve ter a esperança de receber uma parte da colheita. 11Se
plantamos sementes espirituais entre vocês, não temos direito a
uma colheita material? 12Se vocês sustentam outros que pregam a
vocês, não temos ainda mais direito de receber o mesmo sustento?
Mas nunca fizemos uso desse direito. Preferimos suportar qualquer
coisa a fim de não sermos obstáculo para as boas-novas a respeito
de Cristo. 13Vocês não sabem que os que trabalham no templo se
alimentam das ofertas levadas ao templo, e os que servem diante
do altar recebem uma parte dos sacrifícios oferecidos no altar?
14Da mesma forma, o Senhor ordenou que os que anunciam as
boas-novas vivam pelas boas-novas. 15Contudo, nunca usei de
nenhum desses direitos. Não escrevo isso para sugerir que desejo
agora começar a fazê-lo. De fato, prefiro morrer a perder o privilégio
de me orgulhar de pregar sem cobrar nada. 16E, no entanto, não
posso me orgulhar de anunciar as boas-novas, pois sou impeli-
do por Deus a fazê-lo. Ai de mim se não anunciar as boas-novas!
17Se o fizesse por minha própria iniciativa, mereceria pagamento.
Mas não tenho escolha, pois Deus me confiou essa responsabili-
dade. 18Qual é, então, minha recompensa? É a oportunidade de
anunciar as boas-novas sem cobrar nada de ninguém, de modo
a não desfrutar os direitos que tenho por anunciar as boas-novas.
19Embora eu seja um homem livre, fiz-me escravo de todos para
levar muitos a Cristo. 20Quando estive com os judeus, vivi como os

judeus para levá-los a Cristo. Quando estive com os que seguem a
lei judaica, vivi debaixo dessa lei. Embora não esteja sujeito à lei,
agi desse modo para levar a Cristo aqueles que estão debaixo da
lei. 21 Quando estou com os que não seguem a lei judaica, também
vivo de modo independente da lei para levá-los a Cristo. Não ig-
noro, porém, a lei de Deus, pois obedeço à lei de Cristo. 22 Quando
estou com os fracos, também me torno fraco, pois quero levar os
fracos a Cristo. Sim, tento encontrar algum ponto em comum com
todos, fazendo todo o possível para salvar alguns. 23 Faço tudo isso
para espalhar as boas-novas e participar de suas bênçãos. 24 Vocês
não sabem que, numa corrida, todos competem, mas apenas um
ganha o prêmio? Portanto, corram para vencer. 25 O atleta precisa ser
disciplinado sob todos os aspectos. Ele se esforça para ganhar um
prêmio perecível. Nós, porém, o fazemos para ganhar um prêmio
eterno. 26 Por isso não corro sem objetivo nem luto como quem dá
golpes no ar. 27 Disciplino meu corpo como um atleta, treinando-o
para fazer o que deve, de modo que, depois de ter pregado a outros,
eu mesmo não seja desqualificado.

CAPÍTULO 10

Lições da idolatria de Israel

1 Irmãos, não quero que vocês se esqueçam do que aconteceu muito
tempo atrás, quando nossos antepassados foram guiados por uma
nuvem que ia adiante deles e atravessaram o mar. 2 Na nuvem e no
mar, todos foram batizados como seguidores de Moisés. 3 Todos co-
meram do mesmo alimento espiritual 4 e todos beberam da mesma
água espiritual, pois beberam da rocha espiritual que os acompa-
nhava, e essa rocha era Cristo. 5 No entanto, Deus não se agradou
da maioria deles, e seus corpos ficaram espalhados pelo deserto.
6 Tais coisas aconteceram como advertência para nós, a fim de que
não cobicemos o que é mau, como eles cobiçaram, 7 nem adoremos
ídolos, como alguns deles adoraram. Segundo as Escrituras, "todos
comeram e beberam e se entregaram à farra". 8 E não devemos pra-
ticar a imoralidade sexual, como alguns deles praticaram, e morre-
ram 23 mil pessoas num só dia. 9 Também não devemos pôr Cristo
à prova, como alguns deles puseram, e foram mortos por serpentes.
10 E não se queixem como alguns deles se queixaram, e foram des-
truídos pelo anjo da morte. 11 Essas coisas que aconteceram a eles

1Co 10.24

nos servem como exemplo. Foram escritas como advertência para
nós, que vivemos no fim dos tempos. 12 Portanto, se vocês pensam
que estão de pé, cuidem para que não caiam. 13 As tentações em
sua vida não são diferentes daquelas que outros enfrentaram. Deus
é fiel, e ele não permitirá tentações maiores do que vocês podem
suportar. Quando forem tentados, ele mostrará uma saída para que
consigam resistir. 14 Portanto, meus amados, fujam do culto aos
ídolos. 15 Vocês são pessoas sensatas. Julguem por si mesmos se o
que digo é verdade. 16 Quando abençoamos o cálice à mesa, não
participamos do sangue de Cristo? E, quando partimos o pão, não
participamos do corpo de Cristo? 17 E, embora sejamos muitos, to-
dos comemos do mesmo pão, mostrando que somos um só corpo.
18 Pensem no povo de Israel. Acaso os que comiam dos sacrifícios
não partilhavam do mesmo altar? 19 Então, o que estou tentando
dizer? Que a comida oferecida a ídolos tem alguma importância,
ou que os ídolos são deuses de verdade? 20 De maneira nenhuma!
Estou dizendo que esses sacrifícios são oferecidos a demônios, e
não a Deus. E não quero que vocês tenham parte com demônios.
21 Vocês não podem beber do cálice do Senhor e também do cálice
de demônios. Não podem participar da mesa do Senhor e também
da mesa de demônios. 22 Acaso nos atreveremos a despertar o ciú-
me do Senhor? Somos mais fortes que ele? 23 "Tudo é permitido",
mas nem tudo convém. "Tudo é permitido", mas nem tudo traz
benefícios. 24 Não se preocupem com seu próprio bem, mas com
o bem dos outros. 25 Portanto, vocês podem comer qualquer carne
que é vendida no mercado sem questionar nada por motivo de
consciência. 26 Pois "do Senhor é a terra e tudo que nela há". 27 Se
um descrente os convidar para uma refeição, aceitem o convite se
desejarem. Comam o que lhes oferecerem, sem questionar nada
por motivo de consciência. 28 (Mas, se alguém lhes disser: "Esta
carne foi oferecida a um ídolo", não a comam por respeito à cons-
ciência da pessoa que os avisou. 29 Talvez não seja uma questão de
consciência para vocês, mas o é para a outra pessoa.) Afinal, por que
minha liberdade deve ser limitada por aquilo que outros pensam?
30 Por que serei eu condenado se comer algo pelo qual dei graças
a Deus? 31 Portanto, quer vocês comam, quer bebam, quer façam
qualquer outra coisa, façam para a glória de Deus. 32 Não ofendam
nem os judeus, nem os gentios, nem a igreja de Deus, 33 assim

como também eu procuro agradar a todos em tudo que faço. Não
faço apenas o que é melhor para mim; faço o que é melhor para
os outros, a fim de que muitos sejam salvos.

CAPÍTULO 11

1 Sejam meus imitadores, como eu sou imitador de Cristo.

Instruções para o culto público

2 Eu os elogio porque vocês sempre têm se lembrado de mim e
têm seguido os ensinamentos que lhes transmiti. 3 Mas quero que
saibam de uma coisa: o cabeça de todo homem é Cristo, o cabeça
da mulher é o homem, e o cabeça de Cristo é Deus. 4 O homem de-
sonra sua cabeça se a cobre para orar ou profetizar. 5 Mas a mulher
desonra sua cabeça se ora ou profetiza sem cobri-la, pois é como
se tivesse raspado a cabeça. 6 Se ela se recusa a cobrir a cabeça,
deve também cortar todo o cabelo! Mas, uma vez que é vergonho-
so a mulher cortar o cabelo ou raspar a cabeça, deve cobri-la. 7 O
homem não deve cobrir a cabeça, pois ele foi criado à imagem de
Deus e reflete a glória de Deus. A mulher, porém, reflete a glória
do homem. 8 Pois o homem não veio da mulher, mas a mulher
veio do homem. 9 E o homem não foi criado para a mulher, mas
a mulher foi criada para o homem. 10 Por esse motivo, e também
por causa dos anjos, a mulher deve cobrir a cabeça, para mostrar
que está debaixo de autoridade. 11 Entre o povo do Senhor, porém,
as mulheres não são independentes dos homens, e os homens
não são independentes das mulheres. 12 Pois, embora a mulher
tenha vindo do homem, o homem nasce da mulher, e tudo vem
de Deus. 13 Julguem por si mesmos: é correto uma mulher orar a
Deus em público sem cobrir a cabeça? 14 A natureza não deixa claro
que é vergonhoso o homem ter cabelo comprido? 15 E as mulheres
não se orgulham de seu cabelo comprido? Pois ele lhes foi dado
como manto. 16 Mas, se alguém quiser discutir a esse respeito, digo
simplesmente que não temos outro costume. E as outras igrejas de
Deus pensam da mesma forma.

Ordem na ceia do Senhor

17 Nas instruções a seguir, porém, não posso elogiá-los, pois,
quando vocês se reúnem, fazem mais mal que bem. 18 Primeiro,

NO QUE ESTOU **PENSANDO** ○ O QUE ESTOU **SENTINDO** ○ DO QUE ESTOU **LEMBRANDO** ○

DESENHE OU ESCREVA

ouço que há divisões quando vocês se reúnem como igreja e, até
certo ponto, eu o creio. 19 Suponho que seja necessário haver divi-
sões entre vocês para que se reconheçam os que são aprovados!
20 Quando vocês se reúnem, não estão interessados de fato na ceia
do Senhor. 21 Alguns de vocês se apressam em comer a própria refei-
ção; como resultado, alguns passam fome, enquanto outros ficam
embriagados. 22 Será que vocês não têm casa onde comer e beber?
Ou querem mesmo envergonhar a igreja de Deus e humilhar os
pobres? Que devo dizer? Querem que eu os elogie? Certamente
não os elogiarei por isso! 23 Pois eu lhes transmiti aquilo que recebi
do Senhor. Na noite em que o Senhor Jesus foi traído, ele tomou o
pão, 24 agradeceu a Deus, partiu-o e disse: "Este é meu corpo, que é
entregue por vocês. Façam isto em memória de mim". 25 Da mesma
forma, depois da ceia, tomou o cálice e disse: "Este cálice é a nova
aliança, confirmada com meu sangue. Façam isto em memória de
mim, sempre que o beberem". 26 Porque cada vez que vocês comem
desse pão e bebem desse cálice, anunciam a morte do Senhor até
que ele venha. 27 Assim, quem come do pão ou bebe do cálice do
Senhor indignamente é culpado de pecar contra o corpo e o san-
gue do Senhor. 28 Portanto, examinem-se antes de comer do pão
e beber do cálice, 29 pois, se comem do pão ou bebem do cálice
sem honrar o corpo de Cristo, comem e bebem julgamento contra
si mesmos. 30 Por isso muitos de vocês estão fracos e doentes e
alguns até adormeceram. 31 Se examinássemos a nós mesmos, não
seríamos julgados dessa maneira. 32 Mas, quando somos julgados
pelo Senhor, estamos sendo disciplinados para que não sejamos
condenados com o mundo. 33 Portanto, meus irmãos, quando se
reunirem para comer, esperem uns pelos outros. 34 Se estiverem
com fome, comam em casa, a fim de não trazer julgamento sobre
si mesmos ao se reunirem. Eu lhes darei instruções a respeito de
outros assuntos depois que chegar aí.

CAPÍTULO 12

Dons espirituais

1 Agora, irmãos, quanto à sua pergunta sobre os dons espirituais,
não quero que continuem confusos. 2 Vocês sabem que, quando
ainda eram pagãos, foram conduzidos pelo caminho errado e le-
vados a adorar ídolos mudos. 3 Por isso, quero que compreendam

que ninguém que fala pelo Espírito de Deus amaldiçoa Jesus, e
ninguém pode dizer que Jesus é Senhor a não ser pelo Espírito
Santo. 4Existem tipos diferentes de dons espirituais, mas o mesmo
Espírito é a fonte de todos eles. 5Existem tipos diferentes de serviço,
mas o Senhor a quem servimos é o mesmo. 6Deus trabalha de
maneiras diferentes, mas é o mesmo Deus que opera em todos nós.
7A cada um de nós é concedida a manifestação do Espírito para o
benefício de todos. 8A um o Espírito dá a capacidade de oferecer
conselhos sábios, a outro o mesmo Espírito dá uma mensagem de
conhecimento especial. 9A um o mesmo Espírito dá grande fé, a
outro o único Espírito concede o dom de cura. 10A um ele dá o poder
de realizar milagres, a outro, a capacidade de profetizar. A outro ele
dá a capacidade de discernir se uma mensagem é do Espírito de
Deus ou de outro espírito. A outro, ainda, dá a capacidade de falar
em diferentes línguas, enquanto a um outro dá a capacidade de
interpretar o que está sendo dito. 11Tudo isso é distribuído pelo
mesmo e único Espírito, que concede o que deseja a cada um.

Um só corpo com muitas partes

12O corpo humano tem muitas partes, mas elas formam um só
corpo. O mesmo acontece com relação a Cristo. 13Alguns de nós são
judeus, alguns são gentios, alguns são escravos e alguns são livres,
mas todos nós fomos batizados em um só corpo pelo único Espírito,
e todos recebemos o privilégio de beber do mesmo Espírito. 14De
fato, o corpo não é feito de uma só parte, mas de muitas partes dife-
rentes. 15Se o pé diz: "Não sou parte do corpo porque não sou mão",
acaso, por isso, deixa de ser parte do corpo? 16E se a orelha diz: "Não
sou parte do corpo porque não sou olho", será que, por isso, deixa
de ser parte do corpo? 17Se o corpo todo fosse olho, como vocês
ouviriam? E, se o corpo todo fosse orelha, como sentiriam o cheiro
de algo? 18Mas nosso corpo tem muitas partes, e Deus colocou cada
uma delas onde ele quis. 19O corpo deixaria de ser corpo se tivesse
apenas uma parte. 20Assim, há muitas partes, mas um só corpo. 21O
olho não pode dizer à mão: "Não preciso de você". E a cabeça não
pode dizer aos pés: "Não preciso de vocês". 22Ao contrário, algumas
partes do corpo que parecem mais fracas são as mais necessárias.
23E as partes que consideramos menos honrosas são as que tra-
tamos com mais atenção. Assim, protegemos cuidadosamente as

partes que não devem ser vistas, 24enquanto as mais honrosas
não precisam dessa atenção especial. Deus estruturou o corpo de
maneira a conceder mais honra e cuidado às partes que recebem
menos atenção. 25Isso faz que haja harmonia entre os membros, de
modo que todos cuidem uns dos outros. 26Se uma parte sofre, todas
as outras sofrem com ela, e se uma parte é honrada, todas as outras
com ela se alegram. 27Juntos, todos vocês são o corpo de Cristo, e
cada um é uma parte dele. 28Deus estabeleceu para a igreja: em
primeiro lugar, os apóstolos; em segundo, os profetas; em terceiro,
os mestres; depois, os que fazem milagres, os que têm o dom de
cura, os que ajudam outros, os que têm o dom de liderança, os
que falam em diferentes línguas. 29Somos todos apóstolos? Somos
todos profetas? Somos todos mestres? Todos nós temos o poder de
fazer milagres? 30Todos temos o dom de cura? Todos temos a capa-
cidade de falar em diferentes línguas? Todos temos a capacidade
de interpretar o que é dito? 31Portanto, desejem intensamente os
dons mais úteis. Agora, porém, vou lhes mostrar um estilo de vida
que supera os demais.

CAPÍTULO 13

O mais importante é o amor

1Se eu falasse as línguas dos homens e dos anjos, mas não tivesse
amor, seria como um sino que ressoa ou um címbalo que retine.
2Se eu tivesse o dom de profecias, se entendesse todos os mistérios
de Deus e tivesse todo o conhecimento, e se tivesse uma fé que me
permitisse mover montanhas, mas não tivesse amor, eu nada seria.
3Se desse tudo que tenho aos pobres e até entregasse meu corpo
para ser queimado, e não tivesse amor, de nada me adiantaria. 4O
amor é paciente e bondoso. O amor não é ciumento, nem presunço-
so. Não é orgulhoso, 5nem grosseiro. Não exige que as coisas sejam
à sua maneira. Não é irritável, nem rancoroso. 6Não se alegra com
a injustiça, mas sim com a verdade. 7O amor nunca desiste, nunca
perde a fé, sempre tem esperança e sempre se mantém firme. 8Um
dia, profecia, línguas e conhecimento desaparecerão e cessarão,
mas o amor durará para sempre. 9Agora nosso conhecimento é
parcial e incompleto, e até mesmo o dom da profecia revela apenas
uma parte do todo. 10Mas, quando vier o que é perfeito, essas coisas
imperfeitas desaparecerão. 11Quando eu era criança, falava, pensava

e raciocinava como criança. Mas, quando me tornei homem, deixei
para trás as coisas de criança. 12Agora vemos de modo imperfeito,
como um reflexo no espelho, mas então veremos tudo face a face.
Tudo que sei agora é parcial e incompleto, mas conhecerei tudo
plenamente, assim como Deus já me conhece plenamente. 13Três
coisas, na verdade, permanecerão: a fé, a esperança e o amor, e a
maior delas é o amor.

CAPÍTULO 14

Os dons de línguas e de profecia

1Que o amor seja seu maior objetivo! Contudo, desejem também
os dons espirituais, especialmente a capacidade de profetizar. 2Pois
quem fala em línguas fala apenas com Deus, pois ninguém mais o
entende, e em espírito fala verdades ocultas. 3Mas aquele que pro-
fetiza fortalece, anima e conforta os outros. 4Quem fala em línguas
fortalece a si mesmo, mas quem profetiza fortalece toda a igreja.
5Gostaria que todos vocês falassem em línguas, mas gostaria ainda
mais que todos profetizassem. Pois a profecia é superior a falar em
línguas, a menos que alguém interprete o que vocês dizem para
que toda a igreja seja fortalecida. 6Irmãos, se eu for visitá-los e
falar em línguas, em que isso os ajudará? Mas, se eu lhes trouxer
uma revelação, um conhecimento especial, uma profecia ou um
ensinamento, isso lhes será proveitoso. 7Até mesmo instrumen-
tos inanimados como a flauta ou a harpa precisam soar as notas
com clareza; do contrário, ninguém reconhecerá a melodia. 8E, se
a trombeta não emitir um toque nítido, como os soldados saberão
que estão sendo convocados para a batalha? 9O mesmo acontece
com vocês. Se usarem palavras incompreensíveis, como alguém
saberá o que estão dizendo? Será o mesmo que falar ao vento.
10Há muitos idiomas no mundo, e todos têm sentido. 11Mas, se eu
não entendo um idioma, sou estrangeiro para quem o fala, e ele é
estrangeiro para mim. 12O mesmo se aplica a vocês. Uma vez que
estão ansiosos para ter os dons espirituais, busquem os dons que
fortalecerão a igreja toda. 13Portanto, quem fala em línguas deve
orar pedindo também a capacidade de interpretar o que é dito.
14Pois, se oro em línguas, meu espírito ora, mas eu não entendo
o que estou dizendo. 15Então, o que devo fazer? Orarei no espírito
e também orarei em palavras que entendo. Cantarei no espírito e

1Co 14.1

também cantarei em palavras que entendo. 16Pois, se louvarem
apenas no espírito, como poderão louvar com vocês aqueles que
não os entendem? Como poderão agradecer com vocês se não
entendem o que estão dizendo? 17Vocês darão graças muito bem,
mas não fortalecerão aqueles que os ouvem. 18Dou graças a Deus
porque falo em línguas mais que qualquer um de vocês. 19Contudo,
numa reunião da igreja, prefiro dizer cinco palavras compreensíveis
que ajudem os outros a falar dez mil palavras em outra língua.
20Irmãos, não sejam infantis no entendimento dessas coisas. Sejam
inocentes como bebês com relação ao mal, mas sejam maduros
no entendimento. 21Pois as Escrituras dizem: "Falarei a este povo
em línguas estranhas e por meio de lábios estrangeiros. Mesmo
assim, este povo não me ouvirá, diz o Senhor". 22Portanto, falar em
línguas é um sinal não para os que creem, mas para os descrentes.
A profecia, contudo, é para os que creem, e não para os descrentes.
23Ainda assim, se descrentes ou pessoas que não entendem essas
coisas entrarem na reunião de sua igreja e ouvirem todos falarem
em línguas, pensarão que vocês são loucos. 24Mas, se todos vo-
cês estiverem profetizando e descrentes ou pessoas que não en-
tendem essas coisas entrarem na reunião, serão convencidos do
pecado e julgados por aquilo que vocês disserem. 25Ao ouvirem,
os pensamentos secretos deles serão revelados, e eles cairão de
joelhos e adorarão a Deus, declarando: "De fato, Deus está aqui no
meio de vocês".

Os dons espirituais no culto

26Pois bem, irmãos, o que fazer, então? Quando vocês se reunirem,
um cantará, o outro ensinará, o outro revelará, um falará em lín-
guas e outro interpretará o que for dito. Tudo que for feito, porém,
deverá fortalecer a todos. 27Não mais que dois ou três devem falar
em línguas. Devem se pronunciar um de cada vez, e alguém deve
interpretar o que disserem. 28Mas, se não houver alguém que pos-
sa interpretar, devem permanecer calados na reunião da igreja,
falando com Deus em particular. 29Que dois ou três profetizem e
os outros avaliem o que for dito. 30Se alguém estiver profetizando
e outra pessoa receber uma revelação, quem está falando deve se
calar. 31Desse modo, todos que profetizam terão sua vez de falar,
um depois do outro, para que todos sejam instruídos e encorajados.

32 Aqueles que profetizam têm controle de seu espírito e podem
falar um por vez. 33 Pois Deus não é Deus de desordem, mas de
paz, como em todas as reuniões do povo santo. 34 As mulheres de-
vem permanecer em silêncio durante as reuniões da igreja. Não é
apropriado que falem. Devem ser submissas, como diz a lei. 35 Se
tiverem alguma pergunta, devem fazê-la ao marido, em casa, pois
não é apropriado que as mulheres falem nas reuniões da igreja.
36 Ou vocês pensam que a palavra de Deus se originou entre vocês?
Acaso são os únicos aos quais ela foi entregue? 37 Se alguém afirma
ser profeta ou se considera espiritual, será o primeiro a reconhecer
que o que lhes digo é uma ordem do Senhor. 38 Se alguém ignorar
esse fato, ele mesmo será ignorado. 39 Portanto, meus irmãos, an-
seiem profetizar e não proíbam o falar em línguas, 40 mas cuidem
para que tudo seja feito com decência e ordem.

CAPÍTULO 15

A ressurreição de Cristo

1 Agora, irmãos, quero lembrá-los das boas-novas que lhes anunciei
anteriormente. Vocês as receberam e nelas permanecem firmes.
2 São essas boas-novas que os salvam, se continuarem a crer na
mensagem como lhes anunciei; do contrário, sua fé é inútil. 3 Eu
lhes transmiti o que era mais importante e o que também me foi
transmitido: Cristo morreu por nossos pecados, como dizem as
Escrituras. 4 Ele foi sepultado e ressuscitou no terceiro dia, como
dizem as Escrituras. 5 Apareceu a Pedro e, mais tarde, aos Doze.
6 Depois disso, apareceu a mais de quinhentos irmãos de uma só
vez, a maioria dos quais ainda está viva, embora alguns já tenham
adormecido. 7 Mais tarde, apareceu a Tiago e, posteriormente, a
todos os apóstolos. 8 Por último, apareceu também a mim, como
se eu tivesse nascido fora de tempo. 9 Pois sou o mais insignifican-
te dos apóstolos. Aliás, nem sou digno de ser chamado apóstolo,
pois persegui a igreja de Deus. 10 O que agora sou, porém, deve-se
inteiramente à graça que Deus derramou sobre mim, e que não foi
inútil. Trabalhei com mais dedicação que qualquer outro apóstolo
e, no entanto, não fui eu, mas Deus que, em sua graça, operou por
meu intermédio. 11 Logo, não faz diferença se eu prego ou se eles
pregam, pois todos nós anunciamos a mesma mensagem na qual
vocês já creram.

NO QUE ESTOU PENSANDO ○ | O QUE ESTOU SENTINDO ○ | DO QUE ESTOU LEMBRANDO ○

DESENHE OU ESCREVA

A ressurreição dos mortos

12 Pois bem, se proclamamos que Cristo ressuscitou dos mortos, por
que alguns de vocês afirmam não haver ressurreição dos mortos?
13 Pois, se não existe ressurreição dos mortos, Cristo não ressusci-
tou. 14 E, se Cristo não ressuscitou, nossa pregação é inútil, e a fé
que vocês têm também é inútil. 15 Então estamos todos mentindo a
respeito de Deus, pois afirmamos que ele ressuscitou a Cristo. Mas,
se não existe ressurreição dos mortos, isso não pode ser verdade.
16 E, se não existe ressurreição dos mortos, então Cristo também
não ressuscitou. 17 E, se Cristo não ressuscitou, a fé que vocês têm
é inútil, e vocês ainda estão em seus pecados. 18 Nesse caso, todos
que adormeceram crendo em Cristo estão perdidos! 19 Se nossa
esperança em Cristo vale apenas para esta vida, somos os mais
dignos de pena em todo o mundo. 20 Mas Cristo de fato ressuscitou
dos mortos. Ele é o primeiro fruto da colheita de todos que adorme-
ceram. 21 Uma vez que a morte entrou no mundo por meio de um
único homem, agora a ressurreição dos mortos começou por meio
de um só homem. 22 Assim como todos morremos em Adão, todos
que são de Cristo receberão nova vida. 23 Mas essa ressurreição
tem uma sequência: Cristo ressuscitou como o primeiro fruto da
colheita, e depois todos que são de Cristo ressuscitarão quando ele
voltar. 24 Então virá o fim, quando ele entregará o reino a Deus, o Pai,
depois de ter destruído todos os governantes e autoridades e todo
poder. 25 Pois é necessário que Cristo reine até que tenha colocado
todos os seus inimigos debaixo de seus pés. 26 E o último inimigo
a ser destruído é a morte. 27 Pois as Escrituras dizem: "Deus pôs
todas as coisas sob a autoridade dele". Claro que, quando se diz que
"todas as coisas estão sob a autoridade dele", isso não inclui aquele
que conferiu essa autoridade a Cristo. 28 Então, quando todas as
coisas estiverem sob a autoridade do Filho, ele se colocará sob a
autoridade de Deus, para que Deus, que deu a seu Filho autoridade
sobre todas as coisas, seja absolutamente supremo sobre todas
as coisas em toda parte. 29 E o que dizer dos que se batizam em
favor dos mortos? Se os mortos não ressuscitam, como dizem eles,
por que se batizam em favor dos que já morreram? 30 E nós, por
que arriscamos a vida o tempo todo? 31 Pois eu afirmo, irmãos, que
enfrento a morte diariamente, assim como afirmo meu orgulho
daquilo que Cristo Jesus, nosso Senhor, fez em vocês. 32 E, se não

haverá ressurreição dos mortos, de que me adiantou ter lutado
contra feras, isto é, aquela gente de Éfeso? Se não há ressurreição,
"comamos e bebamos, porque amanhã morreremos!". 33Não se
deixem enganar pelos que dizem essas coisas, pois "as más com-
panhias corrompem o bom caráter". 34Pensem bem sobre o que é
certo e parem de pecar. Pois, para sua vergonha, eu lhes digo que
alguns de vocês não têm o menor conhecimento de Deus.

O corpo ressurreto

35Alguém pode perguntar: "Como os mortos ressuscitarão? Que
tipo de corpo terão?". 36Que perguntas tolas! A semente só cresce e
se transforma em planta depois que morre. 37E aquilo que se coloca
no solo não é a planta que crescerá, mas apenas uma semente de
trigo ou de alguma outra planta. 38Então Deus lhe dá o novo corpo
como ele quer. Um tipo diferente de planta cresce de cada tipo de
semente. 39Da mesma forma, há tipos diferentes de carne: um
tipo para os seres humanos, outro para os animais, outro para as
aves e outro para os peixes. 40Também há corpos celestes e corpos
terrestres. A glória dos corpos celestes é diferente da glória dos
corpos terrestres. 41O sol tem um tipo de glória, enquanto a lua e
as estrelas têm outro. E até mesmo as estrelas diferem em glória
umas das outras. 42O mesmo acontece com a ressurreição dos mor-
tos. Quando morremos, o corpo terreno é plantado no solo, mas
ressuscitará para viver para sempre. 43Nosso corpo é enterrado em
desonra, mas ressuscitará em glória. É enterrado em fraqueza, mas
ressuscitará em força. 44É enterrado como corpo humano natural,
mas ressuscitará como corpo espiritual. Pois, assim como há corpos
naturais, também há corpos espirituais. 45As Escrituras nos dizem:
"O primeiro homem, Adão, se tornou ser vivo". Mas o último Adão é
espírito que dá vida. 46Primeiro vem o corpo natural, depois o corpo
espiritual. 47O primeiro homem foi feito do pó da terra, enquanto
o segundo homem veio do céu. 48Os que são da terra são como o
homem terreno, e os que são do céu são como o homem celestial.
49Da mesma forma que agora somos como o homem terreno,
algum dia seremos como o homem celestial. 50Estou dizendo,
irmãos, que nosso corpo físico não pode herdar o reino de Deus.
Este corpo mortal não pode herdar aquilo que durará para sem-
pre. 51Mas eu lhes revelarei um segredo maravilhoso: nem todos

NO QUE ESTOU **PENSANDO** ○ | O QUE ESTOU **SENTINDO** ○ | DO QUE ESTOU **LEMBRANDO** ○

DESENHE OU ESCREVA

dormiremos, mas todos seremos transformados! 52Acontecerá
num instante, num piscar de olhos, ao som da última trombeta.
Pois, quando a última trombeta soar, aqueles que morreram res-
suscitarão a fim de viver para sempre. E nós que estivermos vivos
também seremos transformados. 53Pois nosso corpo mortal precisa
ser transformado em corpo imortal. 54Então, quando nosso corpo
mortal tiver sido transformado em corpo imortal, se cumprirá a
passagem das Escrituras que diz: "A morte foi engolida na vitória.
55Ó morte, onde está sua vitória? Ó morte, onde está seu aguilhão?".
56O pecado é o aguilhão da morte que nos fere, e a lei é o que torna
o pecado mais forte. 57Mas graças a Deus, que nos dá vitória sobre
o pecado e sobre a morte por meio de nosso Senhor Jesus Cristo!
58Portanto, meus amados irmãos, sejam fortes e firmes. Trabalhem
sempre para o Senhor com entusiasmo, pois vocês sabem que nada
do que fazem para o Senhor é inútil.

CAPÍTULO 16

A oferta para Jerusalém

1Quanto à pergunta sobre o dinheiro que vocês estão coletando
para o povo santo, sigam as mesmas instruções que dei às igre-
jas na Galácia. 2No primeiro dia de cada semana, separem uma
parte de sua renda. Não esperem até que eu chegue para então
coletar tudo de uma vez. 3Quando eu chegar, entregarei cartas de
recomendação aos mensageiros que vocês escolherem para levar
sua oferta a Jerusalém. 4E, se for conveniente que eu também vá,
eles viajarão comigo.

Instruções finais de Paulo

5Eu os visitarei depois de ir à Macedônia, pois devo passar por
lá. 6Talvez permaneça um tempo com vocês, quem sabe todo o
inverno. Depois vocês poderão me encaminhar para meu próxi-
mo destino. 7Desta vez, não quero visitá-los apenas de passagem;
quero ficar algum tempo, se o Senhor o permitir. 8Por enquanto,
permanecerei em Éfeso até a festa de Pentecostes. 9Há uma porta
inteiramente aberta para realizar um grande trabalho aqui, ainda
que muitos se oponham a mim. 10Quando Timóteo chegar, não
deve se sentir intimidado por vocês. Ele está realizando a obra do
Senhor, assim como eu. 11Não deixem que ninguém o trate com

desprezo. Enviem-no de volta para mim com sua bênção. Espero
que ele venha junto com os demais irmãos. 12Quanto a nosso ir-
mão Apolo, insisti que ele os visitasse com os outros irmãos, mas
ele não estava disposto a ir agora. Ele o fará mais tarde, quando
tiver oportunidade. 13Estejam vigilantes. Permaneçam firmes na
fé. Sejam corajosos. Sejam fortes. 14Façam tudo com amor. 15Vocês
sabem que Estéfanas e sua família foram os primeiros convertidos
na Acaia e têm dedicado a vida ao serviço do povo de Deus. Peço,
irmãos, 16que se sujeitem a eles e a outros que, como eles, ser-
vem com tanta devoção. 17Estou muito contente com a vinda de
Estéfanas, Fortunato e Acaico. Eles proveram a ajuda que vocês,
por não estarem aqui, não puderam me dar. 18Eles têm sido um
grande estímulo para mim, como foram para vocês. Valorizem todos
que servem tão bem.

Saudações finais e bênção de Paulo

19As igrejas aqui na província da Ásia enviam saudações no Senhor.
Também os saúdam Áquila e Priscila e todos da igreja que se reúne
na casa deles. 20Todos os irmãos daqui lhes enviam saudações.
Saúdem uns aos outros com beijo santo. 21Esta é minha saudação
de próprio punho: Paulo. 22Se alguém não ama o Senhor, essa pes-
soa é maldita. Vem, nosso Senhor! 23Que a graça do Senhor Jesus
esteja com vocês. 24Envio meu amor a todos vocês em Cristo Jesus.

1Co 16.23

1Co

2 CORÍNTIOS

CAPÍTULO 1

Saudações de Paulo

1Eu, Paulo, chamado pela vontade de Deus para ser apóstolo de
Cristo Jesus, escrevo esta carta, com nosso irmão Timóteo, à igreja
de Deus em Corinto e a todo o seu povo santo em toda a Acaia. 2Que
Deus, nosso Pai, e o Senhor Jesus Cristo lhes deem graça e paz.

Deus encoraja a todos

3Louvado seja Deus, Pai de nosso Senhor Jesus Cristo, Pai misericor-
dioso e Deus de todo encorajamento. 4Ele nos encoraja em todas
as nossas aflições, para que, com o encorajamento que recebemos
de Deus, possamos encorajar outros quando eles passarem por
aflições. 5Pois, quanto mais sofrimento por Cristo suportarmos,
mais encorajamento será derramado sobre nós por meio de
Cristo. 6Mesmo quando estamos sobrecarregados de aflições, é
para o encorajamento e a salvação de vocês. Pois, quando somos
encorajados, certamente encorajaremos vocês, e então vocês po-
derão suportar pacientemente os mesmos sofrimentos que nós.
7Temos firme esperança de que, assim como vocês participam de
nossos sofrimentos, também participarão de nosso encorajamento.
8Irmãos, queremos que saibam das aflições pelas quais passamos
na província da Ásia. Fomos esmagados e oprimidos além da nossa
capacidade de suportar, e pensamos que não sobreviveríamos. 9De
fato, esperávamos morrer. Mas, como resultado, deixamos de con-
fiar em nós mesmos e aprendemos a confiar somente em Deus, que

ressuscita os mortos. 10Ele nos livrou do perigo mortal, e nos livrará
outra vez. Nele depositamos nossa esperança, e ele continuará a
nos livrar. 11E vocês nos têm ajudado ao orar por nós. Então muitos
darão graças porque Deus, em sua bondade, respondeu a tantas
orações feitas em nosso favor.

A mudança de planos de Paulo

12Podemos dizer com certeza e com a consciência limpa que temos
vivido em santidade e sinceridade dadas por Deus. Dependemos da
graça divina, e não da sabedoria humana. É dessa forma que nos
temos conduzido diante do mundo e, especialmente, em relação
a vocês. 13Nossas cartas foram claras e objetivas, não havendo nada
escrito nas entrelinhas ou que não conseguissem compreender.
Espero que um dia vocês nos entendam plenamente, 14mesmo
que não o façam agora. Então, no dia do Senhor Jesus, poderão
se orgulhar de nós como nos orgulhamos de vocês. 15Porque eu
estava tão certo de sua compreensão e confiança, queria abenço-
á-los duplamente visitando-os duas vezes, 16primeiro a caminho
da Macedônia e depois ao voltar de lá. Então vocês poderiam me
ajudar com minha viagem para a Judeia. 17Talvez vocês estejam se
perguntando por que mudei de ideia. Será que faço meus planos
de modo irresponsável? Será que sou como as pessoas do mundo,
que dizem "sim" quando na verdade querem dizer "não"? 18Tão
certo como Deus é fiel, nossa palavra a vocês não oscila entre "sim"
e "não". 19Pois Jesus Cristo, o Filho de Deus, não oscila entre "sim"
e "não". Foi a respeito dele que Silas, Timóteo e eu lhes falamos
e, sendo ele o "sim" definitivo, ele sempre faz o que diz. 20Pois
todas as promessas de Deus se cumpriram em Cristo com um alto
e claro "Sim!". E, por meio de Cristo, confirmamos isso, de modo
que nosso "Amém" se eleva a Deus para sua glória. 21É Deus quem
nos capacita e a vocês a permanecermos firmes em Cristo. Ele nos
ungiu 22e nos identificou como sua propriedade ao colocar em
nosso coração o selo do Espírito, a garantia de tudo que ele nos
prometeu. 23Agora, invoco a Deus como testemunha de que foi
para poupá-los que ainda não voltei a Corinto. 24Isso não significa
que queremos controlar vocês, dizendo-lhes como exercer sua fé.
Nosso desejo é trabalhar com vocês para que tenham alegria, pois
é pela fé que permanecem firmes.

CAPÍTULO 2

1Por isso resolvi não entristecê-los com outra visita dolorosa. 2Pois,
se eu lhes causar tristeza, quem me alegrará? Certamente não serão
aqueles a quem entristeci. 3Esse foi o motivo de eu ter escrito como
o fiz, para que, quando eu for, não seja entristecido por aqueles que
deveriam me alegrar. Sem dúvida, vocês sabem que minha alegria
vem do fato de vocês estarem alegres. 4Escrevi aquela carta com
grande angústia, com o coração aflito e muitas lágrimas. Minha in-
tenção não era entristecê-los, mas mostrar-lhes quanto amo vocês.

Perdão para o pecador

5Não exagero quando digo que o homem que causou tantos pro-
blemas magoou não somente a mim, mas, até certo ponto, a todos
vocês. 6A maioria de vocês se opôs a ele, e isso já foi castigo suficien-
te. 7Agora, porém, é hora de perdoá-lo e confortá-lo; do contrário,
pode acontecer de ele ser vencido pela tristeza excessiva. 8Peço,
portanto, que reafirmem seu amor por ele. 9Eu lhes escrevi daquela
forma para testá-los e ver se seguiriam todas as minhas instruções.
10Se vocês perdoam esse homem, eu também o perdoo. E, quando
eu perdoo o que precisa ser perdoado, faço-o na presença de Cristo,
em favor de vocês, 11para que Satanás não tenha vantagem sobre
nós, pois conhecemos seus planos malignos. 12Quando cheguei à
cidade de Trôade para anunciar as boas-novas de Cristo, o Senhor
me abriu uma porta de oportunidade. 13Contudo, não tive paz em
meu espírito, pois meu querido irmão Tito ainda não havia chegado
com notícias de vocês. Assim, despedi-me dos irmãos dali e fui à
Macedônia para procurá-lo.

Ministros da nova aliança

14Mas graças a Deus, que, em Cristo, sempre nos conduz triunfan-
temente. Agora, por nosso intermédio, ele espalha o conhecimento
de Cristo por toda parte, como um doce perfume. 15Somos o aroma
de Cristo que se eleva até Deus. Mas esse aroma é percebido de
forma diferente por aqueles que estão sendo salvos e por aque-
les que estão perecendo. 16Para os que estão perecendo, somos
cheiro terrível de morte e condenação. Mas, para os que estão
sendo salvos, somos perfume que dá vida. E quem está à altura
de uma tarefa como essa? 17Não somos como muitos que fazem

2Co 2.15

da palavra de Deus um artigo de comércio. Pregamos a palavra
de Deus com sinceridade e com a autoridade de Cristo, sabendo
que Deus nos observa.

CAPÍTULO 3

1Será que estamos começando a nos recomendar outra vez? Somos
como aqueles que precisam entregar-lhes ou pedir-lhes cartas de
recomendação? 2Vocês mesmos são nossa carta, escrita em nosso
coração, para ser conhecida e lida por todos! 3Sem dúvida, vocês
são uma carta de Cristo, que mostra os resultados de nosso trabalho
em seu meio, escrita não com pena e tinta, mas com o Espírito
do Deus vivo, e gravada não em tábuas de pedra, mas em cora-
ções humanos. 4Estamos certos disso tudo por causa da grande
confiança que temos em Deus por meio de Cristo. 5Não que nos
consideremos capazes de fazer qualquer coisa por conta própria;
nossa capacitação vem de Deus. 6Ele nos capacitou para sermos
ministros da nova aliança, não da lei escrita, mas do Espírito. A lei
escrita termina em morte, mas o Espírito dá vida.

A glória da nova aliança

7O antigo sistema, com suas leis gravadas em pedra, terminava
em morte, embora tivesse começado com tamanha glória que os
israelitas não conseguiam olhar para o rosto de Moisés, por causa
da glória que brilhava em seu rosto, ainda que esse brilho já esti-
vesse se desvanecendo. 8Acaso não deveríamos esperar uma glória
muito maior no novo sistema, que se baseia na obra do Espírito?
9Se o antigo sistema, que traz condenação, era glorioso, muito mais
glorioso é o novo sistema, que nos torna justos diante de Deus!
10De fato, a glória do passado não era nada gloriosa em comparação
com a glória magnífica de agora. 11Portanto, se o antigo sistema,
que foi substituído, era cheio de glória, muito mais glorioso é o
novo, que permanece para sempre! 12Uma vez que o novo sistema
nos dá tal esperança, podemos falar com grande coragem. 13Não
somos como Moisés, que cobria o rosto com um véu para que os
israelitas não vissem a glória, embora ela já estivesse se desvane-
cendo. 14Mas a mente do povo estava endurecida e, até hoje, toda
vez que a antiga aliança é lida, o mesmo véu lhes cobre a mente,
e esse véu só pode ser removido em Cristo. 15Até hoje, quando

eles leem os escritos de Moisés, seu coração está coberto por esse
véu. 16 Contudo, sempre que alguém se volta para o Senhor, o véu
é removido. 17 Pois o Senhor é o Espírito, e onde está o Espírito do
Senhor, ali há liberdade. 18 Portanto, todos nós, dos quais o véu foi
removido, podemos ver e refletir a glória do Senhor, e o Senhor, que
é o Espírito, nos transforma gradativamente à sua imagem gloriosa,
deixando-nos cada vez mais parecidos com ele.

CAPÍTULO 4

Tesouros em vasos de barro

1 Portanto, visto que Deus, em sua misericórdia, nos deu a tarefa
de ministrar nesse novo sistema, nunca desistimos. 2 Rejeitamos
todos os atos vergonhosos e métodos dissimulados. Não procura-
mos enganar ninguém nem distorcemos a palavra de Deus. Em vez
disso, dizemos a verdade diante de Deus, e todos que são honestos
sabem disso. 3 Se as boas-novas que anunciamos estão encobertas
atrás de um véu, é apenas para aqueles que estão perecendo. 4 O
deus deste mundo cegou a mente dos que não creem, para que não
consigam ver a luz das boas-novas, não entendendo esta mensa-
gem a respeito da glória de Cristo, que é a imagem de Deus. 5 Não
andamos por aí falando de nós mesmos, mas proclamamos que
Jesus Cristo é Senhor e que nós mesmos somos servos de vocês
por causa de Jesus. 6 Pois Deus, que disse: "Haja luz na escuridão", é
quem brilhou em nosso coração, para que conhecêssemos a glória
de Deus na face de Jesus Cristo. 7 Agora nós mesmos somos como
vasos frágeis de barro que contêm esse grande tesouro. Assim,
fica evidente que esse grande poder vem de Deus, e não de nós.
8 De todos os lados somos pressionados por aflições, mas não
esmagados. Ficamos perplexos, mas não desesperados. 9 Somos
perseguidos, mas não abandonados. Somos derrubados, mas não
destruídos. 10 Pelo sofrimento, nosso corpo continua a participar
da morte de Jesus, para que a vida de Jesus também se manifeste
em nosso corpo. 11 Sim, vivemos sob constante perigo de morte,
porque servimos a Jesus, para que a vida de Jesus se manifeste
em nosso corpo mortal. 12 Assim, enfrentamos a morte, mas isso
resulta em vida para vocês. 13 Continuamos a pregar porque temos
o mesmo tipo de fé mencionada nas Escrituras: "Cri em Deus, por
isso falei". 14 Sabemos que Deus, que ressuscitou o Senhor Jesus,

2Co 4.6

também nos ressuscitará com Jesus e nos apresentará a ele junto
com vocês. 15 Tudo isso é para o bem de vocês. E, à medida que
a graça alcançar mais pessoas, haverá muitas ações de graças, e
Deus receberá cada vez mais glória. 16 Por isso, nunca desistimos.
Ainda que nosso exterior esteja morrendo, nosso interior está sendo
renovado a cada dia. 17 Pois estas aflições pequenas e momentâneas
que agora enfrentamos produzem para nós uma glória que pesa
mais que todas as angústias e durará para sempre. 18 Portanto, não
olhamos para aquilo que agora podemos ver; em vez disso, fixamos
o olhar naquilo que não se pode ver. Pois as coisas que agora vemos
logo passarão, mas as que não podemos ver durarão para sempre.

CAPÍTULO 5

Um novo corpo

1 Sabemos que, quando nosso corpo terreno, esta tenda em que
vivemos, se desfizer, teremos um corpo eterno, uma casa no céu
feita para nós pelo próprio Deus, e não por mãos humanas. 2 Na
tenda terrena, gememos e desejamos ansiosamente nos vestir
com nosso lar celestial, como se fosse uma roupa nova. 3 Porque
de fato nos vestiremos com um corpo celestial, e não ficaremos
despidos. 4 Enquanto vivemos nesta tenda que é o corpo terreno,
gememos e suspiramos, mas isso não significa que queremos ser
despidos. Na verdade, queremos vestir nosso corpo novo, para que
este corpo mortal seja engolido pela vida. 5 Deus nos preparou para
isso e, como garantia, nos deu o Espírito. 6 Portanto, temos sempre
confiança, apesar de sabermos que, enquanto vivemos neste corpo,
não estamos em nosso lar com o Senhor. 7 Porque vivemos por fé, e
não pelo que vemos. 8 Sim, temos confiança absoluta e preferíamos
deixar este corpo terreno, pois então estaríamos em nosso lar com
o Senhor. 9 Assim, quer estejamos neste corpo, quer o deixemos,
nosso objetivo é agradar ao Senhor. 10 Pois todos nós teremos de
comparecer diante do tribunal de Cristo, para que cada um receba
o que merecer pelo bem ou pelo mal que tiver feito neste corpo
terreno.

Embaixadores de Cristo

11 Assim, conhecendo o temor ao Senhor, procuramos persua-
dir outros. Deus sabe que somos sinceros, e espero que vocês

também o saibam. 12Estamos mais uma vez nos recomendando
a vocês? Nada disso, estamos apenas lhes dando motivos para
que se orgulhem de nós, a fim de que possam responder àqueles
que se orgulham nas aparências, e não no coração. 13Se parece-
mos loucos, é para dar glória a Deus, e se mantemos o juízo, é
para o bem de vocês. 14De qualquer forma, o amor de Cristo nos
impulsiona. Porque cremos que ele morreu por todos, também
cremos que todos morreram. 15Ele morreu por todos, para que os
que recebem sua nova vida não vivam mais para si mesmos, mas
para Cristo, que morreu e ressuscitou por eles. 16Portanto, não
avaliamos mais ninguém do ponto de vista humano. Em outros
tempos, pensávamos em Cristo apenas do ponto de vista humano,
mas agora o conhecemos de modo bem diferente. 17Logo, todo
aquele que está em Cristo se tornou nova criação. A velha vida
acabou, e uma nova vida teve início! 18E tudo isso vem de Deus,
aquele que nos trouxe de volta para si por meio de Cristo e nos
encarregou de reconciliar outros com ele. 19Pois, em Cristo, Deus
estava reconciliando consigo o mundo, não levando mais em conta
os pecados das pessoas. E ele nos deu esta mensagem maravi-
lhosa de reconciliação. 20Agora, portanto, somos embaixadores
de Cristo; Deus faz seu apelo por nosso intermédio. Falamos em
nome de Cristo quando dizemos: "Reconciliem-se com Deus!".
21Pois Deus fez de Cristo, aquele que nunca pecou, a oferta por
nosso pecado, para que por meio dele fôssemos declarados justos
diante de Deus.

CAPÍTULO 6

1Como cooperadores de Deus, suplicamos a vocês que não recebam
em vão a graça de Deus. 2Pois Deus diz: "No tempo certo, eu o ouvi;
no dia da salvação, eu lhe dei socorro". De fato, agora é o "tempo
certo". Hoje é o dia da salvação!

O ministério fiel de Paulo

3Vivemos de forma que ninguém tropece por nossa causa, nem
tenha motivo para criticar nosso ministério. 4Em tudo que fazemos,
mostramos que somos verdadeiros servos de Deus. Suportamos pa-
cientemente aflições, privações e calamidades de todo tipo. 5Fomos
espancados e encarcerados, enfrentamos multidões furiosas,

NO QUE ESTOU **PENSANDO** ○ | O QUE ESTOU **SENTINDO** ○ | DO QUE ESTOU **LEMBRANDO** ○

DESENHE OU ESCREVA

trabalhamos até a exaustão, suportamos noites sem dormir e pas-
samos fome. 6Mostramos quem somos por nossa pureza, nosso en-
tendimento, nossa paciência e nossa bondade, pelo Espírito Santo
que vive em nós e por nosso amor sincero. 7Proclamamos a verdade
fielmente, e o poder de Deus opera em nós. Usamos as armas da
justiça, com a mão direita para atacar e com a mão esquerda para
defender. 8Servimos quer as pessoas nos honrem, quer nos des-
prezem, quer nos difamem, quer nos elogiem. Somos chamados
de impostores, apesar de sermos honestos. 9Somos tratados como
desconhecidos, embora sejamos bem conhecidos. Vivemos à beira
da morte, mas ainda estamos vivos. Fomos espancados, mas não
mortos. 10Nosso coração se entristece, mas sempre temos alegria.
Somos pobres, mas enriquecemos a muitos outros. Não possuímos
nada e, no entanto, temos tudo. 11Queridos coríntios, falamos a
vocês com toda honestidade e lhes abrimos o coração. 12Não falta
amor da nossa parte, mas vocês nos negaram seu afeto. 13Peço que
retribuam esse amor como se fossem meus próprios filhos. Abram
o coração para nós!

O templo do Deus vivo

14Não se ponham em jugo desigual com os descrentes. Como pode
a justiça ser parceira da maldade? Como pode a luz conviver com as
trevas? 15Que harmonia pode haver entre Cristo e o diabo? Como
alguém que crê pode se ligar a quem não crê? 16E que união pode
haver entre o templo de Deus e os ídolos? Pois somos o templo do
Deus vivo. Como ele próprio disse: "Habitarei e andarei no meio
deles. Serei o seu Deus, e eles serão o meu povo. 17Portanto, afas-
tem-se e separem-se deles, diz o Senhor. Não toquem em coisas
impuras, e eu os receberei. 18Eu serei seu Pai, e vocês serão meus
filhos e minhas filhas, diz o Senhor Todo-poderoso".

CAPÍTULO 7

1Amados, visto que temos essas promessas, purifiquemo-nos de
tudo que contamina o corpo ou o espírito, tornando-nos cada vez
mais santos porque tememos a Deus. 2Peço-lhes que abram o co-
ração para nós. Não prejudicamos ninguém, nem desencaminha-
mos ninguém, nem nos aproveitamos de ninguém. 3Não digo isso
para condená-los. Já lhes disse que vocês estão em nosso coração.

2Co

Estamos juntos, seja para morrer, seja para viver. **4**Tenho muita
confiança em vocês, e de vocês tenho muito orgulho. Vocês têm
me encorajado grandemente e me proporcionado alegria, apesar
de todas as nossas aflições.

A alegria de Paulo com o arrependimento da igreja

5Quando chegamos à Macedônia, não tivemos nenhum descanso.
Enfrentamos conflitos de todos os lados, com batalhas externas e
temores internos. **6**Mas Deus, que conforta os desanimados, nos
encorajou com a chegada de Tito. **7**Sua presença foi uma alegria,
como também o foi a notícia que ele nos trouxe do encorajamento
que recebeu de vocês. Quando ele nos contou quanto desejam
me ver, quanto lamentam o que aconteceu e quão dedicados
são a mim, fiquei muito feliz! **8**Não me arrependo de ter enviado
aquela carta severa, embora a princípio tenha lamentado a dor
que ela lhes causou, ainda que por algum tempo. **9**Agora, porém,
alegro-me por tê-la enviado, não pela tristeza que causou, mas
porque a dor os levou ao arrependimento. Foi o tipo de tristeza
que Deus espera de seu povo, portanto não lhes causamos mal
algum. **10**Porque a tristeza que é da vontade de Deus conduz
ao arrependimento e resulta em salvação. Não é uma tristeza
que causa remorso. Mas a tristeza do mundo resulta em morte.
11Vejam o que a tristeza que vem de Deus produziu em vocês!
Trouxe dedicação, defesa de suas ações, indignação, temor, desejo
de me ver, zelo e prontidão em punir a injustiça. Vocês mostraram
que fizeram todo o necessário para corrigir a situação. **12**Portanto,
não lhes escrevi para falar de quem havia errado e de quem havia
sido prejudicado, mas para que, diante de Deus, pudessem ver
por si mesmos como são dedicados a nós. **13**Fomos grandemente
encorajados por isso. Além de nos sentirmos encorajados, fica-
mos particularmente contentes de ver Tito alegre porque todos
vocês o receberam bem e o tranquilizaram. **14**Eu tinha dito a ele
quanto me orgulhava de vocês, e vocês não me decepcionaram.
Sempre lhes disse a verdade, e ficou provado que eu tinha razão
ao elogiá-los! **15**Ele os estima ainda mais quando se lembra de
como todos vocês lhe obedeceram e o receberam bem, com te-
mor e profundo respeito. **16**Fico muito feliz por poder ter plena
confiança em vocês.

CAPÍTULO 8

Incentivo para contribuir com generosidade

1Agora, irmãos, queremos que saibam o que Deus, em sua graça, tem
feito por meio das igrejas da Macedônia. **2**Elas têm sido provadas com
muitas aflições, mas sua grande alegria e extrema pobreza transbor-
daram em rica generosidade. **3**Posso testemunhar que deram não
apenas o que podiam, mas muito além disso, e o fizeram por iniciati-
va própria. **4**Eles nos suplicaram repetidamente o privilégio de parti-
cipar da oferta ao povo santo. **5**Fizeram até mais do que esperávamos,
pois seu primeiro passo foi entregar-se ao Senhor e a nós, como era
desejo de Deus. **6**Por isso pedimos a Tito, que inicialmente encorajou
vocês a contribuírem, que os visitasse outra vez e os animasse a com-
pletar esse serviço de generosidade. **7**Visto que vocês se destacam em
tantos aspectos – na fé, nos discursos eloquentes, no conhecimento,
no entusiasmo e no amor que receberam de nós –, queríamos que
também se destacassem no generoso ato de contribuir. **8**Não estou
ordenando que o façam, mas sim testando a sinceridade de seu amor
ao compará-lo com a dedicação de outros. **9**Vocês conhecem a graça
de nosso Senhor Jesus Cristo. Embora fosse rico, por amor a vocês ele
se fez pobre, para que por meio da pobreza dele vocês se tornassem
ricos. **10**Este é meu conselho: seria bom que terminassem o que co-
meçaram há um ano, quando foram os primeiros a querer contribuir
e a efetivamente fazê-lo. **11**Assim, completem o que começaram. Que
a boa vontade demonstrada no princípio seja igualada, agora, por
sua contribuição. Doem proporcionalmente àquilo que possuem.
12Tudo que derem será aceitável, desde que o façam de boa vontade,
de acordo com o que têm, e não com o que não têm. **13**Não que sua
contribuição deva facilitar a vida dos outros e dificultar a de vocês.
Quero dizer apenas que deve haver igualdade. **14**No momento, vocês
têm fartura e podem ajudar os que passam por necessidades. Em
outra ocasião, eles terão fartura e poderão compartilhar com vocês
quando for necessário. Assim, haverá igualdade. **15**Como dizem as
Escrituras: "Para aqueles que muito recolheram nada sobrou, e para
aqueles que pouco recolheram nada faltou".

Ajuda na coleta para os pobres

16Agradeço a Deus porque ele concedeu a Tito a mesma dedicação
que eu tenho por vocês. **17**Tito recebeu com prazer nosso pedido

para que os visitasse outra vez. Na verdade, ele mesmo estava an-
sioso para ir vê-los. 18Com ele estamos enviando outro irmão, que é
elogiado por todas as igrejas como pregador das boas-novas. 19Ele
foi nomeado pelas igrejas para nos acompanhar quando levarmos
a oferta, um serviço que visa glorificar o Senhor e mostrar nossa
disposição de ajudar. 20Com isso, queremos evitar qualquer crítica
à nossa maneira de administrar essa oferta generosa. 21Tomamos
o cuidado de agir honradamente não só aos olhos do Senhor, mas
também diante das pessoas. 22Além disso, estamos enviando com
eles outro irmão que muitas vezes deu provas de seu bom caráter
e que, em várias ocasiões e de diversas maneiras, demonstrou
enorme dedicação. E, por causa da grande confiança que ele tem
em vocês, agora está ainda mais empolgado. 23Se alguém lhes
perguntar a respeito de Tito, digam que ele é meu colaborador,
que trabalha comigo para ajudar vocês. Quanto aos irmãos que o
acompanham, foram enviados pelas igrejas e trazem honra a Cristo.
24Portanto, mostrem diante deles seu amor e provem para todas
as igrejas que temos razão ao elogiar vocês.

CAPÍTULO 9

A oferta para os irmãos em Jerusalém

1Na verdade, quanto a esse serviço ao povo santo, não preciso lhes
escrever. 2Sei quanto estão ansiosos para ajudar e expressei às
igrejas da Macedônia meu orgulho de que vocês, na Acaia, estão
prontos para enviar uma oferta desde o ano passado. De fato, foi
sua dedicação que incentivou muitos a também contribuir. 3Ainda
assim, envio esses irmãos para me certificar de que vocês estão pre-
parados, como tenho dito a eles. Não quero elogiar vocês sem razão.
4Que vexame seria para nós, e ainda mais para vocês, se alguns
macedônios chegassem comigo e descobrissem que vocês não
estão preparados, depois de tudo que eu disse a eles! 5Portanto,
considerei apropriado enviar esses irmãos antes de mim. Eles
cuidarão para que a oferta que vocês prometeram esteja pronta.
Que seja, porém, uma oferta voluntária, e não entregue de má
vontade. 6Lembrem-se: quem lança apenas algumas sementes ob-
tém uma colheita pequena, mas quem semeia com fartura obtém
uma colheita farta. 7Cada um deve decidir em seu coração quanto
dar. Não contribuam com relutância ou por obrigação. "Pois Deus

NO QUE ESTOU **PENSANDO** | O QUE ESTOU **SENTINDO** | DO QUE ESTOU **LEMBRANDO**

DESENHE OU ESCREVA

ama quem dá com alegria." 8Deus é capaz de lhes conceder todo
tipo de bênçãos, para que, em todo tempo, vocês tenham tudo
de que precisam, e muito mais ainda, para repartir com outros.
9Como dizem as Escrituras: "Compartilha generosamente com os
necessitados; seus atos de justiça serão lembrados para sempre".
10Pois é Deus quem supre a semente para o que semeia e depois
o pão para seu alimento. Da mesma forma, ele proverá e multipli-
cará sua semente e produzirá por meio de vocês muitos frutos de
justiça. 11Em tudo vocês serão enriquecidos a fim de que possam
ser sempre generosos. E, quando levarmos sua oferta para aqueles
que precisam dela, eles darão graças a Deus. 12Logo, duas coisas
boas resultarão desse ministério de auxílio: as necessidades do
povo santo serão supridas, e eles expressarão com alegria sua
gratidão a Deus. 13Como resultado do serviço de vocês, eles darão
glória a Deus. Pois sua generosidade com eles e com todos os que
creem mostrará que vocês são obedientes às boas-novas de Cristo.
14E eles orarão por vocês com profundo afeto, por causa da graça
transbordante que Deus concedeu a vocês. 15Graças a Deus por essa
dádiva tão maravilhosa que nem as palavras conseguem expressar!

CAPÍTULO 10

Paulo defende sua autoridade

1Agora eu, Paulo, apelo a vocês com a mansidão e a bondade de
Cristo, mesmo ciente de que vocês me consideram fraco pesso-
almente e duro apenas a distância, quando lhes escrevo. 2Pois
bem, suplico-lhes que, quando eu for visitá-los, não precise ser
duro com aqueles que pensam que agimos segundo motivações
humanas. 3Embora sejamos humanos, não lutamos conforme os
padrões humanos. 4Usamos as armas poderosas de Deus, e não
as armas do mundo, para derrubar as fortalezas do raciocínio
humano e acabar com os falsos argumentos. 5Destruímos todas
as opiniões arrogantes que impedem as pessoas de conhecer a
Deus. Levamos cativo todo pensamento rebelde e o ensinamos a
obedecer a Cristo. 6E, depois que vocês se tornarem inteiramente
obedientes, estaremos prontos para punir todos que insistirem em
desobedecer. 7Vocês se preocupam apenas com o que é aparente.
Aqueles que afirmam pertencer a Cristo devem reconhecer que
pertencemos a Cristo tanto quanto eles. 8Pode parecer que estou

me orgulhando além do que deveria da autoridade que o Senhor
nos deu, mas nossa autoridade visa edificar vocês, e não destruí-los.
Portanto, não me envergonharei de usá-la. 9Não é minha intenção
assustar vocês com minhas cartas. 10Pois alguns dizem: "As cartas
de Paulo são exigentes e enérgicas, mas em pessoa ele é fraco e
seus discursos de nada valem". 11Essa gente deveria perceber que,
quando estivermos presentes em pessoa, nossas ações serão tão
enérgicas quanto aquilo que dizemos a distância, em nossas car-
tas. 12Não nos atreveríamos a nos classificar como esses indivíduos
nem a nos comparar com eles, que se julgam tão importantes. Ao
se compararem apenas uns com os outros, usando a si mesmos
como medida, só mostram como são ignorantes. 13Não nos orgu-
lharemos do que se fez fora de nosso campo de autoridade. Antes,
nos orgulharemos apenas do que aconteceu dentro dos limites da
obra que Deus nos confiou, que inclui nosso trabalho com vocês.
14Quando afirmamos ter autoridade sobre vocês, não ultrapassa-
mos esses limites, pois fomos os primeiros a chegar até vocês com
as boas-novas de Cristo. 15Também não nos orgulhamos do trabalho
realizado por outros nem assumimos o crédito por ele. Pelo contrá-
rio, esperamos que sua fé cresça de tal modo que se ampliem os
limites de nosso trabalho entre vocês. 16Então poderemos anunciar
as boas-novas em outros lugares, para além de sua região, onde
ninguém esteja trabalhando. Assim, ninguém pensará que estamos
nos orgulhando do trabalho feito em território de outros. 17Como
dizem as Escrituras: "Quem quiser orgulhar-se, orgulhe-se somente
no Senhor". 18Quando alguém elogia a si mesmo, esse elogio não
tem valor algum. O importante mesmo é ser aprovado pelo Senhor.

CAPÍTULO 11

Paulo e os falsos apóstolos

1Espero que vocês suportem um pouco mais de minha insensatez.
Por favor, continuem a ser pacientes comigo, 2pois o cuidado que
tenho com vocês vem do próprio Deus. Eu os prometi como noiva
pura a um único marido, Cristo. 3No entanto, temo que sua devoção
pura e completa a Cristo seja corrompida de algum modo, como
Eva foi enganada pela astúcia da serpente. 4Vocês aceitam de boa
vontade o que qualquer um lhes diz, mesmo que anuncie um Jesus
diferente daquele que lhes anunciamos, ou um espírito diferente

NO QUE ESTOU **PENSANDO** ○ | O QUE ESTOU **SENTINDO** ○ | DO QUE ESTOU **LEMBRANDO** ○

DESENHE OU ESCREVA

daquele que vocês receberam, ou boas-novas diferentes daquelas
em que vocês creram. 5Contudo, não me considero em nada inferior
aos tais "superapóstolos" que ensinam essas coisas. 6Posso não ter
a técnica de um grande orador, mas não me falta conhecimento.
Deixamos isso bem claro a vocês de todas as formas possíveis. 7Será
que fiz mal quando me humilhei e os honrei anunciando-lhes as
boas-novas de Deus sem esperar nada em troca? 8Para servir vocês
sem lhes ser pesado, tomei contribuições de outras igrejas que
eram mais pobres que vocês. 9E, quando estive com vocês e não ti-
nha o suficiente para me sustentar, não fui um peso para ninguém,
pois os irmãos que vieram da Macedônia trouxeram tudo de que eu
precisava. Nunca fui um peso para vocês, e nunca serei. 10Tão certo
como a verdade de Cristo está em mim, ninguém em toda a Acaia
jamais me impedirá de me orgulhar disso. 11Por quê? Por que não
os amo? Deus sabe quanto os amo! 12Assim, continuarei a fazer o
que sempre tenho feito. Com isso, frustrarei aqueles que procuram
uma oportunidade de se orgulhar de realizar um trabalho como o
nosso. 13Esses indivíduos são falsos apóstolos, obreiros enganosos
disfarçados de apóstolos de Cristo. 14Mas não me surpreendo. Até
mesmo Satanás se disfarça de anjo de luz. 15Portanto, não é de
admirar que seus servos também finjam ser servos da justiça. No
fim, receberão o castigo que suas obras merecem.

As muitas provações de Paulo

16Volto a dizer: não pensem que sou insensato, mas, se o fizerem,
aceitem-me como insensato, para que eu também me orgulhe um
pouco. 17Não expresso esse meu orgulho como algo que vem do
Senhor, mas como um insensato o faria. 18Uma vez que outros se
orgulham de suas realizações humanas, farei o mesmo. 19Afinal,
vocês se consideram sábios, mas suportam de boa vontade os in-
sensatos. 20Aceitam que outros os escravizem, devorem seus bens,
se aproveitem de vocês, os menosprezem e lhes batam no rosto.
21Envergonho-me de dizer que fomos "fracos" demais para agir
desse modo! Em qualquer coisa que eles se atrevem a se orgulhar
(mais uma vez falo como insensato), eu também me atrevo. 22Eles
são hebreus? Eu também sou. São israelitas? Eu também sou. São
descendentes de Abraão? Eu também sou. 23São servos de Cristo?
Sei que dou a impressão de estar louco, mas digo que tenho servido

muito mais. Trabalhei com mais dedicação, fui encarcerado com
mais frequência, perdi a conta de quantas vezes fui açoitado e, em
várias ocasiões, enfrentei a morte. 24Cinco vezes recebi dos líderes
judeus os trinta e nove açoites. 25Três vezes fui golpeado com varas.
Fui apedrejado uma vez. Três vezes sofri naufrágio. Certa ocasião,
passei uma noite e um dia no mar, à deriva. 26Realizei várias jorna-
das longas. Enfrentei perigos em rios e com assaltantes. Enfrentei
perigos de meu próprio povo, bem como dos gentios. Enfrentei
perigos em cidades, em desertos e no mar. E enfrentei perigos por
causa de homens que se diziam irmãos, mas não eram. 27Tenho
trabalhado arduamente, horas a fio, e passei muitas noites sem
dormir. Passei fome e senti sede, e muitas vezes fiquei em jejum.
Tremi de frio por não ter roupa suficiente para me agasalhar. 28Além
disso tudo, sobre mim pesa diariamente a preocupação com todas
as igrejas. 29Quem está fraco, que eu também não sinta fraqueza?
Quem se deixa levar pelo caminho errado, que a indignação não
me consuma? 30Portanto, se devo me orgulhar, prefiro que seja
das coisas que mostram como sou fraco. 31Deus, o Pai de nosso
Senhor Jesus, que é digno de louvor eterno, sabe que não estou
mentindo. 32Quando estava em Damasco, o governador sob o rei
Aretas pôs guardas às portas da cidade para me capturar. 33Para
escapar dele, tive de ser baixado num cesto grande, de uma janela
no muro da cidade.

CAPÍTULO 12

A visão de Paulo e o espinho na carne

1É necessário prosseguir com meus motivos de orgulho. Mesmo
que isso não me sirva de nada, vou lhes falar agora das visões e
revelações que recebi do Senhor. 2Conheço um homem em Cristo
que, há catorze anos, foi arrebatado ao terceiro céu. Se foi no corpo
ou fora do corpo, não sei; só Deus o sabe. 3Sim, somente Deus
sabe se foi no corpo ou fora do corpo. Mas eu sei 4que tal homem
foi arrebatado ao paraíso e ouviu coisas tão maravilhosas que não
podem ser expressas em palavras, coisas que a nenhum homem
é permitido relatar. 5Da experiência desse homem eu teria razão
de me orgulhar, mas não o farei; na verdade, minhas fraquezas
são minha única razão de orgulho. 6Se quisesse me orgulhar, não
seria insensato de fazê-lo, pois estaria dizendo a verdade. Mas não

o farei, pois não quero que ninguém me dê crédito além do que
pode ver em minha vida ou ouvir em minha mensagem, 7ainda
que eu tenha recebido revelações tão maravilhosas. Portanto, para
evitar que eu me tornasse arrogante, foi-me dado um espinho na
carne, um mensageiro de Satanás para me atormentar e impedir
qualquer arrogância. 8Em três ocasiões, supliquei ao Senhor que o
removesse, 9mas ele disse: "Minha graça é tudo de que você preci-
sa. Meu poder opera melhor na fraqueza". Portanto, agora fico feliz
de me orgulhar de minhas fraquezas, para que o poder de Deus
opere por meu intermédio. 10Por isso aceito com prazer fraquezas
e insultos, privações, perseguições e aflições que sofro por Cristo.
Pois, quando sou fraco, então é que sou forte.

A preocupação de Paulo com os coríntios

11Vocês me obrigaram a agir como insensato. Vocês é que deveriam
me elogiar, pois, embora eu nada seja, não sou inferior a esses "su-
perapóstolos". 12Quando estive com vocês, certamente dei provas
de que sou apóstolo, pois com grande paciência realizei sinais,
maravilhas e milagres entre vocês. 13A única coisa que não fiz, e que
faço nas outras igrejas, foi me tornar um peso para vocês. Perdoem-
me por essa injustiça! 14Agora irei visitá-los pela terceira vez e não
serei um peso para vocês. Não quero seus bens; quero vocês. Afinal,
os filhos não ajuntam riquezas para os pais. Ao contrário, são os pais
que ajuntam riquezas para os filhos. 15Por vocês, de boa vontade
me desgastarei e gastarei tudo que tenho, embora pareça que,
quanto mais eu os ame, menos vocês me amam. 16Talvez reconhe-
çam que não fui um peso para vocês, mas pensem que, mesmo
assim, fui astuto e usei de artimanhas para tirar proveito de vocês.
17Mas como? Algum dos homens que lhes enviei se aproveitou de
vocês? 18Quando insisti com Tito para que fosse visitá-los e enviei
com ele outro irmão, por acaso Tito os explorou? Não temos nós
o mesmo espírito e andamos nos passos um do outro, agindo do
mesmo modo? 19Talvez vocês pensem que estamos apresentan-
do desculpas. Não é verdade. Dizemos tais coisas como servos de
Cristo, tendo Deus como testemunha. Tudo que fazemos, amados, é
para fortalecê-los. 20Pois temo que, ao visitá-los, não goste daquilo
que encontrarei e vocês não gostem de minha reação. Temo que
encontre brigas, inveja, ira, egoísmo, calúnia, intrigas, arrogância

2Co

e desordem. 21Sim, temo que, ao visitá-los outra vez, Deus me hu-
milhe diante de vocês e eu venha a me entristecer porque muitos
de vocês não abandonaram os pecados que cometiam no passado
e não se arrependeram de sua impureza, sua imoralidade sexual e
seu anseio por prazeres sensuais.

CAPÍTULO 13

Conselhos finais de Paulo

1Esta é a terceira vez que irei visitá-los. "Os fatos a respeito de
cada caso devem ser confirmados pelo depoimento de duas ou
três testemunhas." 2Em minha segunda visita, já adverti aqueles
que estavam em pecado. Agora, como naquela ocasião, volto a
adverti-los e também os demais de que, da próxima vez, não os
pouparei. 3Eu lhes darei todas as provas que desejarem de que
Cristo fala por meu intermédio. Ele não é fraco ao tratar com vocês.
Ao contrário, é poderoso entre vocês. 4Embora ele tenha sido cruci-
ficado em fraqueza, agora vive pelo poder de Deus. Nós também
somos fracos, como Cristo foi, mas, quando tratarmos com vocês,
estaremos vivos com ele e teremos o poder de Deus. 5Examinem
a si mesmos. Verifiquem se estão praticando o que afirmam crer.
Assim, poderão ser aprovados. Certamente sabem que Jesus Cristo
está entre vocês; do contrário, já foram reprovados. 6Minha expec-
tativa é que, uma vez que se examinarem, reconheçam que não
fomos reprovados. 7Oramos a Deus para que vocês não façam o
que é mau, não para que pareça que fomos aprovados em nosso
serviço, mas para que façam o que é certo, mesmo que pareça que
fomos reprovados ao repreendê-los. 8Pois não podemos resistir à
verdade, mas devemos sempre defendê-la. 9Ficamos alegres quan-
do estamos fracos, se isso ajudar a mostrar que, na realidade, vocês
estão fortes. Oramos para que sejam restaurados. 10Escrevo-lhes
essas coisas antes de visitá-los, na esperança de que, ao chegar,
não precise tratá-los severamente. Meu desejo é usar a autoridade
que o Senhor me deu para fortalecê-los, e não para destruí-los.

Saudações finais de Paulo

11Irmãos, encerro minha carta com estas últimas palavras: Alegrem-
se. Cresçam até alcançar a maturidade. Encorajem-se mutuamente.
Vivam em harmonia e paz. Então o Deus de amor e paz estará com

NO QUE ESTOU PENSANDO ○ | O QUE ESTOU SENTINDO ○ | DO QUE ESTOU LEMBRANDO ○

DESENHE OU ESCREVA

vocês. 12Saúdem uns aos outros com beijo santo. 13Todo o povo
santo lhes envia saudações. 14Que a graça do Senhor Jesus Cristo,
o amor de Deus e a comunhão do Espírito Santo sejam com todos
vocês.

GÁLATAS

CAPÍTULO 1

Saudações de Paulo

[1]Eu, Paulo, apóstolo, nomeado não por um grupo de pessoas, nem
por alguma autoridade humana, mas pelo próprio Jesus Cristo e
por Deus, o Pai, que ressuscitou Jesus dos mortos, [2]escrevo esta
carta, com todos os irmãos que estão comigo, às igrejas da Galácia.
[3]Que Deus, o Pai, e nosso Senhor Jesus Cristo lhes deem graça e
paz. [4]Jesus entregou sua vida por nossos pecados, a fim de nos
resgatar deste mundo mau, conforme Deus, nosso Pai, havia pla-
nejado. [5]Toda a glória a Deus para todo o sempre! Amém.

Uma só mensagem de boas-novas

[6]Admiro-me que vocês estejam se afastando tão depressa daquele
que os chamou para si por meio da graça de Cristo. Vocês estão
seguindo um caminho diferente que se faz passar pelas boas-no-
vas, [7]mas que não são boas-novas de maneira nenhuma. Estão
sendo perturbados por aqueles que distorcem deliberadamente
as boas-novas de Cristo. [8]Que seja amaldiçoado qualquer um,
incluindo nós, ou mesmo um anjo do céu, que anunciar boas-
-novas diferentes das que nós lhes anunciamos. [9]Repito o que
disse antes: se alguém anunciar boas-novas diferentes das que
vocês receberam, que seja amaldiçoado. [10]Acaso estou tentando
conquistar a aprovação das pessoas? Ou será que procuro a apro-
vação de Deus? Se meu objetivo fosse agradar as pessoas, não
seria servo de Cristo.

A mensagem de Paulo vem de Cristo

[11]Irmãos, quero que vocês entendam que a mensagem das bo-
as-novas por mim anunciada não provém do raciocínio humano.
[12]Não a recebi de fonte humana, e ninguém a ensinou a mim. Ao
contrário, eu a recebi por revelação de Jesus Cristo. [13]Vocês sabem
como eu era quando seguia a religião judaica, como perseguia
com violência a igreja de Deus. Não media esforços para destruí-la.
[14]Superava a muitos dos judeus de minha geração, sendo extrema-
mente zeloso pelas tradições de meus antepassados. [15]Contudo,
ainda antes de eu nascer, Deus me escolheu e me chamou por sua
graça. Foi do agrado dele [16]revelar seu Filho a mim, para que eu o
anunciasse aos gentios. Quando isso aconteceu, não consultei ser
humano algum. [17]Tampouco subi a Jerusalém para pedir o conse-
lho daqueles que eram apóstolos antes de mim. Em vez disso, fui à
Arábia e depois voltei à cidade de Damasco. [18]Então, passados três
anos, fui a Jerusalém para conhecer Pedro, com quem permaneci
quinze dias. [19]O único outro apóstolo que vi naquela ocasião foi
Tiago, irmão do Senhor. [20]Afirmo diante de Deus que o que lhes
escrevo não é mentira. [21]Depois disso, fui às províncias da Síria e
da Cilícia. [22]As igrejas em Cristo que estão na Judeia ainda não
me conheciam pessoalmente. [23]Sabiam apenas o que as pessoas
diziam: "Aquele que nos perseguia agora anuncia a mesma fé que
antes tentava destruir". [24]E louvavam a Deus por minha causa.

CAPÍTULO 2

Os apóstolos aceitam Paulo

[1]Catorze anos depois, voltei a Jerusalém, dessa vez com Barnabé,
e Tito também nos acompanhou. [2]Fui para lá por causa de uma
revelação. Reuni-me em particular com os líderes e compartilhei
com eles as boas-novas que tenho anunciado aos gentios. Queria
me certificar de que estávamos de acordo, pois temia que meus
esforços, anteriores e presentes, fossem considerados inúteis. [3]Mas
eles me apoiaram e nem sequer exigiram que Tito, que me acom-
panhava, fosse circuncidado, embora fosse gentio. [4]Essa questão
foi levantada apenas por causa de alguns falsos irmãos que se in-
filtraram em nosso meio para nos espionar e nos tirar a liberdade
que temos em Cristo Jesus. Sua intenção era nos escravizar, [5]mas
não cedemos a eles nem por um momento, a fim de preservar

a verdade das boas-novas para vocês. 6Quanto aos líderes – cuja
reputação, a propósito, não fez diferença alguma para mim, pois
Deus não age com favoritismo –, nada tiveram a acrescentar àquilo
que eu pregava. 7Ao contrário, viram que me havia sido confiada
a responsabilidade de anunciar as boas-novas aos gentios, assim
como a Pedro tinha sido confiada a responsabilidade de anunciar
as boas-novas aos judeus. 8Pois o mesmo Deus que atuou por
meio de Pedro como apóstolo aos judeus também atuou por meu
intermédio como apóstolo aos gentios. 9De fato, Tiago, Pedro e
João, tidos como colunas, reconheceram a graça que me foi dada
e aceitaram Barnabé e a mim como seus colaboradores. Eles nos
incentivaram a dar continuidade à pregação aos gentios, enquanto
eles prosseguiriam no trabalho com os judeus. 10Sua única suges-
tão foi que continuássemos a ajudar os pobres, o que sempre fiz
com dedicação.

Paulo confronta Pedro

11Mas, quando Pedro veio a Antioquia, tive de opor-me a ele
abertamente, pois o que ele fez foi muito errado. 12No começo,
quando chegou, ele comia com os gentios. Mais tarde, porém,
quando vieram alguns amigos de Tiago, começou a se afastar,
com medo daqueles que insistiam na necessidade de circuncisão.
13Como resultado, outros judeus imitaram a hipocrisia de Pedro, e
até mesmo Barnabé se deixou levar por ela. 14Quando vi que não
estavam seguindo a verdade das boas-novas, disse a Pedro diante
de todos: "Se você, que é judeu de nascimento, vive como gentio,
e não como judeu, por que agora obriga esses gentios a viverem
como judeus? 15Você e eu somos judeus de nascimento, e não pe-
cadores, como os judeus consideram os gentios. 16E, no entanto,
sabemos que uma pessoa é declarada justa diante de Deus pela
fé em Jesus Cristo, e não pela obediência à lei. E cremos em Cristo
Jesus, para que fôssemos declarados justos pela fé em Cristo, e não
porque obedecemos à lei. Pois ninguém é declarado justo diante
de Deus pela obediência à lei". 17Mas, se a busca da justiça por
meio de Cristo nos torna culpados de abandonar a lei, isso torna
Cristo responsável por nosso pecado? De maneira nenhuma! 18Se,
pois, reconstruo o antigo sistema da lei que já destruí, então faço
de mim mesmo transgressor da lei. 19Pois, quando procurei viver

por meio da lei, ela me condenou. Portanto, morri para a lei a fim
de viver para Deus. 20Fui crucificado com Cristo; assim, já não sou
eu quem vive, mas Cristo vive em mim. Portanto, vivo neste corpo
terreno pela fé no Filho de Deus, que me amou e se entregou por
mim. 21Não considero a graça de Deus algo sem sentido. Pois, se
a obediência à lei nos tornasse justos diante de Deus, não haveria
necessidade alguma de Cristo morrer.

CAPÍTULO 3

A lei e a fé em Cristo

1Ó gálatas insensatos! Quem os enfeitiçou? Jesus Cristo não lhes
foi explicado tão claramente como se tivessem visto com os pró-
prios olhos a morte dele na cruz? 2Deixem-me perguntar apenas
uma coisa: vocês receberam o Espírito porque obedeceram à lei
ou porque creram na mensagem que ouviram? 3Será que perde-
ram o juízo? Tendo começado no Espírito, por que agora procuram
tornar-se perfeitos por seus próprios esforços? 4Será que foi à toa
que passaram por tantos sofrimentos? É claro que não foi à toa!
5Volto a perguntar: acaso aquele que lhes deu o Espírito e reali-
zou milagres entre vocês agiu assim porque vocês obedeceram
à lei ou porque creram na mensagem que ouviram? 6Da mes-
ma forma, "Abraão creu em Deus, e assim foi considerado justo".
7Logo, os verdadeiros filhos de Abraão são aqueles que creem.
8As Escrituras previram esse tempo em que Deus declararia os
gentios justos por meio da fé. Ele anunciou essas boas-novas a
Abraão há muito tempo, quando disse: "Todas as nações da terra
serão abençoadas por seu intermédio". 9Portanto, todos os que
creem participam da mesma bênção que Abraão recebeu por crer.
10Contudo, os que confiam na lei para serem declarados justos
estão sob maldição, pois as Escrituras dizem: "Maldito quem não
se mantiver obediente a tudo que está escrito no Livro da Lei". 11É
evidente, portanto, que ninguém pode ser declarado justo diante
de Deus pela lei. Pois as Escrituras dizem: "O justo viverá pela fé".
12A lei, porém, não é baseada na fé, pois diz: "Quem obedece à lei
viverá por ela". 13Mas Cristo nos resgatou da maldição pronuncia-
da pela lei tomando sobre si a maldição por nossas ofensas. Pois
as Escrituras dizem: "Maldito todo aquele que é pendurado num
madeiro". 14Por meio de Cristo Jesus, os gentios foram abençoados

com a mesma bênção de Abraão, para que recebêssemos, pela fé,
o Espírito prometido.

A lei e a promessa de Deus

15 Irmãos, apresento-lhes um exemplo da vida diária. Ninguém
pode anular ou fazer acréscimos a uma aliança irrevogável. 16 Pois
bem, Deus fez a promessa a Abraão e a seu descendente. Observem
que as Escrituras não dizem "a seus descendentes", como se fosse
uma referência a muitos, mas sim "a seu descendente", isto é, Cristo.
17 É isto que quero dizer: a lei, que veio 430 anos depois, não pode
anular a aliança que Deus estabeleceu com Abraão, pois nesse caso
a promessa seria quebrada. 18 Portanto, se a herança pudesse ser re-
cebida pela obediência à lei, ela não viria pela aceitação da promes-
sa. No entanto, Deus, em sua bondade, a concedeu a Abraão como
promessa. 19 Qual era, então, o propósito da lei? Ela foi acrescentada
à promessa para mostrar às pessoas seus pecados. Mas a lei deveria
durar apenas até a vinda do descendente prometido. Por meio de
anjos, a lei foi entregue a um mediador. 20 O mediador, porém, só
é necessário quando dois ou mais precisam chegar a um acordo,
e Deus é um só. 21 Existe, portanto, algum conflito entre a lei e as
promessas de Deus? De maneira nenhuma! Se a lei fosse capaz de
nos conceder nova vida, seríamos declarados justos pela obediência
a ela. 22 Mas as Escrituras afirmam que somos todos prisioneiros do
pecado, de modo que nós, os que cremos, recebemos a promessa
de libertação apenas pela fé em Jesus Cristo.

Filhos de Deus pela fé

23 Antes que o caminho da fé se tornasse disponível, fomos colocados
sob a custódia da lei e mantidos sob a sua guarda, até que essa fé fos-
se revelada. 24 Em outras palavras, a lei foi nosso guardião até a vinda
de Cristo; ela nos protegeu até que, por meio da fé, pudéssemos ser
declarados justos. 25 Agora que veio o caminho da fé, não precisamos
mais da lei como guardião. 26 Pois todos vocês são filhos de Deus por
meio da fé em Cristo Jesus. 27 Todos que foram unidos com Cristo no
batismo se revestiram de Cristo. 28 Não há mais judeu nem gentio,
escravo nem livre, homem nem mulher, pois todos vocês são um em
Cristo Jesus. 29 E agora que pertencem a Cristo, são verdadeiros filhos
de Abraão, herdeiros dele segundo a promessa de Deus.

NO QUE ESTOU PENSANDO | O QUE ESTOU SENTINDO | DO QUE ESTOU LEMBRANDO

DESENHE OU ESCREVA

CAPÍTULO 4

1 Portanto, pensem da seguinte forma: enquanto não atingir a idade
adequada, o herdeiro não está numa posição muito melhor que a
de um escravo, apesar de ser dono de todos os bens. 2 Deve obe-
decer a seus tutores e administradores até a idade determinada
por seu pai. 3 O mesmo acontecia conosco. Éramos como crianças;
éramos escravos dos princípios básicos deste mundo. 4 Mas, quan-
do chegou o tempo certo, Deus enviou seu Filho, nascido de uma
mulher e sob a lei. 5 Assim o fez para resgatar a nós que estávamos
sob a lei, a fim de nos adotar como seus filhos. 6 E, porque nós
somos seus filhos, Deus enviou ao nosso coração o Espírito de seu
Filho, e por meio dele clamamos: "*Aba*, Pai". 7 Agora você já não é
escravo, mas filho de Deus. E, uma vez que é filho, Deus o tornou
herdeiro dele.

A preocupação de Paulo com os gálatas

8 Antes de conhecerem a Deus, vocês eram escravos de supostos
deuses que, na verdade, nem existem. 9 Agora que conhecem a
Deus, ou melhor, agora que Deus os conhece, por que desejam vol-
tar atrás e tornar-se novamente escravos dos frágeis e inúteis prin-
cípios básicos deste mundo? 10 Vocês insistem em guardar certos
dias, meses, estações ou anos. 11 Temo por vocês. Talvez meu árduo
trabalho em seu favor tenha sido inútil. 12 Irmãos, peço-lhes que
sejam como eu, pois eu também sou como vocês. E vocês não me
trataram mal 13 e certamente se lembram de que eu estava doente
quando lhes anunciei as boas-novas pela primeira vez. 14 Embora
minha saúde precária fosse uma tentação para me rejeitarem, vocês
não me desprezaram nem me mandaram embora. Ao contrário,
acolheram-me e cuidaram de mim como se eu fosse um anjo de
Deus, ou mesmo o próprio Cristo Jesus. 15 Que aconteceu com a ale-
gria que vocês demonstraram naquela ocasião? Estou certo de que,
se fosse possível, teriam arrancado os próprios olhos e os teriam
dado a mim. 16 Acaso me tornei inimigo de vocês porque lhes digo a
verdade? 17 Esses falsos mestres estão extremamente ansiosos para
agradá-los, mas suas intenções não são boas. Querem afastá-los de
mim para que dependam deles. 18 Se alguém deseja agradá-los,
muito bem; mas que o faça sempre, e não só quando estou com
vocês. 19 Ó meus filhos queridos, sinto como se estivesse passando

outra vez pelas dores de parto por sua causa, e elas continuarão até
que Cristo seja plenamente desenvolvido em vocês. 20 Gostaria de
poder estar aí com vocês para lhes falar em outro tom. Mas, distante
como estou, não sei o que mais fazer para ajudá-los.

Os dois filhos de Abraão

21 Digam-me, vocês que desejam viver debaixo da lei: acaso sabem
o que a lei diz de fato? 22 De acordo com as Escrituras, Abraão teve
dois filhos, um nascido de uma escrava e outro de sua esposa, que
era livre. 23 O filho da escrava nasceu segundo a vontade humana;
o filho da mulher livre nasceu segundo a promessa. 24 Essas duas
mulheres ilustram duas alianças. A primeira, Hagar, representa o
monte Sinai, onde o povo recebeu a lei que o escravizou. 25 E Hagar,
que é o monte Sinai, na Arábia, representa a Jerusalém de agora,
pois ela e seus filhos vivem sob a escravidão da lei. 26 A segunda,
Sara, representa a Jerusalém celestial. Ela é a mulher livre, e é nossa
mãe. 27 Como dizem as Escrituras: "Alegre-se, mulher sem filhos,
você que nunca deu à luz! Grite de alegria, você que nunca esteve
em trabalho de parto! Pois a abandonada agora tem mais filhos
que a mulher que vive com o marido". 28 E vocês, irmãos, são filhos
da promessa, como Isaque. 29 Ismael, o filho nascido da vontade
humana, perseguiu Isaque, o filho nascido do poder do Espírito, e
o mesmo ocorre agora. 30 Mas o que dizem as Escrituras sobre isso?
"Livre-se da escrava e do filho dela, pois o filho da escrava não será
herdeiro junto com o filho da mulher livre." 31 Portanto, irmãos, não
somos filhos da escrava; somos filhos da mulher livre.

CAPÍTULO 5

Liberdade em Cristo

1 Portanto, permaneçam firmes nessa liberdade, pois Cristo verda-
deiramente nos libertou. Não se submetam novamente à escra-
vidão da lei. 2 Prestem atenção! Eu, Paulo, lhes digo: se vocês se
deixarem ser circuncidados, Cristo de nada lhes servirá. 3 Volto a
dizer: todo aquele que se deixa ser circuncidado deve obedecer a
toda a lei. 4 Pois, se vocês procuram tornar-se justos diante de Deus
pelo cumprimento da lei, foram separados de Cristo e caíram para
longe da graça. 5 Mas nós que vivemos pelo Espírito esperamos
ansiosamente receber pela fé a justiça que Deus nos prometeu.

6 Pois, em Cristo Jesus, não há benefício algum em ser ou não
circuncidado. O que importa é a fé que se expressa pelo amor.
7 Vocês estavam indo bem na corrida; quem os impediu de seguir a
verdade? 8 Certamente não foi Deus quem os levou a pensar assim,
pois ele os chamou para serem livres. 9 Um pouco de fermento
se espalha por toda a massa. 10 Confio que o Senhor os guardará
de crer em falsos ensinamentos. Aquele que os perturbar, seja
ele quem for, será julgado. 11 Irmãos, se eu ainda prego que vocês
devem ser circuncidados, como dizem alguns, por que continuo
a ser perseguido? Se eu não pregasse a salvação exclusivamente
por meio da cruz, ninguém se ofenderia. 12 Esses sujeitos que os
perturbam deveriam castrar a si mesmos! 13 Porque vocês, irmãos,
foram chamados para viver em liberdade. Não a usem, porém, para
satisfazer sua natureza humana. Ao contrário, usem-na para servir
uns aos outros em amor. 14 Pois toda a lei pode ser resumida neste
único mandamento: "Ame o seu próximo como a si mesmo". 15 Mas,
se vocês estão sempre mordendo e devorando uns aos outros, te-
nham cuidado, pois correm o risco de se destruírem.

A vida pelo Espírito

16 Por isso digo: deixem que o Espírito guie sua vida. Assim, não
satisfarão os anseios de sua natureza humana. 17 A natureza humana
deseja fazer exatamente o oposto do que o Espírito quer, e o Espírito
nos impele na direção contrária àquela desejada pela natureza hu-
mana. Essas duas forças se confrontam o tempo todo, de modo que
vocês não têm liberdade de pôr em prática o que intentam fazer.
18 Quando, porém, são guiados pelo Espírito, não estão debaixo
da lei. 19 Quando seguem os desejos da natureza humana, os re-
sultados são extremamente claros: imoralidade sexual, impureza,
sensualidade, 20 idolatria, feitiçaria, hostilidade, discórdias, ciúmes,
acessos de raiva, ambições egoístas, dissensões, divisões, 21 inveja,
bebedeiras, festanças desregradas e outros pecados semelhantes.
Repito o que disse antes: quem pratica essas coisas não herdará
o reino de Deus. 22 Mas o Espírito produz este fruto: amor, alegria,
paz, paciência, amabilidade, bondade, fidelidade, 23 mansidão e
domínio próprio. Não há lei contra essas coisas! 24 Aqueles que per-
tencem a Cristo Jesus crucificaram as paixões e os desejos de sua
natureza humana. 25 Uma vez que vivemos pelo Espírito, sigamos

a direção do Espírito em todas as áreas de nossa vida. 26Não nos
tornemos orgulhosos, provocando e invejando uns aos outros.

CAPÍTULO 6

Colhemos aquilo que semeamos

1Irmãos, se alguém for vencido por algum pecado, vocês que são
guiados pelo Espírito devem, com mansidão, ajudá-lo a voltar ao
caminho certo. E cada um cuide para não ser tentado. 2Ajudem a
levar os fardos uns dos outros e obedeçam, desse modo, à lei de
Cristo. 3Se vocês se consideram importantes demais para ajudar
os outros, estão apenas enganando a si mesmos. 4Cada um preste
muita atenção em seu trabalho, pois então terá a satisfação de ha-
vê-lo feito bem e não precisará se comparar com os outros. 5Porque
cada um de nós é responsável pela própria conduta. 6Aqueles que
recebem o ensino da palavra devem repartir com seus mestres to-
das as coisas boas. 7Não se deixem enganar: ninguém pode zombar
de Deus. A pessoa sempre colherá aquilo que semear. 8Quem vive
apenas para satisfazer sua natureza humana colherá dessa natureza
ruína e morte. Mas quem vive para agradar o Espírito colherá do
Espírito a vida eterna. 9Portanto, não nos cansemos de fazer o bem.
No momento certo, teremos uma colheita de bênçãos, se não de-
sistirmos. 10Por isso, sempre que tivermos oportunidade, façamos
o bem a todos, especialmente aos da família da fé.

Conselhos finais de Paulo

11Vejam com que letras grandes lhes escrevo, de próprio punho,
estas palavras finais! 12Aqueles que procuram obrigá-los a se cir-
cuncidarem desejam causar boa impressão para outros, a fim de
não serem perseguidos por ensinar que somente a cruz de Cristo
pode salvar. 13E nem mesmo aqueles que defendem a circuncisão
cumprem toda a lei. Querem que vocês sejam circuncidados só
para que eles se gloriem disso. 14Quanto a mim, que eu jamais
me glorie em qualquer coisa, a não ser na cruz de nosso Senhor
Jesus Cristo. Por causa dessa cruz meu interesse neste mundo foi
crucificado, e o interesse do mundo em mim também morreu.
15Não importa se fomos circuncidados ou não. O que importa é
que fomos transformados em nova criação. 16Que a paz e a miseri-
córdia de Deus estejam sobre todos os que vivem de acordo com
esse princípio e sobre o Israel de Deus. 17De agora em diante, que
ninguém me perturbe com essas coisas, pois levo em meu corpo
cicatrizes que mostram que pertenço a Jesus. 18Irmãos, que a graça
de nosso Senhor Jesus Cristo esteja com o espírito de vocês. Amém.

NO QUE ESTOU **PENSANDO** ○ | O QUE ESTOU **SENTINDO** ○ | DO QUE ESTOU **LEMBRANDO** ○

DESENHE OU ESCREVA

Gl

EFÉSIOS

CAPÍTULO 1

Saudações de Paulo

1 Eu, Paulo, apóstolo de Cristo Jesus pela vontade de Deus, escre-
vo esta carta ao povo santo em Éfeso, seguidores fiéis de Cristo
Jesus. 2 Que Deus, nosso Pai, e o Senhor Jesus Cristo lhes deem
graça e paz.

Bênçãos espirituais

3 Todo louvor seja a Deus, o Pai de nosso Senhor Jesus Cristo, que
nos abençoou em Cristo com todas as bênçãos espirituais nos do-
mínios celestiais. 4 Mesmo antes de criar o mundo, Deus nos amou
e nos escolheu em Cristo para sermos santos e sem culpa diante
dele. 5 Ele nos predestinou para si, para nos adotar como filhos por
meio de Jesus Cristo, conforme o bom propósito de sua vontade.
6 Deus assim o fez para o louvor de sua graça gloriosa, que ele
derramou sobre nós em seu Filho amado. 7 Ele é tão rico em graça
que comprou nossa liberdade com o sangue de seu Filho e perdoou
nossos pecados. 8 Generosamente, derramou sua graça sobre nós
e, com ela, toda sabedoria e todo entendimento. 9 Agora Deus nos
revelou sua vontade secreta a respeito de Cristo, isto é, o cumpri-
mento de seu bom propósito. 10 E o plano é este: no devido tempo,
ele reunirá sob a autoridade de Cristo tudo que existe nos céus e na
terra. 11 Além disso, em Cristo nós nos tornamos herdeiros de Deus,
pois ele nos predestinou conforme seu plano e faz que tudo ocorra
de acordo com sua vontade. 12 O propósito de Deus era que nós, os

NO QUE ESTOU PENSANDO ○ | O QUE ESTOU SENTINDO ○ | DO QUE ESTOU LEMBRANDO ○

DESENHE OU ESCREVA

primeiros a confiar em Cristo, louvássemos a Deus e lhe déssemos
glória. 13 Agora vocês também ouviram a verdade, as boas-novas da
salvação. E, quando creram em Cristo, ele colocou sobre vocês o selo
do Espírito Santo que havia prometido. 14 O Espírito é a garantia
de nossa herança, até o dia em que Deus nos resgatará como sua
propriedade, para o louvor de sua glória.

Paulo pede sabedoria espiritual

15 Desde que eu soube de sua fé no Senhor Jesus e de seu amor
pelo povo santo em toda parte, 16 não deixo de agradecer a Deus
por vocês. Em minhas orações, 17 peço que Deus, o Pai glorioso de
nosso Senhor Jesus Cristo, lhes dê sabedoria espiritual e entendi-
mento para que cresçam no conhecimento dele. 18 Oro para que seu
coração seja iluminado, a fim de que compreendam a esperança
concedida àqueles que ele chamou e a rica e gloriosa herança que
ele deu a seu povo santo. 19 Também oro para que entendam a gran-
deza insuperável do poder de Deus para conosco, os que cremos. É
o mesmo poder grandioso 20 que ressuscitou Cristo dos mortos e
o fez sentar-se no lugar de honra, à direita de Deus, nos domínios
celestiais. 21 Agora ele está muito acima de qualquer governante,
autoridade, poder, líder ou qualquer outro nome não apenas neste
mundo, mas também no futuro. 22 Deus submeteu todas as coisas à
autoridade de Cristo e o fez cabeça de tudo, para o bem da igreja.
23 E a igreja é seu corpo; ela é preenchida e completada por Cristo,
que enche consigo mesmo todas as coisas em toda parte.

CAPÍTULO 2

Nova vida com Cristo

1 Vocês estavam mortos por causa de sua desobediência e de seus
muitos pecados, 2 nos quais costumavam viver, como o resto do
mundo, obedecendo ao comandante dos poderes do mundo in-
visível. Ele é o espírito que opera no coração dos que se recusam
a obedecer. 3 Todos nós vivíamos desse modo, seguindo os desejos
ardentes e as inclinações de nossa natureza humana. Éramos, por
natureza, merecedores da ira, como os demais. 4 Mas Deus é tão
rico em misericórdia e nos amou tanto 5 que, embora estivéssemos
mortos por causa de nossos pecados, ele nos deu vida juntamen-
te com Cristo. É pela graça que vocês são salvos! 6 Pois ele nos

ressuscitou com Cristo e nos fez sentar com ele nos domínios
celestiais, porque agora estamos em Cristo Jesus. 7Portanto, nas
eras futuras, Deus poderá apontar-nos como exemplos da riqueza
insuperável de sua graça, revelada na bondade que ele demons-
trou por nós em Cristo Jesus. 8Vocês são salvos pela graça, por
meio da fé. Isso não vem de vocês; é uma dádiva de Deus. 9Não é
uma recompensa pela prática de boas obras, para que ninguém
venha a se orgulhar. 10Pois somos obra-prima de Deus, criados em
Cristo Jesus a fim de realizar as boas obras que ele de antemão
planejou para nós.

União e paz em Cristo

11Não esqueçam que vocês, gentios, eram chamados de "incircunci-
dados" pelos judeus que se orgulhavam da circuncisão, embora ela
fosse apenas um ritual exterior e humano. 12Naquele tempo, vocês
viviam afastados de Cristo. Não tinham os privilégios do povo de
Israel e não conheciam as promessas da aliança. Viviam no mundo
sem Deus e sem esperança. 13Agora, porém, estão em Cristo Jesus.
Antigamente, estavam distantes de Deus, mas agora foram trazidos
para perto dele por meio do sangue de Cristo. 14Porque Cristo é
nossa paz. Ele uniu judeus e gentios em um só povo ao derrubar o
muro de inimizade que nos separava. 15Ele acabou com o sistema
da lei, com seus mandamentos e ordenanças, promovendo a paz ao
criar para si, desses dois grupos, uma nova humanidade. 16Assim,
ele os reconciliou com Deus em um só corpo por meio de sua morte
na cruz, eliminando a inimizade que havia entre eles. 17Ele trouxe
essas boas-novas de paz tanto a vocês que estavam distantes dele
como aos que estavam perto. 18Agora, por causa do que Cristo fez,
todos temos acesso ao Pai pelo mesmo Espírito.

Um templo para o Senhor

19Portanto, vocês já não são estranhos e forasteiros, mas conci-
dadãos do povo santo e membros da família de Deus. 20Juntos,
somos sua casa, edificados sobre os alicerces dos apóstolos e dos
profetas. E a pedra angular é o próprio Cristo Jesus. 21Nele somos
firmemente unidos, constituindo um templo santo para o Senhor.
22Por meio dele, vocês também estão sendo edificados como parte
dessa habitação, onde Deus vive por seu Espírito.

Ef 2.10

CAPÍTULO 3

O plano de Deus é revelado

1Quando penso em tudo isso, eu, Paulo, prisioneiro de Cristo Jesus
para o bem de vocês, gentios... 2Tomando por certo, a propósito,
que vocês sabem que Deus me deu essa responsabilidade especial
de estender sua graça a vocês. 3Como lhes escrevi anteriormente
em poucas palavras, o próprio Deus revelou esse segredo a mim.
4Ao lerem o que escrevi, entenderão minha compreensão desse
segredo a respeito de Cristo, 5que não foi revelado às gerações
anteriores, mas agora foi revelado, pelo Espírito, aos santos após-
tolos e profetas. 6E este é o segredo revelado: tanto os gentios
como os judeus que creem nas boas-novas participam igualmente
das riquezas herdadas pelos filhos de Deus. Ambos são membros
do mesmo corpo e desfrutam a promessa em Cristo Jesus. 7Pela
graça e pelo grande poder de Deus, recebi o privilégio de servir
anunciando essas boas-novas. 8Ainda que eu seja o menos digno
de todo o povo santo, recebi, pela graça, o privilégio de falar aos
gentios sobre os tesouros infindáveis que estão disponíveis a eles
em Cristo 9e de explicar a todos esse segredo que Deus, o Criador
de todas as coisas, manteve oculto desde o princípio. 10O plano de
Deus era mostrar a todos os governantes e autoridades nos domí-
nios celestiais, por meio da igreja, as muitas formas da sabedoria
divina. 11Esse era seu propósito eterno, que ele realizou por meio
de Cristo Jesus, nosso Senhor. 12Por meio da fé em Cristo, agora
nós, com ousadia e confiança, temos acesso à presença de Deus.
13Portanto, peço-lhes que não desanimem por causa de minhas
provações. É por vocês que sofro; a honra é de vocês.

Paulo pede crescimento espiritual

14Quando penso em tudo isso, caio de joelhos e oro ao Pai, 15o
Criador de todas as coisas nos céus e na terra. 16Peço que, da ri-
queza de sua glória, ele os fortaleça com poder interior por meio
de seu Espírito. 17Então Cristo habitará em seu coração à medida
que vocês confiarem nele. Suas raízes se aprofundarão em amor
e os manterão fortes. 18Também peço que, como convém a todo o
povo santo, vocês possam compreender a largura, o comprimento, a
altura e a profundidade do amor de Cristo. 19Que vocês experimen-
tem esse amor, ainda que seja grande demais para ser inteiramente

compreendido. Então vocês serão preenchidos com toda a plenitu-
de de vida e poder que vêm de Deus. 20Toda a glória seja a Deus
que, por seu grandioso poder que atua em nós, é capaz de realizar
infinitamente mais do que poderíamos pedir ou imaginar. 21A ele
seja a glória na igreja e em Cristo Jesus por todas as gerações, para
todo o sempre! Amém.

CAPÍTULO 4

Unidade no corpo

1Portanto, como prisioneiro no Senhor, suplico-lhes que vivam de
modo digno do chamado que receberam. 2Sejam sempre humil-
des e amáveis, tolerando pacientemente uns aos outros em amor.
3Façam todo o possível para se manterem unidos no Espírito, li-
gados pelo vínculo da paz. 4Pois há um só corpo e um só Espírito,
assim como vocês foram chamados para uma só esperança. 5Há
um só Senhor, uma só fé, um só batismo, 6um só Deus e Pai de
tudo, o qual está sobre todos, em todos, e vive por meio de todos.
7A cada um de nós, porém, ele concedeu uma dádiva, por meio da
generosidade de Cristo. 8Por isso as Escrituras dizem: "Quando ele
subiu às alturas, levou muitos prisioneiros e concedeu dádivas ao
povo". 9Notem que diz que "ele subiu". Por certo, isso significa que
Cristo também desceu ao mundo inferior. 10E aquele que desceu
é o mesmo que subiu acima de todos os céus, a fim de encher
consigo mesmo todas as coisas. 11Ele designou alguns para após-
tolos, outros para profetas, outros para evangelistas, outros para
pastores e mestres. 12Eles são responsáveis por preparar o povo
santo para realizar sua obra e edificar o corpo de Cristo, 13até que
todos alcancemos a unidade que a fé e o conhecimento do Filho de
Deus produzem e amadureçamos, chegando à completa medida
da estatura de Cristo. 14Então não seremos mais imaturos como
crianças, nem levados de um lado para outro, empurrados por
qualquer vento de novos ensinamentos, e também não seremos
influenciados quando nos tentarem enganar com mentiras astutas.
15Em vez disso, falaremos a verdade em amor, tornando-nos, em
todos os aspectos, cada vez mais parecidos com Cristo, que é a
cabeça. 16Ele faz que todo o corpo se encaixe perfeitamente. E cada
parte, ao cumprir sua função específica, ajuda as demais a crescer,
para que todo o corpo se desenvolva e seja saudável em amor.

NO QUE ESTOU PENSANDO ○ O QUE ESTOU SENTINDO ○ DO QUE ESTOU LEMBRANDO ○

DESENHE OU ESCREVA

Viver como filhos da luz

17Assim, eu lhes digo com a autoridade do Senhor: não vivam mais
como os gentios, levados por pensamentos vazios e inúteis. 18A
mente deles está mergulhada na escuridão. Andam sem rumo, alie-
nados da vida que Deus dá, pois são ignorantes e endureceram o
coração para ele. 19Tornaram-se insensíveis, vivem em função dos
prazeres sensuais e praticam avidamente toda espécie de impureza.
20Mas não foi isso que vocês aprenderam de Cristo. 21Uma vez que
ouviram falar de Jesus e foram ensinados sobre a verdade que vem
dele, 22livrem-se de sua antiga natureza e de seu velho modo de
viver, corrompido pelos desejos impuros e pelo engano. 23Deixem
que o Espírito renove seus pensamentos e atitudes 24e revistam-se
de sua nova natureza, criada para ser verdadeiramente justa e santa
como Deus. 25Portanto, abandonem a mentira e digam a verdade
a seu próximo, pois somos todos parte do mesmo corpo. 26E "não
pequem ao permitir que a ira os controle". Acalmem a ira antes que
o sol se ponha, 27pois ela cria oportunidades para o diabo. 28Quem
é ladrão, pare de roubar. Em vez disso, use as mãos para trabalhar
com empenho e honestidade e, assim, ajudar generosamente os
necessitados. 29Evitem o linguajar sujo e insultante. Que todas as
suas palavras sejam boas e úteis, a fim de dar ânimo àqueles que
as ouvirem. 30Não entristeçam o Espírito Santo de Deus, o selo que
ele colocou sobre vocês para o dia em que nos resgatará como sua
propriedade. 31Livrem-se de toda amargura, raiva, ira, das palavras
ásperas e da calúnia, e de todo tipo de maldade. 32Em vez disso,
sejam bondosos e tenham compaixão uns dos outros, perdoando-
-se como Deus os perdoou em Cristo.

CAPÍTULO 5

Viver na luz

1Portanto, como filhos amados de Deus, imitem-no em tudo que
fizerem. 2Vivam em amor, seguindo o exemplo de Cristo, que nos
amou e se entregou por nós como oferta e sacrifício de aroma
agradável a Deus. 3Que não haja entre vocês imoralidade sexual,
impureza ou ganância. Esses pecados não têm lugar no meio do
povo santo. 4As histórias obscenas, as conversas tolas e as piadas
vulgares não são para vocês. Em vez disso, sejam agradecidos a
Deus. 5Podem estar certos de que nenhum imoral, impuro ou

ganancioso, que é idólatra, herdará o reino de Cristo e de Deus.
6Não se deixem enganar por palavras vazias, pois a ira de Deus virá
sobre os que lhe desobedecerem. 7Não participem do que essas
pessoas fazem. 8Pois antigamente vocês estavam mergulhados na
escuridão, mas agora têm a luz no Senhor. Vivam, portanto, como
filhos da luz! 9Pois o fruto da luz produz apenas o que é bom, justo
e verdadeiro. 10Procurem descobrir o que agrada ao Senhor. 11Não
participem dos feitos inúteis do mal e da escuridão; antes, mostrem
sua reprovação expondo-os à luz. 12É vergonhoso até mesmo falar
daquilo que os maus fazem em segredo. 13Suas más intenções,
porém, ficarão evidentes quando a luz brilhar sobre elas, 14pois a
luz torna visíveis todas as coisas. Por isso se diz: "Desperte, você que
dorme, levante-se dentre os mortos, e Cristo o iluminará".

Viver pelo poder do Espírito

15Portanto, sejam cuidadosos em seu modo de vida. Não vivam
como insensatos, mas como sábios. 16Aproveitem ao máximo
todas as oportunidades nestes dias maus. 17Não ajam de forma
impensada, mas procurem entender a vontade do Senhor. 18Não
se embriaguem com vinho, pois ele os levará ao descontrole. Em
vez disso, sejam cheios do Espírito, 19cantando salmos, hinos e
cânticos espirituais entre si e louvando o Senhor de coração com
música. 20Por tudo deem graças a Deus, o Pai, em nome de nosso
Senhor Jesus Cristo.

Maridos e esposas

21Sujeitem-se uns aos outros por temor a Cristo. 22Esposas, sujei-
te-se cada uma a seu marido, como ao Senhor. 23Pois o marido é o
cabeça da esposa, como Cristo é o cabeça da igreja. Ele é o Salvador
de seu corpo, a igreja. 24Assim como a igreja se sujeita a Cristo,
também vocês, esposas, devem se sujeitar em tudo a seu marido.
25Maridos, ame cada um a sua esposa, como Cristo amou a igreja.
Ele entregou a vida por ela, 26a fim de torná-la santa, purifican-
do-a ao lavá-la com água por meio da palavra. 27Assim o fez para
apresentá-la a si mesmo como igreja gloriosa, sem mancha, ruga
ou qualquer outro defeito, mas santa e sem culpa. 28Da mesma
forma, os maridos devem amar cada um a sua esposa, como amam
o próprio corpo, pois o homem que ama sua esposa na verdade ama

Ef 6.1-2

a si mesmo. 29Ninguém odeia o próprio corpo, mas o alimenta e
cuida dele, como Cristo cuida da igreja. 30E nós somos membros
de seu corpo. 31"Por isso o homem deixa pai e mãe e se une à sua
mulher, e os dois se tornam um só." 32Esse é um grande mistério,
mas ilustra a união entre Cristo e a igreja. 33Portanto, volto a dizer:
cada homem deve amar a esposa como ama a si mesmo, e a esposa
deve respeitar o marido.

CAPÍTULO 6

Filhos e pais

1Filhos, obedeçam a seus pais no Senhor, porque isso é o certo a
fazer. 2"Honre seu pai e sua mãe." Esse é o primeiro mandamento
com promessa. 3Se honrar pai e mãe, "tudo lhe irá bem e terá vida
longa na terra". 4Pais, não tratem seus filhos de modo a irritá-los;
antes, eduquem-nos com a disciplina e a instrução que vêm do
Senhor.

Escravos e senhores

5Escravos, obedeçam a seus senhores terrenos com respeito e te-
mor. Sirvam com sinceridade, como serviriam a Cristo. 6Procurem
agradá-los sempre, e não apenas quando eles estiverem observan-
do. Como escravos de Cristo, façam a vontade de Deus de todo o co-
ração. 7Trabalhem com entusiasmo, como se servissem ao Senhor,
e não a homens. 8Lembrem-se de que o Senhor recompensará
cada um de nós pelo bem que fizermos, quer sejamos escravos,
quer livres. 9Senhores, assim também tratem seus escravos. Não os
ameacem; lembrem-se de que vocês e eles têm o mesmo Senhor
no céu, e ele não age com favoritismo.

A armadura completa de Deus

10Uma palavra final: Sejam fortes no Senhor e em seu grande poder.
11Vistam toda a armadura de Deus, para que possam permanecer
firmes contra as estratégias do diabo. 12Pois nós não lutamos contra
inimigos de carne e sangue, mas contra governantes e autoridades
do mundo invisível, contra grandes poderes neste mundo de trevas
e contra espíritos malignos nas esferas celestiais. 13Portanto, vistam
toda a armadura de Deus, para que possam resistir ao inimigo no
tempo do mal. Então, depois da batalha, vocês continuarão de pé

e firmes. 14Assim, mantenham sua posição, colocando o cinto da
verdade e a couraça da justiça. 15Como calçados, usem a paz das bo-
as-novas, para que estejam inteiramente preparados. 16Em todas as
situações, levantem o escudo da fé, para deter as flechas de fogo do
maligno. 17Usem a salvação como capacete e empunhem a espada
do Espírito, que é a palavra de Deus. 18Orem no Espírito em todos
os momentos e ocasiões. Permaneçam atentos e sejam persisten-
tes em suas orações por todo o povo santo. 19E orem também por
mim. Peçam que Deus me conceda as palavras certas, para que eu
possa explicar corajosamente o segredo revelado pelas boas-novas.
20Agora estou preso em correntes, mas continuo a anunciar essa
mensagem como embaixador de Deus. Portanto, orem para que
eu siga falando corajosamente em nome dele, como é meu dever.

Saudações finais

21Tíquico lhes dará um relatório completo do que tenho feito e de
como tenho passado. Ele é um irmão amado e um colaborador fiel
na obra do Senhor. 22Eu o enviei a vocês com esse propósito, para
que saibam como estamos e para animá-los. 23A paz seja com vocês,
irmãos, e que Deus, o Pai, e o Senhor Jesus Cristo lhes deem amor e
fidelidade. 24Que a graça de Deus esteja eternamente sobre todos
que amam nosso Senhor Jesus Cristo.

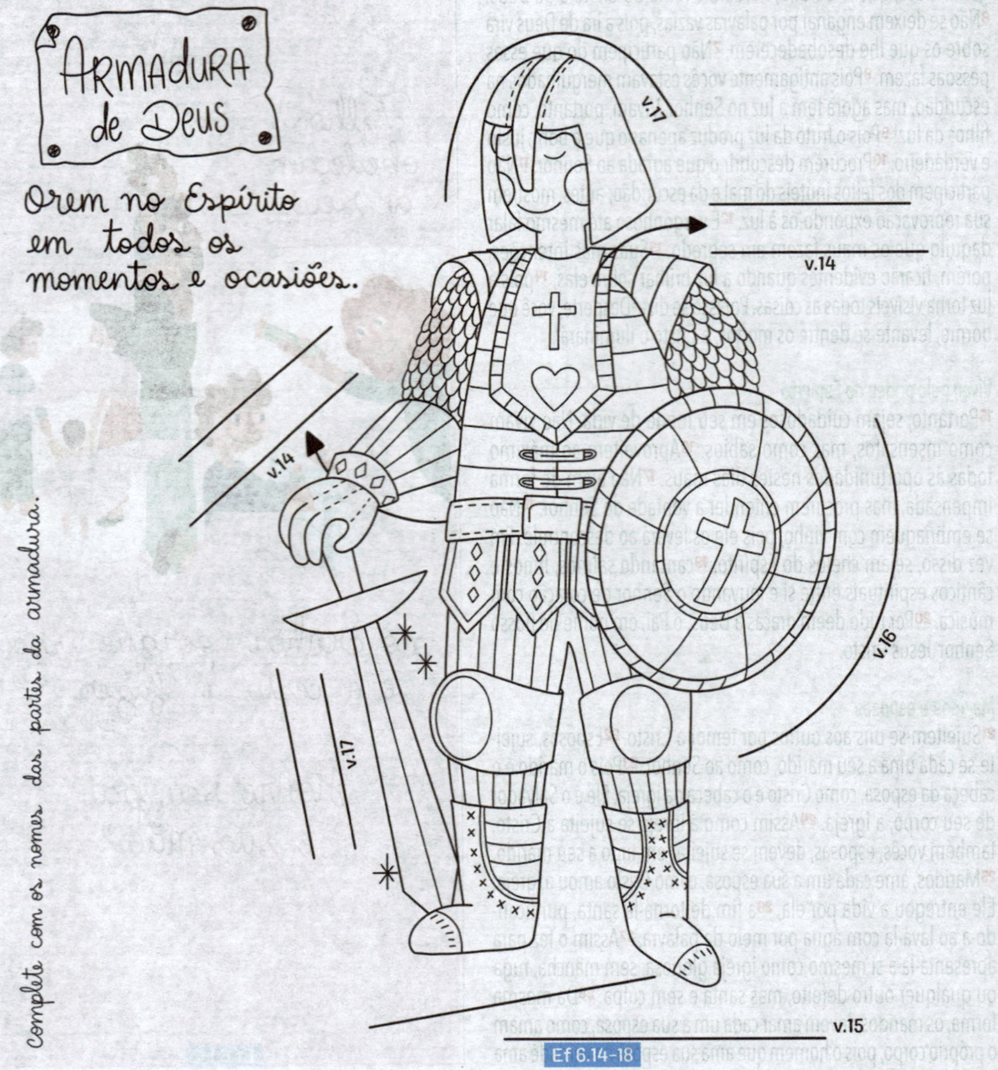

FILIPENSES

CAPÍTULO 1

Saudações de Paulo

1 Paulo e Timóteo, escravos de Cristo Jesus, escrevemos a todo o
povo santo em Cristo Jesus que está em Filipos, incluindo os bispos
e diáconos. 2 Que Deus, nosso Pai, e o Senhor Jesus Cristo lhes
deem graça e paz.

Ação de graças e oração de Paulo

3 Todas as vezes que penso em vocês, dou graças a meu Deus.
4 Sempre que oro, peço por todos vocês com alegria, 5 pois são meus
cooperadores na propagação das boas-novas, desde o primeiro dia
até agora. 6 Tenho certeza de que aquele que começou a boa obra
em vocês irá completá-la até o dia em que Cristo Jesus voltar. 7 É
apropriado que eu me sinta assim a respeito de vocês, pois os tenho
em meu coração. Vocês têm participado comigo da graça, tanto em
minha prisão como na defesa e confirmação das boas-novas. 8 Deus
sabe do meu amor por vocês e da saudade que tenho de todos,
com a mesma compaixão de Cristo Jesus. 9 Oro para que o amor
de vocês transborde cada vez mais e que continuem a crescer em
conhecimento e discernimento. 10 Quero que compreendam o que
é verdadeiramente importante, para que vivam de modo puro e
sem culpa até o dia em que Cristo voltar. 11 Que vocês sejam sempre
cheios do fruto da justiça, que vem por meio de Jesus Cristo, para
a glória e o louvor de Deus.

NO QUE ESTOU PENSANDO ○ | O QUE ESTOU SENTINDO ○ | DO QUE ESTOU LEMBRANDO ○

DESENHE OU ESCREVA

A alegria de Paulo por Cristo ser anunciado

12 Quero que saibam, irmãos, que tudo que me aconteceu tem aju-
dado a propagar as boas-novas. 13 Pois todos aqui, incluindo toda a
guarda do palácio, sabem que estou preso por causa de Cristo. 14 E,
por causa de minha prisão, a maioria dos irmãos daqui se tornou
mais confiante no Senhor e anuncia a mensagem de Deus com de-
terminação e sem temor. 15 É verdade que alguns anunciam a Cristo
por inveja e rivalidade, mas outros o fazem de boa vontade. 16 Estes
pregam por amor, pois sabem que fui designado para defender as
boas-novas. 17 Aqueles, no entanto, anunciam a Cristo por ambição
egoísta, não com sinceridade, mas com o objetivo de aumentar
meu sofrimento enquanto estou preso. 18 Mas nada disso importa.
Sejam as motivações deles falsas, sejam verdadeiras, a mensagem
a respeito de Cristo está sendo anunciada, e isso me alegra. E conti-
nuarei a me alegrar, 19 pois sei que, com suas orações e o auxílio do
Espírito de Jesus Cristo, isso resultará em minha libertação.

A vida de Paulo é dedicada a Cristo

20 Minha grande expectativa e esperança é que eu jamais seja en-
vergonhado, mas que continue a trabalhar corajosamente, como
sempre fiz, de modo que Cristo seja honrado por meu intermédio,
quer eu viva, quer eu morra. 21 Pois, para mim, o viver é Cristo, e o
morrer é lucro. 22 Mas, se continuar vivo, posso trabalhar e produ-
zir fruto para Cristo. Na verdade, não sei o que escolher. 23 Estou
dividido entre os dois desejos: quero partir e estar com Cristo, o
que me seria muitíssimo melhor. 24 Contudo, por causa de vocês,
é mais importante que eu continue a viver. 25 Ciente disso, estou
certo de que continuarei vivo para ajudar todos vocês a crescer na
fé e experimentar a alegria que ela traz. 26 E, quando eu voltar, terão
ainda mais motivos para se orgulhar em Cristo Jesus pelo que ele
tem feito por meu intermédio.

Uma vida digna das boas-novas

27 O mais importante é que vocês vivam em sua comunidade de
maneira digna das boas-novas de Cristo. Então, quando eu for vê-los
novamente, ou mesmo quando ouvir a seu respeito, saberei que
estão firmes e unidos em um só espírito e em um só propósito,
lutando juntos pela fé que é proclamada nas boas-novas. 28 Não

se deixem intimidar por aqueles que se opõem a vocês. Isso é um
sinal de Deus de que eles serão destruídos, e vocês serão salvos.
29 Pois vocês receberam o privilégio não apenas de crer em Cristo,
mas também de sofrer por ele. 30 Estamos juntos nesta luta. Vocês
viram as dificuldades que enfrentei no passado e sabem que elas
ainda não terminaram.

CAPÍTULO 2

Tenham a atitude de Cristo

1 Há alguma motivação por estar em Cristo? Há alguma consolação
que vem do amor? Há alguma comunhão no Espírito? Há alguma
compaixão e afeição? 2 Então completem minha alegria concordan-
do sinceramente uns com os outros, amando-se mutuamente e tra-
balhando juntos com a mesma forma de pensar e um só propósito.
3 Não sejam egoístas, nem tentem impressionar ninguém. Sejam
humildes e considerem os outros mais importantes que vocês.
4 Não procurem apenas os próprios interesses, mas preocupem-se
também com os interesses alheios. 5 Tenham a mesma atitude de-
monstrada por Cristo Jesus. 6 Embora sendo Deus, não considerou
que ser igual a Deus fosse algo a que devesse se apegar. 7 Em vez
disso, esvaziou a si mesmo; assumiu a posição de escravo e nasceu
como ser humano. Quando veio em forma humana, 8 humilhou-se
e foi obediente até a morte, e morte de cruz. 9 Por isso Deus o elevou
ao lugar de mais alta honra e lhe deu o nome que está acima de
todos os nomes, 10 para que, ao nome de Jesus, todo joelho se
dobre, nos céus, na terra e debaixo da terra, 11 e toda língua declare
que Jesus Cristo é Senhor, para a glória de Deus, o Pai.

Brilhem intensamente por Cristo

12 Quando eu estava aí, meus amados, vocês sempre seguiam minhas
instruções. Agora que estou longe, é ainda mais importante que o
façam. Trabalhem com afinco a sua salvação, obedecendo a Deus com
reverência e temor. 13 Pois Deus está agindo em vocês, dando-lhes o
desejo e o poder de realizarem aquilo que é do agrado dele. 14 Façam
tudo sem queixas nem discussões, 15 de modo que ninguém possa
acusá-los. Levem uma vida pura e inculpável como filhos de Deus,
brilhando como luzes resplandecentes num mundo cheio de gente
corrompida e perversa. 16 Apeguem-se firmemente à mensagem da

Fp 2.5

vida. Então, no dia em que Cristo voltar, me orgulharei de saber que
não participei da corrida em vão e que não trabalhei inutilmente.
17 Contudo, me alegrarei mesmo se perder a vida, entregando-a a
Deus como oferta derramada, da mesma forma que o serviço fiel de
vocês é uma oferta a Deus. E quero que todos vocês participem dessa
alegria. 18 Sim, alegrem-se, e eu me alegrarei com vocês.

Paulo elogia Timóteo

19 Se for da vontade do Senhor Jesus, espero enviar-lhes Timóteo
em breve para visitá-los. Assim ele poderá me animar, contando-me
notícias de vocês. 20 Não tenho ninguém que se preocupe sincera-
mente com o bem-estar de vocês como Timóteo. 21 Todos os outros
se preocupam apenas consigo mesmos, e não com o que é impor-
tante para Jesus Cristo. 22 Mas vocês sabem que Timóteo provou seu
valor. Como um filho junto ao pai, ele tem servido ao meu lado na
proclamação das boas-novas. 23 Espero enviá-lo assim que souber
o que me acontecerá aqui. 24 E tenho confiança no Senhor de que,
em breve, eu mesmo irei vê-los.

Paulo elogia Epafrodito

25 Enquanto isso, penso que devo enviar-lhes de volta Epafrodito.
Ele é um verdadeiro irmão, colaborador e companheiro de lutas,
que também foi mensageiro de vocês para me ajudar em minha
necessidade. 26 Ele deseja muito vê-los e está angustiado porque
vocês souberam que ele esteve doente. 27 De fato, ficou enfermo
e quase morreu. Mas Deus teve misericórdia dele, e também de
mim, para que eu não tivesse uma tristeza atrás da outra. 28 Por
isso, estou ainda mais ansioso para enviá-lo de volta, pois sei que
vocês se alegrarão em vê-lo, e eu não ficarei tão preocupado com
vocês. 29 Recebam-no com grande alegria no Senhor e deem-lhe
a honra que ele merece, 30 pois arriscou a vida pela obra de Cristo
e esteve a ponto de morrer enquanto fazia por mim o que vocês
mesmos não podiam fazer.

CAPÍTULO 3

O valor inestimável de conhecer a Cristo

1 Por fim, meus irmãos, alegrem-se no Senhor. Nunca me canso de
dizer-lhes estas coisas, e o faço para protegê-los. 2 Cuidado com

os cães, aqueles que praticam o mal, os mutiladores que exigem
a circuncisão. 3Pois nós, que adoramos por meio do Espírito de
Deus, somos os verdadeiros circuncidados. Alegramo-nos no que
Cristo Jesus fez por nós. Não colocamos nenhuma confiança nos
esforços humanos, 4ainda que, se outros pensam ter motivos para
confiar nos próprios esforços, eu teria ainda mais! 5Fui circunci-
dado com oito dias de vida. Sou israelita de nascimento, da tribo
de Benjamim, um verdadeiro hebreu. Era membro dos fariseus,
extremamente obediente à lei judaica. 6Era tão zeloso que per-
segui a igreja. E, quanto à justiça, cumpria a lei com todo rigor.
7Pensava que essas coisas eram valiosas, mas agora as considero
insignificantes por causa de Cristo. 8Sim, todas as outras coisas
são insignificantes comparadas ao ganho inestimável de conhecer
a Cristo Jesus, meu Senhor. Por causa dele, deixei de lado todas
as coisas e as considero menos que lixo, a fim de poder ganhar a
Cristo 9e nele ser encontrado. Não conto mais com minha própria
justiça, que vem da obediência à lei, mas sim com a justiça que
vem pela fé em Cristo, pois é com base na fé que Deus nos declara
justos. 10Quero conhecer a Cristo e experimentar o grande poder
que o ressuscitou. Quero sofrer com ele, participando de sua morte,
11para, de alguma forma, alcançar a ressurreição dos mortos!

Prosseguindo para o alvo

12Não estou dizendo que já obtive tudo isso, que já alcancei a
perfeição. Mas prossigo a fim de conquistar essa perfeição para
a qual Cristo Jesus me conquistou. 13Não, irmãos, não a alcancei,
mas concentro todos os meus esforços nisto: esquecendo-me
do passado e olhando para o que está adiante, 14prossigo para
o final da corrida, a fim de receber o prêmio celestial para o qual
Deus nos chama em Cristo Jesus. 15Todos nós que alcançamos a
maturidade devemos concordar quanto a essas coisas. Se discor-
dam em algum ponto, confio que Deus o esclarecerá para vocês.
16Contudo, devemos prosseguir de maneira coerente com o que
já alcançamos. 17Irmãos, sejam meus imitadores e aprendam com
aqueles que seguem nosso exemplo. 18Pois, como lhes disse muitas
vezes, e o digo novamente com lágrimas nos olhos, há muitos cuja
conduta mostra que são, na verdade, inimigos da cruz de Cristo.
19Estão rumando para a destruição. O deus deles é seu próprio

apetite. Vangloriam-se de coisas vergonhosas e pensam apenas
na vida terrena. 20Nossa cidadania, no entanto, vem do céu, e de
lá aguardamos ansiosamente a volta do Salvador, o Senhor Jesus
Cristo. 21Ele tomará nosso frágil corpo mortal e o transformará num
corpo glorioso como o dele, usando o mesmo poder com o qual
submeterá todas as coisas a seu domínio.

CAPÍTULO 4

1Portanto, meus amados irmãos, permaneçam firmes no Senhor.
Amo vocês e anseio vê-los, pois são minha alegria e minha coroa
de recompensa.

Palavras de incentivo

2Agora, suplico a Evódia e a Síntique: tendo em vista que estão no
Senhor, resolvam seu desentendimento. 3E peço a você, meu fiel
colaborador, que ajude essas duas mulheres, pois elas trabalharam
arduamente comigo na propagação das boas-novas, e também com
Clemente e com meus outros colaboradores, cujos nomes estão
escritos no livro da vida. 4Alegrem-se sempre no Senhor. Repito:
alegrem-se! 5Que todos vejam que vocês são amáveis em tudo
que fazem. Lembrem-se de que o Senhor virá em breve. 6Não vi-
vam preocupados com coisa alguma; em vez disso, orem a Deus
pedindo aquilo de que precisam e agradecendo-lhe por tudo que
ele já fez. 7Então vocês experimentarão a paz de Deus, que excede
todo entendimento e que guardará seu coração e sua mente em
Cristo Jesus. 8Por fim, irmãos, quero lhes dizer só mais uma coi-
sa. Concentrem-se em tudo que é verdadeiro, tudo que é nobre,
tudo que é correto, tudo que é puro, tudo que é amável e tudo
que é admirável. Pensem no que é excelente e digno de louvor.
9Continuem a praticar tudo que aprenderam e receberam de mim,
tudo que ouviram de mim e me viram fazer. Então o Deus da paz
estará com vocês.

Paulo agradece as ofertas

10Como eu me alegro no Senhor por vocês terem voltado a se
preocupar comigo! Sei que sempre se preocuparam comigo, mas
não tinham oportunidade de me ajudar. 11Não digo isso por estar
necessitado, pois aprendi a ficar satisfeito com o que tenho. 12Sei

viver na necessidade e também na fartura. Aprendi o segredo de
viver em qualquer situação, de estômago cheio ou vazio, com pouco
ou muito. 13Posso todas as coisas por meio de Cristo, que me dá
forças. 14Mesmo assim, vocês fizeram bem em me ajudar na difi-
culdade pela qual estou passando. 15Como sabem, filipenses, vocês
foram os únicos que me ajudaram financeiramente quando lhes
anunciei as boas-novas pela primeira vez e depois segui viagem
saindo da Macedônia. Nenhuma outra igreja o fez. 16Até quando
eu estava em Tessalônica, vocês enviaram ajuda em mais de uma
ocasião. 17Não digo isso porque quero receber uma oferta de vocês.
Pelo contrário, desejo que sejam recompensados por sua bondade.
18No momento, tenho tudo de que preciso, e mais. Minhas neces-
sidades foram plenamente supridas pelas contribuições que vocês
enviaram por Epafrodito. Elas são um sacrifício de aroma suave,
uma oferta aceitável e agradável a Deus. 19E esse mesmo Deus
que cuida de mim lhes suprirá todas as necessidades por meio das
riquezas gloriosas que nos foram dadas em Cristo Jesus. 20Agora,
toda a glória seja a Deus, nosso Pai, para todo o sempre! Amém.

Saudações finais

21Transmitam minhas saudações a cada um do povo santo em Cristo
Jesus. Os irmãos que estão comigo também mandam lembranças.
22Todo o povo santo daqui lhes envia saudações, especialmente
os que pertencem à casa de César. 23Que a graça do Senhor Jesus
Cristo seja com o espírito de vocês.

COLOSSENSES

CAPÍTULO 1

Saudações de Paulo

1Eu, Paulo, apóstolo de Jesus Cristo pela vontade de Deus, escrevo
esta carta, junto com nosso irmão Timóteo, 2aos irmãos fiéis em
Cristo, o povo santo na cidade de Colossos. Que Deus, nosso Pai,
lhes dê graça e paz.

Ação de graças e oração de Paulo

3Sempre oramos por vocês e damos graças a Deus, o Pai de nosso
Senhor Jesus Cristo, 4pois temos ouvido falar de sua fé em Cristo
Jesus e de seu amor por todo o povo santo, 5que vêm da esperan-
ça confiante naquilo que lhes está reservado no céu. Vocês têm
essa expectativa desde que ouviram pela primeira vez a verdade
das boas-novas. 6Agora, as mesmas boas-novas que chegaram até
vocês estão se propagando pelo mundo todo. Elas têm crescido e
dado frutos em toda parte, como ocorre entre vocês desde o dia
em que ouviram e compreenderam a verdade sobre a graça de
Deus. 7Vocês aprenderam as boas-novas por meio de Epafras, nosso
amado colaborador. Ele é servo fiel de Cristo e nos tem ajudado
em favor de vocês. 8Ele nos contou do amor que o Espírito lhes
tem dado. 9Por isso, desde que ouvimos falar a seu respeito, não
deixamos de orar por vocês. Pedimos a Deus que lhes conceda
pleno conhecimento de sua vontade e também sabedoria e enten-
dimento espiritual. 10Então vocês viverão de modo a sempre honrar
e agradar ao Senhor, dando todo tipo de bom fruto e aprendendo a

NO QUE ESTOU PENSANDO ○ O QUE ESTOU SENTINDO ○ DO QUE ESTOU LEMBRANDO ○

DESENHE OU ESCREVA

conhecer a Deus cada vez mais. 11Oramos também para que sejam
fortalecidos com o poder glorioso de Deus, a fim de que tenham
toda a perseverança e paciência de que necessitam. Que sejam
cheios de alegria 12e sempre deem graças ao Pai. Ele os capacitou
para participarem da herança que pertence ao seu povo santo,
aqueles que vivem na luz. 13Ele nos resgatou do poder das trevas
e nos trouxe para o reino de seu Filho amado, 14que comprou nossa
liberdade e perdoou nossos pecados.

Cristo é supremo

15O Filho é a imagem do Deus invisível e é supremo sobre toda a
criação. 16Pois, por meio dele, todas as coisas foram criadas, tanto
nos céus como na terra, todas as coisas que podemos ver e as que
não podemos, como os tronos, reinos, governantes e as autoridades
do mundo invisível. Tudo foi criado por meio dele e para ele. 17Ele
existia antes de todas as coisas e mantém tudo em harmonia. 18Ele
é a cabeça do corpo, que é a igreja. Ele é o princípio, supremo sobre
os que ressuscitam dos mortos; portanto, ele é primeiro em tudo.
19Pois foi do agrado do Pai que toda a plenitude habitasse no Filho,
20e, por meio dele, o Pai reconciliou consigo todas as coisas. Por meio
do sangue do Filho na cruz, o Pai fez as pazes com todas as coisas,
tanto nos céus como na terra. 21Isso inclui vocês, que antes estavam
longe de Deus. Eram seus inimigos, dele separados por seus maus
pensamentos e ações. 22Agora, porém, ele os reconciliou consigo por
meio da morte do Filho no corpo físico. Como resultado, vocês po-
dem se apresentar diante dele santos, sem culpa e livres de qualquer
acusação. 23É preciso, porém, que continuem a crer nessa verdade
e nela permaneçam firmes. Não se afastem da esperança que rece-
beram quando ouviram as boas-novas, que foram anunciadas em
todo o mundo e que eu, Paulo, fui designado servo para proclamar.

O trabalho de Paulo em favor da igreja

24Alegro-me quando sofro por vocês em meu corpo, pois participo
dos sofrimentos de Cristo, que continuam em favor de seu corpo,
a igreja. 25Deus me deu a responsabilidade de servir seu povo,
anunciando-lhes sua mensagem completa. 26Essa mensagem foi
mantida em segredo por séculos e gerações, mas agora foi reve-
lada ao seu povo santo, 27pois Deus queria que eles soubessem

que as riquezas gloriosas desse segredo também são para vocês,
os gentios. E o segredo é este: Cristo está em vocês, o que lhes
dá a confiante esperança de participar de sua glória! [28]Portanto,
proclamamos a Cristo, advertindo a todos e ensinando a cada um
com toda a sabedoria, para apresentá-los maduros em Cristo. [29]Por
isso trabalho e luto com tanto esforço, na dependência de seu poder
que atua em mim.

CAPÍTULO 2

[1]Quero que saibam quantas lutas tenho enfrentado por causa de
vocês e dos que estão em Laodiceia, e por muitos que não me
conhecem pessoalmente. [2]Que eles sejam encorajados e unidos
por fortes laços de amor e tenham plena certeza de que entendem
o segredo de Deus, que é o próprio Cristo. [3]Nele estão escondidos
todos os tesouros de sabedoria e conhecimento. [4]Eu lhes digo isso
para que ninguém os engane com argumentos bem elaborados.
[5]Pois, embora eu esteja longe, meu coração está com vocês. E eu
me alegro de que estejam vivendo como devem e de que sua fé
em Cristo seja forte.

Liberdade e nova vida em Cristo

[6]E agora, assim como aceitaram Cristo Jesus como Senhor, conti-
nuem a segui-lo. [7]Aprofundem nele suas raízes e sobre ele edifi-
quem sua vida. Então sua fé se fortalecerá na verdade que lhes foi
ensinada, e vocês transbordarão de gratidão. [8]Não permitam que
outros os escravizem com filosofias vazias e invenções enganosas
provenientes do raciocínio humano, com base nos princípios espi-
rituais deste mundo, e não em Cristo. [9]Pois nele habita em corpo
humano toda a plenitude de Deus. [10]Portanto, porque estão nele,
o cabeça de todo governante e autoridade, vocês também estão
completos. [11]Em Cristo vocês foram circuncidados, mas não por uma
operação física, e sim espiritual, na qual foi removido o domínio de
sua natureza humana. [12]No batismo, vocês foram sepultados com
Cristo e, com ele, foram ressuscitados para a nova vida por meio
da fé no grande poder de Deus, que ressuscitou Cristo dos mortos.
[13]Vocês estavam mortos por causa de seus pecados e da incircunci-
são de sua natureza humana. Então Deus lhes deu vida com Cristo,
pois perdoou todos os nossos pecados. [14]Ele cancelou o registro de

acusações contra nós, removendo-o e pregando-o na cruz. [15]Desse
modo, desarmou os governantes e as autoridades espirituais e os
envergonhou publicamente ao vencê-los na cruz. [16]Portanto, não
deixem que ninguém os condene pelo que comem ou bebem, ou
por não celebrarem certos dias santos, as cerimônias da lua nova
ou os sábados. [17]Pois essas coisas são apenas sombras da realidade
futura, e o próprio Cristo é essa realidade. [18]Não aceitem a condena-
ção daqueles que insistem numa humildade fingida e na adoração
de anjos e que alegam ter visões a respeito dessas coisas. A mente
pecaminosa deles os tornou orgulhosos, [19]e eles não estão ligados
a Cristo, que é a cabeça do corpo. Unido a ele por meio de suas
juntas e seus ligamentos, o corpo cresce à medida que é nutrido por
Deus. [20]Vocês morreram com Cristo, e ele os libertou dos princípios
espirituais deste mundo. Então por que continuar a seguir as regras
deste mundo, que dizem: [21]"Não mexa! Não prove! Não toque!"?
[22]Essas regras não passam de ensinamentos humanos sobre coisas
que se deterioram com o uso. [23]Podem até parecer sábias, pois
exigem devoção, abnegação e rigorosa disciplina física, mas em
nada contribuem para vencer os desejos da natureza pecaminosa.

CAPÍTULO 3

Instruções para a nova vida

[1]Uma vez que vocês ressuscitaram para uma nova vida com Cristo,
mantenham os olhos fixos nas realidades do alto, onde Cristo está
sentado no lugar de honra, à direita de Deus. [2]Pensem nas coisas do
alto, e não nas coisas da terra. [3]Pois vocês morreram para esta vida,
e agora sua verdadeira vida está escondida com Cristo em Deus.
[4]E quando Cristo, que é sua vida, for revelado ao mundo inteiro,
vocês participarão de sua glória. [5]Portanto, façam morrer as coisas
pecaminosas e terrenas que estão dentro de vocês. Fiquem longe
da imoralidade sexual, da impureza, da paixão sensual, dos desejos
maus e da ganância, que é idolatria. [6]É por causa desses pecados
que vem a ira de Deus. [7]Vocês costumavam praticá-los quando
sua vida ainda fazia parte deste mundo, [8]mas agora é o momento
de se livrarem da ira, da raiva, da maldade, da maledicência e da
linguagem obscena. [9]Não mintam uns aos outros, pois vocês se
despiram de sua antiga natureza e de todas as suas práticas perver-
sas. [10]Revistam-se da nova natureza e sejam renovados à medida

que aprendem a conhecer seu Criador e se tornam semelhantes a
ele. 11Nessa nova vida, não importa se você é judeu ou gentio, se
é circuncidado ou incircuncidado, se é inculto ou incivilizado, se é
escravo ou livre. Cristo é tudo que importa, e ele vive em todos.
12Visto que Deus os escolheu para ser seu povo santo e amado,
revistam-se de compaixão, bondade, humildade, mansidão e paci-
ência. 13Sejam compreensivos uns com os outros e perdoem quem
os ofender. Lembrem-se de que o Senhor os perdoou, de modo
que vocês também devem perdoar. 14Acima de tudo, revistam-se
do amor que une todos nós em perfeita harmonia. 15Permitam
que a paz de Cristo governe o seu coração, pois, como membros do
mesmo corpo, vocês são chamados a viver em paz. E sejam sempre
agradecidos. 16Que a mensagem a respeito de Cristo, em toda a
sua riqueza, preencha a vida de vocês. Ensinem e aconselhem uns
aos outros com toda a sabedoria. Cantem a Deus salmos, hinos e
cânticos espirituais com o coração agradecido. 17E tudo que fizerem
ou disserem, façam em nome do Senhor Jesus, dando graças a
Deus, o Pai, por meio dele.

Instruções para as famílias cristãs

18Esposas, sujeite-se cada uma a seu marido, como é próprio a
quem está no Senhor. 19Maridos, ame cada um a sua esposa e
nunca a trate com aspereza. 20Filhos, obedeçam sempre a seus
pais, pois isso agrada ao Senhor. 21Pais, não irritem seus filhos,
para que eles não desanimem. 22Escravos, em tudo obedeçam a
seus senhores terrenos. Procurem agradá-los sempre, e não apenas
quando eles estiverem observando. Sirvam-nos com sinceridade,
por causa de seu temor ao Senhor. 23Em tudo que fizerem, traba-
lhem de bom ânimo, como se fosse para o Senhor, e não para os
homens. 24Lembrem-se de que o Senhor lhes dará uma herança
como recompensa e de que o Senhor a quem servem é Cristo.
25Mas, se fizerem o mal, receberão de volta o mal, pois Deus não
age com favoritismo.

CAPÍTULO 4

1Senhores, sejam justos e imparciais com seus escravos. Lembrem-
se de que vocês também têm um Senhor no céu.

Incentivo à oração

2Dediquem-se à oração com a mente alerta e o coração agradecido.
3Orem também por nós, para que Deus nos dê muitas oportunida-
des de falar do segredo a respeito de Cristo. É por esse motivo que
sou prisioneiro. 4Orem para que eu proclame essa mensagem com
a devida clareza. 5Vivam com sabedoria entre os que são de fora
e aproveitem bem todas as oportunidades. 6Que suas conversas
sejam amistosas e agradáveis, a fim de que tenham a resposta
certa para cada pessoa.

Instruções finais e saudações

7Tíquico, irmão amado e colaborador fiel que trabalha comigo
na obra do Senhor, lhes dará um relatório completo de como
tenho passado. 8Eu o envio a vocês exatamente com o propósito
de informá-los do que se passa conosco e de animá-los. 9Envio
também Onésimo, irmão fiel e amado, que é um de vocês. Ele e
Tíquico lhes contarão tudo que tem acontecido aqui. 10Aristarco,
que é prisioneiro comigo, lhes envia saudações, e assim também
Marcos, primo de Barnabé. Conforme vocês foram instruídos, se
Marcos passar por aí, recebam-no bem. 11Jesus, chamado Justo,
também manda lembranças. Esses são os únicos irmãos judeus
entre meus colaboradores. Eles trabalham comigo para o reino
de Deus e têm sido um grande conforto para mim. 12Epafras, que
é um de vocês e servo de Cristo Jesus, lhes envia saudações. Ele
sempre ora por vocês com fervor, pedindo que sejam maduros e
plenamente confiantes de que praticam toda a vontade de Deus.
13Posso lhes assegurar que ele tem se esforçado grandemente por
vocês e pelos que estão em Laodiceia e em Hierápolis. 14Lucas,
o médico amado, lhes envia saudações, assim como Demas.
15Mandem minhas saudações a nossos irmãos em Laodiceia, e
também a Ninfa e à igreja que se reúne em sua casa. 16Depois
que tiverem lido esta carta, enviem-na à igreja em Laodiceia, a
fim de que eles também possam lê-la. E vocês, leiam a carta que
eu escrevi para eles. 17E digam a Arquipo: "Cuide em realizar o
ministério que o Senhor lhe deu". 18Esta é minha saudação de
próprio punho: Paulo. Lembrem-se de que estou na prisão. Que a
graça de Deus esteja com vocês.

1 TESSALONICENSES

CAPÍTULO 1

Saudações de Paulo

[1]Nós, Paulo, Silas e Timóteo, escrevemos esta carta à igreja em
Tessalônica, a vocês que estão em Deus, o Pai, e no Senhor Jesus
Cristo. Que Deus lhes dê graça e paz.

Ação de graças pelos tessalonicenses

[2]Sempre damos graças a Deus por todos vocês e os menciona-
mos constantemente em nossas orações. [3]Quando oramos por
vocês diante de nosso Deus e Pai, relembramos seu trabalho fiel,
seus atos em amor e sua firme esperança em nosso Senhor Jesus
Cristo. [4]Sabemos, irmãos, que Deus os ama e os escolheu. [5]Pois,
quando lhes apresentamos as boas-novas, não o fizemos apenas
com palavras, mas também com poder, visto que o Espírito Santo
lhes deu plena certeza de que era verdade o que lhes dizíamos. E
vocês sabem como nos comportamos entre vocês e em seu favor.
[6]Assim, apesar do sofrimento que isso lhes trouxe, vocês receberam
a mensagem com a alegria que vem do Espírito Santo e se tornaram
imitadores nossos e do Senhor. [7]Com isso, tornaram-se exemplo
para todos os irmãos na Grécia, tanto na Macedônia como na Acaia.
[8]Agora, partindo de vocês, a palavra do Senhor tem se espalhado
por toda parte, até mesmo além da Macedônia e da Acaia, pois sua
fé em Deus se tornou conhecida em todo lugar. Não precisamos
sequer mencioná-la, [9]pois as pessoas têm comentado sobre como
vocês nos acolheram e como deixaram os ídolos a fim de servir ao

NO QUE ESTOU PENSANDO ○ | O QUE ESTOU SENTINDO ○ | DO QUE ESTOU LEMBRANDO ○

DESENHE OU ESCREVA

Deus vivo e verdadeiro. [10]Também comentam como vocês esperam
do céu a vinda de Jesus, o Filho de Deus, a quem ele ressuscitou
dos mortos e que nos livrará da ira que está para vir.

CAPÍTULO 2

Paulo recorda sua visita

[1]Vocês mesmos sabem, irmãos, que a visita que lhes fizemos não
foi inútil. [2]Sabem como fomos maltratados e quanto sofremos em
Filipos, antes de chegarmos aí. E, no entanto, com confiança em
nosso Deus, anunciamos a vocês as boas-novas de Deus, apesar
de grande oposição. [3]Portanto, como veem, não pregamos com
a intenção de enganá-los, nem com motivos impuros, nem com
artimanhas. [4]Em vez disso, falamos como mensageiros aprovados
por Deus, aos quais foram confiadas as boas-novas. Nosso propósito
não é agradar as pessoas, mas a Deus, que examina as intenções de
nosso coração. [5]Como bem sabem, nunca tentamos conquistá-los
com bajulação, e Deus é nossa testemunha de que não agimos
motivados pela ganância. [6]Quanto ao reconhecimento humano,
nunca o buscamos de vocês, nem de nenhum outro. [7]Ainda que,
como apóstolos de Cristo, tivéssemos o direito de fazer certas
exigências, agimos como crianças entre vocês. Ou melhor, fomos
como a mãe que alimenta os filhos e deles cuida. [8]Nós os amamos
tanto que compartilhamos com vocês não apenas as boas-novas de
Deus, mas também nossa própria vida. [9]Não se lembram, irmãos,
de como trabalhamos arduamente entre vocês? Noite e dia nos
esforçamos para obter sustento, a fim de não sermos um peso para
ninguém enquanto lhes anunciávamos as boas-novas de Deus.
[10]Vocês mesmos são nossas testemunhas, e Deus também é, de
que fomos dedicados, honestos e irrepreensíveis com todos vocês,
os que creem. [11]E sabem que tratamos a cada um como um pai trata
seus filhos. [12]Aconselhamos, incentivamos e insistimos para que
vivam de modo que Deus considere digno, pois ele os chamou
para terem parte em seu reino e em sua glória. [13]Portanto, nunca
deixamos de agradecer a Deus, pois, quando vocês receberam de
nós a mensagem dele, não consideraram nossas palavras meras
ideias humanas, mas as aceitaram como palavra de Deus, o que
sem dúvida são. E essa mensagem continua a atuar em vocês, os
que creem. [14]E então, irmãos, vocês foram perseguidos por seus

próprios compatriotas, tornando-se assim imitadores das igrejas de
Deus em Cristo Jesus na Judeia, que também sofreram nas mãos
de seu próprio povo, os judeus. 15Eles mataram o Senhor Jesus e
os profetas, e agora também nos perseguem. Não agradam a Deus
e trabalham contra toda a humanidade, 16procurando impedir-nos
de anunciar a salvação aos gentios. Com isso, continuam a acumular
pecados, mas a ira de Deus finalmente os alcançou.

O relato animador de Timóteo a respeito da igreja

17Irmãos, depois de um breve tempo separados de vocês, embora
nosso coração nunca os tenha deixado, esforçamo-nos por voltar
a vê-los, pela grande saudade que sentimos. 18Queríamos mui-
to visitá-los, e eu, Paulo, tentei não apenas uma vez, mas duas;
Satanás, porém, nos impediu. 19Afinal, o que nos dá esperança e
alegria? E qual será nossa magnífica recompensa e coroa diante
do Senhor Jesus quando ele voltar? Serão vocês! 20Sim, vocês são
nosso orgulho e nossa alegria.

CAPÍTULO 3

1Por isso, quando não pudemos mais suportar, resolvemos ficar
sozinhos em Atenas 2e enviamos Timóteo para visitá-los. Ele é nosso
irmão e colaborador de Deus na proclamação das boas-novas de
Cristo. Nós o enviamos para fortalecê-los e animá-los na fé, 3para
que as dificuldades não os abalem. Mas vocês sabem que estamos
destinados a passar por elas. 4Quando ainda estávamos com vocês,
nós os advertimos de que as aflições em breve viriam, e foi o que
aconteceu, como bem sabem. 5Assim, quando não pude mais su-
portar, enviei Timóteo para saber se continuavam firmes na fé. Tinha
receio de que o tentador os tivesse vencido e todo o nosso trabalho
houvesse sido inútil. 6Agora, porém, Timóteo voltou trazendo boas
notícias a respeito de sua fé e seu amor. Ele nos contou que vocês
se lembram sempre com alegria de nossa visita e que desejam nos
ver tanto quanto nós queremos vê-los. 7Por isso, irmãos, apesar
de nossos sofrimentos e dificuldades, ficamos animados porque
vocês permaneceram firmes na fé. 8Agora, revivemos por saber
que estão firmes no Senhor. 9Sim, agradecemos a Deus por vocês!
Por sua causa, temos grande alegria na presença de Deus. 10Noite
e dia oramos por vocês com fervor, pedindo que possamos vê-los
novamente a fim de ajudá-los a aperfeiçoar a fé. 11Que Deus, nosso
Pai, e nosso Senhor Jesus nos encaminhem a vocês em breve. 12E
que o Senhor faça crescer e transbordar o amor que vocês têm uns
pelos outros e por todos, da mesma forma que nosso amor trans-
borda por vocês. 13E, como resultado, que Deus, nosso Pai, torne seu
coração forte, irrepreensível e santo diante dele para quando nosso
Senhor Jesus voltar com todo o seu povo santo. Amém.

CAPÍTULO 4

Uma vida dedicada a agradar a Deus

1Finalmente, irmãos, pedimos e incentivamos em nome do Senhor
Jesus que vivam para agradar a Deus, conforme lhes instruímos.
Vocês já vivem desse modo, e os incentivamos a fazê-lo ainda mais,
2pois se lembram das instruções que lhes demos pela autoridade
do Senhor Jesus. 3A vontade de Deus é que vocês vivam em san-
tidade; por isso, mantenham-se afastados de todo pecado sexual.
4Cada um deve aprender a controlar o próprio corpo e assim viver
em santidade e honra, 5não em paixões sensuais, como os gentios
que não conhecem a Deus. 6Nesse assunto, não prejudiquem nem
enganem um irmão, pois o Senhor punirá todas essas práticas,
como já os advertimos solenemente. 7Pois Deus nos chamou para
uma vida santa, e não impura. 8Portanto, quem se recusa a viver de
acordo com essas regras não desobedece a ensinamentos huma-
nos, mas rejeita a Deus, que lhes dá seu Espírito Santo. 9Não pre-
cisamos lhes escrever sobre a importância do amor fraternal, pois o
próprio Deus os ensinou a amarem uns aos outros. 10De fato, vocês
já demonstram amor por todos os irmãos em toda a Macedônia.
Ainda assim, irmãos, pedimos que os amem ainda mais. 11Tenham
como objetivo uma vida tranquila, ocupando-se com seus próprios
assuntos e trabalhando com suas próprias mãos, conforme os ins-
truímos anteriormente. 12Assim, os que são de fora respeitarão seu
modo de viver, e vocês não terão de depender de outros.

A esperança da ressurreição

13Agora, irmãos, não queremos que ignorem o que acontecerá aos
que já morreram, para que não se entristeçam como aqueles que
não têm esperança. 14Porque cremos que Jesus morreu e foi ressus-
citado, também cremos que Deus trará de volta à vida, com Jesus,

1Ts 4.4

1Ts

todos os que morreram. 15Dizemos a vocês, pela palavra do Senhor:
nós, os que ainda estivermos vivos quando o Senhor voltar, não
iremos ao encontro dele antes daqueles que já morreram. 16Pois
o Senhor mesmo descerá do céu com um brado de comando, com
a voz do arcanjo e com o toque da trombeta de Deus. Primeiro, os
mortos em Cristo ressuscitarão. 17Depois, com eles, nós, os que ain-
da estivermos vivos, seremos arrebatados nas nuvens ao encontro
do Senhor, nos ares. Então, estaremos com o Senhor para sempre.
18Portanto, animem uns aos outros com essas palavras.

CAPÍTULO 5

1Não é necessário, irmãos, que eu lhes escreva sobre quando e
como tudo isso acontecerá, 2pois vocês sabem muito bem que o
dia do Senhor virá inesperadamente, como ladrão à noite. 3Quando
as pessoas disserem: "Tudo está em paz e seguro", então o desastre
lhes sobrevirá tão repentinamente como iniciam as dores de parto
de uma mulher grávida, e não haverá como escapar. 4Mas vocês, ir-
mãos, não estão na escuridão a respeito dessas coisas e não devem
se surpreender quando o dia do Senhor vier como ladrão. 5Porque
todos vocês são filhos da luz e do dia. Não pertencemos à escuridão
e à noite. 6Portanto, fiquem atentos; não durmam como os outros.
Permaneçam atentos e sejam sóbrios. 7À noite, as pessoas dormem
e os bêbados se embriagam. 8Mas nós, que vivemos na luz, deve-
mos ser sóbrios, protegidos pela armadura da fé e do amor, usando
o capacete da esperança da salvação. 9Porque Deus decidiu nos
salvar por meio de nosso Senhor Jesus Cristo, em vez de derramar
sua ira sobre nós. 10Cristo morreu por nós para que, quer este-
jamos despertos, quer dormindo, vivamos com ele para sempre.
11Portanto, animem e edifiquem uns aos outros, como têm feito.

Conselhos finais

12Irmãos, honrem seus líderes na obra do Senhor. Eles trabalham
arduamente entre vocês e lhes dão orientações. 13Tenham grande
respeito e amor sincero por eles, por causa do trabalho que reali-
zam. E vivam em paz uns com os outros. 14Irmãos, pedimos que
advirtam os indisciplinados. Encorajem os desanimados. Ajudem
os fracos. Sejam pacientes com todos. 15Cuidem que ninguém re-
tribua o mal com o mal, mas procurem sempre fazer o bem uns

1Ts 5.16-17

aos outros e a todos. 16Estejam sempre alegres. 17Nunca deixem
de orar. 18Sejam gratos em todas as circunstâncias, pois essa é a
vontade de Deus para vocês em Cristo Jesus. 19Não apaguem o
Espírito. 20Não desprezem as profecias, 21mas ponham à prova tudo
que é dito e fiquem com o que é bom. 22Mantenham-se afastados
de toda forma de mal.

Saudações finais

23E, agora, que o Deus da paz os torne santos em todos os aspectos,
e que o espírito, a alma e o corpo de vocês sejam mantidos irrepre-
ensíveis até a volta de nosso Senhor Jesus Cristo. 24Aquele que os
chama fará isso acontecer, pois ele é fiel. 25Irmãos, orem por nós.
26Cumprimentem todos os irmãos com beijo santo. 27Encarrego-os
em nome do Senhor de lerem esta carta a todos os irmãos. 28Que a
graça de nosso Senhor Jesus Cristo esteja com vocês.

2 TESSALONICENSES

CAPÍTULO 1

Saudações de Paulo

1Nós, Paulo, Silas e Timóteo, escrevemos esta carta à igreja em
Tessalônica, a vocês que estão em Deus, nosso Pai, e no Senhor
Jesus Cristo. 2Que Deus, nosso Pai, e o Senhor Jesus Cristo lhes
deem graça e paz.

Ânimo durante a perseguição

3Irmãos, não podemos deixar de dar graças a Deus por vocês, pois
sua fé tem se desenvolvido cada vez mais, e seu amor uns pelos
outros tem crescido. 4Por isso nos orgulhamos de falar às outras
igrejas de Deus sobre sua perseverança e fidelidade em todas as
perseguições e aflições que vocês têm sofrido. 5Deus usará essa per-
seguição para mostrar que seu julgamento é justo e para torná-los
dignos de seu reino, pelo qual estão sofrendo. 6Em sua justiça, Deus
pagará com aflição aqueles que afligem vocês. 7Deus concederá
descanso a vocês, que são afligidos, e também a nós, na revelação
do Senhor Jesus, quando ele vier do céu. Virá com seus anjos po-
derosos, 8em chamas de fogo, trazendo juízo sobre os que não co-
nhecem a Deus e sobre os que se recusam a obedecer às boas-novas
de nosso Senhor Jesus. 9Eles serão punidos com destruição eterna,
separados para sempre da presença do Senhor e de seu glorioso
poder. 10No dia em que ele vier, receberá glória de seu povo santo
e louvores de todos os que creem. E isso inclui vocês, pois creram
naquilo que lhes dissemos a respeito dele. 11Assim, continuamos

NO QUE ESTOU PENSANDO | O QUE ESTOU SENTINDO | DO QUE ESTOU LEMBRANDO

DESENHE OU ESCREVA

a orar por vocês, pedindo a nosso Deus que os capacite a ter uma
vida digna de seu chamado e lhes dê poder para realizar as coisas
boas que a fé os motivar a fazer. 12Então o nome de nosso Senhor
Jesus será honrado em vocês, e vocês serão honrados com ele. Tudo
isso é possível pela graça de nosso Deus e Senhor, Jesus Cristo.

CAPÍTULO 2

Acontecimentos que precederão a segunda vinda

1Agora, irmãos, vamos esclarecer algumas coisas a respeito da vinda
de nosso Senhor Jesus Cristo e de nosso encontro com ele. 2Não se
deixem abalar nem assustar tão facilmente por aqueles que dizem
que o dia do Senhor já começou. Não acreditem neles, mesmo
que afirmem ter recebido uma visão espiritual, uma revelação ou
uma carta supostamente enviada por nós. 3Não se deixem enganar
pelo que dizem, pois esse dia não virá até que surja a rebelião e
venha o homem da perversidade, aquele que traz destruição. 4Ele
se exaltará e se oporá a tudo que o povo chama de "deus" e a todo
objeto de culto, e até se sentará no templo de Deus e se fará passar
por Deus. 5Não se lembram de que eu lhes falei disso tudo quando
estive aí? 6E vocês sabem o que o está detendo, pois ele só pode ser
revelado quando sua hora chegar. 7Pois essa perversidade já opera
secretamente e permanecerá em segredo até que se afaste aquele
que a detém. 8Então o homem da perversidade será revelado, mas
o Senhor Jesus o matará com o sopro de sua boca e o destruirá com
o esplendor de sua vinda. 9Esse homem virá para realizar o trabalho
de Satanás, com poder, sinais e falsas maravilhas, 10e com todo tipo
de mentira perversa para enganar os que estão caminhando para
a destruição, pois se recusam a amar e a aceitar a verdade que os
salvaria. 11Portanto, Deus fará que sejam enganados, e eles crerão
nessas mentiras. 12Então serão condenados por ter prazer no mal
em vez de crer na verdade.

Os fiéis devem permanecer firmes

13Quanto a nós, não podemos deixar de dar graças a Deus por vocês,
irmãos amados pelo Senhor. Somos sempre gratos porque Deus os
escolheu para estarem entre os primeiros a receber a salvação por
meio do Espírito que os torna santos e pela fé na verdade. 14Ele os
chamou para a salvação quando lhes anunciamos as boas-novas;

agora vocês podem participar da glória de nosso Senhor Jesus
Cristo. 15Portanto, irmãos, tendo em mente todas essas coisas, per-
maneçam firmes e apeguem-se às tradições que lhes transmitimos,
seja pessoalmente, seja por carta. 16Que o próprio Jesus Cristo,
nosso Senhor, e Deus, nosso Pai, que nos amou e pela graça nos
deu eterno conforto e maravilhosa esperança, 17os animem e os
fortaleçam em tudo de bom que vocês fizerem e disserem.

CAPÍTULO 3

Pedido de oração

1Finalmente, irmãos, pedimos que orem por nós. Orem para que a
mensagem do Senhor se espalhe rapidamente e seja honrada por
onde quer que vá, como aconteceu quando chegou a vocês. 2Orem
também para que sejamos libertos dos perversos e maus, pois nem
todos têm fé. 3Mas o Senhor é fiel; ele os fortalecerá e os guardará
do maligno. 4E confiamos no Senhor que vocês estão fazendo e
continuarão a fazer aquilo que lhes ordenamos. 5Que o Senhor
conduza o coração de vocês ao amor de Deus e à perseverança
que vem de Cristo.

Apelo a uma vida adequada

6E agora, irmãos, nós lhes damos a seguinte ordem em nome de
nosso Senhor Jesus Cristo: mantenham-se afastados de todos os
irmãos que vivem ociosamente e não seguem a tradição que rece-
beram de nós. 7Pois vocês sabem que devem seguir nosso exem-
plo. Não ficamos ociosos quando estivemos com vocês, 8nem nos
alimentamos às custas dos outros. Trabalhamos arduamente dia
e noite, a fim de não sermos um peso para nenhum de vocês.
9Embora tivéssemos o direito de pedir que nos alimentassem,
queríamos lhes dar o exemplo. 10Quando ainda estávamos com
vocês, lhes ordenamos: "Quem não quiser trabalhar não deve
comer". 11Contudo, soubemos que alguns de vocês estão viven-
do ociosamente, recusando-se a trabalhar e intrometendo-se
em assuntos alheios. 12Ordenamos e insistimos em nome do
Senhor Jesus Cristo que sosseguem e trabalhem para obter o
próprio sustento. 13Quanto a vocês, irmãos, nunca se cansem
de fazer o bem. 14Observem quem se recusa a obedecer àquilo
que lhes digo nesta carta. Afastem-se dele, para que se sinta

2Ts 2.15

envergonhado. 15Não o considerem como inimigo, mas advir-
tam-no como a um irmão.

Saudações finais

16Que o próprio Senhor da paz lhes dê paz em todos os momentos e
situações. Que o Senhor esteja com todos vocês. 17Aqui está minha
saudação de próprio punho: Paulo. Assim faço em todas as minhas
cartas para provar que eu mesmo as escrevi. 18Que a graça de nosso
Senhor Jesus Cristo esteja com todos vocês.

1 TIMÓTEO

CAPÍTULO 1

Saudações de Paulo

1Eu, Paulo, apóstolo de Cristo Jesus, por ordem de Deus, nosso Salvador, e de Cristo Jesus, nossa esperança, 2escrevo esta carta a Timóteo, meu verdadeiro filho na fé. Que Deus, o Pai, e Cristo Jesus, nosso Senhor, lhe deem graça, misericórdia e paz.

Advertência contra falsos ensinos

3Quando parti para a Macedônia, pedi a você que ficasse em Éfeso e advertisse certas pessoas de que não ensinassem coisas contrárias à verdade, 4nem desperdiçassem tempo com discussões intermináveis sobre mitos e genealogias, que só levam a especulações sem sentido em vez de promover o propósito de Deus, que é realizado pela fé. 5O alvo de minha instrução é o amor que vem de um coração puro, de uma consciência limpa e de uma fé sincera. 6Alguns, porém, se desviaram dessas coisas e passam o tempo em discussões inúteis. 7Querem ser conhecidos como mestres da lei, mas não sabem do que estão falando, embora o façam com tanta confiança. 8Sabemos que a lei é boa quando usada corretamente. 9Pois a lei não foi criada para os que fazem o que é certo, mas para os transgressores e rebeldes, para os irreverentes e pecadores, para os ímpios e profanos. Ela é para os que matam pai ou mãe ou cometem outros homicídios, 10para os que vivem na imoralidade sexual, para os que praticam a homossexualidade, e também para os sequestradores, os mentirosos, os que juram falsamente ou que fazem qualquer outra coisa que contradiga o ensino verdadeiro, 11que vem das boas-novas gloriosas confiadas a mim por nosso Deus bendito.

A gratidão de Paulo pela misericórdia de Deus

12Agradeço àquele que me deu forças, Cristo Jesus, nosso Senhor, que me considerou digno de confiança e me designou para servi-lo, 13embora eu fosse blasfemo, perseguidor e violento. Contudo, recebi misericórdia, porque agia por ignorância e incredulidade. 14O Senhor fez sua graça transbordar e me encheu da fé e do amor que vêm de Cristo Jesus. 15Esta é uma afirmação digna de confiança, e todos devem aceitá-la: "Cristo Jesus veio ao mundo para salvar os pecadores", e eu sou o pior de todos. 16Mas foi por isso que eu, o pior dos pecadores, recebi misericórdia, para que assim Cristo Jesus mostrasse quanto é paciente. Desse modo, sirvo de exemplo a todos que vierem a crer nele para a vida eterna. 17Honra e glória a Deus para todo o sempre! Ele é o Rei eterno, invisível e imortal; ele é o único Deus. Amém.

A responsabilidade de Timóteo

18Timóteo, meu filho, estas são minhas instruções para você, com base nas palavras proféticas ditas tempos atrás a seu respeito. Que elas o ajudem a lutar o bom combate. 19Apegue-se à fé e mantenha a consciência limpa, pois alguns rejeitaram deliberadamente a consciência e, como resultado, a fé que tinham naufragou. 20Himeneu e Alexandre são dois exemplos. Eu os entreguei a Satanás, para que aprendam a não blasfemar.

CAPÍTULO 2

Instruções a respeito do culto

1Em primeiro lugar, recomendo que sejam feitas petições, orações, intercessões e ações de graça em favor de todos, 2em favor dos reis e de todos que exercem autoridade, para que tenhamos uma vida pacífica e tranquila, caracterizada por devoção e dignidade. 3Isso é bom e agrada a Deus, nosso Salvador, 4cujo desejo é que todos sejam salvos e conheçam a verdade. 5Pois: Há um só Deus e um só Mediador entre Deus e a humanidade: o homem Cristo Jesus. 6Ele deu sua vida para comprar a liberdade de todos. Essa é

a mensagem que foi entregue ao mundo no momento oportuno.
7 E eu fui escolhido como pregador e apóstolo para ensinar aos
gentios essa mensagem a respeito da fé e da verdade. Não estou
mentindo; digo a verdade. 8 Quero, portanto, que em todo lugar
de culto os homens orem com mãos santas levantadas, livres de
ira e de controvérsias. 9 Da mesma forma, quero que as mulheres
tenham discrição em sua aparência. Que usem roupas decentes e
apropriadas, sem chamar a atenção pela maneira como arrumam
o cabelo ou por usarem ouro, pérolas ou roupas caras. 10 Pois as
mulheres que afirmam ser devotas a Deus devem se embelezar
com as boas obras que praticam. 11 As mulheres devem aprender
em silêncio e com toda submissão. 12 Não permito que as mulhe-
res ensinem aos homens, nem que tenham autoridade sobre eles.
Antes, devem ouvir em silêncio. 13 Porque primeiro Deus fez Adão
e, depois, Eva. 14 E não foi Adão o enganado. A mulher é que foi
enganada, e o resultado foi o pecado. 15 Mas as mulheres serão
salvas dando à luz filhos, desde que continuem a viver na fé, no
amor e na santidade, com discrição.

CAPÍTULO 3

Os líderes da igreja

1 Esta é uma afirmação digna de confiança: "Se alguém deseja
ser bispo, deseja uma tarefa honrosa". 2 Portanto, o bispo deve
ter uma vida irrepreensível. Deve ser marido de uma só mulher,
ter autocontrole, viver sabiamente e ter boa reputação. Deve ser
hospitaleiro e apto a ensinar. 3 Não deve beber vinho em excesso,
nem ser violento. Antes, deve ser amável, pacífico e desapegado
do dinheiro. 4 Deve liderar bem a própria família e ter filhos que o
respeitem e lhe obedeçam. 5 Pois, se um homem não é capaz de
liderar a própria família, como poderá cuidar da igreja de Deus?
6 Não deve ser recém-convertido, pois poderia se tornar orgulhoso,
e o diabo o faria cair. 7 Além disso, os que são de fora devem falar
bem dele, para que não seja desacreditado e caia na armadilha do
diabo. 8 Da mesma forma, os diáconos devem ser respeitáveis e ter
integridade. Não devem beber vinho em excesso, nem se deixar
conduzir pela ganância. 9 Devem ser comprometidos com o segredo
da fé e viver com a consciência limpa. 10 Antes de serem nomeados
diáconos, é necessário que se faça uma avaliação cuidadosa. Se

forem aprovados, então que exerçam a função de diáconos. 11 De
igual modo, as mulheres devem ser respeitáveis e não caluniar
ninguém. Devem ter autocontrole e ser fiéis em tudo que fazem.
12 O diácono deve ser marido de uma só mulher e liderar bem seus
filhos e sua casa. 13 Aqueles que exercerem bem a função de diá-
conos serão recompensados com o respeito de outros e terão cada
vez mais convicção de sua fé em Cristo Jesus.

As verdades de nossa fé

14 Embora espere vê-lo em breve, escrevo-lhe estas coisas agora,
15 para que, se eu demorar, você saiba como as pessoas devem se
comportar na casa de Deus. Ela é a igreja do Deus vivo, coluna e ali-
cerce da verdade. 16 Sem dúvida, este é o grande segredo de nossa
fé: Cristo foi revelado em corpo humano, justificado pelo Espírito,
visto por anjos, anunciado às nações, crido em todo o mundo e
levado para o céu em glória.

CAPÍTULO 4

Advertências acerca dos falsos mestres

1 O Espírito afirma claramente que nos últimos tempos alguns se
desviarão da fé, dando ouvidos a espíritos enganadores e a en-
sinamentos de demônios, 2 que vêm de indivíduos hipócritas e
mentirosos, cuja consciência está morta. 3 Tais pessoas afirmam
que é errado se casar e proíbem que se comam certos alimentos,
que Deus criou para serem recebidos com ação de graças pelos
que são fiéis e conhecedores da verdade. 4 Porque tudo que Deus
fez é bom, não devemos rejeitar nada, mas a tudo receber com
ação de graças, 5 pois sabemos que se torna aceitável pela palavra
de Deus e pela oração.

Um bom servo de Cristo Jesus

6 Se você explicar estas coisas aos irmãos, será um bom servo de
Cristo Jesus, nutrido pela mensagem da fé e pelo bom ensino que
tem seguido. 7 Não perca tempo discutindo mitos profanos e cren-
dices absurdas. Em vez disso, exercite-se na devoção. 8 "O exercício
físico tem algum valor, mas exercitar-se na devoção é muito melhor,
pois promete benefícios não apenas nesta vida, mas também na
vida futura." 9 Essa é uma afirmação digna de confiança, e todos

1Tm

devem aceitá-la. 10Trabalhamos arduamente e continuamos a lutar
porque nossa esperança está no Deus vivo, o Salvador de todos,
especialmente dos que creem. 11Ensine estas coisas e insista nelas.
12Não deixe que ninguém o menospreze porque você é jovem. Seja
exemplo para todos os fiéis nas palavras, na conduta, no amor, na
fé e na pureza. 13Até minha chegada, dedique-se à leitura públi-
ca das Escrituras, ao encorajamento e ao ensino. 14Não descuide
do dom que recebeu por meio de profecia quando os presbíteros
impuseram as mãos sobre você. 15Dedique total atenção a essas
questões. Entregue-se inteiramente a suas tarefas, para que todos
vejam seu progresso. 16Fique atento a seu modo de viver e a seus
ensinamentos. Permaneça fiel ao que é certo, e assim salvará a si
mesmo e àqueles que o ouvem.

CAPÍTULO 5

Conselhos a respeito de viúvas, líderes e escravos

1Nunca fale com dureza a um homem mais velho, mas aconselhe-o
como faria com seu próprio pai. Quanto aos mais jovens, aconse-
lhe-os como a irmãos. 2Trate as mulheres mais velhas como trataria
sua mãe, e as mais jovens, com toda pureza, como se fossem suas
irmãs. 3Cuide das viúvas que não têm ninguém para ajudá-las.
4Mas, se elas tiverem filhos ou netos, a primeira responsabilida-
de deles é mostrar devoção no lar e retribuir aos pais o cuidado
recebido. Isso é algo que agrada a Deus. 5A verdadeira viúva, uma
mulher sozinha no mundo, põe sua esperança em Deus. Dia e noite,
faz súplicas e orações. 6Mas a viúva que vive apenas para o prazer
está morta, ainda que esteja viva. 7Dê essas instruções, para que
ninguém fique sujeito a críticas. 8Aqueles que não cuidam dos seus,
especialmente dos de sua própria família, negaram a fé e são piores
que os descrentes. 9A viúva incluída na lista para receber sustento
deve ter pelo menos sessenta anos e ter sido esposa de um só
marido. 10Deve ser respeitada pelo bem que praticou, como alguém
que soube criar os filhos, foi hospitaleira, serviu o povo santo com
humildade, ajudou os que estavam em dificuldade e sempre se
dedicou a fazer o bem. 11As viúvas mais jovens não devem fazer
parte dessa lista, pois, quando seus desejos físicos forem mais fortes
que sua devoção a Cristo, desejarão se casar novamente. 12Assim se
tornarão culpadas de quebrar o compromisso que fizeram. 13Além

1Tm 4.12

disso, aprenderão a se tornar ociosas e a andar de casa em casa,
fazendo fofoca, intrometendo-se em assuntos alheios e falando do
que não devem. 14Portanto, aconselho que essas viúvas mais jovens
se casem de novo, tenham filhos e tomem conta do próprio lar.
Então o inimigo não poderá dizer coisa alguma contra elas. 15Pois,
de fato, algumas já se desviaram e agora seguem Satanás. 16Se
alguma irmã na fé tem viúvas na família, deve tomar conta delas e
não sobrecarregar a igreja, que assim poderá cuidar das viúvas que
estiverem verdadeiramente sozinhas. 17Os presbíteros que fazem
bem seu trabalho devem receber honra redobrada, especialmente
os que se dedicam arduamente à pregação e ao ensino. 18Pois as
Escrituras dizem: "Não amordacem o boi para impedir que ele coma
enquanto debulha os cereais", e também: "Aqueles que trabalham
merecem seu salário". 19Não aceite acusação contra um presbítero
sem que seja confirmada por duas ou três testemunhas. 20Aqueles
que pecarem devem ser repreendidos diante de todos, o que ser-
virá de forte advertência para os demais. 21Ordeno solenemente,
na presença de Deus, de Cristo Jesus e dos anjos eleitos que você
obedeça a estas instruções sem tomar partido nem demonstrar
favoritismo. 22Não se apresse em nomear um líder. Não participe
dos pecados alheios. Mantenha-se puro. 23Não beba apenas água.
Uma vez que você fica doente com frequência, tome um pouco de
vinho por causa de seu estômago. 24Lembre-se de que os pecados
de alguns são evidentes, e seu julgamento é inevitável. Há outros,
porém, cujos pecados só serão revelados mais tarde. 25Da mesma
forma, as boas obras de alguns são evidentes, e outras, feitas em
segredo, um dia serão conhecidas.

CAPÍTULO 6

1Os escravos devem ter todo o respeito por seus senhores, para não
envergonharem o nome de Deus e seus ensinamentos. 2O fato de o
senhor ser irmão na fé não é desculpa para deixarem de respeitá-lo.
Pelo contrário, devem trabalhar ainda mais arduamente, pois seus
esforços beneficiam outros irmãos amados.

Falsos ensinos e riquezas verdadeiras

Ensine estas coisas e incentive todos a obedecer-lhes. 3Talvez al-
guns nos contradigam, mas estes são os verdadeiros ensinamentos

do Senhor Jesus Cristo, que conduzem a uma vida de devoção.
Quem ensina algo diferente 4é arrogante e sem entendimento.
Vive com o desejo doentio de discutir o significado das palavras
e provoca contendas que resultam em inveja, divisão, difamação
e suspeitas malignas. 5Pessoas assim sempre causam problemas.
Têm a mente corrompida e deram as costas à verdade. Para elas, a
vida de devoção é apenas uma forma de enriquecer. 6No entanto, a
devoção acompanhada de contentamento é, em si mesma, grande
riqueza. 7Afinal, não trouxemos nada conosco quando viemos ao
mundo, e nada levaremos quando o deixarmos. 8Portanto, se temos
alimento e roupa, estejamos contentes. 9Mas aqueles que desejam
enriquecer caem em tentações e armadilhas e em muitos desejos
tolos e nocivos, que os levam à ruína e destruição. 10Pois o amor
ao dinheiro é a raiz de todo mal. E alguns, por tanto desejarem
dinheiro, desviaram-se da fé e afligiram a si mesmos com muitos
sofrimentos.

Instruções finais de Paulo

11Você, porém, que é um homem de Deus, fuja de todas essas coisas
más. Busque a justiça, a devoção e também a fé, o amor, a perseve-
rança e a mansidão. 12Lute o bom combate da fé. Apegue-se firme-
mente à vida eterna para a qual foi chamado e que tão bem você
declarou na presença de muitas testemunhas. 13Diante de Deus,
que a todos dá vida, e de Cristo Jesus, que deu bom testemunho pe-
rante Pôncio Pilatos, encarrego-o 14de obedecer a esta ordem sem
vacilar. Assim, ninguém poderá acusá-lo de coisa alguma, desde
agora até a volta de nosso Senhor Jesus Cristo. 15Pois: No devido
tempo ele será revelado do céu pelo bendito e único Deus todo-
-poderoso, o Rei dos reis e Senhor dos senhores. 16Somente a ele
pertence a imortalidade, e ele habita em luz tão resplandecente que
nenhum ser humano pode se aproximar dele. Ninguém jamais o
viu, nem pode ver. A ele sejam honra e poder para sempre! Amém.
17Ensine aos ricos deste mundo que não se orgulhem nem confiem
em seu dinheiro, que é incerto. Sua confiança deve estar em Deus,
que provê ricamente tudo de que necessitamos para nossa satisfa-
ção. 18Diga-lhes que usem seu dinheiro para fazer o bem. Devem
ser ricos em boas obras e generosos com os necessitados, sempre
prontos a repartir. 19Desse modo, acumularão tesouros para si como

um alicerce firme para o futuro, a fim de experimentarem a verda-
deira vida. 20Timóteo, guarde aquilo que Deus lhe confiou. Evite
discussões profanas e tolas com aqueles que se opõem a você com
suposto conhecimento. 21Alguns se desviaram da fé por seguirem
essas tolices. Que a graça de Deus esteja com vocês.

2 TIMÓTEO

CAPÍTULO 1

Saudações de Paulo

1Eu, Paulo, apóstolo de Cristo Jesus pela vontade de Deus, enviado
para anunciar a vida que ele prometeu por meio da fé em Cristo
Jesus, 2escrevo esta carta a Timóteo, meu filho amado. Que Deus,
o Pai, e Cristo Jesus, nosso Senhor, lhe deem graça, misericórdia
e paz.

Ânimo para ser fiel

3Dou graças por você ao Deus que sirvo com a consciência limpa,
como o serviram meus antepassados. Sempre me lembro de você
em minhas orações, noite e dia. 4Quero muito revê-lo, pois me
lembro de suas lágrimas. Nosso reencontro me encherá de alegria.
5Lembro-me de sua fé sincera, como era a de sua avó, Loide, e de
sua mãe, Eunice, e sei que em você essa mesma fé continua firme.
6Por isso quero lembrá-lo de avivar a chama do dom que Deus lhe
deu quando impus minhas mãos sobre você. 7Pois Deus não nos
deu um Espírito que produz temor e covardia, mas sim que nos dá
poder, amor e autocontrole. 8Portanto, jamais se envergonhe de
falar a outros sobre nosso Senhor. E também não se envergonhe de
mim, que estou preso por causa dele. Com a força que Deus lhe dá,
esteja pronto para sofrer comigo por causa das boas-novas. 9Pois
Deus nos salvou e nos chamou para uma vida santa, não porque
merecêssemos, mas porque este era seu plano desde os tempos
eternos: mostrar sua graça por meio de Cristo Jesus. 10E agora ele

DEUS NÃO NOS DEU UM ESPÍRITO QUE PRODUZ TEMOR E COVARDIA, MAS SIM QUE NOS DÁ PODER, AMOR E AUTOCONTROLE.

2Tm 1.7

tornou tudo isso claro para nós com a vinda de Cristo Jesus, nosso
Salvador, que destruiu o poder da morte e iluminou o caminho para
a vida e a imortalidade por meio das boas-novas, 11das quais Deus
me escolheu para ser pregador, apóstolo e mestre. 12Por isso estou
sofrendo assim. Mas não me envergonho, pois conheço aquele
em quem creio e tenho certeza de que ele é capaz de guardar o
que me foi confiado até o dia de sua volta. 13Apegue-se, com fé e
amor em Cristo Jesus, ao modelo do ensino verdadeiro que apren-
deu de mim. 14Pelo poder do Espírito Santo que habita em nós,
guarde a verdade preciosa que lhe foi confiada. 15Como você sabe,
todos os da província da Ásia me abandonaram, incluindo Fígelo e
Hermógenes. 16Que o Senhor demonstre misericórdia a Onesíforo
e sua família, pois muitas vezes me animou em suas visitas e nunca
se envergonhou por eu estar na prisão. 17Pelo contrário, quando
veio a Roma, procurou-me diligentemente até me encontrar. 18Que
o Senhor lhe mostre misericórdia no dia da volta de Cristo. E você
sabe muito bem quanto ele me ajudou em Éfeso.

CAPÍTULO 2

O bom soldado de Cristo

1Meu filho, seja forte por meio da graça que há em Cristo Jesus.
2Você me ouviu ensinar verdades confirmadas por muitas teste-
munhas confiáveis. Agora, ensine-as a pessoas de confiança que
possam transmiti-las a outros. 3Suporte comigo o sofrimento, como
bom soldado de Cristo Jesus. 4Nenhum soldado se deixa envolver
em assuntos da vida civil, pois se o fizesse não poderia agradar o
oficial que o alistou. 5O atleta não conquista o prêmio se não seguir
as regras. 6E o lavrador que trabalha arduamente deve ser o primei-
ro a colher o fruto de seu esforço. 7Pense no que estou lhe dizendo.
O Senhor o ajudará a entender todas essas coisas. 8Lembre-se de
que Jesus Cristo, descendente do rei Davi, ressuscitou dos mortos.
Essas são as boas-novas que eu anuncio. 9E, por causa disso, sofro
e estou preso como um criminoso. Mas a palavra de Deus não está
presa. 10Portanto, estou disposto a suportar qualquer coisa se isso
trouxer salvação e glória eterna em Cristo Jesus para os que foram
escolhidos. 11Esta é uma afirmação digna de confiança: "Se mor-
rermos com ele, também com ele viveremos. 12Se perseverarmos,
com ele reinaremos. Se o negarmos, ele nos negará. 13Se formos

infiéis, ele permanecerá fiel, pois não pode negar a si mesmo".
14Lembre essas coisas a todos e ordene-lhes na presença de Deus
que deixem de brigar por causa de palavras. Essas discussões são
inúteis e podem causar grave prejuízo a quem as ouve.

O trabalhador aprovado

15Esforce-se sempre para receber a aprovação do Deus a quem você
serve. Seja um bom trabalhador, que não tem de que se enver-
gonhar e que ensina corretamente a palavra da verdade. 16Evite
conversas tolas e profanas, que só levam a mais comportamentos
mundanos. 17Esse tipo de conversa se espalha como câncer, a exem-
plo do ocorrido com Himeneu e Fileto. 18Eles deixaram o caminho
da verdade, afirmando que a ressurreição dos mortos já aconteceu,
e com isso desviaram alguns da fé. 19Mas o alicerce sólido de Deus
permanece firme, com esta inscrição: "O Senhor conhece quem
pertence a ele" e "Todos que pertencem ao Senhor devem se afastar
do mal". 20Numa casa grande, alguns utensílios são de ouro e de
prata, e outros, de madeira e de barro. Os utensílios de mais valor
são reservados para ocasiões especiais, e os de menos valor, para
uso diário. 21Se você se mantiver puro, será um utensílio para fins
honrosos. Sua vida será limpa, e você estará pronto para que o
Senhor da casa o empregue para toda boa obra. 22Fuja de tudo
que estimule as paixões da juventude. Em vez disso, busque justiça,
fidelidade, amor e paz, na companhia daqueles que invocam o
Senhor com coração puro. 23Digo mais uma vez: não se envolva
em discussões tolas e ignorantes que só servem para gerar brigas.
24O servo do Senhor não deve viver brigando, mas ser amável com
todos, apto a ensinar e paciente. 25Instrua com mansidão aqueles
que se opõem, na esperança de que Deus os leve ao arrependi-
mento e, assim, conheçam a verdade. 26Então voltarão ao perfeito
juízo e escaparão da armadilha do diabo, que os prendeu para
fazerem o que ele quer.

CAPÍTULO 3

Os perigos dos últimos dias

1Saiba que nos últimos dias haverá tempos muito difíceis. 2Porque
as pessoas só amarão a si mesmas e ao dinheiro. Serão arrogantes e
orgulhosas, zombarão de Deus, desobedecerão a seus pais e serão

NO QUE ESTOU PENSANDO | O QUE ESTOU SENTINDO | DO QUE ESTOU LEMBRANDO

DESENHE OU ESCREVA

ingratas e profanas. 3Não terão afeição nem perdoarão; caluniarão
outros e não terão autocontrole. Serão cruéis e odiarão o que é
bom, 4trairão os amigos, serão imprudentes e cheias de si e amarão
os prazeres em vez de amar a Deus. 5Serão religiosas apenas na
aparência, mas rejeitarão o poder capaz de lhes dar a verdadei-
ra devoção. Fique longe de gente assim! 6Entre tais pessoas há
aqueles que se infiltram na casa alheia e conquistam a confiança
de mulheres vulneráveis, carregadas de pecados e controladas por
todo tipo de desejo, 7mulheres que estão sempre em busca de
novos ensinos, mas jamais conseguem entender a verdade. 8Esses
mestres se opõem à verdade, como Janes e Jambres se opuseram a
Moisés. Têm a mente depravada, e sua fé não é autêntica. 9Contudo,
não irão muito longe. Um dia, alguém verá como são insensatos,
como aconteceu com Janes e Jambres.

O apelo de Paulo a Timóteo

10Mas você sabe muito bem o que eu ensino, como vivo e qual é
meu propósito de vida. Conhece minha fé, minha paciência, meu
amor e minha perseverança. 11Sabe quanta perseguição e quanto
sofrimento suportei e o que me aconteceu em Antioquia, Icônio
e Listra; o Senhor, porém, me livrou de tudo isso. 12Sim, e todos
que desejam ter uma vida de devoção em Cristo Jesus sofrerão
perseguições. 13Mas os perversos e os impostores irão de mal a
pior. Enganarão outros e eles próprios serão enganados. 14Você,
porém, deve permanecer fiel àquilo que lhe foi ensinado. Sabe que
é a verdade, pois conhece aqueles de quem aprendeu. 15Desde a
infância lhe foram ensinadas as Sagradas Escrituras, que lhe deram
sabedoria para receber a salvação que vem pela fé em Cristo Jesus.
16Toda a Escritura é inspirada por Deus e útil para nos ensinar o que
é verdadeiro e para nos fazer perceber o que não está em ordem em
nossa vida. Ela nos corrige quando erramos e nos ensina a fazer o
que é certo. 17Deus a usa para preparar e capacitar seu povo para
toda boa obra.

CAPÍTULO 4

1Eu lhe digo solenemente, na presença de Deus e de Cristo Jesus,
que um dia julgará os vivos e os mortos quando vier para esta-
belecer seu reino: 2pregue a palavra. Esteja preparado, quer a

ocasião seja favorável, quer não. Corrija, repreenda e encoraje com
paciência e bom ensino. 3 Pois virá o tempo em que as pessoas já
não escutarão o ensino verdadeiro. Seguirão os próprios desejos e
buscarão mestres que lhes digam apenas aquilo que agrada seus
ouvidos. 4 Rejeitarão a verdade e correrão atrás de mitos. 5 Você,
porém, deve manter a sobriedade em todas as situações. Não tenha
medo de sofrer. Trabalhe para anunciar as boas-novas e realize todo
o ministério que lhe foi confiado. 6 Quanto a mim, minha vida já
foi derramada como oferta para Deus. O tempo de minha morte se
aproxima. 7 Lutei o bom combate, terminei a corrida e permaneci
fiel. 8 Agora o prêmio me espera, a coroa de justiça que o Senhor,
o justo Juiz, me dará no dia de sua volta. E o prêmio não será só
para mim, mas para todos que, com grande expectativa, aguardam
a sua vinda.

Palavras finais de Paulo

9 Por favor, venha assim que puder. 10 Demas me abandonou, pois
ama as coisas desta vida e foi para Tessalônica. Crescente foi embora
para a Galácia, e Tito, para a Dalmácia. 11 Apenas Lucas está comigo.
Traga Marcos com você, pois ele me será útil no ministério. 12 Enviei
Tíquico a Éfeso. 13 Quando vier, não se esqueça de trazer a capa que
deixei com Carpo, em Trôade. Traga também meus livros e espe-
cialmente meus pergaminhos. 14 Alexandre, o artífice que trabalha
com cobre, me prejudicou muito, mas o Senhor o julgará pelo que
ele fez. 15 Tome cuidado com ele, porque se opôs fortemente a tudo
que dissemos. 16 Na primeira vez que fui levado perante o juiz, nin-
guém me acompanhou. Todos me abandonaram. Que isso não seja
cobrado deles. 17 Mas o Senhor permaneceu ao meu lado e me deu
forças para que eu pudesse anunciar as boas-novas plenamente, a
fim de que todos os gentios as ouvissem. E ele me livrou da boca
do leão. 18 Sim, o Senhor me livrará de todo ataque maligno e me
levará em segurança para seu reino celestial. A Deus seja a glória
para todo o sempre! Amém.

Saudações finais

19 Envie minhas saudações a Priscila e a Áquila e à família de
Onesíforo. 20 Erasto ficou em Corinto, e deixei Trófimo doente em
Mileto. 21 Faça todo o possível para estar aqui antes do inverno.
Êubulo lhe manda lembranças, e também Prudente, Lino, Cláudia
e todos os irmãos. 22 Que o Senhor esteja com seu espírito. E que a
graça esteja com todos vocês.

2Tm 4.7

TITO

CAPÍTULO 1

Saudações de Paulo

1Eu, Paulo, escravo de Deus e apóstolo de Jesus Cristo, escrevo esta
carta. Fui enviado para fortalecer a fé daqueles que Deus escolheu
e para ensinar-lhes a verdade que mostra como viver uma vida
de devoção. 2Essa verdade lhes dá a esperança da vida eterna
que Deus, aquele que não mente, prometeu antes dos tempos
eternos. 3E agora, no devido tempo, ele revelou essa mensagem,
que anunciamos a todos. Por ordem de Deus, nosso Salvador, fui
encarregado de realizar esse trabalho em favor dele. 4Escrevo a Tito,
meu verdadeiro filho na fé que compartilhamos. Que Deus, o Pai, e
Cristo Jesus, nosso Salvador, lhe deem graça e paz.

O trabalho de Tito em Creta

5Deixei-o na ilha de Creta para que você completasse o trabalho
e nomeasse presbíteros em cada cidade, conforme o instruí. 6O
presbítero deve ter uma vida irrepreensível. Deve ser marido de
uma só mulher, e seus filhos devem partilhar de sua fé e não ter
fama de devassos nem rebeldes. 7O bispo administra a casa de
Deus e, portanto, deve ter uma vida irrepreensível. Não deve ser ar-
rogante nem briguento, não deve beber vinho em excesso, nem ser
violento, nem buscar lucro desonesto. 8Em vez disso, deve ser hos-
pitaleiro e amar o bem. Deve viver sabiamente, ser justo e ter uma
vida de devoção e disciplina. 9Deve estar plenamente convicto da
mensagem fiel que lhe foi ensinada, de modo que possa encorajar

Leia na frente de um espelho!

Tt 2.1

outros com o verdadeiro ensino e mostrar aos que se opõem onde
estão errados. 10Pois há muitos rebeldes que promovem conversas
inúteis e enganam as pessoas. Refiro-me especialmente àqueles
que insistem na necessidade da circuncisão. 11É preciso fazê-los
calar, pois, com seus ensinamentos falsos, têm desviado famílias
inteiras da verdade. Sua motivação é obter lucro desonesto. 12Até
mesmo um deles, um profeta nascido em Creta, disse: "Os creten-
ses são mentirosos, animais cruéis e comilões preguiçosos". 13Isso é
verdade. Portanto, repreenda-os severamente, a fim de fortalecê-los
na fé. 14É preciso que deixem de dar ouvidos a mitos judaicos e às
ordens daqueles que se desviaram da verdade. 15Para os que são
puros, tudo é puro. Mas, para os corruptos e descrentes, nada é
puro, pois têm a mente e a consciência corrompidas. 16Afirmam
que conhecem a Deus, mas o negam por seu modo de viver. São
detestáveis e desobedientes, e não servem para fazer nada de bom.

CAPÍTULO 2

O ensino correto na vida da igreja

1Mas, quanto a você, que suas palavras reflitam o ensino verdadeiro.
2Os homens mais velhos devem exercitar o autocontrole, a fim de
que sejam dignos de respeito e vivam com sabedoria. Devem ter
uma fé sólida e ser cheios de amor e paciência. 3Semelhantemente,
as mulheres mais velhas devem viver de modo digno. Não devem
ser caluniadoras, nem beber vinho em excesso; antes, devem ensi-
nar o que é bom. 4Devem instruir as mulheres mais jovens a amar o
marido e os filhos, 5a viver com sabedoria e pureza, a trabalhar no
lar, a fazer o bem e a ser submissas ao marido. Assim, não envergo-
nharão a palavra de Deus. 6Da mesma forma, incentive os homens
mais jovens a viver com sabedoria. 7Você mesmo deve ser exemplo
da prática de boas obras. Tudo que fizer deve refletir a integridade
e a seriedade de seu ensino. 8Sua mensagem deve ser tão correta
a ponto de ninguém a criticar. Então os que se opõem a nós ficarão
envergonhados e nada terão de ruim para dizer a nosso respeito.
9Quanto aos escravos, devem sempre obedecer a seu senhor e
fazer todo o possível para agradá-lo. Não devem ser respondões,
10nem roubar, mas devem mostrar-se bons e inteiramente dignos
de confiança. Assim, tornarão atraente em todos os sentidos o en-
sino a respeito de Deus, nosso Salvador. 11Pois a graça de Deus foi

revelada e a todos traz salvação. 12Somos instruídos a abandonar o
estilo de vida ímpio e os prazeres pecaminosos. Neste mundo per-
verso, devemos viver com sabedoria, justiça e devoção, 13enquanto
aguardamos esperançosamente o dia em que será revelada a glória
de nosso grande Deus e Salvador, Jesus Cristo. 14Ele entregou sua
vida para nos libertar de todo pecado, para nos purificar e fazer de
nós seu povo, inteiramente dedicado às boas obras. 15Ensine essas
coisas e encoraje os irmãos a praticá-las. Corrija-os com autoridade.
Não deixe que ignorem o que você diz.

CAPÍTULO 3

Faça o que é bom

1Lembre a todos que se sujeitem ao governo e às autoridades.
Devem ser obedientes e sempre prontos a fazer o que é bom.
2Não devem caluniar ninguém, mas evitar brigas. Que sejam
amáveis e mostrem a todos verdadeira humildade. 3Em outros
tempos, também éramos insensatos e desobedientes. Vivíamos
no engano e nos tornamos escravos de muitas paixões e prazeres.
Éramos cheios de maldade e inveja e odiávamos uns aos outros.
4Mas, Quando Deus, nosso Salvador, revelou sua bondade e seu
amor, 5ele nos salvou não porque tivéssemos feito algo justo, mas
por causa de sua misericórdia. Ele nos lavou para remover nossos
pecados, nos fez nascer de novo e nos deu nova vida por meio do
Espírito Santo. 6Generosamente, derramou o Espírito sobre nós por
meio de Jesus Cristo, nosso Salvador. 7Por causa de sua graça, nos
declarou justos e nos deu a esperança de que herdaremos a vida
eterna. 8Essa é uma afirmação digna de confiança, e quero que você
insista nesses ensinamentos, para que todos os que creem em Deus
se dediquem a fazer o bem. São ensinamentos bons e benéficos
para todos. 9Não se envolva em discussões tolas sobre genealogias
intermináveis, nem em disputas e brigas sobre a obediência às leis
judaicas. Essas coisas são inúteis, e perda de tempo. 10Se alguém
tem causado divisões entre vocês, advirta-o uma primeira e uma
segunda vez. Depois disso, não se relacione mais com ele. 11Tais
indivíduos se desviaram da verdade e condenaram a si mesmos
com seus pecados.

NO QUE ESTOU PENSANDO ○ | O QUE ESTOU SENTINDO ○ | DO QUE ESTOU LEMBRANDO ○

DESENHE OU ESCREVA

Instruções finais

12Planejo enviar-lhe Ártemas ou Tíquico. Assim que um deles che-
gar, procure ir ao meu encontro em Nicópolis, pois decidi passar o
inverno ali. 13Faça todo o possível para ajudar Zenas, o advogado, e
Apolo na viagem deles. Providencie que tenham tudo de que pre-
cisam. 14Nosso povo deve aprender a fazer o bem ao suprir as ne-
cessidades urgentes de outros; assim, ninguém será improdutivo.

Saudações e bênção

15Todos aqui mandam lembranças. Por favor, envie minhas sau-
dações a todos que nos amam na fé. Que a graça de Deus esteja
com todos vocês.

FILEMOM

CAPÍTULO 1

Saudações de Paulo

1 Eu, Paulo, prisioneiro de Cristo Jesus, escrevo esta carta, junto com
nosso irmão Timóteo, a Filemom, nosso amado colaborador, 2 à irmã
Áfia, a Arquipo, nosso companheiro na luta, e à igreja que se reúne
em sua casa. 3 Que Deus, nosso Pai, e o Senhor Jesus Cristo lhes
deem graça e paz.

Ação de graças e oração

4 Sempre dou graças a meu Deus por você em minhas orações, 5 pois
ouço com frequência de sua fé no Senhor Jesus e de seu amor por
todo o povo santo. 6 Oro para que você ponha em prática a comu-
nhão que vem da fé, à medida que entender e experimentar todas
as coisas boas que temos em Cristo. 7 Seu amor, meu irmão, tem me
dado muita alegria e conforto, pois sua bondade tem revigorado
o coração do povo santo.

Pedido em favor de Onésimo

8 Por isso, ainda que pudesse exigir em Cristo que você faça o que é
certo, 9 prefiro pedir com base no amor – eu, Paulo, já velho e agora
prisioneiro de Cristo Jesus. 10 Suplico que demonstre bondade a
meu filho Onésimo. Tornei-me pai dele na fé quando estava aqui
na prisão. 11 Onésimo não lhe foi de muita utilidade no passado,
mas agora é muito útil para nós dois. 12 Eu o envio de volta a você,
e com ele vai meu próprio coração. 13 Gostaria de mantê-lo aqui

comigo enquanto estou preso por anunciar as boas-novas; assim
ele me ajudaria em seu lugar. 14 Mas eu nada quis fazer sem seu
consentimento. Meu desejo era que você ajudasse de boa vontade,
e não por obrigação. 15 Ao que parece, você perdeu Onésimo por
algum tempo para ganhá-lo de volta para sempre. 16 Ele já não é
um escravo para você. É mais que um escravo: é um irmão amado,
especialmente para mim. Agora ele será muito mais importante
para você, como pessoa e como irmão no Senhor. 17 Portanto, se
me considera seu companheiro na fé, receba-o como receberia a
mim. 18 Se ele o prejudicou de alguma forma ou se lhe deve algo,
cobre de mim. 19 Eu, Paulo, escrevo de próprio punho: Eu pagarei.
E não mencionarei que você me deve sua própria vida. 20 Sim, meu
irmão, faça-me essa gentileza no Senhor. Reanime meu coração em
Cristo! 21 Escrevo esta carta certo de que você fará o que lhe peço,
e até mais. 22 Por favor, prepare um quarto para mim, pois espero
que as orações de vocês sejam respondidas e eu possa voltar a
visitá-los em breve.

Saudações finais

23 Epafras, meu companheiro de prisão em Cristo Jesus, manda
lembranças. 24 Marcos, Aristarco, Demas e Lucas, meus colabora-
dores, também enviam saudações. 25 Que a graça de nosso Senhor
Jesus Cristo esteja com o espírito de vocês.

HEBREUS

CAPÍTULO 1

Jesus Cristo é o Filho de Deus

1Por muito tempo Deus falou várias vezes e de diversas maneiras
a nossos antepassados por meio dos profetas. 2E agora, nestes
últimos dias, ele nos falou por meio do Filho, o qual ele desig-
nou como herdeiro de todas as coisas e por meio de quem criou
o universo. 3O Filho irradia a glória de Deus, expressa de forma
exata o que Deus é e, com sua palavra poderosa, sustenta todas
as coisas. Depois de nos purificar de nossos pecados, sentou-se no
lugar de honra à direita do Deus majestoso no céu, 4o que revela
que o Filho é muito superior aos anjos, e o nome que ele herdou,
superior ao nome deles.

O Filho é maior que os anjos

5Pois Deus nunca disse a nenhum anjo: "Você é meu Filho; hoje
eu o gerei". Ou ainda: "Eu serei seu Pai, e ele será meu Filho". 6E,
quando ele trouxe seu Filho supremo ao mundo, disse: "Que todos
os anjos de Deus o adorem". 7A respeito dos anjos, ele diz: "Ele
envia seus anjos como os ventos, e seus servos, como chamas de
fogo". 8Mas ao Filho ele diz: "Teu trono, ó Deus, permanece para
todo o sempre; tu governas com cetro de justiça. 9Amas a justiça
e odeias o mal; por isso, Deus, o teu Deus, te ungiu. Derramou
sobre ti o óleo da alegria, mais que sobre qualquer outro". 10E diz
também: "No princípio, Senhor, lançaste os fundamentos da terra,
e com tuas mãos formaste os céus. 11Eles deixarão de existir, mas tu

Hb 1.7

permanecerás para sempre; eles se desgastarão, como roupa velha.
12Tu os desdobrarás como um manto e te desfarás deles como roupa
velha. Tu, porém, és sempre o mesmo; teus dias jamais terão fim".
13E ele nunca disse a nenhum de seus anjos: "Sente-se no lugar
de honra à minha direita, até que eu humilhe seus inimigos e os
ponha debaixo de seus pés". 14Portanto, os anjos são apenas servos,
espíritos enviados para cuidar daqueles que herdarão a salvação.

CAPÍTULO 2

Advertência contra a negligência espiritual

1Portanto, precisamos prestar muita atenção às verdades que temos
ouvido, para não nos desviarmos delas. 2Pois a mensagem que foi
transmitida por meio de anjos permaneceu firme, e toda transgres-
são e desobediência recebeu o castigo merecido. 3O que nos faz
pensar que escaparemos se negligenciarmos essa grande salvação,
anunciada primeiramente pelo Senhor e depois transmitida a nós
por aqueles que o ouviram falar? 4E Deus confirmou a mensagem
por meio de sinais, maravilhas e diversos milagres, e também por
dons do Espírito Santo, conforme sua vontade.

Jesus, o homem

5Além disso, não são anjos que governarão o mundo futuro a que
nos referimos. 6Porque em certo lugar alguém disse: "Quem é o
simples mortal, para que penses nele? Quem é o filho do homem,
para que com ele te importes? 7E, no entanto, por pouco tempo
o fizeste um pouco menor que os anjos e o coroaste de glória e
honra. 8Tu lhe deste autoridade sobre todas as coisas". Quando
se diz "todas as coisas", significa que nada foi deixado de fora. É
verdade que ainda não vimos tudo ser submetido à sua autori-
dade. 9Contudo, vemos Jesus, que por pouco tempo foi feito "um
pouco menor que os anjos" e que, por ter sofrido a morte, agora
está coroado "de glória e honra". Sim, pela graça de Deus, Jesus
experimentou a morte por todos. 10Deus, para quem e por meio
de quem todas as coisas foram criadas, escolheu levar muitos filhos
à glória. E era apropriado que, por meio do sofrimento de Jesus,
ele o tornasse o líder perfeito para conduzi-los à salvação. 11Assim,
tanto o que santifica como os que são santificados procedem de
um só. Por isso Jesus não se envergonha de chamá-los irmãos,

12quando diz: "Proclamarei teu nome a meus irmãos; no meio de
teu povo reunido te louvarei". 13E também afirmou: "Porei minha
confiança nele", isto é, "eu e os filhos que Deus me deu". 14Visto,
portanto, que os filhos são seres humanos, feitos de carne e sangue,
o Filho também se tornou carne e sangue, pois somente assim ele
poderia morrer e, somente ao morrer, destruiria o diabo, que tinha
o poder da morte. 15Só dessa maneira ele libertaria aqueles que
durante toda a vida estiveram escravizados pelo medo da morte.
16Também sabemos que o Filho não veio para ajudar os anjos, mas
sim os descendentes de Abraão. 17Portanto, era necessário que ele
se tornasse semelhante a seus irmãos em todos os aspectos, de
modo que pudesse ser nosso misericordioso e fiel Sumo Sacerdote
diante de Deus e realizar o sacrifício que remove os pecados do
povo. 18Uma vez que ele próprio passou por sofrimento e tentação,
é capaz de ajudar aqueles que são tentados.

CAPÍTULO 3

Jesus é maior que Moisés

1Portanto, irmãos santos que participam do chamado celestial,
considerem atentamente a Jesus, que declaramos ser Apóstolo
e Sumo Sacerdote. 2Pois ele foi fiel àquele que o designou, assim
como Moisés serviu fielmente quando lhe foi confiada toda a casa
de Deus. 3Jesus, no entanto, é digno de muito mais honra que
Moisés, assim como a pessoa que constrói uma casa merece mais
elogios que a casa em si. 4Pois toda casa tem um construtor, mas
Deus é o construtor de todas as coisas. 5Por certo, Moisés foi fiel
como servo na casa de Deus, e seu trabalho ilustrou verdades que
seriam mais tarde reveladas. 6Mas Cristo, como Filho, é respon-
sável por toda a casa de Deus; e nós somos a casa de Deus, se
nos mantivermos corajosos e firmes em nossa esperança gloriosa.
7Por isso o Espírito Santo diz: "Hoje, se ouvirem sua voz, 8não
endureçam o coração como eles fizeram na rebelião, quando me
puseram à prova no deserto. 9Ali seus antepassados me tentaram
e me puseram à prova, apesar de terem visto meus feitos durante
quarenta anos. 10Por isso fiquei irado com aquela geração e disse:
'Seu coração sempre se desvia de mim; vocês se recusam a andar
em meus caminhos'. 11Assim, jurei em minha ira: 'Jamais entrarão
em meu descanso'". 12Portanto, irmãos, cuidem para que nenhum

NO QUE ESTOU **PENSANDO** ○ | O QUE ESTOU **SENTINDO** ○ | DO QUE ESTOU **LEMBRANDO** ○

DESENHE OU ESCREVA

de vocês tenha coração perverso e incrédulo que os desvie do Deus
vivo. 13Advirtam uns aos outros todos os dias, enquanto ainda é
"hoje", para que nenhum de vocês seja enganado pelo pecado
e fique endurecido. 14Porque nos tornaremos participantes de
Cristo, se de fato mantivermos firme até o fim a confiança que
nele depositamos no início. 15Lembrem-se do que foi dito: "Hoje,
se ouvirem sua voz, não endureçam o coração como eles fizeram na
rebelião". 16E quem foram os que se rebelaram mesmo depois de
terem ouvido? Não foram aqueles que saíram do Egito conduzidos
por Moisés? 17E quem deixou Deus irado durante quarenta anos?
Não foi o povo que pecou e cujos corpos ficaram no deserto? 18E
a quem Deus se dirigiu quando jurou que jamais entrariam em
seu descanso? Não foi ao povo que lhe desobedeceu? 19Vemos,
portanto, que não puderam entrar no descanso por causa de sua
incredulidade.

CAPÍTULO 4

Descanso prometido ao povo de Deus

1Assim, uma vez que permanece a promessa de que entraremos
no descanso de Deus, devemos ter cuidado para que nenhum de
vocês pense que falhou. 2Porque essas boas-novas também nos
foram anunciadas, como a eles, mas a mensagem de nada lhes
valeu, pois não a receberam com fé e não se uniram àqueles que
ouviram. 3Pois nós, os que cremos, entramos em seu descanso.
Quanto aos demais, Deus disse: "Assim, jurei em minha ira: 'Jamais
entrarão em meu descanso'", embora suas obras estejam prontas
desde a criação do mundo. 4Sabemos que estão prontas por causa
da passagem que menciona o sétimo dia: "No sétimo dia, Deus
descansou de todo o seu trabalho". 5Mas, em outra passagem, Deus
diz: "Jamais entrarão em meu descanso". 6Portanto, o descanso
está disponível para que alguns entrem nele, mas os primeiros
que ouviram essas boas-novas não entraram por causa de sua de-
sobediência. 7Por isso Deus estabeleceu outra ocasião para que
entrem em seu descanso, e essa ocasião é "hoje". Ele anunciou
isso por meio de Davi muito tempo depois, nas palavras já citadas:
"Hoje, se ouvirem sua voz, não endureçam o coração". 8Se Josué
lhes tivesse dado descanso, Deus não teria falado de outro dia de
descanso por vir. 9Logo, ainda há um descanso definitivo à espera

do povo de Deus. 10Porque todos que entraram no descanso de
Deus descansam de seu trabalho, como Deus o fez após a criação
do mundo. 11Portanto, esforcemo-nos para entrar nesse descanso.
Mas, se desobedecermos, como no exemplo citado, cairemos. 12Pois
a palavra de Deus é viva e poderosa. É mais cortante que qualquer
espada de dois gumes, penetrando entre a alma e o espírito, entre
a junta e a medula, e trazendo à luz até os pensamentos e desejos
mais íntimos. 13Nada, em toda a criação, está escondido de Deus.
Tudo está descoberto e exposto diante de seus olhos, e é a ele que
prestamos contas.

Cristo é nosso Sumo Sacerdote

14Visto, portanto, que temos um grande Sumo Sacerdote que en-
trou no céu, Jesus, o Filho de Deus, apeguemo-nos firmemente
àquilo em que cremos. 15Nosso Sumo Sacerdote entende nossas
fraquezas, pois enfrentou as mesmas tentações que nós, mas nunca
pecou. 16Assim, aproximemo-nos com toda confiança do trono da
graça, onde receberemos misericórdia e encontraremos graça para
nos ajudar quando for preciso.

CAPÍTULO 5

1Todo sumo sacerdote é um homem escolhido para representar
outras pessoas nas coisas referentes a Deus. Ele apresenta ofertas
e sacrifícios pelos pecados 2e é capaz de tratar com bondade os
ignorantes e os que se desviam, pois está sujeito às mesmas fra-
quezas. 3É por isso que precisa oferecer sacrifícios pelos próprios
pecados, bem como pelos pecados do povo. 4Ninguém assume
essa posição de honra por si só. Ele deve ser chamado por Deus,
como aconteceu com Arão. 5Por isso Cristo não tomou para si a
honra de ser Sumo Sacerdote, mas foi Deus que lhe concedeu essa
honra, dizendo: "Você é meu Filho; hoje eu o gerei". 6E, em outra
passagem, diz: "Você é sacerdote para sempre, segundo a ordem
de Melquisedeque". 7Enquanto Jesus esteve na terra, ofereceu
orações e súplicas, em alta voz e com lágrimas, àquele que podia
salvá-lo da morte, e suas orações foram ouvidas por causa de sua
profunda devoção. 8Embora fosse Filho, aprendeu a obediência por
meio de seu sofrimento. 9Com isso, foi capacitado para ser o Sumo
Sacerdote perfeito e tornou-se a fonte de salvação eterna para todos

Hb 4.13

que lhe obedecem. 10E Deus o designou Sumo Sacerdote segundo
a ordem de Melquisedeque.

Apelo ao crescimento espiritual

11Há muito mais que gostaríamos de dizer a esse respeito, mas são
coisas difíceis de explicar, sobretudo porque vocês se tornaram dis-
plicentes acerca do que ouvem. 12A esta altura, já deveriam ensinar
outras pessoas, e no entanto precisam que alguém lhes ensine
novamente os conceitos mais básicos da palavra de Deus. Ainda
precisam de leite, e não podem ingerir alimento sólido. 13Quem
se alimenta de leite ainda é criança e não sabe o que é justo. 14O
alimento sólido é para os adultos que, pela prática constante, são
capazes de distinguir entre certo e errado.

CAPÍTULO 6

1Portanto, deixemos de lado os ensinamentos básicos a respeito
de Cristo e sigamos em frente, alcançando a maturidade em nos-
so entendimento. Certamente não precisamos lançar novamente
os alicerces, ou seja, o arrependimento das obras mortas, a fé em
Deus, 2o batismo, a imposição de mãos, a ressurreição dos mortos
e o julgamento eterno. 3Se Deus permitir, avançaremos para um
maior entendimento. 4Pois é impossível trazer de volta ao arre-
pendimento aqueles que já foram iluminados, que já experimen-
taram as dádivas celestiais e se tornaram participantes do Espírito
Santo, 5que provaram a bondade da palavra de Deus e os poderes
do mundo por vir, 6e que depois se desviaram. Sim, é impossível
trazê-los de volta ao arrependimento, pois, ao rejeitar o Filho de
Deus, eles voltaram a pregá-lo na cruz, expondo-o à vergonha pú-
blica. 7Quando a terra absorve a chuva que cai e produz uma boa
colheita para o lavrador, recebe a bênção de Deus. 8Mas, se a terra
produz espinhos e ervas daninhas, para nada serve, sendo logo
amaldiçoada e, por fim, queimada. 9Amados, embora estejamos
falando dessa forma, na realidade não cremos que se aplique a vo-
cês. Temos certeza de que estão destinados às coisas melhores que
pertencem à salvação. 10Pois Deus não é injusto; não se esquecerá
de como trabalharam arduamente para ele e lhe demonstraram seu
amor ao cuidar do povo santo, como ainda fazem. 11Nosso desejo é
que vocês continuem a mostrar essa mesma dedicação até o fim,

para que tenham plena certeza de sua esperança. 12Assim, não se
tornarão displicentes, mas seguirão o exemplo daqueles que, por
causa de sua fé e perseverança, herdarão as promessas.

As promessas de Deus dão esperança

13Considerem a promessa de Deus a Abraão. Uma vez que não havia
ninguém superior por quem jurar, Deus jurou por si mesmo. Disse
ele: 14"Certamente o abençoarei e multiplicarei grandemente seus
descendentes". 15Então Abraão esperou com paciência, e recebeu
o que lhe fora prometido. 16Quando a pessoa faz um juramento,
invoca alguém maior que ela. E, sem dúvida, o juramento implica
uma obrigação. 17Deus também se comprometeu por meio de um
juramento, para que os herdeiros da promessa tivessem plena
convicção de que ele jamais mudaria de ideia. 18A promessa e o
juramento não podem ser mudados, pois é impossível que Deus
minta. Portanto, nós que nele nos refugiamos estamos firmemente
seguros ao nos apegarmos à esperança posta diante de nós. 19Essa
esperança é uma âncora firme e confiável para nossa alma. Ela nos
conduz até o outro lado da cortina, para o santuário interior. 20Jesus
já entrou ali por nós. Ele se tornou nosso eterno Sumo Sacerdote,
segundo a ordem de Melquisedeque.

CAPÍTULO 7

Melquisedeque é maior que Abraão

1Esse Melquisedeque era rei de Salém e também sacerdote do
Deus Altíssimo. Quando Abraão regressava para casa, depois de
derrotar os reis, Melquisedeque foi ao seu encontro e o abençoou.
2Então Abraão separou a décima parte de tudo e a entregou a
Melquisedeque, cujo nome significa "rei da justiça", enquanto rei
de Salém quer dizer "rei da paz". 3Não há registro de seu pai nem
de sua mãe, nem de nenhum de seus antepassados, nem do co-
meço nem do fim de sua vida. Semelhantemente ao Filho de Deus,
ele permanece sacerdote para sempre. 4Considerem, portanto, a
importância de Melquisedeque. Até mesmo Abraão, o patriarca, a
reconheceu ao entregar a ele um décimo do que havia conquistado
na batalha. 5A lei de Moisés exigia que os sacerdotes, os descen-
dentes de Levi, recebessem o dízimo de seus irmãos israelitas, que
também são descendentes de Abraão. 6Melquisedeque, porém,

Hb 6.18

que não era descendente de Levi, recebeu o dízimo e, em seguida,
abençoou Abraão, que já havia recebido as promessas. 7Sem dúvi-
da, quem tem poder para abençoar é superior a quem é abençoado.
8Os sacerdotes que recebem os dízimos são homens mortais. A
respeito de Melquisedeque, no entanto, é dito que ele continua
vivo. 9Além disso, pode-se dizer que os levitas, que recebem o dí-
zimo, também o entregaram por meio de Abraão. 10Embora Levi
ainda não tivesse nascido, a semente da qual ele veio já estava
no corpo de Abraão, seu antepassado, quando Melquisedeque se
encontrou com ele. 11Portanto, se o sacerdócio de Levi, sob o qual
o povo recebeu a lei, pudesse ter alcançado a perfeição, por que
seria necessário estabelecer outro sacerdócio, com um sacerdote
segundo a ordem de Melquisedeque, em vez da ordem de Arão?
12E, se o sacerdócio muda, também é preciso que a lei mude. 13Pois
o sacerdote ao qual estamos nos referindo pertence a outra tribo,
cujos membros nunca serviram no altar como sacerdotes. 14De fato,
como todos sabem, nosso Senhor veio da tribo de Judá, e Moisés
nunca mencionou que dessa tribo viriam sacerdotes.

Jesus é como Melquisedeque

15Essa mudança se torna ainda mais clara com o surgimento de
outro sacerdote, semelhante a Melquisedeque, 16o qual se tornou
sacerdote não por cumprir leis e exigências humanas, mas pelo po-
der de uma vida indestrutível. 17Pois a respeito dele foi dito: "Você
é sacerdote para sempre, segundo a ordem de Melquisedeque".
18Desse modo, o antigo requisito, por ser fraco e inútil, foi can-
celado. 19Pois a lei nunca tornou perfeita coisa alguma. Agora,
porém, temos certeza de uma esperança superior, pela qual nos
aproximamos de Deus. 20Esse novo sistema foi instituído com um
juramento solene. Os outros se tornaram sacerdotes sem esse ju-
ramento, 21mas a respeito dele houve um juramento, pois Deus
lhe disse: "O Senhor jurou e não voltará atrás: 'Você é sacerdote
para sempre'". 22Por causa desse juramento, Jesus é aquele que
garante uma aliança superior. 23Além disso, havia muitos sacer-
dotes, pois a morte os impedia de continuar a desempenhar suas
funções. 24Mas, visto que ele vive para sempre, seu sacerdócio é
permanente. 25Portanto, ele é capaz de salvar de uma vez por todas
aqueles que se aproximam de Deus por meio dele. Ele vive sempre

para interceder em favor deles. 26É de um Sumo Sacerdote como
ele que necessitamos, pois é santo, irrepreensível, sem nenhuma
mancha de pecado, separado dos pecadores e colocado no lugar
de mais alta honra no céu. 27Ele não precisa oferecer sacrifícios
diariamente, ao contrário dos outros sumos sacerdotes, que os
ofereciam primeiro por seus próprios pecados e depois pelos pe-
cados do povo. Ele, porém, o fez de uma vez por todas quando
ofereceu a si mesmo como sacrifício. 28A lei nomeava sacerdotes
limitados pela fraqueza humana. Mas, depois da lei, Deus nomeou
com juramento seu Filho, que se tornou o Sumo Sacerdote perfeito
para sempre.

CAPÍTULO 8

O ministério superior de nosso Sumo Sacerdote

1O mais importante é que temos um Sumo Sacerdote sentado no
lugar de honra à direita do trono do Deus Majestoso no céu. 2Ele
ministra ali no verdadeiro tabernáculo, o santuário construído pelo
Senhor, e não por mãos humanas. 3E, visto que todo sumo sacer-
dote deve apresentar ofertas e sacrifícios, era necessário que esse
Sumo Sacerdote também apresentasse uma oferta. 4Se ele estives-
se aqui na terra, nem seria sacerdote, pois já existem sacerdotes
que apresentam as ofertas exigidas pela lei. 5O serviço sacerdotal
que eles realizam é apenas uma representação, uma sombra das
coisas celestiais. Pois, quando Moisés se preparava para construir
o tabernáculo, Deus o advertiu: "Cuide para que tudo seja feito de
acordo com o modelo que eu lhe mostrei aqui no monte". 6Agora,
porém, Jesus, nosso Sumo Sacerdote, recebeu um ministério su-
perior, pois ele é o mediador de uma aliança superior, baseada em
promessas superiores. 7Se a primeira aliança fosse perfeita, não
teria havido necessidade de outra para substituí-la. 8Mas, quando
Deus viu que seu povo era culpado, disse: "Está chegando o dia,
diz o Senhor, em que farei uma nova aliança com o povo de Israel e
de Judá. 9Não será como a aliança que fiz com seus antepassados,
quando os tomei pela mão e os conduzi para fora da terra do Egito.
Não permaneceram fiéis à minha aliança, por isso lhes dei as costas,
diz o Senhor. 10E esta é a nova aliança que farei com o povo de Israel
depois daqueles dias, diz o Senhor: Porei minhas leis em sua mente
e as escreverei em seu coração. Serei o seu Deus, e eles serão o meu

NO QUE ESTOU **PENSANDO** ○ | O QUE ESTOU **SENTINDO** ○ | DO QUE ESTOU **LEMBRANDO** ○

DESENHE OU ESCREVA

povo. 11E não será necessário ensinarem a seus vizinhos e a seus
parentes, dizendo: 'Você precisa conhecer o Senhor'. Pois todos,
desde o mais humilde até o mais importante, me conhecerão. 12E
eu perdoarei sua maldade e nunca mais me lembrarei de seus
pecados". 13Quando Deus fala de uma "nova aliança", significa que
tornou obsoleta a aliança anterior. E aquilo que se torna obsoleto
e antiquado logo desaparece.

CAPÍTULO 9

A adoração na antiga aliança

1A primeira aliança tinha regras para a adoração, bem como um
santuário terreno. 2Esse tabernáculo era dividido em duas partes.
Na primeira, ficava o candelabro e a mesa com os pães da presença.
Essa parte era chamada lugar santo. 3Depois, havia uma cortina
e, atrás dela, a segunda parte, chamada lugar santíssimo. 4Nessa
parte ficava o altar de ouro para o incenso e a arca da aliança, in-
teiramente coberta de ouro. Dentro da arca havia um vaso de ouro
contendo maná, a vara de Arão que floresceu e as tábuas de pedra
da aliança. 5Sobre a arca ficavam os querubins da glória divina, cuja
sombra se estendia por cima do lugar de expiação. Mas agora não
é o momento de explicar essas coisas em detalhes. 6Quando tudo
estava preparado, os sacerdotes entravam regularmente no lugar
santo para cumprir seus deveres sagrados. 7Mas apenas o sumo
sacerdote, e só uma vez por ano, entrava no lugar santíssimo. Ele
sempre apresentava o sangue do sacrifício pelos próprios pecados
e pelos pecados que o povo havia cometido por ignorância. 8Com
essas regras, o Espírito Santo mostra que o caminho para o lugar
santíssimo não havia sido aberto enquanto o primeiro tabernácu-
lo continuava em uso. 9Essa é uma ilustração que aponta para o
tempo presente, pois as ofertas e os sacrifícios que os sacerdotes
apresentam não podem criar no adorador uma consciência total-
mente limpa. 10Tratava-se apenas de alimentos e bebidas e várias
cerimônias de purificação; eram regras externas, válidas apenas
até que se estabelecesse um sistema melhor.

Cristo é o sacrifício perfeito

11Cristo se tornou o Sumo Sacerdote de todos os benefícios agora
presentes. Ele entrou naquele tabernáculo maior e mais perfeito

no céu, que não foi feito por mãos humanas nem faz parte deste mundo criado. 12Com seu próprio sangue, e não com o sangue de bodes e bezerros, entrou no lugar santíssimo de uma vez por todas e garantiu redenção eterna. 13Se, portanto, o sangue de bodes e bezerros e as cinzas de uma novilha purificavam o corpo de quem estava cerimonialmente impuro, 14imaginem como o sangue de Cristo purificará nossa consciência das obras mortas, para que adoremos o Deus vivo. Pois, pelo poder do Espírito eterno, Cristo ofereceu a si mesmo a Deus como sacrifício perfeito. 15Por isso ele é o mediador da nova aliança, para que todos que são chamados recebam a herança eterna que foi prometida. Porque Cristo morreu para libertá-los do castigo dos pecados que haviam cometido sob a primeira aliança. 16Quando alguém deixa um testamento, é necessário comprovar a morte daquele que o fez. 17O testamento só se torna válido após a morte da pessoa. Enquanto ela ainda estiver viva, o testamento não entra em vigor. 18É por isso que até mesmo a primeira aliança foi sancionada com o sangue. 19Depois de ler todos os mandamentos da lei a todo o povo, Moisés pegou o sangue de novilhos e de bodes, e também água, e os aspergiu com ramos de hissopo e lã vermelha sobre o Livro da Lei e sobre todo o povo. 20Em seguida, disse: "Este sangue confirma a aliança que Deus fez com vocês". 21Da mesma forma, aspergiu com sangue o tabernáculo e todos os utensílios usados nos serviços sagrados. 22De fato, segundo a lei, quase tudo era purificado com sangue, pois sem derramamento de sangue não há perdão. 23Assim, as representações das coisas no céu tiveram de ser purificadas com o sangue de animais. As verdadeiras coisas celestiais, porém, tiveram de ser purificadas com sacrifícios muitos superiores. 24Pois Cristo não entrou num santuário feito por mãos humanas, mera representação do santuário verdadeiro no céu. Ele entrou no próprio céu, a fim de agora se apresentar diante de Deus em nosso favor. 25E ele não entrou no céu para oferecer a si mesmo repetidamente, como o sumo sacerdote aqui na terra, que todos os anos entra no lugar santíssimo com o sangue de um animal. 26Se fosse assim, ele precisaria ter morrido muitas vezes, desde o princípio do mundo. Mas agora, no fim dos tempos, ele apareceu uma vez por todas para remover o pecado mediante sua própria morte em sacrifício. 27E, assim como cada pessoa está destinada a morrer uma só vez,

NO QUE ESTOU **PENSANDO** ○ | O QUE ESTOU **SENTINDO** ○ | DO QUE ESTOU **LEMBRANDO** ○

DESENHE OU ESCREVA

e depois disso vem o julgamento, 28também Cristo foi oferecido como sacrifício uma só vez para tirar os pecados de muitos. Ele voltará, não para tratar de nossos pecados, mas para trazer salvação a todos que o aguardam com grande expectativa.

CAPÍTULO 10

O sacrifício definitivo de Cristo

1A lei constitui apenas uma sombra, um vislumbre das coisas boas por vir, mas não as coisas boas em si mesmas. Os sacrifícios são repetidos todos os anos, mas nunca puderam purificar inteiramente aqueles que vêm adorar. 2Se tivessem esse poder, já não precisariam existir, pois os adoradores teriam sido purificados de uma vez por todas, e a consciência de seus pecados teria desaparecido. 3Em vez disso, esses sacrifícios os lembravam de seus pecados todos os anos. 4Pois é impossível que o sangue de touros e bodes remova pecados. 5Por isso, quando Cristo veio ao mundo, disse: "Não quiseste sacrifícios nem ofertas, contudo me deste um corpo para oferecer. 6Não te agradaste de holocaustos, nem de outras ofertas pelo pecado. 7Então eu disse: 'Aqui estou para fazer tua vontade, ó Deus, como está escrito a meu respeito no livro'". 8Primeiro Cristo disse: "Não quiseste sacrifícios nem ofertas, nem holocaustos, nem outras ofertas, nem te agradaste delas" (embora sejam exigidas pela lei). 9Então acrescentou: "Aqui estou para fazer tua vontade". Ele cancela a primeira aliança a fim de estabelecer a segunda. 10Pois a vontade de Deus era que fôssemos santificados pela oferta do corpo de Jesus Cristo, de uma vez por todas. 11O sacerdote se apresenta todos os dias para realizar os serviços sagrados e oferece repetidamente os mesmos sacrifícios que nunca podem remover os pecados. 12Nosso Sumo Sacerdote, porém, ofereceu a si mesmo como único sacrifício pelos pecados, válido para sempre. Então, sentou-se no lugar de honra à direita de Deus 13e ali aguarda até que todos os seus inimigos sejam humilhados e postos debaixo de seus pés. 14Porque, mediante essa única oferta, ele tornou perfeitos para sempre os que estão sendo santificados. 15E o Espírito Santo também testemunha que isso é verdade, pois diz: 16"Esta é a nova aliança que farei com meu povo depois daqueles dias, diz o Senhor: Porei minhas leis em seu coração e as escreverei em sua mente". 17E acrescenta: "E nunca mais me lembrarei de seus pecados e seus

atos de desobediência". 18Onde os pecados foram perdoados, já não
há necessidade de oferecer mais sacrifícios.

Apelo à perseverança

19Portanto, irmãos, por causa do sangue de Jesus, podemos entrar
com toda confiança no lugar santíssimo. 20Por sua morte, Jesus
abriu um caminho novo e vivo através da cortina que leva ao lu-
gar santíssimo. 21E, uma vez que temos um Sumo Sacerdote que
governa sobre a casa de Deus, 22entremos com coração sincero e
plena confiança, pois nossa consciência culpada foi purificada, e
nosso corpo, lavado com água pura. 23Apeguemo-nos firmemen-
te, sem vacilar, à esperança que professamos, porque Deus é fiel
para cumprir sua promessa. 24Pensemos em como motivar uns aos
outros na prática do amor e das boas obras. 25E não deixemos de
nos reunir, como fazem alguns, mas encorajemo-nos mutuamente,
sobretudo agora que o dia está próximo. 26Se continuamos a pecar
deliberadamente depois de ter recebido o conhecimento da ver-
dade, já não há sacrifício que cubra esses pecados. 27Há somente
a assustadora expectativa do julgamento e do fogo intenso que
consumirá os inimigos. 28Pois quem se recusava a obedecer à lei
de Moisés era morto sem misericórdia, com base no depoimento de
duas ou três testemunhas. 29Imaginem quão maior será o castigo
para quem insultou o Filho de Deus, tratou como comum e profano
o sangue da aliança que o santificou e menosprezou o Espírito
Santo que concede graça. 30Pois conhecemos aquele que disse: "A
vingança cabe a mim; eu lhes darei o que merecem". E também:
"O Senhor julgará o seu povo". 31Que coisa terrível é cair nas mãos
do Deus vivo. 32Lembrem-se dos primeiros dias, quando foram ilu-
minados, e de como permaneceram firmes apesar de muita luta
e sofrimento. 33Houve ocasiões em que foram expostos a insultos
e espancamentos; em outras, ajudaram os que passavam pelas
mesmas coisas. 34Sofreram com os que foram presos e aceitaram
com alegria quando lhes foi tirado tudo que possuíam. Sabiam
que lhes esperavam coisas melhores, que durarão para sempre.
35Portanto, não abram mão de sua firme confiança. Lembrem-se da
grande recompensa que ela lhes traz. 36Vocês precisam perseverar,
a fim de que, depois de terem feito a vontade de Deus, recebam
tudo que ele lhes prometeu. 37"Pois em breve virá aquele que está

para vir; não se atrasará. 38Meu justo viverá pela fé; se ele se afastar,
porém, não me agradarei dele." 39Mas não somos como aqueles
que se afastam para sua própria destruição. Somos pessoas de fé
cuja alma é preservada.

CAPÍTULO 11

Grandes exemplos de fé

1A fé mostra a realidade daquilo que esperamos; ela nos dá convic-
ção de coisas que não vemos. 2Pela fé, pessoas em tempos passados
obtiveram aprovação. 3Pela fé, entendemos que todo o universo
foi formado pela palavra de Deus; assim, o que se vê originou-se
daquilo que não se vê. 4Pela fé, Abel apresentou a Deus um sacri-
fício superior ao de Caim. Com isso, mostrou que era um homem
justo, e Deus aprovou suas ofertas. Embora há muito esteja morto,
ainda fala por meio de seu exemplo. 5Pela fé, Enoque foi levado
para o céu sem ver a morte; "ele desapareceu porque Deus o levou
para junto de si". Porque, antes de ser levado, ele era conhecido por
agradar a Deus. 6Sem fé é impossível agradar a Deus. Quem deseja
se aproximar de Deus deve crer que ele existe e que recompensa
aqueles que o buscam. 7Pela fé, Noé construiu uma grande em-
barcação para salvar sua família do dilúvio. Ele obedeceu a Deus,
que o advertiu a respeito de coisas que nunca haviam acontecido.
Pela fé, condenou o resto do mundo e recebeu a justiça que vem
por meio da fé. 8Pela fé, Abraão obedeceu quando foi chamado
para ir à outra terra que ele receberia como herança. Ele partiu
sem saber para onde ia. 9E, mesmo quando chegou à terra que lhe
havia sido prometida, viveu ali pela fé, pois era como estrangeiro,
morando em tendas. Assim também fizeram Isaque e Jacó, que
herdaram a mesma promessa. 10Abraão esperava confiantemente
pela cidade de alicerces eternos, planejada e construída por Deus.
11Pela fé, até mesmo Sara, embora estéril e idosa, pôde ter um filho.
Ela creu que Deus era fiel para cumprir sua promessa. 12E, assim,
uma nação inteira veio desse homem velho e sem vigor, uma nação
numerosa como as estrelas do céu e incontável como a areia da
praia. 13Todos eles morreram na fé e, embora não tenham recebido
todas as coisas que lhes foram prometidas, as avistaram de longe e
de bom grado as aceitaram. Reconheceram que eram estrangeiros e
peregrinos neste mundo. 14Evidentemente, quem fala desse modo

espera ter sua própria pátria. 15Se quisessem, poderiam ter voltado
à terra de onde saíram, 16mas buscavam uma pátria superior, um
lar celestial. Por isso Deus não se envergonha de ser chamado o
Deus deles, pois lhes preparou uma cidade. 17Pela fé, Abraão, ao ser
posto à prova, ofereceu Isaque como sacrifício. Abraão, que havia
recebido as promessas, estava disposto a sacrificar seu único filho,
18embora Deus lhe tivesse dito: "Isaque é o filho de quem depende
sua descendência". 19Concluiu que, se Isaque morresse, Deus tinha
poder para trazê-lo de volta à vida. E, em certo sentido, recebeu seu
filho de volta dos mortos. 20Pela fé, Isaque prometeu bênçãos para
o futuro de seus filhos, Jacó e Esaú. 21Pela fé, Jacó, prestes a mor-
rer, abençoou cada um dos filhos de José e se curvou para adorar,
apoiado em seu cajado. 22Pela fé, José, no fim da vida, declarou com
toda a confiança que os israelitas deixariam o Egito e deu ordens
para que cuidassem de seus ossos. 23Pela fé, os pais de Moisés o
esconderam por três meses tão logo ele nasceu, pois viram que a
criança era linda e não tiveram medo de desobedecer ao decreto
do rei. 24Pela fé, Moisés, já adulto, recusou ser chamado filho da
filha do faraó, 25preferindo ser maltratado junto com o povo de
Deus a aproveitar os prazeres transitórios do pecado. 26Considerou
melhor sofrer por causa do Cristo do que possuir os tesouros do
Egito, pois tinha em vista sua grande recompensa. 27Pela fé, saiu
do Egito sem medo da ira do rei e prosseguiu sem vacilar, como
quem vê aquele que é invisível. 28Pela fé, ordenou que o povo de
Israel celebrasse a Páscoa e aspergisse com sangue os batentes
das portas, para que o anjo da morte não matasse seus filhos mais
velhos. 29Pela fé, o povo de Israel atravessou o mar Vermelho, como
se estivesse em terra seca. Quando os egípcios tentaram segui-
-los, morreram todos afogados. 30Pela fé, o povo marchou ao redor
de Jericó durante sete dias, e suas muralhas caíram. 31Pela fé, a
prostituta Raabe não foi morta com os habitantes de sua cidade
que se recusaram a obedecer, pois ela acolheu em paz os espiões.
32Quanto mais preciso dizer? Levaria muito tempo para falar sobre
a fé que Gideão, Baraque, Sansão, Jefté, Davi, Samuel e os profetas
tiveram. 33Pela fé, eles conquistaram reinos, governaram com justi-
ça e receberam promessas. Fecharam a boca de leões, 34apagaram
chamas de fogo e escaparam de morrer pela espada. Sua fraqueza
foi transformada em força. Tornaram-se poderosos na batalha e

NO QUE ESTOU **PENSANDO** ○ | O QUE ESTOU **SENTINDO** ○ | DO QUE ESTOU **LEMBRANDO** ○

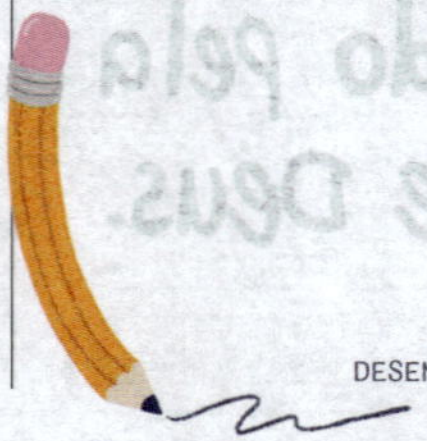

DESENHE OU ESCREVA

fizeram fugir exércitos inteiros. 35Mulheres receberam de volta seus
queridos que haviam morrido. Outros, porém, foram torturados,
recusando-se a ser libertos, e depositaram sua esperança na res-
surreição para uma vida melhor. 36Alguns foram alvo de zombaria
e açoites, e outros, acorrentados em prisões. 37Alguns morreram
apedrejados, outros foram serrados ao meio, e outros ainda, mortos
à espada. Alguns andavam vestidos com peles de ovelhas e cabras,
necessitados, afligidos e maltratados. 38Este mundo não era digno
deles. Vagaram por desertos e montes, escondendo-se em cavernas
e buracos na terra. 39Todos eles obtiveram aprovação por causa de
sua fé; no entanto, nenhum deles recebeu tudo que havia sido
prometido. 40Pois Deus tinha algo melhor preparado para nós, de
modo que, sem nós, eles não chegassem à perfeição.

CAPÍTULO 12

A disciplina de Deus comprova seu amor

1Portanto, uma vez que estamos rodeados de tão grande multidão
de testemunhas, livremo-nos de todo peso que nos torna vagarosos
e do pecado que nos atrapalha, e corramos com perseverança a cor-
rida que foi posta diante de nós. 2Mantenhamos o olhar firme em
Jesus, o líder e aperfeiçoador de nossa fé. Por causa da alegria que
o esperava, ele suportou a cruz sem se importar com a vergonha.
Agora ele está sentado no lugar de honra à direita do trono de Deus.
3Pensem em toda a hostilidade que ele suportou dos pecadores;
desse modo, vocês não ficarão cansados nem desanimados. 4Afinal,
ainda não chegaram a arriscar a vida na luta contra o pecado. 5Acaso
vocês se esqueceram das palavras de ânimo que Deus lhes dirigiu
como filhos dele? Ele disse: "Meu filho, não despreze a disciplina
do Senhor; não desanime quando ele o corrigir. 6Pois o Senhor
disciplina quem ele ama e castiga todo aquele que aceita como
filho". 7Enquanto suportam essa disciplina de Deus, lembrem-se
de que ele os trata como filhos. Quem já ouviu falar de um filho
que nunca foi disciplinado pelo pai? 8Se Deus não os disciplina
como faz com todos os seus filhos, significa que vocês não são filhos
de verdade, mas ilegítimos. 9Uma vez que respeitávamos nossos
pais terrenos que nos disciplinavam, não devemos nos submeter
ainda mais à disciplina do Pai de nosso espírito e, assim, obter
vida? 10Pois nossos pais nos disciplinaram por alguns anos como

julgaram melhor, mas a disciplina de Deus é sempre para o nosso
bem, a fim de que participemos de sua santidade. 11 Nenhuma dis-
ciplina é agradável no momento em que é aplicada; ao contrário,
é dolorosa. Mais tarde, porém, produz uma colheita de vida justa
e de paz para os que assim são corrigidos. 12 Portanto, revigorem
suas mãos cansadas e seus joelhos enfraquecidos. 13 Façam cami-
nhos retos para seus pés a fim de que os mancos não caiam, mas
sejam fortalecidos.

Apelo para ouvir a Deus

14 Esforcem-se para viver em paz com todos e procurem ter uma vida
santa, sem a qual ninguém verá o Senhor. 15 Cuidem uns dos outros
para que nenhum de vocês deixe de experimentar a graça de Deus.
Fiquem atentos para que não brote nenhuma raiz venenosa de
amargura que cause perturbação, contaminando muitos. 16 Vigiem
para que ninguém seja imoral ou profano, como Esaú, que trocou
seus direitos como filho mais velho por uma simples refeição.
17 Como vocês sabem, mais tarde, quando ele quis a bênção do pai,
foi rejeitado. Era tarde para que houvesse arrependimento, embora
ele tivesse implorado com lágrimas. 18 Vocês não chegaram a um
monte que se pode tocar, a um lugar de fogo ardente, escuridão,
trevas e vendaval, 19 ao toque da trombeta e à voz tão terrível que
aqueles que a ouviram suplicaram que nada mais lhes fosse dito,
20 pois não podiam suportar a ordem que recebiam: "Se até mes-
mo um animal tocar no monte, deve ser apedrejado". 21 O próprio
Moisés ficou tão assustado com o que viu a ponto de dizer: "Fiquei
apavorado e tremendo de medo". 22 Vocês, porém, chegaram ao
monte Sião, à cidade do Deus vivo, à Jerusalém celestial, aos incon-
táveis milhares de anjos em alegre reunião, 23 à congregação dos
filhos mais velhos, cujos nomes estão escritos no céu, e a Deus, que
é juiz de todos, aos espíritos dos justos no céu, agora aperfeiçoados,
24 a Jesus, o mediador da nova aliança, e ao sangue aspergido, que
fala de coisas melhores do que falava o sangue de Abel. 25 Tenham
cuidado para não se recusarem a ouvir aquele que fala. Porque, se
aqueles que se recusaram a ouvir o mensageiro terreno não esca-
param, certamente não escaparemos se rejeitarmos aquele que
nos fala do céu. 26 Quando Deus falou naquela ocasião, sua voz fez
a terra tremer, mas agora ele promete: "Mais uma vez, farei tremer

Hb 13.8

não só a terra, mas também os céus". 27 Isso significa que toda a cria-
ção será abalada e removida, de modo que permaneçam apenas as
coisas inabaláveis. 28 Uma vez que recebemos um reino inabalável,
sejamos gratos e agrademos a Deus adorando-o com reverência e
santo temor. 29 Porque nosso Deus é um fogo consumidor.

CAPÍTULO 13

Instruções práticas

1 Continuem a amar uns aos outros como irmãos. 2 Não se esque-
çam de demonstrar hospitalidade, porque alguns, sem o saber,
hospedaram anjos. 3 Lembrem-se dos que estão na prisão, como se
vocês mesmos estivessem presos. Lembrem-se dos que são mal-
tratados, como se sofressem os maus-tratos em seu próprio corpo.
4 Honrem o casamento e mantenham pura a união conjugal, pois
Deus certamente julgará os impuros e os adúlteros. 5 Não amem o
dinheiro; estejam satisfeitos com o que têm. Porque Deus disse:
"Não o deixarei; jamais o abandonarei". 6 Por isso, podemos dizer
com toda a confiança: "O Senhor é meu ajudador, portanto não
temerei; o que me podem fazer os simples mortais?". 7 Lembrem-se
de seus líderes que lhes ensinaram a palavra de Deus. Pensem em
todo o bem que resultou da vida deles e sigam seu exemplo de
fé. 8 Jesus Cristo é o mesmo ontem, hoje e para sempre. 9 Portanto,
não se deixem atrair por ensinos novos e estranhos. A força de vocês
vem da graça de Deus, e não de regras sobre alimentos, que em
nada ajudam aqueles que as seguem. 10 Temos um altar do qual
os sacerdotes no tabernáculo não têm direito de comer. 11 O sumo
sacerdote traz o sangue dos animais para o lugar santo como sa-
crifício pelo pecado, enquanto o corpo dos animais é queimado
fora do acampamento. 12 Da mesma forma, Jesus sofreu fora das
portas da cidade, para santificar seu povo mediante seu próprio
sangue. 13 Portanto, vamos até ele, para fora do acampamento, e
soframos a mesma desonra que ele sofreu. 14 Pois não temos nes-
te mundo uma cidade permanente; aguardamos a cidade por vir.
15 Assim, por meio de Jesus, ofereçamos um sacrifício constante
de louvor a Deus, o fruto dos lábios que proclamam seu nome.
16 E não se esqueçam de fazer o bem e de repartir o que têm com
os necessitados, pois esses são os sacrifícios que agradam a Deus.
17 Obedeçam a seus líderes e façam o que disserem. O trabalho

deles é cuidar de sua alma, e disso prestarão contas. Deem-lhes
motivo para trabalhar com alegria, e não com tristeza, pois isso
certamente não beneficiaria vocês. 18Orem por nós, pois nossa
consciência está limpa e desejamos viver de forma honrada em
tudo que fazemos. 19Orem especialmente para que eu volte e possa
vê-los em breve. 20E, agora, que o Deus da paz, que trouxe de volta
dos mortos nosso Senhor Jesus, o grande Pastor das ovelhas, e
confirmou uma aliança eterna com seu sangue, 21os capacite em
tudo que precisam para fazer a vontade dele. Que ele produza em
vocês, mediante o poder de Jesus Cristo, tudo que é agradável a ele,
a quem seja a glória para todo o sempre! Amém. 22Suplico a vocês,
irmãos, que prestem atenção naquilo que lhes escrevi nesta breve
exortação. 23Quero que saibam que nosso irmão Timóteo já saiu da
prisão. Se ele vier em breve, eu o levarei comigo quando for vê-los.
24Transmitam minhas saudações a todos os seus líderes e a todo
o povo santo. Os irmãos da Itália também mandam lembranças.
25Que a graça de Deus seja com todos vocês.

Hb 13.18

TIAGO

CAPÍTULO 1

Saudações de Tiago

1Eu, Tiago, escravo de Deus e do Senhor Jesus Cristo, envio esta
carta às doze tribos espalhadas pelo mundo. Saudações.

Fé e perseverança

2Meus irmãos, considerem motivo de grande alegria sempre que
passarem por qualquer tipo de provação, 3pois sabem que, quando
sua fé é provada, a perseverança tem a oportunidade de crescer.
4E é necessário que ela cresça, pois quando estiver plenamente
desenvolvida vocês serão maduros e completos, sem que nada lhes
falte. 5Se algum de vocês precisar de sabedoria, peça a nosso Deus
generoso, e receberá. Ele não os repreenderá por pedirem. 6Mas,
quando pedirem, façam-no com fé, sem vacilar, pois aquele que
duvida é como a onda do mar, empurrada e agitada pelo vento.
7Ele não deve esperar receber coisa alguma do Senhor, 8pois tem
a mente dividida e é instável em tudo que faz. 9O irmão que é
pobre tem motivo para se orgulhar, porque é digno de honra. 10E
o que é rico deve se orgulhar porque é insignificante. Ele murchará
como uma pequena flor do campo. 11O sol quente se levanta e a
grama seca; a flor perde o viço e cai, e sua beleza desaparece. Da
mesma forma murchará o rico com todas as suas realizações. 12Feliz
é aquele que suporta com paciência as provações e tentações, por-
que depois receberá a coroa da vida que Deus prometeu àqueles
que o amam. 13E, quando vocês forem tentados, não digam: "Esta

tentação vem de Deus", pois Deus nunca é tentado a fazer o mal,
e ele mesmo nunca tenta alguém. 14A tentação vem de nossos
próprios desejos, que nos seduzem e nos arrastam. 15Esses desejos
dão à luz o pecado, e quando o pecado se desenvolve plenamente,
gera a morte. 16Não se deixem enganar, meus amados irmãos.
17Toda dádiva que é boa e perfeita vem do alto, do Pai que criou
as luzes no céu. Nele não há variação nem sombra de mudança.
18Por sua própria vontade, ele nos gerou por meio de sua pala-
vra verdadeira. E nós, dentre toda a criação, nos tornamos seus
primeiros frutos.

Ouvir e praticar

19Entendam isto, meus amados irmãos: estejam todos prontos
para ouvir, mas não se apressem em falar nem em se irar. 20A ira
humana não produz a justiça divina. 21Portanto, removam toda
impureza e maldade e aceitem humildemente a palavra que lhes
foi implantada no coração, pois ela tem poder para salvá-los. 22Não
se limitem, porém, a ouvir a palavra; ponham-na em prática. Do
contrário, só enganarão a si mesmos. 23Pois, se ouvirem a palavra e
não a praticarem, serão como alguém que olha no espelho, 24vê a si
mesmo, mas, assim que se afasta, esquece como era sua aparência.
25Se, contudo, observarem atentamente a lei perfeita que os liberta,
perseverarem nela e a puserem em prática sem esquecer o que
ouviram, serão felizes no que fizerem. 26Se algum de vocês afirma
ser religioso, mas não controla a língua, engana a si mesmo e sua
religião não tem valor. 27A religião pura e verdadeira aos olhos de
Deus, o Pai, é esta: cuidar dos órfãos e das viúvas em suas dificul-
dades e não se deixar corromper pelo mundo.

CAPÍTULO 2

Advertência contra o preconceito

1Meus irmãos, como podem afirmar que têm fé em nosso glorioso
Senhor Jesus Cristo se mostram favorecimento a algumas pessoas?
2Se, por exemplo, alguém chegar a uma de suas reuniões vestido
com roupas elegantes e usando joias caras, e também entrar um
pobre com roupas sujas, 3e vocês derem atenção ao que está bem
vestido, dizendo-lhe: "Sente-se aqui neste lugar especial", mas
disserem ao pobre: "Fique em pé ali ou sente-se aqui no chão",

4essa discriminação não mostrará que agem como juízes guiados
por motivos perversos? 5Ouçam, meus amados irmãos: não foi
Deus que escolheu os pobres deste mundo para serem ricos na
fé? Não são eles os herdeiros do reino prometido àqueles que o
amam? 6Mas vocês desprezam os pobres! Não são os ricos que
oprimem vocês e os arrastam aos tribunais? 7Não são eles que
difamam aquele cujo nome honroso vocês carregam? 8Sem dú-
vida vocês fazem bem quando obedecem à lei do reino conforme
dizem as Escrituras: "Ame seu próximo como a si mesmo". 9Mas,
se mostram favorecimento a algumas pessoas, cometem pecado e
são culpados de transgredir a lei. 10Pois quem obedece a todas as
leis, exceto uma, torna-se culpado de desobedecer a todas as outras.
11Pois aquele que disse: "Não cometa adultério", também disse:
"Não mate". Logo, mesmo que não cometam adultério, se matarem
alguém, transgredirão a lei. 12Portanto, em tudo que disserem e
fizerem, lembrem-se de que serão julgados pela lei que os liber-
ta. 13Não haverá misericórdia para quem não tiver demonstrado
misericórdia. Mas, se forem misericordiosos, haverá misericórdia
quando forem julgados.

A fé sem obras é morta

14De que adianta, meus irmãos, dizerem que têm fé se não a de-
monstram por meio de suas ações? Acaso esse tipo de fé pode
salvar alguém? 15Se um irmão ou uma irmã necessitar de alimento
ou de roupa, 16e vocês disserem: "Até logo e tenha um bom dia;
aqueça-se e coma bem", mas não lhe derem alimento nem roupa,
em que isso ajuda? 17Como veem, a fé por si mesma, a menos que
produza boas obras, está morta. 18Mas alguém pode argumentar:
"Uns têm fé; outros têm obras". Mostre-me sua fé sem obras e eu,
pelas minhas obras, lhe mostrarei minha fé! 19Você diz crer que
há um único Deus. Muito bem! Até os demônios creem nisso e
tremem de medo. 20Quanta insensatez! Vocês não entendem que
a fé sem as obras é inútil? 21Não lembram que nosso antepas-
sado Abraão foi declarado justo por suas ações quando ofereceu
seu filho Isaque sobre o altar? 22Como veem, sua fé e suas ações
atuaram juntas e, assim, as ações tornaram a fé completa. 23E
aconteceu exatamente como as Escrituras dizem: "Abraão creu em
Deus, e assim foi considerado justo". Ele até foi chamado amigo

de Deus! 24Vejam que somos declarados justos pelo que fazemos,
e não apenas pela fé. 25Raabe, a prostituta, é outro exemplo. Ela
foi declarada justa por causa de suas ações quando escondeu os
mensageiros e os fez sair em segurança por um caminho diferente.
26Assim como o corpo sem fôlego está morto, também a fé sem
obras está morta.

CAPÍTULO 3

A importância de controlar a língua

1Meus irmãos, não sejam muitos de vocês mestres, pois nós, os que
ensinamos, seremos julgados com mais rigor. 2É verdade que todos
nós cometemos muitos erros. Se pudéssemos controlar a língua,
seríamos perfeitos, capazes de nos controlar em todos os outros
sentidos. 3Por exemplo, se colocamos um freio na boca do cavalo,
podemos conduzi-lo para onde quisermos. 4Observem também
que um pequeno leme faz um grande navio se voltar para onde o
piloto deseja, mesmo com ventos fortes. 5Assim também, a língua
é algo pequeno que profere discursos grandiosos. Vejam como
uma simples fagulha é capaz de incendiar uma grande floresta.
6E, entre todas as partes do corpo, a língua é uma chama de fogo.
É um mundo de maldade que corrompe todo o corpo. Ateia fogo a
uma vida inteira, pois o próprio inferno a acende. 7O ser humano
consegue domar toda espécie de animal, ave, réptil e peixe, 8mas
ninguém consegue domar a língua. Ela é incontrolável e perversa,
cheia de veneno mortífero. 9Às vezes louva nosso Senhor e Pai e,
às vezes, amaldiçoa aqueles que Deus criou à sua imagem. 10E,
assim, bênção e maldição saem da mesma boca. Meus irmãos,
isso não está certo! 11Acaso de uma mesma fonte pode jorrar água
doce e amarga? 12Pode a figueira produzir azeitonas ou a videira
produzir figos? Da mesma forma, não se pode tirar água doce de
uma fonte salgada.

A verdadeira sabedoria vem de Deus

13Se vocês são sábios e inteligentes, demonstrem isso vivendo
honradamente, realizando boas obras com a humildade que vem
da sabedoria. 14Mas, se em seu coração há inveja amarga e ambi-
ção egoísta, não encubram a verdade com vanglórias e mentiras.
15Porque essas coisas não são a espécie de sabedoria que vem do

alto; antes, são terrenas, mundanas e demoníacas. 16 Pois onde há
inveja e ambição egoísta, também há confusão e males de todo
tipo. 17 Mas a sabedoria que vem do alto é, antes de tudo, pura.
Também é pacífica, sempre amável e disposta a ceder a outros. É
cheia de misericórdia e é o fruto de boas obras. Não mostra favoritis-
mo e é sempre sincera. 18 E aqueles que são pacificadores plantarão
sementes de paz e ajuntarão uma colheita de justiça.

CAPÍTULO 4

Aproximem-se de Deus

1 De onde vêm as discussões e brigas em seu meio? Acaso não pro-
cedem dos prazeres que guerreiam dentro de vocês? 2 Querem o
que não têm, e até matam para consegui-lo. Invejam o que outros
possuem, lutam e fazem guerra para tomar deles. E, no entanto,
não têm o que desejam porque não pedem. 3 E, quando pedem,
não recebem, pois seus motivos são errados; pedem apenas o que
lhes dará prazer. 4 Adúlteros! Não percebem que a amizade com o
mundo os torna inimigos de Deus? Repito: se desejam ser amigos
do mundo, tornam-se inimigos de Deus. 5 O que vocês acham que
as Escrituras querem dizer quando afirmam que o espírito coloca-
do por Deus em nós tem ciúmes? 6 Contudo, ele generosamente
nos concede graça. Como dizem as Escrituras: "Deus se opõe aos
orgulhosos, mas concede graça aos humildes".

Resistam ao diabo

7 Portanto, submetam-se a Deus. Resistam ao diabo, e ele fugirá
de vocês. 8 Aproximem-se de Deus, e ele se aproximará de vocês.
Lavem as mãos, pecadores; purifiquem o coração, vocês que têm
a mente dividida. 9 Que haja lágrimas, lamentação e profundo pe-
sar. Que haja choro em vez de riso, e tristeza em vez de alegria.
10 Humilhem-se diante do Senhor, e ele os exaltará.

Não julguem os outros

11 Irmãos, não falem mal uns dos outros. Se criticam e julgam uns
aos outros, criticam e julgam a lei. Cabe-lhes, porém, praticar a lei,
e não julgá-la. 12 Somente aquele que deu a lei é Juiz, e somente
ele tem poder de salvar ou destruir. Portanto, que direito vocês têm
de julgar o próximo?

Aproximem-se de Deus, e ele se aproximará de vocês.

Tg 4.8

Não confiem em si mesmos

13 Prestem atenção, vocês que dizem: "Hoje ou amanhã iremos a
determinada cidade e ficaremos lá um ano. Negociaremos ali e
teremos lucro". 14 Como sabem o que será de sua vida amanhã? A
vida é como a névoa ao amanhecer: aparece por um pouco e logo
se dissipa. 15 O que devem dizer é: "Se o Senhor quiser, viveremos
e faremos isso ou aquilo". 16 Caso contrário, estarão se orgulhando
de seus planos pretensiosos, e toda presunção como essa é ma-
ligna. 17 Lembrem-se de que é pecado saber o que devem fazer
e não fazê-lo.

CAPÍTULO 5

Advertência aos ricos

1 Prestem atenção, vocês que são ricos. Chorem e gemam de angús-
tia por causa das desgraças que os esperam. 2 Sua riqueza apodre-
ceu, e suas roupas finas são trapos comidos por traças. 3 Seu ouro
e sua prata estão corroídos. A mesma riqueza com a qual vocês
contavam devorará sua carne como fogo. Esse tesouro corroído que
vocês acumularam testemunhará contra vocês nos últimos dias.
4 Por isso, ouçam os clamores dos que trabalharam em seus campos,
cujo salário vocês retiveram de modo fraudulento! Sim, os clamores
dos que fizeram a colheita em seus campos chegaram aos ouvidos
do Senhor dos Exércitos. 5 Vocês levam uma vida de luxo na terra,
satisfazendo seus desejos e engordando a si mesmos para o dia
do abate. 6 Condenam e matam inocentes, sem que eles resistam.

Paciência e perseverança

7 Por isso, irmãos, sejam pacientes enquanto esperam a volta do
Senhor. Vejam como os lavradores esperam pacientemente as chu-
vas do outono e da primavera. Com grande expectativa, aguardam
o amadurecimento de sua preciosa colheita. 8 Sejam também pa-
cientes. Fortaleçam-se em seu coração, pois a vinda do Senhor está
próxima. 9 Irmãos, não se queixem uns dos outros, para que não
sejam julgados. Pois, vejam, o Juiz está à porta! 10 Irmãos, tomem
como exemplo de paciência no sofrimento os profetas que falaram
em nome do Senhor. 11 Consideramos felizes aqueles que perma-
necem firmes em meio à aflição. Vocês ouviram falar de Jó, um
homem de muita perseverança. Sabem como, no final, o Senhor

foi bondoso com ele, pois o Senhor é cheio de compaixão e mise-
ricórdia. 12 Acima de tudo, meus irmãos, não jurem pelo céu, nem
pela terra, nem por qualquer outra coisa. Que seu "sim" seja de fato
sim, e seu "não", não, para que não pequem e sejam condenados.

O poder da oração

13 Algum de vocês está passando por dificuldades? Então ore.
Alguém está feliz? Cante louvores. 14 Alguém está doente? Chame
os presbíteros da igreja para que venham e orem sobre ele e o
unjam com óleo, em nome do Senhor. 15 Essa oração de fé curará
o enfermo, e o Senhor o restabelecerá. E, se cometeu algum pe-
cado, será perdoado. 16 Portanto, confessem seus pecados uns aos
outros e orem uns pelos outros para serem curados. A oração de
um justo tem grande poder e produz grandes resultados. 17 Elias
era humano como nós e, no entanto, quando orou insistentemente
para que não caísse chuva, não choveu durante três anos e meio.
18 Então ele orou outra vez e o céu enviou chuva, e a terra começou
a produzir suas colheitas.

Restaurem irmãos que se desviaram

19 Meus irmãos, se algum de vocês se desviar da verdade e for tra-
zido de volta, 20 saibam que quem trouxer o pecador de volta de
seu desvio o salvará da morte e trará perdão para muitos pecados.

Tg 5.13

1 PEDRO

CAPÍTULO 1

Saudações de Pedro

1 Eu, Pedro, apóstolo de Jesus Cristo, escrevo esta carta aos escolhi-
dos que vivem como estrangeiros nas províncias de Ponto, Galácia,
Capadócia, Ásia e Bitínia. 2 Deus, o Pai, os conhecia de antemão e
os escolheu, e o Espírito os santificou para a obediência e a puri-
ficação pelo sangue de Jesus Cristo. Que vocês tenham cada vez
mais graça e paz.

Esperança da vida eterna

3 Todo louvor seja a Deus, o Pai de nosso Senhor Jesus Cristo. Por
sua grande misericórdia, ele nos fez nascer de novo, por meio da
ressurreição de Jesus Cristo dentre os mortos. Agora temos uma
viva esperança 4 e uma herança imperecível, pura e imaculada, que
não muda nem se deteriora, guardada para vocês no céu. 5 Por meio
da fé que vocês têm, Deus os protege com seu poder até que rece-
bam essa salvação, pronta para ser revelada nos últimos tempos.
6 Portanto, alegrem-se com isso, ainda que agora, por algum tempo,
vocês precisem suportar muitas provações. 7 Elas mostrarão que sua
fé é autêntica. Como o fogo prova e purifica o ouro, assim sua fé está
sendo experimentada, e ela é muito mais preciosa que o simples
ouro. Isso resultará em louvor, glória e honra no dia em que Jesus
Cristo for revelado. 8 Embora nunca o tenham visto, vocês o amam.
E, ainda que não o vejam agora, creem nele e se regozijam com
alegria inexprimível e gloriosa, 9 pois estão alcançando o alvo de

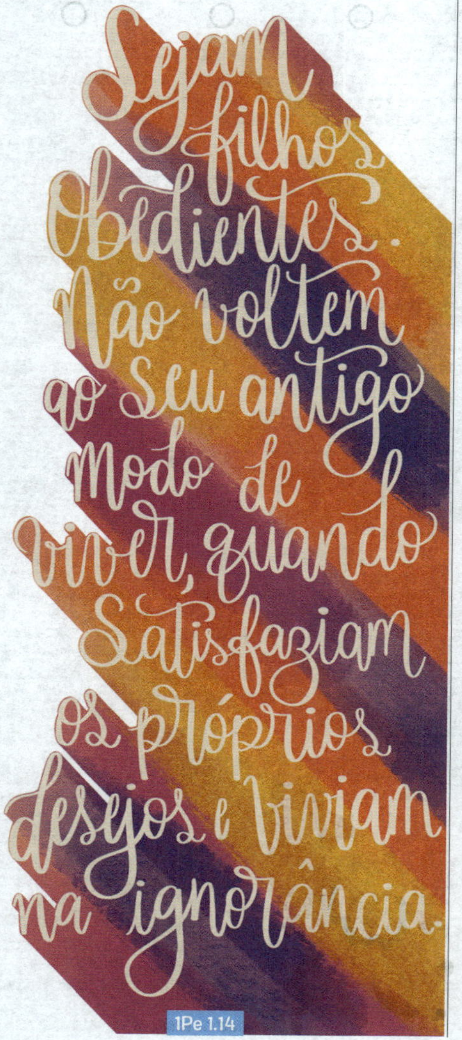

1Pe 1.14

sua fé, a sua salvação. 10 Até mesmo os profetas queriam saber mais
sobre essa salvação e investigaram a respeito, quando profetizaram
acerca da graça preparada para vocês. 11 Buscavam descobrir a que
tempo ou ocasião se referia o Espírito de Cristo, que neles estava, ao
predizer o sofrimento de Cristo e sua grande glória posterior. 12 Foi-
lhes dito que suas mensagens não eram para eles, mas para vocês.
E, agora, essas boas-novas lhes foram anunciadas por aqueles que
pregaram pelo poder do Espírito Santo enviado do céu. É algo tão
maravilhoso que até os anjos anseiam observar.

Chamados para uma vida de santidade

13 Portanto, preparem sua mente para a ação e exercitem o auto-
controle. Depositem toda a sua esperança na graça que receberão
quando Jesus Cristo for revelado. 14 Sejam filhos obedientes. Não
voltem ao seu antigo modo de viver, quando satisfaziam os próprios
desejos e viviam na ignorância. 15 Agora, porém, sejam santos em
tudo que fizerem, como é santo aquele que os chamou. 16 Pois as
Escrituras dizem: "Sejam santos, porque eu sou santo". 17 Lembrem-
se de que o Pai celestial, a quem vocês oram, não mostra favoreci-
mento. Ele os julgará de acordo com suas ações. Por isso, vivam com
temor durante seu tempo como residentes na terra. 18 Pois vocês
sabem que o resgate para salvá-los do estilo de vida vazio que her-
daram de seus antepassados não foi pago com simples ouro ou
prata, que perdem seu valor, 19 mas com o sangue precioso de Cristo,
o Cordeiro de Deus, sem pecado nem mancha. 20 Ele foi escolhido
antes da criação do mundo, mas agora, nestes últimos tempos, foi
revelado por causa de vocês. 21 Por meio de Cristo, vocês vieram a
crer em Deus. Depositam sua fé e esperança em Deus porque ele
ressuscitou Cristo dos mortos e lhe deu grande glória. 22 Uma vez
que vocês foram purificados de seus pecados quando obedeceram à
verdade, tenham como alvo agora o amor fraternal sem fingimento.
Amem uns aos outros sinceramente, de todo o coração. 23 Pois vocês
nasceram de novo, não para uma vida que pode ser destruída, mas
para uma vida que durará para sempre, porque vem da eterna e
viva palavra de Deus. 24 Pois, "Os seres humanos são como o capim;
sua beleza é como as flores do campo. O capim seca e as flores
murcham, 25 mas a palavra do Senhor permanece para sempre". E
essa palavra é a mensagem das boas-novas que lhes foi anunciada.

CAPÍTULO 2

1 Portanto, livrem-se de toda maldade, todo engano, toda hipocrisia, toda inveja e todo tipo de difamação. 2 Como bebês recém-nascidos, desejem intensamente o puro leite espiritual, para que, por meio dele, cresçam e experimentem plenamente a salvação, 3 agora que provaram da bondade do Senhor.

Pedras vivas para a casa de Deus

4 Vocês têm se aproximado de Cristo, a pedra viva. As pessoas o rejeitaram, mas Deus o escolheu para lhe conceder grande honra. 5 E vocês também são pedras vivas, com as quais um templo espiritual é edificado. Além disso, são sacerdotes santos. Por meio de Jesus Cristo, oferecem sacrifícios espirituais que agradam a Deus. 6 Como dizem as Escrituras: "Ponho em Sião uma pedra angular, escolhida para grande honra; quem confiar nela jamais será envergonhado". 7 Sim, vocês, os que creem, reconhecem a honra que lhe é devida. Mas, para os que não creem, "A pedra que os construtores rejeitaram se tornou a pedra angular". 8 E também, "Ele é a pedra de tropeço, rocha que faz as pessoas caírem". Tropeçam porque não obedecem à palavra e, portanto, deparam com o destino planejado para elas. 9 Vocês, porém, são povo escolhido, reino de sacerdotes, nação santa, propriedade exclusiva de Deus. Assim, vocês podem mostrar às pessoas como é admirável aquele que os chamou das trevas para sua maravilhosa luz. 10 "Antes vocês não tinham identidade como povo, agora são povo de Deus. Antes não haviam recebido misericórdia, agora receberam misericórdia de Deus." 11 Amados, eu os advirto, como peregrinos e estrangeiros que são, a manter distância dos desejos carnais que lutam contra a alma. 12 Procurem viver de maneira exemplar entre os que não creem. Assim, mesmo que eles os acusem de praticar o mal, verão seu comportamento correto e darão glória a Deus quando ele julgar o mundo.

Respeito pelas autoridades

13 Por causa do Senhor, submetam-se a todas as autoridades humanas, seja o rei como autoridade máxima, 14 sejam os oficiais nomeados e enviados por ele para castigar os que fazem o mal e honrar os que fazem o bem. 15 É da vontade de Deus que, pela prática do bem, vocês calem os ignorantes que os acusam falsamente.

NO QUE ESTOU PENSANDO | O QUE ESTOU SENTINDO | DO QUE ESTOU LEMBRANDO

DESENHE OU ESCREVA

16 Pois vocês são livres e, no entanto, são escravos de Deus; não usem sua liberdade como desculpa para fazer o mal. 17 Tratem todos com respeito e amem seus irmãos em Cristo. Temam a Deus e respeitem o rei.

Instruções para os escravos

18 Vocês, escravos, submetam-se a seu senhor com todo o respeito. Façam o que ele mandar, não apenas se for bondoso e amável, mas até mesmo se for cruel. 19 Porque Deus se agrada de vocês quando, conscientes da vontade dele, suportam com paciência o tratamento injusto. 20 Claro que não há mérito algum em ser paciente quando são açoitados por terem feito o mal. Mas, se sofrem por terem feito o bem e suportam com paciência, Deus se agrada de vocês. 21 Porque Deus os chamou para fazerem o bem, mesmo que isso resulte em sofrimento, pois Cristo sofreu por vocês. Ele é seu exemplo; sigam seus passos. 22 Ele nunca pecou, nem enganou ninguém. 23 Não revidou quando foi insultado, nem ameaçou se vingar quando sofreu, mas deixou seu caso nas mãos de Deus, que sempre julga com justiça. 24 Ele mesmo carregou nossos pecados em seu corpo na cruz, a fim de que morrêssemos para o pecado e vivêssemos para a justiça; por suas feridas somos curados. 25 Vocês eram como ovelhas desgarradas, mas agora voltaram para o Pastor, o Guardião de sua alma.

CAPÍTULO 3

Instruções para as esposas

1 Da mesma forma, vocês, esposas, sujeitem-se à autoridade de seu marido. Assim, mesmo que ele se recuse a obedecer à palavra, será conquistado por sua conduta, sem palavra alguma, 2 mas por observar seu modo de viver puro e reverente. 3 Não se preocupem com a beleza exterior obtida com penteados extravagantes, joias caras e roupas bonitas. 4 Em vez disso, vistam-se com a beleza que vem de dentro e que não desaparece, a beleza de um espírito amável e sereno, tão precioso para Deus. 5 Era assim que se adornavam as mulheres santas do passado. Elas depositavam sua confiança em Deus e se sujeitavam à autoridade do marido. 6 Sara, por exemplo, obedecia a Abraão e o chamava de senhor. Vocês são filhas dela quando praticam o bem, sem medo algum.

Instruções para os maridos
7Da mesma forma, vocês, maridos, honrem sua esposa. Sejam com-
preensivos no convívio com ela, pois, ainda que seja mais frágil
que vocês, ela é igualmente participante da dádiva de nova vida
concedida por Deus. Tratem-na de maneira correta, para que nada
atrapalhe suas orações.

Instruções para todos os irmãos em Cristo
8Por fim, tenham todos o mesmo modo de pensar. Sejam cheios
de compaixão uns pelos outros. Amem uns aos outros como ir-
mãos. Mostrem misericórdia e humildade. 9Não retribuam mal por
mal, nem insulto com insulto. Ao contrário, retribuam com uma
bênção. Foi para isso que vocês foram chamados, e a bênção lhes
será concedida. 10Pois, "Se quiser desfrutar a vida e ver muitos dias
felizes, refreie a língua de falar maldades e os lábios de dizerem
mentiras. 11Afaste-se do mal e faça o bem; busque a paz e esforce-se
para mantê-la. 12Os olhos do Senhor estão sobre os justos, e seus
ouvidos, abertos para suas orações. O Senhor, porém, volta o rosto
contra os que praticam o mal".

Sofrimento resultante de fazer o bem
13Quem é que desejará lhes fazer mal se vocês se dedicarem a fazer
o bem? 14Mas, ainda que sofram por fazer o que é certo, vocês serão
abençoados. Portanto, não se preocupem e não tenham medo de
ameaças. 15Em vez disso, consagrem a Cristo como o Senhor de
sua vida. E, se alguém lhes perguntar a respeito de sua esperança,
estejam sempre preparados para explicá-la. 16Façam-no, porém, de
modo amável e respeitoso. Mantenham sempre a consciência lim-
pa. Então, se as pessoas falarem mal de vocês, ficarão envergonha-
das ao ver como vocês vivem corretamente em Cristo. 17Lembrem-se
de que é melhor sofrer por fazer o bem, se for da vontade de Deus,
do que por fazer o mal. 18Pois Cristo também sofreu por nossos pe-
cados, de uma vez por todas. Embora nunca tenha pecado, morreu
pelos pecadores a fim de conduzi-los a Deus. Sofreu morte física,
mas foi ressuscitado pelo Espírito, 19por meio do qual pregou aos
espíritos em prisão, 20àqueles que, muito tempo atrás, desobede-
ceram a Deus quando ele esperou pacientemente enquanto Noé
construía sua embarcação. Apenas oito pessoas foram salvas por

1Pe 3.10

meio da água do dilúvio, 21e aquela água simboliza o batismo que
agora os salva, não pela remoção da sujeira do corpo, mas porque
no batismo vocês declaram ter boa consciência diante de Deus. Ela
é eficaz por meio da ressurreição de Jesus Cristo. 22Agora, Cristo
foi para o céu e está sentado no lugar de honra à direita de Deus, e
todos os anjos, autoridades e poderes se sujeitam a ele.

CAPÍTULO 4

A vida dedicada a Deus
1Portanto, uma vez que Cristo sofreu fisicamente, armem-se com a
mesma atitude que ele teve e estejam prontos para também sofrer.
Porque, se vocês sofreram fisicamente por Cristo, deixaram o pe-
cado para trás. 2Não passarão o resto da vida buscando os próprios
desejos, mas fazendo a vontade de Deus. 3No passado, vocês des-
perdiçaram muito tempo praticando o que gostam de fazer aqueles
que não creem: imoralidade e desejos carnais, farras, bebedeiras
e festanças desregradas, além da detestável adoração de ídolos.
4Agora, essas pessoas ficam surpresas quando vocês deixam de
participar de suas práticas desregradas e destrutivas e, por isso, os
difamam. 5Lembrem-se, porém, de que eles terão de prestar contas
àquele que está pronto para julgar a todos, vivos e mortos. 6Por
isso as boas-novas foram anunciadas até mesmo aos mortos, pois,
embora estivessem destinados a morrer como todo ser humano,
agora vivem para sempre com Deus pelo Espírito. 7O fim de todas
as coisas está próximo. Portanto, sejam sensatos e disciplinados em
suas orações. 8Acima de tudo, amem uns aos outros sinceramente,
pois o amor cobre muitos pecados. 9Abram sua casa de bom grado
para os que necessitam de um lugar para se hospedar. 10Deus con-
cedeu um dom a cada um, e vocês devem usá-lo para servir uns aos
outros, fazendo bom uso da múltipla e variada graça divina. 11Você
tem o dom de falar? Então faça-o de acordo com as palavras de
Deus. Tem o dom de ajudar? Faça-o com a força que Deus lhe dá.
Assim, tudo que você realizar trará glória a Deus por meio de Jesus
Cristo. A ele sejam a glória e o poder para todo o sempre! Amém.

Sofrimentos resultantes de seguir a Cristo
12Amados, não se surpreendam com as provações de fogo ardente
pelas quais estão passando, como se algo estranho lhes estivesse

acontecendo. [13]Pelo contrário, alegrem-se muito, pois essas provações os tornam participantes dos sofrimentos de Cristo, a fim de que tenham a maravilhosa alegria de ver sua glória quando ela for revelada. [14]Se vocês forem insultados por causa do nome de Cristo, abençoados serão, pois o glorioso Espírito de Deus repousa sobre vocês. [15]Se sofrerem, porém, que não seja por matar, roubar, causar confusão ou intrometer-se em assuntos alheios. [16]Mas, se sofrerem por ser cristãos, não se envergonhem; louvem a Deus por serem chamados por esse nome! [17]Pois chegou a hora do julgamento, que deve começar pela casa de Deus. E, se o julgamento começa conosco, que destino terrível aguarda aqueles que nunca obedeceram às boas-novas de Deus! [18]E, "Se o justo é salvo por um triz, o que será do pecador perverso?". [19]Portanto, se vocês sofrem porque cumprem a vontade de Deus, continuem a fazer o que é certo e confiem sua vida àquele que os criou, pois ele é fiel.

CAPÍTULO 5

Conselhos para os líderes e para os jovens

[1]E agora, uma palavra aos presbíteros em seu meio. Eu, que também sou presbítero, testemunhei os sofrimentos de Cristo e também participarei de sua glória quando ela for revelada. Assim, peço-lhes [2]que cuidem do rebanho que Deus lhes confiou com disposição, e não de má vontade; não pelo que lucrarão com isso, mas pelo desejo de servir a Deus. [3]Não abusem de sua autoridade com aqueles que foram colocados sob seus cuidados, mas guiem-nos com seu bom exemplo. [4]E, quando vier o Grande Pastor, vocês receberão uma coroa de glória sem fim. [5]Da mesma forma, vocês, que são mais jovens, aceitem a autoridade dos presbíteros. E todos vocês vistam-se de humildade no relacionamento uns com os outros. Pois, "Deus se opõe aos orgulhosos, mas concede graça aos humildes". [6]Portanto, humilhem-se sob o grande poder de Deus e, no tempo certo, ele os exaltará. [7]Entreguem-lhe todas as suas ansiedades, pois ele cuida de vocês. [8]Estejam atentos! Tomem cuidado com seu grande inimigo, o diabo, que anda como um leão rugindo à sua volta, à procura de alguém para devorar. [9]Permaneçam firmes contra ele e sejam fortes na fé. Lembrem-se de que seus irmãos em Cristo em todo o mundo estão passando pelos mesmos sofrimentos. [10]Deus, em toda a sua graça, os chamou para participarem

de sua glória eterna por meio de Cristo Jesus. Assim, depois que tiverem sofrido por um pouco de tempo, ele os restaurará, os sustentará e os fortalecerá, e os colocará sobre um firme alicerce. [11]A ele seja o poder para sempre! Amém.

Saudações finais

[12]Escrevi e enviei esta breve carta com a ajuda de Silas, a quem lhes recomendo como irmão fiel. Meu objetivo ao escrever é encorajá-los e garantir-lhes que as experiências pelas quais vocês têm passado são, verdadeiramente, parte da graça de Deus. Permaneçam firmes nessa graça. [13]Aquela que está na Babilônia, escolhida assim como vocês, lhes envia saudações, e também meu filho Marcos. [14]Cumprimentem uns aos outros com um beijo de amor. Paz seja com todos vocês que estão em Cristo.

2 PEDRO

CAPÍTULO 1

Saudações de Pedro

1 Eu, Simão Pedro, escravo e apóstolo de Jesus Cristo, escrevo esta
carta a vocês que compartilham de nossa preciosa fé, concedida
por meio da justiça de Jesus Cristo, nosso Deus e Salvador. 2 Que
vocês tenham cada vez mais graça e paz à medida que crescem no
conhecimento de Deus e de Jesus, nosso Senhor.

Crescimento na fé

3 Deus, com seu poder divino, nos concede tudo de que necessi-
tamos para uma vida de devoção, pelo conhecimento completo
daquele que nos chamou para si por meio de sua glória e excelên-
cia. 4 E, por causa de sua glória e excelência, ele nos deu grandes e
preciosas promessas. São elas que permitem a vocês participar da
natureza divina e escapar da corrupção do mundo causada pelos
desejos humanos. 5 Diante de tudo isso, esforcem-se ao máximo
para corresponder a essas promessas. Acrescentem à fé a excelência
moral; à excelência moral o conhecimento; 6 ao conhecimento o do-
mínio próprio; ao domínio próprio a perseverança; à perseverança a
devoção a Deus; 7 à devoção a Deus a fraternidade; e à fraternidade
o amor. 8 Quanto mais crescerem nessas coisas, mais produtivos
e úteis serão no conhecimento completo de nosso Senhor Jesus
Cristo. 9 Mas aqueles que não se desenvolvem desse modo são pra-
ticamente cegos, vendo apenas o que está perto, e se esquecem de
que foram purificados de seus antigos pecados. 10 Por isso, irmãos,

2Pe 1.3

trabalhem ainda mais arduamente para mostrar que, de fato, estão
entre os que foram chamados e escolhidos. Façam essas coisas e
jamais tropeçarão. 11 Assim, sua entrada no reino eterno de nosso
Senhor e Salvador Jesus Cristo será acompanhada de grande honra.

Prestem atenção às Escrituras

12 Portanto, sempre lhes lembrarei estas coisas, embora já as saibam
e estejam firmes na verdade que lhes foi ensinada. 13 E é apropriado
que, enquanto eu viver, continue a lembrá-los. 14 Pois nosso Senhor
Jesus Cristo me mostrou que, em breve, partirei desta vida, 15 por
isso me esforçarei para garantir que vocês sempre se lembrem
destas coisas depois de minha partida. 16 Porque não inventamos
histórias engenhosas quando lhes falamos da poderosa vinda de
nosso Senhor Jesus Cristo. Vimos com os próprios olhos seu es-
plendor majestoso, 17 quando ele recebeu honra e glória da parte
de Deus, o Pai. A voz da glória suprema de Deus lhe disse: "Este é
meu Filho amado, que me dá grande alegria". 18 Nós mesmos ou-
vimos essa voz do céu quando estávamos com ele no monte santo.
19 Além disso, temos a mensagem que os profetas proclamaram,
que é digna de toda confiança. Prestem muita atenção ao que eles
escreveram, pois suas palavras são como lâmpada que ilumina um
lugar escuro, até que o dia clareie e a estrela da manhã brilhe no
coração de vocês. 20 Acima de tudo, saibam que nenhuma profecia
nas Escrituras surgiu do entendimento do próprio profeta, 21 nem
de iniciativa humana. Esses homens foram impulsionados pelo
Espírito Santo e falaram da parte de Deus.

CAPÍTULO 2

O perigo dos falsos mestres

1 Contudo, assim como surgiram falsos profetas entre o povo de
Israel, também surgirão falsos mestres entre vocês. Eles ensinarão
astutamente heresias destrutivas e até negarão o Mestre que os
resgatou, trazendo sobre si mesmos destruição repentina. 2 Muitos
seguirão a imoralidade vergonhosa desses mestres, e por causa
deles o caminho da verdade será difamado. 3 Em sua ganância,
inventarão mentiras astutas para explorar vocês, mas eles já foram
condenados há muito tempo, e sua destruição não tardará. 4 Pois
Deus não poupou nem os anjos que pecaram. Ele os lançou no

inferno, em abismos tenebrosos, onde ficarão presos até o dia do julgamento. 5Não poupou o mundo antigo, mas protegeu Noé, que proclamava a justiça, e sete pessoas de sua família, quando destruiu com um dilúvio o mundo dos perversos. 6Mais tarde, condenou as cidades de Sodoma e Gomorra e as transformou em montes de cinzas, como exemplo do que acontecerá aos perversos. 7Em contrapartida, resgatou Ló, tirando-o de Sodoma, por ser ele um homem justo, afligido com a vergonhosa imoralidade dos perversos ao seu redor. 8Sim, Ló era um homem justo, cuja alma justa era atormentada pela maldade que via e ouvia todos os dias. 9Vemos, portanto, que o Senhor sabe resgatar das provações os que lhe são devotos e, ao mesmo tempo, manter os perversos sob castigo até o dia do julgamento. 10Ele é particularmente severo com aqueles que seguem desejos e instintos distorcidos e desprezam a autoridade. Tais indivíduos são orgulhosos e arrogantes, e atrevem-se até a zombar de seres sobrenaturais. 11Já os anjos, muito maiores em poder e em força, não ousam apresentar diante do Senhor uma acusação de blasfêmia contra esses seres. 12Os falsos mestres são como criaturas irracionais movidas pelo instinto, que nascem para apanhar e morrer. Nada sabem sobre aqueles a quem insultam e, como animais, serão destruídos por sua própria corrupção. 13Praticam o mal e receberão o mal como recompensa. Gostam de se entregar à imoralidade em plena luz do dia. São uma vergonha e uma mancha no meio de vocês, sentindo prazer em enganá-los enquanto participam de suas refeições. 14Cometem adultério com os olhos e abrigam um desejo insaciável de pecar. Seduzem os instáveis e são bem treinados na ganância. Vivem sob maldição, 15desviaram-se do caminho reto e seguem os passos de Balaão, filho de Beor, que amou a recompensa que receberia por fazer o mal. 16Balaão, porém, foi refreado em sua loucura quando uma jumenta, que não fala, o repreendeu com voz humana. 17Eles são como fontes secas ou a neblina levada pelo vento, e estão condenados às mais escuras trevas. 18Com palavras vazias, proclamam sua grandeza imaginária e apelam para desejos carnais distorcidos a fim de atrair de volta ao pecado aqueles que mal escaparam de uma vida enganosa. 19Prometem liberdade, mas eles próprios são escravos da corrupção. Pois cada um é escravo daquilo que o controla. 20E, quando alguém escapa da maldade do mundo ao

NO QUE ESTOU **PENSANDO** ○ | O QUE ESTOU **SENTINDO** ○ | DO QUE ESTOU **LEMBRANDO** ○

DESENHE OU ESCREVA

conhecer nosso Senhor e Salvador Jesus Cristo, mas depois se deixa emaranhar e se escravizar novamente pelo pecado, está pior que antes. 21Teria sido melhor nunca haver conhecido o caminho da justiça do que, conhecendo-o, rejeitar a ordem recebida para viver de modo santo. 22Neles se confirmam os provérbios: "O cão volta a seu próprio vômito" e "A porca lavada volta a revolver-se na lama".

CAPÍTULO 3

O dia do Senhor se aproxima

1Amados, esta é minha segunda carta a vocês, e em ambas procurei refrescar sua memória e incentivá-los a pensar com clareza. 2Quero que se lembrem do que disseram os santos profetas muito tempo atrás e do que ordenou nosso Senhor e Salvador por meio dos apóstolos que lhes enviou. 3Acima de tudo, quero alertá-los de que nos últimos dias surgirão escarnecedores que zombarão da verdade e seguirão os próprios desejos, 4dizendo: "O que houve com a promessa de que ele voltaria? Desde antes do tempo de nossos antepassados, tudo permanece igual, como desde a criação do mundo". 5Eles esquecem deliberadamente que Deus, por sua palavra, há muito tempo criou os céus e a terra seca, que fez surgir em meio às águas. 6Depois, com água destruiu todo o mundo antigo, no dilúvio. 7Pela mesma palavra, os céus e a terra que agora existem foram reservados para o fogo e estão guardados para o dia do julgamento, quando todos os perversos serão destruídos. 8Logo, amados, não se esqueçam disto: para o Senhor, um dia é como mil anos, e mil anos como um dia. 9Na verdade, o Senhor não demora em cumprir sua promessa, como pensam alguns. Pelo contrário, ele é paciente por causa de vocês. Não deseja que ninguém seja destruído, mas que todos se arrependam. 10Contudo, o dia do Senhor virá como um ladrão. Os céus desaparecerão com terrível estrondo, e até os elementos serão consumidos pelo fogo, e a terra e tudo que nela há serão expostos. 11Visto, portanto, que tudo ao redor será destruído, a vida de vocês deve ser caracterizada por santidade e devoção, 12esperando o dia de Deus e já antecipando sua vinda. Nesse dia, ele incendiará os céus, e os elementos se derreterão nas chamas. 13Nós, porém, aguardamos com grande expectativa os novos céus e a nova terra que ele prometeu, um mundo pleno de justiça. 14Portanto, amados, enquanto esperam que essas coisas

aconteçam, esforcem-se para levar uma vida pacífica, pura e sem
culpa aos olhos de Deus. 15 E lembrem-se de que a paciência de
nosso Senhor permite que as pessoas sejam salvas. Foi isso que
nosso amado irmão Paulo lhes escreveu, com a sabedoria que lhe
foi concedida. 16 Ele trata dessas questões em todas as suas cartas.
Alguns de seus comentários são difíceis de entender, e os ignoran-
tes e instáveis distorceram suas cartas, como fazem com outras par-
tes das Escrituras. Como resultado, eles próprios serão destruídos.

Palavras finais de Pedro

17 Amados, vocês já sabem dessas coisas. Portanto, estejam atentos,
a fim de que não sejam levados pelos erros desses perversos e
percam sua firmeza. 18 Antes, cresçam na graça e no conhecimento
de nosso Senhor e Salvador Jesus Cristo. A ele seja a glória, agora
e para sempre! Amém.

2Pe 3.18

1 JOÃO

CAPÍTULO 1

Introdução

1 Proclamamos a vocês aquele que existia desde o princípio, aquele
que ouvimos e vimos com nossos próprios olhos e tocamos com
nossas próprias mãos. Ele é a Palavra da vida. 2 Aquele que é a
vida nos foi revelado, e nós o vimos. Agora, testemunhamos e lhes
proclamamos que ele é a vida eterna. Ele estava com o Pai e nos
foi revelado. 3 Anunciamos-lhes aquilo que nós mesmos vimos e
ouvimos, para que tenham comunhão conosco. E nossa comunhão
é com o Pai e com seu Filho, Jesus Cristo. 4 Escrevemos estas coisas
para que vocês participem plenamente de nossa alegria.

Viver na luz

5 Esta é a mensagem que ouvimos dele e que agora lhes transmi-
timos: Deus é luz, e nele não há escuridão alguma. 6 Portanto, se
afirmamos que temos comunhão com ele mas vivemos na escu-
ridão, mentimos e não praticamos a verdade. 7 Mas, se vivemos na
luz, como Deus está na luz, temos comunhão uns com os outros,
e o sangue de Jesus, seu Filho, nos purifica de todo pecado. 8 Se
afirmamos que não temos pecados, enganamos a nós mesmos e
não vivemos na verdade. 9 Mas, se confessamos nossos pecados,
ele é fiel e justo para perdoar nossos pecados e nos purificar de
toda injustiça. 10 Se afirmamos que não pecamos, chamamos
Deus de mentiroso e mostramos que não há em nós lugar para
sua palavra.

1Jo 1.7

CAPÍTULO 2

1 Meus filhinhos, escrevo-lhes estas coisas para que vocês não pe-
quem. Se, contudo, alguém pecar, temos um advogado que de-
fende nossa causa diante do Pai: Jesus Cristo, aquele que é justo.
2 Ele mesmo é o sacrifício para o perdão de nossos pecados, e não
apenas de nossos pecados, mas dos pecados de todo o mundo.
3 E sabemos que o conhecemos se obedecemos a seus manda-
mentos. 4 Se alguém diz: "Eu o conheço", mas não obedece a seus
mandamentos, é mentiroso e a verdade não está nele. 5 Mas quem
obedece à palavra de Deus mostra que o amor que vem dele está
se aperfeiçoando em sua vida. Desse modo, sabemos que estamos
nele. 6 Quem afirma que permanece nele deve viver como ele viveu.

Um novo mandamento

7 Amados, não lhes escrevo um novo mandamento, mas um anti-
go, que vocês têm desde o princípio. É a mesma mensagem que
ouviram antes. 8 E, no entanto, também é um novo mandamento,
cuja verdade ele demonstrou, e vocês também a demonstram. Pois
a escuridão está se dissipando, e a verdadeira luz já brilha. 9 Se
alguém afirma: "Estou na luz", mas odeia seu irmão, ainda está na
escuridão. 10 Quem ama seu irmão permanece na luz e não leva
outros a tropeçar. 11 Mas quem odeia seu irmão ainda está na escu-
ridão e anda na escuridão. Não sabe para onde vai, pois a escuridão
o cegou. 12 Escrevo a vocês, filhinhos, porque seus pecados foram
perdoados pelo nome de Jesus. 13 Escrevo a vocês, pais, porque
conhecem aquele que existia desde o princípio. Escrevo a vocês,
jovens, porque venceram a batalha contra o maligno. 14 Escrevi
a vocês, filhinhos, porque conhecem o Pai. Escrevi a vocês, pais,
porque conhecem aquele que existia desde o princípio. Escrevi a
vocês, jovens, porque são fortes. A palavra de Deus permanece em
seu coração, e vocês venceram o maligno.

Não se deve amar este mundo

15 Não amem este mundo, nem as coisas que ele oferece, pois, quan-
do amam o mundo, o amor do Pai não está em vocês. 16 Porque o
mundo oferece apenas o desejo intenso por prazer físico, o desejo
intenso por tudo que vemos e o orgulho de nossas realizações e
bens. Isso não provém do Pai, mas do mundo. 17 E este mundo

passa, e com ele tudo que as pessoas tanto desejam. Mas quem
faz o que agrada a Deus vive para sempre.

Advertências sobre os anticristos

18 Filhinhos, chegou a hora final. Vocês ouviram que o anticristo
está por vir, e muitos anticristos já apareceram. Por isso sabemos
que chegou a hora final. 19 Eles saíram de nosso meio, mas, na ver-
dade, nunca foram dos nossos; do contrário, teriam permanecido
conosco. Quando saíram, mostraram que não eram dos nossos.
20 Mas vocês não são assim, pois o Santo lhes deu sua unção, e
todos vocês conhecem a verdade. 21 Não lhes escrevo porque não
conhecem a verdade, mas porque a conhecem e sabem que a ver-
dade não produz mentira alguma. 22 E quem é mentiroso? Aquele
que afirma que Jesus não é o Cristo. Quem nega o Pai e o Filho
é o anticristo. 23 Aquele que nega o Filho também não tem o Pai.
Quem reconhece o Filho tem também o Pai. 24 Portanto, cuidem
para que permaneça em vocês o que lhes foi ensinado desde o
começo. Se o fizerem, permanecerão em comunhão com o Filho e
com o Pai. 25 E, nessa comunhão, desfrutamos a vida eterna que ele
nos prometeu. 26 Escrevo estas coisas para adverti-los sobre os que
desejam enganá-los. 27 Vocês, porém, receberam dele a unção, e
ela permanece em vocês, de modo que não precisam que alguém
lhes ensine a verdade. Pois o que a unção lhes ensina é verdade,
e não mentira, e é tudo que precisam saber. Portanto, como lhes
ensinou a unção, permaneçam nele.

Viver como filhos de Deus

28 Agora, filhinhos, permaneçam nele para que, quando ele voltar,
estejamos confiantes e não nos afastemos dele, envergonhados.
29 Porque sabemos que ele é justo, também sabemos que todo o
que pratica a justiça é nascido de Deus.

CAPÍTULO 3

1 Vejam como é grande o amor do Pai por nós, pois ele nos cha-
ma de filhos, o que de fato somos! Mas quem pertence a este
mundo não reconhece que somos filhos de Deus, porque não o
conhece. 2 Amados, já somos filhos de Deus, mas ele ainda não nos
mostrou o que seremos quando Cristo vier. Sabemos, porém, que

seremos semelhantes a ele, pois o veremos como ele realmente é.
3 E todos que têm essa esperança se manterão puros, como ele é
puro. 4 Quem vive no pecado transgride a lei, pois todo pecado é
contrário à lei. 5 E vocês sabem que ele veio para tirar nossos peca-
dos, e nele não há pecado. 6 Quem permanece nele não continua
a pecar. Mas quem continua a pecar não o conhece e não entende
quem ele é. 7 Filhinhos, não deixem que ninguém os engane a
este respeito: quando uma pessoa faz o que é justo, mostra que
é justa, como ele é justo. 8 Mas, quando continua a pecar, mostra
que pertence ao diabo, pois o diabo peca desde o início. Por isso
o Filho de Deus veio, para destruir as obras do diabo. 9 Aquele que
é nascido de Deus não vive no pecado, pois a vida de Deus está
nele. Logo, não pode continuar a pecar, pois é nascido de Deus.
10 Assim, podemos identificar quem é filho de Deus e quem é filho
do diabo. Quem não pratica a justiça e não ama seus irmãos não
pertence a Deus.

Amem uns aos outros

11 Esta é a mensagem que vocês ouviram desde o princípio: que
amemos uns aos outros. 12 Não sejamos como Caim, que pertencia
ao maligno e assassinou seu irmão. E por que o assassinou? Porque
Caim praticava o mal, e seu irmão praticava a justiça. 13 Portanto,
meus irmãos, não se surpreendam se o mundo os odiar. 14 Se ama-
mos nossos irmãos, significa que passamos da morte para a vida.
Mas quem não ama continua morto. 15 Quem odeia seu irmão já
é assassino. E vocês sabem que nenhum assassino tem dentro de
si a vida eterna. 16 Sabemos o que é o amor porque Jesus deu sua
vida por nós. Portanto, também devemos dar nossa vida por nossos
irmãos. 17 Se alguém tem recursos suficientes para viver bem e vê
um irmão em necessidade, mas não mostra compaixão, como pode
estar nele o amor de Deus? 18 Filhinhos, não nos limitemos a dizer
que amamos uns aos outros; demonstremos a verdade por meio de
nossas ações. 19 Com isso saberemos que pertencemos à verdade, e
nos tranquilizaremos quando estivermos diante de Deus. 20 E, ainda
que a consciência nos condene, Deus é maior que nossa consciência
e sabe todas as coisas. 21 Amados, se a consciência não nos condena,
podemos ir a Deus com total confiança 22 e dele receberemos tudo
que pedirmos, pois lhe obedecemos e fazemos o que lhe agrada.

23E este é seu mandamento: que creiamos no nome de seu Filho,
Jesus Cristo, e amemos uns aos outros, conforme ele nos ordenou.
24Aqueles que obedecem a seus mandamentos permanecem nele,
e ele permanece neles. E sabemos que ele permanece em nós
porque o Espírito que ele nos deu permanece em nós.

CAPÍTULO 4

Como identificar falsos profetas

1Amados, não acreditem em todo espírito, mas ponham-no à prova
para ter a certeza de que o espírito vem de Deus, pois há muitos
falsos profetas no mundo. 2Assim sabemos se eles têm o Espírito
de Deus: todo espírito que reconhece que Jesus Cristo veio em
corpo humano é de Deus, 3mas todo espírito que não reconhece
a verdade a respeito de Jesus não é de Deus. Esse é o espírito do
anticristo, sobre o qual vocês ouviram que viria ao mundo e, de fato,
já está aqui. 4Filhinhos, vocês pertencem a Deus e já venceram os
falsos profetas, pois o Espírito que está em vocês é maior que o
espírito que está no mundo. 5Eles pertencem a este mundo, por-
tanto falam do ponto de vista do mundo, e o mundo os ouve. 6Nós,
porém, pertencemos a Deus. Quem conhece a Deus nos ouve, mas
quem não conhece a Deus não nos ouve. Desse modo sabemos se
alguém tem o Espírito da verdade ou o espírito do erro.

Deus é amor

7Amados, continuemos a amar uns aos outros, pois o amor vem
de Deus. Quem ama é nascido de Deus e conhece a Deus. 8Quem
não ama não conhece a Deus, porque Deus é amor. 9Deus mostrou
quanto nos amou ao enviar seu único Filho ao mundo para que,
por meio dele, tenhamos vida. 10É nisto que consiste o amor: não
em que tenhamos amado a Deus, mas em que ele nos amou e
enviou seu Filho como sacrifício para o perdão de nossos peca-
dos. 11Amados, visto que Deus tanto nos amou, certamente de-
vemos amar uns aos outros. 12Ninguém jamais viu a Deus. Mas,
se amamos uns aos outros, Deus permanece em nós, e seu amor
chega, em nós, à expressão plena. 13Deus nos deu seu Espírito
como prova de que permanecemos nele, e ele em nós. 14Além
disso, vimos com os próprios olhos e agora testemunhamos que
o Pai enviou seu Filho para ser o Salvador do mundo. 15Aquele

NO QUE ESTOU PENSANDO ○ | O QUE ESTOU SENTINDO ○ | DO QUE ESTOU LEMBRANDO ○

DESENHE OU ESCREVA

que declara que Jesus é o Filho de Deus, Deus permanece nele,
e ele em Deus. 16Sabemos quanto Deus nos ama e confiamos em
seu amor. Deus é amor, e quem permanece no amor permanece
em Deus, e Deus nele. 17À medida que permanecemos em Deus,
nosso amor se torna mais perfeito. Assim, teremos confiança no
dia do julgamento, pois vivemos como Jesus viveu neste mundo.
18Esse amor não tem medo, pois o perfeito amor afasta todo medo.
Se temos medo, é porque tememos o castigo, e isso mostra que
ainda não experimentamos plenamente o amor. 19Nós amamos
porque ele nos amou primeiro. 20Se alguém afirma: "Amo a Deus",
mas odeia seu irmão, é mentiroso, pois se não amamos nosso
irmão, a quem vemos, como amaremos a Deus, a quem não ve-
mos? 21Ele nos deu este mandamento: quem ama a Deus, ame
também seus irmãos.

CAPÍTULO 5

Crer no Filho de Deus

1Todo aquele que crê que Jesus é o Cristo é nascido de Deus. E
todo aquele que ama o Pai também ama os filhos dele. 2Sabemos
que amamos os filhos de Deus se amamos a Deus e obedecemos
a seus mandamentos. 3Amar a Deus significa obedecer a seus
mandamentos. E seus mandamentos não são difíceis. 4Pois todo
aquele que é nascido de Deus vence este mundo, e obtemos essa
vitória pela fé. 5Quem vence a batalha contra o mundo? Somente
quem crê que Jesus é o Filho de Deus. 6Jesus Cristo foi revelado
por meio de seu batismo na água e pelo derramamento de seu
sangue; não só por meio da água, mas pela água e pelo sangue. E o
Espírito, que é a verdade, o confirma com seu testemunho. 7Temos,
portanto, três testemunhas, 8o Espírito, a água e o sangue, e as
três concordam entre si. 9Porque cremos em testemunho humano,
certamente podemos crer no testemunho de Deus, que tem ainda
mais valor. E Deus dá testemunho acerca de seu Filho. 10Quem
crê no Filho de Deus sabe, em seu coração, que esse testemunho
é verdadeiro. Quem não crê nisso, na realidade, chama Deus de
mentiroso, porque não crê no testemunho de Deus acerca de seu
Filho. 11E este é o testemunho: Deus nos deu vida eterna, e essa
vida está em seu Filho. 12Quem tem o Filho tem a vida; quem não
tem o Filho de Deus não tem a vida.

Conclusão

13Escrevi estas coisas a vocês que creem no nome do Filho de Deus
para que saibam que têm a vida eterna. 14Estamos certos de que ele
nos ouve sempre que lhe pedimos algo conforme sua vontade. 15E,
uma vez que sabemos que ele ouve nossos pedidos, também sa-
bemos que ele nos dará o que pedimos. 16Se alguém vir um irmão
cometer pecado que não leva à morte, ore por ele, e Deus dará vida
a esse irmão que pecou de maneira que não leva à morte. Mas há
pecado que leva à morte, e não digo que se deva orar por aqueles
que o cometem. 17Toda injustiça é pecado, mas nem todo pecado
leva à morte. 18Sabemos que os nascidos de Deus não vivem no
pecado, pois o Filho de Deus os protege e o maligno não os toca.
19Sabemos que somos filhos de Deus e que o mundo inteiro está
sob o controle do maligno. 20E sabemos que o Filho de Deus veio
e nos deu entendimento para que conheçamos ao Deus verdadei-
ro. Agora, vivemos em comunhão com o Deus verdadeiro, porque
vivemos em comunhão com seu Filho, Jesus Cristo. Ele é o Deus
verdadeiro e é a vida eterna. 21Filhinhos, afastem-se dos ídolos.

2 JOÃO

2Jo

CAPÍTULO 1

Saudações

1Eu, o presbítero, escrevo à senhora escolhida e a seus filhos, a
quem amo na verdade, como fazem todos os que conhecem a
verdade, 2porque a verdade permanece em nós e estará conosco
para sempre. 3Graça, misericórdia e paz que vêm de Deus, o Pai,
e de Jesus Cristo, o Filho do Pai, estarão conosco, os que vivemos
na verdade e no amor.

Permaneçam na verdade

4Fiquei muito feliz por encontrar alguns de seus filhos e ver que
estão vivendo de acordo com a verdade, conforme o Pai ordenou.
5Agora, senhora, peço-lhe que amemos uns aos outros. Não se tra-
ta de um novo mandamento; nós o temos desde o princípio. 6O
amor consiste em fazer o que Deus nos ordenou, e ele ordenou que
amemos uns aos outros, como vocês ouviram desde o princípio.
7Digo isso porque muitos enganadores têm ido pelo mundo afora,
negando que Jesus Cristo veio em corpo humano. Quem age assim
é o enganador e o anticristo. 8Tenham cuidado para não perder
aquilo que nos esforçamos tanto para conseguir. Sejam diligentes
a fim de receber a recompensa completa. 9Quem se desvia deste
ensino não tem ligação alguma com Deus, mas quem permanece
no ensino de Cristo tem ligação com o Pai e também com o Filho.
10Se alguém for a suas reuniões e não ensinar a verdade de Cristo,
não o convidem a entrar em sua casa, nem lhe deem nenhum tipo

2Jo 1.6

de apoio. 11Quem apoia esse tipo de pessoa torna-se cúmplice de
suas obras malignas.

Conclusão

12Tenho muito mais a lhes dizer, mas não quero fazê-lo com papel
e tinta, pois espero visitá-los em breve e conversar com vocês pes-
soalmente. Então nossa alegria será completa. 13Saudações dos
filhos de sua irmã escolhida.

3 JOÃO

CAPÍTULO 1

Saudações

[1]Eu, o presbítero, escrevo a Gaio, meu amigo querido, a quem amo
na verdade. [2]Amado, espero que você esteja bem e fisicamente tão
sadio quanto é forte em espírito. [3]Alguns dos irmãos regressaram
e me deixaram muito alegre quando falaram de sua fidelidade e
de como você vive de acordo com a verdade. [4]Eu não poderia ter
maior alegria que saber que meus filhos têm seguido a verdade.

Incentivo a Gaio

[5]Amado, você é fiel quando cuida dos irmãos que passam por aí,
embora não os conheça. [6]Eles falaram à igreja daqui a respeito de
sua amizade afetuosa. Peço que continue a suprir as necessidades
deles de modo agradável a Deus. [7]Pois eles viajam a serviço do
Senhor e não aceitam coisa alguma dos que são de fora. [8]Assim,
nós mesmos devemos sustentá-los, a fim de nos tornarmos seus
cooperadores quando eles ensinarem a verdade. [9]Escrevi à igreja
sobre isso, mas Diótrefes, que gosta de ser o mais importante, se
recusa a receber-nos. [10]Quando eu for, relatarei algumas das coisas
que ele tem feito, bem como suas acusações maldosas contra nós.
Ele não apenas se recusa a acolher os irmãos, mas também impede
outros de ajudá-los. E, quando o fazem, ele os expulsa da igreja.
[11]Amado, não deixe que esse mau exemplo o influencie, mas siga
apenas o que é bom. Quem faz o bem prova que é filho de Deus;
quem faz o mal prova que não conhece a Deus. [12]Todos, incluindo

Não poderia ter
Maior alegria que saber
que Meus filhos Têm
seguido a verdade.

3Jo 1.4

a própria verdade, falam bem de Demétrio. Nós dizemos o mesmo
a respeito dele, e você sabe que falamos a verdade.

Conclusão

[13]Tenho muito mais a lhe dizer, mas não quero fazê-lo com pena
e tinta, [14]pois espero vê-lo em breve, e então conversaremos pes-
soalmente. [15]A paz seja com você. Seus amigos daqui mandam
lembranças. Por favor, envie minhas saudações pessoais a cada
um dos amigos daí.

JUDAS

CAPÍTULO 1

Saudações de Judas

1Eu, Judas, escravo de Jesus Cristo e irmão de Tiago, escrevo esta
carta aos que foram chamados por Deus, o Pai, que os ama e os
guarda sob o cuidado de Jesus Cristo. 2Que vocês tenham cada
vez mais misericórdia, paz e amor.

O perigo dos falsos mestres

3Amados, embora planejasse escrever-lhes com todo empenho
sobre a salvação que compartilhamos, entendo agora que devo
escrever a respeito de outro assunto e insistir que defendam a
fé que, de uma vez por todas, foi confiada ao povo santo. 4Pois
alguns indivíduos perversos se infiltraram em seu meio sem serem notados, dizendo que a graça de Deus permite levar uma
vida imoral. A condenação de tais pessoas foi registrada há muito
tempo, pois negaram Jesus Cristo, nosso único Soberano e Senhor.
5Ainda que já saibam dessas coisas, desejo lembrar a vocês que
o Senhor libertou o povo de Israel do Egito, mas depois destruiu
aqueles que não permaneceram fiéis. 6Também lhes lembro os
anjos que não se limitaram à autoridade recebida, mas deixaram o
lugar a que pertenciam. Deus os mantém acorrentados em prisões
eternas, na escuridão, aguardando o dia do julgamento. 7E não se
esqueçam de Sodoma e Gomorra e das cidades vizinhas, cheias
de imoralidade e de perversão sexual de todo tipo, que foram
destruídas pelo fogo e servem de advertência do fogo eterno do

NO QUE ESTOU PENSANDO ○ | O QUE ESTOU SENTINDO ○ | DO QUE ESTOU LEMBRANDO ○

DESENHE OU ESCREVA

julgamento. 8Da mesma forma, essas pessoas, afirmando ter autoridade com base em sonhos, vivem de modo imoral, desprezam a
autoridade e zombam dos seres sobrenaturais. 9Mas nem mesmo
o arcanjo Miguel se atreveu a acusar o diabo de blasfêmia. Ele
disse apenas: "O Senhor o repreenda!". (Isso aconteceu quando
Miguel discutia com o diabo a respeito do corpo de Moisés.) 10Tais
indivíduos, porém, zombam de coisas que não entendem. Como
criaturas irracionais, agem segundo seus instintos e, desse modo,
provocam a própria destruição. 11Que aflição os espera! Pois eles
seguem os passos de Caim, enganam outros por dinheiro, como
Balaão, e perecem em sua rebelião, como Corá. 12Quando esses
indivíduos, sem o menor constrangimento, participam de suas
refeições de celebração ao amor do Senhor, são como perigosos recifes que podem fazê-los naufragar. Sim, são como pastores que só
se preocupam consigo mesmos, como nuvens que passam sobre a
terra sem dar chuva, como árvores no outono, duplamente mortas
porque não dão frutos e foram arrancadas pelas raízes. 13São como
ondas violentas no mar, espalhando a espuma de seus atos vergonhosos, como estrelas sem rumo, condenadas para sempre à mais
profunda escuridão. 14Enoque, que viveu na sétima geração depois
de Adão, profetizou a respeito desses homens, dizendo: "Ouçam!
O Senhor vem com incontáveis milhares de santos 15para julgar
a todos. Convencerá os pecadores de seus atos perversos e dos
insultos que pronunciaram contra ele". 16São murmuradores e descontentes, que vivem apenas para satisfazer os próprios desejos.
Contam vantagem em alta voz e bajulam outros para conseguir
o que querem.

Apelo à fidelidade

17Amados, lembrem-se do que previram os apóstolos de nosso
Senhor Jesus Cristo. 18Eles lhes disseram que nos últimos tempos haveria zombadores cujo propósito na vida é satisfazer seus
desejos perversos. 19Eles provocam divisões entre vocês e seguem
seus instintos naturais, pois não têm neles o Espírito. 20Mas vocês,
amados, edifiquem uns aos outros em sua santíssima fé, orem
no poder do Espírito Santo 21e mantenham-se firmes no amor
de Deus, enquanto aguardam a vida eterna que nosso Senhor
Jesus Cristo lhes dará em sua misericórdia. 22Tenham compaixão

daqueles que vacilam na fé. 23Resgatem outros, tirando-os das
chamas do julgamento. De outros ainda, tenham misericórdia,
mas façam isso com grande cautela, odiando os pecados que
contaminam a vida deles.

Oração de louvor

24Toda a glória seja àquele que é poderoso para guardá-los de cair
e para levá-los, com grande alegria e sem defeito, à sua presença
gloriosa. 25Toda a glória seja àquele que é o único Deus, nosso
Salvador por meio de Jesus Cristo, nosso Senhor. Glória, majestade,
poder e autoridade lhe pertencem desde antes de todos os tempos,
agora e para sempre! Amém.

Jd 1.2

APOCALIPSE

CAPÍTULO 1

Prólogo

1 Revelação de Jesus Cristo, que Deus lhe deu para mostrar a seus
servos os acontecimentos que ocorrerão em breve. Ele enviou um
anjo para apresentá-la a seu servo João, 2 que relatou fielmente
tudo que viu. Este é seu relato da palavra de Deus e do testemunho
de Jesus Cristo. 3 Feliz é aquele que lê as palavras desta profecia,
e felizes são aqueles que ouvem sua mensagem e obedecem ao
que ela diz, pois o tempo está próximo.

Saudação de João às sete igrejas

4 Eu, João, escrevo às sete igrejas na província da Ásia. Graça e paz
a vocês da parte daquele que é, que era e que ainda virá, dos sete
espíritos que estão diante de seu trono, 5 e de Jesus Cristo. Ele é a
testemunha fiel destas coisas, o primeiro a ressuscitar dos mortos
e o governante de todos os reis da terra. Toda a glória seja àquele
que nos ama e nos libertou de nossos pecados por meio de seu
sangue. 6 Ele fez de nós um reino de sacerdotes para Deus, seu Pai.
A ele sejam a glória e o poder para todo o sempre! Amém. 7 Vejam!
Ele vem com as nuvens do céu, e todos o verão, até mesmo aqueles
que o transpassaram. E todas as nações da terra se lamentarão
por causa dele. Sim! Amém! 8 "Eu sou o Alfa e o Ômega", diz o
Senhor Deus. "Eu sou aquele que é, que era e que ainda virá,
o Todo-poderoso."

NO QUE ESTOU PENSANDO ○ | O QUE ESTOU SENTINDO ○ | DO QUE ESTOU LEMBRANDO ○

DESENHE OU ESCREVA

A visão do Filho do Homem

9 Eu, João, irmão e companheiro de vocês no sofrimento, no reino
e na perseverança para a qual Jesus nos chama, estava exilado
na ilha de Patmos por pregar a palavra de Deus e testemunhar
a respeito de Jesus. 10 Era o dia do Senhor, e me vi tomado pelo
Espírito. De repente, ouvi atrás de mim uma forte voz, como um
toque de trombeta, 11 e a voz dizia: "Escreva num livro tudo que
você vê e envie-o às sete igrejas nas cidades de Éfeso, Esmirna,
Pérgamo, Tiatira, Sardes, Filadélfia e Laodiceia". 12 Quando me voltei
para ver quem falava comigo, vi sete candelabros de ouro 13 e, em
pé entre eles, havia alguém semelhante ao Filho do Homem. Vestia
um manto comprido, com uma faixa de ouro sobre o peito. 14 A
cabeça e os cabelos eram brancos como a lã e a neve, e os olhos,
como chamas de fogo. 15 Os pés eram como bronze polido, refinado
numa fornalha, e a voz ressoava como fortes ondas do mar. 16 Na
mão direita tinha sete estrelas, e de sua boca saía uma espada
afiada dos dois lados. A face brilhava como o sol em todo o seu
esplendor. 17 Quando o vi, caí a seus pés, como morto. Ele, porém,
colocou a mão direita sobre mim e disse: "Não tenha medo! Eu
sou o Primeiro e o Último. 18 Sou aquele que vive. Estive morto, mas
agora vivo para todo o sempre! E tenho as chaves da morte e do
mundo dos mortos. 19 "Portanto, escreva o que viu, tanto as coisas
que estão acontecendo agora como as que acontecerão depois.
20 Este é o significado do mistério das sete estrelas que você viu
em minha mão direita e dos sete candelabros de ouro: as sete
estrelas são os anjos das sete igrejas, e os sete candelabros são
as sete igrejas."

CAPÍTULO 2

Mensagem à igreja em Éfeso

1 "Escreva esta carta ao anjo da igreja em Éfeso. Esta é a mensagem
daquele que segura na mão direita as sete estrelas, daquele que
anda entre os sete candelabros de ouro: 2 "Sei de tudo que você
faz. Vi seu trabalho árduo e sua perseverança, e sei que não tolera
os perversos. Examinou as pretensões dos que se dizem apóstolos,
mas não são, e descobriu que são mentirosos. 3 Sofreu por meu
nome com paciência, sem desistir. 4 "Contudo, tenho contra você
uma queixa: você abandonou o amor que tinha no princípio. 5 Veja

até onde você caiu! Arrependa-se e volte a praticar as obras que no
início praticava. Do contrário, virei até você e tirarei seu candelabro
de seu lugar entre as igrejas. 6Mas há isto a seu favor: você odeia as
obras dos nicolaítas, como eu também odeio. 7"Quem tem ouvidos
para ouvir, ouça o que o Espírito diz às igrejas. Ao vitorioso, darei o
fruto da árvore da vida que está no paraíso de Deus."

Mensagem à igreja em Esmirna

8"Escreva esta carta ao anjo da igreja em Esmirna. Esta é a men-
sagem daquele que é o Primeiro e o Último, que esteve morto
mas agora vive: 9"Conheço suas aflições e sua pobreza, mas você
é rico. Sei da blasfêmia dos que se opõem a você. Eles se dizem
judeus, mas não são, pois a sinagoga deles pertence a Satanás.
10Não tenha medo do que está prestes a sofrer. O diabo lançará
alguns de vocês na prisão a fim de prová-los, e terão aflições por
dez dias. Mas, se você permanecer fiel mesmo diante da morte, eu
lhe darei a coroa da vida. 11"Quem tem ouvidos para ouvir, ouça o
que o Espírito diz às igrejas. Quem for vitorioso não sofrerá o dano
da segunda morte."

Mensagem à igreja em Pérgamo

12"Escreva esta carta ao anjo da igreja em Pérgamo. Esta é a mensa-
gem daquele que tem a espada afiada dos dois lados: 13"Conheço
o lugar onde você vive, a cidade onde está o trono de Satanás.
Ainda assim, você permanece leal a meu nome. Recusou-se a negar
sua fé em mim até mesmo quando Antipas, minha testemunha
fiel, foi morto onde vocês vivem, o lugar de habitação de Satanás.
14"Contudo, tenho contra você algumas queixas. Você tolera em seu
meio pessoas cujo ensino é semelhante ao de Balaão, que mostrou
a Balaque como fazer o povo de Israel tropeçar. Ele os instigou a
comer alimentos oferecidos a ídolos e a praticar imoralidade sexual.
15De igual modo, há entre vocês alguns que seguem o ensino dos
nicolaítas. 16Portanto, arrependa-se ou virei subitamente até você
e lutarei contra eles com a espada de minha boca. 17"Quem tem
ouvidos para ouvir, ouça o que o Espírito diz às igrejas. Ao vitorioso,
darei do maná escondido. Também lhe darei uma pedra branca, e
nela estará gravado um nome novo, que ninguém conhece, a não
ser aquele que o recebe."

Ap 2.19

Mensagem à igreja em Tiatira

18"Escreva esta carta ao anjo da igreja em Tiatira. Esta é a mensagem
do Filho de Deus, cujos olhos são como chamas de fogo e cujos pés
são como bronze polido: 19"Sei de tudo que você faz. Vi seu amor,
sua fé, seu serviço e sua perseverança, e observei como você tem
crescido em todas essas coisas. 20"Contudo, tenho contra você uma
queixa. Você tem permitido que essa mulher, Jezabel, que se diz
profetisa, faça meus servos se desviarem. Ela os ensina a cometer
imoralidade sexual e a comer alimentos oferecidos a ídolos. 21Dei
a ela tempo para que se arrependesse, mas não quer se arrepender
de sua imoralidade. 22"Portanto, eu a lançarei doente numa cama, e
aqueles que cometerem adultério com ela sofrerão terrivelmente,
a menos que se arrependam e abandonem a prática de tais atos.
23Matarei seus filhos, e então todas as igrejas saberão que eu sou
aquele que sonda mente e coração. Darei a cada um de vocês aquilo
que seus atos merecem. 24"Tenho também uma mensagem para o
restante de vocês em Tiatira que não seguiram esse falso ensino ('as
verdades mais profundas', como eles dizem, e que na realidade vêm
de Satanás). Não lhes pedirei coisa alguma, 25senão que se ape-
guem firmemente ao que já têm até que eu venha. 26Ao vitorioso
que me obedecer até o fim, Eu darei autoridade sobre as nações.
27Ele as governará com cetro de ferro e as despedaçará como vasos
de barro. 28Ele terá a mesma autoridade que recebi de meu Pai, e
também lhe darei a estrela da manhã. 29"Quem tem ouvidos para
ouvir, ouça o que o Espírito diz às igrejas."

CAPÍTULO 3

Mensagem à igreja em Sardes

1"Escreva esta carta ao anjo da igreja em Sardes. Esta é a mensa-
gem daquele que tem os sete espíritos de Deus e as sete estrelas:
"Sei de tudo que você faz. Você tem fama de estar vivo, mas está
morto. 2Desperte! Fortaleça o pouco que resta, pois até mesmo isso
está quase morto. Vejo que suas ações não atendem aos requisitos
de meu Deus. 3Lembre-se do que ouviu e no que acreditou no
princípio; agarre-se a isso com firmeza. Arrependa-se. Se não des-
pertar, virei subitamente até você, como um ladrão. 4"Há alguns
em Sardes, no entanto, que não mancharam suas roupas com o
mal. Eles andarão comigo vestidos de branco, pois são dignos. 5O

vitorioso será vestido de branco. Jamais apagarei seu nome do
Livro da Vida e confirmarei, diante de meu Pai e de seus anjos,
que ele me pertence. 6"Quem tem ouvidos para ouvir, ouça o que
o Espírito diz às igrejas."

Mensagem à igreja em Filadélfia

7"Escreva esta carta ao anjo da igreja em Filadélfia. Esta é a mensa-
gem daquele que é santo e verdadeiro, que tem a chave de Davi.
O que ele abre ninguém pode fechar, e o que ele fecha ninguém
pode abrir: 8"Sei de tudo que você faz. Abri para você uma porta
que ninguém pode fechar. Você tem pouca força, mas ainda assim
obedeceu à minha palavra e não negou meu nome. 9Veja, obrigarei
aqueles que pertencem à sinagoga de Satanás – os mentirosos que
se dizem judeus, mas não são – a virem, prostrarem-se a seus pés e
reconhecerem que amo você. 10"Porque obedeceu à minha ordem
para perseverar, eu o protegerei do grande tempo de provação que
virá sobre todo o mundo para pôr à prova os habitantes da terra.
11Venho em breve. Apegue-se ao que você tem, para que ninguém
tome sua coroa. 12O vitorioso se tornará coluna do templo de meu
Deus, de onde jamais sairá. Escreverei nele o nome de meu Deus,
e ele será cidadão da cidade de meu Deus, a nova Jerusalém que
desce do céu, da parte de meu Deus. E também escreverei nele o
meu novo nome. 13"Quem tem ouvidos para ouvir, ouça o que o
Espírito diz às igrejas."

Mensagem à igreja em Laodiceia

14"Escreva esta carta ao anjo da igreja em Laodiceia. Esta é a men-
sagem daquele que é o Amém, a testemunha fiel e verdadeira, a
origem da criação de Deus: 15"Sei de tudo que você faz. Você não é
frio nem quente. Desejaria que fosse um ou o outro! 16Mas, porque
é como água morna, nem quente nem fria, eu o vomitarei de minha
boca. 17Você diz: 'Sou rico e próspero, não preciso de coisa alguma'.
E não percebe que é infeliz, miserável, pobre, cego e está nu. 18Eu o
aconselho a comprar de mim ouro purificado pelo fogo, e então será
rico. Compre também roupas brancas, para que não se envergonhe
de sua nudez, e colírio para aplicar nos olhos, a fim de enxergar. 19Eu
corrijo e disciplino aqueles que amo. Por isso, seja zeloso e arrepen-
da-se. 20"Preste atenção! Estou à porta e bato. Se você ouvir minha

Ap 3.20

voz e abrir a porta, entrarei e, juntos, faremos uma refeição, como
amigos. 21O vitorioso se sentará comigo em meu trono, assim como
eu fui vitorioso e me sentei com meu Pai em seu trono. 22"Quem
tem ouvidos para ouvir, ouça o que o Espírito diz às igrejas".

CAPÍTULO 4

Adoração no céu

1Então, quando olhei, vi uma porta aberta no céu, e a mesma voz que
eu tinha ouvido antes falou comigo como um toque de trombeta. A
voz disse: "Suba para cá, e eu lhe mostrarei o que acontecerá depois
destas coisas". 2E, no mesmo instante, fui tomado pelo Espírito e vi
um trono no céu e alguém sentado nele. 3Aquele que estava sentado
no trono brilhava como pedras preciosas, como jaspe e sardônio.
Um arco-íris, com brilho semelhante ao da esmeralda, circundava
seu trono. 4Ao redor do trono havia 24 tronos, nos quais estavam
sentados 24 anciãos. Estavam todos vestidos de branco e usando
coroas de ouro na cabeça. 5Do trono saíam relâmpagos, estrondos e
trovões, e na frente dele havia sete tochas com chamas ardentes, que
são os sete espíritos de Deus. 6Diante do trono havia algo como um
mar de vidro, cintilante como cristal. No centro e ao redor do trono
havia quatro seres vivos, cada um coberto de olhos na frente e atrás.
7O primeiro deles era semelhante a um leão; o segundo, semelhante
a um boi; o terceiro tinha rosto de homem; e o quarto era como uma
águia em voo. 8Cada um dos seres vivos tinha seis asas, inteiramente
cobertas de olhos, por dentro e por fora. Dia e noite, repetem sem
parar: "Santo, santo, santo é o Senhor Deus, o Todo-poderoso, que
era, que é e que ainda virá". 9Cada vez que os seres vivos dão glória,
honra e graças ao que está sentado no trono, àquele que vive para
todo o sempre, 10os 24 anciãos se prostram e adoram o que está
sentado no trono, aquele que vive para todo o sempre. Colocam
suas coroas diante do trono e dizem: 11"Tu és digno, ó Senhor e nosso
Deus, de receber glória, honra e poder. Pois criaste todas as coisas, e
elas existem porque as criaste segundo a tua vontade".

CAPÍTULO 5

O Cordeiro abre o livro

1Então, na mão direita daquele que estava sentado no trono, vi um
livro, escrito por dentro e por fora e lacrado com sete selos. 2Vi um

anjo poderoso que perguntava em alta voz: "Quem é digno de rom-
per os selos deste livro e abri-lo?". 3Mas não havia ninguém no céu,
nem na terra, nem debaixo da terra, que pudesse abrir o livro e lê-lo.
4Comecei a chorar muito, pois não se encontrou ninguém digno de
abrir o livro e lê-lo. 5Então um dos 24 anciãos me disse: "Não chore!
Veja, o Leão da tribo de Judá, o herdeiro do trono de Davi, conquistou
a vitória. Ele é digno de abrir o livro e os sete selos". 6Então vi um
Cordeiro que parecia ter sido sacrificado, mas que agora estava em
pé entre o trono e os quatro seres vivos e no meio dos 24 anciãos.
Tinha sete chifres e sete olhos, que representam os sete espíritos
de Deus enviados a todas as partes da terra. 7Ele deu um passo à
frente e recebeu o livro da mão direita daquele que está sentado no
trono. 8Quando o Cordeiro recebeu o livro, os quatro seres vivos e os
24 anciãos se prostraram diante dele. Cada um tinha uma harpa e
taças de ouro cheias de incenso, que são as orações do povo santo,
9e entoavam um cântico novo com estas palavras: "Tu és digno de
receber o livro, abrir os selos e lê-lo. Pois foste sacrificado e com teu
sangue compraste para Deus pessoas de toda tribo, língua, povo e
nação. 10Tu fizeste delas um reino de sacerdotes para nosso Deus,
e elas reinarão sobre a terra". 11Então olhei novamente e ouvi as
vozes de milhares e milhões de anjos ao redor do trono, e também
dos seres vivos e dos anciãos. 12Cantavam com forte voz: "Digno é
o Cordeiro que foi sacrificado de receber poder e riqueza, sabedoria
e força, honra, glória e louvor!". 13Depois, ouvi todas as criaturas no
céu, na terra, debaixo da terra e no mar, cantarem: "Louvor e honra,
glória e poder pertencem àquele que está sentado no trono e ao
Cordeiro para todo o sempre!". 14E os quatro seres vivos disseram:
"Amém!". E os 24 anciãos se prostraram e adoraram.

CAPÍTULO 6

O Cordeiro abre os seis primeiros selos

1Enquanto eu observava, o Cordeiro abriu o primeiro dos sete selos do
livro. Então ouvi um dos quatro seres vivos dizer com voz de trovão:
"Venha!". 2Quando olhei, vi um cavalo branco. Seu cavaleiro carregava
um arco, e sobre sua cabeça foi colocada uma coroa. Ele saiu batalhan-
do para conquistar vitórias. 3Quando o Cordeiro abriu o segundo selo,
ouvi o segundo ser vivo dizer: "Venha!". 4Então surgiu um cavalo ver-
melho. Seu cavaleiro recebeu uma grande espada e autoridade para

tirar a paz da terra. E houve guerra e matança em toda parte. 5Quando
o Cordeiro abriu o terceiro selo, ouvi o terceiro ser vivo dizer: "Venha!".
Quando olhei, vi um cavalo preto. Seu cavaleiro tinha na mão uma
balança. 6E ouvi uma voz dentre os quatro seres vivos dizer: "Uma
medida de trigo ou três medidas de cevada custarão o salário de um
dia, mas não desperdice o azeite nem o vinho". 7Quando o Cordeiro
abriu o quarto selo, ouvi o quarto ser vivo dizer: "Venha!". 8Quando
olhei, vi um cavalo amarelo. Seu cavaleiro se chamava Morte, e o
mundo dos mortos o seguia. Eles receberam autoridade sobre um
quarto da terra para matar pela espada, pela fome e pela doença e por
meio de animais selvagens. 9Quando o Cordeiro abriu o quinto selo,
vi sob o altar as almas de todos que haviam sido mortos por causa da
palavra de Deus e por seu testemunho fiel. 10Clamavam ao Senhor
em alta voz e diziam: "Ó Soberano Senhor, santo e verdadeiro, quanto
tempo passará até que julgues os habitantes da terra e vingues nosso
sangue?". 11Então a cada um deles foi dada uma veste branca, e lhes
foi dito que descansassem mais um pouco até que se completasse
o número de seus irmãos, seus companheiros no serviço, que se
juntariam a eles depois de serem mortos. 12Enquanto eu observava,
o Cordeiro abriu o sexto selo, e houve um grande terremoto. O sol
ficou escuro como pano negro, e a lua inteira se tornou vermelha
como sangue. 13Então as estrelas caíram do céu como figos verdes
de uma figueira sacudida por um forte vento. 14O céu foi enrolado
como pergaminho, e todas as montanhas e ilhas foram movidas de
seu lugar. 15Então os reis da terra, os governantes, os generais, os
ricos, os poderosos, os escravos e os livres, todos se esconderam em
cavernas e entre as rochas das montanhas. 16E gritavam às montanhas
e às rochas: "Caiam sobre nós e escondam-nos da face daquele que
está sentado no trono e da ira do Cordeiro! 17Pois chegou o grande
dia de sua ira, e quem poderá sobreviver?".

CAPÍTULO 7

Os servos de Deus são selados

1Então vi quatro anjos em pé nos quatro cantos da terra, impedin-
do os quatro ventos de soprarem na terra, no mar e em qualquer
árvore. 2E vi outro anjo que subia do leste e trazia o selo do Deus
vivo. Ele gritou aos quatro anjos que haviam recebido poder para
danificar a terra e o mar: 3"Esperem! Não façam mal à terra, nem

ao mar, nem às árvores, até que tenhamos colocado o selo de Deus na testa de seus servos". 4E ouvi o número dos que foram marcados com o selo de Deus. Eram 144 mil, de todas as tribos de Israel: 5da tribo de Judá, foram selados doze mil, da tribo de Rúben, doze mil, da tribo de Gade, doze mil, 6da tribo de Aser, doze mil, da tribo de Naftali, doze mil, da tribo de Manassés, doze mil, 7da tribo de Simeão, doze mil, da tribo de Levi, doze mil, da tribo de Issacar, doze mil, 8da tribo de Zebulom, doze mil, da tribo de José, doze mil, da tribo de Benjamim, foram selados doze mil.

Louvor da grande multidão

9Depois disso, vi uma imensa multidão, grande demais para ser contada, de todas as nações, tribos, povos e línguas, em pé diante do trono e diante do Cordeiro. Usavam vestes brancas e seguravam ramos de palmeiras. 10E gritavam com grande estrondo: "A salvação vem de nosso Deus, que está sentado no trono, e do Cordeiro!". 11E todos os anjos estavam em pé ao redor do trono, dos anciãos e dos quatro seres vivos. Prostraram-se com o rosto em terra diante do trono e adoraram a Deus, 12cantando: "Amém! Louvor e glória e sabedoria, gratidão e honra, força e poder pertencem a nosso Deus, para todo o sempre. Amém!". 13Então um dos anciãos me perguntou: "Quem são estes vestidos de branco? De onde vieram?". 14Eu lhe respondi: "Senhor, tu sabes". E ele disse: "São aqueles que vieram da grande tribulação. Lavaram e branquearam suas vestes no sangue do Cordeiro. 15"Por isso estão diante do trono de Deus e dia e noite o servem em seu templo. E aquele que se senta no trono lhes dará abrigo. 16Nunca mais terão fome, nem sede, e o calor do sol nunca mais os queimará. 17Pois o Cordeiro que está no centro do trono será seu Pastor. Ele os guiará às fontes de água viva, e Deus enxugará de seus olhos toda lágrima".

CAPÍTULO 8

O Cordeiro abre o sétimo selo

1Quando o Cordeiro abriu o sétimo selo, houve silêncio no céu por cerca de meia hora. 2Vi os sete anjos que estão em pé diante de Deus, e a eles foram dadas sete trombetas. 3Então veio outro anjo com um incensário de ouro e ficou em pé junto ao altar. Recebeu muito incenso para misturar às orações do povo santo como oferta

Ap 7.17

sobre o altar de ouro diante do trono. 4A fumaça do incenso, misturada às orações do povo santo, subiu do altar onde o anjo havia derramado o incenso até a presença de Deus. 5Então o anjo encheu o incensário com fogo do altar e o lançou sobre a terra, e houve trovões, estrondos, relâmpagos e um grande terremoto.

As quatro primeiras trombetas

6Em seguida, os sete anjos com as sete trombetas se prepararam para tocá-las. 7O primeiro anjo tocou sua trombeta, e foram lançados sobre a terra granizo e fogo misturados com sangue. Um terço da terra pegou fogo, e foi queimado um terço das árvores, além de toda relva verde. 8O segundo anjo tocou sua trombeta, e foi lançado sobre o mar algo parecido com uma grande montanha em chamas. Um terço da água do mar se transformou em sangue, 9morreu um terço de todos os seres vivos do mar, e foi destruído um terço de todos os navios. 10O terceiro anjo tocou sua trombeta, e caiu do céu uma grande estrela, queimando como uma tocha, sobre um terço dos rios e sobre as fontes de água. 11O nome da estrela era Amargor, pois tornou amargo um terço das águas, e muita gente morreu ao beber dessas águas amargas. 12O quarto anjo tocou sua trombeta, e foi ferido um terço do sol, da lua e das estrelas, que escureceram. Um terço do dia ficou sem luz, e também um terço da noite. 13Então vi e ouvi uma águia que voava no ponto mais alto do céu e gritava em alta voz: "Terror, terror, terror sobre todos os habitantes da terra, pelo que acontecerá quando os três últimos anjos tocarem suas trombetas!".

CAPÍTULO 9

A quinta trombeta traz o primeiro terror

1O quinto anjo tocou sua trombeta, e vi uma estrela que havia caído do céu sobre a terra, e lhe foi dada a chave para o poço do abismo. 2Quando o poço foi aberto, dele saiu fumaça como de uma imensa fornalha, e a luz do sol e o ar escureceram com a fumaça. 3Então da fumaça saíram gafanhotos que desceram sobre a terra, e lhes foi dado poder para ferroarem como escorpiões. 4Receberam ordens para não danificar a vegetação, nem as plantas, nem as árvores, mas apenas as pessoas que não tivessem o selo de Deus na testa. 5Também lhes foi ordenado que não as matassem, mas que as

atormentassem por cinco meses, com dor como a da ferroada do
escorpião. 6Naqueles dias, as pessoas procurarão a morte, mas não
a encontrarão. Desejarão morrer, mas a morte fugirá delas. 7Os
gafanhotos pareciam cavalos preparados para a batalha. Tinham na
cabeça algo semelhante a coroas de ouro, e o rosto parecia humano.
8Os cabelos eram como os de mulher, e os dentes, como os de leão.
9Vestiam uma couraça semelhante ao ferro, e suas asas rugiam
como um exército de carruagens correndo para a batalha. 10Tinham
caudas que ferroavam como escorpiões, e por cinco meses tiveram
poder para atormentar as pessoas. 11Seu rei é o anjo do abismo; seu
nome em hebraico é *Abadom*, e em grego, *Apoliom*. 12O primeiro
terror passou, mas ainda vêm outros dois.

A sexta trombeta traz o segundo terror

13O sexto anjo tocou sua trombeta, e ouvi uma voz que vinha das
quatro pontas do altar de ouro que está na presença de Deus. 14A
voz disse ao sexto anjo que tinha a trombeta: "Solte os quatro anjos
que estão amarrados junto ao grande rio Eufrates". 15Então os quatro
anjos que haviam sido preparados para aquela hora, dia, mês e ano
foram soltos para matar um terço da humanidade. 16Ouvi que seu
exército era constituído de duzentos milhões de soldados a cavalo.
17Em minha visão, vi os cavalos e os cavaleiros montados neles. Os
cavaleiros usavam couraças vermelhas, azul-escuras e amarelas. Os
cavalos tinham cabeças como as de leão, e da boca lhes saíam fogo,
fumaça e enxofre. 18Um terço da humanidade foi morto por estas três
pragas que saíam da boca dos cavalos: fogo, fumaça e enxofre. 19O
poder dos cavalos estava na boca e na cauda, pois a cauda tinha ca-
beças como de serpente, com as quais feriam as pessoas. 20Aqueles
que não morreram dessas pragas ainda se recusaram a arrepen-
der-se de seus atos perversos. Continuaram a adorar demônios e
ídolos feitos de ouro, prata, bronze, pedra e madeira, ídolos que não
podem ver, nem ouvir, nem andar. 21E não se arrependeram de seus
assassinatos, sua feitiçaria, sua imoralidade sexual e seus roubos.

CAPÍTULO 10

O anjo e o livrinho

1Então vi outro anjo poderoso descendo do céu, envolto numa
nuvem, com um arco-íris sobre a cabeça. Seu rosto brilhava como

o sol, e seus pés eram como colunas de fogo. 2Tinha na mão um
livrinho aberto. O anjo pôs o pé direito no mar e o pé esquerdo na
terra. 3Deu um forte grito, como o rugido de um leão, e os sete tro-
vões responderam. 4No momento em que os sete trovões falaram,
eu estava prestes a escrever, mas ouvi uma voz do céu que disse:
"Guarde em segredo as coisas que os sete trovões disseram, e não
as escreva". 5Então o anjo que vi em pé sobre o mar e sobre a terra
levantou a mão direita para o céu. 6Jurou em nome daquele que
vive para todo o sempre, que criou os céus, a terra, o mar e tudo que
neles há. "Não haverá mais demora", disse ele. 7"Quando o sétimo
anjo tocar sua trombeta, o plano que Deus manteve em segredo
se cumprirá, conforme ele anunciou a seus servos, os profetas." 8A
voz do céu falou novamente comigo: "Vá e pegue o livro aberto da
mão do anjo que está em pé sobre o mar e sobre a terra". 9Então
me aproximei do anjo e lhe pedi o livrinho. "Pegue-o e coma-o!",
disse ele. "Ele será amargo em seu estômago, embora tenha um
sabor doce como mel em sua boca." 10Peguei o livrinho da mão do
anjo e o comi. Em minha boca, era doce como mel, mas, quando o
engoli, tornou-se amargo em meu estômago. 11Então me foi dito:
"É necessário que você profetize outra vez a respeito de muitos
povos, nações, línguas e reis".

CAPÍTULO 11

As duas testemunhas

1Depois disso, recebi uma vara de medir e me foi dito: "Vá e tire
as medidas do templo de Deus e do altar, e conte o número de
adoradores. 2Mas não meça o pátio exterior, porque ele foi entregue
às nações. Elas pisotearão a cidade santa durante 42 meses. 3Darei
autoridade a minhas duas testemunhas, e elas se vestirão de pano
de saco e profetizarão durante 1.260 dias". 4Essas duas testemu-
nhas são as duas oliveiras e os dois candelabros que estão diante
do Senhor de toda a terra. 5Se alguém tentar lhes fazer mal, da boca
lhes sairá fogo e consumirá seus inimigos. Assim deve morrer quem
tentar lhes fazer mal. 6Elas têm poder para fechar o céu, a fim de
que não chova durante o tempo que profetizarem, e têm poder para
transformar as águas em sangue e para ferir a terra com pragas de
toda espécie, quantas vezes desejarem. 7Quando tiverem concluído
seu testemunho, a besta que vem do abismo lutará contra elas, e ela

as vencerá e as matará. 8Os corpos ficarão estendidos na rua princi-
pal da grande cidade, chamada figuradamente "Sodoma" e "Egito",
onde seu Senhor foi crucificado. 9Durante três dias e meio, todos os
povos, tribos, línguas e nações olharão para esses corpos, e ninguém
terá permissão de sepultá-los. 10Os habitantes da terra festejarão e
trocarão presentes entre si para comemorar a morte dos dois profe-
tas que os haviam atormentado. 11Depois de três dias e meio, porém,
Deus soprou vida nos dois profetas, e eles se levantaram, enchendo
de terror os que os viram. 12Então uma forte voz do céu disse aos
dois: "Subam aqui!". E eles subiram ao céu numa nuvem, sob o olhar
de seus inimigos. 13Nesse momento, houve um grande terremoto
que destruiu um décimo da cidade. Sete mil pessoas morreram, e as
que restaram ficaram aterrorizadas e deram glória ao Deus do céu.
14O segundo terror passou, mas logo vem o terceiro.

A sétima trombeta traz o terceiro terror

15O sétimo anjo tocou sua trombeta, e fortes vozes gritaram no céu:
"O reino do mundo se tornou de nosso Senhor e de seu Cristo, e ele
reinará para todo o sempre". 16Os 24 anciãos que estavam sentados
em seus tronos diante de Deus se prostraram com o rosto em terra
e o adoraram, 17dizendo: "Nós te agradecemos, Senhor Deus, o
Todo-poderoso, que és e que eras, pois agora assumiste teu gran-
de poder e começaste a reinar. 18As nações se enfureceram, mas
agora chegou o tempo de tua ira. É tempo de julgar os mortos e de
recompensar teus servos, os profetas, assim como teu povo santo e
todos que temem o teu nome, desde os pequenos até os grandes. É
tempo de destruir todos que causaram destruição na terra". 19Então
se abriu no céu o templo de Deus, e dentro do templo foi vista a
arca de sua aliança. Houve relâmpagos, estrondos e trovões, um
terremoto e uma grande tempestade de granizo.

CAPÍTULO 12

A mulher e o dragão

1Então foi visto no céu um grande sinal: uma mulher vestida do
sol, com a lua sob os pés e uma coroa de doze estrelas na cabeça.
2Estava grávida e gritava por causa das dores de parto e da agonia
de dar à luz. 3Outro sinal foi visto no céu: um enorme dragão verme-
lho com sete cabeças e dez chifres, e sete coroas nas cabeças. 4Com

Ap 11.15

a cauda, arrastou um terço das estrelas do céu e as lançou na terra. E,
quando a mulher estava para dar à luz, o dragão parou diante dela,
pronto para devorar a criança tão logo ela nascesse. 5A mulher deu à
luz um filho, que governará todas as nações com cetro de ferro, e ele
foi arrebatado para junto de Deus e de seu trono. 6A mulher fugiu
para o deserto, onde Deus havia preparado um lugar para cuidar
dela durante 1.260 dias. 7Houve guerra no céu. Miguel e seus anjos
lutaram contra o dragão e seus anjos. 8O dragão perdeu a batalha,
e ele e seus anjos foram expulsos do céu. 9Esse enorme dragão, a
antiga serpente chamada diabo ou Satanás, que engana o mundo
todo, foi lançado na terra com seus anjos. 10Então ouvi uma forte voz
que bradava pelos céus: "Finalmente chegaram a salvação, o poder,
o reino de nosso Deus e a autoridade de seu Cristo. Porque foi lança-
do para a terra o acusador de nossos irmãos, aquele que dia e noite
os acusa diante de nosso Deus. 11Eles o derrotaram pelo sangue do
Cordeiro e pelo testemunho deles. Não amaram a própria vida nem
mesmo diante da morte. 12Portanto, alegrem-se, ó céus, e vocês que
habitam nos céus! Sobre a terra e o mar, porém, virá terror, pois o
diabo desceu até vocês com grande fúria, sabendo que lhe resta
pouco tempo". 13Quando o dragão percebeu que havia sido lançado
na terra, perseguiu a mulher que tinha dado à luz o menino. 14Ela,
porém, recebeu duas asas como as de uma grande águia, para que
voasse ao lugar preparado para ela no deserto. Ali, será sustentada
e protegida da serpente durante um tempo, tempos e metade de
um tempo. 15Então a serpente, com uma torrente de água que fez
sair de sua boca, tentou afogar a mulher. 16Mas a terra ajudou a
mulher, abrindo a boca e engolindo o rio que havia jorrado da
boca do dragão. 17O dragão se enfureceu com a mulher e passou
a lutar contra o restante de seus filhos, todos os que obedecem
aos mandamentos de Deus e se mantêm fiéis no testemunho de
Jesus. 18Então o dragão se colocou em pé na praia, junto ao mar.

CAPÍTULO 13

A besta que saiu do mar

1Então vi sair do mar uma besta. Tinha dez chifres e sete cabeças, e
uma coroa em cada chifre. Em cada cabeça estavam escritos nomes
de blasfêmias. 2A besta parecia um leopardo, mas tinha pés como
de urso e boca como de leão. E o dragão deu à besta seu poder,

seu trono e grande autoridade. 3Vi que uma das cabeças da besta
parecia mortalmente ferida, mas o ferimento mortal foi curado.
O mundo inteiro se maravilhou e seguiu a besta. 4Adoraram o
dragão por ter dado à besta tamanho poder, e também a adora-
ram. "Quem é tão grande como a besta?", diziam. "Quem é capaz
de lutar contra ela?" 5Então foi permitido à besta falar grandes
blasfêmias, e lhe foi dada autoridade para fazer o que quisesse
durante 42 meses. 6Ela blasfemou terrivelmente contra Deus, di-
famando seu nome, seu tabernáculo e os que habitam no céu. 7Foi
permitido à besta guerrear contra o povo santo e vencê-lo, e ela
recebeu autoridade para governar sobre toda tribo, povo, língua e
nação. 8E todos os habitantes da terra adoraram a besta. São eles
os que não têm os nomes escritos no Livro da Vida que pertence
ao Cordeiro, que foi morto antes da criação do mundo. 9Quem é
capaz de ouvir, ouça com atenção! 10Quem estiver destinado à
prisão será preso. Quem estiver destinado a morrer pela espada
morrerá pela espada. Isso significa que o povo santo deve ser
perseverante e permanecer fiel.

A besta que saiu da terra

11Então vi outra besta que saiu da terra. Tinha dois chifres, como de
cordeiro, mas falava com voz de dragão. 12Exercia toda a autoridade
da primeira besta e exigia que a terra e seus habitantes adorassem a
primeira besta, cujo ferimento mortal havia sido curado. 13Realizava
sinais espantosos, chegando a fazer fogo descer do céu sobre a
terra, à vista de todos. 14Enganou os habitantes da terra com os
sinais que lhe foi permitido realizar em nome da primeira besta.
Ordenou que fizessem uma grande estátua da primeira besta,
que havia sido mortalmente ferida e sobrevivido. 15Então lhe foi
permitido dar vida a essa estátua, para que ela falasse, e a estátua
da besta ordenou que fossem mortos todos que se recusassem a
adorá-la. 16Exigiu que grandes e pequenos, ricos e pobres, escravos
e livres, todos recebessem uma marca na mão direita ou na testa.
17E ninguém podia comprar nem vender coisa alguma sem essa
marca, que era o nome da besta ou o número que representa seu
nome. 18Aqui é preciso sabedoria. Quem tem discernimento, trate
de entender o significado do número da besta, pois é número de
homem. Seu número é 666.

NO QUE ESTOU **PENSANDO** ○ | O QUE ESTOU **SENTINDO** ○ | DO QUE ESTOU **LEMBRANDO** ○

DESENHE OU ESCREVA

CAPÍTULO 14

O Cordeiro e os 144 mil

1Então vi o Cordeiro em pé no monte Sião, e com ele estavam os
144 mil que tinham o nome dele e o nome de seu Pai escritos na
testa. 2E ouvi um som que vinha do céu, como o som de fortes
ondas do mar, como o som de um poderoso trovão. Era como o
som de muitos harpistas tocando juntos. 3Esse grande coral can-
tava um cântico novo diante do trono de Deus e diante dos quatro
seres vivos e dos 24 anciãos. Ninguém podia aprender o cântico, a
não ser os 144 mil que haviam sido comprados da terra. 4Eles se
conservaram puros, sem manter relações com mulheres, e seguem
o Cordeiro por onde quer que ele vá. Foram comprados dentre os
habitantes da terra como oferta especial a Deus e ao Cordeiro. 5Não
mentem; são irrepreensíveis.

Os três anjos

6Vi outro anjo que voava no ponto mais alto do céu, levando as
boas-novas eternas para anunciá-las aos habitantes da terra, a
toda nação, tribo, língua e povo. 7"Temam a Deus!", dizia em alta
voz. "Deem glória a ele, pois chegou o tempo em que ele julgará
a humanidade. Adorem aquele que fez os céus, a terra, o mar e
todas as fontes de água." 8Então outro anjo o seguiu, dizendo em
alta voz: "Caiu a Babilônia! Caiu a grande cidade que fez todas
as nações beberem do vinho da fúria de sua imoralidade!". 9Um
terceiro anjo os seguiu, dizendo em alta voz: "Aqueles que ado-
rarem a besta e sua estátua, ou aceitarem sua marca na testa ou
na mão, 10beberão do vinho da fúria de Deus, que foi derramado,
sem mistura, na taça da ira de Deus. E serão atormentados com
fogo e enxofre na presença dos santos anjos e do Cordeiro. 11A
fumaça de seu tormento subirá para todo o sempre, e não terão
alívio de dia nem de noite, pois adoraram a besta e sua estátua e
aceitaram a marca de seu nome". 12Isso significa que o povo santo
deve ser perseverante, obedecendo aos mandamentos de Deus e
permanecendo fiel a Jesus. 13E ouvi uma voz que vinha do céu,
dizendo: "Escreva isto: Felizes os que, de agora em diante, morrem
no Senhor. Sim, diz o Espírito, eles são verdadeiramente felizes,
pois descansarão de seu trabalho árduo; porque suas boas obras
os acompanharão".

Ap

A colheita da terra

14Em seguida, vi uma nuvem branca e, sentado na nuvem, alguém
semelhante ao Filho do Homem. Tinha uma coroa de ouro na cabe-
ça e uma foice afiada na mão. 15Então outro anjo veio do templo e
gritou bem forte para aquele que estava sentado na nuvem: "Use
a foice e comece a ceifar, pois chegou a hora da colheita; a safra da
terra está madura!". 16Assim, aquele que estava sentado na nuvem
passou a foice sobre a terra, e toda a terra foi ceifada. 17Depois disso,
outro anjo saiu do templo no céu, e ele também tinha uma foice
afiada. 18Então ainda outro anjo, que tinha poder para destruir com
fogo, veio do altar e gritou bem forte para o anjo que segurava a
foice afiada: "Agora use sua foice para ajuntar os cachos de uvas
da videira da terra, pois estão maduras!". 19O anjo passou a foice
sobre a terra e encheu de uvas o grande tanque de prensar da
fúria de Deus. 20As uvas foram pisadas no tanque, fora da cidade,
e dele correu sangue como um rio de quase trezentos quilômetros
de comprimento, com altura que chegava aos freios de um cavalo.

Ap

CAPÍTULO 15

O cântico de Moisés e do Cordeiro

1Vi no céu outro sinal grande e maravilhoso. Sete anjos seguravam
as últimas sete pragas que completariam a fúria de Deus. 2Vi diante
de mim algo semelhante a um mar de vidro misturado com fogo.
Nele estavam em pé todos os que haviam vencido a besta, sua
estátua e o número que representa seu nome. Todos seguravam
harpas que Deus lhes tinha dado 3e entoavam o cântico de Moisés,
servo de Deus, e o cântico do Cordeiro: "Grandes e maravilhosas são
as tuas obras, ó Senhor Deus, o Todo-poderoso. Justos e verdadeiros
são os teus caminhos, ó Rei das nações. 4Quem não te temerá,
Senhor? Quem não glorificará teu nome? Pois só tu és santo. Todas
as nações virão e adorarão diante de ti, pois teus feitos de justiça
foram revelados".

As sete taças com as sete pragas

5Então olhei e vi que se abriu o templo no céu, o tabernáculo da
aliança. 6Os sete anjos que seguravam as sete pragas saíram do
templo. Vestiam linho branco, sem mancha alguma, com uma faixa
de ouro sobre o peito. 7Um dos quatro seres vivos entregou a cada

um dos sete anjos uma taça de ouro cheia da fúria de Deus, que
vive para todo o sempre. 8O templo se encheu da fumaça da glória e
do poder de Deus, e ninguém podia entrar no templo enquanto os
anjos não tivessem terminado de derramar as sete pragas.

CAPÍTULO 16

1Então ouvi uma poderosa voz que vinha do templo dizer aos sete
anjos: "Vão e derramem sobre a terra as sete taças da fúria de
Deus". 2O primeiro anjo saiu do templo e derramou sua taça sobre
a terra, e se abriram feridas horríveis e malignas naqueles que
tinham a marca da besta e adoravam sua estátua. 3O segundo anjo
derramou sua taça sobre o mar, que se transformou em sangue
como de um cadáver, e morreram todas as criaturas do mar. 4O
terceiro anjo derramou sua taça sobre os rios e as fontes, que se
transformaram em sangue. 5E ouvi o anjo que tinha autoridade
sobre a água dizer: "Tu és justo, ó Santo, que és e que eras, pois
enviaste estes julgamentos. 6Porque eles derramaram o sangue
de teu povo santo e de teus profetas, tu lhes deste sangue para
beber; é sua justa retribuição". 7E ouvi uma voz que vinha do altar
dizer: "Sim, Senhor Deus, o Todo-poderoso, teus julgamentos são
verdadeiros e justos". 8O quarto anjo derramou sua taça sobre o sol,
que com seu fogo fez queimar as pessoas. 9Todos foram queimados
pelo intenso calor e blasfemaram contra o nome de Deus, que
tinha controle sobre essas pragas. E não se arrependeram nem
deram glória a Deus. 10O quinto anjo derramou sua taça sobre o
trono da besta, e seu reino foi lançado na escuridão. Angustiados,
seus súditos rangiam os dentes 11e, por causa de suas dores e fe-
ridas, blasfemavam contra o Deus do céu. E não se arrependeram
de seus atos perversos. 12O sexto anjo derramou sua taça sobre o
grande rio Eufrates, e ele secou, abrindo caminho para os reis que
vêm do Oriente. 13Então vi saltarem da boca do dragão, da boca
da besta e da boca do falso profeta três espíritos impuros seme-
lhantes a sapos. 14São espíritos demoníacos que realizam sinais
e vão aos governantes da terra a fim de reuni-los para a batalha
contra o Senhor, no grande dia de Deus, o Todo-poderoso. 15"Eu
virei inesperadamente, como ladrão! Feliz é aquele que me espera
alerta e mantém puras suas vestes, para que não precise andar nu
e envergonhado." 16E os espíritos reuniram todos os governantes

e seus exércitos no lugar que, em hebraico, se chama *Armagedom*.
17O sétimo anjo derramou sua taça no ar, e do trono do templo
veio um forte grito: "Está terminado!". 18Então houve relâmpagos,
estrondos e trovões, e um forte terremoto, o mais violento desde
a criação da humanidade. 19A grande cidade, Babilônia, se dividiu
em três partes, e as cidades de muitas nações tombaram. Deus se
lembrou de todos os pecados da Babilônia e a fez beber do cálice
cheio do vinho de sua furiosa ira. 20Todas as ilhas desapareceram,
e todos os montes foram arrasados. 21Houve uma forte tempestade
de granizo, com pedras que pesavam até 35 quilos caindo do céu
sobre as pessoas. E elas blasfemaram contra Deus por causa da
terrível praga de granizo.

CAPÍTULO 17

A grande prostituta

1Um dos sete anjos que derramaram as sete taças se aproximou e
disse: "Venha comigo, e eu lhe mostrarei o julgamento da grande
prostituta que governa sobre muitas águas. 2Os reis da terra co-
meteram adultério com ela, e os habitantes da terra se embriaga-
ram com o vinho de sua imoralidade". 3Então o anjo me levou no
Espírito para o deserto, onde vi uma mulher montada numa besta
vermelha, coberta de blasfêmias e com sete cabeças e dez chifres.
4A mulher estava vestida de púrpura e vermelho e enfeitada com
joias de ouro, pedras preciosas e pérolas. Tinha na mão um cálice
de ouro cheio de abominações e das impurezas de sua imoralidade.
5Em sua testa estava escrito um nome misterioso: "Babilônia, a
Grande, a Mãe das Prostitutas e das Abominações da Terra". 6Vi
que ela estava embriagada com o sangue do povo santo, o sangue
das testemunhas de Jesus. Tomado de espanto, olhei fixamente
para ela. 7"Por que você está tão espantado?", o anjo perguntou.
"Eu lhe explicarei o mistério desta mulher e da besta com sete
cabeças e dez chifres na qual ela está montada. 8A besta que você
viu esteve viva, mas agora não está mais. E, no entanto, em breve
subirá do abismo e irá para a destruição. Os habitantes da terra,
cujos nomes não foram escritos no Livro da Vida desde a criação
do mundo, ficarão admirados com o reaparecimento da besta que
havia morrido. 9"Aqui é preciso pensar com sabedoria. As sete cabe-
ças da besta representam os sete montes onde a mulher governa,

NO QUE ESTOU **PENSANDO** ○ | O QUE ESTOU **SENTINDO** ○ | DO QUE ESTOU **LEMBRANDO** ○

DESENHE OU ESCREVA

e também representam sete reis. 10Cinco deles já caíram, o sexto
está governando e o sétimo ainda não veio, mas seu reinado será
breve. 11"A besta que esteve viva, mas agora não está mais, é o oitavo
rei. É como os outros sete, e também caminha para a destruição.
12Os dez chifres da besta são dez reis que ainda não subiram ao
poder. Serão nomeados para seus reinos por um breve período,
para reinarem com a besta, 13e concordarão em entregar a ela seu
poder e sua autoridade. 14Juntos, guerrearão contra o Cordeiro, mas
o Cordeiro os derrotará, pois é Senhor dos senhores e Rei dos reis. E
com ele estarão seus chamados, escolhidos e fiéis." 15Em seguida, o
anjo me disse: "As águas que você viu, onde a prostituta governa,
representam multidões de todas as nações e línguas. 16A besta e
os dez chifres que você viu odiarão a prostituta. Eles a deixarão nua,
comerão sua carne e destruirão o restante com fogo. 17Porque Deus
colocou no coração deles um plano que executará sua vontade. Eles
concordarão em entregar a autoridade à besta, cumprindo-se assim
as palavras de Deus. 18E a mulher que você viu representa a grande
cidade que governa sobre os reis da terra".

CAPÍTULO 18

A queda da Babilônia

1Depois disso, vi outro anjo descer do céu com grande autoridade,
e a terra se iluminou com seu esplendor. 2Ele deu um forte grito:
"Caiu a Babilônia! A grande cidade caiu! Tornou-se habitação de
demônios, esconderijo de todo espírito impuro, covil de toda ave
impura e de todo animal impuro e detestável. 3Porque todas as
nações caíram por causa do vinho da fúria de sua imoralidade. Os
reis da terra cometeram adultério com ela. Por ela tanto desejar
luxo extravagante, os comerciantes da terra enriqueceram". 4Então
ouvi outra voz do céu, que disse: "Saiam dela, meu povo! Não
participem de seus pecados, ou serão castigados com ela. 5Pois
os pecados dela se amontoaram até o céu, e Deus se lembrou
de seus atos perversos. 6Façam com ela o que ela tem feito; de-
em-lhe em dobro o castigo por seus atos. Ela preparou um cálice
de terror para os outros, por isso preparem-lhe uma porção do-
brada. 7Glorificou a si mesma e viveu em luxo, agora retribuam
com igual quantidade de tormento e tristeza. Ela se vangloriou
em seu coração: 'Sou rainha em meu trono. Não sou uma viúva

desamparada, e não tenho motivo para me lamentar'. 8 Por isso,
estas pragas a alcançarão num só dia: morte, pranto e fome. O
fogo a consumirá por completo, pois o Senhor Deus, que a julga,
é poderoso". 9 Os reis da terra que cometeram adultério com ela
e desfrutaram seu luxo lamentarão por ela quando virem subir a
fumaça de seus restos carbonizados. 10 Ficarão de longe, aterrori-
zados com seu tormento, e clamarão: "Que terrível, que terrível,
ó Babilônia, grande cidade! Num só instante, o julgamento caiu
sobre você!". 11 Os comerciantes da terra chorarão e lamentarão por
ela, pois não restou ninguém para comprar suas mercadorias. 12 Ela
comprava grandes quantidades de ouro, prata, joias e pérolas;
linho fino, púrpura, seda e tecido vermelho; produtos feitos de
perfumada madeira de cedro, de marfim e de madeira preciosa;
bronze, ferro e mármore. 13 Também comprava canela, especia-
rias, incenso, mirra, bálsamo, vinho, azeite de oliva, farinha fina,
trigo, gado, ovelhas, cavalos, carroças, escravos e vidas humanas.
14 "Acabaram as coisas extravagantes de que você tanto gostava",
dizem eles. "Todo o seu luxo e esplendor se foram para sempre,
e nunca mais serão seus." 15 Os comerciantes que enriqueceram
vendendo-lhe essas coisas ficarão de longe, aterrorizados com
seu tormento. Chorarão e clamarão: 16 "Que terrível, que terrível
para essa grande cidade! Ela se vestia da mais fina púrpura e de
linho vermelho, adornada com ouro, pedras preciosas e pérolas!
17 Num só instante, toda a sua riqueza se foi!". E todos os capitães
dos navios mercantes, e também seus passageiros, marinheiros
e tripulantes, ficarão de longe. 18 Quando virem subir a fumaça,
gritarão e dirão: "Onde há outra cidade tão grande como essa?".
19 Chorarão, jogarão pó sobre a cabeça e clamarão: "Que terrível,
que terrível para essa grande cidade! Os donos dos navios se
enriqueceram, transportando pelos mares sua imensa riqueza.
Num só instante, tudo se foi!". 20 Alegrem-se com o destino dela, ó
céus, ó povo santo, apóstolos e profetas! Porque finalmente Deus
a julgou, por causa de vocês. 21 Então um anjo poderoso levantou
uma pedra enorme, do tamanho de uma grande pedra de moinho,
a lançou no mar e gritou: "Assim, Babilônia, a grande cidade, será
derrubada com violência e nunca mais será encontrada! 22 Nunca
mais se ouvirá em seu meio o som de harpas, cantores, flautas e
trombetas. Nunca mais se achará em seu meio qualquer artífice

Ap 19.5

em algum ofício. Nunca mais se ouvirá em seu meio o som do
moinho. 23 Nunca mais brilhará em seu meio a luz da lâmpada.
Nunca mais se ouvirão em seu meio as vozes alegres de noivas e
noivos. Pois seus comerciantes eram os poderosos do mundo, e
suas feitiçarias enganavam nações. 24 Em suas ruas corria o sangue
de profetas e do povo santo, e o sangue dos que no mundo inteiro
foram mortos".

CAPÍTULO 19

Cântico de vitória no céu

1 Depois disso, ouvi algo semelhante ao som de uma grande multi-
dão clamando: "Aleluia! Salvação, glória e poder pertencem a nosso
Deus. 2 Seus julgamentos são verdadeiros e justos. Ele castigou a
grande prostituta, que corrompia a terra com sua imoralidade, e
vingou o assassinato de seus servos". 3 E, mais uma vez, as vozes
ressoaram: "Aleluia! A fumaça dessa cidade sobe para todo o sem-
pre!". 4 Então os 24 anciãos e os quatro seres vivos se prostraram e
adoraram a Deus, que estava sentado no trono. Disseram: "Amém!
Aleluia!". 5 E do trono veio uma voz que dizia: "Louvem nosso Deus,
todos os seus servos, todos os que o temem, pequenos e grandes".
6 Em seguida, ouvi outra vez algo semelhante ao som do clamor de
uma grande multidão, como o som de fortes ondas do mar, como o
som de violentos trovões: "Aleluia! Porque o Senhor, nosso Deus,
o Todo-poderoso, reina. 7 Alegremo-nos, exultemos e a ele demos
glória, pois chegou a hora do casamento do Cordeiro, e sua noiva
já se preparou. 8 Ela recebeu um vestido do linho mais fino, puro e
branco". Porque o linho fino representa os atos justos do povo santo.
9 E o anjo me disse: "Escreva isto: Felizes os que são convidados para
o banquete de casamento do Cordeiro". E acrescentou: "Essas são
as palavras verdadeiras de Deus". 10 Então caí aos pés do anjo para
adorá-lo, mas ele me disse: "Não faça isso! Sou um servo, como
você e seus irmãos que dão testemunho de sua fé em Jesus. Adore
somente a Deus, pois o testemunho a respeito de Jesus é a essência
da mensagem revelada aos profetas".

O cavaleiro no cavalo branco

11 Vi o céu aberto, e surgiu um cavalo branco. Seu cavaleiro se chama
Fiel e Verdadeiro, pois julga e guerreia com justiça. 12 Seus olhos

eram como chamas de fogo, e em sua cabeça havia muitas coroas.
Nele estava escrito um nome que ninguém conhece, a não ser ele
mesmo. 13Vestia um manto encharcado de sangue, e seu nome era
a Palavra de Deus. 14Os exércitos do céu, vestidos do linho mais fino,
puro e branco, seguiam-no em cavalos brancos. 15De sua boca saía
uma espada afiada para ferir as nações. Ele as governará com cetro
de ferro e esmagará as uvas no tanque de prensar da furiosa ira de
Deus, o Todo-poderoso. 16Em seu manto, na altura da coxa, estava
escrito o nome: Rei dos reis e Senhor dos senhores. 17Então vi um
anjo em pé no sol. Gritava para as aves que voavam no ponto mais
alto do céu: "Venham! Reúnam-se para o grande banquete que
Deus preparou! 18Venham e comam a carne dos reis, dos generais
e dos fortes guerreiros; dos cavalos e de seus cavaleiros; de toda a
humanidade, escravos e livres, pequenos e grandes". 19Depois vi a
besta e os reis da terra e seus exércitos reunidos para lutarem contra
aquele que montava no cavalo e contra seu exército. 20Mas a besta
foi presa e, com ela, o falso profeta que fazia sinais em seu nome,
sinais que enganaram todos que haviam recebido a marca da besta
e adoravam sua estátua. Tanto a besta como seu falso profeta foram
lançados vivos no lago de fogo que arde com enxofre. 21Todo o seu
exército foi morto com a espada afiada que saía da boca daquele
que montava no cavalo branco. E todas as aves se fartaram com a
carne dos cadáveres.

CAPÍTULO 20

Os mil anos

1Então vi um anjo descer do céu trazendo na mão a chave do abismo
e uma grande corrente. 2Ele prendeu o dragão, a antiga serpente
que é o diabo, Satanás, e o acorrentou por mil anos. 3O anjo o
lançou no abismo, o fechou e pôs um lacre na porta, de modo que
ele não pudesse mais enganar as nações até que terminassem os
mil anos. Depois disso, é necessário que ele seja solto por um pouco
de tempo. 4Vi tronos, e os que estavam sentados neles haviam
recebido autoridade para julgar. Vi também as almas daqueles
que haviam sido decapitados por testemunharem a respeito de
Jesus e por proclamarem a palavra de Deus. Não tinham adorado
a besta nem sua estátua, nem aceitado sua marca na testa ou nas
mãos. Eles ressuscitaram e reinaram com Cristo por mil anos. 5Esta

NO QUE ESTOU **PENSANDO** ○ | O QUE ESTOU **SENTINDO** ○ | DO QUE ESTOU **LEMBRANDO** ○

DESENHE OU ESCREVA

é a primeira ressurreição. (O restante dos mortos só voltou à vida
depois que terminaram os mil anos.) 6Felizes e santos são aqueles
que participam da primeira ressurreição. A segunda morte não tem
poder algum sobre eles, pois serão sacerdotes de Deus e de Cristo
e reinarão com ele por mil anos.

A derrota de Satanás

7Quando terminarem os mil anos, Satanás será solto da prisão
8e sairá para enganar as nações, Gogue e Magogue, em todas as
extremidades da terra. Ele as reunirá para a batalha, um exército
poderoso, incontável como a areia da praia. 9Subiram pela vasta
planície da terra e cercaram o acampamento do povo santo e a
cidade amada. Mas fogo desceu do céu e os consumiu. 10O diabo,
que os havia enganado, foi lançado no lago de fogo que arde com
enxofre, onde já estavam a besta e o falso profeta. Ali serão ator-
mentados dia e noite, para todo o sempre.

O julgamento final

11Vi um grande trono e aquele que estava sentado nele. A terra e
o céu fugiram de sua presença, mas não encontraram lugar para
se esconder. 12Vi os mortos, pequenos e grandes, em pé diante do
trono de Deus. E foram abertos os livros, incluindo o Livro da Vida.
Os mortos foram julgados segundo o que haviam feito, conforme
o que estava registrado nos livros. 13O mar entregou seus mortos,
e a morte e o mundo dos mortos também entregaram seus mortos.
E todos foram julgados de acordo com seus atos. 14Então a morte e
o mundo dos mortos foram lançados no lago de fogo. Esse lago de
fogo é a segunda morte. 15E quem não tinha o nome registrado no
Livro da Vida foi lançado no lago de fogo.

CAPÍTULO 21

A nova Jerusalém

1Então vi um novo céu e uma nova terra, pois o primeiro céu e a
primeira terra já não existiam, e o mar também não mais existia. 2E
vi a cidade santa, a nova Jerusalém, que descia do céu, da parte de
Deus, como uma noiva belamente vestida para seu marido. 3Ouvi
uma forte voz que vinha do trono e dizia: "Vejam, o tabernáculo
de Deus está no meio de seu povo! Deus habitará com eles, e eles

serão seu povo. O próprio Deus estará com eles. 4 Ele lhes enxugará
dos olhos toda lágrima, e não haverá mais morte, nem tristeza,
nem choro, nem dor. Todas essas coisas passaram para sempre".
5 E aquele que estava sentado no trono disse: "Vejam, faço novas
todas as coisas!". Em seguida, disse: "Escreva isto, pois o que lhe
digo é digno de confiança e verdadeiro". 6 E disse ainda: "Está ter-
minado! Eu sou o Alfa e o Ômega, o Princípio e o Fim. A quem tiver
sede, darei de beber gratuitamente das fontes da água da vida.
7 O vitorioso herdará todas essas bênçãos, e eu serei seu Deus, e
ele será meu filho. 8 "Mas os covardes, os incrédulos, os corruptos,
os assassinos, os sexualmente impuros, os que praticam feitiçaria,
os adoradores de ídolos e todos os mentirosos estão destinados
ao lago de fogo que arde com enxofre. Esta é a segunda morte".
9 Então um dos sete anjos que seguravam as sete taças com as
últimas sete pragas se aproximou e me disse: "Venha comigo, e
eu lhe mostrarei a noiva, a esposa do Cordeiro". 10 Ele me levou
no Espírito até um grande e alto monte e me mostrou a cidade
santa, Jerusalém, que descia do céu da parte de Deus. 11 Brilhava
com a glória de Deus e cintilava como uma pedra preciosa, como
jaspe, transparente como cristal. 12 O muro da cidade era grande e
alto, com doze portas guardadas por doze anjos, e nelas estavam
escritos os nomes das doze tribos de Israel. 13 Havia três portas de
cada lado: leste, norte, sul e oeste. 14 O muro da cidade tinha doze
pedras de alicerce, e nelas estavam escritos os nomes dos doze
apóstolos do Cordeiro. 15 O anjo que falava comigo tinha na mão
uma vara de ouro para medir a cidade, suas portas e seu muro.
16 A cidade tinha o formato de um quadrado, de comprimento e
largura iguais. De fato, tinha 2.200 quilômetros de comprimento,
de largura e de altura. 17 Então ele mediu o muro e descobriu que
tinha quase 65 metros de espessura (de acordo com a medida
humana usada pelo anjo). 18 O muro era feito de jaspe, e a cidade
era de ouro puro, transparente como vidro. 19 O muro da cidade era
construído sobre alicerces ornamentados com doze pedras pre-
ciosas: a primeira com jaspe, a segunda com safira, a terceira com
ágata, a quarta com esmeralda, 20 a quinta com ônix, a sexta com
cornalina, a sétima com crisólito, a oitava com berilo, a nona com
topázio, a décima com crisópraso, a décima primeira com jacinto,
e a décima segunda com ametista. 21 As doze portas eram feitas

NO QUE ESTOU **PENSANDO** ○ | O QUE ESTOU **SENTINDO** ○ | DO QUE ESTOU **LEMBRANDO** ○

DESENHE OU ESCREVA

de pérolas, cada porta de uma única pérola. E a rua principal era
de ouro puro, transparente como vidro. 22 Não vi templo algum na
cidade, pois o Senhor Deus, o Todo-poderoso, e o Cordeiro são seu
templo. 23 A cidade não precisa de sol nem de lua, pois a glória de
Deus a ilumina, e o Cordeiro é sua lâmpada. 24 As nações andarão
em sua luz, e os reis, em toda a sua glória, entrarão na cidade.
25 Suas portas nunca se fecharão, pois ali não haverá noite. 26 E
todas as nações trarão sua glória e honra à cidade. 27 Nenhum mal
terá permissão de entrar, nem pessoa alguma que pratique o que
é vergonhoso ou enganoso, mas somente aqueles cujos nomes
estão escritos no Livro da Vida do Cordeiro.

CAPÍTULO 22

1 Então o anjo me mostrou o rio da água da vida, transparente como
cristal, que fluía do trono de Deus e do Cordeiro 2 e passava no meio
da rua principal. De cada lado do rio estava a árvore da vida, que
produz doze colheitas de frutos por ano, uma em cada mês, e cujas
folhas servem como remédio para curar as nações. 3 Não haverá
mais maldição sobre coisa alguma, porque o trono de Deus e do
Cordeiro estará ali, e seus servos o adorarão. 4 Verão seu rosto, e seu
nome estará escrito na testa de cada um. 5 E não haverá noite; não
será necessária a luz da lâmpada nem a luz do sol, pois o Senhor
Deus brilhará sobre eles. E reinarão para todo o sempre. 6 Então o
anjo me disse: "Tudo que você ouviu e viu é digno de confiança e
verdadeiro. O Senhor, o Deus dos espíritos dos profetas, enviou seu
anjo para dizer a seus servos o que acontecerá em breve".

Jesus vem

7 "Vejam, eu venho em breve! Felizes aqueles que obedecem às
palavras da profecia registrada neste livro." 8 Eu, João, sou aquele
que ouviu e viu todas essas coisas. E, quando as ouvi e vi, caí aos
pés do anjo que as mostrou a mim, a fim de adorá-lo. 9 Mas ele
disse: "Não faça isso! Sou um servo, como você e seus irmãos, os
profetas, e como todos os que obedecem ao que está escrito neste
livro. Adore somente a Deus!". 10 Em seguida, disse: "Não lacre com
um selo as palavras proféticas deste livro, porque o tempo está
próximo. 11 Que o mau continue a praticar a maldade; que o impuro
continue a ser impuro; que o justo continue a viver de forma justa;

que o santo continue a ser santo". 12"Vejam, eu venho em breve e
trago comigo a recompensa para retribuir a cada um de acordo
com seus atos. 13Eu sou o Alfa e o Ômega, o Primeiro e o Último, o
Princípio e o Fim." 14Felizes aqueles que lavam suas vestes. A eles
será permitido entrar pelas portas da cidade e comer do fruto da
árvore da vida. 15Do lado de fora da cidade ficam os cães: os feiti-
ceiros, os sexualmente impuros, os assassinos, os adoradores de
ídolos e todos que gostam de praticar a mentira. 16"Eu, Jesus, enviei
meu anjo a fim de lhes dar esta mensagem para as igrejas. Eu sou a
origem de Davi e o herdeiro de seu trono. Sou a brilhante estrela da
manhã." 17O Espírito e a noiva dizem: "Vem!". Que todo aquele que
ouve diga: "Vem!". Quem tiver sede, venha. Quem quiser, beba de
graça da água da vida. 18Declaro solenemente a todos que ouvem
as palavras da profecia registrada neste livro: Se alguém acrescentar
algo ao que está escrito aqui, Deus acrescentará a essa pessoa as
pragas descritas neste livro. 19E, se alguém retirar qualquer uma
das palavras deste livro de profecia, Deus lhe retirará a participação
na árvore da vida e na cidade santa descritas neste livro. 20Aquele
que é testemunha fiel de todas essas coisas diz: "Sim, venho em
breve!". Amém! Vem, Senhor Jesus! 21Que a graça do Senhor Jesus
esteja com todos.

Ap 22.21

Esta obra foi impressa no Brasil e conta com a
qualidade de impressão e acabamento Geográfica Editora.
Printed in Brazil.

Geográfica editora

CADERNO DE REGISTROS INCRÍVEIS

PARA COLORIR

ATENÇÃO, MENINOS E MENINAS DE CORAGEM!
VOCÊS ESTÃO SENDO CHAMADOS PARA VIVER UMA VIDA

INCRÍVEL!

Você deve ter percebido como a Bíblia é repleta de aventuras. São histórias surpreendentes: uma hora, as pessoas se salvam de uma inundação (junto com os animais) construindo uma arca; em outro momento, um homem jogado ao mar vai parar na barriga de um grande peixe! Um rei respeitado por todos comete um grave pecado; e, em diversas outras histórias, pecadores são perdoados e salvos! Deus se relaciona com diferentes pessoas, e não há aventura maior do que a ação de Deus em nossas vidas — dia após dia. O grande convite pra você hoje é: convide Jesus para morar em seu coração e se prepare para viver uma vida de aventuras com Deus ao seu lado. Uma decisão para a eternidade! Leia a Bíblia, aprenda mais sobre Jesus e faça suas orações! *A aventura vai começar*!

Aproveite e vá registrando os momentos especiais neste *Caderno de Registros Incríveis*. Você vai encontrar espaços para escrever suas orações, desenhos para colorir, vai aprender sobre personagens bíblicos e muito mais!

Pegue sua bíblia, seus lápis preferidos, escolha o seu cantinho e faça deste tempo um momento especial e...**incrível**!

Pois a boca fala do que o coração está cheio.
Mt 12.34b

PARA COLORIR

PLANO DE LEITURA BÍBLICA

Vamos aprender mais da bíblia, uma história por semana?

Semana 1
A criação do mundo
Gn 1.1-25

Semana 2
Adão e Eva (a queda)
Gn 1.26-3.24

Semana 3
A Arca de Noé
Gn 6.1-7.5

Semana 4
A torre de Babel
Gn 11.1-9

Semana 5
Deus faz uma promessa para Abraão
Gn 18.1-15

Semana 6
Esaú e Jacó
Gn 25.19-34; 27

Semana 7
A história de José
Gn 37;42;45

Semana 8
A história de Moisés
Ex 1-2

Semana 9
As pragas do egito
Ex 7-10

Semana 10
A travessia do Mar Vermelho
Ex 14.21-31

Semana 11
Os 10 Mandamentos
Ex 20.2-17 e Dt 5.6-21

Semana 12
Balaão e seu jumentinho
Nm 22-24

Semana 13
Josué e a batalha de Jericó
Js 6.1-20

Semana 14
Gideão e os 300 guerreiros
Jz 6-8

Semana 15
Sansão, o fortão
Jz 13-16

Semana 16
Rute e Noemi
Rt 1-4

Semana 17
Deus chama a Samuel
1Sm 3.1-14

Semana 18
Saul Rei de Israel
1Sm 9-10

Semana 19
Davi e Golias
1Sm 17

Semana 20
A amizade de Davi e Jônatas
1Sm 18.1-4; 20

Semana 21
Davi se torna Rei
2Sm 5

Semana 22
A revolta de Absalão
2Sm 15.1-16.4; 17.15-18.33

Semana 23
Salomão pede sabedoria a Deus
1Rs 3.5-14

Semana 24
Elias e os profetas de Baal
1 Rs 18.22-39

Semana 25
Elias e a carruagem de fogo
2Rs 2.1-15

Semana 26
Eliseu e a viúva
2Rs 4.1-7

Semana 27
A morte de Jezabel
2Rs 9.30-37

Semana 28
3 jovens na fornalha ardente
Dn 3.16-30

Semana 29
Daniel na cova dos leões
Dn 6.16-23

Semana 30
O sofrimento de Jó
Jó 1; 19.25; 42.5-10

Semana 31
Jonas e o grande peixe
Jn 1.1-3.3

Semana 32
A anunciação do nascimento de Jesus
Lc 1.26-38

Semana 33
O nascimento de Jesus
Lc 2.1-20

Semana 34
Milagre na festa de casamento
Jo 2.1-11

Semana 35
Muitos e muitos (e muitos!) peixes
Lc 5.1-11

Semana 36
Jesus alimenta a multidão
Mt 14.13-21

Semana 37
A parábola do bom samaritano
Lc 10.29-37

Semana 38
A parábola do filho pródigo
Lc 15.11-32

Semana 39
Jesus acalma a tempestade
Mc 4.35-41

Semana 40
Jesus anda sobre as águas
Mc 6.45-56

Semana 41
Jesus ressucita Lázaro
Jo 11

Semana 42
A última ceia de Jesus
MT 26.17-30

Semana 43
Jesus é preso
Jo 18.1-11

Semana 44
Cruxificação e morte de Jesus
Jo 19.17-42

Semana 45
A ressurreição de Jesus
Mt 28.1-10

Semana 46
Jesus levado aos céus
At 1.1-11

Semana 47
Pedro e João curam um doente
At 3.1-11

Semana 48
A conversão de Saulo
At 9.1-28

Semana 49
Paulo e Silas na prisão
At 16.16-40

Semana 50
O naufrágio do navio de Paulo
At 27.27-44

Semana 51
A armadura de Deus
Ef 6.10-20

Semana 52
A volta de Cristo
1Ts 4.13-18

PARA COLORIR

Gn 22.14
Deus que provê

O Deus de compaixão e misericórdia
Ex 34.6

Ex 17.15
Deus da vitória

Ex 15.26
Deus que cura

PARA COLORIR

Ali o menino foi crescendo, saudável e forte. Era cheio de sabedoria, e o favor de Deus estava sobre ele.
Lc 2.40

CAÇA-PALAVRAS

Com muita atenção, encontre os nomes de **10 livros do Antigo testamento**.

Dica: um deles está escrito de trás pra frente!

J	G	U	T	Y	C	D	P	S	R	A	T	E	Y	E	S	L	N	S	A	E	P	O	L	U
L	P	E	X	O	D	O	K	P	E	R	I	M	O	P	R	T	C	E	A	D	E	T	O	I
P	Y	E	R	E	U	L	V	B	D	F	A	D	E	I	O	P	L	J	K	G	B	P	U	S
K	U	J	O	I	L	A	B	E	C	L	E	S	I	A	S	T	E	S	M	S	A	R	H	U
R	E	M	T	L	I	O	P	R	T	A	Q	K	T	Y	H	B	F	A	E	O	N	O	F	S
D	T	B	O	E	F	A	I	K	N	F	V	D	C	S	X	R	H	T	K	U	L	V	M	E
O	G	H	C	V	A	T	E	J	K	P	I	Q	P	A	M	K	U	Y	G	C	Q	E	A	N
A	U	N	M	I	R	X	G	E	N	E	S	I	S	H	B	U	F	E	L	O	X	R	Z	P
Z	C	U	D	T	A	P	O	P	L	J	K	G	B	P	K	V	A	P	I	B	Y	B	S	L
P	K	U	S	I	X	C	U	B	M	U	I	Q	P	T	A	X	B	L	M	O	P	I	Y	G
A	O	P	R	C	T	Z	N	I	E	U	Q	U	C	A	B	A	H	E	Y	R	V	O	M	N
Q	P	R	T	O	A	V	N	R	I	Y	T	J	G	F	M	L	O	V	B	N	Y	S	R	P
T	G	U	T	Y	C	D	P	S	R	E	Z	E	M	E	S	O	N	S	A	E	P	O	L	M
B	L	O	P	C	V	A	Y	S	O	F	O	N	I	A	S	R	O	K	M	N	G	F	S	Z
O	I	M	S	N	M	E	R	T	B	C	A	U	I	P	L	N	B	G	F	R	I	P	V	S
K	R	E	A	Y	O	B	V	F	G	R	T	R	L	E	D	M	S	A	P	I	J	Y	T	H
C	P	A	L	X	R	T	E	D	A	S	P	H	N	U	M	E	R	O	S	R	B	X	M	R
B	N	H	M	U	P	O	K	J	H	Y	N	M	T	I	O	P	S	B	P	O	L	J	H	T
R	E	H	O	T	G	K	O	B	A	D	I	A	S	B	V	C	I	O	K	L	X	P	T	I
L	P	S	S	L	R	H	Q	A	J	S	D	Z	M	U	F	V	Z	A	C	A	R	I	A	S
O	H	Y	T	H	K	F	L	F	A	E	T	E	O	G	N	F	U	R	A	I	B	Q	D	F
G	H	J	K	L	O	U	P	C	B	H	U	D	A	E	V	R	U	O	F	H	J	M	O	G

GRATIDÃO!

Todos nós temos uma história, ou uma lembrança, de quando Deus agiu em nosso favor. Vamos fazer uma lista com alguns motivos de sermos gratos a Deus?

Sejam gratos em todas as circunstâncias, pois essa é a vontade de Deus para vocês em Cristo Jesus.
1Tessalonicenses 5.18

QUANDO?

MOTIVO:

ORAÇÃO:

QUANDO?

MOTIVO:

ORAÇÃO:

QUANDO?

MOTIVO:

ORAÇÃO:

QUANDO?

MOTIVO:

ORAÇÃO:

QUANDO?

MOTIVO:

ORAÇÃO:

QUANDO?

MOTIVO:

ORAÇÃO:

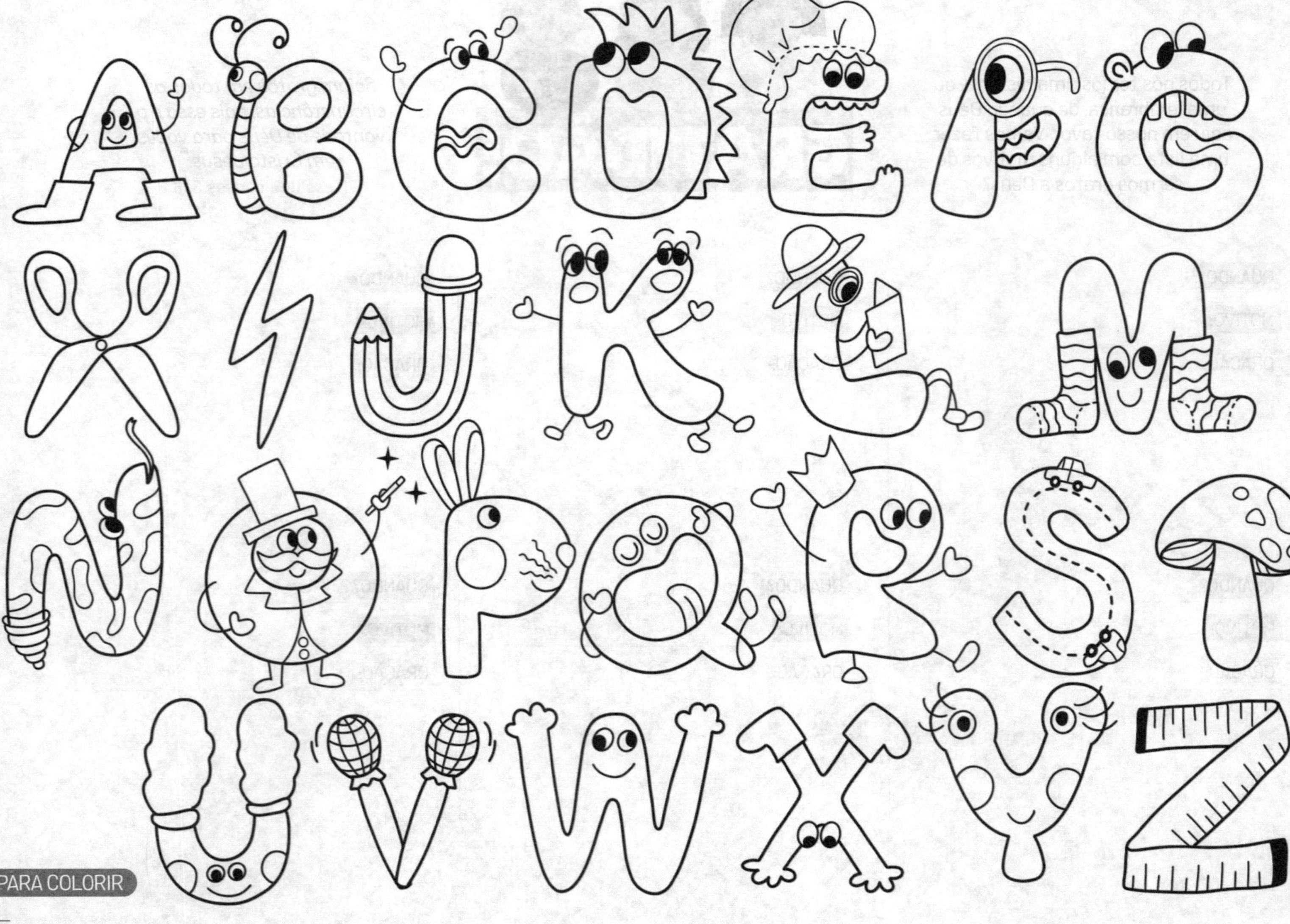

PARA COLORIR

INSPIRE-SE NAS LETRAS MALUCAS DA PÁGINA AO LADO E CRIE AS SUAS PRÓPRIAS LETRAS DIVERTIDAS!

A B C D E F G

H I J K L M

N O P Q R S T

U V W X Y Z

NÚMEROS DA BÍBLIA

10
MANDAMENTOS

E aí, você já decorou todos?

66
LIVROS

39
LIVROS NO ANTIGO TESTAMENTO

Pentateuco (5), Históricos (12), Poéticos (5), Profetas Maiores (5), Profetas Menores (12).

27
LIVROS NO NOVO TESTAMENTO

Evangelhos (4), Histórico (1), Epístolas Paulinas (13), Epístolas gerais (8), Profecia (1).

12
TRIBOS DE ISRAEL

Ap 7.4-8

40
ANOS NO DESERTO

Ex 16.35-Dt 29.5

5+2=5000

MATEMÁTICA DO MILAGRE

Jo 6.9-14

12

DISCÍPULOS DE JESUS

Mt 10.2-4

10

PRAGAS

Ex 7.10-12.32

6

DIAS DA CRIAÇÃO DE DEUS

Gn 1.1-31

1

DIA FOI O DESCANSO DE DEUS

Gn 2.2-3

70x7

MATÉMATICA DO PERDÃO

Mt 18.21-22

1>99

MATÉMATICA DO AMOR DE JESUS

Lc 15.1-7

HORA DE ORAR

"Dediquem-se à oração com a mente alerta e o coração agradecido." Cl 4.2

Vamos fazer um exercício muito legal? Você vai escrever a sua oração! Orar escrevendo nos ajuda a pensar melhor e manter o foco. Além disso, você terá uma experiência especial ao voltar às suas orações depois de algum tempo e conferir quais foram respondidas! Esse é o seu momento com Deus. Procure um lugar onde você possa escrever com calma e atenção. Abra o seu coração, e fale tudo o que estiver pulsando dentro de você. Não esqueça de colocar a data da sua oração.

O tema das orações desta página é: **você mesmo**! Sua vida com Deus, sua vida com sua família, na sua casa, suas alegrias e tristezas, seus medos e suas conquistas! Qualquer assunto que você deseja falar com Deus.

Data: ____________________

Data: ____________________

Data: ____________________

PERSONAGENS DO NATAL

PARA COMPLETAR E COLORIR

VERSÍCULOS PARA MEMORIZAR

A Bíblia nos ensina a guardar a palavra de Deus no nosso coração (Sl 119.11). Você sabia que memorizar versículos é uma das melhores maneiras de se fazer isto? Decore esses versículos abaixo, e depois escreva novos versículos que você deciciu decorar!

Salmos 51.10

"Cria em mim, ó Deus, um coração puro; renova dentro de mim um espírito firme."

.... Salmos 51.10

Provérbios 15.20

"O filho sensato alegra seu pai; o filho tolo despreza sua mãe."

.... Provérbios 15.20

DICA 1: Diga o endereço do versículo no **início** e no **final**! Vai te ajudar a decorar a referência!

Salmos 23.1

"O Senhor é meu pastor, e nada me faltará."

.... Salmos 23.1

Salmos 37.5

"Entregue seu caminho ao Senhor; confie nele, e ele o ajudará."

.... Salmos 37.5

João 3.16

"Porque Deus amou tanto o mundo que deu seu Filho único, para que todo o que nele crer não pereça, mas tenha a vida eterna."

.... João 3.16

1) ______________

2) ______________

3) ______________

4) ______________

5) ______________

6) ______________

DICA 2:
Tente encaixar o versículo em uma música que você gosta. A melodia te ajuda a decorar!

IMAGINE SÓ!

Solte a imaginação e desenhe como você pensa que seriam esses elementos de histórias bíblicas!

O PRIMEIRO ANIMAL QUE DEUS CRIOU

Qual você acha que foi, hein?

UM ANJO

Como você acha que são as asas de um anjo?

ARCA DE NOÉ

Como a girafa coube nessa arca?

O GIGANTE GOLIAS

Quantos quilos será que ele pesava?

A COROA DO REI DAVI

Será que tinha muitas pedras preciosas?

VERSÍCULOS PARA QUANDO SE SENTIR SÓ

A Bíblia diz que "*Deus é nosso refúgio e nossa força, sempre pronto a nos socorrer em tempos de aflição*"(Sl 46.1). Quando você estiver se sentindo sozinho, leia esses versículos! Acredite nessas verdades com toda a sua força. Deus é amigo e está sempre ao seu lado!

Portanto, sejam fortes e corajosos! Não tenham medo e não se apavorem diante deles. O Senhor, seu Deus, irá adiante de vocês. Ele não os deixará nem os abandonará.
Deuteronômio 31.6

Mesmo quando eu andar pelo escuro vale da morte, não terei medo, pois tu estás ao meu lado. Tua vara e teu cajado me protegem.
Salmos 23.4

Não tenha medo, pois estou com você; não desanime, pois sou o seu Deus. Eu o fortalecerei e o ajudarei; com minha vitoriosa mão direita o sustentarei.
Isaías 41.10

Ensinem esses novos discípulos a obedecerem a todas as ordens que eu lhes dei. E lembrem-se disto: estou sempre com vocês, até o fim dos tempos.
Mateus 28.20

Deus dá uma família aos que vivem sós; liberta os presos e os faz prosperar. Os rebeldes, porém, ele faz morar em terra árida.
Salmos 68.6

É impossível escapar do teu Espírito; não há como fugir da tua presença. Se subo aos céus, lá estás; se desço ao mundo dos mortos, lá estás também. Se eu tomar as asas do amanhecer, se habitar do outro lado do oceano, mesmo ali tua mão me guiará, e tua força me sustentará.
Salmos 139.7-10

Quando passar por águas profundas, estarei a seu lado. Quando atravessar rios, não se afogará. Quando passar pelo fogo, não se queimará; as chamas não lhe farão mal.
Isaías 43.2

Louvado seja Deus, Pai de nosso Senhor Jesus Cristo, Pai misericordioso e Deus de todo encorajamento. Ele nos encoraja em todas as nossas aflições, para que, com o encorajamento que recebemos de Deus, possamos encorajar outros quando eles passarem por aflições.
2 Coríntios 1.3-4

O Senhor os guiará continuamente, lhes dará água quando tiverem sede e restaurará suas forças. Vocês serão como um jardim bem regado, como a fonte que não para de jorrar.

Is 58.11

PARA COLORIR

*O **amor** é paciente e bondoso. O **amor** não é ciumento, nem presunçoso. Não é orgulhoso, nem grosseiro. Não exige que as coisas sejam à sua maneira. Não é irritável, nem rancoroso. Não se alegra com a injustiça, mas sim com a verdade. O **amor** nunca desiste, nunca perde a fé, sempre tem esperança e sempre se mantém firme.*
1 Coríntios 13.4-7

*Este é meu mandamento: **Amem** uns aos outros como eu **amo** vocês.*
João 15.12

*Acima de tudo, **amem** uns aos outros sinceramente, pois o **amor** cobre muitos pecados.*
1 Pedro 4.8

*Vivam em **amor**, seguindo o exemplo de Cristo, que nos **amou** e se entregou por nós como oferta e sacrifício de aroma agradável a Deus.*
Efésios 5.2

*Amados, continuemos a amar uns aos outros, pois o **amor** vem de Deus. Quem ama é nascido de Deus e conhece a Deus. Quem não ama não conhece a Deus, porque Deus é **amor**.*
1 João 4.7

O QUE A BÍBLIA FALA SOBRE O AMOR

*Por isso, agora eu lhes dou um novo mandamento: **Amem** uns aos outros. Assim como eu os **amei**, vocês devem **amar** uns aos outros. Seu **amor** uns pelos outros provará ao mundo que são meus discípulos".*
João 13.34-35

*Eu, porém, lhes digo: **amem** os seus inimigos e orem por quem os persegue.*
Mateus 5.44

*Mas Deus nos prova seu grande **amor** ao enviar Cristo para morrer por nós quando ainda éramos pecadores.*
Romanos 5.8

*Esse **amor** não tem medo, pois o perfeito **amor** afasta todo medo. Se temos medo, é porque tememos o castigo, e isso mostra que ainda não experimentamos plenamente o **amor**.* **1 João 4.18**

*Acima de tudo, revistam-se do **amor** que une todos nós em perfeita harmonia.*
Colossenses 3.14

PARA COLORIR

1Jo 4.8

HISTÓRIAS E CIDADES

PARA COMPLETAR E COLORIR

Você consegue lembrar o nome das cidades de cada uma dessas histórias?

Os muros de proteção ruíram após o exército de Josué marchar em volta desta cidade.

Js 6.1-20

José e Maria viajaram até essa cidade, e foi ali que Jesus nasceu.

Lc 2.4

Jesus encontrou uma mulher que tirava água do poço nesta cidade da região de Samaria.

Jo 4.4-42

Um milagre na família de Marta e Maria aconteceu nesta cidade.

Jo 11.1-44

VEJA POR ONDE JESUS ANDOU

Jesus fez muitas caminhadas, navegou por vários mares e conheceu muitas pessoas. Olhe o mapa, e imagine como foi cada aventura.

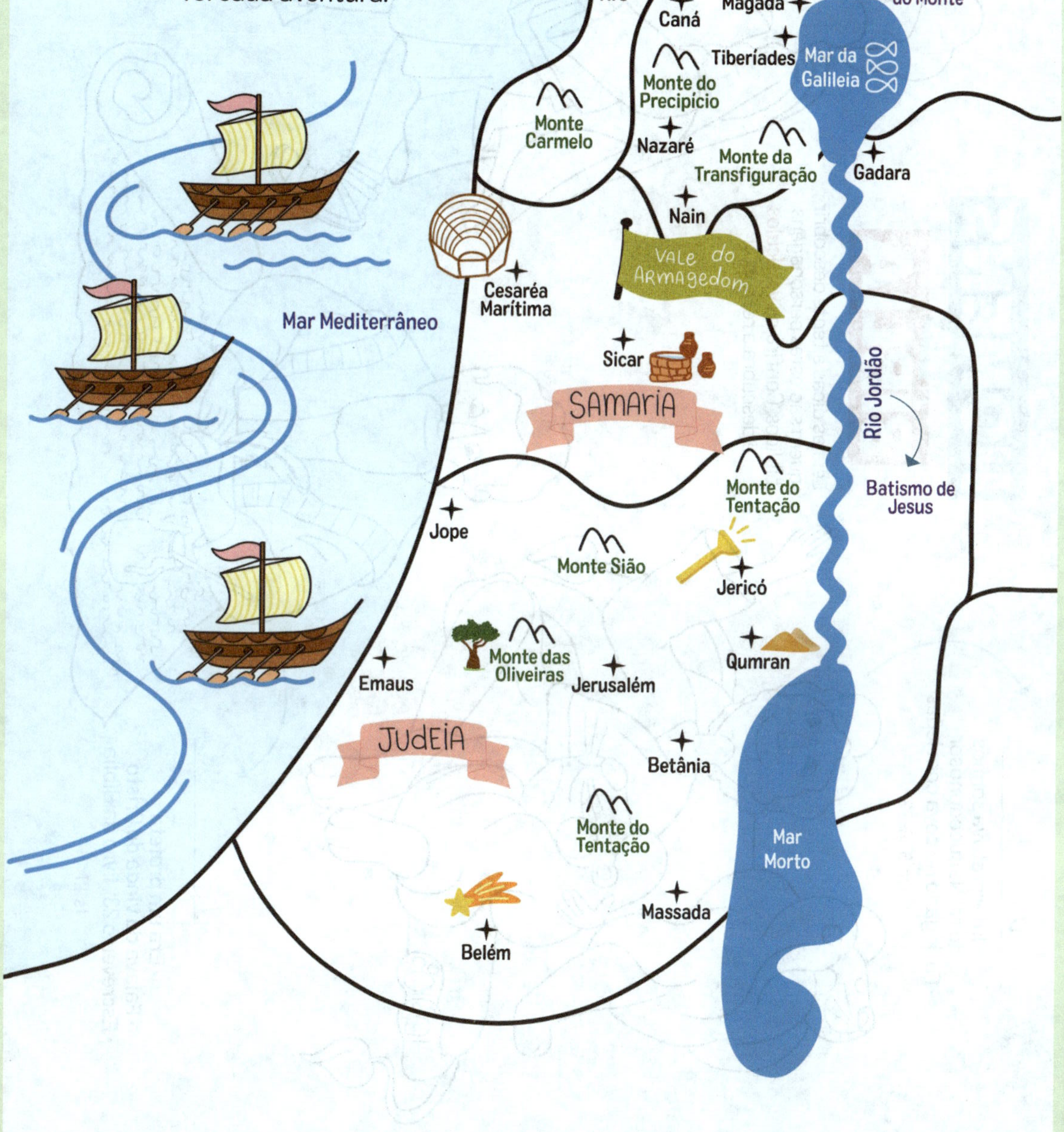

HOMENS NA BÍBLIA

Leia as dicas e tente descobrir quem são estes personagens bíblicos. Confira os versículos e descubra a resposta!

D _ _ _ _ _ _

- Interpretava sonhos do rei Nabucodonosor
- Foi jogado na cova com leões

Dn 6.16-23

I _ _ _ _ _ _

- Era um profeta
- Falava da vinda de Cristo
- Escreveu o 23° livro da Bíblia

Is 1.1

M _ _ _ _ _ _ _

- Quando bebê foi colocado num cesto às margens do Rio Nilo
- Gravou as Tábuas da Lei
- Guiou o povo no deserto

Ex 34. 1

PARA COMPLETAR E COLORIR

J_____ B_________

• Tinha uma alimentação extravagante
• Era primo de Jesus
• Foi um grande profeta
• Batizou Jesus

Mc 1.1- 9

J_____

• Um anjo lhe falou em sonho
• Exemplo de obediência a Deus
• Era carpinteiro

Mt 1.18-24

J_____

• Fez muitos milagres
• É o filho de Deus
• Sofreu por você
• Ressuscitou

Lc 2.1-7

P_____

• Foi preso várias vezes
• Nasceu na cidade de Tarso
• Seu nome era Saulo

At 9.24-26

MULHERES NA BÍBLIA

Leia as dicas e tente descobrir quem são estas mulheres que aparecem na Bíblia. Confira os versículos e descubra a resposta!

R _ _ _ _

- Era moabita
- Ficou viúva
- Foi fiel a Deus

Rt 1.16-17

E _ _ _ _ _ _

- Mantinha sua nacionalidade em segredo
- Era muito bonita
- Foi rainha

Et 2.16-17

D _ _ _ _ _ _

- Foi profetisa
- Foi uma juíza

Jz 4.4-9

PARA COMPLETAR E COLORIR

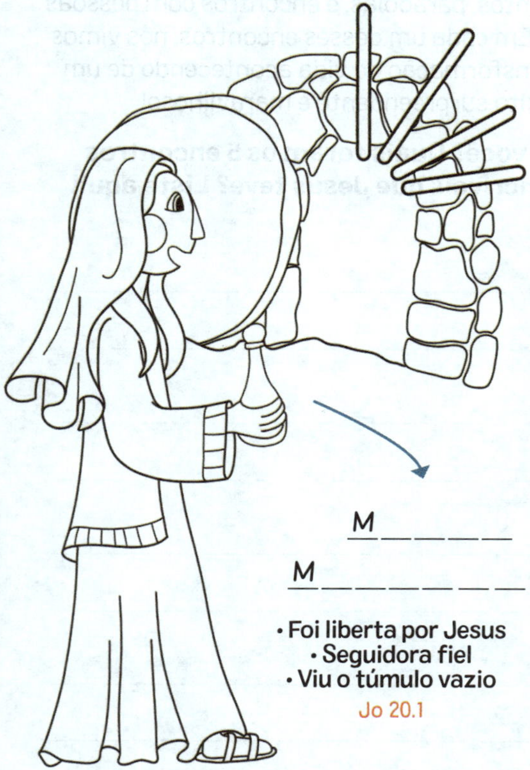

M_______

M____________

• Foi liberta por Jesus
• Seguidora fiel
• Viu o túmulo vazio

Jo 20.1

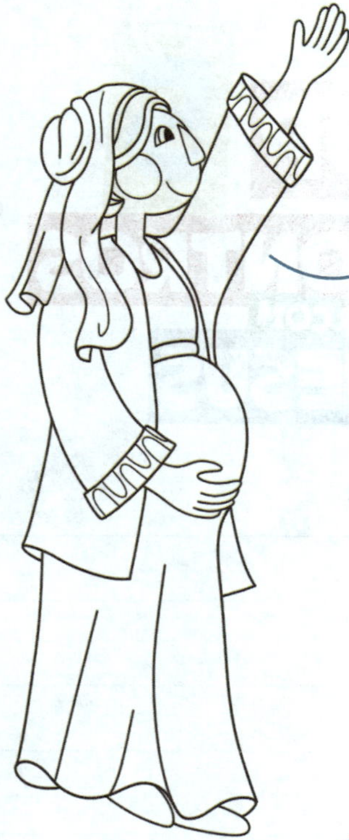

I_________

• Não podia ter filhos
• Esposa de Zacarias

Lc 1.11-25

M_________

S______________

• Foi buscar água no poço
• Conversou com Jesus

Jo 4.7

TOP 5 ENCONTROS COM JESUS

A história dos evangelhos é fascinante porque aprendemos muito sobre Jesus através de seus ensinamentos, parábolas, e encontros com pessoas comuns. Em cada um desses encontros, nós vimos uma transformação de vida acontecendo de um jeito surpreendente e maravilhoso!

E pra você? Quais foram os 5 encontros mais incríveis que Jesus teve? Liste aqui!

5 ____________________

4 ____________________

3 ____________________

2 ____________________

1 ____________________

Até o pardal encontra um lar, e a andorinha faz um ninho e cria seus filhotes perto do teu altar, (...) meu Rei e meu Deus!
Sl 84.3

PARA COLORIR

histórias com fogo

PARA COLORIR

Histórias com Água
PARA COLORIR
Ex 14.15-22
Jn 1.1- 7
Gn 8.10-12
Mt 8.23-27
Jo 5.1-9
Lc 5.1-3
Jo 2.1-12
Lc 5.4-11

VERSÍCULOS PARA VENCER A TENTAÇÃO

Sempre que você se sentir tentado a fazer o mal, lembre-se que Deus prometeu *"resgatar das provações os que lhe são devotos"* (2Pe 2.9). Quanto mais perto de Jesus, mais longe você estará do pecado. Leia esses versículos e coloque seu coração no lugar certo!

As tentações em sua vida não são diferentes daquelas que outros enfrentaram. Deus é fiel, e ele não permitirá tentações maiores do que vocês podem suportar. Quando forem tentados, ele mostrará uma saída para que consigam resistir.
1 Coríntios 10.13

Portanto, submetam-se a Deus. Resistam ao diabo, e ele fugirá de vocês.
Tiago 4.7

Vigiem e orem para que não cedam à tentação,
pois o espírito está disposto, mas a carne é fraca.
Mateus 26.41

Uma vez que ele próprio passou por sofrimento e tentação, é capaz de ajudar aqueles que são tentados.
Hebreus 2.18

Por isso digo: deixem que o Espírito guie sua vida.
Assim, não satisfarão os anseios de sua natureza humana.
Gálatas 5.16

Vistam toda a armadura de Deus, para que possam permanecer firmes contra as estratégias do diabo.
Efésios 6.11

Fuja de tudo que estimule as paixões da juventude. Em vez disso, busque justiça, fidelidade, amor e paz, na companhia daqueles que invocam o Senhor com coração puro.
2 Timóteo 2.22

Feliz é aquele que suporta com paciência as provações e tentações, porque depois receberá a coroa da vida que Deus prometeu àqueles que o amam.
Tiago 1.12

PERSONAGENS DA PÁSCOA

PARA COMPLETAR E COLORIR

O QUE A BÍBLIA FALA SOBRE ORAÇÃO

*Não vivam preocupados com coisa alguma; em vez disso, **orem** a Deus pedindo aquilo de que precisam e agradecendo-lhe por tudo que ele já fez.*
Filipenses 4.6

*Mas, quando **orarem**, cada um vá para seu quarto, feche a porta e **ore** a seu Pai, em segredo. Então seu Pai, que observa em segredo, os recompensará.*
Mateus 6.6

*Digo-lhes que, se crerem que já receberam, qualquer coisa que pedirem em **oração** lhes será concedido.*
Marcos 11.24

*Portanto, confessem seus pecados uns aos outros e **orem** uns pelos outros para serem curados. A **oração** de um justo tem grande poder e produz grandes resultados.*
Tiago 5.16

*Estamos certos de que **ele nos ouve** sempre que lhe pedimos algo conforme sua vontade. E, uma vez que sabemos que ele ouve nossos pedidos, também sabemos que ele nos dará o que pedimos.*
1 João 5.14-15

*Naqueles dias, quando vocês **clamarem** por mim em **oração**, eu os ouvirei. Se me **buscarem** de todo o coração, me encontrarão.*
Jeremias 29.12-13

*Em minha aflição, **clamei** ao Senhor; sim, pedi socorro a meu Deus. De seu santuário ele me ouviu; meu **clamor** chegou a seus ouvidos.*
Salmos 18.6

*O Senhor está perto de todos que o **invocam**, sim, de todos que o **invocam** com sinceridade.*
Salmos 145.18

*Alegrem-se em nossa esperança. Sejam pacientes nas dificuldades e não parem de **orar**.*
Romanos 12.12

*Se crerem, receberão qualquer coisa que pedirem em **oração**.*
Mateus 21.22

*Nunca deixem de **orar**.*
1 Tessalonicenses 5.17

Os 4 Evangelhos narram histórias de milagres que Jesus realizou. Pessoas foram curadas, abençoadas e alimentadas! Leia e releia essas histórias, e seja abençoado por esses maravilhosos relatos.

MILAGRES INCRÍVEIS

Que tal exercitar o seu lado de contador(a) de histórias? Leia os textos indicados e **escreva um pequeno resumo de como foi cada um desses milagres**! Depois, lembre-se de contar essas histórias para seus parentes e amigos!

ALIMENTO PARA UMA MULTIDÃO
Marcos 6.30-44

UM CEGO VOLTA A VER
João 9.1-11

A RESSURREIÇÃO DA FILHA DE JAIRO
Lucas 8.40-56

A CURA DE UM PARALÍTICO
Mateus 9.1-11

OS 12 DISCÍPULOS

PEDRO

Pedro tinha um jeito forte de ser. Ele tentou andar sobre a água, mas também ficou com medo e negou conhecer Jesus três vezes. Depois ele pediu desculpas e voltou a ser amigo de Jesus.

JOÃO

João era chamado de "discípulo amado". Ele mudou muito depois de conhecer Jesus e se tornou uma pessoa ainda melhor.

TIAGO

Tiago foi um dos primeiros a ser chamado por Jesus. Ele aprendeu que no Reino de Deus, quem serve é o maior. Por isso, ele também é chamado de "Tiago Maior".

ANDRÉ

André era um evangelista e antes seguia João Batista. Ele sempre estava pronto para ajudar e servir os outros.

FILIPE

Filipe era um pouco cético e gostava de pensar nas coisas de maneira prática. Antes do milagre dos pães e peixes, Jesus testou a fé dele.

BARTOLOMEU (NATANAEL)

Natanael queria entender tudo o que Jesus ensinava. Filipe o convidou a conhecer Jesus, dizendo "venha e veja".

Você sabe quem eram os 12 discípulos escolhidos por Jesus? Conheça um pouco sobre cada deles, e então coloque a imaginação pra funcionar: desenhe o rosto dos discípulos na sua respectiva moldura.

TOMÉ

Tomé ficou conhecido como o discípulo que duvidou da ressurreição de Jesus. Ele só acreditou quando viu e tocou as feridas de Jesus.

MATEUS

Antes de seguir Jesus, Mateus cobrava impostos. Era uma profissão que as pessoas não gostavam, mas ele deixou tudo para seguir Jesus.

TIAGO FILHO DE ALFEU

Além de ser conhecido como "Tiago menor", ele era um dos discípulos mais quietos e menos mencionados nos evangelhos, mas sua dedicação a Jesus era igualmente importante.

SIMÃO (ZELOTE)

Simão tinha o apelido de Zelote, que significa que ele era muito dedicado à sua religião e nação. Ele mostrou que as diferenças podem ser superadas com o amor a Jesus.

TADEU

Tadeu é um discípulo sobre o qual não sabemos muito, mas ele era muito devoto a Jesus. Dizem que ele foi morto em 70 d.C. por sua fé em Cristo.

JUDAS ISCARIOTES

Judas traiu Jesus por 30 moedas de prata. Ele tinha um coração ganancioso e desonesto. Depois, ficou arrependido e se matou.

Nos 66 livros da Bíblia temos todo tipo de história: conquistas, derrotas, presentes, punições, amizades, traições, amores e revoltas. Aventuras para todos os gostos. Então, prepare-se!

Chegou a hora de listar as suas

HISTÓRIAS FAVORITAS

HISTÓRIA	REFERÊNCIA

Monte das Bem-Aventuranças

LIGUE AS BEM-AVENTURANÇAS PASSANDO POR UMA PONTE!

FELIZES OS

Que têm coração puro
Mt 5.8

Perseguidos por causa da justiça
Mt 5.10

Que choram
Mt 5.4

Misericordiosos
Mt 5.7

Humildes
Mt 5.5

Pobres de espírito
Mt 5.3

Que sofreram zombaria e perseguição... e disseram maldade a seu respeito
Mt 5.11

Que têm fome e sede de justiça
Mt 5.6

Que promovem a paz
Mt 5.9

POIS

Pois serão consolados.

Pois serão saciados.

Pois serão tratados com misericórdia.

Pois o reino dos céus lhes pertence.

Uma grande recompensa os espera no céu.

Pois herdarão a terra.

Pois o reino dos céus lhes pertence.

Pois verão a Deus.

Pois serão chamados filhos de Deus.

Bem-aventuranças são lições muito valiosas que Jesus ensinou no Sermão do Monte. Neste sermão ele também fala sobre preocupações, confiança em Deus, oração, perdão e muito mais. Confira no livro de **Mateus 5-7**

HORA DE ORAR

"Portanto eu lhes digo: peçam, e receberão. Procurem, e encontrarão. Batam, e a porta lhes será aberta." Lc 11.9

Vamos fazer um exercício muito legal? Você vai escrever a sua oração! Orar escrevendo nos ajuda a pensar melhor e manter o foco. Além disso, você terá uma experiência especial ao voltar às suas orações depois de algum tempo e conferir quais foram respondidas! Esse é o seu momento com Deus. Procure um lugar onde você possa escrever com calma e atenção. Abra o seu coração, e fale tudo o que estiver pulsando dentro de você. Não esqueça de colocar a data da sua oração.

O tema das orações desta página é: **a sua família**! Agradeça a Deus por ter nascido na sua família, e seja transparente sobre seus sentimentos. Jesus pode transformar a história da sua família. Ele é poderoso pra trazer perdão, restaurar relacionamentos e curar enfermidades!

Data: ______________________

Data: ______________________

Data: ______________________

CRIANÇAS NA BÍBLIA

PARA COMPLETAR E COLORIR

TUTORIAL

FAIXINHAS

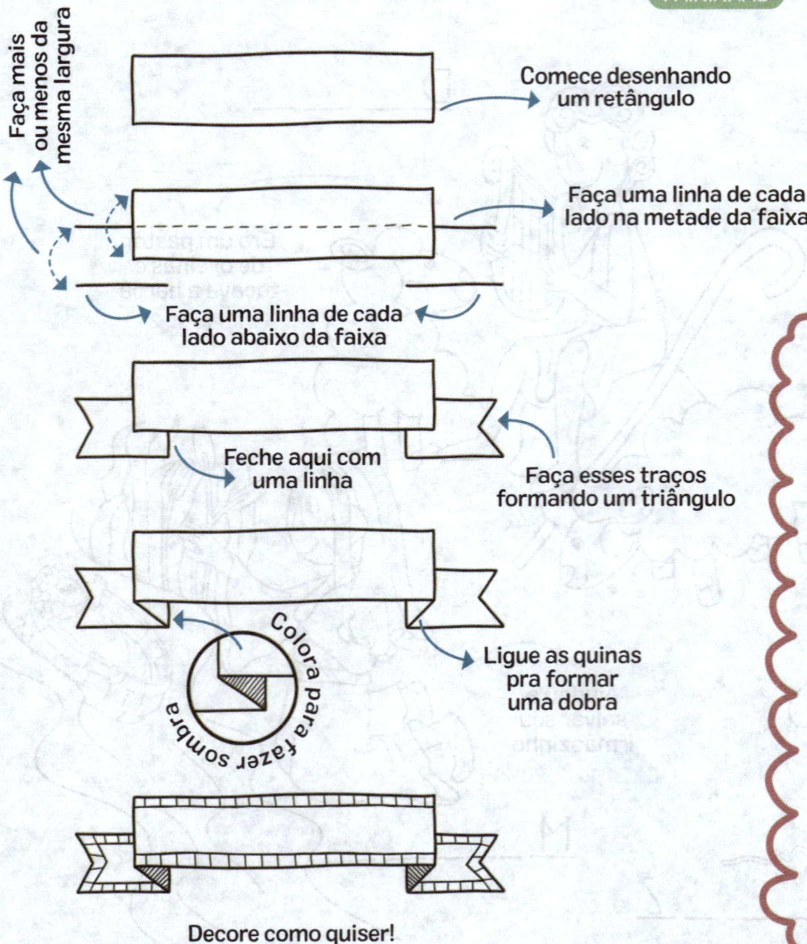

AGORA É A SUA VEZ!

VERSÍCULOS PARA FORTALECER A FÉ

"A fé mostra a realidade daquilo que esperamos; ela nos dá convicção de coisas que não vemos." (Hb 11.1)
É pela fé que acreditamos, confiamos e nos entregamos a Deus. Não podemos vê-lo, mas sabemos que Ele é real! Leia estes versículos e continue acreditando!

Apeguemo-nos firmemente, sem vacilar, à esperança que professamos, porque Deus é fiel para cumprir sua promessa.
Hebreus 10.23

Pois sabem que, quando sua fé é provada, a perseverança tem a oportunidade de crescer.
Tiago 1.3

Portanto, a fé vem por ouvir, isto é, por ouvir as boas-novas a respeito de Cristo.
Romanos 10.17

Porque vivemos por fé, e não pelo que vemos.
2 Coríntios 5.7

Pois todo aquele que é nascido de Deus vence este mundo, e obtemos essa vitória pela fé.
1 João 5.4

Fui crucificado com Cristo; assim, já não sou eu quem vive, mas Cristo vive em mim. Portanto, vivo neste corpo terreno pela fé no Filho de Deus, que me amou e se entregou por mim.
Gálatas 2.20

Em todas as situações, levantem o escudo da fé, para deter as flechas de fogo do maligno.
Efésios 6.16

Embora nunca o tenham visto, vocês o amam. E, ainda que não o vejam agora, creem nele e se regozijam com alegria inexprimível e gloriosa, pois estão alcançando o alvo de sua fé, a sua salvação.
1 Pedro 1.8-9

Portanto, uma vez que pela fé fomos declarados justos, temos paz com Deus por causa daquilo que Jesus Cristo, nosso Senhor, fez por nós.
Romanos 5.1

SANSÃO E A FORÇA QUE VEM DE DEUS

COM CERTEZA VOCÊ JÁ OUVIU FALAR DE UM FORTÃO CABELUDO QUE SE CHAMAVA SANSÃO. MAS VOCÊ SABE O QUE ELE FEZ PARA GANHAR ESSA FAMA?

Matou um leão com as mãos Juízes 14.5-6

Sansão rasgou um leão com as mãos nuas, demonstrando uma força sobre-humana. Isso é comparável à força de um animal selvagem, mas realizado por um homem sem armas.

Matou 30 homens sozinho Juízes 14.19

Após resolver um enigma e ser traído, Sansão matou 30 homens de Ascalom para pagar uma aposta. Isso mostra que sua capacidade de combate é maior do que um grupo de homens treinados.

Usou uma queixada de jumento para matar mil homens Juízes 15.14-16

Com uma queixada de jumento ele matou mil filisteus. Força e resistência inigualáveis. Esse feito é comparável a um exército sendo derrotado por um único homem com uma arma improvisada.

Arrancou as portas da cidade de Gaza Juízes 16.3

Sansão arrancou as portas da cidade de Gaza, incluindo os postes e a tranca, e as carregou até o topo de um monte. Quantos caminhões seriam necessários para carregar os portais de uma cidade? Será que seria preciso um trator?

MAS VOCÊ SABIA que Sansão perdeu a sua força ao desobedecer a Deus e não abandonar seus pecados? Os filisteus os capturaram e o cegaram, e ele foi escravizado e obrigado a trabalhar em um moinho.

Até que Sansão orou e pediu a Deus que sua força fosse restaurada uma última vez. Deus atendeu sua oração, e Sansão derrubou o templo, matando mais pessoas na sua morte do que durante a vida, incluindo a si mesmo.

A história completa está no livro de Juízes, capítulos 13 a 16.

HISTÓRIAS DE ORAÇÕES RESPONDIDAS

Você tem alguma dúvida que Deus responde orações? Leia essas histórias e, na próxima vez que você for orar, traga à memoria essas respostas de oração. Encha o seu coração de esperança!

ELIAS ORANDO PELO FOGO DO CÉU

1Rs 18.36-38

Elias orou para que Deus enviasse fogo do céu para consumir o sacrifício e provar que Ele era o verdadeiro Deus. Deus respondeu imediatamente, e o fogo consumiu o sacrifício.

ANA ORANDO POR UM FILHO

1Sm 1.10-20

Ana orou pedindo um filho a Deus e prometeu dedicá-lo ao serviço divino. Deus respondeu à sua oração e ela deu à luz Samuel.

SALOMÃO PEDINDO SABEDORIA

1 Rs 3.5-14

Salomão orou pedindo sabedoria para governar o povo de Israel. Deus respondeu à sua oração, concedendo-lhe não apenas sabedoria, mas também riquezas e honra.

JOSUÉ ORANDO PARA QUE O SOL PARASSE

Js 10:12-14

Josué orou para que o sol e a lua parassem de se mover durante a batalha contra os amorreus. Deus respondeu à sua oração, e o sol parou no meio do céu por quase um dia inteiro, e Josué conseguiu a vitória.

PAULO ORANDO PELA CURA DO PAI DE PÚBLIO

At 28:7-9

Paulo orou pela cura do pai de Públio, que estava doente com febre e disenteria. Deus respondeu à oração de Paulo, e o homem foi curado.

PEDRO ORANDO PELA RESSURREIÇÃO DE DORCAS

At 9:36-42

Pedro orou por Dorcas, uma mulher que havia morrido. Ele ajoelhou e orou, e então disse para ela: "Tabita, levante-se", e ela abriu os olhos.

HORA DE ORAR

"Amo o Senhor, porque ele ouve a minha voz e as minhas orações. Porque ele se inclina para ouvir, orarei enquanto viver." Sl 116.1-2

Vamos fazer um exercício muito legal? Você vai escrever a sua oração! Orar escrevendo nos ajuda a pensar melhor e manter o foco. Além disso, você terá uma experiência especial ao voltar às suas orações depois de algum tempo e conferir quais foram respondidas! Esse é o seu momento com Deus. Procure um lugar onde você possa escrever com calma e atenção. Abra o seu coração, e fale tudo o que estiver pulsando dentro de você. Não esqueça de colocar a data da sua oração.

O tema das orações desta página é: **sua igreja**! O amor e a unidade da igreja nos fortalece e nos faz crescer e amadurecer em nosso relacionamento com Jesus. Como é bom conviver com nossos irmãos de fé. Ore de coração aberto. Se você ainda não frequenta uma igreja, peça pra Deus te mostrar o caminho de uma comunidade onde você possa aprender e servir.

Data: ____________________

Data: ____________________

Data: ____________________

PALAVRAS CRUZADAS

Preencha a atividade ao lado com os **Frutos do Espírito**, conforme está registrado no livro de Gálatas.

"Mas o Espírito produz este fruto: **AMOR**, **ALEGRIA**, **PAZ**, **PACIÊNCIA**, **AMABILIDADE**, **BONDADE**, **FIDELIDADE**, **MANSIDÃO** e ~~**DOMÍNIO PRÓPRIO**~~. Não há lei contra essas coisas!"

Gálatas 5.22-23

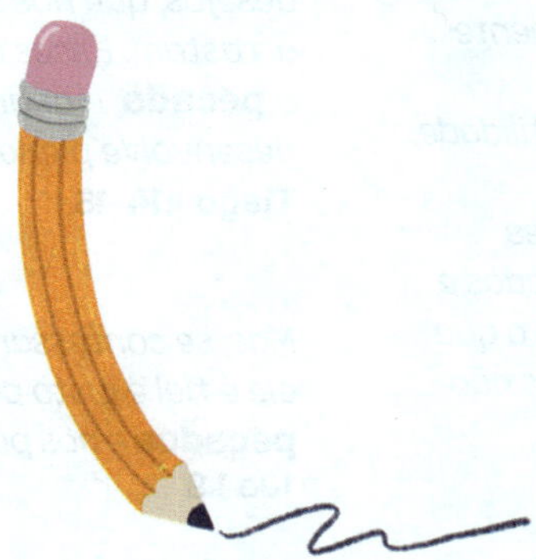

*Pois todos **pecaram** e não alcançam o padrão da glória de Deus, mas ele, em sua graça, nos declara justos por meio de Cristo Jesus, que nos resgatou do castigo por nossos **pecados**.*
Romanos 3.23-24

*Mas, se você tem dúvidas quanto ao que deve ou não comer, será culpado se comer, pois vai contra suas convicções. Se faz qualquer coisa sem convicção, está **pecando**.*
Romanos 14.23

*Foram suas maldades que os separaram de Deus; por causa de seus **pecados**, ele se afastou e já não os ouvirá.*
Isaías 59.2

O QUE A BÍBLIA FALA SOBRE PECADO

*Lembrem-se de que é **pecado** saber o que devem fazer e não fazê-lo.*
Tiago 4.17

*Se afirmamos que não **pecamos**, chamamos Deus de mentiroso e mostramos que não há em nós lugar para sua palavra.*
1 João 1.10

*Pois sou **pecador** desde que nasci, sim, desde que minha mãe me concebeu.*
Salmos 51.5

*Quem oculta seus **pecados** não prospera; quem os confessa e os abandona recebe misericórdia.*
Provérbios 28.13

*Quando seguem os desejos da natureza humana, os resultados são extremamente claros: imoralidade sexual, impureza, sensualidade, idolatria, feitiçaria, hostilidade, discórdias, ciúmes, acessos de raiva, ambições egoístas, dissensões, divisões, inveja, bebedeiras, festanças desregradas e outros **pecados** semelhantes. Repito o que disse antes: quem pratica essas coisas não herdará o reino de Deus.*
Gálatas 5.19-21

*A tentação vem de nossos próprios desejos, que nos seduzem e nos arrastam. Esses desejos dão à luz o **pecado**, e quando o pecado se desenvolve plenamente, gera a morte.*
Tiago 1:14-15

*Mas, se confessamos nossos **pecados**, ele é fiel e justo para perdoar nossos **pecados** e nos purificar de toda injustiça.*
1Jo 1.9

MAS, se
CONFESSAMOS
nossos pecados, ele é
fiel e justo
PARA
PERdOAR
nossos
PECAdOS
e nos
PURIFICAR
de toda injustiça.

1Jo 1.9

VERSÍCULOS PARA VENCER O MEDO

Todo mundo sente medo. Ficamos inseguros, ansiosos e aflitos. Mas a Bíblia nos ensina que não precisamos ser reféns do medo! *"Podemos dizer com toda a confiança: 'O Senhor é meu ajudador, portanto não temerei; o que me podem fazer os simples mortais?'"* (Hb 13.6). Então, leia esses versos, e tenha coragem! Deus está com você, e por isso você pode vencer o medo!

Não tenha medo, pois estou com você; não desanime, pois sou o seu Deus. Eu o fortalecerei e o ajudarei; com minha vitoriosa mão direita o sustentarei.
Isaías 41.10

Entreguem-lhe todas as suas ansiedades, pois ele cuida de vocês.
1Pedro 5.7

Portanto, sejam fortes e corajosos! Não tenham medo e não se apavorem diante deles. O Senhor, seu Deus, irá adiante de vocês. Ele não os deixará nem os abandonará".
Deuteronômio 31.6

Esta é minha ordem: Seja forte e corajoso! Não tenha medo nem desanime, pois o Senhor, seu Deus, estará com você por onde você andar.
Josué 1.9

Busquei o Senhor, e ele me respondeu; livrou-me de todos os meus temores.
Salmos 34.4

Pois Deus não nos deu um Espírito que produz temor e covardia, mas sim que nos dá poder, amor e autocontrole.
2 Timóteo 1.7

Mesmo quando eu andar pelo escuro vale da morte, não terei medo, pois tu estás ao meu lado. Tua vara e teu cajado me protegem.
Salmos 23.4

Esse amor não tem medo, pois o perfeito amor afasta todo medo. Se temos medo, é porque tememos o castigo, e isso mostra que ainda não experimentamos plenamente o amor.
1 João 4.18

O Senhor é minha luz e minha salvação; então, por que ter medo? O Senhor é a fortaleza de minha vida; então, por que estremecer?
Salmos 27.1

Quando eu tiver medo, porém, confiarei em ti.

Sl 56.3

PARA COLORIR

HISTÓRIAS COM ANIMAIS

HISTÓRIAS COM PLANTAS

TUTORIAL

OVELHINHA

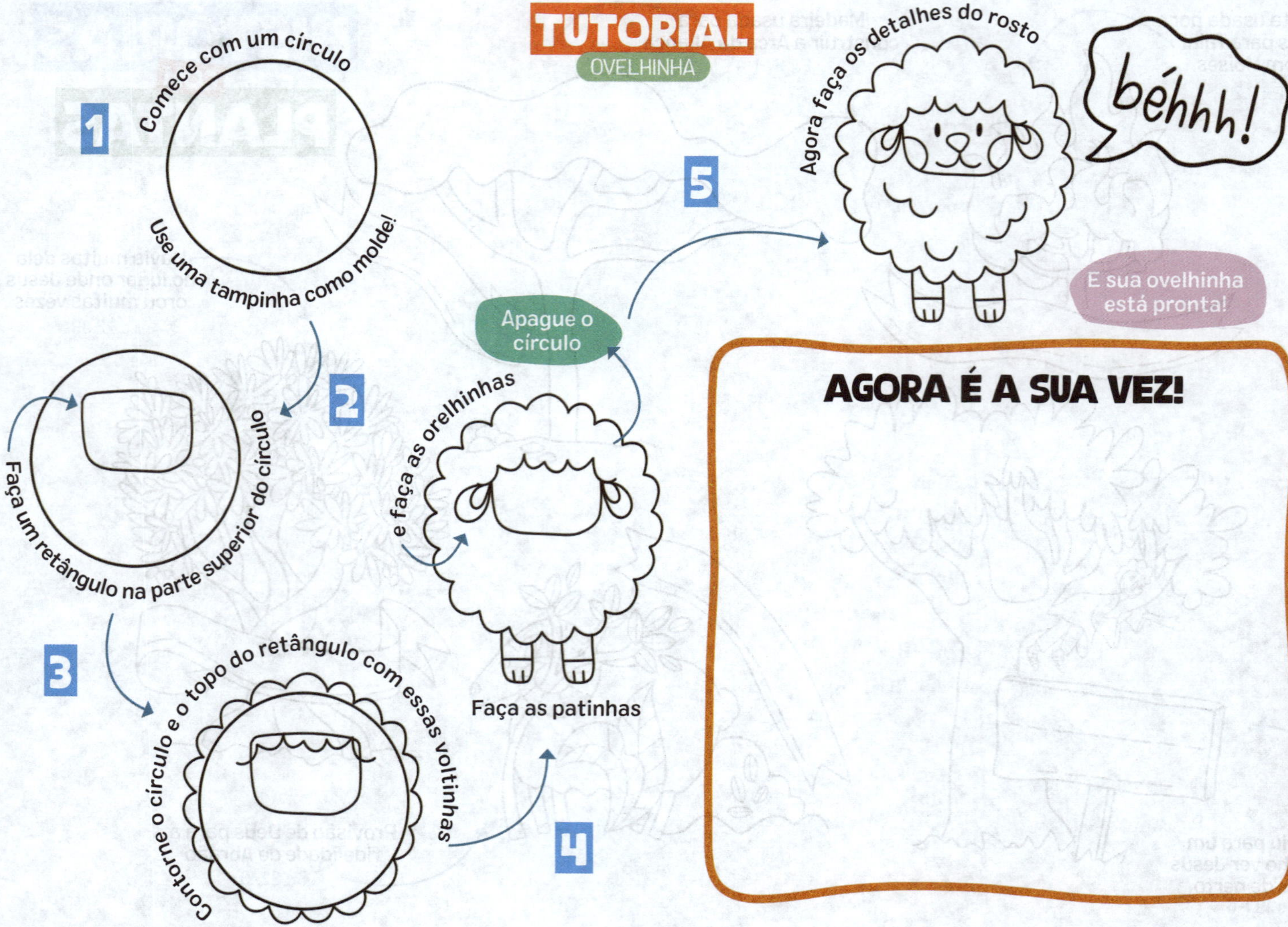

AGORA É A SUA VEZ!

VERSÍCULOS SOBRE FAMÍLIA

Toda família tem uma história, glórias, provações, derrotas e vitórias. Às vezes sentimos orgulho da nossa família. Outras vezes, sentimos tristeza ou vergonha. Nem toda família é perfeita. Mas a família é um presente de Deus para nós, o lugar onde aprendemos a amar, a perdoar, a nos doar e a receber. Você já orou por sua família hoje? "*Creia no Senhor Jesus, e você e sua família serão salvos*" (At 16.31).

Honre seu pai e sua mãe. Assim você terá vida longa e plena na terra que o Senhor, seu Deus, lhe dá.
Êxodo 20:12

Guarde sempre no coração as palavras que hoje eu lhe dou. Repita-as com frequência a seus filhos. Converse a respeito delas quando estiver em casa e quando estiver caminhando, quando se deitar e quando se levantar.
Deuteronômio 6.6-7

Quanto a mim, eu e minha família serviremos ao Senhor.
Josué 24.15b

Filhos, obedeçam a seus pais no Senhor, porque isso é o certo a fazer. "Honre seu pai e sua mãe." Esse é o primeiro mandamento com promessa.
Efésios 6:1-2

Os netos são coroa de honra para os idosos; os pais são o orgulho de seus filhos.
Provérbios 17:6

Maridos, ame cada um a sua esposa, como Cristo amou a igreja.
Efésios 5:25a

Aqueles que não cuidam dos seus, especialmente dos de sua própria família, negaram a fé e são piores que os descrentes.
1Timóteo 5.8

Ensine seus filhos no caminho certo, e, mesmo quando envelhecerem, não se desviarão dele.
Provérbios 22.6

Meu filho, preste atenção à correção de seu pai e não deixe de lado a instrução de sua mãe.
Provérbios 1.8

HORA DE ORAR

"Amem uns aos outros como eu amo vocês. Não existe amor maior do que dar a vida por seus amigos." Jo 15.12-13

Vamos fazer um exercício muito legal? Você vai escrever a sua oração! Orar escrevendo nos ajuda a pensar melhor e manter o foco. Além disso, você terá uma experiência especial ao voltar às suas orações depois de algum tempo e conferir quais foram respondidas! Esse é o seu momento com Deus. Procure um lugar onde você possa escrever com calma e atenção. Abra o seu coração, e fale tudo o que estiver pulsando dentro de você. Não esqueça de colocar a data da sua oração.

O tema das orações desta página é: **sua escola e seus amigos**! Como é boa a vida de quem tem muitos amigos. São fontes de alegria. Pense agora em seus colegas, professores, conselheiros. Como você pode compartilhar com eles da esperança que mora em seu coração?

Data:

Data:

Data:

PARA COLORIR

O QUE A BÍBLIA FALA SOBRE O PERDÃO

Seu Pai celestial os **perdoará** *se* **perdoarem** *aqueles que pecam contra vocês. Mas, se vocês se recusarem a* **perdoar** *os outros, seu Pai não* **perdoará** *seus pecados.”*
Mateus 6.14-15

Em vez disso, sejam bondosos e tenham compaixão uns dos outros, **perdoando-se** *como Deus os perdoou em Cristo.*
Efésios 4.32

Sejam compreensivos uns com os outros e **perdoem** *quem os ofender. Lembrem-se de que o Senhor os* **perdoou***, de modo que vocês também devem* **perdoar***.*
Colossenses 3.13

Mas, se confessamos nossos pecados, ele é fiel e justo para **perdoar** *nossos pecados e nos purificar de toda injustiça.*
1 João 1.9

De nós ele **afastou nossos pecados***, tanto como o Oriente está longe do Ocidente.*
Salmos 103.12

Quando estiverem orando, se tiverem alguma coisa contra alguém, **perdoem-no***, para que seu Pai no céu também* **perdoe** *seus pecados.*
Marcos 11.25

Agora, arrependam-se e voltem-se para Deus, para que seus pecados **sejam apagados***.*
Atos 3.19

Que outro Deus há semelhante a ti, que **perdoas** *a culpa do remanescente e esqueces os pecados dos que te pertencem? Não permanecerás irado com teu povo para sempre, pois tens prazer em mostrar teu amor. Voltarás a ter* **compaixão** *de nós; pisarás nossas maldades sob teus pés e lançarás nossos pecados nas profundezas do mar.*
Miquéias 7.18-19

Venham, vamos resolver este assunto”, diz o Senhor. “Embora seus pecados sejam como o escarlate, eu os **tornarei brancos** *como a neve; embora sejam vermelhos como o carmesim, eu os* **tornarei brancos** *como a lã.*
Isaías 1.18

VOCÊ SABIA?

Sempre que vemos um arco-íris, podemos lembrar que Deus nos ama e cuida de nós. Segundo a Bíblia, depois do grande dilúvio, Deus fez uma promessa a Noé e a toda a humanidade: ele disse que nunca mais enviaria um dilúvio para destruir a terra. Para selar essa promessa, Deus colocou um arco-íris no céu; um presente especial para todos nós.

Leia Gênesis 9.8-17

PARA COLORIR

PARA COMPLETAR E COLORIR

DIAS DA CRIAÇÃO

Deus criou todas as coisas no mundo! Um trabalho incrível, não acha? Em 6 dias ele separou luz e escuridão, água e terra seca, criou tudo o que está nos céus, nos mares e nas florestas. Ele fez tudo! Inclusive, você! E tudo ficou muito bom!

Leia **Gn 1.1-2.4** e desenhe a criação de Deus em cada espaço. Ah, e complete as palavrinhas também!

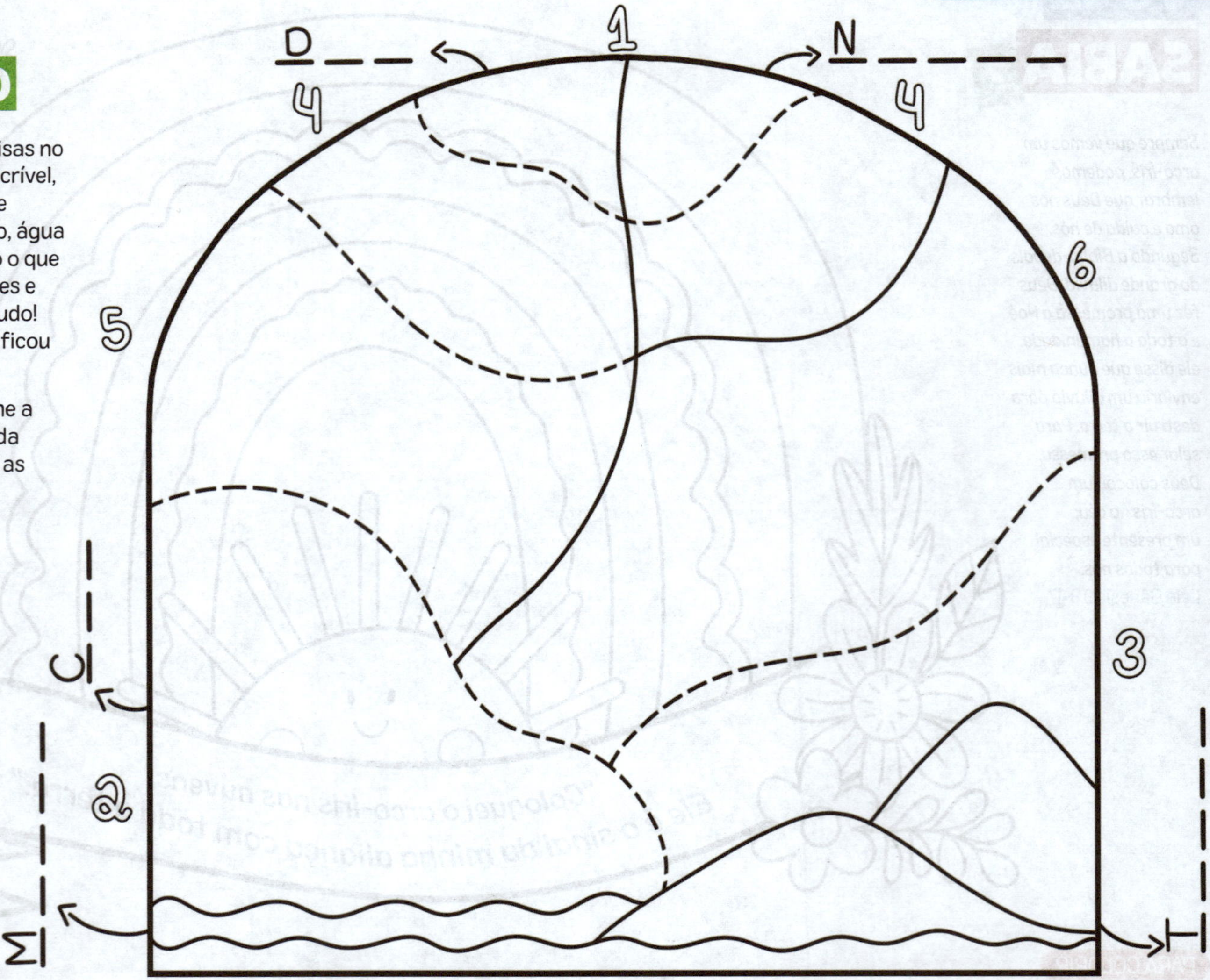

Deus criou todas as coisas.

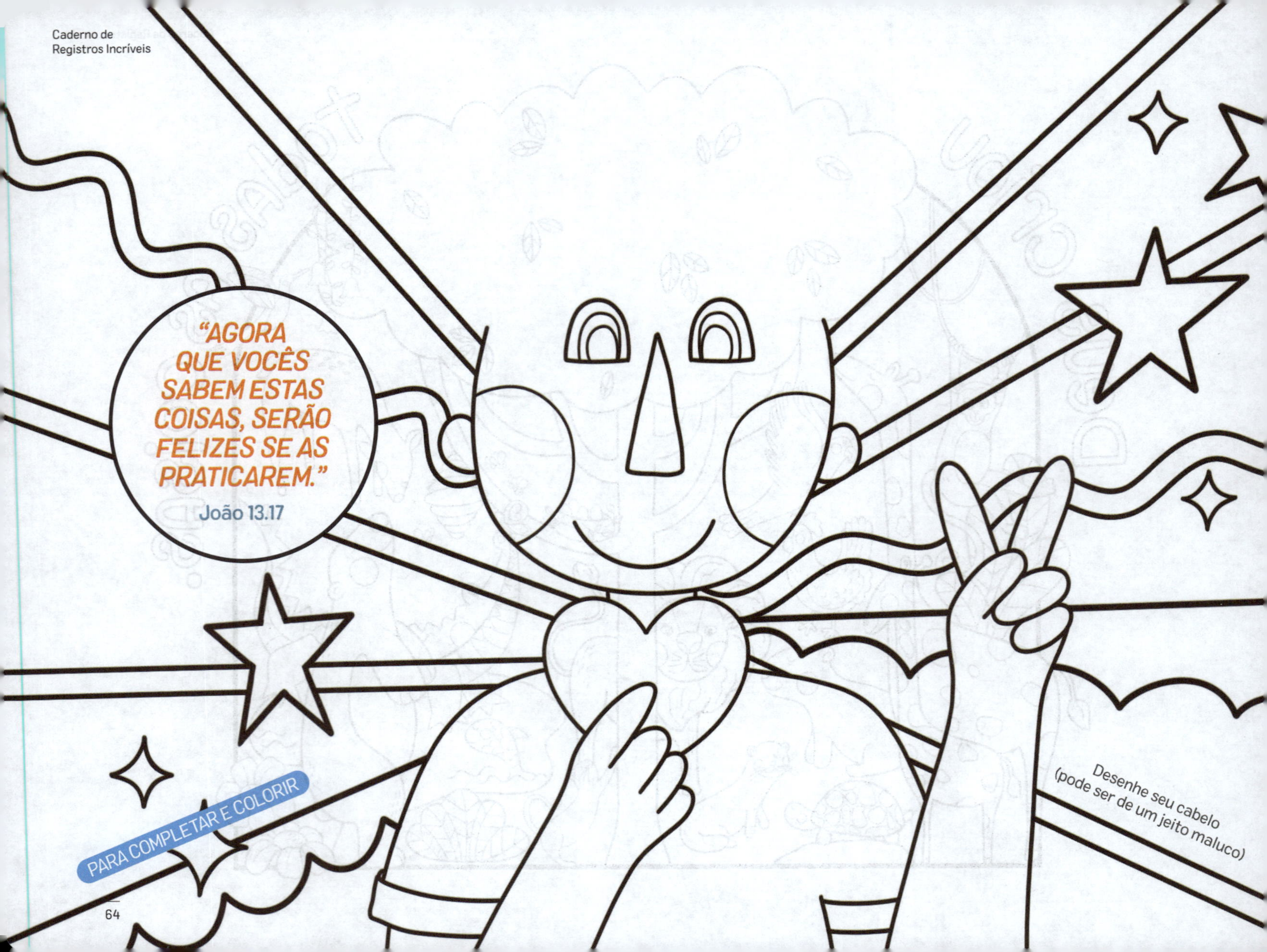

"AGORA QUE VOCÊS SABEM ESTAS COISAS, SERÃO FELIZES SE AS PRATICAREM."

João 13.17

Desenhe seu cabelo
(pode ser de um jeito maluco)

PARA COMPLETAR E COLORIR